谨以此书

纪念上海大学建校100周年

# 媒体中的上海大学

(上卷)

卢志国 洪佳惠 编

上海大学出版社
·上海·

# 前　　言

时至2022年,"上海大学"这个名字已经赓续了百年。曾经,这个名字与时代同步,孕育着革命的红色火种;曾经,这个名字立足国际化大都市上海,为培育时代人才贡献力量。如今,这个名字秉持开放、创新、包容的城市品格,在血脉中融入红色基因,以崭新的面貌再续薪火。

1922年10月23日,上海大学成立,成为国共两党携手创办、由中国共产党实际领导的高等学府。中国国民党元老于右任任校长,中国共产党发起组成员、中国国民党元老邵力子任代理校长,中国共产党工人运动领袖、中国共产党早期领导人邓中夏任教务长,主持学校日常行政工作。五年间,李大钊、于右任、瞿秋白、邓中夏、蔡和森、张太雷、恽代英、任弼时、萧楚女、邵力子、陈望道、沈雁冰等贤达执鞭任教。学校为中华民族复兴事业培养了大批英才,杨尚昆、王稼祥、秦邦宪、关向应、李硕勋、许继慎、丁玲……都曾在上海大学求学。

1924年,在中国共产党和苏联的帮助下,国民党在广州黄埔创办了一所培养全新革命人才的学校——中国国民党陆军军官学校(通常称为黄埔军校)。黄埔军校创立之初,全国各地的国共两党精英纷纷汇集于此。而早两年成立的上海大学对黄埔军校的创建有着特殊贡献,黄埔军校成立之后,上海大学代理校长邵力子在上海大学为黄埔军校秘密招收了第一期新生。学生也积极报考,如王逸常、徐石麟、邱士筬、徐梦同、肖锄平、袁恕之等。学校又抽调了邵力子、恽代英、阳翰笙、萧楚女、张秋人、高语罕、安体诚等到黄埔军校任职任教。故在当时享有"武有黄埔、文有上大"的美誉。

1925年5月30日,五卅运动在上海爆发,并很快席卷全国。五卅运动和五四运动,并称为中国现代史上促进民族觉醒与思想觉醒的两大政治事件,上海大学的学生几乎都参加了这一震惊中外的反帝爱国运动。上海大学学生何秉彝在五卅运动中牺牲。上海一份美商经营的报纸《大陆报》其时载文称"北京大学和上海大学,是共产党活动的南北二大中心",因而在当时就有"北有五四的北大,南有五卅的上大"的说法。五卅运动后,上海大学遭帝国主义及反动势力查封。

上海大学也是中国共产党在上海地区最重要的活动场所和培养干部的基地,是马克思主义学说和社会主义理论在中国的重要发源地,也是上海最早设有社会学系的大学。在瞿秋白的主持下,上海大学社会学系开设了一系列传播马克思主义学说和社会主义理论的课程。任课教师不乏中国共产党的著名领导人、理论家和宣传家。上海大学将课程讲义印发出版、开办平民学校,向全社会传播马克思主义学说和社会主义理论,一大批师生为民族复兴事业而献身。"四一二"反革命政变发生后,上海大学校舍被国民党军警查封。

1978年4月召开的全国教育工作会议拉开了我国高等教育大发展和改革的序幕,全国统一高考制度得以恢复,高等教育规模迅速扩大。1983年5月,教育部下发文件《关于增设海南大学等五所高等学校和筹建计量测试专科学校的通知》(〔83〕教计字079号),同意增设上海大学,上海市政府教卫办决定将复旦大学分校、华东师范大学仪表电子分校、上海科技大学分校、上海机械学院轻工分院、上海外国语学院分院和上海市美术学校等6所学校合并建立上海大学(以下称原上海大学)。学校实行校、院两级领导体制,包含文、法、工、商、美等多个学科,是一所上海市属的多学科综合性大学。时任中华人民共和国中央军事委员会副主席、早期上海大学校友杨尚昆为学校题词"继承和发扬上海大学的光荣传统,为祖国的建设培养人才"表示祝贺;著名作家、编剧、早期上海大学校友阳翰笙发来贺电。著名红学家、曾任教于早期上海大学的俞平伯也为学校题词"青云发轫"。作为高校改革试验区,学校推行走读、收费、学分制、不发助学金而发奖学金和困难补助费、不搞公费医疗而搞医疗补助等7项改革措施。原上海大学于1994年5月并入新组建的上海大学。

1994年,为优化上海市高等教育布局结构,提高办学效益和教学质量,适应上海市经济建设和社会发展的需要,上海市人民政府决定建立新的上海大学。1994年4月22日,中共上海市委决定建立中共上海大学委员会,吴程里任党委书记。4月25日,国家教育委员会发文(教计〔1994〕110号)同意上海市四所高校合并建立上海大学。5月16日,上海市人民政府决定,任命钱伟长为上海大学校长。新上海大学由上海工业大学、上海科学技术大学、上海大学和上海科技高等专科学校四校合并组建而成:

1960年6月,为适应上海工业建设发展、培养上海地区需要的工业技术干部,中共上海市委决定创办上海工学院;7月,决定将年初建立的上海工业师范学院并入上海工学院,学校选址于毗邻彭浦工业区的延长路149号。1972年,上海工学院与上海机械学院合并,延长路149号为上海机械学院(总部)。1979年1月,经国务院批准,恢复上海工学院建制,改名为上海工业大学。学校建校34年,逐步成为一所以工为主,理、管、文相结合的多学科市属重点高校,共培养各类学生15 000余人。

1958年5月19日,由中国科学院和上海市人民政府共同筹办的上海科学技术大学,以"院校结合""所系结合"为办学模式。学校建校36年,是一所培养"高"(高级)、"精"(精密)、"尖"(尖端)科学研究与工程技术人才的市属重点高校,共培养各类学生23 848人。

# 前　言

　　1959年2月,上海市委教卫部、上海市科委、中国科学院上海分院以及上海计算技术研究所共同筹建,将复旦中学高中部改为上海计算技术学校。1959年10月,因扩大专业改校名为上海第二科学技术学校(简称科技二校),直接受中科院上海分院领导。1960年2月,学校从复旦中学校址迁往嘉定东门。1978年10月,上海第二科学技术学校从上海市仪表电讯工业局"七二一"工人大学中划出,归上海科学技术大学领导,改名为上海科技大学分部。1981年12月,学校更名为上海科技专科学校,1991年6月启用上海科技高等专科学校校名。学校建校35年,是一所上海市属电子类专科学校,共培养各类学生6 618人。

　　百年的激荡岁月,上海大学的肩膀担负起了一个个时代的重任,上海大学的脚步踏过了一个个时代的重大事件,而媒体对于上海大学的关注和报道,就是重任和脚步所留下的印迹。爱默生曾说:"报纸总是尽它最大的努力让每平方米英亩土地和海面都来到人们的早餐桌上,陈述各自的故事。"媒体竭尽全力地对世界的关注和呈现可窥一斑。今日的各种新媒体形式更是如是。媒体始终对社会新兴之事、勃兴之事、重大之事保持着敏锐的嗅觉。本书即是从媒体的视角,记录和反映上海大学百年历程的一部校史资料汇编。这部史料集收录了从1922年10月至2022年7月的一百年间,媒体对上海大学的各类报道2 500余条。媒体种类包含《申报》《民国日报》《时报》《大公报》《中央日报》等民国时期报纸、《人民日报》《光明日报》《中国青年报》等国家级党团机关报、《解放日报》《文汇报》《新民晚报》《青年报》等上海地方报纸,以及学习强国学习平台、新华网、中青在线、上观新闻等国内主流官方网媒等。内容覆盖学校创建、人才培养、师资建设、社会服务、科研成果、国际交流、校园文化、学生活动等学校建设和发展的方方面面。媒体对于学校历史的言说不同于"大事记"那般严肃、简洁,媒体话语是生动具体的,《媒体中的上海大学(1922—2022)》史料汇编既显示了主流媒体对于上海大学绵延百年的持续关注,又为学校历史留存下了丰富的讲述空间。

# 编 辑 说 明

一、本书资料来源于1922年10月至2022年7月间的《申报》《民国日报》(《民报》是《民国日报》于1932年改名后的报纸名称)《新闻报》《大公报》《时报》《中央日报》《人民日报》《光明日报》《中国青年报》《新华每日电讯》《中国教育报》《解放日报》《文汇报》《新民晚报》《青年报》《东方教育时报》等传统纸质媒体和"人民网""光明网""新华网""中国新闻网""学习强国""中青在线""上海教育""上观新闻"等新媒体上有关上海大学的新闻报道。内容涵盖学校组建、教育教学、人才培养、科学研究、教师队伍建设、服务社会等方方面面。

二、本书编排遵循"以报道时间为序"的原则。1949年10月以前的同一日期的报道，以《申报》《民国日报》《新闻报》《时报》《大公报》《中央日报》等为顺序排列并标明出处；1949年10月以后的同一日期的报道，以《人民日报》《光明日报》《中国青年报》《新华每日电讯》《中国教育报》《解放日报》《文汇报》《新民晚报》《青年服》等为顺序排列并标明出处。新媒体以"人民网""光明网""新华网""中国新闻网""学习强国""中青在线""上海教育""上观新闻"等为顺序排列并标明出处。

三、本书所收报纸资料，凡用繁体字的一律改用简化字和现代汉语标点符号，除对明显的错、漏字予以改正外，其余一仍其旧；对难以辨认的字，用□代替。

四、因本书篇幅所限，对部分报道采用"上略""中略""下略"的办法处理。

# 目　录

## 上　卷

**1922 年** ················································································· 003
　　纪东南高专师校之风潮 ················ 《申报》1922 年 10 月 19 日/003
　　纪东南高专师校之风潮 ················ 《时报》1922 年 10 月 19 日/003
　　东南高专师校风潮续志 ················ 《申报》1922 年 10 月 20 日/004
　　东南高等专科师范风潮 ············ 《民国日报》1922 年 10 月 20 日/004
　　三纪东南高专师校之风潮 ·············· 《申报》1922 年 10 月 21 日/004
　　东南专师风潮之昨闻 ················ 《民国日报》1922 年 10 月 21 日/004
　　上海大学启事 ··························· 《申报》1922 年 10 月 22 日/005
　　上海大学启事 ······················· 《民国日报》1922 年 10 月 23 日/005
　　上海大学欢迎校长 ·················· 《民国日报》1922 年 10 月 24 日/005
　　胡寄尘君来函 ······················· 《民国日报》1922 年 10 月 24 日/006
　　胡寄尘来函 ·························· 《民国日报》1922 年 10 月 25 日/006
　　上海大学学生来函 ·················· 《民国日报》1922 年 10 月 27 日/006
　　上海大学之教务会议 ················ 《民国日报》1922 年 10 月 27 日/006
　　上海大学之教务会议 ··················· 《时报》1922 年 10 月 27 日/007
　　恩斯坦博士过沪之招待　于右任先生演说　十一龄女子诵诗
　　　 ································· 《民国日报》1922 年 11 月 14 日/007
　　中华公学之一周纪念 ····················· 《申报》1922 年 12 月 2 日/007
　　上海大学之交涉　旧校长之举动 ········· 《时报》1922 年 12 月 19 日/008
　　上海大学交涉再志 ······················ 《时报》1922 年 12 月 21 日/008

**1923 年** ················································································· 009
　　东南高等专科师范学生启事 ·········· 《民国日报》1923 年 1 月 7 日/009

| 上海大学学生委员会启事 | 《民国日报》1923年1月8日/009 |
| 上海大学交涉和平解决 | 《民国日报》1923年1月21日/009 |
| 上海大学交涉和解续志 | 《民国日报》1923年1月23日/009 |
| 两校之纠纷已解·东南高专—上海大学 | 《申报》1923年1月25日/010 |
| 王开疆为东南高等专科师范上海大学事声明 | 《申报》1923年1月25日/010 |
| 上海大学学生委员会来函 | 《民国日报》1923年1月25日/010 |
| 上海大学招生 | 《申报》1923年2月10日/010 |
| 上海大学招生 | 《民国日报》1923年2月10日/010 |
| 上海大学生严厉对彭 | 《民国日报》1923年2月27日/011 |
| 上海大学学生致京学生会电 | 《时报》1923年2月27日/011 |
| 上海大学各科每周授课时间表 | 《民国日报》1923年3月1日/011 |
| 上海大学续招生 | 《申报》1923年3月4日/015 |
| 上海大学续招生 | 《民国日报》1923年3月4日/015 |
| 上海大学积极整顿 | 《民国日报》1923年3月5日/015 |
| 上海大学之积极整顿　由陈德徵、张君谋、洪禹仇等担任教授 | 《申报》1923年3月6日/015 |
| 日昨开学之两校·上海大学 | 《申报》1923年3月13日/016 |
| 国民对日游行大会纪·游行时情形 | 《申报》1923年3月26日/016 |
| 上海大学今日请人演讲 | 《申报》1923年4月1日/017 |
| 上海大学今日之演讲　张溥泉先生 | 《民国日报》1923年4月1日/017 |
| 上海大学昨日之演讲记 | 《申报》1923年4月2日/017 |
| 张溥泉讲个人与社会 | 《民国日报》1923年4月2日/017 |
| 上海大学昨日之演讲 | 《新闻报》1923年4月2日/017 |
| 上海大学学生赴杭写生 | 《申报》1923年4月6日/018 |
| 三大学近闻汇纪·上海大学学生旅行 | 《民国日报》1923年4月6日/018 |
| 李大钊今晨在上海大学演说 | 《申报》1923年4月15日/018 |
| 上海大学今日之演讲　李大钊讲"演化与进步" | 《民国日报》1923年4月15日/018 |
| "演化与进步"之演讲 | 《申报》1923年4月16日/018 |
| 上海大学昨日之演讲　李大钊讲"演化与进步" | 《民国日报》1923年4月16日/018 |
| 学校消息 | 《新闻报》1923年4月16日/019 |
| 汪精卫今日在上海大学讲演 | 《申报》1923年4月22日/019 |
| 各学校消息汇志·上海大学 | 《民国日报》1923年4月22日/019 |

# 目　　录

| | | |
|---|---|---|
| 学校消息 | 《新闻报》 | 1923年4月22日/019 |
| 学校消息·上海大学 | 《时报》 | 1923年4月22日/019 |
| 上海大学新聘总务长 | 《申报》 | 1923年4月23日/019 |
| 各学校消息汇志·上海大学 | 《民国日报》 | 1923年4月23日/019 |
| 学校消息 | 《新闻报》 | 1923年4月23日/020 |
| 上海大学筹建校舍于宋园 | 《申报》 | 1923年4月24日/020 |
| 上海大学教职员会议 | 《民国日报》 | 1923年4月24日/020 |
| 学校消息 | 《新闻报》 | 1923年4月24日/020 |
| 学校消息·上海大学 | 《时报》 | 1923年4月24日/020 |

汪精卫君讲演记　在上海大学　题为"集权与分治"
　　　　　　　　　　　　　　　……《民国日报》1923年5月1日/020

| | | |
|---|---|---|
| 汪精卫在上海大学演讲 | 《新闻报》 | 1923年5月1日/021 |
| 上海大学续聘教员 | 《民国日报》 | 1923年5月2日/021 |
| 上海大学又添聘教师 | 《申报》 | 1923年5月3日/021 |
| 学校消息 | 《新闻报》 | 1923年5月3日/022 |
| 上海大学新设图书室 | 《申报》 | 1923年5月4日/022 |
| 上海大学创设图书室 | 《民国日报》 | 1923年5月4日/022 |
| 学校消息 | 《新闻报》 | 1923年5月4日/022 |
| 庆祝双五节纪·国民党本部 | 《申报》 | 1923年5月6日/022 |
| 武进学生会筹备会志 | 《申报》 | 1923年5月7日/023 |
| 学生会昨日开会　议决发印《五九特刊》 | 《申报》 | 1923年5月7日/023 |
| 上海大学五九大游行 | 《申报》 | 1923年5月9日/024 |
| "五九"日国民重大之纪念·学界之开会消息 | 《民国日报》 | 1923年5月9日/024 |
| 五九纪念日之上海·（四）各学校·上海大学 | 《申报》 | 1923年5月10日/024 |
| "五九"纪念日之上海·上海大学 | 《民国日报》 | 1923年5月10日/024 |
| 上海大学图书馆征求图书 | 《民国日报》 | 1923年5月12日/024 |
| 马君武今日演讲　在上海大学 | 《申报》 | 1923年5月13日/024 |
| 上海大学新消息 | 《民国日报》 | 1923年5月13日/024 |

上海大学之演讲会　马君武博士讲"国民生计政策"
　　　　　　　　　　　　　　　……《民国日报》1923年5月15日/025

| | | |
|---|---|---|
| 马君武博士在上海大学演讲 | 《新闻报》 | 1923年5月15日/025 |
| 武进旅沪学生会成立会 | 《申报》 | 1923年5月28日/025 |
| 上海大学招生 | 《民国日报》 | 1923年6月1日/025 |
| 上海大学之校务会议 | 《申报》 | 1923年6月8日/026 |

| 两大学近讯并纪·上海大学 | 《民国日报》1923年6月8日/026 |
| 上海大学之教职员会议 | 《新闻报》1923年6月8日/026 |
| 上海大学招生 | 《申报》1923年6月14日/026 |

上海大学之革新　拟建社会科学院及文艺院　定宋园为建筑新校舍地点
　　　　　　　　　　　　　　　　　　　《申报》1923年6月14日/026

| 上海大学概况 | 《民国日报》1923年6月14日/027 |
| 上海大学革新之猛进 | 《民国日报》1923年6月14日/028 |
| 上海大学之革新 | 《新闻报》1923年6月14日/028 |
| 学校消息·上海大学 | 《时报》1923年6月14日/029 |
| 上海大学概况(续) | 《民国日报》1923年6月15日/029 |
| 上海大学概况(续) | 《民国日报》1923年6月19日/031 |
| 上海大学之近况 | 《民国日报》1923年6月23日/032 |
| 上海大学近讯 | 《新闻报》1923年6月23日/032 |
| 学校消息·上海大学 | 《时报》1923年6月23日/032 |
| 上海大学建筑新校舍 | 《民国日报》1923年6月26日/033 |
| 行将出国之留学生 | 《申报》1923年7月2日/033 |
| 行将去国之留学生 | 《民国日报》1923年7月2日/033 |
| 纪各校之毕业礼·上海大学 | 《申报》1923年7月3日/033 |
| 上海大学第一期录取新生案 | 《民国日报》1923年7月3日/033 |
| 上海大学毕业之盛典 | 《民国日报》1923年7月3日/033 |
| 上海大学昨日之欢送会 | 《新闻报》1923年7月3日/034 |
| 全国学生会筹备开大会·各省代表已纷纷报到 | 《申报》1923年7月6日/035 |
| 上海大学国乙茶会记 | 《民国日报》1923年7月6日/035 |
| 上海大学之学生茶话会 | 《新闻报》1923年7月6日/035 |
| 上海大学学生会闭会 | 《民国日报》1923年7月8日/035 |
| 上海大学学生会闭会 | 《新闻报》1923年7月8日/035 |
| 上海暑期讲习会通告 | 《民国日报》1923年7月9日/035 |
| 纪各校之毕业礼·上海大学美术科 | 《申报》1923年7月10日/036 |
| 上海大学前日之盛会 | 《民国日报》1923年7月10日/036 |
| 纪各校之毕业礼·上海大学 | 《申报》1923年7月13日/036 |

上海大学毕业式志盛　美术科毕业三十四人
　　　　　　　　　　　　　　　　　　　《民国日报》1923年7月13日/037

| 上海大学第二次招生 | 《民国日报》1923年7月14日/037 |
| 晨光美术展览会闭幕 | 《申报》1923年7月18日/038 |

# 目 录

暑期讲习会今日讲全民政治　何世桢博士主讲
　　……………………………………《民国日报》1923年7月23日/038
暑期讲习会讲宪法史 …………………《民国日报》1923年7月27日/038
上海大学录取新生案 ……………………《民国日报》1923年8月8日/039
上海大学教职员会 ………………………《民国日报》1923年8月9日/039
学校消息·上海大学 ………………………………《时报》1923年8月9日/039
上海大学之教职员会 ……………………《新闻报》1923年8月10日/039
学务汇志·上海大学设国文系及讲学 ……《申报》1923年8月12日/039
上海大学之近况 …………………………《民国日报》1923年8月12日/040
上海大学中国文学系近况 ………………《新闻报》1923年8月12日/040
学校消息·上海大学 ………………………………《时报》1923年8月12日/040
学务汇载·上海大学开第一次评议会 ……《申报》1923年8月13日/041
上海大学续招生 …………………………《民国日报》1923年8月13日/041
上海大学添设高中三年级招 ……………《民国日报》1923年8月13日/041
上海大学概况附录之一（高三概略）……《民国日报》1923年8月13日/042
上海大学首次评议会　组校董会，筑新校舍……《民国日报》1923年8月13日/042
上海大学评议会之所闻 …………………《新闻报》1923年8月13日/043
上海大学评议会　克期组成校董会　半年筑成新校舍
　　……………………………………………《时报》1923年8月13日/043
学务丛载·上海大学之扩充学额 …………《申报》1923年8月14日/043
上海大学赴杭州招生 ……………………《民国日报》1923年8月14日/043
杭州快信·北京师校在浙招考新生 ………《申报》1923年8月15日/044
上海暑期讲习会讲程续表 ………………《民国日报》1923年8月16日/044
暑期讲习会昨今讲题 ……………………《民国日报》1923年8月16日/044
上海大学续招生 ……………………………《申报》1923年8月17日/044
暑期讲习会文学演讲 ……………………《民国日报》1923年8月18日/045
暑期讲习会昨日演讲 ……………………《民国日报》1923年8月19日/045
暑期讲习会之昨日 ………………………《民国日报》1923年8月20日/045
学务丛载·上海大学整顿中学部 …………《申报》1923年8月23日/045
上海大学中学部近况 ……………………《民国日报》1923年8月23日/046
上海大学中学部近况 ……………………《新闻报》1923年8月23日/046
学校消息·上海大学 ………………………………《时报》1923年8月23日/046
暑期讲习会宣告结束 ……………………《民国日报》1923年8月27日/046
暑期讲习会聚餐记 ………………………《民国日报》1923年8月30日/046

005

| 上海大学录取新生案 | 《民国日报》1923年9月3日/047 |
| 上海大学紧要通告 | 《申报》1923年9月8日/047 |
| 上海大学俄文班招生 | 《申报》1923年9月25日/047 |
| 画家吴待赴法 | 《申报》1923年9月27日/047 |
| 学务丛载·上海大学之英文辩论 | 《申报》1923年10月1日/047 |
| 庆祝双十节之筹备 | 《申报》1923年10月6日/048 |
| 上海大学反对贿选电 | 《民国日报》1923年10月9日/048 |
| 国民讨曹游行大会请愿纪·军使代表答称各尽其能 | 《申报》1923年10月11日/048 |
| 上海大学近事两则·马君武博士讲学 筹开一周纪念会 | 《民国日报》1923年10月22日/049 |
| 《盗国记》新剧之表演 | 《申报》1923年10月25日/049 |
| 上海大学特别讲座布告 | 《民国日报》1923年10月25日/049 |
| 欢乐之会务一束·上海大学 | 《申报》1923年10月26日/050 |
| 上海大学一周纪念会纪要 | 《新闻报》1923年10月26日/050 |
| 出版界消息 | 《申报》1923年11月2日/050 |
| 群贤女学校之讲演会·高冠吾讲女性问题 童禹君讲新家庭之组织 | 《申报》1923年11月10日/050 |
| 上海大学之演讲及参观 | 《申报》1923年11月10日/051 |
| 上海大学特别讲座广告 | 《民国日报》1923年11月10日/051 |
| 上海大学之近况 | 《民国日报》1923年11月10日/051 |
| 上海大学特别讲座布告 | 《民国日报》1923年11月11日/051 |
| 各学校消息汇志·上海大学 | 《民国日报》1923年11月13日/052 |
| 上海大学特别讲座布告 | 《民国日报》1923年11月15日/052 |
| 上海大学发展之将来 | 《民国日报》1923年11月17日/052 |
| 出版界消息 | 《申报》1923年11月18日/053 |
| 演讲并纪·上海大学 | 《申报》1923年12月1日/053 |
| 上海大学之特别讲座 请章太炎演讲 | 《民国日报》1923年12月1日/053 |
| 上海大学明日请章太炎演讲 题为中国语言统系 | 《新闻报》1923年12月1日/053 |
| 上海大学昨日之讲演 章太炎讲演"中国语音统系" | 《民国日报》1923年12月3日/053 |
| 湖波文艺会成立大会 | 《民国日报》1923年12月6日/054 |
| 上海大学底两个文艺团体 | 《民国日报》1923年12月7日/054 |

## 目　录

上海大学之英语辩论　不分胜负 ……………《民国日报》1923年12月15日/055
艺术界消息 …………………………………………《时报》1923年12月21日/055
上海大学之猛进 ……………………………………《民国日报》1923年12月25日/055
上海大学近讯 ………………………………………《新闻报》1923年12月25日/055
学校消息·上海大学 ………………………………《时报》1923年12月25日/056

### 1924年 ………………………………………………………………………………… 057

上海大学招生 ………………………………………《申报》1924年1月3日/057
上海大学招生 ………………………《民国日报》1924年1月3日至2月18日/057
本埠各大学皖籍学生之通电　宣布马联甲摧残教育
　………………………………………………………《申报》1924年1月6日/057
学务丛载·上海大学新生之录取 …………………《申报》1924年1月23日/058
各学校消息汇志·上海大学 ……………………《民国日报》1924年1月23日/058
上大中国文学系近闻 ……………………………《民国日报》1924年1月24日/058
上海大学中学部消息 ……………………………《民国日报》1924年1月31日/058
上海大学招生 ……………………………………《民国日报》1924年2月11日/059
将开学之各学校·上海大学 ………………………《申报》1924年2月16日/059
上海大学迁移校舍通告 ……………………………《申报》1924年2月16日/059
上海大学移迁新校舍 ……………………………《民国日报》1924年2月16日/059
上海大学定期迁移校址 ……………………………《新闻报》1924年2月16日/059
上海大学迁移校舍通告 …………………………《民国日报》1924年2月17日/059
上海大学启事 ………………………………………《申报》1924年2月23日/060
上海大学启事 ……………………………………《民国日报》1924年2月23日/060
上海大学布告 ……………………………………《民国日报》1924年2月24日/060
学校消息·上海大学 ……………………………《民国日报》1924年3月3日/060
学务丛载·上海大学最近之整顿 …………………《申报》1924年3月4日/060
各工团昨日追悼列宁纪 ……………………………《申报》1924年3月9日/060
租界西区平民夜校消息·昨日开会讨论进行事宜
　………………………………………………………《申报》1924年3月11日/061
上宝平民教育促进会大会纪·选出董事十五人 …《申报》1924年3月13日/061
小专电 ………………………………………………《时报》1924年3月14日/063
学校消息·上海大学 ……………………………《民国日报》1924年3月16日/063
上海大学近况 ………………………………………《新闻报》1924年3月16日/063
学务丛载·上海大学之新教职员 …………………《申报》1924年3月17日/063
上海大学添招俄文新生广告 ……………………《民国日报》1924年3月17日/064

| 学校消息·上海大学 | 《民国日报》1924年3月17日/064 |
| 学务丛载·上海大学将新添学系 | 《申报》1924年3月18日/064 |
| 学校消息·上海大学 | 《民国日报》1924年3月18日/064 |
| 上海大学下学年拟新设学系 | 《新闻报》1924年3月18日/064 |
| 西区平民教育讲演会 | 《申报》1924年3月20日/064 |
| 出版界消息 | 《申报》1924年3月20日/065 |
| 西区各校鼓吹平教大游行 | 《申报》1924年3月22日/065 |
| 学务丛载·上大职教员之聚餐会 | 《申报》1924年3月24日/065 |
| 学务丛载·明日放洋之留法学生 | 《申报》1924年3月26日/065 |
| 明日放洋之留法学生 | 《民国日报》1924年3月26日/065 |
| 上海大学女生援助保定女师 发出文电三件 | 《申报》1924年4月4日/065 |
| 上海大学女生援助保定女师 | 《民国日报》1924年4月4日/066 |
| 上海大学创办平民学校 | 《申报》1924年4月5日/067 |
| 平民教育消息汇志 | 《民国日报》1924年4月5日/067 |
| 上海大学创办平民学校 | 《新闻报》1924年4月5日/067 |
| 关于平民教育之消息·上海大学举定平教委员 | 《申报》1924年4月9日/068 |
| 上宝平民教育促进会消息·昨日召集学生代表会议 讨论一星期大运动办法 | 《申报》1924年4月13日/068 |
| 学校消息·上海大学 | 《民国日报》1924年4月13日/068 |
| 上海大学平民学校之开学式 | 《申报》1924年4月16日/069 |
| 关于平民教育运动之进行·上大平民学校开学 | 《民国日报》1924年4月16日/069 |
| 学校消息·上海大学 | 《民国日报》1924年4月18日/069 |
| 闸北平教运动大游行纪·团体八十余起 人数三千以上 | 《申报》1924年4月20日/069 |
| 学校消息·上海大学 | 《民国日报》1924年4月20日/070 |
| "上大"平民学校消息 | 《民国日报》1924年4月21日/070 |
| 学务丛载·上大将办法国文学系 | 《申报》1924年4月23日/071 |
| 学校消息·上海大学 | 《民国日报》1924年4月23日/071 |
| 上海大学平教委员会开会 | 《新闻报》1924年4月28日/071 |
| 杭州快信 | 《申报》1924年4月29日/071 |
| 学校消息·上海大学 | 《民国日报》1924年5月8日/071 |
| 上海大学之欢送会 | 《新闻报》1924年5月8日/072 |
| 上海学生会会议纪要·议决两案 | 《申报》1924年5月13日/072 |

# 目 录

| 条目 | 出处 |
|---|---|
| 学务丛载·上海大学组浙同乡会 | 《申报》1924年5月15日/072 |
| 上海大学书报流通处启事 | 《民国日报》1924年5月17日/072 |
| 上宝平教促进会干事会记 | 《申报》1924年5月20日/072 |
| 学校消息·上海大学 | 《民国日报》1924年5月20日/073 |
| 出版界消息 | 《申报》1924年5月22日/073 |
| 上宝平民学校详细统计表(续)·上宝平民教育促进会调查 | 《申报》1924年5月31日/073 |
| 学务丛载·涟水暑期学校之筹办 | 《申报》1924年6月3日/074 |
| 上海大学新添学系 | 《民国日报》1924年6月5日/074 |
| 上海大学新添学系 | 《新闻报》1924年6月5日/074 |
| 艺苑清音·甲子艺术会开成立会 | 《申报》1924年6月6日/074 |
| 绍兴停办女师之反响·上海大学浙江同乡会电争 | 《申报》1924年6月7日/075 |
| 学务丛载·创办世界语传习学校 | 《申报》1924年6月7日/075 |
| 加入浙财政调查会者　上海大学浙江同乡会 | 《时报》1924年6月7日/075 |
| 上海大学招考男女新生 | 《申报》1924年6月14日/075 |
| 上海大学招考男女新生 | 《民国日报》1924年6月14日/076 |
| 上海夏令讲学会通告 | 《申报》1924年6月17日/076 |
| 上海大学招考男女新生 | 《申报》1924年6月17日/076 |
| 上大学生组织艺术会 | 《民国日报》1924年6月17日/077 |
| 上海大学美术科毕业　举行成绩展览两日 | 《民国日报》1924年6月20日/077 |
| 各学校之毕业礼·上海大学 | 《申报》1924年6月21日/077 |
| 各学校之毕业礼·上海大学平校 | 《申报》1924年6月22日/077 |
| 上大浙江同乡会开会 | 《民国日报》1924年6月22日/077 |
| 学校消息·上大平民学校 | 《民国日报》1924年6月22日/077 |
| 上海大学近况 | 《新闻报》1924年6月22日/078 |
| 上海夏令讲学会简章(未完) | 《民国日报》1924年7月1日/078 |
| 上海夏令讲学会简章 | 《民国日报》1924年7月2日/079 |
| 学务丛载·夏令讲学会学程排定 | 《申报》1924年7月4日/079 |
| 夏令讲学会近闻 | 《民国日报》1924年7月4日/079 |
| 上海夏令讲学会昨行开讲式　听讲会员一百五十余人　戴季陶等三人演说 | 《民国日报》1924年7月7日/080 |
| 上大毕业同学会纪 | 《民国日报》1924年7月8日/080 |
| 学务丛载·上海大学毕业同学会 | 《申报》1924年7月9日/080 |
| 上海夏令讲学会紧要启事 | 《民国日报》1924年7月10日/080 |

夏令讲学会之第一周 ……………………《民国日报》1924年7月12日/081
厦大离校学生团总部近讯 ………………《申报》1924年7月14日/081
上海大学第一次录取新生 ………………《民国日报》1924年7月14日/081
上海夏令讲学会消息·社会问题研究会成立　第二周讲学会之科目
　　………………………………………《民国日报》1924年7月22日/081
夏令讲学会近闻·职员会议之议案　讲学科程之变更
　　………………………………………《民国日报》1924年7月25日/082
上海夏令讲学会消息 ……………………《民国日报》1924年7月28日/082
暑期讲习会昨日演讲 ……………………《民国日报》1924年7月29日/082
上海夏令讲学会消息·下周请专家演讲 …《民国日报》1924年8月8日/083
上海大学招考男女新生 …………………《申报》1924年8月18日/083
上海大学加考新生广告 …………………《民国日报》1924年8月18日/083
上海大学提前加考 ………………………《民国日报》1924年8月18日/083
学务丛载·上海大学校新聘教授 ………《申报》1924年8月20日/083
上海大学新聘教授 ………………………《民国日报》1924年8月20日/084
学务丛载·上海大学之新聘教授 ………《申报》1924年8月21日/084
上海大学新聘之教授 ……………………《民国日报》1924年8月21日/084
学务丛载·上海大学毕业同学会 ………《申报》1924年8月26日/084
上海大学毕业同学会 ……………………《民国日报》1924年8月26日/084
学务汇载·上海大学学务之改进 ………《申报》1924年9月2日/085
上海大学学务之改进 ……………………《民国日报》1924年9月2日/085
夏令讲学会已告结束 ……………………《民国日报》1924年9月2日/085
学务丛载·上海大学叶为耽赴美 ………《申报》1924年9月3日/085
三大学消息并纪·上海大学 ……………《民国日报》1924年9月3日/085
上海大学录取新生 ………………………《民国日报》1924年9月5日/085
上海大学准于九月二十日开学 …………《民国日报》1924年9月11日/086
三大学消息并纪·上大中学部 …………《民国日报》1924年9月12日/086
上海大学中学部通告 ……………………《民国日报》1924年9月13日/086
上海大学西北省区学生李秉乾等来函 …《民国日报》1924年9月13日/086
学务并载·上大中学部广收新生 ………《申报》1924年9月14日/087
上海大学录取新生 ………………………《民国日报》1924年9月20日/087
上海大学开课通告 ………………………《民国日报》1924年9月20日/087
上大筹备二周纪念 ………………………《民国日报》1924年10月7日/087
双十节天后宫之惨剧　上大黄仁君已因伤毙命

# 目　录

| | |
|---|---|
| …………………………………… | 《民国日报》1924年10月12日/088 |
| 悼黄仁同志 …………………………… | 《民国日报》1924年10月13日/088 |
| 上海大学学生横被帝国主义与军阀走狗的摧残通电 | |
| …………………………………… | 《民国日报》1924年10月13日/088 |
| 上海大学学生会之成立 ……………… | 《民国日报》1924年10月15日/090 |
| 上海大学学生会之成立 ……………… | 《新闻报》1924年10月15日/091 |
| 黄仁惨死之哀声 ……………………… | 《民国日报》1924年10月16日/091 |
| 黄仁惨死之抗议声 …………………… | 《民国日报》1924年10月17日/091 |
| 黄仁追悼会预志 ……………………… | 《民国日报》1924年10月20日/092 |
| 追悼黄烈士大会通告 ………………… | 《民国日报》1924年10月22日/092 |
| 黄仁伤单（德医的报告） …………… | 《民国日报》1924年10月27日/093 |
| 黄仁烈士追悼会纪事 ………………… | 《民国日报》1924年10月28日/093 |
| 黄仁烈士传 …………………………… | 《民国日报》1924年10月28日/094 |
| 上海大学丛书之一　蔡和森先生著《社会进化史》大本一厚册 定价一元 | |
| …………………………………… | 《申报》1924年11月2日/094 |
| 上大平校祝十月革命 ………………… | 《民国日报》1924年11月9日/095 |
| 上海大学附设平民学校消息 ………… | 《新闻报》1924年11月10日/095 |
| 欢迎孙中山筹备种种 ………………… | 《申报》1924年11月16日/095 |
| 上海大学 ……………………………… | 《民国日报》1924年11月17日/096 |
| 孙中山抵沪纪·欢迎者甚众 赴津期仍未定 | 《申报》1924年11月18日/096 |
| 学校新闻汇集·上海大学 …………… | 《民国日报》1924年11月18日/096 |
| 上海大学学生之新组织 ……………… | 《新闻报》1924年11月18日/097 |
| 篮球消息 ……………………………… | 《申报》1924年11月20日/097 |
| 旅沪皖学生反对倪道烺长皖电 ……… | 《申报》1924年11月20日/097 |
| 中国孤星社常会记事 ………………… | 《民国日报》1924年11月20日/097 |
| 上海大学校旗送回 …………………… | 《民国日报》1924年11月23日/098 |
| 孤星社对时局之主张 ………………… | 《民国日报》1924年11月23日/098 |
| 六十二团体拥护孙中山主张电 ……… | 《申报》1924年11月24日/098 |
| 各公团赞成中山先生之政见 ………… | 《民国日报》1924年11月24日/099 |
| 浙籍学生反对孙传芳 ………………… | 《民国日报》1924年11月27日/099 |
| 国民会议专栏·上海大学学生拥护中山先生主张 | |
| …………………………………… | 《民国日报》1924年11月28日/100 |
| 上大河南同学会近闻 ………………… | 《民国日报》1924年11月30日/100 |
| 上海大学主张国民会议宣言·注重预备会议 | |

............................................《民国日报》1924年12月3日/101
上海国民会议促成会筹备会纪 ............《申报》1924年12月8日/101
女界筹备参与国民会议 ....................《申报》1924年12月9日/102
松江·初级中学星期演讲会纪 ............《申报》1924年12月19日/102
学校消息汇纪·上大川同学开会 ........《民国日报》1924年12月19日/103
捕房派探搜查上海大学 ....................《新闻报》1924年12月19日/103
邵力子被控案开审记·第一节仇洋注销　余展期三礼拜再讯
　　............................................《申报》1924年12月20日/103
上海大学招考插班生 ........................《民国日报》1924年12月20日/103
上大代理校长被控案开审记·第一节仇洋已注销，余展期三礼拜再说
　　............................................《民国日报》1924年12月20日/103
上海大学主任被控 ............................《新闻报》1924年12月20日/104
上海大学消息 ....................................《申报》1924年12月24日/105
非基督教同盟明日开演讲会　下午二时在复旦中学
　　............................................《申报》1924年12月24日/105
上海大学招考插班生 ........................《申报》1924年12月24日/105
上海学生界发起学生代表大会·南洋大学、上海大学等发起　请全上海学生
　　讨论国民会议 ............................《申报》1924年12月24日/106
上海大学四川同学会通电 ................《民国日报》1924年12月24日/106
学务丛报·上海大学之扩充　上海大学学生会
　　............................................《民国日报》1924年12月24日/106
上海学生联合会代表大会纪盛·决议加入元月元日示威运动
　　............................................《民国日报》1924年12月26日/106
上海国民会议促成会之昨讯 ............《申报》1924年12月27日/107
非基督教促成会之成立 ....................《申报》1924年12月27日/107
上大壬戌级会成立 ............................《新闻报》1924年12月27日/107
学务汇志·上大壬戌级会成立 ............《申报》1924年12月28日/107
上海国民会议促成会消息 ................《申报》1924年12月29日/108
上海大学山东同乡会宣言 ................《民国日报》1924年12月29日/108
上海大学被控案　搜查各种书报前后原因　谓《向导》周报系该校发行
　　以仇洋各词控代理校长　妄拟私与外国开战罪
　　............................................《大公报(天津)》1924年12月29日/109
学务丛报·上海大学英国文学系得人 ............《民国日报》1924年12月31日/110

## 1925年 ······111

| 条目 | 出处 |
|---|---|
| 上大山东同乡会与山东各团体函 | 《民国日报》1925年1月5日/111 |
| 邵力子被控案撤销 | 《申报》1925年1月10日/111 |
| 上大代理校长控案完全注销 | 《民国日报》1925年1月10日/112 |
| 邵力子启事 | 《民国日报》1925年1月11日/112 |
| 上海大学第一届录取新生揭晓 | 《民国日报》1925年1月12日/112 |
| 上海大学组织招待投考同学会 | 《新闻报》1925年1月17日/112 |
| 上海大学新聘教职员 | 《申报》1925年2月5日/112 |
| 上海大学之新计划 | 《民国日报》1925年2月5日/113 |
| 上海大学本学期之新计划 | 《新闻报》1925年2月5日/113 |
| 上大中学部之革新 | 《民国日报》1925年2月6日/113 |
| 女界国民会议促成会纪 | 《申报》1925年2月7日/114 |
| 邵力子被控案候下堂谕 | 《申报》1925年2月7日/114 |
| 邵力子控案辩论终结 | 《民国日报》1925年2月7日/114 |
| 上海大学慰问中山·致于右任电 | 《申报》1925年2月8日/115 |
| 孙先生病状之昨讯·上海大学全体电京慰问 | 《民国日报》1925年2月8日/115 |
| 四川旅沪各校学生代表会议纪·要求借贷川汉铁路储款利息 组织委员会及选派代表赴京 | 《申报》1925年2月10日/115 |
| 上海大学录取新生 | 《申报》1925年2月12日/116 |
| 上海大学第二次录取新生揭晓 | 《民国日报》1925年2月13日/116 |
| 上海两促成会之欢送大会 欢迎北上参加全国总会之代表 | 《民国日报》1925年2月13日/116 |
| 上海大学开行政会议纪 | 《申报》1925年2月14日/117 |
| 邵力子被控案已判决 | 《申报》1925年2月14日/117 |
| 上海大学昨开行政委员会议 | 《新闻报》1925年2月14日/117 |
| 各团体联席大会开会纪 | 《民国日报》1925年2月16日/117 |
| 沪女界团体明日开联席会议 为讨论国民会议条例草案事 | 《申报》1925年2月28日/118 |
| 上大附中之进行 | 《申报》1925年3月2日/118 |
| 上海女界联席会纪 | 《申报》1925年3月2日/119 |
| 贵州留沪学生会定期开会 | 《申报》1925年3月5日/119 |
| 学务丛报·上海大学特准补考 | 《民国日报》1925年3月6日/119 |
| 上海大学消息 | 《新闻报》1925年3月6日/119 |
| 学务丛报·上大附中续行补考 | 《民国日报》1925年3月7日/119 |

| | | |
|---|---|---|
| 上海妇女界今日开会 | 《申报》 | 1925年3月8日/120 |
| 上海女界联席会议纪·筹备上海女国民大会 | 《申报》 | 1925年3月9日/120 |
| 景平女校请恽君讲学 | 《申报》 | 1925年3月12日/121 |
| 孙中山逝世之哀悼·各界之哀悼 | 《申报》 | 1925年3月14日/121 |
| 平教成绩展览会行将开幕 | 《申报》 | 1925年3月15日/121 |
| 孙中山逝世之哀悼(二) | 《申报》 | 1925年3月15日/122 |
| 孙中山逝世之哀悼(三) | 《申报》 | 1925年3月16日/122 |
| 孙中山逝世之哀悼(四) | 《申报》 | 1925年3月17日/123 |
| 旅沪皖学生为姜案之两电 | 《申报》 | 1925年3月18日/123 |
| 孙中山逝世之哀悼(五) | 《申报》 | 1925年3月18日/124 |
| 孙中山逝世之哀悼(六)·筹备国立中山大学消息 | 《申报》 | 1925年3月19日/124 |
| 孙中山逝世之哀悼(七)·昨日加入追悼会之团体 | 《申报》 | 1925年3月20日/124 |
| 孙中山逝世之哀悼(八)·各团体筹备追悼之会议 | 《申报》 | 1925年3月21日/125 |
| 上大改名之进行 | 《民国日报》 | 1925年3月21日/125 |
| 孙中山逝世之哀悼(十)·各团体追悼大会之筹备会 | 《申报》 | 1925年3月23日/125 |
| 孙中山逝世之哀悼(十一)·国民党区分部之追悼 | 《申报》 | 1925年3月24日/126 |
| 学务丛报·上大平民夜校继续开办 | 《民国日报》 | 1925年3月24日/126 |
| 学务丛报·上大演说练习会 | 《民国日报》 | 1925年3月25日/126 |
| 三报馆被控案续讯纪 | 《申报》 | 1925年3月26日/126 |
| 学务丛报·上海大学聘定校医 | 《民国日报》 | 1925年3月31日/128 |
| 上海大学聘张致果为校医 | 《新闻报》 | 1925年3月31日/128 |
| 学务丛报·上大湖北同乡会成立 | 《民国日报》 | 1925年4月1日/128 |
| 学务丛报·上大行政委员会消息 | 《民国日报》 | 1925年4月3日/129 |
| 三报馆被控案续审纪 | 《申报》 | 1925年4月5日/129 |
| 学务丛报·上大浙江同乡会开会纪 | 《民国日报》 | 1925年4月5日/130 |
| 上大浙同乡会开会 | 《新闻报》 | 1925年4月5日/130 |
| 学务丛报·上大广东同学会成立 | 《民国日报》 | 1925年4月9日/131 |
| 学务丛报·上大皖同学会成立 | 《民国日报》 | 1925年4月11日/131 |
| 孙中山夫人与孙哲生昨晚抵沪 | 《申报》 | 1925年4月12日/131 |

# 目 录

昨日全埠市民之追悼孙中山大会　到者达十万人左右
　　…………………………………………《申报》1925年4月13日/131
国民党员追悼孙中山记·在新舞台举行　到六千余人
　　…………………………………………《申报》1925年4月14日/131
学务丛报·上海大学英文研究会大会 …《民国日报》1925年4月17日/133
学务丛报·杨杏佛今日演讲 ……………《民国日报》1925年4月18日/133
学务丛报·上大刊行文学周刊 …………《民国日报》1925年4月18日/133
邵力子被控案之判词·违反出版法共罚三百三十元　宣传过激主义一节
　　无据注销 ………………………………《申报》1925年4月19日/133
学务丛报·上大社会科学研究会之演讲 《民国日报》1925年4月21日/134
山东学生筹备同乡会 ……………………《申报》1925年4月22日/134
上海大学改名中山大学　俟有切实改革计划然后实行
　　…………………………………………《民国日报》1925年4月27日/134
淞沪川团体组织反对川战大同盟 ………《申报》1925年4月28日/134
安徽南陵旅沪同乡会开会 ………………《申报》1925年4月30日/135
上大平民校消息 …………………………《申报》1925年5月3日/135
社团近闻 …………………………………《申报》1925年5月3日/135
上大平校 …………………………………《民国日报》1925年5月3日/135
学务丛报·上大女同学会成立纪 ………《民国日报》1925年5月3日/135
上大女同学会成立 ………………………《时报》1925年5月3日/136
学务丛报·上大川同学开会 ……………《民国日报》1925年5月10日/136
上海大学今日追悼胡笠僧·革命健者　协助良朋
　　…………………………………………《民国日报》1925年5月10日/136
各方纪念国耻之续讯·上大平校 ………《申报》1925年5月11日/136
华德博士在上大演讲　今日起共四天 …《民国日报》1925年5月11日/137
上海大学追悼胡景翼纪 …………………《申报》1925年5月12日/137
上大追悼胡景翼 …………………………《民国日报》1925年5月12日/137
学务丛报·华德博士在上大演讲纪 ……《民国日报》1925年5月15日/138
上海学生会第一届执行委员会纪 ………《申报》1925年5月18日/138
上大平校学生会成立纪 …………………《申报》1925年5月18日/139
学务丛报·上大平校成立学生会 ………《民国日报》1925年5月18日/139
上海学生会之代表会议 …………………《申报》1925年5月24日/139
胡景翼追悼会之筹备讯·昨日加入之团体 《申报》1925年5月24日/140
学务丛报·上大女同学委员会 …………《民国日报》1925年5月24日/140

015

| 学生被捕案候日领堂期审讯 | 《申报》1925年5月26日/140 |
| 文治大学来函 | 《申报》1925年5月27日/141 |
| 胡景翼追悼会今日开筹备会　明晚招待新闻界 | 《申报》1925年5月29日/141 |
| 两大学学生被拘案续志 | 《申报》1925年5月31日/141 |
| 昨日学生演讲之大风潮　死七人　伤十余人 | 《申报》1925年5月31日/141 |
| 学生之哀呼　学生之紧急会议 | 《民国日报》1925年5月31日/144 |
| 受伤学生调查 | 《民国日报》1925年5月31日/144 |
| 南京路发生惨剧后之昨日形势 | 《申报》1925年6月1日/144 |
| 文治上大两校今日开教职员会议 | 《申报》1925年6月2日/146 |
| 学生何秉彝之哀讯 | 《申报》1925年6月2日/146 |
| 何秉彝死后消息 | 《申报》1925年6月2日/147 |
| 同仁辅元堂收殓尸骸之摄影 | 《申报》1925年6月3日/147 |
| 上海大学学生会电 | 《申报》1925年6月3日/147 |
| 公共租界罢市之第三日·上海大学昨日之消息 | 《申报》1925年6月4日/148 |
| 昨日纪念六三之大会　会后排队游行 | 《申报》1925年6月4日/148 |
| 公共租界罢市之第四日·捕房搜捕案两起　上海大学被捕房解散 | 《申报》1925年6月5日/148 |
| 公共租界罢市之第四日·上大学生何秉彝君遗影 | 《申报》1925年6月5日/149 |
| 上海大学学生会临时委员会来函 | 《申报》1925年6月5日/149 |
| 上海大学通告 | 《民国日报》1925年6月5日/150 |
| 上海大学学生会启事 | 《民国日报》1925年6月5日/150 |
| 上海大学昨日被散解　学生被驱出校，由美水兵驻守 | 《民国日报》1925年6月5日/150 |
| 捕房迫迁学校讯·上海大学被封之昨讯 | 《申报》1925年6月6日/151 |
| 本埠学界昨日情况·上海大学被封后之会议 | 《申报》1925年6月6日/151 |
| 上海大学通告 | 《申报》1925年6月6日/151 |
| 教职员联合会昨日开会 | 《申报》1925年6月6日/151 |
| 于右任论"五卅"案 | 《民国日报》1925年6月6日/152 |
| 租界学校被干涉讯·于右任函报解散上大情形 | 《申报》1925年6月7日/152 |
| 上海大集议善后 | 《申报》1925年6月7日/153 |
| 昨日学界方面之形势·上海大学 | 《申报》1925年6月7日/153 |
| 上海大学集议善后 | 《民国日报》1925年6月7日/153 |
| 上海大学集议善后 | 《新闻报》1925年6月7日/153 |
| 学界昨日情况·上海大学已租定临时校舍 | 《申报》1925年6月8日/153 |

# 目　　录

学界昨日情况·学生总会各省宣传员昨日出发 ……… 《申报》1925年6月8日/154
上海大学学生会启事 …………………………… 《民国日报》1925年6月8日/154
上海大学通告 …………………………………… 《民国日报》1925年6月8日/154
上大已租定临时校舍 …………………………… 《民国日报》1925年6月8日/154
武装解散学校讯·上大全体宣言 ……………… 《民国日报》1925年6月8日/154
于右任论五卅事件　非空言办法能了 ………… 《民国日报》1925年6月9日/155
南京路惨案之昨讯·公廨审讯之情形　捕房人员之陈述
　　…………………………………………………… 《申报》1925年6月10日/156
南京路惨案之昨讯·公廨续审惨案　今日尚须续审
　　…………………………………………………… 《申报》1925年6月11日/157
上大呈交涉使文 ………………………………… 《民国日报》1925年6月11日/161
南京路惨案之昨讯·十万市民之集会游行　到会之团体
　　…………………………………………………… 《申报》1925年6月12日/162
南京路惨案之昨讯·五卅惨案公廨昨日讯结　被告一律具结开释
　　…………………………………………………… 《申报》1925年6月12日/163
学界昨日消息·被封后之上大学生 …………… 《申报》1925年6月12日/167
上海大学各系班同学钧鉴 ……………………… 《民国日报》1925年6月12日/167
被封后之上大学生 ……………………………… 《民国日报》1925年6月12日/167
上海大学学生会紧要通告 ……………………… 《民国日报》1925年6月13日/167
今日公廨开审上大文大学生 …………………… 《申报》1925年6月15日/167
学界消息·上海大学消息 ……………………… 《申报》1925年6月15日/167
上海大学学生会开会　筹款建筑新校舍 ……… 《民国日报》1925年6月15日/168
各界一致援助汉口惨案·上大学生会唁汉案电
　　………………………………………………… 《民国日报》1925年6月16日/168
五卅死亡调查表 ………………………………… 《申报》1925年6月17日/168
介绍"上大五卅特刊"（示羊） ………………… 《民国日报》1925年6月17日/170
学界昨讯·上海大学将自建校舍 ……………… 《申报》1925年6月19日/170
上海大学招考男女生 …………………………… 《民国日报》1925年6月19日/170
惨案交涉移京后之上海·昨日南市学界工界之游行
　　…………………………………………………… 《申报》1925年6月21日/171
罢课中之各学校·上海大学 …………………… 《民国日报》1925年6月23日/171
罢课中之各学校·上海大学 …………………… 《民国日报》1925年6月24日/171
各界奋起援助沙面惨案·上海大学学生会电
　　………………………………………………… 《民国日报》1925年6月26日/172

| | | |
|---|---|---|
| 上海大学近讯 | 《民国日报》 | 1925年6月27日/172 |
| 五卅死难烈士追悼大会 到会者二十万人 | 《申报》 | 1925年7月1日/172 |
| 学务丛报·上大教职员自动减薪 | 《民国日报》 | 1925年7月2日/173 |
| 教育消息·要闻·阁议私立三大学各给金款一万元 | 《申报》 | 1925年7月3日/173 |
| 学务丛报·上海大学 | 《民国日报》 | 1925年7月4日/173 |
| 上海大学开始募集建筑费 | 《申报》 | 1925年7月5日/174 |
| 上海大学开始募集建筑费 | 《民国日报》 | 1925年7月5日/174 |
| 成都各界援助沪案之续讯·学生联合会 | 《申报》 | 1925年7月8日/174 |
| 上海大学通告 | 《民国日报》 | 1925年7月12日/174 |
| 五卅死难者消息·何秉彝烈士治丧委员会消息 | 《申报》 | 1925年7月13日/174 |
| 何烈士治丧消息 | 《民国日报》 | 1925年7月13日/174 |
| 英外相对于沪案质问之吞吐辞 | 《申报》 | 1925年7月17日/175 |
| 上海大学通告 | 《民国日报》 | 1925年7月17日/175 |
| 电贺国民政府·上大学生会电 | 《民国日报》 | 1925年7月19日/175 |
| 各学校消息汇记·上海大学 | 《民国日报》 | 1925年7月19日/176 |
| 上大第一次录取新生已揭晓 | 《时报》 | 1925年7月19日/176 |
| 上海大学录取新生布告 | 《民国日报》 | 1925年7月20日/176 |
| 夏令讲演会茶话会·明日开课 | 《民国日报》 | 1925年7月20日/176 |
| 上海大学建筑新校舍招工投标广告 | 《申报》 | 1925年7月21日/177 |
| 上海大学附属中学紧要通告 | 《民国日报》 | 1925年7月21日/177 |
| 上海大学暨附属中学招生 | 《民国日报》 | 1925年7月25日/177 |
| 上海大学 | 《民国日报》 | 1925年7月26日/177 |
| 上海大学建募新校舍成绩极佳 | 《申报》 | 1925年7月27日/178 |
| 上海大学启事 | 《民国日报》 | 1925年7月29日/178 |
| 上海大学校舍定期开工 | 《申报》 | 1925年8月2日/178 |
| 宁案发生后之沪上援助声·上海大学学生会通电 | 《申报》 | 1925年8月4日/178 |
| 夏令讲演会消息 | 《民国日报》 | 1925年8月5日/179 |
| 上海大学 | 《民国日报》 | 1925年8月7日/179 |
| 上海大学附属中学迁入新校舍收受转学生通告 | 《申报》 | 1925年8月12日/179 |
| 各学校消息汇纪·上大附中 | 《民国日报》 | 1925年8月17日/179 |
| 上海大学消息 | 《新闻报》 | 1925年8月17日/179 |
| 上海大学暨附中招男女生 | 《申报》 | 1925年8月18日/180 |
| 上大建筑校舍之进行 | 《民国日报》 | 1925年8月20日/180 |

# 目　录

| | | |
|---|---|---|
| 上海大学消息 | 《新闻报》 | 1925年8月20日/180 |
| 上海大学昨讯 | 《时报》 | 1925年8月20日/180 |
| 南京快信 | 《申报》 | 1925年8月23日/180 |
| 各学校消息汇志·上海大学 | 《申报》 | 1925年8月25日/181 |
| 各学校消息汇志·上海大学 | 《民国日报》 | 1925年8月25日/181 |
| 上海大学 | 《民国日报》 | 1925年8月28日/181 |
| 各学校新消息·上海大学 | 《时报》 | 1925年8月28日/181 |
| 各学校消息汇志·上海大学 | 《申报》 | 1925年8月29日/181 |
| 上海大学通告 | 《民国日报》 | 1925年8月30日/181 |
| 上海大学暨附属中学招生 | 《民国日报》 | 1925年8月30日/181 |
| 上海大学来镇募捐 | 《新闻报》 | 1925年9月1日/182 |
| 上海大学 | 《民国日报》 | 1925年9月3日/182 |
| 上海大学通告 | 《民国日报》 | 1925年9月5日/182 |
| 上海大学录取新生布告 | 《民国日报》 | 1925年9月5日/182 |
| 各学校消息汇记·上海大学 | 《民国日报》 | 1925年9月8日/183 |
| 来函 | 《新闻报》 | 1925年9月8日/183 |
| 上海大学于校长抵沪 | 《申报》 | 1925年9月10日/183 |
| 上海大学暨附中续招女男生 | 《申报》 | 1925年9月11日/183 |
| 上海大学章程出版 | 《民国日报》 | 1925年9月16日/183 |
| 孙为雨君今日放洋留学 | 《申报》 | 1925年9月18日/184 |
| 上海大学录取新生布告 | 《民国日报》 | 1925年9月20日/184 |
| 上海大学建筑校舍募捐委员会启事 | 《申报》 | 1925年10月1日/184 |
| 上海大学组织爱美剧团 | 《申报》 | 1925年10月8日/184 |
| 涟社上海分社开常会 | 《申报》 | 1925年10月11日/184 |
| 上大剧团成立会 | 《申报》 | 1925年10月11日/184 |
| 上大发起文友社 | 《申报》 | 1925年10月11日/185 |
| 双十国庆纪念补记·学界 | 《民国日报》 | 1925年10月12日/185 |
| 各学校消息汇纪·上海大学 | 《民国日报》 | 1925年10月13日/185 |
| 《民众》第三期出版 | 《申报》 | 1925年10月18日/185 |
| 上大剧团近讯 | 《申报》 | 1925年10月18日/186 |
| 上海大学湘社成立 | 《时报》 | 1925年10月18日/186 |
| 昨日闸北之市民大会 | 《申报》 | 1925年10月19日/186 |
| 上大社会科学研究会 | 《民国日报》 | 1925年10月23日/187 |
| 上海大学举行三周纪念 | 《民国日报》 | 1925年10月24日/187 |

| | | |
|---|---|---|
| 上海大学举行三周纪念 | 《新闻报》 | 1925年10月24日/187 |
| 上海大学举行三周纪念 | 《时报》 | 1925年10月24日/187 |
| 上大湖北同乡会开会 | 《民国日报》 | 1925年10月27日/188 |
| 上大附中 | 《民国日报》 | 1925年10月30日/188 |
| 上大附中非基督教同盟成立会 | 《申报》 | 1925年10月31日/188 |
| 五卅死难烈士之哀音 | 《民国日报》 | 1925年11月3日/188 |
| 上大非基督教同盟会成立 | 《民国日报》 | 1925年11月8日/188 |
| 上大非基督教同盟大会成立 | 《时报》 | 1925年11月9日/188 |
| 上大台州同学会成立 | 《申报》 | 1925年11月16日/189 |
| 上大台州同学会成立 | 《时报》 | 1925年11月16日/189 |
| 社会科学会进行计划 | 《申报》 | 1925年11月17日/189 |
| 上大社会科学研究会之进行 | 《民国日报》 | 1925年11月17日/190 |
| 上大湘社援助湘学界 | 《民国日报》 | 1925年11月18日/190 |
| 上大社会系成立同学会 | 《新闻报》 | 1925年11月18日/190 |
| 上大剧团公开表演 | 《申报》 | 1925年11月19日/190 |
| 游艺界 | 《民国日报》 | 1925年11月19日/191 |
| 上大台州同学会成立 | 《新闻报》 | 1925年11月19日/191 |
| 艺术界消息 | 《时报》 | 1925年11月19日/191 |
| 上大附中济难会分部之成立会 | 《申报》 | 1925年11月20日/191 |
| 中山主义研究会之成立 | 《申报》 | 1925年11月21日/191 |
| 各学校消息汇纪·上大中山主义研究会成立 | 《民国日报》 | 1925年11月21日/192 |
| 各学校消息汇纪·上大浙江同乡会近闻 | 《民国日报》 | 1925年11月26日/192 |
| 上大浙江同乡会新职员 | 《申报》 | 1925年11月27日/192 |
| 昨日五卅半周纪念纪 | 《申报》 | 1925年11月30日/192 |
| 上大女同学会演讲练习会成立 | 《申报》 | 1925年12月3日/193 |
| 上大女同学会消息 | 《民国日报》 | 1925年12月3日/194 |
| 上大附中之新团体 | 《申报》 | 1925年12月5日/194 |
| 昨日之闸北市民大会·到会之团体 | 《申报》 | 1925年12月7日/194 |
| 呈请保释刘华之不准 | 《申报》 | 1925年12月10日/195 |
| 旅沪山东学生会开会 | 《民国日报》 | 1925年12月10日/195 |
| 留沪台湾学生组联合会 | 《申报》 | 1925年12月17日/195 |
| 被捕学生判今日日领研讯 | 《申报》 | 1925年12月19日/195 |
| 无锡·警察所查封锡社之反响 | 《申报》 | 1925年12月20日/195 |

| 廖仲恺追悼会纪 | 《申报》1925年12月22日/196 |
| 刘华生死未明 | 《民国日报》1925年12月24日/196 |
| 中国国民党第二次全国代表大会各省区代表公鉴 | 《申报》1925年12月28日/196 |
| 聘请速记干事 | 《申报》1925年12月28日/196 |
| 团体消息·上海大学募捐队赴粤 | 《申报》1925年12月29日/197 |
| 上海大学募捐队赴粤 | 《新闻报》1925年12月29日/197 |
| 上海大学募捐队赴粤 | 《时报》1925年12月29日/197 |
| 何秉彝烈士遗体今日回川 | 《申报》1925年12月30日/197 |
| 团体消息·上大剧团第三次公演 | 《申报》1925年12月30日/197 |
| 何秉彝遗体今日回川 | 《民国日报》1925年12月30日/197 |
| 何秉彝烈士遗体改期运川 | 《申报》1925年12月31日/198 |
| 何秉彝遗体改期回川 | 《民国日报》1925年12月31日/198 |

**1926年** ······ 199

| 上海大学建筑校舍募捐委员会启事 | 《申报》1926年1月1日/199 |
| 使团发表沪案重查后文件(续)·英委员高兰之报告节略 | 《申报》1926年1月3日/199 |
| 上海大学暨附属中学招插班生 | 《申报》1926年1月3日/199 |
| 上海大学暨附属中学招插班生 | 《民国日报》1926年1月3日/200 |
| 国民党上海特别市党部成立大会 | 《申报》1926年1月4日/200 |
| 学生被控之讯结 分别罚洋开释 | 《申报》1926年1月5日/200 |
| 学生被控案判结 | 《民国日报》1926年1月5日/201 |
| 上大丙寅级会之同乐会 | 《申报》1926年1月7日/202 |
| 教育消息·专电·广州 | 《申报》1926年1月9日/202 |
| 中国济难会游艺大会欢迎各界 | 《申报》1926年1月15日/202 |
| 上海大学暨附属中学招插班生 | 《申报》1926年1月15日/202 |
| 上大附中各团体联欢会纪 | 《申报》1926年1月16日/203 |
| 昨日各团体代表大会纪 | 《申报》1926年1月18日/203 |
| 何秉彝遗体明日运川 今日有各公团之追悼 | 《申报》1926年1月18日/203 |
| 何秉彝遗体运川 今日各团体之追悼 | 《民国日报》1926年1月18日/204 |
| 上海大学来函 | 《申报》1926年1月23日/204 |
| 上海大学来函 | 《民国日报》1926年1月23日/204 |
| 来函 | 《时报》1926年1月23日/204 |
| 各团体拥护人权保障宣言之宣言 | 《申报》1926年1月24日/205 |

| 篇名 | 出处 | 页码 |
|---|---|---|
| 上大广西同学 | 《民国日报》1926年1月28日 | /206 |
| 反日出兵行动委员会昨日成立 | 《申报》1926年2月3日 | /206 |
| 上海大学在粤募款 | 《新闻报》1926年2月4日 | /207 |
| 沪案重查三国委员报告全文·英国委员戈兰之报告 | 《申报》1926年2月19日 | /207 |
| 上海各学校招考表（胡敬贤） | 《申报》1926年2月24日 | /210 |
| 上海大学将开工建筑校舍 | 《申报》1926年2月28日 | /211 |
| 上海大学近闻 | 《时报》1926年2月28日 | /211 |
| 女界昨开三八纪念会 | 《申报》1926年3月9日 | /212 |
| 上海大学附属中学校续招高中一年级男女插班生十名 | 《申报》1926年3月19日 | /212 |
| 上大附中之近讯 | 《申报》1926年3月20日 | /212 |
| 上大附中新聘教员 | 《时报》1926年3月20日 | /212 |
| 上大校舍募捐委员会新讯 | 《民国日报》1926年3月21日 | /212 |
| 上大附中开会 | 《民国日报》1926年3月21日 | /213 |
| 上海大学教职员会议纪 | 《民国日报》1926年3月22日 | /213 |
| 上海大学为在江湾购买校基通告 | 《申报》1926年3月23日 | /213 |
| 上海大学最近之聚会 | 《申报》1926年3月23日 | /213 |
| 民间之驱段废约声·上海大学 | 《民国日报》1926年3月25日 | /213 |
| 各界援助京案之昨讯 | 《申报》1926年3月26日 | /214 |
| 今日各界为京案开追悼会 | 《申报》1926年3月27日 | /215 |
| 新晋第三期将出版 | 《申报》1926年4月3日 | /215 |
| 上大台州同乡会新讯 | 《申报》1926年4月4日 | /215 |
| 上海大学今日开春季同乐会 | 《新闻报》1926年4月5日 | /215 |
| 涟水旅沪学友会开常年会 | 《申报》1926年4月7日 | /216 |
| 上海大学 | 《民国日报》1926年4月9日 | /216 |
| 上海大学购地建筑校舍会勘立界 | 《新闻报》1926年4月9日 | /216 |
| 上大购定校舍地基 | 《时报》1926年4月9日 | /216 |
| 上大丙寅级举行聚餐 | 《民国日报》1926年4月12日 | /216 |
| 上大社会学系同学会 | 《民国日报》1926年4月13日 | /216 |
| 上大社会学系同学会昨开会员大会 | 《时报》1926年4月13日 | /217 |
| 各大学毕业同学会之组织·上大丙寅级 | 《申报》1926年4月21日 | /217 |
| 学校消息·上海大学 | 《申报》1926年4月26日 | /217 |
| 上大附设平校开学 | 《时报》1926年4月26日 | /217 |

| | | |
|---|---|---|
| 上海大学建筑校舍近闻 | 《民国日报》 | 1926年4月29日/217 |
| 黄仁烈士善后委员会成立 | 《申报》 | 1926年5月2日/218 |
| 昨日本埠之五四纪念·上海学生会 | 《申报》 | 1926年5月5日/218 |
| 昨日学界纪念五四·上海大学 | 《民国日报》 | 1926年5月5日/218 |
| 上海大学 | 《民国日报》 | 1926年5月17日/219 |
| 各学校消息·上海大学 | 《民国日报》 | 1926年5月25日/219 |
| 上海大学组织职业介绍部 | 《新闻报》 | 1926年5月25日/219 |
| 粤民党委员会之第三四五日·第五日（铜驼） | 《申报》 | 1926年5月27日/219 |
| 游艺界消息·上大湘社游艺消息 | 《民国日报》 | 1926年5月27日/220 |
| 上大湘社开游艺会 | 《时报》 | 1926年5月27日/220 |
| 上大湘社之游艺会 | 《申报》 | 1926年5月28日/220 |
| 学务丛报·上海大学得粤款补助 | 《民国日报》 | 1926年6月10日/220 |
| 上海大学新得粤款补助 | 《申报》 | 1926年6月12日/220 |
| 黄仁善后问题之会商 | 《民国日报》 | 1926年6月14日/221 |
| 丧礼志 | 《申报》 | 1926年6月30日/221 |
| 上大丙寅级毕业式 | 《民国日报》 | 1926年7月3日/221 |
| 上海大学之毕业式 | 《时报》 | 1926年7月3日/222 |
| 上海学生联合会启事 | 《申报》 | 1926年7月7日/222 |
| 上海大学招生 | 《申报》 | 1925年7月10日/225 |
| 上海大学招生 | 《民国日报》 | 1925年7月10日/225 |
| 团体消息·商务书馆俱乐部演讲 | 《申报》 | 1926年7月27日/226 |
| 上海大学建筑校舍募捐委员会启事 | 《申报》 | 1926年7月28日/226 |
| 上海大学新校舍建筑动工 | 《申报》 | 1926年7月28日/226 |
| 上海大学建筑校舍募捐委员会启事 | 《民国日报》 | 1926年7月28日/226 |
| 学务丛报·上大学生会之宣言 | 《民国日报》 | 1926年7月29日/226 |
| 学务丛报·上大附中之新计划 | 《民国日报》 | 1926年8月4日/227 |
| 上海大学附中之新计划 | 《新闻报》 | 1926年8月4日/227 |
| 陈阿堂案昨日消息·上海大学非基同盟宣言 | 《申报》 | 1926年8月16日/227 |
| 陈阿堂案昨讯·上大川同学会宣言 | 《申报》 | 1926年8月18日/227 |
| 陈阿堂案昨日消息·各团体之义愤 | 《申报》 | 1926年8月21日/228 |
| 上海大学附属中学招生通告 | 《申报》 | 1926年8月22日/228 |
| 周越然启事 | 《申报》 | 1926年8月23日/228 |
| 上海大学附属中学招生通告 | 《民国日报》 | 1926年8月23日/228 |
| 陈阿堂案昨日消息·上大暑期平民学校学生宣言 | | |

| | |
|---|---|
| …… | 《申报》1926年8月26日/228 |
| 雷雨声中之讲演 …… | 《申报》1926年8月29日/228 |
| 团体消息·上海大学 …… | 《申报》1926年9月3日/229 |
| 工学界演讲案内郭庭显判罚百元 …… | 《申报》1926年9月12日/229 |
| 学务丛报·上海大学 …… | 《民国日报》1926年9月19日/230 |
| 黄仁烈士善后会议 …… | 《申报》1926年9月20日/230 |
| 黄仁烈士善后会开会 …… | 《民国日报》1926年9月20日/230 |
| 各界抗争万县案·学联会之紧急会 …… | 《申报》1926年10月6日/230 |
| 昨日又有散发传单者被捕·闸北 …… | 《申报》1926年11月12日/231 |
| 被捕者援救消息·商总会函 …… | 《申报》1926年11月17日/231 |
| 各团体对时局文电·上大鲁同乡会宣言 …… | 《申报》1926年11月21日/231 |
| 两团体对时局宣言·上大浙江同乡会宣言 …… | 《申报》1926年11月22日/231 |
| 上大浙籍学生赞助三省自治宣言 …… | 《民国日报》1926年11月22日/232 |
| 各团体表示拥护人道·济难会上大附中分会宣言 | |
| …… | 《申报》1926年11月25日/232 |
| 各界反对外债之表示·上大学生会电 …… | 《申报》1926年11月27日/232 |
| 军事政治学校在沪招考记 …… | 《申报》1926年12月13日/232 |
| 上海大学筹备新校舍落成典礼 …… | 《申报》1926年12月15日/233 |
| 上海大学近讯 …… | 《新闻报》1926年12月15日/233 |
| 上大非基同盟之改组 …… | 《民国日报》1926年12月17日/233 |
| 上大非基运动之进行 …… | 《民国日报》1926年12月18日/233 |
| 上大陕同乡会开会 …… | 《民国日报》1926年12月20日/233 |
| 学务消息·上大附中扩大招生 …… | 《民国日报》1926年12月20日/234 |
| 上大附中扩大招生 …… | 《新闻报》1926年12月20日/234 |
| 教育界消息·上大附中扩大招生 …… | 《时报》1926年12月20日/234 |
| 上大浙同乡赞成浙自治 …… | 《民国日报》1926年12月23日/234 |
| 昨日反基市民大会开会未成 …… | 《申报》1926年12月26日/235 |
| 上海大学校舍落成典礼筹备处启事 …… | 《申报》1926年12月27日/235 |
| 上海大学校舍落成典礼筹备处启事 …… | 《民国日报》1926年12月28日/235 |
| 上海大学招生 …… | 《申报》1926年12月29日/235 |
| 上海大学招生 …… | 《民国日报》1926年12月29日/236 |

**1927年** ………………………………………………………… 237

| | |
|---|---|
| 上大组织寒假读书会　今日开成立会 …… | 《民国日报》1927年1月6日/237 |
| 上大寒假读书会成立会 …… | 《民国日报》1927年1月8日/237 |

# 目 录

| | | |
|---|---|---|
| 公共汽车罢工昨讯・各工会纷纷援助 | 《申报》1927年1月25日 | /237 |
| 上大附中添聘教职员 | 《申报》1927年2月14日 | /237 |
| 上海大学附属中学招生 | 《申报》1927年2月16日 | /238 |
| 上海大学招生 | 《申报》1927年2月16日 | /238 |
| 上海大学开学通告 | 《申报》1927年2月18日 | /238 |
| 上海大学招生 | 《申报》1927年2月18日 | /238 |
| 上海大学附属中学招生 | 《申报》1927年2月18日 | /238 |
| 各团体电贺国民政府迁鄂・上大青年团 | 《申报》1927年3月10日 | /239 |
| 各校上课消息・上海大学 | 《时报》1927年3月10日 | /239 |
| 英外相接见戈公振　谈英国对华态度 | 《申报》1927年3月11日 | /239 |
| 上海大学通告 | 《申报》1927年3月13日 | /239 |
| 昨日孙中山二周纪念详情・各地团体之纪念・闸北市民大会 | 《申报》1927年3月13日 | /239 |
| 上海大学暨附属中学校开课招生通告 | 《申报》1927年3月24日 | /239 |
| 教育界消息・上海大学开课 | 《时报》1927年3月24日 | /240 |
| 学联会自动启封 | 《申报》1927年3月25日 | /240 |
| 上海市教育协会大学教职会组织 | 《申报》1927年3月26日 | /240 |
| 上大学生之革命运动 | 《民国日报》1927年3月26日 | /240 |
| 民众慰劳北伐军・上海大学 | 《申报》1927年3月27日 | /240 |
| 陈望道对大学教授协会之声明 | 《申报》1927年3月29日 | /241 |
| 各界对于宁案之表示・上海大学 | 《申报》1927年3月29日 | /241 |
| 市民代表会第五次大会纪 | 《申报》1927年4月4日 | /241 |
| 上大附中聘定代理主任 | 《申报》1927年4月4日 | /242 |
| 上大附中聘代理主任 | 《民国日报》1927年4月4日 | /242 |
| 上大附中聘定代理主任 | 《新闻报》1927年4月4日 | /242 |
| 反英大同盟会昨日成立 | 《申报》1927年4月8日 | /242 |
| 反英大同盟昨日开会 | 《申报》1927年4月12日 | /243 |
| 上大反英宣言　并通电援助大夏 | 《民国日报》1927年4月15日 | /243 |
| 上大开教职员学生联席会议 | 《申报》1927年4月16日 | /243 |
| 上海大学教职员学生联席会议 | 《民国日报》1927年4月16日 | /244 |
| 上海大学教职员学生联席会议 | 《新闻报》1927年4月16日 | /244 |
| 上海大学昨日开重要会议 | 《申报》1927年4月19日 | /244 |
| 昨日上大之重要会议 | 《民国日报》1927年4月19日 | /244 |
| 昨日上海大学之重要会议 | 《新闻报》1927年4月19日 | /244 |

| 上大丁卯级同学会成立 | 《申报》1927年4月20日/245 |
| 上大丁卯级同学会成立 | 《民国日报》1927年4月20日/245 |
| 上海大学丁卯级同学会成立 | 《新闻报》1927年4月20日/245 |
| 上大附中学生会 | 《民国日报》1927年4月23日/245 |
| 上大丁卯级二次大会 | 《时报》1927年4月23日/245 |
| 上大附中学生会改选 | 《时报》1927年4月23日/246 |
| 上大丁卯级同学大会 | 《民国日报》1927年4月29日/246 |
| 上海大学丁卯级之同学会 | 《时报》1927年4月29日/246 |
| 江湾上海大学查封　学生一律出校 | 《时报》1927年5月5日/246 |
| 上海大学暨附中善后委员会启事 | 《申报》1927年5月6日/246 |
| 上海大学查封后之布告 | 《时报》1927年5月6日/247 |
| 上海大学·不容与国民党 | 《大公报(天津)》1927年5月6日/247 |
| 上大维持善后委员呈请启封 | 《新闻报》1927年5月7日/247 |
| 上大被封后之行动 | 《时报》1927年5月7日/248 |
| 上海教育委员会之会议 | 《申报》1927年5月10日/248 |
| 市党部执行委员会第二次会议 | 《申报》1927年5月11日/248 |
| 东前总政部各科股消息·教育股 | 《申报》1927年5月13日/249 |
| 上海大学学生廖上瑶、薛成章、陈德圻、吴铮、林道兴、佟宝璋、陈伟天、黄义山、符步瀛、梁希陶、梁禹紧要启事 | 《申报》1927年5月15日/249 |
| 政治分会昨开二十二次会议 | 《申报》1927年5月15日/249 |
| 上海大学被拘学生已释放 | 《申报》1927年5月15日/250 |
| 上海大学学生释放 | 《时报》1927年5月15日/250 |
| 上大学生会请派员到校维持 | 《申报》1927年5月16日/250 |
| 上大学生会昨开执行委员会 | 《申报》1927年5月17日/250 |
| 上海教育委员会常务会议纪 | 《申报》1927年5月18日/250 |
| 上大学生会昨开六次执委会 | 《民国日报》1927年5月20日/251 |
| 上海大学学生会消息 | 《申报》1927年5月21日/251 |
| 上海教育委员会之议决要案 | 《申报》1927年5月24日/252 |
| 上海大学之重要会议 | 《申报》1927年5月28日/252 |
| 上海大学之重要会议 | 《新闻报》1927年5月28日/253 |
| 上海大学之重要会议 | 《时报》1927年5月28日/253 |
| 五卅二周纪念大会纪详·闸北方面·到会之团体 | 《申报》1927年6月1日/253 |
| 政治分会三十次会议纪 | 《申报》1927年6月3日/254 |
| 上海大学丁卯级会启事 | 《申报》1927年6月9日/254 |

上海教育委员会第七次会议 ·············《申报》1927 年 6 月 10 日/254
上海教育委员会之两会议·第九次 ·············《申报》1927 年 6 月 16 日/254
政治分会三十四次议事录 ·············《申报》1927 年 6 月 18 日/255
上海教育委员会第十次会议 ·············《申报》1927 年 7 月 4 日/255
劳动大学劳农学院之筹备 ·············《申报》1927 年 7 月 27 日/255
特别市党部消息·工农部 ·············《申报》1927 年 12 月 19 日/255

## 1936 年 ························································· 257

上海大学学籍问题解决　旅京同学筹组同学会
　　·············《中央日报》1936 年 5 月 18 日/257
前上海大学生籍与国立大学同等待遇 ·············《民报》1936 年 6 月 1 日/257
前上海大学学生学籍与国立大学同等待遇
　　·············《大公报（上海）》1936 年 6 月 1 日/258
上海大学组同学会 ·············《申报》1936 年 6 月 4 日/258
前上海大学学生积极筹备组学生会 ·············《民报》1936 年 6 月 4 日/258
前上海大学同学会筹备会 ·············《申报》1936 年 6 月 10 日/258
文化界简报·上海大学同学会 ·············《大公报（上海）》1936 年 6 月 10 日/259
上海大学同学昨举行联欢会 ·············《申报》1936 年 7 月 5 日/259
上海大学同学会昨成立 ·············《民报》1936 年 9 月 29 日/259
上海大学组同学会 ·············《民报》1936 年 10 月 22 日/259
前上海大学组织同学会 ·············《新闻报》1936 年 10 月 22 日/259
上海大学筹组同学会　将在京召开成立大会
　　·············《中央日报》1936 年 10 月 22 日/259
上海大学同学会决在首都创办中学 ·············《民报》1936 年 11 月 8 日/260
上海大学同学会在京创办中学 ·············《新闻报》1936 年 11 月 8 日/260
上海大学同学会总会业已成立 ·············《中央日报》1936 年 11 月 13 日/260
上海大学同学会昨开首次理事会　程永言任理事长 张治中为监事长
　　·············《中央日报》1936 年 11 月 18 日/260
上海大学同学会推定常委　吴开先当选监会主席
　　·············《新闻报》1936 年 12 月 2 日/261

## 1937 年 ························································· 262

上海大学学籍审查会今日在京开会 ·············《新闻报》1937 年 2 月 26 日/262
上大组织学籍审查会 ·············《时报》1937 年 2 月 26 日/262
本月卅日于院长六十寿辰　上海大学同学会总会集资建立右任图书馆
　　·············《民报》1937 年 4 月 14 日/262

于右任六十寿辰　上海大学同学会筹建右任图书馆
　　⋯⋯⋯⋯⋯⋯⋯⋯⋯⋯⋯⋯⋯⋯⋯⋯《大公报（上海）》1937年4月14日/262
于院长六十寿辰　上海大学同学会发起集资建立右任图书馆
　　⋯⋯⋯⋯⋯⋯⋯⋯⋯⋯⋯⋯⋯⋯⋯⋯⋯⋯《中央日报》1937年4月14日/262
上海大学同学会为于院长建图书馆并建文翰别墅
　　⋯⋯⋯⋯⋯⋯⋯⋯⋯⋯⋯⋯⋯⋯⋯⋯⋯⋯⋯⋯《民报》1937年4月24日/263
于寿　中国公学毕业同学会昨午祝嘏　上大各地同学会代表到京祝寿
　　⋯⋯⋯⋯⋯⋯⋯⋯⋯⋯⋯⋯⋯⋯⋯⋯⋯⋯⋯《新闻报》1937年4月29日/263
上海大学同学会　庆祝于院长寿辰　通过筹办右任图书馆等提案　于氏训词
　　赞同原则但请易名⋯⋯⋯⋯⋯⋯⋯⋯⋯⋯⋯⋯《新闻报》1937年5月1日/263

**1940年** ⋯⋯⋯⋯⋯⋯⋯⋯⋯⋯⋯⋯⋯⋯⋯⋯⋯⋯⋯⋯⋯⋯⋯⋯⋯⋯⋯⋯⋯⋯ 264
前上大生毕业证书已由教部颁发　⋯⋯⋯⋯⋯⋯《申报》1940年7月19日/264
前上大毕业证书已由教育部颁发　⋯⋯⋯⋯⋯⋯《新闻报》1940年7月19日/264

**1941年** ⋯⋯⋯⋯⋯⋯⋯⋯⋯⋯⋯⋯⋯⋯⋯⋯⋯⋯⋯⋯⋯⋯⋯⋯⋯⋯⋯⋯⋯⋯ 265
前上大毕业文凭一部分到沪　留沪同学可往接洽
　　⋯⋯⋯⋯⋯⋯⋯⋯⋯⋯⋯⋯⋯⋯⋯⋯⋯⋯⋯《新闻报》1941年10月31日/265

**1945年** ⋯⋯⋯⋯⋯⋯⋯⋯⋯⋯⋯⋯⋯⋯⋯⋯⋯⋯⋯⋯⋯⋯⋯⋯⋯⋯⋯⋯⋯⋯ 266
上海大学复校招生　⋯⋯⋯⋯⋯⋯⋯⋯⋯⋯⋯⋯⋯《申报》1945年9月17日/266

**1946年** ⋯⋯⋯⋯⋯⋯⋯⋯⋯⋯⋯⋯⋯⋯⋯⋯⋯⋯⋯⋯⋯⋯⋯⋯⋯⋯⋯⋯⋯⋯ 267
于右任校长电促上海大学复校　⋯⋯⋯⋯⋯⋯⋯⋯《民报》1946年10月9日/267

**1947年** ⋯⋯⋯⋯⋯⋯⋯⋯⋯⋯⋯⋯⋯⋯⋯⋯⋯⋯⋯⋯⋯⋯⋯⋯⋯⋯⋯⋯⋯⋯ 268
于右任寿辰　上海大学同学祝贺　⋯⋯⋯⋯⋯⋯《新闻报》1947年5月9日/268
二十年前旧学府上海大学将重建　⋯⋯⋯⋯⋯⋯《申报》1947年6月30日/268

**1948年** ⋯⋯⋯⋯⋯⋯⋯⋯⋯⋯⋯⋯⋯⋯⋯⋯⋯⋯⋯⋯⋯⋯⋯⋯⋯⋯⋯⋯⋯⋯ 269
上海大学校友昨举行年会　⋯⋯⋯⋯⋯⋯⋯⋯⋯《中央日报》1948年5月4日/269

**1949年** ⋯⋯⋯⋯⋯⋯⋯⋯⋯⋯⋯⋯⋯⋯⋯⋯⋯⋯⋯⋯⋯⋯⋯⋯⋯⋯⋯⋯⋯⋯ 270
旧事新谈——怀念革命的摇篮上海大学　⋯⋯⋯《大公报》1949年6月14日/270

**1959年** ⋯⋯⋯⋯⋯⋯⋯⋯⋯⋯⋯⋯⋯⋯⋯⋯⋯⋯⋯⋯⋯⋯⋯⋯⋯⋯⋯⋯⋯⋯ 272
上海科技大学扩大招生　⋯⋯⋯⋯⋯⋯⋯⋯⋯⋯⋯《文汇报》1959年6月14日/272
上海科技大学　⋯⋯⋯⋯⋯⋯⋯⋯⋯⋯⋯⋯⋯⋯⋯《解放日报》1959年6月17日/272
上海科技大学正式诞生　⋯⋯⋯⋯⋯⋯⋯⋯⋯⋯《新民晚报》1959年9月13日/273
培养科学研究的新人才　上海科技大学今日上课
　　⋯⋯⋯⋯⋯⋯⋯⋯⋯⋯⋯⋯⋯⋯⋯⋯⋯⋯⋯《解放日报》1959年9月14日/273
上海科技大学开始上课　⋯⋯⋯⋯⋯⋯⋯⋯⋯⋯《文汇报》1959年9月14日/274

# 目　录

**1960 年** ······················································································· 275

　大搞群众运动　迅速改变学校面貌　上海十六所新建院校巩固提高　克服
　　底子薄、条件差、教师水平低等困难，教学、思想、科研三丰收
　　　···························································· 《光明日报》1960 年 7 月 12 日/275

　上海高等学校加强政治思想教育　促进增产节约运动广泛深入开展
　　　···························································· 《光明日报》1960 年 9 月 29 日/276

　适应工业发展需要　加速培养技术人才　上海工学院正式成立
　　　···························································· 《解放日报》1960 年 10 月 6 日/277

　适应工业生产向高精尖发展　加速培养工程技术干部　上海工学院正式成立
　　　···························································· 《文汇报》1960 年 10 月 6 日/278

　政治思想工作深入食堂　充分发动群众办好伙食　交大基础部和上海工学院
　　领导重视改进食堂工作 ····································· 《文汇报》1960 年 12 月 6 日/278

**1961 年** ······················································································· 280

　总结学习经验　养成良好学风　上海科技大学硅酸盐系 5806 班学生重视
　　学习 ································································· 《文汇报》1961 年 7 月 29 日/280

　上海市美术专科学校举行第一届教学成绩汇报展览
　　　······························································· 《新民晚报》1961 年 8 月 4 日/281

　王林鹤等进科技大学深造 ·································· 《人民日报》1961 年 9 月 26 日/281

**1962 年** ······················································································· 282

　向科学技术堡垒进攻的人们——记在上海科学技术大学学习的一批工人
　　学生 ································································· 《人民日报》1962 年 1 月 10 日/282

　上海市美术专科学校迁校通告 ························· 《解放日报》1962 年 2 月 11 日/284

　上海市美术专科学校迁校通告 ························· 《解放日报》1962 年 2 月 12 日/284

　正确处理大局小局关系　积极采取有效节约措施　上海工学院上下一致
　　勤俭办校　建校以来努力把好计划关　制定和健全一系列管理、验收
　　制度 ································································· 《文汇报》1962 年 4 月 21 日/285

　上海工人技术队伍不断成长壮大——鞍钢大批老工人晋级为工程师和技术员
　　　···························································· 《人民日报》1962 年 4 月 30 日/286

　上海工人技术队伍不断成长壮大　这不仅使这个老工业基地的技术面貌发生
　　很大变化，能以更好的产品供应全国，而且向各地输送了大批人才，提供了
　　很多重要的技术经验 ······································· 《光明日报》1962 年 4 月 30 日/286

　上海工学院夜校部招生 ····································· 《解放日报》1962 年 7 月 14 日/287

　上海市高等学校图书馆工作协作组经常组织经验交流改进工作　对提高
　　工作人员的业务水平起了促进作用 ················· 《光明日报》1962 年 8 月 2 日/288

029

上海科学技术大学紧急通知 ……………………《解放日报》1962年8月29日/288
一个青年教师的成长——记上海工学院教师李维昌
　　…………………………………………………《文汇报》1962年10月11日/289

## 1963年 …………………………………………………………………………………… 291

配备有经验的教师授课辅导　上海科技大学加强对工人学生的指导　工人
　　学生勤奋学习　更加坚定了攻克科学文化堡垒的信心
　　……………………………………………………《文汇报》1963年1月9日/291
上海科技大学庆祝建校四周年　舒文同志勉励学生勤奋学习服从统一分配
　　……………………………………………………《解放日报》1963年5月19日/291
上海科技大学建校四年取得成绩　昨日举行校庆会　一批先进人物和集体
　　受到表扬………………………………………《文汇报》1963年5月19日/292
上海科技大学首届毕业生开始进行毕业论文和设计答辩
　　……………………………………………………《新民晚报》1963年6月26日/293
上海科技大学举行首届毕业典礼　刘述周同志在会上讲话勉励毕业学生
　　……………………………………………………《新民晚报》1963年7月20日/293
上海科技大学四百多学生毕业　刘述周同志等在毕业典礼上勉励大家努力
　　做到又红又专 …………………………………《解放日报》1963年7月21日/294
上海科技大学培养出第一批科技人才·昨举行毕业典礼　刘述周勉励大家
　　加强阶级观点，注意劳动锻炼，抓紧自我改造，在社会主义建设中发挥作用
　　……………………………………………………《文汇报》1963年7月21日/295
上海工学院附属中学更改校名及迁校启事 ………《解放日报》1963年8月16日/296
上海科技大学首届毕业生开始陆续走上工作岗位
　　……………………………………………………《新民晚报》1963年8月19日/297
本市又有一批优秀工人选入上海科技大学学习
　　……………………………………………………《文汇报》1963年10月19日/297

## 1964年 …………………………………………………………………………………… 298

开展协作是发展科学技术的好办法　科学院华东分院、上海科技大学、沪东
　　造船厂等单位代表在科技工作会议上介绍有关部门在科学技术工作中
　　进行协作的巨大成果 …………………………《解放日报》1964年3月17日/298
上海科学技术大学换发工作证启事 ………………《解放日报》1964年4月20日/300
上海工学院夜校部招生 ……………………………《解放日报》1964年6月3日/300
上海科技大学坚持向工农开门的办学方向　培养出大批工农知识分子
　　……………………………………………………《光明日报》1964年10月8日/300

# 目　　录

**1965 年** ·················································································································· 302

　　学校热心培养　自己勤学苦练　上海科技大学工人班首届应届毕业生成绩

　　　　优良·································································《光明日报》1965 年 1 月 12 日/302

　　活学活用　务求甚解——王林鹤大学生活侧记

　　　　·············································································《光明日报》1965 年 1 月 12 日/303

　　上海科学技术大学启事·············································《解放日报》1965 年 1 月 18 日/304

　　上海科学技术大学首届工人班七十名优秀工人出身的学生，经过四年半的

　　　　学习，即将毕业·····················································《光明日报》1965 年 3 月 11 日/305

　　大力培养工人阶级的新型科技人才　上海科技大学工人班首届毕业生毕业

　　　　刘述周在毕业典礼上讲话　希望学校坚持把工人班办下去　越办越好

　　　　造就更多的人才····················································《光明日报》1965 年 3 月 13 日/305

　　办好工人班　培养更多的新型科学技术人才

　　　　·············································································《光明日报》1965 年 3 月 13 日/306

　　学习就是为了革命　上海科学技术大学工人班首届毕业生

　　　　·············································································《光明日报》1965 年 3 月 13 日/310

　　上海科技大学工人班首届学生毕业刘述周同志在毕业典礼上讲话指出在

　　　　工人阶级中培养新型科技人才具有重大意义

　　　　·············································································《解放日报》1965 年 3 月 13 日/313

　　培养更多的工人阶级科学技术人才——祝上海科学技术大学工人班第一届

　　　　学生毕业·······························································《解放日报》1965 年 3 月 13 日/314

　　牢记阶级委托　力攀知识高峰——记上海科技大学第一届工人班毕业生的

　　　　学习生活·······························································《解放日报》1965 年 3 月 13 日/316

　　生产能手添双翼　科技队伍增新军　上海科技大学工人班首届学生毕业

　　　　昨日隆重举行毕业典礼　刘述周宋季文金仲华张承宗等出席热烈祝贺

　　　　·················································································《文汇报》1965 年 3 月 13 日/318

　　上海科学技术大学工人班第一届学生毕业　········《文汇报》1965 年 3 月 13 日/319

　　工人完全能够掌握文化科学知识　本报编辑部邀请上海科技大学工人班

　　　　首届毕业生座谈感受　大家在发言中一致表达对党的无限爱戴并感谢

　　　　学校的关怀和培养　···················································《文汇报》1965 年 3 月 16 日/321

　　上海工学院夜校部招生　········································《解放日报》1965 年 6 月 15 日/322

　　上海工学院应届毕业生接受的二百多个设计课题绝大部分已完成

　　　　·················································································《文汇报》1965 年 7 月 19 日/322

　　上海科技大学工人班即将全部完成毕业设计·······《光明日报》1965 年 8 月 7 日/323

　　上海科学技术大学上午举行毕业典礼　第三届毕业生和工人班第二届毕业生

共有七百零一名 ……………………………《新民晚报》1965 年 8 月 18 日/324
上海科技大学举行毕业典礼 ………………《解放日报》1965 年 8 月 19 日/324
上海科技大学昨举行毕业典礼 ……………《文汇报》1965 年 8 月 19 日/325
上海科学技术大学新生注意 ………………《解放日报》1965 年 8 月 22 日/325
上海科技大学举行毕业典礼 ………………《光明日报》1965 年 8 月 24 日/325
在指导工人班学生毕业设计中得到的锻炼 ……《光明日报》1965 年 9 月 14 日/325
我国制成第一台五位数数字电压表 …………《人民日报》1965 年 11 月 28 日/329
上海科技大学工人班第二届毕业生郑清耀等试制成功一种磁滞电动机
　　　………………………………………《光明日报》1965 年 12 月 8 日/329
身体过得硬　革命更有劲　上海科技大学工人班的同学感到了体育活动的
　　好处 ……………………………………《新民晚报》1965 年 12 月 25 日/330

## 1966 年 ……………………………………………………………………… 331
上海工学院利用师资和设备有利条件　厂校合作试办半工半读班
　　　………………………………………《文汇报》1966 年 2 月 3 日/331

## 1977 年 ……………………………………………………………………… 332
险途何所畏　壮志攀高峰——记上海科技大学青年教师郭本瑜坚持搞科研的
　　事迹 ……………………………………《文汇报》1977 年 7 月 19 日/332
为发展祖国自然科学而奋斗——记上海科技大学青年教师郭本瑜
　　　………………………………………《解放日报》1977 年 8 月 20 日/334
上海科技大学师生员工决心以实际行动迎接全国科学大会召开　搞好教学和
　　科研　培养更多的科技人才 ……………《文汇报》1977 年 9 月 25 日/336

## 1978 年 ……………………………………………………………………… 338
春风送暖百花开　校园处处展新颜——上海科技大学在抓纲治校中阔步
　　前进 ……………………………………《文汇报》1978 年 1 月 11 日/338
赞美你，新中国培养的优秀教师——记上海科技大学青年教师王生洪
　　　………………………………………《文汇报》1978 年 1 月 19 日/342
上海高校科研工作捷报频传　去年共取得了三百多项成果
　　　………………………………………《光明日报》1978 年 2 月 7 日/344
上海高校去年取得三百多项科研成果　有所发现　有所发明　有所创造
　　有所前进…………………………………《人民日报》1978 年 2 月 20 日/344
以只争朝夕的精神大力培训师资——上海科技大学的调查报告
　　　………………………………………《文汇报》1978 年 4 月 13 日/344
上海科技大学微波通讯教研组在短时间内研制成功一种新的测定油层物理
　　模型含水饱和度的微波系统，使我国在连续、迅速和准确估计油田储油量，

决定开采方法以及注水采油等方面有了新的实验装置
    ……………………………………………《光明日报》1978年7月11日/347
攻难关　攀高峰　大干快上　上海市今年上半年取得二百九十一项重大
  科研成果 ……………………………………《光明日报》1978年9月8日/347
为实现四个现代化立功　上海科技大学奖励先进集体和个人
    ……………………………………………《光明日报》1978年11月26日/348
上海机械学院党委赏罚分明 ……………………《文汇报》1978年12月4日/349
原市委监委委员、上海工学院党委书记兼院长张敬人同志骨灰安放仪式在沪
  举行　方毅、彭冲、谭震林、姬鹏飞、谷牧等送了花圈　王一平等参加仪式
    ………………………………………………《文汇报》1978年12月5日/349
挖掘人才潜力　提高教学效率　上海科技大学实行教师工作量制
    ……………………………………………《光明日报》1978年12月10日/350

## 1979年 …………………………………………………………………………… 352

国务院批准教育部的报告　在全国恢复和增设一百六十九所普通高等学校
    ………………………………………………《光明日报》1979年1月10日/352
国务院批准教育部报告　恢复和增设一百六十九所高等院校
    ………………………………………………《人民日报》1979年1月11日/353
上海工业大学成立 ……………………………《解放日报》1979年1月28日/355
培养更多的现代化工业建设人才　上海工业大学最近复校
    ………………………………………………《文汇报》1979年3月10日/355
上海科技大学和二医共建生物医学工程专业
    ………………………………………………《光明日报》1979年3月29日/356
上海科技大学招收研究生启事 ……………《解放日报》1979年3月29日/356
上海科技大学招收研究生启事 ……………《解放日报》1979年3月30日/356
我国辐射化学开始进入工业生产阶段　一机部自动化研究所与无锡彩印厂
  联合研制成功工业辐照用电子加速器 ………《光明日报》1979年4月11日/356
上海中国版纸厂在上海科技大学等单位协助下,设计制造了一套JS-10A型
  电子计算机 …………………………………《文汇报》1979年4月11日/357
上海科大庆祝建校20周年 …………………《解放日报》1979年5月19日/357
上海机械学院科研成果喜人　数控光学工具曲线磨床等重点项目都达到先进
  水平　一机部和市高教局联合召开的鉴定会予以高度评价
    ………………………………………………《解放日报》1979年7月20日/357
上海机械学院狠抓重点科研项目　有关部门对六项科研成果进行鉴定评审
    ………………………………………………《文汇报》1979年7月22日/358

解放思想　按照教育规律办学校——上海工大党委办学习班开展实践是检验真理标准的讨论 ·················《光明日报》1979年9月2日/359

上海工业大学技术人员试制成功超低速特种马达
·················《文汇报》1979年10月16日/360

一批著名教授学者为复旦分校开讲座 ·············《文汇报》1979年11月10日/360

上海工大中外学生举行国际象棋赛 ···············《解放日报》1979年11月25日/360

上海科学技术大学补发毕业文凭启事 ···············《解放日报》1979年12月24日/360

国家科委发明评选委员会发布公告　批准十九项发明和奖励等级
·················《人民日报》1979年12月27日/361

上海工业大学举办迎新联欢会 ···············《解放日报》1979年12月27日/362

## 1980年 ··············································· 363

他登上了信息科学的国际讲坛——记上海工业大学胡南钟追科学的先进事迹 ·················《文汇报》1980年1月3日/363

发展教育事业　提高教学质量　上海高等学校开展广泛的协作活动
·················《光明日报》1980年1月24日/365

所校结合　人才交流　促进教学　推动科研——八家研究所科研人员应聘到上海科大兼课兼职 ·················《光明日报》1980年2月3日/366

王生洪向同伴介绍"无线结构优化"的计算方法
·················《光明日报》1980年2月21日/367

复旦分校成立社会学系 ···············《文汇报》1980年4月5日/367

长江厂和上海工业大学合作　试制成一种微型电子计算机
·················《文汇报》1980年4月7日/367

复旦分校图书馆学系最近设立业余专修科 ·············《文汇报》1980年4月9日/367

上海市美术学校开办第二期业余美术学习班 ·············《文汇报》1980年4月19日/367

上海高等院校新设二十八个管理类和经济类专业——大力培养经济管理人才 ·················《人民日报》1980年6月5日/367

复旦分校部分师生暑期开展社会调查 ···············《解放日报》1980年7月18日/368

上海工大电机系制成水球比赛计时仪 ···············《解放日报》1980年8月6日/368

为培养一代新人出力　张骏祥等受聘复旦分校兼职教授
·················《解放日报》1980年9月27日/368

上海工大校务委员会正式成立　市经委、科委领导任主任副主任
·················《解放日报》1980年10月29日/369

使学校发展适应工业建设需要　上海工业大学庆祝建校20周年
·················《文汇报》1980年10月29日/369

促进人才流动　改善队伍结构——中国科学院上海分院为新建科研单位输送
　　科技人才……………………………………《光明日报》1980年11月7日/369
我国加速器的研制和生产有了很大发展　正在国民经济的各个部门逐步
　　应用………………………………………《光明日报》1980年11月16日/370
怎样克服高校招生和分配工作的盲目性　………《光明日报》1980年12月6日/371
上海工大授予川合保治名誉教授证书……………《解放日报》1980年12月20日/372

## 1981年 …………………………………………………………………………… 373

提高教育质量的重要途径——上海高等学校开展协作的调查
　　……………………………………………《人民日报》1981年2月14日/373
上海工业大学机械工程系教师研制成功磁盘机浮动间隙测试仪
　　………………………………………………《文汇报》1981年3月24日/375
复旦分校两个业余专修科招生 ……………………《解放日报》1981年5月8日/375
高校新办的学习班 ………………………………《光明日报》1981年5月28日/375
实现人脑局部功能模拟　上海工大"人工脑"通过鉴定
　　………………………………………………《解放日报》1981年6月8日/375
科研人员介绍"软仿生人工脑"的工作原理 ……《光明日报》1981年6月18日/376
复旦分校开家庭社会学课 …………………………《文汇报》1981年7月21日/376
复旦分校发展应用文科专业　为博物馆、图书馆、行政机关等部门培养一批
　　专业人才……………………………………《文汇报》1981年9月29日/376
上海一批高等学校开设企业干部专修科………《光明日报》1981年10月19日/377
上海科大加强毕业生综合训练 …………………《解放日报》1981年11月15日/377
大学生德育考核的一种形式　上海三校实行学生操行评定
　　……………………………………………《光明日报》1981年11月23日/377
科大分部改名上海科专 …………………………《解放日报》1981年12月25日/378

## 1982年 …………………………………………………………………………… 379

定向流动　人尽其才　中央在上海科研单位向地方输送一批科研人员
　　往日由于人才过剩未能充分发挥才智　如今大展宏图成为科研中的
　　"顶梁柱"……………………………………《光明日报》1982年2月13日/379
上海工业大学党委宣传部的回信 ……………………《文汇报》1982年3月9日/380
大学生的新风貌——大专院校学生参加"全民文明礼貌月"活动鳞爪
　　………………………………………………《人民日报》1982年3月24日/380
我国部分高校试行学生品德评定工作　有利于转变学校中某些不良风气，
　　促进学生德智体全面发展…………………《光明日报》1982年3月29日/381
上海机械学院　上海工业大学　华东化工学院　华东纺织工学院　夜大学

| | | |
|---|---|---|
| 招生 | 《解放日报》 | 1982年4月3日/382 |
| 复旦分校夜大学招生 | 《文汇报》 | 1982年4月11日/383 |
| 复旦分校夜大学明日起招生 | 《新民晚报》 | 1982年5月7日/383 |
| 上海科技大学整顿校风 对三十一名逃票学生通报批评 同时对他们损害社会公德行为作出严肃处理 | 《新民晚报》 | 1982年5月23日/383 |
| 高压匀浆器 | 《光明日报》 | 1982年6月9日/384 |
| 上海工业大学一九八二年暑期短训班招生 | 《解放日报》 | 1982年7月3日/384 |
| 上海工业大学一九八二年暑期短训班招生 | 《解放日报》 | 1982年7月4日/384 |
| 培养文理结合的科技人才 科普创作讲习班在上海科大开学 | 《解放日报》 | 1982年7月11日/384 |
| 科普创作讲习班在上海举行 | 《光明日报》 | 1982年7月26日/385 |
| 上海科大举办暑期科普创作讲习班 | 《人民日报》 | 1982年8月12日/385 |
| 国家科委自然科学奖励委员会第一号公告 | 《光明日报》 | 1982年11月1日/385 |
| 国家科委自然科学奖励委员会第一号公告 | 《人民日报》 | 1982年11月2日/385 |
| 上海工业大学着手改革考试方法 推动教学方法改革,使学生把书本学习和实验、实习结合起来,改变"平时不用功,考试靠背功"及猜题、押题的做法 | 《光明日报》 | 1982年11月8日/386 |
| 大学生逃票说明什么？上海工业大学党委抓住这个典型事例在学生中广泛开展社会主义精神文明教育 | 《新民晚报》 | 1982年12月13日/386 |

**1983年** ............ 388

| | | |
|---|---|---|
| 人定岗 岗定责 责定分 分定奖 上海工大食堂打破奖金中的平均主义 | 《光明日报》 | 1983年1月6日/388 |
| 大学生"钢花杯"篮球赛在武汉举行 | 《人民日报》 | 1983年2月5日/388 |
| 上海高教局作出初步规划 有领导有步骤进行高校改革 总结行之有效的经验 酝酿比较成熟的单位做好改革准备 大的改革先行试点 | 《光明日报》 | 1983年2月12日/389 |
| 复旦分校迎春团拜 王中校长畅谈改革 | 《解放日报》 | 1983年2月12日/389 |
| 上海大学即将成立 下设文学院、理学院、工商管理学院 自费走读、不包分配,实行学分制与奖学金制 | 《新民晚报》 | 1983年2月19日/390 |
| 上海市美术学校迁校启事 | 《解放日报》 | 1983年2月28日/390 |
| 三月二十三日晚,在上海工业大学学习的巴基斯坦留学生…… | 《文汇报》 | 1983年3月25日/390 |
| 县校挂钩 专业培训——六院校为嘉定县培养技术人才 | 《人民日报》 | 1983年3月26日/390 |

# 目　录

冲破框框　大胆改革　闯出新路　嘉定县多渠道投资培养各类专业人才
　　现已培训五百余人，八年将培养一万八千人
　　·················································《光明日报》1983年3月26日/391
复旦分校开办秘书学　自学考试辅导讲座·········《文汇报》1983年4月5日/391
举办秘书学专业自学考试　复旦分校设点辅导报考者　学生自行选择、就近
　　参加·············································《新民晚报》1983年4月7日/391
上海市美术学校招生通告·························《解放日报》1983年4月21日/391
我国首创电磁振动木工刨床·······················《光明日报》1983年4月22日/392
国务院批准上海大学成立·························《文汇报》1983年5月15日/392
国务院批准上海大学成立·························《人民日报》1983年5月19日/392
市教育部门昨接到经国务院批准的通知　上海大学今年暑假招生
　　·················································《解放日报》1983年5月19日/392
上海大学今年暑假开始招生　学生一律走读,实行学分制,分配时择优推荐
　　·················································《文汇报》1983年5月29日/393
上海科技大学化学系高分子专业毕业班的十位大学生
　　·················································《文汇报》1983年5月31日/393
上海大学成立···································《光明日报》1983年6月11日/393
复旦分校新开电视剧研究课·······················《文汇报》1983年6月15日/394
上海大学开始招生　为本市地方性综合高校
　　·················································《新民晚报》1983年6月17日/394
上海科专实行"中间选拔制"　五名专科生转入上海科大本科学习
　　·················································《文汇报》1983年9月2日/394
上海将有美术高等学府　筹建中的上海大学美术学院举办画展
　　·················································《新民晚报》1983年9月2日/395
《秘书》杂志问世·································《光明日报》1983年9月6日/395
为本市四化建设培养更多专门人才　新建的上海大学正式开学　周建人、
　　汪道涵等为该校题词···························《解放日报》1983年9月10日/395
地方综合性大学——上海大学开学···············《光明日报》1983年9月12日/396
新建的上海大学走办学新路·······················《人民日报》1983年9月13日/396
上海高校新建一批教学生活用房···················《光明日报》1983年9月15日/396
上海大学美术学院筹建···························《文汇报》1983年9月15日/397
上海大学美术学院举办美展·······················《解放日报》1983年9月21日/397
上海大学美术学院举办美术作品展览···············《文汇报》1983年9月21日/397
富阳县上海科大开展科技协作·····················《人民日报》1983年10月3日/397

费孝通任上海大学文学院名誉教授 ……………《文汇报》1983年10月3日/398
上海大学文学院走出办学新路子　冲破传统模式　兴办应用文科　为国民
　经济各部门输送有专业知识有实际能力的人才
　　　　…………………………………………《光明日报》1983年10月4日/398
重点建设工程更要避免人才浪费——上海宝钢继续做好技术人员外借工作
　　　　…………………………………………《人民日报》1983年10月20日/398
为开发建设新疆多培养人才　上海决定从十方面支援新疆高教事业
　　　　…………………………………………《光明日报》1983年10月20日/399
上海科大等研制成功电子控制静脉输液器……《光明日报》1983年10月29日/400
上海工业大学与福北仪表厂最近共同研制成功"速度加速度测试仪"
　　　　…………………………………………《文汇报》1983年11月9日/400
上海大学文学院开设新课辅导班 …………《新民晚报》1983年11月20日/400
上海大学和交大举办读书咨询活动 …………《解放日报》1983年12月6日/400
上海大学制成导航计算机 ……………………《解放日报》1983年12月7日/400
科学社会主义和社会学相互关系讨论综述……《光明日报》1983年12月12日/401
上海大学文学院教师深入实际　在社会调查中研究社会科学　写出一批对
　解决现实问题有积极意义的论文 ……………《文汇报》1983年12月19日/401

**1984年** ……………………………………………………………………… 403
激光加电脑等于优质加高效——上海制伞二分厂生产出现新飞跃
　　　　…………………………………………《人民日报》1984年1月24日/403
上海大学外语学院办英语辅导班 ……………《新民晚报》1984年1月24日/403
上海大学 …………………………………………《人民日报》1984年1月25日/403
发扬"所、系结合"传统　全力振兴上海经济　上海科大聘请38名科学家任
　教授　150名高级研究人员昨出席新春茶话会
　　　　…………………………………………《解放日报》1984年2月5日/405
思想教育抓得紧　"逃票事件"变好事　上海工大新风阵阵扑面来　与46路车
　队结成"友谊团支部"并肩携手创新风…………《解放日报》1984年3月4日/406
上海大学外国语学院首届夜大学学生毕业 …《新民晚报》1984年3月13日/407
上大美术学院首届招生 ………………………《解放日报》1984年3月25日/407
上海大学外语学院夜大学招生 ………………《解放日报》1984年4月20日/408
上海大学招英语新生 ……………………………《文汇报》1984年4月22日/408
上大和无锡建立联合体 ………………………《解放日报》1984年4月23日/408
用光纤通信系统进行彩电图像传输 …………《光明日报》1984年5月7日/408
上海科大庆祝建校二十五周年　刘振元、李肇基副市长到校祝贺

# 目　录

............................《解放日报》1984年5月19日/408

改革需要知识分子——访政协常委、上海工业大学校长钱伟长

............................《人民日报》1984年5月20日/409

部分全国人大代表和政协委员会见中外记者　介绍我国经济特区建设和

　　经济改革等情况 ............《人民日报》1984年5月29日/410

上海大学设法律接待室 ............《解放日报》1984年5月29日/410

上海大学支持虹口区集体事业 ........《解放日报》1984年6月5日/410

上海大学夜大学成立　教学方法有改革 ....《新民晚报》1984年6月8日/410

上海成立出口家用电器联合体 ........《光明日报》1984年6月15日/410

为做到大学毕业生专业对口优才优用——上海采取五条措施改革分配方法

............................《光明日报》1984年6月23日/411

打破人才培养上的"大锅饭"　上海大学改革学生管理体制　试行医疗费补贴、

　　缴少量学费、不包分配等制度 ......《文汇报》1984年6月24日/411

上海大学大胆实行教学管理改革——打破一进大学就捧上"铁饭碗"的陈规

............................《人民日报》1984年6月26日/412

上海大学增设政治学院　政工干部专修班今秋招收学员

............................《新民晚报》1984年7月8日/412

上海大学增设政治学院　今秋招专修科生,明年招本科生

............................《文汇报》1984年7月9日/413

上大美术学院办暑期班 ............《解放日报》1984年7月11日/413

上海工大转让科研成果 ............《解放日报》1984年7月15日/413

家庭本质讨论综述 ..............《光明日报》1984年7月16日/413

周建人同志生平 ...............《人民日报》1984年8月7日/414

科技协作好　企业显新貌　牡丹江市与一百三十九个大专院校、科研单位

　　开展科技协作,解决了不少技术难题 ....《光明日报》1984年8月30日/416

上大政治学院干部专修班开学 ........《解放日报》1984年9月15日/417

上海科技专科学校与番禺中学联办电子技术专科教育试点班

............................《光明日报》1984年10月12日/417

形式多样　不拘一格——上海高校改革出现好势头

............................《人民日报》1984年10月13日/417

钱伟长主持研制成功处理中文信息新方法　汉字宏观字形编码方法通过

　　鉴定 ..................《光明日报》1984年10月22日/418

上海大学图书馆系学生开展勤工俭学活动 ...《文汇报》1984年11月4日/418

担任上海大学名誉校长　周谷城欣然接受聘请

039

...... 《新民晚报》1984年11月7日/418

上海九所高校试行岗位津贴 ...... 《人民日报》1984年11月9日/419

上海工业大学研究生招生启事 ...... 《解放日报》1984年11月24日/419

上海工业大学研究生招生启事 ...... 《解放日报》1984年11月25日/419

国家科委、国防科工委评审核准二百零四项发明奖

...... 《人民日报》1984年12月3日/420

上海市送军队转业干部进大学培训 ...... 《人民日报》1984年12月6日/420

上海科专"中间选拔"人才　五名学生转入科大学习

...... 《文汇报》1984年12月6日/420

上海大学文学院主办秘书学专业自学考试辅导讲座报名

...... 《解放日报》1984年12月9日/420

向第五代计算机迈出第一步　上海工大PROLOG语言系统通过鉴定

...... 《解放日报》1984年12月28日/421

**1985年** ...... 422

用有限的经费培养更多的人才——上海大学教育改革调查报告

...... 《光明日报》1985年1月2日/422

功劳越大奖金越多　教授陈彬独得两万　上海工大发放奖金做到论功行赏

...... 《文汇报》1985年1月4日/423

上海科技大学材料科学系用新的原理和工艺 ...... 《文汇报》1985年1月8日/423

上海工大研制出第五代计算机语言系统 ...... 《光明日报》1985年1月10日/423

大学生羽球好手将在上海较量　上海大学主办全国大学生羽球邀请赛

...... 《新民晚报》1985年2月1日/424

上海大学美术学院聘请名画家任兼职教授 ...... 《文汇报》1985年2月10日/424

简讯 ...... 《人民日报》1985年2月14日/424

建立起教育与经济的新联系 ...... 《人民日报》1985年3月3日/424

上海大学实行中期选拔制　专科优秀生升入本科学习

...... 《文汇报》1985年3月5日/426

上海工业大学设置经济管理学院 ...... 《文汇报》1985年3月14日/426

上大图书馆专业中专班招生 ...... 《解放日报》1985年4月26日/426

请你报出身长、胸围等数据　计算机即能为你裁剪排料　上海大学工学院

研制成的这一系统设计服装快而省料 ...... 《文汇报》1985年5月1日/426

上海科大制成电子刺激器　缓解心绞痛有效率达95%以上

...... 《解放日报》1985年5月4日/427

上海制成双画面彩色电视机 ...... 《人民日报》1985年5月10日/427

# 目 录

校局厂结缘　一举三得益　上海工大教师和经济部门干部、技术人员互相兼职
　　既能更好地为振兴上海经济服务又提高了教学质量
　　　　　　　　　　　　　　　　　　　　…………《文汇报》1985年5月12日/427
上海大学美院老师为乌鲁木齐街头塑像 …………《新民晚报》1985年5月13日/428
不培训不上岗　不培训不当长——全国军队转业干部专业培训工作普遍
　　展开 ………………………………………《人民日报》1985年5月23日/428
中文电脑输入方案　可望规范化标准化 …………《人民日报》1985年5月24日/429
谁获大学生艺术家证书 ……………………………《新民晚报》1985年5月25日/429
上海大学文学院将办首届青年编辑讲习班 ………《文汇报》1985年6月2日/429
上海妇运活动 ………………………………………《人民日报》1985年6月8日/429
上海大学适应经济和社会发展的急需　致力培养应用型专门人才
　　　　　　　　　　　　　　　　　　　　…………《文汇报》1985年6月13日/430
上大外语学院更名为上大国际商业学院 …………《解放日报》1985年6月18日/430
上海大学外语学院更名 ……………………………《文汇报》1985年6月20日/431
高吸水性聚合物应用前景广阔 ……………………《人民日报》1985年7月4日/431
不用泥土便可栽花育苗　高吸水性聚合物通过鉴定
　　　　　　　　　　　　　　　　　　　　…………《光明日报》1985年7月21日/431
工读交替　学分累计　五年一贯　上海大学实行新颖教学制度　充分挖掘
　　学校潜力,招生数成倍增加 ……………………《文汇报》1985年7月29日/431
教师塑像由上大美院设计制作安装　塑像小样在今年教师节前将与广大教师
　　见面 ………………………………………《解放日报》1985年8月2日/432
上海大学办编辑讲习班 ……………………………《新民晚报》1985年8月11日/432
本报与中国美术馆联合举办　高等美术院校教师美展即将举行
　　　　　　　　　　　　　　　　　　　　…………《光明日报》1985年8月22日/433
近视眼患者的福音　上海科大制成辐射聚合软镜
　　　　　　　　　　　　　　　　　　　　…………《解放日报》1985年9月27日/433
克服高教和普教教学内容脱节弊病　上海科专番禺中学合办五年一贯制
　　大专班 ……………………………………《文汇报》1985年10月3日/433
上海大学　高校羽坛崛起一支新军 …………《文汇报》1985年10月10日/434
五十一名青年考上王宽诚教育基金贷款留学生
　　　　　　　　　　　　　　　　　　　　…………《人民日报》1985年10月13日/434
上海工大庆祝建校二十五周年　钱伟长被推选为工大校友会会长
　　　　　　　　　　　　　　　　　　　　…………《解放日报》1985年10月18日/434
工科大学如何改革？钱伟长提出要拆四堵"墙"

041

………………………………《人民日报》1985年10月19日/435

市委书记接到大学生来信之后 …………《人民日报》1985年10月30日/435

上海大学与纽约市立大学　校际交流协议书签字
………………………………《文汇报》1985年11月15日/436

中共优秀党员、久经考验的共产主义忠诚战士士超北同志在京逝世
………………………………《人民日报》1985年11月16日/436

在世界青年发明家科技成果展览会上我国青年四项发明获得金奖
………………………………《人民日报》1985年11月19日/436

上海市四十多所高校食堂菜肴售价相对稳定
………………………………《光明日报》1985年12月5日/437

上大工商管理学院夜校部招生 …………《解放日报》1985年12月23日/437

久经考验的共产主义战士、忠诚的无产阶级教育家赵君陶遗体在北京八宝山
　革命公墓火化 …………………《人民日报》1985年12月29日/437

## 1986年 …………………………………………………………………… 439

美国著名热工程专家田长霖受聘任上海工大名誉教授
………………………………《解放日报》1986年1月8日/439

上海举行"城市开放和社会发展研讨会" ……《光明日报》1986年1月27日/439

改革出人才　人才促改革——上海一批中青年理论工作者在社会实践舞台上
　崭露头角 ………………………《人民日报》1986年1月29日/439

苏州河底污染泥厚达一米多 ……………《文汇报》1986年2月19日/440

丁玲同志生平 ………………………………《人民日报》1986年3月16日/440

上海大学美院在纽约办画展 ……………《新民晚报》1986年3月20日/442

《青少年犯罪心理学》出版 ………………《光明日报》1986年3月26日/442

上海大学美院师生作品在美展出 ………《解放日报》1986年3月28日/443

上海大学美展在纽约展出 ………………《文汇报》1986年3月28日/443

上大美院将赴哥本哈根举办画展 ………《解放日报》1986年4月3日/443

一个知识分子的追求——访上海工业大学冶金系教师林振汉
………………………………《解放日报》1986年4月10日/443

科技服务为高等学校增添活力 ………《人民日报》1986年5月5日/445

加快地方企业技术进步　加速科研成果推广应用　九所全国重点高等院校用
　智力支援福建省 ………………《光明日报》1986年5月5日/446

上海大学倡议开展上海学研究 …………《文汇报》1986年6月18日/447

搞好继续教育要有三个积极性 …………《人民日报》1986年7月6日/447

上海市表彰一批大学优秀毕业生 ………《光明日报》1986年7月9日/449

# 目　录

国家教委负责人发表谈话：优秀学生能获奖学金　家贫好学可申请贷款
　　……………………………………………《人民日报》1986年7月12日/449
电视接收天线是由上海科技大学无线电系研制成功的
　　……………………………………………《光明日报》1986年7月14日/449
二十六项国家发明奖名单 …………………《光明日报》1986年7月31日/450
三坐标自动仿形铣床微改机控制系统通过鉴定
　　………………………………………………《光明日报》1986年8月5日/451
高校招生应该不拘一格 ……………………《人民日报》1986年8月12日/451
上海大学工商管理学院经济系大专班实行读工交替新学制　学生一学期读书，
　　一学期到供销社实习和顶岗工作 ………《文汇报》1986年8月22日/452
上海科大制成超薄软镜　吸水透气性好可连续戴用七至三十天
　　………………………………………………《解放日报》1986年8月29日/453
简明新闻 ………………………………………《解放日报》1986年9月7日/454
愿友谊长存　祝创造佳绩——第十一届亚运会会徽吉祥物图案确定
　　………………………………………………《人民日报》1986年9月10日/454
为发明者和企业架桥梁——记上海工业大学专利事务所
　　………………………………………………《文汇报》1986年10月3日/454
上海高校学生社团活动多　有专业学术型、文体娱乐型、勤工助学型
　　………………………………………………《人民日报》1986年10月5日/455
上海高校逐步取消助学金　报考师范等专业享受奖学金　经济困难的学生
　　可申请贷款 ……………………………《人民日报》1986年10月24日/455
上海十所院校的大学生提出对高校教学改革的四点建议
　　………………………………………………《光明日报》1986年11月4日/455
注重传统美术与现代艺术相结合　上海大学美术学院师生作品在国外获
　　好评 ……………………………………《文汇报》1986年11月13日/456
上海大学与纽约市立大学美术作品展出 …《文汇报》1986年11月15日/457
用画笔面对现代思潮　上海大学美术展览会令人瞩目
　　………………………………………………《新民晚报》1986年11月19日/457
太湖旧石器时代有人烟　苏州万年古文化堪称奇
　　………………………………………………《人民日报》1986年11月25日/458
无毒无菌不粘肉的高效复合卫生材料问世 ……《光明日报》1986年12月3日/458
十一名外国学生住进江湾农家 ……………《光明日报》1986年12月22日/459
上海大学文学院举办校园文化系列活动　内容有学术型、实践型和娱乐型，
　　百分之八十四学生参加 ………………《文汇报》1986年12月24日/459

**1987 年** · · · · · · · · · · · · · · · · · · · · · · · · · · · · · · · · · · · · · · · · · · · · · · · · · · · · · · · · · · · · · · · · · · · · · · · · · · · · · · · · · · · · · · · · · · · · · · · · · · · · · · · · 460

 著名科学家、上海工业大学校长钱伟长说：振兴中华的事业不能再遭到干扰

  破坏 · · · · · · · · · · · · · · · · · · · · · · · · · · · · · · · · · · · · · · · · · · · · · · · · · 《光明日报》1987 年 1 月 1 日 /460

 上海科技大学干部专修科招生 · · · · · · · · · · · · · · · · · · · · 《解放日报》1987 年 1 月 9 日 /461

 上海大学政治学院政治行政干部专修班招生

   · · · · · · · · · · · · · · · · · · · · · · · · · · · · · · · · · · · · · · · · · · · · · · · · · · 《解放日报》1987 年 1 月 10 日 /462

 上海大学政治学院政治行政干部专修班招生

   · · · · · · · · · · · · · · · · · · · · · · · · · · · · · · · · · · · · · · · · · · · · · · · · · · 《解放日报》1987 年 1 月 12 日 /462

 上海大学国际商业学院夜大学（原上海大学外国语学院） 教育局立案

  南盟业余学校联合招生 · · · · · · · · · · · · · · · · · · · · · · · · 《解放日报》1987 年 1 月 14 日 /462

 上海工业大学工程师高级课程进修班招生通告

   · · · · · · · · · · · · · · · · · · · · · · · · · · · · · · · · · · · · · · · · · · · · · · · · · · 《解放日报》1987 年 2 月 13 日 /462

 上海工业大学按时开学 许多同学兴奋交流寒假期间社会调查的体会

   · · · · · · · · · · · · · · · · · · · · · · · · · · · · · · · · · · · · · · · · · · · · · · · · · · 《光明日报》1987 年 2 月 15 日 /463

 崇明中华职业补习学校新创造——三年为农村培养五千专业人才

   · · · · · · · · · · · · · · · · · · · · · · · · · · · · · · · · · · · · · · · · · · · · · · · · · · 《人民日报》1987 年 2 月 17 日 /463

 上海万余名大学生寒假参加社会实践——投身大世界 跳出小天地

   · · · · · · · · · · · · · · · · · · · · · · · · · · · · · · · · · · · · · · · · · · · · · · · · · · 《人民日报》1987 年 2 月 21 日 /464

 促使学生勤奋读书不断进取——上海大学毕业生不包分配择优推荐

   · · · · · · · · · · · · · · · · · · · · · · · · · · · · · · · · · · · · · · · · · · · · · · · · · · 《人民日报》1987 年 3 月 10 日 /464

 上海十万大学生读书风盛 新学期新姿态：政治上严要求，业务上勤拼搏

   · · · · · · · · · · · · · · · · · · · · · · · · · · · · · · · · · · · · · · · · · · · · · · · · · · 《人民日报》1987 年 3 月 13 日 /465

 上海大学美术学院 1987 年招生通知 · · · · · · · · · · · 《解放日报》1987 年 3 月 18 日 /466

 上海大学美术学院 1987 年招生通知 · · · · · · · · · · · 《解放日报》1987 年 3 月 20 日 /466

 上海科大计算机系在市区设立家长接待日 · · · · · 《解放日报》1987 年 3 月 31 日 /466

 中年数学家郭本瑜任上海科大校长 · · · · · · · · · · · · · 《光明日报》1987 年 4 月 8 日 /466

 上海工业大学与机电工业管理局联合举办机械工程专业本专科 专升本、

  自学考试校外复习班招生通知 · · · · · · · · · · · · · · · 《解放日报》1987 年 4 月 11 日 /467

 上海工业大学启事 · · · · · · · · · · · · · · · · · · · · · · · · · · · · · 《解放日报》1987 年 5 月 6 日 /467

 上海科技大学科技日语进修班招生 · · · · · · · · · · · · · 《解放日报》1987 年 5 月 14 日 /467

 两个机器能人出世 "上海 1 号"是焊接里手 "上海 2 号"是搬运健将

   · · · · · · · · · · · · · · · · · · · · · · · · · · · · · · · · · · · · · · · · · · · · · · · · · · 《人民日报》1987 年 5 月 19 日 /467

 钱伟长校长带头教书育人 上海工大教师当学生严师挚友

   · · · · · · · · · · · · · · · · · · · · · · · · · · · · · · · · · · · · · · · · · · · · · · · · · · 《人民日报》1987 年 5 月 26 日 /468

两封信向市长请战　三百人下工地实践——上海大学生开始大规模义务
　　劳动 …………………………………………《人民日报》1987年6月6日/468
上海高校近百名学生自愿支边 …………………《人民日报》1987年6月10日/469
上海大学国际商业学院成人教育部南盟分部南盟业余学校招生
　　………………………………………………《解放日报》1987年6月17日/469
体育简讯………………………………………………《人民日报》1987年6月26日/469
社会实践精心安排　大课堂里学问无穷——上海高校好青年奔赴赣南老区
　　………………………………………………《人民日报》1987年7月19日/470
学传统　献智力　长知识——上海高校师生赴江西老区大有收获
　　…………………………………………………《人民日报》1987年8月6日/470
为中外企业界搭桥——上海经济区高校采访札记之三
　　………………………………………………《人民日报》1987年8月21日/471
上海大学师生冒暑访老区　在红都瑞金组织多种实践服务
　　………………………………………………《新民晚报》1987年8月23日/471
荣誉属于辛勤耕耘的"园丁"——上海高校教书育人模范受嘉奖
　　…………………………………………………《人民日报》1987年9月6日/472
上海设立大学生社会实践奖——三十三篇报告二十四项成果受表彰
　　………………………………………………《人民日报》1987年9月19日/472
上海大学文学院文化管理班开学 ………………《解放日报》1987年9月19日/472
上海颁发大学生"社会实践奖"　7所高校33篇调查报告24个项目受表彰
　　………………………………………………《光明日报》1987年9月21日/473
上海科大研究生营救一名中学生的经过 …………《文汇报》1987年9月28日/473
他们在向传统教育思想挑战——记上海大学的改革
　　……………………………………………《人民日报》1987年10月15日/474
上海工大教育发展基金会成立　八十三家厂参加集资已达六十万元
　　……………………………………………《解放日报》1987年10月16日/476
上海科大制成单模光纤耦合器 ………………《光明日报》1987年10月20日/477
上海科大两项光纤新技术通过鉴定 ……………《解放日报》1987年11月1日/477
上海二号工业机器人诞生 ……………………《人民日报》1987年11月14日/477
黄宏嘉正在指导研究生做实验 ………………《光明日报》1987年12月19日/477

**1988年** ……………………………………………………………………………… 478

向社会输送缺门人才　上海大学根据人才市场需要办学
　　…………………………………………………《文汇报》1988年1月7日/478
上海大学文学院　上海工业职工教育研究会　联合举办秘书学专业证书

教育 ················································ 《解放日报》1988年1月16日/478
教育要受市场的检验——高校改革再思考之一
　　················································ 《人民日报》1988年1月19日/479
同租一间房　拒揩公家油 ················· 《解放日报》1988年1月19日/480
引起轰动的一举　上海大学团委书记辞职当个体户
　　················································ 《解放日报》1988年1月21日/481
新型隐形眼镜受好评 ························· 《光明日报》1988年2月14日/481
一种新型光纤传感器研制成功 ············ 《光明日报》1988年2月21日/482
上海大学国际商业学院南盟分部南盟业余学校第十一期招生
　　················································ 《解放日报》1988年2月22日/482
上海大学政治学院行政管理、公共关系干部专修班招生
　　················································ 《解放日报》1988年2月25日/482
自费更自觉　压力变动力——上海高校自费生在竞争中成长
　　················································ 《人民日报》1988年2月27日/483
上海电视节会旗会标评选揭晓　中选的设计者是上海大学学生袁保诚
　　················································ 《文汇报》1988年3月7日/483
上海工业大学夜大学专升本1988年招生 ··· 《解放日报》1988年3月17日/484
上海科技大学职工专修科、干部专修科、夜大学一九八八年招生通告
　　················································ 《解放日报》1988年3月18日/484
上海大学美术学院本科、中专招生通知 ··· 《解放日报》1988年3月22日/484
上海大学政治学院干部专修班招生 ······ 《解放日报》1988年4月3日/485
上海工业大学土木系(顾问)　复农业余进修学校　春季联合招生
　　················································ 《解放日报》1988年4月6日/485
上海大学商学院财务管理干部专修班招生 ··· 《解放日报》1988年4月14日/485
上海工业大学自学考试辅导班招生 ······ 《解放日报》1988年4月20日/486
上海大学　上海市文化局　香港中华文化促进中心　上海文化发展基金会
　　首次联合举办"艺术经营管理"外国专家系列演讲
　　················································ 《解放日报》1988年4月21日/486
上海大学政治学院　上海造船职工联合大学　合办公共关系干部专修班招生
　　················································ 《解放日报》1988年4月25日/486
上海大学美术学院所藏作品在大阪展出　上海中青年油画家的作品受到了
　　肯定评价 ······································ 《文汇报》1988年4月28日/486
羊群出没晨霭　少女飘拂红巾　上海大学艺术摄影展新颖多姿
　　················································ 《新民晚报》1988年5月8日/487

# 目 录

上海大学喜庆建校五周年　江泽民勉励师生发挥综合优势,培养应用人才
　　……………………………………………《解放日报》1988年5月11日/487
上海工大　上海科大　联办计算机学院 ………《解放日报》1988年5月17日/487
上海工大和科大联合创办计算机学院 …………《人民日报》1988年5月18日/488
湖州举行上海大学书画展览 ……………………《解放日报》1988年6月13日/488
上海大学文学院　上海市对外服务公司　涉外秘书培训班招生
　　……………………………………………《解放日报》1988年6月20日/488
六十春秋风和雨——怀念张仲实同志 …………《人民日报》1988年7月7日/488
高楼着火如何扑灭　上大列为专题研究　一门新兴学科安全工程学最近在
　　上海大学工学院建立 ……………………《文汇报》1988年7月11日/491
上海工业大学　浙江工学院　联合举办家用电器维修培训班招生
　　……………………………………………《解放日报》1988年7月12日/491
上海工业大学　浙江工学院　联合举办家用电器维修培训班招生
　　……………………………………………《解放日报》1988年7月13日/492
按需设置专业　培养实用人才　上海大学文学院毕业生学以致用　两千
　　余名历届毕业生中98％用人单位感到满意
　　……………………………………………《解放日报》1988年7月25日/492
新型全频道电视接收天线问世 …………………《光明日报》1988年8月2日/493
上海工业大学招生启事 …………………………《解放日报》1988年8月10日/493
南盟业余学校第十二期上海大学国际商业学院夜大学南盟分部招生
　　……………………………………………《解放日报》1988年8月12日/493
上海大学商学院　上海市场营销学研究会　联合举办"国际市场开拓与
　　销售"单科大专班招生 …………………《解放日报》1988年8月20日/494
南盟业余学校第十二期上海大学国际商业学院夜大学南盟分部招生
　　……………………………………………《解放日报》1988年8月22日/494
重视人才预测　避免盲目招考——上海高考热点趋"外"现象透视
　　……………………………………………《人民日报》1988年9月3日/494
上海大学国际商业学院秋季招生 ………………《解放日报》1988年9月5日/496
上海市经济贸易业余学校　上海大学国际商学院　英语单科班联合招生
　　……………………………………………《解放日报》1988年9月6日/496
上海科技与生产结合有长足进展——98个科技攻关项目各获得主　科研
　　单位大专院校中标数85％ ………………《人民日报》1988年9月29日/496
上海科学技术大学　日本靖江市日中友好协会　联合举办日语培训班招生
　　启事 ………………………………………《解放日报》1988年10月8日/497

047

上大国际商学院新选校址 ············ 《解放日报》1988年11月4日/497
首都各界纪念周建人百岁诞辰　雷洁琼、屈武、胡绳、楚图南等出席
　　·········································· 《人民日报》1988年11月12日/497
上海工业大学自学考试辅导班招生 ······ 《解放日报》1988年12月1日/497
上海大学、上海第二工大课题组提出高校学制不相通问题亟待解决　应在
　　教育上立法，并制定本科与专科等相通措施
　　·········································· 《文汇报》1988年12月16日/498
改革春风吹"活"上海大学　"螺蛳壳"里唱出几台好"戏"　在窄小的校园内，
　　创办了一批特色专业；把竞争机制引进学校，激发了学生的学习积极性；
　　许多毕业生在四化建设中发挥了骨干作用 ······ 《文汇报》1988年12月24日/498
多晶硅生产新工艺增产节电 ············ 《人民日报》1988年12月28日/499

**1989年** ························································· 500

上海市经济委员会　上海工业大学　电子计算机应用"专业证书"进修班
　　一九八九年招生简章 ···················· 《解放日报》1989年1月14日/500
上海大学工商管理学院　复农业余进修学校　联合举办大专"结业证书"
　　班招生 ···································· 《解放日报》1989年2月20日/500
上海大学工商管理学院　复农业余进修学校　联合举办大专"结业证书"
　　班招生 ···································· 《解放日报》1989年3月6日/501
帮助大学生树立进取心理素质　上海工业大学开展心理咨询
　　·········································· 《文汇报》1989年3月27日/501
上海工业大学夜大学八九年招生通告 ···· 《解放日报》1989年3月28日/501
上海科学技术大学校庆通告 ············ 《解放日报》1989年5月4日/502
输送桃李一万二　取得成果八百项　上海科大步入而立之年
　　·········································· 《解放日报》1989年5月20日/502
上海大学商学院将设三年制专科班　培养复合型应用型人才
　　·········································· 《文汇报》1989年5月27日/502
上海工业大学所属上海四凯电脑电器经营服务部（AST上海地区特约经销商）
　　·········································· 《解放日报》1989年7月17日/502
首届全国大学生网球比赛在沪落幕　上海大学男女队双双夺魁
　　·········································· 《解放日报》1989年7月18日/503
全国大学生网球赛落幕　上海大学队战绩突出
　　·········································· 《新民晚报》1989年7月18日/503
做好思想工作　严格考试管理　上海科大按期考试确保质量
　　·········································· 《解放日报》1989年7月19日/503

直角平面大屏幕电视墙在沪诞生　由上海电视一厂和上海工业大学共同研制，
　　将提供给亚运会购物中心使用 ………………………《文汇报》1990年8月10日/504
上海大学文学院　上海市对外服务公司　联合举办第二期涉外秘书培训班
　　……………………………………………………………《解放日报》1989年9月7日/504
《"现代"诗综》出版 ………………………………………《光明日报》1989年9月8日/504
上海科大注重成人教育　各种短训班先后为各省市培养了大批人才
　　…………………………………………………………《解放日报》1989年9月10日/504
他闯进了"机器人"世界——记上海工大机械工程自动化专家方明伦
　　…………………………………………………………《文汇报》1989年9月11日/505
"难得的好老师"——记上海科大日籍教师儿玉玲儿先生
　　…………………………………………………………《解放日报》1989年9月23日/506
上海大学美术学院招聘女模特工 ………………………《解放日报》1989年9月30日/507
大学女教师塑造自身形象的目标——贤妻良母与事业并重
　　…………………………………………………………《解放日报》1989年9月30日/507
市委党校和上大交接校址 ………………………………《解放日报》1989年11月2日/507
坚实的步伐——上海科技大学培养人才、开展科研纪实
　　…………………………………………………………《解放日报》1989年11月3日/507
上海工业大学尚功科技开发总公司电器经营部　华远自动化系统公司
　　联合举办华远PC标准总线数据采集与工业过程控制系列产品技术讲座
　　暨产品展示会 ………………………………………《解放日报》1989年11月17日/508
上海新建高校面向经济建设　按需灵活办学　社会扶持办学
　　…………………………………………………………《光明日报》1989年11月23日/509
走出校园　了解国情　认识社会——上海万名大学生积极参加社会实践
　　…………………………………………………………《人民日报》1989年11月25日/509
上海工业大学一九九〇年招收脱产半脱产攻读硕士学位研究生及国内访问
　　学者 ………………………………………………………《解放日报》1989年12月3日/510
嘉定学术文化研讨会在上海嘉定县举行 ………………《光明日报》1989年12月6日/510
同党和政府想到一处干在一起　上海大学生参加倡廉肃贪实践
　　…………………………………………………………《光明日报》1989年12月7日/511
设在上海县梅陇乡　上大国际商学院新校址破土动工
　　…………………………………………………………《解放日报》1989年12月24日/511
上海工业大学膳食科坚持为师生提供优质饮食
　　…………………………………………………………《文汇报》1989年12月24日/512
上海大学生参加廉政建设受表彰 ………………………《光明日报》1989年12月30日/512

**1990年** ················································································ 513
 上海经济管理干部学院　上海工业大学经济管理学院　厂长、经理岗位
  培训班春季联合招生 ················ 《解放日报》1990年1月17日/513
"廿岁,我该干些什么?"上海工大团委在学生中开展"二十述志"系列活动,
  帮助他们树立正确人生观 ················ 《文汇报》1990年2月5日/513
 上海市计算机软件培训中心　上海科技大学分中心　全国计算机软件人员
  水平考试辅导班招生 ················ 《解放日报》1990年3月19日/514
 上海市计算机软件培训中心　上海科技大学分中心　全国计算机软件人员
  水平考试辅导班招生 ················ 《解放日报》1990年3月21日/514
 上海大学美术学院一九九〇年中专部招生 ········ 《解放日报》1990年4月5日/514
 唐翔千捐赠四百万元建造上海科大图书馆 ···· 《解放日报》1990年4月23日/514
 上海工业大学成人教育中心　上海市黄浦区业余大学　联办"机械工程"专业
  高等教育自学考试专升本辅导班 ········ 《解放日报》1990年5月15日/514
 上大文学院排演世界名剧 ·················· 《解放日报》1990年5月28日/515
 上海大学文学院　上海市对外服务公司　联合举办涉外日语培训班
  ·································· 《解放日报》1990年6月15日/515
 上海工业大学电子计算机应用专业(专业考试合格证书)进修班第三期招生
  ·································· 《解放日报》1990年6月20日/515
 寻倪剑 ································ 《解放日报》1990年7月20日/516
 直角平面大屏幕电视墙在沪诞生　由上海电视一厂和上海工业大学共同研制,
  将提供给亚运会购物中心使用 ·········· 《文汇报》1990年8月10日/516
 钱伟长电祭叔父钱穆 ·················· 《人民日报》1990年9月11日/516
 上海大学文学院举办英语秘书培训班 ········ 《解放日报》1990年9月23日/516
 上海工业大学教学改革有成效　江泽民总书记为校庆三十周年题词
  ·································· 《解放日报》1990年10月14日/517
 教科文简讯 ·························· 《人民日报》1990年10月19日/517
 上海亚光书刊电脑经营部　上海科技大学科技咨询服务部　隆重推出美国
  ALR微机最新产品大汇展 ············· 《解放日报》1990年10月27日/517
 "亚光电脑""上海科大"金秋电脑精品大汇展
  ·································· 《解放日报》1990年11月1日/518
 "亚光电脑""上海科大"电脑精品展销会紧急敬告新老用户
  ·································· 《解放日报》1990年11月5日/519
 上海大学美术学院科技服务部热忱为各企事业单位服务
  ·································· 《解放日报》1990年11月13日/519

奇安特杯大学生网球赛收拍　上海大学包揽四项冠军

　　………………………………………………………《解放日报》1990年12月4日/519

**1991年** …………………………………………………………………………………… 521

调集精兵强将　参与城市经济建设　上海高校科技人员身手不凡

　　………………………………………………………《光明日报》1991年1月2日/521

上海工大校务指导委员会成立 ………………《解放日报》1991年1月17日/521

微波组织凝固法——食管癌性梗阻的新克星

　　………………………………………………………《光明日报》1991年2月10日/522

上大文学院与二纺机厂建立长期合作办学关系

　　………………………………………………………《解放日报》1991年3月22日/522

上大文研所昨召开研讨会 ……………………《解放日报》1991年6月8日/522

怀念杨明轩同志 ………………………………《人民日报》1991年6月16日/522

我掺铒光纤放大器国际领先　上海科大研制的这一器件通过鉴定

　　…………………………………………………………《文汇报》1991年7月6日/525

我国光纤放大器技术获重大进展 ……………《光明日报》1991年7月10日/525

昨天，上海工业大学迎来了九百多位新生，这是上海市高等学校中开学

　　最早的一所学校 …………………………………《文汇报》1991年8月22日/526

市大学生运动会网球赛收拍　上海大学囊括四项冠军

　　………………………………………………………《解放日报》1991年10月27日/526

特种创面敷膜在沪问世 ………………………《光明日报》1991年10月28日/526

以亲身经历教育学生　在业务课中渗透德育　上海高校教授教书又育人

　　复旦的"教授论坛"、上海师大的"教授演讲团"和上海工大的"系主任信箱"

　　收到了良好的教育效果 …………………………《文汇报》1991年11月8日/526

上海大学生运动会羽球赛　上海大学、中国纺大分获男女团体冠军

　　………………………………………………………《新民晚报》1991年11月12日/527

上海工大宿舍文明建设见闻 …………………《文汇报》1991年11月28日/527

中外学者研讨秦汉思想文化 …………………《光明日报》1991年12月4日/528

任中敏教授逝世 ………………………………《人民日报》1991年12月26日/529

**1992年** …………………………………………………………………………………… 530

上海大学文学院受上海市对外服务公司委托举办涉外英、日语秘书班

　　………………………………………………………《解放日报》1992年1月5日/530

上海高校科技成果实行产业化　将借开发区"孵"出滚滚财富

　　………………………………………………………《光明日报》1992年1月6日/530

上海科大等单位合力完成攻关　稀土永磁材料生产线建成

| | |
|---|---|
| ………………………………… | 《解放日报》1992年2月8日/530 |
| 上海大学美术学院招生启事 ………… | 《解放日报》1992年3月18日/530 |
| 上海大学美术学院招生启事 ………… | 《解放日报》1992年3月21日/531 |

科技成果孵化培育基地　上海工大成立科技园区
　　………………………………………《解放日报》1992年3月27日/531
在大学校园孵化科技成果——首家高校"科技园区"在沪成立
　　………………………………………《人民日报》1992年3月31日/531
上海科大使用英语培养外国研究生 ………《光明日报》1992年4月14日/532
围绕校园议论热点摆观点找论据　大学生辩论唇枪舌剑有声有色　上海
　　大学文学院队和华东师大队分获冠亚军…………《文汇报》1992年5月7日/532
上大文学院举办纪念《讲话》研讨会 ……《解放日报》1992年5月28日/532
探索科技与经济结合新机制——苏沪"产学研"结合方兴未艾
　　………………………………………《人民日报》1992年6月8日/533
上大商学院新设奖学金 ……………………《解放日报》1992年6月14日/533
上海大学将办眼镜光学专业　日本三城株式会社赠一批仪器
　　………………………………………《解放日报》1992年6月21日/534
双向选择　公平竞争　择优聘任　优化组合　上海工业大学实施全员聘用
　　上岗聘任………………………………《文汇报》1992年6月20日/534
上海工业大学推行全员聘用合同制　全校教职工逐级签订聘用与上岗聘任
　　合同…………………………………《光明日报》1992年6月22日/534
上海工业大学成立科技园区 ………………《光明日报》1992年7月14日/535
唐翔千先生捐资、市府配套投资建造　上海科大新图书馆奠基
　　………………………………………《解放日报》1992年7月18日/535
象山县与上海工大科技合作 ………………《解放日报》1992年7月26日/535
上海大学　上海市民新财会函授学校　联合举办报考93年成人高校统考
　　辅导班………………………………《解放日报》1992年7月27日/535
上海近万名大学生踊跃参加社会实践 ………《人民日报》1992年8月5日/536
上海工业大学计算机应用复合人才进修班(第十期)
　　………………………………………《解放日报》1992年8月11日/536
上大美院师生赴外地考察 …………………《解放日报》1992年9月7日/536
上海大学推出高额奖学金 …………………《解放日报》1992年10月7日/537
《钱伟长文选》出版发行 …………………《人民日报》1922年10月12日/537
上海工大劳模班学员畅谈学习十四大体会……《解放日报》1992年10月15日/537
板材柔性制造系统问世 ……………………《光明日报》1992年10月31日/537

上海工大制成毫米波治疗仪 ……………………《解放日报》1992年11月1日/537
适应建立社会主义市场经济体制　上海高教系统专业设置出现新格局
　　………………………………………………《光明日报》1992年11月4日/538
"只有一个目的,就是革命"——记阳翰笙同志
　　………………………………………………《人民日报》1992年11月9日/538
上大工学院坚持控制吸烟取得成效　荣获全国优秀无吸烟学校称号
　　………………………………………………《解放日报》1992年11月14日/540
上大美院聘缪鹏飞为客座教授 ……………《解放日报》1992年12月31日/540

## 1993年 ……………………………………………………………………………… 541

《解放日报》社　上海大学美术学院　主办《上海第二届中国民间艺术博览》
　　启事 ………………………………………《解放日报》1993年1月4日/541
航头商城向上海国商院提供基金 …………《光明日报》1993年1月17日/542
《解放日报》社　上海大学美术学院　主办《上海第二届中国民间艺术博览》
　　启事 ………………………………………《解放日报》1993年1月27日/542
上海大学国际商学院今年全部招收自费生 ……《光明日报》1993年1月28日/543
上海农民富了不忘读书郎——为上大国际商学院自费生设奖
　　………………………………………………《人民日报》1993年2月15日/543
上海大学国际商业学院、美术学院全部招收费生
　　………………………………………………《新民晚报》1993年3月29日/543
上海大学校长杨德广提出变"应试"教育为"应市"教育
　　………………………………………………《光明日报》1993年4月13日/544
本市新设高级法学教育基地　上大法学院昨诞生
　　………………………………………………《解放日报》1993年4月29日/545
风雨耕耘　育树成林 ………………………《解放日报》1993年5月3日/545
上海大学美术学院建院十周年作品展出 ……《文汇报》1993年5月3日/545
拳击馆里的拉拉队 …………………………《光明日报》1993年5月18日/545
为社会主义市场经济培养合格人才　上海工业大学率先自主招生
　　………………………………………………《新民晚报》1993年5月20日/546
上海工大率先丢开高考指挥棒　今年起实行面向社会自主招生
　　………………………………………………《解放日报》1993年5月21日/546
教学、科研硕果累累　上海科大庆祝建校三十五周年
　　………………………………………………《解放日报》1993年5月23日/547
上海大学举办'93热门专业夏季短期进修班
　　………………………………………………《解放日报》1993年5月25日/547

把招生改革作为高教改革的突破口——上海三五年内基本实现高校自主招生
................................................《人民日报》1993年5月31日/548

公正　公平　择优——上海工大新生录取工作见闻
................................................《解放日报》1993年6月5日/548

公正　公平　择优——上海工大招生录取现场见闻
................................................《文汇报》1993年6月5日/549

不断调整和优化专业结构　上海大学毕业生走俏市场
................................................《光明日报》1993年6月8日/550

中国新文化运动先驱、文艺界卓越领导人阳翰笙同志逝世　阳翰笙住院弥留
　期间江泽民李鹏派人前往探望　................《人民日报》1993年6月11日/550

上大美术学院举办CI设计国际研修班 ............《解放日报》1993年6月28日/551

三名巴基斯坦留学生获上海科大博士学位 ......《解放日报》1993年7月14日/551

上海大学文学院招生简章　................《解放日报》1993年8月16日/551

上海：大学生社会实践注重结合专业　............《人民日报》1993年8月18日/552

上海大学商学院、上海经济管理干部学院业校联合招生
................................................《解放日报》1993年8月18日/552

上海工业大学经济管理学院　上海市国际职业进修学院　国际经贸、涉外
　会计、银行系列班招生　................《解放日报》1993年8月30日/552

上海大学文学院成人教育处、上海帛成商务进修学校涉外商务秘书专业招生
................................................《解放日报》1993年9月20日/553

陈毅塑像在上海外滩落成　................《光明日报》1993年9月29日/553

陈毅市长"回"到了上海　................《人民日报》1993年9月29日/553

上海工业大学1994年招收硕士研究生并举办考前补习班
................................................《解放日报》1993年10月4日/554

上海科大联合图书馆落成　................《光明日报》1993年10月18日/554

上海科大联合图书馆落成　................《解放日报》1993年10月18日/554

上海科大授予汉斯·霍弗名誉理学博士学位
................................................《光明日报》1993年10月27日/554

上海工大实行"导师""导生"制　................《解放日报》1993年11月30日/555

走出去请进来　提高办学质量　上大国际文化交流学院成立　文学院图书馆
　昨同时奠基　................《解放日报》1993年12月10日/555

由上海大学文学院主办的《社会》杂志为您打开一个窗口
................................................《新民晚报》1993年12月22日/555

上海大学成人教育学院成立　................《文汇报》1993年12月26日/555

上大成立成人教育学院 ……………………《解放日报》1993年12月27日/556
上海特种光纤研究进入新阶段　特种光纤重点实验室昨在上海科大启动
　　…………………………………………《文汇报》1993年12月28日/556

**1994年** ……………………………………………………………………… 557
　　上海大学成人教育学院揭牌 ………………《新民晚报》1994年1月3日/557
　　上海工业大学今与闸北区政府签约　组建国家级高新技术开发区
　　…………………………………………《新民晚报》1994年1月17日/557
　　本市将再建高新技术开发区　上海工大科技园区落户市北工业新区
　　…………………………………………《解放日报》1994年1月18日/557
　　上海市国际职业进修学院　上海工大经济管理学院　联办"涉外经贸专修班"
　　　　招生 …………………………………《解放日报》1994年2月16日/558
　　上海南京部分高校自主招生 ………………《人民日报》1994年2月23日/558
　　IBM为中国高等教育捐助CASE技术 ………《光明日报》1994年4月1日/558
　　高教改革走向整体配套——上海工业大学改革启示录
　　…………………………………………《光明日报》1994年4月28日/558
　　将四股力量融合起来——访钱伟长教授 ……《光明日报》1994年5月22日/561
　　上大安全工程专业需要扶持 ………………《解放日报》1994年5月22日/562
　　本市高教体制改革重大举措　四校合并组建上海大学　江泽民题写校名
　　　　钱伟长任校长 ……………………《解放日报》1994年5月25日/563
　　四校联合优化配置共图发展　上海工大、科大、上大和上海科专组建新的
　　　　上海大学，这是上海高等教育结构性改革的一个创举
　　…………………………………………《文汇报》1994年5月25日/564
　　热烈祝贺经国家教委批准上海工业大学　上海科学技术大学　上海大学
　　　　上海科技高等专科学校合并为上海大学 …《光明日报》1994年5月26日/566
　　四校合并今成立上海大学　江泽民题写校名　钱伟长任校长　黄菊揭牌
　　…………………………………………《新民晚报》1994年5月27日/566
　　新的上海大学正式成立　江泽民题写校名　李鹏题词　钱伟长任校长
　　…………………………………………《人民日报》1994年5月28日/566
　　新组建的上海大学挂牌　江泽民题写校名 …《光明日报》1994年5月28日/566
　　培养更多的跨世纪复合型人才　上海大学正式成立　江泽民题写校名
　　　　李鹏题词　黄菊市长、钱伟长校长揭牌 …《解放日报》1994年5月28日/567
　　四高校组建的上海大学成立　江泽民题写校名　李鹏题词　黄菊、钱伟长
　　　　揭牌　陈至立讲话 ……………………《文汇报》1994年5月28日/568
　　采取"四元排序，择优录取"　上海大学全面实行自主招生

······································《解放日报》1994年5月31日/568

上海大学教育改革新思路——今年全面实行学分制　学生可自主选择专业

······································《文汇报》1994年5月31日/569

上海大学自主招生引起社会关注　校招生委昨发布招生信息

······································《新民晚报》1994年5月31日/569

新组建的上海大学招招出新 ··············《光明日报》1994年6月2日/570

看好经济发展　关注教育改革——上海高校学生积极向上勤奋学习

······································《人民日报》1994年6月6日/570

当前高校改革与发展的趋势之一　走向联合

······································《人民日报》1994年6月11日/571

"211工程"效应 ··························《光明日报》1994年6月30日/573

上大举行新党员入党宣誓 ················《解放日报》1994年7月1日/576

上海大学和华东电管局协同攻关　一项科研成果达国际水平

······································《文汇报》1994年7月2日/576

高校与科研院所组建"联合舰队"　上海成立应用物理研究中心

······································《光明日报》1994年7月14日/576

上大制止美院招生乱收费 ················《解放日报》1994年7月14日/576

培养多层次、多规格、高水平人才　上海大学推出教改新举措　鼓励学生
　　攻读"双学位""双专业"和辅修课　试行学制互通，学生学习时间可长可短
　　新生全部实行学分制的同时实行导师制和导生制

······································《解放日报》1994年7月17日/577

著名艺术家为上大美育出谋划策 ··········《解放日报》1994年7月22日/577

上海大学——按三种考试成绩录取新生 ····《文汇报》1994年7月23日/577

上大悉尼工商学院今秋招生　设国贸、商管、会计三个专业

······································《解放日报》1994年7月28日/578

香港星光公司捐赠巨款　组建上大知识产权学院

······································《解放日报》1994年9月2日/578

上大新生接受军训 ······················《解放日报》1994年9月2日/578

上大悉尼工商学院开学 ··················《解放日报》1994年9月8日/579

上大成立电视艺术系 ····················《解放日报》1994年10月7日/579

上海大学文学院设立电视艺术系 ··········《文汇报》1994年10月7日/579

上海确定高校"两课"改革突破口　让《邓小平文选》三卷内容进教材进课堂
　　进头脑 ······························《光明日报》1994年10月18日/579

上大文学院又添教育实践基地 ············《解放日报》1994年10月19日/579

我国特种光纤研究填补空白　昨在上海大学通过专家鉴定
　　……………………………………………………《文汇报》1994年10月20日/580
上海大学与徐汇区签约合作 ……………………《解放日报》1994年11月20日/580
为领导层准备后备军　上海大学学生到基层挂职锻炼
　　……………………………………………………《光明日报》1994年11月29日/580
上海大学与徐汇区政府合作 ……………………《光明日报》1994年12月8日/581
上海大学国商院网球场建成 ……………………《解放日报》1994年12月19日/581

**1995年** ………………………………………………………………………………… 582
上海高新技术产业蓬勃发展　352家企业年销售收入300亿元
　　……………………………………………………《人民日报》1995年1月15日/582
上海大学学生到商厦站柜台 ……………………《解放日报》1995年1月25日/582
"走壁"机器人在上海问世 ………………………《人民日报》1995年2月5日/583
上大改革学生宿舍管理模式　校园文化建设出现崭新气象
　　……………………………………………………《解放日报》1995年2月7日/583
制止"掮客"侵蚀高校人才领地 …………………《人民日报》1995年2月18日/583
上海大学调整学科专业 …………………………《新民晚报》1995年2月18日/584
上海大学外聘八贤 ………………………………《光明日报》1995年2月21日/584
上大聘著名学者为讲座教授 ……………………《解放日报》1995年2月21日/584
上海大学与中科院合建生命科学学院 …………《光明日报》1995年2月23日/584
上海大学生命科学学院组建 ……………………《解放日报》1995年2月23日/585
上海大学悉尼工商学院招生 ……………………《解放日报》1995年3月1日/585
上海大学悉尼工商学院招生 ……………………《解放日报》1995年3月3日/585
花香春意浓 ………………………………………《人民日报》1995年3月6日/585
上大新增两个博士后流动站 ……………………《解放日报》1995年3月17日/586
上大成立网络教育中心 …………………………《解放日报》1995年3月30日/586
六所大学校长赴台访问 …………………………《人民日报》1995年4月14日/587
两岸学者共著应用文丛书 ………………………《人民日报》1995年5月3日/587
依仗科技优势　调整产业结构　上海六大支柱产业发展势头强劲　两大
　　高新技术产业灿然崛起 ………………………《人民日报》1995年5月16日/587
上海大学发放首批贷学金 ………………………《解放日报》1995年5月17日/588
面向社会　自主招生　择优录取　上大今年招收新生五千
　　……………………………………………………《解放日报》1995年5月18日/588
上大设生命科学学院等三个学院　上海电子工业学校昨获德国学历认可证书
　　……………………………………………………《解放日报》1995年5月20日/589

| 一张志愿不再定终身　上海大学三招：尊重考生志愿；二年后定专业；学生可转系 | 《光明日报》1995年5月25日/589 |
|---|---|
| 上海科技事业蓬勃发展 | 《光明日报》1995年5月26日/589 |
| 新上大一岁了 | 《解放日报》1995年5月27日/590 |
| 上海大学欢迎优秀考生自荐 | 《新民晚报》1995年5月29日/590 |
| 上大与儿福院共建"爱心基地" | 《解放日报》1995年5月30日/590 |
| 上大成教院组建普陀分部 | 《解放日报》1995年6月3日/590 |
| 报考上大考生需填登录表 | 《解放日报》1995年6月13日/590 |
| 上大CASE教学中心落成　中国高校科普创作研讨会在沪召开 | 《解放日报》1995年6月13日/591 |
| 美化市容　宣传"七不"　开展调研　上大近万学生参加社会实践 | 《解放日报》1995年7月14日/591 |
| 上大授予杨振宁名誉教授证书 | 《解放日报》1995年7月23日/591 |
| 坚持"四元录取"原则　上大公布录取资格线 | 《解放日报》1995年8月2日/592 |
| 上海大学文学院秘书学系涉外秘书专业大专班招生 | 《解放日报》1995年8月18日/592 |
| 上海大学文学院秘书学系涉外秘书专业大专班招生 | 《解放日报》1995年8月28日/592 |
| 上大美院中专部开学 | 《解放日报》1995年9月1日/593 |
| 上大悉尼工商学院颁发奖学金 | 《解放日报》1995年9月5日/593 |
| 上大与闸北区加强全方位合作 | 《解放日报》1995年9月15日/593 |
| 庙行镇27名青年农民喜进上大深造 | 《解放日报》1995年9月23日/593 |
| 上海大学美术学院领导坚持深入教学一线 | 《文汇报》1995年9月29日/593 |
| 香港两公司资助上海教育　在上大交大设立奖励金 | 《解放日报》1995年10月7日/594 |
| 大处着眼　小处着手　上大文学院爱国主义教育落到实处 | 《解放日报》1995年10月7日/594 |
| 形式多样　体制健全　措施有力　经费落实　大德育教育形成规范 | 《解放日报》1995年10月28日/594 |
| 上海大学犹他学院建立 | 《新民晚报》1995年11月1日/595 |
| 科学家企盼解决出书难 | 《人民日报》1995年11月3日/595 |
| 上大与舒天公司签约 | 《解放日报》1995年11月9日/596 |
| 上大外国语学院今揭牌 | 《解放日报》1995年12月30日/596 |

## 1996 年 ·················································································································· 597

上海大学外国语学院揭牌 ·················《文汇报》1996 年 1 月 2 日/597
公举东到高校作报告　上大教育日很有意义 ······《解放日报》1996 年 3 月 7 日/597
上海大学凝聚力工程形成网络 ··············《解放日报》1996 年 4 月 2 日/597
上海大学实施"凝聚力工程" ···············《光明日报》1996 年 4 月 6 日/597
上大文学院学生给教师打分 ················《解放日报》1996 年 5 月 3 日/598
球迷擂台赛昨辩第十一场　上海大学文学院获取胜果
　 ·············································《新民晚报》1996 年 5 月 11 日/598
上大今年计划招生 4 700 名 ················《解放日报》1996 年 5 月 17 日/598
上大研讨邓小平文化理论思想 ··············《解放日报》1996 年 5 月 24 日/599
本报与上大联合举办暑期社会活动 ···········《解放日报》1996 年 5 月 29 日/599
上海大学获沙滩男排冠军 ··················《解放日报》1996 年 6 月 20 日/599
上大悉尼工商学院首届学生毕业 ············《解放日报》1996 年 6 月 26 日/599
一流大学要有一流运动队　上大与有线男排联手
　 ·············································《解放日报》1996 年 6 月 27 日/600
上大和中科院上海分院共建研究生院 ·········《解放日报》1996 年 6 月 28 日/600
上大设立青年人才学院 ····················《解放日报》1996 年 6 月 29 日/600
第 8 届全运会会徽与吉祥物在沪揭晓 ········《人民日报》1996 年 7 月 6 日/600
青浦与上大联建科技产业城 ················《解放日报》1996 年 7 月 19 日/601
上海大学新闻传播系 95 级学生暑假中来到外滩
　 ·············································《文汇报》1996 年 8 月 5 日/601
上大开展社会调查活动 ····················《解放日报》1996 年 8 月 13 日/601
上大等 6 所高校本科生录取完成 ············《解放日报》1996 年 8 月 14 日/601
图书馆是信息的来源和中心 ················《光明日报》1996 年 8 月 26 日/601
马桂宁任上海大学德育教授 ················《新民晚报》1996 年 9 月 5 日/602
六所高校设立中日广告培训课目 ············《光明日报》1996 年 9 月 10 日/603
中日广告教育交流项目签字 ················《人民日报》1996 年 9 月 12 日/603
'96 全国乒乓球锦标赛在沪开拍 ············《光明日报》1996 年 9 月 14 日/603
上海大学张家港工学院开学 ················《解放日报》1996 年 9 月 23 日/603
上海市 52 名大学生发出倡议　吁请市民提高环卫意识
　 ·············································《光明日报》1996 年 10 月 4 日/604
上海大学推出"公益劳动"必修课　规定不合格者不得毕业
　 ·············································《文汇报》1996 年 10 月 8 日/604
上大 31 位大学生在本校挂职锻炼 ··········《解放日报》1996 年 11 月 10 日/604

钱老话教改 ·············《光明日报》1996年11月14日/604
上海大学海天软件用户甩账验收会举行 ·········《文汇报》1996年12月4日/605
研究经济热点　寻求多方合作　发挥学科优势　"上大"办出特色办出成绩
　　近两年鉴定成果、获奖项目等在本市均名列前茅
　　··············《解放日报》1996年12月21日/605
上海大学进入"211"工程预审　韦钰陈至立出席开幕式
　　··············《解放日报》1996年12月24日/606
上大通过"211工程"评审 ··········《解放日报》1996年12月26日/606

**1997年** ····················· 608

上海大学通过"211工程"部门预审 ········《光明日报》1997年1月5日/608
上大提出科研工作本世纪末目标　力争居于国内百所名校中上水平
　　··············《解放日报》1997年1月21日/608
上大法学院设优秀特困生奖学金 ·········《解放日报》1997年1月22日/608
上海大学今年毕业生就业工作信息 ·········《文汇报》1997年1月22日/609
上海大学举办抽象艺术展 ···········《文汇报》1997年1月28日/609
上海高校涌现出一批高水平球队 ·········《光明日报》1997年2月12日/609
上海大学1997年招收法学第二学士学位生 ····《解放日报》1997年2月19日/610
上海大学1997年招收法学第二学士学位生 ····《解放日报》1997年2月21日/610
上海大学1997年招收法学第二学士学位生 ····《解放日报》1997年2月27日/610
上海大学网络工程师国际证书培训 ········《解放日报》1997年3月10日/611
上海大学校庆通告 ··············《文汇报》1997年4月25日/611
青少年男排世锦赛收兵　上海大学男排获得铜牌
　　··············《解放日报》1997年4月30日/612
上大举行邓小平理论研讨会 ···········《解放日报》1997年5月8日/612
上海大学今年招生4 700名　首推"基础教学强化班"新举措
　　··············《解放日报》1997年5月15日/612
Novell在上海大学设立教育奖学金 ·······《解放日报》1997年5月19日/612
上大成立现代诗学研究中心 ···········《解放日报》1997年5月22日/613
新上大组建三年成果丰硕　昨举行校庆活动，钱伟长出席
　　··············《解放日报》1997年5月25日/613
上海大学利普网络教育中心 ···········《解放日报》1997年5月26日/613
大学生迎回归英语演讲比赛举行 ··········《人民日报》1997年6月8日/614
装扮上海的"美容师"——访上海大学美术学院
　　··············《人民日报》1997年6月9日/614

上大悉尼工商学院学生就业率高 ……………《解放日报》1997年7月17日/615
全国大学生男排赛在昆明开赛 ……………《人民日报》1997年7月22日/616
上大新校区实质性启动　前期征地委托包干签约仪式昨举行
　　………………………………………………《解放日报》1997年8月16日/616
上大新生军训　千人申请入党 ……………《解放日报》1997年8月30日/616
紧张安装八运会火炬台群雕 ………………《人民日报》1997年9月29日/616
八运短讯……………………………………《人民日报》1997年10月8日/616
用生命放飞追求——记为八运会构思的人们
　　………………………………………………《人民日报》1997年10月11日/617
感谢竞争 …………………………………《人民日报》1997年10月24日/618
上海大学知识产权学院邀请虹口区法院的法官结合案例讲解新刑法
　　………………………………………………《解放日报》1997年11月1日/618
一个值得永远纪念的人——纪念秦邦宪(博古)诞辰九十周年
　　………………………………………………《人民日报》1997年11月15日/618
鼓励争当优秀　引导青年成才　建昊奖学金激励高校学生
　　………………………………………………《人民日报》1997年12月8日/621
上海大学1998年招收法学第二学士学位生
　　………………………………………………《解放日报》1997年12月17日/621
上海大学1998年招收法学第二学士学位生
　　………………………………………………《解放日报》1997年12月18日/622
面向新世纪的标志性工程　上海大学新校区工程奠基　钱伟长龚学平等出席
　　仪式 …………………………………………《解放日报》1997年12月27日/622
上海大学通过211工程立项审核 …………《新民晚报》1997年12月29日/622
专业较齐全　综合实力强　办学规模大　上海大学"211工程"项目通过论证
　　………………………………………………《解放日报》1997年12月30日/623
上海大学"211工程"通过立项审核 …………《文汇报》1997年12月30日/623

**1998年** ………………………………………………………………………… 624

上海大学生管乐团成立　新春音乐会在上海大学举行
　　………………………………………………《文汇报》1998年1月26日/624
上海大学国际商学院函授部 ………………《解放日报》1998年2月19日/624
上海大学国际商学院函授部 ………………《解放日报》1998年2月26日/624
上海大学生跨校选课 ………………………《人民日报》1998年3月31日/625
上海大学国际商学院函授部自学考试辅导班招生
　　………………………………………………《解放日报》1998年4月23日/625

上海大学三峡考古获重大发现　明清耕牛蹄印　东周建筑遗迹
　　　　　　　　　　　　　　　　　　　《文汇报》1998年4月24日/625
修多少学分　缴多少学费　上海大学在本市率先实行按学分收费
　　　　　　　　　　　　　　　　　　　《文汇报》1998年4月28日/626
上大聘罗康瑞为顾问教授 ………………《解放日报》1998年4月30日/627
把握前进的航向——各地大学生邓小平理论学习热述评
　　　　　　　　　　　　　　　　　　　《人民日报》1998年5月4日/627
上大悉尼学院今年招计划生 ……………《解放日报》1998年5月7日/629
新生不分专业　两年以后分流　上大全部按院系招生
　　　　　　　　　　　　　　　　　　　《解放日报》1998年5月20日/629
上海大学举办招生咨询活动 ……………《新民晚报》1998年5月25日/630
上大育人工作做到"家"　坚持家访制度近十年　每年两千多人次
　　　　　　　　　　　　　　　　　　　《解放日报》1998年5月31日/630
上海大学招生办提醒考生　报考上大需到校登录
　　　　　　　　　　　　　　　　　　　《解放日报》1998年6月12日/631
上海大学新校区将开建 …………………《解放日报》1998年6月17日/631
上海大学新校区建设启动 ………………《文汇报》1998年6月17日/631
上海大学国际商学院函授部　13届经济管理班（大专课程）招生
　　　　　　　　　　　　　　　　　　　《解放日报》1998年7月9日/632
上大美术学院师生举办"奔向未来"系列作品展
　　　　　　　　　　　　　　　　　　　《解放日报》1998年7月11日/632
上大文学院招收全日制本、专科学历证书班……《解放日报》1998年7月28日/632
上海大学国际商学院函授部　13届经济管理班（大专课程）招生
　　　　　　　　　　　　　　　　　　　《解放日报》1998年9月3日/632
上海大学就基础课教学作出硬性规定　教授、博导"重返讲台"
　　　　　　　　　　　　　　　　　　　《文汇报》1998年10月13日/633
上海大学1999年招收法学第二学士学位生
　　　　　　　　　　　　　　　　　　　《解放日报》1998年11月23日/633
上海大学举办"首日教育"活动 …………《解放日报》1998年11月23日/634
上海大学1999年招收法学第二学士学位生
　　　　　　　　　　　　　　　　　　　《解放日报》1998年11月25日/634

## 1999年 …………………………………………………………………… 635

上海：迈向温室国产化 …………………《人民日报》1999年1月4日/635
上大优秀预选生预选工作启动 …………《解放日报》1999年1月13日/635

# 目　录

上大举办高中生冬令营 …………………………《解放日报》1999年2月8日/635
建设面向21世纪的高教标志性工程　上大新校区工程效益质量"双佳"
　　今秋新学期将有6 000余名学生首批入住
　　………………………………………………《解放日报》1999年2月25日/636
上大美院研究生作品展开幕 ……………………《解放日报》1999年4月9日/636
上大10名教授配一名秘书 ………………………《解放日报》1999年4月22日/637
面向上海的未来 …………………………………《光明日报》1999年5月24日/637
上大今年实行宽口径招生 ………………………《解放日报》1999年5月29日/638
新上海大学欢庆5周岁 …………………………《新民晚报》1999年5月29日/638
报考上大为何要填"登录卡" ……………………《解放日报》1999年6月9日/638
上海大学为李一青师生举办画展 ………………《新民晚报》1999年6月22日/639
上大开展毕业生"三个一"活动 …………………《解放日报》1999年6月25日/639
军训带来思想政治觉悟的飞跃 …………………《解放日报》1999年7月21日/639
上大悉尼工商学院援建希望小学 ………………《解放日报》1999年7月19日/640
上大第一批本科招生工作结束 …………………《解放日报》1999年8月8日/640
市领导视察上海大学新校区　黄菊希望上大努力完成培养应用型人才的重要
　　任务，以适应上海经济、社会发展的需要 …《文汇报》1999年8月27日/640
黄菊察看上海大学新校区时要求抓好重点高校教育
　　………………………………………………《新民晚报》1999年8月27日/641
蕰村塘整治一新通水　上大告别脏差水环境 ……《解放日报》1999年9月3日/642
学生不爱此课不开　上海大学教学改革以学生为本
　　………………………………………………《新民晚报》1999年9月9日/642
上海大学揭开新刻篇章　新校区启用暨开学典礼今举行
　　………………………………………………《新民晚报》1999年9月12日/642
硬件建设体现育人思想　上海大学新校区启用　钱伟长徐匡迪陈铁迪龚学平
　　参加庆典…………………………………《解放日报》1999年9月13日/643
本市高教面向新世纪的标志性工程　上海大学新校区启用　钱伟长致辞，
　　徐匡迪、陈铁迪出席典礼，龚学平讲话 ……《文汇报》1999年9月13日/644
上大长江软件园签约 ……………………………《解放日报》1999年9月17日/645
闸北与上海大学联建上大软件园 ………………《文汇报》1999年9月19日/645
上海大学主办的《社会》 ………………………《新民晚报》1999年10月3日/645
上大巴士高科技投资公司成立 …………………《解放日报》1999年10月13日/646
上大新世纪学生公寓村开工 ……………………《解放日报》1999年10月23日/646
上大美院举办海外校友作品展 …………………《解放日报》1999年10月30日/646

上大授予费孝通名誉教授称号 ·········《解放日报》1999年11月11日/646
12月5日下午1时半在上海书城举行由上海大学出版社出版的《20世纪中国
　短篇小说选集》签名售书活动 ·········《新民晚报》1999年12月3日/646
上海大学2000年法学第二学士学位招生 ······《解放日报》1999年12月22日/647

**2000年** ·········································································· 648

闸北区领导到上大上学　20多位局级干部成为编外学生
　·················································《解放日报》2000年1月4日/648
上海：春季高考准备就绪 ·················《人民日报》2000年1月21日/648
上海大学秋季招生工作拉开帷幕 ··········《解放日报》2000年1月21日/648
上大开通春招录取查询专线 ···············《文汇报》2000年2月2日/649
别再挤上另一座"独木桥"——上大春季招生报名首日见闻
　·················································《新民晚报》2000年2月2日/649
上大巴士汽车学院设助学基金 ·············《解放日报》2000年3月3日/650
上大和嘉定区"亲上加亲"　高技术学院一分院下月招生
　·················································《新民晚报》2000年3月27日/650
构筑人才高地吸引海外师资　上大美院开门纳才达二成
　·················································《文汇报》2000年4月10日/650
中国美院在上大办交流展 ···············《文汇报》2000年5月12日/651
WTO与中国　房地产业研讨班在上海大学举行
　·················································《解放日报》2000年5月18日/651
上海大学招生数增四分之一 ··············《解放日报》2000年5月21日/652
上大举办国际学术研讨会 ················《解放日报》2000年5月22日/652
上大计划招生7 500名 ···················《文汇报》2000年5月25日/652
上大自我加压求提高　博士论文请社会检验
　·················································《新民晚报》2000年5月29日/653
多元测评择优录取——上海大学周鸿刚副校长谈招生工作
　·················································《新民晚报》2000年6月1日/653
靠知识技能改变命运　上海大学首届听障学生毕业在即
　·················································《新民晚报》2000年6月19日/654
上海大学研究生教育 ·····················《光明日报》2000年7月2日/654
上大新世纪学生公寓村好气派 ·············《解放日报》2000年7月24日/655
上大举办张自申油画展 ··················《文汇报》2000年7月28日/655
全国大学生网球锦标赛收拍 ··············《人民日报》2000年8月7日/655
上大新校区 ····························《解放日报》2000年8月19日/655

目 录

上海大学新世纪学生公寓村外景 ……………………《新民晚报》2000年8月19日/656
上海大学新校区基本建成 ………………………………《新民晚报》2000年8月31日/656
上海教育标志性工程基本建成　上大新学期入新校区
　　……………………………………………………………《解放日报》2000年9月1日/656
上海大学成教院教务一分部2000年全日制自学考试助学班招生
　　……………………………………………………………《解放日报》2000年9月1日/656
上海大学新校区建成 ……………………………………《文汇报》2000年9月1日/657
国内速度最快集群式计算机问世　用户可通过互联网使用
　　……………………………………………………………《人民日报》2000年9月2日/658
上大开设"运筹学"研究生课程 ………………………《解放日报》2000年9月15日/658
"区域经济研究中心"在上大揭牌 ……………………《解放日报》2000年10月15日/658
上大美院新址落成 ………………………………………《新民晚报》2000年11月8日/658
上大美院迁入新校舍 ……………………………………《解放日报》2000年11月9日/658
上大新图书馆建成开放 …………………………………《解放日报》2000年11月9日/659
图书新馆开馆　美院新址落成　上海大学双喜临门　钱伟长、费孝通为新馆
　　揭牌，徐匡迪题词，龚学平致贺 …………………《文汇报》2000年11月9日/659
上大新图书馆开馆 ………………………………………《新民晚报》2000年11月9日/659
理论与实践相结合　上海大学"中法MBA"班见闻
　　……………………………………………………………《解放日报》2000年12月1日/659
上大成立首所钟表高校 …………………………………《新民晚报》2000年12月9日/660
每秒4 500亿次峰值速度为全国之最　自强高性能计算机在上大问世
　　……………………………………………………………《新民晚报》2000年12月31日/660

**2001年** ……………………………………………………………………………………… 661
上大通信学院打破常规　为本科生配学术导师 ……《文汇报》2001年2月5日/661
上大开物业管理进修班班 ………………………………《新民晚报》2001年4月6日/661
上海大学2001年社会学专业博士研究生招生
　　……………………………………………………………《光明日报》2001年4月10日/661
上海大学教务处 …………………………………………《光明日报》2001年4月26日/662
上海大学兴建一流体育中心 ……………………………《解放日报》2001年5月4日/663
上海大学兴建一流体育中心 ……………………………《文汇报》2001年5月8日/663
夏商周遗存丰富　西汉墓出土珍稀　上大考古队发掘收获大
　　……………………………………………………………《新民晚报》2001年5月9日/663
教育电视台"昂立多邦招考热线"5月16日晚6时30分，邀请上海大学作招生
　　咨询 ………………………………………………………《新民晚报》2001年5月14日/664

纳米科技园区落户上海大学 ············ 《光明日报》2001年5月15日/664
上大招生多元测评　26日举行咨询活动 ········ 《文汇报》2001年5月18日/664
上大高等技术学院　培养一专多能文秘人才 ····· 《文汇报》2001年5月23日/664
OK镜,戴还是不戴？ ·················· 《人民日报》2001年6月7日/665
上大美院毕业生论义选出版 ············· 《新民晚报》2001年6月9日/666
上大暑期美术班招生 ················ 《新民晚报》2001年6月13日/666
上大考生志愿信息登录可电话查询 ········ 《新民晚报》2001年6月18日/666
你知道吗？将近八十年前,从青云里到江湾路,中国共产党创办了一所
　　大学——作为革命熔炉的上海大学 ····· 《解放日报》2001年6月29日/666
"回学校,我很满足"——记上海大学冯伟教授
　　··································· 《新民晚报》2001年7月4日/669
上海大学法学院同等学历硕士研究生课程班招生
　　··································· 《解放日报》2001年7月12日/670
生活在学习之中——上海市闸北区建设学习型城区的探索
　　··································· 《人民日报》2001年8月7日/670
上海大学法学院同等学历硕士研究生课程班招生
　　··································· 《解放日报》2001年8月8日/673
上大美院暑期辅导 ·················· 《新民晚报》2001年8月8日/674
用网络增强团组织凝聚力——记上海大学网上团员、学生大会
　　··································· 《文汇报》2001年8月17日/674
上大美院双休日美术辅导 ·············· 《新民晚报》2001年9月5日/674
上海大学微电子研究与设计中心成立 ······· 《新民晚报》2001年9月19日/675
上海大学新生获赠电话卡 ········· 《人民日报（海外版）》2001年9月25日/675
航天机电集团与上大合作　上海航天上大欧德科技有限公司成立
　　··································· 《文汇报》2001年9月27日/675
上大与航天科工携手研发新型显示器　"乘"着航天火箭攀升
　　··································· 《新民晚报》2001年9月27日/675
2年内争创2亿元产值　纳米"大船"从宝山上大"启航"
　　··································· 《新民晚报》2001年10月29日/676
上大美院将设听障人"专升本" ·········· 《新民晚报》2001年10月31日/676
宝钢集团五钢公司与上海大学联手 ········ 《新民晚报》2001年11月3日/677
艺术,有用武之地——上大美院公共艺术实验中心见闻
　　··································· 《新民晚报》2001年11月5日/677
上海大学针对全面实施学分制后的新情况　以党风建设促进学生工作

目　录

  ……………………………………………………《文汇报》2001年11月9日/677
 上海大学成立移民研究中心 ……………………《解放日报》2001年11月22日/678
 上海大学实施教师职务聘任动真格　45名正副教授首批落聘
  ……………………………………………………《文汇报》2001年11月26日/678
 评教授改为聘教授　教授终身制绝迹上海大学
  ………………………………………………《中国青年报》2001年11月30日/679
 上大研讨中国现代文学 ……………………………《解放日报》2001年12月2日/680
 上大学子谱写"申城曲""明天更辉煌"摄影展开幕
  ……………………………………………………《新民晚报》2001年12月8日/681
 上海大学不评职称与大学之"大" ………《中国青年报》2001年12月10日/681
 上大文学院成教部招生 ……………………………《解放日报》2001年12月12日/682

**2002年** ……………………………………………………………………………………… 683
 教授的"铁饭碗"打破了（校园走笔）……《人民日报（海外版）》2002年1月4日/683
 上海大学高等技术学院招生　中澳合作"旅游管理实务"专业2002年春季
  招生 …………………………………………………《解放日报》2002年1月10日/684
 三作家受聘上大客座教授　蒋子龙王安忆铁凝昨接受聘书
  ……………………………………………………《解放日报》2002年1月30日/684
 淡化班级　滚动排课　混科住宿——从一些举措和争议看上海大学的教育
  教学改革………………………………………………《光明日报》2002年2月19日/684
 综合优势明显办学特色鲜明跨入国内先进高校行列　上海大学实现质的
  飞跃　"二一一工程""九五"建设项目日前通过专家组验收
  ……………………………………………………《文汇报》2002年3月21日/686
 上海大学"211工程"通过验收　整体水平跨入国内先进高校行列
  ……………………………………………………《光明日报》2002年3月23日/687
 上海大学体育中心竣工在即 ………………………《新民晚报》2001年5月2日/687
 上海大学文学院成教部招生 ……………………《解放日报》2002年5月27日/687
 2002年中国机器人竞赛落幕 …………《人民日报（海外版）》2002年6月20日/688
 上海国际合作办学呈现兴旺发展势头
  ………………………………………《人民日报（海外版）》2002年7月4日/688
 上海大学国际交流学院全日制日语、英语大专自考助学班招生
  ……………………………………………………《解放日报》2002年7月29日/689
 上海大学文学院成教部招生 ………………………《解放日报》2002年8月5日/689
 图片报道 …………………………………《人民日报（海外版）》2002年8月16日/689
 图片报道 …………………………………《人民日报（海外版）》2002年9月11日/689

上大汽车学院建成新校区 ……………………《解放日报》2002年9月13日/690
钱伟长在上海喜度九十华诞 受中共中央和江泽民李瑞环李岚清委托,黄菊
　　亲切看望钱伟长 ………………………《人民日报》2002年10月10日/690
上大成立海派文化研究中心 …………………《解放日报》2002年10月21日/690
持续发展中的上海大学成人教育 ……………《光明日报》2002年11月16日/691
上大成立服务贸易研究中心 …………………《解放日报》2002年12月22日/692

**2003年** ………………………………………………………………………… 693
图片报道 …………………………《人民日报(海外版)》2003年1月28日/693
学术信息·"第五届全国人学学术研讨会"强调 创新是人学学科发展的必由
　　之路 ……………………………………《人民日报》2003年2月14日/693
迷上体育的科学大师——记上海大学校长钱伟长院士
　　 ………………………………………… 《解放日报》2003年4月9日/693
报考上大可用声讯电话登录 …………………《解放日报》2003年5月10日/695
"拜耳青年环境奖"在沪颁发 ……………………《人民日报》2003年7月1日/695
拆除"四垛墙"发展天地宽——上海大学办学理念扫描
　　 ………………………………………… 《光明日报》2003年8月26日/695
本市又添现代化寄宿制高中 上大附中落成开学
　　 ………………………………………… 《解放日报》2003年9月2日/696
携手传友情 喜迎中秋节 ………《人民日报(海外版)》2003年9月10日/697
诚信大家谈 ……………………………………《人民日报》2003年10月9日/697
自强不息,改革创新,走特色发展之路——上海大学向国内一流的综合性
　　研究型大学迈进 ……………………《光明日报》2003年10月13日/700
专家组完成对上海大学本科教学评估 …………《光明日报》2003年11月5日/704
中国循环经济发展论坛提出 转变发展模式 建设生态工业
　　 ………………………………………《人民日报》2003年11月10日/704
图片报道 …………………………《人民日报(海外版)》2003年11月11日/704
实习、就业放在一个序列 上海大学招聘会"变脸"
　　 ………………………………………《解放日报》2003年11月19日/705
大学生足球联赛在上海开幕 …………………《人民日报》2003年11月28日/705

**2004年** ………………………………………………………………………… 707
上大——巴黎时装学院学生艺术展开幕 ……《解放日报》2004年2月16日/707
上海大学新学期开出特色选修课 性别教育课未开先热
　　 ………………………………………… 《文汇报》2004年3月1日/707
宝山 上大签约共建精神文明 ………………《解放日报》2004年3月20日/708

上海高校性别教育渐热　上海大学十名专家同讲"女性学导论"
　　·················································《光明日报》2004年3月21日/708
学校快速发展的助推器——从"教师职务聘任制"看上海大学人事制度改革
　　·················································《光明日报》2004年4月20日/709
拆除"高墙"　打通"壁垒"　上海大学加强科研与城市经济"贴合度"
　　·················································《解放日报》2004年4月28日/711
上海大学市北附属中学(原上海铁路中学)建校50周年校庆公告
　　·················································《解放日报》2004年4月28日/711
庆祝上大组建十周年　钱伟长徐匡迪龚学平殷一璀出席大会
　　·················································《解放日报》2004年5月8日/712
新闻短波 ·····················《人民日报(海外版)》2004年5月14日/712
上海大学今年"10岁"了 ···········《人民日报(海外版)》2004年5月17日/713
民族体育基地落户吉首大学 ········《人民日报(海外版)》2004年5月17日/713
球形壁面爬行机器人研制成功 ···············《人民日报》2004年5月20日/713
沪上房地产热门人才紧缺 ··········《人民日报(海外版)》2004年5月31日/714
十运会吉祥物"金麟"亮相 ·················《人民日报》2004年6月23日/714
上海大学为毕业生建信用档案 ···············《光明日报》2004年7月5日/714
上海大学毕业生周文彬赴滇接力马骅 ········《中国青年报》2004年7月26日/715
上海大学中外合作高级管理研究生课程班招生
　　·················································《解放日报》2004年9月15日/715
上海——"老外"上街管交通 ···············《人民日报》2004年12月10日/715
大中学生DV纪实短片比赛颁奖 ·············《人民日报》2004年12月13日/715
上大巴士汽车学院实训中心落成 ···········《解放日报》2004年12月21日/716

**2005年** ························································· 717

不好好读书　荒废了学业　上大71名学生被退学
　　·················································《解放日报》2005年1月11日/717
上海大学与法国技术大学集团合作培养工程师
　　·················································《光明日报》2005年2月16日/717
永远的丰碑(27)——中国青年的领袖和导师　恽代英
　　·················································《人民日报》2005年2月28日/718
中法合作培训世贸组织人才 ···············《人民日报》2005年3月8日/718
导师让研究生代课,取消资格——上海大学规范导师育人职责
　　·················································《解放日报》2005年3月20日/718
今许多高校研究生都把导师叫作"老板",这是"戏称",还是意味着师生间的

关系变了味——导师缘何叫"老板"？ ………《人民日报》2005年4月1日/719
永远的丰碑(65)——"人民的坚强战士" 李硕勋
　　　　　　　　　　　　　　　………………《人民日报》2005年4月7日/719
上海大学：计划招生8 750名　依托中法合办学院首招理工基础班
　　　　　　　　　　　　　　　………………《解放日报》2005年4月14日/720
《徐匡迪文选——钢铁冶金卷》首发 ………《人民日报》2005年5月9日/720
《上海高校：学生扬眉老师气短？》报道追踪　大学生的课堂纪律谁来负责
　　上海大学部分学生倡议老师"严厉指正"
　　　　　　　　　　　　　　　……………《中国青年报》2005年5月25日/720
上大与埃克斯-马赛大学产学研合作 …………《解放日报》2005年6月3日/721
在服务社会中提高学生思想教育实效——上海大学学生党员主题实践活动
　　撷片 ……………………………………《光明日报》2005年8月15日/722
让每个提问都不过夜——记上海大学党员教师宋小龙
　　　　　　　　　　　　　　　………………《文汇报》2005年8月24日/723
贾庆林亲切看望住沪部分党外老同志 …………《人民日报》2005年9月17日/724
54岁副教授受聘辅导员　五级聘任制使上海大学辅导员岗位身价倍增
　　　　　　　　　　　　　　　………………《文汇报》2005年11月3日/725
上海大学实行辅导员五级聘任制　加强高校辅导员队伍建设
　　　　　　　　　　　　　　　………………《人民日报》2005年11月26日/725
上海明春继续有高考　招生计划增幅达17%
　　　　　　　　　　　　　　　………………《人民日报》2005年12月2日/726

# 上 卷

# 1922 年

**纪东南高专师校之风潮**

国闻通信社云：闸北宝兴路东南高等专科师范学校于昨日起罢课，其原因实缘十五日午饭夹生，有少数学生主张罢饭，掷筷翻台，声势汹涌。有学生朱间白，因腹饥异常，未曾服从，众加以非语。朱甚忿，事后即写一纸条，粘于膳堂反讥。讵此条揭后，该校学生周学文、孔庆仁、吴怀民等，邀集同学，以自治会名义，请求学校当局将朱某开除，否则即全体罢课。该校校长王理堂，以考察教育，逗留东京，代理者为会务主任陈勋武，未加允准，仅宣布将朱某记大过二次。周等坚不允从。同时校中有赵吟秋、汤镜明，在前晚八时自治会中，起而反对，周某等坚阻不许。稍加辩论，即生冲突，结果将汤镜明殴伤，逃出校外，赴中国公立医院医治。校中其他同学，见此情形，知将酿成大祸，因往五区警察署报警。旋由该署派来武装警察五名，当场弹压，直至十二时始去。该校多数学生，因组织一学生维持会，监督周某等行动，周某等益加忿怒，又要求将赵吟秋开除。陈某不许，学生乃宣布改造学校，请陈独秀或于右任为校长，令陈某将学校文具及经费交出，不许出校门一步。刻下风潮甚烈，正在相持中，已由学生维持会致电校长，请其即日回国，从事解决云。

《申报》1922年10月19日

**纪东南高专师校之风潮**

闸北宝兴路东南高等专科师范学校，于昨日起罢课。其原因实缘十五日午饭夹生。有少数学生主张罢饭，掷筷翻台，声势汹涌。有学生朱间白，因腹饥异常，未曾服从，众加以非语。朱甚忿，事后即为一纸条，粘于膳堂反讥。讵此条揭发，该校学生周学文、孔庆仁、吴怀民等邀集同学，以自治会名义，请求学校当局将朱某开除，否则即全体罢课。该校校长王理堂以考察教育，逗留东京。代理者为会务主任陈勋武，未加允准，仅宣布将朱某记大过二次。周等坚不允从。同时，校中有赵吟秋、汤镜明，在前晚八时自治会中，起而反对。周某等坚阻不许发言。稍加辩论，即生冲突，结果将汤镜明殴伤，逃出校外，赴中国公立医院医治。校中其他同学，见此情形，知将酿成大祸，因往五区警察署报警。旋由该署派来武装警察五名，当场弹压。直至十二时始去。该校多数学生，因组织一学生维持会，监督周某等行动，周某等益加忿怒，又要求将赵吟秋开除。陈某不许，学生乃宣布改造学校，请陈独秀或于右任为校长，令陈某将学校文具及经费交出，不许出校门一步。该下风潮甚烈,正在相持中。已由学生维持会致电校长,请其即日回国,从事解决云。

《时报》1922 年 10 月 19 日

**东南高专师校风潮续志**
  宝兴路东南高等专科师范学校,因吃饭问题,而起罢课风潮,致校中有学生自治会及学生维持会之对峙,已志昨报。兹悉受伤学生汤镜明,已改赴十六铺某医院就诊,伤势尚不甚重。二学生会仍在坚持。昨日上午十时,本欲解决一切,为自治会反对而罢。下午二时,自治会开会,议决:改校名为上海大学,请于右任为校长,胡寄尘为教务主任。闻已由于君允许,至所有经费,除将原有学膳宿费令旧职员缴出外,更由教员陈东阜捐助民田一百亩,以充基本金。维持会闻之,深为不服。即赴江苏省教育会,请见沈信卿君,呈递请愿书,因沈君不在,由书记顾君接见。允将该校问题,提出明日该会讨论会中,与本埠专科大学及乐群、华英学校等各校问题,同时加以讨论云。

《申报》1922 年 10 月 20 日

**东南高等专科师范风潮**
  东南高等专科师范,由饭食风潮激成学校改组风潮,我想平日若无他,一时风潮扩大亦不至如此。以最近形势观之,学生属于自治会的,似乎人数较多;然以改组而论,非空言所能成功;改名大学,在学制上能否适合,很要慎重斟酌。此事既由省教育会讨论,甚望追溯风潮的远因,方能谋持平解决的方法。(际安)

《民国日报》1922 年 10 月 20 日

**三纪东南高专师校之风潮**
  昨日为宝兴路东南高等专科师范学校罢课之第三日,该校学生自治会与维持会,双方对峙局势迄今未见发展。自治会方面,既宣布改造学务,复派定清账员六人,从事清算一切账目,刻已竣事。惟所有经费,向存银行,代理校务主任陈勋武及会计汤石庵,坚持渠等均属代理,无权交卸,非俟校长王公燮回国后,不能为彻底之解决。维持会方面,以自治会一再逼迫,滋为不满,除已请愿江苏省教育会维持外,再电王校长,望其即日回国云。

《申报》1922 年 10 月 21 日

**东南专师风潮之昨闻**
  自东南专科师范发生风潮后,学生方面,主张根本改造该校,并请于右任君为校长。于君前在陕西孤军奋斗时,犹积极谋教育之扩展与改进,解甲还沪以后,当然益注意于此。惟东南专师之性质,于君尚未明了,即其校址在何处,亦非于君之所知。故对于该校学生之请求,今尚在考虑中。昨有以此事讯于君者,于君即以此意为答。
  昨日学生方面依然罢课,自治会与维持会双方对峙,未见发展。自治会方面宣布改造学校后,即派定清账员六人,清算账目,刻已竣事。惟所有经费向存银行,代理校务主任陈勋武及会计汤石庵,坚持渠等均属代理,无权交卸,非俟校长王公燮回国后不能为彻底之解决。维持会方面对之滋为不满,除已请江苏省教育会维持外,再电王校长望其即日回国。

《民国日报》1922年10月21日

## 上海大学启事

本校原名东南高等专科师范学校,因东南二字与国立东南大学相同,兹从改组会之议决,变更学制,定名上海大学,公举于右任先生为本大学校长。此布。

《申报》1922年10月22日

## 上海大学启事

本校原名东南高等专科师范学校,因东南二字与国立东南大学相同,兹从改组会之议决,变更学制,定名上海大学,公举于右任先生为本大学校长。此布。

《民国日报》1922年10月23日

## 上海大学欢迎校长

闸北西宝兴路东南高等专科师范学校,自发生风潮后,迭经教职暨全体学生开会讨论,一致议决:变更学制,重新改组,定名上海大学,公举于右任先生为校长。于君初不允担任,昨日上午十时,教职员陈东阜、陈藻青暨学生代表二十人,往于私邸,竭诚欢迎,于君不忍坚却,允往校中一行。遂同乘汽车赴校。路经沪宁车站,全体学生一百五十人并军乐队已先伫候,欢声与乐声齐作。时值大雨,学生鱼贯而行,庄严整肃,于君大为感动。抵校,全体开会欢迎。陈藻青先生致词云:此次改造学校,可谓公理战胜强权,于校长为革命伟人、共和元勋、言论界之前驱、教育界之先进,敬为本校前途表示欢迎。次于君致词,略谓:予自陕西回沪,极欲投身教育界,但予乃愿为小学生以研究教育,非好为人师。因予自审学力不足,诸君改组大学,前途艰巨,尤非予所能任。予二十年奔走,能得人同情者,惟不随风倒浪,但因此便不能不审慎进退,予实不敢担任校长。但诸君如此诚意,念西哲言互助之义,自动植物以至野蛮人类皆能互助,何况吾辈为有文化之人,自当尽力之所能,辅助诸君,力谋学校发展。改日再当提出意见,与诸君商榷,谨以诚意感谢诸君。次教员陈景新君云:改组而后,百端待兴,尤宜研究学问,始终不懈。次来宾邵力子君云:诸君以革命精神,改造学校,实可佩服。上海学校林立,优少劣多。所谓劣者,即营业式之学校。营业学校何自而发达,实由于高级学校之佳者学额有定,考取不易,彼等遂得乘机而起,以供学子之需求。今诸君群众一心,推倒营业式之学校,此类学校,当可逐渐消灭。于先生为余旧友,余不欲作标榜语,但深知其进退不苟,七年护法赴陕,辛苦数载,孑然归来,可谓失败。然其失败乃光荣之失败,余以为于先生之精神实近于易卜生所云非全有则宁无者。现代青年病根在羡慕虚荣,骗钱学校亦即乘此弱点而起,故非称专科,即称高等,或专门,或大学。诸君此次改组大学,只能视为悬一大学之目标以共赴之,万不可遽自命为大学学生。于先生谦言愿为小学生以研究教育,余望诸君亦本此精神,切切实实地多求几年学问云。次陈藻青君略致数语,遂宣告散会。

《民国日报》1922年10月24日

### 胡寄尘君来函

启者，东南高专师（现名上海大学），在今春创办时，由创办人约我为国文部主任。我极力辞去，只允担任教员之职，每周三小时。秋季开学，屡辞不获，仍照前每周上三小时之课。此次风潮，在我并未预知。学生代表数人，至我寓所，要我维持。我说力所能办到者，当为尽力。学生会举我为教务主任，亦恐不能胜任。又专科大学，因创办人屡次约我为国文部主任，完全不曾允许，但允担教员每周三小时，所有风潮之内容，也一概不知。前任沪江大学教员，亦已辞去。（原因该校要我寄宿校中，我不允。）神州女学教员，亦辞去。（原因所排钟点太多，且该时沪江尚未脱离，故不能兼。）现因东南高专师及专大发生风潮，友人向我讯问情形者甚众，不能遍答，只得投函贵报，祈为登入来函栏内为盼。

胡寄尘启<br>十月二十三日<br>《民国日报》1922 年 10 月 24 日

### 胡寄尘来函

顷悉上海大学已由于右任先生担任校长，南方大学已由江亢虎先生担任校长，深为两校学生庆幸。我于此两校之教员职务，自当量力勉任。因劳知友函询，不及遍复，特此奉答。

胡寄尘启<br>十月二十四日<br>《民国日报》1922 年 10 月 25 日

### 上海大学学生来函

顷晤胡寄尘先生，悉所谓学生代表者，系指此次主张改组之全体学生，并非冒称维持会名义之人，教务主任系根据各报之本埠新闻，双方遂至误会。胡先生夙为学生所崇拜钦仰，既经面谈，所有经过情形，涣然冰释。学生为求学起见，仍一致要求胡先生担任教员，已承认可，用特披露。乞贵报登入来函栏为荷。

上海大学全体学生公启<br>十月二十六日<br>《民国日报》1922 年 10 月 27 日

### 上海大学之教务会议

上海大学由于右任君担任校长后，教职员学生均极欣幸。昨日下午，于君在校召集教务会议，首报告请叶楚伧君为教务主任。叶君谓于校长系助学生而来，余系助于校长而来，只能暂尽义务，不支薪水云云。次议决十月三十日（星期一）正式上课。每星期六日，由图音、图工、英文、国文四部轮开教务会议一次，每月开全体教务会议一次。目前暂维现状，其革新计划容再次第公议。

《民国日报》1922 年 10 月 27 日

## 上海大学之教务会议

上海大学由于右任担任校长后,全体教职员学生均极欣幸。昨日下午,由于君召集教务会议,在校开会讨论,以后教务上各种事宜。首由于校长报告,请叶楚伧为校务主任。叶谓于校长系助学生而来,余系助于校长而来,故只能暂尽义务,不支薪水云云。次议决十月三十日(星期一)正式上课,每周于星期六、日,由图音、图工、英文、国文四部轮开教务会议一次,每月开全体教务会议一次。目前暂维持现状,其革新计划,容再次第公议云。

《时报》1922年10月27日

## 恩斯坦博士过沪之招待　于右任先生演说　十一龄女子诵诗

德国相对论大家恩斯坦博士偕其夫人,昨日十时乘北野丸到沪。同行者有前同济大学校长威斯特氏及其夫人。登岸后,博士至德总领事署一行,即由日本改造杂志社假一品香为博士洗尘,餐用中菜。继至小世界聆昆剧,后游邑庙豫园一周。皆从博士之意,欲领略我国烹调、戏剧与园林之胜也。午后六时,又假王一亭君寓邸设宴,除博士夫妇及威斯特君夫妇外,日人有改造社村田君,我国人有上海大学校长于右任君、前北大教授张君谋博士、浙江法政学校教务长应时博士及其夫人张淑女士、女公子慧德,又王一亭、曹谷冰、张季鸾诸君。席次于君起立致辞,谓鄙人今日得兴与日本改造社欢宴博士,谨敢代表中国青年略述钦仰之意,博士实为现代人类之夸耀,不仅在科学界有伟大之贡献与发明,中国青年崇仰学术,故极崇敬博士,今所抱歉者,时间匆促,不能多尽东道之谊,尤不能多闻博士伟论,惟愿博士在日本讲学既毕,重为我国青年赐诲云云。博士答辞,谓今日得观多数中国名画,极为愉快,尤佩服者是王一亭君个人作品,推之中国青年,敢信将来对于科学界,定有伟大贡献。此次匆远东行,异日归来,极愿为中国青年贡其所见。众皆鼓掌。以上演辞皆由应时博士迻译。次张君谋博士以德语演说,亦表示对于博士之敬仰与希望。是席,宾主极尽欢,而尤使博士快慰者,即应时博士之女公子慧德,年仅十一龄,能操德、英、法三国语言,均极流利,席间朗诵德国名人诗篇,博士赞赏甚至。直至九时许始散席,即赴日本学士会之欢宴,受祝辞二份,博士略致答辞,因长途跋涉,绝未休息,不能作长篇之讲演也。博士今晨即乘原船东渡,对其本国人之欢迎宴会,概行谢绝,惟博士已受北京大学之约,前往讲演,故在日讲演毕,即将再来我国,然后由沪归国云。

《民国日报》1922年11月14日

## 中华公学之一周纪念

闸北宝通路中华公学由朱和钧创办,成立甫及一载,学生已达三百二十余人。昨日为该校一周纪念之期,于下午二时行纪念式,秩序如下:(一)来宾入座;(二)唱歌(国歌、校歌、立校纪念歌、校庆歌、欢迎来宾歌);(三)主席朱和钧校长报告一年来之经过情形;(四)演说;(五)娱乐(学生表演双簧及三弦拉戏);(六)来宾茶点,学生叙餐;(七)提灯游行;(八)影戏。开会时,由沪北工巡捐局代表汪仲瑛、校董奚陈莲贞女士、上海大学校长于右任相继演说,大致谓中华公学创办仅一载,而蜚声已著社会。实由于校长暨教职员等热心教育,贯彻知行合一之主义,以故成绩斐然。于君演词,略谓教育之最要者,为授以生活上必需之智识技能。人谁不求生活,欲求生活,非具创造力不可。中华公学本此主义,得美满之效果,将来之进步,诚未可限量云云。晚餐后,举行提灯会,经中兴路、鸿兴路、宝山路、界路、火车站、天通庵路、宝通路,沿途观者如堵。闻该校力求刷新,明年拟采达尔顿制,以期养成相当人才云。

《申报》1922年12月2日

**上海大学之交涉　旧校长之举动**

闸北东南高等专科师范学校改组为上海大学后,旧校长王理堂现正提起交涉。兹悉王等于昨日下午一时,在法界蒲石路临时办事处开讨论会。到者除旧创办人外,并有赞助人多人。当由王理堂报告诉讼经过情形,继讨论办法:每人各筹洋五百元,作为临时费用,以后继续负责,并速向审检两厅进行,以期早日结束;至旧校舍交通不便,速行另租校舍(拟租新闸路一一六号大洋房,已开始接洽),并以临时办事处名义,通告学生家属云云。

《时报》1922年12月19日

**上海大学交涉再志**

上海大学改组后,其旧校长王理堂由东回国,迭在上海地方审检二厅提起诉讼,并请求审厅对于校具假处分及假扣押,已由审厅准允。于昨日下午二时,由承发吏孙益偕同王及某律师,前往该校检查。在校教员陈某及学生汪某,以为该项训令系属伪造,坚不许查。承发吏现已回署复命矣。

《时报》1922年12月21日

# 1923 年

### 东南高等专科师范学生启事

敝校前因吃饭问题酿成巨大风潮,学生周学文、程嘉咏、汪钺等被教员陈东阜等所利用,声势汹汹,妄言改组,扰乱数句,犹未平息。近日校中负责无人,已至无形解体,干等□派代表一再向于右任先生请求继续维持,于先生表示绝对不管,干等为求学前途计,迫不得已于昨日(六日)欢迎旧创办人入校,一切均恢复原状。谨此奉闻。

学生王干庭、李忠汉、王尧、李彦章、李含章、张启先等五十二人同启

《民国日报》1923 年 1 月 7 日

### 上海大学学生委员会启事

敝校系东南高等专科师范改组,其改组原因则以前创办人王理堂(王公燮)、汤石庵、陈勋武等借学敛财,挟款私逃,曾由全体学生提起诉讼,已奉检厅审讯,尚未终结。王公燮等竟敢藐视学生为学校主体,于诉讼未终决前,乘敝校放寒假之后,突于六日率领流氓及开除学生陈九经等十余人到校滋闹,当由警署派警前来驱逐出校。敝校正拟以无端侵入,告诉官厅。讵王公燮及开除学生等捏造谣言,遍登各报,希图淆乱黑白。恐外界不明真相,发生误会,特此声明。

上海大学学生委员会会员启

《民国日报》1923 年 1 月 8 日

### 上海大学交涉和平解决

闸北青岛路上海大学学生,与前创办人王公燮等交涉事,屡志前报。兹闻王公燮等因近日诉讼,形势不佳,托律师王某一再携函向该校校长及学生委员声明脱离关系,请求和平解决,双方撤销讼案。闻该校长等已允其请,交涉从此可告结束云。

《民国日报》1923 年 1 月 21 日

### 上海大学交涉和解续志

闸北青岛路上海大学学生,与前创办人王公燮、陈勋武、汤石庵等交涉,日前和平解决,已志前报。兹觅得王等致该校学生函云:径启者,同人等创办之东南高等专科师范学校,所有校具及其他各种物件,均应归改组之上海大学所有,同人等从此即脱离该校关

系,至双方民、刑诉讼,各自向检、审两厅撤销可也。

《民国日报》1923年1月23日

**两校之纠纷已解·东南高专—上海大学**

东南高等专科师范学校之创办人,与上海大学诉讼一节,已迭志报端,中间曾经多人调解,均无结果,现已双方让步,事遂了结云。

《申报》1923年1月25日

**王开疆为东南高等专科师范上海大学事声明**

东南高等专科师范与上海大学涉讼一节已迭志各报,现经鄙人出任调解,蒙双方让步了结。特此声明。

《申报》1923年1月25日

**上海大学学生委员会来函**

主笔先生鉴:径启者,敝校与前东南高等专科师范创办人王公燮、陈勋武、汤石庵等交涉一事,近日已和平解决。惟恐各界未有深知,特请先生将此函登入贵报来函栏内。至纫公谊。

上海大学学生委员会程嘉咏、余益文、周学文、汪铖同启

廿四号

《民国日报》1923年1月25日

**上海大学招生**

招考科目:高级中学一年级、师范部、美术系、英文系、国学系各级插班生。考期:阳历三月三日。考试地点:上海卡德路寰球学生会。报名处:上海山东路民国日报馆。校址:闸北青岛路。报名手续:缴纳四寸照片一张、报名费一元、试验费一元。学膳宿费:初级中学六十二元,高级中学六十八元,大学七十四元,师范七十四元。简章函索即寄。

校长于右任启

《申报》1923年2月10日

**上海大学招生**

招考科目:高级中学一年级、师范部、美术系、英文系、国学系各级插班生。考期:阳历三月三日。考试地点:上海卡德路寰球学生会。报名处:上海山东路民国日报馆。校址:闸北青岛路。报名手续:缴纳四寸照片一张、报名费一元、试验费一元。简章:函索即寄。学膳宿费:初级中学六十二元、高级中学六十八元、大学七十四元、师范七十四元。

校长于右任启

《民国日报》1923年2月10日

### 上海大学生严厉对彭

上海大学寒假留校学生程嘉咏等昨致北京学生联合会总会函云：

（上略）彭允彝乃一无耻政客，逢迎军阀，攫得教长一席，已为全国唾骂。尤复倒行逆施、破坏司法、蹂躏人权、逼走校长、压制学子，置四百兆同胞之人格于不顾。此而可忍，孰不可忍！谨拟对付办法三条：（一）各省学生联合会，应一致表示力请政府罢斥彭允彝；（二）全国各学校暂与北京教育部脱离关系；（三）北京政府执迷不悟，国民当本五四精神，群起自决。凡此实为国民人格所关，我等不敏，愿为诸君后盾云云。

《民国日报》1923年2月27日

### 上海大学学生致京学生会电

本埠上海大学寒假留校学生，昨有致北京学生联合总会一函，兹为录之如下：

北京大学学生会转北京学生联合会诸君公鉴：贵会及北大学生会代表申述及教潮经过详情，深为发指。彭允彝乃一无耻政客，不知教育为何物，只以逢迎军阀、攫得教长一席，已为全国唾骂。尤复倒行逆施、破坏司法、蹂躏人权、逼走校长、压制学子，置四百兆同胞之人格于不顾。此而可忍，孰不可忍。谨拟对付办法三条：（一）各省学生联合会，应一致表示力请政府罢斥彭允彝；（二）全国各学校暂与北京教育部脱离关系；（三）北京政府执迷不悟，国民当本五四精神，群起自决。凡此实为国民人格所关，我等不敏，愿为诸君后盾。迫切上言，统希鉴察。

上海大学学生叩

《时报》1923年2月27日

### 上海大学各科每周授课时间表

| | 高 级 中 学 | | |
| --- | --- | --- | --- |
| | 第一学年 | 第二学年 | 第三学年 |
| 公民学 | 一 | 一 | 一 |
| 国　文 | 五 | 五 | 五 |
| 英　文 | 十 | 十 | 十 |
| 历　史 | 三 | 三 | 四 |
| 地　理 | 二 | 二 | 二 |
| 算　学 | 四 | 二 | |
| 社会学科 | 四 | 四 | 五 |
| 自然科学 | 三 | 三 | |
| 美术与美学 | 二 | 三 | |

续 表

| 高 级 中 学 | | | |
|---|---|---|---|
| | 第一学年 | 第二学年 | 第三学年 |
| 商业学 | 二 | 三 | 三 |
| 簿记学 | | | 二 |
| 哲 学 | | | 二 |
| 美术史 | | | 二 |
| 速记及打字 | | | 一 |
| 心理学 | | | 二 |
| 发文或日文 | | | 二 |
| 统 计 | 三四 | 三三 | 三三 |

| 国 学 部 | | | |
|---|---|---|---|
| 甲 级 | | 乙 级 | |
| 国 文 | 五 | 国 文 | 六 |
| 小 学 | 二 | 小 学 | 一 |
| 新文学 | 二 | 新文学 | 二 |
| 文学史 | 一 | 英 文 | 七 |
| 诗 词 | 二 | 诗 词 | 一 |
| 社会学 | 二 | 西 地 | 一 |
| 哲 学 | 二 | 社会学 | 二 |
| 历 史 | 二 | 历 史 | 二 |
| 西 地 | 一 | 文学史 | 二 |
| 英 文 | 七 | 教育学 | 二 |
| 喜 剧 | 二 | 心 理 | 二 |
| 教育学 | 二 | | |
| 心 理 | 二 | 哲 学 | 一 |

1923 年

| 英　文　部 |||||| 
|---|---|---|---|---|---|
| 英小说 | 二 | 会　话 | 二 | 国文 | 六 |
| 英　文 | 五 | 英　论 | 二 | 四史 | 二 |
| 社会学 | 二 | 文　法 | 三 |  | 一 |
| 修　词 | 二 | 西　地 | 二 | 教育学 | 二 |

| 图　工　部 ||||
|---|---|---|---|
| 甲　级 || 乙　级 ||
| 化学工艺 | 一 | 化学工艺 | 一 |
| 日　文 | 二 | 漆　工 | 一 |
| 玩　具 | 二 | 工　理 | 一 |
| 国　画 | 三 | 木　工 | 三 |
| 野外写生 | 三 | 西　画 | 六 |
| 西　画 | 六 | 国　文 | 二 |
| 英　文 | 三 | 图　案 | 一 |
| 木　工 | 二 | 金工理论 | 一 |
| 工　理 | 一 | 金　工 | 二 |
| 漆　工 | 一 | 图　学 | 一 |
| 图　案 | 一 | 教育学 | 一 |
| 金工理论 | 一 | 英　文 | 一 |
| 金　工 | 二 | 画　理 | 一 |
| 国　文 | 一 | 玩　具 | 二 |
| 画　理 | 一 | 日　文 | 二 |
| 图　学 | 一 | 西　画 | 三 |
| 教育学 | 二 | 国　画 | 三 |
| 色彩学 | 一 |  |  |

续　表

| 图　工　部 | | | |
|---|---|---|---|
| 美　学 | 一 | | |
| 艺术解剖 | 一 | | |
| 美术史 | 二 | | |

| 图　音　部 | | | |
|---|---|---|---|
| 甲　级 | | 乙　级 | |
| 凡亚林 | 二 | 中　唱 | 三 |
| 洋　琴 | 一 | 西　画 | 六 |
| 中国画 | 三 | 英　唱 | 二 |
| 野外写生 | 三 | 日　文 | 二 |
| 西　画 | 三 | 西　画 | 三 |
| 英　唱 | 二 | 声　乐 | 二 |
| 图　学 | 一 | 洋　琴 | 二 |
| 歌　曲 | 一 | 国　画 | 三 |
| 英　文 | 三 | 英　文 | 二 |
| 画　理 | 一 | 画　理 | 二 |
| 作　曲 | 一 | 社会学 | 一 |
| 和　声 | 一 | 图　案 | 一 |
| 乐　式 | 一 | 风　琴 | 二 |
| 声　乐 | 一 | 国　文 | 二 |
| 中　唱 | 二 | 教育学 | 二 |
| 日　文 | 二 | 图　学 | 一 |
| 图　案 | 一 | | |
| 国　文 | 二 | | |

续　表

| | 图　音　部 | | |
|---|---|---|---|
| 教育学 | 二 | | |
| 色彩学 | 一 | | |
| 美　学 | 一 | | |
| 艺术解剖 | 一 | | |
| 美术史 | 二 | | |

《民国日报》1923年3月1日

**上海大学续招生**

本校高级中学部、师范部、美术系、英文系、国学系各级尚有余额未满，有志来校肄业者，可至闸北青岛路本校报名。随到随考，简章、课程表函索即寄。

校长于右任启

《申报》1923年3月4日

**上海大学续招生**

本校高级中学部、师范部、美术系、英文系、国学系各级尚有余额未满，有志来校肄业者，可至闸北青岛路本校报名。随到随考，简章、课程表函索即寄。

校长于右任启

《民国日报》1923年3月4日

**上海大学积极整顿**

上海大学自去岁风潮平息后，由校长于右任先生积极整顿。今岁添办高级中学，并于原有之师范部各科添设主任、增聘教员。美术科主任为洪禹仇君，文学科主任为张君谋博士，中学科主任为陈德徵君，皆积学热心之士。现已定七日开学，十二日上课。又闻该校以原有校址隘陋，不敷应用。现方在物色新校舍，一经择定，即将迁移，目前则仍在原址上课云。

《民国日报》1923年3月5日

**上海大学之积极整顿　由陈德徵、张君谋、洪禹仇等担任教授**

上海大学自去岁风潮平息后，由校长于右任积极整顿，今岁添办高级中学，并于原有之师范部各科添设主任、增聘教员。美术科主任为洪禹仇君，文学科主任为张君谋博士，中学科主任为陈德徵君。现已定七日开学，十二日上课。又以原有校址隘陋，不敷应用，现方在物色新校舍。一经择定，即将迁移，目前则仍在原址上课云。

《申报》1923年3月6日

**日昨开学之两校·上海大学**

闸北青岛路上海大学日昨正式开课,学生均已到校,闻现尚有余额。

《申报》1923年3月13日

**国民对日游行大会纪·游行时情形**

出发时约二点十分,按次排队,由总指挥前导,次为救国十人团。横额曰"国民对日外交游行大会",直书大旗二面,一为"不承认二十一条约",一为"收回旅顺大连主权"。佐以自由车队传递消息、往来照料,中国红十字会汽车救护队随队防护。尚有绍兴公学、宁波公学、勤业女师、童子军沿途站立,维持秩序。故自出发至散队,颇为严肃。各队队员均执警句小旗,或用寓意画,发人感触。途中大呼"中华民国万岁"及"否认二十一条""收回旅大""经济断交""努力奋斗""坚持到底"等语,声如雷动,足以表见国民示威精神之一斑。兹将各团体队次详志如下:南洋甲种商业学校、东三省旅沪学生会、励志队、双十医院、平民学校、平民自治会、账员公会、平民女工读学校、南洋大学、承天英华学校、恒丰纱厂、南洋医专学校、中国商业公学、民国公学、国语传习所、开智学校、惠灵学校、安徽公学、招商局公学、中华救国十人团、沪江大学、复旦义务学校、复旦大学、复旦中学、绍兴旅沪公学、中华女子公学、北山西路唐家弄两联会、苏常旅沪公学、中华职业学校、省立第一商校、洋务公学、绍兴同乡会第二校、私立郁氏义学、曹家渡商业公会、时霖学校、市西公学、洋务职业公会华民学校、达才小学、铁华商业学校、上海印刷公会、宝成纱厂、商报馆印刷工人会、宁波旅沪学会、东亚体育学校、纶华纱厂、约翰大学、电器升降同志会、同志劝戒嗜好阅报社、务本女学、第二师范、精勤学校、天潼福德路商联会、中华道路建设协会、亚东公学、五马路商联会、五马路义校、民立女子中学、勤业女子师范、志明学校、涵德学校、清心实业学校、民国路商联会、恒丰纱厂、北唐义校、沪北六路商联会、广东旅沪金银器工会、潮惠高小学校、少年宣讲团、广济义校、励志宣讲团、机器工会、粤侨工会、东吴二中、东吴大学法科、韩国国民互助社总社、大韩独立新闻社、工商友谊会、爱多亚路商联会、女子法政讲习所、女权运动同盟会、救国联合会、国民对日外交大会、沪西九路联合会、西服业同志会、通惠小学、少年协进会、华英公学、安徽驻沪劳工总会、崇明路联合会、壬成友谊社、吴淞路联合会、河南路联合会、大东门商联会、女子参政协进会、沪南众和社、沪西九路联合会、北区公学、福建路商联会、沪北五区联合会、大同学校、中华工业专校、大埔旅沪同乡会、大埔公学、海门工商友谊会、澄衷中学、国民自儆会、江阴米商公会、天后宫商市公会、自励公学、浙江路商联会、淞沪粮食维持会、全皖厚生会、少年自励会、中华书局、商科大学、译志学校、青年会、女界联合会、沪西商联会、邑庙豫园联会、新闸九路联合会、竞志学校、百老汇路商联会、神文女学、中国劳工同盟会、旅沪粤侨协助会、松江旅沪协会、南洋烟草同志会、西华德路商联会、法租界联合会、志成学校、中华劳动会、闸北五路会、宁绍台工商协会、竞新小学、沪北义校、杨树浦联合会、青年会日校、电器工会、引溪义校、上海大学、中华印刷工会、上海星社、文科专校、海宁路商联会、中西女塾、山西路联合会、闸北商务中学、民生协济会、严氏第一二公学、基督公学、顺天学校、神州医会、绸绫染业公会、北城东北城两联会、沪东联合会、汉璧礼路联合会、志达学校等团体。(未签名者尚不在内)

《申报》1923年3月26日

## 上海大学今日请人演讲

闸北青岛路上海大学自于右任接办后，对于校务方面认真改革。故四方来学者非常踊跃，现学额已满，新生于昨日停止录取，今日上午十时请张溥泉君在该校演讲云。

《申报》1923年4月1日

## 上海大学今日之演讲　张溥泉先生

闸北青岛路上海大学，自于右任先生接办后，对于教务认真改革，新有教职员皆系名流。开学以来，来学者非常踊跃，现学额已满，新生业于昨日停止录收。兹闻于君今日上午十时请张溥泉先生在校演讲云。

《民国日报》1923年4月1日

## 上海大学昨日之演讲记

本埠上海大学昨日由该校校长于右任君聘请张溥泉君在该校演讲，讲题为"个人与社会"。大旨谓中国为家族制度所束缚，现在仍未脱离宗法时代，吾于青年时不知家族之累人，故于改良社会上思想甚为发达，其后日消磨于家庭之担负，前后几判若两人。若略仿欧美家族制度，缩小范围，发展个人伟大之怀抱，再于政治学术上加以研练，足以左右一世，出而为社会之领袖，如华盛顿、林肯诸人，非青年之责乎。又云个人对于社会须重精神，不在形式，以自由活泼其志趣，以纪律范围其个人，折衷于英、美、德、日之民性，以药我散漫推诿之痼疾，始终如一，贯彻宗旨。若不能超过于列强之文明，吾未之信也云云。

《申报》1923年4月2日

## 张溥泉讲个人与社会

本埠上海大学，昨由校长于右任先生请张溥泉先生到校演讲，讲题为"个人与社会"。略谓："中国为家族制度所束缚，现在仍未脱离宗法时代，吾于青年时，不知家族之累人，故于改良社会上思想甚为发达，其后日销磨于家庭之担负，前后几判若两人。若略仿欧美家族制度，缩小范围，发展个人伟大之怀抱，再于政治学术上，加以研练，足以左右一世，出而为社会之领袖，如华盛顿、林肯诸人，非青年之责乎？"又云："个人对于社会须重精神，不在形式，以自由活泼其志趣，以纪律范围其个人，折衷于英、美、德、日之民性，以药我散漫推诿之痼疾，始终如一，贯彻主旨。若不能超过于列强之文明，吾未之信也。"云云。讲毕，听者均为之动容云。

《民国日报》1923年4月2日

## 上海大学昨日之演讲

本埠上海大学，昨日由该校长于右任先生聘请张溥泉先生来校演讲，讲题为"个人与社会"。大旨谓"中国为家族制度所束缚，现在仍未脱离宗法时代，又云个人对于社会须重精神，不在形式，以自由活泼其志趣，以纪律范围其个人，折衷于英美德日之民性，以药我散漫推诿之痼疾"云云。所讲颇为动听。

《新闻报》1923年4月2日

**上海大学学生赴杭写生**

　　地点：杭州西湖

　　本埠上海大学于日昨（五日）起放春假四天。假期内由该校学生自动组织一旅行写生团赴杭州西湖实习风景写生云。

《申报》1923 年 4 月 6 日

**三大学近闻汇纪·上海大学学生旅行**

　　闸北青岛路上海大学，昨日（五日）起放春假四天，假期内由该校学生自动组织一旅行写生团，赴杭州西湖实习风景写生云。

《民国日报》1923 年 4 月 6 日

**李大钊今晨在上海大学演说**

　　前北京大学教授李大钊君现已抵沪，上海大学校长于右任君请其于今日（星期日）上午十时到校讲演，演题为"演化与进步"云。

《申报》1923 年 4 月 15 日

**上海大学今日之演讲　李大钊讲"演化与进步"**

　　前北京大学教授李大钊先生，今日上午十时，在闸北青岛路上海大学讲演，题为"演化与进步"。

《民国日报》1923 年 4 月 15 日

**"演化与进步"之演讲**

　　上海大学每星期必举行演讲会一次，延聘名人学者来校演讲。日昨为该校演讲会之第二次，请北京大学教授之李守常君演讲"演化与进步"。略谓"演化是天然的公例，而进步却靠人去做的。我们立足在演化论和进步论上，我们便会像马克斯创造一种经济的历史观。我们知道这种经济的历史观系进步的历史观，我们当沿着这种进步的历史观，快快乐乐地去创造未来的黄金时代。黄金时代不是在那背后的，是在前面迎着我们的。人类是有进步的，不是循环而无进步的。即就文艺论，也不是今下于古的。所以无论如何，应当上前进去，用了我们底全力，去创造一种快乐的世界。不要悲观，应当乐观"云云。

《申报》1923 年 4 月 16 日

**上海大学昨日之演讲　李大钊讲"演化与进步"**

　　本埠上海大学，每星期必举行演讲会一次，昨日（十五日）为该校演讲会之第二次，请北京大学教授李守常先生演讲，讲题为"演化与进步"。略谓演化是天然的公例，而进步却靠人去做的。我们立足在演化论和进步论上，我们便会像马克斯一样的创造一种经济的历史观了。我们知道这种经济的历史观系进步的历史观。我们做人当沿着这种进步的历史观，快快乐乐地去创造未来的黄金时代。黄金时代不是在我们背后的，是在前面迎着我们的。人类是有进步的,不是循环而无进步的。即就文艺论,也不是今下于古的。所以无论如何,应当上前进去,用了我们底全力,去创造一种快乐的世界。不要悲观,应当乐观云云。

《民国日报》1923 年 4 月 16 日

**学校消息**

本埠上海大学,每星期必举行演讲会一次,延聘名人学者来校演讲。日昨(十五日)为该校演讲会之第二次,请北京大学教授李守常先生担任演讲,讲题为"演化与进步"。

《新闻报》1923 年 4 月 16 日

**汪精卫今日在上海大学讲演**

上海大学每逢星期日请名人讲演一次,近由该校文科主任请来俄国美术家卜脱儿四喀氏担任该校油画教授,又于今日(星期日)请汪精卫博士演讲云。

《申报》1923 年 4 月 22 日

**各学校消息汇志·上海大学**

闸北青岛路上海大学,现逢星期日请名人讲演一次,近由该校文科主任张博士请俄国美术家卜脱儿四喀氏任该校油画教授,又本星期日请汪精卫博士演讲云。

《民国日报》1923 年 4 月 22 日

**学校消息**

上海大学,明日(二十二日)举行第三次演讲会,请汪精卫君担任演讲。

《新闻报》1923 年 4 月 22 日

**学校消息·上海大学**

本埠上海大学,明日(二十二号)举行第三次演讲会,聘请汪精卫君担任演讲。

《时报》1923 年 4 月 22 日

**上海大学新聘总务长**

本埠上海大学,现为整顿校务起见,特请邓安石君为总务长。邓君为北大文科之毕业生云。

《申报》1923 年 4 月 23 日

**各学校消息汇志·上海大学**

本埠上海大学,自于右任先生接任校长以来,为整顿校务起见,特聘邓安石君为总务长,闻邓君前为北大文科毕业生。

《民国日报》1923 年 4 月 23 日

## 学校消息

上海大学，自于右任接任校长以来，进行不遗余力。现该校为整顿校务起见，特请邓安石君为总务长。邓君前为北大文科毕业生。

《新闻报》1923 年 4 月 23 日

## 上海大学筹建校舍于宋园

上海大学前日开教职员会议，校长于右任主席。议决案件甚多，最重要者如下：（一）张溥泉、于右任筹办在宋园建筑新校舍；（二）邓安石、陈德徵、洪禹仇办理扩充后章程；（三）自下学期起，大学部添设俄国文学系、社会科学系、史学系云。

《申报》1923 年 4 月 24 日

## 上海大学教职员会议

本埠上海大学，昨假四马路同兴楼开教职员会议，由校长于右任先生主席。席间商议该校扩充及进行事宜，议决案甚多，最重要者如下：（一）决由张溥泉、于右任二先生筹办于宋园建筑新校舍事宜。（二）决由邓安石、陈德徵、洪禹仇三先生办理扩充后章程事宜。（三）自下学期起，大学部添设俄国文学系、社会科学系、史学系，以便分别造就国家应用人才。

《民国日报》1923 年 4 月 24 日

## 学校消息

前日（二十三日）本埠上海大学假座四马路同兴楼开教职员会议，由该校校长于右任先生主席。席间商议该校扩充及进行事宜，议决案如下：（一）决由张溥泉、于右任二君筹办于宋园建筑新校舍事宜；（二）决由邓安石、陈德徵、洪禹仇三君办理扩充后章程事宜；（三）自下学期起，大学部添设俄国文学系、社会科学系、史学系，以便分别造就国家应用人才云。

《新闻报》1923 年 4 月 24 日

## 学校消息·上海大学

前日（二十三），本埠上海大学，假座四马路同兴楼开教职员会议，由该校校长于右任君主席。席间商议该校扩充及进行事宜，闻议决案件甚多，最重要者如下：（一）决由张溥泉、于右任二君筹办于宋园建筑新校舍事宜；（二）决由邓安石、陈德徵、洪禹仇办理扩充后章程事宜；（三）自下学期起，大学部添设俄国文学系、社会科学系、史学系，以便造就国家应用人才云。

《时报》1923 年 4 月 24 日

## 汪精卫君讲演记　在上海大学　题为"集权与分治"

本埠上海大学，上月二十九日请汪精卫先生到校演讲，讲题为"集权与分治"。大意谓征诸中外历史，一国革命，为期终不甚长。惟革命后之内乱，倒有延长得很久的。我们考了这一种因果律之后，便觉得民国自辛亥鼎革以后，虽延长了十二年的内乱，依理说也不算长远，不过我们终觉得一任内乱之延长，百姓苦痛莫可底止。所以我们想找一个免除这种苦痛的方法。我们又看到革命后，所以有长时间内乱，原因虽不一，而"民众所目为偶像"的统治者，欲以武力统一全国，确为其主因。我们如欲以武力消除武力，总不免涂炭人民。而其结果，仍系一团糟。所以我们认定做武力统一的迷梦的人，决没有好结果可得。但武力怎样能消除呢？我们觉得当由百姓底权力增大起来，而后才可能。百姓权力之增大，须有一种根据。这种根据，就是在分治之中的。所谓分治，并不是联省自治。因为联省自治，是使中央集权，变做各省省政府集权，结果仍旧是武力专横，人民仍不会有确切的根据的。我所谓分治，就是各县自治。各县自治，百姓之权力才能大，武力才能打消云云。

《民国日报》1923年5月1日

### 汪精卫在上海大学演讲

本埠上海大学前星期本约汪精卫先生到校演讲，因是日该校开教职员会议，故延至昨日（廿九日）始请汪先生来校演讲，其讲题为"集权与分治"。大意谓：征诸中外历史，一国的革命，为期终不甚长，惟革命后之内乱，日期倒有延长得很久的。我们考了这种因果律之后，便觉得民国自辛亥鼎革以后，虽延长了十二年的内乱，依理说，也不算长远。不过，我们终觉得一任内乱之延长，百姓的苦痛，便莫可底止。所以我们想觅一个免除这种苦痛的方法。我们又看到革命后，所以有长时间内乱，原因虽不一，而那"民众所目为偶像"的统治者，欲以武力统一全国，确为其主因。我们如欲以武力消除武力，总不免涂炭人民，而其结果，仍系一团糟。所以我们认定做武力统一的迷梦的人，决没有好结果可以得到。但武力怎样能消除呢？我们觉得当由百姓的权力增大起来而后才可能，百姓权力之增大，须有一种根据，这一种根据，就是在分治之中的。所谓分治，并不是联省自治，因为联省自治是使中央集权，变做各省省政府集权，结果仍旧是武力专横，人民仍不会有确切的根据。至我所谓分治，就是各县自治，各县自治则百姓的权力才能大，武力才能打消云云。

《新闻报》1923年5月1日

### 上海大学续聘教员

本埠上海大学，前聘邓安石君为历史学教授、陈德徵为中国文学史教授。昨又聘沈雁冰为西洋文学史教授、何连琴女士为洋琴教师。

《民国日报》1923年5月2日

### 上海大学又添聘教师

闸北西宝兴路上海大学除聘邓安石君为历史学教授、陈德徵君为中国文学史教授外，昨又聘沈雁冰君为西洋文学史教授、何连琴女士为洋琴教师云。

《申报》1923年5月3日

**学校消息**

上海大学近来对于课程方面,锐意求进。闻除聘邓安石为历史学教授、陈德徵为中国文学史教授外,昨又聘沈雁冰为西洋文学史教授、何连琴女士为洋琴教师云。

《新闻报》1923年5月3日

**上海大学新设图书室**

本埠上海大学,为使学生课余自动研究学业起见,拟创办图书馆。惟现以经济关系,只得暂设图书室,请陈德徵为主任,徐竹虚、姚天宇为管理员。闻现已筹办竣事,不日开幕。届时并拟请陈君及总务长邓安石演讲"图书馆与自动教育"云。

《申报》1923年5月4日

**上海大学创设图书室**

本埠上海大学,为使学生课余自动研究学问起见,拟创办图书馆。惟以经济关系,暂设图书室。请陈德徵为主任,徐竹虚、姚天宇为管理员。闻现已筹办竣事,不日开幕。届时并拟请主任陈德徵君及总务长邓安石君演讲"图书馆与自动教育"云。

《民国日报》1923年5月4日

**学校消息**

本埠上海大学,为使学生课余自动研究学问起见,拟创办图书馆。惟现以经济关系,只得暂设图书室,请陈德徵君为主任,徐竹虚、姚天宇两君为管理员。闻现已筹办竣事,不日开幕。届时并拟请主任陈德徵君及总务长邓安石君演讲"图书馆与自动教育"云。

《新闻报》1923年5月4日

**庆祝双五节纪·国民党本部**

昨午十二时,中国国民党在法租界莫利爱路二十九号举行双五节庆祝大会。除该党在沪党员赴会外,本埠男女各界到者共六百余人,各团体代表计到救国联合会、中华海员联合会、国会议员通讯处、中华武术会、全国道路建设会、金银工人联合会、基督教救国会、旅沪安徽公学、全国各界联合会、励志宣讲团、女子法政讲习所、轮船栈房公会、侨日华工共济会、天潼福德两路联合会、中国公会上海部、参战华工会、民生协济会、上海大学、履业公会、工商友谊会、湖南工会驻沪办事处、江西自治促进会、浙民公社、东亚体育专科等五十余团体。次序:(一)摇铃开会,奏乐。(二)由主席居觉生君宣布开会宗旨。谓今日系民国十二年五月五日孙大总统在广州就职之期,吾人追念既往,以励将来,特开双五纪念会,以志庆祝。今日庆祝之要义,可分为二:一祝民国国基巩固,孙大总统主义贯彻;二祝孙大总统康健,本党胜利。望到会同人,共抒伟见,以彰盛会云云。(三)奏乐,全体向国旗及大总统玉照并国民党党旗行三鞠躬礼,后高呼中华民国及大总统中国国民党万岁。(四)演说。首由国会议员刘云昭演说,谓今日乃孙大总统就职之期,亦即中华民国存亡关头之日。我人选举孙公为大总统,目的系在打倒北方之假总统及假政府。当时孙大总统行使护法勘乱之责任,一时因种种艰难而未达目的,吾人实深痛心。今孙总统继续奋斗,吾同人虽星散各地,仍当一致拥护,以期孙大总统达护法勘乱之目的。北京总统与政府之措施,国人想能洞悉,愿大家一致拥护正义云。次陈炳生君演说,谓今日系十二年五月五日孙大总统就职之日,亦即吾人谋脱离恶政府之专横而恢复自由之纪念。我工人系一致真诚拥护孙大总统者,我人当忆想孙大总统今日尚在广东炮火中奋斗,我人对孙公此种精神,各当拥护之而赞助之,使孙大总统达最后之目的而铲除军阀云。孙镜亚君略谓,我人在此开会,已达三次。此次与以前不同,前次纯系本党同志,此次系有各界及各团体代表到者甚多。吾人须知孙总统系主张与民众携手者,孙总统之护法,亦以民众为主体。今不得已而用武,亦系为民众造幸福起见,结合民众之力量,终能打倒害民之恶势力。故吾民党天天与民众携手,以期达到光明灿烂之共和目的云。邵仲辉君演说云,今日纪念双五,固属盛举,但余以为凡属本党党员,则甚惭愧。吾党党魁固有牺牲奋斗之精神,而党员则无功可述。即如鄙人办报,原为宣传本党之精神,然自觉徒负其名,一无成绩,此吾人所不可不自勉者也。昨日为五四纪念,余曾在各处演说,以为五四运动错误有二:一忘言不谈内政,只争外交;二不知与本党合作。须知内政不良,决无良好外交;不知与本党合作,则为他方所利用。五四运动至今不能复振,即此故也。最后谓望诸君一面庆祝孙总统胜利,一面仍须自己努力云。末由邓石如君演说,谓中华民国至今未能完全实现者,其重大原因有二:一被国际帝国主义所牵制,如袁世凯、吴佩孚、陈炯明等祸国殃民,大半均系国际帝国主义所促成;二群众不能尽立于民党旗帜之下。今后救国须从此两点入手,则一切不良现状,均可破除云。

《申报》1923 年 5 月 6 日

### 武进学生会筹备会志

武进旅沪学生会昨日下午二时在西门美术第一院开第三次筹备会。到会者甚形踊跃,有沪江、复旦、震旦、商科大学、南方、同济、大同、上海大学、女子法政及浦东、澄衷、南洋甲商、南洋路矿等三十余校,计共五十余人。振铃开会后,仍公推承其德为主席,是旭人为记录。当时议决组织筹备成立大会委员会,公推王纬、薛明、史良、许超等为委员,而委员长则公举承君其德。并决于本月二十号,假省教育会开成立大会,除请武进旅沪同乡刘海粟、庄百俞、许指严、姚公鹤等到会演讲外,并由承其德君赴宁,面请教育厅长蒋竹庄(武进人)到会致训词。而余兴则跳舞,由史良女士担任,组织新剧,则由复旦朱曦君担任云。届时定有一番热闹也。

《申报》1923 年 5 月 7 日

### 学生会昨日开会　议决发印《五九特刊》

上海学生会昨日在徐家汇南洋大学开会,到会者有南洋、文生氏、圣玛利亚、暨南商科、东吴法科、沪江大学、青年会、复旦中学、远东商专、澄衷、上海大学、南方大学等学生代表,议决"五九"发印特刊,加入市民大会,组织分区宣传团,由各团分发传单,并用快邮代电致各国公使,请主持公理云云。

《申报》1923 年 5 月 7 日

### 上海大学五九大游行

上海大学学生会昨日下午七时在办事处开全体职员会议,议决五九纪念日办法三项:(一)全体游行;(二)散布传单;(三)露天演讲云。

《申报》1923年5月9日

### "五九"日国民重大之纪念·学界之开会消息

(一)上海大学学生会,昨日下午七时在办事处开全体职〈员〉会议,议决五九纪念日办法三项:(甲)全体游行;(乙)散布传单;(丙)露天演讲。(二)福建路中养正公学,今日上午九时半举行国耻纪念会,下午全体学生加入总商会内各团体国耻纪念大会。(三)福建路义务学校学生,昨日分组给发休业传单及警人之图画,并将切身利害婉劝各商号休息一天,并于今日下午加入总商会内各团体国耻纪念大会。(四)旅沪安徽学生同乡会各学生,今日分赴各团体,共抒对日之表示。

《民国日报》1923年5月9日

### 五九纪念日之上海·(四)各学校·上海大学

上海大学学生于昨日上午十时出发游行,由青岛路、青阳桥,经过东宝兴路、宝山路、北火车站、王家旱桥、天通庵,沿途演讲,语极沉痛,听者莫不动容。

《申报》1923年5月10日

### "五九"纪念日之上海·上海大学

该校学生会五九纪念会大游行,于上午十时出发,由青岛路、青阳桥,经过东宝山路、北火车站、王家旱桥、天通庵,沿途演讲,语极沉痛,听者莫不泪下。至下午三时后始行回校。

《民国日报》1923年5月10日

### 上海大学图书馆征求图书

敝校创设图书馆,原以副莘莘学子自动研究之望。惟开创之初,书籍不多,势不得不向各界恳切征求。务希海内外热心教育诸君,欣然惠赠,不计性质,不计册数(多多益善)。如蒙慨许,乞寄敝校图书馆为幸!

上海大学图书馆敬启

《民国日报》1923年5月12日

### 马君武今日演讲 在上海大学

马君武博士现因事莅沪,上海大学校长于右任君特请马博士今日上午十时在该校讲演云。

《申报》1923年5月13日

### 上海大学新消息

上海大学请马君武博士,今日上午十时,在该校讲演。又该校对教务向极认真,兹又聘陈望道先生为该校美术科美学教员。

《民国日报》1923 年 5 月 13 日

## 上海大学之演讲会　马君武博士讲"国民生计政策"

本埠上海大学,前日(十三日)上午十时,请马君武博士莅校演讲,讲题为"国民生计政策"。大意谓就欧亚两洲政治历史看来,国民计生的方针,有重农重商之分,而在中国并没有良好政策以实施其重农的方针。亚丹斯密士的原富论,在国家统治之下,主张自由竞争,结果却引起了阶级斗争,于是有社会主义之说兴。俄国现在,便是实行这主义的模范,将来的结果,很有供我们研究的机会。不过欲实行社会主义,先须问根本条件即"政治道德"具备与否。中国政府简直以卖官鬻爵为常事,当然无政治道德之可言。我们知道海关很有关系于一国之生计政策的,而我国海关权操纵于外人掌握中,国际竞争何等吃亏。在降伏制度的海关之下,徒然说抵制外货,终不能持久的,所以我国非赶早收回海关权不可。但以这事望诸现在的北庭,太不成话,所以我国很迫切地需要一有政治道德的政府,这是我国民应有的觉悟云云。

《民国日报》1923 年 5 月 15 日

## 马君武博士在上海大学演讲

本埠上海大学,十三日上午十时,请马君武博士莅校演讲,讲题为"国民生计政策"。大意谓,就欧亚两洲政治历史看,国民生计的方针,有重农重商之分,而在中国并没有良好政策,以实施其重农的方针。亚丹斯密士的原富论,在国家统治之下,主张自由竞争,结果却引起了阶级争斗。于是有社会主义之说兴,俄国现在便是实行这主义的模范,将来的结果,很有供我们研究的机会。不过欲实行社会主义,先须问根本条件,即"政治道德"具备与否。中国政府简直以卖官鬻爵为常事,当然无政治道德之可言。所以我国很迫切地需要"有政治道德的政府,这是我国民应有的觉悟"云云。

《新闻报》1923 年 5 月 15 日

## 武进旅沪学生会成立会

武进旅沪学生会于昨日下午二时起至五时,假座林荫路江苏省教育会举行成立大会。本埠各男女学校代表到者,计招商局公立、震旦、美术专门、同济、沪江、南洋、惠灵、英专、一商、大同、上海、商科、英华、承天、中医、澄衷、女子法政、上海大学、郇立务本、沪江、女体等校及来宾约百有余人。承其德主席。先报告开会词,次全体向国旗行敬礼。次来宾刘海粟、屠心矩、段连琛、潘竞民、苏演平、会员史良、汤蕴真、盛世谈君等相继演说。次通告章程中组织与职员二条,稍有讨论更改处。复次由每校推出执行部、评议部职员各一人,从事组织该二部,其部长则另会推举。即摄影而散。

《申报》1923 年 5 月 28 日

## 上海大学招生

(一)名额：大学部社会学系、中国文学系、英国文学系、俄国文学系、绘画系各招一年级新生一班。中学部高级中学二年级插班生二十名、一年级新生一班,初级中学一年级新生一班,各班男女兼收。又原有中国文学系、英国文学系各级尚有余额,有相当程度者亦可投考插班。(二)报名期:七月十五日起,地点上海闸北青岛路本校及山东路民国日报馆。报名时须纳报名费二元、四寸半身照片一张。(三)考试期:八月十一日,地点本校。函索章程须附邮票四分。

校长于右任启
《民国日报》1923年6月1日

## 上海大学之校务会议

本埠之上海大学日昨开教职员会议,由教务长叶楚伧君主席。议决案件如:(一)美术科毕业事件。(二)各系及高级中学学年试验事件。(三)招考新生事件等,并推定叶楚伧、陈德徵、周颂西等诸君为招考委员。又该校图画教授万古蟾君,现为晨光美术会推任暑期学校主任,万君现并未兼南方大学教授云。

《申报》1923年6月8日

## 两大学近讯并纪·上海大学

本埠上海大学,前日开教职员会议,各教职员均到席,由教务长叶楚伧先生主席。议决案最重要者如下:(一)美术科毕业事件;(二)各系及高级中学学年试验事件;(三)招考新生事件等。并推定叶楚伧、陈德徵、周颂西等诸先生为招考委员云。

《民国日报》1923年6月8日

## 上海大学之教职员会议

本埠上海大学,于六日开教职员会议,各教职员均列席,由教务长叶楚伧主席。议决案件甚多,最重要者如下:(一)美术科毕业事件;(二)各系及高级中学学年试验事件;(三)招考新生事件等。并推定叶楚伧、陈德徵、周颂西诸君为招考委员云。

《新闻报》1923年6月8日

## 上海大学招生

(一)名额:大学部社会学系、中国文学系、英国文学系、俄国文学系、绘画系各招一年级新生一班。中学部高级中学二年级插班生二十名、一年级新生一班,初级中学一年级新生一班,各班男女兼收。又原有中国文学系、英国文学系各级尚有余额,有相当程度者亦可投考插班。(二)报名期:六月十日起,地点上海闸北青岛路本校及山东路民国日报馆。报名时须纳报名费二元、四寸半身照片一张。(三)考试期:七月一日,地点本校。函索章程须附邮票四分。

校长于右任启
《申报》1923年6月14日

## 上海大学之革新 拟建社会科学院及文艺院 定宋园为建筑新校舍地点

上海大学自去冬于右任君接办之后,锐意革新,一面筹募款项,一面罗致人才,屡次

召集教职员讨论革新事宜,其大体计划,已经决定如下:

共计分三期扩充办理,每期定为两年。第一期(自民国十二年秋起至十四年夏止):(一)编定本校组织学系及计划;(二)筹定基金;(三)建筑校舍(一社会科学院、二图书馆、三学生寄宿舍、四运动场);(四)添办学系,除文艺院中之中国文学、英国文学两系仍续招一班外,并添办社会科学院中之社会学系,及文艺院中之绘画系、俄国文学系,共三系。第二期(十四年秋起至十六年夏止):(一)建筑校舍(一文艺院、二中学部、三体育馆兼大会堂);(二)添办学系,添办社会科学院中之经济学系、政治学系、史学系,及文艺院中之德国文学系、音乐系,共五系。第三期(十六年秋起至十八年夏止):(一)建筑校舍(一行政厅、二教员寄宿舍、三美术馆);(二)添办学系,添办社会科学院中之法律学系、哲学系、心理学系、教育学系,及文艺院中之法国文学系、雕刻系,共五系。除大学部外,附设中学部,亦按年添招高级中学及初级中学各一班。

该校前次会议议决由于右任、张溥泉两君交涉宋园(即宋教仁氏之墓地)为建筑新校舍地点,已得各方赞成。宋园地基闻共有一百零四亩,除宋氏墓地占四十亩外,尚余六十余亩,建筑校舍,绰乎有余云。

《申报》1923年6月14日

## 上海大学概况

一、上海大学之略史及此后之计划

本校创办于去年——民国十一年——春,原名为"东南高等专科师范学校",设文学与美术两科:文科分"国学""英文"两组;美术科分为"图音""图工"两组。并附设普通科。嗣因学生全体公决改名为"上海大学",适于右任先生自陕抵沪,遂戴为本校校长,此去年十月二十三日事。于校长接办以后,除于今年春添设高级中学外,又屡次召集教职员详细讨论,决定进行计划,由本大学教务处、总务处公布如下:

本校为应社会之需求及事实之便利起见,除仍办中学部外,大学部决暂专办下述两院:(一)社会科学院;(二)文艺院。分为三期扩充办理,每期定为两年,分拟应办事宜于左:

第一期(民国十二年秋起至十四年夏止)

(一)编定本校组织、学系及计划

(二)筹定基金

(三)建筑校舍

一社会科学院、二图书馆、三学生寄宿舍、四运动场。

(四)添办学系

除文艺院中之中国文学、英国文学两系仍续添招一班外,并添办社会科学院中之社会学系及文艺院中之绘画系、俄国文学系共三系。

除大学部外,附设中学部添招高级中学一班,添设初级中学一班,此后得酌定按年添招新班。

第二期(十四年秋起至十六年夏止)

(一)建筑校舍

一文艺院、二中学部、三体育馆兼大会堂。

（二）添办学系

添办社会科学院中之经济学系、政治学系、史学系，及文艺院中之德国文学系、音乐系共五系。

第三期（十六年秋起至十八年夏止）

（一）建筑校舍

一行政厅、二教员寄宿舍、三美术馆。

（二）添办学系

添办社会科学院中之法律学系、哲学系、心理学系、教育学系，及文艺院中之法国文学系、雕刻系共五系。

《民国日报》1923年6月14日

**上海大学革新之猛进**

上海大学自去冬于右任先生接办后，锐意革新，一面筹募款项，一面罗致人才，于是在上海向不著名之学校，一变面崭露头角矣。顷闻该校屡次召集教职员讨论革新事宜，其大体计划已经决定：计分为三期扩充办理，每期定为两年。第一期（自民国十二年秋起至十四年夏止）：（一）编定本校组织学系及计划，（二）筹定基金，（三）建筑校舍（甲社会科学院，乙图书馆，丙学生寄宿舍，丁运动场），（四）添办学系（除文艺院中之中国文学、英国文学两系仍续招一班外，并添办社会科学院中之社会学系及文艺院中之绘画系、俄国文学系共三系）；第二期（十四年秋起至十六年夏止）：（一）建筑校舍（甲文艺院，乙中学部，丙体育馆兼大食堂），（二）添办学系（添办社会科学院中之经济学系、政治学系、史学系及文艺院中之德国文学系、音乐系共五系）；第三期（十六年秋起至十八年夏止）：（一）建筑校舍（甲行政厅，乙教员寄宿舍，丙美术馆），（二）添办学系（添办社会科学院中之法律学系、哲学系、理学系、教育学系及文艺院中之法国文学系、雕刻系共五系）。除大学部外，附设中学部亦按年添招高级中学、初级中学各一班。并闻该校前次会议议决由于右任、张溥泉两先生交涉宋园（即宋教仁先生墓地）为建筑新校舍地点，已得各方赞成。宋园地基闻共有一百〇四亩，除宋公墓地占四十亩外，尚余六十余亩，建筑校舍，绰乎有余。宋公为革命先觉，首创民国之一人。该校如与其比邻，学生瞻仰徘徊于其高冢遗像之下，其感发当为不少也。于校长德高望重，社会宗仰，一般名流富商，闻其主办该校，皆表示深厚同情，乐为赞助。前途发展，可以预计。又闻该校下年起已预定之职教员如下：总务长为邓安石、教务长为瞿秋白、社会学系主任为李汉俊、中国文学系主任为陈望道、俄国文学系为瞿秋白兼任、绘画系主任为洪禹仇、附设中学部主任为陈德徵。其所聘新教员如章太炎、李大钊（以上为特别讲座）、俞平伯、田汉、沈仲九、施存统、刘宜之、朱自清等皆属海内知名之士。上海原少提高文化之大学，该校如果从此革新之后，继长增高，当不难为东南文化之总汇也。

《民国日报》1923年6月14日

**上海大学之革新**

上海大学自去冬于右任先生接办之后，锐意革新，一面筹募款项，一面罗致人才。顷闻该校屡次召集教职员讨论革新事宜,其大体计划,已经决定,计分为三期,扩充办理,每期定为两年。第一期(自民国十二年秋起至十四年夏止):(一)编定本校组织学系及计划;(二)筹定基金;(三)建筑校舍(一社会科学院、二图书馆、三学生寄宿舍、四运动场);(四)添办学系(除文艺院中之中国文学、英国文学两系仍续招一级外,并添办社会科学院中之社会学系及文艺院中之绘画系、俄国文学系共三系)。第二期(十四年秋起至十六年夏止):(一)建筑校舍(一文艺院、二中学部、三体育馆兼大会堂);(二)添办学系(添办社会科学院中之经济学系、政治学系、史学系及文艺院中之德国文学系、音乐系共五系)。第三期(十六年秋起至十八年夏止):(一)建筑校舍(一行政厅、二教育寄宿舍、三美术馆);(二)添办学系(添办社会科学院中之法律学系、哲学系、心理学系、教育学系及文艺院中之法国文学系、雕刻系共五系)。除大学部外,附设中学部,亦按年添招高级中学及初级中学各一级。并闻该校前次会议议决,由于右任、张溥泉两先生交涉以宋园(即宋教仁先生墓地)为建筑新校舍地点,已得各方赞成云。

《新闻报》1923年6月14日

### 学校消息·上海大学

上海大学自去冬于右任接办之后,颇能锐意革新。顷闻该校屡次召集教职员讨论革新事宜,其大体计划已经决定,为编定本校组织学系及计划、筹定基金拟建筑校舍、添办学系等等。计分为三期扩充办理,每期定为两年:第一期自民国十二年秋起至十四年夏止,第二期自十四年秋起至十六年夏止,第三期自十六年秋起至十八年夏止。除大学部外,附设中学部,亦按年添招高级中学及初级中学各一班。并闻该校前次会议议决,由于右任、张溥泉两先生交涉宋园(即宋教仁先生墓地)为建筑新校舍地点,已得各方赞成。

《时报》1923年6月14日

### 上海大学概况(续)

二、上海大学暂行校则

第一章 定名

第一条 本大学定名为上海大学(People's College of Shanghai)。

第二章 组织与行政

第二条 本大学设校长一人,统辖全校事务,由董事会选举德高望重学识超卓者任之。

第三条 本大学设董事会,其简章另订之。

第四条 本大学设评议会,为本校最高机关;由全校教职员选举九人及校长为评议员,任期一年,连选得连任。开会时,以校长或其代理人为主席,会议关于本校一切重大事项,如左列各事,须经议决:一、本校教育方针;二、各学系及部之增设、废止或变更;三、全校公共行政大体的计划;四、重要之建筑及设备;五、关于经济之建议事项;六、预算、决算之制定及审查;七、董事会之咨询及意见;八、学生会对于本校改进之意见;九、校章之修改;十、其他各重大事项。评议会细则另订之。评议会为商榷及举办校务便利起见,得随时酌设各项委员会(如校舍建筑委员会、招生委员会、学生自治委员会等),由评议会推选若干人组织之,其细则另订。

第五条　本大学设总务处,为本校事务机关;置总务长一人,由校长延聘之。下设文书、庶事、会计、斋务、卫生、出版六课各置主任一人,事务员若干人,均由校长函聘之。另设图书馆、美术馆、体育馆三馆,亦各置主任一人,由校长延聘之;事务员若干人,由校长函聘之。总务处及各课馆办事细则另订之。

第六条　总务处设总务会议,由总务长及各课馆主任组织之;校长、教务长及各系部主任皆得参与;开会时,以总务长或其代理人为主席。其职权如左:一、承纳评议会之咨询及决议;二、规定本处所管辖各部分行政事务;三、议决关于设备、管理、卫生……各项改进方法;四、颁发学生毕业证书;五、采纳学生会或学生个人对于校务改进之意见;六、其他有关系事项。总务会议细则另订之。

第七条　本大学设教务处,为本校教务机关;置教务长一人,由校长延聘之;下置教务员若干人,由校长函聘之。教务处办事细则另订之。

第八条　教务处设教务会议,由教务长及各系部主任组织之;校长及总务长皆得参与;开会时,以教务长或其代理人为主席。其职权如左:一、承纳评议会之咨询决议;二、承纳各系部教授会之咨询及决议;三、决定教授方法;四、审定教材;五、议决关于学生之训练及指导方法;六、决定优待生事项;七、议决颁发学生毕业证书;八、定试验日期及学生成绩标准;九、采纳学生会或学生个人对于教务改进之意见;十、其他有关系事项。教务会议细则另订之。除教务会议外,各系部设教授会,以该各系及部教授、讲师、助教共同组织之,决议关于该系及部之事。开会时,以该各系及部主任或其代理人为主席。其细则另订之。

第九条　各系及部各置主任一人,教授若干人,皆由校长延聘之。

第十条　各系于必要时,得置讲师及助教,皆由校长延聘之。

第四章　学制

第十一条　本大学设社会科学院及文艺院。

第十二条　社会科学院分设经济、政治、法律、社会、史学、哲学、心理学、教育学八系。

第十三条　文艺院分设中国文学、英国文学、俄国文学、德国文学、法国文学、绘画、音乐、雕刻八系。

第十四条　各系定为四年毕业。

第十五条　各系学程采用学分制,以每学生每周上课及自修合二小时历半年者,为一学分。每半年以学习十二学分为标准;若遇特别情形,得由教务会议减少或增加。

第十六条　凡大学部毕业生由本大学给予学士学位。

第十七条　本大学附设中学部。

第十八条　中学部分设高级中学班及初级中学班。

第十九条　中学部高级中学班亦采学分制:每半年至少须习十四学分,定三年毕业。初级中学班,不采学分制,亦定三年毕业。

第五章　经费

第二十条　本大学经费为下列数种:

一、基金；

二、学生学费；

三、团体或个人之特别捐款；

四、其他收入。

第六章 附则

第二十一条 本校则得每年由评议会三分之二以上可决修改之。

《民国日报》1923年6月15日

**上海大学概况（续）**

三、各系课目

兹以第一期所设备系课目录后

（一）社会学系

社会学原理、社会学通论、社会学史、中国社会变迁史、西洋社会变迁史、东亚各国社会变迁史、社会进化论、现代社会、社会问题、劳动问题、妇女问题、社会主义史、社会心理学、经济学及经济史、政治学及政治学史、法律学及法律学史、历史哲学、生海哲学、人类学及人种学、统计学、罗马法、中国近百年史、西洋近百年史、第一种外国语

以上为必修课目

国际法、宪法、民法通论、刑法通论、商法通论、行政法通论、各国政府组织大纲、政党论、财政学、货币论、银行论、农业政策、商业政策、工业政策及社会政策、两性问题、世界语

以上为选修课目

（二）中国文学系

文字学、散文、诗词、小说、戏曲、修辞学、文学概论、中国文学史、西洋文学史、国学概论、中国哲学史、古籍校读法、比较世界文学、历史学、言语学、社会学、论理学及科学方法论、美学

以上为必修课目

群经通论、诸子通论、诗赋通论、词曲通论、历代文评、哲学概论、心理学、社会变迁史、社会进化论、社会心理学、清代汉学家的科学方法、金石学、世界文化史、新闻学、第二种外国语、世界语

以上为选修课目

（三）英国文学系

散文、诗歌、小说、戏剧、高等文法、修辞学、作文、语音学、英美文学史、欧洲文学史、欧洲近代文学、演说及辩论、社会学、经济学、心理学、教育学、政治学、英国史、西洋史、历史哲学、论理学及科学方法论、第二种外国语

以上为必修课目

文学概论、中国文学史、比较世界文学、美学、哲学概论、社会变迁史、社会进化论、社会思想变迁史、社会心理学、世界文化史、世界语

以上为选修课目

（四）俄国文学系

散文、诗歌、小说、戏剧、文法、修辞学、作文、俄国文学史、欧洲文学史、欧洲、近代文学、演说及辩论、社会学、经济学、心理学、政治学、俄国史、俄国革命史、西洋史、历史哲学、论理学及科学方法论、第二种外国语

以上为必修课目

文学概论、中国文学史、比较世界文学、美学、哲学概论、社会主义史、社会变迁史、社会进化论、社会思想变迁史、社会心理学、世界文化史、世界语

以上为选修课目

（五）绘画系

美学原论、美学史、艺术学、艺术史、艺术考古学、艺用解剖学、远近学、心理学、社会心理学、哲学概论、艺术教育学、音乐、外国语、实习

除音乐艺术教育学外皆为必修课目（附白）

一、以上各系课目，学分皆未注出，由各系教授于开学时另订之。

二、学程之排列先后，亦由各系教授于开学时另订之。

三、课程表由教务处于开学时另订之。

《民国日报》1923 年 6 月 19 日

**上海大学之近况**

上海大学中国文学系乙组学生，昨日（二十二）下午一时在本班教室开全体会议，公推陈荫南君为主席。讨论问题甚多，其重要者如下：（一）刊印同学录；（二）下学期创办周刊；（三）公举周学文、汪钺至校长处面呈应改事体；（四）学年考试后开茶话会以晤留别云云。

《民国日报》1923 年 6 月 23 日

**上海大学近讯**

上海大学中国文学系乙组学生，昨日（二十二）下午一时在本班教室开全体会议，公推陈荫南君主席。讨论问题甚多，其重要者如下：（一）刊印同学录；（二）下学期创办周刊；（三）公举周学文、汪钺至校长处面呈应改事件；（四）学年考试后开茶话会，以为临别纪念云。

《新闻报》1923 年 6 月 23 日

**学校消息·上海大学**

上海大学中国文学系乙组学生，昨日（二十二）下午一时在本班教室开全体会议，公推陈荫南君为主席。讨论问题甚多，其重要者如下：（一）刊印同学录；（二）下学期创办周刊；（三）公举周学文、汪钺至校长处面呈应改事件；（四）学年考试后，开茶话会以晤留别云云。

《时报》1923 年 6 月 23 日

## 上海大学建筑新校舍

本埠上海大学,早日议决在宋园建筑新校舍。前日(二十四日)该校职员邓安石、陈德徵两君,会同美孚工程师方保障君,同莅宋园测量,以便构图云。

《民国日报》1923年6月26日

## 行将出国之留学生

暑假将届,各校赴外留学者,已陆续预备。闻上海大学卒业生杨君秀涛,对于艺术素有研究。近因研究高深艺术起见,特于本月放洋去法。又南通赵吟秋、常熟范曼云,本亦定于本月出国,兹因护照未到,故一时不克成行。闻赵君系去瑞士研究文学哲学,范君系到法研究雕刻。又美专校唐君端钰、林君培舆,不日亦将留学日本云。

《申报》1923年7月2日

## 行将去国之留学生

上海大学卒业生杨秀涛,对于艺术素有研究。近因为研究高深艺术起见,将于本月放洋至法。杨君乃后进之秀,将来回国,定能于艺术界另开一新纪元也。又南通赵吟秋、常熟范曼云,本亦定于本月出国,因护照未到,不克成行。闻赵系至瑞士研究文学,范系至法研究雕刻。又美专校唐端钰、林培舆,不日亦将留日云。

《民国日报》1923年7月2日

## 纪各校之毕业礼·上海大学

昨日上海大学全体学生举行欢送会,欢送该校美术科图音组、图工组毕业生。首由该校学生陈子英致开会辞,略谓今日系本校美术科同学第一次毕业,故特开欢送会云云。次由图音组毕业生奏乐,次请来宾曹亘演说,次由邓安石、曾伯兴、陈德徵、沈雁冰,末由毕业生朱凤文、王显诏致谢而散。又昨日该校学生为送别该校毕业生起见,特集资聚餐,觥筹交错,颇极一时之盛云。

《申报》1923年7月3日

## 上海大学第一期录取新生案

大学部:中国文学系一年级韦杰三、陈钧、孙维垣。

中学部:高级中学二年级阮泰标;高级中学一年级董开祥、谷宾如、刘文衡。初级中学一年级马岳斌、皇甫毓美、严道纯、林天汉(林天汉投考手续,未完,望该生速来校办理清楚)。

校长于右任白

《民国日报》1923年7月3日

## 上海大学毕业之盛典

(一)欢送会 昨日(一日)本埠上海大学全体学生举行欢送会,欢送该校美术科图音组、图工组毕业生。是日到者,除该校教职员及全体学生外,尚有来宾曹亘等。首由该校学生陈子英致开会辞,略谓"今日系本校美术科同学第一次毕业,吾等同学,于此将别之际,情思殷殷,故特开欢送会留别"云云。次由图音组毕业生奏乐。次即请来宾曹刍演说,略谓"艺术之趋势有二:一曰纯艺术,一曰人生艺术。纯艺术,对于个人,自然有陶冶性情之能事。但艺术之急切,其原因尚不在此,吾人必须将民众痛苦之呼声,假艺术以宣泄之"云云。次由邓安石演说,略谓"革命之手段不一,而假艺术手段以从事革命,其收效亦大,在目下无产阶级被压迫之时,吾人尤不能不以艺术宣泄和安慰被压迫者之痛苦"云云。次由曾伯兴演说,略谓"离却人生,便不能有艺术,尚望毕业同学在艺术上用工夫,以改善人生"云云。次由陈德徵演说,略谓"毕业生一出校门,便直接和社会接触。本校毕业生,对社会责任尤重大,望本校毕业生此后对于病的社会,下一番救济和安慰的工夫。又毕业生对于母校中,亦负有重大责任,望本校毕业生于救济社会之余,尽力扶助本校向上发展"云云。次由沈雁冰演说,略谓"人生艺术底趋势亦有二:其一即托尔斯泰之无抵抗主义,其一即罗曼罗兰之大勇主义。吾以为在事实上和时势上看,无抵抗主义底理想,未免太高。而罗曼罗兰之大勇主义,主张由糟的一方面前进,有时似乎又不免令人失望,所以目下所急迫,还是俄罗斯阿尔支拔绥夫所提倡的对于社会痛恨而努力从事于革命的一法"云云。末由毕业生朱凤文、王显诏致谢辞而散。

(二)聚餐会 又昨日该校学生为送别该校毕业生起见,特集资聚餐,觥筹交错,颇极一时之盛云。

(三)宋园摄影 该校拟自下年起极力整顿,定有详细计划,并拟在宋园建筑新校舍,详情已纪前报。兹闻该校旧有美术科图音、图工两班学生三十四人毕业,在校学生因分别在即,因发起游览宋园,作最后之聚乐。上午九时出发,十时到园或坐或立,自由谈笑。于是静穆幽美之宋园,一变而为欢欣腾喧之乐土。该校校长于右任先生为宋渔父共事革命之老友,在此高冢遗像之旁,不禁慷慨交集,遂向众演说。大意谓"宋先生是一位有预备的政治家。未革命以前,遂将革命时之文告及成功后之建设计划静心预备,彼时我(于君自谓下侬此)方以为迂,宋先生则曰早日准备,他日可不致有临渴掘井之苦。袁世凯、赵秉钧辈何以要暗杀宋先生呢,即以宋先生是位政治家,主张政党内阁,袁、赵辈深忌之,故下此毒手。现谋杀宋先生者(如袁世凯、赵秉钧、洪述祖等)与知宋案真相者(如黄克强、陈英士等)皆相继死去,只剩我一人。现在袁贼虽死,而袁贼化身却布满国中,国事蜩螗如故。我无能,未能有所建树,以慰国民,以报死友。及今思之,且愧且痛。诸君年富力强,其奋勉毋怠"云云。学生深为感动,大鼓掌。后遂摄影数帧而散。

《民国日报》1923 年 7 月 3 日

**上海大学昨日之欢送会**

前日(一日)本埠上海大学全体学生,举行欢送会,欢送该校美术科图音组、图工组毕业生。是日到者,除该校教职员及全体学生外,尚有来宾曹刍等。首由该校学生陈子英致开会辞,次由图音组毕业生奏乐,次即请来宾曹刍、邓安石、曾伯兴、陈德徵诸君演说,末由毕业生朱凤文、王显诏致谢词而散。

《新闻报》1923 年 7 月 3 日

## 1923 年

**全国学生会筹备开大会·各省代表已纷纷报到**

全国学生总会本届评议会距开会之期不远,故各地代表俱联翩莅止,闽陕晋湘皆已报到。留日学生会李、马二君,与山东学生会所派之代表不日亦来。计此次所到之代表,总计不下四五十人。该会因会所狭隘,不能多容,故昨日龚、何、李、王各理事开紧急会议,商议招待各地代表办法。议决先乘暑假之便,向附近各学校借寄宿舍,以作代表暂时寄寓之所。当即派理事二人,向徐家汇复旦中学及上海大学接洽,谅不日即可妥当云。

《申报》1923 年 7 月 6 日

**上海大学国乙茶会记**

上海大学中国文学系乙组学生,因放假在迩,平日聚首一堂,今则天各一方,未免留恋不舍。昨日(五日)下午二时,在该校第六教室举行茶会,以晤留别。其开会秩序如下:(一)摇铃开会;(二)奏乐;(三)主席报告;(四)自由谈话;(五)茶点;(六)余兴。又该级学生因政变及长沙惨案,延至今日尚无结果,特规定每人回家,应尽国民天职。露天宣传,以谋群众运动。并闻《国乙周刊》,决定下学期开学后出版。

《民国日报》1923 年 7 月 6 日

**上海大学之学生茶话会**

上海大学中国文学系乙组学生,因放假在迩,特于昨日(五日)下午二时,在该校第六教室举行茶话会,借以话别。其开会秩序如下:(一)摇铃开会;(二)奏乐;(三)主席报告;(四)自由谈话;(五)茶点;(六)余兴。又该级学生所编《国乙周刊》,决定下学期开学后出版云。

《新闻报》1923 年 7 月 6 日

**上海大学学生会闭会**

本埠上海大学学生会,成立以来,对于校内一切治理颇着成效。近因暑假在迩,前日(七月五日)在该学生会办公室开全体职员会,宣布闭会。该会又奉校长面谕,在暑内举委员二人,襄助校务进行事宜。闻已推定陈子英、夏小溪二君留校云。

《民国日报》1923 年 7 月 8 日

**上海大学学生会闭会**

本埠上海大学学生会,自成立以来,对于校内一切治理颇著成效。近因暑假在迩,特于七月五日在该学生会办公室,开全体职员会,宣布闭会。该会又奉校长训言,在暑期内举委员二人,襄助校务进行事宜,闻已推定陈子英、夏小溪二君留校云。

《新闻报》1923 年 7 月 8 日

**上海暑期讲习会通告**

本会邀约上海学界同人趁这暑期内各校休假余闲,选定了国民常识中必需的几种科目,分日讲授。有志来会听讲者,在开课以前随时可来报名。简章、科目、讲师姓名列下:

简章　一、听讲员：男女兼收（不供膳宿）；二、期限：七月十七日起，至八月二十五日止，星期日照常讲习；三、听讲费：每人两元，于报名时缴足，掣取听讲证，凭证听讲；四、讲习时间：上午八时至十一时；五、会址：借新重庆路庆余里民国女子工艺学校；六、报名处：望平街民国日报馆，棋盘街民智书局。

科目及讲师　画法大意（吴怡怡女士），欧美"节""会"仪式（朱贡三），音乐大意（吴梦非），新文学概要（谢六逸），中国小说学（叶楚伧），现代文学（沈雁冰），词曲作法（王莼农），美学常识（陈望道），修辞大意（陈望道），世界语（胡愈之），注音字母（李级仁），会议手续（沈玄庐），家庭卫生（董翼孙），中国外交史略（何世桢），英法美政党比较观（刘慎修），上海租界章程（狄侃），民国史要（刘康侯），关于两性的现行法（狄侃），中国宪法史略（邵力子），法制大要（汤宗威），全民政治（何世桢）

《民国日报》1923年7月9日

### 纪各校之毕业礼·上海大学美术科

上海大学美术科图工、图音甲组学生于八日下午一时开辞别会，到者为校长于右任及教职员二十余人、毕业生三十余人、同学百余人。摇铃开会后，首由张开元奏乐，朱凤文致辞别词，校长训说"博爱"二字，陈望道、邵力子等均有演说。次由高诚和勉毕业同学，以改造学校之精神。后由王德庆致谢，程嘉咏答词，助以戏法、像声、京曲、笑话等。奏乐散会后，复成立上海大学毕业同学会云。

《申报》1923年7月10日

### 上海大学前日之盛会

上海大学美术科图工、图音甲组学生，前日（八号）下午一时开辞别会。到者为校长于右任，及教职员二十余人，毕业生三十余人，同学百余人。摇铃开会后，首由张开元奏乐，朱凤文致辞别辞，校长训以博爱二字。陈望道先生指出绘画当求适于人生，与其闭门临一裸体美人，不如在田间写一裸体农民。叶楚伧先生说人生是社会全体之一小段，专认小己，未免苟且偷安，凡我同学，倘不能排除阻力，达到改革之目的，为全社会造幸福，即非吾徒。邵力子先生谓诸同学须注意于开新路，如儿童画通俗画皆可救国云云。次由同学高诚和勉毕业同学以改造学校之精神入社会。然后由王德庆致谢，程嘉咏答词，助以王星奎之戏法，石补之像声，穆光国、王德庆之京曲，及教员陈德徵、曾伯兴、冯壮公、洪禹仇之笑话，皆有声有色。奏乐散会后，复成立上海大学毕业同学会云。

《民国日报》1923年7月10日

### 纪各校之毕业礼·上海大学

上海大学为养成中等学校图画、手工、音乐师资起见，特设美术科图音、图工两组，定为两年毕业，本年为毕业之期。前日（九日）该校举行毕业式，下午二时开会。首由校长于右任致开会辞，次由教务长叶楚伧报告，次由美术科主任洪野报告毕。次田梓琴、彭素民等演说。次李大钊演说，大意谓美术勿专供贵族阶级之所赏，应将现代社会之困苦悲哀表现出来，企图社会全部之改造。社会改造家大分为三派：一为理想派，以人道主义为徽识,如托尔斯泰便是代表;一为科学派,以社会经济改造为目的,如马克斯便是代表;一为趣味派,以精神改造为归宿,如拉斯琴便为代表。第一派至今已证明其徒为空想,试验失败,姑置勿言;第二派与第三派乃相需为用,庶可使社会改造易为完成。一般谓马克斯派绝对摒弃精神方面,实乃误会,不过欲图社会之彻底改造,唯有赖于社会经济之彻底改革也。而启发及鼓舞人精改造之精神,则有待于趣味社会改造家之努力。诸君为美术科毕业生,应特别注意于此云云。教职员王登云、邵力子、曾伯兴演说,最后由总务长邓安石报告下年以后进行之计划。末由毕业生代表程嘉咏致答辞,唱歌奏乐而散。旋由教职员导来宾参观成绩展览室,计分三所:一藏油画,一藏木炭画,一藏水彩画,并将所制手工配置其间,颇觉满室生辉,清丽悦目。毕业生人名如下:(一)图工组二十二人,刘德宣、戴炳宣、戴经正、胡金培、詹春三、陈实、石补、王星奎、程嘉咏、殷嗣仁、陈钧、朱凤文、刘剑秋、唐铠、刘培根、张弦、陈璞如、田申、张守绪、刘祖伟、周济、陈家楫;(二)图音组十二人,王显诏、王德庆、张开元、李莲芬、范玉骏、蔡谦、蔡吉光、李士英、姚文雄、徐石麟、孙为雨、杨秀涛。

《申报》1923年7月13日

**上海大学毕业式志盛  美术科毕业三十四人**

上海大学为养成中等学校图画、手工、音乐师资起见,特设美术科图音、图工两组,定为两年毕业,本年为毕业之期。前日(九日)该校举行毕业式,下午二时开会。首由校长于右任先生致开会辞,次教务长叶楚伧先生报告,次由美术科主任洪野先生报告毕,请来宾居觉生先生给授证书毕;由居先生演说,次由梓琴先生演说,次彭素民先生演说,又次李大钊先生演说,次教职员王登云、邵力子、曾伯兴诸先生演说;最后由总务长邓安石先生报告下年以后进行之计划,促教职员与学生共同努力;末由毕业生代表程嘉咏致答词,唱歌奏乐而散。旋由教职员导来宾参观成绩展览室,计分三所:一藏油画,一藏木炭画,一藏水彩画,并将所制手工配置其间,颇觉满室生辉,清丽悦目。据该校洪主任云,此为改为上海大学后半年余之作品,由此足见该校毕业生之猛进,不负办事人之苦心矣。附该校毕业生之人名。(图工组二十二人)刘德宣,河南南阳,戴炳宣,江苏武进,戴经正,江苏泰县;胡金培,江苏泰县;詹春三,福建永安;陈实,广西苍梧;石补,安徽寿县;王星奎,山东益都;程嘉咏,安徽祁门;殷嗣仁,湖南常德;陈钧,安徽泗县;朱凤文,吉林吉林县;刘剑秋,福建南安;唐铠,江苏兴化;刘培根,湖北大冶;张弦,浙江青田;陈璞如,安徽怀宁;田申,山东平原;张守绪,安徽寿县;刘祖伟,安徽寿县;周济,安徽盱眙;陈家楫,福建晋江。(图音组十二人)王显诏,广东潮县;王德庆,江苏江都;张开元,江苏泗阳;李莲芬,江苏常熟;范玉骏,江苏常熟;蔡谦,福建晋江;蔡吉光,福建同安;李士英,江苏宜兴;姚文雄,浙江衢州;徐石麟,浙江温州;孙为雨,安徽凤阳;杨秀涛,贵州江口。

《民国日报》1923年7月13日

**上海大学第二次招生**

(一)名额:大学部社会学系、中国文学系、英国文学系、俄国文学系、绘画系各招一年级新生一班;中学部高级中学二年级插班生二十名,一年级新生一班,初级中学一年级新生一班。各班男女兼收。又原有中国文学系、英国文学系及美术科图音、图工各级尚有余额，有相当程度者亦可投考插班。

（二）报名期：每日上午九时起至下午三时止。地点上海闸北青岛路本校及山东路民国日报馆。报名时须纳报名费二元、四寸半身照片一张。

（三）考试期：八月五日起，地点在本校。

函索章程，须附邮票四分。

校长于右任启
《民国日报》1923 年 7 月 14 日

**晨光美术展览会闭幕**

  晨光美术展览会已于昨晚九时闭幕，计逐日中西参观人数达三千有余，足见该会之成绩，能引起多方面之注意。又闻该会附设之暑期学校，即可于闭幕后第六日开课（七月二十三日）。主任由该会全体共推会员上海大学教授万古蟾君。学程分油画组、色粉画组、木炭画组、水彩画组、铅画组五组，由学者择一而习之。授课时间为上午九时至十一时，余任自习。入学不拘年龄，不限男女，于此五天内尚可报名入会。会员方面即可于今日起照常实习，惟研究时间已改为上午九时至十一时，下午八时至十时云。

《申报》1923 年 7 月 18 日

**暑期讲习会今日讲全民政治　何世桢博士主讲**

  上海暑期讲习会于本月十七日开讲后，先为叶楚伧君之"中国小说学"，次为汤宗威君之"法制概要"。以上两项讲演，于昨日完毕。今日起至二十七日止，由法学博士何世桢讲演"全民政治"，每日上午九时起至十一时，讲坛仍在新重庆路庆余里民国女子工艺学校。该会以"全民政治"为共和国必要的常识。何博士又为蜚声中外之法学家，其所演述，皆采撷各国民治精神而加以比较与介绍者。凡愿得"全民政治"真义者，不必有听讲证，均可入席听讲。又闻该全部讲演中，有沈雁冰君之"现代文学"、沈玄庐君之"会议手续"、胡愈之君之"世界语"、陈望道君之"美学"、朱贡三君之"欧美仪节"、邵力子君之"中国宪法史略"、王纯农君之"词曲"、谢六逸君之"新文学概要"、吴怡怡女士之"画法大意"、吴梦非君之"音乐大意"、乐嗣炳君之"注音字母"、董翼生君之"家庭卫生"、江亿平君之"上海租界章程"、狄狄山君之"两性的现行法"、刘康侯君之"民国史要"、刘慎修君之"英法美政党比较"等各门。除已排定讲期外，将陆续登报宣布云。

《民国日报》1923 年 7 月 23 日

**暑期讲习会讲宪法史**

  上海暑期讲习会自二十三日起至二十七日止，由何世桢博士讲全民政治，听者颇众。今日为此项讲演之末一日，何博士将以讨论的形式，征取听讲员之批评。该会自明日（二十八）起至三十日，由邵力子先生演讲中华民国宪法史。每日上午八时半起至十一时半止。讲所仍在新重庆路庆安里民国女子工艺学校。当此制宪议论热闹时期，得此有统系的讲演，谅为各界所乐闻。闻此项讲演，仍为公开，听讲者随时可签名入座云。

《民国日报》1923 年 7 月 27 日

## 上海大学录取新生案

大学部 社会学系一年级：庞铁铮、凌昌策、周士冕、谢硕、朱松年、崔善尊（试读）、崔兆枚（试读）、白致荣（试读）；中国文学系一年级：韩儒修、徐石麟、潘济博、金启文；英国文学系二年级：邱青钱，英国文学系一年级：李光腾、陈祖武、涂光隽、印集；绘画系一年级：董翰。

中学部 高级中学二年级：葛克信，高级中学一年级：高万章、吴瑜；初级中学一年级：高万仞、王绍仁。

又美术科插班生：廖湘波。

以上录取诸生，请于九月十号入学可也。

校长于右任启
《民国日报》1923年8月8日

## 上海大学教职员会

昨日正午，上海大学全体教职员假一江春聚宴，由校长于右任先生主席。席间讨论各项进行方法，并照章推定评议员十人。评议会为该校最高会议，不设议长，开会时由校长主席，由评议员中互选书记一人，均以一年为任期。除校长为主席评议员外，当即推定叶楚伧、陈德徵、邓安石、瞿秋白、洪野、陈望道、周颂西、冯子恭、邵力子九人为评议员，并决定由陈德徵君担任评议员书记。闻第一次评议会，将于明日（十号）在该校举行云。

《民国日报》1923年8月9日

## 学校消息·上海大学

昨日正午，上海大学全体教职员假一江春聚宴，由校长于右任主席。席间讨论各项进行方法，并照章推定评议员十人。评议会为该校最高会议，不设议长，开会时由校长主席，由评议员中互选书记一人，均以一年为任期。除校长为主席评议员外，当即推定叶楚伧、陈德徵、邓安石、瞿秋白、洪野、陈望道、周颂西、冯子恭、邵力子九人为评议员，并决定由陈德徵君担任评议员书记。闻第一次评议会将于明日（十号）在该校举行云。

《时报》1923年8月9日

## 上海大学之教职员会

昨日正午，上海大学全体教职员假一江春聚宴，由校长于右任主席。席间讨论各项进行方法，并照章推定评议员十人。评议会为该校最高会议，不设议长，开会时由校长主席，由评议员中互选书记一人，均以一年为任期。除校长为主席评议员外，当即推定叶楚伧、陈德徵、邓安石、瞿秋白、洪野、陈望道、周颂西、冯子恭、邵力子九人为评议员，并决定由陈德徵君担任评议员书记。闻第一次评议会，将于明日（十号）在该校举行云。

《新闻报》1923年8月10日

## 学务汇志·上海大学设国文系及讲学

闸北青岛路上海大学新设中国文学系以应时代需要，本学期共办一、二年级两级，已聘定陈望道为主任兼授修词学、美学、语法、文法学等，沈仲九教授中国文学史及选文（语体），沈雁冰教授西洋文学史，叶楚伧、邵力子教授历代著名文选（包含群经诸子及史传），俞平伯教授诗歌、小说、戏剧，田汉教授文学概论及西洋戏剧，高冠吾教授文字学，李仲乾教授金石学，其英语及社会科学等，则由别系教授兼任。此外，尚有章太炎、褚理堂担任特别讲座。精神异常焕发，新学生除已投考录取者外，连日报名尤极踊跃。又上海大学校长于右任，教授邵力子、陈望道现被上虞白马湖暑期讲习会请去讲学，教务长瞿秋白、总务长邓安石被如皋暑期讲习会请去讲学。于、邵、陈已于昨晚动身，瞿、邓后日即须动身云。

《申报》1923年8月12日

**上海大学之近况**

　　闸北青岛路上海大学，鉴于整理旧文学、研究新文学及养成中学以上国文教师，均亟须培养专才，特创设中国文学系以应时代需要，本学期共办一、二年级两级。已聘定陈望道先生为主任，兼授修词学、美学、语法、文法学等，沈仲九先生教授中国文学史及选文（语体），沈雁冰先生教授西洋文学史，叶楚伧、邵力子两先生教授历代著名文选（包含群经诸子及史传），俞平伯先生教授诗歌、小说、戏剧，田汉先生教授文学概论及西洋戏剧，高冠吾先生教授文字学，李仲乾先生教授金石学。其英语及社会科学等则由别系教授兼任。此外尚有章太炎、褚理堂诸先生担任特别讲座。精神异常焕发，新学生除已投考录取者外，连日报名尤极踊跃云。

　　该校校长于右任教授、邵力子、陈望道三君，现被上虞白马湖暑期讲习会请去讲学，教务长瞿秋白、总务长邓安石君，被如皋暑期讲习会请去讲学。

《民国日报》1923年8月12日

**上海大学中国文学系近况**

　　本埠闸北青岛路上海大学，鉴于整理旧文学、研究新文学及养成中学以上国文教师，均亟须培育专才，特创设中国文学系，以应时代需要。本学期共办一、二年级两级，已聘定陈望道为主任，兼授修词学、美学、语法、文法学等，沈仲九教中国文学史及选文（语体），叶楚伧、邵力子教授历代著名文选（包含群经、诸子及史传），俞平伯教授诗歌、小说、戏剧，田汉教授文学概论及西洋戏剧，高冠吾教授文字学，李仲乾教授金石学。其英语及社会科学等，则由别系教授兼任。此外，尚有章太炎、褚理堂担任特别讲座，精神异常焕发。新学生除已投考录取者外，连日报名尤极踊跃云。

《新闻报》1923年8月12日

**学校消息·上海大学**

　　本埠闸北青岛路上海大学，鉴于整理旧文学、研究新文学及养成中学以上国文教师，均亟须培育专才，特创设中国文学系，以应时代需要。本学期共办一、二年级两级，已聘定陈望道为主任，兼授修词学、美学、语法、文法学等，沈仲九君教授中国文学史及选文（语体），沈雁冰君教授西洋文学史，叶楚伧、邵力子两君教授历代著名文选（包含群经、诸子及史传),俞平伯君教授诗歌、小说、戏剧,田汉君教授文学概论及西洋戏剧,高冠吾君教授文字学,李仲乾君教授金石学。其英语及社会科学等,则由别系教授兼任。此外,尚有章太炎、褚理堂等担任特别讲座。

《时报》1923年8月12日

**学务汇载·上海大学开第一次评议会**

上海大学改组计划,已纪前报。前日该校全体新教职员在一江春开会,议决组织评议会,处理全校一切根本重大事务。当场推选叶楚伧、陈德徵、邓安石、瞿秋白、洪野、周颂西、冯子恭、陈望道、邵力子等九人为评议员。该评议会已于昨日下午在校开第一次会议,议决案件甚多,其中最重要者:(一)克期组成校董会。校董资格决定五项:甲、全国国民所敬仰足为学生模范者;乙、教育界上负有声誉者;丙、出资助成学校经费及校舍者;丁、与宋君通初有密切关系者;戊、于本校发展事项著有劳绩者。并推定孙中山为名誉校董,蔡子民、汪精卫、李石曾、章太炎、张溥泉、马素、张静江、马君武等二十余人为校董。限九月一日以前与各校董接洽妥当,限九月二十日以前成立校董会。(二)限半年内筑成新校舍。该校深感现在校舍湫隘,另迁亦无相当房屋。拟尽半年内,在宋园建筑社会科学院、图书馆及学生寄宿舍。为专责成起见,特别设校舍建筑委员会,以该校总务长邓安石兼委员长,陈德徵、曾伯兴、钱病鹤、冯子恭为委员,并延请张溥泉、邵子猷为该会顾问云。

《申报》1923年8月13日

**上海大学续招生**

(一)名额:大学部社会学系、中国文学系、英国文学系、俄国绘画系各招一年级新生一班。中学部高级中学添设三年级新生一班、二年级插班生二十名、一年级新生一班;初级中学一年级新生一班。各班男女兼收。又原有中国文学系、英国文学系及美术科各级尚有余额,有相当程度者亦可投考插班。

(二)报名期:每日上午九时起至下午三时止。地点:上海闸北青岛路本校及山东路民国日报馆。报名时须纳报名费二元、四寸半身照片一张。

(三)考试期:九月一日起。地点在本校。

函索章程,须附邮票四分。

校长于右任启<br>《民国日报》1923年8月13日

**上海大学添设高中三年级招**

本大学为补救旧制中学毕业生才能未能入大学者起见,特设高级中学三年级一班,期以一年毕业,可直接插入大学。现招新生一班。定于九月一日试验。其手续概照高级中学办理。课程及教授表,见本报第八版。(函索入学须知,即当照寄)

《民国日报》1923年8月13日

**上海大学概况附录之一（高三概略）**

　　本大学为一般旧制中学毕业而程度未能考入大学之学生热心向学起见，特由评议会议决于本学年招生高级中学三年级学生一班，其办法如下：一、欲投考高中三年级者。须有旧制中等学校正式毕业文凭。二、该高级中学三年。与旧制大学预科程度相等。三、该项三年级学生毕业。由本校发给高三毕业文凭。可直接入本大学或转其他与本大学程度相当之学校肄业。四、高三定一年毕业。五、高三暂分为文学社会科学二科。六、其他一切入学手续须按照高中章程办理。

　　高三课程及教授表（必修科目）：伦理学一、邵力子。国文四、叶楚伧。第一种外国语五王登云邵诗舟。社会科学四、曾伯兴。共计十四学分。（公共选科）中国哲学史大纲、二、沈仲九。西洋哲学史大纲二、沈仲九。中国文学史纲二、沈仲九。西洋文学史纲二、沈雁冰。美学一、陈望道。论理学及科学方法论一、陈德徵。世界文化史二、张春木。社会进化史二、瞿秋白。社会问题概观二、陈德徵。心理学二、陈德徵。第一部（文学科）选修课目。文字学一、高冠吾。文学概论二、俞平伯。历代诗文选四、叶楚伧邵力子。中国语法及文法一、陈望道。修辞学一、陈望道。中国文学史二、沈仲九。英美文学名著选四、胡哲谋周颂西。英文修辞学一、胡哲谋。英美文学史二、陈德徵。俄文一、瞿秋白。近代英文学一、冯子恭。第二部（社会科学科）选修课目。社会学三、瞿秋白。社会政策二、刘宜之。社会运动史二、施存统。社会思想史二、施存统。经济学三、蔡和森。法学通论二、狄侃。万国公法二、狄侃。中国现行法二、狄侃。政治学大意二、张心诚。

　　本级以修毕必修科十四学分及选修科十四学分为学业期满。选修学分中公共选修学分，不得超过四学分。认定选科第一部或第二部之后不得中途更换。各科满十人者开班。

《民国日报》1923年8月13日

**上海大学首次评议会　组校董会，筑新校舍**

　　上海大学改组计划及延聘有名人物充当教授，已纪前报。闻前日校全体新教职员在一江春开会，议决组织评议会，处理全校一切根本重大事务。当场推选叶楚伧、陈德徵、邓安石、瞿秋白、洪野、周颂西、冯子恭、陈望道、邵力子等九人为评议员。该评议会已于昨日下午在校开第一次会议。议决案件甚多，其中最重要者：（甲）克期组成校董会，校董资格决定五项：（一）全国国民所敬仰，足为学生模范者；（二）教育界上负有声誉者；（三）出资助成学校经费及校舍者；（四）与宋公遹初有密切关系者；（五）于本校发展事项著有劳绩者。并拟请定孙中山先生为名誉校董。蔡子民、汪精卫、李石曾、章太炎、张溥泉、马玉山、张静江、马君武等二十余人为校董，限九月一日以前与各校董接洽妥当，限九月二十日以前成立校董会。（乙）限半年内筑成新校舍。该校深感现在校舍湫溢，另迁亦无相当房屋，据尽于半年内在宋园建筑社会科学图书馆及学生寄宿舍。为专责成起见，特另设校舍建筑委员会，以该校总务长邓安石兼委员长，陈德徵、曾伯兴、钱病鹤、冯子恭为委员，并延请张溥泉、邵子猷二先生为该会顾问云。

《民国日报》1923年8月13日

**上海大学评议会之所闻**

上海大学改组计划,已纪前报。闻前日该校全体新教职员在一江春开会,议决组织评议会,处理全校一切根本重大事务,当场推选叶楚伧、陈德徵、邓安石、瞿秋白、洪野、周颂西、冯子恭、陈望道、邵力子等九人为评议员。该评议会已于昨日下午在校开第一次会议,议决案件甚多,其重要者:一、克期组成校董会。校董资格,亦有决定,计五项:(一)全国国民所敬仰,足为学生模范者;(二)教育界上负有声誉者;(三)出资助成学校经费及校舍者;(四)与宋遯初有密切关系者;(五)于本校发展事项者有劳绩者。并推孙中山先生为名誉校董,蔡子民、汪精卫、李石曾、章太炎、张溥泉、马素、张静江、马君武等二十余人为校董,限九月一日以前,与各校董接洽妥当,限九月二十日前成立校董会。二、限半年内筑成新校舍。该校深感现在校舍湫隘,另迁亦无相当房屋,拟尽半年内在宋园建筑社会科学院、图书馆及学生寄宿舍,为专责成起见,特另设校舍建筑委员会,以该校总务长邓安石兼委员长,陈德徵、曾伯兴、钱病鹤、冯子恭等为委员,并延请张溥泉、邵子猷二君为该会顾问云。

《新闻报》1923年8月13日

**上海大学评议会　克期组成校董会　半年筑成新校舍**

上海大学改组计划及延聘有名人物充当教授,已纪前报。闻前日该校全体新教职员,在一江春开会,议决组织评议会,处理全校一切根本重大事务,当场推选叶楚伧、陈德徵、邓安石、瞿秋白、洪野、周颂西、冯子恭、陈望道、邵力子等九人为评议员。该评议会已于昨日下午在校开第一次会议,议决案件甚多,其中最重要者:(一)克期组成校董会,并推定孙中山为名誉校董,蔡子民、汪精卫、李石曾、章太炎、张溥泉、马素、张静江、马君武等二十余人为校董,限九月一日以前与各校董接洽妥当,限九月二十日以前成立校董会;(二)限半年内筑成新校舍。为专责成起见,特另设校舍建筑委员会,以该校总务长邓安石兼委员长,陈德徵、曾伯兴、钱病鹤、冯子恭为委员,并延请张溥泉、邵子猷二君为该会顾问云。

《时报》1923年8月13日

**学务丛载·上海大学之扩充学额**

上海大学近因浙省子弟来学者多,特在杭州浙江省教育会设立招考处,请该校讲师张乃燕博士主持一切,定本月十九、二十日假浙省教育会举行入学试验。该校招生委员会委员长陈德徵君特于今日乘车赴杭亲往监试云。

《申报》1923年8月14日

**上海大学赴杭州招生**

上海大学拟于下半年大加扩充,已志前报。近又因浙省子弟来学者多,特在杭州浙江省教育会设立招考处,请该校特别讲师张乃燕博士主持一切,定本月十九、二十日假浙省教育会举行入学试验。闻该校招生委员会委员长陈德徵君特于今日乘车赴杭亲往监试云。

《民国日报》1923年8月14日

## 杭州快信·北京师校在浙招考新生

现教育厅自今日起十五日止,试验预科研究科,十七、十八两日试验预科各科学。上海大学亦定十九、二十两日在浙教育会试验新生。

《申报》1923 年 8 月 15 日

## 上海暑期讲习会讲程续表

上午:九时至 11 时;下午:四时至六时

| 日期 | 星期 | 上午讲目 | 讲师 | 下午讲目 | 讲师 |
| --- | --- | --- | --- | --- | --- |
| 十五 | 三 | 注音字母 | 乐嗣炳 | | |
| 十六 | 四 | 注音字母 | 乐嗣炳 | | |
| 十七 | 五 | 新文化概要 | 谢六逸 | 注音字母 | 乐嗣炳 |
| 十八 | 六 | 新文化概要 | 谢六逸 | 租界章程 | 江 平 |
| 十九 | 日 | 现代文学 | 沈雁冰 | 外交史略 | 何世枚 |
| 二十 | 一 | 音乐大意 | 吴梦非 | 外交史略 | 何世枚 |
| 廿一 | 二 | 音乐大意 | 吴梦非 | 外交史略 | 何世枚 |
| 廿二 | 三 | 音乐大意 | 吴梦非 | 欧美仪节 | 朱贡三 |
| 廿三 | 四 | 欧美仪节 | 朱贡三 | | |
| 廿四 | 五 | | | | |
| 廿五 | 六 | | | | |
| 廿六 | 日 | 现代文学 | 沈雁冰 | | |

《民国日报》1923 年 8 月 16 日

## 暑期讲习会昨今讲题

上海暑期讲习会昨日由乐嗣炳先生讲授注音字母。乐君语人云,将以极简便之法,于短时期中,使所者各得基本练习以去,故讲解极简捷扼要。今明两日,将继续讲授,且有详明易解之讲义分给者,备平日自行研练之用云。

《民国日报》1923 年 8 月 16 日

## 上海大学续招生

(一)名额:大学部社会学系、中国文学系、英国文学系、俄国文学系及绘画系各招一年级新生一班。中学部高级中学添设三年级新生一班,二年级插班生二十名,一年级新生一班;初级中学一年级新生一班。各班男女兼收。又原有中国文学系、英国文学系及美术科各级尚有余额,有相当程度者亦得投考插班。

(二)报名期:每日上午九时起至下午三时止,地点上海闸北西宝兴路青岛路本校及山东路民国日报馆。报名时须纳报名费二元、四寸半身照片一张。

(三)考试期:九月一日起,地点在本校。

投考须知,函索即寄。

校长于右任启
《申报》1923年8月17日

**暑期讲习会文学演讲**

上海暑期演讲会,昨由谢六逸先生讲演"新文学概要"。谢君乃近今文学界之有名人才,素受识者推重,故一般关心新文学之男女青年,莫不争先往听。文学的范围甚广,因时间关系,故此次只得限于诗歌、小说、戏剧三项。以后若有机会,或再讲其他种种。首先说明文学之意义,解释非常详尽,大概分文学的感情、文学的想象、文学的思想三大要点。十一时始毕。今日仍当继续讲演云。

《民国日报》1923年8月18日

**暑期讲习会昨日演讲**

上海暑期讲习会昨日仍由谢六逸先生继续讲演"新文学概要"。下午由江亿平先生讲演。原题本为"租界章程",江先生以此题过大,讲演时间短促,特改讲中国法庭的组织情形和上海英美法租界会审公堂之内容,明了异常。缘江先生为美国卫礼士律师帮办,出庭三年,故甚熟悉,往听者十分踊跃云。闻明日上午为沈雁冰之"现代文学",下午为叶楚伧之"中国外交史"云。

《民国日报》1923年8月19日

**暑期讲习会之昨日**

上海暑期讲习会昨日上午为沈雁冰"现代文学"之第二期讲演,题为"革命后俄国和德国的文学",于两国民族性及各派文学言之极详。下午为叶楚伧讲演"中国外交史"之第一日,大略分三节:(一)外交之意义;(二)中国在国际间之地位;(三)各国对华外交政策。明日上午由吴梦非讲"音乐大意",下午则继续讲外交史云。

《民国日报》1923年8月20日

**学务丛载·上海大学整顿中学部**

闸北青岛路上海大学下年在高级中学方面,注重选修制,分为文学、社会科学、艺术三科。初级中学现招一年级新生一班,报名者颇多云。

《申报》1923年8月23日

### 上海大学中学部近况

闸北青岛路上海大学,为培植根本人才计,对于中学部异常注意。该部主任陈德徵君于中等教育研究有素,下年在高级中学方面注重选修制,闻分为文学、社会科学、艺术三科。一年级除公民学、国文、英文等必修科二十六学分外,在分科课目中得任习二学分。二年级除必修科二十学分外,在分科课目中得任习八学分。已聘定沈仲九、冯子恭、邵诗舟、施存统、徐萼女士、曾伯兴等分别担任必修科目,叶楚伧、蔡和森、狄侃、洪野、仲子通等担任选修科目。陈君又在该校评议会提议举办高三,以副一般旧制中学毕业才力不及入大学者向上求学之望,已得该校评议会正式通过。闻该校高三分为文学、社会、科学三科,其中必修科,仅十三学分,其余十五学分俱为选科。所聘讲师如瞿秋白、邵力子、叶楚伧、王登云、沈雁冰、陈望道、蔡和森、狄侃、张春木、张心诚等皆一时知名之士。又该校初级中学,现招一年级新生一班,课程经主任陈君审订后,极其完备,连日报名者颇不乏人云。

《民国日报》1923 年 8 月 23 日

### 上海大学中学部近况

本埠闸北青岛路上海大学,为培植根本人才计,对于中学部异常注意。该部主任陈德徵君,下年在高级中学方面,注重选修制。闻分为文学、社会科学、艺术三科。一年级除公民学、国文、英文等必修科二十六学分外,在分科课目中,得任习二学分;二年级除必修科二十学分外,在分科课目中,得任习八学分。已聘定沈仲九、冯子庵、邵诗舟、施存统、徐萼女士、曾伯兴等,分别担任必修科目;叶楚伧、蔡和森、狄侃、洪野、仲子通等,担任选修科目。陈君又在该校评议会提议举办高三,以副一般旧制中学毕业才力不及入大学者之向上求学之望,已得该校评议会正式通过。

《新闻报》1923 年 8 月 23 日

### 学校消息·上海大学

本埠闸北青岛路上海大学,下年在高级中学方面,注重选修制。闻分为文学、社会科学、艺术三科。又该校高三分为文学、社会科学二科,其中必修科仅十三学分,其余十五学分,俱为选科。又该校初级中学,现招一年级新生一班,课程审定极其完备,连日报名者颇不乏人云。

《时报》1923 年 8 月 23 日

### 暑期讲习会宣告结束

上海暑期讲习会自开讲以来,已有六星期之久,各种科目业已完毕。昨为结束之期,上午由沈雁冰先生续讲前星期之"现代文学",分述"新兴各小民族之文学"。讲毕,由叶楚伧先生报告,准于本星期三(二十九日)上午十一时假宁波同乡会摄影,十二时聚餐云。

《民国日报》1923 年 8 月 27 日

### 暑期讲习会聚餐记

昨日正午,上海暑期讲习会开聚餐会,讲师到者有沈雁冰、胡愈之、乐嗣炳、谢六逸、陈望道、何世桢、吴梦非、董翼荪、邵力子诸君。听讲员到者男女约三十人。入席后,由叶楚伧报告讲习会经过,及国民党愿与青年合作之热诚。继由邵力子、何世桢两先生演说。餐毕,摄纪念影而散。此次暑期讲演,人数虽不甚多,精神却非常充实,故其结果殊圆满云。

《民国日报》1923年8月30日

**上海大学录取新生案**

　　大学部　社会学系一年级:王逸常、徐德据、徐梦秋、曹蕴真、陶樑、陶淮、李清漪、徐鹏骞、顾相勋、梁铭钟、何成湘、黄培垣、金铸、安剑平、毛钟骍(杭州)、朱灵生(杭州)、王赤(试读)、江培初(试读)、熊国华(试读)、许乃昌(试读)、李孝纯(试读)、樊培伦(试读)。中国文学系二年级:(试读)蒋抱一、李迪民(试读);中国文学系一年级:张湘皋、罗雪坡、黄泗英、伍哲孚、俞伯岩、朱韫辉、孙羲、施德普(杭州)、王耘庄(杭州)、林登岳(杭州)、戴朝寀(杭州)、陈自新(试读)、樊文超(试读)、杜恩承(试读)、王芬桂(试读)、郭竣森(试读)、江华(试读)。英国文学系二年级:蒋畸士(试读)、李福棠(试读);英国文学系一年级:黄竞成、唐秉理、蒋浩川、陈时文、牛万青(试读)、邵善謇(试读)。绘画系一年级:胡宏让。

　　中学部　高级中学二年级:汪泳坚、庞琛、柯栩、宋荫铭、向子春、曹利生;高级中学一年级:罗玉书、石德晏、张大勋、万士锐。初级中学一年级:姚之元、蒋守基、夏文藻、陈光玉、周藻、周云巢、陈培钧、张徵福(试读)。

　　又美术科图音组插班生:黄懋闳、黄楚藩;图工组插班生:张学诗。

　　以上录取诸生,希于九月九日来校缴费。

《民国日报》1923年9月3日

**上海大学紧要通告**

　　本校定于本月十日开学,凡新旧学生均须于九日、十日到校缴费注册。特此通告。

《申报》1923年9月8日

**上海大学俄文班招生**

　　本大学特设俄文班,从字母教起。除本大学学生得自认选修外,尚有余额,有志者可来本校报名。入学手续:报名费一元,学费半年十元,于入学时缴清。授课时数:每周六小时。开课时期:阳历十月十二日起。校址:上海闸北青岛路。

《申报》1923年9月25日

**画家吴待赴法**

　　晨光美术会员吴待君准于二十八日起程赴法,自费留学,入巴黎美术学校研究绘画。同行者有上海大学图画科毕业之杨秀涛君云。

《申报》1923年9月27日

**学务丛载·上海大学之英文辩论**

　　上海大学英文系近组英语辩论会,美术系组织美术研究会。昨日星期六,英语辩论会初次开会,特请何世桢博士评判,并定每星期六开场会云。

《申报》1923年10月1日

**庆祝双十节之筹备**
　　本届双十节国庆由法租界东北城、民国路北城等商业联合会发起庆祝后,已有三十余公团赞成,并组织各团体庆祝国庆大会筹备处等情,已志前报。兹悉该会昨接得报关业学校、工商友谊会、上海大学等七团体来函加入。是以该筹备处昨已分发通告,定于今日下午七时,仍在老北门北城商业联会内该筹备处,邀齐沪上各公团开会,讨论国庆日盛典并提灯游行路由等云。并闻上海各区救火会自接该筹备处函告后,亦定于今晚开会讨论一切云。

《申报》1923年10月6日

**上海大学反对贿选电**
　　上海大学学生为北京贿选成立,通电云:
　　全国各省教育会、学生会、商会、农会、工会、及各机关、各学校公鉴:北洋军阀曹锟、吴佩孚辈,丧权辱国,屠杀人民,凡有血气,早应奋兴,誓不两立。今者,曹、吴诸大民贼,恶焰更张,竟在光天化日之下,公行贿赂,盗买总统,攫取政权。是而可忍,孰不可忍!中华民国,主权在民,若我国民,睹此横暴反动之政局,尚不急起图救,势非使全国糜烂,尽受军阀之残暴宰割而不止。吾人分属国民,在理在势,均难坐视,故敢不自量力,奋臂高呼:誓与军阀曹、吴辈决一死战!极端反对曹、吴辈以武力金钱盗劫总统之一切卑劣行为!顾维钧、吴景濂等,甘心附逆,亦与曹、吴诸大民贼一体对待。国民乎!时机急矣,已非吾辈酣睡之时,应速奋醒,将吾商工农学各界,一致团结于国民革命共同旗帜之下,与军阀作战。尤有进者,北洋军阀曹、吴辈之所以能攫取政权,祸国殃民,皆有列强之扶植。最近列强之铁路共管,增驻军舰、军队之主张,更足以亡我中国,为共管中国之先声。吾人不欲中华民国成为独立民主之国家则已,若欲使中华民国为独立民主国家,非对军阀一致攻击,根本铲除其势力不可。临电翘企,无任愤慨。上海大学学生会叩歌。

《民国日报》1923年10月9日

**国民讨曹游行大会请愿纪·军使代表答称各尽其能**
　　本埠各团体组织之上海国民讨曹游行大会于昨日下午一时,各雇汽车在沪杭车上海南站前隙地会集,齐赴护军使署请愿。加入团体有全浙公会、制日同志会、山克五路商联会、文监师路商联会、海宁路商联会、嘉兴同乡会、虹口六路商联会、全国各界联合会、救国联合会、民生协济会、沪北教育会、平民自治会、沪东商界联合会、沪北六路商联会、北福建路商联会、爱克界路商联会、旅沪浙江地方自治协会、浙江省宪协进会、履业公会、竞励公学、上海大学学生会、天潼福德两路商联会、旅沪贵州民治同志会、各省埠民治同志总联社等二十余团体。下午一时许,分两路集合,一由劳合路出发,一由大世界出发。车上前插国旗,两旁分列各团体旗帜,及讨曹旗帜上书"国民一致坚决请各省将领讨曹""吁请护军使讨逆"等字样。劳合路一队经过西藏路、民国路等处；大世界之一路经过长浜路、霞飞路、民国路、十六铺等处，沿途由车中分散反对曹锟传单。至南火车站两路游行队集中，共十二部，一同开至半淞园前，排列摄影。摄毕，由龙华路往谒何护军使。到署后，代表各出名片，嘱守卫者入报。一方商议推派代表晋见，当议定推出周佩箴、张一鸣、周宪文、倪学宽、余仰圣、潘冬林、邓嘉缙、王一衡、王纲等九人为总代表。嗣副官长偕卫者出言，何军使适因事他出，特为代见。当由代表张心芜、王亚樵、周宪文等相继发言，以贿选总统腾秽中外，各方主持正义之军民长官，亦俱迭有表示。惟目下贿选已成，故我等公意，惟盼各方出师讨贼，以振国纪。我等寄居沪滨，故向军使陈述此意云云。副官长答谓，各公团爱国热诚，至为可佩，各方对于贿选总统，早已表示不能承认，军使亦迭有表示。目下彼等既已告成，自当另有计议，与民意一致。惟官厅与人民地位不同，务盼各尽其能，诸君意旨，当为代达。言毕，各代表欢呼中华民国万岁，即乘车返集合地而散。传单照录如下："下半旗，讨曹锟，诛猪仔，惩政客。打倒万恶军阀，否认延期国会。守法之士，国家正气，正气不灭，民国不死。存亡呼吸，切莫轻视。兴师讨贼，责在男儿。凡我国民，起而图之。民国十二年双十节，上海国民讨曹游行大会公布。"

《申报》1923年10月11日

### 上海大学近事两则·马君武博士讲学　筹开一周纪念会

马君武博士讲学

马君武博士自担任上海大学特别讲座后，昨日星期六博士莅校讲赫凯尔一元哲学。赫氏原书马博士曾经□译，故讲述特详。讲辞由学生笔记，现在整理中。

筹开一周纪念会

上海大学成立于去年十月念三号，今届一周年纪念日，特由学生发起开纪念大会，现正分组筹备。除由学生要求邵力子教授转邀汪精卫、张溥泉两先生讲演外，届日并有学生自编之新剧、由男女学生同表演、剧名《女神》及《曹锟盗国》。并有美术科学生分组奏国乐及西乐，已定者为笙箫横吹、凡乌林合奏、钢琴独奏等。又有女生之单人舞、滑稽舞。计游艺项目约十种。届时必有一番盛况也。

《民国日报》1923年10月22日

### 《盗国记》新剧之表演

前日下午一时，闸北青岛路上海大学开一周纪念会，该校校长于右任君及各教职员暨全体学生三百余人完全出席，来宾约数百人，由校长主席，报告一周间之成绩，次由马君武、汪精卫及其他来宾相继演说，其后则该校男女学生演剧，剧名《盗国记》，都十二幕，一次演完，颇有可观。他如幻术、拳术、跳舞等游艺，各有精彩，直至夜深方散云。

《申报》1923年10月25日

### 上海大学特别讲座布告

本大学为提高文化起见，已经预请海内硕学多人担任长期讲演，校内外皆可自由听

讲,无须入场券。兹将现在演讲人及题目报告于左:

演讲人:马君武先生

题目:一元哲学

时间:每星期六下午一时起

地点:闸北青岛路本校

《民国日报》1923年10月25日

**欢乐之会务一束·上海大学**

本埠上海大学自于右任君接办以来于今一年,学生共有三百余。本月二十三号为该校一周纪念日,男女来宾,异常踊跃。上午九时开会,学生唱校歌并向校旗行礼。学生余益文主席,报告开会宗旨后,于校长训词并报告一年来内部之经过及将来之进行;次张溥泉、汪精卫两君演说,教职员瞿秋白、何世桢、邓安石、施存统、曾杰、程嘉咏及学生等均有演说;再次余兴,为国乐、跳舞、凡哑林独奏、滑稽跳舞、京曲、西乐、拳术等,一切表演均颇受大众之欢迎。晚间由该校学生新剧团表演《盗国记》共十二幕、《女神》共五幕。所表演一切无不惟肖惟妙,观者动容。钟鸣二下,尽兴而散。

《申报》1923年10月26日

**上海大学一周纪念会纪要**

本埠上海大学,自于右任接办以来,于今一年,其内部一切组织及学科等,均井井有条,学生共有三百余,教授亦多海上名硕。本月二十三号,为该校一周年纪念日,男女来宾,异常拥挤。兹将该校开会秩序列后:上午九时,振铃开会,由该校全体学生唱校歌,并向校旗行三鞠躬礼;学生余益文主席,报告开会宗旨;后于校长训词,略述一年来内部之经过,及将来之进行;次张溥泉、汪精卫演说;次本校教职员瞿秋白、何世桢、邓安石、施存统、曾杰、程嘉咏及学生等均有演说;再次余兴,为国乐跳舞、凡尔林独奏、滑稽跳舞、京曲、西乐、拳术等,一切表演均颇受大众之欢迎。晚间,由该校学生新剧团表演《盗国记》共十二幕、《女神》共五幕,所演一切,无不惟肖惟妙,观者颇为动容。钟鸣二下,各尽兴而散。

《新闻报》1923年10月26日

**出版界消息**

闸北上海大学学生唐颂安编行一《新小说周报》,第一期为妇女特号,即将于十一月五日出版。在未出版前预定全年者,大洋六角。索阅样报,须附邮票二分云。

《申报》1923年11月2日

**群贤女学校之讲演会·高冠吾讲女性问题　童禹君讲新家庭之组织**

南市花衣街群贤女学校学生讲演会,于昨日下午二时,特请上海大学教授高冠吾讲女性问题。先由该校教务长童禹君致词介绍,高君演讲云:今日讲题范围太广,女性云者,在今日尚可说,若在数十有年后,则闻之者且将笑之矣。盖同是人也,何分乎男女?

然今日男女之见尚深,男女之观念又各异,故此问题遂有讨论之必要矣。女性之内包甚广,如生理学、人种学、法律政治学、社会学、经济学等,均有连带之关系。泛泛者且不具论,今日女子最要者莫如任务。须知人之生于世也,决非仅为衣衣食食而已。如曰仅为操持井臼、生育子女,则外此家国重大之事将界之何人?惟其如此,故一切男子不能以一身供二人之需,力有不逮,则烧杀劫夺,无恶不作。此种罪恶,虽为男子所作,而女子实应负其责也。今女子参政之说纷争已久,其实男女所以不能平权者,必有其不平之点也。如果学识能力平于男子,则政权可以不争自得。故今日女子任务,凡力所能行之事,皆宜与男子并行,不可坚执旧说,自失人格也云云。次童禹君讲新家庭之组织,略谓新者除旧布新之谓,我国家庭组织流弊甚多,如昏丧喜戚、送往迎来,往往以辛苦之金钱,作无益之场面。至于内部,如医药教育之具、游戏卫生之物,更宜设备完全,收支有预算,金钱有储蓄,而后家庭始有圆满之福云云。

《申报》1923年11月10日

**上海大学之演讲及参观**

上海大学本学期力求整顿后,近设特别讲座,主讲者有马君武讲"一元哲学"、李大钊讲"史学概论"、胡适之讲"科学与人生观",并欢迎校外听讲。又该校美术科成绩颇著,有新自日本归国之王道源(东京美专毕业)、王国源(日本广岛师范毕业)到校参观,由该科洪主任招待并请其讲演,题为"日本美术界之状况"及"艺术的文明"云。

《申报》1923年11月10日

**上海大学特别讲座广告**

明日上午八时,请李大钊先生讲史学概论;十时,请胡适之先生讲科学与人生观。地点:闸北青岛路本校。校外来听讲者亦一律欢迎,无须入场券。

《民国日报》1923年11月10日

**上海大学之近况**

上海大学自本学期力求整顿后,校务蒸蒸日上。近闻该校所设特别讲座已举行。最近主讲者有马君武讲题为"一元哲学"二续,李大钊讲题为"史学概论"六次讲完,胡适之讲题为"科学与人生观"。又该校美术科成绩颇著,有新自日本归国之王道源(东京美专毕业)、王国源(日界广岛师范毕业)二先生到校参观,由该科洪主任招待,并请其讲演,题为"日本美术界之状况"及"艺术的文明"云。

《民国日报》1923年11月10日

**上海大学特别讲座布告**

本大学为提高文化起见,特设特别讲座,已预请硕学多人陆续担任主讲。因学术为公,故校外愿来听讲者,亦一律欢迎,无须入场券。兹将各讲演人及题目等列表宣布于次:

| 讲演人 | 马君武先生 | 李大钊先生 | 胡适之先生 |
|---|---|---|---|
| 题 目 | 一元哲学(二续) | 史学概论(六次讲完) | 科学与人生观(一次讲完) |
| 时 间 | 每星期六下午二时起 | 每星期二、日两日上午八时起 | 本星期日(十一日)上午十时起 |
| 地 点 | 皆在闸北青岛路本校 | | |

《民国日报》1923 年 11 月 11 日

**各学校消息汇志·上海大学**

该校美术学系学生组织之探美画会,十一日举行第一次自励会,陈列洋画二百余种,国画四十多种,均会员作品。请各指导员批评。四点后茶话。对于艺术之言论颇多发表。晚七时开全体会员茶话会,讨论进行计划及会员应负之责任云云。

《民国日报》1923 年 11 月 13 日

**上海大学特别讲座布告**

本大学为提高文化起见,特设特别讲座,已预请硕学多人陆续担任主讲。因学术为公,故校外愿来听讲者,亦一律欢迎,无须入场券。兹将各讲演人及题目等列表宣布于次:

| 讲演人 | 马君武先生 | 李大钊先生 |
|---|---|---|
| 题 目 | 一元哲学(二续) | 史学概论(六次讲完) |
| 时 间 | 每星期六下午二时起 | 每星期二、日两日上午八时起 |
| 地 点 | 皆在闸北青岛路本校 | |

《民国日报》1923 年 11 月 15 日

**上海大学发展之将来**

上海大学已为一般社会认为新文化指导者,至其近来内部组织及其发展中之计划,尚有为社会所未明了者。记者爰据见闻所得略述一二。当彼处一周纪念时,记者亦参与座间,听汪精卫、张溥泉演讲及校长于右任致词,俱以造成新中国先养成士气为指归。其平日训练之课目,大可想见。闻其中社会系及其他文艺系俱有各种团体研究之组织颇有成绩可观。近日定期讲演如马君武之一元哲学、李守常之史学概论、胡适之科学与人生观,各种讲稿不日可以汇成专集。惟校舍建筑与图书馆设备尚属目前重要问题。据记者考察所得,教务处揭示一则云校舍为学校之基础,辟雍无存,讲诵奚托?昔东汉大学以学问气节风率一时,明季顾君讲学而天下清议皆归东林。使当时无百堵之宫以位皋比,无广厦以聚国士。弦歌声辍,乾坤惨黯矣。我校创办伊始,校舍犹虚。兹拟积极以谋建筑,期早观成。安石承乏建筑校舍委员长。以智虑之疏庸,惧榱题之莫举,现当着手计划之始。诸同学如有精思卓见,凡可以匡助进行者,尚望条举见告。以便提交委员会议决施行。邪许交呼,曷胜欣盼云云。即此可见将来美轮美奂之观不难早睹厥成,而弦歌讲学之风定可奋起士气。建筑基址闻在宋园,建筑经费闻从事募集,建筑时期明年暑期当可藏工云。

《民国日报》1923 年 11 月 17 日

**出版界消息**

上海大学唐颂安倡办之《新小说周报》已出二期,今已决定由单张改为小本,每期材料可增加至四倍以上。现正积极筹备,扩充后第一期约须至十三年一月方可出版云。

《申报》1923 年 11 月 18 日

**演讲并纪·上海大学**

上海大学每礼拜俱请名人到校讲演,已志前报。兹闻该校因李大钊君所讲之"史学概论"(六次讲毕),马君武君所讲之"一元哲学"及"非农村主义""经济学史略""武力统一与道路统一"等,均已讲毕。现又于本礼拜日(即十二月二日)午后二时,特请章太炎君讲演,题为"中国语言统系"。闻欢迎校外来宾往听,无需入场券云。又该大学因原有校址不敷应用,特募捐购地建筑校舍云。

《申报》1923 年 12 月 1 日

**上海大学之特别讲座　请章太炎演讲**

上海大学特别讲座,向例每礼拜俱请名人到校演讲。兹闻该校因李大钊、马君武两君均已讲毕,故本礼拜日(即十二月二日)午后二时特请章太炎先生讲演,题为"中国语言统系"。欢迎校外来宾,无须入场券,自由入座听讲。

《民国日报》1923 年 12 月 1 日

**上海大学明日请章太炎演讲　题为中国语言统系**

本埠上海大学特别讲座,向例每礼拜俱请名人到校演讲。兹闻该校因李大钊君所讲之"史学概论"(六次讲毕)、马君武君所讲之"一元哲学"及"非农村主义""经济学史略""武力统一与道路统一"等,均已讲毕。现又于本礼拜日(即十二月二日)午后二时,特请章太炎讲演,题目为"中国语言统系",并闻欢迎校外来宾,毋需入场券,俱可自由入座听讲云。

《新闻报》1923 年 12 月 1 日

**上海大学昨日之讲演　章太炎讲演"中国语音统系"**

本埠上海大学除正式功课异常认真外,并设特别讲座,延聘海内硕学分期主讲。昨日为章太炎先生讲演,题为"中国语音统系"。此题原极枯燥,章先生能以犀利之辞,深入浅出，故听众皆相悦以解，极其满意。听众除本校学生外，校外人士约有一二百人之多，教室挤满，后来者致不能入场。闻该校下星期拟请吴稚晖先生讲演，吴先生近发表一文，曰《一个新信仰的宇宙观与人生观》，全国青年极为倾倒，认其为"科学与玄学"战争之后第一篇建设文学。届时吴先生登台演讲，庄谐并出，当更能引动一班听众云。

《民国日报》1923年12月3日

### 湖波文艺会成立大会

上海大学学生方山等所组织之湖波文艺研究会昨日（五日）下午一时开成立大会。该会敦请沈雁冰、瞿秋白诸先生到会演讲，济济一堂，不下百余人。闻下礼拜将再敦请《小说月报》编辑郑振铎先生到会演讲云。

《民国日报》1923年12月6日

### 上海大学底两个文艺团体

一、青凤文学会——青凤文学会是在十一月初间宣告成立的，他们底成立启事如下：

我们很愉快很自由地集合了，互助着研究我们所爱的文学，现在我们觉得我们正如凤鸟一样地在香木中燃烧。我们希望将来的美丽和永生，所以我们便以青凤作为我们的集合名字。

我们也没有一定的组织，也没有章程，也没有什么宣言，我们只是很愉快地报告我们的同志道："我们的青凤文学会从今天起成立了。"

李灏、施蛰存、戴克崇、戴朝寀、叶黄叶、张豪同启<br>通讯处暂为：上海大学施蛰存转<br>十二、十一、九

二、湖波文艺研究会——湖波文艺研究会是最近成立的，他们底宣言和会章如下：

我们在湖畔跳跃、歌唱、赞美。皎洁的水像镜子一般，微风一阵阵地过去，波纹慢慢地颤动，仿佛含笑地柔软地向我们欢迎：

"诗人，你们到这里来吟咏；

创作者，你们快来洗你们底埃尘。"

所以，"湖波"向众人道：

"我们永久地成立了！——湖波文艺研究会。'湖波'底微笑，永远向我们接吻。"

我们希望"湖波"一天天地变成了大浪，荡漾着我们底的心向彼岸去领略那——美和快乐。

会员岳世昌、刘剑华、冯飞、傅超雄、郭镒、<br>王振猷、葛克信、冯超、黄之彦、方山

"湖波"的会章：

定名——湖波文艺研究会（简称"湖波"）。

宗旨——研究文艺。

会员——无条件加入。

组织——编辑、出版两部。

会期——每星期六一次。

进行——出不定期刊。

会费——临时募集。

通讯处：上海大学方山

十二、十二、五

《民国日报》1923年12月7日

### 上海大学之英语辩论　不分胜负

上海大学英国文学系二年级于昨日举行第二次英语辩论，题为废止学期试验。由王竞成、陈毅夫、孔庆波主正面，施锡其、李福棠、陈元丰主反面。公请该系主任何世桢博士为评判。一时唇枪舌剑，各尽其能，结果以各含有充分理由，不分胜负。R 自上海大学寄。

《民国日报》1923年12月15日

### 艺术界消息

上海大学一部分学生，于月前曾组织一微波社，专以研究文学为目的，并拟以研究所得，出不定期刊一种，现已征集稿件，将不日出刊云。

《时报》1923年12月21日

### 上海大学之猛进

上海大学颇以提高文化自励，半年以来，教授方面极为认真，其中由教授自编讲义者甚多。该校拟择其尤精粹的编为"上海大学丛书"，预计在一年内至少可出五种。该校章程业已修订，学制一章中除原定设文艺院、社会科学院外，并添设自然科学院。已设各系之新学程，亦已慎审规定，颇兼国内外各大学之长。组织与行政一章中，改评议会为"行政委员会"，为本校最高议事机关，除校长、学务长、校务长及各系部主任为当然委员外，并由教职员中选举四人为委员。闻已依据新章程改组，于右任（校长）为委员长，邓安石（校务长）为秘书，何世桢（学务长兼英文系主任）、陈望道（中国文学系主任）、瞿秋白（社会学系主任）、洪野（美术科主任）及叶楚伧、邵力子、曾伯兴、韩觉民（皆教职员）为委员。第一次会议决案甚多，其中决定寒假内招生两次，第一次为明年一月十八日，第二次为二月二十二日，除原有之社会学系、中国文学系、英国文学系、美术科、高级中学及初级中学皆招收插班生及选科生外，并新设"英数高等补习科"一班。此项新班之设，系因内地来沪学生，每感觉英文、数学程度不及，群向该校要求添设。又闻该校因旧有校舍太狭，决寒假内迁入新租校舍，现正在缔约中。

《民国日报》1923年12月25日

### 上海大学近讯

上海大学颇以提高文化自励，闻半年以来，教授方面极为认真，其中由教授自编讲义者甚多,该校拟择其尤精粹的,编为"上海大学丛书",预计在一年内至少可出五种。该校章程,业已修订,"学制"一章中,除原定设文艺院、社会科学院外,并添设自然科学院,已设各系之新学程,亦已审慎规定;"组织与行政"一章中,改评议会为"行政委员会",为该校最高议事机关,除校长、学务长、校务长及各系部主任为当然委员外,并由教职员中选举四人为委员。闻已依据新章改组,于右任(校长)为委员长,邓安石(校务长)为秘书,何世桢(学务长兼英文系主任)、陈望道(中国文学系主任)、瞿秋白(社会学系主任)、洪野(美术科主任)及叶楚伧、邵力子、曾伯兴、韩觉民(皆教职员)为委员。第一次会议议决案甚多,闻其中决定寒假内招生两次,第一次为明年一月十八日,第二次为二月二十二日,除原有之社会学系、中国文学系、英国文学系、美术科、高级中学及初级中学皆招收插班生及选科生外,并新设"英数高等补习科"一班。又闻该校因旧有校舍太狭,决寒假内迁入新租校舍,现正在交涉缔约中。

《新闻报》1923 年 12 月 25 日

### 学校消息·上海大学

上海大学教授自编讲义甚多,该校拟择其尤精粹者编为"上海大学丛书",预计一年可出五种。该校章程业已修订,"学制"一章中除原定设文艺院、社会科学院外,并添设自然科学院;"组织与行政"一章中改评议会为"行政委员会",并由教职员中选举四人为委员,闻已依据新章改组。第一次会议议决案甚多,闻其中决定寒假内招生两次,第一次为明年一月十八日,第二次为二月二十二日,并新设"英数高等补习科"一班。又闻该校因旧有校舍太狭,决寒假内迁入新租校舍,现正在交涉缔约中。

《时报》1923 年 12 月 25 日

# 1924 年

**上海大学招生**

本校大学部中国文学系一、二年级,英国文学系一、二年级,社会学系一年级,又专门部美术科图工组、图音组,又附属中学部高级中学一、二年级,初级中学一年级均招收插班生。凡程度相当者,可于十三年一月六日起至十四日间,随带报名费二元、相片一张,至闸北青岛路本大学或望平街民国日报馆报名。一月二十、二十一两日上午九时到校应试。又新办英数高等补习科,专为内地中学毕业或有中学相当程度而于英文、数学两门程度稍浅者,谋速成补习之方便。报名及考试日期同上。

校长于右任启

《申报》1924 年 1 月 3 日

**上海大学招生**

本校大学部中国文学系一、二年级,英国文学系一、二年级,社会学系一年级,又专门部美术科图工组、图音组,又附属中学部高级中学一、二年级,初级中学一年级,均招收插班生。凡程度相当者,可于十三年一月六日起至十四日间,随带报名费二元、相片一张,至闸北青岛路本大学或望平街民国日报馆报名,一月二十、二十一两日上午九时到校应试。又新办英数高等补习科,专为内地中学毕业,或有中学相当程度,而于英文、数学两门程度稍浅者,谋速成补习之方便。报名及考试日期同上。

校长于右任白

《民国日报》1924 年 1 月 3 日至 2 月 18 日

**本埠各大学皖籍学生之通电　宣布马联甲摧残教育**

本埠各大学皖籍学生昨推上海大学王赤华起草发表通电云,全国各报馆转安徽省内外诸乡先生公鉴:吾皖教育横被军阀蹂躏者久矣,如惨杀学生、殴辱教员,极恶穷凶,擢发难数。马联甲本为姜案元凶,久稽显戮,乃犹不自悔祸,凶焰益张。既攫督权,复盗民政,亲承伪命,仇视皖人。莅任之初,即行缩减六二加增之教育经费,恢复民八原案,扬言改组,实事摧残。继则指令各县知事威迫学生家属,侦骑密布,罗织青年,以致省立各校相继解散,优秀学生接踵逃亡,是其暴戾恣睢,非使全皖教育陷于沦胥之境而不已。同人等远在沪滨,心关桑梓,对于马联甲,久已不共戴天,今其祸皖行为,益变本加厉,亡省之痛,迫切燃眉，凡属皖人，遑忍坐视，爰揭其祸皖罪状，泣吁于诸乡先生之前。三户亡秦，楚有人在，素稔诸乡先生爱乡心切，嫉恶情深，敢请仗义执言，一致愤起，同人等誓竭绵薄，矢志追随，驱逐此獠，而抒皖难。临电神往，不胜待命之至。

上海南洋大学、约翰大学、东南商科大学、暨南商科大学、<br>复旦大学、上海大学、大同大学各校安徽同学叩支

《申报》1924 年 1 月 6 日

**学务丛载·上海大学新生之录取**

　　本埠上海大学前昨两日录取新生十名：刘峻山、吴甲、贾春蕃、林振镛、叶为耽、马凌山、杨之华、董开祥、张继炎、吴耀麟、章松如。

《申报》1924 年 1 月 23 日

**各学校消息汇志·上海大学**

　　该大学已于前昨两日举行第一次招生，闻此次考试极为严格，共取录十名：刘峻山、吴甲、贾春蕃取入中国文学系一年级；林振镛取入英国文学系二年级；叶为耽取入英国文学系一年级；马凌山、杨之华取入社会学系；董开祥取入高级中学二年级；张继炎、吴耀麟取入高级中学一年级；章松如取入英算高等补习科。

《民国日报》1924 年 1 月 23 日

**上大中国文学系近闻**

　　上海大学中国文学系，自十二年暑假后由陈望道担任主任后，颇有改进气象。所聘教员如沈雁冰、田汉、俞平伯、邵力子、叶楚伧等，对于所教功课有专门研究者。学生多能努力求学，人数已达九十人。一切课程，寒假前由该系各教员修改一次，较以前更加切实。大约前三年必修科目居多，后一年为适应社会需要和发展各人个性计，设选修科四大类：第一类预备学生毕业后专门研究新文艺；第二类预备整理中国旧文艺；第三类预备作中学国文教师；第四类预备为新闻记者等。学生可选修一类。此次招考插班生，投考本系者十人，考取标准较以前严格，闻只录取三人云。

《民国日报》1924 年 1 月 24 日

**上海大学中学部消息**

　　上海大学中学部，自前主任陈君辞职以后，校长于君即极力物色继任人物，兹已聘定杨君明轩担任。杨君历任陕西省立渭北中学第二中学教务主任及第一师范校长，此次任事，对于该部力求改进，各种计划均已拟定，不久即可发表。并已添聘张君石樵、李君未农、王君凤喈等为专任教员。尚拟聘请刘君薰宇为训育主任，惟刘君现任春晖中学教务主任，能否就聘尚难确定云。

《民国日报》1924 年 1 月 31 日

1924 年

## 上海大学招生

本校大学部中国文学系一、二年级，社会学系一年级，又专门部美术科图工组、图音组，又附属中学部高级中学一、二年级，初级中学一年级均招收男女插班生。凡程度相当者，可于十三年二月六日起至二十二日间，随带报名费二元、相片一张，至闸北青岛路本大学或望平街民国日报馆报名，二月二十三、二十四两日上午九时到校应试。又新办英数高等补习科，专为内地中学毕业或有中学相当程度，而于英文、数学两门程度稍浅者，谋速成补习之方便。报名及考试日期同上。

校长于右任白

《民国日报》1924年2月11日

## 将开学之各学校·上海大学

上海大学因闸北原有校址颇为湫隘，不敷应用，爰租定西摩路南洋路口洋房一大所，闻五日内即行迁入。该地房舍极广阔，尚有广大余地可供操场之用，交通颇便利。闻该校照原定计划，定于二十二、三两日举行第二次招生，二十四日开学云。

《申报》1924年2月16日

## 上海大学迁移校舍通告

本校已租定西摩路（南洋路口）二十九号洋房一大宅为校舍，定五日内迁入。五日后，新旧学生及投考者，均向该处接洽可也。又本校英文名"The University of Shanghai"，各界如用英文写信，面请照此写，以免错误。

《申报》1924年2月16日

## 上海大学移迁新校舍

上海大学自去年下半年后，成绩蒸蒸日上，兹因闸北原校址湫隘，租定西摩路南洋路口洋房一大所，五日内即行迁入。该地房舍恢阔，有余地可供操场之用，又距电车站不远，交通便利。该校照原定计划，定二十二、三两日举行第二次招生，二十四日开学。

《民国日报》1924年2月16日

## 上海大学定期迁移校址

上海大学自去年下半年以来，整顿不遗余力。兹因闸北原校址颇为湫隘，不敷应用，爰租定西摩路、南阳路口洋房一大所，闻五日内即行迁入。该地房舍既极宽阔，尚有广大的余地，可供操场之用，空气新鲜，交通便利。又其余事，又闻该校照原定计划定于二十二三两日，举行第二次招生，二十四日开学云。

《新闻报》1924年2月16日

## 上海大学迁移校舍通告

本校已租定西摩路（南洋路口）二十九号洋房一大宅为校舍，定五日内迁入。五日后，新旧学生及投考者，均向该处接洽可也。又本校英文名"the University of Shanghai"，各界如用英文写信,请照此写,以免错误。

《民国日报》1924 年 2 月 17 日

**上海大学启事**

本校已于昨日迁至公共租界西摩路南阳路口,如有投函本校或接洽事务者,请直向此处可也。

《申报》1924 年 2 月 23 日

**上海大学启事**

本校已于昨日迁至公共租界西摩路南洋路口,如有投函本校或接洽事务者,请直问此处可也。

《民国日报》1924 年 2 月 23 日

**上海大学布告**

本校第二次录取新生名额如下:

大学部中国文学系一年级本科生覃肇宗、特别生王郁青;英国文学系二年级本科生林寄华、吕绍瑄、吴养浩,英国文学系一年级本科生张善继、林鲁、汪泳坚;社会学系一年级本科生关中哲、焦养廉、陈纬夫、陈伟璇、冯士英、王向离、王艺钟、罗石冰、王振猷、冯骥、贡锡甲、黄鹤琴、李乃培、韩福民。

高级中学一年级试读生陈翘;初级中学一年级本科生吴东、穆春生、覃怀庆、顾森、张清生、覃斌,初级中学一年级试读生顾经训、李葆光、覃泽汉。

以上录取各生须于本月二十五日以后、二十九日以前来校报到交费。此布。

《民国日报》1924 年 2 月 24 日

**学校消息·上海大学**

上海大学自迁入西摩路新校舍后,一切进行较前顺利,报名者亦较上年增加,现共有五百余人。中学部方面又增聘教员多人,多为国内外大学毕业生。教务方面仍由何世桢博士担任。现定今日起,正式上课。

《民国日报》1924 年 3 月 3 日

**学务丛载·上海大学最近之整顿**

上海大学自迁入西摩路新校舍后,一切进行极力整顿,报名者亦较上年增加,现共有五百余人。中学部方面,又增聘教员多人,胥为国内外大学毕业生。教务方面由何博士担任,已于三日起正式上课云。

《申报》1924 年 3 月 4 日

**各工团昨日追悼列宁纪**

昨日下午四时,各工团假兆丰路上海工团联合会开追悼列宁大会。到者有全国工界救亡大会、上海纺织工会、南洋烟草职工同志会、粤侨工界联合会、实业工会、海员工会、机器工会、全国工团工人自救会、湖南劳工驻沪办事处、江苏劳工总会、丝纱女工协会、中华劳工会、安徽劳工会、中国工会、中华工会等共廿余工团以及来宾百余人。首推徐锡麟主席,陈钟柔记录。谓我们之所以追悼列宁,因为列宁是为无产阶级谋幸福而牺牲之人,故我工界不可不表示哀悼之意。乃全体起立,向列宁遗像行三鞠躬礼。次由谢作舟报告列宁史略,报告毕,由王奠世宣读宣言,邵力子演说。谓列宁自甘辛苦,替多数人民谋幸福,并非牺牲人民自谋利益者所可比。次上海大学施存统等相继演说,乃茶点而散。又工联会并分赠列宁遗像百余张,留作纪念云。

《申报》1924 年 3 月 9 日

### 租界西区平民夜校消息·昨日开会讨论进行事宜

寰球中国学生会受上宝平民教育促进会之委托,于昨日下午六时,邀集租界西区各学校在卡德路九十五号该会所内商议筹办平民夜校事宜,到者有:朱怡剑(中华工业专门学校),程永言、卜世畸(上海大学),郑得一(南洋高级商业学校),徐山民(竞雄女学),顾秀中、冯兰馨(坤范女子中学),金星(苏州旅沪公学)及该会总干事兼日夜校校长朱少屏、干事朱少章、教员李百书、朱秋岑等十余人。先由各校代表签名,分认各承办平民夜校一所;次讨论征求义务教员及招生方法数种,至课程及一切办法俟上宝平民教育促进会举行大会后决定。闻今日未派代表出席之各校,如志愿办理平民夜校者可随时向该会接洽加入云。

《申报》1924 年 3 月 11 日

### 上宝平民教育促进会大会纪·选出董事十五人

上宝平民教育促进会自一月二十七日开筹备会以来,迄已四旬。昨日下午三时,在本埠省教育会三楼举行第一次大会。到者有护军使代表陆达权、警察厅代表严述斋、道尹代表余芷江、交涉署代表王焕章、县署代表钱绅斋、宝山冯知事及商科大学、暨南学校、南方大学、上海大学、复旦大学、南洋大学、东方大学、青年协会、女青年会、寰球学生会、爱国女校、招商、美专、两江女体、国语专修、省立一商、商务书馆、中华书局、尚公、万竹、道南、承天、浦东、职工教育馆、上海宝山县教育局、省教育会、江苏义务教育期成会、职业教育社、宝山教育会等五十余团体男女代表一百余人。开会前,由本馆邀请全体会员来宾在楼下摄影,以留纪念。旋即开会,由沈信卿主席,致辞报告毕,请各区中心点学校团体,报告已筹备之情形。次护军使代表陆达权、淞沪警察厅代表严述斋、东南大学校长郭秉文博士及晏阳初等相继演说。末用记名连记法投票选出董事十五人,以便组织干事会、讨论进行方法。散会已六时,兹将开会详情分录于下:

主席沈信卿报告。略谓今日上宝平民教育促进会开第一次大会,原发起组织此会之故,实缘吾国不识字之人太多,不能以百分计,将以千分计,言之心痛。晏阳初与傅若愚等首先于欧战时至法国以千字讲本教授华工,此法甚佳。回国即以此试行国内,教授一般不识字之人。而熊秉三夫人又从事提倡吾上宝平民教育促进会,故平民教育之运动日盛一日。自一月起开始筹备,是月二十七日曾开筹备大会,将上宝两处划分区域,请各团体提倡,本月五日,又开数次预备会云云。

各团体代表报告。各团体代表相继起立,简单报告在本区内与其他团体接洽之情形及已经设立学校与拟进行之计划,兹摘要录下:(西区)寰球中国学生会曾召集南洋高等商业、上海大学、苏州旅沪公学开会,拟各设平民学校一所;(东区)拟办三所,已成立者民福、本立二所;(闸北东区)国语师范一所,尚公学校一所,学生五百人;(宝山)县立高小拟办试验班;(南市)中华职业学校与职工教育馆已开设南市平民学校一所,学生有一百余人;(飞虹)办一班,学生五十一人;(四川路青年会)上年即办平民教育班,年底毕业,成绩甚佳,现有学生一百三十余人;(西部)以南方大学为中心点,因戈登路武昌路一带较为荒僻,现拟将上年所开之平民学校大加扩充,广收工厂工人;(女青年会)已开六班,有五百四十余人;(县教育局)崇正二级、养正一级、县立一级、农坛一级、万竹男校二级、女校二级、县女一级、高昌一级、学生五百余人;(虹口)同芳八教室二百余人;(商大)一校两班,六十余人;(南洋大学义校)九班,一百八十三人;(普益社)已设一校,计二百人;(国语专修)本校一所,分校一所;(暨南)已与真如乡校接洽,至少办五所以上;(漕河泾)一校一所,二校一所。

护军使代表陆达权演说。略谓今日代表护军使列席大会,然不能代表演说,惟军使对于平民教育之进行,极表赞同,苟须协助,无不乐予赞助。至个人意思,以为我国人民,不识字者达百分之八十,不仅遗笑他邦,且足使社会永久停顿,难有进步。然默察平民之不识字,实因无此机会。平民教育运动,为简单而能普及之举动。教授千字课本,实为善法。此予平民觅识字之机会,是大事业,是大功德,深望大众能以毅力提倡鼓吹云云。

警厅代表严述斋演说致颂辞。严君先演说略谓警察在教育行政方面,本有扶助之责。苟平民教育促进会需要警厅方面之辅助,以推广平民教育时,无不竭力赞助,借观厥成云云。次宣读厅长之颂辞,大致谓愿协助推广平民教育,并希望积极进行,克底于成云云。

郭秉文博士演说。略谓中国从前教育,大都为片面的、贵族的,故所造就之人才,亦仅限于少数。上次鄙人出席世界教育会议,报告我国不识字者统计时,即受重大之激刺。盖我国不识字者达百分之八十,日本则仅有百分之三,两相比较,相去过甚。且各国对此非常注意,准备于若干年间,设法减少世界各国不识字者数目,而于我国尤为注意。今兹平民教育运动之兴,苟能持以恒心,全力做去,则涤耻之举,可不假手外人云云。

晏阳初演说。略谓目下西人对于我国所最注意者二事:一为土匪,一即雀牌。此种现象,殊非佳兆。盖默察国内情形,实无事足使国家体面增高价值。故鄙人常谓中华虽称民国,可惜未有国民。故目下急需,在乎制造国民,而国民之制造,尤非普及教育不可。然因经费之难筹,使教育永无普及之望。补救之法,亦唯有用少数经费、极短时间,授以必要之智识技能,于是遂有平民教育运动之勃兴。惟我国不识字者,为数达三万二千万之多,欲使人人识字,尤非群策群力奋勇做去不可。目下上宝平民教育促进会既经成立,正宜竭力进行,务使平民教育日渐发展,推而广之,使全国人都受教育,则庶几可一涤外人蔑视之羞云云。

董事十五人之选出。董事由甲种会员之到会投票选出。在未举之前,先由筹备会及临时出席者推出候选人三十名。结果当选者为:黄任之三十三票,沈信卿三十票,郭秉文二十六票,李平书、李颂唐、朱经农各二十二票,朱少屏、余日章各二十一票,袁观澜、贾季英各二十票,方椒伯、李登辉各十九票,傅若愚十七票,姚紫若、丁淑静各十五票等十五人。

《申报》1924 年 3 月 13 日

**小专电**

国民党陆军军官学校于昨(十二日)下午一时假西摩路上海大学考试,新生投考者共百余名,皖省学生占十分之六。(3)(仲衡)(本埠)

《时报》1924 年 3 月 14 日

**学校消息·上海大学**

现已迁至西摩路,并在附近租赁民房为宿舍,第一宿舍在时应里,第二宿舍在甄庆里,第三宿舍在敦裕里。一切设备,逐渐就绪。并闻该校新添教授甚多,中国文学系添聘刘大白教文学史,胡朴安教文字学;英国文学系添聘何世桢教散文、小说及论理学,董承道教经济学,虞鸿勋教散文及文学史;社会学系添聘周建人教生物哲学;美术科添聘李骧教油画,陈晓江教塑造。其选修之现代政治,已预定者有胡汉民、汪精卫、马君武、张溥泉四先生,至其校长闻仍为于右任,学务长仍为何世桢,校务长仍为邓安石云。

《民国日报》1924 年 3 月 16 日

**上海大学近况**

上海大学已迁至西摩路,并在附近租赁民房为宿舍,第一宿舍在时应里,第二宿舍在甄庆里,第三宿舍在敦裕里,一切设备逐渐就绪。并闻该校新添教授甚多,中国文学系添聘刘大白教文学史、胡朴安教文字学;英国文学系添聘何世桢教散文、小说及论理学,董承道教经济学,虞鸿勋教散文及文学史;社会学系添聘周建人教生物哲学;美术科添聘李骧教油画,陈晓江教塑造。其选修之现代政治,已预定者有胡汉民、汪精卫、马君武、张溥泉四君。至校长闻仍为于右任,学务长仍为何世桢,校务长仍为邓安石云。

《新闻报》1924 年 3 月 16 日

**学务丛载·上海大学之新教职员**

上海大学已迁至西摩路,并在附近租赁民房为宿舍。第一宿在时应里,第二宿舍在甄庆里,第三宿舍在敦裕里,一切设备,逐渐就绪。并闻该校新添教授甚多,中国文学系添聘刘大白教文学史,胡朴安教文字学;英国文学系添聘何世桢教散文、小说及论理学,董承道教经济学,虞鸿勋教散文及文学史;社会学系添聘周建人教生物哲学;美术科添聘李骧教油画,陈晓江教塑造。其选修之现代政治,已预定者有胡汉民、汪精卫、马君武、张溥泉四君。至校长一职,闻仍为于右任,学务长仍为何世桢,校务长则为邓安石云。

《申报》1924 年 3 月 17 日

**上海大学添招俄文新生广告**

本校因应社会之需求,特开俄文,新生从字母教起。有志者请于本月十八日以前来校报名可也。学费每半年十元。

《民国日报》1924 年 3 月 17 日

**学校消息·上海大学**

上海大学中学部一切教育行政,原与大学部合并,后因大学与中学性质颇异,如大学管理应相当放任,若中学则应相当严格,即其一端。该校行政委员会议决,自今年起,中学之教务与训育,皆与大学分开,惟事务仍统属大学之校务处。其主任闻为杨荃骏君,富有教育经验,国文、英文、数学三科皆设专任教员。闻国文为张石樵,英文为李未农,数学为韩觉民。

《民国日报》1924 年 3 月 17 日

**学务丛载·上海大学将新添学系**

上海大学因应社会之要求,拟于下年新添学系。闻该校行政委员会已推定各新添学系之筹备员,经济学系为瞿秋白,政治学系为刘庐隐,法律学系及商学系为何世桢,教育学系为陈望道、杨荃骏。一面编制学程,一面物色教授,暑假后想该校当另有一番新气象也。

《申报》1924 年 3 月 18 日

**学校消息·上海大学**

该校应社会之要求,拟于下学期新添学系。该校行政委员会已推定各新添学系之筹备员:经济学系为瞿秋白,政治学系为刘庐隐,法律学系及商学系为何世桢,教育学系为陈望道、杨荃骏。一面编制学程,一面物色教授,暑假后当另有一番新气象也。

《民国日报》1924 年 3 月 18 日

**上海大学下学年拟新设学系**

上海大学因应社会之要求,拟于下学年新添学系,闻该校行政委员会已推定各新添学系之筹备员,经济学系为瞿秋白,政治学系为刘庐隐,法律学系及商学系为何世枚,教育学系为陈望道、杨荃骏。一面编制学程,一面物色教授。暑假后预料该校当另有一番新气象云。

《新闻报》1924 年 3 月 18 日

**西区平民教育讲演会**

公共租界西区平民教育联合会于昨晚(十九)七时,在新闸路辛家花园内中华工业专门学校举行演讲大会。加入者有中华工专、上海大学、坤范女学、竞雄女学、南洋高级商校、寰球学生会日夜校、苏州旅沪公学等七校。特请沈信卿、朱少屏等演说"平民教育",预由中华工专校务主任朱仰殷、学监朱怡剑两君布置就绪,即假该校北首大礼堂为会场。

是日到者约五百人,至十时半方散。

《申报》1924 年 3 月 20 日

**出版界消息**

上海大学学生所组织之孤星社成立以来,社员日益增多,公推于右任校长为名誉社长,于二月二十五日起发行孤星旬刊,由安剑平编辑,现已出至第三期,销数颇广,第四期出"追悼列宁号",第五期出"恋爱号"。凡赞助该社宗旨者,均可加入为社员云。

《申报》1924 年 3 月 20 日

**西区各校鼓吹平教大游行**

公共租界西区各校平民教育大会于昨日下午四时,由新闸路辛家花园中华工专出发,向西行,往戈登路,折东麦根路,再向新闸路东段进行,至酱园街,折入派克路,经爱文义路,至卡德路而散。加入游行者,为中华工专、上海大学、坤范女中、竞雄女学、勤业女师、苏州旅沪公学、环球学生会日夜校、南洋高级商校等校学生七百余人,沿途散发传单,各生并手执"平民亟宜读书""不识字不好算一个完全的国民"等白旗,沿途观者途为之塞。中华工专学生并沿途分散五更调,鼓吹平民教育云。

《申报》1924 年 3 月 22 日

**学务丛载·上大职教员之聚餐会**

昨日上午,上海大学假座大东酒楼宴请新旧职教员,校长于右任致开会词,嗣摄影,即入座聚餐,尽欢而散云。

《申报》1924 年 3 月 24 日

**学务丛载·明日放洋之留法学生**

上海大学美术系第一届毕业生张弦君,定于明日乘包岛斯号邮船赴法研究美术,拟入巴黎美术大学肄业。同行者有东方艺会会员柳㘦青君、张德荣君,闻三君对于艺术素有研究云。

《申报》1924 年 3 月 26 日

**明日放洋之留法学生**

上海大学美术系第一届毕业生张弦君,定于明日乘包岛斯号邮船赴法,研究美术,拟入巴黎美术大学肄业。同行者有东方艺术会会员柳㘦青君、张德荣君。闻三君对于艺术素有研究,将来回国定有一番贡献。

《民国日报》1924 年 3 月 26 日

**上海大学女生援助保定女师　发出文电三件**

本埠上海大学女生,昨为保定第二女子师范学校风潮,发出文电数通,照录如下:

**（一）致保定二女师学生电**

保定第二女师全体同学鉴：诸君为女子教育前途，誓死奋斗，同人愿为后盾。上海大学全体女生叩

**（二）致直隶教育厅电**

直隶教育厅长鉴：保定女师校长殴辱女生，摧残教育，酿成风潮。贵厅职事所在，务请速允女生要求，撤换校长，否则全国女学界将继起力争，誓去学界蟊贼。风潮扩大，贵厅亦不能不分任其咎也。上海大学全体女生叩

**（三）致各界通告**

在现在女子教育萌芽的时候，无端的受老朽不堪的教育者摧残，这是何等危险吓！请看这次保定女师的风潮，那流着堪诅咒的毒血的人，占着指导地位的校长及教员们，竟会率领工役殴打学生，蛮横的暴动，公然从二十世纪的女学校里的校长和教职员们做出，这是多可耻的事！这算女师一处的不幸吗？恐怕全人类都溅着了那耻辱的毒汁了，并且这岂止关系着保定女师底前途吗？恐怕我们女界教育大受影响呢！国内（政教育界）对女子的教育算什么？他们除借以位置私人、靠做饭碗而争夺外，一概不知不管。现在这种殴打学生、乱施威权，就是他们的能事，也是他们的热心，这是怎样地摧残女子教育呵！我们不是永远做弱者，我们要狂声呼喊着，为保定女师的后援，同情与公理，在人类中是可以找得到的。所以我们现在决定要出一份专刊，切迫地希望女界奋起狂呼作助，成保定女师奋斗成功的雄师，并恳挚地请求各界，一致赞助救援，那实是女子的万幸了。上海大学全体女生

《申报》1924 年 4 月 4 日

## 上海大学女生援助保定女师

本埠上海大学女生，昨为保定第二女子师范学校风潮，发出文电数通，照录如下：

**（一）致保定二女师学生电**

保定第二女师全体同学鉴：诸君为女子教育前途，誓死奋斗，同人愿为后盾。上海大学全体女生叩

**（二）致直隶教育厅电**

直隶教育厅长鉴：保定女师校长殴辱女生，摧残教育，酿成风潮。贵厅职事所在，务请速允女生要求，撤换校长，否则全国女学界将继起力争，誓去学界蟊贼。风潮扩大，贵厅亦不能不分任其咎也。上海大学全体女生叩

**（三）致各界通告**

在现在女子教育萌芽的时候，无端的受老朽不堪的教育者摧残，这是何等危险呀！请看这次保定女师的风潮，那流着堪诅咒的毒血的人，占着指导地位的校长及教员们，竟会率领工役殴打学生，蛮横的暴动，公然从廿世纪的女学校里的校长和教职员们做出，这是多可耻的事，这算女师一处的不幸吗？恐怕全人类都溅着了那耻辱的毒汁了。并且这岂止关系着保定女师底前途吗？恐怕我们女界教育大受影响呢！国内（政教育界）对女子的教育算什么？他们除借以位置私人靠做饭碗而争夺外，一概不知、不管。现在这种殴打学生、乱施威权，就是他们的能事，也是他们的热心。这是怎样地摧残女子教育呵！

我们不是永远做弱者,我们要狂声呼号着,为保定女师的后援。同情与公理,在人类中是可以找得到的。所以我们现在决定要出一份专刊(按现已商定由《妇女周报》发行特刊),切迫地希望女界奋起狂呼,作助成保定女师奋斗成功的雄师,并恳挚地请求各界,一致赞助救援,那实是女子的万幸了。上海大学全体女生

如有援助女生的言论,请于四日内寄《民国日报》编辑部转《妇女周报》社。

上海大学女生全体附启

《民国日报》1924年4月4日

**上海大学创办平民学校**

上海大学自迁移西摩路以来,鉴于中国现社会实有提倡平民教育之必要,爰于四月一日,召集筹办平民教育大会。首由校务长邓安石说明开会宗旨;次由程永言君报告参与全国平民教育运动大会之经过情形;复次讨论实施平民教育之种种方案,当场即通过上大平民夜校组织大纲,并于教授及学生中,公举卜世畸、程永言、马建民、刘剑华、郭镒、杨国辅、朱义权、王秋心等八人,为上大平民义务学校执行委员,克日招生筹办一切云。

《申报》1924年4月5日

**平民教育消息汇志**

本埠上海大学自迁移西摩路以来,对于校务锐意图谋发展,如新校舍建筑之筹措,添办学系之规划以及校刊、学生、娱乐诸事皆进行不遗余力。而该校人士向以改造社会为职志,对于社会事业,尤具勇猛进取的精神。近闻该校因鉴于中国现社会实有提倡平民教育之必要,爰于四月一日,召集筹办平民教育大会,首由校务长邓安石说明开会宗旨,次由程永言报告参与全国平民教育运动大会之经过情形,复次讨论实施平民教育之种种方案。当场即通过上大平民夜校组织大纲,并于教授及学生中公举卜世畸、程永言、马建民、刘剑华、郭镒、杨国辅、朱义权、王秋心等八人为上大平民义务学校执行委员,克日招生云。

《民国日报》1924年4月5日

**上海大学创办平民学校**

本埠上海大学,自迁移西摩路以来,对于校务,锐意图谋发展,如新校舍建筑之筹措、添办学系之规画〔划〕,皆勇猛进行,不遗余力。该校人士向以改造社会为职志,对于社会事业,尤具勇敢进取的精神。近闻该校因鉴于中国现社会实有提倡平民教育之必要,爰于四月一日,召集筹办平民教育大会。首由校务长邓安石说明开会宗旨,次由程永言君报告参预全国平民教育运动大会之经过情形,复次讨论实施平民教育之种种方案。当场即通过上大平民夜校组织大纲,并于教授及学生中,公举卜世畸、程永言、马建民、刘剑华、郭镒、杨国辅、朱义权、王秋心等八人为上大平民义务学校执行委员,克日招生筹办一切云。

《新闻报》1924年4月5日

**关于平民教育之消息·上海大学举定平教委员**

上海大学平民学校已于两星期前由该校职员学生开联席会议，积极筹备。前由程永言主席，报告出席西区平民教育会及开成立大会经过；次言邓安石报告学校对于平民教育之重要及希望；再次由教职员学生讨论简章后，并选举卜世畸、程永言、朱其五、郭镒、刘剑华、马建民、王秋心、杨国辅八人为上大平民教育委员会委员。现在该委员等积极进行，定于四月八号开始招生云。

《申报》1924 年 4 月 9 日

**上宝平民教育促进会消息·昨日召集学生代表会议 讨论一星期大运动办法**

上宝平民教育促进会因将于二十一日起举行一星期大运动，特于昨日下午三时，假座四川路青年会举行筹备会。本埠各校推派代表到会者，有敬业、县一、大陆、普益社商科、二师、中华公学、广肇公学、复旦、坤范、南洋高商、承天英华、国语师范、尚公、上海商大、南大、养心、和安、本立、中华工专、基督、东吴二中、上大、仁思、北区职工教育馆、中华职业、南市第一平民学校、道南等代表百有余人。由总干事傅若愚主席，致开会词后，即由殷芝龄博士演说，略谓今日莅会诸君，对于平民教育已有深切之了解，似毋须再事赘述。唯有不能已于言者，即余在旧金山教育会议中所受之刺激是也。当时会场讨论至普及教育一事，各国代表相继报告，其识字人数之比例，东方国家，如日本识字者占百分之九十六，印度占百分之六十，乃中国不识字者占百分之八十，报告时乃至惭悚无地。后讨论普及教育议案时，主张在十二年内使世界教育均告普及。中国代表以为期太促，坚持不限定时期。后议决使世界教育普及，愈速愈妙。中国代表在会场中颇受各国欢迎，惟此事则甚为丢脸。归国后，与熊秉三夫人等谈及，均谓何不照原案限定十二年，以全颜面。今熊夫人因设法推广平民教育，致每日睡眠四小时。全国各界亦风起云涌，热心提倡。行见中国教育之普及，在十年八年内，即可告成云云。次由主席发言，对使用平民千字课及宣传方法，多所阐发。后由复旦、中华工专、南市一平、国语师范、上海大学等代表相继述说其创办平民学校经过及其宣传方法。唯有社会对于平民教育不甚了解，故有主张至工厂及挨户宣传者，有主张于演讲时即请其报名者。上海大学代表谓：（一）宣传演讲时应有详细地图，载明各区平校地点，使不识字者向学有地；（二）由总会备有各种图画，俾易引起注意；（三）演讲者应有一种徽章，以资识别云云。最后由主席提出于星期三晚七时，仍在青年会再召集第二次筹备会。众谓恐是晚青年会亦有演讲会，故拟于本星期四晚举行，然尚须会出通告，始作决定。在此期内，各校代表可从容思维如何宣传方法，俾便于第二次会中提出。直至五时许，始散会云。

《申报》1924 年 4 月 13 日

**学校消息·上海大学**

西摩路上海大学附设之平民学校，自委员会成立以来，筹备不遗余力，报名学生已达一百八十余人。现该校为求教授上便利起见，暂分为两级四组：以成年识字者为一级一组，成年不识字者为一级二组，童年识字者为二级三组，童年不识字者为二级四组，将来尚需设妇女特别班以利成年妇女。又闻该校订于十四日午后七时举行开校式，已缄知上

1924 年

宝平民教育促进会及西区平民教育联合会派人参观,并有电影、音乐等以助余兴。

《民国日报》1924 年 4 月 13 日

**上海大学平民学校之开学式**

西摩路上海大学平民学校昨晚举行开学式,校门前高悬国旗、校旗,并置通告开学之五彩花灯及图画多种。到会者有学生二百八十余人,来宾及学生家属约百数十人,由该校职教员殷勤招待,秩序井然。七时十分振铃开会。节目分:(一)奏乐;(二)全体向国旗行礼;(三)该校主任卜世畸致辞,讲述开办平民学校之缘起;(四)该校总务朱义权报告筹备经过情形;(五)演讲有邵仲辉、刘剑华、曹斌等,大致谓平民教育为当今之急务,使学生能了解平民教育之意义;(六)有寰球中国学生会之留声机及电影,以助余兴。至散会时,已钟鸣十下矣。闻该校定于今晚七时起,即分班上课云云。

《申报》1924 年 4 月 16 日

**关于平民教育运动之进行·上大平民学校开学**

西摩路上海大学平民学校,昨晚举行开学式,校门前高悬国旗校旗,并置通告开学之五彩花灯及图画多种。到会者有学生二百八十余人,来宾及学生家属约百数十人,由该校职教员殷勤招待,秩序井然,七时十分振铃开会。(一)奏乐。(二)全体向国旗行礼。(三)该校主任卜世畸致辞,详述开办平民学校之缘起。(四)总务朱义权报告筹备经过。(五)演讲有邵仲辉、刘剑华、曹斌等,大致谓平民教育为当今之急务,使学生能了解平民教育之意义。(六)有寰球中国学生会之留声机及电影以助余兴。十时散会,并闻该校定于今晚七时起分班上课。

《民国日报》1924 年 4 月 16 日

**学校消息·上海大学**

西摩路上海大学义务书记和少数学生,为谋该校同学购买书报便利起见,特组织上大书报流通处,代售国内各著名书报,已于十六日正式开幕。

《民国日报》1924 年 4 月 18 日

**闸北平教运动大游行纪·团体八十余起　人数三千以上**

昨日下午二时,闸北举行平民教育运动大游行,参加团体学校八十余起,人数在三千以上。奔走呼号,以期普遍人人读书识字之目的。兹将当时情形分志于后:

加入学校。中华公学、震寰女学、震寰商校、华英、民福、男女校、沪北、明星、道中、公开、求智、十四平民、求智、启贤、国民、新民、中商、亚东、第二新民、采芝坊义校、文彬、教养、日进、承大附一、闸北、上海女校、瀛州、江宁旅沪、民国英夜、国语传习所、闸北市民、四川路商联会义校、市北、沪北义校、道南、华英、宁波旅沪第一、爱国女校、浙属旅沪一、二两校、南洋高商、进益、上海大学平民学校、萃英、华东北区、慈善团平民学校、闸北市立一、二,三三校、启英女校、虹口小学、进卫、江湾惠风、沪北三区商联会义校、东方大学、尚贤、苏常旅沪、沪海、渊如、崇义、四明、绍兴旅沪、沪北、励志、崇正、普志、上海平民义校、杭州旅沪、竞群、商务中学、启明、作民、务竞、广木及中华公义会、闸北公益社、十一路商联会、中国红十字会救护队等八十余团体。

  游行以前。午后一时许,各校学生均整队至,在宝山路商务印书馆前休憩。由该社职员按照签名次序,发给队旗臂章及传单。该处街道不宽,难于容纳,多数小队均在宝兴、宝通等路排列。五区警署特派巡长三人,帮同照料维持秩序,至二时半始出发。

  出发之后。二时半出发,由宝山路折入新民路,经共和路,沿恒丰路至恒通路折入慈善团前散队。沿途由各队演讲员向观众演说读书识字之利益,以唤平民求学之兴味,同时并散发传单。

  散发传单。(甲)平民教育社办补习学校的目的,是家家都有读书声,人人都是读书人。(一)凡是十五岁以上没有读过书的成人,都可以到平民教育社办的平民补习学校读书;(二)凡来读书的人不收学费,还有书本和纸笔奉送;(三)每天晚上读书一点多钟,读满四个月,平常的字都认识了,能够看浅近的书信报纸,能够写信,能够记账,并得到一点最普通的国民常识。(乙)诸君想想:(一)物质文明,天天发达,生活程度,日日增高。一般平民,十分痛苦,知识不多,谋生无计,修养太浅,烦恼易生,社会不安,都为此故。(二)世界潮流,国家大局,不闻不问,不识不知。这样国民,怎知爱国?既不爱国,怎能爱世?(三)知识阶级,程度日高,平民方面,求学甚难。国民程度,越离越远,既难平等,阶级更严。愚智之争,尤其可怕。(四)求知欲望,人人都有。有钱之人,可以入学;无钱之人,目不识丁。天下之事,何等不平?仁人志士,理应关心,同人为此,同个原因,请求各校,赐借课堂,分区举办,平民夜校。希望本埠,男女同胞,无论老幼,都能求学。利用夜间,识字读书,毕业之后,知识渐高。既可写信,又能看报,国事易明,世情易晓,修身守法,也有根基。有此国民,中华之福。

《申报》1924 年 4 月 20 日

### 学校消息·上海大学

  该校美术系现组织旅行西湖写生团,分为两队:第一支队准于明日(二十一号)出发,第二支队尚未卜定行程。该团再取自然组织,并无红绿旗帜之表示云。

《民国日报》1924 年 4 月 20 日

### "上大"平民学校消息

  西摩路上海大学附设之平民学校,自十五日晚分班开课后,因学生过多,该校全体职教员已将原有规定之班级,依年龄程度严格改为六班。现在计分为一级一班为成年不识字者,一级二班为童年不识字者,二级三班(甲、乙两组)为成年已识字者,二级四班(甲、乙两组)为童年已识字者,共分六大教室上课。该校全体职教员共四十一人,均系平素对于教育富有研究兴趣的。此番对于平校,尽量招收附近一般失学的平民,实地给予相当的教育。闻报名者已达四百五十余人,实际上课者已达三百六十余人,科目分六种,最注重的是"识字"和"算学"。又该校鉴于国内语言之不统一,以致一般失学的平民不能从普遍的语言当中(如演讲之类)得着相当知识,所以对于国语一科亦同时并重。近来该校更为管理便宜起见,已由全体职教员选举级任四人,主持各班教务,同时又由教务部指定课堂助教四人,每晚分头到各班课堂视察。该校之最能令人满意的,便是每晚放学时对于学生途间之照料,尤为周至。规定每晚女生早十分钟放学,男生则由各级主任及助教员依次领出校外,护送归家。并闻该校为适应一般商业人才的需求起见,已由上大英文系同学等另组织一英文义务补习班,学费免收,书籍自备,定今晚七时上课。

《民国日报》1924年4月21日

**学务丛载·上大将办法国文学系**

中法通惠工商学校去年因风潮出校之学生,多于去年暑期中考入他校。惟尚有一部,因英文程度之关系,未能考得相当学校。现其中有褚维樾等特向上海大学请求下学期开办法国文学系正科,已得该校校长于右任允许,并嘱其从速征集未入校之旧同学。褚君等特设筹备处于法租界大自鸣钟湘余公行内,正在积极征集诸同学云。

《申报》1924年4月23日

**学校消息·上海大学**

中法通惠工商学校去年因风潮出校之学生,多于去年暑期考入他校。惟尚有一部,因英文程度之关系,未能考得相当学校。现其中有褚维樾等特向上海大学请求下学期开办法国文学系正科,已得该校校长于右任允许,并嘱其从速征集未入校之旧同学。褚君等特设筹备处于法租界大自鸣钟湘余公行内,正在积极征集诸同学云。

《民国日报》1924年4月23日

**上海大学平教委员会开会**

上大平教委员会,近以该校学生已达四百余人,校务、教务俱待整顿,特于前晚(二十五)召集第三次会议,主席卜世畸,首讨论教务之进行,如添减国文、国语、算学、音乐、珠算等科目;次议决考学生成绩方法,分为三种:(一)临时考试,(二)升级试验,(三)毕业试验,以上三项均请教务主任会同各班主任及教员办理;再次议决筹经费方法,遂公推卜世畸、程永言为募捐委员,又闻该委员等现已备募捐启及捐册等件,不日当着手办理云。

《新闻报》1924年4月28日

**杭州快信**

上海大学美术科学生旅行团,今日早车抵杭。

《申报》1924年4月29日

**学校消息·上海大学**

张溥泉君允为上大建筑校舍赴南洋募款,昨日上午九时上大全体教职员学生开欢送大会,并请汪精卫、胡汉民、谢持诸君到会演讲。先合摄一影以志纪念,然后奏乐开会。由上大建筑校舍促进会委员长曾鲁君主席报告,并代表同学致欢送词,次张君答词,继汪、胡、谢三先生演讲,末由该校代理校长邵力子君代表全体教职员学生致词欢送,奏乐散会。张君出校时,该校全体同学又随着送出校外鼓掌,表示最后欢送之诚意,并闻张君不日即行南往云。

《民国日报》1924年5月8日

**上海大学之欢送会**

张溥泉君为上海大学建筑校舍赴南洋募款,昨日上午九时,上大全体教职员学生开欢送大会,并请汪精卫、胡汉民、谢持诸君到会演讲。先合摄一影以志纪念,然后开会。由上大建筑校舍促进会委员长曾鲁君主席报告,并代表同学致欢送词;次张溥泉答词;继由来宾演讲;末由该校代理校长邵力子代表全体教职员学生致词。欢送以后,即奏乐散会。俟张溥泉出校时,该校全体同学又随送出校外,鼓掌表示最后欢送之诚意。并闻张溥泉不日即行起程云。

《新闻报》1924年5月8日

**上海学生会会议纪要·议决两案**

上海学生会于昨日在威海卫路远东商业专门学校开会。议决两案如下:(一)协助建社筹备展览会事件,决定组织委员会,以利进行,推定复旦大学、上海大学、暨南学校为委员。关于经费事务,由各校自行募捐。(二)会址因经费困难,暂不赁定房屋,设通信处于复旦、上海大学及远东商业专门学校云。

《申报》1924年5月13日

**学务丛载·上海大学组浙同乡会**

西摩路上海大学浙江同乡邱青钱等,鉴于肄业或供职于上大之同乡者日众,特发起上大浙江同乡会,加入者颇踊跃。已于日前成立,并推选施存统、杨之华、朱义权、李乃培、邱青钱等五人为执行委员,互推朱义权为委员长。定于本星期日晚七时举行同乐会,并已议决加入浙江财政调查会云。

《申报》1924年5月15日

**上海大学书报流通处启事**

敝处为宣传文化起见,有书报流通处的组织,经售国内各大书社的出版品——社会科学、新文学、自然科学一类的书籍和刊物。各地出版的书报,如愿委托代售,极表欢迎。请将代派简章和书目寄来,以便查考,并赐寄最近出版的书籍和开刊物,以察试敝处的销场,不胜盼感!惠函寄上海西摩路。

上海大学书报流通处谨启

《民国日报》1924年5月17日

**上宝平教促进会干事会记**

上宝平民教育促进会干事会于昨日下午四时半,在博物院路青年协会藏书楼开会,到有傅若愚等十余人。傅若愚主席,讨论各案如下:(一)征募会起草委员郁瘦梅报告,征募事拟在端节后试行,但须由董事部通过后,再定办法。征募简草已拟定,经董事会通过后再举行。(二)调查委员会报告略谓,刻已调查者有三十余校(校名附后),但时间甚短,未及调查,或各平校未及报告者尚多,须从长时间再事调查,可得实数云。(三)干事会细则,俟下次起草委员干事会时,再行报告。

已设平民学校之名称及负责人姓名如下:南洋商业附设平民夜校(励尊谅、邱沈镛)、上海大学平民学校(上海大学平民学校委员会)、旦华平民学校(赵宗预)、南区平民学校(沈有瑶)、南洋平民夜校(凌铭之)、群学会平民学校(高砚耘、杨聘渔)、万竹小学附设平民学校(朱连三)、普益社平民学校(金武周)、飞虹平民夜校(姚惠泉)、农坛小学附设平民夜校(王福良)、道南平民夜校(李肖白)、高昌平民夜校(钱桂馨)、中工附设平民夜校(朱怡剑)、上海青年会平民学校(鲍思九)、辛酉学社第三平民夜校(庄诚榛)、辛酉学社第四平民夜校(庄诚榛)、上海县立第三小学附设平民夜校(王砥平)、公立震修平民学校(顾昀)、西成平民学校(凌其瑞)、青年会平民学校(丁晚成)、东吴二中平民学校(马以钟)、养正平民学校(叶袖东)、崇正平民义务夜校(曹鸿)、敬业平民学校(潘宝书)、沪北平民公学平民学校、闸北五区第一平民学校(张叔良)、清心附设平民学校、中国女体育学校附设平民学校、中国商业公学附设平民学校、新闸路民国公学平民学校(许上鑫)、常州旅沪公学附设平民义务校(黄冠群)、南方大学男女平民学校。

《申报》1924年5月20日

### 学校消息·上海大学

近日发行校刊,为该校传播校内消息、教员学生共同发表研究所得之刊物,每周出版一次,现已出至第三期。材料丰富,如胡汉民之"智识阶级与劳动阶级"、汪精卫之"对于学生运动之一感想",立论皆极精深正确。并闻售价每份仅铜元两枚,订阅半年收洋五角,全年收洋九角,邮票在内。外间订阅,只须寄费至该校出版部,即可寄上。

《民国日报》1924年5月20日

### 出版界消息

上海大学在此半年内,倾注全力于内部之整饬,近日发行校刊一种,为该校传播校内消息、教员学生共同发表研究所得之刊物,每周出版一次,现已出至第三期。材料丰富新颖,如胡汉民之《智识阶级与劳动阶级》、汪精卫之《对于学生运动之一感想》,立论皆极精深正确。售价每份仅铜元两枚,定阅半年收洋五角,全年收洋九角,邮票在内。外间定阅,只须寄费至该校出版部,即可寄到云。

《申报》1924年5月22日

### 上宝平民学校详细统计表(续)·上宝平民教育促进会调查

丙、公共租界西区:(一)上大平校,地址西摩路,负责人上海大学平校委员会,教员该校学生,学生男三〇一、女六三,六班。(二)南洋高业平校,地址山海关路,负责人励尊谅、邱沈镛,教员十六,学生男一八二、女六二,四班。(三)中工平校,地址新闸路辛家花园,负责人朱怡剑,教员十七,学生男一三六,四班。(四)第十一补习校,地址静安寺路中华书局,教员及学生在接洽与招生中。(五)第三,地址爱文义路,教员三,学生男九、女七,一班。

(六)第四,地址海白格路,教员二,学生男四十二、女三三,二班。(七)第九,地址新闸路,教员三,学生男五八,一班。(八)第十,地址静安寺民厚里,招生中。(九)第十五,地址徐家汇,筹备中。(十)第二十一,地址卡德路张家宅,教员一,学生男十八、女十二,一班。以上七校皆由平教社负责。(十一)明智平校,地址爱文义路戈登路口,筹备中。

丁、公共租界北区:(一)南洋平校,地址闸北开封路,负责人凌铭之,教员南洋女师学生,学生女八四,二班。(二)道南平校,地址海宁路天鑫里,负责人李肖白,教员十九,学生男七八、女九,二班。(三)东吴二中平校,地址昆山路二十号,负责人马以钟,教员该校学生,学生男五十、女十五,四班。(四)县立第三小学平校,地址天后宫,负责人王砥平,学生男二八、女二二,教员三,一班。(五)承天平校,地址沈家湾,负责人周志禹,教员八七,学生男二百,一班(用幻灯)。(六)飞虹平校,地址文监师路文昌阁,负责人姚惠泉,教员六,学生男十一、女一一五,二班。(七)东区平校,地址提篮桥,负责人华豪吾,教员女体校教员,学生女三十,一班。

(下略)

《申报》1924年5月31日

**学务丛载·涟水暑期学校之筹办**

上海大学涟水学生曹奎恩、曹鸿恩、朱松等,拟在该县创办暑期补习学校。聘定于峻源、蒋行化担任教职。至校舍一层,已由筹备员曹奎恩向该县教育局接洽云。

《申报》1924年6月3日

**上海大学新添学系**

上海大学自去秋以来,锐意改进,今春迁至西摩路后,校务日益发达。近因社会方面需求甚殷,已由该校行政委员会议决,自下年起,添办政治、经济、教育、商业四系,每班定额四十名,其旧有之中国文学、英国文学、社会学三系,美术科、高级中学各添招新生一班,初级中学添招新生两班。闻分三次招考,第一次为七月十一、二两日,第二次为九月十五、十六两日,第三次为九月廿五、廿六两日。共各系部新教授现正着手聘请,约半月后即可定妥云。

《民国日报》1924年6月5日

**上海大学新添学系**

上海大学自今春迁至西摩路后,校务甚为发达,近由该校行政委员会议决,自下年起,添开办政治、经济、教育、商业四系,每班定额四十名。其旧有之中国文学、英国文学、社会学三系,美术科、高级中学各添招新生一班,初级中学添招新生两班。其各系部新教授,现正着手聘请,约半月后即可定妥云。

《新闻报》1924年6月5日

**艺苑清音·甲子艺术会开成立会**

上海大学美术系本期毕业生廖湘波、李安仁、周湘俊,上海美专本期毕业生魏志杰及高级生张达道、何薰、邓星镡等二十余人,发起组织艺术会,已于前日在西摩路时应里开成立会,组织颇为完善云。

《申报》1924年6月6日

**绍兴停办女师之反响·上海大学浙江同乡会电争**

绍兴县议会议员毛鼎培等提议停办县立女子师范。该议会业已将该案一读通过,引起全绍人士之反对,迄无结果。上海大学浙江同乡会,特于五日快邮代电该议会云。绍兴县议会议员诸君钧鉴:阅报载,贵会有停办县立女子师范之提议,不胜诧异。窃思女子教育,为家庭教育之基础,师范教育,为国民教育之根本,关系于社会国家,何等重大,竭力提倡,犹恐不及。乃议员毛某等,竟有此荒谬绝伦之提案,殊堪痛恨。吾浙为文化卓著之区,断不容此等败类,任意摧残,尚希速行打消,以平人心。如竟抹煞天良,甘冒不韪,则吾人为桑梓教育计,不得不有以对待,毋谓言之不预也。上海大学浙江同乡会征。

《申报》1924年6月7日

**学务丛载·创办世界语传习学校**

上海大学毕业学生张开元君,利用暑假在该县(泗阳)创办世界语传习所,不收学费,完全义务云。

《申报》1924年6月7日

**加入浙财政调查会者　上海大学浙江同乡会**

上海大学浙江同乡会昨致浙江财政调查会一函,请求加入云。径启者,际此强藩篡窃,国纪凌夷,吾浙省实行自治,与北庭脱离关系,为国为民,义宜如此。凡稍关心于桑梓者,莫不额手相庆,喜我省之未亡于北虏也。然而此后,时势汹汹,变幻难测,非内固根基,不足以外应强虏。是故,理财一道,乃为今日莫大之急务。夫财政乃全省之命源、自治之基础,年来省政府入不敷出,相差至三百余万之巨,是诚莫大之隐忧,不可不急为筹措也。诸公热心省政,赞襄自治,起而组织斯会,以期督理财政,法良意美,至用钦纫兹敝会委员会议决,以浙省旅外公团资格,加入贵会,想贵会为表达真正之民意起见,谅必准予参预,俾得贡献区区。如蒙金诺,祈即玉示,无任盼望之至。此致浙江财政调查会诸公台鉴云云。

《时报》1924年6月7日

**上海大学招考男女新生**

本校本学期大学部文艺院之中国文学系、英国文学系及社会科学院之社会学系、政治学系、经济学系、商业学系、教育学系各招收新生一班;专门部之美术科招收新生一班;中学部之高级中学招收新生一班,初级中学招收新生两班。又原有之高中、初中及英算高等补习各班招收插班生。考试分三期:第一期为七月十一、十二两日;第二期为九月十五、十六两日;第三期为九月二十四、二十五两日。报名自六月十六日起。须随带试验费二元,随带最近四寸半身照片及文凭或转学证书。函索简章者,须附邮票四分;索本校一览者,须附邮票十五分。空函恕不作复。地点在爱文义路西摩路本校。

校长于右任
《申报》1924 年 6 月 14 日

**上海大学招考男女新生**

本校本学期大学部文艺院之中国文学系、英国文学系,社会科学院之社会学系、政治学系、经济学系、商业学系、教育学系,各招收新生一班;专门部之美术科招收新生一班;中学部之高级中学招收新生一班,初级中学招收新生两班,又原有之高中、初中及英算高等补习各班招收插班生。

考期分三期:第一期为七月十一、十二两日;第二期为九月十五、十六两日;第三期为九月廿四、廿五两日。报名自六月十六日起。须随带试验费二元、最近四寸半身照片及文凭或转学证书。函索简章者,须附邮票四分;索本校一览者,须附邮票十五分。空函恕不作复。地点在爱文义路西摩路本校。

校长于右任
《民国日报》1924 年 6 月 14 日

**上海夏令讲学会通告**

本会为上海学生联合会发起,以研究学术为宗旨。讲师为汪精卫、吴稚晖、何世桢、何世枚、李权时等;学科分政治、法律、经济、自然科学、文艺、劳动问题、妇女问题等。凡有志研究者,不论性别、年龄均得与会听讲,小学教员特别优待。会址西摩路上海大学。讲学日期自七月六日起至八月底止。听讲费每学程洋五角,缴洋八元者得自由听讲。报名处上海大学刘一清、复旦大学承天荫、南洋大学缪斌、中华职业学校黄仁、同文书院唐公宪、九亩地万竹小学陈印庐、远东商专温崇信、省立二师孙祖基、杭州荐桥街沈玄庐。简章及课程详表附邮花一分即寄。

《申报》1924 年 6 月 17 日

**上海大学招考男女新生**

本校本学期大学部文艺院之中国文学系、英国文学系及社会科学院之社会学系、政治学系、经济学系、商业学系、教育学系各招新生一班;专门部之美术科招收新生一班;中学部之高级中学招收新生一班,初级中学招收新生两班。又原有之高中、初中及英算高等补习科各班招收插班生。考试分三期:第一次为七月十一、十二两日,第二次为九月十五、十六两日,第三次为九月二十四、二十五两日。报名自六月十六日起,试验费二元,随带最近四寸照片及文凭或转学证书。函索简章者,须附邮票四分;索本校一览者,须附邮票十五分。空函恕不作复。地点在爱文义路西摩路本校。

校长于右任
《申报》1924 年 6 月 17 日

1924 年

## 上大学生组织艺术会

上海大学美术科毕业学生张学诗、李适中、廖寿乾等十五人,暑期拟在芜湖组织安徽艺术会。该会以联络同志、交换知识、促进艺术为宗旨,并闻有上海美专、上海艺术师范、南京美专、武昌中华大学诸同志加入。

《民国日报》1924 年 6 月 17 日

## 上海大学美术科毕业　举行成绩展览两日

上海大学开办美术科以来,成绩卓著。去年夏毕业两班,内地聘为教师者几于供不应求。自去年秋季起,该校更罗致一般有名教习,益求进步,故本届毕业学生成绩比去年尤佳。闻该校定于本月二十一、二十二两日自上午九时起至下午四时止,举行成绩展览会。二十二日下午二时举行毕业式,敦请本埠有名艺术家到校批评。兹录其毕业式秩序如下:(一)摇铃开会;(二)奏乐;(三)向国旗、校旗行三鞠躬礼;(四)校长报告;(五)学务长报告;(六)主任报告;(七)授与证书;(八)来宾演说;(九)教职员演说;(十)毕业生答辞;(十一)奏乐;(十二)散会。

《民国日报》1924 年 6 月 20 日

## 各学校之毕业礼·上海大学

上海大学开办美术科,去年夏毕业两班。本届毕业学生成绩尤佳,定于本月二十一、二十二两日自上午九时起至下午四时止,举行成绩展览会,二十二日下午二时举行毕业式云。

《申报》1924 年 6 月 21 日

## 各学校之毕业礼·上海大学平校

西摩路上海大学附设平民学校,于昨日下午七时在该校大教室举行毕业式及休业式。到会者有全体学生二百数十人,教职员三十余人及来宾朱少屏、王耀三、朱琴、冯兰馨等,由该校主任朱义权主席。此次毕业者,仅成绩最优之学生三十六名云。

《申报》1924 年 6 月 22 日

## 上大浙江同乡会开会

上海大学浙江同乡会,前日下午开本学期第二次常会,到会三十余人。朱义权主席,报告浙江财政调查会、浙江救国大会来函及最近绍女师状况。次会计报告本学期收支账目。议决案:(一)代电卢臧,暂容臧军驻浙,但不得增加浙省负担;(二)函复浙江救国大会,赞成将孙王立像遗臭;(三)调查委员会决于假前组织;(四)介绍部先从介绍投考学校入手,职业介绍从缓;(五)推朱义权为出席浙江财政调查会代表。十时散会。

《民国日报》1924 年 6 月 22 日

## 学校消息·上大平民学校

西摩路上海大学附设平民学校,昨日下午七时行毕业式及休业式,到者全体学生二百数十人,教职员三十余人,及来宾朱少屏、王耀三等,主任朱义权主席。开会秩序录下:(一)振铃开会;(二)向国旗行三鞠躬礼;(三)国乐;(四)主任报告;(五)冯兰馨女士给凭;(六)张琴秋女士给奖品;(七)来宾王耀三、朱少屏、冯兰馨,教员戴邦定,学生陈绍先等演说;(八)全体学生唱歌;(九)国乐;(十)余兴;(十一)散会。此次毕业者仅成绩最优之学生三十六名。

《民国日报》1924年6月22日

**上海大学近况**

上海大学浙江同乡会于前日下午七时半开本学期第二次常会,到会同乡三十余人,由朱义权主席。首由主席报告浙江财政调查会、浙江救国大会来函,及最近绍女师状况,次会计报告本学期收支账目,众无异议,遂开始议决下列各案:(一)代电卢臧,暂容臧军驻浙,但不得骚扰地方,及增加浙省负担;(二)函复浙江救国大会,赞成将孙王国贼,立像遗臭;(三)调查委员会决于假前组织;(四)介绍部先从介绍投考学校入手,职业介绍从缓;(五)推举朱义权为出席浙江财政调查会代表。至钟鸣十下,茶点而散。西摩路上海大学附设平民学校,于昨日下午七时,在该校大教室举行毕业式及休业式。到会者有全体学生二百数十人,教职员三十余人,及来宾朱少屏、王耀三、朱琴、冯兰馨等,由该校主任朱义权主席,兹将开会秩序照录于下:(一)振铃开会;(二)向国旗行三鞠躬礼;(三)国乐;(四)主任报告;(五)冯兰馨女士给凭;(六)张琴秋女士给奖品;(七)来宾王耀三、朱少屏、冯兰馨,教员戴邦定、学生陈绍先等相继演说;(八)全体学生唱歌;(九)国乐;(十)余兴;(十一)振铃散会。闻此次毕业者,仅成绩最优之学生三十六名云。

《新闻报》1924年6月22日

**上海夏令讲学会简章(未完)**

一、本会为上海学生联合会所组织,以利用暑期休暇研究各种学术为宗旨,定名为上海夏令讲学会。

一、凡有志来会听讲者,不论性别年龄,依本简章之规定,均得报名入会。

一、本会所讲科目以及各科讲师如下:

第一星期,全民政治(何世桢),中国宪法史(邵力子),社会科学概论(瞿秋白),人生哲学(董亦湘),社会进化史(施存统),新经济政策(瞿秋白),妇女问题(陈望道),美学概要(陈望道)。

第二星期,三民主义(戴季陶),中国外交史(叶楚伧),外交问题(沈玄庐),唯物史观(董亦湘),帝国主义(李春蕃)。

第三星期,租税原理(李权时),经济思想史(安体诚),教育问题(杨贤江),注音字母(吴稚晖),世界语(胡愈之)。

第四星期,劳动问题概论(施存统),中国农民问题(萧楚女),中国劳工问题(邓安石),工会论(陈涛),各国劳动状况(刘伯伦),青年问题(杨贤江)。

第五星期,合作概论(张廷灏),消费合作(毛飞),信用合作(许绍棣),农业合作(许绍棣),合作史略(张廷灏),心理学概论(阮永钊),商业常识(张子石),国内汇兑(张子石),簿记(邹安众),商业政策略史(凌瑞拱)。

第六星期,进化论(周建人),科学方法论(韩觉民),无线电概论(缪斌),抵抗治疗法

(高野),夏令卫生(董翼孙),诉讼常识(何世桢)。

第七星期,中国政治经济状况(恽代英),中国近世史(左舜生),世界近世史(沈泽民),比较政治(何世桢),民刑法概略(何世桢)。

第八星期,中国革命史(汪精卫),中国财政问题(李权时),俄国革命史(陈承荫),中国小说学(叶楚伧),近代文学(沈雁冰),近代剧(田汉)。

(未完)

《民国日报》1924年7月1日

### 上海夏令讲学会简章

一、本会定于七月六日至八月三十一日(共八星期),每日八小时为讲学时间,星期日照例休息。

一、本会讲学以八小时为一学程,每学程收费五角,交费八元者得自由听讲。此项听费应于该科开讲前交清,小学教员有所在学校负责证明者,得免其听讲费。

一、凡听讲四科目以上者,得寄宿会内,免其宿费,每月收杂费洋一元(其寄宿不满一月者均以一月计算),膳费每月六元。以上各费须于迁入宿舍前交清。

一、本会各科均有讲义,交听讲费者该科讲义得由评议会发给一份。凡欲购买各种讲义,其价目另定之。

一、本会规定随时举行名人演讲会、会员同业会等,以资灌输学术联络感情,凡属本会会员均得参与。

一、本会会址在西摩路上海大学。

一、本会总报名处开会前定于上海西摩路上海大学刘一清处,报名分处定于江湾复旦大学陈承荫、南洋大学缪斌、中华职业学校王仁、同文书院唐公宪、九亩地万竹小学陈印庐、远东商业专门学校温崇信、省立第二师范孙祖基、杭州荐桥街严衙弄七号沈玄庐。开会后可直接向本会报名,凡报名者须随交信金一元,此项信金于开会后退还,报名不到者不在此例。

《民国日报》1924年7月2日

### 学务丛载·夏令讲学会学程排定

上海学生联合会举办之夏令讲学会,现已筹备完全,准于本月六号举行开学礼。所请讲员,有汪精卫、李权时、沈玄庐、戴季陶、何世桢、何世枚、吴稚晖、陈望道、周建人、邵仲辉、叶楚伧等,其讲程各目,如全民政治、比较政治、科学概论、近代文学、美学概要、近代剧、消费合作、信用合作、中国财政问题、中国政治经济概况及近世史、中国外交史、宪法史等等。讲学期自七月六日起至八月三十日止,共计八星期。会址在爱文义路西摩路上海大学内,备有膳宿。现该会已报告入学者计有男女学员百人以上云。

《申报》1924年7月4日

### 夏令讲学会近闻

上海学生联合会举办之夏令讲学会,现已筹备完全,准本月六号举行开学礼。所请讲员有汪精卫、李权时、沈玄庐、戴季陶、何世桢、何世枚、吴稚辉、陈望道、周建人、邵仲辉、叶楚伧等,其讲程各目,如全民政治、比较政治、科学概论、近代主学、美学概要、近代剧、消费合作、信用合作、中国财政问题、中国政治经济概况、近世史、中国外交史、宪法史等等。讲学期自七月六日起至八月三十日止,共计八星期。会址在爱文义路西摩路上海大学内,备有膳宿。现该会已报名入学者计有男女学员百人以上。

《民国日报》1924年7月4日

**上海夏令讲学会昨行开讲式　听讲会员一百五十余人　戴季陶等三人演说**

上海夏令讲学会系学生联合会主持办理,其筹备一切情形,已志前报。该会于昨日行开讲式,听讲员列席者达一百五十余人之多。先由会长陈承荫报告开办本会之目的及筹备经过情形。次请戴季陶、叶楚伧、何世桢三君演说。戴君谓夏令讲学会之目的,在使同志获得高等的常识,高等常识系有系统的经验的全部之谓,与普通所谓常识者不同。叶君谓讲学会有两种效用:其一为适应学员之需要,而求得适宜之学识;其二则讲学会之骨干,在养成一种风气,以与恶浊国家抵抗,故历史上讲学与党有不可分的关系,如明季之东林讲学,即造成守正不阿之东林党,中国目前无真正之党,所仅有者曰系曰派,统治于一种利益或一人之下,向无共同主张及活动,故欲求中国政治清明,非多开讲学会不为功云云。何君谓讲学会时期甚暂,诸君应抱研究态度,第一须用分析方法,第二须不盲从讲师学说。讲演时应时时叩问,始有心得。末由主席致谢词而散。该会现定今日开学,计有讲程五十一种,并备膳宿,尚有余额,可以报名听讲云。

《民国日报》1924年7月7日

**上大毕业同学会纪**

上海大学毕业同学会,成于去夏第一届毕业同学。今夏该校第二届毕业同学,对于该会章程略有讨论,遂由在沪同学于昨日下午一时在母校开会,到者十五人,公推程永言君主席。修改章程后,以会务进行在急,选举一切尚待时日,议决暂票举临时职员负责,计总务委员程永言,交际委员史岩,文牍委员孙君谋、戴炳宣,庶务委员张惠如,会计委员涂竺筠。不日该会再集议讨论进行事项。

《民国日报》1924年7月8日

**学务丛载·上海大学毕业同学会**

上大毕业同学会,为去夏第一届毕业同学所组织。今夏该校第二届毕业同学,对于该会章程略有讨论,遂由在沪同学于昨日下午一时在母校开会,到者十五人,公推程永言君主席。修改章程后,以会务进行在即,选举一切尚待时日,遂一致议决,暂票举临时职员,计总务委员程永言,交际委员史岩君,文牍委员孙君谋、戴炳宣二君,庶务委员张惠如君,会计委员涂竺筠君。闻不日该会再集议讨论进行事项云。

《申报》1924年7月9日

**上海夏令讲学会紧要启事**

兹因寄宿学员已过原定人数,即日起除已报名及缴费者外,一概停止寄宿。特此声明。

《民国日报》1924年7月10日

## 夏令讲学会之第一周

上海夏令讲学会于本月六日开讲。兹学员报名听讲者尚络绎不止,但该会以男宿舍三所,女宿舍一所,均已住满,故后至报名住宿者已不收取。本周内之讲程,为全民政治(何世桢),三民主义(戴季陶),美学概要、妇女问题(陈望道),比较婚姻法(孙祖基),人生哲学(董亦湘),中国宪法史(邵力子),新经济政策(瞿秋白)等。尚有社会进化史及社会科学概论,因讲师病假,容后补讲。该会共八星期,现第一周甫于今日讲毕,尚有七星期讲演。又该会将于下周内举行音乐大会,现方在筹备中。

《民国日报》1924年7月12日

## 厦大离校学生团总部近讯

厦门大学离校学生团总部到沪以来,颇得各方援助。前日,上海大学学生又特派代表杨子华、朱义权、刘一清三人亲至宜昌路一一五号大夏大学该总部办事处慰问,并愿尽力援助大夏大学之进行云。

又该部得福州来讯,谓林文庆私党某教员近在福州大造谣言,淆乱黑白,以谋诬陷离校教职员学生。昨特开会讨论对付办法,议决推代表孙元曾君亲携"血泪"多份,往福州剖白一切,俾该地人士得充分明了该校此次学潮真相,及该部来沪后进行经过。闻孙君已于昨晚乘招商局新济轮南行矣。

《申报》1924年7月14日

## 上海大学第一次录取新生

大学部　文艺院中国文学系(正式生):彭震寰、王友直、李伯昌、李成林、曹声潮、陈德忻、陈文奇、罗齐楠、钟应梅、全世堪,(试读生)石圣起、郭耀宗、黄沣波;英国文学系(正式生):何葛崧、黄柏荪、左洵、李锡祚、张鸿林。社会科学院社会学系(正式生):何秉彝、焦启铠、曹锡铭、扶大本、宋树潘、窦昌熙、罗伟、陈德昭、童德新、林钧、陈秦谦、谢秉琼、巫钲一、游鸾、江士祥;经济学系(正式生):杨超;政治学系(正式生):龚希直、厉国桢,(试读生):金兆桂。专门部英算高等补习科(正式生):符气正、符云瑞。

中学部　初中班二年级(正式生):盛世铎;一年级(正式生):厉庆升、傅文、江景维、董梦花、赵振麟,(试读生):钟宪德。

以上各生均须于开学前来学务处报到,理清入学手续,幸勿自误。

《民国日报》1924年7月14日

## 上海夏令讲学会消息·社会问题研究会成立　第二周讲学会之科目

昨日下午七时,上海夏令讲学会社会问题研究会于上海大学开成立大会,到会者约百人,已签名加入研究者四十余人,由唐公宪主席,黄仁记录。先主席报告开会宗旨,次通过简章,推举委员五人,当选者李春蕃、唐公宪、黄仁、刘一清、徐恒耀等。后请施存统先生讲社会问题之起源及研究方法,恽代英先生讲社会问题之重要及研究之态度,后复有来宾李成先生之讲演,至十时半散会。会员及听众皆甚满意,并闻该会研究方法定为三种:(一)每星期开研究会一次,问题由会员或委员会提出;(二)随时敦请研究社会问题者讲演及指导;(三)各会员自由研究云。

又讲学会已开讲二星期,报名前往听讲者尚陆续不绝,第一周所讲科目及讲师已登各报,现将第二周所讲的录下:邵力子讲中国宪法史,叶楚伧讲中国外交史,李春蕃讲帝国主义,何世桢讲诉讼常识,吴稚晖讲注音字母,胡愈之讲世界语,刘一清讲五权宪法。天气虽热,但听讲员前往听讲者仍甚踊跃。

《民国日报》1924年7月22日

**夏令讲学会近闻·职员会议之议案　讲学科程之变更**

上海夏令讲学会于日前举行职员会,全体职员均到,陈承荫主席,议决事项,为举行同乐会,当经推定缪斌、陈印庐、孙祖基等十一人为筹备委员。至同乐会游艺节目,则大致分孙中山留声机演说、京剧、月琴、无线电话、音乐、幻术、跳舞数种。

又该会本周讲学科程,略有变更,由董亦湘讲"唯物史观",杨贤江讲"教育问题",李权时讲"租税原理",萧楚女讲"中国农民问题""外交问题"云。

《民国日报》1924年7月25日

**上海夏令讲学会消息**

上海夏令讲学会第一次同乐会,前晚七时开幕,与会者二百余人。除原有之孙中山留声机演说、口笛、钢琴独奏、粤曲、京调、国技、昆曲、舞蹈外,又加入多种,如陈德仁之口笛蒙古调,龚女士之星舞,应令言女士之舞,宛爱玉、爱丽女士之儿歌,广东国乐团之粤乐、粤曲,尤为佳妙。

又该会第四周请施存统讲"劳动问题概论"、恽代英讲"中国政治经济状况"、杨贤江讲"青年问题"、邓安石讲"中国劳工问题"、刘伯伦讲"各国劳动状况"。无论是否会员,均可听讲,以期普及。

《民国日报》1924年7月28日

**暑期讲习会昨日演讲**

昨日上海暑期讲习会讲习两种学程:一、蔡乐生君讲实验心理学,上午七时三十分至八时一刻演讲学理,八时半至九时半,甲乙两组实验,下午一时至二时,丙丁两组实验。蔡君第一时所讲者,大致谓研究科学,不可无测验,如无测验,其流弊:(一)难得正确之因果;(二)研究实在不能证明;(三)结果不精确;(四)不能适于应用,或竟发生危险。二、华国章君讲各种测验法,所讲范围,经华君指定如下:(一)教育测验之沿革;(二)教育测验之性质;(三)教育测验之构造;(四)教育测验之功用;(五)教育测验之实施法;(六)教育测验之编造法;(七)各种测验式的考查法;(八)标准测验批评之研究。午后四时起举行交际会,会中有儿童教养院院长华林君讲"儿童与社会生活",大致分四项:(一)家庭与儿童之关系;(二)儿童群性之发展;(三)儿童与暑假生活;(四)城市应有儿童娱乐之场所。此外有各名人之音乐及武术,颇极一时之盛。

《民国日报》1924 年 7 月 29 日

**上海夏令讲学会消息·下周请专家演讲**

上海夏令讲学会本周演讲科目大部分为合作及商业方面之学说,如张廷灏"合作概论""合作史略",毛飞之"消费合作",许绍棣之"信用合作""农业合作",张子石之"商业常识""国内汇兑",凌瑞拱之"商业政策史",邹安众之"簿记",陈永钊之"心理学概论",自十一日至十七日。第六周则请专家讲演,预定周建人讲"进化论",韩觉民讲"科学方法论",缪斌讲"无线电概论",董翼荪讲"夏令卫生",又日人高野演讲"抵抗治疗法"云。

《民国日报》1924 年 8 月 8 日

**上海大学招考男女新生**

本校本学期大学部文艺院之中国文学系、英国文学系及社会科学院之社会学系、政治学系、经济学系、商业学系、教育学系各招新生一班;专门部之美术科招收新生一班;中学部之高级中学招收新生一班,初级中学招收新生两班。又原有之高中、初中及英算高等补习科各班招收插班生。考试第二次为九月十五、十六两日,第三次为九月二十四、二十五两日。报名自六月十六日起,试验费二元,随带最近四寸照片及文凭或转学证书。函索简章者,须附邮票四分;索本校一览者,须附邮票十五分。空函恕不作复。地点在爱文义路西摩路本校。

校长于右任
《申报》1924 年 8 月 18 日

**上海大学加考新生广告**

近因各地学生纷纷以敝校考期太迟,要求期前加考。敝校行政委员会因决议于九月一日、二日加考一次,希投考诸生注意。

校长于右任
《民国日报》1924 年 8 月 18 日

**上海大学提前加考**

上海大学考期原定九月十五、十六两日为一次,廿三、廿四两日为一次。惟近因各地学生纷纷以提前加考一次为请,该行政委员会因议决,准予加考一次,定期为九月一日、二日云。

《民国日报》1924 年 8 月 18 日

**学务丛载·上海大学校新聘教授**

上海大学新添学系,已志前报。顷闻该校政治学系已聘定张奚若为主任、杨杏佛等为教授;经济学系已聘定李守常为主任,戴季陶、蒋光赤、彭述之等为教授;商业学系已聘定殷志恒为主任云。

《申报》1924 年 8 月 20 日

**上海大学新聘教授**

上海大学新添学系,已志前报。顷闻该校政治学系已聘定张奚若为主任,杨杏佛等为教授;经济学系已聘定李守常为主任,戴季陶、蒋光赤、彭述之等为教授;商业学系已聘定殷志恒为主任云。

《民国日报》1924 年 8 月 20 日

**学务丛载·上海大学之新聘教授**

上海大学新添学系延聘教授进行甚力,其已聘定者,已见昨日本报。顷闻该校原有之中国文学系、英文学系、社会学系,除原有教授不动外,又新聘十余人。中国文学系新聘者有任仲敏、严既澄、方光焘、滕固数人,社会学系新聘者有彭述之、李达、蒋光赤、张太雷数人云。

《申报》1924 年 8 月 21 日

**上海大学新聘之教授**

上海大学新添学系延聘教授,进行甚力,其已聘定者已见昨报。顷闻该校原有之中国文学系、英国文学系、社会学系,除原有教授不动,又新聘十余人。中国文学系新聘者,有任仲敏(词曲)、严既澄(诗歌)、方光焘(日本文学史、言语学、日文)、滕固(诗歌概论)数人;社会学系新聘者,有彭述之(社会进化史、经济学)、李达(社会思想史、社会运动史)、蒋光赤(世界史、俄文)、张太雷(政治学、政治学史)数人;英国文学系新聘者正在接洽中,不日可定。

《民国日报》1924 年 8 月 21 日

**学务丛载·上海大学毕业同学会**

上大毕业同学会昨在本校开会,主席程永言君。首由史岩、孙君谋提议母校学务长何世桢博士,应函请校长挽留回校,全体表决赞成;次议张惠如、杨沄提议于母校美术科应如何发展,结果公推代表史岩、张惠如、杨沄、孙君谋四人进谒校长磋商云。

《申报》1924 年 8 月 26 日

**上海大学毕业同学会**

上大毕业同学会,昨日上午十时在本校开会,主席程永言君。首由史岩、孙君谋提议,母校学务长何世桢博士自任事以来,对于学务颇为热心,今日闻有辞职消息,本会与母校关系密切,自应函请校长挽留何君回校,全体表决赞成。次议张惠如、杨沄提议,对于母校美术科应如何发展。结果公推代表史岩、张惠如、杨沄、孙君谋四人进谒校长磋商一切。

《民国日报》1924 年 8 月 26 日

## 学务汇载·上海大学学务之改进

上海大学现将学务处改由学务委员会负责理事,学务委员即以中国文学系主任陈望道、英国文学系主任何世桢、社会学系主任瞿秋白等及新设经济政治等各系科部主任充之。日内正在举行入学考试,与考者甚众,所定委员业已全体负责办事矣。

《申报》1924 年 9 月 2 日

## 上海大学学务之改进

上海大学鉴于学生人数日多,职员责任日重,学务方面犹有增加负责人员之必要,议决从本学期起,将学务处改由学务委员会,负责理事。学务委员即以中国文学系主任陈望道、英国文学系主任何世桢、社会学系主任瞿秋白等,及新设经济、政治等各系科部主任充之。日内正在举行入学考试者甚众,所定委员亦已全体负责办事矣。

《民国日报》1924 年 9 月 2 日

## 夏令讲学会已告结束

本埠西摩路上海大学内夏令讲学会,自七月六日开讲,预定八星期,已于昨日结束,听讲员二百余人均陆续返里。该会全体职员于前晚在会所开结束会议,议决:(一)推定孙祖基、端木恺及陈承荫三君为查账员,查核会计处及庶务处一切收支账目;(二)各讲员均由本会去函致谢;(三)全部讲程五十一种,其中除有二十五种稍为普通常识外,其余讲稿汇刊一册,由某书局发行,并推定陈印庐、孙祖基、陈承荫三君主持编辑。又该会此次共收入听讲员所缴费用,计一千二百余元,支出之数,达一千七百余元,不敷之数,已由该会设法募抵。而该会会所及学员宿舍系假用上海大学,两月赁金约须二千余元,系由上大捐助,尤为难得云。

《民国日报》1924 年 9 月 2 日

## 学务丛载·上海大学叶为耽赴美

上海大学英国文学系二年级学生林振镛君,已由该系主任何世桢博士保送考入东吴大学法科本科一年级肄业。又学生叶为耽君,今晚乘格灵总统号邮船赴美,入波多茵大学肄业云。

《申报》1924 年 9 月 3 日

## 三大学消息并纪·上海大学

该校英国文学系学生林振镛君,已由该系主任何世桢博士保送考入本埠东吴大学法科本科一年级肄业。又学生叶为耽君,定今晚乘格灵总统号邮轮赴美入波多茵大学肄业。

《民国日报》1924 年 9 月 3 日

## 上海大学录取新生

文艺院　中国文学系一年级(正式生):袁耘雪、冯润章、王景裕、施咏鳌、程维葵、徐宝林、廖若平、葵英、陈唯光；（特别生）：王士奇、谢纯、冯荫庭。英国文学系一年级（正式生）：吴祥曼、王淑洵、叶雄民。

社会科学院　社会学系一年级（正式生）：熊世齐、叶绍郑、马汝良、秦枒懋、秦梗懋、章香墀、蒙华、黄文、王秀清、袁光辉、王启勋、李宗唐、刘廷英、李希龙、陶光朝；（试读生）：王文明、梅东阳、彭龙伯、薛卓江、程希源、赖国航、谭涤宇、孙羲澄、刘治清、王恒萃、郑则龙、王伯阳、续联捷、李咏、殷尚宪。经济学系一年级（正式生）：刘昭藜、武思茂、刘孟书、李炳祥；（试读生）：萧韶。政治学系一年级（正式生）：尹敦哲。商业学系一年级（正式生）：危鼎铭；（试读生）：周璆。

英算高等补习班　（正式生）：王灿芝。

中学部　高级中学三年级（正式生）：杨硕彝、陈淑德、刘家聚、何子培、施咏乐；（试读生）：李铭新、柴兴夹。初级中学二年级（正式生）：李锦容、张芝培、桂曼殊、马廷忠；一年级（试读生）：陈世禄、韦本良。

上列诸生务于九月二十开学前，至学务处理清入学手续，切勿自误。

《民国日报》1924 年 9 月 5 日

## 上海大学准于九月二十日开学

新旧学生须于开学期前来校办清入学手续，幸勿自误。

《民国日报》1924 年 9 月 11 日

## 三大学消息并纪·上大中学部

现因江浙战事，战内区及沪上公私立各校多受其影响，以致莘莘学子欲学无地。上海大学中学部为顾念此项学生起见，特规定变通办法。凡曾在公私立各中学肄业而愿转学该校者，只须将修业证书或各科成绩证明书呈验，经该校认可，便可免考收录。一般求学若渴之学生闻之极为欣幸云。

《民国日报》1924 年 9 月 12 日

## 上海大学中学部通告

本校鉴于干戈遍地，公私立各学校都因而不能开学，兹为顾念莘莘学子学业起见，特准凡有学校转学证、修业证或成绩书者，经本校认可，得免入学试验，按程度插入本部高初中班各级。特此通告。

《民国日报》1924 年 9 月 13 日

## 上海大学西北省区学生李秉乾等来函

主笔先生大鉴：贵报昨登旅沪豫晋秦陇四省协会通电四则，披览之余，殊觉诧异。当此举国讨贼之际，吾人唯有团结国民，一致作国民革命，根本推翻军阀制度，而彼等则乞怜于反革命之督军师长、旅长、镇守使等，况此辈军阀方忠直系，尚在打倒之列，求贼攻贼，何竟愚蠢？苟非别有用心，何致如斯失体。如彼等所谓"辛亥元勋"之嵩匪刘镇华，今已通电讨浙，如此献媚直系，又安能功过"淮阴佐汉，汾阳兴唐"哉？而所谓四省协会者，以上海大学西北学生之多,且肄业有三年之久,何竟寂然无闻耶?假名发电,违逆群情,显属奸顽,非我族类,贵报主持大义,责望心殷,愿乞篇余,赐之更正,毋任感祷。

上海大学西北省区学生李秉乾、冯文彦、武思茂、康屏周、<br/>关中哲、范文道、焦启恺、何尚志三十余人同上<br/>九月十二号于上大

《民国日报》1924年9月13日

**学务并载·上大中学部广收新生**

上海大学中学部规定变通办法,凡曾在公私立各中学肄业而愿转学该校者,只须将修业证书或各科成绩证明书呈验,经该校认可,便可免考收录云。

《申报》1924年9月14日

**上海大学录取新生**

文艺院　中国文学系一年级(正式生):姚成之、韦杰三、冯汝骥、方卓、左天锡、胡家瑾、吴磐、汪吉信、黄造、林知让,(试读生):林葆楚、高岱、吕南宫;二年级(特别生):陈尚友、裴仲襄。英国文学系一年级(正式生):高光寅,(特别生):陈和禄;二年级(特别生):黄闻定。

社会科学院　社会学系二年级(特别生):欧阳继修、王维骐、高尔柏、窦勤伯、余泽鸿、吴铮;一年级(正式生):黄仁、李膺、王国钧、张以民,(特别生):叶文龙、孟昭谦、韩翰光、罗文淹。商业学系一年级(正式生):曾心斋、娄之明、梁郁华。政治学系一年级(正式生):李朝梁。

英数高等补习科　一年级(正式生):李鸿澍。

中学部　高中班一年级(正式生):冯劭清、陆望之、邓惠文,(特别生)张逸;二年级(正式生):刘文钻,(特别生):卢鹏、余禹文。初中班一年级(正式生):沈度、曹文楠,(特别生):马湘蘅;二年级(正式生):邓学文,(特别生)吴雄基。

上列诸生务速来校清理入学手续,切勿自误。

《民国日报》1924年9月20日

**上海大学开课通告**

本校准于九月廿九日正式开课,特此通告。

《民国日报》1924年9月20日

**上大筹备二周纪念**

本月二十三日,为上海大学二周纪念。昨由该校学生自动召集全体大会,讨论筹储游艺事项,并推举刘一清为筹备主席,杨之华、许侠夫为交际委员,郑杰、林克勋为文牍,林鲁、陶同杰为书记,杨若海、张梦旦为庶务,王秋心、王杰三、江华、佟宝璋为游艺委员。

《民国日报》1924年10月7日

**双十节天后宫之惨剧　　上大黄仁君已因伤毙命**

本埠各界人士,鉴于国事日益纷扰,曾发起国民大会,于双十节午后二时在北河南路天后宫举行露天大会,讨论救国方针。不料为一般反对救国者扰乱会场秩序,时有纠察员洪野鹤、郭伯和、林钧、王秋心等(上海大学学生代表)见势不佳,即向前阻止,无如因势不敌,反被殴伤。众势汹汹,黑白不分,在场之便衣警察四人,亦无法制止。同时台上有学生总会代表郭寿华君因演说打倒帝国主义与打倒军阀,有刺花党数人,上台将郭君扭倒。其他代表如李逸、沈尚平、刘稻薪、石玉伯(学生总会)、黄仁(上大学生)君等亦次第被殴,黄仁当即被倒于地不省人事。在场之便衣警,初将受伤之各代表拘留。后调查清楚,始将受伤之各代表护送出场。一场大会,遂从此纷散,受伤者除黄仁、林钧二君送往医院医治外(恐有性命之虞),余均回家各自医治。下文如何,容访再志。

本报昨晚得消息,黄仁君已在宝隆医院身故。

又上海大学学生发出通电云:

广州、天津、武汉各学生联合会鉴:贵会代表郭寿华、沈尚平、李逸及敝校同学黄仁、林钧、郭伯和、刘稻薪、黄培垣、何秉彝等于国庆日在上海国民大会中为反对军阀、帝国主义者之演说,竟大遭帝国主义及军阀之走狗所忌,强横拦阻其演说,复喝令被其所收买之刺花流氓多人向郭君等痛加殴击。现郭君等均受重伤,且敝校黄仁、林钧尤有性命危险。同人等为此正在集议对付之方法,望贵会速起为一致向帝国主义者与军阀作战之准备。上海大学学生真。

《民国日报》1924年10月12日

**悼黄仁同志**

我们底勇烈的同志黄仁先生,他原是中华职业学校的学生,现在是上大的社会科学系学生;他曾在中国国民党任过极能尽职的职员;他在中国国民党青年中已有莫大的成绩;现在竟在天妃宫里成了一个为主义而牺牲者,成了一个青年的模范。

三重四重的压迫,向中国民族,向平民头顶上直压下来,死原是极寻常的,尤其是有志反抗一切压迫的,这些人,在地位上,在志愿上,都应该先众人而死,过去的黄花岗上英雄,京汉路上的烈士,都是这样。今日活着的有志者,又怎能独居例外?黄先生之死,在他自己是早预备了的,在我们则除哀悼以外,尤应由惭愧而生磨砺;为民族平民而奋斗,不应避一切的危险。

天妃宫之于中国于世界,何止太仓一粟。然而黄先生竟死此,要改革中国要改造世界的,其牺牲之过于此,又何止千万亿倍,我们瞻望着中国民族的前途,见了目犹未瞑的黄先生,怎能不自勉!

双十节是年年过的,这次,有黄先生以血染之,越见得炳烈有光,他无异告诉一般群众说:要有中国吗? 须如此!(楚伧)

《民国日报》1924年10月13日

**上海大学学生横被帝国主义与军阀走狗的摧残通电**

全国各阶级被压迫的同胞们!我们处在今日的反动的政治局面之下,帝国主义者与军阀两相勾结,剥削我们,压榨我们,又以种种危害加及我们,本来是没有什么公理与正义可言,不过今日之事,我们实有不能不为我全国被压迫各阶级同胞告者:昔之帝国主义者与军阀在政治上、经济上与文化上之侵略,今则进而为买通流氓败类以及一切之反革命势力为我们言论上行动上之侵害了;昔之向暗中预设种种方法加害我们,今已更进而明目张胆的殴打我们了。本月十日,为我国十三周国庆的纪念日,凡属国民,自应有一种警惕之表示,何况今年国内战争纷繁,帝国主义与军阀构成绝大内乱,我全中国人民的生活状态,均呈艰险困窘的现象,我们又怎能不有更警惕、更迫切唤醒群众之表示?可是我们不幸,正因此而招帝国主义与军阀之忌怒,大肆摧残,种种狂妄行为,我们实不可以胜数,现只略就一二事实,为痛切之告诉。披阅本埠各报章,上海各团体曾有国民大会之发起。并于本日假北河南路天后宫为举行国庆纪念之场所。当时我们学生,未曾究其所谓国民大会之性质如何,又未烛其种种鬼蜮之奸谋,只本着一腔爱国热忱,为良心上之主张,以打倒外国帝国主义与国内一切军阀为目标。盖不如此,我们的中华民国,便永沦胥于列强半殖民之地与军阀宰制之下;我们的四万万同胞,便永为帝国主义者与军阀俎上之肉、舂中之米了!当我们同学黄仁在会场之下为赞成反帝国主义及军阀之演说而鼓掌之时,台上主席喻育之便喝令禁止,加以"扰乱会场"之罪名。台下大队短衣刺花之流氓,闻声响应,一呼百诺,蜂拥而前,向洪、何、王、王、刘、黄诸同学施以惨酷之打击,同时并以"这是齐燮元的奸细"之口号诬害我反对军阀之诸同学。后有同学林钧、刘稻薪两君上前排解,亦遭破皮流血之殴打。我们实在不解其所指为齐燮元之奸细的证据何在?所指我们为扰乱秩序之理由何出?如认我们为袒护齐燮元,则我们的口号,是反对一切军阀,齐燮元何能逃出军阀之外?若以赞成反帝国主义与军阀之演说而鼓掌为扰乱秩序,则不啻禁止我们民意之表示,与一切会场中鼓掌之通例。总之欲加之罪,何患无词?他们既甘为帝国主义者与军阀之走狗,而为反革命行动,其谋害我们又何患无由呢!同时有同学黄仁等认他们此举,实属侮辱我们学生人格,上台质问主席及该会职员等,他们不但不稍自认错,反同声以恶言相向,硬骂我们为捣乱,情势汹汹。当时恰有全国学生联合会总代表郭君寿华,登台演说:"我们应当推翻一切军阀一切帝国主……"话犹未了,议会会计童理璋即上前将郭君拦阻,扯下演台,不准再行发言。郭君正欲质问之时,台后又拥上手臂刺花数人猛向郭君击打,又加我同学黄仁等以拳足,指为共同捣乱会场,郭君寿华及同学黄君等,以他们人数众多,预有设伏,举动野蛮,不可理喻,意欲略避。不意若辈很毒,猛将黄仁、郭寿华等一推,竟自高逾七尺之台跌至台下硬石上面,一时怆痛之声,惨不忍闻。黄君仁,跌伤腰部,呕吐交作,一时昏迷不省人事。郭君寿华,挨打之后,又复加以跌伤背、肩等处。时台下之刺花流氓,又复加以殴打,犹以为跌伤之不足,必欲置之死地而后已。正当殴打之际,突来警察数人,竟将受伤同学带至一小房之内,严行关锁,而对于逞凶之刺花流氓等,则从容任其走散,不加捉获,揆之法理,岂得谓平?后经同学向警察诘问,彼则一味支吾,置之不理,诸同学以为警察既不负责,万不可任黄、林受伤诸同学卧以待毙,乃由同学多人将受伤最重之黄、林二君,拥抱出门,转赴同仁医院救治。该医院以黄、林两君受伤过重,不肯容纳,不得已,复转送宝隆医院,其余受伤较轻之诸同学,自此只有带伤回校,忍痛自受!唉唉!我最亲爱的同胞们!我们今日所受帝国主义者与军阀走狗之摧残侮辱,我们并不认是我们的失败,也不自引为我们的羞耻,更不目他们的手段为惨酷苛刻。因为这些完全是我们在革命未成功以前应经过的阶段,无论何等牺牲,我们都不怕的。我们自今日以后,更明确、更坚决与一切反革命势力作战之观念与意志! 同时,我们亦可洞悉昨日所谓国民大会之黑幕的底蕴:

(一)所谓国民大会,完全受少数帝国主义与军阀之走狗的反革命的捣乱。看他们种种行动——禁止反对帝国主义与军阀之传单,禁阻反对帝国主义与军阀之演说等等——便可了然。

(二)他们——帝国主义军阀之走狗——不但买通刺花党之流氓,同时并串通警察。不然,何以我们受伤之同学多被拘拿,而殴伤我们之人未见捉获一个呢?

(三)国民大会之中,不仅为少数军阀与帝国主义者之走狗,且有反对帝国主义与军阀,党纲上和宣言上标得很明白的国民党的党员。然而在会场上指挥最出力的,所谓国民党员,反而阻止爱国演说。唉唉! 党的主义如彼,竟还有行动若此的党员,我们实不禁痛心万分! 我们只有希望中国唯一受国民爱护的革命党——国民党,赶紧肃清他的内部。

亲爱的同胞们! 时机紧迫了! 帝国主义者与军阀危害我们,已再不容我们的从容犹豫了! 起来! 各阶级被压迫的同胞们!

打倒剥削压迫我们的帝国主义者!

打倒屠杀鱼肉我们的军阀!

打倒勾结军阀与帝国主义者及一切反革命的势力,不问他名义上混冒甚么革命党党员!

一九二四年十月十一日

《民国日报》1924年10月13日

## 上海大学学生会之成立

上海大学开办以来,于校务力求完善。而该校学生之热心社会事业,及组织种种小团体,如书报流通社、校刊编辑会、社会问题讨论会等等,尤为国人所赞仰。项闻该校学生以本校小团体虽多,而对内对外一切,苦于各之分立,无系统与一贯之精神,特于昨日(十三)假该校第二院第七教室,召集全体学生大会,组织"上海大学学生会"。在庄严肃穆之会场中,议决大纲十条(大纲见后),举出委员十人:杨之华、王秋心、刘一清、王环心、郭伯和、刘剑华、李春蕃七君被举为正式执行委员,林钧、欧阳继修、窦勋伯三君被举为候补委员。

上海大学学生会大纲:(一)定名:本会定名为上海大学学生会。(二)宗旨:本会以谋学生本身利益并图学校之发展参与救国运动为宗旨。(三)本会由大会选执行委员七人组织执行委员会执行本会一切事务。(四)职务:由执行委员互推主席一人总理一切会务,互推书记、交际各二人,庶务、会计各一人分任会务。(五)会务分配:本委员一切事务之分配由委员会自行决定。(六)任期:本会委员任期为半年。(七)会期:每学期开大会一次,于每学期开始时举行之,遇必要时委员会得召集临时大会;委员会每两星期举行一次,遇必要时得由主席召集临时会议。(八)会费:会费每学期每人大洋二角。(九)权限:开会时本会以大会为最高机关,大会闭会后委员会为本会最高机关。(十)附则：本大纲有未妥处得由大会提议修改之。

《民国日报》1924年10月15日

## 上海大学学生会之成立

上海大学学生，以本校团体虽多，而对内对外，苦于各个分立，无系统与一贯之精神，特于昨日（十三）假该校第二院第七教室，召集全体学生大会，组织"上海大学学生会"，议决大纲十条，举出委员十人。杨之华、王秋心、刘一清、王环心、郭伯和、刘剑华、李春蕃七人被举为正式执行委员，林钧、欧阳继修、窦勋伯三人被举为候补委员云。

《新闻报》1924年10月15日

## 黄仁惨死之哀声

上海大学四川同学会为同乡黄仁君惨死事通电云：

全国各学校各法团各报馆各地四川同乡钧鉴：（上略）国庆纪念日上海各团体在河南路天后宫举行国民大会，讨论救国方针。敝校同学鉴于国事日非，本爱国热忱，以国民资格参赴该会，初未知有险很之阴谋也，当开会时，台下同学鼓掌欢迎赞成打倒一切帝国主义和一切军阀之演说，不意该会主席喻育之等竟喝以扰乱会场之罪名，当时即有流氓蜂拥向我上大同学横施痛击，我同乡黄仁、郭伯和两君认该主席此举为狂妄，挺身上台，向该主席及该会重要职员童理璋质问。彼辈不惟不自引咎，反同声詈骂黄、郭两君为过激，是时复有全国学生联合会代表郭寿华君登台演说，甫云我们应该打倒一切军阀及一切帝国主义。话犹未了，忽被童理璋突加阻拦，郭君正欲抗言，台后忽冲出流氓多人，将郭君推掷台下。我同乡黄、郭二君悲愤填膺，正拟重提质问，话未出唇，而流氓复转向黄、郭二君痛击，时黄、郭二君始悉奸谋，势难与敌，刚欲回避，不料流氓等竟乘势将黄、郭二君迎胸推击，从十尺高楼倒掷而下矣。郭君头胸脚三部均受重伤，而黄君则脑裂心碎，当即昏迷倒地，不省人事。若辈犹欲置之死地而后甘心，复蜂拥上前，横加拳足，惨痛之情难于罄述，而警察不顾是非，反将黄、郭二君拘留。后经同学等愤勇往救，始得释放。郭君由同学护送回家医治，而黄君则送往日本医院，该院以伤势过重不肯收留，复转入宝隆医院，竟于二十八时内死于院中。呜呼惨矣！黄君生而敏慧，嗜学不倦，办事勤慎，落落有大志。当其离家赴沪，其孀母弱妻牵衣啼哭，黄君以改造社会为己任，不肯以家事而忘国，毅然诀别。孰意来申二载，竟横遭惨死，黄君为正义而牺牲，固光荣伟大，第祸首尚逍遥法外，泉下之灵岂能瞑目。同人等痛惜之余，本爱国爱乡热忱，愤起而为黄君诉冤，誓达下列目的而后已：（一）查明正凶后直接向法庭起诉；（二）揭穿此次军阀走狗包办之国民大会黑幕；（三）为黄君筹划一切善后事宜。□同人等材□绵薄，处此魔高万丈险象环生之时恐难实现理想目的，故特泣血陈词，通电全国，希望志士仁人主张公正，一致声援。俾黄君含冤得伸，非特同人等感激而已。

上海大学四川同学会

《民国日报》1924年10月16日

## 黄仁惨死之抗议声

上海大学学生为黄仁惨死事二次通电云：

在双十节国民大会中为赞成"反对帝国主义与军阀"之演说而受帝国主义者与军阀之走狗殴打最毒之黄仁同志，已于本月十二日早晨二时十七分在宝隆医院死了。当黄仁君横被殴打之后，即已丧失知觉，及送医院，始渐苏醒，而鼻出黄水，呕饭溺血，为状奇惨。据该院医生声称，黄君伤及脑部，决难见效，至十一日晚间十时，脸色骤变，脉搏转弱，十二时痰喘甚急，延及二时十七分即已气绝。昨日黄君尸体经德国医生之剖解，证明确系因伤毙命，且谓"头盖骨已破，脑质损坏，内脏之伤不计其数"云云。呜呼，似此忠勇义愤之志士，竟惨死于群小拳足之下。我全国同胞，须知黄君为国民党之青年党员，吾人须知国民党之革命口号为"反对帝国主义，推倒一切军阀"。黄君之死，实为反对帝国主义而死，为反对军阀而死，为党义而死，为谋我全人民之利益而死。我们对于黄仁义士此等伟大之牺牲精神和坚强作战之意志，当表示何等敬慕之意，对于压迫残害我们种种暴戾恣睢之行动的帝国主义者与军阀，又当奋发何等同仇敌忾之情。黄君籍四川，家贫，依之为生者有寡母弱妻幼妹小女。今远离故乡，惨遭奇祸，家属将何以自全其生，同人等现正筹谋黄君一切善后，一方集全力与帝国主义者与军阀走狗决一死战。我亲爱之同胞，尤须知黄君之死，非黄君个人之死，乃先全国人民而死者之一人。民与贼不两立，望我同胞从速联合起来，向帝国主义与军阀下猛烈之总攻击。

上海大学学生会删
《民国日报》1924 年 10 月 17 日

### 黄仁追悼会预志

上海大学四川同乡会通启云：本会日昨（十七日）会同各团体在本校开二次会议，决定于本月念六日（星期日）为同乡黄仁君开追悼大会（会址临时再告），凡我同乡暨与黄君有旧诸君，务希届期厚赐悼仪（交本校本会经收）为荷。

又四川富顺旅沪学会昨有通电，述黄君作革命先锋，为中华民族独立运动而牺牲，死固无憾，而老母寡妻，幼妹孤女，谁为安养抚育，故不得不泣血陈词，求援于各界人士，并非将黄君之冤昭雪不止。

《民国日报》1924 年 10 月 20 日

### 追悼黄烈士大会通告

敬启者：敝团体等于昨日在上海大学开追悼黄烈士筹备会，佥谓黄烈士之惨死，纯出爱国热忱，若不举行追悼大会，何以励后进而慰英魂？故议决于本月二十六日（星期日）下午一时在西摩路上海大学第二院开会追悼，凡我同情于黄烈士诸君及烈士亲友若赐挽联、挽文，务请于追悼会前一日内寄交上海大学追悼黄烈士筹备会办事处为荷。

中国国民党上海市第一区党部、第二区党部、第五区党部、第九区党部、第四区党部第四区分部、反帝国主义大同盟、非基督教同盟、上海店员联合会、上海市民协会、淞沪机械职工同志会、金银工人互助会、机械工人俱乐部、劳工青年会、青年救国团、沪西工人俱乐部、杨树浦工人进德会、杨树浦平校校友会、青年学社、申江学社、浙江旅沪工会、全国学生总会、上大学生会、上大教职员援助被难学生会、上大四川同乡会、上海大

1924年

学同启

《民国日报》1924年10月22日

## 黄仁伤单(德医的报告)

解剖断语

头腔基部,蝶骨左大翼及右顶骨缘左脑膜中动脉沟骨折硬脑膜外,拳大血肿,带左脑半球窝状压痕;肺脏坠积性充血及水肿。

(一)男尸一具,体格修长,下肢尸僵显著背尸斑甚多。

(二)角膜已干,瞳孔阔大几不可辨,两嘴角各有液体干迹,右耳缘至耳壳内有1.5 cm长疤痕一道,两耳壳上缘处各有一小孔深入皮下。

(三)胸部窄狭,右肩峰上有淤斑一块,径长2 cm,右肩胛棘上部有抓伤一道,长4 cm,阔至1 cm。左胸锁骨关节处,肌肉内瘀斑一块,约一元钱大。

(四)左颞肌为血所浸润,颅顶披开后,现凝血团,沾附于硬脑膜左部之外,前后长9.5 cm,上下阔7 cm,厚至3 cm。大脑左半球与凝血相当处现一窝状,陷入蝶骨左□翼内面,细齿状横折痕一道与脑膜中动脉沟完全相合,尚□续至顶骨折缝旁之头骨内肤,分离而可推动。中层甚薄,头骨全体均薄,折断处仅35 mm厚。

(五)横隔膜位置,左右均在第五肋骨。

(六)腹脏位直〔置〕,膀胱极满,横结肠与胆囊结合。

(七)胸脏位置,左肺尖与胸壁结合,左肺上叶亦与胸壁结合,心脏游离心包中。

(八)脑髓干,切面色淡,各□清晰无出血或病灶。

(九)心脏大小适度。心内膜浸溶,血色甚重,右心内含红凝血块,左心室有腱索一条,心重199 Gm。

(十)两肺上叶上部内,各有豆大酪状病灶一处,其间尚有黄米粒大小结节甚多,而下叶暗红色,血液量增多,切面中因有暗红色液体流出。

(十一)两肾脏均小,切面明晰,血量适中,合重150 Gm。

(十二)脾脏较大,囊折皱,切面明晰,重120 Gm。

(十三)胃中含胆色液体少许,黏膜无变态;胆道通畅,胆道旁淋包线肿大,胆囊内含黄绿色稀胆汁少许;肝脏略小,表面平滑,重980 Gm,切面少充血,颇软,黄褐色。

(十四)大肠长110 cm,直肠长9 cm,小肠长680 cm,肠黏无变态。

(十五)摄护腺较大,膀胱内满储清尿。

十月十五日

《民国日报》1924年10月27日

## 黄仁烈士追悼会纪事

本埠三十余团体所发起双十节国民大会惨遭被难之青年黄仁烈士追悼大会,昨日下午一时在西摩路举行。到会人数极众,会场布置秩序井然,挽联诔词不下三四百幅。陈望道主席,开会秩序如下:一振铃开会;二主席报告;三向烈士遗像行敬礼;四上大四川同乡会致诔文;五烈士同乡何秉彝君报告烈士历史及事略;六沈玄庐、刘含初、瞿秋白、恽代英诸君及烈士同乡同学暨各公团代表演说;七烈士家属代表致谢辞;八唱追悼歌;九摄影;十闭会。直至四时余始散。会场演说极悲壮激昂之至,闻者色动焉。闻该追悼会筹备会现正进行抚恤烈士家属事务云。

*《民国日报》1924 年 10 月 28 日*

### 黄仁烈士传

烈士姓黄,名仁,字人觉,蜀之富顺人也。父某,业木商,往来荆蜀间,颇获赢焉。庚子之役,满庭既弛商禁,外资侵入,抚我国商业之背而扼其吭。美人挟其山林之富,续续运其材,售诸我国,川滇之产不能东。烈士父既受外资剥蚀,亏折浸多,竟忧郁死。烈士时仅六龄,幸有贤母,纪纲家政,不致废读。烈士有一妹,门庭清赞,母子三人,相依为命,不忍朝夕离也。"五四"运动,烈士渐感受新思潮,请于母,入本邑高小,继入县中学,皆不当意。弃去,之成都。肄业叙州旅省中学。时烈士年十八,奉母命与舅父女毛淑芳女士结婚。新妇稍能安母意;遂决计远游。母不忍重拂爱子意,舍泪许之。而从此乌树庭前,春晖寸草;晚妆楼畔,弱柳千条。烈士家庭之清寂,更不堪问也。烈士内痛我国实业之不振,思锐革之。抵江宁,首入甲种工业;再转入上海中华职业学校。所习科目,皆出人头地。客居既久,每感生活之无聊。遇二三故旧,辄抵掌纵谈,忿疾,则拍案大呼曰:"男儿生也不成名。"则当拼此大好头颅与民贼为孤注一掷耳,胡为戚戚终日,若待决之囚耶?言时声泪俱下。闻者或识其狂,而不知烈士之心苦也。

今年夏,沪上学人,有夏令讲学大会之组织,烈士以国民党党人资格与焉,由此益熟知中国现代政治及经济之真相,豁悟曩之徒欲振兴工业之偏见为非是。毅然舍去所学,入上海大学社会学系。方思有所建树,而不幸之天后宫惨剧演也。先是烈士见各报载有所谓"国民大会"之广告,即欲一往,观其究竟,初不料其中有种种鬼蜮之黑幕也。是日予与烈士并肩立人丛中,昂首视台上讲者,须动吻张,手摇足摆,殆类儿戏;顾心薄其儌而未注听矣。继忽闻台上呼"打"声;场内碰击声,高呼"打倒帝国主义,打倒军阀"声,台下呼"打死"。观者鸟兽奔,不可遏止。予与烈士方骇诧间,有友人告云"同学林钧被殴",烈士愤甚,偕予登台,拟质问该会主席,因此亦被殴,予二人先后自高欲十尺之台跌下。既晕,被拖入一小室,则先有十有余人,黄烈士其一也。□予血流满面,跛一足,状至狼狈。烈士横卧一敝榻上,呕不止,见予,悲咽不能声,予等幸为同学保护出险,归而困顿状褥。次日烈士之讣闻至也。吁痛哉。

伯和曰:"烈士成仁太早,其所树立,似无大过人者。然有识者而幸察其微焉,必当有所警惕也。"

(转录上大四川同学会追悼黄烈士特刊)

*《民国日报》1924 年 10 月 28 日*

### 上海大学丛书之一 蔡和森先生著《社会进化史》大本一厚册 定价一元

蔡先生为上海大学社会学系教授,于社会科学研究有素。本书为其经心之作。书凡三篇:一,家族之起源与进化;二,财产之起源与进化;三,国家之起源与进化。共十余万言,论述甚详。

*《申报》1924 年 11 月 2 日*

## 上大平校祝十月革命

上海大学附设之平民学校,上期颇形发达。本学期照章改组委员会,继续办理。前由全体教职员公推杨之华、刘一清、王秋心、李秉祥、薛卓江、朱义权、林钧、王杰三为委员,由委员推定林钧为平校主任,王杰三为教务主任,李秉祥为总务主任,王秋心为会计,刘一清、朱义权为书记,薛卓江、杨之华为庶务。后以王杰三因事返乡,改推王华芬为教务主任。

开学以来,学生已达四百六十余人,大都为十四岁以上之工人,分高中初三级、每级分甲乙二组教授。前日为苏俄十月革命纪念,特于下午七时开庆祝会,到者有五六百人。主任林钧报告开会宗旨,继由王华芬、李春蕃、刘一清演说,并请蒋光赤先生演讲俄国革命后之情状。末呼中国国民革命、俄国十月革命、世界劳动革命万岁而散。

《民国日报》1924年11月9日

## 上海大学附设平民学校消息

上海大学附设之平民学校,本学期自开学以来,学生已达四百六十余人,报名者尚络绎不绝,大都为十四岁以上之工人。编制分高、中、初三级,每级分甲、乙二组教授。日前为苏俄十月革命纪念,特于下午七时开庆祝会云。

《新闻报》1924年11月10日

## 欢迎孙中山筹备种种

本埠各团体联合会,昨因孙中山氏将于十七日(明日)抵沪,特于下午二时开执行委员会,讨论欢迎孙氏之形式与仪节。各委员互商颇久,决定:(一)欢迎时,不用任何旗帜,惟各人一律佩用各本团体徽章,以资识别,而志盛况。(二)公推陈肃仪拟欢迎词,届时致颂。(三)未尽事宜,定今日下午二时召集全体代表,公同讨论之。议毕散会,发出通告如下:孙中山先生定于本月十七日抵沪,本联合会曾经前次召集各团体代表会议决欢迎。兹定于月之十六日下午二时,仍在本会开会讨论欢迎秩序,届时务希贵代表拨冗莅席为要。

各工团因欢迎孙中山,于昨日下午二时在天潼福德二路商界联合会开第四次会议,到者六十余公团代表九十余人,公推陈广海主席,议决:(一)公推旅沪广东自治会、上海大学学生会、工团联合会、上海店员联合会、学生总会五团体,担任探听消息。俟得确信,即通知其余公团前往欢迎。(二)每团体推指挥员二人,以徽章为标识。再推总指挥一人,郭景仁君当选。(三)推举陈广海、林大松、丁义全负责接洽欢迎会地点。(四)欢迎会定十九日下午举行。(五)推定李逸为大会主席,王秋心为记录,李诚为赞仪。(六)大会招待及纠察,由各工团代表分担。(七)通过预算,由各公团自由认捐,不足之数,再由各公团均摊。(八)通过欢迎词及意见书。(九)欢迎会凭入场券入场,按各公团人数分配。新加入团体,有大夏大学学生会、民治急进社、国民公学、上海粤侨工界联合会、旅沪广东自治会、女子参政协会、勤业女子师范、女界战士慰劳会、女子体育师范、上海启贤公学等十八公团。

《申报》1924年11月16日

## 上海大学

上大浙江同乡会于昨日下午七时在该校教室举行常会,到者甚众。改选王华芬、杨之华、施存统、朱义权、贺威圣为执行委员,公推沈雁冰、朱义权、张维祺为出版委员,徐竹虚、全世堪为演讲委员,崔小立、千翔青为学术研究委员,已草定大纲,分头进行。并闻该会对时局不日将有重要宣言发表云。

《民国日报》1924年11月17日

## 孙中山抵沪纪·欢迎者甚众 赴津期仍未定

孙中山所乘之日本邮船春洋丸,由香港开驶来沪,于前晚夜半一时许抵淞口三夹水停泊。孙中山于昨日上午九时二十五分,乘褒尔登号小火轮至法公司码头上岸。同来者除其夫人外,有汪精卫、黄惠龙、邵元冲、黄谷昌、卢师缔等三十九人,其中有妇孺十名。闻张开儒及马素亦同来。内乘头等室者二十三人,余悉乘二等舱。乘小火轮往吴淞迎接孙氏者,为于右任、石青阳、杨庶堪、居正、沈卓吾、宋子文、蒋作宾暨段代表光云锦、苏齐代表凌铁庵等二十余人。在法租界码头上候迎者,有各团体代表约五百人,均携白旗,写有"欢迎大元帅""欢迎国民革命领袖孙中山先生"等字样。孙氏上岸后,即乘汽车直至法租界莫利爱路二十九号住宅。

国闻通信社云,孙中山由粤乘日船春洋丸来沪,预计昨日可以抵埠,各方纷纷筹备欢迎。该轮于昨晨四时余即抵吴淞口外。公司方面于五时半派专轮褒尔登号往迎,各团体欢迎之代表赵铁桥、茅祖权、彭介石、蒋作宾、李鸿钧、光云锦等,亦乘是船往轮上迎接。至各团体之欢迎者,于上午六时余起,即陆续到法兰西轮船公司码头聚集。到国民党各区分部代表及南洋烟草公司失业工人、上海大学、竞雄女学等代表计二千余人。预由法捕房分派探捕程子卿等在场照料,欢迎者分立码头四旁,码头上禁绝闲人搀入。至九时一刻,褒尔登号到埠。当由叶楚伧登台指挥,全体高呼"孙总理万岁""中国国民党万岁""中华民族解放万岁"。孙氏上埠后,向众微笑点头,表示谢意,其余随行者亦陆续上岸。计同行者有中山夫人宋女士、汪精卫、黄昌谷、邵元冲及张默君等十余人。陈友仁偕来,然不同船。孙氏于群众欢呼中,即乘汽车至莫利爱路私宅,各团体代表亦陆续到来致敬。中山一一握手致答,并在草场内由新大陆影片公司摄活动影片数幅,以示纪念。孙氏宅外,由法捕房派武装巡捕站立保护。上海大学之大队由码头赴孙宅,捕房为恐秩序纷乱,当加以阻止。临时法领并派人向中山致意,谓此举纯系出于保护诚意,幸勿误会云云。至十二时后,各人始渐渐散去。至关于中山此后行动,记者于晤见后即向孙氏询问,孙氏之答词至为简单,而其意态则极为乐观。孙氏曰:"余此后所欲为者,已详于吾在粤临行前之宣言中,他盖无所求。余前者倡导之和平统一,今殆可以实现矣。至余赴津之缓急,当视北方之情形而定。果北方发生纷扰,则赴津之期,亦将提早,否则局面安定,余行期自不必呕呕也。"云云。

《申报》1924年11月18日

## 学校新闻汇集·上海大学

该校学生所组团体,益形发达,宣传文化有"书报流通社",研究学术有"社会科学研究会""三民主义研究会""湖波文艺研究会""春风文学会""孤星社"及其他种种,增进平民知识有"平民夜校"。近该校一部分学生又有演说练习会之组织,从事语言练习。日前开会讨论简章,选举职员,闻方卓君被选为总干事,王环心书记,袁耘雪会计,陈铁庵交际,陈德圻庶务,四君被选为干事。开会为每星期举行一次,练习之方式系采"演说""辩论""讨论"三种。

《民国日报》1924 年 11 月 18 日

**上海大学学生之新组织**

上海大学学生所组织之各种小团体,近来颇形发达。宣传文化有"书报流通社",研究学术有"社会科学研究会""湖波文艺研究会""春风文学会""孤星社"及其他种种,增进平民知识有"平民夜校"。近该校一部分学生又有演说练习会之组织,以从事语言之练习,于日前开会讨论简章,选举职员,闻方卓君被选为总干事,王环心、袁耘雪、陈铁庵、陈德圻四君被选为干事。开会为每星期举行一次,练习之方式,系采"演说""辩论""讨论"三种云。

《新闻报》1924 年 11 月 18 日

**篮球消息**

本埠每年有全沪华人篮球锦标之比赛,去年加入者,为青年会全白队、全黑队、体育研究会、圣约翰大学、复旦大学、沪江大学等六队,最后锦标为全白队夺得。今年复由青年会发起,除去年加入之各队外,新加入有上海大学、南方大学及中国公学等,并定本月二十九日开始比赛。地点本拟在贝勒路体育场,但闻因多数赞成在青年会举行,故现在尚未决定。本届锦标,闻全白队及全黑队为最有希望,届时必有一番角逐也。

《申报》1924 年 11 月 20 日

**旅沪皖学生反对倪道烺长皖电**

沪上各校皖籍学生谢硕等,因闻倪道烺有运动皖长之讯,昨发出代电云:各报馆转安徽六十县父老昆季诸姑姊妹暨旅外同乡,天津段芝泉先生、许俊人先生、北京徐季龙先生、高一涵先生、王抚五先生,广州柏烈武先生公鉴:宰马为皖人共同目的,虽于铣日兔脱,而姜案具在,无幸逃斧钺,乃杀人主凶倪道烺,乘时取利,辇金京津,竟谋长皖,闻将成熟,令人骇痛。道烺与马,罪恶均等,而猾贼凶狠,或且过之。皖人救皖,宜速置倪马于典刑,防止恶势力之反动,使八皖再不至陷于民八前民贼宰割之局。此间愤慨相结,即当继续姜案工作,誓达归案论抵目的。为虺不摧,为蛇奈何。敬希主张一致,愿效驱驰。上海大学谢硕、刘一仍、王弼、孙君谋、王步文、濮德治、吴霆,圣约翰大学许丙松,大同大学郑象岳、王燮、金涤环、吴振环、马慰然、涂均、常闻初,法政大学余瑞、高怀、孙振华、牧文农,东华大学孙柳村、王靖民,安徽旅沪东方大学同乡会叩啸。

《申报》1924 年 11 月 20 日

**中国孤星社常会记事**

中国孤星社,系研究学术改造社会之青年团体,公推吴稚晖、于右任为名誉社长,请沪上各大学教授为名誉社员,成立已一年,社员达百余人。前日该社本埠社员假西摩路上海大学开上海社员常会,到三十余人,安剑平主席。报告社务毕,即改选职员、干部。行政委员长安剑平,委员张庆孚、糜文浩、马凌山、蒋抱一、施锡其、王耘庄、吴希璘、孔庆波、严朴、薛成章、严保滋。议决案件:(一)孤星旬报社会评论字艺评照常出版;(二)举行音乐跳舞大会;(三)组织筹款委员会,筹募基金,举王启周为委员长。

《民国日报》1924 年 11 月 20 日

### 上海大学校旗送回

本月十七日,上海大学学生赴莫利爱路欢迎孙中山先生,途中曾为法巡捕将该校校旗取去。后经交涉,已由法捕房送回。

《民国日报》1924 年 11 月 23 日

### 孤星社对时局之主张

中国孤星社,昨上孙中山先生意见书一,对于时局共主张三项:(一)惩办曹锟及贿选议员;(二)迁都,至迁都何地,由国民会议公决;(三)实行兵工政策。

《民国日报》1924 年 11 月 23 日

### 六十二团体拥护孙中山主张电

各报馆转全国各公团公鉴:伏读中国国民党对于时局之宣言,与该党总理孙中山先生对于新闻记者发表之政见,洞悉中国十三年来祸乱之症结,并明示今后谋国之方针,在造成独立自由之国家,以拥护国家及民众之利益为归宿。举其大者,如对外则取消一切不平等之条约及特权,变更内外债之性质,使列强不能利用此外债,以致中国坐困于半殖民地之地位。对内则划定中央与省之权限,使国家统一与省自治,各遂其发达而不相妨碍,同时确定县为自治之单位以深殖民权之基础,且当以全力保障人民之自治,辅助农工实业团体之发达,谋经济、教育状况之改善。又反复声明,十三年来帝国主义与军阀勾结,以为其进行之障碍,遂使此等关系民国存亡、国民生死之荦荦大端,无由实现。末复诉诸国民之公意,要求国民之自决,主张召集全国国民会议,解决国是。本公团筹备会循诵再四,认此主张确为救济中国之良药,用特通电拥护。(至于本公团筹备会,对于国民会议之具体主张,另有通电发表之。)并希全国各公团一致赞助,本会幸甚,中国幸甚。中华民国学生联合会总会、上海粤侨工界联合会、旅沪广东自治会、女子参政协会、天潼福德二路商界联合会、吴淞路商界联合会、嘉兴路商界联合会、河南路商界联合会、上海市民协会、闸北市民对外协会、南市市民对外协会、反帝国主义大同盟、非基督教同盟、上海工界联合会、上海店员联合会、浙江旅沪工会、上海船务机房工界联合会、机器工人俱乐部、淞沪机械职工同志会、劳工青年会、金银工人互助会、雕花业工会、杨树浦工人进德会、上海大学学生会、大夏大学学生会、上海大学平民学校、上海启贤公学、上海女子体育师范、国民公学、勤业女子师范、虹口平民女学校、林荫路平民学校、安徽逃亡学生团、申江学会、青年学社、旅沪兴化学会、上海琼崖新青年社、平民教育研究社、平民导社、民治急进社、旅沪赣民自治促进会、女界战士慰劳会、旅沪浙江自治协会、曹家渡亥育报社、中国青年救国团、春雷文学研究社、中国孤星社、上大浙江同乡会、天津留沪学生同志会、旅沪山东学生同志会、青年印刷工人互助社、同志劝戒嗜好阅报社、暨南大学学生自治会、杨树浦平校校友会、东北城商界联合会、地货友谊会、普贤学校、真如平民教育社、贵州留沪学生会、南洋烟草职工同志会、失业后援会、明智公学、江西省议会第二届议员驻沪办事处等六十二团体同启。

《申报》1924年11月24日

**各公团赞成中山先生之政见**

全国学生联合会等六十二团体，对于中国国民党最近发表对时局之宣言表示赞助，昨特通电如下：

（衔略）伏读中国国民党对于时局之宣言，与该党总理孙中山先生对于新闻记者发表之政见，洞悉中国十三年来祸乱之症结，并明示今后谋国之方针，在造成独立自由之国家，以拥护国家及民众之利益为归宿。举其大者，如对外则取消一切不平等之条约及特权，变更内外债之性质，使列强不能利用此外债，以致中国坐困于半殖民地之地位，对内则划定中央与省之权限，使国家统一与省自治，各遂其发达而不相妨碍。同时确定县为自治之单位，以深殖民权之基础，且当以全力保障人民之自治，辅助农工实业团体之发达，谋经济教育状况之改善，又反复声明十三年来帝国主义与军阀勾结以为其进行之障碍，遂使此等关系民国存亡国民生死之荦荦大端，无由实现。末复诉诸国民之公意，要求国民之自决，主张召集全国国民会议，解决国是。本公团筹备会循诵再四，认此主张确为救济中国之良药，希全国各公团一致赞助，中国幸甚。

中华民国学生联合会总会、上海粤侨工界联合会、旅沪广东自治会、女子参政协会、天潼福德二路商界联合会、吴淞路商界联合会、嘉兴路商界联合会、河南路商界联合会、上海市民协会、闸北市民对外协会、南市市民对外协会、反帝国主义大同盟、非基督教同盟、上海工界联合会、上海店员联合会、浙江旅沪工会、上海船务机房工界联合会、机器工人俱乐部、淞沪机械职工同志会、劳工青年会、金银工人互助会、雕花业工会、杨树浦工人进德会、上海大学学生会、大夏大学学生会、上海大学平民学校、上海启贤公学、上海女子体育师范、国民公学、勤业女子师范、虹口平民女学校、林荫路平民学校、安徽逃亡学生团、申江学会、青年学社、旅沪兴化学会、上海琼崖新青年社平民教育研究社、平民导社、民治急进社、旅沪赣民自治促进会、女界土维持会、旅沪浙江自治协会、曹家渡亥育报社、中国青年救国团、春雷文学研究社、中国孤星社、上大浙江同乡会、天津留沪学生同志会、旅沪山东学生同志会、青年印刷工人互助社、同志劝诫嗜好阅报社、暨南大学学生自治会、杨树浦平校校友会、东北城商界联合会、地货友谊会、普贤学校、真茹平民教育社、贵州留沪学生会、南洋烟草职工同志会失业后援会、明智公学、江西省议会第二届议员驻沪办事处等六十二公团公叩

《民国日报》1924年11月24日

**浙籍学生反对孙传芳**

上海大学浙籍学生昨日为浙事发出代电云：此次江浙战争，我们浙江牺牲了无数生

命财产,结果却只增加吾浙人民压迫宰制之苦痛,吾民所愿的自由与幸福一点也没得到。我们经了这一次重大之教训,应根本觉悟,军阀存在一天,我们绝对得不到自由与幸福,生命财产绝对得不到保障。军阀的利益完全与人民的相反,有军阀无人民,有人民无军阀。浙人若不甘长受军阀的压迫,便应快快团结起来,以人民自己的力量来推翻军阀,不许任何军阀在浙江存在。我们要靠人民自己的力量,只有人民自己的力量是真实的力量,才能替人民谋利益。我们现在最要反对宰割浙江的孙传芳,而孙一面解散浙军,一面表示拥段,以冀永保宰割人民的局面,这是我们浙江人民的极大危机。我们应该赶快想法自救,赶快团结起来,与全国被压迫人民一同奋斗,务期达到目的,恢复我们的自由与幸福。同人不敏,愿随全浙人民之后。

上海大学浙江同乡会叩<br>《民国日报》1924 年 11 月 27 日

**国民会议专栏·上海大学学生拥护中山先生主张**

上海大学学生会对于中山先生主张召集国民大会,表示绝对赞成,兹发表宣言如下:

我们在这十三年来的糜烂局面中饱尝了军阀混战私斗的滋味,备受了帝国主义剥削欺凌的苦痛。(中略)中山先生已于日前过沪赴京,并以国民党总理名义发表堂堂正正的对于时局的宣言,主张召集国民会议,以解决内受军阀外受帝国主义宰割压迫的混乱时局。我们读了孙中山先生的时局宣言,就明了他主张的国民会议的用意是在真诚为国民谋福利,他在宣言里恳挚的向我们国民宣布他的主张。

(一)使时局之发展能适应于国民之需要;

(二)使国民能自选择其需要。

本以上的主张,提倡召集国民会议,以谋中国之统一与建设,而在国民会议召集以前,主张先召集一预备会议,决定国民大会之基础条件及召集日期、选举方法等事。预备会议,以下列团体之代表组织之:(一)现代实业团体;(二)商会;(三)教育会;(四)大学;(五)各省学生联合会;(六)工会;(七)农会;(八)共同反对曹、吴各军;(九)政党。

我们为我们国民本身的利益,应当追随孙中山先生之后,促成此次国民会议,我们愿以全副的力量作孙中山先生的后盾,实现代表国民利益的孙中山先生的时局宣言,我们更希望上海各学校以至全国各学校、各公团一致起来拥护孙中山先生的主张,自解倒悬于此独一无二的绝好机会。

各学校的同学们,全国的同胞们,我们自救的机会到了,我们不可单靠赤手空拳的孙中山先生,我们要使国民大会实现,要在这次国民大会中收回我们的利权,恢复我们的自由,永远断绝军阀的专横和帝国主义的掠夺,我们必须联合起来一致声援我们的先锋孙中山先生,促成国民大会。谁破坏此次国民大会,就是我们的仇敌,我们就应一致向他猛攻。时机不可复失,快快起来,作孙中山先生的后盾,实现真正的国民会议。

《民国日报》1924 年 11 月 28 日

**上大河南同学会近闻**

上海大学河南同学会,昨开会改选委员,庞琛、王伯阳当选为正副委员长,文牍马怀楷、史赞尧,交际王钺、李亚桢、李宗唐,庶务兼会计徐坚如。继讨论援助济、汴被解教学生办法等而散。

《民国日报》1924年11月30日

**上海大学主张国民会议宣言·注重预备会议**

上海大学于十一月二十八日下午由代理校长邵仲辉召集教职员及学生全体会议,讨论孙中山先生对于时局之主张,一致赞成召集九团体之预备会议产生国民会议之建议。议决发表宣言并推出邵仲辉、彭述之、施存统、张太雷、韩觉民、刘剑华、林钧等七人为代表,与国内各大学联络,进行九团体预备会议之产出。昨发表宣言,原文如下:

各实业团体、各商会、各工会、各农会、各教育会、各学生联合会、各大学及全国国民鉴:中国近年生产日蹙,商业停滞,社会经济破产,人民失业日众,以致兵灾匪祸,无处无之。资本家无投资之地所,劳动者无生活之工资,此谁之赐?帝国主义之侵掠与国内军阀之战争有以致之也。为发展中国的国民经济与建设民治主义的政治,势非人民结合起来,用革命的手段将中国祸源之帝国主义与军阀铲除不可,然而此种国民革命之成功,决非一早一夕可以达到,欲达到此目的必经由种种之步骤。近自曹、吴失败,中国政局有转机与下落之两种可能,人民经过此次战争之极大痛苦后,亦稍有干预政治之觉悟,但乏行动之指南针。中国革命领袖孙中山先生于此次离粤时对时局发表宣言,主张召集国民会议,并由九团体之预备会议来决定产生国民会议之方法,以为人民解决国事之第一步宣言出后,一时受各界人士之赞同,即段祺瑞等亦表示有召集国民会议之意。惟国民会议须真能代表民意时方能解决国事,当今军阀统治之下国民会议未始不会受军阀之利用,所以关于产生国民会议之方法须极端注意。中山先生主张由九团体代表组织之预备会议比较能代表民意,以之产生国民会议,或可得真正之国民会议,是以本校于赞成中山先生国民会议主张外,尤特别将中山先生预备会议之特点指出,使一般国民能辨别国民会议之真假,而国民会议不致受军阀之利用,并真能代表民意以解决国事。本校已于十一月二十八日下午一时开教职员及学生全体会议,通过赞成中山先生之意见,并发表宣言号召国人一致拥护,以促成国民会议并解决中国问题,庶国民经济能发展,人民自由得保障,不胜待命之至。

上海大学教职员及学生全体叩
《民国日报》1924年12月3日

**上海国民会议促成会筹备会纪**

昨日下午二时,上海国民会议促成会筹备处召集第二次代表大会,到中华海员工会,电气工业联合会,上海大学、山西路、法租界、河南路、天潼福德路各商界联合会、法政大学、上海大学、同文书院各学生团体及上海民治协进会、旅沪广东自治会等九十二公团代表一百二十七人,公推郭景仁主席。首报告会务经过情形。加入之团体,截至昨日止,已有七十五公团,今日又加入东北城商业联合会、参战华工会、浙江一中旅沪同学会、湖南旅沪学会、上海法政大学法律系学生会、浦东工人协会、徐家汇工人俱乐部、云南青年励进社等三十二团体,合前加入者,已达一百零七公团之多。但今日有各马路商界联合会等十余团体来函声明因事不能到会,而所有决议则一律遵行。次讨论问题:(一)通过草章。(二)议决加入该会各公团,即日发表宣言或通电并决定原则:(甲)主张由人民团体召集国民团会议预备会议,反对军阀官僚之善后会议;(乙)预备会议应于最短期内召集之;(丙)预备会议召集后,现临时执政机关应即取消,一切政权移交该会。(三)加入该会各公团分头接洽未加入该会之各团体,一致加入。(四)增加筹备委员八人,推选结果:邵力子、赵南公、郑振生、唐公宪、冷隽、谢日新、林钧、郭伯和当选。(五)该会成立大会日期,决定于本月十四举行。议毕散会,时已六时余矣。

《申报》1924 年 12 月 8 日

**女界筹备参与国民会议**

本埠女界十余团体鉴于召集国民会议女界须参加之必要,提议组织上海女界国民会议促进会,以为全国倡,发出通启,已志前报。昨日借上海大学正式开筹备会议,计出席者有大夏大学女生团、群治大学女生团、上海大学女生团、女子自悟会、上海妇女运动委员会、南方大学女生团、景平女学学生会、商务印书馆总务处文通科女职员、东方艺术研究社女社员、东方艺术专门学校女生团、南洋职工同志会女会员、上海大学平民学校、虹口平民妇女学校、杨树浦妇女平民学校、勤业女子师范学校、爱国女学校、女子参政协会、沪北妇女节制会、竞励女校、上海女界战士慰劳会、华商烟草公司女工等二十一团体代表以及个人资格参加者十余人。午后三时开会,当推定李剑秋女士主席,刘清扬女士报告上次十余团体聚会讨论情形毕,即由各团体代表发表意见。女子参政协会代表王立明女士首言促进会组织之必要,各团体均赞成组织上海女界国民会议促进会之提议,遂一致通过,当时出席团体均认为发起者。次讨论组织,议决采用委员制,由各团体代表自行推举各一人,再由以个人资格参加者推举三人。当推定钟复光、王立明、刘清扬、林蕙贞、朱剑霞、李剑秋、余秉清、向警予、华豪吾、唐景、杨之华、李一纯、应令言、张惠如、萧飞烈、范志超、汤洁如、吴光清女士等十八人(尚有数团体未及举出)。次讨论进行宣传方法,决定:(一)发布宣言。(二)致电段祺瑞、冯玉祥。(三)致电孙中山。(四)通电全国妇女团体、女学校,促各地一致发起同样团体,谋全国之大团结。各事均由委员会负责进行。再次讨论举行成立大会,决定在下星期日(即本月十四日)举行,地点假宁波旅沪同乡会会所。又决定开成立会时,当作大规模之宣传,以引起妇女对于政治注意,并预备种种游艺以助兴趣。最后讨论经济问题,决定各团体分担与临时募集两种办法。至六时,乃散会。

《申报》1924 年 12 月 9 日

**松江·初级中学星期演讲会纪**

松江初级中学校昨(十四)星期日开第三次演讲会,讲师系上海大学社会学系主任施存统君,讲题为"国民会议"。先叙孙中山先生的言行、三民主义、五权宪法,使人信从的理由;次叙此次政变,只有孙先生所提出之"国民会议"一条与人民有利益,能救现在千疮百孔的中国;末复谓中国贫穷原因,都为关税权力握在外人手内云云。

《申报》1924 年 12 月 19 日

### 学校消息汇纪·上大川同学开会

上海大学四川同学会，十七日午后假该校第二院开选举大会，到二十五人。一、主席刘剑华报告。二、各部报告过去情形。三、讨论问题：甲、国民会议筹备会参加问题。全体通过，议决通电全国；乙、会员林应时、陈毅夫自请退会问题。议决许其退出，同时声明以后林、陈不得借该会名义作任何事故；丙、修改简章组织问题。通过改为委员制，设委员九人。四、改选：当选李成林、窦勤伯、尹敦哲、章香墀、吴铮、郑则龙、杨国辅、李硕勋、陈和禄九人为下届委员。

《民国日报》1924年12月19日

### 捕房派探搜查上海大学

前日，公共租界总巡捕房向公廨领得牌票，由中西包探至西摩路上海大学搜查，搜出过激书籍甚多。闻昨日已传该校当事人到廨审问矣。

《新闻报》1924年12月19日

### 邵力子被控案开审记·第一节仇洋注销　余展期三礼拜再讯

西摩路上海大学代理校长邵力子（校长于右任往北京）被总巡捕房控诉出售含有仇洋词句之《向导》报，其传票所开案由为"于十二月八日出售《向导》报，内含仇洋词句，犯刑律第一百二十七条，又不将主笔姓名刊明报纸，违犯报律第八条"。昨晨由陆襄巚与英领事会讯，上海大学学生多到堂旁听。克威律师代表邵君兼上海大学，由徐维绘君翻译。先起立抗议捕房所引用之刑律第一百二十七条，该条文为私与外国开战者，处一等至三等有期徒刑，与本案情节不合。又引英国法律说明此等情罪等于谋叛国家，与本案万不适用，请求将控案注销。英副领事略询捕房代表梅脱伦律师后，中西官即宣布所控第一节犯刑律第一百二十七条应即注销。克威律师又称《向导》刊印发行皆与敝当事人完全无涉，故违犯报律第八条亦当然不成立。捕房律师声称，捕房所控尚有违反报律第十条及藏有多数有害于中华民国之书报云云。克威律师以案情尚待详细研究，声请展期，且时已近午，中西官判候展期三礼拜再讯。

《申报》1924年12月20日

### 上海大学招考插班生

本校本学期大学部文艺院之中国文学系一、二、三年级，英国文学系一、二、三年级，社会科学院之社会学系一、二年级；中学部之高级中学一、二、三年级，初级中学一、二年级，均招收插班生。考期：第一次为一月九、十两日。报名：自十二月二十二起须随带试验费二元、最近四寸半身照片及文凭或转学证书。函索简章者，须附邮票四分；索本校一览者，须附邮票十五分。空函恕不作复。地点在爱文义路西摩路本校。

校长于右任

《民国日报》1924年12月20日

### 上大代理校长被控案开审记·第一节仇洋已注销，余展期三礼拜再说

西摩路上海大学代理校长邵力子（校长于右任往北京）被总巡捕房控诉出售含有仇洋

词句之《向导》报,其传票所开案由为"于十二月八日出售《向导》报,内含仇洋词句,犯刑律第一百二十七条,又不将主笔姓名刊明报纸,违犯报律第八条"。先是捕房得报,《向导》周报在上海大学刊印发行,于八日派探,至该校书报流通处(系学生组织以便同学购阅者),购得九十二期《向导》。九日请廨发给搜查证,至该校搜查。共到中西包探七八人,问印报机器,该校办事人答称本校并无机器,亦不印报,讲义系用誊写板油印。当至讲义处察视一过,取去讲义数纸。又至书报流通处,除文艺科学等书外,取去近时新出之杂志及有"社会"两字之书籍多种。又问出售《向导》情形,学生答以由广州丁卜书报社寄来每期三十份。至十七日乃以传票送达邵君。昨晨由陆襄讞英领事会讯,上海大学学生多到堂旁听。克威律师代表邵君兼上海大学,由徐维绘君翻译。先起立抗议捕房所引用之刑律第一百二十七条,该条文为私与外国开战者处一等至三等有期徒刑,与本案情节全然不合。虽本条英文译本内(按英译文为 Without Authority Hostile Against Foreigners)之 Hostile 字样,亦可作仇视外人解,惟本廨为中国公堂,自应以中文为主。又引起英国法律说明此等罪等于谋叛国家,与本案万不适用,请求将控案注销。英副领事略询捕房代表梅脱伦律师后,中西官即宣布所控第一节犯刑律第一百二十七条应即注销。克威律师又称《向导》刊印发行皆与敝当事人完全无涉,故违犯报律第八条,亦当然不成立。捕房律师声称捕房所控尚有违反报律第十条及藏有多数有害于中华民国之书报云云。克威律师以案情尚待详细研究,声请展期,且时已近午,中西官判候展期三礼拜再讯。

按中华民国并无所谓报律,只有袁世凯时代公布之报纸条例,然该条例已于民国五年七月十六日奉大总统令废止。

《民国日报》1924 年 12 月 20 日

**上海大学主任被控**

总巡捕房西暗探长祁文司、煞拉文,译员曹赐新等,侦悉西摩路上海大学内有出售共产书籍情事,禀请公共公廨出单搜查等情,已纪昨报。兹悉当时抄出书籍及《向导》报、出版物,一并带回捕房。昨晨将该校主任邵力子传至公共公廨第一刑庭,起诉四事:(一)本月八号出售《向导》报纸,内有仇洋词句,违犯刑律一百二十七条;(二)并不将主笔姓名、住址及印刷者列入该报;(三)出售共产书籍;(四)在西摩路一百三十二号内出售等情。此案未开审前,有学界到堂旁听,甚为拥挤。首由工部局刑事科代表梅脱兰律师上堂,陈述案情,并称《向导》报系广东人印刷,今违犯大总统命令报纸章程第八条,且藏有许多过激书籍,对于中国政府有害。请示。又据克威律师上堂译称,代表被告邵力子兼代上海大学,今捕房控告被告出售《向导》报,内有仇洋词句,违犯刑律一百二十七条,查该项条例,中西不符,控案不能成立。遂将中西法律书呈案,并请求将本案改期,俾可详细研究云云。陆襄谳察阅中西律书一过,遂商之英马副领事,判第一件控案注销,被告退候展期三礼拜再讯。

另函云,西摩路上海大学代理校长邵力子(校长于右任往北京),1924 年被总巡捕房控诉出售含有仇洋词句之《向导》报,其传票所开案由为"于十二月八日出售《向导》报,内含仇洋词句,犯刑律第一百二十七条,又不将主笔姓名刊明报纸,违犯报律第八条"。先是捕房得报,《向导》周报在上海大学刊印发行,于八日派探至该校书报流通处(系学生组织,以便同学购阅者),购得九十二期《向导》。九日请廨发给搜查证,至该校搜查,共到中西包探七八人,先问印报机器,该校办事人答称:本校并无机器,亦不印报,讲义系用誊写板油印。当至讲义处察视,取去讲义数纸。又至书报流通处,除文艺科学等书外,近时新出杂志及有"社会"两字之书籍,概行取去。又问出售《向导》情形,学生答以由广州丁卜书报社寄来,每期三十份。至十七日以传票送达邵君,昨晨由陆襄谳与英领事会讯。上海大学学生多到堂旁听。克威律师代表邵君兼上海大学,由徐维绘君翻译,先起立抗议捕房所引用之刑律第一百二十七条,该条文为私与外国开战者处一等至三等有期徒刑,与本案情节全然不合,虽本条英文译本内(按英译文为 Without Authority Hostile Against Foreigners)之 Hostile 字样,亦可作仇视外人解,惟本廨为中国公堂,自应以中文为主,又引英国法律,说明此等情罪等于谋叛国家,于本案万不适用,请求将控案注销。英副领事略询捕房代表梅脱兰律师后,中西官即宣布所控第一节犯刑律第一百二十七条应即注销。克威律师又称《向导》刊印发行,皆与敝当事人完全无涉,故违犯报律第八条,亦当然不成立。捕房律师声称,捕房所控尚有违反报律第十条及藏有多数有害于中华民国之书报云云。克威律师以案情尚待详细研究,声请展期,且时已近午,中西官判候展期三礼拜再讯。

《新闻报》1924 年 12 月 20 日

## 上海大学消息

上海大学近以寒假期迩,亟待结束本学期一切及筹划来年设施。该校最高机关行政委员会特于日前开会,除讨论年内招生及来年扩充图书馆与中学部暨其他一切问题外,日昨该校代理校长邵仲辉君又发表布告,自下学期起,已聘定周越然君为该校英国文学系主任。

《申报》1924 年 12 月 24 日

## 非基督教同盟明日开演讲会　下午二时在复旦中学

非基督教同盟已定于十二月二十五日下午二时在徐家汇复旦中学举行反对基督教演讲大会。讲员为北京大学教授张松年、商务印书馆编辑董亦湘、国民会议促成会委员刘清扬女士、上海大学教授施存统诸人。

《申报》1924 年 12 月 24 日

## 上海大学招考插班生

本校本学期大学部文艺院之中国文学系一、二、三年级,英国文学系一、二、三年级,社会科学院之社会学系一、二年级;中学部之高级中学一、二、三年级,初级中学一、二年级,均招收插班生。考期:第一次为一月九、十两日。报名:自十二月二十二起,须随带试验费二元、最近四寸半身照片及文凭或转学证书。函索简章者,须附邮票四分;索本校一览者,须附邮票十五分。空函恕不作复。地点在爱文义路西摩路本校。

校长于右任

《申报》1924 年 12 月 24 日

### 上海学生界发起学生代表大会·南洋大学、上海大学等发起　请全上海学生讨论国民会议

上海学生界自五四以来殊为消沉,此次国民会议运动开始以后,各界同声响应,独学生界尚无一致的具体表示。今已由七个著名学校之学生会联名发起,召集各校学生代表大会,五四之精神殆将复见于今日欤。兹录其启事如下:

径启者:国事湍激,全国鼎沸,国民会议迫在眉睫,救国救民,谁肯后人?乃我素为国人注目之上海学生界,自此次江浙战起,直至今日,既少通告表示,又无宣言主张,更未集会讨论。如此消沉,殊属可怪。我上海全体学生果皆甘心堕落而至于此极乎?抑为极少数之怠惰分子私心操纵所使然耶?学生能绝国人,国人何贵学生?同人等痛国是之混乱,愤士气之消沉,际此时艰,终难缄默。爰集合各校联名发起,召集上海各校学生代表大会,一面对于时局发表具体主张,一面对于上海学生联合会本身切实整顿、扩充实力,事关重要,谅荷同情,务期贵校选派代表两人出席,以利进行。是为至祷。法政大学、南洋大学、上海大学、南方大学、大夏大学、同文书院、中华职业学生会同启。

《申报》1924年12月24日

### 上海大学四川同学会通电

江浙称兵,奉直继起,帝国主义者之野心正炽,国内军阀之迷梦方殷,吾民于此水深火热中,正宜奋起,联合国民以自救。孙中山先生者建国元勋、革命领袖,提倡国民会议,召集全国国民代表,共谋解决时局之方策,伟烈鸿猷,乘时利器,负气含生之伦,莫不踊跃奋发。同人等愿竭全力,追随孙先生后,并郑重声明反对段氏分赃割地之善后会议,以期促成真正人民国体所组织之国民会议;愿同胞大家一致联合,为孙先生后盾,以与军阀和帝国主义者一决雌雄。临电迫切,不胜待命之至。

上海大学四川同学会叩<br>《民国日报》1924年12月24日

### 学务丛报·上海大学之扩充　上海大学学生会

上海大学之扩充　近以寒假期迩,亟待结束,该校行政委员会特于日前开会,除讨论年内招生及来年扩充图书馆与中学部暨其他一切问题外,日昨该校代理校长邵仲辉君又发表布告,自下学期起,已聘定周越然君为该校英国文学系主任。

上海大学学生会　本月九日开大会改选执行委员,当选出陶同杰、林钧、刘剑华、朱义权、何秉彝、陈志英、黄竟成七人充任。日前夜晚七时,复开全体大会,讨论关于学务、校务、会务及学生方面之一切重要问题,到会者超过半数,讨论约三小时之久。其议决案,如促学校行政委员会从速组织募捐委员会、俾得早日建筑新校舍、行政委员会学生得派代表参加、添置学务长、组织新闻通信社、建筑操场、促学校从速立案并力争退回庚子赔款作本校经费、添设游艺室、继办上大周刊等十余条。

《民国日报》1924年12月24日

### 上海学生联合会代表大会纪盛·决议加入元月元日示威运动

本埠南洋、法大、南方、大夏、中华职业、上大、同文七校学生会,前日联名函促上海学

生会上届理事长陈承荫君,请其于本星期四召集各校代表会议,讨论对时局主张,奈陈君以"缓期"复之。该各校学生会认为不满意,特联络各校,自动召集,闻已于昨日(二十五)假全国学生总会开各校代表会议,出席代表有:冷隽、王维祯(法大),林钧、刘一清(上大)、黄达平、姚文英(两江女师)、胡志龙、竹筠(中华职业)、沈道叔、黄逊(同文)、陈瑞霞(启贤)、侯星白、汤又铭(亚东)、王良均、佟涛秋(春申)、裘树堂(清心)、何纵炎、王汝林(大夏)、方闻(南方)、周桢(南洋),总会代表沈尚平等二十余校代表,公推法大代表冷隽为临时主席,林钧为书记。(一)主席报告上届理事长陈承荫来函;(二)公决否认上届学生会,重根据总会章程,分(甲)代表大会、(乙)执行委员会;(三)选举执行委员会,结果上大、同文、法大、南洋、南方、亚东、两江、春申、大夏九校为执行委员;(四)讨论对时局通电,及该会改组宣言,公推林钧、冷隽、刘一清起草,交执行委员会通过发出;(五)选举代表大会主席,上大代表刘一清当选,次通过通告本埠各校加入国民会议促成会,并加入国民会议促成会元月元日示威运动,次通过致函国民会议促成会,请求加入该会,次公推黄达平、林钧、冷隽、王汝林为代表,会同主席刘一清,于明日向上届职员办理交代、并定于本星期日下午二时,假总会由主席刘一清召集第一次委员会。

《民国日报》1924年12月26日

**上海国民会议促成会之昨讯**

上海国民会议促成会成立以来,沪上各团体踊跃加入,计至今日,已有二百余团体矣。昨日又有红光报社、三民学社、浦东平民学校、上海大学山东同乡会、中华职工储蓄会、中华民国参众两院国民后援会、江西旅沪赣民自治促进会等团体加入。又该会为使一般国民明白真正国民会议起见,已请定杨之华、张琴秋、孙庸武等十余人,于本月分赴各区平民学校演讲,解释国民会议之意义及促成会之重要云。

《申报》1924年12月27日

**非基督教促成会之成立**

非基督教在街游行,上海大学派代表干翔青等四人来甬参与。干氏等于二十三日到甬后向各方宣传,于二十五日上午九时,在县学明伦堂开非基督教促成会成立会,推吴文钦、谢传茂、汪子望等为干事。闭会后,又在街上游行演说并分发传单。

《申报》1924年12月27日

**上大壬戌级会成立**

上海大学中国文学系三年级,现组织一级会。闻已于本月廿四开会成立。宗旨在联络感情、研究学问,及促进该校该级一切设施。第一届职员,为蒋抱一、李迪民、汪钺、周学文四君。并闻该级系民国十一年度入学,故定名为壬戌级会云。

《新闻报》1924年12月27日

**学务汇志·上大壬戌级会成立**

上海大学中国文学系三年级,现组织一级会,已于二十四日开会成立。第一届职员为蒋抱一、李迪民、汪钺、周学文四君。

《申报》1924年12月28日

**上海国民会议促成会消息**

上海国民会议促成会昨日下午二时，开第三次委员会。到唐公宪、陈广海、冷隽、林钧、李成、沈尚平、俞秀松、郭伯和、朱企民、孙庸武、何德显、郭景仁、邵力子、刘稻薪等十四人，主席邵力子。（一）总务委员郭景仁报告。一、演讲队已有宁绍台工商协会、南市工商学校、大夏新少年社、云南青年励进社、亚东医科大学、雕花工会、上海大学、艺术师范大学、女界国民会议促成会、中华青年救国团等四十余团体，共组六十余队。演讲队所用旗帜已制好，演讲大纲亦由总务处印发。二、前日代表大会议决各种通电，已交由文书起草。（二）讨论全体大会问题。一、地点已决定两处，接洽后再通告。二、游行示威，推唐豪、郭景仁二君担任总指挥。三、主席决定赵南公君。四、请孙科、张继、袁履登、叶楚伧、恽代英等演讲。（三）大会特刊推冷隽君编辑。（四）对于善后会议之表示。一、电中山先生坚持预备会议，明白表示反对善后会议。二、通电全国一致力争预备会议，主张取消善后会议。（五）再电各省征求对于全国国民会议促成会之意见。（六）派定宣传员。无锡董亦湘、糜文溶，六合王绍虞、王立权，绍兴周萼芳，松阳徐江左，南汇、川沙林钧。（七）临时动议。致函本埠各学校、各团体准赴全体大会，备函各委员请未加入之各团体从速加入；致函全国学生总会，请通告全国各校学生，在寒假中尽力为国民会议宣传；编辑小册子，详细解释国民会议之真意及吾人所要求之国民会议，限十日内先出一种，第一种请邵力子君编辑。

《申报》1924年12月29日

**上海大学山东同乡会宣言**

我们这有名无实的中华民国，成立已十三年了。这十三年中，我们人民受的痛苦，实在是不亚于未革命以前。我们晓得，这并不是我们的国家不宜于革命，完全是因为我们人民对于国事太不关心，专任凭一班军阀、官僚们胡为的缘故，因此现在我们对于召集国民会议由人民自己接收政权，是极端赞成的。

北京政变以后，极这派主张开这样的会议，那派主张开那样的会议，独有孙中山先生毅然决然的提出国民会议，以国事付之民众。我们认为这是最正当而且最好的办法，我们无论怎样，是要出全力以拥护的，我们不管孙中山先生是什么党、什么派，我们只认得我们民众的利益，谁拥护我们的利益我们就拥护他。

我们还要注意，现在段氏在北京提议以善后会议作国民会议的预备会，我们认为这是不合理的，既称曰国民会议，当然要以国民为主体，即便预备会议也要依照孙中山先生主张的九种人民团体，万不能用军阀、官僚、名流等来组织预备会议的。我们有以下最低限度的三个主张：

一、推翻善后会议，竭力拥护中山先生主张的九种人民团体组织国民会议预备会。

二、我们要即刻的促成国民会议预备会议。

三、国民会议预备会成立后，一切政权，应移交国民会议预备会。在正式政府未成立之先,即为中国最高行政机关。

同胞们,起来吧,为我们自身的利益随着孙中山先生奋斗吧。

《民国日报》1924年12月29日

## 上海大学被控案　搜查各种书报前后原因　谓《向导》周报系该校发行　以仇洋各词控代理校长　妄拟私与外国开战罪

本社上海特约通信　上海大学于本月九日被公共租界总巡捕房搜查,取去书报甚多。十九日,其代理校长邵力子(校长于右任现在京)又被控传讯。此虽是一校一人之事,实与我国学术独立、言论自由皆甚有关系。爰据所闻详录于下:

搜查之原因。上海大学现有学生四百余人,平日鼓励学生自动与服务社会。本年"双十节",学生黄仁因赞成反对军阀与帝国主义之演说,致被反动派殴毙。孙中山先生抵沪时,该校学生欢迎最热烈,持校旗至码头整队游行,沿途大呼国民革命、打倒帝国主义,为法捕所阻,校旗被夺,持旗者被拘不屈,卒达抵中山寓所之目的,代表释放,校旗亦取回,自是遂大遭帝国主义者之注目。本月八日,捕房称得报告,《向导》周报系上大刊印发行,派探至校内书报流通处购去一份,遂向公廨请发搜索谕单,于九日到校检查。实则书报流通处系学生组织之一团体,专便同学购阅,所售书报各种多有,《向导》周报系由广州丁卜书报社每期寄来三十份。遽施搜查,而且控诉,其意固别有在。当以传票送达邵君时,明言孙文主张废约,英国人把他恨极了,可以想见矣。

搜查之情形。本月九日下午四时,捕房中西包探七八人至上大搜查,先问印刷机器在何处,答以并无印机,仅有油印器为抄印讲义之用。察系实在,乃取去讲义数纸。又至藏书楼,见俄文、德文书籍,欲取去未果。至书报流通处,则除文艺科学书外,杂志及社会科学书尽取去,尤注意于由"社会"二字者。又至学生室、教员室各一二处,无所得乃去。至十七日,乃送达传票于邵君。

控诉之奇特。传单所列控诉案由"于十二月八日出售《向导》报,内含仇洋词句,犯刑律第一百二十七条,又不将主笔姓名刊明报端,违反报律第八条"。读者亦知刑律第一百二十七条为何物乎?盖"私与外国开战者,处一等至三等有期徒刑"也,其所控罪名如此之重,殆欲示儆中国国民勿再为"仇洋词句",然即使具有仇洋词句,可作为"私与外国开战"乎?此诚可恨而又可笑者。然其致误亦有故,盖若辈不识华文,乃凭英译,英译"私与外国开战"为"Without authority hostile against foreigners",此"Hostile"一字,除开战外,尚有仇视等意,故邵君语人,本案为我国法权史上一有趣味之纪念,益以见警权不可操于外人,与领判权之必当撤废也。又其所控违反报律云云,亦不知我中华民国并无报律之为物,只袁世凯公布之报纸条例,亦已于民国五年七月六日大总统令废止矣。

讯问之结果。十九日午前开讯,学界旁听人极多。邵君延克威律师护。克威先抗辩引用刑律第一百二十七条之不合,谓英译有歧义,而于本案情节万不适用,且本公堂为中国公堂,自当以中文为主云。中英官即判所控第一节注销。克威又继辩护《向导》自有编辑发行,与邵君无涉。而捕房律师起言所控尚有两节,即第三节为违反报律第十条,第四节为藏有多数妨害中华民国之书报云云。于是,克威以案情尚待研究,声请展期,中英官遂判展期三礼拜再讯。三礼拜后,尚未知如何变化,然此案实与我国学术界、言论界及国权有重大关系,尚望国人注意及之也。

《大公报(天津)》1924年12月29日

**学务丛报·上海大学英国文学系得人**

该大学聘定周越然为英国文学系主任,已志前报。查周君系吴兴人,受复旦大学特赠名誉文学士学位,曾历任苏州英文专修馆、江苏高等学校、吴淞中国公学、吴淞商船学校教员、安徽高等学校教务主任、南京国立高等师范英文科主任等教职,并编撰有英文书籍三十余种,皆极风行一时,最得青年学子之敬仰。故该校自聘定周君后,学生异常欢忭,联袂往谒,表示欢迎。该校校长于右任,昨亦由北京致电周君,意谓承主持英文学系,此间同人闻讯欢跃,谨电欢感等语。闻该校现已开始招收各级插班生,周君已为主持英文学系一切,并拟将其家藏西文书籍为该校设置英文学系图书部门。

《民国日报》1924年12月31日

# 1925 年

**上大山东同乡会与山东各团体函**

　　山东各报馆转各学校、各团体、各同胞公鉴：有名无实的中华民国，来到现在已十三年了，这十三年之间始而洪宪，继而复辟，终而贿选，我东省同胞，那一次不受他们底影响。但是他们这种罪大恶极的蠢动，究竟是谁嗾使的，不是受了帝国主义的毒害么？（中略）现在贿选的傀儡已倒了，手起中华民国的元勋孙中山先生，慨然北上，以解决国是为职志。一倡百和的国民会议将不久要实现在我们眼前，明星似的照在我们头上，在阴霾沉沉中揭开了几层深夜的黑幕，指导我们一条光明大路。既有导师勇往直前，我们何不急起直追，荣耀活泼的帮着我们导师驱除有害于我们不平等的条约猛兽，打倒鬼鬼祟祟傀儡式的军阀妖孽，铲除污秽不堪帝国主义的浊气，使一切不利于我们一般平民底障碍，消灭净尽。须到中山先生召集国民会议，都是为我们一般平民谋幸福的，我们拥护我们领袖完成此会，正所以为我们自身谋利益，并不是为别人去出汗。所以敝会同人深望吾东省同胞抱一个彻底的觉悟，在这千钧一发的当儿，对于国民会议刻不容缓的进行准备，实践我们底行使主权，恢复我们底自由快乐。主权一到我手，我当尽我们底天职，破釜沉舟不遗余力去干，誓死不认军阀包办国民会议、垄断善后会议。比及大功告成的那一天，方知我们真实生活的自由，都是今日由我们全副精力得来的。愿我全省同胞，群起直追。

《民国日报》1925年1月5日

**邵力子被控案撤销**

　　总巡捕房刑事科在公共公廨状诉邵力子不将主笔姓名、地址及印刷者刊入《向导》报内，并在西摩路一百三十二号门牌上海大学出售共产书籍等情一案，昨晨经关正会审官与英马副领事续审，被告邵力子之代表克威律师上堂译称，捕房控告被告违犯报纸条例第八条及第十条，查该项条例，已经大总统命令取销，况捕房所控被告违犯刑律第一百二十七条，上次亦经公堂以所控该条不能成立，判决注销云云。捕房律师梅脱兰氏即称，查西历一千九百十九年五月间有人犯同样之案，公堂将其惩办六个月，期满逐出租界，虽大总统命令已将该报纸条例取销，亦可根据民国未成立以前之条例办理云云。中西官磋商后，宣判查报纸条例，已于五年七月废止，应将本案撤销。

《申报》1925年1月10日

## 上大代理校长控案完全注销

上海大学代理校长邵力子,被总巡捕房控告出售《向导》周报,犯新刑律第一百二十七条及报纸条例第八条第十条一案,前月十九日已奉公廨讯判,先将违犯新刑律之第一节注销。昨晨复讯,邵君所延克威律师(由徐维绘君翻译)起称,捕房律师根据之报纸条例,查已于民国五年七月十六日奉大总统令废止,所控当然不能成立,应请注销。述毕,即将司法部编印之司法例规内所列废止法令一览表呈案请察,关谳员与英副领事核商后,即宣谕云,报纸条例已奉大总统令废止,本案应即注销。克威律师又称,敝当事人为在社会上有信用与名誉之人,倘公堂尚有怀疑,可请垂询。中西官谕谓,案既注销,无庸再问。克威律师又请谕知捕房,将检查带回之书报一律发还,奉谕另行具禀声请。

《民国日报》1925年1月10日

## 邵力子启事

敬启者:鄙人此次被控,已奉会审公廨讯明取消,其理由为原控引用新刑律第一百廿七条错误,及报纸条例已于五年七月奉大总统令废止,此足征公庭尊重言论自由,鄙人极为钦佩。惟关于出售《向导》周报之事实的真相,当庭未及陈述,报载又甚简略,恐各界误会,不得不再说明梗概。鄙人从未发售《向导》周报,上海大学尤非《向导》发行机关。此次捕房据人报告,饬探在校内书报流通处购得九十二期《向导》一份,遂据以控诉。惟书报流通处系学生自动的组织,借以便利同学间之购阅。凡近时出版之新文艺新思潮书报,大致略备,半向各大书店批购,半由各出版人托为寄售。《向导》亦系由广州寄来每期三十份,托为代售而已。真相如此。鄙人实与《向导》周报完全无关,未敢掠美(某报谓鄙人组织《向导》报,尤误),特此据实声明。

邵力子谨启<br>《民国日报》1925年1月11日

## 上海大学第一届录取新生揭晓

中国文学系二年级特别生杨恺、吴卓斋二名,一年级正式生王熙一名,试读生许嗣诗、陈立华、杨世恩三名。英国文学系二年级试读生邱楠一名,一年级试读生仇培之、林福民二名。社会学系一年级正式生赵宋庆、段泽杭二名,特别生李花天一名。

《民国日报》1925年1月12日

## 上海大学组织招待投考同学会

本埠上海大学寒假留校同学,近有招待投考同学会组织。日昨在该校第一院开成立会,议决招待人数分三组,以备投考学生在未考前,对于该校情形不明悉时,顾问一切。并闻凡该校录取新生,在假期内只缴宿费三元,即可入校寄宿,与籍学生受同等待遇云。

《新闻报》1925年1月17日

## 上海大学新聘教职员

上海大学校务长刘含初辞职,现经行政委员会将校务长改为总务主任,现由代理校长邵力子改聘北京大学理学士韩觉民担任,已于前日就职。英国文学系新聘复旦大学文学士周越然担任主任职务,并聘香港大学文学士朱复为教员。闻该系已具有新计划。

《申报》1925年2月5日

## 上海大学之新计划

该校校务长刘含初辞职,现经行政委员会改为总务主任,由代理校长邵力子改聘北京文学理学士韩觉民担任,已于前日就职。英国文学系新聘复旦大学文学士周越然为主任,并增聘香港大学文学士朱复为教员。闻该系本学期新计划约有四端:(一)教科方面,拟采用欧美大学现所注重之世界文学而英国观的,从流以探英文学之渊源,并旁稽博考,选读世界各种文学名著,使学者对于文学既能贯通,复了解文学为文化之小传,而得文雅教育之价值。(二)设备方面,拟于开学后,即筹备陈设该系的图书室,添购英文著名文学作品、杂志报章,备学者之参研,以助进其学业。(三)教学方面,除堂课外:一拟举行师生课外学业谈话,俾教者、学者均有询问讨论解决之机会,而深切其观摩之益;二拟组织英国文学研究会,请积学之士演讲,并使学者得以发抒心得练习演讲。(四)扩充方面,英语语音学一科甚为重要,故社会方面之需要甚殷,拟于开学后成立,该学程由主任或专家担任演讲,以供社会一般之学习。

《民国日报》1925年2月5日

## 上海大学本学期之新计划

上海大学校务长刘含初辞职,现经行政委员会将校务长改为总务主任,现由代理校长邵力子改聘北京大学理学士韩觉民担任,已于前日就职矣。英国文学系新聘英文巨子、复旦大学文学士周越然担任主任职务,并聘请香港大学文学士朱复为教员。闻悉该系本学期之新计划约有四端如下:(一)教科方面,拟采用欧美大学现所注重之世界文学,以探英国文学之渊源,并旁稽博考,选读世界各种文学名书,使学者对于文学既能贯通,复了解文学为文化之小传,而得文雅教育之价值。(二)设备方面,拟于开学后,即筹备陈设该系之图书室,添购英文著名文学作品、杂志、报章,备学者之参研,以助进其学业。(三)教学方面,除课堂外,一拟举行师生课外学业谈话,俾教者学者均有询问讨论解决之机会,而深切其观摩之益;二拟组织英国文学研究会,请绩学之士演讲,并使学者得以发抒心得,练习演讲。(四)扩充方面,英语语音学一科,甚为重要,故社会方面之需要甚殷,拟于开学后,成立该学程,由主任或专家担任演讲,以供社会一般之学习。

《新闻报》1925年2月5日

## 上大中学部之革新

上大中学部自开办以来,向与大学部各系同属于行政委员会,现为精神专一便于进行起见,已由行政会议议决,委托该部训育主任兼教员刘薰宇组织机关,独立办理。闻刘君现已约同侯绍裘、匡互生等协商各部组织,以策进行云。

《民国日报》1925年2月6日

### 女界国民会议促成会纪

本埠女界促成会前日下午二时假上海大学开代表会。到五十余人,刘清扬主席。女子工业社代表赵友兰发言,以后开会,务须严守时间,决定由会通告各会员。次执行委员向警予报告月余来进行事宜。次主席说明要求参加善后会议理由,众赞成。向警予提议本会应致电段执政要求,并通电全国促成会一致主张,议决通过。又议派代表赴京组织全国国民会议促成会联合会,决派代表,推定刘清扬、向警予、钟复光,向警予因事不能离沪,决以李剑秋补,赴京川资由各会员自行认捐或劝募。次修改章程散会。

《申报》1925 年 2 月 7 日

### 邵力子被控案候下堂谕

工部局刑事稽查科,向会审公廨控告邵力子在租界内有碍治安,并请将西摩路一百三十二号及五百二十二号、五百二十六号,慕尔鸣路三百零七号所抄获之书籍充公一案,昨晨由关澂员会同英领马尔定氏继续开审。先由捕房律师梅脱来氏将捕房在上海大学抄出之书籍、像片多种,一并呈案,谓此项书籍,对于租界治安有关,应请充公,并将被告逐出租界。言毕,即向西探长祁文司诘问搜查情形,又据翻译顾来清上堂供称,前往上海大学以洋一元购得过激书籍《向导》报、《共产党礼拜六》、《前锋》等数种,唯该书我不在邵力子手中所买得等语。被告邵力子仍由克威律师代表,向中西两证人盘诘一过,并向邵诘据供称,上海大学系私立学校,由于右任组织,迄已两年,于前任陕西省长,现往北京正欲向教育部立案,我系代理校长,其职务为聘任教授、筹划经费云云。末由两造律师辩论之下,中西官谕改期下礼拜五宣判。

《申报》1925 年 2 月 7 日

### 邵力子控案辨论终结

上海大学代理校长邵力子被总巡捕房第二次控诉有碍租界治安一案,昨晨复讯,捕房代表梅脱兰律师起言,本案请求两事:(一)请将在上海大学及在该校寄宿舍与在慕尔鸣路三百另七号教员寓所抄获之书籍充公销毁;(二)请将被告驱逐出租界。查报纸条例虽已废止,而出版法实仍有效。此项书籍实违反出版法,且于租界治安有关。被告延克威律师辩称(徐维绘君翻译),出版法亦袁世凯所私定,以便其帝制自为者,未经国会通过,不能成为法律,民国法律,全须由国会通过,实与英国相同。次梅脱兰律师将查获书籍择呈公堂查阅,或印有列宁等像片,或系列宁著作,或主张共产学说,或反对基督教,皆指为过激党书籍。又向西探长祁文司诘问搜查情形,谓在该校及教员寓所共查获书籍二百余本,事前曾遭翻译至该校购得《向导》等五种,搜查时该校学生颇激怒,毁骂捕房华人为洋奴、为猪类,又欲拦阻我等带书出外约历一小时,该校代理校长曾查明为邵力子云云。克威律师起称,学校学生所有书籍,无故将其查抄,自难怪激起学生不平,并向该西探长诘问查抄时见上海大学有无印机,答称无有。次由捕房翻译顾来清作证,曾至上海大学书报流通处,以一元购得《向导》《前锋》及《共产党》《礼拜六》等五种,惟并非在邵力子手中所买。克威律师又辩称,大学校学生有研究学术之自由,任何书籍皆得取为研究资料,此等书籍,无非供研究之用。如因此获咎,则凡政治家或法律家之书籍,皆甚危险,且被告并非贩售此等书籍者,尤与彼无关。未由中英官略询该校组织情形,经邵供称,开办两年,系个人私立,校长为于右任。于曾任陕西长官,刻在北京,正欲向教育部立案,我为代理校长,凡聘任教授筹划经费等皆由我负责等词。关谳员与英马副领事会商,判候下星期五宣布堂谕。

《民国日报》1925年2月7日

### 上海大学慰问中山·致于右任电

上海大学因孙中山先生此次抱病北上,自进协和医院割治,迄未全愈,甚为注意,前日决议致电慰问。又因校长于右任现在北京,即请其就近代达。电文如下:

北京于右任校长钧鉴:创造中华民国之孙中山先生久病未痊,凡属中华人民,莫不忧念。本校负养成建国人才之重任,尤渴望此革命领袖战退病魔,早复健康,完成其领导人民建国之目的。敬请公就近晋谒,代达同人企祷之忱,燕云在望,谨一致遥祝孙先生万岁!中华民国万岁!上海大学教职员学生全体叩　阳

《申报》1925年2月8日

### 孙先生病状之昨讯·上海大学全体电京慰问

上海大学因孙先生此次抱病北上,领导群众奋斗,自进协和医院割治,迄未痊愈,甚为注意。前日决议致电慰问,又因校长于右任现在北京,即电请于君就近代达。电文如下:

北京于右任校长钧鉴:创造中华民国之孙中山先生久病未痊,凡属中华人民,莫不忧念。本校负养成建国人才之重任,尤渴望此革命领袖,战退病魔,早复健康,完成其领导人民建国之目的。敬请公就近晋谒,代达同人企〔祈〕祷之忱,燕云在望,谨一致遥祝孙先生万岁,中华民国万岁。

上海大学职教员学生全体叩阳<br>《民国日报》1925年2月8日

### 四川旅沪各校学生代表会议纪·要求借贷川汉铁路储款利息　组织委员会及选派代表赴京

四川旅沪同学于(前日)八日午后二时,由上海大学四川同学会发起邀集淞沪浦东各校四川同学会代表在上大开会。到会者二十二校,共约代表四十人。公推余泽鸿为临时主席,继由上大四川同学会代表杨国辅君报告邀集缘由,略谓接南京四川同学来函,称探得北京四川同学会举行借贷川汉铁路储款利息,邀请一致行动,当由各代表议决加入进行并组织委员会负责办理,另选派代表赴京接洽。用票选法生产委员九人:余模、万琼如、胡维、黄幼云、罗世群、何良璧、朱履之、蒋自泉、梁新贵当选。代表二人:杨国辅、余泽鸿当选。继续议决进行手续,电京四川同学会询问详情并电川政府批准指拨。至于善后办法,尚须合淞沪四川同学会召集全体大会讨论一切,当时委员会亦议事。傍晚散会。

《申报》1925年2月10日

### 上海大学录取新生

上海大学日前举行第二次插班新生考试,投考者数十人。兹闻此次考试计录取杨志英、游骞、吴磐、沈见戈、陆恒生、廖世光、孙维垣、李善舟、纪威、叶学纯、陈孔鸿、黄绍耿、李元杰、张先梅、杨思盛、杨达、钱有光、张兆昶、吕全贞等十九人。又闻该校学务处于日昨发出通告谓,该校开学日期仍照原定为本月二十日,望新旧学生早日到校,免荒学业。

《申报》1925 年 2 月 12 日

### 上海大学第二次录取新生揭晓

**大学部** 中国文学系二年级特别生杨志英,一年级正式生游骞,试读生吴磐,特别生沈见戈、陆恒生、廖世光、孙维垣。英国文学系一年级正式生李善舟、纪威。社会学系二年级试读生李元杰,特别生叶学纯、陈孔鸿、黄绍耿,一年级正式生杨达、钱有光、张兆昶,试读生张先梅、杨思盛。

**中学部** 高级中学一年级正式生吕全贞。

代理校长邵仲辉<br>《民国日报》1925 年 2 月 13 日

### 上海两促成会之欢送大会 欢迎北上参加全国总会之代表

上海国民会议促成会与上海女界国民会议促成会,于昨日(十二日)下午二时,借西门勤业女子师范开联席欢送大会,欢送两会赴全国总会代表。到会者有两促成会委员及学生总会、群社、南阳大学学生、勤业女师校、民治急进社、菲律宾华侨学生会、琼崖新青年社、浙江旅沪金严处自治协会、天潼福德路各路商联会、暨南大学平教研究社、沪北工商学会等团体代表,公推向警予主席,唐公宪记录。首由主席宣告开会,并致开会辞,略谓今天是两促成会欢送北上代表去组织全国总会,即是联合全国促成会代表,为国民会议直接的去奋斗。因现在当局不容纳人民意思,善后会议已开会,人民最低限度之要求亦不容纳,所以我们北上代表之责甚大,希望各代表努力去奋斗云。次北上代表刘清扬、钟复光、郭景仁、刘一清四君演说,对于军阀官僚如何的包办善后会议,人民应如何努力国民会议,及应如何代表大多数群众之要求,言辞皆甚恳切动听。再会员演说,有沪西工人俱乐部代表,报告小沙渡内外棉纱厂受日人经理虐待、横加压迫、开除工人、毒打女工,以致厂成二万余可怜工人罢工风潮,经过情形甚详,受日人之压迫极为凄惨,且常骂我工人为亡国奴等等。当时各团体代表闻之,甚为愤激,同时下泪,谓日本帝国主义如此残害我同胞,本会应竭力为工友援助,即致议□援助办法如下:(一)由两促成会联合发表宣言,说明该工人受日本帝国主义下之资本家压迫,罢工之情形;(二)推代表四人持函向奉军司令部及警察厅,请其不得禁止工人开会,即推定朱企民、陈广海、蒋自权、向警予为代表;(三)由两促成会召集各团体开联合会,组织后援会,定下星期日(十五日)下午二时即借勤业女师校开会;(四)由到会各团体以各团体名义表示同情与援助;(五)募集特别捐,为经济上之援助,当场即捐有三十七元:钟森荣一元、沈尚平一元、刘一清一元、李一纯二元、王亚璋一元、黄胤二元、赵壁一元、宋家寿一元、李洁勇一元、刘福薪一元、蒋自权一元、刘清扬五元,南市市民对外协会一元、上海学生联合会二元、全国学生总会五元、琼崖新青年社五元、上海店员联合会一元。后有俞秀松、陈广海、沈光连等相继演说，一方希望北上代表之努力奋斗，一方希望此后本会各团体更能团结一致，为帝国主义及军阀奋斗，必达根本消灭之目的云云。至六时散会。

《民国日报》1925年2月13日

**上海大学开行政会议纪**

上海大学因开学期近，该校最高行政机关行政委员会特于日昨举行会议，讨论今后进行方针。讨论事件如下：（一）报告上学期决算；（二）审查本学期预算；（三）规定开课日期；（四）办理伙食方法；（五）整理图书馆，组织图书委员会，推定周越然、陈望道、施存统三主任为委员；（六）议定学校徽章形式，职员、学生、校役以三种颜色为分别。又该校组织原分学务、校务两部，管理全校一切，自上次行政会议将校务处改为总务处后，总务主任已聘定北京大学学士韩觉民担任，各系主任公推陈望道为学务处学务主任。该校定本月二十一、二十二日两日再举行新生考试一次。

《申报》1925年2月14日

**邵力子被控案已判决**

工部局刑事检查处在公共公廨指控邵力子在租界内有碍治安，请求将在上海大学及慕尔鸣路抄获之书籍充公并将邵逐出租界一案，由廨讯供各节，迭详本报。昨晨已届判决之期，关正会审官偕英马副领事升座后，被告偕同代表克威律师到堂候示。堂上向被告邵力子略诘一过，即向被告宣谕曰：本公堂对于共产主义，颇不赞成，尔可交保担任上海大学以后不宣传是项书籍否？邵答：可。堂上又谕捕房请求将被告逐出租界，本公堂姑念被告居住租界二十余年，应免置议。遂判将抄获各书一并销毁，被告交一千元保，担任嗣后上海大学不得有共产计划及宣传共产学说。

《申报》1925年2月14日

**上海大学昨开行政委员会议**

本埠上海大学，因开学期近，该校最高行政机关行政委员会，特于日昨举行第十八次会议，讨论今后进行方针。兹探闻该会讨论事件如下：（一）报告上学期决算；（二）审查本学期预算；（三）规定开课日期；（四）办理伙食方法；（五）整理图书馆，组织图书委员会，推定周越然、陈望道、施存统三主任为委员；（六）议定学校徽章形式，职员、学生、校役以三种颜色为分别云。

《新闻报》1925年2月14日

**各团体联席大会开会纪**

昨日上海各团体为援助此次内外棉纱厂等工人罢工事，特于下午二时借西门勤业女子师范联席会议，到者有海员工会、浦东同人会、同文书院、琼崖新青年社、上海国民会议促成会、女界国民会议促成会、中国青年救国团、对日市民大会、沪西四路商界联合会、沪北公学、金衢严处自治协会、全国学生总会、南市工商学社、上海雕花工会、上海法政大学第一院学生会、上海工商学会、云南旅沪青年励进社、上海非基督教同盟、上海菲律宾华侨学生会、执中速记学校、国民对日外交会、反帝国主义大同盟、南市市民对外协会、浙江旅沪工会、中国青年社、金银工人互助社、黄冶旅沪友谊会、民治协进会、法大非基督教同盟、榆树浦工人进德会、沪西工友俱乐部、共进社上海地方团、上大陕西同乡会、四川垫涪丰青年互助会、上海店员联合会、上海群社、上海纺织工会、上海学生联合会、安徽旅沪学生会、中华电气工业联合会等四十余团体、代表九十余人。刘一清主席，报告开会，略谓此次我们最简单之目标，即为中国人应帮助中国人，中国工人三万余受压迫罢工，所以今日我们上海各公团应尽力援助，次前两促成会代表蒋自权、向警予报告向警厅及奉军司令部接洽经过情形，认为均未满意，且昨日尚有二百余军队，禁止工人开会。又沪西四路商联会代表马杰报告昨日前调解情形，谓因资本家不肯让步，致未有结果。又有大康纱厂工人代表高雷报告该厂亦因同受压迫，于昨日起摇班矣。请各公团援助等语。后经多数代表详加讨论二时之久，有提议组织援助会者，有提议募款援助者，有提议发宣言反对日资本家者，结果咸认为此事甚关重要，不但应援助三万余罢工工人，即为国家体面关系，亦应力争，日人常笑我中国人无团结、无恒心，吾人应团结一致为工人后援，遂议决：（一）组织"上海东洋纱厂罢工工人后援会"，当推定九团体为执行委员，当选者为海员工会、沪西四路商界联合会、对日市民大会、琼崖新青年社、浦东同人会、上海学生联合会、女子工业社、上海国民会议促成会、上海女界国民会议促成会；（二）发表宣言，说明罢工情形，并请全国各界一同起来援助；（三）致公函警告内外棉纱厂社长，要其立即答应工人之要求；（四）募捐由各团体用竹筒向各处劝募，筒上贴以"请援助被东洋人压迫的工人"之标语，各人备带"上海东洋纱厂罢工工人后援会募捐员"襟章，募捐日期共三天，自下星期二（十七日）；（五）致公函与各报馆，请援助同胞，多载工人方面消息。至六时散会。散会后即开团体执行委员会预备会，执行大会议决案，并定今日（十六日）下午二时在西门林荫路正兴里二十三号上海国民会议促成会开第一次执行委员会。

《民国日报》1925年2月16日

**沪女界团体明日开联席会议　为讨论国民会议条例草案事**

上海女界国民会议促成会以国民代表会议条例草案未将女子选举权与被选举权列入，特邀集本埠各妇女团体、各女学校于下月一日下午二时，借英界西摩路南洋路口上海大学，开妇女团体代表联席会议，共商对付方法。

《申报》1925年2月28日

**上大附中之进行**

上海大学附属中学上学期惨淡经营，几遭顿挫。本学期仍决定奋力进行、维持到底，并更事整顿及发展，已聘定刘薰宇为主任，侯绍裘为副主任。刘君系春晖教员，现兼任立达中学教员。侯君系热心教育之人，曾在松江办理景贤女中，并创立松江初级中学校。兹因时局关系，景贤移沪，松江初中亦有此意，上大附中因即请彼襄理校务，即将初中学生一班寄学于此。其他教员亦均已请齐，如曹聚仁、季忠琢、汪馥泉、沈仲九、丰子恺、韩觉民、张作人、高尔柏、黄正厂、沈观澜、黄鸣祥等。现已于二十日开学，连日招收新生，甚为忙碌,定今日上课。

《申报》1925 年 3 月 2 日

## 上海女界联席会纪

上海女界国民会议促成会暨上海各女校各妇女团体为促成女界加入国民会议起见,特于昨日下午三时假西摩路上海大学开联席会议。到有上海女界国民会议促成会、上海大学女子部、中国女子体操学校、家庭革新社、上大平校、杨树浦平校校友会等十余团体代表十余人。公推向警予主席。首由主席报告开会宗旨,略谓此次段执政所发表之国民代表会议之条例,对于女国民之人格与职权完全消灭,凡吾女界同胞,应急起力争,要求修正条例、加入国民会议。今日开会,专以讨论此事,认定坚决之主张、切实之办法,代表二万万女同胞争回人格与职权云云。报告毕,请各代表发表意见,各代表相继发言,讨论甚久,议决四案如下:(一)发表反对国民代表会议条例之宣言,当即推定上海女界国民会议促成会担任起草。(二)定于三月十日(即下礼拜二)召集上海女国民大会,地点未定。(三)本日到会各代表准于三月三日携带宣言及召集女国民大会通告,分赴各女校及妇女团体征求同意,并随带演讲,借以唤醒女界同胞,一致力争。(四)用各团体名义致电段祺瑞暨列席善后会议之进步分子,要求修正原定国民代表会议之条例,电文仍由上海女界国民会议促成会起草。五时半散会。

《申报》1925 年 3 月 2 日

## 贵州留沪学生会定期开会

贵州留沪学生会现又届常会之期,已定于本月八日起假西摩路上海大学开会,讨论会务并改选职员云。

《申报》1925 年 3 月 5 日

## 学务丛报·上海大学特准补考

上海大学历史虽不甚久,但自于右任校长来校以后,办事得法,教授得人,声名洋溢,早为一班士子所信仰。兹闻该校业于前数日开课,旧生已到三分之二以上,即此次考取新生亦复不少。近日各省学生仍有陆续来校要求补考者,该校为体恤学生起见,特准其随到随考。

《民国日报》1925 年 3 月 6 日

## 上海大学消息

上海大学历史虽不甚久,但自于右任校长来校以后,办事得法。兹闻该校业于前数日开课,旧生已到三分之二以上,即此次考取新生,亦复不少。近日各省学生仍有陆续来校要求补考者,该校为体恤学生起见,特准其随到随考云。

《新闻报》1925 年 3 月 6 日

## 学务丛报·上大附中续行补考

上海大学附属中学本学期自刘薰宇、侯绍裘等来校主持后,校务整顿颇力,此次投考新生极形拥挤。近日更有因上次未及与考者纷纷前往要求补考,该校办事上颇感不便。为免使有志向学者向隅,并为减省麻烦计,复定于三月十日下午续行补考一次,过期则一概不允要求。

《民国日报》1925 年 3 月 7 日

**上海妇女界今日开会**

上海妇女界为国民会议条例草案剥夺女权,群情愤激,故于三月一日举行妇女代表联席会,已志各报。兹闻该女代表连日携带宣言及召集女国民大会通告,分途向各妇女团体、各女学校接洽联络。截至昨日止,已得中国妇女协会、上海女权运动同盟会等数十团体热烈赞同,决将宣言付印,并遵照各方意见,将女国民大会日期改至本月十五日即下星期日下午二时举行。今日下午三时开第二次代表联席会,商决女国民大会一切进行事宜,届时必有一番热烈之讨论云。又妇女运动委员会昨发开会通知如下:三月八日为国际妇女节,且筹备女国民大会一切进行事宜,务望姊妹于本周(即三月八日下午一时)齐集西摩路南洋路口上海大学,共商一切云云。

《申报》1925 年 3 月 8 日

**上海女界联席会议纪·筹备上海女国民大会**

上海女界为反对国民代表会议草案,要求加入国民会议起见,特于昨日下午三时,假座西摩路上海大学开联席会议,到会者有妇女运动委员会(向警予、张惠如)、女权运动同盟会(陈芸芳)、东方专校(李洁冰)、平民学校(蒋松如)、妇女同志会(马瑞英、王瑞芳)、南洋烟草公司失业工人(杜筠贞、陈倩如、唐景)、上海大学女生团(王秀清)、上大平教女职员(黄淑声)、群治大学(张懿)、杨树浦平民学校(吴问渠)、南方大学(贺敬挥)、家庭革新社(孔德沚、胡墨林、黄玉衡)、新申学院(沈祺)、杨树浦平民学校(何葆珍、瞿双成)、大夏大学(李剑秋)、上海女界国民促成会(王一知、张琴秋)、华商公司女工(詹惠文)、女子参政会(朱剑霞)、勤业女师(刘寄尘)、战士慰劳会等团体代表三十余人。公推陈芸芳女士主席。首由向警予报告开会宗旨暨经过情形。报告毕,由到会各代表讨论下列各项问题:(甲)女国民大会筹备问题。(一)日期。议决根据上次议决,仍在本月十五日下午二时开女国民大会。(二)会场。议决在宁波同乡会,当即推定朱剑霞担任接洽。(三)经费。议决由各团体暨个人自由认捐,当场即由各代表自由捐出二十余元。(四)要求报界援助。议决由本会名义拟一通函,并推定代表携带该函赴各报馆,要求各报著论援助。(乙)组织筹备委员会。(一)委员会。议决以本日到会各代表为筹备大会之委员。(二)大会主席团。当即推定李剑秋、向警予、程婉珍、朱剑霞四人担任。(三)筹备会之组织。分演讲股,由张琴秋、贺敬挥、李剑秋、王一知、朱剑霞、范振华六人担任;庶务股由黄胤、张琴秋、张懿、张惠如、李洁冰、瞿双成、胡墨林六人担任;招待股由沈琪、黄玉衡、詹惠文、王秀清、孔德沚、何藻贞、唐景星、陈倩如、吴问渠、蒋松如、马瑞英、王瑞芳、杜筠贞十三人担任;交际股由陈芸芳、刘寄尘、朱剑霞、贺敬挥、张琴秋五人担任;会计股由黄胤、张志如二人担任;文牍股由李一纯、向警予、李剑秋、范振华四人担任。(丙)临时提议。(一)议决本星期四下午二时在蒲柏路明德里第三弄二十一号再开筹备会。(二)推定朱剑霞、陈芸芳等分赴各校,届时请各女校全体到会。(三)由本会名义,拟一电北京全国促成会代表大会,请代表人民意见,与善后会议开联席会,修正草案,并须请其修改第十四条及四十八条。(四)电孙中山,请其极力援助。(五)电段执政暨善后会议各代表,请其容纳此种要求。(六)电驻京各地女代表、北京妇女促成会、中华妇女协进会、女子师范大学转各妇女团体,一致力争。(七)电各省女界促成会各妇女团体、各女校及各校女生群起力争。以上各提议,一致通过。七时散会。

《申报》1925 年 3 月 9 日

## 景平女校请恽君讲学

静安寺极司非而路景平女学于昨日下午三时请上海大学教授恽代英莅校演讲妇女进化问题。首述古来妇女进化之程序及男女并等之重要,末述妇女应具革命思想、革命精神,团结同志,反抗一切外界之压迫。议论风生,鞭辟入里,听众咸极满意。

《申报》1925 年 3 月 12 日

## 孙中山逝世之哀悼·各界之哀悼

昨日,本埠各大学闻耗,均临时通告休课,如江湾复旦大学大学部、持志大学及本埠法政大学、上海大学及神州女学等,均休课一天,并到孙宅行礼。又商界各方面,各商店如永安公司、华侨陈嘉庚、粤帮各商店、东新桥大中华电器厂等,均下半旗志哀。其余则以尚未规定有一定日期,尚须候商会之通知。闻总商会及各路商总联会均将开会讨论,订定日期,全体下旗志悼。

又山东路、河南路、爱多亚路三商界联合会通告各商店,略云手创民国伟人孙公中山逝世,噩耗传来,举国震惊,凡我商界同人,均应悬挂半旗三天,以志哀忱。为特通告,诸希鉴察。

淞沪警厅上海县公署等各机关,于昨日起,一律悬挂半旗,所有浦江海军水警各兵舰亦均齐下半旗三天。又北京交通部以孙先生逝世,特电沪埠电报局、电料局、两路管理局、电政监督署、吴淞无线电局等各交通机关下半旗三天,以志哀悼。各马路各商号各团体,均下半旗志哀。

《申报》1925 年 3 月 14 日

## 平教成绩展览会行将开幕

平民教育去年各地筹办,颇有可观,南京、上海尤为发达。自江浙战起,不特经费无着,就学贫民困苦流离,亦无暇及此,识者忧之。商务印书馆发行所自三月十五日起,开办平民教育成绩展览会。闻本埠曾办平教之学校,已将成绩送往者,有崇正、贫民、闸北五区第一第二、尚公、县立第三、坤范、农坛、敬业、寰球、省立二师等校,此外如飞虹、民国公学、上海大学、南区女学等亦正在检送。并有种种促进平教之彩色图画,悬挂四壁,颇足促人猛省,届期极愿大众前往参观云。

《申报》1925 年 3 月 15 日

**孙中山逝世之哀悼（二）**

治丧人员之分配。上海执行部人员治丧职务分配表：（招待员）张廷灏、郑观、韩觉民、沈泽民、施存统、李成、邵力子、周颂西、何世桢、张惠如、邓中夏、萧飞烈；（文牍员）叶劼芳、恽代英、向昆、叶楚伧、徐子培；（庶务员）孙镜、周丽生、陈德徵、曾繁庶；（会计员）林焕廷、周雍炀；（招待员值班钟点）张廷灏、郑观、张惠如、韩觉民，十点至十二点；何世桢、邓中夏、萧飞烈、李成，十二点至二点；邵力子、周颂西、沈泽民、施存统，二点至四点。

唐少川等之会议。昨（十四）日下午五时，环龙路四十四号上海国民党总部开会讨论筹备孙先生追悼事宜。到会有唐少川、章太炎、李徵五、顾忠琛、常芝英、李祖夔、欧阳荣之、王赓廷、叶楚伧、邵力子、何世桢、张心抚、沈卓吾等二十余人。议决案件录下：（一）筹备处拟借山东会馆，由常芝英、沈卓吾负责接洽。（二）推举追悼会办事员。公推杨千里、但植之、徐朗西、叶楚伧、邵力子、何世桢、何葆仁、沈仪彬、沈卓吾等十余人为文牍，袁履登、王一亭、虞洽卿、李徵五、傅筱庵、谢蘅牕、周佩箴等为会计，张心抚、朱少屏、邬志豪等为庶务，李徵五、常芝英、陈震东、王赓廷、李祖夔、蒋百器、黄宗汉、沈仪彬、应季审等为交际。尚有招待员，俟开会时推举。（三）地点拟借公共体育场，由筹备处函请县公署警察厅转知体育场。（四）经费由筹备员六十人自认，不足再设法募集。（五）日期待北京电报到后，同日举行。（六）所推办事员概由筹备处通函征求同意。议毕，六时许散会。

《申报》1925 年 3 月 15 日

**孙中山逝世之哀悼（三）**

昨日往吊之团体。昨日往吊者，以团体占多数。除各学校外，国民党各区分部亦多往吊。来宾则由孙哲生之第二公子强在旁致谢。其团体名称如下："学校方面"，南洋大学、复旦大学、沪江大学、神州女学、大同大学、持志大学、上海大学、大夏大学、震旦大学、中法国立工业专门、暨南中学、南洋中学、市北公学、惠灵英文专校、美术专门、南方大学、南洋高等商业、志明学校、肇嘉义校、东南女师范、商科大学、同济医专学校、上海中学、东南大学代表、南洋高级商校、浦东中学、中国公学大学部、文治大学、远东商业专门。"团体方面"，青年会、女青年会、粤侨工界联合会、商务印书馆印刷所、中华书局、国会议员通讯处、机器工会、雕花工会、孤星社、申江医院。"党部方面"，国民党五区三分部、三区十七十八分部、二区五分部、四区七分部、二区一分部、二区二分部、五区五分部、六分部、三区十六分部、第三区十分部。

加入追悼大会之踊跃。本埠各公团追悼孙中山先生大会筹备会，自发出公函后，加入者络绎不绝。昨日上午，国民会议促成会开代表大会，下午女民大会开会。该会特派朱义权、董星五分头征求各团体加入，均极表同意，一致参加。该会已先接到海员工会、启贤公学、乐益公学、爱群学术讨论会、浙江一中旅沪同学会、上大平民学校、演说练习会、上大浙江同乡会、上大陕西同乡会、春雷文艺社、大夏新少年社、进社、旭社、亥育社等十四团体来函一致参加筹备云。

《申报》1925 年 3 月 16 日

**孙中山逝世之哀悼（四）**

　　昨日往吊之团体。昨日各学校各团体之往吊者人数颇多。分志于下：（一）学校。浦东中学、启贤公学全体、暨南大学、尚公学校全体、中国公学、敏求学校、同济大学、人和产科学校全体、商科大学、大同大学、东方艺术专门学校、上海大学、中华工业专门学校、东方大学、震旦大学、中法工专、亚东医学、群治大学、东吴法科、乐益中学全体、第二师范学校、南市第一平民学校。（二）团体。中国社会民主党上海部、自由党总部、江阴旅沪同乡会、淞沪四川学会、南大非基督教同盟会、南大科学社、南大湖北同乡会、南大四川同乡会、南大陕西同乡会、上大山东同乡会、湖畔诗社、青年文艺社、甲子诗社、旅沪菜馆公会、爱多亚路商联会、山东路商联会、崇明同乡会、福建自治促进会、金银工人互助会、联义社、旅沪山东同志会、南大湖南同乡会、川沙农场、江海关图书馆、河南省银行代表、徽社、贵州旅沪学生会、中国青年工读社、履业工会、粮食会、对日外交会、三五学会、浦东少年社、沪西医院、美亚保险公司。（三）党部。一区六分部、二区七分部、五区十分部、第一区分部、第二区分部、五区三分部、第三区党部、第二区党部、五区十八分部、江阴临时区党部、安徽潜山县党部、松江党部。

　　各公团追悼大会之筹备。本埠各公团追悼孙中山先生大会筹备会，昨日接到各公团加入筹备者尤多，统计已有六十余团体。闻该会务求多多益善，共襄盛举，地点日期以及悼礼秩序、一切布置，均须待代表大会议决施行，约在二三天后，即拟召集，届期请各公团推派代表出席。兹将昨日加入者录后：卢景测绘工程专科学院、上大琼崖新青年社、黄冶旅沪友谊会、共进社上海地方团、福建青年大同盟、留沪兴化学会、女子文学专门学校、华英中学、旅沪广东自治会、上大四川同学会、天潼福德两路商界联合会、涟水旅沪学友会、中华劳动联合会、牛羊肉同业公会、印刷工人联合会、中华学工互助团、光华学校、尚文学校、肇成公学、泽民中学、国民公学、惠风公学、肇新学校、育德学校、远东公学、志新学校。

《申报》1925 年 3 月 17 日

**旅沪皖学生为姜案之两电**

　　（一）北京段执政暨章司法总长钧鉴：倪道烺确系姜案正犯，早经江西高审地检两厅讯实在案。惟道烺席乃叔之余威，以致逍遥法外。近复乘机攫取凤阳监督，贪心尤不足。一方拥护旧部军阀，包围省长，横干省政；一方辇金入都，多方运动，案移北京，冀图打消通缉，实现督皖之阴谋。计为高一涵等觉察，按法力争，司法部反断章取义、节外生枝，欲借此罹陷，而混消控案。尤可疑者，该案既经京地检厅票拘传讯到案，未经判决，缘何理由释放？司法者视杀人正犯如儿戏，摈国法若敝屣，缘情罔法，若此之甚，将何以振法纪而惩来者？此案之成立与否，攸关国法之存废，务恳立即票拘归案，以平公愤而维国法，否则皖人蹈白刃誓与力争。临电迫切，不胜愤激。上海大学安徽同学王立权、陶淮、王弼、王绍虞。

　　（二）高一涵先生转旅京诸同乡钧鉴：诸先生努力伸雪姜案，不惮权威，壮气热心，全国共佩。今司法部不积极进行姜案，而乃节外生枝，冀图陷诸先生于罪，荒谬绝伦，言之疾首。同人等一息尚存，誓为诸先生之后盾。尚望奋斗到底，坚持初衷，幸甚。（名同上）

《申报》1925 年 3 月 18 日

### 孙中山逝世之哀悼（五）

各公团追悼大会筹备会讯。本埠各公团追悼孙中山先生大会筹备会，自发出公函，并特派朱义权、董星五等分头征求加入以来，各公团要求加入筹备会，均极踊跃。闻该会拟在最近期内，即召集各公团代表大会，商议一切筹备事宜，俾得早日举行大规模之追悼。兹将昨日加入者列下：南洋高级商业学校、沪北工商学会、三五学会、云南青年励进社、中华书局同人进德会、职工进德会、中国孤星社、南京二商学社、东方青年社、上海大学、上大社会科学研究会、新申学院、爱国女学、蜀新社、上大山东同乡会、同志劝戒嗜好阅报社、民治协进会、法政大学第一院学生会、江西自治同志会、群社、景平女学、武平旅沪同乡会、川人自治会、沪北公学、健德公学、汝南学校、启明学校、竞立学校。

上大拟请改国立中山大学之提议。中山先生逝世后，举国人士，咸思为中山先生留永久纪念，以志景仰。顷闻上大同学陶同杰等有改该校为国立中山大学之提议，兹将意见书录后：中山先生缔造中华民国，为东方被压迫民族求解放之导师，盘根错节中四十年如一日，富贵不能淫，贫贱不能移，威武不能屈，其人格之伟大，不仅为一代之元良，亦且为万世之师表。孰料昊天不吊，竟降鞠凶，噩耗传来，举国震惊。惟吾人既尽衷于前，尤不可不纪念于后。庶先生不死，其道长存。溯吾上海大学建设以来，首先标以宣传民治主义，养成建国人才为宗旨，远追既往，近鉴来今，在国内大学中，以吾校与中山先生关系最深，故昨日本校全体同学大会议决，拟向本校教务行政会议建议改上海大学为中山大学，崇德报功，用意至深。但同人等对于此次议案，认为尚有补充意见之必要。考中山先生身为国父，功在国家。在政府方面，不应仅以仪葬之隆崇，作饰终之酬报，尤应设法将先生学术思想永远保存，甚至更从而光大发扬，务使余芬永在，万古常新，方符隆崇之至意。故同人意见，应呈请北京执政府明令改本校为国立中山大学，既彰国家酬报之隆，更显追怀先烈之深。至进行方法，应即组织上大筹备进行国立中山大学委员会，急速进行外，并责成本校学生会即日电北京于校长及本校前讲师汪精卫先生，以及刻下因公滞京之本校同学刘一清、钟复光二君，就近向执政府要求，借达目的。同人一得之愚，未敢自信，除请学生会召集全体大会公决外，特提出意见书如右。

《申报》1925年3月18日

### 孙中山逝世之哀悼（六）·筹备国立中山大学消息

本埠上海大学，自由同学陶同杰等根据该校学生会议决案，增加意见，提出改该校为国立中山大学意见书后，同学中对于此议，多表赞同。闻该校学生会定于今日召集全体同学大会，讨论进行方法，以便组织上大筹备进行国立中山大学委员会，积极进行。闻国民党方面亦多愿协助，但对进行手续上意见稍有不同。大约此举不久当能成为事实云。

《申报》1925年3月19日

### 孙中山逝世之哀悼（七）·昨日加入追悼会之团体

各公团追悼孙中山先生大会筹备会，决于今日下午二时，假西门方板桥勤业女子师范学校开会，讨论追悼大会之具体办法。该会昨日又有二十余团体加入，如上海大学学生会、大夏大学学生会、淞沪安徽学生会、上大浙江同乡会、余姚青年协社、健德英文夜校、青年读书会、红星社、群化团等是。

《申报》1925年3月20日

**孙中山逝世之哀悼（八）·各团体筹备追悼之会议**

上海各团体追悼孙中山先生大会于昨日下午二时，假西门勤业女子师范开第一次筹备会议。到者有上海大学、法政大学、大夏大学、上海会议促成会、国立自治学院、店员联合会、全国学生总会等一百二十余团体，代表一百五十余人。公推韩觉民主席，郭肇唐记录。（一）全体起立，静默三分钟。（二）董星五报告筹备经过情形。（三）议决分六股办事，计总务五人，文书五人，交际八人，会计二人，宣传十人，庶务九人。推举以团体为标准，当选者为国民会议促成会、学生总会、南洋大学、中华书局同人进德会、法政大学等三十九团体。（四）议决经费每团体以一元为最少限度。计当场认捐者，有国立自治学生会、大夏大学学生会、上海大学学生会、中华书局同人进德会、立达中学等团体，共计洋八十余元。（五）日期地点等问题，均由委员会商酌办理。并闻于本星期日（二十二日）上午，在西门林荫路正兴里二十三号该会所开第二次筹备委员会，商议一切云。

《申报》1925年3月21日

**上大改名之进行**

上大学生会，前日午后七时续开全体大会，议决向广东政府请求改上海大学为国立中山大学，为中山先生永远纪念。又在各系添设三民主义讲座，及增设政治、经济、教育三系。又定下礼拜三日（三月二十五日）开追悼大会，是日出特刊，印发中山先生遗像，请名人与各系主任及中学部主任演讲，通知国民党执行部派人参加，演放中山先生讲演之留声机片及其到沪时所摄活动影片。附致于校长电。

北京铁狮子胡同于右任校长鉴：本校学生为永远纪念中山先生起见，一致请求向广东政府将本校改为国立中山大学，特设三民主义讲座，并添设与三民有关之政治、经济、教育三系。除向行政委员会建议外，特电请即予许可，尤望能于本校三月二十五日追悼会前示复。

上海大学学生会叩号

《民国日报》1925年3月21日

**孙中山逝世之哀悼（十）·各团体追悼大会之筹备会**

上海各公团追悼孙中山大会于昨日上午九时开筹备委员会。到者陈倩如、王挹清、韩觉民、郑则龙、贺威圣、邵华等二十六人，公推韩觉民主席。议决案如下：（一）各股职务之分配。总务：邵力子、韩觉民、朱义权、董星五、陈广海，并互推韩觉民为主任。文书：刘稻薪、邵华、梅鼎、郭肇唐、袁聚英。会计：王挹清及商科大学代表。宣传：俞秀松、蒋子英、王振猷、黄俶声、李炳祥、贺威圣、梁苕康、陆德华。交际：女子文学专门学校、勤业女子师范、女界国民会议促成会、海员工会、国立自治学院等八团体代表因未出席，故未能推定。庶务：郑覆太、李敬泰及中国孤星社等七团体代表。（二）大会日期，决定四月五日。（三）预算经费暂定四百元，不足时再行筹集。（四）征求加入，公决通函已加入之各团体,请转相征求,决交文书股办理。(五)征收会费,公决函请各团体将认定捐款尽三月底以前交到。(六)传单及会场特刊,决交宣传股办理。(七)规定二十三日下午二时开交际委员会,四时开文书会计委员会,二十四日下午二时开宣传委员会,四时开庶务委员会,下星期日开第二次筹备委员会。议毕,十一时许散会。

《申报》1925年3月23日

**孙中山逝世之哀悼(十一)·国民党区分部之追悼**

又国民党上海市第四区党部各区分部代表于昨日下午二时,开追悼总理筹备会,朱义权主席。首由主席报告本区党部除参加各方面之追悼会外,应单独举行一追悼会之理由毕,当议决:(一)开追悼会日期,本月二十九日。(二)地点,西摩路上海大学。(三)经费,由各分部各认一元,余则由区党部担任。(四)各分部至少须备挽联一副,祭文备否听便。(五)是日除散发总理遗像及遗嘱外,并出一刊物,当推定由区党部征稿编辑。次推定朱义权、林钧、张晓柳、施乃铸、王人路、郭伯和、李炳祥、黄昌炜等八人为筹备委员,招待则临时于每区分部中指定一人或二人担任云。

《申报》1925年3月24日

**学务丛报·上大平民夜校继续开办**

西摩路上海大学平民夜校,已于本月二十日开学,二十一日正式上课,报名学生异常踊跃,每晚有数十名之多云。

《民国日报》1925年3月24日

**学务丛报·上大演说练习会**

自王振猷主持以来,会务蒸蒸日上,兹届改选之期,结果正、副会长陈铁厂、王振猷,文书瞿景白,交际段穉松、干翔青,会计贺威圣,庶务李养人等当选为职员。该会现已分组练习,并拟函请邵力子、恽代英、杨贤江、张太雷等为指导员,并增加英、法、俄语各一组,组长公举李养人、杨达等担任,记录为崔小立、孟超。闻下星期各组将作辩论预赛,该会大计划将与海上各大学作友谊比赛,闻定期当亦不远。

《民国日报》1925年3月25日

**三报馆被控案续讯纪**

公共租界工部局刑事总稽查处,在会审公廨控告《民国日报》主笔邵力子、《商报》主笔陈布雷、《中华新报》主笔孙瘅嫚,于二月二十号登载扰乱治安文词,并不将该三报之主笔、发行者、印刷人名姓及住址登载报上等情,昨日下午,由陆仲良襄谳会同日副领事田岛君升座第二刑庭研讯。先由克威律师起立声称,敝律师代表三家报馆,惟《中华新报》主笔系张近吾,并非孙瘅嫚,现张氏本人已到堂。捕房代表梅脱兰律师声称,当西探长煞拉文赴该报馆查询时,据人称,主笔系孙瘅嫚,遂由煞氏上堂证明二月二十号往《中华新报》馆,询据杭姓云,孙系主笔。堂上即传该报馆杭石君讯据供称,照中国习惯编辑即系主笔。《中华新报》总主笔名张季鸾即张一苇,因事赴京,由其弟张近吾代理,遂传张近吾讯问。据称,乃兄于去年十二月二三日往京,由伊代理,孙瘫蝮系其兄请来帮忙,专做论说,不管编辑之事。梅律师称,孙既系请来帮忙,当不能脱离关系,敝律师意应将张、孙同处被告地位。堂上乃问二月二十号谁为总主笔,张答由渠为总主笔,如发生事故,应负责任。问官遂将孙瘫蝮被控案注销,并将张近吾加入被告地位。梅律师遂陈述案情,谓控告三报馆所登论说扰乱治安,违犯出版法第十一条第二款,又控三被告违犯出版法第三条,因其不将主笔等姓名、住址登入报内。今先审控告邵力子一案。邵系《民国日报》主笔,除控其上述两项外,并请求将其逐出租界,因其住于租界与治安有碍。前曾控告经判决着邵交一千元保,并不准宣传过激主义。盖租界系为外人居住,邵在租界著论,扰乱治安,故此种过激党人,不应使其住于租界,并不应予以保护。假使过激主义成功,则富者将转而为贫。二月二十号,该三报论纱厂罢工事,内列有数项要求。此种要求,非工人所要求,系过激党人激动工人之举,言词甚烈。谓东洋资本家待工人如牛马,末并谓中国将亡,同胞速起自救,此语乃最足激动人心者。克威律师声称,所控三案,性质相同。今捕房律师对于邵案格外注意,竟欲将其逐出租界,并提及英马副领事所判之案。查当时马领事对于捕房请求将邵逐出租界驳回不准,如捕房欲提起逐出租界一层,则应于传票内载明。既未载明此节,今日只能审传票内所载之控案,而逐出租界一层,既经马领事判决不准,今不应再提。梅律师称,上次控告,请将邵逐出租界,公堂以其住居多年,故谕令交保归正。今因其犹未归正,故再提出此项请求。继由西探长煞拉文将二月二十号之《民国日报》《商报》《中华新报》各一份呈案禀称,往民国日报传邵力子时,调查该报馆之账簿内有数项收入之款来历不明。嗣经查得该报馆与上海大学有关,捕房前在该大学抄出之俄国书籍,业已奉谕充公,而邵亦因其事谕令交保并禁止宣传。但上次禁止被告登载之谕发给后,彼又于三月四号登大康纱厂之杨姓翻译辞退事,杨姓并非因罢工风潮被歇。克威律师复向该探长问曰:尔谓邵之论说有鼓励工潮、扰乱治安之意,所谓扰乱治安,已至何种程度?答幸有捕房防范,否则不堪。当二月十四号之间,鼓动甚烈,以致日人受及损伤。问账内调查究竟有无俄国过激党之津贴?答无,但其入款则来路不明。问尔知国民党内部分几派?答不知。问控告报馆违犯第三条,前曾有过几家?答以前控告报馆,系用违犯刑律条文。问上海报馆最有名者几家?答《申报》《新闻报》《民国日报》等。问他家曾否违犯第三条?答不应如此问,应问调查过几家。然现在所论者,为登罢工之事,不当言及其他。又由翻译经士英上堂,禀明三家报纸所载文词,系渠所译。煞氏复禀称,邵在《民国日报》已久,前曾数次控告。梅脱兰律师则以邵力子不应于禁谕之后,仍登该项文词,请求将其所交保洋充公。又由大康纱厂日人上堂,证明该厂之杨姓翻译系自行告辞,并非为工潮停歇。克威律师命邵力子站入证栏,向其诘问。据邵供称:"浙江人,本为《民国日报》经理,而主笔则系叶楚伧。控告时,叶已赴京,由我代理。现在叶已回沪,仍为主笔。我每晚六时进馆,至二时始出。日间担任复旦、大夏两学校教职。罢工风潮起自二月十号,至二十五号平息。罢工期内,我于二十四、五、六等日,在商界总联合会参加调和,结果,工人全体上工。二十号我著论文一篇,主张中日两国商会出而调停。工人曾寄来一信,内附泣告书,请求我们登载,故编辑人遂为之刊登,照来稿并未加添一字。我所主张之调和方法,商会亦表赞成,如王一亭等均由我相邀加入调和者。至于罢工系何人鼓励,我殊不知,而其罢工原因,当系待遇不好所致。捕房所指账内来历不明之款,系国民党之广东总部汇来津贴之款,并无过激党或苏联政府之贴款。共产主义书籍,我尝看过,以现在中国不能实行此种制度,故不赞成。我见某日报所记罢工之内容,殊非真相。"日领事即问曰:"尔适言罢工事,事前不知,又供某日报所载罢工内容,并非真相,言词先后矛盾,然则尔当知真相。"邵谓因见某日报载工潮系某团体鼓励,故云非真相。仍由克威律师向邵继续诘据供称:"我既未鼓励罢工,亦未有帮助其罢工之行为。而二十号以后,更无扰乱治安之事。所登工人泣告书,完全系工人方面意思。如克威律师来信,能正式代表其意见者,我亦为之登载。申、新两报均不登主笔姓名、住址于报上,即全中国报纸,我亦未见其有登载者。盖照现在情形,登载主笔姓名于报上,主笔甚为危险。《民国日报》日销九千份,购阅者大概为学生与国民党员。工人既无钱,又多不识字,焉能买报?"梅脱兰律师向邵反复驳诘所登工人泣告书内之词句良久,经邵一一解答毕。田岛副领事遂讯邵曰:"此段词句与罢工却无甚关系,颇有点仇视外人之意,尔知之否?"邵答:"当有一点。"问:"尔言登报系表示工人意见,但此泣告书恐非其意见。"答:"我因见系工会送来,故为刊登。"问:"信内并无工人名字,只有图章。图章人人可刻,负责之人为谁?"答:"我想工会当有人。且中国习惯,信函盖章者多,个人签名者少。"问:"工人代表姓名,尔当知悉。"答:"工人虽举代表出来调和,但其姓名已不记得。"问:"尔既不知投稿人之姓名,焉能将稿登载?"答:"曾经说过,习惯以盖章者为多。总之我是主张中日亲善者之一,二十号报上之论文,可以概见。且登载此稿,系我报告一种工人方面之事实,故登出后,如《字林西报》亦为译载,在该报则系认《民国日报》所报告之一种事实。日领谓《字林西报》系英商,不在本公廨管辖范围。今所登之原稿安在?"邵答:"要阅当可以取来。"问:"尔言款项系由粤寄来,如何寄法,可能证明?"答:"上海国民党执行部可以证明,且款系从广东银行汇沪,亦可调查。"审至此,已六句余钟,谕候礼拜六续讯。

《申报》1925年3月26日

**学务丛报·上海大学聘定校医**

昨日上海大学总务处布告云,本校业已聘定医学博士张致果先生为本校校医,先生留学德国六年,医学精纯,手术熟练。现寓老靶子路(河南路东)一百三十五号四层洋楼,电话北四三一七号,每星期四日上午来校诊治,其余期间有愿意诊治者,即在本处领取诊病证,亲往该处诊治可也。

《民国日报》1925年3月31日

**上海大学聘张致果为校医**

昨日上海大学总务处布告云,本校业已聘定医学博士张致果先生为本校校医。先生留学德国六年,医学精纯,手术熟练。每星期四日上午来校诊治,其余期间有愿意诊治者,即在本处领取诊病诊证,亲往该处诊治云云。

《新闻报》1925年3月31日

**学务丛报·上大湖北同乡会成立**

上大湖北同学发起湖北同乡会,已于前日开成立大会,主席韩福民,规定职务共分主任、会计、文书、交际四股,选定该校总务长韩觉民为主任,韩福民、明哲、钱有光为文书,韩阳初为会计,刘移山、纪威、王筠为交际,并推举刘愚真为联络女界之交际。又该会议决,借本同乡会名义,为发起旅沪改造湖北同志会之准备。

《民国日报》1925年4月1日

**学务丛报·上大行政委员会消息**

上海大学行政委员会,为该校最高机关。该会组织,以校长(邵力子)、总务主任(韩觉民)、学务及中国文学系主任(陈望道)、英国文学系主任(周越然)、社会学系主任(施存统)为当然委员外,再由教职员中选出四人,以校长为委员足及开会之主席,闻此次所选出之新委员为沈雁冰、刘大白、朱复、恽代英等四人。并闻不日将开会讨论一切进行办法。

《民国日报》1925年4月3日

**三报馆被控案续审纪**

公共租界工部局刑事稽查处,在会审公堂控告《民国日报》主笔邵力子、《商报》主笔陈布雷、《中华新报》主笔张竞吾登载扰乱文词,并不将主笔、发行者、印刷人之名姓住址登载报上一案,迭经审讯情形,历详本报。昨晨又开庭续审,据西探长煞拉文上堂禀称,星期三往上海大学调查,见贴有邵力子之通告,禁止学生阅共产书籍。陪审之日副领事田岛君,复将《民国日报》账簿今年收入各款逐一向邵诘问。邵一一声明来历,并将汇款证据呈案请核。继由克威律师向陈布雷诘据供称,报纸记载罢工事件甚多,所登泣告同胞书,系内外棉厂工人之工会用信送来。经将原稿末尾两句删去,余照稿登载。是日我并著一评论,希望中日两国商会出而调停,从速解决。素未登载关于共产主义之文词,二十二日所登系劝工人勿受共产党煽惑,二十三日又登安徽劳工会劝告工人从早上工之文词。至于出版法,因未经正式国会通过,不曾实行,且现有人在京请求废止。而上海各报及北京报纸,皆未将主笔等姓名登于报上云云。捕房律师梅脱兰氏即检一信函与陈阅看,该函系审判厅答复捕房者,内容言出版法应有效力。陈阅毕,转呈于堂上。克威律师遂称,出版法自二月十三日公堂始行引用,以前实未承认。陆襄谳谕曰:凡系中国有效之法律,公堂均承认。梅律师复以报馆应遵出版法一再向陈诘问,询其愿否将主笔等姓名载于报上。嗣陈答称:此事应由经理决定,然公堂如有正式命令,应着各报一致登载。梅律师又将所登泣告同胞书之词句,向陈盘问良久。陆襄谳谕陈曰:凡得到有关系之稿件,应先审查其有无负责者,以定登载与否。依照出版法,不但经理人姓名应登于报纸,著作人姓名亦须刊入。其他各报之未将经理人等姓名刊入,因其尚未登载有关系之文字,故捕房犹未予干涉云云。旋传张竞吾上堂,由克威律师向其诘据供称:登载泣告同胞书之后约一星期,工人均已上工。迨接公堂传票,以所登扰乱治安,但当时因时间关系,故未将该稿详加审察,应请原谅。梅律师即向张诘问愿否将主笔等姓名登载报上,张亦答以须有公堂正式命令。嗣日领复向邵、陈、张三人讯问泣告同胞书从何得到。邵等均称,系工会派人送至报馆收发处,由收发处送交编辑部。至是双方证供俱毕,开始辩论。三被告之代表克威律师辩称,捕房控告邵力子登载扰乱治安文词,违犯出版法第一条一节,此应由主笔负责,而邵系经理。况登载之后,未几工人上工,实无扰乱治安之意。且捕房所译泣告同胞书,未译全文,再邵所著评论,主张由商会调停一段亦未译出,捕房亦不能证明邵有附和罢工等事。至于发布工人之意见,主笔向不负责,不但中国报纸如此,即东西洋报纸亦然。又控邵违犯出版法第三条不将主笔等姓名登载报上一节,查最有名之《申报》《新闻报》等,均未将主笔人等之姓名登报,捕房何故只提出此三家?邵曾证明如登出姓名,则主笔甚为危险。窃意新、申各报或亦系根据此项理由,不将姓名登载。又控邵扰乱治安并以警察厅指邵抱共产主义。但邵当即去函声明,邵尝言彼昔确曾研究共产问题,嗣因中国不适用此制,故已不赞成。今邵已将其报馆之账簿呈堂,证明款项来历。《民国日报》为国民党机关报,即中国政府承认之报,当不致违犯中国法律。假使其不登泣告同胞书,不发表由商会调停之主张,恐商会未必出而调停工潮。敝律师尝于外报阅见所登孙文发表之意见,确有共产意义、排外思想,不闻捕房干涉。须知国民党分两派,一派确赞成共产,上海大学或有几个小孩赞成共产,其经费大概由赞成之一派补助。然邵实不赞成,故捕房所提之证据,皆不足以定邵之罪。至被告等所登文词,堂上若以为有咎,各被告愿向道歉云云。捕房代表梅律师继起声称,所控违犯第三条出版法一款,最为重要,应请公堂传谕各报馆,遵照该案,将主笔等姓名、住址登载报上,并请求将邵逐出租界,因其系共产党主脑,捕房不应保护,末又将《民国日报》以前被控各案,逐一报告毕。问官磋商之下,宣判陈布雷、张竞吾违反出版法第三条第一款,各罚洋三十元,又违反出版法第十一条第二款,应处徒刑,姑从宽改为罚金,各罚洋六十元,共各罚洋九十元。邵案展期十四天再核。陆襄澉复口头宣谕,谓此系中国公堂,出版法为中国法律,应当有效。凡在租界之报馆,均应依照该法,将主笔人等姓名登载报纸。谕毕闭庭,时已逾年矣。

《申报》1925年4月5日

**学务丛报·上大浙江同乡会开会纪**

上大浙江同乡会,于前晚在该校开全体大会,到者四十余人,贺威圣主席。(一)主席致开会辞;(二)出版、讲演、调查各委员及会计报告上届经过情形;(三)修改章程;(四)讨论会务进行;(五)改选朱义权、贺威圣、干翔青、李咏、全世堪、施存统、沈观澜等七人为执行委员,张维祺、韩步先、黄正厂三人为出版委员,朱鹤鸣等二人为演讲委员,丁郁、朱义权、崔小立等为调查委员。并议决:(一)即行召集出版、演讲、调查各委员会,以便分头进行;(二)于最近期内出不定期刊物一种;(三)每星期举行演讲会一次;(四)请调查一委员协同征求会员意见。

《民国日报》1925年4月5日

**上大浙同乡会开会**

上大浙江同乡会,于前晚在该校大教室开全体大会,到者四十余人,贺威圣主席。开会顺序:(一)主席致开会辞;(二)出版、讲演、调查各委员及会计报告上届经过情形;(三)修改章程;(四)讨论会务进行;(五)改选职员。并议决:(一)即行召集出版、演讲、调查各委员会,以便分头进行;(二)于最近期内出不定期刊一种;(三)每星期举行演讲会一次；（四）请调查委员协同征求会员，并于即日起征。

《新闻报》1925年4月5日

**学务丛报·上大广东同学会成立**

上大广东同学会，前日假该校开成立大会，到四十人。一宣布开会理由；二讨论会章；三选举职员，计张梧村、黄昌炜、李炳祥、许侠夫、叶雄民当选；四讨论会务。后又议决加入孙公追悼会。摄影散会。

《民国日报》1925年4月9日

**学务丛报·上大皖同学会成立**

上海大学安徽同学会，昨日开成立会，到者三十九人。一、主席报告筹备经过情形；二、讨论章程；三、选举职员，张一寒、陶梁、江华、刘剑冰、王弼、王绍虞、王立权、丁显、王振猷等九人当选；四、余兴；五、茶点；六、散会。并闻该会决加入本埠各公团追悼孙公大会。

《民国日报》1925年4月11日

**孙中山夫人与孙哲生昨晚抵沪**

孙中山之夫人及孙哲生等，在宁察视坟墓毕，于昨日下午二时三十分，乘坐专车，由宁启程，直驶来沪。专车计挂花车一辆、头等卧车及头等餐车各一辆、三等车一辆、行李车一辆。当出发时，由驻宁《大陆报》记者罗维思拍电通知沪上民党要人唐绍仪君。至站迎慰者，有中国国民党上海市第一区第一分部及第四区分部、国民党总部、全国国民同志会、上海大学、商界联合会等，齐集在第四号月台迎候。及专车抵沪，时已九点十分。孙夫人当即下车，与迎慰各团体略事道谢，后由驻站卫队及路警导出大门，旋乘汽车，赴南京路东亚旅馆云。

《申报》1925年4月12日

**昨日全埠市民之追悼孙中山大会　　到者达十万人左右**

昨日为本埠市民追悼中山之期，全埠各商店，预期已由总商会通知，届时均下半旗志哀。追悼会场在西门外公共体育场，两侧大门均扎白布牌楼。因北来车马之便，改由西侧大门入口。门前由南市保卫团派守卫八人，照料一切。上午八时许，各校童子军如爱国、两江女师范等，即陆续到场，分配在各处站立。由入口画白线两道，以达祭坛，由童子军在两旁分立，成一甬道。各团体之到场者，由此道入，分立两旁。至十时许，各团体均到齐，极为拥挤，场中为满，几无插足之地。十时余，主祭唐少川到场，继中山家属孙夫人、孙哲生及孙夫人之母等均到，乃宣布开会。幕启，祭坛上燃绿色小电灯，壁间衬以青天白日之党旗，极为悲壮。次即由方椒伯主席致词，谓中山先生一生事迹，为全民众所信仰，乃有今日盛大之追悼会云云。行礼如仪后，由孙哲生向众鞠躬致谢。礼成，约十一时，即退出祭场，各团体集会游行。下午仍有排队来祭者，如南洋烟草职工会全体工人数百名及圣约翰大学等，合计上下午到者，约在十万人左右。祭毕，即在东侧茅亭及健身房分头自由讲演,由叶楚伧、何世桢等分任主席。旋亦有在场内自由演说者,童子军亦竟日在场维持秩序。至五时半,始摇铃散会。昨日场中,并有分发传单及出售孙中山遗言、国闻周报等刊物。到会者人缀瓷质中山遗像徽章一枚,手持青天白日小纸旗一面,并赠遗像、遗嘱各一纸。兹将详情分列如下:

会场职员。主席:王芷飑、叶楚伧、何世桢、方椒伯、韩觉民。主祭:唐少川。司仪:张心抚、张亚光、李祖夔、朱少屏。读祭文:周霁光。司爵:蒋百器、周佩箴。司花:黄宗汉、徐寄尘。纠仪:李徵五、沈卓吾、沈仪彬、徐时崧、徐功溥、但植之、钟紫垣、袁履登、欧阳荣光、舒惠桢、王壮飞、查光佛、陈震东、王一亭、高伯谦、张静江、徐建侯。招待:不备载。

到会团体。南洋大学、复旦大学、同济大学、圣约翰大学、震旦大学、上海大学、持志大学、东华大学、法政大学、商科大学、大夏大学、暨南大学、南方大学、群治大学、同德医学、省立二师、南洋中学、乐益大学、神州女学、爱国女学、总商会、各路商界总联合会、纳税华人会、上海救火联合会、中华国货维持会、华侨联合会、精武体育会、华商纱厂联合会、华商保险公会、闸北地方自治会、闸北公团联合会、上海市农会、南市保卫团、中华国民拒毒会、国民党上海执行部及各区分部、全国学生总会、上海学生联合会、寰球中国学生会、旅沪香山同乡会、潮州会馆、徐州八邑、徽宁大埔等同乡会、工界各团体、先施公司职员青年会、道路协会等四百余团体。

开会仪式。(一)振铃开会,与会者各脱帽就席。(二)致开会辞(方椒伯)。(三)报告孙公历史及勋绩(何香凝)。(四)宣读遗嘱(叶楚伧)。(五)行追祭礼,执事者各司其事。(六)奏乐,乐止。(七)主祭者就位,与祭者各就位。(八)初献爵,献花,主祭者一鞠躬。(九)读祭文。(十)再献爵,主祭者一鞠躬。(十一)三献爵,主祭者一鞠躬。(十二)奏乐,乐止,唱哀悼歌(两江女子体育师范学校)。(十三)全体脱帽行三鞠躬礼:一鞠躬,二鞠躬,三鞠躬。(十四)奏乐,乐止。(十五)礼成。(十六)主祭者及与祭者各退位。(十七)至下午六时,振铃闭会。(十八)演说,另设演坛。(十九)摄影,用活动写真。

《申报》1925年4月13日

**国民党员追悼孙中山记·在新舞台举行 到六千余人**

本埠国民党昨日下午一时,假新舞台开追悼孙中山大会,未领党徽者不得入,到各区党部区分部党员六千余人。秩序由警察及爱国女学、两江女师、南洋大学童子军维持。一时三十分开会,四时散会。孙夫人及孙哲生君均莅临,由叶楚伧主席,孙铁人司仪,周佩箴、周颂西、张廷灏等招待。追悼礼举行毕,放演中山留声机片,有何香凝等演说。上海大学及暨南大学学生并于奏哀乐后,先后唱哀悼歌,甚为凄惋。兹将各种情形分志如下:

会场布置。新舞台门前悬孙中山追悼大会等旗帜,四周围绕青天白日小旗及素彩,门顶旗台上高悬青天白日满地红之半旗。由门前至台上,由童子军分立两旁,划出道路一条。台上正中悬中山礼服遗像,以白枝素彩绕之,像上悬中山遗嘱横额。由台上至台下悬斜十字形之党旗及紫黄绿白四色相间之白彩。台之对楼,悬"凛烈千古"横额,下悬中山便服肖像,场之四周,则满悬挽联。

开会秩序。(一)开会。(二)奏哀乐。(三)上海大学、暨南学校校生唱哀悼歌。(四)恽代英读中山遗嘱。(五)叶楚伧读宣誓文。(六)奏乐。(七)主席叶楚伧就位。(八)读祭文。(九)奏乐。(十)静默三分钟。(十一)行三鞠躬礼。(十二)奏乐。(十三)放演中山演说片。(十四)演说。(十五)摄影。(十六)闭会。(十七)奏乐。

宣誓全文。"中国国民党党员,谨在总理灵前,誓遵守总理遗嘱,继续奋斗,以实现三民主义、建国大纲、建国方略、第一次代表大会宣言,并愿本纪律的精神,使本党在统一组织之下,益得强固扩展。谨誓。"上词由叶楚伧宣读一句,党员同声应和,一时声震屋瓦。

演词撷录。恽代英演说云"吾人不仅向上爬,尚须提携身后之人,使同趋峰巅。先生虽撒手而去,但先生所遗留之著作,实为指引吾人向上之明灯。故先生虽死,而先生的精神,仍继续力挽同胞,使得前进。同志仰体此意,仍应格外努力"云云。叶楚伧演说云"吾人继续向上爬,须有定力,其主要之点有二:(一)勿畏诽谤,(二)勿信敌党离间挑拨之词。故对内无论何事,均可商量,各抱为谦之忱;对外则主张一致,不能屈服于人"云云。

《申报》1925年4月14日

**学务丛报·上海大学英文研究会大会**

上大英国文学系一部分学生,鉴于课外切磋之重要,特组织上大英文研究会。前日假该校图书馆开第一次大会。(一)主席张鸿林宣布开会理由;(二)干事李锡祚报告该会经过情形;(三)该系主任周越然及教授演说;(四)会员演说;(五)周君作简单之批评。茶点,尽欢而散。

《民国日报》1925年4月17日

**学务丛报·杨杏佛今日演讲**

上海大学社会科学研究会,现请杨杏佛先生演讲"从社会方面观察中国政治之前途",定今日下午二时,在西摩路时应里该校第二院。杨君对于社会学、政治学极有研究,为现代有名学者。闻该会系公开团体,无论何人都可往听。

《民国日报》1925年4月18日

**学务丛报·上大刊行文学周刊**

上海大学近由各级委员会议定刊行文学周刊一种,借本报副张发行,以发表创作研究文学各种问题,并介绍外国文学为宗旨。日前由该刊编辑股委员会议决每星期一出版一次,第一期准在四月二十七号出版。

《民国日报》1925年4月18日

**邵力子被控案之判词·违反出版法共罚三百三十元　宣传过激主义一节无据注销**

工部局刑事总稽查处在公共公廨控告《民国日报》主笔邵力子,登载扰乱治安文词,并不将主笔、发行者、印刷人之姓名、住址登载报上一案,迭次开庭研讯情形,备详本报。昨届此案宣判之期,上午九时,原告代表梅脱兰律师、被告及其代表克威律师均至第二刑庭候示。须臾,陆襄諴会同日副领事田岛君开座,宣布判词云:被告邵力子违反出版法第三条第一款,应罚洋三十元,又违反出版法第十一条第二款,应罚洋三百元,共罚三百三十元充公;至宣传过激主义,扰乱治安一节,讯无充分证据,应予注销。

《申报》1925 年 4 月 19 日

**学务丛报·上大社会科学研究会之演讲**

上海大学社会科学研究会,现请定该会指导员恽代英长期讲演,定今日起讲演"中国民生问题",约一星期讲毕,时间为每晚间七时至九时,地址在时应里该校第二院,预定由会员笔记将来修正出版。

《民国日报》1925 年 4 月 21 日

**山东学生筹备同乡会**

山东旅沪学生于前日(星期日)下午在上海大学开会筹备办理同乡会。到同济、同德、美专、大夏、上大、同文各学校代表。当议决先组织一发起委员会,举临时委员长一人,并分文牍、经济、庶务三股,每股举股长一人担任筹备各事。定于本星期日开全体代表大会,各学校已均专函通知矣。

《申报》1925 年 4 月 22 日

**上海大学改名中山大学　俟有切实改革计划然后实行**

上海大学学生会昨接广州中央执行委员会来函云:径复者,案准胡展堂同志转来贵会请将上海大学改名为国立中山大学并增设政治、经济、教育三系,以垂孙中山先生永久之纪念等由函一件,当即提出本会第七十五次会议决议改名为中山大学,俟有切实改革计划,然后实行等因,准函前由,相应录案函复贵会查照为何云云。

《民国日报》1925 年 4 月 27 日

**淞沪川团体组织反对川战大同盟**

近来川省又发生战事,旅居淞沪各川团体联合发起反对川战大同盟,已于昨日在上海大学第二院开会筹备。计到会者有蜀评社、蜀新社、富顺旅沪学会、郫县旅沪学会、彭县旅沪学会、法政大学四川同乡会、南方大学四川同学会、同济大学四川同学会、东方青年社内四川同乡会、浦东中学四川同学会、岳池旅沪学会、上海大学四川同学会、涪陵县省外学会上海分会、南川旅沪学会、上海商科大学四川同学会、民团促进会、南洋高级商业专门学校四川同学会、两江女体师四川同学会、大夏大学四川同学会等二十余团体。首由叶学纯主席,报告发起反对川战大同盟之原因与宗旨。嗣议决名称为淞沪四川各团体反对川战大同盟,当即票选筹备委员五人。当选者石荣廷、李元杰、郭季霖、刘矩、章香墀。当即开筹备委员会,讨论开成立大会一切筹备事宜。闻定于五月二日(即礼拜六)在中央大会堂开成立大会云。

《申报》1925 年 4 月 28 日

## 安徽南陵旅沪同乡会开会

安徽南陵旅沪同乡会前日假上海大学开本学期第一次常会,到者数十人。首由上届职员报告已往手续并选出新委员如下:(总务)夏藩,(文书)牧文农,(会庶)俞鼎传,(交际)王振宇、胡大观。最后对于该县平民教育运动有所讨论云。

《申报》1925年4月30日

## 上大平民校消息

西摩路上海大学附设平民学校,本学期继续开办以来,学生达三百五十名。课程编制:国语、谈话、唱歌。按照学生年龄分成年班、初中、高三级、童年班。初中两级英语算术,则采用弹性制,各级学生,可以自由升降。计英文分四班,算术分五班,各科教员三十余人。其教材只初级国语用平民千字课,余均由各教员自己选编讲义,油印发给。如遇重大时事或纪念日等,尤特别注意授以应有知识。前日为五一劳动节,先期由诸教员编选五一教材,详为解释。复于昨晚七时,在校中举行纪念大会。到会者,除原有学生外,尚有各学生家属前来与会,为数颇众,总计约达五百余人,座中拥挤不堪。其开会顺序:(一)振铃开会。(二)主席朱义权报告开会宗旨,并约略说明五一节之意义。(三)恽代英、侯绍裘、杨洵、向警予、林钧、丁显等相继演说,辞意警辟,听者均颇感动。(四)余兴开唱留声机数片。(五)齐呼"工作八小时""教育八小时""休息八小时"。(六)振铃散会。

《申报》1925年5月3日

## 社团近闻

旅沪山东学生会自组织以来,即于上月二十六号在上海大学开筹备会,并决定于五月三日开成立大会,地点西摩路上海大学,时间下午一点,届时并请名人演讲及演放留声机。凡筹备会未派代表出席者,皆重发公启,延请加入云。

《申报》1925年5月3日

## 上大平校

前日为五一劳动节,上海大学平民学校先期由教员编选五一教材,详为解释;复于前晚七时,在校中举行纪念会。其开会顺序:(一)振铃开会;(二)主席朱义权报告开会宗旨,并约略说明五一节之意义;(三)恽代英、侯绍裘、杨洵、向警予、林钧、丁显等相继演说;(四)余兴开唱留声机数片;(五)齐呼"工作八小时""教育八小时""休息八小时";(六)振铃散会。

《民国日报》1925年5月3日

## 学务丛报·上大女同学会成立纪

本埠西摩路上海大学女同学会,昨日下午七时在该校开成立大会,到者来宾及教职员向警予、韩觉民、恽代英诸先生及各班女同学三十余人,推丁镜娟主席,其顺序:(一)主席致开会辞,并报告筹备经过情形。(二)全体唱国歌。(三)通过起程。(四)来宾及教职员韩觉民、向警予、恽代英等相继演说,大致谓女子应有团结力,并打破旧礼教,力争男女平等云云。(五)选举职员,结果黄俶声当选为总务委员,李咏、何沁石、丁镜娟、孔德沚、刘剑冰、吕全贞为交际委员,张劲我、王秀清为文牍委员,李镜蓉、陆望之为庶务委员,丁郁为会计委员。(六)茶点。(七)余兴,有丁镜娟之京曲,李镜蓉之表情唱,王秀清之唱歌,鲁振杨、华凤琴之奏琴歌唱。至十一时始尽欢而散。

《民国日报》1925 年 5 月 3 日

### 上大女同学会成立

本埠西摩路上海大学女同学会,筹备已逾半月,昨日下午七时,在该校开成立大会。到者有来宾及教职员及各班女同学三十余人,推丁镜娟主席,其顺序:(一)主席致开会辞;(二)全体唱国歌;(三)通过章程;(四)来宾及教职员演说;(五)选举职员;(六)茶点;(七)余兴。

《时报》1925 年 5 月 3 日

### 学务丛报·上大川同学开会

上海大学四川同学会,七日在该校第二院开第四次执行委员会,杨志英主席报告开会理由,议决:(一)文书何成湘辞职,由叶学纯递补;交际余泽鸿离沪,由胡国隆递补。(二)淞沪川籍各团体反对川战大同盟,本会被选为常务部职员,公推程源希、杨达出席。(三)公推叶学纯代表本会参加对日外交市民大会所发起之五九国耻纪念会。(四)川省各县贷费因格于定章,本校同学有未贷得者,议决委托李元杰君乘返川之便,就地与当局接洽,并呈请省署指令各县一体照发。该会又因川战复作,兵匪横嚣,拟不日发表宣言,反对战争,并警告民众。

《民国日报》1925 年 5 月 10 日

### 上海大学今日追悼胡笠僧·革命健者　协助良朋

河南督理胡公笠僧逝世,各处开会追悼者颇多,本埠亦早有追悼会之筹备。昨得上海大学消息,该校除加入公共追悼会外,特在该校内另开一追悼会,现已筹备就绪,定于本日下午二时在校内举行。该校追悼胡公有两种意义:一是公的方面,胡公虽是军人,他与普通军阀不同,他是信仰主义奉行主义的革命军人。他去年把曹、吴推倒,即请孙先生到北京,今年到河南第一步既使教育基金独立,又提倡工人组织工会,简直是实行革命主义。他今死了,就是革命队里失去一员健将,在这方面是追悼革命健者。二是私的方面,该校校长于右任先生任靖国军总司令时,笠僧为其部下。笠僧在时,对于该校常为友谊帮助,他今逝世,就是该校失去了一个协助的朋友,所以在这方面,是追悼协助的良朋。闻周道腴(震鳞)先生新自豫来沪,该校特请其出席演说。

《民国日报》1925 年 5 月 10 日

### 各方纪念国耻之续讯·上大平校

本埠西摩路上海大学平民学校于前日(五月九日)晚间七时,在校内举行国耻纪念会,到者除全体学生教师三百数十人外,尚有来宾数十人。其开会顺序:(一)振铃开会。

(二)唱国民革命歌。(三)教务主任韩步先报告开会宗旨。(四)来宾及职教员学生等相继演讲等等。

《申报》1925年5月11日

## 华德博士在上大演讲　今日起共四天

华德博士,为美国著名之社会学者,此次来华,在北京、广东各大学均曾讲演,沪上各校亦多请往演讲。惟博士颇愿作一比较有系统的讲演,适上海大学亦以此为请,遂定今日起在该校接连演讲四天,对于社会科学及社会问题为有系统之讨论。讲演时间,今日至十三日(星期一至星期三)均下午四时至六时,十四日(星期四)则为上午九时至十一时。

《民国日报》1925年5月11日

## 上海大学追悼胡景翼纪

上海大学于前日(十日)下午在第二院举行追悼胡笠僧君大会,到三百余人。二时振铃开会。邵力子主席,报告开会宗旨,略谓本校已定加入上海各团体筹备之追悼胡公大会,今日又先单独举行,一因胡公对于本校深表同情,二因胡公足为青年学生模范,三因上海方面对胡公尚多误解,吾人固反对军阀,但同时亦需要有主义之革命军人,胡公实为军人之有主义而又能实行主义者。今日将请深知胡公之周道腴先生详述胡公言行,使社会亦间接得真确的认识云。报告毕,全体起立,向遗像行三鞠躬礼。次丁显读胡氏略传,周道腴讲演,略谓胡公以非常之人,成非常之功,半由天才,半由努力。天才难学,而努力易学,其天资甚高,记忆力极强,读书过目成诵,与友人谈亦久而不忘,十余岁便奔走革命,实少读书机会,然史汉各书,能对答如流,作数十行之函件,数分钟便成。早年,中山先生及其他友朋之谈话,至今皆能记忆。此固出于天资,然亦由暇时手不释卷及勤作日记,又能耐苦奋斗,与将士共甘苦。秦俗本尚武善战,从事者多读书人。重以胡爱才好士,故极团结亲爱,昔有父子兵,今之陕军则可谓之兄弟兵,其能以少胜多,实由于此。胡又能忍辱负重,卒集大功。吾人今日欲救国难、御外侮,皆不能无兵,青年应注意于此。胡又极爱护教育,甫抵河南即确定教育基金独立,豫省收入千余万,今确定教育经费每年三百六十余万,归教育厅等独立经管,此为全国军民长官所不能办者。生平以国家与主义为前提,不治家产,尝有言曰:现在有兵的人就要争地盘,我却不然,我是以主义为地盘,有人阻碍三民主义之进行,我便要打他。此种精神,最可为青年模范云云。

《申报》1925年5月12日

## 上大追悼胡景翼

上海大学于前日(十日)下午在第二院举行追悼胡笠僧先生大会,到会者三百余人。二时振铃开会。邵力子主席,报告开会宗旨,略谓本校已定加入上海各团体筹备之追悼胡公大会。今日又先单独举行,一因胡公对于本校深表同情。二因胡公足为青年学生模范,今日诸君皆思打倒强权,摒除障碍,胡公幼年即有志于此,确定革命方针,且以读书与革命两者融合为一,成就今日之伟业,他在幼年时,愤强权侵略,即画鹰日而射击之,此种精神很值得我们青年效法。三因上海方面对胡公尚多误解,吾人固反对军阀,但同时亦需要有主义之革命军人,胡公实为军人之有主义、而又能实行主义者。今日特请深知胡公之周道腴先生详述胡公言行,使社会亦间接得真确的认识云。报告毕,全体起立向遗像行三鞠躬礼。次丁显读胡先生略传,周道腴先生讲演略谓胡公以非常之人,成非常之功,半由天才,半由努力,天才难学,努力易学。胡公天资甚高,记忆力极强,读书过目成诵,与友人谈亦久而不忘,十余岁便奔走革命,实少读书机会,然史汉各书,能对答如流,作数十行之函件,数分钟便成。早年中山先生及其他友朋之谈话,至今皆尚记忆。此固出于天资,然亦由暇时手不释卷及勤作日记。胡又耐苦奋斗,与将士共甘苦。秦俗本尚武善战,从军者多读书人,重以胡爱才好士,故极团结亲爱,昔有父子兵,今之陕军则可称兄弟兵,其能以少胜多,实由于此。胡又能忍辱负重,卒集大功。吾人今日欲救国难,御外侮,皆不能无兵,青年所应注意于此。胡又极爱护教育,甫抵河南,即确定教育基金独立,豫省岁入千余万,今确定教育经费每年三百六十余万,归教育厅等独立经营,此为全国军民长官所不能办者。生平以国家与主义为前提,不治家产,尝有言曰:"现在有兵的人就要争地盘,我却不然。我是以主义为地盘,有人阻碍三民主义之进行,我便要打他。"此种精神最可为青年模范云。

《民国日报》1925 年 5 月 12 日

**学务丛报·华德博士在上大演讲纪**

华德博士在上海大学演讲,已志本报,演讲地点为第二院社会学系一年级教室,可容二百余人。博士演讲时,听者甚众,室内坐满外,门外尚立百余人。十一、十二两日正演讲时,大雨不止,门外立听者衣履尽湿亦不顾,此固听者之热心,亦可见讲者之足以动人矣。计博士在该校共讲四日,颇有系统,大概如下:人类行为之动机,有的是为金钱,有的为社会服务,就是为人类谋幸福,但是想达到为人类谋幸福的目的,先要除去为金钱的动机,因为这两种动机是相冲突的,前者不但障碍后者,妨害它的发展,并且减少人类的幸福,就是造成社会的不平等。为人类谋幸福这件事,要由全人类合作。想人类合作一种事情,必先使人类都立于平等地位,就是废除现在的经济制度。因为现在的经济制度,是为金钱的动机的结果,现在想废除现有的经济制度,使人类立于平等地位,先要把所有感受现在经济制度痛苦的人(被压迫阶级)联合起来,才能做到。因为现在享受经济制度特殊权利的人(压迫阶级),常常用很大的力量,维持这种制度。现在最要紧的事情,就是西方的无产阶级(被压迫阶级)应该和东方的弱小民族(被压迫阶级)联合起来,向他们(压迫阶级)进攻。

《民国日报》1925 年 5 月 15 日

**上海学生会第一届执行委员会纪**

上海学生联合会根据第四次代表会之议决案,于昨日下午三时在西门大吉路会所开第一届执行委员会,计到会执行委员十六人。首由代表大会主席邵华报告代表大会经过,次由执行委员会代表张永和报告半年间会务经过及经济情形。次选举常务委员,结果南洋、大夏、沪江、东华、勤业、复旦中学、上海大学、第二师范、法政大学等校当选。次分配职务,南洋、沪江当选为正副主任,上大为文书委员,大夏为编辑委员,勤业为交际委员,第二师范为庶务委员,法政大学为会计委员,东华大学为宣传委员,复旦中校为组织委员。即由正主任张永和主席,讨论进行:(一)讨论创办夏令讲习会问题,议决由常务委员会拟具办法,交代表大会讨论。(二)讨论援助日人惨杀华工问题。由提议人文治大学代表报告惨杀情形,当议决五项办法:(甲)参加日人惨杀华工后援会;(乙)电请执政提出抗议;(丙)募捐援助;(丁)向外宣传禁米出口,断绝日人饭源,唤起全国,一致反日。(三)讨论经费问题。至下午六时散会。

《申报》1925年5月18日

**上大平校学生会成立纪**

西摩路上海大学附设平民学校于五九国耻纪念会中,由一部分学生为谋团结同学精神、历练办事才能、辅助学校发达起见,提议组织学生会。经众赞成,当推出筹备员十人,从事筹备。嗣于十一、十四等日,各开筹备会一次。于前晚(十六)七时,即在校内开成立大会,到会学生及教员约三百数十人,由学生叶仁芳主席,陶垂彰、王文祥书记。其开会顺序:(一)振铃开会。(二)主席报告开会宗旨。(三)讨论章程。(四)选举职员。计当选正式委员者十人:叶仁芳、姜则望、陶垂彰、黄凤祥、王金德、朱春心、姚月华、李仑元、汤金宝、姚志成,候补委员五人:马祥兴、朱云香、唐产根、郭性良、谈金文。(五)演讲。由教员林钧、朱义权、丁显,学生黄凤祥、王金德等相继演演。(六)余兴。有学生陶贤林、汤金宝之奏演国乐,清纯可听。(七)振铃散会。时已九句半钟矣。

《申报》1925年5月18日

**学务丛报·上大平校成立学生会**

本埠西摩路上海大学平民学校,五九国耻纪念会中,由学生提议组织学生会,推出筹备员十人。前晚(十六)七时在校开成立大会,到学生及教员约三百数十人,由学生叶仁芳主席,陶垂彰、王文祥书记。(一)振铃开会;(二)主席报告开会宗旨;(三)讨论章程;(四)选举职员,计当选正式委员者叶仁芳、姜则望、陶垂彰、黄凤祥、王金德、朱春心、姚月华、李仑元、汤金宝、魏志成等十人,候补委员马祥兴、朱云香、唐产根、郭性良、谈金文等五人;(五)演讲,由教员林钧、朱义权、丁显,学生黄凤祥、王金德等相继讲演;(六)余兴,有学生陶贤林、汤金宝之奏演国乐。至九时许始散。

《民国日报》1925年5月18日

**上海学生会之代表会议**

上海学生联会于昨日下午二时,开第三次代表会。到者上海大学、同文书院、东华大学、中华工业专门学校等九校代表,不足法定人数。同文代表提议今日人数虽不足,然各校考期在迩,势难展期,尽不妨开会讨论,而不表决,将重要议案送请各校代表函复,以凭取决,多数赞同。当推刘一清主席,郭伯和报告上届纪录。次讨论下列各案:(一)筹备六三纪念案,由学生会征求各团体组织六三筹备会进行一切,并拟于是日大游行。

（二）援助日纱厂罢工工人案，请交涉署呈请政府严提抗议。（三）援助浦东中学学生案，由执行委员会调查真相再议。（四）筹备夏令讲学会案，由执行委员先拟意见书，提交下届代表会讨论。（五）捐募案，由执行委员会会同各校代表进行。议毕三时许散会。

《申报》1925年5月24日

**胡景翼追悼会之筹备讯·昨日加入之团体**

胡景翼追悼会已定本月三十一日在宁波同乡会举行，筹备情形，迭见本报。兹悉昨日加入之团体，又有上海实业维持会、浙民自决会、上海烟纸杂货同业公会、上海机器缝纫友谊会、上海科学研究会、上海中华女子美术学校、上海大学、上海勤业女子师范学校、上海电影演员联合会、丹阳旅沪学会等。

《申报》1925年5月24日

**学务丛报·上大女同学委员会**

上海大学女同学会委员会，昨日下午四时召集临时紧急会议，到者丁镜娟、李咏、刘剑冰、王秀清、黄胤、丁郁、张劲我、李镜蓉等八人。议决：（一）通电慰问北京受伤学生，及联络全国一致声讨章士钊。（二）派代表二人赴小沙渡慰问工友及参加同胞雪耻会，共同进行，并于二十四日全体会员赴浜北致祭被杀工友顾君正红，并送挽联。兹将该会电文录后：（一）北京大学学生会转北京五七受伤诸君鉴：北京政府甘与民为敌，致爱国志士，横遭惨祸，消息传来，谁不震怒。敝会同人誓当奋起力争，为诸君后援，并祈诸君暂节哀痛，善自珍摄。（下略）（二）各报馆转全国学生鉴：章士钊身兼法教两长，而摧残士林，草菅民命，一至于此，是可忍，孰不可忍。务望全国学生一致奋起，驱此人民恶□，誓不达目的不止。（下略）

《民国日报》1925年5月24日

**学生被捕案候日领堂期审讯**

普陀路西捕头福来与包探崔顺扣、陈广义及中西探捕，前日午后一句余钟，在沪西宜昌路戈登路等处，查见文治大学学生施文定、谢玉树，上海大学学生韩步鲜、江锦维、赵振寰、朱义权等，手执旗帜，上书"要日本人偿命夺回工厂奋斗到底"等字，结队游行，沿途分发传单。当将施等六人连同旗帜传单一并带入捕房，昨晨解送公共公廨请究。据捕房代表梅脱兰律师上堂，声明被告等结队游行，并未得工部局允许给予照会，有违定章。该律师并称，近来日商纱厂罢工风潮甚烈，且损坏纱厂机器。本案与罢工事件有关，故请求改由日领陪审云云。继由一千〇〇八号华捕唐振东上堂，证明渠目睹游行情状。谓渠于昨日下午一时一刻，便衣经过该处，见有三排人，每排十余名，各执旗帜。获案之韩、赵、朱三被告，当时手执传单，由赵散发，渠亦得一纸等语。被告内之施、谢两名，延中国律师辩护。其余四名之代表克威律师到堂译称，此案被告以其同胞被人枪伤身死，昨日公祭，路过租界被捕，对于纱厂罢工之事，毫无关系。请求准予交保，或将被告从轻发落云云。关谳员与英马副领事磋商良久，以此案有日商关系，遂下谕云，应否交保，候礼拜六解案复核。

《申报》1925年5月26日

### 文治大学来函

敬启者：本日阅贵报本埠新闻《学生被捕案候日领堂期审讯》一则与事实不符。敝校学生施文定、谢玉树于上星期六下午，以课余自由离校，在附近为失业工人募捐救济。当时手持捐启捐册，在东京路某店募得小洋二角欣然外出，适为西捕瞥见，认其散发传单，无照募捐，有干捕章，遂即带入普陀路捕房扣留。敝校立时派员交涉，请其一面保释。捕房坚持不准，但允加以优待，由敝校日送三餐，随时探望。至第二日，方有上海大学学生四人经过普陀捕房，因嫌疑被捕。显属两事，至希贵报更正为荷。文治大学启。

《申报》1925 年 5 月 27 日

### 胡景翼追悼会今日开筹备会　明晚招待新闻界

胡景翼追悼会筹备处定今日下午开筹备会，明晚招待新闻界，昨已发束。通函筹备员云：径启者：追悼胡上将军大会，开会期迩，请先生于明日（二十九）下午三时至五时，开第三次筹备会议。时务祈贲临，讨论一切，至以为盼。又昨日加入之团体如下：法政大学、紫霞仙馆、华洋博济医院、甲子友谊会、浙江自治期成会、江苏全民公会、改造江苏同志会、房客联合总会、海昌旅沪同乡会、旅沪广东自治会、上海工团联合会、全国各界联合会、上海大学、国民对日外交会、江苏自治期成会、江苏劳工会俭德会、河南路商界联合会、湖北路商界联合会、九江路商界联合会、天津路商界联合会、宁波路商界联合会、南阳桥商界联合会、电气工业联合会、旅沪江西自治同志会、浣花轩诗文社、苏民自治会。

《申报》1925 年 5 月 29 日

### 两大学学生被拘案续志

上海大学学生韩步鲜、赵振寰、朱义权、江锦维及文治大学学生施文定、谢玉树被控于五月二十三、四号在戈登路宜昌路内外棉纱厂门首，结队游行，分发传单，违犯现行刑律第二百二十一条等情，经公共公廨谕被告应否交保，候礼拜六再核，已志本报。昨晨届期，普陀路捕房将韩等解廨，由陆襄谳会同日副领事田岛君升座第二刑庭集讯。据捕头福来，探目沈崇礼，包探崔顺扣、陈广义等上堂禀称，韩、赵、朱、江四被告，于二十四号手执各种旗帜结队游行，并在内外棉纱厂门首分发传单，而施、谢两被告亦在宜昌路十四号内外棉纱厂门首分发传单，随将旗帜一束及传单呈案请察。继由克威律师起而译称，渠代表上海大学四学生，该生等二十四号所发之传单，系自动的用上海学生联合会名义，故上海大学教员事前并未知觉，现该生等已认过，对于贵公堂及日本人暨该校师长三方面，均甚抱歉，请求堂上格外成全，将该生等交给上海大学教员领回，严加管束云云。并据江锦维供称年十五岁，浦东人，在上海大学附中读书，传单非我所发等语，施、谢两生亦延律师辩护。问官磋商后，判江锦维具结开释，余人各交一百元保，候并案讯办。

《申报》1925 年 5 月 31 日

### 昨日学生演讲之大风潮　死七人　伤十余人

昨日下午四时，有学生结队游行，手持旗帜传单，上书"反对越界筑路""实行经济绝交""反对印刷附律""反对码头捐""抵制日货""援助被捕学生"等字，沿途分发演讲，并将上项字条贴于道旁之电杆木上。经过南京路时,巡捕见此种举动,向之干涉。学生不服,因拘数名带入老闸捕房。群众亦即蜂拥而往,捕房旋将学生释出。惟人众拥挤不散,捕乃开枪,接连数响,击伤十余名,皆倒于路上。霎时交通阻隔,电车亦莫能驶过。该地捕头乃派通班武装中西探捕,出外弹压,当场拿获二十余名。暂押捕房。其受伤者则由工部局病人汽车载送红十字会总医院及仁济医院、宝隆医院等处治疗。内有重伤者五六名,不及医治而毙,尸体已送斐伦路验尸所,候报官检验。自此惨剧发生后,老闸捕房戒备顿严,前门临南京路,派有印度骑巡七八名,在捕房左近梭巡。故南京路自英华街迤西至西藏路之一段,行路初颇不便,因道旁观者拥挤不堪,骑巡虽时驱散,然旋又复集。此种状态,直至九时后稍息。而警务长麦高云君于六时下紧急命令,召集各捕房高级警务人员在四马路总巡捕房会议,维持治安。各办法容再续志。

又讯:昨日下午一时半,有各校学生数群,沿途散放传单,至南京路演讲,捕房将学生逮捕数人。学生群拥至捕房,嗣后将被捕学生释出,然围聚之人,仍不散去,经英捕警告,亦不散去。嗣有某捕举棍将一学生殴击,面部有血,于是众上前责问,捕遂开枪。一时南京路自新造之新新公司起,西至竞芳照相馆间,枪弹纷飞,当被击毙数人。重伤而投天津路红十字会者,有石志宝,年二十一岁,弹由右肩穿过,住法租界望志路仁寿里八号;乔志迎,年二十七岁,住劳合路宁波路口新顺庆里二十一号,头部受伤;冯乐均,年十八岁,天津籍,住香山路宝仁里八十二号,背部受伤。此外受伤者分投仁济等医院亦有多人。

又一消息:昨共死四人、伤七人,多穿短衣青布及白布衫袴。西捕头下令放枪,印捕平放一排,华捕向天放一排枪。肇事时某君见南京路北卧地五人,路中卧二人,南卧三人,北云南路二人。

又调查受伤者名姓如下:上海大学学生何愈志,弹由背入,甚危;南洋大学学生陈虞卿,弹中腹肠穿七洞,已由谢应瑞、蒋明卿、郑安之、易舒芬、张云鹤、陈澄诸医生,用手术缝补好;牛肉商谈金福,伤臂;同昌车行伙陈金发,伤腿;十四岁学生邬金萧,伤心;二十岁学生石某,伤腰;铜匠徐端鹤伤足,胡长生伤腿;福兴斋点心店伙蔡洪春,伤臀;船夫魏金定,伤肺,甚危;工人俞美范,伤脚;其昌栈厨司邹百山,两膝骨弹炸碎;成衣匠王纪福,腿骨碎;天利洋行伙钱石山,伤臀;华洋德律风公司接线人唐良生,弹伤膀胱;宁波同乡会陈富才,伤右腿;林荫路振兴里三十三号陈锐梅,弹由背入;昆明路十二号范章保伤,左肩;同济学生易州贤,伤右肺,均甚重。红十字会亦有三人:学生石志英,寓望志路仁寿里八号,伤腹部;劳合路新顺庆里二十一号,乔治英,伤足;香山路宝顺里八十二号,马采均,伤足。宝隆医院亦有一人,系同济学生,陈姓,弹中头,甚危。

仁济医院自将受伤工人学生等收入医治后,门外聚而观者纷拥入内观看,尽被管门人驱逐出外。无如不及片刻,各学校学生、各受伤人亲友以及各报新闻记者等,咸纷纷入内探询。而各校学生闻讯后前往医院问讯者,更为拥挤。院长见状,深恐人多肇事,遂发布临时隔绝令,将众一概令出院外,立将大门紧闭。除院中人及送院病人外,一概不准入内,以防肇事。

英总巡捕房得悉枪杀学生惨剧后,因恐有流氓乘机滋事,故立电驻沪各英舰,令派海军陆战队多名,分乘大号汽车,武装实弹,巡游各马路各巡捕房门首,以备不虞。

国闻通信社云：昨日下午三时十分，有人在南京路市政厅附近，分发打倒帝国主义、反对印刷附律、援救被捕学生等传单。巡捕加以阻止，致起争执，时途人驻足而观者，愈聚愈众，与巡捕竟生冲突。由捕放枪，闻当场中弹毙命者四人，受伤者十二人。除由捕将死者车送斐伦路验尸所外，余送仁济医院、巡捕医院及天津路中国红十字会医院。据调查所得，红十字医院三人，一伤头部，一伤肩部，一伤腰部，伤势均重。经该院焦医生裹扎敷药，静候开钳子弹。该院受伤之三人名姓如次：（一）石志英，年二十一岁，住法租界望志路仁寿里。（二）乔治英，年二十六岁，住劳合路宁波路口新顺庆里。（三）冯采均，年十八岁，住天津路香山路宝仁里。以上三人均非学生，一似工人，余二人似商人云。

　　学生被枪击伤后，经南大学生李宣誉等分往各医院调查，其报告如下：何秉彝，伤脑，在仁济医院（上海大学）；尹景伊，伤头部，一说已死；陈保聪，伤腹，在同济医院（同济大学）；梅中林，伤腿（同文医院）；陈虞钦，伤肠（南洋附中）。海格路红会医院内有学生三人，因伤轻已出院。有类似商界二人在彼医治，闻系行至南京路时被流弹所击。

　　沪海道尹张维镛自得学生被枪击消息后，即派朱士嘉至交署访问，由交署秘书周鼎详述情形。

　　学生方面，自得陈交使之报告后，即开临时会议。到者有南洋代表李宣誉、上大陶同杰、复旦大学方超骥、同济袁文渊、亚东侯星白、复旦中学房苑林、法大胡长源、大夏朱作人、上海学生会刘一清、文生氏秦坤城等二十余人，议决释放被捕学生、工人及负责医治受伤学生等三条件。学生开会后，即赴交署请陈交使根据上项三条，向领袖领事交涉。陈交使允为尽力交涉，学生纷散回校。

　　两学生会通电。（一）全国父老钧鉴：日人于此次工潮中杀工人顾正洪，复拘捕上海大学、文治大学学生。本日上海各校学生出外演讲，捕房始则拘捕，继乃放枪，死伤详情再报。望我国人速予援助。上海学生联合会。（二）全国各地学生会钧鉴：本日上海各校学生出发演讲，被捕房枪杀多人，全埠震摇，余情再报。全国学生会。

　　巡捕房消息。昨日下午一时五十五分老闸捕房据报，南京路中各处有学生多人为排外性质之演说，并持有外字样之旗帜。巡捕上前干涉，不肯散去。西捕头排维森氏率同西捕一队前往查视，当即拘捕三人。一人系实行向听众演说，二人系持旗站立附近。带回捕房时，其后随有观众甚多。此辈学生承认其演说含有排日性质，并称曾与各大学学生商定在公共租界内各处集会，抗议西区某纱厂内日人之枪杀一中国工人事。当将三人拘留捕房而命观众退去，观众围绕捕房内不肯散去。数分钟后，爱维森氏据报，西藏路有同样集会，乃往查视，逮捕持排日旗帜之学生一人。下午二时四十五分，西藏路上又发生反抗巡捕情事，当爱氏散解观众时，被人殴辱倒地，当又拘捕六人。及带到捕房时，有多人跟随闯入控案间，当即下令将众人逐出，所捕诸人亦乘乱逸出。观众驱出捕房后，沿南京路缓缓向东退走，捕房人员劝其安靖散去。迨至永安公司对面，众又停止，即向巡捕恫吓态度，并有数人殴辱韦德及柯尔氏。柯氏被击倒地，复有数人图夺其手枪，巡捕至是乃自由使用警棍及手杖，但众已无法可制。巡捕等逐渐被迫退回捕房门首，众人口呼"杀外国人"，尽力攫夺西捕之枪。当众人将拥入捕房门首之际，爱维森乃下令开枪，印华各捕遵令放枪，四人中弹立毙，受伤者多人。有六人由捕从老闸捕房送往仁济医院后，又有三人因伤毙命。中弹之人当然为学生无疑。开枪后众人立散，未几交通遂复原状。捕房接得学生所发之传单一种,标题为"打倒帝国主义"。略谓:列位,你们觉得生活困苦么?你们知道为什么比从前要苦么?这因为:(一)英美法日各帝国主义占据海关,把入口税弄得比出口税轻,所以国货不振兴,外国人把洋货来换了洋钿去,因而弄得我们一天穷一天了。(二)英美法日各帝国主义常常借手给军阀,拿了铁路矿产种种权利去,军阀借了债,又向他们的流氓买军械来打仗,打得我们生命都难保。(三)日本人杀我们工人同胞,巡捕房反捕了工人去。学生要募捐去接济,免得工人暴动,捕房又捕了去。我们又去吊被杀之顾正红,又被捕房捉了去。他们在牢里,又饿又冷,不但衣服食品拿不进,连望望都不准,但是上海是上海人的上海呀。(四)最近工部局越界筑路,侵占中国领土,又要实行什么印刷附律码头捐,处处压迫我们。鸦片之毒,人人皆知,但卖鸦片大本营,是在租界(更其是法租界)。这样的压迫是要压死的,我们起来同他们争生路呀,大家团结起来,打倒帝国主义!

《申报》1925 年 5 月 31 日

**学生之哀呼 学生之紧急会议**

学生方面得交涉员报告,开临时会议,到者有南洋代表李宣誓、上大陶同杰、复旦大学方超骥、同济袁文渊、亚东侯星白、复旦中学房苑林、法大胡长源、大厦朱作人、上海学生会刘一清、文生氏秦坤城等廿余人。议案如下:(一)立刻释放被捕学生及工人;(二)凶手抵命;(三)负责医治受伤学生。学生开会后,即赴交署请陈交涉员根据上项三例向领袖领事交,员允为尽力交涉。

《民国日报》1925 年 5 月 31 日

**受伤学生调查**

上海大学学生何志愈,弹由背入,甚危。南洋大学学生陈虞卿,弹中腹肠穿洞,已由谢应瑞、蒋明卿、郑安之、易舒芬、张云鹤、陈澄诸医生,用手术缝补好。牛肉商谈金福,伤臂;同昌车行伙陈金发,伤腿;十四岁学生邬金萧,伤心;二十岁学生石某,伤腰;铜匠徐端鹤,伤足;胡长生,伤腿;福兴齐点心店伙蔡洪春,伤臀;船夫魏金定,伤肺,甚危;工人俞乃范,伤脚;其昌栈厨司邹百山,两膝骨弹炸碎;成衣匠王纪福,腿骨碎;天利洋行伙钱石山,伤臀;华洋德律风公司接线生唐良生,弹伤膀胱;宁波同乡会陈富才,伤右腿;林荫路振兴里三十三号陈锐梅,弹由背入;昆明路十二号范章保,伤左肩;同济学生易州贤,伤右肺;均甚重。红十字会亦有三人,学生石志英,寓□路仁寿里八号,伤腹部;劳合路新顺庆里二十一号乔治英,伤足;香山路宝顺里八十二号马采均,伤足。宝隆医院亦有一人,系同济学生,陈姓,弹中头,甚危。

《民国日报》1925 年 5 月 31 日

**南京路发生惨剧后之昨日形势**

前日南京路发生巡捕开枪,死七人伤十余人之惨剧,详情已志昨报。此事发生后,人心大为愤激。昨日各团体纷纷集议,下午又群至总商会开联席会,议决要求:(一)惩凶;(二)道歉;(三)抚恤等六款,并议决罢市。会中且有学生赵姓演说后,愤激过甚,昏晕致

毙。至学生方面,仍四出散发传单并演讲。前日受伤者昨日又死数人。兹将昨日所得消息,分录于下:

(一)交涉署之消息

交署周秘书之调查报告。江苏交涉署向例星期日停止办公,陈交涉使以前日南京路之惨剧关系外交问题甚巨,因命在署职员破例办公,并派洋文秘书周鼎往各医院调查学生死伤详情。周秘书于昨日(三十一日)上午八时余往仁济医院、宝隆医院等处调查实情。周氏到各院后,对于死者抚痛不置,伤者大加慰语。今将其报告录下:

| 医院名称 | 姓名 | 籍贯 | 职业 |
|---|---|---|---|
| 仁济医院 | 唐良生 | 苏州人 | 华洋德律风接线 |
| | 易洲贤 | 山东 | 同济大学学生 |
| | 石松仁 | 山东 | 中华机器厂 |
| | 邬金华 | 江苏 | 商人 |
| | 王纪福 | 江苏 | 裁缝 |

(以上五人已死)

| | 徐全鹤 | 宁波 | 商人 |
|---|---|---|---|
| | 魏春廷 | 清江 | 船工 |
| | 蔡洪春 | 绍兴 | 福兴斋店伙 |
| | 陈韵秋 | 苏州 | 大世界伶 |
| | 何念兹 | 四川 | 上海大学学生 |
| 宝隆医院 | 陈宝聪 | 广东 | 同济大学生 |
| 中国红会医院 | 石珠宝 | 宁波 | 小商人 |
| | 马采忠 | 北京 | 印刷业 |
| 仁济医院 | 邹益甫 | 常州 | 厨司 |
| | 陈富才 | 苏州 | 宁波同乡会工人 |
| | 钱石山 | 苏州 | 天利洋行职员 |
| | 胡长生 | 苏州 | 铜匠 |
| | 俞美万 | 皖人 | 工役 |
| | 谈金福 | 江苏 | 牛肉商 |
| | 陈虞钦 | 江苏 | 南洋大学学生 |
| | 范章保 | 江苏 | 学生 |
| | 陈铁楼 | 浙江 | 同济大学学生 |

以上十七人何念兹伤重,恐有性命之虞。

(四)伤亡人数之调查

此幕惨剧发生后,除当场饮弹身死之四人姓名尚待调查外,其余受伤之姓名籍贯等等,已经披露昨报。在仁济医院之十九名,自入院至昨晨十时止,已陆续因伤身死五名。其姓名、年岁、籍贯、职业再为记录于下:陈虞钦,十六岁,江苏人,南洋大学学生。王纪福,三十六岁,宁波人,裁缝。邬正华(即昨报所纪之邬金萧),十四岁,学生,其家住于林荫路正兴里四十一号。昨晨据其父邬顺宝投捕房报称,伊子生前系在新世界游戏场为西崽,伊则在大世界为西崽云。唐良生,二十四岁,浙江人,华洋德律风公司接线。易洲贤,二十一岁,山东人,同济大学学生。以上男尸九具,皆已送验尸所候验。现在仁济医院及红十字会等医院医治者尚有十八名,惟昨报所纪在仁济医院医治之何愈志,实名何念慈。

又讯:前日下午,南京路捕房开枪伤毙学生、行人多名,除死者径送验尸所外,受伤人皆由同伴或自雇车投仁济医院医治(报载经巡捕送往不确)。受伤人大半系子弹自背射入,兹将至昨晚九时止已伤重毙命者,简列一表,俾失踪者之家属得知其概。

| 姓 名 | 籍贯 | 年岁 | 职 业 | 所 伤 | 治疗经过 | 死 时 |
| --- | --- | --- | --- | --- | --- | --- |
| 邬金华 | | 十四 | 小学生兼大世界西崽 | 子弹由近背胁部射入肺 | 未遑施手术 | 三十日下午五时半 |
| 易洲贤 | 山东 | 廿一 | 同济大学学生 | 弹由背射入肺 | 未遑施手术 | 三十日下午七时十分 |
| 石松仁 | | | 大中华电器公司伙 | 弹由背腰入穿破两肾 | 曾施手术取去一坏肾 | 三十日下午七时半 |
| 王纪福 | 宁波 | 卅六 | 裁缝 | 弹由胯骨穿破大肠 | 未遑施手术 | 三十日下午八时 |
| 唐良生 | 江苏 | 廿四 | 华洋电话局八七八接线 | 弹由背射入膀胱 | 曾施手术 | 三十日下午八时十五分 |
| 何念慈 | | | 上海大学学生 | 弹由背射入穿过肺肝 | 经施手术割去二胼骨 | 三十一日下午二点二十分 |
| 陈虞钦 | | | 南洋大学附中学生 | 弹由背入穿破小肠七洞 | 曾用手术割去坏肠四寸 | 三十一日下午六时半 |

《申报》1925 年 6 月 1 日

**文治上大两校今日开教职员会议**

文治大学与上海大学教职员定今日下午二时在江苏省教育会开联席会议。

《申报》1925 年 6 月 2 日

**学生何秉彝之哀讯**

何君秉彝,字念兹,四川彭县人,现年二十三岁,上海大学社会学系一年级学生,民国十一年毕业于彭县中学,是夏考入成都工业专门学校,肄业一年,旋来上海,十三年春肄业于大同大学,暑中转入上海大学。此次加入援助罢工工人运动,五月三十号受伤,三十一号午后两钟逝世。君家中父母皆存,有两姐两妹弱弟一,已娶妻,有子一,年三岁。君个人于学无所不窥。此次加入运动,实秉其好学爱国、拥护人道之热情,然不幸死矣。已有四川彭县同乡会、上大四川同学会、上海大学、上大学生会、社会科学读书会诸团体共同发起,为之管理其身后一切问题云。

《申报》1925年6月2日

**何秉彝死后消息**

何君秉彝于三十一号因伤毙命后,尸首尚停验尸公所。现已有上大四川同乡会、旅沪四川彭县同乡会、上大学生会、社会科学读书会、上海大学五团体,假上海大学第二院开联席会议,筹商身后问题,因合组一何秉彝烈士治丧委员会,分总务、庶务、交际、文书、募捐五股,分头进行,募捐通启现已拟就待发。其家属方面,只有一堂弟在沪,已另致电回川通知,惟尸身问题讨论颇久,现决先由交际委员同死者学生各学校联络进行再定办法。

《申报》1925年6月2日

**同仁辅元堂收殓尸骸之摄影**

上图自右至左第一人为统计学生尹景伊,第五人为上海大学学生何秉彝,中三人不知姓名。

《申报》1925年6月3日

**上海大学学生会电**

全国各学校各团体暨各界人士鉴:万急!五月三十日,上海各校学生在南京路一带讲演,意在引起国人注意,并无越轨行动,不料巡捕开枪轰击,惨毙多人,受伤及被捕者不计其数,本校同学何秉彝,亦被枪死。前昨两日,工商人士及学生续遭惨毙者,为数益多,本校亦于六月一日起实行罢课,誓达惩凶雪耻之目的。还望全国各界一致响应,实所至盼。特此电闻。

《申报》1925年6月3日

### 公共租界罢市之第三日·上海大学昨日之消息

上海大学自六月一日实行罢课后,即组有临时委员会分股办事,校内秩序甚佳。连日全体学生分往华界各处演讲。自前日起,该校全体一致蔬食,节省膳费,并臂缠黑纱,表示哀悼。昨日为六三纪念,该校学生一律前往沪军营参加纪念大会,并备有唤醒同胞标语之旗帜及传单多种,沿途散发云。再昨日午后三时,苏省教实两厅及宁交涉员等代表周挺初到校慰问一切。

《申报》1925年6月4日

### 昨日纪念六三之大会 会后排队游行

昨日为"六三"纪念日,本埠学生会先期通知各学校及各团体,于下午二时在沪军营旷场举行纪念大会。下午一时起,四门一带,已有学生持旗帜络绎赴会,计到复旦、南洋、东华、商科、上海、南方、群治、文治等大学,海澜英专、惠灵英专、艺术师范、东亚体育、浦东中学、立达女子中学、中国女体师、远东商业专门、中医专门、中华工专、中华职业、南洋医学等七十余校及女界国民会议促成会、华洋德律风公司职员等,共计约万人。分指挥、纠察、交际各部,由骆美轮为总指挥,刘一清为主席。开会后,由刘一清报告,略谓今日为"六三"纪念,吾人追念过去,而目前南京路又发生惨剧,各界已不得已而罢业。坚持到底,终可得到胜利。尚祈严守秩序,并勿再至租界集队,以免无谓牺牲云云。次通过致各国人民及英国各政党工商业团体,次即排队由护军营出发,由沪闵南柘路东段转入护军营路,入陈家桥横街,过煤屑路,入南车站后路,至大兴街,转入黄家阙路,折向小西门,转入中华路,至大东门,入肇嘉路,直至四时半,至西门始各散。

淞沪警察厅长常芝英特派本所保安队、游巡队、侦缉队各队长,督带各队士在场照料,并沿途保护。又通令各该管警区署所警正佐,一体遵照保护,直至四点余钟时,始行归队。

又讯:昨日上午十二时各学校及各工会等五十余团体,计民立中学、勤立女学、中华职业学院、新申学院、南洋医科大学、东亚大学、公共电车工人会、海店员联会、达立学校、上海建筑工人会、体育院、华洋电话工人会、青年努力社、东方大学、上海中学、艺术专门学校、医科专校、商店员工会、惠灵大学、商科中学、亚东学校、国立自治学院、青年会、南洋大学、安徽市工会、上海大学、清心学院、大同大学、中华工业社、海澜专科学校、国民学校、远东学校、美艺工厂、第二师范学校、美术专校、同济大学、浦东中学、暨南大学、宏伟女学等,陆续前往沪南沪军营亚东医科运动场,齐集开会。宣言毕,即于下午二时,由该处陆续出发,前往车站路、小西门、老西门及中华、民国路一带游行。

《申报》1925年6月4日

### 公共租界罢市之第四日·捕房搜捕案两起 上海大学被捕房解散

工部局警务处麦总巡司于昨晨九时,下令调集特别巡捕、万国商团、海军兵士合组一大队,武装密往西摩路上海大学校内查抄。行抵该处,首将学校包围,然后分一半人数携军械入校。时校内男女生徒六七十人均被围住,逐一检查,并令全体立即出校。巡捕商团当将在校内抄获之各种认为有关系之书籍等物带回捕房。同往之海军兵士则奉长官命令暂行驻扎校内云。

日昨(四日)上午十时许,西摩路突来西捕及商团、海军共一百余名,将上海大学之时应总里及西摩路口南洋路一带团团围住,由西捕头率领西捕多人,直入上大,将学生驱至宿舍外空场中,次第搜检身体,搜毕,复入宿舍搜查。举凡学生箱笼衣物均被抛弃于地,书籍报章则携带而去,并限学生于十分钟内将所有物件移往他处,不得逗留。该校学生以"五卅"事变尚无端倪,而本校今更遭遇如此,群情愤激,然亦竟莫可如何,只得将铺被等物取出,亦有不及取去者。至该校附中及大学第一、二院,固已遍遭搜查,即时应里人家住有学生者,亦未幸免。十一时后,西捕乃分乘汽车而去,另由海军陆战队占据该校及梭巡时应里一带,武装戒备,如临大敌。闻该校现已一面报告交涉署,请为提出抗议、迅速撤军、恢复学校;一面拟请该校常年法律顾问,向捕房诘问云(远东通讯社)。

本埠上海大学被搜查占领后,该校学生均分投戚友处借住。兹闻该校已设临时办事处于西门方浜桥勤业女子师范学校,并登报通告该校教职员学生,定于五日下午一时在办事处开教职员会,及六日下午一时在小西门少年宣讲团(高昌庙电车直达)召集全校大会,讨论一切处理方法云。

《申报》1925年6月5日

**公共租界罢市之第四日·上大学生何秉彝君遗影**

何君四川彭县人,上海大学社会学系一年级生。

《申报》1925年6月5日

**上海大学学生会临时委员会来函**

上大诸同学公鉴:学生会临时委员会已假定南市沪军营(由老西门乘高昌庙电车直达)亚东医科大学,赓续办公。诸同学务请前来接洽一切,以利进行。上海大学学生会临时委员会启。六月四日

《申报》1925年6月5日

**上海大学通告**

本大学现暂借华界西门方浜桥勤业女子师范为临时办事处,并定于五号在办事处开教职员会,六号下午一点钟在小西门少年宣讲团(由五路电车尽头乘华商高昌庙、小东门电车直达本处)开教职员学生全校大会,讨论一切处理方法。特此通告。

《民国日报》1925年6月5日

**上海大学学生会启事**

敝校于昨日(四)突被捕房武力解散,敝会不得已,暂移至西门沪军营亚东医科大学赓继办事。各团体如有重要文件,请径寄该处。诸同学未离沪者,请速至该处接洽一切,以利进行。

《民国日报》1925年6月5日

**上海大学昨日被散解　学生被驱出校,由美水兵驻守**

此次南京路惨杀案件,本埠西摩路上海大学学生何念慈,亦受伤毙命。昨日下午一时许,有万国商团及海军陆战队约计六十余名,武装至该校将学生驱逐出校,当由该团派员在门口守。该校对门之时应里门前,亦有陆战队二名站立,该校学生已全体他徙。

学生教职员之会议　本埠上海大学自昨日被英捕房搜查占领后,该校学生均分投戚友处借住,兹闻该校现已设临时办事处于西门方浜桥勤业女子师范学校,并登报通告该校教职员学生,定于五日下午一时在该办事处开教职员会,六日下午一时在小西门少年宣讲团(五路电车尽头乘华商高昌庙或小东门电车直达)召集全体大会,讨论一切处理方法。

东南社云,昨日上午十时许,西摩路上海大学正在校中开学生委员会,突来外国海军陆战队百数十人,围住该校校舍及宿舍,搜索多时,携去学生委员会之函件、调查表及宣言等物,其余损失,无确数可计。旋陆战队下令禁止学生出入,当时拘去该校书记韩阳初、张士韵二人旋即放出。后全体学生为陆战队所驱,不准携带物件。该校教务长韩觉民即召集教职员、学生等在西门某处开讨论会,一面并向工部抗议。

大晚报云,今晨有探捕暨外国商团八十六人,围上海大学,在其大门口架设机关枪,捕去数人,将学生一律驱出,由美国水兵驻守。

远东社云,日昨上午十时许,西摩路突来西捕一百余名,将上海大学之时应总里及西摩路口南洋路一带团团围住,由西捕头率领西捕多人,直入上大,将学生驱至宿舍外空场中,次第搜检身体,搜毕,复入宿舍搜查,举凡学生箱笼衣物,均被抛弃于地,书籍报章,则携带而去,并限学生于十分钟内将所有物件移往他处,不得逗留。该校学生乃将铺被等物取出,亦有不及取去者。至该校附中及大学第一、二院,固已遍遭搜查,即时应里人家住有学生者,亦未幸免。十一时后,西捕乃分乘汽车而去,另由海军陆战队,占据该校及梭巡时应里一带。闻该校现已一面报告交涉署,请为提出抗议,迅速撤军,恢复学校;一面拟请常年法律顾问向捕房诘问。

《民国日报》1925年6月5日

### 捕房迫迁学校讯·上海大学被封之昨讯

本埠西摩路上海大学被英捕房解散,已志昨报。现悉该校两院房屋统由英海军居住,对面时应里口亦有海军把守,有人入内须受严重搜查。现闻该校教职员已借定西门勤业女子师范学校为临时办事处,昨日曾开会一次,已拟发表此次被迫宣言,并一面另找房屋以使暂时容纳学生。学生会亦已暂借南市沪军营亚东医科大学为办事地点,筹备一切善后事宜。并拟本日下午二时在小西门少年宣讲团开教职员、学生全体大会,讨论对付此次被封及今后进行事项。本埠复旦及东吴、法大等校因该校被封,当派代表到该校学生会慰问。该校学生会已通电全国,报告被封情形并向交涉使报告,请其提出严重抗议,并要求赔偿损失云。

《申报》1925年6月6日

### 本埠学界昨日情况·上海大学被封后之会议

上海大学被捕房解散后,现因水兵驻守,内架大炮,形势极为严重。该校教职员昨在西门开会,学生会亦派代表二人出席,推陈望道主席。决议:(一)发表宣言,报告经过,推陈望道、施存统起草;(二)公函交涉员,推季忠琢、韩阳初起草;(三)租屋安顿学生;(四)向外人交涉,要求赔偿损失并道歉。并定今日下午一时,在小西门少年宣讲团开教职员、学生全校大会,讨论一切云。

《申报》1925年6月6日

### 上海大学通告

本大学现暂借华界西门方浜桥勤业女子师范为临时办事处,并定于六号下午一点钟在小西门少年宣讲团(由五路电车尽头乘华商高昌庙小东门电车直达本处)开教职员学生全校大会,讨论一切处理方法。特此通告。

《申报》1925年6月6日

### 教职员联合会昨日开会

上海各校教职员联合会昨日下午三时在江苏省教育会开会,公推曹慕管主席,开会情形如下:(一)主席报告与虞洽卿接洽情形;(二)殷芝龄报告与陈交涉员谈话之经过;(三)主席报告总商会询问有何项条件,故工商学会今日开会讨论提出条件,本会应推代表加入讨论,经众通过,即公推潘公展、殷芝龄为临时代表前往旁听;(四)选举执行委员,以学校为单位,当选者如下:国立自治学院、复旦、南方、澄衷、东吴法科、中华职业、上大、上海法政、暨南、省立第二师范、同济大学、神州女学、中国公学、南洋大学、大同;(五)张四维报告南大附中被封情形;(六)殷芝龄报告赴工商学协会之情形;(七)主席报告租界当局之态度及本会此后应取之方针,俾达圆满目的;(八)韩觉民报告上海大学被捕房查封之经过情形;(九)各学校继开委员会,到同济、南方、大同、自治学院、神州、二师、中公、东吴、法政、中华职业、复旦、暨南等校代表十三人,公推阮介藩为临时主席,议决事件如下:(一)推举殷芝龄、舒蕙桢、高践四、徐季龙、曹慕管、金井羊出席工商学协会会议;(二)公推殷芝龄、舒蕙桢出席本埠工商学协会会议。六时散会。

《申报》1925年6月6日

### 于右任论"五卅"案

三日北京通信上海惨杀案发生后,于右任氏对于本案发表意见云:近日上海、青岛皆起工潮,青岛惨杀工人,上海则并殃及学生,此实我全国同胞应共同抗争之一大问题,中华民族消长,国民人格存长,于此决之。按我国工业幼稚,外国资本家在我境设场,其待遇工人,全不采现代各国通行之主义,未尝视为平等之人类。而近年物价昂贵,工人得资不足赡养,

虽求苟安于最小限度之生活而不可得,故劳资之争,乃事实上不得已之事。正如十八世纪欧洲工业革命初期情形,并非现代欧美之劳动运动争政权、争工业管理权者可比,更与任何派别社会主义之社会改造运动关系绝少。乃不幸旅华外人未加详察,而一部分资本家每为拥护私利打破工人正当要求之计,动辄谥以共产、目为赤化,利用国际间之斗争,而使我颠连无告之工界同胞,绝其呼吁生存之路。事之不平,宁逾于是?况近更变本加厉,弁髦生命,青岛军队竟枪杀工人多命,上海则租界捕房对于请愿之学生,竟开枪轰击,死伤十余人。时非戒严,案非军事,来者为徒手学生,目的为请愿释囚。以其动机论,学生扶助工人,亦为人类互助应有之事,无罪可言;以其手段论,则游行请愿,固不能加害于捕房,试问租界捕房,准何理由,据何权限,有何必要,而能开枪杀人乎?上海此案,蹂躏人道,为世界稀有之暴举,是以我国民必须诉诸世界舆论,求彻底之申雪,想凡主持正义之各国人,亦必能同情于我也。

《民国日报》1925年6月6日

### 租界学校被干涉讯·于右任函报解散上大情形

上海大学校长于右任昨致函新任江苏特派许交涉员云:

径启者,本月四日上午九时许,突来中西巡捕暨武装英国兵士一大队约六七十人,将敝校包围,旋入校内,强迫全校员生聚集校内空场,高举两臂,不许稍动。当时事起仓猝,校内人士莫明其故,偶询来意,辄遭凶殴。后由英兵向各人身畔逐一检搜,一无所得。复至校内各处,及校外宿舍,搜查殆遍。更由英兵持枪挟令职员学生将行李箱笼搬至空地翻查良久,亦未获有任何违禁物件。旋兵捕均举枪作射击状,迫令校中寄宿员生百余人于十分钟内一律出校,不许复入。衣服用品则狼藉地上,未及检携。当时曾目击便服者多人,携去衣服书籍甚多,是否探捕,不得而知。敝校损失,当不在少。后又捕去职员韩阳初一人,拘留六小时之久,复行释出。此当日经过之实情也。因思此次五月三十日之风潮,敝校学生只与沪上各校同出于爱国心切,和平讲演,以期唤醒国民。始终严守秩序,绝无越轨行为。不意捕房妄施摧残,酿成公愤。此事尚在交涉之中,乃捕房犹不悔祸,顽强到底,复迁怒本校,任意搜检,逮捕职员,殴辱学生,并强占校舍。身体居住之自由,横加侵犯,置公理法律于不顾,实属无理已极。用请执事迅向领团交涉,转饬捕房,立将驻兵撤退,赔偿一切损失,并向敝校道歉,以张公理,而维主权,是所至祷。再敝校损失究有若干,候英兵退出后,始能详查续陈,合并声明。专此即请外交部江苏交涉使许台鉴。上海大学于右任。

《申报》1925年6月7日

**上海大集议善后**

上海大学被难学生于昨日下午二时，假小西门少年宣讲团开会。该校教职员亦参加，计到一百六十余人。由校长主席，宣布开会词，略谓本校此次虽遭解散，然并不以兹灰心，除讨论善后事宜外，且将从事于进展计划云云。次由职员韩觉民、学生贺威圣相继报告被迫解散之经过及前日开会之情形。次经议决组织一上大临时委员会，由教职员方面推出三人、学生方面推出四人为委员。计当选者有施存统、韩觉民、侯绍裘、秦治安、韩步先、朱义权、贺威圣等七人。并经议决，住校学生由学校代觅膳宿场所，通学生则由学生自办。至四时许散会。

《申报》1925年6月7日

**昨日学界方面之形势·上海大学**

上海大学被封后，一部分学生即迁住该校长于右任家中，席地而居，其形狼狈。于夫人黄纫艾女士筹洋二百元，维持该生等目前生计，并致电于氏，促其回沪，共商善后。

《申报》1925年6月7日

**上海大学集议善后**

上海大学被难学生，于昨日下午二时，假小西门少年宣讲团开会，该校教职员亦参加，计到百六十余人。由校长于右任主席，宣布开会词。略谓本校此次虽遭解散，然并不以兹灰心，除讨论善后事宜外，且将从事于进展计划云云。次由职员韩觉民、学生贺威圣相继报告，被迫解散之经过，及前日开会之情形。次经议决组织一上大临时委员会，由教职员方面推出三人，学生方面推出四人为委员，计当选者有施存统、韩觉民、侯绍裘、秦治安、韩步先、朱义权、贺威圣等七人。并经议决住校学生，由学校代觅膳宿场所，通学生则学生自办。至四时许散会。

《民国日报》1925年6月7日

**上海大学集议善后**

上海大学被难学生于昨日下午二时，假小西门少年宣讲团开会，该校教职员亦参加，到一百六十余人。由校长于右任主席，宣布开会词，略谓本学〈校〉此次虽遭解散，然并不因兹灰心，除讨论善后事宜外，且将从事于进展计划云云；次由职员韩觉民、学生贺威圣相继报告被迫解散之经过及前日开会之情形；次经议决组织一上大临时委员会，由教职员推出三人、学生推出四人为委员，计当选者，有施存统、韩觉民、侯绍裘、秦治安、韩步先、朱义权、贺威圣等七人。并经议决住校学生由学校代觅膳宿场所，通学生则由学生自办，至四时许散会。

《新闻报》1925年6月7日

**学界昨日情况·上海大学已租定临时校舍**

上海大学现已租定西门方斜路东安里十八号、二十九号等房屋为临时校舍，所有教职员办事处及学生办事处统已迁入十八号，其余房屋即居住男女寄宿生。并闻西门艺术师范学校亦允腾出一部分房屋,暂假该校居住学生云。

《申报》1925年6月8日

**学界昨日情况·学生总会各省宣传员昨日出发**

全国学生总会分八路向全国各省宣传,其消息已志昨报。兹悉该项宣传员业经派定,并已于昨日分头出发。据该会称,此举一则宣传此次风潮之真相,唤起国人一致抵抗;一则向全国各界同胞募捐,借以援助工人学生及抚恤死伤者之用。兹将宣传员之姓名及校名调查如下:

"沪宁路线":孙伯池,复旦大学;张从同,亚东医专;陈桂卿,爱国女学。"沪杭甬路线":虞兆蔓,中法工专;周慧仙,宏伟女学;朱宜权,上大附中。"京汉路线":吴庭芳,神州女学;梁栋,南方大学;萧伯严,约翰大学。"西北路线"(即山西、陕西两省):李宝樑,同济大学;李毓洁,东亚体专;赵邦铄,东吴二中。"闽广两省":刘绍先,法政大学;蔡鸿干,大同大学;叶文龙,自治学院。"京津路线"沈育贫,同文分院;王信吾,南洋大学;赵澍,商科大学;倪文亚,大夏大学。"长江流域":曾克家,南洋附中;王友林,群治大学;钟复光,上海大学。该会本定为八路,尚有一路未曾定夺,暂不发表。

《申报》1925年6月8日

**上海大学学生会启事**

本会现已迁入西门方斜路东安里十八号办事,所有以前暂假之沪军营亚东医校临时办事处即日取消,各同学暨各界如有投寄函件或接洽事务,请直来本处可也。

上海大学学生会启

《民国日报》1925年6月8日

**上海大学通告**

本大学现已租定西门方斜路新东安里临时校舍,凡关本大学事件,均请直向本处接洽。

《民国日报》1925年6月8日

**上大已租定临时校舍**

上海大学自被英捕房武力解散后,即经假定临时办事处,各节已志前报。兹悉该校现已租定西门方斜路东安里十八号、二十九号等房屋为临时校舍,所有教职员办事处及学生办事处,统已迁入十八号,其余房屋即居住男女寄宿生。并闻西门艺术师范学校,亦允腾出一部分房屋,暂假该校居住学生。

《民国日报》1925年6月8日

**武装解散学校讯·上大全体宣言**

上海大学全体教职员学生昨日发出宣言云:五月三十日南京路捕房借端枪杀学生十余人的事件,为上海有租界以来未有的惨剧,即使以后各日事实上不再有每日惨杀多人的行为，也够使我们对于英租界的毒辣手段十分地寒心了。不料连日的惨杀，他们还以为未足，必要进而调动兵队。兵队到了，他们借端搜查，便又占领了国人创办的学校。

本大学被占领的经过，大约如次：

四号早晨九时左右，来了汽车十余辆，随即下来了武装英捕六七十人，脸色凶狠，说要搜查，当即将本学校所有住校的教职员、学生唤到校庭，叫都高扬两手，有举手稍缓的，便用双拳蛮打头、胸部，有几人当即身受重伤。人身搜查一无所得，又各令人领到自己房中。其时恰又来了荷枪实弹的海军六七十人，便一并带枪持刀，押着进房，翻箱倒箧，无所不至。他们又不认识中华文字，见有未订讲义便都认作五卅传单，强行夺去，更不听人说明。最后并限在校诸人，于十分钟内一体离校，不得再进校门。至正午十二时，第一、第二两院已尽被英国海军占领，学生当时不在校的约六七十人，便连日用衣服、夜具也被截在内，不得领取了。

我们不解英租界的此举，究属何意？还是南京路惨杀，还觉不足以威吓学界、侮辱学界，因此进而占领学校呢？抑以为罢市、罢工并不足论，而所谓强权者却又就是公理，因此调兵来和罢市、罢工者挑衅，强占学校作驻军的呢？

本大学此次除了和其他各校取一致的行动，尽平均的微力之外，自惭并未有何特殊的贡献；以前本大学也除主张学术独立、思想自由，不为官学式地限制，自由正当的研究之外，自惭也并无如何的特异。即所搜去的书报，也系中、俄、法、德、英、日各国公然发行的印刷品，决不足为传播特殊主义的证据。前次所下判决只怵于淫威，不得不忍受了，何知英、日淫威，有加无已，我们到此，那堪再忍！

本大学现已到了转换忍受态度为奋斗态度的时候了，对于中外特行郑重申明：凡本大学以前所受的搜查判决，全系恃势压伏反乎实情。本大学所主张的打倒帝国主义，完全基于自由思想结果、民族图存的必需，并非受任何特殊主义的影响。本大学永远认强权不就是公理，凡为学术思想起见，无论如何的淫威来压迫自由，如何的黑暗侵袭独立，断然师生合作一起，努力与抗，决不退让。特此宣告。

《民国日报》1925年6月8日

### 于右任论五卅事件　非空言办法能了

民党巨子于右任氏前日已到上海，有人特造其寓所，询其对此次上海事件之意见。于氏云：予在河南时即闻上海五卅事件，一到上海，即闻上海大学被封。上海大学前曾屡被租界当局搜查，皆无所得，租界当局之所以独与上海大学为难者，大致不外嫉妒中国国民运动之发展，及正当学术团体之兴盛。此次上海五卅事起，全国一致反抗帝国主义者之侵略暴行，租界当局即以过激为借口，诬陷全国民众并诬陷上海大学。据学生报告，当外兵闯入搜查，在学生寝室搜查衣服、包裹时，手颤不已，盖疑中有炸弹也。偶见书中马克思相片之插图即恨如刺骨，及搜查无所得，则误认讲义、教科书为煽动文字而满载而去。然日本报纸登出情形则谓查出证据，是盖因工部局西人不知华文，日人略能阅读为人翻译，见有陈独秀、施存统等名字，即指为共产党证据。据前日报载，尚有英国共产党在英国开大会之消息，即令真属共产党，在英国尚能公开，而在中国则用此名义到处污蔑，英租界当局其何以自解？于氏最后又对记者谈及此次风潮之解决方法。于氏述其意见,谓国人对于此次风潮,最低度而亦最重要之要求,在获得工人、学生及各团体有在租界发言、行动及宣传之各种自由,若此始足表示中国人尚有几分主人之权,决非道歉、惩凶等空言办法所能了结。

《民国日报》1925年6月9日

**南京路惨案之昨讯·公廨审讯之情形　捕房人员之陈述**

　　老闸捕房西捕头爱活生上堂,禀明出事时之情形。所言除有与星期二在验尸所之词相仿者,已志前报,兹不再赘外,并称:当时所聚人众约有二千,并非皆属学生,一大部分实系流氓。瞿景白一名,系于未开枪前六分钟,在贵州路逮捕,因其在途专以鼓动风潮为事,实为此中首领云云。时已逾午,遂闭庭。二时半,继续开审。梅华铨律师声明渠代表全体学生。捕房律师续向爱捕头诘据供称,初次拘入捕房及相随至捕房者共十八名,均称系上海大学学生。嗣在西藏路拘获者,亦称系该校学生。何律师问爱氏:"此次学生在租界游行,总巡有无电你开枪?"答:"有令阻止学生入租界。"问:"学生当时有无拒捕行为?"答:"无。"问:"瞿景白是否于开枪六分钟前逮捕?"答:"然。"问:"你于开枪前曾否向大众警告?"答:"我系用手枪向人丛中一扬。"问:"你扬枪之举,则二千人中只有少数人可见。"答:"然。"问:"你是否于警告后,隔十秒钟即开枪?"答:"然。"问:"你用何国语言警告?"答:"用英华两国之语。"该律师向爱氏称:"你是否定要开枪打死他们?事前捕房应出告示,倘学生不听命令,再用严厉手段对付,亦犹未晚。"关君问爱捕头:"被枪击死者尔见否?尸距捕房若干地?"答:"一尸离捕房六尺,一尸离八尺。"问:"击死者是否人丛之前排抑系后面之人?"答:"不能证明。"问:"学生到捕房是否要求释放被捕同学。"答:"末次群众则欲劫夺捕房。"问:"劫夺捕房有无证据,抑系尔理想?"爱氏未答。问:"尔警告后,群众向前冲抑系向后退?"答:"群众仍上前不退。"问:"所开为何种枪?"答:"长枪。"(即来福枪)问:"枪子是否一齐放出?"答:"一支枪装一排子,计五粒,扳机一次,出弹一粒。"问:"共放几排?"答:"其数不知,但系我命令巡捕开枪。"问:"警告后十秒钟即开枪,在此十秒钟内二千人能否退出?"答:"不能退。"雅领事亦向该捕头诘问数语,梅华铨律师请求堂上谕令各见证回避,隔别研讯。旋由西副捕头枭上堂,陈述当时情状,所言与在验尸所之词略同。何律师问该捕头:"爱捕头警群众时,立于后面者能否闻知?"答:"我不能悉。"问:"开枪系连开抑陆续开?"答:"只开三四枪。"问:"因何死许多人?"答:"先开三四枪,再开三四枪,共开四十余枪。"问:"是否捕头命令?"答:"然。"问:"俞茂万是否当场拿获?"答:"否。俞于伤后自投仁济医院,医愈后,该院通知捕房,将其带入捕房,认明系持竹杆向我行凶者。"问:"俞无犯罪证据,被你们枪伤,则证据确实。既云向尔行凶,当时何不将他拿住?"答:"我已捕一人,当时无法再拿。"并称被告系机匠,当时在人丛中煽动大众游行演讲,扰乱治安云云。梅华铨律师问枭副捕头:"尔在捕房办事奉长官何种训令?"答:"关于本身生命及捕房财产,如有危险时可以开枪。"问:"副捕头阶级甚高?"答:"然。"问:"尔曾否读过捕房章程?"答:"读过。"问:"内有一条于未开枪之前,须先警告读否?"答:"未。"问:"尔为英人耶?"答:"然。"问:"尔来沪以前,对于警察一门有何经验与阅历?"答:"无。"问:"学生手执旗帜之竹杆,当非危险凶器。"答:"我想若许多竹杆戳来,则亦系危险凶器。"问:"谁曾直接被此项竹杆殴伤者?"答:"闻有两西捕皆系被竹杆殴伤后入医院。"问:

"谁向尔言？"答："是晚西捕柯而等所言。"问："伤状若何？"答："我不能说。"问："凶器安在？"答："不知。"关君问该捕头："所称二千余人，除学生外，余系观众，抑属流氓？"答："此中学生、工人、流氓、观众皆有。"问："是日曾否放空枪？"答："以我所知未放空枪。"继由十一号西捕司蒂芬上堂述当时情状，亦与在验尸所所言略同。旋由梅华铨律师诘据该捕答称："在捕房服务已有十二个月，获案诸人，只杨思盛、王宇春两名认得，王系爱捕头拘获交由我带回捕房者。学生所执旗帜之竹杆外，更见有比竹杆尚粗之物。"问："何物？何时所见？"答："三点二十分钟，我见有形同扛棒四根，在学生之手。"问："曾否将执此物之人拘拿？"答："未。"且尚有其他四巡捕亦见，但皆未拘拿。问："曾否欲试行拘拿？"答："因试行拘拿，以致肩甲被击。"梅华铨氏旋将法政大学演讲团旗帜及各种小旗逐件取与该西捕阅看，谓此岂为危险器具耶？又诘据该西捕答称："我未开枪，我站在印捕后面，印捕则在捕房门首站立，成半月形。爱捕头在印捕前面朝东南立，我与爱捕头相离约十码至八码之间，中隔印捕。故爱捕头警告之言，我只闻得'停停'两字。嗣见爱捕头执手枪。"问："尔适言不能看见捕头，何以又言见其执手枪？"答："因捕头之手举过印捕之肩。"并称捕头警告"停停"两字之后，约隔十秒至十二秒之间，乃开枪。迨枪声止后，见地上卧有死者伤者，救火车之皮带我未动用。关君问该西捕："尔所言竹棍是否即系乡人之扁担？"答："是。"问："其物是否置在肩上？"答："持在手中。"问："何以知持此物者系学生，为何不拘拿？"答："本欲拘拿，因恐被打伤。"问："究竟有无被殴伤者？"答："我不能说。"又由七十四号西捕柯而上堂译称："是日我被踢伤，次日往医院医治（随将伤单呈堂）。尚有一西捕之鼻当时亦受伤。我之被踢，系在议事厅门首。额角并被竹杆击伤，今已全愈，故无伤痕，西医当时以系轻微伤害，故诊断单内并未述及。开枪时我与司蒂芬同立于印捕后面，爱捕头开枪，我未看见，大约因其立在印捕前面所致。我初在捕房楼上，迨闻警笛乃下楼。三道头西捕命我往南京路，行至捕房门口，爱捕头谕令我如见有人聚集，即行解散，其教唆聚集者，则逮捕。当未开枪之前，爱捕头操华语警告，我只懂一'停'字，并闻群众呼喊声。众人既执旗帜外，我未更见他物。获案之塌鼻头者（即瞿景白），我见其在议事厅门前时，状如发狂，但不知彼于何时被捕。"又据西探柏浦上堂译称："拘进捕房及自愿至捕房之学生，内有在同德医学肄业者，不谙英语，操德语称彼等奉北京学生联合会命令开会，预闻开会者有三千余名。"又据八十四号西探长利扶司上堂译称："解散上海大学，系六月三号，由我同往，校舍已由水兵驻扎。当时将该校学生搜检一过，命其携带行李离校。在该校内抄出煽助巡捕罢工之传单二十五张并信函。观其五月二十七日一信之内容，已表明预先有所计划。又一信系从德国寄来，信内首称侠僧吾弟同志，亦可表明该校学生系过激党人。"随将所译该两信之英文诵读毕，并与原信呈堂请察。梅华铨律师以收信人及寄信人均不在案，反对将信呈堂，与捕房律师略辩数语，时已六句四十分钟。中西官谕杨思盛、王宇春、瞿景白三人各交一百元保，余人仍各交原保。定于今晨续审，迨闭庭后，在新署内外防卫之商团海军等遂撤退。

《申报》1925 年 6 月 10 日

## 南京路惨案之昨讯·公廨续审惨案　今日尚须续审

南京路惨案昨日由公共公廨继续研讯。上午八时，西商团随带四号铁甲炮车一辆到廨,该车仍停于文监师路口,团员则分布于公廨内外,协同中西印马步各巡严行纠察,而公廨门禁仍严。九时半关正会审官与陪审美副领事雅克博氏升座第五刑庭、首由关君谕谓:本案应分两个问题,即:(一)公堂只审讯捕房所控案情,判决其是否有罪;(二)开枪是否正当防卫一层,此为外交事件,应由政府特派员交涉。惟本案供词,极为重要,应详细讯问云云。美领亦以西语宣谕一过,遂开审。原告工部局刑事科代表梅脱兰律师命老闸捕房二百五十四号三道头华捕徐阿狗上堂诘问。据供称,三十号下午一时五十分钟,见大庆里口之阶沿上立有学生六七人,一头戴草帽、鼻架眼镜者演讲,在马路旁听者有百余人。我即向劝告此地不能演讲,该戴眼镜之人声称:"你也是中国人,应帮中国人。"我因其既不听劝告,即归捕房报告。该捕并指出戴眼镜之人即系王宇春。各学生代表梅华铨律师遂一再向该捕诘问当时演讲之人,是否确为王宇春。该捕又答以渠当时未看清楚、不能确定等语。继由九十号西探陶辨尔上堂,将礼拜六途中所得之"学生被捕"传单一呈案。又有八十四号西探长利扶司上堂,继续陈述搜查上海大学情形,随将搜得之传单及信函呈案,并声明该传单系分发与电灯公司工人、自来水公司工人、电车公司工人、汽车行之汽车夫、巡捕房之华捕,皆系劝告罢工者。信函有一封,系由德国寄来,致该校教员张姓者,其余一封,则系寄往四川者。梅华铨律师即诘据该探长答称:"以上各件系在该校门房内搜出,是否由各被告散发,殊不能说。惟控告各被告确不能根据呈堂各证据,因非直接证据。至于搜查该校,系奉守卫租界军队官长之紧急命令,此令由毛鼎(译音)向我宣读,大致以上海大学学生对于外间暴动事件,殊有关系,着即解散,该校舍由美国海军驻扎。但原令所言或有与我所言不符之处,故应声明保留,将来或有修改之处。搜查南方大学,我未同去。"问:"占据学校之权,何人赋予?"答:"租界联合保卫军司令部命令。"问:"搜查票谁人签字?"答:"万国商团司令宫戈登所签。"问:"此为军事命令非法院命令。"利氏未答,梅华铨氏再以原语诘问,利氏答:"确未经过法院手续。"问:"到校时曾否先行宣读该项命令?"答:"其时房主及最高办事人均不在校,仅一年轻学生在校,经将命令读过。"关君即谕谓关于搜查学校事件,自有负责之人,此层可不必再问。梅华铨律师遂请求准其再向捕头爱活生盘问当时情形,爱氏即站入证栏,由梅律师诘问三十号发生之案。自首至状,该捕头一切举动,历时良久,而爱氏所答开枪时情,则谓:"我警告之声,在周围十尺之内者当可听得。我固知开枪必伤人,然此际情形紧急,故我并不考虑,毅然命令开枪。"梅律师问:"是日租界各处均有学生演讲,尔知之否?"答:"今已晓得。"问:"何以只老闸捕房境内发生事故,可言其理由。"爱氏未即答,旋称:"以我理想,或系派在老闸捕房境内之学生,专与捕房为难。"关君问爱捕头:"当时如向下面开枪,伤其足或腿,人众当可退去。"答:"我当时系命开枪,未令向下开放。"爱时并称亦未向天空开枪,因向空或向地开枪,则恐流弹伤及无关系之人。审至此,时已十一句四十分钟,遂闭庭。午后二时一刻开庭,原告方面人证上午已经讯毕,故午后所审者,概为被告方面人证之供词,特分记于下:

被告律师之陈述。全体学生代表梅华铨律师,首先请求传英国律师克威到案作证。经堂上核准后,旋即译称:"敝律师办理此案,于昨日午后甫受委托,致无机会详细研究。惟捕房律师尝见告此案有过激嫌疑,其实举动出于爱国,因受不平之待遇,致生感触。若竟认为排外,则属绝对错误。虽其中有一二函件述及共产名目,然系一种研究材料,实属无关大局,更无第三者糅杂于内。今晨堂上已经宣示,只审捕房控告案情,凡关于外交问题,概置不理。而敝律师对于本案之所欲讨论者,亦只法律与事实两种。因学生并无过激意味,故当捕房呈出该项函件时,曾为反对。今请讯问人证供词。"

两美教士证明目击之状况。美国人爱迪生君站入证栏,由梅华铨律师诘问。据该教士称:"我系美国人,年三十五岁,服务于美国南方监理会已十一年。来沪亦有三载,在汉口路慕尔堂为牧师,熟习华语,故用华语传教。五月卅号,在美国海军青年会午餐毕,于二时许,从四川路口乘电车归家。原拟至新世界下车,车至河南路口,见有学生五六人与一印捕辩论,但无扰乱情状。迨车抵新世界站,遂下车归家。二时半,由家出外,往永安公司购物,途中并无困难。惟见一西捕拘两学生经过永安公司门首,西捕抓住学生衣服,后面有学生五名相随,皆系徒手,毫无扰乱状态。该西捕之号码,则已遗忘。历二十分钟,将物购就,步出公司,见外面之人甚多,有纷乱状态。我即向西行,巡捕欲将学生驱散。是时学生约二百名,手中均无军器,但有持旗者,并无一人抵抗。嗣途中人渐多,要皆属好奇心动,往观之辈。迨三句钟后,我站在老闸捕房斜对面之电汽材料店门首,路上车辆,仍可往来,所聚之人,已有一千至二千之数,手内皆无军器或棍棒等物。当时情状以我观察,除路为人塞外,无他种扰乱秩序之事发现,呼喊之声虽有,然亦无甚意思。捕房人员则驱之使散,初尚有效果,嗣以人愈聚愈多,驯至车马俱不能通行。学生虽向东退,但浙江路方面有人陆续而来,并往前推,致在前面者不能退后。有许多人因恐巡捕驱逐,已不愿前进,或于无巡捕之处,上前进行。我见有一学生,头面流血,当系被棍击伤。"捕房律师闻语起称,该证人既未目睹殴击情形,则该学生或系被他人打伤。爱教士续称:"学生始终服从命令,见巡捕执警棍来,即往后退,但须后面之人同退,否则前面之人何能退后。开枪时,我尚站在原处,并未见电车轨道内停有车辆,若果有车辆停止,我定能看见。"梅律师问:"捕房人员称当时有两辆电车停在该处,确否?"答:"无。"续称:"先开一枪,我闻声即从该电汽材料店门口跳进店内躲避,同时至该店躲避者约三十人。既入店,尚闻枪声,约有五十响至一百响之间。约半分钟,离开该店,见人已散,约有二十人卧于路上,身皆有血。以我所想,此一班人实无袭取捕房之意,学生亦无暴烈举动。故捕房开枪,完全非是。若以水龙浇水当可将群众解散。当聚集时,未闻有打死外国人之语,更无排外行为。今我所言,均系目睹情形,并不偏袒任何方面。老闸捕房对于我们教堂,保护周妥,故我们甚为感激。未开枪之前,老闸捕房所立巡捕系半月形,群众其时离捕房若干远,我不能证明,亦未看见捕房人员举枪警告。而群众亦非拥上,但曾见人持竹杆乱打,未见西捕受伤及抢夺西捕手枪之事,更未见持扁担等物者。"言毕,退去。梅律师命美国人克兰上堂诘问,据克氏称:"现为教士,昔任苏州东吴大学校长,谙苏沪方言。卅号下午二时半,在虹口小菜场乘电车往跑马厅,经过南京路永安公司门前,见人发传单,因下车。有年轻学生二三名,正在散发,我亦接受数纸。遇友爱迪生,旋各走散。我向西行,至捕房对面,见两欧洲巡捕拘学生两名,执其衣领,如捕囚犯,后面随者约十余人。迨抵跑马厅,时已三时一刻。至三时半,我因有约,四时须到仁济医院访友,故即出跑马厅,步往该院。见永安公司东面向西之人甚众,我系向东行,故离群众甚近,但未闻'推翻外国人、打死外国人'之语。闻枪时,我正行至捕房对面,见捕房门首站有穿制服者约十五名,但我并不预备其竟有开枪之举,故仍向人丛中前进。虽已闻枪声,然我除觉得人多外,别无感想。开枪之后,人皆逃散,我以不预备其开枪,故亦未见其举枪警告,但枪声似机关枪者然。我初犹以系开空枪,设若早知有开枪之举,我必出而劝解。当时人众系被推向西行,并非向捕房方面而去,手中无执凶器者,并无抵抗行为,亦无强暴表示。至捕房人员曾否殴打华人,我皆未见。我自是日目睹死伤之惨状后为之不怡。"捕房律师即向该证人诘问数语,遂退去。

克威律师之证言。克威律师上堂,由梅华铨律师诘问。据克氏称:"我系英国人,来沪已两年零八个月,执行律师职务。是日下午三日一刻至三时二刻之间,离开礼查旅馆,乘黄包车沿南京路而过。至浙江路口,见人甚多,着车夫从阶沿畔缓行。迨至议事厅门前,有一学生持传单一叠,向上一抛,堕下数十张,人争拾之,我亦命车夫拾取。车至宝发店门首,遂闻枪声,即着车夫向后退,至汽车后面。其时电车轨道尚可行车,开枪之后,乃不通行。我当时虽注目于老闸捕房门首之情形,但视线为一公共汽车隔断,致不能明了其情状。见一青年学生乘车而过,手腕有伤,以手抚其背,谅背部或亦有伤。路上有血,我在该处约停十五分钟始离。当抵议事厅门首时,见聚集之人为状极愉快,并无暴烈之状,亦无武器及扁担等物。至於捕房开枪是否正当,此层殊不能措词。盖我对于前面情形如何,未经目击。他若关于聚众之事,则颇有经验。昔在政界,有一次聚众之事,比此次犹大。如欲开枪,但照英国皇帝命令,须先被人开枪攻击,而后始可开枪反攻。反之,须受三种惩罚:(一)停止职务;(二)牺牲本人之生命;(三)由政府赔偿损失。此项命令,无论军警,应一体恪遵。"关君问克氏:"照尔所见情形,人众有无袭取捕房之意?"答:"无。"

西医牛惠生之陈述。梅华铨律师向牛医生诘据译称:"我系华人,在哈佛大学毕业,得医学博士位,1918年在北京协和医院服务,1920年来沪,为红十字会医院医生。此次发生事件,经我医治受伤者,前后共六人,内三人系五月三十号由天津路红十字会医院送至海格路红会总医院者,一人系自投总院者。四人中之两人,均系弹从后面射进,因创口后面小,前面大,确能断定从后面射进无疑。余两人,其一创口在头顶,其一伤腿旁,则不能断定枪弹从何方面射入。六月一号,医治两人,其一弹从后背左面射进,未穿出,故左胸旁已肿,经开刀去其血;其一弹从后面右股入,迄今犹无机会取出枪弹。两次共验伤者留人,而四人均系被枪弹从后射入。"美领问牛医生:"尔适言弹从后背射进,未曾穿出之受伤者,以尔之经验,其人当时距开枪之地若干远?"答:"颇远,盖若其人距开枪之地近,则弹必穿出矣。"问:"受伤人之执业,曾否查询?"答:"均已问过,但皆非学生。"

被告梁郁华之供词。梅华铨律师命梁站入证栏,向其诘据供称:"江西人,二十二岁,在上海大学肄业,已有一年。礼拜六下午一点余钟,同学七名,四女三男合组一队,至大马路站在大东制帽公司门前,演讲数分钟后,巡捕房人来将我们捉去。所讲系唤醒同胞、抵御外侮等词,因日本纱厂将工人顾正红杀死,故劝告同胞团结一致,反对日本人。除反对日人外,并不反对其余外国人。是日演讲,并无军器藏于身畔,内只两人执旗,一书'学生演讲团',余一旗系标明第几队字样。我校出外演讲者有五六队,均系同学自动的出外演讲,并非受所谓俄国人过激派机关指使,且我更不知何为过激派,此举纯为爱国行动。演讲时,并未说'杀死外国人、推翻外国人'之语。我被捕之际,不但无抵抗,且称愿随往捕房,枪声我在捕房内听得。"捕房律师问:"既以外人使华人受苦痛,则华人何必住于租界?"答:"上海系中国领土,华人应得而居之。虽经政府租借与外人,但主权仍当属我。"梅华铨律师即称,对造律师应盘问事实,不应以辩论之词相驳诘。捕房律师问:"习何科?"答:"文科。"问:"过激书籍何用?"答:"并无此项书籍。所有之书,坊间均可买得。"美领问:"尔知否出外演讲,若未得捕房允许,则属违章。此项章程,已经中政府同意?"答"不知,且学生亦无从找法律。"问:"演讲之意,当系要求将工人平等待遇?"答:"然。"美领谓:"如欲得公平待遇及办法,须先将双方事实考察而后决定,此事系工人将工厂机器损坏,并殴击日人而起,尔知之否?"答:"恐非事实。系因工人上工,厂主不许,并勒扣工资而起。"美领谓:"工潮事件重大,数百年前已有此种事件发生,无有能解决者,尔辈青年何能解决? 若邀请年高望重而经验较富者出而调停,其成效自较尔辈为优。"答:"诚然,但我们演讲亦系帮助工人要求平等待遇。"美领谓:"尔及在案诸人,嗣后如出外演讲,须先查考警章,并且遇事总以邀请年高者出而调解为是。"关君亦向该生宣谕数语,时已近七句钟,中西官退座,定于今晨续审。

**西医牛惠生之陈述** 梅华铨律师向牛医生诘据译称:我系华人,在哈佛大学毕业,得医学博士位,1918年在北京协和医院服务,1920年来沪,为红十字会医院医生。此次发生事件,经我医治受伤者,前后共六人,内三人系五月三十号由天津路红十字会医院送至海格路红会总医院者,一人系自投总院者。四人中之两人,均系弹从后面射进,因创口后面小,前面大,确能断定从后面射进无疑。余两人,其一创口在头顶,其一伤腿旁,则不能断定枪弹从何方面射入。六月一号,医治两人,其一弹从后背左面射进,未穿出,故左胸旁已肿,经开刀去其血;其一弹从后面右股入,迄今犹无机会取出枪弹。两次共验伤者留人,而四人均系被枪弹从后射入。美领问牛医生:"尔适言弹从后背射进,未曾穿出之受伤者,以尔之经验,其人当时距开枪之地若干远?"答:"颇远,盖若其人距开枪之地近,则弹必穿出矣。"问:"受伤人之执业,曾否查询?"答:"均已问过,但皆非学生。"

《申报》1925年6月11日

## 上大呈交涉使文

上海大学校长于右任为西捕解散该校事,特致函交涉员请其严重交涉。原函云:

径启者:顷据敝校行政委员会暨学生会代表面称,本月四日上午九时许,突来中西探捕及荷枪实弹之英兵一大队,约百余人,将敝校包围,强令员生等排列,高举两臂,不许稍动。有询来意,非持手枪迎面作欲击状,即被拳足交施,旋向各人身畔,逐一检查,至再至三。复侵入校内外男女生宿舍,破毁各人之箱笼,已乃勒令寄宿员生百余人,十分钟内,一律出校,违则枪毙。续又将职员韩阳初捕去,拘留三小时,始行释出。按该英兵等闯入搜查时,学生见其每检一物或一书,手辄战栗,未知何故,旋该英兵等遂将敝校全部占领。此当时敝校被侵害经过之实情也。因思敝校学生素守秩序,绝无轨外行动,讵可任意搜捕,不法占领? 侵害人之身体住居自由,似此强暴,达于极点,公理、法律何存? 试使相率效尤,尚复成何世界? 查敝校缔造经营,所费不赀,今无故被英兵等恣意蹂躏,侵入驻扎,有形之损失固属不少,而优美之校誉,亦被破坏殆尽。试问该英兵等究奉何人命令,而发命令者究根据何项法律? 如此蛮横,中外罕见。除损失确数,俟该英兵等退去,始可调查再行续请要求赔偿损失应暂保留外,所有敝校横被该英兵等强占情形,理合先行迫切报告,请求执事速向该加害之当事严重交涉,立饬将该兵等撤退,赔偿敝校一切损失,并向敝校登报道歉,以申公理而维主权,是为至盼。

《民国日报》1925年6月11日

**南京路惨案之昨讯·十万市民之集会游行　到会之团体**

学界:复旦大学、上海大学、南洋大学、招商局公学、复旦附中、景平女学、中法工专、震旦大学、南方大学、亚东医专、国立自治学院、海澜英专、文治大学、宏才大学、普惠学校、惠灵学校、景贤女学、南洋高商、持志大学、清心中学、商科中学、务本女学、上海中医专校、南市商科中学、青年会、中国女子体育学校、民立中学、东华大学、青年会高级中学、宝山路务本学校、重庆路崇德学校、上海学生会法律委员会、上海法政大学、上海商科大学、民智宣传团、上宝小学教职员联合会、美术专门、武学院、东亚体育专门、公立商专、简捷学校、中华工专、三江学校、两江女体师、勤业女师、沪江五区义务学校、上海县立敬业初级中学、上海艺术师大、贵州留沪学会、安徽旅沪同学会、新华学校、邮海专门、女子文专、尚贤中学、绍兴旅沪公学、余姚青年协社、东亚同文书院、同德医专、引翔乡立胡家桥小学、胡家桥商联会义务小学、澄衷中学、漕河泾乡立第一小学、大同大学、文生氏英专、沪江女子体育专校、民生女学、中华职业学校自治会、南洋中学、江南英文专修学院、新申学院、省立第二师范、圣芳济学生会、立达中学、江南学院、远东商专、东方艺术、民国公学、国语传习所上宝第一校、浦东中学、东吴二中、绍兴学生代表团、沪江大学、法比瑞同学会、群贤女学、三山小学、中法学校、中华救国学生同志会、报关业义务学校、沪江附中、南洋医大、启贤救国团、九如学校、工部局四公学学生联合会、海属淞沪学友会、吴淞中国公学、神州女学、珠玉学校、人和产科学校、民国工艺女学、爱国女学、广济义务学校、山西旅沪学界同乡会、苏州旅沪学生会、同济大学、暨南大学。工界:上海总工会、上海电话工会、上海绢丝工会、杨树浦罢工委员会、内外棉工会、公共租界电车工会、东方纱厂工会、中华海员工会上海支部、振中牙刷工会、浦东工会、美最时牛皮工会、祥生铁厂工会、《字林西报》全体印刷工人、上海福建运输工会、雕花业工会、大丰纱厂工会、上海工部局总厂、老怡和纱厂工会、洋务职业协会、粤侨工界联合会、汇文西报全体同人、实业研究会、印刷工会、双轮牙刷厂、上海牙刷工会、印刷联会总会、岭南茶点工业会、织袜友谊会、同兴工会、杨树浦恒丰纱厂工人互济会、大康纱厂工会、裕丰纱厂工会、新怡和布厂工会、源通纱厂工会、杨树浦英商肥皂厂工会、申新纱厂、杨树浦铁厂工人联会、上海印刷公司工会、广东工界同志会、溥益纱厂工会、工部局总铁厂工会、南方制革厂、马灯厂工会、福兴面粉厂工会、大英烟草公司职工同志会、劳工青年会、上海职工青年会、上海船务栈房工会、纸业同人会、海盐旅沪协会、织袜总工会、北区袜工会、安徽驻沪劳工会、上海工团联合会、洋务职业工会、中华劳动会、洋务工会、华商自来水工程同业会、冠生园工厂、织袜友谊会、中华劳工会、双轮牙刷公司职员会、浦东日商纱厂、同兴纱厂、别发印刷厂、振泰纱厂、金银工人互助会、喜和纱厂工会、电气工业联合会。商界:沪东商联会、工商友谊会、福建路商界联合会、九路商界联合会、民国路商界联合会、百新公司、宝山罗店商会、山西路商界联合会、浙江路商联会、山东路商联会、爱多亚路商联会、文监师路商联会、民国路联合会、河南路商联会、沪西四路商界联合会、南京路商界联合会、沪北五区商业联合会、关北商会、南市东北城商会、五马路商界联合会、汉口路商界联合会、北四川路崇明路商界联合会、广西贵州劳合三路商联会、沪南六路商联会、虹口六路商联会、沪南东区商业联合会、肇嘉路商界联合会、西华德路商界联合会、沪东商联会、北山西唐家衖两路商联会、各省旅沪商帮联合会、呢绒同益会、天潼福德商联会、沪南商业工会、百老汇路商联会、沪北六路商联会、物华天宝路商联会、沪西九路商联会、闸北商联会、海宁路商联会、法租界商业会、引翔港工商联合会、浙江路商联会、胡家桥商联会、闸北十一路商联会、上宝太嘉工商协助会、旅沪汉帮棉商公会。其他团体：少年宣讲团、全国国民同志会、三友社、丹阳旅沪协会、中华国民宣讲团、温州同乡会、宁波会馆南厂、市民演讲团、基督教行布道团、导社、壬戌友谊社、上海古玩公会、中华书局总厂、宝山各界联合会、广帮同业相扶社、广东自治会、董家渡保卫团、联筹社、上海对日外交市民大会、中华全国民同志会、旅沪全皖各界联合会、旅沪江阴同乡会、上海群社、苏皖公民友谊会、国民党区二分部、三区十七分部、三区六分部、亚东医院、中华爱国工艺社、书业保存会、北京民报社、晨光美术会、北山西路商学社机器公会、同志服务团、中华五卅救国团、同业相扶社、南粤和平促进会、精武体育会、友联影片公司、江阴各界联合会、地方维持会、菉溪旅沪同志会、青年救国团、青年服务团、国民天职会、浦东同人会、万国通德会、华商烟草公司、华侨联合会、公立上海医院救护队、商务印书馆后援会、浦西自治策进会、南通学生上海五卅血案后援会、文明书局同人进德会、合群社、救亡同志会、励志宣讲团。（昨日到会团体甚多，匆促之间，难以尽录，其以个人或商店名义到会者，一概从略）

《申报》1925年6月12日

**南京路惨案之昨讯·五卅惨案公廨昨日讯结　被告一律具结开释**

上午之审讯。五卅惨剧，老闸捕房逮捕诸人昨由公共公廨第三次研讯，公廨内外警备如前。上午九时半，关正会审官与美雅副领事升座第五刑庭。首由被告方面代表梅华铨律师命见证宝隆医院西医华人曾立群上堂，证明渠所验受伤两人之伤状。据曾氏称，此次事件投该院医治者两人：（一）陈宝聪，伤在耳旁，弹从前面抑后射进，不能断定。此人现已治愈。（二）陈鹤群，背后左面有一洞，弹未穿出，经开刀取出枪弹，创口现尚有脓，热度虽已压平，惟不能保其热度能否不高。言毕退去。梅华铨律师起称："尚有五尸并经检察厅检验，枪弹皆从后背射入，摄影留存。堂上可函检厅吊取该项证据，到案证明。盖因捕房否认弹从背入，故敝律师提出此项请求。"关君谓此属于外交上之调查，对于本案被告无调查此项证据之必要。遂传被告蔡鸿立上堂，由梅律师诘问。据蔡供称："广东人，二十二岁，在上海大学英文科肄业已有两年。卅号下午一句余钟，与同学男生十二名出外，至西藏路，正欲择地演讲日人惨杀华工顾正红事，被西捕头率两华捕来拘捕。我及另一同学遂与同去，并未抵抗，其余十人则随往。被捕时捕头询我等知否租界法律，答以不知。时我只执有学生演讲团小旗一面，此外无别种武器。本团及其余演讲团，是日皆无暴动之意。此举亦非受过激党指使或利用，更不知何为过激党。当时未说打杀外国人及推翻外国人之语，枪声我在捕房听得。"蔡并答复捕房律师所诘之言，谓："上大有中文、英文、美术、社会四科，其余科目，虽有其名，尚未设备。我不知校内有共产书籍被捕房抄去之事，邵力子系代理校长，彼涉讼之事，我于报上阅悉。我系大学学生，无论任何书籍，均可研究。"关君问该生:"演讲发传单等事,中国向来有无此项习惯?"答:"有。"梅律师继向老闸捕房坐写字间之六十八号三道头惠尔格司诘问老闸捕房建设之形势一过,随询以当时巡捕若退至铁门口,则人众当不能拥进捕房,或竟将铁门关闭,人众亦不能冲进之语。该西捕房答谓,隔壁有矮墙,可以扒进,若人多更可踏肩上而进,然在门内之巡捕,可以开枪制止。又询以各学生拘到捕房时之情形。该捕答称:"各生有系拘进者,有系随进者,在写字间内并无抵抗,除所执之旗外,亦无其他凶器。救火车之皮带,系于开枪之后用过。"捕房律师诘:"若巡捕真退至后面,或将铁门关闭,是否有亏职责?"答:"然。"问:"开枪之后,是否又拘获俄人五六名?"答:"是。"梅律师问:"所拘俄人,是否与此事有关?"答:"皆无关系,内只一名因系过犯拘押,余即释放。"继传被告俞茂怀上堂,由其代表何律师诘问。据俞供称:徽州人,业机器匠,家住老县前。是日下午二时,由家出外。先至十六铺,再至外滩,乘一路电车经过南京路一乐天茶馆门首。在车内见途中有二三百人,学生仅十余名,有被巡捕抓住衣领者。我遂下车观看,并随人众向西行。盖我欲知学生究因何事被捕。迨至新新公司处,人已逾千。我站于该处约二三分钟,见前面之人向后退,并闻号哭呼救声。因有人被巡捕殴打,故向后退者复前进,时我已卷入人丛,随之而进,至同昌车行门首,站于阶沿上。人甚拥挤,询其故,以尚有学生在捕房欲要求释放耳。旋即闻枪声无数,我惊而逃,被人从后面抓住衣领,我因枪声,魂已吓散,故拘我者不知系何人。并被殴击腰背,又将我批颊一下,我遂倒地,口出鲜血。后由红会病车送往医院,医生验腿有伤,我以腿不痛,痛在腰间。次日稍愈,欲归,被捕房将我拘去。我与学生游行演讲分发传单等事,概无关系。我系局外人,以我所见情形,凭良心主张,学生极安分,并无暴动。我尚见有一人推外国人,被学生阻止,盖其人系欲上前观看者云云。继传被告瞿景白上堂,由梅律师诘问。据瞿供称:年二十岁,常州人,在上海大学社会科肄业。朋友中素无俄人,不知过激党之事。是日下午系放假,故我外出至先施公司门前,见同学演讲,我未参加。因巡捕拘拿学生,旁人询问学生今日何事演讲,我答以不知,并随群众至捕房门前。见有巡捕列队立于捕房门口,群众并未冲进捕房。时有一穿便衣形似包探者,指令一巡捕将我拘去。人众并不因我被捕发生抵抗或拥上之事,而我亦并未抵抗。枪声我在捕房所闻。群众之往也,系欲明捕房将学生拘去之如何办法。美领问:"尔仅才弱冠,已研究社会学,四书五经曾否读过?"答:"已经读过。"问:"孔子曰三十而立、四十而不惑一章,尔服膺其言否?"答:"此为二千年以前学说,今不适用矣。"合座大笑,美领亦莞尔而言,本领事与关正会审官犹服膺孔子之学。关君亦询以"四书内少之时一章,血气方刚,戒之在斗,尔知之乎?"答:"我并不来斗。"关君再问:"以中国现状而论,尔以为宜建设乎,抑破坏乎?"答:"我主张破坏旧的,同时建设新的。"美领谓:"治世如治病,譬如人病重,先当设法医治使愈,不能使其死后另成为少年。斯则所谓急进者矣。中外感情素洽,因尔等急进举动,以致感情大坏,几欲酿成宣战之势。"继传杨思盛上堂,诘据供称:四川人,年十八岁,在上海大学中文科肄业。是日我执小旗,预备演讲日人打死劳工之事。被捕时并未抵抗,并不知系违犯租界章程。捕房律师亦向杨驳诘数语。美领谕之曰:"在案诸人,尔年最幼,宜与父母家居为是。"关君亦谕之曰:"尔为蜀人,余系鄂籍,彼此乡音相似,余今以数语相勖。尔之爱国举动,固属不错,且凡属国人,均应具爱国心。惟爱国须先辨定途径,择其有益而舍其有损者为之,尔其勉旃。"该生唯唯。时已十二句半钟,遂闭庭。

午后之审讯。午后二句半钟,继续开审。先由被告代表梅华铨律师声称,被告中有许多人受伤,现虽医愈,站立公堂,步力不足,要求准坐,堂上准之。遂由何飞律师向被告王宇春诘据供称:湖州人,二十岁,在上海大学汉文科。五卅星期六一句三刻钟,与同学出校,为良心自动,至南京路演讲日人惨杀我中国同胞。因我中华人内容不甚明了,故演讲与人听听,并非激动人心、仇视日人,更无排外思想。只有五分钟时,捕房之人到来,将我辈拘去,当时并无抗拒。既被拘捕,由捕头略问数语,将我等管押。迨至三句多钟,闻外面有枪声,连续开放,觉得甚凄惨。对于演讲,系我国民良心发现,不知违犯租界章程。而捕房律师梅脱兰亦向王盘诘一过,并据蒋明卿上堂,由梅华铨律师诘据供称:英国大同医学校毕业,在山东路仁济医院任外科医生有十四年。五卅下午此案发生,适我在医院服务。当时见车来医院医治受伤之中国人,约有二十人。其时与缪医生等五人,担任用手术医治,我经治六人,(其一)枪弹由后背而进,至前胸而出,此人未几身死。(其二)背上受枪弹擦伤,此人已出院。(其三)枪弹从右边横面大腿旁进,洞穿左边而出,当日即死。(其四)伤右臂,弹从后面进,已于九号身死。(其五)伤左腿,弹从后进,此人尚在医院医治。(其六)下颏微伤。以上各伤者,若距开枪处近,则皮肤当有火药色,但我未见有此色。凡距开枪愈近者,其射进之创口愈小,远者则大。捕房律师问:"尔所治之人,有伤臂者,当时若其人将手举起,枪弹当可从该处射进。"答:"照医理上查验,手应下垂。"问:"尔既为见证,应当实说。"答:"我系教会中人,所言系公道语。"并称所治六人,内有两名弹从旁过,四名弹从后面射入。又由仁济医院医生谢应瑞上堂,经梅律师诘以医治情状。谢氏称:共治三人,(其一)左右股对穿,(其二)弹伤左腿,(其三)右手臂弹伤。以上三名,当时均因急于救治,不暇详细研究其弹从何方面射入。继传被告陈铁梅上堂,由何律师诘据供称:宁波人,在广济义务小学校为教员。礼拜六学生运动,我校并不参加。是日下午一时,往静安寺路访友,嗣乘电车回。车至新世界,见人甚多,乃下车朝东步行。至新新公司处,见学生或商人被捕,途人约千余,互相挤推。我心虽想救被捕学生,然未有动作。当走过捕房门前时,印捕执枪守于该捕房门首,在途中拘人之巡捕则执警棍。学生两手伸出向下掀,表示欲和平之意。开枪时,我已至先施公司门前,共听得枪声两排,约四十余响。枪声止后,我仍缓行,被人挤跌,巡捕击我四下,受伤晕去。经先施公司后面之小烟纸店中人将我扶上黄包车,送归家内。由家人送仁济医院,住院四天,将伤治愈。因欲回家,该院以电话通知捕房派人到院,将我逮捕。陈并答复捕房律师之诘问谓"我与上海大学素不相识、从无往来"云云。又传被告黄儒京上堂,由梅华铨律师诘据供称:广东人,年二十二岁,在上海大学肄业。以下所言,其预备演讲及被捕情形,与蔡鸿立之供词相仿。(黄、蔡系同一演讲团并同时被捕)梅律师又向被告陈韵秋诘据供称:在大世界为伶,串文旦。我非暴动者,家住七浦路。是日下午三时,由大世界归家,经过大马路口,见巡捕打学生。我与同行之一人立于捕房斜对面之照相馆门首,见捕房门口印捕皆执枪。我以其地极危险,正欲举步行,不料枪声已响,流弹从我后面右脚掠过。嗣赴仁济医院,经医生将弹破之肉皮一块割去。次日欲出院,该院以电话通知捕房,派两外人来,将我逮捕。当时我未闻有打死外国人之呼声,群众并非欲拥进捕房,系欲向新世界方面而去,但被巡捕阻住。巡捕与群众相隔两条电车轨道,未曾看见捕头举枪、向群众警告等语。梅律师又向仁济医院医生英国人台立尔诘问医治伤者情状。据台氏称：卅号夜彼共查验伤者十五人，内有两人当时身死。此十五名，计分弹从前面击伤者八，弹从旁边击伤者四，余三人可以定其弹从背后击进。捕房律师命仁济医院院长台文卜上堂，报告卅号该院共医治十七人之伤状。台氏首先声明，各伤者均非彼本人医治，皆由主治之各医生向渠报告。继将十七张伤单逐一诵读，其伤单号码：五八一伤背，五八二伤胸、弹从前进，五八三下部受伤，五八四伤胸、弹从前进，五八五伤胸、弹从前进，五八六伤腿、弹从前进，五八七伤腿、弹从前进，五八八伤腹、弹从前进，五八九伤两足、弹从前进，五九〇伤右臂、弹从前进，五九一伤足、弹从前进，五九二伤足、弹从前进，五九三伤股、枪弹前后皆可进、不能断定，五九四胸微伤、枪弹前后皆可进、不能断定，五九五、五九六均只皮肤青色、系击伤，五九七伤腹、弹从前进，五九八伤足、弹从前进，五百九十九号枪弹擦过皮肤微伤、弹由何方面来不能断定，六百号之伤者到院即死，未填伤状。台氏并答复梅华铨律师之诘问谓：我对于手枪伤，已有经验，中弹处创口小，出弹处创口大。对于快枪击伤，极少经验，故快枪之创口，前后不敢决定云云。又传被告魏春廷上堂，由关君讯据供称：是日下午三时，我由劳合路行至南京路捕房对面之云南路口，见人聚集，因伫足而观。先施公司门首有人围聚，西捕三四名从人多之处向捕房来，其后相随学生及平民甚多。捕房门口，前列者为印捕，后列者为华捕。其时人众在前面者欲向后退，而在后面者则欲上前看，但并无暴动情状。若有暴烈举动，我亦不能站于该地，亦未闻高呼之声。初我对捕房门口之视线甚切，后因人多遂看不清，未见巡捕举枪警告，更未闻"停停"之声。我以为学生演讲，乃一种文明举动，捕房不致开枪，及既开枪，我身中流弹，击穿夹袄小褂，肌肉被击一圆洞。又向被告范张宝讯据供称：在英美烟公司电影部为演员。是日下午约三句钟后，经过先施公司门首，见人甚多。迨至新新公司门首，人乃更多，有执旗者。我并于途中拾得传单，嗣行至同昌车行门首，见巡捕拘一学生往捕房。其时后面之人欲拥上，而前面者欲退下，致我亦被挤。迨闻枪声，我即卧地，后因手向背部一摸，手上有血，遂投仁济医院，经医生验明背部被流弹擦过、受微伤等语。至此，双方人证均已讯毕。关君宣谕原被两造之各律师进行辩论，惟所辩只限于捕房控告之案情，不能牵及关于外交问题，辩论时间各以十分钟为度。遂先由被告代表何律师辩护一过，惟被告方面尚有梅华铨、江一平、陈霆锐三律师，则推梅律师辩护，由江律师传译。辩毕，捕房律师略辩数语，乃告终结。

中西官之判词。时已七句钟，中西官退入休息室，磋商良久。升座，先由关君宣布本案判词云：本案应分两个问题：（一）对于捕房拘解被告人等是否有犯罪行为，应由本公堂讯判。（二）对于捕房开枪行为之是否正当，应俟外交当局调查解决。兹本公堂讯得被告人等，大多数系属青年学子。因日人工厂内工人被杀，在租界内结队演讲、散发传单，本公堂认为无欲暴动之意，且其拘入捕房时间，均在发生开枪事件以前。尚有少数被告，讯系马路驻看闲人。被告等着一律具结开释，保洋发还。本埠发生此不幸重案，本公堂甚为惋惜。汝等青年学子具有爱国思想，宜为国珍重，力持镇静，听候解决，是所厚望。继美领雅君亦宣谕西文判词，由江一平律师译其大意，谓本领事任公堂陪审之职，已历七载，与中外感情极为和洽。今不幸发生此重大案件，殊为惋惜。汝等今具结出外，静候解决可也云云。判毕闭庭，各人即遵谕赴交保处具结。迨一切手续终了，已八句钟。公廨内外之警备亦于同时撤退,而五卅案内之关于法律部分,遂告结束矣。

《申报》1925 年 6 月 12 日

**学界昨日消息·被封后之上大学生**

日昨(十一日)下午二时,各界在公共体育场开国民大会,上海大学学生二百人,于一时许即行到会。游行时,沿途散发传单宣言,其激昂勇奋之精神,较前尤为焕发云。又闻该校建筑校舍事,其经费已有把握,一月后即可在闸北宋园实行动工云。

《申报》1925 年 6 月 12 日

**上海大学各系班同学钧鉴**

吾校不幸横遭解散,数日以来报到同学虽已不少,然尚有不知下落者多人。现在本会调查股已着手精密调查,深恐耳目未周,传闻不一,容特登报通告:本吾同学务请速来本会报到,并填写调查表。其已经回家或因事他往者,亦望赶紧来函通知,毋任盼幸。本会地址:上海西门方斜路东安里十八号。

上海大学学生会白

《民国日报》1925 年 6 月 12 日

**被封后之上大学生**

昨日(十一日)下午二时,各界在公体育场开国民大会,上海大学学生二百余人,于一时许即到会。游行时,沿途散发传单宣言,其激昂勇奋之精神,较前尤为焕发。又闻该校建筑校舍事,其已有把握,一月后,即可在闸北宋园实行动工。

《民国日报》1925 年 6 月 12 日

**上海大学学生会紧要通告**

今因校舍问题须全体同学共同讨论,特定于本星期日(十四日)上午九时开全体大会,凡我同学届时务各莅会为盼。会场在西门方浜桥勤业女子师范。

《民国日报》1925 年 6 月 13 日

**今日公廨开审上大文大学生**

此次沪上风潮,最初为惨杀顾正红而起,继因普陀路捕房拘押救助工人之"上大""文大"学生,而激成南京路之惨剧。现"五卅""六一"诸被押之学生工人,已次第审决,无罪释放。而最初被捕之"上大""文大"五学生,亦由公廨通知,于今日及十七、十九三日开审。闻各该校已聘定律师,预备到堂辩护,而上海学生联合会,亦请有律师出为义务辩护云。

《申报》1925 年 6 月 15 日

**学界消息·上海大学消息**

上海大学租定西门方斜路东安里房屋为临时办公处。该校学生会有《五卅特刊》之编辑,第一期已出版。日昨上午九时假勤业女师召集全体学生大会,讨论关于募捐建筑校舍问题。结果议决推定学生四人加入该校教职员所组织之募捐委员会,共同进行向外募捐,并每省举出队长一人,以负专责云。又闻日前有具名"自平子"者,亲赴该校学生会捐洋一百元,询其真实姓名,坚不肯答而去。

《申报》1925年6月15日

**上海大学学生会开会　筹款建筑新校舍**

此次沪案发生,西摩路上海大学,首被万国商团解散,但该校学生、教员仍继续奋斗,并觅定宋园为该校最新校地基,刻已计划妥当,决于近募捐建筑新校舍。昨日(十四)上午八时该校全体学生假勤业女子师范开大会,会议结果,一致通过:(一)即日由教员与学生双方举出九人,组织募捐委员会。(二)全体学生负责募捐,每人至少廿元。(三)每省学生举定队长,督促进行。(四)先建筑五十亩两层中式房,并建筑能容千余人之大礼堂。又该校同学,于暑期决不离沪,以便与各界力争沪案最后之胜利。又该校校长于右任已允于一月内捐出两万元,并赴各地募集巨款汇沪。该新校舍可于三月内告竣。

《民国日报》1925年6月15日

**各界一致援助汉口惨案·上大学生会唁汉案电**

近来帝国主义各国(中略)对于自国或各弱小民族,到处采用强烈之压迫手段,"五卅"惨案,是其对于吾华实行是项最严厉压迫手段之开端,尤("尤"是11日的电报代号)。日贵埠学生工人又被残杀无算,同人惊痛之余,盖见吾民今后舍拼死奋斗外,实无他自存之道。特电唁慰,并望努力。

《民国日报》1925年6月16日

**五卅死亡调查表**

上海学生会法律委员会前曾将受伤调查表发表,至被枪杀人各方面调查报告者已不少,现该会根据:(一)尸属报告,(二)医院调查,(三)各团体报告,(四)报纸登载,调制较为精详之死亡调查表。自五月卅日起至六月四日止,共计二十八人,其中有八人姓名尚未查悉。兹将是表照录如下:

| 姓名 | 陈虞钦 | 尹景伊 | 何念慈 | 唐良生 | 石松盛 | 王纪福 | 邬金华 | 陈兆常 |
|---|---|---|---|---|---|---|---|---|
| 年龄 | 十七 | 二十一 | 二十三 | 二十二 | 二十 | 三十六 | 十五(一说十四据仁济录) | 十八 |
| 籍贯 | 广东增城 | 山东照县 | 四川彭县 | 江苏 | 浙江上虞 | 浙江宁波 | 奉化西郭 | 广东新会 |
| 住址 | 南洋婆罗州山口洋文岛宜 | 同济大学医科 | 上海大学 | | | 浙江路 | | |

续　表

| 职业 | 学生 | 求学 | 学生 | 华洋电话局八七八接线生 | 大中华电气公司伙 | 裁缝 | 学生及新世界西崽 | 东亚旅馆厨房 |
|---|---|---|---|---|---|---|---|---|
| 每月薪金 | | | | | | | | |
| 伤在何处 | 腹部小肠（曾用手术割去坏肠四寸） | 背部及右肺弹伤 | 背及肺肝（用手术去二胁骨） | 背及膀胱（未施手术） | 腰肾（曾用手术去一坏肾） | 子弹射入胯下伤及大肠（未遑施手术） | 肺及心房被老闸巡捕枪伤（未施手术） | 胸部 |
| 弹从何处入内 | 弹由背后射入小肠被穿七洞 | 弹由背射入肺（未施手术） | 由背射入穿过肺肝 | 弹由背射入膀胱 | 弹由腰射入穿破两肾 | | 弹由胁射入肺及心房 | |
| 有何特别证据 | | | | | | | | |
| 死者曾否加入运动抑系路人 | 加入演讲 | | | | 路人 | 路人 | 路人 | 路人 |
| 受伤日时 | 五月卅日下午三时半 | 五月卅日 | 五月卅日 | 五月卅日下午 | 五月卅日 | 同上 | 同上 | 同上 |
| 受伤地点 | 南京路老闸捕房附近 | 南京路 | 南京路 | 南京路 | 南京路 | 南京路 | 南京路 | 南京路老闸捕房门前 |
| 死之日时 | 五月三十一日下午五时三刻（一说三十六分） | 五月卅日下午七点四十分 | 五月卅一日下午二点二十二分 | 五月卅日晚八点一刻（一说六月三日） | 五卅下午七时半 | 五卅下午八时 | 五卅五时三十分 | 五卅下午 |
| 死之地点 | 仁济医院 | 同上 | 同上 | 同上 | 仁济医院 | 同上 | 同上 | 老闸捕房门前 |
| 尸在何处 | 暂寄西门斜桥岭南山庄 | 山左寺 | 斐伦路验尸所 | 由妻杨氏领回 | 由其师及岳父领去 | 其妻王单氏领去 | 其父邬顺宝领回 | 家属领回 |
| 死者家属情形 | 父陈宴棠，南洋婆罗州椰子商，兄虞添，姊锦芳 | 依兄为生，有妻未婚 | 父母全，已娶妻，有三龄子一 | 妻杨氏 | 上有六十老母，所生仅此一子 | | 有八旬老母在原籍 | |

续　表

| 有无检验证书 | 有 | | 上海地检厅验过 | | | | | |
|---|---|---|---|---|---|---|---|---|
| 见证人姓名及职业住址 | | | | | | | | |

《申报》1925 年 6 月 17 日

**介绍"上大五卅特刊"（示羊）**

因这次南京路之惨剧应时而产生的刊物，不知多少，然而真能以科学方法来讨论的，却又不多见；大半都是就事论事，注重主观的观察，所以议论纷纷，找不着一个共同点，找不着一个正确的答复。

现在上海大学的同学，编有一种《上大五卅特刊》，每三日出版一次，第一期已于本日出版。它是根据社会科学的原理，解释"五卅"运动之真正的意义，说明"五卅"运动客观上之必然的原因与结果；同时也是将他们平素所学对于社会的一点贡献。

离开民族运动的观点，而要求这次运动的解答，将永远不知道究竟。这刊件也就根据了这点而立论的，避去了外交的和法律的空谈，因为这不是弱小民族所可享受的权利。

我以为这个刊物的确能纠正一般错误的见解，所以特为介绍，爱阅者可向西门方斜路东安里上海大学学生会宣传股函索。

六月十五日
《民国日报》1925 年 6 月 17 日

**学界昨讯·上海大学将自建校舍**

上海大学自被英兵占领后，即设临时办事处于西门方斜路东安里。现该校除已决定自建校舍于闸北宋园，逐日积极进行、不遗余力外，并已登报开始招考新生及插班生云。

《申报》1925 年 6 月 19 日

**上海大学招考男女生**

（一）年级与资格：（甲）大学部中国文学系、英文学系、社会学系：一年级新生，须有中学文凭；二、三年级插班生，并须有相当学校转学证书。（乙）附属中学部高级中学班、初级中学班：一年级新生，二、三年级插班生。

（二）考期：第一次：阳历七月十五日上午九时起，连试二天。午膳由本校供给。

（三）考试科目：详载"投考简章"，有志投考者可以索阅。函索者附邮票二分，并须注明投考大学部或中学部。

（四）投考手续：具最近四寸半身照片一张、试验费二元，携带文凭或证书，于七月十三日前至西门方斜路东安里本校报名处报名。倘通函报名者,可先期函索报名。

校长于右任<br/>《民国日报》1925年6月19日

**惨案交涉移京后之上海·昨日南市学界工界之游行**

　　上海学生联合会议决,订于昨日(二十日)齐集各学校学生举行游行。至十二时后,各学校学生陆续到公共体育场者,如大同大学、公立商业专门学校、上海大学、复旦中学、上海美术专门学校、南市商科学校、第二师范、神州女学、民立中学、简捷英专学校、同文书院、清心中学、清心女中学校、惠灵英专学校、南洋大学、南洋中学、自治学院、上海租界电车公会等,共三千余人,均集场内。四周内外由游巡队及二区警署拨派全班长警分投照料,并由红十字会医生救护队到场预防。至二时振铃开会,由刘一清主席,报告开会宗旨,略谓:今日各学校到会游行,有几种问题:(一)汉口日前英人枪杀学生市民较沪地为多,现在应一致援助。(一)上海总商会此次将工商学各界议决提出交涉十三条件擅自修改,径送交涉员提出交涉,现在吾工商学各界全体否认,一律反对。报告毕,次由学生联合会代表刘钟鸣报告,谓:(一)先行发表宣言,将五卅以来一切经过交涉情形通告全国各界。(二)通电世界各国国民,将惨案始末情形详细报告,以俟公论。(三)请沪地工商各界将原有之英日各货检出,齐集成数,定期当众焚毁。再次由工界代表报告工界罢工,务希坚持到底,一致努力等语。遂由总指挥邵华报告各学校出发,分列次序:(一)学界,(二)工界。于是列队出发,游行城厢内外,仍回至体育场而散。当游行时,沿途散发传单,经过之处,均由各该管警署长警随时照料。

《申报》1925年6月21日

**罢课中之各学校·上海大学**

　　上海大学自西摩路校舍被英兵解散后,该校即在方斜路租定临时校舍,各种事务,仍继续进行不懈。关于建筑新校舍事,已组有建筑委员会,计划此事。现定先建教室及办公室,以期在暑假后,开学不致误期。该校学生会近日对于各种事务,进行甚力,所出版之《上大五卅特刊》第二期已于本日出版。又该校中学部学生会因鉴于自被解散以来,师生间未曾相聚一次,特于昨日下午三时在临时校舍开谈话会,关于本学期结束及下学期进行计划,均有所讨论。

《民国日报》1925年6月23日

**罢课中之各学校·上海大学**

　　上海大学学生会临时委员会昨为筹议暑期中会务进行起见,特开全体委员会。议决就原有委员会办法,略加改变,当场推定朱义权、韩步先、吴稽天、陶维、彭习梅、郭肇唐、方山、吕全贞、方卓、江仕祥、姚天羽、张崇德、马凌山、蔡鸿烈等十四人,为暑期中负责专员,其余各原有委员,仍可到会襄助一切。又因近来外交形势日趋险恶,国民对于政府外交进行,非切实监督不可,决定加入沪上各团体所发起之外交监督会。

《民国日报》1925年6月24日

### 各界奋起援助沙面惨案·上海大学学生会电

该学生会电革命政府云：

广州革命政府鉴：噩耗传来，全埠震动，希速与帝国主义者作最后之抗争。慨自沪案发生，全国民众，敌忾同深，势不可侮，亟宜导其团结实力，作解除积年压迫之企图。我革命政府，素以打倒帝国主义为职志，义旗首举，行见举国民军，环起响应。即全世界被压迫之民族，亦必乘机崛起，以为声援，吾中国垂毙之国命，其将从此昭苏乎？迫切陈词，敬希立断。

上海大学学生会叩径

《民国日报》1925 年 6 月 26 日

### 上海大学近讯

上海大学，自被英军解散后，一部分同学不得已先自回里，从事内地宣传。现在该校学生会临时委员会以上海学生联合会前日有各校回家学生，应由各该校去函召回之，决议已发专函召回家同学一律来沪矣。又该校学生会所出版之《上大五卅特刊》，颇为各界欢迎，现第二期已出版，除由该会宣传股广为容发外，连日各处去函索章程者日形发达。

《民国日报》1925 年 6 月 27 日

### 五卅死难烈士追悼大会　到会者二十万人

到会之团体。昨日到会团体约达三百余，工界占其半数，兹将各团体分记如下：（工界）工界方面，有上海总工会、安利羊皮栈工会、岭南工联会、商务印书馆工会、申新纱厂、新怡和纱厂、日华纱厂工会、杨树浦肥皂工会、华捕联合会、绢丝工会、电气工人联合会、广帮木业工会、小沙渡工会、祥生职工联合会、码头栈务职工联合会、老公茂纺织工会、洋务职业工会、纺织总工会、湖南劳工会、安徽劳工会、旅沪湖北工人联合会、电车工人联合会、中国橡皮印刷工会、上海印刷工会、江南制革厂、上海工团联合会、日华工会、上海木器总工会、裕丰纱厂工会、沪西洋务工会、公茂纱厂工会、浦东烟草工会、上海雕花工会、上海木器工会、公益纱厂工会、阜丰面粉工会、工部局铁厂工人联合会、大英烟公司职员同志会、内外棉纱厂工会、工部局电汽职工会、沪宁淞沪铁路总机厂、溥益纱厂工会、东华纱厂工会、白礼氏洋烛厂、曹家渡公益工会、大丰纱厂工会、运输工会、海员工会、杨树浦自来水厂、浦东搬运栈务工会、公大纱厂工会、华商印刷工人联合会、杨树浦工人进德会、老怡和纱厂、江西路自来水工会、浦东工人协会、东方工会、电气工会、浦东码头工人联合会、沪西油厂工人联合会、上海洗衣工会、振秦工会、上海电话工会等。（商界）商界方面，有总商会、各路商界总联合会、沪西各路商联会、沪南烟纸商联会、织机同业会、沪南东区商联会、法租界商联会、福建路商联会、四川路商联会、浙江路商联会、河南路商联会、沪北六路商联会、虹口六路联合会、北城商业联合会、闸北商会等。（学界）学校方面，有全国学生总会代表、文浩大学、海关邮务学校、亚东医专、同济大学、圣芳济学生会、坤绣女学、务本女学、海澜英专、华东体专、广肇女学、招商局公学、暨南大学、自治学院、宏伟女学、第二代用女中、大同大学、中华工专、惠灵英专、南方大学、商科大学、尚公学校、上海大学、同德医专、上大附中、复旦中学、同文书院、上海中医专校、普志学校、勤业女师、南离公学、上海职业中学、浦东中学、两江女体师、群治大学、东亚体专、南洋大学、大夏大学、约翰离校学生会等。（其他）有工商友谊会、松江县党部、全国国民同志会、浦东青年社、淞沪工商会、旅沪广东自治会、各界妇女联合会、华洋博济医院、励志宣讲团、常熟外交后援会、国民党四区二十二分部、丹阳旅沪协会、扬州旅沪同乡会、闸北慈善团、国民党五区十五分部、四区四分部、中华保国团总部、中华武术会、上海市民国货会、少年宣传团、泰晤士报、字林西报职员会、店员联合会等。

《申报》1925年7月1日

**学务丛报·上大教职员自动减薪**

上海大学教职员，因该校此次被美水兵占据校舍，损失甚大，七月一日下午二时假座辣斐德路艺术师范大学开全体大会，决定将六、七两月薪减扣，以维持学校，由自己认定一成至十成均可，并有多人自认减扣十成。

《民国日报》1925年7月2日

**教育消息·要闻·阁议私立三大学各给金款一万元**

国立八大学及各地国立大学代表及中法教育基金委员会委员李石曾等，于前日（二十九日）正午在教育会开会，讨论一千零三十万元之金款分配案。结果已决定将全数分配各国立大学，至各私立大学则不得分配。其详细办法，闻留俟下次会议再行决定云。又北京文法大学、郁文大学、中央大学、务本女子大学、上海大学等十五校联合力争分润金款，迭志本报。日来由总代表邝摩汉等与段祺瑞、李思浩、章士钊等接洽，由各当局已允将其要求与中法大学同等待遇。昨日（三十日）阁议财政、教育两部提议，曾在教部立案之上海大同、汉口明德、武昌中华三大学请核给经费一案，拟请先行各给一万元，以昭公允，结果议决照办。兹录公布例案如下：财政部提议私立大学联合会及北京私立案中学八校联合会请求拨发款项，以资补助，拟先行由部借拨若干，酌量分给，俟将来关税增加后拨还基金时，即照数扣除。议决拨借基金补助各校自可照办，惟全国私立大学现办情形，应先由教育部迅查具复，以凭核办。未列名联合会者，亦一并查报。至私立案八中学借拨数目，应由教育部酌议具报，再行核定。又各私大代表对此认为不满，随在某大学开紧急会议，咸主坚持须依照中法大学之例，每校拨给七万五千元。乃又推定代表，今日（一日）再向财教两部极力交涉云。

《申报》1925年7月3日

**学务丛报·上海大学**

上海大学自西摩路校舍被外兵占领以后，即经组织校舍建筑委员会与募捐委员会，冀于最短时期募款十二万元，赶建校舍于上海市外之宋园。兹由募捐委员会议决，由该校同学分任募捐，并依各省同人数之多寡，举队长一人以上，负督促之责，每人募款以二十元为最低限度，募得百元以上给予特别纪念品。现募捐册已印就，该校同学在上海者，从今日起自往该校办事处领取捐册开始募捐。

《民国日报》1925年7月4日

### 上海大学开始募集建筑费

本会现定于七月五日开始募集校舍建筑经费,经募捐款者一律持有本会制定之四联捐册,捐款均由上海银行代收。特此声明。

上海大学建筑校舍募捐委员会
《申报》1925年7月5日

### 上海大学开始募集建筑费

本会现定于七月五日开始募集校舍建筑经费,经募捐款者一律持有本会制定之四联捐册,捐款均由上海银行代收。特此声明。

上海大学建筑校舍募捐委员会
《民国日报》1925年7月5日

### 成都各界援助沪案之续讯·学生联合会

学生联合会于六月十七日召集紧急会议,宣布何秉彝君在沪惨杀情形,会员欧阳熙君述何君略历如下:何君字念初,四川彭县人,年二十四岁,其先世以经商为业,少时,入本县高小学校,聪颖好学。民国七年入彭县县立中学,卒业后入四川工业专门学校。十二年夏,偕邑人萧澄君赴沪,萧君入东南大学,何君与邑人张松如女士于十三年夏间入上海大学社会学系。五卅之役,竟遭惨毙,闻者莫不哀之。其从弟某,近在沪上料理身后事务。何君椿萱并茂,膝下仅遗有一子。

《申报》1925年7月8日

### 上海大学通告

本校捐册早已印就,现已开始募捐。凡在上海之各学生务须从速到本校临时办事处领取为要。

《民国日报》1925年7月12日

### 五卅死难者消息·何秉彝烈士治丧委员会消息

"五卅"死难烈士何秉彝遗体,现尚停在南码头救生局,上海大学彭县同乡会、上大学生会合组之治丧委员会,昨日午后开第三次委员会,讨论安置遗体事项:(一)何君遗体决于最短期中暂为移置于四川会馆,并于迁移之日举行公祭。(二)成都外交后援会迭次来电,要求将何君遗体移回四川公葬,该会以未得死者家属同意,未便遽允,决函复并通知死者家属,由两方协商定夺。(三)募捐委员刻尚未将捐款捐册收齐,决由委员与庶务员赶速结束,缮造清册。(四)岳维峻汇款千元,交上海学生联合会作为抚恤死难各校学生之用,曾派代表前去领取,学联会未予拨发,拟再函学联会请求发给。

《申报》1925年7月13日

### 何烈士治丧消息

"五卅"死难烈士何秉彝遗体,现尚停在南码头救生局,上海大学彭县同乡会、上大学生会合组之治丧委员会,昨日午后开第三次委员会,讨论安置遗体事项:(一)何君遗体决于最短期中暂为移置于四川会馆,并于迁移之日举行公祭。(二)成都外交后援会迭次来电,要求将何君遗体移回四川公葬,该会以未得死者家属同意,未便遽允,决函复并通知死者家属,由两方协商定夺。(三)募捐委员,刻尚未将捐款捐册收齐,决由委员与庶务员赶速结束,缮造清册。(四)岳维峻汇款千元,交上海学生联合会作为抚恤死难各校学生之用,曾派代表前去领取,学联会未予拨发,拟再函学联会请求发给。

《民国日报》1925年7月13日

### 英外相对于沪案质问之吞吐辞

十五日伦敦电。外相张伯伦今日在下院答工党议员之问,谓渠尚未接到上海会审公堂开枪案供词之完全报告。亚当森称,华人报纸已到英伦,据其译文观之,捕头供词中已自认不知开枪以前必须警告。张伯伦称,此殆系开始检验被杀人时之报告。今报告之开始固已由邮件传来,但报告之结果,尚未传到,故渠以为渠须阅全部供词后,始可发表意见。贝克特称,戈登大佐谕令上海捕房占领上海大学,敢问军官在其自己权力上是否有资格可未得民政长官之命令,遽占据私人房屋?张伯伦答称,此问题系根据于渠现所不能承认亦不能否认之假定的事实。张伯伦又答玛金德之问,谓渠甚愿将关于此事之完全消息告知下院,但在渠尚未得此消息或尚未能对于未全闻知之事件表示意见时,渠希望议员勿逼渠答复各问题,须知此非英殖民地内发生之事件,但系发生于公共租界,故渠须与他国一致行动云。张伯伦又答贝克特氏另一个问话,谓法使退出北京外交团之讨论,其讨论中意见歧异之实在性质,渠未知之。张伯伦又答戴大佐之问,谓中国关税会议之英代表尚未派定,此会何时可开。渠尚未能言之,但华会公约规定此会应于批准后三个月内集议,其日期与地点由中政府指定之。某议员问外相知否美政府业已派去关税会议之代表,张伯伦答称,此非由本问题而发。张伯伦又答其他问话,谓关于调查沪案委员会之报告而当采行之方法,现在考虑中,渠目前不准备发表报告书之内容。某议员称,报纸苟登载其梗概,外相于此尚以为报告书不应从速发来否?张伯伦答称,政府因报纸推测而可披露之消息,有一定之范围。某议员问他国政府得不公布此报告否,张伯伦答称,渠希望如须发表,各国同时发表云。

《申报》1925年7月17日

### 上海大学通告

本校因在宋园建筑校舍,开工在即,特于昨日迁至闸北中兴路德润坊。嗣后如有事接洽者,请来该处为要。至本校学生会仍在原处。

《民国日报》1925年7月17日

### 电贺国民政府·上大学生会电

广州国民政府诸委员、诸将领公鉴:际此帝国主义之势力,加紧压迫我民族之时,而我国民政府,已战胜四围妖魔,正式成立。从此政基既固,展发益宏,四万万被压迫民族,皆将出水火而登衽席矣。还望诸公益加努力,务照孙先生手订之建国大纲暨第一届全国代表大会宣言,切实履行。最近对于惨案交涉,尤望坚决进行,誓达废除一切不平等条约之目的。临电不胜祷祝之至。

上海大学学生会啸<br>《民国日报》1925 年 7 月 19 日

### 各学校消息汇记·上海大学

自六月四日为英捕房将西摩路校舍占领后,校长员生决定自建校舍于闸北宋园。日来积极进行不遗余力,预计该校新校舍于开学前可以一部分完成。该校于十五、六两日假艺术大学举行第一次新生试验,与考者甚形踊跃,结果共取录六十人,已于今日在《民国日报》揭晓,其录取诸生均须于八月十五日以前往闸北中兴路德润里该校新迁临时办事处领取入学证,并闻该校将继续招生云。

《民国日报》1925 年 7 月 19 日

### 上大第一次录取新生已揭晓

上海大学前于十五、六日假艺术大学举行第一次新生试验,取录六十人,已揭晓。闻将继续招生。

《时报》1925 年 7 月 19 日

### 上海大学录取新生布告

中国文学系一年级(正式生):马翼云、郑仲谟、苏义、洪业、张立诚、王持政、罗惠嘉、高瞻;(试读生):胡光铨、柯秀东;(特别生):陈昆锜、柯秀文、柯树荣、尹鲁眉、刘希吾。

英文学系二年级(正式生):胡利锋;(试读生):金基镇;(特别生):刘后才。

一年级(正式生):董侃;(试读生):王天任;(特别生):毕仰袁、杨习保。

社会学系三年级(正式生):尹何均。(特别生或二年级正式生):李煜灵。二年级(试读生):蒋昆、雷兴政;(特别生或一年级正式生):詹正圣。三年级(正式生):顾作霖、李德馨、石游、周笙竺、吴振鹏、吴钟莹、傅玉山、秦代宁、崔桓济、崔铉、徐世义、孙金鉴、盛联龙、曹国瑞、蒋一生、陈荫农、黄公藩、胡启沧、曹国滨;(试读生):钟梦侠、郭点蛟、张文裴、高国林、周传业、杨先泽、王述镇、梁瑞生。

中学部高中三年级:俞昌准;一年级:林润民。初中三年级:朱宪英、吴广胜;一年级:郑忠轼、贺绍贤。

以上录取各生均需于八月十五日以前来闸北中兴路德润坊本大学临时办事处报到取入学证,如有缺交相片者亦需带来补交。

上海大学学务处布<br>《民国日报》1925 年 7 月 20 日

### 夏令讲演会茶话会·明日开课

上海学生联合会夏令讲演会,定本月二十日开课。现闻该会各委员为谋办理益臻完善起见,特于昨日午后假座霞飞路仁和里新民公司,请各讲师及指导员莅临开茶话会,指导一切。到会者除该会各委员外,有郭沫若、倪端、曹梁厦、郭卫、李熙谋、王岫庐等。三时开会,先由主席朱义权报告,复由学务员刘荣简报告关于课程编制暨各种学务情形。即由讲师王岫庐发表意见,谓兄弟对于青年学生勇往直前之精神,及贵会各方面设施均甚完善,俱深佩服,惟兄弟意见,各讲师对于所讲问题,应对听讲员多介绍参看书籍。又课程上应添讲国际公法及关于世界大事概观诸课目,并即介绍陈霆锐、吴经熊等担任讲师。继由曹梁厦、李熙谋诸指导员先后发表意见,互相讨论。至五点余钟乃由主席略致谢辞,遂宣告散会。

《民国日报》1925 年 7 月 20 日

**上海大学建筑新校舍招工投标广告**

本大学在闸北宋公园建筑新校舍,一切图样及工程说明书业由凯泰建筑公司制绘就绪。兹定自本月二十二日起开始投标,凡本埠曾建造十万以上工程之各大营造厂有愿承造是项工程者,可于二十六日午时前径至闸北宝山路鸿兴坊四十四号该公司领取图样,随缴保证金一百元可也。

上海大学建筑委员会启
《申报》1925 年 7 月 21 日

**上海大学附属中学紧要通告**

五卅惨案发生后,各地学生因爱国运动被学校当局大批开除者甚多,本校一月来接叠各方失学学生来函多起,或用个人名义,或用某某离校学生团名义,要求免试转学。近复有南通、南陵等处数中学校被迫离校学生一二百人托人来校接洽,本校对于此辈横遭压迫之爱国青年表深切之同情。业经召集校务委员会议决,扩充学额,并定有特别转学章程,可函向闸北中兴路德润坊八号本校临时办公处或老靶子路福生路第二代用女中索取。特此登报通告,恕不一一作复。

《民国日报》1925 年 7 月 21 日

**上海大学暨附属中学招生**

(一)班次:(甲)大学部文艺院中国文学系、英国文学系及社会科学院社会学系:一年级新生,二、三年级插班生。(乙)附属中学部高中及初中:一年级新生,二、三年级插班生。

(二)报名:随带最近四寸半身照片、试验费二元及毕业文凭或证书,于八月念八日以前,向上海闸北中兴路德润坊本校报名处报名。

(三)考试日期:九月一、二日连试两日。

(四)考试科目、投考手续及其他均详载招考简章。函索简章附邮票二分。

校长于右任
《民国日报》1925 年 7 月 25 日

**上海大学**

建筑校舍事进行极力,据闻该校募捐委员会报告近日该校一部分教职员、学生继续缴往上海银行之捐款,超过该校原定教职员每人募捐二百元、学生每人募捐二十元之标准,而建筑委员会报告该校之校舍精细图样,已由凯泰建筑公司制成审查通过,各营造公司投标者异常踊跃,不日开标,即可动工一切进行均极顺利,故前途甚可乐观。

《民国日报》1925 年 7 月 26 日

### 上海大学建募新校舍成绩极佳

上海大学建筑校舍进行极速,该校募捐委员会报告,近日该校一部分教职员学生继续缴往上海银行之捐款多超过该校原定教职员每人募捐百元、学生每人募捐二十元之标准。而建筑委员会报告,该校之校舍精细图样已由凯泰建筑公司制成审查通过,各营造公司投标者异常踊跃,不日开标,即可动工。一切进行均极顺利,故前途甚可乐观。

《申报》1925 年 7 月 27 日

### 上海大学启事

本校行政委员会已通过上海学生联合会请求宽予收容因此次风潮而退学之教会学校学生之议案。凡属该类学生,一经证实,即与免考收录。

《民国日报》1925 年 7 月 29 日

### 上海大学校舍定期开工

上海大学自五卅被封后,因鉴于铁蹄之下难复弦歌,因决定筹募巨款,聘凯泰建筑公司为工程顾问,兴建校舍于闸北宋公园,屡志本报。现闻最近该校建筑委员会议决,采用凯泰建筑公司工程师杨右辛君之计划,先建校舍之一部分约值七万余元,备暑假后开课之用,其余最初计划之十二万元则陆续兴建。兹悉第一部校舍图样已由该公司于三星期内赶制完备,即日兴工,预定于九月二十日即能在新校舍内正式上课。该项工程于上星期投标,现已择定劳资公司承揽,已于昨日开始工作。

《申报》1925 年 8 月 2 日

### 宁案发生后之沪上援助声·上海大学学生会通电

国闻通信社云,上海大学学生会为南京惨案通电云。各报馆转全国各公团、各学校钧鉴:此次南京和记公司工人,根据前次上工条约,向英人领取罢工期内积欠之工钱,该厂英人顿反前约,坚不允许,遂起争执。该厂英人欲逐工人出厂,一面向工人开枪轰击,一面又召集英水兵上陆协同压迫,忍心害理,莫此为甚。南京是中国领土,下关是中国警察管理区域,一切治安责任自有中国警察担负,绝对不许任何国水兵上陆干涉。英人此种暴动,本会认为是损害中国主权、蔑视中国警察职权、紊乱中国地方秩序,情形与汉粤等案同一重大,英国应负侮蔑中国主权之责任,务望全国一致力争,临电不胜盼切之至。上海大学学生会叩江。

《申报》1925 年 8 月 4 日

## 夏令讲演会消息

上海学生联合会夏令讲演会,因联络感情、砥砺学行起见,曾于日前组织同学会。兹闻该会于昨下午一时开第一次委员会,到者有朱家悌、程源希、杨达等八人,朱家悌主席。其开会顺序:(一)主席及筹备委员报告;(二)互推朱义权、朱家悌为总务,刘荣简为文书,沈至精为会计,王克全为庶务,杨达、梅中林为研究委员会,郭肇庆、程源希为同乐委员;(三)每星期开讨论会三次,根据讲师所讲各项问题自由提出讨论,并请杨杏佛、杨贤江、施存统、恽代英、董亦湘等各讲师为指导;(四)对南京和记洋行惨案,决发电声援。并闻该会已决定第一次讨论问题,为:(一)国际联盟与被压迫国际联盟;(二)恋爱与金钱;(三)中国有废除不平等条约之可能否云。

《民国日报》1925 年 8 月 5 日

## 上海大学

自被捕房压迫后,该校内部力加扩充,除进行校舍建筑等物质方面之建设外,尤竭力于教授人才之罗致。闻该校除原任教授稍变更外,又新聘定国内外知名学者如金仲文、周由廑、沈祎、李季、陶希圣、戴季陶、瞿秋白、杨杏佛、邵元冲、张凯荫、李守常等十余人为教授及特别讲师。

《民国日报》1925 年 8 月 7 日

## 上海大学附属中学迁入新校舍收受转学生通告

本校为应南通、英化、南陵、乐育等教会学校为爱国运动被迫离校学生之请,议决扩充学额,印有特别转学章程,业已登报通告。乃近日来函询问该项转学办法者仍络绎不绝,兹特再郑重通告:凡上项学生欲转学者,务须先来索取"入学调查表",填注后寄还本校。由本校核准,即得免试入学。本校现已租定闸北青云路师寿坊十五幢房屋为临时校舍(索章报名即可向该处或向中兴路德润坊大学部)。在新校舍未建成前,即在该处暂行上课。再本学期另租女生宿舍二幢,女生亦得在校寄宿。

《申报》1925 年 8 月 12 日

## 各学校消息汇纪·上大附中

本期起高中设文学社会科。该附中因容纳各地教会学校学生之要求,特增设特别转学生,学额一百六十名,近日是项转学生报名者,颇为踊跃。主任侯绍裘,对于聘请教师,极为注意,兹悉各级教员业已完全聘定,其重要者如周天僇、张作人、钟百庸、朱复、韩觉民、沈观澜、徐文台、黄鸣祥、朱义权、黄正安、高尔柏、傅君亮、张德俞、陆宗赟、张企留、丁文澜等。该校因自建之新校舍,预计须至十一月间始克竣工,而开学转瞬即届,乃在闸北青云路师寿坊租定宽大住宅十五幢为临时校舍,定九月四日开学。

《民国日报》1925 年 8 月 17 日

## 上海大学消息

上海大学自被外兵迫散后,租定临时办事处,积极进行,并在宋园添筑校舍。惟该校校长于右任现在北京,前数日因有要事,该校总务主任韩觉民特往京与于校长面商。据该校所传消息,韩觉民已于昨日回沪,所办事项,已有头绪。于校长下星期即可回沪云。

《新闻报》1925 年 8 月 17 日

**上海大学暨附中招男女生**

  班次:大学部文艺院中国文学系、英文学系,社会科学院社会学系;中学部高级中学、初级中学一年级新生,二、三年级插班生。报名于八月二十八日以前,携带文凭或证书及试验费洋二元,最近四寸半身照片一张,至上海闸北中兴路德润坊本校报名处报名。另有招考简章,函索附邮票二分。倘通函报名者,可先期索取报名单。考期:考期九月一、二两日连试,午膳由本校供给。特别转学:本校行政委员会已通过上海学生联合会请求宽予收容因此次"五卅"风潮而退学之教会学校学生之议案,凡属该类学生一经证实,即予免考收录。

  中学部主任侯绍裘、社会学系主任施存统、英文学系主任周越然、中国文学系主任陈望道、校长于右任启

《申报》1925 年 8 月 18 日

**上大建筑校舍之进行**

  上海大学在宋园建筑校舍,迭见报端。原定规模颇小,预定九月间即可成功一部分,至开学时可作课堂之用(宿舍仍不能成功)。现该校因募捐成绩颇佳,拟将原定计划从事扩充。惟建筑须多费时日,开课时不能应用,已决定在闸北租临时校舍先期开学云。

《民国日报》1925 年 8 月 20 日

**上海大学消息**

  上海大学在宋园建筑校舍,迭见报端。但原定规模颇小,预定九月间即可成功一部分,至开学时可作课堂之用(宿舍仍不能成功)。现该校因募捐成绩颇佳,拟将原定计划从事扩充。惟建筑须多费时日,开课时不能应用,已决定在闸北租临时校舍,先期开学云。

《新闻报》1925 年 8 月 20 日

**上海大学昨讯**

  上海大学在宋园建筑校舍,迭见本报。原定规模不大,预定九月间即可成功一部分,至开学时可作课堂之用。现该校因募捐成绩颇佳,拟将原定计划从事扩充,惟建筑须多费时日,开课时不能应用,故已决定在闸北租临时校舍,先期开学。

《时报》1925 年 8 月 20 日

**南京快信**

  上海大学代表吴卓斋、仇培之,为沪案在宁募捐,募得捐款七百余元,刻又赴镇江、扬

州一带劝募。

《申报》1925年8月23日

**各学校消息汇志·上海大学**

上海大学因募捐成绩颇佳，学生募款在预算中，为每人二十元，乃所得报告募得百元至数百元者甚多，有高伯定君已募得现款二千五百元，由津汇沪。

《申报》1925年8月25日

**各学校消息汇志·上海大学**

因募捐成绩颇佳，拟将原定计划扩充，本学期先租临时校舍开学，已志前报。兹悉该校学生募款在预算中为每人二十元，乃所得报告募得百元至数百元者甚多，有高伯定君已募得现款二千五百元，由津汇沪，闻其尚在努力进行云。

《民国日报》1925年8月25日

**上海大学**

本学期已在闸北青云路师寿坊租定临时校舍，课堂宿舍俱全，现正装设电灯，布置一切。大约在开课期（九月十日）前全体办事人即行迁入。

《民国日报》1925年8月28日

**各学校新消息·上海大学**

上海大学本学期决定先租临时校舍开课，兹已在闸北青云路师寿坊租定，课堂宿舍俱全，刻正装设电灯，布置一切。大约在开课期（九月十日）前，可以完全迁入。

《时报》1925年8月28日

**各学校消息汇志·上海大学**

上海大学因募捐成绩颇佳，学生募款在预算中，为每人二十元，乃所得报告募得百元至数百元者甚多，有高伯定君已募得现款二千五百元，由津汇沪。

《申报》1925年8月29日

**上海大学通告**

本大学暨附中之九月一、二两日，新生入学考试地点，已定为闸北青云路青云桥侧之本校临时校舍，时间自上午九时起至下午四时止，午膳由本校供给。此布。

《民国日报》1925年8月30日

**上海大学暨附属中学招生**

（一）班次：（甲）大学部文艺院中国文学系、英国文学系及社会科学院社会学系：一年级新生，二、三年级插班生。（乙）附属中学部高中及初中：一年级新生，二、三年级插班生。

（二）报名：随带最近四寸半身照片、试验费二元及毕业文凭或证书，于八月念八日以前，向上海闸北中兴路德润坊本校报名处报名。
　　（三）考试日期：九月一、二日连试两日。
　　（四）考试科目、投考手续及其他均详载招考简章。函索简章附邮票二分。

校长于右任
《民国日报》1925 年 8 月 30 日

### 上海大学来镇募捐

　　上海大学募捐团推举委员仇培之等两人来镇，昨特假寓本埠学联会，召集各界领袖，宣传上海罢工近时需款情形，请求援手救济。当由各界分别捐助约二百数十元，交由该两员掣收。今日（一日）已由镇渡江，前往扬州劝募矣。

《新闻报》1925 年 9 月 1 日

### 上海大学

　　一日为第二次招考新生时期，应考者二三百人，考试科目：中国文学系及英国文学系，上午为国文，下午为英文；社会学系上午考社会学，下午考社会进化史及思想史。附属中学部上午考国文、英文，下午考数学、常识。今日将连试一日，但中学部已于昨日试毕。

《民国日报》1925 年 9 月 3 日

### 上海大学通告

　　本大学现因新校舍一时不克告成，暂设临时校舍于闸北青云路青云桥之右，定于九月十日开学，新旧诸生务各早日到校办清入学程序。又中兴路之临时办事处自即日起撤销，凡关本大学一切事宜概在临时校舍办理。

《民国日报》1925 年 9 月 5 日

### 上海大学录取新生布告

　　大学部　中国文学系一年级（正式生）：吴佑生、丁嘉树、虞赞汤、薛子正、徐绍芹、余心，（试读生）：郑厦东、詹志芬，（特别生）：张汉群、李善推。英文学系一年级（正式生）：陈锡恩、王敦书，（特别生）：张恩湝、韦葆和、方运超、吕人豹、吕人虎、赵伟霖、李镜、郭谓之、金洪涛；二年级（试读生）：郭廷显、许成赞；三年级（正式生）：姜还麟、李圣恩；四年级（试读生）：曹震。社会学系一年级（正式生）：杜毅、汤有光、罗世文、高良佐、刘怡亭、郭儒灏、陆书龙、姜余麟、冯希廉、雷绍全、蒲克敏、董汉儒、罗醒、刘汉清、林木森、张景陶，（试读生）：俞海清、仇恒忠、龚翊青、阎瑞麟、周全、项一役、李超麟、陆亭午、朱郁、王祖洵、陈培仁、沈方中，（特别生）：吴泽昭、刘骥达、卢用行、崔士英、梁宗鲁、谢飞英；二年级（正式生）：童□希，（试读生）：李显悦、江天一、潘文俊，（特别生）：叶静涵、罗行检。
　　中学部　高级中学二年级（正式生）：朱秉和、朱汉臣；一年级（正式生）：王文、张铸康、王□潼、谌绪和。初级中学三年级（特别生）：金商龙；二年级（正式生）：沈金根；一年级(正式生):田恩池、石钟庆、盛澄世、薛景炘、陈颂福。

《民国日报》1925 年 9 月 5 日

**各学校消息汇记·上海大学**

该大学已发出通告,十日开学,十七日上课,学生务于开学前到校。中学师已于昨四日开学,原拟七日上课,兹因七日为辛丑条约国纪念日,即停课一天,准八日起正式授课。闻该校拟十五、十六日续招生一次。

《民国日报》1925 年 9 月 8 日

**来函**

启者:敝校因校址被外兵占领,故于宋园新建校舍,业已迭志各报。鄙等受于右任先生之委托,募集经费为建筑之用。前抵镇江,深得各界赞助,除检查劣货会慨助二百元外,另由商学两界要人受册代募。前见贵报镇江通信一则,内载募得二百余元,援助工人等语均非事实,特请更正。嗣后关于此项消息当随时函告,以免讹误。

上海大学代表吴卓斋、仇培之

《新闻报》1925 年 9 月 8 日

**上海大学于校长抵沪**

上海大学原定在宋公园建筑之校舍,因一时不克告成,现已租定临时校舍于闸北青云路先行开学外,该校校长于右任氏原在北京,近以进行该校新校舍事,拨冗南下,已于前日抵沪。该校前途,颇可乐观。

《申报》1925 年 9 月 10 日

**上海大学暨附中续招女男生**

(一)班次:(甲)大学部文艺院中国文学系、英国文学系及社会科学院社会学系一年级新生,二、三年级插班生;(乙)附属中学部高中及初中一年级新生,二、三年级插班生。(二)报名:及最近四云寸半身照片、试验费二元,随带毕业文凭或证书,于九月十四日以前向上海闸北青云路青云桥本校学务处报名。(三)考试日期:九月十五、六日连试两日。(四)考试科目、投考手续及其他均详载招考简章。函索简章附邮票二分。

校长于右任

《申报》1925 年 9 月 11 日

**上海大学章程出版**

本埠上海大学自租赁临时校舍于闸北青云路,已于十日开学。学务、总务两处,对内部之改进,不遗余力。现闻该校章程于最高行政机关行政委员会重加修改后,刻已出版,并另印有现任职教员一览表附内。凡函索者只需附邮票四分,即行寄阅。

《民国日报》1925 年 9 月 16 日

### 孙为雨君今日放洋留学

孙君为雨,安徽凤阳人,系安徽省立第五师范毕业,后卒业于上海大学美术科。曾任本省第三师范暨第六中学教员,学术优良,志愿深宏。现由该县各界呈请省长、教育厅立案,以该县公费选送赴日留学,俾将来回国造福桑梓。准定今日东渡云。

《申报》1925年9月18日

### 上海大学录取新生布告

大学部　中国文学系四年级(正式生):黄万成;一年级(正式生):董之琳,(试读生):骆霖、荣益珍、刘庆云,(特别生):温光熹。英文学系二年级(特别生):邓越;一年级(试读生):陆奇。社会学系三年级(特别生):施锐;一年级(正式生):秦邦宪、许适诚、彭瑞初,(试读生):高瑞岚、王作正、王粟一、施建中,(特别生):张鸿宾、刘荣福。

《民国日报》1925年9月20日

### 上海大学建筑校舍募捐委员会启事

本校募捐期限原定于九月底截止,现因建筑计划略有变更,募捐期限不得不稍为延迟时日。兹经本会议决,延至十二月底截止。特此通告。

《申报》1925年10月1日

### 上海大学组织爱美剧团

上大学生鉴于沪上剧团林立,而欲求一真纯艺术表现的剧团却百不得其一,故该校前日一部分喜好艺术的学生,特发起一爱美的剧团,现加入该团者,已有五十余人。闻定于本月八号(即星期四)下午四时,借座社会系第二教室开正式成立大会,并请该校戏剧教授演说,且讨论试演日期及一切进行事宜云云。

《申报》1925年10月8日

### 涟社上海分社开常会

涟社上海分社昨假上海大学开常年大会,到者除本社社员外,并敦请同乡嵇矞青先生讲演。讲毕即票选孙羲、潘鸿藻、薛震、王启元、朱仰庵为执行委员,马树成、朱延桓为候补委员,议决十月三十前出版《醒涟》,社员投稿须在二十前寄交上大孙羲云。

《申报》1925年10月11日

### 上大剧团成立会

上大剧团消息,已志前报。兹悉该团于八号开正式大会。到会者有五十余人。先由主席报告宗旨,次由各名人相继演说,皆略谓戏剧乃有声有色之文学,与人生、与社会均有密切之关系。演说后,即讨论会章,并议决自下星期起每晚七时至九时在社二教室实行练习。至正式开演期,约在两星期后云云。

《申报》1925年10月11日

## 上大发起文友社

上大中国文学系三年级学生曹雪松及一年级学生陈仲谟等人,今日发起一文友社,内部分研究与出版二项。研究部每星期开会一次,讨论近代文艺思潮,及批评各种文艺刊物。出版部先发行一种创作的文艺周刊,将来与书局接约妥洽后,即当发行一种文学季刊,且拟出版种种丛书云。

《申报》1925年10月11日

## 双十国庆纪念补记·学界

上海大学学生会上午九时召集全体大会,纪念双十节,并请高语罕、杨贤江、彭述之、韩觉民诸先生讲说,到会者数百人。会场中悬孙中山先生及该校同校黄仁、何秉彝两烈士遗像,绕以花圈,下设讲坛及记录席,布置极为完整。主席报告,略谓我们今天开会是纪念我们的革命先烈,现在民国十四年了,革命尚未成功,所以我们今天并不是纪念革命的成功,实在是纪念革命的开端。今天又是本校同学黄仁烈士惨毙的周年纪念日,我们全体同学也应当特别纪念他。继由全体同学向中山先生及黄、何两烈士遗像行三鞠躬礼。礼毕,由高语罕先生讲演,略谓今天的双十节即是我们的革命节,从前辛亥革命时,有许多青年学生参加,可以说辛亥革命是我们青年学生的热血造成的,但是那时尚有几个错误的观念,到了五四运动,学生的思想乃大进步,今年的五卅运动,则更有数十万工人农民一致的做反帝国主义的运动,这实在是中国民族运动的觉醒,我们现在应该是为救国而求学,不要像祖基及蒲里识诺夫的读死书,毫不做实际运动。继由杨贤江先生讲演,略谓我们今天开这个纪念会,是因为从辛亥年的今天,才有革命二字发生,我们应该把这个光荣的纪念去宣传,使民众都能懂得他的意义,我们现在应该自己决定一个目标,向革命的路上走。韩觉民先生讲演,略谓现在民国已十四年了,民众还在压迫之下,所以我们今天不是纪念节,应该叫作警告节,把全国民众都警告起来,做国民革命,中国才有希望。后由彭述之先生讲演,略谓上大的历史虽然很短,但它却做了五卅运动的主力军,所以它与五四运动的北大有同样的光荣,现在应该怎样继续这已往的光荣,就是要大家努力去研究革命的科学,做革命运动。讲演毕,十二时散会。

《民国日报》1925年10月12日

## 各学校消息汇纪·上海大学

该校广东同学会自上学期成立,对于会务进行甚力。是日开第二届大会,欢迎新同学,改选职员。前日双十节该会亦开会庆祝,除演讲辛亥革命史互相激励外,并有茶点音乐助兴。

《民国日报》1925年10月13日

## 《民众》第三期出版

本埠民众社曾出版《民众》半月刊一种,现第三期已于十月十七日出版。要目有《赤色帝国主义》《最近之俄罗斯与意大利》《上海各工会被封以后》《答醒狮周报问》。每册大洋二分,预定全年连邮四角。通信购买为上海大学毛尹若转,代售处为上海西门方斜路出版合作社及本埠各大书坊。

《申报》1925年10月18日

**上大剧团近讯**

上大剧团本定上星期一开会,兹因是日罢课游行,故改上星期二午后五时在社二教室开会,讨论一切进行事宜及试演的剧本问题。到会者,除旧团员外,有新加入之同学十余人。先由主席报告数日来所经过之筹备情形;次由全体团员讨论剧本问题,议决趣剧为赵景深先生在最近《小说月报》上所发表之《天鹅》,并请其为导演;正剧为文学研究会丛书《山河泪》,并请该校教授田汉为导演,闻该剧颇富有革命精神云云。

《申报》1925年10月18日

**上海大学湘社成立**

本埠上海大学之湘籍教职员学生有上大湘社之组织,其宗旨为联络乡谊,切磋学术,促进桑梓文化。于前十六夕开成立大会,到社员三十余人,来宾百数十人。其开会秩序,冗长不便备记,除通过章程、选举职员外,该社社员田汉、李季诸君,均有极警辟之演说,并有来宾游艺社员游艺多种,及梅兰芳《天女散花》等电影以助余兴,直至十一时始尽欢而散。该社共有执行委员十五人,分总务、出版、交际、研究、游艺等五部。闻其成立后第一种工作,即为筹备出版刊物。

《时报》1925年10月18日

**昨日闸北之市民大会**

上海学生联合会、上海工人代表会、全国学生总会、反帝国主义大同盟等团体所发起之上海市民大会,昨日下午在闸北天通庵路止园对面空场内举行,到会人数达八万余。散会后,并经宝兴路、宝山路作大规模之游行。会中议决一通电。演讲人数甚众,其主旨则在反对沪案重查、反对关税会议、启封爱国团体,尤注重于组织国民自卫军。游行至共和路时,群众有要求自行启封总工会,浙军郝营长已允转呈孙督办核办,并表示爱国团体,此后自当尽保护扶植。兹将昨日所得详情,汇志如下:

会场之布置。会场在天通庵路止园对面空场内,空场甚大,约可容十余万人。场之中央有用方桌搭成之主席台一处,其旁并有自由演讲台,以备到会者自由演讲之用。门首由总工会纠察队及闸北保卫团多名到会维持秩序。

会前之自由演讲。未开会前,到会团体如上海大学学生会及各工会,均派人在演讲台自由演讲。计演讲者有傅冠雄、韩光权、陈竹山、贺威圣等十余人,各人均慷慨激昂,听者鼓掌不绝。其意则谓前此上海市民因反对沪案重查,在西门公共体育场曾召集大会一次,奈以奉系军阀之压迫,未得盛大群众之参加,故有今日之会。吾人从今日起,应一致继续爱国运动,并启封爱国团体云云。

到会之团体及人数。到会团体甚众,工会方面计有浦东日华纱厂工会、内外棉纱厂工会、喜和工会、上海蛋厂工人联合会、广帮木业工会、锯木工会、中华工业厂工会、商务印书馆工会、中华书局工会、印刷总工会、上海县工会、上海工人代表会、公共租界电车工会、电话工会、木器总工会、隆茂工会、上海总工会各办事处、大英烟厂工会、厚生纱厂工会、祥生铁路工会、沪西油厂工人联合会、白礼氏洋烛厂工会、洋琴工会等八十余工会。学生方面，则有上海大学、大厦大学、法政大学、春申大学、文治大学、江南学院、清心中学、景平女中、上海大学附中等三十余学校学生会，连各界市民络续到会者，总计约达八万余人。

《申报》1925年10月19日

## 上大社会科学研究会

上海大学社会科学研究会念一日开本学期第一届大会，到会员一百余人。主席高尔柏报告上学期经过情形后，即修改章程，选举新执行委员，武思茂、高尔柏、李宇超、詹至圣、汤有光五人当选。继由指导员李季讲演，略谓中国人现在研究社会科学最缺乏的是一种逻辑，是一种辩证逻辑，我们应用辩论逻辑，来研究社会科学云云。该会研究大纲载于章程者凡八条，至于本学期之进行计划，将由新执行委员会详细规定后施行云。兹将研究大纲录下：（一）研究之对象——偏重于现实问题。（二）研究之组织——研究分全体与分组两种。（三）研究之结果——由编辑委员审察以便汇刊。（四）讲演——分两种，一为请会外有研究人讲演，一为会员讲演。（五）互相辩论——委员会提出题目，会员自由认定正反两组辩论。（六）互相讨论——委员会提出题目，会员用书面自由发表意见。（七）调查报告分组调查现象加以研究。（八）读书报告——计分两种，一是由会中指定某部书在相当时期内研究完毕，将读书心得作笔记或读书录报告会中，二是会员自由读书之批评报告会中。

《民国日报》1925年10月23日

## 上海大学举行三周纪念

上海大学以昨日为该校成立之三周纪念日，于昨今两日完前给假，以资纪念。并闻昨日上午该校并召集全体学生，在校举行纪念会。除敦请教授演讲外，并表演各种游艺，晚间且演新剧助兴。

《民国日报》1925年10月24日

## 上海大学举行三周纪念

上海大学以昨日为该校成立之三周纪念日，于昨、今两日完全给假，以资纪念。并闻昨日上午，该校并召集全体学生在校举行纪念会，除敦请教授演讲外，并表演各种游艺。晚间且演新剧，以助兴趣云。

《新闻报》1925年10月24日

## 上海大学举行三周纪念

上海大学以昨日为该校成立之三周纪念日，于昨、今两日完全给假，以资纪念。并闻昨日上午，该校并召集全体学生在校举行纪念会，除敦请教授演讲外，并表演各种游艺。晚间且演新剧，以助兴趣云。

《时报》1925年10月24日

### 上大湖北同乡会开会

昨日开会,到会员二十余人,韩福民主席。首讨论章程,次改选职员,当选者刘移山、张先梅、刘庆云、郑仲谟、韩福民等五人。又闻该会为研究学术改造乡梓起见,决定发行刊物,拟与汉口江声报馆接洽,每月出版二次,在该报副刊发表。

《民国日报》1925年10月27日

### 上大附中

该校此季由教会学校转来男女学生颇多,上星期日该生等联名发起非基督同盟征求会。廿八日下午成立,通过简章,选举五人为执行委员办理一切事宜。

《民国日报》1925年10月30日

### 上大附中非基督教同盟成立会

上海大学此季由教会学校转来男女学生颇多,上星期日该生等联名发起非基督教同盟,征求会员,同学加入者,亦形踊跃。并悉该同盟已于日前(二十八日)下午开成立大会,通过简章,选举五人为执行委员,办理一切事宜,不日将发表宣言云。

《申报》1925年10月31日

### 五卅死难烈士之哀音

上海学生联合会昨接有何秉彝君之父自四川寄来一书,读之甚为惨痛,特照录如下:

具呈人何秉彝之生父何元聪,为沪案久悬,尸棺未归,墓地无着,泣恳维持事,缘聪子秉彝,被英捕枪杀殒命,聪迭睹示谕,静候政府办理,不敢稍违。乃迄今半载,外人借口司法调查,当事者,逍遥法外。渗胞母镂铄暮年,痛孙心切,经聪劝导无效,竟于九月二十八日逝世,即此丧事,又多一层浩费。愈形无着,又阅报载上海交涉署组织外交委员会,函知被害人家属,迅即到会报告一切。因此不敢稍迟,即派小子庸康、胞侄少文、即日起程来沪。尚望诸公多方设法,俾得早事丧葬,以慰□念,无任盼祷。

何元聪
十月二十日
《民国日报》1925年11月3日

### 上大非基督教同盟会成立

本埠上海大学所组织之非基督教同盟,六日午后七时举行成立大会,到会人数三百五十余人。主席饶漱石宣告开会,并报告宗旨,梁郁华报告筹备经过。次通过章程及宣言,并选举职员,结果饶漱石、韩光汉、赵全权、刘汉钦、孙金镜五人为该会执行委员,马英、张文斐为候补委员。次由高语罕、恽代英、杨贤江、萧楚女诸先生讲演。十时余散会。

《民国日报》1925年11月8日

### 上大非基督教同盟大会成立

本埠上海大学所组织之非基督教同盟,于本月六日午后七时,在该校举行成立大会,到会人数三百五十余人。首由主席饶漱石宣告开会,并报告开会宗旨,梁郁华报告筹备经过情形;次通过章程及宣言,并选举职员,结果饶漱石、韩光汉、赵全权、刘汉钦、孙金镜五人为该会执行委员,马英、张文斐为候补委员;次由高语罕、恽代英、杨贤江、萧楚女诸先生讲演。延至十时余始行散会。

《时报》1925年11月9日

**上大台州同学会成立**

该会在数日前开成立会,通过简章,选出职员。并议决:(一)讲演:每周二人轮流讲演,讲题由演员自由命题;(二)编辑:暂发行月刊,将来于能力充裕时改为半月刊或周刊,定名《台州评论》,不日出版;(三)调查:责成调查员限半月内调查台州旅沪学界人数,预备组织台州旅沪同学会。

《申报》1925年11月16日

**上大台州同学会成立**

该会在数日前开成立大会,通过简章,选出职员,并议决:(1)每周二人轮流讲演,讲题由演员自由命题;(2)编辑、暂发行月刊,将来于能力充裕时,改为半月刊或周刊,定名《台州评论》,不日可出版;(3)调查、责成调查员限半月内调查台州旅沪学界人数,预备组织台州旅沪学会,为大规模之运动云。

《时报》1925年11月16日

**社会科学会进行计划**

上海大学社会科学研究会于日前开全体大会,高尔柏主席,讨论该会执行委员会所拟定之本学期进行大纲,议决下列各项:

(一)会期。本学期拟定开会十二次,以十二星期计算,每星期开会一次。(此外关于各种纪念会等,由委员会临时筹备召集)

(二)会期分配。请人演讲六次,互相辩论三次,互相讨论二次,轮流举行。(如讲演一次,辩论一次,讲演一次,讨论一次)

(三)社会现象调查。由委员会指定五人为社会科学研究会社会现象调查委员会委员,管理本会会员社会现象调查事宜,并以"上海市之第四阶级"为调查之对象,详细调查方法由调查委员协同指导员规定、执行委员通过后施行,调查时并协同学校方面共同办理。

(四)读书报告。由委员会指定三人为社会科学研究会读书委员会委员,管理本会会员读书报告事宜。至于读什么书、怎样读法,由读书委员协同指导员规定,执行委员会通过后施行。

(五)会员讲演。除上定之十二次会期外,会员讲演期由各会员先将所拟讲之题目报告委员会,由委员会编定次序分组举行。

又闻该会定于本月十六日开讲演会,请刘仁静君演讲云。

《申报》1925年11月17日

### 上大社会科学研究会之进行

上海大学社会科学研究会,日前开全体大会,讨论该会执行委员会所拟定之本学期进行大纲,议决下列各项:一,会期。本学期拟定开会十二次,以十二星期计算,每星期开会一次,此外关于各种纪念会等由委员会临时筹备召集。二,会期分配。请人讲演六次,互相辩论三次,互相讨论二次,轮流举行,如讲演一次辩论一次讲演一次。三,社会现象调查。由委员会指定五人为社会科学研究会社会现象调查委员会委员,管理本会会员会现象调查事宜,并以上海市之第四阶级为调查之对象,详细调查方法由调查委员协同指导员定之,执行委员通过后施行,调查时协同学校方面共同办理。四,读书报告。由委员会指定三人为社会科学研究会读书委员会委员,管理本会会员读书报告事宜,至于读什么书,怎样读法,由读书委员协同指导员规定,执行委员会通过后施行。五,会员讲演。除上定之十三次会期外,会员讲演期由各会员先将所拟讲之题目报告委员会,由委员会编定次序分组举行。

《民国日报》1925 年 11 月 17 日

### 上大湘社援助湘学界

本埠上海大学湖南同乡所组织之上大湘社,因最近长沙学生界发生极大不幸事件,昨晚召集执行委员会紧急会议。议决援助长沙学生办法九条,其致湘赵及湖南学生联合会两电于下:(一)长沙赵省长鉴:集会、言论自由,省宪明文规定,九日拘捕学生,大拂舆情,望速释放,并容纳所提要求以平众忿。上海大学湘社(翰)。(二)湖南学联会鉴:泰变悉,愤慨同深,正联络旅沪同乡誓为后盾,特先电慰,望努力奋斗。上海大学湘社(翰)。

《民国日报》1925 年 11 月 18 日

### 上大社会系成立同学会

上海大学社会学系第一届同学会,于昨日上午十时在该级教室开成立会,到者全级同学四十余人,公推朱义权为主席。首由主席报告组织同学会之趣旨及筹备经过;次通过章程十条,并推举朱义权为总务部主任,马峻山为文书,杨国辅为会计,施味辛为研究部主任,高尔柏为讲演,韩福民为调查,李春鏵为出版部主任,陈伟天为编辑,薛成章为发行,朱义权、李春鏵、王振猷为出席本校各系代表会议代表。并议决:(一)本学期内出版会刊一册;(二)本星期日下午六时在某菜馆举行联欢聚餐会云。

《新闻报》1925 年 11 月 18 日

### 上大剧团公开表演

上大剧团自成立以来,一切事宜均积极进行。前该校开三周纪念大会,曾加入表现。近闻定于本星期日(二十二号)七时在该校作第二次之公演,剧本为《可怜闺里月》,曹雪松君饰女主角婉仙,陈怀璞君饰婉仙之夫。该剧团为绝对公开起见,不用入场券,无论何人,均欢迎参观云。

《申报》1925 年 11 月 19 日

## 游艺界

上大剧团,成立以来,成绩卓著。前该校开三周纪念大会,加入表现,颇得观众赞誉。近闻该剧团定本月二十二日(即本星期日)晚七时在该校作正式第一次之公演,剧本为《可怜闺里月》。

《民国日报》1925 年 11 月 19 日

## 上大台州同学会成立

上海大学台州同学会已于数日前开成立大会,通过简章,选出职员,并议决:(一)演讲,每周二人轮流讲演,讲题由演员自由命题;(二)编辑,暂发行月刊,将来于能力充裕时,改为半月刊或周刊,定名《台州评论》;(三)调查,责成调查员限半月内调查台州旅沪学界人数,预备组织台州旅沪学会,为大规模之运动云云。

《新闻报》1925 年 11 月 19 日

## 艺术界消息

上大剧团成立以来,成绩卓著。前该校开三周纪念大会,曾加入表现,颇得观众之赞誉。近闻该剧团定于本月二十二日(即本星期日)晚七时,在该校作第二次之公演,剧本为《可怜闺里月》。饰女主角婉仙者,为诗人兼新文学家曹雪松君;饰男主角亚夫者,为陈怀璞君。该剧团为绝对公开起见,不用入场券,无论何人均欢迎参观云。(辉清)

《时报》1925 年 11 月 19 日

## 上大附中济难会分部之成立会

上大附中昨日(十八日)晚上七时,在该校大教室开济难会分部成立大会。校内外会员到会者约二百余人。首由主席报告开会宗旨及总会代表报告组织法;次由萧朴生、华鄂扬、萧楚女诸先生相继演说;末选举委员,结果选得吕全真、朱怀德、俞昌准、王心恒、沈群仙、邹慧珊、胡警红、徐德有、唐棣华、樊警吾等十人为干事会委员,周文在、瞿江、姚丽文、陈彭、张际镛等五人为审查会委员,袁文新、江锦维、周慎梓等三人为儿童团委员云。

《申报》1925 年 11 月 20 日

## 中山主义研究会之成立

上海大学张效翼等所发起之中山主义研究会,于昨晚七时开成立大会,到会员二百余人。首由发起人代表张君报告经过情形,并推举高尔柏为主席;次即讨论章程、选举职员,高尔柏、马凌山、崔小立、江士祥、吴稽天五君当选为执行委员,张效翼、胡警红两君为候补。后即由国民党上海执行部宣传部代表刘重民,四川中法大学校长吴玉章,上海大学教授萧楚女、施存统四君讲演。萧楚女讲替中山先生及国民党伸冤,因为中山先生与国民党都被人误指为赤化。施存统以为现在须找求一个真正的中山主义云。

《申报》1925 年 11 月 21 日

### 各学校消息汇纪·上大中山主义研究会成立

上海大学自张效异等发起中山主义研究会后,先后加入该会者约二百人。昨晚七时开成立大会,到会员及旁听者共百余人。首由发起人代表张君报告经过情形,并推举高尔柏为主席;次即讨论发起人所拟定章程,略加修改通过,公推高尔柏、马凌山、崔小立、江士祥、吴稽天五君为执行委员,张效异、胡警红两君为候补。

《民国日报》1925 年 11 月 21 日

### 各学校消息汇纪·上大浙江同乡会近闻

闸北上海大学浙江同乡会,前日举行常会,到新旧会员一百余人,由上届委员长朱义权主席,报告半年之经过。继由各股长报告会务进行及账目。次选举,当举出张崇德、孔令俊、潘枫涂、崔小立、孙乃铨、韩光汉、干翔青等为执行委员,施建中、全世凯、潘怀、孔令俊、王心恒等为调查委员,王宇春、干翔青等讲演委员,王正丁、戴邦定、张崇德等为出版委员。最后余兴由会员表演双簧新剧火棍等游艺。次日执行委员会成立,选出张崇德为委员长,并发一切国内战争告浙江人民书云。

《民国日报》1925 年 11 月 26 日

### 上大浙江同乡会新职员

上海大学浙江同乡会成立已二年,日前该会举行常会,计到新旧会员一百余人。由上届委员长朱义权主席,报告半年之经过。继由各股长报告会务进行状况及账目,次选举,当举出张崇德、孔令俊、潘枫淦、崔小立、孙乃铨、韩光汉、干翔青等为执行委员,施建中、余世凯、潘怀、孔令俊、王心恒等为调查委员,王宇春、干翔青等为讲演委员,王正厂、戴邦定、张崇德等为出版委员。最后余兴,由会员表演新剧、火棍等游艺。次日执行委员会成立,选出张崇德为委员长。

《申报》1925 年 11 月 27 日

### 昨日五卅半周纪念纪

开会时之情形。昨日为五卅惨案半周年纪念,全国学生总会、上海学生联合会、各界妇女联合会、上海市民协会、上海反帝国主义大同盟等团体,发起假西门公共体育场开会纪念。下午一时许到会者纷至,群入会场。警厅闻讯,突派警察二十余名到场,把守右首大门,准出不准入。经市民方面屡向解释,谓今日乃五卅半周纪念,开会演讲乃人民之自由。要求入场无效,两学生会乃派陈、叶两君至戒严司令部恳请准予集会,时已二时许,赴会者愈聚愈多,计有各校学生、各工会工人及其他市民一万余人。时有各界妇女联合会会员三百余人亦执旗集会。众闻不准集会均大愤,群至左边一小木门,将门冲破,蜂拥而入,一时欢呼之声大起。把守大门之警察闻声赶至,意欲加以拦阻,经被劝阻,幸免冲突。群众既俱入场,即宣布开会。一面推出代表与在场警官谈话,说明今日开会之意义,并要求保护。会场内当由阮仲一主席报告,谓六月前正当五卅惨案发生之际,奉系驻沪军队以戒严为名,禁止人民集会。今戒严已经取消,而阻止集会犹如昔日,人民之自由剥夺如此,此到会同胞所应深思者。但我人民仍当继续爱国运动,并为表示爱国决心起见,今日应举行游行。次齐呼口号：(一)继续爱国运动；(二)启封爱国团体；(三)无条件关税自主；(四)无条件收回海关；(五)废除一切不平等条约；(六)打倒段政府；(七)解除奉系武装；(八)拥护北京国民行政委员会；(九)废除苛税苛法；(十)还我人民自由。继通过两通电，一致北京国民行政委员会，一致南京孙总司令。后为演讲，萧初遇略谓，今日正国民肉搏血斗之时，我全国同胞应继续五月卅日诸先烈流血之精神，奋起应战，夺还政权，实现真正的民主政治。郑观松略谓，北京举行之关税会议，乃军阀政客之关税会议，我人民绝对否认。唯有决然宣布关税自主，收回海关。李女士略谓，军阀亦人民之敌，欲求人民之真正自由，非打倒军阀政治不可。张君谓，据报载北京政局起绝大变化，北京市民组织国民行政委员会，此乃吾人民实现民主政治之唯一机会，我全国人民应为此奋斗，而绝对拥戴。此时场上散发各种传单及大会特别号外。演讲毕，再呼口号如前，至三时半散会游行。文治大学先行，继以各工会及各学校及其他市民。自会场排队出发，经西大吉路、民国路，沿途大呼口号，工人中有高呼救济失业工人者。至小东门，复全体停止，高呼口号，乃散。时已四时半矣。

开会前之波折。昨日下午二时，西门外公共体育场开五卅烈士追悼大会，事前未曾报告警厅。为淞沪戒严司令部查悉，特饬警厅禁止。彼处为二区总署辖境，经孟署长立派李巡官带领长警二十名，协同淞沪游巡第二队邹队长及巡官魏洁忱等，到场解散，阻止入内。各工团工人见大门严密看守，遂转向西南隅，将小门撞破，一拥而入。李巡官赶往阻止，时已不及。众工人群起不服，声势汹涌，李巡官见势不佳，深恐发生事端，急电二区孟署长到场，与临时主席面商办法，一面飞报戒严司令部维持保护。旋奉戒严司令从宽允许，始得正式开会。计到各工团、各学校约一千余人，由主席报告开会宗旨，分发印刷品，高唱国歌，行三鞠躬追悼礼。即于三时整队出发游行，经西林路、中华路、民国路，进大东门，至老西门散队，秩序尚佳。

警厅之照料。代理淞沪警察厅长江政卿，昨据二区警察署长报告，今日有工厂联合会男女工人联络学生等，在该管境内西门外一带集合游行之举，径达城内外各处等情，当饬所属一、二两区并该属各分驻所，各派长警，分投在各要口弹压外，又拨派本厅保安、游巡等队，由队长督率队士，在民国路、中华路等华法接壤之区妥为照料。

到会之团体。文治大学、上海大学、上海大学附中、清心中学、商务印书馆工会、杨树浦培林蛋厂工会、中华第一针织厂工会、各界妇女联合会、喜和工会、杨树浦工人代表会、老怡和纱厂工会、上海五卅爱国失业工人团、申新工厂工会、浦东第一平民学校、印刷总工会、上海济生会、瑞镕铁厂运输部、上海木器总工会、上海市民协会、上海学生联合会、全国学生联合会、反帝国主义大同盟、各团体联合会、上海电话工会、旭社、平民导社、上海店员联合会。

发表之文件。(一)市民大会特别号外；(二)致北京国民行政委员会电；(三)致孙传芳电以及各种传单。文长不备录。

《申报》1925年11月30日

## 上大女同学会演讲练习会成立

昨日下午七时，上大女同学会在该校开演讲练习会成立大会。到会会员三十余人，来宾百余人，七时主席宣布开会：（一）主席报告开会宗旨；（二）修改细则；（三）施存统、萧楚女、陈望道诸君演讲；（四）茶点；（五）余兴，分英文歌、跳舞、京戏、汉调老渔翁、学习交际舞、概古吟、昆曲、火棍十种。十时半散会。

《申报》1925 年 12 月 3 日

**上大女同学会消息**

  昨日下午七时，上大女同学会在该校开演讲练习会成立大会，到会员三十余人，来宾百余人。一、主席报告开会宗旨。大意谓女子数千年来过非人的生活，做男子的附属品，做家庭中的奴隶。现在女子已经觉悟了，知道自己是个人，是个和男子同样的人，所以自己要团结起来，谋自身的解放；同时女子也是外受各国帝国主义的压迫，内受各系军阀的摧残，所以我们女子也应与男子同样的有起来革命、共负改造社会的责任，我们的女同学会便负有此种使命。演讲练习会为要练习口才、对外宣传的预备，出外演讲，唤醒一般未觉悟的女同胞，使得大家团结，共同起来革命。二、修改细则。三、演讲。四、茶点。五、余兴。十时半散会。

《民国日报》1925 年 12 月 3 日

**上大附中之新团体**

  上大附中国民革命青年团，于日昨下午三时开成立大会，莅会者男女团员六十余人。首由主席报告开会宗旨；报告毕由萧楚女先生演讲；末通过简章，选举委员，结果邹慧珊、姚丽文、高国文、周文在、覃泽汉五人为执行委员，胡警红、朱怀德两人为候补委员。

《申报》1925 年 12 月 5 日

**昨日之闸北市民大会·到会之团体**

  有全国学生总会、中国济难会、上海学生联合会、各界妇女联合会、上海市民协会、上海反帝国主义大同盟、上海市民演讲团、上海非基督教同盟、同济医科大学、亚东医科大学、东亚同文书院、国民大学、景贤女中、景平女学、神州女学、上海大学、上海大学附中、宏才大学、复旦大学、艺徒学校、杨树浦平民学校、引翔港平民学校、尚公学校、中国国民党江苏省党部、金银工会、五卅爱国失业工人团、崇信工会、东华纱厂工会、上海运输总工会、上海纱厂总工会、上海印刷总工会、上海铁厂总工会、上海木器总工会、上海总工会、杨树浦大康工会、缫丝厂工会、内外棉工会、班达蛋厂工会、商务印书馆工会、公共租界电车工会、工部局电气处工会、喜和工会、老怡和工会、新怡和工会、浦东隆茂工会、申新工会、丰田工会、公益工会、祥生铁厂工会、同兴纱厂工会、洋琴工会、培林工会、沪东工人代表会、中华第一针织厂工会、海员工会、海员工会驳船部、厚生纱厂工会、中华书局工会、华通太古码头工会、上海大学附设平民学校、店员联合会、平民导社、韩国少年团等一百余团体。

《申报》1925 年 12 月 7 日

## 呈请保释刘华之不准

淞沪戒严司令部昨批上海大学学生四川同乡会长张效翼、陈伯华呈请保释刘华由,呈悉,查此案系工部局与引渡本部讯办之件,该生等自应静候军法处讯明核办,所请保释一节,未便照准。此批。

《申报》1925年12月10日

## 旅沪山东学生会开会

旅沪山东学生会前日下午一时在上海大学开全体大会,首由主席张耘报告及委员会报告,次讨论:(一)改选职员,按章程规定各校自行改选;(二)会费仍照上学期办法;(三)研究假借本会名义出席旅沪鲁团体事项;(四)整顿会务,各校应另组织本校同乡团体以辅大会进行。五时散会。

《民国日报》1925年12月10日

## 留沪台湾学生组联合会

自马关条约成立后,我同胞之侨寓台湾者,已三十余年未与吾国通音问矣。迩者该地青年思念祖国心切,而归国求学者渐多,其在上海之学生数约有二百余人。前季曾由各校学生发起组织台湾学生联合会,借与吾国联络感情。嗣以五卅案发生,进口中断。迨本季复由大夏大学、上海大学、国民大学、南方大学、亚东医大、南洋高商、南光中学等七校之台湾学生继续进行。于本月六日,经开筹备会,磋商一切。拟定本月二十日(星期日)下午一时,假大夏大学开成立大会。

《申报》1925年12月17日

## 被捕学生判今日日领研讯

前日下午,普陀路捕房派出中西探捕,在小沙渡、宜昌路、西苏州路等处,拘拿沿途散发激烈言词传单之学生,已志昨报。兹悉所拘学生共计有十七名,属于上海大学者七名,为女生沈方中,男生孙金鉴、张天明、萧琴笙、周庆白、向大、李云;属于大夏大学者四名,为曹子仁(即趾仁)、蒲克敏、李善宝、党伯弧,属于国民大学者六名,为来一大(即来燕堂)、殷伯恒、王心恒、年正国、金国光、郭习芝等,昨晨连同传单,并解公共公廨。由关谳员会同英马副领事,升座第一庭审讯,而到堂旁听之学生男女,计有十余人。据工部局刑事科代表梅特兰律师上堂译称,控告被告等在普陀路捕房辖境内,分发传单,扰乱治安。该传单内容均系反对日本人之事,请求将此案改由日本领事堂期讯理云云。中西官磋商后,谕被告等各交二百元保,候(今晨)日领堂期研讯。

《申报》1925年12月19日

## 无锡·警察所查封锡社之反响

无锡县公署日前奉省令内开,据锡人彭鼎勋呈称,本邑"锡社"为共产党机关,始为青年学生组合,旋有共产党徒安剑平等加入,宣传过激主义,推翻家庭,灭绝理教。其刊布之《无锡评论》立论尤为背谬,请求饬县查封,拘提该社首领安剑平,从严究办,并其出版物一律销毁云云。饬即查明究办。杨知事奉令除将原文抄录,令行锡社外,并转令警察所查明核办。警察所长宋镇涛奉令,立派法警高子光前往该社发封,并将印存之《无锡评论》销毁。惟该社平时仅假县议会为通信机关,并无其他会所,因是实无从查封。至安剑平系上海大学学生,刻在上海,亦无法拘捕。而该社自奉到县署训令后,以彭鼎勋所控各节,完全出于捏词诬蔑,特分呈省长、县公署警察所,以类于匿名诬陷,请求拘提原告彭鼎勋到案质讯,以明真相。查锡社系旅外学子及邑中青年所组织,为民众团体之一,成立于上年一月。曾拟具章程呈准官厅立案,其宗旨以改良社会、研究学术,曾举行学术演讲多次,所延者皆一时名流,开办平民学校,成绩亦佳,其发行之《无锡评论》,于邑事多所指摘,一以真理为归,绝不袒护。再近出版之两期,尤为人所注意。而原告彭鼎勋,历查全邑选民册中,并无其人,或系出于反对者之中伤。

《申报》1925 年 12 月 20 日

### 廖仲恺追悼会纪

本埠国民党第一区党部昨日假青云路上海大学开廖仲恺先生追悼大会,到者全体党员及来宾约近千人。会场中悬廖公遗像及各区分部挽联多副,到会者并各赠《廖公不死》小册子一本。兹录其开会秩序如下:(一)读总理遗嘱。(二)向廖同志遗像致敬,静默五分钟。(三)主席宣开会词。(四)报告廖公事略。(五)恽代英演说,次由韩人金日耀君演说而散。

《申报》1925 年 12 月 22 日

### 刘华生死未明

昨日上午,有杨树浦引翔港、浦东、小沙渡、曹家渡等处各工会代表,如内外棉、丰田、嘉和、日华、新老怡和、东方公益等纱厂,祥生、瑞镕等铁厂,以及上海码头总工会、印刷总工会、邮电总工会、失业工人团体等纷纷到戒严司令部询问刘华生死,并谓如已枪毙,请即宣布罪状,将尸体交给工人,以便择日安葬。司令部否认此事,答称刘华现在军法处羁押(在上海县公署)。代表等又群往军法处质询,而该处则云未有此人。各代表以不得要领而返。(国民社)

《民国日报》1925 年 12 月 24 日

### 中国国民党第二次全国代表大会各省区代表公鉴

中央执行委员会屡电,决于十五年一月一日开第二次全国代表大会,各省区代表来沪者,望速领旅费赴粤开会。所有领旅费事请到闸北青云路上海大学恽代英同志处接洽。

中国国民党江苏省党部<br>《申报》1925 年 12 月 28 日

### 聘请速记干事

接中国国民党第二次全国代表大会秘书处来电,需即在沪聘速记干事二三人,月薪八十元(以一月半为期),来往川资另奉。如有娴熟"速记术"人才愿就聘者,请到闸北青云路上海大学向恽代英接洽。

恽代英
《申报》1925年12月28日

**团体消息·上海大学募捐队赴粤**
上海大学自西摩路校舍被封、迁入临时校舍以后,即积极筹备自建校舍。闻现已觅定地点,一俟各地捐款收齐,即预备开工。兹更由该校建筑校舍募捐委员会组织募捐队,赴粤募捐,其内容分文书、会计、宣传、交际四组,已于昨晚搭新华轮船起程矣。

《申报》1925年12月29日

**上海大学募捐队赴粤**
上海大学自西摩路校舍被封,迁入临时校舍以后,积极筹备自建校舍。闻现已觅定地点,俟各地捐款收齐,即预备开工。兹更由该校建筑校舍募捐委员会,组织募捐队,赴粤募捐,其内容分文书、会计、宣传、交际四组,已于昨晚搭新华轮船起程矣。

《新闻报》1925年12月29日

**上海大学募捐队赴粤**
上海大学自西摩路校舍被封,迁入临时校舍以后,即积极筹备自建校舍。闻现已觅定地点,一俟各地捐款收齐,即预备开工。兹更由该校建筑校舍募捐委员会,组织募捐队,赴粤募捐,其内容分文书、会计、宣传、交际四组。已于昨晚搭新华轮船起程。

《时报》1925年12月29日

**何秉彝烈士遗体今日回川**
五卅死难烈士何秉彝之灵柩,久停沪上,其家属曾允许全川学生联合会及外交后援会等各团体,请将何烈士灵柩运回成都,由全川人民举行公墓,早已派人来沪,并与各公团接洽一切。兹闻所有搬丧事宜,业已完竣,且定今日起运回川,谅沪上各公团届时定有一番追悼。

《申报》1925年12月30日

**团体消息·上大剧团第三次公演**
上大剧团成立以来,一切事宜努力进行。前次公演《可怜闺里月》一剧,颇得时人之赞赏。兹闻该剧团定于阳历元旦作第三次之公演,剧名《孔雀东南飞》,曹雪松君饰女主角兰芝,丁丁君饰其姑季香,陈庆瀚君饰男主角焦仲卿。并有歌剧《葡萄柚子》及各种游艺。该剧团绝对公开,参观者一律欢迎云。

《申报》1925年12月30日

**何秉彝遗体今日回川**
五卅死难烈士何秉彝之灵棺,久停沪上,其家属曾允许全川学生联合会及外交后援会等各团体请将何烈士灵棺运回成都,由全川人民举行公墓,早已派人来沪,并与各公团接洽一切。兹闻所有搬丧事宜业已回竣,且定今日起运回川,谅沪上公团届时定有一番追悼云。

《民国日报》1925 年 12 月 30 日

**何秉彝烈士遗体改期运川**

五卅死难烈士何秉彝之灵柩,前经其家属何庸康、何少文决定于昨日搭吉庆轮运回原籍四川。后因各项布置,尚未就绪,已决定改搭于元旦开驶重庆之蜀兴轮,运往四川。闻本埠各界妇女联合会、学生总会、学生联合会、总工会等团体,均赠送祭葬挽联,并拟派代表前往亲送上轮,以表敬仰爱国先烈之忱云。

《申报》1925 年 12 月 31 日

**何秉彝遗体改期回川**

五卅死难烈士何秉彝之灵柩,前经其家属何庸康、何少文决定于昨日搭吉庆轮运回原籍四川。后因各项布置,尚未就绪,已决定改搭于元旦开驶重庆之蜀兴轮,运往四川。闻本埠各界妇女联合会、学生总会、学生联合会、总工会等团体,均赠送祭葬挽联,并拟派代表前往亲送上轮,以表敬仰爱国先烈之忱云。(国闻社)

《民国日报》1925 年 12 月 31 日

# 1926 年

**上海大学建筑校舍募捐委员会启事**

本校募捐期限原定于十二月底截止,因受时局影响,所发出之捐册多不能如期收回。现经本会决定,延至民国十五年三月底截止。特此通告。

《申报》1926 年 1 月 1 日

**使团发表沪案重查后文件(续)·英委员高兰之报告节略**

一、骚乱之由来及其性质。据委员意见,调查本案目光须察及本日经过以外,又须辨别激动爆发之原由,及使华人心中发生该项状态致有爆发可能之原由。工部局总董费信惇(及他人?)虽称事前固知华人中有某种情形及原因存在,足令其心中发生不满意及排外感情,但亦颇骇华人感情之热烈。至该项情形及原因:(一)国家政治状况之不定,人民因内乱所受之痛苦。(二)华人在工部局未有代表。(三)收回会审公廨问题。(四)工部局管理租界外所筑马路事。(五)撤废治外法权及取消不平等条约事。格兰医生于陈述证辞时称,五月三十日在南京路中有学生给伊传单一纸,内有对于某项附律之抗议。此项附律,即曾拟于一九二五年六月二日提出纳税人会议者。(子)印刷品,(丑)码头捐,(寅)工厂内童工。以上各原因为私人及报纸上评论之目标。此外于费信惇、天赐德、麦高云及奇文斯之证辞中并称,过激党人曾纷纷从事于激起工人心中之恶感,尤以上海大学之学生及教员活动最甚。于是一九二四年十二月内某某日厂内发生罢工风潮数次,致双方感情极恶,而于财产方面亦有巨大之损失。厂内日雇员数人因此受伤,其中一人因伤毙命。(未完)

《申报》1926 年 1 月 3 日

**上海大学暨附属中学招插班生**

大学部:文艺院中国文学系一、二、三年级,英文学系一、二、三年级,社会科学院社会学系一、二、三年级;附属中学:高级中学一年级,初级中学一、二、三年级。

考试日期:第一次一月廿一、廿二日,第二次二月廿六、廿七日。

报名:第一次自一月一日起至一月二十日止,第二次自一月廿五日起至二月廿五日止。

函索章程:详章附邮票六分,简章附邮票一分。

报名地址：上海闸北青云路本校。

校长于右任<br>《申报》1926 年 1 月 3 日

**上海大学暨附属中学招插班生**

大学部：文艺院中国文学系一、二、三年级，英文学系一、二、三年级，社会科学院社会学系一、二、三年级；附属中学：高级中学一年级，初级中学一、二、三年级。

考试日期：第一次一月廿一、廿二日，第二次二月廿六、廿七日。

报名：第一次自一月一日起至一月二十日止，第二次自一月廿五日起至二月廿五日止。

函索章程：详章附邮票六分，简章附邮票一分。

报名地址：上海闸北青云路本校。

校长于右任<br>《民国日报》1926 年 1 月 3 日

**国民党上海特别市党部成立大会**

本埠国民党各区党部联席会，自接中央执行委员会委任从速组织正式市党部文电后，即会同中央特派筹备员恽代英、张廷灏、刘重民等，着力办理。至前月三十日，各区部之市代表之复选手续，已办理就绪。该会特于元旦日，假上海大学开特别市部成立大会。到会代表：第一区党部十五人，第二区党部十一人，第三区党部十四人，第四区党部九人，第五区党部二人，第六区党部七人，第七区党部六人，第八区党部九人，第九区党部九人，合各区党部联席会代表共八十一人。兹录其开会秩序如下：（一）读总理遗嘱。（二）主席恽代英报告筹备经过情形。（三）选举执行委员。当选者为张廷灏、恽代英、沈雁冰、张君谋、杨贤江、杨之华、林钧、王汉良、陈杏林，候补陈比难、沈百先、徐梅坤、顾谷宜、洪鼎，监察委员韩觉民、张永和、梅电龙，候补邓通伟、潘作民、任雷军。（四）议决事项：（甲）扩大《中国国民》篇幅，且不仅载本党消息，而为代表国民之新闻纸，同时移交正式市党部办理。（乙）本市拥护西山会议之各党部，令其声明，否则按照纪律，分别处罚。（丙）要求第二次全国代表大会开除西山会议之首领林森、邹鲁、谢持，并分别惩戒其他参与之党员。（丁）组织三民主义研究会。（戊）由大会名义警告上海孙文主义学会。（己）要求全国代表大会，请照总理政策，解决党内纠纷。（庚）电勉国民军领袖。（辛）发表市党部宣言。（五）摄影散会。

又讯：国民党上海特别市出席全国第二次代表大会代表，已于前月三十日开票，当选者为沈雁冰、吴开先、恽代英、张廷灏、洪鼎、蒋宗文，候补刘绍先。后以蒋宗文因事不克赴粤，以刘绍先递补。该代表等拟于今年头班轮赴粤与会。

《申报》1926 年 1 月 4 日

**学生被控之讯结　分别罚洋开释**

普陀路捕房前于阳历十二月十七日下午四时半，在西苏州路、宜昌路、东京路等处拘获学生十七名，抄出传单两种，一系反对日本出兵满洲者，一为援助同兴纱厂之工人者，解由公共公廨，谕各交三十元保候讯，已志本报。昨晨陆襄谳会同日副领事长冈君，特开第三庭研鞫。女生沈方中，男生孙金鉴、李宝善、金国光、郭习芝五名，临讯不到，所存保洋，奉判充公。其余张天明、萧琴笙、李云、周庆昌、向上、曹子仁、蒲克敏、党伯弧、来一大、殷伯恒、王心恒、牟正国十二名均到案。先由中日探捕上堂禀明拘获各生情形，将抄出之两种传单呈案请察。继由四十五号西探上堂，禀明各生被拘后，有数人初皆供系大夏大学学生，嗣经调查实系上海大学学生，而传单则均称系学生联合会交给散发云云。质之各生，除牟正国供被拘时，身畔并无传单外，余均称传单系学生联合会送到学校，着令散发，故取而藏诸身畔，但并未散发等语。旋由被告代表江一平律师辩护，略谓捕房控告被告：（一）散发传单，（二）沿途演说，（三）以学生资格不应干预政治会议，（四）不于开会之前报告捕房。查所控二、三、四三案，并无证据证明，应请注销。其散发传单一案，查该项传单，一系反对日本出兵，此点已成为事实，该生等不过向国人报告。至关于同兴纱厂案之传单，言词虽有失实及误会之处，然各生已供明并未散发，应请从宽云云。捕房代表律师称，被告身畔既有传单，实有分发意思，而学生联合会为政治团体，亦应取缔云云。问官即退入休息室，磋商之下，升座宣判：张天明、萧琴笙、周庆昌、曹子仁等，违犯治安警察法第十二条，以学生资格加入政谈集会，应各罚洋五元；李云、向上、蒲克敏、党伯弧、来一大、殷伯恒、王心恒等，亦以学生资格加入政谈集会，惟情节较轻，应各罚洋三元；牟正国无罪开释。其余诉案讯无证据，应予注销，传单等均予没收。

《申报》1926年1月5日

### 学生被控案判结

普陀路捕房于十二月十七号下午四时半，在西苏州路、宜昌路、东京路等处拘获学生十七名，抄出传单两种。一系反对日本出兵满洲，一为援同兴纱厂工人，解廨谕各交三十元保候讯各情，已志本报。昨晨由陆襄谳会同日副领事长冈君特开第三庭研讯，女生沈方中，男生孙金鉴、李宝善、金国光、郭习芝等五名均临讯不到，官判将五人保洋充公。其余张天明、萧琴笙、李云、周庆昌、向上、曹子仁、蒲克敏、党伯弧、来一大、殷伯恒、王心恒、牟正国等十二名则皆到案。先由中日探捕相继上堂禀明拘获各生情形，将抄出之两种传单呈案请察，继由四十五号西探投案禀明各学生被捕后，有数人初皆供称大夏大学学生，嗣经查明实系上海大学学生，而传单均称系学生联合会交给散发等词。质之各生，除牟正国供被拘时身畔并无传单外，余均称该项传单系学生联合会送到学校着令散发，故取而藏于身畔，并未分发。旋据被告代表江一平律师辩称，捕房控告被告：（一）散发传单、（二）沿途演说、（三）以学生资格不应干预政治会议、（四）不于开会之前报告捕房。查所控二、三、四三案，并无证据证明，应请注销；至散发传单一项，该传单一系反对日本出兵，此已成为事实，该生等不过报告国人；至关于同兴纱厂一案之传单，言词虽有失实及误会之处，然各生已供明并未散发，应请从宽云云。捕房代表律师译称，被告身畔既有传单，实有分发意思，而学生联合会为政治团体，亦应取缔等语。问官即退入休息室，磋商良久。升座宣判张天明、萧琴笙、周庆昌、曹子仁等违犯治安警察法第十二条，以学生资格加入政谈集会，应各罚洋五元；李云、向上、蒲克敏、党伯弧、来一大、殷伯恒、王心恒等亦以学生资格加入政谈集会，惟情节较轻，应各罚洋三元；牟正国无罪释放，其余诉案讯无证据,应予注销,传单等均予没收。

《民国日报》1926年1月5日

**上大丙寅级会之同乐会**

上海大学丙寅(中文系四年)级于前日星期四曾开临时会一次,当推周学文君主席,其开会要项:(一)改组级会委员。(二)讨论明年本级课程之增减。(三)讨论校内应行改良之点,向学校要求。(四)本级将届毕业,对于明年课程应如何组织协进。结果,改组产出之新委员为王振华、陈荫南、周学文、蒋抱一、吴卓斋等五人,又候补委员陈子英、黄让之二人,又临时提议主张将年终大会改为同乐会,并购茶点,全体聚乐,以资团结而重感情。经通过后,规定星期四(一月六号)下午七时举行。预定开会秩序如下:(一)致开会辞;(二)主席报告宗旨;(三)讲演;(四)茶话讨论、动议;(五)京调;(六)自动游戏;(七)唱歌;(八)散会。

《申报》1926年1月7日

**教育消息·专电·广州**

上海大学募捐团八人,江(三日)抵省,现与团长邵力子等磋商,向各界接洽办法。(五日下午十钟)

《申报》1926年1月9日

**中国济难会游艺大会欢迎各界**

(甲)时间:一月十七日下午一时至六时。(乙)地点:北四川路中央大会堂。(丙)内容:(一)名人演讲;(二)唱歌(上大附中、启贤公学、沪北公学女生部);(三)钢琴独奏(上海艺术大学韩荷生、任广福两君);(四)大套琵琶(复旦大学程午嘉君);(五)双簧(明星公司演员郑小秋、张敏吾两君,沪北公学甘衡伯、李则仁两君);(六)跳舞(景平女学);(七)四簧——葡萄仙子(复旦实验中学济难分会);(八)歌剧——月明之夜(启学公学分会);(九)国乐(复旦大学);(十)七姊妹游花园(启贤公学);(十一)新剧——获虎之夜(上海艺术大学及第二师范);(十二)火棍(上大分会项富春女士);(十三)新剧——孤单(复旦中学)。(丁)票价楼上一元,楼下五角。(戊)售票处各学校、各济难会分会、小北门上海书店、棋盘街民智书局、宝山路宝山书店、北四川路微微六司、天通庵路三丰里三十一号中国济难会。

中国济难会筹备委员会、上海大学中国济难会分会、复旦中学中国济难会分会、文治大学中国济难会分会、上海艺术大学中国济难会分会、中华艺术大学济难会分会、启贤公学中国济难会儿童团、东亚同文书院中国济难会分会、复旦大学中国济难会分会、上海大学附中中国济难会分会、东华大学中国济难会分会暨上海各界各团体济难会同人启。

《申报》1926年1月15日

**上海大学暨附属中学招插班生**

大学部:文艺院中国文学系一、二、三年级,英文学系一、二、三年级,社会科学院社会学系一、二、三年级;附属中学:高级中学一年级,初级中学一、二、三年级。

考试日期:第一次一月廿一、廿二日,第二次二月廿六、廿七日。

报名:第一次自一月一日起至一月二十日止,第二次自一月廿五日起至二月廿五日止。

函索章程:详章附邮票六分,简章附邮票一分。

报名地址:上海闸北青云路本校。

校长于右任

《申报》1926年1月15日

## 上大附中各团体联欢会纪

十三日下午七时,上海大学附属中学各团体联欢会开会,主席报告联欢会组织之经过及意义。学生会、教职员会、国民革命青年团、济难会、非基督教同盟、济难会儿童团各代表报告本学期工作情形及将来之计划,讨论学校行政及各团体进行事宜,选举各团体留沪办事之特别委员,阮仲一、杨贤江、叶楚女演讲。末茶点余兴而散。

《申报》1926年1月16日

## 昨日各团体代表大会纪

国民通讯社云:上海各团体联合会昨日上午十时,召集各团体代表举行代表大会,到上海学生联合会、全国学生总会、上海总工会、中国济难会、各界妇女联合会、国民党上海特别市党部、江苏省党部、非基督教大同盟、海员工会、教职员救国同志会、宁波旅沪同学会、星社、上海市民宣讲团、老怡和工会、商务印书馆工会、琼崖新青年社、上海大学学生会、社会科学研究会、中华工会、公益工会、绢丝工会、邮务公会、学行励进会、复旦中学学生会、内外棉工会、清心中学学生会、大夏新少年社、四川青年社、中国青年导社、沪南市政改进会、景平女学、悟悟社等一百余团体,代表二百余人。推学总会代表李硕勋主席,刘荣简纪录。首由主席报告开会宗旨,次讨论对付时局方法。当议决:(一)以代表大会名义,请求原有之国民会议促成会即时恢复,并于最短期内召集大会、举行改选。该促成会恢复后,应即通告全国各地,说明恢复组织之意义,为望各地一致继起。(二)追认上次执行委员会议决案,对时局发表宣言,主张:(甲)继续反奉战争;(乙)驱逐段祺瑞;(丙)反对奉直联合;(丁)与广州国民政府国民军及其他接近民众之武力,共同组织委员制之临时中央政府;(三)对刘华惨杀案,由本日大会到会各团体署名,发表宣言,响应丁晓先等之人权宣言。(四)发一通电致全世界,宣布对付时局之主张。(五)临时提议,大夏大学发生风潮,本会应援助案,议决:(甲)派代表慰问被压迫学生;(乙)发表宣言;(丙)致函警告学校当局;(丁)慰勉该校学生,劝其坚持到底。散会时由全体起立,静默三分钟,表示对刘华烈士之哀悼。

《申报》1926年1月18日

## 何秉彝遗体明日运川 今日有各公团之追悼

五卅死难烈士何秉彝遗体运川公葬各项手续在元旦日未曾完竣,故致延期,现已与由沪直航川江之昌大轮交涉妥当,并于今日由何君家属到闸北蜀商公所将遗体搬至南市大通码头先行安放,以待上大学生会、上海学生联合会、全体学总会、上海各界妇女联合会等团体追悼后,即于明日午前四钟起运返川。又何秉彝家属致谢各团体函云:

此次家兄秉彝死难五卅,屡蒙各团体追悼呼吁,先将遗体停放于闸北蜀商公所,现由国民二军捐助,得以于明日午前四钟运柩回川,行期在即,特此铭谢。

家属代表何少文、何庸康同启<br>一月十七号

《申报》1926 年 1 月 18 日

### 何秉彝遗体运川　今日各团体之追悼

五卅殉难烈士何秉彝遗体运川公葬,各项手续,在元旦日未曾完竣,故致延期。现已与由沪直航川江之昌大轮交涉妥当,并于今日由何君家属到闸北蜀商公所,将遗体搬至南京大通码头先行安放,以待上大学生会、上海学生联合会、全国学总会、上海各界妇女联合会等团体追悼后,即于明日午前四钟起运返川。何秉彝家属致谢各团体函云:

此次家兄秉彝死于五卅,屡蒙各团体追悼呼吁,先将遗体特放于闸北蜀商公所,现由国民二军捐助,得以于明日午前四钟运棺回川。行期在即,特此敬谢。

家属代表何少文、何庸康同启<br>二月十七号

《民国日报》1926 年 1 月 18 日

### 上海大学来函

贵报今日本埠栏载,中国济难会救恤周水平事,周水平名可注,有原名刚直,前任上海大学教授等语,查本大学历年教授中,并无周水平或周刚直其人。所载实系传闻之误,请即更正为感。

上海大学<br>一月二十二日

《申报》1926 年 1 月 23 日

### 上海大学来函

贵报今日本埠栏载中国济难会救恤周水平事。周水平名可注,有原名刚直,前任上海大学教授等语。查本大学历年教授中并无周水平或周刚直其人,所载实系传闻之误。请即从实更正为感。专此即颂撰祺。

上海大学<br>一月二十二日

《民国日报》1926 年 1 月 23 日

### 来函

贵报今日本埠栏,载"中国济难会救恤周水平事,周水平,原名刚直,前任上海大学教

授"等语,查本大学历年教授中,并无周水平或周刚直其人,所载实系传闻之误,请即更正为感。

上海大学

《时报》1926年1月23日

**各团体拥护人权保障宣言之宣言**

上海各团体昨日发表拥护丁晓先等人权保障宣言之宣言,为录如次:

吾中国法纪之荡然,盖至今日而已极矣。拥兵握权者,日日以电报争其私利,莫不藉口曰,某也毁法,某也违法。然而为此言者,则无人不肆无忌惮,为其所欲为。举凡动兵、作战、委官、立法、征徭、赋敛、定罪、杀人,一皆高下在心,欲于何时为之,便何时为之,欲如何为之,便如何为之。始皇专制,尚于事先布有"偶语弃市"之条文,秦桧杀岳飞,亦尚有"莫须有"三字之罪名。乃最近淞沪戒严司令部枪毙刘华,竟并"莫须有"三字亦不见宣布,半夜月黑,秘密执行于营房之中。匪惟瞒人,实并被杀者亦不自知其将为冤鬼。呜呼!此其黑暗,盖不啻暗示吾人,已有一大恐怖时代压迫吾人而来。呜呼!其真所谓乱世之民,贱于蝼蚁,等于草菅也哉。当刘华之在公共租界被捕也,上海各报均曾揭载云,租界当局系徇中国官厅之请,而刘华之罪,则系因彼曾于五卅运动时,数次在闸北等处,以激烈言词,鼓动人心。此项新闻记事,直至今日刘华被秘密枪毙之讯宣传后,迄今未见当局若何之声明与否认。夫五卅运动者,对外争国家存亡之运动也。所谓"激烈言词"者,又至无界限可以准确为定者也,即令确有刘华在五卅时以激烈言词鼓动人心之证据,然此不过爱国行为,何得成为犯罪,更何得即执行死刑。据法论理,已属违法非法,何况刘华被捕时,固为一久病未痊之"非现行犯",乃更不经正式审判,既无犯罪证据,又无一语借词,又无一字宣布,其果犯何罪,遂于半夜秘室中执行枪毙,即在袁世凯氏暗无天日之"惩治盗匪条例"亦尚须于执行之,出一告示,宣布该匪、该盗曾抢某人、窃某物。刘华以爱国而犯罪,竟并盗匪在法律上所应享之保障亦不可得。呜呼!今后吾四万万中国人尚有何地可以措其手足,尚敢自信其不被弁髦法纪者无端捕杀乎?中国者受帝国主义压迫欺凌无所不至之国家也,吾人苟有良心,随时可以激起吾人爱国抗外之言行,然而爱国同胞刘华,则竟以参与五卅抗外触犯帝国主义者之盛怒而受秘密枪毙矣,然则吾人今后,唯有俯首帖耳,敬听外人宰割,以至于亡国灭种而后已耳。尚何言哉!尚何言哉!此端既开,恶风斯渐。刘华已矣,更不能起彼于鬼籍中而复活之,特以吾人日处恐怖世界,自身已于任何时可以为刘华耳。人权之保障不立,吾人尚可一日生活乎?前此丁晓先先生等所宣言提出之四条保障人权最低限度要求,吾人认为实系吾四万万中国人争生存之起码点,亦为现在黑暗社会中之空谷足音。凡我同胞,均应一致兴起,仗义拥护,必以达到此四条最低要求为目的,敝团等誓率全体群众以为此人权保障运动之后盾,海枯石烂,此志不移,谨此宣言。

上海各界妇女联合会、全国学生联合会总会、四川青年社、国民党江苏省党部、合作社、上海总工会、上海学生联合会、上海反帝国主义大同盟、东方纱厂工会、国民党上海市党部妇女部、琼崖新青年社、国民党上海特别市党部、东华大学学生会、三民主义学会、上海码头总工会、上海大学非基督教同盟、东华三民主义学会、务本女校、上海青年社、杨树浦码头第一分会、老怡和纱厂工会、商务印书馆工会、杨树浦恒丰纱厂工会、中国青年导社、陕西青年社、神州女学、浦东祥生铁厂工会、上海学生公民教育研究会、浦东同华纱厂工会、印刷总工会、上海大学台属同学会、学行励进会上海分会、浦东第一平民学校学生会、景贤女校、海员公会、陕西共进社、上海地方团、岭南学社、大夏大学附中、中国女子体育学校、上海大学女同学会、大夏大学海门旅沪学会、大夏大学闽南学会、景平女学、杨树浦纱厂工会、东西同文书馆、中华学生会、杨树浦中华纱厂工会、中国济难会、上海大学学生会、上海大学三民主义研究会、大夏大学新少年社、文治大学学生会、文治大学非基督教同盟、上海大学济难会、文治大学济难会、宁波旅沪同学会、四川同乡刘华雪冤会、文治大学附中非基督教同盟、上海大学附中济难分会、国民革命青年团、商务工会、上海非基督教大同盟、上海市民宣讲团、广州持平通讯社、大夏大学女同学会、内外棉车工厂工会、十二厂工会、同兴纱厂工会、复旦中学学生会、公茂纱厂工会、中华第一纱厂工会、复旦中学非基督教同盟、绍兴旅沪工商学会、进社、复旦中学青年社、十五厂工会、十三厂工会、复旦中学真社、瑞镕运输部工会、溥益工会、厚生工会、申新一厂工会、上海大康工会、国民党上海二区党部、中华职业学校职业市理教联合会、大夏大学退出本校学生会同学联合会、上海大学附中非基督教同盟、星社、上海新国民社、国民大学济难分会、上大附学生会等一百三十余团体叩。（负责者上海各团体联合会）

《申报》1926年1月24日

**上大广西同学**

上大广西同学会，现以广西当局恢复银行发行纸币之事，关系桑梓，非常重大，曾召集二次大会讨论，议决通电反对，立推起草员三人，不日即行发表。

《民国日报》1926年1月28日

**反日出兵行动委员会昨日成立**

昨日下午二时，上海反对日本出兵行动委员会召集各团体代表举行成立大会。到全国学生总会、上海学生联合会、上海各界妇女联合会、上海总工会、中国济难会、四川青年社、文治大学学生会、复旦中学学生会、景贤女子中学校、东华大学学生会、河南青年学社、老怡和工会、中国青年导社、商务印书馆工会、市民宣讲团、印刷总工会第六工会、国民党江苏省党部、上海市民协会、金银工会、祥生铁厂工会、中山主义研究会、艺术大学学生会、杨树浦第一第二平民学校、共进社上海地方团、广东青年社、大夏大学、岭南学社、曹家渡公益工会、中华工会、振泰工会、喜和工会、印刷总工会、非基督教大同盟等一百余团体，代表雷振锡、何澄薪、李瑞生、李硕勋、余泽鸿、钟复光、萧林生等二百余人，推杨之华主席。首由主席报告开会宗旨，略谓此次日本帝国主义进兵满洲，助援奉张，致使国内政局发生大变动。刻下日兵虽已撤退，而其所种之祸根，则已根深蒂固。故本会特在今日召集成立大会，以便扩大反日运动之宣传云云。次通过简章、通电，再次选举委员。结果选出全国学生总会、上海学生联合会、上海各界妇女联合会、上海总工会、中国国民党上海特别市党部、中国国民党江苏省党部、中国济难会七团体为执行委员，星社、上海印刷总工会、中国国民党上海特别市第一区党部、中山主义研究会、上海大学社会科学研究会五团体为候补执行委员。复次议决要案如下：（一）联合全国各地反日行动委员会一致进行；（二）主张厉行对日经济绝交；（三）执行前次反对日本出兵市民大会所有一切议决案件；（四）通电日本人民，申述日本帝国主义出兵满洲之暴行；（五）参加二七纪念筹备会。议毕散会。

《申报》1926年2月3日

**上海大学在粤募款**

上大附中主任侯绍裘君，此次由江苏派往出席国民党二次大会，该校募捐队亦同时赴粤募捐。举侯及该校代理校长邵力子君、教授高语罕君为队长。前日侯君回申，该校询以募捐成绩，据云极可乐观。广州国民政府汪主席任名誉团长，总工会重要职员、前该校总务主任邓中夏君亦任团长，统一广东各界联合会等百余团体，组织一援助上大募捐团，发表宣言，并愿与以实际上之援助。初向全国代表大会各代表劝募，当场捐集三千余元，海外代表尤为热心。港侨回粤恳亲团到广州，亦向之捐募。此外，又向各军及黄埔等各军校、广州政界、学界、商界等劝募，各有其本机关中人为之介绍，并由统一广东各界联合会介绍于全省各县知事，请其负责劝募，各县知事亦均表示愿任。又特派募捐团一部团员，分头赴汕头及梧州二处。至对于广州一般市民，则出售徽章，由工会、农民协会、学联会等全体动员出外兜售。以上各办法，截至侯君离粤之日，均尚未结束。惟据侯君估计，大约此行直接间接募得之款，当不下十万元之谱云。

《新闻报》1926年2月4日

**沪案重查三国委员报告全文·英国委员戈兰之报告**

荷兰公使阁下，余以委员会英国委员受命调查：（一）一九二五年五月三十日上海风潮之起源及性质，（二）有无预料发生之理由存在，（三）制止风潮所已取或可取之先事措置，（四）弹压之方法，及（五）致死受伤之环境。敬谨报告如下：（一）余首先愿表惋憾，委员会行使所负职责时，上海中国社会无人出相助理。委员会曾以十月三日通知载入上海发行或流通之华洋报纸，将调查之范围通告公众，并邀请一切人士，不问国籍，如持有关于受命调查事项之事实，出头作证。（二）委员会第一次公开会议于十一月七日星期三举行，当时宣讲通告，决定调查应取之程序，并载有下列言词："本委员会所不得不表示者，希望有人出面为必要之助力，使本委员会得自致于圆满完成所负职责之地位。"（三）委员会即改期至十月十日星期一上午十时，自此时起，除星期六及星期日外，继续公开会议，至十月二十七日止。出席作证者，共证人四十一人，所录证言见附录一，证言中所引文件见附录二，附录三为会审公廨关于五卅事件之人等审讯记录，附录四为老闸捕房邻近发生事故处之地图。委员会以为无权使证人宣誓，故所录证言均未宣誓。（四）以事实言，除一华捕外，中国社会无人作证。自环境观之，此项拒绝出席，本无足异。中国商会继续数日间，在地方华洋报纸登启事，请中国社会人士勿参加此次调查，其余教育、商业、记者、各团体亦取同样行动。中国报纸从而赞助之，而曾举行抗议之集会、种种进行之报告屡见于中国报纸，强硬反对委员会事务之小册子，亦复广为散布。（五）调查之范围，未尝直接包括上海工部局之组织及权限，但为辅助明了地方情形计，通常性质之若干观察,当其有益。(六)工部局在中国领域上行政,系由上海外国租界地皮章程及附律赋以权限,此项章程附律行已多年,历有修改。此区域内人口约一百万人,工部局所有收入在一百万镑以上。(七)在上海之人民为系属于有治外法权国所从法律,即系其本国法律,法律之执行,亦即由其本国治外法权之法庭,其本国无此项权利者,或中国市民所通用之法律为中国法律,由会审公廨执行之。(八)依第一号地皮章程,关于行政委员会或董事会(所谓工部局董事会)之选举设有规定,此项章程赋与工部局之权限中,有视察或警察权,工部局所以建设并管理现存之巡捕并为租界安宁秩序之处置者,即依此项权限而然。又因其代表地方团体,故得拟定其赋有任何地方团体所必有之权力,直接或由其他机关如工部局者,代为保持其行政所及区划内安宁秩序之处置。(九)关于上海外国租界地位当重视者尚有一事,租界四围均为中国领土所环绕,所划界线并非天然界线,除黄浦江外均仅横断土地之线,由四围地域出入租界,无天然或人设之障碍物。工部局巡捕通常仅在其行政区域内执务,有时并仅在租界外工部局所属马路上执务。此项情形,极属有限。且因犯罪人得由租界移入华界,亦得由华界移入租界,又因中国警察与工部局巡捕缺乏合作而租界上之警务益加困难,此项合作之缺乏,对于遏止(与弹压不同)租界内之扰乱,其起因在租界外者,必大增困难,是故显明之事也。(十)余现拟论及委员会受命调查之事项,一依本报告开首所列之节目"风潮之起因及性质"。(十一)为形成一九二五年五月三十日事件起源及性质之意见计,以余所见,察及该日经过以外,实为重要。且于激动爆发之原因与使华人心中发生该项状态致令爆发为可能之原因加以分别,亦所必需。(十二)据工部局董事会主席费信惇及董事里满陈述,彼在事前虽已知中国人民之间已有某种条件及原因存在,足使其心中发生不满及排外感情者有如下述,但在五卅事件发生后,彼等以及其他在沪外人,亦颇骇中国人心中所激起感情之热烈,前项条件及原因者何:(A)国内政治状况之不定及人民因内乱所受之痛苦;(B)华人在工部局未出代表;(C)收回会审公廨问题;(D)工部局管理租界外所筑马路之事;(E)撤废治外法权及取消不平等条约之问题。(十三)克兰博士陈述证言时,谓五月三十日在南京路有学生与以传单,内有对于某项附律之提议,此项附律,即拟于一九二五年六月二日提出纳税人会议关于下列事项者:(A)印刷规则;(B)码头捐;(C)工厂内童工。此项附律引起中国各界之强烈反对,中国商会在五卅以前数日间,曾登全页广告于报纸以反对其发布,工部局董事天赐德亦谓,据彼意见,通过此项附律之提议,激动中国人心排外之感情。(十四)此项原因为报纸及私人所聚讼。除此以外,由费信惇、天赐德、麦高云及总捕头纪温士之证言中,足见布党党徒从事于激起劳工阶级心中之恶感甚为忙碌。有学校名上海大学者,学生及讲师关于此事尤为活动,该校校舍曾经两次搜查,获有辩护布尔雪维主义之书籍多种,于此应述者,关系五卅案件之人,被逮送究于会审公廨者,其中十八人皆系上海大学学生也。(十五)一九二四年十二月某某日本纱厂内屡次罢工,罢工之中曾表见双方最大之恶感,且依内外棉纱厂冈田氏及丰田纱厂经理正木氏证言,财产上之损失亦复不小。日本雇工颇有受伤,其中一人因伤致死。内外纱厂风潮在表面上系由于经济原因,但丰田纱厂风潮,则劳工方面对于雇佣条件并未有何等非难。内外纱厂位于租界之内,所有风潮以五月十五日为最烈,其时巡捕及他人开枪射击罢工工人,受伤者若干,其中一人名顾正红,于五月十七日致死。(十六)依总捕头纪温士证言,学生多以个人对于激发纱厂罢工居主要地位,但顾氏之死始使学生为团体运动。一九二五年五月二十四日在闸北举行追悼会。闸北系在华界,居租界之西北。追悼会中有著名共产党人及某某中国大学有关系者之演说,同时下午十二时五十分,上海大学学生组织游行约四十人,从上海大学门首前往追悼会,游行者执旗并散发有排日性质之小册子,均被拘押,其中四人并以散发小册子起诉处罚。五月二十七日,学生三十二人代表二十个学校开会于同德医学校,该校住于莫干山路廿二号,会议结果,决定如二十四日被捕学生至五月卅日尚未释放,即应取释放彼等之办法,并决定以演说及散发传单援助日本纱厂罢工工人。(十七)当五月卅日上午,老闸区内并无非常事件发生,该区当时以至今日,系由爱活生捕头管辖。爱氏为一有经验之官员,自一九零六年七月即入上海市巡捕房任事,五月三十日前半日中,学生活动之唯一表现,即为下午一时,有一集团在沪宁车站内集会,该车站系在租界之外,学生等持有旗帜甚多并嘲骂界路上执务之巡捕。(十八)五月三十日,爱活生所率部众有三百十八人,其中二十五人为西捕,六十五人为印捕,二百二十七人为华捕,其中全日内实行执务者约三分之一,此外三分之二非受明令即得自由随宜从事。巡捕均系武装,老闸捕房内有马枪六十六支(303口径)、手枪四十八支(45口径)、手枪八支(32口径)、轮根手枪十支(45口径),并有各枪子弹一万零二百二十发。(十九)五月三十日上午自十时起至下午一时止,爱活生捕头方从事发薪与所属中印巡捕,爱氏并谓,嗣后前往办公室查阅公文簿册,即注意及总巡于十二时一刻所发之传播各处之消息。因老闸捕房住居各捕房区域中间,彼谓当时并不以为此项消息,遂加特别执务于其身,但不过有使其下午内不离职守之意而已。(二十)爱活生第一次闻其所辖区内发生扰乱,系下午一时五十五分,时有二五四号华捕报告南京路劳合路口有一集会,虽经命其解散,仍不解散。爱活生捕头偕副捕头枭斯威尔及上述华捕与在办公室内召集之巡捕数人前往该处,见有群众在人行路上,学生中一人方在演说,其余则持旗并散发传单,全下午内继续散发,皆系排外口吻,尤属排日,查阅第四号文件译语即可明了。(附录二十)(二十一)爱活生及所率巡捕,见演说皆系排日口吻,旗上文字亦皆排日并排外性质,遂捕学生四人送至老闸捕房,尚有学生十八人跟随至此。爱活生在办公室内曾与学生谈话,指示彼等谓未经工部局允许而在租界内集会,系属非法,意欲理喻,如彼等愿出并拟释放使出,彼等拒绝出外。爱活生告以将拘留之,此项学生应以中国暂行刑律第二百二十一条所定危及公共秩序之行为,及民国三年十二月四日公布之出版法第十一条二款起诉。而跟随被捕四人之学生十八人者,非与被捕者偕,即不出外,故亦拘留。此种事件毕后,依爱活生捕头之言,为时已达下午二时一刻或二十分矣。(二十二)依其一己所见并依其所得报告,谓南京路及附近继续有演说及集会之事,爱活生捕头乃令鸣警钟,其结果有西捕五人、印捕十六人、华捕十二三人前来相助。约在此时,爱捕头又以电话致总巡,但未能接通,以故于下午二时三十分,派三道头塔布隆报告情事于代理总巡马丁大尉。时马丁方在游戏场球戏,塔布隆告马丁,谓事甚顺手,爱活生捕头已召集所需之诸人。(二十三)其时巡捕等各奉爱活生捕头之命,分巡南京路各处,此时群众人数虽多,爱活生心中并无认为有风潮危及公安之意。约下午三时,巡捕司蒂芬巡查之后,带有中国学生二人至老闸捕房并报告爱活生捕头,谓因彼等参与南京路西藏路口之集会,故逮捕之,彼曾为二人以外之学生若干人踢倒,并谓彼等曾有欲夺其手枪之举,依巡捕等之证言,有五十人至一百人跟随被捕学生入办公室内。(二十四)此事以后数分钟内,南京路情形如何,有性质颇堪注意之证言可据。总巡于下午一时十五分离租界往江湾俱乐部午餐,该处系在租界以外。下午三时以后片刻,归途过南京路往跑马厅,有二友偕行,一为麦凯尔,一为威斯顿,三人皆称此时南京路上唯有寻常星期六下午之人众,并谓以群众人数及行动论,并无足资特别注意之事。为证实此言起见,曾传唤一人名为布里雷作证。据称,彼于下午三时二十分路过跑马厅,其时盖在总巡到此后约五分或十分钟,彼见跑马厅门口之老闸捕房街道清净,捕房东首亦然。及彼既到浙江路,该处群众因大批传单散发于众人而聚集。(二十五)总巡既到跑马厅,即打电话于爱活生捕头,约在三时十五分顷接通,爱氏报告学生扰乱情形,谓已拘押多人,办公室内现有五十人并请训示,以为处置。总巡初命爱氏训示开释,及闻其中有人曾殴巡捕,总巡乃命拘押殴击巡捕者,而释其余。总巡询爱氏辖区之状况并问人数敷用否,爱氏答称敷用。余未见证据中有使余决定爱活生捕头答总巡语,以其当时所知之事实而论,果系全无理由。(未完)

《申报》1926年2月19日

### 上海各学校招考表(胡敬贤)

海上一埠学校林立,然每远方来者,不易知何校何地及何日招考,兹成一表,以便我国之求学者。

| 校　名 | 日期(阳历) | 地　点 | 教会否 |
| --- | --- | --- | --- |
| 复旦大学 | 二月二十四、二十五、二十六日 | 江湾 | 否 |
| 持志大学 | 二月二十五日 | 江湾体育会西路 | 同上 |
| 远东大学 | 二月二十七日 | 卢家湾黑桥斜徐路 | 同上 |
| 宏才大学 | 二月二十七日 | 闸北宝山路横浜路口 | 同上 |
| 艺术大学 | 二月二十六、二十七、二十八、二十九、三十日 | 江湾路体育会东路 | 同上 |
| 学艺大学 | 三月二日 | 静安寺路三二〇号 | 同上 |
| 上海大学 | 二月二十六、二十七日 | 闸北青云路 | 同上 |
| 大同大学 | 二月二十六、二十七日 | 南车站 | 同上 |
| 东华大学 | 三月二日 | 康脑脱路十八号 | 同上 |
| 国民大学 | 二月二十二日 | 戈登路九十号 | 同上 |
| 文治大学 | 二月二十一日至二十八日 | 威海卫路 | 同上 |
| 大夏大学 | 未详 | 未详 | 同上 |

续 表

| 校　　名 | 日期(阳历) | 地　　点 | 教会否 |
|---|---|---|---|
| 晏成中学 | 二月二十五日 | 苏州 | 是 |
| 萃英中学 | 二月二十六日 | 苏州阊门外义慈巷 | 是 |
| 光华中学 | 二月二十六、二十七日 | 法租界霞飞路 | 否 |
| 南光中学 | 三月一日 | 霞飞路吕班路转角 | 同上 |
| 惠灵英专 | 未详 | 新龙华路 | 同上 |
| 民立中学 | 二月二十七日 | 中华路 | 同上 |
| 承天中学 | 三月一日 | 沈家湾汤恩路六号 | 同上 |
| 明德中学 | 三月二日 | 极司非而路六十一号 | 同上 |
| 中西女塾 | 二月二十二、二十三日 | 忆定盘路一号 | 是 |
| 南洋女子师范 | 未详 | 开封路 | 否 |
| 神州女学 | 二月二十二、二十三日又二十六、二十七日 | 北四川路大德里 | 同上 |
| 景平女子中学 | 二月二十一日至二十七日 | 城内塔水桥 | 同上 |
| 中国女子体育学校 | 二月二十八日 | 提篮桥培开尔路 | 同上 |

《申报》1926年2月24日

## 上海大学将开工建筑校舍

上海大学久著声誉,上学期已有学生六百余人。该校为筹百年大计起见,曾于去岁组织校舍建筑募捐委员会向各界募捐。兹闻该校现已募得捐款与原定数目相去无几,决定本学期开工建筑校舍于江湾,预计加工赶造,至久两个月可以完成。本学期则将于三月一日原有之青云路临时校舍开学,迨新校舍落成后,即行迁入。

《申报》1926年2月28日

## 上海大学近闻

上海大学为筹百年大计起见,曾于去岁组织校舍建筑募捐委员会,向各界募捐。兹闻该校现已募得捐款,与原定数目相去无几,决定本学期开工建筑校舍于江湾,预计加工赶造,至久两个月可以完成。本学期则将于三月一日在原有之青云路临时校舍开学。迨新校舍落成后,即行迁入。

《时报》1926年2月28日

### 女界昨开三八纪念会

昨日国际妇女纪念节，上海各界妇女联合会于下午二时在中华路少年宣讲团举行三八纪念女界同乐会，到者百余人。公推钟复光主席，报告开会宗旨，略谓今日开会系纪念一九零九年三月八日美国劳动妇女举行群众运动之盛节，次年三月八日由蔡特金女士在丹麦京城哥木哈根举行第二次国际会议；并继续报告十六年来三八纪念之史略；木谓妇女界现在应有之工作，如女子有择业的自由，确定一夫一妻制度，女子有结婚离婚的绝对自由，保护女工，反对女子单方的贞操，根本废除娼妓制度，禁止贩卖妇女，大而至于从事革命运动、打倒帝国及军阀主义云云。次上海大学附中女生唱歌，次景平中学女生舞蹈，次郭沫若君演讲女子应经济独立。次余兴，有国乐、拳术、双簧、钢琴独奏、火棍、新剧《寡妇的悲哀》等多种。六时始尽欢而散。

《申报》1926年3月9日

### 上海大学附属中学校续招高中一年级男女插班生十名

登报日起一星期内，随到随考。有修业证书或成绩报告单经审查合格者得免试。校址：闸北青云路师寿坊。

《申报》1926年3月19日

### 上大附中之近讯

上海大学附属中学本届添招各级（除高三）插班生，投考者甚为踊跃。现开课已届半月，而远道投考者尚陆续在途，校务执行会遂决定将高中一年级余额十名先行续招。闻该校以造就建国人才为宗旨，于社会科学极为注重，其招生广告已见十九日《申报》及《民国日报》。又新请各科教员如蒋光赤任社会学，梅电龙任政治经济，朱复、刘志新任英文，毕任庸任国文，王芝九任文化史、近世史，吴庶五女士任图画，张世瑜女士任数学，徐诚美女士任音乐，均已到校授课矣。

《申报》1926年3月20日

### 上大附中新聘教员

该校新请各科教员，如蒋光赤任社会学，梅电龙任政治经济，朱复、刘志新任英文，毕任庸任国文，王芝九任文化史、近世史，吴庶五女士任图画，张世瑜女士任数学，徐诚美女士任音乐，均已到校授课。

《时报》1926年3月20日

### 上大校舍募捐委员会新讯

本埠上海大学，自西摩路校舍被封后，该校人士即行组织募捐委员会，印发捐册，分向各省官厅及各方面热心人士募筹经费，自建校舍。黑龙江于省长接到该会捐册，即发交教育厅代募，现由教育厅向江省各教育机关募得江市钱九万九千余吊，大汇兑券六十余元，大洋九十余元，共折成现大洋五百二十余元，呈复省长，业由省长转汇该会。

《民国日报》1926年3月21日

## 上大附中开会

十九日下午上海大学附中学生因北京事件停课半天,并开会志哀,陈贵三主席。首宣布开会宗旨,并静默三分钟。次高尔柏报告大沽及北京流血事件之经过,毕任庸演讲辛丑条约之内容与此次事变之因果,全场为之怨愤。

《民国日报》1926年3月21日

## 上海大学教职员会议纪

本埠上海大学教职员,昨日下午六时在四马路倚虹楼举行聚餐会,到会者计有李石岑、胡朴安、周由廑、周越然、刘大白、陈望道、韩觉民、谢六逸六十余人。席间首由学务主任陈望道报告开会意义,略谓本校大中两部教职员,不下八十余人,平时因忙于学校事务,少有接触机会,特就今日改选行政委员之期,邀请来此聚叙云云。继由总务主任韩觉民报告校舍建筑情形,略谓本校筹划建筑校舍,已历半年,顷已在江湾购定地皮一段,计洋一万五千元之谱,日内即可签定,动工在即,希在座诸君将所领捐册早为结束云。报告毕,即选举行政委员,计当选者,除当然委员韩觉民、陈望道、周越然、侯绍裘、施存统外,为朱复、杨贤江、刘大白、李季等四人。

《民国日报》1926年3月22日

## 上海大学为在江湾购买校基通告

本大学现在江湾镇南购得校基一方,计结号十四图奈字圩五号一坵、同号同图六号七坵,结号十四图第五号二坵,结号十四图奈字圩五号三坵,结字十四图奈字圩五号四坵、同字同图同圩六号八坵、同号同图同圩六号十坵,共地二十余亩。已付定金,准于二星期内交割钱契。其中如有抵押等情务,请于此期内向原主清理,本大学概不负责。特此通告。

《申报》1926年3月23日

## 上海大学最近之聚会

上海大学教职员昨日下午六时在四马路倚虹楼举行聚餐会,到会者计有李石岑、胡朴安、周由廑、周越然、刘大白、陈望道、韩觉民、谢六逸等六十余人。席间首由学务主任陈望道报告开会意义,略谓本校大中两部教职员不下八十余人,平时因忙于学务事务,少有接触机会,特就今日改选行政委员之期邀请来此一叙云云;继由总务主任韩觉民报告校舍建筑情形,略谓本校筹划建筑校舍已历半年,顷已在江湾购定地皮一段,计洋一万五千元之谱,日内即可签定,开工在即,希在座诸君将所领捐册早为结束。报告毕,即选举行政委员云。

《申报》1926年3月23日

## 民间之驱段废约声·上海大学

各报馆转各团体及全国国民公鉴:段祺瑞甘心媚外,非特不御外侮,竟敢枪杀向彼请愿之爱国同胞演此亘古未有之惨剧。噩耗传来,令人发指,本会于今日成立,誓为北京爱国同胞后盾,全体一致,虽死不辞,务达惩段及废辛丑条约目的。务望全国同胞一致奋起,使死难者之血不致虚流。临电悲愤。

上海大学北京惨案后援会梗<br>《民国日报》1926年3月25日

**各界援助京案之昨讯**

京案后援会成立会记。上海工商学各团体联合发起之各界京案后援会,昨日下午二时假南洋大学举行成立大会,计一百六十四团体、代表三百余人。推学联会代表余泽鸿主席,次即将各项问题详加讨论,最后议决各案如下:(一)定名为上海各界京案后援会。(二)宗旨为废约驱段保障民权。(三)推定二十五团体为执行委员,组织执行委员会,负责进行各项会务。其职务之分配,由执行委员会自行办理。(四)经费大体规定:(甲)由各团体分任;(乙)向外界募捐,其详细办法由执行委员会另行订定。(五)对于最近进行:(甲)定本星期六(二十七日)上午十时在西门公共体育场举行"上海市民北京惨案被难烈士追悼大会";(乙)电京请速派代表来沪报告真相,俟必要时,派员分赴各地宣传;(丙)发表成立宣言并通电全国人民一致奋起,电北京市民请坚持,电广州政府请速北伐,电国民军惩段并维持京畿治安,电孙传芳请讨段;(丁)派员向严春阳、孙传芳接洽,请保护追悼会。(六)办事地点,暂借五卅烈士丧葬筹备处,推林钧前往接洽。(七)推定国民党江苏省党部、上海总工会、法政大学学生会、中国济难会、神州女学学生会、上海大学学生会、民党市党部妇女部、上海非基督教大同盟、五马路商界联合会、暨南大学学生会、上海孙文主义学会、上海学生联合会、南洋大学学生会、民党特别市党部、景贤女校学生会、海员工会、国民会议促成会、商务工会、各界妇女联合会、全国学生总会、新闻学会、反日出兵行动委员会、上海运输总工会、邮务工会、韩国青年同盟会等团体为正式执行委员会,建国学校、中华书局工会、上海工界京案后援会、国民大学学生会、群治大学学生会、引翔港工人代表会、同文书院学生会、东华大学学生会、复旦中学学生会、旅沪法属华侨学生会、华侨教育协会、杨树浦码头工会、景平女学学生会、中国青年社、中国全国国民同志会等团体为候补执行委员,葛建时、林钧两人为谒见严春阳、孙传芳代表,遂散会。惟当选执行委员团体,则仍留该处继续开会。

昨日学生集队游行。昨日本埠南洋大学、上海大学、国民大学、景平女学、景贤女学、清心中学、上大附中、东亚同文书院中华学生部、复旦中学、文治大学、商科大学、法政大学等二十余校学生三千余人,各手执小旗、传单多种,齐集西门蓬莱路旷场,整队出发游行。经中华路、民国路及南市等地游行演讲,并有巡警一队随同维持秩序。

南大学生之罢课游行。本埠徐家汇南洋大学学生,近日对于北京惨杀学生案,颇形愤激。昨日仍继续罢课,并于下午加入上海各校学生联合游行大会。闻该会于是日下午二时,各校在西门蓬莱路旷场会齐,计到场者有南洋大学、同文书院、复旦中学、东华大学、国民大学、上大附中、景平女学、上海大学、法政大学、文生氏英专及上大新滇社等十余团体,学生约有万人。由蓬莱路经西门、民国路、小东门、大东门还西门散会。沿途高唱国民革命歌,并呼种种口号。

《申报》1926年3月26日

## 今日各界为京案开追悼会

京案后援会委员会。上海各界京案后援会昨日上午九时开执行委员会,推余泽鸿主席。(一)推定各部主任。结果:总务部主任学总会,文书部主任学生联合会,交际部主任暨南大学,宣传部主任上海大学,会计部主任神州女学,庶务部主任总工会。(二)讨论追悼会进行计划。议决:(甲)主席团五人,当选者为南洋大学、各界妇女联合会、总工会、学总会、学联会;(乙)主祭三人,拟请唐少川、柳亚子、杨杏佛三人担任;(丙)拟请沈玄庐、杨杏佛、施存统、杨之华、邵元冲、叶楚伧、李季担任讲演;(丁)总指挥三人,当选者为学联会、总工会、南洋大学;(戊)总纠察五人,当选者为南洋大学、上海大学、各界妇女联合会、孙文主义学会、商务工会;(己)招待主任请孙文主义学会担任;(庚)追悼会秩序:(一)鸣警钟,(二)奏乐,(三)主席宣告开会,(四)主祭就位,(五)静默三分钟,(六)读祭文,(七)行礼,(八)通过宣言及通电,(九)演讲,(十)提案,(十一)呼口号,(十二)奏乐,(十三)散会;(辛)口号规定为打倒段祺瑞、取消辛丑条约、为死者报仇、促成国民会议;(壬)经费暂由上海学生联合会及学生总会垫用;(癸)加推景平女学、同文书院、国民大学、上海工界京案后援会、中国青年社、全国国民同志会为交际,中华书局、工人建国大学等十余团体担任庶务。

学联会紧急代表大会。昨日下午二时,上海学生联合会召集第三次紧急代表大会,到南洋、上大等二十余校,代表四十余人,周志初主席。首由总务部秘书刘荣简报告最近工作状况,最后通过下列各案:(一)推定追悼大会职员,主席南洋大学、总指挥东华大学、总纠察上海大学、交通队与纠察队指定查察部负责组织。各学校须指定纠察指挥各一人,由学联会总指挥、总纠察统率。(二)决定追悼大会口号。议毕散会。

《申报》1926年3月27日

## 新晋第三期将出版

上海大学学生焦有功、陈怀璞、阎毓珍女士等发起之晋社业已告成,以研究学术、政治为宗旨,并出刊《新晋半月刊》一种,以供社会之参观。该刊已于三月一日、十五日出刊二期,第三期亦已付印,三日内即行出版,发行处即设在上海大学陈怀璞处。闻内容除于学术方面有贡献外,对于晋省政治均有建论。

《申报》1926年4月3日

## 上大台州同乡会新讯

该会自上学期成立以来,对于会务进行非常热心。本学期会员骤增三十左右。前晚开大会,选出执行委员会职员,议决进行事项,分对内对外两种,对内由学术研究和讲演,对外继续出版《台州评论》。

《申报》1926年4月4日

## 上海大学今日开春季同乐会

本埠上海大学及附中,为欢迎新同学及联络感情起见,特定于今日下午一时,在该校社会学系第五教室举行春季同乐会。其秩序已拟定者,除主席报告及自由演讲外,并表演双簧、唱歌、粤曲、跳舞、英文唱歌、京曲、新剧、火棍、国技、宁波调等各种游戏。校外人亦可随意参加。

《新闻报》1926 年 4 月 5 日

### 涟水旅沪学友会开常年会

涟水旅沪学友会前日假上海大学开常年大会，到者数十人。由蒋同节主席、张铸康速记。当票选蒋同节、王师孟、张铸康、王启元、孙羲五人为执行委员，朱延桓、朱道南、朱寰仁为候补委员，并议决刊印会员通信录，进行反对本县大学贷资条例等项。茶点毕，散会。

《申报》1926 年 4 月 7 日

### 上海大学

本埠上海大学校舍建筑委员会，近在江湾购定地基一段，计二十余亩。昨日已交换钱契，并由该会委员亲莅该地，会勘立界。又该校募捐委员会，以校基既已决定，开工在即，正发函催各募捐人赶交捐款。

《民国日报》1926 年 4 月 9 日

### 上海大学购地建筑校舍会勘立界

本埠上海大学校舍建筑委员会，近在江湾购定地基一段，计二十余亩，昨日已交换钱契，并由该会委员亲莅该地，会勘立界。又该校募捐委员会，以校基既已决定，开工在即，正发函催各募捐人赶交捐款云。

《新闻报》1926 年 4 月 9 日

### 上大购定校舍地基

本埠上海大学校舍建筑委员会，近在江湾购定地基一段，计二十余亩，昨日已交换钱契，并由该会委员亲莅该地，会勘立界。又该校募捐委员会，以校基既已决定，开工在即，正发函催各募捐人赶交捐款。

《时报》1926 年 4 月 9 日

### 上大丙寅级举行聚餐

上海大学中英两系丙寅级，因毕业在即，于十日下午六时，请教职员在一品香聚餐，借以联络感情，计到教职员学生共六十余人。席间由陈望道、周越然、田汉、朱复、李季、韩觉民诸教授相继演说，词多勖勉。并有田汉及三数同学唱京调，以助雅兴，颇极一时之盛，直至九时，始尽欢而散。

《民国日报》1926 年 4 月 12 日

### 上大社会学系同学会

本埠上海大学社会学系第一届同学会，昨日开春季第一次会员大会，朱义权主席。

程序如下：（一）主席致开会辞。（二）报告：（甲）朱义权报告上届会务经过；（乙）韩福民报告研究部经过；（丙）李春报告出版部工作经过；（丁）杨国辅报告收支账目。（三）改章程。（四）议决：（甲）举行同乐大会，由委员会筹备；（乙）组织西湖旅行团；（丙）催缴特别捐。（五）改选职员：杨国辅、章毓寄、李春鏵为总务委员，吴铮、李和涛、陈贵三为研究委员，刘超英、许侠天、韩福民为出版委员，朱义权、章毓寄、杨国辅为出席各级代表大会代表。

《民国日报》1926年4月13日

### 上大社会学系同学会昨开会员大会

国民通讯社云，本埠上海大学社会学系第一届同学会，昨日上午九时在该校第七教室开春季第一次会员大会，到三十余人，朱义权主席。程序如下：（一）主席致开会辞；（二）报告；（三）修改章程；（四）议决：（甲）举行同学大会，由委员会筹备，（乙）组织西湖旅行团，（丙）催缴特别捐；（五）改选职员。

《时报》1926年4月13日

### 各大学毕业同学会之组织·上大丙寅级

上海大学文艺院中、英两系丙寅级，因毕业在即，日来筹办年刊及一切应举行事宜，甚形忙碌。前由两系各举出委员五人，组织上大丙寅级委员会，分文书、编辑、交际、庶务、会计五股，并推定蒋抱一、蒋如琮、黄让之为编辑，蒋同节、杨洛如为交际，吴卓斋、王友伦为文书，孔庆波、陈荫南、周学文为庶务，王振华、蔡鸿烈为会计，并请教职员在一品香聚餐云。

《申报》1926年4月21日

### 学校消息·上海大学

闸北青云路上海大学附设平民学校昨晚行开学礼，到学生三百余人。校长为张庆孚，教务长为邓定人，总务长为秦秉悟。

《申报》1926年4月26日

### 上大附设平校开学

闸北青云路上海大学附设平民学校，于昨晚七时行开学礼，到学生三百余人。首由校长张庆孚报告；继由来宾韩觉民、高尔柏、章毓寄、张崇德、萧绍郧等致勉词，语多肯要；复由教务长邓定人、总务长秦秉悟及崔小立、傅冠雄、熊世齐诸教员训话；末由上大同学唱演京曲、双簧、魔术、丝竹及留声机。至十时许散会。闻该校邓教务长曾任湖南县教育会会长，对于办学及训练极有经验。

《时报》1926年4月26日

### 上海大学建筑校舍近闻

上海大学在江湾购买地基建筑校舍，已志前报。兹闻该校现已着手筹备一切建筑事宜,如测量、绘图等工作,并于昨日召集教职员、学生联席大会,讨论募捐及建筑事宜。议决:一、于五月二十日以前收齐捐款结束一切募捐手续;二、务于六月一日以前开工建筑校舍;三、教职员、学生除向外募捐外,并自尽力捐助建筑费等数条。广东等方面捐款数目较巨者,并由该校最高机关行政委员会指委该会委员韩君亲往收取云。

《民国日报》1926年4月29日

### 黄仁烈士善后委员会成立

黄仁烈士于十三年国庆日上海市民庆祝大会场中死难以来,迄今已一年除矣,家属经济困难,不能运棺归葬,以致暴棺蜀商公所,安葬无地。日前,烈士家属屡请四川富顺旅沪学会及富顺青年社,代表家属向沪上各公团就近接洽一切。兹闻富顺旅沪学会及富顺青年社柬请沪上各重要团体讨论烈士善后事宜,到会者四川青年社、中国济难会、全国学生总会、上海学生联合会、上大学生会、上大非基督教同盟会、南洋医大、四川同学会、上大四川同乡会、中国国民党第三区第二分部、四川富顺旅沪学会、富顺青年社代表出席。已于昨日假明德里三十五号成立黄仁烈士善后委员会,当即定五团体担任会务,当场指定基金外,另发募捐册,向各界劝募。关于抚恤家属问题,由委员会向国民党请照原案抚恤,其他问题由委员会继续办理,通讯处预定南洋医科大学李润祥转。

《申报》1926年5月2日

### 昨日本埠之五四纪念·上海学生会

上海学生联合会于昨日上午十时举行第七届纪念会,到法政大学、南洋大学、神州女学、东华大学、远东大学、大夏大学、惠灵英专、景平女学、暨南方大学、上海大学、务本女学、复旦中学、文治大学、同文学院、景贤女学、南光中学、大夏附中、文治附中等各学校代表一百余人,开会秩序如下:(一)主席法政大学代表唐豪报告开会宗旨,略谓五四运动是中国民族解放的第一声,不特为中国民众的光荣史,尤其是为学生界的光荣史。五四以前的学生,闭门读书,不问外事。自五四以后,引起广大普遍的民种运动,促成中国民族自由解放的思潮。故五四运动有极大的意义,吾人应再接再厉,格外努力向帝国主义进攻。(二)杨杏佛演讲,大致谓处军阀、学阀、帝国主义反动势力之下,从事民族独立运动,须有牺牲一切的决心。五四运动未曾达到解放目的,而反为名流学阀造成许多做官发财的机会。一般名流博士,大才小用,自贬身价,摇尾乞怜于有力者之前。从兹以往,学生界应彻底觉悟,勿被学阀名流利用。一方面注意革命数量的增加,一方面特别注意革命广量之清白纯洁。(三)北京学生会代表杨信孚报告三一八惨案,词长不备录。(四)通过宣言。(五)临时动议,全体赴省教育会要求速决同济学潮,一致通过。散会已十二时余矣。

《申报》1926年5月5日

### 昨日学界纪念五四·上海大学

本埠上海大学昨日由学校给假一日,本定上午开纪念会,嗣因原聘各演讲员未能到会,遂改至晚七时举行,全体学生均出席。由高尔柏主席、杨贤江演讲,并表演双簧、新剧京调、跳舞、滑稽、火棍等各项游艺。

《民国日报》1926年5月5日

## 上海大学

该校全体校役组织校工团,昨晚假上大教室开成立大会,共到校三十余人。首由主席徐开君报告,通过章程,推选职员,结果龚兆魁、沈得喜、徐开当选为执行委员,末由章毓寄、张庆孚、刘怡亭、李思安四先生演说。至九时许散会。

《民国日报》1926年5月17日

## 各学校消息·上海大学

该校历年来专门部及附属中学所毕业学生,均能各依所学,充分发挥其才能。本年暑假,该校大学本科中国文学系、英文学系又将各有学生一班毕业。据闻该校当局现已组织一毕业生职业介绍部,并印有简章及委托介绍职员表等物,以便外界需要该校毕业人才者之接洽云。

《民国日报》1926年5月25日

## 上海大学组织职业介绍部

上海大学成立数载,本年暑假该校大学本科中国文学系、英文学系,各有学生一班毕业。据闻,该校当局现已组织一毕业生职业介绍部,并印有简章,及委托介绍职员表等物,以便外界需要该校毕业人才者之接洽云。

《新闻报》1926年5月25日

## 粤民党委员会之第三四五日·第五日(铜驼)

二十日为第五日会议之期,议事日程:(甲)宣传部、青年部均报告本部工作,委员董用威报告长江流域政治状况。(乙)讨论事项共六起:一、审查委员会报告审查整理党务第四次议案之结果。该议案如下,全部党员依以下之规定,从新登记:(一)全部党员,应在中央命令组织之党部从新登记;(二)登记机关,指定省党部特别市党部县党部市党部;(三)登记时间,定为三个月,但海外党部登记时间,由海外部另行规定之;(四)登记表格,除原有之各项外,须特别声明愿遵守建国方略、建国大纲、三民主义、第一次第二次全国代表大会一切宣言及议决案;(五)曾经加入本党所否认之政治团体者,登记时须特别声明与该政治团体脱离关系。二、财政审查委员报告审查增加党费案之结果,大概将北京之特种宣传费,移助湖南日报五百元、上海国民通信社八百元、编辑国民革命书八百元、上海大学一千元,其余之款,拨为北伐宣传费。又拟增加党费一万元,其应增加之省区,由财政委员会酌量分配。三、甘乃光提议增加青年运动经费案,议决交财政委员会酌办。四、主席团提出选举两党联席会议之本党代表五人案,选举结果,张静江、谭延闿、蒋中正、吴稚辉、顾孟余当选为执行委员。五、蒋中正提议两党联席会议之本党代表,应选候补委员三人案,结果李济琛、何香凝、经亨颐当选。六、彭泽民提议设立海外特别党部,

议决交组织部拟具办法,由常务委员会决定。(五月二十一日)

《申报》1926年5月27日

**游艺界消息·上大湘社游艺消息**

上海大学湖南同乡所组织之上大湘社,成立未及一载,建设事业极多。兹闻该社又定于本日午后六时假西门少年宣讲团会址,举行一大规模之游艺会。其节目除各种武技、跳舞、火棒、京剧、歌剧、猴剧、钢琴独奏、法国名歌、爱尔兰名著 Rising of The Moon、中国名剧《获虎之夜》《湘累》《一只马蜂》及其他外,尚有湘籍明星黎明晖女士及明月音乐会会员之晓霞舞曲、黎清照女士之昆曲等云。

《民国日报》1926年5月27日

**上大湘社开游艺会**

上海大学湖南同乡所组织之上大湘社,定于本日午后六时,假西门少年宣讲团会址举行一大规模之游艺会。其节目除各种武技、跳舞、火棒、京剧、歌剧、猴剧、钢琴独奏、法国名歌、爱尔兰名著 Rising Of The Moon、中国名剧《获虎之夜》《湘累》《一只马蜂》及其他外,尚有社外之黎明晖女士及明月音乐会会员之《晓霞舞曲》、黎清照女士之昆曲等。入场券专备赠送,并不出售。

《时报》1926年5月27日

**上大湘社之游艺会**

上海大学湖南同乡所组织之上大湘社,成立未及一载,建设事业极多。兹闻该社又定于本日午后六时假西门少年宣讲团会址举行一大规模之游艺会。其节目除各种武技、跳舞、火棒、京剧、歌剧、猴剧、钢琴独奏、法国名歌、爱尔兰名著 Risingof The Moon、中国名剧《获虎之夜》《湘累》《一只马蜂》及其他外,尚有社外之湘籍明星黎明晖女士及明月音乐会员之《晓霞舞曲》、黎清照女士之昆曲等。又闻该社此次游艺会属同乐性质,虽印有入场券,均系赠送云。

《申报》1926年5月28日

**学务丛报·上海大学得粤款补助**

上海大学系于右任氏所创办,近该校以于氏远离沪渎,经费维持困难,特于三月间推该校总务主任韩觉民赴粤,筹募款项。韩抵粤后,与政府及各界接洽,颇得各方赞助。国民政府业已允拨特别费二万元,以后按月给款一千元。现韩已于昨晨由粤返沪,携有现款一万元。

《民国日报》1926年6月10日

**上海大学新得粤款补助**

本埠上海大学系民党巨子于右任氏所创办,近该校以于氏远离沪渎、经费维持困难,特于三月间推该校总务主任韩觉民赴粤筹募款项。韩抵粤后,与政府及各界接洽,颇得各方之赞助。国民政府业已允拨特别费二万元,以后按月给款一千元。现韩君已于昨晨由粤返沪,携有现款一万元。闻该校全体师生闻此佳音,均甚称庆,特拟于日内开会欢迎。

《申报》1926年6月12日

**黄仁善后问题之会商**

黄仁烈士善后委员会,昨日下午二时假上海大学开代表大会,计到中国济难会、上海学生联合会、四川青年社、上大学生会、上大附中学生会、上大四川同乡会、富顺青年社等团体代表二十人。首由总务股报告开会宗旨,次推举富顺青年社代表为临时主席,并议决三项:(一)安葬问题。由执行委员会制订捐册五十本,请上海各团体负责募集,同时请特别市党部江苏省党部转呈广州中央,拨给以前所允恤金,充作安葬之用,并定最短期内,举行奠基典礼。所有筹备手续,由执行委员会函聘各团体派代表负责办理一切。(二)抚恤家属问题。由党部转呈广州中央继续发给抚恤金案,并由各团体联名呈请恢复原有恤金如数抚恤。烈士寡妻弱妹小姊之教育问题,亦由各团体联名直函四川省教育厅、富顺教育局、县立女校各当局,予以免费。(三)特别市党部辞文书职案,议决一致挽留。议毕散会。

《民国日报》1926年6月14日

**丧礼志**

吴芬女士,字次芳,浙江杭县人,前肄业于上海大学英文学系。天智聪慧,好学过人,尤善研究文学。民国十三年,转学于持志大学英文学系,今年暑假将届毕业。讵意天不假年,女士竟于本月二十五日,逝于成都路新乐里寓所,悲耗传来,该校同学甚为惋惜。闻持志大学校长何世桢哀其志,特给予文学士学位云。

《申报》1926年6月30日

**上大丙寅级毕业式**

上海大学于前日午后二时举行该校文艺院中国文学系及英文学系丙寅级毕业典礼,到教职员陈望道、周越然、周由廑、韩觉民、朱复……等及学生、来宾约六百人。其秩序如下:一、主席宣告开会。二、报告该校过去之状况及未来之计划。三、授学位。四、演说。五、毕业生答辞。六、茶点。七、礼毕。该校此次毕业共有五十二人,均授予文学士学位。兹将其毕业生姓名等采志于后。该校宗旨原为促进文化事业、养成建国人才,奋斗数年,经营惨淡,此为该校第一次毕业人才,想必能大有振作于社会也。并闻该校为免除同学间因成绩略有优劣致生歧视之社会恶习起见,故文凭号数亦系按注册先后编次云。

中国文学系:高怀诚、陈子英、胡国隆、张维祺、黄万咸、王启元、马子恒、钱家麟、黄让之、徐呵梅、蒋抱一、符育英、吴鹤麟、王惠、黄绍衡、朱松、李绍彬、曹鸿恩、杨志英、汪式玉、汪超、吴森、张一魁、陈荫南、周学文、王道纯、孔庆仁、明哲、陶同杰、刘镛、陈嘉书、郭伯和。

英文学系：施锡祺、陈擎鼎、曹震、蔡鸿烈、俞光彩、张崇德、蒋如琮、蒋同节、杨学濂、张由嘉、林福民、黄竞成、刘卓平、王友伦、孔庆波、陈培麟、陈当冀、徐寅。

《民国日报》1926年7月3日

**上海大学之毕业式**

上海大学于前日午后二时举行文艺院中国文学系及英文学系丙寅级毕业典礼。到教职员陈望道、周越然、周由崖、韩觉民、朱复等，及学生、来宾约六百人。该校此次毕业共有五十二人，均授与文学士学位。兹将其毕业生姓名录下：（中国文学系）高怀诚、陈子英、胡国隆、张维祺、黄万咸、王启元、马子恒、钱家麟、黄让之、徐呵梅、蒋抱一、符育英、吴鹤龄、王惠、黄绍衡、朱松、李绍彬、曹鸿恩、杨志英、汪式玉、汪超、吴森、张一魁、陈荫南、周学文、王道纯、孔庆仁、明哲、陶同杰、刘镛、陈嘉书、郭伯和；（英文学系）施锡祺、陈擎鼎、曹震、蔡鸿烈、俞光彩、张崇德、蒋如琮、蒋同节、杨学濂、张由嘉、林福民、黄竞成、刘卓平、王友伦、孔庆波、陈培璘、陈当冀、徐寅。

《时报》1926年7月3日

**上海学生联合会启事**

本会第二次账目从十四年六月廿九日起至十月廿一日止，业经会计师徐永祚先生逐一查核完竣，编制收支表。兹将其结果报告于后。

学联会启

| 上海学生联合会收支表 ||||||||
|---|---|---|---|---|---|---|---|
| 民国十四年六月廿九日至十月廿一日止 ||||||||
| 摘　　要 | 大　　洋 ||| 小　　洋 ||铜　　元 ||
| 支出项下 |||| 角 || 枚 ||
| 六月二十八日结存 |||||||||
| 中国银行存款 | 42 | 518 | 910 | | | | |
| 期票庄票 | 2 | 167 | 144 | | | | |
| 邮汇票 | 4 | 016 | 080 | | | | |
| 现金 | 8 | 263 | 751 | 27 | 920 | 〃 | 115 | 261 | 〃 |
| 捐助工人 | 75 | 003 | 484 | 5 | 771 | 〃 | 1 | 953 | 〃 |
| 捐助学生会 | 20 | 904 | 430 | 10 | 828 | 〃 | 24 | 712 | 〃 |
| 公理日报退还 | | 200 | 000 | | | | |

1926年

续 表

| 摘 要 | 大 洋 | | 小 洋 角 | | 铜 元 枚 | |
|---|---|---|---|---|---|---|
| 支出项下 | | | | | | |
| 南阳代表退还 | 169 | 000 | 9 | 〃 | 5 | 〃 |
| 上海大学还前欠 | 300 | 000 | | | | |
| 杂项收入 | | | | | | |
| 卖照片 | 5 | 000 | | | | |
| 卖五卅实录 | 20 | 000 | 72 | 〃 | 47 | 〃 |
| 总务科杂项 | 12 | 000 | | | | |
| 杂益 | 176 | 461 | | | | |
| 兑换 | 1 081 | 140 | 167 | 〃 | 2 691 | 〃 |
| 合计 | 154 837 | 400 | 44 767 | 〃 | 144 669 | 〃 |
| 支出项下 | | | | | | |
| 援助工人 | | | | | | |
| 交付总工会 | 27 200 | 000 | 26 | 000 | | |
| 交付济安会 | 80 000 | 000 | 5 | 〃 | 32 | 〃 |
| 直接发给 | | | | | | |
| 洗衣工人 | | | | | 22 | 035 〃 |
| 华捕 | 300 | 000 | | | | |
| 救济工人 | 61 | 000 | | | | |
| 印捕旅费 | 150 | 000 | | | | |
| 津贴 | | | | | | |
| 全国学生总会 | 500 | 000 | | | | |
| 工人教育社 | 4 000 | 000 | | | | |
| 来沪代表 | 5 | 000 | | | | |

上海学生联合会收支表
民国十四年六月廿九日至十月廿一日止

续 表

| 上海学生联合会收支表 | | | | | | |
|---|---|---|---|---|---|---|
| 民国十四年六月廿九日至十月廿一日止 | | | | | | |
| 摘 要 | 大 洋 | | 小 洋 | | 铜 元 | |
| 支出项下 | | | 角 | | 枚 | |
| 热血日报 | 20 | 000 | | | | |
| 宣传用费 | | | | | | |
| 印刷费 | 5 | 073 000 | 35 | 〃 | 6 | 〃 |
| 车马费 | 1 | 353 000 | 6 565 | 〃 | 596 | 〃 |
| 旅费 | 980 | 000 | 12 | 〃 | 71 | 〃 |
| 邮电费 | 1 | 887 000 | 27 | 〃 | 57 | 〃 |
| 广告费 | 2 | 217 000 | 72 | 〃 | 376 | 〃 |
| 善后用费 | | | | | | |
| 抚恤费 | 180 | 000 | | | | |
| 收殓及医药费 | 37 | 000 | 40 | 〃 | 26 | 〃 |
| 器具 | 347 | 000 | | | | |
| 赔偿 | 220 | 000 | | | | |
| 贷出款项 | | | | | | |
| 上海大学 | 100 | 000 | | | | |
| 朱南英 | 10 | 000 | | | | |
| 预备费 | 400 | 000 | | | | |
| 夏令讲演会用费 | 1 | 358 000 | | | | |
| 经济绝交部用费 | 30 | 000 | | | | |
| 会内开支 | | | | | | |
| 膳费 | 1 | 457 000 | 669 | 〃 | 414 | 〃 |
| 纸张文具 | 1 | 017 000 | 11 | 〃 | 28 | 〃 |
| 会内开支 | | | | | | |
| 搬运费 | 49 | 000 | 50 | | | |

续 表

| 摘要 | 大洋 | | | 小洋 | | | 铜元 | | |
|---|---|---|---|---|---|---|---|---|---|
| | | | | | 角 | | | 枚 | |
| 支出项下 | | | | | | | | | |
| 房租 | 2 | 381 | 000 | | | | | | |
| 酬谢工人 | | | | | 456 | 〃 | | | 〃 |
| 杂费 | 2 | 606 | 000 | 1 | 724 | 〃 | 2 | 140 | 〃 |
| 杂损失 | | | | | 30 | 〃 | | | |
| 兑换 | | 21 | 240 | 7 | 577 | 〃 | 117 | 388 | 〃 |
| 兑换损失 | | | | | 6 | 〃 | | 878 | |
| 实存 | | | | | | | | | |
| 中国银行存款 | 20 | 451 | 160 | | | | | | |
| 庄票 | | 100 | 000 | | | | | | |
| 现金 | | 321 | 000 | 1 | 488 | 〃 | | 622 | 〃 |
| 合计 | 154 | 837 | 400 | 44 | 767 | 〃 | 144 | 669 | 〃 |

上海学生联合会收支表

民国十四年六月廿九日至十月廿一日止

《申报》1926年7月7日

**上海大学招生**

大学部中国文学系、英文学系、社会学系,中学部高中、初中二级,均招新生,男女兼收。报名:自本日起每日上午七点至十一点、下午一点至四点。随带学历证书、四寸最近半身照片、试验费二元。地点:闸北青云路上海大学临时校舍。考期:七月十五。章程:函索简章附邮一分,详章四分。

校长于右任

《申报》1925年7月10日

**上海大学招生**

大学部中国文学系、英文学系、社会学系,中学部高中、初中二级,均招新生,男女兼收。报名:自本日起每日上午七点至十一点、下午一点至四点。随带学历证书、四寸最近半身照片、试验费二元。地点:闸北青云路上海大学临时校舍。考期:七月十五。章程:

函索简章附邮一分,详章四分。

校长于右任<br>《民国日报》1925 年 7 月 10 日

### 团体消息·商务书馆俱乐部演讲

昨日(二十五日)下午,商务书馆同人俱乐部举行第七次公民演讲,特请上海大学教授唐鸣时君主讲,题为"维持公共秩序"。唐君相题设喻,措辞隽永,听者轩渠而易解,不觉天气之炎热也。唐君为法律家,故于维持公共秩序之工具一层,详述法规与警律与公民之关系,然结论则仍归束公民须有爱护公共秩序之心,使我人之宗旨,力足以宰制我人之习惯,方可称为自治云云。

《申报》1926 年 7 月 27 日

### 上海大学建筑校舍募捐委员会启事

本大学已将教室、寝室、膳厅、厨房、门房全部校舍包给久泰营造厂,即日动工建筑。目下需款甚殷,凡已捐未缴各款,务请各经募人从速催缴,以便应用。

七月二十八日<br>《申报》1926 年 7 月 28 日

### 上海大学新校舍建筑动工

上海大学建筑校舍因规模宏大,筹备几及一年。自购定江湾宽大校基后,当即招工投标。闻中标者为久泰营造厂,已于昨日由该校校舍建筑委员会会集凯泰打样公司及久泰营造厂正式结约,即于今日动工,限日完成,以便来学期应用。

《申报》1926 年 7 月 28 日

### 上海大学建筑校舍募捐委员会启事

本大学已将教室、寝室、膳厅、厨房、门房全部校舍包给久泰营造厂,即日开工建筑。目下需款甚殷,凡已捐未缴各款,务请各经募人从速催缴,以便应用。

七月二十八日<br>《民国日报》1926 年 7 月 28 日

### 学务丛报·上大学生会之宣言

由北京亚细亚民族大同盟及东京全亚细亚协会所发起的全亚细亚会议,八月一日起要在长崎开会了。他们所标榜的目的,是谋全亚细亚民族之共存共荣,我们知道发起这次会议的两个机关,都是日本御用的机关,自然这次会议完全是日本弄的鬼。原来自五卅以后,那时日本感觉到屠杀的失策,便变更方略而发起所谓亚细亚民族大会,但没有成功。荏苒至今,便有所谓全亚细亚民族大会在长崎开幕。(中略)现在我们且问,日本是不是肯让高丽、琉球的民族自决呢?是不是肯放弃在中国的既得权利呢?如能这样,我们可以相信日本的诚意亲善。实际上对于高丽、琉球、中国仍加压迫,复口头提倡亲善,

谁能相信？（下略）

《民国日报》1926年7月29日

### 学务丛报·上大附中之新计划

本年五月间购定江湾西首地三十余亩，作为校基，月余来关于建筑事宜进行甚速，业于八月一日开工建筑，全部校舍工程由久泰建筑公司承办。该校本届高中毕业计三十三人，下学期拟扩充学额，大加整刷。现该校当局欲从国民党中吸收青年革命分子计，业已与各省县党部分头接洽，订定保送学生条件，特订自本年度起招收民党保送免试学生。本届免试学额定八十名，高初中各半，此外各级插班生及初中一年级新生仍照例招考。该校近一年来学生日见增多，现该校侯主任因事留粤，校务主持概由副主任沈观澜负责，下学期教职员已聘定者有教务主任钟伯庸、社会学蒋光赤、社会问题及修辞学陈望道、高中国文冯三昧、论理人生哲学杨贤江等。

《民国日报》1926年8月4日

### 上海大学附中之新计划

上海大学附中，自去岁决定在华界自建校舍，一面暂租青云路师寿坊为临时校舍。一年以来，因无适当地基，致新校舍无从动工，直至本年五月，始购定江湾西首地三十余亩作为校基。月余来，关于一切建筑事宜，进行甚速，业于八月一日开工建筑。全部校舍工程，由久泰建筑公司承办。该校本届高中毕业计三十三人，下学期拟扩充学额，大加整刷，业已与各省县党部分头接洽，订定保送学生条件，特订自本年度起，招收民党保送免试学生，本届免试学额定八十名，高、初中各半。此外，各级插班生，及初中一年级新生，仍照例招考。该校近一年来，学生日见增多，现该校侯主任因事留粤，校务主持，概由副主任沈观澜负责进行。下学期教职员正在物色，已聘定者，有教务主任钟伯庸、社会学蒋光赤、社会问题及修辞学陈望道、高中国文冯三昧、伦理人生哲学杨贤江等，其他如文学史、哲学、政治、经济、法制等教员，不日即将聘定云。

《新闻报》1926年8月4日

### 陈阿堂案昨日消息·上海大学非基同盟宣言

上大非基同盟昨为陈案发表宣言，略谓五卅惨案周年甫过，而陈阿堂又以遭日水手殴毙闻矣，乃各团体奔走呼号，吾国官厅尚未提出抗议，弁髦民命，丧失国权，惟望各界同胞一致奋起，督促政府严重交涉，务获惩凶恤死并取消日本领事裁判权及其他不平等条约。

《申报》1926年8月16日

### 陈阿堂案昨讯·上大川同学会宣言

上海大学四川同学会昨为陈案发表宣言，略谓：日轮万里丸水手殴毙小贩陈阿堂一案，此案发生，迄已旬余，死者家境赤贫，老少数口，嗷嗷待哺，伤心惨目，至矣极矣。本会除通告全国同胞外，犹冀沪上各界志士，连袂偕起，群策群力，力促交涉。

《申报》1926年8月18日

**陈阿堂案昨日消息·各团体之义愤**

　　昨上海学生联合会、引翔港工人代表会、上大学生会等十余团体各派代表陆续至各路商界总联合会、市民对日外交大会，探询交涉进行状况。并谓各该团体对于此案均甚愤激，工人态度尤为激昂。如果迁延不决，则公愤所至，或将发生事故，请陈案委员会注意，并努力进行，务达胜利目的。当由该会职员告以此案进行情形，请各少安毋躁，转劝工人勿操切从事云。

《申报》1926年8月21日

**上海大学附属中学招生通告**

　　本校本学期起扩充学额，除照常招考外，特订保送免试生办法。本届此项免试生额定八十名，其报名入学手续详载"保送免试生章程"内，可向本校函索或面取。有志来学者，须于九月五日以前来校，遵行所定手续，准予免试入学。额满即行停收。再，第三次招考定九月五日，除高三外，各级均有余额，报名从速。地址：上海闸北青云路师寿坊本校临时校舍。

《申报》1926年8月22日

**周越然启事**

　　鄙人因体质羸弱，所任上海大学英文学系主任职务已向该校行政会辞退，其他在该校因主任而兼任及被举各职当然连带告退，以后概不负责。特此声明。

《申报》1926年8月23日

**上海大学附属中学招生通告**

　　本校本学期起扩充学额，除照常招考外，特订保送免试生办法。本届此项免试生额定八十名，其报名入学手续详载"保送免试生章程"内，可向本校函索或面取。有志来学者，须于九月五日以前来校，遵行所定手续，准予免试入学。额满即行停收。再，第三次招考定九月五日，除高三外，各级均有余额，报名从速。地址：上海闸北青云路师寿坊本校临时校舍。

《民国日报》1926年8月23日

**陈阿堂案昨日消息·上大暑期平民学校学生宣言**

　　上海大学暑期平民学校学生会为陈案发表宣言，略谓：五卅惨案犹有余痛，而陈案之悲耗又闻矣。凡我同胞，为死者雪冤，为生者图存，希共同奋斗，誓死力争。敝会愿为后盾。谨此宣言。

八月二十三日
《申报》1926年8月26日

**雷雨声中之讲演**

　　昨日上海各团体联合会暨工学各界，为陈阿堂案特组织讲演团，往华、租两界出发，作大规模之讲演,并历述陈案之经过情形。群众在雷雨声中高呼口号,而租界警务当局为保护治安起见,认为有加紧防范之必要,爰特通令所属十二处捕房,着于昨日上午起,将紧要马路岗位一律增加。凡英、法交界及华、租交界之处更为注意,所派中西探捕较多。其沪西及杨树浦一带工厂栉比,乃工人荟萃之地,尤关重要,设备益周,并谕令探捕,如查有沿途演讲散布传单、足为妨碍治安情事,应即妥为制止。兹将各方面情形录后。

演讲时间与地点。下午一时至二时,在华界闸北一带讲演,三时至四时在租界北四川路及河南路一带演讲。

演讲员之人数。共计组织三百余队,约二千余人,分往划定区域演讲。

南京路与山西路之情形。昨日下午二时,南京路群众聚集甚为拥挤,而以永安、先施两处人数为尤多。二时十五分见有群众数十人从南而来,手执小旗,高呼口号,并分发传单。首由山西路口之形似学生之群众开始讲演,其余各处亦相继演讲。惟南京路一带往来人数甚多,因之一班群众口号声尤为激烈,有上海大学学生手执小旗,在先施南货部门前演讲时,声泪俱下,旁观者莫不黯然痛心。此时忽然先施、永安屋顶花园之红绿传单,五色纷飞,随风飘舞,群众即前往争拾传单,巡捕即上前干涉。而男女学生又高呼口号,悲壮激昂之声,震动天地。迨至三时二十分,老闸捕房派来中西探捕维持秩序,并搜拾各种小旗传单。其时群众并不抵抗,巡捕即用木棍将听讲者驱散。各讲演员一路被驱,仍一路演讲,循环周旋于永安公司门前。其时五路电车亦被阻止,不能开驶。一西捕即猛向群众前面扑去,车始得开,当场被捕女工二人。山西路之讲演者见此情形,甚为愤激,旁观之人,一时更为拥挤,巡捕即向山西路方面,捕去上海大学学生谢佑民等四人,送往老闸捕房。至四时二十分,天忽大雨,群众乃冒雨而散。

《申报》1926 年 8 月 29 日

**团体消息·上海大学**

上海大学前在江湾购定地基二十余亩,准备自建校舍,已志各报。闻该校已于八月一日动工,开始建筑,预计本学期即可落成。现暑假已满,该校拟于九月十日暂在青云路临时校舍开学授课。又该校英文学系主任周越然先生因病辞职,经行政委员会竭力挽留,惟病尚未痊,一时不能复任。现倩其胞兄周由廑先生(原系该校教授)暂时代理英文学系主任职务,至于该系教授,并无更动云。

《申报》1926 年 9 月 3 日

**工学界演讲案内郭庭显判罚百元**

上海大学之粤籍学生郭庭显,前因在沪西东京路澳门路散发传单、露天演讲,被普陀路捕房拘解公共公廨,谕交三百元保候讯等情,曾志本报。昨晨由陆襄諴会同日副领事长冈氏集讯,即由包探崔诚及四十五号西探、一千二百二十五号华捕分别上堂,证明上月二十三号下午集众在东京路澳门路一带分发传单、画报等件,书有打倒帝国主义、废除不平等条约字样,并登台演说,故特拘究。被告延律师辩护,谓被告是日向众工人演说,只云坚持到底、不要暴动等语,想系巡捕当时误会,将其拘捕云云。中日官核供,磋商之下,判郭庭显罚洋一百元,并着具结以后不准再有滋事,起案传单、画报等均销毁。

《申报》1926年9月12日

**学务丛报·上海大学**

最近在学务处添设注册课,就教授中聘请一人为注册主任。并自本学期始实行学分制,学生受课不及三分之二,一概不准参与大考。该校新校舍早经久泰营造厂承造,约在夏历十月底即可告竣。

《民国日报》1926年9月19日

**黄仁烈士善后会议**

黄仁烈士善后委员会昨假上海大学举行第三次代表大会,推定四川青年社代表为临时主席,次由执行委员会报告会务:(一)交际股报告接洽墓地及勘定墓地经过。(二)会计股报告募捐及第一次募捐代表大会等经过。(三)总务股报告第二次代表大会议决各案。除各团体联名函请中国国民党广东中央党部执行抚恤烈士家属议决案,及四川教育厅四川富顺教育局备案免费烈士家属入所属各校求学二案尚未执行外,其他如墓地、募捐等项均已由执行委员会执行。其次讨论:(一)奠基礼决于双十节前一日举行,至于筹备奠基事,须依据第二次代表大会议决案,由执行委员会负责筹备外,并函聘中国济难会、上大非基督同盟、上大四川同学会、上海各青年团体联合会主席团等团体襄助进行。(二)建筑费的多寡,决由交际股与五卅烈士墓建筑工程师议定,交本会通过。(三)纪念碑请中国国民党上海特别市党部并转广东中央党部执行前上海执行部议决案。(四)督促募捐案,发信通知各团体,请其努力募集,并出席第二次募捐代表大会,报告募捐成绩。(五)抚恤家属案,议决仍执行第一次代表大会议决之家属教育与家属恤金由本会各团体联会呈请广州中央党函请四川教育当局从优办理。(六)其他。(七)散会。

《申报》1926年9月20日

**黄仁烈士善后会开会**

黄仁烈士善后委员会,昨假上海大学举行第三次代表大会,推定四川青年社代表为临时主席,由执行委员会报告会务,次讨论奠基礼,决于双十节前一日举行,建筑费决由交际股与五卅烈士墓建筑工程师议定,交本会通过,及纪念碑与抚恤家属等案而散。

《民国日报》1926年9月20日

**各界抗争万县案·学联会之紧急会**

本埠上海学联会昨日召集紧急特别执行委员会讨论一切,计到有上海艺大、上海大学等五校,首由主席报告召集此次会议之意义,次开始讨论、议决要案如下:(一)通告各校举行运动周案,议决:通告各校举行运动周厉行抵货。在此期内,各校学生会应召集各级大小会议宣传万案。(二)印发传单案,议决:印发传单五万份。(三)抵货办法案,议决:除令各校同学勿购劣货外,并印发浅近抵货传单标语。(四)援救被捕同学案,议决:(甲)派代表赴警厅请愿;(乙)拟呈请愿文;(丙)派代表赴各公团请求联名保释。议毕散会,已钟鸣五下矣。

《申报》1926年10月6日

**昨日又有散发传单者被捕·闸北**

昨日下午,闸北四区境内各马路又有青年学生分组散发言词激烈之传单,被驻防陆军第三营兵士当场捕获十余名,解入司令部收押候讯。又四区岗警亦拘获上海大学学生陕西人张传薪、四川人徐和云、河南人张楠、和县人任作浦、福建人陈炳炎,上海艺术大学学生汕头人刘超英,暨南大学学生福建人冯毅夫、冯治平,复旦大学学生宁波人陈成志,天津南开大学学生山西人许畏宪,广东小学教员王莩川等等十一人,解经刘署长讯问之下,惟王莩川供初来上海被岗警误拘,其余十人,均承认分发传单不讳,判押候解送警厅核办。

《申报》1926年11月12日

**被捕者援救消息·商总会函**

上海各路商界总联合会营救被捕学生致总商会函云:筱。庵会长大鉴、敬启者:顷据敝会虹口六路商界联合会函称,该会会员可升煤号学徒徐本发,于本月九日下午出外提货,途遇友人嘱发传单,被四区二分所拘押未释,转请设法营救等因。又上海大学男生卢忠正,同日被押闸北共和路司令部。又上海大学附中女生张连新,于本月七日被押共和路司令部,次日解押闸北嘉湖会馆第三营。查以上三人,俱属年轻无知,受人愚弄,分发传单,致被押未释。今其家属等函请代为营救,情殊可悯。素仰先生德高望重,同深钦仰,务恳借重鼎言,代向当局分别营救。如得安全释放,岂但敝会之幸已哉云云。

《申报》1926年11月17日

**各团体对时局文电·上大鲁同乡会宣言**

(上略)敝会均为鲁籍,身受奉鲁军之暴戾,如摧残爱国运动、枪杀无辜人民,其种种惨状实令人言之发指,其部下之白俄兵更为残忍,足迹所至,草木皆兵,秋毫必犯。吾鲁民牺牲于其铁蹄之下者,已不可胜计,今竟秣马厉兵,预备南下,从此苏民将无噍类矣。当此千钧一发之际,唯有人民急起自卫,拒绝奉鲁军南下,乃能自解倒悬,获得人民应享之自由。前次商总会所提三条办法,甚为扼切,敝会誓相追随,目的未达,此志不渝。敬此宣言。

上海大学山东同乡会
《申报》1926年11月21日

**两团体对时局宣言·上大浙江同乡会宣言**

上海大学浙江同乡会宣言云:奉鲁军阀乘机蠢动,大局转移,遂趋重江浙,尤以上海为其中心。际此南北双方短兵相接之时,实我民奋起力图自治之机,是以上海商总会等有主张拒绝奉、鲁军南下,划上海为特别市,以市民管理市政,召集国民会议,解决国是之宣言。而苏、浙、皖三省联合会,又有根据主权在民之旨,要求三省自治。本会同人,籍隶浙省,份属国民,爱国爱省,敢后他人？对于商总会与三省联合会之主张,自是万分赞成,但欲贯彻主张,空言无补,窃以为此时欲求民治之实现,必先解除武人之军权,深望各界同胞,奋起自图,努力于斯。谨此宣言。

《申报》1926 年 11 月 22 日

### 上大浙籍学生赞助三省自治宣言

上大浙江同乡会宣言云：慨自民国十五年来,军阀横行,烽火遍野,民不聊生,凡我同胞,谁不饮泣而痛恨。今者国民革命军举师北伐,进规长江,军阀势力,相继崩坏,乃奉鲁军阀,尚欲乘机蠢动,大局转移,遂趋重江浙,尤以上海为其中心。际此南北双方短兵相接之时,实我民奋起力图自治之机,是以上海商总会等有主张拒绝奉鲁军南下,划上海为特别市,以市民管理市政,召集国民会议解决国是之宣言。而苏、浙、皖三省联合会,又有根据主权在民之旨,要求三省自治。本会同人籍隶浙省,份属国民,爱国爱省,敢后他人？对于商总会与三省联合会之主张,自是万分赞成,但欲贯彻主张,空言无补。窃以为此时欲求民治之实现,必先解除武人之军权,否则与虎谋皮,反以资军阀之假名自保耳。深望各界同胞奋起自图,努力于斯。谨此宣言。

《民国日报》1926 年 11 月 22 日

### 各团体表示拥护人道·济难会上大附中分会宣言

济难会上海大学附中分会宣言云：溯自民国创造以还,军阀之私斗日甚一日,而吾民之生命亦日贱一日,远之如南昌、九江等处市民横遭戮杀,血流成河,近之如上海、杭州各地青年动受监禁,使囹圄为满。上海各团体痛生存之孔艰,慨沦胥之无日,乃宣言拥护人道,以冀挽回劫运,申明正义。本会对于此种宣言竭诚拥护,所望军事当局,以后尊重人道,则幸甚矣。

《申报》1926 年 11 月 25 日

### 各界反对外债之表示·上大学生会电

上海大学学生会致顾维钧电云：北京顾外长钧鉴,报载英人有助奉系军阀五百万镑讨赤费之举,敝会闻之,不胜愤慨,望先生以民意为重,以国家为重,拒绝签字。

《申报》1926 年 11 月 27 日

### 军事政治学校在沪招考记

此次国民政府中央军事政治学校在沪招考,日来男女学生报名者,竟达一千五百人。昨为该校考期,首先由考试委员沈主任会同各员将考题宣布,即在场监试。其题目：（一）三民主义之要旨；（二）第二次全国代表大会宣言之要点；（三）欧战起原及其影响。其余尚有自然科学,须在今日下午由主任亲自口试,以资慎重。此次应考者,以国民大学、群治大学、上海大学、持志大学、商科大学、法科大学男女生为多数,其次尚有中学专门学校之教授,亦参加投考。但上海初试录一百五十人,抵汉后,尚须复试其他科云。

《申报》1926 年 12 月 13 日

## 上海大学筹备新校舍落成典礼

上海大学自五卅被封后,即在江湾估地自建校舍,迄今已久。现因落成在即,乃由校中职教员学生共同发起筹备校舍落成典礼委员会。惟举委员二十一人,分五部筹划进行,决定明年元旦举行落成礼。

《申报》1926年12月15日

## 上海大学近讯

上海大学为于右任所手创,开办以来,已逾四载。惟以校舍问题,学生尚未能充分发达。今年五月,由该校建筑委员会在江湾购得民地二十余亩,七月兴工,现已全部工竣。计共西式三层,房三幢,可容学生六七百人,准于下学期迁入。刻该校正筹备庆祝落成典礼,于元旦举行。另设筹备委员会,由沈雁冰、冯三昧、陈望道、胡朴安、周由廑等,筹备一切,并发印校舍落成纪念特刊,其所需费用,已由校中提出一千元。又该校自校舍落成,原拟于明正迁入,惟上海租例,十二月、正月两月不能迁徙,故定于旧历十二月初,将杂物一应搬入。课程方面,则准提早结束。自二十日起举行学期考试,至二十七号止。元旦举行落成典礼后,即行放假,所缺课程,下学期再行补授云。

《新闻报》1926年12月15日

## 上大非基同盟之改组

上海大学学生原有非基督大同盟之组织,十五日开改组会。到会员二百余人,先通过简章,次改选职员。结果:总务张昔蒙,文书刘晓浦,组织池盼秋、丁显,宣传陈铮、吴镁,会计彭进修,候补李俊民、王溢。末后议定耶稣诞节非基计划,决与上海非基总同盟联合,作大规模的运动,并议定永久计划,虽不在耶稣诞期,亦照常进行。

《民国日报》1926年12月17日

## 上大非基运动之进行

上海大学非基督教大同盟执行委员会,昨日下午一时假上大学生会开第一次常会,张昔蒙主席。议决目前非基工作进行方法:(一)发表非基宣言;(二)于本月二十二日在本校开非基大会;(三)致函本校学生会,请于耶稣生日令全体同学参加非基运动;(四)致函上海非基总同盟,请于二十二日派代表出席本校非基大会讲演,此外议就旗帜传单标语式样多种,更将全体会员五百六十余人分作百余队,预备于二十五日全体出发,作广大的非基宣传。讨论至二时半始散会。

《民国日报》1926年12月18日

## 上大陕同乡会开会

上海大学陕西同乡会,昨日下午一时半开全体大会,讨论关于非基运动周的非基工作,到六十余人,由孟芳洲君主席。议决非基运动周该会会员全体参加非基运动外,又由该会所出《新群》半月刊出一非基特刊,并印宣言传单一万余份,分发上海及陕西各地,内有陈顾远、曹趾仁、党伯弧、艾纪武、张国藩等君讲演基督教的罪恶与基督教侵略中国的成绩,以及我们反对的策略。旋即分配工作,五时散会。

《民国日报》1926年12月20日

**学务消息·上大附中扩大招生**

本埠上海大学,已在江湾建造校舍,且定明年元旦举行落成大典礼,各节迭志本报。顷闻该校附属中学,拟乘新校舍告成之机,锐意发展,扩大招生。十九日,召集第一次招生委员会,当场举定张崇德、许德良两人为交际委员,钟伯庸为常务委员,高尔柏、陈富三、萧觉先等,分别命题并兼负监试、阅卷等责任。一面决定函致国内各省国民党部特约保送投考学生,并向本埠及武昌、汉口、九江、南昌各地各大报馆遍登广告外,另约定本埠国民党特别市党部及杭州省教育会、蚌埠皖北中学、武昌军事政治学校等处为报名之所。同时该招生委员会拟陈请学校最高机关酌减学费,俾寒素子弟,可以群来入学。以上各项计划,均已积极进行。预料该校前途,必大可发展云。

《民国日报》1926年12月20日

**上大附中扩大招生**

上海大学已在江湾建造校舍,且定明年元旦举行落成大典礼节,迭志本报。顷闻该校附属中学,拟乘新校舍告成之机,锐意发展,扩大招生。本月十九日,曾召集第一次招生委员会,当场举定张崇德、许德良两人为交际委员,钟伯庸为常务委员,高尔柏、陈贵三、萧觉先等分别命题,并兼负监试、阅卷等责任。一面决定函致国内各省国民党部,特约保送投考学生;并向本埠及武昌、汉口、九江、南昌各地各大报馆遍登广告外,另约定本埠国民党特别市党部及杭州省教育会、蚌埠皖北中学、武昌军事政治学校等处为报名之所。同时,招生委员会拟陈请学校最高机构,酌减学费,俾寒素子弟,可以群来入学。以上各项计划,均已积极进行。预料该校前途,必大可发展云。

《新闻报》1926年12月20日

**教育界消息·上大附中扩大招生**

本埠上海大学已在江湾建造校舍,且定明年元旦举行落成大典礼,各节迭志本报。顷闻该校附属中学,拟乘新校舍告成之机,锐意发展,扩大招生。本月十九日,曾召集第一次招生委员会,当场举定张崇德、许德良两人为交际委员,钟伯庸为常务委员,高尔柏、陈贵三、萧觉先等分别命题并兼负监试、阅卷等责任,一面决定函致国内各省国民党部,特约保送投考学生,并向本埠及武昌、汉口、九江、南昌各地各大报馆遍登广告外,另约定本埠国民党特别市党部及杭州省教育会、蚌埠皖北中学、武昌军事政治学校等处为报名之所,同时该招生委员会拟陈请学校最高机关酌减学费,俾寒素子弟,可以群来入学。以上各项计划,均已积极进行。预料该校前途,必大可发展云。

《时报》1926年12月20日

**上大浙同乡赞成浙自治**

上海大学浙江同乡会赞成浙江自治宣言云:吾浙自治,已由酝酿而至实现矣。久处军阀统治压迫下之浙江,一旦还我主权,回复自由,凡属浙江人,喜贺同深,惟是障碍依然未除,自治仍多危险。目下党联两军一至富阳,一屯长安,接触甚易,险恶万状。党军为持有主义服从民意之军队,其必赞助浙江自治,我人固无庸其怀疑,特是联军向以我浙为征服地,今此着着进迫,其欲维持其原有之统治势力,自属无可讳言。敢告联军,果有几分爱护浙江之意者,应速将开浙军队,完全撤退出境,浙江事任浙江人自为之。否则破坏自治,我人为争浙江自治计,唯有联合一致,忍痛一时,共筹积极的对付也。

《民国日报》1926 年 12 月 23 日

### 昨日反基市民大会开会未成

各团体联合筹备之反基市民大会,昨因时局严重,军警当局不加允许,致未能举行。惟昨日南北市及英法租界均有学生散发各种形式不同之传单,约有五六种。闸北法界之教堂,亦有学生进内散发非基同盟之"告基督徒书",并举行讲演,均谨守秩序,并无冲突。各马路之电杆及墙壁上贴有各种颜色不同之标语,如:(一)华人教徒觉悟起来;(二)收回教育权;(三)援助教会学校之自由争斗等。各学校之非基同盟分会,昨亦纷纷开会,计有法科大会、同文书院、复旦大学、复旦附中、南洋大学、上海大学、上大附中、光华大学、立达学园等二十余校,均由非基总同盟派代表出席讲演,情形异常热烈。又非基总同盟决于今日下午二时,在西门少年宣讲团举行游艺会,有名人演讲、唱歌、跳舞、葡萄仙子、月明之夜、双簧、短剧"教堂风波"等节目,欢迎来宾参加,概不取费云。

《申报》1926 年 12 月 26 日

### 上海大学校舍落成典礼筹备处启事

敝校草创之初,原系假屋而居,五卅案起,横遭封闭,不忍弦歌声辍,遂筹自建簧宇。一年以来,邪许交呼,醵资鸠工,幸观厥成。原定一月一日举行典礼并开游艺大会,借娱来宾,聊伸庆意。嗣以他种关系,不得已而延期,深恐各界未知,届期转劳跋涉,用特声告,并致歉忱。

《申报》1926 年 12 月 27 日

### 上海大学校舍落成典礼筹备处启事

敝校草创之初,原系假屋而居,五卅案起,横遭封闭。不忍弦歌声辍,遂筹自建屋宇。一年以来,邪许交呼,聚资鸠工,幸观厥成。原定一月一日举行典礼并开游艺大会,借娱来宾,聊伸庆意。嗣以他种关系,不得已而延期,深恐各界未知,届期转劳跋涉。用特声告,并致歉忱。

《民国日报》1926 年 12 月 28 日

### 上海大学招生

级次:本大学文艺院中国文学系、英文学系,社会科学院社会学系一、二、三年级,均添招插班生。资格:(一)曾在大学年修所考学系满半年、一年半或两年半者;(二)确有相当程度者。报名:自登报日起至考试日止。随带四寸最近半身照片一张、修业证书一纸、试验费两元,向本大学学务处注册课报名。考期及地点:第一次,一月七日上午九时起,连试两日,试场在上海闸北青云路本校临时校舍;第二次,二月二十六日上午九时起,连试两日,试场在江湾本校新筑校舍。函索详章,附邮票四分。

上海大学<br>《申报》1926 年 12 月 29 日

### 上海大学招生

级次:本大学文艺院中国文学系、英文学系,社会科学院社会学系一、二、三年级,均添招插班生。资格:(一)曾在大学专修所考学系满半年、一年半或两年半者;(二)确有相当程度者。报名:自登报日起至考试日止。随带四寸最近半身照片一张、修业证书一纸、试验费两元,向本大学学务处注册课报名。考期及地点:第一次,一月七日上午九时起,连试两日,试场在上海闸北青云路本校临时校舍;第二次,二月二十六日上午九时起,连试两日,试场在江湾本校新筑校舍。函索详章,附邮票四分。

上海大学<br>《民国日报》1926 年 12 月 29 日

# 1927 年

### 上大组织寒假读书会　今日开成立会

上海大学学生,因寒假学校放假,而留校同学尚多,发起组织寒假读书会,借以研究学问,并临时举行各种游艺,以资娱乐。闻该校学生之加入者,已有百三十余人。现该会决定于今日下午二时,开成立大会,并请各人讲演。对外校同学,闻亦欢迎加入云。

《民国日报》1927 年 1 月 6 日

### 上大寒假读书会成立会

上海大学学生,发起组织寒假读书会以来,该校及外校同学参加者,异常踊跃。该会已于昨日下午二时开成立大会,到者达百五十人之多。开会后,首由主席报告开会理由及筹备经过,次请该校主任陈望道先生讲演,略谓吾人今日读书,固不应变成老顽固,然亦当谨防流为新顽固,盖读书乃作事之参考也。再次通过简章,选举职员,讨论今后会务进行事项,议至五时散会。现该会因外校同学纷纷来函,请求加入。为不使外校同学向隅起见,仍继续欢迎外校同学加入云。

《民国日报》1927 年 1 月 8 日

### 公共汽车罢工昨讯・各工会纷纷援助

本埠各工会,自闻该工人等罢工后,纷派代表慰问。昨日又有杨树浦工会联合会、印刷总工会、水电邮务工人联合会、老怡和工会派出代表,前往慰问勉励。上海大学校工团援助洋五元,以作罢工期内之费用云。

《申报》1927 年 1 月 25 日

### 上大附中添聘教职员

上海大学在江湾建筑新校舍,已告落成,准备迁入。该校附属中学准定本月二十日在新校开学,原任英文教员沈观澜已派往国外留学,张崇德亦有派往湘粤等地考察之说,故拟请前苏州乐益女中教员侯绍纶(复旦大学毕业)担任高中英文,增聘天津南开中学教员汪志青担任高中国文、心理等科,前上海景贤女中教务主任王芝九担任高中历史,东南大学学员蔡文星女士担任初中数学两班。原有教员如张作人、杨贤江、冯三昧、黄文容、陈贵三、吴庶怡女士等均继续聘请,至职员方面,除教务主任、训育主任仍由钟伯庸、高尔柏两人担任外,其事务主任一职,业由侯校务主任改聘陆宗贽继任。又该中学一切费用,均行酌减。

《申报》1927年2月14日

**上海大学附属中学招生**

本校招考插班新生。初中一、二、三年级各二十名,高中一、二年级各十名。考试科目:国文、英文、数学、常识(初中为社会科、自然科之常识,高中为社会学、经济学之常识),口试。报名:即日起二月十九日止,向上海闸北青云路本校报名。试期:二月二十日上午九时起在上海江湾本校新校舍。

《申报》1927年2月16日

**上海大学招生**

级次:本大学文艺院中国文学系、英文学系,社会科学院社会学系一、二、三年级,均添招插班生。资格:(一)曾在大学专修所考学系满半年、一年半、两年半者;(二)确有相当程度者。报名:自登报日起至考试日止。随带四寸最近半身照片一张、修业证书一纸、试验费两元,向上海闸北青云路本大学学务处注册课报名。考期及地点:二月二十六日上午九时起,连试两日,试场在江湾本校新筑校舍。函索详章,附邮票四分。

上海大学

《申报》1927年2月16日

**上海大学开学通告**

本校大学部定于三月一日、中学部定于二月二十日,在江湾上士路新筑校舍开学,凡我同学务于开学日前到学务处注册课报到。

行政委员会

《申报》1927年2月18日

**上海大学招生**

级次:本大学文艺院中国文学系、英文学系,社会科学院社会学系一、二、三年级,均添招插班生。资格:(一)曾在大学专修所考学系满半年、一年半、两年半者;(二)确有相当程度者。报名:自登报日起至考试日止。随带四寸最近半身照片一张、修业证书一纸、试验费两元,向上海闸北青云路本大学学务处注册课报名。考期及地点:二月二十六日上午九时起,连试两日,试场在江湾本校新筑校舍。函索详章,附邮票四分。

上海大学

《申报》1927年2月18日

**上海大学附属中学招生**

本校招考插班新生。初中一、二、三年级各二十名,高中一、二年级各十名。考试科目:国文、英文、数学、常识(初中为社会科、自然科之常识,高中为社会学、经济学之常识),口试。报名:即日起二月十九日止,向上海闸北青云路本校报名。试期:二月二十日上午九时起在上海江湾本校新校舍。

《申报》1927年2月18日

**各团体电贺国民政府迁鄂·上大青年团**

(上略)武汉为全国产业政治文化之中心,我中央党部及国民政府在此正式成立,实足奠定革命基础。电讯迭来,曷胜鼓舞,用特驰电致庆,以抒诚悃。

上海大学各青年团体联合会叩庚

《申报》1927年3月10日

**各校上课消息·上海大学**

江湾路上海大学原定三月一日开课,后因时局关系,远道学生一时未能到齐,现已陆续到校达百余人。昨经教务会议决,于今日实行上课。日来闻各级尚有余额。

《时报》1927年3月10日

**英外相接见戈公振　谈英国对华态度**

路透社九日日内瓦电　英外相张伯伦,今日接见上海大学教授兼《时报》记者戈公振,并向之宣告英国对华政策。

国闻社九日日内瓦电　戈公振君在此晤英外相张伯伦,张言南军如到沪,英仍保持中立,英兵在沪越界布防,系属设防军略关系,并不违反国际法。上海情形与汉浔不同,当于适当时机举行谈判,但希望中国向英直接谈判,不必由第三方参加,承认南政府问题,因恐涉干与内战嫌疑,未加考虑云云。戈君于谈话中,曾告以英国如恃武力,于商业并无裨益。

《申报》1927年3月11日

**上海大学通告**

本大学行政委员会议决:(一)自三月十五日起,大学、中学新旧学生应一律到江湾新校注册缴费;(二)十六日起考试二期新生;(三)二十日正式授课。此告。

《申报》1927年3月13日

**昨日孙中山二周纪念详情·各地团体之纪念·闸北市民大会**

昨日下午五时,闸北各工商学团体发起之中山纪念大会,于大雨泞泥中,在青云路空地举行,到会约五千人。工界有商务工会、邮务公会、彩印工会、电气工会等十余团体,学界有上海大学、上大附中、艺术大学等十余校。当推某君为主席,略谓:继续中山精神,努力革命等语。遂通过宣言与通电一束,大呼口号而散。

《申报》1927年3月13日

**上海大学暨附属中学校开课招生通告**

本校新校舍已全部告成,前定开课日期因准备不及,未能实行。刻定四月一日起正式上课,并在四月一日以前招收新生,如各省县国民党部保送同志来校求学,可照上年成例,准其免试。

大学行政委员会主席　陈望道

中学主任　侯绍裘

校址　上海江湾

《申报》1927 年 3 月 24 日

**教育界消息·上海大学开课**

　　上海大学附中建筑新校舍,业已全部落成,定于四月一日起正式上课,并在四月一日以前,招收新生,如各省县国民党部保送学生仍照上年成例,准其免试。

《时报》1927 年 3 月 24 日

**学联会自动启封**

　　上海学生联合会为伟大民众团体之一,去年为军阀封闭,现上海政治局面已变,连日各校学生纷请自动启封。昨日上午九时,上海大学学生会率同该校学生军会合闸北各校学生数百人,至中华新路顺成里该会被封启地址,自动启封。启封后,因学生联合会办事职员远在南市,一时不能到会,清理一切文件,当由启封时之学生公拥刘竹贤等二人代为办理。

《申报》1927 年 3 月 25 日

**上海市教育协会大学教职会组织**

　　上海有名之各大学教职员,早有联合会之组织,发起人共有三四十人之多,如复旦大学刘大白、徐蔚南,上海大学冯三昧、蔡慕晖、周越然等,均在发起人之列。近由发起人召集上海市教育协会大学教职会,讨论一切进行办法,即日有宣言公布云。

《申报》1927 年 3 月 26 日

**上大学生之革命运动**

　　本埠上海大学学生,此次于闸北宝山路、虬江路及东横浜路一带,与各工团合攻奉鲁军,以及在五区收缴枪械及虬江路前线冲锋者,有龙树藩、郭伯和、张书德等十余人。而北火车站方面,亦有该校学生加入前线作战。闻被击毙四五人。

《民国日报》1927 年 3 月 26 日

**民众慰劳北伐军·上海大学**

　　本埠上海大学学生师生慰劳北伐军详情录之如次。第一、二次:三月二十二日,闸北一带之鲁军已完全肃清,该校师生即于二十三日上午,派陈望道、刘大白两君携带定制之纪念蛋糕等物,前往龙华慰劳北伐军。当由国民革命军前敌总指挥参谋接见。相晤之下,甚为欢洽。同日下午,又派冯三昧、钟伯庸两君携带水果,往龙华作第二次之慰劳。两君以时间已晚,只与副官晤谈片刻而返。第三次:二十四日,该校与景贤女校师生在青云路开欢迎北伐军大会后,携带定制之纪念手帕及食品等物,全体往共和路第一师司令部慰劳。由师长亲自出见,态度庄重,话意恳挚。该校师生随推陈望道、李春鐘两君致欢迎词。约经一小时后,离司令部返抵北站而散。第四次:二十五日下午,该校学生及景贤女中又全体集合于北站,赴龙华慰劳,后因租界不能通过,遂派代表多人,携带牛肉饼干及纪念手帕等物而往。适总指挥因事不能出见,即由副官代达谢意,并相互勖勉奖励之辞。

《申报》1927年3月27日

### 陈望道对大学教授协会之声明

陈望道对于大学教授协会声明云:报载上海大学教授协会举我为执行委员,我从未接得该会只字,亦丝毫不知该会内容。他们举我为执行委员,我不知到底应该执行些甚么,以后该会无论有何行动,我个人完全不能负责。特此声明。

《申报》1927年3月29日

### 各界对于宁案之表示·上海大学

上海大学为宁案发表宣言,略谓:连日报载英美军舰发炮轰击,被杀华人甚众,凡我国人,应一致奋起,敦促国民政府,提出严重抗议。

《申报》1927年3月29日

### 市民代表会第五次大会纪

昨日(三日)上午十时,上海临时市民代表会议在新舞台开第五次大会,到会者商界有总商会、县商会、各路商界总联会、闸北商会等,工界有上海总工会、手工业总工会、店员总会等,学界有学生联合会、南洋大学、中法学校、大夏大学、上海大学等,共八百余职业团体代表出席者三千余人。十时宣布开会。(一)公推主席团。公推工界汪寿华、商界王晓籁、学界何洛三人为主席团。(二)全体起立,恭读遗嘱。(三)主席请市政府秘书长林钧报告。略谓:市政府委员就职以来,民众自动接收机关之呈报,及呈请派员接收机关之公文,请求惩戒劣绅土豪,解决学校纠纷等等,纷至沓来。而市政府各委员因就职时接了蒋总司令暂缓办公的信后,未能积极进行云云。(四)市政府行使职权问题。全体表示拥护市政府,促政府委员即日行使职权,誓为后盾。讨论结果:(甲)用代表大会名义,电国民政府,请其即日电饬上海市政府委员,立即实行办公;(乙)函请蒋总司令拥护民主的市政府;(丙)通电全国。(五)政府委员辞职问题。全体代表一致主张杨委员因病辞职挽留,谢、郑二委员辞职,无正当理由,准予辞职。(六)市政府委员补选案。由市政府秘书长报告,由执行委员提出之候选人王一亭、顾馨一、赵南公、王延松、孟心史、宋子文、陈友仁、叶惠钧等八人,并介绍八人历史,由主席用反正表决法,先行推出叶惠钧、王延松、赵南公、孟心史四人为决选人,付表决。结果叶惠钧、赵南公二人当选,叶得三百六十二票,赵得一百九十五票。(七)临时动议。先王晓籁、李泊之发言,略谓吾人处兹时代,当大家凭了三民主义奋力进行。尤希望各界同志,极力拥护民主的市政府,用打走直鲁匪军的精神,打倒一切反动分子。全场欢呼拍掌,各代表复纷纷提出问题讨论。结果:(一)市政府委员不准请假及辞职。（二）杭州总工会事件,须电请国民政府惩办捣乱分子,且请蒋总司令报告杭州总工会事件的经过情形。（三）反动派之机关报《江南晚报》造谣挑拨、离间党务,除宣告民众不阅外,应请市政府转饬临时法院立予封闭。（四）市政府须速立自卫团。（五）用代表会议名义,请北伐军速北渡歼灭直鲁军及孙逆残部。（六）租界当局严重交涉,请速撤海陆外兵、拆除铁丝网。（七）房租减价,须由市政府负责办理云云。迨主席宣告散会,已十二点钟矣。

《申报》1927年4月4日

**上大附中聘定代理主任**

　　上海大学附属中校主任侯绍裘因公私事繁,不能兼顾校务,特聘请该校教员张作人先生代理。闻张君已于四月二日起到校就职。

《申报》1927年4月4日

**上大附中聘代理主任**

　　上海大学附属中学主任侯绍裘,因公私事繁,不能兼顾,特聘请该校教员张作人代理,已于四月二日起到校就职。

《民国日报》1927年4月4日

**上大附中聘定代理主任**

　　本埠上海大学附属中校主任侯绍裘,因公私事繁,不能兼顾校务,特聘请该校教员张作人先生代理。闻张君已于四月二日起到校就职云。

《新闻报》1927年4月4日

**反英大同盟会昨日成立**

　　国闻通信社云：本埠工商学兵各团体,于昨日下午一时许,假西门少年宣讲团开反英大同盟代表大会,到一百七十余团体、代表约四百余人。宣布开会后,公推学联会刘荣简主席,报告开会宗旨及筹备经过情形,继通过成立大会,对外宣言。次讨论代表大会提出议案如下：一、定期对英总同盟罢工案,议决：总同盟罢工为政府外交后盾,此次陈外交部长到沪,应俟交涉结果若何,相机举行,务期达到反英目的。二、组织对英经济绝交委员会,当举出上海总工会、各路商总联会、学生联合会、特别市党部、上海大学、市政总工会、店员总会、二十六军政治部、商务职工会、电气工会、各界妇女联合会等十一团体为委员。三、临时动议。议决案如下：（一）分电各省组织全国反英大同盟;（二）要求市政府警告外报及通信社,不得宣传不确消息,并令本国报纸不得登载;（三）发表宣告,不用英货;（四）要求市政府抗议英兵越界拘捕印人;（五）没收华界逆产为大同盟会址;（六）要求国民政府必要时宣布对英绝交,并颁布条例,违者严惩;（七）警告日本,不得用阴柔政策,扰乱中国。四、推举上海学生会、各路商总联会、自来水工会、上海大学、公共租界电车工会、浦西工会联合会、二十六军政治部、上海总工会、妇女联合会、店员总会、特别市党部、市政总工会、特别市第三区党部、电话工会、东吴大学、光华大学、法科大学、南市工界联合会、妇女教职联合会等二十一团体，为同盟会执行委员，负责办理。议毕散会。

《申报》1927年4月8日

### 反英大同盟昨日开会

反英帝国主义大同盟昨日下午二时开第一次执行委员会。到者特别市党部、妇女联合会、公共租界电车工会、电话工会、学生联合会、法科大学、上海大学、光华大学、总工会、第一区党部、店员总会、东吴法科大学、女教职员联合会等十四团体、代表二十余人。公推刘荣简主席。（一）报告本会由学生联合会发起，经五团体之筹备，由各团体产生二十团体为执行委员；（二）总工会提议发表宣言，公决通过；（三）征求各界联合加入，公决登报征求；（四）由执行委员会通告各团体对英大演讲，并发传单，时间以下星期一开始；（五）内部组织，公推学生联合会、总工会、市党部、各路商总联合会、各界妇女联合会五团体为常务委员，并互选秘书长、宣传主任、组织主任，其余十六团体分配为财政、计划、农工、总务、青年等部，一致通过，并即推定李泊之、向洛、冯先为财政委员；（六）经济问题，公决：（甲）请各团体自由捐助，（乙）向市党部暂借一百元应用；（七）会址。公决请市政府指拨，在未指定前，暂借学生联合会；（八）检查英货案，公决下星期起实行；（九）本星期三上午十时，开对英经济绝交委员会；（十）虹口六路商联会来函，报告两要案，公决交常务委员查明真相再行筹商对付方法。议毕四时许散会。

《申报》1927年4月12日

### 上大反英宣言　并通电援助大夏

学生会加入反英大同盟宣言　国内外同胞钧鉴：英人素抱帝国野心，屡施强暴政策，五卅而后，视为得计，变本加厉，激进无已，对我民族，妄加宰割，要结军阀，横行高压，嗾使媚外分子，挟制舆论机关。重庆之余火未已，南京之炮击踵至，复以外交诈术，侵我权主，资本侵略，吸我脂膏，此皆我同胞所痛首，一体同仇者也。敝会同人，愤国权之丧失、公理之沦亡，对于反英大同盟之组合，绝对附从，一致抗拒英帝国主义之武装压迫、经济侵略。尚希诸同胞坚其团结，加入奋斗，以争国权而造民族。

学生委员会援助大夏电　国内外同胞钧鉴：英兵越界围搜大夏大学，殴伤同胞，捣毁物具，国权丧失，公理荡然，渺视我华，于斯为极。彼英人侵略为心，惨横成性，抱其帝国政策，残我中华民族，尚望诸同胞一致电请国民政府严重抗议，以雪奇耻，而争国光，是所至叩云云。

《民国日报》1927年4月15日

### 上大开教职员学生联席会议

江湾上海大学于十四日下午一时开教职员学生联席会议，到四百余人。计通过提案二十余件，并由学校当局报告最近学务、校务进行状况及计划，国立运动委员会报告，膳食委员会报告，学生会执行委员会报告。

《申报》1927年4月16日

### 上海大学教职员学生联席会议

江湾上海大学,于前日下午开教职员学生联席会议,计通过提案二十余件。主席报告开会宗旨,学校当局报告最近学务校务进行状况及计划,国立运动委员会及膳食委员会、学生会执行委员会均有报告。后讨论,薄暮散会。

《民国日报》1927 年 4 月 16 日

### 上海大学教职员学生联席会议

江湾上海大学,于本月十四日下午一时,在该校第一教室开教职员学生联席会议,到会者有四百余人,计通过提案二十余件。开会秩序:(一)开会;(二)推举临时主席;(三)主席报告开会宗旨;(四)学校当局报告最近学务校务进行状况及计划;(五)国立运动委员会报告、膳食委员会报告;(六)学生会执行委员会报告;(七)讨论;(八)其他;(九)散会。闻有多数提案,因时已转暮,不及议而散,须再开□议云。

《新闻报》1927 年 4 月 16 日

### 上海大学昨日开重要会议

昨日上午十时,上海大学在新校开改选后第一次行政委员会,到会者有陈望道、谢六逸、李春鏳、金耀光、冯三昧、刘大白、周由廑等七人。讨论事项如下:(一)改选临时主席案,议决用无记名投票法,选举结果,陈望道得五票当选为该会临时主席;(二)追认请愿代表案,议决追认;(三)向宁汉双方请愿国立案,议决通过;(四)陈望道因赴宁汉请愿,请刘大白暂行代理学务主任及临时主席案,议决在陈君未回校以前,请刘君逐日在校办公并代行主席职权;(五)推定临时提款委员案,议决请刘大白、冯三昧二君共同签字;(六)推定事务委员案,议决由冯三昧君协同学生代表共同办理。直议至十二时始散。

《申报》1927 年 4 月 19 日

### 昨日上大之重要会议

昨日上午上海大学在新校开改选后第一次行政委员会,到会者有陈望道、谢六逸、李春鹏、金耀光、冯三昧、刘大白、周由廑等七人。情形如下:一、改选临时主席,结果陈望道得五票当选为该会临时主席;二、追认请愿代表案,议决追认;三、向宁汉双方请愿国立案,议决通过;四、陈望道因赴宁汉请愿,请刘大白暂行代理学务主任及临时主席案,议决于陈君未回校以前,请刘君逐日在校办公,并代行主席职权;五、推定临时提款委员案,议决请刘大白、冯三昧二君共同签字;六、推定事务委员案,议决由冯三昧君协同学生代表共同办理。

《民国日报》1927 年 4 月 19 日

### 昨日上海大学之重要会议

昨日上午十时,上海大学在新校开改选后第一次行政委员会。到会者有陈望道、谢六逸、李春鏳、金耀光、冯三昧、刘大白、周由廑等七人。讨论事项如下:(一)改选临时主席案,议决用无记名投票法,选举结果陈望道得五票,当选为该会临时主席;(二)追认请愿代表案,议决追认;(三)向宁汉双方请愿国立案,议决通过;(四)陈望道因赴宁汉请愿,请刘大白暂行代理学务主任及临时主席案,议决在陈君未回校以前,请刘君逐日在校办公,并行主席职权;(五)推定临时提款委员案,议决请刘大白、冯三昧二君共同签字;(六)推定事务委员案,议决冯三昧君协同学生代表共同办理。至十二时散会。

《新闻报》1927年4月19日

**上大丁卯级同学会成立**

十八日江湾上海大学丁卯级同学会,召集全体大会,到者九十余人,当推举李春錡、方超骥、杨国辅、丁显、金耀光、李圣恩、汪涛等七人组织执行委员会,从事编辑该级特刊。内有广告栏,由方超骥君担任接洽,并拟在校内建筑钟楼一座,择日开欢乐大会,摄影聚餐,以示纪念云。

《申报》1927年4月20日

**上大丁卯级同学会成立**

前日江湾上海大学丁卯级同学会召集全体大会,到者九十余人。当推举李春錡、方超骥、杨国辅、丁显、金耀光、李圣恩、汪涛等七人,组织执行委员会,从事编辑该级特刊,内有广告栏,由方超骥君担任接洽。并拟在校内建筑钟楼一座,择日开欢乐大会,摄影聚餐以示纪念云。

《民国日报》1927年4月20日

**上海大学丁卯级同学会成立**

昨日(十八日)江湾上海大学丁卯级同学会,召集全体大会,到者九十余人。当推选举李春錡、方超骥、杨国辅、丁显、金耀光、李圣恩、汪涛等七人,组织执行委员会,从事编辑该级特刊,内有广告栏,由方超骥君担任接洽,并拟在校内建筑钟楼一座,择日开欢乐大会,摄影聚餐,以示纪念。

《新闻报》1927年4月20日

**上大附中学生会**

上海大学附中学生会,于昨日(十九日)下午二时在该校第一大教室,开本届学生会改选大会,全体同学到会,公推武志祖为主席,陆福如为纪录。首由主席报告开会宗旨,后由寒假留校委员会委员,报告寒假工作之经过情形,次讨论经费等各项重要问题,及修改章程等。结果十分美满。嗣即进行选举,顾根兴、陈慧生、许励等十一人,当选为本届学生会执行委员云。

《民国日报》1927年4月23日

**上大丁卯级二次大会**

江湾上海大学丁卯级同学会,前日午后开第二次全体大会,到百余人,公推方超骥君主席,次讨论毕业结束事宜,并由执行委员会代表方君报告工作甚忙,委员不敷分配,要求扩大组织,当即补选葛克信、钱宗湘二君加入。至于编辑特刊及建筑纪念物,均由该委员会负责进行。

《时报》1927 年 4 月 23 日

### 上大附中学生会改选

上海大学附中学生会于昨日(十九)下午二时在该校第一大教室开本届学生会改选大会,结果顾根兴、陈慧生、许励等十一人当选为本届学生会执行委员。

《时报》1927 年 4 月 23 日

### 上大丁卯级同学大会

前日午后,上海大学丁卯级同学会,开第四次全体大会,到数十人。公推总务方超骥为主席,讨论结束毕业事宜,并补选佟宝璋、冯骥、林道兴、廖上璠等四人为执行委员。旋即续开执行委员会,兹录议案如下:一,毕业论文,限五月一日以前一律缴到委员会;二,半身照片及年刊费五元,限本周内缴清;三,建筑纪念物,由学校代办;四,五月五日举行欢乐大会,及聚餐摄影。并闻下星期一开第五次全体大会云。

《民国日报》1927 年 4 月 29 日

### 上海大学丁卯级之同学会

日昨午后,上海大学丁卯级同学会,开第四次全体大会,到数十人,公推方超骥为主席,讨论结束毕业事宜,并补选佟宝玮、冯骥、林道兴、廖上璠等四人为执行委员。旋即续开执行委员会,兹录议案如下:(一)毕业论文限五月一日以前一律缴到委员会;(二)照片及年刊费五元,限本周内缴清;(三)建筑纪念物由学校代办;(四)五月五日举行欢乐大会及聚餐摄影。并闻下星期一开第五次全体大会。

《时报》1927 年 4 月 29 日

### 江湾上海大学查封　学生一律出校

江湾上海大学于前日下午一点钟,被龙华司令部派兵士三十余人,将该校四周包围,所有男女学生一概不准行动。进出口处皆架起机关枪,一时气氛森严。兵士入校后,乃分队命学生集于第一教室,由该队指挥员谢某,声明系奉总司令部命令,限所有学生即刻离校,否则恐有危险。当时学生要求准予是晚暂住一夜,当蒙允许。一面由兵士四处搜查,有无危险品及某项宣传品,结果并无所得。是夜,全体学生仍睡在第一教室,昨日已纷纷离校。闻该校有将改组政治大学之说。

《时报》1927 年 5 月 5 日

### 上海大学暨附中善后委员会启事

本校已得政治部陈主任允于日内设法改组,凡我校纯粹国民党员及忠实同学,务希即日往青云路天授里天字四十五号报到,共商一切事宜。至有共产嫌疑者,一律拒绝。特此通告。

《申报》1927 年 5 月 6 日

1927 年

## 上海大学查封后之布告

前敌政治部于五月二日派教育股股长梁麟、总司令部特务处陈卫队长,前往江湾查封上海大学,将该校学生全体遣散,所有学生行李书籍等,概令其自由搬出。唯学校公物则由教育股派员协同江湾警署检查封闭,并派警驻守。闻国民革命军总司令以政治人才需用孔亟,拟开办政治训练班一所,即以该校房屋为所址,兹录政部,布告如下:查上海大学为破坏国民党反动分子之巢穴,业经查获有据,兹特派员前往查封,除饬令该校先行全部解散、听候查办外,合将查封该校缘由布告,俾众周知。此布。

《时报》1927 年 5 月 6 日

## 上海大学·不容与国民党

国闻五日上午十一时上海电　上海大学被封,学生驱逐。

《大公报(天津)》1927 年 5 月 6 日

## 上大维持善后委员呈请启封

江湾上海大学,因有共产党嫌疑,已被查封。现闻该校所有纯粹国民党员及忠实之学生,公举方超骥、丁显、朱复、刘大白等为学校维持善后委员,负责进行一切请愿及改组事宜。昨已得政治部陈群主任之谅解,兹将该委员会致上海政治分会呈文录左。呈清党运动,殃及全校,黉舍遭封,藏修无所,恳请迅予启封,俾免失学事。伏思大学教育,本以研求学术为职志,一切新旧学说,皆不妨供教师学子之探讨,以期择善而从。上海大学自成立以来,即本斯旨,以为讲肆之方,虽其间不无偏激之徒,误信盲从,谬趋歧路,然全校五百余人中,跨党分子实居少数,徒以若辈善于操纵,工于劫持,巧于闪避,长于播煽,而曩者中国国民党又容许其寄生于党中,于是校中忠实同志,暨无党派之同学,皆不能不与之合作,以努力于国民革命。上海大学同学于过去两年中,与帝国主义及军阀相周旋、相抗拒,虽未足言有功,而牺牲不可谓不巨,此固全校师生共同努力之所表显,而非若辈少数之所独为也。然若辈往往贪全体之功程,为己派之成绩。凡其报告于苏俄,宣传于国际,播腾于社会,咸攘群力以为己功,而上海大学遂一若全蒙赤色之幕矣。此唯我中国国民党中央党部及国民政府能灼知之。故于,大学遭巨创之际,屡予以经常费及□时建筑费之补助,几认为上海方面之党立学校,俾本大学于颠沛之余得以维持至今,且能勉建校舍,以为同学五百余人弦诵之场,是固同学等所深为感激而庆幸者也,迨国民革命军奠定东南,义旗指沪,万众腾欢,而同学等则更额手相庆。以为而今而后,本大学既全隶于青天白日之下,虽由中央党部之补助,进而为国民政府之国立不难矣。不图始则既因军事影响,交通梗阻,开学较迟,同学到沪者甚鲜,继则少数带有特殊色彩之教授学生,类皆散布于党部政府工会之中,为种种特殊之活动,到校者极稀。以是全校同学,不过百许人,学校所收学膳杂费,不过三千余元,经济之困窘,为历来所未有。虽赖校中当局辛苦支撑,已觉有岌岌不可终日之势。所幸不良分子,多在校外,所余同学,多系忠实同志及无党派者,颇能安心就学,不做轨外行动,故虽处兹危险之中,犹无基础动摇之处。洎乎清党运动既起,在校之少数跨党分子,又多内不自安,潜赴武汉,同学等方以为若辈既去,不特有利于党国,而且可保学校之安全矣。故学生会业经改组,区分部亦在筹备改组中,以尽清党运动中应负之责任。岂期本月二

247

日,突由东路军前敌总指挥部政治部派遣武装兵士来校,声言清党,驱逐学生,封闭学校,并称将以本大学校舍移作政治训练班之用。同学等既遭驱逐,怅无所之,而行李银钱,复于搜查扰乱中,多所损失,现在流离失所,食宿难周,既失肄业之所,复深亡校之痛,彷徨瞻顾,莫稔何因。窃思清党宜也,固同学等所深赞者也,即曰,本大学中尚有余孽可清,搜检而剔除之,接收而改组之,均无不可也。今也混淄渑而不辨,合玉石而俱焚,罪问蹊田,邻牛竟夺,殃遭失火,池鱼何辜?本大学昔遭帝国主义及军阀之摧残也屡矣,然同学等则于愤慨之余,窃自慰解曰,此帝国主义及军阀之所为,固因尔也。而今则且末由自慰解矣,伏愿钧会本中央党部及国民政府夙昔爱护本大学、扶助本大学之心,迅赐议决,移知东前政治部,立予启封,以免同学等失学无归之苦。至于清党之举,倘虑本大学中尚有跨党分子潜伏其间,尽可由钧会令行上海教育委员会,派员到校严加厘剔,或竟行接收改组,均同学等所欢迎。请宏援手之仁,敢作垂涕之道,不胜屏营待命之至。

《新闻报》1927年5月7日

### 上大被封后之行动

江湾上海大学,因有共产党嫌疑,已被查封。现该校所有纯粹国民党员及忠实之学生,公举方超骧、丁显、朱复、刘大白等为学校维持善后委员,负责进行请愿及改组事宜。昨已得政治部主任陈群之谅解,一面呈请政治分会,要求启封。

《时报》1927年5月7日

### 上海教育委员会之会议

上海政治分会教育委员会于前日下午四时开第三次会议,列席者七人。(甲)报告事项:照常务委员会第三次议决各条。(乙)讨论一项:一、政治分会发交南洋附中小主任沈庆鸿呈请速简贤能接收续办案,议决:函复请与政治分会所派李范一接洽办理。二、同济大学校长阮尚介呈报校长经过情形,并请派员接替案,议决:既据径呈中央,应俟中央政府核示办理。三、省立四中离校学生会呈请派员彻查接收该校案,议决:非本会范围内事,应径呈教育厅核办。四、上海大学全体教职员呈请恢复该校原状案,议决:函分会如该校跨党分子,业已肃清,即请克日启封,并定办法。五、留云寺住持德浩呈报留云学校经过情形案,议决:已派员调查,应俟复到,再行核办。六、市党部函关系法政大学案,议决:函请分函核办。七、立达学社请拨款接收大同大学案,议决:不有关于私立学校,请求拨款办理问题,在公立学校经费未有办法以前,应暂缓议。八、三民学校四民女校请求改归公立案,议决:同上。(丙)提议事项:张委员提议,请中央政府从速决定维持各大学方法,并定教育方针案,通过。

《申报》1927年5月10日

### 市党部执行委员会第二次会议

中国国民党上海特别市党部临时执行委员会昨开第二次会议,到潘宜之、陈群、陈德徵、周致远、俞国珍、冷欣(刘斌代)、张晴川(吕竞新代)、冷隽(凌其翰代),推陈群为主席。一、恭读总理遗嘱。二、读上次议决案。三、主席报告。四、讨论议案,秘书处提案:

（一）江永轮被难家属呈请本党部提议已故三领江之抚恤，限令招商局早日优给，以全无辜之遗族，应如何办理案，议决：请政治部办理。（二）上海大学学生六十三人呈该校于五月二日被政治部封闭，其原因为肃清跨党分子，但上大五百余同学，捣乱分子实居少数，且均已畏罪潜逃，今忽遭封闭，致使多数忠实同志以及一部分尚未入党之同学均受打击，恳请本党部与以设法启封，并一面派员到校改组，应如何办理案，议决：交政治会议上海临时分会办理。

《申报》1927年5月11日

**东前总政部各科股消息·教育股**

日前封闭上海大学之校具各件，昨经该股派员点交中国国民党上海党务人员养成所秘书费哲民接收云。

《申报》1927年5月13日

**上海大学学生廖上璠、薛成章、陈德圻、吴铮、林道兴、佟宝璋、陈伟天、黄义山、符步瀛、梁希陶、梁禹紧要启事**

同人等自学校被封后，即从事谋划学校启封事宜，并努力清党运动，乃不为对方所谅，认为捣乱分子，突于本月十一日午前被国民革命军第二十六军稽查分处将同人等全行逮捕，幸省讯之下，确认同人等为忠实党员及无党派之同学，已于十三日三时释出。嗣后同人等当一本初衷，继续进行，任何阻碍所弗胥计，诚恐外界不明真相，用特登报声明。诸希公鉴为幸。

《申报》1927年5月15日

**政治分会昨开二十二次会议**

中央政治会议上海临时分会昨日（十四）上午十时开第二十二次会议，列席委员蒋尊篹、潘公展、杨树庄（李景曦代）、褚民谊、陈其采（沈泽春代）、吴忠信、白崇禧（潘宜之代）、郭泰祺、杨杏佛，主席蒋尊篹，纪录徐佩璜。主席恭读总理遗嘱，全体肃立。（甲）报告事项：（一）上海教育委员会五月十二日常务委员第四次会议，报告议决事项一件。（二）郭委员泰祺转来驻美使馆函称，美国上下二院议员八人，先后携眷前来吾国游历，开具名单，请优予照料，妥为保护由。（乙）讨论事项：（一）上海教育委员会函复交办上海法政大学同学会等呈请改组国立案一件，又上海特别市党部介绍高祖荫等接洽函一件，均经该会议决，事关改组大学，应由本会主办，请察核，决议与第三案同样办理。（二）上海教育委员会函称，据上海大学全体教职员函称，该校舍为东总政治部派军封锁，请设法撤退恢复原状。又该校学生方超骥等呈称，清党殃及全校黉舍，请迅予启封各等因，经该会议决，请本会转咨政治部，如该校跨党分子业已肃清，请克日启封，并请决定办法，决议与第三案同样办理。（三）潘同志宜之函称，前因清党关系，曾将共党所举办之上海大学及法政大学查封，现闻共产分子之学生数百人，已先后赴汉，该二校留沪学生数百人多系青年向学之士，自不应听其失学，为社会讥评。故特建议，请将该二校合并改组为上海中山大学，其原有经费，若有不足，希转致财委会酌拨，并饬教委会于日内派员负责维持，以示本党爱护人才之至意由。决议：上海法政大学及上海大学二校现有学生，合并在上海大学，责成上海教委会派员暂行维持，一面责成该会计划筹备上海中山大学事宜，并整个的具体办法，速呈候本会核议。（四）上海特别市党部秘书处函交该党部第三次执行委员会，议决：本会侵及该党部党权案一件，请查照办理由。决议由本会常务委员及市党部之四部（农工商民青年妇女）警察厅宣传委员会、财政委员会、教育委员会、卫生委员会、工会组织统一委员会各派一人，为本会团体立案审查委员，组织审查委员会。关于备案事宜，由该委员会审查后，报告本会核准公布。

《申报》1927年5月15日

### 上海大学被拘学生已释放

上海大学学生陈德圻、廖上潘、吴铮、薛成章、林道君等十一人被二十六军稽查处误认为有跨党嫌疑，拘捕逮案。兹该处已询悉明确，业将各生于十三日释放矣。

《申报》1927年5月15日

### 上海大学学生释放

上海大学自被封后，一般忠实国民党党员及无党派之学生组织学生会，如运动学校启封，暨排斥不良分子，突于日前被国民革命军第二十六军检查分处误认陈德圻、廖上潘、吴铮、薛成章、林道兴等十一人为有跨党嫌疑，拘捕逮案。兹该处已询查明确，系属误会，已将各生于十三日释放矣。

《时报》1927年5月15日

### 上大学生会请派员到校维持

上海大学学生会昨日开第四次执行委员会，首由主席报告，据报载上海政治分会议决，上海大学及上海法政大学二校现有学生合并在上海大学，责成上海教育委员会派员暂来维持。一面责成该会计划筹备改组为上海中山大学事宜等因，后经讨论结果，函请上海教育委员会依照政治分会议决案，从速派员来校维持并促定改组计划云。

《申报》1927年5月16日

### 上大学生会昨开执行委员会

昨日上午上大学生会在闸北天授里办公处开第五次执行委员会，到者丁显、林道兴、汪涛等十一人，公举方超骥为主席、薛成章为记录。首由主席报告营救被误捕之同学的经过，及应讨论之经费和改组各问题，当推杨国辅、吴铮二君出席此次上海教育委员会，请求执行政治分会议决案，并分配方超骥为总务主任、廖上潘为交际主任、薛成章为文书主任，加聘佟宝章为文书。闻已去函市党部及军政当局备案，并派代表加入学联会云。

《申报》1927年5月17日

### 上海教育委员会常务会议纪

上海教育委员会十六日下午四时开第五次常务会议，出席者姜伯韩、朱经农、胡明复,由姜伯韩主席。议决事项如下:(一)政治分会函知本会为联合组织团体立案审查委员会由,议决:交大会推定代表;(二)分会函知本会法政、上海两大学学生合并于上海大学,责成本会派员维持,并责成本会筹备计划中山大学事宜,议决:交大会议决;(三)分会函知准郭交涉使转来驻美使馆函称,美国议员八人拟来华游历,请予招待等因,议决:函复分会,请于美员来华时先期通知本会,以便派员参加欢迎,并通告各学校;(四)通惠小学校来呈案,议决:该校系私立学校,并查该校原有董事会主持一切,所有内部纠纷应归董事会处理。

《申报》1927年5月18日

**上大学生会昨开六次执委会**

昨日上午九时,上大学生会于闸北青云路天宝里该会办公处,举行第六次执行委员会,由总务方超骥为主席,文书陈德圻为记录。首由主席报告该校已蒙当局计划,改组国立中山大学,启封之期不远,当经公决,定于本月二十一日上午九时,在恒裕里恒裕小学召集全体同学大会,讨论一切重要事务。并闻该会丁卯级同学会,亦于今日午后二时,假该会开会云。

又该会前日为校事发表宣言云:我上海大学自被封后,外界对于内容一切情形,多未明了,或讥为捣乱机关,或目为共产党巢穴,聚讼纷纭,甚嚣尘上,实则道路传言,大相刺谬,内容详情,讵尽如是。用特发表宣言,俾明真相,幸我同胞,一垂察焉。溯我上大之名,诞降迄今,忽忽六易寒暑,职教员颇称热心,诸同学亦能振奋,雍雍济济,惨淡经营,唯冀养成建国人才,备为世用,规划远大,实所难能,用是校誉雀起,舆论翕然。五卅以还,叠奏奇绩,非特著令名于国内,抑具播声华于寰海。岂维请愿当局,谋划启封,幸南中同志,对于我校内里情形,知者尚多,递呈请愿,颇蒙采纳。业经政治分会议决,将内容刷新,准予启封。好音传来,欢腾莫释,行见苞桑巩固,定可预卜于今兹,丹山碧水,总可实现于将来,此又我上大近今进行计划之状况也。频年以来,我上海大学,屡遭奇变,推源祸始,谁为厉阶。彼辈所赐,顾莫知也,自今以往,我全体忠实同学,当本坚忍不拔之精神,作中流砥柱之事业,清党勤学,用补阽危,青天白日,讵能容魑魅以横行,海底沉冤,或可大白于天下,此又我全体忠实同学所切盼而希望者也。嗟嗟,林空木落,医国无材,月坠岩高,此心耿耿,年来国家多故,黉舍圮墟,向学之士,不知所出,鬲目时艰,用为隐忧。挽既倒之狂澜,支将倾之大厦,非异人任,吾辈之责也,忠爱同胞,其共勉旃。谨此宣言。

《民国日报》1927年5月20日

**上海大学学生会消息**

上海大学学生会前日发出宣言,略谓该会系由校中全体忠实国民党员及一般无党派之同学组织而成,其目的在运动应封学校并努力清党工作,且对于该校以前不良分子,假借公众名义,把持一切之罪状,叙述至为详尽云。

该会宣言原文云:我上海大学自被封后,外界对于内容一切情形,多未明了。或讥为捣乱机关,或目为共产党巢穴,聚讼纷纭,甚嚣尘上,实则道路传言,大相刺谬。内容详情,讵尽如是,用特发表宣言,俾明真相,幸我同胞,一垂察焉。溯我上大之名,诞降迄今,忽忽六易寒暑,职教员颇称热心,诸同事亦若振奋,雍雍济济,惨淡经营,唯冀养成建国人才,备为世用,规划远大,实所难能。用是校誉雀起,舆论翕然,五卅以还,叠奏奇绩,非特著令名于国内,抑且播声华于寰海,岂维请愿当局,谋划启封,幸南中同志,对于我校内里情形,知者尚多,前呈请愿,颇蒙采纳,业经政治分会议决,将内容刷新,准予启封。好音传来、欢腾莫释,行见苞桑巩固,定可预卜于今兹,丹山碧水,总可实现于将来,此又我上大近今进行计划之状况也。频年以来,我上海大学,屡遭奇变,推源祸始,谁为厉阶,彼辈所赐,顾莫知也。自今以往,我全体忠实同学,当本坚忍不拔之精神,作中流砥柱之事业,清党勤学,用补弢危,青天白日,讵能容魑魅以横行,海底沉冤,或可大白于天下,此又我全体忠实同学所切盼而希望者也。嗟嗟。林空木落,医国无材,月坠岩高,此心耿耿,年来国家多故,爰舍坵墟,向学之士,不知所出,嚆目时艰,用为隐忧,挽既倒之狂澜,支将倾之大厦,非异人任,吾辈之责也。忠爱同胞,其共勉旃。谨此宣言。

《申报》1927 年 5 月 21 日

**上海教育委员会之议决要案**

五月二十一日,上海教育委员会开第五次会议,出席者姜伯韩、杨杏佛、朱经农、王世杰、周鲠生、欧元怀、胡明复、周仁、陈德徵、刘大白、黄惠平、桂崇基,当推姜伯韩主席。于下午四时开会,议决事项如下:(一)东吴大学法律学院来函,该院现已改组,呈报正式立案由,议决:该校既系大学,应呈请中央教育行政会立案。(二)浦东中学函复,该校校董会所经手之各项账目,向由财政经理员秦砚畦经管,并不存在校中由,议决:致函秦砚畦调取各项账目,由浦东中学转。(三)上海特别市中小学教职员总联合会报告重选职员一切,均依法改组由,议决:应俟调查员报告后再行核办。(四)特别市党部来函,据震旦大学学生会函请转知本会重行审议、加委何鲁维持该校校务由,议决:应向中央教育行政委员会呈请。(五)上海大学学生会陈述上大内容情形,议决:函复该校学生会,请开会会同上大教职员会,推派代表,直接向东前政治部说明原因,陈请启封。(六)青年会高中商科二三级全体学生来函,议决:函复该校全体学生,遵照董事会议决进行。(七)澄衷中学报告学潮始末并经过情形,请求指示由,议决:该校既改为委员制,仍照改组后之校务委员制办法进行。(八)上海法政大学来呈,推定张知本等五人为校务委员,请予加委由,议决:该校善后办法,已由政治分会议决,所请加委,无庸置议。(九)政治分会发下上海法政大学学生会,呈同前由,交本会查照办理,议决:复呈分会,上大、法大两校善后办法,已奉钧会议决,无庸加委委员,业已函致该校矣。(下略)

《申报》1927 年 5 月 24 日

**上海大学之重要会议**

上海大学,前日下午开行政委员会,到会者有教员陈望道、周由廑、谢六逸;学生金耀光、丁显等十余人。其议决事项如下:(一)陈望道因有要事,急须返里,已将政治大学维持委员及各校教课辞去,要求该会亦将临时主席一职,另选他人担负全责,议决通过,并举谢六逸为该会临时主席。(二)以后校务进行是否仍由该会负责?议决仍由该会负责维持,并加推朱复、谢六逸进行恢复学校事宜。(三)冯三昧因家遭变故,要求辞去经济委员会主席及注册课主任等职,以便回家料理,议决通过,所任注册事宜,改由朱复担任,经济委员会主席改由周由廑担任。此外,尚有提案多种,因为时已晚,不及议而散。闻该会前主席陈望道已与新选主席谢六逸约定,昨日在谢宅点交各种契约文件以及现洋账目云。

《申报》1927 年 5 月 28 日

**上海大学之重要会议**

上海大学,前日下午开行政委员会,到会者有教员陈望道、周由廑、谢六逸,学生金耀光、丁显等十余人。其议决事项如下:(一)陈望道因有要事,急须返里,已将政治大学维持委员及各校教课辞去,要求该会亦将临时主席一职,另选他人担负全责,议决通过,并举谢六逸为该会临时主席。(二)以后校务进行是否仍由该会负责?议决仍由该会负责维持,并加推朱复、谢六逸进行恢复学校事宜。(三)冯三昧因家遭变故,要求辞去经济委员会主席及注册课主任等职,以便回家料理,议决通过,所任注册事宜,改由朱复担任,经济委员会主席改由周由廑担任。此外,尚有提案多种,因为时已晚,不及议而散。闻该会前主席陈望道与新选主席谢六逸约定,昨日在谢宅点交各种契约文件以及现洋账目云。

《新闻报》1927 年 5 月 28 日

**上海大学之重要会议**

上海大学前日下午开行政委员会,到会者有教员陈望道、周由廑、谢六逸,学生金耀光、丁显等十余人。其议决事项如下:(一)陈望道因有要事,急须返里,已将政治大学维持委员及各校教课辞去,要求该会亦将临时主席一职,另选他人担负全责,议决通过,并举谢六逸为该会临时主席。(二)以后校务进行是否仍由该会负责?议决仍由该会负责维持,并加推朱复、谢六逸进行恢复学校事宜。(三)冯三昧因家遭变故,要求辞去经济委员会主席及注册课主任等职,以便回家料理,议决通过,所任注册事宜,改由朱复担任,经济委员会主席改由周由廑担任。此外,尚有提案多种,因为时已晚,不及议而散。闻该会前主席陈望道已与新选主席谢六逸约定,昨日在谢宅点交各种契约文件以及现洋账目云。

《时报》1927 年 5 月 28 日

**五卅二周纪念大会纪详·闸北方面·到会之团体**

党务训练所代表、五区二十八分部代表、爱国女学校、引翔区农民协会各村到者二百余人、上海对日外交市民大会、上海市民提倡国货会、引溪学校、虹北学校、东吴法学院、上海市郊农民协会、海军总政治部宣传队第三队、上海女青年会代表、一区三十四部代表、市党部行动队、上海特别市党部代表、上海大学改组学生会代表、第五区第九分部、立达公学、一区十八分部、闸北商会代表、东吴二中学生会、沪北五区商联合会代表、持志大学、五区八分部、沪宁铁路政治部、国立暨南学校、中法药房、闸北保卫团第四队、民华学校、岭南中学、一区二分部、广东公学、广肇公学、中华艺大、昌世中学、一区十六分部。

《申报》1927 年 6 月 1 日

### 政治分会三十次会议纪

（上略）（乙）讨论事项：（一）上海大学学生会呈请饬教育委员会即日履行本会议决案，将上海、法政两大学合并改组中山大学，俾该两校学生不致永久失学，并请通知东前政治部准予启封，由本会派员接管由，决议：交教育委员会。（下略）

《申报》1927 年 6 月 3 日

### 上海大学丁卯级会启事

丁卯级同学公鉴：本会所做之毕业图相已经做就，凡已缴照片及会费者，请径往南京路王开相楼领取。恐未周知，特此通告。

《申报》1927 年 6 月 9 日

### 上海教育委员会第七次会议

六月七日，上海教育委员会开第七次会议，出席者姜伯韩、黄惠平、杨杏佛、欧元怀、胡明复、桂崇基、朱经农等，于下午四时开会。主席姜伯韩恭读遗嘱毕，议决事项如下：

（中略）

（十三）宁波同乡会公学教员联合会来呈一件，为组织教员联合会请备案由，议决：存。（十四）政治分会发交务本女校呈一件，为上海市党部推陈张二员接收该校事，又奉有江苏教育厅训令，请示核办由，议决：案据教厅训令，通知务本及俞庆棠、陈德徵、张晴川知照。（十五）政治分会发交上海大学学生会呈一件，为请从速履行政治分会二十二次议决案，将上、法两大学改组中山大学，并将东前政治部准予启封，议决：查政治分会原案，仅云该两校学生，俟上海中山大学成立设法容纳，并无该两校合组中山大学之主张。所请一节，根本不能成立。（十六）留云学校校长童行自呈报接办该校，并请备案，议决：与十三案同。（十七）敬业学校员生来函，公举朱教育员学俊为校长，请转县委任由，议决：俟调查后再办。（十八）上海大学学生会函陈该校被封恳请本会积极筹备中山大学由，议决：与第十六案同样办理。（十九）飞虹学校函请，校长问题未决以前，先转知沪北工巡捐局拨款接济，议决：应俟校长问题解决后再行核办。

《申报》1927 年 6 月 10 日

### 上海教育委员会之两会议·第九次

六月十四日，上海教育委员会第九次大会，出席者姜伯韩、朱经农、周鲠生、王世杰、刘大白、欧元怀、杨杏佛、褚民谊，于下午三时半开会，公推杨杏佛为主席。恭读总理遗嘱毕，议决事项如下：

（中略）

（八）久泰美记营造厂呈请俯念该商厂艰难，迅饬上海大学将余欠造价克日交付该商厂收取，或将该校舍启封，俾该厂交付委造人，同时收取残余造价由，议决：转呈中央教育行政委员会核办。

（下略）

《申报》1927 年 6 月 16 日

## 政治分会三十四次议事录

（上略）（乙）讨论事项：……（五）久泰美记营造厂代表杨湘泉呈称,该厂承造江湾上海大学校舍,造价洋七万一千五百元,该校尚欠造价一万零五百元,又欠添造□屋及修路费洋一千一百四十元,连同该厂垫借之款三宗,计共二万一千六百四十元。乃该校被封,该校当局现在无款清偿,请俯念商艰,饬该校将余欠清还,或启封该校,以便委造人设法补偿,祈予示遵由,决议：等候查明核办。

《申报》1927 年 6 月 18 日

## 上海教育委员会第十次会议

上海教育委员会于七月二日下午三时开第十次大会,出席者杨杏佛、王世杰、周鲠生、欧元怀、姜伯韩等,公推姜伯韩主席。宣读总理遗嘱,议决事项如下：

（中略）

（十二）中央教育行政委员会批复久泰美记营造厂呈请饬上海大学交付余欠一案,系钱债事件不入教育范围应发还原呈着当事人,呈请主管官署核办由,议决：照复该厂。

（下略）

《申报》1927 年 7 月 4 日

## 劳动大学劳农学院之筹备

国立劳动大学之劳工学院,自聘沈仲九为院长后,即积极筹备,已登报招生。劳动大学筹备委员会,又聘谭仲达、郭珍铭、蔡无忌、何尚平、尚宗会五人为劳农学院筹备委员,并拟将前上海大学校址,改作该院院址,业已奉总司令部命令,于月之十九日由张性书、郭颂铭两人,前往接收矣。

《申报》1927 年 7 月 27 日

## 特别市党部消息·工农部

该部昨日致卫戍司令部函云："径启者,案据南货业职工会第一分会声称,悉会员徐少川、马振球已由工会组织统一委员会解送贵部,系十五日午后解出等语,据此,查前接尊复,谓该会未有呈报贵部,系当时尚未解送,现据前情,特再备函具保,至祈俯允为荷。"又致国立劳动大学函云："径启者,据江湾区农协会转来第八、第十等处报告,金谓贵校拟将上海大学校舍拨充劳农学院,即在该处附近圈稻农田二百亩,办理试验场,并拟以每亩三元至六七元之租价订十年等情,又据该处农民协会条陈利害,请予撤销原案,另觅地址等情前来,据此,查该处农民,多种植菜蔬之自耕农,种户之有一二亩者居多,其最殷实者亦不满二三十亩,自不能与大地主相比,一旦悉数出租,则该区农民将何以谋生。此所以不便者一也。该处农田全部耕种成熟土壤肥,以此开垦已熟获利较厚之地,充斥试验场,用于经济原则与民生主义,亦多有所抵触,此所以不宜者二也。至租价之低廉与否姑可勿论,然以农民谋生之工具,乃经济上之得失而论,似不宜在该圈租划归试验场之用,以明本党保障农民之初旨。贵校为学术渊薮,定必深明农民生活、社会情形,谅不至贯彻局部之主张,置民困于不顾,而敢为革命前途之障碍也。舆情所趋,采取为尚,用特备函奉达,即希查照撤销原案,另觅地址,以维农民生计而重本党党纲,至纫公谊。此致。"又求生铁厂和祥生铁厂工会,派吴家泽指导,旧业职工会昨开改选大会,派周复农指导,客帮资力大会,派沈传珍旁听,三区四十分部,由该部秘书黄燕出席云。

《申报》1927年12月19日

# 1936 年

## 上海大学学籍问题解决　旅京同学筹组同学会

上海大学于民国十六年五月停顿后,全体同学因学籍问题,发生种种困难。去冬经同学代表具呈中央,请追认该校同学学籍,与国立大学同等待遇。现悉教部已呈复遵办。该校旅京同学,当于日昨开会,推定同学会筹备委员,关于学籍审查,决组设审查会,并函王陆一、吴企敬、刘道行、郑仲武等为委员。

《中央日报》1936 年 5 月 18 日

## 前上海大学生籍与国立大学同等待遇

### 该校在沪同学筹组同学会

前私立上海大学,于民国十六年春,因环境关系停办后,迄今十载。现经中央通过该校学生学籍,与国立大学同等待遇,故该校各地学生,分头进行组织同学会。上海方面,亦经举行发起人会议,由林钧、丁丁等着手筹备,兹将各情分志如下。

### 该校略史

上海大学成立于民国十一年,其时总理蒙难留沪,以亟须培植人才,乃将前东南高等专科师范改组为上海大学,推于右任担任校长,叶楚伧担任教务长,邵力子等担任教授、周颂西负责办理校中党务。其后党中先进如廖仲恺、章太炎、马君武、胡展堂、汪精卫、张静江、张继、吴稚晖、戴季陶、居正、孙科、柏烈武等或为校董,或为讲师,或为教授。校中经费,先由总理批准拨给,总理逝世后仍由中央(其时在粤)拨给,遂造成北伐以前唯一培植革命人才之最高学府,并由邵力子任副校长,前黄埔军官学校之沪地招生事宜,即由该校办理。

### 中央通过

民国十六年春,该校因环境关系停办,致该校学生学籍问题,悬而未决。本年于右任氏向第八次中央常会提议请追认该校学生学籍与国立大学同等待遇,当经通过,送国民政府转令教育部办理,业由教育部呈复遵办,兹录中央秘书处致于次。函云:"中央常务委员会第八次会议,准执事提议,查上海大学,为本党育才之最高学府,北伐期间,尤尽宣传联络之责,虽经共党窃据,然本党忠实同志,仍葆贞亮,克制鸱张,现在服勤党国之诸生,皆有事功之表现,谨请追认该校学生学籍与国立大学同等待遇,送国府令主管院部遵照办理,当否请公决一案,当经议决通过在案,除函国民政府外,相应录案函达,即希查照为荷。"

**设通讯处**

上大学生,现在京服务者颇多,尤以服务于中央党部、监察院及审计部为多。闻讯后,即筹组同学会。陕赣等地,亦即进行。本埠该校学生,亦于五卅日假座五卅学校举行筹组同学会发起人会议,到林钧、姚天羽、孔令俊、丁丁、曹雪松、沈寿亚、戴邦定等,议决以在沪同学,过去殊少联络,拟即分头接洽,并设通信处三处:一为闸北五卅公墓五卅学校林钧,一为厦门路上海商报馆丁丁,一为南市局门路君毅中学姚天羽,凡属该校同学,均可通信接洽。闻该校在沪同学,亦达数十人。不日将举行首次筹备会议。并请前该校教授胡朴安、韩觉生、郑振铎等参加云。

《民报》1936 年 6 月 1 日

**前上海大学学生学籍与国立大学同等待遇**

前私立上海大学,于民国十六年春为总理蒙难留沪时,急欲培植人才,将前东南高等师范改组而成,旋因环境关系停办,迄今已有十载。本年由于右任氏向中常会提议,近认该校学生学籍与国立大学学生同等待遇,现经中央通过。故该校各地学生一闻之均甚欣慰,分头进行组织同学会。上海方面,亦经举行发起人会议,已由林钧、丁丁等着手筹备进行云。

《大公报(上海)》1936 年 6 月 1 日

**上海大学组同学会**

私立上海大学经中常会议决,其学生学籍准依国立大学同等待遇,业由教育部呈复遵办。现该校在沪学生经林钧、丁丁等发起筹组同学会,一度举行发起人会,并在厦门路商报社、闸北五卅公墓、五卅学校、南市君毅中学三处接洽。凡该校学生均可向该处通讯接洽,以便取得学籍。闻日内接洽者颇多,不日即将举行筹备会议。

《申报》1936 年 6 月 4 日

**前上海大学学生积极筹备组学生会**

北伐以前,私立上海大学,为我国唯一造就革命人才之最高学府。现中央为表彰起见,经中常会议决其学生学籍准依国立大学同等待遇,业由教育部呈复遵办。现该校在沪学生,经林钧、丁丁等发起筹组同学会,一度举行发起人会,并在厦门路商报社、闸北五卅公墓五卅学校、南市君毅中学三处为接洽处,凡该校学生,均可向该处通讯接洽,以便取得学籍。闻日内接洽者颇多,不日即将举行筹备会议云。

《民报》1936 年 6 月 4 日

**前上海大学同学会筹备会**

前私立上海大学自中央常委会追认其学生学籍,得与国立大学同等待遇后,该校在沪学生即发起组织同学会。前日下午举行首次筹备会议,选举林钧、丁丁、姚明羽、曹雪松、王秋心等五人为常务委员,组织常委会。昨日下午,即举行首次常委会议,由林钧主席,丁丁记录,除讨论各项会务进行外,并因该校校长于右任氏卧病在沪,决日内前往慰问。至该同学会筹备处现设爱文义路一三四弄七号,凡该校学生均可通信接洽入会云。

《申报》1936年6月10日

**文化界简报·上海大学同学会**

前私立上海大学同学会,前日下午举行首次筹备会议,选举林钧、丁丁、姚天羽、曹雪松、王秋心等五人为常务委员,组织常委会。昨日下午即举行首次常委会议。该会筹备处现设爱文义路一三四弄七号。

《大公报(上海)》1936年6月10日

**上海大学同学昨举行联欢会**

前私立上海大学留沪同学会,于昨日晚假古渝轩川菜馆举行聚餐联欢会,到教职员周由廑、周越然、汪馥泉、赵景深、唐鸣时等,及同学左明、朱超然、曹雪松、王秋心、张士歆、吴瑜等五十余人。席间,由丁丁致词,报告同学会进行,及晋谒校长于右任经过。后有汪馥泉等演说。末由赵景深唱扬州空城计,讲湖南、山东、宁波等各地方言语。

《申报》1936年7月5日

**上海大学同学会昨成立**

前私立上海大学,自中央承认其学籍与国立大学同等待遇后,该校留沪学生,即筹组同学会,登记者已百数十人,于昨日下午假法租界景平中学举行成立大会。到校长于右任氏,代表教职员周由廑、周越然、唐鸣时、汪馥泉及学生等百余人。除讨论提案、通过会章外,并选举林钧、高尔柏、丁丁、曹云松等十一人为执行委员,吴开先、陈贵之、唐纯茵等三人为监察委员。该校南京同学会特电致贺。即晚在会宾楼举行聚餐,尽欢而散。

《民报》1936年9月29日

**上海大学组同学会**

中央社念一日南京电　前上海大学经中常会通过改为国立上海大学后,该校同学雷仲山等,即在京筹备同学会,并已请准该校校长于右任,大会成立日期,定下月十日举行。

《民报》1936年10月22日

**前上海大学组织同学会**

前上海大学,经中常会通过,改为国立上海大学后,该校同学雷仲山等,即在京筹备同学会,并已请准该校校长于右任。大会成立日期,定下月十日举行。

《新闻报》1936年10月22日

**上海大学筹组同学会　将在京召开成立大会**

前上海大学自经中常会通过改为国立上海大学后,该校同学雷仲山等,即在京筹备同学会。同时,该校各地同学亦在各处纷纷筹备分会。兹闻散布各处同学,纷向筹备会总分会请求登记者,业已数百人。该会已定于下月十日在京召开成立大会,华南、华北、南洋一带之远地同学,均准备先期晋京与会。大会所发行之特刊已由该校校长、监察院院长于右任亲为题字云。

《中央日报》1936 年 10 月 22 日

**上海大学同学会决在首都创办中学**

上海大学同学会定十日在京成立总会,该会筹备会决定在首都创办中学,并呈请校长于右任设法收回校产,恢复母校。

《民报》1936 年 11 月 8 日

**上海大学同学会在京创办中学**

上海大学同学会,定十日在京成立总会。该会筹备会,决定在首都创办中学,并呈请校长于右任设法收回校产,恢复母校。

《新闻报》1936 年 11 月 8 日

**上海大学同学会总会业已成立**

电谢蒋院长追认学籍　上海大学同学总会,自本年三月间中央第八次会议通过该校同学学籍与国立大学同等待遇案后,筹备已有数月。前日上午十时,假公园路民众教育馆开成立大会,到各地代表及会员五百余人。该校校长于右任(王陆一代)、市政府社会局代表张少垣、首都警察厅代表徐亮莅场致训。主席团程永言等向大会提案:(一)呈请校长设法收回校产,恢复母校案;(二)电谢中央及蒋委员长追认学籍,并呈报于校长及该校教授叶楚伧、邵力子案;(三)呈请校长从速指定学籍审查人员案;(四)对本校已故师长胡展堂、廖仲恺、章太炎,暨过去为国民革命被难之师长同学,致最哀礼案;(五)建筑本会会所案;(六)在南京及上海、西安等处创办中学案,及其他重要提案多起。一并通过后,即选举理监事,计选出林钧、刘道行、彭镇寰、马文彦等二十一人为理事,张治中、吴开先、刘汉清等九人为监事。

《中央日报》1936 年 11 月 13 日

**上海大学同学会昨开首次理事会　程永言任理事长　张治中为监事长**

上海大学同学会总会,自本月在首都成立后,日昨该会召开第一次理事会,出席理事十六人,林钧主席。推选常理,结果程永言、高良佐、张一寒、林钧、朱义权、蒋崐、谢共皋七人当选;推刘道行为会员资格审查委员会主任,安剑平为学术研究委员会主任,陆舒农为出版委员会主任,蒋崐为复校运动委员会主任,汪铖为基金保管委员会主任。常务理事会亦即行开会,到常务理事七人,林钧主席。推选程永言为理事长,各股总干事亦经推定,关中哲任总务股,陆舒农任调查股,张释蒙任研究股,严子静任交际股。会所设于大光路一九〇号。又该会监事会亦于昨日开会,推张治中为监事长。

《中央日报》1936 年 11 月 18 日

1936年

**上海大学同学会推定常委　吴开先当选监会主席**

前私立上海大学留沪同学会,日前正式成立后,昨日举行首次执监委员联席会议,全体出席,除讨论成立大会交下各案后,即选举常务委员,及监委会主席,结果林钧、高尔柏、丁丁、张士韻、姚天羽等五人当选为常务委员,吴开先当选为监委会主席云。

《新闻报》1936年12月2日

# 1937 年

### 上海大学学籍审查会今日在京开会

右任指派叶楚伧、邵力子、王陆一、周由厪,及上大同学会理事吴开先、程永言等,组织上海大学学生学籍审查委员会,并指定王陆一负责召集。该会定二十六日下午三时,假监院院长会客室开首次会议,开始审查。

《新闻报》1937 年 2 月 26 日

### 上大组织学籍审查会

上海大学学生学籍问题,自经该校校长于右任提请中央常委会通过,函国□令主管□部遵照办理后,下为□重甄别□纪起见,特指派该校教授叶楚伧、邵力子、王陆一及该校同学会理事吴开先、程永言等组织上海大学学生学籍审查委员会,并指定王陆一负责召集。闻该会定廿六日下午二时假监院举行第一次会议。

《时报》1937 年 2 月 26 日

### 本月卅日于院长六十寿辰　上海大学同学会总会集资建立右任图书馆

本月卅日为监院于院长六十寿辰,上海大学同学会,以于前为该校校长,发起拟集资建立右任图书馆,借申庆祝,并资永久纪念。杭方同学现正集款汇京期成美举云。

《民报》1937 年 4 月 14 日

### 于右任六十寿辰　上海大学同学会筹建右任图书馆

本月三十日为监察院长于右任六十寿辰,上海大学同学会总会以于前为该校校长,发起拟集资建立右任图书馆,借申庆祝,并资永久纪念。杭方同学现正集款汇京,期成美行云。

《大公报(上海)》1937 年 4 月 14 日

### 于院长六十寿辰　上海大学同学会发起集资建立右任图书馆

本月三十日为监察院于院长六十寿辰,前上海大学学生以于氏前为该校校长,兹特由上海大学同学会总会发起,拟集资建立右任图书馆,借申庆祝,并资永久纪念。杭方同学奉总会通告后,现正集款汇京,期成美举云。

《中央日报》1937 年 4 月 14 日

## 上海大学同学会为于院长建图书馆并建文翰别墅

四月三十日于右任六十寿辰,上海大学同学会发起建筑纪念图书馆及文翰别墅,经费现已筹备,即可兴建。闻寿辰期内,一切祝贺仪式,为于所不许,届期拟不举行。

《民报》1937年4月24日

## 于寿 中国公学毕业同学会昨午祝嘏 上大各地同学会代表到京祝寿

中国公学毕业同学会,以本月三十日,为该校董事长于右任六秩双庆。于昨(廿八)日正午,假座广西路蜀腴菜馆,为于氏夫妇祝嘏,计到于院长夫妇、女公子芝秀女士及校友陈行、吴继泽、骆亦文、丘汉平、黄炳奎、金湛、聂海帆等百余人。首由同学会代表丘汉平致祝词,继由于氏答词。又前上海大学学生感于于氏长校熏沐之恩,各地同学会发起建筑图书馆,以志纪念,并定明日分别庆祝。川、闽、赣、鄂、陕等各省同学会,并派有代表到京祝寿。至建筑纪念图书馆收款处,为南京建康路上海银行,致送者可径寄云。

《新闻报》1937年4月29日

## 上海大学同学会 庆祝于院长寿辰 通过筹办右任图书馆等提案 于氏训词赞同原则但请易名

上海大学同学会及华华中学,昨联合庆祝于右任校长夫妇六秩寿辰,兹分志各情如次:

**庆祝情形** 庆祝大会于昨日下午二时在愚园路华华中学举行,计到于校长、邵力子、王陆一、周越然、同学会南京总会,上海、南昌、西安、镇江、武昌、开封、杭州、成都、福州等各地分会代表吴开先、丁丁、张世韵、唐纯茵及华华中学全体师生共一千余人。主席团吴开先、高尔柏、林钧,行礼如仪。首由吴开先报告庆祝校长夫妇六秩寿辰意义,南京总会上海分会代表报告会务,旋由邵力子等相继致词,同学会旋推丁丁、程永言恭迎于校长到会致训词。于氏莅会时,乐队前导,礼炮齐鸣,全体向于氏行三鞠躬礼致敬,情形至为热烈。末通过建立"右任图书馆"等提案。当晚复有歌曲、平剧等盛大游艺,以示庆祝。

**通过提案** 大会提案:(一)建立一个"右任图书馆";(二)创立一个"右任中学";(三)举办一个"右任文化馆";(四)编辑一部《于校长文集》;(五)征集一部《于校长寿辰纪念集》;(六)要求恢复母校"上海大学"。议决通过,第(一)(二)(三)(六)四项由南京总会进行办理,(四)(五)两项由上海分会进行办理。

**于氏训词** 于氏训词略谓诸同学举行盛大庆祝,实不敢当。余对寿辰,不欲铺张,谅为诸同学所深悉。于氏旋复历述幼年贫苦攻读及壮年从事革命经过,勖各同学努力致学,储为国用,以建设新中国。对大会通过兴办文化教育提案,虽表赞同,但不欲以"右任"命名,请另易名称云。

《新闻报》1937年5月1日

# 1940 年

**前上大生毕业证书已由教部颁发**

　　上海大学留沪同学会,日前召集执监联席会议,当经决议组织秘书处,以处理目前日常会务。闻该校各同学之毕业证书业经教育部验印颁发,凡学籍经该会审查通过者,均得自本月二十日起径至该会,依照总会规定办理领取手续。该会会址在福州路三八四弄四号。

《申报》1940 年 7 月 19 日

**前上大毕业证书已由教育部颁发**

　　上海大学留沪同学会,日前召集执监联席会议,当经决议组织秘书处,以处理目前日常会务。闻该校各同学之毕业证书业经教育部验印颁发,凡学籍经该会审查通过者,均得自本月二十日起径至该会,依照总会规定办理领取手续。该会会址在福州路三八四弄四号云。

《新闻报》1940 年 7 月 19 日

# 1941 年

**前上大毕业文凭一部分到沪　留沪同学可往接洽**

　　前上海大学,自中央通过补发文凭后,即由该校同学会协助于校长办理手续,现已完全办妥。闻所属留沪同学会之同学毕业证书,一部分已到沪,凡属沪会之各同学,可至福州路三八四弄四号向姚君接洽云。

《新闻报》1941 年 10 月 31 日

# 1945 年

**上海大学复校招生**

　　前由检察院院长于右任氏所长之上海大学,本学期决定在沪复校,分文、理、法、商、教育五学院,十四学系。本月二十五日将举行第一次招生,报名处暂设四马路三八四弄复兴大楼三楼。一俟校址确定,即将迁入办公。

《申报》1945 年 9 月 17 日

# 1946 年

**于右任校长电促上海大学复校**

  本市上海大学为党国元老于右任氏所创,民国十七年停办,兹决定复校,继续招生。闻该校现已录取新生二百六十名。昨日于兼校长自重庆来电,敦促早日上课。一俟校舍觅妥,当可正式开班。

《民报》1946 年 10 月 9 日

# 1947 年

**于右任寿辰　上海大学同学祝贺**

上海大学同学会,于昨午十二时,假本市中央银行俱乐部庆祝该校于校长右任六十晋九华诞,到来宾方治、严庄、陈行、杨千里、赵祖康、张维,暨校友吴开先、水祥云、赵曾钰等百余人。席间首由吴开先致词祝贺,于院长于热烈掌声中起立致词,勉各同学以节约为本,并希望上海大学早日复校。来宾举杯向于院长祝寿,情绪至为欢愉,宴毕摄影而散。

《新闻报》1947 年 5 月 9 日

**二十年前旧学府上海大学将重建**

廿年前之上海大学,为党国元老于右任氏所创办。本年于氏六九寿诞时,曾集沪上校友称觞,席间决定于最短期间,重建该校。现闻校舍业经觅定,经费亦已集得一部分,假后将先行开办上大中学,一俟筹备就绪,当再开办大学。该校留沪同学会,定于本月二十九日晚间假九江路清华同学会举行聚餐,藉商进行。吴开先、潘公展、吴绍澍诸氏均为该校校友,届时闻亦参加。

《申报》1947 年 6 月 30 日

# 1948 年

**上海大学校友昨举行年会**

　　上海大学留京同学三十余人,昨(三)日晚在介寿堂举行年会。该校校长于右任、代理校长邵力子,暨邵夫人傅学文女士,均莅临指导。各同学除讨论会务外,并以于校长日前适值七秩大庆,咸为称觞上寿,叙谈甚欢,会后并摄影纪念。

《中央日报》1948 年 5 月 4 日

# 1949 年

**旧事新谈——怀念革命的摇篮上海大学**

自从国民党的反动程度随着时间的前进而日益加剧以后,每年一度降临的"五卅运动"纪念,一年比一年冷落起来了。近几年的报纸上连"五卅"这两个字也看不见了!然而今年,随着人民解放军的解放上海,"五卅纪念"日又突然显得热闹起来,职工学生和党政当局连接着开了几天纪念会,人们在记忆的角落里重新拉出了二十四年前的一幕:中国的工人和学生以无比的英勇来反抗帝国主义者的侵略!

我们知道,领导这次伟大反帝民族斗争的是中国共产党,正确的勇敢的执行中共政策的是当时革命的上海大学学生。

凡是参加过当日如火如荼的这一运动的生存的人们,总不会忘记当时上大学生的英勇姿态,第一个牺牲在老闸捕房门口的是上大的学生何秉彝,后来发动上海各大学学生参加这运动的也是他们,到各工厂里去组织群众的又是他们,当时领导上海工商学联合会、主持人民外交的也是上大学生。上大学生无疑是那次民族斗争中的先锋队。

上海大学的校址最初设在闸北青岛路,后来搬到西摩路,因了参加五卅运动被工部局封闭,才又搬回闸北青云路(即前青岛路)。到北伐前夜,已在江湾购地数十亩,自建校舍,不意一九二七年四月十二日反革命头子蒋介石在上海实行"清党"大屠杀,上海大学即遭反动当局之封闭,于是这个有着光荣历史的革命学府,随着反革命政权的存在一道被埋在地下至今二十二个年头!

担任上海大学校长名义的是于右任,而实际主持校务的是代校长邵力子,许多文化界的领导人物和革命政党的领导者都是该校的教师,著名的如瞿秋白、恽代英、施复亮、陈望道、茅盾、郑振铎、刘大白、沈泽民、杨贤江等。出入于该校的学生,先后不下二三千人,有一大半在历次的革命战斗中成仁了,现在分散在全国各处执行着革命任务的大概还有许多吧。这个学校的生存期间是正当中国民族觉醒开始,与帝国主义者搏斗,同时中国人民大众已开始在中共革命的领导之下和军阀封建势力以及一切顽固的反革命分子战斗。上大学生大多是来自各地的革命青年,可以说是革命的小资产阶级大集合,在学校里,他们受着先进的革命导师的熏育,学习许多战斗的知识和经验,但是因为客观的革命要求的迫切,多半没有读完应读的课程就出发到各地去参加实际战斗了!

在国民革命军的北伐战役中,上大学生是成千成百的参加在里边的,虽然大半是担任着非军事的工作,可是他们在部队里和人民间所起的作用实在含有决定的意义,当时有"武黄埔、文上大"之誉。后来这个用上大学生头颅热血换得的北伐胜利成果,给地主资产阶级的反革命集团所窃篡,宁汉合作以后,一九二七年的大革命寿终正寝,革命发展到另一个新的阶段,有认识的上大学生都纷纷自动的被动的(被汉政府所"欢送")退出了已成革命对象的军政机关,或直接参加到中共领导的武装部队里,或暂时隐姓埋名做些文化教育工作——自然也有不少的落伍分子仍留滞在反革命阵营里,以遂其升官发财的欲望,或其至效忠于反动政权而成为特务!

时间过去了二十二年,中国的劳苦大众和善良人民终于在中共正确的领导之下获得了解放,上大学生以无数汗血换来的中国革命发展的轨道上的障碍终于被清除,中国的革命大业将以无比的迅速向前发展,上大的精神从此获得了正常的发扬!

但上大的实体难道永远被埋在瓦砾蔓草之中了么?难道只能在记忆里依稀想象它了么?难道它的令名只能在革命的历史里记录一下么?我为它抱屈,我为它落泪!愿有心人注意及之。(六月九日,上海)(孔另境)

《大公报》1949年6月14日

# 1959 年

**上海科技大学扩大招生**

去年创办的上海科学技术大学,今年有很大发展,招生人数增加到三百多人。

上海科学技术大学暂设原子能(包括原子核物理、放射化学两个专业)、无线电电子学(包括无线电电子学、自动化及计算技术两个专业)、技术物理、力学、化学冶金及物理冶金(包括化学冶金、物理冶金两个专业)、元素有机化学、硅酸盐化学及工学、生物物理化学等八个系十一个专业。

各系的负责人由中国科学院上海分院有关的研究所的负责人兼任。通过这种联系,大学和研究机构结合在一起,学校的课程可以不断地以我国和国际上科学研究的最新成就予以充实,并且能根据现代科学要求和各研究机构的发展方向来培养人才。此外,学校各系的教学实验、生产实习和科学研究,还可利用各研究所的工厂和实验室的最新技术设备,有利于教学、生产劳动与科学研究三者相结合。这样,同学毕业之后,能立即参加到各研究所进行科学研究工作。

《文汇报》1959 年 6 月 14 日

**上海科技大学**

上海科学技术大学是新创办的一所新型科学技术大学。这个学校是为了适应社会主义建设的需要,加速培养中国科学院上海地区各研究所迫切需要的现代最新科学研究人才而建立的。

该科学技术大学暂设原子能(包括原子核物理、放射化学两个专业)、无线电电子学(包括无线电电子学、自动化及计算机两个专业)、技术物理、力学、化学冶金及物理冶金(包括化学冶金、物理冶金两个专业)、元素有机化学、硅酸盐化学及工学、生物物理化学等八个系十一个专业。对学生培养的具体要求是:忠实于工人阶级事业;既具有坚实的科学理论基础,又能掌握最新的科学实验技术能力;身体健康;并掌握两门以上外国语的科学研究干部。为此,上海科学技术大学修业年限将是五年(部分系与专业是六年),在毕业前的一年或两年内,学生将在中国科学院上海分院有关研究单位进行实习和参加一定的研究工作。

上海科技大学在 1958 年即开始招生,现在校址在欧阳路 221 号。上海市高等教育部门和中国科学院上海分院各研究生在人力物力方面大力支援学校的创办工作和教育准备工作。中国科学院上海分院提出了"全院办校"的方针。学校除了专职的师资队伍外,还聘请各研究所的科学家兼任教学工作。有关研究所的所长将分别兼任有关各系的领导。通过这种联系,大学和研究机构结合在一起,学校的课程,可以不断地以我国和国际上科学研究的最新成就予以充实,并能根据现代科学要求和各研究机构的发展方向来培养人才。此外,学校各系的教学实验、生产实习和科学研究,还可利用各研究所的工厂和实验室的最新技术设备,有利于教学、生产劳动与科学研究三者相结合。这样,学生毕业后,能立即参加到各研究所进行科学研究工作,从而省掉到研究所后的训练过程。

报考上海科技大学的学生,必须具有高中毕业水平,政治上忠于社会主义事业,并有较好的数学、物理、化学基础,身体健康,能坚持较紧张的学习。

《解放日报》1959 年 6 月 17 日

**上海科技大学正式诞生**

上海科学技术大学经过两个多月的积极筹备,已正式诞生。昨天举行了开学典礼,明天开始上课。

上海科技大学是为适应培养上海科学研究人才的迫切需要而建立的。去年已经开始招生四百多人,委托其他高等学校培养,今年正式建校。学校暂设有无线电电子学、技术物理、力学、化学冶金及物理冶金、元素有机化学、硅酸盐化学及工学、生物物理化学等七个系九个专业。

目前,学校已经初具规模,实验室、科学仪器、图书等,都已准备就绪,完全能适应第一学年的教学需要。今年新入学的三百多名学生,已经全部报到。

在昨天的开学典礼上,科技大学校长周仁和党委副书记刘芳都讲了话,他们表示,上海科技大学担负着培养忠于人民、忠于工人阶级事业,既有坚实的理论基础,又能掌握最新的科学实验技术能力的又红又专的新型科技干部的光荣任务,学校将根据党的指示,贯彻群众路线和党的教育方针,克服一切困难,不仅要把学校办起来,而且一定要把学校办好,为本市科学事业的发展,不断输送新的干部。

中共上海市委候补书记、上海市副市长、科学院上海分院院长、科学技术委员会主任刘述周,也出席了开学典礼,他鼓励全校师生要下决心,根据党的教育方针,大胆创造,变新建学校经验不足、基础较差的不利因素为有利因素,虚心学习其他学校的经验,迅速建立起新校风。

中国科学院上海分院副院长冯德培、党委副书记杨殿陛,各兄弟学校的校长苏步青、钱宝钧、胡懋廉等也都在会上热烈地致祝词。

《新民晚报》1959 年 9 月 13 日

**培养科学研究的新人才　上海科技大学今日上课**

今年新建的上海科学技术大学已于前天举行了开学典礼,今天开始上课。

上海科技大学去年已经开始招生四百多人,委托其他高等学校培养,今年正式建校。学校暂设有无线电电子学、技术物理、力学、化学冶金及物理冶金、元素有机化学、硅酸盐化学及工学、生物物理化学等七个系九个专业。今年新入学的三百多名学生,已经全部报到。

在开学典礼上,中共上海市委候补书记、科学院上海分院院长刘述周,鼓励全校师生要下决心,根据党的教育方针,大胆创造,变新建学校经验不足、基础较差的不利因素为有利因素,虚心学习其他学校的经验,迅速建立起新校风。

中国科学院上海分院副院长冯德培、党委副书记杨殿陛,各兄弟学校的校长苏步青、钱宝钧、胡懋廉等也都在会上致了祝词。

《解放日报》1959 年 9 月 14 日

**上海科技大学开始上课**

上海科学技术大学经过两个多月的积极筹备,12 日举行了开学典礼,14 日开始上课。

上海科技大学是为适应培养上海科学研究人才的迫切需要而建立的,去年已经开始招生四百多人,委托其他高等学校培养,今年正式建校,学校暂设有无线电电子学、技术物理、力学、化学冶金及物理冶金、元素有机化学、硅酸盐化学及工学、生物物理化学等七个系九个专业。

在开学典礼上,科技大学校长周仁和党委副书记刘芳都讲了话。他们表示,学校将根据党的指示,大力加强党的领导,贯彻群众路线和党的教育方针,克服一切困难,为本市科学事业的发展不断输送新的干部。

中共上海市委候补书记、上海市副市长、科学院上海分院院长、科学技术委员会主任刘述周也出席了开学典礼。

《文汇报》1959 年 9 月 14 日

# 1960 年

**大搞群众运动　迅速改变学校面貌　上海十六所新建院校巩固提高　克服底子薄、条件差、教师水平低等困难，教学、思想、科研三丰收**

上海十六所新建高等学校，在党的领导下，自力更生，土法上马，获得了巩固和提高。

为适应第二个五年计划经济建设飞速发展的需要，上海陆续新增了十六所高等学校。其中理工科四所，工科八所，医药卫生两所，农业、艺术各一所。这些学校，无论是扩建的或新建的，共同的特点是师资少、设备不足，有些连校舍都不全，因而在开办时，有些师生抱怨这些大学培养不出人才。各校领导运用了毛主席的关于充分发挥人的主观能动作用的哲学思想，分析自身的各种条件及特点，积极开展政治思想工作，坚持贯彻总路线和党的教育方针，用大搞群众运动的办法，迅速地改变学校面貌。上海铁道医学院开办后，学校领导立即紧紧抓住每一个时期的中心任务，开展政治思想工作，批判了唯条件论、"差人一等"等思想，从而大大发挥了广大师生办学的积极性。

各新建院校师生在觉悟提高的基础上，发扬"穷棒子"精神，自力更生，解决校舍、设备不足等不能适应教学需要的问题。上海铁道学院师生打破了学生不能造房子等保守思想，组成建院工程队，远赴新安江水库移民区取料，用院办工厂收入来解决建校资金问题，用自己的劳动迅速地建成了9 080平方米的两幢四层教学楼。现在，12 430平方米的七层教学主楼和1万平方米的学生宿舍正在兴建中。上海医学专科学校在技术革新和技术革命风暴推动下，开展了实验室现代化的工作，两周内新建了六个实验室，充实了五个实验室，革新和创制仪器和教具计1 108件，其中有比较高级、精密的仪器20件，使他们不仅能够开出过去所不能开出的实验项目，满足三年制专科的要求，而且有些实验室还能够开出目前五年制本科的全部实验项目。

各新建院校，都千方百计地挖掘潜力，坚持又红又专的方向，自力更生，用边教边学边提高的方法，积极扩大教师队伍，提高师资水平。上海海运学院领导贯彻两条腿走路的方针，提高老教师，培养新教师，对留校的教师，给予一定的教学和科研任务，组织他们参加生产劳动、政治学习和院内各项活动。上海科技大学破除迷信，采取了能者为师的办法，有些优秀的实验员，已能协助助教担任某些实验讲解的任务。上海医学专科学校采取缺什么、补什么，边干边学、边学边用的办法，使教师在实际工作中锻炼，在战斗中成长，师资水平有很大提高。

各新建院校都已建立起正常的教学秩序，根据教学计划，实行教学、生产劳动、科学研究三结合。在提高教学质量方面,各校根据自己的特点,采取各种措施,贯彻理论联系实际的原则。上海科学技术大学自去年9月份创办以来,组织了一年级同学进行边学习、边建校、边攻尖端。同学们在下厂和到科学院研究所劳动、实习期间,学会了各种工种和实验操作,同时也自制不少高级实验仪器,充实了实验室和初步建成了实习工场。今年,在"比、学、赶、帮"运动和学习毛泽东思想的热潮鼓舞下,同学们和青年教师一起边干边学,在不少尖端科学项目上做出了初步成绩,搞成了模拟式电子计算机,合成了元素有机化合物20多种,在技术革命和技术革新高潮中,同学们又在挂钩工厂和工人一起解决工厂生产中的关键问题,最近又进行实验室设备的革新。上海电影学校将教学、劳动、演出和拍片结合在一起,用"大胆放手,热情扶植,积极带头,具体帮助"的方法来培养人才。上海铁道医学院还大力开展创造性教学。同学们反映说:"以前上两节课,课后花两三小时复习还记不住,现在只要半小时就够了。"上海冶金专科学校由于实行教育与生产劳动相结合,使轧钢专业学生在学习轧钢原理时,还能联系他们亲身参加的生产实践,加速和加强了理解程度。这门课期终测验中,全班只有三人是3分,其余都得优良成绩。

劳动是知识分子奔向红专实现劳动化的必由之路,新建高等学校学生都坚持了这个制度,他们不仅参加了工农业劳动,还参加建校劳动。经常的劳动,使师生思想面貌起了变化。上海医学专科学校同学通过劳动实践,不仅树立了工农感情,还巩固了专业思想。有的同学说:"当我们看到农民患病影响生产时,就想早些毕业来为他们服务。"本来认为医学专科三年太短、学不好医学的思想得到了扭转。

新建大学的师生,克服底子薄、条件差、教师水平低等困难,根据国家任务和结合教学要求大搞科学研究,获得显著成绩。根据上海海运学院、上海铁道学院、上海医学专科学校4月份统计,师生在大搞科学研究运动中共提出6 300多个项目,已经完成的达4 300多项。上海铁道学院在完成的599个项目中,就有11项被选入上海市教育展览会展出。运输系一年级学生鲍达华试制成功的"钢筋拉直切断机",不仅降低了劳动强度,而且提高了生产效率10倍。上海医学专科学校生物化学教研组教师通过科研提高了教学水平,一位教师说,本来讲到"酶"的一章很枯燥,学生不易理解;通过科研,讲起来就生动得多了。

现在,各新建大学正积极开展教学改革,多快好省地为社会主义建设培养合格的人才。

《光明日报》1960年7月12日

**上海高等学校加强政治思想教育　促进增产节约运动广泛深入开展**

上海市各高等学校,围绕以粮、钢为中心的增产节约运动,大力加强政治思想工作,进一步提高了广大师生的政治思想觉悟水平,促进了增产节约运动的开展。

8月中旬,党中央发出"立即开展一个以粮、钢为中心的增产节约运动"的号召以后,上海市各高等学校党委,为了进一步提高全体师生对增产节约运动的认识,都加强了政治思想工作。开学以后,各校党委书记亲自向师生作了动员报告,组织师生深入学习8月18日《人民日报》社论和中央负责同志的有关文章,并把这一学习当作这学期的第一堂政治课。华东师范大学发动政治课教师,向师生讲解农业与国民经济其他部门的关系。上海第一医学院邀请天马人民公社朱家生产队党支部书记，到校报告当前农业战线的大好形势和美好远景，有的班级还邀请了暑假回农村的同学畅谈他们的见闻。他们并邀请"南京路上好八连"的同志到校报告他们艰苦朴素的事迹。复旦大学、上海交通大学等学校，还表扬了一批在艰苦朴素方面做得好的先进人物。通过学习，师生们的政治觉悟有了提高，进一步认识到"发展国民经济以农业为基础"的战略意义和开展以粮、钢为中心的增产节约运动对加速社会主义建设、增强反对帝国主义力量的巨大意义。

在进一步提高思想认识的基础上，各校师生立即以实际行动投入当前支援粮、钢增产的斗争。各校普遍跟郊区人民公社挂钩，从人力、物力等方面支援人民公社。交通大学机械、电机系师生，跟七一人民公社挂钩以后，经常组织师生到公社劳动，并准备帮助公社进行农业技术改造。10月中旬，全上海市将组织3万多名高等和中等专业学校的师生，参加郊区的秋收秋种工作。师生们还积极投入支援钢铁增产的战斗。同济大学、上海工学院、上海第二医学院等八个学校2 700多人，已经在本月11日、12日到上海钢铁公司第一厂、第三厂等单位参加生产。复旦大学、交通大学、华东师范大学、华东化工学院等八所学校还派遣了部分高年级学生下厂帮助搞技术分析。全上海市各高等学校还从仓库中清理出800多吨废、旧钢铁交给国家。

在支援粮、钢增产的同时，各校师生发扬了艰苦奋斗、勤俭办学的精神，尽量节约办公、实验用品、节约用粮、用布、节约劳动力。华东纺织工学院染化系物化教研组教师，每次实验前都向学生讲解仪器的保护常识，以减少仪器损耗。现在，各校师生已开始养成"以艰苦朴实为荣，以奢侈浪费为耻"的风气，开展了"比思想、比贡献、比俭朴"运动。（施怀曾）

《光明日报》1960年9月29日

**适应工业发展需要　加速培养技术人才　上海工学院正式成立**

在中共上海市委的关怀和直接领导下，上海工学院正式成立，并于9月30日举行成立典礼大会。这所学院是为了适应上海工业生产向高、精、尖发展的需要，加速培养工程技术干部而建立的。

中共上海市委教育卫生工作部部长杨西光、市委工业部部长杨士法、市高教局副局长曹未风等出席了成立典礼大会。出席大会的还有兄弟院校、工业局负责同志、学校师生1 200多人。

杨西光同志和杨士法同志都在会上讲了话。他们要求上海工学院更好地实现教育与生产劳动相结合的方针，直接为上海工业培养工程技术干部；勉励全体师生员工树立"后来居上"的雄心，坚持培养有社会主义觉悟的、有文化的劳动者的方向，密切联系工业生产，使工学院成为技术革命的学校，培养符合需要的人才。市委工业部副部长、上海工学院党委书记兼院长李华在会上介绍了学校筹建的经过和开学以来师生的劳动、教学情况。他说，我们必须坚持勤俭办学的方针，用自己的手建设自己的学校，发扬艰苦奋斗、不断革命的精神，促使学校各项工作迅速地开展起来。

上海工学院今年设置机械制造、电机工程、冶金工程、无线电、仪器仪表、数理力学共六个系，招收学生900多人。在建校过程中，他们取得了兄弟院校、有关工业局、工厂等有力的支援。

《解放日报》1960 年 10 月 6 日

## 适应工业生产向高精尖发展　加速培养工程技术干部　上海工学院正式成立

在中共上海市委的关怀和直接领导下,上海工学院正式成立,并于 9 月 30 日举行成立典礼大会。这所学院是为了适应上海工业生产向高、精、尖发展的需要,加速培养工程技术干部而建立的。

中共上海市委教育卫生工作部部长杨西光、市委工业部部长杨士法、高教局副局长曹未风等出席了成立典礼大会。出席这个会的还有兄弟院校、工业局负责同志、学校师生 1 200 多人。

杨西光和杨士法同志都在会上讲了话。他们要求上海工学院要更好地实现教育与生产劳动相结合的方针,直接为上海工业培养工程技术干部,勉励全体师生员工树立后来居上的雄心,坚持培养有社会主义觉悟的有文化的劳动者的方向,密切联系工业生产,使工学院成为技术革命的学校,培养合乎规格的人才。市委工业部副部长、上海工学院党委书记兼院长李华在会上介绍了学校筹建的经过和开学以来师生的劳动、教学情况。他说,我们必须坚持勤俭办学的方针,用自己的手建设自己的学校,发扬艰苦奋斗、不断革命的精神,促使学校各项工作迅速地发展起来。

上海工学院今年设置机械制造、电机工程、冶金工程、无线电、仪器仪表、数理力学等六个系,招收学生 900 多人。在建校过程中,他们取得兄弟院校、有关的工业局、工厂等有力的支援。

《文汇报》1960 年 10 月 6 日

## 政治思想工作深入食堂　充分发动群众办好伙食　交大基础部和上海工学院领导重视改进食堂工作

上海交通大学基础部和上海工学院各级领导,在坚决贯彻党的教育方针工作中,把深入食堂、领导食堂工作跃进作为一项重要的政治任务,对食堂工作人员和用膳人员不断加强政治思想教育,帮助解决具体问题,发动广大群众一起来办好伙食,从而进一步调动了师生员工的办学积极性,促进了学校工作的不断前进。

上海交大基础部学生食堂,有 1 600 多人用膳。毗邻的上海工学院最近成立后,又增加了 600 多个搭伙人员。两个单位的领导都很重视食堂管理工作,同心协力贯彻党的一手抓教学、一手抓生活的指示,他们认为,公共食堂是集体生活的中心,直接关系到师生员工教好、学好、工作好、身体好。因此,两校的党组织都把食堂工作列为中心工作之一,定期讨论,指定负责干部领导这一工作。两个单位除了向食堂工作人员做深入浅出的政治报告、通俗讲解增产节约运动的意义外,各级党组织领导干部并经常深入食堂,与炊事人员一起运菜、烧饭、卖菜,共同劳动,共同商量,经常和炊事人员谈心、谈家常,耐心地进行深入细致的政治思想教育,帮助他们树立炊事劳动的光荣感和革命工作的责任感。各级党组织同时带动膳食科科长等党外负责工作人员,一起深入实际,做好思想工作,形成大家动手做思想工作的生动局面。为了适应当前形势的需要,党组织号召全体炊事人员比政治文化学习好、比增产节约好、比服务态度好、比烧饭烧菜好、比清洁卫生好,用抓两头带中间的方法,鼓励先进的更先进,帮助后进的变先进,进一步激发炊事人员的工作积极性和主动性,巩固和提高炊事工作质量。各级领导在抓紧政治思想工作的同时,还帮助炊事员妥善解决生活上一些具体问题,让他们更安心工作,提高服务质量。

两个单位的领导认为,要搞好食堂工作,必须认真依靠群众,发动群众一起动手。他们对广大师生员工进行了"粮食是基础的基础"的教育和尊重炊事人员平凡劳动的教育,号召师生员工与炊事人员相互体贴、真诚协作,共同搞好食堂工作。两个单位共同组成了群众性的管理伙食的机构——伙食管理委员会,这个机构在分组执行具体工作时,从吸取意见到订出改进措施,一般都贯彻了从群众中来到群众中去的原则。交大基础部领导还在贯彻劳逸结合和完成学习任务的前提下,组织学生轮流参加切菜、开饭、检票、打扫等工作,不仅减轻了炊事员的劳动强度、提高了炊事工作效率,而且使学生加深对炊事劳动的认识,增强了对服务性劳动的感情,密切了学生与炊事人员的关系。两个单位还发挥群众智慧,订立了一些新措施新办法,如由学生班级生活福利组织和食堂管理人员共同办理卖饭票菜券等,这就减轻了食堂工作人员的工作负担,也使食堂秩序有了改善。

在领导和群众共同努力下,这两个单位的食堂工作有了很大的改进,进一步提高了师生员工的积极性。食堂工作人员感到自己的劳动对整个学校工作有着重要作用,树立起全心全意为人民服务的劳动态度。炊事员陈三保说:"旧社会不把我们当人看待,新社会人人尊重我们,我再不听党的话好好干,对得起党吗?"炊事员顾忠贵、朱来顺表示:"看到大家吃得好,吃得高兴,我们也开心。为集体服务是我们的光荣,再辛苦些也愿意。"食堂工提高服务质量。他们和广大群众一起开动脑筋,想出多种新品种,改进排队购菜办法,使2 000多人在40多分钟时间内都能舒舒服服地吃完价廉物美的饭菜。食堂实行了每日核算粮食和收入等新的管理制度,用粮情况也从超支变为结余。现在,广大师生员工都比较满意食堂工作,身心愉快地积极做好各自的工作。交大基础部同学们说,食堂搞得好了,我们就有更多的时间和更充沛的精力来搞好学习。

《文汇报》1960年12月6日

# 1961 年

**总结学习经验　养成良好学风　上海科技大学硅酸盐系 5806 班学生重视学习**

上海科学技术大学硅酸盐系 5806 班,以共青团支部为核心,形成勤奋苦学的良好风气。

5806 班政治气氛一直较浓。全班 31 人,有预备党员 5 人,团员 24 人。同学们将政治学习当作每天生活中必不可缺的组成部分,他们自觉地阅读党报、党刊、团报、团刊。团员们在团小组日记里谈思想、谈心底话,互相提意见。青年纷纷提出入团申请,团员积极争取入党。在学校的各项运动中,同学们力争上游,争当促进派。

5806 班的团支委和全体党团员认识到,抓好学习是党交给班级团支部的最重要的任务。他们说:"今天的学习就是为了明天的工作。做错了题目还可以用橡皮擦掉,工作中出了事故就不能用橡皮擦掉了。"学生干部以身作则,努力学习。每堂课、每门实验都认真对待。有一次物理化学测验,团总支副书记廖由雄得了 5 分,但他却说:"这次测验虽然做对了,但数据不够精确,这是不符合要求的。研究工作中许多新发现往往是在小数点后第三、第四位的数据中。现在不注意,将来会给工作带来严重的损失!"本学期学校为这个班级开设了"X 射线学"实验。在第一次做实验时,老师指出:拍摄 X 射线衍射照片时有两种方法,"对称法"使用较易,但不够精确;"不对称法"较精确,但费时较多。因为同学第一次做,只要求使用"对称法"。结果出乎老师的意料,谁也没有采用"对称法"。大家认为:难就难一点吧,但决不能放过任何严格训练的机会。

5806 班学生对外文学习也很重视。同学们每天起床后第一件事就是读外文,背生字,攻语法,搞翻译。陈昆刚同学从去年夏天开始,无论功课怎样忙,始终坚持外文学习,从不间断。工人出身的学生陆士元,原先外文基础较差。在学习过程中,他认识到外语是科学工作者的"眼睛"。他想,决不能作为一个"瞎子"走出大学门。于是他天天挤出时间坚持攻读和翻译俄语。少数学得好的同学已经能够较顺利地阅读外文专业文献了。

团组织非常关心并主动帮助学习较差的同学。原来班里有四个学习较差的同学,第一学期期终测验两门课程不及格,学习很吃力,团支部就组织学习好的同学具体帮助他们。这些同学平时学习抓得较紧,学习方法也有改进,近来已经赶上来了,达到中等水平。原先学习较费力的蓝德洪同学,早听说三年级有一门难学的"物理化学",就抓紧开学前的假日时间,把这门课程的近一半内容作了预习。现在他的听课效率比以前有了提高。

这个班还很重视总结经验。两年多以来,除了每学期要作"团支部如何领导班级学习"的经验总结以外,还作过包括预习、听课、复习、记笔记等全都学习过程在内的"大学生学习方法"的专题总结。这一学期以来,他们又在酝酿"三年级大学生学习方法"的专题总结。这个班级还总结过"班级全面安排的经验"等。关于读书、复习等专题辅导报告也经常举行,由学习骨干作好发言准备,大家自愿参加,共同讨论,取长补短。团支书郑铀同学为了说明物理化学中"烧"的概念,曾翻阅了"化学热力学"等七本有关书籍的有关章节,并比较了彼此的优缺点。几年来,这个班级已有一半以上的同学先后作过读书报告,并且还不断地邀请教师参加学习辅导活动或登门求教。

《文汇报》1961 年 7 月 29 日

### 上海市美术专科学校举行第一届教学成绩汇报展览

"上海市美术专科学校第一届教学成绩汇报展览会"5 日起在上海美术展览馆开幕。共展出师生创作和习作 300 多件,其中一部分是课堂作业,一部分是在结合劳动锻炼深入生活及历次政治运动中所创作的。

上海市美术专科学校创办于 1959 年 3 月,当时是一所中等专业学校,1960 年秋发展成为高等美术学校。这次展览会体现了该校建校以来,在党的领导下,贯彻党的教育方针和文艺方针以及理论联系实际、加强基础教学的原则所获得的成绩。为了进一步提高教学质量,该校希望通过公开展览,广泛听取各界意见,以资改进。

展览会定于 8 月 20 日结束。

《新民晚报》1961 年 8 月 4 日

### 王林鹤等进科技大学深造

上海一批优秀工人进入上海科学技术大学深造,9 月 18 日已正式上课。

今年被上海科学技术大学录取的工人出身的学生,都具有一定的生产技术经验和较高的阶级觉悟,其中共产党员和共青团员占 90％以上,有不少是先进生产者、技术革新能手和各工厂企业生产技术上的骨干,如王林鹤、李福祥、王宪钧、陈铭津、马银荣等。几年来,这批学生在业余学校中刻苦钻研,目前大都已具备了高中或高中以上的文化程度。

为了根据工人学生的特点搞好教学工作,上海科学技术大学在上学期专门成立了一个工人班教研组。从现在开始的第一学年里,这批工人学生将以比较短的时间复习高中的数理化课程,然后开始学习大学课程,以便在预定期间将他们培养成为既能动手又能动脑、又红又专的科学研究人才。

科技大学去年已招收过一批工人出身的学生,其中有著名的先进生产者杨新富、谈山林等。一年来,他们大都已复习完高中的数理化课程,开始学习高等数学、普通物理等大学基础课。

《人民日报》1961 年 9 月 26 日

# 1962 年

**向科学技术堡垒进攻的人们——记在上海科学技术大学学习的一批工人学生**

最近,我们访问了在上海科学技术大学学习的一批工人学生。这批工人学生都是上海工厂里选拔出来的优秀青年,其中五分之一以上是上海市和全国的先进生产者以及从工人中提拔的工程师。他们有的在1960年入学,有的在去年秋季入学,最晚到校的亦即将结束一个学期的学业了。这些优秀工人在生产上是能手、闯将,在学习上却是新兵。

**王林鹤学习踏实认真**

不顾370次失败终于试制成功1万伏高压电桥的王林鹤,在学习上同样是好样的。在我们访问所接触到的工人班的老师和学生,都一致称赞王林鹤学习踏实、认真,钻研精神好。开学以来,他历次考试成绩都是5分,只有一次数学得了个4分。负责辅导王林鹤一班数学的老师还拿出王林鹤的作业本给我们看,那秀丽的字迹,一笔一画都写得非常清晰。老师说,他每次作业都是按时交出,不仅把指定的习题做好,有时把参考书上的题目也挨个做一遍。

王林鹤是在去年秋季由沪光科学仪器厂选拔入学的。开学时他正好生病住在医院里,来校时已两周时间过去了。他说,当时真是又急又慌。几年前自学过的一些数学早已忘光了,而开学后又脱了一大截,一面要补习旧课,一面又不断有新的作业布置下来,学习上很被动。一次做作业,一道解析几何题竟花了一天半时间。那些日子他苦闷极了,日日夜夜都在想怎样改变面貌,把学习进度跟上去。他仔细地分析了自己头一个月的学习状况,找出了问题所在,主要是成天给数学作业牵了鼻子走,一定要争取主动!

从此他给自己定了三个阶段的学习计划:第一阶段,补习旧课;第二阶段,达到平衡;第三阶段,争取主动。他开始时期的被动,主要吃亏在对数学的许多基本概念没弄清楚就动手做题目,运算既慢又很吃力。后来,他仔细地弄清楚每一个公式、定律,并争取多做题目,慢慢地运算技术熟练了,速度也就快了。他还很善于向同学学习。他指着他斜对面的双层床说,那睡在下铺的彭连富做作业很仔细,一步一步丝毫不苟,但速度较慢;睡在上铺的孙才康,虽然有时做的作业粗糙一些,但思想很敏捷,分析能力强,他能联系生产中的实例,帮助我弄清楚抽象的数学概念。他们每个人都给了我很多帮助。

这样大约经过两个月时间,王林鹤的学习情况就改变过来了,第一次数学测验得了5分。但是,王林鹤并不满足。他说,我现在还只达到第二阶段,彻底改变面貌,要在寒假以后。他已计划好在寒假中复习本学期课程,然后以更多时间预习下学期课程。他说,主攻方向仍是高等数学。哪怕是先学一章两章也好,那样就可以争取步步超前,争取门门功课主动。

**谈山林学习办法好,进步快**

曾经在车床上大闹技术革新的谈山林,是上海轻工业机械厂从工人中提拔的工程师,比王林鹤早一年入学。他的学习特点是计谋多,办法好,进步快。

谈山林是农民出身,作风淳朴而略带腼腆。访问的时候,他不爱多说话,可说出话来很有意思。他说,他在解放前只读过高小,初中是在工厂业余学校上的,以后就是学些与生产有关的专业知识,上大学的条件是非常非常差的。入学头半年,老师讲化学,什么氢元素、氧元素,看不见,摸不着,又是外文,真是如坠云里雾中,迷迷茫茫;数学也大部分听不懂。他也曾经非常苦闷而且动摇过。后来,回想起学徒时期的一段经历,给了他很大启发。

1952年,他进厂做工,被分派在一台三米大车床上学艺。这台大车床干的都是精细活儿,老师傅轻易不肯让他动手,他只好站在旁边看。慢慢地,他不仅仔细看,而且动脑筋想。一件毛坯来了,他先设想,如果由自己做该怎么加工,然后看老师傅的加工方法和自己的设想有什么不同,下班后再问老师傅为什么要这么干,而不那么干。就这样,别人要两三年才能学会的车工技术,他在半年多时间里就初步掌握,并能独立上车床操作了。几年以后,他成为厂里最出色的车工。

学习上,是不是也可以这样,数学、物理、化学的公式、定律,是不是也有它内在的联系和一定的规律,而只要掌握那关键的一环,就可以举一反三了呢?根据这个启示,他尝试在每次上课以后,就认真复习,理解这个定律、那个公式的含义,寻找它们之间的内在联系和相互不同之点,一步步认真搞懂。这样果然奏效。起初,他化学考试零分,数学经常开红灯(2分),现在已赶上班上的中上等水平了。

"科学这东西是没有什么好讨巧的,必须认真下工夫。"谈山林很有信心地这么说。初谈时的那种拘束完全消除了。他拿出一本字迹工整的数学笔记给我们看。这不是普通的上课笔记,而是他在课后,把一阶段的课程内容经过复习、消化以后,用自己的语言重新加以归纳整理的。笔记上有的画了红线,有的注上特别的符号。他说,经过这样一番整理,自己就很难忘记,而以后查阅也方便了。

例如高等数学"级数"那一章,课堂笔记有十六页,他归纳整理成三页、二十四条简单明了的内容。而所有这些,他都是利用星期天休息时间完成的。他说,学习好科学文化是今后一辈子的事,今天刻苦点,以后困难就少点,就能为国家工作得更好。能有这样学习的机会,是我最大的幸福。

**李福祥苦学苦钻,决心突破学习难关**

在生产上以善想办法被人称为"钻家"的工人李福祥,在学习上也是很刻苦的。

李福祥还是那副工人本色,讲起话来兴冲冲的。他说,当了十几年工人,站着工作惯了,刚到学校时从生活到思想都不习惯。现在几个月下来,生活上已经习惯了,就是学习上还是个"困难户",到现在没有彻底改变面貌。

李福祥这学期主要是补习高中课程。这个在解放以前给地主当过"放牛娃"的工人,解放后,通过业余学习虽已达到中学文化程度,但因社会活动多,业余学习受到影响,学得不系统、不经常,现在碰到的困难真是难以想象。但是,李福祥说,我吃够了没有科学文化知识的苦头。例如我改进了很多钻头,但只知其然,不知其所以然,不能从理论上加以总结提高。今年一篇总结钻头革新经验的论文,花了我四五个月时间,最后还是请了专家帮助才告完成的。这次到科学技术大学来学习是我自己请求的。我没有任何理由不学好,而且也相信一定可以学好。

在学习上,这个浑身是劲的中年工人,同样发挥了他那顽强的钻劲。他向比他早一年入学的杨新富(上联电工厂全国先进生产者)学,向王林鹤学,学习十分刻苦。每天,他都坚持早上上课以前自修一个多小时;晚饭后,别的人喜欢在暖和一些的宿舍里温课,他却不怕辛苦,到五楼教室去自修。最近一次数学测验,他第一次得了一个4分,信心更高、干劲更足了。用李福祥自己的话说,困难一定可以克服,科学文化知识一定要掌握,只许学好,不许学坏。

**互相取长补短　共同提高**

在工人班里,虽然大多数已达到高中以上文化程度,但是像李福祥这样的"困难户"并不是个别的。这一点也不奇怪。请看看他们的"学历"吧:杨新富,7岁开始做工,解放后进业余学校才勉强达到高中程度;陈铭津,木工,高小毕业,因为爱好无线电,试制尖端产品,近几年才自学了一部分数学和物理,化学压根儿没有碰过;王宪钧,解放前只读过几年书……他们生产经验丰富,学的知识不系统,有的一时还没有养成读书的习惯,这就是他们入学以来面临的困难。

可是,困难不可怕,重要的是克服困难的信心和集体力量的帮助和支持。在访问中,很多工人学生生动地告诉我们他们在学习上互相帮助的故事。

王林鹤和李福祥是好朋友。一次,当他知道李福祥因为考试成绩不好,心里很焦急,便找了李福祥谈心。他说,测验成绩不好不要紧,重要的是要有信心。万事开头难,只要一步一步地弄清楚书中的道理,情况就会改变,困难就会减少。李福祥自己虽然困难,却很关心小组里的同伴。和他同小组的王友成学习成绩不好,他就和大家商量,请功课好的许锡富重点帮助他。杨新富刚入学时,对数学中的许多名词、概念老是弄不懂,运算很吃力。全班学习成绩最好的尹朝银和程庭燕自愿和他组成一个互助组,一个帮学代数,一个辅导物理。在宿舍里,经常可以看见尹朝银放下自己的功课,一遍又一遍地给杨新富讲解数学公式。来自机械、电机、钢铁、无线电行业的工人,很多都没有接触过化学,对外文的化学元素符号不易记牢,杨新富发挥他的文学天才,把元素周期表编了顺口溜给大家念,很快就记牢了。(高洁　王富昆)

《人民日报》1962年1月10日

**上海市美术专科学校迁校通告**

我校已于2月9日迁往梵皇渡路1575号,12日起,正式在新校址对外办公。电话922249转。

《解放日报》1962年2月11日

**上海市美术专科学校迁校通告**

我校已于2月9日迁往梵皇渡路1575号,12日起,正式在新校址对外办公。电话

1962年

922249转。

《解放日报》1962年2月12日

**正确处理大局小局关系　积极采取有效节约措施　上海工学院上下一致勤俭办校　建校以来努力把好计划关　制定和健全一系列管理、验收制度**

上海工学院重视对师生员工进行勤俭办校的思想教育,并在各项实际工作中采取行之有效的节约措施,使全校出现了俭朴的风气。上海工学院是适应上海工业向高、精、尖发展的形势需要而兴办的高等学校。自1960年夏建校开始,学校就重视勤俭办校,院领导经常以身作则,向师生员工阐明必须发扬"穷棒子"精神、勤俭办一切事业的道理,号召大家正确处理大局与小局之间的关系,共同执行勤俭办校的方针。

在思想教育的基础上,该校采取了许多行之有效的节约措施。他们努力把好计划关。在不影响教学质量的前提下,学校规定"四不买":高档的、市场上较少的、可调拨的、可买可不买的物资坚决不买,作为有关人员制定购买物品计划的一个重要准绳。工科大学用钱最多的地方是实验室,该校从上学期以来,规定购买实验仪器设备计划必须由有关的教研组、系和教务处、院四级负责人逐级审批,并召开有实验室、设备科等有关人员参加的平衡会议,详细研究这些仪器设备是否符合教育计划的精神和教学大纲的要求,从勤俭办校方针出发,逐项审议,统一安排,合理调整,该买的买,该省的省,该合的合,该并的并。例如无线电专业原来计划设立七个实验室,经过反复审议,并为三个,经费由62万元减为35万元,而且同样能满足教学需求。按教学大纲规定,一学期只有十几个小时的热工实验,教师开列的设备却远远超过此数的要求,后来经过协商就予以调整。这一系列措施采取后,全校34个新实验室项目的经费,由原计划的336万元调整为288万元。后来又分清主次缓急,将年度预算合理地降到130万元。为了贯彻勤俭节约的原则,学校又制订和健全了一系列的管理、验收制度。实行以系为单位的仓库、储藏室的统一管理,便于有些仪器集中、共同使用。同时,实验员在专职的基础上,适当地担负其他工种的工作,做到相互调剂,节约一定的人力。去年,总务部门还修缮了从兄弟学校调来的破旧桌椅、床铺3 700多件,节约开支37 000多元。学校内装修电线、通风管道等工程,凡是自己能承担的,都由校内木工电工承造,这就又为国家节约了数千元资金。

绝大多数的师生员工,善于精打细算,爱护公物,贯彻勤俭办校的方针。许多干部和学生经常自己搬砖头、搞运输,参加拥有4 000平方米的四层楼电机大楼的建造工作。不少教师听说图书馆人手少,就抽出一些空闲时间,轮流帮助图书馆工作人员编目上架,使图书资料及时发挥作用。总务处干部、工友以及部分学生还经常定期在院内收集废品。去年以来这些废品卖得1 400多元。工程画教研组为了克服缺乏制图模型的困难,教师和学生结合工厂实习的教学要求,自行制造模型。物理实验室教师和实验员,利用旧料制成了荷质比测定仪和固体比热8测定仪等仪器,既满足了教学上的迫切需要,又节省了开支,而且锻炼提高了新教师掌握仪器设备的本领。

《文汇报》1962年4月21日

**上海工人技术队伍不断成长壮大——鞍钢大批老工人晋级为工程师和技术员**

"五一"前夕,本社记者访问了上海一些工厂和有关单位,得到一个鲜明的印象:近几年来,上海市的工人技术队伍正在继续成长,正在不断提高,涌现出了大批优秀人物。

穿过黄绿交织的江南原野,记者来到郊外的上海科学技术大学。这里的工人班有一批学员正在发奋学习,探求新的知识。他们都是从工厂中选拔出来的优秀工人,其中有五分之一是上海市和全国的先进生产者、青年突击手以及从工人中提拔的工程师。不顾370次失败终于试制成功1万伏高压电桥的沪光科学仪器厂王林鹤,在车床上大闹技术革新的上海轻工业机械厂谈山林等人,在学习上也是好样的,功课都考4分、5分。全国著名的先进生产者李福祥,刚从北京参加全国人民代表大会二届三次会议回来,正在忙着补习功课。这位上海锅炉厂工人出身的工程师,小时候是地主家的放牛娃。解放以后,他在钻床操作中摸索到十多种新型钻头的刃磨形式,被人称为"钻家"。去年,他总结自己的生产技术经验,并从理论上进行探讨,写成了一篇《论麻花钻头的刃磨形式及生产率提高》的论文,被选入了《上海市1960年科学技术论文选集》。他告诉记者,他现在又利用假日,在写一篇关于《加工大型螺丝孔的工具改进》的论文和一本《钻床工作法》的技术书籍。

科学技术大学的工人班,只算得是窥视上海工人技术队伍成长的一个"窗口"。在各条生产战线上,还有更多的工人在技术上迅速进步成长。不少著名生产能手和革新闯将,如国棉二厂的裔式娟、国棉九厂的倪海宝、上海柴油机厂的洪锦心、上海第二纺织机械厂的应忠发等人,继续在生产上取得新的成绩。各个方面新生的技术力量也在迅速成长。大批优秀工人被提拔为工程技术人员。全市工业企业的工程技术人员,这几年来有了很大增加。

上海这一支具有一定文化技术水平的工人技术队伍的成长,使这个老工业基地的技术面貌有了很大变化。这不仅使上海工业以更好的产品供应了全国,而且向各地输送了大批人才,提供了很多重要的技术经验。

工人技术队伍在成长过程中,得到了党和政府以及社会上各个方面的关怀。很多老一些的工程师和专家,向工人以及工人和学生出身的技术人员讲课,作专题报告,传授各种技术理论知识。他们之间建立了密切的联系。工人出身的工程师李福祥,学习数学碰到困难,我国著名的数学家苏步青,就指点他学习数学的基本方法;李福祥写成关于"麻花钻头"的论文初稿以后,上海市机械工程学会特地邀请了有关单位的专家、教授和有经验的老师傅进行讨论;一位工具厂的总工程师,还协助他把内容作了一次整理。

《人民日报》1962年4月30日

**上海工人技术队伍不断成长壮大　这不仅使这个老工业基地的技术面貌发生很大变化,能以更好的产品供应全国,而且向各地输送了大批人才,提供了很多重要的技术经验**

"五一"前夕,本社记者访问了上海一些工厂和有关单位,得到一个鲜明的印象:近几年来,上海市的工人技术队伍正在继续成长,正在不断提高,涌现出了大批优秀人物。

穿过黄绿交织的江南原野,记者来到郊外的上海科学技术大学。这里的工人班有一批学员正在发奋学习,探求新的知识。他们都是从工厂中选拔出来的优秀工人,其中有五分之一是上海市和全国的先进生产者、青年突击手以及从工人中提拔的工程师。不顾370次失败终于试制成功1万伏高压电桥的沪光科学仪器厂王林鹤，在车床上大闹技术革新的上海轻工业机械厂谈山林等人，在学习上也是好样的，功课都考4分、5分。全国著名的先进生产者李福祥，刚从北京参加全国人民代表大会二届三次会议回来，正在忙着补习功课。这位上海锅炉厂工人出身的工程师，小时候是地主家的放牛娃。解放以后，他在钻床操作中摸索到十多种新型钻头的刃磨形式，被人称为"钻家"。去年，他总结自己的生产技术经验，并从理论上进行探讨，写成了一篇《论麻花钻头的刃磨形式及生产率提高》的论文，被选入了《上海市1960年科学技术论文选集》。他告诉记者，他现在又利用假日，在写一篇关于《加工大型螺丝孔的工具改进》的论文，和一本《钻床工作法》的技术书籍。

科学技术大学的工人班，只算得是窥视上海工人技术队伍成长的一个"窗口"。在各条生产战线上，还有更多的工人在技术上迅速进步成长。不少著名生产能手和革新闯将，如国棉二厂的裔式娟、国棉九厂的倪海宝、上海柴油机厂的洪锦心、上海第二纺织机械厂的庄忠发等人，继续在生产上取得新的成绩。各个方面新生的技术力量也在迅速成长，大批优秀工人被提拔为工程技术人员。全市工业企业的工程技术人员，这几年来有了很大增加。

记者访问了上海炼油厂。从事炼油工作已17年的总工程师朱吉仁兴奋地说：从前，我国从事炼油事业的人员极少；现在，仅我们一个厂就培养出一支人数相当多的炼油队伍。这个厂从前仅仅是一个储油所，近几年来，已经发展成为我国规模较大的炼油厂之一。现在，全厂已有140多名工程技术人员，其中大部分是从工人中提拔的和来自学校的青年；全厂主要生产岗位上的炼油工人，刚进厂时没有一个具有高中以上文化程度的；现在，他们经过业余学习，有一半以上已经具有高中文化程度。这一支炼油队伍，已经比较熟练地掌握了依靠仪表控制的炼油技术。去年，他们革新了某些设备，使全厂的炼油量比前年有了很大增长，生产的品种比1957年增加了4倍多。

上海这一支具有一定文化技术水平的工人技术队伍的成长，使这个老工业基地的技术面貌有了很大变化。这不仅使上海工业以更好的产品供应了全国，而且向各地输送了大批人才，提供了很多重要的技术经验。

工人技术队伍在成长过程中，得到了党和政府以及社会上各个方面的关怀。很多老一些的工程师和专家，向工人以及工人和学生出身的技术人员讲课，作专题报告，传授各种技术理论知识，他们之间建立了密切的联系。工人出身的工程师李福祥，学习数学碰到困难，我国著名的数学家苏步青，就指点他学习数学的基本方法。李福祥写成关于《麻花钻头》的论文初稿以后，上海市机械工程学会特地邀请了有关单位的专家、教授和有经验的老师傅进行讨论；一位工具厂的总工程师，还协助他把内容作了一次整理。

《光明日报》1962年4月30日

## 上海工学院夜校部招生

（一）设置专业：机械制造，电机与电器专业；（二）学制：五年；（三）报名条件：具有高中毕业或相当于高中毕业水平，政治历史清楚工作积极负责，身体康健能坚持学习；

(四)报名手续:持单位人事部门介绍信来本部洽取报名单;(五)报名日期: 7月15—25日(简章备索);(六)地址:延长路149号,电话:660271-39分机。

《解放日报》1962年7月14日

### 上海市高等学校图书馆工作协作组经常组织经验交流改进工作 对提高工作人员的业务水平起了促进作用

上海市高等学校图书馆工作协作组从去年5月成立以来,对于提高图书馆工作人员的业务水平,交流和总结经验,改进工作,起到了较好的促进作用。

协作组成立初期,为了提高图书馆工作人员的业务水平,确定以举办"图书馆基本知识"讲座和组织经验交流作为重点工作。讲座前后举办了八次,从图书馆的地位作用,一直到采购、分类、编目、流通,基本上包括了高等学校图书馆的全部业务,既系统地介绍了图书馆学的基本知识,也搜集和介绍了许多实际工作经验。每次听讲都达到四百余人。此外,结合讲座的讨论,全市分片互相参观访问,交流经验,大家都感到很有收获。许多人听了讲座以后,进一步认识到图书馆工作的重要意义,扩大了眼界,增强了信心。有的工作人员听了讲座以后,改变了服务态度,改进了工作方法。许多有经验的图书馆工作人员也从一些其他学校的图书馆学到了新的东西。上海戏剧学院的资料收集和管理,上海音乐学院的乐谱和唱片的管理,都有很好的创造,许多人参观以后都感到很有启发。

在上学期,协作组开展了图书馆学专门问题的研究和讨论。根据几年来的经验和当前图书馆工作中存在的实际问题,确定以图书分类编目和流通阅览作为讨论的专题。在分类编目专题讨论会上,大家对比分析了各种图书分类法的利弊得失,举出了大量的例证,介绍了许多有益的经验。经过几次讨论以后,大家感到目前通行的六七种著者号码编制方法都有其不足之处,今后准备按易懂、易用、易写、易记,能够为一般读者所掌握的要求,分工协作,开展研究。华东化工学院图书馆馆长黄维廉,对小册子的处理作了专题发言,介绍了许多小册子分类、编目和管理的经验。在流通工作的专题讨论会上,着重讨论了开架和闭架两种流通方法的利弊得失。华东师范大学、上海交通大学等校总结了几年来部分图书开架的经验与存在的问题,作了系统的发言,对如何克服开架流通中很容易产生的乱架、破损、丢失的缺点,提出了许多行之有效的办法。也有一些同志,从管好图书的角度,对部分图书开架流通问题提出了不同的看法。会上争论非常热烈,共讨论了五天。大家认为,对于这个问题,还需要进一步实践以后,再加以探讨和总结,目前不忙作结论。

这个图书馆工作协作组还协助上海市高等教育局组织了图书的清查和调拨工作。去年下半年,各老校共调出了约1 500册中外文图书给新建的上海工学院、上海科学技术大学等校。目前协作组正在组织各校多余图书的调拨工作。期刊方面,各校也将把自己多余和缺少的刊号,编成资料,在协作组内进行交换,以便互相调剂和配套。

《光明日报》1962年8月2日

### 上海科学技术大学紧急通知

因有要事,我校全体老同学一律提前于8月31日来校报到,不得延期。

《解放日报》1962年8月29日

### 一个青年教师的成长——记上海工学院教师李维昌

一个新参加工作的青年教师,既要脚踏实地挑起教学重担,又要认真进行业余进修、提高自己,还得参加社会活动,这不能不说是一个难题。上海工学院数学教研组青年教师李维昌,在党和团的教育下,经过刻苦努力,初步解决了这个难题。

李维昌从大学毕业出来,参加工作不过两年,已经成长为比较称职的讲课教师。他坚持系统的业余进修,还担负教研组秘书和共青团支部书记等工作,都能完成任务。他解决难题的"窍门"在哪里呢?

**不断追求更高更远的目标**

李维昌今年23岁,是数学教研组中最年轻的讲课教师。他进工学院担任教学辅导才两个月,组织上就调他担任高等数学讲课教师。当部分同事与学生还在为这位新教师能不能讲课担忧的时候,李维昌想的却是:要么不讲;要讲,就得像个讲课教师的样。

李维昌没有因为自己是新手就可以要求低一点。为了彻底弄通一个问题,李维昌浏览内容相同而叙述不同的书本,有时甚至比较了十多本书。为了求得最好的讲授方法,他一再修改讲稿,一遍、两遍……以至六七遍之多。

讲课基本过得去了,学生中没有多大意见了,总可以松一口气吧?不然。李维昌又在追求更高更远的目标:如果一辈子只能教一年级数学课,不能教稍为深一点的二年级以上数学课;或者只能胜任教学工作,不能独立地从事科学研究,怎么能说是一个合格的高等学校教师呢?李维昌下定决心,要把教学搞好,也要把进修、行政与社会工作都抓起来。要做到这些,当然很困难。但是,这位年轻人常以这两句话自勉:"担子愈重,腰杆愈挺。""工作愈紧张,生活愈有劲。"

**教学进修专心一致**

复旦大学高等数学函授班是专为高等工科院校数学教师开办的,要求学生通过三年函授,达到综合性大学数学系本科毕业水平,具有一定的专门知识水平,并培养科学研究的能力。

开始进函授班学习时,李维昌常常被教学与进修的矛盾困住了。手上捧着函授教材在学,心里却在牵挂明天的课是否上得好。不是因教学任务吃重,把进修、行政与社会工作都挤掉了;就是因抓了进修而降低了教学要求。

经过三四个学期的摸索,李维昌逐渐培养起能够控制自己的注意力的坚韧意志。做任何事情都要拿得起、放得下。教学时专心教学,进修时专心进修。

怎样"专"得好,"专"得得当?李维昌一方面有一条总的安排原则,即以教学为主,首先保证教学,业务进修放在重要地位,必须坚持不能间断;其他工作以有限的时间,细水长流地进行。另一方面又经常分析具体情况,一周乃至新的一天,都要分清各项工作的轻重缓急,做到心里有数。各项工作的结合并不是固定不变的。以上学期为例:前面一个阶段讲课内容较浅,不需看很多的书;但学生水平参差不一,他在备课时把精力集中在根据学生特点如何组织教材上。相对地讲,这时候用在备课上的时间较少。后面一个阶段教学内容加深,理论性强,备课时间必须增加,这时就减少进修时间。

至于行政与社会工作,李维昌经常安排在晚饭前比较短的零星时间进行。这方面的事情有时很多,也很琐碎,他尽可能抓主要事情加以考虑,一般工作则发动并组织教研组和团支部的许多同志大家来干。

**政治、业务水平逐步提高**

教学、进修、行政及社会工作,都是脑力劳动,有它的特点。第一学期李维昌对这一点没有掌握好,用脑过度,有时达到废寝忘食的地步,结果害了一场病,不得不使教学工作与进修暂时停顿下来。接受这回教训,李维昌以后十分当心地注意合理使用脑力,使之保持持久。不管工作怎么紧张,他总是坚持这几条生活习惯与制度:晚上规定最迟入睡时间,加上每天中午,保持八小时睡眠;晨间、午时参加体育锻炼,时间虽短而天天不断;晚饭前参加少量的种植劳动或者散步、找人谈心、读报。那场病好了以后,他一直保持正常的工作与进修,政治、业务水平都比较快地提高了。(周重亮)

《文汇报》1962年10月11日

# 1963 年

**配备有经验的教师授课辅导　上海科技大学加强对工人学生的指导　工人学生勤奋学习　更加坚定了攻克科学文化堡垒的信心**

上海科技大学加强对工人学生的学习指导,使210多名工人学生学得更扎实,学习信心更坚定。

学校领导根据国家的需要和两年多来工人学生的学习情况,拟订了新的教学计划。这学期,党委和行政领导经常召开有关干部和教师的会议,研究工人学生的学习问题,从政治思想、学习、健康、生活等全面关怀工人学生。

本学期,各有关教研组都注意配备较有经验的教师指导工人学生的学习。许多教师体会到培养这批工人阶级知识分子是一件光荣而艰巨的任务,热情对待这一工作。物理系普通物理教师陆元良身体比较差,教研组为了照顾他的健康,减少他的工作,安排工人学生与青年学生并班上课。他在教学过程中,发现教学进度对工人学生来讲快了一些,少数学生难以理解。他就主动改为分班上课,还亲自上习题课,把问题讲透。许多教师定期下班级辅导学生学习,采取集体质疑方法,努力提高辅导质量。教师在讲课和辅导时,十分重视向学生讲解学习方法,同时根据工人学生的学习特点,加强基础理论知识教学和基本训练,避免烦琐、复杂的论证,深入浅出地进行教学。

在学校各级领导亲切关怀和教师们的认真教诲下,工人学生在攻克科学文化堡垒上取得显著成绩。在工人班学习的王林鹤,把学到的知识和过去生产上遇到的实际问题密切地联系起来观察、研究,同时把过去在生产上所遇到的问题,用已学得的知识来解释,取得了良好效果。在机电系学习的杨新富,这学期学习劲头很大,他除按照教师规定完成作业以外,还抽出时间钻研参考书籍。力学系谈山林学习上一贯认真、踏实,成绩较好,他每接触一个公式、定理和习题,都要问个为什么。(程杏培　叶谋堂)

《文汇报》1963 年 1 月 9 日

**上海科技大学庆祝建校四周年　舒文同志勉励学生勤奋学习服从统一分配**

上海科学技术大学于昨天下午隆重举行建校四周年庆祝大会。

上海市科学技术委员会副主任舒文到会祝贺,并勉励学生以奋发图强、自力更生、刻苦钻研、不怕困难,敢于攀登科学高峰的精神,努力学习。他说,社会主义是集体的事业,不是个人的事业,社会主义是有计划的事业,一切工作都要服从统一的计划,办学校如此,分配毕业生也是如此。今年科技大学将有第一届毕业生,希望毕业的同学树立这种思想,服从分配,更好地为社会主义建设服务。

上海科技大学校长周仁,党委副书记、副校长刘芳都在会上讲了话。刘芳还代表学校党委和行政领导表扬了一批先进集体、优秀教师、职工和学生。她号召全校师生员工向优秀的工人学员谈山林等同志学习,掀起一个比先进、学先进、赶先进、帮后进的热潮。

上海交通大学副校长周志宏、复旦大学副校长谈家桢、华东化工学院副院长苏元复以及中国科学院在上海的各研究所负责人都到校祝贺。

上海科技大学是一所理工科的学校。1958年招收了第一批学生,1959年5月19日正式成立。今年,这所学校将有第一批毕业生。在这所学校中,工农家庭出身的学生占全体学生总数的百分之七十以上。自1960年底起,这所学校还陆续招收了本市300多名先进工人入学。

四年来,学校在三面红旗的光辉照耀下,经全校师生共同努力,克服了许多困难,使学校有了很大发展。目前,全校已有6万多平方米的校舍建筑,有13万多册图书资料,有41个实验室,还有一个附属工厂。在教学上,开出了124门课,有400多项实验。学校里的学术活动很活跃,去年举行各种学术报告226次。几年来,学生成绩逐年提高,优秀生比例逐年增多,学习风气逐年向上。现在,学校已初步摸索了一些培养工人学员的经验,已出现了一批学习成绩比较优秀的工人学员。几年来,在教学工作实践中,该校已形成了一支具有一定水平的教学工作队伍。

上海科技大学的创建和发展,还得到了中国科学院在上海的各研究所、上海各高等学校和产业部门在人力、物力方面的大力支援。学校除了专职干部和教师外,还聘请各研究所的研究人员兼任教学工作;有关的研究所的所长也分别兼任有关各系的教学领导工作,参加了系的筹建工作。(顾永康)

《解放日报》1963年5月19日

## 上海科技大学建校四年取得成绩　昨日举行校庆会　一批先进人物和集体受到表扬

昨天下午,上海科学技术大学全校师生员工集会,热烈庆祝建校四周年。会上,一批在学习、教学、工作方面的先进人物和先进集体受到了表扬。

上海市科学技术委员会副主任舒文到校祝贺,并在会上讲话。他说,上海科技大学经过几年的建设,正在向着教育为无产阶级政治服务、教育与生产劳动相结合的方向努力,向着培养又红又专的科学技术人才的方向努力,并已取得了一定成绩。这些成绩集中表现在不仅出现了一批在思想上、学习上、工作上努力的先进人物和先进集体,而且在今年开始将有第一批毕业生。他希望全校师生员工坚持政治挂帅,发扬奋发图强、自力更生、刻苦钻研、不怕困难的精神,树立敢于向科学进军的雄心壮志,不断提高工作水平和学习水平。

四年来,经历了初建、大发展和调整巩固的阶段。学校现有6万多平方米建筑,有40多个实验室,有近14万册图书杂志,已初具规模,并开始走上健康发展的道路。学校的教师队伍也不断扩大,教学质量不断提高。今年暑期,将有第一届毕业生400多人毕业。

在校庆大会上,该校党委副书记兼副校长刘芳宣布关于给予学生谈山林表扬的决定,并号召全校师生员工学习谈山林坚持又红又专方向、为无产阶级革命事业而顽强学习的精神。在会上受到表扬的还有一批先进个人和先进集体。

上海科学技术大学校长、科学院华东分院副院长周仁在会上讲了话。上海市各兄弟院校、科学院有关研究所负责人也到会祝贺。

《文汇报》1963年5月19日

**上海科技大学首届毕业生开始进行毕业论文和设计答辩**

上海科技大学第一届毕业生,开始进行毕业论文和毕业设计答辩。

科技大学是一所理工综合性的学校,1958年招收了第一批学生,1959年5月19日正式建校。今年毕业的第一届毕业生共有400多人。这批学生经过五年的大学生活,无论在思想上、学习上都有很大的提高,他们完成了教学计划所规定的全部课程。通过理论学习和生产实习,掌握了一定的专业知识和有关的实验技术的能力。

今天上午进行第一批毕业论文和毕业设计答辩的是工业自动化专业的两位同学。根据国家的委托,由学校、设计研究单位和生产部门有关专家组成了答辩委员会,并由主任委员胡汝鼎主持了答辩。

科技大学对第一届毕业班学生的毕业论文和毕业设计工作十分重视。早在上学期,即成立了毕业班教学工作委员会,对毕业班教学工作作出了全面安排。并组织学生分别到有关科研和生产部门,在研究员、工程师等指导下进行毕业论文和毕业设计。在论文和设计的选题上,注意了教学和生产实践的紧密结合。绝大部分的项目,都是根据当前科学研究单位和生产部门的实践需要中提出来的。在有关单位的协助下,目前学生都已撰写出论文和设计任务书,并已开始进行答辩。像上午进行答辩的"宽幅度电弧焊机自动控制系统设计",就是同学们根据上海电焊机厂的自动电焊机问题提出来的。这些论文和设计,对今后教学和生产单位都有一定的参考价值。

该校的毕业论文和设计答辩,还将继续进行一个时期。(张祖麟)

《新民晚报》1963年6月26日

**上海科技大学举行首届毕业典礼  刘述周同志在会上讲话勉励毕业学生**

今天上午,上海科技大学举行首届毕业典礼,祝贺这所学校为国家培养了第一批430名科技人才。

中共上海市委书记处候补书记刘述周、上海市副市长张承宗、市委教育卫生工作部部长杨西光、中国科学院华东分院副院长王仲良、市科学技术委员会副主任舒文、市高教局副局长曹未风等到会向首届毕业生祝贺。

刘述周同志在会上讲了话。他首先代表市委和市人委祝贺毕业同学胜利完成了学习任务,并向为国家培养了第一批科技人才而辛勤劳动的全体教职员工和热心帮助学校的科学家、工程技术界同志致谢。刘述周同志接着强调说,同学们虽然完成规定的学习任务,达到国家规定的大学毕业生的要求,但是,这仅仅是一个开始。他说,知识是可贵的,而对一个人来说,如果不能把掌握的知识,很好地和阶级斗争、生产斗争结合起来,知识就会变成无用之物,将不知道知识究竟去为什么人服务;况且学校里学得的知识还只是书本知识。如果要使知识去指导工作，能在实际工作中起作用，这还需要有明确的政治方向，并通过实践，来不断地充实和发展知识领域。刘述周同志勉励大家，要永远保持青年人的革命朝气和远大理想，面对着摆在我们面前的具有历史意义的光荣艰巨的任务，不断鞭策自己，努力学习，提高思想觉悟，在伟大的社会主义时代里，发挥应有的作用，做坚强的革命事业的接班人，为祖国的科学技术现代化作出贡献。

上海科技大学校长周仁在会上勉励毕业同学永远忠于党、忠于人民的事业，切切实实加强锻炼，继续不断认真学习，坚持政治挂帅，又红又专，为实现国家四个现代化贡献力量。

上海科技大学第一届毕业生八个系十二个专业的同学，其中党团员占百分之六十八点二；参加这次毕业论文和毕业设计的同学中，经过答辩，评定成绩，取得优良成绩的占百分之八十四。最近，该校学生投考中国科学院冶金所、生化所、硅酸盐化学与工学研究所的研究生，成绩都比较好。

参加今天毕业典礼的知名科学家和有关兄弟高等院校的负责人，有苏步青、周志宏、王应睐、黄耀曾等。

会前，刘述周等同志还和毕业生们一起合影留念，并参观了陈列的部分优秀毕业论文和毕业设计。

《新民晚报》1963年7月20日

## 上海科技大学四百多学生毕业　刘述周同志等在毕业典礼上勉励大家努力做到又红又专

昨天上午，上海科学技术大学隆重举行首届毕业生毕业典礼，庆贺这所大学为国家培养了430个科学技术人才。

中共上海市委书记处候补书记、上海市副市长刘述周，上海市副市长张承宗，市委教育卫生工作部部长杨西光，市科学技术委员会副主任舒文，科学院华东分院副院长王仲良，市高等教育局副局长曹未风等到会祝贺。

刘述周同志在会上讲了话。他首先代表中共上海市委和市人委向毕业的学生祝贺。他说，五年来，上海科技大学获得了巨大成绩。他向为办好学校而辛勤劳动的全校教职员工、向给予学校以热心支持的兄弟院校、科学研究机关及有关单位的科学技术界的同志们表示感谢。

他在讲话中说，毕业学生经过五年的学习，已经初步掌握了现代科学技术知识，这是可贵的。但是，要使这些知识变为真正有用的知识，还得在实际斗争中加以考验，特别是要和现实生活中的阶级斗争和生产斗争密切结合起来。他勉励毕业生们在斗争中加强阶级观点，注意劳动锻炼，抓紧自我改造，树立远大的革命理想，在社会主义建设事业中发挥应有的作用。

刘述周同志着重指出，我们面临着把我国建成为一个现代化的强大的社会主义国家的光荣而艰巨的任务。他希望学生们要具有坚定而明确的政治方向，掌握现代科学技术知识，要做到又红又专，永远忠于党、忠于人民、忠于共产主义事业，全心全意为社会主义建设服务，做一个坚强的革命接班人，把革命进行到底。

杨西光同志在讲话中分析了科技大学在短短五年来取得重大成绩的原因。他说,这个成绩的获得,是社会主义制度优越性的具体表现,是马克思列宁主义和毛泽东思想的光辉胜利。他勉励毕业生们在国内外实际的阶级斗争中,坚持兴无灭资,更好地学习马克思列宁主义理论,更高地举起毛泽东思想红旗,去战胜各种困难,经受得住一切风浪的考验,做坚强的革命后代,成为科学事业出色的接班人。

高等教育局副局长曹未风希望毕业生在工作岗位上,坚持学习政治和业务,坚持劳动锻炼,以出色的成绩来报答党的培养。

周仁校长在讲话中,勉励毕业生们坚持又红又专的方向,努力攀登科学技术高峰,为实现我国农业、工业、国防和科学技术的现代化贡献力量,为国际共产主义运动增强力量。

复旦大学副校长苏步青、中国科学院有机化学研究所副所长黄耀曾也在会上致词祝贺。

教师代表毛启爽在会上发言祝贺首届毕业生完成学习任务。毕业生代表郑焕盛代表全体毕业生发言,感谢党和政府的关怀和培养,表示坚决听党的话,到祖国最需要的地方去生根、发芽、开花、结果。

上海科学技术大学八个系、十二个专业的首届毕业生430人,其中党团员占百分之六十八点二。绝大多数毕业生的学习成绩良好。在最近的毕业论文和毕业设计的答辩中,被答辩委员会评定优良成绩的达百分之八十四。毕业生郑焕盛、顾梓伟、罗志特、李振裕、周德芳及梁汉泉等所作的毕业论文和毕业设计,经上海有关学会推荐,将在全国化学学会年会及电机工程学会年会上宣读。今年,中国科学院冶金研究所在全国范围内招收研究生考试中,考试成绩前六名中,该校毕业生占了三名。

上海科技大学本届毕业生是在党和政府的亲切关怀和培养下,在各有关方面大力支持下完成了学习任务的。这届毕业生的头两年是委托复旦大学、交通大学、华东师范大学、华东化工学院、第一医学院等兄弟院校代为培训的。近三年来,有关的科学研究机构曾先后派遣145名研究人员到科技大学兼课。校外人员担任毕业论文、毕业设计的指导教师、评阅人和答辩委员的,有副教授、副研究员、副总工程师以上的41人。

参加昨天毕业典礼的兄弟院校和研究单位的负责人还有周志宏、崔之义、王应睐、黄耀曾、吕家鸿、王星九、邹元炳、张绥庆等。

周仁校长在典礼结束前给毕业生颁发了毕业证书。在毕业典礼以后,到会的负责同志还参观了优秀毕业论文和毕业设计的小型展览会。

《解放日报》1963年7月21日

**上海科技大学培养出第一批科技人才·昨举行毕业典礼 刘述周勉励大家加强阶级观点,注意劳动锻炼,抓紧自我改造,在社会主义建设中发挥作用**

上海科学技术大学昨天举行隆重的首届毕业生毕业典礼,庆贺这所大学为国家培养了430个科学技术人才。

中共上海市委书记处候补书记、上海市副市长刘述周,上海市副市长张承宗,市委教育卫生工作部部长杨西光,市科委副主任舒文,科学院华东分院副院长王仲良,市高教局副局长曹未风等到会祝贺。

刘述周同志在会上讲了话。他首先代表中共上海市委和市人委向毕业生祝贺。他说,五年来,上海科技大学和其他各方面的事业一样,获得了巨大成绩。他向为办好学校而辛勤劳动的全校教职员工,向给予学校以热心支持的兄弟院校、科学研究机关及有关单位的科学技术界的同志们表示感谢。

他说,毕业生经过五年的学习生活,已经初步掌握了现代科学技术知识,这固然是可贵的,但是,要使这些知识变为真正有用的知识,还得在实际斗争中加以考验,同现实生活中的阶级斗争及生产斗争密切结合起来。他勉励毕业生们在今后的实际斗争中加强阶级观点,注意劳动锻炼,抓紧自我改造,树立远大的革命理想,在社会主义建设事业中发挥应有的作用。

刘述周同志着重指出,我们面临着把我国建成为一个现代化的强大的社会主义国家的光荣而艰巨的任务。他希望学生们要具有坚定而明确的政治方向,掌握现代科学技术知识,做到又红又专,永远忠于党、忠于人民、忠于共产主义事业,全心全意为社会主义建设服务,做一个坚定的革命接班人,把革命进行到底。

杨西光同志在讲话中分析了科技大学在短短五年中取得重大成绩的原因。他说,这完全是社会主义制度优越性的具体表现,是马列主义、毛泽东思想的光辉胜利。他勉励毕业生们在国内外实际的阶级斗争中,坚持兴无灭资,更好地学习马列主义、毛泽东思想,更高地举起马列主义、毛泽东思想红旗,去战胜各种困难,经受得住一切风浪的考验,做坚强的革命后代,成为科学事业出色的接班人。

市高教局副局长曹未风也在会上讲了话。

周仁校长致词并在典礼结束前颁发了毕业证书。

复旦大学副校长苏步青、中国科学院有机化学研究所副所长黄耀曾在会上致词祝贺。

在教师代表毛自爽讲话后,毕业生郑焕盛代表全体毕业生发言。他在发言中表示感谢党和政府的关怀和培养,并表示坚决要听党的话,到祖国最需要的地方去生根、发芽、开花、结果。

上海科技大学八个系十二个专业的首届毕业生,五年来,在党和政府的教育下,各方面都获得了很大的进步。现在,党团员占全体毕业生的百分之六十八点二。绝大多数毕业生勤奋学习,刻苦钻研,获得了良好成绩。最近,在毕业论文和毕业设计的答辩中,被答辩委员会评为优良成绩的占百分之八十四。其中,郑焕盛、顾梓伟、罗志特、李振裕、周德芳和梁汉泉所作毕业论文和毕业设计,并经上海有关学会推荐将在全国化学学会年会及电机工程学会年会上宣读。今年,中国科学院冶金研究所在全国范围内招收研究生的考试中,该校学生的成绩也很突出。

参加昨天毕业典礼的兄弟学校负责人和科学家还有周志宏、崔之义、王应睐、吕家鸿、王星九、邹元燨、张绥庆等。

《文汇报》1963年7月21日

### 上海工学院附属中学更改校名及迁校启事

我校奉上级指示,决定改名为上海市交通中学并迁至本市江湾高境庙殷高路42号

（即幼儿师范原校址），即日起在新校址办公。电话618234。

《解放日报》1963年8月16日

## 上海科技大学首届毕业生开始陆续走上工作岗位

上海科技大学第一批分配工作的应届毕业生，已经开始出发走向新的岗位。

这个学校430位毕业生，日前兴高采烈地举行了告别晚会。学校和各系的党政负责同志到会祝贺，并与同学们进行了谈话。党委副书记、副校长刘芳祝贺同学们即将踏上新的工作岗位。她说，这一个多月来，同学们通过个人、集体、国家之间关系的正确处理，接受了一次深刻的锻炼，得到了很大的提高。她希望同学们巩固已有成绩，到工作岗位后，仍能无条件地服从新单位的调配，勇于接受任务，勇于克服困难，兢兢业业地搞好工作。

科技大学首届毕业生分配工作的地区北起黑龙江省的安达，南至云南省的昆明，西北到内蒙古、甘肃，东南达福建，遍及全国十七个省和北京、上海两个直辖市。这批毕业生绝大部分分配在工矿、农林企业的基层单位及各有关的研究机关，也有一部分从事大中学校的教学工作。离校前，毕业生纷纷表示，要永远忠于党、忠于人民，在新的工作岗位上搞好工作。（顾永康）

《新民晚报》1963年8月19日

## 本市又有一批优秀工人选入上海科技大学学习

上海科学技术大学本学期又选拔了70名优秀工人入学，其中有全国和市先进生产者多人。他们将在上海第二科学技术学校学习后进入大学本科。

这批工人学生把学习看作是本阶级交给自己的任务，劲头大，信心足。原沪光仪器厂工人、在技术革命中改进阻抗电桥的唐英，每天清晨起身就预习当天的功课，中午也不肯休息；做习题时，先把基本概念和公式进行复习，然后动手做习题。她说："在旧社会，我连饭都吃不饱；解放后，党培养我成为一个产业工人，现在又送进大学读书。在入学前，市委负责同志来厂检查工作，勉励我要用搞技术革命的劲头，努力掌握文化科学知识。我决不辜负党对我的期望，一定好好学习。"原上钢五厂工人、全国先进生产者黄能兴，在正式上课前就抓紧时间预习数学和化学。他认为学习和工厂生产一样，要事先做好准备，才能不断进步。在学习中，他常和市先进生产者马继荣，原机修总厂工人、青年炉炉长曹国相在一起，开展互助互学活动。黄能兴和曹国相原是师徒，他们同在机修总厂搞技术革命时，曾改进出钢炉，使产量提高了一倍。他们在学习中，也像搞技术革命时一样，踏踏实实，刻苦钻研；在做习题时，也像在生产上那样按照操作规程，一步一步，有条不紊，学习效果较好。

学校对这批工人学生的学习十分重视，经常召开教师会议，研究如何根据他们的特点进行教学，要求教师深入班级，加强辅导；同时邀请高年级工人学生介绍学习经验和方法。学校还为工人学生开辟了阅览室、辅导室等。学校对这批工人学生的生活也作了妥善的安排。学生们在遵守学校制度方面也表现了较高的自觉性。他们的模范行动，在同学中树立了良好的榜样。（程杏培）

《文汇报》1963年10月19日

# 1964 年

**开展协作是发展科学技术的好办法　科学院华东分院、上海科技大学、沪东造船厂等单位代表在科技工作会议上介绍有关部门在科学技术工作中进行协作的巨大成果**

在前天举行的上海市科学技术工作会议上,中国科学院华东分院、上海科学技术大学、沪东造船厂和虹口区科学技术协会等单位的代表,在发言中都列举事实,证明开展协作有利于促进科学研究、提高教学质量和发展工业生产,有利于多快好省地发展科学技术。他们认为,为了更好地完成中共上海市第三届代表大会交给自己的任务,把上海建设成为一个先进的工业和科学技术基地,今后必须进一步开展协作活动。

中国科学院华东分院副院长白学光在发言中说,1958年以后华东分院在上海建立的那些新技术的研究机构,主要是在有关部门按照国家规定给予的人力、物力的支持下建设起来的。当时,复旦大学、交通大学、华东师范大学等高等院校都调来一部分优秀的老师和学生,有关工业系统抽调了一部分工程师和工人,划出了一部分工厂,物资供应部门也调拨来不少设备和原料材料。今天,这些新的研究机构已经有了不同程度的成长,有些并已在国家建设中发挥了一定的作用。他说,这些新技术研究所实际上是各单位在国家统一规划下发扬共产主义风格进行大协作的产物。

白学光说,在接受各单位帮助的同时,华东分院各研究单位也和有关单位进行了有成效的协作。最近,为了响应上海市党代会的号召,分院组织各研究所同上海市机电、仪表、化工、轻工、计量、邮电、纺织、卫生、水产等局以及第二军医大学、中医学院、第六人民医院等单位进行了初步联系,收集到143项研究课题,经过分类整理之后,已由各研究所考虑列入今年的研究工作计划。各研究所的大部分同志对这项工作都很重视,有些研究所在党委扩大会议或所务扩大会议上讨论了这个问题,统一了思想,落实了项目。有些研究技术人员(包括高级研究人员)为了了解课题的详细情况,又亲自前往提出问题的单位调查,或者请有关人员来所面谈,以便落实计划。在安排的过程中,有些研究技术人员还主动提出了新的同地方协作的项目。对于已经决定的研究项目,有些单位还采取了集中力量打歼灭战的做法。白学光说,这只是华东分院加强同地方协作、努力承担地方研究任务的开始。目前,还在考虑采取多种措施,使院内外的协作经常化、持久化。

上海科学技术大学副校长刘芳在发言中介绍的科技大学建立的经过,证明了大协作对培养科学技术人才有重要作用。这所大学是1958年招生、1959年才开始建校的。当时一无校址、二无设备。这几年来,科学院华东分院所属的12个研究所在人力物力上给予他们大力支持,调给学校的领导干部、教学人员就有107人,还派了大批研究人员到校兼课,其中仅正副研究员就有52位。各研究所及有关部门来校兼课的教师,曾开设42课程,编写了44种质量较好的讲义和教科书。有关研究所和高等学校、工厂等也为学生的专业实验、专业劳动和生产实习提供场所,给予教师、实习员以进修实习的便利。现在,学校已初具规模,走上了健全发展的道路。去年暑假首届毕业生(共430人)的毕业论文或毕业设计,成绩优良的达到百分之八十四;并有三名毕业生考取了1963年中国科学院的研究生。毕业后分配在上海、北京、沈阳等研究机构的毕业生,经各单位测验,成绩也比较优秀。分配到上海各研究所的首届毕业生,也具有理工结合的特点,理论基础打得比较好,又有必要的材料工艺知识,专业方向和研究所的研究方向比较接近,比较符合研究所的要求。正是根据这些事实,刘芳说:"我们体会到三结合、大协作,是在教学战线上多快好省地培养人才的重要方法。"

刘芳在发言中还谈到,研究机构同学校协作,不仅对学校十分需要,对研究机构也有帮助:通过这种协作,不但为研究所培养了合适的研究人才,就是对于那些来校兼课的长期从事科技研究工作的专家来说,也有助于他们总结科学研究和新技术工作上的心得、经验及成果。一位专家说,他平时想系统地看点书,但总挤不出时间来,有了兼课任务,就逼得自己非挤出时间来,将有关专业课程的内容系统地加以整理和提高不可。

沪东造船厂等单位重型柴油机技术协作工作组的王永良在大会发言中,介绍了采用工厂、科学研究单位和高等院校的大协作方式,初步建成我国第一个制造大型船用柴油机的基地的过程。

王永良说,1957年我国已能自行设计制造大型船舶的船体,但还不能设计制造主机。我们决心奋发图强,自力更生,自己担负起设计制造大功率船用柴油机的任务。当时,担负设计任务的是设计部门一批平均年龄不到24岁的设计人员,他们大部分都缺乏工厂生产经验。这时沪东造船厂已接到短期内试制这台机器的任务,设计部门就派了一个工作组长期驻厂。设计人员和工人同吃、同住、同劳动,工作显著改进。但是,要设计这样复杂的柴油机,依靠过去技术人员所掌握的一套理论知识显然是不够的。当时,正值交通大学要开展科学研究工作,我们和学校联系后,又请了一批教师和学生下厂参加设计工作;工厂也派出了自己的技术人员加强了设计组。就这样,形成了科研机构、工厂和高等院校大协作的局面。在设计制造过程中,技术人员和工人密切配合,设计组内部也合理分工:学校的同志多担负一些理论计算工作,工厂的同志多研究解决一些工艺问题,设计部门的人员多担负设计工作。当时常常为一个部件配套召开专题的"诸葛亮会",几方面人员互相讨论研究,使一些十分困难的问题得到顺利解决。经过不到一年时间,就设计和制造出第一套大功率船用柴油机。目前,不仅试制成功的机器已在正常生产,而且由于科学研究、设计和生产技术力量的成长,在这一基地内已经能够设计制造参数更高、要求更严格的大功率船用柴油机。谈到这里,王永良深有体会地说:"大协作是发展我国科学技术事业的必不可少的方法。在实际工作中,领导、技术人员和工人的三结合是实现大协作的具体工作方式。"

《解放日报》1964年3月17日

**上海科学技术大学换发工作证启事**
  我校自1964年4月20日起使用白底红字工作证,原红色硬面工作证作废。

《解放日报》1964年4月20日

**上海工学院夜校部招生**
  一、设置专业:机械制造及电机电器两个专业,学制五年。
  二、报名条件:具有高中毕业或相当高中毕业程度、思想进步、工作积极、身体健康,年龄在35岁以下的在职职工。
  三、报名日期:6月17—19日,持单位人事部门介绍信洽取报名单及简章。
  四、考试日期:详见简章。
  五、校址:延长路149号,电话660271-39分机。

《解放日报》1964年6月3日

**上海科技大学坚持向工农开门的办学方向　培养出大批工农知识分子**
  1958年创建的上海科学技术大学,几年来积极培养大批工人和工农子弟成为新型的知识分子,为我国的科学研究机关不断地输送了来自劳动人民的科学技术力量。
  今年新学年前夕,这所大学的师生们刚欢送330多名毕业生走上工作岗位,接着又迎来了490多名新同学,其中产业工人和工农子弟占百分之七十。
  向工农开门,是这所大学创办以来一贯坚持的方向。为了让更多的工农家庭出身的学生入学,学校先后到广东、山东、安徽、江西、福建等地招收学生。从1960年起,学校还设立了工人班,专门吸收上海的优秀工人进行培养。几年来,学校总共招收的3 700多名新生中,直接来自工农和工农家庭的学生就有1 900多人。
  工人学生除了一部分编入本科各系学习以外,大部分由学校根据他们的生产特长,制定专门的教学计划,编入工人班学习。这个班第一批入学的70多个工人,经过四年的系统培养,这学期已经进入最后学习阶段——毕业设计。著名的技术革新能手王林鹤,正在设计一种准确度要求很高的无线电元件测试仪器,它是一项列入国家计划的重要研究课题。过去,王林鹤在试制高压电桥的时候,曾经向往着得到这种精密工具,现在由他自己来设计,他感到格外兴奋。
  这所学校的工农学生虽然原来的文化基础比较差,但他们把生产劳动中锻炼出来的顽强毅力带到学习中来,刻苦钻研,因此进步比较快。有机化学系三年级学生梅占奎原是上海化工厂的工人,今年已经38岁,入学时学习上困难很多,他并不因此退却。在教师的辅导下,他逐步掌握了学习的规律,上学期的期考成绩达到全班第五名。今年的毕业生中有20个从山东来的工农子弟。他们入学时,文化基础都比较差,经过学校的培养和自己的刻苦学习,毕业时有8人达到优秀成绩,有12人的成绩良好。其中有两人经过考试成了研究生。

1964 年

  学校不仅在教学上帮助工农学生,为他们作专门辅导,复习和补习功课,并且举行座谈会、忆苦思甜等活动,反复地教育他们不要忘记劳动人民的本色,不要辜负党和劳动人民对他们的期望,向着又红又专的方向奋勇前进。因此这些学生无论在学习期间或毕业后,表现都较好。在已经走上工作岗位的两届毕业生中,许多工农成分的学生受到了所在单位的欢迎。

《光明日报》1964 年 10 月 8 日

# 1965 年

**学校热心培养　自己勤学苦练　上海科技大学工人班首届应届毕业生成绩优良**

上海科学技术大学工人班四年级七十多名优秀工人出身的学生,经过四年多的系统理论学习,即将在寒假毕业。这是上海科学技术大学工人班的第一届毕业生。他们大都是生产上的劳动模范、先进生产者和"三八"红旗手。

从1960年起,上海科学技术大学设立了工人班。四年来,该校共吸收了470多名优秀工人入校学习。除了一部分编入本科各系学习以外,大部分由学校根据他们的生产特长,制定专门的教学计划,编入工人班学习。

工人班的首届毕业生,解放前只有少数人读过三、五年书,很多人没有进过学校的门,直到解放后才参加了职工业余学校学习文化。在进上海科技大学学习时,他们当中小学程度的有百分之十一,初中程度的有百分之三十九,高中文化水平的有百分之五十。

入学后,为了帮助他们把功课学好,学校除了通过举行座谈会、忆苦思甜等活动,反复地教育他们不要忘记工人阶级本色、努力又红又专以外,还在教学方面采取了不少措施,根据他们的特点进行教学,并且为他们作专门辅导、复习和补习功课。教师在讲课时,对于学生不易理解的地方,也力求反复地多讲几遍,讲得慢一点。尽管这些工人学生原来基础较差,在学习上有一定的困难,但是,在党的教育和关怀下,他们把学习看作是党交给他们的一项政治任务,在学习中始终以顽强的毅力,分秒必争,刻苦钻研,因此进步较快。技术革新闯将王林鹤说:"每当我在学习上碰到困难的时候,我就觉得全中国的工人阶级和全世界的工人阶级的眼睛都在看着我,是鼓舞,又是督促,给了我克服困难的勇气和力量。"现在,这个工人班的四年级学生已经学完了教学计划中的全部课程。四年来,他们中间已有十个人光荣地参加了中国共产党,党团员已达全班学生的百分之九十以上,而且大部分学生的成绩都达到优良的标准。

这学期以来,工人班四年级学生先后到工厂参加实习,进行毕业设计。他们的设计课题都是密切和生产结合的。如王林鹤设计的一种准确度要求很高的无线电元件测试仪器,就是一项列入国家计划的重要研究课题。既有理论,又有实际,这是他们进行毕业设计的最大特点。他们一方面搞一些课题研究,另一方面是结合工厂里的生产情况,帮助工厂里解决生产技术上和工艺上的具体问题。例如在上海电表厂进行毕业设计的干卫良小组,把该厂生产的近万种零件分类分组,然后根据各组零件的特征设计出几组能适合加工该组全部零件的不同螺旋曲线的凸轮,这样,改变了原来的工艺,降低了成本,提高了产量,改善了劳动条件,同时也提高了产品质量。又如在微型电机厂进行毕业设计的学生,他们把书本上的知识与生产实践结合起来,经过计算,把该厂生产的U型电机的转速从4 000转/分提高到8 000转/分,把Jw型电机中的每条槽里的铜丝省去四至六根。改进后的这两种电机,经过测试,达到了规定的质量要求。

在毕业设计过程中,贯彻理论联系实际,虚心向工人同志学习,这也是工人学生在毕业设计中的一个特点。虽然有些工人学生原来技术水平就很高,有的甚至是工人提拔起来的工程师,但是,在整个毕业设计过程中,他们丝毫没有一点架子,处处以小学生的姿态出观。每当他们提出一种设计方案时,他们都要征求厂领导、技术人员、老师傅和工人同志的意见,然后才动手去做,而不是闭门造车,纸上谈兵。因此,他们受到所在单位的领导和工人同志的好评,有的老工人说:"这样的大学生,才像是我们工人阶级的知识分子。"(朱国勇　刘贻苓)

《光明日报》1965年1月12日

**活学活用　务求甚解——王林鹤大学生活侧记**

1961年10月,王林鹤佩上"上海科学技术大学"的徽章,转眼三年过去了,不久,他就要大学毕业了。在这三年多的大学生活中,他始终保持了工人阶级的革命本色,以顽强的斗志学习了文化科学知识,在劳动人民知识化的道路上前进了一大步。

1961年9月,王林鹤在北京开会时接到上海科学技术大学的录取通知书,等开完会到学校,已经开学半个月了。他顾不上休息,立即就到教室去听课。这第一天,教师布置了十道高等数学习题,他第二天从清早6点钟起,做到晚上12点,一道也没有做出。他睡在床上,思想无论如何也平静不下来,他想,学习是党交给我的一项政治任务,我有什么理由学不好呢?论年龄,施妈妈不是告诉过我,她是从六十多岁开始学文化的,我呢,才三十多岁,决不能就此想做逃兵;论基础,周围的工人同学不是同我一样?他们能学好,我也一定能学得好。第二天,他又从毛主席著作中得到有力的教导:"科学是老老实实的学问,任何一点调皮都是不行的。我们还是老实一点吧!"后来,他请老师指教,请同学们帮助,终于冲破了这十道题的第一个难关。

王林鹤在学习的道路上遇到过不少困难,但是,任何困难都没有吓倒他。每当他在学习上碰到困难的时候,他就觉得全中国工人阶级和全世界工人阶级的眼睛都在看着他,鼓舞他,鞭策他,给了他战胜一个又一个困难的勇气和无穷无尽的力量。他在三年多的大学生活中,刻苦钻研,顽强学习。三年多来,他每解一道习题,每做一次实验,每听一堂课,都是认真、踏实、一丝不苟的。

他的学习态度具体表现在"四不放松"上,这就是:碰到问题不放松,解习题不放松,放假期间不放松,开会期间不放松。

有时候上完课,王林鹤就认真全面地复习几次,以后讲给老师听一遍,让老师检查还有什么地方理解不全面或不对。针对这些问题回来再认真思考,自己问自己。如果自己还是不懂的话,就再去请教老师、请教同学。这样反复学习,直到弄懂为止。有一次他为了掌握电磁波理论中的一个抽象微观概念,竟问了老师十几遍。等搞懂了这个题目之后,他很有感触地说:"这些问题都是同生活有密切关系的问题,非搞懂不可。不能不懂装懂。我们现在不仅仅是学习知识,而且是在培养工作作风、工作态度,一定要踏踏实实、实事求是。"

王林鹤把做一道习题看成是完成一个生产任务,非常认真。开始做习题时,他先在自己的小黑板上仔细地分析每一道习题。弄清了习题的来龙去脉后,才在习题本上做。

星期天,他常常到教师家去请教。在他这种认真的学习态度的影响下,教师也常常主动地到他家里去,帮助他解决学习上困难的问题。

一次王林鹤到北京去开会,他不带别的,单带一个大包包,里面放的尽是教科书和一张教学进度表。在去北京的火车上,他就到处拜访,在代表中寻找良师益友。他顾不得欣赏祖国大好河山,而是热衷于埋头复习功课。

在学习中贯彻理论联系实际,也是王林鹤的一大特点。

暑假寒假期间,王林鹤总是到工厂里去学习实际知识,三年多从来没有间断过。

他是一个很喜欢动手的人,而且总是喜欢把学来的知识运用到实践中。去年电工课中讲到三相电路之后,他就联想到厂里的一只大型电炉,就是用的三相电路,而这只炉子的电热丝常常被烧毁。一个星期天,他来到了厂里,拆开这只炉子,查看了一下线路,然后坐下来用新学来的知识一计算,原来电热丝所受到的电压有时高有时低,低的时候不要紧,高的时候电热丝吃不消,就烧毁了。为了把这个毛病治好,他就按照新学来的理论经过苦苦思索,重新设计了一种电路,按新的线路改装之后,加压电热丝上的电压就平稳了,电热丝就不再烧坏了。

王林鹤本来在厂里手艺是很高的,离开厂后,他还是精益求精,不断进步。每逢星期天和假期不是用来复习功课,就是到厂里去帮助厂里解决技术问题。有一次,他还到金星金笔厂去帮助解决一个测定金笔尖圆滑度的技术问题。有人劝他说:"老王,你学习任务重,星期天就在家里休息休息吧!"他回答说:"学来的知识不到厂里来用用,这不是我们工人阶级的学习态度,何况在厂里用了以后,还有利于今后学得更好更活。"

1964年8月份,王林鹤到厂里去做毕业设计。他设计的一种准确度要求很高的无线电元件测试仪器,是一项列入国家计划的重要研究课题。过去,他在试制高压电桥的时候,曾经向往着得到这种精密工具,现在由他自己来设计,感到格外高兴。他在接受这项任务的时候充满信心地说:"看我的学习到底过不过得硬,这是一次最好的考试,我要以最好的成绩向党汇报。"在毕业设计过程中,他虚心向老师、同学和工人学习,非常注意理论联系实际。现在,他的设计方案已经提出,经有关方面的专家检查,认为这一台测量装置的精密度很高,测量范围又很广。但他并不满足于留在纸上的设计。他说,纸上谈兵,不是我们工人做毕业设计的态度,我们毕业设计是应该拿出真正的东西来。所以,他现在正致力于把设计变成事实,让事实考验他的设计是否合格。

《光明日报》1965年1月12日

### 上海科学技术大学启事

我校自1月25日至2月15日期间停止对外接待。

《解放日报》1965年1月18日

## 上海科学技术大学首届工人班七十名优秀工人出身的学生，经过四年半的学习，即将毕业

上海科学技术大学首届工人班七十名优秀工人出身的学生，经过四年半的学习，即将毕业。在毕业前，学生们根据当前生产和科学研究工作的迫切需要深入生产第一线，进行毕业设计。

《光明日报》1965年3月11日

## 大力培养工人阶级的新型科技人才　上海科技大学工人班首届毕业生毕业　刘述周在毕业典礼上讲话　希望学校坚持把工人班办下去　越办越好　造就更多的人才

上海科学技术大学工人班首届毕业生毕业典礼今天举行。中共上海市委书记处书记刘述周，上海市副市长宋季文、金仲华、张承宗和市有关部门的负责同志参加了大会，热烈祝贺来自工业生产战线的74位工人学生胜利地完成了大学学习任务。

这个工人班，是上海科技大学于1960年遵照中共上海市委的指示举办的，招收具有一定工龄、生产技术熟练的优秀工人入学。其中有的是劳动模范和先进生产者，绝大多数是党团员。他们入学时，原来的文化基础差，学习上有很多困难，有的人家庭负担比较重，但他们学习目的明确，以顽强的革命精神，克服了困难，在四年半时间内，按照教学计划，系统地读完大学的有关专业的主要课程，完成了毕业设计，达到了大学毕业的水平。

在毕业典礼上，刘述周同志讲了话，他说：实践证明，开设工人班，是培养劳动人民成为又红又专，既能从事体力劳动，又能从事脑力劳动的新型科学技术人才的道路之一。四年半来，科技大学工人班，贯彻了党的教育方针，完成了教学任务，办得很有成绩，这条道路走对了。

刘述周在讲话中谈到了科技队伍中阶级斗争的状况，详细阐述了劳动人民知识化的重大意义。他说，这是关系到工人阶级掌握科学技术的领导权、加速社会主义革命和建设的大事，是关系到把我国建设成为一个具有现代农业、现代工业、现代国防和现代科学技术的社会主义强国的大事；这是关系到缩短和最终消灭体力劳动和脑力劳动的差别，挖掉修正主义根子的大事。

刘述周说，毕业生的水平，不仅表现在书本知识上，而且还要有生产实践知识。工人班的同学经过几年顽强学习，学完了大学的主要课程，基本上达到了这两方面的要求。非工人出身的学生是不是可以达到这个水平呢？可以。你们应该有这样的毅力，在学校学习期间抽出一些时间，坚持参加生产劳动，把必要的生产知识学到手。要做到这点，对学校来说，必须跳出旧框框，大胆改革教学，并且不断总结经验。他希望学校坚持把工人班办下去，越办越好，培养更多的新型的科技人才；希望教师不断改进教学，全心全意把工人出身的学生教好；希望毕业生回到工作岗位以后，继续保持工人阶级本色，不骄不躁，敢于攀登科学技术的高峰，为社会主义革命和建设事业作出更大贡献。

上海市副市长宋季文、金仲华也在会上讲了话。他们勉励毕业生今后继续保持坚持参加生产劳动、密切联系群众、虚心向群众学习的优良作风，在工业生产和科学研究工作上有所发现、有所发明、有所创造、有所前进。

上海科技大学副校长刘芳在会上介绍了创办工人班的经过和工人学生的学习情况。

校长周仁给毕业生发了毕业证书。最后,毕业生代表王林鹤在会上发了言。他代表全体毕业生向党保证,走上新的工作岗位以后,一定听党的话,听毛主席的话,永远保持工人阶级本色,积极投身到当前生产新高潮和三大革命运动中去,挑起重担,搞好工作,决不辜负党的培养和期望。

《光明日报》1965年3月13日

**办好工人班　培养更多的新型科学技术人才**

　　我校根据毛主席的教育思想,遵照中共上海市委关于建立一支工人阶级的科技队伍是党的一项长期战略任务的指示,从1960年起,先后选拔了479名先进工人来校学习。工人班首届学生74名,在上级党委和有关领导部门的正确领导和关怀下,在教师努力教育下,怀着强烈的阶级感情,克服了学习中的重重困难,现在已经毕业了。

　　这批学生,入学时的文化程度一般较低,现在,已分别学完了高等学校机械、电机制造两个专业的主要课程,人人参加了毕业设计,绝大部分项目还完成了试制任务,少数并投入了生产。设计课题都密切结合生产实际,其中,一项是国家科研项目的一部分;两项经鉴定,具有国内先进水平;两项是新产品试制,经检验质量合格;其他项目都在不同程度上解决了生产中的关键问题。他们在设计、制造过程中的敢想、敢做、敢于胜利的革命志气,体现了工人阶级优秀品质,获得了有关单位的好评。第一届毕业学生的质量,给了我们极大的鼓舞,增强了我们培养好工人学生的信心。这是贯彻党的阶级路线的胜利,是党的教育方针的胜利,是毛泽东思想的胜利!

　　在全日制高等学校究竟应招收什么样的工人学生,在我校党内外是始终有着不同的看法和争论的。同时,究竟如何培养,能否保证质量,我们又是没有经验、没有把握的。但是,我们坚决贯彻了中共上海市委的指示,坚持劳动人民知识化的正确方向,坚信工人阶级一定能做文化科学的主人。四年半来,我们边教学、边改进,逐步摸索,逐步明确,遇到了不少困难,也克服了不少困难;有成功的经验,也有失败的教训。凡是做对了的,总是自觉或不自觉地贯彻了毛主席思想;凡是碰壁了的,总是由于认识上的主观片面违背辩证法。这个实践过程,是我们不断与旧的教育思想、教育方法斗争的过程,也是我们不断改造思想、改进作风,逐步体会毛主席的教育思想并在实践中摸索运用,进行教学改革的过程。四年半来,我们有以下几点初步的体会。

　　(一)

　　培养什么样的工人?按什么标准选拔工人学生?争论首先是从这里开始的。这些争论,有的是属于两种对立的教育思想的斗争;有的是属于缺乏经验,掌握不住客观规律引起的。比较多的意见是过分强调文化基础,说什么:"文化科学硬碰硬,小学初中程度怎能培养呢?""如果要培养,起码要有相当高中程度。"但实际上,旧社会剥夺了劳动者的文化权利,即使在上海,老工人中文化高的也是不多的。那么,在不能完全做到这一点的情况下,要招不要招?因此,只能从现实情况出发,首先要考虑的是政治条件和生产实践的经验,这是根本,必须坚持;文化水平是可以逐步提高的,因此,对于文化程度的要求可以灵活。1960年我们的选拔标准是:政治好,觉悟高,有五年以上工龄,生产技术熟练,文化程度相当于业余初中,年龄在30岁以下,身体健康,能坚持学习者;对有十年以上工龄的老工人或先进生产者,年龄和文化程度的要求,可以有所伸缩。可是,在工人学生学习遇到较大困难时,我们也曾有些动摇,试图多招一些文化高的青年工人,但他们与一般青年学生的区别不大,以后,我们仍坚持了原来的标准。现有工人学生中,党团员占百分之九十以上,先进生产者有百分之二十左右,十年以上工龄的约占百分之三十四,入学前小学程度的占有半数。

实践证明,以上招生标准是正确的,我们更充分地认识到先进老工人的特点是:(1) 阶级觉悟高。他们绝大部分在旧社会都受尽迫害,解放后才彻底翻了身。他们认识到今天能进入高等学校学习是党的培养、工人阶级的委托,不仅有使祖国摆脱"一穷二白"面貌的志气,而且有超过资本主义、促进世界革命的志气。学习目的性非常明确。(2) 生产斗争知识丰富。他们直接来自生产岗位,而且绝大部分都是生产战线上的技术革新闯将和能手。(3) 文化水平低。以第一届毕业生来讲,入学时文化程度在业余初中以下的占百分之六十二。我们认为,前两个特点,是他们独具的、最根本的优点。文化低则是一个弱点。而要解决这个矛盾,主要的还在于依靠他们内在的因素,以"两长"来克服"一短"。发扬高度的阶级觉悟就有可能占领文化科学阵地;丰富的感性知识又有利于接受理性知识,有觉悟的劳动者接受文化知识比一般青年学生有着有利条件。但几千年来剥削阶级理论脱离实际的教育思想,使有些人一方面过低地估计了劳动人民的丰富的感性知识,不知道或不能充分理解丰富的实践可以作为接受理论的基础,片面地认为他们"文化低""笨""难以造就";另一方面,又过高地估计书本知识,喜爱考分高的青年。不了解这种知识对青年学生是未经过实践验证的书本知识,还有片面性。这就是为什么青年学生从初中程度到大学毕业程度一般需要八、九年时间,而先进的老工人仅仅花了四年半的时间就走完这段路的重要依据。这也就是说,工人学生虽然书本知识少些,但他们有丰富的生产实践做基础,经过一番努力,是能够比较好地掌握文化科学知识的。特别在学到专业课时,他们学的活,能够举一反三,表面上他们比青年学生学的少了,但实际不少,他们有可能以学到的有限知识把他们分散的生产经验统率起来、融合起来,因而学的可能是多了、深了。另外,他们一旦掌握了理论,马上就可以转过来推动当前生产,在生产上发挥作用,这也是一般青年学生难以立即做到的。因此,招收工人学生进行深造,不仅是可能的,而且是十分必要的,它的深远意义不仅在于推动社会主义建设,而且有助于巩固无产阶级专政。

(二)

工人学生年龄较大,文化较低,要在四、五年内达到大学毕业程度,困难是比较多的。我们主要从三方面进行工作。首先认清教育对象,根据工人特点,采取一切有利于他们学习的措施;另外,加强政治思想工作,充分调动他们学习的积极性;同时,抓紧教师工作,不断改进教学。

第一,突破"正规"框框,精简教学内容,改进教学方法,保证学生学到手。

根据工人的特点,我们估计他们在学习基础课时,由于概念多,困难一定会比较多的,学专业课时,内容联系实际,学习起来可能比较顺利。根据这样的估计,我们主要采取了下面几个措施:(1) 在教学安排上分三个阶段,首先学习高中课程,适当联系初中课程,补好中学课程;然后集中力量突破大学的基础理论课程,打下扎实的基础;再进入专业课的学习。既注意系统性,又避免重复,反复巩固,不断提高。(2)学习年限不宜太长,课程门数不宜太多,教学内容不宜太全,有的学生还可以"选课"学习。但对主要的内容和基本功一定要反复教、反复学,一定要吃透、练好(如高等数学,主要学好微分积分;普通物理则以力学、电学部分为重点)。(3)在教学进度上,首先是对学生接受程度负责,不是首先对教师的教学日历负责,提出以懂为主、力争速度的原则。在时间安排上,基础应长,专业可短。(4)毕业设计突破过去纸上谈兵、脱离实际的一套框框。强调必须从当前的生产实际和工人学生的实际出发,提出"吃透两头,民主选题,结合生产,搞出成果"的要求。(5)一切教学规章制度,必须为他们学习开道,凡不利于学习的规章制度都要改革。入学第一年,经常调整班级,按程度编班,以利因材施教。在学习上能够跟上的,应尽量帮助他们跟上,一般不采取留级办法;学习上困难确实很大的,可免修非主要课程,不受学习成绩考核制度的束缚。为了帮助他们充分消化和巩固所学的知识,必要时,上了一个阶段的课,可以适当停课复习,在不断巩固中前进。这样看来少了,实际不少,看来慢了,实际不慢。他们学习的进度是以加速度向前发展的。我们用一年到一年半的时间补完了中学课程;又用三年多一些的时间教完了大学有关的主要课程。

第二,发挥支部战斗堡垒作用,不断提高工人学生的阶级觉悟,充分调动他们的学习积极性,形成一个良好的学风,是攻克文化科学堡垒的最根本的保证。

工人学生要求学快学好的心情是十分迫切的。但不能因此而放松了政治思想教育,不能只抓教学、不抓思想。恰恰相反,为了保证他们能够在短短的四、五年内达到大学毕业的程度,就必须加强党的工作,加强政治思想工作,抓活的思想,不断克服畏难情绪,不断增强学习信心。四年半来,我们紧跟形势,对工人学生加强政治学习,突出阶级教育,组织回忆对比,激发阶级仇恨,启发阶级觉悟,明确为谁而学,增强学习动力。同时,注意解决学习中的活的思想问题。如有的工人才入学时,坐不住,听不懂,坐立不安,感到难以坚持;有的做一道题要花一天时间,感到"在厂里是条龙,在学校里是条虫",不如回厂生产;有的在学大学基础课时,感到太抽象,怀疑学了是否有用;有的则对专业不满足,怕学得太少,到生产上派不了用场。特别是,一度集中表现在"算小账"的问题上。只看到个人收入因入学有所减少的这一面,认为学习"不合算"。我们针对这些具体思想和具体困难,予以具体解决,全面关心他们的成长。在学习上,组织他们学习郝建秀奋发学习的先进事迹,并总结了学习标兵、市先进生产者、工人工程师谈山林的愤发学习的经验,党委做了决议,号召全校学习他的先进思想和先进经验,破除对书本知识的迷信,长工人阶级志气,增强学习信心。同时指出,培养工人是从国家长远利益着眼,是"算大账"的,克服他们"算小账"的思想。此外,根据工人学生绝大部分都有家庭负担这一特点,在思想领先的原则下,对他们的具体困难组织上给予热忱关怀、合理照顾,使他们安心学习。

政治思想工作保证了学生饱满的学习情绪,形成了一个优良的学风:(1)有雄心壮志和顽强的学习精神;(2)有一丝不苟、严肃认真的态度;(3)联系实际、学以致用的观点十分强烈,有的学生常去原来所在工厂劳动,用所学的知识帮助解决问题;(4)有永不满足、不断革命、力争上游的精神。这在毕业设计过程中表现得十分突出。这样,学习上不断出现了苦学巧学的动人事例。"硬骨头"钱祥根,以愚公移山的精神,顽强学习,把中学到大学全部的数学公式,汇集成册,随时翻阅巩固。工人工程师干卫良,入学时是业余初一程度,四年半来,除实习劳动外,没有到市区去过一次,刻苦钻研,各门课程的成绩都优良。原木工徐建康等人,为了使全班同学学好"机械原理"等课程,自制机械部件、刀具等木模,加强了直观,能较快地理解和牢固地掌握所学的理论知识。有的学生,学习高等数学时,对空间概念不易接受,就以台角比拟轴心,两条台边、一条台脚比拟为三根轴线,概念就具体了。有些学生,每学到一个阶段,就共同进行总结、交流经验、共同提高。这样,高不可攀的文化科学堡垒就一个一个地被他们攻克下来了。

第三,调配一批政治、业务较好的教师,针对工人学生的特点进行教学。

什么人来教这批学生?最好是由政治思想好、有丰富的生产经验和教学经验的教师来教。但学校新办,绝大部分教师都是刚从大学毕业的,客观上不可能做到这一点。这是一个困难。我们下决心配备了一批政治、业务较好的青年教师进行教学,让他们在工作中锻炼,战斗中成长。总的来讲,绝大部分教师是听党的话、愿意教好工人学生的,但也有少数教师存在着教工人学生是"大材小用""低人一等"和"吃力不讨好"等错误思想。因此必须对他们不断加强思想工作,反复讲清培养工人阶级知识分子的战略意义,提高他们的光荣感、责任感。同时组织他们参加工人学生的回忆对比,激发他们的阶级觉悟。在教学工作上,要求他们要教好工人,必须首先向工人学习;不仅要做好先生,而且要愿意做好学生;必须了解工人,针对学生的特点进行教学;钻研教材,不断改进教学方法;深入课堂、宿舍,关心和了解学生的学习情况,做学生的知心朋友,大多数青年教师,都能正确对待这一工作,满腔热情地去完成任务。许多教师认真教学,耐心辅导;有的教师在备课或讲课时,倾听学生的意见,认真批改作业;有的教师,孜孜不倦,加强个别辅导,晚自修时与学生在一起,和最后一个学生一起离开课堂;有的教师,在毕业设计时,与学生在一起,深入车间,参加劳动,参加设计。学生的忘我劳动和丰富的生产知识,使教师们深受感动。有的教师说:"讲心里话,他们给我的知识,远远超过我给他们的知识。"不少教师提出"红在工人班,专在工人班"的响亮口号;提出要做到热心、耐心、虚心,表达了他们的革命意志。学生学习成绩的不断提高,又大大鼓舞了教师的信心,坚定了教师一定要把工人学生教好的决心。同时,教师接触工人学生,亦有利于自己的革命化、劳动化。整个教学过程,也就是教师自我改造过程。在党的教育下,在教学实践中,许多教师在革命化、劳动化的道路上迈进了一步,有的教师还入了党、入了团。

(三)

实践是检验质量最好的标准,工人学生究竟能否掌握文化科学知识,究竟能否确保学习质量?现在,他们用事实回答了这个问题。

第一,四年半来,他们由工厂到学校,打了一场文化仗、攻坚仗,终于掌握了高等学校有关专业的理论知识,而且由于他们有丰富的感性知识,所以学得比较好、比较活。如干卫良说:"以前对公式神秘,曲线神秘,现在曲线画得出,公式也列得出;即使忘了在实际工作中也可以总结得出。"1957年摘掉文盲帽子的钱祥根,入学前学过一些业余初中课程,入学时是困难户,后来成绩不断上升,他自己说:"现在只要给我电机的技术参数,我就能设计。"全班有三分之一左右的学生,学习成绩一贯优良。

第二,工人学生一旦掌握了理论知识,就会转化为巨大的物质力量,有所发现,有所发明,有所创造,有所前进。74名首届学生,在毕业设计中完成了14个课题。这些课题都是密切结合当前科学研究的迫切需要和生产实际的。他们在设计过程中,自始至终带着施工和使用的"实践"观念,从难、从严、从实际出发,深入现场参加劳动,实行"三结合",保持了劳动人民的本色。他们设计制造出来的实物具有实用、经济、性能好、操作方便等特点。他们用实际行动证明了没有辜负党的培养,没有辜负工人阶级的委托。如王林鹤设计的一种高精度的无线电元件测试仪,是国家计量技术方面的重要科研项目,现已完成设计、研究和试制任务。他说:"过去搞革新只能试试看;现在搞设计能够算算看。"姜国忠小组五人,在一无资料、二无样机的情况下,做了大量的调查、实验工作,设计和制造了"高精度变频标准电源测试仪器"的关键设备,经市计量局鉴定合格。干卫良小组七人,在四个多月中,通过对成组加工工艺及其装备的设计和制造,扩大了自动机床的使用范围,改进了工艺,建立了分类分组系列化,为继续探讨成组加工提供了科学依据。该厂已采用他们设计的凸轮,生产了十多万个仪表零件。他们还使用废料,只花了500多元,设计制造了一台零件卡片自动分类机,为技术管理工作适应生产自动化的需要提供了物资设备。另外,他们还主动为工厂设计了一台自动车床。王祥生小组五人,为恒丰立绒丝织厂改装了整经机的传动结构,自己设计,自己做模,自己翻砂,自己加工,解决了该厂经丝张力不均匀的一个"老大难"的生产关键问题。在这届毕业生中,有来自服装、织带、牙刷等行业被人称为"杂牌军"的学生14名,他们在毕业设计中亦同样做出了出色成绩。如睢荣成,做过十几年鞋匠,这次毕业设计中,他在诚孚动力机厂设计制造了一种"汽缸体垂直度、平行度综合量仪检验夹具",能满足八个方面的检验要求。

工人学生四年半文化大翻身的事实,充分证明了劳动人民是一定能知识化的,全日制高等学校招收工人是能够培养出符合培养目标的人才的。经过四年半的培养,他们已开始显示出能文能武、能上能下、既能动脑又能动手的又红又专的新型劳动者的特色。

经过四年半的努力,我们培养出了第一届工人学生,但是在实际工作中,我们存在的问题还是很多的。首先是我们对培养工人学生对于促进社会主义建设的重大意义还认识不足,对贯彻市委的指示还不够坚决;在实践中没有自觉地以毛主席的教育思想作为指导工人班一切教学工作的指针,把遇到的每个困难、每个问题和教育革命紧密地联系起来;也没有充分重视和认真发扬工人学生的优良学风,以推动整个学校的校风向革命化、劳动化的方向前进;至于教学内容和教学方法上则更存在不少问题,需要我们继续努力,加以改进。同时工人学生真正的学习质量,还有待于经过工作岗位上一段时间的考验,才能做出比较切实的结论。我们一定要遵照毛主席的教导,经常注意总结经验,对于我们不熟悉的事物,要认真地、细致地去调查它,去研究它,去熟悉它,把我们已经取得的经验和教训,应用到今后工作中去。(中共上海科学技术大学委员会)

《光明日报》1965年3月13日

**学习就是为了革命　上海科学技术大学工人班首届毕业生**

1960年9月,党把我送到上海科学技术大学学习,现在,我已经念完了高等学校机械专业的课程,成了大学毕业生了。

解放前,我从7岁起就给人家放牛,12岁起又给人家做长工。当时,妈妈为了生活,来上海给人家做保姆。

16岁那年,我来到上海一家工厂当学徒。每天给老板娘带小孩、烧饭、洗菜、倒马桶。

上海解放以后,我积极报名进业余学校学习文化。在党的教育和培养下,我的思想觉悟也一天天提高了,1952年,我入了团,1956年光荣地加入了中国共产党。

1957年6月,由于工作需要,党提拔我当了清棉车间副工长。1958年技术革新和技术革命,在党的支持和同志们的帮助下,我搞出了一台半自动化小量混棉机,节省了劳动力,提高了质量。后来,我想搞一部自动撒棉机,用机械化来代替手工操作。但是,那时我刚从夜校小学毕业,文化水平很低,机械方面的知识和原理一点也不懂。我的想法被领导上知道了,领导上就热情地鼓励我去搞,并对我说:"我们工人阶级要破除迷信,解放思想,要有敢想、敢说、敢做的共产主义风格……"当时,我一看不懂参考书、二无资料,不知从何着手。我走路也想,吃饭也想,晚上睡在床上也想。有一次,我在马路上走,迎面开来了一辆洒水车,我猛然想起,棉花如果能像水这样均匀地洒出来就好了,水和棉花虽则不同,但是原理总是一样吧。这以后在实际制作的过程中,我碰到了不少困难。例如要把三角铁拗成九十度,由于没有学过几何三角,怎么也拗不成功,这促使我在老工人的热心帮助下,学习了金工知识。就在这时候,有些工程技术人员开口了,他们说:"只有小学文化程度的人,一不懂机械方面的知识,二看不懂参考文献,竟想搞起自动化来了,这真是蛤蟆想吃天鹅肉。"我听了这些话,又气又恨,气的是这些人懂得一点知识,太瞧不起我们工人了,恨的是旧社会剥夺了我们劳动人民学习文化的权利。我夜以继日地搞,失败了再试,试了又失败,失败了再试,终于在党的大力支持和关怀下,在工人同志们的帮助下,经过几个月的苦战,自动撒棉机试制成功了,而且质量符合要求。那些认为"蛤蟆想吃天鹅肉"的工程技术人员,在事实面前不得不认输了。

自动撒棉机试制成功以后,领导上要我总结经验,搞一套较完整的资料,可是,我怎么也总结不出,图也不会画。这时我想,如果我有点文化的话,是多么好呀!

1960年9月,当我接到上海科技大学的录取通知书时,我激动得流下了眼泪。当时党组织的负责同志对我说:"你要好好地学习。这是一项政治任务。要为党争光,为工人阶级争气。"有些老工人也对我说:"工人读大学,这是在旧社会办不到的事情,你要为我们工人阶级争口气,将来做一个我们工人阶级的知识分子。"但是,也有人从名利观点出发,说我已经被提拔为工程师,用不着读书了。我没有听这些人的话,我想到的是为党为工人阶级争光争气,做一个名副其实的工人工程师。就这样,我带着工人阶级的委托,跨进上海科技大学的校门。

那时,我的文化基础比较差,只有业余初中一年级的程度。老师在讲台上讲课,我怎么也听不懂,记笔记那就更困难了。听不懂,记不下,习题做不出,怎么办呢?难道就在这些困难面前低头吗?被几本书吓倒吗?这时,我想起了刚进学校时市委书记刘述周同志在开学典礼上对我们讲的话,他说:"培养工人学员,在党来说是一项新的任务,同志们应有坚强的毅力,有敢想、敢说、敢干的精神。世界上没有学不会的东西。有党的领导,有群众的帮助,你们一定能克服一切困难,取得新的胜利。"我又想到,在搞技术革新的那些日子里,碰到了多少困难,但是都一一被克服了。我又想到,那时候看不懂参考书,遇到多少困难,现在有这样好的学习条件,为什么不好好学习呢?我是一个工人,一个工人就应该有工人阶级的革命志气。我是一个共产党员,共产党员就应该有敢于斗争、敢于胜利的精神。今天我们读书,不是什么个人的事情,是为了社会主义革命。因此,学习上碰到再大的困难,也要克服掉。俗话说,大海中航行要有指南针。这时,我学习了毛主席的《愚公移山》,更增强了克服困难的信心。

我懂得,在学习上是没有捷径可走的,不下苦工夫,知识是学不到手的。因此,别人听一遍就理解,我要听两遍,上课时听不懂,下课后再去问老师和同学,直到真正搞懂为止。例如有一次做一道普通物理习题,整整用了一天的时间。这样一来,时间就不够支配了,怎么办呢?挤。晚自习结束了,同学们都回去睡觉,我就一个人坐在教室里看书和思考问题。星期天我也用来复习功课和看参考书。我认为学习是工人阶级的委托,是党交给我的一项政治任务,不学好我不能休息。

我经常这样想:学习是为了真正把知识学到手,更好地为人民服务,为建设社会主义和共产主义贡献出一分力量。因此,在学习的过程中我就常把过去生产上碰到的问题带到课堂上来,又把书本上学到的知识和生产实践联系起来,加深理解。例如在学机械概论这一门功课时,讲到托脱桠杆这一概念,不容易理解,而且图形也很复杂,如果不把这个概念彻底搞懂,将会影响工艺学的学习。为了彻底搞懂这个概念,我们班上的徐建康同学做了一只模型,帮助同学克服看不懂书本上图形的困难。可是,模型毕竟还是有局限性,为了真正弄懂它的原理,我就到本校金工厂去看 630 普通车床,我前前后后共看了三次,每一次都在老师傅的热情指导下把托脱桠杆拆开来看,经过这样反复的实践,这个概念终于被我掌握了。

到工厂进行实习劳动,我也非常注意用学到的理论和生产实践中联系起来。有一次,我在劳动中看到了滚齿机床上一根轴上同时有两个速度,这是什么道理呢?怎样来计算这两个速度呢?我就去找书本,但是没有找到答案。在实习劳动之前,我曾在机械原理一书中学到差动机这个概念,按照老师的讲法,这种差动机是飞机上用的。当时我想,难道差动机在机床上就用不到吗?我问老工人,说也巧,原来滚齿机床一根轴上有两个速度就是差动机的作用,这样一来,又使我巩固了书本上所学到的知识。

为了使我们学的知识真正能解决生产上的问题,所以,每学期一开学,我都要把本学期开设的课程所用的教材从头到尾大致看一遍,了解一下书中那些章节与生产有关,老师上课时需要讲得详细一点,那些内容与生产关系不大,可以少讲,甚至不讲,然后把我的意见反映给办公室和有关教研组。机床设计这门课就是吸收了我的意见而开设的。

在设计中我也同样注意理论联系实际。例如我们在设计成组凸轮时,刀具在径向成形加工结束时,需要停持一下,关于停持的角度,大部分书本上都没有提到,只有在少数书本上简单地提了一下。初设计者如果不懂得生产实际,那么这个问题最容易被忽略。在设计过程中,我们小组总结了实践经验,我们对书本上现行的公式作了修改,加了一个常数,使加工的零件光洁度、精度和质量有了提高。又如套某些螺丝时,零件如不预先送出一段长度,会影响加工精度,这个问题在书本上是没有介绍的,如果我们不深入生产实际,设计出来的凸轮是不能用的。这次我设计出来的成组凸轮的特点,是工作平稳性好,调整容易。工人们都很喜欢用。

去年 9 月份我们小组七个人到上海电表厂去进行毕业设计,我们设计的课题是零件分类机。在设计过程中,每当我们提出设计方案时,总要征求厂领导、技术人员和老师傅的意见,绝不是闭门造车,纸上谈兵。我们是在没有完整资料的情况下进行设计的,困难不少,但是,由于我们以愚公移山的精神,从实际出发,实行三结合,自己设计,自己动手造,终于把这台零件分类机搞出来了。

现在,我已经从上海科技大学毕业了,又要回到生产岗位上去,我一定保持工人阶级的革命本色,做一个名副其实的工人阶级所需要的子弟兵。(干卫良,由朱国勇整理)

《光明日报》1965年3月13日

## 上海科技大学工人班首届学生毕业刘述周同志在毕业典礼上讲话指出在工人阶级中培养新型科技人才具有重大意义

上海科学技术大学工人班第一届毕业生毕业典礼,昨天上午隆重举行。

中共上海市委书记处书记刘述周,上海市副市长宋季文、金仲华、张承宗,市人委文教办公室副主任陈琳瑚,市科学技术委员会副主任舒文,市高等教育局局长姚力,市总工会副主席朱俊欣等参加了毕业典礼,热烈祝贺来自工业战线的74名工人同学胜利地完成大学学习任务。

昨天上午,上海科技大学像办大喜事一样,3 000多名师生怀着兴奋和自豪的心情,齐集一堂,欢庆自己的学校培养出第一批工人阶级科技人才。毕业典礼会场上,喜气洋溢,主席台上,红旗和鲜花簇拥着毛主席的巨幅画像,主席台两旁悬挂着"知识分子劳动化"和"劳动人民知识化"的巨幅标语。

刘述周同志在毕业典礼上讲了话。他热烈祝贺上海科技大学工人班第一届学生毕业。他说,实践证明,开设工人班,是培养劳动人民成为又红又专、既能从事体力劳动又能从事脑力劳动的新型科学技术人才的办法之一。四年半来,上海科技大学工人班贯彻了党的教育方针,完成了教学任务,办得很有成绩,这条路走对了。

刘述周在讲话中谈到了阶级斗争在科学技术队伍中的反映,说明尽快地让劳动人民掌握文化科学知识,迅速地在工人阶级中培养又红又专、既能从事体力劳动又能从事脑力劳动的新型科技人才的重大意义。他说,这是关系到工人阶级掌握科学技术领导权、加速社会主义革命、社会主义建设的大事;是关系到在不太长的时间内赶上和超过国际先进水平,把我们国家建设成为具有现代农业、现代工业、现代国防和现代科学技术的社会主义强国的大事;是关系到缩短和最终消灭体力劳动和脑力劳动之间的差别,挖掉修正主义根子的大事。

刘述周说,毕业生的水平,不仅表现在书本知识上,而且要有生产实践知识。工人班的同学经过几年的顽强学习,基本上掌握了大学的主要课程,达到了这两方面的要求。非工人出身的青年学生也应该有这样的毅力,在学校学习期间抽出一定时间,坚持参加生产劳动,把必要的生产知识学到手。要做到这点,学校还需要不断打破框框,大胆改革教学,总结经验,逐步前进。刘述周希望科技大学坚持把工人班办下去,而且越办越好,培养更多的新型的科技人才;希望教师不断改进教学,全心全意把工人出身的学生教好;希望毕业生回到工作岗位以后,继续保持劳动人民的本色,不骄不躁,敢于攀登科学技术的高峰,为社会主义革命和建设事业作出更大的贡献。

上海市副市长宋季文、金仲华也在会上讲了话。他们向工人班毕业学生表示最热烈的祝贺,并且勉励工人学生到了工作岗位以后,经常联系群众,虚心向群众学习,参加生产劳动,在工业生产和科学研究工作上有所发现,有所发明,有所创造,有所前进。

上海科技大学副校长刘芳在大会开始时,介绍了创办工人班的经过和工人学生的学习情况。

负责同志讲话以后,在全场热烈的掌声中,王林鹤、于伟良等毕业生代表走上主席台,怀着激动的心情从上海科技大学校长周仁手里接过毕业文凭。王林鹤代表全体毕业同学向党保证,走上新的工作岗位以后,一定听党的话,听毛主席的话,永远保持工人阶级本色,积极投入当前生产新高潮,投入三大革命运动,决不辜负党的培养和期望。

恒丰立绒丝织厂老工人洪海亮在会上讲话,热烈赞扬工人学生能文能武,不愧为工人阶级知识分子。上海科技大学教师代表毛锡鹤也在会上讲了话,表示要很好地学习工人阶级优秀品质,为培养更多的工人阶级科技人才作出贡献。

毕业典礼结束以后,刘述周、宋季文、金仲华、张承宗等同志参观了工人班首届毕业生毕业作业成绩汇报展览。

《解放日报》1965年3月13日

**培养更多的工人阶级科学技术人才——祝上海科学技术大学工人班第一届学生毕业**

上海科学技术大学工人班第一批工人学生毕业了,这是继上海市业余工业大学第一届学生毕业以后上海工业和文教战线的又一件大喜事。我们对此表示热烈的祝贺!这批大学毕业生入学前都是工业战线上的优秀工人,经过四年半的学习,达到了大学毕业水平,成为既能从事脑力劳动、又能从事体力劳动的工人阶级的科学技术人才。这是毛泽东思想的胜利,是党的教育方针的胜利!

培养工人阶级又红又专、能文能武的新型科学技术人才,是一项非常迫切而又具有重大战略意义的任务。要迅速改变我国"一穷二白"的面貌,在不太长的时间内,把我国建设成为一个具有现代农业、现代工业、现代国防和现代科学技术的社会主义强国,一个很重要的条件,就是要有一支数量很大、又红又专的科学技术队伍。从上海这个城市来说,要把它建设成为我国一个先进的工业和科学技术基地,也需要大量的科学技术人才。解放以来,在党的领导下,随着生产的发展,上海的科学技术力量也有了很大的发展;但是在工农业生产一日千里飞跃发展的形势下,它和客观需要相比,还是很不适应。因此,必须迅速扩大和加强这支队伍的力量。而要做到这一点,除了要团结、教育和改造老的知识分子,充分发挥他们的作用以外,更要重视培养大量的工人阶级科学技术人才,也就是培养具有社会主义觉悟,能文能武,能上能下,既能从事体力劳动,又能从事脑力劳动的新型劳动者,才能满足生产和科学技术发展的需要。不仅如此,更重要的是,通过大量地培养工人阶级的科学技术人才,就能逐步改变目前科技队伍的状况,使工人阶级知识分子成为科技队伍的主力军,使科学技术的领导权牢固地掌握在工人阶级手里,保证社会主义革命和建设事业的胜利发展。同时,从长远来说,培养工人阶级知识分子,实现劳动人民知识化,这也是文化革命的一个重要部分。这就可以逐步缩小以至最终消灭体力劳动和脑力劳动之间的差别,挖掉产生修正主义的一个重要根子,为将来逐步过渡到共产主义创造条件。

在工人阶级中培养有较高水平的科学技术人才,能不能做到呢?能!从社会的发展来看,人类的科学文化就是由劳动人民创造的,过去工人阶级之所以缺少科学文化知识,只是由于长时期以来,反动统治者和剥削阶级剥夺了他们学习科学文化知识的权利。只要有机会学习,他们不仅能够学会,而且可以学得更好。这个道理是很明显的。首先,工人阶级的阶级觉悟高,他们绝大部分在旧社会里饱受压迫剥削,苦大仇深,因此翻身感强烈,一旦获得学习的机会,就会奋发图强,刻苦钻研,为工人阶级争气,而带着这样的思想学习,就会产生强大的动力,克服前进道路上遇到的各种困难。其次,他们在长期的生产劳动中,积累了丰富的生产斗争知识和实践经验。理论的基础是实践,劳动人民所具有的丰富的感性知识,就是能够很好地接受和掌握理性知识的一个十分有利的条件。理性知识和实践经验相结合,就能理解得更为透彻,掌握得更为牢固,从而使所学到的知识发挥更大的作用。当然,工人出身的学生由于过去没有经过系统的学习,文化基础差,学习起来一定会遇到很多困难,但是有了上面所说的两个有利因素,特别是由于党的正确领导,这些困难也一定会被克服。上海科技大学工人班就以具体的事实,再一次有力地证明了,解放了的工人在党的领导和培养下,经过自己的艰苦努力,一定能够掌握科学文化知识,成为科学文化知识的主人。

上海科学技术大学根据党的"教育为无产阶级的政治服务,教育与生产劳动相结合"的方针,破除迷信,解放思想,注意从工人学生的特点和实际出发解决培养工人学生教学上的一系列问题。这种勇于破旧创新、敢于革命的精神是很可贵的。但是一切事物都是在不断发展的,人们对于客观规律的认识不可能一次完成,需要我们通过实践,不断检验,不断充实,不断发展,不断提高,把工人班越办越好。同时,我们也要看到,要建立起一支强大的工人阶级科学技术队伍,要使工人阶级迅速掌握必要的科学文化知识,必须采取多种多样的形式。科技大学工人班是一种形式,业余工业大学和其他半工半读学校又是一种形式,工厂、企业、学校、地区、科技单位举办的大量的各种各样的业余学校和短期训练班也是一种形式。

所有这些,都对促进劳动人民知识化作出了积极的贡献。今后,我们应当继续贯彻执行党的教育方针,进一步办好上述这些学校,特别是要积极推行半工半读的教育制度,通过半工半读和业余学习的途径,更加多快好省地使劳动人民知识化,为我国培养出一支力量强大、人数众多的工人阶级知识分子队伍。这是一个光荣而又艰巨的任务,有赖于本市广大工厂企业和文教单位共同努力,有计划有步骤地一起来完成。各级党的组织,也应该加强领导,把这方面的工作认真抓起来,采取有效的措施,积极做好。

现在,上海科技大学首届工人班的学生已经毕业了。他们就要回到生产岗位或是其他新的战斗岗位上去。在他们即将离开学校的时候,我们热烈地希望他们,不管将来到什么地方去,担任什么工作,都要永远保持工人阶级的本色,艰苦朴素,热爱劳动,不要学资产阶级知识分子的样子,有了知识就自以为了不起,脱离劳动,瞧不起劳动人民。要永远和劳动人民在一起,永远参加劳动,继续学习科学文化知识,不断总结经验,在生产劳动中虚心向群众学习,做一个名副其实的又红又专、能文能武、能上能下、既能体力劳动又能脑力劳动的新型劳动者,把自己所学到的知识全部贡献给党、贡献给人民、贡献给伟大的社会主义事业,为攀登世界科学技术的高峰、建设现代化的社会主义的强大祖国而奋斗。

《解放日报》1965年3月13日

### 牢记阶级委托　力攀知识高峰——记上海科技大学第一届工人班毕业生的学习生活

上海科学技术大学第一届工人班毕业了。

昨天,在隆重的毕业典礼上,当一个个精神饱满的工人学生,用长满老茧的双手接过毕业证书的时候,全场沸腾起来了,掌声如同春雷,滚滚不息。人们怀着无比激动的心情,热烈地祝贺他们在前进的道路上,胜利地走完了一段艰苦的历程。

**为革命而学**

四年半以前,当这一批优秀的工人带着阶级的委托,来到科技大学以后,为了攀登知识高峰,他们曾经碰到过多少难以想象的困难,经历过多少艰巨的考验呵!然而,革命的责任感,使工人学生们以顽强的毅力,克服了前进道路上的重重障碍,用实际成绩证明了:他们并没有辜负党和人民的期望。

先来谈谈造纸厂的电工钱祥根吧。这位在旧社会饱尝风寒的穷汉子,过去上不起学,只是在解放后才开始利用业余时间读书识字,达到了初中的水平。当他刚来到这所大学时,面对着一大堆课程,别说弄懂那些深奥的原理,就连最简单的外文字母符号也念不出来。第一个学期结束时,有三门主要功课不及格。他拿到了成绩单,难过得几乎要哭出来。深夜,他怀着沉重的心情,悄悄地从床上爬起来,一个人来到操场上,蹲在篮球架下沉思着。他想到自己没有学习好,对不起党;又想到凭自己这样的基础,恐怕学不出什么名堂来。他很想重新回厂干活去。但是当他一回忆起自己过去的悲惨生活,以及来学校前工厂领导对自己的谆谆叮嘱,他为自己的想法感到惭愧。"学习,这是党交给我的一个光荣的任务,全中国工人阶级都在期望着我们这些工人学生,我是个共产党员,决不能在困难面前当逃兵!"他猛地站了起来,下定决心:一定要下苦功,攻克这个学习难关。

从此,他杜绝杂念,刻苦钻研。他年纪较大,记忆力不好,就比旁人多花一倍的时间,多读多记。早上,他4点多钟就醒来。为了不吵醒其他同学,一个人静静地躺在床上,借着晨曦的微光看书。晚上,同学们都睡了,他一个人还坐在教室里苦苦钻研。教室的灯熄了,他就移到寝室外的走廊里继续看下去。逢到假期回到家里,别人都休息了,他仍如饥如渴地捧着书本复习,常常搞到深更半夜。在学习上他紧紧地抓住每一个问题、每一个细节,非到完全弄懂不肯罢休。碰到难题,他从不轻易问人,总是力求自己想办法解答。有一次,他做一道数学算题,做了一天一夜还没有算出来,他仍然埋头坚持算下去,使老师也为之感动。就是这样,日复一日,年复一年,他终于战胜了学习上的重重困难,学习成绩不断提高。

在工人班里,像钱祥根这样刻苦学习的人,何止一个两个?这一届毕业的74个工人学生,在学习的道路上哪一个人没有一段艰苦曲折的历程?但是,他们都坚强地走过来了。他们不仅严格要求自己,同时也真诚地关怀别人,不让一个阶级兄弟在学习中掉队。谁在学习上、生活上遇到了困难,其他的人就尽力帮助他;谁在困难面前泄气了,大家就和他一起学习毛主席著作,鼓舞他的斗志。就这样,他们相互帮助,相互激励,胜利地走完了这四年半的学程。

### 一定要攀登高峰

工人班的学生们从踏进学校的第一天起,就给自己立下了一个远大的目标:一定要做文化的主人,掌握科学文化知识,攀登世界科学高峰。这就是为什么恒丰纺织厂(现名恒丰立绒丝织厂)工人干伟良在当上了工程师以后,仍然以甘当小学生的精神,到工人班来从头学起的原因。

那时候,曾经有些"好心人"对他说:"老干,你现在已经是工程师了,再读也还是个工程师,何必再去吃苦头呢?"可是干伟良却根本不这样想。他十分清楚地知道,祖国的工业要尽快赶上和超过世界先进水平,首先就要我们工人阶级掌握先进的科学文化知识,自己虽然有一些实际生产经验,但是却缺乏基本的理论知识,如果没有科学理论知识,要想攀登世界科学的高峰是十分困难的。

干伟良以前生活也很苦,只念过两三年私塾,也是解放后利用业余时间才念完了初中的。如今来到这里,要对付复杂的大学课程,可真不容易,特别是数理方面的许多公式和概念,实在不容易弄懂。可是干伟良知道,要攀登科学技术的高峰,必须懂得这些东西。于是他下苦功钻研,早起晚睡,除了上课和参加政治学习以外,终日都坐在教室里看书和思考。学习中遇有什么不懂的问题,他决不轻易放过,常常打破砂锅问到底。慢慢地,他的学习成绩赶上来了。可是,干伟良并不满足,他懂得要攀高峰,单靠课堂上的一些知识是不够的,还需要掌握更加广泛的科技知识。几年来,他把图书馆里有关机械和电气方面的中文书籍和材料几乎都看遍了。校内有什么新到的刊物,他也总是第一个去翻阅。

干伟良在学习中,还处处做有心人。只要那些东西对将来攀高峰、攻尖端有用,他就一定要学到手。有一次,他学到差动机构这个机械原理时,听老师说,这种机构在精密装置上有用处,他就特别注意。可是这种机构究竟有什么用处,他却不十分清楚,从参考书上也没有找到过答案。他一直把这件事搁在心里。过了很久,有一回,他到工厂去实习,偶然发现一只人字齿轮,这种齿轮如果用一般的加工办法是做不出来的。干伟良一面看,一面琢磨,忽然心里一动,想起可能和差动机构有关。一请教老工人,果然这种齿轮是利用差动机构所产生的附加速度制造出来的。发现了这一点,干伟良高兴得如获至宝,连忙详细地把它记了下来。

攀登世界科学技术高峰这个崇高的理想,不只鼓舞着干伟良,也鼓舞着工人班的其他学生。只要一想到自己学好了科学技术,将可为祖国扬眉吐气,困难就不在话下了。

### 永远是劳动者

工人班的学生们在整个学习期间,始终保持了劳动人民的本色。他们身在学校,心怀车间,经常在课余时间,回厂和工人一起劳动。每当掌握了一项知识,他们就恨不得马上拿到生产上去试验。著名的革新闯将王林鹤自从入学以来,几乎每个星期六都要回到厂里去看看摸摸,和老工人一起劳动,用学到的知识帮助厂里解决技术问题,搞技术革新。去年,他在电工课中学到了三相电路以后,马上就联想到厂里有一只大型电炉的电热丝常常被烧坏。第二个星期天,他就回到厂里,亲自动手,拆开这只炉子,查看了线路,然后根据新学到的电路知识,重新设计和装置了一套新的电路,解决了电热丝常被烧断的问题。

工人班的同学还把学习和生产结合起来,学以致用。他们这次的毕业设计题目,就是首先和工人一起劳动了一个时期以后,从生产实际需要出发提出来的。题目一经决定后,他们就自己设计、自己动手制造。并且想尽一切办法使设计的东西能真正用于生产。王凤鸣等几个同学为诚孚动力机厂设计一台组合专用机床,全部设计完成以后,按照理论上的推算已经完全没有问题了,可是拿到厂里征求意见时,老工人却认为齿轮的磨数不够,希望加大一些。可是,要加大磨数,就得把原来的设计方案全部推翻重来,但是同学们仍然毫不犹豫答应下来了。第二次设计好了以后,老工人又提出了一些意见,他们又推倒重来。一连几次,老师看看也说可以了,可是同学们自己却不肯通过。他们说:我们设计的东西,是要真正在生产上派用场的,不能纸上谈兵。他们一直坚持搞到完全没有问题了才罢手。

工人班的同学身上虽然挂着大学的校徽,但是他们却丝毫没有大学生的架子,不论在哪个厂里实习或劳动,总是受到工人们的热烈欢迎,他们说:"这些工人大学生又能讲又能做,真是好样的。"有的说:"工人出身的大学生,到底两样。"

曾经有人担心:这些优秀的工人进了大学以后,将来会不会变成脱离劳动、脱离实际的知识分子。现在证明,这种担心是多余的。

现在,第一届工人班的同学已经胜利完成了他们的学习任务,很快,他们就要以普通劳动者的身份回到车间、回到机器旁边……在那里,许多光荣而又艰巨的任务正在等待着他们。已经被科学技术知识武装起来的这一批新型劳动者,现在正满怀信心,准备把学到的全部知识,带回到工作岗位上去,以崭新的姿态投入当前的生产新高潮中去,为祖国的社会主义革命和建设事业发挥更大的作用。(邝耀宗)

《解放日报》1965 年 3 月 13 日

### 生产能手添双翼　科技队伍增新军　上海科技大学工人班首届学生毕业　昨日隆重举行毕业典礼　刘述周宋季文金仲华张承宗等出席热烈祝贺

上海科学技术大学工人班首届毕业生毕业典礼,昨天上午隆重举行。

中共上海市委书记处书记刘述周,上海市副市长宋季文、金仲华、张承宗,市文教办公室副主任陈琳瑚,市科学技术委员会副主任舒文,市高等教育局局长姚力,上海市总工会副主席朱俊欣等参加了毕业典礼,热烈祝贺来自工业生产战线的 74 位工人学生胜利地完成了大学学习任务。

昨天上午,上海科学技术大学像办大喜事一样,3 000 多名师生怀着兴奋和自豪的心情,齐集一堂,祝贺工人班首届学生毕业,欢庆自己的学校第一次培养出工人阶级的科技人才。毕业典礼会场上喜气洋溢。主席台上,在鲜花和红旗的簇拥中,矗立着毛主席的巨幅画像,主席台的两旁是"知识分子劳动化""劳动人民知识化"的巨大标语。

中共上海市委书记处书记刘述周在毕业典礼上讲了话。他热烈祝贺上海科技大学工人班第一届学生毕业。他说,实践证明,开设工人班是培养劳动人民成为又红又专,既能从事脑力劳动、又能从事体力劳动的新型科学技术人才的道路之一。四年半来,上海科技大学工人班贯彻了党的教育方针,完成了教学任务,办得很有成绩,这条道路走对了。

刘述周同志在讲话中谈到了科技队伍中阶级斗争的状况,详细地阐述了劳动人民尽快地掌握文化科学知识,迅速地在工人阶级中培养又红又专,既能从事脑力劳动、又能从事体力劳动的新型科学技术人才的重大意义。他说,这是关系到工人阶级掌握科学技术领导权,加速社会主义革命、社会主义建设的大事;是关系到在不太长的时间内赶上和超过国际先进水平,把我们国家建设成为一个具有现代农业、现代工业、现代国防和现代科学技术的社会主义强国的大事;是关系到缩短和最终消灭体力劳动和脑力劳动之间的差别,挖掉修正主义根子的大事。

刘述周同志说,毕业生的水平,不仅表现在书本知识上,而且还要有生产实践知识。工人班的同学经过几年顽强学习,基本上掌握了大学的主要课程,达到了这两个方面的要求;非工人出身的青年学生也应该有这样的毅力,在学校学习期间抽出一定时间,坚持参加生产劳动,把必要的生产知识学到手。要做到这点,学校还需要不断打破框框,大胆改革教学,总结经验,逐步前进。刘述周同志希望科技大学坚持把工人班办下去,而且越办越好,培养更多的新型的科技人才,希望教师不断改进教学,全心全意把工人出身的学生教好;希望毕业生回到工作岗位以后,继续保持劳动人民的本色,不骄不躁,敢于攀登科学技术的高峰,为社会主义革命和社会主义建设事业作出更大的贡献。

上海市副市长宋季文、金仲华也在会上讲了话,他们向工人班毕业学生表示最热烈的祝贺,并且勉励工人学生到了工作岗位以后,要经常联系群众,虚心向群众学习,参加生产劳动,在工业生产和科学研究工作上有所发现,有所发明,有所创造,有所前进。

在毕业典礼开始时,介绍了创办工人班的经过和工人学生的学习情况。负责同志讲话以后,在全场热烈的掌声中王林鹤、干伟良等毕业生代表走上主席台,怀着激动的心情从上海科技大学校长周仁手里接过了毕业文凭。王林鹤代表全体毕业同学向党保证,走上新的工作岗位以后,一定听党的话,听毛主席的话,永远保持工人阶级本色,积极投入到当前生产新高潮和三大革命运动中去,决不辜负党的培养和期望。

恒丰立绒丝织厂老工人洪海亮在会上热烈赞扬了工人学生能文能武,不愧为工人阶级知识分子。上海科技大学教师代表毛锡鹤也在会上讲了话,他表示要很好地学习工人阶级的优秀品质,为培养更多的工人阶级科学技术人才作出贡献。

毕业典礼结束以后,刘述周、宋季文、金仲华、张承宗等参观了工人班首届毕业生毕业作业成绩汇报展览。

《文汇报》1965年3月13日

## 上海科学技术大学工人班第一届学生毕业

本市文教战线上传来了令人兴奋的喜讯——上海科学技术大学工人班首届74名工人出身的学生,经过四年半的系统学习,现在已经毕业了。这是党的教育方针的重大胜利。

1960年,上海科学技术大学遵照中共上海市委建立一支工人阶级的科技队伍,是党的一项长期战略任务的指示,坚决贯彻了向工农开门的办学方针。四年半来,该校吸收了470多名觉悟高、具有一定工龄、生产技术熟练的优秀工人入学深造。其中党员和团员达到百分之九十四以上。市、区、厂等先进生产者占四分之一。这些学生,初中以下程度占半数以上。

四年半来,该校按照毛主席"一切从实际出发"的思想,在深入调查研究的基础上,打破了原来所谓"正规办校"的老框框,采取一系列措施,根据工人学生的特点进行教学,千方百计为他们的学习鸣锣开道。在培养方法上,根据各人原来的技术特长,除了一部分人编入本科的工程力学、无线电、自动化等有关专业学习外,对大部分工人学生,还专门为他们设立了工人班,补完中学全部课程后,开设机械制造、电机制造两个专业。同时,从工人学生的特点出发,改进教学方法,并特别注意培养独立思考能力。对少数学习困难的工人学生,还组织青年学生同他们挂钩,使青年学生同工人学生结合,相互帮助,共同提高。对任教工人学生的教师的思想工作,党委一抓到底,一学期抓几次,使教师深刻认识到培养工人学生的重大意义。在学籍管理、成绩考核等教学行政工作上,也进行了改革。

工人班首届毕业的74名优秀工人学生,尽管原来的基础差,不少人还有家庭负担,学习上有很大的困难,但他们有着一颗"战胜地球,建立强国"的革命雄心,把学习看作是党交给的任务,是阶级的委托。他们四年如一日,发奋学习。有三分之一左右的学生成绩一贯优良。

理论联系实践,带着问题学习,这是他们学习的一个特点。1963年上半年,著名的技术革新闯将王林鹤与其他几个工人学生,对全校广播系统,从扩音机的设计、制造、线路的布局,直到音响的控制等,重新进行了整顿,既克服了原来线路混乱、杂音多、音量不均、控制不灵等毛病,形成了一个比较合理的广播网,又从中得到了锻炼。1963年下半年王林鹤学了"电工基础"中三相电路的知识后,又联系到厂内大型电炉由于电压不稳定、经常烧断电热丝的毛病,就运用新学的知识,经过思索计算,改进了电路,稳定了电压,不仅节省了材料,而且节省了功率消耗700瓦。

四年半来,他们按照教学计划,系统地读完了由中学到大学的有关主要课程。在提高阶级觉悟的同时,掌握了有关的科学技术的专业知识,达到了大学毕业水平,并能把所学的理论知识应用到实际生产中去。这一点集中反映在这次毕业设计中。他们的设计课题都是密切结合当前科学研究的迫切需要和生产实际的,并且绝大部分的学生还把设计变成现实,做出了实物,立即解决了科研测试设备或推动了当前生产。如王林鹤设计的一种准确度要求很高的无线电元件测试仪,就是一项列入国家计划的重要研究课题。他在一无资料、二无实样的情况下,遵循毛主席关于战略上藐视困难、战术上重视困难的指示,综合运用了所学知识,在有关单位协作下,终于在短短四个多月时间内,完成了绝大部分设计和制造的任务。

生产,既设计又制造,设计到现场,与广大工人群众、技术人员结合,解决生产上的实际问题的毕业设计方法,和没有丝毫架子、始终保持着劳动者本色的作风,受到了所在单位的领导和工人的好评。这次他们毕业设计成绩,达到优良的占百分之九十左右。

上海科学技术大学将继续在本市有关各工厂选拔优秀工人入学深造。(唐祥庆)

《文汇报》1965年3月13日

## 1965年

**工人完全能够掌握文化科学知识　本报编辑部邀请上海科技大学工人班首届毕业生座谈感受　大家在发言中一致表达对党的无限爱戴并感谢学校的关怀和培养**

本报编辑部邀请了部分上海科技大学工人班首届毕业生,在重新走上生产、工作岗位之前,举行了一次座谈会。他们以自己在大学四年半的切身感受,表达了对党的无限爱戴,称赞了学校、教师对工人学生的关怀和帮助,同时,也对如何更好地培养工人学生提出了意见和希望。

工人大学生们谈到,工人上大学这是党对工人阶级的关怀,也是工人的心愿。吴省三说:中共上海市委决定上海科技大学招收工人入学是十分英明的,这一决定完全符合工人的心愿。解放后,工人阶级当家做主了,现在党又使我们掌握了文化科学知识,以后就可以更好地当家了!王林鹤说:党对我们工人的文化学习是一直非常关心的,一解放,工厂里就为工人办起了业余学校。工人阶级如果没有文化就不能很好地实现四个现代化。过去我试制高压电桥失败了三百七十次,没有掌握文化科学知识是一个很重要的原因,比如对材料的性能不熟悉、不会计算,只好做了再看。所以,党让我进大学,我心里很激动。同时,也感到很困难。但是,一想到解放前文化科学一直是被反动统治阶级所垄断,今天在学习上遇到一点困难又算得了什么呢?文化基础差,不要紧,只要思想不褪色,学习文化的困难总是可以克服的。黄镇涛说:我们中间有的人进大学前才摘掉文盲帽子,经过四年多学习,掌握了一定的专业理论,在毕业设计中也同大家一起完成了设计课题,并且试制出了实物。我们工人是完全能够掌握文化科学知识的。

参加座谈会的工人大学生认为,上海科技大学工人班办得好,这是坚持党的教育方针的结果,也是同教师的努力分不开的。朱永才说:学校党委对我们工人班是十分重视的。党委经常研究工人班在各个时期出现的情况,对工人学生反映的问题都能及时处理、解决。党的重视是我们工人能够顺利学习的有力保证。干伟良说:如果学校不破掉一些旧的框框,我们工人是进不了大学的门的;进门也是不能顺利毕业的。上海科技大学领导不仅突破了一些旧的框框,而且还根据我们工人学习过程中出现的问题,及时总结经验教训,改进教学工作,尽量做到从我们工人的实际出发进行教学。宋佩英说:负责我们工人班的教师大都很热情。比如教理论力学的王老师,他对我们很热心,下了课征求我们的意见,自修课时他又亲自到教室里来辅导,他对"困难户"特别耐心。你提出问题,他不是问啥答啥,而是由浅入深,再引到你所要解决的问题。这样就容易理解。王祥生说:教师最重要一条,是要有一颗为工人服务的心。我们工人最欢迎踏踏实实地工作的老师,否则,学问再好,对我们又有什么帮助呢?王林鹤说:我们很感谢老师的帮助。应该说,教工人班的老师开始是要辛苦一些,我们工人同学有一个特点,要懂就要全部弄懂,哪怕是百分之九十九懂了,也不肯放过那百分之一的。

座谈会上,工人大学生们热情希望学校和教师把培养、帮助工人掌握文化科学知识的工作做得精益求精,为党和国家培养更多的工人阶级科学技术人才。王祥生说:我们工人进了大学后,还是要坚持参加生产劳动,这样才能保持工人阶级的本色。同时,坚持劳动,也有利于专业课的教学。比如我们学机床概论时,教师带我们到工厂去现场教学,打开机床,再联系书本,教师讲的就很容易理解。有的教师对我们说,要我们讲讲理论还过得去,理论都可以从书本上找到。但是,要我们联系实际,在你们面前就要脸红了。当然,我们工人学生都是很尊重老师的。但是,教师要教好工人学生,还是应该多下农村、下工厂参加劳动,提高觉悟,学习生产知识。朱福俊说:教学中的框框一定要破,要贯彻少而精,但是少而精又不是单纯减少,该学好的就一定要学。

《文汇报》1965年3月16日

**上海工学院夜校部招生**

一、设置专业:机械制造及电机电器两个专业,学制五年。

二、报考条件:具有高中毕业或相当于高中毕业程度,思想进步,工作积极,身体健康,有三年工龄,现任工作符合报考专业,年龄在35岁以下的在职职工。

三、报名日期:6月21、22、23、24日,手续:持单位人事教育部门介绍信,索取报名单(其他部门介绍信不接待)。

四、考试科目与日期:考试科目:政治、数学、物理、化学;考试日期:7月13日、14日(详见简章)。

五、校址:延长路149号;电话:660271-40分机。

《解放日报》1965年6月15日

**上海工学院应届毕业生接受的二百多个设计课题绝大部分已完成**

(上略)

上海工学院首届毕业生的毕业设计,面向上海工业,积极为工业生产服务。

该院自1960年建校以来,今年有了第一届毕业生。近几个月来,640多名即将毕业的学生,分别在本市66个工厂和研究单位结合生产和技术革命、科研任务进行"真刀真枪"的毕业设计。他们接受的200多个课题目前绝大部分项目都已完成。许多学生不仅自己设计,而且自己动手加工。其中有不少设计项目已制出样机、样品或投入生产。例如电表专业师生在上海矽钢片厂与该厂技术人员和老师傅一起试制成功了整张矽钢片测试装置。铸工专业师生在上海柴油机厂试制成功的型砂透气性检查仪,目前已经用于生产。无线电专业的师生分别在上海无线电一厂、上海无线电六厂装制成功了电容电阻测试仪。这些都对实际生产起了一定的作用。

起初,由于该院是第一次进行毕业设计,从领导到师生都缺乏经验。首先碰到的一个问题就是面向生产,结合教学,搞"真刀真枪"的毕业设计呢,还是采取假拟题,关门设计,搞"假刀假枪"?当时在师生中对待这个问题,存在着不同的看法,有些人主张"假刀假枪",他们顾虑结合生产和科研任务搞"真刀真枪"设计,"只能出成果,不能出人才"。针对这个分歧意见,该院党委就如何进一步贯彻党的教育方针,如何跟上上海工业生产新高潮的形势等问题,引导师生认真学习毛主席著作,学习《万吨水压机是怎样诞生的?》和《关于如何打乒乓球》等文章,并组织大家对"真"与"假"的问题进行讨论。师生们都感到"真"与"假"的问题,不光是方法问题,而是学校开门办学还是关门办学、创新路还是走老路的方向性问题。通过讨论,师生们统一了认识,将原来绝大部分的假拟题目都改为结合生产的"真刀真枪"设计,坚决到工业生产第一线去参加生产斗争,在三大革命运动熔炉中锻炼提高。同时，学校党委为了加强毕业设计的思想领导，由党委副书记亲自挂帅，各系也由系总支书记和系主任带队，组成了校内的干部、教师、学生三结合队伍，配备了一大批政治干部，使政治工作落实到业务中去。

该院师生在设计过程中，自始至终坚持学习毛主席著作，学着运用毛泽东思想指导毕业设计。当思想上产生畏难情绪或者有了疙瘩的时候，他们首先学习毛主席著作，通过学习，打掉自卑感，树雄心，立大志；当技术上遇到难关的时候，他们也是首先学习毛主席著作，认识物质变精神、精神变物质的规律，解决了许多技术疑难问题。例如，电机系有五个女同学接受了上海供电局一个改进油断路器的研究项目。这是一个比较困难的课题。很多人都担心她们能否搞成功。有的还劝她们说："这个课题很难搞，人家搞了几年还未搞好，你们还是换一个题目吧！"但是她们并不气馁，而是认真学习毛主席的《愚公移山》《矛盾论》等著作，认识到客观规律总是不断被人们认识的，人家搞不出的东西，我们不一定也搞不出来。她们经过反复的调查研究，终于找出了改革的主要矛盾，经过多次试验，最后还是设计成功了。

在毕业设计中，师生们在工厂中放下架子拜工人为师，参加生产劳动。不仅虚心向老师傅学习技术，还在思想感情上同工人打成一片。工厂领导和工人同志对师生们十分关怀，许多工厂都认真地安排了老师傅中的党、团员设计，有的老师傅还用谈厂史、家史来教育学生。上钢一厂、上海机修总厂等的老师傅，对冶金系的学生都毫无保留地传授经验，使学生们迅速地掌握炼钢的操作技能，经过两三周的劳动，一般都能自己单独炼钢了。上钢三厂炉长韩忻亮，还把自己多年来辛勤积累的实践资料介绍给他们。在课题的试验研究中，工人们也大力帮助学生克服难关。在上钢某厂进行科学试验的炼钢专业师生，在试验研究中，需要采取100多只试样，老师傅把帮助学生试验取样定为必要的操作内容。在工人同志的协助下，师生们分析了150多炉钢的12 000个数据。

在做到注意面向生产、完成课题设计任务、力争出成果的同时，上海工学院还采取许多措施组织有经验的教师进行巡回辅导答疑。教师除了注意引导学生复习和运用学过的基础理论知识来指导实践外，还补充传授了一些新的理论知识。同时，更注意引导学生把从实践中获得的感性知识从理论上加以总结提高。有的教师还根据学生设计的内容提出许多理论问题，引导他们在理论上研究提高。如在南洋电机厂辅导毕业设计的教师向学生提出了挠度计算方法，立式电机轴承选择等七个理论问题，让学生们在实践的基础上，通过参阅图书资料，讨论、交流、总结等活动，以取得实践能力和理论水平的全面提高。（钱之文）

《文汇报》1965年7月19日

## 上海科技大学工人班即将全部完成毕业设计

上海科学技术大学第二届工人班的66名学生，在毕业设计中，已完成了16个课题，都是经过师生深入生产实际，进行了大量的调查研究，熟悉、了解了工厂的生产情况，生产中的主要矛盾和关键问题，然后选择、确定的。

上海重型机床厂的主要产品C六三〇车床，今年的生产任务比去年增加一倍以上，而"溜板箱"和"走刀箱"的孔加工却存在困难。吴茂祥和马从刚两个小组的14名工人出身的学生,选择了该车床"溜板箱"和"走刀箱"孔加工的组合镗床设计制造的课题,现在,已经设计完成。采用这一新设计"溜板箱"和"走刀箱"的加工效率都将提高几倍。郑清耀小组8名工人出身的学生,为上海微型电机厂设计制造一种新产品,他们根本没有接触过这方面的知识,但是他们不怕困难,抓住主要矛盾,经过大量的试验和计算,终于突破难关,于4月中旬制造出第一台样机,经测试主要性能指标超过国外同类型产品的水平。现在已经制造出第一批成品。

第二届工人班学生的毕业设计。目前正进入最后的结束阶段。他们将于8月份毕业,重新走上生产岗位。(叶麟根　唐祥庆　张澄钰)

《光明日报》1965年8月7日

## 上海科学技术大学上午举行毕业典礼　第三届毕业生和工人班第二届毕业生共有七百零一名

今天上午,上海科学技术大学举行工人班第二届毕业生及该校第三届毕业生毕业典礼,上海市副市长金仲华、市人委文教办公室副主任白备伍出席了典礼,金副市长并致辞热烈祝贺。市高教局副局长李锐夫及市科学技术委员会副秘书长徐鑫等也出席了典礼。

本届毕业生共有701名,其中工人班占66人,是科大建校以来毕业生人数最多的一年。他们之中出身于工农及劳动人民家庭的占半数以上,党、团员占百分之七十六以上。学习期间,他们继承了第一届工人班同学的好学风,突出政治,坚持理论联系实际,取得了较好的成绩,有百分之九十以上的同学达到良好和优秀。

在这次毕业设计中,他们和工人群众紧密结合,经过调查研究,取得了较好的成果。毕业设计课题共308个,完成设计课题和已用在生产上的占百分之九十以上。

毕业典礼上,科大党委书记兼副校长刘芳介绍了毕业生学习情况。教师代表、学生代表及校友王林鹤也发了言。应届工人班毕业生代表杨福媛在会上表示,毕业以后要永远保持工人阶级的本色,积极投入生产新高潮,投入阶级斗争、生产斗争、科学实验三大革命运动,决不辜负党的培养。

会上颁发了毕业文凭。

会前,领导同志们参观了毕业生毕业作业革命化成果汇报展览。(张澄钰)

《新民晚报》1965年8月18日

## 上海科技大学举行毕业典礼

上海科学技术大学第三届毕业生和工人班第二届毕业生昨天上午同时举行毕业典礼。

上海市副市长金仲华,市人委文教办公室副主任白备伍,高教局副局长李锐夫,市科学技术委员会副秘书长徐鑫等出席了毕业典礼。金仲华副市长并讲了话。

本届毕业生是上海科技大学建校以来最多的一届,共有701人,其中工人班第二届毕业生66人。他们之中,出身于工农家庭的有半数以上,共产党员和共青团员占百分之七十六以上。学习期间,他们继承了第一届工人班学生的好学风,突出政治,坚持理论联系实际,取得了较好的成绩,百分之九十以上的同学达到优秀和良好。这届毕业生这次全部做了毕业作业,毕业生设计的课题共 308 个,完成设计和已用于生产的有 283 个,有的设计制造的新产品超过了国外同类型产品的水平,获得了工厂、研究单位的好评。(张澄钰)

《解放日报》1965 年 8 月 19 日

### 上海科技大学昨举行毕业典礼

上海科学技术大学第二届工人班毕业生和该校第三届毕业生昨天上午同时举行了毕业典礼。

上海市副市长金仲华、市人委文教办公室副主任白备伍、市高等教育局副局长李锐夫、市科学技术委员会副秘书长徐鑫等出席了毕业典礼。

金仲华副市长在毕业典礼上讲了话。他勉励同学们毕业后要在各个方面更加紧密地结合社会主义建设、国防建设和阶级斗争的需要,努力学习毛主席著作,不骄不躁,再接再厉,发扬不断革命精神,在党的领导下,革命到底。

教师代表王保华和应届毕业生、工人学生杨福媛也在会上讲了话。上海科技大学本届毕业生是建校以来最多的一届,共有 701 人,其中工人班毕业 66 人。他们之中,工农子女有半数以上;共产党员和共青团员占百分之七十六以上。(张澄钰)

《文汇报》1965 年 8 月 19 日

### 上海科学技术大学新生注意

我校在市区成都北路 360 号时代中学分部内没有问讯处,凡有关新生入学问题,可于 27、28、29 日三天上午 8:00—11:00 到该处问讯。电话:280527、280536。

《解放日报》1965 年 8 月 22 日

### 上海科技大学举行毕业典礼

上海科学技术大学工人班第二届毕业生和该校第三届毕业生,18 日同时举行毕业典礼。

上海科技大学本届毕业生共有 701 人,其中工人班第二届毕业生 66 人,是建校以来毕业生人数最多的一年。他们之中,出身于工农家庭的有半数以上,共产党员和共青团员占百分之七十六。他们继承了第一届工人学生的好学风,突出政治,坚持理论联系实际,面向生产,面向群众。有百分之九十以上的学生,学习成绩达到优秀和优良。他们设计的课题共有 308 个,完成设计和已用于生产的有 283 个,他们设计制造的有些新产品,超过了国外同类型产品的水平,获得了工厂、研究单位的好评。(张澄钰)

《光明日报》1965 年 8 月 24 日

### 在指导工人班学生毕业设计中得到的锻炼

我们参加了两届工人学生的毕业设计指导工作。与其说是我们指导工人学生,倒不如说是工人学生的高度觉悟、丰富的实践经验和轰轰烈烈的三大革命运动的实践,指导了我们,教育了我们。

**政治统率业务　思想带动技术**

政治与业务这个根本问题,虽然我们早在中学时代就开始接触,但多年来对它的认识多半还停留在走不走社会主义道路、愿不愿意为社会主义服务、服从不服从分配等这些大问题上,对于如何在具体的业务工作中处理好政治与业务的关系,很少想到。

去年,在接受指导第一届工人班毕业设计任务时,学校党委指出,这是一项政治任务,是一场政治仗,必须打好、打胜。当时我们在兴奋之余,对如何贯彻党委指示、完成任务,是缺乏信心的。

一年来,和工人学生同设计、同劳动、同生活,他们的一言一行,对我们很有影响,实际工作的严峻考验,也使我们受到了深刻的教育,开始对政治与业务的关系有了一些新的认识。

在半自动滚丝机的挂轮变速改为变速箱变速的设计中,由于结构的限制,遇到了很大的困难,影响了设计进度,大家心中十分焦急。当时有人好意地劝说我们放弃这个打算,并说,专业机床的产品(滚水机)也都采用挂轮变速,你们何必徒劳。是放弃呢,还是继续搞呢?工人学生说:"放弃变速箱设计,我们是轻松了,但是工人的劳动强度就不能减低,生产仍然要受影响。"又想到在三结合会上,工人同志听到我们要采用变速箱变速时的高兴情景,我们怎么能辜负他们的期望?于是,大家一致表示,要坚持变速箱的设计。最后,终于设计成功了结构紧凑、操作方便的变速箱,受到了工人和技术人员的赞扬。

在滚丝机的技术设计即将结束的时候,为了进一步确定机床的加工范围和零件的刚度、强度,必须掌握滚轧不同螺纹时挤压力的变化规律。但文献上所说不一,且矛盾很大。当时也曾从理论上进行了分析、推导,希望能得到解决,但没有成功。怎么办?这时想到了毛主席的教导,使我们醒悟到,要掌握挤压力的变化规律,唯一的办法就是要深入实地去做试验,从实地试验中发现其规律,从而获得正确的认识。在这思想指导下,我们对滚轧各种螺纹所需的挤压力进行了实际测定,找到了变化的规律,获得了可靠的数据,顺利地解决了这个问题。

很明显,这是由于突出了政治,工人学生的高度觉悟在推动我们,在困难的时刻敢于斗争,敢于胜利;在无所适从的情况下,运用了毛主席思想,解决了技术上的难题。

**深入实践　把书本知识同实际结合起来**

我们很有知识的吗?读了十几年的书,学了许多基础理论知识和专业知识,能看本国的科技文献,还能浏览世界科技情报,并且还教了几年书。这不是很有知识吗?我们嘴上不说,心里却常常是这样想的。如果不是这一年来深入实践,经受了现实的考验,我们是不会轻易承认我们是一个缺乏知识的人。

第一届工人学生毕业设计时遇到了一个精度分析和误差计算问题。负责该课题的教师,曾经学过有关理论,而且教过,按理应该容易解决。但是误差理论有很多种,应该用哪一种,这些理论究竟能否指导当时的生产实践呢?教师却面对现实不知所措。最后还是经过调查、访问,采用理论与经验相结合的办法得到解决。

工人学生的书比我们读得少,却很会解决设计中的许多问题,而且往往能抓住关键。

有一次，我们遇到了这样一个难题，轮子自动分楞机中靠模的压力角过大，推杆无法运动。为解决这个问题，工人学生一下提出了四个方案，其中一个办法是缩小铣刀盘直径。这是一个最根本的措施，它可以使靠模的压力角迅速减小。

在进行仪表车床气动自动化改装时，发现按文献介绍的气路循环线路不能完成预期的动作。经过分析、检查，线路的原理和线路上的各元件都符合要求，是什么因素妨碍了动作的完成？于是通过深入的调查访问，反复试验，终于逐步摸透了气动元件的脾性，最后对线路稍作修改，获得了解决。为什么我们的许多知识，一接触实际问题就感到不好运用，变得僵硬了，而工人学生却能把所学不多的知识灵活地应用于实践呢？造成这个"死"与"活"的原因何在呢？事实已给我们做了最好的解答：对于缺乏实践锻炼的人，光靠书本知识是不能真正认识客观世界的。真正的认识，还得靠投身这类事物的变革过程。

**依靠老工人　搞好三结合**

工作中遇到了某些技术问题一时不能解决，怎么办？一是向书本请教；二是向专家请教，向技术人员请教；另一个办法是向老工人请教。这三个办法都很重要，对缺乏经验和实际锻炼的人来说，更重要的还是要虚心向老工人请教，请他们想办法。也只有这样，前两个办法才会收到良好的实效。这一个道理我们也不是一下就弄清的。

在设计滚丝机中滚丝模牙位调整机构时，技术人员与工人同志的意见发生了分歧。工人同志认为，多齿调节法方便可靠、精度高。而技术人员却认为这种机构工艺困难，缺点很多，还是用螺母调节合适。我们采纳了技术人员的建议。在设计快结束时，又去征求工人同志的意见，老师傅仍表示不同意，认为工艺问题不大，而多齿调节的优点是主要的。双方意见均有道理，究竟应作何取舍呢？我们又做了研究，认识到：老师傅亲身参加生产实践，对机床、工具的性能最了解，因而他们提出的有关这方面的意见，多半能真实反映客观情况，因而在考虑确定一台机床的基本结构、特性参数时应多听老工人的意见；技术人员由于主要是从事技术工作，对生产现场情况的了解有一定局限，对一些机构的实际效果不易全面掌握，但他们有丰富的知识和设计经验，可以依靠他们来完成所需机构的设计工作。经过上述分析之后，我们便决定滚丝模的牙位调整应以多齿调节法为主，以确保精度和操作方便，对它的不足则辅设螺母调节和垫片调节机构。具体结构和工艺问题在技术人员的指导下也很快得到了解决。后来使用的情况证明，这样的处理是正确的。

这一反复，虽然影响了设计进度，但却使我们认真地考虑两个问题：一个是我们在开始时很快地就采纳了技术人员的意见，这说明了我们有着知识分子身上常见的弱点：崇尚书本，崇尚理论，对于能够引经据典的，或者出自专家的意见，总会认为是最可信的，而对工人群众的意见，却会觉得，他们只求实效，水平不高，而置之一边。这正是根深蒂固的轻视实践、轻视群众的一种表现。另一个问题是，当我们首先依靠了工人，同时也得到了技术人员的指导，就很顺利地解决了困难，这是不是有些偶然？并不偶然。借助工人同志对生产实践的深刻认识，发挥技术人员的专长，最后又依靠老工人的丰富的实际经验来检验方案的正确性，这不正符合毛主席指出的实践—理论—实践的认识过程吗？认真地依靠老工人，搞好三结合，除能找到正确的解决问题的办法外，还能使人们处理问题的立场、观点和方法获得改造,避免或少犯理论脱离实践的错误。

**发扬民主　教学相长**

教学相长是活跃学术空气、提高教学质量的重要因素。过去我们在这方面始终没有做好。现在我们开始找到了实现教学相长的方法——在教学上要发扬民主,在学术上要师生平等。

这不是说,我们在这两届学生的毕业设计中已经有意识、有目的地发扬了教学民主,做到了教学相长?还不能这样说。学校党委一再指示,教师应该注意向工人、向工人学生学习。我们自己也有这种要求。工人学生具有丰富的实践经验,解决实际问题的办法较多。在讨论时往往会提出与教师不同的意见。而我们也知道自己缺乏实际经验,在提出见解时,也常带着协商、讨论的口吻。一个问题的解决,总要经过师生的一番讨论。讨论会上,我们常常感到自己是一个小学生,最后的解决办法,有不少是同学们提出的。这样在客观上就逐渐形成了师生在学术上平等,技术问题的解决,必须通过民主讨论的局面。因此,学生的思维活动开展很好,知识发挥得全面,使许多问题的解决出乎意料的顺利。

为什么在过去的教学上就不能形成这种生动活泼的局面呢?根本原因在于我们在教学思想上、教学方法上还没有彻底清除资产阶级教育思想的影响。在资本主义社会里,教与学是对立的,教师必须处处设法使自己成为权威,或者维持某一学派的权威地位,以保持自己。我们的师与生、教与学的关系虽然已经根本改变,但是教学民主,教学相长的新局面还没有真正建立起来,我们还缺乏既是先生又是学生的观点。今后我们将努力改变这种状况。

**实践是个大课堂**

我们八个人在这两届工人班毕业设计中承担了21个课题的指导工作,其中包括专用机床14项,其他专用设备和工艺装备7项。目前已有11项制造完毕投入了生产,7项正在施工中。

由于彻底改变了过去指手画脚的顾问式的指导方式,与工人学生一起搞设计,共同劳动,因而在业务上受到了一次严格的考验,得到了一次扎实的锻炼。

在这一年内,我们综合运用各门知识于生产实践,积累了一些经验,加深了对这些知识的认识,也发现了这些课程过去教学中的问题。

在生产需要的压力下,与同学一起设计了不少机床,搞了自动化,碰了过去望而生畏的气动、液压,甚至程序控制。这些工作难吗?第一次搞,没有经验,总觉得比较难,但经过一、两次摸索,动动手,碰几次壁,以后就不那么难了。

通过实际的制造、装配工作,还获得许多在书本上学不到的解决生产问题的"土办法",如镗刨结合加工大平面,焊锻结合解决复杂零件的加工。更使我们兴奋的是使我们具有了一定的生产技能。

在短短的一年多时间内能在思想上、业务上取得这些进步,使我们感到十分高兴。这些成绩虽然还很微细,距离党对我们的要求还很远,但对我们逐步走向革命化、劳动化却起着鼓舞信心、指点方向的作用。我们认识到,只要一心一意地听党的话,深入实践,与工农群众结合,是完全可以使自己成为一个又红又专、能文能武的革命知识分子的。

(上海科学技术大学工人班机械专业毕业设计指导小组)

《光明日报》1965年9月14日

**我国制成第一台五位数数字电压表**

我国第一台五位数数字电压表最近在上海制成。它是我国工人和技术人员怀着赶上国际先进水平的雄心壮志,在短短十个月内自行设计和制造成功的。仪表所用的晶体管元件全部是国内生产的。

这台电压表在工业生产自动化、科学研究中的精密测量等方面有重要用途,它能直接用数字显示测量结果,准确度和灵敏度高,测量速度快,测量电压的误差不超过万分之三。它不仅可以在实验室里用来校验其他精密电表,配上适当的变换器还可以测量工业生产过程中的各种参数,如温度、压力、速度等;同记忆装置、记录器等配合使用,可以把测量得到的各种参数自动记录下来,供调整、控制或处理之用。

五位数数字电压表是国际上60年代的新型仪表。它是上海市电工仪器研究所,在去年我国试制成功三位数数字电压表的基础上试制成功的。在研究试制过程中,他们和第一机械工业部电工仪表研究所、上海电表厂、北京电表厂、哈尔滨工业大学、上海工学院、南京工学院等单位的技术人员进行大协作,使研究工作做得又快又好。

《人民日报》1965年11月28日

**上海科技大学工人班第二届毕业生郑清耀等试制成功一种磁滞电动机**

一种Tzw51-4型同步磁滞电动机,已由上海科学技术大学工人班的第二届毕业生郑清耀等八人在上海微型电机厂试制成功。

这种磁滞电动机,是国内一项新产品,它适用于噪音分析仪、高级录音机、航空舵螺仪、自动控制系统。上海微型电机厂制出的第一批产品共25台,经有关部门鉴定,认为在主要性能指标方面均已达到较高水平。

郑清耀等八名工人大学生,继承并进一步发扬了首届工人班学生以革命精神搞毕业设计的优良学风,到生产实践中去找课题。他们进厂初,原计划搞串激整流子电机,后来听到厂里介绍,磁滞电动机在各种高精度仪器中占有重要地位,而且是迫切需要的,他们改变了原来计划,愉快地接受了磁滞电动机的设计制造课题。

开始时,既无具体资料可查,又无这方面的理论知识,他们先后到北京、上海40多个单位进行20多天时间的调查研究,翻阅了中文、外文资料110多篇,但可用的资料很少。可是,他们认为,路是人走出来的,应当走学习和创新结合的路,不在人家背后爬行。坚决自力更生,自己设计,自己制造。因此,一方面继续在理论上作探索,另一方面着手进行样机试制。最后,摸索出磁滞电机的心脏是磁环,于是,抓住磁环这一主要矛盾,在有关研究所的大力支持和具体协助下,专门制造了一百多只不同尺寸的磁环,进行了不同温度的处理,然后对不同性能的磁环和电机特性逐只进行试验和计算。在两个多月的时间内,前后连续测试达两百多次,最后终于找到磁环最佳工作点,成功地完成了两种不同型号的同步磁滞电动机的设计制造任务,获得了厂方领导、技术人员和工人的一致赞扬。(张澄钰)

《光明日报》1965年12月8日

**身体过得硬　革命更有劲　上海科技大学工人班的同学感到了体育活动的好处**

上海科技大学工人班的同学都来自工厂,极大部分是先进工人。他们平均年龄28岁。30岁以上的约占三分之一。他们在旧社会被剥夺了读书权利,到学校学习后,都深刻体会到是"党的培养,阶级委托"。大家在学习上都能刻苦钻研,一丝不苟。

但过去有些同学对体育活动、增强体质则不够重视。有的同学认为:我们和青年同学不同,过去长期参加体力劳动,现在不锻炼没有关系。有的同学认为自己文化基础较差,抓时间努力学习都来不及,哪里还有时间参加体育活动……

**要有健壮身体才能更好学习**

针对上述思想情况,工人班党总支组织大家讨论了锻炼身体的重要性。经过讨论,大家纷纷认识到不仅要为革命而努力学习,也要为革命而锻炼身体。许多同学用切身的体会,说明身体不锻炼,晚上经常失眠,上课要打瞌睡,做几个习题要花几个小时,这样下去,既影响学习,身体也受到影响。大家认识到参加体育锻炼,看上去是失掉了一些学习时间,但得到的是健康的身体和充沛的战斗精神,提高了学习效率。

同学们对体育锻炼的认识提高了,参加体育锻炼的热情也高了,班里就积极地把他们组织起来,年龄较大的同学编成一组,年龄小的编成一组,女同学另编一组;采取因人制宜、活动多样的方式。对年龄较大的同学,选择活动量较轻的内容,如打乒乓球等小型活动;年龄较轻的同学,搞田径、双杠、单杠、篮球、足球;女同学搞羽毛球、板羽球、跳绳、舞剑等;每周活动内容也经常更换,锻炼活动搞得很活跃。

**体质增强精神足**

为了提高课间操的质量,班里还组织同学集中在教学大楼下面的广场上做操,这样可以互相观摩、取长补短。并请体育老师进行辅导,纠正姿势。这学期班里还组织各种小型竞赛活动,举行了篮球系际、班级联赛;排球、乒乓球班级、小组赛等等竞赛。受到同学们热烈欢迎。

体育活动积极开展起来后,同学们的体质普遍增强,据统计,最近两个月来体重平均增长三到四斤;全班同学发病率由9、10月份的124次,下降到11月份的16次。一些经常跑医务室、上课时精神不振作的,现在也有了较大的改变。同学们普遍反映说:"展开体育运动后,心情开朗,精力充沛,头脑清醒,有利学习。"

《新民晚报》1965年12月25日

# 1966 年

**上海工学院利用师资和设备有利条件　厂校合作试办半工半读班**

上海工学院为了贯彻半工半读教育制度,培养生产技术骨干,利用全日制大学师资设备的有利条件,去年与闸北区12个工厂合作,试办了一个招收老工人与工厂领导干部的机械专业半工半读班,实行"厂来厂去"。

这个班学制五年,其中预备班一年半,大学三年半。预备班期间主要补习高中数理化,为进入大学阶段打好基础。整个大学过程,重点放在加强基础课及技术基础课的教学上。现在每周上课一个整天、两个半天,还安排了三个晚上各一小时的习题辅导课。第一学期开了代数、几何、化学三门课。今后每学期也准备开三门课。

这个班的学员都经工厂选送,政治觉悟高,生产技术水平也比较高。他们除了学好功课以外,还经常将工厂生产中遇到的技术课题带到学校来请教师解决。这又反过来促进了教师更好地使理论联系实际,推动教育革命。同时,教师半工半教,下厂劳动,拜工人学生为师,互教互学,互为学生,互为先生,实现教学相长,又补充了教师红专的不足。

上海工学院办工人半工半读班,一面发挥了师资设备的潜力,同时生产基地又可由学员原来的工厂解决,充分利用了学校的长处和工厂的长处,更好地安排了工和读。

《文汇报》1966年2月3日

# 1977 年

**险途何所畏　壮志攀高峰——记上海科技大学青年教师郭本瑜坚持搞科研的事迹**

上海科技大学青年数学教师郭本瑜在向科学进军中，不畏艰险，勇于攀登，取得了可喜的成果，为我国计算流体动力学理论研究，作出了重要贡献。

郭本瑜从事研究的是不可压缩粘性流问题的数值计算。这是现代计算物理中的一个重要问题。它涉及数学、力学和气象预报等方面，既是一个重要的理论问题，又有广泛的实用价值。

1965 年 4 月，郭本瑜在上海科技大学读书。在老师带领下，他和同学们一起来到上海气象局进行毕业实践。在这里，他们对国际上两种通用气象预报计算方法进行验算，发现都存在一定缺点。当时，只有 23 岁的郭本瑜，给自己提出了一个问题："这两种计算方法都是外国的，中国人能不能创立一种自己的计算方法？"

毕业后，小郭留在上海科技大学当教师。他怀着这样一个志愿，开始攀登科学高峰。

这个课题，当时国内没有人研究，国外也还未见这方面的研究情报。敢想敢干的郭本瑜就在这烟波浩瀚的大海里独立自主地战斗。

大海航行靠舵手。郭本瑜坚持用毛主席哲学思想指导科学研究。他想：怎样离散非线性项？这是他研究的核心问题。国内外数学工作者在这方面也进行了大量研究，有人主张用非守恒形式，有人则提倡用守恒形式。郭本瑜把两种方法都用过，其结果都不理想。"事物的矛盾法则，即对立统一的法则，是唯物辩证法的最根本的法则。"郭本瑜根据毛主席的教导，决心开辟新道路。一天夜里，郭本瑜躺在床上，思考这新的路子从何处开始走。想啊，想啊，一直想到清晨，突然，他想到了用守恒形式和非守恒形式结合来构造新格式的途径，于是立即从床上跃起，一次次地计算、推敲，从理论上严格证明了这种新格式完全理想。这就是他首先提出的加权平均守恒法。嗣后，他又提出了修正逆风法新格式。这时是 1965 年秋天，比国外发表的类似格式几乎早一年。

郭本瑜通过自己的辛勤实践，终于在科研方面获得第一批丰硕的果实。但当时他的成果没有人知道，一直被压在床底下。1974 年，郭本瑜在北京进修外语时，认识了中国科学院几位老一辈的数学工作者。他们对这位青年数学工作者的研究课题及所取得的成果，十分重视，并热情地鼓励和指导他继续研究下去。他积压多年的论文也在 1974 年的《数学学报》上发表了。

郭本瑜回到上海，满怀信心地开始继续攀登新的高峰。但是，当时领导上分配他搞的是另一个项目,工作很紧张,有时还要加班。他只能挤时间搞科研。上早班,他就在晚上搞科研;上中班,他就利用早上搞科研,每天几乎工作14至16小时。时间对郭本瑜来说比啥都宝贵。他外出时总是书不离手,一路走一路看。乘车常常不是乘过了站就是乘错了方向。有一次,他要乘43路公共汽车去龙华,结果却乘到了南码头。等乘客全部下车了,他才发现方向弄反了。他说:"为了祖国的荣誉,一个共产党员有多少力就要出多少力。我宁愿少活二十年,也要拼着命把这项科研课题攻下来。"1975年初,郭本瑜得了肾结核,他根本没有考虑病的后果,而是担心科研任务能否完成。

病,继续在恶化。有一段时间,他常常腰部痛,天天有低热。医生怀疑他两只肾脏都有病。但是,病痛阻挡不住他向科学进军的步伐。他以铁人王进喜为榜样,每天坚持工作。晚上,坐着工作吃不消,他就躺在床上工作,每天都坚持到深夜。他不断鼓励自己:气,只能鼓,不能泄。许多同志去探访他,劝他休息。有的同志关切地对他说:"你每天都像跑步一样,好像在跟谁比赛。其实没有人同你比赛,还是歇歇吧。"他回答道:"生命的真正意义是战斗。战斗就要争时间。在某种意义上说,谁赢得时间,谁就赢得最后胜利。"

郭本瑜牢记列宁的教导:"我们一定用全副精力来进行这一工作。有耐心,能坚持,有决心,有决断,善于反复试验、反复改进,不达目的决不罢休。"(《列宁全集》第30卷第476页)一次,他为了证明一个嵌入定理,整整读了五大本书。有一次,他碰到一个不等式的难关,连续看了两本《不等式》书,演算了几百个不等式题目,才在一个不等式中得到了启发。

人们要问他的精力从何而来吗?郭本瑜会干脆地告诉你:"我们要赶超世界科学先进水平,为人类作出较大贡献,就应该有革命的责任心。"

到1975年,郭本瑜共完成了七篇科学论文。这是一个相当可观的成绩。这些论文都分别发表在《中国科学》《数学学报》《科学通报》和科技大学的《科技资料》上。在不可压缩粘性流问题的数值计算领域中,几座陡峭的山峰又被他攀登上去了。

但是,"四人帮"的干扰,在郭本瑜前进的道路上投下了许多障碍。

在"四人帮"肆无忌惮地破坏基础理论研究的影响下,上海科大数学系被拆散,数学教师也分散了。郭本瑜从1971年起就被调去搞别的工作,科研一直无法恢复。他多次要求调回数学系,可以抽点时间和精力去恢复中断多年的科研。许多干部和教师都支持他的要求。但是,"四人帮"一会批"理论风",一会批"智育第一",一会又批"复辟""回潮",弄得人们不知所向。他的要求也一直被搁下了。他有时抽空看点书,搞搞原来的科研项目,却被指责为"搞自留地""白专"。他在北京进修外语期间,听到了毛主席和周总理有关加强基础理论研究的指示,心情激动,回校后立即恢复科研,但不久又被批评说这是"智育第一思想没有肃清"。他想到兄弟院校找些数学界老教师商榷一些问题,但在当时情况下根本办不到。"四人帮"在上海有一条规定,即上海的教师不得去外地交流情况。

1975年夏天,郭本瑜听到了毛主席对电影《创业》的批示,又听到华国锋同志亲自同部分科技人员座谈,并发表重要讲话,真是扬眉吐气。他心想,为了早日实现四个现代化,就要大干、快干。一天,他躺在床上收听音乐节目,当听到聂耳、冼星海所作的雄壮乐曲,激动的泪水浸湿了枕巾。此时,他心潮澎湃,浮想联翩:聂耳、冼星海是我们党培养成长的人民音乐家。他们为祖国赢得荣誉,也是我们民族的光荣和骄傲。我们多么需要有更多像他们一样的音乐家、科学家、文学家啊!可是,这些年,交白卷的成了"英雄",游手好闲的变为"革命派",都靠他们这些人,中国能成为社会主义的现代化强国吗?不能。一定要坚持又红又专。他怀着激动的心情,制订了第二阶段的研究计划。

可是,正当郭本瑜精神振奋地向新的目标挺进时,却发生了一件意外的事情,我们敬爱的周总理不幸逝世了。"四人帮"趁周总理逝世和毛主席病重,加快篡党夺权步伐。他们开动舆论工具,疯狂地批判所谓的"三株大毒草",颠倒黑白,把搞科研说成是"右倾翻案"。教育界,科技界,乌云滚滚,阴风飕飕。郭本瑜的精神压力越来越大。各种歪风邪说不断地向他袭来。他想不通,为了实现四个现代化,自己满腔热血,勤奋工作,为什么阻力这么大?

他又想起革命导师的教导:"在马克思看来,科学是一种在历史上起推动作用的、革命的力量。"(《马克思恩格斯选集》第 3 卷第 575 页)感到有人叫喊搞科研就是搞"复辟",这显然是胡说。他深信自己走的道路是正确的,自己绝不能被这股逆流吓倒,而延误了宝贵的时间。他抹干眼泪,愤愤地写下一首诗:"断桥残梅风雨愁,刀霜剑雪迎新岁。大江毕竟东流去,莫等闲白少年头。"

这一年,郭本瑜排除了"四人帮"的干扰,又写了一些新论文。

郭本瑜盼望的一天终于来到了。粉碎"四人帮"的消息传来,郭本瑜心里非常高兴。他中饭也不吃就急忙赶往嘉定。晚上,学员们举行庆祝游行。有些同志怕他身体不行,劝他别去。他激动地说:"我要是走不动,爬也要爬去。"

粉碎"四人帮",迎来了科学技术百花竞放的春天。郭本瑜心上的忧虑一扫而尽。他多年来要求调回数学系的事解决了。党委非常关心他的工作。一位新来的党委负责同志,到校不久就找他谈心,听取他的意见和要求。郭本瑜高兴地说:"现在有英明领袖华主席撑腰,可以甩开膀子大搞科研了。"他决心要把被"四人帮"干扰所失去的时间夺回来。他不断催促自己"要快点拿出新成果向华主席汇报"。今年 5 月,他终于拿出一批新成果。这批成果引起了中国科学院有关部门的重视。他还制订了新的计划,要在今后三年内全面完成这一项目的研究。

郭本瑜在计算流体动力学理论研究上,不仅为我国填补了一项空白,而且走在世界的前列。现在,他正乘胜前进,我们祝愿他早日攀上新的科学高峰!

《文汇报》1977 年 7 月 19 日

**为发展祖国自然科学而奋斗——记上海科技大学青年教师郭本瑜**

郭本瑜同志,1974 年以来,坚定地顶住"四人帮"的高压,以顽强的毅力克服病痛,抓紧业余时间,刻苦研究计算流体动力学理论。两年多来,他先后在科学杂志上发表了七篇论文,得到了有关方面的重视,为发展我国独特的计算流体动力学理论作出了贡献。

1965 年,小郭在气象局进行毕业实践时,首次接触了这类课题。他发现我国沿用的国外的两种计算方法常常计算不出来,对产生的较大误差也根本无法估计。能不能找出更符合客观实际的计算方法呢？小郭毕业以后，以毛主席的哲学思想为指导，刻苦钻研，终于提出了一种新的计算原则，并据此构造了一系列的计算格式，以及误差估计方法。1974年春，小郭在老科学家的鼓励和指导下，制订了第一阶段的研究计划，准备在两年内把自己提出的计算方法和误差估计方法推广到一般流体动力学问题上去。

然而，当时，"四人帮"批林批孔另搞一套，把加强自然科学基础理论研究诬蔑为"右倾复辟"。小郭的满腔热情竟被斥责为"智育第一"、"白专"，搞"自留地"。（编者按：为人民搞科研被说成了"白专"、搞"智育第一"。在"四人帮"看来，知识就是"罪恶"，谁要掌握知识，就是"犯罪"。今天，我们要把被"四人帮"颠倒的历史重新颠倒过来，要大力提倡为人民钻研技术，组成浩浩荡荡的队伍向科学进军。）面对重重压力，小郭想起了毛主席、周总理对发展自然科学和加强基础理论研究的重要指示，坚信国家需要这方面的研究工作，决心把种种非议置之度外，在努力搞好本职工作的同时，利用业余时间艰难地开始了计算流体动力学的理论研究。小郭经常工作到深夜一、二点钟，星期天，又到上海图书馆查阅国内外资料，常常是早晨进去，直到暮色苍茫才回家。在一段时间里，小郭常常每天都要工作14到16小时。这时，小郭经常出现血尿、腰酸。但为了抢在疾病暴发之前把研究工作初步搞出眉目，小郭更抓紧了时间。小郭上医院看病，到医院挂了号，他在候诊室找了一个角落又坐下看书。等他想起要看病时，他的门诊号码早已被护士叫过多遍了。繁重而又紧张的工作加剧了病情的恶化，1975年4月，正当第一阶段的研究工作接近尾声时，小郭得了肾结核，病倒在床上了。

同志们都在担心他的身体，小郭却在担心研究工作怎么办。他想："战斗需要时间。在某种意义上，赢得时间，就是赢得胜利。"为了赢得时间，小郭偷偷地把医生规定的异烟肼的服用剂量加大了一倍，以控制结核病灶，不使它继续恶化。有的同志告诉他，这会产生副作用。小郭却笑笑说："只要我能继续工作，完成第一阶段计划，就是胜利。"他不顾病痛，又继续把研究工作推向前进。

同志们关切地劝他："少看些书吧，多休息休息。"小郭却摇了摇头说："不行，不看书就会跟不上飞速发展的形势。"有的同志告诉他："肾结核不容易痊愈，经常低热对身体影响很大。"小郭却说："只要能早日搞好这项研究工作，为国家争得荣誉，就是少活几年也值得。"到1975年夏，他只用一年多时间就结束了原定两年完成的第一阶段研究工作。小郭又制订了新的研究计划，向着新目标前进了。

1976年初，在上海高等院校里，"四人帮"的余党大造反革命舆论，动辄给人套上"右倾翻案"的帽子。一时，"要名不要命""不像一个党员""白专典型"等指责，向小郭袭来。（编者按："四人帮"余党把为人民而拼命工作的好同志污蔑为"要名不要命"，完全是信口雌黄，混淆黑白。他们企图扼杀人们的社会主义积极性。但是，广大干部和群众不理他们那一套，按照毛主席教导，坚决发扬革命战争年代那么一种拼命精神，为社会主义祖国多作贡献。）究竟要不要搞自然科学的基础理论研究？利用业余时间搞一些科研工作究竟对不对？搞科学研究就是为了出名吗？在这段时间里，小郭时时在思考着这些问题。他打开马列著作："在马克思看来，科学是一种在历史上起推动作用的、革命的力量。"（《马克思恩格斯全集》第19卷第375页）"一个民族想要站在科学的最高峰，就一刻也不能没有理论思维。"（《马克思恩格斯全集》第20卷第384页）"科学绝不是一种自私自利的享乐。"(《回忆马克思恩格斯》第2页)这就是说,坚持自然科学的理论研究有理,利用业余时间搞科学研究无罪。革命导师的教导给了小郭巨大的鼓舞。他干脆不理睬这些非难和指责,以更旺盛的精力投入了研究工作。到1976年8月,小郭完成了第二阶段的工作,还先后读完了数学、流体动力学、气象学等学科的中外文专门著作二十多本,为进一步开展研究工作,打下了坚实的基础。

粉碎"四人帮"的春风吹绿了我国的科技阵地。小郭的工作被列入科技大学的科研计划。科大党委并从各方面为小郭创造了一些条件。最近,他又研究出一些新的成果,受到了有关部门的重视。华主席关于加强科研工作的指示传达以后,小郭更是精神振奋,他表示:华主席为我们向科学进军指明了方向,我决不辜负党和人民的期望,一定要在一两年内攻克一两个新的理论课题,为落实华主席抓纲治国的战略决策作出自己应有的努力。

小郭又向新的目标前进了。

《解放日报》1977年8月20日

### 上海科技大学师生员工决心以实际行动迎接全国科学大会召开　搞好教学和科研　培养更多的科技人才

《中共中央关于召开全国科学大会的通知》发表后,上海科技大学校园里一片欢腾。当天,学校党委、各系、各部门的师生员工就进行了认真的学习和讨论。大家决心立即行动起来,学习好、宣传好、落实好《通知》提出的各项任务和措施,以搞好教学和科研的实际行动,迎接全国科学大会的胜利召开。

党委专门召开扩大会议,认真研究贯彻落实《通知》的具体措施。在党委扩大会上,许多同志谈道:召开全国科学大会,在我党历史上是第一次。这次大会,对于贯彻党的十一大路线,加速我国科学技术的发展,建设现代化的社会主义强国,都具有重大的意义。党委决定:立即动员全校师生深入学习和宣传中共中央的《通知》,根据《通知》的精神,认真检查、修订教学、科研规划,制订落实《通知》精神的措施;深入揭批"四人帮"破坏教学、科研的滔天罪行,迅速恢复由于"四人帮"干扰、破坏而拆掉的科研、教学机构,把科大真正办成名副其实的理工结合、科学与技术结合的多科性综合大学,为国家培养更多高质量的科学技术人才;认真落实党的知识分子政策,帮助他们改善学习、工作条件,充分调动教学、科研人员的社会主义积极性,保证教学、科研人员每周有六分之五的时间搞业务;坚持贯彻双百方针,大力开展各类学术活动,充分发挥他们的聪明才智;加快科学研究的步伐,重点抓好向全国科学大会献礼的十六项国家科研项目,一项一项检查,落实措施,保证完成;加强党的领导,努力转变作风,响应华主席号召,坚持三大革命运动一起抓;切实抓好政治思想、教学科研和后勤工作。

党委成员和各级干部坚持每周半天学习业务的制度,使党委和各组、室的工作人员都能成为既懂得党的政策,懂得政治,又懂得业务的干部。

在学习讨论中,广大教师和科技人员既感到光荣,又感到自己责任重大。五系教师毛锡鹤说:"《通知》指出,学校是培养科学技术人才的重要基础,而大专学校又是科学研究一个重要的方面军。这对我们提出了更高的要求。作为一个大学的教育工作者,自己既感到很光荣,又感到担子很重。我决心刻苦努力,搞好教学工作,为培养又红又专的科技人才贡献自己的力量。"三系电子测量仪器教研组负责人陈大森说:"《通知》方向明确,任务具体,措施扎实。我们一定要发扬革命加拼命的精神,为实现《通知》提出的各项任务而努力战斗。"

《文汇报》1977 年 9 月 25 日

# 1978 年

**春风送暖百花开　校园处处展新颜——上海科技大学在抓纲治校中阔步前进**

虽说是隆冬季节,但是在上海科技大学校园里却是春意盎然。

这里,到处充满着新的生机:大批判的烈火熊熊,揭批"四人帮"炮制的"两个估计"的斗争正激战犹酣;昔日门庭冷落的图书馆,如今是热气腾腾;实验室重新进行了整顿、建设,一片新的景象;教研组里老教师热忱带教青年教师,青年教师刻苦钻研业务;入夜,教室里、寝室里灯火通明,书声琅琅,多年不见的情景又展现了……

仅仅是一年多的时间,学校的面貌已发生了多么大的变化!

一滴水可以反映太阳的光辉。上海科技大学的变化,预示了教育战线一个万木葱荣、百花争艳的新局面正在到来。

**砸烂精神枷锁　意气风发战斗**

在上海科大三系,揭批"四人帮"炮制的"两个估计"的烈火越烧越旺,人们的精神面貌焕然一新。

三系的同志们在热情讴歌一年多来系里发生的深刻变化时,由衷地感激华主席给他们从政治上、思想上带来的第二次解放,更加痛恨祸国殃民的"四人帮"。人们怎能忘记"四害"横行一时的情景呢?由于三系广大党员、干部同"四人帮"炮制的"两个估计"作了坚决的斗争,于是对他们进行了一场反革命的围剿。1974 年,三系党总支被作为全校的"复辟"典型,当时七名总支委员中就有六人被私整黑材料上报,十多名教师遭受迫害,特别是敢于横眉冷对"四人帮"的雷达教研组被咒骂为"资产阶级的顽固堡垒"而备受"冲击"。"两个估计"犹如两座沉重的大山,压得广大干部、教师透不过气来。粉碎了"四人帮",群情振奋。最近,全系的革命干部和教工深入揭批"两个估计",把揭批"四人帮"的斗争推向一个新的高潮。

推翻了"两个估计",砸烂了精神枷锁,广大教工斗志昂扬,科研工作捷报频传。微波教研组的讲师李英,是解放后在党的培养下成长起来的,在"四害"横行时,他曾遭受严重迫害。在揭批"两个估计"的斗争中,他以自己的成长史怒斥了"四人帮"的无耻谰言,激动地向党表示:"不实现四个现代化,誓不罢休。"他每天清晨就到校,废寝忘食地钻研业务。最近,他和其他同志一起搞的一项科研项目,其中有一个关键部件,经过努力奋战,在技术上已有一个重大突破。这个教研组的同志还研制成功了一架微波测量油岩含水饱和度装置,某些性能超过了国外同类装置的水平。电子测量仪器教研组教师经过七个月奋战,又胜利完成了一项重要军工科研项目。现在该教研组已有两项科研成果向全国科学大会和市科学大会献礼。

批判了"两个估计",人们的社会主义积极性空前高涨,教学活动蓬勃开展。在"四人帮"大刮批基础理论的妖风时,被蛮横拆散的无线电技术基础教研组于最近重新恢复了。为了加强基础理论教学,系党总支选派了政治上强、业务上得力的干部担任了这个教研组的领导工作。广大教师为革命刻苦钻研业务,各教研组的小型学术交流会、读书报告会、教学观摩会等各种活动呈现了一片兴旺景象。青年教师虚心求教,老年教师认真带教。许多年逾半百的老教师焕发了革命青春。电子测量仪器教研组副组长、老教师冯子来,长期来工作兢兢业业,去年上半年他患肝硬化病,医生要他休息,但他仍坚持给学生上课,他说:"只要自己撑得住,就要为党的教育事业发一分光。"

今年是抓纲治国三年大见成效的重要一年。在新的一年里,三系的广大干部和党员、教师决心擂起更响的战鼓,迎接更大的战斗。

### 实验室建设起来了

走进三系无线电技术基础教研组的实验室,一种崭新的面貌展现在眼前:新的环境、新的仪器设备、新的实验制度……,处处显示着蓬勃的生机。

说环境焕然一新吧,无线电技术基础实验室里,墙壁粉饰一新,桌、凳整修如新,就连盛放万用表、导线、钳子等用具的工具合,也是用铁皮新制成的。然而,谁又能想到,在"四害"横行之时,这里却是另一副模样呢!在实验室里进行教学,竟然被扣上了"关门办学""脱离实际"的帽子,无线电技术基础教研组的实验室被撤掉,各种仪器也被分散到各专业教研组。扫除了"四害",校党委、系党总支作出了决定,恢复无线电技术基础实验室、电子线路实验室和脉冲数字电路实验室。电路基础课的教师吴锡龙和小黄、小张等同志,发扬了革命加拼命的精神,放弃休息时间,亲自动手,既当泥水工、木工,又当漆工、电工,把陈旧的墙壁粉刷干净,把高低不平、大小不一的桌子拼凑修整,涂上油漆,桌面再镶上塑料装饰板,制成崭新的实验桌……。就这样,可容纳近四十人的实验室很快建成了。

实验室里的仪器设备,反映了70年代的新水平。原先的仪器,里面的部件基本上是电子管的,已远远跟不上世界电子技术飞速发展的形势。全部购买现成的吧,光一台晶体管稳压电源就要600元左右。40人的实验室,每两人一组,便需要20台稳压电源,要花12 000元。怎么办呢?教师们响亮地提出:少花钱,多办事。现代化的实验仪器一点不能少,能节省的钱一个子儿不多花。他们根据实验的具体要求,开动脑筋,自制了性能良好、体积小、并能多用的稳压电源样机。

实验室的各项新制度带来了新的面貌、新的学风。制订不久的《实验室和仪器管理规定》《学生实验制度》等,正在贯彻执行。要尽快地为祖国输送科研人才,一定要让学生树立一丝不苟的科学态度,更好地掌握必需的基本技能。电子线路实验室教工狠抓学生的实验报告,要求把每次实验的仪器设备、器材、原理、步骤、内容、测试数据与分析、遇到问题和解决办法等,都在报告中一一写明,不合乎要求的则退回重做,取得了较明显的效果。

### 图书馆里春光好

粉碎了"四人帮",抓纲治校,改变了学校的面貌,也给图书馆带来了新的气象。

在"四害"横行的日子里,这个学校图书馆阅览室里读者寥寥无几,座位空空荡荡。到科技阅览室去的人则更少了。因为读者太少,这个阅览室从三楼大房间搬到了二楼小房间,开放的时间、次数也作了压缩,每天晚上和每周两个下午都是大门紧锁。有的同志叹息道:名为科技大学,科技阅览室竟得到这样的遭遇。

如今,当你再来到这里的时候,你会欣喜地看到,借阅图书的人们川流不息,工作人员更是忙碌不停。科技阅览室早已搬回了原处,不仅恢复了原来的开放时间,而且还延长了晚上服务时间。阅览室里座无虚席,早先在书架上睡大觉的科技书籍现在是供不应求了。看到这种情景,图书馆的工作人员乐呵呵的说:"现在虽然忙一些,却是越忙越高兴啊!"

一年多以前,这里的外文书刊,绝大多数都被束之高阁,不见阳光,现在它们也是大大的"走运"了。一年来,到图书馆查阅外文资料的就达六千六百多人次,光借书卡片就有三大抽屉。

**"时间啊,我们要向你挑战!"**

一天上午,二系七五二二班的教室里,正在上着微波技术基础理论中关于电学单位制的内容。课上完了,学员们掌握得怎么样?教师用征询的目光望着大家。这时,不少同学纷纷向老师提出问题,有的问题有一定的深度。一丝欣慰的笑容掠过这位教师的脸庞,像这样的情况,多年没有见过了啊。

是啊,在"四害"横行的时候,哪有这样的事啊!不要说这样热烈的讨论气氛,就是看几本业务书都是犯忌的。广大工农兵学员想学文化科学知识的热情,遭到了冷酷的打击。由于"读书无用论"的影响,图书馆、资料室、夜自修教室里人寥寥无几。

粉碎"四人帮"后,学员们学习的积极性像火山一样迸发出来。在班级党支部的带领下,他们提出了"向'四人帮'讨还青春,登攀科学高峰"的口号。在这个口号鼓舞下,全班的攻关战斗开始了。清晨,宿舍、教室里是读外语的琅琅书声;晚上,很多学员吃完饭宿舍也不回,就来上自修课,一直到熄灯号响过了,大家才离去。业务会、学习讨论会每星期要举行两次。一个学雷锋、争"三好"的群众运动已经掀起。大家以争"三好"为荣,互帮互学,自觉地学习,很多学员甚至连节日、假日都不休息,一个月才回家一次。

正是凭着这股劲,这个班级的学习成绩有了显著的提高。最近微波技术基础课进行了考核,全班有半数以上的学员得了优良。"三好"学员陈蛟琦是班里刻苦学习的标兵。他担任系学生会干部,平时工作忙,但是他从来不因为开会而影响学习。有一次,他到市里参加揭批"四人帮"大会,回来已经傍晚五点多了,当他得知白天上了四节课,还有不少作业时,他立刻向同学抄了练习题,一直到午夜12点多,做完全部题目才睡。平时,他从不满足现有的书本知识,还看了有关课外参考书和一些外文资料。这个班的学员原有文化程度并不高,在较短的时间里,要补基础理论,又要学专业知识,是多么不容易啊!小戴学习基础较差,他决心攻克学习上的难关。有一次,为了求证一个公式原理,他花了整整一昼夜的时间,才用数学公式推导出来。现在他的各门功课在全班名列前茅。

"时间啊,我们要向你挑战!"这个班级的全体学员决心高举毛主席的伟大旗帜,紧跟英明领袖华主席,深揭狠批"四人帮",满怀必胜的信心,完成学习任务。

## 1978 年

**不畏艰难，把科研搞上去**

星期天，学校里静悄悄的，但在二系低温站的工地上，却热气腾腾。原来，二系低温超导组的同志正在抓紧时间进行氮气液化设备安装工作。有人见了说："你们真是快马加鞭，抓紧时间啊。"这个组的教师笑呵呵地回答："要把科研搞上去，不抓紧时间大干还行?!"

二系低温超导组被评为1977年全市教育战线上的先进集体。这个组原来叫理论物理教研组，成立于1973年。这个组成立不久，"四人帮"刮起了批基础理论的妖风，他们也受到了批判，被污蔑为"复辟倒退的典型"。组长老金和部分教师也挨了批。面对妖风袭击，组内的同志没有屈服。他们想：低温超导技术在国际上是一门新兴技术，我国还处在初级阶段，作为党培养的知识分子，一定要奋发图强，为国争光。不让叫理论物理教研组，就改名叫低温超导组；不给资金，就自力更生同外单位协作。几年来，他们经过艰苦奋战，初步搞成了连续定点液面计这一项目。

粉碎"四人帮"后，这个组的同志搞科研的积极性更是高涨。去年以来，他们在原有的基础上，又进行了深低温温度计的研究。进行这种研究，晶体管要求稳定性强，灵敏度高，目前国内还没有现成的定型产品。小组同志就动脑筋，想办法，首先对国内目前生产的各种晶体管进行理论分析，然后分头跑遍了全市几十家工厂和商店，购来几千个管子，从中筛选。在筛选中，为了早出成果，他们不怕苦，不怕累，放弃了自己的节、假日，经常工作到深夜，在调试时通宵达旦地连续工作几十小时。有一次，组里一位教师休息在家，突然想到有个问题需要和大家研究，又急忙乘车赶回学校。经过几个月的奋战，终于完成了这一研究工作。

这个组去年还承担了超导核磁共振波荡仪低温测试，液氮液面计的研制工作。为了适应工业生产的需要，目前他们已把液氮液面计投入小批量生产。他们的科研成果填补了我国低温超导的空白，为国争了光。

**后勤热忱为教学第一线服务**

一年前，只要说到校后勤部门，人们便会直摇头；如今提起后勤，大家就会高兴地直点头。

教工食堂比较拥挤，一些年老体弱的教工来晚了，往往吃不上热菜热饭。这种现象多年来得不到解决。在抓纲治校的热潮中，后勤党总支经过几次讨论研究，在校党委有关部门的协助下，对全校教工的身体情况进行调查了解，专门抽出人来，为年老体弱，以及有病的干部、教工设立照顾食堂。这样做，虽然给食堂工作人员增大了工作量，但是他们说："为了能让年老体弱的同志吃上热菜热饭，我们累一点也是应该的，这是我们分内的事。"

过去，住有五百多教工的宿舍用水很不方便，在三、四楼的同志，拧开自来水龙头，不见水流，经常要到楼下来打水，一到用水高峰的夏季，不用说楼上，就连底楼，也是细细的水流。教工们只好早起晚睡，在水龙头前等水。大家焦急地摇头叹息：自来，自来，要用不来。要喝开水吧，每天得提着水瓶跑到五百米外的地方才能泡上。为了改变这种现象，广大教工曾多次向校领导提出，要求解决，但始终得不到解决。在抓纲治校的热潮中，校党委十分重视这一工作，要求后勤部门的同志一定要管好这件事。为了增大自来水管,他们到处奔跑,购买材料;没有开水,他们就在宿舍装上锅炉,而且专门派了两个同志烧开水。十年没有解决的吃水、用水问题终于解决了。广大教工激动地说:"如今再不用为水发愁了,我们可以把更多的精力用在教学、科研上!"

《文汇报》1978年1月11日

**赞美你,新中国培养的优秀教师——记上海科技大学青年教师王生洪**

  王生洪,你今年只有37岁,在大学教师队伍中是这样年轻。可是,你的名字却早在上海科技大学校园里到处流传。这不仅是你在科研和教学上做出了成绩,更主要的是你有一颗忠诚党的教育事业的红心!

  1972年秋天,第一批工农兵学员进校,你被调到新办的无线电机械结构专业任教。专业陌生,又没有教材,你的首要任务是同其他教师一起,要在一年内编写出教材。

  当时,没有较完整的参考资料,你除了阅读各种国外资料,还要下工厂去调查。天刚蒙蒙亮,你就跑到雷达修配厂去绘图,一直画到半夜。日复一日,你就这样从早到晚地工作。

  正当紧张收集资料的时候,工农兵学员要出去实习,没有指导教师,你又被调去带教。为了不耽误编写教材,你就利用暑假去西北调查。西北的夏天,炎热干燥,可是你在那里的四十多天,几乎每天都是通宵达旦地工作。人,一天天地消瘦下去,你明显地感到浑身乏力,却仍拖着沉重的身躯日日夜夜地坚持工作。回到上海,医生发现你严重胃出血,强迫你住进医院。在病中,你阅读焦裕禄同志的事迹。别人来问你病情,你避而不谈,却侃侃而谈焦裕禄改地换天的革命精神。

  难忘的1975年,敬爱的周总理根据毛主席的指示,扶病在四届人大上提出了四个现代化的宏伟目标。正在这时,你接受了设计我国第一台6米射电望远镜的任务。为了完成这一任务,正月初四,你就冒着朔风到南京紫金山天文台去调查。当你站在台阶上仰望茫茫长空时,人家告诉你,今天走的路线正是当年毛主席视察天文台走过的路线。毛主席曾屹立在你此刻站的地方俯瞰南京城,你心里是多么的激动啊!毛主席这般关心天文事业。你发誓要不辜负毛主席期望,快点设计出射电望远镜,观察天穹的奥秘。

  你边设计边给学生上课。看到学生外文水平太低,就给他们补习外文;发现他们力学、数学基础不好,又给他们补教力学、数学。你是专业课教师,却这般关心学生的基础课。你上午讲课,下午、晚上设计,一天忙到晚,累得你旧病复发。医生多次给你病假条,你都塞在袋里没有告诉过别人。3月里,一次严重胃出血,医生把你关进学校医院。可是,当考虑到学生在毕业设计中可能碰到困难,你不安心养病,当天就偷偷地跑到教室去给学生辅导。医生发现了,气呼呼地对你爱人说:"他自说自话跑出去,以后再出血我们可不管了!"你爱人把你劝回医院。没过几天,你却对医生说病全好了。医生给了两周病假,要你回家休息,可你一出院就上班了。射电望远镜只花半年时间就设计成功了!这是你和同志们一起辛勤劳动的结晶。

  王生洪啊,王生洪,人家都说你公而忘私,废寝忘食。这话可一点不过分。

  你在计算我国的卫星地面站30米天线时,同几位教师一起带着学生长年累月地不计时日地工作。你说:"为了早日建成我国自己的地面卫星站,宁愿多掉几斤肉。"每天,你送走了朦胧的月色，又迎着晨曦的微光，不间断地工作，连续工作30小时、40小时，对你来说已是不稀罕了。人家见你眼熬红了，人也消瘦了，劝你夜里早点休息，可你总说："你们先回去，我就回来。"然而，当别人一觉醒来，看见你的床还空着，被子仍旧叠得好好的，再看看工作室，灯光亮堂堂。原来，你还伏在桌上工作哩。

有一次，你的第二个孩子得了肺炎，连续治疗两个多月。孩子刚生病，别人就告诉你，劝你回家看看。可你舍不得放下工作，没有回家。当然，不是你不关心家庭，而是因为一心都扑在党的教育事业上。你关心工作远胜过家庭。

是啊，一年365天，你没有虚度过一天光阴。从1972年以来，你没有一个寒假或暑假。假日里，你不是搞科研、编教材，就是出去搞调查。每年五十多个星期天，你几乎全把它当作"星期七"。为了不让一个星期天虚度，你把课程安排在星期一上午，迫使自己在星期天备课。为早日实现四个现代化，你把时间看得比什么都宝贵。

你对培养无产阶级革命事业接班人，真可谓呕心沥血啊！你1965年大学毕业，"文化大革命"前没有上过讲台。第一次接受教学任务时，你为了教好课，备课备到深更半夜，还把爱人叫起来试讲给她听。有时，你就一个人站在房间里对着墙壁试讲。

"四人帮"大批所谓"智育第一"时，你严格要求学生。有的学生受"读书无用"论的影响，上课时在床上睡觉。你每次不厌其烦地去宿舍把他们叫起来。有人说："听不懂，坐在课堂没意思。"你热情地回答："听不懂没关系，只要你们愿意学，我都可以尽力教你们。"

学生的作业，你认真修改。他们不懂的地方，你一遍又一遍地辅导，直教到他们懂了。有的学生说："我们碰到难题，如果连续问他一百次，他会一百次耐心回答。"有个学生基础较差，理解力不强，为了一道难题，你不知向他讲解了多少次。后来，他自己都厌烦了，灰心丧气。你知道后，经常去鼓励他、帮助他，由浅入深地帮他分析出差错的原因。这位学生以后进步较快。晚上，学生在教室自学，你常去辅导。他们学习到11点钟，你也陪到11点钟。

你对学生是这样热情指导，对任何向你请教的人也是诲而不倦。1974年空军某部办短训班，上第一课那天，大雪堵塞了交通。你早上5点钟就起床去上课，可是公共汽车开到淮海路就不通了。你一心想着五十多个解放军战士等着你，就毅然徒步前进，高一脚，低一脚，在白雪覆盖的马路上艰难地走着，走了两个多小时，才走到江湾五角场。这时，你连身上的雪都没来得及掸一掸，就急忙登上讲台。石家庄某研究所在处理天线结构方面碰到困难，两位同志跑了很多地方都没有解决，最后找到了你。你帮他们分析结构，检查纸带，校对数据，终于解决了问题。他们高兴地说："问题是解决了，但我们还不能掌握，要是给我们上次课该多好。"在他们临走前的一个星期天，你特地从嘉定县赶到漕河泾，给他们上了十几小时课。两位同志感激地说："这真是无私的援助啊！"

王生洪，你全心全意为党的教育事业服务，党也无微不至地关怀你。你担任了教研组负责人，今天又被评为全市先进教师。对待荣誉，你回答说："我还年轻，生活刚刚在开始，党给我这么多荣誉，真不敢承当。我决不能在荣誉面前躺倒，要继续前进，不断去攀登新的高峰。"这话说得多好啊！我们怀着深情厚谊，向你——光荣的人民教师致敬！并祝愿你在继续革命的征途上，取得更大的胜利！

《文汇报》1978年1月19日

**上海高校科研工作捷报频传　去年共取得了三百多项成果**

粉碎了"四人帮",清除了障碍,上海高等院校科研工作蓬勃开展,捷报频传,1977年共取得了300多项成果。

在这批科研成果中,有很大一部分是属于应用技术的研究。用于装备我国电子计算机工业的文字识别机、六片可卸式磁盘存储器,分别由复旦大学和上海师范大学研制成功。上海科学技术大学和大庆油田协作研制成功的一种新的测定油层物理模型含水饱和度的微波系统,使我国在估计油田储油量、确定开采方法以及注水采油等方面,有了先进的实验装置。

基础理论研究去年也有显著进展,共完成了40多项研究课题。上海师范大学生物系教师用新的研究方法,获得了一种能以无性生殖和有性生殖正常传代的人工骈体畸形棘尾虫,在生物遗传学研究上有重要价值。围绕着大型电机转子和巨型货轮柴油机汽缸盖的质量问题,上海交通大学断裂力学科研组开展了线性断裂力学的研究工作,写出五篇有价值的论文。复旦大学对量子化学两种重要计算方法的研究,有重要进展。上海一些高等院校还充分发挥学科齐全的长处,积极开展了其他一些新兴学科、边缘学科的研究工作。

目前,上海各高等院校正在总结去年科研工作的经验,制定1978年的科研规划。

《光明日报》1978年2月7日

**上海高校去年取得三百多项科研成果　有所发现　有所发明　有所创造　有所前进**

粉碎了"四人帮",清除了障碍,上海高等院校科研工作蓬勃开展,1977年共取得了300多项成果。

在这批科研成果中,有很大一部分是属于应用技术的研究。用于装备我国电子计算机工业的文字识别机、六片可卸式磁盘存储器,分别由复旦大学和上海师范大学研制成功。上海科学技术大学和大庆油田协作研制成功一种新的测定油层物理模型含水饱和度的微波系统。上海医学院校去年不仅移植肾脏成功,还在膝关节的移植方面初步获得成功。上海第二医学院在抢救一名烧伤总面积百分之百、三度烧伤面积百分之九十四的病人的临床实践基础上,总结和研究出自体皮、异体皮混合移植的排异规律。

基础理论研究去年共完成了40多项研究课题。围绕着大型电机转子和巨型货轮柴油机汽缸盖的质量问题,上海交通大学断裂力学科研组开展了线性断裂力学的研究工作,写出五篇有价值的论文。上海一些高等院校还充分发挥学科齐全的长处,开展一些新兴学科、边缘学科的研究。

《人民日报》1978年2月20日

**以只争朝夕的精神大力培训师资——上海科技大学的调查报告**

上海科技大学党委认真调查了师资队伍的现状,采取切实有效的措施,抓紧教师业务进修,引导广大教师走又红又专的道路。目前,全校700余名教师,已有百分之九十左右参加了各种形式的进修活动,人人奋发向上,形成了浓厚的学习钻研风气。

## 一、增强紧迫感,提出严要求

上海科技大学是1958年创办的一所比较年轻的大学。师资队伍的特点是有经验的老教师少,青年教师多,文化大革命以来毕业的青年教师占百分之三十四。由于"四人帮"的干扰和破坏,有相当一部分教师在独立开课和搞科研方面都有一些困难。这种状况,远远不能适应教育事业飞速发展的需要。在华主席为首的党中央提出新时期的总任务,发出新长征号令的鼓舞下,广大教师激发起高涨的社会主义积极性,迫切要求夺回时间损失,迅速把教育搞上去。学校各级党组织认清大好形势,树立信心,组织教师认真学习华主席关于新时期总任务的一系列重要指示,认识高速度实现四个现代化的重要意义,评先进、找差距,讨论如何为实现四个现代化多出优秀人才等问题。许多教师愈谈愈坐立不安,他们说:"学校要高质量、高速度、高水平地为国家培养专门人才,教师没有高水平怎么行?"普遍增强了要迅速提高业务水平的紧迫感。

科大党委并不满足于一般的号召,而是根据学校发展的需要,对教师进一步提出具体要求。他们要求全校教师在三年内都能懂得自然辩证法的基本观点,掌握现代数学、物理的基本理论,熟练地掌握一门外语,能使用电子计算机。党委经过调查,对不同业务水平的教师也提出不同的要求,决定把培养的重点放在中年骨干教师身上。这部分教师是教学和科研的骨干力量,担负着学科上承前启后的重任。尽快地提高他们的水平,就能够带动其他教师,从而提高整个师资队伍的水平。党委打算进一步讨论研究这部分教师的红专规划,尽量为他们的业务进修创造条件。同时,对青年教师的培训工作也在抓紧进行。

科大党委对参加进修班的教师严格要求、严格训练。教师进修班都选择政治思想好和业务水平高的教师任教,并通过上课提问、布置作业、阶段测验、期终大考,保证教学质量。考试的分数还要公布。党委还决定成立专门班子来抓师资的培训管理工作,每年进行检查、评比、考核,建立业务档案。

校党委采取的这些措施,受到了广大教师的欢迎。他们说,有压力,才能鞭策我们高速度地向又红又专迈进。教师们都积极地报名参加进修班和各种进修活动。日语进修班原定招50名,后来扩大到100多名。上学期这个进修班有102人参加期终大考,百分之九十以上取得了优秀成绩。参加这个进修班的有中年、青年教师,还有将近50岁的老教师。清晨,许多教师和学生一样在校园里攻读外语。有的教师在外单位搞科研,为赶到进修班上课,连饭也来不及吃,带上干粮就来上课。因出差而缺课的同志,回来后自觉地找老师补课、补考。三系中年女教师方采莲,有两个年幼的孩子,家务繁重,还担负着一定的教学任务,但她克服种种困难,刻苦进修。早晨,天没亮,她趁孩子未醒,抓紧时间读外文。生字记不住,就反复背上10遍、20遍,连走路和烧饭时、睡觉前都在背生字。上学期两次日语考试,她都分别获得了100分和99分的优秀成绩,得到了大家的赞扬。负责教师进修班教学的老教师,以身作则,许多参加进修的中青年教师说:"我们不仅学到了业务知识,而且学到了老教师认真负责的教学态度。"

## 二、调动各方面力量,开展形式多样的进修活动

科大由于老教师和骨干教师少,师资培训工作遇到了一定的困难。党委领导并不气馁,他们说:"人家用汽车,我们用两条腿跑也要赶上去。"除选派少数教师去外单位进修

和请有关专家来讲学外，绝大多数的进修任务都自力更生解决。校、系、教研组各级想方设法挖潜力，能者为师，机动灵活地开展各种进修活动。他们进修的形式有：校、系举办教师进修班。校办进修班，主要是根据全校的统一要求，进修自然辩证法、现代数理基本理论、外语、电子计算机技术。到目前为止，校办进修班已有10个，有高等数学、英语、日语、算法语言等，参加的教师达470多人次。

教研组举办读书班。为了尽快掌握国际上新近发展的专业学科理论，许多教研组自己组织起来，选读国外最近出版的带有总结性的有关著作或学科理论的经典著作，以快速跟上形势，直接进入理论研究的前沿阵地。读书班有的由老教师先讲解，再组织大家讨论。有的教研组没有老教师带，就发挥集体的力量，统一教材，分散阅读，轮流作读书报告，共同讨论。四系的计算数学教研组，目前已举办了差分方法、有限元素法、最优化三个讨论班。

举办学术报告或讲座。学校有计划地举办综合性的和专题的大型学术报告，介绍和讨论国内外先进科学技术的发展。这种学术报告，或由本校有关教师讲，或请外面的专门研究人员来讲。有的教研组，还结合本学科的基本理论举办讲座，能者为师，定期举行。

在教学和科研中传、帮、带。各系都注意安排学术水平较高和教学经验较丰富的老教师，在工作中对青年教师进行传、帮、带。通过集体备课、组织听课、教学观摩、交流经验等方式，老教师指导青年教师，帮助他们提高教学质量。许多老教师热情辅导，诲人不倦，使青年教师深为感动。

三、工作忙与进修产生矛盾怎么办？

科大的绝大多数教师都担负了当前的教学和科研工作，往往工作与进修产生矛盾。党委就反复强调，业务进修要抓紧，本职工作更要搞好，要以业余进修为主，工作与进修相结合。

讨论班和进修班都坚持以自学为主，每周活动一至两次。许多教师利用早、晚和中午的间隙，抓紧一切时间自学。

在安排进修内容时，他们尽量与工作结合，使进修活动促进工作。如五系的制图教研组，许多青年教师没有学过画法几何这门制图基础理论，有的虽学过，但十年没接触也忘了。粉碎"四人帮"以后，系里要恢复这门课，怎么办？上学期他们教研组举办了画法几何讲座，每周一次，由老教师讲了十讲。这学期许多参加听讲的同志就能担任辅导学生的工作了。青年教师边辅导一门课，边进修，在辅导时解答学生的提问，以促进自己的学习。四系电视教研组担负了重要的科研任务，为了尽快掌握国外先进的技术资料，这个教研组一部分同志就进修日语，收集日文资料，另一部分同志进修英语，收集英语资料，一边学，一边用，促进了科研和教学工作。

科大各级领导关心教师的业务进修，积极为教师的业余进修创造条件。各级党组织正在落实至少必须保证教师六分之五的业务时间的问题。有的系总支对教研组的力量进行了合理调整，充实基础教研组，缩短科研项目的战线，集中力量打歼灭战，使教师能够腾出一定时间，搞业余进修。

科大党委还要求各系抓紧落实对教师的"三定"（定方向、定岗位、定任务），使教师有相对稳定的条件学习业务,更好地发挥自己的专长。

科大党委打算通过努力,到1980年争取使现有教师的百分之七十以上能胜任主讲一门课,并具备独立开展科研工作的能力,为教育工作的大发展创造必要条件。

编后:上海科技大学党委重视师资培训工作,在教学、科研任务繁重的情况下,挖掘潜力,依靠群众,开展形式多样、切实有效的教师进修活动。从客观条件来看,上海科技大学开展教师进修活动的困难很多,为什么他们能够把这项工作开展得如此生气勃勃呢?关键在于党委领导有高速度发展教育事业的紧迫感。思想提高了,有一股狠劲,在困难面前,就会群策群力,千方百计想办法。他们不是停留在一般号召上,而是一抓到底,有具体要求,有措施,有检查,主动为教师创造条件,把绝大多数教师组织起来参加进修。他们的经验,值得学习和推广。

《文汇报》1978年4月13日

## 上海科技大学微波通讯教研组在短时间内研制成功一种新的测定油层物理模型含水饱和度的微波系统,使我国在连续、迅速和准确估计油田储油量,决定开采方法以及注水采油等方面有了新的实验装置

上海科技大学微波通讯教研组在短时间内研制成功一种新的测定油层物理模型含水饱和度的微波系统,使我国在连续、迅速和准确估计油田储油量,决定开采方法以及注水采油等方面有了新的实验装置。这套装置目前已在油田使用。

《光明日报》1978年7月11日

## 攻难关　攀高峰　大干快上　上海市今年上半年取得二百九十一项重大科研成果

上海科技战线广大科技人员、干部和工农兵群众攻难关、攀高峰,大干快上,今年上半年取得291项重大科研成果,其中32项达到国际先进水平,94项达到国内先进水平。

上海科技战线今年上半年成果出得较快,在攻克一些技术关键中取得重大突破。中国科学院上海有机化学研究所,将原定1979年完成的"萃取法分离锂同位素研究"提前一年半完成,分离效能达到世界先进水平,而且工艺过程不产生"三废",操作安全。上海光机所的科技人员夜以继日地进行试验研究,在不到五个月的时间里就研制成功了准分子激光器,得到了稳定的新型波段的激光输出,研究水平接近国际先进国家1977年报道的水平,为我国填补了最短波长激光输出的空白,为在今后进行同位素分离、核聚变、全息照相等方面应用激光技术创造了条件。上海华东医院等单位研制成功了激光血球计数仪,首次为我国提供了一种新型的激光验血仪器。用它来计数红、白血球,精确度高,比人工计数效率提高25倍。上海制冷设备厂的有关人员,在上海科技大学和北京电工研究所的协助下,在今年3月份研制成功我国目前最大的HY-50型氦液化器,液化极低温度达到零下269度,液化量每小时60升,水平先进,为我国的高能物理、受控热核反应、低温超导电技术、资源气象卫星和超高真空等现代科学技术方面的研究,提供了一项关键性的设备。

上海市电子计算机应用领域更广,成效更高,它表明上海科技战线在为赶超世界先进水平、实现科技现代化的征途上迈出了可喜的一步。复旦大学和江南造船厂协作,研

制成功了"船体结构几何语言"。整个语言编译系统共有指令 14 000 条左右,通过电子计算机编制一块较复杂的船体结构中常见的肋板只需几秒钟,而人工编译需时半个月。这一成果达到了国际先进水平,为我国应用电子计算机进行船体设计和加工创造了重要条件。上海第二医学院附属瑞金医院,在上海计算技术研究所协作下,成功地试用国产TQ15 电子计算机诊断和鉴别临床常见的十种先天性心脏病,其确诊率达百分之九十五以上,可以辅助医生对疾病作出正确判断,减少误诊,缩短诊断时间。上海电工仪器研究所总工程师支秉彝经过长期悉心研究,创造了"见字识码"的汉字漏码法,将八千五百多个常用汉字用 26 个拉丁字母编成能进入计算机的代码,解决了国内外迄今没有圆满解决的汉字输入电子计算机的重大课题,为发展我国应用电子计算机进行汉字信息处理,实现汉字资料检索和照相印刷排版自动化开创了新路。

上海今年上半年取得的科研成果中,有相当一部分是直接为工农业生产服务的项目,给生产技术的迅速进步创造了令人鼓舞的前景。上海轮胎机械厂今年 3 月制成一台 $\phi$1050 双模定型硫化机,用它生产的小轿车、货车轮胎的使用寿命可达 10 万公里,比原来寿命提高百分之二十,生产合格率提高到百分之九十以上,每一只轮胎的生产周期比原来缩短三分之一,节约劳力两三人,改变了橡胶制胎行业一直沿用 40 年代老工艺的落后状况。这台硫化机经有关主管部门批准,已正式投产。上海海洋渔业公司研制成功一种能调节深度的"中层双、单变水层拖网",解决了过去一直未能解决的中层鱼的捕捞问题。用这种网捕捞鱼群,提高产量百分之五十。上海交大等单位研究成功水下熔化极水喷射切割新技术,能在 60 米深的水中,不用氧气条件下切割 20 毫米厚的碳素钢、铅、铜和不锈钢板,切割速度每小时达 20—30 米,效率为通常电气切割的四到八倍。这项技术已在打捞深水沉船工程中试用,效果良好,为我国打捞深水沉船和海洋开发工程提供了重要的先进手段。上海县马桥公社,研究培育的上海一号油菜新品种创造了油菜亩产 400 斤的新纪录。

上海科技战线的这些可喜成果是广大科技人员在上海市委领导下,坚决响应华主席、党中央的号召,为实现新时期的总任务而努力奋斗所取得的。上海市委狠抓了贯彻落实中央关于科技工作指示精神的措施,整顿科研机构,加强各级党组织对科技工作的领导,落实党的知识分子政策,调动了广大科技人员的社会主义积极性。上海市委还确定集中力量,组织十个重大科研项目的攻关会战,目前八大项目已上马,进展较快,效果较好。今年上半年的不少重大科研成果就是通过各方协同会战取得的。

《光明日报》1978 年 9 月 8 日

**为实现四个现代化立功　上海科技大学奖励先进集体和个人**

上海科学技术大学举行授奖大会,表彰抓纲治校中成绩显著的 4 个先进集体和 12 名先进个人,颁发了奖状和奖金。

四系副教授郭本瑜刻苦钻研,在现代计算物理研究方面取得了成果。他所写的《不可压缩粘性流的数值计算》这篇论文,在今年全国科学大会上荣获了优秀成果奖。此后,他又写出 12 篇论文,其中七篇已在《科学通报》等杂志上发表,受到国内外有关方面的重视和好评。64 岁的副教授侯元庆,担任三系副主任以来,解放思想,积极肯干。他不仅承担微波技术中心电磁场理论课,还积极做好全系教学组织工作,使教学质量有了明显的提高,群众称赞他是"双肩挑"的好干部。他们都荣获了先进个人的光荣称号。

物理实验室实验员虞尚德热爱本职工作,甘当无名英雄。经他半年多的努力,就恢复了"文化大革命"前物理课教学的实验项目。他还自己动手设计加工了"激光几何学定律示仪"等五项具有现代水平的实验设备,保证了教学的需要。器材科常备物资仓库只有两名保管员,他们精心管理着全校1 500多种材料和元器件,认真调查研究,千方百计为教学和科研工作解决困难。他们所在单位被评为全校的先进集体。

《光明日报》1978年11月26日

### 上海机械学院党委赏罚分明

上海机械学院党委最近在处理一件失火事故中,做到赏罚严明,受到了群众的赞扬和支持。一天,该院基修组一个工人在私自占用的一间空房间内偷偷使用电炉烧水,未将电源切断,即关门离去。两小时后,集成电路实验室实验员庄浩庆发现从这间空房间的窗洞中不断往外冒烟,当即设法先切断电源,随后立即呼叫附近木工间、漆工间工人一起抢救,避免了一场重大事故。

事情发生后,该院党委和有关部门领导十分重视,为了严肃纪律,学校领导决定,对肇事者除给予行政处分外,并罚款和赔偿损失25元。同时,对及时报警和扑灭火灾苗子的庄浩庆同志予以全院通报表扬,并奖励半导体收音机一架。

《文汇报》1978年12月4日

### 原市委监委委员、上海工学院党委书记兼院长张敬人同志骨灰安放仪式在沪举行
#### 方毅、彭冲、谭震林、姬鹏飞、谷牧等送了花圈　王一平等参加仪式

12月2日下午,市革委会教育卫生办公室在龙华革命公墓举行原中共上海市委监察委员会委员、中共上海工学院委员会书记兼院长张敬人同志骨灰安放仪式,并为他彻底平反昭雪,恢复名誉。

中共中央政治局委员方毅、彭冲,人大常委会副委员长谭震林、姬鹏飞,国务院副总理谷牧,中共中央军委负责人粟裕,政协全国委员会副主席宋任穷、季方送了花圈。

张敬人同志的生前友好张劲夫、叶飞、胡乔木、陈丕显、许家屯、陈伟达、谭启龙、周惠、王必成、余立金、陈国栋、曾涛、杨西光、马纯古、雍文涛、杨应彬等同志送了花圈。

教育部、中共山东省委、中共江苏省委、中共潍坊市委、中共江都县委等送了花圈。中共上海市委和市革委会,市委和市革委会各部、委、办,各区、县、局、大专院校等也送了花圈。

参加张敬人同志骨灰安放仪式的有中共上海市委书记王一平,市委、市革委会及各部、委、办负责人杨士法、杨恺、裴先白、关建、关子展等。参加骨灰安放仪式的还有刘季平、惠浴宇、王西萍、张文高、谢克东、田春等同志,以及中共江都县委的代表。

张敬人同志的骨灰安放仪式由市革委会副主任、市革委会教育卫生办公室主任杨恺同志主持,市革委会教育卫生办公室副主任舒文同志致悼词。

悼词说,张敬人同志从1926年就投身于革命,参加了北伐战争。1928年加入中国共

产党。在1931年前历任荣县县委书记、荣威中心县委书记、川南特委委员、四川省委军委会委员等职。在此期间,他还领导了荣县和绵竹县农民暴动,任副总指挥、总指挥。1931年调上海工作,任中国社联常委会委员,上海新兴教育工作者联盟及国难教育社党团书记。1940年后调至解放区,历任江苏苏中区党委文委书记、苏中兴东泰特区区委书记、江都县委书记、苏中区第一地方委员会城工部长、组织部长,及山东坊子煤矿公司政委兼经理、山东省人民政府劳动局长等职。全国解放后调上海工作,历任华通开关厂党委书记、中共上海军事工业委员会书记、中共上海第二重工业委员会书记、上海市人民委员会第四办公室副主任、上海工农师范大学党委书记兼校长等职。四十多年来,张敬人同志忠于党、忠于伟大领袖毛主席、忠于我国人民的革命事业。他立场坚定,爱憎分明,机智勇敢,临危不惧,他对党的事业一贯忠诚积极,勤恳踏实,埋头苦干;他光明磊落,正直诚恳,坚持原则,实事求是,艰苦朴素,谦虚谨慎,密切联系群众。张敬人同志的一生是革命的一生,战斗的一生,是我党的优秀党员。林彪、"四人帮"及其余党强加给张敬人同志以种种莫须有的罪名,长期非法"隔离审查",在精神上和肉体上进行惨无人道的折磨和摧残。张敬人同志面对迫害,坚持原则,坚持斗争,英勇顽强,坚贞不屈。在身体极度衰弱的情况下,还亲笔给党组织写信表示:"为了党的事业,我一定要奋斗终生,直至心脏停止跳动的一刹那。"由于长期遭受残酷折磨,张敬人同志致死,终年65岁。

粉碎"四人帮"以后,上海机械学院党委在市委的领导下,对张敬人同志的问题认真地进行了复查。在骨灰安放仪式上,舒文同志代表上海市革委会教育卫生办公室宣布:林彪、"四人帮"及其在上海的余党强加给张敬人同志的一切诬陷不实之词,应予全部推倒,为张敬人同志彻底平反昭雪,恢复名誉;对林彪、"四人帮"及其余党对张敬人同志的迫害表示极大的无产阶级义愤,对张敬人同志的不幸逝世表示深切的悼念,对张敬人同志的家属表示无限同情和亲切慰问。

《文汇报》1978年12月5日

## 挖掘人才潜力　提高教学效率　上海科技大学实行教师工作量制

上海科技大学本学期以来,在实行教师岗位责任制和考核制的同时,开始实行教师工作量制。根据教师的职称规定每个人应当完成的工作量,对超额完成工作量的人进行表扬鼓励,对未完成工作量而又没有正当理由的人进行批评督促,以后还准备根据按劳分配的原则,对超额完成工作量的教师实行物质奖励。

由于林彪、"四人帮"的干扰破坏,长期以来高等学校教师工作无定额、无考核、劳逸不均、人浮于事的现象十分严重。广大教师大干社会主义的积极性不但得不到鼓励,反而受到百般压制。为了克服这种混乱现象,对教学工作进行科学管理,加快教育事业的发展速度,上海科大在广泛听取群众意见的基础上,从本学期开始,把讲课、辅导、带实验、编教材、批改作业、指导研究生、培养青年教师等教学任务折算成教分,规定每位教授、副教授、讲师、助教和未定级的教师每学年都要完成一定的教分,作为基本工作量。教研室根据每个人的工作量安排教学任务,学期初把每人承担的教学任务公布出来,期中检查,期末考核,评定教分,进行奖励,并把每人完成工作量的情况记入业务档案,作为以后定级、提薪的依据。

这个学校实行教师工作量制度以来,教师的精神状态和教学工作的面貌发生了显著变化,过去那种干与不干一个样、干多干少一个样、干好干坏一个样的状况得到了根本改变。在分配本学期教学任务时,很多教师主动要求在自己定额的工作量以外,再多承担一些教学任务。最近办分校扩大招生,又有不少教师主动要求到分校兼课。三系电路教研室承担本系和外系11个班级共1 040学时有关电子线路方面的九门技术基础课和实验课的教学任务,原来感到任务重,师资力量不够。实行工作量制度后,不但落实了原定的教学任务,还另外承担了四项科研任务和新开六门高年级选修课、研究生课的任务,45人担任了原定64人的工作量。一系化学基础课教研室的八位教师,担任全校化学基础课的教学任务,负担是很重的,但全体教师勇挑重担,人人超额完成工作量,不但完成了计划任务,而且准备再抽人为分校兼课。

实行教师工作量制,提倡能者多劳,发挥每个人的专长,也有利于挖掘人才的潜力。三系有些教师原来专业不对口或工作安排不合适,长期不能充分发挥其专长和积极性。实行工作量制度后,该系根据每个人的专长安排教学任务,主动将五位专业不对口或工作安排不适当的教师和教学辅助人员支援校内其他单位,做到了人尽其才、才尽其用。五系机械原理、零件教研室,过去看到人家说缺人,自己也跟着说缺人,看到人家要人,自己也跟着要人,实行工作量制度后,发现教师的工作量排不足,就主动揽任务,并准备增开选修课、招研究生。有的教师过去教学任务少,常常下棋、看闲书消磨时间,现在也抓紧时间备课、进修。教师普遍反映,实行与不实行工作量制度确实大不一样。

实行工作量制度后,还加强了教学工作的计划性,促进了教学质量和教师业务水平的提高。有些系已将目前在校的几届学生从入学到毕业全部课程的讲课、辅导、实验任务落实到人。这样,就把教师的进修计划与整个教学计划密切结合起来,使教学工作更有计划性,也使教师进修有了明确的方向。最近,各系对半学期来实行教师工作量制的情况进行了检查,发现绝大部分课程教学质量都有不同程度的提高。

上海科大对一些"双肩挑"的干部,也规定了一定的工作量。教研室党支部书记一般都担负教学或科研任务。三系总支书记张一龙本学期承担了微波电子学的备课任务,准备以后给研究生上这门课;总支副书记袁玉明担任了脉冲数字电路课的辅导任务。这样做对推动干部学科学、钻业务、努力又红又专起了促进作用。(贾树枚)

《光明日报》1978年12月10日

# 1979年

**国务院批准教育部的报告　在全国恢复和增设一百六十九所普通高等学校**

国务院最近批准教育部关于恢复和增设普通高等学校的报告,决定在全国恢复和增设169所普通高等学校。

这批高等学校是根据华主席所讲的"思想再解放一点,胆子再大一点,办法再多一点,步子再快一点"的精神,根据实现新时期总任务的要求,并按照加强薄弱环节和薄弱地区,逐步改善学校布局,发挥中央和地方两个积极性等原则而确定的。

这次决定恢复和增设的169所高等院校中,属于恢复的有16所,新增设的153所,重点放在加强理工科教育上面。按照科类划分,这次恢复和增设的工科院校有46所,主要是为了加强机械、煤炭、冶金、交通、建工、建材、化工、轻工和纺织等行业的专门人才的培养能力。农林院校13所,主要是为了加强农业机械化、林业、畜牧兽医、气象和四川、河南、新疆等省区农业科学技术人才的培养能力。师范院校77所,主要是为了改变目前我国高等师范院校数量过少,培养能力过低,远远不能适应中学教育事业发展和加强理科教育的要求而建立的。此外,还有医药院校18所,财经院校10所,体育院校3所,艺术院校2所。

在这169所高等院校中,面向全国和大区的有28所,面向本省、市、自治区的141所。它们是:重庆交通学院、西北建筑工程学院、陕西工学院、西北纺织工学院、宁夏工学院、武汉河运专科学校、武汉纺织工学院、长沙交通学院、桂林冶金地质学院、广西机械工业学院、广西石油化工学院、广东机械学院、上海工业大学、上海电力专科学校、上海冶金机电专科学校、上海化学工业专科学校、上海建筑材料工业专科学校、上海轻工业专科学校、上海纺织工业专科学校、镇江船舶学院、盐城工业专科学校、南通工业专科学校、南京航务工程专科学校、浙江工学院、合肥地质学院、安徽机电学院、福建建筑工程专科学校、集美航海专科学校、山东冶金工业学院、山东建筑材料工业学院、北京冶金机电学院、北京轻工业学院、北京石油化工专科学校、北京印刷学院、河北煤矿学院、河北建筑工程学院、山西煤炭化学工业大学、包头钢铁学院、沈阳工业学院、沈阳冶金机械专科学校、沈阳黄金专科学校、吉林工学院、吉林化工学院、长春邮电学院、鸡西矿业学院、吉林建筑工程学院、四川畜牧兽医学院、绵阳农业专科学校、西昌农业专科学校、塔里木农垦大学、郑州畜牧兽医专科学校、豫西农业专科学校、浙江林学院、北京气象专科学校、北京农学院、内蒙古林学院、吉林农业机械化学院、哲里木盟畜牧学院、吉林林学院、华山冶金医学专科学校、延安医学院、洛阳医学专科学校、开封医学专科学校、广东医药学院、南京中医学院、扬州医学专科学校、福建中医学院、菏泽医学专科学校、天津医学专科学校、河北中医学院、内蒙古民族医学院、大连医学院、沈阳医学专科学校、哲盟医学院、齐齐哈尔医学专科学校、牡丹江医学专科学校、大理医学院、内江师范专科学校、万县师范专科学校、西昌师范专科学校、达县师范专科学校、宜宾师范专科学校、绵阳师范专科学校、江津师范专科学校、阿坝师范专科学校、昭通师范专科学校、思茅师范专科学校、渭南师范专科学校、咸阳师范专科学校、兰州师范专科学校、张掖师范专科学校、庆阳师范专科学校、青海师范专科学校、固原师范专科学校、新疆师范大学、和田师范专科学校、信阳师范学院、安阳师范专科学校、南阳师范专科学校、洛阳师范专科学校、许昌师范专科学校、郑州师范专科学校、恩施师范专科学校、黄石师范学院、郧阳师范专科学校、郴州师范专科学校、黔阳师范专科学校、岳阳师范专科学校、广西师范学院、南宁师范专科学校、玉林师范专科学校、河池师范专科学校、广州师范学院、韩山师范专科学校、惠阳师范专科学校、韶关师范专科学校、雷州师范专科学校、淮阴师范专科学校、盐城师范专科学校、南通师范专科学校、镇江师范专科学校、杭州师范学院、嘉兴师范专科学校、台州师范专科学校、丽水师范专科学校、六安师范专科学校、阜阳师范学院、芜湖师范专科学校、合肥师范专科学校、淮北煤炭师范学院、莆田师范专科学校、建阳师范专科学校、宁德师范专科学校、厦门师范专科学校、昌潍师范专科学校、德州师范专科学校、济宁师范专科学校、北京体育师范学院、天津师范专科学校、保定师范专科学校、承德师范专科学校、唐山师范专科学校、衡水师范专科学校、晋东南师范专科学校、内蒙古民族师范学院、昭乌达蒙族师范专科学校、旅大师范专科学校、鞍山师范专科学校、丹东师范专科学校、通化师范学院、吉林师范学院、哈尔滨师范专科学校、佳木斯师范专科学校、绥化师范专科学校、湖南财经学院、上海财经学院、浙江冶金经济专科学校、安徽财贸学院、江西财经学院、山东经济学院、北京商学院、北京财贸学院、河北财贸学院、贵州财经学院、福建体育学院、山东体育学院、哈尔滨体育学院、山东艺术学院、吉林艺术学院。

为了把恢复和增设的这一批普通高等学校办好,教育部最近在给各地和有关部门的通知中,要求各院校认真贯彻党的教育方针,努力为加速实现四个现代化做出积极贡献。通知还希望各有关方面对这些院校要加强领导,配备好领导班子,逐步充实和加强师资、设备和校舍等办学条件,以利于保证教学质量。

《光明日报》1979年1月10日

**国务院批准教育部报告 恢复和增设一百六十九所高等院校**

国务院最近批准教育部关于恢复和增设普通高等学校的报告,决定在全国恢复和增设169所普通高等学校。

这批高等学校是根据华主席所讲的"思想再解放一点,胆子再大一点,办法再多一点,步子再快一点"的精神,根据实现新时期总任务的要求,并按照加强薄弱环节和薄弱地区,逐步改善学校布局,发挥中央和地方两个积极性等原则而确定的。

这次决定恢复和增设的169所高等院校中,属于恢复的有十六所,新增设的153所,重点放在加强理工科教育上面。按照科类划分,这次恢复和增设的工科院校有四十六所,主要是为了加强机械、煤炭、冶金、交通、建工、建材、化工、轻工和纺织等行业的专门人才的培养能力。农林院校13所,主要是为了加强农业机械化、林业、畜牧兽医、气象和四川、河南、新疆等省区农业科学技术人才的培养能力。师范院校77所,主要是为了改变目前我国高等师范院校数量过少,培养能力过低,远远不能适应中学教育事业发展和加强理科教育的要求而建立的。此外,还有医药院校18所,财经院校10所,体育院校3所,艺术院校2所。

为了把恢复和增设的这一批普通高等学校办好,教育部最近在给各地和有关部门的通知中,要求各院校认真贯彻党的教育方针,努力为加速实现四个现代化做出积极贡献。通知还希望各有关方面对这些院校要加强领导,配备好领导班子,逐步充实和加强师资、设备和校舍等办学条件,以利于保证教学质量。

在这169所高等院校中,面向全国和大区的有28所,面向本省、市、自治区的141所。它们是:重庆交通学院、西北建筑工程学院、陕西工学院、西北纺织工学院、宁夏工学院、武汉河运专科学校、武汉纺织工学院、长沙交通学院、桂林冶金地质学院、广西机械工业学院、广西石油化工学院、广东机械学院、上海工业大学、上海电力专科学校、上海冶金机电专科学校、上海化学工业专科学校、上海建筑材料工业专科学校、上海轻工业专科学校、上海纺织工业专科学校、镇江船舶学院、盐城工业专科学校、南通工业专科学校、南京航务工程专科学校、浙江工学院、合肥地质学院、安徽机电学院、福建建筑工程专科学校、集美航海专科学校、山东冶金工业学院、山东建筑材料工业学院、北京冶金机电学院、北京轻工业学院、北京石油化工专科学校、北京印刷学院、河北煤矿学院、河北建筑工程学院、山西煤炭化学工业大学、包头钢铁学院、沈阳工业学院、沈阳冶金机械专科学校、沈阳黄金专科学校、吉林工学院、吉林化工学院、长春邮电学院、鸡西矿业学院、吉林建筑工程学院、四川畜牧兽医学院、绵阳农业专科学校、西昌农业专科学校、塔里木农垦大学、郑州畜牧兽医专科学校、豫西农业专科学校、浙江林学院、北京气象专科学校、北京农学院、内蒙古林学院、吉林农业机械化学院、哲里木盟畜牧学院、吉林林学院、华山冶金医学专科学校、延安医学院、洛阳医学专科学校、开封医学专科学校、广东医药学院、南京中医学院、扬州医学专科学校、福建中医学院、菏泽医学专科学校、天津医学专科学校、河北中医学院、内蒙古民族医学院、大连医学院、沈阳医学专科学校、哲盟医学院、齐齐哈尔医学专科学校、牡丹江医学专科学校、大理医学院、内江师范专科学校、万县师范专科学校、西昌师范专科学校、达县师范专科学校、宜宾师范专科学校、绵阳师范专科学校、江津师范专科学校、阿坝师范专科学校、昭通师范专科学校、思茅师范专科学校、渭南师范专科学校、咸阳师范专科学校、兰州师范专科学校、张掖师范专科学校、庆阳师范专科学校、青海师范专科学校、固原师范专科学校、新疆师范大学、和田师范专科学校、信阳师范学院、安阳师范专科学校、南阳师范专科学校、洛阳师范专科学校、许昌师范专科学校、郑州师范专科学校、恩施师范专科学校、黄石师范学院、郧阳师范专科学校、郴州师范专科学校、黔阳师范专科学校、岳阳师范专科学校、广西师范学院、南宁师范专科学校、玉林师范专科学校、河池师范专科学校、广州师范学院、韩山师范专科学校、惠阳师范专科学校、韶关师范专科学校、雷州师范专科学校、淮阴师范专科学校、盐城师范专科学校、南通师范专科学校、镇江师范专科学校、杭州师范学院、嘉兴师范专科学校、台州师范专科学校、丽水师范专科学校、六安师范专科学校、阜阳师范学院、芜湖师范专科学校、合肥师范专科学校、淮北煤炭师范学院、莆田师范专科学校、建阳师范专科学校、宁德师范专科学校、厦门师范专科学校、昌潍师范专科学校、德州师范专科学校、济宁师范专科学校、北京体育师范学院、天津师范专科学校、保定师范专科学校、承德师范专科学校、唐山师范专科学校、衡水师范专科学校、晋东南师范专科学校、内蒙古民族师范学院、昭乌达蒙族师范专科学校、旅大师范专科学校、鞍山师范专科学校、丹东师范专科学校、通化师范学院、吉林师范学院、哈尔滨师范专科学校、佳木斯师范专科学校、绥化师范专科学校、湖南财经学院、上海财经学院、浙江冶金经济专科学校、安徽财贸学院、江西财经学院、山东经济学院、北京商学院、北京财贸学院、河北财贸学院、贵州财经学院、福建体育学院、山东体育学院、哈尔滨体育学院、山东艺术学院、吉林艺术学院。

《人民日报》1979年1月11日

## 上海工业大学成立

1月16日，在本市延长路上出现了一块新的校牌："上海工业大学"。上海工业大学的前身是上海工学院，创办于1960年；1972年在张春桥的指使下，被强行拆散，并入上海机械学院。最近，经国务院批准，恢复原上海工学院建制，改名为上海工业大学。

上海工业大学现设有电机工程、机械制造、冶金工程和工业自动化四个系共16个专业。（钱之文）

《解放日报》1979年1月28日

## 培养更多的现代化工业建设人才　上海工业大学最近复校

上海工业大学于3月8日隆重举行复校改名庆祝大会和学术报告会。

中共上海市委书记韩哲一同志到会祝贺，并讲了话。市革委会副主任、教育卫生办公室主任杨恺同志及有关工业局、高等院校的负责同志也到会祝贺。

上海工业大学的前身是上海工学院，"四人帮"横行时，将其强行并入上海机械学院和上海科技大学。粉碎"四人帮"后，该校获得新生。为了适应把上海建成先进的工业基地、出口基地、科学技术基地的要求，培养高级技术人才，最近，经国务院批准，恢复上海工学院建制，并改名为上海工业大学。

新的上海工业大学是上海市委领导下的一所以工业自动化为特色，理工结合、以工为主的多科性工业大学，将为冶金工业、机械工业、电子工业的现代化培养人才。

大会期间，全校有八十多位教师，作了99篇专题学术报告。其中五篇论文所总结的科研成果，经过国家有关方面鉴定，达到70年代先进水平。像"流控式眼玻璃体切割器"，是该校与杭钢职工医院、浙医大二院、绍兴医疗机械厂协作研制成功的一种新型的眼内手术器械，具有我国自己的特点。经临床检验，使用效果良好。同上钢三厂协作研究的"电弧炉水冷挂渣炉壁"，使炼钢电炉的使用寿命提高到389次，能连续作业68天，创造了国内同吨位电炉使用率的最高纪录。"超薄壳磁型法及其在大型钨钢麻花钻上的应用"，是一种崭新的精密铸造工艺，将使铸造工艺的某些领域发生重大改进。（贾云晞　贺天宝）

《文汇报》1979年3月10日

## 上海科技大学和二医共建生物医学工程专业

上海科技大学与上海第二医学院最近共同新建了一个跨校的新兴边缘学科专业——生物医学工程专业,将于今年夏季招生。

生物医学工程是近代科学技术发展的产物。它的内容包括生物医学电子学、生物医学机械学、超声医学、激光医学、核医学、生物信息工程等,是把各种现代科学技术用到生物和医学上来,研究生命规律和用于医疗检查、诊断和治疗的一个学科。

该专业侧重于以电子技术、电子计算机和控制理论为主要技术手段进行生物医学信息的检测、处理及控制,培养兼备理工医学的理论基础和技术的生物医学工程师,学制五年,开设一般基础课程、工程技术基础课程、医学基础课程和专业课程。

《光明日报》1979 年 3 月 29 日

## 上海科技大学招收研究生启事

为方便考生起见,我校招收研究生设立两个报名点:
1. 上海科技大学(嘉定)。
2. 上海科技大学分校(徐汇区中山南二路 600 号)。
报名日期 4 月 2 日至 4 月 12 日止。

《解放日报》1979 年 3 月 29 日

## 上海科技大学招收研究生启事

为方便考生起见,我校招收研究生设立两个报名点:
1. 上海科技大学(嘉定)。
2. 上海科技大学分校(徐汇区中山南二路 600 号)。
报名日期 4 月 2 日至 4 月 12 日止。

《解放日报》1979 年 3 月 30 日

## 我国辐射化学开始进入工业生产阶段 一机部自动化研究所与无锡彩印厂联合研制成功工业辐照用电子加速器

由一机部机械工业自动化研究所与无锡彩印厂联合研制的工业辐照用电子加速器,最近研制成功,并已在无锡彩印厂正式投入运行,辐照生产石油部门急需的石油管道防腐胶粘带基膜。

这台加速器的能量是零点三兆电子伏特,束流强度三十毫安,是我国正式应用于工业生产的第一台低能量大功率电子加速器。去年 12 月,由一机部机械研究院、无锡市轻工业局、无锡市科委、国家科委五局、外贸部包装局、上海科技大学等 30 个单位的 67 名代表对这台加速器进行了现场性能测试和鉴定,认为这台加速器设计比较合理,运行稳定,操作简便,维护容易。它的投入运行,标志着我国辐射化学开始进入工业生产阶段,为我国辐射化学工业提供了一种强有力的手段,填补了一项空白。

利用电子加速器产生的 β 射线对物质进行辐照处理,是和平利用原子能的一项新技术,早在 50 年代国外就已开始在工业生产上应用。1975 年,无锡彩印厂为了试制赶超国际先进水平的聚乙烯热收缩薄膜,迫切希望有一台大功率电子加速器。一机部机械工业自动化所急生产之所急,决心研制一台这样的加速器。为了加快研制进度,他们决定和无锡彩印厂联合进行研制。他们在无锡县玉祁公社曙光五金电器厂、上海电缆厂、无锡机床厂、无锡电镀厂等单位的大力协助下,仅用了一年时间就把这台加速器造出来了。又经过一年多的安装调试和试运行,终于达到了设计指标。

这台低能量大功率电子加速器可用于辐射生产聚乙烯热收缩薄膜、石油管道包敷用薄膜以及涂层的快速固化,还可利用辐射接枝效应开展离子交换膜(如微型电池的隔膜)的中试研究工作和改善纺织纤维(如棉涤纶等)各种性能的研究工作。

《光明日报》1979 年 4 月 11 日

**上海中国版纸厂在上海科技大学等单位协助下,设计制造了一套 JS‑10A 型电子计算机**

上海中国版纸厂在上海科技大学等单位协助下,设计制造了一套 JS‑10A 型电子计算机,应用于生产电容器纸的造纸机的车速自动控制和大型数字显示。采用电子计算机控制的造纸机,车速稳定,大大提高了产品质量。目前该厂生产的电容器纸质量已达到国内先进水平,被评为信得过的产品。(张鸿)

《文汇报》1979 年 4 月 11 日

**上海科大庆祝建校 20 周年**

上海科学技术大学昨天隆重举行建校 20 周年庆祝大会。

上海科大是在毛主席和周总理发出"向科学进军"的伟大号召下,在国家科委和中共上海市委的关怀和领导下,由中国科学院上海分院以及上海地区有关研究所于 1958 年发起、创办,1959 年正式成立的。学校的任务是为全国和上海地区的科学技术研究机构和新技术工业基地培养科技人才。20 年来,上海科大为国家科学技术事业的发展作出了一定的贡献。

科大校庆期间,还开展持续一周的学术报告活动,前后宣读学术论文 74 篇。

市委书记夏征农,市委副书记、科大校长杨士法,市革委会教卫办负责人刘芳等参加大会并讲了话。(叶麟根 秦正明)

《解放日报》1979 年 5 月 19 日

**上海机械学院科研成果喜人 数控光学工具曲线磨床等重点项目都达到先进水平 一机部和市高教局联合召开的鉴定会予以高度评价**

6 月下旬,在一机部和市高教局联合召开的上海机械学院重点科研项目鉴定会上,与会代表对这个学院研制成功的数控光学工具曲线磨床等几项科研成果作了高度评价,认为这些项目都达到了较高的水平,具有较大的经济意义。

上海机械学院提请这个会议鉴定的重点科研项目除了数控光学工具曲线磨床以外,还有数字式可倾分度台、数字式激光自动跟随准直经纬仪、船用激光准直仪、向心小涡轮设计理论和小涡轮的研究、太阳能热发电研究。这些项目是由国家科委、三机部六机部和市科委下达的。参加鉴定会的有一机部教育局、一机部机床工具总局、市科委、市高教局、市机电一局的领导和有关部门的代表,以及来自全国和本市高等院校、科研、企业等单位的专家和代表等145人。上海机械学院各部门的负责人、科研人员、参加研制的工人也参加了这次会议。

参加会议的代表按鉴定项目组成六个鉴定委员会,分头进行鉴定。经过四天认真负责的工作,大家认为数控光学工具曲线床的主要技术指标和某些性能,已经达到先进水平,解决了一些高精度特殊零件加工的困难,为我国机床行业填补了一项空白。数字式可倾分度台适用于航空工业和精密机械中某些特殊零件的测量或加工,它的主要技术指标也已达到先进水平,为我国在万能转台方面填补了空白。大家还认为,船用激光准直仪、向心小涡轮设计理论和小涡轮研究、数字式激光自动跟随准直经纬仪基本上达到设计任务书的要求,某些方面有所创新,在国内已达到先进水平,准备交付有关单位试用。代表们在充分肯定以上成绩的同时,还提出了进一步完善的意见。

会上,一机部教育局领导同志向上海机械学院被评为1978年全国机械工业系统科研工作的先进个人戴兴庆、楼惟秋、周鹏飞、邱永康等四位同志颁发了奖状。上海机械学院这几年来在开展基础理论研究和技术科学研究的基础上取得的一些成果,给其他高校的同志以启发。市高教局于6月29日曾邀请本市各高校有关负责人到上海机械学院参观,并组织几所高校进行了相互交流。

《解放日报》1979年7月20日

**上海机械学院狠抓重点科研项目　有关部门对六项科研成果进行鉴定评审**

上海机械学院党委和院领导集中力量狠抓重点科研项目,大大加快了科研工作的步伐,向国庆30周年献礼的科研项目大部分提前完成。最近,一机部和市高教局在该院召开了六项重点科研项目的成果鉴定、评审会议。

去年年底,上海机械学院院领导学习了党的十一届三中全会的精神,加强了对科研工作的领导。他们从国家需要和学校实际情况出发,分别轻重缓急进行排队,对于并非国家迫切需要、目前力量薄弱难以完成的项目,坚决下马;对于过去被"四人帮"破坏而拖延下来的,但具有先进水平、又是国家急需的项目,加强力量,促其早日完成。该院确立了一批科研的重点项目后,又从重点项目中挑选了一批科研基础较好,又有重大经济价值的项目,列为向国庆30周年献礼项目,带动全院科研工作的开展。

党委和院领导还采取抓鉴定、评审的办法,有效地促使重点项目加快研究速度,如期按质地完成。院领导选定六个项目,报请上级鉴定、评审,并把政治思想工作做到现场,主动解决问题,改进后勤供应工作,大大提高了科研人员完成任务的信心。过去,有的科研项目往往是安装好实验样机或试验装置,主要技术指标达到,数据到手,就算完成了。可是资料还没有整理,样机只能看不能用,推广、移交不出去。这次通过抓鉴定,不但使样机各项指标达到了出厂鉴定的要求,而且把技术资料、图纸、总结等技术档案都建立起来。有一个项目,本来去年就算完成了研制样机的任务,今年3月,发现要达到鉴定要求,还有大大小小120项工作要做,而时间只剩下三个月。为此,学院调集力量,与协作单位一起齐心奋战,终于在鉴定前解决了这些问题。

在这次鉴定和评审会上,"数控光学工具曲线磨床""数字式可倾分度台""船用激光准直仪"三个项目经鉴定委员会讨论,通过了鉴定书。对"向心涡轮设计理论和无叶涡壳小涡轮研制"的成果鉴定进行了评审,"太阳能热发电研究"的阶段成果,由评审委员会写出了书面纪要。"数字式激光准直经纬仪"通过了技术验收鉴定,将送有关单位试用考核。

《文汇报》1979 年 7 月 22 日

**解放思想　按照教育规律办学校——上海工大党委办学习班开展实践是检验真理标准的讨论**

　　上海工业大学党委从 6 月下旬开始,举办了两期有教职工党支部书记及党员科长以上干部参加的学习班,组织大家重新学习了毛泽东同志的《实践论》、三中全会公报、华国锋同志在五届人大二次会议上作的《政府工作报告》及《实践是检验真理的唯一标准》等重要文件和文章,把思想统一到三中全会精神和五届人大二次会议精神上来。

　　参加学习班的同志谈到,去年他们对全国开展真理标准问题的讨论没有引起足够的重视,现在进行补课,感到很有必要。

　　通过学习,大家进一步明确认识到:实事求是,一切从实际出发,是马列主义、毛泽东思想的根本之点。坚持实践是检验真理唯一标准的观点,就是坚持唯物主义认识路线,就是高举毛泽东思想的伟大旗帜。同志们说:真理标准的讨论是一把钥匙,打开了我们解放思想的大门,有力地促进了思想解放。实践证明,三中全会提出的解放思想、开动机器、实事求是、团结一致向前看的方针是完全符合马列主义、毛泽东思想的,是代表了人民群众的根本利益,因而是完全正确的。

　　学习班在端正思想路线的基础上,对我国内部的阶级状况和阶级斗争问题,以及现阶段的主要矛盾进行了热烈的讨论。联系到学校的工作,大家认为,我们学校的任务,就是要调动全校师生员工的积极性,努力提高教育质量,把教学、科研搞上去,为实现四个现代化培养人才,提供科学技术研究成果。

　　在学习班里,大家回顾了上海工大"六年建校,十年破坏,三年恢复"的经历。同志们说:多少年来,学校的政治工作主要是"以阶级斗争为纲",总怕丢了"纲",离了"线",其结果是阶级斗争扩大化,伤害了教师,冲击了教学工作,冲击了科学研究。上海工大创办于 1960 年,当时正是国家经济困难时期,但在教职工的艰苦努力下,学校建设取得很大成绩,到 1965 年为国家培养了五百多名科学技术人才。可是,林彪、"四人帮"却污蔑高等学校是"培养资产阶级知识分子的场所",是"封资修的大染缸"。他们从学校开刀,大搞篡党乱校,横行十年之久,学校教职工的百分之二十四受到审查,百分之九十五的教授、副教授和处级以上的干部受到冲击,有的甚至被迫害至死。他们说,实践证明:这段时期林彪、"四人帮"在"阶级斗争"的口号下进行的破坏,弄得学校乱、人心散,给教育战线造成了一场毁灭性的灾难。粉碎"四人帮"之后,上海工大经过近三年的恢复,发生了新的变化,但现在仍然问题成堆,内伤严重。只有坚持用实践是检验真理的标准这个思想武器,认真总结过去的学校工作,把人的思想从僵化、半僵化的状态中解放出来,按照教育规律办事,才能把上海工大的各项工作提高到一个新水平。大家还认为,今后在学校里再也不应该进行疾风暴雨式的阶级斗争了,并要克服思想政治工作的形式主义,围绕教学、科研去开展生动活泼的思想政治工作,适应社会主义建设新形势的需要。

上海工业大学党委决定,今后将继续举办这样的学习班,对全校各级党员干部进行轮训,使他们更自觉地贯彻三中全会和五届人大二次会议精神,促进学校工作重点的转移,为实现四个现代化作出贡献。(刘凤瑞)

《光明日报》1979年9月2日

**上海工业大学技术人员试制成功超低速特种马达**

宽调速、超低速、低噪声的驱动装置——转动叶片式液压伺服马达在上海工业大学研制成功。

普通电机一般都是每分钟以几百、几千转计,但有些特殊场合需要具有很宽的调速范围和优良的低速性能的特种马达。这种马达过去国内没有生产,也很难进口。现在上海工业大学的科技人员采取了液压平衡固定间隙的转动叶片式的特殊结构,克服了高难度的加工工艺难关,终于试制成功这种马达,闭环时它的低速性能可以从一分钟五十转调速到两千分钟一转。

最近,高教局在上海工业大学对每转排量320毫升的马达作了鉴定,进行了各种性能测试,证明它的性能良好。(柯言)

《文汇报》1979年10月16日

**一批著名教授学者为复旦分校开讲座**

复旦大学分校在认真抓好全校基础课教学的同时,聘请二十余名教授、学者和作家为各专业学生开设三十余次学术讲座。八十多岁高龄的周谷城教授,不辞辛劳,三次来到分校,为历史系学生作报告;年逾古稀的朱东润、蔡尚思、赵景深教授和上海博物馆馆长沈之瑜等,也分别为中文、历史、图书馆系的学生开设了学术讲座;华东政法学院副院长曹漫之为政治系的学生作了有关民主与法制的专题报告。(胡瑞文)

《文汇报》1979年11月10日

**上海工大中外学生举行国际象棋赛**

上海工业大学学生会于19日晚上,组织了一次中外学生的国际象棋比赛。外国留学生的精湛棋艺使中国学生获得了一次很好的学习机会。棋赛过程中,不时传出欢快的笑声。

《解放日报》1979年11月25日

**上海科学技术大学补发毕业文凭启事**

我校补发六九届、七〇届(1964年、1965年考进我校的)大学毕业生毕业文凭的工作已经开始,凡我校毕业的这两届学生,即日起可将本人姓名、籍贯、出生年月、所学专业、班级、通讯地址来信告我校学生科,并附一寸脱帽正面照片一张。望在原来同学中互相转告本启事内容,本校地址:上海嘉定南门。联系电话:243851、950771。

《解放日报》1979年12月24日

## 国家科委发明评选委员会发布公告　批准十九项发明和奖励等级

经国家科委发明评选委员会审查，批准了下列19项发明和奖励等级。特此公告。

冶金部攀枝花钒钛磁铁矿高炉冶炼试验组　高钛型钒钛磁铁矿的高炉冶炼新技术　一等

北京第一无线电器材厂、四机部第十设计研究院、天津电声器材厂：徐育领、荣伯伦、李坦、邹淦寿、刘滋厚、秦翅飞、林素芬、孙静、李双庚、佟汉平　YCJ-1型扬声器纯音检测仪　二等

北京市小型动力机械厂、中国科学院环境化学研究所、一机部第六设计院　无排放镀铬　二等

石油部大庆井下采油工艺研究所、大庆采油二部研究所：王德民、谌锡才、徐文卓等　油井多用途偏心配产堵水控制系统　二等

长江水利水电科学研究院、浙江大学、建材研究院、华新水泥厂、富春江水泥厂　低热微膨胀水泥　二等

首都钢铁公司喷煤试验组　高炉喷吹煤粉新工艺　二等

天津勘测设计院科研所抗磨组王志高等、上海长红塑料厂、山西水利科学研究所　水力机械用复合尼龙抗泥砂磨损涂层配方与施工工艺　三等

黄河水利委员会水科所抗磨室张定坤等、天津勘测设计院科研所抗磨组　水力机械抗泥砂磨损的环氧金刚砂涂层配方与施工工艺　三等

石油部大庆油田科学研究设计院工艺试验室破乳剂组　DQ125原油破乳剂（即AP〈129〉113原油破乳剂）　三等

石油部石油化工科学研究院朱廷彬等　用合成脂肪酸或马桑籽油与多乙烯多胺反应制备膨润土润滑脂的新型酰胺覆盖剂　三等

大连化学物理研究所朱光旋、朱凤顺、张俊香、钟秀贞、唐学渊　401锰型高效脱氧剂　三等

上海生物化学研究所袁中一、刘树煌、汪静英、马凤竹　固定化5′-磷酸二酯酶生产核苷酸新工艺　三等

中国科学院微生物研究所烃代谢组、发酵车间　正烷烃发酵生产长链混合二羧酸　三等

冶金部重庆钢铁设计研究院王兴亚、骆仲春、王世同、王嘉武、易佑胜　三分之一工频交交变频装置　三等

中国科学院物理研究所磁性单晶组李顺方、贾维义、庞玉璋等　掺铟铋钙钒石榴石单晶材料　三等

湖南省水利电力勘测设计院调压阀科研组周泰经、彭渤等，水电七局夹江水工机械厂，湖南临湘龙源水电站　水电站调压阀的液压联锁控制装置　三等

上海工业大学分校杨秉烈　绘图规　四等

四机部第1412研究所冯庆祥、谢长坚、王洪顺、王志启等　铯束管蜂窝状准直器的制造方法　四等

北京第一无线电器材厂卢远盛　车椭圆装置　四等

《人民日报》1979年12月27日

**上海工业大学举办迎新联欢会**

在1980年新年前夕,上海工业大学学生会在本月25日晚上,举办了中外同学迎新联欢会。

在学生会主席用中文和英文两种语言向大家致新年贺词后,各系的文艺爱好者和校文工团为大家表演了合唱、独唱、相声、魔术等短小精悍的节目。在叮叮当当的新年钟声中,新年老人背着新年礼品,由八个"大头娃娃"陪同着,向中外同学一一赠送礼品,同学们兴高采烈,感谢新年老人的祝福。这时,中外同学手拉手,翩翩起舞,共同迎接新年的到来。

《解放日报》1979 年 12 月 27 日

# 1980 年

**他登上了信息科学的国际讲坛——记上海工业大学胡南钟追科学的先进事迹**

信息,从美国纽约发出,越过滔滔太平洋,飞过日本富士山,来到上海工业大学——

有世界影响的国际电工电子工程协会采纳了胡南钟多维信息处理方面的两篇论文,邀请他出席在希腊雅典召开的第二届国际信息科学和系统会议,还请他担任多维系统分会的副主席。

人们纷纷向胡南钟祝贺道喜。

在祝贺中,人们也很自然地询问,胡南钟,这个1961年大学毕业生,是怎样攀上多维信息处理理论研究高峰的?

**锋从磨砺出　香自苦寒来**

胡南钟是在党的阳光抚育下成长起来的教育科学工作者。他14岁时进入空军航空学校学习,对科学产生了特殊的兴趣。从部队转业后,他进入复旦大学无线电电子学专业学习。在大学一年级,他就开始自学四年级的课程;本系课程提早学完,他又自学了数学系的全部课程。来到上海工学院,他已能阅读日、英、俄、德四种文字的资料。教课,他从不带讲稿,却讲得条理清楚,内容丰富生动。他平时沉默寡言,不乏社交,也不讲究穿着,但一投入科学工作,就像着了迷一般。

一个闷热的夏夜,胡南钟在11平方米的小屋子里,床拆掉了,乱七八糟的木头、锯子、电子管、导线堆了一地,他满头大汗地对着一具新买的五斗橱左右摆弄。眼看好端端的抽屉、前门被锯开、拆掉,母亲心疼又无可奈何地说:"多可惜啊!"胡南钟像没有听见似的,继续埋头干着。原来他为了研究电声学和磁性录音的基本理论,把五斗橱改装成可做实验用的收音、录音、扩大多用机。

胡南钟钻研学问,迷于科学,果然迷出了成果。踏上工作岗位不几年,他就设计了填补国内空白的晶体管扫频仪。

在"四人帮"摧残人才、蹂躏科学的岁月里,胡南钟被扣上了"白专典型"的帽子,遭到了压制。但是,他钻研科学的决心是压不碎的。有一年冬天,凛冽的北风钻人心骨。中午,人们都躺在铺上休息。胡南钟却挺直腰,跪在床前,在默读英文版的《网络理论》。胃病使他午后不能坐下看书,站着,腿累得直打哆嗦,他索性跪着看。有的同志劝他:"上面规定不好带业务书到干校来,你要避避风头,免得被人当靶子。"胡南钟说:"没有科学,国家怎能富强!看业务书有什么罪!"

十年，宝贵的十年，世界科学突飞猛进，胡南钟紧盯着国外现代数学、近代物理、信息科学的新成就，当祖国科学园地严冬过尽，春意盎然时，他欣喜地发现国际上发表的一些论文和自己的思考是那么接近，他满怀信心地踏上了新的征程。

**立下发奋志　何惧险峻处**

粉碎"四人帮"后不久，一天，胡南钟看到教研室的同志在传阅一份资料，他拿来一看，就给紧紧吸住了：我们祖国有丰富的矿藏，外国人从卫星上通过遥测，已发现我国某些地方有矿藏，可我们自己却不知道，还要派出一队又一队的勘测队员，用落后的技术和方法去实地勘测。

看着，看着，胡南钟浑身热血沸腾。他想，自己作为新中国的信息科学工作者，不能忍受现实的这种嘲弄，勤劳勇敢的中国人从来不比外国人愚笨，他发愤要为中华民族争口气。

他一头扎到科技图书馆去，翻阅着国外资料，寻找着目标。他不愿顺着人家走过的路去追赶，要追上国际先进水平，就要另辟蹊径。他终于选定了国际上还没有解决的多维信息处理系统的理论研究，作为进击的目标。

这确是座人们盼望征服的险峰啊！

我们的祖先曾怀着美好的愿望，编出了许多关于千里眼、顺风耳的美妙的神话故事。随着现代科学的发展，神话逐步变成了现实：从电话、电报到微波通信；从望远镜、电视到遥感技术，这许许多多的千里眼、顺风耳，把人们的视觉、听觉大幅度地打开了。但是，它们还不能满足人类认识大自然、开发大自然的愿望。就以最先进的遥感技术来说吧，它从遥远的卫星窥探地面目标，只能得到一张张平面的静止的照片。怎样掌握目标的空间位置及其随多种客观条件变化的状况呢？人们把目光注视在多维信息处理系统的高峰上。国际上许多有志者正在攀登着这座高峰，他们经过多少次滑坠、雪崩，征服了一维、二维信息处理系统，一维：一条线；二维：平面；三维：立体；达到多维，人们的眼界就无限制地开阔了。然而，他们还在艰难地登攀着。胡南钟，这个信息科学的新手能攀登上去吗？很多人为他捏着一把冷汗。

经过紧张筹备——收集资料、构思，他很快进入了阵地。

前年夏天的一日，气温表的水银柱上升到摄氏38度。胡南钟在自己的小屋子里坐着，思想却像骏马在奔驰。

多维信息处理系统方面的第一篇论文已到了关键性阶段，他要独立设计出一种能适合各维变化的一般性公式，可是参考资料上一点也没有这方面的记载，要靠他本人探索。昨天半夜，睡梦中，他似乎想到了一条通路，兴奋得跳起来，伏在台上写了下来。今天早晨仔细一审理，又觉得毫无价值。

太阳由东转西，七八个小时过去了，小圆桌上虽摊着一大堆计算纸，却没有写下几个字——他头脑里公式的容量是这些计算纸无法承载的。

爱人下班回来了，见他饭也不吃，呆呆地坐在那里思索着，思索着……

**挣脱名利缰　坦荡飞九霄**

正在向科学高峰攀登之际，他耳边不时吹来一股冷风："成天在家写论文，想一举成名。""别落得一败涂地。"有些好心的同志劝他："理论研究花时间多，不容易见效。即使成功,一时也不容易被人理解,何苦呢?"

胡南钟想,多维信息处理的理论研究,目前许多人不理解。但他想起许多科学家献身科学事业的事迹,更坚定了自己的决心:"只要是为发展祖国科学事业付出自己的最大代价,这一生就没有虚度。道路再曲折、崎岖,也要坚定不移地走下去。"

摆脱了个人得失的羁绊,胡南钟就无畏地前进了。

多维,无法拿出实物模型,研究全靠连续不断的抽象思维。有时稍微琢磨出一点道理,但别的事情一打岔,又前功尽弃。思路若打断半小时,往往要花一两天时间才能补回来。他不得不经受着这种重复的脑力劳动。有时妻子叫他吃饭,他只摆摆手不回答,待思考告一段落,才起身捧饭碗。妻子看他日益消瘦,特意烧几个好菜,问他味道怎样?他只"嗯、嗯"应付,什么味也没吃出来。一次,他爱人给独生女儿买了一斤粉红色的绒线,特意放在床上醒目的地方让他看。一天过去,他没有反应,两天过去了,他还是没有理睬,问他:"家里买进了啥?"他茫然无所知。原来他的视线只在书架和书桌上,无复他顾。

一天复一天,十几天过去了。他在小屋子里守着枯燥的公式和纸张,脑子里各种指示灯忽闪忽闪,忙碌地工作着;平时练就的深厚基本功都调动起来。一个结子解开了,流出了一泓清泉;又一个渠道疏通了,淌出了淙淙的溪水,最后百川汇海,公式列出来了。他兴奋地提起笔,一面写,一面又审视着每一步:看其中还有没有漏洞?人家会提出什么问题?发现有不严密的地方,就再一次构思、论证,终于他的多维方面的第一篇论文《多维线性相位 FIR 数字滤波器的频率特性》问世了,第二篇《多维数字窗函数》、第三篇《多维数字滤波器频率取样设计》也相继脱稿了。

1979 年 7 月,希腊雅典一所著名大学的校园里热闹非凡,第二届国际信息科学和系统会议在这里召开。在一阵热烈的掌声中,胡南钟登上了世界科学讲坛。他面对着世界各国的科学工作者,胸中喷薄着为国争光的革命豪情。他清清嗓子,以洪亮的声音开始向大家报告论文。不,他是在报告着攀登世界科学高峰的信息……(奚迪华)

《文汇报》1980 年 1 月 3 日

**发展教育事业　提高教学质量　上海高等学校开展广泛的协作活动**

一种为了加速发展教育事业和提高教学质量的大协作活动,已在上海 40 余所高等学校之间广泛展开。

最近,复旦大学、上海师范大学、上海交通大学、同济大学、上海第一医学院成立了"五校校际协作委员会",将在教学、科研、图书情报、仪器设备、国际学术交流等方面开展大协作;上海第二医学院和浙江医科大学、南京医学院也结成了姐妹学校,签署了《三校校际协作方案》;上海科技大学三个系分别与中国科学院上海分院六个研究所挂钩,合作办专业、搞科研、培养研究生。

上海高等学校校际协作热潮是在去年一些单项协作的基础上发展起来的。去年一年,全市高校成立了 20 多个公共课、基础课、图书资料和专业课教学的协作组。这些协作组在组织编写教学大纲和教材、交换教学资料、教学法研究、教具制作、基础实验、师资进修、学术交流等方面开展了广泛的协作活动。比如哲学、政治经济学、中共党史三个协作组,就编写出版了 100 多万字的教材,解决了全市高校几万名师生教学的急需;工科数学协作组为20多所院校的近两百名中青年教师举办了《概率论》和《线性代数》两个业余进修班;高校图书馆协作组开展了馆际互借和科技情报资料交换活动,并举办了近20次图书馆业务知识的大型讲座。这些协作组在互派教师兼课、合作办边缘学科新专业、科研项目的协同攻关等方面也做了大量工作。去年,上海13所历史较久的大学为新成立的大学分校派出了400余名兼课教师;上海交大、上海纺织工学院聘请了复旦大学的理科教师给研究生开基础理论课;复旦大学、上海师大、上海交大也接受了医科院校研究生来校选听高分子化学、植物分类、算法语言等专业课程;上海科技大学与上海第二医学院、上海交通大学与上海第一医学院,还合作创办了生物医学工程和生物医学仪器两个新专业,根据共同拟订的教学计划,让已经入学的学生分别先在交大和科大学习三年工科课程,然后转入一医和二医攻读两年医学课程,培养国家急需的生物医学工程学方面的人才。上海理、工、医科合作开展基础理论研究的项目也日益增多,例如复旦大学、上海交大、上海师大与上海第一医学院分别合作研究遗传工程、医用激光、环境病学、流行病学等等。(胡瑞文　张贻复)

《光明日报》1980年1月24日

### 所校结合　人才交流　促进教学　推动科研——八家研究所科研人员应聘到上海科大兼课兼职

中国科学院上海硅酸盐研究所、上海有机化学研究所、四机部华东计算技术研究所等八家研究所的部分科研人员,去年以来接受聘请到上海科技大学兼课,有些还兼任校或系的领导职务,加强了科研机构和高等学校的协作,促进了教学和科研的开展。

上海科大是一所地方性的理工科大学,师资力量不足。该校根据教学、科研的需要,从上海8家研究所聘请了具有较高学术水平和教学经验的18位研究员、6位副研究员兼任本校的教授、副教授,请他们担任一定的专业理论课的教学任务,包括举办专题讲座、学术报告会;帮助确定专业方向、制定教学计划;指导开展科研,并辅导研究生。有8位科研人员兼任了该校的副校长、正副系主任。

一年多来的实践表明,兼课兼职这个办法对上海科大的教学、科研起到了促进作用。该校一系在筹建新型无机材料专业时,培养目标、教学计划、教学大纲不够明确,也没有现成教材,为了解决这些困难,受聘为该校副校长的上海硅酸盐研究所所长严东生,多次召集本所的一些主要科研人员和上海科大的有关教师进行研究,确定了课程设置和教学大纲,并落实了教学计划。该校五系打算新建一个精密科学仪器专业,但缺乏师资和仪器,兼任该系副主任的上海电子光学研究所的研究室主任杜珏昭坚决支持办专业,他说:要人,研究所里有人;要条件,研究所设法给条件。去年,这个专业已经开办,研究所为新建的系培训了8位教师。兼任该校教授和一系系主任的上海冶金研究所所长邹元燨,积极协助该校开展锑化铟的提纯与合成的研究,由于从开题到技术路线的制定以及提供实验和分析条件,都得到他和研究所的支持,因此,这项科研项目得以迅速上马并取得进展。(谢军)

《光明日报》1980年2月3日

### 王生洪向同伴介绍"无线结构优化"的计算方法

上海科学技术大学青年副教授王生洪,一心扑在教学科研上。近年来,他连续发表了《天线结构的自动迭代设计(准则法)》等六篇具有较高水平的论文,并在准则法与动力优化的研究中取得了重要成果,为我国无线电结构专业的发展与大型天线的自动优化设计做出了贡献。(成静平)

《光明日报》1980年2月21日

### 复旦分校成立社会学系

复旦大学分校最近成立社会学系,专业课的设置有:社会学概论、社会调查、中外社会思想史、社会学史、统计学、人口学等。该系今年向本市招生。

《文汇报》1980年4月5日

### 长江厂和上海工业大学合作  试制成一种微型电子计算机

上海长江电子计算机厂和上海工业大学经过一年的努力,联合试制成功国产051-A微型电子计算机。经过不少单位试用,证明该机性能良好,稳定可靠,各项技术指标基本符合设计要求。

这种微型机,在上无十四厂等单位的支持下,全部采用国产四片N-MOS大规模集成电路,是目前国内较好的微型机系列机种。上海科技大学应用051-A微型机的核爆炸数据处理系统,煤炭科学院上海研究所应用该微型机自动测试液压元件性能的数据处理装置,分别获得去年上海市科研成果奖三等奖。(周稼骏)

《文汇报》1980年4月7日

### 复旦分校图书馆学系最近设立业余专修科

复旦大学分校图书馆学系在有关部门赞助下,最近决定设立图书馆学业余专修科,招收本市公共图书馆、高等院校图书馆和科研系统图书馆年龄在35岁以下、具有高中毕业文化水平的在职青年100名。

《文汇报》1980年4月9日

### 上海市美术学校开办第二期业余美术学习班

上海市美术学校最近开办了第二期业余美术学习班,择优录取的30余名青年学员接受免费培训。(文欣)

《文汇报》1980年4月19日

### 上海高等院校新设二十八个管理类和经济类专业——大力培养经济管理人才

上海16所高等院校新近增设28个管理类和经济类专业,有2 300多名学生和研究生正在从事这方面的学习和研究。

管理科学是一门综合性的新兴学科,搞好科学管理是实现四个现代化的重要因素。上海高等院校把培养经济管理人才作为专业调整的一项主要任务,复旦大学集中了经济学、数学、电子计算机等方面的力量，建立了管理科学系。这个系开展了管理理论、管理定量化方法和电子计算机在管理上的应用等教学和科研活动。上海机械学院建立的系统工程专业，开展了工厂企业管理、计划执行系统等研究工作。上海交通大学、上海纺织工学院、上海铁道学院、同济大学等高校也分别增设了工业管理、管理工程、财务管理、世界经济、对外贸易、财政金融等专业，全市初步形成比较配套的经济管理专业体系。

为搞好管理类和经济类专业的教学工作，同济大学建工系教授翟立林等发起成立了上海地区大专院校管理类专业联络组。联络组已召开两次大型座谈会，讨论研究培养目标、教学计划、师资培养等问题，交流印发各校收集的国内外有关资料，分工翻译教材等。上海交通大学工业管理工程系和复旦大学管理科学系、世界经济系的老教师还编写了47种经济管理教材。

上海高等院校在努力办好管理和经济类新专业的同时，还为有关单位举办各种类型的培训班和专题讲座等。上海财经学院最近为机电一局40名厂长、副厂长举办了企业管理研究班。上海工业大学、复旦大学、同济大学等六所高校联合在市科学会堂举办的"现代管理科学基础知识讲座"，共有20讲，每次都有数千人听讲，会场座无虚席。这些培训班和讲座，对全市普及经济管理知识，推动科学管理工作的开展，起了积极的作用。

《人民日报》1980年6月5日

**复旦分校部分师生暑期开展社会调查**

复旦大学分校社会学系和政治系部分师生利用暑期，结合教学进行社会调查。

这次社会调查共分五个小组，分别与市、区有关部门挂钩并取得他们的支持，就退休工人、妇女状况、青年问题和社会福利四个专题开展调查。

社会调查是这两系教学内容的组成部分，通过调查和研究，可以使师生更多地了解社会，熟悉社会，为教学提供更多的第一手材料。社会调查和研究成果更可为政府制定有关政策提供一定的依据。

《解放日报》1980年7月18日

**上海工大电机系制成水球比赛计时仪**

最近在上海跳水池举行的上海埠际水球邀请赛中，用上了我国自己研制成功的水球比赛计时仪，它按照水球比赛的要求，自动计时、发音报警和显示犯规队员的号码，从而大大提高了裁判的准确性。

这台水球比赛计时仪是上海工业大学电机系陈信毅等研制成功的。电路设计采用比较先进的 TTL 集成电路及 MOS 集成电路，电气装置结构也比较合理，体积只有两架收音机那么大。使用方便，计时准确。它填补了我国体育裁判计时设备的一项空白，使我国水球训练的战术安排紧紧跟上了国际水球训练的步伐。（杨海军）

《解放日报》1980年8月6日

**为培养一代新人出力　张骏祥等受聘复旦分校兼职教授**

复旦大学分校聘请著名电影艺术家张骏祥等，担任兼职教授。昨天下午，该校隆重举行聘请仪式,复旦分校校长王中教授郑重地向他们授予聘书。

被聘为复旦分校兼职教授的,除著名电影艺术家张骏祥外,还有:作家杜宣,社会学和法学家、华东政法学院副院长曹漫之,青铜器和甲骨文研究专家、上海博物馆馆长沈之瑜,图书馆学专家、上海图书馆学会常务理事岳良木教授。他们分别担任中国文学系、社会学系、历史系、图书馆学系的教授。

在聘请仪式上,张骏祥、杜宣和岳良木发言。张骏祥表示要在自己有生之年,为学校培养一批优秀电影文学家和电影评论家。杜宣热诚欢迎青年学生把自己的作品送给他看,他愿意加以认真指导。岳良木鼓励图书馆学系的学生刻苦学习,努力掌握图书馆学知识,为四化服务。(王占林)

《解放日报》1980年9月27日

## 上海工大校务委员会正式成立　市经委、科委领导任主任副主任

昨天下午,上海工业大学5000名师生员工举行大会,隆重庆祝校庆20周年。会上,宣布了上海工业大学校务委员会正式建立。

上海工业大学(原名上海工学院)20年来,为国家培养和输送了5000多名毕业生,提供了一批科研成果。

中共上海市委书记、副市长韩哲一参加了大会并讲了话。教卫办副主任舒文在会上宣布了经市委、市人民政府批准的上海工业大学校务委员会11位成员的名单。市经济委员会主任周璧任校务委员会主任、市科委副主任黎崇勋等三人为副主任。参加这个委员会的还有市冶金局、机电一局、仪表局、轻工业局、手工业局、农机局的副局长。这个委员会的主要任务是审查、研究工大的事业发展规划;商讨和协调教学、科研、生产三结合中的重大问题;推动、组织厂校间科技人员的相互兼职、相互协作等事项。(黄荣良)

《解放日报》1980年10月29日

## 使学校发展适应工业建设需要　上海工业大学庆祝建校20周年

上海工业大学师生员工昨天隆重举行庆祝建校20周年大会。校庆期间,全校教师以及研究生、大学生将提出160多篇专题学术报告。

在庆祝大会上,市教卫办副主任舒文宣布,经市委、市人民政府批准成立上海工业大学校务委员会,由上海市经济委员会主任周璧兼任主任。校务委员会主要任务是审查、研究学校的事业发展规划,商讨和协调教学、科研、生产三结合中的重大问题,推动、组织厂校间科技人员的相互兼职、相互协作等事项,进一步密切学校与上海工业战线的联系,取得工业部门的支持,使学校的发展能更好地适应上海工业建设的需要。(黄荣良)

《文汇报》1980年10月29日

## 促进人才流动　改善队伍结构——中国科学院上海分院为新建科研单位输送科技人才

据《科学报》报道,近两年来,中国科学院上海分院各研究所有100多名科技人员支

援新建科研单位和调到有关工厂、高等院校工作,发挥了较大作用。

上海各研究所拥有一支专业门类比较齐全、水平较高的科技人员队伍。由于十年浩劫的破坏和人事制度方面的缺陷,使高、中、初级科技人员的比例失调。有些课题组,一个副研究员带领七、八个助理研究员,一些中级科技人员的作用得不到充分发挥。

1978年以来,各研究所开始重视人才流动。他们积极为上海新建科研单位输送科技人才。上海市计划生育研究所,科技力量比较薄弱,中国科学院上海生理、生化、药物、细胞生物学等研究单位,抽调了16名科技人员支援该所。这些同志到新单位后,多数成为科研业务骨干,有几个同志担任了研究室的负责人;有一位同志还作为计划生育所的代表,担任联合国世界卫生组织人类生殖指导委员会委员。交通部海上救捞科学院缺少研究深水生理方面的人才,经过协商,生理研究所支援了一部分科研人员。冶金所一位助理研究员调到高等学校后,担任了一个教研室的副主任;原子核所一位研究实习员调到工厂后,很快被提升为工厂副总工程师。

在上海各研究所之间,少数科技人员也进行了必要的流动。有的同志在原单位由于种种原因,积极性不能发挥,后来根据他们的专业情况,调动了工作,收到了较好的效果。上海各所还组织和安排一部分高级研究人员到有关高等院校兼职兼课,或到有关研究所兼任领导职务和技术顾问。如硅酸盐、冶金、有机化学、技术物理、光学精密机械等研究所,有20多名高级研究人员到上海科技大学兼任校、系领导职务或兼课。实践证明:人才流动,有利于逐步改善科技队伍结构,有利于调动积极因素,促进科研事业的发展。
(余毓章　吴英熙)

《光明日报》1980年11月7日

**我国加速器的研制和生产有了很大发展　正在国民经济的各个部门逐步应用**

我国许多研究所、大学和工厂相继开展了加速器的研制和生产,目前已建成大约30余台各种类型的低能加速器,并应用于国民经济的各个部门。

一机部自动化所用电子感应加速器为国内几十个单位做了大厚度工件探伤检查,多次发现进口设备有严重缺陷,外国厂家不得不道歉和退赔。上海人民电机厂用加速器辐照聚乙烯做潜水电机主绕组的绝缘,性能良好。上海溶剂厂和上海化工研究院用加速器对三聚甲醛单位进行辐照聚合,产品纯度高,不产生毒性。南京大学与江苏化工研究所用电子直线加速器辐照聚乙烯来制备离子交换膜。吉林石井沟联合化工厂、江苏无锡彩印厂等单位用加速器辐照交联聚乙烯薄膜,效果良好。这种材料以其耐热性、良好的机械和电气性能,同时具有特殊的"记忆效应",在石油化工、电器工业、军工和民用工业得到日益广泛的应用。天津六(九)厂辐照交联聚乙烯电缆及硫化硅橡胶目前已成批生产,辐照后绝缘层的瞬时工作温度达250℃,机械温度也大大提高。上海科技大学用加速器进行油漆涂层固化,附着力强,色泽光亮,质量好。天津制药厂和天津技术物理研究所用加速器照射抗菌素菌种,使之产生变异,提高了产量。中国人民解放军总医院用电子直线加速器治疗肺癌、食管癌、子宫颈癌、脑肿瘤、恶性淋巴瘤及鼻咽癌等,通过临床观察,发现加速器治癌疗效明显。北京肿瘤防治研究所用国产BT-10型电子直线加速器治癌连续两年,治疗近千名患者,部分病人即刻疗效的观察表明,它是一种治癌的极有效的工具。北京师范大学、邮电部五(八)厂等单位用离子注入机做出了半导体器件,并进行金属材料表面改性研究的注入试验,经过对样品的测试得到了可喜的结果。这样的例子是很多的。

粉碎"四人帮"以后,我国加速器事业有了很大的发展。近年来,高能加速器、重离子加速器及同步辐射加速器等大型加速器也开始筹建。某些大功率辐照加速器正在安装调试。核物理用的4.5兆电子伏静电加速器2×6兆电子伏的串列式静电加速器及200兆电子伏电子直线加速器等也在建造中。

通过实践,还锻炼了一批数目可观的加速器科技队伍,为以后加速器更大的发展奠定了基础。10月下旬在上海召开了中国粒子加速器学会成立大会,宣读了十多篇学术报告,选举产生了第一届粒子加速器理事会。(毛振珑)

《光明日报》1980年11月16日

### 怎样克服高校招生和分配工作的盲目性

目前,我国高等学校培养出来的人才,在数量上远远跟不上国民经济发展的需要,但另一方面,每年却又有相当数量的毕业生因专业不对路,分配不出去,教育部门只能求"爷爷"、拜"奶奶",东塞一个,西塞一个,造成了人才的积压和浪费。

以上海为例,今年上半年全市高校185个专业的1万余名毕业生中,有30多个专业的近2 000名毕业生,因种种原因分不出去,只好硬性搭配到各部门。

造成这种情况的原因有以下几个:

一是一些专业培养的人才供过于求。如同济大学的海洋地质专业,因当前我国海洋勘探事业规模较小,人员需要有限,有关部门今年难以吸收更多的毕业生,结果这届毕业生绝大部分分不出去,不得不改行。

二是专业面过窄。如上海科技大学的雷达专业,因有关工厂雷达产品改向,生产其他通用电子产品,毕业生就难以适应用人单位的需要。

三是受"部门所有制"的束缚。学校的上级主管部门安排不了所有毕业生,其他部门缺人,却又往往要不到。如上海交通大学属六机部领导,该校培养的机电人才,因部属各大船厂这方面的技术人员饱和,被分配去船厂后,有的只能从事电焊劳动,而交通运输、轻工、仪表等行业因不属六机部系统,却要不到这方面的人才。

四是招生计划盲目性大。学校因不了解社会对各专业的需要情况,只能依据有关专业的培养能力上报计划,结果长线专业能力强,培养过剩;短线专业又满足不了需要。

这些情况归结起来,就是学校招收新生和社会实际需要相脱节。怎样改变这种状况呢?最好的途径就是学校和用人部门直接见面,试行国家计划指导下的"合同制"。具体说来就是:

一、国家只根据经费可能和学校的师资、设备条件,向地方教育行政部门和有关高校下达总的招生人数计划,以及必须优先保证的国家重点项目所需人才培养人数。

二、在这个总的计划指导下,各高等学校可从实际情况出发,与用人部门和单位分别订立人才培养合同。但首先必须保证同本地区及上级主管业务部门的用人单位订立合同,若有余额,还可跨省市、跨部门订立合同。如上海第二医学院儿科和口腔专业培养能力强,今年就与福建卫生部门订立了帮助培养和输送40名医生的合同;医学专业也和本市的纺织局和卫生局签订了培养124名本科生的合同。

三、合同具有法律效力,缔约双方均应承担义务,并享受规定的权利。用人部门要给学校提供经费、设备和其他必要的支持,并负责毕业生的对口安排;学校要负责根据用人单位需要,合理调整专业方向,培养出合格的人才。

四、在国家下达的招生计划外,学校有潜力的,允许超计划培养,可以增设新专业。国家则可根据各校、各专业的具体情况,保留少量名额毕业生的机动调配权。

这样做,最大的好处是可以改变招生和分配工作上的盲目性,不至于造成人才的积压和浪费。其次,有利于在合同制的基础上,实行高等学校之间的竞争。哪个学校办得好,培养的人才质量高,就能赢得信誉,取得更多的合同,发展就快。这必然会促使学校根据国民经济发展的需要,进行专业方向和教学计划的调整与改造,也有利于促进边缘新学科的发展。第三,有利于调动学校和用人部门双方面的积极性。由于用人部门、单位的需要可以预先得到保证,它们就愿意给学校以资助和支持;学校也可以根据合同,得到更多的智力投资和其他好处,潜力的发挥也就更充分了。

随着国家经济体制的改革,企业自主权的扩大,各个企业之间产品的竞争,必然会促进技术竞争和人才智力投资上的竞争,这也为高等学校培养人才实行"合同制"提供了有利条件。我们认为,这是高等教育改革的又一个新课题。

《光明日报》1980年12月6日

**上海工大授予川合保治名誉教授证书**

12月19日下午,上海工业大学副校长张华把上海工大名誉教授证书授予日本九州大学工学部教授、工学博士川合保治先生。

川合保治教授应上海工大邀请来华作短期讲学。他在工大讲授了"钢铁冶金反应速度论"课程,并交流了论文。川合教授在讲学期间还对工大实验手段、科研方向等提出了有益的建议。

川合保治教授是日本学术振兴会第五十三委员会(炼钢物理化学委员会)委员长,日本金属学会专务理事,在国际上也是钢铁冶炼方面的知名学者。(任余礼)

《解放日报》1980年12月20日

# 1981 年

**提高教育质量的重要途径——上海高等学校开展协作的调查**

一年来,上海数十所高等学校通过协作,交流教学计划,互聘教师兼课,互听选修课,协同搞科研,交流学术思想,图书、情报资料和实验设备互通有无,提高了教育质量。这种协作在目前学校体制不变的情况下,在一些领域还有继续发展的余地。

最近,记者调查了上海高等学校开展协作的情况,感到上海高校之间的协作起步比较早,行动自觉,形式多样,由易到难,逐步发展,已经取得了一些效果,成为提高教育质量的重要途径。

**充分认识高校开展协作的意义,提高参加协作的积极性**

上海高校的同志们认为,协作是为社会主义建设培养人才的需要,是办好高等教育的需要。每个大学都汇聚了一批学有专长的宝贵人才,集中了一些比较先进的实验设备和比较丰富的图书资料。如能开展协作,就能承担更多的教学、科研任务;就可以更好地发挥各校名师的作用,高年级学生、研究生可以到其他学校听课,有利于提高教学质量。另外,许多有关新兴学科课题的研究,得依靠多学科的协同作战,不是一所学校的力量所能完成的。尤其是单科性大学,更需要协作进行科学研究。基于这样的认识,上海几乎所有的高等学校都不同程度地参加了协作。不少学校的党委书记、校长都亲自参加协作委员会,具体研究协作的问题。

**通过校际协作和学科对口协作提高了教育质量**

上海高校开展协作的形式是多种多样的。主要是两种类型。

第一种是校际协作。有校际的全面协作,如复旦大学、同济大学、华东师范大学、交通大学、上海第一医学院等五校协作是最早成立的校际协作。这五校有一个协作委员会和联络处,并设有教学、科研、国际交流、实验设备、图书情报五个协作组,由几校分别负责。协作组提出了各自的协作计划,按计划开展活动。仿照五校协作,上海科技大学、上海工业大学、上海第二医学院、上海师院、上海农学院五校也成立了协作委员会。前不久,九所部属院校和八所专科学校也开始酝酿成立协作组织。此外,43所职工大学也按系统开展协作。除了全面协作外,还有某个专业或某个研究课题的校际协作。如第一医学院与交通大学,第二医学院与科技大学合办医学工程专业,已分别招收了两届学生。去年,交大和师大、外语分院和师大,分别合办了机械、电子和导游自费走读大专班,等等。

这些协作的内容都是由易到难,逐步发展的。复旦、交大等五校之间的协作,是先从急需协作而实际上又能办到的事情做起。自1979年12月五校第一次协作委员会会议以来,到1980年11月为止,他们已做了以下几方面的工作。

一、交流教学计划和教学管理经验。五校教务处交换了教学计划、新学期教务工作打算以及一个学期的执行计划(包括各专业大学本科生和研究生的全部课程),专题讨论了如何改进教学方法、优秀生怎样破格培养等问题。

二、互聘教师兼课。交大请了师大物理系理论物理教研室的教师讲电动力学、分析力学和量子力学等课;复旦大学数学系的教师为师大七七级学生开"多元微积分"选修课,这门课过去师大没有开过。

三、互相选听提高课和选修课。各校为研究生、本科大学生开设的课程可以互相旁听。复旦大学数学系举办的几次重要讲课,都主动通知师大派教师听课。交大的计算机、力学等专业为其他学校开放。

四、协作搞科研。五校交流了有关科研的选题计划,并就"生物医学工程""环境科学""计算机用于图书情报资料检索"三大科研项目的协作进行了安排,在各自开展研究的基础上再进行协同作战。科大、复旦、二医协作研制染色体自动分析仪,以及复旦与一医、二医、中医学院联合开展桡动脉脉搏波的分析及其临床应用的研究,都取得了较大的进展。

五、在学术交流方面互相提供方便。凡是请国外专家讲学的活动,及时通知各校,并在参加名额上予以照顾。同济大学把外国专家讲学的计划印发给其他各校。去年9月至11月,复旦、师大四校有近60名教师参加了由12名外国专家主持的短期讲学活动。

六、图书、情报资料、实验设备互通有无,充分利用。五校图书馆实行馆际流通阅览,印发了通用的阅览证。各校交换了主要实验设备的目录,提出了可供协作使用的大型设备清单。

第二种是学科对口协作。全市高校共成立了33个协作组,计本科高校22个、专科学校6个、职工大学5个。这30多个学科协作组的活动十分活跃。他们在编写教材、培训师资和教辅人员、开展学术活动等方面做了许多工作。哲学、政治经济学、党史三个协作组,共编写了100多万字的教材。工科教学协作组1979年为全市20多所高校的中、青年教师开办了"概率论与数理统计""线性代数"两个业余进修班,解决了一些学校高等数学后继课师资的困难;高校图书馆协作组举办了20次有关图书馆业务的基础知识讲座,培训了近500名图书馆工作人员。职工大学各教学协作组已办了近30期师资进修班,参加进修的教师有1000多人。

**上海高校协作还有待于继续发展**

上海高校之间的协作是初步的、有限的协作,属于"互助组"或"初级合作社"阶段。这种协作,特别是校际协作要深入一步,就会受到现有体制和政策的某些限制。例如,上海的23所部属大学分属于17个部,26所地方高校分属于18个局。由于学校没有多少自主权,各个部、局的要求又不一样,有些事情就很难开展协作。但是,复旦、交大、同济、师大、一医五校的同志认为,在现有学校体制和人、财、物的所有制不变的情况下,只要领导人下决心,统一思想,协作还可以从以下五个方面再前进一步。

一、师资交流。改变长时期以来师资队伍"近亲繁殖"的做法,在选留研究生和本科大学生时各校要互相推荐、对等交流,而且做到交流不拘泥于专业对口。

二、联合承担某项大型的科研任务。发挥五校优势和多学科的特点,在环境科学方面抓一个大型项目,攻关突破。

三、联合举办新专业。把复旦的经济管理、交大的技术管理、师大的教育管理、同济的工程管理和一医的医疗管理联合起来,办一个管理科学系。先由各校分头按各自的特色办有关管理专业,五校联合成立管理科学系委员会,统一研究确定教学计划、课程设置、科研主攻方向等教学和科研方面的重要问题。在教师编制不变的情况下,基础课、专业课的教学工作和科研工作可以互聘教师担任,学生可以跨校听课。

四、仪器设备方面,在原来协作基础上,五校对重点实验室的筹建,高级、精密、大型的仪器设备的补齐,等等,共同讨论,订出规划,分头落实,并做到互通有无。

五、对外学术交流和聘请外国专家方面,各校事先要共同商讨计划,并联合五校的力量,加强调查研究。

《人民日报》1981年2月14日

## 上海工业大学机械工程系教师研制成功磁盘机浮动间隙测试仪

上海工业大学机械工程系教师研制成功的磁盘机浮动间隙测试仪,能确保电子计算机外贮存器磁头的质量,还可以检测磁头的动态特性,为我国磁盘机的发展提供了关键测试设备。(徐裕根)

《文汇报》1981年3月24日

## 复旦分校两个业余专修科招生

复旦分校图书馆学业余专修科和档案学业余专修科将于本月中旬招收新生,10日、11日两天接受报名。招收对象为本市各系统图书馆、档案部门的在职人员。文化程度要高中毕业或相等于高中,年龄在35周岁以下,学制为三年。(王占林)

《解放日报》1981年5月8日

## 高校新办的学习班

上海科技大学分部与市郊嘉定县社队工业局最近联合举办电子技术专业学习班,参加学习的对象为嘉定县社、队工厂的青工。

《光明日报》1981年5月28日

## 实现人脑局部功能模拟　上海工大"人工脑"通过鉴定

上海工业大学精密机械研究室副主任吕学诗、计算机系讲师应振树研制成功的"控制机器人上肢运动的软仿生人工脑",具有人在控制肢体运动时的功能,它能辨识路径、判定行走方向、自行选择各个关节进行运动、调整手爪的姿态等等,能够保证机器人的上肢获得按预定轨迹的正确运动。

日前,复旦大学、交通大学、上海计算技术研究所、上海机电设计研究院、上海海运学院等单位有关专家组成测试小组,对人工脑进行了严格的多项指标的抽点考核和测试,测试结果表明:人工脑的随机适应性能非常好,能正确地按照预定的要求进行判断,发出控制信号。

专家们认为,软仿生人工脑运用"软仿生技术",实现人脑局部功能的模拟,对推动我国智能控制的发展有着积极意义。人工脑的功能逐步扩大和完善,将对国民经济、军事国防、社会生活、机器人的研究产生巨大影响。(王福康)

《解放日报》1981年6月8日

**科研人员介绍"软仿生人工脑"的工作原理**

上海工业大学精密机械研究室副主任吕学诗与计算机系讲师应振树合作,研制成功"软仿生人工脑"。

《光明日报》1981年6月18日

**复旦分校开家庭社会学课**

家庭社会学已在复旦大学分校社会学系开设。

我国长期以来,家庭社会学是一门人人关心而又无人研究的学科。半年来,复旦分校70余名师生在学习和研究家庭的结构、功能及其演化的基本理论的同时,还深入到工厂、街道、机关进行调查,并写出上百篇文章。(萧宪人)

《文汇报》1981年7月21日

**复旦分校发展应用文科专业　为博物馆、图书馆、行政机关等部门培养一批专业人才**

复旦大学分校重视发展应用文科专业,培养博物馆、图书馆、行政机关等实际部门需要的文科大学毕业生。

解放以来,我国高等学校文科一直偏重于文、史、哲、经等理论性的专业,应用文科专业几乎是空白。近几年,复旦大学分校根据社会的需要,陆续兴办了应用文科专业。社会学系、考古与博物馆学专业、秘书专业在全国高校属首创,图书馆学专业在上海也是第一批开办。这些专业办起来后受到实际部门的欢迎。上海市博物馆、图书馆、档案局、统计局等单位积极协助,在师资、教材、实习等各方面都给予支持,上海市博物馆沈之瑜馆长亲自担任了兼职教授,讲授"博物馆学概论"课。

这些应用文科专业既注重打好基础,又重视理论联系实际,培养和锻炼学生调查研究的能力。

根据实际工作的需要,这些专业在课程设置上都注意文理交叉结合。如图书馆学专业除了学好必要的基础课和专业课以外,还要学习高等数学、电子计算机原理和使用、科技情报、科技文献检索、自然科学基础等课程。

由于应用文科的培养目标比较明确,教学针对性强,毕业生较受对口部门的欢迎。1978年举办的图书馆学专业,至今已分配了两届毕业生。据用人单位反映,这些毕业生文化基础较扎实,专业思想巩固,有一定的专业知识,通过半年锻炼,一般都能适应本职

工作,其中三分之一的毕业生已被所在图书馆作为骨干使用。(奚迪华)

《文汇报》1981年9月29日

**上海一批高等学校开设企业干部专修科**

　　为了给上海市经济部门培养更多德才兼备的中青年企业管理干部,经上海市人民政府批准,上海交通大学、上海工业大学、交大分校、上海机械学院轻工分院、上海农学院和上海冶专等六所高等院校从今年起开办干部专修科,第一届计划招收学员340余人。

　　这些专修科的学制分别为两年或三年,要求学员通过学习,能熟悉政治经济学的基本原理和党的有关方针政策,掌握一定的科学管理、技术经济理论知识,提高生产组织能力和企业管理工作的能力。(胡瑞文)

《光明日报》1981年10月19日

**上海科大加强毕业生综合训练**

　　上海科技大学加强应届毕业生的综合训练,为学校授予大学毕业生学士学位保证质量创造条件。

　　这次毕业作业重视综合训练,注重培养学生进行科学实验的独立工作能力,兼顾所学知识的巩固和扩大。在满足教学的基本要求的前提下,尽可能结合生产实际、科学研究和学校实验室建设的实际,选题小型多样。

《解放日报》1981年11月15日

**大学生德育考核的一种形式　上海三校实行学生操行评定**

　　上海科技大学、交通大学、上海机械学院近年来对学生进行学年操行评定工作,效果良好。有关部门认为,这种操行评定是对大学生进行德育考核的一种形式。

　　在我国高等教育中,智育和体育都有较系统、完整的教学内容和考核制度,唯独德育,除了马列主义理论课以外,其他方面如形势任务教育、道德修养教育等,都还没有建立起完整的稳定的教学内容,也没有考核的制度、内容、标准和方法。上海三校摸索试行了学生操行评定方法,已经取得一些经验。他们在学年开始就向学生宣布学年结束要实行操行评定,并颁发学生守则。评定等级分为优、良、中、差四档。评定工作要经过充分发动,统一认识,明确操行评定的意义,要求每一个学生写出个人思想小结,对一年来自己在政治表现、品德修养、学习态度以及德智体全面发展方面作一回顾。再在小组汇报,听取大家的意见。然后在系党总支和系主任的直接指导下,由政治指导员会同班主任、学生干部,根据个人小结和大家意见,逐一写评语及评定等级。最后由系总支和行政审定,通知学生本人。并将"操行评定报告单"连同成绩报告单寄给学生家长,征求家长的意见。

　　三校实行学生操行评定后,促进了校风校纪和班风的转变。交大八系七八级原来在学生中有五多:谈情说爱多,打牌下棋多,长发喇叭裤多,上课睡觉、讲话多,考试作弊取巧多。实行操行评定后有了约束,学生转变较大,最近一次下厂实习,表现良好,受到厂

领导和工人们的好评。(张贻复　陆建明)

《光明日报》1981 年 11 月 23 日

**科大分部改名上海科专**

　　经市人民政府批准,上海科技大学分部改名为上海科技专科学校。这所学校在嘉定县东门,今后每年将向生产、科研部门输送近 400 名电子技术专业人才。

《解放日报》1981 年 12 月 25 日

# 1982 年

**定向流动　人尽其才　中央在上海科研单位向地方输送一批科研人员　往日由于人才过剩未能充分发挥才智　如今大展宏图成为科研中的"顶梁柱"**

中国科学院上海分院和中央各部在沪科研单位,近年来,陆续输送了400余名科研人员充实到上海或其他地区新成立的研究所,有的充实到科研力量薄弱的科教部门。这样就使一批原来默默无闻或才智未能得到充分发挥的科研人员如今大显身手,成了科研、教学的骨干。

中央各部所属的在沪科研单位,科研人员比较集中,有些单位存在"人才过剩"的现象,有些科研人员不能发挥所长。近几年,上海和其他一些地区新建了一批与国计民生联系密切的研究单位,科研力量比较薄弱,急需补充激光、计算机、能源技术、计划生育等方面的专业人才。上海一些高等学校也有这个要求。中央所属的在沪科研单位,根据地方研究所和教学部门的需要,在本人自愿的基础上,积极地有组织地调出有关这些专业的科研人员。

中国科学院上海生理所、药物所、细胞所等单位已抽调了20几名科研人员充实上海计划生育研究所。这些科研人员到了新岗位后,大都独当一面,成了课题组或研究室的"顶梁柱",使上海原来几乎处于空白的计划生育科研工作迅速开展起来。原中科院上海生理所助理研究员杨以谦担任了计划生育所研究室副主任,他和有关科研人员一起,在开展长效避孕药机理的研究方面取得了重要成果。他现在已被推选为世界卫生组织人类生殖规划处指导委员会的成员。

一部分高级研究人员支援地方科教单位后,在所、校一级的领导岗位上充分施展才干。原中科院上海光机所研究员黄宏嘉曾担任过室主任,现在是上海科技大学副校长,由于他在微波方面具有较高的理论学术造诣,又有组织管理经验,因此,他能胜任由他分管的科研、学术、外事等工作。中科院上海硅酸盐所副研究员俞善庆原是课题组长,1980年调到上海能源技术所,担任副所长,在他的组织下,经过全所共同努力,取得了一批科研成果,其中太阳能热水器等三项成果经国家有关部门审定,将在今年5月美国举办的"世界博览会"上展出。

此外,一些用非所长的科研人员也从中央科研单位调到了地方对口的研究机构。中科院上海生理所有一位助理研究员多年研究针灸,但在本所不能充分发挥特长,现在调到上海中医学院针灸经络研究所担任针灸组负责人,如鱼得水,工作富有成效。中科院上海光机所有位工程师摸索了一套采用激光器械进行汉字信息处理的技术,调到上海出版技术研究所后,他的专业技术很快得到实际应用,他本人也成了这个领域的一个知名专家。(谢军)

《光明日报》1982年2月13日

**上海工业大学党委宣传部的回信**

文汇报社:

校党委对你们转来的邵大祥同志的来信十分重视,立即印发,并加了按语,要求全校党团员认真想一想,在精神文明建设中,怎样发挥先锋模范作用;要求全体教职工认真想一想,在精神文明建设中,怎样为人师表;要求全体同学认真想一想、议一议,80年代的大学生应该具有怎样的思想境界、精神面貌和道德修养。

邵大祥同志的批评信,对我校正在开展的"全民文明礼貌月"活动推动很大。不少学生说:作为一个高等学校的学生,要时时、处处、事事体现出受过高等教育的道德风貌。

他们立即行动起来了。过去环境卫生搞得很差的宿舍,近来有了很大的变化。冶金系金相专业高原、张未名两位同学分别拾到了一块手表和一只电子计算器,立即交还给失主。全校师生员工还开展为"净化、美化、绿化"校园出力的活动,争当精神文明建设的积极分子。

大学生的一言一行,并不是小事。它关系到我们社会主义大学培养出来的是什么样的人的大问题。大学生的共产主义道德品质的培养,不但需要个人和学校的努力,也有赖于全社会各方面的配合和支持。请你报向邵大祥同志转达我们的谢意!

上海工业大学党委宣传部

《文汇报》1982年3月9日

**大学生的新风貌——大专院校学生参加"全民文明礼貌月"活动鳞爪**

讲文明、讲礼貌、讲卫生的浩荡春风,吹遍祖国大地,它改变着城乡卫生面貌,更改变着人们的精神面貌。高等院校的大学生,踊跃参加"全民文明礼貌月"活动,以崭新的精神面貌出现在人们面前。

**饭店中的义务服务员**

前不久,西安24所高等院校的2万多名大学生走上街头,开展"为人民服务"活动。西安市区的主要街道、车站、公园及各大饭店、商店,分别插上了各高校的校旗或团旗。一些大学生胸佩校徽和"为人民服务"的标志,在各饭店擦洗玻璃、橱窗,为顾客服务。

全国先进班集体、西北政法学院七九级(2)班50余名同学,来到西安民生餐厅。他们热情地为顾客端饭、送菜,认真地洗碗筷、擦桌子、打扫餐厅,还清理了这个餐厅积存了两个多月的垃圾。西安冶金建筑学院的学生,除了帮助饭店擦玻璃、桌凳外,还洗刷了解放食品店、李家村商场外的人行道以及长安电影院的全部椅子。

大学生进饭店服务,使南来北往的顾客赞叹不已。一位顾客高兴地说:"大学生为我们义务服务,这真是社会主义的新风尚!"

1982年

**接受红领巾的挑战**

前些天,在北京航空学院三分院,发生了这样一件事:东高地二小一年级的6名少先队员来到这里帮助大学生打扫卫生。看着这些比课桌高不了多少的孩子为自己扫地,大学生们感到脸上火辣辣的。

紧接着,分院又接到了东高地二小少先队大队的挑战书。红领巾们提出:在"文明礼貌月"活动中,"要与大哥哥大姐姐们比比看"。这下子,大学生们再也坐不住了。学生会立即给红领巾复信,接受挑战。

从这以后,一些曾经认为"做好事是孩子们的事"的大学生,也成立了"为您服务小组"。3月8日,北航三分院78301班服务小组回访了东高地二小,为小朋友们理发、修理文具。78302班过去卫生比较差,最近,他们一齐动手,清理垃圾,擦洗门窗,夺得了卫生红旗。

**亲手建设文明校园**

武汉地区27所高等院校的学生,以整顿校风、美化校园为重点,开展了"文明礼貌月"活动。从3月1日起,武汉水运工程学院不再往学生宿舍区派清洁工人,由学生自己动手搞卫生。武汉测绘学院和华中农学院团委、学生会的干部,带头组织起"青年服务队""青年突击队",为学生和教职工服务,并对校区脏、乱、差的单位或地方搞宣传发动或突击劳动。湖北农机专科学校团委,还发动学生在室外树阴下搭起石桌、石凳,为课外学习创造了条件。

在上海,华东纺织工学院中外大学生一起打扫了外国留学生寝室的卫生,并在寝室前栽下了友谊树。上海科学技术大学还成立了"雷锋爱校团",负责维护学校的校容、校风、校誉。

在安徽,淮北煤炭师范学院积极开展绿化校园活动,即将毕业的七八级学生栽下了"毕业纪念树",三好学生营造了"三好学生林"。目前,全院已植树2万多棵,平均每人达13棵。

**医科学生到病房服务**

在辽宁,中国医科大学和锦州医学院的1 000多名学生自动到五所医院的病房,为患者换衣、理发、洗脚、剪指甲。还有一些学生走上街头,为群众量血压、测肺活量、宣传卫生常识。

一些患者看到这些未来的医务工作者这样热情地为群众服务,伸出大拇指,一个劲儿地夸:"好啊,今天的社会好,我们的大学生好!"

《人民日报》1982年3月24日

**我国部分高校试行学生品德评定工作　有利于转变学校中某些不良风气,促进学生德智体全面发展**

我国一部分高等院校试行学生品德、操行的考核、评定工作,已经取得一些经验。各校的具体做法不尽相同,但是对于转变学校中的某些不良风气,倡导开展批评和自我批评,促进学生德智体全面发展,都起了积极作用。

目前在高等院校进行学生品德评定工作,大体上有两种做法:

一种是实行品德评语、评等制度。上海科技大学、上海交通大学、南昌航空工业学院等校实行了这一制度。基本做法是：在学生个人小结和小组评议的基础上，由班主任或辅导员给学生的品德写评语和提出评等意见，经系领导审定后，将评语、评等结果与个人见面，并通知学生家长。南昌航空工业学院还规定，累计四次被评为差的学生，令其退学。这几个学校试行品德评语、评等制度，收到了一定的效果。校风、校纪明显好转，各种不良现象受到约束；由于要给每个学生写评语和评等，班主任、辅导员的工作也比过去深入了。

另一种做法是着重引导学生做好思想小结，只写评语，不评等。北京师范大学在1981年的学生评定中，要求学生以四项基本原则与"三好"为标准，认真做好个人思想小结；班主任与学生普遍进行个别谈心，促使学生重视政治思想上的进步，收到了较好的效果。

教育部召开的一次高等院校试行学生品德评定座谈会上，大家认为，过去对学生在智育与体育方面都有考核，唯独对德育方面的表现没有考核，现在试行品德评定制度，作为德育考核的一种形式，对于促进学生德智体全面发展起了积极的作用。

对于要不要进行品德评等，会上有不同意见。一部分同志认为，按照学生的实际表现，区分优、良、中、差四等，可以督促学生要求进步，对后进学生也是促其转化的必要方法。有的同志则认为，对学生的思想品德不宜采取评等的办法。他们认为考核学生的德育，主要应看政治态度和世界观，这方面的评等标准很难制定；当前实行评等主要依据是学生在纪律和作风方面的日常表现。他们说，如果采用写评语的方法，根据每个学生的具体情况，肯定成绩，指出缺点及努力方向，这样可以做到切合实际，也比较容易为学生接受。

座谈会上大家认为，德育考核是必要的，对于加强学生思想教育与行政管理有积极意义。但是考虑到试点时间尚短，不论采取哪种具体做法，都还需要一个积累经验、逐步完善的过程，各地方、各学校可以根据自己的情况，采取不同的做法，继续进行试验。人们特别指出，社会主义大学的任务是培养又红又专的人才，要靠学校各方面的工作，最根本的是要切实加强思想政治教育工作，同时也要辅之以适当的管理制度。品德评定制度是对学生加强教育和管理的一种方式，一定要建立在经常的细致的思想政治工作的基础上。

《光明日报》1982年3月29日

**上海机械学院　上海工业大学　华东化工学院　华东纺织工学院　夜大学招生**

一、学制：五年制，达到相当于大学本科水平。科技德语专业为三年制大专。

二、招生对象：专业对口的本市企事业职工，一般在35周岁以下（机院为40周岁以下），工龄两年，具有高中毕业或同等学力者，经单位同意报考。

三、招生专业与名额：

机院：制冷及低温技术40名，机械设计40名，科技德语20名。

上工：金属材料及热处理35名，电视信息处理35名。

化工：化学工程30名，应用化学30名。

华纺：机械制造35名，工业电气自动化35名，纺织工程35名，纺织化学工程35名。

四、报名日期：5月3—8日。

五、考试日期、科目：6月4—6日，考数学、物理、化学、语文。

六、报名地点：机院军工路516号、化工斜土路716号、上工延长路149号、华纺延安西路1882号。

详见各校招生简章。

《解放日报》1982年4月3日

## 复旦分校夜大学招生

复旦大学分校夜大学今年将继续招收140名新生，学制均为三年。今年招生的专业除原档案专修科外，新增设法律专业和秘书学专业。报名日期定于5月8、9日两天。

《文汇报》1982年4月11日

## 复旦分校夜大学明日起招生

复旦大学分校夜大学今年将继续招收140名新生，并于本月8至9日报名，23日举行入学考试。今年招生的专业除原档案学专修科外，新增设法律专业和秘书学专业。学制均为三年。学生学习期满成绩及格者，由学校发给毕业证书，享受大专毕业生待遇。（张金芳）

《新民晚报》1982年5月7日

## 上海科技大学整顿校风　对三十一名逃票学生通报批评　同时对他们损害社会公德行为作出严肃处理

5月8日，上海科技大学写信告诉公交三场，对这个学校的31名学生乘车逃票一事，十分重视，并已对他们作了严肃处理。

4月18日晚，公交三场查票员在嘉定县南门汽车站对北嘉线乘客，进行了为时三小时的查票，查获逃漏票者72名，其中几乎一半是上海科技大学的学生。当公交三场把这一情况反映给科技大学后，学校十分重视，认为在"文明礼貌月"强劲东风吹拂下，仍有少数大学生无动于衷，乘车逃票，这是有愧于大学生的称号、有损于学校的声誉，决定对31名逃票学生在全校通报批评，并作出如下处理：写出书面检查；在八一年到八二年的品德评定中，这些学生的品德等级普降一级，并不得评为校三好学生、三好积极分子和奖学金获得者；同时函告学生家长。《通报》最后还指出：今后学生中再发生类似行为，不仅要严肃处理，还要将错误事实记录归档。

据公交人员了解，上海有些单位领导对乘车逃票现象不予重视，认为只是"贪贪小便宜"的问题。这种看法是不对的。乘车逃票不但有损于社会公德，而且还给国家带来严重的经济损失，这是必须引起社会各方面的重视，而共同加以制止的。（赵祖明　袁建光）

《新民晚报》1982年5月23日

**高压匀浆器**

高压匀浆器是一种粉碎和混匀设备。其原理是：通过高压、高速冲撞方式，将液体和固体混合液中的悬浮物粉碎成微粒而混匀，或将两种不互溶的液体混匀。这种设备比超声波、胶体磨及高速捣碎器等设备工作效率高，可广泛应用于食品、化工、制药、纺织、轻工等部门。国内对这种设备需求迫切，多年来一直依靠进口。

上海科技大学工厂科技人员阮逸标等，在华东化工学院、上海感光胶片一厂等单位支持下，经过反复试验，在1981年研制成具有我国自己特色的高压匀浆器。经试用，其高压大于每平方厘米600公斤，流量为每小时60公升，达到了国外同类产品水平。过去由于染料粒度粗、上色率低，出口的纺织品染色不如国外产品，如用这种设备粉碎染料，出口纺织品的染色即可与国际市场上的纺织品媲美。目前上海科技大学工厂正准备小批量生产，并准备研制工业型高压匀浆器。需要者，请与上海科技大学科研处联系。

《光明日报》1982年6月9日

**上海工业大学一九八二年暑期短训班招生**

课程：机床夹具设计、组合机床设计、测试技术、液压传动及控制、机械制造中的数控技术、画法几何、机械制图、复变函数、模拟电子线路、数字电子线路、微型处理机、炉温仪表与控制、BASIC语言程序设计、金属材料微损化学分析法——电移法在钢铁铜合金铝合金表层渗层中的应用。

7月12至17日本校教学行政科报名。校址：延长路149号。简章备索。

《解放日报》1982年7月3日

**上海工业大学一九八二年暑期短训班招生**

课程：机床夹具设计、组合机床设计、测试技术、液压传动及控制、机械制造中的数控技术、画法几何、机械制图、复变函数、模拟电子线路、数字电子线路、微型处理机、炉温仪表与控制、BASIC语言程序设计、金属材料微损化学分析法—电移法在钢铁铜合金铝合金表层渗层中的应用。

7月12至17日本校教学行政科报名。校址：延长路149号。简章备索。

《解放日报》1982年7月4日

**培养文理结合的科技人才　科普创作讲习班在上海科大开学**

中国科普创作研究所、上海市科普创作协会和上海科技大学联合举办的科普创作讲习班，昨天（10日）上午在上海科技大学开学。

提高大学生的科技写作能力是培养文理结合科技人才的需要，有利于科学技术的发展、推动科普工作。理工科大学举办这种讲习班在我国还是第一次，受到了师生的欢迎。中国科大、西安交大、同济大学、华中工学院、东北工学院等15所理工科大学指导科技写作的教师，校刊、学报编辑参加了讲习班。上海科大也有130余名师生参加学习。

《解放日报》1982年7月11日

## 科普创作讲习班在上海举行

我国解放以来第一次举办的科普创作讲习班,最近在上海市嘉定县的上海科技大学举行。这个讲习班是为了帮助理工科大学学生掌握写科普文章的技巧而开设的,讲授内容有科普创作的基本概念和任务要求、科普创作的过程与方法、科学家传记、科学小品、科学新闻、科学广播作品、科学游记、科学报告文学、少儿科普读物的写作技巧,以及外国科普作品的状况和科普作品的编辑技巧等。讲习班由中国科普创作所、上海市科普创作协会、上海科技大学联合举办。

《光明日报》1982 年 7 月 26 日

## 上海科大举办暑期科普创作讲习班

中国科普创作研究所、上海市科普作协和上海科技大学于今年暑假期间在科技大学联合举办了科普创作讲习班。讲习班邀请科普作家、翻译家、记者和编辑,较系统地讲授了科普创作的理论、方法和基本要求,介绍了各类作品的创作经验和写作方法。

在理工科大学举办这类讲习班,在我国还是第一次,受到了师生的欢迎。学生报名人数一再超过限额,最后达 130 余人。他们说:"我们学理工的,也要学习文科知识,要善于交流科研成果,传播科普知识,这样才是全面发展。"(义方 瑞松)

《人民日报》1982 年 8 月 12 日

## 国家科委自然科学奖励委员会第一号公告

国家科委自然科学奖励委员会于 1982 年 7 月举行会议,审查了各部门申报的自然科学请奖项目,最后以无记名投票方式,评选出 122 项我国自然科学方面的获奖项目。现将项目名称和主要作者公布如下:

(中略)

高活性的肺叶立德在有机合成中的应用　黄耀曾、沈延昌、徐元耀、施莉兰、邢宜德、马敬骥、王绮文、傅桂香、忻元康等(中国科学院上海有机化学研究所),丁维钰、蔡文、郑焕盛、沈文耀等(上海科学技术大学)

(下略)

《光明日报》1982 年 11 月 1 日

## 国家科委自然科学奖励委员会第一号公告

(上略)

高活性的肺叶立德在有机合成中的应用　黄耀曾、沈延昌、徐元耀、施莉兰、邢宜德、马敬骥、王绮文、傅桂香、忻元康等(中国科学院上海有机化学研究所),丁维钰、蔡文、郑焕盛、沈文耀等(上海科学技术大学)

(下略)

《人民日报》1982 年 11 月 2 日

**上海工业大学着手改革考试方法　推动教学方法改革,使学生把书本学习和实验、实习结合起来,改变"平时不用功,考试靠背功"及猜题、押题的做法**

怎样推动高等学校教学方法的改革,让学生学有创见,上海工业大学通过一年来的实践,认为从考试改革着手,推动教学方法的改革是个较好的办法。

上海工大过去年年讲要改革"满堂灌、抄黑板、背笔记"的教学方法,但收效甚微。这就促使他们反复考虑:怎样突破传统教学习惯的束缚?鉴于考试环节对教学过程起着"指挥棒"的作用,即考试怎么考,教师往往就怎么教、学生就怎么学,因此学校领导便把考试方法的改革作为突破口来抓。现行的闭卷考试,题目呆板、答案现成、题型单一、范围狭窄、方式单调,不利于培养学生的智能和实践能力。

该校在电机系进行了考试改革的试点,做法是:一、进行半闭卷半开卷考试。闭卷考课程的基本理论,开卷考分析问题和解决问题的能力。二、开辟第二考场,进行实验现场操作考试。三、对电表七九一班进行多种考试方法的综合性试点,如"数字化测量技术"课开卷考试;"电磁测量技术"课闭卷考理论,现场考实验;"小型计算机原理"课开卷笔试与上机器操作考试相结合。

他们对考试改革的结果进行分析,发现开卷考试成绩普遍比闭卷考试成绩低,闭卷成绩好的,开卷成绩不一定好,实验考试成绩也不如理论考试。这些都说明需要加强对学生的智能和动手能力的培养。

考试方法的改革给教学方法带来可喜变化。学生把书本学习和实验、实习结合起来,那种平时抄作业,把答案、实验做陪客的现象减少了,"平时不用功,考试靠背功"及猜题、押题、考试作弊等的做法也行不通了。

目前,电机系的经验已被推广到全校各系。(张贻复)

《光明日报》1982 年 11 月 8 日

**大学生逃票说明什么？上海工业大学党委抓住这个典型事例在学生中广泛开展社会主义精神文明教育**

本报 12 月 5 日批评上海工业大学部分学生逃票哄闹事件,在工大师生中引起了震动。连日来,工大党委抓住这个典型事例,在全校开展社会主义精神文明教育。到前天(11 日)为止,已有 80 多名学生承认了逃票的错误行为,有几名严重越轨的学生将受到学校的处理。

事发的第二天,学校就派人向 46 路车队赔礼道歉,并到报社详细了解事情发生的经过。10 月 5 日,消息发表后,校党委十分重视,决定立即把报纸分发到每个班级和各级领导,要求展开讨论。校团委还把报纸加按语张贴,指出这种行为违背了社会主义大学生的道德准则,希望每个同学看一看,想一想,议一议。12 月 7 日,校党委召开了广播大会,决定调课两个半天,在全校开展逃票事件的调查和教育活动,并要求举一反三,全面检查学校在精神文明建设中存在的问题。

逃票哄闹事件也引起有关领导及社会的重视。副市长杨恺、市教卫办副主任兼高教局局长舒文,指示校党委要及时地认真处理。12 月 7 日中午,校党委还收到黄浦区几十位老年知识分子题为《不要污染大学风气》的来信,老人们在信中对逃票的大学生的不道德行为进行批评。当校领导在大会上向全体师生宣读这封信时,全场肃静,学生们都感到很惭愧。计算机系的同学说,这件事损害了工大的荣誉,玷污了大学生的称号。冶金系的同学说,逃票的同学道德水平太低了,他们为了2角钱丢了大学生的人格。一位曾经在几个月前逃过票的学生,也心情沉重地主动承认错误。一些同学还提出,到公交公司参加劳动,要用实际行动挽回影响。学生们还建议校领导制定对不文明、不道德行为的处罚条例。有好几个班级还发出为社会做好事的倡议。校党委决心在处理这起事件中,把政治思想工作引申到对学生的人生观、道德观的教育中去,让坏事变好事,抓好大学生的精神文明建设。

同时,工大党委要本报转告写信的黄浦区几十位老年知识分子,希望他们能够告诉真实姓名和通讯处,党委将邀请他们到学校直接向同学做报告。(瞿鹭 彭正勇)

*《新民晚报》1982年12月13日*

# 1983 年

**人定岗　岗定责　责定分　分定奖　上海工大食堂打破奖金中的平均主义**

上海工业大学两个食堂自去年10月以来实行"人定岗、岗定责、责定分、分定奖"的办法，打破了发放奖金中的平均主义，使食堂职工干劲倍增，面貌发生了显著变化。

这所学校有4 500人吃饭。长期以来，因为食堂办得差，师生员工意见纷纷。学校领导先后七次派出工作组到食堂，都解决不了问题。学校党委因此感觉到，解决食堂问题，不仅要加强思想政治工作，而且要学习企业管理一套岗位责任制和经济责任制的办法。于是，学校领导带领食堂职工到先进企业学习，用企业管理的办法管理食堂，制订一整套责任到人的制度。具体管理办法是：学校每月按照食堂营业额的百分之二十，给食堂发管理费，用于支付工资、奖金和添置用具等。若营业额增加，管理费（包括奖金发放总量）也相应增加。在实行"人定岗、岗定责"的前提下，食堂按菜组、饭组等班组的200多种工种分别制定定额指标和计分标准。例如，开大排骨每小时定额为30斤，完成100斤得10分。每人每月按累计的得分数和随着营业额的变化而变化的分数值，获得奖金，做到多干多拿、少干少拿、不干不拿。与此同时，伴有奖惩制度，如增加菜肴花色品种的，妥善保管炊餐具的可加分，服务态度不好的扣分，等等。这样一来，懒汉不仅很难找到同伴，而且再也揩不到勤快人的油了。

这样做了以后，两个食堂提高了饭菜质量，基本上做到了热汤热菜热饭，招徕了更多的用膳者，食堂营业额从过去的每月4万元增加到5万元，食堂人员从94人减少为74人，大大节约了开支（包括减少人员所节约的工资开支，餐具炊具开支等）。据统计，1980年仅节余管理费336元，1982年已节余3万余元。服务态度也明显改善。（张贻复）

《光明日报》1983年1月6日

**大学生"钢花杯"篮球赛在武汉举行**

为了推动大学生篮球运动，增进各校之间友谊，丰富假期生活，武汉钢铁学院举办了1983年大学生武汉"钢花杯"篮球邀请赛，比赛已于1月31日拉开战幕。参加这次比赛的有上海交通大学、清华大学、上海工业大学、辽宁大学、天津大学、山东大学、北京钢铁学院、东北工学院和武汉钢铁学院共九所院校的男女篮球队。

《人民日报》1983年2月5日

## 上海高教局作出初步规划　有领导有步骤进行高校改革　总结行之有效的经验　酝酿比较成熟的单位做好改革准备　大的改革先行试点

本报上海二月十一日电　今天获悉,上海市高教局做出了有领导、有步骤、有计划地进行高等教育改革的初步规划,准备根据不同情况采取不同步骤进行改革。

上海市高教局决定对于一些已经试行了一段时间的改革,行之有效的,要立即总结经验,加以推广。如在一些有条件的学校中推行上海交通大学管理改革的经验;地方高校扩大招收定向培养的学生,从农、医、师范专科扩大到工科专业;扩大招收收费走读生,从去年的450多人增加到今年的2 000人左右;重点大学与重点中学继续挂钩,采取推荐与统考相结合的办法招生;扩大自学考试的开考专业,从去年的5个学校7个专业扩大到今年的10个学校15个专业;普遍推行食堂承包责任制,有条件的学校成立生活服务公司,逐步做到独立经营、自负盈亏。

曾进行过一些调查研究、酝酿比较成熟的单位,要制定出具体办法,做好改革的准备。如充分依靠社会各部门、各方面的力量办学,教师到校外兼课等,都要立即制定出办法,做到既要有一个"笼子",又要尽可能把它扩大得大一些。对毕业生的分配,试行"产销见面",减少专业不对口的现象。除交大准备试行外,上海工业大学、上海科技大学、复旦大学分校等地方院校,也将于今年暑期试行。为了调动学生的学习积极性,试行助学金与奖学金相结合的制度,将助学金中的百分之三十作为奖学金基金,百分之二十作为困难补助基金,百分之五十作为支付勤工俭学费用的基金;允许学习成绩优秀或有特长的学生转学;允许有条件的短学制专科毕业生插班升入高一级继续深造;允许学有余力的学生加一个副修专业,如成绩合格,可以获得双学位。另外,还鼓励学生走读,试行走读生车费补贴办法;对成绩优秀的毕业生(约占毕业生总数的百分之十)择优分配,允许在分配方案内挑选工作单位。

一些重大改革,先进行试点,取得经验后再推广。拟先提出题目发动学校议论,并由学校提出具体改革试验的方案。如试验温元凯关于教研室体制改革的方案;选择若干地方高校实行学校经费全面包干,报多少学生给多少经费,学校可以在此范围内进行各种改革,保证培养人才的数量和质量;准备在即将成立的上海大学中作比较全面的改革,即对全部学生实行收费、走读、不包分配,搞学分制和奖学金制。(张贻复)

《光明日报》1983年2月12日

## 复旦分校迎春团拜　王中校长畅谈改革

复旦分校昨天(11日)上午举行迎春团拜茶话会,学校党政干部和教工在会上畅谈高等教育改革。复旦分校校长、复旦大学新闻系主任王中教授说:我国的高等教育有很多不符合四化建设的条条框框。首先要改革那些束缚人才的使用与培养的条条框框。从制度上保证科技、教育人才聪明才智的发挥和积极性的充分调动。在新的一年里,我们要继续发扬改革精神,进一步创造新成绩。

四年前创办的复旦分校,根据社会需要,从实际出发多种形式办学,办了其他高校所没有的秘书、社会学等专业;最近期满毕业的首届本科生,受到各方面欢迎。(毕淑筠)

《解放日报》1983年2月12日

**上海大学即将成立　下设文学院、理学院、工商管理学院　自费走读、不包分配，实行学分制与奖学金制**

市高教局在有计划有步骤地进行高等教育改革的过程中，根据本市经济、社会迅速发展的客观需要，即将新办一所新型的高等学校——上海大学，下设文学院、理学院和工商管理学院。

上海大学将改变全部由国家包下来的办法，学生收费走读，学校不包分配，实行学分制与奖学金制。1983年入学的新生，首先试行奖学金与助学金相结合的办法：将助学金总额的百分之三十作为奖学金基金；百分之二十作为困难补助基金；百分之五十用作勤工俭学基金和机动基金。让学习、思想表现好和比较好的学生获得不同等级的奖学金。其中一等奖学金获得者应是德、智、体全面发展的优秀学生；二等、三等奖学金获得者应是德、智、体三方面表现较好的学生，或者在学习成绩、社会工作、体育运动、文艺表演、科研、生产实习某一方面有突出表现的学生。不领取奖学金的学生，生活如有困难，可申请困难补助。（俞隋英）

《新民晚报》1983年2月19日

**上海市美术学校迁校启事**

我校自1983年3月1日起划归市高教局领导。校址迁往凯旋路30号（西站斜对面）。电话总机：523190。1日起在新址办公。

《解放日报》1983年2月28日

**三月二十三日晚，在上海工业大学学习的巴基斯坦留学生……**

3月23日晚，在上海工业大学学习的巴基斯坦留学生，在校举行了庆祝巴基斯坦建国36周年活动，学校师生代表以及亚洲、非洲留学生也参加了联欢庆祝活动，席间，中国师生和留学生们亲切交谈。（谢伟民）

《文汇报》1983年3月25日

**县校挂钩　专业培训——六院校为嘉定县培养技术人才**

上海市嘉定县与大专院校挂钩，为本县培养人才。两年来，全县有543人受到培训，其中92人已毕业。

嘉定县"县校挂钩、专业培训"的形式主要是委托培训。全县从各单位选送163名职工委托上海化工专科学校、上海工业大学等六所院校培训；同时，还从高考落选生中择优选拔一批知识青年，送上海农学院和上海工业大学学习。这批知识青年与国家统考录取的学生合班上课，毕业后回原地工作，给予国家同等学历毕业生的待遇。嘉定县还与大专院校合作办校。目前已与上海立信会计学校合作，组建立信会计学校嘉定分校，招收学员179人。

《人民日报》1983年3月26日

**冲破框框　大胆改革　闯出新路　嘉定县多渠道投资培养各类专业人才　现已培训五百余人，八年将培养一万八千人**

上海嘉定县和上海科技大学最近签订了培训专业人才的协议，这是嘉定县签订的许多培训人才协议中的一项。县委已经作出决定，八年内自筹 1 500 万元资金，多渠道培养各种农村需要的专业人才。

嘉定县这几年工农副业生产发展很快，人才分配远不能满足需要。1981 年，嘉定县委提出由县社出资，委托市有关大专院校培训人才的措施，得到各方大力支持，至今已有五百多人受到了专业培训，其中 92 人已经毕业，回到县社部门工作。

县委和县政府最近研究确定，到 1990 年，嘉定将通过五条渠道投资培养 18 000 名各类专业人才。一、嘉定每年约有 450 名高中毕业生被高校录取，根据需要，争取对其中 200 名实行专业培养，定向分配仍回本县；二、从每年应届高考落选的高中毕业生中择优录取到市有关高校接受正规教育或专业培训；三、选送在职职工（包括社员）到大专院校培训；四、按专业需要，每年考选 150 人进电视大学、业余工大学习；五、将几所普通中学改为中专，并请市有关中专学校每年代培训 150 人，要求国家每年分配 250 人。（陆建明）

《光明日报》1983 年 3 月 26 日

**复旦分校开办秘书学　自学考试辅导讲座**

复旦大学分校决定为本市报名参加 11 月份秘书学专业自学考试的同志，开设现代汉语、基础写作、政治经济学和法学概论四门课程的辅导讲座。需要参加辅导的单位和个人，凭单位介绍信或本人工作证，到该校自学考试办公室苏理听课证。4 月 11 日开始上课。

《文汇报》1983 年 4 月 5 日

**举办秘书学专业自学考试　复旦分校设点辅导报考者　学生自行选择、就近参加**

复旦大学分校今年起接受上海市高等教育自学考试委员会的委托，负责主考秘书学专业。为满足广大报考者参加自学辅导的要求，学校分别在静园书场（江宁路 56 号）、城建俱乐部（南昌路 45 号）和复旦分校（西江湾路 574 号）设立三个辅导点，开设现代汉语、基础写作、政治经济学和法学概论四门课，帮助考生解决自学中的难点和方法，加深对教材内容的理解。上课时间分半脱产和全脱产两种，考生可以自行选择，就近参加辅导。4 月 10 日前，考生可持本人工作证到复旦大学分校自学考试办公室报名，并供应简章。（张金芳）

《新民晚报》1983 年 4 月 7 日

**上海市美术学校招生通告**

招生专业：实用美术，学制四年，名额 24 名。招生对象主要是本市初中应、历届毕业生。

报名日期：5 月 6、7、8 日；专业初试：5 月 15 日。

本校地址：凯旋路30号；电话：520445。简章备索，须附邮资5分。

《解放日报》1983年4月21日

### 我国首创电磁振动木工刨床

我国首创的一种安全、节能、低噪声的新型木工刨床——电磁振动刨床，已在常州林业机械厂投产。这项发明去年荣获国家发明创造二等奖，被评奖委员会认为是对木工机械刨削工艺的一次革命。电磁振动刨床是由上海工业大学工程师曹培生、北京木材研究所助理工程师秦骏伦和中国科技大学教授张景中共同发明研制的。

《光明日报》1983年4月22日

### 国务院批准上海大学成立

记者从全国高教工作会议获悉：国务院已正式批准上海大学成立。它将成为一所地方性的文、工等科综合性大学。它是在大学分校调整改革的基础上筹建起来的，以扬长避短，适当减少分校重复的专业，发展工商管理等短缺专业，在教学上也要办出特色来。该校今年开始招生。（张自强）

《文汇报》1983年5月15日

### 国务院批准上海大学成立

据《文汇报》报道：国务院已正式批准上海大学成立。它将成为一所地方性的文、工等科综合性大学。它是在大学分校调整改革的基础上筹建起来的，以扬长避短，适当减少分校重复的专业，发展工商管理等短缺专业，在教学上也要办出特色来。该校今年开始招生。

《人民日报》1983年5月19日

### 市教育部门昨接到经国务院批准的通知　上海大学今年暑假招生

记者从本市有关部门获悉：市教育部门已于昨天（18日）接到教育部发出的有关国务院批准成立上海大学的通知。上海大学是为了适应上海四化建设的特点和需要而成立的，为本市的经济建设和社会发展培养各种专门人才。该校将于今年暑假开始招生。

上海大学是在改革市高等教育结构的过程中创办的一所新型大学，将有计划、有步骤、有领导地积极进行高等教育改革的试验。该校将采取长短相结合的学制，既设有四年制的本科，也设有二、三年制的专科，在不同专业实行三年制或四年制，在同一专业同时实行二四学制，进行中期选拔。上海大学还将开办干部专修科、夜校及短训班。上海大学还将就收费、走读、学分制、奖学金制、毕业分配等方面进行改革。

上海大学的建制由原复旦大学分校、上海科技大学分校、华东师范大学分校、上海机械学院轻工分院和上海外国语学院分院联合组建而成，下辖若干个学院，例如文学院、工商管理学院、工学院、外语学院等，培养政治与行政干部、管理与技术干部、工程技术、工艺、设计、外语、应用文科等各种专业人才。上海大学设置经济和社会发展中短线和缺门的专业，例如政治学、行政管理学、企业管理、电气、电讯、英语、日语等。上海大学的规模为学生5 000人左右。目前,市有关部门正在积极筹建上海大学。

《解放日报》1983年5月19日

**上海大学今年暑假开始招生　学生一律走读,实行学分制,分配时择优推荐**

国务院批准建立的上海大学,今年暑假准备招收文、工、商、管理、外语类学生1 000余名。

这所地方综合性大学共开设五个学院:文学院(原复旦大学分校)招收中文、秘书、社会学、博物馆学、图书馆与档案学、法律、历史、统计等专业的学生380人;工学院(原上海科大分校与华东师大仪表电子分校合并)招收机械、计算机应用、仪表、电信技术、无线电技术、半导体器件、电气等专业的学生340人;工商管理学院(原上海机械学院轻工分院)招收机械、测试技术、商业经济、财务会计、物资管理、企业管理等专业的学生240人;外语学院(原上海外语学院分院)招收英语、日语专业的学生110人。美术学院正在积极筹建中。

上海大学对今年入学的学生试行以下规定:学生一律走读。学校将组织学生勤工俭学,并设立若干等级的奖学金。学校实行学分制,学生修满学分即可毕业,提前修满学分的可提前毕业,到期未修满学分的可延长半年或一年。学校允许学习优秀和确有专长的学生,在上海大学内跨院、跨专业选课和转院、转专业;并实行四年制本科与二、三年制专科并行学制,经过中期选拔,优秀的专科生可进入本科学习。学生毕业后,不包分配,由学校择优推荐给用人部门录用,学业优秀的学生可优先选择录用单位,学习成绩差及表现不好的学生,学校不予推荐。(余国平)

《文汇报》1983年5月29日

**上海科技大学化学系高分子专业毕业班的十位大学生**

上海科技大学化学系高分子专业毕业班的十位大学生,以张海迪为榜样,他们从5月8日起,每逢星期天的下午,在雁荡路小学门口,办起了"数、理、化知识咨询站",义务为自学青年和中、小学生辅导。

《文汇报》1983年5月31日

**上海大学成立**

上海市最近出现了一所新型的地方性综合大学——上海大学。

这所大学主要培养上海市经济建设和社会发展所急需的各类应用专业人才,下设文学院、工学院、工商管理学院、外语学院、美术学院,设置近30个专业。其中多数专业是上海高等学校的短线或缺门专业。

该校将采取长短相结合的学制,优秀的专科生中期可转入本科学习;允许成绩优异和确有专长的学生在本校范围内,跨院、跨专业选修课程和转院、转专业;实行学分制,提前修满学分的学生可提前毕业;学生一律走读,每学期需缴纳少量学杂费,并试行人民奖学金制度。学生毕业后,实行推荐录用、不包分配。

该校还要开办夜大学、干部专修科、职工专修科以及各种进修班、短训班。(乔羽

张贻复）

《光明日报》1983年6月11日

**复旦分校新开电视剧研究课**

电视剧研究作为一门课程，第一次进入复旦大学分校的课堂。

电视剧研究选修课是适应电视剧迅速发展的需要，应大学生的要求开设的。复旦分校中文系七九级的一些学生，在系领导、教师和上海电视台、上海电影制片厂等单位编导人员的指导下，早在1980年2月份就成立了电视文艺研究小组，参加有关电视剧的录制实习，自编、自导、自演电视短剧《校园日记》，还在《大众电视》《电视周报》上发表了约十篇电视剧艺术理论、评论和翻译文章，并在全班开展电视文学剧本征稿活动。（张锁庆）

《文汇报》1983年6月15日

**上海大学开始招生　为本市地方性综合高校**

最近经国务院批准建立的上海大学今年暑假开始招生。日前，市高教局负责同志就上海大学有关情况及今年招生的某些规定向记者发表了谈话。上海大学是地方综合性大学，设有文、工、商、管理、外语和美术等专业。它在培养目标上有自己的特色，文科主要培养应用文科人才和政治与行政干部，工商管理主要培养又懂工又懂商的人才，外语主要培养外贸等系统需要的应用外语人才。

上海大学今年招生将进行一些改革。学生走读，对学生酌收学杂费，学习好的学生可以享受奖学金，家庭经济困难的学生还给予困难补助，在职职工报考的满五年工龄的还享受职工助学金。并试行学分制，进行中期选拔。上海大学对毕业生采取不包分配、择优推荐的办法。上海大学为本市第二批录取的高等学校，郊县和市属外地单位的考生只要自己能解决住宿，同样可以报考。

《新民晚报》1983年6月17日

**上海科专实行"中间选拔制"　五名专科生转入上海科大本科学习**

上海科技专科学校从今年秋季起，选拔优秀专科生转入上海科技大学本科学习。今年8月中旬，八一级各个专业的41名学生参加了中间选拔考试，根据考试成绩，目前已择优选取了五名学生转入上海科技大学本科三年级学习。

"中间选拔制"是教学改革的一项尝试，它有利于因材施教、不拘一格选人才。广大师生都拥护这项改革。学生们说："中间选拔制度好，考取大专不是终身已定，只要好好学习，还可以升入本科学习，有奔头。"有关老师放弃了暑假的休息时间，到校帮助学生复习功课。学校各教研组也根据教学要求，积极采取了补课、辅导、开设讲座、印发学习资料、播放录音录像等办法，为学生创造了良好的学习条件。这一做法调动了学生的学习积极性，现在，八二级学生也已积极行动起来，努力学习本科教学内容，认真做附加的本科考试题，全校学习风气有了很大变化。

为了做好选拔工作，上海科技专科学校同上海科技大学共同商定了选拔条件和办法，规定专科学生一、二年级每学期考试课程成绩平均在80分以上，主课成绩优秀，品德评定为优良者,经本人申请,学校批准,就可参加科技大学组织的选拔考试。考试成绩符合要求者,对口转入科大本科三年级学习。(陈玉寿)

《文汇报》1983年9月2日

**上海将有美术高等学府　筹建中的上海大学美术学院举办画展**

一所培养大学本、专科学生的艺术高校——上海大学美术学院今天在上海第一次公开露面。由这所正在紧张筹建中的美术学院举办的"美术作品展览"下午在上海展览馆东厅隆重揭幕。

这次展出的中国画、油画、雕塑、水彩、水粉、素描、工艺美术设计和装饰画作品计400余幅,均出自原上海市美术学校的教师、学生和校友之手,这是因为上海大学美术学院是在这所学校的基础上筹建的。

上海大学美术学院的院址选定在凯旋路上。明年,它将正式招收学生。这使上海的高等美术学院在消失了近20年之后再次得到恢复。

这所美术学院和由它筹办的展览,已引起本市美术界的关注。(亦人)

《新民晚报》1983年9月2日

**《秘书》杂志问世**

广大文书、秘书工作者早已渴望有一本业务进修的刊物。上海大学文学院为了满足这个社会需求,积极筹办《秘书》杂志,创刊号已于8月20日问世。

该刊创刊号内容比较丰富,主要文章有:上海部分党政机关老秘书工作者笔谈;《秘书学概论》教材选载;秘书工作者的作用和任务;公文运转;怎样写总结简报;中国古代秘书的起源与演变;古代应用文选讲;美国《韦氏秘书手册》节译等等。此外还有新闻界著名人士王中漫谈秘书工作。

《秘书》杂志暂定为季刊,内部发行,读者可向上海大学文学院(上海市西江湾路574号)教材出版科订购。(毕淑筠　楼宇生)

《光明日报》1983年9月6日

**为本市四化建设培养更多专门人才　新建的上海大学正式开学　周建人、汪道涵等为该校题词**

担负着为本市经济建设和社会发展培养各种专门人才任务的上海大学,昨天(9日)正式开学,1 000多名新生高高兴兴地到校报到上课。全国政协副主席周建人、上海市市长汪道涵等为新建的上海大学题词祝贺。

上海大学是在本市五所大学分校调整的基础上新建的一所新型的地方综合性大学,设有文学院、工学院、工商管理学院、外国语学院和美术学院。今年上海大学25个专业共招收1 080多名新生,加上原有的学生,在校生共3 200多人。上海大学从今年开始,逐步进行教学改革:学生一律走读,缴纳少量学杂费;实行困难补助和奖学金制度,约有半数学生可以享受奖学金;实行学生医疗补贴办法;实行学分制;学生毕业由学校择优推荐等。为了使改革取得成功,上海大学将加强学生思想政治工作和教学管理,尽可能为学生创造较好的学习条件。

上海大学的建立,受到中央和地方领导的亲切关怀和重视,社会各方面给予了热情的关注和支持。在建校之际,市长汪道涵为上海大学题了"育才求精"四个字,20年代的老上海大学有着光荣的革命传统,当时有一批著名革命家和社会活动家任教,为革命事业培养出一批优秀人才,为党输送了不少干部。曾经任教于当时上海大学的教师、全国政协副主席周建人,以及阳翰笙、俞平伯、谭其骧、施蛰存等,纷纷发来贺词、贺电,祝贺上海大学的新建,希望上海大学为培养大批德才兼备的人才,为开创社会主义现代化建设的新局面作出贡献。

《解放日报》1983年9月10日

**地方综合性大学——上海大学开学**

我国新建的一所地方综合性大学——上海大学,于本月9日正式开学。1080多名新生喜气洋洋地前往学校上课。

上海大学设有文学院、工学院、工商管理学院、外国语学院和美术学院,共有学生3 200多人。学制分两年、四年两种。学生一律走读;毕业后由学校向用人部门择优推荐。

《光明日报》1983年9月12日

**新建的上海大学走办学新路**

据《解放日报》报道:为上海市培养经济建设和社会发展各种专门人才的上海大学,9日正式开学。上海大学是在上海市五所大学分校调整的基础上新建的一所地方综合性大学。原有的学生加上新生,共3 200多人。上海大学从今年开始,逐步进行教学改革:学生一律走读,缴纳少量学杂费;实行困难补助和奖学金制度,约有半数学生可享受奖学金;实行学生医疗补贴办法;实行学分制;毕业生由学校择优推荐等。

《人民日报》1983年9月13日

**上海高校新建一批教学生活用房**

上海同济、一医、铁道等19所高校最近新建一批教学、实验、科研、生活用房和教工住宅。

今年竣工的校舍中,教学实验和科研用房较多。上海铁道学院教学实验楼的大小教室可同时容纳2 400人上课,还建有阶梯教室;同济大学为配合从德国引进的电子计算机安装需要,土建配套工程已按期完成;第一医学院新建十层基础实验楼,除了可以满足基础医学实验外,还有核医学同位素、微循环等新学科的专用实验室。此外,还有上海科技大学科学楼等。这些工程交付使用后,对于提高教学质量及科研水平将起到一定作用。

在保证教学用房的同时,部分高校还建成一批生活用房。如同济大学自行设计的13层留学生宿舍(主楼)是目前本市高校中最高建筑物,可容纳留学生近300人。此外,还有工业大学、财经学院等校建成了约3万多平方米的教工住宅。(胡庆瑞)

《光明日报》1983年9月15日

## 上海大学美术学院筹建

经市人民政府批准,上海大学美术学院开始筹建。昨天,美术学院筹备组邀请美术界人士吕蒙、唐云、王个簃、颜文梁、周碧初、沈迈士、程十发、俞云阶、杨可扬、邵洛羊等,座谈本市培养高等美术专门人才问题。

上海大学美术学院中专部已招收24名实用美术专业学生,学制四年。

《文汇报》1983年9月15日

## 上海大学美术学院举办美展

上海大学美术学院举办的美术作品展览昨天在上海展览馆东厅揭幕,吕蒙、唐云、朱屺瞻、沈迈士、周碧初、陆俨少、颜文梁、钱君匋等著名画家,以及魏文伯、江渭清、王一平等同志,约3 000人参观了展览。

展览会展出了400多幅作品,有国画、油画、水彩画、水粉画、素描、雕塑,还有一些装饰画、工艺美术装潢设计、广告招贴画等。这些作品都出自这所学校的教师、学生和老校友之手。

上海大学美术学院是在上海市美术学校的基础上建立起来的,昨天前来观看展览的许多老画家曾在该校执教。美术学院准备以培养工艺美术人才为主,兼顾绘画、雕塑。今年,该院已招入第一批学生24名,在中专部实用美术专业学习。(陆明丽)

《解放日报》1983年9月21日

## 上海大学美术学院举办美术作品展览

昨天下午,两千多人在市展览馆参观了上海大学美术学院(筹)为庆祝上海大学成立而举办的"美术作品展览"预展。

上海大学美术学院是为培养专门人才而筹建的一座新型学院。这次展出的作品大多是由原上海市美术学校师生创作和设计的,一部分校友也应邀作画。展览的作品包括中国画、油画、水彩、水粉、素描、装饰画、工艺美术装潢设计、商品宣传、立体造型和雕塑等417件,作者有曾在原美术学校任教的唐云、颜文梁、程十发、陈佩秋、周碧初等老画家;有原美术学校的老教师张雪文、应野平、孟光、俞子才、乔木等;有中青年教师;也有美术学校毕业的美术新苗。(吴晟炜)

《文汇报》1983年9月21日

## 富阳县上海科大开展科技协作

浙江省富阳县与上海科技大学积极开展科技协作。双方协议书签订还不到七个月,就落实了10个项目,其中有些科技攻关项目已取得阶段性成果。

今年2月,富阳县人民政府和上海科技大学,决定就电子技术、化学与化工、机械制造、材料科学、生物工程、计算机应用、自动控制、射线应用、科学管理等方面进行长期的科学技术协作。双方签订的协议书规定:富阳县可以选派人员到科大学习或进修;校方也将选派专业教师和科技人员到富阳短期兼课、讲学或到厂矿企业兼职;根据富阳县需要,校方将及时向他们转让适用的科研成果,并及时提供情报资料和技术咨询;富阳县还可以委托校方对本县的资源与科技现状进行调查研究,并制订远期、近期教育与科技发展规划;校方也可以把富阳作为毕业生实习基地。协议书一签订,双方就在人才培训、科技成果转让、协作科研等方面落实了10个具体协作项目。根据有关协议,上海科大已通过考试录取了46名富阳县县属企事业的在职职工为该校新生。(王克勤 卜玉超)

《人民日报》1983年10月3日

### 费孝通任上海大学文学院名誉教授

全国政协副主席、中国社会学学会会长、著名社会学家费孝通教授,日前正式接受聘请,担任上海大学文学院名誉教授。最近,费孝通应邀到上海大学文学院,做了题为"怎样让社会学为社会主义建设服务"的学术报告,受到与会师生和本市社会学工作者的热烈欢迎。(胡申生)

《文汇报》1983年10月3日

### 上海大学文学院走出办学新路子 冲破传统模式 兴办应用文科 为国民经济各部门输送有专业知识有实际能力的人才

几十年老面孔的大学文科办学模式能不能突破?上海一所创办只有四年的上海大学文学院(原复旦大学分校),把办学重点放在应用文科上,直接为国民经济各部门输送既有专业知识,又有实际工作能力的文科人才,受到社会各方面的热烈欢迎。

该校是1979年初创办的一所地方文科院校。它占地不过15亩,相当于一所规模不大的普通中学,平均每个学生占有校舍7平方米,仅为教育部规定标准的四分之一。目前,该校只有教师170人,在校学生却近1 500人,师生比例达到一比八以上。

创办之初,该校从调查研究入手,冲破了文科的传统办学模式,办起了为社会所欢迎的各类应用文科专业。他们从中文系分出秘书专业,创办了社会学专业。图书馆学、档案学、考古学与博物馆学专业都是上海高校教育的空白点,他们也在有关业务部门支持下办起来了。所有这些专业都是边摸索、边建设,逐步发展起来的。目前该校已初步形成了自己特有的办学体系。

该校现已培养出900多名本科和专科毕业生。毕业分配时,各单位争相向学校要人,如秘书专业的需求人数就超过毕业生人数三四倍之多。

几年来,该校越办越活:既有本科,又有专科;既有全日制,又有夜大学;既有干部专修班,又有高等教育自学考试学习班,还有外国学生汉语短训班。目前,这所大学已吸引全国几十所老大学前来学习、交流经验。不少学校还向他们索取各种教学计划,订购多种应用文科的专业教材,以便开办类似专业。(张贻复 何鸣)

《光明日报》1983年10月4日

### 重点建设工程更要避免人才浪费——上海宝钢继续做好技术人员外借工作

全国重点建设项目上海宝山钢铁总厂,前两年在工程缓建的情况下把一部分工作任务暂时不足的技术人员,借给急需用人的单位。近年来,宝钢工程从缓建转为续建,他们在保证本厂需要的前提下,仍将部分专业有富余的或能离开岗位的人才借给外单位。

宝山钢铁总厂是个成套引进的现代化重点工程。1978年筹建以来，陆续从全国各地调集各类专业技术人员2 700多人。1980年12月，国务院决定宝钢工程实行调整，停建和缓建一部分建设项目，这就使一部分技术人员工作任务不足。如果让这些技术人员闲置起来，他们就失去了锻炼提高的机会，甚至会荒废专业，也不利于宝钢积蓄技术力量。所以，宝钢人事部门决定做好技术人员的外借工作。两年多来，先后与上海及外地的161个单位签订了外借合同，共借出技术人员490多人次。

宝钢外借技术人员，一般是承担教学和科研任务。如向上海交大、同济大学、上海工业大学等11所高等院校借出30多人次，担任教学工作。还向航天工业部和上海市的有关科研单位，借出一批工程技术人员，参加技术设计和科学研究。有的技术人员参加求援企业的技术攻关，为发展轻工名牌产品贡献力量。另外，有些接受外文翻译、外事接待、技术咨询等任务。

该厂培训中心讲师何穷，1980年外借到上海机床研究所，与该厂科技人员合作进行研究，编制的动力分析程序，获上海市机电系统1980年度科技成果二等奖。1981年3月，贵州铝厂从国外引进一套电解铝工艺设备，急需翻译人员。宝钢主动派去三批翻译人员帮助工作，在一次现场开箱中还发现进口设备的重大质量问题，为这个厂索赔42 000多元。宝钢自动化部借出的技术人员，帮助中国银行上海分行安装了一台外汇管理电子计算机。

现在，宝山钢铁总厂从缓建改为续建，情况又有了新的变化。但宝钢人事部门认为，人才交流工作还要继续搞好。今年，他们又向急需用人单位借出30多名专业技术人员。（萧关根）

《人民日报》1983年10月20日

### 为开发建设新疆多培养人才　上海决定从十方面支援新疆高教事业

由上海市人民政府派出的高教代表团，10月7日至17日对新疆高等院校进行考察后，决定进一步从十个方面支援新疆高教事业，为开发、建设新疆多培养科技人才。

今年9月下旬，在新疆召开的经济技术协作邀请会议上，上海确定了八项智力支边项目，十天以后，上海就派出高教代表团来新疆协商落实支援项目。

上海高校代表团在新疆期间，听取了有关新疆高校情况介绍，考察了乌鲁木齐和石河子的高等学校，广泛征求了对上海支援新疆高校工作的意见，有关对口支援的学校进一步商谈了支援项目。10月17日，双方签署了《关于上海支援新疆高等教育和为新疆培养高等专门人才的协商纪要》，主要内容有：

上海有关高校把支援新疆高校列入本校事业发展规划的内容之一；

增加上海工业大学、上海音乐学院、华东纺织工学院、华东化工学院、上海外语学院、上海第一医学院为对口支援新疆的高等学校；

为新疆增加培养名额。明年复旦大学等23所高校拟在新疆招生300名，定向招收或代培研究生45名。八四年，上海有关高校为新疆举办三个民族学生班；

加强为新疆培训教师和派教师到新疆短期任教。明年上海计划接受新疆110名高校教师进修，并派出41名教师到新疆任教；

继续支援教学设备和图书资料；

定期交流学校管理、思想政治工作等方面的经验。（黄冬元）

《光明日报》1983年10月20日

**上海科大等研制成功电子控制静脉输液器**

上海科技大学生物医学工程研究室在有关业务部门配合下，研制成功了电子控制静脉输液器（简称自动输液器）。经几家医院在多种病例上较长时间的临床应用，证明性能良好，最近通过技术鉴定并移交生产。

这种自动输液器采用了特定的微型泵、调速控制电路和报警系统等装置，克服了传统静脉输液装置与技术的缺陷。它的主要优点是：体小量轻，携带方便；输液时计量准确，调控自如，在输液过程中，患者不仅可以自由变换体位，还能下床自由活动和自行料理生活；功能较全，适用常规静脉输液和多种特殊输液的需要，在伤病员输送途中也可照常输液，对野外抢救和战时应用颇有价值，也为推广家庭病房和将来医院集中监护提供了有利条件。（亦鸣）

《光明日报》1983年10月29日

**上海工业大学与福北仪表厂最近共同研制成功"速度加速度测试仪"**

上海工业大学与福北仪表厂最近共同研制成功"速度加速度测试仪"。该仪器具有性能稳定、精度高、数字显示等特点。（徐裕根）

《文汇报》1983年11月9日

**上海大学文学院开设新课辅导班**

上海大学文学院（原复旦分校）为满足广大报考秘书学专业自学者的需要，将开设1084年5月考试的"秘书学概论""中国通史"和"普通逻辑"三门新课的辅导班。辅导点分别设在上海大学文学院（西江湾路574号），静园书场（江宁路56号），上课时间分白天和晚上两种，考生可自行选择，就近参加辅导。自学者可持本人工作证或街道证明，于21日至26日到上海大学文学院报名。（张金芳）

《新民晚报》1983年11月20日

**上海大学和交大举办读书咨询活动**

为了纪念"一二·九"运动，上海大学和交通大学的部分师生将在市工人文化宫举办读书辅导、咨询活动。内容包括数、理、化、文、史、地及其学习方法的辅导；有关社会发展史、中国近代史、党史以及法律常识、家庭生活等方面的咨询；还将进行演讲、书法、摄影等交流活动。活动时间12月9日下午1时30分至晚上8时30分，本市职工均可凭工会会员证参加。（祝少华）

《解放日报》1983年12月6日

**上海大学制成导航计算机**

上海航道局委托上海大学工学院三系计算机教研组的教师承担DHJ-1导航计算机

的研制工作。仅仅半年,这种节能、省时、操作方便的计算机已研制成功。几个月来上船实试证明,该机运行正常,在江面上,定位误差小于1—2米,任何未经特殊训练的人均可操作,受到使用单位的欢迎。(上海大学)

《解放日报》1983年12月7日

**科学社会主义和社会学相互关系讨论综述**

上海大学社会学系举办的社会学讲习班,不久前讨论了科学社会主义和社会学的相互关系。现将其中两种主要观点综述如下:

一、认为科学社会主义对社会学具有一定意义的指导关系,两者是从属关系和包容关系。

1. 科学社会主义无论从其研究对象、范围、任务还是理论体系来说,对社会学都具有指导意义。我们的社会学所研究的内容和范围,诸如社会组织、社会制度、社会构成、社会变迁、社会关系、社会弊病和各种具体社会现象,以及建立新型的人与人之间的关系、新型的社会主义生活方式等等,都应以科学社会主义为指导。

2. 马克思主义是由哲学、政治经济学和科学社会主义三个部分组成,它基本上概括了社会科学的各个领域,就这一意义来说,社会学可以从属或包含于科学社会主义研究范围之内的。我们通常所说的马克思主义社会学,马克思、恩格斯一般也都是在科学社会主义的研究中提出社会学问题的。

3. 科学社会主义要不断地发展和完善,需要包括社会学在内的有关学科的最新研究成果来充实其内容;社会学要更好地为社会主义服务,也需要科学社会主义的一般原理指导社会学的研究,丰富社会学的内容。

二、认为科学社会主义和社会学之间不存在指导和被指导、包含和被包含的关系。

1. 科学社会主义是研究人类社会从资本主义向社会主义、共产主义转变这一特定历史阶段的科学,这决定了它仅仅与特定历史阶段相联系而存在;社会学则是以人类社会为其研究对象,当前的研究重点固然也应当放在社会主义这一历史阶段,但是并不受此限制,只要人类社会存在和发展,社会学的研究内容和课题也会不断地得到丰富和发展。

2. 科学社会主义理论是研究有关无产阶级彻底解放的学说,旨在指出社会发展的方向、道路和趋势,着重对社会作宏观的研究;社会学则是从整体的角度,综合地系统地对各种具体社会现象进行研究,它偏重于对社会现象之间的联系作微观的考察,诸如人口、家庭、就业、住宅、交通、公害、犯罪等等,这就需要对人口社会学、家庭社会学、劳动社会学、城市社会学等等各门分支学科,进行具体的研究工作。(姚国础整理)

《光明日报》1983年12月12日

**上海大学文学院教师深入实际　在社会调查中研究社会科学　写出一批对解决现实问题有积极意义的论文**

上海大学文学院教师在担负繁重教学任务同时,积极参加与社会实际紧密相关的科研活动,为解决社会现实问题提供了许多有价值的科研论文。在该院最近举行的第五届科学报告会上,展示了其中部分成果。

该院(原复旦大学分校)以发展应用文科为自己的特色,这次科学报告会共提出论文85篇,其中一半以上属于应用文科的范围。各系教师根据社会实际需要确定自己的科研选题。在搞科研时,注重深入实际进行社会调查,从而提高了论文质量。国家文物保护法颁布后,历史系文物博物馆专业和法律系两位讲师深入调查,撰写了《浅论盗运文物出口罪及其认定》一文,从理论上论述了珍贵文物的范畴和盗运珍贵文物出口罪的构成要件,及时为司法部门提供有价值的办案依据。在这次报告会上宣读的《试论惯窃罪的犯罪构成》《流氓罪新探》等论文,配合当前严厉打击刑事犯罪活动的斗争。图书馆学系一位教师在带领学生实习中,发现许多图书馆藏书的新陈代谢缓慢,新书上不了架,就细致查访了一些藏书量较多的图书馆,写出《论"呆滞书刊"的剔除》一文在全国有关藏书建设的学术讨论会上引起重视。原来有些教师觉得搞社会科学的应用研究没有多大学术价值。他们通过实践,尝到了甜头。教师深入实践搞科研,不仅解决了现实生活中的一些问题,而且提高了教师本身的素质,也加强了应用文科新专业的教材建设。(张军)

《文汇报》1983年12月19日

# 1984 年

**激光加电脑等于优质加高效——上海制伞二分厂生产出现新飞跃**

上海制伞二分厂大胆采用激光和电脑新技术,给生产带来了新的飞跃。

这个厂曾因伞面和其他部件质量不好,一批出口尼龙伞被要求索赔。此事引起了厂领导的震动。该厂同上海激光技术研究所、上海工业大学通力协作,经过两年多的研究,试制成功用电子计算机控制激光裁剪伞面。采用新技术后,正品率从原来的96%提高到99.4%,而且每裁一百把伞面可多出2把,工效提高了2倍。

《人民日报》1984年1月24日

**上海大学外语学院办英语辅导班**

上海大学外国语学院将开办一期英语高考辅导班。凡本市应届高中毕业生及具有高中文化水平的职工和社会知识青年,可于今明后三天到该院报考。地址在徐家汇蒲西路150号。(赵洪祥)

《新民晚报》1984年1月24日

**上海大学**

上海大学是20年代初期,以共产党人为骨干,国共两党共同创办的一所革命学校。

上海大学的前身是私立东南高等专科师范学校,创办于1922年春。该校以"提倡新文化"为号召,实则师资缺乏,办校无方,因此,学生极为不满。他们组织起来,宣布驱逐校长,改组学校,恳请较有声望的国民党人于右任来校担任校长,于同年10月23日改名为上海大学。学校开办之初,百废待兴,而于右任本人无办学经验。正在这时,国共两党酝酿合作的春风,给上海大学带来了希望。1923年4月,于右任得知李大钊来上海,便邀李商量学校教务问题。李大钊当即推荐邓中夏出任上海大学总务长,并建议开设社会学系。这次商谈,成为国共两党合作办学的开端。

中国共产党对办好上海大学十分重视。1923年4月下旬,首先派邓中夏来校任总务长;7月,又派瞿秋白到校任学务长。在此前后,蔡和森、安体诚、恽代英、张太雷等著名共产党人也先后来校任教。大批共产党人到校任职任教,为上海大学的发展,开辟了光明的前景。

当时,校长于右任主要从事国民党的政治活动,并不经常到校视事。邓中夏、瞿秋白等到校后，即与在校的国民党人及其他人士一起，对学校进行了一系列的改革。首先是确定办学宗旨。瞿秋白明确指出：办学的目的是为了认识社会、改造社会，因此，上海大学应当具有时代性、革命性，才能担负时代所赋予的使命和革命的责任。根据这个办学宗旨，学校改革了学科设置，将原来的文学与美术两科和普通班，改设为中国文学系、英国文学系、美术科和中学部，并增设社会学系。社会学系与社会关系最密切，因此，中国共产党也特别重视这个系的开办。除瞿秋白调任系主任外，共产党人到上海大学任教的多半集中在这个系。其次是聘请组织教师队伍，这是改革校务的重点。先后聘请来各系任教的，有邵力子、陈望道、刘大白、沈雁冰、俞平伯、傅东华、田汉、施存统、萧楚女、周建人、蒋光慈、何世桢、周越然、洪野、丰子恺以及中学部的杨明轩、沈志远、杨贤江等等，大都是有专长的学者，许多教师思想进步。有这样一支以共产党人为骨干的、有真才实学而又有革命抱负的教师队伍，这是学校取得成就的重要原因之一。与此同时，学校的体制也进行了改革。至1924年春季开学，学生人数已由成立时的160人增加到近400人，校舍也从闸北青云路青云里搬至公共租界西摩路（今陕西北路）。这所一向不著名的"弄堂大学"，一变而崭露头角，被社会人士认为是"新文化运动指导者"。

上海大学的教学活动是富有创造性的。围绕着培养革命人才这个总目标，学校课程设置有两个显著的特点。其一是注重基础知识的训练，尽量扩大学生的知识面。要求学生比较广泛地掌握社会科学的一般原理、中外历史知识以及研究现状。其二是注重马列主义基本理论的教育，尤其是社会学系。这在当时的大学中是独一无二的。在课堂教学方面，最突出的是贯彻了理论联系实际的原则。当前社会各阶级的动向，中国政治经济现状，对于现实社会问题的研究，都在课堂教学中占有重要位置。此外，课外学术活动也很活跃，如开设特别讲座、举办讲学会、组织社团、创办刊物等等。丰富多彩的教学活动，保证了办学方针的实现，并以自己创造性的工作，为新的教育事业开拓了一代新风，提供了宝贵的经验。

上海大学不仅认真从事校内教学活动，而且积极参加社会的反帝反封建斗争。

1924年1月，国共两党正式建立革命统一战线，打开了中国革命的新局面。上海大学师生以改造社会为职志，踊跃走上社会政治舞台。

这年春，学校以共产党员为骨干的进步师生，分别在上海工人区办工人补习学校、工人夜校，宣传革命，发动群众，组织工会，培养工运骨干，为以工人阶级为主体的反帝高潮准备了条件。次年2月，上海日商纱厂4万多名工人举行大罢工，学校师生在共产党人邓中夏、刘华、杨之华、郭伯和等人带领下，积极支持工人的斗争。5月15日，日本资本家枪杀工人顾正红，租界当局不许上海各报刊登有关消息。中共中央决定发动群众，于30日上街演说，抗议帝国主义的暴行。这天，上海大学组织了约400人参加的38个组的学生演讲团，到南京路一带进行反帝宣传。当天下午，英国巡捕开枪屠杀群众，学生何秉彝当场牺牲，并有13人受伤，130人被关进了老闸捕房。第二天，上海大学学生会发表通电，宣布从"6月1日起实行罢课，誓达惩凶雪耻之目的"（《民国日报》1925年6月3日）。他们投入轰轰烈烈的"三罢"斗争，"沪上各报都竞载该校消息，上大威名遂震全国"（《于右任与上海大学》）。有人把上大与北大并论，称北有五四的北大，南有五卅的上大，实非无因。帝国主义者则惊呼："鼓动此次引起扰乱之学生或学童，皆来自过激主义之大学——西摩路之上海大学。"(《东方杂志》五卅事件临时增刊,1925年7月发行)于是,他们先派租界巡捕搜查学校,继之,美国海军陆战队即强行占领了校舍。

由于帝国主义的镇压,上海大学搬回华界闸北青云路师寿坊,再次成为"弄堂大学"。但是,上大在五卅中的声名,却吸引了各地进步青年前来求学。这年秋季开学,学生人数增至600多人。这时,学校代理校长邵力子已去广州,学校由行政委员会主任陈望道主持。学校许多著名共产党员教师和进步学生,也相继离校,或奔赴广东革命根据地,或去莫斯科中山大学留学,或参加其他革命工作。但上海大学还是革命力量占优势,上海各种文化运动,各种革命集会,以及一切反军阀反帝斗争,无不以上海大学学生为台柱。1927年3月,上海工人举行第三次起义,这个大学有100多个学生参加了攻打北火车站等最激烈的战斗,牺牲了20多人。4月,正当学校刚搬至江湾自建的校舍,决心为中国革命造就更多的有用人才的时候,蒋介石在上海发动了"四一二"政变。上海大学师生目睹打着革命旗号的蒋介石,忽然掉转枪口,屠杀革命群众,莫不义愤填膺。他们参加反对蒋介石屠杀工人的群众大会,高呼"打倒新军阀"的口号。5月1日,学校集会庆祝"五一"国际劳动节,并举行示威游行。第二天,白崇禧派兵进驻上海大学,用刺刀封闭了这所革命的学校。在白色恐怖的岁月里,分散在全国各地的近千名上海大学师生,不少人遭到了国民党反动派的迫害。曾任上海大学中学部主任、著名共产党人侯绍裘,是最早的牺牲者之一。师生们以自己的鲜血,写下了上海大学历史的最后篇章。

上海大学是在国共两党统一战线旗帜下发展起来的,它也随着统一战线的破裂而结束。上海大学前后仅有五年的历史,但由于共产党人的培育,革命思想的熏陶,造就了一大批优秀人才,为中国人民的解放事业和社会主义建设事业作出了杰出的贡献。(黄美真)

《人民日报》1984年1月25日

### 发扬"所、系结合"传统　全力振兴上海经济　上海科大聘请38名科学家任教授　150名高级研究人员昨出席新春茶话会

上海市副市长刘振元、李肇基昨天(4日)在上海科技大学举办的新春茶话会上说:要加强大学和工业、经济系统的结合,使上海工业更快地向前发展。

昨天细雨霏霏,气候寒冷,科学会堂里却欢声笑语,春意盎然,前来参加茶话会的科大正副教授和本市十个重点研究所中在科大兼课的高级研究人员约150人,济济一堂,互祝新春快乐,共同为上海经济的振兴献计献策。

上海科大向来有"(研究)所、系结合"的好传统。科大建校后,著名科学家周仁、王应睐、邹元燨、严东生、汪猷、黄耀曾、高怡生、卢鹤绂等都兼任过该校的校、系领导职务。近几年来,该校又聘请了上海地区研究所中的八名高级研究员兼任校、系领导职务,聘请了38名著名科学家担任该校兼职正副教授;并与有关研究所联合培养研究生。为进一步加强高校与研究所及工业、经济系统的联系,最近,科大与中科院冶金研究所、上海半导体研究所、华东计算机研究所就大规模集成电路、计算机等课题进行了科技协作;并与市仪表局、冶金局签订了长期科技合作、培养人才的协议,承担新一代产品的开发研究。刘振元副市长在会上充分肯定了科大的这些做法,他说:这是高校面向社会、面向生产的好

尝试。

科大校长杨士法、市科委主任金柱青、市教卫办顾问舒文等也在茶话会上讲了话。（徐成滋）

*解放日报*1984年2月5日

**思想教育抓得紧 "逃票事件"变好事 上海工大新风阵阵扑面来 与46路车队结成"友谊团支部"并肩携手创新风**

在第三个全民文明礼貌月开始之际，上海高等教育战线传来好消息：一年前发生学生集体逃票的上海工业大学，通过与公交六场46路车队建立"友谊团支部"，互帮互学，相互促进，如今校风发生变化：绝大多数同学讲文明，懂礼貌，守纪律，并且积极维护交通秩序，为转变社会风气贡献力量。与46路车队团支部结成"友谊团支部"的该校机械系团总支，荣获市五讲四美三热爱先进集体称号，在上月25日的全市大会上受到了表彰。

**当年乘车不买票贻笑社会**

前年12月3日，上海工大男女篮球队与交大篮球队在卢湾区体育馆进行决赛。工大一千多名同学到场观战、助威。当工大男女队经过激战首次双双获得上海市高校篮球冠军时，同学们不禁欣喜若狂。在深夜返校途中，搭乘四46路公共汽车的同学中有几十人不买票；有的还不听从售票员劝告，在车上故意哄闹，以致这条线路中断近半小时。晚报事后对此做了报道，海外和港澳的一些报纸则加以转载。同学们走在路上，人们指着他们的背脊梁说："这就是集体逃票的那个大学的学生。"因此，同学们外出时不敢戴校徽，不愿穿校服。

工大党委抓住这件事及时对广大学生进行思想政治教育。校党委书记向全校3 000学生做了广播讲话。他在讲话中详细分析了逃票、哄闹事件的严重性和危害性，要求同学们变坏事为好事，以实际行动来挽回学校声誉。同学们纷纷贴出决心书、倡议书，谴责少数同学的不文明行为，表示要坚决与歪风邪气作斗争，努力端正校风、学风和班风。接着，他们组织了各种服务队，在校团委干部带领下走上社会，学雷锋，做好事，宣传精神文明，改变群众对上海工大学生的看法。

**而今服务到车站人人赞好**

在去年的文明礼貌月中，工大机械系团总支进一步与46路车队团支部签署了"友谊团支部"协议。协议签订一年来，工大机械系以至全校团员、青年不仅带头做到文明乘车，而且积极配合售票员、驾驶员提高服务质量。

工大附近的延长路站，上下乘客较多，每到下午三四点钟早班工人下班时，乘客时常吊车，交通为之阻塞。因此，乘客埋怨售票员，售票员责怪乘客。工大同学鉴于上述情况，决定帮助46路车队把延长路站办成"新风站"。在每天下午乘客高峰时间，同学们轮流来到这里当纠察，帮助关车门，扶老携幼，宣传文明乘车，维持车站秩序。有些乘客蛮不讲理，故意吊车，他们便上前进行劝阻。有的乘客趁人多车挤的机会逃票，他们又帮助进行批评、教育。有的同学家在郊区，届时远道赶来值班。有些同学在推车门时不慎轧伤了手腕，也坚持岗位不下"火线"。春去夏来，秋尽冬至，除学校考试期间外，人们在车站上天天能见到工大学生的身影，这项活动至今已经坚持了整整一年。

在去年文明礼貌月中,工大同学每逢星期日还轮流到46路车队武胜路起点站参加劳动,或帮助擦洗车辆,或油漆车轮钢圈。夏天,46路车队参加"战高温安全行车百日赛";工大同学予以热情支持。他们顶着似火骄阳在延长路口设了一个茶水站,当公共汽车靠站时,守候在站上的同学便含笑向驾驶员、售票员送上冷饮、冷毛巾,鼓舞他们在竞赛中取得好成绩。今年春节前夕,他们又同另外三个单位在武胜路站一起设立"创佳争誉迎新春联合服务台"。同学们冒着凛冽寒风,当场为过往行人写春联、摄影,宣传文明乘客须知。

**友谊花喜结丰硕果**

"友谊团支部"的建立,同时促进了46路车队正在深入开展的"创新风"活动。

46路车队领导从与工大结成"友谊团支部"中得到启发:"创新风"活动一定要与社会相结合。因此,他们又积极支持团支部与沿线的一些工厂、饭店和北郊火车站建立联系,或结成"友谊团支部"。在去年9月份举行的五届全运会期间,工大等单位积极支持46路车队参加"场外运动会"。工大同学担任拉拉队,一面帮助维持车辆秩序,一面为驾驶员、售票员打气,激励他们学习中国女排,发扬拼搏精神,提高服务质量。在各方面的支持下,46路车队在这次有257条公交线路参加的"场外运动会"中独占鳌头,光荣地夺得了市总工会颁发的"服务新风杯"。

两个单位团员、青年共同培育的精神文明花朵,如今结出了丰硕的果实:46路车队除在"场外运动会"中捧得"服务新风杯"外,还被公交公司命名为"创新风线",被市公安局评为安全行车先进集体,车队团支部被公交公司命名为"创佳争誉突击队"。全线109档车(每档车一名驾驶员、两名售票员),有一档被评为优胜车组,62档被评为"新风车"或"创新风车",一名团员获得全国青年司机标兵,夜班三小队获得市新长征突击队称号。46路车队领导在谈起上述成绩时,再三说:"这与上海工大对我们工作的支持和帮助分不开。"

在与46路车队结成"友谊团支部"的同时,上海工大党委加强了对学生的思想政治工作,严格执行校纪校规,狠煞歪风邪气,整顿校风、学风和班风。现在,同学们能自觉遵守纪律,注意社会公德。经多次检查,乘车不买票的现象几乎已经绝迹。除机械系团总支被评为市五讲四美三热爱先进集体外,全校还有十名学生被评为市三好学生或优秀干部,126名学生被评为校三好学生或优秀干部。在第三个文明礼貌月到来之时,工大决心重点绿化、净化、美化校园,整顿食堂秩序,改进寝室风气,努力使校风更上一层楼。(王世勋　杨德广　杨奇伟)

《解放日报》1984年3月4日

**上海大学外国语学院首届夜大学学生毕业**

上海大学外国语学院(原上海外国语学院分院)夜大学首届164名学生已顺利毕业。他们来自本市各条战线,经过四年成人业余英语教育,取得了大专文凭。

《新民晚报》1984年3月13日

**上大美术学院首届招生**

上海大学美术学院下月将招收首届新生,4月17、18日办理报名手续。招生专业有:

工艺美术系四年制本科,招14名(招生对象为高中毕业生);国画、油画专业两年制干部专修科,各招8名(招在职干部);实用美术专业四年制中专,招24名(招初中毕业生)。全部学生实行收费走读。(王新农)

《解放日报》1984年3月25日

### 上海大学外语学院夜大学招生

上海大学外语学院夜大学招收英语单科新生60名,22日至24日在蒲西路150号办理报名手续。(邹昔民)

《解放日报》1984年4月20日

### 上海大学招英语新生

上海大学外国语学院夜大学招收英语单科班新生60名,学制定为两年。从今日起至24日在徐家汇蒲西路150号办理报名手续。

《文汇报》1984年4月22日

### 上大和无锡建立联合体

上海大学工学院和无锡市半导体器件总厂、无锡市半导体器件研究所,最近签订建立联合体协议书。协议规定,双方将在半导体器件、电子测量、计算机应用等方面进行合作。(童慧刚)

《解放日报》1984年4月23日

### 用光纤通信系统进行彩电图像传输

最近,上海科技大学和上海电信传输研究所的科研人员一起利用国产光缆和他们自行设计制造的光发送端机、光接收端机传播彩色电视图像和伴音获得成功,传送距离达到20公里。这是我国在光纤通信实用化方面取得的一项可喜成果。

《光明日报》1984年5月7日

### 上海科大庆祝建校二十五周年　刘振元、李肇基副市长到校祝贺

"希望上海科技大学发扬办校特色,插上同研究所、工业部门紧密联系的两个翅膀,像大鹏一样腾飞在东海之滨,为四化建设作出更多更大的贡献。"这是刘振元副市长昨天在该校庆祝建校25周年大会上说的。

上海科大自1959年建校以来,发扬理工结合,同科研机构、工业部门广泛联系的特点,为国家培养了近9 000名科技人才。近五年来,通过鉴定和评审的重大科研成果78项,其中26项获国家和上海市科技成果奖。还在保证本科生、研究生培养质量的前提下,增设八个专修科为中小工厂和乡镇集体企业培养人才,并开办各种短训班、培训班、研究班等。

副市长李肇基、市政府顾问叶进明昨天也到校祝贺。(秦正明　陆金康)

《解放日报》1984年5月19日

## 改革需要知识分子——访政协常委、上海工业大学校长钱伟长

72岁的钱老精神矍铄，穿一件短袖衣，坐在沙发上。我说："钱老，能否谈谈您对改革的看法？"

"在科技信息发展的时代里，根本的问题是改革。无疑，我们党培养的知识分子，是这场以先进技术为基础的改革的中坚力量。有人觉得改得快了些，这是因为长期没有改革的缘故。"

"这是否是一种习惯势力？"

"是的。国外的产品更新很快，而我们的一个产品可以延续几十年。人家讲有新特点的产品，我们爱讲老牌产品誉满全球。张小泉的剪刀、飞鸽牌的自行车'持之以恒'。解放牌汽车从1954年投产以来没有什么变化，最近才有了新型号。大家没有什么意见，习惯了嘛。"

"最近形势有了变化，改革之风兴起来了。"

"是在变，不变不行了。不改变传统产品就不需要科技人员。王麻子剪刀厂需要科技人员吗？一个厂几十年都在生产同一产品，也不需要科研人员。"

思路锐捷的钱老将话题转向变革的农村。他谈到去农村调查的感受时说："农村面貌大为改观。我去过江阴县、常熟市、无锡县，他们去年工农业总产值都超过20亿，主要靠乡镇企业致富。这些乡镇企业把上海、无锡先进技术移到乡下来了。沙洲县塘桥有家生产磁性记忆器的厂，只有两个高中生。他们的产品是我国发射通信卫星用的地面跟踪装置上的零件。这个厂请了上海的大学教师给他当顾问，因此他们的产品性能比同类产品的厂家都好。现在的农民啊，懂得知识值钱了。改革的突破是知识的突破，知识下乡了，农民尝到甜头了。"

"这就是说，知识分子在改革中一定会大有用武之地罗？"

"当然。"钱老用上海工业大学的办学实践向我说明了这一点："改革是发挥知识分子作用的重要条件，科技干部只有在改革中才有出路。上海工业大学成立了科研、生产、销售一条龙，与农村企业挂钩。崇明县有个生产葵花牌电风扇的厂，过去产品过不了关，大学教师一去，把风扇的马达改进了，葵花牌电风扇一下子打入国际市场。大学成立了一个化学研究所，请了个退休的老工程师带了四个大学生，他们到江苏农村转了一圈，带回了24个科研课题，帮助农村提高了技术。"

钱老接着说："我建议把校门'砸碎'，学校和社会界限越小越好。农村缺技术，教师可以发挥他们的聪明才智。有的中青年教师一到星期日就被生产队用车接走了，教师发点财没有什么不好！其实他们由于种种限制，也发不了多少财。"

"您的意思是要拆掉'围墙'了？"

"对。现在有三堵墙——学校和社会；科研和教学；系与系之间、教研室与教研室之间。这三堵墙应该拆。它涉及教育体制的改革，难免会有阻力。"

"改革阻力是很大的。"

"是的。不改革没有出路。知识分子政策落实得不好的地方，肯定是改革阻力大，这是我的结论。我们国家的改革刚刚开始，它符合当前新技术革命的国际形势，应该壮大改革的声势。"（孟晓云）

《人民日报》1984年5月20日

**部分全国人大代表和政协委员会见中外记者　介绍我国经济特区建设和经济改革等情况**

（上略）

著名力学家、上海工业大学校长钱伟长教授在记者招待会上透露,他和学术界的一些人正在积极筹划帮助更多的有志青年去国外深造,回来为祖国的四化建设服务。

他说,如果他们的计划能实现的话,每年可多派 200 人出国攻读博士学位。去年 4 月驾机从台湾回到大陆的李大维希望中外记者帮助他呼吁台湾当局允许他的妻子和女儿离开台湾到香港、日本或美国去,由她们自己选择何去何从。

（下略）

《人民日报》1984 年 5 月 29 日

**上海大学设法律接待室**

为适应法制建设需要,并向人民群众及企事业单位提供法律帮助,经市司法局和市律师协会同意,上海大学文学院法律系教师在西江湾路 548 号设立上海市第二法律顾问处第三接待室。接待室自 6 月 14 日起,每星期四和星期日下午对外接待。

《解放日报》1984 年 5 月 29 日

**上海大学支持虹口区集体事业**

技术力量薄弱的虹口区街道工厂,得到了高等学校的有力支持。日前,上海大学与虹口区集体事业管理局签署了一项教学、科研、生产合作协议。

双方议定,合作首先从半导体器件、无线电仪器、微机应用和机械等方面做起。此外,上海大学还将和虹口区联合办厂,教师可接受工厂聘用,以促进街道工业的发展。（童慧刚）

《解放日报》1984 年 6 月 5 日

**上海大学夜大学成立　教学方法有改革**

经教育部批准,上海大学夜大学正式成立,并从今年起开始招生。

上海大学夜大学本着改革的精神,坚持业余为主,每周白天上课时间不超过半天;采取单科累计的教学管理制度。提前学完教学计划规定的课程可提前毕业,学生可以免修某些课程,经批准,可旁听日校课程,考试成绩合格者同样予以承认。

今年招生的专业有:文学院的图书馆学、档案学;工学院的机械、计算机应用、半导体器件;工商管理学院的测试技术、企业理管、财务会计;外语学院的英语、日语。所招专业均为专科。报名时间是 6 月 9、10 日两天,报名地点在各学院。（佘国平）

《新民晚报》1984 年 6 月 8 日

**上海成立出口家用电器联合体**

以崇明岛为基地的出口家用电器联合体,昨天在上海市成立。这个联合体是由上海市崇明县日用电器工业公司、上海工业大学、上海市轻工业品进出口公司、上海进出口商品检验局四个单位组成。

《光明日报》1984年6月15日

**为做到大学毕业生专业对口优才优用——上海采取五条措施改革分配方法**

上海市对今年大学毕业生分配工作采取五条改革措施。上海市高教局代表今天在教育部召开的华东地区高等学校毕业生分配改革座谈会上对此作了介绍。

上海45所高等学校今年有大专毕业生17 000多人,其中有9 000多人分配在上海。为了做好分配工作,做到专业对口,优才优用,市高教系统采取以下五条改革措施:

一、实行供需见面,给学校和用人单位较大的自主权。市主管部门将毕业生分配和调配计划提早下发到高等学校及各有关局,然后召开供需见面会,学校向用人单位了解对毕业生的使用意图,用人单位向学校了解专业性质、毕业生情况。学校和用人单位如发现分配不当、专业不对口的,可以提出修改意见。

二、部分学校实行与用人单位直接挂钩的办法,由学校制定分配方案,报主管部门审定后下达正式计划。由于学校教师对用人单位比较熟悉,容易打开毕业生分配渠道,改变了过去一部分所谓的"长线"专业学生分配不出去或硬性搭配给用人单位的状况。

三、上海工业大学等院校实行一次分配的办法,即取消由局把毕业生分到公司,再由公司分到工厂的两次分配方法,由学校根据主管部门下达的分配和调配计划,直接将毕业生分配到工厂、研究机构等基层单位。

四、试行考核制。分配到高等学校工作的毕业生,首先要由用人单位采取面试、口试、笔试、调查等方式考核。不合格的,用人单位可拒绝接收。

五、部分学校试行把电子计算机《汉字信息处理系统》用于毕业生分配工作,将毕业生的德、智、体情况,家庭状况等各种信息输入计算机内,以便迅速准确地掌握毕业生情况的统计数据。这样,既节省了大量人力,又方便了分配工作。(杨德广 张贻复)

《光明日报》1984年6月23日

**打破人才培养上的"大锅饭" 上海大学改革学生管理体制 试行医疗费补贴、缴少量学费、不包分配等制度**

上海大学改变过去对大学生"五包"(包学费、包学习、包医疗、包住宿、包分配)的做法,在学生管理工作中实行一系列改革,试行走读、奖学会、医疗费补贴、缴纳少量学费、不包分配等频度,调动了学生的学习积极性。

上海大学是拥有文、工、工商管理、外语、美术等五个学院的新型地方大学,去年重建时仅有校舍42 000平方米,按照常规只能招收学生1 000人,但学校领导考虑到国家急需四化建设人才,应让学生在艰苦环境中锻炼成长,便锐意改革,共招收全日制大学生3 400多人和夜大学学生540人,原则上实行走读制,从八三届学生开始收取少量学费,试行奖学金制度。对于经济特别困难的学生,则发给困难补助金。该校还实行学分制,每门课程都算学分,只要修满规定的学分数,就准予毕业,同时还试行中期选拔制,成绩差的本科生改读专修科,优秀专科生则可改读本科,以鼓励学生勤奋学习。该校对毕业生不包分配,择优推荐,如连续两次获得三好学生称号者可在三四个推荐单位中自选一个。这一办法首先在外语学院实行。学生管理工作全面改革,开始取得成效。学生奋发向上,努力学习。有人从一年级跳级到三年级。读外语专业的一年级学生,按教育部定的听说读写考核标准,有百分之七十学生已达到二年级水平。学习秘书专业的学生在课余时间翻译出版55万字的外国《韦氏秘书手册》,锻炼了外语能力。全校被评上文明班级的有六个,占全市大学文明班级十分之一。许多人树立了爱护公物,艰苦朴素的思想。(张自强)

《文汇报》1984年6月24日

**上海大学大胆实行教学管理改革——打破一进大学就捧上"铁饭碗"的陈规**

上海大学通过改革教学管理,打破了学生"坐在沙发上"读书、"六十分万岁"的怠惰习气,大大调动了他们学习的积极性,全校出现了勤勉好学、奋发向上的好学风。

上海大学是在本市五所大学分校调整基础上新建的一所新型的地方综合性大学,设有文学院、工学院、工商管理学院、外国语学院和美术学院,现有学生3 000多人。从成立以来,该校实行以下五项教学管理改革措施:

上海大学部分学生实行走读。学生通过走读,接触社会多了,有更多的机会了解社会各阶层的情况,增强了学生的社会责任感。同时,这样做,也便于家长及时了解、掌握子女的思想、学习情况,配合学校有针对性地做好学生的思想工作。

学校规定收费。文科学生每学期收20元,理工科学生收25元。学生上大学自己要出一部分钱,使他们感到有一股压力,有利于破除吃"大锅饭"思想。但对入学前有工作的学生,学校不收费,另外还给予补贴。

实行奖学金制。他们按照学生德、智、体几方面的表现,把奖学金分为三等:一等奖100元,获奖者约占本、专科学生数的5%;二等奖75元,按15%的比例发;三等奖50元,按30%—40%的比例发。这样,有50%—60%的学生,可以享受不同等级的奖学金。这项措施在学生中引起强烈反响。一些过去学习不够努力甚至混日子的学生,纷纷表示一定要认真学习,迎头赶上去。

实行学分制,学生在学习上有了主动权。工学院有一名学生学习成绩很突出,由于实行学分制,他在四年内学了机械和计算机两个专业的课程。

取消医疗补贴。学生生病,一般情况补贴50%医药费;病情较严重或住院治疗,则增加补贴,费用大的可补至90%以上。其结果,既培养了学生自立和勤俭的美德,又为国家节省了开支。

从下学期起,上海大学准备采取进一步改革措施:学生在读完两年课程后,进行一次筛选。合格者升入本科三年级继续学习,不合格者发给专科结业证书,到社会上就业。读专科的学生,如果成绩优秀,经过考核也可升入本科学习。同时,还将实行定向分配和择优录用。连续两届被评为三好学生的毕业生,可以在一定范围内挑选工作单位。

《人民日报》1984年6月26日

**上海大学增设政治学院 政工干部专修班今秋招收学员**

市府日前正式批准上海大学增设第六个学院——政治学院。今年秋季,政治学院将招收二年制政工干部专修科学生150名。

上海大学政治学院将逐步设立政治学、社会学(暂名)、思想政治教育、行政管理学等系科、专业。政治学专业将侧重培养组织、人事、纪检和统战工作人才;社会学专业将侧重培养社会调研、群众团体及地区工作人才;思想政治教育专业侧重培养青少年工作及宣教工作人才;行政管理学专业将侧重培养党政办公室及机关管理方面的人才。

上海大学政治学院的院址设在三门路现市委党校内,计划1990年达到在校学员1 800人。(童慧刚)

《新民晚报》1984年7月8日

**上海大学增设政治学院　今秋招专修科生,明年招本科生**

经市领导部门批准,上海大学增设政治学院,这是全国地方高等院校中的第一所政治学院。

今年秋季,政治学院将招收二年制政工干部专修科学生150名;明年秋季,政治学院将招本科生,全部住读。政治学院将逐步设立政治学、社会学(暂名)、行政管理学、思想政治教育等系科、专业,并将随着改革和干部四化发展的要求,设立其他专业、系科和各种短训班。政治学院的院址设在三门路现市委党校内,计划1988年初具规模,学员基本全部住读。1990年之前在校学员达1 800人。(老简)

《文汇报》1984年7月9日

**上大美术学院办暑期班**

上海大学美术学院举办暑期美术进修班,由副教授张自申等讲授素描、水彩等课程,招收初中、高中学生和青工、待业青年。13日至14日在凯旋路30号上海大学美术学院接受学员报名。参加者每人收费15元。

《解放日报》1984年7月11日

**上海工大转让科研成果**

上海工业大学最近有一批科研成果进行技术转让:

智能式电力负荷记录仪;

多品种物资管理系统;

HS-1高速智能电压表;

SZ-织机监测系统;

JY-02磁头浮动间隙变角度光干涉测试仪;

低聚合度的聚乙烯醇。

《解放日报》1984年7月15日

**家庭本质讨论综述**

上海大学文学院《社会》杂志,1983年第五期至1984年第二期,连续发表文章,就家庭本质问题展开了讨论,现将主要观点综述如下:

一、家庭的本质是人们进行人口生产和再生产的一种社会组织形式。这种观点认为，人口的生产和再生产是人们建立经济组织的目的。因为人口的生产和再生产是以经济为基础的，所以，人们首先必须建立一种经济组织才能维持人口的生产和再生产。而家庭就是按血缘和姻缘关系建立起来的经济组织，其实质是人们进行人口生产和再生产的一种社会方式。

二、家庭的本质是一种经济关系。这一观点认为，经济关系、人口生产关系、思想文化关系是构成家庭的基础，其中能说明家庭本质的，只能是经济关系。这具有两方面的含义：一方面是说，家庭是随着社会经济形态的发展而发展；另一方面是指单个家庭的建立，奠基于一定的物质条件，婚姻以爱情为基础，但是建立家庭则还需一定的物质条件为基础。

三、家庭的本质不是经济组织形式而是社会关系。这一观点认为，恩格斯说过："随着生产资料转归社会所有，个体家庭就不再是社会的经济单位了。私人的家庭经济变为社会的劳动部门。"（《马克思恩格斯选集》第4卷第72页）这指的是实行生产资料公有制以后的情况。另外，氏族制度下的家庭也不是经济组织形式。那时，夫和妻属于两个不同的氏族，家庭一半包括在丈夫的氏族内，一半包括在妻子的氏族内，经济生产不由家庭来承担，而由氏族来承担。至于人口生产关系，是表示家庭的一种职能，它受制于特定历史时期的社会关系。迄今为止的一切家庭，其本质表现一直是家庭成员间的社会关系。

四、家庭的本质是人类的感情关系。这种观点认为，家庭是以一定的感情为基础的生活组织，这既包括一般的夫妻性爱、父母子女之间的血缘关系，又包括领养、互助等特殊关系。有没有感情，是否互爱，这是家庭建立、组成或离异、分裂的决定因素，是家庭的基础，也就是家庭的本质。（肖原）

《光明日报》1984年7月16日

### 周建人同志生平

共产主义忠诚战士、著名社会活动家、生物学家、中国人民政治协商会议全国委员会副主席、中国民主促进会中央委员会主席周建人同志因病医治无效，于1984年7月29日在北京逝世，终年96岁。

周建人同志字松寿，又字乔峰，是鲁迅先生的胞弟，1888年11月12日生于浙江绍兴。由于家境衰落，周建人幼年辍学，但他刻苦攻读，自学成才，终成著译丰富的学者。辛亥革命前后，他在故乡绍兴先后任小学、中学、女子师范学校教员，1920年在北京大学攻读哲学，1921年10月离北京到上海商务印书馆任编辑，编写中学动植物教科书、自然科学研究丛书等，他还在《东方杂志》《妇女杂志》《自然》杂志任编辑，并发表文章，提倡妇女解放和普及科学知识。

周建人同志早年就和中国共产党人有交往，1923年，他经沈雁冰同志介绍，认识了瞿秋白同志，从此与瞿秋白、杨之华结成莫逆之交，并应瞿秋白同志的邀请，在上海大学讲授进化论，并先后在神州女学、上海暨南大学、安徽大学任教。他还经常应松江女子中学校长侯绍裘同志的邀请去这所学校讲演，宣传妇女解放和男女平等，传播进步思想。

第一次国内革命战争时期，周建人同志深受上海工人运动的影响和教育，对"四一二"反革命政变以及大批共产党人和进步分子惨遭屠杀和迫害,义愤填膺,多次在言谈和文字中进行谴责,此后他更加同情和倾向中国共产党领导的人民革命。

1927年秋天,鲁迅先生从广州到上海定居后,周建人同志经常同鲁迅、共产党人、进步人士一起学习马列主义,讨论中国社会问题,并同反动势力作斗争。他经常为鲁迅主编的《语丝》杂志写稿,常为鲁迅与中国共产党人的交往担任通信联络并做掩护工作。瞿秋白同志是鲁迅先生的挚友,被国民党反动派逮捕后,就是从狱中写信给周建人同志,而与鲁迅和杨之华同志建立联系的。

1932年12月,宋庆龄、蔡元培、杨杏佛、鲁迅等发起成立中国民权保障同盟,反对国民党政府迫害进步人士,并营救被捕的革命同志。周建人同志积极参加了中国民权保障同盟的筹备工作,并在被推举为调查员后积极调查和揭露国民党反动派迫害"政治犯"的罪行。

抗日战争时期,周建人同志坚决拥护中国共产党抗日民族统一战线的主张,反对国民党顽固派消极抗战、积极反共的政策。他和许多留在上海的文化教育界爱国知识分子组织马列主义读书会,紧密团结,坚持为民族的解放而斗争,他在贫病交加、非常困难的情况下,不畏艰险,坚决拒绝为汉奸买办报刊写文章,始终不渝地团结进步人士共同奋斗。他在艰苦的年代里得到了党的关怀和帮助,曾由陈毅同志派人送钱给他治病。

抗战胜利以后,周建人同志积极投入爱国民主运动。他在生活书店、新知识书店任编辑时,经常在进步报刊《民主》《周报》《新文化》《文萃》《文汇报》《联合晚报》上发表文章,抨击反动当局卖国、独裁、内战的政策。他同马叙伦、王绍鏊、许广平、林汉达等进步民主人士在实际斗争中,深感有组织起来的必要,于是在中国共产党的影响和帮助下,于1945年12月30日在上海发起成立了中国民主促进会。

1946年5月,国民党反动派发动全面内战的阴谋日益暴露,上海68个人民团体为了扩大和平民主力量,进一步开展反独裁反内战的斗争,组成了上海人民团体联合会,周建人和马叙伦、王绍鏊、林汉达等20多位同志当选为理事。1946年6月,中国共产党代表团同国民党政府在南京进行的最后一次和谈之际,上海人民团体联合会决定组织召开上海人民反内战大会,并推举代表赴南京请愿,呼吁和平。6月23日,上海150多个人民团体发动近10万群众,在上海北火车站集会,欢送以马叙伦为团长的上海人民和平代表团去南京,并在会后举行声势浩大的示威游行。周建人同志不畏强暴,不避艰险,始终参加这一活动,并一直走在游行队伍的前列。当代表团到达南京下关车站时,国民党反动派指使特务、暴徒对代表团成员马叙伦等行凶殴打,制造了震惊中外的"下关事件"。周建人同志与其他爱国民主人士一道,坚决奋起反对,痛斥国民党反动派的法西斯野蛮暴行。

在这以后,国民党公开破坏和谈,向解放区悍然发动大规模全面进攻。同时在蒋管区疯狂逮捕杀害爱国民主人士。就在这个白色恐怖十分严重的情况下,1948年4月,周建人同志毅然加入中国共产党。1948年秋,根据中共中央的指示,周建人同志从上海辗转到达当时党中央所在地河北省平山县。

北平解放后,周建人同志任华北人民政府教育部教科书编审委员会副主任。1949年6月,他以上海人民团体联合会的首席代表身份参加了中国人民政治协商会议筹备会议,并作为民进正式代表之一出席了中国人民政协第一届全体会议。

中华人民共和国成立以后,周建人同志历任中央人民政府出版总署副署长,高等教育部副部长,浙江省人民政府副主席,浙江省省长,第九、十、十一届中共中央委员,第一、二届全国人民代表大会常务委员会委员,第三、四、五届全国人民代表大会常务委员会副委员长,第二、三、四届全国政协常务委员,第五、六届全国政协副主席等职。

周建人同志一生经过三个时代,他从亲身经历中体验到没有共产党就没有新中国,由一个追求真理、不断前进的爱国民主主义者转变成为一个共产主义者。周建人同志对党一贯忠心耿耿,坚信党的事业必定胜利,忠诚地接受党的领导和执行党所交给的各项任务,为新中国的建立,为社会主义和共产主义事业奋斗不息。他几十年如一日坚持学习马克思、列宁主义、毛泽东思想,努力工作,任劳任怨。他严于律己,宽以待人,不为名不为利,廉洁奉公,作风正派。党的十一届三中全会以来,他拥护党在新时期的路线、方针、政策,坚持四项基本原则,认真地做好自己的工作,为建设有中国特色的社会主义贡献了自己的一切。

周建人同志是中国民主促进会的创始人和卓越的领导人之一,他历任民进第一、二届中央理事会理事,第三届中央理事会常务理事兼文教部部长、文教委员会主任委员,第四、五届中央委员会副主席、代理主席,第六、七届中央委员会主席。周建人同志忠实执行党的统一战线政策,善于同各党派人士合作,善于团结人,充分发挥他们的积极性,为中国人民的革命和建设事业贡献力量,受到了广大民进会员的尊敬和爱戴。

周建人同志于1950年参加中国民主同盟,曾任民盟中央委员、常务委员。

周建人同志非常关心教育工作,维护和尊重人民教师的权益和地位。对党把教育提到战略地位的方针极为拥护。他认为必须把教育搞上去,发展科学技术,才能使国家达到现代化的水平。他多次讲到我们要建设科学的社会主义,非重视国民教育不可。他号召民进全体同志充分发挥自己的聪明才智,为发展祖国教育事业作出更大的贡献。

周建人同志笃信马列主义,相信科学真理,反对封建迷信,主张思想革命,移风易俗。他曾写信给党中央,要求身后不开追悼会、不举行遗体告别,把宝贵的金钱和时间用于社会主义现代化建设;他要求把遗体交给医院作解剖之用,为发展医学积累经验,最后把骨灰撒到江河湖海之中。

周建人同志的一生,是革命的一生,忠诚地为人民服务的一生。在党的领导下,为中国民主促进会的创建和发展,为爱国统一战线的巩固和扩大,为中国的革命和建设事业奋斗不息,作出了卓越的贡献。他在患病期间,仍然关心我国四化建设、祖国的统一和民进会务工作的发展。他的逝世使民进失去了一位德高望重的卓越领导人,我们党失去了一位优秀的共产党员,是民进不可弥补的一个重大损失,也是党的统一战线工作队伍的一大损失。我们要学习他崇高的革命品质和永不疲倦的革命精神,为振兴中华,把我国建设成为现代化的社会主义强国而共同奋斗。

《人民日报》1984年8月7日

### 科技协作好　企业显新貌　牡丹江市与一百三十九个大专院校、科研单位开展科技协作,解决了不少技术难题

黑龙江省牡丹江市200多个企业与139所大专院校和科研单位建立科技协作关系,

今年1至6月,全市新增产值550万元,增加利润185万元。

牡丹江市是地处我国东北边陲的一个中等城市,科学技术力量比较薄弱。为了迅速发展生产、振兴经济,他们从去年起,求贤拜师,于去年8月和今年8月两次邀请大专院校、科研单位的专家前来参加科技协作交流会,把过去自发、单项的协作,发展为有组织的、全面的协作。一年来,全市已完成56个协作项目,解决了不少技术难题,改变了企业面貌。华东化工学院的赵德仁教授,为了帮助这个市改进树脂生产工艺,不远千里来牡丹江考察,制订方案,并留下一名研究生指导试验,目前已在乳胶径粒和分布上取得突破。牡丹江啤酒厂原来工艺落后,发酵周期长达30多天,他们与上海科技大学协作,发酵时间缩短近一半。牡丹江无线电六厂原来是一个亏损严重的企业,曾经连续四个月无法开支。哈工大的殷树言、刘祥文两位副教授担任该厂顾问后,帮助他们生产具有先进水平的可控硅二氧化碳弧焊机;哈尔滨焊接研究所又将强力送丝机这一科研成果转让给他们。这个厂有了新产品,很快成为盈利企业,经济效益不断提高。(王武)

《光明日报》1984年8月30日

## 上大政治学院干部专修班开学

上海大学政治学院首届政工干部专修班开学典礼昨天举行。市委组织部、市教卫党委和高教局等有关单位领导同志出席了开学典礼。

这个班有学员151人,主要来自市直属机关和徐汇等五个区的基层单位,通过推荐和考试入学。学习两年后,学员将达到大专水平,重返原单位工作。

今后,上海大学政治学院将逐步设立有关专业,培养组织、人事、宣教等方面人才。(童慧刚 杨人卫)

《解放日报》1984年9月15日

## 上海科技专科学校与番禺中学联办电子技术专科教育试点班

由上海市科学技术专科学校与番禺中学联办的五年一贯制电子技术专科教育试点班,最近开班,参加首届试点班的学生共有37人。这是高等专科教育改革的一个新的尝试,能使高等专科教育和中等教育有机地结合,加强专科生实践能力的早期训练。

在试点阶段,两年前期教育在番禺中学进行。学生除学习高中必需的基础课程外,还将开设专业知识课,并要求每个学生动手装配六管外差式半导体收音机,十六吋黑白电视机。两年后,学生不再参加高校统一考试,而由科技专科学校根据大专招生条件进行选拔。被选拔的学生后三年全部在嘉定科技专科学校本部住读。(徐开礼)

《光明日报》1984年10月12日

## 形式多样 不拘一格——上海高校改革出现好势头

新学年一开始,上海高等学校的改革就出现好势头。除上海交通大学的管理改革、复旦大学的教学改革正在深入外,全市其他43所高校也都开展了形式多样的改革,已程度不同地取得成效。

### 上海大学毕业生分配闯新路

上海大学去年5月建校之初就提出了几项改革措施:学生走读,缴纳学费,试行奖学金和医疗补贴,实行学分制,毕业生不包分配,择优推荐。一年多来他们边实践,边总结,已有了一定经验。上海大学的学分制先在文学系、英语系和电子系试点,然后逐步在全校推广、试行。结合学分制,确定了专科生中期选拔办法。对于毕业生分配的改革,他们认为目前可先实行"不包分配,合同培养,择优推荐,优才优用"的办法作为过渡。从第一届(1983年届)学生起,毕业生不再由市里统一分配。学校根据市计委的意见,与有关单位订预分配合同,最后一年对学生进行专业定向培养。学校向用人单位推荐毕业生,用人单位可择优录用,未被录用者,再向其他单位推荐;学生在一定范围内可选择工作单位,也允许学生自谋出路。他们认为,这样的改革,能调动学生勤奋学习的积极性。

(下略)(萧关根)

《人民日报》1984年10月13日

### 钱伟长主持研制成功处理中文信息新方法　汉字宏观字形编码方法通过鉴定

由上海工业大学校长钱伟长教授主持研制成功的一种处理中文信息的新颖方法——汉字宏观字形编码方法(简称钱码),20日在上海通过技术鉴定。上海市科委主持了鉴定会。来自各地的70多位有关专家认为,这种方法构思精巧,原理简明,容易掌握,便于使用,宜于推广。

记者在微型计算机前观看了钱码法的应用。有人问"代表证"三个字怎样输入计算机?操作人员傅文圆在西文键盘上按了ES、Vla、HIV这些有英文和数字符号的键位,屏幕上立即显示"代表证"三字。她只花了20天、每天两小时的时间就学会了这种方法,平均每分钟输入近50个汉字。

钱码法按照人们使用汉字的习惯,把现有汉字的偏旁部首归纳成八种基本笔画和163种基本部件,把它们分别排列在43个键位上,再凭借中西文操作系统的支持,便可输入输出和信息处理常用的6 763个汉字。

计算机汉字输入编码是实现中文信息计算机处理的关键,它对于我国普及计算机,实现管理科学化、情报工作自动化、印刷排版现代化、汉字通信网络化等都有重要意义。在计算机上实现的汉字编码方案中,钱码法具有先进水平。(张贻复)

《光明日报》1984年10月22日

### 上海大学图书馆系学生开展勤工俭学活动

上海大学图书馆系学生开展勤工俭学活动。150多名大学生利用课外时间走上街头售书刊。(张鸿)

《文汇报》1984年11月4日

### 担任上海大学名誉校长　周谷城欣然接受聘请

今天上午,全国人大常委会副委员长周谷城在视察上海大学文学院和外语学院时,欣然接受了担任上海大学名誉校长的聘请。

上海大学领导和文学院、外语学院领导向周谷老汇报了建校一年多来的教学情况,周谷老高兴地连连称赞:"你们办的专业很适合社会的需要,这样办学校就能站起来。"他当场为上海大学题词:扩大知识分子队伍,培养各类专门人才。还为文学院历史系编写的《郑和研究资料选编》题写了书名。市教卫办主任毛经权陪同视察。(毕淑筠)

《新民晚报》1984年11月7日

### 上海九所高校试行岗位津贴

经有关部门验收合格,上海科技大学、华东纺织学院、上海工业大学、上海纺织专科学校、复旦大学、华东师范大学、华东化工学院、上海外语学院、同济大学九所高等院校正式试行浮动岗位津贴,加快了管理改革的步伐。

今年6月,上海市人民政府决定,在做好管理改革基础工作的高等院校中,试行浮动的岗位津贴,津贴基金由学校基金解决。具备条件的院校可以提出申请,经市政府批准后试行。

9月初到10月底,上海市高教局会同劳动、人事、财政部门对这九所学校管理改革的基础工作进行了认真的检查验收,认为这些学校都已实行人员定编,制订了教师工作规范、机关岗位责任制和考核办法,并且进行过严格的考核,具备了试行岗位津贴的条件,建议市政府予以批准。岗位津贴的数额,不超过全市高校教师两个半月的平均工资。

这些学校管理改革的进行,给各项工作带来了活力,促进了人员流动,调动了教师的积极性,推动了教育事业的发展。上海科技大学1982年以前平均每年招生600名左右,今年招收1 383名。九所学校今年承担的国家、中央有关部委和上海市的科研项目大量增加。(萧关根)

《人民日报》1984年11月9日

### 上海工业大学研究生招生启事

1985年计划招收2年半制硕士生85名。力学9名,应用数学3名,电机6名,电磁测量及仪表6名,计算机应用4名,工业自动化13名,通信与电子系统3名,机械制造12名,机械学11名,铸造3名,应用化学6名,钢铁冶金3名,金属材料及热处理2名,有色金属冶金1名,工业管理工程3名。

招生对象面向全国,各专业均招收委托培养。

招收2年制研究生班,共50名。(一)电磁测量及仪表招生10名,全国招生。(二)机械学招生15名。(三)工业自动化招生15名。(四)钢铁冶金招生10名。(二)(三)(四)专业招生对象主要是上海市在职人员,可接受上海经济区委托培养。

考试科目等情况,请向各地招生办公室查阅全国研究生班招生专业目录第79页和上海市攻读硕士学位研究生招生专业目录。报名日期定于12月1—5日。

《解放日报》1984年11月24日

### 上海工业大学研究生招生启事

1985年计划招收2年半制硕士生85名。力学9名,应用数学3名,电机6名,电磁测量及仪表6名,计算机应用4名,工业自动化13名,通信与电子系统3名,机械制造12

名,机械学 11 名,铸造 3 名,应用化学 6 名,钢铁冶金 3 名,金属材料及热处理 2 名,有色金属冶金 1 名,工业管理工程 3 名。

招生对象面向全国,各专业均招收委托培养。

招收 2 年制研究生班,共 50 名。(一)电磁测量及仪表招生 10 名,全国招生。(二)机械学招生 15 名。(三)工业自动化招生 15 名。(四)钢铁冶金招生 10 名。(二)(三)(四)专业招生对象主要是上海市在职人员,可接受上海经济区委托培养。

考试科目等情况,请向各地招生办公室查阅全国研究生班招生专业目录第 79 页和上海市攻读硕士学位研究生招生专业目录。报名日期定于 12 月 1—5 日。

《解放日报》1984 年 11 月 25 日

**国家科委、国防科工委评审核准二百零四项发明奖**

国家科委发明评选委员会和国防科工委发明评选委员会最近分别召开会议,评审核准了 204 项发明奖,现公布其中 194 项,另有 10 项不予公布。

(中略)

三等奖

(中略)

S76 型渣油粘结剂(上海工业大学胡彭生)

(下略)

《人民日报》1984 年 12 月 3 日

**上海市送军队转业干部进大学培训**

今年转业到上海的军队干部将分批进高等院校接受培训,以适应国家建设对人才的需要。第一批近百名转业干部最近已进入上海大学政治学院学习。(安晓平 吴东峰)

《人民日报》1984 年 12 月 6 日

**上海科专"中间选拔"人才 五名学生转入科大学习**

据《中国教育报》报道,上海科技专科学校五名品学兼优的二年级学生,最近转入上海科技大学相应专业的本科三年级学习。这是两校在教学改革过程中试行"中间选拔"的一项措施。上海科专的学生入学后,可在完成专科学习的基础上,自修本科基础课程,学校提供录像、录音等辅导手段和资料,并由任课老师给予必要的指导。经过两年学习,由上海科技专科学校提出初步名单,经上海科大考试和复核后,转入该校本科相应专业三年级学习,享受本科生待遇。

《文汇报》1984 年 12 月 6 日

**上海大学文学院主办秘书学专业自学考试辅导讲座报名**

一、辅导课程:古代汉语、文艺学、秘书学概论、写作。

二、报名日期:12 月 10 日至 15 日。

三、报名时间:上午 8:30—11:00  下午 1:30—4:00

四、报名地点:上海大学文学院内(西江湾路574号)。

《解放日报》1984年12月9日

## 向第五代计算机迈出第一步  上海工大PROLOG语言系统通过鉴定

上海工业大学青年讲师沈祖梁等,积几年之努力,研制成功第五代计算机程序设计语言——PROLOG语言系统,昨天通过了由市科委主持的专家鉴定。

PROLOG语言,是一种具有逻辑推理能力的语言。它与现在人们所熟悉的计算机程序设计语言不同,其程序所描述的不是运算进行的过程,而是各个事物间相互的逻辑关系。目前,日本、美国等一些世界上主要计算机大国都在积极研究和开发这种语言;已经研制出来的这种语言的软件,在国际市场上很受欢迎。上海工大研制成功PROLOG语言系统,是我国向研究、开发具有逻辑思维能力的第五代计算机迈出的第一步。(黄湖苓)

《解放日报》1984年12月28日

# 1985 年

**用有限的经费培养更多的人才——上海大学教育改革调查报告**

上海大学是一所新建的综合性大学。1983年5月建校后,在学生管理方面逐步进行了一些改革,花有限的教育经费,培养更多的人才。一年多来,上海大学主要进行了七项改革:

一、改住读为走读。该校所属的文学、工学、工商管理、外语、美术五个学院,现有校舍仅42 000平方米,共招收全日制学生3 900多人,加上夜大学及各类培训班学生,已达5 200多人,平均每人占校舍不到10平方米。如按每个学生平均需占校舍40平方米的规定计算,该校只能招生1 000人。

二、改不收费为收取少量学杂费。文科每学期缴20元,工科每学期缴25元。这个数额与国家培养一个大学生所花的费用相比,是微乎其微的。但这样做有利于增加学生的学习责任心,使他们认识到学习不仅要对国家负责,也要对家长负责,基本上杜绝了满足"六十分万岁"的现象。学校收入这笔钱,一部分用于改善教学设施,一部分用于奖励学习优秀的学生,"取之于学生,用之于学生"。

三、改公费医疗为医疗费补贴。一般疾病的医疗费由本人支付百分之五十,学校补贴百分之五十;病情较重,医疗费较多,由公费补贴部分或全部;在职职工学生仍享受公费医疗。实行这项制度后,医疗费大大减少,据工学院对实行公费医疗和实行医疗费补贴的学生作了调查,前者在一个学期中,学生人均门诊4.9次,每人用药费近6元;后者人均门诊只1.1次,用药费仅0.51元。

四、改助学金为奖学金和生活困难补助。除了对城市、郊县家庭人均收入不到36元和24元的学生,进行生活困难补助外,对其他学生一律不发助学金,实行奖学金。奖学金分三等:一等奖每年200元,享受面为百分之五,获奖者为市、校三好学生及优秀学生干部;二等奖每年150元,享受面为百分之十五,获奖者为三好积极分子中学习、品德优良和体育及格的学生;三等奖每年100元,享受面百分之三十至四十五,获奖者为各科成绩平均在70分以上,品德良好和体育及格的学生。对单科成绩突出,在精神文明、体育比赛中有突出贡献的学生,学校还设立单项奖。

五、改学年制为学分制。目前已在外语学院英语专业,文学院中文、法律专业,工学院电子计算机专业试行。学分制是根据课时多少,把每门课折算成学分,然后根据教学计划规定每个专业的总分,如果学生提前修满本专业规定的总学分,考试合格,可以提前毕业。有些课目,学生原基础较好,经过考试,成绩合格,可以免修。有的学生自学能力较强,经教师核定,可以免听;考试成绩合格,给予学分。学生在免修、免听某些课程后,可以选修高年级课程或另攻其他方面的课程。

六、改"一考定终身"为中期选拔。上海大学各学院办学形式多样,有四年制本科,也有三年、二年制专科。为了鼓励先进,鞭策后进,他们采取了中期选拔的办法,即成绩优秀的专科生,经严格考核,可升入本科学习。同样,对一部分成绩很差,学习有困难的本科生,让他们转入专科学习,提前分配。

七、改统一分配为择优推荐。对毕业生试行"不包分配,合同培养,择优推荐,优材优用"的原则。每年招生时,他们尽量做到按合同对口培养;学生毕业时,根据学生的学习成绩和用人单位的需要,进行择优推荐。对特别优秀的学生,允许挑选工作岗位。对品学兼优的学生,重点推荐。对少数成绩差的学生,降格推荐。这就打破了学生中不求上进的"铁饭碗"思想,做到了优才、优育、优用。(叶家焕 张贻复)

《光明日报》1985年1月2日

**功劳越大奖金越多 教授陈彬独得两万 上海工大发放奖金做到论功行赏**

上海工业大学对科研工作中有突出贡献的教师实行单项重奖。最近,该校色材化学研究所负责人陈彬教授获奖金2万元,他的主要助手张传玉讲师同时获奖金13 000元,成为知识分子万元户。

陈彬教授早年留学英国,获得纺织化学博士学位,长期从事染料化学和颜料化学的研究工作,在染料科学方面有很深的学术造诣。1983年6月,他接受钱伟长校长的聘请,到上海工业大学主持筹建色材化学研究所。一年多来,他不顾七十高龄,带领所里科研人员冒严寒、顶酷暑,深入到长江三角洲各地调查开发色材化学新产品资源。他们利用丰富的菜油资源及其油脚、淀粉和某些农药生产过程中的副产品等研制成功芥酸、淀粉醚、氨基偶氮苯等五项色材化学新产品。其中用菜油研制的芥酸可以做增塑剂、润滑剂、柔软剂,可以用于纺织、塑料、食品、金属加工等工业部门。该研究所已将这一成果转让给全国19家中小企业,为学校创收40多万元。

最近,校领导在认真听取各方意见的基础上,打破过去在发放奖金上吃"大锅饭"的做法,根据有关条例论功行赏,对有突出贡献的陈彬、张传玉实行重奖。该所其他科研人员按功大小,也分别获得几百元至几千元的奖金。(龚建基 陶鑫良)

《文汇报》1985年1月4日

**上海科技大学材料科学系用新的原理和工艺**

上海科技大学材料科学系用新的原理和工艺,首次研制成功高灵敏度锆钛酸铅系统的新型压电陶瓷材料。该材料可广泛应用于超声波医用仪器、环境监测仪器等。

《文汇报》1985年1月8日

**上海工大研制出第五代计算机语言系统**

上海工业大学软件工程部几位青年科研人员,研制成功第五代计算机程序设计语言——PROLOG语言系统,最近通过了上海市科委鉴定。这种语言是一种具有逻辑推理

能力的语言,其程序所描述的是各个事物之间相互的逻辑关系。(黄湖苓)

《光明日报》1985年1月10日

### 大学生羽球好手将在上海较量  上海大学主办全国大学生羽球邀请赛

由上海大学主办的首届全国大学生羽毛球邀请赛将于2月4日至11日在上海闸北体育馆举行。

参加全国高等院校比赛的16所新学校是,清华大学、首都医科大学、北京大学、北京建筑工程学院、山东大学、华侨大学、重庆大学、中国科技大学、南京化工学院、天津大学、天津医学院、上海大学、同济大学、复旦大学、上海工业大学、上海外国语学院。近200名大学生将进行男、女团体和单打四个项目的比赛。(胡申生)

《新民晚报》1985年2月1日

### 上海大学美术学院聘请名画家任兼职教授

上海大学美术学院昨天聘请著名画家唐云、吕蒙、程十发、沈柔坚、王个簃、朱屺瞻、陈佩秋、蔡振华以及香港著名肖像画家袁耀锷为兼职教授。

袁耀锷教授50年代毕业于沈阳鲁迅艺术学院,毕业后一直从事油画创作与教学工作。

《文汇报》1985年2月10日

### 简讯

全国大学生业余篮球联合会在南京大学成立。参加"金陵杯"篮球邀请赛的高等院校的代表队是第一批团体会员。联合会决定1986年全国大学生篮球邀请赛将在上海举行,由上海交大、上海工业大学、上海外语学院共同举办。(宋新桂)

《人民日报》1985年2月14日

### 建立起教育与经济的新联系

上海工业大学是上海市领导的一所多科性的地方大学。1960年创建以来已为国家培养了本科生和研究生8 700余人,为上海经济战线培训厂长、经理近千人,培训工程师近千人,为第三世界培养留学生近百人。自1976年以来,受到国家级、省市级奖励的科技成果有56项。1984年转让的科技成果有88项,企业因此获经济效益数千万元。

学校在为经济建设服务过程中也逐步发展壮大起来,从创建时的四个系九个专业发展到九个系23个专业,建立起四个研究所、十三个研究室,一个软件开发工程部,一个机械基础件研究中心,一个机械新技术开发中心。

经济要腾飞,智力开发是关键。上海要为全国实现四个现代化作出重要贡献,建设成具有多种功能的全国最大的经济中心,成败的关键在于能否按经济、科技各个发展时期的需要,及时地培养足够数量的符合质量要求的各种专门人才。作为培养人才的高等学校,必须主动积极地加强与经济实体的联系,必须与经济发展协调动作,并尽可能早起步提前准备,以应急需。

为了加强同经济的联系,我们做了以下工作:

1. 学校整体结构要与上海经济发展相适应。根据地方经济发展的战略需要、上海高等院校统一分工、我校的基础与可能等三个因素,我们确定了"改造传统性专业,发展新兴学科专业,增加第三产业需求专业,加强重点建设"的部署,把教学、科研、生产结合起来,为上海经济腾飞服务。

在改造传统性专业方面,主要是加强基础,引进新技术,扩大专业面。我们把最近五年学科发展的前沿和国内外引进技术的水平,作为改造专业的方向。

在发展第三产业学科方面,根据开放城市的需要,在管理工程系内增加工业外贸专业、经济管理信息系统专业、工业财会工程专业,成立预测与咨询研究所。

这些部署集中到一点,就是面向上海经济,研究上海经济,为上海经济腾飞准备条件,使学校整体结构同上海经济发展战略相适应。

2. 形成校、局、厂的联系网络群。在业务方向明确后,跟着要使学校与产业局、厂形成组织上的结合,开展局校协作,沟通渠道。上海市政府批准成立了上海工业大学校务委员会,校委会由上海市经委主任任主任委员,计委副主任、科委副主任、外贸委副主任和校长、党委书记任副主任委员。九个局的局长和学校副校长任委员。这种组织形式使学校及时了解经济动态和社会需求,以便主动配合,并得到一定的经济支援。

学校的系、部与工厂、公司大力加强横向联系。我们要求有条件的教师尽可能兼任工厂顾问,围绕工厂发展,开展研究工作。

3. 加快发展继续教育和成人教育,建设校外培训基地,使学校教育逐步社会化。

地方高校为经济建设服务,必须加快发展继续教育和成人教育,建设校外培训基地。为此,我们建立了干部培训办公室,在经委领导下,有计划地对大中型骨干企业的经理、厂长与党委书记举办为期四个月的轮训班。现已举办11期,已有910多人结业。

此外,为实现企业干部"四化"、培养第三梯队,我们举办了为期两年的干部专修科,已有两期毕业生,回厂后已有三分之二学员担任厂级领导干部。这种先培养后任命的做法,是选拔干部的正确途径。

4. 发挥高校科技优势,分层次地形成科研服务结构。我校几年来科研选题坚持了面向经济的方针,以应用研究和开发研究为主,重视学科的发展。据不完全统计,学校接受了566项科研任务,已完成247项,其中通过鉴定152项,绝大多数成果都得到了应用。仅材料科学与冶金工程系完成的13项成果,每年就可增收775元,节省外汇145万美元,节电98万度。

面向上海经济,为上海经济腾飞服务的实践,使我们获得两点认识:

首先,要消除学校与社会的隔离状态,推倒无形的墙,敢于与社会、企业建立起新的联系。钱伟长校长到校后,提出工大教改方向的第一条就是推倒学校与社会、系与系、教研室与教研室之间三重墙。这几年凡是这样做了的单位和部门,都取得了良好效果。隔离墙被推倒了,办学路子越走越宽了,学校也逐渐活跃起来了。

其次,在力量安排上要分层次进行全面部署。要有"主力部队",也要有"地方部队"和"游击队"。"主力部队"要承担国家重点科研攻关项目。这是学术支柱,要由学校领导亲自掌握。各个系则可按学科专业发展和经济开发需要来选择课题,有针对性地进行开发性科研,成为"地方部队",这支力量由系掌握。众多的技术革新与应用新技术的智力服务项目,则放手由教师签订协议,也可组织研究生科技协会、大学生科技协会或毕业设计(论文)来完成,取得当年得益的效果。(上海工业大学　雷风桐)

《人民日报》1985年3月3日

**上海大学实行中期选拔制　专科优秀生升入本科学习**

昨天,上海大学工学院公布了专科转入本科的学生名单,五位考试成绩优良的学生高高兴兴地进入本科机械专业二年级下学期学习。这是该校贯彻因材施教原则,实行中期选拔制的具体实施。

上海大学为鼓励学生发奋学习,在该校工学院、工商管理学院率先试行中期选拔制。去年暑假,工学院为读完机械专修科一年级的25名成绩优秀的学生专门开班,花九周时间补习本科的物理、数学、外语课程。补习后,有16人参加中期选拔考试,经学院认真考核后,最后选拔8人进入本科二年级上学期学习。为了不断给优秀学生创造深造的条件,学院决定多次进行中期选拔工作。寒假中,有16人应考,经评核成绩,决定5人升入本科学习。

工学院的实践表明,中期选拔制是可行的。上学期从专科升入本科的八位学生,不仅可以胜任本科的学习,而且有6人分别在四个班级上学期末考试中取得前三名的优异成绩。

上海大学打算不断完善中期选拔制,今后还要选拔部分优秀专科生在导师指导下选修本科生学分,选满学分的即作为本科毕业生。对一学期没修满应修学分百分之四十的本科生,则规定他们要转入专科学习。与此同时,该校力求把专利办成一个有较高水平的高等教育的独立层次。(张自强)

《文汇报》1985年3月5日

**上海工业大学设置经济管理学院**

经市人民政府同意,在上海工业大学内设置经济管理学院。学院现有工业管理系、在职干部培训部和预测咨询研究所,设有工业管理工程、工业外贸两个本科专业。(沈本良)

《文汇报》1985年3月14日

**上大图书馆专业中专班招生**

上海大学举办图书馆专业中专班,主要招收本市高校、中小学、各区、厂矿等单位的图书馆在职职工和志愿从事图书馆工作者。凡报名者持单位介绍信于4月26至29日到凯旋路30号上大教务处联系。

《解放日报》1985年4月26日

**请你报出身长、胸围等数据　计算机即能为你裁剪排料　上海大学工学院研制成的这一系统设计服装快而省料**

把自己的身长、胸围等数据告诉计算机,它迅速设计出来的中山装马上在屏幕上显示出来,在它旁边的多笔数字绘图仪立即绘出排料图,让工人在不到10分钟时间内就能拿到图样进行裁剪。这是记者日前在上海大学工学院看到的计算机辅助服装设计排料系统。该系统已通过技术鉴定。

上海大学工学院研制的计算机辅助服装设计、排料系统,具有中山装、西装等服装自动设计制图功能,并能在屏幕上对衣片作平移、旋转、翻转等调度和改动,设计完善后还可将衣片图样存贮起来,具有检索功能。使用这一系统比人工设计省料。

据了解,美国服装自动裁剪系统价格为27万美元,上海大学研制成功的具有类似功能的系统只花费6万元人民币,现已在虹口区服装针织工业公司试用。(张自强)

《文汇报》1985年5月1日

### 上海科大制成电子刺激器　缓解心绞痛有效率达95%以上

上海科技大学新近制成一种"经皮神经电子刺激器",用来治疗严重心绞痛,解痛有效率达百分之九十五点五。

这种电子刺激器的电极只要放在心绞痛发作病人的心胸区或局部疼痛明显的部位,从它对病人进行电刺激的第一分钟起,就能使心绞痛缓解;结束每次15分钟的治疗后作心电图检查,可见原本缺血、缺氧的指标明显好转。接受这项治疗的病人都反映,它明显改善胸闷、胸痛症状,使局部紧迫感消失或缓解,全身感到十分舒适。(徐成滋)

《解放日报》1985年5月4日

### 上海制成双画面彩色电视机

国内第一台双画面彩色电视机最近已由上海工业大学和上海无线电十八厂联合研制成功。这是一种能在同一屏幕上显示两个不同频道节目的多功能彩色电视机,既可随时将两个画面相互对换,还能使优美、舒适的画面"定格"在屏幕上,供鉴赏和研究。

《人民日报》1985年5月10日

### 校局厂结缘　一举三得益　上海工大教师和经济部门干部、技术人员互相兼职　既能更好地为振兴上海经济服务又提高了教学质量

上海工业大学的教师和本市经济部门的干部、工程技术人员相互兼职,初步形成了校、局、厂的联系网络群。使学校更有效地为振兴上海经济服务。

经市政府批准,上海工业大学成立了由市经委、计委、科委、外经贸委和九个局的负责人以及学校党政领导同志组成的校务委员会。校务委员会为学校新学科(专业)建设、学校改革、人才培养和分配、开拓对外渠道、厂校协作等方面进行决策和提供条件。这种组织形式,使学校及时了解上海经济发展和社会需求等信息,以便主动配合,并得到一定的经济支援。为了发展上海软件工程和开发机械新技术,在市经委支持下,该校成立了软件工程部、机械新技术开发中心。各产业局还派出学有专长的总工程师、研究所所长兼任学校对口专业的顾问、兼职教授,使厂、所与系更紧密地结合起来。

学校鼓励有条件的教师尽可能地到工厂担任兼职顾问,开展科技协作与成果转让,帮助工厂产品更新换代。工管系几位教师在正泰橡胶厂接受咨询时,帮助工厂推行与建

立干部上岗管理制度、全面质量管理、信息反馈系统等,工厂在不增加劳动力和增添新的设备的情况下,提高了经济效益。该厂在去年获得上海市及化工部质量管理先进企业的称号。同时,他们把这套科学管理方法充实到教学内容中,并带领学生到该厂开展毕业课题论文的调查研究,促进了教学改革。近几年,该校还先后派出三十多名骨干教师具体参加了人工智能与机器人、节能技术等九个科技领域和电子器件、视听技术等十四个重点行业的规划工作,并担任了人工智能与机器人学科规划组的负责人。这些活动,使学校了解了有关科学领域的国内外动态,上海市科技与经济发展的重点,对规划学校的重点学科、改造老专业和增设新专业帮助很大。(陶洪光)

《文汇报》1985年5月12日

### 上海大学美院老师为乌鲁木齐街头塑像

为迎接新疆维吾尔自治区成立30周年,上海大学美术学院承担了乌鲁木齐街头大型塑像的任务。日前,上海大学将威武雄壮的战士、哈萨克民族传统活叼羊和三少女翩翩起舞三座雕塑模型送审时,得到乌鲁木齐市有关部门的赞扬。美院雕塑专业的老师正在赶制,让它们矗立在街心花园和通衢大道上。

《新民晚报》1985年5月13日

### 不培训不上岗　不培训不当长——全国军队转业干部专业培训工作普遍展开

军队转业干部的专业培训工作正在全国各地普遍展开。据统计,1984年度转业干部参加培训的已达6万余人,占应训人数的80%。其中辽宁、四川、江苏、宁夏、黑龙江等省区已达90%以上。这项工作的开展,为军队转业干部的安置工作开创了有利条件。

对军队转业干部进行专业培训,是党和国家工作重点转移以后提出的一项新任务。根据邓小平同志关于要"为他们创造地方工作条件"的意见,近几年各地对转业到地方的军队干部普遍进行了专业培训。

各地对军队转业干部进行专业培训时,都注意针对转业干部年龄、文化程度的参差不齐和分配行业各不相同的特点,安排培训的专业内容,干什么学什么,缺什么补什么,大体分为党政、财贸、政法、企业管理、工商行政管理、农林、税务等专业。在培训形式上,因地制宜,采取多渠道、多层次的方法。上海市在前两年利用大专院校和各类干校开设专业培训班的基础上,今年又组织400余名转业干部到同济大学、财经学院、教育学院和上海大学进行专业培训,结业时考试合格,将发给单科毕业证。沈阳市接收的转业干部,应参加培训的,都到培训中心进行培训。

各地还把转业干部专业培训作为考察了解干部的极好机会。河北省对新接收的转业干部一律实行暂不任职的办法,坚持"不培训不上岗,不培训不当长"。在培训中进行考察,培训结束后再宣布任职。四川省虽然宣布任职,但向转业干部说明,还要根据考察情况进行调整。这些办法有效地促进了转业干部学习的积极性,提高了培训质量。(原所安　史占旗)

《人民日报》1985年5月23日

**中文电脑输入方案　可望规范化标准化**

日前在福州闭幕的中国中文信息研究会汉字编码专业委员会第二次学术交流会研究了对我国已有的400多种汉字编码输入方案的评测工作。他们准备把能获得经济效益、有普遍推广意义、简易可行的汉字编码输入方案优选出来推广，以便逐步达到中文计算机输入方案的规范化和标准化。

解决汉字信息处理技术，是电子技术能否在我国普及和应用的关键。目前这项研究工作进展很快。多年来坚持汉字编码研究工作的辽宁大学计算机系教授原益中，已先后推出三代码本。经上机试用，具有操作快等优点。中国中文信息研究会理事长、上海工业大学校长钱伟长教授，发明了汉字宏观字形简易输入法，这种方法符合人们识字规律，比较易学易用。一批中青年编码设计者也研制出一批优秀的汉字编码输入方案。（蔡清河）

《人民日报》1985年5月24日

**谁获大学生艺术家证书**

在报刊舆论对本市大学生缺乏文艺修养提出批评之后，上海工业大学引起较大反响。日前，该校召开会议，研究如何提高大学生文艺修养问题，并于本月24日至31日举办"工大之春艺术周"，以加强大学生的艺术美育。

艺术周活动有，文艺会演、文学、书画、摄影、集邮、吉他大奖赛、艺术系列讲座、影视献映、舞会等。艺术周为鼓励大学生文艺人才的成长，还将向评选出的优秀作品作者和优秀舞台表演者，颁发首批"大学生艺术家"证书。这在本市大学生文艺活动中还是首创。（张锁庆）

《新民晚报》1985年5月25日

**上海大学文学院将办首届青年编辑讲习班**

上海大学文学院将于今年7月间举办首届全国青年编辑讲习班。

这次讲习班为期45天，主要讲授"编辑学概论""编辑心理学""编辑艺术""编辑应用文写作""编辑语法学"等课程。同时，特邀国家出版界专家学者作专题学术报告和经验介绍。（王占林）

《文汇报》1985年6月2日

**上海妇运活动**

上海市妇联试办妇女干部进修班，帮助妇女干部更新知识，提高工作能力。去年他们委托徐汇区业余大学办了第一个妇女干部法律专修班，培训了56名来自工厂、机关、学校、商店等各条战线从事信访或法律咨询工作的妇女干部。今年，他们又委托徐汇区业大、上海大学政治学院、华东师范大学、上海幼儿师范学校和上海县委党校等，再办五个政工和法律学前教育大、中专修班，计划招收300多名学员。

《人民日报》1985年6月8日

**上海大学适应经济和社会发展的急需　致力培养应用型专门人才**

外事谈判学、物价学、商业美术学、经济法学等一大批新的应用学科课程正在上海大学逐一开设。该校在培养应用型专门人才方面办出自己的特色,受到社会的欢迎。

上海大学是一所拥有六个学院的新型综合性地方大学,为适应上海地区经济和社会发展的急需,它坚定不移地把培养应用型专门人才作为办学方向。例如,传统的外语专业侧重教外国文学;上海大学外国语学院根据用人部门急需大批外贸经营人才的实际情况,开办了应用英语、应用日语专业,进行听、视、说的综合教学。上海大学美术学院是目前上海地区唯一的一所高等美术专门学院,如果单纯培养油画、国画、雕塑等艺术人才,将来分配会成问题。于是根据社会实际需要,定为主要培养工艺美术专门人才,设立商业美术设计、工业造型设计、室内装饰设计等专业。国画、油画专业,也讲授壁画、装饰画、动画等应用艺术内容。

在培养应用型专门人才工作中,该校努力在专业方向和课程教学等方面办出特色,做到人无我有、人少我多。例如,以培养上海中小企业急需的工程技术应用型人才为己任的上海大学工学院,看到老大学主要是研究每秒百万次的大型计算机,他们就着重研究适合中小型企业应用的微型计算机、单板机。在机械专业方面,他们侧重研究目前第三产业迫切需要的包装机械,在电器专业方面则着重研究家用电器。考虑到中小型企业对人才的需要,注意造就交叉复合型人才,学机械的要同时攻读电视机、计算机。上海大学工商管理学院以培养商业人才为主,开设物价、物资管理专业,接受轻工业部、国家物资总局的委托,进行合同办学。

该校认真克服缺少师资、设备的困难,在填补应用型新专业教材的空白方面作出了成绩,部分新专业已编写出一套具有一定质量的教材,制定了若干旨在培养学生动手能力的教学措施。上海大学文学院社会学、档案学、图书馆学等应用学科已有30种自编教材,出版册数以万计,有的教材已为其他学校采用。仅秘书学科就有秘书学概论、秘书写作等九本教材,初步形成自己的理论体系。为了培养学生动手能力,该院每年进行全院性写作、书法会考,优秀者在毕业生登记表上特别注明。该校外语学院到社会上举办外语爱好者俱乐部、家庭外语服务部等,努力为学生创造院外"外语环境",使学生学习两年后听、说就能过关。

近两年来,上海大学培养出的上千名"应用型"毕业生受到用人单位的欢迎,被誉为上手快,知识面广,适应能力强。文学院很多毕业生走上工作岗位后已能独当一面派大用场。外语学院毕业生有的被委派为出国谈判代表,有的当上了公司经理。工学院毕业生有的当上了大厂车间主任,有的到小厂担任厂长。(张自强)

《文汇报》1985年6月13日

**上大外语学院更名为上大国际商业学院**

经市府批准,上海大学外语学院最近更名为上海大学国际商业学院,对外称上海国际商业学院。上大国际商业学院设国际经济、国际商业、国际法律、外文秘书以及英语、日语六个专业,学制三年,学生经过中期选拔,成绩优秀者,转入本科学习。

《解放日报》1985年6月18日

### 上海大学外语学院更名

经上海市人民政府批准,上海大学外语学院更名为上海大学国际商业学院。更名后的上海大学国际商业学院的主要任务是为本市培养对外经济贸易方面的中、高级人才。该院专业设置有国际经济、国际商业、国际法律、外文秘书以及英语、日语六个专业。

《文汇报》1985年6月20日

### 高吸水性聚合物应用前景广阔

在50毫升蒸馏水中放入半毫升白色粉末,经过搅拌,不到15秒钟,水就成了胶质状态;如果在花盆中放些粉末,灌上水,你出差半个月回来,花照样生机盎然。这种粉末叫SDL型高吸水性聚合物,是由上海大学工商管理学院化学教研组研制成功的,现已投放市场。

专家们在鉴定会上认为,这种高吸水性聚合物吸水、保水、吸液、缓释等性能都已达到国际上高吸水性类树脂的先进水平。SDL型高吸水性聚合物,已制成新型的医用辅料,在皮肤科、泌尿科和妇产科临床应用、吸尿、吸血效果十分理想。另外,在无土栽培、育苗以及日用化学各方面,都有良好的应用前景。(萧关根)

《人民日报》1985年7月4日

### 不用泥土便可栽花育苗　高吸水性聚合物通过鉴定

利用一种高分子材料——高吸水性聚合物,可以不用泥土栽培花卉和育苗,因其保水、保肥性能强,只需十几天至一个月浇一次水。这种新材料是上海大学工商管理学院化学教研室研制成功的,于最近在上海通过了鉴定。这将为城市绿化、园林育苗创造好条件。这种材料除用作无土栽培基质外,还可用作皮肤科药用软膏基质,以及作为卫生材料供泌尿科、妇产科病人吸尿、吸血用。(张贻复)

《光明日报》1985年7月21日

### 工读交替　学分累计　五年一贯　上海大学实行新颖教学制度　充分挖掘学校潜力,招生数成倍增加

上海大学试行各教学层次、教学形式相通的工读交替制、五年一贯制、课程学分累计制等新颖的教学制度,努力探索多出人才、快出人才、出好人才的规律,把学校办活。

在教育改革中,该校发扬创新精神,摒弃那种把各办学层次、办学形式截然分开的陈旧模式,注意挖掘它们之间的内在联系,试行一些新颖的教学制度。在学校批准和教师指导下,该校本、专科,日校与夜校,低年级与高年级的课程可以打通,学生可以从这一层次转到另一层次学习。如实行课程学分累计制后,有些夜大学学生可根据工作实际安排自己的学习,或延长或缩短学习年限,只要修满学分,即可毕业。夜大学与日校学习也可打通,文学院有些读图书馆学、档案学专业的夜大学学生,在一段时间里白天有时间学习,经所在单位和学校批准,即可转到日校上课。实行"夹层课"制后,促使该校国际商学院(原外语学院)学有余力的优异生能够超前学习,在一年级下学期就能选读二年级上学期的英语精读、教学电影等课程,可多获学分提早毕业。去年招收进来的一些夜大学应

用英语专业一年级学生,有很多课程已获得自学考试及格证书,因而学院同意他们来日校干部专修班选读二年级下学期英语翻译、英文打字课等。

上海大学为了多出人才、快出人才,目前拟在教学制度方面作新的改革。例如,该校决定先在工商管理学院商业经济(合作经济)专业试行工读交替教育制。40名学员从市郊定向招来,一年分三个学期,两个学期时间学习基础理论知识,一个学期的时间加强实践环节的训练,去基层单位工作,定岗位进行营业、会计、统计、批发、经销等各种商业劳动。与此同时,该校已着手在工学院试行高中、专科五年一贯制,与卢湾、南洋两所中学合办,经考试,各招收一班优秀的初中毕业生,进入五年一贯制计算机专业学习。

灵活多样的教学制度,促使这所建校仅两年的综合性大学发挥出极大的潜力。该校仅42 000平方米的校舍面积,按领导部门有关标准计算,仅能招生1 000人,但他们已招收了各类学生5 000人。(张自强)

《文汇报》1985年7月29日

**教师塑像由上大美院设计制作安装　塑像小样在今年教师节前将与广大教师见面**

上海市第一个教师塑像已决定由上海大学美术学院负责设计、制作和安装,教师塑像小样将在今年教师节前与广大教师见面。

今年春节期间,上海市教育工会和《解放日报》社联合发出的《开展尊师活动倡议书》中,提出发动社会各方面捐款资助建立教师塑像。这一倡议得到了社会各方面的热烈响应。上海电缆厂已表示承担建立教师塑像的费用,其他一些工厂和许多教师、学生以及社会各界人士也都积极资助。上海大学美术学院雕塑系的全体教师经过研究,决定接受设计教师塑像的任务。他们表示:"建立教师塑像是我们广大教师的愿望,我们有责任为建立教师塑像出力,我们为能接受这个光荣而艰巨的任务而感到非常高兴。我们一定全力以赴,不辜负全社会的希望。"

日前,教师塑像的第一轮设计已经完毕,雕塑系的五位教师各自拿出了塑像稿样。在这些稿样中,有的是一个青年女教师手捧一棵幼苗,象征"园丁"培育"祖国的幼苗";有的是教师身后花儿朵朵,表现出教师的辛勤劳动换来了丰硕的果实;有的是一支大蜡烛,周围的三个女学生或低头思索,或仰首向往,或手捧"原子核",称颂人民教师像蜡烛那样燃烧自己、照亮别人的献身精神。

寻找什么样的雕塑语汇来体现教师的形象和心灵,这是一个艰苦的艺术创作过程。为了尽快完成设计任务,雕塑系的教师冒着酷暑,放弃休息,正在作进一步构思,进行第二轮创作。他们表示,一定要在全国第一个教师节之前设计出塑像小样,让广大教师评定。

教师塑像将选用铜或石头真材料制作,整个设计、制作和安装工作预计明年教师节前可以完成。(吴德宝)

《解放日报》1985年8月2日

**上海大学办编辑讲习班**

由上海大学文学院举办的为期一个半月的全国编辑工作讲习班日内正在上海进行。

参加讲习班的170余名中青年编辑来自28个省、市。(陶顺良)

《新民晚报》1985年8月11日

**本报与中国美术馆联合举办　高等美术院校教师美展即将举行**

为庆祝今年9月10日的全国首届教师节,本报与中国美术馆联合举办的《全国高等美术院校教师作品展览》,将于9月9日下午在中国美术馆开幕。

展出的作品中将有一部分是反映教师题材的新作。参加展览的院校有：中央美术学院、中央工艺美术学院、浙江美术学院、四川美术学院、鲁迅美术学院、西安美术学院、广州美术学院、天津美术学院、湖北美术学院、南京艺术学院、山东艺术学院、广西艺术学院、吉林艺术学院、云南艺术学院、中央民族学院、北京师范学院、南京师范大学和上海大学美术学院。目前,展览正在筹备之中,并得到文化部教育局的大力支持。

《光明日报》1985年8月22日

**近视眼患者的福音　上海科大制成辐射聚合软镜**

上海科技大学研制成一种辐射聚合软接触镜新工艺。昨天,这种新型软镜及其工艺通过了专家的技术鉴定。

上海科大用高能射线引发合成的软镜克服了含水量不高、机械强度差、透气性不足等缺点,厚度、含水量等主要指标均优于国内同类产品。

目前,科大校园里已建成年产1万副软镜的加工车间,并和上海市铁路中心医院眼科协作进行临床试戴,经300多只人眼试戴四至六个月以上的实践证明,这种辐射聚合软镜质地柔软纯净,富有弹性,异物感小,佩戴舒适,可以较好地矫正近视患者的视力,适于高度近视及两眼近视度数相差300度的患者,还可以作单眼佩戴。铁路中心医院不久将对外接受近视患者配戴辐射聚合软镜的业务。(徐成滋)

《解放日报》1985年9月27日

**克服高教和普教教学内容脱节弊病　上海科专番禺中学合办五年一贯制大专班**

上海科技专科学校与番禺中学试办五年一贯制大专班,探索高等专科教育改革的新路。

为了克服高教和普教两个系统在教学内容上脱节、重复等弊病,科技专科学校与番禺中学联合,招收初中毕业生,试办五年一贯制的电子技术专业班。五年制大专班分两个阶段：前期教育两年,在番禺中学进行,要求学生除学完高中阶段的基本课程外,还要修完机械制图、计算机算法语言等新增加的大专课程,并完成金工实习、计算机上机实习、电子产品生产实习；后期教育三年,在科技专科学校进行,学习专业基础和专业课程,完成课程设计和毕业设计。

首届试点班学生是从番禺中学去年高一新生中严格挑选出来的。学校还拟在两年前期教育完成后进行考试,凡成绩不符要求者将不能升入后期学习班。目前,试点班学生已学完计算机算法语言课程,学生上机时间已有12小时以上。今年暑期,学校又在徐汇、静安、长宁、普陀四个区公开招收了第二届学生。(张自强)

《文汇报》1985年10月3日

### 上海大学　高校羽坛崛起一支新军

上海大学羽毛球队前两年还默默无闻,现在却成绩斐然。去年的市大学生羽毛球邀请赛,他们获得了男女团体冠军,又独揽了女子单打之外的全部单项金牌。今年,在该校主办的全国大学生羽毛球邀请赛上,他们的男子一队、二队分获团体冠亚军,又夺得男单冠军;女队也获得团体冠军。

上海市第二届大学生运动会即将拉开战幕,一个星期天的下午,我来到了他们的训练场地,只见队员们有的在练网前技术,有的在远网大力扣杀,队员们的衣服早被汗水湿透。教练张勇老师说,为了准备这届大学生运动会,队员们每周训练四次,每次三个小时,有时累得坐在地上站不起来,也没有人叫苦。张老师指着两个正在练习大力扣杀的队员说,他们是季彬和邵宇达,分别为去年市大学生比赛和今年全国邀请赛的男单冠军,但每次训练仍很刻苦,练完单打练双打,即使是练习比赛也从不含糊。

这时,一场男女之间的单打比赛开始了。女队员叫魏卫,今年只有19岁,是队里的"小妹妹",可技术却高人一等。她母亲虞强鸣是50年代上海女排主力队员,可小魏却爱上了羽毛球。张老师说,学校对队员的学习抓得很紧,训练和比赛耽误的功课,都由教师对他们进行个别辅导。当问到在这届大学生运动会上的打算时,张老师说,我们要力争在女子项目上多拿金牌。(朱国秋)

《文汇报》1985年10月10日

### 五十一名青年考上王宽诚教育基金贷款留学生

香港实业界知名人士王宽诚教育基金贷款留学生1985年度考试选拔工作结束。考选委员会主任钱伟长教授今天向新闻界宣布:正式录取45个专业的51名考生为第一批享受该基金贷款的留学生。

王宽诚先生独力出资1亿美元设立教育基金,基金会设在香港,主要为中国的留学生提供贷款,每年考选50名左右,各学科1名。今年参加考试的有大陆、港澳和台湾在港人员,共2 107人。已录取的51名考生中,除2人是香港中文大学毕业生外,其余分别毕业于内地28所高等院校。

钱伟长介绍说,这次考选的题目是由来自全国23个单位的83位知名教授学者命题的。一半以上命题人是中科院学部委员,90%的命题人有博士学位授予权。钱伟长强调说,考选过程中绝对没有不正之风。考选委员会会议决定,王宽诚教育基金贷款留学生,1986年仍将招考选拔50名左右,1986年1月4日至2月28日报名,地址在上海工业大学。王宽诚先生参加了考选委员会的会议。(萧关根)

《人民日报》1985年10月13日

### 上海工大庆祝建校二十五周年　钱伟长被推选为工大校友会会长

上海工业大学昨天隆重集会庆祝建校25周年。著名科学家、上海工大校长钱伟长教授在会上讲话。他说,上海工大现已进入一个新的发展时期,他将建设成为一所适应上海经济区社会、经济发展需要的,以工为主,工、理、管、文相结合的社会主义新型大学。

曾庆红、朱宗葆、周璧等领导同志以及有关方面的负责人到会祝贺。朱宗葆副市长在会上讲了话。

到会祝贺的还有：中顾委委员夏征农、加拿大拉尔逊多科性技术学院院长西格尔博士等。

上海工大的前身上海工学院是1960年创建的。

上海工业大学校友会于日前成立。到会的3 000多名校友，一致推选著名科学家、上海工大校长钱伟长教授为校友会会长。（王世勋）

《解放日报》1985年10月18日

### 工科大学如何改革？钱伟长提出要拆四堵"墙"

工科大学如何改革？上海工业大学校长钱伟长认为，这要拆掉四堵"墙"：一是学校与社会之间的"墙"，密切学校与社会的联系；二是学校内各部门各学科之间的"墙"，适应当代学科综合化发展的趋势；三是教学与科研之间的"墙"，教师既要搞教学又要搞科研；四是思想上的"墙"，克服陈旧的教育思想，破除旧的条条框框和教学模式。

钱伟长是10月17日在该校25周年校庆会上说这番话的。近几年来，上海工业大学在"拆墙"中加强了教学科研与社会经济发展的联系。学校的校务委员会由市经委、计委、科委以及各有关工业局的负责人担任主任或委员，从组织上促进了学校同有关厂、研究所的协作关系。把学期缩短，加强实践环节。他们还面向社会，开展多层次的成人教育，举办了厂长经理轮训班，以及工程师高级进修班和劳动模范专修班等。（萧关根）

《人民日报》1985年10月19日

### 市委书记接到大学生来信之后

10月18日下午，一辆小汽车驶进上海工业大学，从车上走下中共上海市委书记芮杏文、副书记黄菊等市委领导同志。他们是特意来找这所学校化学化工系学生座谈环境保护工作的。

原来，这个系环境化学专业的学生经过大量社会调查，发现上海不少干部、工人对环境保护不够重视，心里都很着急。为此，他们积极筹办"上海环境在呼救"专题演讲会、展览会，准备向全市人民大力宣传环保工作的重大意义。10月1日，他们给芮杏文书记写信，汇报了这一打算，并恳切邀请芮杏文担任他们这次宣传活动的顾问。芮杏文接到来信后十分高兴，称赞学生们"很有眼光"。他答应了要他担任顾问的请求。

在工业大学的会议室里，芮杏文、黄菊同志与学生们热烈地交谈起来。八三级学生王龙说："近年来，我们利用假期对上海的环保工作做了一些实地调查，发现了不少问题。如今年暑假，我们沿着虹口港走访了八十多家工厂，分析了三千多个数据，总的感觉是，有不少工厂对环保工作抓得不力，有的厂还把排污口也改掉了。"芮杏文插话说："用行话来说，这些工厂的同志环保意识太差！"八二级女学生余蕊拿出有关这次宣传活动的计划给芮杏文做了详细介绍。

芮杏文听了学生们的发言，点头赞许。"同学们要搞环境保护宣传，这是一项很有意义的工作。"芮杏文说，"环境保护在世界上也是个大问题。同学们立志为环保工作献身，这是有眼光的选择！"接着，芮杏文还询问了这次宣传活动的一些具体问题，并建议展览要准备得充分一些,要多展出几天,选一个好一点的展出场地,力争取得最佳宣传效果。同学们高兴地说:"我们一定按照顾问的意见办!"(邬鸣飞　李康琪)

《人民日报》1985年10月30日

**上海大学与纽约市立大学　校际交流协议书签字**

本报纽约十一月十三日专电　上海大学副校长杜信恩和纽约市立大学校长墨菲今天下午分别在关于两校校际交流计划协议书上签字。

按照这一计划,在今后三年内,两校每年分别派出三名教师和一名教学行政官员到对方学校去讲课和进行学术交流。上海大学美术学院国画系主任顾炳鑫和文学院讲师张晓云目前正在纽约市立大学讲学。(张治平)

《文汇报》1985年11月15日

**中共优秀党员、久经考验的共产主义忠诚战士王超北同志在京逝世**

中国共产党的优秀党员、久经考验的共产主义忠诚战士、原对外贸易部中国五金矿产进出口总公司顾问王超北同志因病于10月1日在北京逝世,终年82岁。王超北遗体告别仪式今天在八宝山革命公墓举行。

叶剑英、习仲勋、乔石、杨尚昆、陈慕华、王震、刘澜涛、程子华、杨静仁、包尔汉、马文瑞等同志,中组部、对外经济贸易部、国家安全部、公安部、最高人民检察院,以及陕西省、延安地区、澄城县的党政机关送了花圈。乔石、杨尚昆、杨静仁、包尔汉、屈武、马文瑞等同志向王超北同志遗体告别,并向王超北同志的亲属表示慰问。

王超北同志病重住院期间,习仲勋同志曾前往医院看望。

王超北同志是陕西省澄城县人。1923年在上海大学读书时开始接受马克思列宁主义,在校从事革命活动。1924年加入中国社会主义青年团,1925年转入中国共产党。自1930年起,他长期从事对敌隐蔽斗争和交通运输工作。建国后,王超北同志担任西安警备区副司令员、西安市公安局局长、中国国际旅行社副经理、中国五金矿产进出口总公司副总经理等职。他为人正直,不畏艰险,不怕困难,廉洁奉公,对党、对革命事业无限忠诚。他为我国对外贸易和社会主义建设作出了贡献。王超北同志曾遭受"四人帮"反革命集团的残酷迫害,但他对党的事业一直忠心耿耿。他坚决拥护党的十一届三中全会以来的路线、方针、政策,自觉地在政治上同党中央保持一致。

《人民日报》1985年11月16日

**在世界青年发明家科技成果展览会上我国青年四项发明获得金奖**

中国青年发明家的四项发明成果今天在保加利亚主办的世界青年发明家科技成果展览上获金质奖章。

这四项发明成果是冻疮治疗机、W-1型热处理保护胶纸、气动激光窗口和非线性电磁振动流体压缩装置,它们的发明人分别是云南昆明应用技术研究中心的周林、山东潍坊鲁安化工科研所的罗来康、华中工学院激光研究所的岳超瑜和上海工业大学机械新技术开发中心的曹培生。

保加利亚部长会议第一副主席丘·阿列克山德罗夫主持了今天的授奖仪式。获得展览会金奖的还有其他国家青年的发明成果共200多项。（吴锡俊）

《人民日报》1985年11月19日

### 上海市四十多所高校食堂菜肴售价相对稳定

上海市40多所高等院校切实加强食堂管理，在许多副食品价格放开的情况下，采取许多措施，使食堂菜肴售价保持相对稳定，学生的生活水平基本不受影响。

争取有关部门支持，力求多进低于市场价的物资。复旦大学、上海交通大学、同济大学、上海科技大学等43所院校，因增加膳食供应点，生活用煤发生困难，各校通过上海高等教育局向有关部门反映后，去年市燃料公司给高校增调了550多吨生活用煤，今年又给高校补助供应生活用煤3 700多吨。市蔬菜公司为每所大学设立了特殊供应点，在蔬菜供应淡季，平均向每个大学生每天供应7两以上的蔬菜，同时每月供应给每个大学生的豆制品超过居民供应量。市禽蛋公司、市水产供销公司都尽量给学校供应优惠价格的猪肉、家禽和鲜鱼。

加强对炊事人员的思想教育，做到不随意变动菜价。近年，上海高校不少食堂实行经济承包责任制，职工奖金和经济效益挂钩。学校每月召开职工会议，强调为师生服务，不单纯追求营业额，保证菜肴质价相符。有的学校还采取按高、中、低档菜的营业额，分档提取管理费，以保证中、低档菜的供应。上海市高教局还规定，学生食堂经销各种菜的盈、亏幅度不得超过百分之一。

建立"学生膳管会"，实行食堂管理民主化。目前，40多所高校都建立了以学生为主的膳食管理委员会，其成员由学生选举产生，负责检查审核食堂进货价格，菜肴销售价格，并有权处理任意涨价的问题。他们及时将食堂供应情况告诉学生，又把学生对伙食的意见带给食堂工作人员。今年9月，上海市因下暴雨，蔬菜供应发生暂时困难，学校在争取有关部门支持的同时，及时将蔬菜生产情况、市场行情，以及有关方面采取的措施公之于众，并召开各种座谈会听取意见。（纪才）

《光明日报》1985年12月5日

### 上大工商管理学院夜校部招生

上海大学工商管理学院夜校部虹口、杨浦分部招收企业管理、财会管理专业以及半年制成人高考复习班新生，即日起在溧阳路964弄66号正大企业管理技术咨询服务部接受报名。

《解放日报》1985年12月23日

### 久经考验的共产主义战士、忠诚的无产阶级教育家赵君陶遗体在北京八宝山革命公墓火化

新华社北京12月28日电　中国共产党的优秀党员、久经考验的共产主义战士、忠诚的无产阶级教育家赵君陶同志的遗体今天上午在八宝山革命公墓火化。

赵君陶同志是1985年12月14日在北京病逝的，终年83岁。她生前曾任全国政协第四、五届委员，北京化工学院副院长。

赵君陶同志病重期间和逝世以后，胡耀邦、邓小平、赵紫阳、陈云、邓颖超、聂荣臻、万里、习仲勋、杨尚昆、蔡畅、胡启立、王兆国、宋任穷、康克清及一些老红军战士、老同志和生前友好向赵君陶同志表示慰问，对她的逝世表示沉痛的哀悼，并对其家属李鹏等同志表示深切的慰问。

在今天上午赵君陶同志的家属举行的简朴告别仪式上，邓小平、陈云、邓颖超等同志送了花圈。

赵君陶同志于1902年出生在四川省酉阳县龙潭镇。1919年五四运动后来北京求学，受我党创建初期的重要领导人、她的哥哥赵世炎同志的影响，参加了组织进步学生运动。1925年在上海大学学习时，结识了我党早期革命活动家李硕勋同志，并结为终身伴侣。她1926年加入中国共产党，同年10月赴武汉，任湖北妇女协会宣传部部长，1930年在中央妇委做秘书工作。1932年她回到四川以教师身份从事党的地下工作。1937年参加成都文化界抗日救亡协会，1939年在重庆参加战时儿童保育会，并任直属第三保育院院长。1946年先后在延安大学、中央教育研究室工作。1949年3月出席了第一次全国妇女代表大会。随后，历任中南教育部中小学教育处处长、南开大学党委委员、工农速成中学校长、化工部教育司副司长、北京化工学院党委常委、副院长等职。赵君陶同志在"文化大革命"期间遭受到林彪、江青、康生反革命集团的残酷迫害，赵君陶同志进行了坚决的斗争，表现了一个老共产党员的坚定立场。

赵君陶同志是我党早期的革命活动家、忠诚的无产阶级教育家。她在青少年时代受到反帝反封建的思想影响，在我党早期重要领导人的教育下，积极地投身于革命，较早地从事教育事业，积极发动和组织抗日救亡运动，宣传抗日民族统一战线，为革命培养和输送有生力量。全国解放以后，她呕心沥血，竭尽全力，为开创新中国的教育事业而忘我工作。粉碎"四人帮"以后，她更加关心党的教育事业的发展，关心北京化工学院的建设。患病期间她仍坚持学习，时刻关怀着四化建设和化工人才的培养。她把自己的全部精力献给了党的事业，献给了无产阶级的教育事业。

遵照赵君陶同志生前遗嘱，丧事从简，不开追悼会。赵君陶同志的骨灰将撒在她的丈夫李硕勋烈士英勇就义的海南岛。

《人民日报》1985年12月29日

# 1986 年

**美国著名热工程专家田长霖受聘任上海工大名誉教授**

昨天上午,上海工业大学隆重举行仪式,校长钱伟长向美国工程科学院院士、加利福尼亚州大学伯克莱分校副校长、著名热工程学专家田长霖教授颁发上海工大名誉教授证书。市政协副主席、市委统战部部长毛经权和市高教局副局长卜中和等出席了仪式。(李康琪)

《解放日报》1986 年 1 月 8 日

**上海举行"城市开放和社会发展研讨会"**

"城市开放和社会发展研讨会"于 1985 年 11 月在上海举行。会议就开放城市的社会机制与社会开发、开放城市的精神文明建设、开放城市中反社会行为的特点、开放城市的社会服务和社会保障政策、开放后社会观念和生活方式以及人际关系的变化、特区城市的特点和社会发展以及东西方文化冲突、融汇等问题进行了探讨和交流。这次研讨会由上海大学文学院、上海社会学学会和中国城市导报社联合发起召开。(姚国础)

《光明日报》1986 年 1 月 27 日

**改革出人才　人才促改革——上海一批中青年理论工作者在社会实践舞台上崭露头角**

上海一批中青年理论工作者已在社会实践的舞台上崭露头角。近年来他们积极投身社会改革,为上海社会经济发展献计献策。

这些中青年理论工作者,大部分分布在各高校、社会科学院各研究所一些企事业的研究机关,其中不少人是博士生、研究生,有的已在社会科学领域内取得了令人瞩目的成果。去年以来,中共上海市委宣传部成立了"思想沙龙",把他们组织起来,投身改革实践,探讨社会思潮,取得了明显成效。

如何看待前年第四季度出现的经济上某些失控现象? 上海在加强宏观控制上应采取什么对策? 复旦大学经济研究中心以及上海社会科学院部门经济研究所的八名中青年理论工作者,深入到厂矿企业和经济综合部门去寻求答案。大量的第一手材料使他们认识到,由于新旧体制转轨过程中,微观开始放开搞活,而宏观控制手段没有及时跟上,以致经济上一度出现某些失控现象。这是前进中出现的问题,不能因此动摇了改革的方向。在调查研究的基础上,他们提出了八条对策,引起上海市政府和有关部门的重视。

一些中青年理论工作者对价格放开的上海农副产品市场进行调查写出专题调查报告,并对价格趋向作了分析,提出了许多建设性意见。

参加制定上海经济发展战略的中青年理论工作者去年就如何实现上海经济发展战略问题提出了意见。其中青年理论工作者何凌、姚为群、王战、陈伟恕等的设想和意见受到市政府领导同志的重视,有的已经被决策机构采纳。180位中青年理论工作者还组成上海经济发展战略宣讲团,到工厂、农村、机关与群众对话。

上海文化发展战略研讨活动,有近五百名中青年理论工作者和大学生参加。复旦大学新闻系16名博士生、研究生和青年教师对上海新闻事业的现状和发展趋势作了研究,上海大学文学院的青年教师带领50多名学生对上海公共文化娱乐设施的状况进行调查后,提出了改善上海公共文化娱乐设施的建议。

投身社会改革实践,不少中青年理论工作者从中增长了知识与才干。一些中青年理论工作者说,过去把自己关在"象牙塔"里搞学问,同社会实践脱节;在社会改革的实践中找到了广阔的活动舞台,我们有了用武之地,思想感情也起了变化,并且用递交的一份份改革措施作为答卷。(沈世纬 赵兰英)

《人民日报》1986年1月29日

### 苏州河底污染泥厚达一米多

昨天,记者从正在召开的黄浦江污染综合防治规划鉴定会上获悉,以前无人敢承担的"苏州河河底污染底泥的系统调查和治理"难题,已由上海工业大学主动承担。这是彻底治理苏州河污染源的重要措施之一。目前,苏州河底泥采样工作已经开始。

据有关专家们分析,即使苏州河污水截流工程成功之后,工厂污水不再排入,而此河的污染问题仍得不到彻底解决。因为几十年污染造成河底污染泥厚达1米多。要彻底治理严重的河底污染泥,是一项非常困难和复杂的课题。

上海工业大学环境监测专业和环境治理专业的教师们,在参加黄浦江污染综合防治规划工作的过程中,经过一系列科学论证后,主动提出建立"苏州河河底污染底泥系统调查和治理"课题的要求,得到了市科委、市环保局的支持,课题方案已于去年底批准,由三部分组成:一是系统地查清苏州河底泥的污染情况;二是全面评价苏州河底泥的污染对各方面存在的影响;三是提出"化污染底泥为宝"的综合治理方案。这一课题计划两年半完成。(徐国英)

《文汇报》1986年2月19日

### 丁玲同志生平

1986年3月4日10时45分,丁玲同志走完了82年光辉的人生旅程,和我们永别了!

丁玲同志是我国杰出的无产阶级革命文艺战士、国内外享有盛誉的作家和社会活动家、中国共产党的优秀党员、中国人民的好女儿,我们怀着极其沉痛的心情,深切悼念这位为中国革命和中国革命文化事业艰苦奋斗了一生的、久经考验的革命文学家!

丁玲同志原名蒋冰之,1904年10月12日生于湖南省临澧县。在具有民主主义思想

冯雪峰右派反党集团"的主要成员。1958年遭到"再批判",被下放到北大荒劳动。"文化大革命"期间,她更受到"四人帮"的残酷迫害,曾被关进监狱。直到1979年党的十一届三中全会后,经党中央批准,二十余年的错案才得到平反改正,回到党的怀抱。1984年8月1日,中共中央组织部经中央批准,颁发《关于为丁玲同志恢复名誉的通知》,彻底推倒强加给她的一切不实之词,再次肯定她半个多世纪来的革命生涯,重申她是一个对党对革命忠实的、有贡献的共产党员。

丁玲同志是受"左"的错误的迫害时间较长、创伤很深的作家,但她在长期逆境中,忠贞不渝地始终坚持对共产主义事业的信念,始终热爱党、热爱人民;在艰苦的条件下,坚持学习马列主义、毛泽东思想。重返文坛后,她积极拥护党的十一届三中全会制定的方针路线,坚持党的四项基本原则,维护社会主义文艺方向。先后担任全国政协常务委员兼文化组组长、中国文联委员、中国作家协会副主席、国际笔会中国中心副会长。她不顾年高体弱,多次出访,参加国际性文学交流活动;勤奋写作,热情培养青年作家,创办并主编《中国》文学杂志;逝世前在医院病床上,还顽强地写作和审阅稿件,关心文艺工作的健康发展。

丁玲同志的一生,是和祖国人民的命运紧密联系在一起的。她的逝世,是党和人民的一个重大损失。她在将近60年的革命文学道路上,创作了许多思想深刻、为人民喜爱的作品。在新文学的几个转折时期她的创作都体现了党所倡导的文学发展的方向。她的名字和作品,曾吸引和鼓舞许多青年走向革命,其影响远及海外。她留下的近三百万字著作,是中国人民宝贵的精神财富。她的光辉业绩,必将镌刻在中国革命和中国文学史册上。我们要化悲痛为力量,学习丁玲同志一生追求真理,坚持共产主义信仰,坚决拥护党的领导,坚持社会主义文艺方向的高贵品格;学习她热爱人民,始终与人民大众同甘共苦,全心全意为人民服务的革命精神;学习她顾全大局、不计小我的广阔胸怀;学习她不畏艰难险阻、生命不息战斗不止的顽强斗志,为实现社会主义四个现代化、建设社会主义精神文明,同心同德,刻苦奋斗。

《人民日报》1986年3月16日

### 上海大学美院在纽约办画展

根据上海大学与纽约市大学建立校际联系的协议,上海大学美术学院将于3月24日至4月4日在美国纽约市大学举办画展,展出中国画、油画、工艺作品及雕塑等共113件。

这些作品是美院师生近期和历年来精心创作的。美国纽约市大学有关部门负责人曾专程来华参观美院的初选作品,其中不少作品受到美国友人的赞赏。

日前,由美院院长李天祥教授率领的三人代表团已起程赴美。(王新农)

《新民晚报》1986年3月20日

### 《青少年犯罪心理学》出版

由中国社会科学院社会学研究所主编,邵道生、曲啸等合作撰写的《青少年犯罪心理学》,最近已由上海人民出版社出版。

近几年来,我国关于犯罪的科学研究进展很快,其中青少年犯罪研究也获得了可喜的成果。本书的作者在华东政法学院、西南政法学院、西北政法学院、上海大学、天津商学院和营口市教育学院等有关单位的支持下,进行了广泛深入的调查研究,写出了许多有价值的调查报告和论文,并在此基础上运用法学和心理学理论,研究了当前我国青少年犯罪心理形成的客观原因,各种类型青少年犯罪的心理特征,青少年罪犯在侦察、审讯、审判等不同阶段的心理特征和对待各种处遇的心理反应,以及我们相应的对策,特别是在贯彻"综合治理"方针中的心理学问题。作者经过两年的共同努力,反复研讨,数易其稿,并进行了试讲和征求了有关方面的意见,终于完成了这部三十余万字的专著。中国法学会副会长王仲方、中国科学院心理研究所所长徐联仓分别为本书撰写序言,张友渔同志为本书题写了书名。(林铭纲)

《光明日报》1986年3月26日

### 上海大学美院师生作品在美展出

据新华社纽约3月26日电 上海大学美术学院作品展览今天在纽约市立大学举行开幕仪式。上海大学美术学院70名师生的一百多件美术作品受到美国艺术家和美术爱好者的很高评价。

纽约市立大学校长约瑟夫·默菲说,上海大学美术学院的美术作品展览"充分地表现了中国文化的传统和活力"。美国青年画家罗斯·刘易斯对记者说:"人们可以通过这些作品了解到变化中的中国人的精神面貌。"

《解放日报》1986年3月28日

### 上海大学美展在纽约展出

从3月24日起,上海大学的美术展览在纽约市立大学的莱曼学院、亨特学院和巴鲁克学院同时展出,为期十天。这是上海大学和纽约市立大学校际交流计划的一部分,共展出上海大学70多位师生的100多件作品,其中包括国画、油画、陶瓷、石刻、金属雕刻和其他工艺美术作品。今年秋天,纽约市立大学将把在该校任教的美术家的作品运往上海展出。(张治平)

《文汇报》1986年3月28日

### 上大美院将赴哥本哈根举办画展

应旅丹麦华人张定寿先生、朱彩英女士、朱利云先生等邀请,上海大学美术学院将于今年5月上旬赴丹麦首都哥本哈根举办《中国绘画艺术展览》。展品有国画、油画、装饰画及壁画等共300件,这次展品均是该院师生的创作。(尚梅)

《解放日报》1986年4月3日

### 一个知识分子的追求——访上海工业大学冶金系教师林振汉

上海工业大学冶金系教师林振汉在完成本职工作的同时,利用业余时间无私帮助江浙两家乡镇企业工作了七年多时间,两家企业生产发展、利润增多,而他却把科研成果尽

位教师编写的一本教材,40%的内容取之于科研成果和科技服务的心得,理论联系实际,教学生动活泼。复旦大学科技服务活动比较广泛,促进了学科建设。全校专业已从原来的 42 个发展到 57 个,还办了技术学院和生命科学学院。

——培养了学生的实际工作能力。上海许多高校组织高年级学生和研究生参加科技服务,承担科研项目,有的学校还成立了学生科技咨询组织。许多学生的毕业设计结合科技服务,达到了比较高的水平,锻炼了解决实际问题的能力。

——开辟了筹集教育经费的新渠道,弥补了国家教育经费的不足。同济大学、上海轻工业专科学校、上海大学工学院、文学院四所学校,1985 年的科技服务收入平均已占学校事业费的三分之一左右。上海交大近几年来用创收的钱添置了 2 000 万元的教学科研设备,还在全国高校中首先实行自费工资改革。

科技服务之所以会给高等学校带来生机,主要是因为:

首先,科技服务冲破了条块分割的纵向行政领导关系和管理体制,发展横向联系,使教师有了更广阔的用武之地。上海交大生物技术研究所,以崇明东风农场为主要基地,应用生物技术和生态系统工程原理,开展生态农业的研究。经过三年多的探索,在综合解决能源、饲料、污染等方面取得可喜成果。最近,这一课题已被国家列为"七五"重点科研项目。

其次,注意了为社会服务与为高校本身发展服务的结合,在为经济建设排忧解难的同时,也促进了学校教学和科研的发展。华东师大河口海岸研究所发挥技术优势开展技术咨询,创立了河口海岸动力地貌学,已经编出了教材。华东化工学院在接受委托培训时考虑到教学改革。他们分别与上海石化总厂和吴泾化工联合公司签订了为期 20 年的协议,每年为两个企业各代培 100 名学生。学校专门制订了定向培养的教学计划,建立联合实验室,探索教学改革的新路子。

第三,政策的稳定性调动了各高校的积极性。上海高等学校的科技服务,是在党中央关于科技体制改革和教育体制改革的方针指导下发展起来的,再加上地方和学校都采取了一些支持科技服务的政策措施,有力地调动了教师的积极性。1982 年到 1985 年,科技服务总收入逐年连续成倍增长。但是,从去年下半年起,由于政策上有了波动和不协调的情况,影响了教师的积极性,许多高校今年第一季度承接的科技服务项目金额,比去年同期减了一半以上。大家希望能有一些互相配套的政策,继续支持和鼓励高等学校开展科技服务。(萧关根)

《人民日报》1986 年 5 月 5 日

**加快地方企业技术进步　加速科研成果推广应用　九所全国重点高等院校用智力支援福建省**

最近,福建省人民政府送给清华大学一面锦旗,上面写着"合作建四化,敬意寄清华"。

从去年 3 月开始,清华大学、中国科技大学、上海科技大学、同济大学、复旦大学、交通大学、天津大学、北京大学、西安交大九所全国重点高校,先后同福建省建立了长期全面协作关系,签订了 196 个协作项目。一年来,在培训人才、转让成果、提供技术资料和设备等方面取得显著成效,促进了地方经济建设和学校教学、科研的发展。

福建实行对外开放以后,深感人才缺乏,九所高校发挥优势,首先从智力上给以支持。中国科大为闽东举办无线电专业班,赠送了3万多元的仪器设备;上海交大为邵武市办职业大专班,并派出教师承担20门课程的讲授任务;同济大学、上海科大等校,有的与有关方面合办分院、分校或教育中心,有的办了形式多样的培训班。去年,这些学校还挖掘潜力,在福建扩招了百分之二十四的新生。

高校与福建的协作,加快了地方企业技术进步的步伐,同时也加速了科研成果的推广应用。九所高校先对福建采取了优惠的成果转让政策:上海交大与龙溪柴油机厂联合进行一〇〇系列柴油机性能研究;清华大学转让给永安合成氨厂的NF高效能减水剂和转让给福州化工研究所生产无水酒精等一批科研成果,已开始取得显著经济效益,有的质量达到国内先进水平。

九所高校的专家、教授还深入到沿海、山区的贫困地区考察研究,为开发山海资源,提供科技咨询和技术服务,并协助制订发展规划。

高校与地方的协作,也促进了学校的教学和科研。不少协作项目既能结合本科生、研究生的毕业设计和论文课题,又使科研工作有的放矢,并利用福建对外开放的"窗口",引进、消化、创新国外先进技术,提高科研水平。如福建省电子计算机研究所与清华大学联合开发的机器人新技术,在原机器人用汉字编码系统操作的基础上,又开发了可以用人的语言指挥机器人操作的全新的输入方法。(白京兆)

《光明日报》1986年5月5日

### 上海大学倡议开展上海学研究

一百多名专家、学者昨天齐集一堂,研讨建立一门新学科——上海学,以总结上海的过去、研究上海的现状、预测上海的未来,为上海的现代化建设的各个方面提供可行性方案。

这次研讨会是上海大学文学院发起并召集的。当前主要是探索近代和现代上海的政治、经济、思想文化、科学技术、社会生活、地理、人口、宗教信仰和对外交往等方面形成的特点和现状,揭示其内在的规律性,预测上海发展的趋势,为决策部门提供咨询方案,为上海发展提供历史借鉴和科学依据。

《文汇报》1986年6月18日

### 搞好继续教育要有三个积极性

发展继续教育,对在职科技人员实施大学或大学后的知识追加教育,使他们的知识水平、知识结构、岗位业务技能与技术革命的进程同步,并且在重点发展的技术领域有所超前,这对于"七五"计划的实现以及九十年代的经济起飞,都有着十分重要的意义。

我国的继续教育方兴未艾,但缺少成熟的经验。从上海市的初步实践来看,搞好继续教育必须调动科技人员、办学部门和用人单位三个积极性。

上海第二工业大学通过典型调查,提供了两个数字:科技人员中,有80%的人对接受继续教育有迫切的和比较迫切的要求;已经接受过继续教育的科技人员中,有80%的

定向电视接收天线,7月11日在上海通过鉴定。这种电视接收天线是由上海科技大学无线电系研制成功的。

这种接收天线可以在距离电视发射台30至50公里内,全频道获得稳定清晰的图像,优于目前进口和同类室外电视接收天线,属国内外首创。(黄冬元)

《光明日报》1986年7月14日

**二十六项国家发明奖名单**

新华社北京七月三十日讯 国家科委发明评选委员会今天审查批准了26项发明奖,公布如下:

**二等奖**

1. 丝网多孔发汗冷却面板(冶金工业部钢铁研究总院、航天工业部七〇三所、太原钢铁公司、航天工业部十一所、天津冶金局材料研究所发汗面板丝材研制小组、天津第一金属制品厂 王燚等)

2. DJB-823电接触固体薄膜保护剂(北京邮电学院 彭道儒)

**三等奖**

3. 煤气发生炉螺旋锥型炉箅(清华大学 曾宪舜)

4. 微波介质谐振器材料-A6陶瓷(上海科技大学 方永汉等)

5. ZMT-1G型滚动轴承无剩磁电铆控制仪(大连铁道学院 孙树才)

6. 变渗透度含油轴承(浙江大学 全永昕等)

7. 梯形斜板沉淀器(TIRS)(北京市市政设计院 陆萄)

8. 皮蛋的非铅制造方法(湖北进出口商品检验局 韩永奠)

9. 斜孔叶轮一线孔空气微生物采样器(军事医学科学院微生物流行病研究所 戴景林)

10. 中枢性抗胆碱酯酶新药(7317)(军事医学科学院药理毒理研究所、北京同仁医院、济南军区八八医院 董永明等)

11. 压"U"型皮瓣洞滚刀(第三军医大学第一附属医院烧伤中心、重庆建设机床厂 胡嘉念等)

12. 电子助行器(第三军医大学外科研究所 刘英炳等)

13. 窄脉冲原子吸收光谱仪主机线路(沈阳军区二〇二医院检验科 张湘)

**四等奖**

14. 非采暖区民用建筑双向预应力混凝土刚性屋面防水层(上海铁路局原南昌局房建处屋面防水小组 董铁民等)

15. 制取固体聚合氯化铝的新工艺(抚顺煤炭研究所、南票矿务局、抚顺有机化工厂 邓一等)

16. 305增塑剂及其合成工艺(天津轻工业化学研究所、唐山市第六塑料厂 武长安等)

17. 导轨磨床安全吸尘磨头(西安高压开关厂 刘训芳)

18. 彩电消磁用PTC热敏电阻器的制造技术(华中工学院 龚树萍等)

19. 一种带有防回水保险装置的两级玻璃抽气水泵及其制造方法(武汉大学　王修同)
20. 矿山直接堵漏注浆新技术(煤炭部沈阳红菱注浆公司、煤炭部基建司　魏德华等)
21. 化学热处理钎焊法及其应用(沈阳工业大学　邵会孟)
22. 氧熔剂切割送粉罐长隙式调节装置(机械工业部哈尔滨焊接研究所　姜庆源等)
23. 保定宁注射液(中国人民解放军兽医大学军事兽医研究所　尚建勋等)
24. YAK-Ⅰ型暗适应客观检查仪(空军第四研究所、江苏光学仪器厂　高世宏等)
25. 多功能探针(沈阳军区二四二医院、沈阳航空工业学院　徐正斌等)
26. D-Ⅰ型单向瓣膜胸腔引流器(南京军区八一医院　丁继荣)

《光明日报》1986年7月31日

**三坐标自动仿形铣床微改机控制系统通过鉴定**

由上海科技大学负责、上海申江机械厂协作研制成功的三坐标自动仿形铣床微机控制系统最近通过鉴定。它除具有原机床全部仿形功能外,还具有"记忆"功能,能使仿形铣床进行脱模加工,成比例放大、缩小,镜像加工等扩展功能,并能自动测量、自动编程,实现了加工过程的智能化。系统的精度和自动化程度比原铣床大大提高。具有独创性的软件系统现已切削出各种加工实样,经过测试均符合技术指标要求。(张金祥)

《光明日报》1986年8月5日

**高校招生应该不拘一格**

眼下,高校招生录取工作正在各地紧张进行。考分,一次考分,牵动着千家万户,将决定考生命运,并指挥中小学的教学活动。这样做科学吗?一些有识之士在思考:改革势在必行——

8月,夏日炎炎,热浪扑人,设在上海工业大学的上海高校招生点却是门庭若市。今年上海高等院校的新生录取工作,正在这里紧张进行。来自全市49所高校的数百名招生工作人员,被隔绝在一间间教室里,仔细阅看每个考生的成绩和材料,严格按照法定的录取分数线来决定每个考生的"命运"。许多家长、教师、考生头顶烈日,从市区或远郊赶来,在门前焦急地探问消息。目睹此情此景,我们不禁感叹:"一张考卷牵动着千家万户的心"!

诚然,高考制度恢复以后,对调动广大青少年勤奋读书、促进社会风气的好转起了很大作用。然而,就凭这张考卷来定终身,往往会使一批确实有水平和能力的学生被拒之高等学府门外。这样的事例在上海年年都有发生。

上海卢湾中学一名女学生平时品学兼优,是班级团支部书记。她志愿报考被社会上一些人看不起的某大学思想政治教育专业,家长也积极支持。但考试期间,她恰巧拉肚子,发高烧,每天打完针,由老师背着进考场。考试三天,天天如此。结果因六门功课考试总分低于录取分数线五分而落榜。学生流泪,家长叹气,教师同情。这个专业所在大学的招生负责人为了争取录取这名女生,同上级有关部门商量十多次,但终因录取分数线是"铁定"的而"爱莫能助"。这位多年从事招生工作的负责人激动地对我们说:"高校录取新生,决不能只在考生分数上做文章,应该注重学生的实际能力和水平。有些学生

**简明新闻**

（上略）

由上海科技专科学校与长宁区番禺中学联办的"五年一贯制"电子测量大专教学试点班，两年高中前期教育已结束，34位学生直升嘉定上海科专。

（下略）

*《解放日报》1986年9月7日*

**愿友谊长存　祝创造佳绩——第十一届亚运会会徽吉祥物图案确定**

9月9日上午，第十一届亚运会组委会在北京公布了1990年亚运会的会徽和吉祥物。组委会副主席、秘书长何振梁在记者招待会上介绍了会徽和吉祥物的产生经过，并代表组委会宣布这两个图案为第十一届亚运会的正式标志。

由上海工业大学土木工程系建筑美术研究室朱德贤设计的会徽别具一格，图案上方是亚洲奥林匹克理事会会徽中的太阳，下方是由绿色的长城组成的"A"字和罗马字"XI"表示在中国举行的第十一届亚运会将成为连结亚洲各国人民友谊的纽带。1990年亚运会吉祥物图案是一个平持亚运会奖章的活泼可爱的熊猫，奖章上刻有天安门的图案。小熊猫伸开双臂，鼓励体育健儿创造更多的好成绩。这个吉祥物是由长春电影制片厂美术设计室的刘忠仁设计的。

7月底起，组委会有关部门在来自美国、日本、泰国、新西兰和我国各省、市、区及港澳地区的九千多件来稿中，进行了认真挑选，征求了各方面意见后，最后确定了上述两个图案为亚运会会徽和吉祥物。一位作者说："我国1990年举办亚运会，是全民族的大事，也是中国体育史上的里程碑。作品能否入选不是重要的，但表达了我的心愿。"

组委会宣布：会徽和吉祥物是亚运会的正式标志，使用权归第十一届亚运会组委会。（吴骅）

*《人民日报》1986年9月10日*

**为发明者和企业架桥梁——记上海工业大学专利事务所**

昨天，上海工业大学专利事务所十分热闹。来自温州苍南县的县区领导和织造厂的厂长们正在与事务所负责人王正副教授洽谈该县全面引进上海专利技术事项。在我国的技术市场上，上海的专利技术引人注目。上棉四厂"织造横贡缎的加边装置"能显著提高高档棉织品横贡缎的质量与印染水平，从而增加我国这一传统出口产品的外汇收入。这一专利技术对国内有关织造厂具有很大吸引力。经过事务所详细介绍，苍南县的同志当场表示要投资一百万，引进这一技术，改造该县的2 000台布机。

今年初成立的上海工大专利事务所为配合专利法实施，积极开展专利教育、专利代理和实施工作，开办专利课教程，与全国各省市合办了50多期学习班，并在国内首次举办厂长、总工程师专利学习班，代理专利申请30多项，其中百分之七十已实施。人均创益收入为高校专利事务所之冠。他们不计报酬，热情为发明者和中小企业服务，为使专利技术尽早造福社会做了大量工作。最近他们还筹集了申请专利基金1万元。（辛光琪）

*《文汇报》1986年10月3日*

### 上海高校学生社团活动多　　有专业学术型、文体娱乐型、勤工助学型

随着整个上海"文化热"的蓬勃兴起,各类大学生社团人数激增,朝着文理交叉、学科渗透的趋势发展。目前,上海49所高校相继成立的学生社团有294个,会员人数占在校学生总数的四分之一以上。学生社团经常举办讲座、学术讨论会、报告会、展览、演出等活动。就社团的特点来说,主要有三种类型:一是专业学术型,这类社团往往结合专业特点,在课堂学习的基础上,通过社团活动对专业知识进行补充和提高,因而学术性、专业性比较强。如同济大学的"青年建筑学会"、华东师范大学的"鲁迅研究会"以及上海农学院的"学生农村经济研究学会"等。二是文体娱乐型,即从学生的业余兴趣爱好出发而组成的团体,包括影视爱好者协会、大夏剧艺社以及摄影、集邮、音乐、绘画、书法、篆刻等协会。三是勤工助学型,即注重加强实践环节,以增加学生经济收入为宗旨。如上海财经大学的"勤工助学社"、上海工业大学的"大学生科技服务中心"等。

最近,上海市学生联合会专门成立了社团工作委员会,并制定了《社团管理条例》和《社团等级评定条例》,以进一步加强对高校学生社团工作的扶持、引导和管理。(刘军)

《人民日报》1986年10月5日

### 上海高校逐步取消助学金　　报考师范等专业享受奖学金　　经济困难的学生可申请贷款

经国家教委批准:上海高等师范院校从今年秋季学期开始,逐步取消助学金,试行专业奖学金;在其他高等院校取消助学金,逐步试行贷学金制度。

专业奖学金是国家为鼓励学生报考师范、农业、航海、体育等专业而特设的。凡被录取为以上专业的学生均可享受。专业奖学金分设三个等级,一学期或一学年累计三门课程、或两门主课补考不及格者,停发专业奖学金。这项改革措施先在华东师范大学进行,然后推开。

贷学金是取消助学金后为方便经济困难的学生而实行的贷款制度。先在复旦大学、上海财经大学、上海工业大学试行。

国家规定偿还贷学金的办法是:如学生成绩优异,获得了奖学金,可从中扣除;或从勤工助学收入中扣除;也可在毕业分配后的工资中扣回。毕业后凡自愿去中等、初等学校任教,或自愿到边疆地区、少数民族地区工作的学生,可免还贷学金。

《人民日报》1986年10月24日

### 上海十所院校的大学生提出对高校教学改革的四点建议

最近,上海高教局学生处就高校教学问题以问卷和座谈形式调查了4 000名学生。学生们认为目前高校教学中有四大弊病,并提出了消除这些弊病的建议。

这次调查共发出问卷4 000份。在收回的3 959份问卷中,集中提到了教学工作中的四个弊端:(一)教学方法呆板;(二)考试方法落后;(三)教学理论脱离实际;(四)教材内容陈旧,课程设置不合理。

这次抽查的4 000名学生,分别在复旦大学、上海师范大学、上海医科大学、上海科技大学、上海财经大学、中国纺织大学、华东师范大学、上海城建学院、上海科技专科学校、上海大学文学院等十所院校学习。在填写问卷后,还召开了座谈会,听取学生的意见。

在美国纽约为期十天的展出中,参观者约1万人,美国的报刊曾作了大量报道,有的认为该院的作品"在纽约引起了一次震撼"。在丹麦哥本哈根皇家花园陈列厅展出时,丹麦皇太后和总理夫人亲临剪彩,观众达3万人次。皇太后参观后感叹地说:"中国画家不仅精通自己的民族绘画,对西方绘画也非常理解。"不少画家和观众称展览是"新颖的艺术,东西方文化的妙合"。在日本,该院77岁老画家应野平被誉为"中国南派山水大师",他的两百多幅作品均被争购收藏,其中有一幅开创了中国画售价纪录。

在与国外交流中,该院积累了不少教学资料,获得许多新的信息。在纽约的学术交流会上,绝大多数美国学者对该院院长李天祥介绍的关于中国美院重视基本功,重视深入生活,重视将真善美的艺术献给人民的观点表示赞赏。

目前,该院除与纽约市立大学建立校际交流关系外,本月中下旬还将与日本大阪艺术大学、西柏林高等艺术学院签订校际交流协议书,并邀请国外著名学者和艺术家来院讲学。(王柏青)

《文汇报》1986年11月13日

**上海大学与纽约市立大学美术作品展出**

上海大学美术、书法、摄影作品和美国纽约市立大学美术作品昨日在上海展览中心正式展出。

市人大常委会副主任、中国教育国际交流协会上海分会名誉会长舒文为两校展览剪了彩。

上海大学六个学院展出的两百余幅(件)作品中,有美术学院师生近年来创作的国画、油画、木刻、装饰画、雕塑一百余幅(件),美国纽约市立大学展出的28幅抽象画,均为该校教师新作。(周凯军)

《文汇报》1986年11月15日

**用画笔面对现代思潮　上海大学美术展览会令人瞩目**

上海大学美术、书法、摄影展览,正在市展览中心展出,其中上海大学美术学院国画、油画进修班首届毕业创作,尤为瞩目。

国画班有:施大畏、张培成、韩硕、张广力、冯导等;油画有石奇人、赵以夫、胡溧、梅林、袁祖隆、潘胜前等。面对现代艺术思潮的冲击,他们有着自己的思考和选择。有的执意地在写实方面下功夫;有的在街头巷尾寻觅着人们习以为常的小景;有的打破了画面的时空观念,探索着哲理的表现……前来观看画展的市美协副主席吕蒙称赞说,这是一批既见功夫,又有扎实生活基础的作品。联邦德国西柏林高等艺术学院院长,边看画展边情不自禁地打开相机,要拍摄作品照片。日本大阪艺术大学则即将与美术学院签署学术交流的协定。

美术学院的校舍原是一所小学的旧址,这一幅幅巨型国画,就是诞生在十几位同学同挤一室,各占不到2平方米的画桌上,有人赞叹美术学院是茅屋里飞出了金凤凰。(朱朴)

《新民晚报》1986年11月19日

### 太湖旧石器时代有人烟　苏州万年古文化堪称奇

江苏吴县三山岛旧石器时代晚期遗址的发掘,充分证实早在原始社会太湖一带就有人类生活,古老的苏州已有一万年的文化史。在几天前举行的吴文化学术讨论会上,许多专家得出上述结论,并称之为"三山文化"。

三山岛隶属苏州市,又名小蓬莱,离洞庭东山杨湾九公里,因一岛三峰相连而得名。去年,南京博物院、上海大学文学院、苏州博物馆、吴县文管会的考古工作者,两赴三山岛,在该岛东北部龙头山一带发现二十余种晚更新世哺乳动物化石,又在岛上清风岭下一溶洞前的湖滩砂砾石层中掘得石制品5 263件。这些石制品,主要原料是燧石、玛瑙及其他变质岩类,以小型石片为最丰富,类型以刮削器居多,大多用锤击法加工。与山西峙峪、河南小南海等旧石器时代晚期遗址的石制品比较,三山岛的石制品在文化内涵上似乎要丰富得多,表现手法也较为进步,因而在时代上也要晚于这两个遗址。再从三山岛石器文化层下部的褐红色亚黏土岩性看,应属晚更新世后期的后一阶段到全新世初,大约距今一万年。

三山岛是长江下游首次发现的旧石器时代晚期文化遗址,因而它在这一地区的史前文化发展序列中具有极大的代表性。据参加发掘的考古工作者判断,当时该岛的溶洞一带,既是一处制作石器的场所,同时也可能是古人类作为季节性的生活营地,并反映出了当时人们的生产方式已发展为以渔猎为主,采集经济只处于次要地位。

许多专家还认为,"三山文化"的发现,填补了我国旧石器文化分布上的空白,对于探索远古人类在这一地区的生息、劳动和繁衍具有深远意义,也为研究长江下游特别是太湖地区的史前考古学、地质学等提供了重要的资料。(江宗荣)

《人民日报》1986年11月25日

### 无毒无菌不粘肉的高效复合卫生材料问世

灼伤病人和其他患者,在其创口更换敷料时均有粘肉之苦。现在,人们对此已有很好的解决办法。

最近在上海通过鉴定的一次性高效复合卫生材料,有极好的缓释性能,能保持创面适度湿润,不仅能使病人在更换敷料时无粘肉之苦,而且有利于创口愈合。这是国际上80年代新颖的医用材料。中外合资的上海申美有限公司已将它投入大批量生产,供国内外用户使用。

过去,我国医院使用传统纯棉制品,既耗用大量的原棉,又粘连创口,且有交叉感染之虞。由中国人民解放军八五医院、上海市静安区中心医院、上海大学商学院和申美有限公司联合研制成功的高效复合卫生材料,是以一种高吸水性树脂作主要原料,与卫生纸、脱脂棉、无纺布等复合制成的。各地有20家医院先后对病人进行了两千余人次的试验,证明这种卫生材料具有明显的优越性。它适用于灼伤、普通外科、胸外科、脑外科、骨科、泌尿科、妇产科等各种创面吸血、吸液及吸尿,使用中证明其无毒、无菌、无刺激性、无过敏反应、无特殊病理反应、无消毒药物残留,可取代纱布和棉垫,可减少更换次数,避免交叉感染。(张贻复)

《光明日报》1986年12月3日

**十一名外国学生住进江湾农家**

上海宝山县江湾乡谈树坟农家最近住进了一批洋学生。来自美国西世界学院的11名男女大学生,从10月24日开始,在这儿进行两个月的中国农村现状调查,了解中国改革,并接受上海大学文学院为他们举办的汉语班教学。这种让外国留学生结合中国现实农村生活的教学形式,在国内还是首创。

《光明日报》1986年12月22日

**上海大学文学院举办校园文化系列活动　内容有学术型、实践型和娱乐型,百分之八十四学生参加**

不久前,上海大学文学院团委、学生会根据当前学生的思想特点,精心设计,举办了内容丰富多彩的"校园文化"系列活动,学生参加活动覆盖面达百分之八十四。

这次活动从12月5日到12月12日。内容分为学术型、实践型、娱乐型三大类、十八项,有专题学术讲座、讨论会、研讨会、书画摄影展览、文艺会演等多种形式。

校园文化建设周邀请了校内外一些著名的专家、学者来校作了《中西方文化的差异和冲突》《文化变革中的大学生》《经济改革中的若干问题》《青年诗人谈理想、人格》等讲座,吸引了全院半数以上的学生。如中文系戴厚英老师与大学生的对话会,在只能坐两百个人的大教室里竟挤进了不下三百人,戴老师以其亲身经历与感受,说明了一个建国以来从未有过的宽松、和谐、民主的环境正在形成和完善,改革、开放正在向着健康的方向发展。学生们受到了一次生动、具体、令人信服的形势和专业教育。

校团委、学生会在这次活动中充分发挥学生的主体作用,形成多层次的活动格局。在"学生工作现状与发展"的理论研讨会上,共收到了二十多篇论文。学生从加强"校园民主"、"校园文化"建设,从学生思想工作体制环节和内容等一系列问题,发表了自己的观点,并提出了不少有价值的建议。学生们反映,这次"校园文化"系列活动为他们提供了施展、检验自己能力和参与民主管理的机会,是个很好的开端。(郑为)

《文汇报》1986年12月24日

# 1987 年

**著名科学家、上海工业大学校长钱伟长说：振兴中华的事业不能再遭到干扰破坏**

钱伟长，早年留学加拿大获得博士（应用数学）学位，后任美国喷射推进研究所研究工程师、清华大学教授，解放后曾任清华大学教授、教务长、副校长，中国科学院力学研究所副所长，第一、四届全国人大代表，第五届全国政协常委，现任上海工业大学校长、第六届全国政协常委、民盟中央副主席。

著名科学家、上海工业大学校长钱伟长教授近日正在北京参加中国民主同盟中央全会，他见到记者第一句话就说："我拥护改革。学生关心国家大事，这是好事，也是应该的，但我不赞成用过激的方法来表达自己的意见。这对改革不利，对我们国家、民族的振兴不利。"

钱伟长说："这些大学生都出生在十年内乱前后，他们没有亲身遭受过'大民主'给我们国家、民族造成的巨大灾难。他们不知道现在全国安定团结的大好局面，是在十年动乱中牺牲了多少生命换来的。我终身从事教育，看到少数学生这种不利于维护安定团结，不利于改革的行动，我感到不安。珍惜安定团结的大好局面，就是珍惜我们国家、民族的前途。"

钱老说："我拥护改革，因为改革是振兴中华民族的希望所在。我拥护中国共产党的领导，因为中国共产党是振兴我们国家民族的领导核心，没有这个核心，我们的国家就会一团糟。"钱老回忆说："当年孙中山推翻满清、建立共和的理想刚刚实现，出了个袁世凯，把孙中山的理想全部破坏了。北伐成功，又出了个蒋介石，革命的理想又全部破坏了。从历史事实上看，从我个人的亲身经历看，我体会到：现阶段的政治生活，是我国历史上最好、最开明的时期。党的十一届三中全会后，又作出了《关于建国以来党的若干历史问题的决议》，认真总结了三十年来的经验教训，展示出振兴中华的光辉前景。青年学生，不懂得这大好形势来之不易。十年动乱，就是'大字报''大民主'这么搞起来的。如果我们今天的安定团结、振兴中华的事业遭到破坏，我们的国家、民族又将遭到万劫不复之苦。"

"改革，是全民族的愿望。"钱老说："我拥护中国共产党，就是因为只有中国共产党，才能领导我们国家、民族走上复兴的道路。事实就是见证：农村经济改革是我们党中央首先提出来的，城市经济体制改革是党中央提出来的，教育、科研体制改革是党中央提出来的，现在又提出了要进行政治体制改革。这些改革，目的都在于实现高度的社会主义民主，振兴中华民族。这些改革，都是我们这些老一辈知识分子，毕生的追求和梦想。安定团结,是改革的保证,所以我们要十分珍惜今天的大好局面。"

钱老今年已74岁,精神健旺,脸色红润。开始他和我并排坐在沙发上谈话,谈着谈着,他显然心情很激动地站了起来,用一种坚定的语气说:"我并不拥护官僚主义的领导,我也不是一个人云亦云的人。目前党风还没有根本好转,我们工作中的弊端还不少。对一些不良现象,我也有意见。正因为有弊端,所以党中央下决心要进行改革。如果我们什么都好,什么弊端都没有,何必还要改革?我们还应该看到:党风不正,并不是共产党一党的问题,实质上是我们这个国家、民族的一个社会问题。这些问题,正是我们这个国家几千年来封建残余和小农经济在政治生活和社会生活上的反映。中央的改革、开放政策,正是要从根本上把我们这个民族从封建残余和小农经济的束缚中彻底解放出来。我们现在的党中央,是最有远见,最英明和最有气魄的。这就需要全国人民紧紧团结在党中央的周围,在统一的指挥下,齐心协力,来实现振兴中华的理想。有意见,可以遵循正确的渠道来反映。只要你的意见是反映实际的,中央是一定接受的。加强党的领导,改善党的领导,就是要做到下情上达,上情下达,上下通气。采取过激行动,只能干扰改革,以至破坏改革。党中央正在全国创造一个宽松的环境,这更要求我们自重自爱,一言一行,对国家、民族负责。"

钱老谈到少数学生提出的民主、自由,语重心长地说:"我是从美国回来的。美国有长处,也有弊端。国情不一样,它是资本主义,我们是社会主义,他们不能照搬我们的,我们当然也不能照搬他们的。"接着,钱老对民主、自由作了精辟的解释。他说:"现在我们国家正处于一个系统性的社会,是信息社会的前期。我打个比喻,现在你在农村走道,可以随便走,不受限制;在上海大马路上,就不能像在农村那样随便走,人有人行道,车有车行道;有了高速公路,更不能在高速公路上随便走。这就要求大家有一个共同遵守的东西,才能共同生活,不能你想干什么,就干什么。越是现代化,就越要求有一个共同的规范。任何个人越轨的'自由',都会破坏整个社会的机体。钱老说:什么是民主?首先就要尊重人家的意见,这才是民主。民主必须人人有责,不负责任的言行,那不是民主,那是十年内乱中的无政府主义。不是非符合你个人的意志,才叫民主。现在我们国家正处于复兴时期,正在形成一个高度社会主义民主的环境,当然还不是理想。理想是相对的,天下没有绝对理想的东西。我们有缺点,我们国家民族的前途,是充满希望的。"

钱老以长辈的关切心情说:"一些青年学生做法不妥,我们是能理解的,因为他们缺乏复杂的政治阅历。全社会应该热情帮助他们分辨是非,切勿上坏人的当。有的地方明目张胆地出现反对四项基本原则的反动标语口号,难道我们热爱祖国、志愿献身祖国四化建设的青年学生能允许这类别有用心的坏人,从中煽动,破坏我们振兴中华的理想实现吗?我想我们的广大青年学生,也是决不会容忍的。我相信我们的青年学生,能作出正确的判断。"(郑笑枫)

《光明日报》1987年1月1日

## 上海科技大学干部专修科招生

科技新闻与秘书专修科　　学制二年　　30名

科技管理专修科　　　　　学制二年　　30名

高中毕业或同等学历,工龄五年以上,身体健康的现职干部及培养对象。住读,不迁户口,具体报名时间、考试日程由市招办公布,简章备索。

《解放日报》1987年1月9日

### 上海大学政治学院政治行政干部专修班招生

一、招生对象和额名:凡具有高中毕业或相当高中的现职政工、行政管理、人事管理或秘书写作干部,男性年龄在55岁以下,女性年龄在50岁以下,均可报名。政工、行政管理、人事管理、秘书写作各招50名。

二、学制二年(从1987年2月至1988年底,基本业余),修满11门大专课程经考核及格发给单科证书及专修结业证书。学费每半年120元。

三、报名时间与手续:1月20日至23日(每天下午1时至6时),携带单位介绍信转账支票(或现金)及一寸半身报名照两张,到共和新路2800号找院分部办理报名、缴费等手续。交通有46、79、95、210、222等路线。电话:652120,简章备索。

《解放日报》1987年1月10日

### 上海大学政治学院政治行政干部专修班招生

一、招生对象和名额:凡具有高中毕业或相当高中的现职政工、行政管理、人事管理或秘书写作干部,男性年龄在55岁以下,女性年龄在50岁以下,均可报名。政工、行政管理、人事管理、秘书写作各招50名。

二、学制二年(从1987年2月至1988年底、基本业余),修满11门大专课程经考核及格发给单科证书及专修结业证书。学费每半年120元。

三、报名时间与手续:1月20日至23日(每天下午1时至6时)。携带单位介绍信转账支票(或现金)及一寸半身报名照两张,到共和新路2800号找院分部办理报名、缴费等手续。交通有46、79、95、210、222等路线。电话:652120,简章备索。

《解放日报》1987年1月12日

### 上海大学国际商业学院夜大学(原上海大学外国语学院) 教育局立案 南盟业余学校联合招生

一、英语专业:许国璋第一册上、下,第二册(第三册暂不开班)。新概念第一册上、下,第二册(第三册暂不开班)。现代美国口语、宾馆英语。

二、日语专业:上外日语第一册上、下,第二册(第三册暂不开班)。

三、俄语 四、西班牙语。

注:上述各科学制定为两年,考试及格,由上海大学国际商业学院夜大学发给单科结业证书。

《解放日报》1987年1月14日

### 上海工业大学工程师高级课程进修班招生通告

一、专业、学制:机械工程师班;电气工程师班;冶金与材料工程师班。各招40名。

学制均为一年半。半脱产。

二、招生对象：本市在职职工，具有工程师职称或大学本科学力，有五年以上实际技术工作（含技术管理）经历，并能坚持学习者。

三、报名时间及地点：1987年3月2日至3月10日，上海延长路149号成人教育部。

函索简章，注明专业，附邮票壹角。

《解放日报》1987年2月13日

### 上海工业大学按时开学　许多同学兴奋交流寒假期间社会调查的体会

2月12日，是上海工业大学开学的第一天。四位家住福建省的学生因火车到上海站误点，一进校门，就冒着满头大汗直奔教室。

上海工业大学是全市高校中最早开学的一所学校。这一天，全校3750名学生，96%按时进教室上课。一些由于交通等问题未能准时报到的外省、市同学，也陆续发来电报向学校请了假。这天正是农历正月十五，晚上校外街头灯火通明，人们正在欢度元宵佳节，而校内则是另一番景象，约有半数的学生在教室里自修学习。在宿舍，许多同学聚在一起，兴奋地交流着寒假期间的见闻和社会调查心得体会。至14日止，全校除个别同学外都已报到。

为了迎接新学期，后勤部门全体职工在开学前已把校园、教室打扫得干干净净。这几天，学校每天早上组织六至八名机关干部下食堂，增加供应早餐的窗口，学生用早餐基本上不排队。

为了巩固良好的教学秩序，学校发出了通知，规定学生要按时参加教学计划所规定的和学校统一组织的活动，学生上课、实习、劳动、军训等都实行严格考勤。校领导和各系党总支书记、系主任、教研室主任、政治指导员及班主任等深入到学生宿舍，在看望大家的同时，宣讲了学校通知的精神。（张徐顺）

《光明日报》1987年2月15日

### 崇明中华职业补习学校新创造——三年为农村培养五千专业人才

中华职业教育社上海分社创办的崇明中华职业补习学校，三年来为当地农村培养了5000多名各类专业人才，为如何在农村开展职业教育进行了有益的探索。

1983年7月成立的崇明中华职业补习学校，贯彻"拾遗补缺、按需施教、学以致用、讲究实效"的办学方针，正规学校不能办的专业，他们去办；凡农村急需的人才，他们培养；时间长短不论，办学形式灵活。在教学上努力做到学了就会用，回到岗位就能干，不合格则不让出校门。如在"安全干部培训班"受过训练的770名学生，遍及全县，有力地推动了乡镇企业的生产管理和安全工作。

这所学校还送教上门。他们在城桥乡办了分校，在大同乡、新河乡、堡镇设了教学点，在大同摩托车厂开办了机械班。这样做，教职工很辛苦，而学生可以少走路，把更多的时间用在学习上，经济负担也比较轻。一年内他们在城桥乡办了25期培训班，培训人员达800个。

农村不但急需初、中级人才,从发展看,同样需要高级人才。他们与中国纺织大学联合办了纺织工程大学班和电子计算机大学班,定向为全县84家棉纺织厂培养专业人才。他们与上海教育学院一起办了中学英语教师大专自学进修班,使全县三分之二不合格的中学英语教师有了进修提高的机会。他们还与上海大学工商学院联合办了企业管理干部"合格证书"专修班。目前,崇明县有262人在当地接受高等教育,有44名副教授、讲师、工程师在这里从事职业教育。在中华职业教育社近60年的历史上,这是一个有意义的创造。

一些毕生致力于职业教育的老先生欣喜地告诉记者:在农村办学,本是中华职业教育社的优良传统。崇明中华职业补习学校的办学实践,使这一传统发扬光大,对新时期的农村职业教育也有了新的探索。(萧关根)

《人民日报》1987年2月17日

**上海万余名大学生寒假参加社会实践——投身大世界　跳出小天地**

上海交通大学昨天开学。至此,全市50所高校全部进入新的学期,近12万名大学生度过寒假以后又开始紧张的学习生活。

这天上午将近8时的时候,记者在上海交大校园里,看到学生背着书包或夹着书本,纷纷涌向各个教室。许多教师提前赶到教室,做好上课前的各项准备工作,有的在教室门口迎候学生。据学校教务处提供的材料,按照教学计划,全校131个教室这天八时都准时上课,学生出勤率达到99%。

在校内宽敞的包兆龙图书馆,一些上午没有课的学生跑到这里,或借还书籍,或翻阅报刊,或查询资料。底层的自修大厅,几乎每个座位上都有学生,在认真地预习功课,或做作业。

从1月下旬开始,上海各高校的学生进入了寒假生活。全市有一万余名学生利用假期参加了社会实践活动,开展了思想与社会发展等课题调查。华东政法学院学生结合专业开展社会实践活动,有500余名学生到公、检、法和律师事务部门,当"义务检察官"、"见习法官",为司法、律师事务部门服务。上海工业大学化学化工系14名学生,奔赴江苏南通市考察。党的十一届三中全会以来,南通市的经济得到蓬勃发展。大学生们在这里亲身感受到党的政策的威力,深受鼓舞。他们同时结合专业,配合环保部门,对这里的环境污染情况进行了调查,并提出改进建议,受到当地政府的重视。上海交大四年级学生陆武良寒假期间参加了上海市大学生赴广西南丹社会考察服务团,看到边远地区乡镇企业迫切需要科学技术,回来就同校学生科技联合会商量,准备提供科技服务。他深有体会地说:"大学生参加社会实践活动,可以了解社会,了解实际,并且把学到的知识用到四化建设中去。"(郭礼华)

《人民日报》1987年2月21日

**促使学生勤奋读书不断进取——上海大学毕业生不包分配择优推荐**

上海大学实行毕业生不包分配、择优向用人单位推荐的制度,促使学生勤奋读书,不断进取。现在,这个学校的学生中,刻苦学习的多了,混日子、捞文凭的少了。

上海大学是一所地方综合性大学,学生一律自费走读。1984年这所学校推出一项改革措施,学生毕业时不再由国家统一计划分配,而是由学校根据学生表现和用人单位需要择优推荐,差生就降格推荐;允许品学兼优的毕业生在一定范围内选择工作岗位。这项制度一实施,校园里便热闹了起来。一些学生感到不能再"混文凭"、满足于60分了。否则有找不到职业的危险。一些成绩"中不溜"或比较好的学生看到后有"追兵",也不敢停滞,全校迅速形成一个你追我赶的学习热潮。工学院计算机应用系83级学生聂义生入学考试成绩在班上倒数第四名,他发奋努力,每天一放学就"泡"进图书馆,晚上经常自学到深夜。一学年过后,聂义生的高等数学、普通物理等十门课程平均成绩达到90分,在班上名列前茅。由于成绩突出,他经考核后,由专科生转为本科生。在进行毕业分配制度改革的同时,上海大学还坚持每年对学生进行德智体的综合测评。对智育和体育的测评以考试成绩为准。测评德育时,先由个人总结,再由班级集体评议,最后由系里审定。有了这样的综合测评,再加上比较细致的思想政治工作,现在学校里守纪律、刻苦学习的气氛很浓,校风、学风大为改变。

一项追踪调查表明,这所学校近年来培养出的2400多名毕业生,绝大多数受到用人单位的欢迎,有些学生还担任了厂长、经理等职务。(邬鸣飞　刘军)

《人民日报》1987年3月10日

## 上海十万大学生读书风盛　新学期新姿态:政治上严要求,业务上勤拼搏

上海各高等院校自新学期开学以来,10万多名学生精神饱满地投入紧张的学习生活。坚持四项基本原则的正面教育,也在逐步深入。

2月中旬,上海40多所高校相继开学,95%以上的学生都准时到校注册,按时报到的学生人数超过去年。许多学生经过寒假社会调查,思想上触动很大,进入新学期后纷纷表示"社会急需人才,我们大学生的当务之急是发奋学习,早些成才"。复旦大学、同济大学和上海工业大学等一些学校,许多学生早晨上课都提前半小时进教室,有的甚至更早。夜幕降临,这些学校的图书馆、阅览室、教室里灯火闪耀,埋头读书、做作业的学生随处可见。3月8日是星期天,从上午8点钟起,复旦大学的学生就三五成群地来到教室看书温课。记者9时赶到学校,已有2000多名学生在紧张地学习。全校4个教学楼的许多教室座无虚席。据了解,复旦大学开学以来,每逢星期天,都有数千名学生主动到教室看书。在华东师范大学,一些喜欢在寝室里看书、做作业的学生,还在门上贴了写有"谢绝来客"字样的条子。

面对新学期的"读书热",上海各高校因势利导,采取切实措施,不断提高教育质量。中国纺织大学、上海工业大学从开学第一天起就着手整顿教学秩序,他们颁布了有关条例,同时也强调教师要为人师表,对学生负责,认真备课,授课不迟到,不误课。不少高校还努力改善学生的学习、生活条件。

上海各高校坚持四项基本原则、反对资产阶级自由化的教育工作也层层展开。新学期一开始,许多校、系领导和教师就纷纷"沉"到学生寝室和教室,与学生一起学习中央文件及有关文章,并联系实际与他们促膝谈心。许多高校通过举办报告会、讲座、恳谈会,使学生们进一步认识到,要服务明天,必须珍惜今天;要多一点深层的思考,少一点偏颇

的摇摆;要成为合格人才,就必须在政治上严格要求,业务上勤奋拼搏。(徐光耀 邬鸣飞)

《人民日报》1987年3月13日

### 上海大学美术学院1987年招生通知

一、本科:工艺美术专业16名,美术专业14名。报名日期:4月4、5、6日三天。

二、中专部:24名。报名日期:4月11、12、13日三天。

报考条件、考试科目详见我院招生简章,每份贰角,另附邮资及信封一个,信封上写明本人详细地址、姓名。或来院购买。

本院地址:凯旋路30号(西站对面);电话:520445 523190-15。

本院只招本市户口考生。

《解放日报》1987年3月18日

### 上海大学美术学院1987年招生通知

一、本科:工艺美术专业16名,美术专业14名。报名日期:4月4、5、6日三天。

二、中专部:24名。报名日期:4月11、12、13日三天。

报考条件、考试科目详见我院招生简章,每份贰角,另附邮资及信封一个,信封上写明本人详细地址、姓名。或来院购买。

本院地址:凯旋路30号(西站对面);电话:520445 523190-15。

本院只招本市户口考生。

《解放日报》1987年3月20日

### 上海科大计算机系在市区设立家长接待日

上海科技大学计算机科学系的党政领导日前在市区接待了许多学生家长。这是这个系"家长接待日"的第一次活动。

上海科大计算机系针对学校地处嘉定交通不便的情况,从这学期起,在市区设立了"家长接待日",每月接待一次,便于沟通学校与家长的联系,共同做好学生思想教育工作。(秦正明)

《解放日报》1987年3月31日

### 中年数学家郭本瑜任上海科大校长

上海市人民政府日前任命中年数学家郭本瑜教授为上海科技大学校长,中国科学院学部委员黄宏嘉教授为上海科技大学名誉校长。

郭本瑜今年45岁,毕业于上海科技大学数学系。他从事非线性偏微分方程近似解研究,提出了非线性方程离散化的广义稳定性理论,为非线性方程近似解的研究提供了有力的框架和工具。他在流体力学差分法、谱方法、非线性波、生物数学等方面的研究中,也取得不少成果,曾获得全国科学大会奖。(黄慈振)

《光明日报》1987年4月8日

## 上海工业大学与机电工业管理局联合举办机械工程专业本专科 专升本、自学考试校外复习班招生通知

为方便考生参加我校机械工程专业本专科、专升本自学考试,特在市区设复习点。本次考试课程:

本专科:理论力学、英语、机械原理、电工学;专升本:工程数学、普通物理、中共党史、英语(以上课程由上海工业大学骨干教师任教)。

上课时间、地点:晚上。考生可就近选择复习点。

报名时间、地点:4月15日至30日9:00—16:30(星期天休息),唐山路796号二楼。

全部课程及格,发上海工业大学本科毕业证书,并授予学士学位。简章备索,额满为止。

《解放日报》1987年4月11日

## 上海工业大学启事

1987年4月11日在《解放日报》登载的上海工业大学与上海市机电工业管理局联合举办"机械工程专业本专科、专升本自学考试复习班"招生通知予以撤销。仍以1987年4月1日上海工业大学登载在《解放日报》上的招生启事为准。市机电工业管理局

《解放日报》1987年5月6日

## 上海科技大学科技日语进修班招生

我校和日本国靖江市日中友好协会联合举办科技日语进修班,得到日中友好著名人士山本治先生和日本京都外国语大学宫田一郎教授等语言学家的支持,旨在促进中日友好,培养对日科技交流、外事、翻译、洽谈贸易、技术引进、出国考察等人员。进修班使用日本教材,经过培训后,将具有听、说、写、读、译的基本技能。

报名时间:即日起至7月15日。

报名地点:上海嘉定县南门、上海科技大学教务处。简章备索。

《解放日报》1987年5月14日

## 两个机器能人出世 "上海1号"是焊接里手 "上海2号"是搬运健将

上海近5百万名产业工人队伍中最近增加了"两位"身强力壮的新成员——"上海1号"机器人和"上海2号"机器人。不久,他们将到北京参加第一届机器人国际展览会。

"身高"1.80米、"体重"270公斤的"上海1号"是位焊接能手;身高、体重与之接近的"上海2号"是位搬运健将。他们不仅体格强壮,能代替人从事危险和恶劣环境下的繁重而枯燥的劳动,而且相当聪明,有贮存、记忆本领,能模仿人的动作,操作人员只要教一次,他们就可以长期地自动地重复完成操作。"上海1号"是上海交大、上海仪表厂、上海机床厂联姻的产儿;"上海2号"是上海工业大学、航空工业部633所和上海第一机床厂合作的结果。专家们认为,这"两位"机器人已达到了国际80年代工业机器人的水平。(萧关根)

《人民日报》1987年5月19日

### 钱伟长校长带头教书育人　上海工大教师当学生严师挚友

上海工业大学去年选留的19名品学兼优的应届本科毕业生,全部担任了学生政治辅导员,首先从事三至四年的学生思想政治工作,并实行学校聘任、分段定向、二次分配。学校将他们从事学生思想政治工作的成绩列入本人业务档案,作为升等评级的依据之一。近一年来,这些"还没有摆脱学生气味"的政治辅导员,与学生朝夕相处,帮助排难解忧,受到广泛欢迎。这项改革,已作为这所学校今后选留毕业生的一项制度固定下来。

该校校长钱伟长主张,要让刚毕业的青年教师先担任学生的政治辅导员,学会做学生的思想政治工作。他多次在全校教师会议上说,教师的任务一是教书二是育人。他已届古稀之年,对所带的数十名博士、硕士研究生仍坚持教书育人相结合,为全校教师树立了榜样。

该校教师注意把思想品德教育贯穿于课堂教学、实验教学、生产实习与毕业实践四个环节之中,既当学生学业上的严师,又做学生思想上的挚友。有一次,冶金系刘文祥老师安排五名学生到上海玻璃机械厂搞调查研究。第二天,他发现没有一个学生到这家工厂去,他们反而还撒谎说去过了。刘文祥抓住这件事告诫学生,做学问要诚实,要有吃苦精神和实事求是的态度。这些学生表示要引以为戒。

许多教师不仅课内做思想工作,课外也经常到学生宿舍促膝谈心,与同学们结成"忘年交"。对于很多同学的个人爱好、性格特长、学习状况,教师心中都有一本账。基础部教师余德诺一个学期内请了140名学生到教研室个别交谈,从上课听讲、课余自习,直到思想问题,一一对症下药,体贴入微。

去年12月,上海部分高校发生学生上街游行闹学潮事件。该校近千名教师干部站出来,帮助同学分清是非。戴振声教授结合自己多年追求进步、终于在68岁高龄时成为共产党员的亲身经历,在学生大会上倾吐了对共产党的认识,博得同学们热烈的掌声。在那段日子里,全校学生绝大多数能坚持在校学习,教学秩序正常。(郭礼华　李康琪)

《人民日报》1987年5月26日

### 两封信向市长请战　三百人下工地实践——上海大学生开始大规模义务劳动

复旦大学、交通大学、同济大学、上海医科大学、中国纺织大学和上海工业大学的300名学生,今天顶着烈日在上海新客站工地参加义务劳动,揭开了上海高校学生新的大规模社会实践活动的序幕。

这次义务劳动是两位大学生向上海市市长江泽民写信建议组织的。他们是复旦大学化学系学生会主席张氪和上海医科大学四年级女同学葛卫红。4月初,张氪给江市长写信说,作为学生,以学潮方式参与校外的社会变革是不可取的,但同学们"向外辐射"的心情仍然十分迫切。我们学生会商议,设法组织同学参加城建义务劳动,但苦于没有合适的途径。所以只好冒昧地向您提个请求,能否给我们联系一个参加城市建设义务劳动的单位。葛卫红是在听到江市长在市人代会上提出进一步开放夜市后写信给市长,要求安排大学生参加夜市服务。江市长看到两封来信后,认为"信的态度是积极的",要市政府有关部门满足学生的要求。市教卫办、交通办、财办、建委等部门专门召开会议,安排了今天的第一次义务劳动。在工地上,张氪和葛卫红见面后向对方提出了同样的问题:

"你是怎么想到要给市长写信的?"回答也是相同的:学生普遍要求参加社会实践和义务劳动,但渠道不畅通,所以都求助于市长。

这样的义务劳动在"文革"以后是第一次。它为今年暑假大学生有计划地参加社会实践活动开了个头。上海交大、同济大学等校都已为暑假的社会实践活动作了比较周密的部署。上海工业大学从6月15日起每周组织200名一年级学生到新客站参加义务劳动。该校还规定,每个大学生在四年中必须参加三周时间的劳动,记6个学分,而且是必修学分。带队的老师说,学校设立社会实践学分的目的,是为了进一步帮助学生增强群体观念、吃苦精神和求实作风,使学生在社会实践中领略四化建设者的风采,感受改革和开放的成就。(萧关根)

《人民日报》1987年6月6日

### 上海高校近百名学生自愿支边

上海交通大学、中国纺织大学、华东师范大学、上海工业大学等14所高等院校,目前已有近百名应届毕业生向学校提出申请,自愿到边远地区参加建设。上海师范大学13名自愿报名来广西、云南、内蒙古当教师的青年学生谈到他们的选择时说,今年寒假期间,我们到边疆进行社会考察,亲眼看见少数民族地区人才短缺,感到留在上海当教师好似"锦上添花",去边疆却是"雪中送炭",当地政府和群众也盛情期待着我们大学生去发挥才干。

《人民日报》1987年6月10日

### 上海大学国际商业学院成人教育部南盟分部南盟业余学校招生

一、外语专业:英语:许国璋1、2,新概念1、2(2上第一课开始,2下第49课开始)预备班(基础英语);日语:上外日语1、2。外语专业修业期满,上海大学发给单科结业证书。

二、南盟业余学校第十期高复文、理全科及文理全科半年班,高中文理单科班。

三、附设旋律健美体操班第二期招生(上海体育学院运动系合办)。

报名日期:6月20日起每晚5—8时(星期日休息)。

报名地点:南市尚文路73号(河南南路口)敬业中学总校306室,报名时交报名费、照片两张,同时交学杂费。简章备索。

《解放日报》1987年6月17日

### 体育简讯

中国大学生"桑塔纳杯"篮球邀请赛,将于6月26日至7月4日在上海工业大学举行。参加这次邀请赛的有VIP、中国矿业学院、辽宁大学、东北师范大学、东北财经大学、西北大学、武汉钢铁学院、南京大学、南京邮电学院、上海交通大学和上海工业大学等11所高校的18支男、女大学生篮球队。208名运动员中有研究生、"三好生"以及不少高水平的篮球好手。

《人民日报》1987年6月26日

**社会实践精心安排　大课堂里学问无穷——上海高校好青年奔赴赣南老区**

7月16日早晨,由上海14所高校400名大学生和研究生组成的"支援赣南老区10县扶贫社会实践建设营"的学生们乘上了南去的列车。今天在江西瑞金举行开营仪式。这是上海高校学生暑期社会实践活动中规模最大的一项。出发前已商定了135个服务项目,各学校团委还将与县团委签订友好互助协议书,进行长期的支援和服务。

据教育部门有关同志介绍,今年暑假上海高校的社会实践有新的特点。

第一是强调服务。学生用自己学到的知识为老、少、边、穷地区服务,为社会服务,在服务中增长才干,充实自身。除了参加全市性的赴边区考察团外,上海大学、上海交大、上海中医学院、华东师大等校还另行组织学生到江西老区考察或咨询服务;复旦大学组织学生到大别山老革命根据地访贫扶贫。这些活动事先都作过考察,有具体的协作服务项目,而且都能结合学校的特点和学生的专业。

第二是层次多,覆盖面大。各个学校为了把更多的学生组织到社会实践活动中来,普遍采取多层次的方法,校、系、班级都可组织考察活动,学生个人进行考察,学校也积极支持。上海工大、同济大学有70%的学生参加了这项活动。

第三是采用招标、贷款、奖励的办法。华东化工学院、中国纺织大学都先公布考察项目,由班级或个人投标,中标后贷给活动费用;考察结束后,对服务项目、调查报告等进行评选,给予奖励。这种做法的好处是考察的目标明确,学生选准了项目后就会努力去完成,在经费上能精打细算,避免浪费。(萧关根)

《人民日报》1987年7月19日

**学传统　献智力　长知识——上海高校师生赴江西老区大有收获**

上海市部分高校师生赴江西"支援老区、十县扶贫"活动日前结束。江西省委书记万绍芬称赞他们这种学传统、献智力、长知识的做法,是大学生社会实践的一个新尝试、新突破。

从今年7月起,上海市15所高校的412名大学生、研究生及青年教师,在上海团市委的组织下分别来到江西老区的10个县,参加"支援老区、十县扶贫"的社会实践。同学们改变过去那种单纯访问、参观的做法,实实在在地为老区人民做几件事。他们走当年红军走过的路,听老红军、老战士忆传统。看到在这片当年先烈们用鲜血染红的土地上,有的青山不长树,有的秀水不进田,经济落后,一部分群众还很贫困,同学们触动很大,激发了强烈的社会责任感。

半个多月里,同学们运用课堂上学到的知识,在老区县、乡、村办各类培训班;进行科技开发、攻关;帮助县、厂制定发展规划,解决技术难题;开展医疗服务和咨询,先后为老区开发完成了135个服务项目,受到当地人民的欢迎。同学们在实践中也受到教育,增长了才干。

上海工业大学的学生在会昌县发现当地甘蔗原料较丰富,便为他们设计了生产冰糖的新工艺,为赣南的冰糖生产填补了空白。同学们先后为老区解决技术问题74个,为50多家企业进行了调查诊断。据初步统计,他们培训财会、医务、电子等各类人员2 400多人。

上海大学和上海轻工业学院还先后与瑞金、会昌县团委建立了联系,打算把江西瑞金和其他老区作为学生和青年教师社会实践的营地,缩短课堂与实践的距离。(翁学仁 赵相如)

《人民日报》1987年8月6日

### 为中外企业界搭桥——上海经济区高校采访札记之三

高校处于国际交流的前沿,谙熟国外科技、经济信息,可以充当中外企业界对话的媒介,为吸收、消化国外先进技术服务。这也将丰富教育与生产相结合的内涵。

上海工业大学在和英国西格拉摩根郡管理学院的交流中,得知与这所大学关系密切的几个英国企业集团想和中国的企业界进行经济交往。于是,上海工大就请来英国的企业家,并为他们开办"上海市场贸易讲习班",介绍上海的投资环境、开放政策和市场信息,然后组织上海的一些企业家与他们见面、座谈。中外企业家在10天的接触中,彼此不断了解,很快达成两项100万英镑的贸易投资协议,并为今后双方的进一步合作打下了基础。

此后,上海工大为了推进美国、法国、荷兰的企业集团与上海一些企业的协作,组织了类似的活动。

上海工大为中外企业界的交往牵线搭桥的做法,给人以新的启示。

这几年,随着对外开放、搞活,高校之间的国际交流不断扩大。许多高校通过与国外大学互派访问学者、建立跨国的校际联系、合作进行科学研究,以及参加和主办各种国际学术会议,不仅了解到世界科学技术发展的一些最新成果,也获得了许多国外企业发展的新信息,并结识了一大批有关人士。高校如果能把这些信息传递给国内的企业界,并为中外企业界穿针引线,这对吸收、消化国外先进技术,促进我国经济的发展,无疑是十分有益的。遗憾的是,像上海工大这种做法,目前在高等院校中还不多见。

不是高校不愿意为中外企业界的来往搭桥呢?事实并非如此。采访中,一些高校负责人都表示愿意为中外企业界的交往尽责尽力。在企业方面,据记者了解,一些厂长、经理听了上海工大的那件事后,惊讶地说:"没想到高校还能为我们做这样的好事。"由此看来,原因还在于许多企业对高校国际交流广泛、信息比较灵通的优势不了解,因而缺乏主动性。

企业利用高校的有利条件,先得加强联系。当然校方也要密切合作。双方的联系可以多种多样。比如:成立厂长、大学校长联谊会,开展经常性的对话,高校的校务委员会可以聘请经济主管部门的一些负责人或厂长、经理参加;高校定期向企业发布有关国际经济信息,或是邀请企业负责人参加由高校主办的国际学术会议,让企业经常了解国际经济发展的新动向、新信息;企业引进国外新技术,事先可主动请高校咨询、论证,以免由于盲目引进而造成经济损失,等等。总之,双方都要有热情。这样,通过高校这个渠道,中外企业之间的交往就会更频繁一些。(蒋志敏 周祖佑 郭礼华)

《人民日报》1987年8月21日

### 上海大学师生冒暑访老区 在红都瑞金组织多种实践服务

前些日子,怀着对老区人民的敬意,上海大学赴瑞金社会实践建设营的大学生们,用自己所学到的知识,冒着酷暑,热忱地为老区人民服务。服务近千人次。他们服务项目,有提供技术咨询,设计商标和美术工艺,家电维修咨询,法律咨询,外语辅导,并义务为群众作书画、篆刻以及理发等。

同学们的服务效益是显著的,仅为瑞金津户商店提供的技术维修服务,就救活了积压的15 000元周转资金。

从7月18日到24日为期七天的服务中,师生们还走上讲台,为中小学教师、机关干部、厂长经理和技术人员开设了统计、图书档案、工艺美术、历史地理等12个短训班。

参加这次为人民服务的上海大学师生,在社会实践中,还广泛接触社会,走乡串点,访问了200余人。参加实践营调查组的社会学专业的同学,开展了瑞金的经济发展状况的调查,并向县委、县府领导作了专题汇报。(王韧)

《新民晚报》1987年8月23日

**荣誉属于辛勤耕耘的"园丁"——上海高校教书育人模范受嘉奖**

上海50所高校的82位教师、18位领导干部和20个系,在教师节前受到市政府有关部门嘉奖。

上海高校自1982年起开展教书育人,为人师表活动,涌现了一批在教书育人中成绩显著的先进集体和先进个人。今年4月至7月,又组织了教书育人成果发布和评选。上海交大应用数学系、上海工业大学冶金及材料工程系、上海技术师范学院政治教育系荣获教书育人优秀集体奖;交大应用数学系王嘉善副教授和上海海运学院外语系讲师张绍麟获一等奖。(萧关根)

《人民日报》1987年9月6日

**上海设立大学生社会实践奖——三十三篇报告二十四项成果受表彰**

今天举行的上海市大学生社会实践汇报会上,市高教局宣布设立大学生社会实践成果奖。当场授予上海大学等七所大学1987年社会实践"优秀组织奖";上海师范大学沈逸波同学的《上海市金山县普及教育调查报告》等33篇报告获"优秀考察报告奖";同济大学环境工程系的"黄浦江上游水环境容量及综合治理方案研究"等24个技术服务项目获"优秀服务成果奖"。

今年暑假,上海有4.6万多名大学生参加社会实践。在今天的座谈会上,六所学校的代表发了言。上海市委、市政府和市人大常委会的领导听取了汇报,并与学生代表亲切交谈。(萧关根)

《人民日报》1987年9月19日

**上海大学文学院文化管理班开学**

为了加强和改善上海文化单位的经营管理,上海大学文学院文化管理本科班、专科班,昨天开学。

这两个班是由上海大学、市委宣传部和市文化局合办的,分别通过成人高校入学考试、普通高校入学考试招收学员。这次共招收了30名高中生进入本科班,还从本市文化局下属的单位和剧组招收了30名有一定艺术实践和管理经验的演员和干部进入专科班深造。

开学典礼上,副市长刘振元写信表示祝贺,市委宣传部副部长龚心瀚、市教卫办主任王生洪、文化局副局长乐美勤讲了话。(占林)

《解放日报》1987年9月19日

### 上海颁发大学生"社会实践奖" 7所高校33篇调查报告24个项目受表彰

上海市9月18日首次颁发大学生"社会实践奖"。上海大学等7所高等院校荣获"优秀组织奖";33篇调查报告获"优秀考察报告奖";24个项目获"优秀服务成果奖"。这些奖是团市委、市高教局在今天上海市大学生社会实践汇报会上颁发的。

上海大学报今年暑假积极参加以"建设者的风采"为主题的社会实践活动。有4.6万名学生到各地工厂、农村、军营和重点工程建设基地,投身社会实践。学生参加社会实践如此之广,是往年从来没有过的。在组织层次上,有市一级单位组织的,也有校、系组织的,还有学生结伴而行,自费考察的。广大学生通过社会调查、科研攻关、技术咨询和培训、医疗诊断维修服务、军事训练、义务劳动、徒步考察、航海训练等10多种形式,积极为四化建设服务。(张贻复)

《光明日报》1987年9月21日

### 上海科大研究生营救一名中学生的经过

"救命啊!"的呼喊声,忽然从武夷山的慢亭峰上传了过来。

呼救者是福建三明中学17岁的陆振,他因同家长一起上山旅游失散而迷了山路,在山峰顶端已喊了几个小时,不但不见人影,也听不到营救者的呼应的声音,正处在绝望之中……

正在武夷山大王峰旅游的上海科技大学暑期社会考察组的研究生,听到了远处慢亭峰传来的呼救声,立即向呼救声传来的方向大声发出回音。带队的团委副书记王永祥当即召集全体成员,布置了营救中学生的任务一部分同学上慢亭峰寻救那个中学生,其余的人留在原地与遥遥相对的慢亭峰上的求救者对话,保持联系。

接着,王永祥带领陈坚勇、冯明和、郑学瑜、叶舟等四名男同学沿着陡峭的山路向慢亭峰急速赶去。谁知慢亭峰有五六百米高,人迹罕至,有的地方连路也没有,杂草长得齐膝高,荆棘丛生,三面悬崖,走了10分钟、20分钟、30分钟……仍不见人影;研究生们的手臂、腿部个个被带刺的灌木枝条刺破流血。这时天色已近黄昏,但研究生们个个信心十足,齐心合力,继续在山峰中探寻。

突然间,在一片密密的竹林中发现一个人俯卧在地上。"同志,醒醒!"大家喊道,没有动静,再走近一看,这人已经死去,身上爬满了蚂蚁。这时,大家的心收紧了,周围更是静得出奇。叶舟同学警惕地拿出水果刀分给大家作防范,冯明和同学也操起竹棍,并派人下山去派出所报案。其余的人继续上山去营救那个中学生,在荆棘丛生的山路上,约莫赶了一个多小时的山路,终于在一座乱杂林里找到了那个发呆的中学生。

当上海科大研究生在武夷山上营救中学生的消息传出后,正在为寻找孩子而发愁的父母得知消息赶到了现场,激动得不知说什么才好,只是一个劲地拉着大学生们……以表谢意。当考察组的同学回到宿舍,已是晚上11时了,但大家的心却是热乎乎的。(黄慈振)

《文汇报》1987年9月28日

**他们在向传统教育思想挑战——记上海大学的改革**

  当不少高等学校只想培养高层次人才、连对本科生教学兴趣都不大时,上海大学却安于本位,为本地经济和社会发展培养应用型人才。学生进校时有点自卑,毕业时心里却很踏实……

  上海大学是在上海几所老大学分校的基础上组建的,现有文学院、工学院、商学院、国际商学院、美术学院和政治学院。从分散的角度看,各个学院有不同的办学风格和专业特色,并分别与上海市的有关部门建立了协作关系;从集中的角度看,它是一所学科门类比较齐全、教育层次多样化的综合性大学。

  1983年5月,上海大学成立时宣布实行的7项改革措施,触动了旧的办学模式和传统的教育思想,在人们头脑中产生了一连串的疑问:学生走读的学校正规吗?收取学杂费岂不成了"私立大学"?没有助学金,学生家庭经济困难怎么办?没有公费医疗,孩子生病怎么办?学校不包分配,就业是否有保障?这样的大学教学质量能保证吗?当时,学生及家长都把进上海大学看作低其他大学一等,是无可奈何的选择。

  现在怎么样?疑问一个一个地在减少,代替疑问的是学生踊跃报考上海大学,社会上争相要上海大学的毕业生。今年入学的1 643名新生中,除了少数学生是第二志愿高分录取的外,百分之八九十是第一志愿录取的。已经毕业的4 458名学生,普遍受到用人单位的欢迎。上海市外贸部门的人事干部表示,国际商学院的毕业生有多少我们要多少。商学院财会专业的一位女生,今年毕业时被推荐到上海丝绸公司,起先公司不太愿意接受,工作一个月以后,公司人事干部打电话给商学院:"这个学生不错,希望明年再给我们几名毕业生。"用人单位对上海大学毕业生的普遍评价是:"上手快,肯干实事,适应能力强,服务精神好"。

**培养应用型的专门人才**

  在不少高等学校争相要改校名、提高档次,甚至对培养本科生都忽视的情况下,上海大学安于本位,办出特色,明确提出了这样的办学方向:为上海地区的经济和社会发展培养各类应用型专门人才。各个学院都在培养应用型人才方面下功夫进行改革。工学院坚持为上海中小企业培养第一线的专业人才,毕业生80%在中小企业工作。文学院成立了上海学研究所,专门调查研究上海经济、文化和科学技术发展情况,为学院提供办学依据。

  在上海大学,校、院的干部中不少人是从老大学调来的。他们知道,凭上海大学的物质条件和师资力量,要在传统的办学模式中与老大学较量,是没有出路的。他们从实践中还看到,再按老模式办下去,我们的高等教育潜伏着某种危机,毕业生找不到合适的工作岗位,会造成人才的浪费。据调查,老大学外语专业的毕业生中有许多要改行,只有30%的中文专业毕业生能按培养目标分配工作。因为这两个专业的学生学的主要是语言文学,应用性的知识学得较少,毕业后只适合搞研究和教学工作,很难上经济建设第一线。上海大学只有另辟蹊径,在学生学好基础知识的同时,加强应用性知识的学习和实践能力的培养,才会使学校有生命力。各个学院是认真地朝这方面努力的。文学院的10个专业中,7个是应用文科专业,还开设了一般大学文科少有的课程,如文化管理、编辑学等。他们每年还要进行作文、书法、文献检索等会考。国际商学院的专业课都是用外语教学的,同时,开了应用文写作、函电来往、英文打字等课程。各个学院都加强了实践环节。文学院把社会调查列为每个专业都要上的必修课,规定学生在校期间要参加六周的社会实践,还要求学生平时能联系一个单位,课余时间去那里工作。工学院学生的毕业设计要一个学期,而且全部到工厂去接受课题,请厂里的工程师作指导。工学院还规定,如果接受学生实习的工厂需要毕业生,学院可以优先照顾。加强了学校与社会的联系,为学生的就业创造了条件,毕业生的推荐、录用也不会产生多大的困难。文学院历史系有12位毕业班的学生,今年在上海图书馆实习期间,帮助该馆恢复了关闭多年的家谱陈列室。他们工作很出色,感动了图书馆的领导和职工。结果,12名学生全部被图书馆留下。文学院秘书专业有1名女学生,因患过小儿麻痹症,只能用左手写字。今年毕业时,她一时找不到工作。上海海运局的同志知道后就说,这个学生我们要。原来,这位学生平时经常到海运局帮助工作,那里的职工了解她。

有人可能会说,应用型的学生比研究型的学生水平低。上海大学的许多干部和教师并不这样认为。他们说,如果一个学生仅仅有了理论知识,但不会或不善于应用,是无法体现和证明他的水平是高的。事实上,上海大学不少学生质量是可以与老大学比一比的。国际商学院的学生不但外语的听说能力强,还懂得外贸知识。他们在日本企业集团到上海举办的几次日语水平测试和日语即席讲演中,都取得了好成绩。上海外贸部门曾经连续两年将新分来的大学生送到外贸学院学习3个月,两年成绩最好的也是国际商学院的毕业生。

**社会、家庭都是我们的校园**

就校园面积来说,上海大学的几个学院可称得上"袖珍大学",最大的工学院才24亩,最小的国际商学院不到6亩。在"弹丸之地"上建个运动场很困难,却一定要有可存放四五百辆自行车的车棚。学生们风趣地说,每天骑自行车和挤公共汽车,这也是一种体育锻炼。

走读对学生的成长有什么意义?学校领导、学生以及家长的认识是有个过程的。起初,大家只认为这是"不得已而为之"的权宜之计。经过几年的实践,才认识到应该把这项改革与我们国家正在深入开展的其他改革联系起来进行考察。走读的意义不仅仅在于为国家节省了教育投资和使学校的管理方便省事,而且在于使学生与社会广泛接触,打破了学校与社会的隔离状态,能提高大学生对社会的适应能力。

与住读生相比,走读生的活动轨迹发生了变化。即由学校内的"三点一线"变成为学校、家庭、社会三个空间换位。这样,走读生的主要交往对象是在校外。他们接触面广,活动形式多种多样。据调查,有24%的学生课余参加了勤工助学活动,25%的学生与个体户来往密切,65%的学生去过音乐茶座。走读生中还普遍存在着校外交往团体。总之,走读生同社会上的"三教九流"都可能有来往。而97%的学生这样做是为了增进友谊、扩大知识面。广泛的社会交往,使走读生能比较充分地了解社会,便于他们用学到的知识来分析接触到的人和事,从而提高适应能力和承受能力,对自己在社会上处于怎样的地位有比较恰当的估计。当然,走读生接触社会多,不可避免地会受到不健康的思想意识的影响。可是,上海大学学生的犯罪率却低于其他大学。在去年的学潮中,尽管学校无法把学生关在校园里,而卷入学潮的学生在上海高校中还是比较少的。主要原因是走读生接触实际,比较了解民情、国情;再加上每天上学途中听到市民对学潮的种种议论,使他们感到上街游行的做法不可取。特别重要的是家长协助学校做了大量思想工作。那几天,每当放学的时候,就有家长打电话到学校询问,孩子是否已经离校。如果发现孩子回家晚了,家长就会问他到哪里去了,教育他们如何正确对待游行,充分显示了社会和家庭教育的重要作用。

**始终在竞争的环境中成长**

学习成绩优劣与学生的利益不搭界,"学好学差一个样",这是造成当前大学生学习动力不足的重要因素之一。上海大学实行的几项改革,就是要使学习优劣与学生的前途利益挂钩。如改助学金为奖学金加困难补助,奖学金评定的办法是按学生德、智、体综合测评成绩的高低评出获奖名单。最好的学生可获一等奖,较好的能获二、三等奖,差的就没有资格获奖。奖学金的享受面增加到学生总数的60%—65%,而所用的奖学金数额只占国家下达的助学金总额的47%。学生都把争取奖学金当成自己努力的目标。很多学生反映:获得奖学金,不但经济上得到了实惠,而且也很光荣。

学分制和中期选拔制,开始改变了"一刀切"的培养模式,使成绩优秀的尖子学生能冒尖,使有学习潜力的学生能后来居上。据调查,有85%的学生认为学分制能不拘一格选拔人才。有的学生说,那种按一张课程表上课、同一时间毕业、培养同一种规格人才的做法,不利于尖子和通才的成长。国际商学院和工学院都有一些学生通过中期选拔由专科转入本科,而且到了本科以后成绩仍名列前茅。

不包分配、择优推荐,使学生德智体综合成绩的好坏与就业联系起来。对于这项改革,学生的思想比较稳定,因为他们对自己的学习成绩、对社会需求心中比较有底。有些学生说,进校时我们有点自卑,临毕业心里却很踏实。家长们开始听说不包分配时,有点担心,现在也比较安心了。有的家长说,我们国家大学生不是多,而是太少了,只要孩子有真才实学,用人单位自然会争着要的。有的家长说,现在待业青年都安排了工作,大学生还怕找不到工作?还有的家长甚至说,我就看中上海大学不包分配,才让孩子报考的。单位有挑选大学生的权力,也应该让我们的孩子有选择职业的自由,这有什么不好?

上海大学的改革使人们的不少旧观念有了变化,而观念的变化又会促进改革的深入。(萧关根)

《人民日报》1987年10月15日

**上海工大教育发展基金会成立　八十三家厂参加集资已达六十万元**

上海工业大学教育发展基金会昨天正式成立。目前本市已有83家工厂企业参加这个教育发展基金会,已筹集到60万元,大约等于全年教育事业经费的10%。按照互利互惠的原则,上海工业大学将优先向会员单位分配毕业生,为干部和技术人员提供培训,转让最新科研成果。

市委、市府领导出席成立大会并讲话。（王世勋）

《解放日报》1987 年 10 月 16 日

## 上海科大制成单模光纤耦合器

上海科技大学物理系科研人员用全部国产设备和材料,将两根比头发丝还细的单模光纤,借助氢氧焰加热熔接成一体,并使光信号按各自的需要分路,制成了单模光纤耦合器,其技术指标分束比为百分之五十,插入损耗仅零点二 dB 分贝。单模光纤耦合器是高性能光纤通信系统光纤陀螺仪和光纤水听器的关键部件,是光纤通信应用广泛的重要元件。（黄慈振）

《光明日报》1987 年 10 月 20 日

## 上海科大两项光纤新技术通过鉴定

上海科技大学无线电电子学系研制的广播级彩电双伴音光纤传输系统的光端机和多路彩电光纤传输设备,已于日前通过鉴定。广播级彩电双伴音光纤传输系统的光端机,性能达到先进水平,成功地解决了开办立体声或多语种电视广播时所遇到的技术难题。多路彩色电视光纤传输设备的技术指标,也达到了 80 年代国际水平。（闻欣）

《解放日报》1987 年 11 月 1 日

## 上海二号工业机器人诞生

被列为上海市"七五"期间重大科技项目的上海二号工业机器人,最近正式通过鉴定。由上海工业大学、航空工业部第六三三研究所和上海第一机床厂共同试制成功的这台机器人高 1.8 米,在计算机的操纵下,能 24 小时连续不断地上下左右搬运 12 公斤重的物品。这台以搬运、上下料为主的通用型工业机器人,具有占用空间小,灵活性大,运动重复精度高的特点。

《人民日报》1987 年 11 月 14 日

## 黄宏嘉正在指导研究生做实验

著名微波专家、上海科技大学教授黄宏嘉从 60 年代起潜心于光纤研究,特别在单膜光纤的研究中取得了突破性成就,使我国光纤技术位于世界前列。去年,国际上有五位专家被誉为"光纤之父",他是其中的一位。（王子瑾）

《光明日报》1987 年 12 月 19 日

# 1988 年

**向社会输送缺门人才　上海大学根据人才市场需要办学**

上海大学根据人才市场的变化,调整专业设置,兴办社会缺乏的新专业,填补人才市场的空白。

近一时期来,该校发现社会很需要的一些专业人才,高校还无暇顾及。产量占全国三分之一的上海钟表工业,急需电子钟表、机械钟表方面专业人才。上海大学工学院决定兴办电子精密机械(计时器)专业。上海各级医院中80年代先进医疗设备比前增加五六倍,急需现代化医疗仪器维修、安装、调试以及开发人才,该校又开设了电子计算机(医疗器械应用)新专业。

该校注重新专业办出新特色。文学院中文(文化管理)专业本科班打破了过去中文系以文艺学为主线的课程体系,着眼于建设文化管理学的新的知识结构,开设了中外文化政策研究、文化法规研究、文化社会学、文化经济学等课程,选修课有文化市场学、文化人才学、文化观众学、谈判学等。

在教学中,各新专业组织师生为社会服务,以使教学与实践紧密联系。美术学院一批美术设计专科毕业生结合任务进行美术设计,受到社会欢迎。如毕业生冲破家具都由腿架支撑的传统模式,设计了板块结合的家具,色彩大胆,造型简练,很有特色。有的毕业生设计的塑料自行车不装链条,造型富有新意,也得到好评。(张自强)

《文汇报》1988年1月7日

**上海大学文学院　上海工业职工教育研究会　联合举办秘书学专业证书教育**

一、《专业证书》对象:(1)1949年底前出生。(2)高中文化程度。(3)十年以上工龄。(4)工作需要尚未取得大专学历者。

二、学制:一年半,800课时,每周上课两个半天、两个晚上。全部课程由讲师以上教师讲授,考核合格者颁发大专《专业证书》。

三、报名:携带单位介绍信和一寸报名照2张到长宁路1187号上海工业职工教育研究会培训部,即日起每日上午9时至下午10时,额满为止,简章备索。电话:512270、524260-6。

《解放日报》1988年1月16日

**教育要受市场的检验——高校改革再思考之一**

上海交通大学的学生最近提出,希望有个人才市场,让我们通过竞争,选择一个能充分发挥作用的单位。许多学生已在主动调整自己的知识结构,以增加毕业后选择工作的机会。这个学期,有600多名学生选修高一级的外语,还有不少未登记的学生也挤进教室听课;选修工业外贸、工业管理的学生也越来越多。学校领导认为,这种情况说明,市场机制已在学生身上起作用,学校应该改革现有的教学结构模式,主动适应社会对人才的要求。

**学校办得怎么样,不能只靠行政手段来评估**

学习社会主义初级阶段理论,从发展社会主义商品经济的要求和开放人才市场的角度来考虑如何深化教育改革的问题,这是十三大以后上海高校中出现的新气象。华东化工学院院长陈敏恒对记者说,没有市场和竞争,一切按计划办事,学校怎么也搞不活,教师没有压力,学生没有动力,我们院长也缺少压力和动力。市教卫办的一位负责人在座谈会上说,学校办得怎么样,要由市场来检验,不能只靠行政手段来评估。记者还记得,一年前,当上海市科技干部局提出关于开放人才市场的研究报告时,大家虽然都觉得有道理,但公开表示支持的并不多。现在不一样了,有的学校领导说,人才市场是启动的时候了,有的要求以大学毕业生不包分配为开放人才市场的突破口。这个变化有多大!

**经济改革浪潮所至,教育已经受到市场的检验**

这个变化是经济体制改革和政治体制改革浪潮冲击的结果。大家看到,企业普遍实行承包制和租赁制,有些地方还把竞争机制引入承包制。企业的厂长、经理向社会公开招聘,经答辩后由工人选择,而且还要用自己的全部财产作抵押。对于经过竞争产生的厂长、经理,国家不能把大学生分配去强加于他们。他们对用什么人要作严格的选择。不管你是否名牌大学毕业的学生,主要看你能否解决实际问题。即使被选中的人,如果以后工作不好,他也有权辞退。今年毕业分配开始时,上海高校有200多名毕业生分不出去,其中有相当部分是因为所学专业不对路或学生的业务和政治素质较差,不受欢迎。有所老大学的2名学生一到工作单位就要求出国,结果被退了回来。以培养应用型人才为特色的上海大学的学生普遍受欢迎,863名毕业生中,只有3名结业生未被录用。某些毕业生分配难的事实,使大家感到教育已经受到市场的检验。

回顾九年的改革实践,大家深切地认识到,高校改革深入的关键是引入竞争机制,使教育归入商品经济的运行轨道。

大家认为,上海高校的改革起步早,涉及面广,出现了一些单项改革取得成绩的学校。上海交大的管理体制改革,复旦大学的教学改革,华东化工学院的创办教学、科研、生产联合体,同济大学的后勤改革,以及上海大学的学生管理改革等,都有一定的深度,有的还对全国高校改革有较大影响。但是,总的来说,原来建立在产品计划经济基础上的封闭的教育体系和办学模式还未根本改变,与现代化建设相适应的新的教育体制并没有形成。一些单项改革搞得比较成功的学校,遇到了内部集中统一的领导体制和外部统分统包的劳动人事工资制度的限制,改革的回旋余地很小,缺乏向纵深发展的动力。现在,学校培养的人才基本上还是由国家"统购包销",对于学校教育质量的检测,主要是通过考试、升学、学位等教育内部的评估标准和评估手段来进行,追求高学历成为学校的动力。至于学校的教育结构、课程结构、知识结构是否适应社会需要，培养的学生是否受用人单位欢迎，这些信息不能直接地及时地反馈到学校。因为，学校与社会之间还缺少"市场"作中介环节。

**直接面向人才市场，高教改革就有了突破口**

有识之士指出，深化高校改革的新路子，是从单项改革和内部改革为主转向以建立和完善教育主动适应现代化建设的机制为中心的总体改革。就是要使教育直接面向市场。这个市场不仅是技术市场和信息市场，更重要的是人才市场。当务之急是改革毕业生分配制度，逐步减少指令性调配计划的比例，给用人单位和毕业生以更多的选择机会，发挥学校的推荐和职业指导作用，使毕业分配过程成为学校和社会互相联系、沟通、促进的过程。

在这方面，上海一些高校已经有了初步的改革实践。上海交大是国务院批准进行毕业生分配改革的试点单位，从1985年起实行招聘、推荐与考核录用相结合的分配办法，1987年的分配招聘和推荐比例各占50%；上海大学从成立的时候起，就宣布对学生"不包分配，择优推荐"的制度；其他学校都不同程度地实行了"供需见面"的分配办法。这些改革虽然只是在试点阶段，但效果是有目共睹的。它首先触及了学生的利益，使他们知道，学好学差一个样的情况正在改变，"60分万岁"的口号即将失去市场，学校不能只按自己的力量办学了，只有根据社会的需要调整办学模式，才有出路；用人单位对自己招聘来的人就会加倍重用。党的十三大以后，大家对这些改革的认识提到了新的高度，并激发了加快改革步伐的要求。复旦大学已向国家教委申请作为毕业分配改革的新的试点单位。上海交大一位副校长对记者说，我们已提出，明年的毕业生采取不包分配的办法。他表示有把握搞好这项改革。前不久，市科技干部局提出，以新进专业技术人员实行聘用合同制为突破口，建立人才市场。新进人员包括大学毕业生。高校的同志听到这个消息很兴奋。他们说，这是盼望已久的事。上海有条件开放人才市场。

**引入竞争机制，有危机感是好事**

有市场必然有竞争，竞争的规律是优胜劣汰，竞争给人以危机感、紧迫感。上海大学的毕业生比较"紧俏"，因为他们层次不高，是应用型的，正适合中小企业的需要。然而，副校长曹仲贤却说，我们有危机感。原因是：市场开放，其他大学，尤其是一些名牌大学的毕业生也进入市场以后，我们的学生不是他们的对手。曹仲贤说，为在竞争中求生存、求发展，我们要提高教师队伍的素质，进一步改革学校管理体制。据记者了解，不少高校领导人都有类似的感受和打算。这是值得高兴的。（萧关根）

《人民日报》1988年1月19日

**同租一间房　拒揩公家油**

上海工业大学机器人系教师、共产党员滕玉浩和青年教师李明、黄晓燕在香港培训期间，不图私利，受到好评。最近，学校领导在全校表扬了他们。

去年8月，三人赴香港某公司培训，同租一间私房居住，当时商定住宿费每天305元港币。房东对滕玉浩说：你们按商定的房租付钱，到时我给你们按每人每天150元开收据；另外，你们的伙食是自己安排的，没有付钱给我，我也按每人每天100元开收据给你们回去报销。以前东南亚一些国家的人员来,我也是用这种办法让他们多拿钱的。滕玉浩想到自己是共产党员,无论在什么地方,无论做什么事情,都应体现出一个共产党员的精神。这种变着法儿揩公家油的事情决不能干。最后,三人谢绝了房东的做法。(上海工大纪委供稿)

《解放日报》1988年1月19日

## 引起轰动的一举　上海大学团委书记辞职当个体户

元旦刚过,上海大学便传出一条新闻:刚当选为共青团十二大代表的校团委书记孙爱国正式向校党委提出辞职请求,准备去当一个个体户!

他的经历一直是顺利的:从农场考入大学,毕业后留校,主持大学团委工作三年有余,发表过多篇论文和译作。简而言之,按照传统观点来看他,是个公认为能力很强又深得领导信任的青年,在三十出头这个年纪上,他无疑是前程远大的。

"你不觉得你这样做太冒险了吗?"我直截了当地问。

"这不能算是冒险。"他侃侃而谈,"因为改革、开放已经是大势所趋。人们的价值观、职业观都应有一个相应的转变,当团委书记,还是当个体户,要看个人的特长怎么样,不能说个体户就一定比团委书记低一等或低几等。就我本人来说,尽管我热爱自己的母校,工作也干得不坏,但总觉得像自行车的'三飞'装到了前轮上,出不了多少力。而如果充分发挥自己在摄影以及社会交往方面的能力,在几年内筹集一笔资金,然后办更大一些的事业,这不仅使我心里更踏实一点,而且我相信也更有益于社会。其实,有不少青年与我有同感,我不过是更有勇气罢了。"

孙爱国告诉我,辞职消息一传开,他便像处在一个十字坐标的中心,受到来自上下左右的舆论冲击。许多人包括一些老朋友不断前来劝说,要他"悬崖勒马",措辞激烈者则说他"一心想赚钱""政治上倒退了"。对此,孙爱国说:"我早有思想准备,因此在作出决定以前,我没有跟任何人商量,以免受到干扰。"

但是,孙爱国感到欣慰的是,大多数人在惊讶之后,都变成了理解和支持。校党委书记老孟找他谈话时眼里都闪着泪花,他们是真心想留他,但最后还是作出了同意他辞职的决定。团市委也已经作出决定,他辞职后仍然是团代会代表。这些决定本身也体现了观念和体制上的某些突破。至于家人,也是如此。他母亲已经悄悄流过好几次泪,担心着这个本来很有出息的儿子会不会被人说闲话;他父亲是个老干部,在经过"思想转变"后,他对来访的朋友们说:"青年人有自己生活的选择权,做家长的不要干涉太多。"孙爱国的爱人也是一所大学的团干部,在一番痛苦的思想斗争后,她也表示要做好丈夫将来工作的帮手。曾在孙爱国领导下的上海大学各学院的学生团干部,对他的辞职更是反应热烈,他们的评价是:"孙老师有魄力,他的行动为我们今后选择职业打开了思路。"所有这些,使孙爱国感到心里暖烘烘的。(郁平)

《解放日报》1988年1月21日

## 新型隐形眼镜受好评

我国首创的一种用原子能制作的隐形眼镜,经全国16个省、市近3万人试戴,获得一致好评。

  这种隐形眼镜,也叫水凝胶亲水性软接触镜(简称软镜),是由上海科学技术大学应用核辐射技术合成的,主要供近视眼患者或两眼远视度相差较大的患者使用。上海著名眼科专家鉴定认为:"技术性能达到国外 80 年代同类产品水平。采用的工艺方法为国际首创"。这项科研成果已转让投产,年产 20 万片。据悉,它曾荣获上海市 1985 年优秀新产品奖,1986 年科技进步奖,1987 年南斯拉夫国际博览会优秀产品荣誉奖,并获得第三届全国发明展览会银质奖。(黄慈振)

《光明日报》1988 年 2 月 14 日

**一种新型光纤传感器研制成功**

  一种新型的光纤传感器——单模熔锥型波分复用器已由上海科技大学研制成功,日前通过了鉴定。专家们一致认为这一成果填补了国内空白,器件水平达到国际上著名厂商 1987 年的产品水平,且体积小,具有超小型特点。(张金祥)

《光明日报》1988 年 2 月 21 日

**上海大学国际商业学院南盟分部南盟业余学校第十一期招生**

  为加速外语人才培训,并为配合各单位晋级人员过好"外语关",上海大学国际商业学院在南盟分部开设下列各班,学完规定课程成绩合格者,由上海大学国际商业学院发给结业单科证书。

  一、许国璋英语(一、二、三册);二、新概念(一、二、三册);三、日语(一、二、三册);四、为适应学员 7 月份出国需要,开设生活日语速成班;五、英语听力;六、基础英语预备班。

  南盟业余学校高中班:

  文科单科班:语政史地数;理科单科班:语政化理数。

  报名日期:即日起下午 5—8 时(星期日休息)。

  报名地点:南市区尚文路 73 号敬业中学总部 306 室。简章备索。

《解放日报》1988 年 2 月 22 日

**上海大学政治学院行政管理、公共关系干部专修班招生**

  一、招收对象和名额:本市机关、团体、企事业单位从事行政管理或公共关系工作的在职干部,具有相当高中毕业文化程度者。共招 100 名。

  二、学制一年半(从 1988 年 3 月至 1989 年 8 月)修满 13 至 15 门大专课程,经考核合格发给单科证书及干部专修班结业证书。学费每学期 180 元。

  三、报名及办学地点在飞虹路 400 号(近大连路)虹口工人俱乐部教育楼。2 月 29 日至 3 月 5 日上午 9 时到下午 5 时,凭本人工作证、学历证件报名,缴一寸照片 2 张,报名费 1 元及学费 180 元。

  交通:6、14、17、70 及 103 路。电话:464570 - 14(简章备索)。

《解放日报》1988 年 2 月 25 日

**自费更自觉　压力变动力——上海高校自费生在竞争中成长**

上海高校去年秋季首次招收自费生,成为教育改革中一件令人关注的新鲜事。一学期过去了,自费生的情况怎样?

上海金融专科学校金融系一年级四班学生都是自费生。这个班学期平均总成绩普遍良好,其中政治经济学、会计原理两门课在全校各系八个班的一年级新生中名列第一。

经国家教委批准,上海21所高校去秋招收了825名自费生,占招生总数的7%,其中理工科占三分之二、文科占三分之一。高考录取时按最低分数线,本科生降低10分,专科生降低30分。

上海规定,理工科自费生每学年缴费1 200元,文科收费800元;毕业时与公费生具有同等学历,但学校不包分配。自费生不享受公费医疗待遇。

招生过程中,出现了两个"想不到":一是报名人数大大超过计划指标,有的学校、专业高出三四倍。因此,实际降分不多。不少够格的自费生仍未进入高校大门。二是自费生家庭基本上都依靠固定工资生活,以知识分子居多。他们省吃俭用,甚至向亲友借款进行这笔智力投资。

"家庭有压力,本人有动力。"上海大学工商管理学院商业经济系班主任陈思铭说。她这个班上有公费生31名、自费生16名。不少自费生憋着一股劲,班级里自然出现了竞争的态势。有2名自费生分别担任了班团支部书记和副班长,成为品学兼优的标兵。

当然,部分自费生入学初期有不同程度自卑感,甚至不愿让人知道自己的身份。学校则对他们一视同仁,成绩优异的同样给奖学金。据悉,这825名自费生中目前没有发生严重违纪现象。

招收自费生后,家长对子女在校的表现十分关心。上海师范大学历史系上学期召开两次自费生家长会,30名学生的家长无一缺席,发言热烈,都要求校方管得严一点,教得多一点。

目前,上海高校学生结构由公费、自费和企事业委托培养三部分组成,改变了过去单一的公费生结构,促使竞争机制进入学校,激发了学生刻苦读书的热情。有关人士透露,今年上海将继续招收自费生。(叶世涛　刘军)

《人民日报》1988年2月27日

**上海电视节会旗会标评选揭晓　中选的设计者是上海大学学生袁保诚**

昨晚,1988上海电视节组委会主任、副市长刘振元把一面电视节会旗升起在华亭宾馆的上空,电视台进行了现场直播。

1988上海电视节会旗、会标是在昨晚揭晓的。自电视节组委会向全社会征集会旗、会标以来,共收到来自全国各地的应征稿件3 000余件。经组委会和有关专家的初步筛选,评选出会旗、会标设计稿各10幅,在电视中播出,由观众投票评选。中选的会标、会旗设计者是上海大学美术学院学生袁保诚。中选的会标,以上海电视节的英文缩写STVF加以变形,组成线条简洁明朗、富有装饰性的图案。外围的圆形象征地球,表示上海电视节是一项大型的国际性文化交流活动,右上、左下方各有一小缺口,使圆形又成为字母S;字母VF组成展翅腾飞的鸽子,它祝愿各国友人把上海人民的友好感情带往世界各地。整个图案绿底白字既有稳定的装饰性,又有流畅的动感,较好地体现了上海电视节的宗旨和风格。

《文汇报》1988年3月7日

### 上海工业大学夜大学专升本1988年招生

夜大学专业设置:机械设计与制造、机械工业自动化、广播电视工程(无线电技术)、计算机及应用、工业企业管理、会计学(专科)。学制:本科五年,专科三年,实行学分制。

专升本专业设置:机械设计与制造、金属压力加工、冶金机械。学制二年半。

报名时间:3月25日—4月3日　报名地点:延长路149号,基本业余,简章备索。

《解放日报》1988年3月17日

### 上海科技大学职工专修科、干部专修科、夜大学一九八八年招生通告

一、招生专业

| 专　业　名　称 | 年制 | 招生人数 | 办班地点 | 报　名　地　点 |
| --- | --- | --- | --- | --- |
| 职工专修科金属材料及热处理 | 二年 | 25 | 本校 | 上海市农机工业局 |
| 机械设计与制造 | 三年 | 25 | 本校 | 上海市农机工业局 |
| 工业企业管理 | 二年 | 20 | 本校 | 上海市农机工业局、上海农场局招办 |
| 干部专修科涂料生产与管理 | 二年 | 25 | 本校 | 黄浦区招办 |
| 科技新闻与秘书 | 二年 | 20 | 本校 | 黄浦区招办 |
| 夜大学机械设计与制造 | 三年半 | 30 | 本校 | 本校 |
| 电子技术(电视) | 三年 | 30 | 上海市工人文化宫 | 本校 |

二、报名日期:1988年3月25日至4月3日

三、招生简章备索

《解放日报》1988年3月18日

### 上海大学美术学院本科、中专招生通知

一、本科:招收高中毕业文化程度美术设计系30名(含动画专门化15名)美术专业:10名,学制四年。报名日期:4月2、3、4日。

二、中专:招收初中毕业文化程度,学制四年,名额24名。以上限招上海户口。报名日期:4月9、10、11日。

地址:凯旋路30号;电话:521795、523190-15;简章备索,每份2角,邮费另加。

《解放日报》1988年3月22日

**上海大学政治学院干部专修班招生**

一、招收本市机关、企事业单位从事行政管理、公共关系、政工或秘书工作,具有高中文化程度的在职干部,分设四个专业班,共招160名。(主要面向吴淞、宝山地区)

二、学制一年半,从88年4月至89年8月,基本业余,每周上课两个半天一个晚上或两个晚上一个半天。

三、开设13—15门大专课程,考核合格发本院干部专修班结业证书。

四、报名及办学地点在吴淞区泰和路680号吴淞四中(逸仙路西首,51、53、90、101、226路可达)。

五、4月8—12日上午9时至下午5时(星期日照常),凭本人工作证、学历证,随缴一寸照片2张,报名费1元,半年学费180元。(电话:680719、681315)

《解放日报》1988年4月3日

**上海工业大学土木系(顾问) 复农业余进修学校 春季联合招生**

(一)工业与民用建筑结构与建筑施工专业:学制二年,课程12门,学习结束,考试合格,发给专科结业证书。

本学期开设:高等数学、建筑制图、建筑力学。

(二)外语专业:出国培训实用日语会话、宾馆英语、柜台英语、新概念、托福、许国璋英语。

报名时间:即日起每天下午4:00—8:00,额满为止。

报名及上课地点:黄浦区新昌路331号(北京西路口)。

电话:539374,详见简章。

《解放日报》1988年4月6日

**上海大学商学院财务管理干部专修班招生**

为适应本市发展外向型经济与加速经济体制改革的需要,为培养财务管理的专业人才,我院从1988年4月至1989年7月举办财务管理专修班。

一、开办形式、时间及学历:基本业余,免试入学,总共800学时13门大专课程,共分三个学期一年半结业。学费每学期220元。每周二、四下午及晚上授课。每门大专课程修毕经考试合格,由我院发给单科合格证书,按计划修毕规定的全部课程考试全部合格,由上海大学商学院发给财务管理专业结业证书(大专同等学历)。

二、招生对象及办学报名时间地点:上海电大虹口工人俱乐部辅导站(飞虹路400号虹工一俱教育楼)交通有6、14、17、70、79、103、202路等车均可抵达。电话464570-14。凡本市机关团体、企事业单位具有高中或相当高中文化程度的在职干部均可报名,请随带本人一寸照片两张,报名费1元和学费(现金、支票均收)及单位介绍信或本人工作证于即日起至4月24日每天上午9时至下午7时报名。开学日期4月26日下午1时正。

《解放日报》1988年4月14日

## 上海工业大学自学考试辅导班招生

辅导1988年下半年开考课程：液气传动与控制、机构分析与综合、机械零件（设计）、材料力学、普通物理、应用化学、公共英语。4月24—27日报名，8:30—11:30及13:30—16:30在校部（延长路149号），18:30—20:00在校外辅导站（北京西路653号京西中学）。简章备索。

《解放日报》1988年4月20日

## 上海大学 上海市文化局 香港中华文化促进中心 上海文化发展基金会 首次联合举办"艺术经营管理"外国专家系列演讲

内容："艺术管理人才的培训及他们担任的角色""英国政府对艺术的间接管理及宏观调节方式、体制及优劣""怎样筹措资金及赢得赞助"等六讲。

演讲人：艾德华·康尔恩、潘美拉·霍卡等五名英美专家

时间：5月2—6日下午1:30—4:30，5月7日上午8:30—11:00

地点：上海戏曲学校实验剧场（陕西南路文化广场3号门）

报名时间：4月25—27日下午1:30—4:00

报名地点：戏曲学校实验剧场售票处。

收费：每人30元

欢迎本市各级文化系统领导干部及有关文艺管理人员报名听讲。

《解放日报》1988年4月21日

## 上海大学政治学院 上海造船职工联合大学 合办公共关系干部专修班招生

一、凡本市机关、企事业单位从事或准备从事公共关系工作的在职干部、具有高中文化程度者均可报名。共招60名。

二、学制一年半（1988年5月—1989年9月），每周授课两个半天一个晚上。设置15门大专课程，共800学时。经考核合格发上海大学政治学院干部专科班结业证书及各单科合格证。

三、5月2—6日上午9:00—下午5:00凭本人工作证及学历证件报名，随缴一寸照片2张，报名费1元及半年学费180元。

四、报名及上课地点：溧阳路135号上海造船职工联合大学，地处外白渡桥东首，交通有22、27、28、55、65路。

电话：680719、461663。简章备索。

《解放日报》1988年4月25日

## 上海大学美术学院所藏作品在大阪展出 上海中青年油画家的作品受到了肯定评价

上海大学美术学院所藏作品展今天在大阪市立美术馆开幕。画展是由上海大学美术学院和日中美术交流财团共同举办的一次为期一年的民间文化交流展，展出作品共300多件，大阪是此次巡回展的中心展地。江泽民为展览题了词。

展出的作品，包括中国画、油画、雕塑、水彩画、漆画、装饰画等，其中不乏上海美术界

知名人士的作品。日本美术评论家河北伦明先生认为,中国的美术尤其是在油画领域里已达到一个新的境界。上海中青年油画家的作品更受到了肯定的评价,打破了一般日本人心目中中国的美术就是水墨画和书法的传统观念。但是,日本观众在赞美中国美术的同时,也为中国美术作品的裱装技术、镜框制造技术的落后及作品一般范围的非标准化表示遗憾。(戴晓诚)

《文汇报》1988年4月28日

### 羊群出没晨霭　少女飘拂红巾　上海大学艺术摄影展新颖多姿

140幅被放大的彩色、黑白照片,昨天下午挂上了上海美术馆展壁——上海大学师生的艺术摄影展在学校五周年校庆之时正式展出。

文如其人,照片也反映一个人的情趣。帕米尔高原的红头巾少女、藏北草原晨霭中的羊群、舞台上的摇滚歌星和静泊水中的乌篷船全成了年轻摄影家们倾注激情的目标。题材广、手段多,勤于构思、勇于实践是这个影展的特点。许多学生利用假期自费赴云南、西藏、新疆……

上海大学是本市唯一设有艺术摄影专业的高等院校,自从摄影艺术专修班在美术学院开设以来,非但专业学员成绩斐然,非专业学员也纷纷带着相机走向社会,据主办者介绍,文学院、工学院、商学院的学生已把摄影活动作为他们的第二课堂,这次影展作品中非摄影专业学生的作品就近半数。(于勇斌)

《新民晚报》1988年5月8日

### 上海大学喜庆建校五周年　江泽民勉励师生发挥综合优势,培养应用人才

上海大学师生昨天热烈庆祝建校五周年。中共上海市委书记江泽民特为此题词,勉励他们"发挥综合优势,培养应用人才"。

上大现有师生员工近万人,办学五年来,发挥文科、工科、商科、管理、外语、美术等多学科的优势,使应用性学科建设的进展卓有成效。该校国际商业学院,引入国际经贸内容,培养的人才既懂外语、又掌握经贸知识;文学院在发展应用文科上办出了特色,并新设了经济法、档案、文博等专业;工学院则以中小企业为主要服务对象,在教学中注意补充各企事业单位迫切需要的知识;美术学院引进社会急需的应用课程,使毕业生到社会上十分"抢手"。近五年来,这所大学已为上海地区培养输送本、专科毕业生5 387人。

市人大常委会副主任谈家桢等出席昨天的校庆纪念会并讲了话。(徐成滋)

《解放日报》1988年5月11日

### 上海工大　上海科大　联办计算机学院

上海工业大学、上海科技大学联合创办的计算机学院昨天正式成立。谢丽娟副市长到会祝贺。

上海工业大学的计算机教学偏重于工,上海科技大学的计算机教学偏重于理,计算机学院的成立将促使理工结合,发挥两校优势,进一步提高教学质量,提高办学效益。新成立的计算机学院由清华大学教授李三立兼任院长。

据悉,两校还将筹建计算机应用研究所和计算机技术开发公司。(吴德宝 李康琪)

《解放日报》1988年5月17日

**上海工大和科大联合创办计算机学院**

上海工业大学、上海科技大学联合创办的计算机学院今天正式成立。这件事标志着两所地方性大学的合作以及向最后合并走出了可贵的第一步。

上海工业大学和上海科技大学都有计算机系,前者偏重于工,后者偏重于理。两校联合成立计算机学院,把双方的优势结合起来,不但对改造原来学科有好处,还有利于开发新的学科,更好地为上海培养计算机专业人才。

学院在成立的同时,宣布筹建计算机应用研究所和计算机技术开发公司。

清华大学教授李三立兼任计算机学院院长。(萧关根)

《人民日报》1988年5月18日

**湖州举行上海大学书画展览**

上海大学书画展览日前在湖州市工人文化宫举行。这次展出的上海大学师生近作有近70幅,其中有著名画家应野平、乔木、俞子才、顾炳鑫、廖炯模,中青年书法家应金阳、朱晓东、丁迪蒙等人之作。

《解放日报》1988年6月13日

**上海大学文学院　上海市对外服务公司　涉外秘书培训班招生**

为适应上海外向型经济发展的需要,改善外商来沪投资环境,特培养涉外秘书专门人才,满足外商驻沪机构和三资企业聘用人员的需要。招收30名女性。具有大专以上文化程度(包括高中毕业生外语成绩突出者)。1961年1月1日后出生。身体健康、品貌端正。英语考试(含口试)合格后入学。凡上大文学院秘书专业历届毕业生在同等条件下优先录取。学制一年,每周三个晚上及周日上午市中心上课。学习成绩优异者颁发奖学金。全部课程考核合格者发给结业证书并由上海市对外服务公司择优推荐给外商驻沪机构和三资企业聘用。凭本人学历证书及近期报名照两张,即日起每日上午8:30—11:00在西江湾路574号上大文学院秘书学系办公室报名。电话:665700-42。联系人:姚美华。简章备索。

《解放日报》1988年6月20日

**六十春秋风和雨——怀念张仲实同志**

张仲实同志是优秀的共产党员,他为中国人民的解放事业奋斗了60多个春秋,对党领导的进步文化事业、对马克思主义的研究、宣传工作做出了重要贡献。仲实同志离开我们整整一年了,但他那正直、谦虚、朴实的品格,踏踏实实、埋头苦干的作风,安详亲切的身影却总是留在和他一起工作过的同志们的心里。

仲实同志1903年7月15日出生在陕西省陇县一个贫苦农民家庭。1922年春,他到陕西三原上中学,在那里他受"五四"新文化运动的影响,成为学生运动的积极分子。

1924年暑期,仲实同志加入共青团,担任渭北学联主席,1925年1月转为中共党员,并被选为党的渭北特支书记。这年10月,他作为全省学联负责人出席了在北京召开的全国学联代表大会,参加了北京学生在天安门广场举行的"首都革命"游行示威。他回三原后,继续积极配合陕西早期党的领导人魏野畴、李子键等开展学运、兵运、农运工作,由于仲实同志的革命活动,他受到反动军阀的追捕,于1926年夏季被迫出走。

到达上海后,他考进了国共两党合办的上海大学,不久又被选派去苏联莫斯科东方劳动者共产主义大学学习。1928年转入莫斯科中山大学学习。由于仲实同志学习异常刻苦,俄文水平提高很快,他被分配在张闻天同志领导的翻译班从事马列主义教材的翻译工作,这使他在留苏4年期间,打下了扎实的俄文基础,系统地学习了马列主义理论。

1930年仲实同志回国后,由中共北方局分配在唐山任中共京东特委宣传部长,从事工人运动。1931年他去上海后开始从事进步文化事业活动。1933年,他经人介绍到中山文化教育馆主办的《时事类编》旬刊为特约翻译兼编辑。当时国民党反动派大张旗鼓地进行"文化围剿",许多进步报刊被取缔,仲实同志就利用这个"合法"刊物,从苏联多种报刊上翻译了大量文章,向中国读者介绍苏联社会主义经济建设、文化教育事业的巨大成就以及苏联国际问题的观点。他的这些译作引人注目受到广大青年的欢迎,并产生了较大的政治影响。

1934年底,仲实同志经胡愈之介绍进入由著名革命民主主义战士邹韬奋创办的生活书店工作,并由胡愈之推荐代替他担任《世界知识》杂志的主编。半个世纪前创刊的《世界知识》,长期以来对广大读者进行启蒙知识教育,培养了我国几代青年爱国主义和国际主义思想,在这里面,仲实同志的一份心血和劳绩是不应忘记的。

1935年秋季,邹韬奋在民族存亡之时,勇敢地擎起一面抗日救亡旗帜,创办了《大众生活》周刊,仲实同志是周刊编委之一。1936年2月,国民党反动当局禁止《大众生活》出版并迫使韬奋再度流亡。韬奋临走时让仲实同志担任生活书店总编辑。不久,为打破国民党当局的禁锢,坚持宣传革命思想,仲实同志毅然决定创办《永生》周刊以代替《大众生活》。他还有意识地把当时生活书店的出版方针转向马克思主义的社会科学,有计划地出版了一大批进步丛书。仲实同志在尽心竭力地主持生活书店编辑工作的同时,还进行许多著述和翻译工作,这期间他翻译的马克思主义著作主要有恩格斯的《费尔巴哈与德国古典哲学的终结》、普列汉诺夫的《马克思主义的基本问题》、列昂节夫的《政治经济学讲话》等,他的这些译著曾多次再版。仲实同志在主持书店时出版的大批进步读物以及他个人翻译的马克思主义著作,深得广大读者的热烈欢迎,教育了一代革命青年,对马克思列宁主义在中国的传播起了重大作用。

自1937年6月起,仲实同志和邹韬奋、沈钧儒、钱亦石、郑振铎等人连续创办了《中华公论》《抗战三日刊》《战时联合旬刊》《全民抗战》《国民公论》等杂志,大张旗鼓地宣传抗日救亡。

1938年底,仲实同志到重庆后,新疆学院院长杜重远请茅盾和他去新疆工作,他征求了韬奋及当时党在白区负责人秦邦宪同志的意见后就和茅盾一道前往新疆,到达迪化后,仲实同志任新疆文化协会副会长(茅盾任会长),在开展文化协会各项工作的同时,他还担任新疆学院经济系主任,讲授马克思主义哲学、经济学、社会发展史等课程。1939年暑期,他协助杜重远去到伊犁和沿途各县进行抗日宣传和社会调查工作,受到各族人民的热烈欢迎。茅盾和仲实同志的活动使新疆反动军阀盛世才十分忌恨,并伺机向他们下毒手,矛头首先指向仲实同志。途经新疆前往苏联治病的周恩来同志了解到这一情况后,即让毛泽民转告仲实同志,安排他去延安。在新疆党组织的协助下,他们机智地摆脱了盛世才的魔爪,奔赴延安。仲实同志辗转新疆的一年多时期里,除了从事教学、社会工作,也进行了大量的写作、翻译。他在新疆《反帝》《新芒》等刊物上发表了国际问题研究和抗战评论等多篇文章。最有意义的是,他把恩格斯的重要著作《家庭、私有制和国家的起源》译成中文。针对中国是民族解放运动的典型这一事实,他还翻译了《斯大林论民族问题》一书。

1940年,仲实同志到延安后,由衷地感到一种回到自己家里的幸福感和安全感。当时是中央总书记的张闻天兼马列学院院长,他安排仲实同志到马列学院任编译部主任兼陕北公学领导成员,在马列学院、抗大、陕北公学、鲁艺女子大学讲授马列主义原理课程。1941年党中央设立政研室,毛泽东兼主任,下设政治、经济、国际问题三个研究组,仲实同志任国际问题研究组组长。1943年,他又调到中宣部主管马列著作的翻译和出版工作。整风期间,毛泽东为肃清教条主义在党内的影响,决定亲自主编《马、恩、列、斯思想方法论》,他召集张仲实、艾思奇、吴亮平等同志参加了编辑工作。在延安期间,仲实同志更专注于马列主义理论的学习、研究,他在党中央机关刊物《解放日报》《解放》周刊和艾思奇主办的《中国文化》上,先后发表多篇论文及译作。

延安整风运动开始后,仲实同志响应毛主席关于知识分子深入工农、深入实际的号召,利用业余时间,到延安杨家岭中央机关运输队去做群众工作,提高了运输队员的政治觉悟和工作干劲,使这个单位成了全延安的模范运输队,他又把这个运输队的事迹、经验做了总结,刊登在《解放日报》上推广。因而仲实同志被评为陕甘宁边区的劳动模范,以后又被选为陕甘宁边区的参议员。毛主席曾在中央党校作报告时表扬了他。

解放战争时期,仲实同志一直在中宣部工作,他根据革命转变时期的不同需要,受中央及有关部门委托,陆续编辑了土地问题调查报告、整党问题资料等多种资料。特别是1949年2月党的七届二中全会召开时,为迎接中国革命向社会主义革命的历史性转变,中央指示仲实同志提出一个理论学习计划。他与中央有关同志商议后,拟定了一个干部学习书目并负责编印。这就是经中央批准后广泛发行的"干部必读"12本书。"干部必读"在建国初期对于提高广大党员干部的理论水平,加强党的思想建设起了重要作用。

建国初期,根据毛主席的提议成立中苏友协,仲实同志参与创办中苏友协,并担任副总干事、党组副书记,他还先后担任中宣部出版处处长、国际宣传处处长、中共中央西北局宣传部副部长、中共中央编译局副局长、党组副书记。党中央给中央编译局的主要任务是:有系统、有计划地翻译并出版《马克思、恩格斯全集》《列宁全集》《斯大林全集》。在中国这样一个大国全部翻译并出齐马、恩、列、斯的著作,这不仅在马列主义传播史上,而且在我国出版史上也是一项极其宏伟的工程。仲实同志以他后半生的主要精力,参与了这项宏伟工程的组织领导工作,由始至终、兢兢业业,呕心沥血,并且一丝不苟地亲自审定了部分译稿。经过20多年的努力,卷帙浩繁,内容广博的三大全集全部出齐。这对于党的理论建设,社会主义精神文明建设,以至整个中国革命和建设事业都有着巨大意义。

1966年"文化大革命"发动后,仲实同志受到严重冲击和折磨,他的马克思主义研究工作被迫中断。十年动乱结束后,仲实同志已逾古稀之年,由于积劳成疾,他身患重病,但他仍以极大的毅力写了许多文章,还在住院养病期间写了《马克思、恩格斯传略》《列宁传略》。仲实同志衷心拥护党的十一届三中全会以来的方针、路线、政策。面对改革开放的新时期,他常常对青年同志讲:搞理论工作一定要研究新情况、新问题。

许多同志在谈到仲实同志时都有一个共同的感觉:仲实同志朴实无华、寡言少语,他总是在踏踏实实地工作。仲实同志的另一特点是谦虚谨慎,从来不向党和人民伸手,党分配他干什么就干什么,从来不讲价钱。仲实同志严谨认真,极其负责的工作态度也是有口皆碑的。他在负责三大全集经典著作的部分译稿时,为了准确无误地表达经典作家的原意,他常常反复对照俄文、英文、德文版著作审阅。他审阅过的译稿圈点勾画,纵横交错,人们看了无不惊叹他工作、治学的严谨、认真。

60多年来,仲实同志就是以这种认真、负责的精神扎扎实实地为党和人民做了大量卓有成效的工作,他是党培养出来的优秀知识分子。他那正直朴实、廉洁奉公、埋头苦干的形象深深地留在我们心里。(帅孟奇　杨献珍　王炳南　高克林　莫文骅　沈兹九)

《人民日报》1988年7月7日

**高楼着火如何扑灭　上大列为专题研究　一门新兴学科安全工程学最近在上海大学工学院建立**

高层建筑着火后怎样做到早期监测、报警以至自动灭火?一门研究此中学问的新兴学科——安全工程学,最近在上海大学工学院建立。

随着近年来经济建设发展,迫切需要一门能够防火防爆、防尘防毒的安全工程学。上海大学工学院教师利用在实践中接触到的国外安全工程方面的先进技术、装备,一边引进,一边消化,掌握了代表国外80年代先进水平的灭火后不留痕迹的自动灭火设备、微电脑火警监测系统、烟雾感应器的生产工艺和防盗保安系统、火灾报警系统、火警自动喷水喷粉自救系统等理论,并且在独立设计的北京科学院大楼等20多个项目中加以运用,改革设备。如他们自行研制的灭火系统分层控制器、火警显示器等,有的价格仅及外国货的十分之一,比较适合我国国情。(张自强)

《文汇报》1988年7月11日

**上海工业大学　浙江工学院　联合举办家用电器维修培训班招生**

本班开设电子技术、收音机、录音机、黑白和彩色电视机、电扇、洗衣机、电冰箱等原理和维修课程。有教材主编副教授和经验丰富的工程师授课,理论教学和实践训练并重。学习期间开设系列实验、组装收音机,并可组装黑白电视机(培训班可代购全套散件),参观家用电器生产厂并到上海工业大学电视专业实验室参观实习。学员通过学习可达到全国家电培训办公室规定的教学目标,经考核成绩合格者发给全国家电维修技术统一合格证书。

招生对象:初中以上文化程度的城乡待业青年或在职的家电维修人员;

学习期限:1988年8月25日至1989年1月20日;

收费：学费 360 元，实验器材费 60 元（不包括书籍费）；

住宿：自带床上用品每天 6 角，不带床上用品每天 2 元（杭州市）；

报名地点：杭州市朝晖六区浙江工学院电子系办公室（每人另收报名费 10 元），简章备索。

《解放日报》1988 年 7 月 12 日

**上海工业大学　浙江工学院　联合举办家用电器维修培训班招生**

本班开设电子技术、收音机、录音机、黑白和彩色电视机、电扇、洗衣机、电冰箱等原理和维修课程。有教材主编副教授和经验丰富的工程师授课，理论教学和实践训练并重。学习期间开设系列实验、组装收音机，并可组装黑白电视机（培训班可代购全套散件），参观家用电器生产厂并到上海工业大学电视专业实验室参观实习。学员通过学习可达到全国家电培训办公室规定的教学目标，经考核成绩合格者发给全国家电维修技术统一合格证书。

招生对象：初中以上文化程度的城乡待业青年或在职的家电维修人员；

学习期限：1988 年 8 月 25 日至 1989 年 1 月 20 日；

收费：学费 360 元，实验器材费 60 元（不包括书籍费）；

住宿：自带床上用品每天 6 角，不带床上用品每天 2 元（杭州市）；

报名地点：杭州市朝晖六区浙江工学院电子系办公室（每人另收报名费 10 元），简章备索。

《解放日报》1988 年 7 月 13 日

**按需设置专业　培养实用人才　上海大学文学院毕业生学以致用　两千余名历届毕业生中 98％用人单位感到满意**

上海大学文学院的毕业典礼刚刚结束，300 多名毕业生便被一个个用人单位接走。其中，秘书学系共有 46 名毕业生，而需要名额高达三倍。文学院的大学毕业生如此"走俏"，是这所学院大胆进行文科改革，坚持面向实际设置专业，大力发展应用文科，注重培养学生实际能力而结出的硕果。

上海大学文学院的前身是复旦大学分校。1978 年建校后，学院为了开发文科的应用价值，按照社会的实际需要，设置专业，为本市培养出一大批急需的应用人才。1980 年，文学院对本市经委系统和虹口区等单位作社会调查时了解到，不少单位急需秘书人才。当时，本市和全国高校中却没有一个秘书专业。于是，他们克服教材和师资不足的困难，在全国高校中率先创办了秘书专业，填补了文科的一个"缺门"。七年来，秘书专业的每届毕业生都供不应求，已经走上了工作岗位的 518 名毕业生得到了用人单位的好评。文化经营管理，在老文科中是个空缺。去年，他们在市委宣传部和文化局的支持下，开创了全国第一个文化经营管理专业，得到了文化界的赞赏。至今为止，学院已建立起社会学、经济法、文献信息管理等一批新学科和新专业。

文学院在发展新型应用文科时，还从社会实际需要出发，大胆改造中文、政治、历史等文科老专业。在专业方向和培养目标方面，从过去以培养教学、科研人才为主，转向培养实际工作部门的专业人才为主;在课程设置上,本着扩大专业面,调整知识结构的要求,压缩了原有的专业课程,增设了实际需要的新课程。

近年来,文学院采取教学与社会实践相结合的方法,加强学生的能力培养,努力缩短学生毕业后社会化的过程。中文系在实行分科分段系列化教学时,把传授写作知识、开展写作训练和社会实践三者紧密结合起来,学生深化了书本知识,较好地掌握了采访、写作的基本功,毕业生上岗后就显示出了自己的才华。分配在新闻和出版系统的30多名毕业生,不但能独当一面,而且还挑起了大梁。社会学系结合本专业的教学,组织学生走向社会作调查,写出了《上海城市社区文化》《上海居民生活方式》等质量较高的专题调查报告。据市高教局去年进行的跟踪调查,文学院2 000多名历届毕业生中,被用人单位认为"满意"和"比较满意"的占98%,名列本市同类高校之首。(朱民权)

《解放日报》1988年7月25日

### 新型全频道电视接收天线问世

由于一种新型的全频道电视接收天线的问世,使电视机前的观众可以在离发射台30—50公里的范围内满意地看到从1到48频道的全部电视节目,而且图像清晰稳定,色彩鲜艳逼真。这种由上海科技大学王国强设计研制并获得国家发明专利和由江苏无锡县电视接收器厂生产的U/V兼容型电视接收天线,7月29日在京通过了机械电子工业部的产品定型鉴定。这是我国第一副受到国家正式肯定的电视接收天线。

《光明日报》1988年8月2日

### 上海工业大学招生启事

一、工程师高级课程进修班:我校受上海市经委委托开办第三期进修班,对工程师进行现代科学、现代技术及现代管理的强化培训,为其参加高级职务评聘创造进修提高的机会。专业:机械类,电气类。

二、大专升本科高考辅导班:为参加1989年成人高考复习应考课程。专业:机械工程、冶金及材料工程。

三、报名:8月20日—9月10日至延长路149号本校继续教育科(一宿舍320室)报名。随带一寸照片一张(星期天休息),电话:625744-168。简章备索。

《解放日报》1988年8月10日

### 南盟业余学校第十二期上海大学国际商业学院夜大学南盟分部招生

本校为配合1989年成人高考,开设文、理科高复班,学制一年,1988年成人高考本校学员录取率达96%以上。本期继续聘请教学经验丰富的高级教师、一级教师任教。

上海大学国际商业学院夜大学南盟分部开设:

一、许国璋一、二、三册班;二、新概念一、二、三册班;三、上外日语一、二、三册班。

以上各科修满二年经考试合格,由上海大学国际商业学院夜大学发给单科结业证书。

另设赴日实用会话班(三个月)满额开班。

报名时间：即日起每天下午5—8时（星期日休息）。

报名地点：南市区学前街135号敬业中学分校（蓬莱电影院左旁）11路电车小西门下车。简章备索。

《解放日报》1988年8月12日

### 上海大学商学院　上海市场营销学研究会　联合举办"国际市场开拓与销售"单科大专班招生

1. 学期：三个月（9—11月）每周上课两次，授课60课时，日班夜班任选，上课地点：上海大学商学院（简章备索）。

2. 报名：自8月22日起至9月4日上午8—11时在新闸路1220号上海大学商学院老大楼505室。

3. 学费：50元。

4. 学习期满，成绩合格，发给单科大专证书。

《解放日报》1988年8月20日

### 南盟业余学校第十二期上海大学国际商业学院夜大学南盟分部招生

本校为配合1989年成人高考，开设文、理科高复班，学制一年，1988年成人高考本校学员录取率达96%以上。本期继续聘请教学经验丰富的高级教师、一级教师任教。

上海大学国际商业学院夜大学南盟分部开设：

一、许国璋一、二、三册班；二、新概念一、二、三册班；三、上外日语一、二、三册班。

以上各科修满二年经考试合格，由上海大学国际商业学院夜大学发给单科结业证书。

另设赴日实用会话班（三个月）满额开班。

报名时间：即日起每天下午5—8时（星期日休息）。

报名地点：南市区学前街135号敬业中学分校（蓬莱电影院左旁）11路电车小西门下车。简章备索。

《解放日报》1988年8月22日

### 重视人才预测　避免盲目招考——上海高考热点趋"外"现象透视

今年，上海高考有三个显著的动向：报考文科的学生比例显著上升；"外"字头、"商"字头专业成为选择的热点；名牌大学基础学科的考生比例明显下降。

大学录取新生如今已经走进了各所高校的大门，回过头来看看专业报考的一张张志愿表，便会发现热点有"外"向型趋势。上海外贸学院成了"众矢之的"，外贸金融专业计划招收5名，但经过筛选超过录取分数线的超出3倍。近几年处在热点的旅游专科学校，今年旺季更旺，超过录取分数线的达99名，而学校只能招收27名。相反，前些年考生不易入门的理工专业，却门庭冷落。

招生干部告诉记者，一些名牌大学历年是考生追求的目标，录取分数均高于本科控制分数线，可今年在本科控制线以上的第一志愿人数不足，不得不从第二志愿考生中调剂录取。上海师范大学、上海技术师范学院更是问津者寥寥。尤其是文史类专业,填报第一志愿的人数在录取线上的缺额占三分之一。素负盛名的全国8所重点大学有些理工科类专业,今年也"行情"看跌。文科考生多集中于外语、海关、财经、国际贸易、国际金融等专业,中文、历史、哲学、政治等专业则冷冷清清。华东化工学院马列主义专业计划招生9名,填报第一志愿的仅有1人。

记者到南洋模范中学追踪采访。这所上海市的重点中学,以数理化水平高著称。今年应届毕业生263人,有66人报考文科。副校长张茂昌说:"报考文科人数之多,在我校是空前的。其重要原因之一是受社会上出国旋风的影响。有一名数学尖子,曾在上海市高中数学竞赛中获奖,也跟潮流去考国际金融专业。"

上海大学国际商业学院今年大出风头。院招生办公室负责人反映,去年来咨询的日均不到1 000人次,大多为普通中学学生;今年问津者日均高达4 000多人,且多数来自市重点中学。

考生志愿热点的转移,是价值观、职业观走向多元化的反映。近年来社会上兴起"出国热""经商热",对考生、家长和中学教师也不无影响。有一位学生家长,一年前就坚决要求校方把儿子从理科班调到普通班。她说:"我希望儿子花点精力学外语,将来出国或到中外合资企业工作。"据记者了解,相当部分要求进外语、外贸专业的青年学生,实际上把大学作为跳板,目的是为日后出国、经商作准备。市招生办公室负责人说,"今年学生填报志愿有一个趋向:有些人不计较名牌大学、文凭学历,而是看专业、重出路。大学毕业分配实行双向选择后,引起了中学生的心理震荡。毕业后分配去向自然成为他们选择志愿的依据。"

报考热点趋"外",有些问题值得探索:

其一,高等教育在教育结构、专业设置、招生计划等方面,如何适应社会发展和经济建设需要?有些专业对于从学科上、学术上赶超世界先进水平的考虑较多,而着眼于提高目前产业水平却甚少;有些专业面太窄,教学内容陈旧,培养出来的学生适应性不强;有些专业盲目布点,缺乏特色,使毕业生供过于求。例如机械专业,学设计的多,懂工艺的少,搞工具模具的更少,而现在企业最需要的却是工具模具设计与制造专业。

其二,从教育面向未来、面向世界、面向现代化的目标出发,在发展应用学科、新兴学科的同时,如何继续加强基础学科专业建设?有些专业包括名牌大学的数学、物理、化学、历史、哲学、中文等基础学科,从长远看关系国家精神文明、科学腾飞、后继有人的大局,有必要引导品学兼优的学生报考。不能只顾眼前、急功近利,更不能放任自流。中学阶段应该对青年学生进行就业指导。

其三,毕业生分配工作同招生录取规划如何有机地结合,进行配套改革?这成为高校深化教育改革迫在眉睫的新课题。上海市高教局今年派出负责毕业分配工作的干部参与新生录取,对沟通招生和分配之间的信息,协调各高校长线与短线专业、男女生比例、市区与郊县招生人数起了积极的作用。他们认为,高等学校招生、分配两者之间的关系,好比"进口"、"出口"公司,招生计划应该建立在人才预测的科学基础上,防止考生选择志原"一窝蜂"或"赶浪头"。

《人民日报》1988年9月3日

### 上海大学国际商业学院秋季招生

一、招生课目：(1)新概念第二册、第三册；(2)许国璋英语第一册至第四册；(3)日语(上外第一册至第四册)；(4)生活日语；(5)日语会话(50课)；(6)英语听说；(7)TOEFL班,全脱产、半脱产、全业余(为1989年1月考试准备)由本院朱宝胜老师负责教学。

二、报名地点及时间：上海大学国际商业学院(徐家汇蒲西路150号)即日起报名,额满为止,每日上午9:00—11:00；下午1:00—4:00；晚上4:00—7:00,报名时请携带本人一寸照片两张,简章备索。

三、开学时间：1988年9月届时发入学通知书。

《解放日报》1988年9月5日

### 上海市经济贸易业余学校 上海大学国际商学院 英语单科班联合招生

二年制专修班：(1)《大学英语》《听力入门》及口语；(2)新概念英语(二、三册)(学习期满,成绩及格,均发上海大学结业证书)。

经贸主办：

1. 单科班：新概念1—3册,许国璋1—3册,英语900句口语,会计英语,上外日语及生活日语。

2. 高中文科各单科班(立案)、高复班全科。

即日起报名,每日下午3—8时(周日休息)山海关路445号育才中学内107室；电话：584883。

《解放日报》1988年9月6日

### 上海科技与生产结合有长足进展——98个科技攻关项目各获得主 科研单位大专院校中标数85％

上海市14项重点工业会战项目提出的首批136个科技攻关项目,已有98个项目被揭标,中央部属科研所、高等院校、地方独立科研机构中标数占85％。这个事实表明,上海的科技主力军已经进入经济建设主战场,科技与生产结合有了突破性进展。

一个月前,市重点工业会战项目提出的首批136个科技攻关项目招标后,各招标单位在几天内收到了近500个单位投出的586份标书。市有关方面邀请315位专家组成64个评审小组进行论证、评估和直接答辩,并对绝大部分初评入选的单位进行资格审查和信用调查,按统一评分标准择优入选。

这次招标有联合有竞争,提高了科技攻关的技术经济效益。在向彩色显像管工程项目的阴极套管评选投标中,上海工业大学突破部门、条块的束缚,组织5个单位(有研究所和企业)一起参加投标。对一项不锈钢工艺课题投标时,有的科研单位和高校开价10万元以上,而一家中央在沪科研单位提出只要5 000元试验费和2万元技术转让费。当专家组评审时,这个单位已拿出了试验的样品。竞争的结果,许多科技攻关项目的经费下降,攻关周期缩短了。(萧关根)

《人民日报》1988年9月29日

## 上海科学技术大学　日本靖江市日中友好协会　联合举办日语培训班招生启事

日语培训班旨在促进中日友好和交流,聘请日籍优秀教师任教,通过学习使学员掌握听说读写能力。

一、学制、招生名额:(1) 无日语基础的,学制一年,名额 25 名;(2) 有日语基础的,学制半年,名额 25 名。

二、招收对象:(1) 在职职工;(2) 自费生。

三、报名地点:(1) 上海科技大学科技咨询服务部(北京西路 607 号);(2) 上海科技大学教务处教务二科。

四、简章备索。

《解放日报》1988 年 10 月 8 日

## 上大国际商学院新选校址

上海大学国际商学院新校址已选定,在上海县梅陇乡。新学院采用亭园式建筑。可望年底打桩,三年建成。(乐缨)

《解放日报》1988 年 11 月 4 日

## 首都各界纪念周建人百岁诞辰　雷洁琼、屈武、胡绳、楚图南等出席

周建人同志百岁诞辰前夕,民进中央今天下午在京举行纪念会,缅怀这位已故全国政协副主席、民进中央主席的光辉业绩。

周建人同志是鲁迅先生的胞弟,因家境衰落,幼年辍学,刻苦攻读,自学成才。从 1921 年至建国前,他先后在上海大学、神州女学、暨南大学、安徽大学讲授生物学,并任商务印书馆、新知识书店编辑,是我国最早接受马克思主义的一位自然科学家,曾编译十几种生物学方面的书籍,以进步的生物学家闻名。他还是我国为数不多的、经历了自清末以来各个不同时代、最终无私地献身于共产主义事业的优秀知识分子代表之一。

人大副委员长、民进中央主席雷洁琼,政协副主席屈武、胡绳、楚图南与各界人士 300 多人参加了纪念会。会上,雷洁琼、宋堃、胡绳、楚图南、柳斌、宋木文、梅益、孙起孟(书面)和周建人的女儿周瑾先后讲话。

在周建人诞辰 100 周年之际,由民进中央宣传部编辑的《周建人文选》最近出版发行。(陈维伟)

《人民日报》1988 年 11 月 12 日

## 上海工业大学自学考试辅导班招生

辅导 1989 年上半年开考课程:理论力学、电工学、金属工艺学、高等数学、互换性与测量技术、测试技术。即日起报名,额满为止。报名在校部(延长路 149 号),8:30—11:30 及 13:00—16:30。12 月 12 日正式上课。

《解放日报》1988 年 12 月 1 日

## 上海大学、上海第二工大课题组提出高校学制不相通问题亟待解决  应在教育上立法，并制定本科与专科等相通措施

上海高教事业中学制不相通问题已成为相当突出的弊端，亟须在教育上立法，制定学制相通措施，试行高校本科与专科相通，成人高校与普通高校相通，专业之间相通，面授、函授、电视传授、自学考试等不同教育形式相通的办法。上述见解是上海大学、上海第二工业大学课题组提出来的，在最近论证时得到专家的肯定。

由梁光霁、刘煜海、黄清云、曹育南等同志组成的课题组认为，从宏观上看，一个国家学历教育层次只应有，一个体系、一个标准，不能搞成目前普通专科、成人专科和普通本科、成人本科等多种体系、标准。目前，上海高校不同层次、不同类型、不同专业、不同学校间的学制转换、相通工作没能实现，与迅速发展、提高的上海高教事业极不相称。改变学制不相通的情况后，有利于人才培养，同时还可以调动各类高校的办学积极性，克服各自为政、自成系统、浪费学力的现象，发挥总体教育效益，促使受教育者得到全面发展。

课题组提出，目前上海高教学制相通问题应该认真考虑解决。就教育部门自身而言，关键是要教育立法，确定符合我国国情的学制体系，规定学制相通的条件、办法。例如，制订本科、专科课程"接口"衔接的标准，学校、专业和不同教育形式之间相互承认学分要经过必要的严格的考核等等。

还要采取若干措施，在宏观控制上逐步缩小成人高等学历教育的规模，鼓励普通高校中接受成人教育的学生在条件许可情况下到普通班听课。从学制不相通到相通有一个过渡过程，要不断扩大试点工作，当然，学制相通办法的实施，还要有与此相适应的条件，改变那种只看学历文凭的劳动人事制度，改变国家对高教包下来的政策，创造每个人都有接受更高层次学历教育的机会。（张自强）

《文汇报》1988 年 12 月 16 日

## 改革春风吹"活"上海大学  "螺蛳壳"里唱出几台好"戏"  在窄小的校园内，创办了一批特色专业；把竞争机制引进学校，激发了学生的学习积极性；许多毕业生在四化建设中发挥了骨干作用

在改革的春风吹拂下诞生的上海大学，五年来面貌发生了巨大的变化。这所拥有六个学院的"袖珍大学"，最大的工学院占地只有 24 亩，最小的国际商学院面积不到 6 亩，然而他们却能在螺蛳壳里唱出好戏。如今学生人数翻了一番，拥有 21 个系 35 个专业。国际商学院、工学院等已成为全市高中毕业生报考的"热点"。这所大学 6 500 名本、专科毕业生中有不少人已在四化建设中发挥骨干作用。

五年前，上海大学一成立就宣告同传统的大学模式决裂，努力探索、建立一种与社会主义现代化建设、与有计划的商品经济相适应的运行机制。这所大学改变过去办教育的旧观念，树立起为社会主义建设服务的新观念，打破常规，兴办许多特色专业。文学院同志最早提出了兴办应用文科的口号，首创了社会学、秘书学专业。图书馆专业也办成了文理结合的用计算机管理图书资料、传播信息的新专业，历史系创办考古博物专业，中国语言文学专业向编辑写作、文化管理专门化发展。上海大学国际商学院通过社会调查发现纯外语人才不"吃香"的情况，开设了专门用途外语新专业，把外语口语、应用文、外文

打字、函电以及国际经贸、外事管理、国际会计、国际经济法课程"引进"学院,受到社会的欢迎。美术学院也走出国画、油画、雕刻的传统美术模式,积极开拓工艺美术、商业美术、环境美术、室内装饰、工业造型等社会急需的应用美术的新路子。

"人有我无,人无我有,人有我优,人优我变"的口号颇能反映上海大学同志立志改革的心态。上海大学工学院提出了兄弟院校当时还没有想到的中小型企业需要多面手的课题,给学机械的学生加学电学、管理学知识。商学院把会计学、统计学、审计学"三合为一",使商业经济学从宏观管理向微观管理方向发展。

上海大学改革教育体制,把社会上的竞争机制引进学校,大胆地改变对学生"一包到底"、吃大锅饭的做法,改住读为走读,改普遍发放助学金为发放面占50%的奖学金,改公费医疗为住院医疗费补贴制,改统一分配为不包分配、择优推荐,促使学生处于竞争环境之中,努力适应社会需要。该校在3个学院试行中期选拔淘汰制,专科生学习成绩优异的可升本科,本科生学习成绩平平的则下放到专科去。这种双向浮动的学制,打破了本科专科"一锤子定音"的陈规,使学生在竞争中成长。

上海大学目前又在探索:怎样发挥各学院、各学科的优势,试行横向联合办学。这项改革刚刚开始,已传来一个个令人欣喜的信息:文学院、工学院、美术学院教师相互兼课,开设包装工程、美学方面的新课程;政治学院与文学院合办行政管理方面的新专业;工学院与国际商学院合办复合型计算机日语新专业;国际商学院、商学院5名优秀专科生跨院进入工学院学习;工学院、商学院以及美术学院分别与中国中学、龙华中学联合办学,在工艺美术、计算机、商业统计三个专业试行五年一贯制,优秀的初中毕业生学习两年高中后直接进入大学专科学习,冲破大中学校传统的严格界限,节省某些课程重复学习一年的时间……五年巨变,改革之功。上海大学的同志没有满足已经取得的成绩,又在酝酿新的教育体制改革措施……(张自强)

《文汇报》1988年12月24日

### 多晶硅生产新工艺增产节电

多对硅棒串联后一次击穿的多晶硅生产新工艺,由上海大学、上海第二冶炼厂研究成功,前不久通过市级鉴定。

专家们认为,该新工艺属国内首创。

采用三氯氢硅或四氯化硅还原生产多晶硅,早期以铜丝作热载体,以后用细硅棒作热载体,这种生产工艺一直沿用到今天。上海大学研究成的新工艺用粗硅芯作开切料,多对硅棒一次击穿,简化了操作工艺,节省了大量电气设备。开切成功率由原来的63%提高到近100%,生产率提高30%,生产每公斤多晶硅可节电127度。(萧关根)

《人民日报》1988年12月28日

# 1989 年

**上海市经济委员会　上海工业大学　电子计算机应用"专业证书"进修班　一九八九年招生简章**

培养目标：本专业合格证书班使学员系统地学习有关计算机方面的专业理论知识，达到计算机大专知识水平。

招生对象：已有中专学历，尚未取得大专学历者。具有高中学历，且有一定计算机应用实践经验的工作人员。

学制和进修方法：本市学员，基本业余形式每周两个半天两个晚上，学制一年半，其中包括毕业设计。外省市学员，全脱产住宿，学制一年包括毕业设计。

招生：全脱产40名，业余40名。

外地学员住宿费用见住宿说明。

所有学员均须自带5-1/4英寸磁盘10片。

学习地点：上海市延长路149号上海工业大学内。

联系人：周玲，电话：625744-256。

考核发证：经考核成绩及格者，由上海工业大学颁发上海市经济委员会的《专业合格证书》。选修单课经考核成绩及格者，由上海工业大学发给单课学习证书。该证书在学员从事行业的一定范围内供聘、评专业技术职务或管理职务、任职资格等时参考。

招生办法及开学时间：由单位选送，不举行入学考试，按付款先后次序安排入学（额满后推迟到下一期），然后发通知到各单位办理入学手续。简章备索。

开学时间为：1989年3月。

课程设置：必修课：PASCAL语言程序设计，微机原理及应用，数据库原理及应用，操作系统，数据结构，计算机网络基础，计算机图形学，计算机管理信息系统分析与设计。选修课程：C语言，专业英语，软件工程，编译技术，汉字信息处理。

《解放日报》1989年1月14日

**上海大学工商管理学院　复农业余进修学校　联合举办大专"结业证书"班招生**

为适应发展外向型经济需要，开设"公共关系""行政管理""工商企业经营管理"三个大专班。（1）学制为一年半，总共800课时，开设14门大专课程，每周一个半天及三个晚上，考试合格发上海大学单科合格证书，全部考试合格发给上海大学工商管理学院大专

"结业证书"。(2)招生对象:本市机关、团体、企事业单位,有高中文化程度的在职干部,随带单位介绍信。

《解放日报》1989年2月20日

## 上海大学工商管理学院 复农业余进修学校 联合举办大专"结业证书"班招生

开设"公共关系""行政管理""工商企业经营管理"三个大专班。(1)学制为一年半,开设14门大专课程,每周一个半天及三个晚上,考试合格发单科合格证,全部考试合格发上海大学工商管理学院大专"结业证书"。(2)招生对象:凡本市机关、团体、企事业单位有高中文化程度的在职干部。

报名:即日起每天下午3:00—8:00在新昌路331号,电话:279374,随带单位介绍信及照片两张。

上海城市建设学院与我校举办第二期"建筑室内装潢"培训班继续招生。简章备索。

《解放日报》1989年3月6日

## 帮助大学生树立进取心理素质 上海工业大学开展心理咨询

上海工业大学发挥心理咨询的教育功能,已有7 400多人次参加多项心理教育活动,证明它能帮助大学生树立正确的学习观、生活观,树立健康、向上、进取的心理素质。

该校选派一批热爱心理咨询工作的德育教师、团的干部学习心理学、社会学、教育学等专业知识,作为医治"心病"的大夫;开办了学生心理咨询室,两年来已有1 500名大学生前去咨询。

为了帮助大学生树立学习自信心和健康的人格特征,该校还为2 000多名大学生进行了个性、智力水平的测试。学校开设的"健康的一半是心理健康""新生如何适应大学生活"等讲座和"社会心理学""人际关系心理学"等选修课,也很受学生欢迎。

该校的心理咨询活动已初见成效,有87.4%的学生经"心理治疗"后已能以健康心理状态参加学习,学生违法违纪率去年比前年下降了一半多。有一位刚入学的学生,两学期中五门课程考试不及格,经心理咨询诊断为忧郁症和焦虑障碍症。经心理"大夫""对症下药",他提高了调节自己情绪的能力,补考全部及格,情绪已也比较稳定。

《文汇报》1989年3月27日

## 上海工业大学夜大学八九年招生通告

一、招生专业:

1. 本科:(五年)机械工程、计算机及应用、工业管理工程(颁学士学位和本科毕业证书)。

2. 本科:(专升本,二年半)机械工程、冶金及材料工程(颁学士学位和本科毕业证书)。

3. 专科:(文科)会计学。

二、3月25日起正式报名。地点:延长路149号上海工业大学。简章备索。

《解放日报》1989年3月28日

**上海科学技术大学校庆通告**

兹定于1989年5月19日下午1时30分在校大礼堂举行建校30周年庆祝大会,欢迎校友参加。

附:(1)参加校庆活动的校友请即写信通知校友会。(2)5月19日中午11时30分至1时在上海铁道学院大门前备车接送。

《解放日报》1989年5月4日

**输送桃李一万二　取得成果八百项　上海科大步入而立之年**

步入"而立之年"的上海科学技术大学,昨天举行了盛大的丰富多样的庆祝活动。校园内鲜花盛开,彩旗招展,洋溢着一派节日气氛。

上海科大在30年办学过程中,坚持理工结合、校院结合、系所结合的办学特色,为国家及上海输送了12 000余名毕业生,取得科研成果800余项,其中80多项获市级以上科技成果奖。在庆祝大会上,校长郭本瑜发表了长篇讲话。(陆金康)

《解放日报》1989年5月20日

**上海大学商学院将设三年制专科班　培养复合型应用型人才**

一种尝试培养大学生"进入班级就进入社会"、尽快使他们达到适应社会"成熟期"的新型专科班,将由上海大学商学院和上海延中复印工业公司联合兴办。昨天,双方交换了协议书。

日益发展的延中复印工业公司已拥有十多个企业,对管理人才提出越来越高的要求,但进来的大学生不适应企业需求,要"再教育"后才能派用场。他们看中了培养应用型人才的上海大学商学院,决定联合开办经营管理专科班,造就一批既懂经营管理业务、又懂复印工业技术,还能讲外语、会用计算机的复合型人才。公司方面希望专科班学生很快进入管理角色,入学后能迅速参与实践活动,树立职业意识、实践意识。

这个专科班的实践教学时间约占总学时的百分之三十左右,还要利用寒暑假组织学生到公司所属企业单位参加勤工助学活动,公司付出一定报酬给学生补贴生活、购买专业书刊。实习一段时间后,学生将参与车间管理。三年制专科班从今夏开始招生,其中10名学生从参加高校入学考试的应届高中毕业生中挑选,另15名学生从龙华中学初中毕业生中挑选,试行五年一贯制,这25名学生择优输送20名给公司,剩下的5名由公司另外安排。(张自强)

《文汇报》1989年5月27日

**上海工业大学所属上海四凯电脑电器经营服务部(AST上海地区特约经销商)**

原装　AST P286　Model 80,90,120,140,零售价25 500元/台,批发价22 500元/台(批量价格还可以优惠)。

原装　AST P386-20(20 MHZ时钟)　Model 300,340,390,3150,3150/E;AST P386-25(25 MHZ时钟),Model 5,95,155,Model 340(20 MHZ时钟),零售价44 000元/台,批发价40 000元/台(批量价格还可以优惠);

全部配3GPus卡,具有虹志公司AST产品保证书,并有AST公司出厂串号及用户反馈卡,保修一年,终身服务。

在AST P286、P386机上可选配新开发的高性能汉卡,可在EGA卡上显示25行汉字,打印24点阵,宋体、仿宋体、黑体、楷体。

本部同时供应松下G33MC、东芝90DC、日立426E、松下L15MC录像机,并可满足某些单位用作AST硬盘数据的备份装置。并正在筹备AST系列大型展示会,请各位到时留意月底广告。

地址:上海溧阳路1405号(近四川北路口)

电话:660048

联系人:杜轩华

《解放日报》1989年7月17日

**首届全国大学生网球比赛在沪落幕　上海大学男女队双双夺魁**

"宝石花杯"首届全国大学生网球比赛,昨晚在上海大学国际商业学院闭幕。

在历时一周的比赛中,来自全国12所大学的网球好手,顶烈日,冒酷暑,展开了激烈的竞逐。东道主上海大学水神队,发挥出较高的水平,囊括男女团体冠军。获得男子团体第二至第六名的分别是:浙江大学、华侨大学、中山大学、天津外语学院、南开大学。获得女子团体第二至第四名的是:南开大学、上海第二医科大学、天津外语学院。

单打比赛的结果,男子前三名是:陈勇(上海大学)、汪征(上海大学)、李大伟(暨南大学)。女子前三名是:刘征(南开大学)、唐岚(上海大学)、王军(天津外语学院)。北京国际关系学院男队和中山大学女队,分别获得精神文明奖。

上海市副市长刘振元等出席了昨晚的闭幕式,并向优胜者发了奖。(程康萱)

《解放日报》1989年7月18日

**全国大学生网球赛落幕　上海大学队战绩突出**

12所大学参加的"宝石花杯"全国首届大学生网球赛昨天在上海大学国际商学院闭幕。

东道主上海大学队表现出色,他们夺得了男女团体和男子单打三个冠军。浙江大学和华侨大学获男子团体第二、第三名;南开大学和上海第二医科大学获女子团体第二、第三名。

单打比赛前三名获得者分别是:男单,陈勇(上海大学)、汪征(上海大学)、李大伟(暨南大学);女单,刘征(南开大学)、唐岚(上海大学)、王军(天津外语学院)。

据网球行家介绍,上海大学网球队之所以大获全胜,要归功于该校的网球普及教育,上海大学商学院已将网球列入学生的必修课,这在国内高校中是少见的。(王志灵)

《新民晚报》1989年7月18日

**做好思想工作　严格考试管理　上海科大按期考试确保质量**

上海科技大学按照原定教学计划,已于日前结束了本学期期终考试。极少数学生请病假或事假,学生考试出勤率达到99%。

前些时候,上海科大的教学秩序一度不正常,教学进度受到影响。经过广大教师、干部的努力,全校很快实现全面复课。但是,当时距期终考试仅有三个星期时间,是否要按期进行考试,想法不一。针对这种情况,校长专门召开系主任会议,具体分析,统一思想,决定既要按期进行考试,又要严格要求,积极帮助学生补课、复习。科大还从命题、监考、评分等环节作了一系列规定。(黄炜 黄进)

《解放日报》1989年7月19日

### 直角平面大屏幕电视墙在沪诞生 由上海电视一厂和上海工业大学共同研制,将提供给亚运会购物中心使用

我国自行设计、研制的直角平面大屏幕彩色电视墙在沪诞生,昨天下午通过市经委组织的技术、质量审定,近日内将发运北京,提供给即将开幕的亚运会购物中心使用。

这种电视墙由上海电视一厂和上海工业大学共同研制。它采用国产元器件,由36只21英寸直角平面彩管构成一幅高2.1米、宽2.7米的大型组合屏幕,这在国内尚属首次,标志着我国的电子技术开发水平进入了一个新的领域。

这种电视墙配备有数字控制和电脑编辑系统,具有整幅组合屏显示、36幅分屏独立显示、四分画面显示、静像及四分画面冻结等近10种数字特技效果,图像清晰。(张磊 肖英)

《文汇报》1990年8月10日

### 上海大学文学院 上海市对外服务公司 联合举办第二期涉外秘书培训班

招收大专文化程度(包括适量高中毕业生)、1964年1月1日后出生、身高1米62、作风正派、品貌端正的女性,经考试合格后录取。学制一年,发结业证书,由外服公司择优推荐给外商驻沪机构和"三资"企业聘用。即日起在西江湾路574号(虹口体育场斜对面)上海大学文学院秘书学系办公室报名,交照片2张。联系人:姚美华。电话665700-42。

《解放日报》1989年9月7日

### 《"现代"诗综》出版

由上海大学文学院中文系新文学研究室编辑的《"现代"诗综》一书,已由江西人民出版社出版。本书汇集我国二三十年代的三种文学刊物《无轨列车》《新文艺》和《现代》杂志上发表的诗歌而成。该书分创作部分和译诗部分,再现了当年三杂志中具有以都市文明与人际关系为选题,在艺术技巧上呈现出"现代派"风格的诗歌创作的流变全貌,有助于读者了解现代诗歌从滥觞到发展的完整过程,从中汲取有益的历史教训。

《光明日报》1989年9月8日

### 上海科大注重成人教育 各种短训班先后为各省市培养了大批人才

上海科学技术大学在成人教育中,从注重社会效益、培养专业人才着手,培养外向型经济干部,在日本鲭江原市长山本治先生等的支持下,他们与有关部门联合举办的"高级

经营管理研修班"已于最近结束。

近年来,这所大学先后举办了"高级经营管理研究班""涂料干部专修班""计算机培训班"等短训班。参加者都是来自各省市的各种专业人员。他们结业后,一般都能将学到的知识充分应用到实践中去,一些学员还在理论与实践结合的基础上作出成绩,获得了科技成果奖。(马泽民)

《解放日报》1989年9月10日

## 他闯进了"机器人"世界——记上海工大机械工程自动化专家方明伦

### 志在奉献

一个"身高"1.80米、"体重"约有270公斤的搬运、焊接通用工业机器人,醒目地立在展台上,引起国内和来自美国、英国、联邦德国、日本等12个国家和地区的专家、学者们的惊叹,纷纷打听这台机器人的研制者是谁。

这是两年前在北京举行的中国第一届国际机器人仪器仪表展览会上的一个感人场面。这个机器人的主要研制者,是上海工业大学副校长方明伦副教授。

这是一台示教再现型、具有点位和轨迹控制功能的多用途通用型工业机器人。它可以代替人从事危险和恶劣环境下的繁重劳动。专家们认为,它在功能和各项技术指标上达到了80年代初国际同类产品的水平。

西方国家从60年代开始发展机器人技术,工业发达国家把生产上大量使用机器人,看成是第三次产业革命的主要标志和进入机器人时代的开始。由于种种原因,我国工业机器人在70年代初还处于研究为主阶段。那时,方明伦在一次出国进修回国后,决心把自己获得的新知识、新本领奉献给祖国的科学事业。

在十分困难的条件下,他一直积极收集国内外有关机器人的资料,掌握最新信息。1978年,科学的春天给方明伦带来了希望。他立即和同事们一起开展了工业机器人的研究工作。

### 国内唯一专业

要搞机器人,首先需要一种既懂机又懂电的机电一体化人才。在校、系两级领导的大力支持和方明伦的具体筹划下,上海工大很快成立了机电一体化的"机械工程自动化"专业。没有教材,方明伦和上海交大李德庆教授、上海机院端木时夏教授一起编写了国内第一本《机械制造系统自动化》教材,由他授课。他还觅来了一条工业生产中废弃的不能实用的自动生产线和一台工业机械手。学校又从国外引进了国内第一台工业机器人,很快建起了一个高水平的实验室。

为进一步发展机器人技术,培养复合型的机电一体化专门人才,接着,方明伦又正式向国家教委提出在工大建立"机械自动化及机器人"专业的报告。1986年,国家教委批准了上海工大试办"机械自动化及机器人"专业的报告。这是国内最早建立,也是这方面目前唯一的一个新专业。这个专业受到了社会的欢迎,成为该校每年招收新生中考分最高的专业。

经过激烈的竞争,上海工大、航空部633所、上海第一机床厂共同投标,承接了研制"上海2号"工业机器人这一项目。

这项被列为上海市"七五"重点科研项目的课题,由方明伦任课题组负责人。从此,他开始了艰苦的探索。对于他,已经没有8小时内外的区别。在图书馆,他孜孜不倦地查阅各种资料;在实验室,他除了担任课题"总指挥"负责总体设计方案外,还和课题组同事们一起参加调试。

**神圣的使命感**

机器人研究是一项高技术、高自动化项目。1987年,方明伦和课题组的同事们正在调试,突然,机器人的一只12公斤重的"手臂"发生失控"飞车",不该"走"的时候"走"了起来。幸好,这只手臂"走"了反方向,否则,方明伦等人头上哪怕被稍许碰撞一下,后果也会不堪设想。真是好险啊!

就是在这种十分困难的条件下,方明伦和课题组的同志们凭着为民族争气,为祖国争光的使命感,创造着惊人的业绩。他们经过一次次失败,坚持一次次地做试验。历经两年多时间的辛劳,方明伦领导的课题组终于在1987年研制成功了"上海2号"机器人,并参加了同年6月在北京举行的中国第一届国际机器人展览会。这一技术成果,于1987年底在市科委主持下通过了专家鉴定,并荣获1988年上海市科学技术进步一等奖。

在短短几年时间里,方明伦还先后撰写或与人合作编译出版了《机床设计与研究》《工业机器人(一)》等4部著作和发表了18篇学术论文。

新的创造与探索又在期待着方明伦了。他目前尽管已担任了副校长,但他仍活跃在科研、教学第一线。对自己现在负责的6名硕士研究生,都一一精心指导。在科研方面,他正在负责研制"桑塔纳轿车坐垫浇铸机器人""工业机器人基本技术"两个科研项目。前者为上海市14项重大攻关项目之一,可望在今年内完成。(陶洪光)

《文汇报》1989年9月11日

## "难得的好老师"——记上海科大日籍教师儿玉玲儿先生

他,来自日本大阪南部的福井县,现年57岁,来华前是福井一所县中(相当于我国的省立中学)的高中语文教师。两年前,当地教育厅已研究晋升他当这所中学的校长了,恰在这时,上海科大和日本靖江市签订了一项文化交流协议,由日方出经费、派师资来科大办日语短训班,儿玉玲儿先生就被靖江市前任市长山本治的好友、他读大学时的汉语学教授宫田先生相中,派来科大执教。这位已有35年教龄、惯于教小年龄高中生的儿玉先生,面对科大招收的大龄学员——来自上海经济界的厂长、经理,思忖良久:怎样使他们学得快、学得好呢?他开始亲手制作和收集各式教具塞入他进出经常带着的旅行袋里,每次上课,他都巧妙灵活地运用到教学中。学员们纷纷赞扬儿玉先生上的课"易懂易记又开心"。

为了他的中国学生,儿玉先生几乎倾注了他的全部身心。他白天上课,晚上又自动找学生到他宿舍去"聊天",使学生熟习日语口语。有一段日子,校内另外两名日籍教师回国休假,他就给他们代课,每周课时多达23节,简直累坏了他,但他不吭声、不抱怨,依然像老黄牛那样默默地耕耘不息,最后连兼课费都不肯收受。按规定,他可以在两年合同期间,享受一次由中方付费的探亲假,他不用。学校有关部门劝他把妻子接到中国来住住,他利用暑假悄悄通知妻子来上海只住了几天,等校方得知此事特地安排招待时,他又让妻子悄悄走了,一点不让学校为她破费。日本社会习俗是十分看重长子的,可是他连大儿子结婚也没有回去。今年6月,别的外籍教师应召撤走时,他不走,仍天天坚持上课。他说:"我爱中国、爱上海,上海是我第二故乡。我不走。"今年9月下旬,他的合同期满了,临行在即,科大师生都对他依依不舍,都赞美他是"难得的好老师"。科大校领导把1988—1989年度的教学优秀荣誉奖首次授予了这位外籍教师。(徐成滋)

《解放日报》1989年9月23日

### 上海大学美术学院招聘女模特工

招聘18岁至30岁女青年,作风正派,身体健康,五官端正(待遇从优),10月8日至14日在凯旋路30号院教务处报名(随带一寸照两张),20、21、88、73、54、96车均达。

《解放日报》1989年9月30日

### 大学女教师塑造自身形象的目标——贤妻良母与事业并重

上海工业大学对100名女教师调查的结果表明:贤妻良母与事业并重的双重社会角色是她们塑造自身形象的目标,业务上的进修提高是她们的主要愿望。

这次被调查的女教师,都是解放后成长起来的。她们大都有较明确的生活目标,有理想,有追求。在调查表"希望自己成为怎样的女性"一栏中,填"贤妻良母与事业并重"占57%,"受人尊敬"占27%,"事业至上"占14%;填"具有男性特点"和"贤妻良母"的只各占1%。这些女教师中不少人是学校的骨干。在"你愿意为之献身"一栏中,选择"为事业和全人类献身"的占67%。从调查中也发现,女教师最关心的是业务的进修与提高。近几年该校选送了200多人次出国进修,其中女教师只有近30人次。女教师希望在实行聘任制的今天,学校和有关方面还要创造条件,让女同志和男同志在同一起跑线上进行竞争。

《解放日报》1989年9月30日

### 市委党校和上大交接校址

上海市委党校、上海大学昨天为三门路校址交接举行签字仪式。上海市副市长谢丽娟到会讲话,表扬两校发扬了把困难留给自己的共产主义风格。(徐成滋)

《解放日报》1989年11月2日

### 坚实的步伐——上海科技大学培养人才、开展科研纪实

走进上海科技大学的校门一座象征着"面向现代化,面向世界,面向未来"的高大校标迎门而立,显示出这所大学的办学精神,展现它在教学与科研结合的道路上迈步前进的广阔前景。

比起一些老牌大学来,上海科大是年轻的。1958年,上海市政府与中国科学院华东分院根据科学技术与未来新兴产业发展的需要,创建了中国科技大学上海分校;1959年,正式成立上海科技大学。赋予它的光荣任务和规定的奋斗目标,是为国家与上海地区的科研机构和新技术基地培养高级科技人才。目前,这所大学已有10个系、24个专业,最

新成立的是新闻与人文科学系的科技新闻专业。全校共有5 000多名学生,已成为一所理工结合、文理渗透、理工为主、文科为辅的综合性大学,为进一步实现上述光荣任务和奋斗目标奠定了雄厚的基础。

要适应科学技术与新兴产业发展的需要,就要瞄准目标,坚持从实际出发多层次地培养人才。自建校以来,它已向社会输送了12 000多名专科生、本科生、硕士生和博士生,培训了1万多名其他各类学员。他们当中,有些已经成长为优秀的科学家、工程师和新时代的企业家。一些在国外留学的知识分子,如黄宏嘉、郭本瑜、龚振邦、林如俭、郑权、谢贤亚、陈明仪、金汧骏等,回校后已成为有关学科的带头人,并在科研上取得了重大成果。黄宏嘉在激光研究上颇负盛名。他同著名科学家严东生现在都担任名誉校长。郭本瑜是从法国留学归来的,现在除担任校长职务外,还继续从事计算数学、应用数学等领域的研究。他的"非线性方程数值解法"研究成果达到了国际先进水平,被称为"郭一稳定性"。

社会主义大学在坚持正确办校方向的前提下,要出专门人才,同时也要出科研成果。出人才和出成果是互相联系的,而这正是衡量和检验一所大学教学与科研工作成绩的重要标志。上海科大建校以来,特别是从党的十一届三中全会以来,已经在科技研究上取得了一系列令人瞩目的成果。这些科研成果中,有3项获国家自然科学奖,4项获国家发明奖,2项获全国科技进步奖,48项获部(委)和省(市)重大科技成果奖。中国第一根单模光纤就诞生在这里。它不仅填补了我国在光纤通信领域中的空白,而且使我国的光纤通信技术进入了国际先进行列。采用国产设备和原材料,应用先进技术研制成功的优质"辐射合成亲水性超薄型软接触镜",即上海科大"龙牌"隐形眼镜,经全国几十家医院近2万人次的临床试戴,证明它具有质地柔韧、耐用、光学性能好、吸水率高、透氧性大、对角膜泪液交换和新陈代谢影响小、佩戴舒适、可以连续戴用时间长等优点。人们大概都知道我国大陆最早建成通车的沪嘉高速公路吧。这条高速公路的数据采集和监控系统就是由上海科大研制并提供的。

随着改革开放的深入,上海科大开始走向世界。它已与苏联、日本、美国、英国、法国等许多国家和地区的著名院校及科研机构建立了友好往来关系,这对培养人才和开展科研都起了积极的作用。联合国国际原子能机构亚太地区辐射交联电线电缆培训班已在上海科大举办了四期。我国国家原子能机构已确认上海科大为亚太地区辐射交联应用的培训示范中心。从去年开始,经国家教委批准,它开始从外国招收博士研究生,现已有8名外国留学生在校攻读博士学位。(马泽民)

《解放日报》1989年11月3日

## 上海工业大学尚功科技开发总公司电器经营部　华远自动化系统公司　联合举办华远PC标准总线数据采集与工业过程控制系列产品技术讲座暨产品展示会

作为企业挖潜与技术改造的一条捷径,华远将提高您的管理水平和产品竞争力,而投资只及国外同样产品的10%—20%。欢迎厂矿企业工程技术人员光临。

尚功电器经营部除代理华远产品外,还销售电脑及计算机外设,并承接软硬件开发项目,对科研单位特别优惠。

时间：12月7日、8日

联系人：凌国强

地点：广延路149号（上海工业大学）

电话：6625744－161

《解放日报》1989年11月17日

**上海新建高校面向经济建设　按需灵活办学　社会扶持办学**

上海市10余所新建高校，近10年来，面向经济建设办学，深入开展教学改革，办出了特色。

这些院校建校初就制定了为生产第一线培养应用型人才的明确目标，并贯彻在教学计划、培养模式、教学内容和方法中。他们根据社会需要调整了专业设置。如上海大学不仅建立了商学院、美术学院等，兴办了包装工程等社会缺门、急需的专业。这些新建院校规模不大，但办学灵活，能根据社会急需开办各种委托班、培训班，实现多层次、多形式、多渠道办学，提高了效益。这些院校大多得到工、农、商等有关部门的支持，因而，具有特殊的优势。上海工程技术大学1986年成立的教育发展基金会，吸引了100个企业参与。目前该校正在与企业建立深层合作，汽车系与上海汽车拖拉机公司建立的汽车学院已被批准。该校的纺织学院学习国外"合作教育"的经验，1985年在一个班进行学工交替的试点。学生每学年到工厂劳动实习11周，4年共44周。目前试点班学生已毕业，用人单位反映很好。今年，这项试点已在一个专业推行。（古蕴华）

《光明日报》1989年11月23日

**走出校园　了解国情　认识社会——上海万名大学生积极参加社会实践**

"走出校园，了解国情，认识社会。"上海交大、复旦、同济、华东师大等高校的近万名大学生，纷纷深入工厂、农村、街道，开展多种形式的社会实践活动。目前，在大学生专业理论学习与实践相结合研讨会上，许多学生代表联系动乱进行反思，深感通过社会实践，补上了解国情民情这一课很有必要。

经上海市教育行政部门和检察部门商定，首批参加廉政肃贪工作的200名本科毕业班学生和研究生，来自复旦大学、上海财经大学、上海大学和华东政法学院的法律、经济和会计、审计专业。10月初，他们来到静安、黄浦、卢湾、徐汇等11个区和上海、南汇两个县的检察院等部门，在反贪污受贿的斗争第一线经受锻炼。有些大学生说，通过一个多月的办案实践，我们亲眼看到了党和政府是下大决心、花大力气抓廉政肃贪工作的。复旦大学经济系一名研究生说，参加肃贪工作，我们受到了一次很好的法制教育。

上海交通大学船舶工程及海洋系86级的160名学生，9月份到上海江南造船厂实习。他们在那里听到了有关我国造船工业近百年来发展的历史，尤其是党的十一届三中全会以来，江南造船厂职工艰苦创业，实现万吨远洋巨轮技术装备国产化，从而使我国造船工业跻身于国际市场的事迹，深受鼓舞。船舶专业一名女学生说，过去我们总觉得大学生到基层工作有点大材小用，现在觉得在企业同样大有用武之地。她表示将来要脚踏实地为我国造船工业奉献自己的力量。

最近,为探讨在新形势下进一步搞好高校学生生产实习的途径和方法,上海市副市长谢丽娟等负责人走访了上海柴油机厂、上海国棉二十二厂、上海益民食品厂等单位,着手建立一批机、电、化纺等理工科和文科学生相对稳定的实习基地,并研究制订有关学校与工厂互惠互利的政策,以满足上海51所高校学生参加社会实践和生产实习的需要。(刘军)

《人民日报》1989年11月25日

**上海工业大学一九九〇年招收脱产半脱产攻读硕士学位研究生及国内访问学者**

一、招生专业、考试科目:详见招生简章。

二、招生人数:92名(不含委培生)。

三、应届本科毕业生:实行推荐报名。

四、在职人员参加统考:报名时间:1990年2月7—11日;报名地点:本市考生在河南中路382弄8号黄浦区招办,外地考生在所在地招办;考试时间:1990年4月14—16日。

五、单独考试:经国家教委批准,我校1990年继续对大学本科毕业工作四年以上的优秀在职人员组织单独入学考试,为帮助考生复习,将同时举办考前复习班。报名时间:1989年12月4日至1990年2月1日;考试时间:1990年4月26—28日;报名地点,上海工业大学。

六、国内访问学者:我校固体力学、机械、自动化等学科可接受国内访问学者,欢迎申请。

上海工业大学研究生招办,上海延长路149号,邮政编码200072,电话6626799,备有简章,函索即寄。

《解放日报》1989年12月3日

**嘉定学术文化研讨会在上海嘉定县举行**

由中国历史文献研究会、上海大学文学院共同发起的"庆祝中国历史文献研究会成立十周年暨嘉定学术文化研讨会"于10月17日至20日在上海历史名城嘉定县召开。来自全国各地大专院校、研究机关、新闻、出版社的专家、学者、教授102人参加了大会,共收到学术论文68篇。

与会代表们对嘉定从南宋宁宗嘉定十年(1217)建县以来在学术文化上的成就进行全面的探讨。大家认为,上海嘉定县是江南的一座历史名城,交通便利,经济发达。特别是明清时期,人才辈出。晚明时期的归有光、娄坚、唐时升、李流芳、程嘉燧等是著名的文学家、诗人、画家、书法家。尤其是归有光的散文,别具一格,脍炙人口,对后世散文写作有很大影响。乾嘉时期的王鸣盛、钱大昕是著名的历史学家,乾嘉学派的考据学大师,有《十七史商榷》《二十二史考异》等多种著作存世,他们求实的治学精神,长期以来为学术界所推崇、继承。并对乾嘉学派产生原因深入进行的探讨。有的代表还发掘了鲜为人知的手抄孤本侯岐曾《明侯文节先生日记》,对研究嘉定人民抗清斗争历史是一份弥足珍贵的第一手资料。嘉定在明代已对外开放,天主教的传入,促进了中外学术文化的交流。

此外代表们还对嘉定的经学、教育、医学、工艺、方志学以及土特产等作了广泛的探讨。这次会议,有力地弘扬了中华民族优秀文化传统;继承、发扬了乾嘉学派实事求是优良学风;整理考订了嘉定的有关历史文献;发扬了爱国主义精神;繁荣了文化艺术;从而促进嘉定县的改革、开放和精神文明建设。为了完整地反映对嘉定学术文化的研究成果,将出版《嘉定学术文化论文集》;河南省教委的《古籍整理》杂志,特为这次会议出版了《嘉定学术文化研究专号》。(来可泓)

《光明日报》1989年12月6日

### 同党和政府想到一处干在一起　上海大学生参加倡廉肃贪实践

上海大学生在全国率先参加倡廉肃贪的社会实践工作。首批200多名本科生和研究生于10月初分赴各检察机关参加此项工作两个月来获益匪浅。

这批学生来自复旦大学、上海财经大学、上海大学和华东政法学院。在市政府有关部门和市人民检察院的大力支持下,他们被安排在市区11个区和2个县的检察院,分别参加经济检察、起诉、控告申诉、法纪检察等方面的工作,在反贪污、反受贿斗争的第一线经受锻炼。各检察机关对他们进行了短期培训。然后,在检察干部的指导下,大学生们参加办案,有的参与办大案要案。他们中的部分同学日前在座谈会上向市高教局、市检察院领导倾吐自己的真切感受。

这批大学生是在两院《通告》发表以后的工作最紧张的日子里参与工作的。他们说,虽然工作很疲劳,但感到非常有劲,看到党和政府正在下大决心,花大力气,踏踏实实地惩治腐败,相信这个斗争定能长期进行下去,取得更大成效。不少同学回忆起在5、6月间50多天政治风波中的想法,当时对惩治腐败想得太简单,希望在一个早晨就加以解决,而现在,自己同党和政府想在一起干在一起,在接触社会中了解了社会,想法不同了。他们纷纷出自内心地说:社会是纷繁复杂的,不能靠喊口号来推动社会前进,只能靠一步又一步脚踏实地干。

同学们的另一个显著收获是,被检察干部一身正气、两袖清风的高尚品德和工作作风所感染。检察干部待遇低,工作辛苦,工作条件苦,可是他们任劳任怨,工作认真负责。同学们发现在一些办公室里均摆有小床铺,原来是因为检察干部夜以继日地围着办案转,没有上下班时间,他们常常通宵达旦工作,半夜吃碗青菜烂糊面就满足了。同学们无不感慨地说,我们一进入检察院就溶化在这种气氛之中了。(张贻复)

《光明日报》1989年12月7日

### 设在上海县梅陇乡　上大国际商学院新校址破土动工

上海大学国际商业学院设在上海县梅陇乡的新校址昨天破土动工,举行开工典礼。市府经济顾问汪道涵和教卫办主任王生洪剪了彩。

上大国商校舍完工后,全日制在学人数可增至2 000名。现在动工的工程是教学行政楼、学生公寓和食堂,将于1991年6月完工。(徐成滋)

《解放日报》1989年12月24日

### 上海工业大学膳食科坚持为师生提供优质饮食

上海工业大学膳食科坚持为师生提供优质饮食,在元旦来临之际在校园内开设首届"美食街",展销价廉物美的糕点食品,受到师生好评。

《文汇报》1989 年 12 月 24 日

### 上海大学生参加廉政建设受表彰

上海市人民检察院、上海市高教局今天开会表彰上海市首批大学生参加倡廉肃贪工作表现优秀的 29 位学生。

今年 10 月,复旦大学、上海大学文学院、上海财经大学等高校组织 200 余名大学生、研究生到上海各级检察机关参加反贪污、贿赂斗争。在三个月中,同学们勤奋工作,参与侦破了 500 多件贪污、贿赂等经济犯罪案件。(张贻复)

《光明日报》1989 年 12 月 30 日

# 1990 年

**上海经济管理干部学院　上海工业大学经济管理学院　厂长、经理岗位培训班春季联合招生**

为在本市全面开展厂长、经理岗位培训,经批准,两校决定联合招生、分别办班。欢迎各企、事业单位集体委托或个别报名。凡没有参加过岗位培训的工业企业正、副厂长(经理)及经单位推荐的具有大专水平、实践经验较丰富的中层干部或专业管理干部均可参加。

报名:即日起至 1 月 24 日,每日 9:00—16:00(周日休息)

地点:恒丰路 313 号 50 号信箱　邮编 200070

联系人:上海市经济管理干部培训考试领导小组办公室李植屏

电话:2550828　招生简章备索

《解放日报》1990 年 1 月 17 日

**"廿岁,我该干些什么?"上海工大团委在学生中开展"二十述志"系列活动,帮助他们树立正确人生观**

上海工业大学团委在低年级学生中开展"20 述志"系列活动,通过"写家信,读家信"和"20 岁,我该干些什么"的讨论等活动,帮助他们树立正确的人生观,增强社会责任感。

上海工大这几年每年都有近千名新生入学。这些学生的年龄一般都在 19 岁上下,他们有知识面广、思想敏锐等优点,但也存在对社会实际缺少了解、缺乏严格的道德修养等弱点。该校团委每年在新生入学一段时间后,都组织一次"青春 20"集体生日活动,并请学生家长给子女写信或来校参加活动,还将家长来信选编成册,印发给学生阅读,让大家从父母的殷殷嘱告中接受教育。有一对在上海油管厂工作的盲人夫妇,给他们在工大读书的孩子写了封感人至深的信,信中叙述了党和政府对他们一家无微不至的关心和照顾,希望孩子刻苦攻读,将来报效祖国。不少学生读了这封信,深受教育,有的还流下了激动的泪水。

该校开展的"20 述志"系列活动,得到了许多学生家长的支持和关心。在上学期开展的"20 述志"活动中,学校团委就收到了近 300 封要求团委转交的家长来信。(陶洪光　尹弘)

《文汇报》1990 年 2 月 5 日

**上海市计算机软件培训中心　上海科技大学分中心　全国计算机软件人员水平考试辅导班招生**

针对全国计算机软件人员今年9月份水平考试大纲,采用最新培训教材,开设程序员级和高级程序员级两个班。在市内上课。

时间为5、6、7三个月,每周集中上课两次。

自3月26日开始在静安区少年宫报名,(南京西路804号)至3月31日截止。简章备索,正式上课前一周由上海市计算机培训中心科大分中心发上课通知。

电话：9530932、2506846-309

联系人：钱永良　舒义琳

《解放日报》1990年3月19日

**上海市计算机软件培训中心　上海科技大学分中心　全国计算机软件人员水平考试辅导班招生**

针对全国计算机软件人员今年9月份水平考试大纲,采用最新培训教材,开设程序员级和高级程序员级两个班。在市内上课。

时间为5、6、7三个月,每周集中上课两次。

自3月26日开始在静安区少年宫报名,(南京西路804号)至3月31日截止。简章备索,正式上课前一周由上海市计算机培训中心科大分中心发上课通知。

电话：9530932、2506846-309

联系人：钱永良　舒义琳

《解放日报》1990年3月21日

**上海大学美术学院一九九〇年中专部招生**

凡本市18周岁以下应、往届初中毕业生。

报名时间：4月7日、8日、9日。

报名地址：长宁区凯旋路30号,可乘20路、21路、96路、73路、54路车中山公园下。

《解放日报》1990年4月5日

**唐翔千捐赠四百万元建造上海科大图书馆**

香港知名爱国实业家、香港联沪毛纺织有限公司董事、总经理唐翔千先生捐赠400万元人民币建造上海科技大学图书馆的协议签字仪式昨天举行。

图书馆设计建筑面积8500平方米,高6层,将以"联合楼"命名。

唐翔千先生的代表唐仑千和上海科大校长郭本瑜在协议书上签了字。(曹宇)

《解放日报》1990年4月23日

**上海工业大学成人教育中心　上海市黄浦区业余大学　联办"机械工程"专业高等教育自学考试专升本辅导班**

凡全日制高校和成人高校"机械"专业大专毕业生均可报名。学员取得九门必考课、四门选考课的合格成绩及通过毕业答辩,由上海工业大学发给本科毕业证书。成绩优良者,可申请授予学士学位。即日起报名,6月上课,额满为止。报名地点:四川南路37号黄浦业大304室,电话:3202942-机械系。

《解放日报》1990年5月15日

**上大文学院排演世界名剧**

上海大学文学院话剧团排练了古典名剧莎士比亚的《威尼斯商人》以及现代名剧萨特的《间隔》。(费杰)

《解放日报》1990年5月28日

**上海大学文学院　上海市对外服务公司　联合举办涉外日语培训班**

招收高中以上文化程度,1967年1月1日后出生,男身高1.72米,女身高1.62米,作风正派,品貌端正,经考试合格录取。学制一年半,成绩合格发结业证书,由外服公司择优推荐给外商驻沪机构聘用。即日起在三门路661号16楼上海大学文学院秘书学系办公室报名,交照2张。

联系人:范明辉;电话:5429443-23。

《解放日报》1990年6月15日

**上海工业大学电子计算机应用专业(专业考试合格证书)进修班第三期招生**

1. 招生对象:1955年9月30日前出生。已有中专学历或具有高中毕业文化程度,且有一定计算机应用实践经验、专业对口的工作人员。

2. 学制和学习方法:基本业余形式,每周两个半天和两个晚上。学制一年半,含毕业设计。

3. 学习地点:上海市延长路149号上海工业大学内。联系人:周玲;电话:66315152666;邮编:200072。

4. 考核发证:经考试成绩合格者,由上海市经委颁发《专业考试合格证书》。该证书在上海市经委系统内,承认其专业知识水平相当于大专,并作为单位聘任职务、评定职称的重要依据之一。

5. 课程设置:必修课:PASCAL语言程序设计、微机原理及应用、数据库原理及应用、操作系统、数据结构、计算机网络基础、计算机图形学、汉字信息处理;选修课:C语言、专业英语、软件工程、编译技术、计算机管理信息系统分析与设计。

6. 报名时间和地点:即日起每天下午1:30—3:30在上海工业大学第三教学楼109室软件工程部机房,凭单位介绍信和付款凭证,额满为止;开学时间为1990年9月;上课时间为每周一、四下午和晚上。

简章备索。乘46、95、108、66、210、109等路公共汽车均可到达。

《解放日报》1990年6月20日

**寻倪剑**

你有复习考试任务,速回。上海科专暨家长

《解放日报》1990 年 7 月 20 日

**直角平面大屏幕电视墙在沪诞生　由上海电视一厂和上海工业大学共同研制,将提供给亚运会购物中心使用**

我国自行设计、研制的直角平面大屏幕彩色电视墙在沪诞生,昨天下午通过市经委组织的技术、质量审定,近日内将发运北京,提供给即将开幕的亚运会购物中心使用。

这种电视墙由上海电视一厂和上海工业大学共同研制。它采用国产元器件,由 36 只 21 英寸直角平面彩管构成一幅高 2.1 米、宽 2.7 米的大型组合屏幕,这在国内尚属首次,标志着我国的电子技术开发水平进入了一个新的领域。

这种电视墙配备有数字控制和电脑编辑系统,具有整幅组合屏显示、36 幅分屏独立显示、四分画面显示、静像及四分画面冻结等近 10 种数字特技效果,图像清晰。(张磊 肖英)

《文汇报》1990 年 8 月 10 日

**钱伟长电祭叔父钱穆**

中国和平统一促进会会长、上海工业大学校长钱伟长今天电函挽联和悼文,遥祭不久前在台北逝世的叔父、史学大师钱穆。

钱伟长电函的挽联为:"生我者父母幼吾者贤叔旧事数从头感念深恩宁有尽,于公为老师在家为尊长今朝俱往矣缅怀遗范不胜悲。"

在悼文中,钱伟长对不能亲临灵旁祭祀叔父深感遗憾。他在悼文中说:"幼失父怙,多赖提携。养育深恩,无时或忘。……骨肉暌离,分隔两方。人道何如? 含恨泉壤。……海峡未通,此心怏怏。家国团圆,必非梦想。"

钱穆大师在大陆的学生、全国政协常委、《团结报》名誉社长许宝骙也同时电函挽联祭奠尊师,挽联为:"数载接高邻灯影书声今在忆,别来驻宝岛学名德望史留芳。"

《人民日报》1990 年 9 月 11 日

**上海大学文学院举办英语秘书培训班**

由上海大学文学院和上海市对外服务公司招收高中以上文化程度,1966 年 1 月 1 日后出生,女性,身高 1 米 62 以上,作风正派,品貌端正,经考试录取。学制一年,成绩合格发结业证书,由外服公司择优推荐给外商驻沪机构聘用,即日起在三门路 661 号 16 楼上海大学文学院秘书学系报名,交照两张。联系人:姚美华。电话:5429443 - 23。公交 51、52、116 可达。

《解放日报》1990 年 9 月 23 日

## 上海工业大学教学改革有成效　江泽民总书记为校庆三十周年题词

上海工业大学积极进行教学改革，努力按照党的教育方针，培养德才兼备、适应社会主义建设需要的合格人才。中共中央总书记江泽民最近为该校30周年校庆题词，勉励全体教职员工："坚持教育为社会主义建设服务，与生产劳动相结合，德智体全面发展的方针，为培养社会主义事业的建设者而努力。"

近年来，上海工大在教学制度、教学内容、教学方法和教学形式等方面进行了一系列改革。他们从1985年开始实行短学期制，将所有课程划分为必修课和选修课两大块，其中又划分为校定、系定必修课和限定、任意选修课等四个课程组，还将学生的社会实践活动纳入教学计划，计算学分，并量化学生德智体考评指标，全面考核学生质量。

近两年，该校又开始实行按系招生，将一、二年级的课程统起来，使学生有较宽的基础理论和基本技能，进入三年级前进行专业分流，确定专业。此外，学校还实行多种教学模式，如"双学科学士学位""主辅修专业"等制度，以及允许优秀学生提前毕业并免试直接攻读硕士学位。近年来，该校已有2个学生修满学分而提前一年毕业，83个学生获得双学科学士学位。上海工大建校30年来，已为国家培养了14 000多名大专、本科毕业生，450名博士、硕士生。（吴德宝）

《解放日报》1990年10月14日

## 教科文简讯

在庆祝建校30周年的时候，上海工业大学授予38名在社会主义建设中作出重大贡献、为母校增添光彩的校友以"优秀校友"称号，14名在国家政治、经济和社会活动中作出重大贡献的校友以"荣誉校友"称号，以弘扬"自强不息"的校训精神。（萧关根）

《人民日报》1990年10月19日

## 上海亚光书刊电脑经营部　上海科技大学科技咨询服务部　隆重推出美国ALR微机最新产品大汇展

香港傲能有限公司、美国ALR新加坡有限公司协办，届时展出美国ALR公司最新产品VEISA32位总线微机：

ALR486/33 主频　硬盘150兆—640兆　VEISA32位

ALR386/25 主频　硬盘40兆—640兆　VEISA32位

ALR286/16 主频　硬盘40兆　ISA16位

ALR386/20 主频　硬盘40兆　ISA16位

ALR486/25 主频　硬盘40兆　ISA16位

ALR386/33 主频　硬盘40兆—640兆　VEISA32位

ALR33/4　33主频　硬盘120兆—660兆　工作站

（以上均配1 024×768　VGA彩显）

汇展期间同时供应

AST：286/140　386/SX　386/340—3150　386/25　386/33　486/25

HP：286　386 及 COMRAQ　386　T&W286　386 等

汇展期间一律九折特优现货供应,机不可失,欢迎光临。
主展地址:北京西路607号(石门路口)
电　　话:2550030　9011021
分展地址:广东路123号及306号
电　　话:3254178　3230788　3290835

《解放日报》1990年10月27日

## "亚光电脑""上海科大"金秋电脑精品大汇展

香港傲能有限公司、美国ALR新加坡有限公司协办,隆重推出美国原装ALR电脑最新产品

ALR　486/33兆主频　硬盘150兆—640兆　VEISA32位
ALR　386/25兆主频　硬盘40兆—640兆　VEISA32位
ALR　286/16兆主频　硬盘40兆　ISA16位
ALR　386/20兆主频　硬盘40兆　ISA16位
ALR　486/25兆主频　硬盘40兆　ISA16位
ALR　386/33兆主频　硬盘40兆—640兆　ISA32位
ALR　33/433兆主频　硬盘120兆—660兆工作站

(以上均配1 024×768　VGA彩显)

性能之优　无与伦比　价格之低　绝无仅有

汇展期内同时供应电脑精品

AST系列:
AST286/140　AST386/SX　AST386/340—3150
AST386/25　AST386/33　AST486/25

HP系列:
HP286－12ES　HP386－20QS　HPⅢ激光打印机
HP图形扫描仪

COMPAQ系列:
COMPAQ　386SX　COMPAQ　386/20E

T&W系列:
T&W286/12　T&W386/SX－16　T&W386/33

最新喷墨打印机　各型24针打印机　美国山特UPS
兼用PC　PC/XT　PC/AT机　各类硬盘、软盘驱动器
3M、万胜、吉纳斯盘片及色带、打印纸等消耗材料及操作台、椅、磁盘柜,承接各种软硬件开发。

展示期间11月1—20日实行九折优价销售或享受两年免费保修特优待遇,全市尚属首家。届时举办各种讲座。

国营上海亚光书刊电脑经营部
上海科技大学科技咨询服务部

主展地点：北京西路607号（近石门二路）
电话：2550030、9011021
分展地点：广东路123号、306号
电话：3254178、3290835

《解放日报》1990年11月1日

**"亚光电脑""上海科大"电脑精品展销会紧急敬告新老用户**

　　由美国ALR新加坡有限公司协办的本届展销会上推出的美国ALR微机最新产品由于性能优、质量好、价格低，首批货源已订购一空。第二批货源将在月内进关。

　　凡在展销期内前来订购的用户一律按市场价打九折的特优价供应。望谅解。AST等其他机种仍按市场价九折优惠现货供应。

　　敬请惠顾。

国营亚光书刊电脑经营部
上海科大科技咨询服务部

主展点：北京西路607号
电话：2550030、9011021
分展点：广东路123号、306号
电话：3254178、3230788

《解放日报》1990年11月5日

**上海大学美术学院科技服务部热忱为各企事业单位服务**
- 工业产品造型新技术咨询、开发、设计
- 工艺陶瓷新技术、绘画新工艺新材料开发
- 雕刻新工艺技术、环境设计、工艺陈设设计开发
- "美术设计与科学技术结合""新产品、科研成果展览设计、布置""包装印刷设计新工艺""影视广告开发"等咨询服务
- 各类绘画、雕塑、室内外装饰及民间工艺品

地址：凯旋路30号
邮编：200042
电话：（直线）2520445，（总机）2523190转

《解放日报》1990年11月13日

**奇安特杯大学生网球赛收拍　上海大学包揽四项冠军**

　　1990年"奇安特杯"上海市大学生网球锦标赛，经过80余场紧张激烈的角逐，昨天降下帷幕。

　　这次大学生网球锦标赛是在上海高校网球运动日益普及的情况下举办的，受到广大学生的欢迎。

比赛结果,上海大学获得男、女团体冠军,第二军医大学和华东师范大学分获男、女团体亚军。男、女单打冠军分别由上海大学的江晓帆、唐岚夺得。(张健　龚同椿)

《解放日报》1990年12月4日

# 1991 年

**调集精兵强将  参与城市经济建设  上海高校科技人员身手不凡**

　　拥有近 8 万名科研人员和一批现代化实验室的上海高校,近年来积极组织科技力量参与城市经济建设,为振兴上海服务。据记者最近从国家教委有关部门了解,1982 年至 1989 年,上海高校科技成果转让、科技协作、科技咨询及各种人才培训等科技服务累计金额达 5 亿多元;1985 年以来,推广科技成果 3 400 多项(次),产生了较大的社会效益和经济效益。

　　从 1988 年开始,上海市组织"桑塔纳轿车国产化"等 14 项重点工业科技攻关项目会战和工业重点项目、重点产品攻关。上海高校闻风而动,调集精兵强将,投入招标竞争,以此作为高校科技介入经济建设的重要机会。高校科技人员走出校门,到工业部门开展调查研究、洽谈项目。有的高校邀请工业部门的同志到校访问,了解学校的科研实力。有的学校充分利用群体优势,对一些综合性强、难度大的"硬骨头",组织跨系、跨学科的协作,参加投标。上海科技大学组织了机械、自动控制、计算机等学科的科技人员,组成结构合理、团结协作的群体,中标承接了金额高达 306 万元的"板材 MFS"重大课题。到 1990 年为止,上海市举行了三次招标,在强手如林的激烈竞争中,高校中标项目和承担的课题约占全市的三分之一,列上海各大系统之首。

　　上海现有普通高等学校 50 所,为适应上海经济建设多层次、多方面的需要和世界科技向综合、交叉发展的趋势,上海市高教局和各高校注意组织校际协作、校厂协作,联合承接科研任务。获得国家进步一等奖的"肾结石体外粉碎机",就是上海交通大学与上海医科大学合作研制的。复旦大学、华东师范大学等校建立了计量经济模型、能源系统工程、交通运输、城市规划与建筑、环境治理等软科学研究机构,为上海市和有关领导部门制订发展规划提供了决策依据,在经济建设中发挥着日益重要的作用。

　　目前,上海高校正积极组织科技力量,参与漕河泾开发区与浦东开发区的建设。(邓海云)

《光明日报》1991 年 1 月 2 日

**上海工大校务指导委员会成立**

　　经上海市人民政府同意,上海工业大学校务指导委员会昨天正式成立。这是促进社会力量,特别是上海的工矿企业系统同大学的密切联系,形成厂校合作教育的新的办学体制。上海市副市长顾传训任主任,全国政协副主席、工大校长钱伟长教授、市经委主任郁品方、市计委副主任潘洪萱任副主任。工大校务指导委员会由14个委办局和工大组成。(吴德宝)

《解放日报》1991年1月17日

**微波组织凝固法——食管癌性梗阻的新克星**

一种一次性有效治疗食管癌性梗阻的微波组织凝固法由上海第二医科大学附属新华医院成人胸外科和上海科技大学联合研制成功。

食管癌是最常见的恶性肿瘤之一,晚期病人因食管梗阻,滴水不入,很快全身衰竭而死亡。多年来,许多学者采用各种姑息性方法治疗,效果都不满意。新华医院应用上海科技大学电子物理研究所研制的微波治疗仪及特制的微波辐射器,通过电磁波一次性地将食管癌组织加以凝固,由此产生热效应,使之变性、坏死。变性的肿瘤蛋白释放后便刺激自身机体的免疫反应,反过来增强抗病能力。经30余例病人临床应用、梗阻症状缓解,平均超过6个月。病人在此期间,减轻痛苦,正常饮食,借以延长生命。本报讯(张贻复　王维希)

《光明日报》1991年2月10日

**上大文学院与二纺机厂建立长期合作办学关系**

上海大学文学院日前与第二纺织机械厂建立长期合作办学关系。文学院为二纺机培训政工干部和管理干部,文学院则以二纺机为社会实践基地。(沈汉达)

《解放日报》1991年3月22日

**上大文研所昨召开研讨会**

昨天下午,上海大学文化研究所召开"中国文化研究的现状及走向"研讨会。社会学家邓伟志等二十名与会专家学者进行了交流探讨。(司徒伟智)

《解放日报》1991年6月8日

**怀念杨明轩同志**

今年是已故中国民主同盟中央委员会主席、全国人大常委会副委员长杨明轩同志诞辰一百周年。杨明轩同志为中国人民的革命和建设事业奋斗了一生。他的战斗经历和历史贡献表明,他是一位伟大的爱国者,是中国民主同盟卓越的领导人,也是卓越的教育家和民主运动活动家,是忠诚的共产主义战士,他将永远受到我们的尊敬和怀念。

杨明轩同志1891年6月13日出生于陕西户县,他从小参加农业劳动,对劳动人民有着深厚的感情。他的学生时代,正值中国经鸦片战争沦为半封建半殖民地社会的时期,自幼受到前辈革命事迹的熏陶。1908年9月,他参加了"蒲案"斗争,投身到反对清政府的群众运动中。在辛亥革命发生时,他在西安府中学读书,报名加入了持枪的学生队,积极协助起义军维持革命秩序。为探索救国救民道路,他于1913年东渡日本,入东京同文书院学习。在日本,他目击日本帝国主义侵华图谋和中国人受歧视的现实。当1914年欧战爆发,日本帝国主义趁机侵占我国青岛时,明轩同志愤而归国。在他就读于北平高等师范学校数理系时,马克思主义开始在中国传播,他从阅读《新青年》等刊物中受到共产主义的启蒙教育。他参加发起成立了同言社,出版《工读》期刊,宣传科学民主思想。从此,他积极投身反帝爱国斗争,参加了北京"五四"运动并勇敢地站在斗争第一线,虽两次被捕,但坚持斗争,经受住了严峻的考验。"五四"运动后,明轩同志在上海大学任教期间,结识了著名共产党人邓中夏、瞿秋白、恽代英等同志。1924年7月,明轩同志回陕西任绥德第四师范教务主任。

1931年"九一八"事变后,杨明轩同志积极投身抗日救亡运动。他与民主运动杰出的活动家杜斌丞同志一起,在震惊中外的西安事变中发挥了积极的作用。1930年12月12日事变发生的当天晚上,明轩同志主持有30多个抗日救国团体代表参加的紧急会议,拥护张学良、杨虎城两将军的爱国行动和八项救国主张。12月16日,明轩同志在西安各界举行的群众大会上,以大会主席身份发表讲话,痛斥蒋介石媚敌投降行为,并号召各界人士联合起来,停止内战,一致抗日。其后,明轩同志与在西安的以周恩来同志为首的中共中央代表多次会晤,接受了关于和平解决西安事变的正确主张,并积极向各方面进行宣传和解释。为继续发展抗日救国力量,在杨明轩同志倡导下,成立了西北教育界抗日救国大同盟,他当选为执委会主席。救国大同盟的活动使国民党反动势力大为恼火,免除了明轩同志的一切职务,并让他赴欧洲考察教育。明轩同志在国外继续对华侨、留学生和国际友人宣传中国共产党的抗日民族统一战线政策。1937年底明轩同志回国,继续坚持西北地区的抗日民主运动。他运用自己的社会身份和社会关系,联系团结各方面人士,宣传党的抗日民族统一战线的主张和政策,抨击国民党顽固派消极抗日、积极反共的政策。在整个西北地区抗日民主运动中,明轩同志发挥了重要作用。

杨明轩同志与杜斌丞同志都是西北爱国民主运动中最有威信、最有影响的代表人物。明轩同志在新中国建立前,长期战斗在敌人控制最严的中心城市之一的西安。在极端险恶的政治形势下,他坚持斗争,义无反顾。1946年5月,民盟西北总支部青年部长、《民众导报》主编李敷仁同志被西安当局绑架和杀害。明轩同志接连三次接到恐吓信,但他仍然坚持斗争。在党中央关怀下,他于1946年8月,克服重重困难,化装离开西安,抵达党中央所在地——延安。明轩同志积极参加了陕甘宁边区的政权工作,1948年2月当选为陕甘宁边区政府副主席,他广泛联系广大知识分子,在推动爱国民主运动,恢复边区生产,支援前线,以及进行土地改革、为解放大西北培养干部等许多方面,做了大量工作。1949年5月,西安解放,明轩同志被任命为中国人民解放军西安市军事管制委员会委员。1949年9月,明轩同志以西北解放区代表身份,光荣地出席了在北京举行的中国人民政治协商会议第一届全体会议。

杨明轩同志是中国民主同盟卓越的领导人之一。他与杜斌丞等发起成立民盟西北总支部筹备委员会。1945年2月,民盟西北总支部在西安秘密成立,明轩同志担任组织部长,对组织发展工作做出了积极的贡献。到1945年底,西北区民盟盟员已发展到近千名。1949年5月,在延安的民盟盟员召开大会,成立民盟西北区临时工作委员会,明轩同志被推选为主任委员。他领导临时工作委员会,联络国统区民盟地下工作同志,迎接解放。整个解放战争期间,民盟西北总支部及其盟员经历了十分艰苦的斗争历程,明轩同志与杜斌丞等同志一起,卓有成效地发挥了领导作用。新中国成立后,直至1954年10月西北大区撤销,明轩同志主持民盟西北地区的工作五年时间里,围绕民盟的组织建设、思想建设,配合当时国民经济恢复、抗美援朝等项任务,做了大量卓有成效的工作,使西北民盟组织成为为社会主义服务的一支重要力量。明轩同志十分注意盟的政治方向,重视发挥盟的作用。1950年8月,他在民盟西北区第一次盟员代表大会上所作的工作报告中说,"西北民盟在以往八年当中,积极参加了中国共产党领导的中国革命运动,曾有不少贡献。""今后,我们还必须更加虚心地向中共学习,诚心接受中共的领导,防止并克服个别盟员中存在的'分庭抗礼'或'做客思想',使我们的盟员和中共团结得更好,合作得更好。"明轩同志为民盟西北组织所作的贡献,将永远铭记在广大盟员心中。

1955年春,杨明轩同志奉调到民盟中央工作,任专职常务委员。从1956年2月起,他兼任民盟中央监察委员会主任。1958年11月,明轩同志在民盟三届一中全会上当选为中央副主席。1963年12月,在民盟三届四中全会上当选为中央主席。他到中央工作后,始终把贯彻执行党的知识分子政策,争取团结广大知识分子参加社会主义建设和统一祖国的斗争,当作头等大事。在他参与起草的民盟二大工作报告中,提出了以"一切为了社会主义"作为民盟工作的总方针、总任务。他在担任民盟中央监委主任期间,在当时比较复杂和困难的环境下,坚持做到正确处理人民内部矛盾。为了保护一些同志,对于某些不符合实际的指示,他敢于在一定范围内加以保留,这在当时是难能可贵的。特别令人难忘的是,在明轩同志主持盟中央工作时,国家经济刚刚渡过困难时期,盟员和知识分子思想中存在一些问题。他以一贯稳健持重的思想作风,与盟中央其他领导人和衷共济,协同努力,推动广大盟员艰苦奋斗,勤俭建国,为社会主义事业出成果、出人才多作贡献。明轩同志认真贯彻执行党的各项政策,协助党调整党盟关系,积极反映合理的意见和要求,很好地调动全盟同志发挥为社会主义服务的积极性。明轩同志是盟的事业的好领导,民盟事业的不断发展和所取得的成就,是与明轩同志的努力分不开的。

杨盟轩同志是我国著名的教育家。他在青少年时期,曾想走"教育救国"的道路。以后,他致力于中国人民的解放事业,投身于革命运动,但始终关心着我国的教育事业。早年他在国民军联军驻陕总司令部教育厅长任内,推行教育改革,任用进步教师,增设"社会科学概论""社会进化史"等课程。他十分重视对青年的培养,并要求青年积极参加政治运动,在他影响下一批批青年走上了革命道路。解放以后,明轩同志曾担任西北区文教委员会主任,主持西北地区的文教工作。明轩同志认为,新中国成立是中华民族教育兴邦的历史机遇,应把教育当作国家的一件根本大事认真看待,为此,他从实际出发,对旧的教育制度进行改革,促使教育为新的政治和经济服务。他的工作,为后来西北地区教育事业的发展奠定了基础。

杨明轩同志具有崇高的革命精神和高尚的品德。他长期是西北地区和民盟中央的主要领导人之一,1965年1月,明轩同志在全国人大三届一次会议上当选为人大常委会副委员长。他身为国家领导人之一,却始终保持着普通群众的本色和艰苦朴素的作风。他忠实履行人民代表的职责,深入基层调查研究,积极反映来自人民群众的意见。他自奉清廉,对同志则关怀备至,从政治上、生活上帮助许多同志解决了困难。到北京工作后,他仍关怀西北地区的工作,对养育他的陕西省,对黄土高原,对西北地区的人民有深厚的感情。

杨明轩同志从1908年参加反对清政府的学潮开始,经历了辛亥革命、五四运动、两次国内革命战争、抗日战争和解放战争。建国后参加了社会主义革命和社会主义建设,他为中国人民的独立和解放,为把中国建设成为繁荣昌盛的社会主义国家,进行了整整60年的艰苦曲折的斗争。他刻苦学习,深入实际,追求真理,不断前进,终生为实现共产主义的远大理想而奋斗。他的革命精神和光辉榜样,将永远鼓舞着我们不断前进。

我国的社会主义现代化建设正处于一个十分重要的时期。不久前,全国人大七届四次会议通过了我国国民经济和社会发展的十年规划和"八五"计划纲要,它标志着我国人民将继续沿着建设有中国特色的社会主义道路不断前进。我们民盟作为参政党,在中国共产党领导下,一定能充分发挥自己的主动性、积极性,为国家繁荣和民族振兴作出新的贡献。这是我们对杨明轩同志和许多革命前辈的最好的纪念。(楚图南)

《人民日报》1991年6月16日

## 我掺铒光纤放大器国际领先 上海科大研制的这一器件通过鉴定

一种能成为长距离(数千至上万公里)高速光纤通信和全光通信的关键器件——掺铒石英光纤放大器,在上海科技大学现代通信研究室研制成功,并获得重大突破。昨天通过了上海市科委主持的技术鉴定。

在光纤通信领域,全光通信是人们梦寐以求的目标。迄今为止,长距离光纤通信线路中,需每隔一段距离设置光—电—光中继器,以弥补光纤衰减引起的信号能量损失,这就导致设备复杂,系统可靠性降低。因此,人们一直在寻求不经光电转换、电光转换的直接光波放大方法。自1987年由英国制成首台掺铒光纤放大器以来,掺铒光纤放大器已成为国际光纤通信研究学术界关注的热门课题。

上海科大采用国产元器件,对波长为1532毫微米的信号光作逆向泵浦进行掺铒光纤放大,获得了高达39分贝的小信号增益(即信号放大近1万倍)。这一技术成果不仅创造了全国最高纪录,而且已达到了当前的国际先进水平。(黄慈振)

《文汇报》1991年7月6日

## 我国光纤放大器技术获重大进展

由上海科技大学现代通信研究室研制成功的掺铒光纤放大器,7月5日由上海市科委主持通过鉴定。专家们认为:这项取得重大突破的成果标志我国光纤放大器研制技术达到了当前国际先进水平。

在光纤通信领域,国内外迄今为止,仍离不开通过光—电—光转换的方式,以弥补光纤衰减引起的信号能量的损失,由此导致光通信设备复杂、成本过高等弊端。自四年前国际上第一台掺铒光纤放大器问世以来,使科学家们梦寐以求的全光通信的理想即将变成现实。近几年来,我国科技工作者开始研制掺铒光纤放大器,取得了一定的进展,但离世界水平有较大差距。上海科大的科研人员近年来奋起直追,通过采用国产材料和激光器件,攻克了一系列技术难关,高水平地完成了掺铒光纤放大器的研制任务,获得高分39分贝的小信号最大增益(即信号放大近1万倍),使我国这项研制技术紧紧跟上了发达国

家的步伐。(谢军)

《光明日报》1991年7月10日

### 昨天,上海工业大学迎来了九百多位新生,这是上海市高等学校中开学最早的一所学校

昨天,上海工业大学迎来了900多位新生,这是上海市高等学校中开学最早的一所学校。该校领导为了方便新生,特地组织了"一条龙"服务,简化报到手续,受到了新生及家长们的称赞。(曹海根)

《文汇报》1991年8月22日

### 市大学生运动会网球赛收拍　上海大学囊括四项冠军

上海市第三届大学生运动会"奇安特杯"网球比赛,历时三周,昨天在徐汇网球场收拍。

上海大学男女网球队力挫群雄,双双荣获团体金杯;华东化工学院和华东师大男队、华东师大和华东化工学院女队分获男女团体第二、第三名。

在单打比赛中,上海大学的江晓帆和尹莺分别夺取了男女单打冠军。(张健　龚同椿)

《解放日报》1991年10月27日

### 特种创面敷膜在沪问世

上海科技大学与海军411医院口腔研究中心的医务人员经过两年的通力合作,研制出国内首创的特种创面敷膜(RHG-89创面敷膜),最近通过专家鉴定。(美圣　士和)

《光明日报》1991年10月28日

### 以亲身经历教育学生　在业务课中渗透德育　上海高校教授教书又育人　复旦的"教授论坛"、上海师大的"教授演讲团"和上海工大的"系主任信箱"收到了良好的教育效果

以亲身经历的生动事例帮助大学生解决思想认识问题的复旦的"教授论坛"、上海师大的"教授演讲团"、上海工大的"系主任信箱",标志着上海高校涌现了以教授为核心的"教书育人"队伍,他们用行动改变了部分学校在思想教育方面"教授不授"、"导师不导"的现象。

复旦老校长苏步青、上海医大校长汤钊猷等著名专家成为教授"教书育人"队伍的带头人,他们在新生进校后,上的第一课就是爱国主义、社会主义教育,年年如此,长期坚持,这已成为高校思想教育的一个特色。上海交大教授、科学院学部委员张煦对研究生十分关心,从管学业一直管到谈朋友、调解夫妻矛盾,从多方面促使他们健康成长。有一位才华出众的博士生,一度想中途退学远走高飞,张煦教授多次找他谈心,以事实说明交大的教学水平不亚于海外大学,促使他安心为国学习,现在他学得很好。该校另一位著名专家、科学院学部委员张钟俊教授,在弟子们为他庆祝七十华诞之日,语重心长地讲述自己50年代在国家经济条件不如现在的情况下,从美国回来报效祖国的经历,使弟子们十分感动,坚定了他们为四化献身的信念。

在业务课中自然地渗透德育内容,这是教授们"教书育人"的又一特点。华东师大教育系金林祥副教授结合学科特点进行思想教育,在介绍我国古代教育家时注意介绍我国古代教育发展走在世界前列的生动事实,用以批驳民族虚无主义,增强学生的民族自信心和自豪感,这使一些过去接触西方文化较多、只看到传统文化弊端的学生大开眼界,改变了以前的看法,决心要当个合格的人民教师,在中国教育史领域中上下求索。上海医科大学夏鹏副教授在讲授有机化学课程、介绍我国制药工业概况时,讴歌了老一辈化学家为民族工业献身的崇高精神,对大学生进行教育。上海机械学院的许多数学教授,把变与不变、运动与静止等唯物辩证法观点与变数数学的教学内容有机地结合起来,启发大学生辩证地全面地对待学习。

教授们"善观气色",能够在课堂外发现学生思想意识上的问题加以疏导,这是一些教授"教书育人"的又一特色。上海第二医科大学著名的肾脏病学专家董德长教授,在一次查房中,发现一位青年实习医师报告病史时脚不停地抖动,抬头一看他蓄留的长发,心里很不高兴,他不是简单化批评而是热情地正面开导,指出一个医生应有怎样的庄重的仪表,一个青年应有怎样的健康美,并举出当年他当实习医生时对年长者态度恭敬的实例,现身说法地进行教育,使得那位青年口服心服。过几天董德长见到远处有一青年向他恭敬地鞠躬,定睛一看就是那位青年,他的长发已剃掉了。

一些教授还把育人工作做到学生家庭中去。上海科技大学生物医学工程研究所王保华教授建立学生家长会,定期向家长通报学生情况,每月在上海市区安排一个学生家长接待日,取得学生家长的配合,共同教育学生"做好人""做好学问",不要去过分追求物质利益。有一位学生进校后表现很好,但一度落后,王保华与家长"对症下药",进行"综合处理",使他又转变过来。(张自强)

《文汇报》1991年11月8日

### 上海大学生运动会羽球赛　上海大学、中国纺大分获男女团体冠军

1991年上海市第三届大学生运动会"郑铝杯"羽毛球赛排定座次。上海大学男队和中国纺织大学女队分别摘取男女团体桂冠。上海大学卢峰和交通大学竺莉莉分获男女单打冠军。

由上海高教局和上海大学文学院及郑州铝厂承办的大学生羽毛球比赛,共有8所高校12支男女运动队参加。

通过比赛将组建上海大学生羽毛球队参加明年举行的全国大学生运动会。(蔡正新)

《新民晚报》1991年11月12日

### 上海工大宿舍文明建设见闻

"室不在大,雅致则行。花不在多,蝶附则神。标准宿舍,惟我爱深。室内洁齐美,文明创精神。"这是上海工大一位学生日记中的一段话。

事实也是如此。记者曾多次到工业大学宿舍走访,发现这所学校的宿舍文明建设确属一流:

无论走进哪一个宿舍,你会看到:被子叠得整整齐齐,被口朝外,放在靠窗一边;桌子收拾得干干净净,台灯靠左,茶杯搁右;碗筷在脸盆里,凳子在桌肚里,鞋子在床底下⋯⋯

工大学生用自己的双手和灵感将宿舍装扮得十分漂亮。墙上是优美动人的画,豪气凌云的字,桌上摆上各种憨态有趣的小动物和小玩艺儿,窗台上放上些盆景,再挂上大方、漂亮的窗帘和用彩纸织就的门帘子。机器人自动化系学生魏晴霞说:"生活是需要美的缀饰的,在优雅的氛围中无论做什么事,都会让你感到舒服欢畅。"

工大学生爱舍如家,学风纯朴。经常是夜空繁星点点,宿舍内一片寂静。今年4月的一天晚上,市高教局的领导突然光临87级学生宿舍视察,在走廊里,他们听不见声响,看不见光亮,误以为学生都外出自修去了。岂料值班室同志连开了几个房间,却见全室学生都在各自台灯下专心修学,认真作业。目睹此景,一位领导不无感慨地说:"这才真正像大学生的宿舍。"

"我们学校实行的是标准化宿舍管理,它使我们的日常生活更有条理,有章可循。"工大学生众口一词地把成绩的取得归功于宿舍标准化。

所谓"标准化",用学校总务处唐维克处长的话来说:"是制定统一管理的模式与整齐划一的标准,目的是培养学生良好的生活自理习惯和文明健康的群体人际关系,而不是提供保姆型的统包服务。"

工大学生对此感受颇深。现在每届新生进来,宿管组都为他们统一购置了生活用品,每月一次"大件床上用品"统一洗涤,再加上坚持不懈的卫生检查和"文明宿舍"评选制度,使得同学们在创造一个优美环境的同时也养成了一种强烈的竞争欲望——比一比谁的文明素养好。

平时同学们视创造一个文明舒适的寝室环境为自己分内的事,助人为乐、拾金不昧蔚然成风。学生们还以宿舍为单位开展"寝室文艺、美化系列大奖赛",以寝室为背景搞"摄影大奖赛"。今年又在全校范围内举行了"爱我宿舍"的征文活动,同学们来稿踊跃,纷纷在征文中抒发对工大宿舍之爱。一些同学写道:"宿舍是自己成才的第二课堂",是"青年之家,学习之家,成才之家"。

工大学生宿舍还有一批令人敬佩的专职管理员,他们都是有较丰富的思想政治工作经验和有一定的管理与组织能力的离退休干部。这些管理员天天与学生泡在一起,和他们交知心朋友,沟通思想,热情而又艺术地为同学们排忧解难。一位同学动情地说:"是管理员身体力行和循循善诱感化了我们。我们的宿舍文明建设也有他们的一半功劳。"

(朱矫健)

《文汇报》1991年11月28日

**中外学者研讨秦汉思想文化**

由上海大学文学院及全国14所高校和学术单位发起的"秦汉思想文化和华夏民族传统学术讨论会"于最近在上海举行。我国大陆、香港及美、意、加等国历史、哲学、宗教、科技史、文化艺术、文物考古和民俗学等方面的专家学者一百余人出席了会议。会议以秦汉思想、文化为突破口和重要依托探讨我国传统文化,这在我国和世界范围内还属首次。与会学者指出:这是一次有多科性、开创性的国际学术会议,它对改变过去单科研究,特别是注重宋明而忽略秦汉的研究状况,必将产生重要兼容性的积极影响。

会议收到论文60余篇,代表们比较集中地讨论了以下问题:一、秦汉思想文化的本质特征及其发展变化,诸如人文、科学并兴的传统、华夏文化的、延续性等。二、汉代儒学独尊以后,儒学与诸子学的关系,特别是儒、道两家的地位、影响和作用。三、怎样看待西汉以来封建社会的自我调节现象?皇权有无限制,是否有"社会公共领域"的存在?此外,如中西文化思维方式的同与不同,秦汉思想文化的沿袭和变异,汉文化与楚文化的关系,以及秦汉礼制、宗教、科技等问题都引起了与会学者的关注和争论。

多数学者认为,秦汉思想文化反映了华夏民族同时注重人文与科学的优良传统,这是华夏文化和印度文化接触以前的本来面貌,揭示这一点将有助于对华夏民族传统的整体把握及其发展轨迹的探索。(迪彦)

《光明日报》1991年12月4日

### 任中敏教授逝世

我国现代著名学者、戏曲理论家任中敏教授12月13日在扬州病逝,享年94岁。

任中敏1897年生于江苏扬州,1918年考取北京大学中国文学系,从词学大师吴梅教授学宋词和金元散曲。大学毕业后又到苏州再投吴氏门下学习词学,尽读吴氏家藏珍本。30年代后,他历任广东大学(今中山大学)、上海大学、复旦大学、四川大学、扬州师范学院教授。早年编辑出版《散曲丛刊》,著有《散曲概论》《曲谐》等,对中国散曲的发展及其在古典文学中的地位作了较为系统的探讨和实事求是的评价。晚年著有《唐戏弄》《唐声诗》《唐大曲》等。尤以《唐戏弄》为代表作,超越前人,独树一帜,蜚声中外,为研究中国戏曲的形成与发展作出重大贡献,荣获"全国戏剧理论著作奖"荣誉奖。

《人民日报》1991年12月26日

# 1992 年

**上海大学文学院受上海市对外服务公司委托举办涉外英、日语秘书班**

招收高中以上文化程度,25 岁左右,男身高 1 米 72,女身高 1 米 62 以上,作风正派,品貌端正,经考试合格录取、学习成绩合格发结业证明。即日起在西江湾路 574 号综合楼三楼报名,交照片两张。电话:3065487。

《解放日报》1992 年 1 月 5 日

**上海高校科技成果实行产业化　将借开发区"孵"出滚滚财富**

上海交通大学、复旦大学、上海科技大学等 10 所高校的 17 个项目公司最近将 32 项高新科研成果带到上海漕河泾新兴技术开发区实行产业化。这 17 个产业实体是上海高校科技产业的摇篮——上海高创科技发展总公司"孵化"而成的。

上海高校每年得到鉴定的科研成果达数百项,十分需要运用开发区的优惠政策和环境条件,从中选出一批有产业化前景的高新技术拳头产品,在开发区形成规模经济。进入漕河泾开发区的 32 个高技术项目中有机器人、传感器、气相色谱仪、高速公路监控系统、航行雷达、红细胞变型仪、节能乳化器、激光手术仪等。预计这些项目可望在今年获 1500 万元以上的产值。漕河泾开发区发展总公司在区内装修了使用面积为 1800 平方米的"科技创业村",作为这些产品的装配、调试和小批量生产的基地。(张贻复)

《光明日报》1992 年 1 月 6 日

**上海科大等单位合力完成攻关　稀土永磁材料生产线建成**

上海科大等单位合力完成的我国第一条稀土永磁材料生产线,最近在海宁盐官镇投产。(祁丙法)

《解放日报》1992 年 2 月 8 日

**上海大学美术学院招生启事**

1992 年招收本科生 35 名。

油、国、雕各 5 名;工艺美术系 20 名(包括美术综合班 5 名)。

报名时间:3 月 28、29、30 日。

美院中专招收 22 名。

报名时间：3月21日、22日、23日。

以上本科和中专只限招收上海市户口，应届毕业生须持在校证明，历届毕业生持本人单位或街道介绍信及身份证、户口簿，脱帽一寸照片3张。报名地点：凯旋路30号（长宁火车站）乘20、54、73、88、96、231路可达。

《解放日报》1992年3月18日

**上海大学美术学院招生启事**

1992年招收本科生35名。

油、国、雕各5名；工艺美术系20名（包括美术综合班5名）。

报名时间：3月28、29、30日。

美院中专招收22名。

报名时间：3月21日、22日、23日。

以上本科和中专只限招收上海市户口，应届毕业生须持在校证明，历届毕业生持本人单位或街道介绍信及身份证、户口簿，脱帽一寸照片3张。报名地点：凯旋路30号（长宁火车站）乘20、54、73、88、96、231路可达。

《解放日报》1992年3月21日

**科技成果孵化培育基地　上海工大成立科技园区**

在探索科研和经济建设如何紧密结合方面，本市高校正在进行科技成果转化为商品的尝试，上海科技创业中心与上海工业大学联合创办的上海工大科技园区昨天成立，这在本市高校尚属首次。

上海工大科技园区共筹资350万元作为基金，对上海工大研制成功并经过学术鉴定的高新技术科研成果进行选择，有计划、有步骤地进入园区进行孵化、扶植、培育，以形成小批量生产的能力，一俟工艺成熟，产品过关，销路打开，即转入有关企业生产或进入高新技术开发区形成产业。

目前，上海工大已选定一批项目进入科技园区。该校自动化系陈国呈副教授负责研制的VWF交流变频调速器昨天正式与园区签订协议，从而成为入区的第一个项目。（吴德宝）

《解放日报》1992年3月27日

**在大学校园孵化科技成果——首家高校"科技园区"在沪成立**

我国首家高校"科技园区"近日在上海工业大学成立。

由上海市科技创业中心与上海工业大学联合创办的这家科技园区共筹资350万元人民币作为基金，专门对高校的高新技术成果进行孵化培育。一俟工艺成熟，产品过关，销路打开，即转入有关企业生产或进入高新技术开发区形成产业。

上海工业大学已选定VVVF交流变频调速器作为首批进入科技园区的项目。

《人民日报》1992年3月31日

### 上海科大使用英语培养外国研究生

六位从巴基斯坦来华留学的研究生,在上海科学技术大学获博士学位。上海科大采用英语教学培养这类高层次科技人才,这是国家教委指定的一项试点工作。上海科大组成由博士生导师鲍家善为组长的指导小组。这六位研究生经过三年攻读完成学习任务,其博士论文已答辩通过。该校学位评定委员会决定授予他们博士学位。(张贻复)

《光明日报》1992年4月14日

### 围绕校园议论热点摆观点找论据　大学生辩论唇枪舌剑有声有色　上海大学文学院队和华东师大队分获冠亚军

昨天下午,华东化工学院演讲厅里传出阵阵掌声,以"人民公园破墙开店利大于弊"为辩题的'92"白猫"杯上海大学生辩论赛决赛吸引了来自本市10多所高校的500多名大学生。经过激烈角逐,上海大学文学院大学生辩论队获得本届辩论赛决赛冠军,华师大辩论队获得亚军,华东化工学院大学生队名列第三。化工学院学生王勇获得本届大赛的最佳辩手。

这届由市教卫党委、市高教局、团市委和华东化工学院等单位承办的上海大学生辩论赛,从3月中旬举行第一场辩论赛以来,来自本市21所大专院校的大学生辩论队围绕"大学生成才""90年代上海人的形象""留学生学成回国"和"人民公园破墙开店"等高校校园议论的热点展开了激烈的唇枪舌战。许多大学生为了争取获得好成绩,深入社会实际,广泛开展调查,使辩论赛开展得有声有色,每场辩论赛都吸引了五六百名大学生参加。

以"人民公园破墙开店"为辩题的大学生辩论赛决赛开始后,上海大学文学院政治系学生毛颖代表正方首先阐述观点:"经过我们调查,人民公园破墙开店每年能产生几千万元的经济效益,有了资金可以以商养绿,以商兴园,这是以极小的土地面积换取极大的绿化面积;破墙开店可以促进南京路的商业繁华,能产生极为可观的经济效益;破墙开店将打破传统思想中公园格式的固有模式,有利于拓宽上海园林建筑与大都市社会功能相协调的新思路。总之,人民公园破墙开店利多弊少。"她的发言,思路开阔,信息量大,说服力强,具有鲜明的时代感,赢得了阵阵掌声。"我方认为,人民公园破墙开店弊多利少。其理由是,它不仅会使南京路本来就很困难的交通难上加难,还会破坏南京路的购物环境,更为严重的是,它还会破坏人们的环保意识,恶化生态环境……"华东师大地理系学生史家明代表反方的发言,针锋相对,据理力争,也引来了热烈掌声。

担任辩论赛评委的上海戏剧学院院长余秋雨对记者说,这样的辩论赛,有利于培养大学生的群体意识和人格训练,也有利于造就新一代大学生的风范,应该成为大学生文化生活的重要组成部分。(陶洪光)

《文汇报》1992年5月7日

### 上大文学院举办纪念《讲话》研讨会

为纪念《在延安文艺座谈会上的讲话》发表50周年,日前,上海大学文学院举办"毛泽东文艺思想与中文系教学"系列学术与教学研讨会,这次系列活动还包括今日开幕的上大文学院首届书画展和6月份举行的大型文艺演出活动。(王嫱)

《解放日报》1992年5月28日

**探索科技与经济结合新机制——苏沪"产学研"结合方兴未艾**

江苏、上海两地的许多大中型企业、高等院校和科研院所开展"产学研"结合,依靠科技振兴经济,几年来已在实践中摸索出一些成功的经验,并收到显著效果。江苏是经济较为发达的省份,但同时也存在着企业设备陈旧、发展后劲不足等问题,技术改造任务很重。而该省拥有71所高校,科技力量十分雄厚。针对这些特点,从1989年开始,省计经委、省教委组织开展了以校企协作为主要内容的"产学研"结合工作。

去年9月,两委组织64家企业的厂长、高工对口参观了南京大学、东南大学等9所院校的130多个实验室,共对500余项技术成果进行了详细了解,短短四天,就达成近200项合作意向项目。一些院校领导也带领教师到苏锡常等地调查了200多家企业,双方签订协作合同130多项,金额达760多万元。南京化工学院与无锡新苑集团公司合作,将该院用10多年时间研制成功的"热管技术"产业化,达到国际领先水平。目前他们已同全国70多家工厂签订了供货合同,年产值达1 000多万元。常熟江南灯具厂委托东南大学开发的"无芯柱式高效节能灯"达国内领先水平,现已形成年产100万只的规模,被列为"八五"国家重点发展产品。据扬州市经委统计,该市与高校签订的第一批20个合作项目,在三年内可新增销售收入3亿多元,新增利税5 360万元。

在当前激烈的国际、国内竞争中,上海工业结构、产品结构进入调整时期。几年来,为了加强产业、高校和研究所结合,建立科技与经济结合的运行机制,并成立了市重点办,选择上海桑塔纳轿车、彩色显像管、光纤通信等14项有代表性的重点工业项目,组织中科院上海分院、上海科学院、各部委驻沪研究所、地方工业局研究所和高校等五路科技大军,实行项目公开招标。三年来,共组织了四次招标,吸引国内和全市6 000多名科技人员,签订772项合同,已完成373项。到今年年底,这批项目可新增产值150亿元、利税60亿元、创汇10亿美元。走出了一条"产学研"结合的成功之路。

上海还以"产学研"结合的形式进行企业生产技术难题攻关、开发新产品等。上海机床附件三厂与上海科大精密机械工程系联合攻关,形成板材FMS产业,为全国提供FMS打下了基础。上海无线电七厂在合作中格外重视科技人员的劳动,他们规定,凡来厂进行合作取得成功的,成果的所有权首先归厂外的科技人员。上海航海仪器厂通过与704所组成科研生产联合体,发挥各自优势,很快开发了8大项246种产品,具备了提供成套液压系统的能力,该厂去年利税大幅度增加,一下跃居全国领先地位,具备了走向世界的能力。(蒋建科)

《人民日报》1992年6月8日

**上大商学院新设奖学金**

日本TSD株式会社在上海大学商学院设立奖学基金。昨天,该公司副董事长、上大商学院兼职教授尾岛先生专程来沪,对计算机专业一年级学生进行了考试。四名优秀学

生荣获奖学金。(德宝)

《解放日报》1992年6月14日

**上海大学将办眼镜光学专业　日本三城株式会社赠一批仪器**

日本国三城株式会社董事长多根裕词先生昨天专程来沪,向上海大学赠送一批高级眼镜光学仪器,支持上大工学院创办眼镜光学技术专业、培养高层次眼镜营销、验光配镜、设计创造的专门人才。市府教卫办主任、上海大学校长王生洪等出席交接仪式。(徐成滋)

《解放日报》1992年6月21日

**双向选择　公平竞争　择优聘任　优化组合　上海工业大学实施全员聘用上岗聘任**

昨天下午,上海工业大学文荟图书馆底层会议室里掌声不断,气氛热烈。这里正在举行该校全员聘用、上岗聘任合同签约仪式,该校61名部门负责人分别以受聘人身份庄重地在聘用合同上签了字。

上海工大是全市高校中第一个实行全员聘用合同制的单位。全员聘用合同制规定,所有在册人员以及新进人员都将陆续与校长或校长委托人签订聘用合同或上岗合同。该校全员聘用制严格按照"公开聘用、双向选择"的程序进行。同时,全员聘用严格执行"满负荷工作"原则,即聘任上岗人员当年承担的工作量至少要达到学校规定的"满工作量"的百分之八十。

《合同书》对受聘人的合同期限、工作纪律和待遇、合同变更和解除、违反聘用合同应承担的责任等都作了明确规定。校长办公室主任曾文彪在代表受聘人员发言时说,干部聘任不仅仅是岗位的变动,更重要的是促进思想观念的转变和校内运行机制的转换。我们受聘人不仅是改革的参与者,也是改革的宣传者、组织者。

工大党委书记、常务副校长郑令德说,实行全员聘用合同制是学校人事制度的一项重大改革,通过全校教工公平竞争,双向选择,择优聘任,优化组合,必将进一步调动全校教职工的积极性,创造一个促进优秀人才脱颖而出的良好环境,不断增强学校的办学活力。(朱黎明　陶洪光)

《文汇报》1992年6月20日

**上海工业大学推行全员聘用合同制　全校教职工逐级签订聘用与上岗聘任合同**

上海工业大学从本月起率先进行以全员聘用合同制为核心内容的劳动人事制度改革。

上海工业大学党政领导近日与61名中层干部签订了全员聘用与上岗聘任合同。合同中明确规定了应聘人员的权利、义务和责任。接着,将在月底前在全校2 300名教职工中按任务需要逐级签订这两类合同。对未被学校聘用或未被上岗聘任的人员,将由本校人才调节中心另行安排。

上海工业大学此项劳动人事制度的改革是在前几年一些单项性管理改革的基础上进行的。该校从1986年开始实行定岗、定编和专业技术人员聘任制,1988年起试行工资总额包干,1990年起对新进专业技术人员实行聘任合同制。这次劳动人事制度的改革是当前正在全校范围内进行的整体性管理改革的重点,它体现了公开招聘、双向选择、择优录用、优化组合的原则。与之相配套,还即将进行校内分配制度改革和校办产业的管理改革。校内分配实行国家工资与校内工资双轨运行,全面推行实行结构工资制,由上岗津贴、岗位任务工资、定期晋升工资、特殊津贴和综合奖励等五部分组成。

上海市人事局、高教局积极支持上海工业大学的改革,要求他们摸索经验,以便在各高校中加以推广。(张贻复)

《光明日报》1992年6月22日

## 上海工业大学成立科技园区

最近,上海工业大学和上海科技创业中心分别投资150万元和200万元,共同建立了"上海工业大学科技园区"。园区实行单独核算、自负盈亏,逐步过渡为具有企业法人地位的经济实体。获准进入园区开发的项目,必须在三年内形成批量生产规模,五年内偿还全部投资。(曾文彪)

《光明日报》1992年7月14日

## 唐翔千先生捐资、市府配套投资建造　上海科大新图书馆奠基

由香港爱国实业家、香港联沪毛纺织有限公司董事总经理、香港半岛针织有限公司董事长、全国政协常委唐翔千先生捐资400万元、上海市政府配套投资建造的上海科技大学图书馆,昨天上午奠基。上海市副市长谢丽娟、市政协副主席毛经权和唐翔千先生等出席奠基仪式并讲话。

上海科大新图书馆取名联合楼,计划在明年7月底竣工验收。

昨天奠基仪式后,科大还举行了受聘仪式,聘任唐翔千夫人尤淑圻女士为科大图书馆名誉馆长。(徐成滋)

《解放日报》1992年7月18日

## 象山县与上海工大科技合作

浙江省象山县与上海工业大学最近签订了为期五年的科学技术合伙协议书,首轮推出共同开发电脑绣花机等15个项目。象山县还将作为上海工业大学有关科研项目的中试基地,负责提供必要的工作条件和资金,并以优惠条件欢迎"工大"的专家、学者来象山兼职工作。(陈方平　顾挺)

《解放日报》1992年7月26日

## 上海大学　上海市民新财会函授学校　联合举办报考93年成人高校统考辅导班

文理兼收,8月1日开始报名至8月20日止,每日下午2—6时(星期日照常)。

上课地点:塘沽路484号海南中学内。

上课时间:每周三个晚上。

凡报考上海大学文、工商、美术及国际商业等各学院的学生,其报名等一切手续由本

班代办,在同等情况下,上大优先录取。

报名地点:(1)塘沽路453号;(2)丹徒路290号4楼401室。

简章备索,电话:5418594。

民新财会专业各科函授班继续报名,报名地点同上。

财会面授班除海南中学外,另设浦东班,报名在文登路220号张杨中学。

《解放日报》1992年7月27日

**上海近万名大学生踊跃参加社会实践**

今年暑假,上海高校近万名大学生踊跃参加由共青团上海市委和上海市学生联合会组织的"改革百点"社会实践活动。

复旦、同济、华东师范大学等高校学生分别来到浦江两岸的中外合资企业、大型工厂企业、市政重点工程及金融、商业、教育、卫生、农村、部队等近百个点,通过挂职锻炼、调查研究、科技服务、勤工俭学、义务劳动、专业咨询、医疗服务等,了解改革,参与建设。市学联副主席钱亦馨与上海大学国际商学院的十多名学生最近在上海伟力鞋业有限公司挂职锻炼,他们分别担任外商总经理助理等职务。

上海交通大学、华东化工学院、中国纺织大学等高校还组织一些学生赴江西、延安等革命老区和广东、山东、大连等改革开放第一线,开展科技服务、挂职锻炼等形式的社会实践。(刘军)

《人民日报》1992年8月5日

**上海工业大学计算机应用复合人才进修班(第十期)**

一、招生对象:具有高中或中专以上文化水平或有较丰富实践经验的非计算机专业毕业的,目前已从事本行业计算机应用和开发。

二、学制及进修方式:走读或住读。1.5年基本业余,每周两个半天和两个晚上。

三、课程设置:PASCAL语言、微机原理及应用、计算机图形学、操作系统数据结构、计算机网络基础、数据库原理及应用、汉字信息处理、软件工程、C语言人工智能导论、结业设计。该课程设置依据计算机专科教学计划而制定。

四、结业方式:成绩都合格者发给本校结业证明。

五、学习地点和报名地点:上海市延长路149号,上海工业大学校内。报名在本校计算机系203室。

联系人:邹珊玲,电话:6631515-2666,邮编:200072。

简章备索,即日起开始报名,每天下午1:30—3:30,截止日期8月20日。

《解放日报》1992年8月11日

**上大美院师生赴外地考察**

上海大学美术学院中国画系在上海联合广告公司的支持下,组织师生进行"中华五千年文化万里行"考察活动,昨日从上海出发。(乔苏苏)

《解放日报》1992年9月7日

## 上海大学推出高额奖学金

上海大学最近实行高额奖学金制度。制度分公费生奖学金和自费生奖学金,每学年有35%的公费生和30%的自费生可以享受。自费生奖学金今年大幅度提高,5%的学生可得到2500元全额奖学金,10%可得1250元奖学金,15%可得600元奖学金。与此同时,公费生的奖学金也有所提高,一、二、三等奖学金分别从300元、200元、100元调整为500元、300元、100元;享受面分别为5%、10%、20%。(徐成滋)

《解放日报》1992年10月7日

## 《钱伟长文选》出版发行

《钱伟长文选》首发式暨钱伟长科研教育思想座谈会,昨天在上海工业大学举行。80高龄的钱伟长,在他长达56年的科研和社会活动中取得了很多成果。《钱伟长文选》精选了他在新中国成立后发表于报刊的72篇文章,全书43万余字,并刊有钱伟长在各个时期的照片多帧。(郭礼华)

《人民日报》1922年10月12日

## 上海工大劳模班学员畅谈学习十四大体会

上海工业大学经济管理学院劳模班学员,前天在座谈学习十四大工作报告时说:十四大的召开,是中国共产党带领全国各族人民把改革开放推向深入的一个新的里程碑。

大家回顾了上海和全国各地全方位改革带来的生机,纷纷表示,要以优异成绩完成学业,不辜负党和人民的嘱托。

《解放日报》1992年10月15日

## 板材柔性制造系统问世

一种能小批量、多品种生产的板材零件柔性制造系统最近在上海诞生。这是上海市14项重点科技攻关项目的一个内容,由上海科技大学、上海机床附件三厂等经过两年多时间的努力研制成功的。钣金加工,俗称"冷作"。我国数控机床的引进,使钣金加工的机械化、自动化迈进了一大步,而板材柔性制造系统的研制成功,又使我国钣金加工上升到一个可与国际相比的新水平。(张贻复 刘章林)

《光明日报》1992年10月31日

## 上海工大制成毫米波治疗仪

上海工业大学电子仪器厂研制的HZ-1型多功能毫米波治疗仪,昨天通过了专家鉴定。利用毫米波的生物效应研制成治疗仪器并投入批量生产,这在全国还是第一家。

毫米波是电磁波中一个特殊波段。利用毫米波治疗疾病,就是选择其振荡源的频率接近人体组织细胞的固有振荡频率,在高频电磁波的照射下,使人体呈超导现象,通过强烈的谐振,毫米波能量传导人体内,促进新陈代谢,改善免疫功能,以加快疾病痊愈。

《解放日报》1992年11月1日

**适应建立社会主义市场经济体制  上海高教系统专业设置出现新格局**

上海市高教系统为适应建立社会主义市场经济体制和大力发展第三产业的新情况，正转向以培养第三产业、高科技、外向型应用人才为主的新格局。

近年来，上海的人才需求结构发生明显变化。据人事部门预测，对第三产业人才的需求将逐步占人才需求量的首位，达到近60%；对通讯、生物工程、航空航天、海洋油田等高新技术人才和外向型应用人才的需求也有燃眉之急。在未来五年到八年间，需要商业、金融、房地产、信息方面的人才13万多人，高新技术人才7万人，外向型应用人才13至14万人。而当前的现实是，上海高校740个专业点中，50%以上是培养传统性工业专业人才，直接为第三产业服务的专业不足20%。上海市高教部门为此正着手修订原"八五"规划，重新调整高教发展的规模与速度。

据了解，上海不少部属高校和市属高校已经着手建立一批新专业。上海科技大学经过专家半年多论证，设立了通信工程、机械电子工程、材料科学与工程等新专业，突破了国家教委原来规定的专业目录范围。各校对建立第三产业新专业尤为重视。同济大学、上海城建学院在全国高校中率先建立起房地产经营专业，复旦大学建立起都市规划与经济专业。

有的学校还撤掉一些不适应新形势需求的老专业，做到有上有下。华东化工学院建立起国际企业管理、经贸英语、工业造型设计三个新专业，同时停办实验室管理、图书馆情报等三个专业面狭窄的老专业。

许多高校怀着对社会主义市场经济的极大兴趣，纷纷开出一批新课程。上海交通大学管理学院开设了"现代市场学""组织行为学""经营策略学""信息与决策分析学"等新课。上海机械学院为使工科学生了解金融发展的现状与趋势，正在积极筹划为本科学生开设金融、证券、投资一类的选修课。（张贻复  沈本良）

《光明日报》1992年11月4日

**"只有一个目的，就是革命"——记阳翰笙同志**

阳翰笙同志长期从事革命活动，为我国人民的文学艺术事业努力奋斗。他是现在文艺界最老的党员。

1983年春夏之交，全国文联组成四川参观访问团，他任团长，我和陈白尘、凤子、戈宝权、陈舜瑶、范用等几个都曾旅居四川的同志为团员，由他率领，到成都、重庆、宜宾等地参观学习，后来我又陪同翰老迂道访问了他的出生地高县罗场。高县邻近云南贵州两省，山多地瘠，民风强悍。太平天国石达开的队伍曾在这一带屯兵，在罗场休整过。翰老的一位堂曾祖父是个不满清朝统治的读书人，设香案开粮仓迎接他们，后来加入太平军走了。翰老从小听到许多太平军的传说，对太平天国怀有特殊的崇敬和亲近的感情，致使他后来写了话剧《李秀成之死》。高县也是当年震撼国内外的四川保路同志会运动的一支主力。那时全罗场练枪练刀，早晚金鼓齐鸣，喊声震天，一连数月。翰老当时尚幼，但至今记忆犹新历历在目。他写的话剧《草莽英雄》的主人公就是高县人，是真人真事。在中国共产党领导的解放事业中，宜宾、高县也贡献了许多优秀儿女，其中最著名的有赵一曼、李硕勋、何秉彝、何成湘等烈士。李硕勋烈士与翰老在宜宾中学是同班同学，又一起在成都闹学潮。1922年他们自发组织了社会主义青年团,遭当局通缉。后来又同在上海大学受革命教育,一起入党,一起参加南昌起义。令人悲愤的是,1931年李硕勋赴海南岛执行任务时被国民党反动派杀害!为追求光明,翰老少年离乡背井,投身革命。这次归来需扶杖而行,已年逾八旬。我不禁有感,曾胡诌过几句:"高县高又高,历来多英豪,壮哉一书生,德高寿亦高。"

翰老是30年代左翼文化运动的领导人之一,当时我是一个年轻的小兵,直到1937年为所编的刊物到南京约稿,由友人相引去看望他,这才初次见面,那时他从狱中出来,行动受到监视。不久之后,抗日战争爆发,国共两党第二次合作,他就到了汉口,风度翩翩,在周恩来和郭老领导下,意气风发地展开工作。在新的历史环境中,翰老发挥了他的聪明才智,对顽固派常以计谋胜之,游刃有余,而对新的事物,则倍加扶持。在重庆那几年,我和他接触的机会日多,我被安排在中苏文化协会任研究委员会副主任,翰老经常代理主任郭老主持工作,我得到过他很多帮助。

翰笙同志青年时代就崭露头角:在上海参加五卅运动,在广州做过黄埔军校的政治教官,南昌起义时还打过仗。他说:"1927年大革命失败后,党组织安排我从海陆丰转移上海,先派我参加创造社工作,后又参加'左联'的工作。在党的领导下,我们努力推动无产阶级文艺运动的开展。我就是在这个时期开始从事文艺理论的探索和文艺学习的。"他接受了党的新任务,从此不倦地致力于艰巨的组织工作,成为卓越的领导者,与此同时写下了大量的作品(20多篇小说,18部电影,8部多幕剧和数以百计的文章)蜚声于艺坛。他说:"我的一生,主要为革命服务的。在创作上,无论是小说、电影还是戏剧,只有一个目的,就是革命。"

我看过翰老编写的许多剧本,并且常常为剧场炽热的空气所感染。皖南事变后,悲剧《天国春秋》演出时有一个角色沉痛地说:"大敌当前,我们不该自相残杀!"这是对反对派倒行逆施的严厉谴责!当时观众席里便爆发出一阵如雷的掌声。自觉地为革命而写作,翰老爱从历史的、现实的重大事件中汲取素材,以饱满的激情,现实主义的手法,精心写成风格雄伟、语言质朴而富有时代气息,具有战斗力的作品。其中除上面提到的剧本以外,还有《李秀成之死》《草莽英雄》和电影《万家灯火》《三毛流浪记》,特别受到读者和观众的喜爱。反动派的审查制度十分严酷,剧本的发表和演出都极困难,这些从石缝里挣扎成长出来的小草该更值得珍视了。

翰老与文艺界的关系极其融洽,人们把他作为知心人,他对文艺界的团结起有很好的作用。他交游广,朋友多,做了很多统一战线的工作。1945年3月重庆文化界300余人联名发表的《对时局进言》,伸张正义抨击时政,曾使蒋介石惊慌失措,狼狈万分。这件震惊中外的大事,就是翰老和郭老其他几位同志一道密议、奔走组织起来的。

新中国成立以后,解放区和国统区的文艺工作者会师于北京,召开了第一次文代会。翰笙同志参加了它的筹备工作。文联成立后,他担任文联的主要领导工作。精兵简政,文联和各协会这些群众组织办得生气勃勃,至今还为人们留有美好的回忆。那时期行政工作虽然十分繁重,他不忘写作,写成了话剧《三人行》和电影剧本《北国江南》。而后者却在1964年被野心家康生诬为反党反社会主义的毒草,而挨整挨批。接着他同田汉同志一起到北京近郊"劳动锻炼"。时隔不久,"文革"开始,他们就被揪回北京,关在文联大楼地下室里;我和文联"黑帮"一起也关进那里。和翰老不期而遇,几个星期之后,他们两位身陷囹圄,从此杳无音信,直到"四人帮"垮台,他经受了九年的囚禁折磨回到东城和平里暂住,我看到他时,瘦了,声音低哑了,健康差了,但精神还蛮好,他深切关怀朋友们的安危,道及田汉同志的遭遇,唏嘘不已。经过一个短期的休养,他于1979年初恢复工作,他不计较个人得失,不顾自己年迈体弱,一如以往,一心扑在工作上,勤勤恳恳地为党的事业继续作出贡献。如今即使病休在家,仍念念不忘国家大事,经常与文艺界同志商讨些疑难问题,还不时发表精辟的短文哩。

"只有一个目的,就是革命!"翰笙同志为人为文坚持着他这个崇高的信念,很值得我们学习。

值兹这位长者从事革命活动70周年,又适逢90整寿之际,我表示衷心的祝贺,愿他健康长寿。(葛一虹)

《人民日报》1992年11月9日

**上大工学院坚持控制吸烟取得成效　荣获全国优秀无吸烟学校称号**

上海大学工学院坚持控制吸烟六年,取得了显著成效:大学生在校内基本上不吸烟,教职工也能做到在禁烟区不吸烟,校园空气清新,人人精神昂扬。在上月下旬于北京召开的第三届全国吸烟与健康学术研讨会上,该院获得"全国优秀无吸烟学校"光荣称号。(王世勋)

《解放日报》1992年11月14日

**上大美院聘缪鹏飞为客座教授**

上大美术学院日前聘请澳门著名画家缪鹏飞为客座教授。缪鹏飞是澳门视觉艺术学院院长,刚在沪开过画展。在聘授仪式上,他还以"现代艺术的多层次思考"为题,作了学术报告。

《解放日报》1992年12月31日

# 1993 年

《解放日报》社　上海大学美术学院　主办《上海第二届中国民间艺术博览》启事
　　弘扬民族优秀文化　发展当代民间艺术　推动中外文化交流
　　组委会名誉主任：陈至立
　　组委会顾问：汪道涵　张瑞芳
　　主任：刘振元
　　副主任：金炳华　冯国勤　龚心瀚　卢莹辉　龚学平　周瑞金　丁锡满　孟宪勤　张自申
　　组委会委员：王生洪　郑令德　张坚俞　彭年　张松齐　陈念云　张启承　丁法章　盛重庆　王乃粒　张济　周赤　谢稚柳　沈柔坚　李天祥　徐昌酩　任意
　　秘书长：丁锡满（兼）
　　副秘书长：张自申（兼）
　　开幕时间：1993 年 5 月 12 日（星期三）上午
　　展出时间：1993 年 5 月 12 日下午至 5 月 21 日下午
　　展出地点：上海展览中心（东二厅）
　　参展报名：1992 年 12 月 10 日至 1993 年 2 月 28 日止
　　征展范围：本届博览，立足上海，依托华东，面向全国，从"广博性""代表性""地方性"的要求征集展品。
　　参展作品具体是六个方面：（1）面具类（面具、吞口、脸谱及门神等）；（2）服饰类（衣、帽、鞋以及头饰、手饰等）；（3）民俗类（居室纺织品，食用器具、房舍家具、节庆器具、宗教、礼仪器具等）；（4）农民画（上海金山农民、松江丝网印、山西户县等地区的农民画）；（5）（6）剪、绣、刻、编；雕、塑、陶、瓷；（这部分主要是：剪纸，鸡年重点征集"鸡"窗花。刺绣，四大名绣，也包括各种织物，染物。少量的木版年画和皮影，木偶；各种编物。如：竹编、草编、棕编、塑编、灯彩、风筝，还有民间布玩具、泥玩具、木雕、竹雕、砖雕、上陶、新陶、紫砂陶、瓷类的日用瓷、艺术瓷等）。欢迎单位或个人报名参展。
　　组委会下设办公室主任：王仁礼、冯长明、应金阳、彭寿龙
　　地址：汉口路 309 号《解放日报》社 304 室
　　展品部主任：李晓峰
　　地址：凯旋路 30 号　上海大学美术学院

邮编：200001　电话：3221300－094　邮编：200042　电话：2523190－255

《解放日报》1993年1月4日

### 航头商城向上海国商院提供基金

乡办企业——上海航头商城1月15日向上海大学国际商业学院提供200万元的教育奖励基金。上海航头商城是由农民兴办的大型综合性商业企业，总投资11.5亿元。双方协议书规定，商城今年向学院提供200万元的奖励基金，在五年内将基金逐步增加至500万元。学院近期将根据商城发展需要，为商城培养一批具有外语、外经贸知识的经营管理人才，进行各种专业教育和岗位培训。（张贻复）

《光明日报》1993年1月17日

### 《解放日报》社　上海大学美术学院　主办《上海第二届中国民间艺术博览》启事

弘扬民族优秀文化　发展当代民间艺术　推动中外文化交流

组委会名誉主任：陈至立

组委会顾问：汪道涵　张瑞芳

主任：刘振元

副主任：金炳华　冯国勤　龚心瀚　卢莹辉　龚学平　周瑞金　丁锡满　孟宪勤　张自申

组委会委员：王生洪　郑令德　张坚俞　彭年　张松齐　陈念云　张启承　丁法章　盛重庆　王乃粒　张济　周赤　谢稚柳　沈柔坚　李天祥　徐昌酩　任意

秘书长：丁锡满（兼）

副秘书长：张自申（兼）

开幕时间：1993年5月12日（星期三）上午

展出时间：1993年5月12日下午至5月21日下午

展出地点：上海展览中心（东二厅）

参展报名：1992年12月10日至1993年2月28日止

征展范围：本届博览，立足上海，依托华东，面向全国，从"广博性""代表性""地方性"的要求征集展品。

参展作品具体是六个方面：（1）面具类（面具、吞口、脸谱及门神等）；（2）服饰类（衣、帽、鞋以及头饰、手饰等）；（3）民俗类（居室纺织品，食用器具、房舍家具、节庆器具、宗教、礼仪器具等）；（4）农民画（上海金山农民、松江丝网印、山西户县等地区的农民画）；（5）（6）剪、绣、刻、编；雕、塑、陶、瓷；（这部分主要是：剪纸，鸡年重点征集"鸡"窗花。刺绣，四大名绣，也包括各种织物，染物。少量的木版年画和皮影，木偶；各种编物。如：竹编、草编、棕编、塑编、灯彩、风筝，还有民间布玩具、泥玩具、木雕、竹雕、砖雕、上陶、新陶、紫砂陶、瓷类的日用瓷、艺术瓷等）。欢迎单位或个人报名参展。

组委会下设办公室主任：王仁礼、冯长明、应金阳、彭寿龙

地址：汉口路309号《解放日报》社304室

展品部主任：李晓峰

地址：凯旋路 30 号　上海大学美术学院
邮编：200001　电话：3221300－094　邮编：200042　电话：2523190－255

《解放日报》1993 年 1 月 27 日

**上海大学国际商学院今年全部招收自费生**

今年上海大学国际商业学院进行全部招收自费生改革的试点。该院以此项改革作为办学机制转换的"龙头"。

今年，该院各专业本、专科全部招收自费生。每学年收取学费 2 400 元及少量杂费。该院将与市、区重点中学联系，直接从中学录取部分选送生，就读于各本科专业。该院将为此颁发学前奖学金，其金额种类有相当于金额四分之三额、半额、四分之一额学费四种，获奖比例为 75% 左右。该院为激励在校学生刻苦学习，全面发展，制定了新的奖学金评定办法，奖学金金额可相当于全额、半额、四分之一额学费，获奖比例约 50% 左右。少数品学兼优、表现突出的学生可获超额奖学金。为了给经济困难的学生提供帮助，该院还将试行贷学金制度。

学院还将深入研究专业设置和课程结构、内容的改革，拟订更加适应经济发展和改革开放需要的新的教学计划，开设更多的选修课，加强学生社会实践，提高办学质量，向社会提供更多更好的涉外专业人才。同时实施灵活的学制，允许学生在修满规定学业后，可以提前毕业，也可允许学生延迟毕业；由于特殊原因提出中途休学者，可以保留二年学籍。（张贻复）

《光明日报》1993 年 1 月 28 日

**上海农民富了不忘读书郎——为上大国际商学院自费生设奖**

上海航头商城日前向上海大学国际商学院提供了 200 万元教育奖励基金。每年增值部分的 60% 用于颁发学生奖学金，奖励优秀的自费学生。

上海航头商城是南汇县航头乡农民兴办的大型综合性商城。农民致富后首先想到要投资教育，为经济发展培养人才。除支持上海大学外，商城和院方还将在浦东成立人才培训中心，近期内为商城培养一批经营管理人才。

国际商学院是一所为上海培养外向型复合人才的学校，建校以来生源质量稳定，毕业生供不应求。今年，学院将实行重大改革，学生全部自费。面对大量优秀考生因家庭经济困难而可能入不了学的状况。学院决定向学生颁发两类奖学金。一类为学前奖学金，是给已被录取尚未入学的学生。这部分奖学金分为全额学费、3/4 学费、半额学费和 1/4 学费四种。从挂钩重点中学直接录取就读本科专业的选送生可优先享受。获奖比例 75% 左右。另一类奖学金是为激励在校学生设立的。分学费全额、半额、1/4 额三种，少数品学兼优、表现突出的学生还可获超额奖学金。这类奖学金获奖比例 50% 左右。（萧关根）

《人民日报》1993 年 2 月 15 日

**上海大学国际商业学院、美术学院全部招收费生**

作为本市高校改革"重头戏"的上海大学国际商业学院、美术学院自今年起实行"读书收费、择业自主"的改革,两院全部招收收费生。国商收费生每学年每人学杂费2 800元,美术学院为3 500元。

两院为推行好这项改革,招收的学生将实施评定奖学金办法,获奖比例45%—50%,美术学院还另设特等奖和单项奖。为减轻家长负担,学院将实行贷学金制度,发放额度为全额和半额学费两种,并组织学生开展勤工助学活动。学院还着手调整专业设置,优化课程结构,实行学分制。国商为保证生源质量,拟从本市部分中学招收选送收费生40名,他们均可享受学院颁发的学前奖学金。(尚达)

《新民晚报》1993年3月29日

## 上海大学校长杨德广提出变"应试"教育为"应市"教育

我国各级各类学校要变"应试"教育为"应市"教育。这是上海高教局副局长兼上海大学校长杨德广研究员日前向记者发表的新见解。

他说,长期以来,在我们各级学校中,小学生读书对付考试升初中,初中生读书对付考试升高中或中专,高中生读书对付考试升大学。学校只用学生考试成绩来判断其水平,而学生则用考试成绩去争取升学资格。这是高度集中的计划经济体制在教育领域的一个突出表现。随着社会主义市场经济体制的建立,各级各类学校均须与此相适应,实施"应市"教育。

怎样实施"应市"教育?杨德广提出:

第一,培养学生合理的知识结构以适应市场经济的需要。以往大学按统一的教学计划与教材教学,几十年不变,而现在则要适应相关行业最新科学技术发展情况和市场经济变化情况。据了解,有不少用人单位既想要大学毕业生,又怕要大学毕业生,其原因就是一些大学生的知识结构陈旧,不能适应市场经济之需要。为此,高校要善于预测相关行业的发展,以便确定专业设置和课程设置。

第二,对学生的技能培养要提到重要的位置上来。其中包括组织能力、活动能力、动手能力等。在市场经济的大海中游泳,是需要有各种实际能力的。仅把学生禁锢在书斋里读书是很难使他们在市场经济活动中有所建树的。如在市场经济活动中处理好人际关系,既是一门学问,又是一种能力。此外,每年有部分初中毕业生、高中毕业生不能升入高一层次的学校学习,各中学应该在初中、高中阶段实施学生分流制度,让这部分学生多学一点市场所需要的技能,以便毕业后能很快适应新的工作。

第三,对学生的思想、道德品质的培养,仍然不可忽视。越是搞市场调节,越要有良好的人员素质,其中包括比计划经济时期更强的事业心和责任心,良好的道德品质,以及文明礼貌。德育教育的要求应该比过去更高,并仍然要把它放在学校工作的首位。当然,德育教育的方法和内容要适应新形势的要求,让学生到社会大市场、大课堂中去感受和接受思想道德教育。

第四,要培养多层次、多规格的学生。培养拔尖学生,即高层次学生,仍然是学生工作的目标之一,但这仅是一个方面。更多的学生经过培养要满足乡镇企业、"三资"企业、国有大中型企业的需要。特别是随着经济的多元化,人才也要多元化,过去培养的大学生70%是满足第二产业需要的,现在则应大力培养第三产业人才。

杨德广指出,在计划经济体制下,教育系统上面对下面统、包、管,下面对上面等、靠、要。现在应该改变为:教育单位要利用自身的智力优势和人才优势,主动与市场经济接轨。有人对此持反对态度,认为社会要更多地适应教育。这是不对的。经济在转轨,教育也要转轨。总之,各类学校培养的人才不能只适应考试的需要,而主要应适应市场的需要。(张贻复)

《光明日报》1993年4月13日

**本市新设高级法学教育基地　上大法学院昨诞生**

经市政府批准,上海大学法学院昨天成立。中共上海市委副书记王力平打电话祝贺。司法部副部长张秀夫、上海市副市长谢丽娟出席了成立大会。

在上海法律高等专科学校和上海大学文学院法律系基础上建立的上大法学院,旨在培养懂法律、懂经济、懂外语,又了解国际惯例和国外法律的复合型法律人才。该院设法律系、经济法系、涉外经济法系和劳改法学系四个系,以及包括金融贸易在内的经济法专业和国际经济法专业,包括知识产权在内的科技法专业,具有上海大港口特点的海商法专业。招生规模为2 000名。(徐成滋)

《解放日报》1993年4月29日

**风雨耕耘　育树成林**

上海大学美术学院建院10周年作品展昨天在上海美术馆开幕,展出了420多件国画、油画、雕塑等作品,显示了美院10年风雨耕耘、育树成林的丰硕成果。

美院已为社会培养近千名本科专科生和夜大生。全院师生有近万件作品参加国内外展出或公开发表。(胡国强)

《解放日报》1993年5月3日

**上海大学美术学院建院十周年作品展出**

上海大学美术学院建院十周年作品展昨起在上海美术馆开幕,420多件油画、国画、版画、雕塑,装饰画、水彩画和美术设计展品,风格各异,五彩缤纷,显示了该院师生艺术上的探索、创造精神和教学、创作的丰硕成果。上大美术学院强调基本功训练,注重社会实践,提倡艺术教学与社会需要相结合。十年来该院已为社会培养了近千名本科,大专和夜大毕业生,深受用人单位欢迎。

《文汇报》1993年5月3日

**拳击馆里的拉拉队**

在本届东亚运动会拳击馆里,有一支非常活跃的拉拉队——上海大学工学院拉拉队。从拳击比赛第一天,他们就在赛场为中国队加油。这支拉拉队还很熟悉"业务",能叫出每个中国选手的名字,只要他们一出场,就喊加油,配合一阵紧锣密鼓。

昨天晚上决赛时,工学院拉拉队特地带着喇叭、小摇鼓和一面国旗来到赛场。最后一场比赛,中国选手江涛以绝对优势战胜朝鲜选手金哲后,拉拉队席上欢声大作,一名队员拼命挥舞国旗,江涛在场内看见,跳下拳台,跑去接国旗,举着在场内跑了一圈。

《光明日报》1993年5月18日

### 为社会主义市场经济培养合格人才　上海工业大学率先自主招生

上海工业大学率先"扔掉"统一高考、统一招生的"指挥棒",自主招生,自承风险,闯出一条高校招生的新路子。

工大这次招生改革是一系列改革举措中的一环。工大方明伦常务副校长认为,高等教育的出路在于深化改革,在坚持社会主义办学方向的同时,要为市场经济培养合格的人才。

工大自主招生与往常的统一招生至少有五个不同:首先是不限年龄,具有高中毕业同等学力者皆可报名;第二是不参加市统一招生考试,以当年高中会考成绩或相应的高中文化水平测试为录取依据;第三,被工大录取的学生可自己决定是否报到,放弃者不影响报考其他学校;第四,工大全部招生自费生,招生与奖学金申请同时进行;第五,提前实行招生录取,不影响未录取者参加全市统考。

今年本市应届高中毕业生,语文、数学和外语会考成绩只要达到2B1C,便可报考工大本科,达到1B2C,便可报考工大专科。没有高中会考成绩的报名者,可以通过5月30日和31日的文化测试来决定报名资格。这样,就打破了几十年沿袭下来的一张考卷定终身的局面。

今年上海工大将要录取的1500名新生中,将有85%学生可得到不同等次的奖学金,获多少奖学金视其成绩而定。每位新生一学年应缴全部学费为2700元。

上海工业大学将于5月25日至28日在学校接受报名,6月8日即公布录取名单。为让应招者了解有关详情,5月22日至23日在复兴公园内设立专门的咨询点。(瞿鹭)

《新民晚报》1993年5月20日

### 上海工大率先丢开高考指挥棒　今年起实行面向社会自主招生

上海工业大学前天宣布,从今年起不再参加高等院校统一考试招生,实行"面向社会,自主招生,择优录取"的新办法,从而成为全国高校中率先丢开"高考指挥棒"的先行者。

据了解,上海工业大学今年秋季招生提前到5月份进行,本、专科招生总数将扩大到1500名左右,全部实行自费就读。学校根据报名学生的高中会考成绩、高中三年学习成绩和委托上海考试中心举行的高中文化水平测试成绩,经德智体综合审评后择优录取。今年本市应届高中毕业生,语文、数学和外语会考成绩只要达到2B1C,便可报考工大本科;达到1B2C,便可报考工大专科,没有高中会考成绩的报名者,可通过5月30日和31日的文化测试来决定报名资格。而录取情况将视考生五门会考的总分或高中文化测试成绩而定。为确保录取工作的"公正、公平、择优"标准,工大专门成立了录取工作监督小组,用以监督整个录取过程。入学新生中85%的人每学年可分别获得4000元、2000元、1000元和500元不同等级的奖学金。

招生范围由本市扩大到华东地区,由年度招生转向按学期招生,与自主招生办法相适应,上海工大从本学年起还将全面实行学分制。学生可自主选择专业方向,自主选修课程,自主选择上课教师;学生可提前毕业或滞后毕业,如学制为四年的大学本科学生,最长可在 6 至 8 年内完成学业。相同学科中的专科与本科、成人高校与全日制普通高校的学制互通。(张蕴)

《解放日报》1993 年 5 月 21 日

**教学、科研硕果累累　上海科大庆祝建校三十五周年**

昨天,上海科技大学迎来了 35 周年校庆。数千名嘉宾和校友到校聚会,共庆这所大学在教学和科研等工作中取得的业绩,祝愿它继续为上海的兴旺和发展作出贡献。

上海科大创建于 1958 年。上海市人民政府和原中科院华东分院根据科学技术和新兴产业发展的需要,创建了这所以为国家和华东地区的科研机构及新技术基地培养高级科技人才为宗旨的大学。1960 年,迁址嘉定。从 1987 年起,这所大学确定了"教学与经济、社会发展主动适应""知识与能力并举""教学与科研相结合""理工结合、文理渗透"等六项原则,并取得明显效果。

校长郭本瑜在庆祝会上透露:35 年来,上海科大已经为社会输送了 15 000 多名毕业生。从"七五"以来,学校调整和增加了 3 个系、10 多个专业。根据社会需要和学校办学条件,今年本专科计划招生 1 500 名,比 5 年前增加 50% 以上。从 1986 年以来,全校获得市级以上各类成果奖近 80 项,目前进行的科研项目 400 多项。

《解放日报》1993 年 5 月 23 日

**上海大学举办 '93 热门专业夏季短期进修班**

1993 年上海几万家企业、公司,最急需的人才有高水平的广告人才、装潢创意设计人才、电脑操作人才、时装创意人才、电视节目编导创意人才等。上海大学集合文、工、商、美几十个专业的优秀教师队伍,浓缩专业课程精华,举办 '93 上海热门专业短期进修班,各班均为期十周,学员能学习一门技术和相关理论,考试合格后获本校结业证书。

一、广告策划创意班

1. 现代广告原理　2. 广告策划程序　3. 现代广告创意策略　4. 广告创意的设计基础　5. 广告创意的媒体策略　6. 报纸广告创意技巧　7. 广播广告创意技巧　8. 电视广告创意技巧　9. 标牌广告创意技巧

二、广告文稿技巧班

1. 广告策划原理　2. 广告文稿传达功能　3. 广告文稿美学表现　4. 商品说明书文稿写作　5. 报刊广告文稿技巧　6. 电视广告文稿技巧　7. 广播广告文稿技巧

三、装潢设计创意班

1. 素描,色彩　2. 设计基础　3. 室内设计创意　4. 专业技法　5. 建筑学　6. 园林建筑创意　7. 环境设计　8. 装饰创意　9. 装潢概预算

四、电视编导创意班

1. 电视制作概论　2. 电视文化概论　3. 电视美学　4. 电视专题片编导创意　5. 电视新闻片编导创意　6. 电视资料片编导创意　7. 电视广告片编导创意　8. 电视

教学片编导创意 9.电视剪辑创意

五、现代时装设计创意班

1.现代服装结构设计 2.现代服装造型设计 3.现代服装色彩设计 4.现代服装配件设计 5.现代服装图案设计 6.国际流行时装赏析

六、电脑应用技术班

1.常用DOS命令使用 2.五笔字型输入法 3.文本编辑 （上机40小时）

报名时间：1993年6月1—15日上午9:00—下午4:00（周日休息）；报名地点：新闸路1220号上海大学校部7楼；联系人：张祖健、王天平、施怀曾；电话：2175789。 各班开学人数30人，招生简章备索。

《解放日报》1993年5月25日

**把招生改革作为高教改革的突破口——上海三五年内基本实现高校自主招生**

上海市政府有关部门日前向新闻界宣布：为改变集中单一的高校招生体制，上海市今年先在上海工业大学实行"面向社会、自主招生、择优录取"的改革试点，取得经验后，将逐步推开，争取三五年内基本实现全市高校在保证质量的前提下，实行单独或联合招考，自主录取。这意味着上海不久将取消"统一考卷、统一考试、统一录取"的高考制度。

在扩大高校招生自主权的同时，上海高校将探索多样、灵活的录取制度；或参加全市性的考试成绩，或根据高中会考成绩，或进行其他水平能力测试等办法录取新生。每项办法必须坚持德智体全面考核、择优录取、公平竞争、公正选拔的原则。

上海还将改变国家包办高等教育的传统模式，逐步扩大招收自费生的规模。计划用3年左右时间，使普通高校在沪招生人数中，招收委托培养和自费生的比例达到70%左右。

此外，上海还将拓宽高等教育的生源市场。市属高校凡列入自费和委培的招生计划，均可向市内外生源市场开放，为全国、尤其是华东地区培养人才。要淡化考生的年龄和经历限制，凡具有高中文化程度证明，政治品德和身体状况符合条件者，不论是应届生还是历届生，是在业的还是无业的，都允许报考。要继续试行在中专、职校、技校等应届毕业生中吸收部分高校生源，旨在满足社会和个人对高等教育的多种需求。

上海市把招生制度改革作为高教改革的重要突破口，通过改革促进高校机制转换，以适应市场经济的需要，培养合格人才。（萧关根）

《人民日报》1993年5月31日

**公正 公平 择优——上海工大新生录取工作见闻**

昨天，是上海工业大学正式开始录取新生的第一天。这所本市首家自主招生的高校，报名人数高达4 400多名，而计划招生人数仅1 500名，激烈的竞争提高了录取工作的难度。昨天，记者特地去工大招生工作委员会采访。

工大招生委员会主任、常务副校长方明伦告诉我说，"公正、公平、择优"，这六个字是他们学校录取工作的原则，为此学校在录取工作中建立了"德智体四元综合评价体系"。这个体系由五门课程会考成绩、九门课程会考等第以及加试成绩和学生综合特长四个方面组成。根据这一评价体系,再由校、院(系)两级全面评议,做到全面择优,特优专选。储能中学有个考生,会考成绩符合报名资格,但总成绩一般,可是他获得过10项竞赛和发明奖。对这种具有特殊才能的考生,他们不拘泥于会考成绩,准备破格录取。工大还狠抓录取程序,拟订了《招生工作人员守则》,并且严格执行。在录取工作期间,采取环境隔离措施,断绝电话及与外界无关人员的联系。整个过程由校招生工作监察委员监督。总之,要力争做到"录取程序严密,过程操作严格,执行纪律严肃"。(张蕴)

《解放日报》1993年6月5日

### 公正 公平 择优——上海工大招生录取现场见闻

上海工业大学今年实行提前招生,不再参加全市统一高考,主要依据报名者会考成绩或该校委托市教育考试中心举办的高中文化测试成绩等择优录取新生的办法。这一招生办法出台后,在社会上引起了强烈反响。学校自主招生,能否做到公正、公平、择优?成了考生和考生家长普遍关心的问题。

这两天,记者在上海工大新生录取现场采访,深感今年工大录取工作做得特别严格认真。这几年记者一直负责采访高校招生工作,只要向招生工作人员出示一下记者证和市招办发放的采访证,即可进入录取现场采访。但这次却遇到了"麻烦"。记者向守卫在大门口的公安人员出示证件并说明原因后,由一位工作人员陪着来到第二道"关卡",征得该校一位校领导同意后,在"关卡"登记了记者证号码,并向守卫在这里的公安人员领取了一张粉红色的"临时工作证"后,才被允许进入录取现场。工大党委副书记孙路一对记者说,为了使这次招生录取工作真正做到公正、公平、择优,学校为此在成立由常务副校长任主任的校招生工作委员会,同时也成立了由校党委书记牵头的校招生工作监察委员会,聘请了法律顾问。学校还三令五申:各系、院不得自开口子,进行招生录取时,要坚持统一标准,统一程序,统一操作。

上海工大在这次录取新生时除采取严密的安全措施外,还建立了德智体四元综合评价体系,由校、系(院)两级招委会对考生逐个全面评议,进行有记名投票,择优录取。据工大党委副校长方明伦介绍所谓德智体四元综合评价录取体系,就是将考生的五门课程会考成绩、九门课程会考等第、某些特殊专业的加试成绩和考生的综合特长四个方面集成评价体系,在对考生进行全面测评的基础上,再择优录取。采取这个办法,目的是真正选拔出优秀人才,真正使新生录取工作做到公正、合理、科学。

这种既坚持标准,又不拘一格选人才的录取办法,受到了考生、考生家长和教师的欢迎。工大党委书记吴程里向记者介绍说,有位考生品学兼优,尤以数学见长,高中阶段成绩一贯优秀,并曾在省、市级数学竞赛中获得过好名次,这次她第一志愿报考工大工业外贸专业,第二志愿计算机专业。校招委会对她进行全面评议后认为,这位考生完全够条件录取在工业外贸,但她如读计算机专业能更好地发挥个人特长。于是,学校马上将这位考生和考生家长请到学校,由学校主要领导亲自接待做思想工作,动员她改读计算机专业。最后这位考生愉快地接受了学校的意见。

上海工大这次实行"面向社会、自主招生、择优录取"的新的招生办法,受到了考生和考生家长的欢迎,全市共有4 400余名考生正式报名,其中有200多名考生的9门高中会考成绩等第在 7A2B 以上,考生质量之高出乎意料。据悉,该校第一批新生录取工作已经结束,今天起陆续发出录取通知书。该校录取工作将于 6 月 8 日基本结束。(陶洪光)

《文汇报》1993 年 6 月 5 日

**不断调整和优化专业结构　上海大学毕业生走俏市场**

　　最近上海大学经过对上海和长江三角洲地区人才市场的调查研究,决定新设七个新专业,合并和停办一些老专业,以适应市场需要,使培养的人才成为市场的"抢手货"。

　　作为一所以培养地方经济建设和社会发展各类应用型专门人才为目标的上海大学,所属文、工、商、国际商业、美术等五个学院,在专业设置方面努力贯彻适应性、科学性、可行性原则,始终考虑到上海地区人才市场的需要。该校文学院从原有的传统文科基础出发,积极发展应用文科,如社会学专业是上海高校中最早设立的;秘书专业的设立更是全国第一家。原有的中国语言文学专业也充实了文化管理专门化。工学院则以中小企业为主要服务对象,注意适应各企事业单位的需要,如根据上海市钟表行业发展的需要,在电子精密机械专业内设置了计时器专门化;按上海市卫生局要求,在计算机应用专业内设置了医疗仪器专门化。商学院的商业经济专业为新亚集团设置了餐旅专门化,还设了食品检验与保鲜专业。美术学院的艺术类专业中也引进了动画、装饰画、壁画和城市雕塑等社会急需的内容。国际商业学院原为外语学院,鉴于市场上需要既精通外语、又掌握经贸知识的专门人才,经市府批准予以更名,在专业设置中引入国际经贸内容。

　　随着形势的发展,该校认识到有些应用专业的内涵与社会的需求不相适应;有相当一部分专业受旧的"正规化"思想的束缚,越来越不适应社会的需要;加上近年来各高校纷纷设置应用专业,人才培养也存在着激烈的竞争。经过调查研究,该校决定今年新设工业外贸、国际贸易、旅游经济、行政管理、国际金融、广告学、经济信息管理等七个专业,做到人无我有,人有我优,使设置的专业更适应上海的经济、文化建设与发展的需要。据介绍,该校近年来培养的通用、复合、外向型人才,深受用人单位的欢迎。(史美圣)

《光明日报》1993 年 6 月 8 日

**中国新文化运动先驱、文艺界卓越领导人阳翰笙同志逝世　阳翰笙住院弥留期间江泽民李鹏派人前往探望**

　　中国新文化运动的先驱者之一、文艺界卓越领导人阳翰笙同志,因病于 1993 年 6 月 7 日在北京逝世,终年 91 岁。

　　阳翰笙同志 1902 年生于四川省高县,原名欧阳本义,字继修。他 1924 年在上海大学加入中国社会主义青年团,1925 年转为中国共产党党员。1926 年他受党组织委派到黄埔军校担任政治部秘书、兼任政治教官,1927 年参加南昌起义,在叶挺同志指挥的第十一军二十四师任党代表,后任起义军总政治部秘书长,1928 年调往上海从事地下工作和党的文艺工作。他是"左联"的创始人之一,曾任"左联"党团书记,参加了党对电影戏剧工作的领导。他根据党的指示,主编了《流沙》《日出》《社会科学丛书》等刊物,创作了包括"华汉三部曲"在内的二十多部小说和电影剧本,是中国新文化运动的早期领导人和力行者。

抗日战争爆发后,阳翰笙同志在周恩来同志直接领导下,从事国统区文化斗争和统一战线的工作,曾任国民政府军事委员会政治部设计委员兼三厅主任秘书、政治部文化工作委员会副主任。"皖南事变"后,他遵照周恩来同志的指示,在白色恐怖下的重庆,组织了"中华剧艺社",在文化战线上对国民党反动派进行了有力的反击,并完成了《前夜》《塞上风云》《李秀成之死》《天国春秋》《草莽英雄》《两面人》《槿花之歌》等七部大型话剧的创作。1946年后,他负责筹建上海联华影艺社、昆仑影业公司,在党的领导下,团结其他同志,拍摄了《八千里路云和月》《一江春水向东流》《万家灯火》《希望在人间》《三毛流浪记》等优秀影片,为中国革命文艺运动的发展立下了不朽的功绩。

中华人民共和国成立前夕,他与郭沫若、茅盾、周扬等同志一起筹备和召开了中华全国文学艺术工作者第一次代表大会,并当选为中国文联常委、第一届中华全国电影艺术工作者协会主席。1949年9月,他当选为全国政协委员。建国后,他担任政务院文教委员会委员兼副秘书长,周恩来同志办公室副主任,中国人民对外文化协会副会长、中国文联副主席、秘书长和党组书记等职。他是第一、二届全国人大代表,中共八大列席代表,中共十二大代表,第一、二、三届全国政协委员,第五、六届全国政协常委。

从新中国成立到"文化大革命"前的17年中,他在担任文艺界重要领导职务的同时,还利用业余时间,创作了话剧《三人行》、电影《北国江南》等。

党的十一届三中全会以后,他满腔热情地投入新时期拨乱反正的工作。他坚决拥护党的十一届三中全会以来的路线、方针和政策,坚决拥护邓小平同志关于建设有中国特色社会主义的理论和以江泽民同志为核心的党中央。

阳翰笙同志对党对人民无限忠诚。他为人正直,光明磊落,严以律己,平易近人。

阳翰笙同志的一生,是坚决执行党的路线、方针、政策的一生,是全心全意为人民服务的一生。他的贡献永远镌刻在中国人民革命和中国文化事业的史册。

阳翰笙同志住院和弥留期间,江泽民总书记、李鹏总理曾派人前往医院探望。

《人民日报》1993年6月11日

**上大美术学院举办 CI 设计国际研修班**

上海大学美术学院最近举办 CI 设计高级国际研修班,以推动企业、团体、公司形象的设计。日本清水健至等教授前来授课。(陆志文)

《解放日报》1993年6月28日

**三名巴基斯坦留学生获上海科大博士学位**

昨天上午,上海科技大学为来华留学博士生举行毕业典礼。三名巴基斯坦来华留学生被授予博士学位。他们穿起了庄严的博士服,校长郭本瑜,校学位委员会主任、副校长徐得名向他们授予博士学位证书。

《解放日报》1993年7月14日

**上海大学文学院招生简章**

上海大学文学院拟于1994年举办成人教育学历涉外秘书大专班,学制三年。凡报名者进行高考复习,参加明年成人高考,为高考落选生提供深造机会。凡录取者所学课程成绩合格颁发国家承认的大专文凭。办学点设在上海人才资源培训学校,即日起持成绩单或高中文凭到新广路 296 号(近四川北路虬江路)报名,交照片两张。电话:3243787。乘 21、65 路直达。简章备索。

《解放日报》1993 年 8 月 16 日

### 上海:大学生社会实践注重结合专业

今年,上海大学生踊跃参加形式多样的暑期社会实践,而且出现了与往年不同的新气象。

一是注重把社会实践与专业学习紧密结合,参加一般性打工的学生人数有所减少。据了解,大多数学生对站柜台、推销商品等打工的兴趣有所下降,而把参加与专业学习相关的社会实践作为首选目标。

从复旦大学、上海交通大学等校了解到,今年这些高校有 100 多位计算机专业的本科生、研究生,利用暑期到校内的国家重点实验室、研究所、企业,从事计算机数据统计、辅助设计等工作。上海市 10 多家报社、电台、电视台接收了新闻系、中文系等专业的数十名学生为实习编辑、记者。此外,法律系还有不少同学分赴各区法院、检察院担任见习书记员,上海大学国际商学院、上海财经大学等高校数百名学生为上海 10 多家三资企业进行市场调查、营销计划等工作。

以上这些社会实践的报酬往往低于一般的打工,甚至没有报酬,但是很受大学生的欢迎。他们认为能够促进专业学习、一举两得的社会实践是最有用的。

二是大学生的社会实践注重促进自己更好地成才。走访系友、校友等活动目前很受欢迎。复旦大学、同济大学等高校学生开展了"百名系友大走访""采访百名成功校友"等活动,树立正确的人生观、价值观,使自己在大学里的学习、成长方向更加明确。(杨扬)

《人民日报》1993 年 8 月 18 日

### 上海大学商学院、上海经济管理干部学院业校联合招生

国际贸易、涉外会计,学制两年。办公自动化、外销员业务、涉外会计单科,学制一年。课程以英语为主,到三资企业实习。发上商证书。择优向市对外服务公司推荐,由用人单位考核后试用。即日报名,新闸路 1220 号(江宁路口)下午 3—7 时,有简章。

《解放日报》1993 年 8 月 18 日

### 上海工业大学经济管理学院　上海市国际职业进修学院　国际经贸、涉外会计、银行系列班招生

为社会就业需要,培养经贸人才,开办:A、国际经贸班。课程有:国际贸易概论及法规、进出口贸易实务、市场营销、国际结算、外贸应用文、外贸英语会话。B、涉外会计班。课程有:会计学原理、合资企业会计、西方财务管理、国际金融、商业英语、计算机应用。C、银行班。课程有:人计学原理、商用英语、商业数学、统计学、计算机应用、银行会计。单科班:学科有:外贸、函电与谈判、金融英语、银行国际业务实用英语、外贸

英语会话、电话、电报、电传英语、涉外交际英语,实用公关英语,电脑应用,怎么为英文涉外经济合同,企业管理英语(口语与听力),广告英语,系列专业一年,由工大经济管理学院颁发证书。单科半年,由国际职业进修学院颁发证书。报名即日起每日9—20时,茂名南路175号(复兴中路口),照片2张,简章备索。公交:41、24、104、401、96可达。9月上旬开学。

《解放日报》1993年8月30日

**上海大学文学院成人教育处、上海帛成商务进修学校涉外商务秘书专业招生**

为适应三资企业商务秘书人才所需,依据三资企业秘书实务,设计对口的实用性课程,强调实务操作性,学制半年,颁发结业证明。业余时间上课,学员须有高中、大专以上学历。同时开设:电脑操作员、电脑中英文的打字、电脑会计等班。学员择优向三资企业推荐,或由外商独资上海帛成有限公司录用。有志于境外就业且有专长者,向上海市境外就业介绍所推荐。即日起报名,地址:(1)茂名南路133弄22号205室,每日9—18时;电话:4733120;联系人:王佩莉。(2)五角场政通路260号淞沪中学,电话:5480112;周一至六,9—15时;联系人:张根发。报名验证后,缴报名照2张、简历一份,简章备索。

《解放日报》1993年9月20日

**陈毅塑像在上海外滩落成**

新中国成立后上海第一任市长陈毅同志的塑像日前已落成,今天上午在上海南京路外滩举行揭幕仪式。陈毅塑像为青铜材料铸成,像高5.6米,安放在3.5米高的红色磨光花岗岩底座上。这座塑像是由上海大学美术学院雕塑系主任章永浩教授创作的。(史美圣)

《光明日报》1993年9月29日

**陈毅市长"回"到了上海**

9月28日上午10时,中共中央政治局委员、上海市委书记吴邦国将一幅红绸轻轻抽下,一尊高5.6米的陈毅塑像展露人们眼前。在南京路外滩参加揭幕仪式的人群中立即爆发出一阵掌声。人们激动地说:我们的陈毅市长又"回"来了。

陈毅同志是上海解放后的第一任市长。为陈毅塑像是上海人民多年的愿望。上海市委、市政府决定把陈毅塑像竖立在南京路外滩。外滩是上海的标志。44年前,陈毅率领的解放大军进入上海后,指战员们曾露宿南京路外滩,给上海人民留下了感人至深的一幕。

上海大学美术学院雕塑系主任章永浩教授为了再现市民心目中的陈毅市长高大而亲切的形象,收集和研究了陈毅的各种影像、文字资料,决定选用人们最熟悉的60年代陈毅形象。整座塑像除面部较为细致外,其余均以高度概括的手法来处理,把握住了人物的整体气势,有一气呵成之感。

《人民日报》1993年9月29日

### 上海工业大学1994年招收硕士研究生并举办考前补习班

我校1994年有18个专业招收各类国家计划硕士研究生,扩大招收单位委培、自筹经费的硕士研究生。按国家教委规定,本科毕业工作四年以上的在职人员报考硕士生可参加我校自行命题的单独考试。

招收专业:固体力学、流体力学、应用数学、电机、理论电工、电磁测量技术及仪器、计算机应用、工业自动化、电力传动及其自动化、通信与电子系统、机械制造、机械学、钢铁冶金、铸造、金属材料及热处理、有色金属冶金、应用化学、管理工程。

报名日期:1993年11月10日至14日(单独考试10月10日至11月14日,地点在本校研招办)。考试时间:1994年1月28日至30日。考前组织复习班,开学日期为1993年10月25日,即日起开始报名。备有简章,函索即寄。

上海工业大学研招办

电话:6626799  邮政编码:200072  地址:上海市延长路149号

《解放日报》1993年10月4日

### 上海科大联合图书馆落成

由香港著名爱国人士唐翔千先生捐资400万元人民币、上海市政府配套投资建造的上海科技大学联合图书馆今天落成。该馆建筑面积7 052平方米,拥有1 120个阅览座位。唐翔千先生热心祖国教育事业,此前还捐资设立了中国纺织大学基金会、唐君远教育基金会。(张贻复)

《光明日报》1993年10月18日

### 上海科大联合图书馆落成

由香港实业家、全国政协常委唐翔千先生捐赠部分款项、市政府配套投资建成的上海科技大学联合图书馆正式落成。昨天上午,副市长谢丽娟、市政协副主席毛经权及科大校长郭本瑜和唐翔千先生一起为图书馆落成剪彩。谢丽娟还代表市府向唐翔千先生颁发奖状。

科大联合图书馆总建筑面积7 052平方米,拥有1 120个阅览座位。唐翔千先生为此捐赠了400万元人民币。(徐成滋)

《解放日报》1993年10月18日

### 上海科大授予汉斯·霍弗名誉理学博士学位

由诺贝尔奖获得者、美国麻省理工学院丁肇中教授和中国科学院前副院长严东生教授的推荐,经国务院学位委员会批准,上海科学技术大学今天授予瑞士苏黎世高等工业大学高能物理研究所所长汉斯·霍弗教授名誉理学博士学位。这是我国首次由地方高校授予国外学者名誉理学博士学位。

霍弗教授是欧洲核研究中心的L3组主要领导人之一,在科学界享有盛誉。他与我国科研单位开展了卓有成效的合作。(张贻复)

《光明日报》1993年10月27日

## 上海工大实行"导师""导生"制

上海工业大学对今年入学的新生试行"导师""导生"制度,使刚跨入大学的新生学业上有专职师长解惑,生活上有兼职学长照料,此举赢得了新生的普遍好评。

上海工大今年共选派了144名教师为导师,每个导师负责10个本科新生或15个专科新生。导师除对新生在学习上作指导外,还对他们的思想和行为给予指导和帮助。导师制试行后,新生学习与思想都有进步。

学校同时还推出了"导生"制。学校选择一批热心学生工作的优秀研究生作为"导生",一个导生负责新生宿舍楼一个层面的学生。导生与新生吃在一起、住在一起,及时发现并解决新生的学习、生活等问题。(张蕴　金志明)

《解放日报》1993年11月30日

## 走出去请进来　提高办学质量　上大国际文化交流学院成立　文学院图书馆昨同时奠基

上海大学文学院图书馆奠基和上大国际文化交流学院成立揭牌仪式,昨天在上大文学院成立15周年时同时举行。全国政协副主席苏步青、上海市副市长谢丽娟、民进中央副主席邓伟志等参加这一活动,并一起为图书馆奠基培土。

上大文学院建院15年来,逐步成为一所颇具特色、有9个系11个专业的全日制应用文科高等学院,累计培养的万余名学生,活跃在本市的法律社会学、文化宣传、档案秘书等战线,其中不少已在各自岗位上作出贡献。

新成立的上大国际文化交流学院,设置了适合外国留学生学习的较齐全的专业。据悉,该校近年来已与美、日等国和香港地区的院校建立了广泛联系,通过"走出去请进来"的办法,进一步提高办学质量。(徐成滋　夏定先)

《解放日报》1993年12月10日

## 由上海大学文学院主办的《社会》杂志为您打开一个窗口

由上海大学文学院主办的《社会》杂志为您打开一个窗口,从中可了解今天纷繁变化的社会,详尽剖析世态人生,具体指导处世、谋生、开拓,成为每个家庭的生活参考书。(玉麟)

《新民晚报》1993年12月22日

## 上海大学成人教育学院成立

昨天揭牌的上海大学成人教育学院将逐步实行专业相通、学制相通、日夜校相通的新制度。专业相通即学习物资管理专业的学生如有余力,还可学习贸易经济专业,读工科专业的学生经考核后优秀者也可攻读法学专业;学制相通,即优秀的专科生经考核、审查后可读本科;日夜校相通,即优秀的成人教院学生经选拔可进入日校学习。(张自强)

《文汇报》1993年12月26日

**上大成立成人教育学院**

上海大学开始实行专科与本科相通、夜校与日校相通、成人高教与普通高教相通的新办法,以激励各类学生迅速成才,这在沪上大学中是第一家。这是记者前天从上大成人教育学院揭牌活动上获悉的。(徐成滋)

《解放日报》1993年12月27日

**上海特种光纤研究进入新阶段 特种光纤重点实验室昨在上海科大启动**

上海市特种光纤重点实验室昨天在上海科技大学通过专家验收并揭牌启动,这标志着本市特种光纤研究进入了一个新的阶段。

上海科技大学在我国光纤学科带头人黄宏嘉教授的带领下,曾研制出我国第一条单模光纤和单模光缆,多次获得国家和上海市的奖励。此次经过两年多建设由市科委批准建立的这一重点实验室,更增强了科研和开发的能力。该实验室启动后,将跟踪国际光纤研究前沿领域并进行探索性的研究,直接面向经济建设中的超高频、微波光纤技术等重要项目,以及市重点工业攻关项目中的在线检测、光纤传感器等课题开展开发研究。(金丹)

《文汇报》1993年12月28日

# 1994 年

**上海大学成人教育学院揭牌**

上海大学成人教育学院日前宣告成立,同时组成了院务委员会、管理委员会和专家咨询委员会,这标志着这所全日制综合地方大学向"集团军"正规化方面又迈进了一步。目前成教院学历班学生有 2 209 名,非学历班学生达 5 000 人以上。(朱砚龙)

《新民晚报》1994 年 1 月 3 日

**上海工业大学今与闸北区政府签约　组建国家级高新技术开发区**

上海工业大学和闸北区政府今天签订合作意向协议,共同开发位于闸北区域内的上海市北工业新区,使之成为本市第三个国家级高新技术开发区——上海工业大学科技园区,形成高新技术产业化基地。

上海工业大学科技园区是经国家科委批准的继漕河泾、浦东张江之后的本市第三个高新技术开发区。紧邻上海工业大学的市北工业新区是经上海市计委批准的由闸北区政府负责成片开发的新型工业园区,占地 120 公顷,水陆交通便利,区内七通一平已经完成,具备了高新技术工业化的条件。

双方今天签订的合作意向书包括:组建高新技术联合发展公司,加速市北工业新区高新技术产业的发展;高新技术联合发展公司负责将上海工业大学科技园区中试成熟的科研成果引入市北工业新区实现产业化等。此外,双方还将加强在科技信息、市场信息和人才培养等方面的合作。(郑裕利)

《新民晚报》1994 年 1 月 17 日

**本市将再建高新技术开发区　上海工大科技园区落户市北工业新区**

上海第三个国家级新技术开发园区——上海工业大学科技园区已落户市北工业新区。昨天,上海工大与闸北区政府签订了共同开发市北工业新区的合作意向协议。

上海工业大学科技园区是经国家科委批准的继漕河泾、浦东张江之后的本市第三个高新技术开发区。紧邻上海工业大学的市北工业新区是经上海市政府批准的,由闸北区政府负责成片开发的工业新区,规划总面积达 120 公顷。

据协议,上海工业大学和闸北区将组建高新技术联合发展公司,在市北工业区内建造一幢科技孵化大楼,集中科学家进行科技项目中试,并将中试成熟的科研成果引入市

北工业新区,使之产业化。(沈国芳)

《解放日报》1994 年 1 月 18 日

**上海市国际职业进修学院　上海工大经济管理学院　联办"涉外经贸专修班"招生**

本院课程设置实用,选聘有经验专家授课,学习后可具备应用能力,为就业创造条件。设 A. 涉外商务班、B. 涉外会计班、C. 国际经贸班、D. 银行实务班,另可选读各单科班,以上结业由工大发证。另设电脑应用班、会计上岗班,详阅简章。报名:茂名南路 175 号(复兴中路口)国际语言学院内 111 室,每日 9—20 时,周日 9—18 时,带照片 2 张,公交:41、104、96、24、401、402 可达。

《解放日报》1994 年 2 月 16 日

**上海南京部分高校自主招生**

复旦大学、上海交通大学、同济大学、华东师范大学、华东理工大学、上海外国语学院、华东政法学院、上海工业大学 8 所上海高校以及南京大学、东南大学今年在沪试行自主招生改革。

据介绍,参加自主招生改革试点的高校,可自主确定考试科目、录取标准和招生办法,考生拥有更多的选择权。自主招生改革的主要内容是:

考生须参加统一高考,试点学校自主决定考试科目。除部分保送和选送生外,所有考生都要参加在同一时间进行的上海或全国统一高校入学考试,试点学校考试科目不少于三门。

试点学校在国家招生政策宏观指导下自主制定录取标准和考试办法。在坚持以统一文化考试成绩为基本录取依据的前提下,学校可考虑会考、面试等水平测试的成绩和反映各种能力的证书,有特殊才能的考生破格录取。

试点学校实行缴费读书和奖学金、贷学金、勤工助学配套制度,收费标准不得高于去年上海规定的自费生收费标准。对特困学生进行补助。(萧关根)

《人民日报》1994 年 2 月 23 日

**IBM 为中国高等教育捐助 CASE 技术**

国际商业机器中国有限公司今天正式宣布与清华大学、北方交通大学、上海大学、深圳大学和华南大学共同合作开发 CASE(计算机辅助工程)课程软件,并在每所大学建立一个 CASE 教学中心。在中国开发的 CASE 课程软件将以加拿大华特鲁大学开发的 CASE 课程软件为基础。该软件的开发曾得到 IBM 加拿大实验室的大力协助。

IBM 公司为五所大学的投资总额达 275 万美金。(郭济)

《光明日报》1994 年 4 月 1 日

**高教改革走向整体配套——上海工业大学改革启示录**

一年前,上海工业大学在上海市委几位主要领导的支持下,实施了一项重要的招生改革举措:彻底甩开"高考指挥棒",直接根据高中会考成绩并通过德、智、体、特长四元综合评估,面向社会招收大学生。

时隔将近一年,国务院一位领导同志考察了上海工大教育改革与发展的情况后,作出这样的评价:步子快,力度大;考虑周到,没有震荡。这位分管教育工作的领导同志称赞说,我特别欣赏你们改革的精神,跳出原来的框框,大胆地改革。

"实际上,上海工大招生制度的重大改革只是我们在几年来教育体制和管理模式多项改革的基础上,改革进入整体推进,综合配套和纵深发展阶段的一个环节。"这是兼任上海工业大学校长的全国政协副主席钱伟长教授最近在接受记者采访时说的。

整体推进,综合配套——这正是上海工大正在进行的可贵探索。

**面向市场经济体制:建立高等教育事业新的运行机制**

上海工大整体改革的重要内容之一,就是实现与市场经济体制接轨,实施招生制度与毕业分配制度相配套的综合改革。

早在80年代中后期,随着各项改革的不断深化,大学毕业生由国家统一分配的模式已不大适应不断变化的社会需要。一系列毕业生分配改革设想应运而生。这种机制尚在形成中就给高教体制带来了冲击,推动了高校日益深化的多方位的配套改革。

"市场经济体制的确立,更直接地向传统的高校招生制度提出了疑问。"上海工大副校长、留美博士黄黔教授在谈及该校招生改革初衷时说,"高等教育的非义务性特征和招生制度面向市场的改革态势也就日趋明显。"

他们抓住了机遇。去年春天,正在推行整体综合教改试点工作的上海工业大学,在上海市委支持下迈出了突破性的一步——一个与毕业生分配改革相配套、与社会发展接轨的"取消高考,自主招生;择优录取,自费上学"的招生改革方案出台了:

1993年5月,上海工大在全国高校中第一个不经过统一高考,而由学校自己面向社会自主招生;全部录取学生均须自费上学,每年学费2 700元。

为贯彻择优录取的原则,上海工大建立了比较科学地反映学生综合素质的德、智、体、特长量化的四元评估体系,规定了录取学生的标准和依据:高中会考成绩,或由上海市考试中心举办的高中文化水平测试;高中三年综合成绩;部分专业的加试和面试成绩;学有专长和特殊表现成绩——只有通过综合评审才能录取。

上海工大党委书记吴程里、常务副校长方明伦认为,改革现行的招生制度的意义实际上不仅仅在于与毕业生分配体制改革相配套。他认为,长期以来我国高校的主要职能似乎就是为国家培养各类干部,因此无论是招生、分配,还是学生在校期间享受的待遇,都是由国家按计划实行包下来的方式;"而现在,人才的需求将更主要根据市场的需求并且通过市场实现有效合理的配置。因此,从这个意义上来讲,高校自主招生改革的深层涵义更在于,高教改革必须与建立市场经济体制的改革相配套。"

于是,一系列互相关联的综合配套改革举措紧锣密鼓地相继出台。以上海社会经济发展战略为主导的学科建设和学科带头人队伍的建设,教学科研结合的操作方式、调整方向,科技成果产业化的具体步骤——在上海工大,一个面向新经济体制的高教运行机制正在探索中形成……

**适应高校教学规律:建立高校教学管理新的运行机制**

在招生制度改革的同时,上海工大又以育人效益为目标推进以实施完全学分制的改革为重点的综合配套改革。

钱伟长教授认为,推行完全学分制的目的就是要建立起一种激励和竞争机制,充分调动起教与学的积极性,从而形成一个既适应市场经济体制、又符合高等教育自身规律的教学管理机制。

实际上,随着高校改革的不断深化,学分制改革近年来在一些高校中也多有尝试。但由于缺少相应的整体配套,这项改革往往只停留在学年计划内的学分制阶段而浅尝辄止,学分制不过形同虚设。

1993年,在进行招生改革的同时,经过充分酝酿和周密设计,上海工大率先在国内高校中推行完全学分制的配套改革。

上海工大的学分制的一个显著特点,就是建立以学科而不是专业为基础的选课制。这种以学科为基础的选课制,不仅充分发挥了学生选课、学习和选择教师的自主性,而且拓宽了学生知识面,与允许修满学分的学生提前毕业或获取双学科学士、免试直升硕士研究生等学籍、学制管理等配套改革相结合,为拔尖人才的脱颖而出和各类社会急需的复合型人才的培养创造了良好条件。

与此同时,上海工大对奖学金制度作出改革:除对一些国家建设急需、艰苦行业的学科实行政策倾斜外,设立4 000、2 000、1 000和500元四个档次的奖学金——全部实行以每年学分等级为标准的动态管理机制,从而对培养学生积极进取和竞争意识产生了良好的激励效应。

学分制的改革,对学生而言固然开辟了一个自主发挥潜能的广阔空间,而对教师来讲则意味着更多的考验与竞争。

学分制的关键是选课制。上海工大规定,每一门课程必须有几位教师同时开设,学生有权在规定期限内试听、任选主讲老师;主讲教师的听课学生数与其经济利益直接挂钩,达不到最低人数的,即取消其本学期开设本课资格——无疑,对于每一位教师来讲,他们的教学能力和水平都在学生的选择中,经历着一场考试;同样的无疑,这种考试也促进了教师素质的提高。

作为一项高校教学管理的根本性改革,学分制的实施也引起了学校传统管理模式多方面的连锁性变革:传统的班级概念消于无形,由此带来的一系列教学与学生管理工作如何进行?

于是,一整套的配套又出台了:把学校学生处转变成统一协调管理的学生工作委员会;各院、系行政办公室转变工作职能,成为直接面向学生的服务机构;建立导师制,组成教授、副教授为主的导师队伍,与学生建立稳定、紧密型的指导关系;专职学生干部通过党建带动团建,开展学生思想政治工作……与此同时,集思想、文体工作一体的学生宿舍社区管理社和为学生提供各类咨询、服务的成才服务社、招生咨询与就业指导中心组成了一个新的网络——一个以学分制为突破口的整体改革正在催生着一个新的高校教学管理模式。

**顺应社会变革潮流:树立高校体制改革的整体意识**

有人说,当今的中国高等教育体制改革在育人方面主要面临两大任务:一个是面对市场经济体制,如何建立自主办学的运行机制;一个是适应教育规律,如何建立科学的管理模式——而这两方面归结到一点,实际上就是面对社会变革大潮,中国高等教育之舟将如何行驶。

近10年来,中国众多的高等院校,已经进行了多方面成功的改革实践。"身在庐山"的上海工大人士也在不断探索中,体味着其中的"真谛"。

多年来,不管是有识之士的大声疾呼,还是高层主管部门的三令五申,高考"指挥棒"始终保持着它那"挡不住的感觉":多少学生、家长为之望而生畏,又有多少教师、校长为之顶礼膜拜——中学教育几为高考的"演兵场"。

对此,作为教育家的钱伟长教授认为,上海工大招生制度改革的一个重要着眼点,就是把高教改革纳入整个教育体制改革的整体之中,与中等教育改革整体配套和衔接,"同时,也为今后高校在市场经济体制中实现自主办学的深化改革创造条件。"

然而,一些人士认为,由于我国社会发展不平衡,以中学会考为基础的招生制度难以全面推开。近年来一直负责上海工大整体综合教改实施的方明伦教授对这种现状也给予了充分注意:"正是由于这种不平衡,就特别需要国家主管部门在全局把握上要树立'全国一盘棋'的整体意识。"他进一步解释说,地域、层次和办学方向的差异决定了各地、各类层次不同的高校,在改革上不可只有一个统一的模式;高教改革宏观的整体配套方面,就是要根据各地的不同实际和条件,实施有步骤的改革和分层管理机制——像北京、上海、天津等社会综合管理协调机制比较健全的大城市,高校自主办学的改革条件比较成熟,在宏观管理上完全可以放开一些。

另一些人士指出,高教改革的整体配套,不仅仅在于各个学校内部改革上,更重要的在于国家主管部门在宏观调控方面树立整体配套和综合协调的观念。以全面推行收费制为例:面向全国的重点院校和面向当地的地方院校,不同地区的院校和不同地区的生源、收费标准就应根据不同情况分别确定;而对来自农村和相对贫困地区的学生,在宏观政策上更应建立合理有效又切实可行的扶助体系……

上海工大的整体教改还在继续——一个意义更深、范围更广的改革举措正在酝酿之中。

《光明日报》1994年4月28日

**将四股力量融合起来——访钱伟长教授**

上海四所地方高校——上海工业大学、上海科技大学、上海大学、上海科技专科学校即将合并成一所大学,已经国家教委批准,校名定为"上海大学"。记者为此特意访问了全国政协副主席、现任上海工业大学校长钱伟长教授。他正在忙于主持这四所大学的合并工作。

钱老已是82岁高龄,两鬓布满银丝,身穿一件紫红色夹克衫,显得特别精神。他在上海工业大学乐乎楼会见记者,畅谈了一个上午。

钱老是1983年奉命来上海工业大学任校长的。他到校后就倡议学校要拆掉四堵"墙"。第一堵就是学校和社会之间的"墙";第二堵是校内各系科各专业各部门之间的"墙";第三堵是教育与科研之间的"墙";第四堵是教与学之间的"墙"。

钱老滔滔不绝地讲述他在上海工大所进行的各项教育改革,如一年三学期制,全面学分制，学生选师听课制度，教职工按劳分配制度，教师破格晋升制度，引进优秀人才制度，自主招生制度等等。所有这一切，使上海工大的师资质量和教学科研总体水平有了较大的提高。

四校合并是改革的继续，天然的结合。钱老把四校合并归结为三个"有利"：一是有利于理工结合。上海工业大学比较偏重于工科，上海科技大学偏重于理科，两者结合，有利于使工科专业有坚实的理科基础，理科学生兼学工科知识，这样可培养出比较全面的人才。二是有利于提高办学效益。过去，上海工大、上海科大、上海大学工学院，有不少专业重复设置，科研设备也重复添置，如上海工大、上海科大于1984年重复引进卖价高达50万美元各一台的IBM4361计算机，造成不必要的浪费。四校合并后，可合并某些专业，同时可使有限的资金集中使用，避免浪费，让设备发挥最佳效益。三是有利于办成综合性大学。四校合并后，不仅使原来四所大学某些薄弱的专业与课程得到互补，而且使原上海大学的经济、美术、管理专业内容也渗透到理工科专业中来，这将改变原来单科性专业大学的弊端，使培养出来的学生能更好地适应地方经济建设和改革开放的需要。

钱老高兴地告诉记者，四校合并后，教师达2 000多人，其中有高级职称的近1 000人；学生总数约18 000人，其中研究生800多人；有40多个硕士点，9个博士点，1个博士后流动站；有八九十个专业，其中很多是新专业，将要形成10多个学院。全校有8个校区，总部设在现在的上海工业大学内。

"新的上海大学前景如何？"钱教授在回答记者的问题时说，他将做好团结工作，发挥新领导班子的作用，逐步推广原来各校一些行之有效的改革经验。要改造一些传统学科，增设、发展一些高新技术和金融、经济、管理方面的新学科。抓好师资队伍这个关键，增聘和引进一大批高质量的师资，"大学非大厦也，乃大师也"。总之，要努力把上海大学办成一流大学，办成同国内外以大都市名字命名的大学并驾齐驱的学校，使之更加有效地为上海的高新技术产业服务，为上海建成国际经济、金融、贸易中心服务。

《光明日报》1994年5月22日

**上大安全工程专业需要扶持**

上海地区的安全管理队伍目前尚需加强，然而上海高校中唯一的一个安全工程专业却陷入困境。为此，上海大学工学院安全工程教研室主任刘伟平呼吁有关部门给这个切合社会实际需要的专业以必要的扶持，使安全管理人才的培养、培训不至于断线。

上海现有20多万家企业，其中工业企业逾6万家，企业内的安全管理人才不多，素质更需提高。据统计，去年本市因工伤亡事故上升幅度已居全国第五位，因工伤亡损失的工作日比1992年增加3%，由此造成的直接经济损失比1992年增加66%。

上海大学的安全工程专业就是针对社会实际需要，于1989年经市高教局批准设置的，至今已直接为企业培养了本、专科毕业的安全管理技术人才120名，为工业企业1 200名安全管理干部进行了岗位专业培训。然而，由于近两年来招生分配逐渐由计划经济转向市场经济，安全工程专业乏人问津，已经连续两年招不到学生，这个专业在送走48名在校生后"关门"在即。

为此,刘伟平提出,可否让安全工程专业像地质、勘探、矿产等专业那样作为特殊专业,每年保证一定的招生分配计划数,使它能不间断地为企业输送安全管理人才;这一专业可否挂靠在指导安全生产的主管局,并在业务上接受其指导,从而使这一专业培养的学生更贴近实际和企业;将全市企业现有的安全管理人员定期进行专业培训计划,使他们在近几年内具备大专以上的专业知识水平。经过数年的培训,上海地区的安全管理队伍素质可望有明显提高,安全生产状况也会有根本的改变。(徐成滋)

《解放日报》1994年5月22日

## 本市高教体制改革重大举措　四校合并组建上海大学　江泽民题写校名　钱伟长任校长

由上海市人民政府投资建设,中共中央总书记、国家主席江泽民题写校名的上海大学将于5月27日挂牌。

上海大学是由上海工业大学、上海科技大学、上海大学、上海科技高等专科学校四所地方高校合并而成的。我国著名科学家、教育家、全国政协副主席、中国科学院院士钱伟长教授担任校长。它将建设成开放性、现代化的综合性大学。全校集理、工、管、文、法、商、美等多学科于一体,互补优势,共享资源,促进理工结合、文理渗透,为上海经济发展培养跨世纪的复合型人才。

这是上海高教体制改革的一个重大举措,有利于优化高教布局结构,提高办学效应和教学质量,使高等教育更加适应上海经济、社会发展。在参与合并的4所高校中,工大、科大是具有相当实力的工科、理科类大学,上大是一所学科门类较为齐全的综合性大学,科专是一所以电子类专业为主的高等专科学校。四校合并后,学校的综合实力将大大增强,办学资源耗费将会降低,有限的教育投入将发挥更大的办学效益。

据悉,合并组建后的上海大学在上海高校中达到"三个最":学科门类最全、专业覆盖面最广、在校生规模最大。学校拥有在校生16 883人(其中,博士、硕士研究生494人,本、专科生16 389人),教职工7 700余人(其中,中科院院士2人,博士生导师19人,正、副教授逾1 000人),拥有博士后流动站1个,博士学位授权点9个,硕士学位授权点37个,本科专业66个,专科专业34个。拥有国家级高新技术产业开发区1个,重点学科22个,市级重点实验室3个,市级研究所2个。在此基础上,学校将按上海产业发展"321"战略布局结构设置专业,高度重视与第三产业密切相关的专业设置和建设,推出一批新学科、新专业。与此同时,新组建的上大还将借鉴国内外先进的教学经验和模式,于今年秋季全面实施学分制,使学生尽可能地把社会的需求同自己的能力、志趣、特长结合起来。学校将逐步打破本科与专科学历之间、全日制与夜大学学制之间的界限,允许学生根据自己学业情况进行流动;淡化学科之间、专业之间的划分。允许学生自主选择专业方向、自主选择讲课教师、自主选修课程、自主安排学习进程。

新组建的上大拥有8个校区,校园占地面积1 466亩,校舍建筑面积61万平方米。(徐成滋)

《解放日报》1994年5月25日

**四校联合优化配置共图发展　上海工大、科大、上大和上海科专组建新的上海大学,这是上海高等教育结构性改革的一个创举**

偌大的上海拥有众多的高校,然而在上海所属地方高校中,竟没有一所重点大学。上海高等教育潜力极大,优化配置,走联合办学的道路,叫了多时,未见显著效果。

如今,这两个问题终于有了圆满的答案,即把四所上海地方高校——上海工业大学、上海科学技术大学、上海大学与上海科技高等专科学校合并建立新的上海大学,这是上海贯彻《中国教育改革和发展纲要》的一项重大举措,是上海高教体制改革中的一个大动作。

**为了实施"211 工程"的需要**

按照党中央的战略决策,21 世纪的上海将建成长江流域经济发展的"龙头",成为国际经济、金融、贸易中心之一。为此,上海地方建设能与现代化国际大都市相称的、代表上海一流水平的并为它服务的多学科、高水平、开放性、现代化的综合性一流大学,已成为当务之急。

上海地方建设一流大学,是为了实施"211 工程"的需要。"211 工程"是国家教委提出的在全国办好 100 所左右重点大学和一批重点学科以面向 21 世纪挑战的宏伟工程,它得到党中央、国务院的批准,写进《中国教育改革和发展纲要》等重要文件,国家教委为落实这项工程专门成立"211 工程"办公室。

在上海 49 所高校中,市属高校有 22 所之多,虽然在为上海培养多层次人才、发展高技术和新产业等方面作出了不可磨灭的贡献,但过去却没有一所地方高校能够跻身重点大学的行列。为此上海工业大学校长钱伟长教授于 1991 年 12 月 21 日和 1992 年 1 月 4 日,两次致函上海市委、市政府领导,谈了自己的设想和建议。市委、市政府领导对此多次表示支持,并同意拨给巨额资金,以增强上海高校申报进入"211 工程"的竞争力。

**上海高校结构布局不合理现象亟须改变**

崭新的上海大学,只能在上海高校布局进行合理调整、深化高教体制改革中诞生;而上海高校布局结构也已到了非调整不可的地步。这样的布局结构调整,不能片面地从某一部门的局部考虑,追求微观上的合理与完整,而必须以宏观整体上的完整与合理作为出发点。

上海历来是中国高等教育发达的地区之一。但上海高等教育在发展过程中也存在着若干不可忽视的结构布局不甚合理、教育效益不高的问题。现在上海高校虽有 49 所,数量总体偏多,但培养学生人数已从解放初占全国五分之一,降为占全国六分之一,规模效益不高。尤其是 22 所上海地方高校中竟有工科院校 8 所,理工偏多,个别学校的办学方向、任务存在相同或相近的情况,专业设置重复,影响效益水平的发挥。部分专业每年平均招生仅 41 人(一般要求至少 50—60 人),师生比例甚低,总起来说,地方高校的整体水平不高,缺少有一定实力的综合性大学。

上海高校中有大量单科性院校,如果进行单独的扩展,势必加剧现已存在的结构布局不合理的现象,同时也未必能达到迅速发展学科的目的。因为当今经济、科技和社会发展所需要解决的问题越来越具有综合性,现代社会所企求的人才越来越具有复合型特点,自然科学、工程技术学科、人文社会科学之间的交叉渗透结合以求得新学科发展的趋势越来越明显。所以,高校布局结构调整,成为当前高校深化教改的重要任务,多校联合也已成为必由之路。通过多校联合,可以使优势互补,资源共享,使有限的教育投入发挥出最大效益。

近年来,上海已迈开调整高校结构布局的步伐:两所冶金专科学校合并,上海法律专科学校并入上海大学法学院,上海大学政治学院并入上大文学院,上海大学国际商业学院与上大商学院合并为上海大学国际商学院。但是由于计划经济体制的限制,条块分割比较严重,单科性学校重复设置问题还没有得到根本性改变。

如今,把四校合并建立新的上海大学,这是上海目前在高校结构布局调整工作中最大的举措,经过较长时间酝酿,终于在5月的上海"瓜熟蒂落"。

**四校合并使教学资源发挥出最大办学效益**

四校合并组建的上海大学,最大的优势在于它的综合效应。这四所院校中,原上海工大和上海科大是上海地方具有很强实力的工科类、理科类大学,都创建于60年代,经过30多年来的建设,各项事业都获得了前所未有的发展,增强了学校力量,为跻身"211工程"打下了坚实的基础。原上海大学是一所学科门类较为齐全的综合性大学,而原上海科专则是一所新兴的电子类专业为主的高等专科学校。这四校都各有长处,原来的基础使合并具有一个高的起点,而合并后不是简单的量的叠合,而且可以产生质的飞跃。

四校合并后可以大大增强学校实力,提高学校整体水平。新组建的上海大学拥有教职工7 700多人(其中,中科院院士2人,博士生导师20人,正、副教授逾千人)。拥有博士后流动站1个,博士学位授权点9个,硕士学位授权点37个,本科专业66个,专科专业30个,拥有在校学生16 883人(其中,博士、硕士研究生494人)。这样,新组建的上海大学就可成为本市学科门类最全、专业覆盖面最广、在校生规模最大的多层次、一体化的综合型大学。

四校合并后,可以优化高校学科结构和专业结构,发挥它们的潜力,促使学校理工结合、文理渗透,形成以高新技术学科为主要特色。四校捏成一个拳头,不仅能够合理调整数、理、化等基础学科和无线电、计算机等部分技术学科以及专业重复设置的状况,而且可以使原上海工大的工科优势、原上海科大的理科优势、原上海大学的应用文科优势,以及原上海科专的应用电子学科的优势得到进一步发挥,发挥理、工、文、管、美、法、商的综合优势,形成新兴学科发展新的生长点,有重点地发展一批新兴学科。

四校的合并和组建新的上海大学,有利于集中投资的建设重点,有利于通盘规划,合理配置和使用人、财、物等教学资源,使有限的教育投入发挥出最大的办学效益。

当然,要达到这一目的需要作出艰苦的努力。建国以来,两校合并有之,多个分校合并组建一所新校有之,但四校合并组建一所大型的综合性大学还不曾有过,前进过程中一定会碰到不少新的问题、新的矛盾和新的困难;但只要学校以邓小平建设有中国特色的社会主义理论为指导,勇闯创业难关,就一定能够达到既定的目的。(张自强 忻建国)

《文汇报》1994年5月25日

### 热烈祝贺经国家教委批准上海工业大学　上海科学技术大学　上海大学　上海科技高等专科学校合并为上海大学

（标题新闻）

《光明日报》1994 年 5 月 26 日

### 四校合并今成立上海大学　江泽民题写校名　钱伟长任校长　黄菊揭牌

上海高等教育的一项重大改革举措今天实现：由三所地方大学和一所高等专科学校合并而成的新的上海大学正式揭牌。这所新组成的市属重点大学将对上海的高教事业发生重大影响。新的上海大学校牌由江泽民总书记题写，首任校长由著名科学家、中国科学院院士钱伟长教授担任。

80 年代初开始，上海地方高校进入快速发展阶段，其中上海工业大学、上海科技大学、上海大学等都是佼佼者。面对新世纪的挑战，国家教委和市政府把上述 3 所高校加上上海科技高等专科学校合四为一，组成一所理工结合，文理渗透，具有理、工、文、管、美、法、商等多学科优势的综合性大学。

新的上海大学目前有 66 个本科专业，30 个专科专业。全校现有 7 000 余名教职工，正、副教授级人员 1 000 余人，学生 16 800 余人。上海大学已有 22 个学科被评为市高教系统重点学科，有 12 个市级研究所、3 个市级重点实验室、1 个国家级高新技术产业开发区，近两年来，学校的科技统计主要指标均在全市普通高校中保持前三位。上海大学共有 8 个校区，校园占地面积 1 466 亩，校舍建筑面积 61 万平方米。

今天在上海展览中心友谊会堂隆重举行的"上海大学成立大会"上，市委、市府等领导出席并讲话。届时，黄菊市长将为上海大学校牌揭牌。（瞿鹭）

《新民晚报》1994 年 5 月 27 日

### 新的上海大学正式成立　江泽民题写校名　李鹏题词　钱伟长任校长

经国家教委批准，由上海工业大学、上海科技大学、上海大学、上海科技高等专科学校合并组建的新的上海大学，今天正式成立。江泽民主席为上海大学题写了校名；国务院总理李鹏为上海大学题词：发扬光荣传统，培育跨世纪人才；李岚清、杨尚昆、费孝通、安子介、汪道涵等写了贺词；国家教委发来了贺电。

新组建的上海大学是一所理、工、管、文、美、法、商门类齐全的综合性大学。全国政协副主席、中科院院士钱伟长教授出任上海大学校长。新组建的上海大学，有教职工 7 700 余人，其中中科院院士 2 人、博士生导师 19 人、正副教授（研究员）1 000 多人；拥有博士后流动站 1 个，博士学位授权点 9 个，硕士学位授权点 37 个。（萧关根）

《人民日报》1994 年 5 月 28 日

### 新组建的上海大学挂牌　江泽民题写校名

由上海工业大学、上海科技大学、上海大学、上海科技高等专科学校合并组建的新上海大学，今天挂牌成立。中共中央总书记、国家主席江泽民为新组建的上海大学题写了校名。李鹏、李岚清、杨尚昆、费孝通、安子介等题了词。首任校长是我国著名科学家、全

国政协副主席、中国科学院院士钱伟长教授。(张贻复)

《光明日报》1994年5月28日

## 培养更多的跨世纪复合型人才 上海大学正式成立 江泽民题写校名 李鹏题词 黄菊市长、钱伟长校长揭牌

经国家教委批准,由上海工业大学、上海科技大学、上海大学、上海科技高等专科学校合并组建的新的上海大学,昨天正式成立。在成立大会上,黄菊市长、钱伟长校长为新组建的上海大学揭牌;谢丽娟副市长宣读了国家教委关于成立新的上海大学的批文;陈至立副书记代表市委、市府讲话。

中共中央总书记、国家主席江泽民为上海大学题写了校名;国务院总理李鹏题词"发扬光荣传统,培养跨纪人才"。杨尚昆、李岚清、费孝通、安子介、汪道涵等分别写来了贺词。国家教委发来贺电。

出席成立大会的还有上海市委、市人大、市府、市政协领导陈铁迪、徐匡迪、罗世谦、谈家桢、胡正昌、毛经权、石祝三、刘恒桢,老同志、老专家夏征农、谢希德等。

陈至立在讲话中说,由上海工业大学、上海科技大学、上海大学和上海科技高等专科学校四校合并,重新组建的新的上海大学,在上海解放45周年这个具有历史意义的纪念日子里正式成立,这是上海高等教育改革和发展中的一件喜事。她代表市委、市政府表示衷心的祝贺。她说,为了实现上海发展的战略目标,迎接新世纪的挑战,上海将更加需要各类各级专门人才。要建设一批与上海现代化国际大都市相适应的、代表上海水平并为之服务的多学科、高水平、开放型、现代化的综合性一流大学。要在建立社会主义市场经济运行机制的同时,对高等教育布局结构进行调整,优化教育资源配置,提高高等教育的人才培养的质量和高等教育的办学效益。她希望新的上海大学要以邓小平同志建设有中国特色社会主义理论为指导,坚持正确的办学方向、密切联系四个现代化建设和改革开放的实际,形成良好校风,促进学生全面健康成长,努力为上海培养更多优秀人才;希望新的上海大学要进一步深化改革、抓住合并的机遇,对学校的发展进行统筹规划,发挥理工结合,文理渗透,理、工、文、管等综合优势,进一步提高办学效益;希望广大师生员工团结协作,开拓奋进,努力把上海大学建设成与上海这一光荣响亮的名字相符的高质量、高水平的高等学校。

上海大学校长钱伟长指出,新组建的上海大学,已成为本市学科门类较全、专业覆盖面较广、在校生规模最大的多层次、一体化的综合性大学,它集理、工、管、文、法、商、美等多学科于一体,将充分发挥理工结合、文理渗透的综合优势,开拓学科建设和发展的新路子,提高办学效益和综合实力,探索新型的与社会主义市场经济体制相适应的办学模式,为上海地区培养更多的跨世纪复合型人才。

有关部门、区、县、局及兄弟院校的领导和各界人士也到会祝贺。美国、法国、加拿大、澳大利亚和日本等国12所高等学校及国内24所高校分别发来了贺词。(张蕴 徐成滋 忻建国)

《解放日报》1994年5月28日

**四高校组建的上海大学成立　江泽民题写校名　李鹏题词　黄菊、钱伟长揭牌　陈至立讲话**

经国家教委批准,由上海工业大学、上海科技大学、上海大学、上海科技高等专科学校合并组建的新的上海大学,昨天正式宣布成立。中共中央总书记、国家主席江泽民为上海大学题写了校名,国务院总理李鹏为上海大学题词"发扬光荣传统,培养跨纪人才",杨尚昆、李岚清、费孝通、安子介、汪道涵等领导同志分别写来了贺词,国家教委专门发来了贺电。

由市教卫党委、市教卫办、市高教局和上海大学联合召开的上海大学成立大会,昨天下午在上海展览中心友谊会堂隆重举行。中共上海市委、市政府、市人大、市政协的领导同志黄菊、陈至立、陈铁迪、徐匡迪、罗世谦、谈家桢、胡正昌、谢丽娟、毛经权、石祝三、刘恒椽等,老同志、老专家夏征农、谢希德等出席了成立大会。

黄菊市长、钱伟长校长为上海大学揭牌。谢丽娟副市长宣读了国家教委关于成立新的上海大学的批文。

市委副书记陈至立代表市委、市政府讲了话。陈至立说,由上海工业大学、上海科技大学、上海大学和上海科技高等专科学校四校合并,重新组建的新的上海大学,在上海解放45周年这个具有历史意义的纪念日子里正式成立,这是上海高等教育改革和发展中的一件喜事。她代表市委、市政府表示衷心的祝贺。她说,为了实现上海发展的战略目标,迎接新世纪的挑战,上海将更加需要各类各级专门人才。要建设一批与上海现代化国际大都市相适应的、代表上海水平并为之服务的多学科、高水平、开放型、现代化的综合性一流大学。她希望新的上海大学要以邓小平同志建设有中国特色社会主义理论为指导,坚持正确的办学方向、密切联系四个现代化建设和改革开放的实际,形成良好校风,促进学生全面健康成长,努力为上海培养更多优秀人才;希望新的上海大学要进一步深化改革、抓住合并的机遇,对学校的发展进行统筹规划,发挥理工结合,文理渗透,理、工、文、管等综合优势,进一步提高办学效益;希望广大师生员工团结协作,开拓奋进,努力把上海大学建设成与上海这一光荣响亮的名字相符的、高质量、高水平的高等学校。上海大学校长钱伟长在会上讲了话。他说,近年来,四校在各自改革和发展的进程中都取得了很大的成绩,但是由于历史的原因,大多数还是属于单科性院校,学科门类不够齐全,综合实力也不算一流。如果继续走老路,势必陷入"小而全""低水平"的恶性循环。只有通过多校联合,实行优势互补、资源共享,才能加快发展,提高水平,使学校的各项工作都上一个新台阶,早日跻身于"211工程"。

新组建的上海大学,目前已成为本市学科门类较全、专业覆盖面较广,在校生规模最大的多层次、一体化的综合型大学,学校拥有教职工7 700余人,拥有在校学生17 000人。其中博士、硕士研究生500人。(陶洪光　忻建国)

《文汇报》1994年5月28日

**采取"四元排序,择优录取"　上海大学全面实行自主招生**

新组建的上海大学昨天推出今年秋季自主招生改革方案。除已实行自主招生的原上工大外,包括原科大、原上大和科专在内的8个学区,将全部实行自主招生。

上海大学今秋自主招生有四个特点：一是招生总数在沪上高校中居首位，为4 865人，其中在沪招生3 832人，包括本科3 180人，占全市本科招生数的25%；二是招生学科全、专业多，全校66个本科专业、34个专科专业分属理、工、管、文、美、法、商18个科类；三是奖学金额度高、享受面广，分别为4 000元、2 000元、1 000元和500元四个等级的奖学金，约有85%左右的学生可享受；四是允许优秀中学毕业生自荐，报考上大的学生，在入学申请表上允许文、理兼报。同一专业的不同入学地点，可作为几个志愿填写。

录取工作依"四元排序"择优录取：即根据报名者会考的9门成绩及等第、部分专业的加试成绩、高考语数外3门成绩以及学生专特长等"四元"，经德智体等全面评审，择优录取。学有专长及有特殊成绩的学生，将优先录取。（徐成滋　张蕴）

《解放日报》1994年5月31日

**上海大学教育改革新思路——今年全面实行学分制　学生可自主选择专业**

记者从新组建的上海大学昨天召开的今年秋季自主招生信息发布会获悉：该校加大招生改革力度，今年除某些专业外以学科大类招生，文理兼报，有八个志愿可供填写，并按会考、高考、加试和专长特长等四元排序、择优录取。允许优秀生自荐到该校领取自荐表。

该校校长钱伟长、常务副校长杨德广谈了今年招生改革的设想。今年上海大学全面实施学分制，学生可自主选择专业方向；自主选择课程；自主选择讲课教师；自主安排学习进度，即可提前或推迟毕业，经考核审批后生可转系转专业。优秀生可免费多修学分，或用参加免修考试办法来获得学分。

今年上海大学招生人数最多，共4 865人（其中在沪招生3 832人、本科生3 180人占全市本科招生数四分之一）；专业最全，招生范围包括理、工、管、文、美、法、商的18个科类、100个本专科专业；奖金额最高，特等奖为4 000元；一、二、三等奖分别为2 000元、1 000元、500元，得奖面最广，特等奖获得者占录取学生总数的5%，一、二、三等奖分别占10%、30%、40%，共计有85%新生得奖。据了解，报考该校学生中学九门会考成绩达7A2B等第（其中语、数、外三门中有2A），或高考三门总分全市前100名，或上海市本年度三好学生、优秀学生干部、优秀团员、优秀团干部，或获市级以上竞赛第一名，第一学年即可得特等奖学金。另设国家急需的、特殊的专业奖学金，以及单科奖学金等。录取工作依据"四元排序、择优录取"的原则贯彻公平公正的准则，学校自主录取。学校根据报名者会考九门成绩及等第、部分专业的加试成绩，高考（语、数、外）三门成绩以及专特长等四元，经德智体等全面评审，统筹兼顾，择优录取。学有专长及有特殊贡献者，参加国际、国家或省、市各类科技、文化、艺术、体育等各类竞赛的获奖者及获得国家和市、区表彰的学生，将予以优先录取，同时适当参考报名学生高中三年的平时成绩。（张自强）

《文汇报》1994年5月31日

**上海大学自主招生引起社会关注　校招生委昨发布招生信息**

由四校合并的上海大学今年秋季如何自主招生，已引起社会的关注，昨天，上海大学招生委员会主任杨德广向记者发布招生信息。

杨德广主任说,经市高教局的批准,在今年秋季招生时,继续深化招生改革,实行"面向社会、自主招生、择优录取"的招生办法。

今年秋季招生有五个"最":(1)招生人数最多,占全市本科招生数的25%。(2)专业最全。(3)改革措施最多,报考上海大学的考生可在《上海大学入学申请表》中填8个志愿,文、理兼报,考生可充分表达自己对学科专业和入学地点的选择,同一专业的不同入学地点可以作为几个志愿填写。优秀生可以领取"优秀生自荐表",地点在上海大学总部(延长路149号)。(4)奖学金额度最高,实行收费学习的同时,学校大幅度提高奖学金的金额和获奖面。(5)奖学金面最广,合计有85%左右的学生可获得不同等级的奖学金,特等奖可不受比例数的限制,只要够格,就可获得。凡中学九门会考课程达7A2B等第(其中语、数、外三门有2A),或高考三门总分全市第一百名,或上海市本年度三好学生、优秀学生干部、优秀团员、优秀团干部,或获市级以上竞赛第一名,并被上海大学录取的考生,入学后,第一年即可享受特等奖学金。

为了做好今年招生工作,上海大学在6月13日报名前设立咨询热线电话:6631515-2357。(瞿鹭)

《新民晚报》1994年5月31日

### 新组建的上海大学招招出新

新组建的上海大学近日推出招生新招和办学新招。

招生新招:新生在入学申请表中可填写八个志愿(文、理兼报);学校依据"四元排序、择优录取"的原则自主录取,即根据报名者会考九门成绩、部分专业的加试成绩、高考(语、数、外)三门成绩以及专特长等四元,经德、智、体等全面评审,统筹兼顾,择优录取;学校以学科大类招生,凡同一学科大类的学生在低年级采用同一教学计划,到高年级再分流到各个专业或专业方向。

办学新招:学校将逐步推行一年三学期制,今年先在新生中实行,明年在全校推行。为调动教与学两方面积极性,学生可自主选择专业方向;自主选修课程;自主选择上课教师;自主安排学习进度,即可提前或推迟毕业。学生还可转专业、转系、转院、转学。此外,实行收学费和奖学金制度。1994年全日制学生的全年学费为2 700元。85%左右的学生可获得不同等级的奖学金。(张贻复)

《光明日报》1994年6月2日

### 看好经济发展　关注教育改革——上海高校学生积极向上勤奋学习

今年开学以来,上海高校改革稳步发展,学生中出现了积极向上、勤奋学习的好势头。在复旦大学、上海交大、上海工业大学等校,学生"抢"自修教室、"抢"阅览室、"抢"语音室。华东理工大学1 800多名学生选上"邓小平理论研究"的选修课;全市高校本专科学生中,申请入党的人数占总人数的11.97%。

上海高校学生政治上和学习上的变化,源自他们对我国和上海市改革、开放和经济发展形势的正确认识。通过学习《邓小平文选》第三卷和社会考察以及形势教育,逐步摆脱了过去那种对事物的情绪化的态度,能冷静地、客观地分析问题,更明确了自己的责任,增强了信心。

随着改革的深化,越来越多的学生懂得"知识是有用的,学生一定要努力学习","成熟的市场经济不是靠关系,而是靠知识"。根据这一情况,不少学校加强了教学力量和教学管理,使学风进一步好转。

上海市委、市政府、市教工党委以及各高校领导一直很关心高校的稳定问题,主动为学生创造良好的学习、生活环境,要以高校一方的稳定保上海、保全国改革开放的局面。

为帮助大学生解决生活困难,市政府第一次拨款100万元、第二次拨款850万元进行补助。各个学校加强后勤工作,改善食堂管理,降低饭菜的价格,尽量使学生吃得满意。

市委和市政府领导亲自做学生的政治思想工作。市委副书记陈至立、常务副市长徐匡迪、副市长赵启正、龚学平分别为大学生作了形势报告,分析了国际和国内形势,介绍了上海社会发展和经济改革,浦东开发开放和人才需求以及上海文化体制改革的情况,并回答了学生的问题。学生们情绪高涨、反响强烈。谢丽娟副市长还到上海师范大学等校直接帮助学校解决困难。

各高校党委很重视校园精神文明建设和校园文化建设,组织"万名大学生看上海"活动,举办大学生歌咏比赛、邮展和艺术节。4、5月份,有的学校举行"五四"系列活动。上海交响乐团、上海乐团、上海芭蕾舞团、上海民族乐团纷纷到大学演出,经常出现台上台下互相呼应的动人场面。(萧关根)

《人民日报》1994年6月6日

**当前高校改革与发展的趋势之一　走向联合**

近年,我国高等教育改革深入发展中出现了一个新趋势:这就是部分高校的合并与联合。无论是大学的合并还是联合的大学,都将把调整专业结构、优化资源利用、扩大办学规模、提高教学水平和办学效益作为中心议题,所以这种联合态势尽管刚刚起步,就立即引起了人们的关注。

**联合的愿望**

我国目前有大专院校1 065所。就其规模来说,平均每所高校不足3 000学生。如此规模,是很难谈办学效益的。就学校归属来说,有国家教委直接管理的,有归属中央其他部委的,有省市自治区兴办的。学校因为各归其主,故专业设置的重复相当严重而又无法解决。鉴于各校独成一家,教员、图书资料、实验室、各种教学设备等各归各,相互间很少联系,各个学校都追求小而全,资源很难谈到合理利用,其间造成的浪费,绝不是一个小数字。这种模式是解放初学习原苏联的体制而形成的。这种模式,对促进我国单科院校的迅速发展,多出人才,快出人才,以及高等院校完整体系的形成功不可没,对经济和科技发展起过积极作用。但即使在当时,就已存在不少潜在的严重矛盾:专业划分过窄,设置重复,力量分散,资源配置不合理,学科结构不合理,形不成综合优势等等。随着时间的推移,这种体制所潜伏的矛盾日见尖锐,同当前的经济体制,同今天科技发展对人才的要求,同提高办学效益的需要和高等院校的进一步发展极不适应,因此,自下而上,要求联合的愿望日渐强烈。

**多样的形式**

由江西大学和江西工大合并而成南昌大学已经一周年了。这是办学水平接近,培养目标、招生范围大体相同,以学科互补、专业渗透,提高学生综合素质,使教学质量、办学水平迈上一个新台阶为目标的合并。实践证明,这种合并绝不是1+1的量的扩大,而是形成一种新的机体,展现了新的面貌和活力。合并后原有的76个专业优化组合成66个,学科之间交叉渗透综合融汇,新学科点和学科群正不断产生,形成了办学新模式,提高了教育改革的力度,建立起新的管理机制。合并后校部管理机构从32个精简为26个,中层干部年龄结构也更趋合理;合并后学校形成万人规模,调动了各方面支持教育的积极性,扩大了学校在国内外的知名度,教学设备的添置、学校建设、博士点、硕士点的增设有了很大的发展。四川大学和成都科技大学合并成四川联合大学,也属于这一类型。这两所全国重点大学合并而成的四川联合大学,为在我国西南半壁建立起一所实力雄厚的高水平的教育中心和科技中心,创造了更好的条件。

形式多样,多姿多彩,是我国部分高等学校在实行联合中呈现出的一个显著特色。学科结构大体相同的北京联合大学外语师范学院、北京师范学院分院、北京师范学院合并为首都师范大学,开创了同类学校合并的先河,学校规模扩大,领导力量加强,资源配给合理,办学效益提高等优点,正在实践中日益显示出来。

由上海工业大学、上海科技大学、上海大学、上海科技高等专科学校四所地方高校合并而成的上海大学,成为上海市属的集理、工、管、文、法、商、美等多学科于一体的综合大学,为上海经济发展培养跨世纪的复合型人才。校长由著名科学家、全国政协副主席、中科院院士钱伟长教授担任。新组建的上海大学,成为上海高校中学科门类最多、专业覆盖面最广、在校学生规模最大的学校。这是上海高校体制改革的一项重大措施,也是为适应上海经济迅速发展对人才需要而采取的重大措施。上海大学是目前参与合并的学校数最多的一所。该校由上海市人民政府投资建设,为优化高校布局结构,提高办学效益和提高教学质量创造了比较理想的条件。扬州大学由扬州工学院、江苏农学院、扬州医学院、扬州师范学院、江苏水利工程专科学校、江苏商业专科学校、江苏税务学院合并而成,成为目前单科类院校合并最多的一所多科性大学。

学校位置靠近的中国对外经济贸易大学、中国金融学院、北京服装学院、北京中医大学、中央财政金融学院等几所大学,则是一种教师、信息、教学设施互用共享式的联合。华南理工大学、华南师范大学、暨南大学、广东机械学院、广东民族学院、华南农业大学连成一片,被誉为大学城;上海交通大学、上海农学院、上海医科大学、华东理工大学构成的大学区;东北林业大学、东北农业大学、黑龙江大学、黑龙江中医学院的联合都属于这一类。这种松散式的联合,隶属关系不变,投资渠道不变,人事关系也无大变化,简便易行,便于操作,对教学、科研、技术开发、校办产业、后勤等方面的合作将产生很大的促进。北京林业大学和北京农业工程大学的有关部门,制订了具体的协作实施细则,专业互补,学科渗透,设备资料共享,教师互相兼课,图书资料相互借阅,这种协作,使两所学校的关系变得十分密切。这种部门与部门间的协作,也很富有特色。无论是松散式的联合,还是部门间的协作,都在高等学校资源的合理利用方面,迈出了可喜的一步。

据有关部门的初步统计,目前已经和正在酝酿合并、联合的大学已达200余所。这些不拘一格的合并、联合、协作,加强了校际间的横向联系,使各学校间的专业结构都得到了调整,扩大了师生的学术视野,为高等教育注入了新的活力。

**从实际出发**

对目前高等学校改革中出现的联合趋势,教育战线的同志态度比较冷静、客观。不趋之若鹜,争先恐后,也不机械效仿。一切从实际出发,是这次联合趋势的本质特点。需要联合,有基础,条件成熟,即联合,人们称之为水到渠成,瓜熟蒂落;有需要,但目下还不具备条件,时机尚未成熟,就先不联合或缓联合;有的学校不需要联合,可以走另一种发展道路,不勉强联合。这种心态和做法,是我国高等教育改革扎实、成熟的表现,也是高等教育改革健康发展的标志。

应当说,联合是一种形式。本质的内涵还在于合理利用资源,提高办学效益,提高教学质量。(陈兴贵)

《人民日报》1994年6月11日

## "211工程"效应

21世纪的钟声即将敲响,中国人在描绘下个世纪中叶中华民族振兴的宏伟蓝图时,确立了现代化建设分三步走的战略方针,并绘出了21世纪中叶达到世界中等发达国家水平的坐标。

于是,以迎接21世纪的挑战,重点建设100所大学和一批重点学科为内容的"211工程"正式诞生,并在高教界乃至全社会都产生了巨大的反响和冲击力。

**跨世纪智力工程**

煤炭工业部副部长范维唐是从科技和人才导入话题的。他介绍,我国是世界第一产煤大国,目前年产煤达11亿吨。与发达国家相比,突出的是科技落后,人才十分缺乏。美国年产煤10亿吨,工人只有13万人,而我国则多达700多万人!

石油工业是我国国民经济的支柱产业之一,去年原油产量已居世界主要产油国第五,尽管如此,我国国民经济的发展使供求矛盾日益尖锐突出。如何解决这些问题呢?中国石油天然气总公司王涛总经理一针见血:"发展石油工业,没有高素质的职工队伍是不行的。我们要有长远的眼光,超前规划,超前投资,超前发展。这是保持我国石油工业持续发展的根本大计。"

能源业如此,运输业任务也不例外。在1990年的基础上,铁路运输计划到2000年货运量增加6亿吨左右,客运量增加5亿人次左右。我国现有高级职称人才,80%将在本世纪末以前退休,补充问题迫在眉睫。

出路何在?科技!人才!于是,各行各业,各个领域不约而同将目光聚焦于教育,尤其是高等教育。因为这里是科技攻关的重要基地之一,也是孕育人才的摇篮。"211工程"的诞生,其深远意义正在于此!国家教委副主任张孝文所说:"211工程"是出人才、上水平、促改革、增效益的工程。

我国提出"211工程"是在1991年底。在刚刚结束的全国教育工作会议上,李鹏总理明确指出,"211工程",是一项国家重点建设项目,要分期分批加以实施。

"211工程"正式启动之后,中央各部委先行一步。一个时期以来,哈尔滨工业大学、国防科技大学、中国矿业大学等一批学校,先后进行了部门预审,从而正式拉开了"211工程"实施的大幕。

通过部门预审,仅仅是个开端。根据有关部门负责人介绍,后面还有预备立项、评审、批准立项等难关,把关更严。

"211工程"正向我们走来,一场在各高校之间展开的激烈竞争在所难免,并将在更大的范围内展开。这种竞争是件好事,因为它将促成我国高等教育万马奔腾竞相发展的良好局面。

**1+1是否大于2**

中科院院士、东北大学闻邦椿认为,全国1 000多所高校,不可能齐头并进。这就为许多有实力也有魄力的高校提供了发展契机。能否找准差距和不足,并以改革的思路,制订出学校的未来发展计划,则是跻身"211工程"的关键。

经费不足效益不高,办学体制不顺是我国高校的突出问题。有关统计表明,我国大学生均数约为每校2 500人,不足千人的学校至今还有80余所。师生比仅为6.5∶1,远低于14∶1的世界平均水平。"211工程"提出之后,人们开始果断地向这一痼疾举起了改革的手术刀。

最先行动的是江西省,1993年5月4日,由江西大学和江西工业大学合并而创立南昌大学,并很快显示了"一加一远远大于二"的效应:一是学校整体办学实力大为加强,优化了学科结构,形成了新的学科生长点。二是学校已成为博士学位授权单位,教学与学术水平上了新台阶。合并后,学校新增一个博士点、两名博士生导师,结束了江西长期无博士点的局面。

接着,联合、合并之风吹遍九州,1994年初,对外经贸大学等5所地处北京东北部的高校携手合作,积极探索教育改革的新路子。

集合4所地方性大学而创办的上海大学,今天已成为上海市较为引人注目的一所高校。

当然,最具轰动效应的还是四川大学和成都科技大学的联合。分别以文理和工程技术见长的这两所重点大学合而为一,组成四川联合大学,此举促进了文理渗透,理工结合。新校专业面宽,学科遍及科学技术、人文社会科学等一些主要领域。现有本科专业90个,博士、硕士点120个,博士后流动站3个,国家重点学科5个,国家重点实验室和专业实验室4个。

联合,1+1,不是简单的加法,而是观念、体制的变革,是吐故纳新的磨合,因之,应该收到1+1大于2的成效。

**突破现状创新局**

目前,我国拥有1 064所高等院校,分别隶属于国家教委、中央各部委以及地方政府管辖。三套马车、各行其道,构成今天高等教育改革与发展的一大难题。

在哈尔滨工业大学,记者欣喜地看到,在航天工业总公司和黑龙江省的全力支持下,学校在改革方面已迈出新的步伐:

以工程项目为集合点,组建学科群,在为经济建设服务过程中,培养人才,提高学科建设水平；占地170公顷的哈工大高新技术园区，是国内第一家由高校自办的园区。自1992年筹建以来，已吸引海内外众多投资者，为学校的教育改革提供了有力的实验场和物质基础。一批重点建设项目如科技市场等已经启用，一批高新技术产业正在投产，图书馆、体育馆等一些基础教学设施正拔地而起。以高新技术为龙头，以房地产为突破口的园区未来发展规划，正在呈现出诱人的前景……

该校杨士勤校长对记者说，过去的校园主要是旧建筑物，是所典型的马路学校，占地只有60公顷，加上处在哈尔滨市的闹市区，发展相当困难。地方政府得悉这一情况后，给予全力的支持。

黑龙江省副省长周铁农说，哈工大虽然不是省属院校，但我们以她为荣。不把她当外人，甚至采取倾斜政策，支持哈工大进入"211工程"，为我省高校树立起一个样板、一个典型。

**联合、共建正在更大的范围、更高的层次上进行**

继今年初广东省提出和国家教委共建中山大学和华南理工大学之后，最近农业部、卫生部又分别提出和广东共建华南农大、中山医科大学；

山东省也采取积极措施，支持国家教委所属的山东大学、青岛海洋大学的建设；

厦门大学行动更早，去年4月就在厦门市的支持下成立了教育发展基金会，得到14家外经贸公司的资助。今年，厦门又提出和国家教委共建厦门大学，使之在办学体制上又迈出一大步；

4月2日，中国航空工业总公司和北京市签订协议，合办北京航空航天大学；

4月29日，上海市和国家教委的举措再次震动了全社会。复旦大学、上海交大和上海外国语大学接受共建之后，原建制和投资渠道不变，上海市则为三校提供一定补贴和政策优惠……

**热烈又需镇定　积极更要有序**

今天，"211工程"在高等院校可以说是深入人心。但未必都了解他的真实意义。对此，国家教委"211工程"办公室主任王忠烈教授再三强调说，对于"211工程"，不要误解为重新确定重点高校，而是重在建设一批高校。工程的目的是调动和发挥各方面的积极性，使一批高校的教育质量、科研水平和办学效益等方面有较大提高。在高教改革中起示范带头作用。现在大家争上"211工程"，必须实事求是，我们需要的是积极而有序的工作。

不少专家也提出，"211工程"是件好事，一定要办好。切勿一哄而上，应当实事求是，找出和世界著名大学的差距，脚踏实地稳步进行，专家们为此提出了许多建设性的意见：

——要实事求是，找准差距，不可急功近利。进入"211工程"的高校，关键是要做好学校的整体发展和改革规划。要结合国民经济建设和社会发展的需求，分析学校现有的水平，订出切实可达到的目标。不可盲目高标准。正像李岚清副总理指出的那样，改革搞得不好的高校，不能进入"211工程"行列。

——要求质量，求效益。许多世界著名大学荟萃了众多的著名专家学者。相形之下，我国的大学就捉襟见肘。因此，学校必须在提高教育质量和科研水平，加强学科建设，提高效益上下功夫。"211工程"不是追求数量规模。现在一个当务之急，是培养一大批跨世纪的年轻学术带头人。

——投入是硬指标,必须加以保证。有的学校为能得到更多经费投入,争进"211工程"。这不可取。但"211工程"涉及国计民生,就必须有相应的投入。在当前国力的情况下,这种投入是多方面的。各级政府、主管部门必须统筹安排,真正落实。与此同时,进入"211工程"的学校,也必须通过深化改革,多渠道自筹建设经费。不能拆东墙补西墙。基础教育解决不好、拖欠教师工资的地方,必然影响高校进入"211工程"。道理显而易见,基础教育是高等教育的稳固基石。

"211工程"已在激烈的竞争、有序的工作中起步了。她着眼于21世纪,落脚在现代化建设。人们相信"211工程"将为中华民族在下一世纪的腾飞,带来一片光明!

《光明日报》1994年6月30日

### 上大举行新党员入党宣誓

上海大学为庆祝中国共产党诞辰73周年,举行了新党员入党宣誓、召开党建工作经验交流会和离休党员座谈会等一系列纪念活动。

《解放日报》1994年7月1日

### 上海大学和华东电管局协同攻关 一项科研成果达国际水平

由上海大学(原上海工业大学)和华东电业管理局合作进行的"含抽水蓄能电站系统和华东调峰电源系统规划"研究,经过科技人员四年研究已获得成功并通过专家鉴定。著名电力专家周孝信等认为,这项成果具有推广价值,仅华东地区今后十多年内,这项成果就涉及上百亿元的投资导向和每年可节约数亿元。经国际联机水平检索,这项成果的综合水平已达到90年代国际先进水平。据了解,由上海大学言茂松教授、华东电管局程道平高级工程师牵头的课题组完成的这项课题,不仅对新安江电站扩容、抽水蓄能和燃气轮机的开发等投资导向起到决策支持作用,还能参加国际招标,参与国际技术市场竞争。

《文汇报》1994年7月2日

### 高校与科研院所组建"联合舰队" 上海成立应用物理研究中心

由复旦大学、上海交通大学、同济大学、华东师范大学、上海第二医科大学、上海大学六所高校和中科院在沪的六个研究所共同组建的"上海应用物理研究中心",日前在复旦大学隆重挂牌。这是在国家科委指导下,上海市科委主持推出的高校与科学院系统大联合的新尝试。国家科委副主任惠永正、上海市副市长徐匡迪为中心揭牌。该"中心"将以有关单位的21个重点实验室为依托,向国内外开放,打破部门所有制束缚,为优秀中青年研究人员创造优良的研究环境,加快基础研究成果向应用技术的转化,逐步建成国家级且具有国际知名度的研究中心。(齐全胜)

《光明日报》1994年7月14日

### 上大制止美院招生乱收费

记者昨天从市纠风办获悉,上海大学美术学院中专部今年招生时对6名学生收取赞助费,日前被上海大学查处纠正,并已明确告知有关家长,只按规定收取学生入学费,不收任何赞助费。

上大美院中专部今年计划招生22名,因缺少办学经费,在招生中违反有关收费规定,擅自决定要计划内招收的第17名至第22名学生每人交纳3万元赞助费,并签订了赞助合同,引起学生及家长不满。上海大学是收到学生家长举报信后作出查处的。

据悉,上大美院领导对该问题已有一定认识,表示要吸取教训,严格按政策做好招生工作,提高学校管理水平。(吴志强)

《解放日报》1994年7月14日

### 培养多层次、多规格、高水平人才　上海大学推出教改新举措　鼓励学生攻读"双学位""双专业"和辅修课　试行学制互通,学生学习时间可长可短　新生全部实行学分制的同时实行导师制和导生制

上海大学决定从今年秋季起,逐步打破各校区、学院的界限,按19个学科大类制订统一的教学计划,向学生提供统一的选课课程目录。教师在全校范围内按需调配,不局限于原来的校区。这一改革新举措是该校昨天在深化教学改革研讨会上宣布的。

为了培养多层次、多规格、高水平的人才,上大鼓励在校学生除了攻读自己报考的一个专业外,还可在全校各校区、各学院内选择其他专业攻读"双学位""双专业"和辅修课。学习成绩优秀的学生,校方奖励其攻读;一般学生缴费就读。

上海大学还试行学制互通,允许接受成人高等教育的优秀生转入普通高等教育,获取普通高等教育学历文凭。三年制专科生中的成绩优秀者可转入本科学习。学校还将从社会上招收一批自学成才的学生,根据他们的程度插入相应的学科和年级就读。学生学习时间不固定在4年,可缩短至3年,也可延长到6年。

今年秋季起,上大在对新生全部实行学分制的同时,实行导师制和导生制。导师由具有讲师以上职称的教师担任,每10名本科生、15名专科生各配备一位导师。为指导新生适应新的学习环境,上大为学生宿舍楼每一层楼面都配备了"导生","导生"由优秀的高年级学生或研究生担任。(成滋　一鸣　再愚)

《解放日报》1994年7月17日

### 著名艺术家为上大美育出谋划策

本市一批著名书画家、艺术家日前来到新成立的上海大学,为该校美育教育出谋划策。

程十发、吴青霞、夏伊乔、沈柔坚、张充仁等艺术家分别从重视传统文化艺术、加强品德修养、改进艺术教学方法等方面提出了自己的看法。他们还参加了上海大学新建成的"人文艺术展览厅"揭幕仪式,画家们当场作画致贺。(王琼)

《解放日报》1994年7月22日

### 上海大学——按三种考试成绩录取新生

上海大学常务副校长杨德广宣布录取工作新措施,其中有:

——特别重视考生高中会考成绩。录取新生的基本方法是按高考、会考、加试等文

化考试的成绩,从高分到低分录取;对按这三种文化考试成绩排序的前 2 500 名考生,即使填写志愿过于集中,录取前面志愿发生困难,也将事先征询意见,调剂志愿录取。

——对填满 8 个专业志愿的考生将充分考虑他的每一个志愿,防止出现优秀考生因没有填写好志愿而落选的情况出现。如考生本人认定某几个专业而不愿意调剂,将尊重本人意见转入下一批学校录取。对有争议的考生,学校招生委员会要进行充分的讨论,最后通过无记名投票决定。

——学校特设专长特长考生录取组。对有专长特长的考生(须由所在的中学及有关方面出具证明),该校专长特长考生录取组负责进行考核,学校招生工作监察委员会审核录取名单,最后由学校招生委员会集体讨论是否录取。

预计该校第一批录取新生于 8 月 5 日左右发榜。(陶洪光　张自强)

《文汇报》1994 年 7 月 23 日

### 上大悉尼工商学院今秋招生　设国贸、商管、会计三个专业

由上海大学和澳大利亚悉尼科技大学合办的上海大学悉尼工商学院将于 8 月初开始公开招生,这是记者从上海大学前天召开的新闻发布会上获悉的。

上海大学悉尼工商学院今年秋季开设国际贸易及英语、商务管理及英语、西方会计及英语三个专业,学制两年。学生毕业后可获得大学专科水平毕业证书和由悉尼科技大学商学院颁发的商科高级证书、由悉尼科技大学语言中心颁发的英语水平高级证书。(张蕴)

《解放日报》1994 年 7 月 28 日

### 香港星光公司捐赠巨款　组建上大知识产权学院

香港星光传讯(集团)有限公司向上海大学捐赠知识产权教育基金签字仪式昨天在沪举行。中国专利局局长高卢麟、上海市副市长谢丽娟、上海市政协副主席赵定玉等出席了签字仪式。

根据协议,星光集团首期捐赠 200 万元。在今后十年内,集团还将通过中国知识产权教育发展基金,向上海大学捐赠人民币 1 250 万元,用以组建上海大学知识产权学院。(陶鑫良　姜伯炎)

《解放日报》1994 年 9 月 2 日

### 上大新生接受军训

上海大学 94 新生军训阅兵式昨天举行,3 100 多名新生接受了市府、市教卫办、部队和学校领导的检阅。

上海大学在为期一周的军训中,还要求各军训团把入学教育、党团建设、集体活动、文化生活与军训工作结合在一起,着重于共产主义信仰、艰苦奋斗精神、组织纪律意识、集体主义观念、互助合作品质的培养和加强。军训期间,272 位团员向党组织递交了入党申请报告,46 位同学向团组织递交了入团申请,其中 18 位同学还火线入了团。(张蕴)

《解放日报》1994 年 9 月 2 日

## 上大悉尼工商学院开学

昨天,中澳合作上海大学悉尼工商学院举行开学典礼,上海大学常务副校长方明伦教授、澳大利亚悉尼科技大学校长 Guthrie 教授到会致辞。

该学院今年秋季首次招生,目前在校学生近 300 人。

《解放日报》1994 年 9 月 8 日

## 上大成立电视艺术系

上海大学文学院电视艺术系昨天正式成立。龚学平副市长和汪道涵同志等出席成立仪式。

为适应和推动上海及华东地区电视事业的发展,上大文学院和上海电视台决定联合创建电视艺术系。日前,首批招收的 16 名本科生已经入学。作为这个系师生进行教学实践的当代电视制作中心昨天也同时成立。

《解放日报》1994 年 10 月 7 日

## 上海大学文学院设立电视艺术系

本报讯 培养复合型电视专业人才的新兴学科——上海大学文学院电视艺术系昨天成立,这是上海大学与上海电视台联合创建的;同时还成立了当代电视制作中心。龚学平、汪道涵等出席了成立大会。上海大学文学院电视艺术系为四年制本科,旨在培养具有较高理论水平和艺术素养,在电视编导、策划与制作方面有实际操作能力的专业人才,为上海乃至全国电视业输送人才。(傅庆萱)

《文汇报》1994 年 10 月 7 日

## 上海确定高校"两课"改革突破口 让《邓小平文选》三卷内容进教材进课堂进头脑

上海市近日提出,近一二年要在高等学校中突出解决《邓小平文选》第三卷的内容"进教材、进课堂、进头脑"的问题,以此作为马克思主义理论课和思想政治教育课(简称"两课")改革的突破口,用建设有中国特色的社会主义理论武装走向 21 世纪的大学生。

上海有六所高校被教育主管部门确定为"两课"改革的试点学校。这六所学校是上海交通大学、复旦大学、华东师范大学、华东理工大学、上海大学、上海轻工业专科学校。在为期四年的试点期间,允许试点学校在课程设置、教材安排、教学时数等方面的改革有充分的自主权。

上海市委、市府对"两课"改革和建设极为重视,把它作为"德育系统工程"来抓。"两课"改革的目标是:争取在 3—5 年内形成新的坚持马克思主义基本原理、适应中国经济和社会发展、切合学生实际的课程体系和相应的教材;形成一支有学科带头人、梯队结构合理、相对稳定的师资队伍;建设若干门受学生好评的重点课程。(张贻复)

《光明日报》1994 年 10 月 18 日

## 上大文学院又添教育实践基地

昨天,上海大众出租汽车股份有限公司总经理杨国平受聘为上大文学院客座教授。

与此同时,上大文学院与"大众出租"签订了一项合作协议。协议规定:双方本着互相支持,互相帮助,优势互补的精神,上大文学院为"大众"干部进行思想政治、经营管理等方面的理论培训,大众出租公司为文学院师生提供教育和科研的实践基地,以培养理论联系实际,德、智、体全面发展的复合型人才。

上海大学常务副校长杨德广等出席会议并讲了话。(尚达文)

《解放日报》1994年10月19日

### 我国特种光纤研究填补空白  昨在上海大学通过专家鉴定

上海市自然科学基金重点项目"特种光纤的研究"昨天在上海大学通过专家鉴定。该项课题包括8个分项目,即旋转光纤、旋钮—旋转光纤、螺旋光纤、旋转高双折射光纤,双芯光纤、三芯光纤、扁形高双折射光纤、超高双折射光纤等。均属填补国内空白。这些特种光纤的研究成果是上海市特种光纤重点实验室建成以来所取得的重大进展,均已达到国际先进水平,其中五项属国际领先。该项目负责人为中科院院士、上海大学名誉校长黄宏嘉教授。(褚乃良)

《文汇报》1994年10月20日

### 上海大学与徐汇区签约合作

上海大学昨天与徐汇区政府签订合作协议书。全国政协副主席、上海大学校长钱伟长教授等出席了签约仪式。

协议规定,徐汇区将为上海大学提供教学实验基地。徐汇区的房地产业、高新技术产业等重点企业,将作为上海大学有关专业学生实习的场所。上海大学将为徐汇区培养紧缺人才,特别是培养房地产业和商业管理专业的高级人才。此外,徐汇区房产经营公司将出资300万元,为上海大学建造一幢高6层的学生公寓楼。(张蕴)

《解放日报》1994年11月20日

### 为领导层准备后备军  上海大学学生到基层挂职锻炼

由原上海工业大学、上海科技大学、上海大学、上海科技高等专科学校合并而成的上海大学,把培养后备干部作为首要任务之一,设计和实施了培养后备干部"学校—社会大循环"的开放型渠道,特别在与所在地区党委、政府携手共育跨世纪人才方面,取得了新的突破。

该校党委认为,如何使大学生尽早在社会实践的大熔炉中得到锻炼、经受考验,使拔尖人才在35岁以前的最佳年龄段就能走上重要的领导岗位,这是整个社会对高等学校提出的紧迫而现实的课题。为此,该校党委与虹口区党委商定,组织32名在校优秀本科生和研究生,分别到虹口区所属25个单位和部门挂职锻炼一个半月。

这批挂职锻炼的大学生,在一个半月时间里,共参与虹口区"广粤住宅小区的规划"等13项重点工程的实践;独立完成"市场管理信息系统"等6套计算机应用软件;独立完成"远东企业形象"等7篇调研报告;撰写了《关于大柏树地区经济发展的构建》等3篇论文;编辑3期《虹口报》,编写《发挥科技优势,帮助企业走出困境》等11篇简报。

经过挂职锻炼的大学生都深深感到"这是一次珍贵的机会,一次绝好的锻炼"。他们懂得了"知识的价值在实践中得到体现,实践的课堂使自己得到充实",体会到"奉献是一种幸福"。

按照"学校—社会大循环"的育人思路,该校党委初步构想了培养后备干部队伍的"631"工程目标。"631"工程的内涵为:增强学校和社会共育人才、挂职锻炼的力度,每年为上海培养和输送60名左右大中型企业厂长、经理、党委书记的后备人选;30名左右有培养前途的学科带头人后备人选;10名左右可培养为高层次党政管理干部的后备人选。(史美圣)

《光明日报》1994年11月29日

### 上海大学与徐汇区政府合作

一个旨在实施高等教育与地区经济优势互补的相互合作协议书,日前在上海大学和上海市徐汇区政府之间签定。根据协议,徐汇区将为上海大学提供教学实验的基地,其重点企业作为上海大学有关专业学生每年实习的场所。上海大学将承担为徐汇区培养各层次紧缺人才的任务,特别是房地产业和商业管理两个专业的高级人才。(张贻复)

《光明日报》1994年12月8日

### 上海大学国商院网球场建成

中国和上海市大学生网球协会所在地上海大学国际商学院,日前建成设施先进的网球场。这所培养了多名优秀网球运动员的大学,为全校学生开设了网球课。(张健)

《解放日报》1994年12月19日

# 1995 年

**上海高新技术产业蓬勃发展　352 家企业年销售收入 300 亿元**

　　从上海科委获悉：上海的高新技术产业化上一年取得重大进展，全市认定的高新技术企业 352 家，年销售收入额达 300 亿元。

　　据介绍，上海高新技术产业化的成绩可概括为：一区多园，两个重点，三项计划，四大突破。

　　经批准的上海高新技术开发区，已经拥有漕河泾新兴技术开发区、浦东张江高科技园区、上海大学科技园区、青浦中国纺织城、嘉定民营科技密集区、松江莘莘学子科技园、闵行南洋高新工业园区等一批国家和地方科技园区。全市高新技术开发区年技工贸总收入达 100 亿元。

　　计算机应用及产业和现代生物与医药产业是高新技术产业化的两个重点领域，已实现产值 85 亿元。上海已列为国家级"金卡工程"试点城市和 IC 卡试点城市。在"金卡工程"建设中，开始实施"ATM/POS 联网信息系统"和"商户 POS 系统"两个项目。现代生物与医药产业已确定 60 个重大产业化项目和 30 个重大科技攻关项目，1994 年 5 月成立的"上海新药开发研究中心"将发展成为中国的"药谷"。

　　火炬计划、星火计划、科技成果推广计划为主体的高新技术产业化，已推出 1 449 项成果实现产业化，投资 43.03 亿元，新增产值 217.99 亿元。产业化实现了 4 个方面突破：产值首次突破百亿元，有 200 余家科技企业产值突破千万元，产业化项目突破 100 项，有 72 家企业创汇突破 100 万美元。（萧关根）

《人民日报》1995 年 1 月 15 日

**上海大学学生到商厦站柜台**

　　由上海国际商厦和上海大学自动化学院联合主办的"95 国际商厦——大学生日"昨天圆满结束。参与站柜台的大学生们说：这是一次与社会接触交流的好机会，有助于我们增强服务意识和市场经济意识。

　　本次活动内容包括 40 名大学生站柜台、为顾客提供电脑义务咨询和购物咨询以及为持有大学学生证者提供购物优惠服务等。（顾典）

《解放日报》1995 年 1 月 25 日

## "走壁"机器人在上海问世

我国第一台能跨越障碍的垂直壁面行走机器人日前在上海大学特种机器人技术应用研究室研制成功。这种机器人由两级计算机控制,具有全方位行走能力和障碍跨越能力,可在大型容器、船体上进行清洗、喷涂、检测等作业。经专家鉴定,其指标已达到和部分超过当前国际先进水平。(张平)

《人民日报》1995年2月5日

## 上大改革学生宿舍管理模式 校园文化建设出现崭新气象

上海大学针对全面实施学分制后出现的"班级模糊,年级淡化"的新情况,积极改革学生宿舍管理模式,探索加强校园文化建设和思想政治教育的新途径。

上海大学校本部自去年全面实施学分制后,学生上课、选课自由度大大增加,班级和年级的概念逐渐淡化,学生宿舍成了对学生进行思想教育和管理的较稳固的场地。学校成立了学生宿舍社区管理部。为了增强宿舍社区教育的有效度,提高寝室成员间的凝聚力,宿舍社区部根据新生的个性、兴趣爱好、生活情况等,进行寝室优化组合,从而使寝室成员关系融洽,增强了群体归属意识和集体主义观念。

上海大学着力营造宿舍环境的良好氛围,宿舍社区办起了《社区通讯》和《我们的天空》等社区教育小报;建立"洁、齐、美寝室"的日考、旬评、月竞赛制度,创建清洁、文明的寝室环境。社区还根据学生需求,组织《大学生最佳竞争心理漫谈》《科学与艺术的新境界》等大型讲座,开展社区文艺欣赏、演出、比赛等活动。

为了激发学生的主人翁意识,鼓励他们自理、自律、自治,社区还开展学生自发竞选管理干部。社区部成立了学生自律委员会,由选举产生楼长、层长和室长。还组建了由学生自发报名参加的文明督导队,及时帮助同学解决各种问题,制止各种违纪现象。在低年级学生宿舍中,还配备了一支由高年级优秀学生组成的导生队伍,以及时掌握低年级学生的思想动态和生活困难情况。在学校最近的一次抽样调查中,87%的学生表示遇到问题首先找导生,85%的学生表示信任导生。(张蕴)

《解放日报》1995年2月7日

## 制止"掮客"侵蚀高校人才领地

委托培养边远地区、国家重点建设单位的紧缺人才,这是国家教委80年代初期以来深化高教改革的一项重大措施。现在上海高校中的委培生已达2万余人,平均每6个大学生中就有一个委培生;每年毕业的委培生已达5000人左右。

但是,最近在某些高校发现"假委培"现象,令人忧虑。上海大学常务副校长杨德广研究员对此作了调查,他认为这一现象应引起有关部门严重关注,并采取措施杜绝"假委培"之风蔓延。

有关人士认为目前委培生招生制度尚待完善。现在招考委培生一般适当降分20分左右,从哪里来回哪里去工作,由委托单位向学校支付培养费用,同时提出人才培养规格要求,学校根据委托单位对人才思想素质和知识结构的需要进行培养。杨德广指出,这项正当的改革措施,被某些人不正当地利用,搞起了"假委培"的交易。这种不正当的交易,多是中间机构从中收取"管理费""介绍费"等不应有的费用。如有一个所谓"研究会",介绍一个学生就收取 3 500 元,交给学校 2 500 元委托培养费后,1 000 元归己所有。还有些地区的"人才交流中心""公司",以"为本地区委托培养紧缺人才","替高校代招委培生"的名义,组织学生报名、赚取报名费、管理费。

为了克服"假委培"现象,有关人士呼吁采取以下措施:教育招生部门和高校直接管理委培生招收工作,中间机构一律不得"承包"招生报名"业务",对做假的要严肃查处,同时要采取切实措施排除中间环节。(张自强)

《人民日报》1995 年 2 月 18 日

**上海大学调整学科专业**

上海大学成立以来,在改革、发展、稳定的基础上,对四校原有的院、系、学科、专业进行了较大幅度的调整。昨天下午,上海大学举行了新组建学院院长、副院长聘任仪式。

钱伟长校长向新组建的计算机工程与科学学院、通信与信息工程学院等八个学院的 32 名院长、副院长颁发了聘书。通过这一调整,上海大学将向学科紧密型的一流大学迈出扎实的一步。(范维明)

《新民晚报》1995 年 2 月 18 日

**上海大学外聘八贤**

由全国政协副主席钱伟长任校长的上海大学今天授聘夏征农为顾问。同时有 7 位在各学术领域卓有建树的专家、学者被聘为王宽诚基金讲座教授。

夏征农现年 91 岁,任上海市社联名誉主席、中国大百科全书总编委副主任、辞海主编、上海市当代人物研究会会长。被聘为王宽诚基金讲座教授的是:杜宣、蒋学模、蒋孔阳、章培恒、唐振常、谢稚柳、方增光。(范维明 张贻复)

《光明日报》1995 年 2 月 21 日

**上大聘著名学者为讲座教授**

上海大学昨天举行授聘仪式,聘请夏征农任上海大学顾问,7 位在各学术领域卓有建树的专家、学者同时被聘为王宽诚基金讲座教授。全国政协副主席、上海大学校长钱伟长昨天向夏征农和 7 位资深学者颁发了证书。

首批 7 位讲座教授分别为:杜宣、蒋学模、蒋孔阳、章培恒、唐振常、谢稚柳和方增先。(范维明 张蕴)

《解放日报》1995 年 2 月 21 日

**上海大学与中科院合建生命科学学院**

上海大学与中国科学院今天在此间签订了合作协议,决定共同组建上海大学生命科学学院。

双方商定:学院将开展科学研究和产品开发,逐步建设以高新技术为基础的制药、食品加工及医疗器械的产业,使之成为上海的一个重要的保健与医疗工业基地。双方以合

作的方式培养研究生,在教学、科研、产业、管理、师资队伍等方面进行全方位合作。(张贻复)

《光明日报》1995年2月23日

**上海大学生命科学学院组建**

上海大学与中科院上海生理研究所、细胞生物研究所和植物生理研究所昨天签订合作协议书,共同组建上海大学生命科学学院。全国政协副主席、上大校长钱伟长教授出席了签字仪式。

签约双方商定,上海大学生命科学学院将开展科研和产品开发,建设以高新技术为基础的制药、食品加工及医疗器械产业,使之成为一个重要的保健与医疗工业基地。同时,双方合作培养研究生;还将在教学、科研、产业、管理、师资队伍建设等方面进行全方位合作。(张蕴)

《解放日报》1995年2月23日

**上海大学悉尼工商学院招生**

中澳合作上海大学悉尼工商学院为满足社会需要,开设英语口语及商务证书教学班,由外籍教师执教,中方教师辅导。即日起开始报名,额满为止。简章备索。

学院同时开设计算机能力考核初级班。报名及上课地点:延长路149号;电话:6901343、6901353;联系人:曹小姐、戴小姐、龚小姐。

《解放日报》1995年3月1日

**上海大学悉尼工商学院招生**

中澳合作上海大学悉尼工商学院为满足社会需要,开设英语口语及商务证书教学班,由外籍教师执教,中方教师辅导。即日起开始报名,额满为止。简章备索。

学院同时开设计算机能力考核初级班。报名及上课地点:延长路149号;电话:6901343、6901353;联系人:曹小姐、戴小姐、龚小姐。

《解放日报》1995年3月3日

**花香春意浓**

3月5日上午8点半刚过,党和国家领导人胸佩红色证件陆续来到人民大会堂的一间休息室,等候着八届全国人大三次会议的召开。

休息室里,杜鹃花怒放,君子兰盛开,洋溢着融融春意。

江泽民总书记满面笑容。他一走进休息室便向在座的同志招手致意,随后同李鹏总理、乔石委员长、全国政协主席李瑞环坐在一起。他一会儿与李鹏有说有笑地谈论着什么,一会儿和乔石商量事情,李瑞环也不时加入他们的谈话。

马上要向大会作政府工作报告的李鹏总理表示,要虚心听取人大代表和政协委员的意见、建议,进一步改进政府工作,在新的一年里为人民办更多的实事,把政府各项工作做得更好。

看到卢嘉锡没有像往常一样拄着拐杖,乔石便用英语问:"Stick(拐杖)呢?"

卢嘉锡指着门外的工作人员幽默地说:"被他们'缴械'了。"

见到邹家华,卢嘉锡走过去向他反映:昨天到福建代表团时,听说龙岩棉花滩水电站建设遇到一些困难,希望邹副总理给予关注。邹家华当即表示要帮助妥善解决。

邹家华又对邻座一身戎装的刘华清说:"开完人代会我准备到四川去,了解一下军工企业的生产情况。"刘华清点头说:"那好嘛!"

朱镕基走进休息室后,同钱其琛、陈慕华坐在一起亲切地交谈着。胡锦涛看到秦基伟,便走过去握住他的手,关切地询问他的身体情况。

同是白发如银的费孝通、钱伟长并肩坐在一起。这时,黄菊走过来亲切地喊一声:"钱校长。"然后,两人谈起了高等院校的管理问题。

钱伟长兼任上海大学校长,他对黄菊说:"我主张高校管理首先要抓校风问题。"

"有道理,我们全力支持你。"黄菊赞同地表示。

王兆国见到铁木尔·达瓦买提,便同他谈起解决新疆和田群众的用水问题。这个问题在李瑞环的直接过问下,正在得到解决。王兆国告诉铁木尔·达瓦买提:"打井的钱已经落实了。"铁木尔·达瓦买提高兴地说:"太好了,太好了!"

洪学智和赵朴初坐在一起谈论着"两会"。赵朴初深有感触地说:"今年'两会'的筹备工作做得很细啊!"他们表示相信,这次"两会"一定能开成一个民主、求实、团结、稳定、鼓劲的大会。

听说孙起孟近日身体不适,还来参加大会,许多同志向他表示问候。

谈起今年的"两会",江泽民希望代表和委员们畅所欲言,共商国是。他说,只要全国各族人民上下一心,团结奋进,集中精力发展经济,我们的事业就会更加兴旺发达。

大会开幕的预备铃声响了。江泽民等党和国家领导人满怀信心地向主席台走去。

《人民日报》1995年3月6日

### 上大新增两个博士后流动站

组建近一年的上海大学,在学科建设中又向"211工程"跨进了一步。日前,经国家人事部和全国博士后管理委员会批准,上海大学又新增两个博士后流动站。其中一个是以徐匡迪教授为首的冶金学科,一个是以黄宏嘉教授为首的电子系和通信学科。

上海大学原来有一个以钱伟长教授为首的力学学科的博士后流动站。至此,上大已拥有三个博士后流动站,这为学校开展高层次的科研项目和培养高层次的青年科技人才提供了良好条件。(范维明)

《解放日报》1995年3月17日

### 上大成立网络教育中心

经美国NOVELL公司授权的第一家网络教育中心——上海大学银河网络教育中心,于昨天成立。

《解放日报》1995年3月30日

### 六所大学校长赴台访问

应台湾中华两岸文化统合研究会的邀请,由6所大学校长组成的教育考察团今天离京经香港前往台湾,进行为期两周的访问、考察。

考察团由北方工业大学、北京科技大学、中国地质大学、北京工业大学、中南工业大学和上海工业大学的校长组成。据介绍,在台期间,考察团将访问台湾的清华大学、交通大学、淡江大学、中兴大学等7所高等院校,参观、考察新竹科技开发区等。考察团团长、北方工业大学校长仇春霖表示,这次访问、考察将有助于增进两岸教育界的相互了解,加强两岸教育、科技方面的合作。(朱治德)

《人民日报》1995年4月14日

### 两岸学者共著应用文丛书

海峡两岸的学者正在积极筹划出版一部能通用于海峡两岸及港澳的应用文丛书,以消除历史原因造成的目前存在于各地的文体差异。全国政协副主席安子介以语言学家身份受聘为这套丛书的顾问。

据介绍,这套大型丛书分六个部分,包括供各地选用的大学教材、中学生读本、普及读本、有关应用文的研究资料、辞典以及理论著作,共计550万字。由两岸及港澳的专家和教授组成的编委会,已着手进行编撰工作,预计全套丛书于1999年出齐。

丛书编委、上海大学教授于成鲲和上海大学中文系主任李白坚日前专程赴港拜会安子介,征求对丛书编写方面的意见。

《人民日报》1995年5月3日

### 依仗科技优势　调整产业结构　上海六大支柱产业发展势头强劲　两大高新技术产业灿然崛起

上海市依仗科技优势,调整产业结构,使工业发展从过去主要依靠传统工业支撑转向主要由新兴产业和高新技术产业支撑,取得了成效。汽车、通信设备、电站设备、石油化工、钢铁及家用电器六大支柱产业迅速崛起,并形成规模经济。去年共完成工业产值1 200亿元,销售总额1 441亿元,利税总额250亿元,在全市工业中所占的比重分别为36%、45%和55%。紧跟其后的计算机应用与产业和现代生物与医药产业发展势头更猛,去年已创造产值200亿元。预计到2000年,六大支柱产业和两大高新技术产业的总产值可达3 500亿元。

这些支柱产业和高新技术产业有三个特点:一是技术含量高,附加值高;二是生产手段现代化,具有经济规模;三是产品适销对路。上海汽车工业的经济效益连续多年居全国汽车行业之首。生产桑塔纳轿车的上海大众汽车有限公司,在今年二期工程投产后,今后两年中销售产值每年将以100亿元递增。通信产业已形成程控交换机、光纤通信、移动通信、传真机和卫星通信五大部类,产量三年翻三番。

科技攻关会战有力地推动了支柱产业的形成。市委、市政府主要领导从1988年起亲自抓全市14项重大工业项目攻关会战。选择属于支柱产业的项目或产品的关键技术进行重点攻关,总投资105亿元、外汇额度12亿美元。全市有100多家高校和科研机构的4 000多名科技人员参加攻关,涉及200多家大中型企业。攻关会战的结果,大大提高了桑塔纳轿车、DF-300相机、程控电话交换机、彩色显像管、彩色感光材料的国产率;使上海电站设备工业得到了技术改造,优化了30万千瓦亚临界电站的性能,基本掌握了60万千瓦超临界电站和60万千瓦核电站设备的制造技术,为秦山核电站提供了主要设备,还与巴基斯坦、菲律宾等国签订了30万千瓦核电站设备的出口合同。

为不断培育新的支柱产业,上海市政府提出,要不惜代价加快高新技术产业化的步伐。为此,市科委采取"条、块、面一起抓"的办法。"条"就是重点抓计算机应用与产业和现代生物与医药产业;"块"就是加快高新技术开发区的发展,形成"一区多园"的局面;"面"就是全面推进火炬计划、星火计划和科技成果推广计划。"条、块、面"互相促进,加快了高新技术产业化。1994年,两个重点抓的产业的产值达到85亿元,352家高新技术企业实现产值250亿元,以三个计划为主的科技成果产业化产值突破100亿元。高新技术开发区已发展成包括漕河泾新兴技术开发区、张江高科技园区、中国纺织国际产业城、上海大学科技园区的多园局面,总面积22.1平方公里。

现在,两个重点抓的高新技术产业都有了明确的发展目标和切实的措施。计算机产业以"金卡工程"为突破口,重点发展商业电子化、家用电脑、金融电子化和机电一体化,今年的产值要达到40亿元。现代生物与医药产业的产值要达到80亿—100亿元,重点开发八大类药品。初步确定在漕河、浦东和松江工业区形成生产基地。目前,已有31个项目进入浦东,5个项目已经投产。(萧关根)

《人民日报》1995年5月16日

**上海大学发放首批贷学金**

由上海教育发展基金会出资80万元、上海大学出资40万元共同建立的市教育发展基金会上海大学学生贷学金昨天在上大设立,使该校生活困难的学生每人每月可得到100—200元的贷学金。全国政协副主席、上大校长钱伟长和市教委主任郑令德出席了仪式,并为首批123名学生发放了贷学金。

上海大学目前经济较困难的学生约占20%,在硕士生、博士生中占60%—65%。贷学金的申请对象为1994年9月1日以后入学的在册学生。如学生在校期间违纪违法或学习不努力者,将被取消贷款申请或终止贷款。到期贷款未还清的,将缓发毕业证书、学位证书等。(张蕴　杜惠仁)

《解放日报》1995年5月17日

**面向社会　自主招生　择优录取　上大今年招收新生五千**

上海大学今年将招收5 000名本科和专科新生,并继续实行"面向社会、自主招生、择优录取"的招生改革。这是昨天上大召开招生信息发布会宣布的。

上海大学共有18个学院,今年按系招生。同一个系的学生,在低年级时采用同一教学计划,到高年级时再分流到各个专业或专业方向。

该校对高考成绩在上海市录取资格线以上的考生,将根据9门课程会考成绩和等第,部分专业的加试成绩,高考的语、数、外3门成绩,以及特长等,进行德、智、体全面评审,择优录取。参加国际、国家或省、市各类科技、文化、艺术、体育等竞赛的获奖者,及获得国家和市、区表彰的学生,录取时可加分。同时,也适当参考考生高中三年的平均成绩。上大今年的收费标准为2 700—3 000元/年;上大美术学院为5 000元/年;上大悉尼工商学院为8 000元/年。学校还设有优秀学生奖学金。奖学金分四等:分别为每年4 000元、2 000元、1 000元、500元。(张蕴)

《解放日报》1995年5月18日

### 上大设生命科学学院等三个学院　上海电子工业学校昨获德国学历认可证书

上海大学的影视艺术技术学院、生命科学学院、外国语学院昨天正式成立。全国政协副主席、上大校长钱伟长在成立大会上分别为影视艺术技术学院名誉院长龚学平、院长谢晋导演,生命科学学院院长杨雄里院士授证。

上海大学原有18个学院,新增3个学院后,上大已成为全国高校中学院数居首位的集理、工、管、文、美、法、商、艺为一体的门类齐全的综合性大学。(裘新世　张蕴)

《解放日报》1995年5月20日

### 一张志愿不再定终身　上海大学三招:尊重考生志愿;二年后定专业;学生可转系

"一张不合个人愿望的志愿表定终身"的情况,在自主招生的上海大学中不复存在了。

上海大学是去年由四校合并而成的地方大学,拥有理、工、文、管、美、法、商等18个学院。学校今年招生计划规定,招生以学院为单位组织,学生以系为单位填报志愿。学生入学后基本不分专业,在学完第二年课程后再选择专业或专业方向,分流到合乎个人志愿的专业中去。考生在志愿中只需填写学院和系。凡愿意调剂志愿的考生,可在考生综合信息登录表上有序填写10条志愿信息。

为使学生在成才的过程中充分发挥个人特长和兴趣,学校允许学生转系,并设立"计算机应用""管理工程""涉外经济法""知识产权""广告"等第二学科专业,供学有余力的学生选读;另外,还设置各种辅修专业,开设一定数量的跨专业、跨学科的选修课。学校还实行双专科制、专升本制、双专业制、本硕连读制、硕博连读制。(张贻复)

《光明日报》1995年5月25日

### 上海科技事业蓬勃发展
#### 高新技术园区

上海高新技术产业开发区开创了"一区多园"的新局面。从1991年3月以来,国务院、国家科委为支持上海高新技术产业的发展,先后批准了漕河泾新兴技术开发区、张江高科技园区、上海大学科技园区、青浦中国纺织城为上海高新技术开发区的组成部分。在此同时,嘉定民营科技密集区、松江莘莘学子科技园、闵行南洋高新工业园等一批民营科技园也纷纷兴起,高新技术开发区的发展带来了高新技术产业化的发展,开发区内认定的高新技术企业达126家,年总产值达80亿元。(下略)

《光明日报》1995年5月26日

## 新上大一岁了

由原上海工大、上海科大、上海大学和上海科专联合组建的本市学科门类最全、专业覆盖面最广、在校生人数最多的综合型大学上海大学,昨天举行联合组建一周年暨原上海大学建校73周年庆祝大会。

一年来,上海大学在新生中全面推行了学分制和选课制,使学生的学习由被动变为主动。与此同时,还从修完大学本科三年课程的理工类学生中,选择出类拔萃的学生进行重点培养,用两年时间,再系统地嫁接一门专业知识。(范维明 薛敏芝)

《解放日报》1995年5月27日

## 上海大学欢迎优秀考生自荐

上海大学是本市学科门类最全、专业覆盖面最广、在校学生最多的综合性大学,目前已有各类学院21个。今年上海大学将在上海地区招收新生4 000余名,约占全市自主招生人数的三分之二。

今年上海大学将按学院招生,每个考生可填报10个志愿。同时上海大学仍将实行四级奖学金制度,特等奖学金4 000元,凡会考成绩为9A、8A1B、7A2B(3A)以上的考生和本年度市三好、优秀团干部、国家级、省市级各类正式竞赛中一二等奖获得者、列入上海市教委1 000名推荐生且会考成绩在6A3B以上者,将获得4 000元奖学金。同时上海市教育发展基金会和上海大学共同设立了年金额为30万元的贷学金,困难学生入学后可通过申请贷学金的方式完成学业。

今年上海大学招生工作仍将按会考、高考、部分专业加试和特长四元作为录取新生的测评标准,同时也将实行中学校长推荐和优秀毕业生自荐的报考办法。凡会考成绩在5A4B以上的考生,均可在6月3日到上海大学各招生咨询点领取自荐表。凡经审核后被确认资格的推荐、自荐生,将在以后的录取工作中予以优先考虑。(周鸿刚)

《新民晚报》1995年5月29日

## 上大与儿福院共建"爱心基地"

上海大学与上海市儿童福利院前天签订了"爱心基地"共建协议书。上海大学的志愿学生将定期赴儿童福利院开展义务服务,为幼儿进行启蒙教育,提高学业,同时也培养自身的助人为乐、无私奉献的精神。(周鸿刚 钱峰)

《解放日报》1995年5月30日

## 上大成教院组建普陀分部

上海大学昨与普陀区教育局签约,组建上大成教院普陀分部,以实现"高中分流与成教结合多证出校"的办学模式。(张蕴)

《解放日报》1995年6月3日

## 报考上大考生需填登录表

上海大学招生办昨天提醒填报上大的考生:在填写上海市普通高校报名登记表和考

生志愿表的同时,必须在6月15日前到上大设立的咨询报名接待点领取并填写"考生综合信息登录表"。

上海大学在校本部(延长路149号)、嘉定校区(嘉定城中路20号)、静安校区(新闸路1220号)设立登录点,接收考生登录表。松江、金山、青浦、奉贤、南汇、崇明6县的考生,今、明两天到县招办或招办指定地点交表。考生还需携带会考成绩单原件、专特长获奖证书原件、志愿表草表或复印件及一寸报名照一张。

《解放日报》1995年6月13日

**上大CASE教学中心落成　中国高校科普创作研讨会在沪召开**

由IBM中国有限公司捐赠并协助建立的上海大学CASE(计算机辅助工程)教学中心昨天正式落成并投入运行。全国政协副主席、上大校长钱伟长出席落成典礼。

去年初,IBM中国公司向包括上大在内的五所中国大学捐赠价值280万美元的有关设备,并协助各所大学开设CASE课程及建立CASE实验室。IBM公司还与市教委、计算机应用与产业发展领导小组办公室共同组成上海市计算机辅助软件工程教学中心领导协调委员会。

《解放日报》1995年6月13日

**美化市容　宣传"七不"　开展调研　上大近万学生参加社会实践**

上海大学今年起将大学生暑期社会实践列为必修学分,以推动大学生暑期社会实践活动的全面开展。连日来,由近万名上海大学学生组成的"上大暑期社会实践大学生志愿队"分赴各区,有的参加美化市容环境,有的向市民宣传精神文明,有的帮助维护交通秩序,有的慰问公安干警,展现了新一代大学生的青春风貌。

以大学生"了解社会,服务社会"为宗旨的上大暑期社会实践大学生志愿队系列活动,是本月6日拉开序幕的,为期10天。6日清晨,千余名学生聚集外滩,开展"美化市容,为上海争创全国卫生城市作贡献"活动,为暑期社会实践系列活动打头阵。学生们走上江堤,擦洗栏杆、路灯和大理石桌椅,清除纸屑、烟头。7日和8日,千余名上大学生来到46路、20路、徐青线和北嘉线的公交车上,扶老携幼,维持秩序;有的学生在路边设立临时广播台,宣传"七不"规范。10日,200多名上大研究生骑了7个小时自行车,赶到浦东外高桥保税区,开展调研活动。

上大还建立了10个挂职锻炼点,目前已有295名优秀生参加挂职锻炼。上大还将组织部分学生赴西藏"重走孔繁森之路"。(董滨　张蕴)

《解放日报》1995年7月14日

**上大授予杨振宁名誉教授证书**

全国政协副主席、上海大学校长钱伟长昨天将上海大学名誉教授证书授予杨振宁博士。市委副书记陈至立出席昨天的授证仪式,并代表市委、市府表示祝贺。

在昨天的授证仪式上,杨振宁博士对全国科技大会提出的科教兴国战略发表了自己的见解。他认为,一方面应将研究经费与力量向具有应用价值的方向倾斜,另一方面对那些不能立竿见影的高科技,要提高它的效益,提高它在国际上的水准。

上海大学昨天还向杨振汉先生、范世藩先生和杨振玉女士授予顾问教授称号。

授证仪式结束后,杨振宁博士还为上大师生作了专题学术报告,受到师生的热烈欢迎。(董滨　张蕴)

《解放日报》1995 年 7 月 23 日

### 坚持"四元录取"原则　上大公布录取资格线

上海大学昨天宣布学校投档分数线为市定资格线,即 401 分(3+1 四门)和 301 分(仅考三门)。达到市定资格线的考生,只要符合高考 3 门成绩达到 319 分、会考理科 5 门达到 435 分、会考文科 5 门达到 431 分中的一项,并愿意调剂志愿的,上大即可录取。上大同时宣布了全国卷考生的录取分数线,即文科 444 分,理科 408 分。

上大坚持贯彻公平、公正、择优的"四元录取"原则,即根据报考考生会考成绩及等第;高考(语、数、外)三门成绩;部分专业的加试成绩;部分考生的专、特长四元,经德、智、体全面评审,组织录取工作。上大今年坚持对优秀考生实行优先录取的原则,凡达到市定资格线、并愿意调剂志愿的 1995 年度市三好学生、优秀学生干部、优秀团干部、优秀团员;获市推荐的 1 300 名优秀学生;中学向上大推荐的 A、B 类优秀生以及自荐的 A、B 类优秀生;由有关方面出具证明并经上大审核、符合专特长资格的考生,原则上保证录取。

上大宣布,凡符合录取条件的考生,因志愿填报过分集中影响录取的,允许他们重填志愿。凡符合市高招办政策规定降分的考生,以及市三好学生、优秀学生干部、优秀团干部、优秀团员,可在语、数、外 3 门总分上加 8 分(烈属子女加 12 分),文艺方面确有专特长的学生,学校区分不同情况,可在其 3 门考分上加 8 分或 12 分。

上大还将坚持贯彻优先录取第一志愿考生的原则,对报考人数多的学院和系,原则上只招收第一志愿考生。但学校也将录取部分(500 名左右)第二志愿的优秀考生,第二志愿考生的高考成绩 3 门总分,必须高于第一志愿考生考分 15 至 20 分。上大还规定了录取第二志愿的比例,第一批招生的院系占 2%;第二批招生院系占 13%;第三批招生的院系占 15%。(张蕴　董滨)

《解放日报》1995 年 8 月 2 日

### 上海大学文学院秘书学系涉外秘书专业大专班招生

由资深教授上课,采取全日制学分制,规定课程经国家教育主管部门考试全部合格,累计学分达到要求,发给国家承认学历的大专毕业证书,招收应、历届高中毕业生。报名地址:新广路 296 号(近四川北路虬江路),电话:3244275。

《解放日报》1995 年 8 月 18 日

### 上海大学文学院秘书学系涉外秘书专业大专班招生

由资深教授上课,采取全日制学分制,规定课程经国家教育主管部门考试全部合格,累计学分达到要求,发给国家承认学历的大专毕业证书,招收应、历届高中毕业生。报名地址：新广路296号（近四川北路虬江路），电话：3244275。

《解放日报》1995年8月28日

## 上大美院中专部开学

上海大学美术学院与长宁区仙霞高级中学联合开办的上大美院中专部首届招收40名学生昨天正式开学。（庄玉兴）

《解放日报》1995年9月1日

## 上大悉尼工商学院颁发奖学金

全国高校中数额最高的奖学金昨在上海大学首次颁发，在上海大学悉尼工商学院1994—1995学年奖学金颁奖典礼上，特等奖获得者钟青同学获得高达8 000元的奖学金，一等奖2名各获奖金4 000元，二等奖4名分获2 000元，三等奖8名，每人1 000元。（张蕴）

《解放日报》1995年9月5日

## 上大与闸北区加强全方位合作

闸北区政府与上海大学昨天签订了关于进一步加强区校合作的意向书。全国政协副主席、上海大学校长钱伟长由京来沪出席仪式并讲话。

双方签订的合作意向书主要内容包括：上海大学将为闸北区经济、科技、教育等方面的发展提供咨询服务和论证，培养各类紧缺人才，为闸北区中学生集体开放校园、实验室、计算中心等。闸北区政府将为上大提供实习挂职锻炼的基地等，双方还将积极支持下属院校和部门之间开展人才交流与培养和多模式办学。（沈国芳　黎陈）

《解放日报》1995年9月15日

## 庙行镇27名青年农民喜进上大深造

宝山区庙行镇的27名青年农民昨天上午喜洋洋地跨进上海大学文学院的大门，开始了为期一年的全脱产强化学习现代经营管理知识的大学生涯。

昨天入学的这批农民大学生，年龄都在30岁左右，不少人已是乡镇企业的中层干部和骨干。由本人自愿报名和组织推荐选拔产生。在校期间，他们将完成16门课程的学习，达到大专水平。上海大学文学院为他们精心设计课程，选派最优秀教师任教。（张林顺　沈汉达）

《解放日报》1995年9月23日

## 上海大学美术学院领导坚持深入教学一线

上海大学美术学院领导坚持深入教学一线，该院的教学、创作及学生的水平不断提高。（徐裕根）

《文汇报》1995年9月29日

**香港两公司资助上海教育　在上大交大设立奖励金**

香港满灌店有限公司昨与上海大学签订协议书,在上大设立"满灌店奖励金"。首批获奖的5名教师和10名学生昨天分别获得每人2 000元和8 000元的奖金。

《解放日报》1995年10月7日

**大处着眼　小处着手　上大文学院爱国主义教育落到实处**

上海大学文学院从培养社会主义现代化建设事业合格接班人的战略目标出发,实施"全员育人"和全方位教育,从理论和实践的结合上积极开展形式多样的爱国主义教育活动,引导广大学生大处着眼,小处着手,把爱国主义落到了实处。

上大文学院在上大组织领导下积极将爱国主义教育渗透到思想、业务教育和学生日常生活领域中,要求学生充分理解爱国主义教育的丰富内涵,包括心向祖国、关心祖国、奉献祖国三个层面,要求他们在树立祖国昌盛、民族兴旺的荣誉感和责任感的同时,将知识、技能和本领学到手,打好报效祖国的扎实基础。

上大文学院的爱国主义教育突出提高民族自尊心与自豪感。学院结合《邓小平文选》的出版发行,组织开展"发扬爱国精神"的征文活动。马列主义教研室专门为学生列出《邓选》中有关爱国主义的70多篇文章,并组织多场专题辅导。学院还邀请复旦大学的"大专辩论赛最佳辩手"蒋昌健、校留法博士李友梅等分别就《中国的位置在哪里》《我是中国人》《我为什么要回国》等专题作演讲。同学们反映,从理论高度受到了深刻的爱国主义教育,对心灵是一次震撼。

上大文学院注意通过实实在在的活动,培养学生的爱心和责任心。学院开展"希望工程"献爱心活动,举行演讲比赛和大型义演,全院师生员工几乎人人参加。学院还结合专业特点,紧扣爱国主义主题,开展各种教育活动,如历史系结合专业实习举行义拍义卖会;法律系举办模拟法庭;系与系之间展开辩论赛等,效果较好。(张蕴　彭沉雷)

《解放日报》1995年10月7日

**形式多样　体制健全　措施有力　经费落实　大德育教育形成规范**

上海大学从培养合格的跨世纪人才的高度,把学校德育工作作为一件大事来抓。在日前召开的学生工作会议上,该校宣布了《关于健全与完善学生教育管理体制的意见》《关于上海大学教师参与德育工作的意见》和《关于在上海大学全面开展学生成才素质教育的意见》三个文件,以加大德育工作的力度。

会议指出,要组织好大学生的学《邓选》活动,以党校、团校作为学习的基地,采取多种形式形成浓郁氛围。学校将把邓小平同志建设有中国特色的社会主义理论作为一门独立课程,列入必修科目,计算必修学分。学校还将组织好开学首日教育活动,"六大节日"教育活动(爱国节、爱校节、青年节、体育节、科技节、艺术节),新生入学教育活动和毕业典礼教育活动,探索在学分制、短学期制、选课制新条件下加强和改进学生思想教育的形式和途径。

上海大学由校长钱伟长亲自抓德育,学校坚持以校长为中心,努力完善由行政系统为主实施的德育管理体制,在校、院两级建立起党委领导下,校长(院长)及行政系统为主实施的德育体制。学校的每个教师都要承担起育人的职责。同时,为使德育工作延伸到家庭和社会,上大将筹备组建学生家长委员会,设立新生家长学校,建立导师与家长联系制度等,使家长参与学校德育工作,并在家庭教育中发挥积极作用。学校还要主动依靠社会力量和社会资源搞好学校德育,建立10个校外教育基地,聘请百名上海各界杰出人士担任爱国主义教育兼职教员;建立10个校外学生挂职锻炼基地。

上大打算逐步建立、完善学校德育的保障机制,抓好专职学生政工干部队伍建设,按照1比150的比例,配备好各级学生工作干部。同时,准备从教育事业费中划出不少于3%的比例,专门用于德育教育;在招收收费生中划出不少于5%的比例,在毕业生分配补偿收入中划出一定比例,用于德育教育。此外,还要广开财源,建立德育基金,支持德育工作。

全国政协副主席、上大校长钱伟长出席了日前的会议。(张蕴)

《解放日报》1995年10月28日

### 上海大学犹他学院建立

经市教委批准,上海大学犹他科技学院正式建立,并于日前举行了开学典礼和揭牌仪式。

上大犹他科技学院由上大外国语学院与美国犹他中国文化研究中心、盐湖社区大学、韦伯州立大学等共同组建而成。学院目前设有商务英语和秘书英语等专业。自明年春天起,美方将派遣专家来院授课和开展学术交流活动,并对学员的英语水平进行认可、发证。(张敏贤)

《新民晚报》1995年11月1日

### 科学家企盼解决出书难

中国科学院院士蒲蛰龙80年代开始编写专著《昆虫病理学》,先后被两家出版社相中,但都因为该书赚不了钱而被搁置起来。在广东优秀科技专著基金会的资助下,去年该书终于由广东科技出版社付梓,立即被海峡两岸多所大学指定为专业教科书,并荣获全国第七届优秀科技图书一等奖。这家基金会成立6年来,已资助30多种科技专著出版。

10月31日上午,尽管北京北风呼啸、气温骤降,一批知名科学家作为基金会顾问早早来到崇文门饭店座谈。中科院院士、材料科学家肖纪美感叹:"古人云'立德、立功、立言',作为一介书生,前两样不敢妄言,但出书'立言'总是我们的使命。我的一些学生都是奔60岁的人了,在专业上有建树,但就是出不了书。"北京自动化工程学院教授谭浩强深有同感:"优秀的东西不一定畅销,有些专家倾注了毕生心血的研究成果不能著书传世,对社会是一个损失,对专家个人则是终生遗憾。"科学家们欣慰地谈到,除了政府拨款资助重点图书、对出版社返还所得税外,全国已出现了好几家民间科技出版基金,部分缓解了科技图书出版难的问题。

全国政协副主席、上海大学校长钱伟长对近年来报考理科的人数和质量下降表示忧虑。他说,现在一方面是科技专著出版不了,另一方面是出了书也没人买。上海不少大学生偏爱经济学、外语、计算机等热门学科,对基础科学缺乏兴趣,科学杂志订户越来越少。钱老建议,基础科学方面的书不一定都得大而厚,像德国的《数学讲座丛刊》每册40—50页,每年出五六十册,介绍数学各领域的最新进展,很吸引人,全世界都在看。肖纪美也希望多出一点10万—20万字的科学专著,让读者多一点。

《人民日报》1995年11月3日

### 上大与舒天公司签约

上海大学昨与上海舒天(集团)公司签订经济技术合作协议书。

双方协议,上海大学优先向舒天集团提供市场前景好的科技成果,舒天集团将帮助其迅速产业化;舒天集团向学校提出科研课题,并在科研经费上予以相应扶持,上海大学将组织优秀科技人员进行课题攻关。(张蕴)

《解放日报》1995年11月9日

### 上大外国语学院今揭牌

上海大学外国语学院今天揭牌。它由上大国际商学院的原英语系、日语系,原上海科大的外语系和该校其他外语系科合并组建而成,主要培养复合型外语应用人才和外国语言文学专门人才,并探索国际合作办学新路子。还将开展外语专业发展新模式、美国通俗小学研究等课题的科研工作。

《解放日报》1995年12月30日

# 1996 年

**上海大学外国语学院揭牌**

上海大学外国语学院日前揭牌。它由上大国际商学院原英语系、日语系、原上海科大外语系和该校其他外语系科合并组建而成,主要培养复合型外语应用人才和外国语言文学专门人才。学院还将集中师资优势,开展如面向 21 世纪外语专业发展新模式、跨文化语言交际、现代应用语言学及美国通俗小学研究等课题的科研工作。

《文汇报》1996 年 1 月 2 日

**公举东到高校作报告 上大教育日很有意义**

昨天是本市高校新学期开学第一天,南京路上好八连三班班长"大学生士兵"公举东来到上海大学,为 5 000 余名大学生作高校首场报告会,使他们过了一个极有意义的首日教育日。大学生们激动地说:公举东同志是当代大学生的骄傲,他的情怀、追求和理想体现了跨世纪青年一代的时代风范,是我们的榜样。(张蕴)

《解放日报》1996 年 3 月 7 日

**上海大学凝聚力工程形成网络**

上海大学以"凝聚力工程"为抓手,切实加强基层党组织建设,建立了一个纵向到底、横向到边、条块结合、广泛凝聚师生员工的有效网络。

该校把关心人与尊重知识、尊重人才紧密结合起来,层层发动,先后在 21 个基层单位开展了凝聚力工程的试点工作。全校建立了一个纵向到底(直到群众)、横向到边(调动方方面面的积极性)的组织网络,形成了以党组织为核心,以党员为主体,党政齐心合力和工青妇积极参与的工作格局。

除了在全校开展凝聚力工程试点工作外,学校还走出去,邀请了上海市凝聚力工程试点单位正广和公司党委和华东政法大学国际法系党总支来校传授经验,并与正广和公司签订了加强党的建设的共建协议书。(薛敏芝 张蕴)

《解放日报》1996 年 4 月 2 日

**上海大学实施"凝聚力工程"**

上海大学党委实施凝聚力工程,切实加强基层党组织建设,经过一年多的努力,涌现了文学院、计算机学院党支部等一批先进单位,全校精神面貌一新。

该校21个试点单位结合自身实际,开展"凝聚力工程"建设。上大文学院党委抓领导班子的建设,使领导班子成为凝聚师生员工的核心力量;抓基层党组织建设,形成一支凝聚师生员工的骨干队伍;抓广泛发动,条块结合,努力编织起凝聚师生员工的有效网络,建立一个纵向到底(直到群众),横向到边(调动方方面面的积极性)的组织网络,形成以党组织为统率,以党员为主体,党政齐心合力和工青妇积极参与的工作局面;抓不断探索,经常总结逐步建立凝聚全体师生员工的有效机制。

一年多来,该校凝聚力工程试点工作深入到基层,深入到人心,产生了明显的凝聚效应。文学院一位青年教师与学院党委书记作了一次长谈之后,激动地说:"我的心仿佛被点燃了一堆火。以前我关心学校比较少,今后我一定要为学校努力工作,多做贡献。"一位刚从国外归来的青年教师表示,学校领导这样关心我,重视我,我理应安心工作,并要结合自己在国外的所见所闻,教育学生学以报国。(史美圣)

《光明日报》1996年4月6日

## 上大文学院学生给教师打分

上大文学院出了新鲜事:95文学班的同学日前选出了自己心目中的好教师,为他们开了个优秀教学法研讨报告会,学生给老师打起分来了。

被学生点中的好老师是:马列主义教研室以"活"马列教学法吸引学生的马慧琴,中文系以情景教学法指导学生写作的李白坚,法律系开设"模拟法庭"以案例教学法著称的石峰,中文系首创主持人教学法的丁迪蒙、李白坚,文信系独创问题教学法的王金夫,社会系以讨论教学见长的魏曾甫。这些教师的共同特点是上课时课堂气氛活跃,吸引学生,且都有自己独到的一面。

《解放日报》1996年5月3日

## 球迷擂台赛昨辩第十一场　上海大学文学院获取胜果

在昨天进行的第十一轮球迷擂台赛上,上海大学文学院以微弱优势获胜。

天天渔港球迷擂台赛有逐渐登高趋势。昨天的辩题是"高原作战会成为八一队甲A征程的守护神吗"?显得颇有"专业"味道。但是,雪豹商城的老练辩手以"聊天"式的辩论出战上大文学院的"书卷气"。双方各有特色,各有不足。

最后,五位评委经过投票表决方才选出获胜队为上海大学文学院。(朱全弟)

《新民晚报》1996年5月11日

## 上大今年计划招生4 700名

上海大学今年共有18个学院招收本、专科生,总招生计划数为4 700名,其中本科招生数为4 028名,专科招生数为672名。

上大将于5月26日在延长路149号和新闸路1200号开展招生咨询。(张蕴)

《解放日报》1996年5月17日

## 上大研讨邓小平文化理论思想

上海大学邓小平文化理论思想研讨会昨在上大文学院举行。会议探讨了新形势下如何坚持邓小平同志提出的文学艺术为人民服务、为社会主义服务的方针等问题,与会专家围绕经济效益与社会效益关系等问题展开热烈的研讨。

上大充分利用多学科、文理兼备的综合优势,深入学习邓小平理论,结合目前文化中的各种现象、思潮和理论,特别是针对其中的不良倾向和价值观进行深层次的理性分析和批评;同时积极探索社会主义市场经济下的文化特点和发展规律,把它升华到科学理论的高度。昨天的研讨会,展现了上大邓小平理论研究的成果。(张蕴)

《解放日报》1996年5月24日

## 本报与上大联合举办暑期社会活动

由本报和上海大学联合举办的"'96上海大学暑期社会实践活动"昨天在上大本部校区隆重开幕。在开幕式上,壳牌中国有限公司赞助4.5万元人民币给上海市高校暑期社会实践活动首支出征队——上海大学赴井冈山义教队。

上海高校的学生暑期社会实践活动一直以"受教育、长才干、作贡献"为指导方针,已成为大学生素质教育的一个重要环节和组成部分,在上海大学已被纳入学校的教育计划。这次由本报与上海大学共同主办的社会实践活动,是一次学校与社会联合育人的新尝试,主要活动包括:大学生送报下乡活动,香港"九七"回归大型调研宣传活动,《解放日报》版面设计、内容层次社会各阶层需求调研,浦东开发与长江流域经济发展考察调研活动,《解放日报》社区分布情况调研活动等。

在昨天的开幕式上,上海大学青年志愿者赴井冈山义教队在接受授旗和宣誓后出发。在为期近一个月的义教活动中,义教队将给当地的小学生开设自然科学、语文、地理、历史、音乐、航模制作等6门课程,并实地体验山区的生活。义教队还携带了开元中学、六十二中学等校中学生捐赠的四千余册图书给当地下七小学的同学们。(张蕴)

《解放日报》1996年5月29日

## 上海大学获沙滩男排冠军

全国首届高校"三株杯"沙滩排球赛经过26场的角逐,上海大学男排以全胜的战绩荣登榜首。

《解放日报》1996年6月20日

## 上大悉尼工商学院首届学生毕业

上海大学悉尼工商学院首届学生毕业典礼昨在教育会堂举行,279名毕业生中有276名获得ILC(悉尼科技大学语言中心)的高级英语证书、258名获得上海大学的大专水平证书和IIC(悉尼科技大学商学院)的高级商科证书,毕业生就业率高达92%。全国政协副主席、上海大学校长钱伟长,澳大利亚驻沪总领事任格瑞出席毕业典礼。(张蕴)

《解放日报》1996年6月26日

### 一流大学要有一流运动队　　上大与有线男排联手

一流的大学要有一流的运动队。昨天上海大学和上海有线排球俱乐部就联合办学签定了意向书。

排球运动是上海大学的强项。该校的男子排球队今年曾经夺得上海高校比赛冠军、全国高校沙滩排球冠军。这次正式签约后,双方作出承诺,上海有线排球俱乐部将每年向上海大学输送优秀运动员,上海大学将录取上海有线青年男排队员为正式学生。(王仁维)

《解放日报》1996 年 6 月 27 日

### 上大和中科院上海分院共建研究生院

上海大学和中科院上海分院共同筹建研究生院,昨天举行签约仪式。这是上海市与中科院开展全面教育合作的一项重要举措。

据悉,双方现有博士后流动站 17 个,博士学科专业点 37 个;拥有 50 名院士、700 多名教授,有在学博士生 549 名、硕士生 1 176 名。这个研究生院将以上海 21 世纪发展战略需求为导向,双方实行资源共享、学科互补,促进新兴交叉学科的发展,把研究生院办成理、工、文、史、经、法学科荟萃的高水平综合性学府。(唐秦梅　黄辛)

《解放日报》1996 年 6 月 28 日

### 上大设立青年人才学院

上海大学昨正式建立青年人才学院,从全校 17 000 余名学生中选拔出来的 58 名优秀学生成为首期学员,其中既有硕士生,也有博士生,党员比例高达 81%。

青年人才学院是上大实施大学生全面素质教育工程的重要部分,培养期半年,将分两个层面进行,一是优秀学生干部的培养,学员均为校院系三级学生组织中的主要骨干;二是科技人才的培养,学员均为学习尖子或科研能手。第一期培训班已集中了近 30 个科研课题。(张蕴)

《解放日报》1996 年 6 月 29 日

### 第 8 届全运会会徽与吉祥物在沪揭晓

第 8 届全运会会徽与吉祥物今天在上海揭晓。上海大学美术学院 20 岁的女学生孙琦创作的"卡通牛"中选为吉祥物。

将于 1997 年 10 月在上海举行的第 8 届全运会是本世纪末国内规模最大的一次体育盛会,又正值香港回归祖国,意义十分重大,因此吸引了广大美术爱好者投入会徽、吉祥物的创作活动。这次征集活动历时 8 个月,共收到来自全国 26 个省市的 2 700 余件作品。经来自全国各地 11 位专家组成的会徽、吉祥物评委会的评选,并报国家体委与上海市人民政府批准,产生了会徽、吉祥物。会徽的创作者是中国美术学院的朱也与中央工艺美术学院的黄维。(郭伟成)

《人民日报》1996 年 7 月 6 日

### 青浦与上大联建科技产业城

青浦县与上海大学昨签订协议,在青浦工业园区建立"上大青浦科技产业城"。这是市郊与高校联手合作高起点开发市级工业园区的新尝试。

青浦县与上海大学"联姻"后,青浦工业园区将成为上海大学科技成果的产业化基地,上海大学将在技术咨询、信息服务、技术培训、人才培养等多方面与青浦工业园区进行合作。(马晓青)

《解放日报》1996 年 7 月 19 日

### 上海大学新闻传播系 95 级学生暑假中来到外滩

上海大学新闻传播系 95 级学生暑假中来到外滩、豫园等景点,开展社会调查和新闻摄影活动。(朱水苗)

《文汇报》1996 年 8 月 5 日

### 上大开展社会调查活动

暑假期间,上海大学新闻系 95 届学生在系主任黄炜带领下,来到新外滩、豫园、人民广场等景点,开展社会调查和新闻摄影采访活动,并把它列为暑假考查的重要内容之一。

《解放日报》1996 年 8 月 13 日

### 上大等 6 所高校本科生录取完成

上海 22 所普通高校自主招收本科新生的工作已全部完成。上大等 6 所院校的录取情况如下:

华东工业大学文、理科第一志愿住读生分别在 440 分和 420 分左右录取;文、理科第二志愿住读生分别在 465 分和 450 分左右录取;走读生则适当放宽。上海铁道大学文、理科最低录取分分别是 427 分和 415 分。上海水产大学在本科资格线上,根据专业要求参考考生相关单科的成绩,多数在 420 分左右录取。上海大学由各学院在本科资格线上自主录取后,为第二志愿考生留出相应的比例;在录取工作最后阶段,为保护高分考生,对高出其第一志愿考生平均分数线 20 分以上、但因填报志愿不当而没有录取的考生,在征求志愿后加以调剂。上海农学院文、理科第一志愿的投档线在 427 分和 401 分,文、理科资格线上第一志愿全部录取之外,还录取了第二、第三志愿考生。上海工程技术大学理科最低录取分为 401 分;该校纺院文、理科录取最低分分别为 427 分和 401 分。(徐成滋)

《解放日报》1996 年 8 月 14 日

### 图书馆是信息的来源和中心

治学离不开图书馆,不管是文法理工农医以及其他学科,无不如此。我带研究生,首先要求他们学会查资料。要他们去图书馆按关键词把最近三年内出版的有关文章找出来看,还要找出文章中的参考文献来看,从中发现重要的问题,看看哪些已经解决,哪些尚未解决。这时,我再帮学生分析,在尚未解决的问题中哪些是在三年博士研究生期间根据现有的财力、物力和个人能力所能够解决的。再让他去查资料，读书，然后提出计划，作"开题报告"。这以后，就可让他独立去完成了。这样定下的课题都是世界上该领域内的热门题目，研究工作也能够出成果，容易得到国际上的承认。从这一点，就能看出信息的重要性了。如果没有信息，光靠自己拍脑子，就会走许多弯路，也不易走到学术的前沿阵地。

学科的进步是在学科的内在矛盾和外部需要的推动下才能得以实现的，这一切都离不开信息。过去，社会比较闭塞，掌握信息的人是少数。现在，随着信息技术的发展，通过计算机检索，人们获得信息的速度加快，过去几十本的《不列颠百科全书》，现在可以放在一张光盘上随身携带；另一方面，信息的传播范围也更广，人们可以通过 Internet 网络查到各种各样的信息。今后，传统的图书和图书馆当然仍然会继续存在，但是，我们更要注意日益发展的新型图书馆，例如电子图书馆。读者只要坐在计算机终端前，就可以找到自己所需要的信息。这为我们的学生、教师和科研人员提供了极大的便利。

在信息社会，信息量增大了，这并不意味着我们要把所有的信息都背下来。我们要做的是能够判断信息的优劣，了解信息获得的途径，对信息进行分析，使得更多的人能够通过最简便的途径获得最有用的信息，为人类造福，这正是我们新型图书馆员应该做的事情。图书馆员不会失业，但必须是新型的。

要搞科教兴国，教育必须紧紧跟上。要提高教学质量，教师就必须有科学家的水平，好的教师都要自己动手做研究工作。要做研究工作，就要靠图书馆。我刚到上海大学当校长的时候，学校在全国排在 500 名左右。我首先抓图书馆，订购了国际上许多重要的科技期刊。在此基础上，我要求教师们围绕着上海企业的科技问题进行研究。几年下来，学校的水平逐步提高了，现在已进入前 30 名全国优秀之列，并逐步向第一流的大学迈进。

30 年代有人统计，全世界的信息量 10 年翻一番。这样，在大学里学到的知识 10 年以后还有一半可用。现在，据统计，信息一年半翻一番，两年后就会有许多不懂的东西。我们不能仅仅依赖于自己在学校里所学到的知识，要随时更新自己的知识。这样，图书馆就显得更为重要了。我自己研究的范围很广，也很杂。自己碰到什么现实问题，对什么感兴趣，就研究什么。我没有学过电机，但因为遇到一些电机问题，看了一些资料，有所体会，写了一本关于这方面的书。照我这样干工作，更是离不开图书馆。我爱图书，我自己家就是一个小小的图书馆。（钱伟长文　顾犇整理）

《光明日报》1996 年 8 月 26 日

### 马桂宁任上海大学德育教授

昨天是上海大学国际商学院开学的第一天，全国著名的劳动模范马桂宁被该院聘为德育兼职教授。

上大国际商学院利用开学第一天进行"首日思想教育"，通过请社会各界杰出人士来院作报告等多种形式，对大学生加强德育教育。该院先后与"叶挺部队"等单位共建了德育基地，聘请了一批英模人物为兼职德育教授，有效地开展"三观"教育。（袁玮）

《新民晚报》1996 年 9 月 5 日

### 六所高校设立中日广告培训课目

为改变我国广告界文化层次普遍偏低的状况,切实将我国的广告教育推向世界水平,在国家教委外事司和日本株式会社电通的共同努力下,一项由日方提供约600万美元赞助的《中日广告教育交流项目》,今天在人民大会堂举行了签字仪式。

日本株式会社电通创业于1901年,其营业额已连续22年居世界首位,热衷于报刊、杂志、电视、广播等传媒的发展。此次他们的赞助用于中国6所大学开设广告课程,其中包括教师到日本进修、培训中国广告研修生、赠送各校广告教育设备等。

国家教委副主任韦钰、株式会社电通社长成田丰以及接受赞助的北京大学、中国人民大学、中央工艺美术学院、北京广播学院、复旦大学、上海大学等6所大学的校长出席了签字仪式。(武勤英)

《光明日报》1996年9月10日

### 中日广告教育交流项目签字

中国国家教委外事司、日本株式会社电通以及北京大学、中国人民大学、中央工艺美院、复旦大学、北京广播学院、上海大学等六所大学于9月9日在京签署《中日广告教育交流项目》协议。根据协议,日本电通公司将向我六所院校提供一些广告教育设备,派遣专家前来讲学,同时接受这几所大学的教师和学生到该公司进修。(科星)

《人民日报》1996年9月12日

### '96全国乒乓球锦标赛在沪开拍

好手云集的'96全国乒乓球锦标赛今天在上海嘉定正式挥拍开赛。男、女团体赛第一阶段比赛同时在嘉定体育馆和上海大学嘉定校区体育馆全面展开。

王涛、刘国梁、孔令辉、李菊、杨影等著名选手在今天的比赛中亮相。他们精湛的球技和场上激烈的对攻,赢得观众阵阵喝彩。

东道主上海男、女队在首场比赛中发挥出色,除女队二队外均战胜各自的对手,但丁松在今天上午的比赛中以0:2不敌辽宁一队的韩阳,令在场的教练和观众为上海队捏了一把汗。

以李菊、邬娜、杨影等为主力的江苏女子一队,以两个3:0连克上海二队和辽宁队。

从今天开始的男、女团体赛分两个阶段进行,于16日排出全部名次。17日至21日进行男、女单打、双打和混合双打5个单项比赛。

参加本次比赛的有来自28支代表队的225名运动员,其中男运动员114名,女运动员111名。(郭礼华)

《光明日报》1996年9月14日

### 上海大学张家港工学院开学

经国家教委批准新办的上海大学张家港工学院,日前正式开学。

该院是在江苏省张家港市沙洲工学院的基础上建办的。现开设"机械制造工艺及设备""电气技术"两个本科班,今年招收了江苏省及张家港市80名新生,学制四年,毕业文

凭由上海大学颁发。(钱魁中)

《解放日报》1996年9月23日

### 上海市52名大学生发出倡议　吁请市民提高环卫意识

"只要每个市民从我做起,个个行动,人人参与,自觉维护,一个卫生整洁、优美、文明的国际都市一定能建立起来,成为世界东方的'大花园'"。这是同济大学、复旦大学、中国纺织大学、上海大学、水产大学52名大学生最近联名向全市市民发出的倡议。

今年暑期,这批大学生参加了由市环卫局组织的"国际都市,一流环境"社会实践活动,他们对近3 000名市民进行了有关环境卫生意识等方面的调查后,联名写信给市长徐匡迪,并向全体市民发出倡议:人人动手,清洁上海,为把上海建成国际卫生城市作出新贡献。市委书记黄菊、市长徐匡迪十分重视大学生的来信和倡议,受他们委托,副市长龚学平、左焕琛日前邀请10名大学生到市政府会议室座谈,倾听了他们的建议、意见。(谢军)

《光明日报》1996年10月4日

### 上海大学推出"公益劳动"必修课　规定不合格者不得毕业

从本学期开始,上海大学推出一门全新的大学生基础必修课——公益劳动课。该校规定,如果学生在校期间公益劳动课不合格,将不具备毕业资格。

该校将大学生公益劳动课纳入教学计划,每位学生在入学第一学年中完成总课时为20小时的学习劳动任务后,将获得一个学分。这门课由该校后勤部门有经验的科处级干部担任带教老师,主要采取实践劳动和课前课后讲评的方式,通过食堂帮厨、参加校园环境清洁、校内绿化美化、工地劳动等内容的教学,进行劳动观念和劳动技能的培养,使大学生养成热爱劳动、爱护公物、尊重他人劳动成果的习惯。这门课实行严格的考评制度,迟到早退三次作旷课一次处理,旷课一次必须重修。除了考查学生的劳动态度和纪律之外,学生完成分配任务的情况和质量也是考查的重要内容。日前,大学生公益劳动课已对该校5 000多名96级新生正式开课。(吴学霆)

《文汇报》1996年10月8日

### 上大31位大学生在本校挂职锻炼

上海大学的31位优秀大学生前天与上大校长办公室、党委办公室、党委组织部、宣传部、教务处、科研处、学生工作办公室等一批机关部门签订了挂职锻炼协议,成为学校各职能部门的首批学生助理。

早在今年暑期,上海大学就设立了青年人才学院。这次校内挂职锻炼的学生均为学院的首期学员。他们将进行为期一个学期的挂职锻炼。(张蕴)

《解放日报》1996年11月10日

### 钱老话教改

11月12日晚,中国科技会堂内,正在举行大型电视教育系列课程"跨越世纪面向世界500讲"报告会。当主办人中国科协的有关领导讲完话后,原本没有安排的,在主席台就座的老科学家钱伟长这时站起来要求发言,主持人示意他坐下讲,但他不但没坐下,还执意走到了发言台。

钱老是这套系列教程的策划者之一。他由这套教程谈起了教改问题。我国高校在教学中往往从理论到理论,缺少案例教育是个老问题。于是,当几年前,上海大学刚办起来时,担任校长的钱老就力主在这方面进行改革。他派出了5位教师赴美国,要求每人到国外讲授一门课,要用他们所了解的国内、国外的案例进行讲课,其中有一位法学教授引用国内的大量案例说明了劳动在改造罪犯中的作用,结果大受欢迎。这一成功启发了他们,他们便想到,国外在案例教学方面有很丰富的经验,如能请国外学者到中国来讲课,那对我国的教育改革将起到促进作用,500讲正是这一想法的结果,他们联合了其他社会力量,请了52位美国各方面的权威学者,讲授了从信息技术到城市管理,从金融财税到国际商务等方面的知识,使国内学者全面领略了国外的案例教学法。

钱老说,搞教育改革一定要适应经济建设的需要,现在社会急需复合型人才,而我国高校专业分得太细,教师的专业知识面较窄,教育改革要从社会需要什么,高校就先改什么入手,上海大学办了几年,每年毕业生都是供不应求,这恰恰说明了上海大学在教育改革中的尝试是成功的。

钱老的一席话,博得了与会者的热烈掌声。(金振蓉)

《光明日报》1996年11月14日

## 上海大学海天软件用户甩账验收会举行

上海大学海天软件用户甩账验收会日前举行,验收会由上海市财政局会计事务管理处主持。在此次验收会上、市体委、闸北公安分局、上海师范大学、市委党校、美丰商厦、新康制药厂、丰利达物业发展有限公司等25家使用海天财务会计软件的用户甩掉手工记账、采用电脑记账的工作已得到验收通过,今后的财务会计工作将全部实现电算化。海天软件用户甩账验收还将陆续进行。

《文汇报》1996年12月4日

## 研究经济热点 寻求多方合作 发挥学科优势 "上大"办出特色办出成绩 近两年鉴定成果、获奖项目等在本市均名列前茅

由原上海工业大学、上海科技大学、上海大学、上海科技高等专科学校合并而成的上海大学,组建两年多来,充分发挥合并优势,依托学科门类设置齐全、专业覆盖面广的特色,坚持"依靠上海、面向社会"的办学方针,为上海地区的经济、社会、文化的发展和科学研究作出了贡献。

把上海经济建设中的热点作为学校科研工作的重点,是上海大学的一大办学特色。近两年,上大的科研经费、鉴定成果、获奖项目等方面在上海均名列前茅。针对上海正在规划的"信息高速公路"宽带综合用户网需用光缆与电缆的混合网络来实现的要求,学校研制了CATV网AM-VSB光端机,应用于光纤有线电视网,在一根光纤上可同时远距离传输59路电视,提高了CATV网络的信号质量和性能价格比。

积极开展与上海地区方方面面的合作办学，提高办学水平，也是上海大学坚持的办学方向。学校与中科院上海生理研究所等三家研究所联合成立了上海大学生命科学学院，并聘请了中科院院士杨雄里出任该院院长。上大还实行产学联动、优势互补，与上钢五厂共同实施的不锈钢母液及铁矿熔融还原试验，成为我国在熔融还原方面的代表性成果之一，其铬收得率等指标达到了国际先进水平。

利用理、工、文、法、商、管理、美术等学科门类齐全的优势，学校还为上海社会的协调发展做了大量的工作。上海浦东"信息城"、上海石化公司"企业形象设计"等大型项目也是学校多学科"兵团"共同作战的成果。为解决苏州河河水的污染问题，学校承接了"苏州河底质污染分析及综合防治研究"项目，提出了综合防治对策，获得了上海市科技进步三等奖。雕塑、环境艺术设计、装潢技术设计、建筑装饰工程等美术设计类专业，为外滩、上海展览馆设计了一批标志性景观的雕塑作品，增添了上海城市的文化底蕴。（张蕴）

《解放日报》1996 年 12 月 21 日

### 上海大学进入"211"工程预审　韦钰陈至立出席开幕式

上海地区办学规模最大、学科门类最全、在校学生数最多的市属综合性大学——上海大学，昨起接受由复旦大学校长杨福家院士为组长的上海大学"211 工程"部门预审专家组的预审。至此，上海地区进入国家教委"211 工程"部门预审的高校已达 12 所。

国家教委副主任韦钰、中共上海市委副书记陈至立、上海市副市长龚学平、市政协副主席刘恒椽、市老领导、上大顾问夏征农等出席了开幕式。全国政协副主席、上海大学校长钱伟长院士在开幕式上作上大"211 工程"整体建设规划报告。

陈至立代表中共上海市委、市政府向上海大学进行"211 工程"部门预审表示热烈的祝贺。她说，上海大学是上海市属的地方重点高等院校之一。上海大学为上海各条战线培养和输送了高质量的急需人才，为上海经济发展提供了良好的服务。她希望通过这次"211 工程"部门预审，上海大学的广大师生员工要进一步贯彻《中国教育改革和发展纲要》，认真落实江泽民同志关于教育"要全面适应现代化建设对各类人才培养的需要"、"要全面提高办学效率和质量"的指示，解放思想，实事求是，自强不息，开拓进取，努力开创学校工作的新局面，为上海培养和输送更多的高质量人才，为上海的经济繁荣和社会全面进步作出更大的贡献。

由原上海工大、上海科大、上海大学、上海科技高等专科学校合并组建而成的上海大学，在"211 工程"整体建设规划中提出的总目标是：力争在 21 世纪初叶，把上海大学建设成为培养上海经济建设和社会发展急需的高质量人才、科学研究、社会服务和社会主义精神文明建设的重要基地；成为综合优势显著、办学特色鲜明、管理机制灵活有效、精神面貌奋发向上的社会主义综合性大学。（张蕴）

《解放日报》1996 年 12 月 24 日

### 上大通过"211 工程"评审

经过三天的考察评议，上海大学昨天顺利通过"211 工程"部门预审专家组的评审。

专家组一致认为，上海大学是上海市办学规模最大的市属重点大学，上海市委、市政府把支持上海大学进入"211工程"列为上海教育重点建设项目是一个重要的决策,将对上海高等教育的改革和发展产生积极的影响。上海大学有着较好的办学基础。新的上海大学成立两年多来,在构建理工结合、文理渗透的学科体系方面已经取得了较大的进展;在不断探索高质量人才培养、努力提高教学质量等方面迈出了更大的步伐;学校整体实力呈现良好的上升势头。(张蕴)

《解放日报》1996年12月26日

# 1997 年

**上海大学通过"211 工程"部门预审**

上海市人民政府最近组织了上海大学"211 工程"部门预审。专家组经过认真评议,一致同意通过上海大学"211 工程"部门预审。

上海大学由上海工业大学、上海科技大学、上海大学和上海科技高等专科学校四校合并组建而成。上海市政府已将上海大学的"211 工程"建设项目列入上海市"九五"发展计划。(史美圣)

《光明日报》1997 年 1 月 5 日

**上大提出科研工作本世纪末目标　力争居于国内百所名校中上水平**

上海大学在昨天召开的科研工作会议上,提出学校"九五"和 2010 年科研工作的总体目标:即到本世纪末,学校要成为上海地区高新技术研究和基础研究的重要基地之一,学校的科研各项可比指标在国家重点建设的 100 所大学中处于中上水平,到 2010 年,达到先进水平。

上海大学将继续重视和支持基础性研究工作,鼓励科研人员参与国际前沿技术研究领域的竞争,并在国际舞台上占有一席之地;积极开展有重大应用背景的高新技术的研究及面向经济建设主战场的科技攻关工作,有些研究领域要达到国内一流水平;除此之外,软科学研究要有重大发展,为面向 21 世纪上海的发展做好决策咨询服务工作;文学以及美术、法学、经济学、管理学在科研工作方面要有更好更快的发展;科技成果转化和校办产业要紧密结合,出一批高附加值的新技术产品。

学校将大力推进数学和力学、信息与通信工程、材料科学与工程、自动化、精密仪器与机械、计算机应用、应用化学与环境化工、生物技术与生物医学工程、经济与管理、社会学、中国现当代文学、艺术、法学等学科领域水平的提高,特别要重视科教兴农、环保工程和第三产业的发展。(张蕴)

《解放日报》1997 年 1 月 21 日

**上大法学院设优秀特困生奖学金**

市公证处、市第一律师事务所、上海法制报社前天与上大法学院签订了每年捐资 3.2 万元,设立优秀特困生奖学金的协议。

来自贫困地区的近百名的优秀大学生,将分别获得不同等级的奖学金。今后,上大法学院将每年组织"公证杯"征文比赛、"一所杯"演讲比赛、"法制报杯"足球赛等活动,以激励大学生献身政法事业的热情。(曾智)

《解放日报》1997年1月22日

**上海大学今年毕业生就业工作信息**

上海大学在日前举行的今年第一次校内毕业生就业人才市场上,有205家用人单位设摊招聘,共收到人才需求信息2 000多条。经过"双向选择",本次市场共签订聘用协议24份,达成聘用意向近2 000个。

今年上大共有应届毕业生4 165人,其中上海生源有3 000余人。据预测,今年社会供求关系较往年要紧张。为此该校决定从现在起至今年7月,校就业指导中心把每周三定为毕业生咨询接待日,每个接待日的下午在"中心"办公室接待毕业生来访咨询。据悉,该校还将在春节前后举行两次校内毕业生人才市场,为毕业生提供尽可能多的就业机会。(钱峰 陶洪光)

《文汇报》1997年1月22日

**上海大学举办抽象艺术展**

由上海大学美术学院、米丘现代艺术工作室和美术研究所等联合主办的'无形的存在——抽象艺术展',日前在上海大学美术学院开幕,将展出孙良、王劼音、周长江、周越佳、赵葆康、丁乙、汪大伟、陈心懋、申凡等19位艺术家的作品30余件。(许政泓)

《文汇报》1997年1月28日

**上海高校涌现出一批高水平球队**

前不久,复旦大学男子排球队作为唯一的一支业余球队参加了在上海举行的1996—1997全国男排优胜赛(相当于甲B)。在比赛中,这支地道的"学生军"敢打敢拼,夺了第五名。虽然未能晋级,但他们出色的表现给人们留下了深刻的印象。当地报纸赞扬复旦男排"虽败犹荣"。

近年来,上海40余所高校内涌现出一批高水平运动队。除复旦大学男排外,上海大学男子排球队在去年底的全国乙级联赛中杀出重围,明年这两支球队将同时出现在全国男排优胜赛的赛场上。

此外,华东理工大学女子乒乓球队也是一支小有名气的球队。最近几年中,该队曾三次代表中国大学生乒协出战世界大学生乒乓球赛,共获得三金三银十一铜的佳绩。去年,该队又以中国大学生乒协的名义,在全国俱乐部乒乓球锦标赛中夺得女团第四名,风头甚至压过了同城的"老大姐"——上海大众女乒队。难怪有些记者把她们误作正宗的上海女队了。

足球是上海市高校中比较受重视的体育项目。上海体院足球队和中国纺织大学足球队都是在足协注了册的乙级球队。其中上海体院队曾数度出征全国足球乙级联赛,去年该队延聘名师王后军执教,一举闯入乙级联赛决赛阶段。最终在半决赛中仅以0:1

败于后来的乙级联赛冠军天津万科队,显示了一定的实力。

上海交通大学男子篮球队引进一名美籍教练和四名美籍球员,出现在男篮联赛的赛场上。在摸爬滚打几个月之后,队员们与外援不断磨合、取长补短,自身的对抗能力和心理素质有了很大的提高,球队的进步是有目共睹的。(胡镜海)

《光明日报》1997年2月12日

### 上海大学1997年招收法学第二学士学位生

招生专业:法学

学制:2年(学期制和学分制)

招生人数:30名

招生对象:获非法学学士学位,年龄在40周岁以下的上海市在职人员;以及能获得非法学专业学士学位的应届毕业生(含按学分提前完成学业能获得学士学位的学生)。

报名时间:1997年3月1日—3月9日(星期六、日照常接待)

报名地点:上海大学招生办公室(延长路149号,行健楼2楼)

考试科目:共三门。语文、英语、哲学或逻辑或高等数学任选一门

考试时间:1997年4月12日(星期六)

详情请参阅招生简章,上海大学招生办公室备索(邮编:200072,电话:56631515-2359)。咨询电话:69209226。

《解放日报》1997年2月19日

### 上海大学1997年招收法学第二学士学位生

招生专业:法学

学制:2年(学期制和学分制)

招生人数:30名

招生对象:获非法学学士学位,年龄在40周岁以下的上海市在职人员;以及能获得非法学专业学士学位的应届毕业生(含按学分提前完成学业能获得学士学位的学生)。

报名时间:1997年3月1日—3月9日(星期六、日照常接待)

报名地点:上海大学招生办公室(延长路149号,行健楼2楼)

考试科目:共三门。语文、英语、哲学或逻辑或高等数学任选一门

考试时间:1997年4月12日(星期六)

详情请参阅招生简章,上海大学招生办公室备索(邮编:200072,电话:56631515-2359)。咨询电话:69209226。

《解放日报》1997年2月21日

### 上海大学1997年招收法学第二学士学位生

招生专业:法学

学制:2年(学期制和学分制)

招生人数:30名

招生对象：获非法学学士学位，年龄在40周岁以下的上海市在职人员；以及能获得非法学专业学士学位的应届毕业生（含按学分提前完成学业能获得学士学位的学生）。

报名时间：1997年3月1日—3月9日（星期六、日照常接待）

报名地点：上海大学招生办公室（延长路1号，行健楼2楼）

考试科目：共三门。语文、英语、哲学或逻辑或高等数学任选一门

考试时间：1997年4月12日（星期六）

详情请参阅招生简章，上海大学招生办公室备索（邮编：20072，电话：631515-2359）。咨询电话：692226。

《解放日报》1997年2月27日

**上海大学网络工程师国际证书培训**

上海大学计算中心是美国Novell公司授权的Novell教育中心（NAEC），美国IBM-Lotus公司授权的NOTES教育中心、德国Krone授权的综合布线系统教育中心和Sylvan考试中心。教学全部采用原版教材、标准课程、由授权的高级教师进行系统授课。各课程考试合格后均可获国际认证证书。上海大学NAEC被Novell公司评为1996年度中国区唯一最佳教育中心，同时被Sylvan公司评为中国区考场第一名。为感谢广大学员的厚爱，在教育中心成立两年之际，从3月10日起，对报名参加Novell工程师培训的前100名学员赠送原版Novell参考资料一套（价值500元），学习优秀者赠奖品并享有再培训优惠。

开学日期：NOVELLCNE-3（假日班）3月15日、CNE-4（脱产班）4月8日；MCNE（假日班）5月10日；Lotus Notes（脱产班）3月26日；KRONE培训（脱产班）4月8日

报名：延长路149号上海大学计算中心（一教二楼）

电话：56775246，56631515-2845

传真：56775246

《解放日报》1997年3月10日

**上海大学校庆通告**

上海大学将于1997年5月24日举行新上海大学建校三周年庆祝活动。为广泛联络校友，上海大学校友会（筹）正在进行校友重新登记。凡在上海大学（包括原上海工业大学、上海科技大学、上海大学、上海科技高等专科学校）学习和工作过的校友，请见报以后与上海大学校友会（筹）办公室联系。来函请写明：姓名，性别，出生年月，在校起止年份和所就读的原学校、系、专业，现在单位，职务，职称，通讯地址及邮编，联系电话。

欢迎各位校友返校参加校庆，并请相互转告。返校前望与原校各系办公室取得联系。联系地址：上海市延长路149号344信箱（邮编：200072）上海大学校友会（筹）办公室；联系电话：(021)56302404或56631515转2258分机；传真：(021)56635364（校办）。

上海大学

《文汇报》1997年4月25日

### 青少年男排世锦赛收兵　　上海大学男排获得铜牌

上海大学男子排球队日前赴希腊,参加由国际排联组织的第七届世界青少年男排锦标赛。

来自波兰、保加利亚、斯洛文尼亚、英格兰、塞浦路斯、中国和东道主希腊7个国家的8支队参加了比赛。

结果斯洛文尼亚队和希腊国家青年队分获冠亚军,上海大学男子排球队以四战三胜一负的成绩取得第三名。

《解放日报》1997年4月30日

### 上大举行邓小平理论研讨会

上海大学昨天召开第三届邓小平理论研讨会。会议收到论文30多篇,并作了"从历史的比较和国际的观察中看南方谈话的划时代意义"和"一国两制战略构想的法制实践与深远意义"两个主题报告。市委宣传部、市教委、市社科院和部分高校的有关人员120余人出席会议。

与会者指出,小平同志确立的"一国两制"伟大构想的理论与实践,是中国共产党为维护国家主权、完成祖国统一大业、和平解决国际争端而作出的伟大创造。(张蕴)

《解放日报》1997年5月8日

### 上海大学今年招生4 700名　　首推"基础教学强化班"新举措

记者从昨天召开的上海大学1997年招生工作新闻发布会上获悉:今年上海大学18个招生学院的70多个系,共招收4 700名新生,其中本科生4 392名,专科生308名。在沪集中招收的本科生,将全部在第一批录取完毕,约占第一批录取院校招生总数的40%。

据介绍,上海大学今年将首次推出在新生中组建"基础教学强化班"的新举措。强化班的教学计划单列,学生学习两年后可根据自己的发展方向,选择进入上海大学任何一个学院和任何专业学习;有志攻读研究生的,学校提前配备导师。强化班学生入学后,前两年每年可获得4 000元特等奖学金。

上海大学今年招生原则仍将按高考、会考、部分专业加试成绩、专特长进行"四元"测评,并全面衡量考生的德智体水平进行录取。该校将优先录取第一志愿考生。报考上海大学的考生须在市高招办规定的时间、地点报名后,再于6月12日至15日到延长路149号上大本部填写考生综合信息登录表。5月25日,上大将在本部举行高考咨询活动。(张蕴)

《解放日报》1997年5月15日

### Novell在上海大学设立教育奖学金

上海大学与美国Novell、Sylvan Prometric公司联合设立教育奖学金,用于培养上海大学的学生成为世界上紧缺的国际认证网络工程师。首期奖学金已于日前颁发,25名大学生获得每人费用为5 000元或1 000元的CNE、CNA培训和国际认证考试的机会。

目前美国已有1 500所大学承认Novell授证的学分,全球有75万人员参加了该认证教育。上海大学是上海首家举办 Novell 教育的单位，目前已为我国培养了 400 多名 Novell 授权工程师。据悉，上海大学正研究在学分制教育中认可 Novell 工程师教育的学分，使该校工程教育与国际接轨。

《解放日报》1997 年 5 月 19 日

**上大成立现代诗学研究中心**

上大文学院现代诗学研究中心于日前成立。著名诗歌评论家吴欢章教授任研究中心主任。中心近期将研究 20 世纪中国诗歌和上海诗歌发展中的经验教训，以推动当前诗歌运动健康发展。（一知）

《解放日报》1997 年 5 月 22 日

**新上大组建三年成果丰硕　昨举行校庆活动，钱伟长出席**

新上海大学合并后举行的首次校庆活动——上海大学组建三周年校庆大会昨天举行，上海大学校长钱伟长出席校庆活动。

新上大组建三年来，在各个方面取得了令人瞩目的成就。在教育、教学方面，学校着重调整院、系和学科，加快学科建设步伐。同时，学校积极推行"三制"（即学分制、选课制、短学期制），试办了双学科专业和复合型专业，为学生的全面成才创造了条件。在科研方面，上大组建三年来，获得国家级和省部级奖项达七十多项，并积极参与市场竞争，承接了"大世界综合改造工程""上海信息城""上海石化公司企业形象设计"等大型项目。学校还充分利用上海这个国际大都市的优势，积极开拓对外交流渠道，促进学校教育科研的发展。

为庆祝校庆活动，上大出版了《上海大学校友通讯》第一期，钱伟长题写刊名，徐匡迪市长题词。由钱伟长任会长的"上海大学校友会（筹）理事会"也正式成立。（张蕴　朱黎明）

《解放日报》1997 年 5 月 25 日

**上海大学利普网络教育中心**

系 Novell、Lotus、Krone 授权教育中心，1996 年度中国区优秀 NAEC。报名学员获赠 Novell 原版参考资料及两用户光盘一套。

Novell 授权网络工程师培训

6 月 14 日—8 月 3 日（双休日班）CNE4

6 月 21 日—8 月 3 日（双休日班）CNE3

IBM - Lotus Notes 授证教育

6 月 3 日—6 月 18 日（脱产班）Notes4.5 初、中级培训

6 月 19 日—6 月 20 日（脱产班）Domino 专题培训

国际标准综合布线系统工程师培训

6 月 9 日—6 月 13 日（脱产班）

地址：延长路 149 号上海大学计算中心

电话：56775246.56631515-2845

《解放日报》1997年5月26日

**大学生迎回归英语演讲比赛举行**

为迎接香港回归，表达广大青年学生热爱祖国、期盼香港回归的情感，国家教委今天在京举办京、沪、粤、港大学生迎香港回归英语演讲比赛。中共中央政治局委员、国务院副总理李岚清出席并观看了演讲比赛。

来自北京大学、北京外国语大学、对外经贸大学、复旦大学、华东师范大学、上海大学、广东外语外贸大学、华南理工大学等8所高校的9名选手和在清华大学、北京语言文化大学学习的2名香港选手，以真挚的感情和流畅的英语，回顾了香港沧桑的历史，畅谈了"一国两制"的伟大构想及香港回归的历程，展望了香港回归后的光辉前景。演讲博得了在场观众的阵阵掌声。经过专家们的评选，复旦大学傅希涌获得一等奖，对外经济贸易大学袁园、北京外国语大学徐翌成、北京大学粟春科获得二等奖。

国家教委主任朱开轩和国务院港澳办、外交部、北京市等有关方面的负责人，在京高校学生和在京高校学习的香港学生代表500余人观看了演讲比赛。（尹鸿祝　董洪亮）

《人民日报》1997年6月8日

**装扮上海的"美容师"——访上海大学美术学院**

上海近几年来市容发生了令世人瞩目的变化。2 000多座广厦如雨后春笋般涌出，高架道路拔地而起，杨浦、南浦大桥横贯浦江，继地铁一号线延伸至莘庄后，地铁二号线也破土开工，8万人体育馆正夜以继日地装修，南京路、淮海路、四川路街景日见璀璨……许多几年前出国的海外游子重返上海，都惊呼：上海变得几乎认不出来了！

为上海的城市建设作出杰出贡献的，除众多的科学家、设计师、工程师和建筑工人外，还有一支人数不多的队伍，他们为装扮、美化这座城市，付出了许多鲜为人知的辛劳。这小分队的中坚力量，就是上海大学美术学院的师生们。

上大美院是一所年轻的学院。它创办于1983年，是上海唯一一所多学科的综合性高等美术学府。比之于复旦、交大这些上海的名牌大学，它只能算是"小弟弟"。别看它是小字辈，上海的许多大型城雕、壁画、环境艺术设计、广告及企业形象设计等，都出自上大美院师生的手笔。上海的许多重大工程、重大活动的设计、创作活动，包括北京人民大会堂上海厅、国宴厅，都有上大美院师生的参与。

关于办学方针，上大美院常务副院长汪大伟说："美术学院不应当办成一个象牙塔。美院不但要培养高质量的美术人才，而且要通过教学、生产、科研的结合，出高水平的产品，发挥它在美术设计、美术创作方面的特长，直接为上海的经济和社会发展服务。"近两年来，上大美院正是沿着这样的思路，创造了不凡的成绩，受到了市政府和各界人士的称赞。

在社会主义市场经济的条件下，美术的应用性正得到史无前例的强化。"象牙塔"在国内外，均已失去了它的生命力。上大美院的师生们密切地关注着上海经济的腾飞。他们派出了一支支小分队，投身到火热的市政建设的各路热点中去，完成了一批熠熠发光的作品：上海市政大厦的环境设计，地铁一号线常熟路、陕西路、黄陂路和虹梅路站的大型壁画设计制作，龙华烈士陵园的烈士群雕和高桥烈士陵园的"八一"雕塑，上海展览中心的大型雕塑《创世纪》，沪宁高速公路口的不锈钢雕塑以及坐落于全市公共场所的田汉、邹韬奋等一批名人雕像，八届全运会的吉祥物、宣传画的设计等等。

上大美院师生积极参与上海重大社会创造活动，为美化社会增光添彩的同时，反过来促进了学院与社会、理论与实践、教学与科研的结合，促进了教学水平的提高，师生们都在社会这个大课堂中学到了院内和书本上学不到的丰富知识。上大美院师生近年来在第八届全国美展、全国大学生画展等重大展览活动中先后获得1项金奖，9项一等奖，40多项二、三等奖、银奖、铜奖，一大批优秀作品和毕业论文在国内外重要刊物上发表、入选展览或被博物馆收藏。

打开了校门，新的课题接踵而来，设计创造要求也相应提高。上海作为一个国际大都市，其城市建设的设计、布局、美化要与国际现代化接轨，按常规办事不行了，已有的那一套知识也不够用了。怎么办？美院把眼光放开，积极引进国外最新学科、最新专业、最新技术，委派、选送青年教师到国外进修，造就一个美术国际交流的"特区"。上大美院与日本大阪艺术大学的每年互访、举办画展，至今已坚持了10年。从1995年以来，上大美院举办了12次各种艺术流派的画展，34个学术讲座，其中有上大美院和澳大利亚书画联展，第八、九届中日交流作品展等，引起了书画艺术界的瞩目。此外，上大美院还邀请了旅美画家丁绍光、德国画家马蒂亚斯、挪威设计家纳特·布莱等10位国际著名艺术家来院主讲《现代绘画趋势》《现代广告设计》《现代工业设计》《CI设计》等精彩讲座，使师生大开眼界。由于吸收了国外的先进设计技术和艺术，洋为中用，学以致用，使上大美院师生们出手不凡。他们为上海地铁站所作的艺术形象设计，达到了国际先进水平。

在参观中，我们发现，上大美院还有一个创造，那就是建立工作室。他们压缩了行政、办公用房，将全院的总务、人事、学生管理等部门，合并到一间大办公室办公，新辟了留学生宿舍楼和国际交流中心。工作室是上大美院开展国际艺术交流、引进最新学科的一种有益尝试。它超越了国际交往中单纯的礼节性交流，使这种交流朝深层次、应用性拓展。已建立的工作室有：上大美院国际交流中心大诚多媒体工作室、饭冢八郎环境艺术工作室、日本爱雅赛尔株式会社玻璃雕刻艺术工作室、英国胡佛汉顿大学玻璃艺术工作室、挪威米丘现代艺术工作室等。这批工作室的建立，为上大美院新学科的发展筑巢引凤，定期安排国外专家来院授课，为教师出国进修提供资助，学生直接参与工作室的项目，还使学生的美术专业学习与建筑、计算机、机械、材料学科相结合，培养了一批复合型的人才。

《人民日报》1997年6月9日

## 上大悉尼工商学院学生就业率高

上大悉尼工商学院建立起由学院为中介、用人单位和家长共同参与的多层次、多类型的就业指导体系，日前毕业的97届学生就业签约率达到97%。

该学院在教学中结合市场需要，采用中英语双语教学和增加学生的上机总量，使学

生的英语交际内容和计算机应用能力得到实质性的强化。(张蕴)

《解放日报》1997 年 7 月 17 日

### 全国大学生男排赛在昆明开赛

第十二届"兴华杯"全国大学生男排赛今天上午在昆明理工大学体育馆拉开帷幕。今天共进行了 4 场比赛。复旦大学队和武汉水利电力大学队、山东石油大学队均以 3∶0 分别战胜昆明理工大学队、北京航空航天大学队和上海大学队;澳门大学和澳门理工大学联队(简称:澳理联队)在最后一场比赛中,也以 3∶0 战胜博远队。(代群 邵昀涛 李银)

《人民日报》1997 年 7 月 22 日

### 上大新校区实质性启动 前期征地委托包干签约仪式昨举行

上海大学新校区前期征地委托包干签约仪式昨天在宝隆宾馆举行,市教委和宝山区政府领导分别在协议书上签字。副市长龚学平出席签约仪式并讲话。

上大新校区选址在上海宝山区祁连镇、大场镇境内,占地面积 1 500 亩,主要包括院系综合楼、图书馆大楼、学生宿舍楼、行政管理中心、体育中心和学术交流中心。届时上海大学将形成以新校区为中心,延长校区和嘉定校区为两翼的总体布局。一期工程校舍将于 12 月 1 日奠基。(王辛 张蕴)

《解放日报》1997 年 8 月 16 日

### 上大新生军训 千人申请入党

上海大学 8 天军训期间,共有 1 300 多名新生向党组织递交了入党申请书,占新生总数的三分之一。

上海大学重视新生入学教育,组织开展了新生入学宣誓仪式、革命传统教育、心理卫生教育、党的基本知识教育等系列活动。在此基础上,上海大学军训工作也顺利开展,学校通过军容风纪、内务卫生、队列训练等优胜红旗评比,激励新生克服困难,磨炼意志。(张蕴)

《解放日报》1997 年 8 月 30 日

### 紧张安装八运会火炬台群雕

由上海大学美术院和上海油画雕塑院联合制作的八运会火炬台大型群雕目前正进行紧张安装,这组群雕展示了运动健儿奋力拼搏的形象。(任珑)

《人民日报》1997 年 9 月 29 日

### 八运短讯

第八届全国运动会乒乓球赛决赛阶段的比赛已经筹备就绪。由于比赛荟萃了众多的国际级名将,预计争夺将会十分激烈。

据了解,定于 10 月 9 日至 17 日在上海嘉定区体育馆及上海大学嘉定校区举行的八运会乒乓球比赛,共有全国 29 支代表队参加。在为期 9 天的比赛中,将决出男女团体、男女单打、男女双打和混合双打的 7 块金牌。

《人民日报》1997 年 10 月 8 日

### 用生命放飞追求——记为八运会构思的人们

金秋十月的上海,到处是鲜花、彩旗和笑脸。八运会即将开幕,上海人民以这难得的机遇,向世人展示其国际大都市的风采。

**跨世纪的"大手笔"**

行驶在上海内环高架桥上,一幢幢具有现代气息的高层建筑鳞次栉比,使人感到具有东方明珠美誉的上海,正焕发出越来越明亮的光彩。新落成的 8 万人体育场如一艘巨型白帆,正借助时代的东风前行。

为了设计出这一项跨世纪的大型体育建筑,1955 年毕业于上海同济大学建筑系、现任上海建筑设计研究院顾问的魏敦山,以 65 岁的高龄,不辞辛劳,全身心地投入创作。魏敦山称,建造这样的大型体育建筑,需要大手笔。它的落成绝不是哪个人的功绩,而是千百万上海建设者智慧和劳动的结晶。

**捧出"圆圆"的女孩**

走在上海市的大街小巷,不时可见憨态可掬的八运会吉祥物——卡通牛"圆圆"的雕塑。没想到它竟然出自一个还未走出校门的女大学生孙琦之手,这位上海大学美术学院国画系三年级学生的作品是战胜了 3 000 多名竞争对手而中标的。

说起"圆圆",孙琦总有回味无穷的话题。她参加这次吉祥物设计比赛,原本是完成学校规定的作业,根本没想什么得奖,在截稿前一天才画完。孙琦的妈妈说:"小牛中标那天,她一回家就抱着我又叫又跳,那种忘情的喜悦至今仍难以忘怀。"

孙琦从小就非常喜欢画画,并获过许多奖。由于家境贫寒,整整一个暑假,她把自己关在炎热的小屋,为动画公司画了 3 000 张画稿挣学费。作为校学生会主席,孙琦担任着繁忙的社会工作,却仍要每门功课得第一,以得到特等奖学金维持学业。

**用生命放飞追求**

这几天的上海街头,随时可以听到八运会主题歌《生命的放飞》的优美旋律,这首歌的词作者便是空军政治学院副教授薛锡祥大校。

薛锡祥从 1962 年参军以来,长期从事音乐创作,总共作词 500 多首,其中 30 多首部队歌曲和影视插曲在全国和全军比赛中获奖。

在上海工作 10 多年,薛锡祥深深地热爱这个充满活力的大都市,上海人民是东道主,他这个在上海工作的军人何尝不是东道主,何尝不应该为八运会做点贡献?他阅览历届全运会的资料,参观正在建造的八运会场馆,观摩运动员的训练,有感而发,以圆我强国梦为主题写成歌词,并最终从 100 多首候选歌词中脱颖而出。

薛锡祥说,只有热爱,才能深入生活,才能有创作的冲动和灵感。

**高举一杯成功的酒**

对于朱虹和周志刚来说,10 月 12 日晚将是他俩一生都会铭记的时刻。

因为这天晚上,在上海新落成的 8 万人体育馆里,那首经过广泛宣传已开始为人们所熟悉的会歌——《生命的放飞》,将由他俩在八运会开幕式上担纲演唱。

朱虹和周志刚格外珍惜这一机会,几乎全身心地投入进去,不管是技巧上还是情绪上,都一字一句细细斟酌,互相探讨,力求尽善尽美。就凭这种激情,他们把原本就气势恢弘、活力四射的《生命的放飞》演绎得淋漓尽致,感染着在场的每一个人。

问朱虹和周志刚最喜欢歌词里哪句,他俩脱口而出的竟然是那句"让我们高举起一杯成功的酒"。

《人民日报》1997年10月11日

**感谢竞争**

笔者坐在主新闻中心撰写这篇短文时,周围满是焦虑不安、亟待解开悬念的人。因为直至23日晚上,沪辽之间的金牌数相等;排在第三至第六的各队,金牌差距仅在两块上下。这是人们未曾预料的。看来,不到赛事全部结束那一刻,谁也笑不出来。

回想七运会时,赛程刚过三分之二,辽宁队就一枝独秀,让人望尘莫及。八运会比赛的激烈程度,远甚于历届。各地的运动水平如今普遍提高,均以一种前所未有的力度冲击"金牌大户",参与金牌大战,以致只有到最后才能分出高低。这种万马齐奔的势头,是我国竞技体育新一轮升腾的征兆。

八运会上的竞争岂止在赛场?300多家中外新闻媒体的竞争,已人所皆知。上海把各项比赛的组织工作全部下放各区县,于是就有了区县间的竞争。主新闻中心的服务工作由交通大学、上海大学、上海农学院三校担任,同学间自然要比出个好差。同样,担负交通任务的三大汽车公司在比,担负记者接待任务的四家宾馆在比……竞争的结果,无疑是整体的进步。

竞争是艰辛的,是需要付出的,有时甚至是很残酷的。但是,假如没有竞争,就谈不上佳绩与成功。凡有能力、有勇气参与竞争的人,不管最终的结局如何,都属强者,都属胜者。在八运会结束之际,别忘记向他们道一声:"谢谢!"

《人民日报》1997年10月24日

**上海大学知识产权学院邀请虹口区法院的法官结合案例讲解新刑法**

上海大学知识产权学院最近邀请虹口区法院的法官结合案例讲解新刑法,使师生们加深了对新刑法的理解。(陈安山)

《解放日报》1997年11月1日

**一个值得永远纪念的人——纪念秦邦宪(博古)诞辰九十周年**

秦邦宪(博古),1907年6月24日出生于江苏无锡。18岁那一年(1925),在苏州省立第二工业专科学校读书时,参加共青团,担任学生会会长和苏州学联领导人之一,积极推动了苏州、无锡各界对上海五卅惨案的声援活动。同年,在工专毕业,到上海考进了中国共产党创办的上海大学,加入中国共产党。第二年,被选派到莫斯科中山大学学习。他有了个俄文名字,博古是这个俄文名字前两个音节的音译,以后他就常用博古这个名字。

他在1930年回国后,任全国总工会宣传部干事,编辑《劳动报》《工人小报》。1931年1月,任共青团中央宣传部部长;4月,任共青团中央委员会书记;9月,任中共中央常委。在这么短的时间里,他当年只有24岁,怎么会担任起中共最高的领导职位呢?

这同共产国际有关。

博古在莫斯科中山大学学习期间,正值联共中央发生斯大林和托洛茨基斗争的时候。这个斗争影响到中山大学,斯大林指令对中山大学的托派活动进行清查。中山大学校长米夫是积极拥护斯大林的,他以中山大学的党组织——支部局为核心,形成一个小宗派领导这一斗争。王明和博古都是支部局的委员,王明当过米夫的翻译,更加受米夫器重。中山大学的反托洛茨基派斗争严重地扩大化,造成很大的混乱。

不幸,这种混乱后来也影响到中国共产党。

12月,米夫作为共产国际代表来到中国。在他的直接干预下,在上海于1931年1月7日召开中共六届四中全会,按照他事先以共产国际远东局和中共中央政治局名义议定的名单,宣布瞿秋白(原为中共驻共产国际代表)等退出中央政治局,中央政治局常委会主席名义上仍由向忠发担任,而把不是中央委员、缺少实际斗争经验、26岁的王明补选为中央委员并成为中央政治局委员,让他实际上操纵了党中央的领导权,使以王明为首的"左"倾教条宗派主义错误路线,在党中央领导机构占统治地位长达4年之久。

9月,王明要到莫斯科去取代瞿秋白中共驻共产国际代表的职位,周恩来要派往苏区,共产国际远东局提出成立中共临时中央政治局,由博古、张闻天、陈云等6人组成,并指定博古为总负责。博古就这样走上中共中央领导岗位。

1931年,我在上海做共青团的基层工作,从上级传达得知党中央发生混乱以及有人向敌人告密。我对具体情况无从知晓,但亲身感受到白色恐怖愈趋严重。这一年1月,林育南、何孟雄等重要干部和李求实(李伟森)、柔石、胡也频、冯铿、殷夫(史称"左联"五烈士)共23人分别被捕同于2月7日遭秘密杀害;4月,中央特科负责人顾顺章被捕叛变投敌;由于顾顺章告密,化名王作林被判徒刑关在国民党中央军人监狱的恽代英身份暴露,英勇牺牲;中央总书记向忠发被捕自首后枪毙;党中央保存文件的秘密机关和中央秘密印刷机关先后被破坏,又有几十个同志被捕;国民党以重金悬赏通缉瞿秋白等中共要人……就是在这样严峻白色恐怖的氛围中,博古受共产国际和中共中央指定走上中央领导岗位。我认为他临危受命,是一个勇挑重担的人。

由于王明错误路线的"左"倾蛮干,1932年在上海又有一批批同志被捕。我是其中之一,被判12年徒刑关到苏州军人监狱。到1937年7月全民抗日战争爆发、实现第二次国共合作后,到8月底,我才被释放出来。出狱后知道,是我党派代表周恩来、秦邦宪、叶剑英与国民党谈判,达成释放政治犯的协议,我们才被释放的。这是我第一次知道秦邦宪的名字。

1938年初,我到延安后,才逐步弄清楚,由于王明"左"倾错误路线,使当年白区的党组织几乎破坏殆尽;中共临时中央迁到苏区后,又使红军在第五次反"围剿"中失败,被迫实行战略转移,致红军损失十分之九,苏区损失大于十分之九。在1935年1月遵义会议时,博古接受了严肃的尖锐的批评,确立了毛泽东在党中央首先是军事上的领导地位,才使中国革命化险为夷,转危为安。博古在认真改正错误后,在长征途中和到陕北都为党做了许多有益的工作。美国记者斯诺在新版《红星照耀中国》中,增加了《与毛泽东的进一步谈话》一文。其中说,毛泽东回答斯诺提问长征有哪些有功人员时,列举了18位同志的名字,其中有博古。以后在谈到王明路线错误时,毛泽东指出,就责任来说,第一个是王明,第二个是博古,王明是这个路线的创造者和支持者,博古等是执行者和发挥者。以后在党的七大,王明、博古仍被选为党的中央委员。

我认识博古并在他领导下工作,是在1943年初。那时我在延安从中央研究院调到解放日报社副刊部做秘书、编辑,后任主编。博古是解放日报社社长兼新华社社长和中央出版局局长。这几个单位都在清凉山比邻的几个山头上。我报到的第一天,就见到博古。他身材高大,对人和蔼,能接近群众,是我见过的党的领导人中最年轻的(当时36岁)。

博古住在解放日报社的这个山中腰的石窑洞里,他每天一大早就起床,急匆匆地到新闻部办公室,同编辑一起研究当天的重大新闻,研究当天编报的重要问题,往往到10点钟左右才回到自己住的窑洞吃早饭。他是一个整天忙碌不知疲倦的人。

《解放日报》是中国共产党在革命根据地于1941年创办的第一个大型日报。1942年全党整风运动开始时,毛泽东曾批评它是"不完全的党报",没有很好地完全地贯彻执行党的方针政策。《解放日报》的改版是整风运动中的一件大事。从1942年4月1日《解放日报》为改版发表社论《致读者》到1944年2月16日发表社论《本报创刊一千期》,发表了一系列的社论和重要文章,对于办党报的方针和基本原则,对于马克思主义新闻学的基本原理和重大问题,都作了探讨和精辟的论述。关于党报是党、政府和人民的喉舌,要坚持党性原则,坚持实事求是,新闻必须完全真实,要实行全党办报,密切联系实际和联系群众,要建立新的文风,这些原则都是在《解放日报》改版时期逐步确立的。毛泽东在1942年9月的一封信里就说过:"报馆工作有进步,可以希望由不完全的党报变成完全的党报。"

博古居住兼办公的窑洞墙壁上,钉着全国的和世界的两张大地图,上面密密麻麻插了许多红白等颜色的小旗子,随着战争形势的变化,这些旗子也随时移动。他的办公桌上放着一个架子,按国内、国际、政治、军事等分类,插满了他自己做的卡片。他每天在繁重的新闻工作之外,还挤时间做翻译工作,他译过《苏联共产党历史简明教程》、《辩证唯物论与历史唯物论基本问题》(4卷)、《社会主义从空想到科学的发展》、《论一元论历史观之发展》(普列汉诺夫著)等等。他临睡觉时,往往还要看一些中文或外文小说,他曾教导我们也要读些文学作品,说这对提高写作技巧是有好处的。

博古在领导解放日报社和新华社5年多工作期间,在他的策划和指导下,各解放区的新闻事业有了很大的发展,形成一个系统的多层次的有机的网络。解放日报社和新华社是它的中枢;各解放区各地和部队的报社,新华总社所属的9个总分社和40多个分社,是它的分支;墙报和黑板报是它的基石。它培养了一大批新闻工作者,还有近3万业余通讯员。这是一支坚强的新闻大军,它天天向国内外传播党的声音,报道时局动向,指明中国人民斗争的方向。博古对创建和开拓这样规模的党的新闻事业是有卓越贡献的。

他教导我们:"党报工作人员,对于党的每一个工作部门,对于各种实际工作中的同志,不可以自以为是,做'无冕之王',而应该去做'公仆',应该有恭谨勤劳的态度。"博古就是对党和人民"恭谨勤劳"的楷模。他对工作极端负责,对业务精益求精,对同志和人民极端热忱,这些都是我们应当学习的。

博古自第二次国共合作后就是历届国民参政会的中共参政员。1946年2月赴重庆参加政协宪草审议小组工作。4月8日与王若飞、邓发、叶挺等13人乘飞机由重庆返延安,因飞机遇雾迷路,在晋西北兴县东南的黑茶山撞山焚毁,机上人员全部遇难。中共中央以极大的悲痛宣布这一噩耗,全国震惊。4月19日延安举行了隆重的悼祭和安葬仪式,解放区各地和重庆、上海都相继举行了隆重的"四八"烈士追悼大会。

博古牺牲已经51年了,今年是他的诞辰90周年。他是我们党早期的领导人之一,是一位无产阶级革命家、理论家、宣传家和社会活动家,是一个勇挑重担、工作起来奋不顾身的人,是一个具有民主作风、有了错误能够倾听批评意见并认真彻底改正、以后又对党作过杰出贡献的人,是对党的新闻事业在奠基和开拓方面有过不朽功劳的人,"是为修改宪草而粉身碎骨"、"为建立民主中国而奋斗到底"(周恩来语)的人。我们应当纪念他,他是一个值得我们永远纪念的人。(温济泽)

《人民日报》1997年11月15日

**鼓励争当优秀　引导青年成才　建昊奖学金激励高校学生**

共青团中央、全国学联12月5日在北京人民大会堂召开表彰会,颁发第二届"中国大学生跨世纪发展基金·建昊奖学金",来自全国高校的120名学生获奖,其中特等奖20名,优秀奖100名。全国人大常委会副委员长铁木尔·达瓦买提、全国政协副主席孙孚凌出席了表彰会。

建昊奖学金是共青团中央、全国学联联合北京建昊集团共同设立的。它面向全国高校学生,旨在奖励德、智、体全面发展基础并有一定特长的优秀学生,在高校中树立先进典型,促进大批跨世纪的高素质人才健康成长。建昊集团共出资1000万元人民币建立基金,连续表彰10年。

获特等奖的上海大学美术学院学生孙琪的作品屡获国内外奖项,清华大学博士生林谷已申请4项专利。(董洪亮)

《人民日报》1997年12月8日

**上海大学1998年招收法学第二学士学位生**

招生专业:法学

学制:2年(学期制和学分制)

招生人数:60名

招生对象:获非法学学士学位,年龄在40周岁以下的上海市在职人员;以及能获得非法学专业学士学位的应届毕业生(含按学分提前完成学业能获得学士学位的学生)

报名时间:1997年12月20—28日(星期六、日照常接待)

报名地点:上海大学招生办公室(延长路149号,行健楼216室)

考试科目:共三门,语文、英语、哲学或逻辑或高等数学任选一门

考试时间:1998年3月14日(星期六)

详情请参阅招生简章,上海大学招生办公室备索(邮编:200072,电话:56631515-2358)。

咨询电话:69208970-547、548

《解放日报》1997年12月17日

## 上海大学1998年招收法学第二学士学位生

招生专业:法学

学制:2年(学期制和学分制)

招生人数:60名

招生对象:获非法学学士学位,年龄在40周岁以下的上海市在职人员;以及能获得非法学专业学士学位的应届毕业生(含按学分提前完成学业能获得学士学位的学生)。

报名时间:1997年12月20日—28日(星期六、日照常接待)

报名地点:上海大学招生办公室(延长路149号,行健楼216室)

考试科目:共三门。语文、英语,哲学或逻辑或高等数学任选一门

考试时间:1998年3月14日(星期六)

详情请参阅招生简章,上海大学招生办公室备索(邮编:200072,电话:56631515-2358)。

咨询电话:69208970-547、548

《解放日报》1997年12月18日

## 面向新世纪的标志性工程 上海大学新校区工程奠基 钱伟长龚学平等出席仪式

上海高等教育面向新世纪的一项标志性工程——"上海大学新校区工程"昨天举行奠基仪式。全国政协副主席、上海大学校长钱伟长,中共上海市委副书记龚学平、市人大常委会副主任吴肇光、市政协副主席赵定玉等出席了昨天的奠基仪式。

上海大学新校区工程项目是根据上海市教育事业"九五"计划和2010年远景目标,结合上海高校布局结构调整和上大"211工程"整体建设规划,经上海市人民政府批准立项的上海市重大工程项目。

上海大学新校区选址在宝山区祁连镇、大场镇境内,占地1 500多亩,建筑面积36万多平方米。新校区一期工程校舍建筑面积19.7万平方米,至1999年以前完成。

龚学平在讲话中要求通过上大新校区工程的建设,把上海大学建设成为人才培养、科学研究、社会服务和社会主义精神文明建设的重要基地,成为综合优势显著、办学特色鲜明、精神面貌奋发向上,在国内外享有良好声誉的社会主义综合性大学。(王辛 张蕴)

《解放日报》1997年12月27日

## 上海大学通过211工程立项审核

由市政府组织的以上海交通大学校长谢绳武教授为组长的专家组,今天对上海大学"211工程"建设项目可行性研究报告进行了论证和立项审核,并予以一致通过。市政府

秘书长周慕尧等出席会议。（高晨）

《新民晚报》1997年12月29日

**专业较齐全　综合实力强　办学规模大　上海大学"211工程"项目通过论证**

　　由上海市人民政府组织的专家组昨天对上海大学"211工程"建设项目可行性研究报告进行了论证和立项审核，以上海交通大学校长谢绳武为组长的专家组一致同意通过论证。

　　上海大学有着较好的办学基础，尤其是四校合并以后，已经形成一所学科专业较为齐全，综合实力雄厚，办学规模大，有一定的办学特色和学科优势的大学。现在的上海大学与合并时相比，各方面有了较大的进步，在校本科生从1994年的12 000多人上升到今年的16 000多人，在校研究生从500多人上升到800多人，科研经费从5 000多万元上升到1亿元，在校教职工人数从7 700多人下降为6 800多人。上海大学的合并成功在上海高校体制改革中产生了积极的影响。

　　"九五"期间，该校的主要建设内容是重点学科建设、教育基础与公共服务体系建设以及新校区建设。重点学科包括应用数学与力学、钢铁冶金及新材料、光纤及通信信息技术、先进制造及自动化技术、计算机应用、现代商务与工程管理、城市社会发展、生物科学与技术、环境艺术设计和环境工程。这些学科在上海大学有着较好的基础，学术梯队较强、研究成果较多、设备条件较好，在某些研究领域取得了国内领先、国际先进的研究成果。上海大学教育基础与公共服务体系建设把师资队伍建设放在突出的位置，得到评审专家的赞赏。上海大学新校区建设是"九五"期间上海教育投资力度最大、建设要求很高的重大项目。

　　上大常务副校长方明伦教授在论证会上说，经过"九五"期间重点建设后，上海大学的教学质量、科学研究、社会服务等各项可比指标将提高到全国同类院校先进水平，使上海大学成为培养上海经济建设和社会发展急需的高质量人才、科学研究社会服务和社会主义精神文明建设的重点基地，成为综合优势明显、办学特色鲜明、管理机制灵活有效、精神面貌奋发向上、在国内外享有良好声誉的社会主义综合性大学。（张蕴）

《解放日报》1997年12月30日

**上海大学"211工程"通过立项审核**

　　经上海市人民政府批准，由市政府组织的以上海交通大学校长谢绳武教授为组长的专家组，昨天对上海大学"211工程"建设项目可行性研究报告进行了论证和立项审核，并予以一致通过。市政府秘书长周慕尧、市教卫党委书记王荣华、市教委主任郑令德出席了论证会。

　　上海大学有着较好的办学基础，尤其是上海工大、上海科大、上大、上海科专4校合并后，经过几年的调整和建设，已经形成一所学科专业较齐全、综合实力雄厚、办学规模大、有一定的办学特色和学科优势的大学。该校于1996年12月顺利通过了由市政府组织的"211工程"部门预审。（陶洪光　曾文彪）

《文汇报》1997年12月30日

# 1998 年

**上海大学生管乐团成立　新春音乐会在上海大学举行**

　　1月24日晚上,上海大学装修一新的大礼堂内洋溢着一派热烈的节日气氛。上海市大学生管乐团成立仪式暨新春音乐会吸引了1 500名上大师生。上海市委副书记龚学平专门发来贺信。市教卫党委书记王荣华、市委组织部副部长孙路一、市委宣传部副部长尹继佐、团市委书记薛潮以及沪上著名音乐家曹鹏、曹丁、谭冰若、林友声、陆在易等音乐界人士出席了音乐会。上大早在1993年就已成立大学生管乐团,他们曾多次赴工厂、农村、部队、街道社区慰问演出。(陶洪光　解军)

《文汇报》1998年1月26日

**上海大学国际商学院函授部**

　　13届"经济管理专业"(大专层次)招生:

　　一、专业及课程:(1) 现代经济管理专业,有现代企业管理、市场营销学、财务管理学、财政与金融、经济法原理、技术经济学、国民经济管理概论、会计学原理、政治经济学等14门课程。(2) 外向型经济管理专业,有中外合资经营管理、商务谈判、涉外经济法、市场营销学、对外贸易业务知识、国际金融、西方经济学、人力资源管理、外商投资企业会计等14门课程。

　　二、教学:函授与面授相结合。

　　三、学制:两年。考试成绩合格者发给上海大学国际商学院大专结业证明。

　　四、报名:淮海中路622弄7号446室(近思南路);邮编:200020,电话:53060606 - 2446,报名时间:周一至周五9:00—16:30 周六上午。简章备索。

《解放日报》1998年2月19日

**上海大学国际商学院函授部**

　　13届"经济管理专业"(大专层次)招生:

　　五、专业及课程:(1) 现代经济管理专业,有现代企业管理、市场营销学、财务管理学、财政与金融、经济法原理、技术经济学、国民经济管理概论、会计学原理、政治经济学等14门课程。(2) 外向型经济管理专业,有中外合资经营管理、商务谈判、涉外经济法、市场营销学、对外贸易业务知识、国际金融、西方经济学、人力资源管理、外商投资企业会计等14门课程。

六、教学：函授与面授相结合。

七、学制：两年。考试成绩合格者发给上海大学国际商学院大专结业证明。

报名：淮海中路622弄7号446室（近思南路）；邮编：200020,电话：53060606-2446,报名时间：周一至周五9:00—16:30 周六上午。简章备索。

《解放日报》1998年2月26日

### 上海大学生跨校选课

作为高校联合办学的一项措施,跨校选课正成为上海大学校园中新的热点。

社会的发展对大学生的要求越来越高,死守专业课已是不可能。大学生们尽量想拓宽知识面,使自己成为"多面手",以适应社会的需求。在这种情况下,上海高校实行优势互补,联合办学,更大范围地利用好师资力量,让以文或以理为主的高校学生学到较全面的知识。

复旦、同济、财大等九所高校从去年开始就试着让学生跨校选课,学生的成绩通过计算机联网,在九所高校中得到承认。今年新学期共开了12门实用性、针对性强的课程,这些都是各校的优势课程,像复旦的"化学与人类"、同济的"珠宝鉴赏"等。大学生对这些课程的设置非常欢迎。虽然学校间相隔远一些,但有的大学生一下选了三个学校的课,有的单项课程上课的多达300人,选课的总人数由去年的500人增加到1 700多人。大学生们要求课开得再多一些,这些学校的教务处表示下学期课程还要再增加。

据悉,上海高校还计划跨校辅修,让大学生在更大范围内挑选自己喜爱的课程,为大学生毕业找工作提供更多的机会。（马飞孝 景小华）

《人民日报》1998年3月31日

### 上海大学国际商学院函授部自学考试辅导班招生

一、招生专业：(1)经营管理,(2)计算机信息管理,(3)房地产经营管理,(4)宾馆（酒店）管理等。

二、授课时间：每周两个晚上及部分双休日。

三、报名地点：淮海中路622弄7号446室（社科院大楼,思南路口）。电话：53060606,即日起每周一至五上午9时至下午4时半,周六上午9—11时。

上海大学国际商学院函授部,联系电话：53060606-2446。

联系人：程克强

《解放日报》1998年4月23日

### 上海大学三峡考古获重大发现　明清耕牛蹄印　东周建筑遗迹

上海大学考古队参与三峡抢救性考古发掘,奋战一个多月,近日接连获得重大发现：首次在三峡地区发掘出明清时代的旱地农业耕作遗迹和洪水水位线,并发现罕见的东周建筑遗迹。

据主持工地发掘的该校考古队领队高蒙河、杨群副教授介绍,在三峡以往的发掘中,只有四川大学曾发现过水田耕作遗迹。上海大学考古队这次发掘出的旱地耕作和洪水遗迹,在三峡考古史上尚属首次,为我国农业考古和长江水文历史提供了又一珍贵难得的材料。这一发现,引起了重庆有关部门和媒体的极大兴趣。

4月上旬起,在万县麻柳沱上海大学考古工地A发掘区,当发掘到距地表70—90厘米处时,相继发现了淤砂土层。砂土质地松软,砂粒均匀细密,经认定是长江发大水时的沉积淤砂。据当地年长村民回忆,现海拔145米左右的该发掘区,近百年来,从未有洪水达到过这一高度。而据当地史志记载,清同治年间,这里曾发生过一次大洪水。这次发现的淤砂土很可能与这次大洪水有关。上海博物馆副馆长黄宣佩在仔细验看了淤砂土层和下面农耕土中出土的青花瓷、白地黑花瓷后认为,这些瓷片属于明清时期,个别的可早到宋代。

在淤砂土层下又发掘出农业耕地。耕地由垄沟和垄台构成,行距均匀。垄台上还发现了种植物的根窝,间距相等,平均在50厘米左右。当地居民讲,这种比较稀疏的间距,较适合于种植玉米或瓜薯类植物。更引人注目的是,在田垄中还极为难得地清理出了水牛的牛蹄印,充分反映出当年使用牛耕的农作方式。

同时,在该校考古工地B发掘区深约1米处的第5层文化堆积处,还发现了多处3 000年前春秋战国时期的房屋建筑遗迹,为川东地区同期考古所罕见。这对于研究该地区同时期房屋的结构、布局、建造方式以及乡村聚落的形成和特点,都具有重要的学科价值。而且,对寻找近现代三峡村民依山傍水散居山间岸边的分散式住居分布的历史渊源,也提供了一批新资料和新线索。

去年,上海大学文学院文物考古研究中心与重庆市文化局签署了关于三峡工程重库区万县市麻柳沱遗址考古勘探和发掘的协议。今年3月13日,该校历史系95级文博专业的18名学生在两名教师的带领下,组队离沪赴万县参与实地发掘。(尚力古　吴学霆　李琦)

《文汇报》1998年4月24日

**修多少学分　缴多少学费　上海大学在本市率先实行按学分收费**

今年修多少学分,就缴多少学费,上海大学本学年开始实行按学分收取学费,使得该校学生所缴学费总量不变,却年年数量不同。这一做法在本市高校中尚属首次。有专家称,这在高校全面实施学分制的道路上迈出了大大的一步。

日前,上海大学校本部和嘉定校区的所有本专科学生都收到了一份由学校教务部门发出的清单,上面列出了他们本学年至今已选修课程的学分和相应的学费金额。记者发现,每个学生清单上的学费各不相同,多的达2 000多元,少的只有100多元,相差悬殊。如化工系九四级学生武威目前已选了4.5个学分,应缴学费157.5元,再加上进行毕业设计所需学分的学费,他今年只需缴1 200元左右的学费,连往年学费2 700元的一半还不到。原来,毕业班学生因最后一年所修课程较少,学费一般较低。而低年级学生因当年所修学分较多,学费普遍较高,大多超过了往年学费。

据介绍,按学分收费就是把学费分解到每个学分上。如按现行标准,上海大学一般专业四年收费总额为10 800元,外语类专业为12 000元,平均为11 400元左右,而本科全程教学计划学分总数为330±2学分,相除以后,一般课程单价即为每学分35元。以此类推,美术类专业课程每学分单价为84.50元。因此,每个学生所缴学费总额实际并没有变化。

该校教务处处长王锡林告诉记者,按学生实修学分收取学费是国际上通行的做法。学分制的一大优点是学制灵活,如上大明确规定,学生可提前或滞后毕业,学制4年的本科生,可允许在6年内完成学业。但在高校实行收费并轨后,如仍按学年制进行收费,那么对于在4年和6年中选学同样课程量的学生,前者只需支付4年学费,而后者却要支付6年学费,这样,显然抑制了学分制的长处。此外,课程的教学成本也不尽相同,也要求有不同的收费,使学生缴费更为合理。

学制延长,是不是会给高校后勤带来压力?王锡林说,考虑到宿舍资源比较紧缺,学校在有关文件中有特别规定,对于每学期选读学分不满15学分的学生,不予安排住宿。(吴学霆)

《文汇报》1998年4月28日

**上大聘罗康瑞为顾问教授**

上海大学校长钱伟长昨天向香港瑞安集团董事长罗康瑞先生颁发了上大顾问教授证书。

罗康瑞先生现任全国政协委员,他一直关心和支持祖国的教育事业,去年资助上海大学创办上海经济管理中心,为上海培养经营管理人才。(张蕴)

《解放日报》1998年4月30日

**把握前进的航向——各地大学生邓小平理论学习热述评**

万物复苏的春天,全国大学校园里学习邓小平理论热潮再度蓬勃兴起。90年代以来,大学生学习邓小平理论热有三次,第一次是1992年邓小平南方谈话之后,第二次是在1993年底《邓小平文选》第三卷出版发行后,第三次是党的十五大召开到现在。纵观大学生学习邓小平理论活动,大致可分为三个层次或阶段,首先是了解与认知,其次是理解和认同,最后是运用和实践。青年学生为什么以持续不断的热情学习邓小平理论?他们学习的收益如何?扫描大学生学理论的轨迹,或许对广大青年有所启示。

**邓小平理论进课堂上教材**

1996年下半年,北方交通大学社科系副教授苗鸿玲在该校开设"邓小平建设有中国特色社会主义理论"选修课,选修的学生遍布全校13个系各年级。听课学生积极性很高,记者看到有的学生提前一个小时到教室占座位。

邓小平理论进课堂上教材是大学生了解、认知邓小平理论阶段。

1994年,中共上海市教卫委决定在上海高校中开设邓小平理论课。1995年,复旦大学、上海交通大学、华东理工大学、上海大学等6所试点学校率先开设了"邓小平理论教程"课。1996年至1997年上半年,上海高校普遍开设"邓小平理论教程"课。去年初,上海许多高校结合大型电视文献纪录片《邓小平》讲授邓小平理论课。

邓小平理论进课堂建立在大学生渴望了解邓小平理论的基础上。邓小平理论课以其鲜明的针对性受到大学生欢迎。

去年秋天,党的十五大召开前夕,北京大学在本科三年级 5 个院系开设邓小平理论课。吴树青、肖蔚云、陈占安等 12 位著名教授分别讲授"邓小平对社会主义本质的概括"、"中国社会主义建设的发展战略"等 12 个专题。听课的学生陈伟说,平时的许多疑惑,在这门课中找到了答案。另一名学生说,以前对国企改革信心不足,放假回家听到关于下岗职工的议论,对有些问题不理解。听了吴树青教授的课,茅塞顿开,澄清了模糊认识。

**课余自发学习邓小平理论**

大学生中蕴藏着学习邓小平理论的极大积极性,全国 1 000 多所高校的 300 多万大学生自发组建学习邓小平理论社团达 2 000 多个。近几个月,许多高校学生在学校团委指导下,开展了各具特色、丰富多彩的学习邓小平理论活动。

3 月 7 日到 4 月 8 日,上海交通大学"邓小平理论学习班"举办了数次理论沙龙。全校 3 000 余名学生参加学习班,理论沙龙活动场场爆满。通过理论沙龙的互相交流,大学生提高了对邓小平理论的认识。一位参加理论沙龙的学生说:"每参加一次活动,我对邓小平理论的理解就加深一层。"上海交大"邓小平理论学习班"还把沙龙办出校园,与其他高校进行校际互访、交流体会。在一个月的时间里,上海交大先后与中国纺织大学、复旦大学、浙江大学进行了互访。

4 月 9 日至 12 日,华东地区部分高校在浙江大学召开学习邓小平理论交流会,会议代表主要是在校大学生。华东地区大学生学习邓小平理论进入新高潮。

由课堂到课余自发学习邓小平理论,表明大学生学习邓小平理论从了解、认知阶段发展到理解、认同阶段。成才是大学生长盛不衰的关注热点,是他们心中永恒的主题。大学生认识到,学好邓小平理论于己有益、于国有益,对提高自身综合素质、锻炼跨世纪能力有巨大作用。大学生学习邓小平理论的动因在于大学生自身成长的内在要求,在于他们了解改革、认识社会的强烈愿望,在于青年学生关注国家发展、参与改革实践的巨大热情。

北京大学一名学生说:"我们学习邓小平理论,一是想学,我们要寻求了解现实、发展自身的理论武器;二是应该学,改革在发展,不学理论跟不上形势;三是必须学,我们将来要在现代化建设中发挥作用,就必须掌握邓小平理论。"

去年,有关部门对 6 省、市 58 所高校学生的思想政治状况进行了调查,结果显示,86％的学生表示对邓小平理论"很了解"或"比较了解";98％的大学生认为邓小平理论是使中国走上改革开放的现代化建设成功之路。大学生对邓小平理论的认同程度非常高。

**联系现实　学以致用**

理论的魅力在于认识现实,理论的生命力在于指导实践。广大青年学生之所以满腔热情地学习、钻研邓小平理论,因为邓小平理论不仅是改革开放的航标,而且使大学生们解除了许多困惑。青年学生联系现实、结合实践深入学习邓小平理论,从而提高了对形势的认识,明确了青年人努力的方向。

湖南大学团委负责人说,理论学习能否深入,关键在于是否与实践结合,"周末调研"就是在实践中学理论的尝试。

学习理论,认识社会,再学理论,参与实践,这样循环递进,使大学生们不但深入地理解了理论,而且认识到了理论的力量,明白了参加社会实践的重要性。

大学生们学习邓小平理论的热情十分可贵,很多学校给予正确引导,让学生学习邓小平理论与学习、贯彻党的十五大精神,与学习我国社会主义建设历史,与参与改革开放的实践结合起来,使理论学习形式多样、生动活泼。

大学生掌握了邓小平理论,才能在现代化建设的广阔舞台上有更大作为;用邓小平理论武装的一代青年,是我国兴旺发达的希望。(董洪亮)

《人民日报》1998年5月4日

**上大悉尼学院今年招计划生**

上海大学悉尼工商学院近期在宝山区成立了分部,扩大招生人数。今年该院招收工业外贸专业(贸易管理方向)本科生 40 名,国际贸易专业专科生 80 名,属国家统一招生;计划外招生工作将于 7 月进行。

悉尼学院在教材优化、专业调整和师资队伍建设方面努力适应市场需要,不断强化英语、计算机和商务知识等优势专业,使毕业生的质量大大提高。

《解放日报》1998年5月7日

**新生不分专业　两年以后分流　上大全部按院系招生**

录取人数约占本市第一批录取新生三分之一的上海大学今年推出全部按院系宽口径、不分专业的招生政策。上大今年共有 18 所学院招收 4 980 名新生,其中本科生 4 730 名,专科生 250 名。在沪集中第一批招收本科生 4 085 名,总人数比去年多招 14.6%。

上海大学今年除法学院、通信与信息工程学院、计算机学院、自动化学院、知识产权学院、悉尼工商学院、国际商学院(商业经济信息系除外)按学院招生外,其余全部以系为单位招生,学生进校两年内,基本不分专业,以学院或系为单位强化基础教学,拓宽专业面。第三年起,只要成绩位于前 50% 的学生都可以在就读的学院或系内任选专业。

上海大学今年仍将按高考、会考、部分专业加试成绩和专特长"多元测评",德智体全面衡量,择优录取。凡由中学校长推荐,经过上大文化测试确认的预选生,高考成绩达到第一批录取院校分数线,并以第一志愿报考上大,学校将兑现对其的承诺。对未获得中学推荐的优秀毕业生,其语、数、外会考等第达到"3A"(其余均及格)或有专特长的考生,可于 5 月 23 日直接到上大(延长路 149 号)填写自荐表。对于学校认可的自荐生,高考成绩达到第一批录取院校分数线,并以第一志愿报考上大,学校将在录取时满足考生前三个志愿中的一个。

上大在 1998 年新生中继续招收基础教学强化班,前两年内,强化数、理、化、外、计算机、文、史、哲、经等基础教学;两年后,学生可选择进入上大任何学院、任何专业学习。

上海大学优先录取第一志愿考生。基础教学强化班、理学院数学物理力学综合班,以及国际商学院、通信与信息工程学院、计算机工程与科学学院、经济管理学院、知识产权学院、外国语学院、影视艺术技术学院的影视艺术系和文学院的涉外经济法系,原则上只录取第一志愿报考上大的考生。

上大实行以学生实际修读学分为依据的收费办法,新生只需预交第一学年的学费,以后每学年按照上一年的实际修读学分进行结算。学生在修满规定的总学分后,可提前或延后毕业。

上大将于5月23日8:00—16:30在校本部(延长路149号)举行大型咨询活动,同时发放自荐表。凡报考上海大学的考生,必须在6月11日至14日8:00—17:00,携带会考证号(上海卷考生)、高考准考证号(全国卷考生)、报名照一张到上大设立的咨询报名点(延长路149号和部分郊县招办)填写《上海大学考生综合信息登录表》(有各类获奖证明或专特长证明者随带原件)。凡报考上大法学院劳动改造学专业(提前录取)的考生,5月23日、24日在延长路149号参加面试。(张蕴)

《解放日报》1998年5月20日

**上海大学举办招生咨询活动**

为帮助考生详细了解有关政策,上海大学招生办公室负责人将于5月25日晚8时20分,在上海教育电视台"昂立招考热线"现场咨询,解答广大考生和家长有关招生的政策。

凡报考上海大学的所有考生(包括第二志愿考生),必须在6月11日至14日携带会考证号(上海卷考生)、高考准考证号(全国卷考生)、一张报名照到上海大学设立的咨询报名点填写《上海大学考生综合信息登录表》。(晓高)

《新民晚报》1998年5月25日

**上大育人工作做到"家" 坚持家访制度近十年 每年两千多人次**

小高同学没有想到,踏进上海大学的门,同时迎来的还有大学老师的家访。家访使老师发现了小高在学校里没有表现出来的潜质。上海大学坚持多年的学生家访制度,实现了德育的"学校、社会、家庭横向联合",将学校的育人工作做到了"家"。据统计,上大教师每年的家访次数高达2000多人次。

90年代初,针对上大本地学生较多的特点,校长钱伟长提出了建立家访制度的要求。通过家访,可以深入了解学生的成长经历和环境,有的放矢地因材施教;可以加强师生间的交流;还可以利用家长这一丰富的社会资源,共同做好学生的思想工作。在多年的实践中,上大教师摸索出了"三个必访":即优秀学生必访,了解有利于学生健康成长的家庭教育和成长环境;单亲子女、孤儿、知青子女、下岗职工子女等特殊群体家庭必访,解决他们在学习、生活以及心理上的特殊困难;自我约束能力不强的学生必访,针对不同的性格和行为模式,与家长共同探讨合适的教育方式。

对大学生的家访,要讲究艺术。一名平时较为自由散漫的学生在学校用摩托车转圈,扰乱了教学秩序。次日,樊春妹老师便上了这同学的家。见那学生面如土色,樊老师改变了告状的初衷,反而在家长面前尽力介绍这位学生的优点。家访后没多久,这位学生便主动找樊老师来认错;直至毕业,他都表现出了极强的自律意识。

家访,使许多学生的实际困难,及时得到了老师的帮助。小林父母双亡,亲戚代其办理了退学手续。老师及时家访了解实情后,积极做其亲戚的思想工作;同时表示学校绝不让学生因贫困而辍学,终于使一个很有前途的大学生又回到了课堂。黄慎之老师班上的贫困学生较多。为了使学生能获得奖励基金,她清晨5点多出门,晚上10点多回家,两天内访问了金山、奉贤、崇明、杨浦四名同学的家庭。因为黄老师的细致工作,使其中三名获得了基金。学生被深深地感动了,他们每人从基金中拿出一定数额的钱,又去资助班里其他困难同学。

家访制度,把18 000名学生的家长与上大的距离拉近了。家长们有的帮助学校联系教育讲座,有的自己担任了德育兼职教授。上大国际商学院97届学生毕业前,都收到了自己家长的一封信。信中,家长们用自己的亲身经历勉励孩子积极面对人生的又一次挑战。学校将这些家信编成了《家信集》,赠给毕业生们。毕业典礼上,毕业生代表念起这一封封真挚的家书时,台下师生、家长无不动容。(张蕴 钱峰)

《解放日报》1998年5月31日

**上海大学招生办提醒考生　报考上大需到校登录**

上海大学昨起开始发放综合信息登录表。上大招生办提醒广大考生,凡已在高考志愿表中填报上海大学者,务必在本月14日前,前往上大本部(延长路149号)登录,以扩大志愿的选择范围。

昨天上午,有2 000余名考生前往上大进行登录。许多考生对上大发放登录表的举措存在不少疑问。据上大招办介绍,由于上大招生人数占第一批录取院校的三分之一,不仅使考生有更大的选择余地,同时也使该校可从会考成绩、专特长加试等多方面了解考生的情况,故采取了登录表办法。凡在志愿表中填报上大的考生,均需前往该校填登录表,登录表可填报6个志愿,如登录表与考生已填的高考志愿表有出入,以登录表的志愿为准。

另据上大招办负责人称,如全国卷考生中有部分人确实无法在14日前到该校参加旅游、广告、影视艺术等院系面试,可在7月10日前往参加补试。(张蕴 李昂)

《解放日报》1998年6月12日

**上海大学新校区将开建**

被列为今年市重大工程的上海大学新校区工程即将动工建设,新组建的上海建工股份有限公司昨天与上海大学举行了合同签字仪式。上大新校区总建筑面积为39万平方米,一期工程包括建造图书馆、美术学院、行政管理中心、院系综合楼和学生宿舍等。

《解放日报》1998年6月17日

**上海大学新校区建设启动**

昨天,上海大学副校长方明伦和上海建工股份有限公司总经理姚建平在上海大学新校区工程建设项目管理合同上签字,这标志着上海大学新校区建设开始启动。被列为今年上海市重大工程的上海大学新校区位于宝山区陈太路、南陈路。建成后的新校区总建筑面积将达39万平方米,一期工程占地1 500亩,建筑面积19万平方米,将建造图书馆、美术学院、行政管理中心、院系综合楼、学生宿舍等。上海建工股份有限公司对该工程实

施全过程项目管理,将发挥自身的施工和管理优势,力争创出优质工程。(王鹰 章华平)

《文汇报》1998年6月17日

### 上海大学国际商学院函授部 13届经济管理班(大专课程)招生

一、专业:(1)现代经济管理:企业管理概论、市场学等14门课程。(2)外向型经济管理:中外合资管理、经济法等14门课程。

二、教学:面授、函授相结合。

三、颁发上海大学国际商学院结业证明。

四、报名:淮海中路622弄7号446室,电话:53060606-2446。时间:周一至周五9:00—16:30,周六上午。简章备索。

《解放日报》1998年7月9日

### 上大美术学院师生举办"奔向未来"系列作品展

由上大美院设计系师生举办的"奔向未来"系列作品展昨天在上海商城开幕,展出由学生们创作设计的上海地铁二号线、上海大学新校区等有关的环境艺术作品。

前不久,上大美院设计系200多名师生来到上海地铁二号线和上大新校舍工地,搜集了大量有关数据资料,对地铁二号线的站厅、上海大学新校区广场的环境艺术设计提出了许多设想,并开展了观念性创作设计。他们还对地铁广告牌、出入口、电话亭、指示路灯、灯箱和校区广场等作了综合设计,画出了一批空间设计和雕塑作品的样稿。这些设计充满着大胆的创新理念和强烈的时代气息。这次展出的200多件作品,就是其中的一部分。据了解,地铁二号线指挥部有关部门对学生们设计的站台壁画、环境雕塑等分类设计稿很有兴趣,他们将进一步听取专家的意见,并展开专题性讨论。(顾咪咪)

《解放日报》1998年7月11日

### 上大文学院招收全日制本、专科学历证书班

上大文学院今年继续举办全日制自学考试本科、专科学历证书班,即日起在三门路661号接受报名。

该学院自1996年开办全日制高教自考助学班以来,先后开设了行政管理、国际贸易、会计学、法律学、计算机应用等8个专业。几年来,各专业参加市统考的合格率名列前茅。

为确保教学质量,学院按普通高校大专教学模式组织全日制教学,在课程设置方面除开设各专业自学考试规定的课程外,还开设了大学英语、计算机应用、体育、文艺欣赏等十余门应用性和技能性课程。

《解放日报》1998年7月28日

### 上海大学国际商学院函授部 13届经济管理班(大专课程)招生

一、专业:(1)现代经济管理:企业管理概论、市场学等14门课程。(2)外向型经济

管理：中外合资管理、经济法等14门课程。

二、教学：面授、函授相结合。

三、颁发上海大学国际商学院结业证明。

四、报名：淮海中路622弄7号446室，电话：53060606－2446。时间：周一至周五9：00—16：30，周六上午。简章备索。

《解放日报》1998年9月3日

**上海大学就基础课教学作出硬性规定　教授、博导"重返讲台"**

记者日前从上海大学教务处了解到：为让教授、博导重返大学基础课讲台，该校就其面向本科生开课作出一系列硬性规定。

这些规定包括：教授每学年必须为本科生开设一门学科基础课或公共基础课，主讲绪论和若干重要概念，并辅导中青年教师主讲其他部分；博士生导师每学年必须为本科生开设一门专题课或讲座；两院院士每学年应为本科生作一次学术报告；学校党政领导中的教授、博导每年必须至少为本科生开设一次学术讲座。

该校一位近年多次开设基础课的知名教授就此评论说，就培养创新人才而言，基础课是极为重要的。其重要性不仅在于基础课是一门学科的基础，更在于它作为学科的入门课程，对于培养学生的兴趣和启发正确的思维方式具有非同寻常的意义。"以往，我们在上专业课的时候，常发现学生呆板、单调的思路和对学科的冷漠态度，这是没上好基础课的后遗症。"

解放前及解放初期，我国高校中有名教授上基础课的传统，后由于种种原因，为本科生开课的教授越来越少。而大学生非常希望能听教授讲课，即便是非本专业的课程，也有不少学生在教授的课堂里旁听。为此，复旦大学、上海交通大学等校先后推出一些措施，鼓励教授、博导为本科生开课。一些人士认为，上海大学的这一系列规定，把这一措施制度化、经常化，将使大批教授走上基础课讲台。

目前，这一系列规定尚在试行中。（裘新世　吴学霆）

《文汇报》1998年10月13日

**上海大学1999年招收法学第二学士学位生**

招生专业：法学

学制：2年（学期制和学分制）

招生人数：40

招生对象：获非法学学士学位，年龄在40周岁以下的上海市在职人员以及能获得非法学专业学士学位的应届毕业生（含按学分提前完成学业能获得学士学位的学生）

报名时间：1998年12月21日至27日（星期六，星期日照常接待）

报名地点：上海大学招生办公室（延长路149号，行健楼316室）

考试科目：共三门，语文、英语必考，哲学或逻辑或高等数学任选一门

考试时间：1999年3月13日（星期六）

详情请参阅招生简章，上海大学招生办公室备索（邮编：200072，电话56331358），咨

询电话：69207874,69208970 转 548 或 547。

《解放日报》1998 年 11 月 23 日

### 上海大学举办"首日教育"活动

上海大学昨天举办有近两万名学生参加的"首日教育"活动。市教育系统关心下一代报告团的近 20 位离退休老干部、老教授，来到学生中间，用自己的人生经历，与大学生们一起回顾改革开放 20 年的伟大成就，交流学习邓小平理论的心得。据悉，昨天是这个报告团系列报告会的第一站。此后，他们还将在各高校作巡回讲演。（张蕴）

《解放日报》1998 年 11 月 23 日

### 上海大学 1999 年招收法学第二学士学位生

招生专业：法学

学制：2 年（学期制和学分制）

招生人数：40

招生对象：获非法学学士学位，年龄在 40 周岁以下的上海市在职人员以及能获得非法学专业学士学位的应届毕业生（含按学分提前完成学业能获得学士学位的学生）

报名时间：1998 年 12 月 21 日至 27 日（星期六，星期日照常接待）

报名地点：上海大学招生办公室（延长路 149 号，行健楼 316 室）

考试科目：共三门，语文，英语必考，哲学或逻辑或高等数学任选一门

考试时间：1999 年 3 月 13 日（星期六）

详情请参阅招生简章，上海大学招生办公室备索（邮编：200072，电话 56331358），咨询电话：69207874,69208970 转 548 或 547。

《解放日报》1998 年 11 月 25 日

# 1999 年

### 上海：迈向温室国产化

由上海农学院主持，上海交通大学、上海大学等共同承担的"现代化温室关键技术消化吸收创新"科研项目日前在这里启动，此举旨在实现现代化温室国产化。

上海市教委首次组织的这项大型联合攻关项目，下设 8 个子课题，依托位于上海农学院的现代化温室科研基地，实施温室国产化技术集成研究。5 所高校均派出了精兵强将参与研究这一科教兴农项目。（郭礼华 黄屏）

《人民日报》1999 年 1 月 4 日

### 上大优秀预选生预选工作启动

上海大学昨天宣布，该校今年优秀预选生预选工作已开始启动，学校在预选中坚持的原则是：不拘一格选人才。学校将根据预选生的综合素质，分别给予不同类型的承诺。

据透露，预选生的预选条件是：热爱祖国，拥护党的基本路线，品学兼优，身体健康的优秀高中应届毕业生；获国际、全国、全市性各类单科竞赛优胜者或市科技发明创造奖获得者；高中阶段学习成绩为所在中学名列前茅者。对确认的优秀预选生，达到市考试院确定的学校录取分数线，并以第一志愿报考上海大学，学校将按情况分三类给予优惠待遇：可进入基础教学强化班学习，两年内实施全面发展模式，并享受每年 4 000 元特等奖学金，两年后可根据学生意愿在校内任意挑选专业，有志攻读硕士学位的可提前配备导师；承诺拟录取其所报的第一志愿；承诺拟录取其所报前三个志愿中的一个。

为不拘一格选拔具有各种专特长的毕业生，该校将在 2 月 6 日—7 日举办冬令营，以了解和预选具有专特长条件的优秀毕业生，为 1999 年录取专特长考生建立依据。可参加冬令营的对象是：体育、文学、艺术、科技、音乐、舞蹈竞赛获奖者和优秀学生干部。报名采取中学推荐和学生自荐相结合。据悉，上大将于 30 日在延长路 149 号校本部举行预选生和冬令营的咨询活动，并发放有关报名表。（张蕴）

《解放日报》1999 年 1 月 13 日

### 上大举办高中生冬令营

上海大学前、昨两天举办了有 450 名优秀高中生参加的冬令营活动。

在冬令营活动中,营员们纷纷一展才华,他们分别参加了文学写作、影视表演、摄影绘画和田径、击剑等活动。(张蕴)

《解放日报》1999年2月8日

### 建设面向21世纪的高教标志性工程　上大新校区工程效益质量"双佳"　今秋新学期将有6 000余名学生首批入住

占地1 500亩、校舍建筑面积36万平方米的上海大学新校区已见雏形。作为上海教科文卫体系统面向21世纪的标志性工程,由于其严格而科学的管理,正带来工程效益和质量的"双佳"。

上海大学新校区位于宝山区,今年秋季新学期将有6 000余名学生入住,9.7万平方米的院系综合楼群,5.6万平方米的首期学生宿舍楼群,配套的食堂、浴室、锅炉房等在9月1日前将投入使用。上海大学在新校区一期工程建设中,引入专业的项目管理、设计监理、工程监理和投资监理,对工程质量、投资、进度、文明施工、安全施工等实行全方位控制,既保证了工程进度,又确保了工程质量。

"道路天天清"。记者昨天在工地走了一圈,鞋面依然洁净。施工时间的紧迫,更使建工集团的项目管理优势得到充分体现,他们设定和控制形象进度的节点目标,对施工进度控制、质量控制和文明施工、安全防范提出了科学化的管理办法。同时,与各施工队伍间的良好协调又大大提高了工程进度。

施工者对工程质量已到了"苛求"的程度。为确保工程质量,上海大学请来市建筑科学设计研究院和高校建筑工程监理公司,担任工程监理。在工地上,施工队伍是第一关、工程监理是第二关、管理公司是第三关、业主是第四关,关关把住质量。曾有某一标的基础垫层浇捣和钢筋绑扎不合规范,工程监理发现后,当即要求敲掉重来,避免了事故苗子,分包队伍也因此被撤换。

在工地办公室工程效果图上,记者看到综合楼连接处有一明显裂缝。细问究竟,问出个故事:综合楼原先设计以美观为主,没有考虑设计抗震缝,上海大学引进的同济大学设计监理在查看图纸后,坚持设计以安全为主,经多方协调,加上了抗震缝,杜绝了隐患。由于有科学的计算,设计监理对桩基设计也提出了改造建议,仅主桩长度缩短这一项,设计监理就为业主节约150多万元。

在工地上看到工程监理是平常事,可昨天记者居然碰到了投资监理。投资监理管什么?管省钱。由于项目投资有限,上海大学请来了市建行五支行担任投资监理,对每个项目的投资预算进行投资控制。投资监理除看图纸、参与订设备,还整天在工地上跑,实地勘察。这一勘察,每个月的工程预算款削减了20%—30%,项目开工至今,业主已少支出预付款近3 000万元。(张蕴)

《解放日报》1999年2月25日

### 上大美院研究生作品展开幕

上大美院在学研究生作品展昨天开幕。参加画展的研究生共8人,分属现代水墨、架上油画、商业绘画和美术理论4个专业,其中现代水墨专业研究生安成美为韩国留学

生。展出的40幅作品,是研究生学习一年多来的创作和探索的结果。(顾咪咪)

《解放日报》1999年4月9日

**上大10名教授配一名秘书**

　　上海大学的教授将配有秘书,秘书的招聘条件近日已在学校张榜公布。上大此举是为了将教授们从繁忙的事务中解脱出来,把有限的精力投入到教学科研中去。

　　上大目前共有教授200名左右,按每10位教授配一名秘书,需要20名左右。学校目前首批招聘10名。竞聘成功者将由学校新近组建的机关服务中心主管,并要接受计算机和英语方面的强化培训。据悉,首批秘书将主要配备理学院、通信工程学院和材料工程学院等单位的教授们。(张蕴)

《解放日报》1999年4月22日

**面向上海的未来**

　　上海大学是一所具有光荣革命传统和优良校风的大学。半个多世纪以来,她和近代上海发展的历史息息相关。1922年10月,前身为东南高等专科师范学校的上海大学在民主革命的洪流中应运而生,当时设有三个系,300名学生。在中国共产党的领导下,上大成为我党宣传马列主义,培养革命干部的基地。李大钊、邓中夏、瞿秋白、蔡和森、恽代英、张大雷、陈望道、杨尚昆、黄仁、何秉彝、何挺颖、李硕勋、沈雁冰等一大批名人志士曾先后在校任教和学习。在中华民族处于危急的时刻,"上大学生没有一个是只读书不做事的"。当时就赢得了"文有上大、武有黄埔""北有五四的北大、南有五卅的上大"之美誉。上大虽然在1927年5月被迫停办,但她的精神和传统给后人以启迪和鼓舞。

　　进入90年代,上海的改革开放发展到一个重要历史时期。历史性的大转轨、大调整、大发展,极大地推动了高等教育的改革。1994年5月27日,上海解放45周年的纪念日,经国家教委批准,上海地方高校中实力最强,建校已30年的原上海工业大学、上海科学技术大学和上海大学以及上海科技高等专科学校四校合并组建的新上海大学宣告成立,成为当时上海学科门类最全、专业覆盖面最广、在校生规模最大的综合性大学。江泽民总书记为上海大学题写了校名,著名科学家、中科院院士钱伟长教授出任校长。这是上海市委、市府贯彻落实《中国教育改革与发展纲要》,推进上海高校布局结构调整和管理体制改革,面向新世纪的重大举措。

　　合并后的新上大贯彻"稳定、连续、开拓"的方针,围绕整体建设总目标,实施了一系列有特色、有成效的改革和调整,改革使学校充满了生机和活力。五年来,初步形成了与上海经济发展战略相适应的重点学科和新型、高效、灵活的办学机制,合并的规模效应和综合优势逐步显现。新上海大学现有理、工、文、史、法、经、管等学科门类以及影视、美术学科共55个本科专业、35个专科专业、52个硕士点、12个博士点、4个博士后流动站,有18个学院。

　　五年来,上大2.5万名毕业生中90%以上活跃在上海的各行各业,发挥着骨干作用。科研经费总量的85%以上来自上海经济社会发展第一线的科研课题,已经成为上海经济、政治、文化等各个领域中不可缺少的重要组成部分。1997年底,由上海市政府批准建设地处宝山地区、占地1 500亩、总投资为13亿元的上海大学新校区,今年9月将完成一期工程,正式启用。上海大学已进入了一个全新的发展时期。

回顾半个多世纪上海大学走过的风雨历程,我们不难发现,上海大学是紧跟上海前进的步伐向新时代走来,而贯穿始终的则是几代上大人自强不息、开拓进取、勇于改革、敢于实践的奋斗精神。

从上海大学的发展,也映射出上海的高等教育事业在历史将进入一个新的千年之际,正不断继承和发扬光荣传统和优良作风,同心同德,艰苦奋斗,以自己的实际行动无愧于上海这座伟大城市的名称,以崭新的姿态跨入充满挑战的21世纪!(刘晓明)

《光明日报》1999年5月24日

### 上大今年实行宽口径招生

记者日前获悉,招生数占本市招生总数近三分之一的上海大学,今年将实行宽口径招生,学生可在进校两年后,再选择专业。

据悉,上大今年将有15个学院招生,招生总数为5 200名,其中本科生5 050名,专科生150名。学生进校后两年内,基本不分专业,以学科大类、学院或系为单位强化基础教学,拓宽专业面。第三年起,至少前50%的学生可以在就读的学科大类和学院内或系内选择专业。此外,上大今年还推出部分优秀生一年后可跨学院重新选择系和专业的新措施。

上大还开通了招生热线,考生可在网上咨询并登录考生信息。明天8:00—17:00,还将在学校本部(延长路149号)举行招生咨询活动,并发放专长特长考生自荐表。(张蕴)

《解放日报》1999年5月29日

### 新上海大学欢庆5周岁

今天上午,与上海解放同一天"生日"的新上海大学宾客满堂,来自全国各地的"上大人"在此共庆校庆5周年。

1994年5月27日,数校合并组成的"联合舰队"新上海大学宣告诞生。5年来,新上大坚持立足上海、服务上海的定位,不断推进教育教学系列改革和新教学运行机制,调整优化学科专业结构使办学实力明显增强,综合优势逐步显现。

至今,新上大已拥有89个本专科专业、4个博士后流动站、12个博士点、52个硕士点,为国家和上海输送各类人才30 000余名。(金耘)

《新民晚报》1999年5月29日

### 报考上大为何要填"登录卡"

许多考生问:填报上海大学为何需填写登录卡?上大招办的回答是:登录卡所载信息,是上海大学录取新生的依据。凡本科第一批填报上大的考生,必须在6月10日至13日,到上大填写该校的《考生志愿信息登录卡》。

据悉,上大在考生填写的"上海市普通高校招生考试志愿表"本科第一批志愿栏目中,只采集考生填报上海大学的志愿顺序,即只看上海大学填报在第几志愿。上大录取考生是以登录卡中的志愿为准。只填报上大本科提前录取专业和专科的考生不需填写登录卡。

考生到上大填写登录卡,需带一寸报名照一张、上海考生带会考证号、全国卷考生带高考报名号,及各类获奖证明原件。上大登录卡填写地点是:延长路149号上大本部。为方便郊县考生,上大11日在松江,12日在崇明、金山、南汇、青浦、嘉定,13日在奉贤县的招办设立登录点。(张蕴)

《解放日报》1999年6月9日

### 上海大学为李一青师生举办画展

上海大学影视学院美术教授李一青师生画展日前举行。这次画展作者多为理工科专业学生,展出的173件作品涵盖了多种艺术风格,种类有油画、丙烯画、水墨画、钢笔画、热熔玻璃画等,具有相当水准和品位。参加展览的作者大多为画龄只有几周的理工科专业学生,这是上大实施素质教育的成果。李一青教授积极探索了一种艺术美育的新模式,着重心灵启发和心理暗示等,提倡自由想象创作,在短时间内激发出大学生欣赏美、创造美的潜能,艺术教学取得了较好的效果。(萧席)

《新民晚报》1999年6月22日

### 上大开展毕业生"三个一"活动

上海大学在毕业生教育中开展"给父母写一封感谢信,为母校做一件好事,为社会奉献一份爱心"的"三个一"活动,使大学生把感谢父母养育之情、母校哺育之情化为爱国之情,上好大学的最后一课。

在为母校做一件好事中,一些同学自发募捐,在新校区认购了一块太湖石;还在校区种植了一块"学子林"。在为社会奉献爱心活动中,不少同学到街道参加义务劳动、举办咨询服务;部分同学还到虹口儿童福利院参加公益劳动,并捐款1 000多元。(吴玮)

《解放日报》1999年6月25日

### 军训带来思想政治觉悟的飞跃

上海大学把军训工作作为加强大学生思想政治教育的重要载体,积极开展多种形式的学军教育活动,让爱国主义、集体主义、社会主义思想在大学生头脑中升华。今年参加军训的大一学生,申请入党的已达这个年级学生总数的70%。昨天,上大举行'99军训阅兵式,5 000余名接受军训的学生和部分学生家长参加。全国政协副主席、上大校长钱伟长,上海警备区副司令员王金重,市委组织部副部长孙路一等也参加了阅兵式。

近年来,上海大学把军训工作作为加强大学生素质教育的一个重要方法与手段,通过军训来磨炼学生意志品质。在今年的大一学生军训中,学校开展了军容风纪、内务卫生、歌咏比赛、思想教育、队列操练的优胜红旗评比活动,锻炼学生各方面的综合素质。军训期间,学校还开展英雄事迹报告会、党的基础知识教育、部队革命传统教育等活动。军训期间,除有70%的大一学生递交了入党申请书外,学校还收到了学生党员、入党积极分子和学员的思想汇报、决心书5 000多份。大学生们纷纷表示,要把军训中磨炼出的坚

强意志和自强不息的精神,带到今后的学习生活中去。(张蕴　吴玮)

《解放日报》1999 年 7 月 21 日

**上大悉尼工商学院援建希望小学**

上海大学悉尼工商学院昨天在院庆 5 周年大会上宣布:将节省的院庆费用 16 万元捐给云南省文山州西畴县援建一所希望小学。上大校长钱伟长等出席大会。

另悉,学院还将于今年 9 月与澳大利亚悉尼科技大学合作,增开国际商务及金融两个以大专程度为起点,开放招生的本科专业。(张蕴)

《解放日报》1999 年 7 月 19 日

**上大第一批本科招生工作结束**

本市普通高校第一招生"大户"上海大学,今年在沪本科录取工作已画上圆满句号。

据上大负责人今天上午透露,该校今年投放在上海的第一批本科计划数为 4 620 余人,目前已悉数完成,其中第一志愿过重点线(即第一批本科院校录取控制分数线)的 3 600 余名考生,除 6 人因志愿填报不当且不愿调剂退档外,其余均被录取;第二志愿报考上大且过重点线的近 2 000 名考生,经过调档、投档后,有 1 000 人按照招生程序被选中,录取比例约 50%。上大第二志愿最低录取线文科为 449 分,理科为 450 分。(张蕴)

《解放日报》1999 年 8 月 8 日

**市领导视察上海大学新校区　黄菊希望上大努力完成培养应用型人才的重要任务,以适应上海经济、社会发展的需要**

在新学期即将到来之际,中共上海市委书记黄菊昨天在市委副书记龚学平等陪同下,察看了上海大学新校区,了解开学前的准备工作。黄菊指出,高等院校是培养高层次人才的重要基地,面临新世纪,上海对高层次人才的需求越来越大,要求越来越高。为此,我们要进一步重视抓好中央在沪高校和地方的重点高校教育,推动高等教育工作上一个新台阶。

上海大学新校区工程项目是根据上海市教育事业"九五"计划和 2010 年远景目标,经上海市人民政府批准立项的上海市重大工程项目,也是本市高等教育面向新世纪的一项标志性工程。上海大学新校区选址在宝山区祁连镇、大场镇境内,占地 1 500 多亩,建筑面积 36 万多平方米。目前,上海大学新校区一期工程大部分项目已基本完成,16.7 万平方米的校舍已建成并投入使用,其中包括院系综合楼、行政管理楼、学生宿舍、食堂、医疗保健中心等。

昨天上午,黄菊一行先来到综合教学楼,在"上大新校区规划模型"前驻足,听取了校领导关于已完成的新校区一期工程以及即将建设的二期工程的汇报。随后,黄菊走进教室参观,对以招标形式购买的新颖、实用、美观的课桌椅、黑板等教学用具表示满意。在综合教学楼,黄菊等还参观了计算机房等。接着,黄菊一行来到新校区的露天音乐广场,登上广场舞台,放眼远眺,整个新校区尽收眼底。黄菊向校领导了解了学校绿化、学生宿舍建设等方面情况。在学生宿舍,黄菊仔细察看了学习、生活设施,询问了学校收费情况,随后还参观了学生餐厅等。

在听取了上海大学校领导关于新校区工程建设情况的汇报后,黄菊指出,上海大学新校区在建设过程中得到市委、市政府的关心以及多方支持,建设进程快,质量也很好,这对于推动上海大学的进一步发展十分有利,同时也是本市贯彻全国教育工作会议精神,重视加快高等教育发展的有力说明。市委、市政府对上海大学的发展寄予厚望,经过布局调整后的上海大学,要努力完成量大面广地培养应用型人才的重要任务,以适应上海经济、社会发展的需要。

黄菊要求,上海大学今后应进一步明确办学方针,发扬办学特色。学校培养的应用型人才,要能渗透到上海各条战线,在面广的基础上注重培养拔尖人才。要结合解放以来高等教育改革中的经验,推动自身发展,形成自己特色,很重要的一点就是为学生打好基础,扎扎实实上好每一门基础课,为学生未来的发展注入后劲。黄菊强调,高校有了拔尖的学科,才会有生命力。上海大学应争取某几项学科在上海、全国甚至世界上达到领先水平。黄菊还要求,在新学期将有7 000余名学生进入新校区之际,学校要认真抓好开学前的准备工作,要处理好基本建设和正常办学之间的关系;重视抓好交通、治安、卫生等日常生活方面的工作。他同时要求宝山区继续支持配合上大搞好校园周边环境的综合整治工作,校区周边环境建设要有总体规划。

昨天陪同察看的还有市委常委、市委秘书长宋仪侨和副市长周慕尧。(徐敏)

《文汇报》1999年8月27日

## 黄菊察看上海大学新校区时要求抓好重点高校教育

在新学年即将到来之际,中共上海市委书记黄菊昨天在市委副书记龚学平等陪同下,察看了上海大学新校区,了解开学前的准备工作。黄菊指出,高等院校是培养高层次人才的重要基地,面临新世纪,上海对高层次人才的需求越来越大,要求越来越高。为此,我们要进一步重视抓好中央在沪高校和地方的重点高校教育,推动高等教育工作上一个新台阶。

上海大学新校区工程项目是根据上海市教育事业"九五"计划和2010年远景目标,经上海市人民政府批准立项的上海市重大工程项目,也是本市高等教育面向新世纪的一项标志性工程。

黄菊要求,上海大学今后应进一步明确办学方针,发扬办学特色。学校培养的应用型人才,要能渗透到上海各条战线,在面广的基础上注重培养拔尖人才。要结合解放以来高等教育改革中的经验,推动自身发展,形成自己特色,很重要的一点就是为学生打好基础,扎扎实实上好每一门基础课,为学生未来的发展注入后劲。黄菊强调,高校有了拔尖的学科,才会有生命力。上海大学应争取某几项学科在上海、全国甚至世界上达到领先水平。黄菊还要求,在新学期将有7 000余名学生进入新校区之际,学校要认真抓好开学前的准备工作,要处理好基本建设和正常办学之间的关系;重视抓好交通、治安、卫生等日常生活方面的工作。他同时要求宝山区继续支持配合上大搞好校园周边环境的综合整治工作。

昨天陪同察看的还有市委常委、市委秘书长宋仪侨和副市长周慕尧。

《新民晚报》1999 年 8 月 27 日

### 荇村塘整治一新通水　上大告别脏差水环境

新学年伊始，本市水利职工为上海大学师生送上一份特殊的贺礼：在市委领导的关心下，荇村塘整治工程日前竣工通水并通过验收，师生们由此告别了脏差的水环境。（朱瑞华　邵蕾）

《解放日报》1999 年 9 月 3 日

### 学生不爱此课不开　上海大学教学改革以学生为本

以学分制、选课制和短学期制为教学特色的上海大学在新学期开学之际又推出创新之举——不再设午休吃饭时间，全天候排课；推出一年一次转系机会以及专业课选修制。这是记者在上海教育工作会议上得到的信息。

上海大学新推出的全日程排课则在课程安排中不再专门设置午休、吃饭时间，这样可以在早上 8:00 至晚上 20:35 之间排满 13 节课（比其他高校多 4 至 5 节课）。上大常务副校长方明伦表示，全日程排课可以更好地利用教师、教室等教学资源，同时又是一种弹性学习制度，使学生能自主地安排学习休息，也为学生跨年级、跨专业选课创造了有利条件。

同时，学校还将在新学期实行一年一次转系制，学生可以根据自身特长爱好，在校内自由"中途跳槽"。据了解，今年全校各院系推出了 210 个转系名额，在申请转系学生中竞争选优，目前已有 26 名学生顺利"跳槽"。

把专业课全部改为选修课，通过学生的"选与不选"来考察各专业课的质量和供需情况，适时进行"关、停、并、转"，这样，学生在专业课的设置上拥有了更大"发言权"。据学校分管教学的周哲玮副校长透露，一旦某一门学科基础课的选课人数不足 20 人，那么这门课将被宣告"下课"，坚决杜绝"不顾学生需求，盲目因人（教师）设课"的现象。（金耘　姚阿民）

《新民晚报》1999 年 9 月 9 日

### 上海大学揭开新刻篇章　新校区启用暨开学典礼今举行

今晨，沐浴在薄雾中的上海大学新校区揭开了崭新的篇章。"上海大学新校区启用暨开学典礼"隆重举行。全国政协副主席、上海大学校长钱伟长，市委副书记、市长徐匡迪，市人大常委会主任陈铁迪，市委副书记龚学平等出席了庆典。

钱伟长致辞说，上大新校区一期工程的顺利启用是上海实施科教兴市战略的重大举措，是献给新世纪上海的一份厚礼，他代表全校 2.6 万余名师生向给予上大新校区支持与帮助的社会各界表示衷心感谢。

龚学平代表市委、市人大、市政府、市政协向新校区的启用和新学期开学表示祝贺，并希望上大全体师生员工贯彻落实全教会和上教会精神，深刻领会黄菊同志在视察新校区时所作的指示，充分利用良好的办学条件和学科门类较齐全的优势，注重理工结合、文理渗透,全面推进素质教育,为上海经济建设和社会发展培养量大面广,各行各业急需的应用型人才和一批拔尖人才;大力发展科学研究和科奋力拼搏技开发,为上海的科教兴市作出更大贡献。

上大新校区于去年5月正式动工,经一年多的,占地1500余亩的一期工程主要单体和总体配套工程已基本告竣并投入使用。胡正昌、周慕尧、刘恒椽和市老领导夏征农等出席了今天的庆典。(金耘)

《新民晚报》1999年9月12日

**硬件建设体现育人思想　上海大学新校区启用　钱伟长徐匡迪陈铁迪龚学平参加庆典**

从高空俯瞰,上海大学新校区颇像一朵含苞欲放的白玉兰。白玉兰是上海的象征,上海大学新校区则是上海教育面向新世纪的标志性建筑。

上海大学新校区启用暨开学典礼昨天隆重举行。全国政协副主席、上大校长钱伟长,市领导徐匡迪、陈铁迪、龚学平、胡正昌、周慕尧、刘恒椽,老同志夏征农,和上海大学首批7000余名新校区入住学生一起共度庆典。

龚学平代表市委、市人大常委会、市政府、市政协对上海大学新校区的启用暨新学期开学表示热烈祝贺,并向在上海大学新校区工程建设中作出贡献的各委、办、局、工程设计和施工人员,尤其是宝山区表示衷心感谢和崇高敬意。他说,经过布局调整、学科调整,迁入新校区后的上海大学,要努力实践和实现上海教育工作会议提出的奋斗目标。

龚学平希望上海大学党委和行政、全体师生员工结合贯彻落实全教会和上教会精神,深刻领会黄菊同志的讲话精神,认清新形势,进一步明确学校工作的目标和思路,抓住新校区启用的大好机遇,充分利用良好的办学条件和学科门类比较齐全的优势,注重理工结合,文理渗透、全面推进素质教育,为上海的经济建设和社会发展培养量大面广,各行各业急需的应用型人才,同时也要培养一批拔尖人才。大力开展科学研究和科技开发,为上海的科教兴市作出新的贡献。

他希望上海大学的广大学生要珍惜宝贵的年华,刻苦学习马列主义、毛泽东思想和邓小平理论,用科学理论武装自己,培养和树立正确的世界观、人生观和价值观,自觉地把自己的人生追求融入祖国和民族的前途命运之中,坚持江泽民总书记提出的"四个统一";要刻苦学习科学文化知识,努力掌握现代化建设的本领,把自己锻炼成为党和人民所需要的符合时代要求的社会主义建设者和接班人,担当起实现中华民族伟大复兴的历史使命。

龚学平最后说,我们相信,以"上海"这座光荣城市命名的上海大学,将以跨世纪建设和发展的成绩,为上海高等教育改革和发展这篇大文章添上有力的一笔,我们对上海大学的改革和发展是寄予厚望、充满信心的。

位于宝山区祁连镇、大场镇境内的上海大学新校区,占地1500亩,总投资额13亿元,总建筑面积36万平方米,其中一期工程建筑面积为19.2万平方米,投资7.6112亿元。一期工程于1998年5月启动,目前主要单位和总体配套工程已基本完成并投入使用。二期工程也将开始设计和施工。

将育人思想体现在硬件建设中,是上大新校区建设的最成功之处。强调学生的基础教育,是上大始终坚持的办学思想。新校区打出以基础教学为特色的牌子,全校一、二年级学生全部集中在新校区就读,同时,新校区的院系综合楼打破了以往一院一楼的设置,理学、文学、外语、美术、社会科学等所有基础学科一起迁入,加上综合楼中设施先进的计算中心和网络中心、基础教育实验中心等,使新校区"基础"特色鲜明,与延长、嘉定两个校区形成"一体两翼"之势。

文理渗透、学科交叉,培养知识面宽的人才,是上大的又一特色。这一点,在新校区建设中也有体现,整个院系综合楼四幢副楼全部联通,使文科、理科学生可自由选课、听课;教学楼中、教学楼旁,常有整块空地,这是设计时预留的,为的就是让各学科学生能自由沟通和切磋,成为天然的讨论场所;校园中的下沉式广场、露天音乐广场、中心广场等,都是学生社团活动的好场所;在学生公寓的住宿中,上大也注重学科渗透,不同年级、不同学科的学生混住,其育人效果将是长期的。

整个上大新校区大开大阖,颇有面向新世纪的气势。而校园内50%以上的绿化面积、大幅空白的学生涂画墙,以及散见于校园的学生雕塑作品……这些特色,除了有美化校园之意外,更有深层次含义:让好的硬件设施来塑造一个好的校风。(张蕴)

《解放日报》1999 年 9 月 13 日

**本市高教面向新世纪的标志性工程　上海大学新校区启用　钱伟长致辞,徐匡迪、陈铁迪出席典礼,龚学平讲话**

昨天上午,位于宝山区祁连镇和大场镇区域内的上海大学新校区披上节日的盛装。经市政府批准立项的上海市"九五"重大工程项目、本市高等教育面向新世纪的一项标志性工程——上海大学新校区一期工程,在这里举行隆重热烈的正式启用仪式暨新学期开学典礼。全国政协副主席、上海大学校长钱伟长,市委副书记、市长徐匡迪,市人大常委会主任陈铁迪,市委副书记龚学平,市人大常委会副主任胡正昌,副市长周慕尧,市政协副主席刘恒椽,市老领导夏征农等与 7 000 余名学生参加了典礼。

钱伟长在致辞中说,上海大学一期工程的顺利启用是上海实现科教兴市战略目标的一项重大举措,也是上海献给跨世纪的一份厚礼。

上大新校区工程项目占地 1 500 多亩,建筑面积 36 万多平方米。在市委、市政府的关心以及各方面的大力支持下,经过 8 000 多名建筑工人一年多时间的奋力拼搏,目前已初具规模,大部分项目已基本完成,16.7 万平方米的校舍已建成并投入使用,其中包括院系综合楼、行政管理楼、学生宿舍、食堂、医疗保健中心等。新校区将集中上海大学理学、文学、外语、美术、社会科学等学院以及体育教学部、计算中心和网络中心、基础教育实验中心。全校所有学院一、二年级学生集中两年在新校区学习,使每位学生在良好的学术氛围和优美的环境中,在德智体美等方面打下坚实的基础。新校区将与延长、嘉定两个校区形成"一体两翼"格局。延长校区以通信与计算机科学、材料科学、机电一体化学科等三大板块为龙头,带动环境工程和生命科学两个高新技术增长点;嘉定校区则以国际商务与管理科学、知识产权学科为重点。

龚学平在典礼上讲了话。他代表上海市委、市人大、市政府、市政协对上海大学新校区的启用暨新学期开学表示热烈祝贺,并向在新校区工程建设中作出贡献的各委、办、局、工程设计和施工人员,尤其是宝山区表示衷心感谢和崇高敬意。他说,经过布局调整、学科调整,迁入新校区后的上海大学,要努力实践和实现上海教育工作会议提出的奋斗目标。

龚学平希望上海大学党委和行政、全体师生员工结合贯彻落实全教会和上教会精神,深刻领会黄菊同志的讲话精神,认清新形势,进一步明确学校工作的目标和思路,抓住新校区启用的大好机遇,充分利用良好的办学条件和学科门类比较齐全的优势,注重理工结合,文理渗透、全面推进素质教育,为上海的经济建设和社会发展培养量大面广、各行各业急需的应用型人才,同时也要培养一批拔尖人才,大力开展科学研究和科技开发,为上海的科教兴市作出新的贡献。

他希望上海大学的广大学生要珍惜宝贵年华,刻苦学习马列主义、毛泽东思想和邓小平理论,用科学理论武装自己,培养和树立正确的世界观、人生观和价值观,自觉地把自己的人生追求融入祖国和民族的前途命运之中,坚持江泽民总书记提出的"四个统一";要刻苦学习科学文化知识,努力掌握现代化建设的本领,把自己锻炼成为党和人民所需要的符合时代要求的社起实现中华民族伟大复兴的历史使命。

龚学平最后说,我们相信,以"上海"这座光荣城市命名的上海大学,将以跨世纪建设和发展的成绩,为上海高等教育改革和发展这篇大文章添上有力的一笔。我们对上海大学的改革和发展寄予厚望、充满信心。庆典结束后,市领导还仔细察看了上海大学新校区的学习、生活设施等。(陶洪光)

《文汇报》1999 年 9 月 13 日

## 上大长江软件园签约

由闸北区和上海大学、长江计算机集团共同组建的上海上大长江软件园昨天正式签约,徐匡迪市长为软件园题名。

该园区位于秣陵路 50 号,总面积达 4 300 平方米。该区还建立了 2 000 万元高新技术成果扶持基金,对科研成果产业化实施融资支持。

《解放日报》1999 年 9 月 17 日

## 闸北与上海大学联建上大软件园

为贯彻"科教兴市"战略,推动闸北区新一轮产业结构的调整和升级换代,闸北区政府依托上海大学人才和科研优势,长江计算机集团硬件和市场优势,联手组建上大软件园。(田玲翠 王智琦)

《文汇报》1999 年 9 月 19 日

## 上海大学主办的《社会》

上海大学主办的《社会》(月刊)坚持反映社会发展、变化中的最新动态,剖析各种社会现象,力求帮助各界读者把握时代脉络。《社会》栏目丰富多彩,文字通俗生动,适合高中以上文化水平的读者阅读。(玉麟)

《新民晚报》1999 年 10 月 3 日

## 上大巴士高科技投资公司成立

本市教育系统首次引进社会资本建立高科技风险投资经营实体。由上海巴士实业股份有限公司和上海大学共同投资组建的上海上大巴士高科技投资有限公司昨天挂牌成立。副市长周慕尧出席揭牌仪式。

新公司注册资金3 000万元，双方共同组建高科技风险投资经营实体，实行资本运作和科研运作相结合，以促进高校科研成果转化。公司将对上大的工业新材料、新型环保阀门等4项科研成果实施产业化运作。同时，双方昨天还签约联办上海大学巴士汽车学院。（张蕴　邱怀友）

《解放日报》1999年10月13日

## 上大新世纪学生公寓村开工

21世纪新型学生公寓村——上大新世纪学生公寓村开工仪式昨天举行。

上大新世纪学生公寓村由上海高校后勤发展中心和上海市教育发展公司合作投资，位于毗邻上海大学的祁连山路聚丰园路口。项目总投资约13 000万元，占地面积90亩，总建筑面积75 000平方米，共有学生公寓近20幢约6.7万平方米，商业、餐饮、配套服务用房建筑面积6 000平方米，学生活动中心建筑面积1 500平方米，绿化覆盖率35％。明年秋季投入使用后，可入住学生6 500人。（王辛　张蕴）

《解放日报》1999年10月23日

## 上大美院举办海外校友作品展

"美之旅"——上海大学美术学院海外校友作品展昨起至11月4日在上海刘海粟美术馆举办。这是上海大学首次为海外校友举办作品展。

参加本次海外校友作品展的校友，有早在青年时代就蜚声国内的著名画家魏景山，有赴海外留学在海外赢得声誉的周豹健、陈伟德等。他们均于80年代赴海外留学，十几年来，他们拒绝商业诱惑，矢志艺术事业，形成了各自的艺术风格。

《解放日报》1999年10月30日

## 上大授予费孝通名誉教授称号

上海大学昨天授予费孝通名誉教授称号，上海社会发展研究中心揭牌仪式同时在上大新校区举行。全国政协副主席、上大校长钱伟长、市人大常委会副主任张圣坤出席仪式。

上海社会发展研究中心由费孝通倡议成立，设立在上海大学内，主要为上海的社会经济发展提供服务。费孝通在昨天的仪式上还表示，要亲自带队培养科研人才。（记者张蕴）

《解放日报》1999年11月11日

## 12月5日下午1时半在上海书城举行由上海大学出版社出版的《20世纪中国短篇小说选集》签名售书活动

12月5日下午1时半在上海书城举行由上海大学出版社出版的《20世纪中国短篇小

说选集》签名售书活动。届时作家叶辛、王小鹰、陆星儿,文学评论家陈思和以及主编钱乃荣将为广大读者签名。

《新民晚报》1999年12月3日

## 上海大学2000年法学第二学士学位招生

经国家教育部批准,我校2000年招收法学第二学士学位生,学制两年。

一、报考条件

1. 已获非法学学士学位,年龄40周岁以下的在职人员;
2. 能获得非法学学士学位的应届毕业生。

二、报名时间和地点

1. 时间:1月5至15日上午9:00—11:00,下午2:00—4:00;
2. 地点:上海大学延长校区北大门(广中路,共和新路路口东走);
3. 外地考生可函报,报名时间从1月5日起至1月30日止。

三、报名手续

1. 本人大学本科毕业证书和学位证书原件和复印件;
2. 本人身份证原件和复印件;
3. 报名费(含考务费)150元;
4. 一寸免冠半身照4张。

函报的考生考试时交验原件,应届毕业生,录取报到时交验第一学位证书。

四、考试科目及时间

2000年3月11日　英语、政治、法学概论

联系地址:青松公路11号桥上海大学法学院二学位部

咨询电话:(021)69208702　传真:(021)69207886

邮政编码:201701

招生简章函索。

《解放日报》1999年12月22日

# 2000 年

**闸北区领导到上大上学　20 多位局级干部成为编外学生**

　　闸北区努力建设学习型领导集体,区委和上海大学联合举办的局级干部"经济理论知识学习培训班"日前开学,区四套班子的 20 多位局级干部成为上海大学的编外学生。

　　近年来,闸北区经济发展取得令人瞩目的成就,但区领导认为,目前全区干部尤其是局级干部中对社会主义市场经济方面的知识学习还不够。闸北区委决定与上海大学联手开办局级干部"经济理论知识学习培训班"。

　　这一培训班为期 2 年。上海大学对培训班精心设计安排了教学课程,并选定了高水平的专家、教授,讲授"企业资源配置"、"经济法概论"、"金融与税收"等课程。（缪毅容）

《解放日报》2000 年 1 月 4 日

**上海：春季高考准备就绪**

　　上海教育考试院今天宣布,1 月 24 日至 25 日春季高考的一切准备工作就绪,4 000 多名考生将分布在 8 个考点考试。

　　今年参加春季招生的有上海大学、上海师范大学、上海理工大学、上海中医药大学、上海水产大学、上海电力大学、上海金融高专和立信会计高专 8 所高校,共计招生 1 100 名,包括本科、专科和高职。春考专业中,理工科占了 70% 左右。全市共有 4 670 名考生报名参加考试,其中往届高中毕业生 80% 左右,中专、技校、职校"三校"毕业生占 10% 左右,其余为借读在外地的知青子女和在职人员。由于春考的考试难度、录取标准与秋考一致,可能出现高校招不满额的情况,因此尚无法确定今年春考的录取率。但即使达到满额 4：1 的录取比例,与上海去年秋季高考 3：2 的比例相比,春考的竞争激烈程度也要高出数倍。（田泓）

《人民日报》2000 年 1 月 21 日

**上海大学秋季招生工作拉开帷幕**

　　上海大学 2000 年秋季招生工作日前已经启动。

　　今年上大将继续开展优秀中学毕业生预选工作,预选生的条件是：热爱祖国,拥护党的基本路线,品学兼优,身体健康；国际、全国、全市性的各类单科竞赛优胜者；高中阶段学习成绩为所在中学前茅者。

对各中学推荐的优秀生,经上大测试和审核后,给予优秀预选生待遇。对确认的优秀预选生,达到市教育考试院确定的学校录取分数线,并以第一志愿报考上海大学,上海大学将分别给予三种不同的承诺:第一类可以进入上海大学基础强化班学习,入学第一年均享受4 000元的全额奖学金。两年后,学生选择进入上海大学内除艺术专业以外的任何学院、任何专业学习;第二类,上大将承诺预选生本人填报的《上海大学2000年预选(推荐)中优秀毕业生志愿表》中学的第一志愿,并予以录取;第三类,上海大学将承诺预选生本人填报的《上海大学2000预选(推荐)中学优秀毕业生志愿表》中的前三个志愿,并在前三个志愿中予以录取。

同时,为了积极开展对学生的全面素质教育并且让广大中学生了解上海大学,上海大学还将在1月30、31日举办2000年应届高中毕业生冬令营,凡具有体育、文学、表演、科技、音乐、舞蹈特长的学生以及优秀学生干部均可报名参加。参加冬令营活动的学生都将获得上海大学颁发的冬令营员证书,该证书作将为上海大学"多元录取"招生办法中长特长一元的主要依据。

《解放日报》2000年1月21日

**上大开通春招录取查询专线**

上海大学与上海邮电86111声讯台联合开通上海春季高考招生录取工作专线,考生自今天上午6时起即可拨打8611196088查询本人是否被上海大学录取。操作时如有疑问,可拨打8611186111人工台查询。同时,该校《录取通知书》也于今天上午通过特快专递发给考生。

《文汇报》2000年2月2日

**别再挤上另一座"独木桥"——上大春季招生报名首日见闻**

"老师,您看我的成绩有希望被录取吗?"昨天,本市首家开展春季招生报名的上海大学迎来了来自全市的上线考生,火暴的报名场面使原本寂寥的冬季校园一下子热闹起来。

虽然原定报名开始的时间是早上8点,但是7点多就有不少考生陆陆续续前来报名咨询。一位考生家长说,一大早他就把女儿拖起了床。与家长们急切的心情相比,考生们反而显得比较轻松,许多人脸上都挂着自信。沪东中学的一位高考落榜女生说,当初高考就填报了上大,这回她铆足了劲再次报考,"这次给我多了一次的机会,让我能圆自己的大学梦。"好不容易从人堆里挤出来的她兴奋地说。

10点,上大行健楼内的一个报名表领取处,负责老师已经分发了近千张报名表,而在机房内的准考证发放处,一位老师介绍道,"从早上8点到现在,我们还没有停过。"取得准考证的同学将于2月3日参加相关科目——"X"科的加试。

据上大有关老师介绍,现在的"X"加试,学校有更大的自主权,一方面,"X"可能是理论上的考查,也可能是实践上的测评,比如,报考上大巴士汽车学院的考生就需加试技能考试;另一方面,在具体的录取工作中,上大将改变过去四门课总分排座次的方法,而是采取理科类重点看数、外、"X"三门成绩,文科类重点看语、外、"X"三门成绩的录取方式。

在昨天上大的招生咨询中，记者发现不少考生趋向于诸如通信与信息工程学院、国际工商与管理学院等热门院系，一些传统的基础性专业却门庭冷落。看来，不少考生在春季招考的大道上，又不知不觉地挤上了另一座"独木桥"。一位负责招生的老师告诉广大考生，专业的选择应当与自己的兴趣爱好相结合，目光不妨放得长远一些，四年后的市场才是真正的市场。（钱滢　徐佳）

《新民晚报》2000年2月2日

**上大巴士汽车学院设助学基金**

上海大学巴士汽车学院借鉴国外通行的学院助学基金方法，昨天举行助学基金委托签约仪式，由投资方出资5 000万元，委托兴业证券公司管理，其增值部分将用于学院的建设和发展，以及优秀学生的奖学金。

上大巴士汽车学院是由上海大学和上海巴士实业（集团）股份有限公司、上海浦东巴士交通股份有限公司共同创办的本市第一所股份制高等职业技术学院。（张蕴）

《解放日报》2000年3月3日

**上大和嘉定区"亲上加亲"　高技术学院一分院下月招生**

为了满足社会对高级"蓝领"的迫切需求，让更多的高中毕业生和三校生获得接受高等教育的机会，上海大学和嘉定区政府决定"亲上加亲"，联合开办上海大学高等技术学院第一分院。记者今天从上大有关部门获悉，招生工作将于4月开始。

上海大学和嘉定区之间有着悠久的合作历史，上海大学原嘉定校区就在嘉定区内，双方在教育、科研和精神文明建设等方面都有着紧密的合作和来往。新成立的上海大学高等技术学院第一分院将设立在嘉定区，由上大著名教授、博士生导师担任正副院长，嘉定区负责一定的资金和管理工作，同时由上大教师担任主要教学任务。

据悉，该学院将主要培养具有扎实专业知识，实际操作和应用能力强的社会急需人才，学制三年。今年将首先开设计算机技术与应用、通信与信息技术、英语和文秘专业。三年后将扩大至12个专业，在校生总数达到1 500人。（徐佳）

《新民晚报》2000年3月27日

**构筑人才高地吸引海外师资　上大美院开门纳才达二成**

在美国学习现代陶瓷和玻璃工艺的陈光辉硕士最近被引进到上海大学美术学院任教。他和另一位留学英国的教师创立了一个现代玻璃工艺工作室，还准备创办国内艺术院校中第一个现代玻璃工艺专业。上海大学美术学院近四年来积极通过各种渠道大胆从海内外引进高级艺术教育人才，不仅充实填补了一系列学科盲点，而且大大提高了上海大学美术学院整体的教学实力。目前，上海大学美术学院引进的教师已经占到整个教师人数的20%。

上海大学美术学院是一座新兴的艺术院校，迄今只有十多年历史。师资尤其是一些高水平的师资缺乏曾经制约了该校的发展。上大美术学院从1996年开始有计划地大规模从海内外引进高级艺术教育人才，构筑艺术教育人才高地。

引进的人才中有已经在全国享有盛名的学科带头人。如从中国美术学院引进的博士生导师、著名美术史论专家潘耀昌教授。他来到上大美术学院后开设的中西美术比较课，是该院长期想开而苦于没有师资未能开出的课程。在引进的人才中，还有一些人所学的专业在国内尚属空白。如多媒体设计、环境设计、玻璃工艺设计等专业的人才。

由于有了人才储备，上海大学美术学院已开设或准备开设几门在国内独一无二的新兴艺术交叉学科，引起了海内外艺术教育界的关注。如英国沃佛翰顿大学听说上海大学美术学院引进师资准备开设玻璃工艺专业，便主动与该院联系，合办这一专业。目前2家大学已经约定，今后上大美术学院玻璃工艺专业的学生在上海学习三年，最后一年到英国去学。还有一些引进人才在专业上有其独到之处，他们的到来，弥补了上大美术学院在教学力量上的不足。如上大美术学院引进的深圳画院一级美术师王孟奇是中国新文人画派的代表性人物，他加盟上大美术学院后，使上大美术学院的国画课程更为丰富。又如上海大学美术学院引进的留学俄罗斯列宾美术学院雕塑系的蒋进军，是一位在主题雕塑方面颇有造诣的专家，他来上大美术学院后开设的有关俄罗斯雕塑尤其是俄罗斯城市雕塑方面的课程令人耳目一新。

上大美术学院引进高级艺术教育人才不仅有专人负责，锁定具体的引进目标，而且不少校领导、教师、员工平时也主动做有心人。该院副院长汪大伟到美国阿佛雷德大学访问时，发现一位叫陈光辉的硕士留学生所学的专业在国内还没有。于是就动员他回上海发展，到上大美术学院任教。汪大伟副院长为了打消陈光辉的顾虑，建议他先回上海看看。陈光辉来上海考察后，欣然来上大美术学院任教，而且还带来了毕业于中国美院学习陶瓷艺术专业的妻子。

上海大学美术学院大力引进海内外高级艺术教育人才已经在艺术界形成了良好的"马太效应"。该校人事处的王华阳老师拿着一叠材料对记者说，现在要求到我院任教的人越来越多。仅这个月，就收到了近十份来自海内外的申请材料。（张立行）

《文汇报》2000年4月10日

### 中国美院在上大办交流展

上海的美术学院首次与外地的美术院校进行学术性的交流展览。昨天，中国美术学院国画系人物画研究生带着一批颇有分量的国画作品到上海大学美术学院和上海大学美术学院安福路画廊共两个展区展出，与上海大学美术院校师生就人物画的现状和发展进行了切磋研讨。

这次中国美术学院国画系研究生的作品是在浙派人物画基础上发展起来的，展示了浙派人物画的艺术特点，反映了中国美术学院在人物画教学方面的成果。（张立行）

《文汇报》2000年5月12日

### WTO与中国　房地产业研讨班在上海大学举行

一个围绕中国加入WTO后房地产业发展的热点问题展开的WTO与中国房地产业高级研讨班于4月26日至27日在上海大学经济管理中心举行。来自房地产业的管理人员和高校研究机构的人员约50名参加了本次研讨班。

上海市建委、上海房地局等市政府决策与管理部门负责人,日本日中交流财团九位不动产金融专家、香港戴德量行总经理和上海大学的教授分专题进行演讲,研讨班学员积极参与,共同进行了研讨。

中外专家总的认为加入WTO,为中国房地产业提供了机遇,将对建材业产生很大的压力。今后房地产政策发展将会朝着"国民待遇""统一市场""政策减少干预""鼓励消费、刺激经济增长"以及"国外房地产中介服务加快进入中国"的趋势变化。(沈丽琼)

《解放日报》2000年5月18日

**上海大学招生数增四分之一**

上海大学今年计划招生总数为7 500名,其中本科6 000名,专科和高职1 500名。本科在沪集中第一批招生人数为4 700名,为全市高校之首。招生总数比去年增加25%。

今年上海大学仍将在以系为单位招生的基础上,继续向以学科大类、学院为单位招生的方向发展。学生进校两年内基本不分专业,第三年起,经综合测评,至少前50%的学生可以在就读的学科大类和学院内选专业。

在今年招生中,上海大学仍将坚持以高考成绩、部分专业加试成绩和专特长情况"多元测评",择优录取的原则。5月28日,该校将在新校区(祁翔路99号)开展咨询活动。咨询电话为:66134148。(张蕴)

《解放日报》2000年5月21日

**上大举办国际学术研讨会**

由上海大学主办的"社会变迁与现代化"国际学术研讨会前天举行,上大校长钱伟长出席开幕式。来自欧美、东亚及我国大陆和港台地区的60余位专家学者会聚一堂。(沙平)

《解放日报》2000年5月22日

**上大计划招生7 500名**

上海大学今年计划招生总数为7 500名,其中本科生6 000名,专科和高职生1 500名。本科在沪集中第一批招生人数为4 700名,比去年增加25%。

今年该校将在以系为单位招生的基础上,继续向以学科大类、学院为单位招生的方向发展。新生进校两年内基本不分专业,而是以学科大类、学院或系为单位强化基础教学,拓宽专业面。

为探索教育教学改革的新路,今年该校将在优秀考生中继续招收基础教学强化班学生。强化班学生前两年内强化数、理、化、外语、计算机、文、史、哲、经济等基础教学,两年后可选择进入该校除艺术专业外的任何学院和专业学习。有志于攻读研究生者,学校提前给予配备导师。

在今年招生中,该校将努力改变"一考定终生"的模式,坚持以高考成绩、部分专业加试成绩和专特长情况"多元测评"择优录取的原则。学生在完成各个教学环节和修满规定的总学分后,可随时毕业。

凡未能参加该校冬令营活动的各类专特长考生,可凭获奖证书或证明原件于本月28日直接到该校新校区填写自荐表,并将自荐表和经该校确认后的获奖证书复印件于29日之前交到该校招生毕业生办公室。报考该校本科(除艺术类、法学院的监狱学方向外)的所有考生,必须在6月8日至11日期间到该校新校区设立的咨询报名点填写考生志愿信息登录卡。该校定于本月28日在新校区(祁翔路99号)举办招生咨询活动。该校招生咨询电话:66134148。

《文汇报》2000年5月25日

**上大自我加压求提高　博士论文请社会检验**

博士学位论文合不合格,让全社会来评判。昨天,上海大学在全国高校中率先将博士学位论文全文正式出版并向社会公开发行。

据上大研究生部主任刘宇陆老师介绍,此次出版的是材料、数学、力学等专业的12篇博士论文。据介绍,以后每位从上大毕业的博士的学位论文都将接受社会的检验。上海大学希望此举能够形成对学生和导师的压力,从而提高办学水平。(徐佳)

《新民晚报》2000年5月29日

**多元测评择优录取——上海大学周鸿刚副校长谈招生工作**

本市普通高校招生"大户"——上海大学历来备受考生的关注。随着今年招生方案的出台,不少考生给本报《招考特刊》来电,咨询有关上海大学的录取办法。为此,记者走访了上海大学负责招生工作的校党委副书记、副校长周鸿刚。

问:上海大学为什么要按学科大类和学院招生?

答:之所以按学科大类和学院招生,是因为学生进入上大的前两年是不分专业的,可以使考生的基础打得更为扎实些。而当两年以后再进行专业的分流,则使学生更适应社会的需求,和社会贴得更紧,学生更能按社会需求和社会发展决定自己的专业发展。

问:贵校学分制管理有哪些具体措施?

答:上海大学从1994年起开始实施学分制,对于不同专业的学生来讲,只要他完成规定的学分数后,就可以毕业了,学生可以自主地按自身的情况来选择学习的进程。学有余力的学生可以用3年或更短的时间完成4年的课程,我们可以随时发放毕业证书,并提供就业的机会。我们也允许学生辅修其他的学科课程,但是我们收费是按学分收费的。

问:今年上海大学录取考生的原则是什么?

答:我们是根据考生的高考成绩、在高中期间德智体的表现、部分专业的加试成绩和学生的专特长,多元化测评、择优录取。高考成绩我们是按三门相关成绩来录取的,具体是文科学生按语数外三门录取,理科和工科的学生按数外与一门相关成绩来进行排序。

问:零志愿考生进入上海大学后,今后在专业选择上有什么优先权?

答:对零志愿考生有两个层面,一是基础教育强化班学生属于零志愿,这些学生在两年后可以在全校的范围内选择学院和系,同时在校期间可以获得4 000元的奖学金;二是三个学院的基础班,这类的学生可以在两年后在自己学院的范围内任选专业。

《新民晚报》2000年6月1日

**靠知识技能改变命运　上海大学首届听障学生毕业在即**

知识和技能改变了听障人的命运。上海大学美术学院成人教育部和市残联联合举办的第一届听障人装潢美术大专班获得成功,再过几天,14名听障学生就将获得他们渴望已久的大学文凭。目前,学院还有42名听障学生分别在二三年级就读,新一届听障学生的招生也已完成。

听障学生的课程和美院其他学生一样,专业有素描、色彩、平面构成、招贴画等,文化课有哲学、美学史、工艺美术史、写作等。上大美院请来了原来在聋人中学任校长的许汝元来当手语翻译。成人教育课程原来安排在晚上,考虑到残疾学生回家不方便,就改到周五、周六两个白天,教学课时也比原计划增加了许多。学院的老师都说,最可爱的学生是听障学生,因为他们是最用功的学生。

35岁的钱明敏是班里最年长的学生,已有一个女儿,因原工作单位景福针织厂破产而待业在家,丈夫患尿毒症请长病假,她既要照顾丈夫、女儿,又要坚持学习。市残联为她承担了80%的学费,每年还给她100元助学金。

经过三年的学习,学生们都有了长足的进步,大多找到了理想的工作。28岁的邹洁在上海新世纪室内装饰品公司担任产品设计师。25岁的吴雁在蓬莱电影院从事电影海报设计,她所设计的电影《宝莲灯》海报在评选中获二等奖,获奖金1万元。目前只有钱明敏还未找到工作。她用笔告诉记者:"在求学的3年中,我怀着一分耕耘、一分收获的想法,坚持了下来。我希望靠自己所学的东西能找到一份合适的工作。"(邵宁)

《新民晚报》2000年6月19日

**上海大学研究生教育**

上海大学是国家"211工程"重点建设高校之一,是一所拥有经、法、文、史、理、工、管理等学科门类以及影视艺术、美术等学科的综合性大学。现由全国政协副主席、中科院院士钱伟长教授任校长。中科院院士严东生、黄宏嘉教授任名誉校长。

学校现有固定资产总值4.2亿元,其中教学科研设备资产近2.1亿元。学校设有18个学院、52个硕士学位授予点、3个工程硕士学位授予点、12个博士学位授予点以及力学、冶金工程、电子科学与技术、数学等4个博士后科研流动站。学校建有国家科委批准的高新技术开发园区,有上海市科委或教委批准建立的研究所、研究中心20个。学校现有中科院院士3人、工程院院士2人、博士生导师97人、国家有突出贡献的中青年专家12人。现有专任教师、科研人员近3 000人,其中教授237人,副教授700余人。

上海大学(原上海工业大学、原上海科技大学)研究生教育始于1978年,1994年新上海大学组建后,研究生教育发展迅速。随着学校学科建设的发展,综合优势正在不断显示,在校研究生数也逐年增加,从1994年到2000年硕士生招生数平均每年递增30%,2000年与1999年相比增幅是45%,博士生招生数也逐年稳步增加。学校现有研究生1 450人(其中博士生190人,硕士生1 260人),留学生300余人,全日制学生2万多人。

学校从1978年开始招收研究生,迄今已毕业了硕士生2911名、博士生160名。学校根据上海市社会经济发展的需要,按照钱伟长校长关于培养高素质人才必须让教学与科研结合的办学思路,上海大学十分重视研究生教育,把研究生教育作为学科建设的重要部分,不懈努力,开拓进取,取得了显著成效。预计2001年招收硕士生710名、博士生100名。

《光明日报》2000年7月2日

**上大新世纪学生公寓村好气派**

上海大学新世纪学生公寓村建设已接近尾声,这是全国第一所建造在校区外的学生公寓村。它占地90亩,建筑面积达7.5万平方米,分一房、二房一厅、三房一厅和四房一厅。卧室有床与办公桌、柜,而且有公用的厅。每一个门号底楼都安装了一台德国制造的煤气热水锅炉,24小时管道供应热水。

据悉,新学期将有6500余名大学生搬进公寓村。(薛沛建 俞新宝)

《解放日报》2000年7月24日

**上大举办张自申油画展**

上海大学美术学院主办的张自申教授以花为主题的油画展昨天在永福路上海大学美术学院美术展示厅开幕。张自申教授50年代毕业于中央美术学院,是新中国自己培养的有代表性的油画家之一。(张立行)

《文汇报》2000年7月28日

**全国大学生网球锦标赛收拍**

由教育部大学生体协、中国大学生网球协会主办,河南师范大学承办的"天龙杯"第五届全国大学生网球锦标赛于8月6日凌晨收拍。

经过5天的激烈角逐,全部8个项目的比赛均已决出结果,浙江大学代表队的王祺、周天流分获甲组男女单打冠军,丁碧波、傅雅静获得甲组女子双打冠军;浙江大学代表队还捧走了甲组男女团体两座冠军奖杯。甲组男子双打的冠军被上海大学代表队的周明磊、陈广悦夺得。暨南大学代表队的杨鲲鹏、何景华分别在乙组男女单打中夺冠。另外,西南石油学院代表队的董保真、张明洪,东道主河南师范大学代表队的李文质、王伯中分别摘取了"校长杯"和"元老杯"比赛的金牌。

据悉,第六届全国大学生网球锦标赛将在上海大学举行。(马福运 金光)

《人民日报》2000年8月7日

**上大新校区**

位于宝山区的上海大学新校区经过数年建设,目前已建成图书馆、学生公寓、美术学院、特种实验中心、留学生公寓、院系综合楼等一批现代化工程,已建面积达30万平方米。今年秋季开学,将有1.2万余学生在此就读。

《解放日报》2000年8月19日

### 上海大学新世纪学生公寓村外景

市府实事工程之一的上海大学新世纪学生公寓村建设已进入冲刺阶段,9月将迎接大学生入住。这座美丽的公寓村由21幢六层学生公寓、中心花园、凉亭等组成。每幢楼有小锅炉供应热水,每间房可住四人,还有独立的学习室。(陈继超)

《新民晚报》2000年8月19日

### 上海大学新校区基本建成

连续列入上海市政府1998、1999、2000年重大建设工程的上海大学新校区工程,今天基本建成。这是上海市教育事业发展跨世纪标志性工程。

上大新校区地处宝山区,占地面积100万平方米,总建筑面积36万平方米,总计划投资13亿元人民币,共完成67幢单体建筑,包括7幢院系综合楼、图书馆、学生公寓、食堂、实验中心楼、标准运动场等设施。(杨俊)

《新民晚报》2000年8月31日

### 上海教育标志性工程基本建成 上大新学期入新校区

上海教育事业发展的跨世纪标志性工程——上海大学新校区工程昨天基本建成。一个总体规划布局合理、校园环境优美、富有现代气息的上大新校园已展现在世人面前。从本学期起,新校区开始投入使用。

上海大学新校区工程项目是市政府根据本市教育事业"九五"计划和2010年远景目标,结合上海市高校布局结构调整和上海大学整体建设规划而确定的。新校区地处宝山区,占地面积100万平方米,总建筑面积达36万平方米,总计划投资13亿元,曾连续三年被列为市政府重大工程。

上大新校区建设运用国际化招标方式,进行"一次规划,分期实施",经过全体建设者近两年的奋力拼搏,到目前为止,共完成67幢单体。主要建筑有相互通连的7幢院系综合楼,建筑面积达10月6万平方米,还有图书馆建筑面积3.9万平方米、学生公寓8.4万平方米、实验中心楼2万平方米等,此外,标准运动场等体育设施也已开工建设。

新建成的上海大学新校区在校学生规模将达到14 000人,其中本科生13 300人,研究生500人,留学生200人。(陈发春)

《解放日报》2000年9月1日

### 上海大学成教院教务一分部2000年全日制自学考试助学班招生

一、学校介绍

上海大学是国家"211工程"重点建设的高校之一,是一所学科门类齐全,专业覆盖面广、办学规模宏大的综合性大学。

上海大学成教院教务一分部,具有多年计算机培训的经验,并拥有固定的微机房、配套的实验室,历次自考合格均名列前茅。

二、招生专业及收费标准

1. 计算机信息管理专业

复旦大学主考,专科两年半,招收学生60名。应届和历届高中毕业生、中专、职校、技校毕业生,文理兼收。每学期学费2 200元(含上机、实验),代办费300元(多退少补)。

主要课程有:公共政治课、大学语文、英语、高等数学等公共基础课;财务管理学、基础会计学、组织与管理概论、计算机原理、计算机应用技术、高级语言程序设计、办公自动化原理及应用等专业基础课;数据库及其应用、管理信息系统、计算机信息综合作业等专业课。可直接就读网络本科。

2. 计算机网络专业

复旦大学主考,独立本科(专升本),学时2年,招收学生60名。电子工程信息类专科生可直接报考;理工科非电子电工信息类专科生报考该专业,须加考计算机原理;文科类专科生也须加考专业课。每学期学费2 000元(含上机、实验),代办费300元(多退少补)。

主要课程有:高等数学(Ⅰ)、英语(二)、物理(Ⅰ)、毛泽东思想概论、马克思列宁主义政治经济原理等公共基础课;信号与系统、数据通讯原理、计算机网络基本原理、网络操作系统、数据库技术、工程经济等专业基础课;计算机网络管理、局域网技术与组网工程、互联网及其应用等专业课。

三、证书颁发和奖励制度

参加上海市高等学校自学考试,每门课程考试合格发给单课合格证书。计算机信息管理专科大专班通过考试计划规定的全部课程,由上海市自学考试委员会和复旦大学颁发大学毕业证书。计算机网络本科班全部课程通过,发给网络专业证书和复旦大学毕业证书,同时其学业水平达到了国家规定的学位标准时,按照《中华人民共和国高等教育法》第22条和《中华人民共和国学位条例》的规定,由复旦大学授予学士学位。

四、报名和入学方法

即日起接受报名,报名者需携带本人毕业证书和成绩单,缴报名费20元和报名照2张,开学报到时需再缴8张。经审核合格者,办理缴费手续,领取入学通知书。

报名时间:8:00—18:00(双休日照常)

报名地点:延长路149号上海大学成教院报名处

联系电话:56331491

《解放日报》2000年9月1日

## 上海大学新校区建成

一座总体规划合理、校园环境优美的标志性大学校园——上海大学新校区已在本市宝山区拔地而起。市重大工程办公室昨天宣布,这一占地100万平方米、总建筑面积36万平方米的新校区已基本建成。本月,该新校区将迎来1.4万名莘莘学子。

该新校区共包括67幢单体建筑,其中有相互连通的7幢院系综合楼,建筑面积近4万平方米的图书馆,8.5万平方米的学生公寓,以及食堂、实验中心楼、标准运动场等设施。(王蔚 陆建军)

《文汇报》2000年9月1日

### 国内速度最快集群式计算机问世　用户可通过互联网使用

我国自主开发研制的集群式高性能计算机系统"自强 2000—SUHPCS"在上海大学问世,今天通过了专家鉴定委员会鉴定。这一系统的峰值速度达到每秒 3 000 亿次浮点操作,是当前国内集群式高性能计算机系统中速度最快的。

由中国工程院院士、上海大学计算机学院院长李三立教授带领的攻关组,经过一年多的艰苦努力,将这一系统的峰值速度提高到每秒 3 000 亿次,大大高于原定峰值每秒 500 亿次的技术攻关目标。

集群式是国际上近几年发展较快的计算机系统研制方式,可用于新材料分子结构计算、飞行物流体/固体力学的计算、高精度石油勘探的计算等,对开展大规模科学与工程计算能发挥重要作用。目前全国的大学或研究机构,通过其因特网终端,可远距离登录该系统,利用自强集群式高性能计算机进行科研项目的运算。(谢卫群)

《人民日报》2000 年 9 月 2 日

### 上大开设"运筹学"研究生课程

上海大学研究生院与理学院开设的"运筹系与控制论(经济管理/金融保险)"研究生课程班本月起招生。这一别具特色的研究生课程班旨在培养既具较好数理基础,又对经济管理或金融保险有深入了解的高级管理人才。学成有望授予理学硕士学位,优秀者可赴海外进修 MBA。该班学制两年,业余(周六)上课。报名对象:大学本科毕业或大专毕业工作满 4 年的业务骨干。(柯皎)

《解放日报》2000 年 9 月 15 日

### "区域经济研究中心"在上大揭牌

由上海大学和国家计委国土开发与地区经济研究所联合成立的"区域经济研究中心"昨天在上大揭牌,全国政协副主席、上海大学校长钱伟长教授出席揭牌仪式。(张蕴)

《解放日报》2000 年 10 月 15 日

### 上大美院新址落成

上海大学美术学院新址落成典礼今天上午举行。全国政协副主席、上海大学校长、著名学者钱伟长教授和中共上海市委副书记龚学平等领导出席了落成典礼。来自美、英、俄、澳、日等国及国内各省市艺术院校的领导、专家、学者 130 余人参加了庆典活动。上大美术学院新址坐落在占地 1 500 亩、投资 13 亿元建成的上海大学新校区内。(李坚)

《新民晚报》2000 年 11 月 8 日

### 上大美院迁入新校舍

上海大学美术学院告别旧址,昨天迁入上海大学新校区。全国政协副主席、上海大学校长钱伟长,市委副书记龚学平出席了新校舍落成典礼。

来自美、英、俄、澳、日以及国内各省市的专家、学者等 130 余人参加了落成典礼,并就"21 世纪美术教育"举行研讨。同时,还举办"海上名家作品邀请展""上大美院师生作

品展""日本大阪艺术大学交流作品展"及"中国民间艺术藏品展"。(顾咪咪)

《解放日报》2000年11月9日

## 上大新图书馆建成开放

总建筑面积近4万平方米的上海大学图书馆新馆昨天开馆,钱伟长、费孝通等出席了揭幕仪式。中国图书进出口公司等向图书馆赠送了8 000余册各类书籍。(曹静)

《解放日报》2000年11月9日

## 图书新馆开馆 美院新址落成 上海大学双喜临门 钱伟长、费孝通为新馆揭牌,徐匡迪题词,龚学平致贺

昨天下午,上海大学举行图书馆新馆开馆典礼。全国政协副主席、上海大学校长钱伟长院士,全国人大常委会原副委员长费孝通为图书馆新馆揭牌。中共上海市委副书记、上海市市长徐匡迪为新馆题词:学习之道博于外而精于内。市委副书记龚学平昨天上午专程视察了新馆,并祝贺新馆开馆。上海大学情报研究所、上海作家作品陈列与研究室同时揭牌。

在昨天的开馆典礼上,中国图书进出口公司等127家单位和个人向该馆赠送了8 000余册各类图书。

上海大学图书馆新馆是上海大学新校区标志性主体工程之一,也是该校师生进行教学、科研和素质教育的主要基地。上海大学图书馆新馆连同该校延长校区文荟图书馆和嘉定校区联合图书馆,馆舍建筑面积近6万平方米,阅览座位4 000多个,馆藏书刊资料350万件,中外文期刊4 000多种。上海大学图书馆全年365天开放,平均每天开放14小时。

上海大学美术学院昨天告别凯旋路旧址,正式迁入宝山区上大路新址。全国政协副主席、上海大学校长钱伟长,中共上海市委副书记龚学平等出席新址落成典礼。

上海大学美术学院是1983年在原上海美术学校的基础上创办起来的。经十多年的努力,该校已成为一所在国内外具有一定的知名度,集国画、油画、雕塑、艺术设计、建筑和美术史论为一体的综合性美术学院。(陶洪光 张立行)

《文汇报》2000年11月9日

## 上大新图书馆开馆

上海大学图书馆新馆昨天举行了开馆典礼。全国政协副主席、中科院院士、上海大学校长钱伟长教授,原全国人大常委会副委员长费孝通教授参加了揭幕仪式,市委副书记龚学平等视察了新馆。(徐佳)

《新民晚报》2000年11月9日

## 理论与实践相结合 上海大学"中法MBA"班见闻

日前,由法国政府与上海市政府共同举办的上海大学"中法MBA"第二届的全体同学与校方领导共同学习参观了上海通用汽车有限公司,通用汽车的接待人员就上海通用

的投资规模、管理模式、生产经营、新品开发等问题向MBA班的同学作了详尽的介绍,并热情回答了同学们提出的各种问题。并就上海通用家庭用车的新款式、赛欧的市场定位、营销策略、价格等热门话题进行了广泛的讨论。

参观结束后,该班还假借上海江苏饭店举行了第一届联欢会。校方领导表示,今后将多多举办此类参观研究活动,将上海大学的中法MBA班办出特色,使课堂的理论学习和实践紧密结合。

《解放日报》2000年12月1日

### 上大成立首所钟表高校

国内第一所专门培养新型钟表高等人才的现代化专业学校——上海大学亚克钟表培训学校日前成立。该校是由瑞士斯沃琪集团香港公司和上海大学精密机械电子学院共同缔造的。(李青)

《新民晚报》2000年12月9日

### 每秒4 500亿次峰值速度为全国之最　自强高性能计算机在上大问世

日前,上海市市长徐匡迪到上海大学察看了由该校研制成功的自强2000高性能计算机系统,他代表市委和市政府感谢科学家们为上海信息化建设所做的贡献。

该计算机系统的峰值速度已升级达每秒4 500亿次,是目前我国集群式高性能计算机系统中计算速度最高的。高性能计算机在国际上已被广泛应用于人类基因、宇宙N体运动以及核爆炸模拟等。

《新民晚报》2000年12月31日

# 2001 年

**上大通信学院打破常规　为本科生配学术导师**

只有研究生才有资格配学术导师的传统模式,如今被上海大学通信学院打破了,最近该院将为 99 级 400 多名本科学生选派学术导师。

据了解,该项改革将按导师与学生双向选择的办法进行,即学生在选择满意导师的同时,导师也有权选择学生。那些要求配导师的学生,还必须为自己设计出今后明确的发展方向和计划。通信行业是近几年比较热门的行业,国家对它投入也多,但就总体而言我国在此领域仍缺少一些敢于突破和创新的人才。(陶洪光　危小平)

《文汇报》2001 年 2 月 5 日

**上大开物业管理进修班班**

为适应上海房地产经济的迅速发展与加强物业管理的需要,上海市宁波经济促进协会、上海宁波同乡联谊会与上海大学成人学院将共同举办房地产物业管理进修班。

进修班学习期限一年,每周六、日上课。全部课程由上海大学教授任教,结业后颁发上海大学成人学院房地产物业管理大专课程结业证书。报名地点:南汇路 69 号上海宁波联谊大楼 601 室。(陈惠君)

《新民晚报》2001 年 4 月 6 日

**上海大学 2001 年社会学专业博士研究生招生**

本学科博士点是 2000 年国家批准的上海市第一个社会学博士学位授权点,上海大学"211"重点建设学科之一。学科梯队中有教授 12 名,副教授 10 名。目前,该学科共承担科研项目 29 项,其中国家项目 6 项,拥有研究基地 4 个,与英、美、法等国的学术界保持着密切的学术联系。近年出版学术专著、译著共 24 部,发表论文 200 余篇,其中获国家及省部级奖 14 项。

本学科在社会学的比较分析、定量与定性研究上形成了自己的学术特色,主要研究方向有:城乡社区研究、组织决策分析、社会文化研究、社会思想研究。

城乡社区研究注重分析我国经济发展过程中提出的社会前沿问题;组织决策分析主要研究现发达工业社会中的组织运行方式与不同行动体系之间的抗衡机制;社会文化研究将探讨文化、宗教、法律与社会变迁的互动;社会思想研究侧重分析社会思想及社会理论与现当代中国社会发展的内在关系。

招生人数：10人。

考试科目：（1）外语（英、法、日语任选一门）；（2）基础课：社会学理论与方法；（3）专业课：社区研究、组织社会学、文化社会学、近代社会思想史、家庭社会学（按方向任选一门）。

报考条件：政治素质良好；已获社会学或相近专业硕士学位；年龄在45岁以下。

报名截止日期：4月30日

考试时间：2001年5月下旬

学校网址：http://www.shu.edu.cn

联系方式：上海市上大路99号，上海大学研究生部

邮编：200436　电话：(021)66133763　联系人：王林华

电话：(021)66133228　联系人：贺斌

《光明日报》2001年4月10日

## 上海大学教务处

1994年5月27日，新上海大学由原上海工业大学、上海科技大学、上海大学和上海高等科技专科学校合并组建。现上海大学跨7个学科门类，55个本科专业，65个硕士点，16个博士点，4个博士后流动站，现有全日制本科生22 000余名、研究生150余名、外国留学生400余名，学校拥有两院院士6名、正教授200余名、副教授800余名，以一体（新校区——上海市上大路99号）两翼（延长校区——上海市延长路149号与嘉定校区——上海市嘉定城中路20号）的模式运行。

上海大学教务处的工作是以教育质量监控体系的功能来确定与实施，具体由教学行政管理、教学信息管理与教学研究评估等组成，并按照学校一体两翼的格局实施了跨越几个校区的教学行政管理布局。在整个学校的教学管理中，建立了基于网络时代、信息化校园的可视化教学管理体系，总结了学校在实施学分制与计算机管理方面的经验，编制出适合学校实际使用的，有流程、图表的工作解决方案及相应软件与网站建设，并使之在教学管理工作中加以实施，较大地提高了教学管理效率。在教学质量管理中提出了"目标管理，全程监控，节点抽样"的全面质量控制理念，初步形成行之有效的教学质量监控体系，并按实行质量控制过程中的地位和作用，视作是"两个主体，两个主导"。在教学计划的实施与教学运行过程中，学生是主体，老师是主导；在日常的教学质量监控过程中，院系是主体，教务处是主导。由此建立了教学反馈控制系统的概念，完成了两个"链式"监控系统、两个"环式"监控系统的实施方法。

上海大学教务处在全国开创先例的具体工作有：实行了教学事故认定办法（1997年）；颁布了活页夹式的动态的《上海大学教学工作管理条例》（1998年）；在探索与实施中国式的学分制方面：网上选课系统与实施（1996年）、实行按学分收费（1997年）、修满学分随时毕业（1998年）、全日程排课制（1999年）、教师自荐上课（2000年）、高校教学管理可视化体系与实施方法（2001年）。

高质量的教学管理，需要有一支高素质的管理干部队伍。教务处现有管理人员30

名,其中具有博士学位者4名,硕士学位者4名,研究生学历者1名,其余均为本专科学历;具有正教授与博士生导师职称者1名、副教授职称者5名。

在当前国内外形势下,我国高等教育具有了极其良好的发展条件,这是多年难得的历史机遇,上海大学教务处一定坚持以邓小平理论和党中央国务院关于深化教育改革、全面推进素质教育的精神为指导,以战略的高度看待教育质量问题,进一步解放思想,认真贯彻党的教育方针,全面推进素质教育,实施科教兴国战略,为培养适应21世纪现代化事业需要的高素质的劳动者和专门人才而努力奋斗。

《光明日报》2001年4月26日

### 上海大学兴建一流体育中心

上海高校也将有一流的体育中心。由体育馆、游泳馆、训练场、田径场和活动中心五大单体组成的上海大学体育中心已经完成结构封顶,年底将全部竣工。

上海大学体育中心占地124亩,建筑面积有30 800平方米。这个中心除保证学校15 000名师生日常体育教学、体育锻炼外,还能承接高校各运动项目代表队集训,承办国内外各种体育比赛。

《解放日报》2001年5月4日

### 上海大学兴建一流体育中心

上海大学将在今年底建成一流的体育中心。该体育中心由体育馆、游泳馆、训练场、田径场和活动中心五大单体组成,现已经完成结构封顶,年底将全部竣工。这预示着上海高校也将有一流的体育中心。

上海大学体育中心占地124亩,建筑面积有30 800平方米。这个中心除保证学校15 000名师生日常体育教学、体育锻炼外,还能承接高校各运动项目代表队集训,承办国内外各种体育比赛。(庄怀青)

《文汇报》2001年5月8日

### 夏商周遗存丰富　西汉墓出土珍稀　上大考古队发掘收获大

上海大学考古队近日在对重庆万州王家沱遗址进行考古发掘时,发现了丰富多彩的夏商周文化遗存,并在一座汉墓中起出堪称国宝级珍品的棒形铜带钩。

这次发掘主要在遗址西部、长江河漫滩以上的台地进行。这一地区是夏商周时代王家沱先民居住和活动的主要区域,所以遗留有丰富的文化堆积,出土了许多难得的夏商周陶片,确认有泥质灰陶或红陶、夹砂红陶、夹细砂灰黑陶小口平底罐、夹砂灰褐陶尖底杯、夹砂黑褐色陶器盖等,刀斧、石刀、石锛等磨制精细的石器也有不少出土。考古队员们还清理了不少商周时期的炊煮遗迹。遗迹中夹有很多红烧土、炭屑、兽骨和陶片,由此可见先民是用长江边的河砾石搭成灶膛,然后架上陶炊器烧煮食物的,很有地方特色。这些发现将考古调查时把王家沱判定为汉代遗存的年代推前了2 000多年。

在对一座西汉早期的夫妻合葬土坑墓进行清理时,考古队员意外地在男墓主的腰间部位发现了一件极具价值的棒形铜带钩。此钩珍奇之处在于其腹部从头至尾都用错金银的工艺分四节镶嵌出细密繁缛严谨的纹饰,显得十分精致而又富丽堂皇,属国宝级的稀世珍品。(李菁)

《新民晚报》2001 年 5 月 9 日

### 教育电视台"昂立多邦招考热线"5 月 16 日晚 6 时 30 分,邀请上海大学作招生咨询

教育电视台"昂立多邦招考热线"5 月 16 日晚 6 时 30 分,邀请上海大学作招生咨询;5 月 18 日晚 6 时 30 分,由上海交大、东华大学介绍招生政策。

《新民晚报》2001 年 5 月 14 日

### 纳米科技园区落户上海大学

国家级上海大学科技园区"四通纳米港"今天揭幕,这标志着上海四通纳米技术港有限公司、上海大学、中科院兰州化学物理研究所和上海市宝山区政府围绕纳米技术的全面合作正式启动。上海大学科技园区"四通纳米港"规划用地 500 亩,包括研发中心、孵化中心、纳米技术信息策划中心和专家生活区,总投资约 18 亿元人民币。园区将通过产学研结合,推进纳米技术产业化,为发展我国纳米技术作出贡献。(曹继军)

《光明日报》2001 年 5 月 15 日

### 上大招生多元测评　26 日举行咨询活动

上海大学今年招生将努力改变"一考定终身"的模式,坚持以高考成绩、部分专业加试成绩和专特长情况进行"多元测评"、择优录取的原则。该校今年总招生计划为 6 960 人,其中在本市本科招生近 4 300 人。

凡报考该校本科(除艺术类、提前录取的专业外)的所有考生,均须在 6 月 14 日至 17 日期间到该校校本部设立的咨询报名点报名登记。该校欢迎考生以第一志愿报考,基础教学强化班及部分学科大类、学院或系将择优录取第二志愿优秀考生。5 月 26 日在该校校本部(宝山区上大路 99 号)举办大型招生咨询活动,同时接受有专特长考生的自荐。自荐的条件是:在高中期间获得全国各类竞赛三等奖、上海市竞赛二等奖以上者,以及其他各类专特长考生。该校咨询电话:66134148。(陶洪光)

《文汇报》2001 年 5 月 18 日

### 上大高等技术学院　培养一专多能文秘人才

上海大学高等技术学院瞄准上海产业结构调整后对人才的需求现状,及时调整文秘专业方向,培养"一专多能"现代文秘特色人才。

该院针对都市型产业特点,面向市场需求,设置了涉外秘书、电子商务秘书和法律秘书等专业方向,并详细制定了各专业方向理论学习和技能培养的目标,使人才培养与市场需求对接,缩短学生从学校融入社会的适应过渡期。(陶洪光　郜哲)

《文汇报》2001 年 5 月 23 日

**OK 镜，戴还是不戴？**

三年前，当 OK 镜刚刚传入我国时，众多近视患者为之心动。然而，最近多起因 OK 镜引发角膜溃疡的病例经媒体披露后，又给人们增添了诸多疑惑。一些已不惜重金为子女配上 OK 镜的父母，索性让孩子"持镜观望"。在京城许多著名医院眼科，几乎每天都有为此前来咨询的求助者。

**OK 镜确有疗效　青少年最宜采用**

"OK 镜的近期疗效毋庸置疑。"中华眼科学会视光学组副组长、北京大学医学部眼视光学中心主任谢培英教授肯定地说。

据谢教授介绍，她们曾将千余例患者分为 300 度左右的中高度和 600 度以上的高度两个近视组，采用夜戴和日戴与夜戴交替的治疗方式，进行了一年多的临床观察。结果表明，两种方式均可对眼轴等产生影响，从而使近视得以治疗。其中前者在第三个月时，90% 达到 0.7 以上的裸眼视力，65% 达到 1.0 的裸眼视力。

许多专家认为，对那些无法接受角膜屈光手术并处于生长发育期的青少年来说，这可以说是一种比较理想的非创伤性疗法。但需要强调的是，OK 镜的作用是暂时的、有限的，疗效是可逆的，它不能根除近视。

**副反应因素多多　个性化至关重要**

去年北京同仁医院眼科发现了 16 个 OK 镜感染性角结膜炎病例。由此可见，OK 镜并非人人咸宜，这一技术能否奏效，受到多种因素的制约。

对此，谢培英教授认为，通过试戴决定处方至关重要。在此过程中，医生必须对患眼的屈光状态，角膜形状，泪液状态，眼表面与眼睑之间的关系，对治疗的不同需求及患者生活工作的环境等做出准确评判。应根据每个人的具体情况，科学地选择不同设计、不同材料、不同戴镜方式和戴镜时间的镜子。如果只靠一组验光度数和角膜曲率测定值定制镜片，很难保证最终得到的是无损伤的、适用于己的镜片。

我国眼科界许多专家明确指出，OK 镜技术的疗效亦不能一概而论，医生的专业水平、镜片设计的合理与否、材料的物理特性、加工质量的好坏、患眼的各种差异、医患的配合程度、镜片的保管程度等等，都是疗效的制约因素，需在实践中不断加以完善。

**OK 镜鱼龙混杂　"验配师"水平参差**

要安全地"享用"OK 镜，应在选择镜片和医师时睁大双眼。

据上海大学齐备教授测算，由于 OK 镜镜片必须定制，并采用高透氧高湿润度材料和空气动力的微机切削工艺，加之配戴者复诊检查等开支，目前接受 OK 镜治疗的价格一般约为 7 000 元左右。然而，记者在市场调查中发现，OK 镜的价格却为 2 000—7 000 元不等。有关专家认为，这其中既有质量参差的"套片""库片"，也有冒充"美国进口高科技产品"的劣质仿制品。这也正是许多接受治疗的患者效果不佳，甚至遭受永久性损伤的根源。

齐备教授告诉记者，在发达国家，OK 镜多由职业眼视光师验配。目前我国职业眼视光师的数量极少，国内许多眼镜商店的从业者只能称为"验配师"。所以，我国大多数业内人士主张，应将 OK 镜治疗视为医疗行为。

《人民日报》2001 年 6 月 7 日

### 上大美院毕业生论文选出版

上海大学美术学院美术学专业学生论文选《东海临风》近日由上海画报出版社出版。本书汇选了该院美术学专业开设以来5届本科生和1届研究生的学位论文共15篇,选题涉及美术史研究的方法、绘画创作的母题、画史和画论、收藏和市场、现代书法、电脑美术等当前美术界关注的热门话题,学术水平较高。

据悉,将美术学专业的学生论文系统地汇集成书出版发行,在国内尚属首次。(李菁)

*《新民晚报》2001年6月9日*

### 上大暑期美术班招生

上大美院中专有一流的师资队伍,由名师挂牌亲自授课,每年向全国名牌大学输送大批优秀学生。今年暑假该校为有志报考美术的初、高中学生开设暑期美术班,内容为素描、速写、色彩(水粉),即日报名。地点:浦北路948弄80号5楼中专办公室。联系人:俞老师,电话:54185142。

*《新民晚报》2001年6月13日*

### 上大考生志愿信息登录可电话查询

凡需查询《上海大学2001年本科招生考生志愿信息登录卡》信息输入是否正确,可拨打16898019查询。如发现信息输入有误,请于6月23日(8:30—16:00)到上海大学延长校区(延长路149号)进行更正,但不作改报志愿。

*《新民晚报》2001年6月18日*

### 你知道吗？将近八十年前,从青云里到江湾路,中国共产党创办了一所大学——作为革命熔炉的上海大学

你一定知道现在的上海大学——著名的科学家钱伟长院士前几年刚出任为校长,一大片崭新的现代化的校舍已经矗立在上海的西北部,成千上万的学子从这里起步走向建设和改造世界的疆场;可是你未必听说过,往前追溯八十年,这里还曾有过另一个上海大学——它虽然只存在不到五年,可是却因了一大批早期共产党人在建校和治校过程中的艰苦卓越的努力,使它成了一座培养革命斗士的大熔炉,无论是在对当时的旧的教育制度的冲击方面,还是在对新的无产阶级革命斗争的推动上,都发生过巨大的作用,在新中国的建国史上,书写下了难以泯灭的光辉灿烂的一页。

地处闸北的青云里167弄,这里就是上海大学初创时的原址。上海大学的前身是东南高等师范专科学校。1919年的"五四"运动之后,觉醒中的进步师生愈来愈不满于学校师资缺乏、办校无方的陈腐之气,组织起来,赶走了校长,并且与中国共产党的上海支部联系,请求委派代表来接管和治理学校。经过一段时间的筹备,如同"凤凰涅槃",一所新型的高等学府——上海大学,正式挂牌开学于1922年10月23日。

从成立至1927年春被国民党反动派封闭停办,前后四年半,上海大学的发展过程,大抵可分为整顿、发展、恢复三个阶段。

整顿阶段自学校创立至1924年春,耗时年余。学校刚成立,一切都要从头做起。设在闸北中国地界青云路青云里的校舍,仅为两幢石库门房子,既老又破,设备也很简陋,楼上的两间上房被打通成一大间,即为学生的课堂。楼下客堂以及厢房里摆上课桌椅,作为小教室,供学生自修用。学科方面也只是开设了社会学、中国文学、英国文学等数个不多的系科。学校的规模是不大的。

一大批早期共产党人成为学校初创阶段的中流砥柱。根据李大钊的建议,邓中夏出任总务长,实际做的是校长的工作。其他一批著名的共产党政治家、宣传家、教育家、文学家,如瞿秋白、蔡和森、恽代英、萧楚女、张太雷、杨贤江、侯绍裘等都先后到上大任过教。1924年春,上大成立共产党支部,瞿秋白担任了党支部书记。

我们在保存至今的老照片上,还可以重睹这些风华正茂的共产党人的当年风采。时年27岁的邓中夏,方正的额头上,披着一头乌黑的长发,两眼射出锐利的光芒;比邓中夏小两岁的瞿秋白,乌黑的头发向后梳着,额角又宽又平,鼻梁上架着一副圆圆的近视眼镜,完全是一介书生的模样……这些年轻的革命家们,不但站立于社会改革的前沿,同时也在上海大学的初创时期里,充分展示了他们在改革教育制度方面的毅力、魄力和才华。邓中夏在主持上大伊始,即着手改变学制,刷新了教师的阵容,特别是针对当时革命斗争的需要,开设出了社会学系。而担任该系主任的瞿秋白,则不但以讲坛为战场,积极地宣传了马克思列宁主义,同时还以学校为我党实现改造社会这崇高理想的实践阵地,提出了系统的办校理论。他在任教之初,就满腔热情地写下一篇题为《现代中国所当有的上海大学》,登在那时的《民国日报》副刊《觉悟》上。在这篇文章里,他主张上海大学应该具有时代性、革命性,以担负时代所赋予的使命和革命的责任,文末还附设了一份教育计划及课程项目,提出了将上海大学办成革命大熔炉的办学基本纲领。

据许多当时亲聆瞿秋白教导的人回忆,他在社会学系里,除了当主任外,还讲授"现代社会学"和"社会哲学"两门课。他的教育方法别具一格,非常注意照顾到听课学生的不同程度和接受能力,从不故作深奥,深受学生欢迎。据说,1923年10月10日,上海大学举行建校后第一次的"双十节"庆祝大会,瞿秋白利用这一机会,在全校师生面前,引吭高歌了由他自己翻译的《国际歌》。我们知道,这首歌中关于"英特纳雄耐尔"(即"共产主义")的译法,一直沿用至今,我们而且也都知道,十余年后,他又高唱这首全世界无产阶级共同的歌,坦然走向了刑场。

从1924年春开始,上海大学步入了它的高速发展期。学校的各系科各部门各司其职,优秀的教师队伍引来了大批要求进步求索真理的青年学人涌入,其中包括了后来也成为著名革命战士的刘华、郭绍和、秦邦宪和王稼祥、时秋琴、杨之华、杨尚昆等,也包括至今健在的著名学者施蛰存等。精英荟萃,上大形成了激进向上的人文环境,其教学也进一步形成了自己的风格。

"教得生动,学得活泼",是上大教学活动中的一个显著特点。担任上大课程的教员,大多是热心于教育工作的有识之士,尤其是许多共产党人,他们为了培养"建国人才,备为世用",在担任学术译著和繁重的社会活动的同时,更是倾心于上大教务的改革。上大的教员尊奉"乐得英才而教育之"之道,授课总是满腔热情,课后则乐于帮助、指导学生,直到理解为止。在课堂上,许多教员不屑于照本宣科,讲究有重点的启发引导。在教师中间,有以轻松随意见长的张太雷,有因其条理明晰而受人欢迎的蔡和森,还有富于鼓动性,对问题分析一针见血,并且善诙谐,常常引起学生们的哄堂大笑的恽代英和萧楚女。在这些优秀教师的引导下,上大的学生也正如施蛰存在《上海大学的精神》一文中所说,大多确立起了"预备做建造新中国的工人"的崇高的理想,认真读书,善于思考,蔚然成风。

1923年9月20日,应是上大四年余历史上值得书写一笔的一天。"社会问题研究会"请来了共产党的创始人之一李大钊前来讲学。许多关于上大的回忆和记载,足以凸显出那时的场景:听众踊跃。教室内外坐满了和站满了人。李大钊来了。其实他不过是三十多岁,却因又浓又黑地盖满了整个上唇的胡子而显得格外的老成。十分的朴素,穿的是一件蓝布大褂。他讲的是"社会主义质疑"。在这个讲题下,他针对那时社会上某些人对社会主义的各种怀疑,做了透彻的解释。他指出了社会主义的光明前途。他预见了再过二十年后中国就会实现的社会主义制度,虽然之后不久,他就被当时统治着中国的反动势力所绞杀。演讲不时激起激烈的掌声。许多人,就在这上海大学的校舍里,就在这"特别讲座"之后,开始投身于这位著名教授也为之付出了生命的事业。

1924年2月,上海大学迁移到了当时公共租界西摩路(现名陕西北路)的新校舍。那是一座三层楼的红瓦洋房,里面有一大块空地,适于做运动场,较之过去,自然是要宽敞得多了。值得注意的是,上海大学在新校舍里又兴办了一个"平民夜校"。平民夜校收录学校附近的工人和他们的子弟入校,纯属义务性质,不收学费,连课本和文具均由学校供给。很显然,办此平民夜校的目的,在于给处于贫困线下无力求学的劳动人民和他们的子弟一个读书识字的机会,借此向他们灌输革命知识,提高他们的政治认识和阶级觉悟,这与上海大学旨在将学校办成一个革命熔炉的宗旨,是完全吻合的。

1924年下半年,党领导了上海烟厂工人的罢工斗争,上海大学曾有许多同学去参加。1925年2月初,上海日本纱厂工人大罢工。上海大学党支部接到上海地委的通知,由邓中夏率领了校内党团员学生刘剑华、郭伯和、杨之华等前往,直接参加了与日本资本家的面对面的斗争。

在1925年震惊中外的五卅运动中,上海大学的师生更是表现了无比英勇的气概,以他们青春的热血参与了中国革命史的书写。仅五卅惨案的当天,上海大学受伤的学生有13人,被关押在老闸捕房的学生有131人。学生何念慈(即何秉彝),共青团员,年23岁,四川彭县人,带领了大队同学向南京路老闸捕房交涉释放被捕的学生,捕房置之不理。他在队伍前高喊着"打倒帝国主义",巡捕悍然开枪,他身中数弹,次日终因伤势过重献出了年轻的生命。

上海大学在五卅运动中的重大作用,引起帝国主义的极大恐慌。1925年6月4日,英国海军陆战队强行武装占领上海大学校舍,进行全面搜查,并迫令在校师生在10分钟内徒手离开。上海大学被迫一度停办。

面对殖民主义者的高压,学校的校舍不得不又从租界西摩路迁移至华界青云路师寿坊,重又成为一所"弄堂大学"。学校经费陷入困顿。教职工自动减薪。教室不够用,学校将课程从白天一直排到了晚上。可是,再简陋的条件也挡不住青年学子奔向真理和知识的心,国内外慕名来这所弄堂大学求学的人,依然络绎不绝,上大最后一年的学生数,增至600多人!

上海大学办学的第三阶段从"五卅"运动结束到1927年"四一二"后学校被国民党反动派查封,前后约两年的时间。由于中国革命形势已由群众运动发展到武装推翻北洋军阀反动统治,上大的师生也开始一批又一批南下,直接参加了第一线的战斗。1927年,在上海工人第三次武装起义中,上大师生组织了行动委员会,担任前线各项工作,同工人并肩战斗,为解放租界以外的上海作出了贡献。上海大学在江湾路附近建成了自己的校舍,并很快迁移至新校舍上课。上大似乎又可以大干一番了,但蒋介石发动了"四一二"政变,实行白色恐怖。由中国共产党创办的、共产党人倾力建设的、在党所领导的革命斗争中担任过桥头堡般的重要阵地的、为我们的党培养了大批斗士的、堪称革命的大熔炉的上海大学,焉能不成为政变策动者之眼中钉、肉中刺?1927年4月中旬,白崇禧派兵进驻上大,大肆逮捕共产党人,以武力结束了上海大学。

这就是20年代的上海大学。一所面向大众的大学。一所志在启发民众的大学。从这里走出去的人们,成为了中国革命的新的力量。以邓中夏、瞿秋白为代表的一代革命家,在上大实现了散播革命火种的神圣使命。上大留在我们中国的革命史和中国的教育史上的英名,我们是永远不能遗忘的。(摘自《走进历史深处》)

《解放日报》2001年6月29日

## "回学校,我很满足"——记上海大学冯伟教授

冯伟小档案:1959年生于上海;1978年考入上海交大工程力学系;1985年获交大硕士学位后任教于上海工业大学;1989年攻读在职博士学位;1993年赴加拿大做访问学者,后分获上海大学和加拿大康戈迪亚大学博士学位;1998年回国后至今任职于上海大学。

在上海大学新校区田园诗般美丽的环境里,冯伟总是骑着自行车来来往往,看惯了一路上都市丛林里难得的风景。回国三年了,这位曾经是康戈迪亚大学连年获得奖学金、赢得过美国杜克(Duke)大学论文竞赛奖的年轻人,岁月风尘不改,不见凌厉态度,谦谦然,儒雅而显得依然年轻。他说,能为培养自己的学校、能在上海的发展中做点力所能及的事,就觉得很满足。

1985年,冯伟从交大工程力学系毕业后,加入上海市应用数学和力学研究所,这是由我国著名力学专家钱伟长先生亲自主持的。冯伟参与了上海一系列重大工程建设的分析研究,如应国家上海同步辐射中心要求对高频加速腔的力学和热学计算,应上海核工程研究设计院要求对秦山核电站(我国第一座自行设计的核电站)安全壳进行的极限承载能力分析等。他打开电脑里的分析图片,地形图一般标记着复杂的颜色和曲线,他一边演示一边解释,每一段色差和线条的变化都对应着实际状况的分析和预测,马虎随意不得。

大学毕业,冯伟一度集中精力于钢筋混凝土大型结构分析研究。读博士后,受导师影响,他的主攻方向转到复合材料研究上。1992年,他凭着一个关于复合材料界面力学的研究项目,赢得竞争激烈的上海市科委"启明星计划"为期三年的支持。1999年,他的"复合材料非线性特性分析研究"又获得上海市教委"曙光计划"的支持。说到应用研究,

冯伟不由得想起在加拿大时，与别人合作进行的一项关于复合材料分析软件的研究，1998年已经准备推广应用到商业领域，但由于自己那时急于回国，不得不中断了。提起这件往事，冯伟的语气有一些遗憾，但更多释然。他说国内同样为自己的研究和工作提供广阔天地，而且还有更好的感情归依。

也许留学人员回国各有各的具体情况，冯伟说自己随时都准备回来的，这可能受导师钱伟长校长和黄黔老师的影响。这一批早年留学生能在那么艰苦的条件下回到国内，他们的爱国激情和勇气不能不令人感佩。记得黄黔先生总是说留学不仅为了学习，也是全面了解西方的一次机会。他在国外时参加了一些社会活动，因而深深理解：不管你走到什么地方，说着什么样的语言，祖国其实是烙在你身上最深的印记。

去年10月份起，冯伟除了自己的教学科研工作外，又担任起上海大学党委组织部部长的职务。得知消息时，他花了半天时间认真想了这件事，最终还是决定接受下来。他说，行政工作虽然比较烦琐，但同时也可以锻炼自己的组织管理能力，可以为以后更好地工作积累基础。只是他没说，把科研和管理两份工作同时挑起来时，现在的他辛苦了许多。（陈红梅）

《新民晚报》2001年7月4日

**上海大学法学院同等学历硕士研究生课程班招生**

我院本年度举办宪法与行政法学、社会法制两个方向同等学力研究生课程班，双休日在徐家汇授课。学员在两年内修完全部规定课程颁发结业证书，经考试合格并符合国务院学位委员会有关规定的可申请硕士学位。

报名地点：上海市中山西路1538号律师会堂504室

报名时间：自7月16日起，上午8:30—11:30，下午13:00—16:00

联系电话：(021)54594600转8504

（以上两方向研究生班开学时间为9月份，简章备索。沪学位办〔2001〕17号）

《解放日报》2001年7月12日

**生活在学习之中——上海市闸北区建设学习型城区的探索**

世纪之交，上海市委、市政府积极响应江泽民总书记关于"创建学习型社会"的号召，认真研究，贯彻落实，作出了创建学习型城市的部署。闸北区结合本区实际，提出了创建学习型城区的目标。

盛夏时节，记者在闸北区采访，学习之风扑面而来：学习江泽民同志"七一"重要讲话的活动正在深入开展；全区推进学习型城区建设大会召开；上海市首届"家庭学习节"在这里揭幕；芷江西路街道举办第四届"社区终身教育节"；大宁路街道召开创建学习型社区理论咨询会；——一个个有关"学习"的信息，令人鼓舞，催人奋进。

**共识出合力**

创建学习型城区，是闸北区领导在知识经济大潮的撞击中形成的共识。

有这样一件事：某网络公司的董事长在整理自己有关计算机和互联网的书籍时发现，在不长的时间里，90%的书籍已经失去了参考价值。区委书记李梅多次用这个例子激励全区干部:"在学习上,谁都没有什么老本可吃。只有树立终身学习的观念,不断学习新知识,才能跟上时代的步伐。"

"以勤奋学习为乐,以知识更新为荣",是闸北区委提出的口号。区领导率先垂范:应酬减少,学习加量。每个人都订出学习的长远计划和近期目标。去年,区委与上海大学联合开设了"现代经济理论知识培训班",区四套班子成员踊跃参加,成为上海大学的"编外学员"。

创建学习型城区,政府责无旁贷。去年底,闸北区政府经过反复论证,出台了《社区教育实验工作方案》。其中包括提高市民的认识和参与意识,建立一个包括正规教育、非正规教育、非正式教育在内的纵向衔接、横向贯通、多层次、全方位、开放式的社区终身教育体系,等等。目标是"最终形成一个人人学习、时时学习、处处学习的具有闸北特色的学习型城区"。

共识决定行动。3月初,在全区推进学习型城区建设大会上,区政府聘请上海大学社会学系主任邓伟志教授、华东师范大学吴铎教授等10位专家、领导担任专家组顾问。区有关部门和街道的领导与分管副区长周金彩签订了2001年推进学习型城区建设目标管理责任书。区长郭天成在会上宣布,今年为闸北区"社区教育宣传年",今年的教师节为闸北区"社区教育宣传日"。

闸北区领导坚持"一级抓一级",认真指导和抓好县处级单位和基层单位的政治理论和文化科技知识的学习。全区上下联动,相互促进,形成了浓厚学习氛围。

**学者有其校**

闸北区有重教的传统。这些年,区领导舍得花本钱,每年的教育投入约占财政支出的三成。闸北以"成功教育""创造教育"为特色的基础教育,其整体发展水平已经处于上海市领先水平。全区成立了两个职教集团,各类成人教育院校达80所。

随着"教育伴随人一生"的终身教育理念的逐步推广,通过统筹规划和政策引导,闸北区教育系统的资源开始对外开放,供社区居民共享共用。区社区学院每天从早晨5时至晚上9时对外开放,成为社区居民健身学习的"朝夕公园";寄宿制高级新中中学利用自身先进完善的教育设施,创办了首家"双休日教育公园",该校的电脑房、视听室、大屏幕放映室、语音室、图书馆在双休日向校内外学生开放,让学生度过有意义的休息日。

办法都是人想出来的。一些小区还和小学联手,根据居民的需要办班办校,做到了"学者有其校"。目前,区内成人学校和职业学校已经全部向社区开放,为市民学文化、学科学、学技术提供各种服务;区内70%以上的中小学以"朝夕公园"和"双休日教育公园"的形式向社区开放,方便了社区居民的学习。

资源的共享共用,使各街道的文化站、图书室、市民学校、儿童乐园、老年活动室、书画社、茶艺馆等,都成为市民"没有围墙的学校"。目前,区图书馆藏书达36万余册,各类学校藏书达130万余册,各街道图书馆(室)藏书16.8万余册,全区212条里弄图书室藏书近20万册,全区居民有87%的人经常读书看报。

**处处是"课堂"**

创建学习型城区,关键是让每个细胞都活跃起来,构筑人人都能参与的"学习课堂",让每个人都能找到自己学习的"座位"。

闸北区在创建学习型社区的活动中,各个街道、小区、楼组注重找准自己的基点,因地制宜,形成了学习型家庭、学习型楼组、学习型小区、学习型社区的系列特色,营造出一块块"文化绿洲"。

"读书楼""科普楼",是大宁路街道上工新村居民区的创造。在这里,一个个各具特色的楼组,成为一处处学习的课堂,浓浓的书香吹遍整个小区。大家在这里读书学习,谈天健身,其乐融融。他们开办"医疗讲座"进行医疗咨询;开办计算机学习班,让老年人也能过一把"电脑瘾";插花艺术、知识竞赛等活动,使学习型小区建设红红火火。

芷江西路街道的"社区终身教育节"独具特色。为方便居民按需学习,街道开设了"学习型社区大型超市",编印了《市民学习指南》小册子,详细列出了街道在一年中所举办的近百种培训班的学习内容、开班时间、参加对象、学习地点和联系电话。据统计,每年参加学习的居民达3万余人次,出现了夫妻同学、爷孙同窗的感人场面。

记者探访了共和新路街道金纺小区14号楼组,这里原来是个"对门不往来,见面不知姓;门口堆杂物,楼道挂灰尘"的脏乱差楼组。创建学习型楼组以来,他们将楼组定名为"文化走廊"。记者走进楼道,映入眼帘的是楼内的书法比赛、盆景绿化,一个个小书架上放着居民订阅的各种报纸杂志。楼组内还建立了"家庭图书交流网",各家的图书、影碟登记在册,资源共享,密切了邻里关系。

**身边有老师**

推进学习型城区建设,需要有足够的师资队伍。闸北区整合区域内各级各类人才资源,组成了一支专职、兼职与志愿者相结合的社区教育工作者队伍,担当起提高社区居民素质的任务。同时,每个人都尽其所能,既当学生,又都是老师。

闸北区教育局把"终身教育"当作分内之事,抽调30多位教师担任专职社教教师,每个街道2—3名,长年奔波在社区教育的工作岗位上。区成教办组建了一支100多人的兼职社教教师队伍——教育讲师团。他们来自上海的四面八方,有研究所专家、医院院长、杂志社总编、高校讲师等,讲课内容涉及法律、教育、保健、生活、休闲等五大类,以满足不同居民多方面的需求。

除了专兼职教师,闸北各个社区还活跃着一支支教育志愿者队伍,被居民誉为"身边的老师"。共和新路街道居民中的教师、工程技术人员以及能工巧匠,通过志愿者的形式,组成了强有力的社区教育师资队伍,课程很对社区居民的"胃口"。铁道大学医学院130名具有讲师以上职称的教师,为社区居民开设了"家庭常见病的急诊和防治"等系列讲座。临汾路街道聘请适宜讲课的老干部担任市民学校教员、党校报告员。原海军某师政治部副主任李锡祥受聘任居民党校教员以来,义务为党员和居民讲授形势课、政治学和老年心理学等课程,光备课稿纸就用去50多本。

**创建暖人心**

在生活中学习,在学习中生活,创建学习型城区,为闸北带来深刻变化。

居民们反映:学与不学,大不一样。开展"终身学习"以来,小区里吵闹声小了,麻将声小了,关心国家大事的人多了,参加各种公益性活动的人多了。

闸北区委副书记曹一丁认为,灵活多样、不拘一格的办学形式,满足了青少年对知识的渴求,顺应居民对生活质量的追求,解决下岗人员的充电要求,满足老人对精神生活的需求。创建学习型城区是一项得人心、暖人心的工作。

信谊联合医药药材公司努力营造"学知识、学科学、学技术"的良好氛围,鼓励职工逐步成为文化、技能素质一流的智能型员工。他们鼓励职工积极参加国家统一考试的执业药师资格培训、考试,引导员工走"精一门、会两门、学三门"的一专多能路子。到2000年底,该公司员工中获得大中专以上学历的已达员工总数的44%。

学习型城区的创建,提高了居民的科学文化素质,也改变了很多家庭的命运。双双下岗的王振柱夫妇,通过学习电脑掌握了一技之长。他们运用电脑服务社会,不仅找到了满意的工作岗位,还为浦东机场等重点建设项目承担了一些软件编制程序工作。

终身教育,更使许多老年人的昨日遗憾"梦圆今天"。年逾花甲的陆德奎老人是从贵州退休回沪的,参加终身学习活动后,他通过了市英语口语初级和计算机应用中级考试,分别以优异的成绩获得了证书。

"轻舟不摇楫,正用一风送。"在浓郁的学习之风中,闸北正在向学习型城区的目标大步迈进。

**创建学习型社会(短评)**

上海市闸北区创建学习型城区的探索值得重视。他们对创建学习型社会的追求,富有时代特色,为两个文明建设吹来一股清新的风。

步入新的世纪,科技进步日新月异,知识经济迅猛发展,对劳动者的素质要求越来越高。江泽民同志在"七一"讲话中指出:"要努力提高全民族的思想道德素质和科学文化素质,实现人们思想和精神生活的全面发展。"继续教育、终身学习是促进人的全面发展的重要途径。江主席对亚太经合组织人力资源能力建设提出了五点主张,其中一条就是,构筑终身教育体系,创建学习型社会。我们只有跻身终身学习的行列,运用当代最新知识充实自己,才能紧跟时代的步伐。同样,只有一个个家庭、一个个单位、一个个城市,都成为不同的学习型单元,才能建成学习型社会,"使人人都有受教育的机会和享受文化成果的充分权利,使人们的精神世界更加充实、文化生活更加丰富多彩"。

学习无止境。只要全社会都行动起来,投入到各种"学习型"的创建中,在生活中学习,在学习中生活,我们的改革开放和现代化建设步伐就会大大加快。让我们为创建学习型社会喊一声:"加油!"

《人民日报》2001年8月7日

**上海大学法学院同等学历硕士研究生课程班招生**

我院本年度举办宪法与行政法学、社会法制两个方向同等学力研究生课程班,双休日在徐家汇授课。学员在两年内修完全部规定课程颁发结业证书,经考试合格并符合国务院学位委员会有关规定的可申请硕士学位。

报名地点:上海市中山西路1538号律师会堂504室

报名时间:自7月16日起,上午8:30—11:30,下午13:00—16:00

联系电话:(021)54594600转8504

(以上两方向研究生班开学时间为9月份,简章备索。沪学位办〔2001〕17号)

《解放日报》2001年8月8日

### 上大美院暑期辅导

上大美院美术辅导班,现迁址至平阳路 300 弄 92 号(上大美院美术研究所古美画室)。为了丰富广大中小学生暑期生活,满足有志于报考各类艺术院校及艺术爱好者的需要,特开设暑期辅导及双休日辅导。联系电话:54803809。

《新民晚报》2001 年 8 月 8 日

### 用网络增强团组织凝聚力——记上海大学网上团员、学生大会

上海大学信息学科今年的团员大会、学生大会与往年不同,开会的地方搬到了网上,投票的票箱变成了电脑,学生全员参加。昨天,正在军训的同学们利用中午时间上网对议案进行了投票。据统计,从 7 月 30 日以来通过这一方式行使自己民主权利的学生达 1 520 人,占总人数 42%,预计在开学初全部学生将完成投票和对团委干部的评价。

为什么要在网上召开团员、学生大会?信息学科团委书记夏骄雄说这是水到渠成的。整个学科一共有近 4 000 名团员,近 400 个支部,每天跑一个支部,那也要一年多!要了解基层的情况就要花这么大的力气,更不要说听真实想法了。

夏骄雄说,在网络上开会,首先在形式上省却了繁琐的形式,团委的职能变成了宣传推广这次网上大会,让大家了解行使政治权利是自己的事情,并且突破了时空界限,任何地方、任何时段都能参加。其次在网上能听到真实的声音,这次有对团委委员进行民主评议的议程,委员的资料和工作总结都公布在网上,同学们随时都可以投满意、不满意和弃权票,并可以匿名大胆发表意见。第三是全员参加投票,过去开大会都是选代表,现在每个人都参与,委员们都说现在监督的眼睛多了,不尽心办事是不行的。

广开言路之后,听到的信息多了,团委觉得工作开展有了依据,有了方向。但仍有不少同学有顾忌,团委由此也检讨,工作应该面向基层,不能老是浮在表面。学生们说,网络比干巴巴的开大会更有效和有意义。过去开会繁冗拖沓,现在直观、互动、高效,大家有了参与的可能,便有了参与的热情,党团建设的工作也就更加容易深入有效地开展。

校党委和团委认为信息化是开展党团建设的有效途径,这次网上大会是挖掘和发挥校园网功能的一次很好探索。现在,上海大学的每个寝室都安装了网络端口,今年又鼓励学生们将电脑带到学校里来。团市委组织部副部长褚敏也指出,现在团的工作正在信息化,上海大学信息学科的团干部首先有了信息化意识,主动用主流的声音去占领思想政治工作阵地,加强了基层团组织在青年中的影响力,变党团建设活动由"要我参加"为"自觉参加"。(陈韶旭 包晨)

《文汇报》2001 年 8 月 17 日

### 上大美院双休日美术辅导

上大美院双休日美术辅导上大美术学院开设双休日美术辅导班,9 月 8 日、9 月 9 日开课,主要学习素描、色彩、速写。电话:54803809。

《新民晚报》2001 年 9 月 5 日

### 上海大学微电子研究与设计中心成立

上海市集成电路产业又加入一支"生力军"！集聚上海大学集成电路科研力量的微电子研究与设计中心昨天宣告成立。

微电子研究与设计中心的成立，将有力地缓解上海集成电路产品的供需矛盾。它除了重新整合上海大学的集成电路科研力量，招收微电子专业硕士研究生，培养集成电路技术设计人才，开设微电子技术理论的相关课程。（徐佳）

《新民晚报》2001年9月19日

### 上海大学新生获赠电话卡

刚刚迈入校园的学子们发现，在校打电话十分方便。日前，在新世纪新学年开学之际，上海市电信公司与市教委在上海大学宝山新校区举行向全市大学新生赠送201电话卡仪式，电话卡总面值达73万元。

201卡是近年来上海电信推出的一项电话业务新品种，旨在解决校园打电话难的问题。自1998年元旦首批在华东师范大学学生宿舍开通以来，已免费为上海百余所寄宿制学校、初高中学校、大专院校等安装了7万余部201电话机，让学生不出寝室就能方便地通话。根据市场需要，上海电信还把201卡业务优惠安装范围扩展到医院、企业、部队等，病员、职工、军人都十分欢迎。

上海电信还专门研制开发了201"一线通"智能平台，学生不仅能顺畅通话，还能在网上畅游。

上海市电信公司今年还专门制作了以"新学年，新惊喜"为主题的201电话卡，以优质服务为新生提供在校通信的方便。

《人民日报（海外版）》2001年9月25日

### 航天机电集团与上大合作　上海航天上大欧德科技有限公司成立

由中国航天机电集团公司与上海大学合作成立的上海航天上大欧德科技有限公司，昨天在上海大学举行成立仪式。副市长严隽琪、中国航天机电集团公司副总经理方向明出席仪式。该公司是中国航天机电集团公司借助上海高校的智力资源及上海国际化大都市的优势，继与复旦、上海交大、上大建立联合研究中心后的又一个合作成果。该公司成立后将致力于有机薄膜电致发光平板显示器、显示器驱动电路和控制电路的研制、开发、集成、试制、生产等。两强的联手，将引发中国发光显示器件领域新的重大变革。（焦惠）

《文汇报》2001年9月27日

### 上大与航天科工携手研发新型显示器　"乘"着航天火箭攀升

"我们会乘着航天火箭不断攀升！"昨天，在上海航天上大欧德科技公司的挂牌成立大会上，上海大学党委书记方明伦信心十足地说。因为这个由上海大学和中国航天科工集团联合创办的新生企业马上就要在全国第一个进军未来新型显示器最热门的领域，为中国的用户提供出比玻璃更薄更透亮、比液晶显示器性能更优越的OLED技术产品。

OLED将是光电产业未来的领跑者。根据美国StandardResource资料显示,去年全球OLED销售金额仅300万美元,但预估到2002年将可达2.1亿美元,成长近70倍。因为这种最先进的平面显示技术较之目前最流行的液晶显示器更清晰、更轻薄、更快速,而且省电,目前,许多世界电子消费品制造商,像摩托罗拉、飞利浦、东芝、柯达都开始在他们的产品上尝试使用这种新技术。尤其在日商Pioneer推出其车用型单色及多彩显示器商品后,更证明了这项材料商品的潜力,据预测,在不久的将来,所有的移动电话和掌上电脑都将使用这种新的显示技术。

在这世界显示器新浪潮前,国内显示器行业却不尽如人意。根据国家"863"高清晰平面显示终端课题组首席专家丘勇教授分析,原因在于目前显示器行业产品科技含量较低,高端领域只靠引进、缺乏活力。而像复旦、交大、上大等高校与企业的强强联手,就是通过"知本"与"资本"的互补,获得既提升企业产品科技含量又回报学校教育研究基金的双赢效应。最终拿出可与国外高端产品相抗衡的"中国造",显示中国的科技力量。(胡晓晶)

《新民晚报》2001年9月27日

### 2年内争创2亿元产值 纳米"大船"从宝山上大"启航"

昨天下午,上海市纳米技术产业化基地揭牌暨上海大学科技园四通纳米港奠基仪式,在宝山上大科技园举行。全国政协副主席、上海大学校长钱伟长和市政协副主席左焕琛出席仪式并揭牌。

昨天还同时成立了由宝山区政府、上海大学、上海四通纳米技术港有限公司和中国科学院兰州化学物理研究所的主要负责人为主的领导小组,并已建立了纳米港招商办,推进和壮大纳米技术产业化。目前已有10余个项目在纳米港中心启动,分布在新材料、能源、环保、生物医药领域。上海大学科技园四通纳米港规划用地500亩,2年内先期完成100亩地建设,在基地内形成10多个纳米高新产业企业,其中包括1—2个大规模的集团企业,达到2亿元的产值。同时在园区内建立一个功能先进的开放式公共测试平台和公共信息服务平台,初步具有较强的孵化、研发、辐射能力。整个基地将用4年时间全部完成。(朱全弟)

《新民晚报》2001年10月29日

### 上大美院将设听障人"专升本"

记者今天获悉,为提高残疾人学历层次,培养一批高水平美术创作和设计人才,在教育部和上海市教委的关心支持下,上海大学将于明年起开设本市听障人艺术设计专业专升本学历教育。

上大美院和上海市残联还将合作开办专升本辅导班,并为参加辅导班的学员提供学费补贴。辅导班设在市残疾人康复职业培训中心(龙阳路189号),并从即日起至11月7日接受报名。(邵宁)

《新民晚报》2001年10月31日

## 宝钢集团五钢公司与上海大学联手

宝钢集团五钢公司与上海大学联手,"产、学、研"一体化开发国内市场紧俏的精品模具钢生产,投资二亿多元在短短两年多时间内建成了我国第一条精品模具钢专业生产线,并迅速形成生产规模。(纪海鹰)

《新民晚报》2001年11月3日

## 艺术,有用武之地——上大美院公共艺术实验中心见闻

美术院校曾流行一句话:"毕业即失业。"上海大学美术学院副院长汪大伟告诉记者,这种情况目前正在改变,因为过去美术院校较注重"纯艺术"教学,而现在公共艺术人才的培养正成为重要发展方向。他建议记者去看看该校新建立的公共艺术实验中心。

设于美院大楼的公共艺术实验中心,目前开设了版画、陶瓷、玻璃、多媒体等4个艺术实验工作室。该中心负责人林矗引记者边看边介绍,这个中心为美院师生在公共艺术环境、公共艺术传播、公共艺术工具设施以及公共文化艺术、大型艺术活动策划等诸多领域,进行研究、教学和实践创作提供条件。

记者发现,中心里冷冷清清人不多。一问方知该中心承担了上海市青少年教育活动基地"绿色方舟"知识大道的总体规划设计和大型户外群雕创作。雕塑、设计、建筑等系科的老师、研究生、高年级本科生以及美术理论研究生,几乎"倾巢而出"。知识大道长度900米,共有雕塑162件,够艺术天才们干一阵子的了。

在陶瓷艺术工作室,有许多千奇百怪的陶瓷作品,全然不同于我们习惯看到的传统陶瓷器皿,那都是学生们无拘无束的"杰作"。工作室聘请在美国阿佛来德陶瓷学院获硕士学位的陶艺家陈光辉主持,用全新的艺术理念,让人们回归原始的艺术创作手段,发现自己的艺术潜力。据悉,有的画廊还挺看好这些古古怪怪的陶瓷,认为会成为都市新家居的"酷"摆设。

看上去静悄悄的公共艺术中心,其实忙得不亦乐乎。与英国沃佛汉顿大学美术设计学院合作的玻璃工作室,制作的玻璃艺术品已装点了本市一些重要的公共场合。地铁1号线黄陂路站的玻璃壁画《起源》和2号线陆家嘴车站的玻璃壁画《浦江映辉》,均出自该工作室师生之手。而版画工作室探索的现代版画,也突破固有的小圈子,走向公共艺术的广阔天地,与广告招贴、印刷、装帧装潢、有限印刷等紧密结合,找到了生存空间。多媒体是在公众艺术传播中的新生力量,多媒体工作室正在参与制作上海科技城的多媒体项目。

看来,艺术只要与大众生活相结合,与公共环境和经济建设相结合,就不愁没有用武之地。(林明杰)

《新民晚报》2001年11月5日

## 上海大学针对全面实施学分制后的新情况 以党风建设促进学生工作

上海大学党委针对全面实施学分制后出现的"班级模糊、年级淡化"新情况,以党风建设促进学生工作,主动适应新情况,解决新问题,建立以学生宿舍社区化管理为特色的学生课余教育和管理新体制,使学生思想政治教育工作不断走上新台阶。

从1994年开始，上海大学逐步在全校实行了学分制、选课制和短学期制，这"三制"的全面推行使一个新的课题摆上了党组织的议事日程：学生没有了原先固定的小班级和统一的上课时间，成为一个流动的群体，以往在班级的框架下展开的学生思想政治工作和管理工作面临着新的挑战。针对这一新问题，上大党组织大胆改革原来的学生教育和管理体制，积极探索全面学分制下学生思想政治工作的新途径和新格局，成立了以党员专职干部为主的学生社区管理部，营造集思想政治教育、学业指导、文化建设和生活服务于一体的育人环境。

科学的体制需要人来加以落实。上大各级党组织和全体党员在构建学生课余教育和管理新体制的同时，努力转变工作作风，真正做到密切联系广大学生，使管理和教育工作落到实处。党员辅导员坚持与学生同吃、同住、同学习，在"三同"中了解学生真实的思想和学习情况，发现问题及时解决。上大有一项"真善美基金"，资助50名家庭清贫且品学兼优的学生，每人1 500元。消息一公布，党员干部黄慎之担任导师的班级有许多人提出了申请。被学生推举为"我心目中的好老师"的黄老师本着对学生负责的精神，一连几天忍着腰痛，先后跑了家住金山、奉贤、崇明、杨浦等地的困难学生家庭，最终为3名学生争取到了基金的资助。这3名学生被黄老师的敬业精神感动了，自发地从资助中每人拿出300元钱帮助班里其他4名困难学生。

广大党员干部在做学生思想工作时，主动关心学生痛痒，为他们排忧解难。一次，机电自动化学院党员干部吴国琴在学生宿舍值班时，发现有名学生独自闷坐在寝室里发呆。经过交谈后得知，这名来自江西农村的学生家境十分困难，他担心成绩不好，辜负家里期望，因此心事重重，整天胡思乱想，甚至写了遗书。吴老师了解情况后从生活上关心他，还陪他到医院治病，去学校心理辅导中心接受心理治疗。在吴老师和学院党组织的关心开导下，这名学生消除了顾虑，人也变得开朗了，后来考取了研究生。他在教师节特地买了一束鲜花送给吴老师并诚恳地说："这么多人关心我，帮助我，我再也不做傻事了"。（陶洪光）

《文汇报》2001年11月9日

### 上海大学成立移民研究中心

日前，上海大学与崇明县"牵手"，共同成立上海大学移民研究中心，就人口迁移过程中出现的一系列问题为政府出谋划策。

近年来，随着社会发展，我国出现了大批人口迁移，如崇明县便迁入了270户三峡移民。移民问题解决得好坏，直接影响社会的稳定和发展。上海大学社会学系的专家学者将结合自己的专业研究，对移民工作进行长期追踪，以使社会学研究更好地促进社会发展。（章友德）

《解放日报》2001年11月22日

### 上海大学实施教师职务聘任动真格　45名正副教授首批落聘

上海大学以岗位聘任为突破口，实施教师专业技术职务岗位聘任制，45名原有教授、副教授等任职资格的教师在首批聘任中落聘。

该校今年首先在文学院、机电与自动化学院、计算机学院和知识产权学院进行专业技术职务聘任制试点,正、副高级职务岗位共聘任了239名教师,其中同级聘任189名,晋升聘任50名,而5名原有正高任职资格和40名原有副高任职资格的教师落聘,45名首批未被聘任者占原有正副高级职务任职资格总数的19.2%。4个学院的首批聘任结果在校内引起了较大震动,大部分教师感到有压力,不少教师有了危机感,竞争、激励机制正在逐步形成,初步建立了以按需设岗、公开招聘、平等竞争、择优聘任为基本原则的专业技术职务聘任制度,从机制上解决了部分教师压力不大,工作状态不佳和能进不能出,能上不能下的问题。(陶洪光)

《文汇报》2001年11月26日

**评教授改为聘教授　教授终身制绝迹上海大学**

上海大学闹了一场地震,5名教授、40名副教授在学校聘任专业技术职务中落聘。

该校进行专业技术职务聘任制改革,终止原来的专业资格评审,实行以聘代评。在首轮聘任中,落聘率达到19.2%。对落聘的正副教授,保留其国家待遇,但学校待遇取消。

这是教授终身制这个概念退出上海大学的一个标志。

**评上教授就是"船到码头车到站"**

做了近20年高校人事工作的金振源老师谈及这次改革初衷时说了一个现象:在高校,学报的编辑是很难当的,一到评职称,教师们会拼命想办法在学报上发表文章,学报的稿件拥挤不堪;评审一过,学报顿时又闹起了稿荒。在高校,职称评审成了一根指挥棒,发论文、争课题是重要的敲门砖,而一旦评上教授这一学校的最高职位,"船到码头车到站",积极性也就没了,干活的热情也减低了。

1994年,原上海科技大学、上海工业大学、上海大学、上海高等科技专科学校合并成新上海大学。1997年,学校开始以职能部门为主对全校近1 000名正副教授进行考核,发现有四分之一的教授工作状态不佳,表现在:不给本科生上课;不招研究生或招得不多;没有课题研究;发表论文不多。

"出现这个问题,不是教授本身的错,而是我们的制度出了问题。为什么?因为一个人总需要不断地激励,现在他们感到没什么激励了,工作也就出现了疲态。"金振源说。

为了解决这个问题,1998年,学校专门拿了一笔钱出来,对教授们实行岗位津贴。按完成教分的多少,分成三等,最高的一月可拿到1 000元岗位津贴。考核结果与本人见面,允许教授们挑刺纠错。结果有四分之一的教授因为工作量不够,没有拿到津贴。学校一看面太大,又折中设了一等,降低标准,每月给400元津贴。同时给每人附了一张纸条,表示,一年以后再考核,如果还是达不到要求,就不给了。时限到后再行考核,这拨人基本上全完成了工作量,只有十几人没有完成。

这件事给了学校启发,教授们是有能力的。要从根本上解决这个问题,短期激励作用是有限的,必须实行打破教授一评定终身的局面,让教授能上能下,真正流动起来。

**岗位竞聘搅活一池春水**

1999年,学校开始研究改革教授职称评审制度,推行岗位聘任制改革。

这项改革整整酝酿了两年。学校先后派人去较早开展此项改革的山东农业大学、北京师范大学考察学习。2001年6月4日,前后讨论6稿的《上海大学教师职务聘任条例》向全校正式推出。

条例规定:上海大学终止高校教师、科研、工程技术、试验技术、图书资料等系列专业技术职务任职资格评审,实行按岗位职责和任职条件严格考核后的职务岗位分级聘任,其中正副教授等正副高级职务由校长聘任,只发聘书,没有任职资格证书。坚持按需设岗、公开招聘、平等竞争、择优聘任的原则。

此举意味着原来延续几十年的教授评审,将在上海大学成为一个历史名词。这也是上海高校中第一所彻底告别评教授的学校。

为了保证公平,学校对本人的竞聘申报首先在学院内公布,对成果实行公示,每个人都可以提意见、发议论,过关后再报经学校。学校送至上海市教委,用计算机配对的方式随机选择专家进行评议,最后由学校聘任委员会进行最终投票评议,避免了舞弊作假、暗箱操作的现象。

同时,考虑到教授劳动变数大、不能用尺子进行精确度量的特殊性,学校对方案的设计并不太细。比如,对发表的论文,学校没有采取以字数来衡量的做法;对学术刊物的不同级别,承认参考意义,但不绝对化,主要以专家的评议为主。

实行岗位聘任制,并面向校内外开放岗位,鼓励校外人士参与竞聘。校外人士、刚刚出复旦大学博士后流动站的35岁的张佩国副教授,在参与上海大学文学院教授的竞聘中,被聘为教授。

为了保证平稳过渡,学校选择了文学院等4个学院进行了试点。同时,本着择优聘任,达到激励教师目的的原则,采取了分批公示、聘任的做法。正副教授三年一聘,讲师、助教两年一聘。

**青年才俊有了冒头的机会**

结果是显而易见的。

相当一部分教师竞争意识增强,大部分教师感到了压力。教师抢着承担教学任务,努力争取课题,主动进修提高自身实力,闹矛盾搞内耗的事少了。在青年教师中,报考在职攻读博士学位的人数大大增加,今年考取在职博士生83人,是去年的2倍多。

同时,竞聘也使一批优秀青年人才脱颖而出。实施岗位职务聘任、以聘代评,是聘任某位教师上某个岗位去履行该岗位职责,实现一定的岗位目标。因此,在择优选拔时,学校坚持不仅要看一位教师过去的成绩,还要看这位教师的能力与发展潜力,亦即不但要衡量竞聘者的过去、现在,还要预示其将来。这种用人制度打破了按部就班、论资排辈的格局,为优秀青年人才胜出创造了环境。此次40岁以下的博士晋升聘任到教授、研究员岗位的有9人,占晋升聘任正高职位总数的41%。

今年10月,上海大学岗位聘任制度在全校全面推开,一种以教师职务聘任制为主体的新的用人制度正在建立。

《中国青年报》2001年11月30日

### 上大研讨中国现代文学

面对日益全球化的时代环境,如何研究中国现代文学,来自国内外的百余位学者日前聚会上海大学,展开研讨和积极呼应。同时,这将对中文系学生产生积极的影响。

由上海大学中文系主办的这次会议,以"全球化和中国现代文学研究的转变"为主题。据参与会议筹办的上海大学教授王晓明介绍,随着90年代以来新一轮全球化浪潮的兴起,和国内近20年改革开放所带来的社会发展,在文学研究界,人们普遍感觉到中国现代文学研究在80年代形成的诸多理论前提和分析思路,都难以再继续有效地发挥作用。

《解放日报》2001年12月2日

**上大学子谱写"申城曲""明天更辉煌"摄影展开幕**

为了弘扬先进文化,丰富师生的校园艺术文化生活,由上海大学宣传部等主办的《"明天更辉煌"——申城曲》摄影展日前在校内幕。本次摄影展展出的作品是上海大学影视学院广播电视编导专业的学生,通过社会实践拍摄而成。作品从不同的侧面反映了现代上海的城市面貌和上海人文气息。

《新民晚报》2001年12月8日

**上海大学不评职称与大学之"大"**

上海大学已经开始职称改革试点,并将从明年起,在全校推行这项改革。内容是:取消教师、研究、工程技术、实验技术、图书资料等五个系列专业技术职称的评审,实行按岗位职责和任职条件严格考核后的职务岗位分级聘任。其中,正副高级职务由校长聘任,只发聘书而没有任职资格证书,聘期结束后根据岗位需要和考核结果重新聘任。这意味着职称终身制在上大开始被打破。也就是说,上海大学今后的职称改革实行"只聘不评"的办法,岗位聘任制是动态的,今年是教授,并不意味着明年还能当教授。

这种职称改革,还给了青年人更多的机会。张佩国是这次竞聘中唯一来自上海大学校外的应聘者。他曾在青岛大学当过教师,后到复旦大学做博士后。这次,他被上大聘为教授。他说:"按照原来评审职称的程序,我至少得在两年后才有可能当上教授。"

不久前,中科院也传出不再评职称的消息,但我更看重的是这次上海大学的"只聘不评",因为它可能以此为突破,使大学在某种程度上真正兼容并包,容纳各种人才。

本来,职称评聘的目的是为了更好地尊重知识、尊重人才,但是目前的职称资格评定制度,一直没有摆脱职称和人才的部门化单位化色彩,仍然打着非常浓重的计划经济烙印,与今天市场经济条件下的人才流动不相适应。一个人从一个岗位到另一个岗位、从一个部门系统到另一个部门系统,职称评定往往要绕很大的弯子,甚至有可能一切都得从头再来。这样的"画地为牢"极不利于各种杂交型、复合型人才的发展,不能够为他们提供施展抱负和才华的空间,同时也不利于各用人单位选人用人。尤其当职称资格评定在某种程度上成为"职称经济"以后,各种附加在专业人才身上但并不是非常紧要的资格评定条件如外语、古汉语等越来越多,人们要浪费许多时间、金钱和精力去攻读"职称书",这不仅不利于人才的成长,反而成为枷锁和桎梏。

上海大学的"只聘不评",对于真正实现用人单位的用人自主权,对于最有效地吸纳社会上各行各业的优秀突出人才,都提供了一个好的思路和开端。英雄不问出处,不管你来自哪里,也没有岗位年限的限制,只要你学有所成术有专攻,都可以在一定的聘任条件下自由应聘,能进能出,来去自由。记得当年徐志摩之被聘为大学教授、鲁迅之被聘为大学讲师,都是非常简单的,学校根据其文凭、文学贡献和在社会上的影响力,直接给一纸聘书就是了。不像今天这么麻烦,评定一个任职资格走一个程序就得一年半载,还非得在单位熬上几年才行,仿佛那职称是十年的媳妇熬成婆熬出来的,而不是凭实际能力实力影响力得到的。

清华大学老校长梅贻琦曾说:"大学者,有大师之谓也,非谓有大楼之谓也。"一个大师、一个国际国内顶尖人才的出现,就可能形成一个学术中心。而一所大学,能否成为思想文化学术中心,很大程度上取决于它是否能够拥有足够多的国际国内一流教授和研究人员,取决于它是否有足够大的胸怀不拘一格地发现、使用人才,容纳、容忍各种各样的大师自由自在地驰骋。大学之大,在于大学及其大师的胸怀之大。对此,我将寄予期望。

《中国青年报》2001年12月10日

**上大文学院成教部招生**

上海大学文学院成教部开办社会学(社会工作方向)汉语言文学(文化艺术事业管理方向)专升本高复班。

报名地点:中山北一路1200号3号楼6楼

报名时间:8:30至16:30 周二、周四至20:30

咨询电话:65318864、55511929

《解放日报》2001年12月12日

# 2002 年

**教授的"铁饭碗"打破了（校园走笔）**

最近上海大学教授的"铁饭碗"打破了：该校以岗位职称聘任为突破口，实行以聘代评，终止了原来的专业资格评审。

据了解，上大取消教师、科研、工程技术、实验技术、图书资料等5个系列专业技术职称的评审，实行职称岗位分级聘任。其中正副教授等高级职称由校长聘任，只发聘书而没有任职资格证书。正副教授三年一聘，讲师、助教两年一聘。聘期结束后根据岗位需要和考核结果重新聘任。在首轮聘任中，有5名教授、40名副教授落聘，落聘率达19.2%。

在我国，教授职称"一评定终身"的状况由来已久。这有历史原因，也出于其他多种因素。但随着时日推移，这种"铁饭碗"所带来的缺乏竞争、不思进取等弊端已日益显现，人们也多有指摘，企盼彻底实施改革。上海大学顺应这一趋势，大胆实践，激活了人事制度，调动了教师的积极性，大大促进了教学水平的提高，可谓有识之举、有益之举。

一所大学的教学水平如何，取决于教师队伍的质量；而教师队伍的质量如何，教师的进取心、积极性怎样，往往在很大程度上又取决于实施何种用人机制。"铁饭碗""大锅饭"的做法，"不患寡而患不均"的观念，使人因循守旧、不思进取、惰性日重，结果让"懒汉混日子""干多干少一个样"的风气蔓延，于事业无补。而职称能上能下、能进能出，竞聘上岗，则体现"真本事干实事"、多劳多酬，把人的潜能、人的积极性充分挖掘、调动起来，促进了事业发展。这两种不同的机制，显然后者优于前者。上海大学的经验充分证明了这一点。40岁以下博士聘任到教授、研究员岗位的有9人，占聘任正高岗位总数的41%，为青年才俊冒头创造了机会。聘任到岗的教师们都有了竞争意识，有了责任感、危机感。他们表示：决不能松劲，应在教书育人、科研等领域作出新贡献，否则就有可能在下一轮竞争中失败。

任人唯贤、唯才是举，历来是我国用人制度上的一大特色。实施这种做法，使富才能干者的本事得以施展，而使那些乏才混日子者没有了市场。这样做是保障事业不断向前发展的需要，也是永葆生机与活力的可靠措施。如若不然，依然沿用"铁饭碗""大锅饭"，尽管领导喊坏了嗓子、做了不少工作，也难于使事业更好地向前推进。

高校是培养人才的摇篮。随着我国加入WTO，现代化建设日益发展，人才竞争也日趋激烈。在这种情势下，作为培养人才的教师就更应该出类拔萃，具有一流的水平与能力。这样的教师从哪里来？从竞争中来，从实践中来。诚如此，高校的领导当大力推行新的用人机制，让更多更好的教师脱颖而出，打造一支高质量、高水平的教师队伍，推动高教事业蓬勃向前发展。

《人民日报（海外版）》2002年1月4日

### 上海大学高等技术学院招生　中澳合作"旅游管理实务"专业2002年春季招生

经市教委批准，上海大学高等技术学院与澳大利亚威廉，安格里斯学院合作举办"旅游管理实务"专业，培养国际酒店和国际旅游管理应用型人才。引入澳方的课程、教材和教学方法，由中外教师采用双语教学。毕业颁发国家大专学历高职毕业文凭和澳大利亚国际酒店管理或国际旅游管理高级文凭，并为赴澳大利亚高等院校继续深造提供相关条件。（简章备索）　　招生对象：2002年春季高考考生

咨询电话：62550586　22882099

学院地址：上海市新闸路1220号

沪〔02〕社广审字第001号

《解放日报》2002年1月10日

### 三作家受聘上大客座教授　蒋子龙王安忆铁凝昨接受聘书

上海大学昨天特聘著名作家蒋子龙、王安忆和铁凝为上海大学客座教授。全国政协副主席、上海大学校长钱伟长为三位作家颁发了聘书。

昨天，这三位知名作家还为该校学生举办学术讲座，分别就"文学与社会""作家个性与文学""二十一世纪的女性文学"等题目作讲演，并与文学院师生进行了交流。（毛忠平）

《解放日报》2002年1月30日

### 淡化班级　滚动排课　混科住宿——从一些举措和争议看上海大学的教育教学改革

走近上海大学新校区气宇恢弘的建筑群，会有一个小小的发现，几乎所有的建筑都被各式连廊巧妙地穿接在一起，这种建筑的"联体"设计诠释着这所大学的办学基本理念：提倡文理交叉、学科融合的通识教育，培养全面发展的专门人才。围绕钱伟长校长的一贯教育思想，由原四所大学合并的上海大学一直积极进行全方位、大力度的教育教学改革。记者记下近来在这里的见闻及有关争论。

**淡化班级，从"静态管"到"动态管"**

上海大学自90年代中期开始实行学分制，固有的班级建制已逐渐被动态的教学班所取代，现在学生从进校门起，即开始从网上跨系、跨专业选择课程和教师，自主安排必修、选修课的时间，修满学分即可毕业。改革带来的好处自不必说，但问题和争议也随之而来——教学班由流动的群体组成，哪个专业哪个系的学生都有，谁来管？怎么管？名师、好教师的课人人都想选，这固然有助于在教师之间形成比、学、赶、超的机制，但是热门课程永远"求大于供"，不能"皆大欢喜"怎么办？实行弹性学制，提前毕业的学生，学费怎么收？诸如此类，不一而足。

办法是在矛盾和争论中产生并完善的。现在实行的基本做法是：实行"导师制"，统一配备专门教师，或集体咨询，或个别指导，帮助学生适应学分制的要求；在流动的教学班实行党员佩戴红卡制，形成"党员核心小组"，发挥学生骨干的作用；对"供大于求"的课程，实行入学成绩好的学生优先、平时成绩积分高的学生优先、专业对口的学生优先，实在选不上，等下一轮开课时再选，老师有5%的选择学生的权利；无论在校时间长与短，一律按学分收费，也就是说，提前或错后毕业的学生，学费总数是一样的。

这些办法虽说不上尽善尽美，却行之有效，使改革的意义凸显出来。比如，教师教学、科研的创造力得到充分调动和发挥，一些新开设的课程别开生面，大受欢迎。叶志明、冯伟教授讲授的"现代科学技术概论"课程，无论教材、教法、教学手段都突破了传统程式，引起了学生的极大兴趣，最多的时候1 100多位文理科学生分别在四个远程教室听课。学生的知识结构越发趋向学科交叉和互通。

学生对新办法也逐渐从不适应到适应。文学院学生童晓涵告诉记者，刚进校的时候对这些有点"懵"，但现在好了，到网上选课时已能心中有数，虽然没有固定班级，但大家的自主性、学习能力、学习效益却增强了。

**滚动排课，不合习惯也能习惯**

滚动排课制是上海大学于1999年推出试行的。即每天从早8:00开始，45分钟一节课，一节课课间休息10分钟，两节课课间休息20分钟，周而复始循环至晚上8:35，全天共13节。这种大循环式连续排课可使学生选择任何方便时间上课，加大了提前选、修课、或重修的机会，尤其重要的是，它使教学资源得到了充分的利用。

但是也有不同意见，甚至有不少"改回去"的声音。主要是连续排课不合固有的生活习惯，特别是中午的课程。另一难题是食堂也要同步改成"全天候"服务。学生工作部副部长陈辉说，这样全天连续排课在国外其实很普通，无非要求吃午饭动作迅速些，把午睡取消，这个生物钟打破了，中午课一样很平常。好在师生们对这样排课已逐渐习以为常，并尝到了甜头。据了解，现在选择中午、晚上上课的学生并不少，后勤服务也及时跟上了。

除了滚动排课，有争议的改革还有学校实行的"三学期"制，每学期只有十周的教学时间，大大加快了工作节奏。这项改革也不轻松，单每年春节的阳历不一样这一点，就给教学计划的制定造成不便，但不管怎么说，多数人还是对此投了赞成票。

在采访中，记者不时听到"规定课程太多、太满"的意见，规定课程过多，留给学生自由发挥的空间余地相对就少。但目前这个问题不是哪一所学校能够解决的。

**混科住宿，有说"干扰"有说"互补"**

混科住宿就是打破文理、专业的界限，让文、理、工科生同住一个宿舍。这是钱伟长校长的教育思想的一个实践：理工院校的学生要成为知识结构完备的人，专业素质和人文学科素养缺一不可，一专多能，专业交叉互通，学校方方面面都应为此创设条件与氛围。目前在上海大学，绝大多数宿舍至少有两个专业以上的学生混住。

这个办法除了给管理出了个难题，学生也有不同的反应。有些理科生嫌文科生太清闲，对他们紧张的学习生活有干扰。但多数学生不这样看。二年级文科生金颖杰说，这样住挺好的，文理科学生都觉得彼此有许多可以互补的地方，每天在生活起居中相互渗透，有利于长知识、长见识。

至于管理方面的问题，是用社区式的方式，设楼长、舍长解决的。

随着改革的不断深入，上海大学围绕实际问题的争论远未结束，上大正在习惯这种论争，因为没有矛盾和争议，就没有进步。

《光明日报》2002 年 2 月 19 日

**综合优势明显办学特色鲜明跨入国内先进高校行列　上海大学实现质的飞跃　"二一一工程""九五"建设项目日前通过专家组验收**

征得国家计委、教育部的同意，上海市人民政府组织专家于 3 月 19 日至 20 日对上海大学"211 工程""九五"期间建设项目进行验收。以中科院院士、原复旦大学校长、现英国诺丁汉大学校长杨福家为组长的专家组对上海大学"211 工程""九五"期间的建设成效给予了充分的肯定和高度评价。专家们认为该校自 1996 年通过国家"211 工程"部门预审以来，上海市人民政府统筹规划，给予了学校很大的支持，从而保证学校在学科、师资、人才、科研、基础设施等多方面很好地实现了建设目标和任务，使学校产生了质的飞跃，为"十五"及以后的发展开拓了广阔的发展前景。

上海大学主动适应上海经济发展的需要，勇于创新，敢于改革，呈现出超常规发展的态势。通过"211 工程"建设，把原四校合并之初的分散状态融合成一个学科齐全、综合优势明显、办学特色鲜明、充满生机的高水平大学学科建设正确的选择了抓重点、抓突破、抓制高点的发展策略，在信息、新材料、机电一体化等对上海经济渗透力强的技术领域和应用数学、人学等基础理论以及社会学、环境艺术设计等研究方面都取得了一批瞩目的成果。新增教育部重点学科 2 个，上海市重中之重学科 1 个，上海市重点学科 3 个，上海市教委重点学科 19 个，还新增博士点 7 个和博士后流动站 3 个，并培育了一批有鲜明特色和较好发展前景的学科新生长点。

该校努力创造优越环境，吸引和造就了一批优秀的学科、学术带头人，师资队伍整体素质有明显提高。中国科学院和中国工程院院士由 3 位增至 7 位，新增了两位长江学者；另外拥有 13 位国家突出贡献的中青年专家，2 人入选人事部"百、千、万人才工程"，4 人入选教育部"优秀青年教师资助计划"，14 人入选教育部"骨干青年教师资助计划"，295 位专家享受政府特殊津贴。

科学研究与开发坚持以学科为基础、以市场为导向，并积极构建政府、企业和学校等多元化投资开发体系，推动学校科研与开发水平不断攀高。"211 工程"建设以来学校的科研总经费保持全国高校前 20 名，2001 年的科研经费达 2.15 亿元；承担了一大批国家自然科学基金和"863 计划"等国家级项目，论著和其他学术成果在量上有较大增长，在质上有明显的提高。2001 年 SCI 论文数 140 篇，在全国高校中排名第二十四位。校区建设与改造力度前所未有。完成投资 14.64 亿元的新校区已成为全国最富有现代化气息的大学园区之一。学校领导坚持"两个文明一起抓"，精神文明建设与学校其他方面的建设同步协调发展，取得突出成绩。1996 年至 2000 年连续四次被评为"上海市文明单位"。1998 年获得中央组织部、宣传部、教育部颁发的"党的建设和思想政治工作先进高等学校"称号。学校整体水平已经跨入国内先进高校行列。

周慕尧副市长出席了验收会开幕式并讲话。他高度评价了上海大学"211工程"建设成就,并希望学校取得新的进步,把上海大学早日建成国内一流的应用研究型大学。(陶洪光)

《文汇报》2002年3月21日

## 上海大学"211工程"通过验收　整体水平跨入国内先进高校行列

征得国家计委、教育部的同意,上海市人民政府组织专家于3月19日至20日对上海大学"211工程""九五"期间建设项目验收。以中科院院士、原复旦大学校长、现英国诺丁汉大学校长杨福家为组长的专家组认为,通过"211工程""九五"期间的建设,上海大学不仅建成了一个气势恢弘的新校区,拥有了先进的基础设施,更重要的是学科水平和师资队伍整体素质有了较大较快的提高,整体水平已经跨入国内先进高校行列。

上海大学"211工程""九五"期间的建设成就主要表现在以下几个方面:

学科建设正确地选择了抓重点、抓突破、抓制高点的发展策略,贯彻了"有所为、有所不为"的原则,在信息、新材料、机电一体化等对上海经济渗透力强的技术领域和应用数学、力学等基础理论以及社会学、环境艺术设计等研究方面都取得一批瞩目的成果。

努力创造优越环境,吸引和造就了一批优秀的学科、学术带头人,师资队伍整体素质有明显提高。中国科学院和中国工程院院士由3位增至7位,新增了两位长江学者;另外拥有13位国家突出贡献的中青年专家。

"211工程"建设以来学校的科研总经费保持全国高校前20名,2001年的科研经费达2.15亿元;承担了一大批国家自然科学基金和"863计划"等国家级项目。

在培养适应新世纪需要的创新人才的过程中,形成了自己独特的教育理念。在全国率先推行学分制,并形成了以学分制、选课制、短学期制和导师制为核心的特有教学管理模式。(曹继军)

《光明日报》2002年3月23日

## 上海大学体育中心竣工在即

上海大学体育中心即将竣工。该中心由体育馆、游泳馆、田径场、训练馆、活动中心等组成,建筑面积达3万平方米。

建成后的体育中心可以承办高水平的国内外体育比赛,其中体育馆、游泳馆、田径场等具有最先进的体育设施,它将作为举办全国大学生综合运动会的主赛场。此外,中心还是承办世界大学生运动会单项比赛以及亚运会的分赛场。工程将在年底竣工。该项目是由华东建筑设计院设计,建工集团上海七建总施工。(李京红)

《新民晚报》2001年5月2日

## 上海大学文学院成教部招生

一、专升本高复班

社会学(社会工作与管理)、汉语言文学(文化艺术事业管理)、对外汉语(公关礼仪,今年申报)、英语(秘书,今年申报)。

## 二、高起复习班

档案学本科(今年申报)、日语秘书本科(今年申报)涉外秘书、行政管理、档案管理大专、文化艺术事业管理、公关礼仪大专(艺术类)

## 三、报名地点

中山北一路1200号3号楼6楼

## 四、报名时间

即日起每天8:30—16:30

## 五、咨询电话

65318864　65161177　55511929　(简章备索)

《解放日报》2002年5月27日

## 2002年中国机器人竞赛落幕

在沪举行的2002年中国机器人竞赛日前在同济大学落幕,经过200多个队在上海交大、同济大学、上海国际体操中心3个赛场3天的紧张激烈的角逐,各项目冠、亚军已经产生。在大学生组的竞赛中,上海交通大学1队一举夺得FIRA赛事中型全自主智能机器人1对1和2对2足球赛的2项冠军,交大2队和同济大学队分获亚军,而且交大1队选用的机器人完全由交大学生自己研制,是这次所有项目参赛队中唯一的"国产军团";东北大学队获得MIROSOT微型机器人组5对5、3对3和MIROSOT仿真机器人组的三项冠军,浙江大学2队获得5对5足球赛的亚军、清华大学队获得3对3足球赛的亚军、青岛海洋大学队获得仿真组亚军。

在RoboCup赛事仿真A组竞赛中,清华大学队获得冠军、中国科大获亚军;B组竞赛中北京理工大学和上海大学队分获冠、亚军;在RoboCup小型机器人5对5制足球赛中东北大学队和中科大队并列冠军。在中小学生机器人灭火比赛的8个项目中,上海学生获得6个冠军。至此2002年中国机器人竞赛所有竞赛项目全部结束。(蒋宏)

《人民日报(海外版)》2002年6月20日

## 上海国际合作办学呈现兴旺发展势头

随着中国加入世贸组织,国内教育市场进一步开放,国际合作办学呈现兴旺发展的势头。迄今为止,上海已开办中外合作办学机构、项目147个,就读学生5万余人。

目前,参与办学的海外机构主要来自英国、日本、美国、法国、荷兰、新加坡、加拿大、澳大利亚等18个国家和地区。办学层次涉及学前教育、中等职业教育、高等学历教育及非学历成人教育。在开办的专业中,经济、工商管理类,外语类,计算机、信息类位于前三位。

为构筑国际化人才高地,上海通过国际合作办学引进"外智",开设一批新专业、新课程,培养一批高层次紧缺人才。由中国政府和欧盟于1994年共同创办的中欧国际工商学院,迄今已为在中国的全球500强企业和中资企业培训近2万名高层管理人员。上海大学与澳大利亚悉尼科技大学合作创办的悉尼工商学院,开设的工业外贸、经贸英语、国际营销等专业都是上海目前和今后一个时期的紧缺专业,其毕业生深受用人单位的欢迎。

国际合作办学不仅拓宽了上海教育筹资渠道,还引进了许多国外先进的办学模式,使学生不出国门就能"留学"。上海财经大学与美国韦伯斯特大学合作培养授予美国学位的工商管理研究生班,是经教育部批准可以在中国境内授予美国工商管理硕士学位的项目。由上海理工大学与美国麻省理工学院斯隆管理学院合办的斯隆商学院,安装了一套可视会议系统与日本、美国等大学连接实现远程教学,学生可视听国外课堂教学的情景,有利于培养视野开阔的现代管理人才。(刘军)

《人民日报(海外版)》2002年7月4日

**上海大学国际交流学院全日制日语、英语大专自考助学班招生**

欢迎本市、外地应、历届高中生、三校生报读。

地址:延长路149号三教404室

电话:56331879

手机:13651635502

沪〔02〕社审字第093号

《解放日报》2002年7月29日

**上海大学文学院成教部招生**

一、专升本高复班

社会学(社会工作与管理)汉语言文学(文化艺术事业管理)等专业。

二、高起复习班

档案学本科(待批)、涉外秘书、行政管理、档案管理大专、文化艺术事业管理、公关礼仪大专(艺术类)等专业。

以上班级报名地点:

(1)中山北一路1200号3号楼6楼,电话:65318864　65161177　55511929

(2)浦东南路333号,电话:58790451-4264、4372

三、秘书岗位国家资格证

报名地点:中山北一路1200号3号楼6楼

报名时间:即日起每周一至五8:30—16:30　(简章备索)

《解放日报》2002年8月5日

**图片报道**

最近,上海大学与上海市大宁路团员青年联络站开展"与人民紧密结合,为祖国奉献青春"的暑期社会实践活动,大学生们深入社区,以实际行动实践"三个代表"的重要思想。(陈飞)

《人民日报(海外版)》2002年8月16日

**图片报道**

上海大宁路街道自1998年创办社区学校以来,一年四季滚动免费开班,从智能、技能、体能三方面对居民进行继续教育,由于所设课目贴近生活,社区群众参加踊跃。

《人民日报(海外版)》2002年9月11日

**上大汽车学院建成新校区**

上海大学巴士汽车学院南汇新校区昨天落成,市政协副主席宋仪侨出席落成典礼。

学院南汇新校区建筑面积3万余平方米,建有现代汽车商务实训室和现代汽车结构展示室等。(郑红)

《解放日报》2002年9月13日

**钱伟长在上海喜度九十华诞　受中共中央和江泽民李瑞环李岚清委托,黄菊亲切看望钱伟长**

今天欣逢我国著名社会活动家、物理学家、教育家钱伟长先生90华诞之喜,受中共中央和江泽民、李瑞环、李岚清等领导同志的委托,中共中央政治局委员、上海市委书记黄菊今天前往上海大学,亲切看望钱伟长先生,向他转达了江泽民等同志的祝贺。

华灯璀璨、鲜花溢香的会见厅内,摆放着江泽民、李瑞环、李岚清、黄菊等赠送的花篮,红色缎带上写着"祝贺钱伟长同志九十华诞"。赠送花篮的还有全国政协,中共中央统战部,民盟中央,全国人大常委会副委员长、民盟中央主席丁石孙,全国政协副主席、中共中央统战部部长王兆国,民盟中央名誉主席费孝通,以及上海市人大常委会、市政府、市政协、中共上海市委统战部等。钱伟长先生手书的"自强不息"金色条幅,在红色墙面上熠熠生辉。

皓首红颜的钱伟长先生精神矍铄,身着深色西装,佩大红领带。黄菊与中央统战部常务副部长刘延东以及上海市领导,一同前来共贺钱老华诞之喜。黄菊亲切地对钱老说:受中共中央和江泽民总书记、李瑞环、李岚清同志委托,我们专程来向您贺寿,衷心祝贺您生日快乐,健康长寿!祝您桑榆匪晚,奔驰不息!钱伟长先生由衷地感谢党中央、中央领导和社会各界对他的关心和祝贺。

钱伟长先生1935年毕业于清华大学物理系,1932年在加拿大多伦多大学获应用数学博士学位,是我国著名社会活动家,先后担任全国政协第六届、七届、八届和九届副主席,民盟中央副主席、名誉主席等职务;还先后任香港特别行政区基本法起草委员会委员、澳门特别行政区基本法起草委员会副主任委员。他也是我国近代应用数学与力学的奠基人之一,他在科学理论和工程技术上都有许多开创性的成就,他的一些学术理论分别被国际学术界誉为"钱伟长方程"和"钱伟长法",迄今已出版20余部学术专著,在国内外发表二百余篇学术论文。钱伟长先生从1946年起任清华大学教授,从教半个多世纪。他从1983年起,在上海从事教育活动,至今已20年。现任上海大学校长。(吕网大)

《人民日报》2002年10月10日

**上大成立海派文化研究中心**

上海大学海派文化研究中心成立大会暨"海派文化之我见"学术研讨会昨天在上海大学举行。与会的专家学者就海派文化的渊源、内涵与特点,海派文化在戏剧、绘画、文学等艺术形式上的表现等论题进行了深入的研讨。

会议由海派文化研究中心主任、著名作家李伦新主持,上大党委书记、常务副校长方明伦致开幕词。来自海内外的专家、学者和作家钱谷融、徐中玉、丁锡满、叶辛、程乃珊等出席了开幕式。

《解放日报》2002年10月21日

**持续发展中的上海大学成人教育**

上海大学是上海市属、国家重点建设的百所大学之一,长期以来与上海的商贸、法律、文化艺术、工业界和经济界有着密切的联系,拥有理、工、文、法、史、经济、管理及影视艺术、美术等众多的学科专业,共有研究生、普通本专科生和夜大学本专科生3万余人。现任校长为全国政协副主任、著名的科学家、教育家、社会活动家、中科院院士钱伟长教授。

上海大学下属的成人教育学院在近几年的办学中努力实践"三个代表"的要求,凭借学校学科门类齐全、专业众多的优势和办学的地域优势,不断深化教育教学改革,提高教学质量,提高办学效益,四年来业绩斐然且逐步形成学院的办学特色。

从1998年至2002年,本科层次专业从3个增至30个,年平均增幅为197%;本科专业录取学生数从142人增至1 444人,年平均增幅为89%;本专科生结构比从0.042∶1跃至0.600∶1,建成了一个拥有30个本科、专升本专业和28个专科专业、含有校企合作、中外合作等多种形式办学的人才培养和培训体系。学院从自身的办学条件出发,努力满足人民群众日益增长的教育需求,办学规模一直处于适度发展的良好态势,每年录取新生数的平均增幅为22.3%,年完成招生计划的平均增幅为24.3%。1998年在校的夜大本专科生为5 024人,2002年为9 163人,年平均增幅为14.8%。今年,非学历教育的在校生为6 000余人。

上海大学成人教育学院是全国高等教育自学考试中的10个专业在上海的主考单位,共有13 000余名在籍学生。2001年成为上海市获得国家教育部颁发的全国高等教育自学考试先进集体奖牌的5所高校之一。学院在上海市成人高校中率先实行学分制,学生和委托培养单位可以在弹性学制的框架下安排学习进程,自主选择部分课程,还可应委培单位根据企业自身发展的需要,置换教学计划的部分课程。学生在获得规定的学分数后即可申请毕业。为适应学分制改革的需要,学院目前已建成上海市成人教育中功能最全的、信息量最大的集教学、招生、收费、咨询等各项管理于一体的先进的管理信息系统。学院在办学的实践中,不断转变教育观念,努力构建以课程教育为主导的形式多样的大专后教育体系,积极探索多种人才培养模式。

持续发展的上大成人教育已在社会上赢得良好的知名度。上海近20余家知名集团、企业、单位委托学院培养和培训学生;一批全国劳动模范、上海市十大杰出青年、著名演艺人员等知名人士纷纷入读上大成教;持续发展的上大成教,也使学校的资源不断增值,四年来,上缴学校财务的金额年平均增幅达66.15%。

与时俱进的上大成教正为上海建设学习化社会打造自身崭新的形象。

《光明日报》2002年11月16日

**上大成立服务贸易研究中心**

上海建设"四个中心"的定位,使服务贸易成为经济发展的前沿课题。上海大学昨天正式成立服务贸易研究中心。

据悉,该中心将在深入研究服务贸易理论的同时,积极投身实践,把研究平台发展为应用平台,深度开发服务贸易这一特色研究项目。(裘寅)

《解放日报》2002年12月22日

# 2003 年

**图片报道**

主题为"永远跟着党走,奉献青春智慧"的上海大学大学生寒假社会实践活动近日拉开帷幕。(陈飞)

《人民日报(海外版)》2003 年 1 月 28 日

**学术信息·"第五届全国人学学术研讨会"强调　创新是人学学科发展的必由之路**

中国人学学会、上海大学社会科学学院主办的"第五届全国人学学术研讨会"最近在上海召开。会议的主题是:"学习十六大精神,推进人学建设"。与会专家学者认为,创新是人学理论的生命,是人学学科发展的必由之路。

与会专家学者认为,人学作为一门新兴学科,其产生和发展的历程,正是我国理论工作者不断探索,研究新问题、创造新理论的过程。改革开放20多年来,我国人学从无到有,不断发展壮大,最重要的经验就是始终坚持以马克思列宁主义、毛泽东思想、邓小平理论和"三个代表"重要思想为指导,坚持正确的学术研究方向;紧密结合中国改革开放和现代化建设的实际并追踪国际学术发展前沿,坚持基本理论研究与现实问题研究相结合;倡导求真务实、百家争鸣的研究风尚。

对于今后人学学科的发展,与会专家学者提出如下建议:在坚持人学基本理论研究的同时,注重对全面建设小康社会与人的全面发展、经济全球化与当代人的生存与发展、当代科技进步与人的发展、西方马克思主义人学思想等问题的研究;不断开拓新的研究领域,研究新的问题,鼓励跨学科、跨领域的交叉或综合性研究;注意吸收和借鉴自然科学、社会科学等相关学科研究的新成果和新方法;等等。(崔新建　吴德勤)

《人民日报》2003 年 2 月 14 日

**迷上体育的科学大师——记上海大学校长钱伟长院士**

年逾九秩的上海大学校长、中科院院士钱伟长,称得上是一个传奇式的老人。早在上世纪60年代,他就被周恩来总理称为我国科学家中成就卓越的"三钱"之一;他也是我国目前在位的最年长的大学校长。

说来有趣,钱伟长还是一个"铁杆"体育迷呢。日前,记者有幸就体育健身对钱老进行了一次专访。所见所闻,不由为这位思维敏捷、精神矍铄的老人的"体育观"所打动。

**"身高不达标的清华学生"**

钱伟长幼时家境清寒,少年时代是在农村度过的,当时的他多病缺医,因此身体很瘦弱。钱伟长18岁那年考入清华大学时,身高只有1.49米。然而,就是这样一个"清华历史上首位身高不达标的学生",在就读的第二学年,竟一鸣惊人地入选清华越野代表队,两年后更以13秒4的成绩夺得全国大学生对抗赛跨栏季军。这件事在《深切怀念我的老师马约翰》一文中,被钱伟长先生激动地描述为:"对我来说,这是生命史上的新篇章!"

马约翰是清华体育的奠基人,也是中国近代杰出的体育家和教育家。他关心、热爱学生,在体育理论和实践上都作出过卓越贡献,深受清华大学师生的尊敬。正是在这位良师的鼓励帮助和悉心指导下,钱伟长的体育兴趣被大大地激发了。长跑、跨栏、足球,他都饶有兴趣地一一涉猎。坚持不懈的体育锻炼,使钱伟长从一个身高体重不达标、肺活量不足的体弱生,成长为身强体壮的校运动队队员,并由此培养了他一生对体育运动和体育教育事业的激情。

**九十岁:每日步行三千步**

钱伟长从念大学起,直到成为科学家、大学校长,几十年如一日,坚持体育锻炼。他年过古稀,还坚持每天进行长跑锻炼,有次参加清华大学的长跑比赛,居然一口气跑了2万米。如今90岁了,虽然长跑已不太合适,但钱老依然"规定"自己每天要步行3 000步。

正是依靠体育锻炼,钱伟长一直保持了健康的体质和头脑。前不久,上海大学为钱伟长90华诞举办"钱伟长杯"大学生足球比赛,钱老亲自策划撰写了足球比赛的竞赛规程,并出资打造了足球赛的奖杯。在闭幕式上,钱老兴致勃勃地为学生发奖,还滔滔不绝地作了一个多小时关于足球和体锻的发言。

对于体育健身和启蒙恩师马约翰,钱老深情地说:"马先生通过体育运动,培养了我们的人格,锻炼了我们的意志。60多年来,在漫漫人生道路上,使我有勇气承担风雨,有毅力克服困难,有意志不断战胜自我。"

**"体育是人生的一部分"**

正是在经历了这样的亲身体验后,钱老对体育教育的价值有了越来越清晰、深刻的认识和领悟,他对体育在高校教育中的定位,有着自己独到的思考。钱老担任上海大学校长九年来,上大的群体活动开展得蓬蓬勃勃。学校每年要进行足球、篮球、排球联赛、网球、田径大奖赛,以及健美操、拔河、跳绳等小型多样的群体竞赛;每两年要举行一届以院、系为单位参加的全校体育节。上大男排在全国大学生运动会上勇夺金牌,上大男篮也获得上海大学生比赛冠军。这一切成绩的取得,都是与钱校长的积极倡导分不开的。

然而,钱老致力于体育事业的脚步并没有就此停住。他以一个教育家睿智的目光,看到了体育在教育中的魅力。他认为,学校体育应以普通学生为本,它的最终目的是愉悦、释放、健康。他要让更多的青年学子参与体育锻炼并享受体育运动所带来的乐趣。钱老说:"我要告诉我的学生,体育是人生的一部分,能给人无比坚强的意志,只有完善的人生,一个人才会勤奋钻研,努力。(程康萱 周艳)

《解放日报》2003年4月9日

### 报考上大可用声讯电话登录

据上大招办介绍,考生报考上海大学如采用声讯电话登录的方式,需要注意如下事项:用声讯电话16898892进行志愿登录的时间为:自即日起至5月18日15:00。过时声讯专线将关闭,不再接受报名。另外,考生可以在5月20日12:00至5月23日17:00拨打16898893查询本人的登录情况,如发现信息有误,可以在5月24日8:00至5月25日17:00拨打声讯电话16898892更正。考生如有其他疑问,可于即日至5月25日8:00到16:00(双休日除外)拨打人工台16000666咨询。(褚宁)

《解放日报》2003年5月10日

### "拜耳青年环境奖"在沪颁发

2003年"拜耳青年环境奖"评选日前揭晓,颁奖典礼于6月28日在上海举行。15名来自上海、杭州、苏州的大学生因在环境保护方面表现突出,被授予"拜耳青年环境特使"称号。此外,10名来自北京、杭州和上海的记者获得"拜耳青年环境记者奖"。上海交通大学、华东师范大学和上海大学获得评选活动优秀组织奖。(刘毅)

《人民日报》2003年7月1日

### 拆除"四垛墙"发展天地宽——上海大学办学理念扫描

在国内高水平高校行列中,上海大学是新秀。组建不到10年,上海大学就由四校合并之初的分散状态,融合成一个学科齐全、综合优势明显、办学特色鲜明的高水平大学,成为国家"211工程"建设高校。

在采访中,记者深切地感受到,拆除"四垛墙"的办学理念,在其中发挥了重要作用。

**拆除学校和社会之间的墙**

上海大学是目前上海办学规模最大的高校,在校本科生达24100多人;在近几年高校毕业生就业相对较难的局势中,该校毕业生就业率却连续保持在95%以上。这得益于学校面向社会、瞄准市场的人才培养观,和以学生实习基地为载体,校、企、产、学合作育人的新机制。

大学教育应该直面社会,与社会变革保持一致。上海大学迈出校门,建立"教育实习基地",与社会资源合力培养人才。1997年以来,学校分别与宝钢集团、上海汽车集团、上海贝尔、上海银欣高科技有限公司等知名企业合作,建立了100多个实习基地。经过探索,实习基地形成了三类模式:第一类,学生在老师和实习单位技术人员共同带教下,完成3个月的实习教学计划;第二类,学生完成3个月实习教学计划后,与用人单位双向选择,签订就业协议;第三类,学生与实习单位签订就业协议后,根据单位实际需要,对原教学计划进行适当调整。

校、企、产、学合作教学实习基地的建设,使上海大学的教育教学改革更好地满足了社会对人才的需求;学校通过收集社会企业的科技前沿信息,及时调整专业和课程设置;帮助学生熟悉和适应社会对人才的技能要求,增强了实践知识和能力。

**拆除教学和科研之间的墙**

要培养具有创新意识的学生,教师就应该追踪学科前沿的最新突破,研究学科前沿的最新命题。为此,学校出台了《教师科研工作量考核条例》、《关于教材更新的指导性规定》等,将教师从事科研、教学的业绩与经济收入挂钩。2002年,学校推出教授只聘不评的改革举措,40多位正副教授落聘,从根本上撼动了教师安于现状的"痼疾",激发了教师开拓进取的热情。

在"硬规定"的背后,学校注意"软服务",为教师提供良好的科研氛围。文学院一位教授潜心清代、民国诗话研究,出成果需要较长时间。学校一方面按照常规考核给他发放不高的教师津贴,但同时又拨出10万元专项经费支持他的工作。目前,这位教授主编的350万字《民国诗话丛编》已正式出版,受到专家好评。

如今,在上海大学形成了这样的共识:要成为一名好教师,教学和科研必须齐头并进。据了解,学校2 000余名专任教师中,大多数参与科研。

**拆除各学院各专业之间的墙**

上海大学新校区建筑群有一个特点:几乎所有的建筑都被各式连廊巧妙地穿接在一起。这种建筑的"联体"设计诠释着这样的理念:提倡文理交叉、学科融合的通识教育,培养全面发展的专门人才。

上海大学是全国最早尝试不分专业招生、实行学分制的高校之一。本科的一、二年级学生不分专业,只分大文科大理科,到了三、四年级再按特长和兴趣分流;学生从进校门起就可以跨系、跨专业选择课程和教师,自主安排必修、选修课的时间,修满学分即可毕业。

为了给全体学生营造出学科交融、专业互通的环境氛围,上海大学还推出了"混科住宿"模式,让文、理、工科生同住一个宿舍,使他们在课堂之外文理渗透、彼此互补,拓宽知识面。

**拆除教与学之间的墙**

上海大学明确提出:学校培养的学生首先是一个全面发展的人,其次才是专门家;通过学校的教育,使学生学到一种正确的方法。正如钱伟长校长所说:在高校,教师能直接传授的人类已懂知识终究有限,更重要的是让学生掌握发现"不懂"、超越"不懂"的方法。

为了让学生有更多的时间去找"不懂"、解"问号",上海大学推出了"滚动排课制",并且在全国首创"短学期制"。

"滚动排课制"于1999年试行。即每天从早8:00开始,周而复始循环至晚上8:35,全天共13节。这种大循环式连续排课可使学生选择任何方便时间上课,加大了提前选课、修课或重修的机会;教学资源得到了充分的利用,最大限度地满足了学生的学习需要。

"短学期制"改变了一学年分两个学期的传统,每学年设置秋、冬、春三个课堂教学学期和一个夏季实践教学学期。12周一个学期,周期短,节奏快,不仅促使教学双方提高效率,也为学生自主安排学习进程提供了空间,使其有更多机会参加社会实践和科研。

《光明日报》2003年8月26日

### 本市又添现代化寄宿制高中　　上大附中落成开学

本市又有一所高标准、现代化寄宿制高级中学——上海大学附属中学昨天落成,并举行首届学生开学典礼。中科院院士、上海大学校长钱伟长欣然受聘为该校名誉校长。

上大附中坐落于上海大学新校区对面，由宝山区政府投资2.4亿元兴建，占地200亩，总建筑面积达5.9万平方米，拥有先进完备的教学设施和多网合一校园网络。昨天，宝山区政府和上海大学签订共建协议，依托上大的人才和资源优势，力争尽快把上大附中办成上海一流、国内知名的实验性、示范性高级中学。（陆勇）

《解放日报》2003年9月2日

## 携手传友情　喜迎中秋节

中秋节来临之际，上海市新梅共和城居委会特邀社区共建单位——上海大学的外国留学生来到小区，和弄堂居民一起共迎佳节。（陈飞）

《人民日报（海外版）》2003年9月10日

## 诚信大家谈

[开栏的话]本报9月18日一版发表的任仲平文章《论诚信》，得到广大读者的热情回应。许多干部群众来电来函反映，《论诚信》一文提出了公民道德建设的一个重大问题，道出了社会各界的共同心声。读者认为，《论诚信》是学习贯彻"三个代表"重要思想和党的十六大精神、加强社会主义思想道德建设的一篇力作。

许多读者在来电来函中对什么是诚信？为什么要推进诚信建设？为什么说信用是社会主义市场经济的基石？社会生活巨大而深刻的变化是否需要我们对诚信有新的理解？如何从制度层面推进诚信建设、建立健全社会信用体系框架等提出问题，进行思考。

不少读者还从身边的实际出发，对社会生活中由于信用缺失引发的问题进行剖析，对建立健全社会信用体系提出建议。

根据读者建议，本报今起在本版开设"诚信大家谈"专栏。我们热诚期待广大读者踊跃来稿，围绕推进诚信建设各抒己见，交流思想，参与讨论。来稿以500字左右为宜，最长不超过2000字。

此次讨论与人民网（www.people.com.cn）联动。欢迎大家登录人民网主页上的专题讨论区，发表自己的见解，本报将选登其中的精彩发言。

来稿请寄：北京金台西路2号人民日报总编室第四编辑组，邮编100733，注明"诚信大家谈"专栏编辑收。传真：010－65368224 电子信箱：dajiatan@peopledaily.com.cn

### 大学生热忱谈诚信　上海大学设立"大学生信用档案"

上海大学今秋起设立"大学生信用档案"，成为国内高校之首创。

档案内容主要包括大学生在校的信用行为记录和来自"上海市个人信用联合征信系统"中的信用信息。据悉，大学生的个人基本信息、学费交纳情况、在校期间的奖惩情况，以及教育助学贷款偿还情况、学生信用卡使用情况等都将写进"大学生信用档案"，并纳入整个上海市的个人信用联合征信体系。

今后，该校学生在求职时，除了个人成绩单之外，还可申请定制个人信用评估报告，作为提供给用人单位的参考资料，为其就业创造更多便利。

舆论认为，设立"大学生信用档案"是诚信建设的一个良好范例，那么，上海大学的在校生又是如何看待信用问题呢？

**拥有信用，人生才可能走向成功（社会学系2001级　张冷天）**

作为维持现代社会健康运转的必要因素，诚信也是个体最起码的道德准则。在现代社会中确立人的诚信意识，不仅仅是对公民思想道德的基本要求，也是我国各行各业顺利发展的迫切需要。

我觉得，对全体公民进行诚信教育，学校应当承担更多的责任。特别是大学，如何使大学生在走上社会之前就具备较为完善的信用观念、培养起健全的诚信人格，都是值得大学教育者和管理者深入思考的问题。

上海大学把诚信教育作为常规工作。目前，诚信教育已渗透到学校工作的各方面。比如，助学贷款的归还是一项颇为繁杂的工作，但由于学校诚信教育深入扎实，使每年贷款归还都成了借贷学生的自觉行为。他们根据合同要求，按时足额归还贷款，为今后走上社会奠定了良好的个人信用基础。

目前在校园里，无论是老师还是同学，大家都认识到，现代社会是一个讲求信用的社会，诚信是其中极为重要的方面。只有拥有诚信，赢得信用，人生才可能最终走向成功。

**让诚信融入专业素质（经济学系2002级　张景春）**

我国颁布《公民道德建设实施纲要》，在全社会大力提倡诚信。诚信，是加强公民道德建设的本质要求；诚信，是社会经济发展的道德基础。所谓诚信，即诚实、诚恳、信用、信任。它包括两层含义：一是要以信用取信于人；二是对他人要给予信任。其实，华夏民族自古就有"君子一言，驷马难追"、"人无忠信，不可立于世"的古训。在我们发展市场经济的时代，更要把诚信放在首位。

大学生要以诚信为学习之根本、人生之根本。诚信应贯穿我们大学生活的始终，涉及考试、借贷、就业、生活等方方面面。鉴于此，"大学生信用档案"的建立将有助于我们培养诚信意识，推动大学生市场化就业机制的进一步完善，并且带动整个社会信用理念的提升与诚信氛围的营造。

今年夏季学期，我们国际工商与管理学院开展了"职业精神与教育工程"，特别针对"诚信"，提出了与我们专业素质培养相结合的要求。事实上，诚信是现代经济活动的基础。作为一名经济专业的学生，我想，在学习生活中坚持培养诚实守信的品德将有助于我们将来成为一名合格的职业人才。

**诚信是为人处事的底限（法学院2002级　曹亚萍）**

失信行为之所以产生，关键的一点，在于缺乏相关的法规和准则，让违约者钻了空子。作为一名法律专业的学生，我觉得学校此举开了一个好头。在校学生不再把诚信仅仅作为一种美德来追求，而是作为一种为人处世的底线标准来实践。这一措施从小处看，规范了大家的行为，促进了同学们诚实守信的自觉意识；从大处看，对推动整个社会诚信机制的全面建立也具有一定实践价值。从一定角度看，法律和规章制度是公共道德意识的最低底线。学校在必要的宣传和教育之外，还必须建立切实有效的制度保障，否则可能流于形式。

学校一直教导我们，"首先要学习如何做一个全面发展的人，其次才是一个专门家"。今天学校的举措也正是在实现她"培养一个全面发展的人"的承诺。

**诚信是最基本的游戏规则（机械及自动化学院 2000 级　朱赟）**

在社会中，遵守最基本的游戏规则才能保证共同进步。历史上以诚信定成败的例子比比皆是，远的不说，从世通公司的丑闻到"伊拉克门"美国政府的狼狈，一旦失信，四海之内便无立锥之地。

进入 21 世纪，诚信不仅事关个人的声誉，还关系到企业的衰亡和政府的信誉。由此，各行各业都很重视诚信建设，从以"诚信为本"的企业到以"诚信立国"的政府屡见不鲜。

在我看来，"诚信热"的产生有两大方面原因：一是商业社会的发展使然。没有诚信，市场经济建设便寸步难行；二是目前社会上诚信的严重缺失。部分人为了一己私利，勾心斗角，尔虞我诈，严重破坏了经济秩序和社会秩序，在这种情况下，人们自然呼唤诚信的回归。

**诚信是信用的基础（中国市场学会信用工作委员会学术委员　吴晶妹）**

诚信和信用，是两个首先应该加以辨析的概念。

诚信即诚实守信，是一种精神与原则，是一种道德规范和行为原则，在社会交往与经济活动中必须遵守。

信用就是对诚信精神与原则的应用。由于历史悠久，应用广泛，信用已成为一个多层面、多含义的概念。

在社会一般交往中，信用主要指社会交往主体遵守诚信原则，守诺践约，获取他人信任。这种信任构成了整个社会运行的信用环境，是社会关系的重要内容之一，是建立与维护社会秩序的基础。诚实守信是企业和个人都应遵守的道德规范与行为原则，是为自己积累的重要社会资本，是一种资源与财富，是文明、进步及发达的标志。

在社会经济活动中，信用主要指经济主体应用诚信原则的一种交易方式，即信用交易。

信用交易是多种多样的：企业与企业之间应用诚信原则，对货物进行生产加工或销售，然后再结账，就是商业信用。这是信用交易最早、最普遍的形式；在消费活动中应用诚信原则，商店允许消费者先拿走商品去消费，日后再结账付款，就是消费信用，是现代经济中重要的信用交易形式之一；银行以诚信为基础，经营货币资金，就是银行信用。它是典型的信用形式。

由此可见，诚信是一切信用形式的共同基础。

在市场经济中，社会经济关系往往表现为信用关系。经济活动的主要方式是建立在诚信原则基础之上的信用交易，例如赊销、消费信贷、信用卡、信用证、债券等。这些信用交易扩大了市场，提高了交易效率，促进了经济发展。信用交易日益普遍，已成为市场主体们在经济活动中共同选择的主要交易方式。

市场经济就是这种建立在各种各样的、错综复杂的信用关系基础上的经济，是以信用为纽带进行生产、交换、分配、消费的经济形式。市场经济就是信用经济。

在计划经济时期，全社会的经济活动都是由国家计划安排。国家是所有活动的唯一主体。企业和个人都从属于国家，不独立参加社会经济活动。诚实守信虽然仍是做人的原则,但并没有直接应用于经济活动中,没有和经济交易规则结合在一起。

而在市场经济中,企业和个人是交易的主体,必须遵守公认的、共同的交易规则——诚信原则。所以,在市场经济中,一般社会关系中诚实守信的道德规范与行为原则和经济活动的交易规则紧密地统一起来,就是市场经济的信用文化。这是我们这种由计划经济向市场经济转型的国家所缺乏的、也是发展市场经济所必需的一种文化。正因为如此,在建设我国市场经济的过程中,就要大力宣传与确立诚信原则,并且以诚信原则为本建立市场经济下的各种交易规则,以诚信为本进行各种交易活动。

**主持人的话**

"诚信大家谈"从今天开始与广大读者见面了。在第一期的讨论中,既有专家对诚信与信用两个概念的辨析,也有大学生们对诚信问题的理解。在接下来的几期中,我们将继续就什么是诚信,随着时代的发展我们对诚信的认识是否也应与时俱进,我们该如何进行诚信教育等问题进行讨论。欢迎广大读者参与。

《人民日报》2003 年 10 月 9 日

### 自强不息,改革创新,走特色发展之路——上海大学向国内一流的综合性研究型大学迈进

上海大学是上海市属重点高校,是国家"211 工程"建设高校之一。

地处中国改革开放的前沿,上海大学形成了敢于面对挑战、善于抓住机遇的作风:1994 年由上海工业大学、上海科学技术大学、原上海大学和上海科技高等专科学校合并组建新上海大学后,学校抓住合并机遇,发挥综合优势,顺利通过了"211 工程"立项审核,启动了新校区建设工程,为学校的跨越式发展奠定了基础;1998 年以来,学校又以迎接教育部本科教学评估为契机,以评促建,以评促改,以评促管,评建结合,重在建设,全面提升办学水平和内涵发展。

组建不到十年,从原来分散在 11 个办学点的四所学校融合成一个学科门类齐全、综合优势明显、办学特色鲜明、充满生机活力的国内先进高校——上海大学实现了质的飞跃,走出了一条特色发展之路。

**特色鲜明的办学理念**

上海大学要办成一所什么样的学校以及怎样办成这样的学校?学校组建之初,校党委和校长钱伟长就思考着这个事关学校前途的问题。

作为我国知名的科学家和教育家,钱伟长教授 1983 年担任上海工业大学校长,1994 年四校合并续任上海大学校长,至今已整整 20 个年头。他把自己对党的教育方针的深刻理解和对社会、科技、教育发展趋势及其规律的把握,把自己在社会主义改革开放和现代化建设过程中积累的经验和切身感受上升到理论高度,并运用于办学实践,引导上海大学发扬"自强不息"精神,形成了"拆除四堵墙"、"培养全面发展、具有创新精神的人"的办学理念。

拆除四堵墙:一是拆除学校与社会之间的墙,强调学校的教学和科研必须结合社会需要,解决社会经济发展中存在的各种问题,为社会服务;二是拆除教学与科研之间的墙,强调高校要成为"教学与科研两个中心";三是拆除各学院和各专业之间的墙,强调学

科交叉,文理渗透,培养宽口径、厚基础的复合型人才;四是拆除教与学之间的墙,提倡教学相长,强调在教和学这对矛盾中,学是矛盾的主要方面。

培养全面发展、具有创新精神的人:学校坚持将培养德智体美全面发展的社会主义建设者和接班人作为办学的根本任务,提出我们首先要培养一个全面的人,一个爱国主义者,一个辩证唯物主义者,一个具有文化艺术修养,道德品质高尚的人,其次才是一个拥有学科专业知识的未来的专门家;通过学校的教育,要求学生能掌握一种正确的方法,也就是唯物主义辩证法,所学的课程、专业只是一种载体,学生通过这些载体来掌握这种方法。

**超前创新的改革举措**

上海大学主动适应国家经济建设和社会发展的新形势、新需求,勇于创新,在人才培养模式、教学管理体制、课程体系、教学内容与教学方式、学生工作体制、招生与就业工作等方面率先进行了一系列的改革。早在1993年,学校就全面推出学分制、选课制、短学期制;学生宿舍实行社区化管理;招生实行"德智体全面发展,多元测评,择优录取";后来率先建立校内转系制度,统一推行第二学科、插班生、转院系、专升本等改革。此后出台的优秀学生到区、县、局挂职锻炼;教师职务聘任制改革;流动群体中党团组织建设等改革措施都站在全国高校教育教学改革的前沿。

本科教学是高等学校的基础和主体,上海大学在教育教学改革中,始终把本科教学放在最重要的位置。以学分制、选课制、短学期制为核心的"三制"教育教学改革,全面提高了本科教学质量,形成了鲜明的人才培养模式。

学分制实现了学生自主安排学习进程、选择课程和教师,修满学分随时毕业,促进了优秀教师优先授课,鼓励了学生自主学习、个性发展,体现了文理渗透和适度竞争;按不同学科和所修学分收费和不及格课程重新选读,推行了免修和免考勤制度,做到了严格管理,因材施教。和学分制相互关联、互为配套的选课制,把学习的主动权交给学生,学生可以根据自己的特点和需要构造自己的知识结构,"学择其好"。短学期制把一学年划分为三个理论教学学期(秋、冬、春学期)和一个实践学期(夏季学期),实现少课时多课程,增加了实践教学时间的比重,着力培养学生的实践能力和适应社会的能力。

1999年,上海大学根据教育部本科专业目录调整的要求,结合上海社会经济发展和人才需求的实际,对全校本科专业的课程体系进行了重大调整,横向形成了理工类、经管类和人文类三大模块,纵向形成了公共基础课、学科基础课和专业选修课三大层次的课程结构体系,并设置了15个学科基础课平台。1999年,各系在对本专业广泛深入调研的基础上,通过与国内外著名大学相同专业的比较,以及对上海人才需求状况的调查,贯彻通识教育的思想,构建了全校公共基础和院(系)学科基础两层平台课程,并对理论与应用力学等8个专业的课程体系进行改革试点,增加了主干基础课和选修课比重,把全部专业课都调整为选修课。

"三制"的实施和课程体系的改革,使学生真正做到自主学习,形成自己的知识结构;容纳了多种教学模式以及专业相同而知识结构不完全相同的学生,更好地满足了社会对人才的需要。

**充满活力的师资队伍**

上海大学始终把师资队伍建设作为学校工作的重点和提高教学质量的根本保证,采取一系列改革措施,加快建设步伐。

上海大学现有专职教师2010人,其中正高职337人(教授295人),副高职687人(副教授525人);拥有中科院院士4名、工程院院士3名、"长江计划"特聘教授1名、国家杰出青年科学基金获得者1名、国家级有突出贡献的中青年科技专家12名。还有52位学术造诣深的海外学者和84位国内知名人士担任学校的名誉教授、客座教授、顾问教授和兼职教授。

按照"教学和科研两个中心"的要求,学校高立意地构建"两个中心、一支队伍"的建设目标,对教师的教学和科研工作的质和量作了严格规定:教师除了教学之外,还要根据社会、经济、科技、文化发展的需要和学科发展的趋势进行科学研究,以科研促进教学,通过科研提高教学质量。教学或科研教分为零者,不能兑现岗位津贴,不能聘任教师职务。并对不符合要求的教师,进行妥善分流。对于新进教师严格把关,教学水平和能力考评与科学研究学术水平鉴定同步进行,缺一不可。

为了从制度上解决教师能进能出、能上能下的问题,从机制上解决部分教师压力不大、工作状态不佳的问题,上海大学实行本科教学工作量和教育教学质量"一票否决制",高标准地实施真正意义上的教师职务聘任制。2001年,全校全面启动教师职务聘任改革,至2002年4月,首批聘任全部结束时,全校143名原有教授、副教授任职资格的教师未被聘任上岗,占原有正副高级任职资格总数的16.4%。通过实施教师职务聘任制度,一种良性和高效的用人制度初步建立,一种竞争激励机制正在逐步形成,仅教授完成或超过规定教分的比例,就从2000年的62.6%提高到2003年的96.1%。

作为上海重要的科学研究和高新技术开发基地,上海大学近五年来年科研经费都在全国高校中排名前20位;2001年国际三大检索(SCI、EI、ISTP)收录的学术论文数均位于全国高校排名前30位。上海大学科技园积极孵化高新技术产业,并支持学校师生创办学科性公司,现有在孵企业198家,已毕业孵化企业25家,2002年销售收入达15亿元。

2000年,学校高起点地制定了教师队伍建设行动计划,其总体目标是:以学科发展和提高教学、科研水平为核心,通过引进、选拔、培养等途径,用3—5年时间,使学校拥有20名左右国际、国内有影响的两院院士、杰出学者;100名重点学科的带头人;1 000名中青年学术骨干,逐步建立一支适应21世纪高等教育改革和发展、充满生机活力与创造能力的高素质的教师队伍。为此,学校出台了众多富有实效的举措,加大师资培训经费投入,加大人才引进力度。2000年以来,学校投入师资培训经费867.7万元,选拔教师参加进修527人。引进和录用具有博士学位或副高以上职务人员252人,投入人才引进经费2 400万元。

**强调素质的人才培养**

上海大学是上海重要的人才培养基地,目前已形成以本科教学为基础、研究生教育为重点、辅以高等职业教育、成人高等教育的完备的人才培养体系和多层次的办学格局。在校普通高校本科生24 161人,硕士研究生2 845人,工程硕士生220人,博士研究生426人,高职生4 635人,成人高校学生9 163人。

上海大学的本科教学量大面广，其教学质量直接关系到人才培养质量和学校的社会声誉。学校强调：合格的本科生应该具有较强的自学能力，其毕业之时，对已经成熟的经人总结的知识，可以无师自通，自己学会；合格的硕士毕业生，应该具备调查研究和解决问题的能力；而博士毕业生应该具有了解学科前沿并提出问题的能力。总之，培养学生不仅具有分析和解决问题的能力，更具有发现和提出问题的能力。以教学改革为先导，学校通过创新学生管理思路、强化环境育人功能，有效地提高了学生的综合素质，提高了学生的就业竞争力和社会认同度。在近几年就业形势总体严峻的情况下，上海大学的毕业生就业率连续保持在95%以上，就是一个很好的说明。

学生工作系统总结出了学校、社会、家庭三位一体的全社会育人的德育教育理念，逐渐形成了"学生政治辅导员队伍——学生党员、入党积极分子、学生骨干队伍——教职工队伍——学生家长——社会教育资源"为一体的德育教育资源系统。学校每年开展新生家访，举行家长座谈会，设立家校联系手册，争取家长对学校工作的支持与配合，从20世纪90年代形成制度并坚持10载，行之有效。学校每年的入学教育、开学首日教育和毕业教育各有主题，形成特色，富有成效。2000届毕业生以"毕业思源，立业思进"为主题开展的活动，因其教育内涵深刻，教育形式新颖而被中共中央宣传部作为典型案例收录到《新时期思想政治工作百例》一书中。

在党团组织活动形式上，学校探索在课堂上建立党员核心小组，在社区设立党员红卡工作室，形成以团的活动体系与组织管理体系"适当分离、有机结合"的"中心团支部"模式等，有效加强了对学分制条件下开放型、流动性学生群体的教育与管理。

"六位一体"的学生社区管理理念和学生"三自"管理体系尤为引人注目。融思想教育、行为指导、日常管理、生活服务、文化建设、安全防范于一体的"六位一体"宿舍管理模式，和以学生为主体，"自我教育、自我管理、自我服务"的"三自"管理体系，形成了以学生自强为标志、自主为先导、自育为手段、自律为基石、自助为保障的学生管理新格局，不仅提高了学生在校的自主管理能力和团队精神，更为他们参加工作后适应社会提供了经验。

学校还采取有效措施，保证和提高教学质量：对教师在职称评定、岗位津贴、年度考核，评奖等环节实施教学质量"一票否决制"，并形成了学生、院（系）、学校共同参与的本科教学质量监控和保障体系。① 学生层面：学生每学期对任课教师的教学情况在校园网上评估，还通过学生助理、学生座谈会、"教学校院长信箱"等形式对教师的教学质量进行评价。② 院（系）层面：院（系）教学委员会成员以课堂听课、组织教师与学生座谈会、教风和学风检查、试卷和毕业论文抽查等方式评价教学质量。学校建立了"院（系）学期教学情况报告制度"，对教师教学质量、教学管理、教学建设、实践教学等情况定期做出分析与整改报告。③ 学校层面：教学质量考察与评估小组（专家考评组）对教师课堂教学的评估；定期组织校内外专家对全校各院（系）进行了教学工作评估；校精神文明办和学工办组成专门督导组，负责校风、教风和学风的检查督导。

在"十五"发展规划中，上海大学确定了这样的目标：到2010年，完成从教学研究型向研究教学型大学的过渡，初步形成研究教学型大学的办学格局；再经过20年乃至更长时间的不懈努力，最终将上海大学建设成国内一流的综合性研究型大学。

上海大学正向着这个目标奋力迈进!

《光明日报》2003年10月13日

**专家组完成对上海大学本科教学评估**

本报讯(记者曹继军)以中山大学党委书记李延保教授为组长的教育部专家组,日前完成了对上海大学本科教学工作水平的评估考察。专家们认为,上海大学根据教育部有关要求,精心设计了校院两级本科教学工作的指标体系,通过自评自查工作,强化了各项制度建设,制定了多项措施。通过评建工作,学校进一步加强了教学基础设施建设和校园建设,极大地改善了办学条件,本科教育教学面貌焕然一新。

《光明日报》2003年11月5日

**中国循环经济发展论坛提出 转变发展模式 建设生态工业**

"我国只有大力发展循环经济,才能跨越发达国家以消耗能源和资源、牺牲环境为代价的'先发展,后治理'的模式,才能从根本上解决我国在发展过程中遇到的经济增长与资源环境之间的尖锐矛盾"。在刚刚结束的首届中国循环经济发展论坛上,循环经济引起了与会政府部门代表、专家学者的普遍重视。

由全国人大环资委、国家环保总局主办的首届中国循环经济发展论坛在上海大学举行,来自政府部门、产业界、学术界的150余位有关专家和部门负责人围绕循环经济进行了深入探讨。

中国工程院院士钱易、金涌等专家指出,循环经济是近些年国际上提出的新经济理念,它改变了传统经济以"资源—产品—废物"为特征的发展模式,以"资源—产品—再生资源"循环的特征,达到低消耗、低污染、高利用,以最小的资源和环境成本,取得最大的经济社会效益。

国家环保总局副局长王玉庆在发言中提到,循环经济和生态工业的理念已经得到党中央、国务院领导同志的高度重视,并逐步为各级领导干部接受,形成了循环经济推广的社会基础。他建议,中国应借鉴日本、德国等国经验,尽快着手制订绿色消费、资源循环利用,以及家电、建筑材料、包装物品等回收利用方面的法律法规体系。

全国人大环资委主任委员毛如柏指出,在目前情况下,应继续扩大循环经济的试点和生态工业园区的建设,制定有利于循环经济发展的经济政策措施,加大科技投入,开展有关循环经济关键技术的科技攻关。

据介绍,目前我国已在20多个省市的20多个行业进行了循环经济和清洁生产的实践,并建立了8个国家生态工业示范园区试点。

"论坛"举办期间,上海循环经济研究院宣告正式成立。钱伟长教授任名誉院长,全国人大环资委副主任委员冯之浚教授任院长。(卢新宁)

《人民日报》2003年11月10日

**图片报道**

农运会会徽由3个变形的拼音字母"N"组成,分别代表农业、农村、农民,表示农运会是全国农民的体育盛会。"N"字变形似运动员奔跑和跨越的形态,体现我国农民对体育运动的热爱和积极参与,象征全国农民齐心协力奔小康。3个"N"采用蓝、黄、绿三色,分别代表天空、大地和庄稼,寓意农民体育有着广泛的群众基础。

吉祥物是一只高擎圣火、向前飞奔的拟人化的小燕子,名叫"园园",有田园、家园之意,又"园"有"圆"之意,寓意圆满;"园"与"袁"谐音,宜春古称"袁州",含有举办地之意。圣火为富有动感的"5"字造型,代表本届农运会为第五届。它由上海大学美术学院方芳同学设计。(王瑶)

《人民日报(海外版)》2003年11月11日

**实习、就业放在一个序列　上海大学招聘会"变脸"**

上海大学将于下周举行针对2004届毕业生的首个大型招聘会。和往年不同的是,现场用人单位除提供就业岗位之外,还提供实习岗位,供在校生前往寻求实习岗位。

据介绍,2004年上大将有研究生、本科、高职9 400多名应届毕业生,几乎占了上海高校毕业生总数的1/10。根据对往届毕业生的调查,上大超过六成应届毕业生的就业与"实习就业基地"直接相关。因此,这次招聘会上引入"实习招聘",体现了学校就业服务工作的"新战略"。

上大把实习和就业放在一个序列上,是因为其每年6月到8月独特的"短学期"设置能提供很大便利。特别是大三短学期后,学生和实习企业就有签约发生。这以后,学校和企业将合作制订签约学生的大四培养计划,使学生能安心大四学习,学校又能了解用人单位的需要。(褚宁)

《解放日报》2003年11月19日

**大学生足球联赛在上海开幕**

本报上海11月27日电　骤降的气温和飘洒的冷雨并没有阻碍校园的激情。2003—2004飞利浦中国大学生足球联赛开幕式今天在上海同济大学举行。教育部副部长章新胜、飞利浦全球总裁柯慈雷、上海市领导和同济大学校长等众多嘉宾出席了开幕式。

飞利浦中国大学生足球联赛已经成为飞利浦全球体育营销的重要组成部分。飞利浦全球总裁柯慈雷认为，足球是世界上最受欢迎的体育项目，也是飞利浦在全球范围内和顾客沟通的理想平台。通过创立大联赛，飞利浦延续着对中国足球的支持，同时也更有针对性地建立了和年轻朋友的沟通渠道。教育部副部长章新胜高度评价了飞利浦大联赛为中国高校体育运动的发展带来的良好示范作用。

同济大学为筹办本次开幕式做了大量的准备工作，足球、科技、健康、时尚的氛围浮动在整个校园。篮球场上的飞利浦时尚科技体验站成了最有人气的地方。同学们用等离子电视、个性化音响观看最新大片，用手机尝试做 DJ，自己磨咖啡，参加榨果汁比赛，创意发型设计等。

2003—2004 飞利浦中国大学生足球联赛的赛制在上届的基础上更为完善。全国 33 个省、自治区、直辖市，除香港、澳门可直接指定队伍参加第二阶段比赛以外，其余各地均进行出线权争夺赛，获得第一名的队伍方可获得出线权。男子方面，全国总决赛参赛队将继续为 16 支，预计分配为东区 3 支、北区 3 支、西区 3 支、南区 2 支，承办总决赛的学校及上届联赛前 4 名的队将直接进入全国总决赛。而在女子联赛方面将有 6 支队伍晋级总决赛。

本届大联赛上海地区共有 16 支男队和 5 支女队参赛。开幕式后进行了男子和女子的首场较量。男子比赛，同济大学队以 5∶2 击败复旦大学队；女子比赛，同济大学队以 1∶0 小胜上海大学队。（许立群）

《人民日报》2003 年 11 月 28 日

# 2004 年

### 上大——巴黎时装学院学生艺术展开幕

上海大学——巴黎国际时装艺术学院学生艺术作品展昨日起在上大静安校区开幕。参展作品有时装画、水粉画、时装剪纸和街头摄影等一百多件。它们大都按照现代放置艺术的理念别出心裁地出现在走道、拐角、玄关、门廊,处处体现出静态美。(李茂升)

《解放日报》2004 年 2 月 16 日

### 上海大学新学期开出特色选修课　性别教育课未开先热

如何促进男女平等、使两性和谐共生?如何认识性别差异、调整心态踏上求职之路?新学期伊始,上海大学颇具特色的公共选修课"女性学导论"将于本月中旬正式开讲,80人的选修名额已经早早被大学生"抢"满。据悉,将性别教育引入课堂是近年来沪上高校的一种新尝试,此前已有复旦、上海交大、华东师大等五所高校开设了此类课程,并受到大学生们的欢迎。

**这门课为我开启一扇新窗口**

上学期复旦大学新开设的《社会性别教育》在公选课中就显得特别"火暴",每周五晚上的课堂里大学生们济济一堂。"来自全校文理科各个专业的学生都有,甚至还有药学系的学生从枫林校区准时赶来邯郸校区上课。"教课的郑桂珍老师说,大学生争修此课的热情让她意识到性别教育在校园里的"市场"很大,上过该课的一名女学生就感慨地对郑桂珍说:"这门课为我开启了一扇新的窗口"。

**高校设性别教育课非常及时**

随着中国改革开放的深入、"科教兴国"战略的实施,以及信息业、服务业等第三产业在国民经济中的比重不断攀升,中国女性获得了"男女平等"的新空间。然而,平等的机会并没有带来平等的结果。有关调查表明,无论是在学业、就业,还是在工资收入、事业开拓等层面,社会对女性的期望、家庭对女性的期望,甚至女性对自身的期望,都明显低于男性,导致女性的整体素质水平、综合竞争能力低于男性。令人欣慰的是,随着人们对"社会性别平等"认识的加深,不少女性已经无法忍受传统的性别角色分工,她们不再拘泥于旧的性别观念,而开始寻求更高层次的发展,带动了全社会对性别意识的关注。

"中国社会转型给两性平等带来一定的困难。"复旦大学社会学系教授胡守钧认为,性别教育有着周而复始地从"零"开始的特点,当前应该强化性别教育,"促进男女平等、使之和谐共生是非常必要的。"他认为高校开设性别教育课程非常及时。因为高校如何"塑造"女大学生将关系到她们不久的将来如何"定型",关系到中国女性新生代的整体形象和水平。

**通过调查测试"对症下药"**

性别教育引入课堂,"窗口"一旦打开,该如何引导大学生接受有益的知识呢?开课的几所高校都在做着积极的尝试。华东师范大学的耿文秀老师从80年代开始就从事性别研究,她十分注重在其主讲的"女性心理与成才"课上作些相关的调查和测试。"我在课上曾做过一个调查,有四分之三的女大学生认为踏上社会后,与男性的竞争太困难。"了解这些情况后耿文秀"对症下药",努力通过讲课让这些学生重新思考自己的位置,以便拥有更加健康的心理准备,顺利踏上社会。而郑桂珍则在她的课堂上不时地开展一些小型的辩论赛,让大学生在热烈的探讨中接受知识。上海大学的性别教育课程将有10名教师轮番上阵,学期结束时由学生选择自己感兴趣的老师讲授的内容写论文,以便拥有一个相对自由的发挥空间。

据悉,目前不少高校正在努力使性别教育课程进一步规范化和科学化。一套《新世纪性别教育读本》也开始进入高校性别教育的课堂,部分高校还将在一定时期内进行相关的师资培训。(陆静斐)

《文汇报》2004年3月1日

### 宝山 上大签约共建精神文明

专家、教授走出"象牙塔",担任社区工作顾问;大学生深入街道乡镇,为居民提供法律咨询、家教助学等各项服务;社区敞开大门,为大学师生开展社会调研、挂职锻炼、就业创业提供各种便利……昨天,上海大学和宝山区签订精神文明共建协议,双方承诺进一步互补优势,共享资源,加强联动,携手推进"科教兴市"。

上海大学和宝山区共有21对精神文明共建单位签约。上大理学院与罗店镇结对后,将派遣学生志愿者深入社区开设科普讲座、电脑讲座,讲解蓝牙技术、航天技术,传授电脑应用技术;罗店镇则将为理学院学生提供社会实践、教学实习帮助。(朱泳武)

《解放日报》2004年3月20日

### 上海高校性别教育渐热 上海大学十名专家同讲"女性学导论"

作为性别教育的一门课程,上海大学"女性学导论"近日正式开课,联合讲授这门公共选修课的邓伟志教授等10名老师集体亮相,为这门课"造势"。据悉,将性别教育引入课堂是近年来上海高校的新尝试,此前已有复旦、上海交大、华东师大等五所高校开设了此类课程,并受到学生们的欢迎。

女性成才道路上有没有"玻璃顶"?如何认识性别差异、调整心态踏上求职之路?如何促进男女平等、使两性和谐共生?上海高校的性别教育将与大学生们一起解答这一个个"问号"。无论是促成开设这门课程的上海市妇联、上海市教委,还是有关专家,都认为高校开设性别教育课很有必要。复旦大学社会学系教授胡守钧说:"中国社会转型给两性平等带来一定的困难,当前应该强化性别教育,促进男女平等,使之和谐共生。"性别教育课程受到大学生们的欢迎,上海大学80人的选修名额早早被大学生"抢"满。复旦大学的"社会性别教育"课虽在周五晚上开课,却特别"火暴",来自文理科各个专业的学生都有。值得注意的是,一些男大学生也成为性别教育课程的积极选修者。同济大学的章仁彪教授很是认可这种现象。他提醒说,性别教育不能等同于"女性教育";要真正促进社会的男女平等,男性千万不能缺席性别教育。据悉,年内上海将有10所高校在全校范围内设置这门课程,市教委有意向更低年龄的人群推广性别教育。为了使性别教育课程进一步规范化和科学化,上海市教育、工会、妇委会等部门组织专家联合撰写了全国首套性别教材《新世纪性别教育读本》,而相关的师资培训也即将启动。(曹继军)

《光明日报》2004年3月21日

## 学校快速发展的助推器——从"教师职务聘任制"看上海大学人事制度改革

上海大学组建仅仅10年,就跻身国内高水平高校行列,成为国家"211工程"建设高校。在这段快速发展历程中,以"教师职务聘任制"为核心的人事制度改革,成为学校事业快速发展的助推器。

### 改革:从"教师职务聘任制"破题

2001年6月,上海大学推出"教师职务聘任制"试点,学校的教授副教授岗位公开招聘、择优聘任,过去已经评上教授、副教授职称的教师,也要通过竞聘获得岗位。"评教授"改为"聘教授","教授终身制"被废除——虽然试点只是先在上海大学四个学院进行,但首批就有5位教授、40位副教授黯然落聘的消息,还是迅速传遍上海滩,引起了热切关注:向一评定终身、教授职称能上不能下"动刀",上海大学的改革固然大胆,但它能够真正实施、顺利推进吗?几个月后,上海大学用事实作出了回答。教师职务聘任制在四个学院试点后很快在全校22个学院全面启动,至2002年4月首批聘任结束,全校共有920名教师聘任到正、副高级职务岗位,其中同级聘任730名、晋升聘任190名;原有教授、副教授任职资格的143名首批未聘任,占原有正副高级职务任职资格总数873名的16.4%。

一项国内没有先例的人事制度改革由上海大学"培育"成功。虽然没有先例,虽然阻力重重,但改革的成功在上海大学决策层的意料之中,因为他们打的是有准备之仗。

推出教师职务聘任制试点之前,学校经过多次调查核定,力求科学合理地设置了专业技术职务岗位;本着有利于博士点的学科建设,有利于推动教师通过竞争承担教学、科研任务,有利于从国内外、校内外吸引优秀的学科带头人和教师队伍的稳定发展的原则,校方采用结构比例法加学科法将高级职务岗位设置到各学院,再由学院把各级职务岗位设置到二级学科;教师根据个人特长和意愿竞聘岗位,学院则根据岗位需要选聘,经过公示后正式聘任。

教师职务聘任制打破了按部就班、论资排辈的旧例,使青年人才脱颖而出,全校40岁以下博士竞聘到教授、研究员岗位的22人,占晋升聘任正高岗位总数的33.85%;教师职务聘任制在学校内营造出力争上游的氛围,教师抢着承担教学任务,努力争取研究课题,主动进修提高自身实力。这一年,全校74名青年教师通过考试攻读在职博士,是

2000年的2倍多。

**发展：从"人才引进与职务聘任并轨"着手**

实行"教师职务聘任制"，迈出了学校人事制度改革的第一步之后，上海大学乘势而上，以"人才引进与职务聘任并轨"的方式，吸引校外优秀拔尖人才加盟，快速提高教师队伍总体水平。

以教师职务聘任制改革为起点，上海大学的教师聘任逐步实现了开放、吸纳的良好运转态势，通过人才引进与岗位聘任制并轨操作，每年向校内外公布本年度教师各类岗位，对校内外的应聘者进行同步考核、评价、聘任，吸引国内、国际人才加盟。据了解，学校近三年内引进学科带头人、学术骨干以及优秀博士毕业生约280人，仅2002年就引进海外人才24名。

在对竞聘上岗的教师定期考评业绩时，学校注意"量"和"质"的协调，既考核一个聘期内的成绩，也尊重教学科研工作的连续性，为教师提供良好的进取氛围。比如，文学院一位教授潜心清代、民国诗话研究，出成果需要较长时间。学校一方面按照常规考核给他发放相应的教师津贴，还拨出专款支持他的工作。后来，这位教授主编的350万字《民国诗话丛编》正式出版，获中国图书奖提名奖，受到专家好评。

如今，上海大学根据学校发展需要，设置了终身教授和长聘教授岗位：中科院院士、工程院院士和相当这一级水平的教授聘为终身教授；优秀的学科带头人和优秀年轻教授聘为长聘教授，长聘教授的聘期分为五年、十年、十五年。通过这些探索，上海大学教师队伍的构成由单一的固定模式向多元化发展，即固定型、中长期型、短期聘用型、兼职型等多种类型相结合，形成了相对稳定的骨干层和出入有序的流动层相结合的合理结构。如今，上海大学的教师中，最后学历为非本校毕业者占69.99%，为学校培养高素质的复合型人才提供了根本保障。

**深化：用"人事代理制度"推进**

教师职务聘任制为上海大学打破了师资队伍的静态管理模式，但是，如何使学校人事管理从繁杂的事务性工作中解脱出来，承担人才资源开发工作，为学校的发展提供源源不断的人力支持，形成长效的竞争激励的用人机制？上海大学根据国家有关文件精神，较早采用了"人事代理制度"，借助社会化服务体系，使"单位人"变成"社会人"，冲破了以往"学校不用的人员出不去，要用的人员进不来"的怪圈，根据学校的发展实际，吐"故"纳"新"，保持教师队伍的活力。

1999年起，上海大学就开始了人事代理制度的探索，当时，主要在新进校的大学本科及以下学历人员中试行，其人员主要分布在教辅、校办企业管理和工人等岗位。在人事代理制的实践中，该校不断规范和完善工作程序和管理制度，比如人事代理人员的合同管理、岗位管理、党团组织关系、工会关系、工资福利待遇等等。2003年，人事代理制实施范围扩大到硕士以及硕士以下新进校人员，并与上海市人才服务中心合作，成立了市人才服务中心上海大学工作站，使学校的人事代理工作水平迈上了新台阶。

目前，该校共有各类人事代理人员178名，其中教师52名，管理人员67名。2000年以来，共终止或解除人事代理合同56份，且多数由被聘方提出。人事代理制度建立起的灵活用人机制，与其他改革措施相配套，建立起了教师的流动退出机制，一种良性、高效运转的用人制度初步建立,一种竞争、促进发展的人才机制逐步形成。

《光明日报》2004 年 4 月 20 日

**拆除"高墙" 打通"壁垒" 上海大学加强科研与城市经济"贴合度"**

上海通用汽车公司的国产化设备后桥机器人弧焊生产线填补了国内空白、市科委无线接入重大项目——蓝牙技术应用研究实现了家庭网络通过蓝牙网与广域网的链……上海大学的这些科研成果为市场服务的典型例子证明的是这样一个道理:拆除大学和社会之间的"墙",大学科研成果不再深锁实验室,而是在社会经济发展中大显身手,这已成为上海高校科研发展的突破口。

做法缘自上海大学校长钱伟长提出的高等教育"拆墙说":即上海地方高校应直接为改革开放中的上海经济服务,必须加强和生产的联系,消除学校和社会的隔阂:拆除学校与社会之间的墙;拆除教学与科研之间的墙;拆除各学院、各专业之间的墙;拆除教与学之间的墙。去年,上海大学国家自然基金获准立项经费总量突破千万元,科研总经费突破 3 亿元,文科科研总经费首次突破千万元,专利申请增长超过 100 件。科研充满生机的重要原因是学校加强了科研与城市的"贴合度",开始打通大学科研中的种种壁垒。

上海城市规划展示馆的大型"幻影成像系统"——"黄浦江畔的一天"的意义不只是令中外游客惊叹,这套上海大学研发的系统,还在韶山毛泽东纪念馆和昆明世博会上大出风头,不仅在超长幻影成像技术上有了新的突破,而且拿下了 4 000 多万元合同金额。纳米技术是科技强国争夺激烈的科技战略制高点。上海大学成立纳米科学与技术研究中心,与宝山区政府共建了上海率先启动的纳米产业化基地、中试基地和纳米测试中心。大学科研方向非常明晰——站在科技前沿服务上海,发展自身。

市教委斥资 2 亿元,首先打造上海高校网格建设、计算科学、免疫学、模式生物、都市文化、社会学等 6 个"E-研究院",上海大学领衔"上海高校网格建设 E-研究院"和"社会学 E-研究院"两项。"E-研究院"依托高校形成管理"特区",实行首席研究员负责制,以信息网络为平台,创造多学科跨国界科研交流合作环境,以推动基础理论和人文社会科学研究原创性突破为目标。上海高校网格 E-研究院将以应用为驱动,专用性和通用性兼顾的信息资源为平台,在占领网格技术研究制高点的同时为其他 E-研究院提供资源支撑。而社会学 E-研究院将以上海高校为核心,联合清华、北大、香港科技大学、法国国家科研中心、美国杜克大学等国内外社会学专家网络,创立与上海这个国际大都市相适应的学术风格和学术流派,确立上海高校的学术地位。E-研究院将不仅创造广阔的交流合作环境,而且可以利用网络技术在世界范围内进行研究生的培养和教育,用信息技术破高校科研中校与校之间的"墙"。(褚宁 裘新世)

《解放日报》2004 年 4 月 28 日

**上海大学市北附属中学(原上海铁路中学)建校 50 周年校庆公告**

我校即将迎来建校 50 周年华诞。为便于海内外校友返校团聚,共庆学校 50 年来教育成果,现公告如下,望校友相互转告,敬请光临。

(一) 校庆活动日期定于 2004 年 10 月 30 日(星期六,下午 2:00)。

（二）请校友将姓名、性别、毕业年月、工作单位、职称、职务、联系电话、联系地址、邮政编码等内容，以信函、传真、电话、电子邮件等方式，在2004年5月底之前反馈到校庆工作小组，以便母校与校友联系。

（三）我们将把反映校友事业成就的资料选入校庆纪念册和校史资料汇编，望各位校友积极提供本人或其他校友的有关信息。

联系地址：上海大学市北附属中学校庆工作小组上海共和新路957号
邮政编码：200070
联系电话：021-56309749-210  021-66600060  021-56311630（传真）
网址：http://www.sdsbfz.edu.sh.cn
E-mail：qylizhudf@hotmail.com

《解放日报》2004年4月28日

## 庆祝上大组建十周年　钱伟长徐匡迪龚学平殷一璀出席大会

上海大学10岁了。昨天，上海大学组建10周年庆祝大会隆重举行。原全国政协副主席、上海大学校长、中科院院士钱伟长在主席台就座。全国政协副主席、中国工程院党组书记、院长徐匡迪，上海市人大常委会主任龚学平，市委副书记殷一璀，市人大常委会副主任周慕尧，市政协副主席、复旦大学校长王生洪和老同志王力平等出席庆典。副市长严隽琪代表市政府致辞。

10年前，上海市政府根据上海教育发展战略，决定原上海工业大学、上海科技大学、上海大学和上海科技高等专科学校四校合并，组建新的上海大学。新上海大学组建10年来，以"立足上海、依托上海、服务上海、辐射长三角"为办学方针，学校本科生规模从1994年的12 000人上升到目前的25 000人；研究生规模从578人上升到4 500人；留学生规模从108人上升到1 000多人。博士学位、硕士学位授予点和博士后流动站的数量均成倍增加。校园占地面积也"长大"了1倍。教学科研以及大学科技园取得了长足发展。学校综合实力已进入国内先进高校行列。

严隽琪在讲话中希望，面对新的历史发展机遇，上海大学广大干部、教师要牢固树立和落实科学发展观，积极实施科教兴市战略，主动适应上海经济社会发展需要，团结奋斗、开拓创新，以新的业绩创造上海大学更美好的未来。

另据消息，澳大利亚研究中心昨天在上海市最早试行中外合作办学的院校之一——上海大学悉尼工商学院揭牌。（褚宁）

《解放日报》2004年5月8日

## 新闻短波

上海大学教授谈士力等科研人员经过三年多的协作攻关，研制成功球形壁面爬行机器人。这种机器人的爬行、吸附机理和机构的应用研究，为实用化提供了理论依据，实验平台具有创新性，性能达到国际先进水平。球形壁面爬行机器人可用来代替人工，进行各种储存有毒有害介质的球形储存罐的检修工作。其中包括核工业和城市石化工业球形储液罐的视觉检查、超声测厚和焊缝探伤等作业，因此，这一项目成为国内外科研人员

研制开发的热点。(刘军)

《人民日报(海外版)》2004年5月14日

## 上海大学今年"10岁"了

日前,为纪念上海大学成立10周年,学校组织了盛大的庆典活动。部委领导和历届上大校友来校参观指导,集中组织各类艺术活动和学术讲座,并于校庆前后出版《钱伟长文选》《上海大学志》等各种社会学、经济学著作30余种。

上海大学是一所综合性大学,在合并了多所院校的基础上于1994年正式挂牌。现设有20个学院、2个校管系和1个体育教学部。

上海大学的校长钱伟长先生是一个有着丰富学术成就、深刻教育思想和独特人格魅力的学者。

为深入实施钱校长的办学思想,上海大学结合自己的实际,围绕"拆掉四堵墙"这样一个中心思想进行深入改革,几年来成绩斐然。

上海大学将以崭新的面貌迎接机遇和挑战,为向社会输送高素质、有理想、有个性的复合型人才而不懈努力。(沪文)

《人民日报(海外版)》2004年5月17日

## 民族体育基地落户吉首大学

湖南吉首大学日前被评为目前全国唯一一个国家民族体育重点研究基地。同时获国家体育社会科学重点研究基地的还有北京大学、浙江大学、上海大学、北京体育大学等单位。

长期以来吉首大学注重民族传统体育的研究,尤其是近几年该校把民族传统体育的科学研究和教学工作摆上了非常重要的位置,2001年3月,以民族传统体育学学科为依托的吉首大学体育社会科学研究中心正式成立。主持了省级以上科研课题20余项,其中国家级课题5项。"中国少数民族传统体育:高脚马教学训练竞赛规范研究"得到国家民委和国家体育总局的高度评价和充分肯定。该中心挖掘整理的"高脚竞速"被列为全国第七届少数民族传统体育运动会竞赛项目。(宋崇立)

《人民日报(海外版)》2004年5月17日

## 球形壁面爬行机器人研制成功

上海大学教授谈士力等科研人员经过三年多的协作攻关,研制成功球形壁面爬行机器人。这种机器人的爬行、吸附机理和机构的应用研究,为实用化提供了理论依据,实验平台具有创新性,性能达到国际先进水平。

球形壁面爬行机器人可用来代替人工,进行各种储存有毒有害介质的球形储存罐的检修工作。其中包括核工业和城市石化工业球形储液罐的视觉检查、超声测厚和焊缝探伤等作业,因此,这一项目成为国内外科研人员研制开发的热点。

我国研制成功的球形壁面爬行机器人采用了缩放机构原理、气动驱动、真空吸附的六足移动方案,具备在最小曲率半径为2—5米的球形壁面上,完成任意方向的直线移动和原地转向的能力,可采用多种步态行走,并能跨越300毫米高的条形障碍,其球面吸附机构采用具有真空传感功能的铰接式橡胶真空吸盘,机器人的移动速度可达每分钟10米。机器人的控制系统具备自动行走和手动遥控功能。

《人民日报》2004年5月20日

**沪上房地产热门人才紧缺**

上海市房地资源局新近公布的《上海房地产业人才发展研究》报告显示,未来上海房地产市场对房地产开发、动拆迁、拆房人才的需求将趋减,而房地产评估、经纪和物业管理人才可能"奇货可居"。上海大学和市房地资源局前天联合成立的上大房地产学院,办学目标就直指市场急需人才。

根据这份长达48页的研究报告,上海房地产企业从上世纪90年代初的几十家,已发展到目前的9 400多家,房地产从业人员从原先的1万余发展到了28.7万。尽管房地产人才市场供求总体上保持基本平衡,但就人才供给结构来看,中高级人才相对紧缺,中介和物业管理方面的中高级人才尤为"稀缺"。目前,上海房产中介市场上的佼佼者,大多来自香港、台湾等地区,本地经纪企业"巨无霸"屈指可数。

据预测,未来房地产业排名前八位的热门人才分别是:复合型法律和金融管理人才,信息管理人才,职业经理人,企划人才,营销人才,高级精算师,执业培训师,资深估价师。

《人民日报(海外版)》2004年5月31日

**十运会吉祥物"金麟"亮相**

6月22日晚,中华人民共和国第十届全国运动会吉祥物"金麟"在南京揭晓,十运会筹委会主任、江苏省省长梁保华和十运会筹委会副主任、国家体育总局副局长段世杰为十运会吉祥物揭晓。

取材中国传统吉祥物"麒麟"的吉祥物取名"金麟",与"金陵"谐音。其人性化的动作和孩童般天真灿烂的笑容,亲切生动,惹人喜爱,体现了十运会东道主——江苏人民的热情、开朗和友善,也预示着可爱的"金麟"将为江苏人民带来吉祥和活力。

十运会吉祥物是由上海大学美术学院刚毕业的大学生方芳设计的。(顾兆农)

《人民日报》2004年6月23日

**上海大学为毕业生建信用档案**

近日,上海大学向25名毕业生发放了"学生信用档案"发放仪式,这是国内高校首次尝试为学生建立信用档案。学校希望借此推动学生的诚信教育。

与过去那种成绩单加老师评语的格式化报告相比,大学生信用档案反映了个人的动态信息。记者看到,"信用档案"虽然只有薄薄几张纸,但却完整记录了学生本人的基本情况、奖惩记录、学费交付、贷款还款等信用状况。

上海大学是去年9月与上海资信有限公司签约,建立"大学生信用档案"的。该校学工部负责人表示,建立学生诚信档案以学生自愿为前提,学校不希望学生将这份档案作

为就业的"敲门砖",而是希望以此推动诚信教育,也为学校德育教育提供一个新的载体。(曹继军)

《光明日报》2004 年 7 月 5 日

## 上海大学毕业生周文彬赴滇接力马骅

记者日前从上海市青年志愿者协会获悉,赴云南迪庆藏族自治州德钦县明永村小学支教的志愿者人选已确定,上海大学应届毕业生周文彬从 62 名报名者中脱颖而出,将赴滇接力马骅,在德钦明永村开展为期 1 年的志愿服务。

据团市委相关负责人介绍,23 岁的周文彬刚毕业于上海大学文学院社会学系,爱好电影、音乐,乐于接受新事物,爱钻研问题。周文彬在大学里具有文理两个专业的知识,整体素质较高,家人也积极支持。据悉,为保证周文彬的人身安全,团市委专门为他办理了人身意外伤害保险、意外伤害医疗保险和住院医疗保险。

同时,第七批上海青年志愿者赴滇扶贫接力队志愿者也于日前正式开始招募。(龚瑜)

《中国青年报》2004 年 7 月 26 日

## 上海大学中外合作高级管理研究生课程班招生

中法(法国罗纳阿尔卑斯大区四校联盟)项目第六期
中澳(澳大利亚国立南昆士兰大学)项目(全中文)第四期
咨询电话:(021)56331948　56332594
咨询网址:http://www.shufci.com
http://www.mba-france-shanghai.com(中法项目)
报名时间:2004 年 9 月 1 日—9 月 30 日
联系人:施老师,孟老师,陈老师,赵老师

《解放日报》2004 年 9 月 15 日

## 上海——"老外"上街管交通

12 月 9 日,两名外国留学生正在上海街头协助交警指挥交通。当日,居住在大宁路街道社区内的几位上海大学留学生和社区居民,联合开展了一次以"文明出行,遵章守法"为主题的社会实践活动,用实际行动为营造文明有序的出行习惯做宣传。(陈飞)

《人民日报》2004 年 12 月 10 日

## 大中学生 DV 纪实短片比赛颁奖

历时近八个月的首届中国大中学生 DV 纪实作品比赛今天在中国人民大学颁奖,上海大学周玲的《Sing》,中国人民大学肇茜、马英杰的《燃》等 14 部作品分获大赛的一、二、三等奖。比赛由共青团中央、全国学联、中国电视艺术家协会共同主办,中国电视艺术家协会纪录片学术委员会、中国人民大学、中国教育电视台承办。比赛共收到来自全国 20 个省、自治区、直辖市的 98 所大中学校的 308 件作品,内容涉及新闻、人物、纪录、专题等

类型。"DV·青春·生活"DV纪实作品专题研讨会同时举行。(董洪亮)

《人民日报》2004年12月13日

### 上大巴士汽车学院实训中心落成

昨天,建筑面积5 000平方米、投资1 800万元的上大巴士汽车学院现代汽车实训中心落成启用。中心引进国际先进汽车技术教学设备,为学生实训创造全真的工作环境,并将面向社会提供汽车维修、电子商务、现代物流等职业技能培训服务,培养高层次汽车产业人才。(金柯)

《解放日报》2004年12月21日

# 2005 年

**不好好读书　荒废了学业　上大 71 名学生被退学**

近日,上海大学 71 名学生被退学事件在社会上引起不小反响。上海大学副校长周哲玮昨天表示,学生因成绩原因退学,属于教育管理的"常态"。学校将进一步加强管理,把好教育质量关。

曾有媒体报道,上大被退学的学生有 81 人。据校方昨介绍,原先 81 人名单中 5 人不符合退学规定,予以纠正;另有 5 人虽符合退学规定,但学校工作存在一定疏漏,因此决定再给他们一个学期予以补救。其余 71 人,55 人选择自动退学,另外 16 人由学校签发文件予以退学。

据悉,上大因学习成绩原因让学生退学,是 10 年前全面实施学分制时作出的规定,且一直执行。2001 年至 2003 年,因学习成绩原因被退学的学生分别是 19 人、49 人、66 人。随着学校管理规范体系的日益完善和落实力度的加大,因成绩原因退学的学生人数呈上升趋势;但以目前每届 6 000 名学生计算,比例不到 2%,低于国外研究型大学每年 5% 到 10% 左右的淘汰率。

"完全学分制给了学生较大的学习自主权,但一些学生没有用好这个'权'。"校长助理俞涛说。此次面临退学的学生中,有高考 500 多分的学生,其至还包括一名保送生,智力水平、学习能力都不差,因沉迷于网吧等娱乐活动而荒废了学业。

长期以来,高校给社会一个"严进宽出"的印象,很多学生、家长知道学校有退学规定,但往往认为不会"动真格"。周哲玮说,"严出"将是学校教育教学改革的方向,只有狠抓教育质量关,才能培养有质量的学生。把不合格的学生放出去,不仅是学校"失职",学生将来也会遇到更大的挫折。(金柯)

《解放日报》2005 年 1 月 11 日

**上海大学与法国技术大学集团合作培养工程师**

上海大学与法国技术大学集团 2 月 14 日签约,决定合作培养高级工程技术人才。双方将合作创办上海大学中欧工程技术学院,按中国及欧洲工程师培养标准联合培养学生:每年通过高考进入学院就读的中国学生,在上海大学完成本科学业后,优秀者将赴法国及欧洲攻读硕士学位;学院也将接受法国及欧洲其他国家学生就读硕士课程,并颁发相应文凭。(曹继军)

《光明日报》2005 年 2 月 16 日

### 永远的丰碑(27)——中国青年的领袖和导师　恽代英

"浪迹江湖忆旧游,故人生死各千秋。已摈忧患寻常事,留得豪情作楚囚。"这是广州起义领导人之一、中国青年的领袖和导师恽代英就义前留下的感人肺腑的诗篇。

恽代英,原籍江苏武进,1895年生于湖北武昌。学生时代积极参加革命活动,是武汉地区五四运动主要领导人之一。1920年创办利群书社,后又创办共存社,传播新思想、新文化和马克思主义。1921年加入中国共产党。1923年任上海大学教授。同年8月被选为中国社会主义青年团中央委员、宣传部部长,创办和主编《中国青年》,它培养和影响了整整一代青年。

1924年恽代英从事国共合作的统一战线工作。1925年参与领导"五卅"运动。1926年5月被党派到黄埔军校,任政治主任教官和中共党团干事。1927年1月到武汉,主持中央军事政治学校工作,任政治总教官。同蒋介石、汪精卫背叛革命的行径进行坚决斗争。7月恽代英奉中央之命赴九江,任中共中央前敌委员会委员,参与组织和发动南昌起义。12月参与领导广州起义,任广州苏维埃政府秘书长。1928年底到上海任中共中央宣传部秘书长、组织部秘书长等职,曾主编中央机关刊物《红旗》。1929年6月在中共六届二中全会上被补选为中央委员。

恽代英是敌人切齿痛恨的共产党人。早在黄埔军校,恽代英便被蒋介石认为是"黄埔四凶"之一。因此把他作为重点搜捕对象。1930年5月6日,恽代英在上海被国民党当局逮捕。在狱中,恽代英面对敌人的威逼利诱,坚贞不屈。1931年4月29日被杀害于南京,时年36岁。

《人民日报》2005年2月28日

### 中法合作培训世贸组织人才

从法国格勒诺布尔管理学校获悉,中法两国合作培训世贸组织(WTO)人才效果良好,法方将寻求进一步扩大合作。

为适应加入WTO的要求,2001年上海市决定为上海市政府有关部门、上海市有关机构及一些大型国有企业共50个单位培训100名通晓WTO专业知识的高级专门人才。学员先在国内进行九个月的学习,再到国外进行三个月的培训。前两期的国外培训在美国进行,从第三期开始改在法国进行。这是中国第一次采取中外合作方式培训WTO人才。

学员在法国期间访问世贸组织总部、欧洲议会、经合组织,同法国政府经贸部门官员及大企业负责人进行交流。这种国内外结合的培训模式使学员很有收益。例如关于贸易争端解决机制,在国内只能看书本上的案例,而在国外可以学到具体的操作。另外,在法国可以近距离感受欧洲人的思维模式和工作风格,这对学员以后的工作很有好处。

格勒诺布尔管理学校是法国排名第六的高等工商管理学校。从1999年起该校就同上海复旦、交通、同济及上海大学建立了合作关系。(张祝基)

《人民日报》2005年3月8日

### 导师让研究生代课,取消资格——上海大学规范导师育人职责

研究生导师长期不与学生交流、把学生当廉价劳动力将可能被取消导师资格。上海

大学近日制订《研究生导师教书育人职责》,明确导师不能让研究生替自己上课,不得把学生当作廉价劳动力使用。

近年来,导师把学生当作"廉价劳动力"使用的情况时有发生,一些导师甚至把自己承担的本专科生教学任务也让研究生代替,不仅难以保证教学质量,也影响了研究生的教育教学安排。根据《职责》,今后上大研究生导师的各项分内工作必须亲力亲为,导师要为研究生提供合适的助教、助研、助管岗位,但不能让学生从事重复性、对其能力培养无益的工作。

《职责》还规定,导师必须具有相当的学术素养,能指导学生在国内外高水平学术杂志发表论文,长期没有科研课题和学术成果的导师不适宜带研究生。导师必须及时更新文献资料,不能用过时的文献或旧教材代替。

《职责》还规定,导师每月至少两次与研究生交流,了解学生在思想、学习和生活方面的问题和困难。今后上大将每年对研究生导师的教书育人工作进行考核,未能履行相应职责者,学校将视情况减少其研究生招生数量、暂停招生直至取消导师资格。(金柯)

《解放日报》2005年3月20日

## 今许多高校研究生都把导师叫作"老板",这是"戏称",还是意味着师生间的关系变了味——导师缘何叫"老板"?

上海大学近日制订《研究生导师教书育人职责(讨论稿)》,其中一条引人关注:导师不得把研究生当作"廉价劳动力"使用。对于未履行育人职责的导师,学校将给予通报批评、暂停招生,甚至取消导师资格等处分。

明文规定"导师不得把研究生当廉价劳动力"后,又怎样界定"廉价劳动力"和"学习锻炼"呢?上海大学一位导师表示,只要我们明确自己教书育人职责,而不是把学生当作赚取名利的工具,是能够对其作出正确界定的。这就要求导师除了交给任务外,应经常对学生进行指导,让学生在探索中自己发现问题、解决问题。(刘丹)

《人民日报》2005年4月1日

## 永远的丰碑(65)——"人民的坚强战士" 李硕勋

李硕勋生于1903年,四川高县人,我党著名的革命活动家和我军优秀的军事指挥员之一,牺牲时年仅28岁。解放后,朱德曾为李硕勋烈士题跋写道:"硕勋同志临危不屈,从容就义,是人民的坚强战士,党的优秀党员。"

李硕勋早年从事革命活动,1924年在上海大学加入中国共产党。1925年五卅运动期间,积极投身于上海街头的反帝爱国斗争,被选为上海学生联合会代表和全国学生联合会会长。同时他还以学生代表的身份参加领导了上海工商学联合会(中共领导下的统一战线组织)的工作。1925年至1926年,先后主持召开了第七、八届全国学生代表大会。他还被选为上海反帝大同盟主席。1926年冬受党派遣来到武汉,担任过中共武昌地委组织部长、共青团湖北省委书记。不久又被派到国民革命军第4军第25师任政治部主任。1927年春率师主力之一部继续北伐,在河南上蔡战役大败奉军,后又回师武汉,参与平定夏斗寅叛乱。7月参加东下讨蒋。8月1日参加南昌起义,被任命为第11军第25师党代表兼政治部主任。后随起义部队南下广东,途中曾参与指挥会昌战役并取得胜利。同年10月受朱德委派,赴上海向党中央请示工作,后被党中央留在上海从事党的白区工作。1928年4月被党中央派到武汉工作,因被敌人注意旋返上海,改任中共江苏省委秘书长。同年夏秋又到杭州,任中共浙江省委常委、省军委书记,后又任省委代理书记。1929年春再回上海,任中共沪西区区委书记。同年秋改任中共江苏省军委书记,和省委书记李维汉一起领导江苏的武装斗争,发动和领导了苏北的农民起义。1930年任中共江南省委(江苏、安徽、浙江和上海市)军委书记。1931年春党组织决定调他去中央革命根据地任红7军政委。5月下旬到达香港,因病留在香港。不久被任命为中共广东省军委书记。同年7月在去琼州(今海南岛)指导工作的途中不幸被捕,在狱中大义凛然,忠贞不屈,9月中旬英勇就义。

《人民日报》2005年4月7日

### 上海大学:计划招生8 750名　依托中法合办学院首招理工基础班

上海大学昨天公布2005年招生计划:将计划招生8 750名(春考已招生500名),与去年基本持平;首次招收理工基础班。

上海大学今年本科一批招生5 500名,其中上海生源4 225名;本科二批招生350名,上海生源275名;高职招生2 400名。

上大将依托中法合办的中欧工程技术学院,首次招收理工基础班学生250人。学生在上大学习三到四年,成绩和法语达到规定要求的,将赴法国技术大学集团所属高校或其欧洲伙伴大学继续学业。顺利完成学业者,可获上海大学本科文凭和法国硕士学位或工程师文凭。上大还将增设会展艺术与技术专业,首次招生40人,其中艺术类学生20人。

4月24日,上大将在校本部(宝山区上大路99号)举行大型招生咨询活动,并现场接受优秀学生自荐报名。(金柯)

《解放日报》2005年4月14日

### 《徐匡迪文选——钢铁冶金卷》首发

全国政协副主席、中国工程院院长徐匡迪院士,是中国当代科技界杰出的学科带头人和资深教育家,也是国际钢铁冶金学术领域的知名学者。新近由上海大学出版社出版的《徐匡迪文选——钢铁冶金卷》,是徐匡迪院士多年学术研究的结晶,也是新中国钢铁冶金工业高速发展的见证。该书首发式今天在京举行。

据介绍,徐匡迪院士数十年来在冶金学及其相关领域做了大量的学术研究和科技开发工作,涉猎面很广,在冶金物理学、电冶金和炉外精炼、熔融还原、不锈钢精炼、喷射冶金等方面都有独到的研究成果和理论建树。(武卫政)

《人民日报》2005年5月9日

### 《上海高校:学生扬眉老师气短?》报道追踪　大学生的课堂纪律谁来负责　上海大学部分学生倡议老师"严厉指正"

今天上午,上海大学的网站上刊登了一封"倡议书"。倡议书的主要内容是针对最近一段时间02级学生课堂纪律混乱的现象,希望任课老师在学生"表现不成熟时,加以严厉指正"。

这封倡议书是由上海大学通信学院团委、02级学管会和学生党建社区工作站共同发出的。

本报5月18日刊登了《上海高校:学生扬眉老师气短?》的专题,报道了如今大学生的话语权增大了,对老师的评价左右了老师的去留、专业的去留。而上海大学的这份倡议书是否反映了学生对老师严格管理的要求?学生是否在渴求恢复过去老师一言九鼎的师生关系?

倡议书中表示,学生完全能够理解宽松是老师对于已成年的大三学生的一种尊重,"但我们其实还未真正成为一名自立、自省、自律的成年人,所以希望老师您能在我们表现不成熟时,加以严厉指正"。

上海大学某学院的一位年轻教师觉得这封倡议书有点可笑:"大学生又不是中小学生,更何况大三的学生都已经20岁左右,马上就要进入社会了,如果连课堂纪律还要老师来负责,到了工作岗位怎么办?难道还要领导天天管着?"

上海大学的一位大四学生的观点则恰恰相反:"我们交了那么多学费,如果课堂纪律太差,我们听不清楚,老师就要加强管理,以保证我们的听课效果。"据他介绍,以前上课时有些同学在下面说话,课堂上显得有些吵闹,老师一开始还说两句,后来就不怎么管了。

不过,上海大学另一位学生的观点也引起了记者的注意:"课堂纪律不好,固然有学生的原因,但有些老师的教学水平不高也是原因之一。"他告诉记者,有个别老师上课基本上就是念教材,沿用的例子都是几年前甚至十几年前的,"其实教学水平高的老师还是很受学生欢迎的,课堂纪律也很好。就像看演出一样,演得好,观众就会认真看,还会鼓掌喝彩;演得不好,观众自然就会起哄了"。

实际上,师生关系也是一些高校教师经常与记者谈到的话题。

一位不愿意透露姓名的高校老师对记者说,现在这种师生关系的变化是多种原因造成的,一方面,现在的大学生都是上世纪80年代后出生的独生子女,从小被家长宠着,自身的优越感比较强,往往容易以自我为中心;另一方面,现在很多高校实行学分制,每个学分都是以人民币来计算的,对学生造成一种"学分是商品,老师是服务人员"的感觉,学生拿不到学分,就会怪罪老师;当然,高校中个别老师忙于到处"走穴"挣钱,也破坏了老师在学生心目中的形象,同时,教学质量的下降也导致学生的不满情绪。

这位老师分析,一般来说,年纪大的教授比年轻教师受学生尊重,教学老师比行政老师受学生尊重,教学水平高的老师比教学水平低的老师受学生尊重。(周凯)

《中国青年报》2005年5月25日

## 上大与埃克斯-马赛大学产学研合作

上海大学昨天举行法国文化日活动,与来访的埃克斯-马赛大学签订协议,全面开展产学研合作。法国参议院副议长、马赛市市长戈丹出席活动并演讲。

埃克斯-马赛大学是个高校联合体,由普罗旺斯大学、地中海大学、保尔·塞尚大学三所大学组成,在人文、自然科学等领域享有国际声誉。上大与法国教学科研机构联系日益紧密,目前已合作培养270余名学生。今年2月,上海大学与法国技术大学集团达成协议,将在上大合作创办工程师学院,培养高级工程技术人才。(金柯)

《解放日报》2005年6月3日

**在服务社会中提高学生思想教育实效——上海大学学生党员主题实践活动撷片**

暑假期间,上海大学抓住保持共产党员先进性教育的契机,通过一系列主题实践活动,推动学生党员及广大学生深入社会,服务百姓,增强爱心和社会的责任感,培养甘于奉献、乐于付出的品质,取得了明显成效。

**199∶1∶∞爱心大行动**

安徽省颍上县一个叫"三十里铺"的地方,有一座由60间破旧房子组成的大院落,它是一所由农民王家玉自费创办的养育院。199名无家可归的孩子(现已经增加至204名)生活在这里。由于缺少必要的管理人员和教师,孩子们的生活和学习不能得到保证。养育院的情况牵动着千里之外的一群青年人,上海大学商管学院学生自发组织并启动了199∶1∶∞项目:199个无家可归的孩子,一位年近七旬的老人,∞(数学符号,意为无穷大)个奉献爱心的志愿者。爱心大行动的短期目标是开拓并规范孩子们的部分课程、开阔孩子们的视野、丰富孩子们的课余生活、培养孩子们良好的生活学习习惯;长期目标是通过宣传让社会了解颍上孤残儿童养育院,改变儿童养育院的面貌,促进孩子们的全面发展;主要目的是培养队员对特殊儿童的爱心和对社会的责任感,培养队员的吃苦耐劳品格及良好的团队精神。爱心大行动从2004年启动至今,已有数批志愿者参加,今年的活动历时17天,共有14名学生参加。如今199∶1∶∞项目已成为上海大学暑期社会实践优秀项目之一。

**支教在芹菜沟希望小学**

云南省文山州西畴县芹菜沟希望小学与上海大学悉尼工商学院结谊十年。今年暑期,11名扶贫义教队员再一次踏了这片土地。克服了生活条件苦、卫生条件差、高原反应强等困难,队员们全心投入到帮助这些山里的孩子们完成学业的义教工作中。他们通过照片图画的宣传讲解,让孩子们对外面的世界有了真切的了解;通过走访慰问,为品学兼优的贫困学生家庭送去了慰问金和慰问品。学生党员们还与芹菜沟小学9名小学生结成对子,签订了《爱心助学捐款协议》;学院也与芹菜沟小学建立了长期合作关系,特设"上海大学悉尼工商学院扶贫助学基金",资助芹菜沟小学里品学兼优的贫困孩子。外国语学院的学生党员牵头创办了面向下岗特困家庭子女、残疾儿童、知青子女、军人子女、进城务工人员子女、支援西部人员子女的"大手牵小手,上大学子走进社区"的暑期爱心学校。针对未成年人的思想、心理、学习和生活状况,大学生们采取节目编排、课堂交流、作业辅导等诸多方式,开设了英语、数学、语文基础学科及音乐、影视欣赏、诗歌欣赏、健美操、表演艺术课等十门课程,对孩子们进行爱国主义、民族文化认同和公民道德等方面的教育。

**编制红色之旅路线图**

7月骄阳似火,上海大学180名本科学生穿行于上海的大街小巷,寻访革命先辈足迹,编制红色之旅路线图和宣传手册;同时,将走访过程中发现的问题及时向有关方面反映,使红色景点进一步自我完善。学生党员沈钦怡和她的组员们在参观位于豫园路的《布尔什维克》编辑部旧址时,发现外墙醒目处分别挂着"'布尔什维克'编辑部"和"'布尔塞维克'编辑部"两块不同的牌子。尽管只是译法上的些小区别,却可能造成误解,他们立即致信长宁区文物陈列馆提出了修改意见。上海大学学工部负责人说,学生参加主题实践活动,是走向社会、接触社会,学会与社会沟通的良好机会,也是学校对学生进行政治教育的极好平台;而学生党员则认为,通过参加主题实践活动,真切体会到"先进性"不应只在课堂和笔记本上,更要体现在实际行动中,落实到为人民服务中。

《光明日报》2005 年 8 月 15 日

### 让每个提问都不过夜——记上海大学党员教师宋小龙

这个暑假,上海大学基础课程学习交流网上的"大学物理论坛"依然人气很旺,学生们纷纷在一个"关于宋老师'离任'"的帖子里投票,希望留住宋小龙老师,原来,他们的物理老师宋小龙下学期将到延长校区任课,宝山校区的同学们舍不得离开这位好老师。

除了在课堂上讲授大学物理课程,党员教师宋小龙业余时间还担任"大学物理论坛"版主,"让每一个提问都不过夜"使他赢得了同学的信任和爱戴。

**回答了 4 500 个悄悄话**

暑假里,宋小龙没有一天不来网上看一看,生怕漏过学生提出的问题,"放假在家的同学更需要通过网络得到老师的帮助。"

两年前,上海大学基础课程学习交流网开通,宋小龙开始担任大学物理论坛的版主,不知不觉他爱上了这个身份:"现在的学生越来越多,怎样让每个学生都获得老师的指导？网络是个不错的方式,辅导及时快捷,激发了学生的主动参与。"

2003 年 10 月,宋小龙在论坛上发了一个"怎样学好大学物理"的帖子,至今已有 8 510 人次阅读,561 人回帖,几乎在每个学生回帖的后面,宋小龙都继续给予更深入的解释。有个学生认为"大学物理只要背出公式就可以应付考试",他马上回复:"有一些公式是要记住的,但重要的在于理解式子中每个量的物理含义,这样你才能比较灵活地加以应用。"

宋小龙告诉记者,有些害羞的同学不喜欢让其他同学看到自己的问题,就写悄悄话向他提问,"光悄悄话我已经回答了 4 500 条。"宋小龙对此很骄傲,"学生有需要,教师尽量满足。"他有一个原则:"只要一个学生在线我就不下网,因为他可能有疑问才在网上的,那我就陪着他。"

**学业论坛也是育人阵地**

除了请教学业,同学们还把自己在生活上遇到的问题发往宋老师的邮箱。一个学生洋洋洒洒写了 2 000 字:"我想毕业后去工作,可是父母想让我考研,宋老师,我听你的。"宋小龙耐心帮他分析了自己的优势和劣势,这个学生决定和自己的父母好好谈一谈。

每学期宋小龙的第一堂课,总会讲一些"题外话",从如何选课、转院系,到大学四年该如何度过以及理想信念等等。这些大家感兴趣的热点话题,很快拉近了师生间的距离。

宋小龙认为，教师不仅要讲授自己的专业知识，更应该在人生道路上给学生以正确的引导。学生陈婧在课程结束后写信给宋老师："上了三个学期您的课，也算是对得起自己的大学四年，您教我们的不光是大学物理，更多的是您对生活、对人生的态度。"

**党员教师网上答疑成风气**

学校开展保持共产党员先进性教育以来，宋小龙一直在考虑怎样更好地教育学生，更好地为学生服务，他认为"共产党员的先进性首先就要体现在本职工作中"。他说，"一个真正的共产党员，应该爱岗敬业，尽忠职守，在平凡中处处显出'不平凡'。党员教师身兼双重身份，唯有保持共产党员的先进本色，坚持人民教师的诲人不倦，才能为国家培养出优秀的人才。"

与宋小龙一样，利用网络辅导学生在该校党员教师中已成为一种风气，"计算机C程序设计基础论坛"的版主龚重光、陈章进，"高等数学论坛"的版主俞国胜，在学生中都颇具人气。有一次，有学生在论坛上询问"调和数列"名称的由来，老师们查了一天的资料最终回答了这个问题，不但为学生解了惑，也促进了老师自身的提高。

上大党委书记于信汇认为，宋小龙等一批党员教师带头在网上给学生进行辅导答疑，进行网上育人，正是体现了党员教师的先进性，因为党员教师的先进性就在平时一点一滴的教育工作中。（李雪林　王耘耘）

《文汇报》2005年8月24日

## 贾庆林亲切看望住沪部分党外老同志

中共中央政治局常委、全国政协主席贾庆林近日在上海亲切看望了巴金、董寅初、钱伟长、谈家桢四位党外老同志，代表中共中央和胡锦涛总书记向他们表示诚挚问候和美好祝愿。

在上海华东医院，贾庆林首先看望了102岁的全国政协副主席、中国作协主席、著名无党派人士巴金，向他表示慰问和敬意，并与他的儿女亲切交谈。贾庆林说，巴老是"五四"新文化运动以来最有影响的作家之一，是20世纪中国杰出的文学大师、中国现当代文坛的巨匠，是中国共产党的老朋友，他一生追求真理，坚持正义，始终不渝拥护中国共产党的领导，对祖国和人民怀着无限的忠诚与热爱，为中国共产党领导的统一战线和人民政协事业作出了重要贡献。

接着，贾庆林看望了八届全国政协副主席、致公党中央名誉主席董寅初。见到坐在椅子上的董寅初，贾庆林走上前去，握手致意，祝贺他90华诞。贾庆林说，董老是我国著名的爱国侨领、致公党德高望重的领导人，是中国共产党的亲密战友。几十年来，他坚定地接受、拥护中国共产党的领导，以对国家、对人民高度负责的精神，为我国的经济社会发展、多党合作以及两岸统一积极建言献策，提出了许多很好的意见、建议，发挥了重要作用。

随后，贾庆林来到上海大学，看望93岁的六至九届全国政协副主席、民盟中央名誉主席、上海大学校长钱伟长。贾庆林关切地询问钱老的身体和生活情况，称赞他为中国革命、建设和改革事业作出的积极贡献。贾庆林说，钱老是中国民主同盟德高望重的领导人、中国共产党的亲密朋友，为巩固和发展爱国统一战线、坚持和完善中国共产党领导的多党合作和政治协商制度发挥了重要作用。钱老还在教育、科技等诸多领域取得了卓越成就。

贾庆林还看望了97岁的著名遗传学家、民盟中央名誉主席谈家桢。

四位党外老同志及其家属对中共中央的亲切关怀表示衷心感谢。（李斌　厉正宏）

《人民日报》2005年9月17日

**54岁副教授受聘辅导员　五级聘任制使上海大学辅导员岗位身价倍增**

54岁的副教授成功应聘辅导员。日前，在上海大学最新的辅导员招聘中，机电工程与自动化学院副教授黄慎之主动递交应聘书，并顺利成为该学院"大五生"班的兼职辅导员。这也是有30年教龄的黄老师第一次当上辅导员。

"大五生"是黄慎之对延期毕业学生的亲切称呼。高校学分制让学生灵活安排学业，每年都有部分学生未修满规定学分延期毕业。黄慎之兼职做"大五班"的"班导师"已经10年了，虽然由学校教务处聘任的"班导师"只需要辅导学业，但是他爽朗洪亮的声音经常在学生宿舍响起，清晨喊学生起床、深夜叫停电脑游戏，连宿舍管理员阿姨都误以为他就是"辅导员老师"。

黄慎之向往成为一名辅导员，他觉得，自己善于与学生沟通，学生也爱听他的话。前些日子，一名"大五生"剪掉了留了多年的齐肩长发，家长打来的感谢电话让他很有成就感，"我只是用我儿子的亲身经历和他聊了聊。"他认为，在辅导员岗位上更能发挥自己沟通方面的特长，更加名正言顺。

在上海大学，像黄慎之一样，如今已经有近10位专业老师、副教授应聘为辅导员，其中几位还成为专职辅导员。上大党委副书记俞涛称之为"倒流"现象，"推行一年多的聘任制、任期制、职级制，使辅导员岗位形成了吸引力，成为专业老师体现价值的'码头'。"上大学工办副主任赵猛介绍，学校专门设计了辅导员五级聘任制，三级辅导员相当于副教授，制度改革改变了辅导员岗位留不住人的尴尬局面。

刚刚上任，黄老师就面临着给107名学生办保险、找工作等琐碎事务。虽然教学、科研任务一点不轻松，还带了两名研究生，但是，黄慎之还是往自己的书架上新添了心理学、教育学方面的专业书籍。"现在全校三级辅导员仅有8名，将来要打通辅导员职级与高校教师职称，让辅导员与社会工作者、基层党务工作者流动起来，培养更多高水平辅导员。"俞涛对上海大学高水准辅导员队伍建设进行了这样的描述。（李雪林）

《文汇报》2005年11月3日

**上海大学实行辅导员五级聘任制　加强高校辅导员队伍建设**

上海大学机自学院黄慎之老师在从事了几年的学生辅导员工作后，在最近一次的社区辅导员招聘工作中，他又主动递上应聘书，准备参加面试。很多人在辅导员岗位上干久了之后难免会产生转行、转岗的想法，但在上海大学，由于学校的"辅导员五级聘任制"，学校甚至出现了副教授申请做辅导员的现象。

针对辅导员岗位重要但留不住优秀人才的现象，从2004年6月开始，上海大学在辅导员队伍建设的长远目标规划中全面实施"聘任制、任期制、职级制"，同时规定新进辅导员必须具有硕士研究生以上学历。学校还通过面向社会的招聘来提高源头的质量,以形成竞聘上岗的机制。

学校设立了五个辅导员职级(自低到高为一至五级)。在辅导员聘任过程中,学校建立健全校、院两级管理机制,即学校设定"门槛",只负责制订学生辅导员任职资格的基本要求,而学院是管理主体,自主进行岗位设定和人员选聘,同时承担对辅导员的管理、教育、培养与考核工作。学院有权根据需要直接聘任一、二、三级辅导员,四级、五级辅导员要经过学校专门机构进行审核后再由学院聘任。

通过此次聘任改革,学校重新聘任了近150位专兼职学生辅导员,党员比例达到100%,学生与辅导员之比也有较大的改善。(王有佳)

《人民日报》2005年11月26日

### 上海明春继续有高考　　招生计划增幅达17%

2006年上海春季高考报名日前结束,包括上海大学、上海师范大学等在内的12所高校参加明年春季高校招生改革试点,计划招生2 725名学生,比今年增加395名,增幅达17%。

春季高考自试点以来,先后有北京、上海、安徽、内蒙古四个省区市参加。目前,安徽、内蒙古已暂停春季高考,北京也明确取消春考。上海市教委有关人士表示,上海春季高考受到考生的欢迎,今年春考的报名人数就达到8 926人,较前一年猛增35%。上海不但不会取消春考,还会继续扩大这一改革试点的规模。

有关人士指出,春季高考与传统的高考相比,高校有了更多的招生自主权,考生也有了更多的选择权。(王有佳)

《人民日报》2005年12月2日

# 媒体中的上海大学

(下卷)

卢志国　洪佳惠　编

上海大学出版社
·上海·

# 目　录

## 下　卷

**2006年** ································································ 729

永远的丰碑(327)——宁死不屈的优秀党员　季步高
　　································《人民日报》2006年1月30日/729
清纯妖媚两重天——上海大学巴黎时装学院专家解读2006年春夏时装元素
　　································《解放日报》2006年2月13日/729
帮助学生自我认识和定位　上海"职业指导师"进校园
　　································《人民日报》2006年2月17日/730
永远的丰碑(346)——用鲜血浇灌自由之花　王步文
　　································《人民日报》2006年2月17日/730
永远的丰碑(364)——铁骨铮铮真英雄　贺昌
　　································《人民日报》2006年3月7日/731
调研,触摸到田头草根——上海大学研究生回乡考察农村取消农业税带来的
　　变化　································《文汇报》2006年3月9日/732
5名教授"扎根"学生社区　上海大学把学生工作室开到宿舍楼
　　································《文汇报》2006年4月14日/733
永远的丰碑(404)——琼崖劳动群众的领袖　王文明
　　································《人民日报》2006年4月16日/733
图片报道 ····················《人民日报(海外版)》2006年4月18日/734
永远的丰碑(423)——井冈山时期著名军事指挥员　何挺颖
　　································《人民日报》2006年5月5日/734
永远的丰碑(424)——为党的工作尽职尽责　吉国桢

................................................《人民日报》2006年5月6日/735
从去年起,上海集中了大量科研力量,建立崇明生态科技创新基地——上海
　　崇明探路生态社区建设..............................《人民日报》2006年5月8日/735
永远的丰碑(432)——为创造光明的新中国献身　俞昌准
................................................《人民日报》2006年5月14日/737
永远的丰碑——红色记忆　五卅运动(上) ......《人民日报》2006年6月19日/737
韩少功在上海大学首届文学周上作专题演讲指出　文学陷身"同质化"围城
................................................《文汇报》2006年7月4日/738
上大等院校公布最低录取线 ..................《解放日报》2006年7月15日/739
打破终身制　实行分级制　上海大学分类考核教授
................................................《人民日报》2006年7月18日/740
上海大学探索研究生思想教育新模式 ..........《光明日报》2006年7月22日/740
论文门槛,该不该再升高? 上海大学出台研究生论文发表新规定引发讨论
................................................《文汇报》2006年7月26日/741
上海大学提高研究生发表论文门槛引发讨论　学位与论文,脱钩还是挂钩?
................................................《人民日报》2006年8月1日/742
国画巨作《义勇军进行曲》上海展出　120余位著名英雄人物形象生动
........................................《人民日报(海外版)》2006年8月3日/744
寝室安排征询兴趣意向　上大新生自主选室友
................................................《解放日报》2006年8月18日/744
上海改革收费制　14所高校按学分收费 ........《人民日报》2006年8月28日/745
上大辅导员赴闸北区挂职锻炼 ................《解放日报》2006年9月17日/745
学业与管理"无缝链接"　上海大学搭建网上学生个人平台
................................................《文汇报》2006年10月17日/745
上海大学发现"国际高考移民"上海市教委表态要抵制
............................................《中国青年报》2006年10月19日/746
上海大学出版社十岁了 ......................《解放日报》2006年10月29日/747
上海大学成立"慈善爱心屋" ..................《解放日报》2006年11月1日/747
授勋 ..................................《人民日报(海外版)》2006年11月16日/747
上海明年继续进行春季高考　招生高校和人数均有减少
................................................《人民日报》2006年11月20日/747
200多位科研人员联手"会诊"　大城市交通拥堵有了"医疗组"
................................................《人民日报》2006年11月30日/748
和谐校园　党旗飘扬——高校党建工作扫描

································································《人民日报》2006年12月28日/748

上海制造业三大集群已具雏形　上海大学研究报告表明：通信设备制造业
规模最为成熟 ································································《解放日报》2006年12月28日/749

**2007年** ································································································· 750

"韩国老师的课上得真不错"　上海大学以国内待遇首聘专职外籍教师
································································································《文汇报》2007年1月12日/750

上海大学生在线高校辅导员网站开通 ·············《解放日报》2007年1月18日/751

中国高教推介会在蒙举行 ·····························《人民日报》2007年3月31日/751

上大：填报志愿将有更多自主权 ····················《解放日报》2007年4月10日/752

一个小弯角节省1.8亿元　上海大学的基础学科为经济发展前沿需求服务
石油钻探的创新技术在新疆华北油田一炮而红
································································································《文汇报》2007年4月14日/752

上海5高校试点插班招生　大一优秀生可重新选大学
································································································《人民日报》2007年5月9日/753

上海大学首开"家长学校"　探索家校合作育人体系
································································································《文汇报》2007年6月4日/753

廉洁从业信念从大一开始树立　上海大学首开廉洁教育必修课
································································································《文汇报》2007年6月13日/754

经过高科技的设计，奇迹出现了——哑女也能"唱歌"
································································································《人民日报》2007年6月29日/754

上海大学设立全国首家社区学院　拓展学生生活园区在"课外"的育人功能
································································································《文汇报》2007年11月29日/756

医生进上大讲授生殖健康 ·····························《解放日报》2007年12月15日/756

**2008年** ································································································· 757

春季高考最后一块"阵地"　上海再次遭遇考生锐减——春季高考会取消吗
································································································《人民日报》2008年1月7日/757

上大巴黎时装学院"毕业秀" ·······················《解放日报》2008年1月12日/758

上大巴黎时装学院毕业设计百分百DIY ·········《新民晚报》2008年1月12日/758

游戏动画人才急缺　上海大学启动培养工程
································································································《新民晚报》2008年1月16日/759

媒体点击·《新闻晚报》·沪首部高校电影获准公映
································································································《人民日报》2008年1月22日/760

沪台交流呈持续发展态势　累计台资项目达6 963项　合同台资187.3亿
美元 ··················································《人民日报（海外版）》2008年1月24日/760

上大师生踊跃报名无偿献血 ············《新民晚报》2008年3月3日/761
交行与上海大学共建银行人才培训基地 ············《人民日报》2008年3月25日/761
上海大学：游戏动画企业定向委培班招生 ············《新民晚报》2008年3月26日/761
上海大学重开"硬笔书法"受到学生热烈追捧　大学写字课，为何这样热
　　············《解放日报》2008年4月5日/762
媒体点击·《深圳特区报》·上海大学开"硬笔书法"课
　　············《人民日报（海外版）》2008年4月8日/763
"感悟中国"文化中国校园行在沪启动
　　············《人民日报（海外版）》2008年5月2日/763
上海大学文学周昨天开幕 ············《新民晚报》2008年6月30日/763
上大举行陈伯时学术研讨会 ············《解放日报》2008年7月3日/763
上大学子争做"校园啄木鸟" ············《解放日报》2008年7月8日/764
高校思想政治理论课　魅力从何而来 ············《人民日报》2008年7月17日/764
上海大学08届毕业生作品秀及流行趋势发布会昨举行
　　············《解放日报》2008年7月17日/766
《新四军百名英雄谱》捐军博 ············《人民日报（海外版）》2008年7月23日/766
从田头到餐桌：食物全程加上"金钟罩"——上海大学研制成功黄曲霉毒素
　　三次"打针"检测技术 ············《解放日报》2008年7月26日/766
《新四军百名英雄谱》被军博收藏 ············《人民日报（海外版）》2008年7月29日/767
《名将之约》记录奥运冠军成长历程 ············《人民日报》2008年7月31日/768
上海大学游戏动漫班启动招生！ ············《新民晚报》2008年9月21日/768
上海　大学生烛光悼念谢晋 ············《人民日报（海外版）》2008年10月22日/769
上海大学举办谢晋追思会 ············《解放日报》2008年10月24日/769
"走进人大"活动的创举，始自2006年，截至目前已举办21期　打破了青少年
　　对人大制度和人大工作的模糊感，揭开"神秘面纱""走进人大"活动，在学生
　　的心中种下了一颗民主与法制的种子 ············《人民日报》2008年10月29日/770
上大美院雕塑系教师作品明起展出 ············《新民晚报》2008年11月21日/772
上大美院举办教师油画展 ············《新民晚报》2008年12月6日/772
电子平板显示技术重点实验室落户上海大学
　　············《光明日报》2008年12月24日/773

**2009年** ············ 774
努力书写一个大时代的精神变化——写在《中国改革开放三十年文化发展史》
　　出版之时 ············《人民日报》2009年1月4日/774
追求真理的探索者——纪念瞿秋白同志诞辰110周年

# 目 录

............《人民日报》2009年1月29日/775

上海大学组织哲学社会科学专家走进思政课堂 "项链"教学串起思想"珍珠"
............《解放日报》2009年2月16日/779

上海大学教师李梁上思政课有绝招——多媒体助阵赶走"瞌睡虫"
............《新民晚报》2009年2月17日/780

宝山区上大就业服务站揭牌 ............《新民晚报》2009年3月12日/780

宝山—上大就业服务站进校区 ............《解放日报》2009年3月13日/781

上海大学首度获批自主招生 25所试点中学校长将推荐100名学生
............《解放日报》2009年3月21日/781

上海大学"主人翁计划"激发八千七百五十六名师生党员换位思考 "假如我是"促成23件实事 ............《解放日报》2009年3月23日/781

上海大学近六成研究生有创业意向 其中8.5%的学生表示正在筹备创业相关事宜............《解放日报》2009年3月25日/782

上海大学CIA推新专业视觉时尚设计 ............《新民晚报》2009年3月29日/783

上海大学举办节水体验日 倡导"节水一小时"
............《光明日报》2009年4月7日/784

上大美院举办教师作品展 ............《解放日报》2009年4月7日/784

媒体点击·《东方早报》·上海学生游泳纳入必修课
............《人民日报(海外版)》2009年4月23日/785

上大总招3 800人 一本录取"见档即收" ............《新民晚报》2009年4月27日/785

上大美院党员教师徐龙宝——助学生求职苦口婆心
............《解放日报》2009年5月4日/785

上大美院的逸闻趣事 ............《新民晚报》2009年5月23日/786

上大巴士汽车学院紧抓课堂教学核心评选优秀主讲教师 讲台海选摆擂"超级老师"捧杯 ............《解放日报》2009年6月23日/789

上大美院陶瓷工作室举行作品展 ............《解放日报》2009年7月3日/790

人民英模 留得豪情作楚囚——恽代英 ............《人民日报》2009年7月17日/790

100位为新中国成立作出突出贡献的英雄模范人物候选人事迹（按姓氏笔画排序）............《人民日报》2009年7月20日/791

上海大学举办阮荣春中国画巡回展 ............《光明日报》2009年7月22日/793

人民英模·中共最早的党员之一——邓中夏
............《人民日报》2009年7月23日/793

人民英模·向刽子手的屠刀走去——瞿秋白
............《人民日报》2009年7月26日/794

005

人民英模·人民的坚强战士——李硕勋 ······《人民日报》2009年8月6日/795
宝山区和上海大学六年共建　先后结成十九个"对子"展开合作——校企
　结对结出好果实 ··················《文汇报》2009年8月23日/796
科研"不厌"教学"不倦"——记上海大学力学系教授、博导陈立群
　································《文汇报》2009年9月9日/797
人民英模·红军和八路军的高级指挥员——关向应
　································《人民日报》2009年9月10日/798
2009年全国教育系统先进集体名单 ·····《光明日报》2009年9月10日/799
2009年全国模范教师名单 ············《光明日报》2009年9月10日/800
人民英模·与国民党右派进行坚决斗争——许继慎
　································《人民日报》2009年9月12日/800
上海大学CIA培养高级游戏动漫人才 ···《新民晚报》2009年9月16日/801
唤醒儿时军营梦　激发学子爱国情——上海大学今年报名参军人数及占
　应征比例均居全市高校之首 ········《解放日报》2009年10月9日/802
上大涌动学子参军热潮 ···············《新民晚报》2009年10月9日/804
艺术鲜花在校园盛开——高雅艺术进校园回眸
　································《人民日报》2009年10月30日/805
上海大学两棵古银杏被认养 ···········《新民晚报》2009年11月29日/807
上大公布明年自主招生方案 ···········《解放日报》2009年12月3日/807
学者研讨传统学术转型 ···············《光明日报》2009年12月14日/807

**2010年** ························································· 809
留交会大手笔"抢"海外人才 ·······《人民日报(海外版)》2010年1月1日/809
上大学子捋袖献血 ···················《解放日报》2010年1月9日/810
动漫游戏人才紧缺　上海大学加快培养 ··《新民晚报》2010年1月10日/810
全国首家高校技术市场16日在上海揭牌　唤醒"冬眠"的科研成果
　································《人民日报》2010年1月18日/811
教育部社科司关于高校哲学社会科学名刊工程第三批入选名单的公示
　································《光明日报》2010年1月22日/812
上大成为CFA课程合作伙伴 ············《解放日报》2010年1月24日/813
上海大学启动培养工程即日起开始报名 ··《新民晚报》2010年1月24日/813
上海高校发挥人才智力优势　全方位、多层次服务世博会
　································《光明日报》2010年2月24日/814
北京市高校今秋或将实行按学分收费,学分制改革进入人们视野——按学分
　收费　市场化还是制度创新 ········《人民日报》2010年2月26日/815

| | | |
|---|---|---|
| 大学生志愿服务全面动员启动 | 《光明日报》 | 2010年4月13日/817 |
| 上海大学筹划开辟"便民通道" | 《新民晚报》 | 2010年4月19日/818 |
| 上海大学：成就游戏影视、动画职场金领 | 《新民晚报》 | 2010年4月22日/818 |
| 上海大学最多可填报13专业 | 《解放日报》 | 2010年4月29日/819 |
| 上大计划在沪招本科生2 700人 | 《新民晚报》 | 2010年4月29日/820 |
| 上大商事仲裁研究中心成立 | 《解放日报》 | 2010年5月17日/820 |
| 开创思想政治教育新境界——加强和改进高校思想政治理论课及马克思主义 理论学科建设综述 | 《人民日报》 | 2010年5月25日/820 |
| 上海大学将建博物馆 | 《新民晚报》 | 2010年5月25日/821 |
| 上大举办国际文化风情展 | 《新民晚报》 | 2010年5月27日/821 |
| 三校生优选：去上海大学读游戏影视动画 | 《新民晚报》 | 2010年5月30日/821 |
| 李长春在加强和改进大学生思想政治教育工作座谈会上强调·创新方式方法 优化育人环境 | 《人民日报（海外版）》 | 2010年5月31日/822 |
| 让学生的创业精神自然生长　上海大学常务副校长周哲玮指出大学应提供 多元化的创业教育 | 《文汇报》 | 2010年5月31日/824 |
| 上海大学留住学生不靠"点名"受追捧的思政课 | 《人民日报》 | 2010年6月5日/825 |
| 上海大学："六个为什么"激活思政课 | 《光明日报》 | 2010年6月5日/826 |
| 上大美术学院设立恒源祥香山美术奖 | 《新民晚报》 | 2010年6月13日/827 |
| 上大美院设立恒源祥香山美术奖 | 《解放日报》 | 2010年6月17日/828 |
| 上海大学8 000世博会志愿者即将上岗 | 《光明日报》 | 2010年6月22日/828 |
| 誓师 | 《人民日报》 | 2010年6月24日/828 |
| 上海大学"三进"项链模式丛书出版 | 《解放日报》 | 2010年6月28日/828 |
| 上海大学巴黎时装学院发布秋冬流行趋势预测 | 《新民晚报》 | 2010年7月9日/828 |
| 世博园中展风采——记河南籍志愿者、上海大学学生黄尤加 | 《光明日报》 | 2010年7月12日/830 |
| 做"小门神"　站"寂寞岗" | 《解放日报》 | 2010年7月16日/831 |
| 上大巴黎时装学院举办"毕业秀" | 《解放日报》 | 2010年7月16日/831 |
| 上大学生毕业秀透时尚亮点 | 《新民晚报》 | 2010年7月16日/832 |
| 体坛速递·全国大学生网球锦标赛落幕 | 《人民日报》 | 2010年7月30日/832 |
| 我国近代力学奠基人之一，著名的科学家、教育家，杰出的社会活动家，中国 民主同盟的卓越领导人钱伟长同志逝世 | 《人民日报》 | 2010年7月31日/832 |
| 为了祖国的需要……——缅怀著名科学家教育家钱伟长 | | |

　　　　　　　　　　　　　　　　　　　　《人民日报》2010年7月31日/832
斯人已去　风范永存——缅怀人民科学家、教育家钱伟长
　　　　　　　　　　　　　　　　　　《人民日报（海外版）》2010年7月31日/834
我国近代力学奠基人之一，著名的科学家、教育家，杰出的社会活动家，中国
　　民主同盟的卓越领导人钱伟长同志逝世 ……《光明日报》2010年7月31日/837
毕生报国钱伟长　……………………………《光明日报》2010年7月31日/837
钱伟长，一个科技时代的辉煌记忆 …………《光明日报》2010年7月31日/839
我国近代力学奠基人之一，中国民盟卓越领导人钱伟长同志在沪逝世
　　　　　　　　　　　　　　　　　　　　《解放日报》2010年7月31日/840
在纳米尺度下燃烧——记"千人计划"入选专家、上海大学纳微能源研究所
　　所长胡志宇　……………………………………《文汇报》2010年8月4日/840
钱伟长毕生藏书遗赠上大　……………………《解放日报》2010年8月5日/842
钱伟长同志遗体在沪火化　贾庆林等到上海龙华殡仪馆送别
　　　　　　　　　　　　　　　　　　　　　《人民日报》2010年8月8日/842
钱伟长同志遗体在沪火化　贾庆林等到上海龙华殡仪馆送别
　　　　　　　　　　　　　　　　　　　　　《光明日报》2010年8月8日/843
教诲犹在　精神永存　上海大学师生泪别敬爱的钱校长
　　　　　　　　　　　　　　　　　　　　　《光明日报》2010年8月8日/844
钱伟长遗体在沪火化　贾庆林等到上海向他送别
　　　　　　　　　　　　　　　　　《人民日报（海外版）》2010年8月9日/845
"三钱"虽逝风范永存　………………………　《光明日报》2010年8月9日/845
斯人为镜　……………………………………　《光明日报》2010年8月9日/847
人民观察·"海宝一代"绽放世博 ……………　《人民日报》2010年8月12日/848
"国家的需要就是我的专业"——钱伟长文章和谈话摘登
　　　　　　　　　　　　　　　　　　　　《光明日报》2010年8月16日/851
沙特馆为什么受青睐　……………《人民日报（海外版）》2010年8月20日/856
上海大学巴黎时装学院为你解读世博时尚路线
　　　　　　　　　　　　　　　　　　　　《新民晚报》2010年8月20日/857
上大与德国卡尔蔡司联合培养人才　…………《解放日报》2010年8月24日/858
上大迎新：退役"小白菜"挑大梁　……………《解放日报》2010年9月2日/858
看！精彩的世界大舞台——大学生眼中的上海世博会
　　　　　　　　　　　　　　　　　　　　　《光明日报》2010年9月6日/859
上大"小白菜"慰问女兵　……………………《解放日报》2010年9月24日/859
"小白菜"，最美的风景 ………………………《光明日报》2010年10月8日/859

# 目 录

2010年《国家哲学社会科学成果文库》入选成果公示名单
　　…………………………………………《光明日报》2010年10月19日/860
上大"小白菜"带你"品读上大园" ………《新民晚报》2010年10月20日/860
上海大学翔英学院组建 …………………《解放日报》2010年10月22日/860
上大获赠美著名学者"遗产" ……………《新民晚报》2010年10月26日/860
网络视频　我"拍"故我在 ………………《人民日报》2010年11月2日/861
政府组团赴七地高校　长沙"抢储"万名人才
　　………………………………………………《人民日报》2010年11月18日/861
上大中国书画研究中心成立 ……………《解放日报》2010年11月18日/862
上大思政课"搬"进市人大 ………………《解放日报》2010年11月27日/862
上大探讨后世博海派文化辐射力 ………《新民晚报》2010年11月28日/863
上海大学明年招生和培养机制实行重大改革　进校无"专业"，一年后再
　　"填志愿" ………………………………《解放日报》2010年12月17日/863
上大自主招生名额100人 ………………《新民晚报》2010年12月17日/864
上大社会教育研究中心成立 ……………《解放日报》2010年12月21日/865
上海世博会先进集体名单(共377个) …《人民日报》2010年12月28日/865
上海世博会先进集体名单(共377个) …《光明日报》2010年12月28日/865

**2011年** ……………………………………………………………………… 866
教育年度新闻十大人物评出 ……………《光明日报》2011年1月25日/866
"双百"人物中的共产党员·瞿秋白 ……《人民日报》2011年2月10日/866
"双百"人物中的共产党员·中国共产党最早的党员之一　邓中夏
　　………………………………………………《人民日报》2011年2月15日/868
"双百"人物中的共产党员·我党我军卓越的政治工作者　关向应
　　………………………………………………《人民日报》2011年2月22日/869
让汽车更安全、更省油——中国钢研第三代汽车钢技术引来全球瞩目
　　………………………………………………《光明日报》2011年2月24日/870
"双百"人物中的共产党员·人民的坚强战士　李硕勋
　　………………………………………………《人民日报》2011年3月9日/871
第二届中国出版政府奖提名奖获奖名单 ………《光明日报》2011年3月18日/872
"双百"人物中的共产党员·广州起义领导人之一　恽代英
　　………………………………………………《人民日报》2011年4月29日/872
上大美院附中学生素描作品展出 ………《解放日报》2011年5月18日/873
2010年度《国家哲学社会科学成果文库》入选作品表彰决定
　　………………………………………………《光明日报》2011年5月25日/873

上海大学博物馆征集文物资料 ……《解放日报》2011年5月25日/877
上海大学设立慈善义工基地 ……《新民日报》2011年5月31日/877
上大美院香山画院联合办展 ……《新民晚报》2011年6月1日/877
上海大学举办首届创意写作夏令营 ……《解放日报》2011年6月22日/878
交行与上海大学战略合作 ……《解放日报》2011年7月6日/878
上大博物馆获赠良渚文化玉器 ……《解放日报》2011年7月13日/878
"远航"华服演绎"海的记忆" 上大巴黎时装学院举办"毕业秀"
………《解放日报》2011年7月14日/878
上大鼓励教师从事发明创造 ……《新民晚报》2011年7月16日/879
"董晓媛,上海大学喊你上大学" ……《中国青年报》2011年8月4日/879
大鼠验证普通家电辐射危害 ……《解放日报》2011年8月14日/880
上大新生"一日游"品读校园 ……《解放日报》2011年8月17日/881
上大新生报到日 学科不同校服各异 ……《新民晚报》2011年8月18日/881
上大举办"诺贝尔科学奖"展览 ……《解放日报》2011年9月16日/882
上大与英国女王大学将深化合作 ……《新民晚报》2011年10月2日/882
上海大学成立钱伟长学院 ……《光明日报》2011年10月10日/882
上大自强学院更名钱伟长学院 ……《解放日报》2011年10月10日/882
上大选修课 请警官教安全 ……《新民晚报》2011年10月15日/882
生源危机倒逼高校改革——上海大学在行动
………《光明日报》2011年11月1日/883
大学能教出作家吗? ……《人民日报》2011年12月2日/885
第三批全国文明城市(区)、文明村镇、文明单位名单
………《光明日报》2011年12月21日/888
上海大学计划自主招生100人 ……《解放日报》2011年12月23日/889

**2012年** …… 890
上大迎新年音乐会 校长跨专业拉提琴 ……《新民晚报》2012年1月1日/890
尼克松总统弟弟赴上海大学演讲 ……《新民晚报》2012年2月28日/890
《星星的孩子》昨感动上大师生 ……《新民晚报》2012年3月3日/891
上海高校辅导员誓词引起共鸣 ……《光明日报》2012年3月13日/891
仲裁国际论坛昨在上大举行 ……《新民晚报》2012年3月24日/892
为救同学大学生公园卖艺 千万双手一起来帮他
………《人民日报》2012年4月18日/892
上海大学公布今年招生政策 第一年无专业身份,一年后专业分流
………《解放日报》2012年4月23日/893

| | |
|---|---|
| 上海大学生年度人物揭晓 | 《解放日报》2012年5月3日/893 |
| 上大举办丰子恺书画作品展 | 《新民晚报》2012年5月16日/894 |
| 扶贫电影《包裹》在上海大学首映 | 《新民晚报》2012年5月18日/894 |
| 海上花开——上大美院与城市发展"共鸣" | 《解放日报》2012年5月26日/894 |
| 上大喜迎校庆并举行材料基因组工程论坛 | 《文汇报》2012年5月27日/896 |
| 上大成立高校首家哈萨克斯坦研究中心 | 《文汇报》2012年6月5日/897 |
| 汤淼等22名运动员获上海大学学士学位 | 《新民晚报》2012年6月20日/897 |
| 禁毒研究会在上大召开 | 《文汇报》2012年6月23日/897 |
| 授课评价：师生分歧耐人寻味 | 《解放日报》2012年6月26日/897 |
| 上大公布本科教学质量报告 | 《文汇报》2012年6月26日/898 |
| 上大与中科院长三角院所合作 | 《解放日报》2012年6月28日/898 |
| 中科院长三角地区院所与上大开展全面合作 | 《文汇报》2012年6月29日/898 |

史家、史学与时代关怀——民国史家与史学国际学术研讨会综述
............《光明日报》2012年7月30日/899

| | |
|---|---|
| 我国首个钢铁共性技术协同创新中心成立 | 《光明日报》2012年8月19日/899 |
| 上海大学MBA举办"性别"论坛 | 《新民晚报》2012年9月6日/900 |

用关爱帮助流浪儿回归家庭、融入社会——孩子，接你回到温暖的家
............《人民日报》2012年9月11日/900

| | |
|---|---|
| 上大美院14名老画家展出百余件美术作品 | 《文汇报》2012年9月14日/902 |
| 百余名将军走进上海大学 | 《解放日报》2012年9月18日/902 |
| 钱伟长诞辰100周年纪念活动在沪举行 | 《光明日报》2012年10月9日/902 |

钱伟长图书馆在上海大学奠基　殷一璀出席仪式并为钱伟长铜像揭幕
............《解放日报》2012年10月9日/903

| | |
|---|---|
| 上海大学校园音乐会"打开围墙" | 《新民晚报》2012年10月28日/903 |
| 上海大学办菊展 | 《新民晚报》2012年11月7日/903 |
| 哈萨克斯坦学汉语学生就业前景乐观 | 《光明日报》2012年12月25日/903 |
| 上大明年自主招生100名 | 《新民晚报》2012年12月25日/904 |

上海大学公布2013年自主选拔录取方案　计划招生100人，不另行笔试
............《解放日报》2012年12月26日/904

**2013年** ............905

| | |
|---|---|
| 上大音乐会校长露一手 | 《新民晚报》2013年1月7日/905 |

"第二届全国社会主义核心价值体系高层学术研讨会"在沪召开
............《光明日报》2013年1月26日/905

| | |
|---|---|
| 上大"艺考"揪出16个"枪手" | 《新民晚报》2013年3月4日/906 |

上大艺术专业考试发现 16 张假身份证 …………《解放日报》2013 年 3 月 5 日/906
上海大学推出国际财务课程体系 …………《新民晚报》2013 年 3 月 13 日/907
上大土耳其研究中心揭牌 …………《解放日报》2013 年 3 月 25 日/907
昆山：法治微电影为普法注入"活水" …………《光明日报》2013 年 4 月 9 日/907
教育部与上海市共建上海大学　部市共建教育综改试验区领导小组会议举行，
　　袁贵仁杨雄讲话　双方共同探索将上海打造成国际教育中心和国际学术创新
　　中心 …………《解放日报》2013 年 4 月 19 日/908
寻求"地方队"发展之路——访上海大学校长罗宏杰教授
　　…………《解放日报》2013 年 4 月 19 日/909
上大将在沪招本科生 2 050 人 …………《解放日报》2013 年 4 月 24 日/910
上海大学乌兹别克斯坦中心成立 …………《解放日报》2013 年 5 月 16 日/910
76 位"洋教授"走进上大课堂　上大试水"国际学期"，集中为 5 000 多名大一
　　学生开设通识教育课程 …………《解放日报》2013 年 6 月 18 日/911
2013 中外青年暑期 DV 计划　透过镜头"看中国"
　　…………《人民日报》2013 年 8 月 12 日/911
大学生寝室怎么分更好？ …………《光明日报》2013 年 8 月 26 日/912
欢送新兵大会在上大举行 …………《解放日报》2013 年 9 月 6 日/914
10 名大学生获颁　自强之星标兵称号 …………《人民日报》2013 年 9 月 12 日/915
文化社会决策咨询基地上大揭牌 …………《解放日报》2013 年 9 月 23 日/915
文化繁荣与社会发展研究基地在上大挂牌 …………《文汇报》2013 年 9 月 23 日/915
经典阅读促进人的自我完善 …………《光明日报》2013 年 10 月 10 日/915
同济医院与上大共建"医务社工站" …………《新民晚报》2013 年 10 月 11 日/916
同济医院与上大共建 …………《文汇报》2013 年 10 月 13 日/916
特大城市社会治理改革组建新智库　为解决城市病献策
　　…………《人民日报》2013 年 10 月 16 日/916
56 网"蜕变 2013"走进上海大学 …………《新民晚报》2013 年 11 月 12 日/917
"特大城市社会治理协同创新中心"签约仪式举行
　　…………《光明日报》2013 年 11 月 24 日/918
纪录片《别无选择》首映 …………《人民日报》2013 年 12 月 3 日/918
构建高职"学园城一体化"模式 …………《光明日报》2013 年 12 月 21 日/918
让 15％学生排斥我　上大教师李晨的另类教学
　　…………《解放日报》2013 年 12 月 23 日/919
记住三线精神 …………《人民日报》2013 年 12 月 24 日/920
曹鹏指挥上大艺术团上演新年音乐会 …………《新民晚报》2013 年 12 月 30 日/921

**2014 年** ································································································ 922

上大减文科招生比例　给报考"文科热"一个警示
　　·····················································《解放日报》2014 年 1 月 10 日/922
上大自招压缩文科生比例 ············《新民晚报》2014 年 1 月 11 日/922
上大美院老教授作品联展 ············《解放日报》2014 年 2 月 13 日/923
上大体育考试发现三名"枪手" ······《新民晚报》2014 年 3 月 6 日/923
中国云计算产业面临良好发展机遇 ·····《光明日报》2014 年 4 月 15 日/924
2013 年度《国家哲学社会科学成果文库》入选作品表彰决定
　　·····················································《光明日报》2014 年 5 月 13 日/925
闸北区三家社区生活书坊揭牌　上海大学义工将配送文化课程
　　·····················································《解放日报》2014 年 6 月 6 日/927
教育视界·关注核心价值观进校园(三)　问题来自学生　声音来自一线
　　解答来自权威——"超级大课堂"解说核心价值观
　　·····················································《人民日报》2014 年 6 月 12 日/928
上大智库产业研究中心成立 ············《文汇报》2014 年 7 月 8 日/930
学术评价应突出创新性——"科研项目与当代学术发展学术研讨会"述要
　　·····················································《人民日报》2014 年 7 月 18 日/931
中医大与上大联手培养专业医务社工 ·····《新民晚报》2014 年 8 月 20 日/931
第二届国际公共艺术奖评选会在上海举行　共享艺术化空间
　　·····················································《人民日报》2014 年 9 月 18 日/931
上海大学三招让教授走近本科生 ······《解放日报》2014 年 10 月 23 日/932
上大溯园"溯源"校史 ·················《新民晚报》2014 年 10 月 29 日/934
上大近七成推免生留校读研 ············《文汇报》2014 年 10 月 30 日/934
地方高水平大学的困境与突破 ········《光明日报》2014 年 11 月 4 日/935
上海春季高考不一样了　首次向应届生开放　考生可同时被两所学校预录取
　　考录方式:学业水平考试＋附加试题＋高校自主面试
　　·····················································《人民日报》2014 年 11 月 11 日/937
这门课,主语都是"中国" ···············《解放日报》2014 年 11 月 19 日/939
11 位学者联袂讲授　上海大学"大国方略"通识选修课走红　"中国梦"原来
　　可以这样讲 ······································《文汇报》2014 年 11 月 28 日/940
2014 中国最具国际影响力学术期刊发布 ·····《光明日报》2014 年 12 月 19 日/942
"大国方略"课为何走红大学校园 ······《文汇报》2014 年 12 月 25 日/942
思想政治课"换装"了:上海大学开设"大国方略"课,帮助青年学子解读国情
　　·····················································《人民日报》2014 年 12 月 31 日/944

## 2015 年 ················································································· 947

中国 211 大学海外网络传播力排名 ············《光明日报》2015 年 1 月 15 日/947

上海大学以"大国方略"课程建设为载体讲好中国故事
················································"中华人民共和国教育部"2015 年 2 月 16 日/951

哪些团队入选了创新人才计划 ················《光明日报》2015 年 3 月 19 日/952

群众喜爱的核心价值观项目出炉 ··············《解放日报》2015 年 3 月 20 日/953

上大数码艺术学院成立创意实验基地 ··········《文汇报》2015 年 4 月 15 日/953

上海大学校长走上"大国方略"课讲台　开讲科创中国
························································"中国新闻网"2015 年 4 月 21 日/954

上海大学校长为本科生上创新课 ··············《解放日报》2015 年 4 月 22 日/954

谈创新，先和"小农思维"告别 ···············《文汇报》2015 年 4 月 22 日/956

发挥人才红利　成为"全球之脑"——访上海大学党委书记、校长罗宏杰
························································《解放日报》2015 年 4 月 27 日/957

上大举行知识产权宣教 ······················《新民晚报》2015 年 4 月 29 日/959

上海、浙江成为考试招生制度改革试点——高考改革"特区"的新鲜事
························································《人民日报》2015 年 5 月 28 日/959

中国社科院与上海市政府共建上海研究院 ······《光明日报》2015 年 6 月 8 日/959

打通成果转化"最后一公里"　上海大学党委书记、校长罗宏杰呼吁关注高校
"躺"着的科研成果和专利 ···················《文汇报》2015 年 6 月 23 日/960

昌新艺术奖学金在京揭晓 ····················《光明日报》2015 年 7 月 10 日/962

金东寒院士出任上海大学校长 ················"上观新闻"2015 年 7 月 10 日/962

着眼中国历史性转型　《大国方略》近期出版
························································"中国社会科学网"2015 年 7 月 30 日/964

恽代英对中国共产党理论的历史贡献——纪念恽代英同志诞辰 120 周年
························································《人民日报》2015 年 8 月 4 日/964

上海大学今迎新生 ··························《新民晚报》2015 年 8 月 14 日/967

解放书单第四期出炉 ························《解放日报》2015 年 8 月 21 日/967

中国女性文学第十二届国际学术研讨会召开
························································《光明日报》2015 年 8 月 25 日/967

上海大学出版社举办《大国方略》读者见面分享会暨签售
························································"中国高校教材图书网"2015 年 9 月 2 日/968

作家是否藏有写作的"秘密" ··················《光明日报》2015 年 9 月 7 日/968

弘扬师德风范　传承师道大爱 ················《解放日报》2015 年 9 月 10 日/969

中国作协与上大共建写作中心 ················《文汇报》2015 年 9 月 10 日/969

股权激励为何三次"暂缓" "22条意见"点燃上大超导研发团队希望,再盼
  获得科技成果转化收益 …………………《解放日报》2015年9月11日/970
中国电影:大喜之虑………………………………《光明日报》2015年10月8日/972
上大宝山共助大学生就业创业 ……………………《文汇报》2015年10月25日/972
政、校、企协同合作助推大学生创业 ……………《光明日报》2015年10月29日/972
上海大学通识课"大国方略"受热捧 激励大学回归"教与学"
  ………………………………………………"中国新闻网"2015年11月3日/973
上海大学研制的无人艇在南极科考中担任重任 开路先锋为"雪龙"寻找
  新锚地 …………………………………《解放日报》2015年11月3日/974
《月上贺兰》走进上海大学 ………………………《解放日报》2015年11月6日/974
上海大学"大国方略"课程受学生热捧 ……………《新民晚报》2015年11月13日/975
《大国方略》——"给90后大学生一双眼睛 看懂中国"
  ……………………………………………………"东方网"2015年11月13日/976
由"大国方略"课程看思政课的话语建构 ………《光明日报》2015年11月14日/977
从一门课程到一本面向全社会的读物,《大国方略》引发社会共鸣:给读者
  一双眼睛,看懂中国 ……………………《解放日报》2015年11月14日/978
《大国方略》出版座谈会昨举行 …………………《文汇报》2015年11月14日/978
从一门课程到一本面向全社会的读物 《大国方略》引发共鸣
  ……………………………………"上海市人民政府网"2015年11月14日/979
上大创新思政课走红 让90后大学生"看懂中国"
  …………………………………………"上海教育新闻网"2015年11月14日/980
文学研究路径在哪里 ………………………………《光明日报》2015年11月16日/981
《大国方略》出版座谈会召开
  ……………"中华人民共和国国家新闻出版广电总局"2015年11月19日/982
第十五届"挑战杯"由上海大学承办 ………………《中国青年报》2015年11月20日/982
谁知道苹果手机暴利来自哪里 ……………………《新民晚报》2015年11月26日/983
上海大学开讲中国制造,社会学教授先发言:创新必须尊重自然
  …………………………………………………"澎湃新闻"2015年12月3日/984
中国西南土司遗址入选世界重大田野考古发现
  ……………………………………………《光明日报》2015年12月15日/985
大学体育改革与发展论坛举行 ……………………《人民日报》2015年12月16日/985
中国诗歌网征诗迎春 ………………………………《人民日报》2015年12月21日/986

**2016年** …………………………………………………………………………………987
创新教育,最重要的是传递思想——上海大学开讲"创新中国"人气火暴,融入

社会热点话题"接地气" ……………………《解放日报》2016年1月3日/987
"聪明窗户"的第三次招亲　上海大学科研团队研发高效节能发电一体窗，
　　寻找产业化开发合作伙伴 ……………《解放日报》2016年1月7日/988
多位大咖同台让学生脑洞大开——上海大学开设"创新中国"课　启发学生
　　创新思维 ………………………………《青年报》2016年1月12日/990
上大举办中国国际微电影节 ……………《新民晚报》2016年1月20日/992
探索建立中国特色智库评价指标体系 ……《光明日报》2016年2月3日/992
韩正：上海大学应当成为地方高校建设标杆
　　……………………………………………"上观新闻"2016年3月23日/993
韩正：进一步扩大高校办学自主权，加快一流大学建设步伐　上大应成为地方
　　高校建设标杆 …………………………《解放日报》2016年3月24日/994
中国四代堆核"芯"技术突破 ………《人民日报（海外版）》2016年4月18日/995
走向世界的汤显祖 ………………………《光明日报》2016年4月25日/995
先做全面人　再做专门家——上海大学人才培养的三个断面
　　………………………………………《中国教育报》2016年5月11日/995
"中国馆"首登达喀尔双年展 ………《人民日报（海外版）》2016年6月2日/996
传记写作如何避"四俗"《剑魂箫韵：龚自珍传》可借鉴
　　…………………………………………《光明日报》2016年6月8日/997
上海大学创新思政教育话语体系　每每开课台阶上也坐满人·各专业"名师
　　大牛"开讲"思政课"·通识课程"大国方略"深深触动青年学子，今年又推出
　　"创新中国" ……………………………《解放日报》2016年6月19日/998
中国电影，更需务实和超越——写在第19届上海国际电影节闭幕之际
　　………………………………………《光明日报》2016年6月20日/1000
大牌教授来了，思政课更好听了 …………《文汇报》2016年6月20日/1001
八旬华裔老翁上大读硕11年 ……………《新民晚报》2016年6月20日/1003
在上海，享受电影最好的时光——2016年上海国际电影电视节在沪闭幕
　　…………………………………………《人民日报》2016年6月21日/1004
高瞻远瞩：瞿秋白起草《文件处置办法》——中央档案馆馆藏珍贵历史档案
　　背后的党史故事之五 …………………《人民日报》2016年6月21日/1007
联合上海大学，将教学资源投入社区，对在岗社区工作者专业授课　普陀
　　打造沪上首所"社工大学" ……………《解放日报》2016年7月8日/1008
公选课里的"大学之道" …………………《人民日报》2016年8月16日/1010
环上大影视园区打造电影全产业链 ……《新民晚报》2016年8月27日/1012
"荒芜"的村里缘何有间书画室　上海大学美术学院副教授苏金成用二次

生命回馈社会 ………………………………《解放日报》2016年8月29日/1012
上大聘专家"反哺"基础教育 ………………《新民晚报》2016年8月31日/1014
大型史诗话剧《雨花台》在上海高校巡演 ………《光明日报》2016年9月4日/1014
上大艺术培训基地落户大剧院 ………………《文汇报》2016年9月14日/1015
"送无人艇出征就像送孩子远行"——记上海大学机电工程与自动化学院
　　教授罗均 …………………………………《解放日报》2016年10月18日/1015
"全国向上向善好青年"分享团走进上海大学
　　…………………………………………《中国青年报》2016年10月24日/1017
上大研制出多款仿生机器人 …………………《解放日报》2016年10月26日/1018
上海高校:"思政课程"转身"课程思政"………《文汇报》2016年10月30日/1020
"神奇"思政课:课内开花课外也香 …………《文汇报》2016年10月31日/1021
"扩中"会产生怎样的正能量——访上海大学上海社会科学调查中心常务
　　副主任张海东 ……………………………《解放日报》2016年11月8日/1023
沪上高校推出"中国系列"课程聚焦"课程思政"
　　…………………………………………"中国新闻网"2016年11月9日/1025
"大国方略"刷新高校思政课 ………………………"新民网"2016年11月9日/1027
"延展与渗透:大国方略系列课与高校思政教育改革创新"学术研讨会在
　　上海大学举行 ……………………………《社会科学报》2016年11月14日/1027
从思政课程到课程思政——高校思想政治理论教育课程体系创新研讨会在
　　上海召开 ………………………………"中国社会科学网"2016年11月22日/1028
聚焦高校思政教育:从"思政课程"到"课程思政"
　　…………………………………………《中国教育报》2016年12月2日/1029
大学思政课程不再"孤岛化" ………………《解放日报》2016年12月5日/1031
上海高校专业课上出"德育味" ……………《新华每日电讯》2016年12月7日/1032
一批"中国系列"课程彰显价值引领 ………《文汇报》2016年12月7日/1032
把思想政治工作贯穿教育教学全过程——全国高校思想政治工作会议交流
　　发言摘编 …………………………………《人民日报》2016年12月9日/1034
把思政课作为人才培养核心课程 ……………《中国教育报》2016年12月9日/1035
把思政课作为人才培养核心课程
　　…………………………………"中华人民共和国教育部"2016年12月9日/1036
上海大学上海美术学院成立,冯远受聘担任首任院长
　　……………………………………………"上观新闻"2016年12月11日/1037
从"思政课程"到"课程思政"——上海探索构建全员、全课程的大思政教育
　　体系 ………………………………………《光明日报》2016年12月12日/1038

落实扩大办学自主权　开展高水平大学建设——上海大学上海美术学院
　　成立 ················《解放日报》2016年12月12日/1039
上海大学打破藩篱构建全课程育人格局　各学科专家串起思政课"项链"
　　················《新民晚报》2016年12月12日/1040
以义化传播促方言传承 ········《光明日报》2016年12月13日/1041
中国作协与上海大学合办培训基地,网络作家有望获硕士学历教育
　　················"上观新闻"2016年12月14日/1041
"大国方略"课程对全方位育人的启示 ···《文汇报》2016年12月15日/1042
2016上海教育　嵌入百姓心中"关键字" ····《新民晚报》2016年12月18日/1043
第九届高校校园文化建设优秀成果揭晓 ···《光明日报》2016年12月24日/1044
课程设计勤创新　知识延伸拓视野 ·····《青年报》2016年12月24日/1045
青海非遗传承人接受培训 ········《光明日报》2016年12月25日/1046

**2017年** ······················· 1047

高校思政课改革,让学生更加走心 ······"央视网"2018年1月2日/1047
这些爆棚的课,主语都是"中国"——上海高校相继推出"中国系列"课程,
　　"大思政"为青年人生引航 ······《解放日报》2017年1月3日/1048
"项链模式"创有温度有智慧思政课 ·····《新民晚报》2017年1月4日/1050
"高校第一课"照亮青春底色——上海高校思政教育启示录
　　············"中华人民共和国教育部"2018年1月8日/1050
润物细无声　讲好思政课 ··········"央视网"2018年1月9日/1051
从战略高度构建"课程思政"教育教学体系
　　················《中国教育报》2017年1月13日/1052
上海文教结合让舞台变课堂　去年重点实施23个项目
　　················《解放日报》2017年2月8日/1053
上海大学党委书记罗宏杰再次走进"创新中国"讲述"文化保护创新和文化
　　传承" ··············"中国新闻网"2017年2月24日/1054
上大书记"创新中国"课上讲"文物" ·····"新民网"2017年2月24日/1056
上大"创新中国"课点燃学生创新思维 ····《新民晚报》2017年3月1日/1057
努力捅破人才评价体系"天花板"——全国人大代表、上海大学校长金东寒谈
　　高校改革 ·············《青年报》2017年3月14日/1057
如何用马克思主义理论引领思政教育 ····《解放日报》2017年3月24日/1058
在"时代音画"中解码中国文化:上海大学"课程思政"探索渐入佳境,"大国
　　方略"系列进入"四重奏" ·······《文汇报》2017年3月29日/1059
上海高校流行"中国系列"课,多彩课程受学子热捧——在通识教育中根植

# 目 录

理想信念················《中国教育报》2017年4月1日/1060
2017年2月智库大事记·········《光明日报》2017年4月6日/1060
上大课、讲大势、传大道，最优质的师资直供思政课——上海高校形成360°
　思政课"德育合力"··········《文汇报》2017年4月7日/1062
上海高校"中国系列"思政课别开生面引关注
　················"中国新闻网"2017年4月7日/1062
上海：高校思政"课内开花课外香"·····《新华每日电讯》2017年4月11日/1063
沪上高校构建全课程全师资全方位的"大思政"格局，年内实现两个
　全覆盖——"中国课"100％开设，校领导100％授课
　············"中华人民共和国教育部"2017年4月12日/1064
侨情乡讯·"华裔留学生夏令营"举行
　················《人民日报（海外版）》2017年4月14日/1064
上海大学：把思政课作为人才培养核心课程
　······················《中国教育报》2017年4月14日/1064
上海大学一项调查显示：三成学生偶尔吃早餐或基本不吃早餐
　······················《中国青年报》2017年4月21日/1065
40余大学党委宣传部负责人深入交流——高校思政工作如何"接地气"
　······················《中国青年报》2017年4月27日/1066
高校按大类招生渐成趋势···········《光明日报》2017年6月10日/1067
引外智、传新知、启新思，思政公共选修课又开新一波　申城高校"中国系列"
　课程量增四成···············《解放日报》2017年6月13日/1067
上海大学向社会亮出"专业就业数据家底"，为考生填报志愿提供精准信息
　服务··················"上观新闻"2017年6月18日/1068
明大道善教化，更重激发共鸣——高校"课程思政"如何提高质量和学生
　获得感，上海做法获得教育部肯定·····《解放日报》2017年6月23日/1069
上海"课程思政"改革正在形成"样板效应"：目前全市高校已建设"中国
　系列"课程近30门，今年还将着力实现三个"全覆盖"
　······················《文汇报》2017年6月23日/1070
打赢提高思政课质量水平攻坚战——教育部在沪召开高校"课程思政"现场
　推进会···················《文汇报》2017年6月23日/1071
上海大学与经纬集团携手共育双创人才····"中青在线"2017年6月24日/1072
聚焦"健康城市"　上海—台北城市论坛在沪举行
　···················《人民日报（海外版）》2017年7月3日/1072
上海高校推进"课程思政"经验摘编："大国方略"培养政治认同

............................《中国教育报》2017年7月6日/1073

全国知名哲学教授汇聚上海大学,畅谈这个"爱智慧"学科的最新发展成果

............................"上观新闻"2017年7月8日/1074

首批大学录取通知书已被"签收",细看今年的"花样经"

............................《青年报》2017年7月12日/1075

上海、浙江试点高考综合改革,已进入录取阶段　新高考,招录方式新在

哪儿 ............................《人民日报》2017年7月19日/1075

上海大学举办两岸青年创新创业大赛 ............"中青在线"2017年7月20日/1078

上海"课程思政"机制建设的两大关键 ............《解放日报》2017年8月3日/1079

高校智库,如何与国家发展同步 ............《人民日报》2017年8月10日/1080

让孩子好奇地"撩开数学的门帘"——上海大学数学科学实践工作站里,一群

大学教授开展长达6年的中学生教学实验

............................《解放日报》2017年8月23日/1082

改革开放40周年·我的教育情怀微访谈③｜顾晓英:从"大国方略"到

"人工智能",我只是一根链条,有幸与大师共筑"大国方略"

............................"上海教育新闻网"2018年9月6日/1084

最美思政课教师:马克思主义理论的坚定传播者

............................《文汇报》2017年9月7日/1085

上海大学开设"经国济民"课　带90后解读"中国之谜"

............................"中国新闻网"2017年9月14日/1086

何谓"海派师风"？精致课堂一脉传——沪上教书育人楷模、特级教师与特级

校长共同探讨良师风尚传扬 ............《解放日报》2017年9月18日/1086

用中国话语来解读"中国之谜"——上海大学课堂思政品牌"大国方略"开出

第五个系列"经国济民" ............《解放日报》2017年9月21日/1087

世界一流大学和一流学科建设高校及建设学科名单

............................《光明日报》2017年9月22日/1088

"创新中国"公开课再次开讲:全国500余高校学生直播听讲

............................"澎湃新闻"2017年9月29日/1088

重实效敢创新讲传承　融化在大学思政课里的"文化自信"

............................"东方网"2017年10月10日/1089

满满的自豪感使命感荡漾在大学课堂 ............《文汇报》2017年10月13日/1091

第十五届全国"挑战杯"将在上海大学举办

............................"中青在线"2017年10月17日/1092

金东寒代表:一流大学要培养一流人才 ............《人民日报》2017年10月25日/1093

学科重在"特"而"强"——访上海大学校长金东寒代表
  ………………………………………《光明日报》2017年10月25日/1093
学科重在"特"而"强"——访上海大学校长金东寒代表
  ………………………………………《光明日报》2017年10月25日/1093
全国高校课程思政现场交流会在沪举行　让学生上思政课乐此不疲
  ………………………………………《新民晚报》2017年11月5日/1094
创业人生课,有个CEO老师团 …………《解放日报》2017年11月8日/1095
走进上海大学"时代音画"亲历网红思政课………"网易"2017年11月8日/1095
第五届全国文明城市、文明村镇、文明单位和第一届全国文明校园名单
  ………………………………………《人民日报》2017年11月18日/1097
第五届全国文明城市、文明村镇、文明单位和第一届全国文明校园名单
  ………………………………………《光明日报》2017年11月18日/1097
新时代　新气象　新作为——学习贯彻落实党的十九大精神"基层调研行"
  综述 ………………………………《新华每日电讯》2017年11月19日/1098
为中国大工匠立一群雕像——《创新路上大工匠》体现主题出版物新理念
  ………………………………………《文汇报》2017年11月20日/1098
阅文集团与上海大学携手培养网络文学硕士　"网文大神",大学里教得出吗?
  ………………………………………《解放日报》2017年11月23日/1102
教育眼·中外合作办学如何提质增效 ………《人民日报》2017年12月7日/1103
从修复"没头脑和不高兴"到对接"变形金刚"团队　上大电影学院将课堂
  融入创作一线 ………………………《解放日报》2017年12月12日/1105
十九大代表回基层:"三道人生填空题,看你怎么填?"——上海大学党委书记
  金东寒给大学生们上特殊思政课 ……《新民晚报》2017年12月14日/1106
"红色学府"是如何炼成的——20世纪20年代的上海大学
  ………………………………………《文汇报》2017年12月15日/1107
为青年打好中国底色　逐梦新时代——上海大学思政课为什么"红"
  …………………………………………"中青在线"2017年12月25日/1111
**2018年** ……………………………………………………………………… 1114
大学思政课为啥火了 …………《人民日报(海外版)》2018年1月2日/1114
上海大学党委书记金东寒勉励学子:想要有本领有担当　首先要学会与人
  合作 …………………………………………《青年报》2018年1月5日/1115
思政课　叫人怎能不爱听 …………………《人民日报》2018年1月10日/1116
走出象牙塔,书写更宏大艺术故事　上大上海美术学院携手社会力量传承
  海派文脉 ……………………………《解放日报》2018年1月17日/1117

加强新时代高校思想政治理论课建设现场推进会发言摘登

..................《中国教育报》2018年1月18日/1118

侨情乡讯·新侨经验分享会在沪举办..................《人民日报》2018年3月23日/1119

中国智库月度大事记 ..................《光明日报》2018年4月5日/1120

为了民族复兴·英雄烈士谱 五卅运动领袖刘华：舍生取义为劳工

..................《人民日报》2018年4月23日/1122

上海大学文学院举办庆祝"五四"青年节暨第八届"文学之夜"活动

.................."中青在线"2018年5月6日/1123

科技短波·中国服务机器人大赛举办..................《人民日报》2018年5月18日/1123

大学要提供更有力人才支撑智力支持·李强在同济上大调研指出，要始终
　立足大局、联系实际，积极服务国家战略，全力参与上海建设

..................《解放日报》2018年5月22日/1123

床单、背带裙、情侣装……上海大学生毕业季捐出旧衣助力慈善

..................《中国青年报》2018年5月24日/1124

"人工智能"公开课暨"课程思政"教学论坛在上海大学召开

..................《社会科学报》2018年5月25日/1125

为了民族复兴·英雄烈士谱 季步高：书生退学从戎 烈士英名永存

..................《人民日报》2018年5月31日/1125

上海大学成立商业不动产研究院 ..................《解放日报》2018年6月4日/1126

为了民族复兴·英雄烈士谱 俞昌准：碧血今朝丧敌胆，丹心终古照亲人

..................《人民日报》2018年6月6日/1126

为了民族复兴·英雄烈士谱 何挺颖：不朽井冈英雄

..................《人民日报》2018年6月8日/1127

为了民族复兴·英雄烈士谱 琼崖革命第一人——王文明

..................《人民日报》2018年6月21日/1128

红色学府上海大学的澎湃往事 ..................《解放日报》2018年7月1日/1129

为了民族复兴·英雄烈士谱 恽代英：豪情满怀 坚贞不屈

..................《人民日报》2018年7月19日/1132

为了民族复兴·英雄烈士谱 王步文：信仰之光穿越时空

..................《人民日报》2018年7月24日/1134

名师大家引领学子树立正确"三观"——上海高校首创从"思政课程"到"课程
　思政"，思政课成需要"占座"的热门课..................《文汇报》2018年7月27日/1134

为了民族复兴·英雄烈士谱 铁骨铮铮李硕勋

..................《人民日报》2018年7月30日/1135

# 目 录

为了民族复兴·英雄烈士谱 生命不息战斗不止的英雄——吉国桢
················································《人民日报》2018年8月14日/1136
年轻人能喜欢,非遗的根不会断 上海大学副教授章莉莉乐于当好设计师与
传承人间"翻译",让非遗走进生活成为时尚
················································《解放日报》2018年8月27日/1137
为了民族复兴·英雄烈士谱 邓中夏:中国工人运动的著名领导人
················································《人民日报》2018年9月2日/1139
为了民族复兴·英雄烈士谱 红军高级指挥员贺昌:经文纬武报家邦
················································《人民日报》2018年9月19日/1140
上海大学成立新闻传播学院 ············《解放日报》2018年10月22日/1141
上海大学无人艇工程研究院院长彭艳:在蓝色海洋中逐梦
················································《光明日报》2018年10月25日/1142
上海大学首开上海党史课"开天辟地":"真理的味道别样甜!"
················································《东方教育时报》2018年10月25日/1143
重塑知识结构 训练创造思维:上海大学"大国方略"系列又开新课"智能
文明"与"量子世界" ············《东方教育时报》2018年10月31日/1145
这样讲党史,大学生听得懂也听得进——上海大学新开思政选修课"开天
辟地",用大量故事案例带领青年见证"红色之路"
················································《解放日报》2018年11月7日/1147
为一流学术高地打造一流期刊 上海大学期刊社对接重点学科,推动更多
中英文期刊"走出去" ············《解放日报》2018年11月15日/1148
进入SCI等国际三大检索系统刊物数领跑上海地区高校 上海大学期刊社
逆袭突围靠什么 ····················"上观新闻"2018年11月15日/1150
为了民族复兴·英雄烈士谱 台湾爱国先烈翁泽生:为振兴中华奋斗一生
················································《人民日报》2018年11月16日/1152
为啥高校教育要开设人工智能系列通识课? 全国研讨会分享上大经验
················································《新民晚报》2018年12月3日/1153
上海大学:开设人工智能系列通识课程 ······《中国教育报》2018年12月3日/1154
上海大学再起旋风! 率先建设新时代"人工智能通识教育"人才培养的标杆!
················································《东方教育时报》2018年12月5日/1154
2018"中国非遗年度人物"100人候选名单公布
················································《光明日报》2018年12月20日/1157
2018"中国非遗年度人物"30位提名候选人产生
················································《光明日报》2018年12月27日/1158

上海高水平地方高校建设渐入佳境　打造创新驱动发展新引擎
　　………………………………………………《文汇报》2018年12月27日/1159

**2019年** ……………………………………………………………………………… 1162

让党的旗帜在高校高高飘扬——高校党的建设与思想政治工作综述
　　………………………………………………《人民日报》2019年1月15日/1162
为了民族复兴·英雄烈士谱　陈明：红土地走出的抗战英雄
　　………………………………………………《人民日报》2019年1月17日/1162
一腔赤诚　百折不挠——纪念瞿秋白同志诞辰120周年
　　………………………………………………《人民日报》2019年1月29日/1163
"泰中友谊在文化交流中不断加深" …………《人民日报》2019年2月2日/1168
上海高校"礼敬中华优秀传统文化"系列活动巡礼——上海大学：从"大国
　　方略"到"创新中国" ……………………《文汇报》2019年2月18日/1168
思政花开　课程示范——上海大学举行首批课程思政示范课程结项答辩会
　　……………………………………"中国社会科学网"2019年3月11日/1169
上海大学首批"课程思政"示范课启动，播撒"育人"种子
　　……………………………………《东方教育时报》2019年3月16日/1170
思政课在上海高校"活起来""火起来" ………《文汇报》2019年3月19日/1173
沪喀两校对口直播同上一门上大新课 ………"中国新闻网"2019年3月27日/1174
上海大学举办课程思政建设经验交流会
　　……………………………………"中国社会科学网"2019年3月29日/1175
关注人类命运　融通生命智慧——"育才大工科"系列课程之五"生命智能"
　　亮相上海大学 ……………………"中国社会科学网"2019年3月29日/1176
"新时代的中国"国情教育开课 ………………《人民日报》2019年4月11日/1177
促进受援地教育教学水平　提升沪喀共享课堂成功启动
　　………………………………………………"人民网"2019年5月6日/1177
乐山大佛恢复昔日风采 ………………………《光明日报》2019年5月7日/1178
上海大学"开天辟地"系列课做了这些尝试
　　……………………………………"上海教育新闻网"2019年5月25日/1180
上海成立红色文化研究院 ……………………《人民日报》2019年5月28日/1181
为了民族复兴·英雄烈士谱　关向应：忠心耿耿　为党为国
　　………………………………………………《人民日报》2019年5月28日/1182
教授柔性援疆　两地共建共享——上海大学三位教授受聘喀什大学柔性
　　援疆客座教授 ……………………"中国社会科学网"2019年6月18日/1182
港澳影人沪上"孵化"未来 ……………《人民日报（海外版）》2019年6月28日/1184

# 目 录

上大举行"人文智能丛书"版权输出签约仪式
................................................"中国新闻网"2019年7月5日/1185
职业型本科就是要让学生一技傍身——上海大学巴黎国际时装艺术学院
　2019毕业秀亮相,学生自己设计自己裁缝
................................................《解放日报》2019年7月15日/1186
"土木工程概论"上线"学习强国"
................................................"学习强国"上海学习平台2019年7月22日/1187
从"大中小一体化"破局,增强思政教育育人合力
................................................《文汇报》2019年8月29日/1188
坚持立德树人　以责任担当践行初心使命——2019年上海市"四有"好教师
　（教师育人楷模）名单揭晓 ················《文汇报》2019年9月10日/1188
最新！2019年"上海高校课程思政领航计划"拟入选名单公示
................................................"上海教育"2019年9月11日/1189
全国高校广泛开展"青春告白祖国"系列活动——开学季,讲好这堂"思政
　大课" ···············································《人民日报》2019年9月16日/1190
文化知识产权论坛举行 ··············《人民日报（海外版）》2019年9月16日/1191
脚步丈量大地　青春献给祖国 ·············《光明日报》2019年9月16日/1191
青春告白祖国　发出时代强音——上海高校开展主题社会实践　探索思政
　教育新模式 ···································《人民日报》2019年9月19日/1191
上海大学举办"创新中国"公开课暨"不忘初心、牢记使命"主题教育党课
................................................"学习强国"2019年9月26日/1192
上海大学"电影党课"开课：《攀登者》出品人开讲
................................................《中国青年报》2019年9月29日/1193
严督实导,确保取得实效（守初心　担使命　找差距　抓落实·深入开展
　"不忘初心、牢记使命"主题教育）——中央指导组和巡回督导组深入
　一线开展主题教育督促指导工作综述 ······《人民日报》2019年10月17日/1193
上大举办进博会与"经国济民"公开课暨主题教育党课
................................................"中国新闻社"2019年10月21日/1194
高校开"金课""课程思政"让专业课更有育人价值
................................................《新民晚报》2019年11月15日/1195
高校"金课"和"课程思政"建设研讨会在上海大学成功举办
................................................"光明日报客户端"2019年11月17日/1196
上海大学举办高校金课和课程思政建设研讨会
................................................"人民网"2019年11月18日/1197

让"中国制造"自主可控——专访中国工程院院士、上海大学复合材料研究
　　中心主任孙晋良 ·················《解放日报》2019 年 11 月 22 日/1198
上大文学院举办"课程思政"教师培训及教学研讨会
　　·························"中国新闻网"2019 年 11 月 29 日/1203
上海大学与新疆喀什大学探索"互联网＋课程"新模式
　　·······················"光明日报客户端"2019 年 12 月 1 日/1204
开放、创新、包容！李强为上海大学师生作形势报告，详释上海城市品格
　　···························"上观新闻"2019 年 12 月 30 日/1205
开放、创新、包容！李强为上海大学师生代表作形势报告，详释上海城市品格
　　·························《解放日报》2019 年 12 月 31 日/1207

## 2020 年 ································································· 1209

上海大学新闻传播学院推出 12 门微党课，师生共筑思想"定盘星"
　　····························"上观新闻"2020 年 1 月 9 日/1209
上海大学：赓续红色基因　迈向卓越一流 ·····《光明日报》2020 年 1 月 13 日/1210
知信行统一，走出守正创新路——上海大学新闻传播学院推出 12 门微党课，
　　师生共筑思想"定盘星" ···········《解放日报》2020 年 1 月 14 日/1212
上大组织 2020 年度首次"课程思政"教师在线培训活动
　　···························"中国新闻网"2020 年 2 月 21 日/1214
共饮一江水——从上海到武汉的共同战"疫"
　　····························《光明日报》2020 年 2 月 23 日/1215
"以学生为中心"——上海大学开启在线教学第一课
　　····························"光明日报"2020 年 3 月 3 日/1220
如何线上讲好"抗疫"故事　上海大学课程思政在行动
　　····························"光明日报"2020 年 3 月 5 日/1221
让家国情怀在"云端"流淌　上海高校构建"云上思政"大格局
　　·····························"新华社"2020 年 3 月 6 日/1222
如何线上讲好"抗疫"故事　上海大学课程思政在行动
　　····························"第一教育"2020 年 3 月 7 日/1222
上海高校构建"云上思政"大格局 ···········"凤凰网"2020 年 3 月 8 日/1224
上海大学线上课程思政直播公开课　嘉宾共话疫情下中小企业主的"创业
　　人生" ······················"中国新闻网"2020 年 3 月 10 日/1225
沪上高校云思政　从抗疫生动故事里提炼精彩隔空育人
　　···························"新民晚报"2020 年 3 月 13 日/1226
上海大学"云上思政"出新招　战"疫"脱贫融入"经国济民"

# 目 录

·················································"光明日报"2020年3月17日/1226

战"疫"脱贫融入"经国济民"——上海大学"云上思政"系列公开课拉开帷幕

·············································"中国社会科学网"2020年3月17日/1227

把疫情中的鲜活素材融入线上课堂  上大教师云端相聚交流课程育人

···········································"上海教育新闻网"2020年4月7日/1229

上海疫情防控发布|上海大学针对毕业设计和毕业论文答辩制定相应方案

·················································"上观新闻"2020年4月9日/1231

上海大学"云上思政"课程思政系列公开课之五  解"谜"浦东开发30年

················································"中国新闻网"2020年4月16日/1232

《媒体中的我们——聚焦上海大学课程思政》

················································"学习强国"2020年4月16日/1233

上海大学"云上思政"公开课讲述浦东开发开放30年

···················································"新华社"2020年4月17日/1234

"力学庐藏书"惠泽天水 ·················《人民日报(海外版)》2020年4月22日/1235

上海大学"纳米纤维研究团队"落户昆山开发区

·················································"新华网"2020年4月26日/1236

"致生命  以青春的名义"上海大学举办"生命智能"云上思政公开课

················································"中国新闻网"2020年4月29日/1237

走近无声的世界  手语老师倪兰的指尖之语

··············································《东方教育时报》2020年5月6日/1239

上海大学"课程思政"在《红色传承》中汲取营养

·················································"光明日报"2020年5月8日/1240

上海大学"创新中国"云上思政公开课聚焦青年创新

················································"中国新闻网"2020年5月11日/1241

上海大学召开新时代领航高校思政课＋课程思政创新教学研讨会

················································"中国新闻网"2020年5月18日/1243

做晨曦中的赶路人——专访上海大学校长刘昌胜

··············································《解放日报》2020年5月22日/1245

"万人计划"劳模教授做客上大  线上讲述5G与"创新中国"

················································"中国新闻网"2020年5月24日/1250

上海大学无锡产业研究院落户经开区

·········································"中共江苏省委新闻网"2020年5月26日/1251

关于青少年健康安全教育和思政课建设问题,这位委员有话说|两会代表委员

履职记 ·········································《青年报》2020年5月26日/1252

领航课程思政　落实立德树人——上海大学课程思政专家团队系列直播
　　公开课收官……………………………………"人民网"2020年6月2日/1253
上海大学举办课程思政"云培训"……………"中国新闻网"2020年6月9日/1256
上海第5家：综合性大学设"医字头"院系，上海大学"后发"意在何方？
　　…………………………………………………"上观新闻"2020年6月10日/1257
落实立德树人　上海大学举行第五期"我与书记面对面"座谈会
　　…………………………………………………"光明日报"2020年6月12日/1258
静安周周谈·从弄堂大学走向红色学府，上海大学的潮人潮事
　　…………………………………………………"澎湃新闻"2020年6月13日/1259
几百个机器人一起作业，谁来指挥协调？这家公司与上海大学共建"云端
　　机器人研发中心"……………………………"上观新闻"2020年6月16日/1261
医工交叉，从"工"出发拓展新医科——继复旦、上海交大、同济、华东师大后，
　　上海大学成第5家设"医字头"院系的综合性大学
　　…………………………………………………《解放日报》2020年6月18日/1262
环上大科技园正式揭牌！宝山区和上海大学携手打造示范性创新创业集聚区
　　…………………………………………………"上观新闻"2020年6月22日/1264
上海大学：建强搞活党支部推动高水平大学建设
　　…………………………………………………"新华网"2020年6月24日/1265
上大社会学院院长张文宏开讲"领航"线上公开课
　　…………………………………………………"中国新闻网"2020年6月29日/1267
推动高校立德树人落实见效 ……………………《解放日报》2020年6月30日/1268
环上大科技园揭牌　区校携手打造创新创业集聚区
　　…………………………………………………《解放日报》2020年6月30日/1270
话初心　融"四史"　学《纲要》　上大举办课程思政教学设计咨询交流活动
　　…………………………………………………"中国新闻网"2020年6月30日/1270
融入课堂　融汇校史　融合学科　融通内外　上海大学以"四融"模式赋能
　　"四史"学习教育 ……………………………"上海教育新闻网"2020年7月1日/1271
新数据　新看点·前五月我国移动互联网累计流量超六百亿GB　网络
　　高速路　发展强支撑 ……………………《人民日报》2020年7月12日/1273
"有温度有智慧"——上海大学集中展示课程思政建设成果
　　…………………………………………………"光明日报"2020年7月17日/1275
上海大学举行2020年度专业课课程思政建设成果展示暨结项答辩
　　…………………………………………………"中国新闻网"2020年7月17日/1276
2020高校招生服务光明大直播 …………………《光明日报》2020年7月27日/1277

# 目　录

上海大学 MBA 战略合作发布会暨数字化平台云课堂启动
　　………………………………………………"新华网"2020 年 7 月 27 日/1278
上海大学：自强不息；先天下之忧而忧，后天下之乐而乐
　　………………………………………………"学习强国"2020 年 7 月 27 日/1279
把国际编号为 283279 号小行星正式命名为"钱伟长星"上海大学举行
　　"钱伟长星"命名仪式 ………………《中国青年报》2020 年 7 月 30 日/1279
全程陪伴，他们是导师也是挚友——记上海大学本科生全程导师制"三全
　　育人"新模式 ……………………………《光明日报》2020 年 7 月 31 日/1280
"钱伟长星"在上海大学命名 ……………《解放日报》2020 年 7 月 31 日/1282
上大举行"钱伟长星"命名仪式 …………《文汇报》2020 年 7 月 31 日/1282
"钱伟长星"闪耀太空！上海大学举行"永远的校长"钱伟长先生逝世十周年
　　纪念活动……………………………………《中国教育报》2020 年 8 月 2 日/1282
上海大学承办 2020 年上海高校课程思政建设研讨会上大线上分论坛
　　………………………………………………"中国新闻网"2020 年 8 月 4 日/1283
"上大期刊社"如何累积起群体崛起"魔力"………《文汇报》2020 年 8 月 13 日/1284
20200001 号启程！上海大学第一封本科录取通知书今日送达！
　　………………………………………………"中国青年报"2020 年 8 月 13 日/1286
"我的故事　你的心声"上海大学举办教师节专场教学沙龙
　　………………………………………………"第一教育"2020 年 9 月 5 日/1288
在课程中有机融入　上海大学各学院持续推动"四史"教育
　　………………………………………………"中国新闻网"2020 年 9 月 7 日/1289
上大师生讲述"教书育人　与子同行" ……"新民晚报"2020 年 9 月 7 日/1291
"光盘行动"有妙招　上海大学食堂"小鸟胃专属餐"火了
　　………………………………………………《中国青年报》2020 年 9 月 11 日/1291
这所大学体育老师走上思政课讲台——思政课"一院一大课"不断推进，
　　上海大学探索中给自己出"难题" …………《解放日报》2020 年 9 月 16 日/1292
创新科技赋能产业新发展：上海大学最新科技成果亮相第 22 届工博会！
　　………………………………………………"中国青年报"2020 年 9 月 16 日/1293
体育老师开讲思政课　有何不同？ ………《青年报》2020 年 9 月 17 日/1295
上海大学推出"小鸟胃"专属餐 ……………《光明日报》2020 年 9 月 18 日/1296
上海大学举办领航学院课程思政指南编撰交流会
　　………………………………………………"中国社会科学网"2020 年 9 月 19 日/1296
听上大党委书记成旦红讲授开学第一课：赓续红色基因　锚定青春坐标！
　　………………………………………………"东方网"2020 年 9 月 19 日/1297

在生动抗疫故事中领悟生命意义　上海大学开启精品领航课程"生命智能"
　　……………………………………………………………"光明日报"2020年9月20日/1299
抗疫精神融入课程　英模事迹温暖人心——上海大学精品领航课程"生命
　　智能"是这样打开课程的　………………"中国社会科学网"2020年9月20日/1300
这些"硬核"成果尖端又实用——第22届工博会上海高校科研创新成果综述
　　………………………………………………………《光明日报》2020年9月21日/1301
体育老师走上高校思政课讲台　……………………"新华社"2020年9月23日/1302
"体育中国"思政课在上海大学开讲　………………"新华网"2020年9月23日/1302
上海大学通识课："玩具中的力学"引导学生以全新视野认识学科
　　………………………………………………………"中国新闻网"2020年9月24日/1302
上海大学新学期"创新中国"课程开启　两位科学家鼓励学子们积极开展基础
　　研究　………………………………………………"上海科技报"2020年9月24日/1303
"大学有大课　大课话大师"——上海大学新学期"创新中国"第一课聚焦科学
　　与"强基"……………………………………"中国社会科学网"2020年9月25日/1304
中华体育如何影响世界　名家教授在上海大学"体育中国"讲述武术的魅力
　　…………………………………………………………"光明日报"2020年10月1日/1305
树立大武术观，追寻体育强国梦，上海大学思政课迈出新路径
　　……………………………………………………………"第一教育"2020年10月2日/1306
民盟中央传统教育基地在上大钱伟长纪念馆揭牌
　　…………………………………………………………《解放日报》2020年10月10日/1307
"勤学习　优服务　精管理"：上海大学举办课程思政联络员培训
　　………………………………………………………"中国新闻网"2020年10月12日/1308
2020年全国劳动模范和先进工作者拟表彰人选公示
　　…………………………………………………………《人民日报》2020年10月15日/1309
回顾奥运之路　体育振兴中华　上海大学"体育中国"第三课开讲
　　………………………………………………………"中国新闻网"2020年10月16日/1309
上海大学举行社区学院大类新生面对面活动
　　………………………………………………………"中国新闻网"2020年10月18日/1310
乡村振兴　艺术何为？·非遗扶贫，激发乡土文化的创新活力
　　…………………………………………………………《人民日报》2020年10月25日/1311
政治是体育老师教的？在上海这所高校,体育老师为学生讲述中国故事
　　…………………………………………………………"学习强国"2020年10月26日/1311
热烈祝贺上海大学本科教育大会召开　讲台人生　书写初心！
　　……………………………………………………………"今日头条"2020年10月26日/1312

科技如何促进体育的腾飞　张统一院士在上海大学分享"科技赋能体育"心得
……………………………………………………"上海科技报"2020年11月1日/1315
2019年度"罗姆杯"上海大学大学生机电创新设计大赛圆满落幕
…………………………………………………………《新民晚报》2020年11月4日/1316
迎接建党百年——"四史"学习教育与"开天辟地"课程建设高端论坛在上海
　　大学召开 ………………………………"社会科学报"2020年11月10日/1316
上海大学举办"四史"学习教育与"开天辟地"课程建设高端论坛
……………………………………………………"光明日报"2020年11月11日/1318
吸取专家意见、聆听学生心声——上海大学"开天辟地"课程建设高端论坛
　　举行 ……………………………………………"第一教育"2020年11月11日/1319
"钢"柔相济交融创新　上海大学讲述新时代科技与艺术故事
……………………………………………………"光明日报"2020年11月14日/1321
第二届上海大学医工论坛成功举行 …………"新华网"2020年11月17日/1322
什么人工智能教育是必须的、必要的？ ………"新民晚报"2020年11月17日/1323
新时代的人工智能知识该如何传授？新时代人工智能通识教育全国教学
　　研讨会在上海大学举行 ………………《上海科技报》2020年11月18日/1324
新突破！上海大学8位教授入选2020全球"高被引科学家"名单
……………………………………………………"中国青年报"2020年11月20日/1325
上海大学博物馆举办三星堆特展 ……………"新华网"2020年11月21日/1328
推动传统产业创新升级，上海大学这一中试基地落户临汾市襄汾县
……………………………………………………"新华网"2020年11月23日/1328
上海大学党委书记成旦红为本科生讲授思政课
…………………………………………………"中国社会科学网"2020年11月23日/1329
把握大趋势　下好先手棋——上海大学以科研反哺本科教学　"量子
　　世界"课程培养学生创新思维 ………"中国社会科学网"2020年11月23日/1330
上海大学上海电影学院党委：发挥艺术学科优势，活学"四史"求实效
……………………………………………………"东方网"2020年11月23日/1332
龚正市长调研上海大学、哔哩哔哩，全力做强创新引擎，支持在线新经济
　　发展 ……………………………………"上观新闻"2020年11月24日/1334
2020年全国劳动模范和先进工作者名单 …《人民日报》2020年11月25日/1334
2020年全国劳动模范和先进工作者名单 …《光明日报》2020年11月25日/1334
未雨绸缪 400份问卷"梳"出十个风控点，细解上海大学"内控"全覆盖
……………………………………………………"上观新闻"2020年11月26日/1335
环上大科技园正式开园 ………………………《解放日报》2020年12月1日/1337

环上大科技园：力争五年育千家科技型企业 ……《文汇报》2020年12月1日/1337
瞭望｜地方高校如何逆袭世界一流大学——专访中国科学院院士、上海大学
　　校长刘昌胜 …………………………………"新华网"2020年12月1日/1338
壮美的"中国山川"：上海大学拉开"光影中国"新课序幕
　　………………………………………………"中国新闻网"2020年12月5日/1341
上大成立国际博物馆研究与交流中心 …………《文汇报》2020年12月11日/1342
上海大学女足主教练"上新"，中国女足前国脚浦玮的教练初体验
　　………………………………………………"上观新闻"2020年12月12日/1342
中外合作办学如何领航课程思政建设？融"四史"周周见　上海大学悉尼
　　工商学院给出答案 ……………………"学习强国"2020年12月13日/1344
"人文与科技：第二届新时代人工智能通识教育全国教学研讨会"在上海
　　大学召开 …………………………"中国社会科学网"2020年12月19日/1345
一桌菜、几行诗：两岸共话"岁令时节"
　　……………………………《人民日报（海外版）》2020年12月22日/1347
上海大学"光影中国"回溯近现代中国历史进程中的高光时刻
　　………………………………………………"光明日报"2020年12月22日/1348
诺贝尔奖获得者视频祝贺：上海大学附属孟超肿瘤医院揭牌
　　………………………………………………"新华网"2020年12月25日/1349
在时代中行进　于磨砺中蓄能（记·艺2020）——2020中国美术现象观察
　　……………………………《人民日报（海外版）》2020年12月26日/1349
马克思主义理论教学研究｜忻平：解决实际问题才是核心所在
　　………………………………………………"澎湃新闻"2020年12月31日/1349

**2021年** ……………………………………………………………………………… 1353
上海大学举行课程思政示范课微课教学展示活动
　　………………………………………………"光明日报"2021年1月4日/1353
上海大学实施"三大工程"赓续红色文化 ………"上海教育"2021年1月5日/1353
如何将思政元素有机"无痕"融入微课教学？上海大学举行课程思政示范课
　　教学展示活动 ……………………………"第一教育"2021年1月6日/1354
"光影中国"新课用"红""黄""青"讲述中国时代变
　　迁 ………………………………………"中国新闻网"2021年1月6日/1356
上海大学集中展示一批思政微课精品 …………《新民晚报》2021年1月7日/1357
宝山区人口指导中心与上大举办性健康知识讲座
　　…………………………………………………《新民晚报》2021年1月13日/1358
上海大学老师联袂谈科技创新　"比""学""赶""超"入"创新中国"

……………………………………………………"中国新闻网"2021年1月13日/1358
感悟信仰力量,上海大学百名师生齐诵《共产党宣言》
……………………………………………………"上观新闻"2021年1月19日/1359
上海大学举行微党课比赛,用"小切口"讲"大故事"
……………………………………………………"学习强国"2021年1月25日/1360
留校过年味也浓:上海大学千余名师生留校过年,学校策划了上百场活动
……………………………………………………"上观新闻"2021年2月3日/1361
上海大学材料科学与工程学院党委:学"四史"聚力新时代,重落实共铸强国梦
……………………………………………………"学习强国"2021年2月8日/1361
"中国革命历史是最好的教科书,常读常新"——习近平总书记给上海市
  新四军历史研究会百岁老战士们回信在上海各界引起热烈反响
……………………………………………………《光明日报》2021年2月21日/1364
环上大科技园"零号基地"正式启动 …………《文汇报》2021年3月1日/1365
对于高校思政课,这两位全国政协委员有话要说
……………………………………………………《青年报》2021年3月3日/1365
多地创新党史教育形式 让党史教育热潮在青少年群体中澎湃涌流
……………………………………………………"学习强国"2021年3月3日/1367
上海大学举办第15期"学党史、融'四史'周周见"云上分享
……………………………………………………"中国新闻网"2021年3月5日/1368
上海大学"光影中国"探寻党史里的"中国面孔"
……………………………………………………"光明日报"2021年3月6日/1369
公共艺术,关乎"幸福指数"——专访上海大学上海美术学院副院长金江波
……………………………………………………《解放日报》2021年3月12日/1370
让红色基因、革命薪火代代相传 …………《光明日报》2021年3月17日/1375
有金课、有良师还有好教材,上海大中小学这样结合抗疫中现实,有机融入
  百年史 ………………………………………"上观新闻"2021年3月17日/1376
党史学习教育中央宣讲团报告会分别在北京上海天津举行
……………………………………………………《光明日报》2021年3月18日/1377
将党史学习教育融入课程思政 ……………《解放日报》2021年3月18日/1377
"学习党史,不妨把自己代入其中"——中央宣讲团赴上海大学、杨浦滨江,
  为广大师生、基层党员群众释疑解惑 ………《解放日报》2021年3月18日/1378
把党史学习教育融入"课程思政"引导青少年在学思践悟中汲取奋进力量
……………………………………………………《文汇报》2021年3月18日/1379
上海大学:扶智与扶志深度融合,焕发脱贫攻坚内生动力

...................................."学习强国"2021年3月18日/1380

让党史教育在课堂上"润物细无声",更多思政"金课"来了

...................................《青年报》2021年3月19日/1381

上大领航学院教师聚焦全国两会 共话"十四五规划中的城市社区治理"

...................................."中国新闻网"2021年3月20日/1382

"大思政":有金课良师还有好教材 上海推动大中小学党史教育更好贯通,
  百年党史有机融入 ..............................《解放日报》2021年3月21日/1383

新发现6座祭祀坑,出土重要文物500余件·神秘三星堆 考古再解谜

...................................《人民日报》2021年3月22日/1384

在三星堆"最细致挖土",不放过任何信息——三星堆重大考古发现再惊
  天下,上海大学团队参与现场发掘并承担科技考古与文物保护任务

...................................《解放日报》2021年3月23日/1386

上海:"大思政课"为高校学生讲好党的故事

...................................《光明日报》2021年3月30日/1388

上海大学以手语解读党的初心始发地"密码"

...................................."学习强国"2021年4月2日/1388

嘉定区和上海大学达成战略合作,双方将共建上海大学科技园

...................................."上观新闻"2021年4月2日/1390

走实走深"校地合作":上海嘉定与上海大学共同打造合作新样板

...................................."新华网"2021年4月3日/1390

"涵浸、提劲、亲近、精进"上海大学推进党史学习教育入脑入心

...................................."学习强国"2021年4月3日/1391

细心和创新贯穿疫苗接种全过程 ............《光明日报》2021年4月12日/1391
用活红色资源——上海大学推进党史学习教育走深走实

...................................."光明日报"2021年4月13日/1392

上海大学文学院:为留学生用英语讲党史 ......"学习强国"2021年4月13日/1394
"第一人称"代入,上海大学党史学习教育走深走实

...................................."人民日报"2021年4月14日/1394

国际减贫合作——上海大学青年学子的担当与梦想

...................................."学习强国"2021年4月14日/1395

全国高校专业类课程思政教学指南编撰高层研讨会在上海大学举行

...................................."光明日报"2021年4月19日/1396

共享名师优课,推进跨地区、跨学段融合,上大课程思政教学研究中心揭牌

...................................."新民晚报"2021年4月19日/1398

# 目　录

沪上的早晨曾在这里开始——"红色学府"用好第一人称讲党史
　　……………………………………………《中国教育报》2021年4月22日/1398
"高言值"党史课，坚定青年永远跟党走信念 ……《文汇报》2021年4月26日/1399
紧盯"实事"求实效，上海大学扎实推动"我为群众办实事"实践活动
　　………………………………………………"东方网"2021年4月28日/1401
中建安装上海公司与上海大学联合开展主题团日活动
　　………………………………………………"新华网"2021年4月30日/1404
"学党史　传薪火"青春诗会在上海大学举办
　　………………………………………………"光明日报"2021年5月1日/1404
武警官兵与上海大学师生共同举办纪念建党百年青春诗会
　　………………………………………………"新民晚报"2021年5月2日/1405
上海大学学生与百年前90后"隔空对话"
　　…………………………………………"中国青年报客户端"2021年5月6日/1405
红色基因、开放办学、服务社会！刘校长主讲的这堂课，又燃又提气！
　　…………………………………………………"东方网"2021年5月8日/1406
院士开讲啦！中国矿产资源开发的瓶颈和出路在哪？
　　………………………………………………"第一教育"2021年5月10日/1408
奋斗百年路　启航新征程·数风流人物　恽代英：中国革命青年的楷模
　　………………………………………………《人民日报》2021年5月12日/1409
2020—2021年度"罗姆杯"上海大学大学生机电创新设计大赛圆满落幕
　　………………………………………………《新民晚报》2021年5月12日/1410
2021量子计算黑客松大赛圆满落幕 ………"光明日报"2021年5月17日/1410
越来越多高质量论文在本土科技期刊上发表——成果受关注　创新迈大步
　　………………………………………………《人民日报》2021年5月18日/1411
浙江嘉兴科技城筑巢引人才·"省校合作"打造科创新高地
　　…………………………………………《人民日报（海外版）》2021年5月20日/1412
上海大学联合市新四军历史研究会，抢救性采访红军、八路军、新四军等
　　老战士及亲属　老战士口述历史　英雄故事聚成《红色传承》
　　………………………………………………《解放日报》2021年5月20日/1412
提升资产使用绩效，上海大学资产管理给出创新的"解"
　　………………………………………………"上观新闻"2021年6月5日/1416
上大微电子学院建设推进会举行　《文汇报》2021年6月8日/1418
荣氏家族名媛旗袍与上海大学博物馆结缘 ……《新民晚报》2021年6月9日/1418
她们，获得了上海市三八红旗手标兵及标兵提名奖！

............................................................"上海发布"2021年6月9日/1420

第二届全国动漫美术作品展举行　展现中国动漫艺术最新成就

............................................................《人民日报(海外版)》2021年6月10日/1420

赓续红色基因,发挥学科优势——上海大学深入开展党史学习教育

............................................................"光明日报"2021年6月12日/1421

上大课程思政教学研究中心入选教育部"课程思政教学研究示范中心"

............................................................"中国新闻网"2021年6月13日/1422

党史教育点亮课程　全国高校党史类课程联盟在上海成立

............................................................"光明日报"2021年6月21日/1423

上海大学培养全面发展的卓越创新人才…………"新华网"2021年6月22日/1424

沪北将添艺术新地标　上大上海美院主校区项目启动

............................................................《解放日报》2021年7月1日/1426

实地探访《洛神水赋》上海拍摄地　…………《光明日报》2021年7月5日/1426

百年正青春,奋斗正当时——电影党课《1921》走进上海大学

............................................................《中国青年报》2021年7月5日/1427

上海大学—宝山区大中小幼思政课一体化项目启动仪式举行

............................................................"上海市人民政府"2021年7月5日/1428

绘光辉历程　颂百年华章——献礼建党百年系列美术作品展综述

............................................................《人民日报》2021年7月11日/1429

沪上高校贯彻学习"七一"讲话精神:为党育人、为国育才

............................................................"澎湃新闻"2021年7月12日/1430

"开天辟地"课程教学研讨会在上海大学召开

............................................................"中国新闻网"2021年7月22日/1431

"师生事无小事,做爱生如子的标杆"上海大学理学院党委书记盛万成规范

　　学院党委中心组学习制度,将理论学习打造成品牌项目

............................................................《解放日报》2021年7月23日/1432

你以为上海大学学生今天在军训吗?其实他们也在参加另一个重要活动

............................................................"上观新闻"2021年7月23日/1433

大学生喜欢的党史课该是啥样子…………《光明日报》2021年7月27日/1434

上海大学有个退役大学生士兵宿舍,全员保研!

............................................................"上观新闻"2021年8月1日/1436

于右任题写的《上海大学章程》…………"学习强国"2021年8月2日/1436

上海大学师生解锁"声临其境"学党史新方法

............................................................"中国青年报客户端"2021年8月13日/1437

上海大学举办课程思政混合式教学设计暨微课录制专题培训
..................................."中国新闻网"2021年8月15日/1437
大学生们,这样用艺术践行匠心——高校艺术工坊创新以美育人
...................................《光明日报》2021年8月17日/1438
从"零基础"到工科学霸,这位上海大学少年追梦之旅再起航
..................................."学习强国"2021年8月26日/1440
百名巾帼共推思政百讲活动开讲 ..............."学习强国"2021年9月6日/1440
欢迎加入我们的大家庭!上海大学举办2021年新进教师岗前培训班
......................................"东方网"2021年9月6日/1441
手慢就抢不到课!上海大学"中国系列"课程上新,新生:既有趣又心生钦佩
......................................"文汇报"2021年9月7日/1441
以别样视角更深刻认知当代中国——上海大学思政课"光影中国"在线直播
开学第一课...............................《解放日报》2021年9月9日/1442
三星堆再上新惊世文物 ......................《光明日报》2021年9月10日/1443
文物数量多、制作精、造型奇 三星堆遗址考古发掘成果丰富
...............................《人民日报(海外版)》2021年9月14日/1446
上海大学2021级新生第一课! ..................."央视频"2021年9月17日/1448
上海大学依托课程思政育人体系推进党史学习教育
..................................."学习强国"2021年9月18日/1449
龙门石窟国宝级文物首次在沪集中亮相,上海大学与河南省文物局首个项目
落地 ..................................."上观新闻"2021年9月19日/1450
黄宏嘉院士逝世 ...........................《光明日报》2021年9月25日/1452
外国女孩创作《新中国之歌》引发国内外热烈反响
....................................《光明日报》2021年9月29日/1452
参观"铭心妙相"龙门石窟艺术对话特展,在传统与现代中感悟创新表达
"创新中国"把课堂搬进上大博物馆...........《解放日报》2021年10月3日/1453
精海逐浪 驰骋海洋——上海大学无人艇教师团队的故事
....................................《光明日报》2021年10月8日/1454
全国高校党史课程联盟校师生共享"红船精神与时代价值"
...................................《光明日报》2021年10月11日/1456
上海大学遴选2021年度校级课程思政名师工作室
.................................."中国新闻网"2021年10月24日/1457
扬优势、塑品牌,上海大学全面推进学校课程思政建设
...................................."第一教育"2021年10月24日/1458

上海大学举办理学院领航学院课程思政教学研讨会
　　……………………………………………………"中国新闻网"2021年10月26日/1459
奥运冠军许昕获聘上海大学体育学院客座教授
　　…………………………………………"中国青年报客户端"2021年10月29日/1460
奥运冠军许昕获聘上海大学体育学院客座教授
　　……………………………………………………………"新华网"2021年10月30日/1460
上海大学：120位"小叶子"热情服务进博会　彰显青春力量
　　……………………………………………………………"学习强国"2021年11月8日/1460
打击非法贩运文化财产国际日中国主场论坛举行
　　…………………………………………………………《人民日报》2021年11月15日/1461
《红色学府——上海大学》今日开机
　　…………………………………………"中国青年报客户端"2021年11月15日/1461
上海大学吴明红：研发高性能新材料,守护绿水青山
　　……………………………………………………………《文汇报》2021年11月19日/1462
馆校合作"教育部课程思政教学研究示范中心"（上海大学）与郭永怀事迹
　　陈列馆共建"课程思政教育实践基地"……"中国新闻网"2021年11月26日/1463
上海大学云端开讲"理论中的中国"——中央党校一级教授韩庆祥做客
　　"理论中国"名师讲坛 ……………………………"光明网"2021年12月2日/1464
井冈山大学与上海大学联袂云端共享"形势与政策"课暨全国高校党史类
　　课程联盟公开课 ……………………………"中国新闻网"2021年12月9日/1465
"以人引人"服务城市软实力提升——上海大学在文博电影美术等领域分类
　　施策,汇聚各路高层次人才 …………………《解放日报》2021年12月10日/1466
全国非物质文化遗产名词审定委员会成立　……《光明日报》2021年12月14日/1468
上海大学MBA-上海中心Glocal产教融合基地揭牌
　　……………………………………………………………"新华网"2021年12月23日/1468
美式民主已经破产,中国新型民主正在勃兴——鲁品越教授做客上海大学
　　辨析民主真谛　…………………………"东方教育时报"2021年12月16日/1469
上海大学举办"思政课＋课程思政"建设论坛
　　……………………………………………………………"新民晚报"2021年12月23日/1471
在历史长河中"诵读"青春　……………………《光明日报》2021年12月29日/1472
溯源初心恰风华　百年传承再出发——上海大学在党史学习教育中凝聚
　　精神力量 ……………………………………《光明日报》2021年12月29日/1473
讲好有"温度"又有"智慧"的党史课 …………《光明日报》2021年12月29日/1476

# 目　　录

**2022 年** ·················································································································· 1477

"引凤来栖"后精准施策方能"引凤长栖"　上海大学搭建引才快速通道，

办完所有引才手续最快只需两周 ················《文汇报》2022 年 1 月 4 日/1477

社区停车棚看龙门石窟特展！上海大学博物馆龙门特展亮相"星梦停车棚"

································································"上观新闻"2022 年 1 月 5 日/1479

上海大学成立文化遗产与信息管理学院　单霁翔任名誉院长

································································"新华网"2022 年 1 月 11 日/1480

上海大学：大学生走进"田野"体验"菜篮子"的数字化升级

································································"学习强国"2022 年 2 月 9 日/1480

新春学期，怎么打卡校园？上海首批高校开学，因疫情未返校学生共享无

差别教学 ····················································"上观新闻"2022 年 2 月 21 日/1481

艺术扮靓海派乡村，上海大学美院师生在奉贤田间搭起"大棚美术馆"

································································"上观新闻"2022 年 3 月 1 日/1481

长江口二号古船考古与文物保护正式启动！精确到毫米打捞，古沉船未解

之谜待破 ····················································"上观新闻"2022 年 3 月 2 日/1481

我国水下考古取得重大突破，"长江口二号"古船整体打捞启动——将百年

古船"抱"出水 ············································《光明日报》2022 年 3 月 3 日/1485

打造大学成果转化的"苗圃"　培育更多硬核科技的参天大树——专访中国

科学院院士、上海大学校长刘昌胜 ············《文汇报》2022 年 3 月 3 日/1487

"空中课堂"有啥动静？上海大学"足不出校"防疫，数万师生"动静结合"

网课 ··························································"上观新闻"2022 年 3 月 10 日/1491

是专家教授，也是送餐员志愿者——抗疫中的上海高校教师

·······························································《光明日报》2022 年 3 月 22 日/1493

上海大学校园"Tony 天团"为师生解决"头等大事"

································································"新华网"2022 年 3 月 23 日/1493

为中国加油，为上海打气！上海大学留学生创作歌曲《A song for China》

································································"上观新闻"2022 年 4 月 4 日/1494

上海大学：多措并举助力毕业生"职"面未来

································································"学习强国"2022 年 4 月 8 日/1494

上海高校积极落实各项防控举措　全力守护师生安康、校园安全

·······························································《人民日报》2022 年 4 月 15 日/1496

上海高校，抗疫答卷这样做 ··················《光明日报》2022 年 4 月 17 日/1496

战疫中，上海大学校园中的那一抹橄榄绿

······················································"光明日报客户端"2022 年 4 月 28 日/1497

"穿上军装就无所畏惧!"上海大学有支"橄榄绿"抗疫突击队
　　 ························································ "上观新闻"2022年4月28日/1498
从上海大学封校起,造出一个元宇宙校园,不上网课了还能在元宇宙教室
　　打卡讲座 ······································· "上观新闻"2022年5月10日/1499
上海大学与内蒙古科技大学联袂推出红五月"示范领航:课程思政建设教师
　　研修班" ································· "光明日报客户端"2022年5月11日/1501
用画笔记录美好 ······································ 《人民日报》2022年5月14日/1502
上海大学:实施本科生全程导师制,聚焦培养全面发展的卓越创新人才
　　 ·························································· "新华网"2022年5月18日/1502
钱学森图书馆、屠呦呦旧居、袁隆平科学园……140个科学家精神教育基地
　　公布 ············································· "上观新闻"2022年5月30日/1505
更加有力强信心聚民心暖人心筑同心　上海市精神文明建设工作会议举行,
　　鼓足昂扬之气汇聚奋进之力,龚正主持,诸葛宇杰出席
　　 ························································ 《解放日报》2022年6月16日/1506
深耕内容让理论节目"出圈破圈" ················· 《光明日报》2022年6月22日/1507
纪念上海大学建校100周年活动公告(第一号)
　　 ······················································· 《光明日报》2022年7月1日/1508

# 下　卷

# 2006 年

**永远的丰碑(327)——宁死不屈的优秀党员　季步高**

　　季步高,笔名布高,1906年11月生于浙江省龙泉县。1922年夏入上海东南高等师范专科学校,随后入上海大学学习。1925年6月,考入黄埔军校第4期。同年9月,在学习期间加入中国共产党。1926年春,被党组织派到中华全国总工会省港罢工委员会工人纠察队,先后任训育处副主任、训育长。

　　"四一二"反革命政变发生时,1927年4月15日,国民党反动当局在广州发动反革命政变。中共广州市委在一片白色恐怖下成立,季步高任中共广州市委委员,负责秘密组织工人武装队伍。1927年11月,中共广东省委根据党中央的指示,决定举行广州起义,季步高协助起义负责人做了大量的起义准备工作。12月11日凌晨,广州起义爆发,季步高率部分工人赤卫队员配合起义军主力——军官教导团,攻打广州市公安局。广州苏维埃政府成立时,季步高任苏维埃军事委员会军械处长。由于敌我力量悬殊,广州起义失败,季步高按照党的指示,转赴香港。

　　1928年1月上旬,中共广州市委重新成立,季步高为市委委员,很快秘密返回广州。此时广州的反动势力极为猖獗,到处笼罩在白色恐怖中,斗争异常尖锐残酷。1月下旬,刚刚建立的市委机关即遭敌破坏。1月30日,中共广州市委再次重建,季步高临危受命,担任中共广州市委书记。他想方设法秘密联络、收拢被打散和隐蔽在各处的共产党员和共青团员,恢复和重建党的组织。十几天后市委机关再次遭到破坏。季步高早已将个人安危置之度外,在万分险恶的情况下,带领同志们分散隐蔽进行革命斗争。4月13日,季步高当选为中共广东省委候补委员。5月间,中共广州市委重新组成,季步高任市委常委兼兵委书记。7月,季步高去香港向省委汇报和请示工作时,不幸被港英当局逮捕,遂被引渡回广州反动当局。在狱中,他受尽了敌人的残酷刑讯和拷打折磨,但他视死如归,始终保持了共产党员宁死不屈的崇高气节。8月,季步高在广州红花岗从容就义,牺牲时年仅22岁。

《人民日报》2006年1月30日

**清纯妖媚两重天——上海大学巴黎时装学院专家解读2006年春夏时装元素**

　　春天的脚步近了,追求时尚的上海女子开始为衣橱新款绞尽脑汁。记者昨日走访上海大学巴黎时装学院的时尚专家们,请他们通过对巴黎、米兰、纽约等各大春夏时装周的分析,为这个春夏的扮靓着装指点迷津。

**一半是海水**

水蜜桃般明亮柔和的粉红色凸显少女情怀,明艳的柠檬黄、珊瑚色、草绿色带来恬静清新,唯美的白色营造出至纯至真。2006年春夏,久违的清纯风格在各大时装周大行其道。

AnnaSui推出了一系列有着蝴蝶花纹、叶子图案以及各种花朵的连衣裙,"黑珍珠"Naomi Campbell穿着青花瓷般清新浪漫的碎花连衣裙,手打相同花色小洋伞款款走来;Kenzo推出了以细密玫瑰花朵面料打造的蓬蓬连衣裙,模特的红色丝袜和俏皮的平跟鞋与玫瑰花连衣裙相映成趣,展现出花样女孩的甜美气质;Burberry将缎带蝴蝶结系在A字形公主小洋装以及线条优雅秀美的经典风衣上,塑造出十足的公主形象。

在图案和细节方面,细密的碎花朵和可爱的蝴蝶结成为今季表现女性甜美气质的主要表征。

**一半是火焰**

性感是女性时装永恒的主题,2006年春夏的性感,走向了略带魅惑的妖媚。

在Dior春夏成衣系列秀场上,主设计师John Galliano将阿根廷妖娆的风情和高级定制服式的结构融入浅粉色的调色盘上,粉嫩层层氤氲,薄纱轻巧如空气般自由扭动着女性的曼妙。诸多设计师都采用了层叠衬裙、蕾丝边内衣、超低领口和贴身剪裁这些妩媚元素,将女性的阴柔之美发挥到极致。

继续走红的民族元素是本季妖媚的另一出处。中国风格的刺绣饰边、地中海风情的带穗系腰绳、韩国传统的刺绣罩衫等都被诠释得时尚有型。连一向中规中矩的Louis Vuitton也推出了波希米亚式的飘逸洋装,将东欧浪漫展现得淋漓尽致。(陈江)

《解放日报》2006年2月13日

**帮助学生自我认识和定位　上海"职业指导师"进校园**

近日,上海各级公共职介机构首次与高校就业指导部门"结对",除了求职服务,职介机构还安排资深职业指导师定期上门预约指导。目前已有复旦、交大、华东理工等10多所大专院校签约参与。此前,上海市劳动保障部门已启动了"公共就业服务进高校"活动,先后在华东师范大学、上海大学等举办了10多场招聘会。主办方上海市职业介绍中心邀请了14位职业指导师现场设摊"义诊",受到大家的欢迎。

上海市职业介绍中心负责人认为,目前大学生求职面临的重要障碍并不是缺乏可应聘的岗位,而是缺少对自我的客观评价和合理定位。上海市十佳"职场医生"、普陀区职业指导师宋文岭说,根据一次问卷调查结果,40%以上的被访者认为"职业定位和发展方向"方面的问题需要职业指导专家的帮助,被访者中认为清楚或比较清楚自己在职业发展中优劣势的不到25%。(励漪)

《人民日报》2006年2月17日

**永远的丰碑(346)——用鲜血浇灌自由之花　王步文**

"是革命家,是教育家,怀如此奇才,生而无愧;为革命死,为大众死,仗这般大义,死又何妨!"

这是中共安徽省委第一任书记王步文烈士英勇就义前高声朗诵的自勉挽联。这是烈士忠于党,忠于人民的铮铮誓言,也是烈士的高尚品质、志向和人生观的真实写照。

王步文,原名王伟模,1898年出生于安徽省岳西县。1919年参加五四运动,先后任安庆学生联合会委员、安徽学生联合会副会长。1921年4月,王步文与舒传贤、许继慎、彭干臣等发起成立了安徽省最早的社会主义青年团组织,1923年加入中国共产党,成为中共安徽省党组织最早的领导者之一。1924年,进入上海大学学习,并以个人身份加入第一次国共合作的中国国民党。

1925年6月王步文赴日留学,参加组织中共东京特别支部。1927年2月,王步文按党的要求回国到上海,在中共中央组织部工作,同时任国民党上海特别市党部组织部长、上海总工会青年部部长,参加了上海工人第三次武装起义。

大革命失败后,王步文任中共安徽省委临时委员会委员,负责组织工作,领导党组织的恢复与重建工作,积极传达和贯彻党的八七会议精神。1927年12月领导安庆地区一二·八暴动。1929年任中共中央巡视员,深入皖中、皖西等地指导工作,布置武装起义,为随后著名的皖西六(安)霍(山)武装暴动作了组织和思想准备。1929年9月,王步文奉调到上海参加中央干部训练班,结业后,留下主持训练班的教务工作。

1930年9月,中央决定正式成立安徽省委,王步文任省委书记兼宣传委员。1931年4月6日由于叛徒告密,省委机关遭破坏,王步文不幸被捕。

反动当局先是以高官厚禄引诱,继而指使叛徒劝降,遭到王步文的坚决拒绝。敌人又动用各种酷刑,将他的皮肉烧焦,筋骨打断。但王步文始终坚贞不屈,严守党的机密,表现了一个共产党员崇高的革命气节。当穷凶极恶的敌人无计可施,决定枪杀他时,王步文从容不迫地为自己写出了上述自勉挽联。

1931年5月31日,王步文拖着沉重的镣铐,带着遍体的伤痕,高唱着《国际歌》,大义凛然地走向敌人的刑场,他慷慨激昂地对难友们说:"同志们,共产党员是杀不完的……让我的鲜血去浇灌自由之花吧!"年仅33岁的王步文就这样英勇就义了。

《人民日报》2006年2月17日

## 永远的丰碑(364)——铁骨铮铮真英雄 贺昌

南方三年游击战争的主要领导人陈毅在《哭阮啸仙、贺昌同志》一诗中沉痛地写道:"环顾同志中,阮贺足称贤。阮誉传岭表,贺名播幽燕,审计呕心血,主政见威严。哀哉同突围,独我得生全。"表达了他对贺昌等同志的敬佩与怀念。

贺昌是中国工农红军高级指挥员。1906年生,山西省离石县柳林镇(今柳林县)人。从小就立下"大丈夫不作岳飞死,也当作班超名震天下"的壮志。1921年在省立太原第一中学读书时加入中国社会主义青年团,曾任团地委书记。1923年转入中国共产党,同年夏入上海大学学习。先后在太原、安源、北平、天津、上海等地从事青年和工人运动。被选为共青团第三、第四届中央委员。其间,曾为《中国青年》撰写《中国共产主义青年团五年来的奋斗》《青年学生与职工运动》等文章,从理论上阐述了青年运动与工农运动相结合的重大意义。后参与组织发动上海工人3次武装起义,是中共江浙区委负责人之一。

1927年7月中旬,被指定为中共前敌军委委员,8月参加南昌起义。后又参加广州起义的组织准备工作。1928年参与重建中共湖南省委,选派干部,输送物资,支援井冈山革命根据地的斗争。曾被选为中共第五、第六届中央委员。1930年春任中共中央北方局书记。曾组织唐山兵变和多次武装暴动,均因没有建立巩固的革命根据地,在强敌进攻下失败。次年到中央苏区,任中国工农红军第5军政治委员、第3军团政治部主任、总政治部副主任。参加南雄水口等战役和中央苏区反"围剿"。他重视部队党的建设和政治教育,曾协助王稼祥主持召开红军第一次全国政治工作会议。

中央红军主力长征后,贺昌留在赣南坚持游击战争,任中共中央苏区分局委员、中央军区政治部主任。为掩护主力转移,曾亲率一支部队抗击敌人,右腿负伤,仍坚持指挥。后遭敌大举围攻,形势危急,他鼓励大家:"不仅要当胜利时的英雄,也要当困难时的英雄,真正的英雄是在困难中考验出来的。"1935年3月率部向粤赣边突围,10日在江西会昌与国民党军作战中英勇牺牲,年仅29岁。

《人民日报》2006年3月7日

**调研,触摸到田头草根——上海大学研究生回乡考察农村取消农业税带来的变化**

昨天,拿着刚刚出炉的《关于农村取消农业税情况》的考察报告,上海大学社科学院研究生何山青告诉记者:"免征农业税给中国农村带来了可喜的变化,也给农村基层组织提出了新的课题。正值全国两会期间,希望我们的报告能为建设社会主义新农村尽一份力。"

**种田大户日渐增多**

"全国已经有28个省免征农业税,这是解决当前三农问题的重要举措,农村免征农业税给农民带来了什么呢?"正是出于对农村问题的兴趣,上大社科学院研究生在寒假前相约深入农村开展调研。此次调研地点主要是同学们的家乡所在地,集中在山西、河北、湖南和安徽四省。

来到田间地头和农民聊天,到乡镇政府召开座谈会,来自基层的鲜活信息给研究生们留下了深刻印象。"四省都已实现提前免征农业税,在免征农业税的同时,国家还向种粮农户返还种粮补贴,大部分地区是以每亩10元返还补贴。于是弃田抛荒的少了,复垦耕种的多了;粗放经营的少了,精耕细作的多了;撂荒面积减少了,种田大户增多了。"杨舒涵深切感受到农民种田积极性的空前高涨。

乡镇干部告诉这些调查者,村干部再不会因征收农业税任务而左右为难,将更多精力转移到发展农村经济和社会全面进步上,工作方式和工作作风也随之而变。农民告诉同学们,他们对良种的购进、种子处理、茬口安排、作物栽培、病虫害防治等科技知识非常需要,很多农民都把农技员请到家中咨询,以期提高自己的耕种水平,加快致富的步伐。

**"要地热"亟待解决**

由于是马克思主义哲学和思想政治教育专业的研究生,他们对三农问题保持着浓厚的研究兴趣,何山青还发表过一系列有关三农问题的学术文章。而发现问题、找出对策是他们此次调研最重要的目的。

研究生们发现,在一系列惠农政策的激励下,农民种田实现了"零负担",许多地方都出现了"要地热",由此引发了一系列新的人地纠纷。研究生们对此提出的建议是,要广泛宣传相关法律,站在保护农民利益的立场,想方设法妥善处理农村土地承包纠纷,"对一些外出后承包地被本组农民抢种的,要协调抢地户将这些土地交还给原承包户;对一些由村委会出面将抛荒地集中承包给种田大户的,依法终止承包协议,由村集体和要地农户共同向现承包户适当支付一定比例的补偿金……"针对七八种具体的人地矛盾,研究生们在报告中给出了自己的意见。

农业税全免后,刚性支出又必须确保,乡镇财政收支矛盾加剧,基础设施和公益事业也面临经费问题。为此,研究生们提出了多途径发展农村公益事业的具体建议。"以往都是从理论角度分析问题,调研让我们了解了最基层的情况。"何山青告诉记者,身上的责任感更强烈了是同学们调研回来的共同感受。(李雪林)

《文汇报》2006年3月9日

**5名教授"扎根"学生社区　　上海大学把学生工作室开到宿舍楼**

近日,上海大学机械自动化学院副教授、学生辅导员黄慎之接过聘书,成为一名大学生社区教授,他的社区教授工作室也同时在学生宿舍M楼挂牌。聘请教授到社区,是上海大学完善学生工作机制的一项新举措。"学生70%的时间在社区,学生70%的问题发生在社区。"上大社区管理部主任卞群深有体会,"相比教学领域,社区学生工作更需要有经验的教师参与。"去年年底,该校决定公开招聘学生社区教授,要求"具有高级职称,在职或离退休,身体健康的专业教师"。启事发出后,得到了上大热心学生工作的教授以及退休教授的积极响应。经过认真筛选,此次上大学生社区共聘任了5名社区教授,分别在延长校区、宝山校区、嘉定校区开展工作。身为数学教授的王国华负责学生的学业指导,解答学生在数学方面的疑问;沈启华老师参与社区研究生党建,在他的带领下,党员研究生开始组织一些社区义工劳动;黄慎之老师专门在工作室里挂上了"社区是你家,社区教授是你信赖的朋友"的标语牌。工作室成立以来,每个工作日的晚上8点到11点,他都准时等在这里,一些在学习和生活上遇到困难的大学生纷纷前来请教,黄慎之说,"作为社区教授,我要为心理压力过大的大学生解惑和疏导,让他们明确自己的目标,积极地面对生活。"据悉,今后上海大学还将继续聘任更多的社区教授,不断完善社区教授工作机制,努力在社区内为大学生提供高层次的专业辅导。在此基础上,该校正酝酿成立社区学院,在社区中为大学生的学习和生活提供系统服务。(李雪林)

《文汇报》2006年4月14日

**永远的丰碑(404)——琼崖劳动群众的领袖　　王文明**

王文明,1894年生,广东乐会(今海南琼海)人。在琼崖中学读书时,参与领导爱国学生运动,曾被选为琼崖学生联合会副会长、抵制日货总会会长。率领纠察队、宣传队检查日货,禁止日货进口,并将从事间谍活动的日本人胜间田驱逐出境。毕业后曾任高等小学校长、农工职业学校教务主任,积极向学生宣传反帝反封建的革命道理。1924年秋就读于上海大学,不久加入中国共产党。1925年到广州,参与组建琼崖革命同志大同盟。他广泛团结琼崖革命青年,以《新琼崖评论》为阵地,进行革命宣传,为琼崖党组织的建立做了思想上和组织上的准备。

同年 10 月,受中共广东区委委派,任国民革命军第四军十二师党代表兼政治部主任,参加了讨伐军阀邓本殷的南征,结束了琼崖封建军阀割据的局面。随后,王文明全力投入琼崖党组织的筹建工作,在海口、加积等地举办党员训练班,发展了一批共产党员。1926 年 6 月主持召开中共琼崖第一次代表大会,正式成立中共琼崖地委,任书记。领导开展工农运动,成立了广东农协琼崖办事处,组织农民自卫军;成立琼崖总工会,组织工人纠察队。在地委和王文明的正确领导下,琼崖革命运动蓬勃发展,为创建琼崖革命根据地奠定了基础。大革命失败后,率地委机关撤至乐会第四区,开辟农村革命根据地,建立农民武装。后任中共琼崖特委常委兼肃反委员会主席。1927 年 9 月参与领导琼崖起义。同年 11 月起任中共琼崖特委书记、琼崖工农革命军(后称工农红军)党代表、琼崖苏维埃政府主席、中共广东省委委员。在琼崖红军遭受严重挫折的情况下,坚持立足于农村进行斗争。

1928 年 12 月率百余名红军战士和政府机关转移到安定,开辟母瑞山革命根据地。由于长期操劳,积劳成疾,1930 年 1 月 17 日于母瑞山病逝,时年 36 岁。琼崖苏维埃政府发布《告群众书》指出:王文明同志不愧为琼崖数百万劳动群众最爱戴的领袖。他的英勇奋斗、吃苦耐劳精神,将永远鼓舞工农群众胜利前进。

《人民日报》2006 年 4 月 16 日

**图片报道**

4 月 17 日,正在上海参加"龙耀浦江"两岸及港澳青年大交流的港澳学子前往上海大学与内地同龄人亲密接触。(许晓青)

《人民日报(海外版)》2006 年 4 月 18 日

**永远的丰碑(423)——井冈山时期著名军事指挥员　何挺颖**

何挺颖,1905 年 5 月出生于陕西省南郑县。1924 年,何挺颖进入上海大同大学,1925 年 5 月参加五卅运动,6 月加入中国共产主义青年团,随后转入上海大学社会学系学习,同年冬转为中国共产党党员。

1926 年夏,何挺颖受党组织派遣到北伐军部队任团指导员,参加北伐战争。1927 年"七一五"汪精卫叛变革命后,党组织又派何挺颖到原武汉政府警卫团干部连任党代表。同年 9 月,在团长卢德铭率领下,何挺颖参加了湘赣边界秋收起义,任工农革命军第一团一连党代表,9 月 29 日三湾改编中,被任命为第一团三营党代表,随部进军井冈山。10 月 23 日,在进军井冈山途中时遭敌军袭击,与毛泽东率领的团部和一营失去了联系。何挺颖和营长张子清率部队转战茶陵等地,并会合茶陵县工农兵政府主席谭震林,同年 12 月将部队带上井冈山,何挺颖随即被任命为第一团党代表。从此,何挺颖在毛泽东的直接领导下,参加了开创井冈山革命根据地的斗争。

1928 年 4 月,朱德、毛泽东率领的两支红色武装在井冈山胜利会师,组建了中国工农红军第四军,下辖四个团,朱德为军长,毛泽东为党代表,陈毅为政治部主任,王尔琢为参谋长兼二十八团团长,何挺颖任第三十一团党代表。在毛泽东、朱德的领导下,何挺颖率部参加了攻打龙源口、围困永新城等一次又一次的战斗。他政治坚定,作战勇敢,指挥果断,成为井冈山时期我军著名的军事指挥员和党的优秀干部,为井冈山革命根据地的创建作出了重要贡献。

1928年8月,在著名的黄洋界保卫战中,他与团长朱云卿指挥不足一个营的兵力,在人民群众的配合下,凭险抵抗,击溃了湘赣国民党军四个团的轮番进攻,取得了黄洋界保卫战的胜利,保存了井冈山革命根据地。10月参加中共湘赣边界特委第二次代表大会,被选为边界特委委员。同年冬,任红四军第二十八团党代表兼团党委书记。

1929年1月14日,何挺颖随毛泽东、朱德、陈毅率领红四军主力离开井冈山,转战赣南闽西,开辟新的根据地。1月下旬,何挺颖在江西大庾战斗中身负重伤,转移途中又遭敌袭击,不幸壮烈牺牲,年仅24岁。

《人民日报》2006年5月5日

**永远的丰碑(424)——为党的工作尽职尽责 吉国桢**

吉国桢,1899年生,陕西省华县人。1924年考入上海大学,同年加入中国社会主义青年团。1926年夏,赴莫斯科中山大学学习,同年秋转为中国共产党党员。1929年回国后,吉国桢任中共陕北特委书记。他主持开办党、团员训练班,秘密开展学运、农运和兵运,使陕北十余县的党、团组织和革命运动有了很大发展。

1930年7月起,吉国桢先后任陕西省委常委兼西安市委书记、陕西临时省委书记。1931年5月,任中共河南省委书记。在严酷的白色恐怖下,他不避艰险,艰苦努力,整顿各地党团组织,坚持党的工作,使遭受严重破坏的河南党组织迅速得到恢复和发展。同时,他领导党团组织深入基层,发动农村游击战争,在敌军部队中策动兵变,组织城市工人罢工,有力地回击了国民党反动派的屠杀政策。1931年春,吉国桢向党中央建议开展对国民党二十六路军的兵运工作,并派遣河南省委一位在二十六路军中有广泛关系的干部到该军进行策动工作,为促成宁都起义作出了贡献。

九一八事变爆发后,吉国桢等领导河南省委及各级党团组织,广泛动员民众,成立抗日组织,开展抗日救亡运动。长期地下斗争的恶劣环境和艰苦繁重的工作,使吉国桢积劳成疾,卧床不起。同志们劝他休息,他总是不肯,并说:"为党工作一定要尽职尽责,竭尽全力,斗争不止,这点病算不了什么。"

1932年7月下旬,因叛徒告密,吉国桢在郑州被捕,后被押往开封。在狱中,敌人妄图从他口中得到党组织的秘密,对他施以种种酷刑,百般折磨。原本就有伤病的吉国桢被打得死去活来,遍体鳞伤。但他始终坚贞不屈,坚定地说:"共产党人是不怕死的!要命有一条,要党的机密一个字也没有!"8月22日凌晨,吉国桢与13位同志一起,高呼着"中国共产党万岁!""中国革命万岁!"的口号,高唱着《国际歌》,大义凛然地走向刑场,英勇就义,时年33岁。

《人民日报》2006年5月6日

**从去年起,上海集中了大量科研力量,建立崇明生态科技创新基地——上海崇明探路生态社区建设**

**是生态农业,更是生态社区雏形**

到目前为止,复旦大学、上海交通大学、同济大学、华东师范大学、上海大学5所高校已陆续在崇明岛上建立了各自的实验室,一大批专家教授活跃在此,带队研究不同课题。日前,记者实地探访了这些实验室所在地——崇明生态科技创新基地前卫园区。

从上世纪90年代起,前卫园区所在的崇明前卫村就确立了种—养—沼三结合的物质循环利用模式。在该村沼气站工作的村民丁显明回忆道,他们使用沼气煮饭都十几年了。

不过,研究人员大量来到前卫村后,村民们还是觉得自己又长了见识。如,上海交通大学实验室主要研究生态农业与食品安全,专家教授在这里种植了樱桃番茄、彩色水稻、水果型黄瓜等现代农作物。

记者发现,太阳能、风能、沼气等清洁能源在前卫村已大量普及,游客参观车辆、路灯景观灯基本都靠太阳能或者风能发电,居民煮饭烧菜由村里集中供应沼气;部分道路、公厕、垃圾桶等公共事业则展示了很多生态科技,前卫村有一个开放式公园,这里所有景观灯,均由一套系统自动控制亮灯时间。即便阴雨连绵,也可以自动测算出剩余电量及开放频率。记者还在该村看见了一个名唤BMS消灭型有机垃圾生物处理机的垃圾桶和一个BMS无污染绿色环保型流动厕所,两者均无异味、无残留物,处理后排放的水可以用作浇洒绿地,或排放至市政管网。可以说,该村已经基本具备了生态社区雏形。据上海市科委负责人介绍,记者看到的这些新能源新技术,大部分是集成创新技术,将来会出现越来越多的原创技术。

**为开发崇明争取时间,更为整个上海提供经验**

现在的关键是,建设这样一个带有科学试验性质的生态社区,价值究竟有多大?换句话说,上海集中力量到崇明攻坚生态科技,难道最终仅仅是为了帮助崇明建立生态社区?

弄清这个问题,首先要知道崇明对上海的意义。

崇明被上海公认为新一轮发展的重要战略组成部分,2009年沪崇苏越江通道通车后,崇明将成为上海向长三角北翼乃至内陆辐射的重要枢纽。

崇明大开发也直接面临着经济发展与环境保护如何协调发展的难题。据了解,除了生态退化和工农业污染挑战外,目前崇明基础设施不完善,道路规划、交通工具与自然生态环境之间也存在诸多矛盾。而这其实也是上海急需解决的问题。为此,上海决定集中全市科研力量聚焦崇明,不仅为崇明大开发争取时间,也为上海其他地区发展提供可持续发展经验。上海还制订了一个时间表,明确今年年底前必须完成生态承载力与生态安全预警系统研究、湿地生态系统的监测、维持与修复技术研究、水资源保障与水体生态修复技术与示范等项目,以便尽快建立生态保护、安全和预警保障体系,推动生态产业化和产业生态化格局的形成。

**科研项目如果不和社会结合,它对社会的贡献就是零**

大量项目的进入,也让不少企业产生了兴趣。比如前不久落户崇明的上海市规模最大的600千瓦太阳能并网发电项目,再如崇明宽带无线电视覆盖网建设项目。

这其实也是上海设立基地研究生态科技的目的之一。就像上海交通大学芳香植物研究中心姚雷教授所认为的:"科研项目如果不和社会相结合,它对社会的贡献就永远是零。"

作为上海市一个生态技术研发和扩散基地,崇明生态科技创新基地自然希望能为整个上海乃至国内其他地区提供绿色经济发展模式。规划中也提及,除少部分公益性研究外,崇明岛上研发的大部分项目将走产学研一体化方式运营推广,通过市场运作,吸引全国各地乃至国际相关技术领域的企业或项目进驻,进而形成生态经济产业的集聚地。

据了解,鉴于部分项目进展顺利,上海已经考虑推广一些生态技术,特别要把循环农业经验向金山、南汇一带推广。科委负责人也透露,下一步重点将以生态农业为突破口,逐步推广生态科技各项成果。不仅要把上海市内的研究成果带到崇明,更要依托崇明这个平台,不断总结推广生态建设经验。

《人民日报》2006年5月8日

### 永远的丰碑(432)——为创造光明的新中国献身 俞昌准

俞昌准,1907年出生,安徽南陵人。1923年赴沪求学,就读于上海南洋中学。1925年经恽代英介绍,入上海大学社会系就读,其间,受在该校任教的共产党人邓中夏、瞿秋白、恽代英、蔡和森、任弼时等人的影响和引导,接受马克思主义和共产主义理想。同年五卅运动爆发后回到家乡组织成立"南陵反帝大同盟"和"南陵各界人民支援'五卅'惨案后援会",发动群众声援五卅运动。不久回到上海,经恽代英介绍,加入中国共产主义青年团,1926年转为中国共产党党员。

1926年8月,受党组织派遣,俞昌准再次回到南陵,开展建立党组织的工作和发动农民运动。同年11月,中共南陵县特别支部成立,他任宣传委员兼秘书。1927年初,任中共芜湖特别支部委员和共青团芜湖特委宣传部长,组织群众支援北伐战争。

大革命失败后,俞昌准在芜湖一带开展地下斗争,创办《沙漠周刊》,宣传马克思主义,揭露国民党新军阀的罪恶行径和反动嘴脸,明确地提出"敌人有机关枪大炮,我们有斧头镰刀"的口号,深入芜湖等地厂矿工人群众中,组织工人群众建立党的组织,号召工农大众与国民党新军阀作坚决斗争。

党的八七会议后,他再次回到南陵,组织开展农民运动,建立了南陵县农民协会,并向中央巡视员任弼时同志汇报工作,提出建议。1928年1月,他在谢家坝领导成立南、芜边区苏维埃政府,任主席,在严重的白色恐怖中树起了南、芜边区农民政权的第一面红旗。他领导谢家坝、白沙圩农民武装暴动,有力地打击了地主豪绅的威风,并直接威胁南、芜两县国民党政权,武装暴动遭国民党军队镇压后,他转移到安庆,在极其危险的环境中,以安徽大学学生的身份作掩护,领导和组织学生运动。同年9月任中共怀宁县委委员、共青团怀宁县委书记。

1928年11月22日晚,因叛徒出卖被捕入狱。在狱中,他理直气壮地反驳敌人:"我们共产党领导全国人民推翻黑暗统治,创造光明的新中国,何罪之有?"1928年12月16日,蒋介石下令,俞昌准被国民党军警杀害于安庆北门外刑场,牺牲时年仅21岁。

《人民日报》2006年5月14日

### 永远的丰碑——红色记忆 五卅运动(上)

1925年5月30日,震惊中外的五卅运动在上海爆发,并很快席卷全国。五卅运动是中国共产党领导下的群众性反帝爱国运动,它标志着大革命高潮的到来。

1925年1月,党的四大提出了无产阶级在民主革命中的领导权问题,决定加强党对工农群众运动的领导。四大以后,工人运动迅速复苏和发展。

1925年2月起,上海22家日商纱厂近4万名工人为反对日本资本家打人和无理开除工人,要求增加工资而先后举行罢工。中共中央专门组织了领导这次罢工的委员会。5月15日,上海内外棉七厂的日本资本家枪杀工人代表、共产党员顾正红,打伤工人10多人。日本帝国主义的暴行,激起上海工人、学生和广大民众的极大愤怒。第二天,中共中央发出第32号通告,紧急要求各地党组织号召工会等社会团体一致援助上海工人的罢工斗争。19日,中共中央又发出第33号通告,决定在全国范围发动一场反日大运动。28日,中共中央召开紧急会议,决定以反对帝国主义屠杀中国工人为中心口号,发动群众于30日在上海租界举行反对帝国主义的游行示威。同时,为加强工会组织的力量,决定由共产党人李立三、刘华等主持,成立上海总工会。随后,刘少奇到达上海,参加上海总工会的领导。

5月30日,上海工人和学生在租界的繁华马路,进行宣传讲演和示威游行,租界的英国巡捕在南京路上先后逮捕100多人,并突然向密集的游行群众开枪射击,当场打死13人,伤数十人,制造了震惊全国的五卅惨案。

当天深夜,中共中央再次召开紧急会议,决定由瞿秋白、蔡和森、李立三、刘少奇和刘华等组成行动委员会,具体领导这次斗争,组织全上海民众罢工、罢市、罢课,抗议帝国主义屠杀中国人民。

帝国主义的屠杀,点燃了中国人民郁积已久的对帝国主义侵略的仇恨怒火。从6月1日起,上海全市开始了声势浩大的反对帝国主义的总罢工、总罢课、总罢市。从6月1日到10日,帝国主义者又多次开枪,打死打伤群众数十人。英、美、意、法等国军舰上的海军陆战队全部上岸,并占领上海大学、大夏大学等学校。上海人民不惧怕帝国主义的武力镇压,相继有20余万名工人罢工,5万多名学生罢课,公共租界的商人全体罢市,连租界雇用的中国巡捕也响应号召宣布罢岗。

6月1日,上海总工会成立,李立三任委员长。这标志着上海工人运动从分散的状态开始转向集中的有组织的行动。上海工人阶级在总工会领导下,成为一支组织严密、纪律严格的反对帝国主义的主力军,在斗争中发挥了中流砥柱的作用。6月4日,上海总工会与全国学联、上海学联、各马路商界总联合会共同组成上海工商学联合会宣告成立,上海各界民众结成了反帝联合战线。

《人民日报》2006年6月19日

**韩少功在上海大学首届文学周上作专题演讲指出　文学陷身"同质化"围城**

日前,在上海大学首届文学周上,著名作家韩少功以"梦游与苏醒"为题作了专题演讲,指出当前文学创作已陷入"同质化"的危机。在演讲中,韩少功表示,全球化趋势下的文学创作已经遭遇了素材危机,不少作家的写作素材完全来源于报纸和影碟。他还对有些文学写作漠视文学的精神引导功能,越来越滑向物欲化的偏向提出了尖锐的批评。

**作家生活经历相似**

"文学就是表达自己"。然而在如此一个强调张扬个性的时代,为什么抄袭、剽窃的案例屡屡在文坛出现呢?对此,韩少功认为,虽然每个作家都在追求个人化的叙述风格,但受到全球化趋势的影响,大家都生活在'同质化围城'中,相似的环境和生活经历,使作家很难有独特的个人经验,更难找到独特的创作素材。"在城市中,钢筋水泥的建筑大同小异。沙发是差不多的沙发,客厅是差不多的客厅,就连打哈欠也没什么差别。所有的人都在遵循同一张'时刻表'。"而对于一些青年作家来说,由于缺少独特的社会体验,他们的经验来源大多只能"寄生"在报刊和各种碟片里,"他们写出一个言情小说,也许就是看了几十张爱情片的结果。"

**认同"文化就是玩"**

在都市人阅读习惯趋于娱乐化的今天,严肃小说的读者正在逐年锐减。作家苏童曾感叹:"我的读者不是在一半一半地减少,而是在一个零一个零地减少。"

为了迎合大众,占领市场,小说家们的创作风格也正经历着精神——游戏——欲望的转变,一些作家几乎从人类灵魂的工程师沦为低俗的"肉体工程师"。韩少功说:"文化的精神功能已经消失,'文化就是玩'的物质性思想成为有些作家小说创作的金科玉律。"而相较于从前文学对社会所承担的精神导引作用,韩少功指出,当代文学之所以被边缘化,与作家不愿意再去承担教化功能和沉重的社会使命有关:"作家的工作渐渐地从灵魂工程转向了肉体工程,创作也日益从游戏化转向了欲望化。"而被文学从肩头卸下的"精神导引权"却被某些"江湖术士"所接受,"这些人用他们不怎么高明的通俗哲学'指导'了大众的生活,却也为社会的精神危机埋下了伏笔"。

**诗人好像地下工作者**

与上世纪80年代的文学繁荣期相比,韩少功认为,当代文学已经将娱乐功能大规模地转交给了影视:"余华新小说的发行量已被出版界称为天文数字,而全中国光电视机就有5亿多台,文学怎能与影视相比呢?"

韩少功透露说,这个时代最"不幸"的要数诗人——没有阵地发表诗作,更不可能出版诗集,"他们只能'鬼鬼祟祟''偷偷摸摸'地搞些小范围的创作聚会,就好像'紧密团结''相濡以沫'的地下工作者"。在这样一个"大写作—小文学"的时代里,中国文化的根又在哪里呢?韩少功认为文化应该植根于中国传统的土壤。虽然从目前看,文学的支流已经开始偏离,但是主线条依然是基于传统之上的。"文学已不可能回到鼎盛时期,即使这样,文学仍然可以优秀,在经历过蚕蛹后蜕变再生。"(陈熙涵)

《文汇报》2006年7月4日

**上大等院校公布最低录取线**

昨天,部分一本院校公布最低录取分数线:上海大学文科490分,理科466分;华东理工大学文科491分,理科473分;华东政法大学文科497分,理科478分。

又讯昨日从市教育考试院传出信息,明天20:00起,2006年普通高校上海地区第一批本科录取结果可电话查询。各校声讯号码为168864**,末尾星号代表数字因校而异,如下:复旦01,交大02,同济03,华东师大04,华东理工05,东华06,财大12,上外

08,海事09,上理工10,华政14,上外贸13,水产15,上音18,上大19,交大医20,中医药21,上师大23。外地高校录取电话16886337。若达到一本线考生没有得到录取信息,可拨打16886336查询是否有补填资格,及时了解补填学校缺额情况。(彭德倩)

*《解放日报》2006年7月15日*

**打破终身制 实行分级制 上海大学分类考核教授**

记者今天从上海大学获悉:上海大学打破教授终身制,实行教授分级制,把正教授职称细分为三个等级,并采用不同的考核办法。

上海大学校长周哲玮解释说,之所以要实行教授分级制,原因在于"对于不同的人,不同的阶段,我们会有不同的要求和不同的评价方法。"据介绍,除了讲师、副教授、正教授等正常级别外,上海大学给正教授分为三个等级:一是合同制雇员,每三年考核一次,不符合标准的将解聘;二是长聘教授,实行定期评估;三是终身教授。

正教授分级的标准主要依据教师本人的资历以及学术成果等。刚刚评为教授的教师,可能多为合同制雇员。教授在学术方面不断积累,并取得了相当的成绩,才被评为长聘教授直至终身教授。合同制雇员、长聘教授如果考核不合格,将给予一年的观察期,逾期考核不合格者解聘。(王有佳)

*《人民日报》2006年7月18日*

**上海大学探索研究生思想教育新模式**

上海大学探索研究生思想教育新模式,针对研究生认知能力、思辨能力较强的特点,通过形式多样的主题活动和社会实践项目,搭建研究生们自我教育平台,取得了良好的效果。

**"与党委书记零距离沟通、交流思想,很有收获"**

上海大学新校区国际会议中心,经常举办重要会议和学术活动。不久前的一天,一个特别的会议——党委书记与研究生共话"社会主义荣辱观"也在这里举行,上海大学党委书记于信汇教授与近百名研究生同学进行了思想的零距离沟通和交流。

社会科学学院的王舣、艺术研究院的荣远德等四位研究生的代表,分别从伦理学、文化学、传播学和社会学角度对"社会主义荣辱观"进行了解读,于书记在听取了四位同学的发言后,进行了精彩的现场点评。

发言和点评结束后,其他研究生纷纷提问,就对社会主义荣辱观的理解和认识,以及有关问题与于书记进行面对面的沟通和交流。于书记认为,社会主义荣辱观的提出具有强烈的现实意义。他说,刚才大家谈到的一些问题并不可怕,可怕的是我们思想观念上分不清事物的是与非。因此,我们的师生员工要切实提高个人修养,不能、不敢、不愿、不想做可耻的事情,那些可耻的现象决不能在校园里滋生。

活动结束后,许多同学留下了这样的评点:与党委书记零距离沟通、交流思想,很有收获。

**"这是最有意义的一次活动"**

上海大学美术学院硕士研究生钟鸣,出生时因事故导致脑瘫痪,医生曾断言他只能躺着度过一生。可是钟鸣并没有屈服于命运,他不仅站起来了,而且一步一个脚印地攀上了一个又一个台阶,从一名脑瘫病儿成长为一名优秀的研究生。更难能可贵的是,钟鸣虽然身体残疾,家境贫寒,但他一直保持着积极乐观的人生态度,在逆境中自立自强。

钟鸣的故事成为上海大学研究生春季首日教育的内容。上海大学副校长、研究生工作党委书记叶志明教授,通过访谈的形式,与钟鸣对话。钟鸣自强不息的奋斗经历,其母忍辱负重的传统美德,上海宝山公安分局无私救助的感人事迹,所有这一切,钟鸣娓娓道来,使同学们受到了强烈的震撼,得到了一次正确的人生观、价值观和荣辱观的洗礼。不少同学说,这是最有意义的一次活动。

除了研究生首日教育,上海大学还搭建各种平台来进行荣辱观教育,使广大研究生牢固树立社会主义荣辱观,明荣辱之分,做当荣之事,拒为辱之行,秉承"自强不息"的校训。

**"最让我感动的,就是离我如此之近的同学"**

上海大学在全校范围内开展了评选践行"社会主义荣辱观"先进典型的活动,通过挖掘身边典型范例以期达到"自我教育"的目的。经各学院推选、网站投票,评审委员会评审,共产生出八位研究生先进典型、八位研究生心目中的社会先进典型。本次评选活动在广大研究生中引起了强烈的反响。

随后,"研究生与英雄楷模共践社会主义荣辱观大型晚会"在学校大礼堂隆重举行。研究生心目中的八位社会先进典型莅临晚会现场,为研究生中的先进典型颁奖。晚会还通过主持人与社会典型、研究生典型的对话,让大家了解到一些鲜为人知的故事。同学们感慨地说:"没想到最让我感动的,就是离我如此之近的同学!"

正是有了这些感动和震撼,研究生们决定把自己所做过的点点滴滴记录下来汇编成册,展现给大家。现在,《知荣辱 明明德 任天下——社会主义荣辱观研究生教育读本》一书已由上海大学出版社正式出版发行。本书的编写,既是对研究生们践行社会主义荣辱观的各项活动的总结和回顾,又是进一步的思想教育。

《光明日报》2006 年 7 月 22 日

## 论文门槛,该不该再升高? 上海大学出台研究生论文发表新规定引发讨论

一则强化研究生在校期间必须发表论文的新规定,日前在上海大学研究生和教师中引发了热烈讨论,由此也引发了研究生与校方之间的激烈对话:研究生论文应否成为一个硬性指标?

**"增刊论文"不算数**

今年 7 月 10 日,上海大学在其研究生部网站上公布了对于《上海大学关于研究生学位授予科研成果量化指标体系的规定(试行)》的补充规定,重申了研究生学位与论文直接挂钩,并更加严格地增加了两条新规定:"在国内外核心期刊发表与学位论文有关的学术论文",是指在这些期刊上以正常卷期发表的学术文章,不包括各种形式的增刊、专刊、特刊;"在全国性学术会议上正式发表与学位论文有关的学术论文",是指论文被刊登在正式出版的学术论文集中,不包括各种形式的没有正式出版的论文集或汇编。

新规定是在前不久学校学位评定委员会会议上讨论通过的。有趣的是,刚结束的第

三届中外大学校长论坛上却传出消息,中国人民大学、北京师范大学、中国农业大学、中央财经大学、华中科技大学等7所高校已经取消了"研究生毕业必须发表论文"的硬指标。

**5 000字公开信引发讨论**

7月18日上午11点,在校园网的校长留言板上,上大中文系2004级研究生小余率先用5 000多字的公开信表明心声,对学校的规定提出质疑。他在计算了上大发布的《中文核心期刊目录》后指出,"一共935本,按每种期刊每年出十期计算,一共能出9350期,按每期上发表10篇研究生的论文来算,每年一共能发表93 500篇研究生论文,而每年研究生招生数达到27万,如果每个学校都规定'研究生拿学位必须发表论文',那么确实是僧多粥少。"

在小余的公开信发表不到两个小时,上海大学分管研究生工作的副校长就给予了回复:"在核心期刊少的情况下发表论文更说明了自己的竞争力。学问要做好做精,怎么要求都不会过分,都是为了学生的利益。"对于众多高校把学位与发表论文脱钩,他认为,"上海大学有自己的做法,不会别人怎么说,我们就跟着怎么做,这样不可能办出一所有特色高水平的大学来。只有等到大家对此规定已经不认为是问题了,感到无所谓了,那么上海大学的辉煌即将来临。"

**有没有更好的考核机制**

小余的公开信引来中文系、历史系、材料系等专业不少研究生的响应,先后有10名同学在校长留言板上留言支持他的观点,副校长也一一予以了回复。在上大中国当代文化研究中心主办的"当代文化研究网"上,师生们也对此事展开了热烈讨论。

一些研究生表示,大家并不是希望增刊论文能够算数,而是对研究生发论文作为硬性指标表示反对。"在正刊上发表论文是每个研究生梦寐以求的事情,但事实是就算写出了有价值文章,没有关系也是很难在核心期刊发表。"文学院2004级的小周坦诚地说。

中文系一位硕士生导师表示理解学校的做法,"否则没有了约束,研究生和导师或许会放任自流"。但是他也承认帮学生发表论文加重了导师负担,他反对硬性的指标,"机制应该更加弹性,譬如,如果研究生写出了非常出色的毕业论文,就不必苛求他在期刊上发表论文。"

华东师范大学青年学者罗岗也参与了网上的讨论,他告诉记者,发表论文与学位挂钩的初衷是为了考核研究生的学术水平,但是弊端已经显露:既不能取得明显效果,又增加了学生的经济负担,华东师大中文系的一项调研发现90%的学生是通过付版面费来发论文的。"现在需要做的是,在发表论文之外,找到更好的考核方式。"(李雪林　谢丹凌)

《文汇报》2006年7月26日

**上海大学提高研究生发表论文门槛引发讨论　学位与论文,脱钩还是挂钩?**

**起因:校方重申学位与论文挂钩**

前不久,上海大学在其校园网站上重申,研究生学位与论文直接挂钩,同时新增两条补充说明:在国内外核心期刊发表与学位论文有关的学术论文,是指在这些期刊上以正常卷期发表的学术文章,不包括各种形式的增刊、专刊、特刊;在全国性学术会议上正式发表与学位论文有关的学术论文,是指论文被刊登在正式出版的学术论文集中,不包括各种形式的没有正式出版的论文集或汇编。也就是说,发表在增刊或非核心期刊上的论文,不能作为研究生学位授予的量化指标。

也是在上海,在前不久结束的第三届中外大学校长论坛上,中国人民大学、北京师范大学、中国农业大学等高校透露,将取消"研究生毕业必须发表论文"这一硬指标。中国人民大学校长纪宝成坦言,在人民大学,对硕士、博士的论文发表情况要求比较宽松,每年都有未发表论文的学生通过答辩拿到学位。

中国农业大学虽然鼓励研究生发表论文,但并没有和学位挂钩。该校校长陈章良说,研究生的主要任务就是研究,有了成果要发表,而且要尽快发表。但学校坚决反对必须有论文才能毕业,对于应用学科,只要有证明成绩的成果就可以,不一定要有论文。

和部分高校纷纷将研究生发表论文和学位脱钩对比,上海大学的举措似乎正在"逆势而行"。

**讨论:学生认为"僧多粥少" 校方坚持"培养质量"**

看似简单的两条补充规定,在校园里掀起的讨论,激烈程度出人意料。

7月18日,上海大学文学院2004级研究生小余,在校园网站的校长留言簿上发表5 000余字的《致上海大学学术委员会的一封信》,就"研究生学位授予科研成果量化指标体系的规定(试行)"及"补充说明"的可操作性、稳定性、弹性和决策过程合理性等角度提出质疑。他在计算了学校发布的《中文核心期刊目录》后指出,"一共935本,按每种期刊每年出10期计算,一共能出9 350期,按每期上发表10篇研究生的论文来算,每年一共能发表93 500篇研究生论文,而每年研究生招生数达到27万,如果每个学校都规定'研究生拿学位必须发表论文',那么确实是僧多粥少。"

两小时后,分管副校长对这封信给予了公开回复。他以自己过去在国际学术刊物上发表的论文为例,证明发表核心论文代表了研究生的真实水准,并认为,"上大要坚持自己的特色,现在的挂钩,是为了将来的不挂钩,这是学校在前进道路上必须付出的代价"。

讨论引来了中文系、历史系、材料系等研究生的参与。不少学生认为,补充规定不论从现实性和操作层面上都存在难度,"核心期刊少,一些刊物刊登论文索要高额版面费","完成一篇文科类论文所花时间比理科要少许多"。

但校方回应说,"好杂志、权威杂志是不会乱收费的,只有低级的杂志才会收取高额版面费。"同时,文科和理科之间也没有差别。"不管别人怎么说,怎么做,上海大学需要这么做。只有等到大家对此规定已经不认为是问题了,感到无所谓了,那么上海大学的辉煌即将来临。"

在激烈的讨论中,校方"为了确保教育质量和提高研究生培养质量"的"信念和决心"显而易见。

**专家:研究生培养应加强过程管理**

对于上海大学的"逆势而行",高校问题研究专家熊丙奇认为,我国的研究生培养,应该重在改善和加强过程管理,而不是以发表论文作为质量控制的手段。

他认为,近年来,要求学生发表论文已经暴露出很多问题,既增加学生经济负担,又助长学术腐败。上海大学现有的期刊资源根本满足不了研究生发表论文的需要,部分学生在核心期刊难发表论文,可能不是因为研究成果质量不高,而是期刊资源不够。现行的研究生培养体系难以让学生在短短两年多时间中,既完成课程学习又完成高水平的论文,论文指标的要求势必催生急功近利行为。而且研究生的就业压力、生活压力难以让他们全心投入学术研究。因此,在目前的培养体系下,用发表论文的数量来衡量研究生的质量不合情理。

率先将研究生论文与学位脱钩的上海财经大学有关人士表示,该校的脱钩之举,是要鼓励学生多搞真正意义上的、有创新的科研。挂钩和脱钩无所谓对错,只要适合各校情况就好。如果大家都跟风挂钩或者脱钩,倒是不可取的。(王有佳)

《人民日报》2006 年 8 月 1 日

**国画巨作《义勇军进行曲》上海展出　120 余位著名英雄人物形象生动**

丹青写民族精神,画卷颂英雄国魂。重现历史的中国画巨作《义勇军进行曲——长城在这里延伸:新四军百名英雄谱》1 日在上海东方明珠零米展厅展出,这幅巨作的问世为"八一"建军节献上了一份庄严厚重的艺术贺礼,也为前往参观的中外游客带来了一份惊喜。

该展览是由上海大学与北京新四军研究会四师分会主办。中国画《义勇军进行曲——长城在这里延伸:新四军百名英雄谱》是上海大学美术学院中国画系黄嘉明副教授和他的夫人、上海著名女画家康金梅合作历时两年完成的。该作品高 3 米、长近 15 米,以中国肖像画的形式呈现出新四军历史上 120 多名著名英雄人物的形象,造型生动,气势雄伟,笔墨技巧娴熟,集中了两位画家几十年的中国画修养。两年来,黄嘉明副教授和康金梅女士六上北京,两下淮北老区,收集素材、拜访艺术界老前辈,从抗日英雄们的崇高人格魅力中汲取创作主题的核心定位,将创作激情执笔挥墨在作品之中。黄嘉明副教授和康金梅女士反复修改完善作品,用了一年多的执笔时间终于完成了这幅中国画的巨作。

此间美术界人士认为,该画创作的成功,使人们对传统中国画艺术的发展更有信心。据悉,该作品将于今年 10 月在南京博物馆、北京世纪坛展出。(王有佳)

《人民日报(海外版)》2006 年 8 月 3 日

**寝室安排征询兴趣意向　上大新生自主选室友**

寝室安排不再由学校"说了算",学生可突破专业界限,按个人兴趣自主选择。昨日从上海大学传出信息:该校向本部 4 600 余名 2006 级新生发出《按兴趣意向住宿征询表》,学生只需在科技活动、文学等十余个意向中做道"选择题",新学期就能和"同道中人"成为室友。这在本市尚属首次。

"希望能和具有动手能力的室友在课余时间合作开发科技作品""十分期望能与同样爱好外语的同学住在一起""我高中时就得了全国数学竞赛奖项,能否优先安排有相同经历的学生一起住宿,可以相互促进……"面对征询表上列出的意向选择,同学热烈响应,目前学校已收到 1 131 名同学的意向表。工作人员根据反馈数据,将所有兴趣意向归纳为 6 种,按需求比例排序,依次为学业深造、外语、文学、电脑动漫、志愿者活动以及科技制作。其中,选择学业深造的学生人数约占3成。

上大社区管理部副主任何金伟称,由于希望按兴趣住宿的男女生人数大体相当,学校决定4人一间,集中安排在两幢约有1200多张床位的新宿舍楼中。届时学校还将按兴趣类型给楼层命名。

上大学工部部长赵猛说,此次在打破专业分隔基础上,让学生自主选择,根据其兴趣意愿分配寝室,是对素质教育作出的又一探索,可帮助学生们培育团队意识,在学习、社会活动中发挥更大主观能动性。

据悉,学校将利用"同道寝室"便利条件,把学习、探索类社团建到学生公寓中,形成有针对性的"全覆盖",专业教师甚至可进楼辅导。学校也将以优惠条件招募三年级学生中的骨干,以"导生"的身份,按1∶50比例与新生同住一楼,在生活适应、专业教育、行为养成等方面给予帮助。例如,今后课余热衷电脑技术的同学只需串个门,就可到计算机系师兄那里求教。(陈民骅 彭德倩)

《解放日报》2006年8月18日

## 上海改革收费制 14所高校按学分收费

上海市教委日前宣布,从2006学年起,同济大学、华东师范大学、上海大学、上海戏剧学院、上海音乐学院、上海体育学院等14所高校将试行学分制收费。

按照规定,试行学分制收费的学校,学校应确定各专业的总学分和每一门课程的学分,并按国家规定的学年收费标准,换算成每一学分的收费标准。学生完成学业所缴纳的学费总额不得高于实行学年制的学费总额。在试行学分制收费时,严禁以任何理由、任何形式提高或变相提高学费,不得出台新的收费项目,不得向学生收取除国家规定项目外的其他任何费用。(王有佳)

《人民日报》2006年8月28日

## 上大辅导员赴闸北区挂职锻炼

上海大学计算机工程与科学学院辅导员小徐近日暂别学生,走上闸北区彭浦新村社区(街道)综合党委书记助理的新岗位。今年起上海大学每年都将选送十名左右优秀辅导员到闸北区基层党组织,进行为期半年的挂职锻炼,使社区这一平台成为辅导员发挥所长、获得提升的新"码头"。

今年初,学校与闸北区组织部确立合作意向,在下属9个社区(街道)综合党委为辅导员设立岗位,并从全校216名辅导员中选出9名表现优异者上岗。据了解,首批9名辅导员将进社区、进楼宇,与年轻党员谈心,服务"两新"组织与基层党建。(彭德倩)

《解放日报》2006年9月17日

## 学业与管理"无缝链接" 上海大学搭建网上学生个人平台

日前,上海大学机自学院辅导员丁小凤提笔给2003级学生小毛的家长写了一封信,希望家长帮助督促小毛的学业。丁老师是通过最新开通的网上学生个人平台,得知小毛尚缺100多学分,面临延长学籍。

每年都有一些学生因为没有修满学分而不能毕业,有的甚至直到被劝退前还不清楚自己的学业完成情况。为此,上海大学专门设计了"学生个人平台",集成了学校学工办、团委、研究生部、招毕办等部门与学生成长密切相关的信息,学生可随时了解自己的学习状况、成绩排名、学习进程、直研、考研等信息,以便更好地安排学习生活。

学生个人平台专门设置了警示系统。如果在规定期限内学生学业出现异常情况时,平台上有警告提醒学生,警告连续几次后,会自动生成警示——这为学习落后的同学提前敲响了警钟。

此外,上大还开通了"教师个人平台",让教师了解与教学工作相关各类信息,网上设立的"教学进步档案"帮助教师了解自己的教学基本状况。这个平台给教师提供了所教班级中全体学生的学习状况,包括每一位学生前一个学期的平均绩点、本次修读是否为重修、当前是否处于试读状态、试读警告情况等,以帮助教师确定哪些学生需要重点关注。在每个新学期的第二周,任课教师可收到教务处寄来的特别信件,里面提供了特别需要关注学生的名单,以及学生辅导员的联系方式。

该平台还为辅导员提供了学生情况的查询功能,辅导员可以通过网络轻松查到"学生成绩单""学分完成情况",大大方便了上海大学辅导员有针对性地开展工作。不少老师评价,通过这一平台,学生学业与学生管理实现了"无缝链接"。

如今,机自学院的小毛正以积极的态度面对自己的学业,他的父亲专门给学校写来了一封感谢信。(李雪林)

《文汇报》2006年10月17日

**上海大学发现"国际高考移民"上海市教委表态要抵制**

针对日前媒体报道上海大学发现部分国内学生持外国护照以外国留学生身份申请入学的事件,上海市教委有关人员表示,抵制以留学生身份为掩护的"国际高考移民"行为,伪、变造证件,及明知所持伪、变造证件继续利用其谋取相关利益,均属违法犯罪行为,必将受到国家有关部门的依法处理。

据报道,上海大学收到了数十位"留学生"的申请,这批学生都来自同一个省份,他们在国内接受高中教育,父母亲的出生地和工作单位均在国内,而他们所持有的越南、老挝、马来西亚等东南亚国家的护照也是递交申请表之前一两个月刚办的。上海大学经过分析审查,认为这批学生为"冒牌留学生",拒绝了他们的申请,数十位考生无人提出异议。

根据国家规定,国外学生只要通过汉语水平考试(HSK),同时提供高中成绩和相关证书即可入学,除北大、清华、人大、复旦、交大等5所国内高校以自主命题考试的方式录取留学生外,其他学校基本上不设考试。对此,一位高校留学生招生负责人表示,"只要他们持有的护照是真的,按照国家规定,他们就是符合留学生入学政策的。"

因此近几年,部分高校相继出现某些人利用国家护照管理制度的漏洞,以不当形式办理外国护照,以所谓的外国学生身份申请入读的情况。针对这一现象,从去年开始,上海市教委要求各高校在审查该类学生护照时,必须查看学生护照上是否有中国驻外使领馆部门签发的入境签证和中国口岸公安局出入境管理部门在护照上加盖的入境章。

此外,上海市教委还表示,将一如既往地欢迎持外国护照的外籍华裔学生依据我国相关法规申请来沪高校就读。(龚瑜)

《中国青年报》2006年10月19日

## 上海大学出版社十岁了

昨天,上海大学宾客云集,来自高教、出版、文化界的人士共同庆祝上海大学出版社建社10周年。

上海大学出版社由我国著名科学家、教育家和社会活动家、上海大学校长钱伟长院士亲自创办。十年来,出版社依托本校研究成果出版的《家庭社会学导论》等教材,被列为普通高教"十一五"国家级规划教材项目;同时,他们发掘社会资源在国内率先开发出"中国殷墟"丛书(7种),被列入上海市"十一五"重点图书规划项目。最近,该社着手编纂出版了"社会和谐与发展丛书"15种,已被列入上海市"十一五"重点图书规划项目。

钱伟长、王蒙、赵启正和部分中外出版机构发来贺信。(姜小玲)

《解放日报》2006年10月29日

## 上海大学成立"慈善爱心屋"

昨天下午,2006年闸北区慈善工作推进暨上海大学"慈善爱心屋"成立大会隆重召开。中华慈善总会荣誉会长、市慈善基金会理事长陈铁迪、市慈善基金会副理事长万明等300余人出席大会。

爱心屋的成立旨在整合社会资源,将大学生思想政治教育融入慈善帮困事业中,成为学校帮困平台的重要延伸。(新宝 谈燕 永俊)

《解放日报》2006年11月1日

## 授勋

法国特鲁瓦技术大学前校长戛亚11月5日在上海大学向香港理工大学机械系主任吕坚教授授予法国国家荣誉骑士勋章,当天上海大学中欧工程技术学院举行了揭牌仪式。戛亚先生认为中欧工程技术学院是上海大学和法国技术大学集团在吕坚教授的促成下成立的,他对此感到非常欣欢。(陈树荣)

《人民日报(海外版)》2006年11月16日

## 上海明年继续进行春季高考 招生高校和人数均有减少

记者从上海市教育考试院了解到,2007年上海市部分普通高校将继续进行春季招生,招生院校共9所,计划招生1 862名。招生高校和人数均有不同程度的减少。

这9所高校为上海大学、上海师范大学、上海工程技术大学、上海商学院、上海师范大学天华学院、上海医药高等专科学校、上海工商外国语职业学院、上海农林职业技术学院和上海思博职业技术学院。计划招生1 862名,其中本科1 120名、高职(专科)742名。和2006年实行春季招生的12所高校、计划招生2 725名相比,2007年春季招生,无论是

招生高校还是招生人数,均有不同程度的减少。(王有佳)

《人民日报》2006年11月20日

**200多位科研人员联手"会诊" 大城市交通拥堵有了"医疗组"**

在国内不少大城市,交通拥堵问题变得越来越让人头疼。今天,我国交通领域的首个973项目——"大城市交通拥堵瓶颈的基础科学问题研究"正式启动,"大城市交通拥堵研究中心"也同时在北京交通大学成立。

据专家介绍,目前仅北京市每年就新增机动车30万辆,因交通拥堵造成的直接经济损失达60亿元。未来5年内,该项目将依托北京、上海、南京等大城市的交通实践,并与交通规划、运营管理等部门合作,为交通决策和工程设计提供科学依据。

该项目的研究阵容强大,参与者包括10所高校及科研机构的85名固定科研人员、165名流动科研人员。同时成立的"大城市交通拥堵研究中心",下设南方、北方两个分中心。其中,北方分中心由北京交通大学、北京交通发展研究中心、清华大学等参加;南方分中心由东南大学、上海大学、中国科技大学等参加。(董洪亮)

《人民日报》2006年11月30日

**和谐校园 党旗飘扬——高校党建工作扫描**

**创新形式 发挥党员先锋模范作用**

创新是基层党建工作保持生机活力的源泉,各地各高校基层党组织主动研究新情况,探索新方法,增强创新意识,提高创新能力,努力使基层党建工作体现时代性、把握规律性、富于创造性,大大提高了党的工作覆盖面和有效性。党支部逐渐成为党员发挥先锋模范作用的平台,成为开展学生思想政治教育和组织师生参与和谐校园建设的坚强堡垒。

上海大学改变支部生活单一读报、学文件、讨论党员发展的形式,支部活动由班级向课堂、社区、社团、学科团队、社会实践等方面延伸,形成"多渠道、全覆盖"的工作新模式。在各种形式的学习、实践活动中,不断强化党员意识,充分发挥党员的先锋模范作用。

石河子大学重视发挥基层党组织在育人中的作用,针对贫困生较多的校情,建立了党支部扶贫帮困机制,每个党员捐出7月1日的工资作为贫困学生帮困基金,每个教工党支部还通过多交党费的形式长期资助1到2名贫困生。

教育部党组副书记、副部长袁贵仁说:"切实加强高校党的建设,努力建设社会主义和谐校园,是党中央向全国高等教育战线提出的新任务、新要求,我们应当把这项任务落到实处。"

一张"构建和谐校园"的考卷在新的一年来临之际摆在了每一位大学师生的面前,在大学校园里呈现的朝气蓬勃的景象让我们有理由相信,他们将交出一份令时代令人民满意的答卷。

《人民日报》2006年12月28日

**上海制造业三大集群已具雏形　上海大学研究报告表明：通信设备制造业规模最为成熟**

成熟的产业集群往往是技术创新的"策源地"之一。上海大学预测咨询研究所所长于英川教授带领课题组刚刚完成的研究表明，上海制造业中的通信设备、通用设备和汽车三大行业已初步形成产业集群的规模，其中通信设备制造业的集群规模最为成熟。

于教授介绍，形成产业集群，除了必要的地理上集中外，还包括专业化的分工是否提高生产效率、企业间的交流是否频繁、创新是否活跃等"内涵性"问题。在市科委国际科技合作基金资助和法国学者帮助下，课题组运用统计分析方法和工具，以上海制造业的21个行业为研究对象进行分析，结果得出上海十个具有集中态势的行业，其中通信设备制造业、通用设备制造业和汽车制造业三大行业已初步具备"产业集群"的雏形。通信设备制造业的集群指数最高，以微电子产业为代表，该行业已初步形成了以浦东为主、漕河泾、松江及青浦并举的四大产业集群区域，投资规模、产业链、加工水平和生产能力均达到较高水平。

专家分析，上海的石油化工业、炼焦及核燃料加工业、黑色金属冶炼加工业等7个行业虽然地理上相对集中，企业自身具备很强的技术创新能力，但是和行业内其他企业的合作较少，因此尚未形成明显的集群效应。如何让大企业同时带动其他中小企业的进步？除了加强两者间交流，专家建议政府应扩大对集群支持的力度和广度，同时发挥市场的导向作用，让集群在相对自由的发展中形成成熟的产业链关系。

数据还显示，产业集群中，研发经费每增长1%，会带来新产品产值0.58%的增长；而研发人员数量每增加1%，带来的产值增长只有0.262%。可见，研发人员投入带来的效应，还略低于研发经费投入，如何充分发挥研发人员的创新效率，是培养具有全球技术竞争力的产业集群的关键。（章迪思）

《解放日报》2006年12月28日

# 2007 年

**"韩国老师的课上得真不错" 上海大学以国内待遇首聘专职外籍教师**

昨天,第一学期"近代中韩关系史"课还没上完,韩国籍教师卢在轼就很欣慰地获悉,自己的教学得到了校方和学生的一致认可。去年10月,北京大学博士毕业的卢在轼应聘上海大学教师,最终,他成为该校首位以国内教师招聘模式录用的专职外籍教师。

录用卢在轼是上海大学人事制度的一次全新尝试。该校人事处负责人表示,原先在校授课的外籍教师,都是通过外事渠道,身份为短期交流教师或访问学者,而卢在轼是跟国内教师一样应聘,经学校考查合格后录用的,与其他录用的国内教师享受同等待遇。据他透露,这样的人事录用在国内高校中并不多见。

卢在轼则毫不掩饰对上大历史系基督教史专业雄厚学科实力的看重,"在这里能够拓展我的研究,也能从事喜爱的教学。"在北京大学完成历史学硕士、博士学业后,他毫不犹豫地选择了上海大学。上大文学院常务副院长陶飞亚认为,外籍教师在学科建设方面有独到的优势,可以丰富教师教育背景的多样性,有利于学术思想互相补充激荡,"而卢老师的到来,也说明国内高校的学科建设和研究环境日益开放多元,产生了强大的吸引力。"

韩籍老师的加盟给上大文学院历史系教学带来了活力,首次开出的"近代中韩关系史"吸引了50名学生选课。大四学生杨之瑜称很高兴在毕业之前选到卢老师的课,"卢老师的课上得真不错。他汉语流利,用图片、PPT等形式给我们很精到地展示了韩国的历史和文化,让我们对中韩关系有了更深入的了解。"教学之余,卢在轼仍然从事着自己的历史学研究,如今,他已经入选了上大历史系重点学科的学术梯队,并且获得了市教委青年教师研究基金。寒假后的春季学期,卢老师还将面向历史系研究生开设一门《中国近代基督教研究》专业课。

据悉,上海大学在引进外教资源方面的探索正积极展开。该校国际工商学院已经聘请了来自瑞典、巴基斯坦的知名管理学教授担任教授。这几天,北大一名法国籍博士毕业生的求职信又摆到了人事部门案头。上大党委书记于信汇对记者表示,提高高校师资队伍的国际化,有利于更好借鉴国际上先进的高等教育理念和手段,对高等教育的提升具有关键作用,上海大学今后还将加大力度,吸引更多优秀的外籍人才和海归人才加盟。
(李雪林)

《文汇报》2007年1月12日

## 上海大学生在线高校辅导员网站开通

昨天上午,由市科教党委、市教委举办的上海高校学生思想政治教育工作队伍建设推进会举行。市委副书记殷一璀出席会议,副市长严隽琪点击开通了"上海大学生在线"和"上海高校辅导员网站"。会议表彰了高校优秀思想政治理论课教师和第三届上海高校辅导员论坛征文获奖者。

殷一璀在讲话中指出,本市召开全市大学生思想政治教育工作队伍建设推进大会,是进一步贯彻《中共中央、国务院关于进一步加强和改进大学生思想政治教育的意见》的精神,落实全国高校辅导员队伍建设工作会议要求,加强和改进大学生思想政治教育工作的重要举措。近年来,市委、市政府高度重视大学生思想政治教育工作队伍建设,始终从党的事业发展、夯实党的执政基础的政治高度出发,从维护高校和社会稳定大局出发,坚持把高校思想政治教育工作建设放到重中之重的位置,列入高校工作重要议事日程,思路更加清晰,政策措施更加完备,工作基础更加扎实,取得了一定的成绩,赢得了社会各界的好评、中央领导的肯定。殷一璀指出,面对新形势、新情况和新任务,高校思想政治教育工作正面临前所未有的挑战,必须进一步增强做好大学生思想政治教育工作队伍建设的紧迫感和使命感,把队伍建设放在日趋变化的国内外形势的大背景下,放在构建社会主义和谐社会和迅猛发展的高等教育的大环境中,放在加强和改进大学生思想政治教育、全面推进素质教育的大格局里去谋划、去思考,采取更加有力的措施,切实抓紧、抓实、抓好。

殷一璀强调,要高度重视高校思想政治教育工作者的教育培训工作,进一步发挥教育培训在做好高校思想政治教育工作中的战略性、基础性作用,深入开展邓小平理论和"三个代表"重要思想的教育培训和各类层次的业务培训,用马克思主义中国化的最新理论成果武装高校思想政治教育工作者的头脑,用马克思主义的世界观和方法论,准确领会社会主义核心价值体系的丰富内涵和精神实质,指导工作实践,提高解疑释惑的能力和工作水平。要完善考核激励机制、工作评价机制和长效管理机制等,调动全体辅导员和思政课队伍的积极性、主动性和创造性,切实把人员的选配和流动、职称评定、学科建设、管理和投入等制度落到实处。

殷一璀指出,高校思想政治教育工作队伍建设是一项系统工程,教育系统的各级党委要抓,学校要抓,全社会方方面面也要密切配合。要充分发挥党委政治领导核心作用,加强对这一工作的统筹协调,要充分利用各种社会资源,形成共建高校思想政治教育工作队伍的强大合力。

昨天下午,市科教党委、市教委还举办了2007年德育论坛暨第三届上海高校辅导员论坛,并分设本科生辅导员分论坛、研究生辅导员分论坛、民办高校辅导员分论坛。各校辅导员就如何提升队伍素质、建设和谐校园等主题进行交流和探讨。(杨珊　徐敏)

《解放日报》2007年1月18日

## 中国高教推介会在蒙举行

中国高等教育推介会今天在蒙古国首都乌兰巴托举行。此次推介会由中国国家留学基金委员会主办,北京大学、南开大学、上海大学等17所中国高校参加。蒙古国教育文化科学部长恩赫图布辛、中国驻蒙古国大使高树茂、中国国家留学基金委副秘书长李建民出席开幕式并致辞。开幕式上还举行了中国联合国教科文组织全国委员会向蒙古国教育部赠送价值50万元人民币、2 900块教学用黑板协议的签字仪式。(霍文)

《人民日报》2007年3月31日

### 上大：填报志愿将有更多自主权

上海大学今年本、专科生计划招生8 750名，其中在沪秋季本科招生计划数为3 857名、高职招生计划数为2 250名，将于4月21日在校本部举行招生咨询。

凡报考上海大学本科第一批的考生，可按学校要求进行登录填报志愿，可填报10个以上的志愿信息。本市统一的高考志愿表上，一所高校通常只能填报6个专业志愿。(徐敏)

《解放日报》2007年4月10日

### 一个小弯角节省1.8亿元　上海大学的基础学科为经济发展前沿需求服务　石油钻探的创新技术在新疆华北油田一炮而红

一次预弯曲动力学原理在石油工程的成功运用，使100万元的研究成本带来了1.8亿元的经济效益。记者昨天从上海大学应用数学与力学研究所了解到，该所石油新型防斜打快技术在新疆吐鲁番-哈密油田、华北油田近千口油井推广运用，效益显著。有关专家指出，这项获2006年上海市科技进步一等奖的成果还具备独特的启示作用：基础学科突破传统理论研究的框框，也能在经济发展前沿发挥重要作用。

几千米长的一根钻柱，从地面开钻时，只要有一点点的倾斜，到几千米的地下就会形成无法挽回的误差。面对国内油气资源勘探重点日益西移后出现的井斜困扰，上海大学力学所的科研人员首次提出了预弯曲动力学防斜打快技术的概念，开发了石油工程新型防斜打快技术和专用工具。他们在离钻头2—3米的地方，加了一个小弯角。面对不可避免的钻柱弯曲变形，巧妙利用力学原理，提前一个小变形，问题迎刃而解。

"力学算法模型解决了这项技术中的关键问题。"领衔这一研究的狄勤丰教授给记者解释各种形状的动力学模型计算结果图。石油新型防斜打快技术大大提高了油田的工作效率和成功率。打一口井的时间从原来的40天缩短到25天，每减少一天就可节约10多万元。从第一口井成功运用，到现在1 000口井使用了此项技术，这项技术帮助油田节约成本1.8亿元，成为新疆吐鲁番-哈密油田、华北油田的核心技术。

上海大学近年来非常注重把基础学科优势与相关工程学科紧密结合。比如力学，就在石油管柱力学、油气采收率提高、油田污水处理等方面开展了一系列研究工作，并在管柱动力学、纳米降压增注技术方面形成特色，得到了石油行业的认可。上大科研处负责人告诉记者，以前不少人觉得基础学科仅能通过科研论文体现学术研究成果，难以直接为经济建设服务，"如今我们明确提出，必须让基础学科和工程结合，为产业服务。"据介绍，上海大学根据自身基础学科的特点和优势，聚焦国家战略、聚焦重大产业发展，选择了以上海市风力风电机组、氢能制备装置和石油开采新技术为对象，开展相关关键应用力学问题的研究，为能源工程中的重大装备和技术研发提供研发平台和关键技术支持。

虽然是基础学科的科研人员，狄勤丰一年却有五六个月时间在油田，"到生产一线才

能发现问题,才会有研究的目标和方向,基础学科研究同样不能沉浸在实验室两耳不闻窗外事。"(李雪林)

《文汇报》2007年4月14日

### 上海5高校试点插班招生　大一优秀生可重新选大学

从今年秋季新学期开始,上海部分大一学生,将拥有一次重新选择专业和学校的机会。

上海市教委日前传出信息,凡是上海市本科高校在校一年级优秀学生(含2006年春季入学的本科生),且符合试点高校招收插班生条件的,均可参加插班生考试。首批进行试点的是复旦大学、华东师范大学、华东理工大学、上海大学和上海戏剧学院5所高校。

据介绍,此次插班生招生总人数为257人,占上海市本科高校一年级学生总数的2‰左右。凡所修课程有不及格者,不得报考。插班生招生试点一定程度上给予优秀学生重新选择专业和学校的机会,有利于大学生尽早进行职业规划,做到人尽其才。

此次插班生试点招生的报名条件、专业、名额、考核办法、录取方法等均由试点高校依法自主确定,方案经上海市教委审核同意后,统一向社会公布。(王有佳)

《人民日报》2007年5月9日

### 上海大学首开"家长学校"　探索家校合作育人体系

上海大学"家长学校"昨天挂牌,50多名学生家长一早赶来,参加了首期学习班。为家长开设学校,这在沪上高校还是首家。

学校特邀一些成绩落后学生的家长参加首期学习班。上大社会学教授顾骏为家长们做了"敬畏生命的成长"的专题讲座。"不能对孩子教育过度,而是要帮助孩子把生命的潜力发挥出来。"顾教授"过度教育"一词给学生家长纪女士带来不小启发,"我对如何教育孩子很困惑,平时方方面面都为他想好,却忘了怎样跟他好好地交心,回去以后,我要跟他坦诚地沟通一次。"

"家长学校就是要唤醒家长对学生的关注!"上大党委副书记滕建勇旁听了首期学习班,他表示,不少家长有一个误区,就是孩子考上大学就不用管了,其实家庭教育对大学生影响很大。学校希望通过"家长学校",向家长介绍有效的教育经验,提高家长参与学生培养的能力,构建家校合作育人体系。

据悉,上大"家长学校"将每学期选择周末时间定期开办,针对不同学生定制不同的教育菜单,将这些学生的家长们请进校园,由专家名师为他们开设专题课程,"培养子女的独立能力"、"引导子女正确面对挫折"、"帮助子女正确处理恋爱问题"等主题讲座已经列入了课程表。昨天,很多家长都申请继续参加"家长学校"的学习。

近年来,上海大学不断探索家校合作的育人体系。该校学工部负责人告诉记者,在家长学校的基础上,上大还将建立"学校家庭教育咨询服务站"、开设"上海大学家长论坛",与家长共同讨论解决教育中遇到的一些难题,还将邀请学生家长为学生开设讲座。(李雪林)

《文汇报》2007年6月4日

### 廉洁从业信念从大一开始树立　上海大学首开廉洁教育必修课

上海大学昨天推出廉洁教育必修课,40多名辅导员受聘为主讲教师,从今年起,每名学生在大一的夏季学期都将接受6个学时的廉洁教育,上大也成为沪上首个开设廉洁教育必修课的高校。

针对当前大学生中出现的考试作弊、论文抄袭、逾期还贷等问题,以及在某些学生干部和学生社团管理者中间存在的一些不廉洁行为。上海大学校方首次决定将廉洁教育纳入大学生行为指导训练的授课内容中,作为1个学分的必修课,在新生入校后的第一年就对他们进行廉洁教育,增强其诚信、自律的意识。

廉洁教育课作为一门特殊的德育课程,将主要以小组团队的方式由辅导员组织教学,通过小组交流、模拟竞标、情景小品表演、生活技能训练等生动活泼的形式开展互动式教学训练。辅导员将挖掘身边案例教育学生,如何管理大学生社团会费,如何避免评比中的功利心等身边案例,都将成为辅导员的授课内容。

在昨天举行的"廉洁诚信、遵纪守法、自强不息、报效祖国"本科生廉洁教育推进仪式上,上大党委副书记忻平为同学们讲授第一堂课——"廉洁教育走近大学生"。他对记者表示,今天的大学生,明天就将步入社会,学校希望通过一系列廉洁教育课程的开展,引导大学生形成诚实守信、正直节俭、崇尚廉洁的价值观。

屈时豪同学听了第一堂课后表示,"不少同学听到学校开设廉洁教育课时,觉得腐败问题离我们很远。现在我们明白,应该从现在做起,拒绝抄袭和作弊,为将来进入社会、廉洁从业打下基础。"

据悉,上大还将在新生入学教育、学期首日教育、毕业教育等过程中,将廉洁教育有机融入,使廉洁教育真正贴近学生。(李雪林)

《文汇报》2007年6月13日

### 经过高科技的设计,奇迹出现了——哑女也能"唱歌"

哑女"唱歌",简直是天方夜谭!不过,上海第四聋哑学校的王玉秀是幸运的。在一群好心人的帮助下,不久前,在第三届上海国际科技与艺术展暨数码艺术教育论坛上,王玉秀的梦想实现了。

为玉秀策划"圆梦计划"的是上海电视台生活时尚频道的"十字街头"。这个栏目以帮助普通人实现梦想为宗旨,他们整合媒体和社会力量帮助过数十人实现了梦想。当他们得知玉秀的愿望之后,特意联系了上海大学和上海大剧院,并获得上海科协的资助,由上海大学数码艺术学院进行研发。

在上海浦东展览馆四楼,有一个命名为"籁"的圆体装置,高两三米,面积近百平方米。这个神秘的高科技多媒体互动装置,帮助玉秀实现了梦想。

5月的一天,玉秀来到科技展"玩",她还不知道人们将送给她一个惊喜。玉秀走进圆体装置,犹如走进了迷幻影院。圆体内被玻璃墙阻隔成"互"字形,玉秀在玻璃通道内走动时,每跨一步,玻璃墙体上就会变幻出各种图案。这些图案是健全人忽视的一个个生活细节:有小溪流过指尖,有轻风吹拂树叶,有波涛汹涌的大海,有手指轻轻抚摩小草,还有重锤敲锣鼓的表演。玉秀好奇的眼睛随着这些画面而兴奋起来。设计者说,这是听障者感知的有声世界,无形的声音已转化为有形的画面。听障者在失去听觉之后,他们的视觉、触觉和对声音的想象力远远超出健全人,一些生活细节会久久留在他们心头,他们会不断地想象声音到底是什么?设计者在玻璃墙体内安装了几十个红外线感应器和摄像探头。当玉秀走动时,感应器将捕捉到的信息通过数码转换映射在墙体上。

玉秀走进"互"字形的核心区时,奇迹发生了,无论玉秀是随意走动还是跳舞,感应器都发出各种肢体声音,有喘气、呼吸、磕牙、打节、鼓掌、响舌、跺脚甚至心跳等等,不同的动作就会有不同的声音组合。同时,玉秀本人的镜影相、摄影相、反射相和各种生活画面同时出现在四周的玻璃墙体上。玉秀虽然听不到声音,却能够通过这些画面,看到自己的身体在"唱歌"。走出圆体装置时,玉秀兴奋地打着手语说:"太神奇了!"

上海大学音乐系的乔迁老师说:"这是偶然音乐,也称肢体音乐。这些肢体声音是事先从玉秀身上采集下来,它们被转换成数码输入了装置。当玉秀舞动时,感应器立刻将捕捉的信息和装置内的声音样本相对接,十几种肢体声音的样本与不同的肢体动作相对接,就会组合成不同的音乐效果。玉秀确实在'唱歌',不过不是用嗓音,而是用她的身体。在这个装置里,听障者和健全人是平等的,都可以用肢体声音组合成音乐。"

陪同玉秀前来圆梦的还有玉秀的外婆、玉秀的爸妈和她的孪生姐姐。玉秀妈妈说,16年前,玉秀早产,出生时只有三斤半,不会哭,不会吃奶,医生说不一定能活。后来玉秀虽然得救了,但失去了听觉。由于自卑,她变得越来越内向,直到小学四年级时参加了学校艺术团后,玉秀才变了。她能跳民族舞、芭蕾舞、印度舞、街舞等,还在大型乐队中锤大鼓,表现出超常的天赋,还获得过许多荣誉,是团里的台柱子,然而问玉秀最大的梦想是什么,她却总是来回做一个动作:模仿歌星攥着话筒唱歌。

现在,经过四个单位、上百位热心人热情参与,她成了"歌手",唱出了埋藏多年的心声!上海大剧院在即将上演的美国音乐剧《妈妈咪呀!》中,也邀请玉秀用手语和国外演员们交流,表演主题歌《我有一个梦》。

王玉秀(中)正在"听"科技人员辅导

玉秀没有想到的奇迹正在一个一个出现。(娄靖)

《人民日报》2007年6月29日

### 上海大学设立全国首家社区学院 拓展学生生活园区在"课外"的育人功能

上海大学社区学院昨天成立,这是全国高校成立的首家社区学院。5 000多名上大一年级学生将在社区学院的平台上,获得更多"课外"的培养。

与通常的专业学院不同,社区学院更注重培养学生在学业、道德、情感和生活等方面的和谐发展。社区学院通过搭建学生、管理人员、职能部门互动合作的平台,依托学生生活园区,引导学生树立人生目标,提高学生自主意识、自学能力、自强精神和综合素质。

社区学院下设行政管理部、德育工作部、学业指导部和素质拓展部四个职能部门。此外,针对学生的成才需求,社区里还设置了专门的学业指导中心、成才帮困中心、咨询辅导中心、学生活动中心、演讲厅等,学生们不用走出生活园区,就能享受到全方位、个性化教育服务。

社区学院的励志导师和学业导师队伍昨天同时成立。除了以往参与学生管理工作的辅导员、管理员之外,上大社区学院建立了导师制度。目前,社区学院已聘请了部分有学术特长和敬业精神的教师担任专业导师,为学生提供个性化的学业指导。由院士、学科带头人组成励志导师队伍,定期下到社区,以谈心、讲座等方式与学生进行人生经验分享、引导人生目标规划。

成立社区学院,上海大学借鉴了一些世界一流大学的做法。在剑桥、哈佛等高校很早开始实行"住宿学院"制,每个住宿学院由优秀教师担任导师,针对学生的成长发展提供学业、生活、交往等多方面的个性化教育服务指导。

"原来的学生社区更多承担服务与管理功能,成立社区学院,将拓展社区在'课外'的育人功能。"上大党委副书记滕建勇告诉记者,通过在社区学院一年的学习与实践,希望新生能够完成从高中生到大学生的转变,自学能力和综合素质得到切实提高。

据了解,社区学院目前先在上海大学新世纪学生社区进行试点,今后将结合实际情况,在一年级同学比较稳定的居住区域成立若干个分院。(李雪林)

《文汇报》2007年11月29日

### 医生进上大讲授生殖健康

前天,解放军411医院少女门诊的专家走进上海大学报告厅,以互动提问形式,为百余名大学生讲授生殖健康课。

据悉,目前我国10岁至24岁年龄段的青少年人数超过3亿,针对他们的性教育,仍处在"半地下"状况。中华医学会男科学会副会长白迎堂教授指出,我国大学性教育需要彻底改变"性教育说不得也摸不得"的旧观念,将性教育摆到桌面上来,扎扎实实进行性教育工作,这样才有利于莘莘学子的健康成长。市人口计生宣教中心有关负责人表示,这种互动健康教育形式将在沪上高校逐步推广。(邱曙东)

《解放日报》2007年12月15日

# 2008 年

**春季高考最后一块"阵地"　上海再次遭遇考生锐减——春季高考会取消吗**

作为最后一个仍在坚持春季高考试点的城市,上海目前有些尴尬。

在刚刚结束的 2008 年春季高考中,仅有 6 177 名考生,报名人数较 2007 年春季高考锐减 30%,较 2006 年春季高考更是下降了一半。与此同时,高校招生的热情也在变冷。2006 年,上海参加春季招生的普通高校为 12 所,2007 年降至 9 所,2008 年缩减为 8 所。

本意为考生创造更多选择途径的春季高考,为何连年受到冷遇?

**新模式先热后冷　四个试点只剩上海一家**

自 2000 年以来,春季高考先后在北京、上海、安徽、内蒙古 4 个省、市、自治区试点,形成了普通高校每年有"两次考试、两次招生"的新模式。实行几年,春季高考呈现由热变冷的态势。

春季高考与传统的秋季高考不同,其主要特点在于:高校和学生有了更多自主权。高校在招生计划上有调节权,可适当扩大招生名额。考生可根据学校、专业选择参加一所或几所高校组织的综合能力测试,若同时被几所高校录取,可自主选择一所学校报到。

但是,这一改革在 2004 年出现了变化。这一年,内蒙古首先取消春季高考,安徽则是最后一次春季高考,而北京的报名人数首次出现大幅下降,并在 2006 年宣布取消春季高考。上海成为最后一块阵地。

尽管其他城市相继淡出,上海的态度依然没有改变。"之所以坚持,一方面是希望为考生提供多次选择机会,另一方面希望这块'试验田'为秋季高考改革积累经验。"上海考试院领导如是说。

**考生难舍"本科情结"　春季高考沦为"热身赛"**

春季高考被很多考生当作是一次秋季高考的"热身赛",是它遭到冷遇的一个重要原因。

近年来,受学校教育资源的限制,各种软硬件设施的发展跟不上扩招人数的膨胀,原本参加春季高考招生的高校也正在退出。2008 年春季高考中,上海的公办高校只剩下上海大学、上海师范大学、上海工程技术大学、上海商学院,其余 4 所均为高职(专科)学校。

2007 年,上海春季高考报名考生共有 8 479 人,计划招生 1 862 名,但最后超过一半的达线考生连志愿都没有填写。在被录取的学生中,本科录取报到 1 121 人,完成招生计划的 100%。但高职(专科)只有 422 人录取报到,仅完成招生计划的 56%。从中不难看出,考生仍然难舍"本科情结"。

不过,上海市教育部门认为,报考人数逐年递减,并不能说明春季高考不重要。

由于参加春季高考的考生是复读生,随着上海高校秋季升学率的逐年递增,每年复读生的绝对数也在递减。

**春季高考只是探索　即使取消也在情理之中**

对于春季高考"越来越狭窄的生存空间",教育专家建议,必须改变现有的招生模式。

教育问题专家、上海交通大学教授熊丙奇认为,现行的春、秋两次高考并非真正意义上的多次高考。春考只是给考生增加了一次选择机会,从它的报考对象和参加高校来看,主要是落榜生和少数高校参加的高考。它和秋考是两种不同的体系,考试成绩无法通用。不像国外的 SAT 和 GRE 考试,一年多次开考,任何一次成绩都可以用来申请进高校。其次,重点院校不参加春季招生,也是一大制约。要真正发挥多次高考的作用,还得让更多院校参与进来。

上海师范大学副校长项家祥则认为,春季高考只针对落榜生、往届生等,限制应届高中生。他建议,中学阶段应健全和完善学分制,这样部分优秀高中毕业生便能提前毕业,同往届毕业生、落榜生一起投入春季高考,也为重点大学参与招生创造了条件。

事实上,春季的招生对象已经发生了变化。和 2007 年相比,2008 年的招生对象和报考名额有所放宽,具有上海蓝印户口和持有上海市人才引进居住证一年及以上的考生均可参加。

专家认为,春季高考是高考改革的一个探索,但制度仍不完善。对某些高校来说,春季高考打乱了整个学校的课程设置。如果春季高考真的到了要取消的那一天,也不必太在意,因为每个事物都有自己的发展规律,每所高校都在寻找适合自己的招生方式,大家探索高考改革的脚步不会停止。

《人民日报》2008 年 1 月 7 日

**上大巴黎时装学院"毕业秀"**

灯光闪烁,霓裳飞扬。昨天,上海大学巴黎国际时装艺术学院 2008 级毕业生,依据学院信息中心专家发布的 2008 流行趋势,设计并亲身演绎以"花之俏"为主题的 70 余套华服,完成自己的"毕业秀"。

学院时尚信息研究中心此次通过收集、分析国际流行讯息,将 2008 春夏流行趋势浓缩为"前卫派""沿海小镇气息""浪漫惬意热带之旅""黑白对比强烈的现代派"等四个主题。参与设计的时装设计系同学通过色彩变化、紧身、宽松的转换等将其一一演绎,并用妖艳罂粟、孤傲百合、复古玫瑰和纯真雏菊等四个系列充分展现"花之俏"主题。国内外时尚专家还现场评出"最佳设计""最佳表现"等六项大奖。(彭德倩　徐蒙)

《解放日报》2008 年 1 月 12 日

**上大巴黎时装学院毕业设计百分百 DIY**

从"花样童年"到"悲伤娃娃"系列,从"豪华邮轮"到"中国古玉"系列……凝聚着上海大学—巴黎国际时装艺术学院 2005 级设计专业春季班学生智慧和创意的毕业秀,昨天在上海世贸商城举办。毕业秀结束后,许多知名服装公司对学生的设计表示出兴趣。

漂亮的玩具娃娃,玩腻后就被人们丢弃了,台湾籍学生陆冠颖根据自己在日本的见闻,设计了以"悲伤娃娃"为主题的毕业作品。她自己设计、打版,动手制衣,完成了6套服装。在整个毕业设计的完成过程中,几乎每一个大三学生都画了100多张图纸,提交几十套方案,再选出最终的6套设计。学生们从绘画、打版到制作全部自己完成。毕业生宋琳琳的"中国古玉"服装系列中用到了不少褶裥和珠子配饰,全手工制作,她说,光是镶这些珠子就花了长达三周的时间。

据悉,上大巴黎时装学院连续两届毕业生就业率达100%,专业对口率达94%,64%的毕业生在跨国企业工作。(钱滢瓅)

《新民晚报》2008年1月12日

**游戏动画人才急缺　上海大学启动培养工程**

**游戏影视动画人才奇缺**

中华英才网发布了新一期的职场人气排行榜:三维动画、游戏设计等职业仍是招聘热点。企业为游戏软件开发工程师、游戏动画设计师等职位开出的待遇都较理想,专业的游戏影视动画人才已成为抢手货,游戏设计师、动画设计师已成为年轻一代心目中的"金领"职业之一。

**品牌领先　源于不断进步**

鉴于国内游戏影视动画行业有着巨大的发展空间,而目前专业人才很缺乏,上海大学成教学院与CIA数码紧密合作,吸收并借鉴美国、加拿大、日本等国家的影视游戏动画教育经验,用重点大学的规范教育资源融合优秀动画企业的技术力量,向学生提供专业正规的职业教育,搭建了从游戏影视动画爱好者通往职业"金领"的捷径。经过五年的系统教学实践,形成了国内领先的CIA数字艺术教育体系,培养了两千余名专业游戏影视动画人才,形成较强的品牌影响力。

**以就业为导向　强化技能培养**

上大CIA着重培养学生掌握游戏、动画、影视广告片头创意等工作岗位所需要的技术知识,使学生能够在游戏、动画制作企业担任企划、脚本、分镜、原型设计、模型制作、场景制作、动画调试、游戏特效等岗位的工作。在具体的课程安排上,采用模块化分阶段教学,并采用小阶段小作品,大阶段大作品的教学理念,以适应企业岗位要求。学生在校期间,将参与创作企划案,自己提出创意,自己设计游戏角色和场景并独立或者以团队方式完成制作,运用游戏引擎进行动画调用,或能独立创作影视动画作品,实现艺术短片的创作。上大CIA的毕业学生不仅在当前十分热门的游戏动画领域和影视动画领域非常抢手外,在建筑装潢业、广告设计业、多媒体制作等行业很受欢迎。事实上,上大CIA在五年来培养的两千余名学生早已成为上海、北京、杭州等城市数字艺术行业的中坚力量。

[友情信息]上大CIA第23期班将于2008年2月底开学。本期开设游戏影视动画、游戏设计与制作两个专业,学制为全日制一年,学时数为1080学时。计划招生共90名,走读住读均可。凡高中以上,年满18岁的学员均可报名,额满即止。报名电话:021－

62539082;报名地址：上海市新闻路1220号上海大学成教学院B楼211室。详情可登录www.cia-china.com 和 www.shu.edu.cn/ad。

《新民晚报》2008年1月16日

**媒体点击·《新闻晚报》·沪首部高校电影获准公映**

日前，记者从上海大学获悉，由该校05届毕业生编剧、导演，电影《上海公园》获得国家广电总局颁发的数字电影技术合格证和公映许可证。在上海市，由高校全力制作的电影获得公映许可还是第一次。《上海公园》是一部讲述当代青年青春思索的影片，电影长度112分钟，通过一场同学聚会展开，对人生、爱情等话题深入探讨。参与指导的上海大学影视学院石川副教授说，这部电影从导演、录音到剪辑，大部分工作人员都是"上大制造"。石川副教授说，上大影视学院已制定了2008年影视创作新计划，计划今后每年都会有一至两部获得公映许可的影片出品，这些电影同样将由上大的师生制作。

《人民日报》2008年1月22日

**沪台交流呈持续发展态势　累计台资项目达6 963项　合同台资187.3亿美元**

2007年，沪台交流呈持续发展态势，双向交流有2 490个项目，比前一年增长3.7%。全年台商在上海投资项目新增565个，合同台资22.4亿美元，占上海合同外资总量的15.1%。这是昨天晚上在上海市政府台湾事务办公室和上海市台湾同胞投资企业协会联合举办的台商新春音乐会上透出的信息。

2007年，是新中国成立后两岸民间开展交流交往20周年。上海是台湾同胞集居地之一。在沪台交往中，上海台办主动规划、发挥优势、加强管理、稳步推进，使交流活动顺利开展，凸显特色，不断创新。

2007年，台湾来沪的交流项目为580项，上海赴台交流项目为1 910项。交流活动涉及文化、教育、经济、科技等许多领域。

如今，上海已经成为台胞交流、投资、旅游、求学、安居的首选地之一。2007年，有741 647位台胞从上海口岸入境。有8 310位上海居民赴台。上海高校新招台湾学生361人，目前上海大学的在校台湾学生达1 065人。

随着上海发挥综合优势，加大服务力度和不断改善投资环境，一批资金和技术密集型的台湾大企业看好在沪发展的美好前景，投资力度稳定增强。截至2007年12月底，上海累计批准设立台资项目已达6 963项，合同台资187.3亿美元。其中千万美元以上的454项。去年，中芯国际12英寸晶圆厂、剑腾液晶显示（上海）有限公司彩色滤光片流水线在沪投产，标志台资高科技企业的崛起和发展。达丰（上海）电脑有限公司全年出口额达到224.5亿美元，连续多年位居上海企业出口额榜首。

近年来，沪上台资企业的投资结构正在进一步优化。2007年，台资在第三产业的投资占到全市台资投资总额的60%以上，创造了40多万人的就业岗位。为了长期立足上海，统一、旺旺等多家台湾大企业纷纷在沪设立总部。（葛凤章）

《人民日报（海外版）》2008年1月24日

**上大师生踊跃报名无偿献血**

市血液中心流动献血车今天上午驶进了上海大学本部,拉开了今年本市高校无偿献血的帷幕。短短几个小时,上海大学就有250余名师生踊跃报名无偿献血。(周馨)

《新民晚报》2008年3月3日

**交行与上海大学共建银行人才培训基地**

近日,交通银行上海分行与上海大学签订了金融课程合作项目协议,未来三年内,交行将斥资300万元,为上海大学学生提供共计1 800人次的专业培训机会。

近年来,金融行业人才争夺战愈演愈烈。随着外资银行"抢滩"中国的步伐提速,本就短缺的金融人才更是奇货可居。"法人化的外资银行越来越多,不可否认,国有银行的人才市场出现了空虚的现象。"工商银行上海市分行副行长黄纪宪在接受本报记者采访时表示。今年是交行实施零售银行战略转型的第三年,在零售银行转型战略向纵深推进的时间点上,签订此协议主要是为了保证金融人才的需求能够得以满足。

今年,交行上海分行计划新招募500名大学生。目前,第一阶段的招募计划已经结束,大约300名应届大学生将成为交行新生力军。(卫容之 劳佳迪)

《人民日报》2008年3月25日

**上海大学：游戏动画企业定向委培班招生**

**学游戏影视动画　选择知名品牌**

自2003年以来,上海大学成教学院与我国著名数字艺术教育机构CIA数码合作,吸收美国、加拿大、日本等国际先进教育经验,用重点大学的雄厚教育资源融合优秀动画企业的技术力量,向学生提供专业正规的职业教育。2006年上大CIA荣获中国计算机用户协会和电脑报联合评选的"上佳培训机构"和"上佳游戏动画师资奖"两项殊荣,2007年上海大学获批成为上海市高教自考动画专业(独立本科段)主考院校,上大CIA开发的系列教材也被上海市教育考试院选定为专用教材。"上大CIA"已成为国内较具影响力的知名数字艺术教育品牌。

**实战案例培养　学习就业全程无忧**

上大CIA的毕业学生不仅在游戏动画领域和影视动画领域非常抢手外,在广告设计、多媒体制作、建筑效果设计等行业也备受欢迎,上大CIA五年来培养的3 000余名学生已成为上海、北京、广州等城市数字艺术行业的中坚力量,学员以其高技能水平受到游戏影视动画企业的青睐,就业率名列前茅。

上大CIA课程体系让学生在实战中掌握游戏动画开发中的各种实用技能,使学生能够胜任游戏企划、脚本、分镜、原画、角色设计、3D模型制作、场景制作、游戏动画、影视广告创意、游戏特效等工作。课程采用小阶段小作品,大阶段大作品的教学理念,学生在校期间,自己提出游戏企划案,自己设计游戏角色和场景并以团队合作方式完成作品整合,或实现影视动画作品或艺术短片的创作。上大CIA的案例式培养模式让学员可以学习就业全程无忧,搭建了从爱好者通往职业"金领"的捷径。

**权威认证　轻松走上职场捷径**

学生在校即可组织参加上海市人事部门、市教育部门、市成教部门联合认证的《上海市紧缺人才岗位资格认证》、《国家动漫游戏产业振兴基地认证》、3dsmax、maya 国际认证。学生通过考核还可直接获得上海大学研修证书和 CIA 认证证书,真正实现从兴趣到职业的人生梦想!

［友情信息］上大 CIA 第 23 期班将于 2008 年 2 月底开学。本期开设游戏影视动画、游戏设计与制作两个专业,学制为全日制一年,学时数为 1 080 学时。计划招生共 90 名,走读住读均可。凡高中以上,年满 18 岁的学员均可报名,额满即止。报名电话:(021)62539082;报名地址:上海市新闻路 1220 号上海大学成教学院 B 楼 211 室。详情可登录 www.cia-china.com 和 www.shu.edu.cn/ad。

《新民晚报》2008 年 3 月 26 日

**上海大学重开"硬笔书法"受到学生热烈追捧　大学写字课,为何这样热**

可容纳 180 人的大教室里,硬是挤进 200 多人,许多学生不得不三人挤两座,甚至坐在后排台阶上记笔记……这一火暴场面,出现在上海大学本学期重新开设的"硬笔书法"选修课上,据悉,除在册的 178 名学生外,"旁听"的就超过 30 人。

大学写字课,为何这样热?

**"我不想再'蟹爬'了"**

据悉,向全校开设"硬笔书法"课的上大中文系副教授丁迪蒙是上海书法家协会成员,此前已讲授多年,但近两三年来一度停开,本学期再次推出后,虽然没有任何宣传,却受到各年级各专业学生的青睐。

"我不想再'蟹爬'了",选修这门课的计算机系学生小姜说,"从小到大,一写字就被这样说,真的很'坍台'。现在就业中,字写得怎么样已成了一个'筹码',我想做好这张'名片'。"听课学生中有相当一部分有这样的想法。

据丁教授介绍,写字课每周一堂,一学期总共 10 节课,上课时主要通过对"重心如何摆"等字体结构方面的共性规则进行讲解。她要求学生课后按照规则每天练习 200 个字,这些将成为学生的平时成绩。

**"普通的字,每一个都有学问"**

学生小程对硬笔书法课上老师的讲解印象深刻——比如"子"字,字形是从婴儿的样子象形演化而来,那一横就像孩子的双手,所以不能太长;再比如"不"字,现在是否定词,最开始用来表示一只鸟飞在天上不落下来,顶上那一横代表天,下面部分代表鸟,所以这一撇一点的"翅膀"应该平衡。他说,"感觉平常写出来的普普通通的字,每一个都有学问。"

"字如其人",丁教授说,"练字也是一个陶冶情操的过程。"前几届学生曾告诉她,刚开始每天 200 字练得苦死怨死,渐渐地,每天不练几个就难受,心情不好的时候,伏案一笔一画写来,心也不知不觉静了。

**写字在中小学教学中"边缘化"**

大学阶段,本不该是"学写字"的时间段。写字课在大学生中的抢手,是否源自中小学教育中,对写字这一项的些许缺憾?

不少参与高考语文阅卷的大学、中学老师坦言,"卷面整洁、字体漂亮的试卷,有时候一天也碰不上几份",有的左右结构的字,写成了两个字;有的字潦草得难以辨认;有的一行字不在一个水平线上……

社会学专家指出,写字在中小学教学中"边缘化"的原因有二:首先,是相当一部分老师"重答案忽视书写";其次,中学教学过程中过多依赖电脑,有时甚至连作文和读后感,都要求必须打印后上交。汉字及其书写技法,是中华文化的重要载体,在中小学阶段,就应为学生打下扎实基础。(彭德倩)

《解放日报》2008年4月5日

### 媒体点击·《深圳特区报》·上海大学开"硬笔书法"课

近两年来一度停开的"硬笔书法"课,日前在上海大学再次推出。记者近日从上海大学教务处了解到,写字课每周一堂,一学期共10节课。对字体结构、笔画安排等方面进行共性规则讲解,并要求学生课后按规则每天练习200个字,这些将成为学生的平时成绩。新课开设后,受到各年级各专业学生的青睐。大学阶段,本不该是"学写字"的时间段,写字课在大学生中很受欢迎,似是弥补中小学教学中对写字"边缘化"留下的缺憾。

《人民日报(海外版)》2008年4月8日

### "感悟中国"文化中国校园行在沪启动

4月24日,2008年上海大学国际文化风情展示日暨"感悟中国"文化中国校园行启动仪式隆重举行。此次活动由文化中国·2008中国组委会主办,上海大学、SMG纪实频道、SMG外语频道等媒体和相关单位承办。上海大学对外汉语专业的外国学生们搭起展台,以多姿多彩的方式展示各国文化;外国留学生带着自己的故事,走上荧屏,尽情地讲述自己在中国的精彩经历,与家人分享自己的生活感受。(陈进 张芝芳)

《人民日报(海外版)》2008年5月2日

### 上海大学文学周昨天开幕

由上海大学文学院中文系、文化研究系与同济大学人文学院中文系联合主办的"第三届上海大学文学周开幕式暨圆桌会议"昨天下午在上大国际会议中心举行。

本次圆桌会议以"现实主义与中国经验"为题,探讨中国经验是否可以在当下语境被表达、现实主义在中国是否还有生命力等问题。(李菁)

《新民晚报》2008年6月30日

### 上大举行陈伯时学术研讨会

近日,上海大学为我国电力传动及其自动化学科创始人、教育专家陈伯时教授庆祝80华诞,并举行陈伯时教授学术研讨会。

从事教育和科研工作50余年的陈伯时教授,是我国第一批进入电力传动自动控制专业领域学者之一。他学识渊博,治学严谨,科研成果累累,学术论著颇丰。其教学科研始终倡导理论与实际相结合,编写的教材《电力拖动自动控制系统》创造性地应用自动控制理论分析和设计电力拖动控制系统,创立了该课程的科学体系,在国内高校广泛使用。(代维亚)

《解放日报》2008年7月3日

## 上大学子争做"校园啄木鸟"

大学校区里自行车容易丢怎么办?宿舍里有啥安全隐患?日前,上海大学面向全校学生发出校园管理"金点子"征集令,学子争相响应,乐做"校园啄木鸟"。

据了解,"金点子"征集过程中,不少同学成了"有心人",细心发掘身边的安全"死角"。外国语学院研一学生小杨和理学院学生小赵合作,总结出了校园五大安全隐患:学生宿舍里乱拉乱接电线、私自使用大功率违章电器;校园周边饮食摊无证经营,卫生得不到保障;学生在外租房导致"脱离"有效管理;校内轿车、摩托车、电动车数量越来越多引发交通隐患,以及大学生心理上可能存在的问题等。生命科学学院的学生小殷把眼光投向篮球场边,他在征文中写道,有些同学的安全意识不够,运动前随意把手机、钱包等贵重物品放在篮球架下,又无专人看管,在大学这样的开放环境中,很容易给不法分子留下可乘之机。

机电工程与自动化学院学生小汪为了提出有质量的"金点子",专门制作发出500份关于"校园自行车安全"问卷开展调研。发现有自行车被盗经历的同学占34.2%,其中在教学楼和宿舍楼外失窃的分别占40.1%和32.1%,而30%的失车原因是未上锁。有了这些数据"打底",小汪的金点子层层深入:个人层面,可采用多加几把锁、喷上个性喷漆等防盗绝招;学校管理上,不妨在车棚及集中丢车点安装摄像头、加强巡逻等;也可借鉴外校成功经验,如去年9月起清华大学试点"学号自行车",将车主学生证号打上车身,骑车进出校门需随机查验车证是否一致。

据悉,征集来的200来个"金点子"中,已有不少被校方陆续采纳。学校有关负责人表示,这次"金点子"征集,进一步发挥学生群体的主观能动性,也使大学阶段学生的自我管理获得了一个崭新平台。(彭德倩)

《解放日报》2008年7月8日

## 高校思想政治理论课 魅力从何而来

前不久,教育部在全国200所高校10万名大学生中对思想政治理论课教学进行测评,结果显示,85%的大学生对教学"满意"或"基本满意",近91%的学生对教师感到"满意"或"基本满意"。

高校思想政治理论课为何有这么高的满意率、这么大的吸引力?在中宣部、教育部日前召开的加强和改进高校思想政治理论课工作会议上,记者从部分省市和高校的经验交流中找到了答案。

**重大突破:学科建设抓哪里**

过去,思想政治理论课曾是高校教育教学的一大难题,人们对该课的认识有不少误区,不少人认为,"思政课只是课程,不是学科"。

2004年10月,中共中央、国务院颁发《关于进一步加强和改进大学生思想政治教育的意见》。以此为契机,近几年全国高校思想政治理论课取得了长足进展。大学生们惊喜地发现,这门课教材可读了,教学生动了,老师亲切了,实效性增强了。

针对思想政治理论课在高校中学科地位不高、科研支撑不足的问题,中央关于马克思主义理论研究和建设工程重点加强了学科建设,决定马克思主义理论为一级学科。这是我国马克思主义理论学科建设的重大突破,也是加强和改进思想政治理论课的一项重要举措。

为保证学科建设的需要,2006年以来,北京大学马克思主义学院启动并逐步落实按照四所、一室、两中心的格局来调整学院的主体机构设置和管理体制的工作,并明确职责范围。这样做,进一步强化了学科专业建设意识,并大幅度提高教师的科研能力和水平。

与此同时,各高校通过开展系统化师资培训和专业化骨干培养,使高校思想政治理论课师资形成梯队、骨干形成团队、学科带头人形成核心。

目前,全国已设立马克思主义理论一级学科博士点21个、硕士点73个,6门二级学科设立博士点103个、硕士点453个。

课程内容重复,是学生对思政课不感兴趣的重要原因。"尤其是中学与大学的政治课设置严重重复。"北京邮电大学的一位老师说,以哲学为例,从初中开始学生产力、生产关系,高中文科又学,到了大学再学,虽说理论性强了,但学生们总提不起兴趣。

自2006年秋季开始,思想政治理论课4门新教材("马克思主义基本原理概论""毛泽东思想、邓小平理论和'三个代表'重要思想概论""中国近现代史纲要""思想道德修养与法律基础")陆续在全国各高校投入使用,受到了广大高校师生的欢迎,思政课教学有了较大改观。

在准确把握思政课教学要求的基础上,提高教学的实效性和说服力,新课程方案才能真正落到实处。清华大学坚持课堂教学与实践活动相结合,"概论"课组利用假期社会实践探索出"三段式"教学模式:开课前让学生利用寒假进行社会调查;在此基础上通过课堂教学引导学生进行理论思考;暑假时再让学生回到社会验证自己的思考,升华理论知识。

在开发教材资源之外,利用新技术发展网络教学资源也是思政建设的一大亮点。广东省教育厅以"广东省高校思想政治理论课教学在线"网站为主体,辅以广东省高校形势与政策教学网站、思政课优秀教师博客等的庞大网络群初具规模。

**引人入胜:课堂教学靠什么**

台上一人讲,台下众人睡。曾几何时,这种情形在高校思想政治理论课堂中并不少见。

"学生没有天生就反感思想政治课的,课程的质量高低、学生的收获大小,关键取决于教学方法的创新。"清华大学中国近现代史纲要课程的负责人蔡乐苏认为。

和"百家讲坛"里的"明星学者"一样,教思政课的上海大学社会科学学院李梁老师也拥有一大批学生"粉丝"。他的多媒体课堂便是吸引力所在。精美的课件、生动的讲述让学生对思政课耳目一新。李梁介绍,为了收集教学素材,他几乎跑遍了市内所有的音像店。在他的教学资料库里,已拥有了超过1000G的教学素材。

在改革教学内容的基础上,各高校努力实现教学手段的更新,如制作形式多样的多媒体课件、建立思政课教学网站等;进而进行教学方法的创新,全面运用启发式、讨论式教学方法。

目前,各高校结合实际推广讨论式教学,并通过网站开辟丰富多彩的思想教育栏目和工作信箱、BBS等形式,根据学生关心的问题及时提供帮助和指导,大大增强了思想政治工作的针对性和实效性,吸引了大学生的眼球。

《人民日报》2008年7月17日

**上海大学08届毕业生作品秀及流行趋势发布会昨举行**

上海大学—巴黎国际时装艺术学院08届毕业生作品秀及流行趋势发布会昨天在世贸商城举行。学生以"裂变中的都市光华——上海世博进行时"为主题,从都市的过去,现在与未来三个角度表现他们心中的"上海"。(沈家善)

《解放日报》2008年7月17日

**《新四军百名英雄谱》捐军博**

北京新四军研究会四师(淮北)分会日前受上海国泰创业建设(集团)有限公司的委托,向中国人民革命军事博物馆捐赠其出资220万元拍得的大型中国画作《新四军百名英雄谱》。

《新四军百名英雄谱》是由新四军研究会四师分会会员、上海九洲画院院长、著名女画家康金梅和上海大学美术学院副教授黄嘉明历时三年,潜心创作的高3米、长15米的中国画巨作。(稷蕻)

《人民日报(海外版)》2008年7月23日

**从田头到餐桌:食物全程加上"金钟罩"——上海大学研制成功黄曲霉毒素三次"打针"检测技术**

知道吗?一粒严重发霉的玉米,可令两只小鸭中毒死亡。隐藏在这一现象背后的元凶,就是玉米中所含仅40微克的黄曲霉毒素。日前,针对这一毒素的快速简便现场检测方法已被上海大学生命学院专家研发成功。该定性检测技术将大大缩短黄曲霉毒素检验时间,有助于进一步完善我国多层次、多环节的食品检测。

据了解,黄曲霉毒素是一种剧毒物质,被国际癌症研究机构列为I级致癌物,若长期摄入将会诱发肝癌以及肿瘤等病症出现。然而,黄曲霉毒素的污染十分广泛,存在于食品和饲料的生产、运输、储存、加工及销售等各个环节。我国和世界各国在对食品的检测中均制定了黄曲霉毒素限量标准以保障广大消费者的健康。然而,一方面国家建立了严格的标准;另一方面,相关的检测技术却一直存在操作复杂、耗时长、精准度不高等问题,给现实中的监控带来一定困难。

国际上,最先进的技术是采用基于免疫亲和柱的荧光光度测定法,尽管灵敏度高、快速、简便,但费用高昂,其中所用一次性耗材单价甚至高达160元,很难大范围推广应用。同时,现有检测方法大都在实验室展开,食品安全检验流程脱离实际需求。

如何结合我国现实需要,发展快速有效的黄曲霉毒素检测技术?2002年起,上海大学生命科学学院教授陈宇光领衔展开研究,并取得相关成果。陈教授演示的整个检测流程,简单说起来,就是三次"打针"——第一"针",将检测物的萃取液打进免疫亲和柱内,让样本中可能含有的黄曲霉毒素牢牢吸附在免疫亲和柱上;第二"针",打入纯净水,将样本中其他物质进一步冲洗干净;第三"针",打入洗脱液,将免疫亲和柱上吸附的黄曲霉毒素"剥离"到试管中,再将其直接放入便携式荧光检测器内就可观测到"有"或"没有"的结果。全程不超过30分钟,所花的费用也不过数十元。可检验的物品从猪肉、玉米等固体,到牛奶等液体,范围十分广泛。

据专家介绍,这一新的检测方法灵敏度高、操作简易安全、耗时短,可检测多种主要黄曲霉毒素,重复性良好。我国拥有大量个体生产者,有数量众多的养殖、饲料、食品生产企业,都常常需要在现场取样检测以实时监控食品安全,因此,这一新检测技术的出现更符合我国国情需要。这一方法使食品安全监控可在超市、养殖户家中等场所展开,为食品"从田头到餐桌"的全过程安全监控提供技术保障。(彭德倩 赵瑜莹)

《解放日报》2008年7月26日

### 《新四军百名英雄谱》被军博收藏

当北京奥运会圣火在中华大地上点燃激情,传递梦想之时,北京新四军研究会四师(淮北)分会受上海国泰创业建设(集团)有限公司的委托,向中国人民革命军事博物馆捐赠大型中国画作《新四军百名英雄谱》。这是中国人民革命军事博物馆首次将新四军题材的画作收为馆藏。

《新四军百名英雄谱》是由新四军研究会四师分会会员、上海九洲画院院长、著名女画家康金梅和丈夫上海大学美术学院副教授黄嘉明共同历时三年,潜心创作的中国画巨作。两位画家怀着对老一辈无产阶级革命家和革命先烈的深厚感情,在北京新四军研究会和上海大学的支持下,用艺术的形式再现了抗日战争时期,在中国共产党领导下,战斗在抗击日本帝国主义前线的新四军英雄群体。这幅画谱写了悲壮的义勇军进行曲,歌颂了中国人民抗击外辱的大无畏英雄主义精神,塑造了中华民族用血肉筑起的钢铁长城。

《新四军百名英雄谱》为鸿篇巨作,气势恢弘。画作寓意新四军铁的精神、铁的长城,意义深远。画界业内人士也认为画家笔意果敢,画风技法堪称突破,就人物画作尤其是历史人物画作而言可谓创新之作。这幅大型艺术巨作的意义不仅在于其先进的艺术创新价值,而且在于其重要的艺术创作方向。

为了真实反映新四军革命英雄群体,康金梅、黄嘉明夫妇曾六上北京、两下淮北,奔赴江苏泗洪、盐城等原抗日根据地,拜谒烈士陵园和革命历史纪念馆,收集相关资料,参与北京、上海和各地方新四军研究会的活动,不仅获得了大量的第一手历史资料,也受到了更多的革命传统教育。

为了大力弘扬铁军精神,迎接中华人民共和国成立60周年,北京新四军研究会四师

分会计划在明年举办由康金梅、黄嘉明等上海画界共同创作的《铁军精神》大型画展。（胡文）

《长城从这里延伸·新四军百名英雄谱》（中国画局部·长1 500厘米、高300厘米）康金梅　黄嘉明

《人民日报（海外版）》2008年7月29日

**《名将之约》记录奥运冠军成长历程**

在北京奥运会召开前夕，由上海大学出版社策划、中央电视台中文国际频道《名将之约》著名制片人徐江撰著的三部系列丛书《冠军秘事——央视"名将之约"笔记》出版。丛书展现了当代我国体坛名将激情赛场的辉煌瞬间以及成功背后的情感故事。（李长云）

《人民日报》2008年7月31日

**上海大学游戏动漫班启动招生！**

**10月底新开全日制一年专业班**

上海大学成人教育学院将在10月底在上海大学延长路校区开办上大CIA三维游戏影视动画高级研修班。上大CIA的著名品牌和一流的师资团队，保证近2万元的学费物有所值。

**办学单位很正规，专业实力怎么样？**

上海大学是国家"211工程"重点建设高校之一，拥有理、工、文、法、史、经济、管理等学科门类及美术、影视艺术等学科。自2004年以来，上海大学成教学院与我国著名数字艺术教育机构CIA数码合作，用重点大学的雄厚教育资源融合优秀动画企业的技术力量，向学生提供专业正规的职业教育。2007年上海大学获批成为上海市高教自考动画专业（独立本科段）主考院校，上大CIA开发的系列教材也被上海市教育考试院选定为专用教材。2006年上大CIA荣获中国计算机用户协会和电脑报联合评选的"优秀培训机构"和"优秀游戏动画师资"两项殊荣，2007年底，上大CIA被批准为上海市紧缺人才培训"计算机CG创意设计"项目的主管单位。

**一年1 080学时,学到什么?**

上海大学CIA三维游戏影视动画专业班一年内将教授1 080学时的课程,学生将系统学习四大部分的教学内容:第一部分是计算机美术基础类课程,包括素描、色彩等,重点强化培养学生的艺术素养;第二部分是计算机平面图形应用类课程,包括Photoshop贴图、Painter角色设定等;第三部分是三维动画专业课程,包括3Dmax、Maya等,重点学习游戏影视动画制作过程中必须掌握的三维建模、材质、灯光、动画以及特效等知识;第四部分是游戏影视动画制作实战技能。

**技能有保证了,证书过硬吗?**

上大CIA学生不仅拥有过硬的应用技能,同时在毕业时成绩合格者还将获得多个过硬的证书,如上海大学结业证书,CIA专业证书和MAYA、3DMAX认证证书,以及上海市教育部门、上海市成人教育部门、上海市委组织部门、上海市人事部门认证的上海市紧缺人才岗位资格证书。

**技术功底扎实了,就业面广吗?**

上大CIA的学生在计算机平面美术、三维动画建模、制作方面的技术功底扎实,能熟练使用计算机图形图像处理创作的大多数相关软件。毕业生在游戏动画领域、影视动画、建筑装潢业、广告设计业、多媒体制作等领域非常抢手。

[友情提示]本次招生开设三维游戏影视动画和游戏程序设计两个专业,年满18周岁有兴趣学习三维游戏影视动画者均可报名。为保证教学质量,同时因住宿条件的限制,本期只招90名,小班式授课,额满截止。

详情登录:www.cia-china.com

咨询热线:(021)62539082

咨询地址:上海市新闸路1220号上海大学成人教育学院本部B楼211室

《新民晚报》2008年9月21日

## 上海　大学生烛光悼念谢晋

10月21日,上海大学影视艺术学院2 000多名学生自发悼念著名导演谢晋。

10月18日凌晨,谢晋在浙江上虞去世,享年85周岁。(裴鑫)

《人民日报(海外版)》2008年10月22日

## 上海大学举办谢晋追思会

照片里的谢晋在亲切地笑着;大学生们胸前戴着黄色纸花,手捧菊花,走到一旁的留言板边,写下对已逝院长的怀念。谢晋曾担任上海大学影视学院院长,谢晋追思活动昨天在上海大学图书馆报告厅举行。此次活动是上海大学追忆谢晋院长举办的系列活动之一。上海大学计划在27日展开谢晋电影周活动,面向全校学生免费开放。此外,上海大学和谢晋影视科技有限公司正遵照谢晋的遗愿,积极推进谢晋电影博物馆的建立和《谢晋画传》的出版。(赵瑜莹　彭德倩)

《解放日报》2008年10月24日

"走进人大"活动的创举,始自2006年,截至目前已举办21期 打破了青少年对人大制度和人大工作的模糊感,揭开"神秘面纱""走进人大"活动,在学生的心中种下了一颗民主与法制的种子

"走进人大"我们的感言

走进人大,不仅是一次时间空间上与人大的零距离接触,更是直接了解中国人民代表大会制度的生动课程!

——李娟

用这样一次模拟活动,让我们更为坚定自己的政治信念了。

——王智君

今天我是"人大主任",走进会议厅,深感肩负着1 600万市民的期望是多么的沉重。明天回到学校,作为一名即将踏上社会的青年,肩负着祖国对于我的期望,同样也是沉甸甸的。

——陈洪

今天"走进人大"的活动可以用震撼和难忘来形容,这是一个让当代大学生亲身感受人大制度,体味中国民主政治的一个新的广阔平台。

——李岩

3个多小时的活动,让我真正体验了国家的权力属于人民。虽然是模拟的人大代表会议,但是会场内庄严的气氛,每一位同学认真的精神,真正的震撼了我。

——雷雁茹

"走进人大",一股庄严的使命感油然而生;"走进人大",一种坚定的责任感悄然萌芽。

——姚婧媛

(月生整理)

10月24日下午3时,上海市人大常委会会议厅。90位来自上海大学的大学生,身着正装坐在了常委会委员和列席代表的席位上。他们正在进行的,是上海市人大常委会推出的"走进人大"主题活动中的关键环节——模拟人大常委会会议。

**审议过程规范有序·程序参照正式的常委会会议**

入场插卡报到,电子显示屏上显示报到人数,"常委会组成人员"和"列席代表"各就各位。会前的一切程序,和真正的常委会会议完全一样。

这天审议的议题,是10位"委员"提出的《关于推进本市大学生就业工作的若干建议》。领衔提出议案的王智君"委员"首先就议案内容向"常委会会议"做报告。

接下来,工作人员宣读《人大常委会关于促进本市大学生就业工作的决议(草案)》。

精彩而热烈的审议就此开始了。为了最大限度地让更多同学有发言机会,每人发言时间限制在3分钟。

"我认为,政府和社会应该在促进女性就业方面出台相应的政策和措施,消除社会上一些用人单位对女性就业的歧视。"汤黎华"委员"首先申请发言。

"用人单位和求职人员信息不对称是造成就业难的原因之一,我建议完善劳动力就业信息市场。"郁丽洁"委员"接着发言。

李岩"委员"则提出,"就业市场管理有待规范,许多用人单位都要求有相当的工作经验,这无形中提高了大学生就业的准入门槛。"

"委员"们你一言、我一语,对《决议(草案)》进行着认真的审议。

3时40分,投票表决开始。考虑周详之后,"常委会组成人员"郑重按下自己桌前的表决键。

随着大屏幕上显示"61票赞成、1票反对、3票弃权","常委会主任"陈洪宣布决议草案通过。常委会会议到此结束。

在常委会会议之前,学生们已经先行感受了人大,先参观了常委会机关大楼和人大陈列馆,然后听市人大常委会副秘书长林荫茂介绍了人大制度和常委会相关知识。

"很新鲜,很直观,真正零距离接触了最高权力机关,"陈洪说。

**表达意愿的过程是核心·大量的"民主操练"在学校已经开始**

这一次的活动,已是"走进人大"活动的第21期。"走进人大"活动的创举,始自2006年。

这年2月,上海市人大常委会首先组织市东中学学生试办"走进人大"主题活动。审议的议案是《在本市中学开设中华传统文化课程》和《课本资源的循环再利用》。

原本以为初次举办这项活动,学生"常委会组成人员"都不熟悉,审议过程会很平淡。没想到,审议过程的激烈,超乎组织者的想象。第一个议案顺利通过了,第二个议案却被否决了。

"他们在审议中提出的很多想法是我们先前也没有想到的。议案是否通过不是核心,他们表达自己意愿的这个过程才是最重要的。"上海市人大常委会培训工委办公室教学部主任杨建国说。

第一次试办取得了成功。从这年5月开始,这项活动开始固定下来,每个月举行一次。

"我们开始是以安排高中生为主,主要从青少年群体中开始普及人大知识。后来许多大学主动与我们联系,要求参与,于是形成了从中学生到大学生到研究生的系列活动。"杨建国说。

"走进人大",还不仅仅是单纯模拟常委会会议这么简单,大量的"民主操练",很早就在学校忙开了。

像这次的活动,一个月之前,上海大学就开始发布消息,组织发动学生自主提议案。很快,10多份议案就被提出。经过同学们的分析整理,发现议案中提得最多的是有关大学生就业的问题。于是,大家决定把"大学生就业"作为议案的主题。

此外,"民主"程序在学校也提前进行。像这次活动中主席台上的"主任""副主任""秘书长"等9位同学,就是在学校被参加活动的同学们投票推选出来的。

通过活动,学生普遍反映"对什么是人民当家作主,什么是行使国家权力有了非常感性的认识","可以极大帮助自己学习和掌握国家的政治制度,增强参与国家政治生活的兴趣"。

**提高公民意识·专家建议全国推广**

"形式新颖,很有意义。"这是社会各界对"走进人大"的看法。

"只有认识了的东西,才有更深刻的感觉。通过开展这项活动,一方面能提高青少年学生的公民意识、法制意识和民主意识,为他们提供一种感受民主政治的平台,另一方面打破了青少年对人大制度和人大工作的模糊感,揭开人大制度的'神秘面纱'。希望这项活动的范围继续扩大,最终能够推向全国。"中国法学会副会长周成奎说。

"'走进人大'活动,在学生的心中种下了一颗民主与法制的种子。"中国法学会办公室主任刘剑认为,这项活动的开展,培养了法律意识,弘扬了法律精神,普及了法律知识,强化了民主参与,同时也扩大了人大的影响,提供了公民教育的新平台。

同样,在共青团中央权益部法制处处长王希玲看来,这样的活动,有利于培养青年人的国家主人翁意识,让他们感悟到民主与责任,了解自身的民主权利以及如何行使它。

上海大学党委副书记忻平认为,人大主动打开大门,是帮助学生走进社会、走向成熟的一个绝佳途径,也体现了巨大的普法作用。"它的意义是潜移默化的,将来更能体现出来。"

一份调查报告证明了专家们的观点。上海市人大曾邀请市教科院的专家对参加过活动的5所中学学生进行抽样调查。调查结果显示,参加过活动的学生对我国根本政治制度的认知正确率达到60.9%,远高于没有参加过的学生的34.4%。

活动的后续影响也在持续扩大。一些学校和教育部门提出,将把这样的活动和学校政治理论课程改革相结合,充分发挥国家权力机关这一资源在学生政治教育中的作用,调动学生关心政治、参与政治的积极性。有的区教育局还准备在中学政治教师中开展这样的活动,从教师层面普及人大知识。复旦附中和上海中学的学生还在自己的学校里开展了模拟人大常委会活动,在更多同学中宣传人大制度。

对于"走进人大"活动,上海市人大常委会也有长远规划。"我们不能局限于大中学生,我们要走向社会,针对全体市民。"常委会研究室副主任杨佳瑛说。

活动的开展,不仅仅让学生走进了人大。正如陈洪同学说的那样:"我们走进了人大,人大也走近了我们!"

《人民日报》2008年10月29日

**上大美院雕塑系教师作品明起展出**

主题为"一年"的"2008上海大学美术学院雕塑系教师作品年度展",明天起至12月29日在上海莫干山路50号6号楼一楼公开展出。

这是上海大学美术学院雕塑系举办的第三届教师作品年度展。上海大学美术学院雕塑系实力雄厚,教师专业背景多样,许多艺术家在国际国内的展览中多次获奖。本次展览作品形式新颖,材料多样,体现出很高的学术水平。(邵宁)

《新民晚报》2008年11月21日

**上大美院举办教师油画展**

上海大学美术学院油画系教师作品年度展昨日起至11日在莫干山路50号美院99创意中心举行。年度展汇集了廖炯模、步欣农、王劼音、凌启宁、金纪发、邱瑞敏、章德明、姜建忠、董启瑜、李朝华、金晶石、徐步成、潘文艳等13位教师近年来创作的油画

作品。(文逸)

《新民晚报》2008年12月6日

**电子平板显示技术重点实验室落户上海大学**

"上海大学—广电电子平板显示联合工程技术中心"日前落成。作为教育部重点实验室,落成后的联合工程技术中心将承担多项国家、上海市科技攻关及产学研平台建设项目,并将致力于获取有源有机电致发光(AMOLED)产业化原创技术、突破关键技术、掌握组线技术,形成专业防线,在全国有源有机电致发光产业发展中起到引领作用。有源有机电致发光具有自发光、高对比度、快速响应、超薄、无视角等多项优点,以及"更快、更亮、更薄"的无与伦比的梦幻显示特性,被业界公认为是下一代平板显示产业的主流。联合中心的研究团队由前沿研究、技术攻关等60多人组成,其实验室面积逾3 000平方米,目前在OLED以及新型平板显示领域已拥有超过120余项发明专利。(曹继军 范予谦)

《光明日报》2008年12月24日

# 2009 年

**努力书写一个大时代的精神变化——写在《中国改革开放三十年文化发展史》出版之时**

经过一年多的努力,《中国改革开放三十年文化发展史》近日已经由上海大学出版社出版。

这部书力图对 30 年中国文化的发展变化进行扫描和观察,并不尝试对 30 年文化进行全景式的描述,而是期望通过对许多"点"的深度的观察和思考让读者对于 30 年来中国的波澜壮阔、复杂多变的文化发展有一个总体的把握。

人们回首 30 年来所走过的道路,开始总结过去 30 年所留下的弥足珍贵的记忆和历史的经验。而此时,全球经济面临严重危机,中国经济发展也遇到一些新的挑战和问题。正是在这样新的条件下,回首往事才显得格外重要,回顾历史才显得富有新的意蕴。

历史的启示在今天新的情况之下显得弥足珍贵,30 年发展所积累的经验和社会财富正是我们应对当下挑战的条件和基础,而 30 年发展解放的中国人的创造力和想象力正是今天面对未来的资源和条件。正是在新的挑战面前,我们才更加深刻地认识到所走过的道路的不易。也正是由于今天面对不确定的未来,当年的果敢和明智才更值得记取。

正是 30 年前中国开始的"改革开放",让中国有了今天的实力和发展。正是由于"发展是硬道理"的共识,才让中国融入了全球化的进程,取得了举世瞩目的成就。当年社会刚刚从"文革"的灾难中摆脱出来,大家的物质生活远比今天贫乏,社会也处于封闭之中。但当时整个社会确实有一种奋发向上的精神,一种激励我们共同向前的梦想。正是这些东西鼓舞我们走向未来。我们在改革开放初期所营造的,通过自己的奋斗,在为国家贡献的同时,创造自己的未来的"中国梦",正是我们走到今天的最为宝贵的文化和社会资源。由此看来,我们今天仍然需要以这样的精神再度出发,去创造新的发展奇迹。而文化是一个时代人们的精神形态的表征。对于 30 年来的文化状况的扫描和探究,正是将这一时代的精神史呈现在读者面前,力图在纷繁复杂的文化现象面前探究其深层意蕴和内涵,力图总结和概括中国 30 年来文化发展的内在规律和走向。

我们可以发现,30 年来中国文化发展的丰富性和多样性,给中国人自己更多的文化自信;也给世界带来了一个充满活力,充满魅力的新的中国形象。正像我们在书中所概括的:"中国 30 年来改革开放的走向繁荣的历史进程正是为今天创造了历史的机会。正是中国人在 20 世纪的奋斗和这 30 年的发展为今天提供了条件,而新的全球化进程也为中国的发展提供了机遇和空间。这 30 年中国人为了告别贫困艰辛地劳作,为了改变命运而努力地学习和工作。我们的辛苦和努力在今天结出了丰美的果实。我们在自身走向繁荣,改变贫困命运的同时,也改变了这个国家的形象,也在为人类的发展做出贡献。我们一同走过的这些岁月其实是格外弥足珍贵的。我们可能处身其中,难以感受到我们自己的时代所具有的巨大的意义,也难以充分体验我们的这些看起来平平常常的工作和生活的意义,但这个时代和这个时代我们的努力的意义会被历史所铭记。中国的大历史正在展开自己新的形态,中国也已经走出了悲情。我们不需要说今天的中国是'盛世',因为我们会意识到前面的挑战和问题。也因为我们的未来会更加辉煌,我们不需要说今天的我们创造了历史,因为我们知道还有许多矛盾和困难的选择在考验我们,也因为我们知道前方的道路其实更加宽广。30年来的中国其实说明的是一个实实在在的道理:中国的发展离不开世界,世界的进步离不开中国。让中国和世界一起前进,让人类拥有更加美好的未来。"

这本书力图表现的正是这样的历史发展中文化的变迁。它是多人合作的成果,分为"正编"和"副编"两部分。"正编"的部分力图让读者对于30年文化的一些重要发展有一个较全面的了解。这一部分也不求门类齐全,而是追求对于历史线索和发展脉络的把握。"副编"则选取一些有代表性的文化个案来进行研究和探讨。我们希望通过这部书给30年的文化画出一幅速写式的,但却充满着独立分析和独特视角的图像。

我们都是这段历史的参与者和见证人,都希望以这部并不完备的小书献给这个伟大的时代和创造这个时代的中国人民。

《人民日报》2009年1月4日

## 追求真理的探索者——纪念瞿秋白同志诞辰110周年

今年1月29日,是瞿秋白同志110周年诞辰。瞿秋白同志是中国共产党早期主要领导人之一,伟大的马克思主义者,卓越的无产阶级革命家、理论家和宣传家,中国革命文学事业的重要奠基者之一。瞿秋白同志牺牲时年仅36岁。他短暂的一生,为党和人民作出了巨大贡献,留下了丰富的思想和文化遗产。他对中国革命一系列基本问题的探索精神、作为学者型革命家的高尚品德和风范,始终以深沉的内涵闪耀着光辉,给人启迪,让人怀念,催人奋进。

一、瞿秋白同志积极投身革命,在艰难时刻担任党的最高领导人,为中国人民的解放事业奉献了毕生心血和宝贵生命。

瞿秋白同志1899年1月出生于江苏常州。青年时代,面对内忧外患的中国,他立志要"辟一条光明的路",为救国救民奋斗献身。1920年,他以《晨报》特派记者身份赴苏俄,1921年加入共产党。1923年1月回国后,成为共产国际代表与中共中央、国民党中央领导人之间进行联系的重要人物。1924年1月,参与筹备在共产党帮助下召开的中国国民党第一次全国代表大会,参与了对三民主义作出适应时代潮流新解释的大会宣言草案的起草。1925年1月,在中共四大上当选为中共中央执行委员会委员、中央局委员。

国民党一大后,国共合作反对封建主义、军阀和帝国主义势力的大革命运动迅速兴起。瞿秋白同志为大革命的蓬勃发展,发挥了非常重要的作用。他同邓中夏同志一起筹办上海大学以培养革命人才;发表大量理论文章论述中国革命的基本问题;主编中共中央创办的专门指导五卅运动的《热血日报》；推动广东国民政府进行以北伐战争为中心的革命运动；大力支持彭湃、毛泽东同志领导的广东和湖南农民运动。同时，作为国民党候补中央执行委员，还积极参与国民党中央的领导工作，处理国共两党合作中的问题。他对国民党右派提出的企图分裂国共合作的"弹劾共产党案"，以及后来国民党新右派"戴季陶主义"等，进行了深刻揭露和严正批判，坚决维护国共合作的统一战线。

1927年4月蒋介石发动"四一二"政变后，瞿秋白同志参加中国共产党第五次全国代表大会，当选为中央委员，随后担任政治局委员、常委。7月15日，汪精卫公开同共产党决裂，大革命宣告失败。在党生死存亡的危急关头，瞿秋白同志在湖北汉口主持召开了中共中央紧急会议，即著名的八七会议。会议选出以他为首的新的中央领导机构——中共中央临时政治局。这时瞿秋白同志年仅28岁。他带领中国共产党人在黑暗中高举革命的旗帜，领导整顿和恢复各地遭受严重破坏的党组织，参与决定和指导各地区的武装起义，很快实现了革命斗争形式的转变。经过一系列起义和殊死战斗，各地保存下来的一部分革命武装，深入农村，开展游击战争，为建立和发展红军，开辟农村革命根据地，奠定了初步的基础。然而，由于共产国际及其驻中国代表"左"倾理论的指导，由于面对敌人血腥屠杀党内急躁情绪的滋长，以及年轻的共产党人斗争经验的缺乏，"左"倾盲动错误一度在全党占据了支配地位，给革命事业造成了损失。以瞿秋白同志为首的中共中央临时政治局，对这次盲动错误负有直接的责任。但在实际斗争进程中，瞿秋白同志很快认识并纠正了自己的错误。

1928年6月，瞿秋白同志赴苏联参加中国共产党第六次全国代表大会，当选为中央委员、政治局委员。他在会上代表党中央作政治报告，总结党在大革命时期的经验教训和大革命失败后的工作，提出了新的斗争任务和方针。随后，参加共产国际第六次代表大会，当选为共产国际执行委员、主席团委员及政治书记处成员。此后两年，他留在莫斯科担任中共驻共产国际代表团负责人，协助共产国际指导中国共产党的工作。

1930年8月，瞿秋白同志和周恩来同志奉共产国际指派一起回国，主持召开中共六届三中全会，纠正了李立三"左"倾冒险错误。然而在1931年1月召开的中共六届四中全会上，他受到共产国际派来的米夫及其支持的王明等人的指责和打击，被解除中央政治局委员职务。此后，从1931年夏到1934年1月，在白色恐怖的上海，他和鲁迅共同指导反对国民党反动派文化"围剿"的斗争，推动左翼文学和左翼文化工作的发展。

1934年初，瞿秋白同志到中央苏区工作，担任中华苏维埃共和国中央执行委员会人民委员会教育人民委员、红色中华报社社长兼主编等职。同年10月，中央红军开始长征。他受命留在国民党重兵围攻下日益缩小的苏区坚持战斗。1935年2月24日，他在福建长汀被俘，约四个月后英勇牺牲，成为革命战争年代担任过中共中央最高领导职务而被敌人杀害的一位杰出的共产党人。

二、瞿秋白同志积极宣传马克思主义，并注意结合中国实际加以应用，是中国革命道路的一位重要探索者和开拓者。

瞿秋白同志一生，为马克思列宁主义在中国的传播发挥了重要作用。他翻译介绍了马克思、恩格斯、列宁、斯大林的很多著作，撰写了多达500余万字的著作、译作和文章，从哲学到社会科学，从革命理论到文学作品等等，内容十分广泛，主题大都集中在对马克思列宁主义以及苏联社会的介绍和研究上。马克思主义哲学传入中国之初，人们接触较多的是唯物史观，但对马克思主义学说体系缺乏认识和了解，尤其对辩证唯物主义较为陌生。瞿秋白同志首次比较全面、系统地向中国人民阐述了辩证唯物主义的基本概念和内容，填补了中国马克思主义宣传研究上的一项空白。他强调，马克思主义是对于宇宙、自然界、人类社会统一的观点、统一的方法，而其中最根本的基础、贯穿始终的是互辩法唯物论。他所说的"互辩法唯物论"，就是我们今天所说的辩证唯物主义。他在《社会科学概论》一书中，对历史唯物主义作了较为深入的研究，把历史唯物主义与辩证唯物主义联系在一起，从整体上把握马克思主义哲学的基本内容和精髓，开创了中国最早的马克思主义哲学体系，并为后人将马克思主义哲学进一步系统化、规范化做了重要的理论准备。他对马克思主义理论所作的完整理解、传播和运用，不但为中国共产党早期的思想建设奠定了重要的理论基础，而且把马克思主义理论与中国革命实践的结合引向了新的高度。他在中国马克思主义思想发展史上占有重要的位置。

瞿秋白同志在参加和领导中国革命的实际工作中，十分重视将马克思列宁主义的基本原理同中国革命的实践相结合，非常注意运用马克思主义的立场、观点和方法，分析中国国情，寻找适合中国实际的革命道路，对中国革命的一系列基本问题进行了多方面的思考，作出了深刻的理论阐述。他最早根据列宁《两个策略》的思想，从理论上论述了中共二大提出的中国革命分两步走的纲领。他最早注意到"五四"以后中国民主革命与旧式资产阶级革命在性质上的区别问题，提出中国无产阶级是国民革命的领袖，无产阶级必须参加资产阶级民主革命。1925年由他主持审查的中共四大政治决议案，在党的历史上第一次明确提出了无产阶级在民主革命中的领导权问题。他较早认识到农民问题在中国革命中的重要地位。1923年由他负责起草的中共三大党纲草案，明确写明："中国革命不得农民参加不能成功"。1926年在《国民革命中之农民问题》中，全面论述了无产阶级领导农民运动的基本战略和行动纲领。他还较早认识到武装斗争在中国革命中的特殊重要性，提出武装斗争是中国民主革命的主要斗争形式以及武装斗争与其他斗争形式关系的思想，强调在中国现有条件之下，必须有革命的正式军队，以革命战争为主要方式。1927年瞿秋白同志主持召开的党的八七会议，确定了土地革命和武装起义的方针。正是按照八七会议的精神，我们党先后领导了南昌起义、秋收起义、广州起义等，随后逐步走上了农村包围城市、武装夺取政权的道路。瞿秋白同志的一系列实践经验和理论思考，对中国革命道路的开辟、对新民主主义革命纲领的制定、对毛泽东思想的形成，都作出了重要的贡献。

瞿秋白同志1923年从苏联第一次回国后，在党内曾经居于重要领导地位，屡次在革命的重要问题上发挥了关键性作用。在争论激烈的中共三大上，他同一些同志力排众议，全面分析国共合作的可能性和必要性，为国共合作方针的最终确定、实施和实现，发挥了重要作用。正是国共合作的实现，使轰轰烈烈的大革命运动得以兴起。"四一二"政变发生后，政局迅速逆转，党内陈独秀的右倾错误进一步发展。瞿秋白同志对此十分担忧，希望党的五大能够加以纠正。为此，他撰写了7万余字的著作《中国革命中之争论问题》，在五大会议上散发。他在这部著作中深入分析中国社会状况和特点，系统阐述中国革命的对象、动力、领导权等问题，为在党内纠正陈独秀错误，从思想理论上作了重要准备。在蒋汪合流,大革命归于失败、白色恐怖猖狂的艰难时刻,他又临危受命,主持召开八七会议,给处在思想混乱和组织涣散中的党指明了出路和方向,成为从大革命失败到土地革命战争兴起的转折点。这个在中国共产党早期历史上具有重大意义转折点的出现,是与瞿秋白同志的探索和努力分不开的。

三、瞿秋白同志在文艺和文化工作等方面卓有建树,是中国革命文学事业的奠基者之一。

瞿秋白同志酷爱文学,在上世纪30年代广泛宣传马克思主义文艺理论,在中国现代文学史上树起了一座不朽的丰碑。他翻译并写下大量文艺理论作品和锋利的杂文,创作了新形式的诗歌和曲艺;他最早全文翻译《国际歌》,系统翻译了大量马克思主义文艺理论和苏俄作家的作品;他积极探寻中国革命文化发展的道路,提出并深入探讨了有关发展无产阶级文学运动的许多重大理论问题;他反击形形色色的反动文艺思潮,给予革命文学以实际的指导。在上海左翼文化战线的斗争中,他热心地和左翼作家交朋友,与鲁迅先生结下亲密无间的革命情谊,是党内最早认识和高度评价鲁迅先生在中国思想文化界杰出作用的领导人。他以犀利的文笔,为《鲁迅杂感选集》写了序言。对于他这篇有名的序言,鲁迅先生高兴地说:"分析是对的。以前就没有人这样地批评过。"瞿秋白同志的理论和实践活动,对中国现代文学特别是革命文学的发展作出了开创性的贡献。

瞿秋白同志深入研究文艺大众化问题,是大众文艺的积极倡导者。在中国现代文学史上,他第一次明确提出:为工农大众服务,与工农大众相结合,是无产阶级文艺运动的中心问题。他还初步阐明解决这个问题的关键,在于作家向工农大众学习。他旗帜鲜明地倡导:"革命的文艺,必须'向着大众'去!"他承前启后,既坚持和深化了早期共产党人关于革命文学的主张,又为后来毛泽东同志发表《在延安文艺座谈会上的讲话》,确定文艺为工农兵服务的方向,提供了有益的思想材料。

瞿秋白同志十分重视语言文字如何更好地为民众所利用和文字改革的问题,并在这些领域作出了杰出贡献。他认为,中国有广大的识字不多的工农群众,必须建立能够为他们所需要的"现代普通话""真正的白话"。他认为语言的大众化是当前最迫切的先决问题。为了尽快形成和使用"现代普通话",他积极倡导"文字革命",即文字改革,主要是汉字改革。他是最早考虑创制拉丁化新文字的先驱人物之一,是中国文字改革事业的先行者。他在20世纪二三十年代为文字改革作出的努力和取得的成就,"使中国文字改革有了一个正确的方向,受到广大人民的欢迎,开辟了中国新文字发展的道路"。

四、瞿秋白同志心地坦诚,严于自省,具有知识分子的良好修养和革命家的高尚品德。

瞿秋白同志是受十月革命和马克思列宁主义影响投身革命的知识分子。他有很高的文化素养,无论从事什么工作,担负什么职务,都勤于思索和总结。他走上革命道路,是在接触苏俄现实后,出于理性的选择。自加入党组织后,他就自觉承担起历史赋予的责任。他对党的忠诚,不但表现在担任党的重要领导职务时忘我的工作态度,而且表现在个人境遇困难时"相忍为党"的高尚品质,更表现在党的事业遭受挫折时坚持革命的立场和行动。在中共六届四中全会上,他被解除领导职务,但没有消沉,而是顾全大局,维护党的团结统一,在上海积极领导左翼文化运动。后来到中央苏区,他仍然被排除在党中央领导层之外,长征后苏区环境险恶,他没有动摇对马克思主义的信仰,仍然毫无保留地为中国人民解放事业而战斗,直到牺牲。

瞿秋白同志谦虚谨慎,作风民主,勇于自我批评。他在担任党的主要领导人期间,曾犯过"左"倾盲动错误,但是很快就承认和主动纠正了错误。在中国这样具有特殊国情的东方大国领导革命,能够少犯错误已难能可贵,犯了错误能够自己纠正尤为可贵。瞿秋白同志正是这样一位真正坚持实事求是原则、尤为可贵的马克思主义者。

瞿秋白同志为理想而献身,具有革命者豁达的生死观。他被俘以后,囚禁在敌人的监狱中,始终坚贞不屈,临刑时唱着国际歌从容就义,表现出视死如归的精神。毛泽东同志评价他的革命意志和气节时,曾经说:"他在革命困难的年月里坚持了英雄的立场,宁愿向刽子手的屠刀走去,不愿屈服。"在闽西群山的刑场上,他面带微笑,为自己的生命画上了令人感慨和敬仰的句号。

瞿秋白同志是中国共产党早期领袖人物之一,也是中国新民主主义革命肇始阶段经过五四运动洗礼的那一代先进知识分子的优秀代表之一。他的品德风范,思想情操,连同他500多万字的著述和译作,是留给后人的宝贵精神财富,值得我们永远学习和传承。

在瞿秋白同志牺牲大半个世纪后的今天,我们可以告慰他的是:在中国共产党领导下,中国人民夺取了新民主主义革命的胜利,建立了新中国,确立了社会主义制度;继而探索社会主义发展道路,特别是实行改革开放,以一往无前的进取精神和波澜壮阔的创新实践,建设中国特色社会主义,取得了举世瞩目的伟大成就。展望今后,前途光明,任重道远。我们一定要更加紧密地团结在以胡锦涛同志为总书记的党中央周围,继承瞿秋白同志等革命先辈的遗志,为夺取全面建设小康社会新胜利、开创中国特色社会主义事业新局面而努力奋斗!(中共中央党史研究室)

《人民日报》2009年1月29日

## 上海大学组织哲学社会科学专家走进思政课堂 "项链"教学串起思想"珍珠"

上海大学的师生们把学校思政课教育称为"项链模式",专职思政教师把握课程主线,同时邀请其他学科的知名专家学者走进课堂,以讲座或访谈形式讲授重点专题,好似穿针引线将一颗颗思想"珍珠"镶嵌在链子上。近期的问卷调查发现,上海大学95%的学生喜欢这种"项链式"教学改革。

顾晓英老师是"项链式"思政课的首推人。在课堂上,她常常转换角色,有时主讲课程,有时又成了访谈主持人。哲学社会科学专家、党政干部、优秀校友和学长都是上大思政课"嘉宾",他们与老师或双人联袂教学,或大班一起互动,或小班分组讨论,串起一条条"项链"。其中不仅有校内其他院系老师,还有大量校外名师,如上海政法学院教授、中美关系和台湾问题专家王蔚主讲祖国完全统一构想,上海交大人文学院副院长胡涵锦教授主讲创新型国家和人才建设,同济大学博导诸大建教授主讲可持续发展。

顾晓英介绍,最受欢迎的一次是沪上著名社会评论家顾骏教授来思政课堂接受她的访谈,主题是青年大学生与毛泽东思想学习。顾教授常常出现在荧屏、报端,学生们对这种面对面的交流雀跃不已。一位同学评价说:"顾骏教授从自己生活经历出发,带我们走近一代伟人毛泽东,风趣语言、渊博知识加上丰富哲理,使我们明白了伟人之所以成为伟人有其深刻原因。"这次访谈,学生在下课后还不肯离场。

"项链式"思政课还把同学身边的榜样请进课堂当老师。上大理学院研究生赵东升曾获第七届"上海大学十佳杰出青年"提名奖,他为学弟学妹阐述了中国特色社会主义理论学习在同学日后工作中的重要作用,他声情并茂当堂朗诵的长诗《中国人,不下跪》激发了全场爱国热情。

这条"项链"上还有一颗"宝石":思政教师经营的网络课堂。访谈授课的音像内容都在此化成了多媒体课件,更重要的是,实体课堂外学生与老师自由交流有了一方天地。论坛里的帖子不单只有一两句评论,还有学生撰写的一篇篇小言论,从校园精神、国情民意,到民族凝聚力、改革开放等,你方说罢我登场。"要把这些帖子浏览一遍,要花五六个小时呢。"(徐瑞哲)

《解放日报》2009年2月16日

### 上海大学教师李梁上思政课有绝招——多媒体助阵赶走"瞌睡虫"

一门毛泽东思想概论课,让一个大学生整整"追"了两年,方能如愿选修。什么样的思政课竟有这般"魔力"?上海大学社科学院的李梁老师,用个性化的教学手段,改变了以往思政课让人瞌睡的现象,学生觉得"从第一节课开始就觉得是享受"。以李梁名字命名的"李梁工作室"成为本市首批高校思想政治理论课名师工作室之一。

"你能想象一位与队伍失散的女红军,在不被承认是党员的情况下,几十年来依然按月存着5分钱党费的情景吗?你可曾知道修筑青藏公路时,公路每向前延伸1公里,就要留下一个战士的坟墓吗?"看到这些镜头和画面,有同学被感动得流下了眼泪,新中国艰苦的创业历程让学生难以忘怀。去上李老师的思政课,学生不只要带耳朵,更要带眼睛,因为每次课都有一段让学生目不转睛的多媒体片段开场。

8个移动硬盘,400G存储容量,400G电脑硬盘,1 000多张光盘……在李梁老师的教学资料库里,已经拥有了超过1 000G的教学素材。早在上世纪90年代初,他就开始思考思想政治理论课如何运用影视作品增强教学的吸引力和感染力的问题。李梁老师介绍:"研究显示,听觉、视觉同时运用,能够记忆的内容有65%之多,远远超过了单凭听觉、视觉的效果。"

为了让思政课更贴近学生,下课后,他常和学生聊天,备课时还会"讨教"17岁的女儿,甚至哪个流行歌手新出了什么专辑,也是他的备课内容之一。

虽然运用多媒体手段教学取得了不少成绩,但李老师认为,"多媒体并不能完全取代教师的作用。因为教师的人格、情感、情绪态度等等方面的东西,只有在面对面的交流互动中才能感知到。"(钱滢瓅)

《新民晚报》2009年2月17日

### 宝山区上大就业服务站揭牌

就业指导、每周岗位信息、优质企业招聘"三进"校区,宝山区上海大学就业指导服务站今天上午揭牌,将重点服务受金融危机影响较大的相关专业毕业生、志愿到社区基层工作的毕业生及困难家庭毕业生。

据悉，宝山区政府还与上海大学签订促进毕业生就业长期合作协议，将共同开展职业指导、创业指导、见习培训、上岗就业等一系列专项服务。（鲁雁南）

《新民晚报》2009年3月12日

## 宝山—上大就业服务站进校区

宝山区政府与上海大学昨天签署毕业生就业合作协议，首个"宝山—上大就业指导服务站"进驻数千人规模的学生社区内，实现就业指导进校区、每周岗位信息进校区、优质企业招聘进校区。这一区校合作将重点服务受金融危机影响较大的相关专业应届生、志愿到社区基层工作及困难家庭毕业生。昨天，双方组织了区内企业现场招聘，提供商贸、仓储物流等岗位160个。（徐瑞哲）

《解放日报》2009年3月13日

## 上海大学首度获批自主招生　25所试点中学校长将推荐100名学生

昨天上海大学宣布：经教育部批准，今年开始进行自主招生改革试点，成为上海地方性本科院校中第一所试点自主招生的学校。按照实施方案，上大将在最近一个月内，公示获得自主选拔录取认定资格的学生名单。

上大自主招生办法与此前多所高校不同，自主权基本"下放"中学，也没有一轮轮的选拔考试。由于是首次获得自主招生资格，上大"自招生"名额被限定为100人，占全校招生计划数的比例极小。这些学生都由中学校长负责择优推荐，首批参与自主招生的中学只有25所，包括19所市实验性示范性高中、5所区实验性示范性高中和1所完全中学。各中学校长将在下周提出推荐名单、推荐方案及推荐生拟选择的专业志愿。上大审核后，原则上不另行组织选拔考试，而通过中学和大学网上公示接受社会监督，无异议的推荐生即可进入预录取名单。下月中旬起，这份名单还要在教育部"阳光高考平台"公示。这些学生必须参加高考，并在本科第一批平行志愿A档或B档报考上大，且达到"一本"分数线，上大都将以第一志愿录取。

校方介绍，上大在一部分中学取得经验后，将推广到全市高中推荐，并考虑逐步将推荐权向外省有关高中开放。（徐瑞哲）

《解放日报》2009年3月21日

## 上海大学"主人翁计划"激发八千七百五十六名师生党员换位思考　"假如我是"促成23件实事

"假如我是校长，我要让校园更有家的氛围……"在一本《学做主人翁增强归属感》的册子上，上海大学文学院汇编了全院100多篇、每篇数百字不等的"换位思考献言"，"假如我是校长"是8种换位角色之一。

作为全市首批开展深入学习实践科学发展观活动的单位，上海大学成为沪上唯一试点高校。上大以"主人翁计划"激发全校党员积极性，8 756名师生党员竞相献上"金点子"，形成了23件事关学校发展和师生利益的实事，正加紧落实。

上海大学是本市学生规模最大的高校之一，仅学生党员就有4 611名。校领导班子深入学习调研,围绕"推进内涵建设"的实践主题,查摆问题,分析原因,形成共识。为让学实活动深入开展,让教职员工和学生、让党员干部和普通党员都积极参与,上大发起了具有自身特色的"主人翁计划",发挥每位党员的主体作用,以"换位思考"的方式建言献策,使学实活动成为促进学校科学发展和解决实际问题的强大动力。"假如我是校长、院长、党委书记、系主任、图书馆馆长……""假如我是老师、学生、后勤职工……"仅上大文学院举行的相关征文和演讲比赛,就收到100多名党员、总计4万余字的"新角色谏言"。

来自基层的妙计良策,聚焦到学校"谋发展、抓民生、保稳定"三大工作焦点上,促就业就是其一。据统计,今年上大应届毕业生多达1.15万人,是上海各高校中最大的就业群体,全市每15名应届生中就有一人来自上大。校党委负责人告诉记者,在已征集的"假如我是……"系列中,30多篇"换位角色"指向了就业辅导员。

2007级社会学系研究生党支部储洁说:"假如我是就业辅导员,在统一的就业指导后,还要针对个别情况做个别指导。"

2006级中文系研究生党支部徐志伟也说:"假如我是就业辅导员,会利用好许多导师手头的社会资源,切实拓展就业渠道。"

为了"促就业"这件大实事,就业办老师今年寒假没有休假,分头走访浙、苏、皖、赣、鲁、湘等地,向当地就业市场推荐毕业生,联系了用人单位约4 000家。日前揭牌的"宝山—上大就业指导服务站"又成为这一实事落实的重要标志,这个区校合作的服务站已进驻数千人规模的学生社区内,实现了就业指导进校区、每周岗位信息进校区、优质企业招聘进校区。同时,根据那些加强就业指导针对性、挖掘教师社会资源的"换位提议",上大29个院系均启动了"扶手工程",建立"一对一""一对N"结对模式,让就业辅导员、导师等与就业困难学生结成对子,将责任落实到人。在受金融危机冲击最大的经济学院,有着多年毕业生带班经历的辅导员李红霞介绍,通过今年以来一系列促就业措施,全院签约率目前已达24.63%,在各院系中位居前列。(徐瑞哲)

《解放日报》2009年3月23日

**上海大学近六成研究生有创业意向　其中8.5%的学生表示正在筹备创业相关事宜**

作为沪上各高校中最大的就业群体,今年上海大学的应届毕业生多达1.15万人,全市每15名应届生中就有一人来自上大。该校近期在全部6 400名全日制研究生中回收的1 200份有效问卷结果显示,"有自主创业意向的研究生占58.6%",其中约8.5%的学生表示"正在筹备创业相关事宜"。在严峻就业压力之下,这一比例较往年大大提升。

据统计,全国及上海的大学生创业比例仅1%到2%,而发达国家大学生创业比例达20%。目前,近邻韩国的创业潮后来居上,已成为全球大学生创业意愿和创业比例最高的国家之一,创业者与就业者各占半数、旗鼓相当,且创业成功率居世界前列。

根据这次上海大学相关抽样调查,在已开始筹备创业事宜的8.49%群体中,上海本地学生占1.86%(其中男生1.03%,女生0.83%);非上海学生的创业实际行动更加突出,占比高达6.63%(其中男生4.05%,女生2.58%)。仅从这1 200个有效样本看,正为创业而筹措的绝对人数也有百余人。此外,在表达"有可能创业"意向的近六成学生中,上海学生占6.61%,非上海学生则占51.96%。其余三成多学生坦言,"从未考虑过"自主创业。

组织调研的上大研究生党委分析认为,今年就业市场的压力反而使创业比例增加,这一方面得益于近年来上海市对大学生创业的优惠政策愈来愈多;另一方面,最近本市户籍制度改革方案提出的七类条件中,"在沪创业投资纳税"也在其列。(徐瑞哲)

《解放日报》2009年3月25日

### 上海大学CIA推新专业视觉时尚设计

当社会各界仍在金融危机掀起的经济寒流中苦苦摸索之时,国内著名数字艺术教育机构上大CIA却洋溢着浓浓春意。2009年2月18日,上大CIA正式发布2009年全新的视觉时尚设计专业。学一个专业,即可同步掌握时尚平面设计、会展设计、室内设计三大应用领域的专业技能,成为高级时尚设计人才。高含金量的课程设置、独特的教学模式、吸引了众多学生和媒体的目光。

**视觉时尚设计产业"钱"途无量**

随着人民收入水平的提高,不断追求更完美的视觉享受、更好的生活环境、更好的活动空间,已经成为社会进步的源动力。2010年世界博览会将在上海召开,会展设计、广告艺术设计、室内设计的巨大需求和市场空间必然在5年内急剧膨胀。

相对于巨大的市场空间,国内的专业设计人才严重不足,目前在上海,一个优秀的设计人才,月薪可达数万元;中华英才、前程无忧等人才网站发布职位统计显示:平均每月发布的视觉时尚设计人才招聘信息多达上万个!招聘人次超过10万人次!

**视觉时尚设计专业:新概念新内涵**

作为国内知名的数字艺术教育机构,上大CIA联合国际鼎级4A广告设计公司,针对会展设计、室内装潢设计、平面广告设计等三大视觉艺术设计主流领域人才奇缺的状况,注入国际时尚设计理念,在国内率先发布"视觉时尚设计专业"课程。专业根据会展设计、室内装潢设计、平面广告设计三大行业的特点,采用分层教育模式,从基本的时尚设计概念和绘画技能的训练开始,掌握美术基础和各类通用专业软件,后期学习则根据三大方向的不同设计要求,结合实际案例,融会贯通三大行业制作技能。通过学习毕业学生将通晓时尚设计理念,达到高级视觉设计工作者所应具备的能力。

学一个专业,即可同步掌握时尚平面设计、会展设计、室内设计三大应用领域的专业技能,成为高级时尚设计人才!

学期采用高密度强化课程设置,1000课时可以确保从基础到应用技能的全方位掌握。

**"职场通行证",多重职业保障**

完成学业通过考核者将组织参加《中国认证平面设计师》(ACCD)认证;上海紧缺人才培训工程"会展策划与实务"岗位资格证书;中国室内装饰协会《中国室内设计师》职业资格认证、国家劳动和社会保障部门《室内装饰设计员》职业资格认证,同时可组织参加Maya和3ds max官方认证考试。

学校与逾百家国际国内视觉时尚设计企业签订了人才合作协议,可以充分解决学员的后顾之忧。所有合格的毕业生,推荐进入合作企业就职,更有机会出国接受企业的专业培训。

[开班信息]应企业急需,CIA视觉时尚设计第30期班将于2009年5月开学。本期开设限招30名。学时数为1000学时。凡高中以上,年满18岁的学员均可报名,额满即止。

CIA人民广场校区　咨询电话:(021)63500756　报名地址:上海市贵州路189号2号楼5楼

上大CIA嘉定校区　咨询电话:(021)62539082　报名地址:上海市新闸路1220号上海大学成教学院B楼211室

凡4月15日前报名者可获价值五千元的精品课程大礼包!

详情可登录www.cia-china.com

《新民晚报》2009年3月29日

## 上海大学举办节水体验日　倡导"节水一小时"

日前,一场别开生面的"3M高校节水体验日"在上海大学举办。此次节水体验日活动是3M公司在全国范围内发起的首个针对高校的节水体验活动,旨在通过一系列互动环节,唤起高校学生对节约用水的重视。

上海大学的60多名学生以小组形式参加了充满趣味的节约用水比赛,仅用一瓶普通矿泉水容量的自来水进行日常洗漱活动,如刷牙,洗脸,洗手等,用水量最少的小组胜出。这项比赛让平日里备受忽视的自来水变得异常珍贵,选手们在比赛中珍惜点滴的做法,也让围观人群感触良多。

以上海大学志愿者组成的绿色节水先锋队在"节水一小时"的活动期间,将节水标识发放到学生宿舍区中,号召身边的同学在这一小时内远离水龙头,以特殊的方式体验水在日常生活中的重要地位,并呼吁大学生身体力行,保持节水的生活习惯,包括减少水浪费、增加生活用水的循环率等。(曹继军)

《光明日报》2009年4月7日

## 上大美院举办教师作品展

"上海大学美术学院中国画系教师作品展"即日起在莫干山路99创意中心举行,这是纪念上海大学美术学院建校50周年校庆活动之一。

上大美院中国画系是上海唯一的专业中国画系。自上世纪60年代建系以来,以海派文化为背景,注重民族绘画传统与表现技能的锤炼,又提倡海纳百川,变法创新作。在教学的同时,国画系教师也创作了大量富于时代气息和多元艺术追求的艺术作品。陈家泠、戴明德、张培础、陆志文、王孟奇、乐震文等15位国画系教师作品参展,展出工笔、写意、现代水墨作品共45件。(华月)

《解放日报》2009年4月7日

**媒体点击·《东方早报》·上海学生游泳纳入必修课**

上海市教委体卫艺科处处长王从春近日表示,上海将从今年起全面实施人人学会游泳计划。王从春介绍,游泳不仅是一项有利于学生体质健康的体育项目,也是保证学生安全、提高生存技能的重要内容。2009年,市教委将实施从幼儿园到小学中学和大学生"人人学会游泳"计划,计划用3到5年的时间,使上海的每个学生学会游泳。此外,上海大学、上海海事大学和上海体育学院都将游泳纳入必修课,并规定只有游泳过关才准毕业。

《人民日报(海外版)》2009年4月23日

**上大总招3 800人 一本录取"见档即收"**

作为历年的"招生大户",上海大学2009年秋季在沪招生计划数仍居沪上高校之首,总计划为3 800人。与往年不同的是,上大今年不招二本专业。在一本录取中,上大承诺"见档即收"。

上海大学在沪秋季本科招生总计划数为3 000人。艺术类本科批招生数为515人;其中第一批本科招生数为2 004人(其中文科470人,理科1 534人);其他481人。高职在沪招生计划数为800人(含艺术类高职140人)。(钱滢瓅)

《新民晚报》2009年4月27日

**上大美院党员教师徐龙宝——助学生求职苦口婆心**

离毕业还有一个月,上海大学美术学院研究生施洪威开始了他在奉贤工会学院的见习工作,迈出了就业第一步。这让他的导师徐龙宝副教授终于舒了口气。

小施来自农村,专业就业面又较窄,求职成功少不了徐老师额外付出的辛劳。小施拿过学校一等奖学金,其版画作品参加过十多次展览,但求职一年来仍四处碰壁。看到小施常常一个人坐着发呆,徐龙宝不时劝他:"小伙子,没有过不去的坎,我帮你想想办法,别着急!"原以为这只是导师随口安慰而已,可只过了一个星期,徐龙宝就联系了一个老朋友,介绍学生去奉贤工会学院应聘。

但面试试讲的关键时刻,施洪威的讲课方式与校方规范不太合拍,差不多当场要被学院教务主任回绝。徐龙宝知道自己的学生还是有底子的,又和老友不止一次前往奉贤工会学院向校长推荐:"外地学生在上海不容易,而且我知道他完全可以胜任这份工作……"

这使施洪威获得了再次试讲的机会。这次,徐龙宝亲自指导学生修改课程提纲,还要求他在自己面前演练一遍。老师再度驱车送学生去面试,施洪威信心倍增。果然,试讲赢得了专家和领导的认可。

平时,不管是不是自己的研究生,甚至只是几面之缘的本科生,只要有合适机会,徐龙宝都尽力推荐学生就业。"现在大学生就业局面紧张,学校上下都很重视,所有老师都在关心和帮助,我只是其中之一。"(顾玮佳 徐瑞哲)

《解放日报》2009年5月4日

**上大美院的逸闻趣事**

校庆欢聚时,大家说得最多的话题,是回顾过去校园生活中同学老师间的种种故事。

今天,上海大学美术学院迎来了建院50周年庆。记者听到不少发生在美院名人身上的逸闻趣事。譬如陈逸飞摔跤摔断腿,方世聪跟踪美少妇写生……现撷取几个,与读者分享。

**1. 邱瑞敏被中年妇女吓哭了**

在讲这些逸闻之前,得先听听上大美院院长邱瑞敏讲讲校史,他是上大美院的第一批学生。

1952年,全国大专院校进行了院系调整,刘海粟创办的上海美术专科学校同颜文梁创办的苏州美专及山东大学艺术系合并,成立了华东艺专,校址设在无锡,后迁到南京,改名南京艺术学院。上海曾经拥有的多所艺术院校相继迁走或停办。上海的高等美术教育出现了一段时间的空白。直到1959年3月5日,上海中国画院(筹)附设中等美术学院(老校友都称之为"老中专")成立了,这便是上大美院的前身。同年9月,该校改名为"上海美术学校"。1983年,上海大学美术学院在上海美校的基础上成立。

邱瑞敏是1959年3月,戴着红领巾走进"老中专"课堂的。"刚开学,心里非常兴奋。素描大厅里摆满了各种各样古希腊和罗马的石膏像,拉奥孔、阿波罗、维纳斯、酒神,还有大卫的手、脚、眼睛等等,真叫人目不暇接。后来才知道,这些石膏像都是颜文梁先生从法国带回来的。素描大厅里还播放贝多芬的交响乐,走进教室宛如跨进了艺术殿堂,一切显得那样神圣。"

当时学生只有60个,师资力量却非常强。上国画课的老师都是画院名家,如江寒汀、唐云、程十发、陆抑非、郑慕康、俞子才等;素描老师是孟光;水彩画老师是李咏森;色彩学、透视学老师是颜文梁;解剖学老师是雕塑大师张充仁;书法老师是白蕉……同学们都极为用功。每天6点钟起床后,宿舍里就没有人了——都跑出去画速写。他们经常到附近的泰安路菜场速写。有一次,一名四十来岁的妇女看到邱瑞敏在画她,非常气愤地抓住邱瑞敏,当众破口大骂,说他把她的灵魂画走了。"我被吓哭了。"邱瑞敏笑道。

**2. "洋派"的老师**

1963年,浙江美院毕业的陈家泠被分配到上海美专。他是当时最年轻的教师,和学生差不多大,经常赤脚和同学打球。"我这个乡下孩子到了上海美校,一切都感觉到非常新鲜。"陈家泠回忆道。学校在原来圣约翰大学内的"韬奋楼",西式的建筑,碧绿的草坪,还有一棵几个人才能合抱的大树,显得非常洋派。环境洋派,人也洋派。很多老师是留洋归来的。给陈家泠印象最深的是俞子才先生,西装笔挺,皮鞋锃亮,雪茄烟呼呼,吞云吐雾,风度翩翩。就连国画老师应野平也是西装革履。"这种氛围同浙美完全不一样。"

说到俞子才老师,1980年入学、如今也是上大美院老师的韩峰忍不住补充道:俞子才抽烟从不抖烟灰。他有本事从头吸到尾,烟灰成为弯弯的一根,就是不断。他示范画国画,亲自在砚台里磨墨,边上放着一个洗笔用的小缸。画完了,砚台里的墨刚好用完,砚面干干净净,更为神奇的是,小水缸里洗笔的水也是干干净净!

雕塑大师张充仁对解剖学的知识让1965年的毕业生丁荣魁记忆犹新。他说,上张充仁的课是一种享受,他可以把人体结构说得如此清晰,除了他学术上的功力,大概与他一口本帮话也有关,抑扬顿挫,不紧不慢,口齿清楚,句句入耳。记得有一次张充仁居然纠正了医生对X光片的误读,为他的太太免去了腕部的开刀之苦。

吴大羽是中国现代美术史上占有重要地位的油画家和美术教育家,但在当时他是"不合时宜"的,受到冷落。1960年,上海美校把他从家里请到了学校任油画系教授。但他没有固定的课程,只是在某个单元结束时,才请他来指导。或者学校有什么学术活动,他身体好的话,也会应邀参加。吴大羽从不在人前画画,画完的作品也从不签名。在当时的历史环境中,他坚守自己的现代艺术观念真的非常不容易。吴大羽坐三轮车付钱时,本来说好5角,他往往给三轮车工人1元,手一挥说:"不要找了。"

俞云阶老师的刮刀让同学们很害怕。每当他看到画油画的同学画得不好,或者只是追求细节而疏忽整体感时,就会上去用刮刀把画刮掉。有时候学生几乎要完成习作了,就这么被他刮掉,真是"哭也哭得出来",交不出作业就没有成绩!他边刮还边说:"叫你钻局部!"到如今,这些曾吃过俞云阶老师刮刀"苦头"的同学们纷纷感激俞云阶的刮刀,让他们在艺术的道路上没有走偏。但同学们也曾"作弄"过俞老师。有一次,俞云阶示范画油画时,有些得意地对学生们说,他现在用的金土黄颜料是进口的,一笔下去就是几角钱(这在当时是非常贵了)。下课的时候,调皮的学生偷偷把俞云阶挤在调色板上的进口金土黄颜料刮走,换上国产金土黄。毫不知情的俞云阶在接着上课时,蘸着掉了包的金土黄作画,依然振振有词地分析着这个"进口金土黄"效果是多么的非同寻常。同学们的笑再也憋不住了。

上世纪五六十年代,中国美术教育独尊苏联画风。上海美校里见识过世界绘画艺术世面的老师总是力图让学生多开眼界,领悟到更丰富的艺术表现手法。油画家凌启宁回忆说,当时同学们画油画都是用"苏派"的扁头笔进行色块的塑造,画法雷同。一次静物课,周碧初老师提了两只沾满彩色纸丝的兔子灯走进教室,我们都惊得叫了起来,这怎么画。周碧初老师说:"不要怕,你们好好看看,感觉一下,想想该怎么画。"第二天,他拿来一幅自己画的"兔子灯"示范作品,还带来一把圆头的、尖头的油画笔分送给学生。上海美术界注重追求个人风格,追求艺术格调,即使在当时创作"红色题材"作品时,也"潜伏"着艺术的追求,这样的艺术和学术氛围相当程度源自这些"洋派"的老师。

花鸟画大师江寒汀上课不讲什么大道理,今天画梅花,他就在黑板上画给学生看,花瓣怎样的,花蕊怎样的,枝叶怎么样的;明天画菊花,同样如此讲解分析。每次上课几乎有一半时间在画示范稿。他把所画的示范稿都发给学生,从不收回。学生就照着画稿练习。但有一次上课时,江寒汀问学生们:"我给大家的画稿都在不在?"大家都说在啊。他又问:"有没有少掉?"因为画稿太多了,学生们也搞不清。江寒汀就说了:"你们把画稿放放好,现在荣宝斋里有一些稿子是我在学校里画的。"可能因为当时学生们拿到先生的画稿很方便,就不甚爱惜,随意地借给了外人,以致出现了有人把画稿卖给荣宝斋牟利的怪事。但江寒汀没有责怪学生,只是很随意地提了一下。1962年,学生张培础应征入伍,他壮胆向3位老师求画以作纪念。几天后,郑慕康、应野平老师各赠他一幅扇面,而江寒汀先生却因身体不适几天没来校上课。临近出发的日子,江寒汀拖着病体来到学校,当着同学们的面为张培础画了一幅芍药花。参军第二年,张培础从同学来信中获悉江寒汀先生去世的消息。

**3. 睡在画上的日子**

好几位美院的老师都讲起陈家泠的故事。现在什么事情都潇洒地笑说"玩玩"的陈家泠,当年教育学生特别严格。按规定学生8点上课,他却要求学生7点钟就来练字,7点以后算是迟到。写生课时考虑模特会冷,就要烧火炉取暖,烧到旺要半个小时。如今的上大美院副院长王建国当时就是"专司"火炉的同学。如果8点钟上课,等到可以画模特时,已经9点多了,开始手生疏,画到手顺差不多11点就要下课了。所以陈家泠认为这样没效率,他7点钟必在教室门口"监督"学生来上课。所以学生们6点多就到课堂练书法,8点钟开始画手就很顺了。有一次一位同学迟到了,他急中生智把自己的自行车轮胎弄得漏气了,扛着自行车气喘吁吁地走进教室,以博得陈老师谅解。

陈家泠之吃苦耐劳是有名的,出去写生总是带着学生爬山,没有人爬得过他。有的女同学曾累得哭出来。他还曾经徒步从上海走到湖南韶山。王劼音、凌启宁回忆道,陈家泠带学生到雁荡山写生,直带到外人从不进入的雁荡山"内区",结果走错了路,弄到天黑了,多走了许多冤枉路,大伙又惊又累。第二天他又要领大家去爬另外一座山峰,只有一个人敢跟他去。陈家泠对同学们说,吃苦好比到澡堂子洗澡,脚刚放进澡池里觉得很烫,泡泡就不烫了,后来整个人都泡进去了。学习用功也是如此,习惯了就不觉得苦,反觉其乐了。

上世纪70年代,是上海美校的"低迷期",迁到了天津路破落的里弄房子里。如今的上大美院常务副院长汪大伟说,那时候正是陈家泠卧薪尝胆进行艺术实验的阶段。有一阶段,汪大伟和陈家泠同住在单位。陈家泠睡觉的"床"就是两张模特台。床垫竟然是他画的厚厚一叠画。那叠画上面还铺着白纸,纸上赫然写着"不准动"!

**4. 陈逸飞摔跤摔断腿**

学生们的趣事就更多了。这些同学如今大多是美术界的前辈和名家了。

邱瑞敏回忆道,记得1960年,同学们看了《画家苏里柯夫》的电影,非常激动。油画系的同学方世聪还效仿苏里柯夫,在路上看到一位形象很好的女士,就一路跟踪到她家里,请求他让自己写生。结果被对方误会,告到学校,说他"行为不轨""追求有夫之妇",吃了一场冤枉官司。

1964年,教育部规定大学生必须下连队当兵锻炼。美校十多个学生到了东海舰队嵊山观通站当兵。部队同志说,你们是上海美专的,我们就安排你们到最前方、风光最美的岛屿去。有一次接到指挥部命令,说有小股土匪偷袭,要做好战备。接到命令,同学们紧张得不得了,赶紧挖战壕,如临大敌。紧张了一夜,第二天天亮指挥部才指示,这是一场演习。那期间,杨正新闯了个非常吓人的祸。他看到一挺转盘机关枪的子弹盖没有盖好,就顺手把圆盖子用力往下一敲,结果一梭子子弹就打了出去,万幸前面没有人,要不可闯大祸了。

陈逸飞在上大美院读书时,和同学摔跤摔断过腿。这段"秘史"陈逸飞后来连好朋友都"瞒"着没说过,今天却让他的老同学王劼音、凌启宁等揭了出来。

陈逸飞进美校预科时仅15岁,是年龄最小的学生之一,个子长得又小。另外有一位小同学是郭力。他俩要好,但经常喜欢当众比试摔跤。这成为同学们的一乐。一次,陈逸飞又和郭力在教室走廊摔跤,突然听到"咔嚓"一声响,郭力叫了起来:"不好,我的钢笔

被你弄断了!""不是的,"陈逸飞哭丧着脸说,"是我的脚断了。"(林明杰)

《新民晚报》2009年5月23日

## 上大巴士汽车学院紧抓课堂教学核心评选优秀主讲教师  讲台海选摆擂 "超级老师"捧杯

口语课上开出"模拟门诊",老师身佩听诊器与"看病"学生熟练英语交流;教室回荡英语爱情歌曲,同学边听歌边练听力,歌词填空……日前,上海大学巴士汽车学院举办首届"优秀主讲教师"大赛,参赛老师讲台前各展所长,专家、学生共同打分,全校老师"观战"。

学院党委书记邵慧明说,讲台是老师的舞台,课堂教学更是引领学子走进科学世界的"大门钥匙"。此次一改以往传统,以创新的现场打擂方式评估教师讲台"魅力",只为牢牢抓紧课堂教学质量这一"生命线"。

现代高校三大功能:教学育人、科学研究、服务社会。如今在不少大学,后两者因与职称晋升、经济利益等直接挂钩而备受教师、校方青睐,教书育人这一"核心"功能常受冷落。

十年办学,上大巴士学院始终坚持把教的创造性交给老师,把学的主动性还给学生,并逐步形成一套有效的教学质量监控体系。然而过去专家评估,往往个别听课打分,优秀讲师的技巧、心得难以及时"辐射"到青年教师。如何在教学领域形成全校教师"你追我赶"的氛围,成为亟待破解的瓶颈。随着学习实践科学发展观活动的深入开展,学院领导和老师进一步明确:教学质量是学校可持续发展的关键所在,提升教师课堂"功夫"迫在眉睫。

5月8日起学校开展"教学质量提升月"活动。其中被学生们戏称为"超级老师大赛"的"优秀主讲教师"评选成为关注焦点。最初,老师们纷纷持观望态度——要当着全校老师的面讲课,在30分钟内展示自己的教学理念、互动能力,专家现场点评毫不留情……压力无疑巨大。校领导专门"重赏"——第一名可获尺把高的金杯,而且金杯是流动的,只要蝉联三届冠军,就能永久保留。全校教师对此积极响应,从"海选"出的15人,到最终进入决赛的4位佼佼者,人人精心准备,进行半小时现场授课,市教委、上海大学等教育系统的专家从形象举止、教学效果等5方面严格评审;同时,学校还对学生进行问卷调查,最后综合多方评价选出教学效果突出的"超级老师"。

此次捧得金杯的工程系张钻老师,授课以生动细致见长。比赛现场他主讲"汽车差速器结构及原理"。临近尾声,一句"同学们还有什么问题吗"招来"麻烦"——年轻教师当场举手"刁难":既然差速器能减少动力消耗,为啥三轮车上不装?全场屏息,张老师镇定自若:"理论上说,它确实能让三轮车性能更优,但这样一来,成本可就不优了哦!"掌声、笑声一片。现场不少同学交头接耳:原来工科也能那么有趣,不知道咱们能不能选修张老师的课?

"看到了优秀教师的风采,看到了教师的真正价值,获益匪浅。"不少老师表示这是一次难得的学习体验。刚刚走上讲台的英语教师小周说:"观摩优秀主讲教师的示范课,看到了自身差距,也明确了努力方向。"上海大学副校长叶志明建议,来年大赛办到第二届,

不妨专设"青年组",给年轻人更多机会、更大舞台。(彭德倩)

《解放日报》2009 年 6 月 23 日

### 上大美院陶瓷工作室举行作品展

"瓷语"上海大学美术学院陶瓷工作室作品展,昨天起在徐汇艺术馆举行。

该展展出了上海大学陶瓷艺术工作室的陈光辉、康青、陈亮、徐洪波、李苏旖等五位艺术家的作品,阐述了他们各自对陶瓷艺术的理解。他们五位有的从情景叙事角度出发,拓展陶瓷艺术的空间;有的是对成型及烧制技巧的探索和创新,多视角多方位地展示了"火与土"的艺术,带来全新的视觉体验。(华月)

《解放日报》2009 年 7 月 3 日

### 人民英模　留得豪情作楚囚——恽代英

"浪迹江湖忆旧游,故人生死各千秋,已摈忧患寻常事,留得豪情作楚囚。"这是广州起义领导人之一、共产党员恽代英就义前留下的豪迈诗篇。

恽代英,原籍江苏武进,1895 年生于湖北武昌。1915 年,进入中华大学学习。这一年,陈独秀创办了著名的《青年杂志》(第二卷改为《新青年》),恽代英受它影响积极投身革命活动,后来成为武汉地区五四运动主要领导人之一。1920 年,恽代英与林育南等人创办利群书社,成为武汉地区传播新思想、新文化的重要阵地。1920 年春,恽代英到北京,与李大钊、邓中夏等建立了联系,开始研究并接受了马克思主义。这年秋,他翻译并发表了恩格斯的《家庭、私有制和国家的起源》的部分章节。不久,他受《新青年》杂志委托翻译并出版了考茨基的中期著作《阶级争斗》,对毛泽东、周恩来、董必武等一批重要领导人都曾发生过深刻影响。

1921 年 7 月,中国共产党成立。同年底,恽代英加入中国共产党。1922 年 4 月,他到四川泸县,担任川南师范学校校长,对学校进行改革,聘请一些具有新思想的教师任教。1923 年初,他应吴玉章等人邀请,经重庆到成都,在成都高等师范学校和西南公学任教,继续传播马克思主义。同年夏,他应邓中夏之约,来到上海,在党创办的上海大学任教。不久,出席在南京召开的中国社会主义青年团第二次代表大会,当选团中央执委会委员、宣传部部长,与邓中夏等一起创办和主编团中央的机关刊物《中国青年》半月刊。为宣传革命思想,传播马克思主义,他呕心沥血,精心编辑,亲自撰写并发表了 100 多篇文章和几十篇通讯,使《中国青年》成为宣传马克思主义和共产党主张、揭露和批判国民党右派的重要阵地,成为青年们最喜爱的进步刊物,培养和影响了一代青年。

1923 年,党在广州召开了第三次全国代表大会,确定了与孙中山领导的国民党建立革命统一战线的政策,恽代英坚决拥护党的这一政策,提出要在统一战线中注意"为无产阶级树根基"。1924 年国民党一大实现了国共合作后,他与毛泽东、邓中夏、向警予等参加了国共合作的国民党上海执行部的领导工作,担任宣传部秘书。1925 年上海爆发了反对帝国主义的"五卅"运动,他参与领导"五卅"爱国运动。1926 年 1 月,在国民党二大上当选国民党中央执行委员。不久,中国共产党为加强在黄埔军校的工作,派他担任军校政治主任教官,兼任军校中共党团干事,并在广州农民运动讲习所任教。他和黄埔军校著名共产党员熊雄等领导军校内的党团员,团结国民党左派,与蒋介石等国民党右派进行坚决斗争,被国民党蒋介石认为是"黄埔四凶"之一。1927年1月到武汉,主持中央军事政治学校工作,任政治总教官,同蒋介石、汪精卫背叛革命的行径进行坚决斗争。5月出席在武汉召开的党的五大,当选中央委员,与瞿秋白、毛泽东等人一起,对党内的右倾机会主义错误进行抵制和批判。

同年7月,他奉中央之命赴九江,任中共中央前敌委员会委员,参与组织和发动南昌起义。起义失败后赴香港,任中共广东省委常委、宣传部长。12月参与领导广州起义,任广州苏维埃政府秘书长,在张太雷牺牲的不利情况下,他临危不惧、沉着镇静地指挥战斗。广州起义失败后,他奉命撤退到香港,组织寻找和转移起义失败后流落香港的同志。1928年6月到上海,任中共中央宣传部秘书长,主编中央机关刊物《红旗》。1929年调任中央组织部秘书长,协助组织部长周恩来工作。其间,他以中央代表的身份,到福建省委指导工作,后又视察闽西苏区,耳闻目睹、亲身体会到朱毛红军建立苏维埃政权、坚持游击战争的重要意义。1930年5月6日,恽代英在上海被国民党当局逮捕。在狱中,他面对敌人的威逼利诱,坚贞不屈,坚信中国共产党的事业必将取得最后胜利。1931年4月29日被国民党反动派杀害于南京,时年36岁。

《人民日报》2009年7月17日

**100位为新中国成立作出突出贡献的英雄模范人物候选人事迹(按姓氏笔画排序)**

(上略)

**017. 邓中夏(1894—1933)**

男,汉族,湖南省宜章县人,中共党员。

邓中夏1920年10月参加北京的共产党早期组织。1922年任中国劳动组合书记部主任。1923年参加创办上海大学,任教务长。1925年中华全国总工会成立后,任秘书长兼宣传部长,参与组织领导省港大罢工。大革命失败后,参加党的"八七会议",被选为中央临时政治局候补委员。随后,任中共江苏省委书记、中共中央军事部代部长、中共广东省委代书记。1928年赴莫斯科,任中华全国总工会驻赤色职工国际代表。1930年回国后被任命为中央代表赴湘鄂西根据地,任湘鄂西特委书记、红2军团(后改为红3军)政委、前敌委员会书记、中央革命军事委员会委员。1932年到上海任全国赤色互济会总会主任兼党团书记。1933年5月被捕。在狱中,被叛徒供出身份,被押往南京国民党宪兵司令部监狱。他以共产党员的坚定信念和钢铁意志,经受了敌人金钱厚禄的利诱和严刑拷打的考验。他对狱中地下党负责人说:"就是把邓中夏的骨头烧成灰,邓中夏还是共产党员。"1933年9月21日,他高呼着"中国共产党万岁!"的口号,昂首走向刑场,英勇就义。他生前先后当选为中共第二届、五届中央委员,第三届、六届中央候补委员,中央临时政治局候补委员。

(中略)

**074. 李硕勋(1903—1931)**

男,汉族,四川省高县人,中共党员。

李硕勋1923年考入国共合作的上海大学,1924年加入中国共产党。"五卅运动"期间,积极投身上海的反帝爱国斗争,被选为上海学生联合会代表和全国学生联合会会长。1925年至1926年,先后主持召开第七、八届全国学生代表大会。1926年冬受党派遣到武汉,担任中共武昌地委组织部长、共青团湖北省委书记。不久又被派到国民革命军第4军第25师任政治部主任。1927年参加"八一南昌起义",被任命为第11军第25师党代表兼政治部主任。后随起义部队南下广东,同年10月受朱德委派,赴上海向党中央汇报起义部队情况。随后被党中央留在上海,从事党的白区工作。1928年4月起,先后任中共江苏省委秘书长、中共浙江省委常委、省军委书记、省委代理书记。1929年春任中共沪西区区委书记,同年秋任中共江苏省军委书记,与省委书记李维汉一起发动和领导了苏北农民起义。1930年任中共江南省委(江苏、安徽、浙江和上海市)军委书记。1931年春党中央调他去中央革命根据地任红7军政委。不久被任命为中共广东省军委书记。同年7月在去琼州(今海南岛)指导工作的途中不幸被捕,在狱中大义凛然,忠贞不屈,英勇就义,年仅28岁。

(中略)

**109. 恽代英(1895—1931)**

男,汉族,原籍江苏省武进县,生于湖北省武汉市,中共党员。

恽代英学生时代积极参加革命活动,是武汉地区"五四运动"主要领导人之一。1920年创办利群书社,后又创办共存社,传播新思想、新文化和马克思主义。1921年加入中国共产党。1923年任上海大学教授。同年被选为中国社会主义青年团中央执委会候补委员、宣传部部长,创办和主编《中国青年》。1924年恽代英从事国共合作的统一战线工作。1925年参与领导"五卅运动"。1926年5月被党派到黄埔军校,任政治主任教官和中共党团干事,被蒋介石等认为是"黄埔四凶"之一。1927年1月到武汉,主持中央军事政治学校工作,任政治总教官。同蒋介石、汪精卫背叛革命的行径进行坚决斗争。7月,任中共中央前敌委员会委员,参与组织和发动南昌起义。12月参与领导广州起义,任广州苏维埃政府秘书长。1928年6月到上海任中共中央宣传部秘书长等职,曾主编中央机关刊物《红旗》。曾任中共第五届中央委员,第六届中央候补委员。1930年先后调任中共沪中、沪东区委书记。同年5月6日,在上海被国民党当局逮捕。在狱中,面对敌人的威逼利诱,他始终坚贞不屈。1931年4月29日,英勇就义于南京,年仅36岁。

(中略)

**133. 曹 渊(1902—1926)**

男,汉族,安徽省寿县人,中共党员。

1920年至1922年,曹渊在芜湖求学期间,积极参加学生运动,是芜湖学生联合会主要领导人之一。1923年,曹渊作为上海大学的旁听学生,接受了马克思主义思想教育。1924年进入黄埔军校第一期。同年加入中国共产党。11月从黄埔军校毕业后,被党派往黄埔军校教导团学兵连任党代表。1924年加入周恩来领导的中国青年军人联合会。他先后任连长、营长,参加了东征讨伐陈炯明,平息杨希闵、刘震寰叛乱等战斗。1926年3月中山舰事件后,受党组织派遣到叶挺独立团任第1营营长。北伐开始后,率部参加了著名的汀泗桥、贺胜桥等一系列战役。在战斗中他身先士卒,英勇机智,出色完成运送弹药、解围、攻城等任务,受到聂荣臻、叶挺等人的表扬和军部传令嘉奖。1926年9月,北伐军攻打武昌,叶挺独立团以第1营作为奋勇队(敢死队)攻城,曹渊率战士攀登攻城时,不幸头部中弹阵亡,年仅24岁。曹渊等烈士的牺牲精神激励着独立团广大指战员。10月10日,武昌城终被占领。周恩来赞扬曹渊"为谋国家之独立,人民之解放而英勇牺牲了,这是非常光荣的"。叶挺称曹渊是"模范的革命军人,且是我最好的同志。"

(下略)

《人民日报》2009年7月20日

### 上海大学举办阮荣春中国画巡回展

"传统与创造——阮荣春中国画巡回展"日前在中国美术馆首展。展出作品以山水为主,兼及花鸟。此后,还会相继在上海、山东、浙江、江苏展出。作为上海大学艺术研究院院长、《中国美术研究》杂志主编,他以"传统与创造"为题,向观众展示了近期的创作成果。阮荣春提出"三气""三韵"与"三力"之说,并付诸实践。此次画展展出的作品所具有的大气磅礴的中国气派,以及透出的幽远深邃的东方诗意,正是他学术主张的佐证。(靳晓燕)

《光明日报》2009年7月22日

### 人民英模·中共最早的党员之一——邓中夏

邓中夏,1894年10月出生,湖南宜章人。1914年考入湖南高等师范学校,1917年考入北京大学中文系,后转入哲学系学习,1923年毕业。在北京大学学习期间,曾发起组织北京大学平民教育讲演团,1919年参加五四运动,任北京学生联合会总务干事,参与火烧赵家楼的行动。1920年3月,在李大钊领导下,邓中夏、高君宇等人发起组织北京大学马克思学说研究会。同年10月,以马克思学说研究会的成员为骨干,发起组织了北京的共产党早期组织,李大钊被选为书记,邓中夏从此成为中国共产党最早的党员之一。

从1920年4月起,邓中夏长期在北京长辛店从事工人运动,主办工人劳动补习学校,建立工会,为北方工人运动培养了大批骨干力量。1922年5月1日,被选为长辛店工人的代表,出席在广州召开的第一次全国劳动大会,当选为中国劳动组合书记部主任。同年7月,他出席党的二大,参与二大宣言和党的民主革命纲领的制定,被选为中央委员。不久,他又先后当选中国社会主义青年团中央执行委员会委员、委员长,参与创办《中国青年》杂志。1923年他受李大钊推荐参加创办国民党和共产党合办的上海大学,任总务长。在上海大学任职的二年中,他聘请了蔡和森、瞿秋白、恽代英、张太雷、任弼时、李达、萧楚女、李立三等一大批共产党员到校任教,利用上海大学为党培养人才。1925年中华全国总工会成立后,任秘书长兼宣传部长,留在广州工作,不久参与组织和领导了著名的省港大罢工。

在大革命失败的紧急关头,他坚决主张在南昌举行武装起义,并受中央派遣于7月20日到九江,与李立三、谭平山、叶挺、聂荣臻等开会,分析形势,提出建议。随后,参加党的八七会议,坚决拥护会议确定的土地革命和武装反抗国民党反动派的总方针,被选为中央临时政治局候补委员。随后,任江苏省委书记并兼中共中央机关刊物《布尔塞维克》编委,并曾兼任中央军事部代部长。在大革命失败后的严重白色恐怖中,他受中央派遣来到上海,恢复党的组织,传达八七会议精神,领导开展武装斗争。1928年2月,他又任广东省委书记,赴香港、广州等地恢复和发展广州起义失败后受到严重摧残和打击的党组织。1928年3月赴莫斯科,出席赤色职工国际第四次代表大会,任中华全国总工会驻赤色职工国际代表。

1930年7月,邓中夏从莫斯科回到上海。不久,中央任命他为中央代表赴湘鄂西根据地,任湘鄂西特委书记、红二军团(后改为红三军)政委、前敌委员会书记、中央革命军事委员会委员,与贺龙、周逸群一起领导湘鄂西的武装斗争。1932年调回上海坚持秘密斗争,任全国赤色互济总会主任兼党团书记。

1933年5月,邓中夏在上海工作时被捕,随即被叛徒供出身份。蒋介石闻讯后亲自过问,并令立即将邓中夏押往南京国民党宪兵司令部监狱。在狱中,他以共产党员的坚定信念和钢铁意志,挺住了敌人金钱厚禄的利诱和严刑拷打的摧残。他对狱中地下党支部负责人说:"请告诉大家,就是把邓中夏的骨头烧成灰,邓中夏还是共产党员。"

1933年9月21日,在南京雨花台刑场,邓中夏高呼着"打倒国民党反动派!""中国共产党万岁!""全世界无产阶级联合起来!"英勇就义,时年39岁。

《人民日报》2009年7月23日

### 人民英模·向刽子手的屠刀走去——瞿秋白

瞿秋白,1899年1月29日出生在江苏常州,1917年秋考入北京俄文专修馆学习。五四运动爆发后,他以极大的热情投入北京爱国学生运动,被选为专修馆学生总代表,参加了北京大中学校学生联合会,成为北京学生爱国运动的领导人之一。1920年初参加李大钊组织的马克思学说研究会。

同年秋,他应北京《晨报》聘请,以记者身份赴苏俄实地采访,想"为大家辟一条光明的路"。在苏俄两年时间里,他作了大量考察、采访和写作,先后撰写了《共产主义人间化》《苏维埃俄罗斯经济问题》等数十篇通讯和《饿乡纪程》《赤都心史》等著作,以自己的亲见亲闻,客观介绍俄国十月革命后苏俄的真实情况,告诉中国人民,十月革命是"二十世纪历史事业之第一步",莫斯科已成为全世界无产阶级"心海中的灯塔"。1921年5月,在莫斯科经张太雷介绍,加入联共(布)党组织。1922年2月转为中国共产党党员。这时,他还担任着莫斯科东方劳动者共产主义大学中国班教员,在中国班学习的有刘少奇、罗亦农、任弼时、肖劲光等人。

瞿秋白1923年1月回国,随后担任中共中央机关刊物《新青年》《前锋》主编和《向导》编辑。他在这些刊物上发表大量政论文章,运用马克思主义分析中国国情,考察中国社会状况,论证中国革命问题,为党的思想理论建设作出了开创性贡献。同年6月,他出席党的三大,参加起草党纲草案。7月,他和邓中夏等一起筹办上海大学,任教务长兼社会学系主任。这所国共合办的大学,为中国革命培养了一大批人才。

1924年1月,他和李大钊、毛泽东、李立三等一起出席国民党一大,参加大会宣言的起草,当选国民党中央候补执行委员,后任国民党中央政治委员会委员,为实现第一次国共合作,做了大量工作。1925年1月,在党的四大当选为中央委员、中央局委员,参与领导了五卅反帝爱国运动。后来,在党的五大、六大,他均当选为中央委员和中央政治局委员,成为党的重要领导人之一。

1927年8月,在大革命失败的危急关头,瞿秋白主持召开了中共中央紧急会议,即八七会议,确立了土地革命和武装反抗国民党反动派的总方针,为挽救党和革命作出重要贡献。会后,他担任中共中央临时政治局委员、常委、主席,主持党中央工作。1931年1月,在被王明错误打击、解除中央领导职务后,他到了白色恐怖笼罩的上海,和鲁迅并肩战斗,结下深厚友谊,一起领导左翼文化运动。

1934年2月,瞿秋白到达中央革命根据地瑞金,任中华苏维埃共和国中央执委会委员、人民教育委员会委员、中华苏维埃共和国中央政府教育部部长等职。中央红军长征后,他留在南方坚持游击战争,任中共苏区中央分局宣传部部长。1935年2月在福建长汀县被国民党军逮捕。敌人得知他的身份后,采取各种手段利诱劝降,都被他凛然拒绝。6月18日,他坦然走向刑场,沿途唱着《国际歌》《红军歌》,呼"中国共产党万岁""共产主义万岁"等口号。到达刑场后,盘膝坐在草坪上,饮弹洒血,慷慨就义,时年36岁。

1950年12月31日,毛泽东为《瞿秋白文集》题词,高度赞扬他说:"在革命困难的年月里坚持了英雄的立场,宁愿向刽子手的屠刀走去,不愿屈服。他的这种为人民工作的精神,这种临难不屈的意志和他在文字中保存下来的思想,将永远活着,不会死去。"

《人民日报》2009年7月26日

**人民英模·人民的坚强战士——李硕勋**

李硕勋,出生于1903年,四川高县人,早年在宜宾、成都读书时参加学生运动,结识了吴玉章等人,开始接触马克思主义,从事革命活动。后因遭到军阀通缉,于1922年底到北京读书,1923年进入国民党和共产党合办的上海大学学习。在这里,他先后听过瞿秋白、蔡和森、恽代英、张太雷等著名共产党人的课,系统地接受了马克思主义。1924年在上海大学加入中国共产党。

1925年五卅运动期间,他积极参加上海革命群众的反帝爱国斗争,在斗争中被选为上海学生联合会代表和全国学生联合会会长。同时他还以学生代表的身份参加领导了上海工商学联合会(中共领导下的统一战线组织)的工作,推动了声势浩大的罢课、罢工、罢市斗争。1925年至1926年,先后主持召开了第七、八届全国学生代表大会,对推动全国学生运动,起了积极作用。

1926年秋,他受党派遣来到武汉,担任过中共武昌地委组织部长、共青团湖北省委书记。不久又被派到国民革命军第四军第二十五师任政治部主任。1927年春,与师长率两个团继续北伐,在河南上蔡战役大败奉军,后又回师武汉,参与平定夏斗寅叛乱。同年7月参加讨蒋。8月1日带领部队参加南昌起义,被任命为第十一军第二十五师党代表兼政治部主任。起义部队南下广东途中,李硕勋与师长周士第共同参与指挥会昌战役并取得胜利。

同年10月,起义南下部队一部由朱德率领到达赣南会昌一带,李硕勋受朱德委派,赴上海向党中央请示工作。他日夜兼程,风餐露宿,到达上海向党中央汇报了南昌起义军在赣湘粤边艰苦转战的情况。后被党中央留在上海从事党的白区工作。1928年4月,被党中央派到武汉工作,因被敌人注意无法与党组织接头而返回上海,先后被任命为中共江苏省委秘书长、中共浙江省委常委、省军委书记,后又任浙江省委代理书记。1929年春再回上海,任中共沪西区区委书记。同年秋改任中共江苏省军委书记,和省委书记李维汉一起领导江苏的武装斗争,发动和领导了苏北的农民起义,把苏北南通、海门、如皋、泰兴等地的农民武装统一改编为中国工农红军第十四军。1930年任中共江南省委(江苏、安徽、浙江和上海市)军委书记。

1931年5月,中央决定调他去中央革命根据地任红七军政委,他愉快地接受任务,取道香港,转赴红七军。当时,中共广东省委设在香港,迫切需要大批干部。为此,省委特别请求中央把李硕勋留在广东省委。中央遂任命他为广东省军委书记。同年7月,他在去琼州(今海南岛)检查指导工作途中,因叛徒出卖,不幸被捕。

在狱中,敌人对他用尽酷刑,妄图从他口中掏出党的机密。但他忠贞不屈,不论敌人如何严刑拷打,除了"我是共产党员"的回答外,没有让敌人得到一丝一毫的东西。敌人打断了他的腿骨,打烂了他的皮肉,但摧不垮他的浩然正气。他在狱中给妻子赵君陶写信,表达了视死如归的英雄气概和对妻儿的至深情感、无限期望。

1931年9月中旬的一天,李硕勋被国民党反动军警押出监狱。由于他的腿骨被打断,不能行走,敌人用竹箩把他抬到刑场。这位铁骨铮铮的共产党员慷慨赴死,从容就义,年仅28岁。新中国建立后,朱德为烈士题跋:"硕勋同志临危不屈,从容就义,是人民的坚强战士,党的优秀党员。"

《人民日报》2009年8月6日

## 宝山区和上海大学六年共建　先后结成十九个"对子"展开合作——校企结对结出好果实

上海大学研究生方焰星带队的20人小组在宝山区开展的VOCs工业污染源调查,目前已进入"收官"阶段。从4月底开始的这项调查,是上海大学与宝山区环保局合作,为环境与化学工程学院同学安排的实习,方焰星说,"我们出入各个企业作调查,几个月来学到了很多东西"。

自从6年前宝山区与上海大学共建工程启动,至今已先后结成19个"对子"展开各类合作。在上大师生帮助下,宝山区内建成了上海第一家非物质文化遗产研究中心;区内的民营企业先后完成了24项技术攻关。而上大近九成的宝山籍毕业生与区内单位达成就业意向,更多的在校生则获得了实习实践、学以致用的机会。

**搭一座桥,让科研攻关对接企业需求**

2007年,上海市东方泵业集团有限公司在研发一种型号的双吸泵时遇到了技术障碍,设计理论长期未能突破。宝山区科委得知后,立即出面与上海大学协商请求支援。经过一年多共同努力,新的设计理论成功应用,产品效率提高了8%到10%。

与宝山区科委结对的是上海大学科技处。双方的科技合作,除携手开发适合市场需要的新产品外,还联合举办电子信息、机电一体化、新材料等项目对接与咨询活动,吸引了区内30家企业参加;而且,仅去年就有3家企业与上大院系签订了产学研合作协议。上海大学科技处副处长郝建告诉记者,结对之后,企业需求有了"亮出来"的平台,学校师生更容易找到对接项目。最近几年,上海大学每年都获得一两项"上海市科学技术进步奖"一等奖,很大程度上得益于学校与企业的科技合作。

**辟一条路,让"象牙塔"直通实践前沿**

2008年12月,在宝山区环保局安排下,上海大学环境与化学工程学院组织师生对宝山区的土地进行系统的采样分析。根据全国污染源普查的要求,上大师生对区内污染源的分布规律、区域特点作了调查梳理,目前已制定出初步的管理和整治对策。

学院党委副书记钱冬英说,师生们虽有知识储备和理论功底,但毕竟不在一线处理问题,对环保需求的了解肯定不如环保局透彻,展开合作,才能走出"象牙塔"。

在协助宝山区开展文明建设时,不同院系依据自己的专业特长"八仙过海"。上大外国语学院学生在大华二小开办"大场镇暑期爱心学校"4年来,为250多名中小学生上了课,这个项目获"上海市大学生暑期社会实践优秀项目奖"。上大美术学院和宝山区文化馆共同筹建了艺术教育基地,短短一年已成为上海东北地区数一数二的美术培训基地。

**开一扇门,让学生实习、就业多些渠道**

大学生就业,备受关注。今年3月12日,宝山区政府和上海大学签订促进大学生就业合作协议,建立了"宝山区—上海大学就业指导服务站"。宝山"全区总动员",企事业单位、政府部门、乡镇街道纷纷为大学生开辟实习、见习和就业的渠道。

区职业介绍所实行"三进校区":优质企业招聘会进校区、就业指导进校区、每周岗位信息进校区,每逢周二,都到上海大学开展专门的就业指导;还推出了"一居委、一村委、一名大学生工程",要求全区406个居委会和村委会各接收一名应届毕业生,在毕业前参加两个月实习,其间给予生活费补贴576元,毕业后的7月到9月再进行见习,其间给予生活补贴费960元,实习、见习表现良好的,择优录用。(钱蓓 朱斌 徐巍)

《文汇报》2009年8月23日

## 科研"不厌"教学"不倦"——记上海大学力学系教授、博导陈立群

子曰:"默而识之,学而不厌,诲人不倦,何有于我哉?"——这是上海大学力学系教授、博导陈立群的座右铭。长期从事基础学科的研究,治学严谨,可谓科研"不厌";但在教学中却又十分强调基础理论与实践的结合,深入浅出地把理论知识讲通、讲透,这是陈立群在学生中总是广受欢迎的奥秘。

**为新生讲课丝毫不显"高端"**

陈立群主要从事动力学与振动领域的教学和研究,这一领域在外行看来极其艰深晦涩,但每逢走进本科低年级学生的课堂,给初识这门学问的大学新生讲课,这位主持过多项国家级和上海市重点科研项目的学者,却总能放下"高端"的架子,举用日常生活中的现象讲解专业知识,激发学生们对于科学领域的探索精神。什么是振动?陈立群老师会作这样简洁明了的入门指导:"大海的波涛起伏、花的日开夜闭、钟摆的摆动、心脏的跳动乃至经济发展的高涨和萧条等现象,都具有明显的振荡特性。而振动就是一种特殊的振荡,即平衡位置附近微小或有限的振荡。"

讲课时深入浅出,待攀爬科学山峰时,陈立群却有不畏艰难的精神。近年来,他在运动结构横向振动非线性建模、近似解析方法、数值仿真算法、混沌行为等领域取得了一系

列重要的创新科研结果,解决了若干专业难点问题,先后有多篇论文发表于多种国际力学界著名期刊,获得国内外同行的高度评价。他因此获得国家杰出青年科学基金,并担任教育部长江学者特聘教授。

**特殊的"最后一课"**

在学生们的心目中,陈立群是一个极善于"带领大家一起做学问"的老师。由他培养、带教的14名博士生中,如今已在各高校任博士生导师的3人,8人晋升教授、2人晋升副教授,承担国家自然科学基金负责人的5人次。

"桃李"取得的斐然成绩,与陈立群平日对教学的刻苦钻研是分不开的。从7年前,他就开始尝试在本科生教学中引入双语教学实践,注重强化学生的专业知识。

如今已经被各所高校普遍重视的双语教学,在早些年也遭受过一些质疑。理科生引入双语教学是否有必要?是否会起到事倍功半的负面效果?但陈立群却前瞻地看到,双语教学不仅能加强学生的专业英语,而且还能真正把英语变为学生的一种工具,而不仅是一门考试科目。同时,他也意识到,开展双语教学受到诸多实际教学条件的限制。

为此,陈立群在给学生开设"振动力学"这门双语课时,采取了"有步骤推进"的教学法:先从高年级小班选修课、专业课着手,等积累经验后,再逐步向低年级大班基础课发展;先从英语教材、英语板书起步,然后逐渐过渡到课堂上完全用英语讲授。针对双语教学可能产生的薄弱环节,他也进行了教学"补位":考虑到学生听力不如阅读理解力的现实情况,凡有重点和难点,不仅口头解释,而且还通过板书说明。此外,陈立群想出了"课堂英语讲授,课后汉语辅导"的方式,夯实学生的基础知识。

大学里,到了学期末,很多老师留给学生的最后一课就是考试,然后给个成绩。但陈立群却不忘让学生们填一份不记名的调查问卷单,从而了解学生们的学习情况。调查问卷涉及课程、双语教学、教师、教材、学习态度等。每个班级的问卷被全部收回后还会作调研分析,给陈立群老师的课评价为"很满意"和"满意"的学生,总是占据多数。(樊丽萍)

《文汇报》2009年9月9日

**人民英模·红军和八路军的高级指挥员——关向应**

关向应,1902年生,辽宁省大连市金县人,满族。1920年在大连伏见台公学堂商科学习,开始接触新思想,积极参加反日爱国运动。1924年春,加入中国社会主义青年团。同年5月,入上海大学。同年底,赴苏联入莫斯科东方劳动者共产主义大学。1925年1月加入中国共产党。

五卅运动后,他回国在上海从事工人运动和共青团工作。1927年5月出席共青团第四次全国代表大会,会后被派往中共河南省委工作,不久到上海共青团中央组织部工作。1928年6月出席在莫斯科召开的党的六大,当选为中央委员、中央政治局候补委员。会后任共青团中央委员会书记。1929年起,先后任中央军委委员、常委、中央军事部副部长,以及中央政治局委员、长江局军委书记。1932年1月,任中共中央湘鄂西分局委员、湘鄂西军事委员会主席、红三军政委,与贺龙一起领导了湘鄂西革命根据地建设和红军的发展。

1934年,由于中央革命根据地第五次反"围剿"失败,他和贺龙领导红三军离开湘鄂西根据地,艰苦转战,策应中央红军的战略转移,并创建了黔东革命根据地。10月,红三军和由任弼时、肖克、王震等率领的红六军团在黔东的木黄胜利会师。经中央军委批准,红三军恢复红二军团番号,贺龙任军团长,任弼时任政委,关向应任副政委。此后,红二、六军团携手在黔东根据地的基础上,恢复和创建了湘鄂川黔革命根据地。

1935年9月,蒋介石调集130个团向湘鄂川黔革命根据地发动新的"围剿",形势非常严峻。11月,为争取主动,关向应同任弼时、贺龙、肖克、王震等率领红二、六军团,从桑植出发,开始战略转移,踏上长征路。1936年7月,红二、六军团渡过金沙江,越过大雪山,历尽艰辛,与红四方面军在甘孜会师。红二、六军团按中共中央指令,合编为红二方面军,贺龙任总指挥,任弼时任政治委员,肖克任副总指挥,关向应任副政治委员。会师后,他与朱德、刘伯承、任弼时、贺龙等,坚决抵制了张国焘的错误活动和主张,为红二、红四方面军共同北上,同中央和红一方面军会师作出了贡献。同年12月,他任中央革命军事委员会委员,后任红二方面军政委。

全国抗战爆发后,红军主力改编为八路军。贺龙任八路军第一二〇师师长,关向应任政委。他与贺龙一起领导创建晋西北抗日根据地。1940年2月后,关向应先后任晋西北军区政委、晋绥军区和陕甘宁晋绥联防军政委、中共中央西北局委员、中共中央晋绥分局书记。

在晋西北抗日根据地,他在协助贺龙指挥作战的同时,十分重视抗日民族统一战线的工作,既注意团结一切愿意抗日的阶级、阶层和社会力量,又坚持我党在抗日民族统一战线中独立自主的原则,坚持党对统一战线和抗日武装的领导权,粉碎国民党顽固派的各种反共阴谋。同时,他还十分重视经济工作,要求各级领导深入实际,解决人民群众的衣食问题,自力更生,发展生产事业。

由于长期艰苦的战争环境,关向应积劳成疾,1941年秋到延安休养,但仍十分关心党的工作和部队建设。1945年,在党的七大上,他当选为中央委员。1946年7月21日,在延安病逝,时年44岁。

新中国成立后,党和政府在大连市金州区修建了关向应纪念馆,以纪念这位红军和八路军的高级指挥员、我党我军卓越的政治工作者。

《人民日报》2009年9月10日

## 2009年全国教育系统先进集体名单

(上略)

### 上海市

闵行区七宝镇明强小学、嘉定区普通小学、浦东新区龚路中心小学、上海市钱圩中学、崇明县东门中学、复旦大学附属中学、上海市向明中学、上海信息技术学校、上海交通大学医学院附属卫生学校、上海大学材料复合及先进分散技术教育部工程研究中心、复旦大学数学科学学院、东华大学纪委、监察审计处

(下略)

《光明日报》2009年9月10日

## 2009 年全国模范教师名单

（上略）

**上海市**

| | |
|---|---|
| 王熙珍（女） | 虹口区曲阳第二幼儿园 |
| 沈文华（女） | 卢湾区巨鹿路第一小学 |
| 杨晓萍（女） | 崇明县实验小学 |
| 段建国 | 上海市曹杨中学 |
| 朱　萍（女） | 上海市世界外国语中学 |
| 冯　韬 | 松江区李塔汇学校 |
| 鲍佳健（女） | 崇明县建设中学 |
| 周彩霞（女） | 上海市罗泾中学 |
| 陈小英（女） | 上海市杨浦高级中学 |
| 谢国安 | 上海市群益职业技术学校 |
| 顾钰民 | 复旦大学 |
| 陈立群 | 上海大学 |
| 王如竹 | 上海交通大学 |
| 叶澜（女） | 华东师范大学 |

（下略）

《光明日报》2009 年 9 月 10 日

## 人民英模·与国民党右派进行坚决斗争——许继慎

许继慎,1901 年出生,安徽省六安县人。幼年时在本村读私塾,1920 年到安庆,考入省立第一甲种工业学校。不久,转入安徽省立第一师范。1921 年 4 月,加入中国社会主义青年团。同年 6 月,被选为安徽省学生联合会常委兼联络部部长,参与领导爱国学生运动。在反动当局压迫下,1923 年 10 月前往上海,入上海大学旁听。

1924 年 5 月,经党组织推荐,考入黄埔军校第 1 期。在军校期间,他刻苦学习军事,阅读进步书刊,同年转入中国共产党。11 月军校毕业后留校,在新编教导二团任排长。在黄埔军校学习和工作时期,他积极参加以共产党员和共青团员为骨干的"青年军人联合会",同国民党右派进行坚决斗争。

1925 年 2 月和 10 月,在统一广东革命根据地的两次东征中,许继慎等一批黄埔学生军党员基层指挥员,率部奋力作战,为击溃陈炯明等反动军阀的主力部队,扭转战局,立下了战功。在淡水战役中,他因功升任连党代表。在棉湖战役中,因作战勇敢任连长。同年 10 月,调任国民革命军第一军第三师第七团少校干事、团代理党代表。

1926 年 3 月"中山舰事件"后,共产党员被迫退出第一军。许继慎被调往政治训练班第二中队任队长。同年 7 月,在中国共产党推动下,广东国民政府正式举行北伐。由我党直接领导的、以共产党员为骨干的国民革命军第 4 军叶挺独立团,作为北伐先遣队,5 月初从广东肇庆出师北伐。党为了加强这支部队,派许继慎等 30 多名党团员营、连、排干部到独立团工作。许继慎任第二营营长,参加了北伐战争攻打平江、汀泗桥、贺胜桥等著名战役。8月底,在贺胜桥战役中身负重伤仍坚持指挥战斗。同年冬,伤愈归队,任第二十五师第七十三团参谋长。

1927年春,他调往副军长兼武汉卫戍司令的叶挺任师长的第二十四师七十二团任团长。5月,率部参加击退叛军夏斗寅部的战斗,再次负伤。汪精卫武汉国民政府叛变后,曾以独立师师长的职位作诱饵,妄图策动许继慎叛党,被他断然拒绝。大革命失败后,他在安徽、上海等地从事党的秘密工作。

1930年春,党中央派他前往鄂豫皖苏区,任中国工农红军第一军军长,领导整编鄂东北、豫东南、皖西三块根据地红军,实现了鄂豫皖红军的统一领导和指挥。在许继慎等指挥下,红一军从6月到8月,先后攻克皖西和京汉铁路南段许多城镇,毙伤俘敌军7000多人。红一军由组建时的2300多人很快发展到5000多人,有力地推动了鄂豫皖根据地的巩固和扩大。9月,他率部先后攻克光山、罗山等城镇。11月,他率部歼灭国民党军第二十六师第二混成旅大部。尔后,率部东进皖西,攻克金家寨、麻埠、独山、叶家集等地,歼敌3000余人,打乱国民党军对鄂豫皖苏区第一次"围剿"的部署。

1931年1月,红一军和红十五军合编为中国工农红军第四军。许继慎先后任红四军第十一师、第十二师师长,率部采取迂回包围、穿插分割等战术,取得孝感双桥镇大捷,获鄂豫皖红军首次全歼国民党军一个师的胜利,粉碎了国民党军对鄂豫皖苏区的第一次"围剿"。随后,他兼任鄂豫皖革命军事委员会皖西分会主席。其间,坚决反对张国焘提出的远离苏区、冒险进攻的错误军事行动方针。同年11月牺牲于河南省光山县白雀园,年仅30岁。

《人民日报》2009年9月12日

## 上海大学CIA培养高级游戏动漫人才

### 上海大学CIA受学生和家长青睐

日前,从上海大学CIA招生办传来消息:刚开学的上大CIA31期(嘉定校区)游戏影视动画精品就业班学生爆满,学校准备的床位和机房已经全部被安排一空,若干学生因报名时间较晚不得不等待下一期学习的机会。上大CIA以其一流的教学环境和教学质量以及良好的就业受到学生和家长的青睐,这再一次证明其在国内数字艺术教育领域的领先地位!

### 上海大学CIA:中国游戏动漫教育的黄埔军校

自2003年以来,上海大学成教育学院联合著名数字艺术教育机构CIA,一直坚持用重点大学的规范教育资源融合优秀数字艺术企业的技术力量,向学生提供专业正规的职业教育。六年来上大CIA培养了5000余名高端游戏动漫人才,办学规模和就业率在国内名列前茅。

2007年上海大学获批成为上海市高教自考动画专业(独立本科段)主考院校,由上大CIA开发的系列教材被上海市教育考试院选定为专用教材。

"上大CIA"已经成为国内极具影响力的知名数字艺术教育品牌。

### 规范大学管理+职业技能强化培训=就业无忧

近几年来,我国高校毕业生由2006年的413万人,迅速增长到2009年的611万人。

很多应届毕业生,即使跑断了腿也难找一份合适的工作,而高速发展的动漫游戏行业对高技能、高层次的人才需求量还相当大,每天都有数百个动漫游戏公司在招人,而相应的人才却一直供不应求。

"应届毕业生完成了大学的素质教育,缺的就是职业技能,如果补上职业培训这一课,那对其就业将会起到锦上添花的作用。"业内人士一语道破天机。这一点上大 CIA 的例子最具说服力。在上大 CIA 数千名毕业生中,除了一部分希望通过系统培训获得提升空间的在职人员以外,有相当一部分都是大学刚毕业的学生,这其中有的甚至大学还没毕业,就提前到上大 CIA 接受系统培训,为的就是在上大 CIA 这里既享受到正规高校的雄厚教育资源和规范的教学管理,又可以接受来自一线制作专家的指导,克服重理论轻技能的弊端,真正学到游戏动漫制作的职业岗位技能,进入全新的职业生涯。事实也证明,上大 CIA 自 2002 年在国内率先举办游戏影视动画高级培训课程以来,学员已成为各大动漫游戏企业的抢手货,其中不乏国际知名的法国、美国、韩国等外资动漫游戏企业,有的学员甚至还没毕业,就已被企业"预订"一空。

[友情提醒]应广大家长和学生的强烈要求,上大 CIA 决定在交通十分便利,环境优美的上海大学延长路校区举办第 32 期高级游戏动漫精品就业班(一年制),开学时间为 2009 年 11 月。本次招生将限额 120 人,其中游戏影视动画专业 60 人,游戏程序设计专业 30 人,视觉时尚设计专业 30 人。只要对游戏制作、动画制作、室内设计、会展设计有兴趣的青年,都可以报名。目前上大 CIA32 期的招生工作已经启动,招生现场十分火暴。

咨询电话:(021)62535233、62539082

报名地址:上海市新闻路 1220 号上海大学成教学院 B 楼 211 室

详情可登录:www.shucia.com
　　　　　　www.shu.edu.cn/ad

《新民晚报》2009 年 9 月 16 日

## 唤醒儿时军营梦　激发学子爱国情——上海大学今年报名参军人数及占应征比例均居全市高校之首

一股参军热潮,涌动在上海大学校园之中。"看到宣传橱窗里的征兵布告那一刻,儿时的军营梦想被唤醒了。"数码学院大四女生宋佳与其他 600 多名女生一起,选择了报名参军。

今年,上海大学报名参军的总人数以及占应征比例都居全市各高校之首。这些几乎没有吃苦受累经历的年轻学子,为何要入伍从军?日前,记者采访了上海大学一些应征大学生。

### "国家有召唤,我们就会义无反顾"

上海大学门口,一块镌刻了"自强不息"四字的石头气势凛然。

这是上海大学的校训,也是每位新生入校后学到的第一课。事实上,上海大学的国防教育,正是从这里开始的。作为精神坐标,上大人对"自强不息"有着深刻的理解:首先要努力成为一个心灵美好的人,同时也是一个爱国主义者,其后才是各行业领域的佼佼者。

这种主张，源自上海大学的校长——著名力学家、应用数学家、教育家，现年97岁高龄的钱伟长。钱老致力于建"中国式大学"，要求学生做到"先天下之忧而忧，后天下之乐而乐"。

钱老说，个人应该把自己价值的实现同国家的强盛、民族的发展和人民的利益结合起来。基于这样的理念，上海大学把爱国主义教育作为了德育课程的重点，通过入学教育、首日教育和常规教育，潜移默化地培养学生的爱国情操。

"上海市百老德育讲师团走进上海大学"就是活动之一。学校邀请老一辈革命家为学生作报告，通过图片书画展、英模报告，学生和百老们积极互动，调动了学生的道德情愫、爱国情感，激发了投身国家建设的热情。为让这样的活动形成长效机制，上海大学和百老德育讲师团共同组建了"上海市百老德育讲师团·上海大学大学生爱国教育基地"。

在上大师生们看来，出现今年这样的"当兵热潮"，是自然而然的事。即将本科毕业的宋佳，因为有丰富的实习经验和出色的专业成绩，已获得对口单位青睐。但她放弃了这个机会，选择进部队锻炼自己。她说："服兵役是公民的义务，只要国家有召唤，我们就会义无反顾，我相信自己可以学到更多。"

**"能成为战士，那将是件骄傲的事"**

悉尼工商学院本科四年级的汪戎戎，原本对部队并没有特别的情结，但学校的征兵宣传让她"动了心"。她说，"80后""90后"素来被认为是温室里的花朵，"但我想到部队锻炼，证明我们这样的孩子，在祖国需要的时候，同样可以站出来"。

上海大学的报名学生，四分之一是一年级生，这显然是"军训效应"的体现。上海大学的"征兵宣传"，从新生军训开始。学校聘请部队首长给学生上课，使他们接触到了大学国防教育。法学院的张洁说，就是通过军训期间和部队接触，感受到了"莫名的吸引"，她才迫不及待报名参军。

徒有热情还不够，还要有充分的了解和认知。为此，上海大学的校报，每年都会出一些国防教育宣传版面，介绍我国的国防环境、国防战略、国防成果，同时还在报上刊登征兵要求、当兵的权益、征兵的时间节点等信息。从三年前开始，上海大学每年举行一次国防知识竞赛，在长达一个月的比赛中，用轻松、活泼的形式在学生中普及、宣传国防知识。

在这样的氛围下，"国防""部队"对学生来说不再是刻板的、陌生的词汇，成为了他们愿意投身的所在。汪戎戎的话代表了很多应征学生的心声：并不是每个人都能成为战士，如果我做到了，那将是一件值得骄傲的事。

**"服务事无巨细，解除后顾之忧"**

上海大学至今已有6届学生兵86人，他们退役后顺利返校继续学业，除20余人仍在按期就读，其余均按期或提早毕业，其中13个人完成了"专升本"的跨越。

当兵造成两年的学业断档，为做到顺利衔接，学生们一回学校，相关部门就会召开"复学办公会"，邀请学生、家长和学校各个部门负责人到场，完成一系列手续的交接，如学工办负责学籍处理，教务处负责选课，组织部负责关系转移。同时，学校还带退役学生到民政局领取档案，落实优待政策。

上海大学的第一批大学生兵何之秋，2004年退役回到学校以后，想到自己将要比同年入校的学生晚两年毕业，不免心慌。他向学校提出要加修学分，尽早毕业。这在上大是没有先例的。按照校方规定,学生每学期最多修35个学分。但何之秋的情况引起了学校的重视,经商议,校方决定对退役学生开启"绿色通道":选课序列优先、选课数量不限,每学期学分不封顶。如有需要,校方派高年级学生为他们辅导。最终,何之秋提前一年从国际工商学院毕业。

2003年入伍的杨慧,退役返校毕业时因找工作不顺,校方主动与他联系,根据他的专业和能力,吸收他成为学校武装部的一员。如今,他为师弟师妹们尽心尽力,"用事无巨细的服务,解除他们的后顾之忧"。

诸如此类的情况,6年来出现了很多。上海大学正是通过不断了解学生需求,完善征兵工作服务体系,解决了学生的后顾之忧。(张骏 朱斌 江跃中)

《解放日报》2009年10月9日

### 上大涌动学子参军热潮

在举国欢度新中国成立60周年的喜庆日子里,上海大学正掀起一股学子积极参军的热潮,无论报名的总人数还是占应征比例,都稳居全市各高校之首。谁都知道军营并不是享乐的地方,这些几乎没有吃苦受累经历的年轻学子,为什么会有这样的热忱?昨天,记者来到上海大学采访,拉直了问号。

**激情——产生于学生心中的奉献精神**

"自强不息"。这是写在上海大学校门口的校训,也是每位新生到校之后学到的第一课。事实上,上海大学的国防教育,正是从这里开始的。

作为上大人的精神坐标,"自强不息"这四个字,包含浓厚的上海大学特色,它有着这样的阐释:进入大学,首先要努力成为一个心灵美好的人,同时也是一个爱国主义者,其后是尽力做各自专业领域的佼佼者。

这种精神特质,源自上海大学的校长、著名力学家、应用数学家、教育家,现年97岁高龄的钱伟长。钱老主张建"中国式大学",他要求学生们做到"先天下之忧而忧,后天下之乐而乐",这个"天下"指的就是国家,钱老说,个人应该把自己价值的实现同国家的强盛、民族的发展和人民的利益结合起来。

基于这样的理念,上海大学把爱国主义教育作为了德育课程的重点,通过入学教育、首日教育和常规教育等方式,潜移默化,培养学生的爱国情操。"上海市百老德育讲师团走进上海大学"就是上大举行的反响非常好的活动之一,学校邀请老一辈革命家为学生作报告,进行图片书画展,英模的报告为学生呈现了"立体式"的社会历史,学生和百老们积极互动,充分调动了学生的道德情愫、爱国情感,大学生们面对鲜活的人物传记,激发了自己投身国家建设的热情。

**志愿——形成于教学进程的国防意识**

悉尼工商学院本科四年级的汪戎戎原本对部队并没有特别的情结,但是学校的征兵宣传让她"动了心"。她说,"80后""90"后素来被认为是温室里的花朵,"我想要到部队锻炼,证明我们这样的年轻一代,在祖国需要的时候,可以站出来"。

上海大学的报名学生,四分之一是一年级生,这显然是"军训效应"的体现。上海大学的"征兵宣传",从新生军训时开始,学生们在这个过程中接触大学国防教育,学校特别聘请部队首长来给他们上课。法学院的张洁说,就是通过军训期间和军人长时间的接触,感受到了"莫名的吸引",她才迫不及待地报名。

徒有热情还不够,还要有充分的了解和认知。为此,上海大学的校报,每年都会出一些国防教育宣传版面,介绍我国的国防环境、国防战略、国防成果,同时还在报上刊登征兵要求、当兵的权益、征兵的时间节点等信息。从三年前开始,上海大学就每年举行一届的国防知识竞赛,在长达一个月的比赛中,用最轻松、活泼的形式让学生们参与到国防知识的宣传中来,每一次竞赛都是一次"普及"。

这种渗透在各个环节的国防知识教育,使得"国防""部队"对于学生们来说不再是刻板的、陌生的词汇,成为了他们愿意投身的所在,也促成了今天学生们竞相报名的场面。汪戎戎的话代表了很多应征学生的心声:并不是每个人都能成为战士,如果我做到了,那将是一件值得骄傲的事。

**优秀——离不开事无巨细的周到服务**

上海大学至今已有6届学生兵86人,他们无论在军营还是退役返回学校,个个都是优秀的。

上海大学的第一批大学生兵何之秋,2004年退役回到学校以后,想到自己将要比同年入校的学生晚整整两年毕业,不免心慌。他向学校提出要加修学分,尽早毕业。

这在上海大学历史上是没有的事。按照校方的规定,学生每个学期最多只能修35个学分。但是何之秋的情况引起了学校的重视,经过商议,校方决定对当兵的学生开通"绿色通道",也就是选课序列优先、选课数量不限,每学期学分不封顶。如有需要,派高年级的学生辅导那些功课跟不上的退伍学生。最终,何之秋成功加修,提前一年从国际工商学院毕业。诸如此类的情况,六年以来出现了很多,上海大学通过不断了解学生的需求,完善了征兵工作的服务体系,解决了学生们的后顾之忧。

学生参军之后,学校相关部门会跟踪观察他们的表现,主动了解他们的需求,为他们提供必要的帮助,当兵期间,每个学生都能经常收到学校的信,对他们表示慰问。过年过节,学校会专门访问、慰问所有现役和退役的学生兵。在即将退伍之时,学生们会在信中读到"欢迎回母校"这样的词句。

当兵造成了两年的学业断档,为了做到顺利衔接,学生们一回学校,相关部门就会召开"复学办公会",邀请学生、家长和学校各个部门负责人到场,完成一系列手续的交接。校方的悉心服务,确保了六届学生兵、86人全部按时毕业。2003年入伍的杨慧,退役返校毕业时因为找工作不顺,校方第一时间主动联系他,根据他的专业和能力,吸收他成为学校武装部的一员。如今,他也开始为自己的师弟师妹们尽心尽力,把同样的服务传承。(江跃中)

《新民晚报》2009年10月9日

**艺术鲜花在校园盛开——高雅艺术进校园回眸**

正在北京举办的第十二届北京国际音乐节再次将目光深入校园,10月21日和28日,德国的克兰·法尔瓦桐乐团和诺伊贝尔合唱团演出的海顿作品,英国的"田野里的圣马丁乐团"演出的莫扎特作品轰动北京大学,经典艺术的魅力感染了众多师生。

高雅艺术进校园活动,从小到大,从零星到成阵势,已经开展多年。如今,这一活动不再被当作一种活动而大加渲染,原因不是高雅艺术不再受重视,而是高雅艺术已经融为校园生活的一部分,成为常态。

问大学生,你在学校看过话剧、歌剧、交响乐和芭蕾吗? 人家会觉得这很奇怪。他们不但一次次看过、品味过,许多人还亲身参加,因为交响乐团、舞蹈团、话剧团已在校园遍地开花。

问艺术家,你去过校园吗? 他们会觉得这个问题很不专业,因为,所有的艺术院团都已经养成了常年进校园演出的习惯,不进校园演出,对一个专业文艺家来说不可思议。

**交响乐,青春的旋律**

10月8日,余隆指挥的广州交响乐团在比利时首都布鲁塞尔以一场精湛的演出拉开了"欧罗巴利亚中国艺术节"的序幕,这家地方乐团在全中国交响乐团的水平排列中早已名列前茅,在中国交响乐舞台甚至世界交响乐舞台上经常可以看见它的身影。但他们没有只将目光盯住国际,在坚持多年的演出季中,始终不忘校园。多年来,广州交响乐团坚持到学校举办免费普及音乐会,"走进交响乐,相约音乐厅",就是他们专为师生举办的系列活动。这一活动每年3月份举行。自2006年推出后,已邀请了中山大学、华南师范大学、暨南大学等15所大中学校的7万师生,来到星海音乐厅,欣赏了40多场音乐会。音乐会采用讲解和示范演奏相结合的形式,以动人的音乐、风趣的讲解和浓郁的艺术氛围打动了师生,成为广东著名的公益性文化品牌。

中国爱乐乐团是当今中国乐坛最优秀的交响乐团,足迹遍及海内外,成立近10年来也一直将高雅艺术进校园当作自己义不容辞的责任。2009—2010年音乐季刚一开始,便前往西北为当地的大学演出交响乐名作,赢得了莘莘学子的热烈欢迎。自2001年起,他们每年都要多次进入北京大学,从刘天华、萧友梅、黄自、冼星海、吕其明的民族音乐作品,到威尔第、比才、玛斯卡尼、贝多芬、莫扎特、柴可夫斯基、舒伯特、肖斯塔科维奇的世界名作,已被北大视作每年必不可少的文化享受。

上海是高雅艺术进校园活动进行得最早的城市,20世纪90年代,上海各学校就迎来了频繁的专场演出,学生们在艺术的熏陶下已经从入门上升到专业欣赏。上海各院团走进校园最多的当属上海交响乐团。今年9月27日,这家乐团成立整整130年。作为中国最老的交响乐团,他们更注重在校园培育高雅艺术欣赏的未来力量。仅今年1月至8月,他们就为同济大学、上海大学连续演出了几十场,分别用国家、作曲家、演奏形式为主题,每次突出一个重点,向师生展示交响乐的魅力。没有舞台的音乐会,没有讲台的课堂,是今年上海交响乐团推出的全新公益性音乐教育品牌,名为"乐工房"。在以"敲敲打打"为主题的第一季"乐工房"里,所有打击乐器被摆放在场地中央,周围是提供观众欣赏演出的座位,不像是一场音乐会,更不像是课堂。身着蓝色工装裤的"车间主任"周雄和他的"工友"们用打击乐带领观众进行了一次世界音乐之旅:日本风格的《鬼太鼓》、根据京剧锣鼓改编的《仓·才》《非洲素描》,阿根廷的探戈,以及巴西街舞等丰富的音乐体裁,让观众在欣赏曼妙音乐的同时也认识了各种打击乐器。马林巴、梆子、颤音琴、定音鼓,很多观众都是第一次听到这些乐器的名称。

(中略)

高雅艺术进校园活动,普及了交响乐、芭蕾舞、民族舞、歌剧、话剧的知识,提高了中国当代大学生的欣赏品位,提升了广大学子的文化境界,更为我国艺术舞台培育了大量的观众。当然,在谈到这一活动的得失时,也有专家认为,将艺术简单地分为雅俗已经不能适应目前艺术的发展状况,有的艺术,比如音乐剧、小剧场话剧、歌曲演唱和一些民族传统艺术,其大众化、市民化的倾向日益明显,雅俗的界限变得十分模糊,而这些艺术本身对学生的欣赏培育也是有益的。所以,高雅艺术进校园的提法应该有所改变。

《人民日报》2009年10月30日

### 上海大学两棵古银杏被认养

上海大学校园内两棵220多年的古银杏从昨天起有了自己护佑人。前天下午,上海大学与宝山绿化局正式签约,两棵古银杏以后由大学后勤部门认养,从此,古树健康状况每天都在亲密不断的监护之中。

这两棵古银杏一公一母,被称为"夫妻树",原是一座庙宇的遗留物。1997年,上海大学新校区征地时发现了它们,由于长期无人打理,奄奄一息。尤其是东边的一棵母银杏,树干内芯从上到下全部腐朽,只剩下一截约5米长的树皮尚有些生气。宝山绿化管理部门闻讯后马上采取抢救措施,奄奄一息的古银杏终于起死回生。东边的母银杏残存的树皮上慢慢先长出了嫩小的几片树叶,后来竟抽出了树枝,今年更是生机勃发,令人惊奇的是树枝上还结满了又大又圆的银杏果实。

上海大学校长助理唐先生说,树木也通人性,你待它好,它就给予你美丽的回报,为此他们要借认养的契机,以古树为核心,请一些银杏"小弟小妹"来做伴,形成一个银杏园。(史美龙　朱全弟)

《新民晚报》2009年11月29日

### 上大公布明年自主招生方案

上海大学昨天公布2010年自主招生方案,自主选拔录取计划为100名。校方仍坚持"中学校长推荐,学校不再另行组织测试",但与今年不同的是,给各中学的推荐名额不再均分,而是根据以往录取情况和中学意向制定分配方案。

上海大学"自主选拔录取"是由沪上25所中学校长推荐100名素质好、学习成绩优良、适合上海大学人才培养模式的学生,无需经大学测试。今年,已有24名学生经由这一通道进入上大学习,其中文科学生8人、理科学生16人。

上大还给报考者提供更多优惠:无论在平行志愿的"A"还是"B"填报上海大学,只要高考成绩达到上海市第一批本科录取资格线,学校就按考生志愿直接录取,既给了考生一次填报其他高校的机会,又让考生有机会享受上大按志愿直接录取的优惠政策。

据悉,本月11日前,参与试点的25所中学将提出推荐方案和意向名额数。(彭德倩)

《解放日报》2009年12月3日

### 学者研讨传统学术转型

由上海大学历史系暨古代文明研究中心举办的"中国传统学术的近代转型"国际学

术研讨会近日在上海大学举行,来自海内外的百余位学者围绕着"中国传统学术的近代转型"展开了热烈的讨论。

美国加州大学终身荣誉教授陈启云先生认为,中国近代社会的变化牵涉到整个中国文化,可以说整体文化的演变是学术转型的语境,而学术的转型也是整体文化演变的语境。他以胡适、傅斯年和钱穆个案研究为切入点,探讨了中国人文学术的近代转型这一问题,认为钱穆的思想·文化·历史学的若干观念和立场,与后现代主义有不少共通之处。一些学者还就晚清学术近代转型的路径、诸子学的近代转型、现代学术体制的建立与完善、边疆研究的近代转型等问题做了探讨。四川师范大学黄开国教授认为廖平的经学理论是运用今文经学讲求微言大义的方式构建而成的,但从他的经学内容看,已经不是传统的今文经学,而是带有融合古今中西的近代学术特点。厦门大学洪峻峰教授认为胡适一方面接受了康有为今文经学的基本观点和疑古态度,另一方面又接受了章太炎古文经学六经皆史的观念和考据方法;他力图把康有为"学以致用"和章太炎"学在求是"两种治学态度结合起来,将"疑古""致用"建立在"考据""求是"的基础上,并提出"展缓判断"的主张以矫正疑古方法的偏颇,其科学方法"十字法"也已兼取两派之长。

与会学者对一些近代著名学者的学术、思想以及学术交往也多有讨论,尤其是对古史辨派的领袖顾颉刚古史理论(古史层累造成说)得失的讨论尤为激烈。上海大学谢维扬教授从近年来出土的三宗新出土文献材料(豳公盨、《子羔》篇、《容成氏》)论证了顾颉刚"层累说"的基本逻辑可能是不成立的,认为"层累说"本身对于复原古史记述资料生成原理这个任务并没有真正完成,古史记述资料生成的真实过程可能并不如"层累说"主张的那么简单。北京师范大学李锐博士认为顾颉刚先生"层累说"的主要贡献应该在于注重从时间角度出发整理古史系统,但这并不代表"层累说"本身是合适的研究中国古史的方法。

另外,与会学者对清代学术,尤其是晚清学术的讨论也投注了极大的热情。台北"中央研究院"近代史所张寿安研究员指出,从学术发展的角度观察,清代学术最重要的贡献之一应是"学术史"学科的建立。她认为多年来学界把乾嘉学术定名为考据学实质上对乾嘉学术的误解,乾嘉学术本质上是专门之学。华东师范大学朱政惠教授、上海大学陈勇教授对章学诚的史学批评理论做了梳理和回顾,认为章学诚所总结的中国古代史学理论成果,具有中国人独有的思维习惯、话语体系和语言表述方式。我们今天往往比较关注西方的史学批评理论成果及其相关的史学批评话语,而忽视我们祖先创造的这些特殊的语言体系,这是一个应该得到反思的问题。(陈勇)

《光明日报》2009 年 12 月 14 日

# 2010 年

**留交会大手笔"抢"海外人才**

数据显示,于近日闭幕的第十二届中国留学人员广州科技交流会(下称留交会)上,国内约百家机构拿出近万个岗位,并许下重金来吸引海外人才。而在留交会"大学校长沙龙"上,五所大学的校长为了揽得优秀海外人才,纷纷在工资、住房、安家费用等方面开出条件。

**企业35项难题招贤**

难题招贤是往年留交会的大亮点之一。今年也不例外,企业将遇到的发展难题请海外留学生破题。据悉,此次留交会的难题比去年的17项增加了1倍多,共有35项。

在难题招贤展点,共有34家企业抛出35项企业技术难题,涉及公共服务、电子信息、生物医药、环保、新材料、化工等领域。在现场,不少留学生对此活动表示出了极大的热情和关注,纷纷上前咨询。

广州市留交办有关负责人介绍,通过难题招贤活动,不少企业成功解决了困扰企业发展的一些老大难问题,有的企业则在招贤过程中同留学人员建立了良好的合作关系,并通过留学人员成功进入海外市场,还有部分留学人员在合作过程中逐步融入企业,成为企业的核心技术骨干。

**各大学重金揽才**

在此次留交会"大学校长沙龙"上,上海大学、海南大学、长春理工大学、华南理工大学和广州大学五所大学的校长为了揽得优秀海归人才,都说"不差钱",纷纷在工资、住房、安家费用等方面开出条件。

在沙龙上,海南大学校长李建保的"揽才宣言"最具"煽动力"。他抛出了海南大学吸引"海外人才"的优惠条件:"引进一个人才,除了高待遇之外,2 600套教师家属宿舍海景楼两面临海,教师打开窗户把钓竿伸进海里就可钓鱼,全国乃至全世界有几个地方有!"他还说,海南一年四季水果不断,到海南大学工作,每天都可以有一筐水果。

李建保透露,海南大学计划在三年内引进100个博士。主持人幽默地总结道:"海南大学的优惠条件就是高待遇、钓鱼再加一筐水果。"

长春理工大学校长于化东一开场便声明不是在跟海南大学校长李建保抢人才,但他很快便"鼓动"在场的留学生:"想滑雪的还是到东北来!"

而广州大学副校长屈哨兵也打出了诱人的揽才条件。他说,除了国家和省里的扶持,广州大学还有广州市的大力扶持,因此,"广州大学'不差钱',无债一身轻!"说到具体的待遇,他说有不同的层次,"反正绝对不会亏待大家!"

《人民日报(海外版)》2010年1月1日

**上大学子捋袖献血**

1月7日,上大宝山校区的校医院门口的两辆爱心献血车边人头攒动,200多名该校研究生冒严寒献爱心。

据统计,当日近250名上大学子共捐献了56 600毫升热血,其中114名为接受过甲流疫苗的学生,为严冬中的上海血库送上"及时血"。(邵剑平 陆奕)

《解放日报》2010年1月9日

**动漫游戏人才紧缺　上海大学加快培养**

2009年,网络、游戏产业、动画产业的超常发展,使得游戏、动画等数字艺术设计人才成了职场香饽饽。在国内主要的人才招聘网站上,游戏美术设计师、影视动画设计师、室内装潢设计师等职位开出的月薪高达8 000元以上,10万元甚至20万元年薪急聘的情况屡见不鲜。近日盛大、金山、腾讯等公司也在报纸上打出巨幅广告招聘游戏动画人才。

**动漫游戏人才供不应求**

然而,最大的问题是,企业即使开出高薪却招不到合适的专业人才。以动画为例子,虽然国内动漫爱好者超过3 000万人,但真正处于研发核心环节的人才不足五万人,动画人才缺口高达100万以上。为此国内著名动漫游戏人才培养基地上海大学CIA负责人吴志坚指出:"缺乏技术过硬的专业人才是问题的核心所在。加强教育体系建设,加速培养社会紧缺的动漫游戏人才迫在眉睫"。

**上海大学CIA　化解人才供应压力**

为了弥补国内数字艺术人才匮乏现象,上海大学成教学院联合CIA数码,将国家重点高校雄厚的教育资源、规范的教学管理与一流数字艺术企业一线制作经验相结合,正式推出"2010年数字艺术职业教育培养计划",联合培养市场急需的职业设计中坚人才。

据悉,这个培养计划是上海大学成教学院联合CIA经过5年深入合作而发展出的精品示范项目,涵盖了游戏美术设计、三维影视动画、室内设计、展会设计等多个应用领域,其广度和深度都较原有体系有质的飞跃。本计划的实施,将使学生们能够在一个开放的、国际化的交流环境中,得到名师的指导。有志于投身游戏制作、动画设计、室内装潢等数字艺术设计领域,跻身高级设计金领阶层的青年均可以参加此培养计划。

**现场招生异常火暴**

该计划的实施,在一定程度上将缓解动漫游戏人才紧缺的现状,据招生处咨询老师介绍,上大CIA项目近期招生十分"火暴",前来咨询的人络绎不绝,每天要接待几十人。据观察,前来咨询和报名的人大多数年龄20—30岁之间,其中有应届毕业生,也有上班族,有的甚至辞掉工作,全身投入到学习中来。其他还有从事银行、证券公司工作的白领,还有从国外求学多年回来的"海归"人士。这些人都是从内心深处喜欢游戏和动漫,也曾经是游戏和动漫的忠实玩家。

[友情提醒]

"2010年数字艺术职业培养计划"首期班将于2010年3月开学。本期开设游戏美术、影视动画、室内装潢与展会设计、商业广告等四个专业,学制有全日制一年和全日制两年供学生选择,毕业后学校将择优推荐工作。凡对数字艺术设计有强烈爱好者均可报名,额满即止。

报名电话:(021)62539082　62535233

报名地址:上海市新闻路1220号上海大学成教学院B楼211室

详情可登录　www.cia-china.com

《新民晚报》2010年1月10日

## 全国首家高校技术市场16日在上海揭牌　唤醒"冬眠"的科研成果

全国首家高校技术市场16日在上海翔殷路128号正式揭牌。

这个技术市场由上海市教委、市科委和杨浦区政府三方共同主办。作为国内第一家由技术需方、成果供方、交易服务方等三大市场主体联手共建的技术合作和交易的大平台,这在全国还是第一家,也是为沟通企业需求与高校科研资源而作的率先探索和大胆尝试。

**45所高校成"卖家"首期推介的应用性技术项目已达600余项**

走进展示馆,每个高校都拿出"绝活"入市"吆喝"。上海大学研发的海宝机器人夺人眼球,在去年国庆大典上,它曾亮相于上海彩车上,一手举旗帜,一手举花束并挥手致意。在上海理工大学展台前,一辆高速列车模型正在崇山峻岭中穿行,这背后就有高校科技人员的功劳。据了解,在没有技术市场时,一般要由教授自己出马和企业洽谈合作。

上海高校技术市场已汇集了成果供方成员单位45家,其中有复旦大学、上海交大等17所地处上海本地的理工类和综合性院校,也有28所外省市及境外高校,如清华大学、北京航空航天大学、西安交大、南京大学、香港理工大学等。技术需方单位主要是推进企业技术进步的各地区有关政府部门,现有48家,其中苏浙地区达37家,上海有9家,长三角以外地区有2家。服务方成员单位有8家,包括上海科学技术开发交流中心、上海高校技术经纪有限公司、上海科技成果转化促进会以及专利事务所等,为技术供需双方提供政策咨询、专利保护、人才交流、风险投资等方面服务。

技术市场的展示馆中,第一期展示推介的各高校拥有自主知识产权的应用性技术项目已达600余项,而通过文字资料和信息发布,各高校推介的项目则超过5 000个。

**破解转化难题　上海每年技术成果交易值约为400亿元,高校所占比例仅为2.5%**

通常高校科研重视以技术创新引领社会发展,与企业实际需求存在一定差距。在我国,由于高校与其他科研机构及企业的管理体制、运行和考核机制不同,高校科研成果与市场之间更多了道有形或无形的围墙,缺少对称的信息交流,在高校科研成果转化和市场对高校资源的充分利用方面,更是渠道不畅。

近年来,高校越来越重视产学研一体发展,力求使科研贴近市场需求。在上海举办的中国国际工业博览会上,参与高校展区的大学已从2003年的15所,发展到2009年的57所,所携带的技术成果也具有很高的科技水平。2009年工博会评选出的39项获奖技术成果中,展示面积只占展馆 4% 的高校展区,获奖比例却占了近 40%,且连年荣获金奖。

但科技含量高、拥有良好技术前景、获奖率高,并不代表这些技术成果可以顺利转化为现实生产力。上海市科委总工程师陈杰介绍说,目前上海一地每年技术成果交易值约为 400 亿元,且正呈迅速增长之势。高校技术交易量虽然已连续三年以 30% 增幅提高,但其所占比例仍然仅为 2.5% 左右,尚不到 10 亿元,与高校所拥有的科研资源数量相比,其市场产出和现实经济影响力显然还很不够。据估计,目前高校科技成果转化率不会超过 10%。不少高校科研成果只停留在发表论文、取得实验室成果阶段,随后便只能"冬眠"。

**展示项目实行轮换制 "上架"三五个月无人问津,将被撤换**

"在高校实验室、科研人员与企业需求之间,存在一块薄弱地带,需要有人居间,帮助双方进行技术优化和供需匹配,使高校科研资源能更好服务社会。"上海市教委副主任王奇说。

在这一常年展示推介高校科技成果项目的平台上,进行技术交易、技术登记,可享受一系列政策优惠。除科技成果项目展示推介和技术需求信息发布外,市场还将组织一系列技术信息发布会、合作和交易洽谈会等多种形式的场内外活动,今年预订活动已达 160 场。

王奇透露,高校技术市场运营初期将不设"准入门槛",但之后可能实施会员制,并要求高校定期更新创新成果,如果"上架"三五个月,项目无人问津,则要被撤换,由新的项目接替。同时,市场还将大力培养高校技术经纪人,更多延伸和完善科技成果的中介服务。

《人民日报》2010 年 1 月 18 日

**教育部社科司关于高校哲学社会科学名刊工程第三批入选名单的公示**

教育部高校哲学社会科学名刊工程第三批评审工作日前结束,根据《教育部高校哲学社会科学名刊工程实施方案》的有关规定,现将名刊工程第三批入选名单向社会公示。名刊工程第三批入选名单如下:

1. 《清华大学学报》(哲社版)
2. 北京外国语大学《外语教学与研究》
3. 中国政法大学《政法论坛》
4. 《中央音乐学院学报》
5. 《中山大学学报》(哲社版)
6. 《四川大学学报》(哲社版)
7. 《兰州大学学报》(哲社版)
8. 《中国青年政治学院学报》
9. 《南京师范大学学报》(哲社版)
10. 上海大学《社会》
11. 河南大学《史学月刊》

12. 西南财经大学《经济学家》

公示期自公示之日起为期10天。在公示期间内任何单位或任何个人若对入选名单有异议,请及时以书面形式与教育部社会科学司出版处提出异议及事实依据,并注明姓名、单位及联系方式等以便沟通。

单位:教育部社会科学司出版处

地址:北京西单大木仓胡同35号

邮编:100816

联系人:田敬诚

联系电话:(010)66097554

传真:(010)66013856

《光明日报》2010年1月22日

**上大成为CFA课程合作伙伴**

昨天,上海大学国际工商与管理学院与CFA(特许金融分析师)协会签约,成为其课程合作伙伴。

据了解,CFA协会是一家全球性投资专业人士会员组织,负责在全世界主办管理"特许金融分析师"等考试课程。此前在中国大陆和香港地区已有北京大学、复旦大学、上海交通大学、香港科技大学、中山大学岭南学院等五个课程合作伙伴。(丁佳颖)

《解放日报》2010年1月24日

**上海大学启动培养工程即日起开始报名**

2009年12月18日由好莱坞导演卡梅隆打造的3D科幻大片《阿凡达》在美国正式上演。这部使用全新3D技术的影片,给观众带来了比以往任何一部大片,甚至是3D电影都体会不到的视觉感受。该片公演17天,全球票房就达到13亿美元,而2009年中国的电影市场,全年票房才62亿元人民币。换言之,一部《阿凡达》17天就把中国一年的票房给超越了。"我国何时才能制作出自己的《阿凡达》?"美国动漫大片的吸金热潮,引发了观众对国内动画产业的期待。

**《阿凡达》:跨时代巨作 动画人才严重不足**

《阿凡达》这部斥资近5亿美元的好莱坞科幻电影巨制的上映,带来的不仅是想象力革命,更是技术革命。《阿凡达》大量运用了3D元素,集合了几乎全部的先进技术:三维建模、数字高清、高速摄影、虚拟摄影、图像渲染及合成等。毫不夸张地说,是一部跨世代的巨作!它超凡的3D视觉飨宴引领全球进入了数字时代的新纪元。好莱坞电影人甚至将2009年称作"3D电影元年"。《阿凡达》必将极大带动国内外动画制作产业的发展与提高!

《阿凡达》现象同样引发了业内人士对我国动画产业发展现状的思考。专家表示,人才不足直接影响和制约着我国动画产业的发展。目前,我国动画产业从业人数只有1万余人,而产业人才需求量达到10万—15万人。相关部门对2009年我国30多个行业的人才需求指数调研结果显示,动画产业人才紧缺程度居首。

### 上海大学 CIA 化解人才供应压力

为了弥补国内动画人才匮乏现象,上海大学成教学院联合 CIA 数码,将国家重点高校雄厚的教育资源、规范的教学管理与一流数字艺术企业一线制作经验相结合,正式推出"2010 年数字艺术职业教育培养计划",联合培养市场急需的三维影视动画中坚人才,为"国产《阿凡达》"的诞生贡献力量。

### 上大 CIA:培养国产《阿凡达》制作大师的生力军

据悉,这个培养计划是上海大学成教学院联合 CIA 经过 5 年深入合作而发展出的精品示范项目,涵盖了三维影视动画、游戏美术设计等多个应用领域,本计划的实施,将使学生们能够在一个开放的、国际化的交流环境中,得到名师的指导。有志于投身影视动画设计、电影特效制作等领域,跻身高级设计金领阶层的青年均可以参加此培养计划。

[友情提醒]"2010 年数字艺术职业培养计划"影视动画班将于 2010 年 3 月开学,学制有全日制一年和全日制两年供学生选择,毕业后学校将择优推荐工作。凡对三维影视动画有强烈爱好者均可报名,额满即止。

报名电话:(021)62539082　62535233

报名地址:上海市新闸路 1220 号上海大学成教学院 B 楼 211 室

详情可登录:www.cia-china.com

《新民晚报》2010 年 1 月 24 日

### 上海高校发挥人才智力优势　全方位、多层次服务世博会

上海高校全方位、多层次服务世博会,充分展示上海高校的人才智力优势,为推进世博会成功举办发挥了重要作用。

同济大学累计承担上海市人民政府及其职能部门的研究任务 124 项,由同济大学教授和相关学院领衔世博会"总"字头衔高达八个。上海大学美术学院承担了世博会博物馆的总设计和"世博中心"装饰艺术品的设计和制作工作。东华大学组成了 50 多人的职业服装设计项目团队,以扎实的研究成果为世博会度身订制各种职业服装设计方案。

几年来,上海高校承担了上百项各级各类委托课题,主动为世博会开展全方位咨询决策服务。复旦大学汇聚多学科研究力量,高质量完成了"世博会中国馆的主题策划研究"咨询报告,为最终方案的确定提供了重要参考。同济大学率先成立了世博研究中心,提出了"世博园区产业遗产再利用可持续发展策略"等若干重要咨询建议,被主办方直接采纳应用。上海财经大学成立了世博经济研究院,直接积极参与到世博会门票定价、等具体实施环节,开展了卓有成效的工作。上海交通大学都市圈经济发展研究中心从 2007 年度每年发布"长三角 16 城市现代服务业指数",对长三角对接与融入世博会,以及对后世博经济、科技、文化及社会可持续发展产生直接指导作用。

为满足世博会对志愿者的专业化需求,复旦、交大、上大等 22 所高校成为志愿者培训基地,大力开展全方位、高标准、专业化的培养培训。上海外国语大学直接承担了希伯来语、阿拉伯语、葡萄牙语、希腊语、越南语、波斯语等 10 多种小语种上千名志愿者培训任务。

上海高校以及一批教育部人文社会科学重点研究基地积极参与世博论坛的策划论

证工作,并围绕世博会主题开展了丰富多彩的文化交流活动。上海交通大学、复旦大学先后连续多年举办了"上海国际金融论坛—世博经济的全球影响""世博会与国际大都市的发展"等国际学术研讨会,与上海市人民政府发展研究中心合办"上发中心—复旦论坛:文化发展专题"系列学术报告,产生了广泛影响。

《光明日报》2010年2月24日

## 北京市高校今秋或将实行按学分收费,学分制改革进入人们视野——按学分收费 市场化还是制度创新

前不久,北京市教委表示,高校按学分收费的方案已制订完毕,最快于今年秋季开学施行。此外,新学年市属高校的部分大学生还能跨校选修部属高校的课程。

实行按学分收费改革后,高校本科将成为弹性学制,由高校自行确定本科学习的修习年限范围,即现在的大学生可在3至6年内自由选择完成大学学业的时间。

有人认为,这一举措给学生更多的自主权,向现代大学制度迈进了一步,是对现行教育体制的重大突破,"真正做到因材施教"。也有人认为,大学按学分制收费是向钱看,会冲击教学质量,实施的困难也不容小视。

按学分收费,究竟是将大学进一步推向市场化,还是现代大学制度改革的有益探索?

**该不该按学分收费?大学年限和学习课程出现差异化**

目前,我国高校大都实行学年学分制,只有学满4年,才能保证学分修满。而按学分收费,是对学生培养实行学分制,学生只要修满规定学分就可毕业。学校根据培养成本、教学成本等测算学生在校单位学分的成本,学生按所修学分交费。北京市教委相关负责人表示,实行按学分收费后,学生上大学的年限和学习的课程都将出现差异化。

一项网上进行的"如何看待北京高校按学分收费方案"的调查显示,67.3%的人选择"支持",24.6%的人选择"不支持",还有8.2%的人选择"不好说"。

"对学生而言,绝对是好消息!"中国人民大学的小耿表示。学有余力的他,早就想提前毕业了。"弹性学制可以增强学生学习的自主性。拿我们新闻专业来说,所有课程其实1—2年就可学完,剩下的就是实践了。"

"实行按学分收费,是符合现代高等教育发展趋势的。"北京市教委相关负责人表示,首先,高校实施学分制教学,有利于扩大学生的教育选择权,学生有更大的选科、选课、选时自由度。在学分制背景下,修读年限,可以从以前一律的本科4年,变为弹性的3—6年,每个同学都可根据自己的学习实力、家庭经济情况来确定每学期的课程。其次,对应完全学分制,学校将把学生培养成本从过去的分摊到每年,改为分摊到每个学分上。

"学分制收费的出发点是给学生更多的自主选择权。"这位负责人表示,按学分收费,为学生跨系、甚至跨校选课提供了一种收费的统一标准,能让学生获得更多自主权,学生跨专业、跨校选课也更为方便。目前,以16所学院路高校为主的学院路教学共同体,人大、北理工、北外等12所高校为主的中关村教学共同体,及位于和平里,由对外经贸大学、北服、联大等7所高校组成的教学共同体已开始跨校选课。

"按学分收费能够进一步推进学分制改革,这对发挥学生自主性、培养个性化人才、创新型人才意义重大。"优秀学生可以用短时间修习完本科课程,提前进入研究性学习和

个性化学习阶段；而学习能力稍差的学生，则可以利用相对长的时间打牢基础，具备一定的就业能力之后，再走向社会就业。不仅如此，弹性学制还可以使学生错开毕业时间。

据了解，按学分收费从2007年即在北京部分高校进行试点。而从2005年开始，上海、广州等地区高校已经实行按学分收费。"绝大多数在正常年限修习完课程的学生，所交纳的学费将不会高于现行的按学年收费的标准。只有多修或是重修学分，所交纳的费用才有可能比其他学生更高。"

**按学分收费触动什么？学生重视每1学分的学习，学校增强办学成本意识**

听到北京高校将按学分收费的消息，今秋将升入大三的北京林业大学学生小赵触动不小。"我可不想付出比别人多的时间和金钱来完成自己的学业。"此前，刚进校门的小赵玩得不亦乐乎，成了名副其实的"网虫"。

"按学分收费，会让每个同学重视每一学分的学习，可有效地建立起努力学习的激励机制。"中国传媒大学副教授王灿发博士表示，以往有一些大学生抱着60分万岁心态，在大学里混日子，只要不犯大错，时间一到便可毕业离校。实行按学分收费，可以一定程度上"逼迫"整日无所用心的学生认真学习以能在正常年限内修习完课程，从而起到节约高校培养成本与教学成本并敦促学生认真学习的效用。

教育资源有限，按照经济学的成本原则，你占用了更多的资源，就得付出更大的代价，你4年完不成学业，就得多交学费。优秀学生则可以缩短大学学习时间，为进一步深造赢得时间。"大学按学分收费更能体现奖优惩劣的价值趋向。"王灿发说。

那么，"按学分收费"对学校会有什么触动呢？

"'按学分收费'是教学成本的体现，可以提高学校的办学'成本意识'。"复旦大学副校长蔡达峰曾这样表示：对学校来说，现实的情况是，不同专业的教学成本是不一样的。目前按学年收费的制度掩盖了这种差异。按学分收费，其实是"按专业收费"。现在上海高校各专业收费标准有所不同，大多按照"热门""不热门"等粗略划分，而按学分收费，将进一步细化不同专业的收费标准。同为热门专业的两个专业，教学成本也不一样，收费标准将有所差异，这样，考生在报考专业时会更理性。

实行学分制，课程必须"保障供应"，这是按学分收费的基础。蔡达峰认为，推行按学分收费，首先要有丰富的课程资源，这是学生在收费改革中真正得到好处的标志；其次要有一套开放、有序的选课政策和相应的技术平台，这将保证按学分收费的可操作性。"当前尽管给学生提供了选择空间，但仍无法像菜单一样点菜，原因在于扩招后大学教师资源并不充足，课程设置满足不了学生需求。"

高校收费问题一直很敏感，有关部门一而再地下禁令。真正按学分收费，对学校的触动更多的是在按学分"计费"上，因为这牵涉到学校的人事、分配、教学管理、后勤管理等各方面，是一个巨大的挑战。高校按学分收费，在投入总量不变情况下，收费标准只能等于或高于原收费标准，如果低于原有标准，在没有增加其他经费来源的前提下，学校教学就难以维持。

此外，实行学分制，有利于各校教育资源共享。各大学间、各学科间、各教授间的竞争，在学生的选择面前，就要激烈起来了。那时，有的教室挤破头，有的教室空荡荡。因此，"成本意识"提高的同时，教师提高开课和授课的"质量意识"也将成为按学分收费的题中应有之义。

**按学分收费难点何在？念好改革的"真经"，切实建立现代大学制度**

上海大学是全国最早实行完全学分制的高校。6年前，上海大学开始按学分收费。根据上大目前的收费方式，每个课程在吸引到一个"基本班"学生的前提下，吸引更多学生的教师将得到更好的酬劳。然而，那些对课堂纪律和考试通过要求比较"松"的教师有可能受到更多"懒学生"的青睐。

"这样的情况有可能出现，这就要求学校建立一个对教师的科学、全面的评价体系。"21世纪教育研究院副院长熊丙奇教授认为，不仅如此，按学分收费首先要进行高等教育的全面成本核算，不能把"科研成本、行政成本都转嫁到学生身上"。在他看来难度不小，如全面以学分为准绳，尽管跨越了院系，但院系间的利益分配、教师的津贴计算"跨不过去"，这可是个庞大的核算体系。"弹性学制会不会增大学校管理成本？此方式会不会给变相乱收费找到理由？"这些不能不引起人们的担心。

学分是以平时的测验、考试成绩评定的。"这也让按学分收费存在隐忧，"长春理工大学法学研究中心副主任张闯认为，有部分高校与教师难免会在学生重修学分上做文章，比如人为增加考试的难度、更为严苛地批改试卷等，从而达到增加收费的目的。部分学生则通过与教师"搞好关系"乃至于通过贿赂手段以按时修完学分，从而存在诱发校园内不正之风的风险。

一位不愿透露姓名的高校教务处负责人也认同这种说法，要真正实施"按学分收费"，还有很多问题有待解决，比如：学生的自主选择与学校的教学设计有冲突，怎么办？师资短缺，学生可选的课程不多怎么办？实行学分制是个系统工程，涉及收费制度、学籍管理制度、人事制度等各方面的改革。

"最怕按学分收费之后，学生把自己和老师、学校之间的关系看作是单纯的经济关系。"一些高校在接受采访时流露出这样的担忧。某高校负责人说，按学分收费后，高校"公益"的一面可能会被误解，认为大学走向市场化，显得更加功利；而有些学生可能陷入唯学分论，"毕竟大学是教书育人的，学生不单纯是为了获得学分"。

熊丙奇表示，做好按学分收费的改革，需要高校改变基本的制度环境，切实建立以自主办学、学术自治、教授治校、学生自治为基本特征的现代大学制度，这样才能真正念好改革的"真经"。

《人民日报》2010年2月26日

## 大学生志愿服务全面动员启动

全国大学生志愿服务工作现场经验交流会暨上海世博会大学生志愿服务工作动员会今天在上海举行。此次会议既是全国大学生志愿服务工作的交流和部署，也是对大学生志愿服务上海世博会的全面动员。

志愿服务是现代社会文明程度的重要标志，是新形势下推进社会主义精神文明建设的有效途径。以上海为例，近年来，上海大学生志愿者为APEC会议、世乒赛、财富论坛等重大国际活动提供了服务保障，成为上海市精神文明创建活动的著名品牌。

会上，北京市委教育工委、上海市教卫党委、广东省委教育工委、山东大学、东北林业大学等分别介绍了以北京奥运会、上海世博会、广州亚运会及迎接新中国成立六十周年等重大活动为契机,深入推进大学生志愿服务工作的有关情况。上海大学博士生李银代表上海世博会大学生志愿者作了发言。据了解,有40多万在校大学生积极报名参与上海世博会志愿服务工作。(曹继军)

《光明日报》2010年4月13日

**上海大学筹划开辟"便民通道"**

晚报编辑:我们是上海大学新校区西大门附近居民。今年春节过后,轨交7号线正常运营,这给我们的出行带来了福音。但高兴之余,我们又有些犯愁:轨交站点位于上海大学北大门,如果我们绕过"上大"赶到轨交站要走25分钟;如果从上大西大门进去,北大门出来,就可以少走15分钟。我们希望上海大学能为附近居民的出行提供帮助。

读者　部分居民

[调查附记]接到来信,记者与上海大学取得联系。据了解,为维护大学校区的正常教学和工作秩序,保障校区师生员工的安全,学校实行了严格的校内交通与门卫管理。对于附近居民要求"借道"的呼声,学校领导非常重视,已与当地政府部门研究协调,决定在保证学校教学秩序,以及确保学校稳定安全的前提下,为居民着想,尽快辟出"便民通道"。(钱绿明　王爱东)

《新民晚报》2010年4月19日

**上海大学:成就游戏影视、动画职场金领**

上海大学成人教育学院联合著名数字艺术教育机构CIA将在5月在上海大学延长路校区开办游戏影视动画专业班。上大CIA的著名品牌、CIA的一流技术团队,决定了该班的专业和正规。但一年的学习时间与2万余元的学费是否物有所值?

**办学单位很正规,专业实力怎么样?**

自2004年以来,上海大学CIA用重点大学的雄厚教育资源融合一流企业的技术,提供正规的游戏动漫职业教育。2007年上海大学获批成为上海市高教自考动画专业(独立本科段)主考院校,上大CIA开发的系列教材也被上海市教育考试院选定为专用教材;2007年底,上大CIA被批准为上海市紧缺人才培训"计算机CG创意设计"项目的承担单位;上大CIA荣获中国计算机用户协会和电脑报联合评选的"优秀培训机构"和"优秀游戏动画师资"两项殊荣。

**一年1 080学时,学到什么?**

上海大学CIA游戏影视动画专业班一年内将教授1 080学时的课程,这相当于普通大专院校两年的专业课时数。教学由四部分组成:一是计算机美术基础类课程,重点培养学生的艺术素养;二是平面图形课程,包括Photoshop贴图、Painter角色设定等,学习平面设计、游戏原画和贴图;三是软件专业课程,将学到3dsmax、Maya两大主流3D软件,重点学习游戏影视动画制作过程中必须掌握的三维建模、材质、灯光、动画以及特效等知识;四是岗位技能课程,包括游戏美工、影视动画实习实训等。整个课程涵盖了游戏影视动画行业职位所需要的岗位需求。

**技能有保证了,证书过硬吗?**

上大 CIA 在培养学生过硬的技能的同时,学生在毕业时将获得多个高含金量的证书,如上海大学结业证书,CIA 专业证书和 Maya、3dsmx 国际动画师认证证书,以及人力资源和社会保障部门的动画设计师证书,为职业生涯提供了强有力的支撑。

**技术功底扎实了,就业面广吗?**

经过一年 1 080 学时的强化学习,上大 CIA 的学生在计算机平面设计、游戏美工、影视动画制作方面的技术功底都非常扎实,能熟练使用多种操作软件,因此毕业学生不仅在当前十分热门的游戏制作领域和影视动画领域非常抢手,在建筑装潢、广告设计、会展设计等行业很受欢迎。这几年来,上大 CIA 培养的 3 000 余名毕业生早已成为上海、北京等大中城市数字艺术行业的中坚力量。

**准备去报名,要什么条件?**

上大 CIA 实行宽进严出的教学理念。宽:凡是年满 18 周岁有兴趣学习三维游戏影视动画的学生都可以报名。严:用正规大学的管理和科学的教育方法来保证教育质量。

[友情提示]上大 CIA 游戏影视动画专业班,教学正规、专业抢手、就业面广,为了保证教学质量以及住宿条件的限制,将以小班授课的方式教学,本期限招 30 名!第 34 期正在热招中,详情登陆:www.cia-china.com

咨询热线:(021)62539082　62535233

地址:上海市新闻路 1220 号上海大学成人教育学院本部 B 楼 211 室

《新民晚报》2010 年 4 月 22 日

## 上海大学最多可填报 13 专业

上海大学昨天公布 2010 年招生信息:今年秋季计划在沪招收本科生 2 700 人。其中高考集中招收一本人数 1 717 人,包括文科 410 人,理科 1 307 人。据悉,今年报考上大,考生最多可填报 13 个专业志愿。

据了解,本市专业志愿表上,一所学校最多可填报六个志愿。为让考生有更多更宽的专业选择面,凡报考上海大学本科第一批的考生,可根据要求登录学校专门网站,进行志愿填报。其中,文科考生最多可填报上大 11 个专业志愿,理科考生最多可填报 13 个专业志愿。凡登录该网址且填报过志愿的考生,学校在录取时将以网上志愿为准。网址为 http://www.info.shu.edu.cn,填报志愿时间是 5 月 19 日(周三)上午 8:00 至 5 月 23 日(周日)晚 20:00。

此外,上大 2010 年本科第一批的招生录取原则,为按照上海市教育考试院提供的投档成绩从高分到低分排序,根据志愿依次录取,各专业志愿之间无级差分。校方承诺,对所有填报该校本科(艺术类除外)的考生,只要投档至学校且愿意调剂,均不退档。

学校将于 5 月 4 日(周二)上午 9:00—下午 3:00 在校本部(上大路 99 号)举行大型招生咨询活动。(彭德倩)

《解放日报》2010 年 4 月 29 日

## 上大计划在沪招本科生 2 700 人

本市"招生大户"上海大学昨天公布 2010 年在沪招生计划。在沪秋季本科招生计划数为 2 700 人。其中,艺术类本科批招生数为 438 人;集中第一批本科招生数为 1 717 人(文科 410 人,理科 1 307 人);其他 545 人(保送生、二学位、高水平运动员、自主招生、春季招生等)。高职在沪招生计划为 700 人(含艺术类高职 140 人)。

上海大学 2010 年一本各专业志愿之间无级差分,学校仍然坚持投档至上大且愿意调剂的学生,学校均不会退档(艺术类除外)。凡报考上海大学本科第一批的考生,可于 5 月 19 日 8 时至 5 月 23 日 20 时,登录上海大学志愿填报网站 www.info.shu.edu.cn 填报志愿。文科考生最多可填报 11 个专业志愿,理科考生最多可填报 13 个专业志愿。

5 月 4 日 9 时至 15 时,上海大学将在校本部(上大路 99 号)举行大型招生咨询活动。(钱滢瓅)

《新民晚报》2010 年 4 月 29 日

## 上大商事仲裁研究中心成立

昨天,上海大学举行中国商事仲裁与社会经济发展研讨会暨商事仲裁研究中心成立大会。

新成立的中心将在为中国特色的商事仲裁实践及其对中国经济社会发展的促进提供理论支撑的同时,在学校和社会间架起一座桥梁,积极引导学生学习商事仲裁理论以及参与商事仲裁实习实践,培养真正具有创新精神和实践能力的学生。(彭德倩 李凤章)

《解放日报》2010 年 5 月 17 日

## 开创思想政治教育新境界——加强和改进高校思想政治理论课及马克思主义理论学科建设综述

"思政课又要'变脸'了!"几天前,教育部网站的一则通知让武汉理工大学的老师卢少平充满了期待:全国普通高等学校从 2010 年秋季开学起,要统一使用由中宣部、教育部组织修订的、由高等教育出版社出版的高校思想政治理论课 2010 年修订版教材。

2004 年,党中央作出了实施马克思主义理论研究和建设工程的重大决策。近年来,高校思想政治理论课呈现出蓬勃生机和良好发展态势,对大学生进行思想政治教育的主渠道和主阵地作用日益凸显。

(中略)

### 改革创新 改变教学观念增强课堂实效

教思政课的上海大学社会科学学院李梁老师拥有一大批学生"粉丝"。他的多媒体课堂便是吸引力所在。

"思想政治课课程的质量高低、学生的收获大小,关键取决于教学方法的创新。"清华大学马克思主义学院常务副院长艾四林认为。各地各高校在教学方法和手段上进行改革创新,受到学生的欢迎和好评。

中宣部、教育部采取措施,积极引导和推进教学方法改革。教育部组织和征集制作了思想政治理论课"精彩一课"全程教学示范片。

同时，面向全国高校思想政治理论课教师广泛征集、评选了近200个学时的"精彩一课"教学片。通过示范和引导，任课教师的教学观念发生了深刻转变。

武汉大学定期组织学生走出课堂，到武昌党的五大会址、辛亥革命纪念馆、武汉钢铁公司、东湖开发新区创业基地等单位参观学习，接受了改革开放大好形势、工人农民优秀品质和革命传统的教育。

在改革教学内容的基础上，各高校努力实现教学手段的更新，通过网站开辟思想教育栏目和BBS等形式，大大增强了思想政治理论课的针对性和实效性。

大学生们普遍认为，教材可读了，教学生动了，老师亲切了，实效性增强了。

《人民日报》2010年5月25日

**上海大学将建博物馆**

上海大学昨日宣布，将建上海第一座深度展示上海史前文化和近现代海派文化发展轨迹的博物馆，向社会公开征集反映上海及长三角区域史前文化和近现代海派书画、戏曲、文学、电影、音乐等方面的文物资料。

据悉，上大博物馆规划面积达7000平方米，现已拥有上海青浦福泉山出土的文物标本，以及海派文化相关实物和文献资料等方面的藏品2000余件。如20世纪上半叶海派文学最具代表性的作家徐訏生前穿过的西装等遗物；20世纪初用沪语方言写成的天主教传教戏剧抄本，讲述的是崇明地区的传教故事；民国时期刊登叶浅予漫画《王先生别传》的《图画晨报》；海派文学期刊《礼拜六》《紫罗兰》《小说月报》，以及南京大戏院座位表、大沪舞厅账本和舞票等海派特色藏品。

上海大学博物馆藏品征集主要为反映近现代（1843年—20世纪50年代中期）海派文化的相关实物以及上海及环太湖地区新石器时代的文物，包括玉器、陶器和石器等相关资料。（林明杰）

《新民晚报》2010年5月25日

**上大举办国际文化风情展**

上海大学国际文化风情展近日举行，展览以"我们的世博会"为主题，展示了世博期间上大留学生的风采。各国留学生以多种形式分别展示本国的城市面貌、城市生活和风土人情，加深中外学生之间的友谊。（孙中钦　蔡辉）

《新民晚报》2010年5月27日

**三校生优选：去上海大学读游戏影视动画**

2010年上海市三校生高考刚刚落下帷幕，对于本次高考发挥不佳的考生来说，下一步做何种选择成了人生中的一件大事。是直接到求职大军中去和大学毕业生竞争，还是选择一所好的学校继续深造，磨炼自己的职业能力和心智？

**选高校＋握技能＝三校生的上佳选择**

上海大学CIA职业教育专家吴志坚对此提出了两点建议：第一，因传统教育模式的局限,不少学生的实际技能离企业的要求还有不小的差距。很多学生没有一技之长,只能去做比较简单、低级的工作,和大学毕业生相比,就业机会和发展空间并不大。另外,三校毕业生的人生观、社会观、价值观体系还没完全定型,过早进入社会并不适合。第二,三校毕业生正处于接受知识能力最强的阶段,如果能选择一所专业特色鲜明突出的高校继续深造,既能培养高就业技能,又能磨炼自己的心智,促进身心健康发展,为自己绘制更美好的人生,当是上佳选择。

对应届三校毕业生来说,选择到上海大学CIA就读是一个不错的选择。在这里即可享受到国家正规高校的优势的教育资源和规范的教学管理,接受高校文化的熏陶,又可以克服传统高校重理论轻技能的缺点,真正学到岗位技能。年满18周岁,即可免试入学,较低的入学门槛为学生提供了一个难得的机会。

**低门槛打造高级游戏影视动画人才**

上海大学成教学院联合知名数字艺术教育机构CIA,引入国际先进制作经验,开设艺术设计、动画、游戏、影视艺术等骨干学科,培养具有国际化、创意型、技能型数字艺术高级人才。

零起点学习:教学零起点。使无美术基础、无电脑设计基础的学员,经过系统培训就能掌握平面广告设计、室内设计、三维动画和影视后期特效制作等综合技能。

宽就业面:开设专业涵盖了游戏影视动画和电脑艺术设计两个领域,学生毕业后不仅可成为游戏动画设计师、游戏程序开发工程师等游戏开发专业人才,也可从事影视特效、动画、广告创意设计、室内设计、会展设计等工作。

零距离实训:与企业零距离。上大CIA已与多家知名数字艺术企业建立了合作关系,学校采取"技能+实训"的方法,让学员第一时间将所学技能应用于工作实践中。学校配备专门的就业指导老师,开展一对一的服务。目前上大CIA有多名毕业学员成功进入盛大、九城等知名顶尖游戏影视动画公司。

[招生细则]上海大学CIA数字艺术专业将于秋季开学。本期开设游戏影视动画、游戏程序设计、视觉时尚设计三个专业。

招生条件:年满18周岁,高中、三校或同等以上学历者,只要热爱游戏制作,动画设计,艺术设计,你就可能成为数字艺术精英人才!本次招生针对应届三校生仅30个名额,额满截止。

就业方向:游戏美术、游戏程序开发、动画设计、影视广告设计、室内设计、会展设计。

咨询电话:(021)62539082,62535233

报名地址:上海市新闸路1220号上海大学成教学院B楼211室

详情可登录:www.cia-china.com

*《新民晚报》2010年5月30日*

**李长春在加强和改进大学生思想政治教育工作座谈会上强调·创新方式方法　优化育人环境**

全国加强和改进大学生思想政治教育工作座谈会29日至30日在北京召开。中共中央政治局常委李长春出席会议并发表重要讲话。他强调,大学生是党和国家的宝贵人才资源。要坚持以理想信念教育为核心,以爱国主义教育为重点,以思想道德建设为基础,以大学生全面发展为目标,着力创新方式方法,着力提高队伍素质,着力健全长效机制,着力优化育人环境,不断提高大学生思想政治教育工作水平,培养德智体美全面发展的中国特色社会主义事业合格建设者和可靠接班人,为夺取全面建设小康社会新胜利、实现中华民族伟大复兴作出更大贡献。

李长春在讲话中总结了近年来大学生思想政治教育工作取得的积极进展和成功经验。他指出,以胡锦涛同志为总书记的党中央高度重视大学生思想政治教育,作出了一系列重大决策部署。2004年8月《中共中央、国务院关于进一步加强和改进大学生思想政治教育的意见》下发以来,各地各部门各高校认真贯彻落实中央决策部署,紧紧围绕立德树人这一根本任务,抓住关键环节,采取有效措施,创新途径方法,完善体制机制,扎实推进各项工作,大学生思想政治教育工作呈现良好发展态势,大学生思想政治面貌发生可喜变化,主流积极健康向上。同时也要看到,与党和国家事业发展要求相比,与大学生健康成长的需要相比,与广大人民群众的期望相比,大学生思想政治教育工作还存在较大差距。要充分认识大学生思想政治教育面临的新形势新挑战,进一步增强责任感、紧迫感和使命感,保持清醒头脑,采取有力措施,推动大学生思想政治教育工作不断取得新进展、新成效。

李长春强调,当前和今后一个时期,加强和改进大学生思想政治教育,要高举中国特色社会主义伟大旗帜,以邓小平理论和"三个代表"重要思想为指导,深入贯彻落实科学发展观,全面贯彻党的教育方针,牢固树立育人为本、德育为先的理念,解放思想、实事求是、与时俱进,贴近实际、贴近生活、贴近大学生,更加深入扎实地贯彻落实好《中共中央、国务院关于进一步加强和改进大学生思想政治教育的意见》提出的各项任务。要深入推进社会主义核心价值体系学习教育,有效引导大学生树立正确的理想信念;不断改进思想政治理论课教育教学,更好发挥大学生思想政治教育的主渠道作用;进一步创新方式方法和途径,不断增强大学生思想政治教育的针对性实效性和亲和力感染力;强化环境育人功能,进一步营造有利于大学生健康成长的良好氛围;加强和改善大学生管理服务工作,努力在解决实际问题过程中提高思想政治教育效果;大力加强队伍建设,切实提高大学生思想政治教育工作者的育人能力;进一步完善长效机制,不断提高大学生思想政治教育工作的科学化水平。李长春指出,加强和改进大学生思想政治教育工作,关键在领导。各级党委和政府要充分认识加强和改进大学生思想政治教育工作的重要性和紧迫性,把大学生思想政治教育工作摆上更加突出的位置,纳入党委和政府的重要议事日程,纳入科学发展考核评价体系,加强高校领导班子建设,加强统筹协调,加强督促检查,扎扎实实地推进各项工作,不断开创大学生思想政治教育工作新局面。

中共中央政治局委员、中央书记处书记、中宣部部长刘云山主持会议。中共中央政治局委员、国务委员刘延东作会议总结。

辽宁省委高校工委、广东省委教育工委和北京大学、清华大学、复旦大学、南开大学、上海大学党委以及共青团浙江省委的负责同志在会上发了言。

中央宣传思想工作领导小组成员,各省、自治区、直辖市和新疆生产建设兵团党委宣传部、党委教育工作部门、团委主要负责同志,中央和国家机关有关部委负责同志,中央部委所属高等学校党委主要负责同志参加了会议。

《人民日报（海外版）》2010年5月31日

### 让学生的创业精神自然生长　上海大学常务副校长周哲玮指出大学应提供多元化的创业教育

"80后"男生陈大明的"创业梦"始于2005年。在创立上海灵信科技有限公司时，他刚刚进入上海大学攻读自动化系统研究生。而5年后的今天，公司经营的LED灯显控系统已"登陆"上海世博会，并开始走向国际市场。他回忆说，在公司起步的关键时刻，上海大学生科技创业基金会和上海大学，曾为他提供过一笔30万元的"天使"资金。"钱虽然不算多，但却让我的创业梦想变成了现实。"

为有梦想的人提供平台，一直是上海大学对于大学生创业的积极态度。记者昨天专访了上海大学常务副校长周哲玮，他提出，大学应该打通所有通往创业的道路，但大学创业教育不能太拘泥于校园，更不能培养"见光死"的创业者。

**不支持学生创业，哪来比尔·盖茨？**

关于"大学生创业"的话题眼下成为众多教育家、企业家讨论的热点，在国家全面鼓励大学生创业时，却有许多企业家、大学校长砸起了"板砖"，认为"不应该鼓励大学生一毕业就创业，除非你是比尔·盖茨"，提出的论据是大学生人生经验少、面对挫折的准备不够。更有人在网络上归纳出大学生不宜创业的10个理由，认为这是"自杀式的奋斗精神"。

"不鼓励学生创业，未来的比尔·盖茨哪里来？"对此，周哲玮却提出了反问，他表示，大学生创业成功率太低，不代表不堪一击，大学就是要培养多种人才，要与社会接轨，这其中包括培养创业家。他用自己的例子打了个比方："我读的是土木工程专业，77级全系近80个毕业生没有一人创业，那是因为77级里老三届多，接受了传统教育，多留任在政府部门和国有企业；而到了79级，创业的学子比比皆是，为什么呢？市场经济一起步，很多人都冲进去了。"

**高科技领域创业是主流**

周哲玮认为，大学应该打通通往创业的道路，无论是校园中创业，还是毕业后创业；无论是"淘宝"开店起家，还是高新科技创业。但相对而言，高科技创业应是大学生创业的主流。他说，创造出新兴产业的都是年轻人，就像比尔·盖茨之于微软，皮埃尔·奥米德亚之于eBay，这些才是带领时代进步的最大发动机。

虽然支持大学生创业，但是周哲玮却反对大学里设置创业课程，反对创业课程"做强做大"。他说，"我们现在倾向于在创业平台上进行案例教育。"

据悉，目前上海乃至全国的大学里并没有系统的创业课程，大学大多依靠选修课、创业讲座、创业比赛等形式鼓励学生创业，有些综合性大学还设立了创业基金、创业园区为学生提供帮助，比如上海交大与华东师大共同设立了紫竹园区，上海大学设立了上大科技园等等。

周哲玮对此表示赞同："大学生创业教育还在探索阶段，要保持其创新、发展的趋势，不应急于规范它、系统化。不是上课就能学得会创业，从'玻璃房'里培养出来的创业者太脆弱了。如果每个学校都设置相同的创业课程,容易'千校一面',而如果过于强调创业培训,把所有人往创业的盒子里装,更会适得其反。"

**大学应激发学生创业潜能**

究竟是大学想好了策略去培养创业者,还是当学生有创业欲望时,大学提供全面的支持平台?周哲玮更倾向于后者:"媒体时常感叹有志于创业的大学生太少,我却不担心,开放的市场环境下,一定有学生愿意创业。我更关心的是,比尔·盖茨知道他要创业,而我们的大学生并不知道自己的潜能,大多数人要走上很长一段路才发现自己原来适合创业,却为时晚矣。所以大学的任务就是把这种潜能激发出来,搭建一个平台,让有冲动的学生尝试创业,让没冲动的学生感受创业,创业是大学应该有的文化。"

在周哲玮的心中,理想的大学创业环境是:学生在大学掌握完备的基础知识,接受高水平的课程,接触更多可选择的机会,慢慢认识创业,走出一批跃跃欲试者。同时,大学为学生提供与创业成功者和失败者的交流机会,提供创业基金、创业培训、风险教育等,多元化的培养让学生的创业精神在肥沃的土壤里自然生长。

周哲玮说,一个好学校可以提供很多的机会,帮助学生成为科学家、艺术家、政治家和工程师。倘若在几十年以后,会有很多学生走出来说:我因为一所大学、一些机遇,走上了创业这条路,如今我要感谢它。那么,大学生创业教育就成功了。(徐晶卉)

《文汇报》2010 年 5 月 31 日

## 上海大学留住学生不靠"点名"受追捧的思政课

**这里有一群"明星"教师**

登录上海大学乐乎社区论坛,很偶然地点开这样一个帖子:"请大家给思政课的老师打分"。帖子已经叠得相当高,学生们打了高分、"强烈推荐"的好老师竟然有十多位。

在上大学生眼里,这些思政课老师,真有不少都称得上"明星"。

胡申生教授,上海高校思想政治理论课名师工作室"胡申生工作室"的负责人,也是资深社会学专家。每次讲解"毛泽东思想和中国特色社会主义理论体系概论"课,总能联系国内外政治时事话题,将原本枯燥乏味的理论变得时时精彩生动,师生互动环节,总能对学生提出的问题作出有深度、有高度、有力度的解答。他担任试点教学后,学院做的几次效果测评统计中,九成以上学生在"教学满意度"里都选择了最高的 A 档。

顾晓英教授的思政课居然能生动到像文艺晚会一样。

李梁副教授,上课时总能穿插着各种制作精美的图文、影像、动画、视频等多媒体课件,可以从王力宏的某首歌词切近中国近代历史事件,课堂极富感染力和冲击力。喜欢他的学生们自称"梁粉",说他的思政课不光"紧随潮流",更"震撼心灵"。

在上大,有许多老师的思想政治理论课不用"点名"或很少"点名",但照样能赢得众多学生追捧。

**这里有一群"钻石"嘉宾**

"让所有思政课教师都成为明星、每一节课都精彩绝伦?不可能。但我们可以通过程式化管理与个性化教学相结合,让学校的思政课形成较高的整体水平。"上海大学党委书记于信汇这样说。既鼓励思政课教师张扬个性,形成多种课堂教学风格,又打造若干种教学模板,拔高思政课教学"水桶"的"短板"。这大概就是被认为理论色彩过于浓厚、易流于枯燥说教的思想政治理论课,在这所地方院校中受到学生普遍好评、进而与前几所部属名牌大学一起赢得教育专家关注和认可的根本"奥秘"吧。这是他们找到的最有效程式——思政课教育的"项链模式"。

在上大,讲台上有时会站两位老师。其中一位是任课教师,另一位则是针对某个专题内容来"客串"的嘉宾,形成活泼的对话或访谈。根据课程内容,嘉宾可能是善于演讲的理论专家或知名人物,有时是学生们身边的榜样。

如果说明星教师是思政课教学链条中的"珍珠",这些嘉宾,则是镶嵌进课程体系里的一粒粒闪亮的"钻石"。

专家们不可能走进所有课堂。但他们和明星教师们的"精彩一课"可以制作成视频课件。这些"多媒体积件"就像一块块"积木",不同个性和风格的教师可以根据自己的特点,运用这些"积木"搭建适合自己教学特点的多媒体课件,让课堂更丰富而生动。

**这里有一群回答"为什么"的学者**

2009年7月,上大与北大一起,成为教育部"六个为什么"进高校思想政治教育课堂的试点。仅2009年秋季学期,面向全校近70个平行的思政教学班级、上万名学生,老师们收集到了近2 000个学生们最为关心和困惑的问题。

上大充分发挥综合性大学优势,请来校内外专家学者,走进课堂,并将对这些问题的解答和思考汇集成厚厚五本一套的"上海大学'三进'项链丛书",成为所有思政教师的教学参考。

更重要的是,学校的思政课由此形成了基于问题逻辑的基本教学体系。从学生中收集到的问题"抓人",到位的解答自然能够提高思政课对于学生的吸引力。

思政课在这里的教师心中,不是有些边缘化的"公共课",而是关乎学生创新能力培养、非有高水平不能胜任的核心课程。唯有它,涉及内容上至国家和社会需要的重大问题,下至学生成长需要的个人问题;教师要带给学生的不再是"是什么",而是一连串对"为什么"的根本追问和透彻思维。

《人民日报》2010年6月5日

**上海大学:"六个为什么"激活思政课**

上海大学思政课教师李梁的课堂经常"一座难求"。自从去年9月承担了教育部"六个为什么"进高校思想政治理论课的试点工作以来,上海大学思政课中的李梁现象正在逐渐增多。"六个为什么"试点工作给上海大学思政课导入了活力,思政课的吸引力和有效性切实增强。

**问题体系激活教学方法**

在课堂上,教师拿着教材照本宣科,把"是什么"灌输给学生。这种方法在"六个为什么"进课堂时遇到了阻击。"六个为什么"的问题导向,催生了上海大学思政课的教学方法改革,催生了一个"问题解析式"的新的教学方法,思政课教学体系从主要给大学生讲"是什么",转向着重讲"为什么"。

上海大学试点"六个为什么"教学的四门主干思政课,面向64个教学班级、约9 150

人次选课学生。学生最关切的问题,成为思政课堂的重心。学校采取随堂反馈、课堂互动、问卷调研、主题研讨、座谈会、网络互动以及社会实践等多种渠道,收集了近2 000个学生问题;专家团队对采集到的问题进行分类分层分析,提炼出200个重点、热点、难点问题,并把这些问题与"六个为什么"有效对接,与思政课教学内容有机衔接。

**随堂反馈"逼"出学习热情**

一名懒得思考、从不提问的学生,过不了思政课的考核。这也是"六个为什么"试点后的变化。

思政课以随堂反馈取代了期末考试,这种新的考核指标体系要求学生提出问题、表达感受、确认理解和阐述观点,"逼"学生提问、"逼"出高质量的提问。

学生们的知识资源和创新思维被激活了,爆发出前所未有的学习热情,问题不断,还常常问得尖锐。虽然一些问题的解答难度不小,但上海大学校党委、社科学院领导和教师们达成共识,那就是"不绕行,不回避"。对于目前已经能够作出明确回答的问题,尽可能从正面解答,为学生释疑解惑;对于一些有待社会实践进一步深入,才能给以明确解答的问题,向学生解释问题的性质;对于一些还没有定论的问题,尽量全面地为学生提供具有重要参考意义的观点,为学生提供一个进一步认识问题的坐标系。

征集的问题和解答发还给提问题的学生之后,得到的总体评价是"满意"。在教学中关注学生问题,通过抓人的问题和到位的解答,大大提高教学的针对性,增强教学的吸引力。同学们说:"我们收获的不仅是'为什么'的回答,更是价值的认同"。

**"项链模式"丰富课堂内容**

思政课专职教师把握课程主线,将教材内容准确传授给学生;学科专家和社会典范人物以讲座或访谈形式讲授重点专题,像"珍珠"和"钻石"镶嵌在"思政课"上。这就是上海大学的"思政课"教学新模式——"项链模式"。"六个为什么"的问题方式在"项链模式"中能得到很好的展开。

学校建立了一个占思政课教师队伍40%的校内外兼职教师师资库,目前已有25名专家入库并参与思想政治理论课教学。兼职教师一般都有自己的专业特长,新的面孔、不同的教学风格、不同的教学视角,大大激发学生的学习兴趣。社会学专家胡申生的3次教学效果测评统计显示,97%的同学教学满意度选择了最高的A档。在网络课程论坛里,学生对"项链模式"留下了这样的帖子:"课堂气氛活跃,内容不显沉闷。'项链模式'成功之处就是让我们更主动地去学。""访谈课程主讲教师与嘉宾互动,上'项链模式'访谈课的确是享受。"

上海大学的领导告诉记者,借助"六个为什么"进思政课试点,学校的思政课改革找到了正确的方向,取得了一些成效。但是,还有很多问题等待着继续探索。下一步,要进一步加强教学方法的改革,加强教师队伍素质的提升,探索有利于思政课改革的体制机制,营造一个共同育人的氛围。

《光明日报》2010年6月5日

## 上大美术学院设立恒源祥香山美术奖

恒源祥香山美术馆为上海大学美术学院设立"恒源祥香山美术奖",首批24位学生获奖。该奖是恒源祥香山美术馆为上海大学美术学院立的专项奖学金。同时,上海大学美术学院恒源祥香山学术奖管理办公室挂牌。上大美院毕业生作品展亦同时举办。(林明杰)

《新民晚报》2010 年 6 月 13 日

### 上大美院设立恒源祥香山美术奖

恒源祥香山美术馆为上海大学美术学院设立"恒源祥香山美术奖",首批 24 位学生获奖,颁奖仪式日前举行。该奖是恒源祥香山美术馆为上海大学美术学院立的专项奖学金。上海大学美术学院恒源祥香山学术奖管理办公室也于当天挂牌,美院毕业生作品展亦在恒源祥香山美术馆同时举办。(顾咪咪)

《解放日报》2010 年 6 月 17 日

### 上海大学 8 000 世博会志愿者即将上岗

6 月 21 日,上海大学的世博志愿者在上岗誓师仪式上庄严宣誓。当日,上海大学世博会志愿者誓师动员大会在上海大学举行。6 月 25 日至 7 月 25 日,8 000 余名上海大学师生将前往上海市 8 个中心城区站点以及世博园区,进行为期一个月的志愿服务。据悉,这是上海市所有高校中人数最多的一支志愿者团队。面对即将到来的天气炎热的志愿服务期,世博志愿者们发出了"用心奉献、诚信服务、低碳节能、文明先行"的铿锵誓言。

《光明日报》2010 年 6 月 22 日

### 誓师

6 月 25 日至 7 月 25 日,8 000 余名上海大学师生将前往上海市八个中心城区站点以及世博园区,进行为期一个月的志愿服务。据悉,这是上海市所有高校中人数最多的一支志愿者团队。(陈飞)

《人民日报》2010 年 6 月 24 日

### 上海大学"三进"项链模式丛书出版

上海大学党委副书记、博士生导师忻平教授主编的上海大学"三进"项链模式丛书近日由上海大学出版社出版。丛书包括《思考与解读——"六个为什么"试点讲义》等内容及《"六个为什么"多媒体教学课件》录像光盘。全套丛书在全面宣传马克思主义、中国特色社会主义理论和阐述"六个为什么"的基础上,力图从注重学生需要出发,不仅对"六个为什么"进高校思政课作了理论研究上的拓展和深化,且探索出了独具特色的思想政治理论课的"项链模式"。(焦贵平)

《解放日报》2010 年 6 月 28 日

### 上海大学巴黎时装学院发布秋冬流行趋势预测

#### 时尚,让生活更美好

当我们在如火如荼地举行集全球科技和文化之最的世博会时,一群年轻设计师也在用服装思考人类的未来。

此次上海大学巴黎时装学院的毕业秀就以抽象的角度,给予设计师概念性的四个大主题:诱惑、卓越、舒适、脉动,让他们从生活中发掘灵感,设计出具有社会责任意识和人文内涵的服装,让时尚担负起推动美好生活前行的责任。

**军装风格新注解**

军装风格的服装早已不是新鲜的设计元素了,不过若要说哪种风格的服装会有持久的生命力,军装服当仁不让。

设计师孙谣正是看到了军装风格服装中蕴含的丰富设计元素,加上其背后潜在的有关人性和战争的关系,定了"战争后的洗礼"这一小主题。她认为战争让一切满目疮痍,同时也是人性得以升华的地方。通过战争我们明白生命的真谛,珍视希望和光明。因此她运用硬朗的廓形和部分金属的细节来体现女士兵的帅气与独立,穿插其中的麻绳其柔软性、塑形性和镂空性不仅增加层次感,也体现出女性性感、诱惑的一面。

设计师通过设计也向我们预示着本季秋冬军装风依旧会热度不减。Burberry Porsum此次的2010秋冬女装秀上就弥漫了"战壕里的味道"。卷羊毛皮大衣和高筒皮靴暖意十足,配以扣带装饰显得更为精致。镶满黄铜纽扣的呢茄克搭配蛇皮纹过膝高筒靴,让Burberry Porsum的酷女孩形象魅力四射。还有透视蕾丝印花、褶皱打底裙作为整体中性风格的"中和剂",流露出一丝女人味。据上海大学巴黎时装学院的流行趋势预测专家丽莎老师的见解,军装风发展到本季不再注重乔治和维多利亚时代军服的特征了,而是更注重功能性和实用性。如果说女式军装服是脱胎于18、19世纪,那么当下的军服就应该是20世纪的产物了。

**未来主义风格新基调**

未来是一个充满矛盾性的话题,虽不可预测,但却不能阻止我们对其的想象,而且随着科技不断地影响我们的日常生活,在恰逢上海世博会开幕之际,更使科技成为了炙手可热的话题。

设计师邬佳妮从起源于上世纪60年代的未来主义风格中获取灵感,把平时不可能结合的元素巧妙地运用在一起,形成强烈的视觉新体验,创造出一种新的风格。结合阳刚与阴柔、休闲与精致、谨慎与夸张,在现实与未来之间积极探索,拉近现实与未来之间的距离,让未来不再那么遥不可及。服装运用了许多太空感十足的结构廓形,还吸取了不同建筑风格的特点,利落简洁的剪裁搭配不同性能材料的并置,未来的不确定性可见一斑。同时设计师还运用了休闲感十足的运动细节,使服装既有独特个性又不乏亲和力。

上海大学巴黎时装学院的马赫专家预测,未来主义风格的服装对2010流行趋势的发展会产生深远的影响。从本季春夏开始,各品牌秀场就开始重新演绎上世纪60年代的太空浪潮。Louis Goldin的秀场上随处可见高耸的领子和金属感的面料。Alexander McQueen和Julien MacDonald则通过颜色、面料和灯光的组合,让模特化身为反映生态进化的昆虫。

发展到本季秋冬,我们有理由相信它会更关注未来的大环境。诸如Haider Ackermann 2010秋季成衣系列的环形和折叠结构毫无疑问带着未来主义的影子。中分的长裙是充满建筑感的茄克及可拆卸短裙和波浪式领口的绝佳配搭单品,带着镭射切割花纹的皮裙和靴子也同样吸引人。而那件杏灰色镂空长裙更可以说是这一系列的点睛之笔,上半身结构感极强的皮质细节和下半身如蕾丝一般精细的镂空纹样相互冲突又彼此融合,将强势和柔弱这两个对立面结合在一起,打造出完美的当代女性形象。

**奢华皮草的新定义**

一直以来,在服装设计中使用动物皮草是公认的能够体现服装奢华感的元素之一,但结果却导致一些物种的濒临灭绝。因此近年来随着低碳环保理念的不断普及和反皮草组织越来越大的呼声,许多设计师和明星也加入其中,身体力行地支持环保。

设计师王燕云就从斑马纹的黑白组合中获得灵感,斑马身上黑色与白色相间的条纹,在阳光或月光照射下,反射光线各不相同,起着模糊或分散其体形轮廓的作用,大自然在让她着迷的同时也让她思考该不该为了设计不顾一切?于是,设计师试图通过斑马独有的特点——斑马纹,将斑马个性的狂野、对自由的渴望尽情展现,与此同时利用面料再次加工的方法将两种不同的面料衔合连接,在两种面料间寻求平衡点,并通过平衡点融合黑白间隙,将一匹斑马鲜活、直接地呈现,从而使服装本身主动去抓取人们的眼球!

设计师创造的"仿皮草,真时尚"的手法无疑能迎合许多环保人士的追捧,以假乱真的人造皮草注定会成为本季秋冬一大亮点。在刚刚过去的巴黎时装周各大品牌都对此表达了强烈的呼应,Chanel此次也把注意力放到了全球变暖、物种危机等社会问题上,提出了时尚界的解决办法。秋冬高级时装在材质上便运用了斜纹软呢搭配人造羔羊毛,以及针织雪纺刺绣配人造羔羊毛制造出皮草效果。人造皮草能成为时尚吗?Chanel已经为我们交了一份满意的答卷。

21世纪我们经历了太多变故,时尚界也正经历着一场转型的变革,正如历史向我们昭示着一样,每一次变革的领导者都是那些思想超前的年轻人。他们用的智慧、思想和创意向我们诠释了什么是年轻的力量,什么是思考的力量。时尚界亦是如此。通过他们的设计,服装不再是一件徒有外表的附属品,他们在引领流行趋势的同时也在引领着社会朝更加文明和进步的方向发展。有了他们,我们有理由相信时尚界在经历这场思想变革之后会走得更远,人类的生活也会在服装的影响下变得更美好。(上海大学巴黎国际时装艺术学院信息办 谢艺华)

《新民晚报》2010年7月9日

**世博园中展风采——记河南籍志愿者、上海大学学生黄尤加**

在举世瞩目的上海世博会上,志愿者是一道亮丽的风景。上海大学的南阳籍女孩黄尤加,就有幸成为其中一员,在世博大舞台上展现了河南青年的独特风采。

"一定要为上海世博会服务好,为祖国争光,为家乡争光。"黄尤加接受采访时说。

18岁的黄尤加,去年从南阳考入上海大学。今年3月,她凭借实力脱颖而出。随后,她又有幸成为开幕式暖场节目志愿者之歌《世界》40个演唱演员之一,代表世博志愿者在各国观众面前亮相。

她告诉记者,自从当上世博志愿者,每天都要练习口语和各种礼仪,熟悉世博园区的布局、地图,"让自己始终保持朝气蓬勃的精神面貌,在世博会上展现自己最精彩的一面"。

开幕式当天,黄尤加不仅是演员,还是女旗手,并和现场工人一起,承担了向全场8 000名观众分发礼品的工作。在室外焰火表演现场,她还和同学们一道维持秩序。

"世博会历时184天,预计有7 000万游客。作为一名志愿者,来了就一定要拼到底。"面对辛苦的志愿服务工作,黄尤加始终保持微笑,践行了志愿者"世界在你眼前,我们在你身边"的诺言,成为游客心中最可爱的人。

"志愿者最需要的就是要热情,要能跟周围的人相处融洽,要让人觉得亲切。"细心的黄尤加总结出了自己的一套志愿者经验。

"不出国门,看遍世界",如何看世博、游世博是大家非常关心的问题。黄尤加如数家珍地说:"各个场馆都有自己的特色,如果时间不够充裕,可以重点看发达国家的展馆和一些企业的自建馆。此外,一些欧洲国家破天荒地把国宝级展品带到上海,不可错过,如丹麦的小美人鱼雕塑、法国莫奈等大师的油画和罗丹的雕塑,等等。"

《光明日报》2010年7月12日

### 做"小门神" 站"寂寞岗"

"您好,请不要急,慢慢来。"昨天,世博园后滩入口的闸机前,七名一身白衣的志愿者正热情引导。原本绿白相间的志愿者服装啥时换了颜色?原来,这是一群来自上海大学的西部志愿者,十天后,他们将踏上西行的列车,在祖国西部奉献青春,而昨天的"小白菜"一日体验,是这些年轻人上的"第一课"。

第一个岗位:当"小门神",也就是在入园闸机口引导参观者验票、刷票。这活儿听起来轻松,可到了现场,同学们吃惊不小。9时左右,正是入园高峰。小小门票该塞进哪里,可以从哪里跳出来,都得"小门神"们一遍遍说、一遍遍教。不一会儿,重庆妹子小罗就已吃不消了,可边上正牌"小白菜"们却仍劲头十足。原来"小白菜"引导游客有窍门,他们在语言指导同时,还配合手势指向,效果好,效率高。偷师完成,小罗回头继续奋战。

接下来是"寂寞岗"。主题馆前志愿者广场咨询岗位上,上海姑娘戴娇慧体验了一把"寂寞"。原来,她身边就站着"小白菜",只有少数几个抱着试试看的心理来咨询问路。好不容易"开张",小戴扬起笑脸,自信满满:一个多月前,她刚跟同学在园里逛了整整一天。可谁知刚听问题就懵了,原来人家想去美国馆,她把地图哗啦啦翻来复去,满头大汗都没能找到。最后还是"小白菜"上来解了围,让游客满意离去。

虽然劳累一天,可这些学子并不喊苦。正如他们的校党委书记于信汇所言,志愿者服务西部与服务世博是一样的,都需经历各种意想不到的难题,只有始终坚定信念,在实践中不断磨炼,才能收获更多。(彭德倩)

《解放日报》2010年7月16日

### 上大巴黎时装学院举办"毕业秀"

灯光闪烁,霓裳飞扬。昨天,上海大学巴黎国际时装艺术学院32名2010级毕业生,设计并展示以"诱惑,卓越,舒适,脉动"为主题的百余套华服,完成自己的"毕业秀"。

设计者孙谣将自己的军装风系列主题定义为"战争后的洗礼",运用硬朗廓形和部分金属细节来体现女兵的帅气与独立。邬佳妮则把平时不可能结合的面料、风格样式等元素巧妙结合在一起,同时大量运用太空感十足的结构廓形,形成强烈的视觉新体验。(彭德倩)

《解放日报》2010年7月16日

### 上大学生毕业秀透时尚亮点

上海大学巴黎国际时装艺术学院的学生们昨在时尚创意园区内举行了一场服装秀,共展示了192件作品。据指导老师介绍,此次服装设计主题围绕卓越、舒适、脉动而展开,同学们可以自由发挥,尽量挖掘思考深度,设计出具有人文内涵的服装。(陈意俊)

《新民晚报》2010年7月16日

### 体坛速递·全国大学生网球锦标赛落幕

28日,第十五届全国大学生网球锦标赛暨全国高校"校长杯"网球比赛落下帷幕,上海大学代表队成为了最大赢家,共夺得了女子甲组、男子丙组、女子丙组三项团体冠军和女子甲组单打、女子甲组双打、男子丙组单打三项个人冠军。

全国大学生网球锦标赛是我国高等院校最高级别的网球赛事,全国高校"校长杯"网球比赛则只设双打项目,其宗旨主要在于促进师生交流和校际交流。本次大赛由中国体育协会大学生网球协会主办、桂林电子科技大学承办。来自全国各地110多所高校参赛代表队的近千名参赛选手参加了比赛。(谢建伟 王源林)

《人民日报》2010年7月30日

### 我国近代力学奠基人之一,著名的科学家、教育家,杰出的社会活动家,中国民主同盟的卓越领导人钱伟长同志逝世

我国近代力学奠基人之一,著名的科学家、教育家,杰出的社会活动家,中国民主同盟的卓越领导人,中国共产党的亲密朋友,中国人民政治协商会议第六届、七届、八届、九届全国委员会副主席,中国民主同盟第五届、六届、七届中央委员会副主席,第七届、八届、九届名誉主席,中国科学院资深院士、上海大学校长钱伟长同志,因病于2010年7月30日6时20分在上海逝世,享年98岁。

《人民日报》2010年7月31日

### 为了祖国的需要……——缅怀著名科学家教育家钱伟长

7月30日6时20分,98岁的钱伟长先生在上海华东医院逝世。

我国近代力学奠基人之一,著名的科学家、教育家,杰出的社会活动家……可以加在"钱伟长"这个名字之前的头衔和荣誉,很多、很长。

不过,回响在我们耳边的,也许是他九旬高龄时接受采访经常自豪地提到的一句话:"祖国的需要就是我的专业。"

#### 他带来了"自强不息"的校训和精神气息

对上海大学的师生而言,或许这位著名科学家有多少头衔并不重要,因为27年来,

钱伟长一直是这所大学精神上的"校长"。

几乎是在老校长去世后的第一时间,上海大学网络主页就挂出了《钱伟长与上海大学》等文章,网页变为黑白,顶端显示"沉痛悼念钱伟长校长"大字。

乐乎楼,上海大学的一座招待所,曾是老校长长期居住的"宿舍"——虽然在上海工作生活多年,但他并不在上海大学领工资,也没有房子。"我姓钱,可是我没有钱。"晚年的钱伟长这样开玩笑,爽朗而自豪。

炎炎暑假,上海大学宝山区和延长路两个校区都空荡而寂静。但偶尔遇见一个学生或老师,说起钱伟长校长去世,都能看见意外的惊讶和难过的表情。

"我甚至开始策划2012年,跟他的朋友和学生一起,共庆他的百岁华诞。如今,这一切成了泡影!"从1984年起即在钱老身边工作的上海大学教授戴世强说。

上海大学的校园网论坛和百度"钱伟长"吧里,都能看到许多上海大学学子在追思和怀念这位老校长。有学生说:"没有钱伟长的话根本就不会有今天的上海大学。"有人更简洁地称他为"上大之父"。

"我仿佛还能看见年迈而瘦弱的老人,由秘书推着轮椅走过校园,看着学生们穿梭走进图书馆、教室……有一些精神是他带着从清华园一直传到上大泮池的。"一位年轻的上海大学毕业生这样写道。

尽管,他已是98岁高龄,尽管,近年来他已因身体关系,很少直接过问学校管理事务;但在这个校园里,他永远是"钱校长"——今天执掌校务的上大校长时常这样说,语气尊敬又自然而然。

他来上海大学时,已经是"老校长"了——1983年,他已71岁,他的任职甚至是得到邓小平"特批"的:"钱伟长不受年龄的限制,可以当这个校长。"

古稀之年,不满足于中科院院士、清华大学教授等诸多足以光耀一生的身份和地位,跑来当一所"二流"大学的校长,在20多年前的中国,足以惹来诸多议论。但对于钱伟长,这只是一个实现多年前已有的教育蓝图的良机。

他为当时的上海工业大学、后来合并而成的新上海大学带来了"自强不息"的校训和精神气息。他更将这所远不如清华那样著名的学校,当成了实践自己"拆除四堵墙"办学理想,反对专业细化高教模式的实验场。他率领上海大学在全国第一个推行了学分制,第一个开办了工商管理学院,又第一个要求大学教师做家访。许多比他年轻得多的人都说,这位校长思想新锐,手段果敢,毫无"老人"气象。

即使到了新千年之后,原上海大学党委书记、常务副校长方明伦还一次次认真地告诉许多来访者:"钱校长不是名誉校长,他就是现任校长,他真管事。"

前两年总结自己的办学成绩,钱伟长曾说:"我这个学校还没办得百分之一百好,在我的计划里要比现在办得好……我不在乎别的,只要事情办得对国家好就行。希望国家强大起来,强大要力量,这力量就是知识。"

在他的计划里,上海大学要办成"世界一流的研究型大学"。这计划或许还远未实现,但它挟带的强大梦想,已给一所大学、千万学子打上了深深的烙印。

**"祖国的需要就是我的专业"**

从事力学研究的戴世强教授对钱伟长先生的学术和人生多有研究。他的导师,著名科学家、"两弹"功臣郭永怀教授1939年与钱伟长、林家翘等人同期考取留英公费生。他告诉记者,家学渊源的钱伟长记性极好,10岁时已能将《三国演义》倒背如流。他的四叔是著名国学大师钱穆。而他1931年考入清华大学时,也获得了历史、国文两科满分的好成绩。

原本应该成为历史学家或者文学家的钱伟长,却因为"九一八"的国家危难而意气难平,决意弃文学理,读物理系,以便能学着为中国"造枪造炮"。一学年的工夫,他便从物理仅考18分的严重偏科生,追到各门功课成绩都在70分以上,以至最后成为吴有训教授的研究生。用当年同窗、后来同在清华大学任教的林家翘教授的话说,钱伟长的成功,缘于他非同寻常的勤奋与刻苦。

比勤奋刻苦更为重要的,却是"祖国的需要"。

因"祖国的需要",1946年,已凭"钱伟长方程"等出色成果获得多伦多大学博士学位、成为加州理工学院喷射推进研究所研究员的钱伟长,毅然以探亲为由回国。在物价飞涨的年代里,这位清华大学机械工程系教授四处兼课仍难于养家糊口,却还是为了赴美签证时一句"若中美交战,你是否忠于美国"而放弃恩师冯·卡门的邀请。

因为"祖国的需要",新中国成立后,钱伟长以空前的热情投入到新中国的建设事业,进入了他学术上的第二个丰收期,与钱学森、钱三强一起被周恩来总理誉为"三钱"——"三钱"之名从此成为那个时代青少年仰慕的科学明星。1954年,钱伟长和他的学生合著的科学专著《弹性圆薄板大挠度问题》出版,在国际上第一次成功运用系统摄动法处理了非线性方程,获得国家科学奖。

也因为"祖国的需要",即使"文革"前后被错划为"右派"、做了炉前工,钱伟长依然会为让中国坦克能更好前进而忙着研究高能电池,在50多岁时成了电池专家。改革开放之后,64岁的他开始学习计算机,发明了汉字编码法"钱码",成为计算机中文信息专家。到70岁,又当起了校长,成了大学管理者和教育家。有人统计说,钱伟长在近20个学科或行业都作出过贡献,这在我国科学家中十分罕见。有人尊称他为"科学家中的超人",也有人戏称他是"改行专家"。

"我没有专业……祖国的需要就是我的专业。"面对讶异的追问,晚年的钱伟长时时这样告诉大家。的确,他的每一次"改行",都不是为了个人利益,从文科生到理科生,从教授到炉前工,从科学家到校长,不论那是舞台上还是角落,他都能发光发热,从不吝惜自己的才能。

正是这种放弃小我、"只要有利于祖国繁荣昌盛"的选择,成就了一位科学大家。

《人民日报》2010年7月31日

### 斯人已去　风范永存——缅怀人民科学家、教育家钱伟长

一位"科学巨人"静静地走了,离开了他一生为之牵挂的祖国和人民,也带走了无数中国人的深切怀念。

7月30日早晨6时许,上海。中国近代力学的奠基人之一、著名的科学家、教育家和社会活动家钱伟长教授逝世,享年98岁。

"直到现在,我都无法相信、更不愿意相信这是真的。"清华校友总会的孙哲面色凝重,哽咽的语音无法掩饰他内心的沉痛,"作为我的老学长,钱伟长虽然走了,但他爱国敬

业的精神,追求创新的理念,将永远让我们纪念、景仰!"

**爱国是他终生不渝的情怀**

"没有一个独立富强的国家,就没有个人的一切。""我们培养的学生首先应该是一个全面的人,是一个爱国者。"这些都是钱伟长说过的话。在他出版的《教育和教学问题的思考》一书中,第一篇文章便是《物理教学与爱国主义教育的结合》。

回顾钱伟长近百年的人生之路,爱国是他终生不渝的情怀。

小时候,钱伟长便喜欢读古典文学,岳飞、杨家将精忠报国的故事和范仲淹"先天下之忧而忧,后天下之乐而乐"的名言,都曾激荡过他幼小的心灵。

"九一八"事变发生时,钱伟长刚刚跨进清华的校门。他本来是立志学中文的,可是国家的危亡和民族的灾难却让他感到,要改变国家的落后面貌,不受别国的欺负,就必须有强大的科技。他毅然决定弃文从理。在他的心中,"国家的需要,就是我的专业。"

正是这种爱国信念的激励,钱伟长走上了科学之路。

1946年,在国外生活得很好的钱伟长回到国内,到清华大学任教。他曾回忆说:"我是中国人,我要回去。虽然回国后,第一个月的工资只够买一个暖水瓶,但我从来没有后悔过,更从来没有对国家丧失过信心。"

1947年,钱伟长获得一个赴美从事研究工作的机会。当他到美国领事馆填写申请表时,发现最后一栏写有"如果中国和美国开战,你会为美国效力吗?"钱伟长毅然填上了"NO"。

对此,钱伟长后来回忆说:"我忠于我的祖国,时时刻刻,心口如一。"

新中国成立后,他积极参与制定第一个科学技术发展远景规划。他提出的专业计划包括原子能、导弹航天、自动化、计算机和自动控制等。面对质疑——"钱伟长怎么不要自己的专业?"他说,国家的需要就是自己的专业。

从上世纪80年代以来,钱伟长在上海担任大学校长的时间里,一直是一名"义务校长",不拿学校1分钱的工资,也没有自己的房子。他说:"我只要事情办得对国家好就行,没有别的要求。我希望祖国强大起来,强大需要力量,而这力量就是知识。教育是振兴国家最重要的力量和手段。"

一切从国家的需要出发,这一理念贯穿了钱伟长的一生,也成就了他不平凡的一生。

**探索是他一生一世的追求**

"钱老是中国近代力学与应用数学的主要奠基人,其拳拳报国的情怀、求真务实的精神、勤于钻研的作风,堪称当代科技工作者的典范。"30日上午,在上海出差的科技部部长万钢得知钱伟长逝世的消息,专门前往钱老家中,代表科技部对钱老的去世表示深切哀悼。

钱伟长是中科院资深院士,历任美国加州理工学院力学研究所研究员,中科院力学研究所副所长,自动化研究所所长,英文《应用数学和力学》杂志主编。作为科学巨擘,钱伟长的科学贡献彪炳史册。

1940年夏,钱伟长从上海起航,开始了公费留学生活。在加拿大的多伦多大学,钱伟长是在应用数学系主任辛教授的指导下,进行研究工作。很快,他们合作共同攻克了板壳内禀统一理论这个世界性的难题。这时,钱伟长仅28岁。

1941年5月11日是现代航空大师冯·卡门的60寿辰。为了向他表示祝贺,美国科学界的著名学者决定出版一本高质量的论文集。在这本论文集中,第一次出现了一个陌生的名字:钱伟长。他是论文作者中最年轻的一个。

钱伟长在论文里,提出了板壳理论的非线性微分方程组,被世界公认为"钱伟长方程"。

由于钱伟长的出色成果,多伦多大学于1942年授予他博士学位。就在这一年,他离开多伦多,来到了冯·卡门的门下,在美国加州理工学院和喷射推进研究所与钱学森一起从事航空航天领域的研究工作,在固体力学和流体力学领域成果卓著。

然而,正当钱伟长在美国的事业如日中天的时候,他却选择了回国,在母校清华大学当了一名普通教授。

怀着报国之心,钱伟长急切地希望把他所掌握的世界科技发展动向、最新的知识、先进的学术思想和教育理念奉献给周围的同事、所在的单位和自己的国家。

1949年至1956年的短短几年间,钱伟长作为主要执笔者之一参与制定了我国《1956—1967年科学技术发展远景规划》,他还和周培源、钱学森、郭永怀等一起,为确定我国力学发展方向及力学人才培养发挥了举足轻重的作用……

改革开放以后,钱伟长的科研成果与心得更加喷发而出。在科研上,钱伟长甚至什么领域都去研究,什么领域研究都有收获,于是有人戏称他为"万能科学家"。

《弹性圆薄板大挠度问题》《弹性柱体的扭转理论》《弹性力学》《变分法和有限元》《应用数学与力学论文集》《奇异摄动理论及其在力学中的应用》……一本本的学术著作,无不在昭示着这位"科学巨人"的辉煌成就。

**育人是他数十年来不变的心愿**

"1946年,钱先生回国后在清华讲的第一节课是'近代力学',当时我就是他的学生。"中科院院士郑哲敏回忆说,"那是我第一次接触近代力学,钱先生讲了很多新鲜的知识和理念,大家都非常感兴趣,都很爱上他的课。"

时至今日,郑院士对钱伟长先生的教育仍然记忆犹新。他表示:"他的教育方法和教育思想非常先进,虽然当时很多人不理解,但后来证实都是正确的。"

北京语言大学原党委书记吴林祥也回忆说,钱老在学校给学生讲课时,就从一个内敛、自谦的人成为一个神采飞扬、风趣幽默的人。因为钱老讲课讲得好,好多外专业学生都抢着选修力学课。

钱伟长不仅是一位伟大的科学家,同样是一位伟大的教育家,教书育人是他数十年来不变的追求与心愿。

1983年,钱伟长履任上海工业大学(后来,上海工大和原上海科学技术大学、原上海大学和原上海科技高等专科学校合并,组成新的上海大学),开始了他人生新的起点。

调任上海工业大学校长后,钱伟长就倡议"拆掉四堵墙":学校和社会之墙;校内各系科、各专业、各部门之墙;教育与科研之墙;"教"与"学"之墙。为此,他抓师资队伍建设,抓科学的学制建设,抓学生的全面发展,也抓学校硬件设施和软件建设……

钱伟长还提出,大学培养出的学生,首先应该是一个全面的人,其次才是一个拥有学科、专业知识的人。

立德、立功、立言，一个人必会被纪念、被景仰。今天，一代大师钱伟长溘然长逝，但他的风范将永存天地间。（顾瑞珍　吴晶晶　隋笑飞）

《人民日报（海外版）》2010年7月31日

## 我国近代力学奠基人之一，著名的科学家、教育家，杰出的社会活动家，中国民主同盟的卓越领导人钱伟长同志逝世

我国近代力学奠基人之一，著名的科学家、教育家，杰出的社会活动家，中国民主同盟的卓越领导人，中国共产党的亲密朋友，中国人民政治协商会议第六届、七届、八届、九届全国委员会副主席，中国民主同盟第五届、六届、七届中央委员会副主席，第七届、八届、九届名誉主席，中国科学院资深院士、上海大学校长钱伟长同志，因病于2010年7月30日6时20分在上海逝世，享年98岁。

《光明日报》2010年7月31日

## 毕生报国钱伟长

今夜，上海的天空看不到星星。就在清晨，一颗科学巨星在这里陨落。钱伟长，离开了，在2010年7月30日这个炎热的夏日。

晚8点，上海大学校园内的下沉式广场上，同学们自发组织了悼念活动，追思他们敬爱的校长。而明天，更多的人将前往学校设立的悼念场所缅怀钱校长。

出身书香门第、接受中西文化熏陶的钱伟长，在他98年的人生中，成功地完成了科学家、社会活动家、教育家等多重角色，留下了让后人景仰的卓越和辉煌。

### "国家需要就是我的专业"

在"三钱"中最后一个辞世，钱伟长的离去为一个时代的自豪记忆画上了句号，也给后辈留下了无限的激励。

上海大学教授戴世强曾在钱伟长筹建的上海应用数学和力学研究所担任过5年所长，他说：钱伟长先生的辞世，是我国科技事业的巨大损失！是我们学生后辈的最大的痛！然而，他给我们留下了宝贵的精神财富。我们悼念他的最好行动是：像他那样生活，像他那样战斗，以加倍的努力做好本职工作，为中华民族的伟大复兴贡献我们的全部力量。

钱伟长的科学之路成就斐然：1941年，发表了深受国际学术界重视的第一篇有关板壳的内禀理论论文，当年他获得多伦多大学应用数学博士学位；1942年，赴美国加州理工学院喷射推进研究所任研究所工程师，在"世界导弹之父"冯·卡门指导下从事火箭的空气动力学计算设计、火箭弹道和人造地球卫星的轨道计算方面的研究；1946年，与导师冯·卡门合作发表《变扭的扭转》，成为国际弹性力学理论的经典之作；1947年，在正则摄动理论方面创建的以中心挠度wm为摄动参数作渐近展开的摄动解法，在国际力学界被称为"钱伟长方法"；1948年，在奇异摄动理论方面独创性地写出了有关固定圆板的大挠度问题的渐近解，被称为"钱伟长方程"；1956年，出版我国第一本《弹性力学》专著，创办了"力学研究班"，该班学员大多成为我国从事力学研究和教学的领军人物。

有人说，钱伟长太全面了，他在科学、政治、教育每个领域取得的成就都是常人无法

企及的。而钱伟长一直强调："我没有专业,国家需要就是我的专业。"他用毕生报国之路诠释了自己的专业:爱国。

钱伟长的报国之路始于弃文从理。1931年,18岁的钱伟长以中文、历史双科两个满分成绩进入清华大学历史系学习。但就在入学第三天,"九•一八"事变爆发,全国青年学生纷纷罢课游行,要求抗日。受爱国情绪的激发,钱伟长决定弃文从理,踏上了"科学救国"的道路。

由于钱伟长物理仅得18分,时任清华物理系主任吴有训先是坚决不允,后又被这个学生的诚挚热情打动了,他对钱伟长说:"你先在物理系学习一年,如果到了期末考试,你的物理和高等数学的成绩达不到70分的话,再改学文史不晚。"钱伟长欣然接受了这个条件。等到他从清华毕业时,吴有训教授已经非常器重这个有志气的青年人了,把他收为自己的研究生。

1940年夏,钱伟长从上海起航,开始了公费留学生活。而在功成名就之时,钱伟长选择了回国。

抗战胜利后,钱伟长以探亲为由回国。回国后,钱伟长到清华大学机械工程系任教授。可是薪水很低,生活困难。1948年友人捎信给钱伟长,告知美国加州理工学院喷射推进研究所工作进展较快,希望他回该所复职,携全家去定居并给予优厚待遇。于是,他到美国领事馆申办签证,但在填写申请表时,发现最后一栏写有"若中美交战,你是否忠于美国?"钱伟长毅然填上了"NO",最后以拒绝赴美了事。

解放后,钱伟长以空前的热情投入到新中国的建设事业,进入了他学术上的第二个丰收期,与钱学森、钱三强一起被周恩来总理誉为"三钱"。1954年,钱伟长和他的学生合著的科学专著《弹性圆薄板大挠度问题》出版,在国际上第一次成功运用系统摄动法处理了非线性方程。"钱伟长法"被力学界公认为是最经典、最接近实际而又最简单的解法。在第二年,这一成果获得了国家科学奖。

**"必须实行开放式的办学"**

在上海大学,教学楼与教学楼之间全部有回廊连通,学生的宿舍也都是文理科混搭编排。下课铃一响,通道上就有着川流不息的学子,在钱校长铺就的通道上赶往下一个课堂。

钱伟长平日里饮食起居的场所坐落于延长校区的乐乎楼,仅七八十平方米,房间的布置非常简洁。钱老在上海没有房产,他说他喜欢住在学校里,因为可以随时随地看着他一手创建和发展起来的上海大学。

钱老经常到校园里散步。看到学生穿梭在校园里,步履匆匆地赶往教室上课,他会兴奋地点头说:"很好!"学生们看到钱校长都会热情地上来打招呼,对于学生的合影请求,他总是来者不拒、积极配合。

1983年,70高龄的钱伟长以年轻人般的活力出任上海工业大学(上海大学前身)校长。历史留下了这样的见证:40多年前,钱伟长怀揣"科学救国"之心,从上海出发,负笈北美,成就其科学研究之辉煌;如今,他在古稀之年犹抱兴国之心,又从上海开始,潜心办学,欲再铸其科学与教育事业之新的辉煌。

上海大学原校办主任、现在学校高等教育研究所专门从事钱伟长教育思想研究的曾文彪说：钱伟长的教育思想核心就是他主张拆除四堵墙——学校和社会之间、校内各系科各专业各部门之间、教学与科研之间、教与学之间的墙。他在上海大学的所有教学理念都是从这个核心理念延伸出来的。而其办学的目标也非常明确，就是办兴国的教育，这是他教育思想的出发点。

上海大学的学期制度在全国高校里独一无二，每年三个学期，每学期10周讲课，2周考试，半星期休息，暑期为13周。事实证明短学期制非常利于教师工作和学生学习。一方面可以督促教师精简教材内容，提高教学质量，延长暑假，可以给教师充分的时间备课和进行科学研究；对学生而言，短学期制的考试很像老学制的期中考试，学生易于准备，更重要的是，学生也有充分的时间参加社会实践。

除了短学期制，上大还有另外的两制：学分制、导师制。而这"三制"的创始人都是钱伟长。

1994年，上海工业大学、上海科技大学、上海科技高等专科学校和原上海大学组建新的上海大学，他继续担任校长，一直成为全国在位的最年长的校长。

从担任校长开始，每年参加本科生、研究生的毕业典礼，与毕业生们合拍毕业照，已经成为钱老坚持出席的活动，直到他的身体不再许可。每年炎热的7月，钱校长会顶着烈日，奔波在延长、宝山、嘉定三个校区，和每一个班级拍一张毕业照。他坐在第一排的中间，用发自内心的笑容，目送学生。

很多毕业生都细心珍藏着与钱校长合拍的毕业照。在上海大学，不是所有的学生、老师都见过自己的钱校长，但是在他们心中，钱校长的理念思想正潜移默化地影响着他们，钱老给这所学校烙下的印记已经成为一种天然的养料。在上大的BBS上，同学们留下了这样的感言：每一个上大的人，踏着坚实的步子，在向未来前进。每一个上大人要自强不息，对得起钱校长的期望。

《光明日报》2010年7月31日

## 钱伟长，一个科技时代的辉煌记忆

今晨，钱伟长先生于沪辞世，"三钱"最后一人永别人间。

钱学森、钱三强、钱伟长，三个如雷贯耳的名字，代表着那段每每谈起都能让中国人豪情激昂的科技记忆——"两弹一星"的成功，让积贫积弱的中国挺直了脊梁，迸发出从未有过的信心；《十二年科学技术发展规划》奠定了中国科技发展的走向和脉络，让新中国科学技术的发展方向从混沌逐渐清晰……这其中，"三钱"居功至伟。

记者曾在2005年采访过钱伟长先生，如今回想起来，当时的情景依然历历在目。那是个蝉鸣正盛的夏日，他由沪抵京，除了同教育部领导商谈，还特别提出要约见光明日报记者，谈谈教育和科技问题。老人的银发梳理得一丝不乱，脸上始终带着亲切的微笑。虽然气温很高，老人却不敢贪凉，依旧在白衬衫外罩一件薄夹克。

那次采访中，记者对老人所说的两句话印象深刻。一是当记者对老人这么大年纪仍然坚持工作表示钦佩时，钱老只是轻描淡写地答道："当然，国家需要我工作到什么时候，我就工作到什么时候。"另一句话是他对自主创新的一语中的："自主创新，就是自己国家的问题自己解决。"两句话不长，却是老人历尽艰辛始终不变的爱国之情，于闻者，胜过千言万语,重若千斤。

耄耋之年的老人,却从未与社会脱节。其时,老人最关心的有四件事,一是台湾回归;一是如何弘扬中华民族文化;一是高等教育的发展,尤其是人才的培养;再就是科学研究的发展,特别是自主创新。钱老的秘书说,92岁的老人,每天至少还要工作5个小时。为老人的健康着想,他们总会控制来访者的时间。但若访者谈到老人感兴趣的话题,他就会孩子气地留住人家,非谈痛快、谈彻底了不可。

关于钱伟长的故事很多——二战中他与林家翘一起"智救伦敦",他提出开放大学的"拆墙理论",他不领工资、不要住房的"无产者"生活……每一个故事都是一面最光亮的镜子,照出今日学界的不足和缺憾,敦促人们调整与修正。

其实,在人们心中,"三钱"不仅仅是一段辉煌的记忆,更代表着一种精神,跨越了时间与空间的限制,如汪洋般博大。每个中国人,无论什么年纪、何种职业,都能从中汲取力量。

在他们不计个人得失,甘于、乐于奉献的平和中,我们涤净浮躁与功利,调正人生奋斗的目标;在他们认真要求每一个数字、对待每一个细节的工作态度中,我们收敛起轻浮散漫;在他们于科学真理的执著中,我们不再人云亦云,保持独立思考;在他们永不停歇的创新中,我们无法倦怠,重新迈开向前的步伐!

《光明日报》2010年7月31日

### 我国近代力学奠基人之一,中国民盟卓越领导人钱伟长同志在沪逝世

我国近代力学奠基人之一,著名的科学家、教育家,杰出的社会活动家,中国民主同盟的卓越领导人,中国共产党的亲密朋友,中国人民政治协商会议第六届、七届、八届、九届全国委员会副主席,中国民主同盟第五届、六届、七届中央委员会副主席,第七届、八届、九届名誉主席,中国科学院资深院士、上海大学校长钱伟长同志,因病于2010年7月30日6时20分在上海逝世,享年98岁。

《解放日报》2010年7月31日

### 在纳米尺度下燃烧——记"千人计划"入选专家、上海大学纳微能源研究所所长胡志宇

放一块通红的玻璃纤维在你手心,它本身在燃烧,但你却一点也感受不到烫。这是因为燃烧仅仅发生在纳米尺度的催化颗粒表面,在宏观尺度下整个系统仍然保持在室温状态。这正如在一个体育场中间燃烧的篝火,坐在看台上的你怎么会感到热度呢?

没有火,也可以燃烧。上海大学纳微能源研究所所长胡志宇就是通过纳米尺度下的燃烧,把化学能转变为热能,今后还有望转化为电能。他的发现,可能改变人类50万年用火的历史。

作为"千人计划"入选专家,胡志宇昨天结束由中组部组织的北戴河暑期休假活动回到上海,这位45岁的科学家跟记者聊起他的科学发现和他的归国理想。

**发现,源于"意外"**

像众多改变人类进程的重大科学发现一样,胡志宇的这个发现也源于实验室的一个"意外事故"。2005年10月18日,他在实验室里,手中沾有纳米颗粒的棉花球碰到了甲

醇"居然冒烟了",这意味着在没有点火的室温条件下,燃烧发生了。

燃烧需要三个条件——燃料、氧气、燃点,但胡志宇提醒我们,尺度大小也是重要的因素,一个火种如果尺度小于一个毫米是很难维持燃烧的。而纳米是毫米的百万分之一,在纳米尺度下,就要重新考虑燃烧的问题。胡志宇提出了全新的室温纳米尺度能量转换方法,经过两年研究,2007年,他在世界上首创性地提出了全固态室温纳米催化燃烧发电的概念,并提交了专利申请。利用这种方法,可在室温下直接将燃料的化学能转换为电能,而避免了传统高温燃烧高达80%以上热能量的损失。

**去国18年后选择担当**

室温纳米催化燃烧极有可能孕育出重大的科学和技术突破——它找到了一种化学能转化为热能再转化为电能的方法。2005年的这个发现,奠定了胡志宇在美国能源研究界的地位。

在国外学习工作十多年,那一丝丝思乡的惆怅一直萦绕在心中,2006年,当时在美国能源部橡树岭国家实验室担任研究员的胡志宇,读到一份联合国环境污染报告:全球污染最严重的20个城市,有多个在中国。"当时非常难过,觉得真的该给自己的国家做些什么了。"

2008年,受到国家科技部邀请,胡志宇选择身处国际大都市的上海大学作为自己回国发展事业的起点。在1990年赴美留学18年后,他举家回迁。

回国后,他在上海大学创建了纳微能源研究所。上海大学为他的团队提供了200万元人民币的科研启动经费,科研团队成员来自物理、化学、材料、信息、纳微加工等不同领域。现已建成130平方米的超净实验室和100平方米的化学实验室,并从国内外购置了价值1 000万元的各种大型设备。

**入选"计划"研究提速**

2009年入选"千人计划",用胡志宇的话说,这让他的研究大大提速。让他特别感动的是,上海专门设立了"千人计划"人才服务专窗,十几个职能部门的政策实现"一站式服务","落户、子女入学等问题都有专门的人员替我们去办理。"

此外,上海大学集中学科办、科技处、人事处多个部门参与纳微能源研究所发展规划制定,确保了胡志宇团队研究工作的可行性和有效性。

今年4月13日,又一个好消息传来,胡志宇的发明专利获得美国国家专利局批准。专家指出,这将有可能改变传统的能源供给方式,同时为节能减排问题的解决提供全新的思路,将来不仅可为掌上电脑、手机、笔记本电脑等小型电子器件提供能量,还有可能为汽车、大型的工业生产提供电能。

如今,上海大学纳微能源研究所积极与国内生产企业合作,已经成功地开发出了我国第一台具有自主知识产权的红外显微热像系统。今年7月,研究所与上海国际汽车城人才基地合作建设国内第一条"NanoEPower"芯片科研与纳微加工工艺线。

高规格的北戴河休假活动令胡志宇感受到了国家的优待和期望,"国家需要我们,个人前途只有和祖国前途结合在一起,才有价值。"(李雪林)

《文汇报》2010年8月4日

**钱伟长毕生藏书遗赠上大**

昨天,著名科学家、教育家钱伟长的家属遵先生遗愿,将其毕生藏书共万余册捐赠上海大学,向学子传递老校长最后一份关爱和惦记。钱老留下的话是,"书籍,只有通过阅读才能获得生命力。"

钱伟长先生一生博览群书,爱书藏书,积累了大量珍贵图书和学术资料。从上世纪50年代开始,他就通过邮购等方式收集资料,并利用到国外访问的机会购买图书,还有许多国内外学术研究机构将图书资料邮寄给他。在其北京的住所中,近2/3用于存放图书,其收藏大多为难得一见的原版图书,十分珍贵,包括应用力学、数学等各类研究资料。此次他的家属向上海大学捐赠的除了这些图书以外,还包括部分钱老学术研究的手稿,以及存放这些图书资料的书柜。

来自环化学院的研究生王琳代表全校学生表达了莘莘学子对钱校长的深深思念和感激之情,要将钱校长"自强不息""先天下之忧而忧,后天下之乐而乐"的校训永驻心间,继承钱校长为国家、为人民、为整个社会努力学习、勤奋工作的精神,无愧教诲。上海大学党委副书记、常务副校长周哲玮表示,钱伟长先生毕生积累的图书资料,不仅是上大图书馆的镇馆之珍宝,更是全校师生的精神财富。学校一定会管理好、利用好这些珍贵的图书资料。

据介绍,上大图书馆将派专人到北京钱伟长校长住所整理上万册图书资料,并进行分类、记录后运往学校。整理图书同时,还将开设陈列室,让学子先睹,并尽快开设专门的阅览室,供全校师生借阅浏览。此外,学校还决定建立"钱伟长纪念图书馆",希望钱校长生前好友及社会各界捐赠与钱校长有关的图书资料。(彭德倩)

《解放日报》2010年8月5日

**钱伟长同志遗体在沪火化　贾庆林等到上海龙华殡仪馆送别**

我国近代力学奠基人之一,著名的科学家、教育家,杰出的社会活动家,中国民主同盟的卓越领导人,中国共产党的亲密朋友,中国人民政治协商会议第六届、七届、八届、九届全国委员会副主席,中国民主同盟第五届、六届、七届中央委员会副主席和第七届、八届、九届名誉主席,中国科学院资深院士、上海大学校长钱伟长遗体,7日在上海龙华殡仪馆火化。

钱伟长因病于2010年7月30日6时20分在上海逝世,享年98岁。

钱伟长病重期间和逝世后,胡锦涛、江泽民、吴邦国、温家宝、贾庆林、李长春、习近平、李克强、贺国强等同志,前往医院看望或通过各种形式对钱伟长逝世表示沉痛哀悼并向其亲属表示深切慰问。

受中共中央委托,中共中央政治局常委、全国政协主席贾庆林,中共中央政治局委员、上海市委书记俞正声,全国人大常委会副委员长、中国科学院院长路甬祥,全国人大常委会副委员长、民盟中央主席蒋树声,全国政协副主席、中共中央统战部部长杜青林,全国政协副主席、民盟中央第一副主席张梅颖,全国政协副主席兼秘书长钱运录,7日专程前往上海龙华殡仪馆为钱伟长送别,并慰问其亲属。

7日上午的龙华殡仪馆庄严肃穆,哀乐低回。正厅上方悬挂着黑底白字的横幅"沉痛悼念钱伟长同志",横幅下方是钱伟长的遗像。钱伟长的遗体安卧在鲜花翠柏丛中。

10时30分许,贾庆林、俞正声、路甬祥、蒋树声、杜青林、张梅颖、钱运录和孙孚凌、徐匡迪在哀乐声中缓步来到钱伟长遗体前肃立默哀,向钱伟长遗体三鞠躬,并与亲属一一握手。贾庆林转达了胡锦涛总书记、江泽民同志等中央领导同志对钱伟长亲属的深切慰问。

中共中央办公厅、全国政协办公厅、中央和国家机关、中国民主同盟、中国科学院、上海市等有关方面负责同志,以及钱伟长生前友好和家乡的代表也前往送别。

钱伟长病重期间和逝世后,前往医院看望或通过各种形式对钱伟长逝世表示沉痛哀悼并向其亲属表示慰问的还有:王刚、王乐泉、王兆国、王岐山、回良玉、刘淇、刘云山、刘延东、李源潮、汪洋、张高丽、张德江、李鹏、万里、乔石、朱镕基、李瑞环、宋平、刘华清、尉健行、李岚清、曾庆红、吴官正、罗干、何勇、王沪宁、乌云其木格、韩启德、华建敏、陈至立、周铁农、李建国、司马义·铁力瓦尔地、陈昌智、严隽琪、桑国卫、梁光烈、马凯、孟建柱、戴秉国、王胜俊、曹建明、廖晖、帕巴拉·格列朗杰、马万祺、白立忱、陈奎元、阿不来提·阿不都热西提、李兆焯、黄孟复、董建华、张榕明、孙家正、李金华、郑万通、邓朴方、万钢、林文漪、厉无畏、罗富和、陈宗兴、王志珍、何厚铧和李德生、张劲夫、黄华、彭冲、郑天翔、刘复之、杨白冰、丁关根、田纪云、迟浩田、张万年、姜春云、钱其琛、吴仪、曹刚川、曾培炎、王汉斌、张震、倪志福、陈慕华、雷洁琼、王丙乾、邹家华、王光英、布赫、铁木尔·达瓦买提、吴阶平、彭佩云、周光召、曹志、李铁映、司马义·艾买提、何鲁丽、丁石孙、成思危、许嘉璐、蒋正华、顾秀莲、热地、盛华仁、唐家璇、肖扬、韩杼滨、贾春旺、叶选平、杨汝岱、任建新、宋健、钱正英、朱光亚、万国权、胡启立、陈锦华、赵南起、毛致用、王文元、王忠禹、李贵鲜、张思卿、丁光训、罗豪才、张克辉、郝建秀、张怀西、李蒙、邓力群,中央军委委员陈炳德、李继耐、廖锡龙、常万全、靖志远、吴胜利、许其亮,以及傅全有、于永波、王克、王瑞林、乔清晨等。

《人民日报》2010年8月8日

**钱伟长同志遗体在沪火化　　贾庆林等到上海龙华殡仪馆送别**

我国近代力学奠基人之一,著名的科学家、教育家,杰出的社会活动家,中国民主同盟的卓越领导人,中国共产党的亲密朋友,中国人民政治协商会议第六届、七届、八届、九届全国委员会副主席,中国民主同盟第五届、六届、七届中央委员会副主席和第七届、八届、九届名誉主席,中国科学院资深院士、上海大学校长钱伟长遗体,7日在上海龙华殡仪馆火化。

钱伟长因病于2010年7月30日6时20分在上海逝世,享年98岁。

钱伟长病重期间和逝世后,胡锦涛、江泽民、吴邦国、温家宝、贾庆林、李长春、习近平、李克强、贺国强等同志,前往医院看望或通过各种形式对钱伟长逝世表示沉痛哀悼并向其亲属表示深切慰问。

受中共中央委托,中共中央政治局常委、全国政协主席贾庆林,中共中央政治局委员、上海市委书记俞正声,全国人大常委会副委员长、中国科学院院长路甬祥,全国人大常委会副委员长、民盟中央主席蒋树声,全国政协副主席、中共中央统战部部长杜青林,全国政协副主席、民盟中央第一副主席张梅颖,全国政协副主席兼秘书长钱运录,7日专程前往上海龙华殡仪馆为钱伟长送别,并慰问其亲属。

7日上午的龙华殡仪馆庄严肃穆,哀乐低回。正厅上方悬挂着黑底白字的横幅"沉痛悼念钱伟长同志",横幅下方是钱伟长的遗像。钱伟长的遗体安卧在鲜花翠柏丛中。

10时30分许,贾庆林、俞正声、路甬祥、蒋树声、杜青林、张梅颖、钱运录和孙孚凌、徐匡迪在哀乐声中缓步来到钱伟长遗体前肃立默哀,向钱伟长遗体三鞠躬,并与亲属一一握手。贾庆林转达了胡锦涛总书记、江泽民同志等中央领导同志对钱伟长亲属的深切慰问。

中共中央办公厅、全国政协办公厅、中央和国家机关、中国民主同盟、中国科学院、上海市等有关方面负责同志,以及钱伟长生前友好和家乡的代表也前往送别。

钱伟长病重期间和逝世后,前往医院看望或通过各种形式对钱伟长逝世表示沉痛哀悼并向其亲属表示慰问的还有:王刚、王乐泉、王兆国、王岐山、回良玉、刘淇、刘云山、刘延东、李源潮、汪洋、张高丽、张德江、李鹏、万里、乔石、朱镕基、李瑞环、宋平、刘华清、尉健行、李岚清、曾庆红、吴官正、罗干、何勇、王沪宁、乌云其木格、韩启德、华建敏、陈至立、周铁农、李建国、司马义·铁力瓦尔地、陈昌智、严隽琪、桑国卫、梁光烈、马凯、孟建柱、戴秉国、王胜俊、曹建明、廖晖、帕巴拉·格列朗杰、马万祺、白立忱、陈奎元、阿不来提·阿不都热西提、李兆焯、黄孟复、董建华、张榕明、孙家正、李金华、郑万通、邓朴方、万钢、林文漪、厉无畏、罗富和、陈宗兴、王志珍、何厚铧和李德生、张劲夫、黄华、彭冲、郑天翔、刘复之、杨白冰、丁关根、田纪云、迟浩田、张万年、姜春云、钱其琛、吴仪、曹刚川、曾培炎、王汉斌、张震、倪志福、陈慕华、雷洁琼、王丙乾、邹家华、王光英、布赫、铁木尔·达瓦买提、吴阶平、彭佩云、周光召、曹志、李铁映、司马义·艾买提、何鲁丽、丁石孙、成思危、许嘉璐、蒋正华、顾秀莲、热地、盛华仁、唐家璇、肖扬、韩杼滨、贾春旺、叶选平、杨汝岱、任建新、宋健、钱正英、朱光亚、万国权、胡启立、陈锦华、赵南起、毛致用、王文元、王忠禹、李贵鲜、张思卿、丁光训、罗豪才、张克辉、郝建秀、张怀西、李蒙、邓力群,中央军委委员陈炳德、李继耐、廖锡龙、常万全、靖志远、吴胜利、许其亮,以及傅全有、于永波、王克、王瑞林、乔清晨等。

《光明日报》2010年8月8日

**教诲犹在　精神永存　上海大学师生泪别敬爱的钱校长**

今天上午10点,钱伟长遗体告别仪式在上海龙华殡仪馆举行。上千名上海大学师生来到现场,泪别敬爱的钱校长;与此同时,在上海大学延长校区大草坪,钱校长追思会也正举行。

自钱伟长去世到现在,上海大学的师生在处处留下钱伟长印迹的校园内,追思伟人,缅怀大师,寄上无尽的深情追忆。

钱伟长去世后,上海大学的两个校区都设立了悼念灵堂。在钱伟长生前居住了27年的"乐乎楼"里,每天都有上千名学生以及校外人士自发赶来悼念。而在钱伟长离开后的每一天,各个学院自发组织的追思悼念活动都在进行。在泮池边,在下沉式广场,在大草坪,在钱伟长题写的"自强不息"校训石前,师生们与钱校长依依话别。

凝望连接教学楼的条条长廊,注目校门前自强不息的嘱托,师生们说:钱校长并没有离开,他的教诲犹在,他的精神永存。我们现在想的是:应该从钱校长身上学习什么?我们应该以怎样的精神去学习、工作、生活?

上海大学的师生都熟知这样一个故事:现任上海大学党委副书记、常务副校长周哲玮是钱老的学生。当年,在拿到博士学位的时候,周哲玮请教钱老师:我今后该向哪个方向发展?谁知这么一个平常的问题,却遭到了老师的严厉斥责:"什么发展方向?国家需要你做什么,你就朝哪个方向发展!"

钱老有句名言:我没有专业,祖国的需要就是我的专业。他的言传身教,也让所有上大人增添了一份为国为民的责任。上大世博会志愿者写下了这样的话:我们,佩戴着刻有您教诲的上海大学世博会志愿者徽章,实践着"服务他人"的诺言;我们铭记,两次毕业典礼上,您饱含热泪:"天下是百姓的,百姓之忧你们是否放在心上?"我们不忘,您曾经颤抖却坚定:"上海大学的校训光自强不息还不够,还要加上先天下之忧而忧,后天下之乐而乐。"而今天,我们将无尽的哀思转化成坚定的誓言:"在今后的学习与工作中,我们也将牢记校长的嘱咐,在为国家为社会服务中实现人生价值。"一位2010届本科毕业生留下了这样的感言:不哭,最好的悼念,不是泪水,不是仪式,而是用自己未来的人生,写出大写的人。(曹继军)

《光明日报》2010年8月8日

**钱伟长遗体在沪火化　贾庆林等到上海向他送别**

钱伟长病重期间和逝世后,胡锦涛、江泽民、吴邦国、温家宝、贾庆林、李长春、习近平、李克强、贺国强等,前往医院看望,或通过各种形式对钱伟长逝世表示沉痛哀悼并向其亲属表示深切慰问。

我国近代力学奠基人之一、著名的科学家、教育家,杰出的社会活动家,中国民主同盟的卓越领导人,中国共产党的亲密朋友,中国人民政治协商会议第六届、七届、八届、九届全国委员会副主席,中国民主同盟第五届、六届、七届中央委员会副主席,第七届、八届、九届名誉主席,中国科学院资深院士、上海大学校长钱伟长遗体,7日在上海龙华殡仪馆火化。

受中共中央委托,中共中央政治局常委、全国政协主席贾庆林,中共中央政治局委员、上海市委书记俞正声,全国人大常委会副委员长、中国科学院院长路甬祥,全国人大常委会副委员长、民盟中央主席蒋树声,全国政协副主席、中共中央统战部部长杜青林,全国政协副主席、民盟中央第一副主席张梅颖,全国政协副主席兼秘书长钱运录,7日专程前往上海龙华殡仪馆为钱伟长送别,并慰问其亲属。

贾庆林转达了胡锦涛总书记、江泽民同志等中央领导同志对钱伟长亲属的深切慰问。

中共中央办公厅、全国政协办公厅、中央和国家机关、中国民主同盟、中国科学院、上海市等有关方面负责同志,以及钱伟长生前友好和家乡的代表也前往送别。

《人民日报(海外版)》2010年8月9日

**"三钱"虽逝风范永存**

**"三钱"的来历**

提到"三钱",人们便会肃然起敬地想到中国航天之父钱学森、中国力学之父钱伟长、中国原子弹之父钱三强。

1956年春,党中央决定制定12年(1956—1967年)科学技术远景规划。钱学森、钱伟长、钱三强等人建议紧急研究原子能、导弹、电子计算机、半导体、无线电通信和自动化技术6个项目以及其他50个重点项目。睿智的周恩来在众多的建议中看到了他们建议的重大价值,一锤定音:"'三钱'的建议是对的,我们国家需要这个。""三钱"之名由此传播开来。后来,三位科学家在各自的领域取得了辉煌的成就,为国家、为人民作出了杰出的贡献,"三钱"之名不胫而走,几至家喻户晓。

除周总理肯定的12年科学技术远景规划提出者"三钱"(钱学森、钱伟长、钱三强)外,获"两弹一星"功勋奖章的23位科技专家中也有"三钱"的说法,指钱学森、钱骥、钱三强。钱骥,中国第一颗卫星"东方红1号"总体组负责人,生前曾任中国科学院卫星设计院副院长。

**钱学森　中国航天之父**

出生地:浙江杭州

出生日期:1911年12月11日

逝世日期:2009年10月31日

钱学森上世纪30年代留学美国,师从世界著名空气动力学家冯·卡门教授。他们共同合作,于40年代设计了美国第一枚下士导弹。被誉为美国航天科技事业和空气动力学的奠基人之一。1955年冲破重重阻力回归祖国。他作为我国导弹、航天事业的奠基人,统领我国的火箭、导弹大军,自主创新成功发射了我国第一颗近程导弹、中远程导弹、洲际导弹;与此同时,他统领我国的航天大军发射成功了我国第一颗人造卫星,被誉为"导弹之王""航天之父"。1991年10月,党和国家授予钱学森"国家杰出贡献科学家"荣誉称号。1999年9月,荣获"两弹一星"功勋奖章。

**钱伟长　中国力学之父**

出生地:江苏无锡县鸿声乡七房桥村

出生日期:1912年10月9日

逝世日期:2010年7月30日

钱伟长上世纪四十年代留学加拿大,后又投师美国冯·卡门教授。历任美国加州理工学院力学研究所研究员,中科院力学研究所副所长,自动化研究所所长,清华大学副校长,上海工业大学校长,上海大学校长,全国政协副主席。早年与导师辛格合作,研究板壳内禀理论,开创了板壳理论新方向。他提出的非线型偏微分方程,被国际誉为"钱氏摄动法"。他是力学家,被海外媒体誉为力学之父。他也是应用数学家、教育学家、社会活动家。他说,他一生当中所有重大选择都是为了祖国的繁荣富强。

**钱三强　中国原子弹之父**

出生地:浙江省湖州市

出生日期:1913年10月16日

逝世日期:1992年6月28日

钱三强上世纪30年代留学法国,投师于伊蕾娜·居里夫人,从事原子物理研究。他与夫人何泽慧合作,发现原子核裂变不仅是一分为二,在一定条件下,可以一分为三、一分为四,从而被国际原子物理学界称之为"钱氏三分裂、四分裂学说"。新中国建立之初,钱氏夫妇冲破重重阻力,回归祖国。曾担任中国科学院副院长,核工业部副部长,原子能物理研究所所长。他统领我国的原子大军,终于在1964年10月,爆炸了中国第一颗原子弹。这使中国这个贫穷落后的古老大国,以无可争议的高科技优势,加入世界军事强国的行列。

《光明日报》2010年8月9日

**斯人为镜**

在送别钱伟长的队伍里,看到很多稚气未褪的脸。不由想起钱学森去世后那个飘雪的寒冷冬日,络绎不绝的人从四面八方赶来,祭上手中那支清雅的菊花。

其中很多人,特别是那些年轻人,其实从未和大师有过接触,甚至素未谋面。他们的怀念,有感恩、有仰慕、有向往……但更多的是期盼——正如一位自发前来的在校大学生所说:"如果现在多一些这样的科学家就好了!"

当看到那些拿着国内优厚待遇,却只肯把一部分时间"施舍"给国内的专家学者时,我们不禁想起钱学森回国时的毅然决然。从1949年到1955年钱学森回国,六年如入囹圄般的生活,并没有吓退他对祖国的浓浓眷恋。回国后粗茶淡饭、甚至缺衣少食的巨大生活落差,并没有让他后悔自己的选择,反而对祖国的热爱让他对一切甘之如饴。世界毕竟未达大同境界,无数的实例告诉我们,科学家是有国籍的,科技成果在相当长的历史时期内有国别所属。"科学无国界"这句话,怎能被当作推卸责任的皇帝新装!

当看到国家划拨的科研经费,变成某些专家学者的座驾,甚至家里的冰箱、彩电时,我们不禁想起钱伟长这个没有住房的大学校长。几十年来,钱伟长就住在上海大学的招待所,就是延长校区的乐乎楼,也就七八十个平方米。他在上海没有房产,他说他喜欢住在学校里,因为可以随时随地看着他一手创建和发展起来的上海大学。我们从不否认科技工作在高度社会化的分工中,也是一种谋生手段。我们只是希望,工作收入和科研经费能够截然分开,纳税人的每一分钱都能用在刀刃上。

当成果之争甚嚣尘上,师生反目、同室操戈的一出出闹剧不断上演时;当某些科技工作者不惜造假以博名利,被发现不以为耻反而只怨时运不济时,我们不禁想起钱三强为了国家心甘情愿消失在公众视野的超脱。每个人都希望被肯定,希望自己的工作被认可,但科学一道,从来不是博取名利的晋身阶。科学技术往往是寂寞的,需要认认真真、扎扎实实的付出,任何花哨的投机取巧与哗众取宠,最后都只能是自取其辱。

当听到老师变成"老板","传道授业解惑"的传承变成"我出钱你打工"的雇用,言传身教变成只闻其名不见其人的挂名师生,我们不禁想起"钱学森之问"的言之谆谆。他曾说:"今天我们办学,一定要有加州理工学院的那种科技创新精神,培养会动脑筋、具有非凡创造能力的人才。我回国这么多年,感到中国还没有一所这样的学校,都是些一般的,别人说过的才说,没说过的就不敢说,这样是培养不出顶尖帅才的。我们国家应该解决这个问题。"也许"钱学森之问"的解答,要从老师的改变开始。

有人说,"三钱"是那个时代特有的人物,是现在不可复制的经典;而他们有些准则,也不再适用于这个年代。但就人格与修养而言,千百年来,我们的标准从未改变。"三钱"是面镜子,面对"三钱",我们能不能降低些物欲,不再斤斤计较于名利之争?做不到抛却名利心,能不能扎实工作,让这"名利"实至名归?当然,伟人之所以成为"伟人",就是因为与众不同。不是每个人都能成为"三钱",但我们每个人都应该学习他们那种精神,不断提升自己的修养。

或许,我们于逝者的怀念,不过是对未来的希冀。

《光明日报》2010 年 8 月 9 日

### 人民观察·"海宝一代"绽放世博

他们大多出生于上世纪 80 年代末、90 年代初。

他们给自己起上很多蔬菜水果卡通类外号:小白菜、小蓝莓、蓝精灵、黑木耳……

2010 年,中国"90 后"首次在世界面前集体亮相,这是一代人最初的舞台,就在万众瞩目的世博园。

#### 世博园已经离不开志愿者
#### ——从"小白菜"到"咸干菜",在汗水泪水交织中成长

上海师范大学 21 岁的大三女生李天鸥抽出休息时间与记者聊天,没 2 分钟,谈话已经被五六拨人陆续打断:哪里坐轮渡?公交站点在哪里?哪里卖海宝?园里有打车的地方吗?参观场馆忘盖章了,现在还能盖吗?

天鸥一次次笔直站起,微笑着将游客指向园区各处。

盛夏的世博园,站在路上不需 5 分钟就会汗流浃背。每名志愿者都在不停回答游客提问,烈日下始终笑脸相对。这些制服呈绿白两色、昵称"小白菜"的志愿者们,正在成为世博园里最可爱的人。上海世博局党委副书记许伟国透露:"现在,一名游客平均接受志愿者服务 10 次。世博园已经离不开志愿者,各处都在要求增援呢!"

有关部门抽取 7 月 16 日这一天进行全样本统计。据测算,当天园区上岗志愿者 5 541 名,全天上、下午两班共为游客提供各类服务 437 万人次。

保守估计,每名志愿者人均日服务游客近 800 人次,大约每 2 分钟就要答问一次。

李天鸥的岗位在浦西园区龙华东路线企业馆站附近,游客提问几乎没有间断,脖子被晒脱了皮。下午 4 点上岗,晚上 10 点半撤岗,总要半夜才能回到学校,洗洗涮涮,凌晨两三点才能入睡。

"小白菜"们总能苦中作乐。一个自嘲的笑话在志愿者中广为传播:第一天脆生生的"小白菜"上岗,汗水泡着、太阳晒着,两周的志愿服务下来,最后就变成"咸干菜"啦!

从来没有过的辛苦,或许,还受着从来没有过的委屈。

复旦大学的志愿者们,额外参加了世博园的数次试运行。4 月 20 日试运行首日,由于种种原因,志愿者们也是头一天真正进入世博园,站在岗位上,瞬间就被混乱人群的各种提问"淹没",也因为"无知"而饱受攻击。

"刚开始一站 7 小时不下岗,好多志愿者嗓子一天就哑掉,累哭的我没听说过,'90后'其实没大家想的这么脆弱。但试运行第一天,我们很多志愿者都哭了,这些孩子心里委屈。"复旦大学团委书记尹冬梅说。

"小白菜"们开始奋力"做功课"。10 余天后,即将离岗的首批"小白菜"们已开始替接

班者担心。于是,复旦的"小白菜"们只花了3天时间,就自发编了一本13分册、37.5万字的志愿者工作手册,附上不少手绘地图。仅中国馆9米平台上的9个岗位,就一一罗列出各自的岗位志愿者职责,常见问题怎么回答,甚至附上中英文书写的标准答案。

交接班时,这本厚厚的工作手册,被郑重交到华东师范大学的志愿者手中。

**送别钱伟长,学生特意换上志愿者服装,"钱校长要求我们奉献社会,我做到了"**

——从奥运精神到"海宝一代",个性突出的"90后"集体亮相

"小白菜"们大多还不知道,自己正在被记入历史——这是世博会有史以来规模最大的志愿者大行动,或许也将成为我国迄今历时最长的志愿者"集团作战"。

上海世博会200万名志愿者共分三类,数万昵称"小白菜"的园区志愿者、约10万身着蓝白制服的站点志愿者与多达180万人的城市文明志愿者。其中,绝大部分直接服务园区参观者的"小白菜"和35％的站点志愿者,主要来自复旦大学、同济大学、华东师范大学、上海大学、上海师范大学等34所高校。

可以说,这是一次上海高校的总动员,更是"90后"的首次集体亮相。

"如果说,两年前的汶川地震与北京奥运,是'80后'让人耳目一新,那么,这次世博会,给了'90后'们一个展示自我的舞台。"尹冬梅说。

世博外事接待志愿者顾忆青,从4月服务至今。他说,因为世博,他懂得光鲜背后的琐碎与辛苦。20来岁的他笑着说,由于偶尔需要西装革履,"人家是'小白菜',我们就是'黑木耳'。"

"海宝一代"生性轻松活泼。他们给自己起了很多蔬菜水果卡通类外号,绿衣服就是"小白菜"、蓝衣服就是"小蓝莓""蓝精灵",橙色衣服就叫"橙子"。

"不要老是跟他们开会讲道理,要讲真话。"许伟国很明白。

"'90后'讲究平等,更加个性,不愿意受拘束,比较自我,喜欢不喜欢非常明确。"在尹冬梅眼中,"90后"是自我意识很强烈的一代,公益热情难以想象,"他们做志愿者目的更纯粹,就是觉得做志愿者很快乐"。

尹冬梅曾亲眼目睹,一位母亲支持"90后"女儿报名参选世博志愿者:"应该做志愿者,将来简历上也好看。"结果女儿反驳:"妈妈,志愿者就是志愿者,不要想这么多。"

一位志愿者写日记:服务第一天,一位老奶奶问我:"小白菜,你当志愿者有什么收获啊?"我摇摇头。服务最后一天,又有人问我:"老白菜,你收获了什么?"我说,收获的是23位走失儿童妈妈的感谢!

上海大学校长钱伟长在沪逝世。学校为钱老设立了悼念场所,一名已结束园区志愿服务的学生,重新换上"白菜服"送别钱老。"钱校长要求我们奉献社会,我做到了。身着白菜服,最能代表我的心情。"

**"愿阳光洒在脸上,面朝人海,春暖花开"**

——世博会的人生百态,让"90后"认识国情、反省自己

"90后"们,正在与世博会共成长。

这批志愿者,都是反复筛选、经过几轮培训后上岗。仅复旦大学就有1万多人报名,最后4 000人入选,其中2 326人成为园区志愿者。复旦大学为此组织过600场面试,重视程度可见一斑。

真正的志愿服务开始后,很多人经历了从兴奋到疲惫、甚至厌倦的心理过程。"问题千篇一律,解释无穷无尽。于是开始烦躁,开始困乏,回答问题眼皮打架,遇到难缠的游客止不住火气上扬……"这些,都曾是志愿者的真实感受。

当志愿者,有希望有机会在世博园好好逛逛的、有想来锻炼英语口语的、有想体验新鲜事物的……这些期盼,最终几乎全部落空。"最后能坚持下来,有很大的原因都是,既然当初报名答应要做,那就好好做吧。"听多了志愿者们的倾诉,尹冬梅总结共性。

一直以来忙于学业的"90后"们,对社会开始有了自己的认识与思考。

17岁的郭一冰出生在墨西哥,整整坐了17小时飞机赶回家乡上海,志愿为墨西哥馆服务。她说,因为世博会,与很多来自世界各地的同龄人成为朋友,很快乐。但她也有不解:"很多人为了敲章来走马观花,很可惜,因为墨西哥馆做得非常好,为什么不借这个机会好好认识一下这个国家呢!"

细心的李天鸥,系统比较了游客特点:90%的外国游客会拿着地图来问路,并能清楚地在地图上指出自己在哪里,想去哪里。与之相反,超过90%的中国游客问路时不拿地图,而是更喜欢把志愿者当地图。"年轻人与老年人比中年人更有礼貌教养,一般用语文明。30%的中国游客会说'谢谢',外国游客是90%。"

"小白菜"们在文化冲突中看到了差距,在落差中更多地认识了国情,也开始有自己的收获。

19岁的"小蓝莓"韩卓韦结束志愿服务后,突然明白了一个大道理——经济发展并不决定精神的高度。也有小细节,他跟父亲交流:"爸爸,你跟别人说话时不要开口先说上海话。"

苦练板凳功后,站点志愿者王倩告诉自己:"想想报名的初衷,不要怕做最简单最基本的工作,总要有人做螺丝钉。"

"志愿者回到学校以后明显成熟了。"尹冬梅感触颇深,"90后"其实多少有些浮躁、有点自我。"原来布置工作,首先就是'十万个为什么',现在纪律性明显加强,学会了分担别人的委屈,懂得感恩。"

"90后"志愿者们,制作传阅着手机彩信:一株向日葵,"愿阳光洒在脸上,面朝人海,春暖花开。"一束康乃馨,"献给母亲,她们才是真正的志愿者,而且是长期岗。长年累月做着我们认为理所应当的事情。"

上海市市长韩正与"小白菜"们交谈之后,感谢所有志愿者为世博会的付出,并由衷地说,"相信世博会的丰厚精神财富将深深激励这座城市的年轻一代。"

**"受了点委屈、吃了点苦、晒黑了脸,但毫不退缩"**
——从汶川地震、北京奥运到上海世博,志愿精神一脉相承

"志愿,由心而生,已经融入我们的点滴生活中。我们是城市文明的使者。"一位告别岗位的"小蓝莓"这样写道。

从汶川地震到北京奥运,中国志愿者群体的亮相让世界感动。现在,上海世博的志愿者正在被亲切地称为"海宝一代"。

"每一代人都有他对社会的责任意识,只不过表现方式不一样而已。现在这代人的表现方式,比较现实也比较务实。"上海市文明办主任、上海世博会志愿者部主任马春雷

说,"可能他不太赞同那种很空洞、很口号、很机械的社会责任感的宣扬,他有自己的想法和个性,他就是从力所能及的小事做起,认认真真做下去,而这是我们所说的'责任'最重要的基础。"

他们能吃苦。"以前夏天,三十七八度高温肯定是宅在家里,出门倒个垃圾或走五分钟去超市都觉得无法忍受。现在,生活在高温下,处在很紧张的节奏中,依然能感到快乐。快乐,就够了。"一位志愿者写下博客。

他们心态轻松,互相交流着各种趣事:有个游客经过我们,又折回来,把手里的垃圾往我们手里一塞,"这个我不要了,帮我丢掉。"我立在原地,无语凝噎;一个大妈要去某某路,纠结了半天又说不清路名,只一味地问我怎么回去。于是我问她是怎么来的,"我是坐飞机过来的!"倒地不起……

典型"90后"的语言与思维,却有一种精神正在一脉相承。

上海大学有近8 000名志愿者服务世博,包括6 800名园区志愿者,其中有近2 000名是党员。这批党员"小白菜",坚持站没有遮阳伞的岗位,把较为凉快的位置让给别人。坚持最后一批用餐,把较好的时间让给别人。

"全世界的游客都看到了我们这些志愿者积极的精神风貌和状态。惊奇之余,是欣喜和高兴。"马春雷说,世博会这个超大规模、超长周期的志愿项目,"对完善中国特色的志愿服务体系,对中国未来志愿者服务的发展具有里程碑意义。"

中共中央政治局委员、上海市委书记俞正声在看望志愿者时说:"同学们参加到世博会这样一项充满挑战的事业中来,受了点委屈、吃了点苦、晒黑了脸,但毫不退缩,我为同学们感到骄傲。"他还相信,志愿服务会成为上海世博会工作的重要亮点。

《人民日报》2010年8月12日

## "国家的需要就是我的专业"——钱伟长文章和谈话摘登

[编者按]钱伟长同志是杰出的科学家。他提出的非线型偏微分方程,被国际誉为"钱氏摄动法"。他是力学家,被海外媒体誉为力学之父。同时,他又是教育家,先后担任清华大学副校长,上海工业大学校长,上海大学校长,他还是全国政协副主席。他一生当中所有重大选择都是为了祖国的繁荣富强。为缅怀和追思这位科学巨子,中共中央文献研究室《文献与研究》编辑部辑录了《钱伟长文章和谈话摘登》,本报特编发摘登部分内容,供读者阅读和研究。

### 谈中国历史文化以及自己受到的影响

我们的祖先和我国人民并没有把这些光辉的发明和创造(指南针、造纸、印刷、火药等——编者注)占为一己所有,秘不示人,或作为向外侵略的资本。相反,我们的祖先毫不吝啬地把这些伟大的发明贡献给全人类,为今日全人类的文明奠定了一部分必要的基础。

——《中国古代的三大发明》(《中国青年》1951年第61期)

我们的祖先在1800年以前,就已经创造了齿轮,并且创造了差动齿轮机。在这样早的年代,就有了这些光辉的科学创造,给我们后代子孙以无上的骄傲和无穷的鼓励。

——《中国古代的三大发明》(《中国青年》1951年第61期)

这些老师对我的影响极深,虽然他们大多是教文科的,但我认为文科也好,理科也好,从启蒙的角度看,意义是一样的。是他们使我懂得了学无止境,启发我去探索知识,追求真理,为我后来的科研、教学工作奠定了比较扎实的基础。

——《笃学重教自良师》(《光明日报》1994年9月8日)

读史贵在融会贯通,弄懂它,不在于死背熟读某些细节。学物理也是一样,也是重在弄懂,不要死背公式,熟记定律,懂了自然就记得,会用就肯定忘不了。所以,能学好历史,同样也能学好物理。他(叶企孙,著名物理学家、时任清华理学院院长——编者注)这场谈话,使我学物理的信心倍增,而且也是从此以后,成为学习各种科学的指导方针。

——《怀念我的老师叶企孙教授》(《钱伟长文选(第四卷)》,第208—209页)

我们的学生首先要学会做人,做一个正直的人,一个有学问的人,一个对社会有贡献的人。

——《加强和改进"两课"教育的问题》(《钱伟长文选(第四卷)》,第129页)

**谈爱国主义和知识分子的社会责任**

高中毕业后,我的兴趣全在文史国学方面,一心想报考名教授众多的清华大学文学院。可是,开学后的第三天就发生了"九一八"事变。国难当头,热血奔涌,我下定决心"弃文理学",改学物理。我要用自己的聪明才智造出中国人自己先进的武器,赶走凶残的侵略者。

——《"与时代同步伐,与祖国同命运,与人民齐奋斗丛书"序言》(《上海大学报》2005年11月28日)

其实我出国,绝对不是为了自己、为了家庭,而是为了国家,我是想学科学、走科学救国的道路。

——《怀念钱穆先叔》(《钱伟长文选(第五卷)》第83页)

从大处而言,一个民族若失去他们自己的管理能力时,这个民族是没有前途的。不要以为我们有12亿人民,就可以永远地站立起来了,事情绝非如此。……所以不要以为人口众多和地大物博,就永远地有出路。没有共产党的领导,就没有今天独立富强的新中国。

——《谈大学生的学习》(《钱伟长文选(第四卷)》第132—133页)

我们从旧社会来的人都知道,若没有一个独立富强的国家,就不可能有一个民族的尊严,更不会有一个民族中个人的一切。

——《没有一个独立富强的国家就没有个人的一切》(《钱伟长文选(第三卷)》第221—222页)

我们不能糊涂,必须认识到没有一个统一的、团结的、强大的国家,就没有一个民族真正的生存条件。若一个民族连独立生存的条件都没有,整个民族是一个无国籍、没归宿的群体,你个人又逃到何方?

——《没有一个独立富强的国家就没有个人的一切》(《钱伟长文选(第三卷)》第221—222页)

我没有专业,国家的需要就是我的专业。

——《以赤子之心 办兴国之学》(《中国教育报》2007年4月30日)

有人问我是学什么专业的,大家知道我是搞力学的,可是我可以告诉大家,我从来也没有学过力学,只是当时没有人能够讲好力学,国家需要,我就上了讲台。别把专业看得太重,国家需要是最重要的。

——《身体力行 克尽厥责》(《科技日报》1995年6月15日)

自己的祖国不富强,在国外最多当一个二等公民。
——《关于实现四个现代化的几个问题》(《钱伟长文选(第一卷)》第223页)

曾有不少人问我,作为一个科学家和教育家,作为一个民主党派人士,贯穿你一生的信念是什么?我的回答是:一切从国家的需要出发。
——《爱我中华,自强不息》(《群言》2004年第10期)

新时期知识分子的任务,就是建设我们的国家。精神文明和物质文明的建设,都需要知识分子。我们在许多不同的岗位上工作,把各自的本职工作做好。
——《新时期知识分子的地位和作用》(《钱伟长文选(第二卷)》第136—137)

在我们这支知识分子队伍中,不能说个个都是好的。我们今天也有一些不像话的知识分子,善于抬轿子,善于溜须拍马。我们有没有资产阶级意识?我说有。我们现在的确要考虑到自己的很多问题,但要有古代中国人的牺牲精神,像张骞这个知识分子就是好样的,完全不考虑个人的利益。
——《新时期知识分子的地位和作用》(《科学·经济·社会》1984年第2卷第1期)

科学家自身要坚持高标准。我认为这个标准至少有三个方面。一是要有社会责任感和历史使命感。科学家要追求科学真理,但是更要爱国、热爱中华民族,也就是要有社会责任感和历史使命感。科学家从事研究,也要讲究对社会、国家和民族的贡献。……科学家不能脱离社会而存在,科学家做研究也应该对社会发展有真正的推动作用。二是除了自己的专业外,还要懂一点哲学。哲学很重要,很多学问做深了,都会碰到哲学问题。数学是这样,物理、化学、生物、计算机,都是这样。所以科学家一定要研究一点哲学,要懂哲学。没有哲学思想的指导,很难取得重大的科研成果。三是要锐意创新。我认为创新主要有三个方面:一是思想的创新,革新某个学科的根本思想;二是方法的创新,包括数学方法和实验方法;三是开拓已有思想和方法的新应用领域。不管做什么研究,都应该努力在这三个方面有所创新。
——钱伟长《科学基金对繁荣科学至关重要》(《科学时报》2006年5月25日)

**谈毛泽东、周恩来、邓小平对科技事业的关心和指导**

毛泽东同志一直强调调查研究的重要性,他本人就是创新的典范。
——钱伟长《如何培养有创新精神的人》(《群言》2001年第1期)

经过激烈的争论,(十二年科学技术发展远景规划——编者注)最终确定了56项任务,其中有钱学森、钱三强和我三人极力主张的原子能、宇航、计算机和自动化4个项目。……因为周总理注意到,我们三人的主张,并不是囿于自己所从事的某一个学科,而是关注到国家整体科技实力的发展。此后不久,周总理在许多公开场合把我们三人并称为"三钱",也就是后来传开的"三钱"的来历。在这一过程中,我真正感受到中国共产党海纳百川、从善如流、有容乃大的博大胸怀和情系于民、权用于民、谋利于民、全心全意为国家和人民办事的精神,真正体会到民主党派人士在中国共产党领导的建国大业中建言有纳,议政有途,大有可为。
——《爱我中华,自强不息》(《群言》2004年第10期)

粉碎"四人帮"以后,我们的祖国百废待兴,改革开放方兴未艾。在党的十一届三中全会上,在1978年的科技和教育工作座谈会和其后召开的全国科技大会上,小平同志高瞻远瞩地指出,中国要实现四个现代化,关键是要实现科教现代化。嗣后,他当机立断地实施了一系列有力措施,为中国科教事业的发展引来了第二个艳阳高照的明媚春天。

——《爱我中华,自强不息》(《群言》2004年第10期)

经过"文化大革命"后,1978年,邓小平同志提出来学校里要有"两个中心",教育是一个中心,科研是一个中心。那时候学校的情况很惨,这样提出来后,学校教育才开始发生变化。是邓小平同志救了我们国家的教育。

——《大学教师必须搞科研》(《钱伟长文选(第四卷)》第46页)

没有中国共产党就不可能有新中国,没有新中国就不可能有改革开放,产生像邓小平同志那样的一个领袖,使我们的国家在短短的20年里起了很大的变化。

——《自强不息,创造性地走向未来》(《钱伟长文选(第五卷)》第2页)

**谈教育工作**

教育有两个方面的任务,一个是教,一个是育。教当然是指教书,这个"书"是形象的东西,不能仅仅指教书本;一般的教学,可以没有书,也能教。育是指以身作则地育人,要做好这些事情,必须团结起来。不团结,你不让我,我不让你,这个队伍就组织不起来。

——《谈教书育人》(《钱伟长文选(第三卷)》第95页)

教育的目的是使学生掌握正确的学习方法、工作方法和思想方法,所学的课程也好、专业也好,无非是一种载体,通过这个载体来促使大家掌握这种方法。

——《以赤子之心 办兴国之学》(《中国教育报》2007年4月30日)

教学的过程,就在于让学生搞清"模型"的意义。因为"模型"反映的是事物的本质,是对客观事物的近似描述。我们要引导学生提出"模型",通过抓"模型",教给学生一种提出问题、分析问题、解决问题的方法。

——《如何培养有创新精神的人》(《群言》2001年第1期)

重视培养学生的逻辑思维能力,而且是辩证唯物主义的逻辑思维能力,这不是背背书就能达到的。——《培养跨世纪的一代新人》(《思想理论教育》1996年专辑一)

在我们现行的高考制度里,过去若干年以来,鼓励了很多同学去背书,中、小学生都是靠背书过日子。……听说考的结果拿到197分的就能进重点中学,196分以下的就只能进一般的中学。因此,只能有三个错别字,这样刚刚197分。如果有第四个错别字,就决定了你的终生,不许你进重点中学了,当然你也就没有机会进重点大学了。这些背下来的东西有什么用呢?我说屁用处也没有!

——《谈学习方法》(《钱伟长文选(第二卷)》第36—39页)

一个教师没有自己的东西,照本宣科地念一通的话,还不如请个播音员来念念。

——《加强和改进 "两课"教育的问题》(《钱伟长文选(第四卷)》第128页)

早在上世纪80年代,在谈到教师问题时,我就提出,你不教课,就不是教师;你不搞科研,就不是好教师。——《论教学与科研关系》(《群言》2003年第10期)

教师的提高,不是靠听课进修,而是主要靠做科研工作,边研究边学习,缺什么学什么,边干边学,这是积极有效的方法。——《论教学与科研关系》(《群言》2003年第10期)

上个世纪80年代初,我刚到上海工业大学任校长,就提出拆除"四垛墙"。这"四垛墙"是:学校和社会之间的墙,教学和科研之间的墙,各学院各专业之间的墙,教与学之间的墙。

——《论教学与科研关系》(《群言》2003年第10期)

高等学校的教学工作的质量,并不仅仅是用教给学生的知识数量的总和来衡量的,更重要的,是培养学生如何在已经获得的知识基础上去获得更多的知识,组织这些知识为某一个特定的生产服务。因此,过多地、过分繁琐地进行教学,灌输给学生以百科全书那样多的知识,并不能达到提高质量的目的。

——《高等工业学校的培养目标问题》(《人民日报》1957年1月31日)

那种把学科与学科之间的界限划分过严、各种专业分工过细、互不通气的孤立状态必须打破。长期以来,在我国形成的理工分家,社会科学、文科和理工农各科分家现象,业已明显地影响着培养建设"四化"人才的质量,现代已经到了非改革不可的时候了。高等教育的综合化将是新时期高等教育的重要特征。

——《我国高等教育面临的挑战》(《钱伟长文选(第二卷)》第204—205页)

搞自然科学技术的人要懂得一点社会科学;搞社会科学的也要懂一点自然科学,这样才能把我们的国家建设成最先进的社会主义国家。

——《20世纪末自然科学发展总趋势》(《钱伟长文选(第三卷)》第4页)

我认为自然科学、技术科学、社会科学与人文科学传统的学科交割界即将会消除,它们将会结合成一个完整的科学知识体系。不同学科之间不再是"隔行如隔山",而是相互"取长补短"。这种科学的结合,就是世纪之交科学发展的特点之一。

——《学科的融合将形成完整的科学体系》(《光明日报》1998年6月16日)

中、小学教育的目标,就是培养一个公民必须有的修养和知识,也就是"通识"。

——《中、小学教育的目标是对公民进行"通识"教育》(《群言》1986年第3期)

现在大学里有两大缺点,一是太死,二是太专。你们的基础应该宽,基础宽才能爬的高,这如同盖房子一样,基础是很重要的。光靠专业是站不住的。

——《和青年朋友们谈学习问题》(《钱伟长文选(第五卷)》第33页)

大学教育的思想必须改变,不能再像原来那样希望学生毕业后在某一专业范围内什么都懂,如果照这种思想,读八年大学也不够,学校主要教会学生自学能力,将来边学边工作,工作到老学到老。

——《科技新发展对今后各方面的影响》(《钱伟长文选(第二卷)》第185—186页)

专业人员历史知识没有,地理知识没有,很危险哪!

——《智力开发和人才培养问题》(《钱伟长文选(第二卷)》第230—231页)

我们应该重视文史哲经济法律和一些理工科的通才训练,毕业生中有很多人在将来并不停留在本专业的工作上,而是有大量毕业生是用来充实干部队伍,和充任各级行政工作的。

——《我国高等教育面临的挑战》(《钱伟长文选(第二卷)》第202—203页)

最近几年,很多地方搞了重点中小学校或重点班级。这在当时的历史条件下是必要的,但随着形势的发展,它的使命就应该完成了。若再搞下去,危害性就会越来越大。

——《中小学的重点学校重点班级应该取消》(《光明日报》1984年7月31日)

我们首先要培养一个全面的人,一个爱国主义者,一个辩证唯物主义者,一个具有文化艺术修养、道德品质高尚的人,其次才是一个拥有学科专业知识的未来的专门家。

——《以赤子之心 办兴国之学》(《中国教育报》2007年4月30日)

《光明日报》2010年8月16日

**沙特馆为什么受青睐**

沙特馆火,几乎每个去过世博园的人都知道。在场馆排队等候排行榜上,沙特馆当之无愧地牢牢占据着头名位置,"排队时间9小时"的标牌甚至因为游客争相与之合影而成为园内的一个景点。据工作人员估算,如果将蛇形队列换算成直线距离长度可达4公里,足够绕着6 000平方米的沙特馆8圈有余,沙特馆"队王之王"的称号当之无愧。

可即便是这样,沙特馆那仿佛看不到尽头的队伍仍然没有吓退游客,就算是正午时分也会有人"义无反顾"地加入到长队中来。沙特馆究竟为什么这么火?

**亮点一:1 600平方米电影带你上天入地**

很多人付出几个小时的时间,都是冲着沙特馆电影去的。因为拥有世界上最大的1 600平方米银幕,所以尽管这部电影中没有明星,没有情节,人们还是想体验一下被银幕"包裹"的震撼感觉是什么样的。根据沙特馆"月亮船"的概念,设计师在室内流线布置上突破了空间展示的传统模式,整个船体优美的形体内侧都成为这个电影的银幕。而游客站立的步道飞架半空,环绕自动而行,感受独特。

北京游客王小姐站在自动步道上刚刚进入影院就被这种前所未有的效果给惊讶地叫出声来,她用"上天入地"来形容观影感受,她表示沙特馆的电影更重要的不是看到了什么,而是体验到了什么,那种被画面包围,时而浮游星空,时而放逐沙漠,时而跌入大海的感觉不仅震撼,而且让人目眩,排队4个小时换来的这种感觉还是很值得的。工作人员介绍,沙特馆内的巨型银幕的确是全球最大的银幕之一,但没有使用IMAX的放映技术,"它是高清的,远比IMAX先进,代表的是当今影院最前沿的技术"。

记者提示:震撼归震撼,但有眩晕症状者以及巨幕电影免疫者还是建议慎重进入沙特馆。毕竟整个电影时间只有10分钟左右,划算不划算还得自己掂量着来。

**亮点二:观景平台或为拍照最佳选择**

影片观赏结束,游客将随着螺旋式步道来到"月亮船"的顶部。相比于刚刚经历的虚幻空间,沙特馆顶部的这个观景平台却是实实在在的一个拍照上选之地。平台上不仅有高高的椰枣树和中东风情十足的帐篷,而且围着平台走一圈,游客会发现中国馆、文化中心等园区内标志建筑尽收眼里,甚至就连远处的黄浦江也是历历在目。

沙特馆视野优越的平台得益于其自身优越的地理位置,和中国馆、文化中心距离不远不近,从半空中的高度对望过去,便可一览无余。从湖南来的黄先生一家三口兴奋地说:"开始只是以为沙特馆有电影,所以我们才排了5个小时的队。没想到这里还有这么一个风景绝佳的平顶,在这里拍照留念可以拍到中国馆的全景,而且角度很好。"来自上海的陈先生带着三脚架,一看就是有备而来,他表示这已经是自己第二次来沙特馆,为的就是在这里能够拍到落日时分的世博园区鸟瞰全景。

记者提示:如果单纯是为了拍照,世博园内也有其他展馆可以提供视角不错的开放式观景平台,比如新西兰馆、荷兰馆以及尼泊尔馆的佛塔,都可以起到登高望远的效果。

**主因:沙特政府重视投入超10亿元**

馆获得如此成功,绝对和沙特政府的重视是分不开的。沙特馆馆长穆罕默德博士说:"上海世博会的沙特馆是沙特参加世博会以来投资最大的一次,预计总投资超过10亿元人民币,我们把它看作是送给中国人民的珍贵礼物,最终这艘宝船停留在象征中沙友谊的广场上,成为沙特与中国人民友好和沟通的桥梁。"

的确,沙特馆6 000多平方米的面积在园区里仅次于东道主的中国馆,而10亿多人民币的投入放眼整个世博园区也没几个可以与之比肩。早在世博会之前,沙特方面就曾真诚地与上海大学的中东研究所咨询意见,寻求怎么样才能让中国人更喜欢沙特馆。无论是参展主题,还是场馆设计,沙特都十分重视听取中方的意见。更难得的是,在沙特馆开馆当天,首次来华访问的沙特王子阿齐兹亲临现场剪彩,并且主动与排队的中国女孩聊天,可见沙特上下对上海世博会的重视。

记者提示:中沙两国目前发展良好,目前中国参与在沙特的建设项目达到上百个,劳务人员2万多名,也难怪沙特如此看重与中国的关系,这份真诚的心也足以让中国人增加好感。

**外因:游客目的不明盲目口口相传**

在采访中,记者同时发现,有很多排队的游客,特别是外地来的游客其实对沙特馆的了解并不多,显然他们在进园之前没有足够地了解,只是听别人说沙特馆好看就开始排队。来自福建的黄女士带着自己5岁的儿子刚刚从沙特馆出来,就忍不住对记者抱怨:"我们排了近6个小时的队伍,但我儿子却对传说中的那个电影不感兴趣,反而现在累得根本走不动路,连去其他馆的兴致也没有了。"

而四川来的吴先生也抱有同感,他表示虽然电影给人感觉的确比较震撼,但20分钟左右的浏览时间和自己5个半小时的排队时间比起来实在太短,从时间成本上来看不划算,而且排队所消耗的体力和心理上的承受力也对接下来逛其他馆有所影响。盲目地相信游客之间的口口相传,或者认为队伍越长的馆肯定越精彩,使得很多可能对沙特馆内容并不感兴趣的人抱着"进世博园一定要看到最好看馆"的想法加入到排队的行列中,使得沙特馆的队伍越来越长。

记者提示:在决定排一个馆的队伍之间,最好明白自己想看什么,或者这个馆的内容是否是自己感兴趣的,而不是盲从地认为哪个馆排的队长哪个馆就最好看,再有就是算算时间成本和体力成本吧。(罗俊文)

《人民日报(海外版)》2010年8月20日

## 上海大学巴黎时装学院为你解读世博时尚路线

**比利时馆　最闪耀**

比利时欧盟馆最受时尚达人青睐的必杀技便是当下世博园内最闪耀的"钻石热",本届上海世博会上,安特卫普花费巨资在比利时馆内展出数十件珍贵的钻石与珠宝,总价值高达数十亿,真无愧于"世界钻石中心"的美誉。由惊人的6公斤黄金和1 617颗钻石镶嵌而成,具有绝对完美的"安特卫普切工",价值超过1 000万元的世界闻名的ECC奖杯——钻石网球拍;由沃尔弗斯珠宝商专门为上海世博会独家定做的价值高达2 000万元的"伊利沙伯之星"钻石项链;以及2009年HRD国际珠宝设计比赛中夺得大奖的30件钻石杰作等,无一不见证安特卫普精美绝伦,巧夺天工的钻石切割工艺之最。

在比利时馆,这场"顶级钻石秀"除了能让时尚达人大饱眼福外,比利时馆还承诺每周会送出一颗裸钻,并且它会有世界上最权威的认证机构——比利时安特卫普认证机构的证书,这些高品质钻石都是在安特卫普进行切割的,可以被镶嵌到项链、耳环等各种首饰上。这般闪耀的钻石诱惑,谁能抵挡?

**瑞士馆　最有趣**

走进"未来世界轮廓"的瑞士馆,闻名遐迩的军刀、名表必不可少。本届上海世博会,瑞士名表Swatch品牌不仅精选了有史以来极具艺术造诣的50枚典藏系列腕表,呈现于世博瑞士馆内。此外,Swatch还特别为上海世博会献上了一份真挚大礼,推出一款奔放明快且具象征意义的世博珍藏腕表。

相比意大利馆、法国馆和比利时馆,瑞士馆也许并不能满足时尚达人的贪婪眼欲,不过在这里他们一定能"玩"得不亦乐乎。乘坐缆车想必是多数游客来瑞士馆的终极目标,从馆内的天井出发,顺着圆柱盘旋上升至16米高的馆顶,伴随扑面而来的芬芳,眼前赫然出现一片郁郁葱葱、鲜花盛开的大自然绿洲景象,与此同时世博园区和黄浦江两岸的斑斓壮阔也尽收眼底,让人亲身体验一次"城市与乡村的互动旅途",这无疑是一种别样的观园乐趣。

上海大学—巴黎国际时装艺术学院的时尚外教马赫老师提醒我们,在沉迷于这些奢华炫目的顶尖时尚之时,不要忘了:未来城市,越来越提倡的是"环保"的高级时尚,"低碳"的美好生活。其实,从瑞典馆中,由H&M时装品牌为其设计的采用有机棉、有机亚麻及可回收的涤纶为材质的工作服,在德国馆中,由Novanex时装品牌为其设计的采用可循环使用和可再生面料为材质的制服,到网络风行的世博绿色出行"低碳计算器",以及在世博园中的城市未来馆前,那个给人留下深刻印象的、由工业时代大烟囱改造而成的"温度计"等,我们能见证"环保时尚""低碳生活"的理念已贯穿了本届上海世博会的各个细节之中。(上海大学巴黎国际时装艺术学院信息中心　沈六新)

《新民晚报》2010年8月20日

## 上大与德国卡尔蔡司联合培养人才

"上海大学机自学院—德国蔡司精密测量技术及人才培养合作基地"近日揭牌。上海大学在几何数字坐标测量技术方面的团队有着20多年的持续研究积累。德国卡尔蔡司集团是全球著名的精密光学和测量仪器制造商。(彭德倩)

《解放日报》2010年8月24日

## 上大迎新:退役"小白菜"挑大梁

昨天是上海大学新生正式报到首日。迎新志愿者队伍中,已经退役的世博会"小白菜""小蓝莓"挑起了大梁。上大大三学生陈然曾是世博AB片区志愿者。如今,他在南区宿舍门口的信息咨询摊位前忙得不亦乐乎,除了解答报到相关问题外,还得解答许多家长、学生的"世博疑难"。

每名新生进入校园时,迎新志愿者都会送上一张精美的书签。书签的上半部是校园地图、"文明观博小贴士"和"入园最佳路线推荐",下半部则写着"若你愿意与我们一同奉献力量,请留下信息",鼓励新生加入志愿服务队伍。(彭德倩)

《解放日报》2010年9月2日

### 看！精彩的世界大舞台——大学生眼中的上海世博会

（上略）

从中国馆到各省区市馆，从企业馆到城市最佳实践区，点点滴滴的"中国元素"，使大学生们聆听到科技进步的足音。"上海企业联合馆的智能机器人餐厅，中国石油馆的4D电影，中国铁路馆的LED模拟铁路网，沪上生态人家的巧妙设计，都给我留下深刻的印象。"上海大学社会学系07级研究生梁海祥说，"在世博园里，可以感受我们的城市、我们的国家可持续发展的美好前景！"

（下略）

《光明日报》2010年9月6日

### 上大"小白菜"慰问女兵

中秋佳节，上海大学的"小白菜"将世博会志愿者徽章、手帕、印有校训的徽章，送到了承担安保任务的世博女兵手中，也将一份敬意献给了为世博挥洒青春的伙伴。节日里，上海大学世博园区志愿者与学校领导、老师来到武警上海总队训练基地，慰问来自上海大学的世博女兵。

据悉，上海大学共有98名世博女兵服务于世博会，为世博会提供安检服务。

慰问会上，"白菜们"还将自创的红梅画匾送给女兵们。（李银　彭德倩）

《解放日报》2010年9月24日

### "小白菜"，最美的风景

10月4日，来自上海交通大学的5 000多名世博志愿者将正式上岗，承担世博园区为期28天的志愿服务工作。在此之前，一批又一批大学生志愿者已经为世博奉献了157天。整个世博会期间，他们的总人数将超过7万人。

世博园区志愿者身着绿衣白裤，多是"90后"大学生，被比作生机勃勃的"小白菜"。"小白菜"们经受着这样的考验：在39度的持续高温下忍受烈日烘烤，还要保持清醒和微笑；早起晚归，一站数小时，有些岗位平均每10秒回答一个问题，同一个问题要重复说上几千次。但是，他们在各自的服务岗位上交出了完美的答卷。上海电力学院1 161名志愿者踏入园区的时候，高温红色警报天天拉响。但是，他们带着"电娃上岗，世博更亮"的决心，汗湿了衣服休息一阵继续迎接烈日，喊哑了喉咙嚼一粒含片立马整装上岗，为观众带去了高温下的和煦微笑和细致服务。

从第一批上岗的复旦大学、同济大学的志愿者，到后来的上海大学、上海师范大学、上海工程技术大学、上海外国语大学……"小白菜"们吃苦耐劳，把奉献当成快乐，成为参观者眼中"世博园最美丽的风景"。

蕴含十足激励机制和美好回忆的世博园"小白菜"徽章文化也渐成气候。复旦大学专门制作多款"团团"徽章，含通用和特别两个版本，每名志愿者上岗时都获发一枚通用版徽章，表现突出的志愿者还将额外得到形象各异的特别版徽章；同济大学世博志愿心"七彩手环"一套7款，包含红、黄、蓝、绿、青、黑、灰七种颜色，上面有一个凸起的世博志愿者"心"标志。每一所大学独具特色的志愿者徽章，记录下每一份奉献的光荣。

在坚守与努力中,"小白菜"如今已受到游客的普遍肯定。在"中国 2010 上海世博会窗口服务满意度调查"中,志愿者服务的总体满意度为园区十大窗口服务之首。其中,服务态度、服务水平、提供帮助的有效性均是"最为满意";不少被访者认为,志愿者服务是最令他们"感动的人和事"。

《光明日报》2010 年 10 月 8 日

**2010 年《国家哲学社会科学成果文库》入选成果公示名单**

| 序号 | 成果名称 | 申请人 | 工作单位 |
| --- | --- | --- | --- |
| 1 | 中国共产党与民族文化建设研究 | 李资源 | 中南民族大学 |
| 2 | 马克思主义哲学中国化的历史与理论研究 | 陶德麟 何萍 | 武汉大学 |
| 3 | 马克思主义基础理论研究 | 孙正聿 | 吉林大学 |
| 4 | 中国经学与宋明理学研究 | 蔡方鹿 | 四川师范大学 |
| 5 | 简帛文献与古代思想世界 | 王中江 | 清华大学 |
| 6 | 深层生成论:自然科学的新哲学境界 | 鲁品越 | 上海财经大学 |
| 7 | 自我评价论 | 陈新汉 | 上海大学 |

(下略)

《光明日报》2010 年 10 月 19 日

**上大"小白菜"带你"品读上大园"**

昨天,"品读上大园 追忆钱校长"寻访团在上海大学启动。寻访团的成员们大多是昔日"小白菜",他们将探寻校园景观背后的历史故事和人文情怀,设计不同的讲解方案,成为上海大学校园"小导游"。

据悉,"品读上大园 追忆钱校长"寻访团在接受专业的系列培训之后,将设计不同的讲解方案,成为上海大学校园"小导游",为国内外来学校访问的团体、个人提供各种特色化介绍服务。校团委还将建立专门的网络申报系统、预约平台,根据同学的空余时间,选派合适的同学进行讲解。同时也会结合一些学校固有的活动,结合"敬老节""儿童节"以及学校每年一度的"菊花节"等,邀请周边社区、小学的老人和儿童等来校参观。(钱滢瓅)

《新民晚报》2010 年 10 月 20 日

**上海大学翔英学院组建**

昨天,上海大学与唐翔千专项教育基金举行签约仪式,双方将联合组建上海大学翔英学院。市委常委、统战部部长杨晓渡出席仪式并讲话。

据了解,学院将于 2011 年开始招收本科生和硕士研究生。本科学制为四年,先设立"通信工程"和"电子电路"两个专业方向。硕士研究生学制为 2—3 年。(谢瑾)

《解放日报》2010 年 10 月 22 日

**上大获赠美著名学者"遗产"**

美国耶鲁大学著名学者戴维·马斯托教授日前将其生平积累的 2 700 余(件)册图书

资料捐赠给上海大学,这些图书资料包括系列丛书、专业词典和美国禁毒政策、国际禁毒政策、美国历史、古希腊历史方面的珍贵图书和稀有资料、珍贵档案及其个人著作。

然而就在他来中国参加捐赠仪式并进行讲学的途中,不幸与世长辞。在近日举行的图书捐赠仪式上,上海大学副校长叶志明表示,全体师生将永远记住马斯托教授,学校还将成立"国际禁毒政策研究中心",进一步推进马斯托教授的学术研究在上海大学的发展、延续。(钱滢瓅)

《新民晚报》2010年10月26日

### 网络视频 我"拍"故我在

"世博会要结束了,我还真有点舍不得。"来自上海的拍客"糟糠宝宝",从世博园区建设时,就开始拍摄世博主题的视频了。聊起世博,她还有一段印象深刻的经历。开幕式当天,园区上空烟火璀璨,游客人山人海。因身材娇小,她就一直踮着脚,手把DV机举得高高的,坚持了很久,才有了后来近8分钟的烟火视频。

迄今,"糟糠宝宝"拍摄的世博视频已有75个左右,题材涉及世博会场馆、文化、餐饮、科技等多个领域,深受网友欢迎。

同样,上海大学影视艺术技术学院三年级的学生牟蓓玲也用自己的一段段视频记录着上海世博会参观生活的点点滴滴。她拍的50条世博花絮,目前已有150万点击量,留言也有4 000条左右。

"民众参与到视频的拍摄中来,让视频的内容更加丰富多样,也把最民间、最草根的作品呈现出来了。这样的视频同传统媒体形成了有机互补,也让我们体会到了国民积极向上的心态和强烈的民族自豪感。"优酷网总编辑朱向阳表示。

朱向阳介绍,优酷组织、选拔的世博拍客团,上传视频约2 355条左右;其他网民、网站上传的视频也有45 000条。另外,优酷世博专题目前精选的视频总数达到了3 100条,播放次数已有3 500万次。

优酷之外,土豆、酷6等大型视频网站,也开创了独具特色的栏目。诸多视频媒体在经受住世博会报道考验的同时,综合水平也得到了一定的提升。

朱向阳表示,"网民参与是视频报道一个很重要的组成部分。未来视频网站也应当更有计划性和条理性,精确把握网民参与的特点,引导他们呈现出更多更好的,能传播主流文化价值的作品。"

《人民日报》2010年11月2日

### 政府组团赴七地高校 长沙"抢储"万名人才

11月15日、16日,长沙市副市长何寄华带领23家用人单位,在同济大学、上海大学、华东理工大学和上海交通大学接连举行了4场"校园宣讲招聘会暨项目、人才培养引进对接会",引起毕业生的积极响应。与此同时,由市领导带队的长沙市招聘团,也分头在北京、南京、成都、武汉、西安、东北等7地入校揽才。

据了解,长沙市政府于2009年推出"引进储备万名优秀青年人才"举措,决定3年内,面向全球引进百名国际高端人才和百项重大先进技术同时,瞄准国内一流重点大学,引进储备1万名左右应届毕业的博士、硕士、学士等优秀人才,把长沙打造成现代化人才的集聚中心和创业基地。

为吸引优秀人才,长沙还推出一系列政策。比如,对用人单位引进储备且签订3年以上劳动合同的博士生、硕士生分别给予每人6万元和3万元的安家补助,在缴纳个人所得税、在长沙购买房屋车辆等方面均有具体的优惠政策。(姜泓冰)

《人民日报》2010年11月18日

**上大中国书画研究中心成立**

上海大学中国书画研究中心成立仪式,昨天上午在上海大学美术学院举行。市委常委、宣传部长杨振武出席仪式并为中心揭牌。

据悉,上海大学中国书画研究中心由著名书画家陈佩秋领衔创办。陈佩秋先生和已故中国书画鉴赏界的泰斗级人物——谢稚柳先生,是近代传承并发扬两宋绘画精神与风骨的标志性人物,陈佩秋先生近30年来将精力投注古书画研究,提出了许多独到的见解,得到了海内外媒体和学界的广泛关注。鉴于此,中心将首先致力于探索南北两宋绘画这一在中国古书画研究领域占有特殊地位的作品研究。

据介绍,上海大学中国书画研究中心将从绘画创作、美术史研修、作品鉴赏三者相辅相成的角度提出中国书画研究的全新概念,改变以往高校教学中理论研究专业唯重书本而忽视传统绘画的六法、国画专业唯重创作的格局,开展书画鉴赏教学。

仪式上,作为该中心首席专家的陈佩秋向美国弗利尔美术馆中国书画部主任傅申、旧金山亚洲艺术博物馆资深研究员张子宁颁发特聘专家聘书。(李君娜)

《解放日报》2010年11月18日

**上大思政课"搬"进市人大**

昨天下午,在市人大常委会会议厅召开了一次"特别会议":表决器前摆放的是"《上海市中小学、幼托园所校车安全管理条例(草案)》",话筒前发言的是来自上海大学人才学院的本科生、硕士及博士研究生,其中64人或坐上市人大常委席、或在主席台担任"常委会主任、副主任",审议表决他们自拟的校车管理新规。这既是大学生"走进人大"的活动现场,也是第一个开在市人大的思政课堂。

与以往"走进人大"参观、体验的活动不同,这次大学生模拟审议的法案不再是既有的或正在市人大审议的法案,而是学生针对社会现实的"自选题"。为了全程"实践"人大这一中国特色的政治体制工作,上大学子结合自身经历和专业,咨询法律学教授和专家,讨论、起草并修改出一份"新法案"。此次担任"市人大常委会主任"的陆宇弘同学在主席台报告说,目前本市校车近1400辆,其中学校自有车300多辆,每天接送学生近6.6万人次,校车安全问题引发各界关注,制定管理条例具有必要性。

模拟常委会议首先通过这一立法建议议题,随即展开委员发言。通过桌面会议系统,10多人同时申请发言,对"条例草案"发表己见。这份共计6章、22条的"草案"几乎每款都被充分讨论。最终,陆宇弘"主任"宣布进行表决:"请大家按表决器!"不多时,大屏幕上显示出表决结果:赞成39票、反对16票、弃权8票,还有1人未按表决器——

"通过!"

此时,上大社科学院思政课名师顾晓英教授走上报告席,她介绍,去年起上大承担教育部思政理论课"六个为什么"试点教学,征集到2 000多个学生问题,其中有关人民代表大会制度的问题最多。市人大相关负责人认为,通过这样的情景模拟教学,"学生委员"会对人大民主议事程序有感性认识,更可以理解每个市人大常委的责任之大。作为列席代表的上大党委副书记、人才学院院长忻平表示,"走进人大"的思政课视频将链接到校内的课堂教学中,使之成为连通思政小课堂与社会大课堂的一条"项链"。(徐瑞哲)

《解放日报》2010年11月27日

### 上大探讨后世博海派文化辐射力

上海大学海派文化研究中心举办的"海派文化与城市更新和创新"论坛昨天举行。与会专家围绕后世博时代如何进一步传承海派文化、拓展海派文化向世界辐射的能力等展开探讨。上海大学已出版33册系列丛书,成为整理和继承海派文化的智库。(王蔚)

《新民晚报》2010年11月28日

### 上海大学明年招生和培养机制实行重大改革 进校无"专业",一年后再"填志愿"

上海大学昨日传出信息,明年起,学校将在招生、培养机制上实行重大改革:高考后按大类招生,学生进校时无"专业身份",入读一年后才确定专业志愿。与之相对应,各院系专业招生名额不再固定,而由学生选择决定。

据透露,学校在招生培养制度上的"大动作",核心就是按大类招生。目前,本市已有部分高校试行按大类招生,但分类较细。如复旦大学今年把七十几个专业调整为三十多个专业和大类招生,涉及人文科学、社会科学、经济管理、自然科学、医学等方面。学生即使没定具体专业,还是有专业方向。相较之下,上海大学此次改革,大类分得更"粗",校方希望学生获得不受专业局限的视野,在此基础上,第一年全部接受通识教育,"打底子"的同时,充分了解各专业特点,寻找适合自己发展的方向,一年后再申请专业。学校将依据学生在校综合表现,同时参考其高考成绩进行安排。副校长叶志明表示,"此次改革,希望学生在充分了解专业、了解自身特点的情况下作出更加'理性'的选择。"

与之相对的,学校在各院系招生名额分配中引入"市场机制",由学生的选择来决定院系专业的发展,甚至去留。教育部每年定下各高校当年招生计划总数,以往,上大与其他高校一样,从总数中提前给各院系分拨招生指标。明年起,院系专业招生名额将盘成"一湖活水"。学校先根据专业水平、师资力量等测算出各院系可以保证教学质量的招生人数极限,当申请某专业的学生人数高于这一极限时,进行择优录取。当申请某专业的学生人数低于极限人数即全部录取,若选择人数过低,该专业甚至可能面临淘汰。对一些较为冷门需加"保护"的基础学科,学校则启动"经济杠杆",通过全额奖学金等方式鼓励更多优秀学生入读。

上海大学昨日宣布,2011年自主选拔录取将延续往年"中学推荐+部分面谈"方式,计划选拔人数100名。

据了解,上海大学2011年自主选拔录取继续在杨浦高级中学、闸北八中等本市25

所中学进行试点。中学校长推荐后,不另行组织笔试,部分被推荐学生参加面谈。获得自主选拔录取资格后,考生仍须参加高考。成绩达到本市一本录取资格线后,学校将根据考生志愿直接录取。有关负责人特别指出,获得学校自主招生认可的考生在填报志愿时,一本A、B志愿均可填报上大。

同时,学校除自强学院、艺术类专业外,所有专业均向自主招生录取学生开放,学生可根据自己的意愿任选专业。

**自主招生已到应该反思时**
**——专访上海大学副校长叶志明**

各大高校自主招生联考报名近日如火如荼进行。上海大学副校长叶志明昨天接受采访时直言,选拔形式只是一个"怎么做"的问题,相比之下,各方应更加关注自主招生"为什么做",只有始终坚持"引导素质教育"的初衷,才能令自主招生真正成为高考选拔的有益补充,否则可能在高校间争夺生源的拉锯战下,异化为"高考的平方"。"一种政策的出发点是好的,在实践过程中就应不断反思、完善,否则一旦'走偏',再想拉回来重新起步,很有可能已经失去了公众的信赖。自主招生已到应该反思时。"叶志明坦言,当初设计自主招生政策,正是希望克服高考选拔"一考定终身"带来的弊端,为更多偏才、怪才辟出深造通道。可如今不少高校的自主招生实践结果是否达到了这一目标,还有待检验。

现实情况是,许多高校自主选拔不仅设有学科考试,而且比高考难度更高。考生要想通过测试获得选拔资格,只能无奈陷入另一个"应试怪圈"。原本通过高考能考进学校的学生被选拔录取了,浪费了学校、考生、家长大量的人力、物力、精力。更重要的是,对引导中学素质教育毫无帮助。叶志明说:"在和中学校长们的交流过程中,我们更希望听到他们谈高一的学生,听到学校对素质教育的探索。"

去年北京大学推出校长直荐制,有位校长拿到名额,却一个学生都没有推荐,他说"我们这边,没有符合自主招生条件的偏才、怪才。"在叶志明看来,这是一位中学校长用实际行动阐释自己对自主招生、对素质教育的理解,而高校作为自主招生选拔的实行方,更应在制度完善、方式改进中用心思量,尽到自己的一份责任。(彭德倩)

《解放日报》2010年12月17日

**上大自主招生名额100人**

上海大学昨天下午向沪上25所中学发布2011年自主招生工作方案,明年在这些学校范围内继续采用"中学校长推荐,学校不另行组织笔试,部分学生参加面谈"的自主招生办法,计划名额仍为100名。

上海大学宣布了三项自主招生优惠政策:

报考上大的自主招生考生,既可将志愿填报在A志愿,也可填报在B志愿。

学生可以享受10分左右的分数优惠。自主招生的考生只要高考成绩达到本市一本录取资格线,就会被上大按志愿直接录取。

学生可以任意选择专业。上大的所有专业均向自招录取的学生开放(自强学院、艺术类专业除外)。(王蔚)

《新民晚报》2010年12月17日

**上大社会教育研究中心成立**

上海大学社会教育研究中心日前揭牌成立,将依托上大社会学学科优势,深入社区,通过实证调查捕捉问题进行研究。据悉,中心已与普陀区教育局、普陀区推进学习型社会建设指导办公室达成初步合作意向,开展"普陀区终身学习推进员队伍建设"的探索和研究。(彭德倩)

《解放日报》2010年12月21日

**上海世博会先进集体名单(共377个)**

(上略)

**上海市(134个)**

(中略)

共青团上海大学委员会

(下略)

《人民日报》2010年12月28日

**上海世博会先进集体名单(共377个)**

(上略)

**上海市(134个)**

(中略)

共青团上海大学委员会

(下略)

《光明日报》2010年12月28日

# 2011 年

**教育年度新闻十大人物评出**

由中国教育报、中国教育电视台联合主办的2010中国教育年度新闻人物评选结果日前揭晓。本报报道过的汪金权、赵小亭当选十大新闻人物。

从满头青丝到斑斑白发,华中师范大学中文系1987级毕业生、湖北蕲春四中教师汪金权放弃重点中学的岗位,在山区学校讲台上一站就是22年,是对"用一生做一个好教师"的坚守,被誉为"大别山师魂"。武汉大学电气工程学院大三学生、支教志愿者赵小亭把她年轻的生命永远留在了贵州那片她无限热爱的土地上,她用行动改变了社会对于90后的偏见,被誉为"支教玫瑰"。

此外获十大新闻人物的还有西南交大援藏干部、西藏大学工学院党委书记王齐荣、江西省宜春市伯塘中学教师王茂华、新疆轮台县哈尔巴克乡九年一贯制学校原校长尼亚孜·尤努斯、复旦大学教授谷超豪、江苏省张家港市暨阳高级中学学生郭秦、西藏自治区仲巴县仁多乡完全小学教师普琼、贵州省白云兴农中学校长蒲邦顺、四川乐山师范学院学生雷庆瑶。

上海大学原校长钱伟长、北京第二实验小学原副校长霍懋征获得2010中国教育年度新闻人物特别奖。玉树抗震救灾教师群体、上海世博会和广州亚运会大学生志愿者群体获得2010中国教育年度新闻人物集体奖。(党波涛　夏静　丰捷)

《光明日报》2011年1月25日

**"双百"人物中的共产党员·瞿秋白**

［开栏的话］时光荏苒,岁月峥嵘。在即将迎来中国共产党成立90周年之际,为充分展示各个时期各条战线基层党组织和广大共产党员在革命、建设、改革中作出的突出贡献,充分展示基层党组织战斗堡垒作用、共产党员先锋模范作用、党员领导干部模范带头作用,中央主要媒体和各省区市党报、主要都市报联合推出大型人物专栏《"双百"人物中的共产党员》。

2009年9月,为推动群众性爱国主义教育活动深入开展,迎接新中国成立60周年,经中央批准,中宣部等11部门联合组织评选了100位为新中国成立作出突出贡献的英雄模范人物和100位新中国成立以来感动中国人物。今年2月9日起至6月13日,本报将陆续刊登173位"双百"人物中的共产党员先进事迹,缅怀传播马克思主义、创立中国共产党的革命先驱,讴歌创立新中国、建设新中国的共和国英模和优秀共产党员,以他们为榜样,推动各地党员干部和群众深入学习"双百"人物中的共产党员的感人事迹和崇高精神,积极投身全面建设小康社会伟大事业,以实际行动迎接中国共产党成立90周年。

今年是瞿秋白诞辰112周年。1899年1月29日瞿秋白出生在江苏常州,1917年秋考入北京俄文专修馆学习。五四运动爆发后,他以极大的热情投入北京爱国学生运动,被选为专修馆学生总代表,参加了北京大中学校学生联合会,成为北京学生爱国运动的领导人之一。1920年初参加李大钊组织的马克思学说研究会。

同年秋,他应北京《晨报》聘请,以记者身份赴苏俄实地采访,想"为大家辟一条光明的路"。在苏俄两年时间里,他做了大量考察、采访和写作,先后撰写了《共产主义人间化》《苏维埃俄罗斯经济问题》等数十篇通讯和《饿乡纪程》《赤都心史》等著作,以自己的亲见亲闻,客观介绍俄国十月革命后苏俄的真实情况,告诉中国人民,十月革命是"二十世纪历史事业之第一步",莫斯科已成为全世界无产阶级"心海中的灯塔"。1921年5月,在莫斯科经张太雷介绍,加入联共(布)党组织。1922年2月转为中国共产党党员。这时,他还担任着莫斯科东方劳动者共产主义大学中国班教员,在中国班学习的有刘少奇、罗亦农、任弼时、肖劲光等人。

瞿秋白1923年1月回国,随后担任中共中央机关刊物《新青年》《前锋》主编和《向导》编辑。他在这些刊物上发表大量政论文章,运用马克思主义分析中国国情,考察中国社会状况,论证中国革命问题,为党的思想理论建设作出了开创性贡献。同年6月,他出席党的三大,参加起草党纲草案。7月,他和邓中夏等一起筹办上海大学,任教务长兼社会学系主任。这所国共合办的大学,为中国革命培养了一大批人才。

1924年1月,他和李大钊、毛泽东、李立三等一起出席国民党一大,参加大会宣言的起草,当选国民党中央候补执行委员,后任国民党中央政治委员会委员,为实现第一次国共合作,做了大量工作。1925年1月,在党的四大当选为中央委员、中央局委员,参与领导了五卅反帝爱国运动。后来,在党的五大、六大,他均当选为中央委员和中央政治局委员,成为党的重要领导人之一。

1927年8月,在大革命失败的危急关头,瞿秋白主持召开了中共中央紧急会议,即八七会议,确立了土地革命和武装反抗国民党反动派的总方针,为挽救党和革命作出重要贡献。会后,他担任中共中央临时政治局委员、常委、主席,主持党中央工作。1931年1月,在被王明错误打击、解除中央领导职务后,他到了白色恐怖笼罩的上海,和鲁迅并肩战斗,结下深厚友谊,一起领导左翼文化运动。

1934年2月,瞿秋白到达中央革命根据地瑞金,任中华苏维埃共和国中央执委会委员、人民教育委员会委员、中华苏维埃共和国中央政府教育部部长等职。中央红军长征后,他留在南方坚持游击战争,任中共苏区中央分局宣传部部长。1935年2月在福建长汀县被国民党军逮捕。敌人得知他的身份后,采取各种手段利诱劝降,都被他凛然拒绝。6月18日,他坦然走向刑场,沿途唱着《国际歌》《红军歌》,呼"中国共产党万岁""共产主义万岁"等口号。到达刑场后,盘膝坐在草坪上,饮弹洒血,慷慨就义,时年36岁。

1950年12月31日,毛泽东为《瞿秋白文集》题词,高度赞扬他说:"在革命困难的年月里坚持了英雄的立场,宁愿向刽子手的屠刀走去,不愿屈服。他的这种为人民工作的精神,这种临难不屈的意志和他在文字中保存下来的思想,将永远活着,不会死去。"

《人民日报》2011年2月10日

**"双百"人物中的共产党员·中国共产党最早的党员之一　邓中夏**

　　邓中夏,1894年10月出生,湖南宜章人。1914年考入湖南高等师范学校,1917年考入北京大学中文系,后转入哲学系学习,1923年毕业。在北京大学学习期间,曾发起组织北京大学平民教育讲演团,1919年参加五四运动,任北京学生联合会总务干事,参与火烧赵家楼的行动。1920年3月,在李大钊领导下,邓中夏、高君宇等人发起组织北京大学马克思学说研究会。同年10月,以马克思学说研究会的成员为骨干,发起组织了北京的共产党早期组织,李大钊被选为书记,邓中夏从此成为中国共产党最早的党员之一。

　　从1920年4月起,邓中夏长期在北京长辛店从事工人运动,主办工人劳动补习学校,建立工会,为北方工人运动培养了大批骨干力量。1922年5月1日,他被选为长辛店工人的代表,出席在广州召开的第一次全国劳动大会,当选为中国劳动组合书记部主任。同年7月,他出席党的二大,参与二大宣言和党的民主革命纲领的制定,被选为中央委员。不久,他又先后当选中国社会主义青年团中央执行委员会委员、委员长,参与创办《中国青年》杂志。1923年他受李大钊推荐参加创办国民党和共产党合办的上海大学,任总务长。在上海大学任职的二年中,他聘请了蔡和森、瞿秋白、恽代英、张太雷、任弼时、李达、萧楚女、李立三等一大批共产党员到校任教,利用上海大学为党培养人才。1925年中华全国总工会成立后,任秘书长兼宣传部长,留在广州工作,不久参与组织和领导了著名的省港大罢工。

　　在大革命失败的紧急关头,他坚决主张在南昌举行武装起义,并受中央派遣于7月20日到九江,与李立三、谭平山、叶挺、聂荣臻等开会,分析形势,提出建议。随后,参加党的八七会议,坚决拥护会议确定的土地革命和武装反抗国民党反动派的总方针,被选为中央临时政治局候补委员。随后,任江苏省书记并兼中共中央机关刊物《布尔塞维克》编委,并曾兼任中央军事部代部长。在大革命失败后的严重白色恐怖中,他受中央派遣来到上海,恢复党的组织,传达八七会议精神,领导开展武装斗争。1928年2月,他又任广东省委书记,赴香港、广州等地恢复和发展广州起义失败后受到严重摧残和打击的党组织。1928年3月赴莫斯科,出席赤色职工国际第四次代表大会,任中华全国总工会驻赤色职工国际代表。

　　1930年7月,邓中夏从莫斯科回到上海。不久,中央任命他为中央代表赴湘鄂西根据地,任湘鄂西特委书记、红二军团(后改为红三军)政委、前敌委员会书记、中央革命军事委员会委员,与贺龙、周逸群一起领导湘鄂西的武装斗争。1932年调回上海坚持秘密斗争,任全国赤色互济总会主任兼党团书记。

　　1933年5月,邓中夏在上海工作时被捕,随即被叛徒供出身份。蒋介石闻讯后亲自过问,并令立即将邓中夏押往南京国民党宪兵司令部监狱。在狱中,他以共产党员的坚定信念和钢铁意志,挺住了敌人金钱厚禄的利诱和严刑拷打的摧残。他对狱中地下党支部负责人说:"请告诉大家,就是把邓中夏的骨头烧成灰,邓中夏还是共产党员。"

　　1933年9月21日,在南京雨花台刑场,邓中夏高呼着"打倒国民党反动派!""中国共产党万岁！""全世界无产阶级联合起来！"英勇就义,时年39岁。

《人民日报》2011年2月15日

**"双百"人物中的共产党员·我党我军卓越的政治工作者 关向应**

关向应,1902年生,辽宁省大连市金县人,满族。1920年在大连伏见台公学堂商科学习,开始接触新思想,积极参加反日爱国运动。1924年春,加入中国社会主义青年团。同年5月,入上海大学。同年底,赴苏联入莫斯科东方劳动者共产主义大学。1925年1月加入中国共产党。

五卅运动后,他回国在上海从事工人运动和共青团工作。1927年5月出席共青团第四次全国代表大会,会后被派往中共河南省委工作,不久到上海共青团中央组织部工作。1928年6月出席在莫斯科召开的党的六大,当选为中央委员、中央政治局候补委员。会后任共青团中央委员会书记。1929年起,先后任中央军委委员、常委、中央军事部副部长,以及中央政治局委员、长江局军委书记。1932年1月,任中共中央湘鄂西分局委员、湘鄂西军事委员会主席、红三军政委,与贺龙一起领导了湘鄂西革命根据地建设和红军的发展。

1934年,由于中央革命根据地第五次反"围剿"失败,他和贺龙领导红三军离开湘鄂西根据地,艰苦转战,策应中央红军的战略转移,并创建了黔东革命根据地。10月,红三军和由任弼时、肖克、王震等率领的红六军团在黔东的木黄胜利会师。经中央军委批准,红三军恢复红二军团番号,贺龙任军团长,任弼时任政委,关向应任副政委。此后,红二、六军团携手在黔东根据地的基础上,恢复和创建了湘鄂川黔革命根据地。

1935年9月,蒋介石调集130个团向湘鄂川黔革命根据地发动新的"围剿",形势非常严峻。11月,为争取主动,关向应同任弼时、贺龙、肖克、王震等率领红二、六军团,从桑植出发,开始战略转移,踏上长征路。1936年7月,红二、六军团渡过金沙江,越过大雪山,历尽艰辛,与红四方面军在甘孜会师。红二、六军团按中共中央指令,合编为红二方面军,贺龙任总指挥,任弼时任政治委员,肖克任副总指挥,关向应任副政治委员。会师后,他与朱德、刘伯承、任弼时、贺龙等,坚决抵制了张国焘的错误活动和主张,为红二、红四方面军共同北上,同中央和红一方面军会师作出了贡献。同年12月,他任中央革命军事委员会委员,后任红二方面军政委。

全国抗战爆发后,红军主力改编为八路军。贺龙任八路军第一百二十师师长,关向应任政委。他与贺龙一起领导创建晋西北抗日根据地。1940年2月后,关向应先后任晋西北军区政委、晋绥军区和陕甘宁晋绥联防军政委、中共中央西北局委员、中共中央晋绥分局书记。

在晋西北抗日根据地,他在协助贺龙指挥作战的同时,十分重视抗日民族统一战线的工作,既注意团结一切愿意抗日的阶级、阶层和社会力量,又坚持我党在抗日民族统一战线中独立自主的原则,坚持党对统一战线和抗日武装的领导权,粉碎国民党顽固派的各种反共阴谋。同时,他还十分重视经济工作,要求各级领导深入实际,解决人民群众的衣食问题,自力更生,发展生产事业。

由于长期艰苦的战争环境,关向应积劳成疾,1941年秋到延安休养,但仍十分关心党的工作和部队建设。1945年,在党的七大上,他当选为中央委员。1946年7月21日,在延安病逝,时年44岁。

新中国成立后,党和政府在大连市金州区修建了关向应纪念馆,以纪念这位红军和八路军的高级指挥员、我党我军卓越的政治工作者。

"忠心耿耿,为党为国,向应同志不死。"这是65年前关向应逝世时毛泽东同志写下的挽词,高度评价了关向应的光辉一生。

在关向应纪念馆第三展厅的展柜中,摆放着一把驳壳枪。讲解员高秀告诉记者,这是关向应抗战时期使用过的,跟随了他七八年时间,直到他去世。

随着高秀的讲解,记者对关向应为了革命勇于抛弃一切的事迹有了更多的了解:"1931年5月,关向应任上海职工联合会工委书记期间,上海的党中央机关遭到破坏,关向应在住所被公共租界巡捕房逮捕,后关押在龙华监狱,化名李仕真,在狱中表现出坚强的无产阶级革命气节。到10月,经党组织的多方营救出狱后,赴香港,转往革命根据地。"

关向应1922年在《泰东日报》社做职员时受到报社编辑长、老同盟会会员傅立鱼影响,开始接受新文化和新思想。1924年,随共产党人李震瀛离开大连来到上海,走上了革命的道路,再也没有回过家。在上海期间,他曾给弟弟写信:"你要好好侍奉父母,我已是不孝顺的人了。你要知道孝顺父母不是给父母好东西吃,是无论何事都顺从父母的心,这才是真正的孝顺。"

关向应毕生为中国人民的解放事业进行了艰苦卓绝的斗争,即使是在病重期间。在党的七大上,宣读了关向应病重时写给党中央、毛主席的告别信,他在信中切望,"全党同志无论在任何艰难条件下,亦在毛泽东同志领导下奋斗前进。全党全军应该像一个人一样,紧密团结在毛泽东同志所领导的中央周围"。

关向应纪念馆馆长贾清生告诉记者,关向应纪念馆近年来获得全国爱国主义教育基地、全国民族团结教育基地、全国青少年教育基地等称号,并与大连海军舰艇学院、大连理工大学等11所院校建立了思想教育基地。2007年9月关向应纪念馆重新开放至今,已累计接待参观人员80多万人。(闫平)

《人民日报》2011年2月22日

**让汽车更安全、更省油——中国钢研第三代汽车钢技术引来全球瞩目**

(上略)

"十一五"期间,中国钢研牵头承担了国家科技支撑计划重大项目"新一代可循环钢铁流程工艺技术"。项目以曹妃甸首钢京唐钢铁公司为主要依托工程,中国钢研联合宝钢、鞍钢、武钢、首钢、唐钢、济钢等钢铁企业,北京科技大学、东北大学、上海大学等高校科研机构,自主创新和集成开发我国新一代可循环钢铁流程工艺技术,推动曹妃甸首钢京唐钢铁公司建成1000万吨级的冶金、化工、电力、建材等多联产可循环钢铁流程示范。

(下略)

《光明日报》2011年2月24日

## "双百"人物中的共产党员·人民的坚强战士　李硕勋

李硕勋，出生于1903年，四川高县人，早年在宜宾、成都读书时参加学生运动，结识了吴玉章等人，开始接触马克思主义，从事革命活动。后因遭到军阀通缉，于1922年底到北京读书，1923年进入国民党和共产党合办的上海大学学习。在这里，他先后听过瞿秋白、蔡和森、恽代英、张太雷等著名共产党人的课，系统地接受了马克思主义。1924年在上海大学加入中国共产党。

1925年五卅运动期间，他积极参加上海革命群众的反帝爱国斗争，在斗争中被选为上海学生联合会代表和全国学生联合会会长。同时他还以学生代表的身份参加领导了上海工商学联合会（中共领导下的统一战线组织）的工作，推动了声势浩大的罢课、罢工、罢市斗争。1925年至1926年，先后主持召开了第七、八届全国学生代表大会，对推动全国学生运动，起了积极作用。

1926年秋，他受党派遣来到武汉，担任过中共武昌地委组织部长、共青团湖北省委书记。不久又被派到国民革命军第4军第25师任政治部主任。1927年春，与师长率两个团继续北伐，在河南上蔡战役大败奉军，后又回师武汉，参与平定夏斗寅叛乱。同年7月参加讨蒋。8月1日带领部队参加南昌起义，被任命为第十一军第二十五师党代表兼政治部主任。起义部队南下广东途中，李硕勋与师长周士第共同参与指挥会昌战役并取得胜利。

同年10月，起义南下部队一部由朱德率领到达赣南会昌一带，李硕勋受朱德委派，赴上海向党中央请示工作。后被党中央留在上海从事党的白区工作。1928年4月，被党中央派到武汉工作，因被敌人注意无法与党组织接头而返回上海，先后被任命为中共江苏省委秘书长、中共浙江省委常委、省军委书记，后又任浙江省委代理书记。1929年春再回上海，任中共沪西区区委书记。同年秋改任中共江苏省军委书记，和省委书记李维汉一起领导江苏的武装斗争，发动和领导了苏北的农民起义，把苏北南通、海门、如皋、泰兴等地的农民武装统一改编为中国工农红军第十四军。1930年任中共江南省委（江苏、安徽、浙江和上海市）军委书记。

1931年5月，中央决定调他去中央革命根据地任红七军政委，他愉快地接受任务，取道香港，转赴红七军。当时，中共广东省委设在香港，迫切需要大批干部。为此，省委特别请求中央把李硕勋留在广东省委。中央遂任命他为广东省军委书记。同年7月，他在去琼州（今海南岛）检查指导工作途中，因叛徒出卖，不幸被捕。

在狱中，敌人对他用尽酷刑，妄图从他口中掏出党的机密。但他忠贞不屈，不论敌人如何严刑拷打，除了"我是共产党员"的回答外，没有让敌人得到一丝一毫的东西。他在狱中给妻子赵君陶写信，表达了视死如归的英雄气概和对妻儿的至深情感、无限期望。

1931年9月中旬的一天，李硕勋被国民党反动军警押出监狱。由于他的腿骨被打断，不能行走，敌人用竹箩把他抬到刑场。这位铁骨铮铮的共产党员慷慨赴死，从容就义，年仅28岁。新中国建立后，朱德为烈士题跋："硕勋同志临危不屈，从容就义，是人民的坚强战士，党的优秀党员。"

《人民日报》2011年3月9日

## 第二届中国出版政府奖提名奖获奖名单

(上略)

**二、期刊奖提名奖获奖名单(共39种):**

社科类

| 刊名 | 主办单位 |
|---|---|
| 中国人民大学学报 | 中国人民大学 |
| 北京师范大学学报(社会科学版) | 北京师范大学 |
| 中国新闻周刊 | 中国新闻社 |
| 小说月报 | 百花文艺出版社 |
| 世界军事 | 新华通讯社解放军分社 |
| 党建研究 | 中共中央组织部党建研究所 |
| 前线 | 中共北京市委员会 |
| 南方 | 中共广东省委员会 |
| 社会科学战线 | 吉林省社会科学院 |
| 中共党史研究 | 中共中央党史研究室 |
| 农民文摘 | 中国农村杂志社 |
| 课程·教材·教法 | 人民教育出版社/课程教材研究所 |
| 人民论坛 | 人民日报社 |
| 故事会 | 上海文艺出版总社 |
| 装饰 | 清华大学 |
| 父母必读 | 北京出版社 |
| 小学生天地 | 湖北教育报刊传媒有限公司 |
| 社会 | 上海大学 |
| 女友(家园版) | 女友杂志社 |
| 瑞丽 | 中国轻工业出版社 |

(下略)

《光明日报》2011年3月18日

## "双百"人物中的共产党员·广州起义领导人之一　恽代英

恽代英,原籍江苏武进,1895年生于湖北武昌。1915年,进入中华大学学习。这一年,陈独秀创办了著名的《青年杂志》(第二卷改为《新青年》),恽代英受它影响积极投身革命活动,后来成为武汉地区五四运动主要领导人之一。1920年,恽代英与林育南等人创办利群书社,成为武汉地区传播新思想、新文化的重要阵地。1920年春,恽代英到北京,与李大钊、邓中夏等建立了联系,开始研究并接受了马克思主义。这年秋,他翻译并发表了恩格斯的《家庭、私有制和国家的起源》的部分章节。不久,他受《新青年》杂志委托翻译并出版了考茨基的中期著作《阶级争斗》,对毛泽东、周恩来、董必武等重要领导人都曾发生过深刻影响。

1921年,恽代英加入中国共产党。1922年4月,他到四川泸县,担任川南师范学校校长。1923年初,他应吴玉章等人邀请,在成都高等师范学校和西南公学任教,继续传播马克思主义。同年夏,他应邓中夏之约,在党创办的上海大学任教。不久,出席中国社会主义青年团第二次代表大会,当选团中央执委会委员、宣传部部长,与邓中夏等一起创办和主编团中央的机关刊物《中国青年》。他亲自撰写并发表了一百多篇文章和几十篇通讯,使《中国青年》成为宣传马克思主义和共产党主张、揭露和批判国民党右派的重要阵地,培养和影响了一代青年。

1923年,党在广州召开第三次全国代表大会,确定了建立革命统一战线的政策,恽代英坚决拥护党的这一政策,提出要在统一战线中注意"为无产阶级树根基"。1924年国民党一大实现了国共合作后,他与毛泽东、邓中夏、向警予等参加了国共合作的国民党上海执行部的领导工作,担任宣传部秘书。1925年,他参与领导"五卅"爱国运动。1926年1月,在国民党二大上当选国民党中央执行委员。不久,中国共产党派他担任黄埔军校政治主任教官,兼任军校中共党团干事,并在广州农民运动讲习所任教。他和黄埔军校著名共产党员熊雄等领导军校内的党团员,团结国民党左派,与蒋介石等国民党右派进行坚决斗争,被国民党蒋介石认为是"黄埔四凶"之一。1927年1月到武汉,主持中央军事政治学校工作,任政治总教官。5月出席党的五大,当选中央委员。

同年7月,他奉中央之命赴九江,任中共中央前敌委员会委员,参与组织和发动南昌起义。起义失败后赴香港,任中共广东省委常委、宣传部长。12月参与领导广州起义,任广州苏维埃政府秘书长。广州起义失败后,他奉命撤退到香港,组织寻找和转移起义失败后流落香港的同志。1928年6月到上海,任中共中央宣传部秘书长,主编中央机关刊物《红旗》。1929年调任中央组织部秘书长,协助组织部长周恩来工作。

1930年5月6日,恽代英在上海被国民党当局逮捕。1931年4月29日被国民党反动派杀害于南京,时年36岁。

《人民日报》2011年4月29日

## 上大美院附中学生素描作品展出

"人民万岁——上海大学美术学院附中学生素描作品展",昨起在土山湾美术馆展出,展期至24日。

这次展览也是由全国中等美术教育联盟发起的全国系列巡展的一部分,展览由50多幅整开全身素描肖像组成,以人民英模为描绘对象。画展在展示方式上摆脱了这类题材作品的惯用形式,作品既独立成幅,又相互协调,使整个画展成了一件更大的作品。(李君娜)

《解放日报》2011年5月18日

## 2010年度《国家哲学社会科学成果文库》入选作品表彰决定

为贯彻中央关于繁荣发展哲学社会科学的重要精神,充分发挥哲学社会科学优秀成果的示范引领作用,鼓励广大哲学社会科学工作者以优良学风打造精品力作,进一步推动我国哲学社会科学繁荣发展,全国哲学社会科学规划领导小组决定,设立《国家哲学社会科学成果文库》,对建设哲学社会科学创新体系、推动经济社会发展具有重要意义的优秀成果进行表彰。

按照《〈国家哲学社会科学成果文库〉评选办法》，经过专家评审、社会公示，全国哲学社会科学规划领导小组批准，有62部作品入选2010年度《国家哲学社会科学成果文库》。这些作品运用马克思主义立场、观点、方法，深入研究改革开放和社会主义现代化建设中的重大理论和现实问题，积极探索哲学社会科学发展中的基础理论问题，体现了我国哲学社会科学研究相关领域的较高水平。特向入选作者颁发荣誉证书，予以表彰。

希望受到表彰的作者再接再厉，推出更多优秀成果。希望哲学社会科学界广大专家学者发扬潜心治学、勇攀高峰的精神，不断创造出经得起历史和实践检验的精品力作，为推动我国哲学社会科学繁荣发展作出更大贡献。

全国哲学社会科学规划领导小组<br>2011年5月20日

## 2010年度《国家哲学社会科学成果文库》入选作品名单

| 序号 | 成 果 名 称 | 作 者 | 单 位 |
| --- | --- | --- | --- |
| 1 | 马克思主义基础理论研究 | 孙正聿 | 吉林大学 |
| 2 | 马克思主义哲学中国化的理论与历史研究 | 陶德麟 何 萍 | 武汉大学 |
| 3 | 中国共产党少数民族文化建设研究 | 李资源 | 中南民族大学 |
| 4 | 中华人民共和国经济史(1953—1957) | 董志凯 | 中国社科院经济研究所 |
| 5 | 简帛文明与古代思想世界 | 王中江 | 清华大学 |
| 6 | 中国经学与宋明理学研究 | 蔡方鹿 | 四川师范大学 |
| 7 | 深层生成论：自然科学的新哲学境界 | 鲁品越 | 上海财经大学 |
| 8 | 集合论含有原子的自然模型和布尔值模型 | 李娜 | 南开大学 |
| 9 | 社会民主主义概论 | 殷叙彝 | 中共中央编译局 |
| 10 | 中国宏观经济分析的理论体系 | 郑超愚 | 中国人民大学 |
| 11 | 政府政策改变的福利分析方法与应用 | 龚六堂 | 北京大学 |
| 12 | 节能减排、结构调整与工业发展方式转变研究 | 陈诗一 | 复旦大学 |
| 13 | 均衡与非均衡：中国宏观经济与转轨经济问题探索 | 袁志刚 | 复旦大学 |
| 14 | 建设创新型国家的财税政策与体制变革 | 贾康 | 财政部财政科学研究所 |

续 表

| 序号 | 成 果 名 称 | 作者 | 单 位 |
|---|---|---|---|
| 15 | 中国高科技企业成长研究 | 冯宗宪 | 西安交通大学 |
| 16 | 土地承包经营权流转法律制度研究 | 丁关良 | 浙江大学 |
| 17 | 中国和平发展与构建和谐世界研究 | 李景治 | 中国人民大学 |
| 18 | 政治变迁中的国家与制度 | 杨光斌 | 中国人民大学 |
| 19 | 行政哲学研究 | 何颖 | 黑龙江大学 |
| 20 | 公共预算：比较研究 | 马骏 | 中山大学 |
| 21 | 社会和谐与边疆稳定——基于地缘、民族、社会和宗教的实证研究 | 鲁刚 | 云南民族大学 |
| 22 | 国际法与国内法关系研究——以国际法在国内的适用为视角 | 万鄂湘 | 对外经济贸易大学 |
| 23 | 新中国司法制度的基石——陕甘宁边区高等法院(1937—1949) | 汪世荣 | 西北政法大学 |
| 24 | 侵权责任法研究 | 王利明 | 中国人民大学 |
| 25 | 公益征收法研究 | 房绍坤 | 烟台大学 |
| 26 | 外国继承法比较与中国民法典继承编制定研究 | 陈苇 | 西南政法大学 |
| 27 | 社区矫正比较研究 | 吴宗宪 | 北京师范大学 |
| 28 | 银行法律制度改革与完善研究——调控与监管的视角 | 杨松 | 辽宁大学 |
| 29 | 世界孔子庙研究 | 孔祥林 | 孔子研究院 |
| 30 | 元代行省制度 | 李治安 | 南开大学 |
| 31 | 《天圣令》与唐宋制度研究 | 黄正建 | 中国社科院历史研究所 |
| 32 | 明清以来徽州村落社会史研究——以新发现的民间珍稀文献为中心 | 王振忠 | 复旦大学 |
| 33 | 明代佛教方志研究 | 曹刚华 | 中国人民大学 |
| 34 | 吐蕃统治河陇西域时期制度研究——以敦煌新疆出土文献为中心 | 陆离 | 南京师范大学 |
| 35 | 中法教育合作事业研究(1912—1949) | 葛夫平 | 中国社科院近代史研究所 |
| 36 | 宗教改革与德国近代化道路 | 朱孝远 | 北京大学 |

续 表

| 序号 | 成 果 名 称 | 作者 | 单 位 |
|---|---|---|---|
| 37 | 文化的帝国:20世纪全球"美国化"研究 | 王晓德 | 福建师范大学 |
| 38 | 埃及与东地中海世界的交往 | 郭丹彤 | 东北师范大学 |
| 39 | 古巴比伦时期不动产经济活动研究——以西帕尔地区为考察中心 | 李海峰 | 西南大学 |
| 40 | 秦始皇帝陵园考古研究 | 段清波 | 西北大学 |
| 41 | 六朝墓葬的考古学研究 | 韦正 | 北京大学 |
| 42 | 族际政治:20世纪的理论与实践 | 王建娥 | 中国社科院民族学与人类学研究所 |
| 43 | 民族地理学 | 管彦波 | 中国社科院民族学与人类学研究所 |
| 44 | 中国宗教思想通论 | 詹石窗 | 四川大学 |
| 45 | 楚辞与简帛文献 | 黄灵庚 | 浙江师范大学 |
| 46 | 中国古代文体学研究 | 吴承学 | 中山大学 |
| 47 | 文人结社与明代文学的演进 | 何宗美 | 西南大学 |
| 48 | 晚清民国传奇杂剧文献与史实研究 | 左鹏军 | 华南师范大学 |
| 49 | 杨柳的形象:物质的交流与中日古代文学 | 张哲俊 | 北京师范大学 |
| 50 | 楚系简帛中字形与音义关系研究 | 陈斯鹏 | 中山大学 |
| 51 | 出土战国文献虚词研究 | 张玉金 | 华南师范大学 |
| 52 | 索绪尔手稿初检 | 屠友祥 | 山东大学 |
| 53 | 俄罗斯语义学——理论与研究 | 张家骅 | 黑龙江大学 |
| 54 | 图书馆权利研究 | 程焕文 | 中山大学 |
| 55 | 信息共享空间实现机制与策略研究 | 任树怀 | 上海大学 |
| 56 | 人口大国的希望:中国人口转变的理论与实践 | 田雪原 | 中国社科院人口与劳动经济研究所 |
| 57 | 人口转变与老年贫困 | 杨菊华 | 中国人民大学 |
| 58 | 统计指数理论、方法与应用研究 | 徐国祥 | 上海财经大学 |
| 59 | 当代中国体育利益格局演化研究 | 程林林 | 成都体育学院 |
| 60 | 应急管理:中国特色的运行模式与实践 | 闪淳昌 | 国家安全生产监督管理总局 |

续 表

| 序号 | 成 果 名 称 | 作 者 | 单　位 |
|---|---|---|---|
| 61 | 中印农村社会保护比较——基于村庄调查的实证研究 | 张晓山 | 中国社科院农村发展研究所 |
| 62 | 自我评价论 | 陈新汉 | 上海大学 |

《光明日报》2011年5月25日

**上海大学博物馆征集文物资料**

上海大学昨日传出信息,将建立本市第一座深度展示上海历史文化发展轨迹的高校博物馆。校方向社会各界征集反映史前文化和近现代海派书画、戏曲、文学、电影、音乐等方面的文物资料,以集中展现上海和长三角区域在文化发展上的传承关系和共同特征。征集热线:(021)66133465,邮箱:museum@oa.shu.edu.cn。

据了解,博物馆规划面积7 000平方米,现已有藏品两千余件。昨天的展示会上展出了部分展品,包括青浦福泉山出土文物、海派画家王一亭的画作、海派作家徐訏穿过的西装,以及民国时期土山湾印制的圣像画等。(彭德倩)

《解放日报》2011年5月25日

**上海大学设立慈善义工基地**

上海大学第二届慈善文化节闭幕及颁奖仪式日前举行。市慈善基金会赞扬了校义工队的同学们努力发挥专业优势、自觉承担社会责任的可贵精神。

以"青春与慈善同行"为主题的上大慈善文化节,涌现了一批优秀慈善义工集体、优秀慈善公益项目和慈善义工之星。活动期间,上大还在闸北区大宁路街道设立了"上海大学慈善教育基地"和"上海大学慈善义工实践基地"。(王蔚)

《新民日报》2011年5月31日

**上大美院香山画院联合办展**

由上海大学美术学院和上海恒源祥香山画院联合主办的"上海大学美术学院——2011届学生毕业作品展"日前在恒源祥香山美术馆开幕,展期至6月10日。

本次展出作品均为上海大学美术学院2011届国画、油画两系毕业作品中筛选出的优秀作品。开幕当天由恒源祥集团资助的"恒源祥香山学术奖"从参展作品中评选出了不同的奖项。恒源祥香山美术馆馆长陈明认为:"本次中国画一等奖缺席,说明了评委对奖项的学术质量把关是严格的。"上大美院邱瑞敏院长表示:"对外公开展出学生的毕业作品,就是希望社会对我院的教学方向、教学质量提出宝贵的意见。"(林明杰)

《新民晚报》2011年6月1日

### 上海大学举办首届创意写作夏令营

"上海大学首届创意写作夏令营"昨天正式开营,这是国内第一次由高校举办的创意写作学科活动。

由上海大学文学与创意写作研究中心主办的"上海大学首届创意写作夏令营",为期一个月。活动期间,将举办一系列讲座,讨论创意写作的基础理论与欧美高校创意写作的发展态势;并邀请部分知名作家出版人,共同讨论高校创意写作与文化产业深入融合的话题。此外,研究中心还将带领学生参考欧美高校的创意写作工坊模式,以团队研讨方式形成多个创意写作团队,为学生带来全新的文学与创意方案体验。据创意写作研究中心主任葛红兵教授介绍,夏令营将成为上海大学文科教学的常态实践,希望通过各界人士的讨论与参与,借助高校文科新体系的产生与实践,为整体文化产业振兴,为每一代人的文学理想带来有益的助推。(姜小玲)

《解放日报》2011年6月22日

### 交行与上海大学战略合作

继2007年开始项目合作之后,交通银行股份有限公司上海市分行与上海大学再度携手。昨天双方就"银校战略合作项目"签署框架协议,将通过课程合作与学生实习的交替运作,以发现、培养和储备人才。

据了解,交行上海市分行将充分利用在金融行业中的优势,为上海大学提供全方位的金融服务,通过建立上海市大学生校外实习基地、开设金融课程、建立金融实验室等,为学生创造更多的锻炼机会。(张小乐)

《解放日报》2011年7月6日

### 上大博物馆获赠良渚文化玉器

昨天,筹建中的上海大学博物馆获得龙之现古玉收藏馆无偿捐赠的四件良渚文化玉器。

据了解,该古玉收藏馆是闵行区挂牌的民间收藏馆,展示以良渚文化、红山文化玉器为主的古玉文化。馆长潘卫东先生决定捐赠馆藏兽面纹三叉形器等四件良渚文化玉器,并将为上大博物馆提供更多珍贵的展品。(彭德倩)

《解放日报》2011年7月13日

### "远航"华服演绎"海的记忆" 上大巴黎时装学院举办"毕业秀"

灯光闪烁,霓裳飞扬。昨天,上海大学巴黎国际时装艺术学院2011级毕业生设计并展示以"远航"为主题的百余套华服,完成了自己的"毕业秀"。

毕业作品中,"海的记忆"成为设计的灵感源泉。学生设计师涂晓帆的女装保留了海军风的基本色——蓝、白、红,让三种颜色玩出了花样,撞色、大面积的对比色,采用软硬不一的面料,种种对比手法将帅气的海军风与浪漫女人味相融合。学生设计师张芸蕊、刘晓雪的作品,力图表现海边度假风情,以丝绸、雪纺、碎花等面料材质展现女装轻盈的效果;大露背、褶皱、纱裙及贴身裁剪,充分展现夏日海滩的闲适浪漫。(彭德倩 张驰

叶蔚然)

《解放日报》2011 年 7 月 14 日

**上大鼓励教师从事发明创造**

上海大学科技园日前发布五项最新科研技术成果,并通过与多家企业签署共建产学研合作平台、技术合作联盟等方式,让教师的创新成果真正走向市场。上大制定了相关的技术成果出资入股管理办法,明确学校和教师个人在创新成果中所拥有的知识产权比例。(王蔚)

《新民晚报》2011 年 7 月 16 日

**"董晓媛,上海大学喊你上大学"**

"董晓媛,上海大学喊你上大学!"8 月 2 日下午,这条满含急切之情的网友评论被迅速传开,寻找董晓媛的微博在短短几个小时内被转发 3 000 多次。9 个多小时内,众多网友充满爱心地转发微博,汇成了爱的海洋,帮助上海大学招生办老师顺利找到了一度无法联系上的考生董晓媛。

7 月 23 日,上海大学开始发出大批录取通知书,该校招生办许老师旋即在微博上发布了这条消息。然而,一周之后,一些家庭住址或者电话有变动的考生的录取通知书陆续被退回。

8 月 2 日,上海大学招生办又收到两封被退回的通知书,一封是辽宁省开原市第四中学考生王洋的,另外一封是河南省濮阳市油田一中考生董晓媛的。这两封通知书均是由于家庭地址和联系方式写得不清楚,被邮局退回招生办。

许老师按照老办法拨打这两名同学的电话,却发现都打不通。无奈之下,她不得不在微博上表示:"今天遇到个大难题,这可咋办呢?我们只能通过微博寻找啦。"

当天 12 时 35 分左右,许老师在这个平台上发出了寻找王洋和董晓媛的消息,没想到两条微博都迅速被网友转发。3 个小时后,上海大学招生办找到了王洋,许老师在微博上写下:"过程真复杂……事实证明,第一,还是好人多;第二,电话很重要。"这是上海大学微博寻人的第一次胜利。

但是,寻找董晓媛的努力却没有任何进展,不少网友开始为董晓媛着急。

当天下午,几千名网友在微博上转发、评论,想方设法联系到了河南的网友,希望能把这个消息传到董晓媛的同学或老师那里。

"不希望晓媛因此错失进入象牙塔的机会而抱憾终身!"有网友这样表示,随即就有网友回复说:"董晓媛,上海大学喊你去上大学!"与此同时,上海大学招生办的老师也在积极与董晓媛所在的濮阳市招生部门取得联系,但是交流过董晓媛的情况之后,对方一直没有回复。

20 时 30 分,许老师打开上海大学招生办微博,一下子看到几千名网友的询问和转发,不禁吃了一惊。"真是好心人多啊!"许老师感慨道。但董晓媛依然没有消息,她只好无奈地向网友报告情况。

8 月 2 日晚 9 时多,在得知董晓媛是濮阳市油田一中的学生后,网友"梅艳冰雪"表示认识该校的老师,并立即打通了电话。一个小时后,许老师终于接到了好消息,并激动地给仍在苦苦等待通知书的董晓媛打通了电话。

8月3日,刚刚经历一场微博寻人,董晓媛一夜之间已为众多网友所知。

谈起整个过程,董晓媛和妈妈都感叹道:"实在是曲折,不过也充满了戏剧性!"因为上海大学是在7月23日发出的录取通知书。按理说,通知书三四天后就应该能寄到当地邮局,但是等了将近一周,董晓媛一直没有等到任何消息。董晓媛和妈妈为此跑到邮局询问,邮局工作人员告诉她们因为家庭住址没写清楚,电话号码也少写一位数字,通知书已经退回了学校。

万分焦急之下,母女给上海大学招生办公室打电话确认,对方告诉她们学校会在8月2日集体处理被退回的通知书,所以建议她们耐心等到8月2日。

"这事儿让我和妈妈内心都很焦急,好不容易等到2日,我们就赶紧打电话到上海大学询问,但是那边电话总是占线。"怀着忐忑的心情,董晓媛和妈妈等到晚上9时多,依然没有任何消息。

出乎这对母女意料的是,虽然电话没有联系上学校,通知书依然不知下落,但董晓媛在微博上却成了很多人关注的焦点。

当天晚上9时后,紧张又失落的董晓媛开始接二连三地接到同学的电话:"晓媛,你快上网看看吧,'校内'上那个呼叫董晓媛去上海大学的是不是你啊?"突然之间这么多人给她说通知书的事儿,让董晓媛热泪盈眶,"真的感到好温暖"。

8月2日晚,董晓媛终于接到了上海大学招生办许老师的电话,心里彻底踏实了。

这场微博寻人从发出第一条消息到和董晓媛取得联系,仅仅持续了不到10个小时,最初有网友看到的时候,还在感叹:"这不是大海捞针么!"然而很快便有网友回复:微博是强大的,相信我们吧!

不少网友用一个红色的爱心图标来转发这条微博,希望看到的网友也尽快将这个充满爱心的消息扩散出去。有网友感叹:"考上大学实在不易,希望晓媛不要与大学失之交臂。"

而在整个寻找过程中,"董晓媛,上海大学喊你上大学"的呼声一直没有间断,一些来自河南的网友更是在急切地想办法,找到所有与董晓媛相关的人。

8月2日晚10时半,终于有网友将董晓媛的联系方式私信给了上海大学招生办平台,这场寻找董晓媛的微博行动才接近尾声。

《中国青年报》2011年8月4日

**大鼠验证普通家电辐射危害**

在日前闭幕的第26届全国青少年科技创新大赛上,上海中学、华东师大二附中、复旦附中等一批传统参赛学校获得各种奖项,上大附中高二金薇婕同学凭借家电辐射对大鼠的影响研究,捧回一等奖。从全球头脑奥林匹克大赛亚军到全国青少年创新大赛一等奖,近年来,上大附中创新教育成果不断涌现,成为一匹创新教育的"黑马"。

金薇婕是学校生物与环境社团成员之一。她介绍,近年来,手机辐射对人体是否有害的争论很多,让不少人对"电磁波辐射"心生警惕。那么,在日常生活中,无绳电话、电冰箱、微波炉等普通家用电器产生的电磁波,会不会对人类健康产生影响?在老师指导下,金薇婕对大鼠进行了电磁辐射实验。结果表明,暴露在电磁环境下的大鼠,体重增长速度减慢甚至负增长,生长发育受到抑制,并出现非正常褪毛现象;学习记忆能力均明显受损;白细胞数量有明显下降,红细胞压积、平均血红蛋白浓度有显著上升,表明抵抗力下降。她由此得出结论:电磁辐射对哺乳动物的健康确实会造成危害,应当警惕并预防。

近年来,上大附中学生在国际、国内及本市的机器人大赛、网页制作赛等比赛中频频获奖,引人瞩目。该校去年刚引进头脑奥林匹克大赛,今年首度参赛,就获得"疯狂老鼠车"和"结构承重"两个项目的全国冠军,"结构承重"项目赴美参加国际总决赛,还夺得了亚军。据悉,摘得全国青少年科技创新大赛一等奖后,小金有望去美国参加国际英特尔科技创新大赛。

一所创办只有8年的学校,科技创新成果缘何能在众多传统名校中脱颖而出?校长卢广华透露,一大"秘诀"是敢于在一定程度上解放学生,鼓励全员参与科普活动。据了解,该校虽然生源总体一般、师资也不冒尖,但仍然每周拿出4节课的时间,供学生参加社团与拓展课程。在课程设置方面,学校鼓励学科教育挖掘潜力,开设出阅读指导、趣味数学、园林研究、化学与食品等拓展内容。同时依托上海大学、区少科站等师资与场地,通过微型课程与讲座等灵活的教学方式,帮学生开阔视野。"学生科技创新成果不断线、创新素养得到提升,反过来促进了学习成绩的提升。"(李爱铭)

《解放日报》2011年8月14日

**上大新生"一日游"品读校园**

昨天是上海大学新生入住宿舍的第一天。为让更多同学尽早了解学校,校学生会开展"品读上大一日游"活动,大二年级学长为新生、家长导览校园。据悉,当天共有100多名新生踏上了"上大之旅"。

昨天,上海大学校园里,身穿背上印有"爱上大"T恤、腰侧别着"小蜜蜂"扩音器的校园讲解员,带领着家长和新生,从校史开始,耐心讲解着校园处处"典故"。

据了解,20多位大二讲解员"上岗"前,都做好了充分准备。(彭德倩)

《解放日报》2011年8月17日

**上大新生报到日 学科不同校服各异**

今天是上海大学2011级新生报到日。一清早,陆续赶来的学生领到了学校发放的"15件必备之宝",包括各种生活用品和学习用品,以及安全锦囊等温馨小贴士。校学生会组成了"品读上大园"讲解员队伍,召集新生聆听校史和成才方略。

今年上大首次实行按大类招生,第一学年没有专业身份。新生服的色彩也按学科大类设计,粉红色为人文社科类,天蓝色为经济管理类,明黄色为理工类,白色为中外合作办学与艺术类。(王蔚 孙中钦)

《新民晚报》2011年8月18日

## 上大举办"诺贝尔科学奖"展览

今年正逢诺贝尔奖110周年,昨天,"诺贝尔科学奖"展在上海大学图书馆开幕。展览汇集了254位诺贝尔物理学、化学、医学生理学和经济学奖得主的亲笔题词90件、签名照片172帧、邮品350余件以及大量实物。开幕式上,上海大学向1998年诺贝尔医学生理奖得主穆拉德博士颁发了名誉教授证书。(彭德倩)

《解放日报》2011年9月16日

## 上大与英国女王大学将深化合作

上海大学昨天收获一份国际合作大"订单":英国女王大学校长披特·格里森在造访上大时表示,将延续"中英科学桥计划"的相关合作事宜,并加大两校教育与科学合作的力度。

"中英科学桥计划"是两国领导人在高层对话中达成的共识,英国政府推出了四个支持项目,女王大学于2009年承担了其中的"可持续能源及建筑"项目,上海大学成为该项目的重要中方合作伙伴。昨晚,双方达成协议,将以尽快形成一批世界级科研成果为突破口,进一步推动和深化合作,并加快成果的市场转化。(王蔚)

《新民晚报》2011年10月2日

## 上海大学成立钱伟长学院

在钱伟长先生诞辰99周年之际,上海大学钱伟长学院今天宣告成立。上海大学钱伟长学院的前身是14年前在钱伟长先生倡导下成立的自强学院,其目标是培养全面发展、具有创新精神的优秀人才。每年,上海大学都会选拔120名优秀新生进入自强学院;面向全校选派和聘任各个专业优秀教师到自强学院任教,开设"科学研讨课""创新实践"等特色课程,全力培养本科生的创新精神和实践能力。(曹继军)

《光明日报》2011年10月10日

## 上大自强学院更名钱伟长学院

昨天,上海大学举行的钱伟长诞辰99周年纪念大会上,该校自强学院正式更名为钱伟长学院。据了解,该学院秉承"自强不息"的校训精神,由钱伟长发起创办,是实践钱伟长教育思想、培养最优秀学生的特色荣誉学院,构建有数理基础、科学工具、人文学科和实践四大教学平台,鼓励学生全面发展。(彭德倩)

《解放日报》2011年10月10日

## 上大选修课 请警官教安全

前天下午,上海大学课堂里来了一位身着警服而又特别眼熟的"老师"——曾作为上海世博局特聘培训师的"白菜教头"上海公安高等专科学校特警专业带头人李志萍教官。作为上海公民警校志愿者培训师,他为140名上大学生培训《各类突发事件应对》课程。此举,是上海公民警校又一拓展办学方向、延伸办学内容的重要举措。

从2010年3月以来,上海市公安局成立上海公民警校后,先后开发了《常见违法犯罪的识别和防范》《简易防卫技能》等10门授课培训课程,以及《参观警务航空队》《参观警犬训练基地》等15门参观培训课程,并在社会各界招收培训了43期2000余名学员。

今年7月,上海公民警校组织志愿者培训师围绕大学生日常安全需求,调研开发了《公共安全》《消防安全》《交通安全》《财产安全》等四个类型的教育培训课程。首场培训在上海大学宝山校区举行,学生们普遍反映讲课贴近实际,案例鲜活,既有针对性又吸引人。上海大学已将公民警校培训课程正式列为选修课,并设立2个学分。

以大学选修课的方式,由公民警校公安民警作为大学主讲老师,这在沪上高校尚属首例。(汪君 易蓉)

《新民晚报》2011年10月15日

**生源危机倒逼高校改革——上海大学在行动**

1990年到2000年的十年间,全国新生婴儿下降近1000万;全国高考生源自2008年突破千万之后开始全面下降,2011年下滑至933万;2011年,有84万考生放弃高考,出国留学的高中生增加了28%……

这样一组数据引起了不少教育者的关注,上海大学副校长叶志明就是其中之一。在他看来,高考考生持续下降,留学潮升温,由此带来的生源危机正在考验中国高校的办学能力。叶志明表示,2011年,对中国高校来说,生源拐点来临。如今的中国高校,就仿佛1979年的国企,必须改革,否则,高校破产将不再是传说。

要想不被淘汰,就必须切实提升学校的办学水平!作为上海最大的市属高校,上海大学从三年前开始酝酿的教学改革,在2011年9月开始实施。教学改革的核心包括:按人文社科、理工、经济管理三大类招生;新生由社区学院统一管理,实施导师制;打破学科壁垒,开展通识教育;构建新的课程体系,改革教学方法;对专业实施严格的淘汰。

熟悉大学招生规则的人都知道,在考生填报志愿时,"服从调剂"这个选项的存在,让一些本该淘汰的专业生源充盈。专业"活"了,可"被专业"的学生呢?

学生的就业完全是市场经济的方式调剂着,但专业选择却被计划经济的方式调剂着,这样的矛盾也制造了大学人才培养的瓶颈。

于是,上海大学把改革的第一个突破口放在招生。全校近60个本科专业被分为人文社科、经济管理、理工三个类别,并在三大类下开设三个基础班。

学生在第一学年无专业身份,在大类平台上接受一年的通识和基础培养后,接受类内专业分流。分流将依照学生入学时的高考成绩、第一学年绩点排序,并参考个人综合表现,依据各专业最大可容纳学生数,按填报志愿的顺序分流到各专业。

目前,按大类招生的高校已有不少,但通行的规则是:学生被录取后,还是带着专业身份进入大学,一年之后选专业也只能在所在学院范围里进行。上海大学的改革力度在于,全校的专业只分文科、理科、经管三类。

对学生来说,在一个类别里选专业,自由度大了;对各个专业来说,竞争必然"惨痛"。而这种"惨痛",却正是置之死地而后生的新的激活机制。由学生的选择来决定院系专业的发展,甚至去留。这种淘汰机制,给各院系增加危机感,激发办学积极性和创造性。

为了配合一年后的分流,学校将充分调研各专业学生的就业情况、就业去向、薪资、专业对口率等信息,做到信息透明,帮助学生理性选择未来要学习的专业。

但是一些教师也很担心:比如历史学这样的专业,即使学生再有兴趣,也可能迫于就业而转投热门,但这样的基础专业岂能被淘汰?叶志明的回答是,对于一些国家需要的专业或一些基础学科,可能较为"冷门",学校会启动"经济杠杆",通过设置全额奖学金等方式鼓励优秀学生入读。

大学的教育,就是把依靠老师才能获得知识的人,培养成毕业时能无师自通的人。在这方面,大学不缺理念,缺的是切实可行的方法。

上海大学曾经在2007届学生毕业三年后做过一个回访,让他们回过头来再看大学的课程,并对改进专业教学提出意见。"培养主动学习不够""课程内容不实用和陈旧""培养批判性思维能力不够"排在意见的最前列。这些意见直指高校教育中的不足。

上海大学把改革的核心举措放在了课程体系上。大学的现行课程体系包括公共基础必修课和选修课,而解决课程分布的随意性和非均衡性,确立系统培养目标,是上海大学新课程体系的目标。

改革的力度不可谓不大:学校即将实施的通识课程体系包括核心通识课程、新生研讨课、大类基础课。原来教学计划中带X编号的课程300多门,仅留下来66门归入通识课程类,一半左右课程基本上不符合要求,还有一些需要改造;在公共基础课程中,"高等数学""大学物理""物理实验""大学英语""计算机文化""体育""军事""大学语文""应用写作"都将面临全新的改变。

新学期,理学院教授姜颖给新生开的一门课叫做"改变世界的物理学"。他介绍说:"爱因斯坦的相对论看上去很高深,但我会告诉学生:相对论跟每部车里的GPS导航休戚相关,没有相对论,就做不出GPS导航。巨磁电阻是上世纪80年代中期,由德国和法国科学家发现的一种效应,几年前他们因此得了诺贝尔奖,学生可能会问:这跟现在有什么联系,我会告诉他们:如果没有这个发现,大容量的U盘、移动硬盘不会有,你们手里的iPod、iPhone、iPad都不会出现。"

显然,这样的教学方法,给老师们提出了更大的挑战。姜颖说,这其实是提醒每一位任课老师,必须时刻在科研一线,时刻关注最新的科技进展,"不能再拿一本教材从头念到尾。"

当老师这些年,姜颖一直在思考一个问题:很多考上大学的学生成绩很好,为什么上了大学就放松了,最后毕业的成绩很差?"这是因为他们学习主动性的丧失。"姜颖说,他以后上课不会给学生指定教材,只列举主要参考书,学生上他的课需要查阅很多教科书和工具书,才能解决一个具体问题。他希望用"问题"牵引学生主动学习。

本学期开课的老师在之前的暑假里压力都很大,都想把课上好。因为,一年级学生接触到的老师和听到的课,将影响他们的抉择,而他们的抉择又决定着专业的命运。

今年开始,上海大学公共管理专业将不再招收本科生,学校已经启动程序,将逐步关停这个专业。关停的原因不是专业本身不受到市场的青睐,而是这个专业本身的师资存在问题,人才培养不能满足社会和市场的要求。

"学生越来越少,高校抢生源现象以后肯定会越演越烈,而'抢'学生的砝码最终还是办学实力——能够提供优质的教育。"叶志明这样描述未来研究型大学人才培养特征:学生始终有机会获得最好的教师传授学业、指导人生,把自学作为一种追求和时尚;建构以探索和研究为基础的教与学的人才培养模式,年轻学子有机会接触最新成就、前沿学术和科学方法;资深教授乐于讲授基础课,青年教师擅长讲授专业选修课,实验课程已不局限于大纲要求;强调通识教育,人文教育与科学教育交融,知识传授与能力培养并重,注重培养学生掌握方法,未来能够应对千变万化的社会发展和需要。

《光明日报》2011年11月1日

**大学能教出作家吗?**

11月29日,清华大学中文系教授格非的小说《春尽江南》获选《新京报》评选的年度文学图书。而他的另一部小说《人面桃花》刚刚被搬上话剧舞台。格非一向被认为是学者型作家的代表,他在清华主讲写作、小说叙事学、伯格曼与欧洲电影等课程,非常受学生的欢迎。

在今年的10月,由韩国现代中国研究会等单位联合举办的"中国人民大学作家群文学研究"国际研讨会在首尔的韩国外国语大学举行。中国人民大学文学院的孙郁、刘震云、阎连科、王家新等作家的多部作品被译成韩文出版。而与会学者一致认为大学作家群的形成正在成为改变当代文学的一个重要因素。

2009年,教育部批准复旦大学中文系设立国内首个"创意写作专业硕士学位点",开始了高校培养作家的探索。2010年,该专业招收了第一批2名学生,2011年,又招收了第二批17名学生。目前,第一届学生已经修满学分,进入毕业作品创作阶段,他们写的不再是论文,而是要提交一篇3万至5万字的小说或散文作品,加上一篇阐述创作体会的5 000字论文。

上海大学也于2009年成立了校级的创意写作中心,2011年开始创意写作研究生的招生。但它们的创意写作似乎走得更远,面向大一新生的"成为作家"研讨课,采取小班教学,注重潜能开发,让许多怀有作家梦的学生找到了一个取经的平台。

创意写作,这一发端于上世纪30年代欧美的潮流,在中国因何突然热闹了起来,面对种种质疑又将走出怎样的本土化之路?

**神奇的魔力可以传授吗?**

作家有两类,一类是作家等于作品;一类是作品大于作家,而后者显然需要经过各方面的训练。

复旦大学的"创意写作"几乎是由著名作家王安忆一手创建的。2006年,复旦大学开始在硕士中增设"文学写作"方向,每届招收一至二名学生。2007年起,王安忆正式在复旦任教。作为国内首个"创意写作专业硕士学位点"的带头人,她的教学方式更注重实践,每次课前让学生先写几千字作品,在课堂上加以评议。作品被适度分解为场景、对话、心理等不同部分,以小组的形式加以交流。目前已经有学生发表了相对成熟的文学作品。

负责创意写作招生的复旦大学王宏图副教授介绍说,在国内,有一种说法流传甚广,也被很多人认可,"中文系不是培养作家的地方",理由是作家基本上是个人的天赋和努力。"但国外却并不是这样。目前全世界已有100多所大学开设了创意写作课程,甚至还有创意写作的博士学位。但是我国的创意写作专业还是放在艺术硕士(简称 MFA)学位大类之下的一个分支,我国艺术硕士学位还包括音乐、戏剧、戏曲、电影、广播电视、舞蹈、美术、艺术设计等 8 个创作领域。"

多萝西娅·布兰德是当年美国创意写作的坚定推动者,她说:"写作确实存在一种神奇的魔力,而且这种魔力可以传授。"她的《成为作家》曾经风靡全世界,今年刚刚由中国人民大学出版社翻译出版,其译著者中国人民大学教授刁克利认为,为什么只有少数人成为了作家,而我们大多数人只把这个梦想藏在心底,以至于彻底遗忘了呢?除了生活本身的际遇,除了对自己的怀疑和对作家的神秘感,很大的原因可能是,我们在根本没有理解写作的本质之前就已经放弃了文学的梦想。我们根本不相信创作的才能可以学习而来,也找不到途径来进入这个门槛。

上海大学中国文学创意写作中心主任葛红兵教授曾在英美及澳大利亚等国系统考察了国外的创意写作,他介绍说,高校创意写作系 20 世纪 20 年代末创生于美国,后作为新兴学科在美国得以确立和推广,目前在美欧已是有 80 余年历史、包含近 20 个子类、设有本科、硕士、博士研究生培养层次的大学科系统。数千个持续活跃的高校创意写作系为美国的创意产业提供了源源不断的人才储备。战后美国普利策奖获奖人绝大多数曾经受过高校创意写作系教育,绝大多数美国作家来自高校创意写作系。而中国的创意写作才刚刚起步,在学科定位和培养目标方面还处于探索阶段。

作家有两类,一是作家等于作品,想到哪里想到多少写出来;一类是作品大于作家,虽然有些东西没有想到,但是通过各方面的技术的训练,通过文学性的表达,产生的东西大于自己所想的。上海大学文学院的陈鸣副教授告诉记者,上世纪 80 年代在高校有过许多的写作兴趣班,当时许多中文系的学生都已经有自己的人生体验了,很容易找到突破口,而且他们的成名作也都很有影响。但很多人的写作并没有稳定下来,除了自己的记忆和经验就没有多少提升的空间。实际上,一个好的作家,显然不可能只有天赋,他需要具备人为和天生的双重优势,就像优秀的杂交植物一样。而人类历史上出了那么多的作家,在创作上是有共性的。成为一个作家,就和学京剧一样,在展现自我风格自创流派之前,应该先学哪出戏,学多少出戏,如何循序渐进是有讲究的。很多中文系的学生是有写作基础的,也都有自己的"写作故事",这些都是写作激情的来源,但我们目前显然还没有鼓励他们进行创作的学科设置。

写作如果通过教育系统来培养,还是不是真正的创意写作?这在美国也曾遭遇质疑,人们担心,高校创意系培养出来的不过是文化工人,成为跟着市场走的赚钱机器,或者说最后创意写作的教学也成为一个禁锢的体系,扼杀创造性?但提出这些问题的人一边质疑,一边从事创意写作教学。在质疑和反质疑的过程中,创意写作教学得到了蓬勃的发展,美国文学也由此走向繁荣,从事创意写作的人数大幅增加,整个社会的文学鉴赏力和创新能力水平不断提高。

"我一直认为作家应该与高校有关。"上海大学常务副校长周哲玮说,"只不过高校培养作家,需要的是一种环境和氛围,是一个平台,是让想要成为作家的学生,保持写作的冲动,然后有人与他讨论,有人批评与指导。我们的大学一直信奉传道授业解惑,仿佛只有成为一个知识体系、够得上一门学问的东西才能教授,但写作这样有创造力的活动并不被重视。郭敬明是上海大学的学生,我们专门为他的作品开过研讨会,他的作品反映了那些吃着麦当劳长大的一代的思想。在上海大学热爱文学的学生还有很多,如何让他们脱颖而出?也有许多学生在写作,可是沉醉在个人的无病呻吟中,如何让他们的作品能够与社会共鸣?学校应该提供这样一个平台,把社会上的著名作家请进来,建立驻校作家制,同时让学生也能够参与其中。"

**中文教育改革势在必行**

许多很好的文学苗子进了我们的高校教育系统,出来以后并没有长成大树,而是直接变成了小拐杖

杨尘潇是上海大学一年级的本科生,酷爱写作,也有着自己的文学梦想。但他发现自己的小说总写不长,情节的展开也很混乱,尤其是自己塑造的人物没有什么血肉。今年他报名参加了文学院创意写作中心为新生开设的研讨课《成为作家》。这门研讨课是小班教学,20个人分成几个小组,按兴趣进行讨论。老师会让每个人讲述自己的家族史,讲述自己最刻骨铭心的故事,然后围绕这些故事展开情节。"比如老师通过分析经典作品,告诉我们如何让自己的人物置于绝境而后生,如何让人物面临一个接一个的矛盾冲突,而不同的人物需要构建怎样的关系网。或者如何向内发掘潜意识,这些都令我们茅塞顿开。"

如今上海大学不但成立了校级的中国文学创意写作中心,还在文学院创建了全国第一个针对本科生的创意写作活动平台,而一个意在建构创意写作教育教学系统的学科组也颇具规模。

迄今为止,复旦大学并没有将"创意写作"训练向本科生延伸的计划。在王宏图看来,他们还处在创意写作人才培养方式的探索阶段,作为教育部首个专业学位试点,主要任务是积累经验。"我们的任务不是培养作家,而是培养具有写作才能的人,提高作家的素质。我们是给喜欢文学、爱好写作的人提供提高写作技巧的机会,至于最终能否成为作家,还需要日后进一步实践。"陈思和教授的定位仍相当低调。

其实创意写作也并不是新生事物。上海大学中文系教授王晓明认为,以前各大学中文系都有写作课,训练学生的写作能力,但因为多数老师不是作家,教不好这门课,许多大学就逐渐将这个学科取消。上海大学的创意写作,实际上是来填补这个空白的。当然,因为挂了"创意"的名号,就很自然要向创意产业这个新起的行业借力,写作的范围也因此扩大,除了过去所谓"文学"范围里的诗歌小说散文等等之外,还加上广告文案、歌词、游戏故事、影视剧脚本等等,与过去的写作课不同了。

中国人民大学文学院院长孙郁认为我们现在的高校中文教育中缺乏杂家,缺乏作家。而在过去,鲁迅、周作人、沈从文、闻一多、老舍等既是学者又是作家,其实即使是文学的鉴赏也需要多方面的知识和更多生命的体验。我们的课堂经常讨论一些伪问题,一些已经成为结论的概念,并没有更多可匹配的实践与创作。"每一个学生的精神走向是多种的,如何激发,能不能激发很关键。当下的大学文学院以文学作品批评与语言学研究为主要方向,所有的学生被带入到一个拥挤狭长的地带里,对数量不多的文学作品,进行多角度多层次的批评研究,这个过程也许是快乐的,但创造性的写作会更快乐。许多很好的文学苗子进了我们的高校教育系统,出来以后并没有长成大树,而是直接变成了

小拐杖。"

今年夏天,上海大学创意写作中心组织了首届创意写作夏令营,请了著名的作家、出版社的资深编辑以及创意设计师一起给学生开讲座,最后所有的学生都得完成自己的文学创作,一首诗或者是一个剧本,文学院的老师负责一对一地跟踪学生的创作,对他们的作品提出修改意见,直到最后成为拿得出手的完整的产品,现在这本作品集已经付样了。夏令营的策划者许道军副教授打了一个形象的比喻,我们现在的教学侧重于培养内功,文学史、文艺理论、文艺批评学得非常系统,这使得我们学生的内功很高深,但却不能设计套路与架势,将一身的功夫施展出来,很多学生甚至不能表达思想和情感,有时连一个简单的故事都讲不好,当然也就无法回应波澜壮阔的现实。

**让高校成为创新的源头**

创意贫瘠一直是我们的文艺创作中难以克服的瓶颈,这和创意教育缺失有很大的关系

"过去高校是科技创新的发动机,现在高校为什么不能成为文化创新的发动机。"在葛红兵看来,一切以创造性思维为主导、以文字作品为实现形式的创造性活动都属于创意写作,几乎可以包括文化创意产业所需要的基础性的上游内容写作。"文化产业对中文专业人才需求量是很大的,各类网站、游戏等新媒体,报刊和图书出版业、影视传播和广告,会展和企业策划,以及各类娱乐行业等都大量需要新型的写作人才,需要创意人才。包括以手机和网络为代表的新媒体,需要大量的创意写作团队。"

在国外,创意写作硕士研究生的学习方法主要是以工作室或者工坊制的形式完成的,工作室不一定设在大学的课堂上。"除了正规学制的学期教学,高校资源也可以尝试实现与社会资源的结合,到乡村、城市社区、厂矿,与工人、农民工、村民等结合,创建一系列活跃的写作工坊,提供另一种角度的更为扎实的文学抒写。"

在不久前召开的"2011中国版权年会"上,国家新闻出版总署署长柳斌杰坦言,目前国内很多文化艺术作品创造力不够,90%的作品属于模仿和复制的,我国一年文艺作品达到4 300多部,但是公众阅读的却不多,原因就是创新能力不强。

创意贫瘠一直是我们的文艺创作中难以克服的瓶颈,题材趋同、照搬成风、脱离现实、缺乏人文关怀,旧题材翻拍不止,山寨风经久不息,很多都是低水平的不合格商品,根本算不上是精神产品,这造成了资源的极大浪费。上海戏剧学院创意学院的教授黄昌勇正在筹备一个国际性的创意教育大会,他认为在我们的创意产业中,最缺乏的可能就是上游的原创,而这和我们的创意教育缺失有很大的关系。

从这个意义上讲,创意写作应该在更高的层面进行探索与推广。

《人民日报》2011年12月2日

**第三批全国文明城市(区)、文明村镇、文明单位名单**

(上略)

上海市:浦东新区公路署、上海市进才中学、上海海怡建设(集团)有限公司、上海市公安局黄浦分局、普陀区市政工程管理署、上海市曹杨第二中学、杨浦区殷行街道办事处、杨浦区四平路街道办事处、上海市南洋模范中学、徐汇区徐家汇街道办事处、上海市

北高新(集团)有限公司、闸北区人民法院、上海市向明中学、长宁区妇幼保健院、虹口区凉城新村街道办事处、静安区南京西路街道办事处、宝山区友谊路街道办事处、上海市七宝中学、嘉定区真新街道办事处、青浦区徐泾镇文化体育服务中心、金山区石化街道办事处、奉贤区排水运行管理中心、松江区方松街道办事处、中国电信上海公司崇明局、上海隧道工程股份有限公司、上海东方商厦有限公司、上海华谊丙烯酸有限公司、上海市第一建筑有限公司、上海市对外服务有限公司、上海市测绘院、上海市工商行政管理局嘉定分局、上海市第一中级人民法院、上海市质量监督检验技术研究院、上海政法学院、上海出入境检验检疫局(机关)、上海市燃气管理处、上海市邮政公司(本部)、上海市电力公司(本部)、上海航天技术研究院、上海大学、复旦大学附属华山医院、同济大学、中国福利会少年宫、上海图书馆上海科学技术情报研究所、中国电子科技集团公司第五十研究所、上海市科技创业中心、中国科学院上海硅酸盐研究所、中国建设银行浦东分行、中国建筑第二工程局有限公司(沪)、上海市农业科学院、上海永达控股(集团)有限公司、中海发展股份有限公司油轮公司、上海豫园。

（下略）

《光明日报》2011年12月21日

**上海大学计划自主招生100人**

上海大学昨日公布2012年自主招生计划：继续将本市25所中学作为自主选拔录取试点学校，坚持"中学校长推荐，学校不再另行组织笔试"，计划招收100人。

为给学生更多选择机会，该校自主招生允许考生在B志愿填报上大。自主招生认可考生只要高考成绩达到上海市第一批本科录取资格线，学校就按考生志愿直接录取。通过自主招生进入上海大学的学生，还可以参加该校钱伟长学院的选拔考试。（彭德倩）

《解放日报》2011年12月23日

# 2012 年

### 上大迎新年音乐会　校长跨专业拉提琴

随着圣诞节欢快的脚步,12月25日晚,在上海大学伟长楼,举行了由上海大学艺术中心举办的'泮池之声2012年上海大学新年音乐会'。

上海大学"泮池之声新年音乐会"迄今历经八年,已成为上海大学师生辞旧迎新的传统方式。那晚场内楼上楼下被学生们挤得满满的,台上演出主体为上海大学艺术中心各学生艺术团体。演出内容丰富多彩,从不同的侧面展现了当代大学生的风采。

音乐会随着管乐团的《圣诞庆典》拉开序幕,之后由五名外籍学生为主的打击乐团,演奏了一首非洲鼓乐,现场气氛立刻欢快起来。上海大学合唱团更是演唱了学生原创作品,合唱团的风格类似于电影《修女也疯狂》的唱诗班,年轻,欢快而不失水准。尤其那首由袁超同学原创的歌曲《纪念》,获得场内长时间的掌声欢迎。在弦乐团表演时,由著名小提琴家夏小曹女士独奏的《一步之遥》,跟随着委婉却带有激情的曲调,带来了当晚的第一个高潮。当晚演出中每个团体都展现了多姿多彩的一面,音乐会不仅在听觉上带给观众享受,还利用数码学院的专业优势,以大屏幕结合舞台上的表演,给观众带来全新的视听盛宴。在音乐会的最后,让场内学生惊喜的是,在著名指挥家曹鹏的指挥下,他们的副校长叶志明,大名鼎鼎的工程力学和结构工程博士生导师,竟然登台与夏小曹一起演奏了小提琴二重奏《我的祖国》,赢得了场内长时间的掌声并把音乐会推向了高潮。

上海大学艺术中心成立后,执行总监夏小曹女士实行业余团队专业化管理,聘请国内专业音乐家来校指导排练,使得各艺术团体的水平迅速提高,在国内外各项比赛中纷纷赢得殊荣,还频频组织出国访问演出。而艺术团体的每年精彩表演,已经在校内学生中获得越来越多的美誉,也成为吸引更多学生踊跃参与艺术实践的动力来源。(孙薇玲)

《新民晚报》2012年1月1日

### 尼克松总统弟弟赴上海大学演讲

美国华盛顿尼克松国际集团主席爱德华·尼克松昨在上海大学举行演讲会,上海大学校长罗宏杰主持。

爱德华·尼克松是美国前总统理查德·尼克松最小的弟弟。昨天他为上大师生作了题为"中美友谊与中美贸易"的演讲。(王蔚)

《新民晚报》2012年2月28日

## 《星星的孩子》昨感动上大师生

昨日,新锐导演陈苗新作《星星的孩子》在上海大学举行展映与研讨会,不少上大师生被电影感动到流泪。这部小众艺术电影的诞生得益于"上海扶持电影精品专项资金",而它正式面向观众标志着"上海电影新青年——上海新导演作品展映与产业推进计划"的启动。

毕业于北京电影学院导演系的陈苗表示,自己把这部电影献给所有自闭症儿童的父母,"希望用这部电影照亮处在绝望深渊的他们。"《星星的孩子》讲述母亲梁铮铮独自带着患有自闭症的儿子,从遥远的内蒙古小县城来到深圳、东莞。影片以纪录片式的拍摄风格,揭示了大都市外来务工人员艰难的生活处境,刻画了自闭症儿童家庭母子之间既紧张又生死相依的关系。影片由蒋雯丽、王鲁豫担任艺术监制,梁静、朱江迪领衔主演,去年9月制作完成。

2011年上海市委宣传部、上海市文广局牵头设立的"上海扶持电影精品专项资金"划拨了一部分专门用于对新人新作的扶持,去年共资助了五部反映现实题材的新人新作:《同在蓝天下》《狂奔蚂蚁》《星星的孩子》《东方客栈》和《上海1999》。但是,新人新作在实际发行过程中遭遇市场困境,使得大部分作品无法在电影院公映。如何发行放映,成为新锐导演们面对的又一道坎。因此,由上海市文广局主办、上海大学影视学院承办的"上海电影新青年——上海新导演作品展映与产业推进计划"将作为"专项资金"的后续推进项目,动员社会各方力量积极介入青年电影前期宣传。据悉,《星星的孩子》是该项目的第一部作品。包括上海联和院线在内的全国三家院线将用点映、上映相结合的方式为这部以情动人的艺术电影作定制式的放映。(罗震光)

*《新民晚报》2012年3月3日*

## 上海高校辅导员誓词引起共鸣

今天本报头版刊发《上海:亮出高校辅导员的"精气神"》,在社会上引发强烈反响,高校辅导员们不但在与学生交流的Q群、微博、人人网上积极转载,不少人还把自己的QQ签名档改为了上海高校辅导员的誓词内容。人民网、新华网、中国广播网、中国教育新闻网、新浪网、腾讯网、网易等数十家网站迅即转载本报报道,光明网互动社区也开展了热烈的讨论。

教育部社科中心党建思政处处长吕治国读完了报道,告诉记者:"报道选材于辅导员队伍核心价值的凝练,立意于增强辅导员工作的职业认同,着眼于完善辅导员队伍建设的常态长效机制,亮出的不仅是高校辅导员的'精气神',也亮出了上海市的宝贵经验和有益探索,更亮出了全国高校辅导员队伍建设的可喜成就。"他认为,上海在"科学化管理、专业化建设、多样化发展"的思路下,对辅导员能力建设及职业生涯的规划设计,对团队文化建设的探索,对于各地各高校无疑具有较强的示范意义。

复旦大学社科部党委书记高国希说:"高校辅导员是一个特殊的职业群体,既是教师身份,又是管理者身份;既有政治方向上、精神追求上的引领,又有具体琐细的学生事务管理。上海率先凝练辅导员誓词与核心价值取向,从多维角度进行了精神的提炼与升华,突显出了这一职业的意义与价值,规范凝练了使命、素养与能力要求,给辅导员自身的成长、专业化的发展、多样化的培养描绘了方向,是志与功、规范与品德、知与行的统一,也是辅导员个人全面发展的指南。"

施索华是上海交通大学马克思主义学院思政课教师,主持上海市高校思想政治理论课名师工作室——"施索华工作室"。读完报道,她感慨地说:"我们常说,大学生思想政治教育既不容易又很关键,不容易是我们很难走进学生的内心世界,关键是怎样找到一个被大学生接受的形式和方法帮助他们解决问题和困惑,上海高校辅导员队伍把思想政治教育与对学生的关怀和服务融为一体,做大学生自我教育的向导。我对这支年轻的队伍充满敬意!"

上海大学社会科学学院党委书记陶倩说,以矢志忠诚的理想信念为统领,以立德树人的职业追求和敬业爱生的奉献精神为内核,以明理笃行的专业素养为基础,将社会主义核心价值体系贯穿于大学生思政工作的全过程,环环相扣的辅导员核心价值取向,为"导航者"树立坚定的理想信念,指明了高校辅导员队伍的前进方向。

华南理工大学团委书记房俊东说:"誓词体现了高校辅导员强烈的责任感、使命感,体现了对社会主义核心价值观的认同、传承、践行和传播,体现了当代大学辅导员的高尚精神风貌。"他告诉记者,华南理工大学一直高度重视辅导员队伍的建设和对辅导员政治思想觉悟的提升、业务能力的提高,重视爱岗敬业教育。上海发布高校辅导员誓词和核心价值取向在学校引发热议,"做学生最亲密的接触者、学生成长的引导者,践行责任和使命,奉献青春",已成为辅导员们的共识。(曹继军　朱振国　吴春燕　颜维琦)

《光明日报》2012年3月13日

**仲裁国际论坛昨在上大举行**

上海大学法学院正在酝酿设立仲裁研究专业,在本市率先培养专事民间调解与仲裁工作的硕士研究生。这是该校昨天举行的"多元文化视角下的ADR与仲裁国际论坛"传出的信息。

"替代性纠纷解决方式(ADR)"亦称作非诉讼纠纷解决程序,近年来在构建和谐社会中起到了不可估量的作用。来自美国、加拿大、澳大利亚、日本等国以及国内从事ADR与仲裁研究与实践的专家、学者、仲裁员、律师,围绕媒体调解、人民调解、商事调解、知识产权调解、境外仲裁等多个问题展开了讨论。(王蔚)

《新民晚报》2012年3月24日

**为救同学大学生公园卖艺　千万双手一起来帮他**

在上海大学校内,这两天,中欧工程技术学院大一学生金若寒和孟繁辰一下子成了"名人"。不少学生留言说:"感动""向你们学习"。

4月14日、15日,到中山公园、世纪公园踏青游玩的不少市民目睹了他们的"卖艺"过程:在公园一角摆下地摊,设备简单却齐全:不光有音箱、话筒、吉他和谱架,还有用硬纸板手工制作的海报,一张倚树竖起,另一张平铺地上,上面写着:"上(海)大(学)学子义演救同学。这个同学,我们没见过,不认识。但我们都是上大人。"

平实的话,很有水准的演出,打动了不少人。一个骑电瓶车的大叔停下来,听完了整首歌,在吉他袋里放下了50元;一位老外认真看了海报上的英文说明之后,也捐助了100元。

让金若寒和孟繁辰觉得温暖的是,虽然也有人用怀疑的眼光打量他们,但更多人热情地表达着对义举的支持。

19岁的金若寒和孟繁辰平生第一次合作"卖艺",是为了来自江西新建县的土木工程系大二学生程其强。程其强上月底查出患上急性白血病,需要住院接受化疗,一次化疗有三个疗程,每个疗程就要4 000元。而程其强来自贫寒之家,父母早年离异,他和妹妹与母亲相依为命,妹妹已辍学打工供他读书。

一场为程其强募款的行动,很快在上海大学师生中间展开。学校还为程其强的母亲和妹妹安排了一间学生宿舍,让她们免费入住,方便照顾病人。程其强血液使用紧张时,学校出面与上海血液中心联系,帮忙解决困难。最近学校里举办的"青春力量汇聚90"、爱鸟周、女生节等各类活动,几乎都设立了为小强募捐的环节。校内网上,时时有师生传递着对小强的祝福与爱心:"生命的每一次跳动,都需要我们的支持""小强加油……"

"人人都想出力,真的能感受到学校就像个大家庭一样温暖。"金若寒这样告诉记者。

两天义演募得了1 092.1元款项,周日晚清点好就送到了"小强加油"工作组。金若寒说,捐款虽不多,"但我们冲出去做,可以让更多人知道小强的病,千万双手一起来帮助他。""小强加油"工作组现已募得143 661元款项。上海大学红十字会也已经募得善款45 669.7元。16日晚上,学生们还用寝室的灯光组成一颗大大的爱心和"GO ON"两字,为小强送上祝愿。那场面,温暖着每个学子的心。金若寒和孟繁辰说,他们还会用别的形式,继续献上自己的一份努力:"趁我们年轻有力量,去多做一些好事情。"

《人民日报》2012年4月18日

**上海大学公布今年招生政策　第一年无专业身份,一年后专业分流**

上海大学昨天公布2012年招生政策。今年该校将继续实施基于拓宽基础培养和通识教育的大类招生(艺术类和中外合作办学类专业除外),学生入学第一学年无专业身份,第一学年末在大类内进行专业分流。在沪本科计划招收2 340人,其中第一批本科1 600人、艺术类356人、其他384人(保送生、高水平运动员、自主招生等);在沪高职计划招收600人(含艺术类高职120人)。学校将于4月29日上午8时30分—下午3时在校本部(宝山区上大路99号)举行大型招生咨询活动。(彭德倩)

《解放日报》2012年4月23日

**上海大学生年度人物揭晓**

"2011上海大学生年度人物"昨天下午揭晓,15名获奖者中男生达12人,占比八成。评选今年1月启动,沪上38所高校推荐了84名大学生参评,各校共计18万人次参与纸质投票和网络投票,最终评出10名在校大学生为"年度人物",同时还有5名已毕业大学生获"建功立业单项奖"。

上海大学机电工程与自动化学院学生曾天带领团队骑行1 000余公里,宣传低碳环保。作为小曾的上大校友,已毕业的学长孔令韬更是全职献身"绿色事业"。上海立信会计学院会计与财务学院的宋真出身农民家庭,一天在松江校区,一名女生不慎落入河中,宋真毫不犹豫跳入水中,成功搭救女生。救人者还有上海工程技术大学飞行员专业的王俊迪。一天,他在松江校区看见一儿童落水,立即横渡过河,施救成功。

本报率先报道"用一根手指高考"的唐旭,如今已是上海海事大学信息工程学院大一学生。小唐自幼患有"进行性肌肉萎缩症",胸部以下完全失去知觉,双手仅剩右手食指稍能动弹。他凭此一指,从民工小学、长桥中学读到华东理工附中,去年考入大学。

昨天,当选"年度人物"的大学生还有复旦大学周姝、同济大学董亚宁、上海外国语大学王宏伟、上海交通大学臧浠凝、东华大学刘昭、华东理工大学诸咏天。其他上海大学生"建功立业单项奖"得主是:复旦大学毕业生郑璇、上海交通大学毕业生王永泉、同济大学毕业生张文标、东华大学毕业生张华。(徐瑞哲)

《解放日报》2012年5月3日

## 上大举办丰子恺书画作品展

为迎接5·18国际博物馆日,"海上'丰'景——丰子恺与上海文化书画文献展"昨天在上海大学开幕,将持续至5月29日。

上世纪20年代,丰子恺曾在上海大学执教乐理课程。此次上大博物馆与上海丰子恺旧居合作,展出丰子恺书画作品近30件,以及丰子恺与上海文化的相关实物文献,包括生前使用过的文具、生活用品、手稿、照片、珍贵创刊号、初版书籍等,以展现丰富的上海文化人生和海派文化之精粹。(王蔚)

《新民晚报》2012年5月16日

## 扶贫电影《包裹》在上海大学首映

由中国扶贫基金会特别支持的首部公益电影《包裹》,日前在上海大学举行首映式,并计划于今年六一节期间在全国上映,还将在全国高校进行公益放映。

中国扶贫基金会通过发起组织"爱心包裹"捐购、教师培训、志愿者支教等活动,以改善农村学校的现状和学习条件。"爱心包裹"项目启动三年来,筹集善款2.34亿元,直接帮助了200多万人次的贫困乡村师生。(王蔚)

《新民晚报》2012年5月18日

## 海上花开——上大美院与城市发展"共鸣"

[编者按]一座城市竞争力的高下,不仅取决于经济发展水平,更与其社会底蕴、文化影响力息息相关,这在当下已成共识。

在上海加快建设国际文化大都市的进程中,培养文化产业核心人才的艺术类院校,能否更有作为?艺术,如何与城市创新血脉更紧密相融?根植于都市文化,有着50多年历史的上海大学美术学院,交出了自己的答卷。

清早起来赶地铁,在灯光明亮的站厅里抓紧读书看报;逛外滩暂停脚步,站到陈毅雕塑前比个"V"字合影;机场道别,目送东航飞机带着红蓝飞燕标志直上蓝天……这座城市行色匆匆的无数瞬间,或许你我,正与上海大学美术学院的艺术创意不期而遇。

在城市发展长卷中"作画",从创新最前线找到全新学科生长点,把艺术创作与社会需要紧密结合……在上大美院,"公共艺术"办学理念轮廓日渐清晰,艺术之花在海上都市缓缓绽放。

**"首个"背后有故事**

在生产第一线挖掘新问题,进而发现研究的新方向,对理工科而言,并不稀奇。可这样的"产学研"模式,在艺术领域是否同样可行?

上大美院的回答十分肯定。实践中发现新技术、新材料的活力,为学术、科研成长寻找新的"缝隙",在美院学科发展历程中,这样的故事不少。申报成功国内首个跨管理学和艺术学两个一级学科的艺术管理博士点;开设国内首个艺术类院校中的建筑系;开设国内高校首个油画修复工作室;设置国内首个数码艺术专业方向、首个玻璃艺术专业方向……几乎每个"首个"都不寻常。

以数码艺术为例,这个国内首创的专业方向,就源于美院团队参与的上海地铁规划设计项目。那是在1996年,有电脑的家庭不多,windows95还是新鲜事物。为给地铁站壁画绘出效果更好的设计图,院里辗转进口了一套计算机工作站,尝试利用电脑绘制。每次打印出图,是老师们最苦恼的时候。原来,一张大图往往有几百兆,当时没有存储量动辄几千兆的U盘,只有最古老的五英寸盘,每张仅可存放1.44兆的数据,要打印只能拆零传送,一张图得存百十张盘。项目组老师怀抱高高一摞盘片,小心翼翼从设计室挪到打印间,一时引为笑谈。

也就在那个时候,院长汪大伟看到了新技术的活力——能为艺术发展提供更广阔的空间。他当即派出多位青年教师赴日本东京多媒体研究所学习,不但学技术,更学习其学科脉络布局,由此在国内数码艺术研究中占得先机,其后更在三维数码艺术、虚拟仿真实验、数字交互艺术等领域步步领先。日前,美院学生蒋飞去美国微软公司工程技术中心交流访问,对方工程师看到他带去的学院团队创新数码技术成果,大为惊讶,直接开口希望他留下工作。

**给学生更广阔的"画板"**

城市发展离不开艺术滋养,专业院校的教师团队正是提供文化产品和培养创新人才的核心力量。艺术实践与教学,两条平行线能否交汇?

在上大美院,教师参与艺术服务社会,为学生提供了更广阔、更珍贵的"画板"。

82.5%,这个数据代表了上大美院教师团队参与上海地铁公共艺术的份额。走进舒适明亮的站厅,或许一张休息长椅、一个投射灯、一道装饰条纹,甚至一个垃圾桶的摆放位置都出自上大人的笔下。在此过程中,学生收获更多。

2008年起,学院设计团队领命为地铁6、7、8、9、11、13号线等进行视觉形象设计和公共艺术规划。几乎同时,老师给史论系、设计系等各专业学生布置了"特别作业"——自愿组团,了解地铁沿线站点500米范围内的人文、设计规划要素,有哪些古迹、哪些地标、周边居民特点如何。

章莉莉老师记得,学生们听说要学以致用,亲身参与城市的大变化,都挺激动,不怕苦不怕累。当时有个女学生主动担起11号线沿线调查,从嘉定一路到滴水湖,斗志昂扬,倒把她爸爸心疼坏了,骑着助动车当上编外调查员。最后,每一小组都交上几厘米厚的详细调研资料。这些都成为上海地铁文化视觉形象整体规划的重要参考。

当时在设计系念大二的陈阡陌忘不了那次跌宕起伏的"悬赏任务"——给地铁站厅做装饰设计,最优秀者可获3万元现金奖励。从网上看到信息发布后,他跟几位伙伴埋头设计,从100多个团队中杀出重围,进入10多个设计方案的"决赛"。最终他们与数码系学生赵瑞翔小组的设计狭路相逢,一时难分伯仲。院长宣布"并列第一,都有奖金",把大家乐坏了。方案虽没有真正付诸实践,但这份经历却让他更爱自己专业,毕业后,小陈选择创业打拼,而当年的竞争对手赵瑞翔已留校当了老师。

在上大美院,学生参与"大事件"的机会不少。东方绿舟智慧大道上中外科学名家雕塑群创作,雕塑系全体同学成为来自全球各国雕塑界名家的助手;曹杨新村公共艺术实践活动,近千名来自各专业的学生组成跨学科的团队,在来自6个国家21名公共艺术家的带领下,用艺术语言诠释"艺术让城市更美好"的主题;上海双年展、上海设计展、上海艺博会、上海国际科学与艺术展、香港营商周、德国ISEA电子艺术节、英国利物浦电子艺术节……都活跃着上大美院学子的身影。

**以实践滋养"纯艺术"**

当艺术具象为街心花园墙上的一幅粉彩,会展中心墙角摆的一个花瓶,网上竞价拍卖的一对耳环,或者商业街前游客驻足合影的摆件,这样的艺术是否"掉价"?若艺术专业院校在这上面花大力气,那么历来被称为"阳春白雪"的"纯艺术"地位何在?

学院教授陈青是世博中心公共艺术项目的负责人,在短短的87天里,带领师生团队完成世博会期间各国元首会谈、国家馆日召开等30多处重要国宾接待环境内的艺术品陈设工作。55幅画作、15幅大壁画、86个摆件,无一不显示出深厚的传统艺术造诣。

"我们始终明确,国画、油画、版画、雕塑是底蕴,有了这些,才有底气向应用领域伸展,与当前全球最新的技术、理念碰撞。反过来讲,也正是这些'触角',将城市发展脉动传送回来,在一定程度上滋养了传统艺术的厚积薄发。"在院长汪大伟看来,上海既具绵长历史文脉,又是新技术集中绽放之地,这旧与新的交融,为身处其中的艺术院校提供了珍贵土壤,此中孕育而出的艺术,何尝不是另一种"阳春白雪"?

这几天,28岁的青年首饰设计师黄巍巍脸上笑容不断,因为在创业道路上她终于不再孤单——几年前从新西兰学成回沪,她满怀激情,却最终受困于单打独斗。设计师的身份之外,姑娘还需身兼"技术监工""推销员""公关人员""知识产权法律顾问"等,实在分身乏术,举步维艰。如今,"巍巍首饰设计工作室"顺利入驻上海大学"公共艺术创意中心",中心负责人的一句话让她真正定了心:"你只要做设计就好。"作为本市首批9个高校知识服务平台之一,依托校美术学院在艺术、广告和会展业等领域的专业优势,正助力许多"黄巍巍"梦想成真。上大领导更高兴,提供服务的同时,还锻炼了队伍,培养了学生,一举多得。(彭德倩)

《解放日报》2012年5月26日

**上大喜迎校庆并举行材料基因组工程论坛**

上海大学迎来了"新上海大学组建18周年暨上海大学成立90周年"的校庆季。作为今年校庆季的品牌活动,上海大学"材料基因组工程"学术论坛昨天举行,国内外近20位知名专家和学术权威出席。

论坛上,中国工程院院士徐匡迪做了题为"材料科学面临的机遇和挑战"的学术报告。清华大学物理系王崇愚院士、中科院计算数学与科学工程计算研究所崔俊芝院士以及来自美国、瑞典、西班牙等国的6位知名教授分别作了专题报告。(李雪林)

《文汇报》2012年5月27日

**上大成立高校首家哈萨克斯坦研究中心**

今年是中国与哈萨克斯坦建交20周年,昨天,上海大学与哈萨克斯坦国立欧亚大学联合共建成立我国高校首家哈萨克斯坦研究中心。该中心旨在发挥上海大学多学科综合优势,促进中哈双方科研教学经验的分享与交流。(刘绍学 李雪林)

《文汇报》2012年6月5日

**汤淼等22名运动员获上海大学学士学位**

今天上午,上海大学管理学院举行2012届毕业典礼,汤淼等22名优秀运动员喜获学士学位证书。

近年来,上大努力探索"体教结合"新路。本次毕业的22名运动员,包括我国优秀排球运动员沈琼、汤淼、崔晓栋,田径运动员张峻、胡冰等。上大为他们制定了特殊的教学计划,在训练基地设立教学点,也安排运动员在校集中学习。(王蔚 孙中钦)

《新民晚报》2012年6月20日

**禁毒研究会在上大召开**

为迎接6月26日国际禁毒日,"亚洲的毒品和酒精:历史研究的新视野"国际会议昨天在上海大学开幕。此次会议旨在就国际禁毒体系源起和演变的最新研究成果进行研讨,来自中国、美国、英国、加拿大、荷兰、印度等国家的专家学者交流研究心得,并提出新问题的解决之道。与会专家特别指出,针对目前青少年吸毒人数呈上升趋势的现实,应通过禁毒教育进课堂等手段加大毒品危害的宣传。(李雪林)

《文汇报》2012年6月23日

**授课评价:师生分歧耐人寻味**

昨天,上海大学向社会公开发布《2011年度本科教育教学质量报告》,内容涵盖生源情况、办学经费支出结构、学生授课评价等,同时引入第三方社会调查机构给出的毕业生满意度、就业情况等数据,只需登录官方网站即可下载了解。这在国内地方高校尚属首次。

值得一提的是,报告显示,在2010届毕业生中,有38%的人认为专业核心课程不能满足其目前工作学习的需要。上海大学副校长叶志明认为,"与一部分学生对课程不满足相反,几乎所有老师都觉得自己的课对学生今后非常重要,这其中的'分歧'耐人寻味"。在叶志明看来,这源于师生间教学价值观不一致,前者将课程作为知识传授的平

台,后者希望通过学习知识实现人生理想,其中微妙差别,正是当前教育教学改革的难点所在。(彭德倩)

《解放日报》2012 年 6 月 26 日

### 上大公布本科教学质量报告

上海大学昨天勇敢地晒了晒"家底"——正式向社会发布《上海大学 2011 年度本科教育教学质量报告》,过去被大学视为"隐私"的信息,都随《质量报告》公之于众。

据了解,在市属高校和"211"高校中,上海大学是第一个向社会发布本科教育质量报告的高校。而早在去年,"985"高校已根据教育部的要求公示本科教育质量报告。

上海大学副校长叶志明分管学校教学工作已有 14 年。在他看来,上大此次公布《质量报告》的最大亮点,是在国内同类高校中第一次引入了第三方评估,这大大加强了报告的公信力。

《质量报告》中,85%的内容是图表、表格和典型案例。"用数字说话,能让教育圈外的普通公众对于大学的实际办学质量有更直观的了解",叶志明说。评析《质量报告》中披露的一些"核心"数据,叶志明坦言"内心很纠结"。最让他耿耿于怀的一个数据是,2010 届已经工作或正在深造的毕业生对学校核心课程的满意度测评——38%的毕业生表示"不满意"。

"刚开始不太能接受这个数字,后来想想,可能 38%真实反映了大学本科教育目前的处境和尴尬。"叶志明说,这个数字背后,体现了师生在课程价值观上的巨大差异。所有的任课老师都认为,这些核心课程是大学里最重要的,满意率应该是 100%,但大学生们显然更关注核心课程是否有助于他们实现理想。而把"38%"写入报告,正是为了"对症下药",持续提高办学质量和水平。

据记者了解,根据今年 4 月市教委下发文件的相关要求,今后,本市所有高校都将定期向社会公布本科教育教学质量报告。(樊丽萍)

《文汇报》2012 年 6 月 26 日

### 上大与中科院长三角院所合作

昨天,上海大学与中国科学院长三角地区院所签订全面合作协议,进一步落实和推动"协同创新"战略,提高教育教学质量。

据介绍,由高校牵头与中国科学院不同研究院所开展大规模的全面合作,这在国内尚属首次。今后,双方将以产学研合作教育平台为支撑,大力培养创新人才,并且以需求为导向,发挥各自在科学研究和学科布局上的比较优势,在科学研究中携手共进。(彭德倩)

《解放日报》2012 年 6 月 28 日

### 中科院长三角地区院所与上大开展全面合作

上海大学与中国科学院长三角地区院所全面合作签约仪式日前举行。根据合作协议,上大将与中科院长三角区的多家院所在人才培养、科研合作以及资源共享等方面展开多角度的合作。上海大学校长罗宏杰表示,未来,双方有望开启联合培养研究生项目,让更多有志于科研的上大学生能充分借助中科院长三角各院所的资源优势。(樊丽萍)

《文汇报》2012年6月29日

### 史家、史学与时代关怀——民国史家与史学国际学术研讨会综述

由上海大学历史系暨古代文明研究中心主办的"民国史家与史学国际学术研讨会"近日在上海大学举行。来自国内外120多位学者围绕着民国史学思潮与流派、史学的变迁大势、史家思想的源流比较与重新评估、史学学科和专业机构的设置、中西史学交流、边疆史地研究、民国杂志的学术视野与刊物取向、历史教育的价值等问题展开了深入讨论。

民国时期,思潮迭起、流派纷呈、史学名家辈出,民国史家与史学,近年来已成为史学界研究的热点问题。如何认识此一时段史学思潮发展的总体特征,厘清史学思潮和流派的形成、发展及其各种史学思想的渊源,把握史家与史学研究、史家与时代的互动关系,进一步提出富有前瞻性的问题,构成了本次会议的主旨。

学者们指出,研究近代史学要把近代研究和古代研究结合起来,研究民国史学不应只注重个案,还要有整体的贯通视野,进行综合研究和比较研究。有学者认为,民国史学受清学影响,也受宋学特别是南宋浙东史学的影响,此在"七七事变"之后,表现得最为明显。中国学术在近代裂变的过程中,出现过经学的地位被史学取代,产生了"经学史学化"的趋势;在民族危机空前严重的局势下,"国史"创设出现新的局面,出现通史写作的热潮。而民国时期的地理学由无所不包的"地学",转变为专科的"地理"的曲折过程,也反映了国人对维护国权和保卫国土的极大关注。

与会学者对国学思潮和中西史学交流表现出了极大关注。有学者通过考察20世纪的三次国学高潮认为,当下的国学热,只有将价值层面的现实关怀和知识体系的不断完善结合起来,融于一炉,才能走出一条新国学之路来。学者们指出,民国时期史学的考察,应该放到国际史学的大变局中考察,放到与国际中国史学研究的交流与互动中分析。但另一方面,当下域外学者在汉学研究方面进步迅速,无形中给中国史学界造成巨大的压力,而主流学界一再强调取法域外汉学,在客观上助长了挟洋自重和格义附会的流弊。

本次会议对章太炎、柳诒徵、陈寅恪、陈垣、吕思勉、钱穆、胡适、顾颉刚、傅斯年、缪凤林、张荫麟、雷海宗等史家大家进行了不少个案讨论,对这一时期非主流学者的史学及其成就也给予了关注。(陈勇 颜克成)

《光明日报》2012年7月30日

### 我国首个钢铁共性技术协同创新中心成立

日前,以东北大学和北京科技大学为依托,联合鞍钢、宝钢、上海大学、中国科学院金属研究所等高校、大型企业和科研院所,共同组建的我国第一个钢铁共性技术协同创新中心在京成立。

协同创新中心围绕我国实现从钢铁大国到钢铁强国转变的战略目标,解决钢铁产业

结构调整和技术升级两大行业需求,主任由东北大学校长丁烈云担任。

据丁烈云介绍,协同创新中心下设"高性能钢铁材料品种开发创新平台"和"钢铁共性关键工艺技术与装备研发创新平台",重点开展海洋工程用钢、先进能源用钢、现代交通用钢等高性能钢铁材料品种的开发,开展洁净钢冶炼、新一代控轧控冷、生产过程精确控制、质量在线监测等先进工艺技术和装备的研发。(毕玉才　丁义浩)

《光明日报》2012年8月19日

### 上海大学 MBA 举办"性别"论坛

上海大学 MBA 中心近日的开学典礼别具一格,分别举行了两场"男性领导力"与"女性领导力"论坛,按性别阐述企业管理者如何提高内在素养。开学第一课便围绕"高管"领导人的性别,为 MBA 学员提供生动的成材案例。

上大还通过圆桌讨论的形式,让学员们与企业界、学界和艺术界的大师们面对面交流,分析性别魅力对职场进步的影响。(王蔚)

《新民晚报》2012年9月6日

### 用关爱帮助流浪儿回归家庭、融入社会——孩子,接你回到温暖的家

关爱流浪儿,加强流浪儿的教育和保护,是一项全社会共同关注的重要工作。近年来,新疆加大对拐卖儿童犯罪团伙的打击力度,扩大对被拐儿童社会救助的广度和深度,建立完善各项未成年人保护制度,解救流浪儿行动成效显著。

把流浪的孩子接回新疆,让迷途的心灵找到航向。

**"我很想家,我想上学"　他们渴望摆脱流浪噩梦**

乌鲁木齐雅玛里克山脚下,一片浓密的绿荫里,坐落着新疆维吾尔自治区流浪未成年人救助保护中心。

走上三楼会议室,一阵欢声笑语飘来。这里正在举行一场小型联欢会。民族舞蹈,吉他弹唱,让 20 多名流浪儿看得入了迷,掌声、笑声不时响起。孩子们和老师、志愿者共同表演的歌舞《明天会更好》把联欢会推向高潮。

家在喀什地区莎车县的买买提·阿西木是三天前被接回乌鲁木齐的。他今年17岁,个子不高,很精神。"我是幸运的。在外面几个月,像做了场噩梦。现在回家了,就要见到家人了,太高兴了。我是被几个认识不久的人骗到石家庄的,他们太坏了,希望再不要有人上当。我打算回去好好帮父母种地,再学点技术,生活会好起来的。"买买提说。

自治区流浪乞讨人员救助管理站站长王政鹏告诉记者:"由于地区发展不平衡,新疆的流浪儿童大多来自贫困地区。流浪儿中被诱骗、拐骗的占百分之七八十。有些孩子被诱拐到内地的大中城市后,被犯罪团伙逼着偷盗。"

来自上海大学的学生志愿者薛怡彤说:"孩子们都很聪明,都渴望回到家里,想学习文化知识。"

由于营养不良,11岁的玉素普看上去比同龄人小得多。流浪期间,因为住地卫生条件差,他还患上了耳部感染。"我不想在外流浪,我很想家。我真的想上学。你不知道当我看到人家的父母到学校接孩子,我有多羡慕。"玉素普说。

**发现一个，接回一个　打击犯罪解救被拐儿童**

"做负责任的省区""在全国重树新疆形象"。在对待流浪儿童问题上，新疆自加压力，同时协调国家有关部门，联合行动。

2011年4月21日，自治区党委书记张春贤宣布："不论在什么时间、什么地点发现新疆籍流浪儿童，都将全部接回家乡。"自治区人民政府承诺，解救新疆籍未成年人的目标是：让孩子们"有家可回、有学可上、有事可做、有医可就"，做到"发现一个，接回一个"。随即，由自治区领导带队，分为8个组，赴19个援疆省市进行走访活动。主要任务就是接回所有在内地流浪的新疆籍儿童，让他们回家乡健康成长。

4月26日，公安部在南昌部署全国打击拐骗操纵新疆籍未成年人违法犯罪专项行动。

5月4日，民政部部署全国救助、保护新疆籍流浪儿童工作。

自治区公安厅按照打团伙、打幕后、打网络的工作要求，部署了2011年5月到12月底打击拐骗操纵新疆籍未成年人违法犯罪的专项行动，举办打拐培训班，对抽调参与专项行动的近百名双语民警进行了培训。

专项行动开始不到一个月便捷报频传。各地摧毁了一批犯罪团伙，解救了多名儿童。

同时，在自治区政法委的高度重视下，第一批5起案件分别在乌鲁木齐市、库尔勒市、莎车县、麦盖提县等地开庭审理并当庭宣判。截至去年末，全区已审判15案40人。

仅2011年，公安机关共打掉拐骗新疆籍流浪未成年人犯罪团伙56个，抓获犯罪嫌疑人415名，解救新疆籍流浪未成年人800多名。

2011年11月自治区出台《加强和改进流浪未成年人救助保护工作的实施意见》，将解救被拐流浪儿童行动常态化。

**建立长效机制，提高救助成效　受伤的孩子更需要关爱**

"你叫什么名字？家在哪儿？出去几年了？想不想爸爸妈妈？在学校生活还习惯么？"

2011年7月18日，张春贤和自治区主席努尔·白克力前往自治区流浪未成年人救助保护中心，看望已经"回家"的流浪儿。

"你5月份写给我的信收到了，字写得很不错。我在信里说，一定要来看你，今天咱们如约见面了。"张春贤拉着回家流浪儿奥沃兹的手，亲切地询问他的生活、学习情况。

在未成年人救助保护中心，宿舍干净整洁，日常用品一应俱全。

孩子们七嘴八舌地说：在这里生活得很好，饭菜花样多，有抓饭、馕、大盘鸡、奶茶，等等。每天都能上课学知识，老师们就像父母一样，大家都特别喜欢这里。

张春贤抚摸着孩子们说："接你们回来，好多叔叔阿姨费了很大工夫，就是希望让你们受到好的教育，得到好的照顾。因为你们是爸爸妈妈的孩子，是新疆的孩子，也是我们的孩子！大家要好好学习，学好本领，将来把新疆建设好，把父母照顾好。"

自治区领导强调，流浪儿童不是罪犯，而是"受伤的孩子"。如何让他们回归家庭、融入社会，是一个难题。

"十一五"期间，中央、自治区共投资6 010万元，在乌鲁木齐、喀什、和田、阿克苏等地区新建15个流浪未成年人救助保护中心,给15个项目单位发放了救助专用车。

自治区民政厅党组书记莫涓要求工作人员,对流浪少年儿童不仅要展开生活救助,还要进行文化救助和心理救助,"像父母一样关心孩子,像老师一样教育孩子,像医生一样救治孩子。"对受到伤害或出现心理问题的儿童,中心工作人员及时进行心理疏导、行为干预和康复工作,积极矫正儿童不良习惯,使他们尽快改正不良行为,顺利融入社会。

新疆籍流浪儿童的重点流出地喀什市成立了社会工作站,引入社工组织。喀什市社会工作站站长朱秀清发现流浪儿童反复流浪现象比较普遍,"要让他们真正地回归社会,必须深入了解其心理诉求,尽快帮助他们解决谋生手段。社会工作站将为接回的流浪儿童建起一套社会支持网络,帮助他们就学、就业。"

8月22日,新疆流浪未成年人救助保护培训安置中心在乌鲁木齐市开工奠基。该中心总投资5 000万元,预计明年10月份投入使用。莫涓告诉记者:"这不仅在自治区,在全国也是首个功能齐全,集流浪儿童救助、保护、安置、培训中心于一体的民生工程。"

"流浪未成年人问题要全社会重视。首先要加快经济发展,消除地区贫困;其次,要严厉打击拐骗未成年人犯罪,'打早打小''露头就打';还有就是要加强宣传、教育,建立长效机制,提高救助成效,动员全社会力量,让每一个少年儿童健康、快乐成长。"莫涓说。（韩立群）

《人民日报》2012年9月11日

### 上大美院14名老画家展出百余件美术作品

日前在上海图书馆举办的"静水流深——上海大学美术学院老教授协会美术作品展",展出了14名老画家的百余件油画、国画、雕塑、装饰画及书法作品。这些老画家大多是上大美院的教师,其中不乏名家。（潘文）

《文汇报》2012年9月14日

### 百余名将军走进上海大学

昨天,驻沪三军和武警部队130多位共和国将军走进上海大学,与学子携手共庆新中国成立63周年、共迎党的十八大胜利召开。

据介绍,百多名老将军均是从全国全军退下来定居上海的,既有红军和抗战时期的老前辈,也有解放战争和建国以后参军的革命功臣。10岁参加红军的原东海舰队副司令员李文模在活动现场作报告。他说,一个人有了革命意志和革命理想,就能克服千难万险。今天的革命胜利来之不易,是无数先烈用鲜血和生命换来的,希望大学生们不忘过去,珍惜今天,好好学习,多作贡献。韩德彩、王文惠、王世恩等老将军向上海大学赠送了书法作品。（张骏）

《解放日报》2012年9月18日

### 钱伟长诞辰100周年纪念活动在沪举行

今天上午,钱伟长图书馆奠基仪式在上海大学举行,这也是钱伟长诞辰100周年系列纪念活动中的重要项目。

10月9日是我国著名科学家、教育家、社会活动家、上海大学原校长钱伟长诞辰100周年。上海大学党委书记于信汇表示,建设钱伟长图书馆,既是对钱伟长高贵品格和执著精神的尊崇和缅怀,也是提升校园文化品位和发展城市文化事业,全面推进建设国际知名、国内一流的综合性研究型大学目标的重要举措,更是对莘莘学子和广大教育工作者不懈奋斗的鼓舞和激励。

随后,上海大学还举行了钱伟长铜像揭幕仪式。(曹继军　颜维琦)

《光明日报》2012年10月9日

### 钱伟长图书馆在上海大学奠基　殷一璀出席仪式并为钱伟长铜像揭幕

今天是我国著名的科学家、教育家、社会活动家、上海大学原校长钱伟长诞辰100周年。昨天,钱伟长图书馆在上海大学东区奠基,钱伟长铜像在上大图书馆揭幕,市委副书记殷一璀、副市长沈晓明等出席仪式,并为铜像揭幕。

据介绍,钱伟长图书馆项目包括图书馆及博物馆。其中图书馆建筑面积为1万平方米,拟建成为一个集学科交流、图书贮存、资料闭览、科研教学等一体的共享平台。博物馆建筑面积为7 000平方米,主要将以上海及环太湖流域史前文化和近代开埠以来海派文化发展轨迹为主题,反映上海文化脉络及精髓,弘扬城市精神。(彭德倩)

《解放日报》2012年10月9日

### 上海大学校园音乐会"打开围墙"

10月20日,美国洛杉矶华人艺术合唱团与上海大学大学生合唱团共同举办"爱我中华"交响合唱音乐会,由曹鹏先生指挥。

音乐会以合唱《致祖国》拉开序幕,接下来的曲目包括《江南组曲》《夜来香》等中国传统民族曲目。在曹鹏的指挥下,城市交响乐团演奏《被出卖的新嫁娘》《新世界第一乐章》,东西碰撞、管弦和鸣。最后音乐会在全体高唱《我的祖国》《爱我中华》的感人的歌声中落下了帷幕,受到全场听众热烈的掌声。

同时,上海大学首次"打开围墙"。"打开围墙"的目的是利用大学校园的优质场地资源,将校园节目向社会公众开放。此次音乐会由于"打开围墙",听众不仅有上大的学生,更吸引了众多周边社区居民。(美华)

《新民晚报》2012年10月28日

### 上海大学办菊展

上海大学一年一度的菊文化展昨天开幕。6万余盆菊花组成的"盛世华章""继往开来""走向世界"等18个景点,见证着师生对校园、对祖国未来的美好寄托。菊展期间,上大还将举办摄影、征文比赛及喜迎党的十八大文艺演出。(王蔚　孙中钦)

《新民晚报》2012年11月7日

### 哈萨克斯坦学汉语学生就业前景乐观

日前,记者在哈萨克斯坦欧亚大学采访时获悉,该校于2010年设立汉语专业,现有在读学生30名,汉语教研室主任杜肯教授对这一届学生就业前景颇为乐观。

他说,随着哈中两国友好关系的日益加深,哈中合资企业、高等院校和国家部委等对汉语人才的需求量越来越大。近年来,经常有高中毕业生家长来校询问汉语专业招生情况,该校计划明年还要开设汉语研究生院。据介绍,目前欧亚大学已和中国上海大学、新疆大学和西安外国语大学建立了关系,交换学生已列为两国高校的合作项目之一。

位于首都阿斯塔纳市的欧亚大学成立于1996年,现有学生16 000名,是哈萨克斯坦新一代大学中最大的一所综合型大学。(赵和平)

《光明日报》2012年12月25日

## 上大明年自主招生100名

教育部"招生阳光工程指定平台"今天公布上海大学2013年自主选拔录取招生简章,确定的招生计划为100名,招生专业为:人文社科类、经济管理类、理学工学类,以及卓越工程师班所涉及的机械工程及自动化、金属材料工程、无机非金属材料工程、计算机科学与技术、通信工程、电子信息工程等。

本市有25所中学进入了明年上海大学的自主选拔录取试点中学名单。上大将根据录取计划数的适当比例确定考核人数,同时参考近三年试点中学的推荐录取情况,确定各校的分配名额。获得自主选拔录取认定资格的学生,必须参加上海市普通高校招生考试,并且在本科第一批平行志愿的A或B报考该校,高考成绩须达到上海市本科第一批录取资格线,由该校根据考生志愿直接予以录取。

上大自主选拔录取面试将于2013年3月9日举行。面试分文、理科两组,着重考查学生的学科特长、创新潜质以及综合素质等。(王蔚)

《新民晚报》2012年12月25日

## 上海大学公布2013年自主选拔录取方案　计划招生100人,不另行笔试

上海大学昨天宣布,2013年自主选拔录取名额为100人。此次选拔由中学校长推荐、不另外举行笔试。

为给学生更多选择机会,该校自主招生允许考生在本科第一志愿A或B志愿填报上大。自主招生认可考生只要高考成绩达到上海市第一批本科录取资格线,学校就按考生志愿直接录取。

值得关注的是,自去年起,该校推出招生培养机制改革,高考后按大类招生,除艺术类、中外合作办学等个别专业以外,全校近60个本科专业将分为人文社科、经济管理和理学工学三大类。学生进校时无具体"专业身份",接受通识教育,入读一年后才确定专业志愿。与之相对应,各院系专业招生名额不再固定,由学生选择决定。2013年入校学子也实行这一机制。(彭德倩)

《解放日报》2012年12月26日

# 2013 年

**上大音乐会校长露一手**

上海大学日前在东方艺术中心举行"泮池之声"新年音乐会。

近年来,上大多个艺术社团在市级大型艺术赛事中屡获大奖,并在去年承办了首届上海市高校钢琴比赛。此次音乐会的一大亮点,是该校多位校长的倾情献演,并被指挥家曹鹏称赞为"上海综合性高校里最有文艺修养的校长团体"。(王蔚)

《新民晚报》2013 年 1 月 7 日

**"第二届全国社会主义核心价值体系高层学术研讨会"在沪召开**

为学习贯彻党的十八大精神,深入研究社会主义核心价值体系,积极培育和践行社会主义核心价值观,2013 年 1 月 19 日,"第二届全国社会主义核心价值体系高层学术研讨会"在上海大学举行。北京外国语大学校长韩震、中央文献研究室《党的文献》常务副主编兼内参部主任杨明伟、中央宣传部思想政治工作研究所副所长戴木才、上海大学党委副书记忻平、中国浦东干部学院原常务副院长奚洁人、北京大学杨学功教授、北京师范大学张曙光教授、复旦大学冯平教授、中国人民大学龚群教授、中央党校董德刚教授、华东师范大学余玉花教授、上海交通大学陈锡喜教授、湖北大学江畅教授等来自全国各地几十所高校、研究机构、出版机构共 90 多名专家参加了会议。

与会专家就推进社会主义核心价值体系基本理论研究,培育和践行社会主义核心价值观的意义、内涵、地位、对策等话题进行了深入探讨,并提出许多建设性意见,达成了一系列的共识。专家认为,党的十八大报告提出"三个倡导"意义重大,许多学者认为,提炼社会主义核心价值观的空间很大、进一步深入研究社会主义核心价值体系的空间很大、进一步培育社会主义核心价值观的空间很大。

在此次会议上,还举办了北京师范大学出版社出版的"社会主义核心价值体系研究"丛书首发式。此套丛书是为了迎接党的十八大召开,由中宣部、新闻出版总署弘扬社会主义核心价值体系出版工程项目,新闻出版总署社会主义核心价值体系建设"双百"出版工程项目资助,北京师范大学出版社出版。这套丛书体现了学术界关于社会主义核心价值体系研究的新成果,对推进社会主义核心价值体系研究有许多新的观点和看法。(邱仁富)

《光明日报》2013 年 1 月 26 日

### 上大"艺考"揪出 16 个"枪手"

昨天,上海大学外省市艺术类招生(高考)考试蒙上了"枪手"代考阴影,16 名学生的身份证被查出"掺假"。

**照片"移花接木"**

昨天在上海大学进行的外省市艺术类招生(高考),首次使用 8 台身份证识别仪。记者了解到,按照惯例,上午开考后,考生须将身份证和准考证交由监考老师保管、核验。核验过程中,有 18 张身份证未能通过识别。

为慎重起见,校方即将这 18 张身份证拿到公安派出所。经证实,其中 2 张可能因芯片磨损,导致之前读取失败,但信息真实,已排除假证嫌疑;另 16 张身份证则被确认是假证,其个人信息中,姓名、出生日期、地址等信息是真实的报考考生信息,但头像和警方系统中的不一致,已被移花接木为"枪手"的照片。

校方将扫描合格的身份证第一时间发还给了考生,便于考生下午继续参加考试;16 名"枪手"没有收到身份证,意识到东窗事发,下午集体缺席考试。据悉,16 人报考的是上大美术、数码两个学院,均来自江苏,但来自城市不同,有南京、南通、徐州、苏州、宿迁、盐城等。校方在调查中发现,这些考生的联系电话有不少是重合的。上大招办推测,这些假身份证很可能是某些培训机构在集体作假。

**替考成绩将取消**

昨天下午,记者接到线索后赶到位于上大路的上海大学。校外空旷场地上,还集中了许多拎着大小包的考生。

考点教室门口张贴的"监考须知"还未撕下。教室外,墙上张贴了《中华人民共和国教育部第 33 号令违规行为处理办法》的公告,其中明确规定,由他人冒名顶替参加考试的,将被取消当年报名参加考试的各科成绩,下一年度不得报考。

据介绍,校方对"聘用"替考者的学生以及"枪手"都没有处罚权,只能把这些考生信息通报给江苏省考试院,由江苏省教育考试院根据相关情况进行处理。(陈浩)

《新民晚报》2013 年 3 月 4 日

### 上大艺术专业考试发现 16 张假身份证

前天,上海大学 2013 年外省市艺术类校考举行。对上海考点的 1 600 名考生身份证核对发现,16 张为假证。对他们的报名信息查询显示:这些考生选报专业均为美术类,并且全部来自江苏省,其中部分人登记的联系电话相同,疑似为培训机构在操纵"代考"。

据了解,上海大学今年在外省市计划招收艺术类本科考生 300 多名,设有山东、湖南、辽宁、河南、上海五个考点。上海考点是报名人数最多的一个考点。为了避免替考现象,学校今年首次采用身份证识别仪。结果 1 600 多名考生中有 18 名考生的身份证识别仪无法识别。学校将这些身份证拿到附近派出所进行审核。结果 2 张是真证,其余 16 张身份证则为假证。(彭德倩)

《解放日报》2013 年 3 月 5 日

### 上海大学推出国际财务课程体系

上海大学日前推出"ACCA(国际注册会计师)国际项目国际语言奖学金",为学习者提供由中英两国大学共同搭建的全球公认的国际财务课程体系。该项目的学制为3年,学生毕业后既可以获得相应的专科学历,也可以凭成绩申请英国高校的一年制本科专业。(王蔚)

《新民晚报》2013年3月13日

### 上大土耳其研究中心揭牌

上海大学土耳其研究中心昨天揭牌,旨在加强与土耳其相关学术机构的交流与合作,深入研究土耳其政治、经济、文化、社会发展和对外关系的特点与发展趋势,以及土耳其在中亚的发展战略。(彭德倩)

《解放日报》2013年3月25日

### 昆山:法治微电影为普法注入"活水"

3月30日,一个周六休息日,江苏省昆山市玉山镇社区活动室里,几十名居民正津津有味地看着电影《一字之差》。这部不到10分钟的电影被叫作法治微电影,讲述的是因为一字之差引发的企业主与员工间的薪酬纠纷及其解决过程,情节曲折,故事草根。

以微电影的形式,用一个个贴近生活的影像故事说"法"……从去年年底以来,昆山的公益法制宣传让人耳目一新,正悄然改变着传统普法工作宣传形式固化、"板着面孔"说"法"的面貌。

**法制宣传换了一种新面孔**

去年11月9日,昆山司法局法制宣传教育中心推出首部法治微电影《幸运的租客》,在全国主流门户网站和昆山本地网络论坛同步上线。片子不长,只有8分钟,以小见大,生活气息浓郁,有警示性与启发性,故事和细节都折射出社会百态和民生热点。影片一经推出,吸引了不少市民网民,点击率一路攀升。

首部法治微电影获得成功后,昆山市法制宣传中心又与上海大学影视艺术学院合作,开展法治微电影创作活动,今年连续开拍了《女工之喜》《烦"噪"》《一字之差》三部贺岁法治微电影,这四部法治微电影网上点击量突破30万次。

普法微电影的总策划、昆山市司法局局长沈清认为,社会传播环境发生深刻变化,法制公益宣传也要与时俱进,体现时代特征,否则就难以吸引市民眼球,达不到传播法律知识的目的。"普法工作要逐步摆脱行政化色彩比较浓的现象,围绕对象和受众的喜好和感受来设计工作思路。相比传统的展板、书籍等方式,微电影普法更加生动活泼,短小精悍,易于理解和接受。"

不懈追求,持续创新,是昆山司法行政工作的显著特点,昆山市曾被评为"2006—2010年全国法制宣传教育先进县(市、区)"称号。昆山此番推出的法治微电影给普法宣传换了一种新面孔,为普法宣传注入了"活水"。

**受欢迎源于草根味、平民事**

随着昆山法治微电影的悄然兴起,微影院也应运而生。近日,昆山开发区、高新区依托原有的文化设施等在社区、企业建立微影院,定期巡回播放法治微电影。据统计,高新区已建有法治微影院56个,一个月内观看人数超过2万人次。

"要把法治微电影创作活动纳入文化强市的范畴去谋划、考量和定位,深化法制宣传工作中的本土元素,注意反映昆山特色。"昆山市委副书记、政法委书记张雪纯对法治微电影展现的本地元素既给予肯定又充满期待。本地特色、生活故事、草根"民"星,这是昆山市法治微电影共有的"接地气"元素,也是它们受欢迎的原因。

微电影演员哪里来?昆山市法制宣传中心通过和网络论坛合作,在网络上发帖海选演员,从网络和民间招募。不少观看了微电影的网友说:"剧中的小老板、企业工人,就是身边熟悉的左邻右舍,微电影就是在说我们的身边事!"

相比传统普法手段,微电影投入成本小,传播范围广。昆山推出的首部法治微电影《幸运的租客》正式拍摄仅用了4天,后期制作用了10天,却在网络上引来了100多个相关的主题帖、2 000多个回复帖、超10万次的点击量。

**法制宣传对新媒体传播的创新利用**

在《女工之喜》《一字之差》中,奥灶馆、亭林园等昆山当地特色符号不止一次出现,让当地网民感到真实亲切。法治微电影受到青睐,是因为时间和空间的巧妙运用,同时也是法制宣传对新媒体传播的创新利用。

自去年11月首部法治微电影《幸运的租客》推出以来,昆山市法制宣传中心全方位运用互联网、论坛、手机、微博、微信、微电影等开展法制宣传,促进法制宣传教育中心社会化运作。今年3月,通过"牵手"上海大学影院艺术学院,开设昆山法治微电影"创作营",在全国首推法治微电影创作大赛,走一条法治微电影精品化之路。

他们在2013昆山首届法治微电影创作大赛官网提供视频专区,供网友免费浏览。同时与电信、昆山视听APP合作推出手机微电影,通过手机访问WAP网站或手机客户端浏览法治微电影,提升微电影"便捷化""平民化"普及力度,探索促进微电影与文化产业、游戏娱乐产业等深入融合。

截至目前,法治微电影创作大赛已在全国范围内征集到微剧本70多个。大赛的评委引入国家一级导演、上海电影制片厂导演、同济大学兼职教授朱枫,高级编剧张琪,上海大学影视艺术技术学院副院长聂伟等专家。

"搭建专业评审团队,鼓励创作精品法治微电影剧本,昆山的普法宣传创新尝试让我们也感受到一种全新的挑战。"一位大赛评委这样说。(袁祥)

《光明日报》2013年4月9日

**教育部与上海市共建上海大学　部市共建教育综改试验区领导小组会议举行,袁贵仁杨雄讲话　双方共同探索将上海打造成国际教育中心和国际学术创新中心**

教育部和上海市共建国家教育综合改革试验区领导小组2013年工作会议昨天下午在北京举行。教育部部长、党组书记袁贵仁和上海市委副书记、市长杨雄出席并讲话。上海市副市长翁铁慧代表上海市人民政府,分别与教育部副部长鲁昕、郝平签署《关于共建上海大学的协议》和《共建教育国际合作与交流综合改革试验区协议》。

袁贵仁在讲话中指出,上海市委、市政府高度重视支持教育发展,试验区共建三年来,在部市共建"985"高校、推进国家教育体制改革试点、开展上海高校内涵建设、构建中小学生学业质量绿色指标、搭建"易班"平台、完善终身教育体系、推进学习型社会建设等方面率先取得一系列重要进展,在探索利用国外优质教育资源合作建设高水平大学方面也积累了新的经验。下一步工作中,教育部将帮助上海加快教育现代化建设步伐,加大深化教育综合改革的力度,全面提高共建推进质量,在推动基本教育公共服务均等化、推进现代职业教育体系建设、研究探索高校分类管理和分类指导政策措施特色等方面,继续加快改革创新步伐,努力取得更多实质性进展。

杨雄代表上海市委、市政府对教育部长期以来给予上海教育事业改革发展的关心、指导和支持表示感谢。他说,自2010年签订部市共建国家教育综合改革试验区协议以来,在双方共同努力下,一批政策取得重大突破,一批先行先试项目顺利推进,一批改革举措取得初步成效,这深深得益于部市共建的平台机制。上海的教育改革发展,必须服从服务于全国教育发展大局,必须符合改革开放排头兵和科学发展先行者的目标定位。新一轮合作,上海将继续在教育部指导支持下,坚持先行先试,坚持开放创新,认真落实部市共建各项工作,加强服务保障,促进各级各类教育协调发展,深入推进教育改革,着力提高教育国际化水平,力争为全国教育事业科学发展多做贡献。

据悉,2013年,上海和教育部将在增强服务国家战略和经济社会发展能力、推进省级政府教育统筹综合改革、推动基础教育高位均衡优质发展、深化人才培养模式改革、大力推进高水平特色大学建设、推进教育国际合作与交流综合改革等六个方面进一步加强合作。其中,《共建教育国际合作与交流综合改革试验区协议》的签署,将进一步推动双方共同探索扩大教育对外开放的新机制与新模式,努力将上海打造成为与社会主义现代化国际大都市相适应的国际教育中心和国际学术创新中心。

《解放日报》2013年4月19日

**寻求"地方队"发展之路——访上海大学校长罗宏杰教授**

记者:昨天,上海市和教育部签约共建上海大学。一般解读中,往往将这看成获得更多"资源"的信号。作为校长,你是否认同?此次部市共建,对上海大学究竟具有怎样的意义?

罗宏杰:此次部市共建有利于扩大上海大学的视野,增强高校与中央部委、地方政府、部属高校的四方联动,有利于以全域视角整合教育资源,促进学校更深层次地融入区域创新体系。我们希望,发挥中央和地方双重优势建设高水平地方大学,努力使上海大学成为我国高素质人才培养、高层次决策咨询、高水平科学研究以及高新技术发展和成果转化的重要基地。更为重要的是,通过部市共建,学校得以在更大的坐标系中找准自身定位。

记者:说到定位,能否谈谈你对当前我国高等教育发展格局的看法?

罗宏杰:上海大学是国家"211工程"重点建设的综合性大学,改革氛围浓郁,在国家高教布局中具有重要作用和特殊区域地位。如果将其看作"传统地方队"一员,那么与之并存的还有"国家优势队"和"特色试点队"。前者指实力强劲的传统部属高校,后者如南方科技大学、上海科技大学、上海纽约大学等体制灵活的改革试点高校。各校在办学理念、师资队伍建设、科研水平等领域合作日益密切,但竞争也是客观存在的。我认为,竞争并非坏事,反而可以推动整体提高。一国高等教育水平的发展,不仅要有"高峰",也离不开不断抬升的"高原"。从这一层面上说,数量众多的地方传统高校发展,在体系中更为关键。

记者:那么,传统地方高校的发展,当前可以在何处发力?

罗宏杰:从国内形势来看,高等教育资源配置越来越向优势学校、优势学科集中,竞争是必然的。然而这并不意味着"硬拼",那只能带来"内耗",只有坚持错位发展,始终寻求自身的"比较优势",才能找到生存和发展空间。举例来说,在学科设置上,应坚持"人无我有,人有我强,人强我特"。同时要有一种壮士割腕的气度,需要在学科发展战略清晰的基础上,实行学科末位淘汰,不断提升学科内涵。上海地方高校最大的"比较优势"就是立足的这片土地,如何更好地融入上海经济建设和社会发展,对于上海大学的发展至关重要。在城市面临经济转型和产业能级提升的今天,大学应围绕上海支柱产业和战略性新兴产业发展需要,优化专业、学位点布局及人才培养结构。此外还应看到,我们在发展,其他学校也在发展,只有提升加速度,才能取得领先。因此,更要解放思想出"奇招",做别人没做过的事。

记者:你说的"解放思想",让我想到了我国上世纪80年代开始的改革开放。

罗宏杰:是的,高校发展,也需要"改革开放"。近年来,国际化战略已在全球许多高校结出硕果。这个"国际化",不仅仅是现有的学生交流、合作办学,更应是深层次的机制创新。比如,能否打破传统"固定编制",提高兼职教师比例,尽最大可能利用好国内外专家资源,借百家之强,助我之威。日本早稻田大学,6 200多名教师中,全职教师仅2 100多人,来自世界各地的"兼职"教师4 000多人,或数十天、或一学期、或数年,将各类前沿信息带入校园,提升学校科研教学活力。流水不腐、户枢不蠹,在这一方面,我们也已开始酝酿,希望将兼职教师比例,提高到全部教师的40%左右。但不可否认,要达到这样的目标,还有不少障碍,但若突破了思想上的障碍,是可以大有作为的。若是把办学比作"做蛋糕",首先需要考虑的是要把蛋糕做大,其次才要考虑把蛋糕分好。我们将以更加开放的胸怀,积极构建"政、产、学、研、用"的协同创新机制,与地区、科研院所、政府机构、其他高校等多方合作,联合一切可联合的国内外优质教育与科技资源,联系一切可以联系的力量,在蓬勃发展的中国和更加广阔的世界舞台寻找合作机遇。(彭德倩)

《解放日报》2013年4月19日

## 上大将在沪招本科生2 050人

上海大学昨日公布招生计划,今年起将不再进行高职招生,在沪计划招收本科生2 050人,按大类招生。学生入学第一学年无专业身份,经过一年的通识和基础培养后,在大类内再进行专业分流。下周一上午9:00—下午3:00,大型招生咨询活动将在校本部(宝山区上大路99号)举行。(彭德倩)

《解放日报》2013年4月24日

## 上海大学乌兹别克斯坦中心成立

昨天,上海大学乌兹别克斯坦研究与教育交流中心成立,这是相关领域国内第一所研究机构。

上海大学自2004年5月起开始与乌兹别克斯坦总统储金项目合作,乌方共有246位教授和中青年教师赴上大学习。(彭德倩)

《解放日报》2013年5月16日

## 76位"洋教授"走进上大课堂　上大试水"国际学期",集中为5 000多名大一学生开设通识教育课程

"我将向大家介绍性别与福利制度研究,由于采用全英文授课,会讲得稍慢些,同学们有问题欢迎举手提问。"昨天,上海大学C116教师讲台前,哥本哈根大学社会科学系副教授希尔达·克里斯滕森满头红发,一袭黑裙。未来两周,包括她在内的76位海外教师,将集中为上大5 000余名大一学生开设通识教育课程。不出国门,全球借智,上海大学学生就此迎来特殊的"国际学期"。据悉,这一教学改革探索在国内尚属首次。

"上海发展需要培养国际化人才,助学生开阔视野,全部送出去并不现实,那么我们请进来。"上海大学副校长叶志明说,如此"大规模"集中"洋教授"授课,是为了让学生充分感受国际多元文化的氛围。据了解,76位海外教师分别来自美国耶鲁大学、加州大学、杜克大学、华盛顿大学、纽约州立大学、肯塔基大学,英国曼彻斯特大学、伯明翰大学,爱尔兰科克大学等名校,开设的课程涉及经济管理、人文社会科学、影视媒体艺术以及数学物理通信、材料、电学等理工学科。由于上海大学推行"短学期制",除春、秋两学期外,比其他高校多出了为期四周的夏季学期,这段时间正逢国外高校夏休,利用这一"时间差",外国教师才得以成行。

然而"试水"并非一帆风顺。首先便是语言关。由于是全英语教学,课堂上无法充分领会教学内容的学生不在少数,甚至有学生坦言"我们听不懂",中国老师虽可做翻译,但说多了可能影响原本的课堂节奏。其次,也有同学太过"羞涩",如外国老师讲完后问大家还有啥问题吗,无一人举手,可到了需根据之前讲课内容进行讨论时却面面相觑。对此,学校教务处副处长顾晓英认为,这也是一种"逼",听不懂,就逼着学生做好课前预习,不敢问,就逼到敢问为止。

[记者手记]

不　贵

请来这些名校文师,上大包来回路费和生活住宿。这笔费用不小,叶志明副校长却并不觉得贵。他说,"这对全校几千名上课学生有好处,'人均'下来,投入并不大"。其实,让更多海外教师来到大学,亲身感受国内教学、科研环境,不也正是在为将来引才打基础、做积累吗?

全球化不断深化发展的今天,人才是上海创新转型的关键所在。怎样营造环境、创设平台,更好地全球借智、吸纳人才是当前最大客体之一。上海大学的"国际学期",是一次大胆的教学探索。这样一种引人用才的创新思路,也许有所借鉴。(彭德倩)

《解放日报》2013年6月18日

## 2013中外青年暑期DV计划　透过镜头"看中国"

"太极就是爱。"在北京的短短两周,法国高等视觉传媒学院学生朱尔斯(音译,下同)

深有感慨。6月29日到7月12日,他与北京师范大学的黄若菡拜访了武术老师,亲眼见识了"神秘"的中国功夫,更重要的是懂得了太极拳的哲学真谛——不是攻击而是守护,是在爱的名义之下的扶弱济贫。朱尔斯与黄若菡用DV记录下一路的见闻与思考,将这部短片命名为《太极哲学》。

与朱尔斯一同来到中国的,还有美国波士顿大学、美国埃默瑞大学、法国高等视觉传媒学院的23名外国学生。在北京师范大学中国文化国际传播研究院主办的2013"Looking China(看中国)"中外青年暑期DV交流活动中,他们与北京师范大学和上海大学的学生结成一对一的搭档,分别在北京和上海拍摄了24部纪录短片,用镜头呈现了他们眼中的中国。

大多数外国学生都是首次身临其境地感受这个古老又现代的国度,在他们眼中,这场文化之旅遇见的一切都是那么新鲜、有趣。"在中国,学英语的理由有千千万,我们却找到了一个对于英语有着非一般热情的特殊群体。"美国波士顿大学的咏云与北京师范大学的李慧研发现了活跃在北京城市公园里的英语学习小组,有趣的是,小组成员全部是离退休人员。两位大学生把这个故事拍摄成了短片《我们也学英语》。与他们不同,张晓丽和伊恩把镜头对准了普通的木头。他们用两台摄影机(一台在美国、一台在北京)和两双眼睛去发现不同地域、不同语言之下,同样的"木语"展现的地球村居民对于生活的共同期许,用短片《木之语》讲述了一个跨越太平洋、有关木头的故事……这些中外青年努力搜寻着北京城和上海滩耐人寻味的人群和角落,京剧、功夫、茶、中医、幼儿园、大学生,都是他们努力捕捉的文化标识。在展映活动中,影评人周黎明十分赞赏这些青年人的新鲜视角、淳朴却不失深意的影像表达。

"Looking China"是对中国文化国际传播研究院院长黄会林提出的跨文化交流理论的实践。黄会林说,中国长期以开放和包容的态度对待多元文化,早在400年前中国科学家徐光启就提出"会通以求超胜",意为不同文化之间相互学习才能进步。"中国的东方智慧、美国的现代精神和以法国为代表的欧洲的人文情怀,都是人类文明发展史上最宝贵的财富,形成了当代世界多元并立的人类文化图景,我们倡导中、美、欧之间通过文化交流与合作达到'各美其美、美人之美、美美与共、天下大同'的美好局面。"黄会林说。

从前两年的"看北京"到今年的"看中国",这一中外青年文化交流活动,已经结出了硕果。三年里,收获了40多部短片,已有3部获得国际奖项,中外学生在紧密的合作中也结下了友谊。"就像把一颗石子扔进了水池,产生的涟漪会散到很远的地方,我相信,'看中国'的影响会超越我们的预期。"美国波士顿大学电影学教授萨姆说。

有意味的是,萨姆也是首次来到中国,此行的感受同样改变了他对中国的看法。"这里的人非常热情,让我感觉自己就是这座城市的一分子","之前我对中国人的想象是他们非常勤劳聪明,但是不苟言笑。现在,我发现他们在生活中同样充满欢笑。"萨姆认为中国人可以贴上一个新的标签——勤奋且快乐的人们。(任姗姗 罗雪珂)

《人民日报》2013年8月12日

### 大学生寝室怎么分更好?

临近开学,"求室友"在温州大学城市学院的贴吧里成了2013级新生最热门的话题。

以前,大学室友是谁,事前无法预见,却要同檐生活四年。现在,这种传统分配大学新生宿舍的方法,在温大正被逐渐打破。

"楼主是会计专业的,是欧美剧粉丝,不喜这些就请绕道吧""要空调,要网;勤俭节约;寝室不抽烟;熬夜不影响室友"……最近,"求室友"在温州大学城市学院的贴吧里,成了2013级新生最热门的话题。

以前,大学室友是谁,事前无法预见,却要同檐生活4年。现在,这种传统的按学号或班级分配大学新生宿舍的方法,正被逐渐打破。温州大学城市学院今年首次启用"新生网上自选寝室系统"。通过网上沟通,2 200多名新生互相了解彼此的性格和生活习惯,继而选择令自己满意的寝室和室友。其中,选择室友的条件非常丰富,大到有无早起、早睡或晚睡的习惯,小到个人卫生、上网时长,甚至兴趣爱好、性格特点都囊括其中。

新生们在得到消息后,显得非常兴奋和积极。"自选室友"这种"人性化"的寝室安排方式,力求营造"和谐、友爱的寝室关系",受到大部分新生的热捧。不过,也有人提出不同看法,这样的选择无法避免日后矛盾的发生,也不利于学生们在多元化的环境里培养沟通适应的能力。

**让"可遇不可求"变成"自己说了算"**

据了解,温大城市学院"自选室友"以院系集中为原则,学校先根据各院系新生人数划分宿舍区域,对人数较多的院系则会细分到专业。新生须在规定区域内进行选择。学生可以选择的内容包括寝室类型(4人间还是6人间)、有无早起习惯、有无午睡习惯、有无晚睡习惯、电脑使用时间、现居住地、个人卫生、兴趣爱好、性格特点等内容。如果新生在9月1日前没有选定寝室和室友,将由学院统一安排。

小靓(化名)是2013级新生,8月10日,她收到了学院的录取通知书。在快递信封里,还有一张通知,就是学生可以自主挑选本班的同性同学作为舍友,并在8月26日至9月1日间登录学院自选寝室系统进行选择。

拿到录取通知书,确定自己在会计专业的具体班级后,小靓就采取了行动,在贴吧和学校论坛上发帖"求室友"。而帖子上也罗列了自己的要求,比如勤俭节约、熬夜不影响舍友、不能太邋遢、最好性格活泼开朗等等。

"学校可供选择的宿舍有4人间和6人间。我听别人说,4人间的房间朝向是背阳的,6人间向阳,而且我喜欢热闹,所以想招募5个志同道合的朋友。"小靓说,自从发了"求室友"的帖子后,她和班里至少20位同学有过互动聊天,现在已经基本确定了5位室友。

记者近日随机采访了数名温大在校大学生,发现大多数学生认同此举。大三学生小王的室友大多是传说中的"学霸",为了考研每天泡图书馆,早出晚归,作息时间与他很不协调,"他们每天6点起床晚上10点回寝室。我跟室友的习惯差别太大了,睡觉都睡不好。如果能自选室友,就能够避免这些矛盾了"。人文学院的一位大三学生也抱怨说:"同宿舍有位室友就挺'奇葩',超级喜欢打游戏又不讲卫生,搞得大家都很尴尬啊!"

高年级的学生大都十分羡慕这届新生可以自己做主选室友。一位学生告诉记者,4年的大学生活,有大部分时间都与室友相处,"自选室友"无疑是让"可遇不可求"变成了"自己说了算"。比起差异巨大的室友来说,一个与自己性格相投、爱好相似、习惯相同的室友,或许能让大学生活拥有更多快乐。

**不仅要有"快乐",更要有适当的"磨炼"**

记者注意到,尽管在采访中大部分学生对自选寝室和室友表示欢迎,但是也有一些家长和老师通过网络提出质疑。有的家长担忧:"大学生本来就应该锻炼与不同人相处的能力。如果大家性格一致,生活习惯类似,将来如何适应社会上千奇百怪的人呢?"也有人提出:"室友投不投机,适不适合,只有生活一段时间才知道。这种事先确定室友的做法,形式大于内容,并不见得有多大好处。"

全国高校思想政治教育研究会理事、浙江省高校思想品德课研究会会长廖曰文教授并不认同"自选室友"这种做法。他认为,大学生活不仅要让学生有"快乐",更要有适当的"磨炼"。原本"随机分配"寝室可以提供多元化的交流机会。现在一开始就让新生自己来选,那些家庭背景相似,或者性格差不多的学生住在一起,不利于学生之间的交流互动。现在的大学生大多是90后独生子女,培养学生怎么与人沟通,怎么解决问题,才能"磨炼"出更好的人际关系。

事实上,启用"网上自选寝室系统",温大城市学院并不是国内高校的首次试水,华中师大、上海大学等高校也尝试过类似做法。"我们对华中师大,包括国外一些学校进行过调研,从目前来看,这些尝试都比较顺利,且获得的反馈较好。"温大城市学院党委副书记林盛光说。

此前,学院曾对1 000多名大二以上学生作过相关问卷调查,问题内容涉及你一天内在宿舍的时间是多少,如果遇到麻烦是否会向舍友倾诉等。"调研中反映出的学生主要矛盾是由生活习惯差异所造成的。"林盛光表示,"每个人都有公共生活,但宿舍问题的处理,属于私人空间的层面,我们认为学生有一定的自主选择权。大学是一个逐渐开放,面向社会的缓冲时期,我们也希望,学生能从中调节好自我,在主动选择中接受磨炼。"

针对外界和网络上的质疑,林盛光坦承,在与人相处的过程中,每个人都处于选择与被选择之中,即使个人成长环境相似,仍有个性方面的差异需磨合,相同的生活习惯也会演变成矛盾的根源。为了保证这项制度的实施,学院制定了相应的应对措施,室友的选择被限定在同一个专业,当本专业人数较多时,甚至要限定在同一个班级,所以还是属于有限范围内的自由组合。同时配备了10多位心理咨询老师,对选好的寝室逐一进行团体心理辅导,引导寝室团队合作和人际关系处理等。(陆健)

《光明日报》2013年8月26日

### 欢送新兵大会在上大举行

昨天下午,市委、市政府、警备区在上海大学举行欢送新兵大会,市委常委、市委政法委书记姜平出席并致欢送词,向即将奔赴绿色军营的全体新兵们表示热烈祝贺,向关心支持国防建设的各位家长表示衷心感谢和崇高敬意,希望全体新兵树立从军报国的坚定信念,打牢经受艰苦磨炼的思想基础,立足岗位努力学习工作,认真履行好军人职责,把自己锻炼成为一名听党指挥、能打胜仗、作风过硬的优秀军人,为国防事业建功立业。

警备区司令员彭水根少将、政委朱生岭少将出席。(张骏 杜笑)

《解放日报》2013年9月6日

## 10名大学生获颁 自强之星标兵称号

11日,"青年自强,圆梦中国——'中国大学生自强之星'颁奖分享会"在京举行。来自北京理工大学的张大奎、上海大学的马成亮等10名大学生荣获2012年度"中国大学生自强之星标兵"称号。

10名获奖者中,有身残志坚、不断超越自我的脑瘫博士张大奎,有远赴西藏支教多年的马成亮,也有在食品安全领域探索创业的张轩。

谈及获奖的意义,张大奎说:"无论你身在何处,只要你还抱有一颗兢兢业业、不甘平庸的心,只要你还走在完善自我、惠及他人的路上,这样的小伙伴们都将是自强之星。""中国大学生自强之星"活动由共青团中央与全国学联主办,目前已举办7届,旨在鼓励并资助大学生群体中涌现出的优秀标兵。(刘鹏 张烁)

《人民日报》2013年9月12日

## 文化社会决策咨询基地上大揭牌

由上海市人民政府发展研究中心与上海大学联合成立的"文化繁荣与社会发展决策咨询研究基地",昨天在上海大学延长校区举行揭牌仪式。

基地将坚持"需求导向、开放融合、资源共享、创新引领"的基本原则,充分发挥上海大学影视新媒体、公共艺术、艺术产业、文化遗产保护、社区文化、青年文化、社会组织、城市安全等的学科特色与优势,根据上海建设"创意城市""智慧城市"的实际需要,建立协同创新机制,成为服务党和政府在"文化繁荣与社会发展"研究领域的思想库、信息库、人才库和智囊团,并为上海大学建设国家级一流学科提供有力支撑。(李君娜)

《解放日报》2013年9月23日

## 文化繁荣与社会发展研究基地在上大挂牌

昨天,"文化繁荣与社会发展"决策咨询研究基地在上海大学挂牌。这个基地由上海市政府发展研究中心与上海大学联合成立,它将引导上海大学的优势学科更好地对接地方经济社会发展,形成在国内有影响力的影视新媒体创意产业、青年与社区文化、智慧城市与社会管理领域的决策咨询研究高地。

目前,基地已建立由年轻学术骨干带头的20个工作室,内容涉及文化企业改革、休闲文化创新、艺术市场研究等领域。同时将开展决策咨询系列研究课题的申报,并定期组织举办相关主题的国际学术会议。(王磊)

《文汇报》2013年9月23日

## 经典阅读促进人的自我完善

日前,在文学报社和上海大学影视学院共同主办的"人文精神再讨论"专家论坛上,山东省作协主席、作家张炜表示,进入网络数字时代,技术主义以及由此导致的功利主义已经愈演愈烈。现代人面临的一个巨大责任,就是怎样把自然科学从实用主义中解救出来,"我们必须强调对具体的、鲜活的、实际经验的人类世界的理解,这时候经典文学作品更加显示了固有的审美强度和道德价值的深刻性,为我们在困乏的时代提供慰藉,在充裕的时代提供激励"。

张炜认为,经典的文学作品应该是指那些有力量逃脱时间的湮没,从而得以幸存的作品,包含了被所有民族所有时代珍视的人性里的勇气、怜悯、忍耐和崇高,那些使人类得以存在下去的品质。阅读经典作品其实是人类进行的一种自我教育,它关乎人的内在成长和完善。(王国平　颜维琦)

《光明日报》2013年10月10日

**同济医院与上大共建"医务社工站"**

今天上午,同济医院与上海大学社会学院正式签约共建"医务社会工作站"。双方表示将充分利用上海大学社会学学科、同济医院临床医学学科的学术团队及各类资源优势,实现优势互补和资源互享,加快医务社会工作者队伍的职业化、专业化进程。

目前本市部分三甲医院相继成立了社工部,主要面向医院患者及家属,在康复、心理、法律、家庭事务、社会角色恢复等方面为他们提供专业指导和规划,帮助患者在身体康复的同时,以健康的心理和状态尽快融入社会、重返社会。

"上海市同济医院·上海大学社会学院医务社会工作站"一个引人关注的亮点,是校院双方期望通过努力,探索建立一种以独立法人或自然人申办的社会化医务社工机构,以拓展面向社会服务的医务社工工作项目。除了为院内患者和家属提供专业指导外,该医务社会工作站依托同济医院和上海大学社会学院的专业资源,不仅能为医院内患者提供社工服务,而且可以面向社会,通过项目化运作模式,为各类有需求的个人或团体提供有偿社工服务,此举将为医务社工服务工作提供新的发展路径。(施捷　王啸飞)

《新民晚报》2013年10月11日

**同济医院与上大共建**

前天,上海市同济医院与上海大学社会学院正式签约共建"医务社会工作站"。双方表示将充分利用上海大学社会学学科、同济医院临床医学学科的学术团队及各类资源优势,加快医务社会工作者队伍职业化、专业化进程。

除了为院内患者和家属提供专业指导外,医务社会工作站依托同济医院和上海大学社会学院的专业资源,不仅能为医院内患者提供社工服务,而且可以面向社会。(陈青　王啸飞)

《文汇报》2013年10月13日

**特大城市社会治理改革组建新智库　为解决城市病献策**

"随着我国城市化的快速发展,特大城市的发展也取得了长足进步。特大城市的快速发展能够对全社会的发展起到辐射带动作用,但往往也孕育着较大的社会风险。因此,有必要对特大城市社会治理领域中的重大问题进行创新性研究。"日前,上海大学、中山大学、中国社会科学院社会学研究所、城市发展与环境研究所、华东师范大学联合组建成立了特大城市社会治理协同创新中心。上海大学校长罗宏杰表示,中心将围绕特大城市的治理模式展开协同创新研究,实现特大城市社会治理领域的理论创新、制度创新、实践创新等。

根据《国家中长期新型城镇化规划（征求意见稿）》中提出的标准，中国目前有北京、上海、广州、天津等10座特大城市。"特大城市的发展能够帮助周边地区快速发展起来，继而在特大城市与周边中小城市间形成互相影响、互相依存的良性互动关系，由此带动区域整体实力提升，更好地促进社会和谐发展。"罗宏杰说，但特大城市的快速发展也有诸多隐患，比如，它们人口规模庞大且构成复杂，常住人口均在1 000万以上，社会阶层结构、利益结构和需求结构日趋分化。这些城市都开始快速融入全球产业分工链条，因而处于人流、物流与资金流的枢纽位置，经常性流动人口都在数百万以上。但与此同时，城市生产与生活体系、经济与社会体系间的发展差距也越来越大，宜居水平和公众满意度并没有随着经济发展而同步提升。因此，加强和完善特大城市的社会治理已经十分迫切。尽早建立全社会风险预警机制，尽快完善全方位社会保障机制，有助于促进社会的稳定与和谐发展。

目前，特大城市已经形成了多元参与的社会治理机制，但政府现有的社会管理模式也遇到一些结构性问题。中心专家认为，随着社会多元化的发展，公共服务也不再是一系列无差异的标准化服务，不同的社会群体对公共部门有不同的服务预期，政府仅凭自身的力量无法及时回应。与此同时，人口流动变得越来越频繁，公共部门面临着如何有效管理"流动社会"的问题，"流动社会"紧密嵌入城市本地经济、社会结构之中，必须考虑如何在保持其活力的基础上，使之与本地社会更好融合，如何通过高质量服务，使特大城市成为全球优质人力资源流动的核心中转站。此外，如何建立有效防范风险社会的治理机制，以及如何有效治理越来越多、越来越严重的城市病都是摆在政府部门面前的重要课题。

特大城市社会治理协同创新中心将把研究课题聚焦在特大城市的多元治理趋势、区域人居环境、风险预警与公共安全、推进社会参与、社会融入的制度建设、技术治理运用等方面，开展社会学、管理学、经济学、环境科学、人口学等多学科的协同创新研究，以及跨地区、跨领域的协同合作，并改革创新人才培养、学科建设、科学研究等体制机制，力争成为国家推动特大城市社会治理改革的新型智库。（彭波）

《人民日报》2013年10月16日

## 56网"蜕变2013"走进上海大学

日前，由56网（56.com）发起的"蜕变2013——十人十部高校导演扶持计划"校园巡展走进上海大学，青年导演廉欣、刘冬雪分别携微电影《旧时光的玩笑》、《听见你》和上大师生见面。中国独立影像先锋代表杜海滨，知名编剧顾小白也亲临现场助阵，和上海大学的师生们进行了现场交流。

"蜕变2013——十人十部高校导演扶持计划"是继去年56高校影像力校园行之后，推出的年度大型青年导演扶持计划。此次活动共征集到来自全国300多所高校1 500多部原创作品。最终，10名青年导演脱颖而出，共同获得由56网提供的百万拍片基金和亿元推广资源。

《新民晚报》2013年11月12日

### "特大城市社会治理协同创新中心"签约仪式举行

日前,由上海大学、中山大学、中国社会科学院社会学研究所、中国社会科学院城市发展与环境研究所、华东师范大学联合组建的"特大城市社会治理协同创新中心"签约仪式在北京举行。来自国务院发展研究中心、民政部社会工作司、住建部城市建设司、国家发展与改革委员会中国城市与小城镇改革发展中心、交通部科学研究院等部门的领导和专家出席签约仪式。

"特大城市社会治理协同创新中心"将整合社会学、管理学、经济学、环境科学、人口学等多学科资源,针对国内主要特大城市在社会治理中遇到的一些结构性问题,围绕特大城市的多元治理趋势、区域人居环境、风险预警与公共安全、社会参与制度建设、社会融入制度建设、技术治理运用等问题展开跨地区、跨领域的协同创新研究,以求推动该领域的人才队伍建设,实现特大城市社会治理领域的理论创新、制度创新、实践创新、教育创新和文化创新,完善管理运行机制改革、人事聘用制度改革、人才培养模式改革、教学改革和科研组织方式改革,成为国家推动特大城市社会治理改革的新型智库。

《光明日报》2013年11月24日

### 纪录片《别无选择》首映

由上海百老德育讲师团与中央电视台新影制作中心、同济大学传播与艺术学院、上海大学影视艺术技术学院、上虞市人民政府等联合摄制的六集大型高清电视纪录片《别无选择》,历经两年的艰苦拍摄制作完成并于近日在沪首映。

该片根据百老团成员、国家一级作家顾志坤等撰写的长篇报告文学《大围涂》改编,还原和再现百万围涂人在漫长岁月中用血肉之躯顽强抗击灾害改造自然的悲壮历程。为确保一方水土的长治久安,40余年来百余万上虞人用辛勤的汗水、宝贵的生命,在物资供应极度匮乏、自然环境极其恶劣的滩涂上筑起了45公里的坚固堤塘,在我国水利工程施工史上写下了浓墨重彩的光辉篇章。(曹玲娟)

《人民日报》2013年12月3日

### 构建高职"学园城一体化"模式

(上略)

#### 三大园区夯实服务创新驱动平台

为了在城市建设中充分发挥高校智力溢出效应和产业带动转型效应,2009年以来,学院先后建成浙江创意园、温州知识产权服务园、省级国际服务外包示范园"三大园区",并坚持三大园区可持续发展,不断夯实区域产业平台。

与温州日报报业集团共建浙江创意园,入驻企业30余家,2012年园区总产值9 000万元,并连续两年保持20%以上的增长速度。今年8月,全市唯一省级特色工业设计示范基地在创意园落成。通过建立市首家3D打印服务中心,结合学院材料工程系院士工作站平台,致力于构建区域3D打印产业链。

温州市知识产权服务园是全市创建国家知识产权示范城市重点项目,15家企业入驻,汇集版权、专利、商标"一站式"服务。2012年,专利转让许可500多项,交易金额达2

亿多元；商标转让许可1 200多项，金额7 000多万元。今年9月，在服务园的基础上，与上海大学合作建立温州知识产权学院，是全国第一个高职院校层面的知识产权学院，为温州培养知识产权保护应用型人才。

省级国际服务外包示范园主要涉及软件外包服务和网络建设等业务领域，也是全市汽摩配出口、鞋类出口检测技术服务平台。同年被省商务厅授予省级国际服务外包人才培养基地，经国家商务部核定2012年培养服务外包人才规模位居全省第一。以该园区为平台，通过集人才培养与社会服务于一体的创新创业工作室模式推进教育实体化。如，以致远工作室为基础成立师生创业公司，整合计算机应用技术、动漫技术与软件技术专业优势，为电信、移动公司等客户开发手机软件，为电子商务企业提供平台开发、信息处理、数据托管和软件设计与运营等服务，营业额增速达到80%。

（下略）

《光明日报》2013年12月21日

## 让15%学生排斥我 上大教师李晨的另类教学

威严、慈祥、温柔、亲切，这些时常用在老师身上的形容词，跟上海大学讲师李晨不太沾边。他的教学原则是"一定要让15%的学生抵触、反感、排斥我"。课堂上对学生的"挖苦打压"是他的教学手段之一，有的学生受不了，宁可放弃学分，甚至，来旁听督导的老师都忍不住劝阻。奇怪的是，更多学生觉得他的课上获益良多，还有不少因为喜欢上这位"另类"老师，选遍了所有他的课。

### 课堂"打压"实录

对于"一定要让15%的学生抵触、反感、排斥我"这样的教学原则，李晨并不讳言。他反对老师对学生拐弯抹角的委婉褒贬，在他看来，夸奖学生就要夸得到位，夸得他们脸红心跳。相应的，批评就该毫不留情。学习本来就应该有压力，高强度的训练才能真正磨炼学生的心灵。每次上课，他都会根据出勤情况调整自己的施压强度。

不久前的J楼201教室里，"管理基本素质与技能"课"一分钟自由展示"环节开始，站在台前述说自己理想的经管大类学生小陈快哭了，一方面，是台下140多名同学盯着她看实在不适应，另一方面，李老师不时插话也很打击人，"声音响点再响点""我都快听困了"……好不容易说完了，逃回座位的她脸涨得通红。半小时内十多位同学轮番上台，相当一部分被打击得不轻，课堂气氛却越来越热烈，唇枪舌剑你来我往，满屋子亮晶晶的眼睛。

### 要求学生"露出额头"

"想选李晨的课，请先准备好面对每周五六小时的作业量。"上海大学校园论坛一篇推荐"牛课"的帖子上，有学生这样回帖。事实上，已在校内小有名声的李晨褒贬不一，争议最大的就是他的作业量，每一堂课都会留下思考题，规定格式要求书面回答，不低于两千字，且与期末成绩直接挂钩。曾在部队工作、生活过的李晨认为，知识传授仅停留于课堂传授而没有大量"操练"的话，很难真正印进学生心里。只有通过高强度的机械重复训练，才能让他们突破思维的窠臼，感受到思考的乐趣。

除了作业，李晨的课给学生定的规矩不少，像是"军事化管理"。最特别的一项，是要求学生露出额头,这个要求是专门针对学生中占相当比例的"长刘海"发型。他写了一篇文章分析长刘海:如果从"拗造型"出发,那长刘海是可以改的,如果学生不愿意改变,那可能就是源于心理定式。在课上,他更语出惊人,长刘海发型"在提供心理支撑的同时,也起到了一种隔绝作用,使思维与心理成长缺乏充足的阳光与开阔的空间,导致自闭、保守、消极、弱势的心理与思维状态"。事实上,确实有很多学生在他的影响下换了发型,并认为很有效果。

**"奔职称的路上,我能力有限"**

在上海大学,李晨一直是个有争议的老师,有的教师非常不认可他的教法,也有很严厉的督导老师给他的课打93分的超级高分。副校长叶志明对李晨的教学方法挺支持,他说,高水平大学能包容特立独行的老师,给青年教师更多探索空间。对这些,当事人李晨都处之泰然。

他坦言,让学生"排斥",是重要设计,一是可以迅速把注意力集中起来,提高兴奋度,并在短时间内记住很多以后要逐步讲解的信息,为以后的学习与思考打下基础。当然,还要努力让学生从排斥转变到接受,这是个很好的提高心理素质的训练,有"这碗酒"垫底,年轻人以后就能更沉稳地处理与应对外面环境变化与不明信息。

进校工作6年的李晨,如今依然是个讲师。"在奔职称的路上,我能力有限",他说,"不过看到学生的成长,已经有一种巨大的快乐,这是很多人得不到的。"(彭德倩)

《解放日报》2013年12月23日

## 记住三线精神

由上海市委党史研究室等编著,上海大学历史系徐有威教授主编的《口述上海——小三线建设》近日由上海教育出版社出版。

三线建设是20世纪60—80年代中国中西部地区开展的一场以备战为指导思想的大规模国防、科技、工业和交通基础设施建设,是新中国建设史上不可磨灭的光辉一页。其中的小三线建设是在一、二线地区的腹地,依靠地方自筹资金,以战备为中心、以地方军工和工业交通设施为主的全国性经济建设战略。

1965年起,为了响应党中央的号召,上海在安徽南部和浙江西部山区开始了为期24年的小三线建设。在这24年中,上海小三线逐步发展成为全国各省市自治区小三线中门类最全、人员最多、规模最大的一个以军工生产为主的综合性后方工业基地。上海小三线的建设和发展,既经过20世纪60年代中期社会主义建设时期和十年动乱时期,又经过粉碎"四人帮"、国民经济调整、建设有中国特色的社会主义时期。在它短暂的24年里,印上了各个历史时期的痕迹。同时,上海小三线这个建设在上海之外的军事工业基地,也是沿海大城市加强战备和国防建设的一次伟大实践,经历了沿海经济文化发达地区和内地欠发达地区各方面的交流交融的过程。最后,在1978年召开的党的十一届三中全会提出的改革开放的方针指引下,它以全面调整作为结局,走完了自己不平凡的历程。

以往的三线建设研究资料多来源于文件和档案,以研究经济效益、工业布局等问题为主,本书则精心选择了上海小三线从中央到最基层的有代表性的43位受访者,从不同的角度对上海小三线建设的情况作了回忆和介绍,内容涉及当时的决策、选址、设计、厂矿基础建设、生产管理、职工生活、企业与地方关系、企业转型及最后的交接调整等,前面动态地勾画出了上海小三线建设起步、发展和调整的演变历程,更全面地呈现共和国的发展变迁。本书内容鲜活、生动,可以说是对传统文献历史学的一种弥补。

阅读本书,历史的细节在当事人的缓缓絮语中扑面而来,不加雕琢的真实最能打动人心。上海小三线建设者们都是上海各条战线上的佼佼者,所谓的"好人,好马,好刀枪"。为了党和国家利益,他们义无反顾地从生活便利的大上海奔赴皖南和浙西的深山老林,一去24年。在几乎封闭的环境里,7万多的干部员工及其家属遇到了在大上海不可想象的困难:生活用品短缺、无电无路、山洪暴发、蛇虫出没、精神生活匮乏、恋爱婚姻困难、无法照顾家中长幼。对此他们也曾苦闷迷茫。但是为了国家利益,他们以坚定的爱国信念和乐观进取的革命精神与困难作斗争,在各级各地组织的支援下、在安徽和浙江人民的全力帮助下,他们从零开始,在这里开山铺路,引水通电,建学校,建医院,建厂投产,在艰苦的环境下制造出一流的军工产品,为国家打造了坚实的后方基地,创造了深山里的奇迹。上海小三线人创造了艰苦创业、敢打硬拼的,顾全大局、团结协作的三线精神;展现出不怕牺牲、爱国奉献的高尚情怀。

追忆往昔,从这群特殊的建设者口中,可以读到对那段不平常岁月的眷恋与自豪。虽然由于国内外形势发生巨变,小三线最后撤回上海,但是他们创造的奇迹至今遗惠后人。这些建设者们把三线精神带回上海,克服种种困难,继续为国家建设添砖加瓦,许多人也成就不凡事业。

回忆历史可以帮助我们审视现在,建构未来。三线精神,应该成为中华民族精神的重要组成部分,成为当代思想政治工作的宝贵资源。"三线人"的奉献精神、爱国情怀、集体主义信念值得学习。正是有这样一批批忠诚无私奉献的共和国建设者们,我们国家才能繁荣兴旺。(邹楠)

*《人民日报》2013年12月24日*

### 曹鹏指挥上大艺术团上演新年音乐会

上海大学日前举行一年一度的"泮池之声"新年音乐会。与往年不同的是,音乐会由今年刚成立的上大音乐学院承办。著名指挥家曹鹏执棒上大各校级艺术团,多姿多彩的迎新旋律让近2 000名师生掀起阵阵高潮。

担任上大音乐学院艺术总监的旅美小提琴家夏小曹是曹鹏的女儿,她与学生们合作演奏《梁祝》时,出现了父女同台同奏一曲的温馨场面。(杨建国)

*《新民晚报》2013年12月30日*

# 2014 年

**上大减文科招生比例　给报考"文科热"一个警示**

　　上海大学昨天传出信息,今年秋季高招,原先文理均招的经济管理大类将向文科考生关闭大门,这意味着今年将压低文科招生比例。负责招生就业工作的副校长叶志明称,当前高中文理分科太无序了,文理科考生比例差异悬殊,希望通过"打压"文科考生的空间,有意识进行"矫枉过正"。他同时表示,"若所有大学都这样,那么可以说对现有文科考生是不公平的。上大一校如此,是希望提出一种警示。"

　　去年高考分数线公布后,"文高理低"趋势引人关注。文科一本线448分,较理科一本线高出43分;文科二本线403分,较理科二本线高出72分,且连续三年分差逐年拉大。对此本市考试管理部门认为尚属正常,而一些高校专家则强调,这已为上海基础教育、高等教育发展拉响警报。

　　叶志明表示,报考文科考生日益增多,抬高了分数线,背后反映出社会上普遍的"选文科更容易考上大学、更容易考上好大学"的想法。更值得关注的是,文理考生比例失衡的现状导致从考进大学伊始就已决定了文科生的就业困境。他以上海大学为例,最新统计理科生就业岗位提供数和人数之比为1.6—1.8∶1,文科生为0.5—0.8∶1。

　　又讯　上海大学昨日发布2014年自主招生政策,今年名额仍为100名。推荐方式为中学校长实名推荐和学生自荐相结合。校长推荐的学生,经中学公示、大学审核后,直接参加综合面试。(彭德倩)

《解放日报》2014年1月10日

**上大自招压缩文科生比例**

　　为抑制高中文理分科的无序状态,也为便利大学毕业生充分就业,上海大学昨天宣布,从2014年的自主招生开始,将逐渐压缩文科生招收比例,除了人文社科类是文理兼收,其他的经济管理类、理学工学类均只限招理科生。

　　今年上大自主选拔名额仍为100名。推荐生是面向本市25所中学的品学兼优、具有学科特长和创新潜质的高中毕业生,经中学公示、上大审核后,直接参加综合面试,再根据面试结果确定入选名单。今年新增的自荐生,面向高中阶段在各省市级及以上单科竞赛中获奖或具有学科特长、创新潜质的全市所有学校的优秀高中毕业生。自行网上报名从今天起至本月25日,自荐生需参加上大组织的基础文化笔试,合格后才能进入综合面试。

上大今年特别要求,参加自主招生的考生必须在高考第一批本科 A 志愿报考该校,否则其资格自动取消。自主招生考生的高考成绩只要达到本市一本录取资格线,即可按志愿被直接录取。(王蔚)

《新民晚报》2014 年 1 月 11 日

### 上大美院老教授作品联展

"流金岁月——2014 上海大学美术学院老教授作品联展"昨天起在驰翰美术馆举行。展览集中曹有成、章永浩、步欣农、李郁生、方振兴等一批著名艺术家、教育家新作。展览结束后,部分展品将拍卖。

曹有成 1952 年毕业于中央美术学院华东分院,1959 年他创作《饮》一举成名,这幅以炼钢工人奋战一线为主题的油画入藏国家美术馆。此次展出的《崇明岛的森林》《江南湿地》是曹有成近年新作。章永浩是新中国第一代雕塑家,长期致力于纪念性雕塑创作。1985 年,他在复兴公园完成了我国第一座大型花岗石马克思、恩格斯雕塑,外滩陈毅市长雕像获得新中国 60 周年城雕建设成就奖。本次展览除了《田汉像》《鲁迅像》等四件小雕塑,还有难得一见的章永浩水粉画作品。八旬高龄的他创作不断,2012 年底在重庆落成的 7 米高刘伯承雕像深获好评。原上大美院副院长步欣农则送来去年创作的《威尼斯风情》等作品。

展览将免费开放至 17 日。(诸葛漪)

《解放日报》2014 年 2 月 13 日

### 上大体育考试发现三名"枪手"

体育考试出现"枪手",自称是"高水平运动员",结果竟然是"水货"。这是近日发生在上海大学高水平运动员招生测试中的离奇一幕,结果,雇用"枪手"的考生均被取消了考试资格。

#### 本人与身份证照片不符

3 月 1 日上午,上海大学高水平运动员测试正在进行中。忽然,田径场上传来消息,考官们发现了三个替考"枪手"。考官发现这三人与前一天现场报名的考生不是同一人,而且与身份证照片也出入很大。上大监察处和招办老师马上对可疑考生进行了询问,虽然这三人与身份证照片极不相似,但他们一口咬定自己就是真考生。为了不影响考试正常进行,考官们还是让他们按计划参加了测试,但他们的身份证和所有材料都被封存,要求他们测试结束后到招办领取材料,便于继续核实其真实身份。

测试结束后,一个"枪手"来到招办拿材料,在强有力的证据和追问下,他最后承认了自己是替考者,说是之前有一个中间人联系了他,替考成功后给 2 000 元酬劳,他之所以还过来取材料,是因为真考生要求他取回证件。对这个"枪手"和真考生,学校立即进行了批评教育,向他们宣布了取消考试成绩的决定,归还了身份证,但没收一切报名材料。

而此时,已经感觉事情不妙的另外两个"枪手"早已不见踪影,连真考生的身份证和报名材料都不要了。事后经上大查实,雇用"枪手"参加考试的刘某、郝某、王某等三个考生均是山东籍,且都是报考田径项目(短跑和中长跑),而且提交的证书均是一级运动员证书。

**体育特长生"枪手"出没**

据悉,近年来在各地的高校体育特长生招生中,屡屡发现"枪手"出没。去年,在山东省的考场上就一下了查出了33个替考者,而该省最多一年竟查出了100多个"枪手"。据业内人士说,之所以会在体育考场上冒出那么多"枪手",是与这几年教育部要求所有一级以上运动员报考高校时均需参加现场测试的政策有关。原本仅凭材料作假就能以"高水平运动员"身份进入大学,但现在光有材料证明还不行,必须"是骡子是马拉出来遛遛",这也让一些造假考生铤而走险,找"枪手"代考。同样是去年,清华大学四川省招生组发微博再三重申,不承认四川"二级运动员"的20分高考加分政策,目的"是为了让更多真材实料的优生进到清华大学学习。"发微博的老师甚至调侃说:"一些孩子体弱得连我都跑不过。"

**本市高校监控防范严**

据记者从市教育部门获悉,为了严肃高水平运动员招生测试的纪律,按教育部的要求,本市各高校均严格落实了监控防范措施。类似上大在一场体育测试中查出三名"枪手"的情况还极为罕见。

上海大学有关负责人也表示,此次查获"枪手"并非偶然,而是学校的严控措施让"枪手"们无处遁形。比如,要求现场报名时要认真、严格审核考生相关材料,且报名表、身份证材料等均须是原件;采用身份证识别仪识别考生身份证真伪,还要求在现场采集考生的身份证照片用在准考证上,严防替考;每个测试点均有全程摄像监控;每个项目均有数位校外聘请的测试专家,这些专家中不乏国际或国家级裁判、教练等。(王蔚)

《新民晚报》2014年3月6日

**中国云计算产业面临良好发展机遇**

日前,由联合国贸易与发展会议(UNCTAD)主办、上海大学管理学院承办的"信息改变经济格局"论坛发布了联合国贸易与发展会议《2013年信息经济报告》。报告指出,全球云计算产业规模到2015年预计可达到940亿美元左右。专家指出,中国云计算产业面临前所未有的良好机遇,大批量的中小企业将可以把信息化业务及管理平台部署到云计算平台上,极大降低投资成本、管理成本及维护成本,也将大大推动产业的发展。

近年来,中国的云经济生态系统逐步走向成熟,云计算应用实践不断扩大,成熟案例在各省市不断涌现。去年,中国已经超过美国,成为全球最大的智能移动设备市场,单智能手机市场规模即已超过5亿用户。除了智能移动设备以外,正在中国风生水起的可穿戴技术以及家庭互联网所带来的智能家居产业更是对云计算提出了海量需求。论坛上,联合国贸易与发展会议技术与物流司信通分析处处长、《2013年信息经济报告》起草组组长托本·弗莱德瑞克逊也提醒,基础设施的缺陷严重阻碍了许多发展中国家在云计算产业中的收益,其中包括云计算产业设备的可靠性、质量、成本、对于数据保护和私密性而言不完善的法律和管理架构等等。表现之一是移动宽带网络的速度过慢。此外,各数据中心之间的数据割裂也会影响云计算产业的服务质量。这是云计算产业发展中需要注

意的问题。(曹继军　颜维琦　吴苡婷)

《光明日报》2014年4月15日

## 2013年度《国家哲学社会科学成果文库》入选作品表彰决定

为贯彻落实党的十八大、十八届三中全会精神,贯彻落实习近平总书记系列重要讲话精神,发挥国家社会科学基金示范引导作用,鼓励广大哲学社会科学工作者以优良学风打造精品力作,进一步推动我国哲学社会科学繁荣发展,全国哲学社会科学规划领导小组决定,继续组织评选《国家哲学社会科学成果文库》,表彰对建设哲学社会科学创新体系、培育和践行社会主义核心价值观、推动经济社会发展具有重要意义的优秀成果。

按照《〈国家哲学社会科学成果文库〉评选办法》,经过专家评审、社会公示,全国哲学社会科学规划领导小组批准,共有56部作品入选2013年度《国家哲学社会科学成果文库》。这些作品运用马克思主义立场、观点、方法,深入研究改革开放和社会主义现代化建设中的重大理论和现实问题,积极探索哲学社会科学的基础理论问题,体现了我国哲学社会科学研究相关领域的较高水平。特向入选作者颁发荣誉证书,予以表彰。

希望受到表彰的作者再接再厉,推出更多优秀成果!希望哲学社会科学界广大专家学者立足我国改革开放和社会主义现代化建设的丰富实践,着眼全面建成小康社会的宏伟目标,发扬潜心治学、勇攀高峰的精神,积极推进哲学社会科学创新,为推动我国哲学社会科学繁荣发展、实现中华民族伟大复兴中国梦作出更大贡献。

全国哲学社会科学规划领导小组
2014年5月12日

### 2013年《国家哲学社会科学成果文库》入选作品名单(共56项)

| 序号 | 学科 | 成 果 名 称 | 作者/主编 | 工作单位 |
| --- | --- | --- | --- | --- |
| 1 | 马列 | 社会主义荣辱观研究 | 吴潜涛 | 清华大学 |
| 2 | 科社 | 科学实践观与科学社会主义 | 郭大俊 | 湖北大学 |
| 3 | 哲学 | 问题中的哲学 | 陈先达 | 中国人民大学 |
| 4 | 哲学 | 《巴黎手稿》研究 | 韩立新 | 清华大学 |
| 5 | 哲学 | 黑格尔与马克思政治哲学六论 | 张　盾 | 吉林大学 |
| 6 | 哲学 | 批判与解构:从马克思到后现代的思想谱系 | 宋　伟 | 辽宁大学 |
| 7 | 哲学 | 中国哲学思潮发展史(上、下) | 张立文 | 中国人民大学 |
| 8 | 哲学 | 先秦名家四子研究(上、下) | 董英哲 | 西北大学 |
| 9 | 哲学 | 20世纪法国哲学的现象学之旅 | 杨大春 | 浙江大学 |
| 10 | 哲学 | 当代逻辑哲学前沿问题研究 | 张建军 | 南京大学 |

续 表

| 序号 | 学科 | 成果名称 | 作者/主编 | 工作单位 |
|---|---|---|---|---|
| 11 | 理论经济 | 大国经济发展理论 | 欧阳峣 | 湖南商学院 |
| 12 | 理论经济 | 内需可持续增长的结构基础与政策选择 | 杨瑞龙 | 中国人民大学 |
| 13 | 应用经济 | 技术经济范式协同转变与战略性新兴产业发展 | 吕铁 | 中国社会科学院 |
| 14 | 应用经济 | 循环经济发展的机制与政策研究 | 郄永勤 | 福州大学 |
| 15 | 统计学 | 国民经济核算理论与中国实践 | 蒋萍 | 东北财经大学 |
| 16 | 法学 | 民间规约与中国古代法律秩序 | 刘笃才 | 辽宁大学 |
| 17 | 法学 | 行政行为原理 | 叶必丰 | 上海交通大学 |
| 18 | 法学 | 罗马公法要论 | 徐国栋 | 厦门大学 |
| 19 | 法学 | 暴力犯罪死刑适用标准研究 | 赵秉志 | 北京师范大学 |
| 20 | 社会学 | 普遍整合的福利体系 | 景天魁 | 中国社会科学院 |
| 21 | 社会学 | "单位共同体"的变迁与城市社区重建 | 田毅鹏 | 吉林大学 |
| 22 | 人口学 | 中国的低生育率与人口可持续发展 | 郭志刚 | 北京大学 |
| 23 | 国际问题 | 超主权国际货币的构建：国际货币制度的改革 | 李翀 | 北京师范大学 |
| 24 | 中国历史 | 中国封建社会的历史道路 | 宁可 | 首都师范大学 |
| 25 | 中国历史 | 殷墟花园庄东地甲骨文例研究 | 孙亚冰 | 中国社会科学院 |
| 26 | 中国历史 | 秦汉称谓研究 | 王子今 | 中国人民大学 |
| 27 | 中国历史 | 唐后期五代宋初敦煌僧寺研究 | 陈大为 | 上海师范大学 |
| 28 | 中国历史 | 宋代地理学的观念、体系与知识兴趣 | 潘晟 | 南京师范大学 |
| 29 | 中国历史 | 清季民国时期的"思想界"（上、下） | 章清 | 复旦大学 |
| 30 | 考古学 | 中国史前聚落群聚形态研究 | 裴安平 | 南京师范大学 |
| 31 | 世界历史 | 美国环境史学研究 | 高国荣 | 中国社会科学院 |
| 32 | 宗教学 | 东亚道教研究 | 孙亦平 | 南京大学 |
| 33 | 宗教学 | 道教授箓制度研究 | 刘仲宇 | 华东师范大学 |
| 34 | 中国文学 | 中国古代文学观念发生史 | 王齐洲 | 华中师范大学 |
| 35 | 中国文学 | 文学史的命名与文学史观的反思 | 张福贵 | 吉林大学 |

续　表

| 序号 | 学科 | 成果名称 | 作者/主编 | 工作单位 |
|---|---|---|---|---|
| 36 | 中国文学 | 文气话语形态研究 | 夏　静 | 首都师范大学 |
| 37 | 中国文学 | 空间叙事研究 | 龙迪勇 | 江西省社会科学院 |
| 38 | 中国文学 | 两汉《尚书》学研究 | 马士远 | 曲阜师范大学 |
| 39 | 中国文学 | 元代诗学通论 | 查洪德 | 南开大学 |
| 40 | 中国文学 | 徽商与明清文学 | 朱万曙 | 中国人民大学 |
| 41 | 中国文学 | 满族小说与中华文化 | 关纪新 | 中国社会科学院 |
| 42 | 外国文学 | 文学伦理学批评导论 | 聂珍钊 | 华中师范大学 |
| 43 | 外国文学 | 中日文学经典的传播与翻译(上、下) | 王晓平 | 天津师范大学 |
| 44 | 外国文学 | 济慈诗歌与诗论的现代价值 | 傅修延 | 江西师范大学 |
| 45 | 语言学 | 古汉字发展论 | 黄德宽 | 安徽大学 |
| 46 | 语言学 | 汉语词汇核心义研究 | 王云路 | 浙江大学 |
| 47 | 语言学 | 历史语言学方法论与汉语方言音韵史个案研究 | 王洪君 | 北京大学 |
| 48 | 语言学 | 明清闽北方言韵书手抄本音系研究 | 马重奇 | 福建师范大学 |
| 49 | 新闻学 | 网络传播管理研究 | 钟　瑛 | 华中科技大学 |
| 50 | 图书情报 | 图书馆战略规划研究 | 柯　平 | 南开大学 |
| 51 | 图书情报 | 数字档案馆生态系统研究 | 金　波 | 上海大学 |
| 52 | 管理学 | 合作网络范式下企业集团管理控制研究 | 潘爱玲 | 山东大学 |
| 53 | 管理学 | 农村金融可持续发展的服务创新与动态竞争战略研究 | 温　涛 | 西南大学 |
| 54 | 教育学 | 高等教育质量保证体系的国际比较研究 | 马健生 | 北京师范大学 |
| 55 | 艺术学 | 当代中国民营电影发展态势研究 | 丁亚平 | 中国艺术研究院 |
| 56 | 军事学 | 马克思恩格斯军事思想史 | 张树德 | 军事科学院 |

《光明日报》2014年5月13日

**闸北区三家社区生活书坊揭牌　上海大学义工将配送文化课程**

闸北区共和新路街道所属的锦灏佳园居委、洛善居委和谈家桥居委昨天为三家社区生活书坊正式揭牌,这是"社区、高校、企业"三结合的创新型社区公共文化服务模式的一次探索。

该项目负责人是上海大学中文系教授葛红兵,他也是华文创意写作中心常务理事长。该中心的公益项目"华文社区书坊"运营两年多了,最初是想把高校与社区对接,把上海大学文学与创意写作研究中心研究生培养的需要与社区文化发展的需要对接,把公共文化政策研究的阵地搬到社区,让研究生成为社会文化服务的义工。

锦灏佳园居委是书坊第一个落脚点,已运行一年多,书坊不仅配备标准化硬件和各类图书,精心设计的"社区讲坛""创意工坊""幸福心理坊"等课程活动也由上海大学的义工免费配送。目前,类似的社区生活书坊已建成四家,年内还将有三家落成,并计划未来每年捐建十家。(施晨露)

《解放日报》2014年6月6日

**教育视界·关注核心价值观进校园(三)　问题来自学生　声音来自一线　解答来自权威——"超级大课堂"解说核心价值观**

在这个价值多元化的时代里,在年轻人追求自我、凸显个性的潮流中,在大学生学业与就业"压力山大"的背景下,高校如何引导学生培育和践行社会主义核心价值观,不致形成学习和实践"两张皮"? 在上海,一节全新探索实验的思政课"超级大课堂",让人开了眼界。

**年轻学子热辣追问:核心价值观和我们大学生有啥关系**

5月15日晚,同济大学中法中心的阶梯教室里,上海高校思想政治理论课"超级大课堂"第三次开课,聚焦的问题是:为什么要有社会主义核心价值观,和我们大学生有啥关系?

这一主题并非凭空而定。此前,上海高校思政理论课教学协作组的老师们已经通过课堂途径和网络平台,广泛征集了全市大学生和思政课专任教师在培育和践行社会主义核心价值观过程中的困惑和疑问,全市共有5万多名大学生参与了问题征集,收集各类提问8 976个,经过分析整理后,最终聚焦讨论一个最具代表性的话题。

海量的征集范围、现实的讨论话题、开放的对话思辨平台,激发了全市大学生的参与热情,使问题征集过程变成大学生思考、理解、内化社会主义核心价值观的过程。"征集问题的目的就是推动大学思政课课堂教学改革,引导大学生主动发问和师生主动发现、思考,改变'一言堂'式教学方式。"上海市教委德育处处长李兴华这样告诉记者。

在"超级大课堂"上,来自各高校的本科生、研究生的现场提问足够尖锐、热辣,很能显现出年轻学子们面对个人处境与社会现实的思考与困惑:

"讲核心价值观是不是会磨平个体差异性?""归纳出24字核心价值观,是不是因为太缺少这些东西?""社会主义的核心问题和核心价值观是怎么勾连的?"……

担任主持人的两位青年教师,有很高人气的复旦大学上海思政课"阳光学者"陈果和上海音乐学院的哲学、法学双博士包立峰,还在现场不断鼓励大学生们"别留情面,提问越犀利越好"——"好问题,才能调动起所有老师的激情和智慧。"

**"打擂台"教学相长,传统课堂变身思想辩场,成为学生的"心灵鸡汤"**

此前,由上海市教委组织的"超级大课堂"已成功举办了两次。作为一项高校思想政治理论的教学实验课,"超级大课堂"强调"教学理念与模式创新",要求教师组队正面回答学生提问,突出师生互动、思想碰撞、教学相长,搭建思政教师培养的实战平台。不过,前两次都是以同一门课程的内容为核心,由各家高校的思政课教师分别组队"打擂台",聚集的问题,分别是"为什么大学生要有理想信念,做一个平凡人就是胸无大志吗?"和"如何理解爱国主义与爱社会主义的一致性?"

这一节"超级大课堂",以大学思想政治理论的4门主干课程为类别,不同学校的老师共同组建参赛方阵,实现"原理讲理论、概论谈当下、纲要论历史、基础说情理",让大学生体味不同课程对社会主义核心价值观的解答。

每一组教师都经过事先的协同备课,用一段不超过6分钟的视频来展现团队的解疑释惑能力和教学设计创造力,阐述他们对于社会主义核心价值观的一点理解,展示"课堂好声音"。更多的时间,用来回答现场听课师生的发问、质疑,随机应变,既要正面回应、令人信服,又要言简意赅,保证答问数量和质量,以便在由现场观摩师生、专家们一人一票的评选中胜出,成为得票最多的"超级团队"。

争鸣、交锋、竞争,随着一组组教师团队登场,教室内的热度逐渐升高,智慧火花时时迸射,课堂俨然变身成了思想的辩场——

"社会现实不尽如人意,你采取什么态度?不少学生抱怨多但思考少、行动少。一个社会想要变得更进步、更美好,不是说它不会出现问题,而是取决于每个人的态度。"上海杉达学院教师游昀之这样回答一位学生。

"联合国教科文组织曾组织一批专家,试图概括一套举世通行的'普世价值',该项目最终流产。要从特殊中总结出普遍,会遭遇跨文化的困难,比如该用什么语言表达、由谁来总结。社会主义核心价值观这24个字,是中国人近代以来不断反思总结的结果。比如'富强',哪个国家、哪个民族不追求'富强'?但中国人用了100多年时间,从被欺凌、差点被分裂的历史进程中不断奋斗、争取的'富强',感受与其他国家不一样。核心价值观不是上面提倡的概念,是历史走出来、积淀在每个中国人内心的东西,具体到每个人,是我们每个人在这样的历史进程中怎么选择人生道路的问题。不能做简单的概念类比……"面对敏感问题,华东师范大学老教授赵修义饱含感情又显示深厚理论功底的大段阐述,赢得了学生们的热烈掌声。

两个多小时的平等对话交流与碰撞,老中青三代、4组教师团队在解答大学生现实疑惑过程中协同亮剑,让在场师生逐渐达成共识:将社会主义核心价值观落实到大学生群体,应该以"勤学、修德、明辨、笃实"为目标与要求。

"'超级大课堂'让大家享受了一堂思想的大餐。"专程到沪观摩的教育部社科司副司长徐艳国在课后的总结中这样评价。华东政法大学教师何益忠把"超级大课堂"比喻为教师的"磨刀石"和学生的"心灵鸡汤"。

"'生问师答'课,让我们变得积极主动、情不自禁地投入其中。这堂课加深了我对社会主义核心价值观的理解,懂得了要扣好人生第一粒扣子!"上海大学学生吕承这样说。

**"小、细、实",将社会主义核心价值观教育融入大学生活**

比起现场的生动热闹,"超级大课堂"更重要的成果,是留下了有关社会主义核心价值观的"一库一集一盘":教学问题库、精选问题解析集和现场录像盘,成为上海所有高校思政课可持续通用的"教学参考"。

同时，上海市各高校还有很多创新尝试，推动社会主义核心价值观扎实有效地进教材、进课堂、进学生头脑，并以"小、细、实"的形态，真正融入大学生学习生活。

上海交通大学正在大力构建贯穿学生大学生涯全程的以"责任"为核心的使命教育，把社会主义核心价值观内化为学生成长成才的内在动力。该校党委书记已连续八年为新生上入学第一课——"选择了交大，就选择了责任"；以"祖国强盛，我的责任"为主题开设"励志讲坛"，已邀请百余位嘉宾现身说法和现场交流；寒暑假，鼓励并引导学生深入基层开展社会实践，每年有近百位专业老师参与指导，让学生知国情、明社情，并将调查研究的问题与学校科研对接。2013年，上海交大到国家重点行业就业的学生比例已升至55%。

华东师范大学将爱国、敬业、诚信、创新等社会主义价值体系的核心内容贯穿于学生就业工作之中，鼓励学生积极响应国家号召，参加"三支一扶""大学生村官"和大学生社区服务计划等相关项目，设立"服务西部奖"和"服务基层奖"。

上海大学成立"十八大"精神宣讲团，举行了91场报告、讲座；探索了"基于问题逻辑的社会主义核心价值观进'思政课'微课程教学方式"，微视频、微内容、微课程、微学习、微互动一体化，在解答问题过程中，推动大学生对社会主义核心价值观的理解、认同和践行。

在高校云集的松江大学园区，一个由华东政法大学、上海外国语大学、东华大学等8所高校共同主办的以"践行社会主义核心价值观，提升学生党员服务意识"为主题的学生党员发展论坛正在紧锣密鼓地筹备中。论坛面向学生党员征文，请他们结合当下热点事件以及主流媒体中的各种评论发表自己的理解和认识，还发起线上讨论。

"一定要将社会主义核心价值观的教育转化为青年学生的日常话语体系，形成常态化的工作机制，注重内化熏陶，在学生身上留下长远影响，成为青年学生的'精气神'。"上海交通大学校长、中科院院士张杰说。

《人民日报》2014年6月12日

## 上大智库产业研究中心成立

全球首家智库产业研究机构——上海大学智库产业研究中心近日成立。十一届全国政协副主席厉无畏担任中心名誉主任、学术委员会主席。

在上海大学举办的"智库产业研究与发展2014中美专家高端圆桌对话"会议上，专家指出，眼下，几乎所有国家都在积极发展智库。在知识经济时代，以智库产业为代表的智慧产业越来越重要。而中国特色智库的建设，无论是理论还是实践层面都没有得到及时和充分的研究，智库发展还存在许多问题和难题，亟待解决。如何从理论上对中国特色智库展开充分的论证、说明和解释，如何从实践上突破现有的各种体制、机制和制度上的瓶颈，这是开展智库和智库产业研究的重要意义。

据了解，上海大学智库产业研究中心将以国家发展、上海发展为核心议题，立足于中国改革发展与现代化的实践，致力于智库产业国际化、规范化、本土化的理论研究，推进智库产业学科体系、学术观点和研究方法的创新。同时，该研究中心将按照产学研管的科研模式以及跨学科、跨领域、跨行业的运作机制，在智库领域开展学术研究、人才培养、产业实践和国际国内学术交流与合作，前瞻性地提出重大的战略、制度、政策和基础理论

问题,成为中国综合性知识的学界思想库。(樊丽萍 聂永有)

《文汇报》2014 年 7 月 8 日

**学术评价应突出创新性——"科研项目与当代学术发展学术研讨会"述要**

《云梦学刊》与《上海大学学报(社科版)》联合主办的"科研项目与当代学术发展学术研讨会"近日在上海召开。与会者围绕会议主题进行了研讨。

与会者认为,建立健全科研项目管理评价机制,有助于强化学术研究的问题意识和价值导向,减少重复性研究,促进学术交流,提高科研水平。现行科研项目管理评价机制为推动学术发展发挥了积极作用,同时在实践中也出现了一些负面问题,如有的学者为了项目搞科研、有的科研单位以项目数量论英雄等。完善现行科研项目评价管理机制,应以创新性作主要评价标准,不以项目数量取胜;确立适应基础研究、应用研究、决策咨询等不同类型并区分人文科学与社会科学不同性质的科研资助方式。(李林宝)

《人民日报》2014 年 7 月 18 日

**中医大与上大联手培养专业医务社工**

上海中医药大学医务社工及志愿者服务基地联盟成立仪式日前在龙华医院举行。经与上海大学社会学院协商,双方就联手打造医务社工专业化的服务队伍,签订了医务社工教学实训基地协议,以实现优势互补,资源互享,加快医务社工队伍的职业化、专业化进程。

据介绍,成立上海中医药大学医务社工及志愿者服务基地联盟有三个目的:一是让医护人员及医务社工、志愿者能够把自己的知识和爱心奉献给病员;二是上海中医药大学希望能让学生深入学习人文、伦理等方面知识,以培养合格、受社会欢迎的医生;三是中医大和上大合作,实际上是培养社工的教学实践场地,上大社会学院的专业资源能为医护人员进行专业培训。(陈蓉焕 施捷)

《新民晚报》2014 年 8 月 20 日

**第二届国际公共艺术奖评选会在上海举行 共享艺术化空间**

公共艺术意味着让民众平等享受艺术化的生活环境。

什么是好的公共艺术作品?

必须考虑到社区和受众,让不同的人发挥想象,能够为社会创造积极的价值。

第二届国际公共艺术奖评选会近日在上海举行。坐落在世界各地的 125 件优秀公共艺术作品拉开自己神秘的面纱,让人们对公共艺术这一尚显年轻的艺术门类有了更直观的认识。

9 月 15 日,上海大学美术学院主办"什么是好的公共艺术?"评委对话会,来自欧洲、亚洲、美洲、非洲、大洋洲的 7 位国际评委通过解读本届优秀案例,向参加对话会的 200 多名艺术院校师生阐述他们对"好的公共艺术"的理解并回答提问。

"今天,在世界各地有多种多样好的公共艺术作品,但也有很多地方和非常丑陋的雕塑联系在一起。好的公共艺术作品应该能为社会创造积极价值。"大洋洲区评委、新西兰戈维布鲁斯特艺术馆馆长拉娜·达文波特（Rhana Devenport）这样说。

对于公共艺术，不同文化背景的艺术界人士有着各自不同的理解，仍没有统一定义。这一概念出现于上世纪60年代，早期多被理解为放置于公共空间的作品或相应的环境设计。

随着时代发展，今天的公共艺术更多成为一种思想方式和工作方式。在发达国家，公共艺术意味着使民众能够平等享受艺术化的生活环境，减少城市现代化带来的负面影响，成为参与区域建设和解决现实问题的一种运作机制，有了重塑地方文化生态的意义。

显然，第二届国际公共艺术奖评选的标准中，最重视的，除了创意之外，就是社会实践——如何通过艺术活动来改变一个空间或社区。公共艺术不仅是景观的装饰或点缀，还象征着城市的文化品位。

在来自印度的艺术策展人普佳·素德（Pooja Sood）看来，以往的公共艺术说的只是公共场所的巨大雕塑作品，大众对它们没有发言权，只是"沉默的受众"。而今天，好的公共艺术作品不再是艺术家自我意识的无限放大，而必须考虑到社区和受众，让不同的人发挥想象，引发思考，并在互动中创造新的公共艺术。

上海大学美术学院院长汪大伟教授注意到，在城市发展过程中，很多地方政府希望建设一个标志性建筑物，这时他们会想到艺术家和公共艺术。这就为公共艺术提供了巨大的发展空间。他将公共艺术定义为用艺术的语言和方式解决公共问题——"理工科人士用科学的方法去介入社会发展、解决问题，我们则用艺术的语言和方式。对于艺术创作者来说，这也是主动把个人的事业发展和社会需求相结合。"汪大伟认为，这些公共问题可能是环境的功能性问题，也可能是社会问题。

以艺术的方式，关照现实，与公众对话；以艺术的智慧，为社会发展增添润滑剂。走出工作室的公共艺术，对世界的影响才刚刚开头。

《人民日报》2014年9月18日

## 上海大学三招让教授走近本科生

年开学起，沪上8所市属本科高校全面试点"骨干教师教学激励计划"，计划明确规定：教授、副教授必须为本科生讲授课程。

规定要求：凡受聘教授、副教授岗位的教师每学年为全日制本科学生的授课不得低于108个课时，担任行政或其他职务的"双肩挑"教师不得低于54个课时，每学年均需承担指导青年教师、培养助教或师资博士后任务等。

同时，教师要将其电话、邮箱、办公室地址公开，确保学生有问题及时向其咨询。凡受聘教师均要遵守坐班答疑制度和校内自习辅导制度，为学生答疑和辅导。

不可否认，这具体而刚性的要求，随之而来的是一连串问题：生师比吃紧的情况下，如何令有限的教授资源发挥最大的作用？如何鼓励教授积极走进课堂？如何破解教学和科研的矛盾？

作为8所试点高校之一的上海大学，创新以教授为主导的通识教育核心课程体系，尝试解开三道题。

**做减法,让学生遇到更多良师**

数据显示,自2000年至今,沪上高校在校人数从22万增至64万,与此同时,教师数量从2万加到4万,其中大约占教师总数50%的教授、副教授人数增加一倍。在高校普遍面临生师比变化的情况下,似乎扩大每门课的选课人数上限是唯一方法。然而,上海大学近年来试图"做减法"。

据了解,学校目前共500多位正教授,除专业课程以外,他们中300多人开设出新生研讨课,每门人数上限30人;与此同时,新学期开始,23名教授、副教授开设的通识教育核心课程,选课人数上限控制在70人。

"新生研讨课,让教授们以自身经历,激发学生对专业的兴趣,传递大学精神;通识教育核心课程则希望模糊文理界限,给予年轻人更宽广的学术视野。"上海大学副校长叶志明认为,缩小上课规模,不仅令课堂效率提升,打造精品课程,也让学子有望在大学阶段,接触到更多大牌教授。

这学期,社区学院大一新生章杭玉,在通识教育核心课程中选择了"物理学与科技进步"课,授课的理学院副院长、张金仓教授不讲计算、不讲解题,却开讲第一次、第二次工业革命中物理学科大师的足迹。小章说,老师精彩地讲课,让我感知到物理学更深层次的意义,好像重新认识了它。

**做加法,授课可"组团进行"**

"校内教授、副教授都给本科生上课",这一目标在不少学校看来,最大的难点在时间。目前高校中教授"双肩挑"的不在少数,他们一方面要处理院系、处室甚至学校管理的行政工作,一方面要从事科研带教研究生,如何挤出更多时间用于本科生?

而在上海大学,压低通识教育核心课程的人数上限,似乎也为教授们添了压力。对此,上大以多位教授、副教授、青年教师融合的团队式备课、教学形式,解决这一问题。

"我们汇聚了通信学科的部分学科带头人以及年轻骨干教师,一起来上好'信息工程与社会'这门课。"课程领衔人、通信学院副院长彭章友介绍,备课过程中,学科带头人的深厚底蕴、教学经验与年轻老师的创新想法,碰撞出不少脑力风暴。最近,课程团队成员王国中教授又有了新点子,秋季学期他将尝试用新媒体微信组织教学,带头用"科技创新管理",倡导课堂师生互动。

"这次激励计划中明确,教授和副教授必须带教一定数量的青年教师,我们已经开始实践。"叶志明坦言,"高校新进青年教师虽然都是高学历,研究水平也不错,但入职前基本都是跟导师做课题、做研究,缺乏教学经历和讲台上的磨炼。团队式教学,在保证教育质量的同时,既为教授减压,也锻炼了年轻人。"

**建机制,激励教授投身教学**

历史系主任张童心教授,除了平时担负院系行政管理工作、指导研究生和各类重要科研项目外,还长期在考古工地现场指导发掘工作。但对本科生,他每学期必开课程,有课必准时上,风雨无阻。2011—2014年间先后开设了"考古发现与华夏文明""考古学通论"等多门课程,选课学生人数达两千余人次。

由于将科研成果和课程内容紧密结合,令张童心教授的课赢得不少"学生粉丝",科研上也有所促进。在他看来,面对本科生,用小切口说清大题目、以通俗简单的语言表述学科经典和前沿内容,也是对自己学术功底的考验。

然而与此同时,确实也有不少高校教授担心:如果花更多功夫在本科教学,会不会影响科研质量?这些都事关个人发展,也是最现实的问题。

据了解,目前上海大学相关评价机制改革方案已在酝酿,如在激励方面,学校改变教师参与核心课程的"工分"计算方式,提高工作量的奖励系数,同时在年度考评中,投入本科教学精力多少成为重要标准,以此激励教授进一步理顺教学和科研关系,让两者相互促进。学校也已出台年度单项奖评定方法,对教书育人贡献突出的教师进行一年一评的一次性奖励。(彭德倩)

《解放日报》2014年10月23日

### 上大溯园"溯源"校史

为纪念新上海大学成立20周年、老上海大学成立92周年,上大日前举行溯园落成仪式。"溯园",撷"溯源"之谐音,取追根溯源之意,为纪念1922年到1927年的上大而建,是上大博物馆的室外展区,寓意追溯传承前代之办学理念与精神。

92年前的10月23日,老上海大学在上海闸北青云里正式成立。彼时的上海大学汇聚了一大批名师贤达同舟共济开拓前行,赢得"武有黄埔,文有上大"的赞誉。"自强不息""先天下之忧而忧,后天下之乐而乐"的校训和"求实创新"的校风,也在师生中不断弘扬光大。(王蔚)

《新民晚报》2014年10月29日

### 上大近七成推免生留校读研

上海大学昨天发布学位与研究生教育质量报告(2013—2014学年),记者获悉,该校今年推免生"保卫战"成绩不俗:近400名推免生中,留校攻读研究生的约270人——除了留住近七成推免生,上大同时还吸引了来自其他"985""211"高校的生源。

教育部今年发布的关于推免生新政,明确各校不得对推免生设置留校名额。由此,具有推免资格的学生选报大学的范围大大增加,而一些高校却面临着优质生源流失的危险。

#### 让"混文凭"者混不下去

上海大学目前在校研究生总数超过1.1万人,研究生占在校学生比例为26.8%。昨天发布的报告显示,该校2013—2014年度授予博士学位238人,其中按正常学制授予博士学位的博士生人数为68人,占比28.57%;授予硕士学位2 934人,按正常学制授予硕士学位的人数为2 402人,占比81.87%。

上海大学副校长兼研究生院院长吴明红教授介绍,上大去年10月成立研究生院,在提高研究生人才培养质量上出台了诸多改革举措。比如,上大提升了学位申请门槛,在部分理工学科提升博士研究生学位申请的标准。

吴明红举例说,过去,一些理工科专业的硕士研究生在读期间没有按学校规定在核心期刊上发表文章,但持有专利申请受理证明等成果。按照"有论文或有专利"的规定,可以授予其硕士学位。

"后来发现,有些学生是好几个人申请一项专利。一些在学习和研究上投入不多的学生,开始在授予学位的条件上钻空子。"吴明红介绍,在最近一轮的研究生教改中,学校对文学、理学、工学、经管等所有学科大类进行了全面梳理,在校级层面设立了各学科授予学位的底线门槛,并鼓励各学院在此基础上发挥办学自主权,适度提高学位授予的标准。

**竞争性考核激发办学活力**

为进一步提升研究生教育质量,上大在研究生名额分配时就引入了竞争性考核机制——撬动二级院系在研究生培养上的办学积极性。

博士研究生的招生名额,对大学二级学院来说是一块"奶酪"。按照传统的办法,在具体名额分配时,各学院一般按学科点的数量以及博导人数做平均分配。而从今年开始,上大的博士研究生招生名额中,参与均分的只有40%的名额,其余60%的名额按照二级学院的实际办学绩效分配。

"均分"打破后,院系之间的差异马上显现。在博士生招生规模不变的前提下,该校环境与化学工程学院今年分到26个招生名额,较去年净增10个。而计算机学院、材料学院的招生指标则不增反降。

**研究生学费按学业绩效返还**

从2014年秋季学期起,研究生教育全面实行收费制度。记者了解到,在上大,学校不仅以奖学金、助学金等形式返还学生的学费,而且在返还过程中引入了学业绩效。也就是说,在学习、科研上足够优异的学生,获得的奖助学金不仅足以抵扣学费,而且还有大量的盈余。

上海大学研究生院常务副院长郭长刚介绍,以博士生为例,学费为每年1万元,但如果一名在读博士生足够优异,在上大现有的奖助学金体系下,年度可累积获得6.6万元的奖励。

"同样读研究生,基于个人不同的投入程度和学业表现,学生获得的资助、奖励将是截然不同的。"郭长刚说,上大希望建立有效的激励机制,从而进一步吸引优质生源报考。
(樊丽萍)

《文汇报》2014年10月30日


### 地方高水平大学的困境与突破

所谓地方高水平大学,就是那些非教育部所属,在所在的地方院校中属于"领头羊"的大学。他们一般生源质量好,录取分数高,学校师资力量雄厚,有院士,有博士后、博士、硕士授权点,博士和硕士人数比重大,另外,硬件设施良好,建筑面积大,社会影响大。他们一般都是"211工程"重点建设高校,或是近年入选"中西部高校综合实力提升工程"即"一省一校"的高校。

近日,2014年全国地方高水平大学发展峰会在郑州大学举行,峰会由全国地方高水平大学联盟主办,北京工业大学、上海大学、苏州大学等来自全国49所地方高水平大学的校领导与代表参会,短短一天的信息沟通、经验交流中,可以管窥当下地方高水平大学的困境与突破。

困境之一是学校的规模过于庞大。南昌大学现有在校生超过了8万人,郑州大学在校生近7万人，贵州大学在校生5万余人。因为之前是多所高校合并而成，形成多个校区且分散在所在城市各个地方，占地颇大，郑州大学有4个校区，占地近6 500亩，南昌大学5个校区，占地8 000余亩，贵州大学8个校区，占地近4 500亩。这么大的规模，若在10多年前定是高校追逐的目标，但现在看来，规模过大，管理的压力也大，而且在资源分配上不仅不占优，反而吃亏，比如省里分配一些名额时，即使这所大学之前是由8所院校合并，但所给名额顶多增加一个两个，而那些规模不大的学校怎么也都有一个，类此种种，让人产生不公平的感觉。可反过来说，规模小的学校还觉得大校处处占尽风光与优势，也觉不公平。总之，规模带来的效应，个中好坏，这些大学是深有体会了，所以北京工业大学的报告以"国家和区域发展的战略需求倒逼高校从'以量谋大'转到'以质图强'"为题，虽然这所大学在校生规模和占地远远不及上述大学，但也是真实敏锐地道出地方高水平大学当下的拐点所在，出路所在。

困境之二是办学没有自主权。地方高水平大学与地方政府之间的关系，虽然没有"惨"到仰人鼻息，但人、财、物这三件大事，是由地方政府的财政厅、人事厅来管理的，其中的利害，一目了然。一些校长反映，高校发展要引进高层次人才，随之匹配的是高薪酬，但这种支出不在地方的财政规划之内，往往一事一议，耗去高校很大的精力。其实除了这三件大事，高校还在许多大事上没有自主权。苏州大学党委书记王卓君提出的改革建议中罗列了两级政府应该下放的权力清单，中央政府的学位权、课程专业设置权，地方政府的编制权、人事权、资源分配权、薪酬权、学费定价权等等，都在这份权力清单中。广西大学校长赵艳林也呼吁教育部应该更加关注地方高校的办学自主权。他说，现在大学都在制订章程，但大学章程的落实却是前途光明，道路曲折，显而易见，依目前地方高校在人财物上少得可怜的自主权，难以落实大学章程，而如此大学章程也就在很大程度上成了一场自娱自乐。

困境之三是被等级管理左右。虽然地方高水平大学在自己那方土地上占有很大的优势，但他们在很多时候仍有失衡感，尤其是在面对一贯的等级管理制度时。985、211、部属院校、地方院校在具体管理中是以等级呈现的，一所地方院校发展得再好，甚至某个学科专业已至一流，但也入不了部属的级别，相应的也没有部属的待遇，一个地方的非211工程学校也是如此，做得怎么好也入不了地方高水平那一级，更不用说部属央级了。王卓君建议要打破这种门槛制，将分级管理向分类管理过渡，如此，大学的特色办学才有可能彻底实现。

当然，在改革是大学不变议题的今天，地方高水平大学也实现了许多突破，其中许多让人欣喜。

上海市有条规定，政府的支持只向那些在全国排名第一第二的学科倾斜。如此，甚少有此座次排名的上海大学处境堪忧，不过，最近，他们在上海决意重振电影业辉煌、将自己建成东方的好莱坞战略中赢得了机会。他们与加拿大温哥华电影学院合作办学，并与中国艺术研究单位合作共建，最终使上海市决定建设环上海大学文化创意产业集聚区。现在，上海大学正在专业与学科上整合涉及影视制作全过程的包括工科、文科、艺术等各个学科的专业与课程，并获得政府14亿元的校区建设改造支持。上海的目标是寄望上海大学延长校区最终建成一个教育、科研、社会服务、文化传承、产业助推"五位一体"的开放型大学校园,从而使上海大学辐射整个闸北区,形成校区、园区、社区、厂区"四区联动"式的影视艺术等文化创意类产业的集聚区。

在苏州大学,期待上级放权的他们正在自觉地放权给下级,进一步扩大学院的办学自主权。他们以国家试点学院为特区,试点推行"教授治学",强化教授在学院事务中的参与权和决策权,学院的相关事务分别由学院教授委员会、教学委员会、学位委员会、学术委员会负责处理,涉及教师管理、教学事务、学位授予、学院改革的方方面面。另外,学院不设行政级别,行政人员全面实行职员制,一般要具有海外教育背景,由学院自主招聘、考核、管理,学院在管理中强调职员的服务意识,并建立了职员评估体系,不合格者予以解聘。可以说,在对"去行政化"的强烈呼吁中,苏州大学在试点学院的小环境中基本实现了学术权力与行政权力相对独立、相互支撑的治理格局。

总的来看,参加峰会的地方高水平大学对高校深化综合改革有着高度的认同,敢于直面问题,立志解决问题。然而,我国各地发展的不均衡,使他们的诉求并不一样,在一些高校希望政府放权的同时,也有一些高校希望政府能更好地支持自己,而且,在一些高校取得的突破中,政府的作用显而易见。这实在是一个纷繁复杂的局面,但它也提醒我们,综合改革不是盲目攀比与看齐,基于自身,从中求出内涵,走出自己的道路,才是改革的要义。

《光明日报》2014 年 11 月 4 日

## 上海春季高考不一样了 首次向应届生开放 考生可同时被两所学校预录取 考录方式:学业水平考试+附加试题+高校自主面试

上海 2015 年市属高校春季考试招生试点方案日前公布。以往只面向社会考生的上海春季高考首次向应届生开放,且每位考生可以同时被两所学校预录取。统一招生考试将借用"学业水平考试+附加试题"再加高校自主面试方式进行。此举不仅意味着一批上海高三考生多了一次高考机会,更重要的是,作为全国高考改革的试点城市,上海的这一改革,让学生有了对高校的自主选择权。

**规模 参与高校从去年的 8 所增至 22 所,招生计划是往年的 3 倍多**

自 2000 年试点以来,春季高考历来仅对社会考生开放,但在 2008 年上海秋季高考开始实行平行志愿之后,参加春季高考的考生人数和生源质量均大幅下降,使得不少高校陆续退出,去年参加春考招生的高校只剩下 8 所。

2015 年参加春季高招的大学骤增,华东政法大学、上海大学、上海理工大学、上海海事大学、上海中医药大学、上海工程技术大学、上海第二工业大学等高校大都从其在上海本地的总招生计划中,拿出了 60 人至 80 人的名额;而上海杉达学院、上海建桥学院、上海师范大学天华学院、上海外国语大学贤达人文经济学院等民办高校的计划名额更高达 120 人至 160 人。

记者了解到,参加 2015 年上海春季招生的高校从去年的 8 所增至 22 所,招生总计划为 1 640 人,是往年的 3 倍多。

上海工程技术大学是一直参加春季招生的高校之一。该校招生办公室主任汤正琴说,以往学校参加春招只有一个专业,对于招生期望值也不高。但 2015 年学校将拿出航空机务维修和邮轮经济两个学校强势热门专业。因为这两个专业都有一定的从业标准,对于第一年采用自主测试,更容易操作。比如航空机务维修专业,对学生的身高、视力和守纪律、吃苦耐劳、动手能力、数理基础和英语等都有特定要求。大规模的秋季招生不可能面试,春季招生正好有了机会。"我们正认真研究怎么挖掘出具有各类专业潜能的人才来,为今后很可能会扩大的春季招生探索一些经验。"

**录取　考生可以被两所院校同时预录取,但须在规定时间内确认其中一所**

据介绍,上海春季高考将采取"统一文化考试+院校自主测试"形式。统一文化考试与高中学业水平考试接轨,其中语文、数学两科采用"120分高中学业水平考试+30分附加试题"的形式,外语直接使用高中学业水平试卷,分值100分,其中包括听力考试。招生院校的自主测试将由各校根据学校及专业特点自行确定,但不能再设笔试,一般为面试或技能测试,主要考查考生学科特长基础,分值为200分。

除了符合条件的社会考生之外,2015年上海春季考试招生首次允许普通高中应届毕业生参加考试,春考预录取考生和列入候补名单并最终被预录取的考生,均不得参加当年秋季高考,未被录取的考生仍可参加当年秋季高考。此外,春季高考还将首次探索一名考生同时被两所高校录取的招生模式。考生可以被两所院校同时预录取,但须在规定时间内到其中一所高校确认。

"春季高考改革,对学生和高校都是大好事!"汤正琴说。

对于考生可以同时被两所大学预录取,汤正琴认为,这是与国外学校接近的做法,赋予了高校和学生更多选择权。"它要求学校好好设计面试环节,做好专业建设,把热爱专业的好学生吸引过来。"

上海大学在2011年退出春季招生,2015年重新加入,拿出了中外合作办学的3个经管类专业,招生60人。该校招生与毕业生就业工作办公室主任叶红表示,中外合作办学的专业用英语教学,由于秋季高考没有面试和口语考试,虽然设立了英语最低分数线,但以往有些学生入学后有学习困难。今年春招的面试将采用全英文进行,考查学生英文听说能力和综合素质。另外,因为上海大学已改为大类招生,如何投放春招计划,仍有问题需要解决。"心里还不太有底,先把今年的学生招进来看看情况。"

为保证招生录取的公开公正,招生院校将在招生章程里明确在学生有了一定选择权之后,如何排队、补录。以上海大学为例,学校将按照"统一文化考试+自主测试成绩"排队,公布60名预录取人名单和30名候补录取人员名单,如前一名单出现空缺,后者将按顺序递补。

**前景　2016年将取消"一本""二本"之分,志愿填报逐步实现以专业为本**

率先变革的春考,称得上是"打响了上海高考改革的第一枪"。据了解,仅为了研究春季高考改革方案,上海市教委组织相关高校进行了不下十次讨论。

上海市副市长翁铁慧7日晚在本地电视新闻节目中表示,春季高考是上海高考改革方案的一个重要组成部分。春考"先行一步"改革招生方式,有利于素质教育和高等教育办出特色,在拥有较多部属高校的上海,让市属院校的特色专业也能招到很好的生源。

翁铁慧透露,上海将进一步深化高考综合改革,包括2016年取消"一本""二本"院校之分,逐步将以学校为本的填志愿方式,转到以专业为本的填志愿方式。今年年底前,上海还将出台一些配套政策,比如要求在沪招生高校对高中学业水平考试的"+3"科目选择提出要求;今后高中教育中某些学科、学段将采用"走班制",小班化教学将越来越多,所有高中须配备固定的专职辅导老师,班主任和任课教师都作为学生职业发展的导师。

"高考改革有挑战,更多的是机遇。现在是一个选择的时代,学会选择,事实上是一个人的重要素质之一。也许通过这次高考改革,能让我们的学生有更多的选择,学会选择,这也是一种机遇。抓住这个机遇,了解自己,丰富自己,发展自己,就能为自己终生的事业、终生的发展奠定坚实的基础。"翁铁慧说。

《人民日报》2014年11月11日

**这门课,主语都是"中国"**

"你为何而来?"昨天18时,上海大学J教学楼102教室,通识课第一课,老师第一句话是发问。

"因为课程名很霸气""想从不同的人口中了解我的祖国"……学生回答各异。

究竟是门什么课?上大新开的"大国方略",学生们更愿意称它为"中国课"。这一课程探索在本市高校尚属首次。

中国是一个大国吗?中国梦,谁的梦?龙是dragon吗?中国道路能引领世界吗?中美真的能坐在一张椅子上吗?"一带一路"带来什么?中国高铁驶向何方?中国能第一口咬到"苹果"吗?我们会被全球化淹没吗?……这一课程的9大专题,主语都是"中国"。

"这不是传统意义上的思政课",上大党委副书记忻平说,"我们希望聚合政治、历史、经济、法学等领域的专家,结合青年关注度高的热点问题,深入解读分析,解疑释惑,帮助大学生更深入了解当下中国,了解中国梦、中国道路。"

据悉,新课面向全校开放申请,选课学生135人,最终教室里满满坐了170多人。课程授课组老师超过10人。第一讲由社会科学学院顾骏教授、顾晓英副教授联袂主讲。

"中国是一个大国吗?"顾晓英老师以此为题发问。

经济学院学生付梦玲立刻回答:"我觉得是。因为中国人口基数大,疆域大,国民生产总值大,历史宏大。我想了解这个大国,怎么走好这条路。"

"从经济等领域的综合实力,中国是目前最有可能赶上美国的国家。"机自学院大二学生张坤明显是做了功课来,张口就是各方面的数据。"你愿意把这个看法传达给奥巴马吗?"顾骏老师接道,引来满堂笑声。

两位老师从大国标准、大国责任说到大国风险,逐步分析中国当前在全球维度中的坐标。邓小平对中国位置的判断,习近平等国家领导人近期出访情况,中韩蜜月期,各国元首抱考拉都成了信手拈来的教学内容。

两个半小时课结束,土木工程系大三学生王国豪说,自己平时就很关心时事新闻,在老师的讲解与互动中,觉得中国目前的内政、外交脉络好像能看得更加清晰了。

据悉,首堂课后,教师将收集学生的反馈和相关问题,在此后的课程中加以回答,不断改进完善。(彭德倩)

《解放日报》2014年11月19日

## 11 位学者联袂讲授　上海大学"大国方略"通识选修课走红　"中国梦"原来可以这样讲

在世界多极化发展中,中国已成为重要一极。中国的力量和影响力,中国在外交上的新动作,代表国家未来的年轻人清楚地知道吗？

如何理解"宽广的太平洋有足够空间容纳中美两个大国"？中国"新丝绸之路经济带"的背后是什么？……这些登上各大媒体头条的"重量级话题",年轻的大学生们理解吗？他们对国家发展的看法、思考乃至疑惑,在大学课堂上如何得到更积极回应？上海大学开设的"大国方略"通识选修课,用一种全新的授课模式为学生讲述世界变化进程中的中国。

在上海大学,本学期新开设了一门名叫"大国方略"的通识选修课。上大的 11 位大牌专家学者结集成一个教学团队,从多学科研究的角度,给大学生们讲述世界变化进程中的中国。这门课如今在学校里炙手可热——目前只上了两次课,但前来旁听的学生络绎不绝。

### "豪华"阵容解析宏大主题

本周二晚,"大国方略"开设第二讲。在主讲教师、上海大学教务处副处长顾晓英的教案上,这一讲的主题为"中国梦,谁的梦"。怎么给大学生讲中国梦,这个看似十分宏大的主题,大学生们会感兴趣吗？

走进教室,面对来听课的近 160 名学生,顾晓英从一本杂志切入。她向学生们展示了上世纪 30 年代初《东方杂志》上刊登的"中国梦"大讨论。民国时期知识分子梦想中的未来是怎样的？当时,应杂志主编之邀,柳亚子、徐悲鸿、郑振铎、巴金、郁达夫、老舍等名家都加入了大讨论。从历史视角出发,顾晓英请听课的同学们关注一点："中国梦"离不开历经百年坎坷的中国留学生的强国梦。

如今的大学生里,渴望留学的学生不少,可留学的目标是什么？随着话题的转换,讲台的主讲人也换了——历史学教授、上海大学党委副书记、纪委书记忻平教授走上讲台,将中国自 1847 年开始长达一个半世纪的留学史向学生们娓娓道来,很多感人的中国留学生故事穿插其中。

学生们的思绪还停留在历史长廊中,顾晓英又上讲台了。这次,她话锋一转,讲到了刚结束的北京 APEC 领导人非正式会议："这次会议释放了多个国家针对中国留学生的签证利好政策。可以预见,今后中国学生留学会便捷得多。"作为大学老师给学生发展的建言,也作为这堂课的结语,忻平和顾晓英给学生们推荐了习近平总书记在欧美同学会成立 100 周年庆祝大会上的讲话,其中一句即是："使个人成功的果实结在爱国主义这棵常青树上。"

整整两个半小时的课听下来,不少同学走出教室还在念叨这句话,回味其中的深刻内涵。"这堂课的信息量非常大,像是翻阅了一本'中国梦'的大书,让我对中国留学运动脉络及其留学生对强国梦这个问题的认识越来越清晰,真的很有收获。"有学生在课后的随堂反馈中这样写道。

据悉,"大国方略"本学期第一次开设,在上大通识课程的五大模块中,这门课列属"政治文明与社会建设"模块。让学生们非常兴奋的是,这门课的授课阵容堪称"豪华"：11 位授课者中,有校领导,有学院掌门人,也有在学界颇具名望的专家教授。授课团队成员的学科背景各异,包括社会学、历史学、哲学、国际关系、经济学、知识产权、德育与社会主义理论研究等多个学科。

**今天的大学生爱国,这门中国课有盼头**

"我们不想给大学生灌输理论知识,而是希望和学生们一起讨论。事实上,大学生们对于中国的新型外交、中国在全球的战略布局已经有了敏感的洞察。如何把他们的直觉转化为理性的思考,老师起的是点拨作用,在更大程度上,老师只是课堂的组织者。"上海大学社会学系教授顾骏是"大国方略"的授课教师之一,他坦率地说,学生们对于这门课程的反馈有点超出老师的预期。"这充分说明,今天的大学生爱国,非常关注国家的发展。"

和传统的思政课不同,顾骏介绍,之所以要把"大国方略"列为通选课,授课教师在前期准备时达成一点共识:这门课要有学术味,学术前沿要能及时融进课程。

中美真的能坐在一张椅子上吗?中国高铁驶向何方?中国能第一口咬到"苹果"吗?我们会被全球化淹没吗?实现创新驱动转型发展的关键是什么?中华民族优秀的文化基因在当下如何实现现代转换?绿水青山真的与"金山银山"对立吗?特大城市应该如何应对人口快速集聚造成的城市病?……这些关乎国家发展的大问题,都将出现在本学期"大国方略"这门课上。

"大国方略"第一课11月11日开讲,顾晓英记得很清楚,"我那天走进教室时就夹了一张报纸"。中国是一个大国吗?讲课就从当天报纸的头条讲起:"习近平在澳联邦议会发表重要演讲:中国是和平发展的'大块头'。"

第一堂课下课,不少学生追着老师提问,有学生脱口而出的是"习大大""彭妈妈"。常年给大学生上思政课的顾晓英敏锐地察觉到,学生们对中国问题非常感兴趣,这几乎相当于直接告诉她——这门中国课,有盼头。

**新课加载最拿手的教学成果**

"国家最新发生的大事,学生们最感兴趣的问题,都要拿到这堂课上来。"顾骏说,和传统的高校课程大多滞后于社会发展不同,"大国方略"这门课希望探索一种全新的授课模式,"大学课程不能老站在社会发展的尾巴上"。

11位教师合上一门课,老师们也忙得热火朝天。除了精心准备教案,教师之间还有授课上的合作。

顾晓英说,"大国方略"在授课方式上引入了在上海大学思政课改革中获得显著成效的"项链模式"教学法。简单地说,就是一堂课由两位老师"唱双簧",配以多媒体课件、访谈问答、网络论坛互动等丰富的形式,就像珍珠钻石一般串在一堂课的主线上。

思政课"项链模式"教学改革项目的领衔者正是忻平,该项目在今年荣获国家级教学成果奖二等奖,这也是沪上高校思政课在这一领域获得的最高奖项。而顾晓英坦言,在上海大学,思政课从"项链模式"引入各学科专家到"问题导向"解析学生关心的问题入手,到"教学研一体化团队建设"——多学科专家娴熟地协同和攻关,讲求入脑入心是一直以来的传统。此次开设"大国方略"通选课,保持和进一步提炼了学校在思政课领域的成功教学模式和方法。

值得一提的是,"大国方略"通选课还吸引了8名上大的留学生。一名来自土耳其的

学生就在课后告诉顾晓英:"这门课我也听得懂,好听!"(樊丽萍)

《文汇报》2014年11月28日

**2014中国最具国际影响力学术期刊发布**

"2014中国最具国际影响力学术期刊暨中国学术期刊国际、国内引证报告"近日发布。该报告由清华大学所属中国学术期刊电子杂志社和清华大学图书馆联合设立的中国学术文献国际评价研究中心研制,是其连续发布的第三个年度报告。

入选本年度"中国最具国际影响力学术期刊"的有中科院上海生命科学研究院生物化学与细胞生物学研究所等主办的 Cell Research、中国矿物岩石地球化学学会等主办的《岩石学报》等175种自然科学与工程技术类期刊,以及中国社科院世界经济与政治研究所、经济研究所分别主办的 China & World Economy 和《经济研究》等60种人文社会科学类期刊。

入选"中国国际影响力优秀学术期刊"的有中国机械工程学会主办的《中国机械工程》、中国地质调查局主办的《中国地质》等175种自然科学与工程技术类期刊,以及上海大学主办的《社会》、中科院研究生院主办的《管理评论》等60种人文社会科学类期刊。

该报告在文献计量学方法基础上做了许多很有意义的创新和改进,制定了文献计量标准,引进了定性分析,剔除了学术不端文献和虚假引用的干扰,使统计结果更加客观、真实、准确。报告采用了大数据分析方法,把统计范围扩展到国际上的14 000多种期刊,弥补了我国学术期刊国际影响力评价研究的空白。(吴娜)

《光明日报》2014年12月19日

**"大国方略"课为何走红大学校园**

一段央视新闻联播1分多钟的视频,让100多名学生看后不由会心一笑。视频播放的是:11月11日,在夜色中,中国国家主席习近平带着美国总统奥巴马游览中南海古老的瀛台,画面上出现的亭台楼阁、汉白玉石桥,无不彰显着中国悠久的历史和绚烂的传统文化。

之前,授课老师还播放了这样一段画面:2013年6月8日上午,在美国加州安纳伯格庄园,习近平与奥巴马一起散步时,两人坐在一把椅子上。

课程的主题:中美能否坐在同一张椅子上?

在上海大学,这门名为"大国方略"的通识选修课本学期第一次开设,迄今不过五讲,但上座率节节攀高,备受学生追捧。老师和学生们更愿意把它叫做"中国课"——当下青年学子们最关心的国事,都会在这门课中有所呈现。

**上了这一课,今后看中美关系感觉会不同**

一门"中国课",为什么会让众多大学生感到"解渴"?走进"大国方略"的授课现场,谜底自行揭开——

作为上课的序幕,学生们首先看到的是一张PPT:这是诺贝尔经济学奖得主斯蒂格利茨最近公开发表的一篇文章,题目为《中国是世界第一,我们需要担心什么》。同时,刊发该文的杂志还配发了图片:一只正吃着竹子的大熊猫一屁股坐在了一只老鹰的身上,图片说明是"中国超越美国"。斯蒂格利茨的观点虽是一家之言,但顺着他的问题,讲台上的李华副教授把这堂课的核心议题抛给学生:中美能否同坐一张椅子,大家怎么看?

不少同学举手发言,观点不一。有人说,新崛起的国家对既成大国发起挑战,从历史上来看,战争无法避免。有同学表示反对:全球化时代完全可以实现"你中有我"、互利共荣。还有同学认为中美两国目前都在为构建世界新经济秩序而进行战略布局,利益摩擦似乎不可避免……

课堂上,另一位特邀主讲人是上海政法学院教授王蔚,注意到有学生从历史的角度预判大国关系走向,他也从历史破题:"崛起国与守成国"之间必然发生冲突的这一所谓历史魔咒,实际上已经有被打破的先例。比如上世纪初,美国取代英国成为世界头号强国时,就没有爆发战争冲突。接着,王蔚结合自己在国际关系领域的研究,就新型大国关系和学生们做了交流。

"曾经认为,中美两个大国不太可能坐在一把椅子上。但新世纪要有新思路,我们不能一味用过去的思维来解决现在和未来的问题。"学生张俊文在课后说。

下课前,王蔚又给学生们播放了一段视频,正是习近平主席对努力构建中美新型大国关系的论述。"相信上了这节课以后,你们以后看电视,再看到中美两国元首的会晤,理解就会很不一样。"

**临上讲台前还在备课的老师,远不止一位**

上海大学教务处副处长、课程的主讲教师之一顾晓英介绍,与之前四讲的内容聚焦于"中国是大国吗?""中国梦,谁的梦?""龙是dragon吗"这类与中国自身问题相关的课程概论不同,今后"大国方略"的课程内容会涉及更多的专题研究,如"中国高铁将驶向何方?""'一带一路'会带来什么?"

顾晓英告诉记者,"大国方略"是上海大学在本学期新设的,主讲教师多达十来位,来自历史学、经济学、哲学、国际关系等多个学科领域。

从多个角度就学生们感兴趣的、与国家发展相关的热点问题和国际关系走向做出解释和解读,"中国课"要上好着实不易。

"临上讲台前20分钟,我还在修改课件。昨天我光准备讲课的PPT就花了5个多小时,一直写到凌晨3点。"对王蔚来说除了备课和制作课件,最磨时间和精力的是,这门课不是"一言堂",授课教师有2—4人的教师团队——为了上好一堂课,老师们就像演员一样,课前要不断"彩排",用他们的话说就是"接口一定要对好"。

在给学生们讲第四讲时,主讲人顾晓英和另一位授课教师顾骏备完课一看,离晚上6点上课只剩一刻钟了。两人饭也没顾得上吃,拿起电脑就往教室赶。"上这门课的老师就是要舍得投入,因为课程开设时就定下一个原则,不是灌输,而是交流互动。问题和上课资料都是最新的,前期的备课量相当大。"上海大学原党委副书记忻平是"中国课"教学团队负责人,最近一次备课给学生们讲中国学生的留学问题,光PPT就准备了100页,后来硬生生砍到100页。

**用高质量的课回应90后学生的期待**

几乎所有上这门"中国课"的老师,谈及目前揽上的这桩新活,都有一种类似的感受:

既兴奋又紧张。

"学生对这门课是高度期待的,你只要站在课堂上一分钟就能感受到。"忻平坦率地说,如今在大学里的90后学生通常被认为是"很自我"的一代,有人甚至觉得90后更关注吃喝玩乐,对外界发生的家事国事天下事缺乏关照。"这其实是一种误解。90后学生思维敏捷,又身处移动互联网时代,他们获取信息的能力非常强,又表现出一种年轻人的特质:对国家未来的发展很好奇,也很关注。"在忻平看来,这正是"中国课"在校园走红的原因:它不仅从正面回应了学生们最关切的问题,同时由老师们引导着学生,从学术的角度对相关问题开展研究。

正因如此,再资深的教授要挑起"中国课",压力也会不自觉地袭来。王蔚算是见过大场面的,"最多的时候给近万个学生上过课",但当天走进教室,心里还是有些紧张。他和李华第一次搭档唱"双簧",都觉得彼此还需要沟通磨合,"等下次再上课,效果还会更好"。(樊丽萍)

《文汇报》2014年12月25日

**思想政治课"换装"了:上海大学开设"大国方略"课,帮助青年学子解读国情**

"为什么中美两国一方面在提倡建立新型大国关系,一方面又在各个领域发生碰撞呢?"我质疑这位同学的观点,"我认为中美之间碰撞不是为了冲突,摩擦是为了融合。"

在上海大学"大国方略"的课堂上,一场观点的交锋正在上演。第一排的工程机械系男生运用"碰撞""摩擦"等物理学概念描述中美关系的微妙格局,话音刚落,另一个同学的手已经举了起来。一位旁听的教授感慨,这类散发着浓厚理性气息的课堂论辩,在大学课堂上并不多见。

**课程如金线,串联起校园内关心国事的老师和同学**

"大国方略",是上海大学在2014—2015学年冬季学期推出的全新通识选修课,这门课设在"政治文明与社会建设"教学模块中,面向全校本科学生开设。从11月18日起,每周二18时开讲,三节课连上。

专门为该课程量身打造的教学团队堪称豪华,不仅有哲学社会科学领域内有影响力的学者,也不乏上海大学学生心目中喜爱的名师。上海大学党委原副书记、历史学家忻平,享受国务院特殊津贴专家、哲学教授王天恩,社会科学学院院长陶倩等披挂上阵,充当青年的燃灯者。

10月份筹划,11月份开讲,"大国方略"的开课速度超乎寻常。按照社会学系教授顾骏的说法,这门课的开设,源自他与忻平、上海大学教务处副处长顾晓英两位老师在一次会议间隙的聊天。"党的十八大以来,深化改革新政频出,转型发展步伐加快。当代青年对于中国走向大国、走向强国的进程,认识上还有些模糊,缺乏系统的理解。能不能开设一门课,帮助学生们把直观感受转变成理性认识,全面理解中国国情、中国道路?"三个人一拍即合,在得到了学校的支持后,课程很快细化成形。

谈到"大国方略"第一次公开选课时,长期从事思政教学的顾晓英难掩激动:"原以为能有50个学生选课就不错了,哪知当天傍晚课程刚挂上网,一下子就选满了!"最终确定选课人数为144人,其中还有8名留学生。

选课热,课堂反响更热。这门课程犹如一根金线,串联起校园内关心国事的老师和同学。每次课都有不少旁听者,其中既有没能选上课的本校学生,也有来自其他院系的教师同行、政府相关部门管理者以及各路媒体记者——在上海大学,很少有哪门新课能收获如此强烈、集中的关注度。

学生的课后反馈,让老师们信心倍增。"现在打开电脑,就想好好了解G20、APEC等时事和国家发展理念。"作为一名理科生,生命学院2013级学生王敏嘉原本对中国梦、大国外交关注不多,如今却"求知欲剧增"。还有学生在学校网络课程论坛上这样评价:"在这门课上得到了比较客观、深刻、让人信服的中国发展概况……这才是大学课堂的气氛啊!"

**每堂课都有2至4名教师搭档配合,课前需要"彩排"**

记者旁听了由上海政法学院教授王蔚、上海大学社科学院副教授李华主讲,顾晓英主持的一堂课。老师从诺贝尔经济学奖得主斯蒂格利茨发表的最新文章《中国是世界第一,我们需要担心什么》来引入话题,幻灯片上用了刊发该文的杂志配图:一只吃着竹子的大熊猫坐在一只老鹰身上,图片说明是"中国超越美国"。另一张幻灯片则是不久前习近平主席与美国总统奥巴马夜游中南海瀛台,以及2013年习近平主席访美期间,与奥巴马同坐一把长椅上的画面。这一节课的主题由此展开——"中美真的能坐在一张椅子上?"

在同学们表达观点后,王蔚分析"崛起国与守成国"之间是否必然会发生冲突,以此探索新型大国关系该如何建立。课后的一段视频,正是习近平主席对努力构建中美新型大国关系的论述。

这门课程分成10个专题,除考核外,每次课都以问题命名:"龙是dragon吗?""中国梦,谁的梦?""中国是一个大国吗?""我们会被全球化淹没吗?"无一不是对现实的回应。"'大国方略'经过精心设计,我们从教学心理学的角度对课程进行了整体规划。"顾骏说。

老师们给课程定下了这样的教学原则:以中国梦和中国道路为主线,以人类面临的共同问题为背景,研究正在发展的国内外形势;直面大学生的困惑,既要用大学生易于接受的语境叙述,又要体现学术深度,以深厚的理论功底、学术涵养和事实而不是野史轶闻吸引学生、引导学生。

"问题和上课资料都是最新的,备课量相当大。"忻平说。他本人的最近一次备课,是给学生们讲中国学生的留学问题,光演示文稿就准备了200页,在此基础上再压缩为100页。不仅如此,由于每堂课上都有2至4名授课教师搭档配合,老师们除了各自准备外,还必须集体备课,经过课前"彩排",对好"台词"。这些教学方式,无疑都与以往思政类课程大大不同。

**鼓励学生独立思考,不做结论的批发市场**

每节"大国方略"课,大一学生刘建国都会坐在第一排。他12月刚刚复员返校,留着一头半寸的短发,透出不一样的精神头。大学校园和部队当然存在很多不同,可刘建国还是发现了共同点:军营里需要的是战士冲锋在前,而在"大国方略"的课堂上,顾晓英鼓励他们"有什么想法你就冲"。

不同于大学里常见的形势与政策课,"大国方略"不只是停留在对现象的描述,而是带有很强的分析性。10个专题主讲人以严密的逻辑架构、从不同的侧面贯穿起整个课程。在教学形式上,每堂课,教师们都想方设法鼓励学生独立思考并发表自己的观点。

顾骏认为,新一代大学生处在信息爆炸的移动互联网时代,老师应该努力让他们在课堂上接受全面的信息,学会独立思考,而不是被网络上碎片化、情绪化的言论所左右。"我不否定网络的影响,但课堂上教师应该提供给学生们更为清晰的脉络。如果我们连这点自信都没有,就对不起教师这个头衔。"顾骏说。

在顾骏看来,大学课堂不该是结论的批发市场,而应引导学生自己去思考去感悟,养成科学思维、独立思考的方法和能力。

在"龙是 dragon 吗?"这一讲的开头,顾骏就向学生提问:"为什么北京奥运会没有选择龙作为吉祥物?"一位学生认为是由于龙在中国文化中太过于尊贵不宜入选,另一位则指出龙在西方文化中的形象不是很好。顾骏并没有立刻点破,而是进一步让学生思考,奥运会作为一场国际体育盛会应该从哪种视角思考问题,最终每个人心里都有了答案。

忻平说,下一步还要不断打磨,让主讲教师的配合更加娴熟,同时还要探索新的教学手段和方法,希望这一试验能为大学思政课改革提供有益借鉴。(姜泓冰 马剑)

《人民日报》2014年12月31日

# 2015 年

**中国 211 大学海外网络传播力排名**

高校是一个民族精神的家园,更是一个国家对外文化交流融合的窗口。笔者选取 112 所"211 工程大学"(以下简称 211 大学)作为样本,通过海外传播力定量分析,试图比较和分析我国高校与海外高校间的异同。

我们用 4 个一级指标,谷歌新闻搜索(google)、Twitter(推特)、Facebook(脸谱)账号管理情况和维基百科英文词条建设情况、16 个二级指标对这 112 所大学进行量化统计和分析。具体得分及排名情况见下表。

| 排名 | 学校中(英)文名称 | | 得 分 |
|---|---|---|---|
| 1 | 清华大学 | Tsinghua University | 2 567.269 |
| 2 | 北京大学 | Peking University | 1 492.235 |
| 3 | 中国人民大学 | Renmin University of China | 886.741 9 |
| 4 | 北京师范大学 | Beijing Normal University | 871.994 2 |
| 5 | 上海财经大学 | Shanghai University of Finance and Economics | 792.472 2 |
| 6 | 复旦大学 | Fudan University | 734.617 6 |
| 7 | 中国石油大学 | China University of Petroleum | 629.731 6 |
| 8 | 中山大学 | Sun Yat-sen University | 596.966 5 |
| 9 | 上海大学 | Shanghai University | 571.702 3 |
| 10 | 东北大学 | Northeastern University | 527.921 2 |
| 11 | 厦门大学 | Xiamen University | 518.526 2 |
| 12 | 南京大学 | Nanjing University | 517.970 3 |
| 13 | 北京理工大学 | Beijing Institute of Technology | 493.267 5 |

续　表

| 排名 | 学校中(英)文名称 | | 得　　分 |
|---|---|---|---|
| 14 | 对外经济贸易大学 | University of International Business and Economics | 484.810 4 |
| 15 | 上海外国语大学 | Shanghai International Studies University | 462.726 7 |
| 16 | 浙江大学 | Zhejiang University | 452.991 9 |
| 17 | 武汉大学 | Wuhan University | 451.742 1 |
| 18 | 上海交通大学 | Shanghai Jiao Tong University | 448.559 4 |
| 19 | 华南理工大学 | South China University of Technology | 443.309 |
| 20 | 同济大学 | Tongji University | 437.859 8 |
| 21 | 华中科技大学 | Huazhong University of Science and Technology | 433.684 6 |
| 22 | 暨南大学 | Jinan University | 430.643 7 |
| 23 | 北京航空航天大学 | Beihang University | 430.143 4 |
| 24 | 西南大学 | Southwest University | 426.432 2 |
| 25 | 东南大学 | Southeast University | 424.396 1 |
| 26 | 华东师范大学 | East China Normal University | 421.431 7 |
| 27 | 国防科学技术大学 | National University of Defense Technology | 417.973 4 |
| 28 | 北京交通大学 | Beijing Jiaotong University | 414.722 4 |
| 29 | 哈尔滨工业大学 | Harbin Institute of Technology | 412.503 9 |
| 30 | 中国科学技术大学 | University of Science and Technology of China | 409.851 7 |
| 31 | 山东大学 | Shandong University | 395.010 8 |
| 32 | 西北大学 | Northwest University | 394.251 2 |
| 33 | 四川大学 | Sichuan University | 393.603 1 |
| 34 | 合肥工业大学 | Hefei University of Technology | 392.283 7 |
| 35 | 北京外国语大学 | Beijing Foreign Studies University | 391.422 9 |
| 36 | 华东理工大学 | East China University of Science and Technology | 389.668 6 |
| 37 | 广西大学 | Guangxi University | 387.802 3 |
| 38 | 中国医科大学 | China Medical University | 387.375 4 |
| 39 | 西南交通大学 | Southwest Jiaotong University | 385.441 1 |

续 表

| 排名 | 学校中(英)文名称 | | 得 分 |
|---|---|---|---|
| 40 | 中国传媒大学 | Communication University of China | 380.545 9 |
| 41 | 北京工业大学 | Beijing University of Technology | 376.179 3 |
| 42 | 北京邮电大学 | Beijing University of Posts and Telecommunications | 363.519 9 |
| 43 | 中国地质大学 | China University of Geosciences | 361.578 |
| 44 | 南开大学 | Nankai University | 359.900 8 |
| 45 | 中央民族大学 | Minzu University of China | 359.568 9 |
| 46 | 天津大学 | Tientsin University | 357.552 1 |
| 47 | 西南财经大学 | Southwestern University of Finance and Economics | 355.895 |
| 48 | 中南大学 | Central South University | 351.367 8 |
| 49 | 江南大学 | Jiangnan University | 349.555 2 |
| 50 | 西安电子科技大学 | Xidian University | 346.877 4 |
| 51 | 东华大学 | Donghua University | 344.229 1 |
| 52 | 重庆大学 | Chongqing University | 344.040 2 |
| 53 | 南京航空航天大学 | Nanjing University of Aeronautics and Astronautics | 343.611 |
| 54 | 西安交通大学 | Xi'an Jiaotong University | 343.164 9 |
| 55 | 西北农林科技大学 | Northwest A&F University | 334.085 4 |
| 56 | 郑州大学 | Zhengzhou University | 332.494 4 |
| 57 | 中国政法大学 | China University of Political Science and Law | 329.165 2 |
| 58 | 北京林业大学 | Beijing Forestry University | 329.079 9 |
| 59 | 石河子大学 | Shihezi University | 328.239 9 |
| 60 | 海南大学 | Hainan University | 327.331 2 |
| 61 | 中国农业大学 | China Agricultural University | 323.012 3 |
| 62 | 河北工业大学 | Hebei University of Technology | 320.288 3 |
| 63 | 大连理工大学 | Dalian University of Technology | 319.930 6 |
| 64 | 大连海事大学 | Dalian Maritime University | 318.988 3 |
| 65 | 河海大学 | Hohai University | 317.685 4 |

续 表

| 排名 | 学校中(英)文名称 | | 得 分 |
|---|---|---|---|
| 66 | 南京师范大学 | Nanjing Normal University | 317.270 4 |
| 67 | 云南大学 | Yunnan University | 316.115 2 |
| 68 | 吉林大学 | Jilin University | 313.754 |
| 69 | 陕西师范大学 | Shaanxi Normal University | 311.654 4 |
| 70 | 辽宁大学 | Liaoning University | 311.224 4 |
| 71 | 华南师范大学 | South China Normal University | 310.372 9 |
| 72 | 北京科技大学 | University of Science & Technology Beijing | 308.165 4 |
| 73 | 天津医科大学 | Tianjin Medical University | 304.932 2 |
| 74 | 安徽大学 | Anhui University | 304.115 2 |
| 75 | 贵州大学 | Guizhou University | 301.001 2 |
| 76 | 兰州大学 | Lanzhou University | 298.582 2 |
| 77 | 新疆大学 | Xinjiang University | 297.872 4 |
| 78 | 湖南师范大学 | Hunan Normal University | 297.841 2 |
| 79 | 内蒙古大学 | Inner Mongolia University | 297.317 8 |
| 80 | 湖南大学 | Hunan University | 296.932 2 |
| 81 | 南昌大学 | Nanchang University | 295.577 3 |
| 82 | 东北林业大学 | Northeast Forestry University | 290.822 3 |
| 83 | 中央财经大学 | Central University of Finance and Economics | 290.799 1 |
| 84 | 电子科技大学 | University of Electronic Science and Technology of China | 290.682 3 |
| 85 | 南京理工大学 | Nanjing University of Science and Technology | 289.822 2 |
| 86 | 苏州大学 | Soochow University | 289.654 |
| 87 | 华北电力大学 | North China Electric Power University | 286.489 1 |
| 88 | 哈尔滨工程大学 | Harbin Engineering University | 285.864 4 |
| 89 | 武汉理工大学 | Wuhan University of Technology | 282.979 1 |
| 90 | 东北师范大学 | Northeast Normal University | 279.789 1 |
| 91 | 中国矿业大学 | China University of Mining & Technology | 278.341 2 |

续　表

| 排名 | 学校中(英)文名称 | | 得　分 |
|---|---|---|---|
| 92 | 中国海洋大学 | Ocean University of China | 278.169 1 |
| 93 | 东北农业大学 | Northeast Agricultural University | 275.471 2 |
| 94 | 西藏大学 | Tibet University | 275.081 2 |
| 95 | 太原理工大学 | Taiyuan University of Technology | 273.934 4 |
| 96 | 南京农业大学 | Nanjing Agricultural University | 269.769 9 |
| 97 | 长安大学 | Changan University | 268.034 5 |
| 98 | 四川农业大学 | Sichuan Agricultural University | 267.457 6 |
| 99 | 北京化工大学 | Beijing University of Chemical Technology | 266.783 |
| 100 | 延边大学 | Yanbian University | 265.351 2 |
| 101 | 中南财经政法大学 | Zhongnan University of Economics and Law | 258.404 5 |
| 102 | 中央音乐学院 | Central Conservatory of Music | 258.231 3 |
| 103 | 青海大学 | Qinghai University | 254.464 3 |
| 104 | 华中农业大学 | Huazhong Agricultural University | 253.264 4 |
| 105 | 华中师范大学 | Central China Normal University | 248.634 4 |
| 106 | 第二军医大学 | The Second Military Medical University | 248.571 3 |
| 107 | 第四军医大学 | The Fourth Military Medical University | 241.441 3 |
| 108 | 福州大学 | Fuzhou University | 239.971 3 |
| 109 | 宁夏大学 | Ningxia University | 234.544 4 |
| 110 | 北京中医药大学 | Beijing University of Chinese Medicine | 219.846 8 |
| 111 | 北京体育大学 | Beijing Sport University | 219.099 9 |
| 112 | 西安科技大学 | Xi'an University of Science and Technolog | 206.849 9 |

《光明日报》2015年1月15日

**上海大学以"大国方略"课程建设为载体讲好中国故事**

　　为引导大学生深刻认识中国梦和中国道路,2014年,上海大学面向全校本科生开设通识选修课"大国方略",引起强烈反响。

　　壮大师资队伍。汇集社会学、历史学、哲学、国际关系、经济学、知识产权等学科的资深教师组建优质跨学科教学团队,团队成员坚持集体备课,通过思维的碰撞和不同领域知识的互补完善教学内容。坚持团队授课,每堂课安排 2 至 4 名教师搭档上课,让各领域的专家学者与学生们讨论互动,通过紧扣当前国家发展的重大现实问题,让学生在对国家重大问题的思考中,增强对主流意识形态的认同、增进对世情国情的理性认识。

丰富课程内容。以社会关注的涉及国家大政方针的热点问题为切入点,依托授课专家学者的学科背景和名师魅力,激发大学生的朴素情感,引导学生将爱国激情与爱国理智有机结合。设置"中国是一个大国吗?""中国梦,谁的梦?""中国道路能引领世界吗?"等专题,引导学生完整、全面地认识中国,做到言之有物,为"入耳、入脑、入心、入行"打开通道。以人类面临的共同问题为背景,引导学生跳出中国看中国,在中国与世界的关系构架中,挖掘中国故事的深层内涵。

创新教学方式。注重互动,引入思政课"项链模式"教学法,坚持师师互动、师生互动、生生互动,配以多媒体课件、访谈问答、网络论坛互动等丰富的形式。注重问题导向,采取课前网络采集、课中现场提问、课后反馈提问的方式,收集学生问题,并根据不同分类建立课程教学问题库,教师围绕每个问题,层层解析,建构起完整的课程内容体系。注重启发探讨,减少讲授时间,聚焦问题组织课程、展开讨论,发挥老师的点拨作用,引导学生多提问、多思考。

"中华人民共和国教育部"2015 年 2 月 16 日

**哪些团队入选了创新人才计划**

2014 年创新人才推进计划入选名单日前公布了。根据《创新人才推进计划实施方案》规定,经申报推荐、形式审查、专家评议和公示等环节,全国高校 180 名中青年科技创新领军人才、28 个重点领域创新团队和 13 个创新人才培养示范基地入选 2014 年创新人才推进计划。

教育部相关负责人表示,教育部直属高校有 120 名中青年科技创新领军人才、19 个重点领域创新团队和 7 个创新人才培养示范基地入选,平均占全国高校的三分之二。较去年相比,高校入选中青年科技创新领军人才数量增长了 41.73%,入选重点领域创新团队数量持平。哪些团队入选了创新人才计划?

**十三个创新人才培养示范基地**

大连理工大学

同济大学

上海大学

南京大学

南京理工大学

华中科技大学

武汉大学

华中农业大学

华南农业大学

南方医科大学
中国人民解放军第三军医大学
成都中医药大学
西安交通大学

《光明日报》2015年3月19日

**群众喜爱的核心价值观项目出炉**

核心价值观润物无声，微电影传递人间大爱。上海市2014年度社会宣传重点项目总结成果展示暨"中国梦·申城美——追梦人的故事"微电影大赛颁奖典礼昨天在沪举行，100项"群众喜爱的培育和践行社会主义核心价值观项目"名单出炉，《剃头师傅》《第51把钥匙》等32部优秀微电影作品获得大赛金银铜等各类奖项。市委常委、宣传部长徐麟等参加活动。

去年3月，市委宣传部为了更好地推动上海培育和践行社会主义核心价值观工作，在全市范围内开展了"群众喜爱的培育和践行社会主义核心价值观项目"评选活动。全市各地区、系统共推荐240个候选项目。这些项目通过网络平台集中展示，供广大市民点赞评议。最终，组委会推选出100项把社会主义核心价值观日常化、具体化、形象化、生活化的优秀项目。

优秀项目中，徐汇区的"为爱升温·情暖申城"关爱环卫工人主题活动、上海大学开设的"大国方略"课程等获评。

（中略）

此次评选出的100项培育和践行社会主义核心价值观项目，不仅将社会主义核心价值观"落细、落小、落实"，还具有创新性、可操作性、实效性，取得良好的社会效果，获得群众的喜爱。

（下略）（栾吟之）

《解放日报》2015年3月20日

**上大数码艺术学院成立创意实验基地**

李俊紫砂艺术工作室日前在上海大学数码艺术学院正式揭牌成立。来自宜兴的陶艺艺术家李俊在上大开班传授泥绘紫砂技艺，与此同时，上大数码艺术学院宜兴大学生创意设计实验基地也正式成立。

李俊从事紫砂陶艺数十载，创出了具李氏特色的陶艺作品。他的作品重传统、讲功力，注重与各类中国传统文化艺术的结合。他将非物质文化遗产的泥绘和紫砂陶艺结合，在艺术的二度创作中，将作品的艺术价值提升到了新的高度。李俊致力于紫砂陶艺的传承和发展，他使得失传近百年的泥绘紫砂重获新生。

据悉，不少知名海派书画家都与李俊合作过，在他制作的紫砂壶上呈现出别样的艺术风貌。（李兵）

《文汇报》2015年4月15日

## 上海大学校长走上"大国方略"课讲台　开讲科创中国

[摘要]21日晚间,备受上海大学学子追捧的"大国方略"选修课迎来一位"外援"授课专家——校长罗宏杰,他以自身亲身实践,与现场近200名年轻学子漫谈科创中国。

"创新无处不在,创新应该融入你们的思维。"21日晚间,备受上海大学学子追捧的"大国方略"选修课迎来一位"外援"授课专家——校长罗宏杰,他以自身亲身实践,与现场近200名年轻学子漫谈科创中国。

2014年11月,上海大学首开"大国方略"通识选修课,一经推出,上座率节节攀高,不仅走红校园、受到学生热捧,更引发社会热议来形容一点不为过。这门课呈现的其实是当下青年学子们最关心的国事,为他们呈现课程的教师团队,则集合了上海大学数十位专业不同,但"最会讲课的老师"。

"离开讲台20年了,其实我以前也是一线教师,因为要与上大最会讲课的两位顾老师(上海大学教务处副处长顾晓英、上海大学社会学系教授顾骏)还有法学院副院长许春明老师同台授课,我吓得昨晚都没睡。"罗宏杰甫一开口,便引来阵阵笑声。

除了是上海大学党委书记、校长,罗宏杰的学术身份也挺多:973项目首席科学家,国家杰出青年基金、国务院政府特殊津贴获得者,中科院"百人计划"入选者。

罗宏杰说他一开始是研究陶瓷的,研究内容包括智能节能窗和功能基因合成等,自然经历过艰难的创新历程。"创新是无处不在的",在科技创新领域有所斩获的他自然有话要说。

"现在的科技管理体制都是在条块分割下,搞开发和市场需求距离甚远",这位校长为学生们举了个例子,几个科研团队或科研工作者都做节能创新,都从零做起,但互相老死不相往来,"这就是科研领域的小农经济"。

罗宏杰指出,如今的科技创新,要跳出这种小农经济的思维,整合全研究链,形成完备的创新链,"当然形成团队的时候,要明确创新个体的角色和个体责任"。

"原来校长时隔20年肯重返讲台,并坐足3个小时,是因为你的想法与'大国方略'课程不谋而合,我们就是整合各位明星老师为学生上同一门课,并一直保持与时俱进",听及此,顾骏适时为"大国方略"课程打起了广告,也再度引发大家会心一笑。

罗宏杰也笑了,他说,如今的创新,不仅要团队创新,创新模式也发生变化,势必是多学科的融合和思想"头脑风暴","用市场机制让不同创新单元按某一个需求整合在一起"。

眼下,上海正在建设具有国际影响力的科创中心。这要求上海既吸收国际上的成功经验,尊重科技创新和科学研究的普遍规律,也要符合国家和上海的实际。

同样自外地来沪"创业"的罗宏杰感受到的上海创新实际和氛围是怎样的?"上海的契约精神非常好,值得学习,但我注意到,上海的家长和孩子选专业时都喜欢金融、管理,喜欢做白领、做高管,创新的意识还不强",罗宏杰希望年轻人为了创新,能再多一点冒险精神和敢为人先的精神。(许婧)

"中国新闻网"2015年4月21日

## 上海大学校长为本科生上创新课

在国家进一步加强推进科技创新的今天,我们能否咬到"第一口苹果",能否冲到世界创新的前列?昨晚,上海大学"大国方略"通识课堂来了一位特殊老师——校长罗宏杰,这位国家973项目的首席科学家、"大国方略"多学科教学团队的一员,站上讲台,与几百位本科生交流自己的思考。

**"马桶"里有大道理**

"用现在流行的话来说,我是一个'理工男'",罗校长的话引来笑声一片,"在理工男眼中,创新无处不在,关于创新的竞争同样在各个领域。要发展、赶超,应尽快和小农经济的陈旧理念、方式说再见。"

知道吗?在硅谷的一家公司,创新早已不是埋头科研,而是更高层次的"卖方案",即以未来市场和应用为牵引,顶层设计产品发展战略,分解技术难题,并组织发包给世界各地的科研机构或科研人员,然后再集纳成一个"系统知识产权包",源源不断地向产业下游企业提供,以此获取巨额利润,并始终引领产业发展方向。罗宏杰说,近几年,中国正一步一步融入全球创新链,但能否成为更重要的一环,仍需要战略上尽早布局。

讲课中,"马桶"话题引起听课学生热议。原来,罗宏杰抛出了又一个小花絮。他有一位学生在一家国际知名品牌洁具企业工作,最近,这家企业将在亚洲设立新的研发中心。"我问他,马桶有哪些可以研究的?"罗宏杰停了一下卖关子,"可多了,美学、人体共学、流体力学、空气动力学、材料科学……我们看到,当今科研解决人类需要,早已不是单一学科可以独立完成,多学科集成才是发展的重要方向。"土木工程系大三学生谢飞扬听得直点头。他说,一直了解国家对创新的重视,现在算是真正感受到创新其实就在身边,学习专业知识的动力更足了。

**超车需要找准"弯道"**

"说实话,前一晚我没睡好。"罗宏杰跟学生们交底,对他来说,站上一线讲台还是20年前的事,此后一直在中科院上海硅酸盐所工作。昨天,他特别希望与同学分享自己在科研一线的感受。

"硅酸盐所有一个项目前后花了40年研究,打算跟电力企业合作,搞一个城市储能中心。在有关部门要求下,要与企业组成项目联合领导小组。"罗校长说起第三个故事。

"当时也有研究人员想不通,觉得科研的事儿我投入了那么多精力,怎么就不能当负责人呢?实施下来才发现,这样的模式突破,令科研与企业结合更加紧密,形成了全研究链,收获很多。"

追上世界创新的脚步,机制的突破,又岂止于合作领域。授课中,罗宏杰向同学们透露,目前在上海大学酝酿成立的材料基因研究机构,采用"云数据库"形式,不同归属的研究部门,将自己的研究数据上传到云实时分享,根据数据被引用率获得奖励……讲述完一个个生动的创新案例后,他说,"我们知道超车一般都在弯道,而找准弯道,需要我们,需要在座的你们,共同努力。"

**探索全新的授课模式**

课后,不少学生围着罗校长提问。机械自动化学院学生韩栟说,在一字一句中,他感受到了创新的激情,也感受到了来自老师的无声勉励。

据了解,"大国方略"这门通识选修课,由上大11位大牌专家学者集结成一个教学团队,从多学科研究的角度,给大学生们讲述世界变化进程中的中国。中国高铁将驶向何方?我们会被全球化淹没吗……每节课都从一个问题出发,每次都有两三位老师串讲。此次与罗宏杰搭档的,是法学院副院长徐春明教授和社会科学学院教授顾俊。

"国家最新发生的大事,学生们最感兴趣的问题,都要拿到这堂课上来。"顾骏说,和传统的高校课程大多滞后于社会发展不同,"大国方略"这门课希望探索一种全新的授课模式,从不同的维度解读,为学生展示更宽广的视野。(彭德倩)

《解放日报》2015 年 4 月 22 日

**谈创新,先和"小农思维"告别**

"中国如果不想在几十年后沦为科技民工、给美国人打工,就必须尽快和小农经济的思维和处事文化说再见。"昨晚 6 点,上海大学通识选修课"大国方略"迎来一位特殊的教师:该校党委书记、校长罗宏杰教授。

上海正在建设具有全球影响力的科创中心,大学能为科创中心贡献什么、大学生该具备怎样的创新素养?罗宏杰勉励听课的学生:千万别狭义地把创新理解为"科技创新","从体制机制到文化,创新无处不在,创新首先是一种思维方式的改变"。

**中国能咬到第一口苹果吗**

作为上海大学目前人气最高的通识选修课,昨晚"大国方略"的授课主题是:"中国能咬到第一口苹果吗?"作为这门课的"暖场",上海大学法学院副院长许春明教授率先走上讲台,从一个很小的切口,向学生们展示了美国苹果公司的创新野心。

苹果手机抛出的广告就表现了其勇于突破、创新的气息。最初的苹果手机,广告词是"苹果重新定义手机";而后的 iPhone4 打出"再次改变世界"的广告,iPhone5 宣称"迄今为止改变最大的",到 iPhone6 的推出,抛出"岂止于大(bigger than bigger)"的新概念……

有机构做过测算,每卖出一部苹果手机,美国苹果公司获得的利润高达 58%,而中国的富士康作为其制造链的一环,利润仅为 1.8%。

接过许春明抛出的"苹果",罗宏杰直奔主题,向学生们展示目前国际科技竞争的激烈境况:"在美国硅谷的大量科技创新公司正展现出一个趋势:美国公司牢牢抓住设计权,主导顶层设计,并把在整个产品创新链上不具备核心竞争要素的成本分散到世界各地,从全球集成资源。"

和美、欧等发达国家在科技创新上集全球优质资源、打造系统创新团队的路径不同,罗宏杰坦言,国内的不少高校、科研院所以及企业,在从事科技研发的过程中,多少还被传统"小农经济"的思维所捆绑。"最突出的表现是,只顾着自己的一亩三分田,资源条块分割,整合不易。"

**马桶盖里也有高科技**

在出任上海大学校长前,罗宏杰曾在中科院系统工作多年。在大学的课堂上,罗宏杰坦率地和学生们分享他观察到的存在于高校和科研系统中影响创新因子迸发的障碍、阻力。

"以前我在中科院的一个研究所工作发现,即将退休的研究员在谈及究竟从事多少个具有世界级影响力的原创项目上,不少人都语塞。"在罗宏杰看来,发生在这些研究员身上的尴尬,折射出的是困扰中国科技界的一个老问题:科研和产业不对接。

为本科生上课时,罗宏杰还插了一段"花絮":不久前媒体都在热炒一条新闻,中国游客到日本旅游,把马桶盖都买空了。他由此谈到了马桶的学问,"可能我们很多人会说,日本的马桶盖有啥了不起?可我告诉大家,在世界洁具行业,中国还没有一家叫得响的企业"。一个在科勒公司工作的学生谈起热销的马桶盖,给罗宏杰"上了一课":千万不要小看马桶盖,它涵盖的技术领域包括人体工学、流体力学、材料学、空气动力学、五金件配套以及美学。

由此谈及目前国内科研界的创新,在罗宏杰看来,看不起"马桶盖这样的小项目",更愿意拿大把钱砸"高大上"的项目,这是必须加以反思的。"有时候,创新需要科学家和技术人员舍得下苦功夫,做一些实实在在的事情。"罗宏杰强调,在创新驱动发展战略下,我国目前正在改变传统的创新模式,更加注重以市场为导向、企业为主体的创新,更注重协同创新,加强知识产权保护。中国正在从制造大国走向创新大国。(樊丽萍)

《文汇报》2015年4月22日

## 发挥人才红利 成为"全球之脑"——访上海大学党委书记、校长罗宏杰

企业、高校、科研院所间合作机制的改变,不仅是合作机制的改变,更应该是用人机制的突破。在人事管理方面,能否探索主聘加副聘的人事管理与薪酬政策。例如,大学科研人员可以在本单位完成10个月的工作,由大学支付薪酬,剩余的2个月,可从其所副聘工作的企业或科研院所获得报酬,依据贡献,多劳多得。

"大力实施创新驱动发展战略、加快建设具有全球影响力的科技创新中心",上海的一号课题,亟待破题、解题。作为沪上高校的"掌门人",上海大学党委书记、校长罗宏杰有何思考?

### 拆除创新力量之间的墙

记者:上海建设有全球影响力的科创中心,您认为最大的优势是什么?

罗宏杰:我觉得,上海这一目标,是新常态下的不二选择。坦率说,当前城市产业发展竞争中,上海在自然资源、劳动力成本等传统生产要素上,并不具有绝对优势。上海最大的优势,在于教育资源、人才资源、智力资源,大量的高水平高校、科研院所和优质企业是上海的优势所在,是上海的影响力所在,也是构成上海人才优势的重要方面。若从单位面积来算的话,上海应该是国内创新力量最为密集的地区之一了。建设具有全球影响力的科技创新中心,我以为首要的是要进一步发挥上海的优势,通过大胆的机制体制改革、政策引导,拆除创新力量之间的墙,促进各类创新资源的有效集聚和综合集成,形成以市场和应用为牵引的"创新矩阵",最大限度发挥人才优势的红利。

记者:您指的是企业、高校、科研院所间合作机制的改变?

罗宏杰:不仅是合作机制的改变,更应该是用人机制的突破。两件事情我印象深刻。其一是去国外交流,一个重要的感受是高校、研究所与企业之间的科技合作很多。其二是几年前看到过一篇调查显示,在成功的企业、高校、科研院所合作案例中,双方前期即有良好深入合作的占90%,此前完全没有合作基础的,企业如同"接过接力棒般"买入研究成果的,仅占10%。由此想到,要真正解决困扰多年的产学研"两张皮"问题,能否进一步解放思想,打破企业、高校、科研院所三者间人才流动与合作的障碍,真

正将我们的创新力量之长,变成整座城市建设科创中心的核心竞争优势。在用人制度方面,上海能否以企业应用为导向,建立多层次的高校、科研机构与企业间互动关系。例如,鼓励高校、研究所的科研人员,每年在本单位工作10个月,剩下的2个月,可以进入企业参与生产第一线的攻关,深入了解实际需求,也可以在相关科研院所或高校开展科研合作。

记者:前景很美,真正要达到,障碍应该不少。最现实的问题就是,在机制改革初期,高校科研机构专家与企业双方的动力何在?

罗宏杰:这个问题建议从多方面解决。首先,在人事管理方面,能否探索主聘加副聘的人事管理与薪酬政策。例如,大学科研人员可以在本单位完成10个月的工作,由大学支付薪酬,剩余的2个月,可从其所副聘工作的企业或科研院所获得报酬,依据贡献,多劳多得。其次,要鼓励企业在高校、科研院所设立研发中心,为产学研深度合作以及不同创新单元间人才互动提供新的平台,实现创新要素的优势互补,形成新的创新矩阵以加快科技成果的研发与转化。还有就是应在法律、法规方面,给予更为规范的政策环境和法律服务,如双方合作产生的知识产权归属,在过程、行为等方面如何约束等,规范越是清晰明了,可能产生的问题就越少。

**提升创新能级,成为"全球之脑"**

记者:"存量"说完了,能否讲讲"增量"怎么做?

罗宏杰:从发达国家的经验看,具有全球影响力的科创中心大多都拥有良好的国际化用人环境与文化。上海要建成具有全球影响力的科技创新中心,必须建立与之适应的国际用人环境。比如,建立与国际接轨的用人机制,包括人员编制、薪酬体系、评估标准和保障机制等。上海在这一方面已有不少探索,但面对新要求,这套吸引与留住全球人才的用人体系,无疑应更加积极与完备。打造更为国际化的用人环境,事情纷繁复杂,困难可想而知,但若一味畏难而不尽快出发,可能永远无法到达。

记者:您提到"创新矩阵",可以看作是创新要素的科学集成。在这一基础上,上海提升竞争力的下一个关键是什么?

罗宏杰:许多人都听过一句话,"三流企业卖产品,二流企业卖技术,一流企业卖标准",讲的是产业发展中不同层次企业的发展路径。如今,这句话可能过时了,因为现在超一流企业,开始"卖方案",即以未来市场和应用为牵引,顶层设计产品发展战略,分解技术难题,并组织发包给世界各地的科研机构或科研人员,然后再集纳成一个可形成成熟产品的"系统知识产权包",源源不断地向产业下游企业提供,以此获取巨额利润,并始终引领产业发展方向。这里所说的系统知识产权包,我们可以理解为为下一代产品的系列技术难题提供系统解决方案时所形成的知识产权体系。上海如果能在激励、培育"系统知识产权包"产业上作出努力,形成一批这样的创新企业矩阵,就可进一步提升创新能级。并在此基础上,催生出更多这一商业模式下的企业,首先成为中国国内各类系统知识产权包的集成者和提供者,并形成一定规模,那么,上海成为"全球之脑",或许将不再遥远。(彭德倩)

《解放日报》2015年4月27日

## 上大举行知识产权宣教

在4月26日第15个世界知识产权日来临之际,上海大学知识产权专业筹备并组建了"上海大学知识产权协会",并举行主题为"因乐而动,为乐维权"的知识产权宣教活动,向同学推广知识产权基础知识,提高更多的同学对于知识产权的了解和认识。活动期间,全校还举行了"我最喜爱的歌手和歌曲"评选,"爱音乐,抵制盗版"百人签名活动,还有针对法学院学生的数字音乐版权知识竞赛及关于音乐免费下载利弊权衡的讨论等系列活动。(王蔚)

《新民晚报》2015年4月29日

## 上海、浙江成为考试招生制度改革试点——高考改革"特区"的新鲜事

[编者按]2014年9月,国务院发布《关于深化考试招生制度改革的实施意见》,新高考改革大幕由此拉开,上海、浙江成为改革试点。半年多来,两地改革亮点频出,不再划分文理科,部分科目有两次考试机会,除了语文、数学、外语这3科外,考生可自选3门科目参加考试,取消一、二本等批次区别……在上海,高考分数高低,不再是唯一标准;在浙江,考生和高校被赋予更多的自主权。

让我们聚焦上海、浙江,看看站在改革潮头的两个"特区",高考改革情况究竟如何,遇到了哪些问题,有哪些做法和经验值得借鉴。

(上略)

### "综合素质"如何客观和公正

在上海市育才中学校长陈青云看来,高考改革方案的最大亮点当属建立综合素质评价体系。"这意味着今后将科学、规范地建立起学生综合素质档案,体现了学校在立德树人上的作用。"上海大学原副校长叶志明教授说。

"学生综合素质评价"设计了四方面内容:品德发展与公民素养、修习课程与学业成绩、身心健康与艺术素养、创新精神与实践能力。记录重点是学生的活动与行为,例如学生参加志愿服务(公益劳动)情况,以及研究性学习、参加科技活动、创造发明等。

高中学生综合素质评价难在保证真实性。上海为此建立了高中学生综合素质评价信息管理系统,提供规范的统一数据信息标准管理,尽可能采用客观数据,如学生志愿服务次数和累计时间、高中学业水平考试成绩、《国家学生体质健康标准》测试综合得分等。少量原本难以考察的主观性指标,要转化为参与相关活动情况记录及其成果,使评价内容可考察、可分析。实行高中学校、区县教育局和市教委三级管理,实行信息确认、公示投诉、信誉等级评定等制度。

(下略)

《人民日报》2015年5月28日

## 中国社科院与上海市政府共建上海研究院

上海市人民政府与中国社会科学院5日在沪签署合作协议,双方将合作共建上海研究院,建设高水平、国际化的中国特色新型智库。这也是中国社科院与地方政府合作建设的第一个综合性研究机构。

上海研究院的建设和发展全面依托中国社会科学院相关研究所、上海大学和上海市人民政府发展研究中心。上海大学党委书记、校长罗宏杰介绍说：上海研究院目前为无法人资格的研究机构，由上海大学代为行使法人职能。上海大学将为上海研究院提供办公场所以及人员编制等资源。

上海研究院的研究和教学等工作以其下属的研究中心为依托展开，聚焦国际金融贸易、城市可持续发展、社会治理创新和核心价值传播四大核心领域。首批拟设立若干研究中心：现代金融研究；自由贸易区（含上海自贸区）研究；世界贸易、投资和全球治理研究；总部经济研究；产业转型研究；城乡一体化研究；城市社会治理研究；世界考古研究；文化研究；国学研究、历史研究、调查与数据中心等。研究中心都是非实体性研究机构，根据任务需要，可以进行动态调整。

上海研究院实行院务委员会领导下的院长负责制。院务委员会为最高决策机构；院务委员会下设学术委员会作为最高学术审议机构。上海研究院将以项目制为核心，采用兼职为主、专兼职结合的聘用方式，用全新机制打造上海社科研究的人才高地。（曹继军 颜维琦）

《光明日报》2015年6月8日

**打通成果转化"最后一公里" 上海大学党委书记、校长罗宏杰呼吁关注高校"躺"着的科研成果和专利**

助力全球科创中心建设，上海高校义不容辞。作为一所以上海这座城市命名的高校，上海大学在对接国家战略、服务科创中心的过程中有哪些最新的部署和思考？上海大学党委书记、校长罗宏杰教授回答了《文汇报》读者关心的问题。

**避免"盲人摸象"，校企可共同开发研究项目**

文汇报：按照目前的一些激励政策，今后的高校可能走出百万甚至千万富翁，对此您怎么看？

罗宏杰：促进高校和科研院所的科技成果转化，"科创22条"堪称对症下药，从根本上解除了高校的顾虑和后顾之忧，提振了相当一部分科研人员从事科技成果转化工作的积极性。但与其关注今后高校或科研院所能走出多少个富翁，不如把更多的注意力投放在科技成果转化的源头——关注知识产生的过程。这也是知识能否被快速应用的前提。

目前很多高校都"躺"着不少科研成果、专利，但即便激励政策比过去给力，相信可立刻转化的科技成果也不太多。因为并不是所有的科技成果都可以被转化。这也正是我们的研究必须要关注知识产生源头的原因。

长久以来，无论是大学还是科研院所，大多时候是关起门来做自己的研究，凭空想象着企业的需求——这种研究有点像盲人摸象，研究人员好不容易研究出来的科技成果，往往离企业的需求还有相当一段距离。

由此可见，以应用为牵引的知识和技术，在其产生初期必须要以市场需求为导向，这种以问题驱动的研究，要求高校、科研院所与企业、社会深度结合。比较理想的是，在应用型知识、技术产生前，高校和企业已实现了产学研的融合。

抓好科技成果转化的源头，高校可以推进几方面的工作：一是由高校和企业建立联合研究团队，促进创新人才的流动，为深层次的校企合作扫除障碍。二是企业的应用基础研究可以通过在大学设立实验室来实现。联合实验室的管理，完全可以寻求符合市场机制和运作规则的解决方式。这个平台的建立，有助于高校教师参与企业研发，在选择科研方向时也可以紧贴企业需求。

**支持科研成果的小试和中试，上海要抓住机会布局**

文汇报：高校的不少科研成果在转化过程中会遇到很多困难。结合"科创22条"，您认为今后有哪些工作可以推进？

罗宏杰：科技成果转化一直存在着"最后一公里"的困难。就拿高校来说，做基础研究的会得到一些基金项目的支持，做应用研究的也会得到科研经费的支持，但唯独做成果转化的，要完成科技成果从小试到中试这个阶段的工作，却缺乏支持。

过去，一些工业部门的研究院承担着基础共性技术研究的职能，但后来随着研究院所改制成为企业，这部分职能就大大弱化了。所以现在要设法打通从成果到产品的"最后一公里"，必须要集合政府、市场、高校、企业等各方的力量。上海目前有一些工业园区面临转型，如果抓住这个机会引进一些世界级或国家级的一流研发机构，把全世界的科技资源以应用为牵引进行重新配置、集成，把碎片化的技术、方案、知识产权变成系统的解决方案——对上海来说，建设科创中心，应加紧在这方面的布点。

只有解决好科技成果转化源头、"最后一公里"的问题，才能谈到科技成果转化。目前，高校对教师的评价总体比较单一，大部分研究还是"阳春白雪"，传统的评价尺度就是比文章——论文的数量和质量已和个人的职称、待遇、社会声誉全面挂钩。相比之下，从事科研成果转化的难度要高得多。所以，对教师的评价制度需要系统的改革。

上大目前正在启动针对教师评价制度的改革，除了保留传统的科研型，还做了增量：对于从事成果转化的教师（工程技术类）以及以教学为主的教师，都将启动分类考核。

**发展新兴交叉学科，启蒙阶段多开一点"绿灯"无妨**

文汇报：在创新人才培养方面，我们的高校和国外比还有哪些差距？上海大学今后一段时间有哪些新的举措？

罗宏杰：大学毫无疑问是科技创新的策源地。展望未来科学的前沿领域，学界有一个基本判断：新兴交叉学科将是希望所在。对大学来说，学科建设要谋新发展，也一定要聚焦新兴领域。大学的学科建设只有寻找一些新的布点，才能实现错位竞争。

由此论及创新人才培养，我认为有几方面工作还有提升的空间。

首先，要尽快打破学校和社会间的壁垒、学校各学科之间的壁垒，完全以学科发展趋势和社会发展需求，科学设计交叉学科，抢占交叉学科制高点。

尤其是在新兴交叉学科建设的起步方面，应该制定宽松的政策，允许在更大范围内汇聚人才，不妨适当开一点"绿灯"，避免用一些对传统学科的规定、考核来要求正在启蒙阶段的新学科。

我特别想指出一点，对新兴交叉学科的顶层设计特别重要，千万不能再局限于某一个既有的学科内部来做设计方案，也不能把一两个学科专家的思想变成一个组织的研究方向。新兴交叉学科的定位，本身最好是跨学科、跨单位甚至跨国家的，以此保证其科学性和前沿性。

同样地,上海大学目前也正在酝酿制定以学科发展趋势、市场发展需求以及学生本身特点为牵引的课程开发体系,与之相关,学校将启动针对教师教学和学生学习的评价制度改革。

对学生的评价也需要变化。随着课堂提问、互动环节的增加,对学生的课堂表现如何做科学的评价,是否能在教学层面得到认可和评价,这都是上大今后要探索的领域。(樊丽萍)

《文汇报》2015年6月23日

### 昌新艺术奖学金在京揭晓

第五届"昌新艺术奖学金"颁奖典礼8日在清华美院美术馆举行,"以你为荣"中国优秀艺术研究生作品展同时开幕。来自上海大学的金尔立获得金奖,天津美术学院张天一获得银奖,山东艺术学院杨新芝获得铜奖,三位获奖者荣获2015年度"最具潜力艺术家"荣誉称号。获得奖学金的还有来自中央美术学院、清华大学美术学院、中国美术学院等13所高等艺术院校的17名学生。

据悉,2010年,北京文化发展基金会周昌新艺术基金与美国百人会共同发起设立了百人会英才奖(艺术)。从2014年起,中华文化促进会与周昌新艺术基金联合实施"优秀艺术类研究生扶持计划",依年度评颁"昌新艺术奖学金",旨在通过评选活动寻找、发现、培养更多有代表性的优秀艺术创新人才。(赵和平)

《光明日报》2015年7月10日

### 金东寒院士出任上海大学校长

上海大学官网"学校领导"一栏更新后显示,金东寒出任该校校长,该校党委书记罗宏杰则卸去了其所兼任的校长职务。

据上海大学新闻网报道,7月5日下午,"上海大学上海电影学院成立暨院长聘任仪式"在上海大学宝山校区伟长楼举行。仪式上,校党委组织部部长王军华宣读了成立上海大学上海电影学院和聘任陈凯歌导演为院长的决定;校党委书记、校长罗宏杰为陈凯歌院长颁发聘书和工作证并亲手为其佩戴校徽。

**金东寒简历:**

金东寒,1961年1月11日出生于黑龙江省绥化,原籍浙江省新昌县。中国船舶重工集团公司711研究所所长兼总工程师,博士生导师、研究员。2009年当选中国工程院院士。2012年11月当选第十八届中共中央候补委员。

1984年3月加入中国共产党,1984年9月参加工作。

1978年3月至1984年9月在武汉水运工程学院(现武汉理工大学)船舶内燃机和动力装置专业学习,分别获得获学士和硕士学位。后留校在热工教研室任助教。

1985年3月考取中国舰船研究院博士研究生,1989年4月毕业,获工学博士学位。而后,一直就职于中国船舶工业总公司第七一一研究所(1999年起隶属于中国船舶重工集团公司)。

1989年4月至1995年10月在第二研究室历任工程师、高级工程师、研究员、室副主任。

1996年6月任热气机工程研究中心主任。

1998年5月被聘为博士生导师。

2000年2月任所长助理,并被任命为某重点型号分系统主任设计师。

2001年2月任七一一研究所总工程师兼热气机工程研究中心主任。

2004年2月起一直任所长兼总工程师。

2004年9月13至11月30日在清华大学公共管理学院参加"科研院所长现代管理MPA高级研修班"的脱产学习。

2009年当选为中国工程院院士。

2012年11月当选第十八届中共中央候补委员。

他还兼任国际内燃机学会理事和董事会成员、中国内燃机学会副理事长、船舶动力系统国家工程实验室主任、国防科技奖船舶专业评审委员会主任委员、上海市船舶与海洋工程学会副理事长、上海工程师学会副理事长、上海市科学技术协会副主席等。

2007年5月获中共中央、国务院、中央军委的表彰。是第十届上海市政协委员,第十一届全国政协委员。

**链接:** 1816年,苏格兰牧师罗伯特·斯特林发明了一种能源转换效率很高的外燃机,世人将它称为"斯特林发动机"。与柴油机和汽油机等内燃机相比,它有两大优势:能源适用范围广,任何能产生热量的物质都可用作燃料;污染物排放少、震动噪声轻,具有优越的环保性能。

然而,要让这种发动机投入实际应用绝非易事。上世纪80年代,一个中国年轻人在大学里听说了这种机器,为其优越性能深深吸引。经过20多年打拼,他带领的团队在前人基础上,研制出用于特种船舶的斯特林发动机,为中国海军做出了突出贡献,并因此获得国家科技进步奖一等奖和特等奖各一项。这位中国人,就是荣膺"上海市科技功臣"的中船重工第七一一研究所所长兼总工程师金东寒院士。

1978年,金东寒考入武汉水运工程学院内燃机专业,从此迷上了发动机。1985年,他成为第一位"国产"特种发动机专业博士。而后,他进入七一一研究所,走上了一条长达20多年的"特种发动机"研发之路。

上世纪80年代,国内还没有多少专家听说过"特种发动机",科研经费十分有限。但这位博士心无旁骛,刻苦钻研,最大的愿望就是把斯特林发动机从图纸变成产品。

"我从不把人生目标定得多么远大,一般只瞄准下一步。"金东寒说。为了开发出大功率样机,他连续3个月吃住在实验室,除了吃饭、睡觉就是做科研。

靠着这股执著的劲头,在5年科研经费不足40万元的条件下,金东寒及其课题组在1990年研制出了我国第一台大功率特种发动机样机。在完成一系列全系统演示验证试验后,该动力装置成功地装备于特种船舶,使海军舰船拥有了"中国动力"。目前,掌握这类动力技术的国家只有三个,另两个都是西方发达国家。

斯特林发动机不但能用于特种船舶,还能成为节能减排的"利器"。金东寒在带队开发军品的同时,也投入多种民用产品的研发。

在七一一所的大院里,有一个高10米左右、外形像卫星接收器的"大家伙",它是金东寒主持开发的一个"军转民"成果,名叫"碟式太阳能热发电系统"。它能把太阳光聚焦到位于反光镜焦点的斯特林发动机加热器上。后者得到热能后,就会发电。与太阳能电池光伏发电相比,它的效率更高,而且材料是普通金属,能耗比太阳能电池所用的晶体硅小得多。

在他的推动下,七一一所承担了国家海洋局的海岛能源项目:在嵊山岛建立一个集成太阳能热发电、风电、波浪能发电、垃圾填埋气发电等4个项目的多能互补系统,解决孤立海岛接入电网成本过高的问题。"这个项目今年年底将投入试运行,希望能成为我国推广应用太阳能热发电的一个样板。" （选自《解放日报》）

金东寒还是第十二届全国人大代表,曾上过伴公汀,且看金代表如何积极履职——

早在上海出发时,金东寒院士就被记者们团团围住,原来他准备提交一份海洋装备的建议。

审议中,金东寒喜欢插话提问,颇有股"打破砂锅问到底"的劲头。去年,他在小组发的言曾"惊动"几部委。金东寒建议,借鉴证券市场"期权"的做法,将企业老总的部分年薪以期权形式兑现,在其业绩考核中增加长远效益考核比例。以此推动老总着眼长远,加大创新研发投入。之后,工信部、科技部都给了他回音。

"上观新闻"2015年7月10日

**着眼中国历史性转型　《大国方略》近期出版**

据悉,《大国方略——走向世界之路》一书近期由上海大学出版社出版。该书着眼自1840年以来中国的历史性转型,从中国与世界的关系切入,探讨中国和平崛起的大国之路如何才能走稳走好。

《大国方略》由上海大学社会学教授顾骏担任主编和主要撰稿人,并由相关主题上学有专长的教授担任撰稿人。全书以"方略"对大国的重要性出发,分章探讨了九个主题,包括当下中国的综合国力与国际地位、中国梦演化为世界愿景、中国成功对世界的意义、中国崛起对全球格局的影响、以中美关系为主轴的大国格局、"一带一路"的地域政治效应、高铁战略的优势和支撑、中国创新面临的知识产权博弈和中国文化重建及其对人类的价值,"后记"以大国国民的养成为结。

据了解,《大国方略》已被上海市教育委员会和上海市新闻出版局列为"2015年度上海高校服务国家重大战略出版工程"项目,专家评价该书立意高远、视野开阔,既有历史纵深感、又有全球横向比较,材料扎实、视角独特,尽显大国思维、大国心态和大国襟怀。（李玉）

"中国社会科学网"2015年7月30日

**恽代英对中国共产党理论的历史贡献——纪念恽代英同志诞辰120周年**

恽代英同志是中国共产党早期领导人和著名政治家、理论家,在他36年光辉生涯中,留下近300万字的遗著。他以极高热情传播马克思主义,在探索中国革命发展道路、推进马克思主义中国化大众化过程中作出独特贡献。学习研究、继承弘扬恽代英同志留下的宝贵精神财富,有助于我们增强"三个自信",在实现中华民族伟大复兴中国梦的征程上继续阔步前行。

**中国共产党早期马克思主义重要传播者**

恽代英同志是中国传播马克思主义的先驱之一。他短暂的一生,经由激进的民主主义者到具有初步共产主义思想的知识分子转变为坚定的马克思主义者三个阶段,致力于探索革命真理,追求马克思主义,传播马克思主义。

五四运动以后,在俄国十月革命影响下,中国很快出现研究宣传马克思主义的热潮。其间,恽代英为传播马克思主义做了不少工作。1920年秋,他受《新青年》杂志社委托翻译考茨基的《阶级争斗》一书。同年10月,他翻译恩格斯的《家庭、私有制和国家的起源》中的一部分,在《东方杂志》上发表。他撰写大量文章宣传马克思主义,如在《少年中国》《中国青年》《新建设》等多种刊物上发表几十篇传播马克思主义的文章。由他发起的进步组织、团体及创办的进步刊物杂志成为传播马克思主义的重要阵地。尤其是1920年初创办的利群书社对马克思主义的传播发挥重要作用。这些工作促进马克思主义在武汉及长江中游广大地区的广泛传播并成为新思潮的主流,为在黑暗中寻求真理的进步青年探明前进方向。

在世界观发生根本转变以后,恽代英更加积极地学习和宣传马克思主义,撰写大量文章和通讯。其中最具代表性的是1922年发表的《为少年中国学会同人进一解》,文章号召依靠人民群众的力量,用革命暴力的方法来改造社会、实现社会主义。同时,他在川南师范学校成立马克思主义研究会,组建进步青年团体"学行励进会",在成都高等师范学校主持"马克思诞辰纪念会",组织进步学生学习《共产党宣言》等著作。

在大革命时期,恽代英更加关注对马克思主义的宣传,用马克思主义加强对广大青年学生、革命士兵和群众的思想政治教育;撰写文章对各种诽谤和攻击马克思主义的错误言论展开猛烈批判,揭露批判国家主义派和国民党新老右派主要是戴季陶主义对马克思主义阶级斗争理论和无产阶级专政国家学说的诽谤和攻击,捍卫马克思主义。

**中国革命发展道路早期积极探索者**

早期中国共产党人开始传播马克思主义的同时,对中国革命理论、中国革命发展道路、中国新民主主义革命基本思想进行不懈探索。恽代英同志是其中主要成员之一。

新民主主义革命基本思想,是关于中国社会和革命性质、革命的领导权、革命动力、革命对象、革命任务和前途等问题的基本认识,其中最重要的是对无产阶级领导权的认识。恽代英对这些问题作了比较深入的研究和思考,提出自己见解,先后发表《中国经济状况与国民党政纲》(1924年3月)、《湖北黄陂农民生活》(1924年3月)、《中国革命的基本势力》(1924年4月)等著名论文。他明确指出,自鸦片战争以来,中国饱受西方列强侵略,领土主权丧失,国家四分五裂,军阀兵祸迭起。中国"不啻一处半殖民地,也可说是一个半亡国"。因此,中国首先应该实行资产阶级民主革命,对内打倒压迫人民的军阀,对外打倒侵略中国的帝国主义。他特别指出,帝国主义和军阀表面看虽然"强盛""凶横",但其本质均外强中干,认为"帝国主义是一戳便穿的纸老虎"。

在党的新民主主义经济理论方面,恽代英反对所谓"中国不宜工业化"的观点,坚决主张"以工立国",发表《中国可以不工业化乎?》等论文,明确指出中国如果不大力发展工业,只能永远成为西方列强的原料供给地和商品销售地。他坚信中国新民主主义革命必然胜利,新民主主义革命的主要目的,一是"国家拨款辅助农人,小工人,都市贫民,组织消费合作社";二是"取消租界,否认不平等的条约,没收国内的外国工厂银行,归为国有","国际贸易由国家独占";三是允许私营经济存在,"但我们必须将租税加重到资产阶级身上,他们的事业,亦必须受国家的管理与干涉,有时甚至于为国民的利益,须酌量没收一部分财产"。

恽代英拥护和坚持党的革命统一战线政策。1923年6月,他在《中国社会革命及我们目前的任务——致存统》中明确指出:"吾人取加入民主主义联合战线政策殊有意义","须完全注意于为无产阶级势力树根基",并在实践中推动革命统一战线发展。

**早期马克思主义中国化重要推动者**

恽代英同志刻苦研读马克思主义,对马克思主义的立场观点方法和精髓要义有了深刻认知,努力推动马克思主义中国化。

正确地认识国情,是制定正确革命路线、政策的基本出发点和前提。要不要深入地研究中国的国情,怎样具体分析中国国情,这是当时中国共产党人首先面临的重大课题。恽代英提出研究国情的重要性。1923年6月,他在给当时团中央负责人的信中就指出:"不顾全国经济状况大不相同的情形,于是每有要求是实际无法遵守的"。他还在《新建设》杂志上尖锐地批评一些资产阶级革命党人偏好"不研究政治与国情的空谈"的倾向。他告诫广大青年和革命群众要"彻底了解近代社会的实际情形,然后使你们彻底了解革命的主义与政策的真正意义","解决中国的问题,自然要根据中国的情形,以决定中国的办法"。他非常注重对中国国情的研究,他的《中国贫乏的真原因》《革命政府与关税问题》《中国经济状况》等论文,都是这方面的代表性成果。正是扎实把握马克思主义,深刻理解中国国情,使他能够在马克思主义基本原理和中国革命实践相结合上,对中国革命进行多方面思考和探索。

**早期马克思主义大众化积极践行者**

马克思主义是来自实践、指导实践的科学理论。理论一经群众掌握才能变成改造社会的武器。恽代英同志是早期马克思主义大众化的积极践行者。

恽代英指出:"皇帝时代的主人翁就是皇帝",现代社会的"主人翁就是民众"。他主张把人民的利益放在首位,指出"我们是要谋全体人民的利益和政治,不是要谋任何优等阶级利益的政治",国民革命是为了谋取"占国民大多数的工人、农民的利益",强调中国革命只有依靠工农群众、发动工农群众,才能取得成功。

基于这些认识,恽代英在传播马克思主义的过程中一直高度重视依靠广大青年和群众的参与来宣传马克思主义。在他组织倡导下,武汉的互助社、健学会、诚社等进步团体的先进青年联合起来,创建利群书社,创办利群织布厂、浚新小学。这些都成为宣传革命思想、传播马克思主义、组织群众的有效形式。他还利用学校课堂直接向学生传播马克思主义。他在川南师范学校、成都高等师范学校、上海大学等学校工作期间,不仅经常在课堂上深入浅出地向学生讲授唯物史观、阶级斗争学说、科学社会主义理论等马克思主义的基本原理,而且还在课堂内外组织学生展开热烈讨论,组织学生演讲团走出学校,扩

大宣传马克思主义的范围,促进马克思主义在工农群众中的传播。(李良明 恽铭庆)

《人民日报》2015 年 8 月 4 日

**上海大学今迎新生**

今天一早,上海大学迎来 5 000 余名来自全国各地的 2015 级本科新生,这也是本市最早开学的高校。

许豪俊是上海大学 2013 级社会学专业的学生,面对电脑、手机、PAD 上,迎新 QQ 群、微信群的新通知不断在桌面弹出,他正在应接不暇地记录和回答新生们的问题。今年迎新期间,上大活跃着一批像许豪俊一样的网络"小 V",通过网络平台为 2015 级新生们答疑解惑。早在网上各类迎新平台开启前,他们就主动与学校相关部门进行了联系和沟通,并自发学习迎新资料,以便能够准确高效地回答新生各类咨询。

"尊敬的新生家长:您好!欢迎您来到上海大学,8 月 14 日上海的天气是阵雨转多云,最高温度 33℃……"昨晚,陪同新生报到的家长在同一时间收到了学校发布的手机短信和邮件,这是今年学校建立移动互联家校沟通平台推出的一项新服务。基于学校信息化平台,上海大学在新生注册时便建立了学生家长联系人信息库,及时收集、整理家长对于学校工作的意见和建议,形成沟通体系。(王蔚)

《新民晚报》2015 年 8 月 14 日

**解放书单第四期出炉**

《抗日战争(第一卷)》
《大国方略——走向世界之路》
《德政之要——〈资治通鉴〉中的智慧》
《以色列谷:科技之盾炼就创新的国度》
《世界秩序》
《理性乐观派:一部人类经济进步史》
《汤姆斯河:一个美国"癌症村"的故事》
《说中国:一个不断变化的复杂共同体》
《最美的哲学史》
《何为良好生活》

《解放日报》2015 年 8 月 21 日

**中国女性文学第十二届国际学术研讨会召开**

日前,纪念中国当代文学研究会女性文学委员会成立 20 周年暨中国女性文学第 12 届国际学术研讨会在呼和浩特召开。会议由中国当代文学研究会女性文学委员会、《职大学报》联合主办,呼和浩特职业学院、南开大学文学院、上海大学文学院联合承办。来自国内外高校、研究机构的 140 余名学者参加了此次会议。

与会专家一致认为,我国女性文学研究在立足本土文化、反思本土理论实践的同时,应积极探讨国外女性文学批评的"女性主义""女性意识""性别意识""女性书写"等概念,以深入考察中国女性文学的历史性、民族性、地域性,积极建构、拓展中国女性文学研究的学科领域。

南开大学乔以钢教授认为,强调对于西方性别理论资源的开掘与整合是重要的跨文化研究课题,应当充分审视其生长与实践的文化机制,避免生搬硬套。

大会还为获得第四届中国女性文学优秀科研成果奖的10位作者颁奖。(谢雪梅)

《光明日报》2015年8月25日

**上海大学出版社举办《大国方略》读者见面分享会暨签售**

8月19日,一年一度的"文化嘉年华"——上海书展拉开帷幕,现场讲座和签售活动进行得如火如荼。下午5时,上海大学出版社"《大国方略》读者见面分享会暨签售"在上海展览中心中心活动区举办,受邀嘉宾"明星"教授顾骏和顾晓英老师("大国方略"主创团队成员)与广大读者见面,从"大国"与个人的关系、中国与世界的关系、"方略"对大国的重要性、"一带一路"的地域政治效应、作为"一课一书"的《大国方略》对学生的意义等方面进行了精彩解读。顾骏教授从中国与世界的关系切入,探讨中国和平崛起的大国之路如何才能走稳走好。他认为,如今社会各种思潮兴盛,我们应该理性认识和客观评价真实的中国。顾晓英老师对《大国方略课程直击》一书进行了解读,帮助大家了解"大国方略"课程以及《大国方略——走向世界之路》图书背后的故事。

活动由著名主持人秦畅女士主持,反响十分热烈,活动吸引了一大批读者前来聆听,包括很多年轻的面孔。

"中国高校教材图书网"2015年9月2日

**作家是否藏有写作的"秘密"**

8月29日,"当代中国文学与创意写作论坛"在上海大学举行。论坛由中国作家出版集团、《中国作家》杂志社和上海大学文学与创意写作研究中心联合主办。论坛围绕"中国当代文学发展趋势与新人培养""中国作家经验与创意写作的发展""创意写作学科与作家培养"等话题进行互动交流。

"作家是否可以培养"成为与会者讨论的焦点。有人认为写作的基本技巧可以传授,但创作的灵感、悟性、激情、个性难以培养。作家可以分享创作经验、得失,但总藏有一些无法告人的写作"秘密"。如果只关注技巧,创作就可能成为产品的流水线,失去了其精神生产的高度与价值。有人认为培养作家与成为作家不是一回事。在高校引进西方的创意写作专业,可以打破写作的神秘感,鼓励更多的人用文字去表达、去讲述,唤醒写作的欲望,能否成为真正的作家是一个系统工程,写作的天赋、大量的阅读和深入生活的程度与能力等因素都会影响到一个人的写作成就。

会上,上海大学与中国作家出版集团等单位决定共建中国创意写作中心。何建明、李炳银、黄传会、李春雷、徐剑、王山、徐忠志、高伟、丁晓平、马娜、纪红建、杨扬、黄昌勇、陈歆耕、张勇安、葛红兵、王宏图、郝雨、陈鸣、刘庆、张生、郭晨子、许道军、徐煜、杨绣丽等参加了论坛。

《光明日报》2015年9月7日

## 弘扬师德风范　传承师道大爱
**2015年教书育人楷模表彰名单（按姓氏笔画排序）**

一、2015年上海市荣获全国教书育人楷模
王培坚　上海信息技术学校

二、2015年上海市教书育人楷模
乐　霆　上海市回民中学
朱　敏　上海市盲童学校
朱　列　上海市交通学校
刘西拉　上海交通大学
吴蓉瑾　上海市黄浦区卢湾一中心小学
苏智良　上海师范大学
洪耀伟　上海市闵行区浦江第一中学
郭海瑛　普陀区启星学校
谈胜利　华东师范大学
黄春荣　上海市崇明县长江小学

三、2015年上海市教书育人楷模提名
丁利民　上海理工大学附属小学
凤光宇　上海市嘉定区教师进修学院
方红梅　上海市宝山区陈伯吹实验幼儿园
叶丽雯　上海市虹口区曲阳第三小学
付炳建　东华大学附属实验学校
朱美芳　东华大学
李长松　上海市位育中学
张斯恒　上海市廊下中学
金可可　华东政法大学
顾　骏　上海大学

《解放日报》2015年9月10日

## 中国作协与上大共建写作中心

当代中国文学创意写作论坛日前在上海大学举行，中国作协副主席何建明、上海大学教授葛红兵、文学理论家李炳银、上海戏剧学院副院长黄昌勇等30多位作家、文学理论家和创意写作学科带头人参加论坛，共同研讨中国当代文学的发展趋势、如何培养新人作家、如何引进创意写作学科等议题。

上大与中国作协所属中国作家出版集团、中国报告文学学会、中华文学基金会合作共建中国创意写作中心，何建明担任中心主任。据悉，上大中国创意写作中心今后将创建创意写作硕博士生联合培养基地和联合博士后工作站。

当国内知名高校相继创建创意写作MFA硕士点后，新人如何培养成为学界共同关心的话题。中国创意写作中心包括小说创作工坊、散文创作工坊、故事工坊、非虚构写作

工坊、影视编剧创作工坊等,大大延伸了写作的内涵和外延,也加大了对于年轻作家培养和训练的力度。上海大学党委书记罗宏杰教授说:"上海大学创建了上海大学温哥华电影学院,引进陈凯歌担任院长。发展创意写作可以让上海大学在文学影视剧本、影视配设制作等方面形成闭环。"

《文汇报》2015年9月10日

### 股权激励为何三次"暂缓" "22条意见"点燃上大超导研发团队希望,再盼获得科技成果转化收益

2011年8月,为推动第二代高温超导带材的产业化,上海上创超导科技有限公司成立。上海大学研发团队的2项职务发明专利估值1 800万元,以无形资产入股,占公司股份30%。虽然政府部门领导提议对研发团队进行股权激励,但蔡传兵教授领衔的团队并未获得股权。

2012年1月,张江国家自主创新示范区首批股权激励试点工作启动,上创超导公司成为试点单位之一,然而研发人员仍未获股权。

2015年5月,"科创中心22条意见"发布,第12条"构建职务发明法定收益分配制度,允许高校和科研院所科技成果转化收益归属研发团队所得比例不低于70%",让蔡传兵团队再次看到了希望,但截至目前,上创超导的股权激励改革还未启动。

为什么,股权激励三次"暂缓"?

**第一次:股权激励建言没有落实**

蔡传兵是一位超导材料专家,先后在日本、英国、澳大利亚、德国从事相关研究。2005年,他入选"浦江人才计划",回到祖国,成为上海大学教授、超导与应用技术研究中心主任,后又入选上海市"千人计划"。

2011年,他带队完成国家"863计划"第二代高温超导带材项目,还完成了上海市科技攻关项目。赴上海大学调研后,市科委领导认为应成立企业,把科技成果转化为产品,并建议高校对研发团队进行股权激励。

于是,上创超导公司筹建提上了议事日程。经过评估,研发团队的2项职务发明专利定价为1 800万元,以无形资产入股,持有方是上海大学,并没有将其中一部分给予研发人员。目前,上创超导公司是国有企业、集体企业、高校和自然人共同参股的混合所有制企业。

谈到股权激励建议没有落地的原因,蔡传兵表示:"学校的说法是,公司今后有利润了,我们就能得到奖励。但很多高校老师觉得,这种激励方式并不是最好的,因为像上创超导这样的高新技术企业,研发投入很大,发展初期几乎不可能盈利。我们更倾向股权激励这种方式,把自身利益与企业发展捆绑在一起。"

蔡传兵也强调,学校很支持他们的科研,在上创超导发展过程中,校企合作也很顺利。"我们只是希望得到一部分股份,让团队成员能更安心地为公司做研发。"

对于这个问题,上海大学技术转移中心负责人施利毅解释说,当时上海有相关政策,要求对研发团队进行股权激励,股份比例上限是30%,但到底奖励多少,还需根据成果的创新性及市场前景等判定。"为此,学校按照有关政策程序,请来上海相关专业和科技管

理专家进行评估,确定了按照上限给予股权激励。评估结束后,还需要经过校长办公会议通过、结果公示等环节。可就在那时,新政策出来了,股权激励流程就没有进行下去。"

**第二次:管理者好心,科学家郁闷**

施利毅说的"新政策",指的是2012年初,张江国家自主创新示范区首批股权激励试点工作启动,三家试点单位中,上创超导赫然在列。

"当时,《解放日报》也做了报道,我们想这下能得到股份了,结果却没有如愿……"蔡传兵说。他得到的校方说法是,公司要有利润,才能转让股份,否则涉嫌国有资产流失。

说起张江股权激励试点没有落实的原因,施利毅表示,与试点几乎同步,市教委、市财政局联合下发41号文件,也是推进股权激励,将研发团队获得股权的比例上限提高到50%。然而,市级政策发布后,有一个落地过程,其中有个重要环节,是修订学校《科研成果转化管理办法》。由于激励力度的提升幅度较大,修订时需种种考量。经过大量工作,学校完成了修订,正要按照新的办法推进股权激励时,却又停了下来。施利毅解释说,"因为那时我们听到'风声',说市政府正在酝酿新的科技成果转化政策,股权激励力度会更大,我们想等一等,为老师们争取更多权益。"

或许是沟通不畅,超导科研团队并不了解学校管理人员的用心,反而颇感郁闷。据了解,核心团队的7位专家都很辛苦,时而在实验室,时而去位于奉贤的公司,周末加班是家常便饭。由于长期以来,高校教师考核体系重科研,轻转化,他们觉得在利益得不到保证的情况下,为公司工作有点得不偿失,因而倍感压力。

**第三次:要让"不低于70%"尽快落地**

今年5月,"科创中心22条意见"发布。"允许高校和科研院所科技成果转化收益归属研发团队所得比例不低于70%"这一表述,让蔡传兵团队再度看到希望。可没过多久,他们就听到一种说法:"22条只是指导意见,未必有可操作性。"这让他们又有点气馁。

记者调查发现,高校科研人员的这种担忧并非空穴来风。目前,本市落实"不低于70%"的案例还很少,一位高校负责人告诉记者:"除了上理工太赫兹研发团队获得72%公司股份,我还没听说过其他案例。"

昨天,记者从有关部门了解到,上创超导的股权激励改革尚未启动。不过,施利毅接受采访时给出了积极的回应:"有了上一阶段积累,这回学校科研管理部门的动作大大提速。'22条意见'公布后不到一周,相关的校内管理办法修订方案草案就已完成。现在只等'22条意见'细则发布,我们对方案草案稍作修改,就能实施。可谓万事俱备,只欠东风。"

关于细则,市科委体制改革与法规处负责人透露,《关于进一步促进科技成果转移转化的实施意见》已起草完成,对收益比例的表述仍为"不低于70%",因此各高校、科研院所不必因为纠结于比例问题,延缓研发团队股权激励改革。据悉,《实施意见》在操作层面做了一系列制度安排,可望于近期颁布实施。

一位科技法律专家分析指出,自1996年起施行的我国《促进科技成果转化法》规定:利用职务科技成果作价投资的,科研人员从该项科技成果形成的股份或者出资比例中,提取不低于20%的比例。"根据这一规定,上创超导公司成立时,高校应将20%以上的无形资产股份转让给研发人员。"而在新修订的《促进科技成果转化法》中,这个比例提高到了"不低于50%"。

专家还指出,长期以来,我国许多高校怕"摆不平",在科研人员股权激励问题上存在种种顾虑,使《促进科技成果转化法》的一些条文没有得到很好遵守。而今,随着"科创中心22条意见"和《促进科技成果转化法修正案》相继出台,高校、科研院所应尽快贯彻落实,不要再因种种原因暂缓实施了。(俞陶然　彭德倩)

《解放日报》2015年9月11日

**中国电影：大喜之虑**

2015年,中国电影进入了新的高速增长期。9月初,全国票房已经突破300亿元,超过了2014年全年296亿元的票房。暑期档《煎饼侠》《大圣归来》《捉妖记》三部国产片累计票房超45亿元。同时,随着互联网化程度加深,跨界资本的大量进入,IP电影、泛娱乐化成为新的"关键词"。

对中国电影来说,这是一个极好的现象,也是一个让人担忧的现象。行业门槛的降低既为电影市场带来了空前的活力和机遇,也造成了一些急功近利、粗制滥造的现象。如何看待当前电影市场的新生态？中国电影未来应该如何更好地发展？近日,由上海社会科学院文学所、上海大学电影学院、上海文化产权交易所等主办的中国电影产业发展论坛在沪召开。与会专家学者和业内人士就中国电影新态势建言献策。

(下略)

《光明日报》2015年10月8日

**上大宝山共助大学生就业创业**

集聚行政资源,整合社会资源,政、校、企协同合作共助大学生就业创业。前天,宝山区政府与上海大学签署大学生就业创业合作协议,标志着双方资源共享、优势互补的大学生就业创业平台正式建立。

根据协议,双方将充分利用各自优势资源,在就业配套服务、职业见习岗位、创业培训和指导等各方面实现无缝衔接,共同支持上海大学学生在宝山区开展社会调查、毕业实习、创业教育、就业指导、志愿服务等社会实践活动,促进大学生就业创业。其中,宝山区人保局将实施对上海大学应届毕业生就业服务专项方案。如组织举办上海大学专场招聘会；设立高校创业服务指导站；共同开发课程体系,订单式培养高技能人才；形成定期沟通协商机制,为相关活动提供资金支持等。(刘栋)

《文汇报》2015年10月25日

**政、校、企协同合作助推大学生创业**

上海市宝山区人社局、上海大学、中国首家互联网模式众创企业服务平台"云海上"近日联合举办宝山区第五届嘉年华创业大赛,主要包括"5+1"创业培训、创业"微招聘"、创业"黑马库"等活动,旨在为大学生搭建创业实践平台,吸引更多优秀人才和企业落地宝山。

《光明日报》2015年10月29日

**上海大学通识课"大国方略"受热捧　激励大学回归"教与学"**

"时代在奔跑,青年充满机遇,你们90后更要正能量地在这个新时代下奔跑。"刚刚带着包括多名"大国方略"课程班学生参加崇明马拉松比赛的"跑男"、上海大学管理学院副教授刘寅斌,3日晚间与其他几位老师一起,完成了通选课"大国方略"2015年秋季学期的最后一课,受到数百位学生的热捧。

这门名为"大国方略"的通识选修课自开设以来,主题围绕当下青年学子们最关心的国事,授课老师与学生不停"头脑风暴",上座率节节攀高,让选修的本科生们直呼过瘾,因为这种授课形式和课堂辩论氛围,在如今的大学课堂较为少见。

记者注意到,上海大学专门为该课程量身打造的教学团队堪称豪华,主讲教师多达十来位,均为来自哲学社会科学等多个学科领域内有影响力的学者和"会上课"的名师。每节课老师们并不只停留在对现象的描述,而是带有很强的分析性;在教学形式上,老师们每堂课都想方设法鼓励学生独立思考并发表自己的观点。

独特的授课模式也吸引了上海大学社会学院的老师们前来"取经"。未来,一门"创新中国"的本科生通选课即将上线,授课老师们希望从"大国方略"汲取经验,吸引更多学生对创新有自己的思考。

在"大国方略"通识课的发起人之一、上海大学社会学系教授顾骏看来,大学教师应该回到大学课堂,且课堂不该是结论的批发市场,而应引导学生自己去思考去感悟,养成科学思维、独立思考的方法和能力。

事实上,高校教授、骨干教师远离本科教学一直饱受诟病。上海市教委去年年末正式下达文件,推动教授上课、青年助教、答疑辅导,引导教师经历回归教学,以此撬动人事制度改革。作为上海高校中体量较大的上海大学,也成为第二轮"上海市本科教学激励计划"正式试点院校。

刚刚荣获上海市首届大学语文教学决赛二等奖的上海大学文学院青年教师张萍告诉记者,在教学之余,她申报了上海市本科教学激励计划上海大学的综合改革课程——"《世说新语》读书会"项目,利用Bb平台和班级微信群,密切与学生之间的课内外互动,仔细评阅学生读书笔记,鼓励学生学思结合,获得本科生的一致好评,越来越多学生愿意精读《世说新语》等中文经典。

为留学生开设"中国现代文学名家名篇"的上大国交学院老师黄蓓则表示,激励计划让她更投入本科教学,而在整个过程中,让她对平日习以为常的科目进行再思考,"也要感谢留学生们,让我把课上得更好"。

上海大学教务处副处长、课程的主讲教师之一顾晓英告诉记者,学校希望以"大国方略"为契机,用教师教学激励计划为推手,引导骨干教师投入本科教学,同时探索本科生课程综合改革项目的创新举措。

她强调应厘清综改目标和教学理念,努力抓住本学院1—2门专业课作"点"的突破,以课程教学模式变革引领课程教学全方位改革,认真研究各教学环节,针对每个教学环节(授课、上机、实验、习题、考核、教材、教案、辅助教学环节等)进行认真研究,探索出一整套切实可行的具体做法;注重实践环节作为综改课程创新的主要途径,利用Bb或其他网络手段,建立科学的考核机制和教学过程管理机制;积累综改课程相关佐证资料,扩大课程影响,提升课堂教学质量。

上海大学副校长丛玉豪则提出,本科生教学改革,可尝试运用微课程、共享视频课翻转课堂等方法,实现课内外联动,创新评价学生的方法,还可以结合国际化战略,推进全英语课程网站等,同时注重综改课程建设过程中积淀成果,总结出可复制、可推广的经验,回归教学本原,形成良好的人才培养机制。(许婧)

"中国新闻网"2015 年 11 月 3 日

## 上海大学研制的无人艇在南极科考中担任重任　开路先锋为"雪龙"寻找新锚地

南海巡航,与埋首研究电子控制技术,看似毫不搭界的两件事,在上海大学的科研团队身上却有了交集。今天开幕的工博会上,上海大学研制的精海号无人测量艇首次亮相在公众面前。

我国自主研发的第一艘无人艇于 2013 年首航南海,近日,第二代无人艇在南极洲罗斯海海域完成了 12 平方公里测绘任务,为"雪龙号"科考船寻找新锚地。

无人艇,顾名思义是一种无人操作的水面舰艇,主要用于不适宜载人航行的任务。若配备先进的控制系统、传感器系统和通信系统,无人艇可以执行地形勘察、探测、搜救、导航等多种任务,美国、以色列等国在研发和应用领域一直处于领先地位。

几年前,我国有关部门准备购置一艘具有自主航行能力的无人艇,解决传统载人测量船因吃水问题无法测量的难题。最初找到欧洲一家技术成熟的企业,却因该国技术保密规定碰壁。对方开出天价般的条件:成品不售,实在想买,将当地全部设计生产团队拉来中国现造。2010 年,我国第一艘无人测量艇研发项目正式启动,上海海事海测大队提供高性能的多波束测量系统;上海大学主要负责自主控制系统设计、自主功能实现;青岛北船重工游艇厂主要负责具有抗倾覆能力的高性能船体设计。

上海大学项目负责人姚骏峰介绍,学校承担研发的无人艇水面测量平台,使用了智能控制技术,解决了三个关键问题,即走得准、避得开、看得清。如今,最新一代的无人艇还将瞄准水质监测领域。(彭德倩　毛莎莎)

《解放日报》2015 年 11 月 3 日

## 《月上贺兰》走进上海大学

驼铃声声,风沙阵阵,丝绸之路的优美富饶和异域风情令人着迷。宁夏银川艺术剧院昨天应上海国际艺术节校园行邀请,带着屡获大奖的民族舞剧《月上贺兰》走进上海大学连演两场,数千名观众欣赏了这部融合多种艺术元素的演出。

《月上贺兰》历经五次编排修改十年舞台磨炼,用独具特色的民族歌舞,讲述回汉文化交相融汇的民族史诗。在旅途中,西域青年与回族姑娘相互爱慕,爱情超越了民族、信仰、习俗的差异,最终他们在贺兰山下结为夫妇,繁衍生息,唱响了对民族融合与爱情的礼赞。《月上贺兰》先后荣获第七届中国舞蹈"荷花奖"舞剧·舞蹈诗铜奖、文化部第十三届"文华大奖特别奖"、全国舞台艺术"十大精品工程剧目",是国家舞剧精品工程评选以来第一部入选的回族舞剧。(诸葛漪)

《解放日报》2015 年 11 月 6 日

## 上海大学"大国方略"课程受学生热捧

[核心提示]拿到听课证的同学直喊幸运,没报上名的同学不是去"蹭课",就是念念不忘地总想着去抢名额。这便是上海大学开设的"大国方略"课程出现的轰动效果。这门课是专为90后大学生"度身定做"的,探索在通识教育背景下培养当代大学生的大国国民价值观。

**讲国情的课引起轰动**

通信工程专业大三学生杜蓝天说,他是不停地刷页面,才选课成功的。"选到课的同学坐在位子上,旁听的同学只得坐靠边的楼道或讲台前的地板上。"会计专业女生徐迅说,她上学期就已经选过这门课了,越听越入迷,还想着再选……这便是上海大学开设的"大国方略"课程出现的轰动效果。

为进一步推进习近平总书记系列重要讲话精神"进课程、进课堂、进头脑",上海大学于2014—2015学年的冬季学期推出全新的通识选修课"大国方略"。顾骏说,这门课的开设,源自他与时任上大党委副书记、社科专家忻平,以及上大教务处副处长、思政课名师顾晓英的一次闲聊。大家觉得党的十八大以来,深化改革新政频出,但当代青年大学生对中国走向大国、走向强国的进程,缺乏系统的理解。三人一拍即合,在得到了学校的支持后,课程很快细化成形了。在市委宣传部、市教委的支持下,学校汇集多学科的精兵强将,组成授课教学团队,其中不乏哲学、社会学、法学、经济学、国际关系学等领域的名专家、名教授。

**老师:不再灌输教育**

同为课程策划与主讲人之一的顾晓英说,这门课是专为90后大学生"度身定做"的,直面当下国情教育的薄弱环节。她说,长期以来,国情教育似乎已形成固定模式,侧重于将现成结论灌输给学生。有的教师在讲课时过分迎合学生,或"开无轨电车",或拼凑网络信息。而"大国方略"将全球态势和中国重大举措引入课程,探索在通识教育背景下培养当代大学生的大国国民价值观。可以说,"大国方略"与普通的思政课有着同工异曲之妙,核心是中国梦和中国道路,是没有思政课名称的"思政课"。

**学生:让我们学会思考**

生命学院王敏嘉同学说:"每一次听课我都会热血沸腾,作为一名大学生,怎能不关心国家大事,且与时俱进呢?"经济学院赵鑫同学说:"选对了一门有思想、有深度、充满理性色彩的课程,这才是我们大学生真正需要的通识教育。"材料学院李浩然同学说:"老师用循循善诱之法引导大家进行全方位思考。"

每星期二晚上的"大国方略",受到全校学生的热烈追捧。顾晓英说:"原以为能有50个学生选课就不错了,哪知课程一下子就选满了,最终确定选课人数为144人,其中还有8名留学生。"

**《大国方略》包括哪些内容?**

今天,由该课程策划人、上大教授顾骏主编的专著《大国方略——走向世界之路》出版面世。

顾骏说,将"走向现代大国的中国""从中国梦到世界梦""中国道路的世界意义""龙性中国:守护有底线的和平""守成与新兴:大国关系的主轴与机枢""通向区域经济一体化的丝路""高铁出国：应对财富全球分布的挑战""创新：大国崛起的必经之路"等源自"大国方略"课堂上的主题内容汇集成书,是想在当今中国历史发展的关键时期,培养大学生们能看懂大局、把握大势的气度和眼界。（王蔚）

《新民晚报》2015年11月13日

### 《大国方略》——"给90后大学生一双眼睛　看懂中国"

最近,上海大学的一门课成为媒体争相报道的对象,因为它把一堂通识选修课上出了轰动效应,受到90后大学生的热烈追捧。而今,一年下来,为让更多的90后青年群体了解国情、感受时代、认同国家,这门课的授课内容已经梳理成书《大国方略——走向世界之路》。今天下午,由上海市委宣传部、上海市新闻出版局、上海大学主办的《大国方略——走向世界之路》出版座谈会在上海锦江小礼堂举行。

中共上海市委宣传部副部长燕爽,上海大学党委书记罗宏杰,上海市教委、上海市新闻出版局和上海市部分高校的专家学者、新闻出版单位的业务主管、"大国方略"教学团队及驻沪武警官兵等出席座谈会。

据介绍,《大国方略——走向世界之路》是上海大学"一课一书"工程的组成部分。上海大学在2014—2015学年冬季学期,推出全新通识选修课"大国方略",课程围绕党的十八大以来国家重大战略决策,发挥学科优势,回应学生关切的问题,努力引导学生认识当今国际大势和国家走向,从民族未来中看到个人的前途和责任。

该课程的教学团队堪称豪华,不仅有哲学社会科学领域内有影响力的学者,也不乏上海大学学生心目中喜爱的名师。而且其授课形式也比较新颖,一改传统的单向信息输送,每堂课安排2至4名教师搭档上课,让各领域的专家学者与学生们头脑风暴、讨论互动,鼓励学生独立思考。该课程一推出就受到学生的广泛好评,课堂内人满为患,还多次出现一座难求的"地毯族"旁听现象。

《大国方略》青年读者代表,同样是"大国方略"课程选修者的韩栴表示,"大国方略"课程教会自己不再用"非黑即白"的眼光看待问题,让自己在与同学、专家的思想碰撞中真正学有所得、学有所思、学有所悟。

该书主编、上海大学教授顾骏表示,之所以将课堂上的主题内容汇集成书,并不是为了供学生们反复阅读,而是想在当今中国历史发展的关键时期,培养90后青年群体一种能看懂大局、把握大势的气度和眼界,"给他们一双眼睛,看懂中国,而不是跟在别人后面人云亦云。"

参加座谈会的专家认为,当代青年大学生对中国走向大国、走向强国的进程,在认识上还有些模糊,缺乏系统的理解,《大国方略》的出版正逢其时,该书具有强烈的现实性和较高的立意点,直面中国若干重大战略决策,是一本写给全社会、特别是青年群体看的书。它引导广大青年深入学习贯彻党的十八大以来习近平总书记系列重要讲话精神,理解我国改革

发展稳定、内政外交国防、治党治国治军各方面的新思想、新观点和新要求,增强青年的道路自信、理论自信、制度自信以及社会责任感。

《大国方略》被认为是"90后大学生国防教育的优秀读本",自今年7月份出版以来,

销量已经过万。它被列入"2015年度上海高校服务国家重大战略出版工程"项目;2015年8月,该书入选以党政机关领导干部为目标受众的读书专刊——第四期"解放书单";2015上海书展上,成为主题出版焦点图书,被列为上海宣传系统第二届职工读书节的重点推荐书目。(王永娟)

"东方网"2015年11月13日

### 由"大国方略"课程看思政课的话语建构

要建设学生真心喜爱、终身受益的思政课,我们需要花大力气进行全方位改革。长期以来,上海大学一直致力于加强和改进大学生思想政治教育,持续改革,不懈努力,取得了较好的成效。开设"大国方略"课程是我们在新形势下通过对大学生进行富有吸引力与感染力的形势与政策的教育,以继续推动思政课改革的最新探索。

建构围绕大国的话语框架。当前,中国正在向实现中华民族伟大复兴中国梦的目标阔步迈进,正在朝着世界瞩目的大国、强国的目标前进。一个国家要真正成为一个大国,必须要有与之相适应的大国国民意识、大国心态和能力。对于中国正走向大国、走向强国的趋势,我们的大学生已经有了直观的感觉,但认识上还模糊不到位,而且容易受到各种良莠混杂思潮的影响。开设"大国方略"课程旨在让当代大学生把本能感知变成理性认识,尽快确立大国的心态,提升与大国相适应的国民素质。"大国方略"课程在全面概述当前中国围绕大国的战略布局的基础上,选择若干重点方面构建课程话语框架,包括"四个全面"战略布局、"一带一路"、新型大国关系的构建等。

设计多学科融合的话语内容。上海大学思政课的特色教学模式是"项链模式",即由思政课专职教师把握课程主线,构成思政课"项链"的基础,引入校内外多学科有深厚学术造诣的专家、党政领导或道德模范进课堂作为"珍珠",两位甚至多位教师联袂授课。不同学科教师具有不同的专业背景,大家围绕一个共同的主题,各自从不同角度加以阐述,这样的教学内容不是各学科知识模块的简单叠加,而是会形成不同学科话语内容的化合反应。在"大国方略"课上,我们围绕"一带一路"主题,邀请经济学、历史学、政治学、国际关系学、教育学、艺术学等多学科背景的师资共同参与教学,促使学生既把握了"一带一路"的历史脉络、现状及未来走向,又通过认知与情感的互相促进,从而增强了为"一带一路"作奉献的神圣使命感。

运用契合学生特点的话语方式。"大国方略"课程的对象主要是90后大学生。我们在课堂教学中努力做到全面把握90后大学生的接受特点,有的放矢,因材施教。一方面,要运用释疑话语。90后大学生是敢于有梦、勇于追梦的一代。他们极有个性,也喜欢追问、质疑。我们着力开展"问题解析式"教学方式,从着重讲"是什么"的知识性内容,转向着重讲"是什么"背后的"为什么"以及"应如何",实现了思政课教学内容与重大理论问题、社会热点问题以及学生困惑问题的有效对接,很好地培养了学生提出问题、解决问题的能力及创新精神。在"大国方略"课上,我们也采用了"问题解析式"话语方式,通过问题采集、问题分类分层、以问题统领课程框架等方法和程序,努力做到"问题抓人、解答到位"。另一方面,运用叙事话语。我们运用生活化叙事方式,将宏大的理论叙事与受众的个体自身存在境遇相结合,充满了理性关怀和生活气息。"大国方略"课具有独特的生活化叙事话语风格。如,用"坐同一张椅子"来解读中美大国关系,用"咬第一口'苹果'"来诠释大国崛起之路,等等。生活化叙事能克服文本的"单向度"话语逻辑,回归日常生活的整体性,面向感性直观和丰富生动的生活世界,实现对人的生存与发展的深切关怀。(陶倩　夏小和)

《光明日报》2015年11月14日

**从一门课程到一本面向全社会的读物,《大国方略》引发社会共鸣:给读者一双眼睛,看懂中国**

由市委宣传部、市新闻出版局、上海大学主办的《大国方略——走向世界之路》出版座谈会昨天在锦江小礼堂举行。

该书核心内容依托深受"90后"大学生欢迎、引起社会高度关注的"大国方略"课程,从中国与世界的关系切入,探讨中国和平崛起的大国之路如何走稳走好。全书以"方略"对大国的重要性出发,分章探讨了九个主题,包括当下中国的综合国力与国际地位、中国梦演化为世界愿景、中国成功对世界的意义、中国崛起对全球格局的影响、以中美关系为主轴的大国格局、"一带一路"的地域政治效应、高铁战略的优势和支撑、中国创新面临的知识产权博弈和中国文化重建及其对人类的价值。该书7月正式出版,入选"解放书单",并成为今年上海书展主题出版的焦点图书。

"给读者一双眼睛,看懂中国。"谈到《大国方略》编写目的时,该书主编、上海大学教授顾骏说,《大国方略》引导读者掌握一种历史的大视野,而非简单地从西方的视角看中国,在论及中国道路时,强调中国特色对人类保持多样性、历史葆有开放性的意义,希望读者能超出微观与当下的狭义眼界,把握中国整体进步的历史脉络;其次,该书从多学科的眼光看中国,充分发挥团队教师和多学科优势,让不同学科的视野、理论和方法成为读者看懂中国、理解中国发展不同特点的有效工具。顾骏介绍,在即将开始的冬季学期中,该校将继续开设"大国方略"课程,并组建新老结合的教学团队推出第二门面向本科生的通识课程"创新中国",12月25日正式开讲。

复旦大学国际关系与公共事务学院教授苏长和认为,《大国方略》很好地处理了"一"和"多"的关系,"一"是核心价值观、主流文化;"多"是从不同角度补充"一"的内涵,形成协奏曲般的效果。上海大学终身教授邓伟志认为,《大国方略》的出版恰逢其时,书中提出的40个问题正是当前中国在发展中的疑点、难点。上海大学党委书记罗宏杰指出,"大国方略"作为一门课程试验,回答了思政教育讲什么、谁来讲的问题——十多位不同领域专家学者围绕同一问题,为学生提供跨学科视角,每堂课都有4位老师与学生进行双向互动,《大国方略》一书的出版与课程相得益彰,是教学理论、教学经验传播的良好载体。

座谈会上,上海大学出版社还向高校学生、驻沪武警部队、上海图书馆及部分区县图书馆等单位赠书。(施晨露)

《解放日报》2015年11月14日

**《大国方略》出版座谈会昨举行**

讲好中国故事,引导广大读者深入学习领会党的十八大以来习近平总书记系列讲话精神,上海大学通识选修课"大国方略"从去年11月18日起开讲,不仅深受校内学生欢迎,还成为上海大学生思政课教育的"品牌"之一。以这门人气选修课课程教案为基础,由多位主讲教师参与执笔撰写的《大国方略——走向世界之路》昨天举行出版座谈会。

来自沪上社科界的多位专家认为,这本图书不仅是帮助"90后"大学生了解中国国情的优质读物,而且书中提出的近40个和中国经济社会发展、走向世界相关的重大问题以及精妙的回答、回应,都为广大读者读懂当今中国、理解中国国情提供了一个正确的视角。

这本新著的主编、上海大学社会学院教授顾骏介绍,和课程一样,《大国方略》提供给读者的不只是一堆"中国问题"的结论,而是给读者一双眼睛。《大国方略》在论及中国道路时,强调的不仅有中国道路对于中华民族保持固有文化特征的价值,还有中国特色对于人类保持多样性、历史保有开放性的意义。

在上海大学,"大国方略"是一门由10来位不同学科背景的专业教师联袂主讲的通识课程。按照上海大学党委书记罗宏杰的说法,这门通选课的前期"投入"极大,在教学方法上引入了该校在思政教育上经过多年探索、取得积极成效的"项链模式",每堂课至少由两位教师搭档主讲,最多的时候由四位老师接力完成教学,通过生动的教学以及大量课堂互动,为在校大学生提供形式生动、内容丰富的国情教育课。而最新出版的《大国方略》一书作为上海大学"一课一书"工程,同样给读者提供了在多学科背景下对当今的中国国情加以认识、加以思考的丰富角度。

上海交通大学特聘教授、中央马克思主义理论研究和建设工程首席专家陈锡喜认为,作为通选课的"大国方略"在教学目标定位、教学质量评价等方面,都对当今的思政教育有积极的借鉴意义。昨天的座谈会由市委宣传部、上海市新闻出版局、上海大学主办。
(樊丽萍)

《文汇报》2015年11月14日

## 从一门课程到一本面向全社会的读物 《大国方略》引发共鸣

由市委宣传部、市新闻出版局、上海大学主办的《大国方略——走向世界之路》出版座谈会昨天在锦江小礼堂举行。

该书核心内容依托深受"90后"大学生欢迎、引起社会高度关注的"大国方略"课程,从中国与世界的关系切入,探讨中国和平崛起的大国之路如何走稳走好。全书以"方略"对大国的重要性出发,分章探讨了九个主题,包括当下中国的综合国力与国际地位、中国梦演化为世界愿景、中国成功对世界的意义、中国崛起对全球格局的影响、以中美关系为主轴的大国格局、"一带一路"的地域政治效应、高铁战略的优势和支撑、中国创新面临的知识产权博弈和中国文化重建及其对人类的价值。该书7月正式出版,入选"解放书单",并成为今年上海书展主题出版的焦点图书。

"给读者一双眼睛,看懂中国。"谈到《大国方略》编写目的时,该书主编、上海大学教授顾骏说,《大国方略》引导读者掌握一种历史的大视野,而非简单地从西方的视角看中国,在论及中国道路时,强调中国特色对人类保持多样性、历史葆有开放性的意义,希望读者能超出微观与当下的狭义眼界,把握中国整体进步的历史脉络;其次,该书从多学科的眼光看中国,充分发挥团队教师和多学科优势,让不同学科的视野、理论和方法成为读者看懂中国、理解中国发展不同特点的有效工具。顾骏介绍,在即将开始的冬季学期中,该校将继续开设"大国方略"课程,并组建新老结合的教学团队推出第二门面向本科生的通识课程"创新中国",12月25日正式开讲。

复旦大学国际关系与公共事务学院教授苏长和认为,《大国方略》很好地处理了"一"和"多"的关系,"一"是核心价值观、主流文化;"多"是从不同角度补充"一"的内涵,形成协奏曲般的效果。上海大学终身教授邓伟志认为,《大国方略》的出版恰逢其时,书中提出的40个问题正是当前中国在发展中的疑点、难点。上海大学党委书记罗宏杰指出,"大国方略"作为一门课程试验,回答了思政教育讲什么、谁来讲的问题——十多位不同领域专家学者围绕同一问题,为学生提供跨学科视角,每堂课都有4位老师与学生进行双向互动,《大国方略》一书的出版与课程相得益彰,是教学理论、教学经验传播的良好载体。

座谈会上,上海大学出版社还向高校学生、驻沪武警部队、上海图书馆及部分区县图书馆等单位赠书。

"上海市人民政府网"2015年11月14日

### 上大创新思政课走红　让90后大学生"看懂中国"

[摘要]机械自动化学院学生韩栴自认"十分幸运"在上学期"抢"到"大国方略"这一热门公选课,还兴冲冲地表示:"只要有时间,我还会去蹭课!"

上海大学有一门让学生"挤破头"的思政课。机械自动化学院学生韩栴自认"十分幸运"在上学期"抢"到"大国方略"这一热门公选课,还兴冲冲地表示:"只要有时间,我还会去蹭课!"11月13日,中共上海市委宣传部、上海市新闻出版局和上海大学三方携手推出《大国方略——走向世界之路》,依托上海大学于2014年冬季学期开设的同名课程,集中呈现了课堂上师生在了解国情、感受时代过程中的思想碰撞和观点交锋。

**创新思政课受大学生热捧**

当下,90后的思潮与作风已经成为大学校园内一道具有时代意义的风景线。"独生子女""富裕的一代""网络技术"……层层标签下,时代造就了他们多元的价值观。如何让90一代把握时代、认同国家成为事关大学生成长乃至国家民族未来的头等大事,沪上高校纷纷"出招"破题。

"不是给大学生一堆结论,给他们一双眼睛,让他们看懂中国。"上海大学在2014年冬季学期开设"大国方略"通识选修课,该课程由全校不同院系十余名知名专家、骨干教师组成授课团队,立足不同学科,在多维视野中展现中国融入世界、影响世界的进程。据课程策划人、上海大学教授顾骏介绍,该课程每周1次,每次3个课时,每堂课由多位不同专业的教师一起授课,其中有1个课时由学生提问、师生共同讨论构成。据悉,今年9月"大国方略"在上大第三次开讲,选课情况依旧火暴。

"中国是一个大国吗""中国高铁驶向何方""中国会被全球化淹没吗"……课程由10堂课组成,每堂课以学生关注的一个主题做引导,将"中国梦""一带一路"等时下最热的话题带入课堂,以不同的视野、理论、角度解读热点问题,让学生们对原本熟悉的"热词"

有了崭新的体悟。"以前是一位老师讲授许多知识点,而在'大国方略'课上是好几位老师分析同一个问题,让我听到各种犀利的评论和见解独到的观点。"韩栎曾是"大国方略"的首批学员,是这门课的"头号粉丝",他表示十分喜欢这门课线上线下的交流模式——每堂课结束后学生都会填写课程反馈表,课后也可以在校园论坛上继续与老师深入探讨。他透露,基本上每堂课结束论坛上讨论的帖子点击量都在5万以上。

**大学生思政课改革进行时:以内容为重**

《大国方略——走向世界之路》一书在三方牵头下正式出版,重在让90后青年群体了解国情、感受时代、认同国家,努力在把握历史机遇的同时,准备好为民族复兴有所担当、有所贡献,让青年人在中国历史转折的关键时刻,能看懂大局、把握大势。顾骏教授身兼本书主编一职不断强调:"这不是一本教材。"顾骏认为,当前国际形势瞬息万变,国家发展日新月异,"大国方略"也应随之调整课程。

"在全国大学生思政课改革的道路上,以往我们有些过于注重教学方法的突破创新,现在重心应逐渐转移到内容价值上来。"中央马克思主义理论研究和建设工程首席专家、上海交通大学特聘教授陈锡喜教授十分推崇上大的"大国方略"模式,他认为这堂课的内涵在于将意识形态属性和大学生成才的内在需求结合起来,体现教育以学生为本的理念,对思政课创新体系建设有着重要的启示作用。

《大国方略——走向世界之路》一书以"方略"对大国的重要性出发,从中国与世界的关系切入,依托同名课程的10堂课从中分章选取九个主题,包括当下中国的综合国力与国际地位、中国梦演化为世界愿景、中国成功对世界的意义、中国崛起对全球格局的影响、以中美关系为主轴的大国格局、"一带一路"的地域政治效应、高铁战略的优势和支撑、中国创新面临的知识产权博弈和中国文化重建及其对人类的价值。

据悉,该书已列入"2015年度上海高校服务国家重大战略出版工程"项目;2015年8月,该书入选以党政机关领导干部为目标受众的读书专刊——第四期"解放书单";2015上海书展上,成为主题出版焦点图书,被列为上海宣传系统第二届职工读书节的重点推荐书目。(金寒草)

"上海教育新闻网"2015年11月14日

## 文学研究路径在哪里

日前,第三届中国文学博士后论坛在上海大学举行。文学研究应该从哪里入手,要遵循哪些基本的规范等话题成为论坛的焦点。

中国社科院副院长张江在书面发言中表示,习近平总书记在文艺工作座谈会上的重要讲话和中央出台的《关于繁荣发展社会主义文艺的意见》,是当前和今后繁荣和发展社会主义文艺的纲领。他寄语文学博士后这批研究骨干力量要学习和掌握马克思主义立场观点方法,不断提高理论水平;要在尊重、研究、继承传统的同时,努力激活传统;要加强和整合文学批评力量,充分发挥文艺理论和批评在文学研究中的基础性作用。

首都师范大学教授左东岭认为,守正与创新是学术研究的两轮。"守正",就是对于可靠的学术理论,不要有意地去推翻;对于可信可用的文献资料,不要重复倒腾;还要遵循基本的理论方法和学术规范,保持良好的传统学风。真正的"创新"要提供创新性结论,要有方法论意义。

上海师范大学人文与传播学院教授孙逊建议,新时代的文学研究有必要跨越原来人为设定的许多界限,从文学出发,开展文学跨界研究。首先是跨越学科之间的壁垒和界限,复旦大学教授章培恒生前就着力于跨越中国古代文学与现当代文学研究的界限,开展中国文学古今演变研究;其次是跨越不同国家和民族文化研究,也就是跨文化研究,既要关注"西学东渐",更要关注"中学西传";最后是跨文本研究,即不同形式或不同文体的文本之间,可以进行不同角度的比较研究,文字文本和图像文本之间、历史文本和文学文本之间,以及文学内部不同文体之间都可以尝试某种跨文本研究。他认为,提倡文学的跨界研究,并不是要离开文学随意地"天马行空",而是为了跨到界外更好地反观文学自身,以发现仅从文学内部所看不到的被遮蔽的东西。跨界研究并不排斥属于自己的"根据地",而是在原来的"根据地"之外不断地拓展新的领域,以使原来的"根据地"不断扩大,并愈加坚实。

今年是中国博士后制度实施30周年。截至2014年年底,中国社科院已招收博士后2700余人,形成了完备的博士后学科招收体系。中国社科院文学所党委书记刘跃进认为,从参会的博士后提交的论文看,他们已经将学术视野放置到大中华文化的历史下思考问题,努力开辟新的研究领域,同时不断拓展历史文献的阐释空间,并有意识地将学术研究与人民大众的需求和国家民族的命运联系在一起。

《光明日报》2015年11月16日

### 《大国方略》出版座谈会召开

11月13日,上海市委宣传部、市新闻出版局、上海大学联合召开《大国方略——走向世界之路》出版座谈会。

据悉,2014至2015学年冬季学期,上海大学推出面向全校本科生的通识选修新课"大国方略"。课程围绕党的十八大以来国家重大战略决策,回应学生关切,努力引导学生认识当今国际大势和国家走向。课程不仅上座率节节攀高,更引起了媒体的广泛关注。今年7月,上海大学出版社推出《大国方略——走向世界之路》一书,目前销量已突破万册。

会议认为,出版界应总结"大国方略"项目成功经验,充分发挥出版载体弘扬主旋律、传播正能量的作用。座谈会上还向部分高校、驻沪武警部队、图书馆等单位赠送了该书。
(金鑫)

"中华人民共和国国家新闻出版广电总局"2015年11月19日

### 第十五届"挑战杯"由上海大学承办

第十四届"挑战杯"中航工业全国大学生课外学术科技作品竞赛组委会第二次全体会议11月17日在广东科学中心召开。会议听取了承办单位广东工业大学和香港科技大学的筹备工作报告、上海大学申请承办第十五届"挑战杯"竞赛的报告以及团上海市委的支持报告,就如何办好"挑战杯"竞赛,以及进一步推进大学生创新创业教育工作等内容进行了研讨。团中央书记处书记傅振邦及广东工业大学、上海大学、香港科技大学的相关负责人出席了会议。竞赛全国组委会全体成员、各省级团委分管书记、学校部部长及竞赛发起高校的负责同志等200余人参加会议。

傅振邦指出,"挑战杯"竞赛自创办以来,始终把握时代发展脉搏,契合国家发展战略,竞赛的规模、层次与影响力都在不断提升。近年来,"挑战杯"竞赛不断探索创新办赛理念和形式,加强育人实效,努力实现以赛促教、以赛促学、以赛促创、以赛促业的办赛新局面。面向未来,他希望"挑战杯"竞赛要积极响应国家创新发展的鲜明主题,不断完善竞赛机制,服务国家经济发展大局;要主动适应共青团组织改革发展的实际,不断提升竞赛的实效性,服务新时期青年的成长成才需要;要进一步发挥平台与载体功能,不断扩大竞赛覆盖面,让更多的学校,尤其中西部的高校能够参与竞赛的组织与承办工作;要加强与产业的对接,推动更多的大学生创新创业成果的转化,并不断提升"挑战杯"竞赛的国际影响力。

经竞赛组委会一致同意,上海大学为2017年第十五届"挑战杯"竞赛承办单位。(林洁　陈凤莉)

《中国青年报》2015年11月20日

## 谁知道苹果手机暴利来自哪里

"当国家的'十三五'计划完成时,你们刚刚毕业,正是享受成果的时候。""你知道党的十八届五中全会提出的'五个发展'理念是什么吗?"……昨晚6时整,上海大学本科生通选课程"创新中国"开讲。这也是继"大国方略"后该校在冬季学期推出的又一门讲授中国国情与中国愿景的课程。作为"大国方略2.0版"的这门新课,就是要把学生对国家、对民族和对个人发展的思索引向一条新路。

名册上是88名学生,但实际来听课的学生要多得多。"有哪些同学是来旁听的,请举手。"主讲人之一、教务处副处长顾晓英老师话音未落,教室里一下子举起了近20只手。还是按上"大国方略"时的老规矩,选到课的同学坐前排,旁听的同学只能坐后排或干脆溜边随便找个能站能坐的地方。

"接下来我们再点名,这回是点老师哦。"除了社会学专家顾骏、思政名师顾晓英、经济学专家聂永有三位昨天第一课的联袂主讲人,呼啦啦竟然还有7名老师走到讲台前一字排开集体亮相,其中有材料学专家、生命科学专家、管理科学专家等。但顾晓英说,主讲的教师还没到齐呢,授课团队不仅由副校长李友梅教授领衔,还包括了美学、法学、金融学等各路名专家、名教授。"创新何以成大国重中之重?""万众创新,谁是主体?""中国制造谁来造?""有BAT就是互联网强国了吗?""中国能有'海莱坞'吗?""材料也有'基因'吗?""人类能创新自己吗?""创新也能买保险吗?""创新只是灵机一动吗?""创客中有你我吗?"一共10堂课构成了"创新中国"的教学主题。

"中国的创新之路需要突破哪些瓶颈?""你怎么看俄罗斯战机被击落?""你知道苹果手机的暴利来自哪里吗?"昨晚,三位主讲老师轮番登台连珠炮般的提问,使得师生间有关"创新"问题的讨论高潮迭起。不料,对于末尾阶段同学们踊跃提出的诸如"人类已经到了人工智能、大数据时代,创新还会是苦旅吗?""华为的创新、中国商飞的创新,背后的推手有何不同?"等问题,主讲人却卖足了关子,笑言"且听下回——分解"。顾骏说,其实

同学们提出的这些问题,以后都会在"创新中国"的课堂上找到答案。(王蔚)

《新民晚报》2015 年 11 月 26 日

**上海大学开讲中国制造,社会学教授先发言:创新必须尊重自然**

12 月 2 日晚上 6 点,上海大学宝山校区 J102 教室陷入热烈互动氛围中。这里正在进行"创新中国"第二课——"中国制造谁来造?"首先开讲的不是工科教师,而是社会学院教授顾骏。

上海大学去年在全国首开"大国方略"课程,很快成为学校的热门课程,上海大学教务处副处长顾晓英 2 日告诉澎湃新闻,如果说"大国方略"给了学生一双看懂中国的眼睛,那么,"创新中国"则旨在让大学生深刻认识创新对于转型发展中国的重要意义。

由上海大学社会学院开设、上海大学副校长李友梅教授领衔的上海大学通选课"创新中国",将以十讲的篇幅,集中展示创新对于国家乃至世界的重要意义,提高大学生的创新意识,加深他们对学校正在开展的科技创新的了解。

课程各讲都以别具匠心的设问为题目,包括"有 BAT 就是互联网强国了吗""中国能有好莱坞吗""材料也有'基因'吗""创客中有你我吗"等,引导大学生将自己的学习和人生融入国家创新驱动发展战略、上海建设全球科创中心的宏大前景之中。

**机器人是替代人类还是解放人类**

12 月 2 日晚,铃声一响,主持人赵东升点开 PPT 上几幅萌萌哒的跳舞机器人图片,报出第二课课名——"中国制造,谁来造"。全场掌声中,上海大学社会学院顾骏教授走上讲台,开始发问:"制造拟人机器人,大的难做,还是小的难做?"

当学生争先恐后地回答之后,顾骏出其不意地给出了答案:"不大不小的最难做,真人大小最难做。"

在学生的诧异表情下,顾骏指出,到目前为止大自然的制作水平仍然大大高于人类,因此,人类必须敬畏自然,创新者必须尊重自然。

当晚亮相的第二位主讲教师,是来自上海大学机自学院的李明教授。李明是国内知名的几何精度标准领域专家和机电一体化专家,曾经编著《机器人》和《创新的思维方法与实践》等书籍。

为了打通文理界限,拓展大学生视野,李明有意将人文素材和工程知识融为一体。他介绍了 1920 年捷克作家卡雷尔·查培克最早给出的"机器人(robot)"命名,分析了著名科普作家阿西莫夫在《我是机器人》中关于"机器人三守则"的界定及其工程伦理意义,还从农林、制造、医学、助残、服务、救援、防爆、军用,甚至是僧人"抄经"、可穿戴设备等方面展示了机器人的创新应用,让学生看到了机器人和智能制造的广阔前景。

最后,他从"自动化/机器人替代了人,还是自动化/机器人解放了人"引入,给听课学生留了一道思考题:未来的机器人将如何服务人类?

**社会科学与工程学科的对话**

当晚,教师的分享引发全场学生多次提问。随即,他们依次解答了同学们提出的问题,如"机器人能否慰藉空巢老人的情感需求""无人艇与年幼时玩的遥控船的差异"等,从各自学科视角,提出对同一问题的不同看法,激活了同学们的思维,让学生见证了社会科学与工程学科之间的对话。

课程最后,顾骏重温了课程的目标,希望同学们通过课程学习,认清"世界等待什么、国家需要什么、上海承担什么、上海大学能做什么、同学们该学什么",找到自己学习和探索的方向和路径。

课程刚结束,迫不及待的学生就在上大课程互动平台留下了听课感想。一名学生写道:"作为一名文科生,虽然理工的知识感觉离我们很遥远,可其实世界上的很多东西都是彼此之间有联系的,打破学科之间的障碍,也许我们就可以发现下一个创新点!"

2015级新生何缙则表示:"今天的主题是机器人的创新和无人水面艇的介绍,但是顾老师先讲的引子却是让我思考良多,人不能违背自然规律创新!这是无可非议的,我们人类实在是缺少敬畏自然的心,幸好现在悔悟还可补救,各个领域的创新研究会带领人类走向更好的社会。"(韩晓蓉　殷晓)

"澎湃新闻"2015年12月3日

### 中国西南土司遗址入选世界重大田野考古发现

第二届"世界考古论坛·上海"13日在上海开幕,2013—2015年10项世界重大田野考古发现、11项重大考古研究成果当日揭晓。中国西南土司遗址考古调查和发掘入选世界重大田野考古发现。英国考古学家科林·伦福儒勋爵获"世界考古论坛·上海"首枚终身成就奖。

世界考古论坛·上海创建于2013年,每两年召开一次,定期评选和发布世界范围内重大田野考古发现与研究成果,围绕选定研究主题开展主题演讲、公众讲座及分组讨论。本次论坛主题是"文化交流与文化多样性的考古学探索",由中国社会科学院、上海市人民政府联合主办,中国社会科学院-上海市人民政府上海研究院、中国社会科学院考古研究所、上海市文物局、上海大学共同承办。

贵州省文物考古研究所所长周必素发表了《中国西南土司遗址考古调查和发掘:帝国扩张及其与边疆的动态关系》演讲。中国土司遗存考古工作开始于新中国成立之初,主要针对墓葬展开,至今已走过60多年的历程。2010年以来在西南各省对土司遗址进行了比较系统的考古调查和发掘,尤其是湖南永顺老司城、湖北咸丰唐崖土司城、贵州遵义海龙囤三处土司遗址的发现和研究,将土司遗存考古工作推向了深入。通过系列考古工作,摸清了土司遗存以司治(衙署)、关囤、墓葬、宗教遗存等为主体的遗址格局,是12—18世纪我国西南部多民族,山地文化多样性、独特性的体现。土司遗址年代从宋代延续至元明清时期,它完整见证了我国少数民族地区政策从唐宋时期的羁縻之治到元明时期土司制度再到明代开始的"改土归流"的变迁,见证了古代中国作为统一多民族国家,对西南多民族地区独特的"齐政修教,因俗而治"的管理智慧,在相当长的历史时期有效维护了我国多民族国家的统一和稳定。(颜维琦　李韵)

《光明日报》2015年12月15日

### 大学体育改革与发展论坛举行

2015年中国大学生体育协会高校改革与发展战略研究工作委员会年会暨中国大学

体育改革与发展论坛日前在上海大学举行,来自全国各地50多个理事单位的80余名专家、学者相聚一堂,共同探讨中国大学体育改革与发展。(马剑)

《人民日报》2015年12月16日

**中国诗歌网征诗迎春**

  为弘扬优秀传统文化,繁荣网络文艺,由中国作家出版集团与人民网合作主办、中国诗歌网与人民网文化频道承办的猴年"诗歌春晚"将于2016年1月16日在京举行,届时将邀请老中青诗人及诗歌爱好者,通过现场或网络参与,以诗歌同温"国情""亲情""友情""爱情",迎接传统新春佳节的到来。

  中国诗歌网同时携手人民网文化频道发起"暖家"主题诗歌征文,为活动预热。征文邀请广大诗人和诗歌爱好者以"暖家"为主题,围绕国情、亲情、友情、爱情创做诗歌并投稿。征文作者可登陆中国诗歌网注册提交参赛作品,2016年1月9日截止。

  中国诗歌网是中国作协中国作家出版集团主办的网络原创诗歌平台,于今年6月正式上线。其着力打造的"每日好诗"栏目反响热烈。"暖家"诗歌征文获奖作品也将被择优发表在"每日好诗"栏目。从"每日好诗"栏目作者中择优选拔诗人参加、由中国作家出版集团与上海大学联合举办的首届"中国网络诗人高级研修班"也将于近日在上海大学开班,助力网络文艺尤其是诗歌创作的健康发展。(闻奕)

《人民日报》2015年12月21日

# 2016 年

**创新教育,最重要的是传递思想——上海大学开讲"创新中国"人气火暴,融入社会热点话题"接地气"**

"今天又来了大咖!超级大的大咖!"前几天,上海大学学生论坛上,一名 ID 为 mose16 的学生兴奋描述刚刚听完的通选课"创新中国"。

参与"有了 BAT,中国就是互联网强国吗"这一专题的主讲教师大牌林立——除了社会学教授顾骏,还有大数据领域研究学者郭毅可教授、童维勤教授,以及人口迁移领域专家盖伊·阿贝尔教授等。讲台下,100 多位大学生专心聆听,激烈互动。

当"大众创业、万众创新"这一发展大方向成为共识,大学生需要怎样的创新教育?上海大学的答案和探索是:推出"创新中国"通选课,以多学科、多视角、多维度的课堂教学,和大学生们一起关注、感受"创新中国"进行时。

**大咖授课激发学生深入思考**

18 时,上海大学 J 楼 102 教室座无虚席。台上,话筒在 4 位授课老师之间自如传递,其中最引人关注的,就是上海大学计算机学院院长、帝国理工学院终身教授、数据科学研究所所长郭毅可。

见过习主席的"超级大咖"来上课,面对学生们好奇的目光,他徐徐道来。什么是大数据?大数据可以改变什么?为何说大数据不是万能的?侃侃而谈间,与青年学生分享研究领域最前沿的方向。

"我不会过多讲技术细节,更希望传递一种科学精神。"郭教授坦言。这个想法与顾骏教授不谋而合,"通选课程中的创新教育,最重要的是传递思想,不是技术。有了思想,才能孕育出更多技术。"

有意思的是,他们的授课激发学生深入思考,甚至引来反驳。"法律维护秩序,技术破坏秩序",郭教授的观点在课后互动中,引来了一名社会学院二年级学生的激烈反驳,这位同学站起来提问:"老师,你这个观点,我听了很生气!因为在我看来,法律是一种调和性的存在……"你来我往的讨论中,不知不觉,在座学生对科学伦理与法律边界的认识更深了一步。

"今天的信息量好大,很多是我从来没想过的。"社区学院学生聂鏖说,"在这个信息技术突飞猛进的年代,还有什么东西可以被替代?哪些产业可能变革甚至消失?"他很希望成为引领这无限可能潮流的一分子。

值得一提的是,课堂上还有30多名来自上大附中高一年级的学生,通过大学高中间课程资源共享,他们得以提前感受大学的科学氛围。"思想和理解深度是有距离的。"学生陈天翔觉得,近距离感受顶级学者的学术热情,对自己的触动更大。

**项链模式文理医工悉数上阵**

至今,"创新中国"的课程已经上到第五讲,人气火暴,许多学生没选上课,没学分也来旁听。不少学生说,每一讲的专题内容,吸引着自己一周一周跟下去——创新何以成大国"重中之重"? 万众创新,谁是主体? 中国制造谁来造? 上海能有"海莱坞"吗? ……

上海大学教务处副处长顾晓英介绍,全新推出的"创新中国"沿袭极具上大特色的"项链模式"教学,讲台上老师不止一位,多学科、多视角授课,为学生串起科创领域中的明珠。材料学教授翟启杰、电影学教授聂伟、机械自动化专业教授罗均……多视角高层级的讲课内容,依托的是打破学院、学科限制和差别的教师团队,文理医工悉数上阵,覆盖全校10多个学科20多位学者。

她特别指出,上海大学以优异成绩入选2015年市属高校本科教学激励计划试点学校,"创新中国"这样的新模式课程的开设,也为一批"大咖"教授走进课堂、为本科生授课,提供了新的平台。

课程主要策划人顾骏认为,此次全力打造的"创新中国"课程,在授课的过程中融入社会热点话题,融入大学生们感兴趣的理论问题,力图"接地气"。但不管专题如何走向,五个问题始终串联其间:世界等待什么? 国家需要什么? 上海承担什么? 上海大学能做什么? 同学们该学什么? 这些问号的答案,需要教师和学生共同来寻找。

[记者手记]

留点创新的念想"只希望,在年轻人心头,留下一点创新的念想。"采访中,课程策划人和主讲教师顾晓英的这句话令我触动。

当创新成为这个时代的关键词之际,给予学生怎样的创新教育? 成为许多大学,甚至全社会探索的课题。

仅仅教技术、教知识点,那与传统的学科教学何异? 访期间,听说课上布置了新的作业,每位同学都需申报一个校内创新项目,成败不论,重在创意、重在过程。不少从没关注过校园网上创新项目申报内容的学生,由此第一次点开了网上栏目,开启新世界。

上海大学的探索,传递的是视野、是萌动,是突破窠臼的冲击。课程内容如此,课程本身也是如此。(彭德倩)

《解放日报》2016年1月3日

### "聪明窗户"的第三次招亲  上海大学科研团队研发高效节能发电一体窗,寻找产业化开发合作伙伴

相信吗? 一幢建筑中,窗户不再仅仅用来采光通风,还可阻隔紫外线,自动调节温度——太阳猛了把红外线反射回去,温度低了撤开屏障保温增温。最新消息传来,上海大学材料科学与工程学院高彦峰教授领衔的科研团队,又给它增加了一个新功能,高效太阳能发电。这一研究如应用在上海中心上,可以承担起5 400户人家的日常用电。

近日,相关研究论文发表于欧洲权威期刊《先进光学材料》上,目前,项目组正在寻找

将其进一步产业化开发的企业合作伙伴。高教授笑言,这已是他家"聪明窗户"的第三次"招亲"。

**三代窗户,越来越"聪明"**

"别看它只是一块不起眼的玻璃,对于节能减排可谓意义重大。要知道,我国一半的建筑能耗都从窗户悄悄'溜'走了。"材料领域国家973项目首席科学家罗宏杰曾这样说。

近年来,我国建筑总面积大幅增长的同时,建筑能耗总量也逐年上升。《2013—2017年中国智能建筑行业市场前景与投资战略规划分析报告》显示,其在能源总消费量中所占的比例已从上世纪70年代末的10%,上升到27.45%,建筑用能对全国温室气体排放的"贡献率"达25%。而研发一扇更加节能甚至产能的窗户,不仅是我国建筑绿色创新的重要一环,对中国节能减排目标,也有不小的意义。

从2008年到2016年,高彦峰的"聪明窗户"历经三代研发。2009年,他带领团队,造出当时世界上面积最大的(30厘米×40厘米)的二氧化钒镀膜玻璃。这块冷暖自知的玻璃受控于一个由二氧化钒制成的温控"开关"。作为一种典型的相变材料,构成二氧化钒的内部晶体能根据外界温度的变化,夏天呈现金属态,将阳光中一半以上的红外线(热量的主要来源)阻隔在外;冬天变成半导体,让温暖的阳光尽情照射进来。不可思议的是,拨动"开关"的临界温度可以人为设定。这样一来,研究人员就可根据不同地区的气候条件,设计出真正人性化的智能玻璃。

2013年,在这一可调温镀膜的基础上,研究小组尝试让窗户学会发电。据了解,"发电窗户"的设想早已有之,可现有技术条件下以硅为原料的光伏设备难以做到透明,一旦植入窗户,势必影响采光。发电、透亮如何并存?国外一些研究者尝试在窗玻璃的上1/5到1/3处加载光伏电池,希望两者兼得。对此,上大材料学院的课题小组提出新思路,如果将高效太阳能电池板做成包围玻璃四周的"窗框",然后通过特殊技术令一部分光变向射向窗框,是否就能打破两难?他们将分散于高分子基体中颗粒物二氧化钒做成玻璃窗镀膜,并采用数值模拟的方法精确设计颗粒的尺寸及其在聚合物基体中的分散状态,确保入射的太阳光可以到达位于四周的太阳能电池而发电。实验结果表明,若将该技术应用于5平方米的玻璃窗,当前最高发电功率约34瓦,足以支撑一盏电灯照明。

**找伙伴,最青睐"吓不走的"**

如今,最新的"聪明窗户"更进一步。上海大学与德国埃尔朗根—纽伦堡大学C.J.布拉比教授的课题组合作,将有机高分子制成的光伏电池与二氧化硅镀膜技术叠加,入射光从散射,变成垂直射入,不仅扩大了太阳光射入面积,也同时解决透光与发电效率问题。据测算,10平方米幕墙的峰值发电可达390瓦。如果把上海中心的14万平方米外立面幕墙全部采用这一"贴膜"技术,按每天发电5小时、充放电损耗30%来计算,每天的发电量可满足5400个家庭的日用电需求。

值得一提的是,研究小组已经研发出制备工艺,令有机太阳能电池和二氧化钒可通过双层印刷制成贴膜,应用范围进一步扩大。高彦峰介绍,除了窗户外,路灯、公共汽车站的候车牌上都能使用该技术。

限于实验室资金和设备条件,目前能制备出的"小样"才2厘米见方。"企业比我们更了解市场需要什么,如何改进大批量制作工艺,因此,我们迫切需要企业合作伙伴,完成更大范围内使用的性能测试,串起产学研链的关键一环。"高彦峰说。据了解,研究团队正通过学校科技处发布信息,另一方面也在等待企业上门。

刚刚结束的巴黎气候大会,中国承诺在2030年之前碳排放达到峰值,单位GDP碳排放相比2005年下降60%—65%。与之相伴随的,是我国建筑智能化系统工程行业市场规模可预期的急速增长,节能产能一体窗户并不"愁嫁"。高彦峰说:"我们更青睐'找上门的'和'吓不走'的。"

这是在上两代"聪明窗户"产学研转化过程中总结出的经验。以第一代的二氧化钒镀膜玻璃研究成果为例。

2009年,课题组在一次科技论坛上现场展示,头顶同一个"人造太阳",实验组和比照组两间小屋比邻而建,一个燥热,一个凉爽,室内温差高达8℃。这一消息震动业内,也引来了广东佛山塑料集团工程研发中心副经理蔡朝晖的登门取经。双方一拍即合,在广东省战略新兴产业项目基金的支持下,投入达1 000万元的中间阶段试验2012年完成,去年正式投产。如今,让高彦峰特别自豪的是,就连国家住房和城乡建设部大楼的窗户都贴上了这种产品。

有了成功的商业合作先例,2013年,第二代窗户成果在《自然·科学报道》见报后,来找课题组谈合作的企业近10家。每次有人来谈,高教授就开始"吓唬人",把合作开发可能失败的各种因素、结果一一分析。结果,其他人都吓跑了,"吓不走"的是一家来自美国硅谷的企业,今年3月,对方要专门来洽谈深入合作。

[记者手记]

如何跨越"死亡之谷"?

谈及产学研发展瓶颈,我们常说要改变"两张皮"。其实,科技成果商业化一直是全球性的难题,被日本科学家称之为"死亡之谷"——尤其在高新技术转化领域,失败率高达90%。

在鼓励创新创业的当下,跨越这"死亡之谷",我们似乎过于强调政府扶植、科研院所尽力,而如何真正激发企业自身创新活力,才是关键。

聪明窗户"招亲"的两大原则,或许正在还原对企业在创新体系中主体地位的基本要求——企业从自身发展目标及生产研发能力,主动对接科研院所新成果,才能通向跨越死亡之谷的坦途。(彭德倩)

《解放日报》2016年1月7日

**多位大咖同台让学生脑洞大开——上海大学开设"创新中国"课　启发学生创新思维**

人类能创新自己吗?人类允许创新自己吗?人类受得起自己的创新吗?……上海大学社会学院教授顾骏向课堂上的同学们抛出了一个个问题。引发热烈讨论后,又有三位老师相继登台授课,让同学们的脑筋不停地跑动起来。这是新的一年里"创新中国"课的第一次开讲。四位老师同台授课,从不同的视角启发学生们的创新意识,让学生直呼过瘾。

**启发式问题导入引发学生思考**

上周三晚上,上海大学J楼102教室被坐得满满当当。"创新中国"课迎来了2016年的第一次开课时间,这次的专题为"人类能创新自己吗?"。上海大学社会学院教授顾骏作为"导论"老师第一个登台授课,抛砖引玉。

在他的启发下,同学们大胆畅谈自己的观点:"我觉得整容,将人朝好的方向转变就是一种创新。""将人的基因放到了猪的身上,有了人的成分,也算是人的创新。""我不同意,这不是变成猪的创新了吗?"……

就这样,围绕"人类创新的边界在哪里?""人类创新的伦理边界在哪里?""创新风险可控吗?"三个小议题,问题导入最先触发学生们的脑洞。接着,顾骏引用康德"人是目的不是手段"的观点告诫学生,人类创新具有伦理边界,人类必须在创新自己时顾及生命敬畏与尊重。

作为当晚的主持人、上海大学教务处副处长顾晓英紧接着为同学们一一请上生命学院青年才俊、同济大学和哈佛大学联合培养博士肖俊杰副教授,以及来自《自然杂志》编审方守狮老师,两者又分别从西方科学实证实验、东方非可道的顿悟等不同路径和方法,演绎和深化专题。

其中,肖俊杰从传统生物教科书的经典理论"心肌细胞无法增殖"入手,为学生讲解"心脏再生"的最新研究成果,以此说明教科书的理念已经被颠覆,而人类对创新自己的认识也是有阶段性和过程性的。方守狮老师则通过汉字构造的角度对"创新"进行解读,并以裸眼3D技术、克里安照相术、雾霾变钻石、苯环的发现等创新案例,鼓励学生敢想敢试。顾晓英最后还从国家有关生物医学的重大战略和规划要求予以了时政视角的解读。

大咖同台授课,以多学科、多视角、多维度的课堂教学,和大学生们一起关注、感受"创新中国"进行时,这就是当"大众创业、万众创新"成为共识,思考"大学生需要怎样的创新教育"这一大课题时,上海大学通过推出"创新中国"通识教育选修课的一种探索。

**让学生思维不断地跑动起来**

上完两个半小时的课程,大一学生谢峰峰最大的感受是,不得不感慨人类最了不起的地方就是可以超越一切想象力,"我们还处在塑造自己的最佳时期,一切都不算太晚,尝试去摆脱一些束缚,接着去找到适合自己的道路!"已经大四的计算机专业学生王润宁则感慨,一堂课上可以接触到不同老师的专业视角,脑洞的广度和深度都被触及了,对于激发想象力

和发展兴趣都大有裨益。而且,这是她大学四年来,头一次上到一节课上有这么多老师联袂出场的,"感觉好'赚'"。

顾晓英对此认为,这种多位授课老师一节课上串联起来的"项链模式",有利于生动阐释创新之于今日中国的深远意义,也有助于学生快速融入课堂内容。事实上,"不过多讲求技术细节,而更希望传递一种科学精神和思想,唯有这样,才能孕育出更多技术和未来的可能性",这已是授课老师达成的一种共识。

顾骏认为,在授课的过程中融入社会热点话题,融入大学生们感兴趣的理论问题,力图更"接地气"。他强调,既然是创新课,更要有一种活生生的感觉,"使思维不断跑动,而不是令学生机械地处于'输入—输出—格式化'的周而复始。"

**"项链模式"为学生串起"明珠"**

《青年报》记者了解到,这也是继"大国方略"后,上海大学在冬季学期全新推出的又

一门讲授中国国情与中国愿景的课程。作为"大国方略2.0版",这门新课希望把学生对国家、对民族和对个人发展的思索引向一条新路。

"世界等待什么?国家需要什么?上海承担什么?大学生该学什么?"五个问题的层层推进,由远而近,让大学生敞开心扉,在课堂中感受国家推动创新、万众参与创新的热潮,进而找到自己在校园学习和课外实践中的定位。

"创新何以成大国重中之重?""万众创新,谁是主体?""中国制造谁来造?""有BAT就是互联网强国了吗?""中国能有'海莱坞'吗?""材料也有'基因'吗?""人类能创新自己吗?""创新也能买保险吗?""创新只是灵机一动吗?""创客中有你我吗?"一共10周10个专题构成"创新中国"的教学主题。

"如果说'大国方略'是教给学生一双正确看待世界、看待中国的眼睛,那么这一季的'创新中国',则是让学生们意识到创新对于转型发展中的中国的重要意义!"上海大学教务处副处长顾晓英介绍,"创新中国"沿袭了去年开设的人气通选课"大国方略""项链模式"教学,即讲台上老师不止一位,以多学科、多视角、多维度、高层级的讲课内容,为学生串起"明珠",和大学生们一起关注、感受"创新中国"的进行时。据了解,该课程授课团队由副校长李友梅教授领衔,包括了美学、法学、金融学等全校10多个学科20多位学者。(刘昕璐)

《青年报》2016年1月12日

### 上大举办中国国际微电影节

数数2015年,管虎的《老炮儿》剧组、孙皓的《坏蛋必须死》剧组,还有陈凯歌的《道士下山》剧组携主创人员都曾经来过上海大学。2016年新年伊始,第四届中国国际微电影节又在上大温哥华电影学院举行。此次电影节由中国文化产业发展研究中心、中国影视艺术协会等单位主办,旨在面向全社会发掘和培养有责任感、有使命感的电影新人、新作,通过有价值、有力量的高水平作品,进一步丰富微电影这一新媒体艺术形式。

本届国际微电影节共征集作品600余部,作品内容丰富,题材新颖,体现了"最自由地表达"这一理念。通过组委会海选、初评、复评等环节,100部作品入围。其中《五色砂魂》《丢失的橡皮擦》《我的父亲》《豆男友》等分别摘得金羽翼最佳影片奖、银羽翼评委会大奖、铜羽翼最佳传播奖、最佳导演奖等奖项。第五届中国国际微电影节的征集工作已展开,组委会希望微电影爱好者特别是大学生影迷更积极地参与到活动中。(白白)

《新民晚报》2016年1月20日

### 探索建立中国特色智库评价指标体系

岁末年初,备受智库界关注的各类智库评价排名报告陆续推出。1月27日,宾夕法尼亚大学版《全球智库报告2015》发布。同日,上海社会科学院智库研究中心推出《2015中国智库报告》。紧接着,《国家智库》编辑部、上海大学智库产业研究中心联合发布"2015年中国智库十大事件"。加之此前一年先后推出的零点国际发展研究院《2014中国智库影响力报告》,四川省社会科学院、中国科学院成都文献情报中心《中华智库影响力报告2014》,中国社会科学院中国社会科学评价中心《全球智库评价报告》,国内智库评价排名呈现出雨后春笋般的发展态势。智库评价,关系到中国特色新型智库建设。然而,这项工作尚处于起步阶段,存在的问题不一而足。如何科学有效地加以衡量,建立中国特色智库评价指标体系?本刊就此采访多位专家,并组织文章,以期为中国智库评价提供参考。

《光明日报》2016年2月3日

**韩正:上海大学应当成为地方高校建设标杆**

当前上海地方高校的整体水平与上海的国际化程度存在不小差距。地方高校发展不在于数量和规模,而在于质量和水平,上海高校整体水平的提高,关键是地方高校水平的提高。要通过进一步扩大高校办学自主权,重点支持若干所地方高校加快一流大学建设步伐,有力支撑国家战略和地方经济社会发展。

市委书记韩正今天下午在上海大学调研时指出,地方高校在全市经济社会发展中发挥着重要作用,解决地方高校发展中的问题和瓶颈,关键要靠改革创新。上海大学作为上海的地方综合性大学,应当成为地方高校建设中的标杆。市委、市政府全力支持上海大学进一步落实和扩大高校办学自主权、开展一流大学建设,探索出一整套符合教育发展规律和地方高校发展规律、可复制可推广的管理体制机制,不断增强竞争力、提高对经济社会发展的贡献度。

座谈会上,市领导听取了上海大学党委书记罗宏杰、校长金东寒关于学校改革发展以及创新创业人才培养的工作汇报。韩正指出,高校的核心任务是培养人才,而培养人才不仅仅是知识传授,更是提高人的综合能力,培养对社会有贡献的人才,培养国家的栋梁之才。近年来上海高等教育发展很快,高校对上海经济社会发展贡献很大,其中地方高校发挥着重要作用。但我们应当清醒地看到,当前上海地方高校的整体水平与上海的国际化程度存在不小差距。地方高校发展不在于数量和规模,而在于质量和水平,上海高校整体水平的提高,关键是地方高校水平的提高。要通过进一步扩大高校办学自主权,重点支持若干所地方高校加快一流大学建设步伐,有力支撑国家战略和地方经济社会发展。

韩正指出,一所好的大学,其科研能力代表着办学水平、培养人才的水平,也应当体现对经济社会发展的贡献水平。高校和地方经济社会发展的关系,是相互作用、相互促进的关系。地方高校的科研发展,必须紧密结合当地经济社会发展实际,立足于科研成果的应用和产业化,提高科研论文、研究成果从"纸"变"钱"的能力和水平,不断转化为现实生产力,推动经济社会发展。

韩正强调,综合性大学的发展代表着高校发展的水平和综合竞争力。当前,上海大学正处于发展的关键阶段,要抓住落实和扩大高校办学自主权、开展一流大学建设的有利契机,通过改革创新,不断解决发展中的瓶颈问题。决心要大,步子要稳,各项改革都要符合教育发展规律、符合地方高校发展规律,在实践中不断探索扩大高校办学自主权的路径,提供可复制可推广的经验。要千方百计加大国际合作力度,千方百计吸引人才、培养人才,"上海大学面向未来的腾飞发展,关键要靠人才。"

调研期间,市领导还察看了上海大学美术学院、计算机工程与科学学院、通信学院、环境与化学工程学院、机械科学与工程学院,听取各学院关于学科建设、人才培养、科研成果以及服务社会方面的情况介绍,并与一线科研人员亲切交流,共同探讨如何有效解决科技成果产业化的"最后一公里"问题。

市领导应勇、尹弘、翁铁慧参加调研和座谈。

"上观新闻"2016年3月23日

### 韩正:进一步扩大高校办学自主权,加快一流大学建设步伐  上大应成为地方高校建设标杆

地方高校在全市经济社会发展中发挥着重要作用,解决地方高校发展中的问题和瓶颈,关键要靠改革创新。上海大学作为上海的地方综合性大学,应当成为地方高校建设中的标杆

我们应当清醒地看到,当前上海地方高校的整体水平与上海的国际化程度存在不小差距。地方高校发展不在于数量和规模,而在于质量和水平,上海高校整体水平的提高,关键是地方高校水平的提高。要通过进一步扩大高校办学自主权,重点支持若干所地方高校加快一流大学建设步伐,有力支撑国家战略和地方经济社会发展。

市委书记韩正昨天下午在上海大学调研时指出,地方高校在全市经济社会发展中发挥着重要作用,解决地方高校发展中的问题和瓶颈,关键要靠改革创新。上海大学作为上海的地方综合性大学,应当成为地方高校建设中的标杆。市委、市政府全力支持上海大学进一步落实和扩大高校办学自主权、开展一流大学建设,探索出一整套符合教育发展规律和地方高校发展规律、可复制可推广的管理体制机制,不断增强竞争力、提高对经济社会发展的贡献度。

座谈会上,市领导听取了上海大学党委书记罗宏杰、校长金东寒关于学校改革发展以及创新创业人才培养的工作汇报。韩正指出,高校的核心任务是培养人才,而培养人才不仅仅是知识传授,更是提高人的综合能力,培养对社会有贡献的人才,培养国家的栋梁之材。近年来上海高等教育发展很快,高校对上海经济社会发展贡献很大,其中地方高校发挥着重要作用。但我们应当清醒地看到,当前上海地方高校的整体水平与上海的国际化程度存在不小差距。地方高校发展不在于数量和规模,而在于质量和水平,上海高校整体水平的提高,关键是地方高校水平的提高。要通过进一步扩大高校办学自主权,重点支持若干所地方高校加快一流大学建设步伐,有力支撑国家战略和地方经济社会发展。

韩正指出,一所好的大学,其科研能力代表着办学水平、培养人才的水平,也应当体现对经济社会发展的贡献水平。高校和地方经济社会发展的关系,是相互作用、相互促进的关系。地方高校的科研发展,必须紧密结合当地经济社会发展实际,立足于科研成果的应用和产业化,提高科研论文、研究成果从"纸"变"钱"的能力和水平,不断转化为现实生产力,推动经济社会发展。

韩正强调,综合性大学的发展代表着高校发展的水平和综合竞争力。当前,上海大学正处于发展的关键阶段,要抓住落实和扩大高校办学自主权、开展一流大学建设的有利契机,通过改革创新,不断解决发展中的瓶颈问题。决心要大、步子要稳,各项改革都

要符合教育发展规律、符合地方高校发展规律,在实践中不断探索扩大高校办学自主权的路径,提供可复制可推广的经验。要千方百计加大国际合作力度,千方百计吸引人才、培养人才,"上海大学面向未来的腾飞发展,关键要靠人才。"

调研期间,市领导还察看了上海大学美术学院、计算机工程与科学学院、通信学院、环境与化学工程学院、机械科学与工程学院,听取各学院关于学科建设、人才培养、科研成果以及服务社会方面的情况介绍,并与一线科研人员亲切交流,共同探讨如何有效解决科技成果产业化的"最后一公里"问题。

市领导应勇、尹弘、翁铁慧参加调研和座谈。(谈燕)

《解放日报》2016年3月24日

## 中国四代堆核"芯"技术突破

近日,由中国核学会理事长李冠兴院士、上海大学周邦新院士等知名专家组成的专家组,对中科院核能安全技术研究所FDS团队自主研发的"中国铅基堆原型燃料组件及包壳材料"进行了成果鉴定。专家组一致认为:中国铅基堆原型燃料组件及包壳材料实现自主化研发,填补了国内空白,其中新型包壳材料的耐高温和耐腐蚀性能处于国际先进水平,对促进我国液态金属冷却反应堆创新发展具有重要意义。(周咏)

《人民日报(海外版)》2016年4月18日

## 走向世界的汤显祖

(上略)

今年11月,中国文联文艺评论中心、中国戏曲学院将在汤显祖的忌日召开《汤显祖、莎士比亚、塞万提斯国际学术研讨会》;上海大学将联合南方几所大学,在12月份召开《汤学与"牡"学学术研讨会议》。

(下略)

《光明日报》2016年4月25日

## 先做全面人 再做专门家——上海大学人才培养的三个断面

"我们培养的学生,首先应该是一个全面的人,是一个爱国者,一个辩证唯物主义者,一个有文化艺术修养、道德高尚、心灵美好的人,其次才是一个拥有学科、专业知识的人,一个未来的工程师、专门家。"已故著名教育家钱伟长的这句话,在他长期担任校长的上海大学校园传颂着。

"全面发展的人"是上海大学人才培养的执着追求。初夏时节,记者来到上海大学,看到这里人才培养的三个场景,听到学生的学习感言,感受培养"全面的人"的育人风采。

### "创新中国"课:多学科教授同登讲台

4月20日晚6时,上海大学"创新中国"课迎来第五讲,探讨创新中的合作与伦理以科研实践得出"创新成果的获得离不开团队的合作"的结论。

从2014年冬季学期开始,上海大学教务处副处长顾晓英和社会学教授顾骏合作,开设通识选修课"大国方略"。课程立足中国进一步向世界开放的大局,由不同专题上各有专长的教授分讲,借助课程内在的逻辑线索,形成整体教学效果。

"大国方略"课已开设5轮,每学期180人选课,期期爆满。作为"大国方略"课2.0版,着眼国家发展全局的"创新中国"课再度引发学生的选课热情,目前已进展到第二轮。"创新中国"课围绕"世界等待着什么、国家需要什么、上海承担什么、上大能做什么、上大学生可以学什么"五个问题,增强学生全局观和创新意识。

"'创新中国'课的议题设置跨越多种学科,展开文理对话,不同学科的教授在一门课程中登台讲授,身为国家'973'项目首席专家的校党委书记和身为院士的校长也走上本科生讲台,师生在讲解与互动中拓展思维,获得实实在在的收获。"顾晓英说。

(下略)(董少校)

《中国教育报》2016年5月11日

### "中国馆"首登达喀尔双年展

"2016年第12届达喀尔双年展中国馆"主题活动,日前在中国援建的塞内加尔共和国国家大剧院开幕,这是中国当代艺术首次以官方形式出现在达喀尔双年展。它由上海大学美术学院、上海公共艺术协同创新中心、上海创意设计工作者协会主办。

塞内加尔是非洲大陆最西部的共和国,是非洲大陆不同宗教、文化和谐共存的代表。在探索非洲发展道路的过程中,塞内加尔以文化立国,鼓励大量艺术家、文化工作者、知识分子前往本国,倡导非洲人的团结,彰显非洲文化的独立性,创办各类节庆和文化活动,挖掘和强化非洲人的自我意识和认同感。其中,以达喀尔双年展最为著名并形成了品牌效应。

经过26年的发展,达喀尔双年展不仅是非洲大陆唯一能够持续进行的艺术双年展,而且也成为世界20大双年展之一。时代的发展促使双年展日益国际化,也带动了国际艺术力量,尤其是欧美艺术界在非洲大陆的登场。今年,中国馆的活动又为其增加了亚洲声音,非洲当代艺术与中国、与亚洲要有更多的往来,已成为各界共识。

中国馆以"重塑:54+1——绿色的未来力量"为主题,与达喀尔双年展的主题不谋而合。上海主办方邀请到中国、非洲、拉丁美洲、大洋洲48位艺术家的参与,以绘画、雕塑、装置、摄影、影像等形式,展示中国当代艺术的发展以及中非艺术界合作的成果,以艺术为媒介,与非洲进行深入交流和沟通。

"54+1"表达非洲54个国家和1个中国开展文化对话的姿态,体现了在全球化背景下,在探讨文化多样性的过程中,双方建立可持续对话渠道和学术平台的诉求。世界问题之多,既有差异又有共性,贫富差距、地域冲突、种族歧视,这些问题并未得到解决。作为文化表达的载体,艺术语言直接、无障碍,它的独特性是可以超越政治和经济的和平力量,是绿色的力量。

中非以各自的文化背景和文明体系,形成了语言、风格不同的艺术系统。这种系统是人们情感的表达,也是各自历史发展和当下生活的呈现。正视新问题,运用艺术手段,研究新现象,超越美学范畴,扩大艺术研究和实践领域,也是研究非洲艺术、文化思潮、政经关系的另一种道路。

本世纪以来,中非经贸合作范围很广,带动了双方人员的大量往来,同时也出现了一些新现象。对于双方民众而言,对方依然是遥不可及的国度,彼此怀有想象、希望,也存在着误解和偏见。两大洲共同创意,建立中塞、中非文化对话的长效机制,以更生态、更绿色、更平等的方式,开启双方在艺术领域的学术研究,并通过各种艺术合作项目和实践活动,为全球艺术研究提供新经验、新视角,这是中国与世界文化对话的又一途径。

《人民日报(海外版)》2016年6月2日

### 传记写作如何避"四俗" 《剑魂箫韵:龚自珍传》可借鉴

非虚构写作正在成为当下写作和读者关注的热点,而非虚构写作中一个重要文体即是传记写作。评论家李炳银指出,很多传记由于对传主的了解不很深透,又无法摆脱过去的约束,要么写成年谱式,要么写成大事记或事迹解说,把传主的人生故事写成流水账,呆板且没有起伏,显得拘谨机械。陈歆耕新作《剑魂箫韵:龚自珍传》在写作中剑走偏锋,箫韵奇妙。作者述史说事,识人求理,反思评判,激情火辣,刚柔兼并,在追求其史实严谨的同时,构思独特,具有很强的文学性。该书的出版,对传记写作具有新的启发和借鉴意义。

5月28日,来自京沪等地的数十名专家、学者,汇聚上海大学,由《剑魂箫韵:龚自珍传》(作家出版社)引申开去,围绕在传记创作中如何把握好真实性与文学性表达的关系,如何融通历史人物与当下思想精神的关联等,展开了生动深入的探讨。

李炳银认为,《剑魂箫韵:龚自珍传》一书结构独特,作者没有按照时间顺序或人的经历写作,而是把人生分成生存的环境、人生仕途等几大板块,每一个板块内容集中地从不同方面表现龚自珍的精神性格。由于作者对传主思想的启发认识有整体判断,写起来比较从容。尤值一提的是,陈歆耕对龚自珍的写作不是就事论事。"过去有很多历史研究或者传记文学把历史写成了历史。反映历史的真实没有错,但是容易把历史写死,看不到今天书写历史的价值。但是《剑魂箫韵:龚自珍传》以一种理性、知性的感觉接近传主,让我们感觉到重新走近、书写龚自珍的必要性。所以他的评判、议论、分析、纠误、辨难具有特别的意义。"

评论家李建军曾对照龚自珍全集阅读《剑魂箫韵:龚自珍传》。他发现,陈歆耕的作品提供了很多有趣的细节,将循规蹈矩的时代里龚自珍个性的可爱,自由健康的心性体现出来,充分写出了龚自珍人格上的健全,文化意识的自觉,以及批判精神的强大,非常准确地把握了龚自珍的剑气箫心、刚柔并济。

"陈歆耕以启蒙性为核心和主线,在广阔的比较视野和开阔的历史视野中,细致而深入地叙写了龚自珍的现代性人格的成长历程,揭示了他的启蒙思想的形成过程,分析了他的作品所包含的强烈的现实感和尖锐的批判性。"李建军指出,尤其值得肯定的是,这是一部真正的文学性的传记。在叙述和构思上,作者力避沉闷无趣的平铺直叙,而是以聚焦关键问题和重要瞬间的方式,将人物的社会影响力和精神成长史,曲折有致地呈现了出来。生动有趣是一部成熟的传记作品的重要品质。《剑魂箫韵:龚自珍传》正是这样一部很有趣的作品。作者很善于捕捉精彩的细节,善于因小见大,善于联想和类比,善于分析和议论,所以,读来使人津津有味,矗矗不倦。总之,这是一部融文学性与学术性、可读性与思想性为一体的难得的传记佳作,是近十多年来历史人物传记创作值得关注的重要收获。

如果说克罗齐的观点:"一切历史皆当代史"为学界所认同,那么传记在写作历史人物时,如何用当代人的眼光激活史实,让今人从历史中获得新的认知?这是写作历史名人的魅力,也是写作历史人物的困境。

与会专家认为,陈歆耕的《剑魂箫韵:龚自珍传》在追求文学性表达和当下性思考的同时,注意把自己的所思和情感喷发,建立在严谨的史料梳理和考证上,力求做到言之有据、言之有理、言之有情。在史实的准确性学术性上经得起检验,是这部作品最值得称道的地方。中国文联副主席周涛谈到《剑魂箫韵:龚自珍传》具有的三个价值时,首先强调这部作品具有的史学价值。他认为,作者与传主有一种心有灵犀的精神连结,正是这种化合作用使然,使他能够更为切近地走进人物,使作品具有生命的体温、隽永的意味,也彰显出独特的价值。曾在19年前即写过《龚自珍传》的雷雨,称赞作者几乎搜集到所有龚自珍的史料,广纳前人成果,使得作者对传主的思想、艺术成就进行诠释解读时做到有一分证据说一分话。

研讨会由上海大学文化传播研究中心和作家出版社联合主办。中国文联副主席周涛、作家出版社《中国历史文化名人丛书》编委会专家组成员、中国报告文学学会常务副会长李炳银、上海戏剧学院副院长黄昌勇、评论家、学者韩石山、任芙康等参加了会议。研讨会由复旦大学教授郜元宝、上海大学上海电影学院文化传播研究中心主任郝雨共同主持。(舒晋瑜)

《光明日报》2016年6月8日

### 上海大学创新思政教育话语体系 每每开课台阶上也坐满人·各专业"名师大牛"开讲"思政课"·通识课程"大国方略"深深触动青年学子,今年又推出"创新中国"

"它令我对大国对世界有一个宏观认识,并将这种大局观延伸至我的人生。"上海大学校内论坛"乐乎"的"大国方略"通识课栏目中,机械与自动化学院2014级学生丰佳真挚留言,这样的反馈并非个例。每每开课,阶梯教室的台阶上也坐满人。

当今中国大环境下,如何有效回应年轻人关于马克思主义的思考、追问和期待?自2014年开启的通识课程"大国方略",因何触动青年学子?近年来,上海大学在思政课教育以外,创新话语体系,一系列不是思政课的"思政课",以"大国方略"为起点,逐一亮相。

**为青年开一门课,主语是"中国"**

在上大,许多学生更愿意把"大国方略"称为"中国课"。中国是一个大国吗?中国梦,谁的梦?中国高铁驶向何方?中国能第一口咬到"苹果"吗?我们会被全球化淹没吗……这一课程的九大专题,主语都是"中国"。

"这不是传统意义上的思政课",上海市教委高校思政课教学改革协作组组长忻平,时任上海大学党委副书记,是"中国课"教学团队负责人,他说:"我们希望聚合政治、历史、经济、法学等领域的专家,结合青年关注度高的热点问题,深入解读分析,解疑释惑,帮助大学生更深入了解当下中国,了解中国梦、中国道路。"

据了解,"大国方略"的课程授课组老师超过10人,授课形式延续上大思政课"项链模式",往往由2到3位不同领域专家串讲。其中不仅包括社会科学学院的专家,更涵盖来自各个专业领域的"名师大牛"。

去年4月22日,课堂来了一位特殊老师——校党委书记罗宏杰,这位国家973项目的首席科学家、"大国方略"多学科教学团队的一员,站上讲台,与几百位本科生交流自己的思考:在国家进一步加强推进科技创新的今天,我们能否咬到"第一口苹果",能否冲到世界创新的前列?

"用现在流行的话来说,我是一个'理工男'",罗教授的话引来笑声一片,"在理工男眼中,创新无处不在,关于创新的竞争同样在各个领域。要发展、赶超,应尽快和小农经济的陈旧理念、方式说再见。"

讲述完一个个生动的创新案例后,他说:"我们知道超车一般都在弯道,而找准弯道,需要我们,需要在座的你们,共同努力。"

"在这个信息大爆炸的时代,每天刷刷微博,看看微信,再偶尔浏览一些花边新闻就是了解世界、了解中国?"理工专业2014级学生魏鸿扬说,在与专家、老师的观点碰撞、思想交流中,对国家发展、社会成长,他看得更深,想得更远了。

### "开眼界"后,还要"做事情"

当今大学校园中,学生主体是"90后""95后",这一代人获取信息的能力强,他们敢于追梦,勇于设问,对国家未来的发展很好奇,如果能有一个平台,由教师通过多维角度,与学生一起梳理事实、分析理论,是否能更好地帮助青年人学会理性思考、更快成长,在信仰上也更加自信?这一想法,是课程团队的共识。

在学校看来,思政教育是个大概念,通过多种渠道,对青年的思维方式、爱国理念进行积极引导,将国家"大势"与个体"内在"更好对接,同样可以成为对青年学子正确信仰,以及将信仰付诸实践的激励和推动。

在这一理念下,今年1月,学校继"大国方略"通识课后,推出课程2.0"创新中国"——依然聚焦中国,开讲创新。有个形象的比喻,如果把前者视为帮学生"开眼界",那么后者目标,则是引导"做事情"。据了解,课程团队进一步扩展为包含1位工程院院士、12位教授、6位副教授的"豪华阵容"。该课程目前已被列入2016年度上海市教委思政课教改试点项目。

"今天又来了大咖!超级大的大咖!"上海大学学生论坛上,一名ID为mose16的学生兴奋描述刚刚听完的通选课"创新中国"。原来,参与"有了BAT,中国就是互联网强国吗"这一专题的主讲教师大牌林立——其中最引人关注的,就是上海大学计算机学院院长、帝国理工学院终身教授、数据科学研究所所长郭毅可。

"我不会过多讲技术细节,更希望传递一种科学精神。"郭教授坦言。有意思的是,他们的授课激发学生深入思考,甚至引来反驳。"法律维护秩序,技术破坏秩序",郭教授的这个观点在课后互动中,引来了一名社会学院二年级学生的激烈反对,"老师,你这个观点,我听了很生气!"你来我往的讨论中,不知不觉,在座学生对科学伦理与法律边界的认识更深了一步。

### 带着"问号"上课留下"省略号"下课

3月30日晚上6点,上海大学"创新中国"课堂又来了"大牛"——校长金东寒院士。"创新是灵机一动吗"是他与师生共同探讨的主题。

"如何简单快速地让吸管穿透苹果""龟能抓到并吃掉活的老鹰吗""如何训练100只跳蚤都只跳300 mm高"和"猴子为什么不敢吃香蕉",一个个有趣的问题娓娓道来,传递着打破惯性思维的创新本源,引来满场热议。下课铃响,许多学生意犹未尽,赶上台继续问问题、谈想法,把金院士包围起来了。

如今,刚完成第二学期讲授的"创新中国"通识课,正酝酿第三学期的课程设计。许多学生回首发现,无论是"大国方略"还是"创新中国",每一次主题都是问号结尾:中国道路能引领世界吗?中美真的能坐在一张椅子上吗?在创新领域,世界等待着什么?国家需要什么?上海承担什么?上大学生可以学什么?

课程主讲老师、顾晓英工作室负责人顾晓英副教授看来,这样的问题切入模式,便于激发学生共鸣,也令探讨更加开放。同时,多位多学科专家同堂串讲,如同一种"乱入",令课堂充满朝气和活力。

带着"问号"上课,为青年留下的是不断思考、实践的"省略号",而非盖棺定论的"句号"。据了解,"创新中国"课的一大特色,就是每次学期末作业,都要求每位同学都需申报一个校内创新项目,成败不论,重在创意、重在过程。不少从没关注过校园网上创新项目申报内容的学生,由此第一次点开了网上栏目,开启新世界。(彭德倩)

《解放日报》2016年6月19日

**中国电影,更需务实和超越——写在第19届上海国际电影节闭幕之际**

面向世界、面向未来、面向产业、面向大众——6月19日晚,随着金爵奖各个奖项的揭晓,为期九天的第19届上海国际电影节宣告落幕。中国拥有世界第二大的电影市场。据统计,2015年全国电影总票房为440.69亿元,国产影片票房271.36亿元,占总票房的61.58%。电影已经成为中国文化产业的重要一环。有预测称,中国即将在今年或明年超过美国,成为世界最大的电影市场。

来自上海国际电影节的一系列数字和观点、交流与合作,让人们更清晰地意识到——站在"风口"上的中国电影,尤需冷静和务实,更需创新和超越。

**面向世界:一个电影节的进取和追求**

"讲好中国故事,传播中国声音,展现中国国际影响力",这是上海国际电影节不变的初衷。通过高质量的展播展映、高峰论坛、评选扶持、市场交流等活动,展示世界电影多元文化,呈现世界最新电影技术,繁荣中国电影创作,推动中国电影产业发展——上海国际电影节在办节品质、办节理念、办节机制、办节方向等方面,一直在进取。

一系列数字令人惊喜:今年的上海国际电影节共收到来自114个国家和地区的报名影片2 403部,展映近600部中外佳片,场次达1 360场,票房超过2 000万元,所有数字均创下历史新高。数字证明了上海国际电影节不断突破自我的努力。

中国的功夫电影,已经成为世界大银幕上的"中国符号"之一。刀光剑影、一招一式之间,传播的是中国文化和中国哲学。作为上海国际电影节的特别单元,"成龙动作电影周"今年举办到了第二届,吸引全世界的动作片幕前幕后人员前来参加。"一带一路"是本届上海国际电影节贯穿始终的主题之一。在上海国际电影节的倡议和推动之下,沿线国家电影节代表共同签订"一带一路"电影节战略合作协议。签订者中包括中国上海国际电影节、爱沙尼亚"黑色之夜"电影节和埃及开罗电影节这三家国际A类电影节的代表。

**面向未来：一个电影节的梦想与坚守**

随着中国电影全球地位的日益崛起，上海国际电影节拥有了更为开阔的全球化视野，在展现海外优秀文化的同时，建立中国文化共享平台，贯通电影文化输出交流线，进一步建立中国电影及中国文化产业的文化自信。

在关注当下的同时，前瞻性地思考未来，考验的则是电影节的综合实力和创新能力。互联网和VR技术，是本届电影节的两大热词。拍摄首部VR宣传片，举办"创·视纪VR乐园"，这也是世界上首部A类电影节的VR宣传片和首次VR集中展示，共有30部VR影片进行展映，以及26家来自各国的机构参展。

今年还是上海国际电影节"电影项目创投"十周年。十年耕耘，"电影项目创投"已经发展成为亚洲地区具有影响力的电影项目融资市场。在中国电影产业飞速发展的当下，项目创投立志于树立行业标杆，支持青年原创，鼓励多元风格。历年的电影项目创投，已促成40多部电影制作成片。

**面向产业：一个电影节的辐射与带动**

本届电影节闭幕前日，中国本土电影领军企业之一、博纳影业宣布落户上海，正式入驻环上大国际影视园区，同时一口气宣布11部重磅电影的拍摄计划。加上之前入驻的银润传媒、麒麟影业、亚洲传媒、奥飞影业、翡翠东方、飞马影业等，环上大国际影视园区落户机构已具规模，还吸引了马尔科姆、岩井俊二、贾樟柯等著名电影人以及一批青年新锐导演入驻。包括阿里影业、腾讯影业、合一影业等在内，已有70多家优质企业落户上海。

从去年开始，为了鼓励更多艺术家在上海创作，把作品留在上海、写上海、拍上海，上海推出一系列名家工作室落户的举措。就在前不久，王丽萍影视工作室、洪金宝电影工作室先后正式揭牌。两位著名导演在电影人才教育上先后发声：贾樟柯宣布担任上海大学温哥华电影学院院长，将联合开发国际化、新型的电影教育体系；陈凯歌则以上海大学上海电影学院院长的身份表示，自去年就任以来，他带领团队基本打造了层次完整的学科体系，将逐步建成覆盖"电影全产业链"的专业建制。

一个节浸润一座城。在有着百年中国电影积淀的上海，资本、技术、人才，正在加速集聚，推动建设成为电影企业集聚、产业链完整、具有国际影响力的电影产业重镇。（颜维琦　曹继军）

《光明日报》2016年6月20日

**大牌教授来了，思政课更好听了**

每所名牌大学都有几位"校宝级"乃至"国宝级"的教授。能否把这些大牌请进大学思政课课堂，让这些引领研究潮流的学者们与年轻大学生谈谈正在崛起的中国——实现中华民族的伟大复兴，路在何方？

最近，同济大学启动思政课教学改革，首次推出面向全校学生的"中国道路·名师讲坛"。从中科院院士、我国海洋地质科学家汪品先教授，到常年致力于历史城市遗产保护的阮仪三教授……论坛阵容堪称豪华。从海洋科技强国到中国的新城镇建设,同济的思政课堂正展现出新意:更有学术味,也更好听了。

将优质师资资源引入思政教育领域,把思政工作与学科前沿相结合,在上海的多所高校,思政教育领域正朝着入耳入脑入心的目标迈出全新步伐。

**不一样的思政课:掌声雷动,提问不断,久久不散**

由学科大师讲授的思政课,为何会让大学生好感骤升?答案,隐匿在课堂上。

"中国道路·名师讲坛"打头阵的正是任教于该校海洋与地球科学学院的汪品先院士。给学生们讲中国建设海洋强国的征程,汪品先娓娓道来,既深刻剖析中国在历史上由于忽视海洋而付出的代价,也明晰地阐释国际海洋科考的进展,他直截了当地告诉大学生:"科技在国际海洋权益争夺中的作用,从来没有像现在这样突出;科学界对于海疆所承担的社会责任,也从来没有像今天这样重要。"

这堂课收尾的PPT上,展示了一幅地图:中国的海岸线如一张弓,长江似一枚箭,而上海则是正待射向浩渺西太平洋海域的箭头。随后,这位年近八旬的院士对学生们说了一句话,吐字格外清晰:"十九世纪中国的沦落从海上开始,二十一世纪中华的振兴必须在海上立足。"这堂课,掌声雷动,随后的师生互动亦异常热烈,学生们久久不散。

据介绍,"中国道路·名师讲坛"每学期将举办6至8场专题讲座,每个专题报告均由各专业的名师名家出任。围绕"创新、协调、绿色、开放、共享"五大发展理念,旨在让学生们从不同视角加深对"中国道路"的理解。

同济大学党委书记杨贤金教授表示,大学的核心功能是人才培养,树魂立根是大学培养人才的基本要求,而思想政治理论课是育人主阵地。构建全员育人、全过程育人、全方位育人的育人体系,高校要把大学生的思政教育工作贯穿于人才培养的每个环节。"落实全员育人理念,不仅是对思政教师提出新要求,也是所有专业课教师的职责;全员育人的行动,不仅体现在课堂上,更体现在实践中。"

**全明星教授阵容解决好"说什么""谁来说""怎么说"**

打造全明星教授阵容,形成专兼职结合的思政教学团队,创新思政教学方式方法,沪上更多高校开启了创新和探索。

在上海大学,"大国方略"课程自2014年11月推出,已连续5个学期成为最热门的通识选修课。目前,"大国方略2.0版"——全新的"创新中国"课程已经上线,包括上海大学校长、中国工程院院士金东寒,上大计算机学院院长、帝国理工学院终身教授郭毅可等,都是这门课程的授课团队成员。

从"大国方略"到"创新中国",上大独创了师资组织的"项链模式"——把大学各专业的大牌教授串在一起,既有明确的思政课程教学主线,又展现了教学内容的丰富性。有时,课堂上甚至会出现十来位名师联袂开讲的盛景。

在复旦大学,每名思政课教师都有留学海外的经历,并且来自社会学、政治学、马克思主义理论学等不同专业。有教师在上"毛泽东思想和中国特色社会主义理论体系概论"这门课时,还会引入经济学家托马斯·皮凯蒂的《21世纪资本论》。

上海大学教务处副处长、上海市思政课名师工作室主持人顾晓英认为,提升思政课教育的实效性,当前很重要的一点在于转换话语体系,要解决好"说什么""谁来说""怎么说"的问题。

同济大学马克思主义学院副教授运迪说,如今这一代"95后"学生群体掌握的信息量巨大,思政课要达到理想教学目标,教师也要有敏锐的洞察力,要有能力在一些大学生容易感到困惑的理论问题和社会问题上提供及时、正确的引导。

同济大学马克思主义学院院长丁晓强教授坦言,之所以把各路名师名家引入思政课堂,就是因为这些学界翘楚大多有巨大的人格魅力和感召力,其成长历程就是生动的思政教育素材。"大凡一流学者,内心都有浓厚的中国情怀。要取得一流的研究成果,他们的命运势必和我们国家经济社会发展联系在一起,而他们孜孜不倦的研究,也是为了我们国家人民以及全人类的福祉。"丁晓强说。

高校里的大师,正成为思政教育的鲜活资源。(樊丽萍)

《文汇报》2016年6月20日

## 八旬华裔老翁上大读硕11年

81岁的郑建阳是马来西亚华裔,昨天下午坐在了上海大学硕士论文答辩的教室里,有望成为国内最高龄的硕士毕业生。而且,郑老先生刻苦求学的传奇经历,也令考评答辩的专家们颇为动容。

### 70岁成为上大硕士生

"郑建阳生于1935年1月,是我带的最年长的硕士生,年龄是我父辈级的,但没想到他学习劲头可足了。"上大上海电影学院新闻传播学科负责人郑涵教授说,2005年,市教委与上海大学办了一个合作项目,专门招收一批马来西亚华裔来上大攻读硕士学位,郑建阳就是其中一位,也是年龄最大的研究生。"虽身在海外,但郑建阳总是说自己的心始终在中国,他的父亲原籍福建,所以自己特别想能拿到中国的大学学位。1976年,他进入了台湾大学法律系学习,时年已经41岁,1980年成功拿到了法学学士学位。退休前,他一直在马来西亚的中学里教英语并兼职做翻译。70岁那年,他又成为上大的硕士生。"

郑涵教授说,为了这批马来西亚学生,上大定期派教师前往当地授课,而且,在课程计划、教学要求、考核办法等方面,与国内同专业的学生一视同仁,这在一定程度上也加大了郑建阳学习的难度,但老人家自从入学后,就始终刻苦学习。

### 照顾母亲延期结题

按目前国内通行的做法,硕士研究生的毕业论文一般在3.5万字以下,但郑建阳的论文超过了16万字。作为学生,他经常与自己的导师通信往来。"一位耄耋老人,10多年求学路走过来,需要付出何等的努力啊。"郑教授说,郑建阳的10多门硕士课程早已合格通过,但进入论文写作阶段后却有点"卡壳"。2009年,郑建阳按教学计划如期飞来上海,提交论文开题报告,但后来却几次向导师报告,希望把结题的时间往后拖延。主要理由有三个,一是觉得自己年纪大了,论文必须绝对做足做好,但对自己的课题从观点到材料都始终不太满意,不断地重复着自我否定;二是5年前,郑建阳突然中风过,行动渐渐变得不灵活了;三是他还要照顾100多岁的老母亲,甚至表示"照顾母亲是第一位的,比拿学位要重要得多。"直到3年前母亲去世之前,他一直围在病患母亲的床前尽心伺候。

**答辩前再修改论文**

6月17日下午,郑建阳在79岁的弟弟陪同下飞抵上海,导师郑涵带着博士生前往接机。"也许是长途旅行劳累的缘故,当一步一蹒跚走出海关的郑建阳出现在我们面前时,身子突然往下坠,是我一把搀住了他,而且几乎是一直扶着他走路。"郑涵感慨地说,老先生难得来一次上海,问他是不是要去景点逛逛,不料,郑建阳一口谢绝,连连说只想尽快去图书馆。第二天,郑涵又亲自陪同老先生在学校图书馆里待了好几个小时。"老先生不会电脑打字,每次都是将修改的论文快递给我,我让博士生们帮着打印,一共改了六稿,修改材料堆成了山。答辩前一晚老先生还提出要再修改,还是我劝他别改了,先看看答辩的情况再说吧。"郑教授说。

"答辩会的主席是由外校专家担任的,其他四位教师也是来自不同的高校,但其中有两位本校老师曾前往马来西亚给郑建阳上过课。从事后了解的情况来看,专家们都对老先生的研究报告《论马来西亚的表达自由权》相当满意,特别是对他的求学奋斗精神赞叹不已。"郑涵说,其实对这次答辩,老先生心里相当紧张,不停地嘟囔:"我准备的材料会不会还有哪些疏漏啊……"(王蔚)

《新民晚报》2016年6月20日

## 在上海,享受电影最好的时光——2016年上海国际电影电视节在沪闭幕

6月,初夏的上海街头,梧桐青青、清风习习,路边红色展旗轻轻飘扬——"去电影节,享受最好的时光!"

继第二十二届上海电视节闭幕之后,为期九天的第十九届上海国际电影节6月19日在沪闭幕。在这个中国电影的发源地、光影璀璨的电影之城,人们尽享电影带来的美好,品味这场澎湃而来的文艺盛宴。

这是2016年。毋庸置疑,历经几代电影人的不懈努力,中国电影产业正处于欣欣向荣的黄金时机。而2016年上海国际电影电视节的成功举办,正是要让中国电影能够迎来更多更好的时光,努力为世界贡献属于中国的电影色彩。

**电影节,助推中国电影产业崛起**

"中国的电影产业正经历着跨越式发展。"国家新闻出版广电总局副局长童刚说。

1993年,第一届上海国际电影节创办之初,中国电影正值低谷。寄托着中国几代电影工作者夙愿的电影节诞生,给中国电影打开了一扇直面世界的窗口。时光荏苒,此后20余年,中国影视业飞速发展,票房数字也不断攀升。直至2016年,中国已稳居世界第二大电影市场。

而上海国际电影节,一直都是中国唯一的国际A类电影节。

"一届又一届上海国际电影电视节的成功举办,见证着世界电影工业的发展岁月,也参与了中国电影产业的崛起进程。"童刚指出,上海国际电影电视节承担着推动电影产业发展、促进中外电影人合作的使命。

在中国电影迎来发展黄金机遇期的当下,一年一度,这一亚洲规模最大电影盛会的举办,具有无可比拟的平台价值。如今的电影节,不仅是中国电影从这里走向世界,世界也通过这一平台来观察中国电影,期待中国电影未来的发展可能。

"对我来说,中国是非常神奇的地方。"本届电影节主竞赛单元金爵奖参赛片中有不少大牌导演的新作,如德国导演赫尔佐格带来的电影《盐与火》。在电影节现场,赫尔佐格说,自己参与上海国际电影电视节的金爵奖角逐,是因为"上海是一个全新的水平线,我希望将上海作为融入中国文化的一个窗口"。

为中国电影筑基添彩,上海国际电影电视节一直以来责无旁贷。

作为电影项目孵化器的电影节项目创投板块,今年迎来创办第十年。10年,从筚路蓝缕到硕果累累,她见证并助力着中国电影的起飞:2009年入围的张猛《钢的琴》,上映后成为获奖专业户,2009年韩杰的《HELLO,树先生》,在2011年拿了上海国际电影电视节的最佳导演奖和评委会大奖;2010年的入围项目刁亦男的《白日焰火》,在2014年柏林电影节拿下最佳影片和最佳男演员奖……

这是一个电影节的品位与气度。

"电影节对于年轻的电影制作者来说是非常重要的,你可能需要资深的电影人为你提供一些帮助,看他们如何看待你的作品。"本届电影节金爵奖动画片评委会主席、瑞士动画艺术大师乔治·史威兹贝尔说。

每年,电影节都会颁发"亚洲新人奖"。去年,该奖首度与东京电影节达成协议互推新人、互推新作。今年又陆续和爱沙尼亚电影节、孟买电影节、威尼斯电影节及多伦多电影节达成协议互设"直通车",形成一个新人新作的世界直通平台。这正是上海国际电影电视节设立亚洲新人奖的初衷:激活亚洲力量,挖掘新鲜面孔。

助力中国电影向前奔跑,电影节不遗余力。

"期待中国电影人在上海国际电影电视节这个大舞台上,讲好中国的'电影故事',让更多的中国电影能走出国门、与全世界人民产生强烈的心灵共振。"上海市副市长翁铁慧寄语。

**电影人,为中国电影出谋划策**

电影需要直指人心,更需要薪火相传。

的确,中国电影正处于一个"黄金时代"。在这样的大环境下,热情与冲动不会缺少,然而也恰恰是这个时候,中国电影更需要冷静与思考。

本届电影节,通过各种活动、论坛,为中国电影出谋划策。汇集中外电影人创意和观念的论坛现场,亮点频闪,不妄自菲薄,也并未志得意满。包括电影创作、电影与资本、中国电影走出去、互联网电影等在内的论坛主题,基本覆盖电影产业链各个环节。

人才是电影产业的重要一环。这也成为本届电影节热议的焦点之一。

上海温哥华电影学院常务副院长刘海波在电影节现场指出,中国电影目前的教育方向重研究不重创作,重学术不重艺术,重文不重技术,"估计是会写论文的一大堆,会拍电影的不多,中国电影产业第一线人才仍然缺失。"

"电影黄金时期要培养接班人。"香港演员梁家辉在电影节上表示,"香港电影曾有过辉煌的历史,但我们确实在香港电影的黄金时期没有好好培养第二梯队,大家都只顾着赚钱。"他提醒,"虽然现在大陆电影长红,但也要关注一下接班人,甚至包括场务,一群成熟的场务,会帮你解决很多问题。"

在电影节举办的一场主题为"票房即将超美国,成为'老大'还差几件事?"的论坛上,一向温文的导演李安提出忠告,希望中国电影慢速成长,而不是快速飞涨,希望中国电影人自然成长,而不是揠苗助长。

"在中国,电影是一个新兴行业,我希望这是一个开始,而不是高峰。不要长得太快,成长是很自然的事,年轻人要准许自己被孕育,不要急功近利,很多事情不是一下就可以成功的。现在医学这么发达,我们都可以活这么长,急什么呢?"李安的观点,迅速成为各界热议的焦点。

论坛中,有电影人指出,在中国,一部热门电影可能占据总银幕屏数的四成至五成,这在很多国家是不可想象的。产业链中的重要一环就是规则。上海戏剧学院影视学院院长、导演胡雪桦认为,好的电影规则就是要让8岁到80岁的人都能看到自己想看的电影,"这是中国电影产业目前面临的一个严峻问题。"

在电影节举办的"互联网高峰论坛"上,不少影视界人士坦承,正逐渐意识到并不是所有的IP都适合改变成电影,反思过去"一窝蜂"抢购IP的局面;而对如今正热火的VR技术,业内人士也态度冷静。小米影业总裁唐沐就直言,VR视频就像"糖水片",并不会存在太久时间,最后能留下来的关键还是在于内容的好坏。只有真正好的内容,VR才能做起来。

正如上海国际电影电视节所提倡的:当下创作的手法类型再多,仍要坚持现实主义的创作方法;当今影视作品的创作元素再多,仍需突出文化追求;当前影视的资源再多,仍应坚持原创。

**电影城,回到中国电影最辉煌的起点**

中国电影最辉煌的起始,是在上海。

每一年的电影节,同样见证了上海影视产业的发展,而最近这两年,这种发展趋势更是让中国乃至全世界的影视业感到震惊。

今年5月公布的一组数据显示,2015年,上海备案电影数量为283部,比2014年增长47.4%。出品的完成片数量44部,比2014年增长22.2%。上海出品的影片进入院线上映共22部,总票房近10亿,比2014年增长175%。2016年1月至4月底,上海电影备案立项达到142部,审查完成片34部,上海出品的电影票房达9.25亿,已接近去年全年票房……

"上海是全国的文艺重镇,在中国革命、建设、改革等各个不同历史阶段,孕育出一大批艺术大家,涌现出一大批思想性、艺术性、观赏性相统一的经典巨作。"上海市委宣传部副部长、上海市文广局局长胡劲军表示,"新时期全国文艺发展正在迎来一个新的春天,上海理应在繁荣社会主义文艺方面不辱使命、大有作为。"

电影,便是其中之一。水涨船高,在中国电影产业出现新的高速增长的背景下,借力电影节这一重要平台,上海电影产业正在努力回到辉煌的起点。

2014年,根据国家财政部等7部门出台的《关于支持电影发展若干经济政策的通知》精神,上海市委宣传部、上海市文广局、上海市教委等9部门联合出台了《关于促进上海电影发展的若干政策》。2015年11月,进一步出台了《关于促进上海电影发展的若干政策实施细则》,扶持奖励范围几乎涵盖电影产业链方方面面。

电影产业要做大,工业化必须要跟上。在新政的推动下,电影产业链条各个环节都开始在上海聚集。

找准自己的特色，上海影视产业在新事物、高标准方面大力发展。如为《功夫熊猫3》中文版配音的上海立鼎已是全亚洲最先进录音棚，也是目前国内最贵的录音棚，但是迪士尼、梦工厂，已经确认了好几部片子都在这里做，并且算是"不二之选"。

阿里影业、博纳影业、腾讯影业、合一影业、米粒影业、儒意影业、其欣然等70多家外地优质企业入驻上海，不少导演和演员也开始把影视创作的重心逐步移到了上海，纷纷成立了个人影视公司，上海影视制作群落日益壮大，影响力逐步彰显。

除吸引人才，上海同样致力于培养人才。作为上海"电影新政"推动下的一个标志性成果，上海温哥华电影学院引进温哥华电影学院的教学体系和师资教材，与北美教育市场和产业市场无缝对接。2015年上海大学上海电影学院成立，为上海文化创意产业和电影产业提供技术支撑，输送优秀人才。

"当前，中国电影发展最缺的就是现代工业体系。我们愿意扎扎实实从头做起，让自己的土壤里有东西，找准中国电影、上海电影发展真正的根基——专业化、国际化、市场化的现代工业体系。"胡劲军说。

《人民日报》2016年6月21日

### 高瞻远瞩：瞿秋白起草《文件处置办法》——中央档案馆馆藏珍贵历史档案背后的党史故事之五

中央档案馆内，珍藏着中国共产党早期主要领导人之一瞿秋白1931年的一份手稿——《文件处置办法》。起草该文件四年后，年仅36岁的瞿秋白慷慨就义。这份中共最早的关于档案文件管理的规定，对党的历史文献的管理保存发挥了极为重要的作用，体现了一个共产党人的远见卓识。

这份《文件处置办法》共七条，规定了档案分类整理、编目、留存、销毁的原则与方法，资料的收集、保管等内容。

在起草件末尾，瞿秋白特地写了一条"总注：如可能，当然最理想的是每种二份，一份存阅（备调阅，即归还），一份入库，备交将来（我们天下）之党史委员会"。瞿秋白特别在"将来"两字旁打了着重圈点，表明他在起草文件时对革命前途充满必胜信心。

1899年1月29日，瞿秋白出生在江苏常州，1917年秋考入北京俄文专修馆学习。五四运动爆发后，他以极大的热情投入北京爱国学生运动。1920年秋，瞿秋白以记者身份赴苏俄实地采访，两年时间里，撰写了数十篇通讯和著作，以自己的亲见亲闻，客观介绍俄国十月革命后苏俄的真实状况。1921年5月，他在莫斯科经张太雷介绍，加入联共（布）党组织，1922年2月转为中国共产党党员。

1923年1月回国后，瞿秋白担任中共中央机关刊物《新青年》《前锋》主编和《向导》编辑，发表了大量政论文章，为党的思想理论建设作出了开创性贡献。1923年6月15日，《新青年》季刊创刊号首次发表了他译配的中文版《国际歌》，法文"国际"采用音译"英德纳雄纳尔"，一直沿用到今天。同年7月，他和邓中夏等一起筹办上海大学，任教务长兼社会学系主任。这所国共合办的大学，为中国革命培养了一大批人才。

从书生到领袖，瞿秋白走过了短暂又辉煌的一生。

1927年"八七会议"后，瞿秋白担任中共中央临时政治局委员、常委，主持党中央工作。1928年6月18日至7月11日中国共产党在莫斯科召开第六次全国代表大会,瞿秋白和周恩来等主持了大会,当选为中央政治局委员,六大结束后,瞿秋白任中共驻共产国际代表团团长。1930年8月回到上海,随后再次主持党中央工作。1931年1月,在被王明错误打击、解除中央领导职务后,在白色恐怖笼罩的上海参加领导文委和左联的工作,并翻译列宁著作,与鲁迅建立了深厚的友谊。鲁迅曾书赠瞿秋白联语:人生得一知己足矣,斯世当以同怀视之。

随着上海地下斗争日益残酷,1930年4月《中共中央对秘密工作给中央各部委同志信》强调:由于环境恶劣,各机关不宜保存文件,凡是"不需要的文件,必须随时送至文件保管处保存"。1930年9月中共六届三中全会后,文件保管处已经集中了20余箱文件、资料,中国共产党第一座秘密档案库就此建立(党内习惯称之为"中央文库")。

1931年初,周恩来到中央秘书处视察工作并查用文件。在视察中发现该处内储藏的文件、资料一包一捆未加整理,当即指出"文件材料应分条理细,进行分类整理",并对陪同的中央秘书处负责人说:"在文件整理方面,你们可以找阿秋(瞿秋白)去谈谈,请他给写一个文件处理办法。"

瞿秋白欣然同意,很快起草了一个比较系统的《文件处置办法》。

起草过程中,瞿秋白提出,要对所有文件"切记注明年月日,愈详愈好"。中央及地方及各团体的机关报,需全份保管者,应妥善置于"只有至多两人知道的地方,同时当然要是不甚费钱的地方",并"把历年来的机关报上之论文,编一本分类目录(并在每篇注明写作的日期)"。

见到起草件后,周恩来批示"试办下,看可否便当"。

这一《文件处置办法》成为中共第一个档案文件管理制度,由中央文库最先执行。《办法》的实施使得大量珍贵的党史档案资料得以保存,具有重要的历史意义。

1934年2月,瞿秋白到达中央革命根据地瑞金。中央红军长征后,他留在南方坚持游击战争。1935年2月在福建长汀县被国民党军逮捕。敌人得知他的身份后,采取各种手段利诱劝降,都被他凛然拒绝。6月18日,他坦然走向刑场,沿途唱着《国际歌》《红军歌》,呼"中国共产党万岁""共产主义万岁"等口号。到达刑场后,盘膝坐在草坪上,饮弹洒血,慷慨就义。

1950年12月31日,毛泽东为《瞿秋白文集》题词,高度赞扬他说:"在革命困难的年月里坚持了英雄的立场,宁愿向刽子手的屠刀走去,不愿屈服。他的这种为人民工作的精神,这种临难不屈的意志和他在文字中保存下来的思想,将永远活着,不会死去。"

在中国共产党历史上,像瞿秋白这样勤于思考、善于总结的人物和事例有不少,他们表现出的高瞻远瞩、对革命胜利的坚定信心,对后来的革命和建设产生了深远影响,值得我们钦佩和敬仰。(胡锦武 崔清新)

《人民日报》2016年6月21日

**联合上海大学,将教学资源投入社区,对在岗社区工作者专业授课 普陀打造沪上首所"社工大学"**

两年前刚踏入社工生涯的"90后"小伙蒋昕,对这个岗位留下这样的印象:"刚开始时,我并不抱有好感,感觉社工是低薪、等退休的状态。"

从当初抱着试试看、随时准备走人的态度尝试,到最后接纳这份工作,并实现自己价值,蒋昕从一名青涩的新人社工成为小区居民口中亲切的"小蒋",这除了得益于小区这个天然的大课堂,更得益于真如社工职业化发展规划。

记者最新获悉,普陀区真如镇街道正积极与上海大学协商合作,将创办上海第一所"社区工作者大学",推动社区工作者向专业化、职业化方向发展。

**越来越多年轻血液加入**

在普陀区真如镇街道的真光新村第四小区,记者第一次遇到蒋昕。这个个子高高、皮肤黝黑的年轻小伙,正拎着大药壶给小区的苍蝇笼子加药水除"四害"。

24岁的蒋昕,是真光四居委会的卫生主任。

蒋昕毕业于法学中专,后又考取华东政法大学的本科。怀揣着法律理想的蒋昕做过游戏网站编辑,卖过机票,发过小广告,为私企做电话推销,最后公司倒闭。一连串走上社会的尝试失败后,蒋昕在两年前开始社工生涯。他说:"刚开始,我对社工这份工作并不抱好感,但自从当上卫生主任以来,才发现社区的工作没那么简单。"

"昨天我又被居民揍了。"两户居民因为清理楼道发生冲突,夹在中间落实清理工作的蒋昕遭了殃。"你这个小鬼,凭什么来管我家的事儿。"这种冷言冷语也常让刚上任的蒋昕灰心丧气。街道开展的一次次社工讲堂和团建活动,为蒋昕打开社工道路的大门。

"我还记得团建那天,老师给我们每人四张纸,让我们列举小区工作中的困难。在场所有社工都畅所欲言,在沟通中释放彼此的压力,也在专业导师帮助下寻找到很多问题的解决方案。"蒋昕第一次意识到,社区工作不是一份杂活儿,更是一份专业程度很高的职业。

"除四害,你要学习卫生知识;应急防火,你要学习消防知识;与人打交道,你需要懂得心理学知识;年终做财务报表,你要学习财经知识;小区里举行各种活动,还要有策划和组织的能力……"

真如镇街道面对社区工作者的职业化发展规划包含一本"社工手册"、一个"电子走访日志"、一份"青年导航计划"、一个"登高培训计划",以及联合上海高校设立的一所"社工大学"。去年居委会换届,越来越多新鲜血液加入,目前真如街道共有94名40岁以下的青年社工。

"社区是一个让年轻人成长的地方,这里没钱少资源,年轻人必须要学会借资源,协调不同人群,策划和组织活动。"真如镇街道办事处主任孟庆源说,"社工职业化发展规划为初到社区的年轻人'把脉'并发掘潜能,哪怕他以后离开社区,都是带着能力的提升和对社区的感情离开,将来还可以反哺社区。"

**鼓励社工参加职业培训**

两年前,蒋昕到真如镇街道办面试时,龚顺美是面试官。当时还在街道社管办任职的龚顺美,从去年3月起担任真光七居委会党支部书记。从过去管理社工到直接面对居民,居委会的一线工作让这个"80后"重新理解了社区工作者的意义。

真光新村第七小区是建于1995年的老公房小区,居民多是动迁户。

21年下来,小区里人口压力大,违章搭建严重,火灾常发,久灾成疾,被称为"小久灾沟"。一旦发生火灾,书记是第一责任人。"刚到这个小区时,压力真的非常大。"龚顺美说。

今年5月6日11时许,龚顺美正在走访居民,突然看见隔壁楼的三楼窗户有浓烟冒出。凭着在社工消防培训中学到的知识,她马上让居民拨打119报警,然后召集居委会7人来到楼前,协助消防员拉好警戒线,并疏导周边居民。"我把居委会成员分成两组,一组负责调出整幢楼的居民信息,挨家挨户确认楼上每户居民是否在家;另外一组负责安抚围观群众,跟大家解释起火原因。"

"这个居民本身有收集修理旧电器的爱好,家里旧电器堆积如山,多次给他做工作都不听。当天他把刚修好的电扇插电吹风,就去逛超市了,没想到一出门就出事了。"龚顺美有条不紊地在现场指挥工作,"只要有一个细节没把握好,就可能引发政府和居民的矛盾。"

"普通社区工作者对消防等领域专业知识一无所知,遇到紧急情况就会慌张。"龚顺美说,"其实害怕往往是因为无知。"社区的专业培训计划鼓励每一位社会工作者通过上培训班,考取全国性职业资格证。龚顺美的消防安全资格证就是通过由消防官兵授课的专业课程取得的。

**街道高校合作办"大学"**

三年前,真如镇街道开启对社工的培训计划,提供阶段性、贴近日常工作的实践型培训。"从长远来看,我们需要建立一所专门的大学,给社区工作者提供专业课程和系统的业务培训,建立社区工作者的职业标准,真正把社区工作者的专业化程度提高。"孟庆源说。

"街道与大学联手打造一所'社区工作者大学',这是过去从未有过的。"上海大学社会学教授顾骏说。这个"大学"并不是严格意义上授予学位的大学,而是高校将教学资源投入到社区,对在岗的社区工作者进行专业授课,提升专业知识和技能的"大学"。

国外有专门的社会工作者专业学科,大多数社工都经过专业培训,具备相关学历。目前中国的"社工",更多是指在居委会上班、管理居民小区的社区工作者。

"学历不高,没接受过专业培训,一线工作做得不少,但还比较粗放,这是目前社区工作者的普遍现状。"顾骏说,"社区工作者大学就是弥补目前人员的专业化缺失,在已有社区工作者群体的基础上,进行专业知识和技能培训,打造社区治理的精细化。"

上海大学社会学院社会工作系的教授将为一线工作者提供理论和实践课程,鼓励更多社工通过专业培训后考取社会工作职业证书。顾骏也表示,大学的师资力量局限在大学围墙内是一种浪费,上海大学第一次打破校园围墙走上社会,接触到活生生的案例,这也让高校从中得益。(黄尖尖)

《解放日报》2016年7月8日

**公选课里的"大学之道"**

公选课是大学校园里的一道风景。几百人的大教室,坐满了各个院系的学生,授课老师要镇住全场,还真得有点功夫。其中也有翘楚,每个大学都有学长们流传下来的蹭课地图,每一堂必听的大课里,都潜藏着一名"校红"老师,他们的课座无虚席,甚至偌大阶梯教室里站满了人,台上妙语连珠,台下掌声笑声不断。

对大学生们来说,一堂像样的公选课,才是他们大学生活的开始,从中可以看到"大学的样子",有知识的更新,有思想的跃升,也有成长的足迹,而这些最终会成为记忆里温暖的一角。

有这样一句话:"什么都不干,大学校园'熏'4年,出来都不一样。"这"熏"人的,就是包括优秀公选课在内的大学课堂。今天我们关注那些大学校园里不容错过的公选课,看看它们都有怎样的特质,包含着怎样的"大学之道"。

(中略)

### 在头脑风暴中"创新中国"

"如何简单快速地让吸管穿透苹果?""龟能抓到并吃掉活的老鹰吗?""如何训练100只跳蚤都只跳300 mm高?"在上海大学的一门思政课上,校长金东寒院士开讲了,看似天马行空的问题立即吸引了大部分人的注意。校长还亲自演示用吸管穿透苹果,用酒精点燃自己研发的发动机模型,一番别有生趣的演示之后,大家开始一起讨论一个问题:"创新是否是灵机一动?"

"当金院士捏住吸管一端狠狠插入苹果的那一刻,当发动机开始迅速转动的那一刻,全场惊呼声不断,大家都沸腾了!"刚结束一学期课程学习的刘智超同学说,"通过案例展示,我们更容易理解什么是创新,而非只是纸上谈兵。"

这就是上海大学从去年冬季学期开始开设的通选课"创新中国"。两个半小时的课常常让同学们意犹未尽,刘智超笑着"抱怨"道:"最后半个小时是学生提问环节,但大家参与度太高了,所以每堂课都拖堂。"

这可能是理工科学生最喜欢的课堂的样子:首先"大咖"云集:为了上好这门课,上海大学的20多位"学术大牛"轮番上阵,校党委书记罗宏杰教授和校长金东寒教授领衔,大数据领域的郭毅可教授,几何精度标准和机电一体化领域的李明教授,人口迁移领域的盖伊·阿贝尔教授等也都是各自领域的佼佼者。

其次是问题有格调:"大咖"们都从最近新闻事件或学科热点引出课堂主线问题,如"创新何以成大国重中之重?""中国制造谁来造?""有BAT就是互联网强国?""中国能有'海莱坞'吗?"……课堂不提供标准答案,学生相互作答、彼此驳难,从中找出自己的思维缺陷。

再次,课程主题别具匠心:10节课覆盖了文、理、工、经、医等学科,涉及机器人、大数据、生命技术、投资金融、知识产权等前沿科技。

"它把创新化成一个个看得见、摸得着、说得出的具体问题,给学生一种开放性的思维,这就是创新的基础。"课程策划人、主持人兼授课老师顾骏说。上学期课程结束时,另一位课程主持人顾晓英收到一封电子邮件写道:"每周三晚蹭完课,我的心情都久久不能平静,内心激荡的,有从课程和教书人中所感受到的温情,还有思维被点燃后对于未来摩拳擦掌的激情。"

当创业创新成为社会共识,大学应该进行怎样的创新教育?上海大学的"创新中国"

正试图给出自己的答卷。（刘启民　袁满芳　刘维涛）

《人民日报》2016年8月16日

**环上大影视园区打造电影全产业链**

未来5至25年，环上海大学国际影视园区都将是全市文化发展的重点区域。记者今天从上海温哥华电影学院主办的环上大影视园区发展成果展上获悉，该园区以影视产业为核心，打造完备的影视制作工业体系，已明确培育影视传媒、数字内容、创意设计三大主导产业和文化金融、休闲文化旅游两大衍生产业。

上海温哥华电影学院成立两年来，静安区政府规划出6.42平方公里核心区域，同步打造环上大国际影视园区，积极发展以影视后期制作为核心的影视文化创意产业。

目前，园区内已建成大宁音乐广场（一期）和大宁中心广场二期、三期，为影视企业提供了充足的办公场地。其中静安区唯一的IMAX电影院——海上明珠国际影城坐落于大宁音乐广场，今后将打造成上海国际电影电视节亚洲新人奖颁奖场所。大宁中心广场三期已成为影视企业最为集中的区域，博纳影业、米粒影业、暖流文化等知名影视企业均落户于此。

同时，园区还充分利用周边尚未开发的老工业产区资源，用于发展文化创意空间。万荣路上海冶金矿山机械厂地块将打造总建筑面积逾12万平方米的"新业坊"国际影视产业示范园区，确定将于2017年上半年开园运营，目前已有纽约电影学院等入驻。

环上大影视园区深入接触核心企业在产业链上的合作伙伴，采取以商引商等方式，将招商重点逐步扩大为建成较为完整的电影工业全产业链。建成后的环上大国际影视园区，将成为具备产业孵化、影视后期教学及先进技术研发等多功能为一体的平台。

国际知名企业的集聚还将吸引更多的顶尖影视从业人员，从而提升园区在制片、发行、放映、后期制作等方面的产业能级，推动园区建设成为电影企业集聚、产业链完整、具有国际影响力的电影产业重镇。（王蔚）

《新民晚报》2016年8月27日

**"荒芜"的村里缘何有间书画室　上海大学美术学院副教授苏金成用二次生命回馈社会**

宝山区大场镇葑村村委会，地处上海外环附近。放眼周围，除了一幢幢农民动迁房之外，多少有些荒芜。可就在村委会里，竟藏着一个颇具人气的书画室。往来其中的，不仅有村民，还有书画界的大咖。

它起始于三年多前，得益于上海大学美术学院硕士生导师苏金成。即便在此期间，一场重病突袭了苏金成，也没有打乱他在村委会书画室的教学计划。

在农村城市化进程中，村民搬进公房出现的"文化真空期"内，这样一个书画室的出现，无疑是一种有益的探索。

**村委会成了大学教授的"据点"**

2013年，刚搬进公房的大场葑村村民许海兵高兴了没多久，就开始感觉到无聊。

"原本村里大家一起嘎山河，老开心的。可住了这公房，上了电梯门一关，谁也不认识谁。"没事的时候，他开始热衷在麻将桌上打发时间，常常昏天黑地就是一天过去了。

村民们缺乏文化生活的现状,被偶然闯入的苏金成发现了。当时37岁的他,不仅是中国美院招收的第一位博士后,也是上海大学美术学专业最年轻的研究生导师。苏金成来到离家不远的葑村村委会,和村干部商量:"能否将村里一间闲置房间改成书画室,我可以每周用两个半天,免费教村民工笔画和书法。"

一位在中国书画界小有名气的大学教授,竟然愿意为村民做志愿者。村委会主任陈慧琴一听马上就心动了。书画室很快建了起来。

一传十,十传百,老人、孩子,以及各行各业的人都慕名而来,小小的书画室经常学习者爆满。苏金成开设了"葑村小讲坛",除了教大家如何写字、画画,还自费印刷数百本相关书籍,教大家如何对艺术作品进行鉴赏收藏。

每年春节前夕,苏金成有个保留节目,就是带领书画班的学员们写春联送给村里的老人、社区和学校。他当场挥毫泼墨,为村民义务书写春联200多副,送去新春祝福。老人们领到春联后,个个爱不释手。

**一场突如其来的大病改变了什么**

然而,世事难料。2014年上半年,原本身体很健康的苏金成在一次输液中突然昏迷,经确诊他患了暴发性肝衰竭,该病的死亡率高达七成,必须立即进行肝移植手术。

但100多万元的医疗费用让苏金成本不富裕的家庭难以承受。就在这生命攸关的时刻,他的朋友、同事、校友,以及葑村村与大场镇的领导等都向他伸出了援手,在他昏迷期间,大家的捐款为他凑足了手术费。

很幸运,医院成功找到了匹配的肝脏,为他顺利进行了手术。

葑村书画室的学员和孩子们都惦记着苏老师的病情,也以为他可能不会回来教大家画画了。可是,仅仅半年多,刚度过移植手术排异期的苏金成,又回到了心爱的画室,重新开始备课、上课、画画。除了继续为村民讲授书画知识,他的画室还吸引了一些政府机关工作人员。

2014年重阳节,当苏金成得知祁连敬老院要新建一个休憩亭时,主动请缨和同事们一起设计。苏金成说:"大家一起帮我与命运搏了一回,我的第二次生命是大家给我的,我要用它回馈社会。"

**在文化滋养中实现互惠**

9岁的吴翊豪是苏金成书画室的常客,在苏老师耐心指导下,他的美术技艺也突飞猛进。这3年多,苏金成指导过的小朋友已有数百人,他了解并熟悉每个人的特点。

在旁人看来,苏金成进行这样的教学似乎"大材小用"。但他却有自己的想法:"我在博士期间就做民间美术研究,和村民们有着自然的情感贴近。他们的纯真和质朴,很打动我。同时也对幼儿美术教育很感兴趣,希望通过早期教育开发孩子想象力,让他们的思维更丰富更活跃。"

现在只要没有课,苏金成就泡在村里的书画室。作画的同时,不断停下来指导来访的村民,每周还用固定的时间为他们及小朋友上课,甚至把自己的研究生也拉过来,所有的课程和教材,苏金成都免费提供,还自己出钱补贴来上课的研究生。

苏金成筹划着,未来将艺术作品继续与慈善相结合,举行一系列公益活动,比如慈善捐赠、慈善义卖,将所得钱物捐赠给那些需要帮助的人们。他说:"经历过生死的我,更明白生活的温暖。我希望能将这份温暖扩散。"

而在大场镇葑村村委会,还将针对很多老年人想学书画的需求,开一间专门面向老年人的书画室。其中的指导老师,依然是苏金成。(周楠)

《解放日报》2016 年 8 月 29 日

**上大聘专家"反哺"基础教育**

上海大学,属于 211 工程的重点大学,最近却成立了基础教育发展集团,汇集了周边包括上大附中在内的 4 所中小学,并网罗了 15 位知名专家,将在新学年里深入中小学课堂。这样的新鲜事,出于什么样的目的呢?

15 位受聘专家中,有沪上知名的音乐教育专家,有中国数学奥林匹克国家集训队的教练,有"长江学者奖励计划"青年学者,有指导学生多次在国际国内竞赛中获奖的名教授,可谓"含金量"很足。而且,放在上大附中举行的受聘仪式,不仅宝山区教育局负责人出席,还惊动了属地的大场镇政府。其实,道理还真简单。用区教育局局长张晓静的话说,正在推行的集团化、学区化办学还是个新事物,需要我们不断去探索、不断去完善,把大学的优秀教师请到集团学校开展工作,是很有价值的探索,必将对集团未来发展产生深远的影响,希望集团充分依托上大优势,充分发挥高水平专家的作用,不断提升学校特色化办学质量、促进教师专业化发展、实现学生全面多元发展。

这次聘任的专家,不仅有语文、数学、外语、物理、化学、生物等基础学科的专家,也有音乐、美术、科创指导等素质拓展类的专家,对集团学校建设和发展具有很强的指导性。更值得一提的是,除了聘专家进基础教育课堂,上大还提出要逐步向集团各学校开放实验设施、体育场馆等,满足孩子们各项素质提高的需求。

长期以来,高校与中小学之间鸿沟明显。基础教育仰望象牙塔,高校也往往放不下身段"屈尊"孩子们的领地。常见的情况是高校只热衷到高中掐尖,而像上大这样组建教育集团、聘请知名专家"反哺"基础教育的,还真的不多,所以值得褒扬。(王蔚)

《新民晚报》2016 年 8 月 31 日

**大型史诗话剧《雨花台》在上海高校巡演**

日前,在上海交通大学菁菁堂,大型史诗话剧《雨花台》为学生军训团的参训团员带来了一次爱国主义教育。这也是《雨花台》上海高校巡演的首场演出。

雨花台是新民主主义革命时期中国共产党人最集中的殉难地。从 1927 年至南京解放,成千累万的中华优秀儿女慷慨赴死,用壮烈的牺牲铸就了新中国的诞生之路。话剧《雨花台》讲述了 20 世纪 30 年代初的某一天,南京雨花台附近的一座监狱内,因叛徒出卖,即将出狱的恽代英同志身份暴露。国民党同时得知,在他们制定作战计划的军政部内,竟然隐藏着一个代号"宝尔"的地下党,也终于明白了不久前"围剿"中央红军惨遭失败的原因。蒋介石亲命首都卫戍司令、军政部军法司司长和军政部部长办公室秘书当即前往监狱,突审恽代英和其他共产党员,必须在一天一夜内查获"宝尔"。而他们不知道的是,真正的"宝尔"其实就在监狱里。恽代英和"宝尔"同样需要不惜一切代价完成一个不可能完成的任务——将作战情报送出监狱。幽闭昏暗的牢房成为距离最近的战场,恽代英和战友们以坚定的理想信念和大无畏的牺牲精神以及共产党人的智慧和勇气,在黎明前直面这提前打响的生死之战。

本次《雨花台》上海巡演将分别在上海交通大学、上海大学、上海外国语大学陆续上演6场。演出同时,包含大量珍贵历史图片的雨花英烈事迹专题展将在巡演高校举办,还将同期开展"我演《雨花台》"群众演员选拔等系列活动,让广大青年学子不仅感受到戏剧艺术的魅力,更能在戏剧艺术中重温革命先烈们的英雄事迹。(曹继军　颜维琦)

《光明日报》2016年9月4日

## 上大艺术培训基地落户大剧院

日前,上海大学音乐学院与上海大剧院达成协议,在大剧院成立上大艺术培训基地。上海大剧院将向上大师生开放名家名团彩排活动,上海大学音乐学院将每年为上海大剧院艺术课堂准备普及类艺术讲座和演出4到6场。明天,著名学者、上海大学音乐学院院长王勇将率先登台主讲"俄罗斯的音乐世界",讲座还特邀90岁高龄的指挥家曹鹏先生讲述他在莫斯科留学期间的经历以及对老柴《1812序曲》的个人理解。此外,上海大学弦乐团将在现场演奏老柴的《弦乐小夜曲》等曲目。

多年来,王勇因主持《星期广播音乐会》《王博士音乐坊》等节目广受乐迷好评,其实他的"本职工作"是一名音乐史专家。新晋出任上海大学音乐学院院长一职后,王勇坦言,上大音院正努力引入更多社会资源,以充实学院音乐学研究和艺术管理领域的力量。"在上海大剧院艺术课堂举办系列讲座就是举措之一,目前学院还与上海音乐学院等单位接洽并建立合作平台,希望上大音院这个年轻的学院在上海综合性大学中能够形成自己的办学特色。"上海大剧院还特别设立"师生团体票",日前德彪西歌剧《佩利亚斯与梅丽桑德》首演时,在票源紧张的情况下,提供给上大教师及学子100张平价演出票。王勇说:"愿大剧院等平台能实实在在为沪上高校学子做好服务,让更多大学生走近高雅艺术。"

成立于2013年的上大音院以"大学音乐素质专业化教育"为办院理念,担负着全校师生的音乐素质教育工作。上海大学大学生艺术团是学院的品牌,王勇告诉记者,艺术团在多届全国大学生艺术展演中获得佳绩,并多次参与国内外演出交流活动。"艺术团中80%至90%的成员是非音乐学院的学生,上大音院的老师每周指导他们排练,团体在学校及周边社区进行表演。"学院更开设公选课,使全校学生有机会在校园中接触音乐。

上大音院还充分发挥综合性大学的优势,加强本院跨学科研究与复合型音乐人才培养。目前学院已与上海市第十人民医院达成合作,倚靠上大在医学、心理学等领域的学科背景,致力于用音乐治疗疼痛及精神疾病的相关研究。王勇透露,上海音乐研究中心也在筹划中,学院将同上海大学历史系、上海音乐家协会合作,以在上海出现的音乐形态作为研究对象,梳理上海音乐的历史。(姜方)

《文汇报》2016年9月14日

## "送无人艇出征就像送孩子远行"——记上海大学机电工程与自动化学院教授罗均

上海大学宝山校区HB1楼一楼的船库中,一艘8.5米长的白色小艇静静停放,艇侧

"精海"二字格外醒目。再过几天,它将赴南海执行任务。这艘可切换"有人驾驶/无人自动"双模式的无人艇,研发团队由市教卫工作党委系统"师德标兵"、上海大学机电工程与自动化学院教授罗均主导。"每一次送无人艇出征,就像送孩子远行,"罗均说。

**从"精海1号"到"精海7号"**

从2009年启动的"精海1号"到如今正在建造中的"精海7号",罗均参与研发的无人艇功能从海图绘制,拓展到海底探测、海洋环境监测,紧随国家海洋战略步伐。

犹记得最初专攻无人艇实属"无奈"。中国周边海域属于浅海,中国海事局常规的海测船吃水深,在这些地方的海图测绘往往会遇到困难。2009年,罗均在没有申请国家课题的情况下,想法自筹经费带领团队设立上海大学无人艇研究院,研制出吃水仅0.35米、能自主航行、自主避障、自主测量的无人艇,2013年首航南海,顺利完成任务。"当时就想着,把这个国家需要的事干成、干好。"在我国首艘海洋无人测量艇"精海1号"建成中,上海海事海测大队提供高性能的多波束测量系统;上海大学主要负责自主控制系统设计、自主功能实现;青岛北船重工游艇厂主要负责具有抗倾覆能力的高性能船体设计,三方合作。

学校承担研发的无人艇水面测量平台,使用智能控制技术,无人艇抗涌流控制技术、无人艇自主航行和控制技术、水面障碍物识别和避障技术、基于仿生眼球运动控制模型的水下声呐云台抗颠簸控制、高分辨率前视声呐图像实时拼接技术和基于机器人技术的智能无人高性能系统集成技术,解决的是三个关键问题,即"走得准""避得开""看得清"。

自此之后,南极罗斯海科考"精海2号"无人艇、东海海洋测绘/海洋重大工程勘察"精海3号"无人艇、水利环保监测"精海4号"无人艇,直到正在建造中的"精海7号"无人艇,从罗均带领的团队手中次第诞生,奔赴各个重要岗位。而每一次无人艇的出行和归来,他都会带着伙伴们一起去送行、迎接。

**每个学生都有十多位导师**

"我们无人艇研究院里,每名学生都有十多位导师,每位导师都有许多学生,"作为无人艇研究院的院长,以及一名研究生导师,罗均对院里这种特殊的带教制度,特别骄傲。

为啥不设固定导师?罗均说:"除了能进一步扩展学生的学习范围以外,不专门分出'这位老师的学生''那位老师的学生',这也是研究的特殊性需求,更有利于团结协作。"

已是博导的罗均在繁忙的科研任务之外,依然坚持给本科生开基础课。当被问及最希望带给学生什么时,他回答"希望我的学生在校学习和走出校园后,善良、乐于助人、心胸开阔、眼光长远,在工作中保有想象力、创造力,永远有梦想"。"其实,我从年轻人那里,也学到了很多。"罗教授补充道。他记得设计研发"精海4号"时,承担外形设计的学生黄奕宁交出的功课令人惊喜——创新的流线型设计,既兼顾了水动力学范畴内的功能拓展,又很独特漂亮,那是100多稿手绘图及80多稿电子稿修改后的结果。"这个设计我没想到过,"罗教授实话实说,"他们的想象力和坚韧钻研的劲头,也是我不断前进的动力。"(彭德倩)

《解放日报》2016年10月18日

## "全国向上向善好青年"分享团走进上海大学

"你没来太可惜了,达人秀冠军卓君现场跳了一段机器人舞!"10月22日,由团中央宣传部、团上海市委主办的"全国向上向善好青年"分享团走进上海大学,活动现场,一名学生给朋友发去这样的微信。

这一次的分享会很有可能是"全国向上向善好青年"分享团活动中颜值最高的一场分享会。

参加分享的有2011年中国达人秀总冠军卓君,有《一站到底》中以一抵八的独臂大满贯"女战神"、被称为"中国维纳斯"的美女校长张超凡,有英俊帅气、一上台就引起女生惊呼的"技能比赛狂人"钳工张文良,还有从小学开始就闻名全国的全国道德模范杨怀保。

舞台上实时滚动显示着"全国向上向善好青年"分享团微博留言板上的信息,有学生留言"张文良好帅,卓君机器人舞大赞,今天值了",还有学生留言"张超凡是真正的女神,太美了,好喜欢她"。

中国青年报·中青在线记者注意到,与传统的典型人物走上讲台,一本正经地进行演讲不同。"全国向上向善好青年"分享团活动,更注重互动感、幽默感。

整个分享过程将近两个小时,全程笑点不断,中途没有一名学生离开座位,也几乎没有学生低头刷手机或看书、做作业,尽管很多学生专门带来了书本和作业。

机器人舞达人卓君的开场,就令台下的学生连连赞叹。他把自己在达人秀比赛过程中最困难的一段时光,用最轻松、幽默的形式表达了出来。"半夜练好舞出门,上了辆出租车,跟司机说,我要回广西、回老家。"讲完这段忧伤的经历,他话锋一转:"司机说,你把安全带系好。"

卓君说,出租车司机提出的一个问题,令他后来坚定了留在上海跳舞的决心,"他问我,那你干吗大老远从广西跑来上海?为什么?"卓君出生在广西农村,父母都是普通农民,他告诉讲台下的同学们,自己参加达人秀比赛时,给他伴舞的舞蹈演员,跳舞都比他厉害,"一个动作,他们半小时就能练好,我至少要练3个小时。"

在回答一名同学有关如何克服困难、安抚自己绝望情绪的问题时,卓君给出了一句大白话:"不要,就去干。"他提醒同学们,无论多难,都不要忘了当初给自己设定目标时的初心,"不忘初心,放手去干就是了。别想那么多"。

沈阳造币有限公司的张文良是一名钳工,他身材高大挺拔、相貌英俊,一出场就引起女大学生们的惊呼。一身简单的白色T恤,搭配一条黑色小脚运动裤,他的装扮被女生们评价为"很有范儿"。

同时,他也是一个擅长逗乐的、不一样的"典型人物","我是个90后,不会说什么场面话"。他说起话来一股东北味儿,还能用相声演员惯用的顺口溜技巧介绍一个钳工所需要使用的各种工具,惹人捧腹。

这个帅气钳工一开讲,就引得现场笑声阵阵。"同学们,你们听说过造币厂、印刷厂的传闻么?有人说这种厂子都是武警拿枪看门的,也有人说厂里的员工都得全部脱光了上班。"张文良说,自己刚去造币厂那会儿,每次回老家都会被邻居问"你咋去那地方干活了呢",紧接着邻居还会跟上一句,"你咋回来了呢?"

张文良是钳工中的牛人。到目前为止,张文良已经有超过200多把工具,获得的专业技术荣誉也超过20个。"在座的女生,我用锉刀的技术,能把你的皮肤磨得比美颜相机还细腻;在座的男生,有些有啤酒肚的,我可以帮你磨出8块腹肌,还带人鱼线。"这个技术达人,能用最通俗的语言"解读"技术。

从高中开始,就带着父母、弟弟一起上学的湖南青年杨怀保,曾经家庭贫困、生活艰辛。他的故事本身就自带催泪作用;他却在故事中穿插了令大学生们特别有共鸣的"高校恋情"段落。

那段恋情,被他称作人生中最美好的青春记忆。一个与他情投意合的女生,愿意与他交往,但他却碍于自己家庭负担重、每天打六七份工而忍痛拒绝对方的表白。

"同学们,我想告诉你们,青春就是用来奋斗的。如果我当年上学时不去拼一把,那我真不知道,我的父母、我的弟弟,现在都在过着什么样的生活。"当杨怀保向学生们介绍,自己大学毕业那年已经可以得到年均10万余元收入,有车、有房,现在父母健康、弟弟进入世界500强企业工作等情况时,现场响起了阵阵掌声。

一名学生希望杨怀保给大一新生一些指点,他建议,同学们要在大一制订好自己大二、大三、大四各个阶段想要实现的小目标,"甭管它能不能实现,你要做的,就是冲着这个目标去行动,然后坚持"。

如果你不把目光聚焦在张超凡的左臂上,仅仅是第一眼看她,你会发现,这是一个标准的"女神"——浓眉大眼、肤白貌美,身材匀称,笑起来甜甜的。她的美,在《一站到底》节目中早已被公众所熟知;而这份美丽的背后,她还是一名学霸。

8岁时,她加入吉林短道速滑队,每天5000米长跑,200个仰卧起坐成了必修课;她毕业于吉林省重点高中,成绩优异,是一名班长;她在《一站到底》节目中,知识全面,以一挡八,被称为大满贯女战神。

"我发现挑战自己是会上瘾的,别人练8个小时,我就练10个小时。"8岁那年,这个女孩站在了吉林省速滑大赛少儿组的冠军领奖台上。高三那年她选择了艺考的道路,她带着全国艺考总分状元的光环来到北京,学习画画。

如今,她返乡创业,创办了自己的艺术培训学校。今年,她刚刚24岁。

"我也说不清什么苦啊、甜的,我就想告诉大学女生一句话——我们要输,就输给追求;要嫁,就嫁给幸福。"张超凡说,困难永远会为你的信念让路,当你拥有达到目标的坚定信念时,全世界都会为你让路。

《中国青年报》2016年10月24日

## 上大研制出多款仿生机器人

一只"篮球"骨碌碌滚动,行至坎坷不平处,突然底座弹出几只脚,溜达着向前走;形如一只小狗的四足机械,不仅能跑能跳,更能四肢腾空,时速能追上一个成年人;一只奇怪形状的机器,多足传动行走,宛如传说中的"木牛流马"……

这几天,第18届中国国际工业博览会高校展区筹备布展,来自上海大学仿生机器人研究小组的展品吸引了众多目光。

### 足式机器人成必争地

日本福岛核电站灾后地形环境条件下,机器人连续完成自动驾车、开门锁、操作管阀、破墙、清理瓦砾堆和爬楼梯等8项任务……这是代表全球机器人研究最高水平的DARPA机器人挑战赛的大题。最终部分实现这些目标的机器人系统，是具有更强运动能力和智能水平的仿生机器人。

机器人的研究及产业发展已被公认为最具潜力的前沿科技工程之一，仿生足式机器人是必争之地。来自上海大学机电工程与自动化学院（以下简称"机自学院"）的仿生机器人科技成果目前得到了国际知名科技媒体的持续关注与积极评价。2016年3月，美国电气电子工程师学会旗舰出版物《IEEE科技纵览》在官方主页ROBOTICS专栏中对上大仿生机器人进行了主题报道，聚焦其纯电驱动及小型化设计；全球流行科技网站Engadget日文版也对上大仿生机器人进行专题报道，着重介绍机器人灵活轻巧及多样化的运动性能特点。

**机器人研制不可缺三基因**

"机器人研究千头万绪，然而追本溯源，'基因'有三个。"项目组负责老师、上海大学机自学院贾文川介绍。

其一是机构，这与普通意义上的"机构"词意完全不同，是表示机器人的机械构造方案。"越少越好"是足式机器人研究的常用语，目前，绝大多数研究只推进到八足、四足。

其二是动力。主要指驱动机器人运行的电动机部件的选择和开发。由于足式机器人的体积较小，项目组面临"现成电动机力量不够、力量够大体积又太大"的困境。为此，他们专门开发全新的电动机及测试设备。

其三是控制技术，相当于机器人的大脑和神经网络。

课题组第一代小型电驱动四足机器人样机被命名为XDog。XDog，具有12个运动自由度，自重约7公斤，负载能力1公斤，关节总输出力矩约8牛米，平地快速行走速度约0.7米/秒，原地四足跳跃高度可达7厘米，可爬25度角斜坡，具有匍匐、行走、小跑、跳跃等多种动作能力，并能够抵御一定侧向力冲击并保持较好的运动平衡，装备4 000毫安时的电池可在平地连续行走30分钟。

**探索机器人应用新方向**

"机器人应用领域，其实还有很大空间，无须一味跟随其他国家的脚步。"贾文川说。

以这次高校展区的展品为例，项目组以提升机器人地形适应性并保持较高运动效率为核心目标，设计了一种新型可变形机器人，能实现球式滚动、四足行走、转爬等多种运动形态，还可通过表面形状结构的变形，实现四足肢体的进化与退化，从而增强越障和姿态调整能力。

由于小巧灵活，项目组多系列小型足式机器人已获得应用推广意向，多种机器人单元技术与集成技术获得推广。

项目组还与联想公司共创机器人实验室；与内蒙古相关部门合作，通过加载卫星导航模块、外观全新设计，以及对草原放牧环境的功能性适应，研发可远程遥控的"机器牧羊犬"。（彭德倩）

《解放日报》2016年10月26日

**上海高校:"思政课程"转身"课程思政"**

在"大国方略"课程负责人忻平教授看来,话语权决定了主动权,失语就意味着失效。当代的思政课必须是反映时代与理论的课程,也必须回应大学生的期待,更要帮助大学生养成大国国民心态和思考习惯。

现在,沪上高校的思政课除了引入丰富师资,还变"思政课程"为"课程思政"。所谓"课程思政",就是在专业课程中纳入那些能够引导学生树立正确价值观和世界观的内容。

上海高校的思政课,正在成为实实在在的热门课程。随着"大国方略"课程在上海大学成功开设,"中国系列"迅速辐射沪上一批高校。

这个学期,上海应用技术大学新设"中国智造"系列课程,邀请了振华港机的总经理、宝钢的工程师等为大学生讲述民族制造业的发展;上海对外经贸大学开出"文化中国"系列课程,邀请了在世界贸易组织、世界知识产权组织等国际机构的校友,来为大学生讲授中国当代经济发展,坚定中国道路自信……通过探索思政教育的内容和形式的创新,上海各高校的"思政课程"开始转向"课程思政"模式,"治国理政""创新中国""读懂中国""中国道路"……这些新开出的系列课程,调动起高校所有院系的教授和课程共同参与,真正实现了全方位育人。

随高校思政课改革而成立的上海高校思想政治理论课教学改革协作组,昨天在上海大学举行"延展与渗透:'大国方略'系列课与高校思政教育改革创新学术研讨会",力图推动上海高校的思政课,进一步发展为学生追捧的精品课程。

**"大国方略"辐射出"中国系列"课程**

上海大学从前年开始开设的"大国方略"课程,现在是上海大学的热门选修课,甚至吸引了其他高校的老师前来取经。在上海高校思想政治理论课教学改革协作组组长、"大国方略"课程负责人忻平教授看来,话语权决定了主动权,失语就意味着失效。当代的思政课必须是反映时代与理论的课程,也必须回应大学生的期待,更要帮助大学生养成大国国民心态和思考习惯。

"大国方略"课程回应了当下的中国和上海往何处去、学生要有何作为、世界在等待什么、国家需要什么、上海承担什么、学生该学什么等诸多时代命题。授课方式往往是围绕当下青年学子们最关心的国事,由授课老师与学生开展"头脑风暴",学生常常大呼过瘾,潜移默化中,让学生自己找到了心中一些疑问的答案。在"大国方略"辐射下,同济大学开出了"中国道路",华东政法大学开出了"法治中国",上海政法学院也将开出中国系列课程。

上海应用技术大学党委书记刘宇陆教授称,作为上海市高校思想政治理论课教学改革试点项目,"中国智造"课程就是"大国方略"在应用型本科院校的试点与推广,通过阐释中国制造的过去、现在和未来及其对应用型人才培养的挑战和要求,来使学生明了自己的责任。

**思政教育应是启明心智的教育**

"思政教育不应该狭隘地理解为思想政治教育。"复旦大学高国希教授说,教育的目的在于启明学生的心智,大学教育不是为了让学生达成某个具体的目标,而是为了让学生与社会、与整个世界和谐相处,乃至引领世界的发展,这就需要有正确观察和分析社会的知识、立场和方法,而思政教育就是帮助学生达成这一目标的重要方法。

复旦大学从去年开始对"毛泽东思想和中国特色社会主义理论体系概论"课的改革,就是基于这样的目的,并且获得了很好的效果。在高国希看来,不论是"大国方略"还是"治国理政""创新中国",一位思政课教师不可能对所有问题都那么清楚,应该让教授们共同承担起育人的功能。复旦大学的"治国理政"系列课程,引入了各个学科的教授们为学生讲授。对学生来说,思政不仅仅是思想政治,还包括科学精神、人文素养、逻辑判断,乃至对世界的正确认知和理解。高国希说:"这是让学生从体悟到认同到践行的过程。"

上海交通大学开设的"读懂中国"系列,师资是校长张杰院士、中国潜艇之父黄旭华院士、中国航母设计师等。黄旭华院士隐姓埋名30年,在没有外援、没有计算机的情况下研发出中国第一艘核潜艇的经历,闻雪友院士为我国海军装备现代化默默奉献的经历,都是思政课的一部分。上海交大党委副书记朱健说,科学家科研报国,与祖国共命运的经历,给了学生无穷的鼓励,对学生的教育和感染可谓尽在不言中,使得他们坚定社会主义价值观和信念。

**如何做到"课程思政"**

现在沪上高校的思政课除了引入丰富的师资,还变"思政课程"为"课程思政"。所谓"课程思政",就是在专业课程中纳入那些能够引导学生树立正确价值观和世界观的内容。

在上海外国语大学,原本的"中外时文选读"课,最常见的上法就是老师找一些外文报纸和学生一起阅读、分析。但是从今年开始,习近平总书记在海外访问时的英文演讲稿已成为主要阅读材料。思政老师一起参与备课,从内容上为这些演讲稿提供更多的背景资料,让大学生们了解和学习习近平总书记的系列讲话精神。据悉,这一做法还将在"德国文学作品阅读"课上试行推广。

上海中医药大学强调在所有的课程中都要纳入"道"的内容,学校相关负责人说,所谓"道",就是对社会主义核心价值观的坚守。去年到今年,学校共立项20门重点课程,既有医学专业课,也有中国传统文化课程。学校党委副书记朱惠蓉教授称:"这些课程大大拓展了学生们的视野,也有效地培养他们树立起正确的价值观,是生动的德育教育。"(姜澎)

《文汇报》2016年10月30日

## "神奇"思政课:课内开花课外也香

任教于上海大学生命科学学院的肖俊杰副教授,不久前到思政课上去露了一回脸——给大学生讲中国的创新现状,谈谈生命科学研究领域的前沿动态。不想这节课后没几天,一名大一学生就摸到了他的实验室:"老师,如果可以的话,我以后想跟着你做研究。"

和肖俊杰一样,在如今的上海大学,不少专业课教师因为上了同一门思政课收获意外的惊喜。这门名为"创新中国"的思政课,是上大面向本科生开设的通识选修课。学校里最大牌的学者、最会讲课的教授,都争相在这里开讲。只是让"创新中国"课程教学团队没想到的是:对科技和学术创新有兴趣的师生们通过这门课出现了"完美对接"——学生跟上了心仪的导师,导师收到了合意的学生。

这门思政课,真可谓是课内开花,课外也香。

**一门思政课,改变了一位"学霸"的选择**

在上海大学,老师和学生们流传着这样一句话:想听全校最当红的学术大咖的课,那就去"创新中国"吧。如果说,上大2014年末推出的"大国方略"还带着几分摸着石头过河的色彩,行至2.0版的"创新中国",则已经集纳起全校最强的师资阵容:院士、校长、973首席、国家杰青……全校的学术明星、大牌教授,都是这门课的座上宾。在此背景下,上大生命学院青年教师肖俊杰受邀去"创新中国"讲一节课的一个章节。

在课上,肖俊杰饶有兴趣地和来自不同年级、不同专业的学生分享他所从事的关于心脏再生的研究。只是没想到,当听闻他在小白鼠身上将要进行运动促进心肌细胞增殖的研究后,一位还没有确定专业方向的大一新生主动找上了门。

"我居然因为上了一节思政课,收到了这么好的一名学生。"肖俊杰说,这名找上门的学生本来正打算通过参加插班生考试转校,他的绩点排在全年级100名内,是一名标准的"学霸"。这堂"创新中国"课让他放弃插班生考试,在大二学科分流时选报了生命学院。

**"大咖会"让志同道合者走到一起**

"创新中国"授课时独有的"项链模式",一直为学生们津津乐道:一节课从来不是一位老师从头讲到尾,而是由多位不同学科背景的老师围绕一个主题联袂串讲。所以,学生在课堂上看到的是"大咖会"。

上海大学教务处副处长顾晓英是"创新中国"课程团队发起人。她告诉记者,继"大国方略"通选课之后,学校再推升级版的"创新中国"课程,最初考虑仍是呼应中国当下面临的深刻转型,为本科生推出一门能够第一时间了解我国国情的课程。和传统的思政课不同,这门课既要纳入最鲜活的时政新闻,又要回应大学生对于创新的各种关切,师资团队必须是多学科、跨领域的。

没想到的是,随着各路学科"大咖"集聚,这门思政课无形中产生了一个副产品:来自不同学科领域的师生因为有了一个近距离的接触平台,志同道合者自然走在了一起。

上海大学管理学院副教授刘寅斌因为上了这门思政课,开启了一个迟迟没能启动的全新课题。

刘寅斌一直酝酿着要对上大周边的一条街道开展全方位社区生态调查,从街道上小贩的商业模式,到附近居民的消费习惯等等。这样的调研耗时耗力,比起专业背景,参与项目学生的兴趣更重要。当这个项目在"创新中国"课堂上被描述出来后,立即引起学生们的兴趣,项目很快启动了。

"从我入学开始,老师们就不断告诉我们,创新很重要,可我真不知道应该怎么做才能去创新。"上大社区学院学生杨宏晨予说,在"创新中国"课堂上,不仅听老师介绍了从机器人、无人艇到心脏再生等科技领域的创新,还有建筑学、经济学以及更多人文科学领域的创新,"原来创新的领域很宽泛,可以做的事很多"。

作为"创新中国"课程主创人员,上大社会学院教授顾骏说,这门课程有意识地引入理、工、医、经、管、法等多学科,从而引领学生体悟知识背后的创新体系、内在结构和理论思想。

**破解现行大学教育诸多难点**

随着"创新中国"课程在校园持续走红,包括授课团队成员在内,很多一线教师陷入了思考:没想到一门思政课,竟无形中"破"了现行大学教育的许多难点。

比如,大学如何更理想地推行导师制,实现师生间的自由组队。"很多时候,老师和学生都处于互不了解状态。我想招对学科有强烈兴趣的学生,但因为种种原因,可能真正到我实验室的,都是一些走完成绩排名、专业志愿填报等流程,但对我的研究方向还懵懵懂懂的学生。"肖俊杰说,"创新中国"课给很多授课教师一个启示:招募学生的渠道可以多元,甚至突破院系的围墙。

一个月前,张江高科管委会主任杨晔受邀到"创新中国"课堂,给大学生们带来上海最新、最具活力的"张江画卷",讲解上海建设全球科创中心的进展。那次课后,杨晔留下一句话:"欢迎有兴趣的学生们到张江来看看。"课后真有不少学生提出去张江考察。上周,上大2016级新生课程班组织30多名学生去了位于张江的上海光源。零距离观察,鲜活的创新实践,学生的兴奋心情难以自抑,也埋下了追求理想的种子。(樊丽萍)

《文汇报》2016年10月31日

**"扩中"会产生怎样的正能量——访上海大学上海社会科学调查中心常务副主任张海东**

日前,国务院发布《关于激发重点群体活力带动城乡居民增收的实施意见》,明确提出"不断培育和扩大中等收入群体"。如何培育和扩大中等收入群体?对七类人群实施激励增收计划与培育扩大中等收入群体有何关系?本报记者采访了上海大学上海社会科学调查中心常务副主任、教授张海东。

**中等收入群体 "北上广"占比逾40%**

解放新论:在我国,中等收入群体指哪些人?这部分群体有什么特质?

张海东:在一般意义上,中等收入群体可以指"中间阶层"。社会学研究对此有多种定义:一是依据客观标准,如职业、收入、教育程度来界定,基本含义是较高的教育程度和收入水平、职业是白领。二是依据主观标准,即阶层的自我认同。有些研究也将主客观方式结合起来,主客观两种标准都符合的才算"中间阶层"。

相对而言,中等收入群体更侧重把收入作为尺度对人群进行划分。主要用收入的均值或者中位数等来划分,而非侧重于教育、职业、自我群体认同等方面。因此,从严格意义上说,"中间阶层"和中等收入群体并不是一个概念,但如果作宽泛的理解,在这里也可以将两者交替使用。

改革开放以来,人民收入水平显著提高。与之相伴的是高等教育的大众化,加之市场化程度不断提高促进了职业流动。在这些因素的共同作用下,事实上已经催生了一个中等收入群体。

至于我国中等收入群体的规模究竟有多大,倒是不好说。但有一点可以肯定,这一人群较多地集中在大城市,尤其是特大城市。根据我们对北京、上海和广州进行的大规模随机抽样调查数据推断,这三个城市里中等收入群体的比重都在40%以上,北京、上海的比例还更高些。

**"向上流动"需解决收入失衡问题**

解放新论:从国际经验来看,"中间大、两头小"的纺锤形社会结构是较为稳定的。新形势下,扩大和培育中等收入群体将带来怎样的经济社会效果?

张海东:很多研究指出,相对于金字塔形社会结构,纺锤形或者说橄榄形更加稳定。其依据在于,一个社会当中,如果绝大多数社会成员属于中等收入群体,而更加富有和更加贫穷阶层的比例相对较低,那么中等收入群体可以成为一个缓冲层,有助于化解社会矛盾。换句话说,中等收入群体具有社会稳定器的作用。

通过对北京、上海、广州的实证研究,我们对中等收入群体的积极意义有着更具体的发现:首先,中等收入群体具有较强的经济实力。其规模的不断扩大,对促进消费、拉动经济具有重大推动作用。

其次,中等收入群体的社会态度和价值观念中包含较多的正能量,对其他社会群体具有积极的引领作用。再次,中等收入群体更多通过市场渠道而得以形成,因而是发展社会主义市场经济的主力军。最后,"北上广"三地居民对经济和社会生活的改善充满信心,且更多城市居民认为5年后自己可以成为中等收入者。

解放新论:当前,传统意义上的收入格局,即由制造业带来的稳定分配财富收入的模式正在发生改变。我们看到,财富分配开始向手艺人和创意创新行业倾斜。这是不是增加了形成中等收入群体的不确定性?

张海东:这种所谓的产业替代,其实正是新"中间阶层"生长的一种机制。创意创新行业的从业人员,是新时期中等收入群体的重要来源。

中等收入群体的一个主要特点是职业带来的中等偏上收入。只要职业稳定,他们的劳动收入就是可以预期的。不过,与更加具有优势地位的阶层相比,在资本收入方面,他们并不具有优势。从西方国家的情况来看,不少人通过辛辛苦苦、努力工作却无法获取更多的财富,而拥有一定资本或财富的人则可以轻松赚钱。说得通俗一点就是,当勤劳不再成为致富的主要、有效途径时,在"资本为王"的时代背景下,食利性的"不劳而获"收益远远高于辛苦工作的收益。这是西方社会面临的一个普遍困扰。

从这个角度而言,中间阶层及以下阶层实现"向上流动"似乎变得日益艰难。如何改善劳动收入和资本收入不平衡的问题,需要进行深入研究并接受实践检验。当然,在培育和扩大我国的中等收入群体时,要看到我们与西方社会分层的本质差异。

**出台增收实招硬招  缓解"中间阶层"脆弱性**

解放新论:中等收入群体除了拥有较高的收入、较体面的职业等光鲜一面外,似乎也有不少经济和生活困扰。

张海东:中等收入群体不是完全按照职业、教育水平而进行划分的。但在我国,技能人才、科研人员等由于通常具有较高文化水平和稳定收入,而更有机会成为中等收入群体。

针对这些人群的后顾之忧,《关于激发重点群体活力带动城乡居民增收的实施意见》出台了不少增收实招、硬招。

例如,针对技能人才,明确探索建立企业首席技师制度,鼓励企业采取协议薪酬、持股分红等方式;针对科研人员,提出全面取消劳务费比例限制,下放科研项目部分经费预算调整审批权,等等。

这些实实在在的制度设计和政策安排,如果可以真正落实,相信能够让相关群体通过辛勤劳动增收致富、提升获得感。而从长远效果来看,这些举措将对中等收入群体的培育和扩大,起到显著的支撑和推动作用。

需要指出的是,对于中等收入群体,既要看到其具有的积极意义,也要看到群体脆弱性的一面。从全球范围看,中间社会阶层"向下流动"是一个严峻的现实问题。在美国,三四十年前"中间阶层"占比达到七成以上,但最近十几年来这一比例不断减少。

从社会流动的角度讲,中等收入群体依然有向上流动的愿望,希望获得更高阶层的地位。但很可能的是,由于各种因素的制约,只有少数人有机会实现这种向上流动。甚至有时候,中等收入群体如果不能通过种种努力或者即便经过各种努力也不能保持现有的地位,那就极有可能向下"沉沦"。避免出现这一情形,既需要个人的努力拼搏,也需要社会制度的"托底"和完善。

**让更多人分享"果实" 有利于跨越中等收入陷阱**

解放新论:谈论中国未来发展时,不少人会提到跨越中等收入陷阱问题。有观点提出,扩大与培育中等收入群体和国家层面的跨越中等收入陷阱,其实是一把钥匙开启两把锁。对此,你有何看法?

张海东:我是这样理解的:形成橄榄型社会的核心问题,是扩大中等收入群体的规模。

扩大中等收入群体的规模,意味着越来越多的人成为"中间阶层",这当然是指中等收入以下的人通过"向上流动"成为中等收入群体。而所谓中等收入陷阱,可简单视为中等收入群体能否保住既有社会地位的问题。如果中等收入群体自身社会地位难以保证,那么中等收入群体以下的人可能就更加没有希望和目标了。在此意义上,将培育和扩大中等收入群体与跨越中等收入陷阱联系起来探讨是有重要价值的。

总体来看,虽然我国中等收入群体已经出现,但他们在现实中也面临很多生存和发展难题。例如,住房、教育、医疗、养老等,都需要在整个国家层面来加以解决。在这过程中,既要鼓励他们积极参与创造社会财富,实施增收和激励计划,同时也应当着眼更为广阔的领域,其中有两点尤为重要:一是平衡好资产收入和工资收入的关系,二是始终保持通畅的社会流动渠道,使中等收入群体规模可以有序扩大。

当下,我们在社会结构调整方面正在进行新的改革。例如,在"扶贫""扩中"等方面出台了很多政策。不过,在"限高"即对过高收入人群的税收调节方面,其实还有很大的发挥空间,而这些都是向橄榄型社会转变的必要举措。(李小佳)

《解放日报》2016年11月8日

**高校推出"中国系列"课程聚焦"课程思政"**

上海大学教授顾骏8日晚间作为上海对外经贸大学马克思主义学院"人文中国"首开讲嘉宾,为近200名大学生们解读"中国何以人文"。

顾骏用N个故事串联古今,碰撞中西,生动揭示人文中国——中华民族自由的心灵。

他的"老搭档"、上海大学教务处副处长顾晓英依旧作为课程主持与他联袂亮相。课堂上延续了风趣幽默的师生互动。

"人文中国"这门课程秉承"故事中说道理,道理中找方法,方法中育人才"的理念,以"解读中国人文传统,传递中国人文精神,展示中国气派,凝聚中国力量"为主线,直面青年学生关注的社会热点现象和焦点问题,从不同角度深描中国人文的演进过程,让学生全方位的感受人文、认知人文,进而理解中国、热爱中国,增强学生的人文理念和爱国热情,进而达到由"思政课程"向"课程思政"的转化、拓展思政的人文内涵、"以文化人"之目的。

除了"人文中国",上海交通大学开设"读懂中国"系列,同济大学开出"中国道路·名师讲坛",上海应用技术大学新设"中国智造"系列课程……,连日来,继上海大学"大国方略"课程推广之后,沪上高校推出众多"中国系列"课程,全新尝试探索思政教育教学改革。

传统的高校思政课,有诸多标签,如内容枯燥、教学手段传统、学生参与度低、教学效果不理想,沪上高校的思政教学部积极探索新形势下教学改革,作出了大量有益尝试。经过多年努力,思政课眼下实实在在成为颇受学生欢迎的"热门"课。

上海高校思想政治理论课名师工作室"顾晓英工作室"、上海高校思想政治理论课教学改革协作组和《青年学报》编辑部近日就联合主办了一场主题为"延展与渗透:'大国方略'系列课与高校思政教育改革创新"的学术研讨会,25所上海高校和上海教科院高教所等院所相关领域专家学者一起探讨"移动互联网时代,高校思想政治理论课究竟怎样上?",力图推动上海高校的思政课,进一步发展为学生追捧的精品课程。

2014年,由顾骏、顾晓英和时任上海大学党委副书记的忻平教授共同策划实施,面向全校本科学生首推"大国方略"通选课,发挥学科优势,回应学生关切,课程团队获得"全国基层理论宣讲先进集体"。紧接着,上大又开出"创新中国"课,更大层面上将学校优秀学科、教授资源引入思政教育领域,把思政教育与学科前沿相结合,让思政教育朝着"入耳入脑入心的"方向继续迈进。2016年,上海高校思想政治理论课名师工作室"顾晓英工作室"正式挂牌。

"我的工作室是跟'大国方略'课和创新中国课等几门系列课程的策划、主持、经营、管理、宣传、推广共同成长的",顾晓英接受记者采访时说她一直思考如何上好思政课,从思政课程变身"课程思政"。

善用新媒体,引入十多位各学科大牌教授,打造精彩课堂……,顾晓英将找到的种种方案总结为"项链"模式,如今,这根上大的"项链"已经不断延伸和拓展,成为串起上海各高校思政课堂的"项链"。

上海市思想政治理论课改革领导小组组长、上海大学忻平教授认为,当代的思政课必须是反映时代与理论的课程,也必须回应大学生的期待,更要帮助大学生养成大国国民心态和思考习惯,"关键是在专业课程中纳入那些能够引导学生树立正确价值观和世界观的内容"。(许婧)

"中国新闻网"2016年11月9日

### "大国方略"刷新高校思政课

由上海高校思想政治理论课名师工作室——"顾晓英工作室"、上海高校思想政治理论课教学改革协作组和《青年学报》编辑部联合主办的"延展与渗透：'大国方略'系列课与高校思政教育改革创新"学术研讨会日前在上海大学举行。来自沪上25所高校和上海教科院高教所等单位的马克思主义理论研究和思想政治教育研究领域专家学者与会。专家们着重探讨了移动互联网时代高校思想政治理论课究竟该怎样上。

2014年，上大面向全校本科生首推"大国方略"通选课，去年又开出"创新中国"课，将学校优秀学科、教授资源引入思政教育领域。研讨会上，学者们围绕"'大国方略'系列课的台前幕后""话语体系改革与思政课教学创新""'大国方略'课的定位及其发展""青年思想政治教育的创新""高校思政课改革的深化和拓展研究"等主题展开研讨。

在圆桌论坛上，上海大学社会学院教授、"大国方略"系列课策划人、《大国方略》主编顾骏，上海青年管理干部学院副教授、《青年学报》主编刘宏森，复旦大学马克思主义学院教授、教育部高校思想政治理论课教学指导委员、"概论"分委会副主任顾钰民，上海理工大学社科学院院长、教育部高校思想政治理论课教学指导委员、"基础"分委会副主任陈大文，上海师范大学马克思主义学院教授、中央马克思主义理论研究与建设工程首席专家、国家级教学名师汪青松，作了专题报告。学者们围绕"'大国方略'系列课的台前幕后""话语体系改革与思政课教学创新""'大国方略'课的定位及其发展""青年思想政治教育的创新""高校思政课改革的深化和拓展研究""全面依法治国与高校法制教育的创新""弘扬主旋律与传播正能量"等主题展开研讨。（王蔚）

"新民网"2016年11月9日

### "延展与渗透：大国方略系列课与高校思政教育改革创新"学术研讨会在上海大学举行

10月29日，上海高校思想政治理论课名师工作室——"顾晓英工作室"、上海高校思想政治理论课教学改革协作组和《青年学报》编辑部联合主办的"延展与渗透：'大国方略'系列课与高校思政教育改革创新"学术研讨会在上海大学举行。来自复旦大学、上海交通大学、华东师范大学、上海师范大学、上海青年管理干部学院等25所上海高校和上海教科院高教所等院所的马克思主义理论研究和思想政治教育研究领域专家学者，《毛泽东邓小平理论研究》《思想理论教育》《青年学报》等期刊的编辑人员，及上海大学师生80余人与会。开幕式由上海大学宣传部部长李坚主持。

上海大学党委副书记、纪委书记夏小和首先致辞。他在致辞中回顾了上海大学思政课探索以问题导向的"项链模式"教学、面向全校本科学生首推"大国方略"通选课、开设"创新中国"课程、上海高校思想政治理论课名师工作室——"顾晓英工作室"在上海大学挂牌的改革发展历程，期待专家学者们贡献智慧，就"大国方略"系列课建设及其推广展开深入研讨，共同推进中国大学生思政教育事业。

上海市学生德育发展中心副主任宗爱东致辞，他重点谈了上海高校思政课在教学改革方面进行的思考与探索。一是抓了课程建设，由"思政课程"走向"课程思政"，由思想政治理论课主渠道转向全课程、全员育人。

上海大学首开"大国方略"课程、又开设"创新中国"，接下来还有复旦"治国理政"、同济"中国道路"、华政"法治中国",形成"中国系列"。二是抓示范马克思主义学院,围绕问题导向,项目式推进、协同式发展,内涵式提升的建设思路。三是抓队伍建设,抓紧培养在全国有影响力的中青年骨干,搭建平台让更多老师可以脱颖而出。四是注重同城平台的建设,依托教学改革协作组推广课程改革,如在全市推广"大国方略"课程。

本次研讨会以专家主题报告、圆桌论坛和自由发言相结合的形式进行。

上午,上海大学马克思主义学院院长欧阳光明教授主持主题报告。上海高校思想政治理论课名师工作室——顾晓英工作室主持人,"大国方略"系列课策划人顾晓英;上海高校思想政治理论课教学改革协作组组长,"大国方略"课程负责人忻平;复旦大学马克思主义学院院长,教育部高校思想政治理论课"基础"分教学指导委员高国希;华东师范大学马克思主义学院教授,教育部高校思想政治理论课"纲要"分教学指导委员宋进;上海教科院高教所原所长谢仁业;上海交通大学马克思主义学院副院长胡涵锦分别作主题报告。

下午的圆桌论坛由"顾晓英工作室"主持人——顾晓英主持。上海大学社会学院教授、"大国方略"系列课策划人、《大国方略》主编顾骏,上海青年管理干部学院副教授、《青年学报》主编刘宏森,复旦大学马克思主义学院教授、教育部高校思想政治理论课教学指导委员、"概论"分委会副主任顾钰民,上海理工大学社科学院院长、教育部高校思想政治理论课教学指导委员、"基础"分委会副主任陈大文,上海师范大学马克思主义学院教授、中央马克思主义理论研究与建设工程首席专家、国家级教学名师汪青松分别作专题报告。

学者们围绕"'大国方略'系列课的台前幕后""话语体系改革与思政课教学创新""'大国方略'课的定位及其发展""青年思想政治教育的创新""高校思政课改革的深化和拓展研究""全面依法治国与高校法制教育的创新""弘扬主旋律与传播正能量"等主题展开研讨。

自由发言阶段,徐光寿、曹泳鑫、张森年、李梁、曹景文、焦亚敏、陈志强、吴学霆、王天恩等专家从不同学术视角,主要围绕"大国方略"系列课与马克思主义理论教育的实践创新,如何让思政课教学拥有"大国方略"系列课的思想生产展开深入而充分的研讨。(殷晓　李萌)

《社会科学报》2016 年 11 月 14 日

**从思政课程到课程思政——高校思想政治理论教育课程体系创新研讨会在上海召开**

11月19日,由上海市社会科学界联合会、中共上海市教育卫生工作委员会、上海市教育委员会主办,上海市学生德育发展中心、华东政法大学承办的"上海市社会科学界第十四届(2016)学术年会思想政治教育学科专场:从思政课程到课程思政——高校思想政治理论教育课程体系创新"研讨会在华东政法大学召开。

华东政法大学党委副书记闵辉、上海市社会科学界联合会专职副主席解超教授分别致辞。教育部社科司副司长徐艳国作总结讲话。上海市教卫工作党委副书记、上海市教委副主任高德毅教授作主题报告。上海市教卫工作党委委员、宣传处处长曹荣瑞主持开幕式和主题报告会。

(中略)

来自上海市复旦大学、上海交通大学、同济大学、华东师范大学等20余所高校的马克思主义学院、思政学科的50余位专家学者进行了学术交流。

(中略)

"创新中国"课程首席专家、上海大学顾骏教授,"治国理政"课程负责人、复旦大学徐蓉教授,"读懂中国"课程首席专家、上海交通大学党委副书记朱健教授,"中国道路"课程首席专家、同济大学丁晓强教授分别就各自开设的"创新中国""治国理政""读懂中国""中国道路"等课程进行了学术交流。

(中略)

**"思政课程"与"课程思政"均为育人**

徐艳国认为,办好中国特色社会主义大学,是我国大学改革发展的一个基本前提。现在大环境越来越好,路线越来越清晰,这对当下深入推动思想政治理论课建设,提供了一个很好的条件。他指出,教学、科研管理、服务的各个方面都应该加强指导,而这些指导不简单运用马克思主义的只言片语,应该自觉使用马克思主义的立场、观点和方法,站在马克思主义的立场来建设思想政治理论学科和人才培养,以形成合力育人模式,从总体上充分体现马克思主义理论的指导。

"基于整个哲学社会科学的发展,核心的任务就是要构建中国特色哲学社会科学,其中重点强调的是中国特色,实际上最终就是要聚焦到中国。"徐艳国表示,上海在"中国系列"的思想政治教育课程创新上做得非常好,聚焦的就是中国。中国特色哲学社会科学,要体现中国特色哲学社会科学的话语体系,体现为中国特色哲学社会科学的学科体系,还要体现为相应的教材体系等等。经过此次思想政治教育理论专题研讨和学术交流,从坚持顶层设计的要求出发,思想政治教育理论平台建设的路径越来越清晰,一定要努力把这项系统工程建设好。

徐艳国强调,党的十八大以来,立德树人是教育的根本任务,对高校教育也提出了严格的要求。因此,思想政治教育课程要基于立德树人的视角,再审视、再梳理,显性的更强化,隐性的更细化。思想政治理论教育从教材到教学是整体性、系统性、开放性工作。基于"思政课"这样一个的"核"出发,注重专业课设计与外延延伸,去构建学科体系,构建中国格局,形成中国话语。(查建国)

"中国社会科学网"2016年11月22日

**聚焦高校思政教育:从"思政课程"到"课程思政"**

高校思想政治教育承担着培养合格建设者和可靠接班人的重大使命。在互联网技术日新月异的新媒体时代,如何创新高校思政教育的方式,是摆在高校和思政教育工作者面前的一道难题。

近年来,各地各高校下大力气创新思政教育的手段和方法,摸索出不少行之有效的路子,积累了一些好的经验和做法。今日起开设"聚焦高校思政教育"栏目,报道其中的典型做法,敬请关注。

"姜老师把亲历过的浦东开放开发、申办上海世博会等故事讲得生动接地气,我从中感受到上海 20 多年来的变化,这正是中国改革进步的缩影。"听完上海交通大学党委书记姜斯宪主讲的"读懂中国"形势与政策课,电子信息专业大一学生方荣耀收获满满,赞不绝口。

近来,一批"中国"系列课程在上海高校涌现:"大国方略""创新中国""人文中国""智造中国""读懂中国""中国道路"……不仅强化显性思政,将传统的思政课上出新面貌,而且细化隐性思政,深入发掘通识课、专业课的育人资源,以活泼的课堂组织形式、生动的案例和对于国情的贴切把握,赢得大学生热捧。

**传统思政课上出新面貌**

上海在高校推行"课程思政"改革试点,按照思想政治理论课、综合素养课(即通识课)及专业课三类课程功能定位,从内容建设、教学方法、师资团队乃至互联网手段载体运用等途径推进改革,着力实现全课程育人。

作为"4+1"思政课中的"1","形势与政策"课在部分高校并未受到应有的重视。上海交通大学推出"读懂中国"课程,把传统的思政课上出新面貌。该课程坚持问题导向,按照经济、政治、文化、社会、生态、外交 6 类内容建成 100 个教学模块,每个模块分别配套文稿与课件,让学生易于接受又印象深刻。

前不久,姜斯宪讲授第一课"卓越全球城市上海",用生动的案例帮助学生理解中国特色社会主义的来龙去脉和奋斗历程,让学生大呼过瘾。"这是交大学子的必修课,目前已面向大一和大二的 8 000 名学生开展,不久后将推向大三学生,形成全覆盖、不断线的思政育人局面。"上海交通大学党委副书记朱健说。

上海市教委面向全市推出社会主义核心价值观"超级大课堂",问题来自学生、声音来自一线、点评来自权威,教师与学生在课堂上直接对话交流,甚至不避"尖锐问题",真正让课堂活起来。

"思政课是对大学生系统开展马克思主义理论教育、开展社会主义核心价值观教育的有效路径,是社会主义大学的特有优势,通过深化改革,突破'你教我学'的传统教学模式,可以引导学生对问题用主人翁的态度思考。"上海市教委副主任高德毅说。

**通识课上感受中国自信**

"为什么学生喜欢'大国方略'课?因为他们喜欢科学家、工程师那种不说教式的讲解,因为他们在内心里渴望理解中国道路,感受背靠国家的那种自信乃至'霸气'。"上海大学"大国方略"课程首席专家顾骏教授说。

上海多所高校在通识课中融入思想政治理论教育,配置优质师资,注重课堂互动,带领学生触摸历史、感知现实。这些课程包括上海大学"大国方略"与"创新中国"、同济大学"中国道路"、华东政法大学"法治中国"、上海对外经贸大学"人文中国"等,坚定学生对中国特色社会主义的理论自信、道路自信、制度自信和文化自信。

"治国理政"课聚焦中国共产党自身治理及治国理政的理论与实践经验,分为国共反腐史鉴、从计划治理到市场治理、文化自信哪里来等 15 个专题。专家搭建课程框架,主讲教师准备教学提纲和完整的教案,由本校骨干教师或相关领域校外专家担纲授课。如首讲直面学生疑问"为什么治国必先治党",回顾国共两党治党历史,在正反两方面的对比中得出令人信服的结论。

上海大学"大国方略"采用"2+1"师资搭配模式,1名授课者为来自非限定领域的学者、企业家、工程师,讲述个人科研感想、服务国计民生的历程,2名课程主持人负责串场、点评,把握课堂的主流方向。顾骏这样总结课程的特点:"用故事说清道理,用道理赢得认同。"

该课程已开设6学期,受益学生超过1 000人。课程还产生带动效应,采用相同模式的第二季"创新中国"也已开设3学期,第三季"创业人生"即将启动。

(下略)(董少校)

《中国教育报》2016年12月2日

## 大学思政课程不再"孤岛化"

(上略)

上思想政治理论课会不会关起门、板起脸,或总让几个思政专职教师站讲台？长期以来,大学生思政教育似乎自成一体,存在"孤岛"现象,与通识教育、专业教育"两张皮"现象未能根本改变。

而今,通过顶层设计与机制改革,沪上高校思政课程不再"孤岛化",而是构建起全员、全课程的大思政教育体系。从单一化的"思政课程"向多层面的"课程思政"转化,连最传统的中医中药、最洋气的外文泛读等课程,也蕴藏并赋予了思政内容与价值。

(中略)

### 文理通识也隐含思政博雅

大学通识教育,文理博雅一堂,已成各大高校共识与实践。那么,思政教育是否也是这类综合素养课程的题中应有之义呢？打开此结,豁然开朗。

11月28日,从"大国方略"1.0版,到"创新中国"2.0版,上海大学又开出"创业人生"3.0版的通选课,让创业家们来到校园现身说法。不出所料,学生火暴抢课。这一系列的公共选修课,看似自然科学与技术创新专题,更是思政课的新教法。

以"创新中国"为例,无人艇、机器人、大数据、生命技术、石墨烯、投资金融、知识产权等内容轮番登堂,其实一一隐含"创新乃大国重中之重""万众创新谁是主体""有了BAT就是互联网强国吗""人类能创新自己吗"等哲学式的命题,让大学生学了"术",更悟了"道"。记者了解到,目前上海各大高校已形成一个"中国系列"公选课思政群。除了开设较早的复旦大学"治国理政"、上海大学"创新中国",还有上海交通大学"读懂中国"、同济大学"中国道路"、华东政法大学"法治中国"、上海对外经贸大学"人文中国"、上海应用技术大学"智造中国"、上海政法学院"大国安全"等。

"它完全推翻了我以前认为'一个老师一堂课'的思想,能见识那么多名师大咖,无疑在各方面带给我们视觉上、听觉上的享受,大大增强了我们的中国认知。"上大学子在体验了"创新中国"的创新授课模式后说。原来,"创新中国"主讲人,包括973首席专家、上大党委书记罗宏杰,中国工程院院士、上大校长金东寒,上大计算机学院院长、帝国理工学院数据研究所所长郭毅可,上大无人艇研究院院长罗均等学校高峰高原学科和其他学科的30多名专家、学术带头人。与此同时,课程首席专家、上大社会学院顾骏教授,上海高校思政课名师工作室——"顾晓英工作室"主持人顾晓英不仅担纲策划,还是大课堂的串场和主持,拿着麦克风满场飞。

课内延伸课外,"创新中国"网上论坛与线下互动,一学期点击量达3万余次,平均每名学生发帖交流大于10次。听了校长金东寒的课后,学生论坛反馈多达23页,合计3.3万字。顾骏教授透露,目前"创新中国"全程在线课程也已制作完毕,与全国130所高校共享。

"显性的正面教育,是中国德育优势与特点,但也是还不够完整的一种现状,"上海市教卫工作党委副书记、市教委副主任高德毅向记者表示,课堂思政的成功之举就是,既把显性教育进一步强化,又把隐性教育做足做深,大学思政工作空间更大了。

(下略)(徐瑞哲)

《解放日报》2016年12月5日

### 上海高校专业课上出"德育味"

一堂冷冰冰的"人体解剖学"课融入了职业观和人生观,让医学生们感动地纷纷在遗体捐献志愿书上签字;一堂英语、德语课让学生感慨《共产党宣言》之美……近两年来,上海15所高校探索"隐性思政教育",大学专业课上出了"德育味",综合课上出了"思政味"。

(中略)

上海其他一些高校的公共课也经历着类似变化。近两年来,一批"中国系列"品牌课程诞生。如复旦大学"中国共产党治国理政理论与实践"、同济大学"中国道路"、上海大学"创新中国"、上海交通大学"读懂中国"、华东师范大学"中国故事"、华东政法大学"法治中国"等,这些课程开课以来持续受到大学生热烈追捧。

复旦大学马克思主义学院教授杜艳华说,上"中国共产党治国理政理论与实践"课的除了思政课教师外,还包括历史学、政治学等多个专业教师、校内外相关领域专家,大家集体备课,博采众长,课堂有理论支撑又结合新形势,很多学生上了一学期后又选一学期。

上海市教育卫生工作委员会副书记高德毅说,知识、技能、价值观是教育的三要素,相互不可分割,价值观教育本就是课堂教育教学当中不可或缺之意。因此,强调全员育人对每个教师而言都是职责所在。(潘旭 仇逸)

《新华每日电讯》2016年12月7日

### 一批"中国系列"课程彰显价值引领

11月28日晚6时30分,上海大学J教学楼,可容纳近150人的大教室座无虚席——今年冬季学期全新推出的"创业人生"通识选修课第一讲,又一次迎来了"开门红"。

上大的"创业人生"课程和该校2014年首次推出的"大国方略"课程、2015年的"创新中国"课程一样,都是突破高校传统思政课范畴的全新思政课。这三门思政课,都须接受学生"用脚投票"的考验——看看多少本科生会自愿选修。可喜的是,上大收获了骄人的答案:七个学期过去了,开一门,火一门。

思政课创新之风,已蔓延到更多大学校园:复旦有"治国理政"、上海交大有"读懂中国"、同济有"中国道路"、华东政法大学有"法治中国"、上海应用技术大学有"智造中国"、上海对外经贸大学有"人文中国"……一批"中国系列"课程应运而生,代表着上海实施高校课程思政改革的全新探索:构建思政理论课、综合素养课程、专业课程三位一体的高校思政教育课程体系,实现从"思政课程"到"课程思政"的创造性转化。

**"课程思政"是对传统思政课的强化和延展**

不能解答学生心头疑惑的思政课,不是理想的思政课。一位大学教授的观察很有代表性:"有些老师刚开始讲,学生的头就低下去了。老师抛出一点理论问题或提出一些概念,学生就开始在手机上查百度。"

思政课能否首先让学生"把头抬起来"?上海大学的"大国方略"就给沉闷的思政课堂带来了新空气。这门课的一大创新之举是,授课采取"项链模式",不是由专职思政教师从头讲到尾,而是由各学科的老师联袂讲学。

在高校,围绕大学生思想政治教育的"孤岛化"困境,老师们时有讨论。主流意见认为,这跟高校思政教育与专业教学存在着"两张皮"现象有关,其根本原因是"全课程、全员育人"的理念没有完全树立起来。

上海外国语大学马克思主义学院院长赵鸣歧教授说,很多专业课老师认为,自己的本职工作是讲解知识——只管知识传授,不管价值引领。

而外语院校还有一点特殊:学生在学习外语的过程中,不自觉地处于中西文化碰撞的前沿,很多学生会不自觉地对语言对象国的文化更感兴趣。"外国事情知道得不少,反过头来,对中国当下正在发生的事情却了解不多。"

**融合显性教育与隐性教育,构建"大思政"格局**

习近平总书记提出,"办好中国特色社会主义大学,要坚持立德树人,把培育和践行社会主义核心价值观融入教书育人全过程"。抓住高校"育人"的本质要求,加强高校思想政治教育工作,上海开始探索在高校构建思想政治理论课、综合素养课程、专业教育课程三位一体的高校思想政治教育课程体系。这就是上海正在边研究、边探索试点的"课程思政"改革。

上海市教卫工作党委副书记、市教委副主任高德毅介绍,目前的高校课程大体分为三类:一类是传统的思政课,一类是综合素养课(包括通识教育课、公共基础课),还有一类是专业课程(包括哲学社会科学课程和自然科学课程)。所谓的"课程思政",并不是在第一类思政课外再增开一门思政课,也不是增设一项活动,而是要同时充分发挥这三类课程的育人功能。"通过深入挖掘各类课程的思想政治理论教育资源,倡导所有老师都担负起育人的职责,切实改变思想政治教育标签化取向。"

从"思政课程"向"课程思政"转变,形成"大思政"格局的过程,也是显性教育和隐性教育相辅相成的过程。

目前,高校思想政治理论课程主要包括4门必修课和1门形势政策课(简称"4+1"),是对大学生进行思想政治理论教育的核心课程——这类课程承担着显性的思政教育的功能。而综合素养课程和专业课程则具有隐性的思政教育功能。上海的改革目标是,既要强化显性的思政教育功能,又要细化隐性的思政教育功能。"显性教育一直是中国的大学在育人方面的优势,是我们的特色,必须坚持和强化,发挥更大作用。

我们在隐性教育的方式方法上还有提升的空间。观察国外高校可以发现,他们也对大学生进行思想政治教育,但很大一部分工作是通过专业课教学、在润物细无声中完成的。"高德毅说。

**"中国系列"品牌课程展现教改初步成效**

将高校思想政治教育融入课程教学和改革的各环节、各方面,伴随着"课程思政"改革的推进,上海的高校出现了可喜的思政教育新样貌。

上大"大国方略"之后,沪上多所高校推出了一批紧扣时代发展的"中国系列"品牌课程。眼下,上海第二工业大学的"工匠中国"、上海政法学院的"大国安全"、上海海事大学的"走向深蓝"、华东理工大学的"绿色中国"等课程都将逐步推出。

在专业课程改革上,一些高校也开启了"破墙"的试点,探索在知识传授过程中实现价值观的引领。据悉,上海目前已在15所本科高校开设50余门试点课程,形成了从编制课程教学指南到开展课程试点,再到教学反馈评价成熟的探索机制,专业课程发挥育人功能正逐步蔚然成风。(樊丽萍)

《文汇报》2016年12月7日

## 把思想政治工作贯穿教育教学全过程——全国高校思想政治工作会议交流发言摘编

(上略)

上海大学把思政课作为人才培养核心课程,纳入"双一流"建设的重点任务,从课程内容、师资队伍、教学方法等多方面深化改革,将思政课建设成深受学生欢迎的热门课程。

**深化课程内容建设,发挥哲学社会科学育人功能**

学校以思政课综合改革创新为重要突破口,挖掘整合各学科的思想政治教育资源,积极拆除"学校和社会之墙,各学院、各专业、各部门之墙,教学与科研之墙,教与学之墙",逐步构建全课程育人格局。

一方面深入研究教材,发挥中央马工程统编教材优势,组织教师深入系统研究思政课统编教材,鼓励教师在吃透教材的基础上,将教材语言转换为教学语言,不断增强理论说服力。另一方面开展集体备课,校领导全程参与,哲学社会科学其他专业教师共同讨论,"备理论""备学生""备热点""备教学方法运用",遵循教学规律,贴近学生特点,将党的创新理论有计划、分专题地进入课堂,根植于大学生思想深处。

**加强师资建设,打造一支让学生满意的教师队伍**

学校注重思政课教师队伍培养,引导专业课教师参与思想政治教育,构建让教师想教好、能教好的工作机制。

聚焦思政课教师能力提升,构建"立交桥"式培养体系。我们一方面邀请全国知名专家来校讲学,一方面每年选派思政课教师交流访学。这些教师既传播了中国声音,也将世界视野引入思政课堂。

首创"项链模式",实现多学科师资协同育人。坚持探索在思政课堂引入名师大家、党政领导、企业高管等各条战线优秀人才,建立了思政课特聘教授资源库,将教师单兵作战变为团队作战。

依托同城平台,实现资源共享。2014年起,上海市在我校试点"高校马克思主义理论学科同城平台计划",我校专门设立招生名额,邀请全市高校知名专家学者担任兼职博导、硕导,组建联合导师团队,提升马克思主义理论学科研究生培养水平。

**加强教学方法改革,用问题导向增强教学有效性**

学校强调思政课教学的问题意识,逐步构建形成从案例导入到理论分析、从实践探索到问题解读的"四板块"知行统一教学模式。

开展"问题解析式"教学方法改革,在实践中收集整理学生原始问题近10万个,建立了多角度、多层面的课程教学问题库,编撰出版《思考与解读》《释疑与解惑》《教学与实证》等系列教学研究成果。注重话语体系转化,贴近学生思想特点。帮助教师树立"把理论融入故事,用故事讲清道理,以道理赢得认同"的教学理念。注重运用信息技术,贴近学生接受习惯。建立思政课"微课程"视频库,形成一种既发挥教师主导作用、又满足学生自学需要的新型网络教学模式。

(下略)

《人民日报》2016年12月9日

## 把思政课作为人才培养核心课程

上海大学把思政课作为人才培养核心课程,纳入"双一流"建设的重点任务,从课程内容、师资队伍、教学方法等多方面深化改革,将思政课建设成深受学生欢迎的热门课程。

**一、深化课程内容建设,发挥哲学社会科学育人功能**

一是深入研究教材,发挥中央马工程统编教材优势。设立教学研究专项经费,鼓励教师在吃透教材的基础上,将教材语言转换为教学语言,不断增强理论说服力;积极开发教辅材料,基于大中小学德育课程一体化思路,着力解决高校思政课与中学政治课在教学内容上的衔接,帮助教师把教学重点难点讲深讲透。

二是开展集体备课,将党的创新理论融入课堂教学。制度化推进集体备课会,校领导全程参与,哲学社会科学其他专业教师共同讨论,"备理论""备学生""备热点""备教学方法运用",遵循教学规律,贴近学生特点,将党的创新理论有计划、分专题地进入课堂,根植于大学生思想深处。

三是推出"大国方略"等一批中国系列课程。学校邀请哲学社会科学领域多位知名专家学者,组建跨学科、跨院校、跨地域的教研一体化师资团队。在课程内容设计上,注重贴近学生的思想和生活实际,在讲授知识的过程中传递正确价值导向。

**二、加强师资建设,打造一支让学生满意的教师队伍**

学校把教师队伍建设摆在办学工作突出位置,尤其注重思政课教师队伍培养,引导专业课教师参与思想政治教育,构建让教师想教好、能教好的工作机制。聚焦思政课教师能力提升,构建"立交桥"式培养体系。首创"项链模式",实现多学科师资协同育人。依托同城平台,实现资源共享。

**三、加强教学方法改革,用问题导向增强教学有效性**

一是开展"问题解析式"教学方法改革。2009年起,学校承担高校思政课"六个为什么"试点工作,探索基于问题逻辑的教学方法。在实践中收集整理学生原始问题近10万个,建立了多角度、多层面的课程教学问题库。

二是注重话语体系转化,贴近学生思想特点。连续举办7届"上海大学思政论坛",每年开展教学质量活动月,举办170期社科论坛,组织实施20期教学基本功培训,帮助教师树立"把理论融入故事,用故事讲清道理,以道理赢得认同"的教学理念。

三是注重运用信息技术,贴近学生接受习惯。进行"微课程"教学改革,建立思政课"微课程"视频库,把教材逻辑体系转化为"微课程"教学的问题逻辑体系,形成既能发挥教师主导作用,又能满足学生自学需要的新型网络教学模式。

《中国教育报》2016年12月9日

**把思政课作为人才培养核心课程**

上海大学把思政课作为人才培养核心课程,纳入"双一流"建设的重点任务,从课程内容、师资队伍、教学方法等多方面深化改革,将思政课建设成深受学生欢迎的热门课程。

**一、深化课程内容建设,发挥哲学社会科学育人功能**

一是深入研究教材,发挥中央马工程统编教材优势。设立教学研究专项经费,鼓励教师在吃透教材的基础上,将教材语言转换为教学语言,不断增强理论说服力;积极开发教辅材料,基于大中小学德育课程一体化思路,着力解决高校思政课与中学政治课在教学内容上的衔接,帮助教师把教学重点难点讲深讲透。

二是开展集体备课,将党的创新理论融入课堂教学。制度化推进集体备课会,校领导全程参与,哲学社会科学其他专业教师共同讨论,"备理论""备学生""备热点""备教学方法运用",遵循教学规律,贴近学生特点,将党的创新理论有计划、分专题地进入课堂,根植于大学生思想深处。

三是推出"大国方略"等一批中国系列课程。学校邀请哲学社会科学领域多位知名专家学者,组建跨学科、跨院校、跨地域的教研一体化师资团队。在课程内容设计上,注重贴近学生的思想和生活实际,在讲授知识的过程中传递正确价值导向。

**二、加强师资建设,打造一支让学生满意的教师队伍**

学校把教师队伍建设摆在办学工作突出位置,尤其注重思政课教师队伍培养,引导专业课教师参与思想政治教育,构建让教师想教好、能教好的工作机制。聚焦思政课教师能力提升,构建"立交桥"式培养体系。首创"项链模式",实现多学科师资协同育人。依托同城平台,实现资源共享。

**三、加强教学方法改革,用问题导向增强教学有效性**

一是开展"问题解析式"教学方法改革。2009年起,学校承担高校思政课"六个为什么"试点工作,探索基于问题逻辑的教学方法。在实践中收集整理学生原始问题近10万个,建立了多角度、多层面的课程教学问题库。

二是注重话语体系转化,贴近学生思想特点。连续举办7届"上海大学思政论坛",每年开展教学质量活动月,举办170期社科论坛,组织实施20期教学基本功培训,帮助教师树立"把理论融入故事,用故事讲清道理,以道理赢得认同"的教学理念。

三是注重运用信息技术,贴近学生接受习惯。进行"微课程"教学改革,建立思政课

"微课程"视频库,把教材逻辑体系转化为"微课程"教学的问题逻辑体系,形成既能发挥教师主导作用,又能满足学生自学需要的新型网络教学模式。

"中华人民共和国教育部"2016年12月9日

### 上海大学上海美术学院成立,冯远受聘担任首任院长

**四十余位国内外艺术家做特聘教授**

12月11日上午10时,上海大学上海美术学院成立大会举行。当上海市副市长翁铁慧和冯远共同开启"上海美术学院之门",标志着上海大学上海美术学院正式成立。

上海大学上海美术学院是在上海市委、市政府的关心下,以新的体制机制成立的、具有相对独立办学自主权的二级学院,是上海大学综合改革、高水平大学建设进程中的重要举措。全国文联副主席、美协副主席冯远受聘出任上海美术学院院长。

冯远以上海美术学院院长身份发表了就职演说,他表示,承续上海美术文脉,开启新的篇章,蕴含着上海美术界几代人的共同期盼,也蕴含着同行的期许。"这一刻,建设一所和上海国际化大都市相符的上海美术学院,将由我们和后人承担,责任的沉重让我忐忑。上海是现代绘画的策源地,也是中国文化传播的中心所在,上海聚集了丰厚文脉,大批精英,数十年来他们为上海文化建设和全国文化建设作出杰出贡献。上海完全有实力建设一批高端院校,用活资源,吸引国内外优秀人才办好一所名实相符的美术院校。"

冯远生长在上海,一直关注着上海美术界的变化并引以为豪。他表示,"希望能够在上海大学的支持领导下,从苦练内功做起,全面提升学校的办学水平,提升竞争力和国际影响力,在上海美术学院现有基础上,抓住机遇,推动办学新思路,寻求发展新途径和新空间,打破院墙,立足上海辐射全国,面向国际,让这所学校为人类文化建设作出应有的贡献。"

成立大会上,冯远为加盟上海美术学院的四十余位国内外著名艺术家颁发特聘教授聘任书,包括全山石、詹建俊、方增先、邵大箴、靳尚谊、李龙雨等,极大地壮大了上海美术学院的师资力量;并与国际设计艺术院校联盟主席、法国南特大西洋设计学院院长Christian Guellerin签署了《共建中法设计中心协议》,进一步推动了学院的国际合作。

**虚拟法人、实体运作**

据悉,新成立的上海美术学院为"虚拟法人、实体运作",上海美术学院将享有经费独立权、人事独立权、外事独立权和教学自主权。成立后,上海美术学院仍是二级学院。

尽管实际法人仍是上海大学,上海美术学院只拥有相对独立权,但已是一种体制机制的重大突破。据美院教师介绍,上海美术学院成立后,在教学、学科发展上会有较大的自主性,这是一个显著变化。美术学院可以优先安排专业课时间,更加灵活自由。今后,美术学院的学术判断和评估标准、考核标准,可以按照艺术教育规律进行。

**未来的新兴艺术策源地**

为配合学校揭牌,上海美术学院推出"不锈宝钢——全国艺术院校主题创作展""春华秋实——上海百年美术教育回顾展"。

上海作为中国近代美术教育的发源地,渊源可以追溯到土山湾画馆、刘海粟创办的

上海美术专科学校。从1959年成立的上海市美术专科学校，到1983年的原上海大学美术学院，再到1994年的新上海大学美术学院，直到新成立的上海大学上海美术学院，学院师生们秉承着海纳百川、兼容并蓄的胸怀，传承着自强不息、开放包容、务实创新的精神。尤其是1994年原上海大学美术学院并入新上海大学后，经过22年悉心经营，得以整合来自各个专业领域的学术精英，共同推进学院建设成为具有国际影响力的都市美院。

作为上海唯一一所拥有美术学、设计学和艺术学理论三个一级学科博士点的美术学院，学院为上海美术人才的培养发挥着举足轻重的作用。学院培养的学生中，邱瑞敏、陈逸飞、王劼音等已成了享有国际声誉的著名艺术家，施大畏、韩硕、张培成、李向阳等已成为上海美术界的领军人物，肖谷、龚彦、周铁海、丁乙、马良等成为活跃在国内外美术界的艺术家。

在回顾展中，可以看到当时民国最优秀的艺术家、学者都聚集在上海。如今，上海美术学院也创新用人机制，兼容并蓄，吸纳全国各地乃至世界各地的优秀人才汇聚上海，加入美院建设中，让各个流派都能在这里呈现异彩。于右任曾为刘海粟创办的"上海美专"二十周年时题词为"一个新兴艺术策源地"，巧合的是，于右任也是上海大学第一任校长。新成立的上海美术学院，也将朝着成为未来世界新兴艺术的策源地努力。

"不锈宝钢"展则传达着另一种信息。随着宝钢的转产，原来的厂房变成废墟，美术学院集中了八大美院力量在那里进行创作，用艺术的语言对工业文化进行赞颂，同时也预示着以后文学艺术将参与整个地块的转型。会上，宝武集团、宝山区与上海大圩共同签署了《共建上海美术学院战略合作框架协议》，助力上海美术教育事业发展。上海美术学院将参与宝武集团不锈钢地块转型开发和城市新产业发展，助力国际艺术城打造，促进文化艺术创意设计产业积聚，带动区域产业转型发展，推动吴淞工业区整体转型和城市副中心建设。当天下午，上海美术学院将主办"美术教育与特色发展——国内艺术院校长研讨会""学术媒体协同合作研讨会""美术学学科研讨会""艺术介入研讨会""设计学学科建设研讨会""艺术学理论学科建设提升研讨会""制度建设与特色化管理研讨会"七个研讨会，与会嘉宾共话当代美术教育以及上海美术学院的发展。

目前，上海大学已先后成立了上海电影学院以及上海美术学院，是进一步落实上海市委、市政府对上海大学办学要求的重要举措，即用改革创新来解决地方高校发展中的问题与瓶颈，进一步落实和扩大高校办学自主权、开展高水平大学建设，探索出一整套符合教育发展规律和地方高校发展规律、可复制可推广的管理体制机制，不断增强竞争力、提高对经济社会发展的贡献度，努力成为地方高校建设的标杆。新成立的上海美术学院将在尊重教育教学和科研创作规律的基础上，通过学院治理结构的创新以及明晰校院两级权责的边界，进而提升上海美术人才培养和美术创作的整体水平，努力把上海美术学院打造成当代国内国际知名、与上海城市地位相匹配的综合性、研究型国际美术学院。

"上观新闻"2016年12月11日

**从"思政课程"到"课程思政"——上海探索构建全员、全课程的大思政教育体系**

（上略）

**通识课植信念,还需润物无声**

"19世纪中国的沦落从海上开始,21世纪华夏振兴也必须在海上立足。"讲台上,一幅地图被中科院院士汪品先教授展示出来:中国的海岸线如一张弓,长江似一枚箭,而上海则是等待射向浩渺西太平洋的箭头。当这位年过八旬的老人清晰地向学子们发出召唤,台下响起经久不息的掌声。

这是同济大学"中国道路·名师讲坛"的思政课堂。和张杰一样,著名海洋地质学家汪品先此时也成了人气爆棚的"思政课教师"。

"显性的正面教育,是我们德育教育的特点和优势,但这还不够完整。"如何拓宽高校思政工作的空间,一直是上海市教卫工作党委副书记、市教委副主任高德毅的心头大事,"课堂思政要成功,既要把显性教育进一步强化,又要把隐性教育做足做深。"

在这样的理念下,上海不仅牢牢抓住思政课堂这个主渠道,还积极探索在通识教育中根植理想信念,推出了"中国系列"品牌课程。从复旦大学的"中国共产党治国理政理论与实践"、同济大学的"中国道路"、上海大学的"创新中国"到上海交通大学的"读懂中国"、华东政法大学"法治中国",一大批大家名师走上通识课讲台,润物无声地将正确的价值追求和理想信念传达给学生。

(下略)

《光明日报》2016年12月12日

**落实扩大办学自主权　开展高水平大学建设——上海大学上海美术学院成立**

昨天,上海大学上海美术学院成立。这一以新的体制机制成立的、具有相对独立办学自主权的二级学院,是上海大学综合改革以及高水平大学建设进程中的重要举措。

成立大会上,全国文联副主席、美协副主席冯远受聘为上海美术学院院长。"这一刻,建设一所和上海国际化大都市相符的上海美术学院,责任的沉重让我忐忑。上海市中国现代绘画的策源地,也是文化传播中心所在,上海聚集了丰厚文脉、大批精英,数十年来他们为上海文化建设和全国文化建设做出杰出贡献。上海完全有实力活用资源,吸引国内外优秀人才搬好一所名副其实的美术院校。"据悉,国内40余位著名艺术家也收到特聘教授聘书。学院将形成"虚拟法人、实体运作",享有经费独立权、人事独立权、外事独立权和教学自主权。从招生到教学管理,都使用美院自己的方式。

尽管实际法人仍是上海大学,上海美术学院只拥有相对独立权,但已是一种体制机制的重大突破。此前,上大有自己的教学和管理体系,美院在教学安排上收到很大牵制。比如上大的英语、政治等文化课是统一选课的,美院学生和其他院系学生混在一起上,但选了文化课后,势必影响专业课的上课时间。如今,上海美术学院可以自己优先安排专业课时间,再把剩下的时间用来安排文化课,更加灵活自由。

另一个重要区别是,今后的学术判断和评估标准、考核标准可以按照艺术教育规律。此前,美院考核指标是按照学校统一指标,评教授要看发表多少篇论文,但一些行业里获奖反而不算数,今后上海美术学院在这方面将自己做主。

会上,宝武集团、宝山区与上海大学签署《共建上海美术学院战略合作框架协议》。据悉,上海美术学院未来有望在宝山地区建立新校址。上海大学与宝武集团、宝山区共建的上海美术学院将参与宝武集团不锈钢地块转型开发和城市新产业发展,助力国际艺术城打造,促进文化艺术创意设计产业积聚,带动区域产业转型发展,推动吴淞工业区整体转型和城市副中心建设。

上海作为中国近代美术教育的发源地,可以追溯到土山湾画馆、刘海粟创办的上海美术专科学校。从1959年成立的上海市美术专科学校,到1983年的原上海大学美术学院,再到1994年的新上海大学美术学院,这座都市美院作为上海唯一一所拥有美术学、设计学和艺术学理论三个一级学科博士点的美术学院,以城市公共艺术与国际当代美术为特色,承担了50%以上的上海城市公共雕塑创作,并在20年中不断为上海地铁提供设计服务,从最初的装饰壁画设计、空间设计,到制定整体设计管理手册、地铁全网络导示规范标准,以及制定"十三五"上海地铁网络公共艺术总体规划。

据了解,上海大学先后成立上海电影学院以及上海美术学院,是进一步落实上海市委、市政府对上海大学办学要求的重要举措,即用改革创新来解决地方高校发展中的问题与瓶颈,进一步落实和扩大高校办学自主权、开展高水平大学建设,探索出一整套符合教育发展规律和地方高校发展规律、可复制可推广的管理体制机制。

副市长翁铁慧出席成立大会。(彭德倩 钟菡)

《解放日报》2016年12月12日

**上海大学打破藩篱构建全课程育人格局 各学科专家串起思政课"项链"**

上海大学老校长钱伟长始终倡导办好高等教育必须拆除"四堵墙",即学校和社会之墙,各学院、各专业、各部门之墙,教学与科研之墙,教与学之墙。如今,上大的思想政治课也早已拆除了各种藩篱,构建起了全课程育人格局。由上大首创的多学科教师协同上思政课的"项链模式",以"讲好中国故事"为核心,让不同学科背景的专家、教授走进思政课堂,给了学生用另一双学术眼睛去看待世界、读懂中国。

**单兵作战转变为团队作战**

与传统的思政课不同,上海大学积极引入名师大家、党政领导、企业高管等各条战线精英人物,他们或以自身的学科背景,或以传奇的实践经历,或以耀人的工作业绩,像珍珠般串起了每个学期思政课的脉络,将原先思政课教师单兵作战转变为团队联合作战。2015至2016学年冬季学期,上海大学在知名思政品牌课"大国方略"课程基础上,策划并开出了一门全新课程——"创新中国"。迄今,该课程已连续开课3个学期,每次都吸引学生火暴抢课,甚至附中的高中生都挤在地上听课。"创新中国"课程依旧采取独特的"项链模式"教学,即每个专题配置3至4名教师联袂主讲,围绕同一个主题从多个角度讲解,引领学生思考"世界等待着什么""国家需要什么""上海承担什么""上大能做什么""上大学生可以学什么"等几大问题,让90后大学生了解国情、感受时代、培育创新思维,培养创新能力,激发报国之志。课程内容覆盖了校内文理医工以及经济、法律、美术、影视等几乎所有学科。无人舰艇、机器人、大数据、生命科技、先进材料、投融资案例、知识产权、组织行为、制度设计等五花八门的内容都被镶嵌进课堂。上大社会学院教授顾骏、上海高校思政课名师顾晓英副教授担任串场和课堂主持。相继走进"创新中国"课堂授课的客座嘉宾,包括了国家"973首席科学家"、上大党委书记罗宏杰,中国工程院院士、上大校长金东寒在内的学校高峰高原学科的近40名专家和学术带头人。他们中还有上大计算机学院院长、帝国理工学院数据研究所所长郭毅可,国家杰出青年科学基金项目受助人、通信学院教授张新鹏,首批国家"万人计划"科技创业领军人才、通信学院教授王国中,上大材料基因研究院、香港科技大学教授温维佳等,以及特邀的政府官员、企业高管等。

**学生线上线下互动**

各路专家的纷至沓来,使得"创新中国"课程异常夺目。每堂课不提供"标准答案",而是让学生相互作答、彼此驳难。有时,教授之间还会因观点不一而当堂争论,更让学生现场体验创新无止境、追求真理只服从事实和逻辑的学术争鸣规则。作为一门创新型的思政课,"创新中国"重思维方法、创新意识和综合素质的培养。学生线上线下互动,一学期点击量达3万余次,平均每位学生发帖交流多于10次。

就在这几天,"大国方略"系列课之三——"创业人生"课程也已亮相。顾晓英说,这是"大国方略"和"创新中国"的落地版,进一步把焦点下沉到学生的个人职业规划和人生计划,摸索从仰望星空到脚踏实地的创业之路。据悉,该课程继续沿用"项链模式"教学,又一批企业界翘楚和创业达人已获邀执教,他们将与大学生们面对面探讨创业的本质、目的、方法……(王蔚)

《新民晚报》2016年12月12日

## 以文化传播促方言传承

为保存上海方言,上海大学博物馆将建立一个沪语体验馆,集中展示沪语报纸、抄本,以及滩簧、沪剧、唱片等,让人们感受方言特有的魅力。

方言及其承载的文化弥足珍贵,但随着现代化的冲击而日渐式微,年轻一代对方言越发疏离。保护方言,从某种意义上说,也是保护历史。我们除了单纯地记录和保存方言,还可以有哪些途径使方言散发出特有的魅力?上海沪语馆的建立或是一种有益的尝试。

用生动的文化形式将方言呈现出来,使之"接地气"地保留下来,人们方能被方言文化吸引,并唤起深沉的情感,方言也才能更好地传承下去。

《光明日报》2016年12月13日

## 中国作协与上海大学合办培训基地,网络作家有望获硕士学历教育

中国作协网络文学委员会上海研究培训基地13日在上海大学挂牌,第一期网络文学高级研修班同日开班。由阅文集团、翼书网、天涯、17K、爱阅读、铁血、云起、掌阅、凤凰等全国各大网络文学机构选派的24名学员,参加了首期网络文学(历史类)高研班培训。

中国作协网络文学委员会上海研究培训基地由中国作协网络文学委员会、上海市作协、上大中国创意写作中心、阅文集团共同创办。基地主要有两大任务,一是开展网络作家培训,引导和鼓励网络文学作家掌握文学创作理论及相关知识,提高网络文学创作的知识和技巧,提高关注社会现实的能力和深入社会实践的意识,二是加强网络文学研究,提供研究力量、资金支持,对中国网络文学作家、作品、现象组织开展系统深入研究,凝聚

培养网络文学研究队伍,为逐步探索建立中国网络文学的理论体系、评价体系和话语体系提供有力支撑。

上海大学创意写作学科中国创意写作学科领军机构是国内唯一创意写作双硕士点、博士点及博士后教研创作机构,阅文集团是国内排名第一的网络文学创作及阅读机构,在中国作协网络文学委员会、上海作协的穿针引线下,共建各方将发挥各自优势,实现产、学、研协同发展。

当天,府天、子与2、希行等历史类网文"大神级"作者成为网络文学高研班首批学员,并通过一对一作品评议的方式与评论家圆桌对话。针对网络文学类型细分的特点,在历史类高研班之后,基地还将陆续开办武侠、玄幻、都市类等特定门类高研班,并加强网文编辑培训,推动网络文学生态全面健康发展。另据透露,上海大学学历教育优势也有望得到发挥,基地未来还将研究开展网络作家学历教育,通过定向委培培养、联合培养、共建实习基地等方式,开展网络作家硕士学历教育。

"上观新闻"2016年12月14日

## "大国方略"课程对全方位育人的启示

[核心观点]高校落实"全程育人、全方位育人"的要求,关键在课程建设,课程建设关键在教师。作为面向本科生的通识课,"大国方略"系列课程始终围绕中国发展大势与大学生人生之路的关系这条主线来设计,名师大家的参与则保证了教学质量。

### 思政教育困于学科分野

"高校思想政治工作关系高校培养什么样的人、如何培养人以及为谁培养人这个根本问题。"习近平总书记在全国高校思想政治工作会议上强调,"要教育引导学生正确认识世界和中国发展大势","激励学生自觉把个人的理想追求融入国家和民族的事业中,勇做走在时代前列的奋进者、开拓者"。

长期以来,国内高校的课程设置有一种倾向,那就是人为地把专业教育和思想教育做了功能区隔,前者聚焦相关学科的理论和方法,后者承担着大学生政治成长和道德养成的全部责任。如此泾渭分明,一则浪费资源,因为专业课只要处置得当,就能够助力大学生形成正确的世界观、人生观和价值观;二则会让思想政治教育局限于四门课程的范围,由于课时有限,专职教师的知识结构比较单一,又囿于教材,解说难接地气,育人效果往往不尽如人意。反过来,身处互联网时代,面对信息泛滥且高度碎片化的现状,大学生希望及时了解世界和中国的发展态势和总体走向的要求,却得不到满足,网上道听途说多了,还容易产生思想混乱。

所以,如何打破僵化的学科功能分野,实现"全程育人、全方位育人",始终是大学教学改革的一个重大课题。上海大学于2014年冬季学期开始推出的"大国方略"系列课程,就是瞄准了这个难题,努力通过课程创新来突破之。

### 课程设计凸显价值导向

高校落实"全程育人、全方位育人"的要求,关键在课程建设。作为面向本科生的通识课,为了让身处中国历史性转变之中,却对此不甚了了的大学生正确认识世界和中国发展大势,自觉把个人的理想追求融入国家和民族的事业中,"大国方略"课程团队专门设计了系列课程,从2014年推出"大国方略"、2015年推出"创新中国",到2016年推出"创业人生",中国发展大势与大学生人生之路的关系是其中不变的主线。

"大国方略"没有局限于传统的外交关系研究,而是力图通过"站在世界看中国",引导大学生把握中国和世界的关系及其演进的内在逻辑。该课程各讲的题目都高度聚焦于当下中国与世界的交互影响,从"中国是一个大国吗?""中国梦,谁的梦?""中国道路能引领世界吗?""'一带一路'能带来什么?""中国会被全球化淹没吗?"直到最后一讲"大国方略中90后的机遇何在?"都紧扣国家发展的重大方面,帮助大学生在国家发展和个人发展的交汇点上,规划人生,确立政治认同和文化自信。

"创新中国"第一讲就明确亮出课程主题,在天然带有"工具导向"倾向的硬科学课堂上,凸显价值导向,课程从"世界在等待什么?国家需要什么?上海承担什么?上海大学能做什么?上大学生该学什么?"这五个问题入手,引导大学生树立大志向、运用大视野、获得大感觉,为作出大努力打好思想、知识和能力基础。

同样,更接近大学生个人需求的"创业人生"课程也力图从大处着眼,引导大学生跳出"就业难"的压力,从"今天为什么大家都在谈创业?学校为什么开展创业教育?国家为什么鼓励创业?全世界为什么创业成风?"等四个层面,全面思考创业对国家的战略价值和对大学生的人生意义。

**名师大家保证教学质量**

课程建设关键在教师。课程设计的意图需要优秀的教师和科学的教学来实现。"大国方略"系列课程统一采用"项链模式",以树人立德的主线,串起相关学科内容的"珍珠",打造出专业知识和思想教育"同向同行"的新型通识课。系列课程集中了上海大学高峰高原学科和强势专业的优质师资,其中有工程院院士、国家973计划首席专家,还有国家杰青、"万人计划"领军人才、"千人计划"专家等,涉及学科或专业有大数据、无人艇、超导材料、信息安全、心脏修补、材料基因、公共艺术、影视制作、建筑、金融、经济管理、知识产权、社会网络等。强势学科的名师大家参与保证了教学质量,其自身不畏艰难而取得的成功,以最雄辩的方式,揭示了科技创新对中华民族伟大复兴的重要意义,激发起大学生强烈的家国情怀和创新动力。

不过,名师云集也给教学管理提出了难题,教学工作量难以计算,课酬更无从给付,对于一些应用性强的学科教授而言,还损失了服务社会可以获得的不菲报酬。出于教育育人的责任心,所有教师不论承担的工作量大小,都自愿放弃这份物质利益。在"大国方略"系列课程的课堂上,活跃着一群甘于奉献、善于创新的"思政志愿者",其人数已超过30人,由此获益的不仅有连续7学期选修"大国方略"课程的1 200多名学生,连续4学期选修"创新中国"的700多名学生,还有数百名旁听的大学生和近百名高中生,更有选修"创新中国"现场录制慕课的全国将近11万名大学生。随着"大国方略"系列课程的"走红",由资深教授组成的"思政志愿者"队伍也将随课程开发的节奏,不断成长壮大。(顾骏)

《文汇报》2016年12月15日

**2016上海教育　嵌入百姓心中"关键字"**

要找出一个关键字,来贴切表达上海教育在2016年的不平凡之路,很难。要找出一个关键词,来准确描述上海市民对2016教育改革与发展的切身感受,同样难。

有精彩,有跌宕;有闯关,有拨云;有恢弘手笔,有夯实基础。2016的上海教育民生,细腻、细致、细心。因为,它要承载的,是都市的未来,是家庭的梦想,是市民的终身发展。

一年又一年。不同的人心中,或许都已构建了一个属于自己的年度教育"关键字"。而这样的"关键字",没有唯一,只有浩瀚。

**关键字:德　德育领先　学生爱上思政课**

今年,上海各高校发力思政课改革。通过顶层设计与机制改革,沪上高校思政课程不再"孤岛化",而是构建起全员、全课程的大思政教育体系。从单一化的"思政课程"向多层面的"课程思政"转化,让思政教育成为学生爱听、积极参与、主动思考的深度课堂。

复旦大学拥有一支"最年轻"的思政课团队,他们把"最难讲的课"上得"最精彩";此外"请进来"和"走出去"的思路,邀请市委书记、市长走进校园为学生讲课,再让学生通过实践认识社会。上海交通大学的书记、校长、院系领导和名师登上思政教育的课堂,打破以往专职思政教师一讲到底的模式;课程紧扣热点汇聚集体智慧,精英教师队伍集体备课的传统延续了20多年。上海大学首创多学科教师协同上思政课的"项链模式",以"讲好中国故事"为核心,让学生用学术眼光看待世界、读懂中国。上海理工大学将原创大师剧《刘湛恩》作为思政教育的新载体,同时推出"思想理论热点面对面"课堂,让"学生问老师答"成为常态⋯⋯(下略)(王蔚)

《新民晚报》2016年12月18日

## 第九届高校校园文化建设优秀成果揭晓

23日,由全国大学生思想政治教育发展研究中心、光明日报社共同举办的第九届高校校园文化建设优秀成果推选展示结果出炉。在各地、各高校评选推荐基础上,严格按照公平、公正、公开的原则,经专家会议评审程序,评选出吉林大学等高校202个获奖项目予以公示。

据了解,吉林大学"多措并举激励创新创业　全员合力培育优秀英才——吉林大学积极营造独特的创新创业文化"、北京邮电大学"夕阳再晨——科技与文化齐飞　打造北邮特色校园文化"、中国人民大学"'千人百村'社会调研活动"等12项获特等奖。北京语言大学"君子文化的培育和国际传播"等32项获一等奖。上海大学"薪火相传　育人树魂——1922—1927年上海大学红色记忆传承项目"等60项获二等奖。新疆大学"红湖青年耀天山　新大儿女共奋进——新疆大学'红湖青年'微信公众平台"等98项获优秀奖。

从即日起,光明网将刊登该优秀成果推选展示结果公示一览表,接受社会监督(光明网链接:http://edu.gmw.cn/2016-12/23/content_23327182.htm)。公示期为2016年12月24日至12月30日。如有异议,可在公示期内以书面形式或电子邮件向全国大学生思想政治教育发展研究中心办公室反映,电话:(010)64455781,电子邮箱:szzx103@sina.com。(陈鹏)

《光明日报》2016年12月24日

**课程设计勤创新　　知识延伸拓视野**

她是学校有名的"笑眯眯老师",她自称"外婆级"却还被学生誉为"女神",她的系列课程开一门火一门。她是具有心理学博士学位的老师,课堂上总爱抛问题让学生自己去探究,在传授知识的同时又和学生一起分享思考和爱好。这背后到底有怎样的逻辑和秘笈?《青年报》记者带您走近上海大学顾晓英老师和华东政法学院马川老师,感受她们的思政课堂的思想力量。

**"笑眯眯老师"擅长讲"大国方略"**

上海大学教务处副处长顾晓英被许多学生认为必须是"女神"。

万事乐观积极的顾晓英堪称学校出了名的"笑眯眯老师",她是上海市精品课程"毛泽东思想和中国特色社会主义理论体系概论"负责人、"项链模式"教学法创始人和坚守者。

顾晓英谦称已经是"外婆级"了,怎还会是"女神"? 然而,"60后"的年纪并不妨碍"女神"形象在学生们心中坚不可摧的地位。

"从未想过一门大学的思政课——'大国方略'会在上大火到如此抢手!顾晓英老师每周都会请学校内的大咖级教授来为我们授课,她自己也是其中一员。无论是'中国梦,谁的梦?',还是'中国是一个大国吗?',老师们通过每周不同的主题,结合自身惊人的庞大知识储备及最新的时事政治和社会热点进行授课,引发了我们听课的兴趣和对于这些问题的思考,我们的整个课堂都活了起来。"上海大学上海电影学院广播电视编导专业大二学生许超说道。

**系列课程开一门火一门**

在学生们眼中,即时的互动和每周课程最后的提问环节总是最精彩的,热烈的师生互动解答了很多同龄人关心的时政热点问题,有时候精彩到同学们都不愿意让老师下课。"大国方略正是用每周一个晚上的授课来加深我们大学生对于国情和时事政治的了解和兴趣,同时也让我们对'中国梦'的真正内涵有了更深入的认知和思考。"

2014年以来,无论是"大国方略""创新中国",还是"创业人生",来自学校高峰高原的大牌教授担当起思政教育课堂上的"项链模式"嘉宾,以"讲好中国故事"为核心,让学生用学术眼光看待世界、读懂中国,找到登高望远和脚踏实地的最佳结合点。其中的教学互动,并不是简单、机械的"教师问""学生答",顾晓英老师和她的团队激励学生与教师一起,成为课堂教学的"主人"。渐渐地,上海大学思政系列课程开一门火一门成为了新常态。

其间,顾晓英更多起着凝聚更多大咖教授来到本科生思政课堂,与学生沟通交流的作用。在她看来,大咖教授们越来越乐意投身本科教学,学生们都越来越有灵气,更关注社会,他们的问题也时常尖锐犀利,这时尤其需要老师充足的底气和继续学习的动力。

**她的课引全国多家高校观摩取经**

就这样,两年来,顾晓英一直相伴着"大国方略""创新中国"课的成长。顾晓英在教学心得中依旧喜欢引用一位美国教育家的话,"那天,我怀着感激的心情走进教室,感激又一个教书的机会。因为教学滋养着我的心灵。"

今年1月,作为联系人和答辩人,她代表"创新中国"教学团队申报并获得上海市教委"思政课"教改试点项目支持,她还获得了教育部择优方法项目。学校希望以思政课综合改革创新为重要突破口,挖掘整合各学科的思想政治教育资源,积极拆除"学校和社会之墙,各学院、各专业、各部门之墙,教学与科研之墙,教与学之墙",逐步构建从思政课程延伸拓展到课程思政的育人格局。

"大国方略""创新中国"正发挥出越来越强的示范效应,上海乃至全国各地多家高校来校观摩取经。顾晓英相信,提升思政课教学实效性,很重要的一点在于转换话语体系,要解决好"说什么""谁来说""怎么说"的问题。

她剧透说,上海大学一直在创新,她和她的团队一直在努力,开年后的春季学期,新设计好的课程即将推出。(下略)(刘昕璐)

《青年报》2016年12月24日

**青海非遗传承人接受培训**

2016年,青海省共有720名非遗传承人受益于"中国非物质文化遗产传承人群研修研习培训计划",接受一至两个月的专业培训。

"中国非物质文化遗产传承人群研修研习培训计划"是文化部、教育部2015年底在全国启动的重大培训项目,旨在建立科学有效的非遗传承机制,提高非遗传承人群的传承能力和传承水平。依托这一培训计划,2016年青海省选定唐卡、盘绣、河湟刺绣、银铜器、石刻等传统工艺类项目分别在青海民族大学、青海师范大学、上海大学、上海工艺美术学院、广州大学等高校开设培训班,全年共培训12期720人。通过培训,传承人的文化艺术素养、审美能力、创新能力均得到明显提高。

据悉,目前青海省共有国家级非物质文化遗产传承人57名,省级代表性传承人240名,州级代表性传承人480名,县级代表性传承人1208名。青海省文化和新闻出版厅副厅长吕霞介绍,在非遗保护中,传承是非遗保护的核心,目前,青海省已形成师徒传承、群体传承、社会传承、学校传承等多种传承方式,从2012年起青海省还对省级代表性传承人每人每年补助5000元资金,帮助他们开展传习活动。

吕霞表示:"从2017年起青海将把此项培训与特色文化产业发展、精准扶贫紧密结合,按照'强基础、增学养、拓眼界'的原则,每年举办6至8期培训班,计划培训近2000人次。"(万玛加)

《光明日报》2016年12月25日

# 2017 年

**高校思政课改革,让学生更加走心**

高校思想政治课,是立德树人的重要载体,如何改变过去学生心目中生硬枯燥的印象,这几年,各高校都在下功夫做文章,尤其是教育部把2017年确立为思政课质量年以来,课堂上的变化更加明显。

"经济增长放缓的原因是什么呢,大家扫码可以迅速提交的。"这是华东理工大学的一堂形势与政策思政课。如果在前两年,谁都不相信它现在的火暴程度。下学期的思政专题课堂,很多都是被秒抢。"我这是第三次抢课,在头两批抢课的时候,刚过几秒钟,我想选的课程、我感兴趣的课程根本就直接就被抢没了。"

很多同学说之所以爱上这门课首先是形式和手机扫码答题分享自己的观点,老师通过APP实时掌握学生需求,随时解答和组织讨论。更重要的是,内容也是学校根据学生反馈和大数据统计,把教学要求编组成36个课程单元,由学生自选12个感兴趣的主题。"像我的话呢,就选择那种大国外交大国关系,然后环境之类的课程,因为你是自己选的课的话,我觉得都是很有积极性的必修课,力求生动灵活选择。"

必修课更要接地气,才有吸引力,上海各高校都开设了命名为中国系列的特色课程。这是上海大学的一堂"国歌如何一路走来",由社会学和音乐两个专业的教授主讲、思政课老师穿插主持这样的团队授课,被学校称为项链模式。无论是"大国方略""经国济民",还是"时代音画""创新人生"这样的主题,通过各领域名家大咖的激励使讲解宽度、深度和厚度都得到拓展。

"我觉得挺好的,打破了专业壁垒,告诉我们现在国家有什么样的政策,或者上海市有什么样的战略会让我们打开更高的天地。也让家国情怀更能深入我们的心。"在上海高校正在打造的大思政课程体系,除了必修课和选修课,第三个重要环节就是把思想教育融入专业课。在上海中医药大学人体解剖的第一课,是师生共同分享遗体捐赠者的遗言:"你永远在我身上切磋千刀万万,为的是什么?为了以后不要在病人身上切错一刀。"在同济大学,一门城市阅读课程人气越来越高。老师告诉大家,学建筑,不能只会画图纸,更要读懂民族的历史、城市的文化。这门被称为有温度的专业课,不仅在校学生踊跃,还引来不少旁听生。"我觉得我身为中国人,我应该有这个意识,如何去改善中国、做一个中国建筑、我应该为中国做出什么贡献,我觉得就是非常重要的。我们就希望,我们教育,不要把我们的专业教育和人的意识形态形成,把它分开。无论你是什么专业,你有一个正确的价值、世界观,再来看我们科学技术进步,这个技术就会起到更多的正面的作用。"

和上海一样,目前各地高校积极从课程改革体系建设人才扶持等环节积极提升思政课的活力和吸引力。2017年,教育部首次开展了覆盖2 000多所高校的地毯式调研。3 000节思政课走访和30 000份问卷显示,学生在思政课上很有收获和比较有收获的比例超过百分之九十。

"央视网"2018年1月2日

**这些爆棚的课,主语都是"中国"——上海高校相继推出"中国系列"课程,"大思政"为青年人生引航**

"它令我对大国、对世界有一个宏观认识,并将这种大局观延伸至我的人生。"不久前,上海大学校内论坛"乐乎"的"大国方略"通识课栏目中,机械与自动化学院2014级学生丰佳真挚留言。

这样的反馈并非个例。每每开课,上海大学J102大阶梯教室里,学生挤得满满,课后,校园论坛上相关讨论常常热火朝天。当今,如何有效回应年轻人关于理论问题、社会热点和人生理想的思考和追问? 突破高校传统思政课范畴,上海高校自2014年起,酝酿推出系列品牌课程,以中国为"主语",学科专家、思政名师开课,从各个角度,与当代青年一起读懂中国。

**从"思政课程"到"课程思政"**

"刘老师,今天听得太爽了,下次是谁来?"两周前的周一,上海大学"大国方略系列课之三创业人生"课上完后,不少学生围着课程负责人、上海大学管理学院副教授刘寅斌博士热烈讨论。原来,学生中人气火暴的手机应用软件"足记"创始人杨柳来到课堂,分享她的创业经历。

而与嘉宾主讲一同站在讲台前的社会学院教授顾骏、思政名师顾晓英,则适时加入,妙语连珠。"创业就是做自己喜欢的事,让别人买单",顾骏教授围绕着"为什么大家都在谈创业?""学校为什么开展创业教育?""国家为什么鼓励创业?""全世界为什么创业成风?"等几大问题开讲。课程负责人刘寅斌老师则从自己的专业出发,阐述"创业就是一个向死而生的过程"。

接下来几周内,邻寓国际社区联合创始人高杰和CEO张爱华等嘉宾将相继来到"创业人生"课堂,与师生一起进一步探讨创业的本质、目的、方法,以及如何通过创业实现人生价值。据了解,"创业人生"是上海大学"同向同行"之"大国方略"系列课程在"大国方略""创新中国"后的第三次开拓,三门课开一门,火一门。

长期以来,思政课教学有一个"痛点":如何让学生在课堂上抬头。当今大学校园中,"90后""95后"获取信息的能力强,他们敢于追梦,勇于设问,对国家未来的发展很好奇,如果能有一个平台,由教师通过多维专业角度,与学生一起梳理事实、分析理论,是否能更好地帮助青年人学会理性思考、更快成长,在信仰上、文化上也更加自信?

由此,一批"中国系列"课程在上海应运而生。这些课程反映了上海实施高校课程思政创新的新探索:构建思政理论课、综合素养课程、专业课程三位一体的高校思政教育课程体系,实现从"思政课程"到"课程思政"的创造性转化。

**从"抬头率"到"点头率"**

自2014年起,上海酝酿推出一批"中国系列"品牌课程。继上海大学"大国方略"课程之后,复旦大学"治国理政"、上海交通大学"读懂中国"、同济大学"中国道路"、上海师范大学"闻道中国"等13门课程相继推出,紧扣时代发展,回应大学生关切,成为广受欢迎的热门课。

一堂课上,同时与最先进的机器人、无人艇相遇,这是上海应用技术学院"智造中国"课程的课堂之一,主题是"匠心与情怀"。以培养应用型人才为目标,课程重点聚焦中国制造、创新创业、工匠精神培育等,就这样,机器人专家李明、无人艇专家姚骏峰带着他们的故事,走进教室。之后的课堂中,中国商飞、宝钢、振华重工等企业第一线的研发者、决策者将相继到来。

在提高"抬头率"的基础上,"点头率"成为教学领域新的课题。如何在授课过程中,与年轻学子产生共鸣?一系列"中国"课程的选题,植根学校办学优势,激发学生学习动力。各所高校"中国系列"课程均和学校优势学科相结合,与人才培养目标相贴近,课程既有学术积淀又充分激发大学生求知需求。

思政课讲文化,体育老师来上。上海对外经贸大学"人文中国"课是探索通识教育教学改革向"课程思政"转化的又一新尝试。该课程以"解读中国人文传统,传递中国人文精神,展示中国气派,凝聚中国力量"为主线,直面青年学生关注的社会热点现象和焦点问题。

第三讲上课时,学生们惊呆了。原来走上讲台的是体育教学部的老师张波,讲射箭。从"巫射四方"谈中国古代射箭运动起源与演变;从"育人之射"说中国传统射箭教育价值的形成,何谓君子之争?如何"发而不中,反求诸己"?……一张弓,一支箭,便是中华文化。

**从"?"到"……"的人生引航**

目前,高校思想政治理论课程主要包括4门必修课和1门形势政策课(简称"4+1"),是对大学生进行思想政治理论教育的核心课程——这类课程承担着显性的思政教育的功能。而综合素养课程和专业课程则具有隐性的思政教育功能。

作为复旦大学核心通识课"治国理政"的课程负责人,在课程首席专家杜艳华教授眼中,凝聚青年人关注点的专题式教学,意在帮助学生认识和把握中国共产党执政的历史及中国政治发展的逻辑,可与其他四门思想政治理论核心课程形成呼应与配合。

"国共反腐史鉴""社会动员与风险治理——群体性事件、抗美援朝等""中西文化论争"……"治国理政"的课堂上,这些主题常在青年中引发热议与好奇探究,而一般思政课上少有专题涉及。

杜教授拍板讲述这些,自有底气——教学团队成员的学科背景"压得住",他们的专业主要包含三类:一是中共党史、中国近现代史专业,二是党史与政治学交叉学科成员,三是马克思主义基本原理学科。

带着问号走上讲台,为青年留下的是不断思考、实践的省略号,而非盖棺定论的句号。在大思政格局的开拓下,"中国系列"课程注重"上大课,讲大势,传大道",融合课堂主讲、现场回答、网上互动、课堂反馈等多种教学方式,巧妙地寓社会主义核心价值观的精髓要义于多样化的课堂教学之中,在引人入胜、潜移默化中实现教育目标。

近年来,越来越多的大家名师走上申城高校的"中国系列"课堂,在这里探讨人生、讲授知识的同时,阐述背后的文化、历史、艺术和哲学,润物无声,为学子实现人生引航。(彭德倩)

《解放日报》2017年1月3日

## "项链模式"创有温度有智慧思政课

2016年最后一个工作日的下午,上海大学"同向同行"之"大国方略"课程系列团队"同乐"教授论坛举办。论坛由课程策划人、上海高校思政课名师工作室"顾晓英工作室"主持人——顾晓英主持。课程策划人、社会学院顾骏教授介绍了论坛名由来,阐明了课程团队的今后工作思考。郭毅可、张新鹏、聂永有、许春明、张丹华、王海松、王国中、刘寅斌、尹应凯、许斌、钱光人、肖俊杰、袁浩、胡建君等近30位教授如约而至。"同乐"教授论坛实际就是"大国方略"系列课团队的一次年终教学聚会。自从2014年冬季学期首开"大国方略",2015年冬季学期开设"创新中国"到2016年冬季学期开设"创业人生",两年来,这是教学团队首度举办较大规模的三门课程教授教学论坛。

顾晓英首先就两年来三门课程运行及团队建设情况作了总盘点。她诚挚表示,系列课程做到现在,和各位教授的给力支持分不开,与各级领导支持、师生支持、媒体支持分不开。

社会学院顾骏教授对"同行同行"课程系列做了解释。他说,从"大国方略"到"创新中国"到"创业人生",现在给上海或者是全国提供了一个概念,就叫"课程思政"。也就是说课程不是思政课,但是可以起到立德树人,教书育人的作用。这样的课程不仅是知识的传授,还要对学生的整体发展起到推动的作用。"实际上我们的三门课开下来,这个效果非常明显,在我们课程上的学生高兴得很。所以我们想把知识性、规范性、价值观都结合在一起,这就是我们把它称之为'同向同行'的原因。我们未来还是要继续走下去……"他说。(王蔚)

《新民晚报》2017年1月4日

## "高校第一课"照亮青春底色——上海高校思政教育启示录

上海高校的思政课,"红"了。

"红"在一课难求。一些高校设立的思政选修课,开放选课之时,学生要如同网购秒杀一般比"手速",一两百个名额在短短数秒内就可一抢而空。"红"在"红人"辈出。不仅是思政教师,其他专业的教师也因为讲思政,成为学生口耳相传的名嘴。

"红"在效果显著。国家、复兴、责任、情怀,日益成为上海大学生的人生行动指南,成为追求人生理想的鲜明底色。一流学校一流专业的一流毕业生,了解到国家需要,宁愿放弃光鲜的外企工作,跑到基层工厂从事技术攻关。

上海高校思政课,为什么这样"红"?

是顶层设计。既站稳思政核心课程的主阵地,又构建全员、全课程育人的思想政治教育教学课程体系,打造思政教学共同体,为思政教师谋求职业上升通道。

是持续创新。课程创新、教学创新、教材创新,不论是个人还是团队,都在琢磨学生的口味,都在变着花样满足学生的好奇心。

是职业追求。一批批思政教师真心热爱讲台,热爱专业,自觉把培养合格接班人的崇高使命化为精神和行动追求。

上海高校思政课,正在经历一场华丽蜕变,成为当之无愧、名副其实的"高校第一课"。

(中略)

课堂在变,课程也在变。

从最初的一门到"五朵金花",上海大学的"大国方略"系列课在沪上赫赫有名。首开的"大国方略"课程紧贴时代前沿,围绕大国崛起设计主题,把社会主义核心价值观巧妙地融入课堂,通过"项链模式"教学、情景模拟与角色体验、随堂反馈考核等形式,从不同角度分析当下大势,解读中国道路和中国梦。

更与众不同的是,讲台上,不是由专职思政课教师从头讲到尾,而是由各学科的名师"大咖"同时登台,联袂讲学。180人阶梯教室,发言不断,辩论不停。系列课策划人——上海大学社会学院教授顾骏和教务处副处长顾晓英不仅担纲策划,还经常担任大课堂的串场和主持,拿着麦克风满场飞。

"它完全推翻了我以前认为的'一个老师一堂课',能见识那么多名师'大咖',无疑在各方面带给我们视觉上、听觉上的享受,大大增强了我们对中国的认知。"一名听课学生说。

如今,上海高校已形成一个"中国系列"思政课选修群,如复旦大学的"治国理政"、上海大学的"创新中国"、上海交通大学的"读懂中国"、同济大学的"中国道路"等。很多课的影响力已经冲出校园,每逢开课,课堂里不仅坐满了学生,后排还常常挤满拿着长枪短炮的记者和慕名而来的社会人士。

(中略)

**从"个体户"到"集团军"**

如今的上海思政授课,越来越呈现出"集团作战"的特征。

较早开始思政课集团化"作战"的顾晓英,深感此种方式的甜头。

早在2014年,上海大学开设"大国方略"通选课时,学生们就注意到,这门通选课虽不是核心课,却有着非凡的师资团队——从学校的党委副书记,到多个学院的院长、副院长以及校内的各学科明星教授,通力打造了这门课程。

顾晓英回忆,在2014年11月开出首堂课前,课程教学团队多次进行集体备课会,全面启动头脑风暴。课程一经推出,好评如潮。

如今,"集团作战"已非上海个别高校的自行尝试,而成为全上海高校的统一行动。

(下略)(高毅哲　董少校)

"中华人民共和国教育部"2018年1月8日

**润物细无声　讲好思政课**

在一些人的想象里,大学里的思想政治课往往是形式刻板、气氛沉闷,学生们没精打采,老师们也苦恼不已。但现在很多高校的思政课,可能会推翻您的印象。比如,有这样一组数据就很能说明问题。在一次对3万名学生进行的随机抽样调查中,有86.6%的学生表示喜欢上思政课,有91.3%的学生,认为思政课让他感到很有收获或比较有收获,甚至有些高校的思政课还出现了一座难求的情况。这是怎么做到的?现在的思政课到底是个什么样呢?

(中略)

不仅思政课必修课创造了精品课堂,为了让学生更了解中国的历史、政策、国情,一些大学还研发出了内容丰富、形式多样的思政选修课。

在上海大学"时代音画"的课堂,一门思政课的选修课正在以演出形式进行着。他们通过一些经典音乐风格的变化来反映时代的变迁,主讲人是上海大学音乐学院的院长王勇。"通过一个思政课的课堂,向更多人去传达音乐和国家的命运,音乐和时代是有着非常紧密的联络,通过这个环节能更好地了解那个时代,了解在那个时代中发生的一些特殊历史事件。"王勇对记者说。

在这堂两个半小时的"时代音画"课上,除了王勇教授之外,参与授课的还有来自马克思主义学院、音乐学院的不少教师。

上海大学社会科学学部副主任陶倩说:"每门课有一个主任课老师,他是项链的基座,请来的专家都是一个一个的珍珠,串在这个项链上面,所以我们叫项链模式。每一个课里面你看为什么热闹,因为有四五个老师在里面,不同人有不同的学科背景,这样综合在一起效果非常好,所以这个项链模式一直是我们改革的特色。"

上海大学创新的"项链模式"打破了各学院、各专业、各部门之间的壁垒,让各专业的教授们联袂为学生授课。

上海大学的"大国方略"是上海主力打造的"中国系列"思政选修课之一,目前,像华东政法大学开设的"法治中国"、华东师范大学开设的"中国智慧"、上海第二工业大学的"大国工匠"等等都是上海高校思政课的重要组成部分。除了必修课和选修课,高校思政课的第三个关键环节就是把思想教育融入专业课,从思政课程到课程思政。

教育部部长助理刘大为认为:"要把理论和实践结合起来,要把中央的精神、学校的实际情况和学生的成长结合起来,要让学生们感觉到,是设身处地在指导帮助他们成长。"

通过思政课改革,让思政课变得活跃起来,不仅课上的"抬头率"提升了,对于思政课传授的内容和传递的思想,这些90后、95后,也更加认同。为了提高思政课质量,教育部将2017年定为"高校思政课教学质量年",在教育部的统一指导和安排下,全国各地的很多高校都进行了思政课的创新尝试。

(下略)

"央视网"2018年1月9日

**从战略高度构建"课程思政"教育教学体系**

学习贯彻全国高校思想政治工作会议精神,结合上海深化教育综合改革实践,我们有几点深切的体会。

首先,高等教育的核心问题,就是必须坚持把立德树人作为中心环节,真正把思想政治工作贯穿教育教学全过程,实现全员育人、全过程育人、全方位育人。其次,做好高校思想政治工作,立足课堂主阵地、用好教学主渠道是重中之重。再其次,从教育规律出发,在教育教学活动中,知识、技能、价值观这三大要素从来都不可分割,因此,所有课程、所有课堂都必然具有一定的思想政治教育功能。基于这些认识,上海从党和国家意识形态工作的战略高度出发,立足高等教育立德树人根本使命,抓住课程改革核心环节,着力将思想政治工作贯穿于学校教育教学全过程,逐步凝练形成"课程思政"育人理念,在牢牢坚持思政课的思政教育核心地位的同时,充分挖掘利用其他所有课程的育人价值。

早在2005年,上海即从中小学开始探索实施"学科德育",将社会主义核心价值观融入各门学科教学中。近年来,抓住教材、教学、教师等关键要素,大力推动高校思政课课程体系拓展创新。例如,以上海大学"大国方略"课程为试点,打造高校形势与政策课示范课程。该课程由思政课教师与文、史、哲、经、管理、社会、法学、思政、国际关系等学科的10多位知名教授联手开设,围绕习近平总书记治国方略,推出10个符合学生需求的教学专题,"把理论融入故事,用故事讲清道理,以道理赢得认同,以悟道取代灌输",受到广泛欢迎。此外,复旦大学、上海交通大学、同济大学、华东师范大学、上海大学、华东政法大学等高校陆续推出一批"中国系列"品牌课程,如"中国共产党治国理政理论与实践""中国道路""创新中国"等,均持续受到学生们的热烈追捧。

通过这些实践探索,上海"课程思政"改革逐步形成完备体系。其整体方案,是围绕"知识传授"与"价值引领"相结合的课程目标,构建"显性教育"与"隐性教育"相结合的课程内容体系。显性课程即高校思政课(四门必修课及形势与政策课),隐性课程包含综合素养课程(即人文素质选修课、公共基础课等)和专业教育课程(包含哲学社会科学课程和自然科学课程)。在进一步强化显性课程思政教育功能的同时,充分挖掘和深化隐性课程的思政教育功能,从顶层高度构建思政课、综合素养课程、专业教育课程"三位一体"的思想政治理论教育课程体系。(虞丽娟)

《中国教育报》2017年1月13日

**上海文教结合让舞台变课堂　去年重点实施23个项目**

"红梅花儿开,朵朵放光彩,昂首怒放花万朵,香飘云天外。唤醒百花齐开放,高歌欢庆新春来。"一曲《红梅赞》,50多年后又在青春舞台上唱响。同济大学艺术与传媒学院大二学生贾童谣是一个"95后"的"江姐",她和同学担当主创,不仅为沪上师生奉献了一部校园版歌剧《江姐》,近日还进京汇报演出。

今年初,全国高校"礼敬中华优秀传统文化"活动评出10项示范项目,其中上海高校占2项。除了课堂上的上海大学"中国"品牌课,就是舞台上的同济大学创新手段传唱、传播、传承"红岩精神"。

以文化人,以艺育人,上海形成"文教结合"雏形以来已走过十年。从提升师生人文综合素养到引育紧缺文艺人才,从打造文艺平台到支持学生文艺作品创作,新一轮"文教结合"三年行动计划展开,全年如"高雅艺术进校园"活动就有约400场,可谓天天有戏。

(下略)(徐瑞哲)

《解放日报》2017 年 2 月 8 日

**上海大学党委书记罗宏杰再次走进"创新中国"讲述"文化保护创新和文化传承"**

2 月 22 日晚间,上海大学党委书记、973 首席专家罗宏杰教授再次走上"创新中国"讲台,与上海大学先进凝固技术中心主任翟启杰教授联袂,精彩演绎第八课"文物保护创新和文化传承"。

上海大学宣传部部长李坚,材料学院常务副院长王林军、经济学院常务副院长聂永有等前来听课。来自第二军医大学马院的三名思政课教师、我校音乐学院党委书记卿扬、副院长纪晔晔和"时代音画"多名任课教师也准时前来观摩。

**"材料如何关联文物保护创新"**

上海市高校思政课名师工作室——顾晓英工作室主持人顾晓英研究员首先发问"什么是材料?"她展望了"世界在干什么":科技战略层面上,全球性的竞争已经拉开序幕,美国前总统奥巴马宣布 AMP 计划,欧洲发布加速金属科学研究计划,日本发布元素战略研究计划,印度紧随其后……材料科学研究各国战略布局、抢占高端制造业技术核心的底蕴所在。"谁牵住了科技创新这个牛鼻子,谁走好了科技创新这步先手棋,谁就能占领先机、赢得优势。"顾晓英还提醒学生关注上大材料学院取得的新成绩和在提升中国竞争力方面作出的新贡献。

"材料"如何与文物保护创新相关联?中华民族创造了丰富的科学文明的艺术文明。地面上和地下文物,种类繁多,数量丰富。文化如何传承?这既需要前人经验积累,也需要系统理论指引,更需要靠创新的修复方法,依靠材料等交叉学科的科技创新。

**创新源于好奇:"陶瓷缘"和"洗澡时玻璃上的水珠"**

热烈的掌声中,上海大学党委书记、973 首席专家罗宏杰老师走向讲台。他首先提出材料是人类赖以生存的基础,从旧石器时代至今,人类社会每一次变革及发展都是以材料为特征。

罗老师结合本科所学的陶瓷专业,讲述了他跟古陶瓷及其修复研究之间的故事。创新的原动力来自人类尚未被解决的需求,来自好奇心的驱使。他的研究兴趣逐步从古陶瓷修复进展到材料方面的科技发展史,他在 80 年代末已创业相关数据库,而这个数据库成为当时中国第一个古陶瓷数据库。而今,罗老师主要研究文化遗产保护,他形象地将文物比作人,知道文物的结构,好比人看病,需要知道病根,并且对症下药,文物也是一样,完成认知文物的每部分功能,了解文物"生病"机理,并在将对文物的副作用降到最低程度的情况下,对文物进行最好的保护。

罗老师阐释了他对"创新的原动力"及其来源的思考。创新来源于解决人类尚未被满足的需求,创新也来自"好奇心驱使"。他鼓励同学们善于发现问题,敢于提出问题。他讲述了定陵文物出土被毁坏,及乾陵墓的开掘报批未果等案例,启发学生认清"毁坏"和"不同意被开掘"的背后潜藏着的中国文物保护技术的不足。他结合 973 结项成果,图文并茂地从多个方面对比了石膏临时固型提取法和环十二烷临时固型提取法之间的优劣,突出介绍了自己的研究团队得出的最新成果,即将薄荷醇加入提取办法中,解决了创新文物修复挖掘的核心要点。

罗老师列举了一个小例子,在洗澡时自己观察到"玻璃上的水珠",进而引发研究兴趣,研究水蒸气在镜子上的有趣分布。他谆谆告诫同学们要做一个发现问题的有心人,处处观察日常生活周边所经历的事,将学习到的知识通过再学习和查资料解释理解周边的世界,找寻一套解决问题的方法。

**交叉学科:发现问题的地方**

"人究竟该思考哪方面的问题才能深入研究?"罗老师认为各个学科本来是相连的,被人类硬生生地划成了多个学科。在当下,各个学科之间的交叉点才是发现问题的地方。例如,鉴宝这一过程需要运用眼学,眼学需要长期经验的积累,并且存在一定的不可信性方面的问题。而创新点就是将眼学与技术结合在一起,让眼学的结论变成具有科学性的结论。

**"微波炉烤面包"带来灵感:不爱"跟风"还要"朝思暮想"**

身为863、973专家的上海市领军人才翟启杰教授属于专利、论文"大户"。他一开口便谈了对材料的理解。他认为材料是赖以"跨越式"生存的基础。谁抓住了材料科技,就抓住了"牛鼻子",就能引领未来。

他呼应了罗老师的观点,指出,要善于发现需求,勇于思考。翟老师用满满的热情讲述了自己的创新缘起。90年代家里使用微波炉,由于毫无经验,将一片面包分别加热1分钟、2分钟、30秒。面包是不能吃了,但他把它当成是研究测试。

他年轻时,同行对钢的研究方向主要倾向于如何才能将钢加工干净。那时的翟老师已经在思考,钢加工干净了之后的下一步,即如何在钢里"掺东西",然后将其混合均匀。为此,翟老师反复试验了十余种方法。微波炉的故事,给了翟老师启发。他产生了灵感,能否将微波与钢进行混合?

坚持了16年,翟老师提出脉冲磁致振荡对钢铁混合的作用。他感慨要善于发现需求,超前发现需求,找到自己的方向,做到"朝思暮想",才能领先同行,取得国内外该研究领域的话语权。

你要选择"老虎"还是"翅膀"?翟老师将材料比喻成老虎,信息比喻成翅膀,材料加信息就是如虎添翼,没有信息的材料还是老虎,是兽中之王,而没有材料的信息只能是翅膀。翟老师还列举团队故事,强调交互交融交流才能发现问题,进而解决问题。

**用"对话"取代"单边灌输"**

"钢均匀以后的问题在哪里""上海大学钱伟长学院材料基因本科生拔尖人才的培养""为什么中国之前能造大炮坦克却造不出一个圆珠笔芯?"……一个个问题抛向罗老师、翟老师。罗老师和翟老师对学生的问题进行了详细耐心的回答。

文物承载灿烂文明,传承历史文化,维系民族精神。故事背后是道理。在不经意的交叉学科中发现别的单一学科中的问题,这是创新的起点。

最后,顾老师作了课程总结。"创新中国"课用故事蕴藏道理,用对话取代单边灌输,搭建平台让学校领导和各学院学科名师资源引入本科生课堂,将封闭课堂开放化,用现场互动和课后网络论坛互动化解学生思想困惑。"创新中国"课也是交叉学科的互动平

台,它唤醒了大学生对文物保护和修复的研究兴趣,点燃了我校大学生创新思维。(殷晓潘美瑜)

"中国新闻网"2017年2月24日

**上大书记"创新中国"课上讲"文物"**

22日晚,上海大学党委书记、973首席专家罗宏杰教授走进了由上海市高校思政课名师顾晓英研究员主持的"创新中国"课堂,与上大先进凝固技术中心主任翟启杰教授联袂授课"文物保护创新和文化传承"。

罗宏杰首先提出材料是人类赖以生存的基础,从旧石器时代至今,人类社会每一次变革及发展都是以材料为特征。罗老师结合本科所学的陶瓷专业,讲述了他跟古陶瓷及其修复研究之间的故事。创新的原动力来自人类尚未被解决的需求,来自好奇心的驱使。他的研究兴趣逐步从古陶瓷修复进展到材料方面的科技发展史,他在80年代末已创建相关数据库,而这个数据库成为当时中国第一个古陶瓷数据库。如今,罗老师主要研究文化遗产保护,他形象地将文物比作人,知道文物的结构,好比给人看病,需要知道病根,并且对症下药,文物也是一样,完成认知文物的每部分功能,了解文物"生病"机理,并在将对文物的副作用降到最低程度的情况下,对文物进行最好的保护。罗老师列举了一个小例子,在洗澡时自己观察到"玻璃上的水珠",进而引发研究兴趣,研究水蒸气在镜子上的有趣分布。他告诫同学们要做一个发现问题的有心人,处处观察日常生活周边所经历的事,将学习到的知识通过再学习和查资料解释理解周边的世界,找寻一套解决问题的方法。

身为863、973专家的上海市领军人才翟启杰教授,属于专利、论文"大户",一开口便谈了对材料的理解。他认为材料是赖以"跨越式"生存的基础。谁抓住了材料科技,就抓住了"牛鼻子",就能引领未来。他指出,要善于发现需求,勇于思考。翟老师用满满的热情讲述了自己的创新缘起。90年代家里使用微波炉,由于毫无经验,将一片面包分别加热1分钟、2分钟、30秒。面包是不能吃了,但他把它当成是研究测试。他年轻时,同行对钢的研究方向主要倾向于如何才能将钢加工干净。那时的翟老师已经在思考,钢加工干净了之后的下一步,即如何在钢里"掺东西",然后将其混合均匀。为此,翟老师反复试验了十余种方法。微波炉的故事,给了翟老师启发。他产生了灵感,能否将微波与钢进行混合?坚持了16年,翟老师提出脉冲磁致振荡对钢铁混合的作用。他感慨要善于发现需求,超前发现需求,找到自己的方向,做到"朝思暮想",才能领先同行,取得国内外该研究领域的话语权。

顾晓英老师总结此堂课时说,"创新中国"课在讲故事中蕴藏深邃的道理,用对话取代单边灌输,搭建平台将学校领导和各学院学科名师资源引入本科生课堂,将封闭课堂开放化,用现场互动和课后网络论坛互动化解学生的思想困惑。今春首堂"创新中国"课也是交叉学科的互动平台,它唤醒了大学生对文物保护和修复的研究兴趣,点燃了校大学生创新思维。(王蔚)

"新民网"2017年2月24日

### 上大"创新中国"课点燃学生创新思维

日前,上海大学党委书记、973首席专家罗宏杰教授走进了由上海市高校思政课名师顾晓英研究员主持的"创新中国"课堂,与上大先进凝固技术中心主任翟启杰教授联袂授课"文物保护创新和文化传承"。

如今,罗宏杰主要研究文化遗产保护,他形象地将文物比作人,知道文物的结构,好比给人看病,需要知道病根,并且对症下药,文物也是一样,完成认知文物的每部分功能,了解文物"生病"机理,并在将对文物的副作用降到最低程度的情况下,对文物进行最好的保护。他告诫学生要做一个发现问题的有心人,处处观察日常生活周边所经历的事,将学习到的知识通过再学习和查资料解释理解周边的世界,找寻一套解决问题的方法。

身为863、973专家的上海市领军人才翟启杰教授在课堂上启发学生们,要善于发现需求,超前发现需求,找到自己的方向,做到"朝思暮想",才能领先同行,取得国内外该研究领域的话语权。

顾晓英老师总结此堂课时说,"创新中国"课在讲故事中蕴藏深邃的道理,将封闭课堂开放化,用现场互动和课后网络论坛互动化解学生的思想困惑。"创新中国"课也是交叉学科的互动平台,点燃了在校大学生创新思维。(王蔚)

《新民晚报》2017年3月1日

### 努力捅破人才评价体系"天花板"——全国人大代表、上海大学校长金东寒谈高校改革

**一、谈课程思政:"时代音画"本月底全新亮相**

记者:去年底,全国高校思想政治工作会议在北京召开。当时,金校长代表上海大学在会上发言。我们注意到,您也是当时上海高校界的唯一一名代表。在某种程度上说,上海大学这一块工作是有特色的。您是怎么看待思政课的?

金东寒:习总书记明确,高校思想政治工作关系高校培养什么样的人、如何培养人以及为谁培养人这个根本问题。要坚持把立德树人作为中心环节,把思想政治工作贯穿教育教学全过程,实现全程育人、全方位育人,努力开创我国高等教育事业发展新局面。总的来说,国内高校普遍更注重知识传授,在立德树人方面做得还不够。由于教师、宣传,以及学生认识等原因,造成过去上课效果并不好。其实,教师讲什么内容以及怎么讲,与能否上好这门课有着密切关系。为此,上大开发了课程网络平台,征集问题及学生反馈,学生们可以递交问题,老师们将共性的问题提炼出来,加以设计。在此基础上,2014年,我们率先在全国探索"课程思政",第一季课程"大国方略",加深大学生对于国情和时事政治的了解和兴趣。无论是"大国方略",还是之后的"创新中国""创业人生",全部都是大牌教授或行业精英担当嘉宾,以一种"项链模式"的授课方式推出,因课程内容紧扣时代脉搏,回应大学生关切,课程亲和力和感染力明显提升,而且与传统思政课同向同行,成为广受欢迎的"热门课"。

记者:今年,在"课程思政"方面,上海大学还有什么进一步的措施?

金东寒:我们将进一步制定并实施上海大学"思政课程"创新计划,深化"思政课程"与信息技术深度融合的改革与创新,并深入挖掘各类课程的思想政治教育资源,要让所

有课程都具有育人功能,所有教师都负有育人职责,共同关注学生的人格养成,品德教育。我们已经明确提出了上海大学的使命、愿景和目标,通过不断创新全人培养模式,为社会培养具有全球视野、公民意识、人文情怀、创新精神、实践能力,并能应对未来挑战的人才,其中的每个核心元素都有具体的内涵诠释、关键特质、观测指标和具体的培养载体。本月底,我们的"大国方略"系列课之四"时代音画"就要推出了,这一季的课程将以时代为线索,呈现近现代中国纵横史诗音画专题,着力创设音乐与视觉情景,让学生体验音美、乐美、画美和建筑美,在沉浸中感受时代特征,提升对中华优秀文化的文化认知,增进文化自信。

(下略)(刘昕璐)

《青年报》2017 年 3 月 14 日

**如何用马克思主义理论引领思政教育**

3 月 11 日,"同向同行 协同育人——马克思主义理论学科在全员育人中的责任和担当"上海市马克思主义研究论坛在上海应用技术大学徐汇校区举行。本次论坛由中共上海市委宣传部、上海市社会科学界联合会、上海市教卫工作党委、上海市教育委员会主办,上海应用技术大学马克思主义学院承办。来自中国人民大学、复旦大学、华东师范大学、同济大学、上海交通大学、华东政法大学、上海财经大学、上海大学、上海师范大学、上海中医药大学、上海应用技术大学等高校科研院所以及市教委的近百人与会。

论坛上,与会专家学者围绕习近平总书记在全国高校思想政治工作会议上的讲话精神,就如何把思想政治工作贯穿于教育教学全过程,实现全程育人、全方位育人等议题展开了深入交流和研讨。

(中略)

在上海高校思想政治理论课程改革中,"中国系列"课程已成为一个品牌。在本次马克思主义研究论坛上,复旦大学、上海交通大学以及上海应用技术大学分别就他们的"中国系列"课程建设分享了心得。

**突破思政课的"孤岛效应"**

上海大学原党委副书记、上海高校思政课教学改革协作组组长忻平教授认为,"课程思政"这一概念的提出,是上海高校思想政治教育领域改革的创新之处,而要真正落实,关键要做好顶层设计与全面推开,突破思政课的"孤岛效应",要让思政理论课等"显性教育"更显,专业课等"隐性教育"则要"引",即让价值引领贯穿课程教学。

(中略)

上海大学马克思主义学院副教授邱仁富认为,"课程思政"的提出,突破了原有的单一思政课的框架,对思想政治教育教学体系建设及人才培养起到很好的补充。"课程思政"因为结合了专业课,所以更加有利于提升学生的知识拓展和思维能力。

(下略)

《解放日报》2017 年 3 月 24 日

## 在"时代音画"中解码中国文化：上海大学"课程思政"探索渐入佳境，"大国方略"系列进入"四重奏"

这是一节昨晚在上海大学音乐学院的音乐厅里开讲的"思政课"，没有走进课堂，你真无法想象，如今的大学里，"思政课"可以这样上——

《茉莉花》《多谢了》《木兰从军》《好日子》……课程伊始，学生们看到的是一份演唱会的曲目表。视频带着学生们回到2006年：中国歌唱家在美国肯尼迪中心举办独唱音乐会。"这四首开场曲目，传递了怎样的文化含义？"曲终，老师话音刚落，学生就说出了其中掩藏的文化密码：漫溢全场的"中国元素"！

于昨晚全新上线的上大通选课"时代音画"，对校内师生们来说，既新鲜又熟悉。这门课，脱胎于上海最具人气的通选课"大国方略"，通过音乐、美术等文化作品，引导90后大学生读懂中国、感受时代，形成家国情怀，这是上大探索全员育人、在通识课程领域启动"课程思政"教学转型的又一举措。

### 展示"鹅卵石"，讲述"大河"的秘密

在"西学东渐"过程中，中国音乐如何革故鼎新？中华民族危亡之时，艺术家如何唤醒中国魂？步入新时代，我们如何奏响"红旗颂"？……"时代音画"课程每节课的主题看似讲授音乐等文艺作品，实则鲜明地扣住了时代进程中的中国主题。

昨晚第一讲，在给学生介绍这门课的教学目标时，上海大学社会学院教授、"时代音画"课程策划人顾骏打了一个比方：这门课程上将作重点介绍的音乐作品，都像是一块块美丽的鹅卵石。"这门课不但要向大家介绍美丽的'鹅卵石'，更要同大家一起，解析其中埋藏的'大河'秘密。"顾骏说。

很多流传下来的优秀文化作品，有的承载着中国传统文化的基因，有的记录着近现代史上中国从落后挨打走向民族复兴的历程。"这门课程，我们不只是带着学生听歌、看画，领略艺术作品的目的，更是让他们感受到时代进程中的中国。"

### 为学生定制的"中国课"，开一门火一门

随着昨天"时代音画"开讲，曾经备受学生追捧的通选课"大国方略"，将步入"四重奏时代"。学生课表上，于2014年首推的"大国方略"课程、2015年延伸的"创新中国"课程、2016年的"创业人生"以及当下的"时代音画"，都将接受学生用脚投票。

上海大学教务处副处长、"大国方略"系列课程策划人顾晓英告诉记者，在上大，这组"大国方略"系列课程都是学校探索"课程思政"的教学成果，是为90后大学生度身定做的"中国课"——每一门都是"思政课"。目前，这组课程开一门火一门。在学校，甚至已经催生出了追着"大国方略"系列课程走的"选课族"，以及选不上课程、只能来蹭课的"地毯族"。

据悉，"大国方略"迄今已开课7学期，每学期180人选课，在人文类课程的学生评教中名列前茅。"创新中国"推出时还同步制作了慕课，目前已在全国200多所高校推广共享。"创新中国"连开4学期，大类学生评教理工通选课中排名第一，刚刚过去的寒假冬季学期，全校通识课排名第11。第一季的"创业人生"课程，在大类学生评教所有通识课内排名第3。

### 所有的优质教育资源，都可以用于思政课教学

谈及"时代音画"的开课背景，顾骏告诉记者，教学团队在设计这门课程初期，之所以

灵光一现，想到可以调集校内艺术教育的资源，在"课程思政"的探索中引入音乐、绘画等作品，就是受到慕课制作的启发。

"思政课要让学生入耳、入脑、入心，必须要有画面感，要眼前更亮，耳边更动听。"顾骏说，追溯艺术的历史，无论是东方还是西方，艺术最早都是用于对人的教化。而今，大学要把立德树人作为中心环节，把思政工作贯穿教育教学全过程，实现全程育人、全方位育人的目标，教学手段必须有所创新。

按照上大授课团队对"时代音画"课程的设计，这门课虽然隶属于学校"艺术修养与审美体验"通选课板块，但授课内容和形式，都将与大学生的思政课"中国近现代史"形成教学互补。

在上大，从"大国方略"到"时代音画"，一场全新的教学实践正在推进之中：让各类课程与思想政治理论课同向同行，形成协同效应，通过教育引导，增强学生的文化认同和文化自信。（樊丽萍）

《文汇报》2017年3月29日

**上海高校流行"中国系列"课，多彩课程受学子热捧——在通识教育中根植理想信念**

（上略）

早在2014年，上海大学即开设"大国方略"通识课程，两位思政课教师担任主持人，引入多学科名师教授联合授课，围绕中国梦、"一带一路"、中美关系、高铁走出去等议题展开探讨，在学生中引起"大国"旋风。这种"双主持人＋专家"共同授课的"项链模式"推广开来，"创新中国""创业人生"等课程相继开设。

复旦大学的"治国理政"课，上海交通大学的"读懂中国"课，同济大学的"中国道路"……上海众多高校陆续开设了"中国系列"课。上海市教委相关负责人介绍，目前，该市已有23所高校开设"中国系列"课程，其他高校均在积极酝酿开设，市教委给予引导和支持，预计今秋将实现高校全覆盖。

3月28日晚，上海大学第四门"中国系列"课"时代音画"开讲，顾骏、顾晓英两位主持人与音乐教授、文学专家、青年歌唱家共5人联袂授课，解读一份音乐会曲目单里的文化密码。《茉莉花》选用变体版本有利于激起西方观众的中国记忆，《多谢了》折射中国的多民族文化，《木兰从军》展现女性的风采，《好日子》把视野带回当代中国……精彩的课堂牢牢抓住了学生的注意力。

"这门课和别的课不一样，老师们非常活跃，讲出来的内容既专业又生动。"上海大学经济系2015级学生刘闻思说，"通过这次课，让我感受到了音乐在中西交流中的独特魅力。"（董少校）

《中国教育报》2017年4月1日

**2017年2月智库大事记**

2月3—5日，由中国社会科学院经济学部、科研局、智库建设协调办公室主办的"2017年经济形势座谈会"在京举行。

2月6日，中央全面深化改革领导小组第三十二次会议审议通过《关于社会智库健康发展的若干意见》。

2月16日,中国社科院国家高端智库建设工作会议在京举行。

2月17日,由中国社会科学院国际研究学部、中国社会科学院科研局主办的"国际研究领域的重大理论与现实问题"学术研讨会在京举行。

2月17日,江苏青年智库学者培训班暨"两聚一高"智库沙龙在南京举行。

2月18日,《国家智库》编辑部、上海大学智库产业研究中心联合发布2016年中国智库十大事件。

2月20日,上海社会科学院智库研究中心发布《2016年中国智库报告》。

2月22日,中国与全球化智库发布《抓住美国移民收紧机遇 更加开放国际人才政策》报告。

2月23日,中国科协调宣部与中国科协创新战略研究院联合召开2017年度智库建设工作研讨会。

2月23—24日,由国务院发展研究中心主办的2017年全国政策咨询工作会议在深圳召开。

2月23—24日,"一带一路"智库合作联盟理事会第三次会议暨专题研讨会在京举行。

2月25日,由中国行政体制改革研究会编写、商务印书馆出版发行的《中国改革与发展热点问题研究(2017)》在京发布。全书分为全面建成小康社会、供给侧结构性改革、行政体制改革、社会建设四大板块,力求服务"十三五"规划目标实现。该书认为,全面建成小康社会之时,中国社会治理及其社会状态将在"和谐社会""平安社会""信用社会""法治社会""健康社会""幸福社会"以及"社会治理现代"等七个方面呈现更加显著的建设成效。

2月26日,由中国区域科学协会、中国区域经济学会、国家发展改革委国际合作中心共同发起举办的"中国区域经济50人论坛"成立大会暨第一次研讨会在京举行。

2月27日,全国党建研究会第六届理事会召开第二次全体会议,会议强调充分发挥党建高端智库作用,努力推进党建理论和实践创新。

2月27日,中国(海南)改革发展研究院在京举办"建立城乡一体化土地市场"专家座谈会。

2月28日,中国国际经济交流中心与新华社高端智库联合主办的"国际经济形势跟踪研究"专题研讨会在京举行。

2月28日,《智库理论与实践》第一届编委会第二次会议暨《智库理论与实践》创刊一周年学术座谈会在京举办。

2月28日,中国人民大学国家发展与战略研究院发布《"一带一路"沿线重要节点国家的定位》报告。

2月28日,"福建省高校特色新型智库"揭牌仪式暨华侨大学智库建设工作研讨会在厦门召开。

《光明日报》2017年4月6日

## 上大课、讲大势、传大道，最优质的师资直供思政课——上海高校形成360°思政课"德育合力"

知名教授联袂开讲，学界大腕接力助阵，大学党委书记、校长带头登上讲台……在如今的沪上高校，什么课程有如此大的吸引力？答案是：思政课！

（中略）

改变传统思政课教法单一的局限性，上海正在推进的思想政治理论教育课程体系，旨在形成"课程思政"的全新课程观，即让高校的思政教育融入课程教学和改革的各环节、各方面，实现立德树人润物无声的目标。

在沪上一些大学，一批人气思政课正陆续出炉。在上海大学，从已经连开7学期的"大国方略"通选课，到后来陆续推出的升级版课程——"创新中国""创业人生""时代音画"，堪称开一门火一门。两院院士、知名海归学者、高被引学者、国家"杰青"……学校最大牌的教授，都是这组系列课程上的常客。

在不少学者看来，这些人气思政课的可贵之处就在于"上大课、讲大势、传大道"。而且在这些大学，党委书记和校长都接力成为思政课的授课教师，和学生面对面。

（下略）（樊丽萍）

《文汇报》2017年4月7日

## 上海高校"中国系列"思政课别开生面引关注

上海各高校的"中国系列"思政课，因其别开生面的课堂形式、生动形象的案例、人气教授轮番上阵，还留有充分时间与学生进行现场互动，传递正能量，倡导社会主义核心价值观，突出创新思维与家国情怀，受到沪上高校学子热捧。

7日，上海高校思想政治工作会议在此间上海召开，提出上海现有在校大学生66万人，思想政治教育一定要着眼于人、落脚于人，围绕学生、关照学生、服务学生，引导学生正确认识世界和中国发展大势、中国特色和国际比较、时代责任和历史使命、远大抱负和脚踏实地。要抓好课堂育人、实践育人、网络育人的改革创新，推动"思政课程"向"课程思政"转变，坚持教育同生产劳动和社会实践相结合，增强互联网意识，善用学生喜爱的新话语、新平台、新方式，形成网上网下教育合力。

上海大学可谓是人气思政课"引领者"。自2014年冬季学期开始，上海大学首开"大国方略"通选课，给学生一双眼睛看懂中国，赢得强大社会反响，如今已连开7学期，并衍生出后续的升级版课程——"创新中国""创业人生""时代音画"。两院院士、知名海归学者、高被引学者、国家"杰青"……学校最大牌的教授，都是这组系列课程上的常客。

以上海大学本学期刚刚开出的"时代音画"为例，这个隶属"艺术修养与审美体验"模块的思政课，用音乐和美术引导学生认识时代，认识中国近现代史上如何一路走来，破解艺术作品中的历史和文化密码，从而增强自身的民族自信与文化自信，第一堂课便火暴异常。

这些课程幕后的策划人，是被学生亲切地称为"双顾"组合的上海大学教务处副处长、上海高校思政课名师工作室主持人顾晓英和上海大学社会学院教授顾骏。

顾晓英说，这些课程是她在多年思政课教学实践过程中探索的一种创新教学法"项链模式",即她作为思政课专职教师把握课程的主线,把教材内容分成若干专题串讲,同时邀请其他学科专家和社会典范人物进课堂访谈与其本身专业领域相一致的某一个专题。类似"项链模式"思政课堂在上海高校中也越来越多。

(下略)(许婧)

"中国新闻网"2017年4月7日

### 上海:高校思政"课内开花课外香"

是课堂,更是阵地;有温暖,更有力量……贯彻落实全国高校思想政治工作会议精神,上海高校以立德树人为中心,聚焦66万高校学生的成长发展需求和期待,立足思政课堂主渠道,并利用互联网等丰富平台推进思政工作形式和内容创新,逐步构建起全员全方位全过程育人的大思政教育格局。

中共中央政治局委员、上海市委书记韩正在日前举行的上海高校思想政治工作会议上强调,要切实加强和改善党对高校的领导,切实抓好高校思想政治工作各项任务的落实,按照当好排头兵、先行者的要求,努力使上海各高校更好扎根中国、融通中外,立足时代、面向未来,办出特色、办出卓越。

**打造思政教育"同心圆"**

近日,上海大学通选课"时代音画"在该校音乐学院迎来首讲。课上,教师提出"中国音乐如何革故鼎新?""中华民族危亡之时,艺术家如何唤醒中国魂?""步入新时代,我们如何奏响'红旗颂'?"等问题。

看似讲授音乐等文艺作品,实则紧扣时代进程中的中国主题。"通过音乐、美术等艺术作品,我们希望引导青年大学生读懂中国,感受时代,培育家国情怀。"上海大学教务处副处长顾晓英告诉记者,上大已经构建起思政教育的"中国课"系列课程,在学生中获得了良好反响。

记者了解到,在贯彻落实全国高校思想政治工作会议精神过程中,上海高校正在告别思政教育"单兵作战"时代,包括书记、校长、知名教授、人气教师等在内的优质师资纷纷走进思政课堂,共同打造思政教育的"同心圆"。

(中略)

**师资建设"制度先行"**

对标中央要求,践行"全员育人",队伍建设的保障尤为重要。近年来,上海积极推进高校各级党组织建设,鼓励各级党组织探索基层党支部的设置方式,出现了如上海大学把党支部建在科研团队、课题组等最活跃的细胞上,上海理工大学按专业垂直设立党支部等创新实践。

此外,上海坚持把抓好基层党组织带头人队伍建设作为基层组织建设的重要着力点,先后组织实施了市属高校"千名教工支书进党校"培训工程等,累计对近3 000名基层党务工作者进行了集中培训,着力提升组织生活质量,通过述职评议考核等夯实党建责任制。

辅导员是思想政治工作的骨干力量。目前,上海高校共有专职辅导员4 200余人,上海不仅通过完善制度,促进事业发展愿景与个人职业理想统一,提高辅导员队伍的向心力,还加大能力建设和培养力度,着手制定"辅导员百名博士培养计划",今年起将对骨干辅导员进行跟踪培养。

上海高校思想政治工作会议提出,要把高校教师思想政治工作摆在突出位置。上海交通大学聚焦问题瓶颈,梳理出"在教师评聘考核体系中强化思想政治工作""严格落实校领导班子成员一岗双责制度"等重点任务,并启动设立党委教师工作委员会,起草《关于进一步加强思政教师队伍建设的意见》和《上海交通大学思政教师队伍荣誉体系实施意见》等文件,引导全校教师立足本职,主动作为,推动相关会议精神落到实处。

上海市副市长翁铁慧表示,高校思想政治工作要始终立足全局和时代背景,牢牢把握坚持社会主义办学方向,进一步增强紧迫感、责任感、使命感,把思想政治工作切实贯穿教育教学全过程,实现全员、全程、全方位育人。(吴振东　仇逸)

《新华每日电讯》2017年4月11日

**沪上高校构建全课程全师资全方位的"大思政"格局,年内实现两个全覆盖——"中国课"100%开设,校领导100%授课**

推动"思政课程"向"课程思政"转变,年底前,沪上高校将实现两个全覆盖——"中国系列"课程100%开设,校领导100%上思政课。昨天,记者从市教委获悉,为深入贯彻落实全国高校思想政治工作会议和上海高校思想政治工作会议精神,上海将继续鼓励高校积极构建全课程、全师资、全方位的"大思政"格局。

眼下,沪上高校正涌现出一批别开生面、深受在校大学生欢迎的"中国课"。从复旦大学的"治国理政"、上海交大的"读懂中国"到同济大学的"中国道路"、上海大学的"大国方略""创新中国"……截至目前,全市高校已开设"中国系列"思政选修课程25门。

(下略)(朱颖婕　樊丽萍)

"中华人民共和国教育部"2017年4月12日

**侨情乡讯·"华裔留学生夏令营"举行**

日前,由上海市政府侨办和上海市教育委员会共同举办的"在沪华裔留学生夏令营"组织营员们来到上海市松江区参观。30余名营员分别来自复旦大学、上海交通大学、同济大学、华东师范大学、上海大学、上海中医药大学等6所高校,都是华裔留学生代表。

营员们表示,在松江的活动让他们对中国国情和中华文化有了进一步了解,加深了他们对祖(籍)国的认知,促进了华裔留学生之间的交流,也将进一步推动海外华文教育的发展。在沪华裔留学生夏令营,是为了使华裔留学生全方位、深层次了解上海城市发展,帮助华裔留学生适应在沪留学生活,增进华裔留学生对中国的了解,提高华裔青少年学习汉语和中华文化的兴趣和积极性,推动华文教育发展而举办的一项活动。

《人民日报(海外版)》2017年4月14日

**上海大学:把思政课作为人才培养核心课程**

上海大学把思政课作为人才培养核心课程,纳入"双一流"建设的重点任务,从课程内容、师资队伍、教学方法等多方面深化改革,将思政课建设成深受学生欢迎的热门课程。

## 一、深化课程内容建设，发挥哲学社会科学育人功能

一是深入研究教材，发挥中央马工程统编教材优势。设立教学研究专项经费，鼓励教师在吃透教材的基础上，将教材语言转换为教学语言，不断增强理论说服力；积极开发教辅材料，基于大中小学德育课程一体化思路，着力解决高校思政课与中学政治课在教学内容上的衔接，帮助教师把教学重点难点讲深讲透。

二是开展集体备课，将党的创新理论融入课堂教学。制度化推进集体备课会，校领导全程参与，哲学社会科学其他专业教师共同讨论，"备理论""备学生""备热点""备教学方法运用"，遵循教学规律，贴近学生特点，将党的创新理论有计划、分专题地进入课堂，根植于大学生思想深处。

三是推出"大国方略"等一批中国系列课程。学校邀请哲学社会科学领域多位知名专家学者，组建跨学科、跨院校、跨地域的教研一体化师资团队。在课程内容设计上，注重贴近学生的思想和生活实际，在讲授知识的过程中传递正确价值导向。

## 二、加强师资建设，打造一支让学生满意的教师队伍

学校把教师队伍建设摆在办学工作突出位置，尤其注重思政课教师队伍培养，引导专业课教师参与思想政治教育，构建让教师想教好、能教好的工作机制。聚焦思政课教师能力提升，构建"立交桥"式培养体系。首创"项链模式"，实现多学科师资协同育人。依托同城平台，实现资源共享。

## 三、加强教学方法改革，用问题导向增强教学有效性

一是开展"问题解析式"教学方法改革。2009年起，学校承担高校思政课"六个为什么"试点工作，探索基于问题逻辑的教学方法。在实践中收集整理学生原始问题近10万个，建立了多角度、多层面的课程教学问题库。

二是注重话语体系转化，贴近学生思想特点。连续举办7届"上海大学思政论坛"，每年开展教学质量活动月，举办170期社科论坛，组织实施20期教学基本功培训，帮助教师树立"把理论融入故事，用故事讲清道理，以道理赢得认同"的教学理念。

三是注重运用信息技术，贴近学生接受习惯。进行"微课程"教学改革，建立思政课"微课程"视频库，把教材逻辑体系转化为"微课程"教学的问题逻辑体系，形成既能发挥教师主导作用，又能满足学生自学需要的新型网络教学模式。

《中国教育报》2017年4月14日

## 上海大学一项调查显示：三成学生偶尔吃早餐或基本不吃早餐

今天，日本龟甲万公司在上海大学发布的一项关于早餐的调查报告显示，该校有三成学生偶尔吃早餐或基本不吃早餐，其中周末吃早餐的人数最少。

这项调查面向上海大学的100名大学生，结果显示，有69%的学生每天都吃早餐，11%的学生偶尔吃早餐，20%的学生基本不吃早餐，有意思的是，周一吃早餐的学生最多，而周六周日吃早饭的学生最少。

调查显示，大学生的早餐以碳水化合物为主，蛋白质和蔬菜比较少，油分比较多。日本龟甲万公司的龟甲万综合医院院长久保田芳郎先生表示，按时吃早餐可以养成正常的

生活规律,提升体温,给身体和大脑提供能量,而且可以刺激肠道,养成按时排便的习惯,而不吃早餐则会使记忆力减退,学习成绩变差,增加疲劳感等不安定因素,消化循环器官疾病的发病率也会增加。

龟甲万综合医院负责病号餐的专业管理营养师在对调查结果进行分析之后,由久保田院长为同学们详细讲解了早餐,特别是对体力和脑力都使用的比较多的大学生们来讲,早餐的重要性,以及如何吃,吃些什么比较好。久保田院长还根据同学们的早餐实际情况,从医学的角度进行分析,对其中一些不利于健康的饮食习惯提出了改正意见。

据了解,早在日本的明治时代,作为青少年教育一环,除了德育、体育、智育三大要素之外,就有食育是中心环节的说法。所谓的"食育",是指通过各种各样的理论和经验,让人们了解有关饮食的知识和选择饮食的能力,并由此来培养有着健全饮食习惯的健康的人。2005年,日本政府还正式颁布制定了《食育基本法》。(周凯)

《中国青年报》2017年4月21日

## 40余大学党委宣传部负责人深入交流——高校思政工作如何"接地气"

[编者按]全国高校思想政治工作会议于2016年12月7日至8日在北京召开。中共中央总书记、国家主席、中央军委主席习近平出席会议并发表重要讲话。他强调,高校思想政治工作关系高校培养什么样的人、如何培养人以及为谁培养人这个根本问题。要坚持把立德树人作为中心环节,把思想政治工作贯穿教育教学全过程,实现全程育人、全方位育人,努力开创我国高等教育事业发展新局面。

为贯彻落实习近平总书记重要讲话精神,多举措、分阶段推进思政教育落地生根,并深入了解"互联网+思政教育"的新模式,探索如何充分运用互联网、新媒体和大数据技术有效开展大学生思想政治教育工作,创新立德树人教育模式,4月12日—4月15日,中国青年报社、中国高校传媒联盟联合上海海事大学等单位共同主办上海高校学习贯彻落实全国高校思想政治工作会议精神2017年"北上广深"调研活动。其间,4地40多家高校党委宣传部负责人参与了深入交流。通过与北京、广州高校党委宣传部负责同志座谈,调研团学习并实地参观了中国青年报社、华南师范大学、深圳腾讯公司等机构,进一步思考"互联网+思政教育"的做法与实践。

**上海大学:从"大国方略"到"时代音画"**

在2016年12月举行的全国高校思想政治工作会议上,习总书记特别提出,要教育引导学生正确认识世界和中国发展大势;正确认识中国特色和国际比较;正确认识时代责任和历史使命;正确认识远大抱负和脚踏实地。高校落实"全程育人、全方位育人"要求,关键在课程建设,而课程建设关键在教师。

上海大学坚持把立德树人作为中心环节,把思想政治工作贯穿教育教学全过程。学校以钱伟长教育思想为指导,逐步形成了上海大学独特的育人理念和本科人才培养特色,构建德智体美协调发展的全人教育体系,促进学生全面发展。

2014年冬季学期,学校推出全新通选课"大国方略",在全国产生重大影响,至今已连续开课第8个学期,学生上课一座难求。"大国方略"系列课依托上海高校思政课名师工作室——"顾晓英工作室",采用上海大学首创曾获国家级教学成果奖的"项链模式"教学,由系列课程策划人顾骏教授和顾晓英研究员担任主持,以立德树人主线,多学科"乱入",串起嘉宾内容"珍珠",师生互动、生生互动频繁。四门课程同步滚动开设,形成和谐悦耳的"四重奏",成为校园内独特风景。

上海大学在全国率先探索从思政课到课程思政的延伸和拓展,把价值引领贯穿到思政课外的其他课程及教育活动中。2015年,上海大学"同向同行"课程团队荣获"上海市群众喜爱的培育和践行社会主义核心价值观项目",获评"全国基层理论宣讲先进集体"。2017年,课程组同另外九家单位获得第三届教育部"礼敬中华优秀传统文化"活动示范项目。

近期,上海大学将进一步发挥通识教育核心课的价值引领作用,将国家意识、法治意识、社会责任意识、民族团结进步教育、国家安全教育、科学精神教育融入相应的专业课和通识课程中,推动课程思政同信息技术的高度融合,增强思想政治工作时代感和吸引力,实现从知识培养转变为能力培养、性格塑造与行为养成。(殷晓)

《中国青年报》2017年4月27日

## 高校按大类招生渐成趋势

高考结束,各大高校的招生工作陆续展开。今年,北京大学、清华大学、南京大学、北京航空航天大学等众多学校实行按照大类招生。大类招生有哪些模式?对考生报考有什么影响?学生入学后会接受怎样的培养?记者为此进行了调查。

**按大类招生渐成趋势**

事实上,广义的大类招生可分按"基地班""实验班"模式招生、按院系专业类招生、按学科大类招生等多种模式。

2001年起,北京师范大学"励耘实验班"招生。2014级励耘人文科学实验班学生王栋告诉记者,这个班的学生入学后前两年将不分专业,统一开设相应的文理基础课程;进入专业学习阶段后,学校将根据学生的学习成绩和本人志向,允许学生自己选择专业。

目前,"励耘实验班"分为人文科学实验班和理科实验班。在大一,学校为学生们安排了文史哲政经法等多门文史通识课程,还有科学史、宗教史、社会统计学等交叉课程。在王栋看来,这种培养模式的特点是突出通识教育,帮助学生完成中学到大学阶段的过渡。

2017年,东南大学将所有文科专业打通按大类招生,设"郭秉文文科实验班";南京大学将实行"按学科大类招生",本科新生进校时将不再按学院划分;上海大学也是采取以大类招生为主、部分按专业招生的办法。尽管实施方式各有不同,但按大类招生渐成趋势。

(下略)

《光明日报》2017年6月10日

## 引外智、传新知、启新思,思政公共选修课又开新一波　申城高校"中国系列"课程量增四成

昨天,全球能源互联网发展合作组织副秘书长程志强来沪,走进上海电力学院课堂,

开启"能源中国"课程的第一课。同在本周,上海戏剧学院党委书记楼巍等学校领导也将集体走上新开的"艺术中国"思政课一线。

自先期开出复旦"治国理政"、交大"读懂中国"、上大"大国方略"后,申城高校近来又开出一波"中国系列"思政公共选修课,从"能源中国""装备中国""奉献中国"到"大国三农"等,引外智、传新知、启新思,将专业课程融入思想价值。市教委统计显示,截至目前,沪上"中国系列"成熟课程已形成35门左右的课程群,课程量比本学期初增加了40%。(下略)(徐瑞哲)

《解放日报》2017年6月13日

**上海大学向社会亮出"专业就业数据家底",为考生填报志愿提供精准信息服务**

如此"亮家底",专业数据有好看的,又不好看的,是否会成为双刃剑?

这个专业就业怎么样?想进这行该考什么专业?这专业都进哪些单位?这所大学这个专业毕业生的就业竞争力怎样?又是一年高考,招生咨询会上,家长最爱问这三个问题,而咨询老师往往难以回答具体数据。

从今天(18日)上海大学招生咨询活动日起,该校将短期向社会开放网上精准数据服务——在我国高校中率先推出"高中生志愿填报与职业发展服务系统",把9年积累的上海大学本科毕业生精确数据透明共享,为考生选择与其学业水平和兴趣特长相匹配的行业与专业提供参考。

高校毕业生就业大数据分析课题组负责人叶志明教授说,即日起,考生只需登录该服务系统网站(zyfzfw.shu.edu.cn),即可获得个性化的志愿填报指导,其反映的专业前景和毕业生去向等数据,均源自近十年上大上报市教委与教育部的相关统计报表。

尝试注册登入,发现主页上简明扼要两大板块:"整体就业情况""行业就业情况"。点击前者进入,一张折线图首先印入眼中。2008年到2016年的就业整体情况一目了然。鼠标移到2016年:签约47.5%,升学17.4%,出国16.7%,灵活就业16.1%……数据翔实。再往下翻,上海大学签约排名前五的行业,签约排名前十的单位名单详尽。仔细研究,每个专业的就业去向,各行业在上海大学专业毕业生的分布,一一列明。

叶志明说,这几天不少考生在纠结自己的高考志愿表究竟该如何下笔,其实填志愿就是要解决两个问题,一是填什么,二是怎么填,但许多考生和家长往往把这两个问题交织在一起,这样填写的志愿怎么能较准确地反映出自己的真正兴趣特长和学科水准?

"系统可以很好地解决这两个问题的相互影响与干扰。例如,考生关心未来在哪个领域发展,就可以从'行业就业情况'栏目进入,在那里发现自己想进入的行业与大学志愿填报之间的关系。如果考生还不清楚自己未来想做什么,就可以从上海大学'整体就业情况'栏目进入,去发现上大所有本科专业与行业就业之间的关系与具体就业单位以及各单位预期的收入情况。"他说。

据悉,高校主动披露全校各专业毕业生的考研、出国、就业和创业情况,甚至细致到毕业生去了哪些行业、哪些具体的单位,包括第一份薪资的情况,在全国高教系统尚属首次。

有人担忧,如此"亮家底",专业数据有好看的,又不好看的,是否会成为双刃剑——

一方面影响校内"面子";另一方面,令学生一边倒选择"好看"的专业,影响学校专业布局安排。对此,叶志明说,这充分说明了学校的底气与自信,数据不太"漂亮"恰恰可以倒逼学科建设的改革,这对考生精准填报志愿,以及大学整体、学科专业建设的长远目标有利。

"上观新闻"2017 年 6 月 18 日

**明大道善教化,更重激发共鸣——高校"课程思政"如何提高质量和学生获得感,上海做法获得教育部肯定**

"你想当大国国民,还是小国国民?"昨天,教育部在沪召开高校思政课教学质量年调研片会暨高校"课程思政"现场推进会,上海大学"大国方略"课老师抛出的第一个问题,让讲台下学生思索。

讲台上,顾骏、顾晓英两位老师联袂授课,侃侃而谈,一个个开放性问题,让越来越多学生争相回答。

当前,提高思政课质量和水平,增强大学生对思政课的获得感,成为高校领域工作的重要课题,教学中如何更好地明大道、善教化?会议认为,上海"课程思政"改革敢为人先、谋划超前,路径清晰、层次分明,领导重视、建章立制,取得了重要进展。推进过程中,激发学生"共鸣感"、增强教师"话语权"、推进思政"正评价"是上海做法的三大要素。

### 用共鸣感打开青年耳朵

"共鸣感,是思政教育需要面对的最大问题",上海大学社会学教授、"大国方略"系列课程策划人和主讲者之一顾骏说,"我们常讲,入耳入脑入心,然后才能入行,但现在年轻人面对的是新媒体和爆炸性知识体系及获得渠道,怎样让他们肯听,需要动脑筋。"在他看来,共鸣感,就是整个教学过程中的正面感受,找到这个"点",才能以此为契机,真正打开青年的耳朵。

"一直以来,我们的'大国方略'系列课程,找的'点'就是家国情怀,"顾骏介绍,在这个充分准备的课程中,历史、政治学、马克思主义理论、最新时事等的阐释高度浓缩,以带有思考和幽默的语言在课堂上传递。他特别关注课堂上同学们的笑,他觉得,精心设计的教学环节和互动,让学生发自内心笑了,那意味着心扉打开了,情感上认同了。

数据显示,上海基于多年来在基础教育阶段实践"学科德育"基础上,抓住"一市两校"教育综合改革国家试点的契机,于 2014 年起在高校探索实施"课程思政",将马克思主义理论贯穿教学和研究全过程,深入发掘各类课程的思想政治理论教育资源,从战略高度构建思想政治理论课、综合素养课程、专业教育课程三位一体的思想政治教育课程体系。截至目前,上海已基本实现"课程思政"全市高校全覆盖。

### 用课程厚度赢得话语权

每所大学都上的毛泽东思想概论课,在复旦大学有"豪华版"——2004 年以来,课程坚持 13 年配套中国市长论坛,几十位来自全国各地的市长为学生讲现实、讲梦想,讲自己对党的思想和政策的理解。除此以外,学校还为思政课专门设置 2 个实践学分,把学生从单一课堂上推到火热的社会实践中。

"作为专业课老师,我们要做的,就是做出课程的厚度,"上海中医药大学张黎声教授,也是现场授课的教师之一。在他上的人体解剖学课中,如何完成对"大体老师"致敬环节,是第一课。面对学生,他讲遗体捐献对医学的意义,带领学生去遗体捐献者家中拜访,邀请遗体捐献志愿者一起来开座谈会。"学生对专业课有趋向性,我们要做的是在传递知识以外,把这门课程背后的人文内涵展示出来。"

**用正评价引导课程创新**

据悉,今年上海将全面推进铺开"课程思政"教育教学改革试点工作,除重点推出一批高校思想政治理论示范课程外,还着力实现 3 个全覆盖,即:所有高校全覆盖开设"中国系列"思政选修课程;所有高校全覆盖开展综合素养课程改革,每所学校至少选取 1 门以上课程开展试点;所有高校全覆盖开展专业课程育人改革,每所学校至少选取 2 门以上专业课程开展试点。目前全市已建设"中国系列"课程近 30 门,175 门综合素养课程和 400 门专业课程申报开展试点改革。

完善教师思政教育"正评价"也在推进中。激励引导哲学社会科学专家,在课堂上积极创新,与思政课同向同行,应固化为中国现代大学制度内的组成部分。今年,上海将通过市、校两级培训体系,在市级层面研究制定培训方案、开发培训教材,率先对 1 000 名专业课骨干教师开展课程思政专题培训。

副市长翁铁慧出席会议。(彭德倩)

《解放日报》2017 年 6 月 23 日

**上海"课程思政"改革正在形成"样板效应":目前全市高校已建设"中国系列"课程近 30 门,今年还将着力实现三个"全覆盖"**

大学里最难上的课是思政课。而高校要完成立德树人的使命,必须抓住的关键环节,也是思政课。

从 2014 年开始,上海高校试点探索"课程思政"教育教学改革,即通过构建思想政治理论课、综合素养课程、专业教育课程三位一体的思想政治教育课程体系,探索"各类课程与思想政治理论课同向同行,形成协同效应"的实现渠道。

昨天,教育部在沪召开 2017 年高校思想政治理论课教学质量年上海调研片会暨高校"课程思政"现场推进会。这也意味着,上海正在推进的"课程思政"改革,有望作为"样板",对全国形成辐射效应。

**"一把手"开讲思政课成常态**

贯彻落实全国高校思政工作会议精神,在上海高校,思想政治教育已真正成为"一把手工程"。目前,上海所有高校均已成立课程思政改革领导小组,学校"一把手"纷纷走上讲台开讲思政课,此举极大提升了思想政治教育的亲和力和针对性,满足了学生成长发展的需求和期待。

为促使"课程思政"理念在所有高校落地生根,记者从上海市教委获悉,目前上海已启动"课程思政"整体试点校 12 所、重点培育校 12 所、一般培育校 34 所,基本实现全市高校全覆盖。每所学校获得的经费支持从 20 万至 150 万元不等,连续投入四年。

聚焦课堂教学主渠道,针对思想政治理论课、综合素养课程和专业教育课程三类课程的不同属性,沪上高校通过厘清定位,分类开展重点建设。

据悉,今年上海把提升思政课教学质量作为"课程思政"改革的核心环节。除了大力支持复旦大学、华东师范大学全国重点马克思主义学院建设,上海还同时建设了15个上海高校示范马克思主义学院,每个学院予以200万元专项经费支持,明确连续支持三年。此外,《上海高校思想政治理论课改革创新行动计划》也即将出台,着眼加大投入、深化改革,坚决打赢思政课教学质量提升的攻坚战。

**专业课骨干教师将获专题培训**

眼下,一批"中国系列"思政选修课的开设,正在成为沪上校园里的新看点。从复旦大学的"治国理政"、上海交通大学的"读懂中国",到上海大学的"大国方略"系列课程、上海立信会计金融学院的"信用中国"、上海电力学院的"能源中国"……每一门"中国系列"课程都具有强烈的价值导向。在对课程进行顶层设计时,高校追求的不是"一门课讲所有",而是"讲一处深一处",帮助大学生牢固树立"四个自信"。

在上海中医药大学,学生必修的"人体解剖课",在授课老师张黎声这里完成了"升级",成为一门"思政味"浓郁、受学生高度认可的专业课。在"解剖第一课"上,张黎声向学生们转述遗体捐赠者弥留之际的话语,分析病例,观看病人和疾病抗争的图文影音资料;在课外,他带着学生与遗体捐赠者家属座谈并给予慰问……

把专业课的教学目标分为知识目标和情感目标,巧妙地完成价值引领和知识传授的合二为一,在沪上更多高校,类似的试点正在开展。

据了解,目前上海高校已建设"中国系列"课程近30门。另外,175门综合素养课程和400门专业课程申报开展试点改革。

记者从昨天的会议上获悉,今年上海高校还将着力实现三个"全覆盖",即:所有高校全覆盖开设"中国系列"思政选修课程;所有高校全覆盖开展综合素养课程改革,每所学校至少选取1门以上课程开展试点;所有高校全覆盖开展专业课程育人改革,每所学校至少选取2门以上专业课程开展试点。

推动"课程思政"改革,师资队伍建设至关重要。为提高教师育德能力和育德意识,今年上海还将打造市、校两级培训体系,在市级层面研制培训方案、开发培训教材,率先对1000名专业课骨干教师开展课程思政专题培训。

另悉,同济大学、华东师范大学、上海中医药大学等高校,正在牵头研究制定"课程思政"建设标准。据悉,上海将针对专业课程的育人功能和任课教师的育德实效开展绩效评价,据此作为是否继续给予支持及支持额度的重要依据。(樊丽萍)

《文汇报》2017年6月23日

## 打赢提高思政课质量水平攻坚战——教育部在沪召开高校"课程思政"现场推进会

为深入贯彻全国高校思想政治工作会议精神,推动各地各高校深入开展思政课教学质量年各项工作,打赢提高思政课质量和水平的攻坚战,增强大学生对思政课的获得感,教育部昨天在上海召开2017年高校思想政治理论课教学质量年上海调研片会暨高校"课程思政"现场推进会。

针对如何推进"课程思政"改革与思政课教学质量年各项工作,会议提出五点要求:一要做到以"思路攻坚"统一认识,充分发挥课堂育人主渠道作用,在办好思政课的基础上,不断推动其他各类课程发挥育人功能。二要做到以"师资攻坚"壮大力量,既积极主动以高标准做好专职教师的选聘工作,又实施好"特聘教授"制度。三要做到以"教材攻坚"丰富供给,有效解决"最先一公里"的转化和进入问题,把活的现实、活的理论融入教材,使思政课教材有温度、有触感、有质量。四要做到以"教法攻坚"改善课堂,推动党的理论创新成果入脑入心,在多样化的课堂教学之中,在引人入胜、潜移默化中实现教育目标。五要做到以"机制攻坚"形成长效,提炼可复制可推广的思政课改革创新模式,形成符合思政课建设发展规律的运行机制、考评机制。

上海市副市长翁铁慧出席会议并讲话。(樊丽萍)

《文汇报》2017年6月23日

### 上海大学与经纬集团携手共育双创人才

6月23日,上海大学紫荆谷创新创业辅导中心成立暨上海大学创新创业学院—紫荆谷·跨境通战略合作启动仪式在上海大学举行。

仪式上,经纬集团副主席、紫荆谷控股负责人、紫荆谷跨境通董事长陈亨利与上海大学党委副书记、副校长徐旭签署了"上海大学经纬教育发展基金捐赠协议",宝山区政府副巡视员孙晓风和陈亨利、徐旭共同为"紫荆谷—上海大学创新创业实践基地"和"上海大学—紫荆谷创客空间"揭牌。

根据协议,此次经纬集团的捐赠共计2 000万元港币,主要用于合作建设"上海大学紫荆谷创新创业发展辅导中心"和上海大学双创学院,辅导中心将重点支持港澳台中小微企业和青年在大陆的创业发展,帮助在大陆创业的青年接受全面的创新创业教育,让上海大学的创新创业教育惠及更多港澳台青年;在上海大学创新创业实训基地中培育创业教师队伍,支持第十五届"挑战杯"竞赛的办赛工作;同时设立"经纬奖教金",奖励在高水平大学建设过程中做出突出贡献的教职员工。据悉,经纬集团共向国内12所知名高校捐资港币2.4亿元,分别设立"紫荆谷创新创业发展辅导中心",上海大学是其中之一。

由上海大学校友葛贤明设计的经纬集团跨境通新版Logo也在仪式上发布。(周凯)

"中青在线"2017年6月24日

### 聚焦"健康城市" 上海—台北城市论坛在沪举行

加强两地经验交流,增进民众健康福祉。以"健康城市"为主题的"2017上海—台北城市论坛"7月2日在沪举行。论坛上,两市在社区卫生、智慧城市与民生服务、环保、青年创业方面交流经验,探讨面临的机遇和挑战。

上海市市长应勇在论坛开幕式致辞时说,上海台北互动频繁,两地民众友谊深厚。2010年以来,两地每年轮流举办双城论坛,加强交流,拓展合作,迄今已签署交流合作备忘录26项,这次还将再签4项,可谓硕果累累。这些成果积极推动了两岸关系和平发展,为两地民众带来了绵绵福祉。今年是两岸同胞打破隔绝状态,开启民间交流30周年。两岸同胞一家人,是不可分割的命运共同体,理应多往来、多交流、多合作。上海愿与台北一道把交流合作继续向前推进,在"两岸一家亲"的浓浓氛围中,不断加深两地民众的友情和亲情,推动上海台北共同发展,更好地造福两地民众。

台北市市长柯文哲也在致辞中表示,两岸关系是影响台湾人民生活的重要因素,如果以人民的福祉为目标,秉持两岸一家亲的信念,加强两岸交流合作,建构两岸命运共同体,共同追求两岸人民更美好的未来,现在面临的一些僵局是可以克服的。希望台北和上海永远是开放进步的城市,让两市人民感受到对方的友谊与善意,让每个人都成为双城更开放、更进步的动力。

论坛上,上海市和台北市卫生部门负责人围绕"健康城市"作主题演讲。两市代表还共同签署了四项备忘录,将在区政交流、消费者权益保护、篮球运动、高校学术等方面展开交流合作。在消费者权益保护领域,上海与台北将互相分享创新模式,学习消费争议处理的制度建设经验。上海大学与台北市立大学达成合作,两校教职人员和学生将开展更多交流活动。

论坛自2010年以来在上海、台北轮流举行,已成为两座城市之间重要的机制化交流平台。(姜泓冰 励漪)

《人民日报(海外版)》2017年7月3日

**上海高校推进"课程思政"经验摘编:"大国方略"培养政治认同**

上海大学自创"项链教学"模式,始终走在加强和改进大学生思想政治教育的前沿。2014年起,学校推出"大国方略"思政类选修课,引导学生正确认识世界和中国发展大势,培养学生从容的大国自信。3年来,学校又相继推出"创新中国""创业人生"和"时代音画"等一批"中国系列"大课,培养大学生政治认同,增进文化自信。四门讲大势传大道的大课每学期同步开设,受到大学生普遍欢迎。

"大国方略"以中国梦和中国道路为引领,以人类面临的共同问题为背景,立足中国、放眼世界,直面大学生普遍感到困惑的问题,努力讲好中国故事。一是讲述改革开放以来精彩的中国故事、中国模式、中国奇迹;二是讲述中国梦在国家、民族、个人三个层面上的有机联系;三是讲述十八大以来以习近平同志为核心的党中央的治国理政方略。

2007年起,上海大学自创由专兼职教师联袂授课的"项链教学"模式,即由思政课专职教师把握课程主线,构成课程"项链"的基础,邀请校内外专家学者、党政领导走进课堂作为"珍珠"。

以"创新中国"课为例,该课程已吸引学校理工、经管、艺术等强势学科的50多名资深教授自愿参加,校党委书记曾多次登台授课,校长既听课又曾参与讲授"创新中国"课。它以"世界等待着什么、国家需要什么、上海承担什么、上大能做什么、上大学生可以学什么"等问题给学生全局观感,由主持课堂的教授道出工程师的襟怀,丝毫不见简单"说教"。把一个关于科技创新的经济效益问题,转化为国家意识和历史责任问题。

上海大学把思政课作为"铸魂工程"来建设,让"大国方略"系列课色香味形俱佳。"创新中国"经常采取直播教学,在线课程已被230所高校选用,15万名学生修读。教学研究成果现已出版成书。

"大国方略"系列课采用"问题解析式"教学。教师着重讲"是什么"背后的"为什么"和"应如何"。教师团队通过课堂互动、随堂反馈、课后网络论坛互动等方式,充分调动学生的学习主体性。8个学期4门课并行开设,"乐乎圈子"网络论坛已有近30万人次点击浏览。

《中国教育报》2017年7月6日

**全国知名哲学教授汇聚上海大学,畅谈这个"爱智慧"学科的最新发展成果**

如今,这个"爱智慧"的学科已经走进我国很多高等学府,并蓬勃发展。

在古希腊文中,哲学的含义就是"爱智慧"。如今,这个"爱智慧"的学科已经走进我国很多高等学府,并蓬勃发展。近日,"上海大学哲学系(专业)成立15周年暨当代哲学发展论坛"在上海大学宝山校区举行。来自清华大学、北京大学、北京师范大学、复旦大学等多所著名学府哲学院系的专家学者与会,就国内外哲学发展、哲学教育的最新观点和前沿思考展开交流。

上海大学党委副书记夏小和教授与会并致辞。上海大学哲学系主任宁莉娜教授回顾了上大哲学系的发展,并简要介绍了哲学系15年来所取得的丰硕成果。这包括,建设起了哲学本科专业及哲学硕士一级学位点,设立门类齐全的哲学8个二级学科硕士点;培养了13届本科生和15届研究生;获得了众多国家社科和教育部、上海市课题立项等。

上海哲学学会会长吴晓明教授代表上海哲学学会,祝贺上海大学哲学系成立15周年。兄弟院校代表、复旦哲学学院院长孙向晨教授在致辞中表达了希望上海大学哲学系越办越好的美好祝愿。作为上海大学哲学系系友代表,上海社科院研究人员高桦回顾了上大哲学系培养起自己对哲学专业深厚兴趣的经历。

"哲学在今天面临什么问题?"在论坛上,清华大学哲学系主任黄裕生教授首先抛出了一个问题。他认为,在全球化处境下,今天的哲学面临一些前所未有的新问题,而尊重多样原则是全球化时代和谐共处的关键价值。华东师范大学哲学系主任陈立新教授提出,哲学的安身立命之基是回到生活现实,要尽力摆脱自视甚高、远离生活的局限性。哲学首先需要回答现实生活,并在此基础之上进行理论思维。在中华民族伟大复兴的重要历史时刻,建设中国特色社会主义哲学社会科学是当今哲学研究需要面对和思考的重大任务,可以就此"主动设置议题""形成标识性概念"等,开展内容丰富和富有前景的哲学学术研究。

哲学与法学的交叉互动,形成了哪些新的研究成果呢?从现实生活来看,法治中国的转变不是某种权宜之计,而是根本性、整体性的文化转型,中国特色社会主义法治理论体系无疑需要从哲学上奠定坚实的理论基础。中国政法大学终身教授李德顺从"法治文化的哲学基础"的角度谈了他的观点。他认为,不能孤立地就法说法,不能从抽象的"精神"出发,而要从人的物质生活关系、特别是现实经济关系中,寻找法律的根源,从解决人的社会利益和需要方面,去理解法律的本质和功能。所谓文化,其实就是一种生活方式,而法治文化就是要使法治成为人民的一种生活方式。

如何看待伦理学的最新发展?北京大学教授何怀宏认为,罗尔斯之后几乎无人与"巨头"比肩,或许是国内外伦理学的现实境况。但从另一方面看,新晋的哲学家虽然还没有到达罗尔斯、海德格尔等那样高的境界,却仍然可以看到近20年来伦理学界呈现出了新的积极的发展态势。归纳来看,这种新的发展态势表现为两个方面:放长眼光,比如,有更多历史视角进入哲学研究,有不少伦理学者关注未来的人类社会等;放宽视野,比如,形成新的天下体系、新的天下概念等。

信息技术革命给社会发展带来哪些影响,也成为哲学家们关注的热点话题。中国社会科学院孙伟平研究员认为,信息时代给信息社会带来了多重挑战,这包括思想层面的挑战,要探索属于信息时代的新理论、新方法;社会生产方式层面的挑战,要探索工业经济向知识经济转变后的经济发展方式和产业结构;在社会组织管理方式层面,要探索建立网络型的组织管理结构等。上海大学哲学系教授周丽昀则介绍了有关技术发展对人的影响的哲学探讨。她认为,当代技术的发展,一方面使人们更加清楚技术对身体的重要性,另一方面也瓦解着身体与技术之间的传统界限。在此情况下,应当对传统的主体伦理学原则进行前提反思与理论重构,并深化对技术的本质、人的本质以及技术与人的关系的认识。

"上观新闻"2017年7月8日

**首批大学录取通知书已被"签收",细看今年的"花样经"**

上海大学第一份暑假作业已布置。上大招生办介绍,2017年新生录取通知书,蕴含三大特色亮点。

其一就是一张"全景漫游校园卡",只要扫一扫二维码,就可以720度全景漫游上海大学,而且是可以提前体验到宝山、延长、嘉定三个校区"一体两翼"的校园格局哦。无论身处何地,都能实现"身临其境"。

除了以喜庆红为背景的实体录取通知书外,一份专属电子录取通知书是不是也很炫酷。考生登录学校高招录取查询系统 http://bks.shu.Edu.Cn/lqcx2017/lqcx.aspx 查询录取结果后,就可以点击按钮自动生成自己的电子录取通知书,方便分享成功的喜悦。

《创新路上大工匠》一书是此次随通知书奉上的心意礼物。由上大社会学院顾骏教授主编,共11位教授和副教授参与撰写。这部嵌入了"上大"的名称,带着墨香的新书,可以让新生提前体会上海大学的学术大咖是如何走在学术前沿、如何探索科学创新的。

此次,还附上"我的上大我创新"新生征文比赛的邀请信,让新生从入学就思考未来的学习方向,确立创新的志向。获奖的同学将在开学后获得同上大著名教授对话交流和参观实验室的机会,或在大会上作主题演讲,优秀征文还将由上海大学出版社结集出版。教务处副处长顾晓英老师说,这堪称是给准上大人的一份暑假作业,助力新生走向创新道路,她已经十分期待开学时收到学生们作业的那一时刻。

另悉,新生入学报到手册、新生指南、大学新生应征入伍宣传单、国家助学政策宣传册、银行卡等,这些亦是"标配"。(刘昕璐)

《青年报》2017年7月12日

**上海、浙江试点高考综合改革,已进入录取阶段　新高考,招录方式新在哪儿**

当下,正处于高校录取季,各批次院校陆续完成录取工作。

2017年,承担为国家高考改革先行先试使命的上海、浙江率先步入考试科目"3+3"和"两依据、一参考"的"新高考"时代。

因应新高考,不仅两地教育考试院做出调整,许多高校也做出相应调整。以不久前刚刚完成在沪录取的清华大学、北京大学为例,为与上海高考综合改革试点接轨,今年清华就专门设立了上海领军计划,北大则专门设立了上海博雅计划,加上零志愿批次招生、自主招生和艺体特长类招生,两校在上海录取200余名学生,招生类别、录取形式和计分比例等,与以前相比都有所改变。

**从按分取人到参考综合评价,探索多元录取**

新高考方案的一大亮点,是实施"两依据、一参考"的多元评价机制,即依据统一高考成绩、高中学业水平考试成绩,参考高中学生综合素质评价信息进行录取。

上海教育考试院院长郑方贤这样概括上海高考综合改革在招生录取阶段的目标和任务:"高考招生作为高校选才的主要方式和通道,既要保障高校招生自主权,也要满足考生对不同院校或专业个性化选择的要求。"

同济大学招生办公室主任廖宗廷和上海纽约大学中方招生办主任周鸿都认为,高考改革是大学从"按分取人"转向"看分+看人录取"。

这样的转变最直接的体现,是今年复旦、上海交大、同济、华东师大、华东理工等参加上海综合评价录取改革试点的9所高校校测面试环节。复旦、上海交大等高校都明确表示,以上海市普通高中学生综合素质评价信息管理系统提供的基本信息作为专家初审的材料,学生不需要再单独向校方提供综合评价材料。华东师范大学还强调,在普通高考录取环节,在严格遵照招生章程规定前提下,将把考生的综合素质信息报告内容作为专业调剂录取的重要依据。

今年的面试环节,各高校的教师评委都会先查看面试考生的综合素质纪实报告,初步掌握考生高中期间各方面表现,这使得面试过程中的问答交流针对性大大提高,更能达到综合评价考生的目的。

与以往高校自主招生除高考成绩外,校测部分主要看考生面试表现不同的是,今年上海所有大学都采用了"高考成绩(60%)+面试成绩(30%)+高中学业水平合格性考试成绩(10%)"的计分比例,而且在综合评价资格初审和面试环节,各校都高度重视并"充分使用"《上海市普通高中学生综合素质纪实报告》,把它作为招生选拔的重要参考。报告主要包括每位考生高中3年在校期间所展现的品德发展和公民素养、高中学业成绩、创新精神与实践能力、身心健康与艺术素养等方面的行为素养记录,是上海考试招生制度改革试点工作的重中之重。

而包括清华、北大等高校在浙江采取的"三位一体"招生也是如此,在高考和高中学业水平考试之余,更强化高校对考生的个性考察,希望能够在尊重高考统一选拔的前提下,实现高校与考生之间的"精准匹配"。

不仅在浙江和上海,在四川,综合素质评价也开始在高校录取中发挥重要作用。今年,就有6所综合考核试点院校在四川的本科提前批招生,分别是:中国科学院大学、中国科学技术大学、北京外国语大学、上海科技大学、上海纽约大学、南方科技大学。四川省教育考试院在投档时便将符合条件的合格生源投给高校,由招生院校根据考生的综合评价成绩择优录取。6所在川综合考核试点招生院校的录取规则各不相同,但都是基于统一高考,实行高考成绩、高中学业水平考试成绩、参考综合素质评价及高校自行测试结果相结合的录取办法。

"如何在招生中科学地使用考生的'综合素质评价信息',还有待研究,这也是高校探索考试招生制度改革与教育教学综合改革的难得机遇。"廖宗廷说。

**更大选择权,更聚焦专业,增强高校与考生匹配度**

根据方案,浙江在高考招录和志愿填报中,改革的步子是迈得最大的。

几个变化很突出:一是取消文理及批次,新高考录取分普通类、艺术类、体育类三类。二是从以往按批次分批填报志愿、分批录取,变为按考生成绩分段填报志愿、分段录取。新高考各类各段分数线,是按实考人数的总分排序来划定的。以普通类为例,总分排名前20%的考生划为第一段,前60%、前90%分别划为第二、三段。平行志愿从高分到低分按计划1∶1比例投档后,最后一名被投档考生的分数,即为某院校的某专业(类)投档线。原来看考生的"名次",新高考则看在其所属高考类别中的"位次"。位次是按照某类全体考生成绩高低排定的相对位置,成为今年考生填报志愿定位参考的重要新指标。三是从以往学校平行志愿,变为专业平行志愿。平行志愿是按"分数优先、遵循志愿"的原则来投档的,以一所院校的一个专业(类)为一个志愿单位。普通类志愿依据考生成绩从高分到低分分3段填报,考生每次可填报不超过80个专业。

对于新变化,浙江省教育考试院相关负责人介绍:新高考专业平行志愿按1∶1比例,以一所高校的一个专业为志愿单位投档。作为录取新变化及亮点之一,取消文理科和录取批次,首次实行专业平行志愿,有效地减缓广大考生志愿填报心理压力,解决了长期困扰考生的专业和院校难以兼顾、不能录取到自己喜欢的专业的纠结问题,扩大了考生在录取环节的选择权,并使考生最大程度地"录其所愿"。

上海的变化,则体现为"更加聚焦专业"。"从目前上海录取工作进展看,高校完全能够适应以院校专业组为投档模式的录取工作,新的投档录取信息系统运行正常。从已经完成的录取结果来看,呈现出更加聚焦专业的特点。"郑方贤说。

与"3+3"的考试科目选择与组合相适应,上海的招生院校制作了新的"专业菜单"即"院校专业组",供考生选择。由招生院校根据不同专业(含专业或大类)的科目要求和人才培养需要设置,一所高校可设置一个或多个"院校专业组",每个"院校专业组"内可包含数量不等的专业,同一"院校专业组"内专业可调剂。考生的选考科目只要有1门与该"院校专业组"科目要求相同,即具有填报资格。

"院校专业组"的志愿填报选择,等于把原来"一个学校"的选择拆分成了"几个专业组"的选择,让考生有了更多的选择空间和灵活填报方案,鼓励学生遵从个人的兴趣、特长,体现了本次高考改革"尊重个性,鼓励选择"的精神,突出"专业导向";同时,也激励高校建设特色专业、错位发展。

上海应用技术大学副校长叶银忠介绍:学校共设置了4个"院校专业组",其中"物化生"组包含了4个专业大类和17个专业,"物化地"组包含了1个大类和7个专业,"物化史"组包含了4个专业,"不限"组中有2个大类和9个专业。比如建筑学专业属于工科,但带有技术和艺术相结合的特点,含有历史底蕴,因此被归类在"物化史"专业组。如此一来,考生不仅可以凭借理科的优势,也可以发挥文史科目的优势考入。他认为,"院校专业组"的设置方式,能让高校更为综合地考察考生的学科基础,增强高校与考生相互选择的匹配度。

郑方贤介绍,往年高校招生的专业必须以文科招生专业或理科招生专业呈现,容易出现差异度较大的专业放在同一个类别中招生,比如复旦大学提前批次的理科专业包含了"核工程与核技术"专业和法语、德语等非通用语种专业;或者同一类别的招生专业必须按文理计划分别设置,比如复旦大学的非通用语种专业,华师大的学前教育专业、特殊教育专业等均安排在文科招生专业和理科招生专业中。今年高校通过"院校专业组"的方式,就可以将同类专业归并在一起,也使得考生可以自由地表达对特定专业或学科的兴趣爱好。

**高考改革带动基础教育的变化,研究型学习大量进入高中课程**

衡量高考综合改革成效的标准很多,最根本的一条就是考生和家长的获得感,这是改革取得社会认同的基础所在。

为了增加考生和家长的获得感,今年上海高考与各省市接轨,改为考后填志愿,并且将原来的一次征求志愿环节增加为两次。有考生说,为学生提供了更多选择,应考心态会更轻松一些。

正因为是"新高考",不可避免地,还是有家长和考生有些无所适从。"目前高中学生普遍缺少个人生涯规划的指导和能力培养,家长一味盲目追随热点,对高校专业设置和办学特色了解不够。高考录取结束后,今年高考改革试点的初步实践中发现的新情况、改革设计之初可能存在的尚不完善之处,都会继续修正完善。"有专家分析。

周鸿认为,随着大学招录与中学教育不断双向磨合,学业水平、综合素质、志愿特长等方面,人才供需的匹配度将不断提升。

"高考改革,还在路上,远远不是结束。"上海大学叶志明教授这样说。在他看来,高考综合改革实施,已给基础教育带来了很多积极乐见的变化。比如,走班教学已在上海绝大部分高中学校展开,选课权、选考权交给了学生,大量的研究型学习和科创活动开始进入高中教育的培养内容,"以学生为本"和因材施教理念得到落实,高中特色化办学属性将愈加显著,如催生一些人文、艺术、理工等特色高中,为各类高校输送不同人才。由于综合素质评价的要求,在校外,整个社会系统也动员起来参与青少年的全面素养培养。据悉,今年秋天,不再将部分学科成绩简单相加作为录取唯一依据、同样采用综合素质进行评价的中考改革试点方案,也将在上海开始出台实施。(姜泓冰　赵婀娜　江南　王明峰)

《人民日报》2017 年 7 月 19 日

**上海大学举办两岸青年创新创业大赛**

7 月 17 日,2017 年"海峡杯"两岸青年创新创业领袖成长营闭幕式暨创新创业成果展在上海大学举行。

以考古场景为主题还原并模拟考古实景的"KOGU"项目,基于虚拟现实技术进行心理安慰与引导的"心忆"项目,分析鸟的类别及索引以供观鸟者学习的"千寻"项目以及聚焦解决企业发展瓶颈的"Litv 内部创新"项目各展风采,这些项目富有创意,紧跟时代潮流,关注社会需求,展示了海峡两岸青年共同组成的项目团队在成长营期间的学习成果。

最终,"千寻"项目获得特等奖,5 个项目分获一、二等奖,10 个项目获得"投资潜力"

"独具匠心""领袖成长"等专项奖。作为第十五届"挑战杯"全国大学生课外学术科技作品竞赛的系列活动之一,本次成长营的6个项目获得第十五届"挑战杯"竞赛直通券,将在11月份的第十五届"挑战杯"竞赛终审决赛上进行交流展示。

据悉,本次"海峡杯"活动以"科技、创新、创业、挑战"为主题,来自台湾大学、新竹交通大学、新竹清华大学、台湾政治大学等高校的100名台湾学员与来自上海交通大学、上海大学的40名学员组成队伍。成长营共分为两个阶段,分别在上海交通大学和上海大学展开,12天的活动设计了两个72小时创新创业特训、创业生态体验、江浙沪城市文化参访等模块。

特训中,除了上海交通大学创业学院副院长赵旭、上海财经大学创业学院执行副院长刘志阳、中科招商集团公司高级副总裁李肖鸣、湖畔大学的张宁等创业教育界大咖讲学外,还组织了营员们赴浦东、杨浦体验海派文化和创业生态,进行了项目初步展示和答辩,通过一对一辅导和团队交流,创新创业导师们对每个项目提供建议,解决营员困惑,帮助提升项目。

值得一提的是,主办方为帮助营员真正做实创新创业项目,设计了项目路演和投资洽谈会环节,请来包括蚂蚁基金创始人张相廷,小马村创始人、投资人马俊杰,宝盒速递创始人、投资人袁雪峰等9位投资人担任项目评委,投资人结合市场情况、项目可执行性提出建议,并表示了对项目的投资意向。(共青团新闻中心编辑　王烨捷)

"中青在线"2017年7月20日

## 上海"课程思政"机制建设的两大关键

当下,上海高校正在重点推进"课程思政"工作,体现高校育人的本质要求,从"思政课程"到"课程思政"的转变,关键是加强协同创新的机制研究。体现为:一个"一",三个"度"。

一个"一",指的是一条主线:就是围绕课堂育人主渠道上的"课程思政"机制创新问题。"课程思政"是新形势下的新做法,必须配以新机制。

三个"度":第一是理论的深度。无论是话语体系的中国逻辑、与马克思主义学科的关系和与各学科同向同行的实践,都提出了很多理论问题。对理论先导和机制体制创新的重视,是上海的重要经验。第二是实践的广度。很多高校都提出了全面深化思政教育改革背景下急需解决的机制问题。无论是思政与教务系统合作机制、课堂教学与实践教学的机制,还是课程体系协同育人机制、深化"一体两翼三课堂"机制、增强学生获得感等机制研究,都体现了实践的广度。第三是机制的前瞻度。开展"课程思政"试点的高校需要考虑如何进一步创新已经出现或即将出现的机制问题。如思政课与人才培养协同机制、思政课教师与辅导员队伍整合机制;有些学校提出了更高层面的思考,如思政课教师文化自信、上海红色文化融入思政教育等问题。这些都体现了机制建设的前瞻性思考。

上海有创新的基因,迫在眉睫的是形成创新机制。上海"课程思政"机制建设有两方面十分关键。

一是三年来科教党委、市教委在引领机制、领导机制、投入机制、培训机制、保障机制等方面不断创新,为高校改革创造了机制条件。

如今年 5 月韩正书记、应勇市长分别到复旦、交大上形势政策报告课,进一步创新领导干部上思政课的机制;建立健全领导体制和工作机制,各高校成立由校领导任组长的课程思政改革领导小组及办公室;出台《上海高校思政课改革创新行动计划》,着眼加大投入、深化改革;支持复旦、华师大建设国家重点马院,发挥引领作用,并在全市建 15 个示范马院;出台《课程思政教育教学体系建设专项计划》,启动整体试点、重点培育、一般培育学校等。

二是高校要不断创造适合校情的机制,只有适合的才是最好的。

课程思政的基础在课程,重点在思政,关键在教师,重点在学院。实践中已经遇到了各类机制瓶颈问题,必须予以创新。如课程思政话语体系建设的机制问题,与各学科、各门其他课程同向同行协同机制问题,高校各系统的合作机制问题,与专业课教师、辅导员和其他队伍建立"立交桥"机制问题,思政课、综合素养课程和专业课程三类不同课程的课程体系,培训和评估标准的机制体制问题,等等。一句话,以课堂育人主渠道为核心的上海高校思政教育育人命运共同体的机制创新问题,已经成为当下"课程思政"工作的重点问题,需要各高校共同努力来创新破解。

6 月 22 日,教育部在上海召开了思政课教学质量年上海调研片会暨高校"课程思政"现场推进会。提出上海要在"思路攻坚""师资攻坚""教材攻坚""教法攻坚""机制攻坚"五方面形成长效机制。根据上海高校的实际情况进行机制体制创新,建立符合思政课和思政选修课、综合素养课和专业课发展规律的长效运行机制和协同创新机制,及时总结经验使之深化优化固化下来,这是确保改革顺利进行的重要机制保障。(忻平)

《解放日报》2017 年 8 月 3 日

**高校智库,如何与国家发展同步**

在复旦大学的校园里,有一栋 4 层的砖红色楼房,名叫"智库楼"。走进一楼大厅,墙壁上张贴着不少"上海论坛"历年活动的照片。"围绕全球发展和重大战略性议题,每年都会有全球数十个国家的政府、企业、高校专家来参加论坛,最终形成'上海政策建议书''亚洲道路'等学术咨政成果。"复旦大学发展研究院执行副院长张怡说:"'上海论坛'已成为高校学术交流、政策研究、成果转化的最重要的平台之一。"

我国高校聚集了 80% 以上的社科力量、近半数的两院院士、60% 的"千人计划"入选者,以及规模庞大的学生队伍;党的十八大以来,高校承担各类哲学社会科学研究项目 134 万多项,提交各类咨政报告 4.3 万篇……高校成为中国智库建设的重要力量。

繁荣发展哲学社会科学,加强中国特色新型智库建设,建立健全决策咨询机制,高校如何打破学术与政策的壁垒?如何避免重复、做出特色?怎样建立评价机制?这些问题值得思考。

(中略)

**如何破解低水平重复化研究? 多学科深度合作,注重学科特色、地方特色**

中央强调建设中国特色新型智库之后,"智库"一时之间成为热门词汇,许多高校智库"应运而生"。但事实上,许多学校对智库的战略定位、运行模式、治理结构等还是"一头雾水"。于是,也就出现了一些低水平、重复化,只有政策阐释、没有创造建议的研究报告。

要为国家发展做战略性、前瞻性、储备性研究,单枪匹马是干不成的。复旦发展研究院传播与国家治理研究中心秘书长郑雯说:"社会问题的现实复杂性决定了政策研究必须跨学科发展,必须打破各研究主体之间彼此屏蔽的壁垒。"

郑雯所在的团队,自2012年以来,连续5年完成"中国网络社会心态调查",对全国范围内的深度社会心态及演进趋势进行分析研究,并建设起大数据分析指标库与词库,对国家网络空间建设提供了咨询参考与决策依据。

"我们的团队整合了新闻传播学、社会学、政治学、计算机等专业的优势资源,对数亿条网络大数据进行分析,还展开了线下的深度访谈。这样大规模的研究,是任何一门单一学科所无法完成的。"郑雯说。

"多单位深度耦合、多学科深度合作"也是上海交通大学智库建设的有力举措。上海交通大学党委常务副书记郭新立说:"联合一批优势学科、汇聚一批学术强人、集中优势力量破解领域难题,是智库研究的不二法门。比如我们的中国质量发展研究院,在人员组成上,既有国际知名大师,也有国内著名学者,包括中国工程院院士、国家杰出青年基金获得者,还有来自政府质量部门的管理者,以及大型企业的质量负责人;在学科构成上,涉及了立法、监管、质量管理、品牌文化、大数据技术等等领域。专家学者共聚一堂,更能擦出智慧的火花。"

此外,发挥区位优势、结合学科特点,也是解决智库重复研究的一条途径。中山大学的粤港澳发展研究、厦门大学的台湾问题研究、上海大学的长江经济带研究、中国政法大学的司法文明建设研究、中国海洋大学的海域研究,都是根植学科和地域特色、服务国家发展的典型代表。

**如何认定智库研究成果?以实际贡献为导向,建立科学合理的评价体系**

高校智库成果如何认定,如何量化评价?这是智库建设绕不开的一环,也是令许多老师困扰的一点。

"智库成果通常以研究报告的形式呈现,并不算作传统学术论文。如果这样的研究不算在教师考核和职级评定之内的话,会在很大程度上挫伤教师,尤其是年轻教师的积极性。"上海大学人文社会科学处处长董丽敏说:"还有,一份研究报告往往是团队合作的结果,承担不同分工的人,如何分别评定贡献?这也是一个较难解决的问题。"

"目前,国家层面也还缺乏统一的评价标准和具体意见措施。对有高层批示或为政府部门采纳的研究成果,虽然一些高校会予以奖励,但更多有实际操作性的指标还没有完全建立起来。"复旦大学校长助理陈志敏说:"以往高校人事制度评价的重心在学术研究和学生培养上,智库这一新领域的出现,也倒逼我们进一步改进评价办法,以解决国家重大需求的实际贡献为导向,不断建立并完善人才考核评价体系。"

在推动决策咨询成果纳入评价体系方面,上海大学已有初步成效。上海大学规定,获省部级以上领导批示的咨询报告冲抵1篇CSSCI论文;在《上大智库专报》内刊上发表的专报等同一篇CSSCI论文;将决策咨询成果纳入部门年度关键绩效指标考核的计算;对重要的决策咨询成果予以奖励,其中特等奖10万元,一等奖5万元,二等奖3万元。

与此同时,上海市在2014年也制定了《关于推进上海高等学校科学研究分类评价的指导意见》,对高校智库研究成果评价机制进行创新,探索建立包括研究报告、咨询报告在内的科研成果多元评价体系,推进"代表性成果"的评价机制,完善科研人员的分类考核体系,激励广大智库研究者产出更多优秀成果。

除了智库科研人员,智库团队的行政运营人员也值得关注。在复旦发展研究院,"人文社会科学学术服务中心"是国内第一支市场化、专业化的智库运营团队。"我们现在正以全新的思维,开门办智库,力图打造一个无边界的智库平台。"复旦发展研究院院长助理黄昊说:"运营团队对于智库建设来说,其实是非常重要的沟通联结平台,能让智库更高效地运作。但是目前这一方面的人力资源市场还未形成,一些智库运营人员的归属、权责、晋升都还不明晰,种种问题也亟待解决。"

《人民日报》2017 年 8 月 10 日

## 让孩子好奇地"撩开数学的门帘"——上海大学数学科学实践工作站里,一群大学教授开展长达 6 年的中学生教学实验

"与其说是来学知识的,不如说是来开扩眼界的。从书本上印着的一行行黑字,到讲师们所谈到的密码学、柯西不等式等等,都未曾涉猎……原来这也是数学;在这里,我还看到,数学是一门生活美学。从生活中发现问题,量化为数学问题,再用数学的思维重新审视,得到解决方案。这才是数学的正确打开方式……"来自新中高级中学的学生郑鸣谦,曾一度是个"恐惧"数学的学生。如今,用他自己的话来说,正充满好奇地"撩开数学的门帘"。

带来这一改变的,是上海大学数学科学实践工作站。作为全国首家携手中学、贯通学段数学教学的高水平共享平台,一群大学数学教授展开了长达 6 年的中学生教学实验。

### 站在更高处认识数学

"虽然近几年情况有所好转,但遗憾的是,仍会遇到一些学生对数学的理解只是做题,而没有抓住内在的本质。"上海大学数学系教授王卿文道出不少同行的担忧。在他看来,数学是一种走向未来的思想,对其充分理解及发展,不是靠知识灌输,而需要长期学术蕴养。大学能否也尽一份力,参与到不同学段衔接过程中的学科培育?这成为教授们的自发"需求"。

2011 年,本市在上海大学建立起全国首家贯通中学与大学数学教与学的高水平共享平台——上海大学数学科学实践工作站。其中主要包括知识拓展、兴趣培养、实验探索与知识交流等多种内容的数学实践工作站网站,以及数学发现工作室。工作站的学术专家委员会由 30 多位中国科学院院士、海内外著名数学家和数学教育专家组成;讲师团队包含 20 位大学教师、10 位中学名师、60 位研究生与本科生。工作站面向上海部分高校和全市中、小学学生。

当大学数学工作站开通时,得到了中学的热烈响应,可不出意外的是,有几家中学来联系咨询的问题竟然是"能否帮我们训练一下奥数选手""是不是能提供竞赛指导"。工作站负责人之一杨建生说,虽然能理解这些老师的想法,可还是希望在这一平台上少一些训练性的竞赛教学,让不参加竞赛的孩子们爱上数学,帮助他们站在更高处,认识数学

这门美丽的学科。

**借小游戏打通大中学教学内容**

培养学生兴趣放在第一位,说起来容易,做起来不容易。

奉贤中学学生顾家桦对这里开设的基础课程印象深刻——"风险者,衣食父母""数独游戏与信息补全""欧拉公式""克莱恩瓶"等。"老师们用一些形象、生动的例子帮助我们更好地理解一些深层次的理论,提高我们的学习效率。"

想象一下,上数学课,要先去草地上跑几圈?许多中学生对"跑跳游戏"记忆犹新。在一个足球场上,随意设一个点,而人站在球场一角。游戏规则是,如果要从球场内路线到达目标点,只能单脚跳,自然速度慢;也可选择先从球场边走到临近目标点的位置,再单脚跳着到达,其中走路的速度,比单脚跳快。要求学生通过自己的估计,选择跑跳路线,并测出平均值,跑完回教室,测出最优解。

"这个问题属于微积分领域,可以让更多孩子发现,有点令人头疼的微积分,可以解决这么有趣的问题。蹦蹦跳跳之间,数学就不那么刻板无趣了。"杨老师道出了这样设计授课内容的苦心。就这样,大学、中学之间有联系的教学内容,被一个小小游戏打通。

顾家桦在课程结束时,给老师的留言这样写道,"这样一个探究过程,理论与实践相结合,让我对数学产生了浓厚的乐趣。学习数学有可能是为了应付学业,但学好数学一定是从兴趣出发。"

与小顾有相同经历的还有大学生何振涛,在工作站与中学生联动过程中,他通过高等代数所学的知识发现柯西不等式在中学数学问题中的应用,通过柯西不等式推出点到直线距离公式、圆锥曲线中最值问题等一般性公式。何振涛在汇报自己工作时说道:"在工作站工作中,我充分体验到了应用大学数学知识和方法解决中学数学问题的巨大魅力,激发我自主学习和探究数学世界的热情。"

为了探索大学与中学数学教育联动模式,工作站教师精心设计创新研究课题,与大中学生共同组成研究团队,通过校内外联合、跨界联动、师生互动的机制,使学生亲身体验数学科学实践的完整历程。越来越多的自主发现和探究,使同学们的数学素养和创新能力得到明显提升。

**鼓励钻研比传授知识重要**

不久前,张平文、周向宇两位中科院数学专业的院士,也成为孩子们的编外导师。他们来到上海大学校园,为数学科学实践工作站宝山少科站实践点、新中中学实践点、中原中学实践点、奉贤中学实践点的18位中学生担当指导点评。《柯西不等式在几何中的应用》《割圆术的正确使用方法》《建筑学中的分形几何与拓扑学》《PM2.5与气象学的关系》《家庭理财中的投资问题》……一个个奇思妙想的题目,听得数学大家频频点头,而复旦附中高二学生陆纪元格外引人注目。原来,他立志研究"曲线内接四边形猜想"这道世界难题,虽然思考还不成熟,但其中提到的一些想法还是得到专家们的赞赏。最新消息传来,小陆虽然还没解决那个"世界难题",但已经通过独立研究推导出6个n项三角函数连乘公式,离那个数学梦想更近一步了。

《较强脑力活动对I型糖尿病病人的影响》,用这么个"冷门"题目写出一整篇数学论文的,是上大附中毕业生杨业昊。

把血糖控制和数学拉在一起,小杨说得头头是道:I型糖尿病的病人中有很多是青少年,学习、工作对他们的血糖产生了一些明显的影响,让他们的血糖出现了波动。因此,了解较长时间较高强度的脑力活动对血糖浓度的影响十分必要。他通过最小二乘法拟合三餐数据对应的二次曲线,再算出曲线与坐标轴围成的面积差来定量描述较长时间、较高强度的脑力活动对血糖的影响,再利用积分中值定理,根据每个病人不同的单位胰岛素降低的血糖,得到了计算需要调节的胰岛素剂量的公式,并通过试验证明该方法有效。从而消除较长时间较高强度的脑力活动对血糖的影响,保证患者的血糖浓度正常而稳定。

"从上海大学副教授姚奕荣那里,我学习了如何建模以及如何撰写数学论文,把复杂问题简化,这是数学最奇妙之处。"如今的他,已经开始学习有关统计学、拓扑学的知识,想为今后的数学研究做准备。

"其实,研究结论、多一厘米、少一厘米并不重要,比起传授知识,我们更鼓励学生钻研过程。"在教授王卿文和他的团队看来,教育如在一幅白纸上做画。他更希望,大学老师、中学老师,数学学科的、非数学学科的老师一起交流,共同为数学学科培养更多创新人才,画出最美的数学画卷。(彭德倩)

《解放日报》2017年8月23日

**改革开放40周年·我的教育情怀微访谈③|顾晓英:从"大国方略"到"人工智能",我只是一根链条,有幸与大师共筑"大国方略"**

顾晓英老师是上海大学研究员,上海高校思想政治理论课名师工作室——"顾晓英工作室"主持人,上海大学教务处副处长。扎根讲台29年,顾老师对待教学始终一丝不苟,不断探索思政教学的创新、改革。2014年,顾晓英老师跟顾骏老师结成"双顾组合",联袂策划和经营了"大国方略"系列课,受到学生欢迎,很快成为选课列表里最抢手的课程之一。

大学里,思政课上什么、怎么上,是很多老师都在思考的问题,除了上好基本的内容,顾老师对于思政课也有自己的"小野心","中国进入新时代,青年站在什么历史方位?如何迎接已经开启的新时代?思政课必须回答好这个问题"。从这个角度出发,"大国方略"系列课程的主题都切中社会热点和学生们感兴趣的话题,帮助很多同学找到了理解这个国家的方式。

"大国方略"系列课程已经开了8门课,集结了近百位不同领域的专家、学者,从不同的角度解读中国和社会,快乐的"思政志愿者"们每一次都带给学生不一样的内容和体验。

目前,"大国方略"系列新学期刚刚开设的"智能文明"和"量子世界"已经选满了。课程火热的背后,有顾老师这些年在"项链模式"这种教学方式上下的功夫。

在这个模式里,顾老师自己把握课程的主线,同时邀请不同专业的专家学者针对不同专题展开讲解。

顾老师说自己就是项链中的链条,课堂上起着穿针引线、主持串场、引导互动的作用,不同学科的大拿们则是镶嵌其上的"钻石",他们从各自专业背景出发,带给学生不同的学科视角。要备好自己的课,现场根据其他老师的内容进行串联,统筹多位老师的专题安排,顾老师工作量不小,却毫不含糊,顾骏老师说"大家能聚拢在一起,顾晓英老师的作用不可替代"。

谈起自己在大国方略中跟其他老师的合作,顾老师用"热爱与执着"作为这些经历的关键词。在"承上启下"的年纪,她继承前辈的对教育事业的认真投入,了解青年教师的活力,也把自己的热爱传递给这些年轻的战友。(王蕴玮)

"上海教育新闻网"2018年9月6日

**最美思政课教师:马克思主义理论的坚定传播者**

有一门课,是立德树人的核心课程;有一群教师,将传播马克思主义真理给青年学子作为毕生事业。这门课就是思想政治理论课,这群教师就是思想政治理论课教师。上海推进大中小德育一体化建设过程中,坚持在改进中加强,在创新中提高,努力让大学生爱上思政课。在此过程中,涌现出一批优秀杰出的思政课教师代表。

他们信仰坚定,坚持传道者先得道,对待马克思主义理论深学力行;他们的课堂充满魅力,始终关注学生所思所惑,为学生成长指引道路;他们的学术充满活力,从中国改革开放的生动实践中汲取智慧与营养;他们热爱生活,多才多艺、活力时尚、格调高雅,用个人魅力和热情向大学生诠释美的内涵。

他们的课堂蕴涵美,他们的学术传播美,他们的为人展示美,他们让马克思主义理论在校园鲜艳绽放,深受大学生喜爱,是青年学子心目中的"最美"思政课教师。

(中略)

顾晓英　上海大学马克思主义学院硕士研究生导师。27年来,顾晓英始终坚守在思政课讲台。1998年,她参加上海大学青年女教师教学比武,获得一等奖。2007年,她率先尝试"项链模式"教学,开设各级各类公开课,获得国家级教学成果二等奖。2014年,她与该校顾骏教授结成"双顾组合",策划"大国方略"课。从"大国方略""创新中国""创业人生",到"时代音画",8个学期以来,"大国方略"系列课开一门火一门,受到学生追捧。

这些为90后大学生度身定做的"中国课",引领大学生读懂中国,增进了政治认同,增强了文化自信。课程采用"项链模式"授课,开创了与思政课"同向同行"的新型育人平台,近百名来自不同专业的上海大学"学术大牛"相继轮番上阵,讲大势传大道。

作为系列课主创成员和课堂主持,三年来130多个夜晚,她在系列课讲台前穿针引线引导互动,以她特有的亲和力温暖课堂。近期,她依托"顾晓英工作室",多次组织"同乐"教授论坛、教师教学沙龙和课程思政教师工作坊等,带动更多教师增进育德意识,提升育人能力,积极开展"课程思政"试点工作。

多年来,顾晓英始终着力思政教学研究,固化教研成果。她主持教育部两项人文项目,其中一项已成功结项并被评为优秀。她领衔市精品课程1门,市重点课程2门,出版专著1部,主编书著6部,发表论文50篇。她曾获得华东地区大学出版社教材一等奖,上海市第八届邓小平理论研究和宣传优秀成果(著作类)三等奖。

(下略)

《文汇报》2017年9月7日

**上海大学开设"经国济民"课　带 90 后解读"中国之谜"**

"中国之谜谁来解?""中国效率何来?"在上海大学 14 日晚间的"经国济民"课程课堂上,来自上大经济学、社会学等领域的"明星教授"与 200 多位"90 后"大学生一起,共同解读"中国之谜"、寻觅"中国之谜"的最终谜底。

改革开放以来,中国经历了高速经济增长,成为世界第二大经济体。从一个落后的农业国家发展为"世界工厂",并向"中国智造"和"中国创造"迈进,中国并未按照西方所谓的标准模型进行制度转型,西方主流政治经济学无法解释中国发生的这种增长奇迹,这种现象由此被西方经济学界称为"中国之谜"。

随着当晚"经国济民"的开讲,曾经备受学生追捧的上海大学通选课"大国方略",正式结出"五朵金花"。从 2014 年首推的"大国方略"课程、2015 年延伸的"创新中国"课程、2016 年的"创业人生"和"时代音画",及至"经国济民",都延续着"大国方略"最初的设想:通过多学科知名教授联合授课,激发"头脑风暴",让年轻的学生能理性读懂中国,更了解中国、了解中国梦乃至亚太梦。

课程伊始,上海大学经济学院常务副院长聂永有以世界普遍关注的国经济何以能够高速发展的"效率之谜"为切入口,对当代中国经济发展的重大策略在学理层面上做出解读,聂永有认为中国经济学者应当构建中国的经济学话语体系,从中国的历史传承和文化视角解读中国之谜。

"在吸纳西方经济学研究优秀成果的同时,着力引入中国经济学的视野和话语,展示中国经济发展的整体结构和内在逻辑,阐明中国道路的文化道理,帮助大学生形成关于中国学科话语的意识,引导他们未来的研究取向和理论旨趣",聂永有说。

上海大学教务处副处长、"大国方略"系列课程策划人之一顾晓英告诉记者,"经国济民"是一门面向本科生的通识课,属于"大国方略"系列课程之五,包括另一位系列课程策划人、上海大学社会学教授顾骏在内的课程团队希望这门课程的主要教学目的是实现中国经济发展经验进课堂、中国传统经济思维和思想进课堂和中国经济学话语进课堂。

顾骏表示,课程注重发掘中国传统经济思想的内在智慧,而选择"国民关系"作为解读当代中国发展策略的主线,展示历史上中国通过制度安排,激发个人活力,实现经济繁荣的思路和做法,则是希望能扩展学生对中国固有的经济思想和经济思维的感受和认知,提高文化自信。(许婧)

"中国新闻网"2017 年 9 月 14 日

**何谓"海派师风"? 精致课堂一脉传——沪上教书育人楷模、特级教师与特级校长共同探讨良师风尚传扬**

本月 14 日晚,上海大学"中国系列"公选课程再推"更新升级版",这是顾骏、顾晓英名师团队继"大国方略""创新中国""创业人生""时代音画"之后开出的第五个课程系列——"经国济民",它们用"中国"这同一个主语,诉说着"爱我中华"的方方面面。上大社会学院教授顾骏说,精致课程必然经过精致设计,"学生为啥选这门课,因为是师兄师姐推荐的"。

精致,是不是"海派师风"一大特色? 解放日报近日请来大中小学的上海市教书育人楷模、特级教师与特级校长,以及青年教师等,就海派师风如何传扬展开讨论,得到了一些共同的答案。

**做精心细腻的设计者**

在顾骏眼中,当下课堂,如果仅仅传授某些知识点,那么就会产生"台上老师讲,台下查百度"的状况。他告诉记者,如今信息渠道多元,大学生并不缺乏知识,只是他们的知识可能碎片化,缺的恰恰是宏大的知识架构,以及整体性判断。于是,课程设计应当"缺什么补什么",在"中国系列"这样的通识课程上,校内外"大咖"现身说法,台上与台下活跃互动,"不必给学生结论,就给学生判断能力"。

(中略)

来自高校的顾骏也坦言,做老师要爱教学,而导致某些"重科研、轻教学"现象的评价指标体系,让坚守讲坛确实不易。然而,当多年之后,师生重逢,学生说起"老师,你当年有这么一句话……"时,顾骏笑了,"一句话能被人记一辈子,有时能管住一辈子,这是做老师最大的回报。"(徐瑞哲)

《解放日报》2017年9月18日

**用中国话语来解读"中国之谜"——上海大学课堂思政品牌"大国方略"开出第五个系列"经国济民"**

"中国之谜谁来解?""中国效率何来?"在上海大学14日晚间的"经国济民"课程课堂上,来自上大经济学、社会学等领域的"明星教授"与200多位"90后"大学生一起,共同解读"中国之谜"、寻觅"中国之谜"的最终谜底。

改革开放以来,中国经历了高速经济增长,成为世界第二大经济体。从一个落后的农业国家发展为"世界工厂",并向"中国智造"和"中国创造"迈进,中国并未按照西方所谓的标准模型进行制度转型,西方主流政治经济学无法解释中国发生的这种增长奇迹,这种现象由此被西方经济学界称为"中国之谜"。

随着当晚"经国济民"的开讲,曾经备受学生追捧的上海大学通选课"大国方略",正式结出"五朵金花"。从2014年首推的"大国方略"课程、2015年延伸的"创新中国"课程、2016年的"创业人生"和"时代音画",及至"经国济民",都延续着"大国方略"最初的设想:通过多学科知名教授联合授课,激发"头脑风暴",让年轻的学生能理性读懂中国,更了解中国、了解中国梦乃至亚太梦。

课程伊始,上海大学经济学院常务副院长聂永有以世界普遍关注的中国经济何以能够高速发展的"效率之谜"为切入口,对当代中国经济发展的重大策略在学理层面上做出解读,聂永有认为中国经济学者应当构建中国的经济学话语体系,从中国的历史传承和文化视角解读中国之谜。

"在吸纳西方经济学研究优秀成果的同时,着力引入中国经济学的视野和话语,展示中国经济发展的整体结构和内在逻辑,阐明中国道路的文化道理,帮助大学生形成关于中国学科话语的意识,引导他们未来的研究取向和理论旨趣",聂永有说。

上海大学教务处副处长、"大国方略"系列课程策划人之一顾晓英告诉记者,"经国济民"是一门面向本科生的通识课,属于"大国方略"系列课程之五,包括另一位系列课程策划人、上海大学社会学教授顾骏在内的课程团队希望这门课程的主要教学目的是实现中国经济发展经验进课堂、中国传统经济思维和思想进课堂和中国经济学话语进课堂。

顾骏表示,课程注重发掘中国传统经济思想的内在智慧,而选择"国民关系"作为解读当代中国发展策略的主线,展示历史上中国通过制度安排,激发个人活力,实现经济繁荣的思路和做法,则是希望能扩展学生对中国固有的经济思想和经济思维的感受和认知,提高文化自信。(彭德倩)

《解放日报》2017年9月21日

## 世界一流大学和一流学科建设高校及建设学科名单

根据国务院《统筹推进世界一流大学和一流学科建设总体方案》以及教育部等三部委《统筹推进世界一流大学和一流学科建设实施办法(暂行)》,经专家委员会遴选认定,教育部、财政部、国家发展改革委研究并报国务院批准,现公布世界一流大学和一流学科(简称"双一流")建设高校及建设学科名单。

(上略)

**一流学科建设高校(95所)**

上海大学

(下略)

《光明日报》2017年9月22日

## "创新中国"公开课再次开讲:全国500余高校学生直播听讲

"引用上海市教卫党委宣传处处长曹荣瑞老师的话说,这是一场既接'天线'又接地气的讲座。随着课程的不断继续,创新已经不再是一个远离我们的神秘话题。"9月27日晚,上海大学"创新中国"公开课再次开讲,有学生发帖讲述听课感受。

当天晚上在上海大学宝山校区举行的"创新中国"公开课暨《创新路上大工匠》出版论坛,吸引了超过200名学生现场听讲。与此同时,这一课程向全国500多所高校直播,覆盖近10万大学生。

据了解,"创新中国"课程策划暨主讲人顾骏教授、教务处副处长顾晓英研究员联袂国家杰青罗均教授、国家杰青张新鹏教授、国家优青肖俊杰教授以及上海市"浦江人才"许斌教授上课。

上海大学党委副书记、纪委书记夏小和,上海大学副校长聂清,上海市新闻出版局彭卫国副局长,上海市新闻出版局图书处王莳骏处长,上海市教卫工作党委委员、宣传处处长曹荣瑞,上海大学相关部处、院系领导等参与现场观摩和互动。

根据中国教育新闻网今年3月报道,2014年冬季学期,上海大学社会学系顾骏教授发起和同事合作,开设了跨学科通识课"大国方略",受到热烈欢迎。在这一基础上,2015年该团队开设了跨度更大、涉及专业更多,从而难度也更大的通识课——"创新中国",彻底打通文理、社会、艺术、经管、法学等传统学科的界线,把上海大学最强势的学科和专业,引入课程平台。发展至今已是上海大学的明星课程,选课名额每学期都被一抢而空,教室里旁听的学生席地而坐,成为该校一景。

上海教务处副处长顾晓英9月27日晚分享了"创新中国"课程的内容主线和团队情况,特别介绍了团队取得的线上线下成果,推出的"创新中国"尔雅在线课已有500多所高校10万学生选课。

随后,顾骏、顾晓英两人同国家杰青罗均教授、国家杰青张新鹏教授、国家优青肖俊杰教授以及上海市"浦江人才"许斌教授等为学生上了一堂生动的"创新"课。他们讲述了"我做的创新""我从事的行业目前发展""中国的突破口"等多个出彩故事,赢得全场阵阵掌声和笑声。现场200余名学生,与教授们展开互动,气氛火暴。

当晚的课程结束后,《创新路上大工匠》出版论坛举行,该书主编顾骏教授颇为感慨。"创新之道就是创新者愉悦之道,发现各位老师都讲到创新过程中的快乐,无论发现未知,还是解决问题,还是实现人生境界的提升,都伴随着快乐和幸福。"

"在一本关于创新的书里,为什么要突出创新者的愉悦?道理很简单,因为报效国家可以有多种方式,现实存在个人选择的空间。如果能找到既为国家急迫需要,又为个人发自内心喜爱的专业方向,不是更好吗?创新很少一帆风顺,无论在顺或不顺的时候,发自内心的兴趣才是永不枯竭的创新动力源!"顾骏认为。

该校学生王治野认为,教授们的发言为他"打开了一扇扇窗户"。"创新已经不再是一个远离我们的神秘话题,创新不仅与无人艇有关,不仅与化合物有关,又与小白鼠有关,又与我们的心脏有关,创新就在我们生活的方方面面。"

"澎湃新闻"2017年9月29日

**重实效敢创新讲传承　融化在大学思政课里的"文化自信"**

有一门课,是立德树人的核心课程,这门课就是思想政治理论课,上海在推进大中小德育一体化建设过程中,坚持在改进中加强,在创新中提高,努力让大学生爱上思政课。从"思政课程"到"课程思政",从内容融合到形式突破,从经典传承到改革创新,为了价值观的认同、共鸣,申城大学课堂上刮起了一股思政课旋风。

其实,在每一堂的思政课背后,都藏着策划者的"小心思":他们或引导学生对中国传统文化进行自主的认知,或引发学生对传统价值观念进行深入的思考,或为学生们打开一扇窗,在和外来文明对话的过程中,感悟来自中国文化的魅力,从而由衷地激发文化自信。

(中略)

**上海大学:**

**敢创新　思政课堂文化唱戏**

这是音乐会?不,这是思政课!经过一个学期的历练,上海大学思政课"大国方略"之"时代音画"以更为优雅且从容的姿态出现在新一届学生面前。近150位学生选择了这门课程,尽管可能他们中的大部分并不知道,这堂课将要呈现的是什么,只是凭着这个颇具诗情画意的名字,就对她"一见倾心"。

**课程内容精挑细选　气氛活跃掌声不断**

课如其名,"时代音画"新学期的第一堂课在一张曲目单中拉开大幕,上课的地点在上海大学音乐学院音乐厅。开篇,音乐厅里响起的是大家耳熟能详的旋律——《茉莉花》。

"曲目单隐藏着什么文化密码?"这是课程抛出的第一个疑问:什么曲目单?曲目单上有什么曲目?为什么是这份曲目单?曲目的背后有什么样的文化故事?……课上,来自上海大学各学院的"大拿们"顺着歌曲的轴线,一一为学生们解开这些文化的密码。

这张神秘的曲目单实际上是中国女高音歌唱家宋祖英 2006 美国肯尼迪中心独唱演唱会的曲目单,《茉莉花》是开场的第一支歌,选用的是最为西方人所知的歌剧《图兰朵》唱段的曲调。

"你们知道歌曲《茉莉花》最早起源在哪里吗?通过对国内有记载的 20 多个版本的《茉莉花》曲谱的研究,我认为,它最早源自扬州的鲜花调。"音乐学院的一级作曲狄其安教授现场为学生们"解码"歌曲《茉莉花》,这支中国几乎家喻户晓的歌谣,究竟是如何发展演变,不同地区不同版本的演绎是如何留下歌曲传播痕迹的,它又是如何流传到国外的……讲到尽兴时,狄教授现场请出了音乐学院声乐老师王思思,声情并茂地为学生们演绎了多个不同版本的《茉莉花》,课堂上气氛活跃,掌声不断。

对《木兰从军》的解读,是从汉语诗文的传统诵读方式——吟诵开始的。"唧唧复唧唧,木兰当户织,不闻机杼声,唯闻女叹息……"吟诵千年的诗篇背后,你真的知道木兰姑娘她是谁吗?姓什么、什么朝代、什么民族、为什么从军,且听文学院古典文学教授姚蓉娓娓道来。在和美国迪士尼动画片《花木兰》塑造的人物形象的对比中,学生们进一步探求传统文化赋予木兰这个形象的民族性格。

在近三个小时的时间里,掌声响起了 23 次,据课后统计,26 名学生参与了课堂的讨论。

**师资阵容空前强大　交叉融合寻求突破**

如果把上课的每一位老师比作一颗"珍珠",那么全程把握上课节奏串起这些"珍珠"的,正是"大国方略"系列课程的策划人之一——上海大学教务处副处长顾晓英。

"'时代音画'是上海大学'大国方略系列课程继'大国方略''创新中国''创业人生'之后,全新推出的一门思政课程,和她的大哥们相比,她跟文化联系得更为紧密,她以时代变迁为主线,选取了近现代史中最具代表性的作品,让学生从中感悟中国文化的大度、自信。"听起来似乎有些抽象,但实际上,每一堂课程的设置都融入了非常感性的元素,鼓励学生积极互动,并潜移默化地产生共鸣。

根据课程的设计,"时代音画"一共设置了十个专题,涉及音乐、绘画、建筑等多方面,师资阵容空前强大,十余名教师分别来自音乐学院、美术学院、建筑学院、文学院。每一个专题几乎都融合了音画声像,形式上的突破,让学生在视觉听觉震撼的同时,更直接、更深入地感受中国传统文化的魅力。"我们不希望学生纠结于课程上的某一个知识点,对于他们来说,很多问题并没有标准答案,重要的是他们积极地参与课程,并有所思,有所得,获得本身比知识点更重要。"说起课程设计的初衷,顾晓英这样说。

为了更好地保证课程达到好的互动效果,课程设计时将学生课堂上的互动纳入了平时成绩考核的范围。事实证明,这一设计达到了预期的效果,学生的互动成了思政课上一道亮丽的风景线,而在这些互动的背后,一颗颗求知的心正在悄悄萌芽。

**思政课引学子思考　用心感悟文化自信**

从学生课后的反馈来看,思政课并不是下课就结束了,她实实在在地引导着学生进行更多的自主思考,引导学生用心去感悟课程背后蕴藏的中国文化,从而提升文化自信。

"老师们把艺术作品的背后的故事和近现代中国的历史文化有机地结合在一起,为我们呈现了一堂别开生面的思政课。上了课,我才知道,原来我们的每一部艺术作品背后都有着深厚的文化底蕴。"2016级学生张嘉宸说。

"经由这时代音画的篇章,其内里更为深层的还是文化,我想这也应该是老师们精心策划这一课所想要传达的内核所在。"社区学院学生"墨璃人"说。

8个学期,是截至目前上海大学"大国方略"系列课程推出的时间,27年,是顾晓英坚守在思政课讲台上的时间。2014年,她与该校顾骏教授一起策划"大国方略"课,"大国方略""创新中国""创业人生""时代音画",课程开一门火一门,其中"大国方略"的选修人数累积达到了10万人次。而这一节奏并没有停下的趋势,9月14日,"大国方略"系列又一门全新的课程——"经国济民"踏秋而来。

文化带来的震撼是双向的,由文化认同升华而来的自信则是坚不可摧的。顾晓英至今还记得,"时代音画"国歌专题课上,学生们因为震撼、因为共鸣流下的泪水,而这一幕在学生张芷萌的描述中是这样的:"我想,国歌是表现一个国家民族精神的歌曲,是用来歌颂与鼓励一个民族的信心与凝聚力的,老师带我们了解了国歌背后源远流长的历史,《义勇军进行曲》唤醒了人们心中的热忱。在全体起立歌唱国歌时,我便从中体会到了毋忘国耻,中国魂永在的精神。"

(下略)(毛丽君)

"东方网"2017年10月10日

**满满的自豪感使命感荡漾在大学课堂**

党的十九大就要召开了,申城大学校园洋溢着一派迎接盛会的喜庆气氛。前天晚上,上海大学品牌思政课"创新中国"课堂上出现了动人的一幕——

这堂课的主题是"喜迎十九大·砥砺奋进的五年",围绕"中国智造"五年来的深刻变化,一场师生互动拉开了课程的序幕:从复兴号高铁达速,到C919大型客机成功试飞;从"神舟"飞天、"蛟龙"下水,到"北斗"组网,再到"墨子号"飞天并在世界上首次实现千公里量级量子纠缠分发、世界最大单口径射电望远镜"中国天眼"首次新发现脉冲星……学生们娓娓道来,自豪之情油然而生。他们说,这一大批战略性新兴产业、非对称科技杀手锏,仿佛一张张惊艳全球的"中国名片"。

教室里,坐着一位白发苍苍的老人,他静静地、全神贯注地听着,听了整整两个半小时。课程进入后半程,老人被请上了讲台。他就是我国"两弹一星"元勋郭永怀的研究生、上海大学终身教授戴世强。"今天,当一名中国人,我们是幸福的。在大学,不管是老师还是学生,我们都会发现,论科研条件,现在比我导师那一辈优越得多了。请大家一定要珍惜今天的好时光,加倍努力报效祖国……"戴世强教授一番肺腑之言,赢得现场大学生一片掌声。

教室正前方的投影屏幕上,不断循环播放着这堂"喜迎十九大·砥砺奋进的五年"主题思政课的课件。课程负责人、上海大学教务处副处长顾晓英介绍,作为课程思政教育教学改革的有益探索,这门课的一大特色就是"大咖云集",明星教授、崭露头角的科研团队负责人走进课堂,通过多学科专家同堂串讲方式,把思政教育与学科前沿相结合,实现思政教育"入耳入脑入心"。

"上大学前,我生活在湖北省恩施土家族苗族自治州的一个小山村,后来考上大学、读研究生、出国深造,一路从武汉、到上海、再到英国留学。我深深感到,正是得益于国家的快速发展,才能实现自己更大的抱负。"国家杰出青年科学基金获资助者、上海大学新型显示技术及应用集成教育部重点实验室主任张建华,结合个人求学经历和大学生分享她所在团队的最新研究成果,并鼓励青年学子密切关注即将召开的党的十九大。"未来五年,对在校大学生来说至关重要。届时,你们将走出大学、走向社会,'创新中国'的使命就要落在你们这一代人的肩上。"

上海大学无人艇研究团队负责人、杰出青年科学基金获资助者罗均教授以及团队骨干蒲华燕、杨扬也集体现身课堂。这支团队平均年龄不足35岁,而其研制的"精海系列"无人艇先后获得国家技术发明奖二等奖、上海市科技进步奖一等奖,已在南海巡航、南极科考等关键领域大显身手。"希望有兴趣的同学尽早加入我们无人艇团队,把论文写在祖国大地上。"蒲华燕在讲课之余,还向本科生们敞开了科研团队的大门。

"大学生是国家发展过程中的受益群体,砥砺前行要后继有人。"课程负责人、上海大学教授顾骏说,通过用活课堂资源,引导大学生感受五年来我国科技创新的辉煌成就,牢固树立"四个自信",把个人成长融入国家发展民族振兴的时代洪流。

"我们热切期盼党的十九大胜利召开!""真希望自己能快点成长,早日为国家发展贡献青春智慧。""在这个时代,靠着自己的努力,一定能大放异彩。"……在这堂课的尾声,大学生们纷纷提笔写下自己的感想。走出教室的他们,心是火热的。(樊丽萍)

《文汇报》2017年10月13日

### 第十五届全国"挑战杯"将在上海大学举办

10月15日,第十五届"挑战杯"中国银行全国大学生课外学术科技作品竞赛合作伙伴集体签约仪式在上海大学乐乎新楼学海厅举行。团上海市委、上海大学、上海市人社局、经纬集团、申通地铁集团、上海广播电视台、张江高科技园区、市北高新集团孵化器、浦东软件园等单位代表联合出席并签约。

据悉,今年的全国挑战杯将在上海大学举办,上海大学将在"1+2+X"办赛模式下,举办主体赛及专项活动,并从对接国家战略,建立全市办赛机制,服务双创人才培养等方面展示了本次竞赛的特色亮点。

签约仪式后的竞赛成果转化交易座谈会上,各园区、创投机构和龙头企业代表畅所欲言,他们表示将会对优秀项目提供创业辅导,资金和团队建设支持,从而扶持项目落地,促进成果转化,共同助力本届"挑战杯"竞赛顺利举行。

青年创业成功项目TED论坛环节,海顾新材料科技有限公司股东成铭钊、胧爱文化传播有限公司创始人蒋公宝、阿里巴巴集团校园菜鸟驿站上海总经理张庭赫作为大学生创业成功项目代表分享了创新项目转化及公司成长历程,为大学生创业提供了宝贵的经验。

为体现赛事科技创新元素,本次签约仪式引入了唯思科技的人脸识别系统,通过人脸识别签到的形式增强了与会人员的互动交流。

在"大众创业,万众创新"的时代背景下,第十五届"挑战杯"竞赛合作伙伴履行了服务国家战略、助力创新创业人才培养的社会责任,签约对竞赛优秀项目的成果转化,成就双创人才成长具有重要现实意义。(王烨捷)

"中青在线"2017年10月17日

### 金东寒代表:一流大学要培养一流人才

"适度数量的出国留学生是国际化的一个大趋势,很正常。但是有些家长只要有经济条件就想把孩子送出国,这个现象值得我们每位教育工作者深思。"上海大学校长金东寒代表表示,我们国家大学虽多,但是好大学还不太多。目前我们国家社会主要矛盾,已经转化为人民日益增长的美好生活需要和不平衡不充分的发展之间的矛盾。人民群众期盼更好的教育就是其中希望之一。

"满足人民日益增长的优质高等教育需求,是当今中国大学的历史责任和使命担当。"金东寒认为,一流大学一定要把一流人才的培养放在核心位置,不仅要传授知识,更要努力做到价值塑造、能力培养和知识传授三位一体。

金东寒说:"习近平总书记强调,建设教育强国是中华民族伟大复兴的基础工程,必须把教育事业放在优先位置。只要我们砥砺奋进,中国的一流大学一定会越来越多。"(金正波 吴秋余)

《人民日报》2017年10月25日

### 学科重在"特"而"强"——访上海大学校长金东寒代表

"十九大报告指出,我国社会主要矛盾已经转化为人民日益增长的美好生活需要和不平衡不充分的发展之间的矛盾。人民群众期盼有更好的教育就是其中的需要之一,满足人民群众对优质高等教育日益增长的需要,是中国大学的历史责任和使命担当。"上海大学校长金东寒代表说。

"上海大学已明确提出了自己的使命是为社会培养身心健康、服务国家,并能应对未来挑战的人才。"金东寒表示,学科建设要服务国家战略、支撑地方经济社会发展、突出特色。"双一流"建设方案,引导高校发现自己的优势与特色,坚持有所为有所不为。学科不在多不在全,而在特在强。要对专业设置进行动态调整,一方面适应新技术新产业的需要,建设好一批新兴学科和交叉学科,设立诸如人工智能以及智能运载科学与工程等新学科,做好"加法";另一方面,也要做好"减法"——高校也要进行供给侧结构性改革,去掉过剩"产能"。

《光明日报》2017年10月25日

### 学科重在"特"而"强"——访上海大学校长金东寒代表

"十九大报告指出,我国社会主要矛盾已经转化为人民日益增长的美好生活需要和不平衡不充分的发展之间的矛盾。人民群众期盼有更好的教育就是其中的需要之一,满足人民群众对优质高等教育日益增长的需要,是中国大学的历史责任和使命担当。"上海大学校长金东寒代表说。

"上海大学已明确提出了自己的使命是为社会培养身心健康、服务国家,并能应对未来挑战的人才。"金东寒表示,学科建设要服务国家战略、支撑地方经济社会发展、突出特色。"双一流"建设方案,引导高校发现自己的优势与特色,坚持有所为有所不为。学科不在多不在全,而在特在强。要对专业设置进行动态调整,一方面适应新技术新产业的需要,建设好一批新兴学科和交叉学科,设立诸如人工智能以及智能运载科学与工程等新学科,做好"加法";另一方面,也要做好"减法"——高校也要进行供给侧结构性改革,去掉过剩"产能"。(李慧　曹继军)

《光明日报》2017年10月25日

**全国高校课程思政现场交流会在沪举行　让学生上思政课乐此不疲**

为了上两节思政课,课前却至少要用两个半小时去预习,但同学们仍乐此不疲。发生在复旦大学马克思主义学院教授杨宏雨课堂上的这些平常事,却成为近日在上海大学举行的全国高校课程思政现场交流会上热议的话题。如何让高校思政课更精准地对标党的十九大精神,让思政教育更紧紧地围绕习近平新时代中国特色社会主义思想这个主线,各校思政工作者已纷纷行动起来先学一步,并努力全面贯彻到课堂教学之中。

"思政课首先要解决的一个问题,是要使学生变'要我学'为'我要学'和'我想学'。"杨宏雨讲授的是"中国近现代史纲要",他认为,如果还是按老讲义、老套路讲课,身处网络时代的大学生肯定会觉得味同嚼蜡,"'中国近现代史纲要'是一门必修的思政课,学生们对近代史、对党史还不熟悉,但网上的视频资料却极其丰富,像五四运动、建立中国共产党、三大战役等重要历史事件,以及毛泽东、周恩来、邓小平等伟人,都能找到多种翔实的视频,内容权威且引人入胜。"杨宏雨说,把思政课延伸到网络里,在课前把视频资料先发给学生,让大家利用课余时间观看,并人人撰写预习讲稿,到了课堂上,用三分之一时间演讲观看视频的体会,这样既调动了学生学习的积极性,还能检查课前学习的情况。学生的演讲可以有不同角度的表述,但老师的讲课则要将对中国近现代发展史的阐释,统一到中国人民为中华民族伟大复兴而不懈奋斗这个重要命题上来。

上海大学于三年前率先推出的"大国方略"思政类选修课,受到了学生们的热烈欢迎,每次上课都有报不上名的人挤进来席地而坐蹭课。三年来,由上海思政理论课名师工作室顾晓英教授联袂社会学专家顾骏教授,又相继推出"创新中国""创业人生"和"时代音画"等一批"中国系列"大课,培养大学生的政治认同,增进文化自信。十九大代表、上大党委书记、校长金东寒,对于"大国方略"系列课程又有了新的思考。他说,目前在有的思政课上存在着"大水漫灌"多而"精准滴灌"少的现象,存在"有意义"但"没意思"的问题,上大则要把思政课作为"铸魂工程"来建设,教师着重讲"是什么"背后的"为什么"和"应如何",用讲故事的形式让中国自信"入耳、入脑、入心、入行",努力达成知行合一。

(下略)(王蔚)

《新民晚报》2017年11月5日

**创业人生课，有个 CEO 老师团**

近日，上海大学 J 教学楼。有些凉意的夜晚，102 教室却热火朝天。原来在这堂名为"创业人生"的通识课上，一位经历丰富的天使投资人李映红，正在与青年学子分享自己这些年来的一些"不太成功"。

"这些机会，我都没有去。这就有必然的地方。必然的一面在于，原生家庭的教育。对我来说，任何一步，都偏稳。我当时，太看重每年现金的报酬，对期权嗤之以鼻……""李老师"的话引来满堂笑声，也激发了学生对金钱观、成功观更深度的思考。

事实上，这门今年 4 月开出的课，已经上到第二个学期。它由上海大学人气教师、管理学院副教授刘寅斌领衔，"大国方略"系列课程由社会学院教授顾骏和上海市思政课名师工作室"顾晓英工作室"主持人顾晓英共同策划。

在这门课的选课页面上，有一段不一样的介绍，"同道大叔为何能变现 1.78 亿？最牛气的创意怎么做出来？如何融资三千万？公益也算创业吗？"

顾晓英介绍，"创业人生"开课缘自"大众创业、万众创新"时代，"互联网＋"催生出许多新技术、新产品、新业态、新模式，为创业创新提供了无限可能。两年来，在国家大力支持和推动下，"大众创业""草根创业"的新浪潮逐渐形成，青年无疑是其中的生力军。大学生如何抓住时代和行业趋势红利？创业到底是什么，又为了什么？成功创业者的密码是什么？这个时代，可以怎样"挣大钱"？课堂每周邀请业界大咖分享自己的创业过程和人生感悟，为师生搭建学习、探讨、争论、解答、再发问和再思考的产学研结合平台。

天使投资人李映红，"足记"APP 创始人杨柳……"CEO 老师团"纷至沓来，他们的经历成为青年无法拒绝的特殊教科书。

首付游总裁张洁也是一位"每周一师"。课堂上，她分享了从 2008 年至今在上海工作和生活的各阶段和重要事件。张洁从春秋航空最低的职位做起，仅用 6 年就成为营销中心总经理，却选择辞职创业。"创业是寻找自己的过程"，这个过程可以用"上天""入地"来形容。一方面要充满希望，相信自己所做事情的价值。对现在的张洁来说，她想提供更为简单的信用消费方式，让更多年轻人提早三到五年出去看看世界。

顾晓英表示，"创业人生"课程是"大国方略"系列课的 3.0 版，与此前备受瞩目、广受好评的"大国方略"和"创新中国"一脉相承。它继承"站在界看中国、基于创新谈创业"的立意和境界，进一步把焦点下沉到学生的个人职业规划和人生计划，摸索从仰望星空到脚踏实地的追梦之路。（彭德倩）

《解放日报》2017 年 11 月 8 日

**走进上海大学"时代音画"亲历网红思政课**

11 月 3 日，"学习十九大　协力同向同行——'时代音画'公开课暨全国高校课程思政现场交流会"学术研讨会在上海大学召开。本次研讨会旨在深入学习领会十九大精神，落实全国高校思政工作会议要求，进一步研讨各门课程与思想政治理论课同向同行的途径与方法，总结"课程思政"经验，分享"全程全员育人"成果，探索"立德树人"新机制。

本次公开课暨全国由上海大学教务处、上海高校思想政治理论课名师工作室——"顾晓英工作室"和超星集团联合主办。来自复旦大学、上海交通大学、同济大学、华东师范大学、中国浦东干部学院、上海外国语大学、上海财经大学、海军军医大学、华东政法大学等30多所沪上高校和北京理工大学、苏州大学、武汉理工大学、青岛科技大学、北方民族大学等60所外地高校的马克思主义理论研究和思想政治教育研究领域专家学者,以及中国政研会研究部、《思想政治工作研究》编辑、陈云纪念馆研究专家等200余人与会。

上海大学组织人事部、研究生工作部、学工办、出版社、教务处等相关部处领导以及马院领导出席会议。会议还吸引了上海大学课程思政试点项目的负责人、音乐学院的26名本科生及部分"大国方略"系列课课程班的本科生前来参与。

上海大学副校长聂清致欢迎词。中国政研会研究部副主任范林芳、上海市教委高教处处长桑标分别致辞。会议开幕式由上海大学教务处处长彭章友主持。

本次会议以"时代音画"公开课开场,之后分主题报告、专题研讨嘉宾互动、自由发言形式进行。上海高校思想政治理论课名师工作室——顾晓英工作室主持人、"大国方略"系列课策划顾晓英主持了公开课。

社会学院教授、"大国方略"系列课策划顾骏,音乐学院教授、国家一级作曲狄其安袂讲授"国歌如何一路走来"。顾骏从与学生关于"国歌"的对话导入课程。

狄其安结合从什么是国歌、如何看待国歌作用,近代以来九首国歌如何一路走来,引领全场师生感受我们的国家、我们的民族,如何一步步发展到今天。

狄其安沿着历史线索演绎了部分国歌,重点分析了聂耳《义勇军进行曲》的创作背景及旋律特点。他对学生提出殷殷期待。正值中国共产党召开十九大,习近平总书记再提不忘初心。初心是什么?就是希望我们的国家富强,屹立世界民族之林,不是雄立"宇宙间",而是要我们踏踏实实、"万众一心"建设好中国特色社会主义。

随后,顾骏再度带领学生回顾了九首国歌的歌词。他认为"义勇军进行曲"反映了中华民族救亡决心,也展现了中国近现代史上那段血与火的锤炼,所以能成为中华人民共和国的正式国歌,今天的大学生要勇敢走在时代前列,成为奋进者和开拓者。在音乐学院管乐专业学生的伴奏下,全场师生起立,齐唱《中华人民共和国国歌》。公开课在雄壮的国歌声中画上句号。

顾晓英作了小结,这堂课有"高颜值"的画面、音乐,更有"高颜值"的学术蕴含与思想。这堂课让大家一起触摸了那段尘封的国歌一路走来的历史,对中国近现代史有了更多的领悟,增进国家认同与文化自信。下半段主题报告由上海大学数码学院青年教师吴笑主持。

首先,顾晓英、顾骏教授分别以"为青年人生出彩搭台——'大国方略'系列课课程建设""'时代音画'的设计理念、思路与策略"为题做了分享。上海大学教务处处长彭章友,上海师范大学教授、国家级教学名师汪青松,上海交通大学马院书记黄伟力,浦东干部学院副教授李德,超星集团副总潘守东等分别以"上海大学课程思政教学改革与创新""课程思政的新时代系列""课程思政与思政课程""新时代新青年新作为——对高校思政课教学的几点思考""互联网和移动互联网技术在思政课程教改中的应用"为题做了主题发言。

最后,顾晓英宣读了《上大宣言》,提出课程思政行动框架和基本主张,倡导高校教师把握时代大势,坚持立德树人,勇于创新,加强协力共建共享、同向同行等,与会专家、老师们用掌声表示认同。

下午,复旦大学教授杨宏雨,北方民族大学教授高梅、上海大学管理学院青年教师马亮,上海应用技术大学副教授邱杰,武汉理工大学教授高巍翔,苏州大学教授许冠亭,华东政法大学教授朱应平作了分享。

特邀嘉宾北京理工大学研究员庞海勺,复旦大学研究员熊庆年,华东师范大学教授、原副校长庄辉明,复旦大学教授、教育部高校思想政治理论课教学指导委员、"概论"分委会副主任顾钰民,上海交通大学教授高捷等,围绕"'同向同行、协同育人'的理论建构""课程思政的设计理念与实施策略""课程思政的课堂组织与学生期待管理"等主题与老师们展开精彩对话。

大家一致认为,要走近大学生,研究大学生接受意趣,充分用好线上课堂、网络直播等新技术,将十九大最新精神适时适地有机融入各类课程,结合课程思政探索,协力打造更多品牌课,让思政课入耳入脑入心入行,让大学生真心喜爱。

自由发言阶段,由青岛科技大学马院院长、山东省思政课名师工作室主持人——曹胜教授主持了互动。上海大学还组织了一场专家咨询会,邀请来自复旦大学、上海交通大学、北京理工大学、苏州大学等专家学者就"大国方略"系列课课程建设作了深入研讨。

"时代音画"公开课暨全国高校课程思政现场交流会,得到新华社、《中国教育报》、《新民晚报》、《上海教育》等媒体关注。11月4日晚,新华社全媒体以"十九大精神进校园 亲历'网红'思政课"为题作了45分钟全方位实景在线播报。

"网易"2017年11月8日

## 第五届全国文明城市、文明村镇、文明单位和第一届全国文明校园名单

(上略)

四、第一届全国文明校园名单(494所)

上海市:上海交通大学、上海大学、上海市大同中学、上海市曹杨第二中学、上海市第一师范学校附属小学

(下略)

《人民日报》2017年11月18日

## 第五届全国文明城市、文明村镇、文明单位和第一届全国文明校园名单

(上略)

四、第一届全国文明校园名单(494所)

上海市:上海交通大学、上海大学、上海市大同中学、上海市曹杨第二中学、上海市第一师范学校附属小学

(下略)

《光明日报》2017年11月18日

**新时代　新气象　新作为——学习贯彻落实党的十九大精神"基层调研行"综述**

在辽宁沈阳九一八历史博物馆,寒风中前来参观的人流络绎不绝。为深入学习贯彻落实党的十九大精神,许多机关、学校、企业、社团组织干部群众前来,重温中华民族苦难深重的历史,表达对伟大复兴光明前景的坚定信心。

党的十九大闭幕后,记者深入基层调研发现,全国各行各业广大干部群众以习近平新时代中国特色社会主义思想为指引,围绕十九大报告中提出的新时代、新方位、新任务,谈认识、谋方法、作部署,认识更加统一、方向更加清晰、干劲更加高涨。

**新时代标定新方位**

新时代催人奋进,凝聚起磅礴力量。中国特色社会主义进入新时代,标定了我国发展新的历史方位,为实现中华民族伟大复兴标明了新起点。

"只要我们不忘初心,坚定信念,按照十九大报告描绘的路线图继续前进,中国梦就一定能够实现!"九一八历史博物馆馆长范丽红说。

从课堂到车间,从办公室到田间地头,广大干部群众结合五年来身边发生的巨大变化,深入学习领会中国特色社会主义进入新时代的重大政治判断,"四个自信"更加深入人心。

脱贫攻坚让四川广安等集中连片贫困地区的面貌发生了前所未有的变化。10月,邓小平故居所在地广安区成功脱贫"摘帽",一座对接深圳、按照工业4.0标准建设的产业园区在这里拔地而起。邓小平故里管理局党组成员、邓小平故居陈列馆馆长彭备军说:"十九大把习近平新时代中国特色社会主义思想写入党章,是中国特色社会主义理论成熟的标志。几十年来的理论和实践证明,中国特色社会主义道路是唯一正确道路,必须坚定地走下去。"

青年强则国强。在上海大学,别开生面的"国歌一路走来"公开课正在举行。如何全面正确看待中国历史、现实和未来的课题,在青年学子中引起热烈反响。授课组织者顾晓英说,五年来,我们解决了许多长期想解决而没有解决的难题,办成了许多过去想办而没有办成的大事。"难道不应该对我们的党、我们的社会主义制度充满自信吗?"

(下略)(刘东凯　林晖　刘红霞)

《新华每日电讯》2017年11月19日

**为中国大工匠立一群雕像——《创新路上大工匠》体现主题出版物新理念**

"非大时代无以孕育大工匠,非大工匠无以催生大时代",中国古代,曾孕育出墨子、鲁班、蔡伦等流芳百世的大工匠,飞速发展的当下中国同样孕育了一批大工匠。当今的中国大工匠不再是局限于兢兢业业、仔细琢磨的手工艺人,他们更可以是科学家、发明家,更契合时代的气质、符合时代的要求。由上海大学出版社出版的《创新路上大工匠》一书就展示了这样一批大工匠的奋斗历程、研究成果、创新精神和家国情怀。该书从大处着眼,小处着手,从一个个奋发有为的科学家、工程师身上,折射中华民族伟大复兴的时代光芒。

**关键词:创新之路**

2015年12月28日,中国,广东,珠海,国家公安部组织的全国公安装备和器材采购大会展示会现场。公安部和各省、直辖市和自治区公安厅领导及采购部门官员,齐集于停泊在珠海和澳门"界河"中一艘游览观光船上,观看上海大学制造的无人艇水上表演。只见"精海1号"劈波斩浪,高速前行,按照事先规定,展现了路径规划、自主避障等一系列高难度动作。

领导们正看得入神,突然几艘边防武警稽查船快速驶入现场,对"精海1号"进行围堵。现场观众顿时大惊,不明就里。经联系后方得知,原来大会主办方没有事先通知主管部门当天有无人艇演示,值班边防武警瞭望中发现有"不明船只"出现在珠澳之间的河道中,为防出现违法行为,紧急出警,进行拦截。

拦截不明船只属于常规作业,武警驾轻就熟,本来不该有任何问题,偏偏这次搞成了"猫捉老鼠"。巡逻艇急速开来,无人艇见机而动、随机应变,在巡逻艇面前灵巧穿过,有惊无险。拦截不成,显然让驾驶员十分气愤,于是多艇分头扑来,围追堵截,却又被无人艇一次次躲过,河道里一时煞是热闹。

看着巡逻艇实在没办法,上海大学工程师给出指令,无人艇才停了下来。边防巡逻艇靠上去,本想警告一番,可近前一看,一个人都没有,这才意识到是艘无人艇。

这段现场感极强、画面感十足的文字出自《创新路上大工匠》一书,该书记录了上海大学十位卓有成效的教授在其人生历程中最有意义的片段,展示了他们为中国崛起、民族复兴,在各自专业领域中取得的部分科技创新成果,反映了当代科研人员强烈的创新意识、家国情怀和文化自信。

这无疑是一本主题出版物,但却是一本异常好看的主题出版物。紧扣现实的话题、最新最精的成果、深入浅出的理论、生动活泼的文字,让普通读者也可以毫无隔膜地读得津津有味。"无人艇何以胜过人?""中国处于大数据产业链哪一环?""中国如何赢得'瓷国'美名?""如何让跳不动的心脏复苏?""搭建跨越私密和开放的桥梁"……这些涉及计算机、人工智能、材料科学、医学、信息通信、化学等各个领域、专业性极强的学术成果在书中被娓娓道来,剥离了艰深的外壳,露出引人入胜的内里。而取得这样的效果,离不开编书时的创新思路。

该书主编、上海大学教授顾骏认为,主题出版物也需要关注读者的审美愉悦,让一本不可避免地带有专业性的书具有可读性,读者能跟着科学家、工程师,去生活中可能熟悉但专业上绝对生疏的领域遨游一番,在愉悦中接受主旋律,才是主题出版物达成目的的最佳路径。为此,顾骏选择了这样一种写作方式:不麻烦科学家、工程师自己动笔,改为接受采访,在对话中,把自己的经历和创新的过程叙述出来,录音下来。每个人大约两个小时,整理成文之后,大约两万字,然后由他裁剪、斟酌、修饰、"勾兑"之后,统一整理成文,大约一万字。再发还各位专家看过,或增删,或补正,或挑明,或遮蔽。没问题了,再作最后润色。这才有了这本好看的专业书。

顾骏说,如此认识和设计访谈,背后还有一个更深刻的方法论:无论认识世界,还是认识自己,都不是个人独自可以完成的作业,幽闭在黑屋子里苦思冥想,"格物致知",最后未必真能认清世界和自己。中国古人强调"知行合一""读万卷书,行万里路",不是因为苦行僧般的赶路,就能获得智识,而是因为在实践中难免遭遇不确定的因素,尤其是遭遇不确定的他人。"三人行,必有我师",这个老师未必就是有能耐开口教我们的老师,而是我们可以借用来改变自己的外力。人需要外力,犹如保险箱需要钥匙。"知行合一"的真正意思是,在"行"的过程中,因为找到外来的钥匙,打开了自己的保险箱,才获得"知"的结果。而访谈科学家、工程师的过程就是主动给他们提供钥匙,看看能不能用来进一步打开他们的保险箱,让教授们在访谈交流的过程中,对自己和自己的创新历程有所感悟。这不仅是对他们参与写作此书最得体的致谢,对读者阅读此书最合适的感激,也是对创新本身最崇高的礼敬。

**关键词:工匠精神**

这样费尽心思地设计编辑一本书,又何尝不是一种"工匠精神"呢?现在我们提到"工匠精神",联想到的要么是传统小农经济时代的能工巧匠,要么是工业化时代的高技能工人,乃至以一个寿司、一块豆腐的祖传手艺作为工匠精神之体现。但顾骏认为,寄托着助推中国整体国力大跃升的工匠和工匠精神,必须有高立意、大境界,必须超越单纯经济学视野,而聚焦于中国在人类文明和世界历史中的长远定位:新时代呼唤的工匠和工匠精神必须服务于从根本上改变刻写在苹果手机背后的"美国设计、中国组装"的局面,创新而不只是守成,想象而不只是经验,动脑而不只是动手,思想而不只是技能,才是中国当下乃至未来需要的大工匠。把书中的科研人员誉为"大工匠",意在表达对中国未来发展所面临的挑战、所急需的人才和仍然有待破题的创新体制建设之有限理解、无限期待。这些人懂理论、有技术、能思想、会管理,最重要的共同标志是拿出了得到行业认可的产品包括专利。他们既不是传统意义上只会精工细作的匠人,也不是历史上只会坐而论道的书生,不是专为解决细节问题而生的"程序猿",也不是有所发现但只为完成教学任务的"教书匠",而是将眼光瞄准人类未来,关注世界大格局,把握自己所在领域的大方向,探寻技术发展的新路径,并成功地把自己的所思、所想、所作、所为,在"产学研"全流程中融为一体,达到文理相通的新型科学家和工程师。所以他们是名副其实的能把对世界的想象变成现实的大工匠。

据上海大学计算机工程与科学学院院长、英国帝国理工学院教授郭毅可介绍,中国人对英国人有刻板的印象,好像他们就知道赚钱,即所谓的"商业民族"。其实,英国人毕业后找工作,最好的学生未必去银行,主要还是在大学里。在大学任教,挣钱并不多,各国差不多都如此。但在英国,人们几乎已经形成共识:在大学里搞研究,不但好玩,而且是"世界上唯一的别人付钱我来玩的职业"。

郭毅可说,英国社会对大学的认识,同欧洲传统有关。在中世纪,艺术家、科学家等从事文化活动的人,得到贵族或教会资助,不用考虑作品或成果"赚不赚钱"的问题,而贵族对人类创造抱有尊重的态度,不以"稻粱谋"为念。因此,在英国,科学代表一种 craft (手艺),科学家就是所谓的"工匠",跟画家、作曲家、诗人、木工同属一类人。诗歌要写得漂亮,画面也要漂亮,科学家发现或制作好玩的东西,也要漂亮,爱因斯坦称自己的相对论方程式 $E=mc^2$ "很漂亮",就是这个道理。创新是人的本能,也是科学家和其他一切工匠或"手艺人"的本能。

而本文开头出现的上海大学的无人艇,其背后团队,正是这样一群"工匠"。在书中,上海大学机电工程与自动化学院副院长罗均以生动的笔法向读者介绍了这群"工匠"。

上海大学重点开发无人艇完全属于机缘凑巧:2010年的上海世博会对安保有特殊

要求,当时学院谢少荣教授承接了世博会期间对黄浦江进行江底扫测的科研项目。

世博园区坐落在黄浦江两岸,需要确保河道不出现"蛙人"之类的安全隐患。说到安全,最可靠的是"封江",但对于黄浦江这样运输繁忙的水道来说,会展期间长达半年的彻底封江,经济代价太大。采用有人驾驶的巡逻船,可以做到水面上方的监测,但对水下浑浊水域中的目标,辨析能力极低,更不用说排除水下安全隐患了。

上海大学提出的方案是采用体积有限、可以携带潜水器的扫测艇,用声呐探测水下情况,发现问题时,及时派遣水下机器人作相应处理。世博会举办的184天中,上大的扫测艇每天穿梭在黄浦江中,为世博会举办期间的水下安保,提供了详细的数据支撑,为保障世博会成功举办,作出了贡献。这也引起了上海海事局的注意。海事局的职责之一是对中国所有领海进行海图测量。在波涛汹涌的大海上,海图之重要犹如地图,没有精准的海图,巨轮寸步难行。然而测绘海图远比地图困难。中国有海岸线一万八千多公里,靠人工测量,不知何年何月才能完成;要利用海测船来测绘,又受安全航行深度所限,无法近岸测绘。所以多年来,一直未能制成精确的岸线海图。

海图上有空白不只是航海界的技术问题,更具有国际政治的内涵。自古以来,南海岛礁就是中国领土,尽快把岛礁周围的数据精确测绘出来,实乃"国之大事"。既然其他方法都不行,那就只有发展无人测绘船,一旦成功,完成了岸线的精确测绘,一则可以填补国家空白,二则未来商机巨大。于是,双方达成合作意向,上海大学无人艇出海了。

在世界上,相比无人机,无人艇是"后起之秀"。在上海大学,无人艇团队也称得上"后起之秀",不仅因为团队组建时间不长,还因为团队成员以年轻人居多。整个团队有三十多名教师,加上硕士、博士研究生,一共有一百多人,其中年龄最大的是"70后",大部分是"80后",有八个是"90后"。无人艇名为"精海号",团队则自诩为"精海人"。"精海"既有精卫填海的意思,体现上海大学工匠矢志维护国家海洋权益的情怀,也有精确执行海上作业的意思。面对集中了团队心血和智慧的无人艇,小伙子们爱心满满,戏称自己为"精海爸爸"。

好多人觉得机器人冷冰冰的,其实无人艇是一个有血有肉的灵物,人类的创新转化成了机器的灵性。随着机器人自行解决问题的能力越来越强,大家不知不觉地就把它当成孩子,慢慢融合在一起了。无人艇需要技术创新,这已属不易,而要从技术成功进一步实现工程应用,还有遥远距离需要克服。"精海爸爸"一年在海上考察的时间大概有六个月。船厂的人很感慨,说团队真不容易,虽然是硕士或博士,但干的是民工的活。工程师不是科学家,要在最贴近实际的状态下,真刀真枪地解决问题。海上作业危险性大,各种情况不可预知,还要带着贵重仪器进行调试,压力之大可想而知,但年轻的工程师们乐在其中,因为创新最能体现个人的价值。

最能反映年轻人心态和情趣的是双体无人艇"小白",模样呆萌可爱,几乎全由"90后"承担设计。"小白"正式立项是2015年6月,但必须在11月工博会上展出,这是极大的挑战。为了确保"小白"如期完成,团队全体后期人员包括设计和制作人员,都窝在船厂里。研发人员干着木模工的活,因为只有知道工艺,才能有更好的设计思路。团队齐心协力,终于赶在预定时间内让"小白"登上展台,驶入海洋……

这样的例子书中还有很多,正是这些"大工匠",以勇于创新的精神,在各个领域占得先机,让中国立于不败之地。"非大时代无以孕育大工匠,非大工匠无以催生大时代",所以,顾骏表示,这本书的意旨所归不在于展示个人,不在于展示某个大学校园中的小群体,而在于力图为支撑起这个国家在世界舞台上大国身姿的无数中国大工匠树一组象征,立一尊群雕,谱一串音符。(蒋楚婷)

《文汇报》2017年11月20日

**阅文集团与上海大学携手培养网络文学硕士 "网文大神",大学里教得出吗?**

靠网上码字,写成百万富翁,这在当今已非新闻。目前中国最大网络文学创作及发行平台阅文集团的数据显示,旗下作家中,2016年稿费分成超过100万元的就超过100人。昨天,该集团与上海大学签约,共建网络文学方向创意写作硕士培养点——直接培养网络文学硕士,这在国内尚属首创。大学里教得出"网文大神"吗?

**不学套路,学思维**

"我们将实行校内校外双导师制。"上海大学教授、博导、上海大学中国创意写作中心主任葛红兵介绍。在招生环节,将采取面向有网络创作经验、实践的人进行定向招生。以目前有640万名作者的阅文集团为例,2016年新签约作者中,90后比例占45%,30岁以下的占78%。这一群体中,在写作领域的深度学习需求较高。

在培养环节,将设置多层次教学。课程安排包括社会学、心理学、创意写作与产业研究、中外文学经典研究、历史研究等。同时,还将在文艺理论、创意理论等深层次课程中引导学生将实践经验与理论相融合,并得到提升。值得一提的是,学生将有相当一部分时间进入"工作坊",和校内外联合导师共同创作。

"我不同意网络文学是'野生的'这个说法。"阅文集团原创内容部高级总监杨沾,也是此次合作项目中的企业方导师之一。他认为,网络文学创作已经不止于一部作品的完成、一次阅读的互动,更需要有全产业链开发的眼光。这是互联网时代开放性所赋予的。因此,作为国内最重要的网络文学平台之一,企业在全方位地吸纳、学习大众化文学产品所长,其中包括日本动漫游戏、好莱坞影视等的发展思维。而在这一自我学习提升过程中,与高校的合作尤为重要,那将带来更深层次的理论体系建构。

他举例,网络文学中,有不少"套路",可以帮助写出受到读者追捧的作品,如"一个小毛孩不断升级成了世界的王者","曾经被人看不起被退婚,最终成为最强者,当初退婚的悔不当初"之类情节。但在他看来,真正需要学习和研究的,不是这样的表面化的套路,而是更深层次的社会心理学,以及与主流价值观相符的审美需求及创作思维,掌握了这些,作品才能真正引起读者共鸣。这也是此次校企合作的重要驱动力之一。

**培养"机器作者"?**

此次合作项目中,"智能写作实验室"也被写入签约内容。在培养"网文大神"同时,创造"机器作者"已经被提上议事日程了吗?葛红兵回应:校企合作硕士生培养过程中,科研也是重要部分。此前,创意写作中心已经通过探索机器智能学习,完成了"童话故事大王"的初步模型——机器凭借智能学习,可在儿童及父母的共同参与下,完成完整的童话故事创作。这背后,是大量语料库的抓取,叙述语法研究的成果,以及大数据统计的先进技术融合。

不过,对企业而言,似乎更加注重当下。"目前,将人工智能运用到文学创作层面,似乎还比较遥远,同时文学的个性与精神也是很难被替代的。"杨沾说,但不可否认,人工智能技术有望成为现实应用中的高效辅助技术,让内容更加精准地找到读者。而对于作者而言,也将有助于其判断作品起伏,把握自身状态。(彭德倩)

《解放日报》2017年11月23日

### 教育眼·中外合作办学如何提质增效

党的十九大报告强调要加强中外人文交流。教育是国家发展进步的重要推动力,也是促进各国人民交流合作的重要纽带。因此,中外合作办学从诞生之日起,就被赋予了加强中外人文交流的重要使命。

《关于做好新时期教育对外开放工作的若干意见》印发一年多来,我国中外合作办学在加强顶层设计、制度创新、过程监管、党的建设、理论支撑等方面取得长足进步,但一些问题也日渐凸显,如布局之困、教学之忧、师资之难。日前,第八届全国中外合作办学年会在福建举行,记者采访有关专家,就中外合作办学提质增效展开了深入思考。

**办学布局怎么避免"一窝蜂"?**

9月,深圳北理莫斯科大学开学典礼在悠扬的《喀秋莎》乐曲中拉开帷幕。这是历史上第一所中俄合作大学。

如今,我国中外合作办学机构和项目有2572个,在校生规模近60万人。从区域分布上看,中西部地区高校获批的本科及以上中外合作办学项目每年均占总数的50%以上,渐趋合理,但其他方面的"布局"问题仍令人担忧。

厦门大学中外合作办学研究中心主任、中国高等教育学会中外合作办学研究会理事长林金辉介绍,截至2016年底,在学科专业布局方面,本科及以上中外合作办学项目中,工学约占37%,管理学约占26%,两者合计约占63%,而法学、历史学均在2%以下;在层次布局方面,研究生层次中外合作办学项目占本科及以上中外合作办学项目的20%,其中大部分是硕士层次项目,博士层次项目不到20个。

"中外合作办学要加强顶层设计。"林金辉建议,未来中外合作办学应科学谋划学科专业布局,重点加强国家急需的自然科学与工程科学类专业建设,进一步严控商科、管理学科、国家控制布点学科的中外合作办学,避免出现新的专业扎堆现象。同时,应进一步开展研究生尤其是博士生层次的中外合作办学项目。

在中外合作办学中,最需要引起重视的,还有"引进来"与"走出去"的不均衡。2011年成立的老挝苏州大学、赴马来西亚办分校的厦门大学都曾引起高度关注,但更多高校的境外办学以项目模式为主。有专家强调,今后应统筹设计"引进来"与"走出去",在管理体制机制、质量评价体系、学历学位颁发及认证等方面做好顶层设计。

"我们应该逐步提升自身面向国际教育的供给能力,特别是在输出上有所作为。"上海大学副校长龚思怡认为。当前,上海大学已有悉尼工商学院、巴黎国际时装艺术专修学院等中外合作办学的二级学院,接下来学校计划到悉尼办学。

**教育教学如何"名副其实"?**

"我在一个中外合作办学项目学旅游与酒店管理专业,课本是中文的,老师也是外聘的中国老师,压根没有所谓的先进国外教育理念,简直就是地地道道的本土教育。"一位不愿透露姓名的学生抱怨。

很多人了解中外合作办学,始于它"不出国门的留学"的美名。如果不用走出国门,省去高昂开销和各种不便,又能享受到国外顶尖大学教师资源,多好!可现实中,总有不尽如人意的情况。有专家指出,当前,我国许多中外合作办学机构、项目引进了外方合作高校的一些教学模式,采取了一些课程结构、教学内容和教学方法及教学管理的改革措施,却因得不到有力的政策支持和经费支持而难以坚持,导致成效不大、进展不快,甚至半途而废。

为何这样之难?"在具体合作中,外方负责提供与自己本校相同的课程设置、教学资源及师资,中方提供校园设施和行政后勤管理。但外方普遍对中外合作办学的硬件设施要求较高,中方很难测算外方的实际投入,双方很容易在核心价值和利益分配上存在分歧。再者,有的中外合作办学项目规范性不够,对各国教育体系缺乏了解,仅仅局限于课程嫁接,很难建立符合双方实际的质量标准。"一所独立法人设置的中外合作办学大学校长坦陈。

"中外合作办学进入提质增效的关键期,提质增效的核心正是课程、教学与师资。"林金辉表示,从近期中外合作办学政策动向看,有关教育行政部门工作重心开始下移,课程体系和师资队伍建设日益得到重视,相关措施在不断完善,引进课程的标准也在探索和制定中。

今年1月,教育部、财政部、国家发展改革委印发的《统筹推进世界一流大学和一流学科建设实施办法(暂行)》中,把国际交流合作提高到与高等学校传统的人才培养、科学研究、社会服务"三大职能"并列的高度,"这一突破性的提法,是对中外合作办学提质增效的要求,也是中外合作办学发展的新机遇。去年,教育部学位中心首次把中外合作办学纳入学科评估指标体系中,这也是一个强化'双一流'建设中外合作办学作用的强烈信号。"林金辉指出,中外合作办学应抓住机遇,充分发挥"辐射机制"和引进世界一流大学、一流学科的天然优势,提升我国高等教育的国际竞争力。

**师资"缺斤短两"怎么办?**

外教老师什么样?在不少学生看来,"空中飞人""神龙见首不见尾"的描述再恰当不过。在一些非法人设置中外合作办学机构及项目中,有的"飞行教授"来华一周就完成一个学期的教学时数,质量堪忧。

"我们学校有法国教授来上课,但因为他不常住,一门课两周甚至一周就要讲完,在纯法语授课的环境下,我们要花大量时间去吸收、学习,更谈不上像法国学校那样,享受一名项目老师只带一名学生,在老师指导下利用工厂、实验室等资源。"在某高校与法国合作办学的学院里,一位学生告诉记者。

引进师资数量和质量"缺斤短两","飞行教学"所占比例屡破"红线",教师临时招聘、滥竽充数现象时有发生……怎么办?要知道,不管是"教什么"还是"怎么教",最终都要落实到"谁来教"。

"师资质量问题是中外合作办学的'牛鼻子'。"林金辉认为,当前,应着力完善提升师资质量的政策制度和保障机制。一是完善包括退出和禁入制度在内的中外合作办学师资准入制度。应着手研究制定中外合作办学教师专业标准体系、外籍教师资格认证体系；加强聘任考察和考核，加强岗前培训和师德教育，在意识形态等方面的把关上采取"一票否决制"和建立"黑名单"制度。二是研究制定调整师资结构的政策措施，逐步优化中外合作办学师资教龄、年龄和职称结构。三是建立中外合作双方教育机构在师资建设方面的实质性合作与交流机制，加强高水平师资海外培训、联合培养、互训互用。四是完善保障措施，改革中外合作办学收费审批制度、健全检查审核制度和信息公开制度，保障办学单位教师发展经费使用的科学性和自主权，提高教师教育教学实验和科学研究的质量。五是建立中外合作办学成功经验共享机制。

"我校师资数量定为250人，但曾经只有150人。学校不会为了尽快补充发展规划中预设的学科招聘岗位，而降低招聘的质量标准。"上海纽约大学校长俞立中表示。

"不少办学单位在师资建设方面积累了很好的经验。应着力建设中外合作办学名师工程、精品课程，开展示范性建设，评选优秀教师，通过师资建设的示范引领作用增进社会认可度和公信力。"林金辉建议。（张烁）

《人民日报》2017年12月7日

## 从修复"没头脑和不高兴"到对接"变形金刚"团队　上大电影学院将课堂融入创作一线

上海大学上海电影学院行健楼710实验室里，一年级博士生徐敏操作着电影修复系统。她眼前的屏幕上，经典动画电影人物"没头脑"正背着书包蹦蹦跳跳；隔壁实验室里，纯蓝色的动作捕捉系统环境，数字虚拟摄影棚、虚拟实境技术设备等，让学生的更多艺术创想成为可能。

"希望把课堂建在片场上。"正如上海大学上海电影学院院长陈凯歌所言，这里的教学为学生提供更多实践机会。今年的上海文教结合专项"高端文化艺术人才培养机构建设试点"项目，由6家试点学院承担，上海大学上海电影学院正是其中之一。

**让学生接触前沿技术**

《变形金刚》系列电影风靡全球，其强大的技术支持来自BaseFx特效视觉团队。不久前，国产电影《捉妖记》的票房之所以能一举突破20亿元，影片中奇幻精美的画面功不可没，同样是这个团队全程参与了该片的剧本、分镜、预演、拍摄。而这家"大牛"，也是上大上海电影学院上海电影特效工程技术研究中心深度合作方之一。

"电影的小说时代已经结束，代之而起的是电影戏剧时代。所谓电影的小说时代，就是人物统治银幕的时代，这个时代终结的原因正是因为互联网。技术进步把我们带到了古代神话所谓的'神仙世界'。"陈凯歌在全球电影产业创新发展论坛上坦言，中国电影人才教育需要注重艺术与技术的结合，才能完成电影产业的创新发展。

在电影教学中，如何使学生对"技术"和"故事"的有机融合有更深刻的理解？前身是上海大学影视艺术技术学院的上大上海电影学院摸着石头过河。在保持"传统强项"——电影理论研究专业优势的基础上，引入更多业界力量，让更多学生有机会接触最前沿的技术，培养高水平全产业链人才。

**电影制作专业明年6月招生**

不久前，上海大学与中国电影科学技术研究所签署战略合作协议，携手共建"上大—

电科所·电影高新技术联合实验室",由此达成电影学科与业界的合作。同时,学院还与英国知名团队方觉(The Fundry)视效软件公司建设联合实验室,与美国国家广播电视业协会、上海国际高科技文化装备产业基地签署三方合作协议,而与澳门科技大学澳门电影艺术研究院联合培养艺术人才等项目也在进行中。

最新消息传来,上海电影学院获得教育部批准,成立目前国内唯一的电影制作专业,明年6月招生。其招考方式格外引人关注,与其他艺术类专业招生不同,它将通过普通高考招生,在全国范围内寻找更多怀抱电影艺术梦想的"理科生"。执行院长何小青说,这样的专业设置和专业要求,更希望培养出在导演、编剧、摄影摄像、录音、制作等领域的通才,并使更多年轻人在此基础上发展强项,以适应现代电影工业的人才需求。(彭德倩)

《解放日报》2017年12月12日

## 十九大代表回基层:"三道人生填空题,看你怎么填?"——上海大学党委书记金东寒给大学生们上特殊思政课

昨晚6时,是上海大学冬季学期思政选修课"创新中国"的第一堂课,走上讲台的是校党委书记、校长金东寒。选课的100多名学生、众多慕名而来蹭课的同学以及思政课征文参与者,将J楼梯形大教室挤得满满的。负责这门系列思政课的顾骏、顾晓英两位教授的开场词很特别:"今晚的课,会通过专门的学习平台直播,全国已有500所高校的10多万名学生,同时在线选修了上大的这门网红课。如果在座的同学有兴趣,还可以邀请爸爸妈妈一同加入视频听课的行列。"

### 对标十九大精神

作为十九届中央候补委员,金东寒把从北京回来后首次给本科生上的思政课看得十分重要。课前,他还特意将顾骏和顾晓英等老师召集起来集体认真备课,力求将授课的主旨更好地对标党的十九大精神。

金东寒以习近平总书记在十九大报告中对青年的殷切期望为授课的引言,开始了他的"创新时代 青春出彩"专题课。"总书记提出:'青年兴则国家兴,青年强则国家强。青年一代有理想、有本领、有担当,国家就有前途,民族就有希望。'那么,当代青年如何做到有理想、有本领、有担当呢?这是每个大学生必须思考的大问题。"他说,在创新的时代,在学科高度融合的当下,青年人想要有本领、有担当,就得首先做一个学会合作的人。"电灯是谁发明的?蒸汽机和飞机又是谁发明的?这些问题恐怕每个人都能回答出来,但如果要问航天飞机、豪华游轮和航空母舰是谁发明的,一定没人能回答得出。因为,这些现代化的运载工具实在太复杂了,仅靠少数人是无法做成的。当今世界,即便是很小的部件或用品,都需要更多的人合作完成。"

### 做好三道填空题

处于求知求学阶段的大学生,该如何结合学习十九大精神思考规划好自己的人生之路呢?金东寒建议同学们着重做好三道填空题:"第一,我喜欢生活在一个充满( )的世界中;第二,我喜欢做且对他人有所贡献的是( );第三,足以形容我最正面的特质或是我想拥有的特质是( )。只有把这三道题里的空格都填写正确了,自己的人生答案也就

清晰了。"

时间很快过了晚上8时,互动环节更是将这堂课推向了高潮,同学们将一个又一个问题抛给了金东寒。"人工智能时代来临,到底是需要更多的人成为专才呢,还是成为复合型人才?""作为已经功成名就的中国工程院院士,请问金校长您的创新点又在哪里?"……

"总书记在十九大报告中说:'广大青年要坚定理想信念,志存高远,脚踏实地,勇做时代的弄潮儿,在实现中国梦的生动实践中放飞青春梦想,在为人民利益的不懈奋斗中书写人生华章!'我愿用这句话与同学们共勉。"……"中国梦""青春""奋斗",一个个关键词,勾勒出金东寒这堂特殊思政课的思想脉络。(王蔚)

《新民晚报》2017年12月14日

### "红色学府"是如何炼成的——20世纪20年代的上海大学

同一个校名,将穿越时空的两所大学连接在一起。1920年代的上海大学在短短5年时间内六迁校址,是所名副其实的"弄堂大学""陋校"。但那里集聚起来的良师、培养出来的英才,却狠狠地影响了中国革命的进程和发展的方向。

从上海大学宝山校区的正门进入,没多远就能看到东侧的"溯园"。沿着入口往里走,弧形墙体一圈一圈向内下沉延伸,直至中心的校址地图广场。地面铺设的青砖碎石小道以及带木纹的灰色墙体,使得这番细数年轮般的体验,更显庄严非凡。

作为上海大学博物馆校史陈列的室外展示区,"溯园"音同"溯源",取"追根溯源"之意,是为纪念20世纪20年代的老上海大学(1922—1927年)而建的。高低起伏、疏密相间的墙体,以大事记的方式,讲述了老上大从建校、几度搬迁直至被迫关闭的波澜岁月,上面还郑重地刻着老上大的大学章程和所有师生的名字。几组浮雕作品重现了老上大所经历的重要历史时刻,也让我们在建党初期的革命浪潮中更清晰地找到了这座被誉为"红色学府"的历史坐标。

#### 于右任邀请共产党协助办校

1920年代初期,受五四新文化运动的影响,全国各地学潮不断。1922年春天,位于上海闸北青岛路(今青云路)弄堂里的东南高等专科师范学校校长王理堂,打着"提倡新文化"的旗号,鼓吹学校已聘任了陈独秀等名人学者,招生敛财,最终引发学潮。彼时,不少学生已经深受新思想的影响和洗礼,力促校方改组,并提出可邀请陈独秀、章太炎、于右任中的一位担任校长。章当时隐居苏州,陈的行踪捉摸不定,于右任便成了最佳人选(张元隆《上海大学与现代名人(1922—1927)》)。

其实,陈独秀当时就在上海,以他作为领导人的新成立的中共及社会主义青年团组织,很可能在这次学潮和改组中发挥了一些作用。茅盾在回忆中就有过这样的表述,"学生中有与党有联系的,就来找党,要党来接办这学校",还有"中央考虑之后提出请国民党出面办学的意见"(茅盾《我走过的道路》)。但据上海大学历史系教授刘长林介绍,这一说法与亲历者——上大学生、青年团员嵇直等几人的回忆有些出入,"而且有资料显示,如果东南高师学生知晓陈独秀的政治身份,很有可能不会提议他做校长"。所以刘长林认为,茅盾关于学生找中国共产党和"中央"考虑的回忆,为一孤证,尚有待进一步的史料证明,"但上海大学创建后的教师选派方面,陈独秀作为中共领导人,通过组织,确实发挥了重要影响"。

1922年10月23日,上海大学成立,《民国日报》刊发《上海大学启事》:"本校原名东南高等专科师范学校,因东南两字与国立东南大学相同,兹从改组会议议决变更学制,定名上海大学,公举于右任先生为本大学校长。"在当时国民党处于低潮、积极寻求国共合作这一大背景下,校长于右任毫无疑问对任何"有主张、能奋斗之士"都寄予了厚望。1923年春,他和副校长邵力子在四马路(今福州路)的京津菜馆宴请来沪的中共领导人李大钊,并邀请其协助办校。乐嗣炳就曾回忆说,受邀的李大钊因北方工作走不开,"后经中共上海地方组织讨论,把上海大学作为党的干部学校,李大钊就介绍邓中夏来办上海大学"(乐嗣炳《回忆上海大学》)。

虽然刘长林在常年的史料蒐集中,并没有找到中共将上海大学作为党办学校的正式决议或文件,但是,"从上海大学的实际办学效果、历史贡献和社会影响来看,革命学府、红色学府的头衔当之无愧"。

**邓中夏、瞿秋白功不可没**

在把这所"弄堂大学"打造成为培养革命人才的高等学府的过程中,邓中夏、瞿秋白二人功不可没。邓中夏时任上海大学校务长,他在为上大拟定的章程中,明确"本大学以养成建国人才,促进文化事业为宗旨";教务长瞿秋白在《民国日报》副刊《觉悟》上发表《现代中国所当有的"上海大学"》,强调"切实社会科学的研究及形成新文艺的传统——这两件事便是当有的'上海大学'之职任,亦就是'上海大学'所以当有的理由"。至此,上海大学设有社会学系、中国语言文学系、英国语言文学系、美术科和中学部。社会学系凝聚了一批中共早期领导人和理论家,比如瞿秋白、恽代英、张太雷、蔡和森、萧楚女、施存统、安体诚等,并且首开国内高校之先河,将马克思主义社会科学理论引进课堂、编进教材、武装学生。

瞿秋白为社会学系主任,主讲社会学和社会哲学。他学识渊博、教学灵活、态度和蔼,为了给学生解释清楚问题,还多次在课后去学生宿舍讲课。早年毕业于社会学系的刘昶曾撰文回忆说瞿秋白非常受欢迎,"不仅外系的同学,甚至本校的好老师恽代英、萧楚女也来听课。教室容纳不了,只好站在窗外听课和做笔记"。

恽代英讲授国内政治、国际问题等课程。大热天里,滔滔不绝的他有时一讲就是三四个小时,有学生端茶倒水、送手帕给他擦汗,他还笑着说:"你们这是干什么!我不习惯用这个东西。"当时,恽代英还担任青年团中央委员和宣传部长,白天在学校教书,晚上就编辑团中央机关刊物《中国青年》及撰写文章。蔡和森则将恩格斯的《家庭、私有制和国家的起源》及《劳动在从猿到人转变过程中的作用》两书编成讲义,讲授社会进化史。彼时,这两本书还没有中译本,他的讲义经过整理后,作为上海大学丛书之一,后由民智书局出版。

**推动马克思主义在中国传播**

中共领导人李大钊虽然没有在上大担任教职,但非常重视和关心学校的发展,在1923年4月到11月来沪期间,数次到上大作讲演。1923年4月15日,李大钊在上海大学作了《演化与进步》一讲,说到"演化是天然的公例,而进步却靠人去做的。我们是立足在演化论和进步论上,我们便会像马克思一样的创造一种经济的历史观了",以引导学生树立积极向上的世界观和人生观。11月,李大钊又分别作了《社会主义释疑》《史学概论》《劳动问题概论》3个演讲,对社会主义、马克思主义唯物史观以及资本主义和工人阶级等问题作了深刻的剖析和阐释,鼓励青年奋发向上,追求社会进步。包括瞿秋白的《现代社会学》《社会哲学概论》、施存统的《社会思想史》《社会运动史》、安体诚的《现代经济学》等授课讲义,后来都整理成书,由上海书店出版。此外,当时的报纸杂志如《民国日报》或其副刊《觉悟》,也刊登了一些演讲和讲义内容,如蔡和森的《社会进化史》、李大钊的《社会主义释疑》、邓中夏的《中国劳工问题》、恽代英的《中国政治经济状况》、萧楚女的《中国农民问题》,等等,不仅推动了马克思主义在中国的传播,也为激发社会用马克思主义认识、分析中国问题,促进马克思主义的中国化,奠定了重要基础。社会学系的这些名师,不仅影响了校内青年学子,还通过讲义的发行影响了校外。李维汉就曾在《怀念秋白》中写到自己于1924年在湖南读到瞿秋白等编的《社会科学讲义》,并用它来讲课,"学生们受到一次马克思主义的启蒙,我也从中得到不少教义"。

**"武有黄埔,文有上大"**

除了社会学系,上大广揽贤才,打造了一支精良的教师队伍。中国文学系有陈望道、邵力子、谢六逸、沈雁冰、田汉、俞平伯、郑振铎等;英国文学系有何世桢、董承道、冯子恭、孙邦藻;美术科有洪野;中学部由教育家侯绍裘主持。教材基本都是教师自编的,如陈望道讲授的是修辞学、国文法,开明书店后来出版的《修辞学发凡》就是他当初的讲稿。当时大部分老师都为兼职授课,一些年纪轻的在讲堂上还颇有些"不自在",施蛰存就曾回忆说:"田汉那时上课都不敢看下面的学生,只顾盯着天花板,我们都不禁失声笑了。"

"大牌"师资云集,使得原本东南高师的烂摊子在短短2年时间内闻名遐迩,当时社会上广泛流传着"武有黄埔,文有上大"的说法。

在上海大学创办伊始,瞿秋白在给胡适的信中就表下决心,"要用些精神,负起责任",把上大建设成为"南方的新文化运动中心"。刘长林说,从陈独秀的思想和主张在学校的广泛传播,可以看出此时的上海大学已经成了新文化运动强大的宣传阵地。他的证据有三:一是中共刊物在上海大学的自由流通,"青年团成员在上海大学以学生自治的名义组织了书报流通处,公开销售《向导》《新青年》等";二是上海大学所用教材,有不少采编自陈独秀的文章;三是中共教师在讲述社会主义、国民革命、帝国主义等内容时,都会用褒扬的态度提到陈独秀。"新文化运动分为前期、后期,前期大家熟知的是解放思想,提倡民主与科学,而后期则是宣传马克思主义。"刘长林认为,陈独秀作为马克思主义在中国传播的先驱,也使得上海大学成为后期新文化运动传播马克思主义的一个重镇。

**共产党活动的中心**

除了系统、细致的理论学习和宣传,上大的热血青年们在有着革命斗争经验的教师的熏陶和激发下,将理论和实践相结合,投身到如火如荼的国民革命中去。这可以说是马克思主义在上海大学结出的硕果。作为革命的熔炉,上大在1924年底就被《大陆报》拿来作比,同北京大学并称为"共产党活动的两大中心"。

上大的共产党和青年团组织,当时在上海算是比较强的。有资料显示,1924年1月,上海党员50人,上大就有18人。1926年,党组织上大特别支部成立,党员61人,同年底增至130人,是全市党员最多的支部。至于青年团,1924年10月,上大团员数量几乎占上海团员的一半(中共上海市委党史研究室《1921—1933:中共中央在上海》)。

上大社会学系党团员最多,参加革命活动最为活跃,他们注重为社会服务、为大众服务,开展了各种群众性、政治性的活动,比如深入工人居住区和街道办平民学校、工人夜校、识字班,服务对象有工友、妇女、儿童,年龄最小的才八九岁。

在这过程中,上大学生李硕勋、刘华、杨之华等迅速成长为学生运动、工人运动、妇女运动的领导人,而英勇牺牲的黄仁、何秉彝则用满腔热血谱写了感人篇章,被永载史册。

1924年10月10日,上海各界举行纪念辛亥革命的国民大会,不少上大学生赴会。国民党右派指使流氓诬陷学生扰乱会场秩序,对学生大打出手。上大社会学系学生黄仁被推下讲台,不幸身亡。轰动一时的"黄仁事件"也成为上大学生献身革命的首次尝试。何秉彝随后还在《向导》上发表《哭黄仁烈士》的长诗,表示要"尽我这残生,继你的素志,为革命而战"。

1925年5月30日,上海工人、学生在公共租界散发传单,进行反帝宣传,揭露日本人枪杀工人顾正红、逮捕学生的罪行。何秉彝作为示威宣传的联络员,奔走于各条马路。下午,南京路老闸捕房的巡捕公然朝手无寸铁的群众开枪射击,打死13人,逮捕了150多人,是为震惊中外的"五卅惨案"。年仅23岁的何秉彝当场被击中,翌日因抢救无效死亡。后据《上大五卅特刊》记载,仅在"五卅惨案"当天,上大受伤的学生就有13人,被关押的达131人(《20世纪20年代的上海大学》)。

作为五卅运动先锋队的上大,始终站在反帝斗争的前沿,社会上也开始流传"北有五四的北大,南有五卅的上大"的说法。

以"养成建国之人才"为宗旨的上海大学,先后为国共双方输送了很多革命骨干。黄埔军校第一期招生是秘密进行的,孙中山在国民党"一大"开幕词中就明确表示:"惟当时各省多在军阀铁蹄之下,不易公开招生,故预先委托本党第一次全国代表大会代表回籍后代为招生。"因此参会的国共双方代表就成为黄埔一期生的招生代理人,毛泽东就在上海大学负责过一期生的复试。作为国民党元老的于右任可谓黄埔军校初创时的第一招生大户,共介绍了76名学员,这虽然跟其个人魅力、社会地位有关,但上海大学校长的身份也帮了不少忙,不少上大学生后来也都考取了黄埔军校(陈予欢《黄埔军校》)。

到了北伐前后,上海大学实质上已成为中共领导下的一所培养全方位人才的大学,涌现了一批职业革命家、理论家和文学、史学大家,包括王稼祥、秦邦宪(博古)、杨尚昆、阳翰笙、何挺颖、郭伯和、施蛰存、戴望舒、孔另境、谭其骧、匡亚明、丁玲等,都在"上大"学习并走出了一条各自发展道路。正如邓中夏所说:"上大学系虽杂,而各欲以所学从各方面企图建国的目的完成则一,只此一片耿耿孤忠,是我们大多数教职员和学生所不能一日忘的,所努力从事的,这便是和别的大学不同的地方,也便是上大的使命。"

**传承与弘扬红色基因**

1922年上大创办时条件极其简陋、艰苦,校舍就是青云里一座老式的石库门楼房,两层楼共10间房子。1924年2月,"弄堂大学"的学生数增至400人,学校迁到公共租界的西摩路(今陕西北路南阳路口)132号,同时借用了时应里、甄庆里、敦裕里民房为师生宿舍。1925年6月,英军对上海大学实行武装占领,学校在老西门勤业女子师范学校建立临时办事处,租下方斜路新东安里18号为临时校舍。7月中旬,租用中兴路德润坊(今公兴路中兴路口)为临时校舍,此时学生数已达800多人。8月上旬,确定青云路师寿坊(今青云路167弄上海海运局宿舍位置)15幢民房为校舍,弄堂口还挂上了于右任写的"上海大学临时校舍"的牌子。此时,上海大学的声誉蒸蒸日上,考虑到未来发展,校方决定筹钱建造校舍。1927年春,江湾新校舍落成(今圣堂路奎照路),4月1日,新学期开学。然而"四一二"反革命政变发生后,帝国主义和国民党给上海大学扣上"赤色大本营"的帽子,强行查封学校,新校址也挂上"国立劳动大学"的牌子。

从1922年到1927年的5年时间里,上海大学六迁校址:从青云里到西摩路、老西门、德润坊、师寿坊、江湾,是一所名副其实的"弄堂大学""陋校"。尽管期间国民党当局也数次拨款资助学校建设,但在共产党人参与管理与教学,马克思主义在学校影响日益增大的情况下,国民党当局遂在1927年国共合作破裂之际,将学校封闭。

2013年4月3日,"青云路上的红色学府"上海大学(1922—1927年)遗址纪念墙在上海市第六十中学建成。学生们根据上大青云路校舍外观的老照片,用利乐包和旧衣服为主要材料进行复原制作。2014年10月23日,"溯园"在上海大学宝山校区落成,占地1800平方米,全年向校内外开放。而老上大因颠簸流转散落在街角巷落的其他印记,也受到了世人的关注和重视。

老上大和现在的上海大学并没有血缘上的关系,之所以要追溯那段烽火岁月,刘长林认为是为了继承一种大学精神,一腔热血青春:"注重理论和实践结合,致力于服务国家和社会,这在新老上大是一致的。老上大将社会学系培养成革命人才的大本营,而在1980年4月,上海大学社会学系(时称复旦大学分校社会学系)重建,这也是1979年社会学学科恢复后中国大陆高校成立的第一个社会学系,并逐渐形成了独特的学科特色和优势。"他希望现在的上大学子,能像老上大前辈那样,不枉费大好的青春年华,严于律己,在求学和今后的发展道路上走出新高度。

同一个校名,将穿越时空的两所大学连接在一起。石库门里"弄堂大学"的简陋当然不比现代化优越的办学条件,但那里集聚起来的良师、培养出来的英才,却狠狠地影响了中国革命的进程和发展的方向。传承和弘扬红色基因,老上大的革命精神一定将继续激励来者,勇往直前。(于颖)

《文汇报》2017年12月15日

**为青年打好中国底色　逐梦新时代——上海大学思政课为什么"红"**

"思政课居然可以这么上!"近日,上海大学一堂"时代音画"通识课上,该校社会学院和音乐学院教授联袂,用音乐旋律和历史回顾,声情并茂地讲授了"国歌如何一路走来"。整个课堂学生爆满,"蹭课族"只能席地而坐。不少学生听完课后表示,原以为沉闷闷的课堂,没想到却是热腾腾,收获满满,时间也转瞬即逝,总感觉没听够。

思政课如何上才能"圈粉"?如何发挥思政课在高校立德树人的主渠道作用?上海大学探索出了全新模式:教师告别单兵作战,"项链模式"力促跨学科联袂授课;量身定做课程,价值引领与专业知识结合为青年打好中国底色,逐梦新时代。

**"国歌"里聆听时代脉搏**

从晚清时期《普天乐》《颂龙旗》等带有礼乐色彩的"国歌",到雄浑激昂的《国民革命歌》《义勇军进行曲》,记者看到,"时代音画"整堂课在两位教授的配合下,话题导入、课堂主讲、现场问答、网上互动等各环节如行云流水。讲授者不仅饱含知识,更引领听众感受国家、民族的时代发展脉搏。听课者热情参与,学生乐团还现场演奏了《义勇军进行曲》,全场齐唱国歌,把课堂气氛引向高潮。

"《义勇军进行曲》展现了中国近代史上那段血与火的淬炼,最能体现民族的斗志和决心。"上海大学本科生方晓听完课激情满满地说,今天的大学生们要勇敢走在时代前列,成为奋进者和开拓者。"

有听课教师表示,课程看似讲授文艺作品,其实紧扣时代进程中的中国主题。音乐教授带来了"艺术的眼睛",社会学者带来了"文化的眼睛",共同使思政课堂更具思辨性、人文性、趣味性。

课程主策划人之一、上海大学教务处副处长顾晓英表示,课堂成功的背后是授课团队的艰苦付出,每次开讲之前,课程负责人、主持人与主讲教师都要一起备课,对教学内容、流程和方法进行精心设计,反复修改教学方案。

**为"90后"量身定做思政课**

据了解,今年初开课的"时代音画"是上海大学"大国方略"系列思政课的组成部分。从2014年始设"大国方略",到2015年"创新中国",2016年"创业人生",2017年"时代音画""经国济民",这些为"90后"大学生量身定做的"中国课",开一门火一门,"蹭课族"席地而坐成为课堂一景。

"中国进入新时代,青年站在什么历史方位?如何迎接已经开启的新时代?思政课必须回答好这个问题。"顾晓英表示,"大国方略"系列课正是从当今社会热点和大学生迫切需求入手,努力引领他们感受时代、读懂中国、养成家国情怀,在民族未来中看到个人的前途与责任。

"大国方略"课为什么能"红"?告别思政课教师"单兵作战",让经济、历史、法学、文化、国际关系等各领域教授、学科带头人联袂授课,无疑是其"圈粉"的重要砝码。

顾晓英称其为"项链模式"——思政教师如同"项链"基底,课堂上起着穿针引线、主持串场、引导互动的作用;名家大咖则是镶嵌其上的"钻石",他们从各自专业背景出发,带给学生不同的学科视角,形成了育人的集成效应。

**让思政课成为青年人生之路的指明灯**

"上大学前,我生活在湖北恩施土家族苗族自治州的一个小山村,后来考上大学、读研究生、出国深造。我深深感到,正是得益于国家的快速发展,才能实现自己更大的抱负。"不久前的"创新中国"课上,应邀授课的国家杰出青年科学基金获资助者张建华的一番讲述,让在场学子深受感染。"我相信,在这个时代,靠着自己的努力,一定能大放异彩。"有学生说道。

本科生肖畅在"创新中国"课上聆听了上海大学无人艇团队的科研经历后,在感言中写道:"我为整个团队迸发出的团结和朝气而感动,正如老师们所说'要有心怀为国的心,才能成就大事业',这句话将成为我创新之路上的指明灯。"很多学生表示,课程带给我们的不仅是理论知识,而是共鸣感以及对未来的思考。

上海高校思想政治理论课教学改革协作组组长忻平认为,通过集体备课、共同教研,"大国方略"系列课真正做到了价值引领与专业知识的结合,做到了形散神聚。不同专业背景、不同人生阅历的教师,在同一课堂回答同一主题,把道理融入故事,用故事讲清道理,以道理赢得认同,使思政课的说服力感染力不断增强。

上海市教委表示,正在积极开展试点,支持高校推出更多"中国系列"品牌课程,使之成为广受师生欢迎的"热门课",并将通过推进集体备课等多种形式,把十九大精神全面融入多样化的思政课堂教学之中,努力为当代青年打好中国底色,逐梦出彩新时代。(吴振东　白少波　张千千)

"中青在线"2017年12月25日

# 2018 年

**大学思政课为啥火了**

"思政课居然可以这么上!"近日,上海大学一堂"时代音画"通识课上,该校社会学院和音乐学院教授联袂,用音乐旋律和历史回顾,声情并茂地讲授了"国歌如何一路走来"。整个课堂学生爆满,"蹭课族"只能席地而坐。不少学生听完课后表示,原以为沉闷闷的课堂,没想到却是热腾腾,收获满满,时间也转瞬即逝,总感觉没听够。

思想政治理论课(思政课)如何上才能"圈粉"?如何发挥思政课在高校立德树人的主渠道作用?上海大学探索出了全新模式:教师告别单兵作战,"项链模式"力促跨学科联袂授课;量身定做课程,价值引领与专业知识结合,为青年打好中国底色,引导青年逐梦新时代。

**互动参与掀热潮**

从晚清时期《普天乐》《颂龙旗》等带有礼乐色彩的"国歌",到雄浑激昂的《国民革命歌》《义勇军进行曲》,记者看到,"时代音画"整堂课在两位教授的配合下,话题导入、课堂主讲、现场问答、网上互动等各环节如行云流水。讲授者不仅传授知识,更引领听众感受国家、民族的时代发展脉搏。听课者热情参与,学生乐团还现场演奏了《义勇军进行曲》,全场齐唱国歌,把课堂气氛引向高潮。

"《义勇军进行曲》展现了中国近代史上那段血与火的淬炼,最能体现民族的斗志和决心。"上海大学本科生方晓听完课激情满满地说,"今天的大学生们要勇敢走在时代前列,成为奋进者和开拓者。"

有听课教师表示,课程看似讲授文艺作品,其实紧扣时代进程中的中国主题。音乐教授带来了"艺术的眼睛",社会学者带来了"文化的眼睛",共同使思政课堂更具思辨性、人文性、趣味性。

课程主策划人之一、上海大学教务处副处长顾晓英表示,课堂成功的背后是授课团队的艰苦付出。每次开讲之前,课程负责人、主持人与主讲教师都要一起备课,对教学内容、流程和方法进行精心设计,反复修改教学方案。

**量身定做"中国课"**

据了解,2017年年初开课的"时代音画"是上海大学"大国方略"系列思政课的组成部分。从2014年始设"大国方略",到2015年"创新中国",2016年"创业人生",2017年"时代音画""经国济民",这些为"90后"大学生量身定做的"中国课",开一门火一门,"蹭课族"席地而坐成为课堂一景。

"中国进入新时代,青年站在什么历史方位?如何迎接已经开启的新时代?思政课必须回答好这个问题。"顾晓英表示,"大国方略"系列课正是从当今社会热点和大学生迫切需求入手,努力引领他们感受时代、读懂中国、养成家国情怀,在民族未来中看到个人的前途与责任。

"大国方略"课为什么能"红"?告别思政课教师"单兵作战",让经济、历史、法学、文化、国际关系等各领域教授、学科带头人联袂授课,无疑是其"圈粉"的重要砝码。

顾晓英称其为"项链模式"——思政教师如同"项链"基底,课堂上起着穿针引线、主持串场、引导互动的作用;名家大咖则是镶嵌其上的"钻石",他们从各自专业背景出发,带给学生不同的学科视角,形成了育人的集成效应。

**品牌课程引共鸣**

"上大学前,我生活在湖北恩施土家族苗族自治州的一个小山村,后来考上大学、读研究生、出国深造。我深深感到,正是得益于国家的快速发展,我们才有机会实现自己更大的抱负。"不久前的"创新中国"课上,应邀授课的国家杰出青年科学基金获资助者张建华的一番讲述,让在场学子深受感染。"我相信,在这个时代,靠着自己的努力,一定能大放异彩。"有学生说道。

本科生肖畅在"创新中国"课上聆听了上海大学无人艇团队的科研经历后,在感言中写道:"我为整个团队迸发出的团结和朝气而感动,正如老师们所说'要有心怀为国的心,才能成就大事业',这句话将成为我创新之路上的指示灯。"很多学生表示,课程带给我们的不仅是理论知识,还有共鸣感以及对未来的思考。

上海高校思想政治理论课教学改革协作组组长忻平认为,通过集体备课、共同教研,"大国方略"系列课真正做到了价值引领与专业知识的结合,做到了形散神聚。不同专业背景、不同人生阅历的教师,在同一课堂回答同一主题,把道理融入故事,用故事讲清道理,以道理赢得认同,使思政课的说服力感染力不断增强。

上海市教委表示,正在积极开展试点,支持高校推出更多"中国系列"品牌课程,使之成为广受师生欢迎的"热门课",并将通过推进集体备课等多种形式,把十九大精神全面融入多样化的思政课堂教学之中,努力为当代青年打好中国底色,引领他们逐梦出彩新时代。(吴振东 白少波 张千千 牧小湘 王钟毅)

《人民日报(海外版)》2018年1月2日

**上海大学党委书记金东寒勉励学子:想要有本领有担当 首先要学会与人合作**

日前,上海大学"创新中国"第一课以别开生面的直播形式拉开第七季课程帷幕。该堂课旨在深入学习领会党的十九大精神,聚焦"学科融合青春出彩"主题,凸显高校如何为青年学生成才搭建平台。当天,党的十九大代表,上海大学党委书记、校长,中国工程院院士金东寒来到公开课现场并担任主讲嘉宾。他指出,在创新的时代,在学科高度融合的当下,青年人想要有本领、有担当,首先就得学会合作。

负责这门系列思政课的顾骏、顾晓英两位教授一开场就说:"今晚的课,会通过专门的学习平台直播,全国已有500所高校的10多万名学生,同时在线选修了上大的这门网红课。如果在座的同学有兴趣,还可以邀请爸爸妈妈一同加入视频听课的行列。"

在学生们的热烈掌声中,金东寒院士走向讲台。他先是感慨《创新时代 青春出彩》主编顾骏老师很不容易,因为他能专心致志花费大量时间精力认真阅读每一篇学生征文,并为入选的学生征文进行一一点评,显示了优秀教师的情怀。他又夸赞了上海大学同学"很厉害",他说,自己读了同学们的文章,很大气有想法,"今天的上大学子,让我看到了中国未来的希望!"

话锋一转,对标党的十九大精神,金东寒特别强调了党的十九大报告中习近平总书记对青年的期待和厚望,"青年兴则国家兴,青年强则国家强,青年一代有理想、有本领、有担当,国家就有前途,民族就有希望。"

当代青年究竟如何做到有理想、有本领、有担当呢?这是每个大学生必须思考的大问题。金东寒从"当今是合作的时代、合作的前提是要有专长、学会与人合作"三大方面展开课程。

他说,在创新的时代,在学科高度融合的当下,青年人想要有本领、有担当,首先就得学会合作。"电灯是谁发明的?蒸汽机和飞机又是谁发明的?这些问题恐怕每个人都能回答出来,但如果要问航天飞机、豪华游轮和航空母舰是谁发明的,一定没人能回答得出。因为,这些现代化的运载工具实在太复杂了,仅靠少数人是无法做成的。当今世界,即便是很小的部件或用品,都需要更多的人合作完成。"

上海大学社区学院理工大类学生霍治臣对此感触良多。"新时代怎么创新?创新中国公开课告诉我们,关键在合作!那么怎样才能建立一个良好的合作基础?今后,我们要遵守规则,信守承诺,在做好本职工作的前提下帮助他人。对于不同的意见和同伴的反对也要心态平和。这就构成了一个良好的合作关系,这也是新时代创新的前提。再加上坚忍不拔的精神,就一定能成功。"

金东寒的课件准备得非常充分,与团队集体备课前,他加班做PPT到凌晨四点。通过采取问题逻辑教学法,层层剥笋,把观点句句推向深入。他进一步强调,与人合作的前提首先自己要有专长,要善于合作,当务之急是要学有所成。他引用了联合国教科文组织部21世纪委员会提出的学习"四大支柱"即学会求知、学会做事、学会共处、学会做人,希望同学们能自己思考学什么的问题。(刘昕璐)

《青年报》2018年1月5日

## 思政课 叫人怎能不爱听

大学里,最难讲、最无趣、最容易"混"的是什么课?不要再脱口而出"思政课"了!

近年来,上海高校不断探索创新思想政治教育方式,从"思政课程"到"课程思政",建立起多圈层同向同行又融会贯通的"大思政"育人同心圆,让思想政治工作贯穿于大学教育全方位、全过程,春风化雨,引航成长。

大学党委书记、校长带头开讲,知名教授、行业专家联手助阵,线上线下结合、校园大师剧排演、校史教育等形式多样……思政教育,原来可以很"红"也很"炫"。

(中略)

**授课方式更多样,线上线下相结合**

"世行为什么'看涨'中国?""为什么说中国赢,就是世界赢?"去年12月21日晚,上海大学的《经国济民》课堂上,该校"十九大精神宣讲团"成员尹应凯和经济学院的两位教授、两位博士生共同主讲,把新闻时事引入课程,切实分析中国经济发展进入新时代、未来新作为等内容。教室里座无虚席,其中还有不少没选上课来蹭听的学生。

"经国济民"是上海大学自2014年11月起开设的"大国方略"系列课程中的第五门课。从"大国方略""创新中国""创业人生"到"时代音画""经国济民",这一系列公共选修课程在"国家发展和个人前途的交汇点上",引领大学生思考未来,规划人生,增进政治认同,增强文化自信。教学上,采取获得过国家级教学成果奖的"项链模式",至今已有近百位校内外各学科的名师大家与课程主持人——上海市高校思政课名师工作室"顾晓英工作室"负责人顾晓英、著名社会学教授顾骏等联袂上课。这些课程还从线下延伸到线上。其中,已有500多所学校的10万多名学生选修《创新中国》,入选了首批教育部精品在线课程,是地道的"网红课"。

(下略)(姜泓冰)

《人民日报》2018年1月10日

**走出象牙塔,书写更宏大艺术故事　上大上海美术学院携手社会力量传承海派文脉**

不久前举办的"国际现当代艺术和公共艺术研讨会"上,全球艺术家观点碰撞——"持续良性发展在于知识产出,通过物质文化的建设能够让人掌握一种技能的知识。"明斯特大学艺术史系教授乌苏拉·弗罗娜说。德国学者卡特琳娜则表示,物质文化是一个产品,但我们不应该只是强调如何生产,而是要掌握这种生产的知识,才可以举一反三发展。与会老师姜俊提出,公共艺术作品体现当地文化,但文化本身起源于教育和传承,所以教育传承也是最基本的要求,它应当比艺术本身更受到重视。

活动举办方之一"中国现当代艺术研究中心",是由上海大学上海美术学院携手中华艺术宫合作共建的学术研究平台。中心整合校内外和国内外相关资源,通过联合策划组织各类展览活动,共同进行专题学术课题研究,开展各种形式的教育和培训计划。

**8家研究机构启动**

走出象牙塔,书写更宏大的海派艺术文脉。去年年底,依托上海"文教结合"试点学院项目,上海美院与社会艺术力量合作,启动建设包括现当代艺术研究中心在内的8家研究中心和研究所。

现当代艺术研究中心制定了三年建设规划,以打造都市美学为出发点,服务城市建设为核心,把美院的学术资源、学科优势和优秀人才等资源,与艺术宫的发展规划对接,为其提供来自高校的智力支持和智库服务。现当代艺术研究中心负责人之一、上海大学上海美术学院副院长金江波介绍,借助中华艺术宫丰富的展览活动与丰厚的馆藏珍品,通过现当代艺术史的重要事件和代表性人物的研究,梳理文化资源和教育资源,将馆院合作的系列课题转变为社会共享的知识成果,丰富群众精神文化生活。此次启动的研究中,不仅包括对华君武日记的研究及艺术档案数字化等内容,还有以海外优秀华人艺术家50年的创作成就为线索,研究与展示"中国现象、中国风范、中国艺术"的系列项目。

此外,扶青计划与青年学术和创作联展、"魅力中国·美丽乡村"计划,以及艺术与科学主题展等多项活动也将相继展开。值得关注的是,以此为桥梁,艺术研究的国际化网络也正在布局。未来,"一带一路"艺术计划的实施也将带动国际知名艺术机构与现当代艺术研究中心等形成国际美术馆合作共同体,并激励更深入的艺术家、艺术作品"互访"。

**首部海派绘画研究通史初稿完成**

除现当代艺术研究中心外,上海美院还设置与上海中国画院共建的中国书画创作研究中心、与上海油画雕塑院共建的近现代美术文献研究中心、与刘海粟美术馆共建的刘海粟研究中心,以及历史文化研究所等7家研究机构,将艺术合作的枝蔓伸展更广。

其中,历史文化研究所近日传出消息,两本高品质研究成果即将出版。研究所负责人之一、中国美院教授卢辅圣的《海派绘画史》,是第一部海派绘画研究的通史著作。该书厘清海派绘画发展史上的诸多关键性细节问题,并为今人提供了理解海派绘画史的新框架和新思路,几十万字的稿件已经初步完成。(彭德倩)

《解放日报》2018 年 1 月 17 日

**加强新时代高校思想政治理论课建设现场推进会发言摘登**
**把思政课纳入"双一流"建设重点任务**

办好中国特色社会主义大学,根本任务在于立德树人。上海大学把思政课作为人才培养核心课程,纳入"双一流"建设重点任务,从课程内容、师资队伍、教学方法等多方面深化改革,将思政课建设成深受学生欢迎的热门课程。

汇聚多学科育人资源,增强思政课堂理论说服力。一是开展集体备课,将习近平新时代中国特色社会主义思想融入课堂教学。上海大学制度化推进集体备课会,校领导全程参与,哲学社会科学其他专业教师共同讨论,"备理论""备学生""备热点""备方法",遵循教学规律,贴近学生特点,使党的理论创新最新成果有计划、分专题地进入课堂,根植于大学生思想深处。二是深入研究教材,发挥马工程统编教材优势。积极建设立体化教材体系,基于大中小学德育课程一体化思路,参与编写《高校思想政治理论课教学指南》《高校思政课教师学养读本》,着力解决高校思政课与中学政治课在教学内容上的衔接,帮助教师把教学重点难点讲深讲透。三是打造品牌,建设好"中国系列"思政课选修课。邀请哲学社会科学领域多位知名专家学者,组建跨学科、跨院校、跨地域的教研一体化师资团队,在全市率先推出"大国方略"思政课选修课,第一时间推动马克思主义中国化最新理论成果进教材进课堂进头脑。

打造多元化师资团队,增强思政课堂吸引力。一是强化思政课教师队伍建设,构建"立交桥"式培养体系。充分运用上海市示范马院、上海市马克思主义理论高峰学科等平台资源,以"请进来"与"走出去"相结合的方式,一方面邀请全国知名专家来校讲学,打造"上海大学思政课教学论坛"等品牌项目,让教师不出校门就能和全国的名师大家交流互动;另一方面选派骨干教师外出进修培训,构建生态式队伍培养体系。二是首创"项链模式",汇聚各条战线优秀人物走进思政课堂。学校自2006年开始探索"项链模式",在思政课堂引入名师大家、党政领导、企业高管等各条战线精英人物,构建了专兼结合、结构合理的思政课教学人才体系。三是依托同城平台,实现全市优师资源共享。自2014年起,上海市教委在上海大学试点"高校思想政治教育同城平台计划",专门设立招生名额,邀请全市高校知名专家、教师来校担任兼职博导、硕导,组建联合导师团队,提升马克思主义理论学科研究生培养水平。

推出多样化教学改革,提升思政课堂实效性。一是课堂始终回应大学生现实疑惑。结合大学生思想实际,深化"问题解析式"教学方法改革。在近8年的实践中,上海大学共收集整理学生原始问题近10万个,建立了多角度、多层面的课程教学问题库,编撰出版《思考与解读》《释疑与解惑》《教学与实证》等系列教学研究成果。二是课堂始终注重话语体系转化。连续举办7届"上海大学思政论坛"、204期社科论坛,组织实施28期教学基本功培训,帮助教师以话语创新"让马克思讲中国话,让专家讲家常话,让基本原理变成生动道理,让根本方法变成管用办法",增强理论回应时代问题的能力。三是课堂始终与信息技术运用相结合。进行"微课程"教学改革,建立思政课"微课程"视频库,探索了基于问题解析的课堂课外、线上线下连接式教学模式,师生在"乐乎圈子"网络论坛上发帖成千上万,表达真情实感,通过课堂互动、随堂反馈、课后网络互动等方法,发挥教师主导作用,满足学生自主学习需要。(中共上海大学委员会)

《中国教育报》2018年1月18日

**侨情乡讯·新侨经验分享会在沪举办**

近日,由上海市政府侨办经科处、上海大学统战部、上海市华侨事务中心联合主办,上海大学侨联承办的"新侨创新创业经验分享沙龙"活动成功举办。来自上海的新侨创新创业者、青年侨商代表、新归侨等35人参加。

围绕"创新创业经验分享"主题,与会嘉宾围绕各自创新创业历程和经验、在创新创业过程中面临的主要困难和需求、对上海构建良好的营商环境及科创中心建设、对涉侨部门的期待和建议等议题开展热烈讨论。

下一步,上海市侨办将进一步优化活动机制,提升品牌效应,发挥平台作用,为新侨创新创业者用心做好服务,逐步形成新侨创新创业者"生态圈",努力推动具有上海特色的"为侨服务体系"建设。

**青田举办华侨回归发展论坛**

近日,浙江省青田商会举办"侨乡情、甬城梦"华侨回归发展论坛,邀请了专家学者和青商一起探讨新形势下青田籍浙商回归的机遇、挑战及青田经济的发展。

论坛上,中共中央党校二级教授刘学侠发表了题为《共商共建共享 同逐中国梦》的主题演讲,在宁波的青商朱光然和傅旭敏则向与会人员分享了他们的创业故事,并激励与会人员在创业的路上要不忘初心,谱写新篇章。

**三明举行涉侨司法维权会议**

近日,福建省三明市中级人民法院、市外侨办、市侨联联合在"三明市侨益司法保护示范中心"——明溪县沙溪乡梓口坊村举行2018年三明市涉侨司法维权联席会议。

福建省高院高级法官邱瑞麟,三明市人大侨台委副主任王小涛,市政协港澳台侨和外事委副主任叶爱珠,市中院副院长罗继民等参加会议。

会上,与会单位分别介绍了各自涉侨维权工作情况,通报了2017年全市涉侨案件的办理情况,并就创新全市侨益保护工作、健全完善工作协调机制等进行了交流探讨。

会议还通过视频连线,为旅居奥地利的华侨邓彩芳提供了在线法律咨询解答。

**为侨服务示范单位落户广西**

近日,广西柳州市外事侨务办公室对该市天和社区创建"全国为侨公共服务示范单位"进行授牌仪式。该社区系广西首个获得此称号单位。

2017年,国务院侨务办公室启动"全国为侨公共服务示范区和示范单位"的评选工作。希望通过示范引领,大力推动为侨公共服务体系建设,进一步激发社会各界为侨服务的积极性、主动性和创造性。

据天和社区主任陈政华介绍,该社区利用工作室、图书等资源,建立侨眷文化活动室,并率先以网格为单位,建立联络员队伍,定期上门走访归侨侨眷,为其解决困难。

《人民日报》2018年3月23日

**中国智库月度大事记**

**2018年1月**

· 1月6日,国家发展与城市治理青岛高端论坛暨中国人民大学国家发展与战略研究院青岛分院成立仪式在青岛举行。多名知名学者出席论坛,并围绕本次论坛主题"国家发展与城市治理"展开讨论。

· 1月8日,北京外国语大学与中国社会科学院拉丁美洲研究所共建北外拉丁美洲研究中心协议签字仪式暨拉丁美洲研究人才培养与智库建设论坛在京举行。

· 1月8日,《甘肃蓝皮书》《西北蓝皮书》系列成果发布会在甘肃兰州举行。此次会议就《甘肃蓝皮书》《西北蓝皮书》编研的基本情况,蓝皮书——新型智库的一个有效抓手,提高《甘肃蓝皮书》编研质量,加强甘肃省特色新型智库建设和创新智库平台等内容进行介绍、开展讨论。

· 1月9日,由中国工程院、天津市人民政府合作共建的中国新一代人工智能发展战略研究院在天津滨海新区召开领导小组第一次会议暨学术委员会第一次会议。当天,领域内17位知名院士、专家受聘学术委员会,并为该院的未来工作"把脉定向"。

· 1月11日,中国昆明南亚东南亚国际物流研究院与柬埔寨合作与和平研究院签署智库合作协议。双方建立基于澜湄合作机制框架下的智库间交流合作机制,将联合举办"中柬智库对话会"等活动,共同开展国际合作项目研究,为中柬经济走廊互联互通建设贡献智慧和力量。

· 1月12日,广州开发区管委会与亚洲金融合作协会签署《亚洲金融合作协会广州开发区管委会具体合作协议》。亚金协金融智库、亚金协智库年会将落户广州开发区。

· 1月13日,中国国际经济技术合作促进会"2018新年专家智库强国论坛"在京召开。论坛意在落实党的十九大报告和中央经济工作会议精神的要求,履行学会搭建平台的职责,充分发挥智库作用,助力以科技支撑推进我国经济高质量发展。

· 1月13日,由国务院发展研究中心指导,中国经济时报社主办的"第九届中国经济前瞻论坛"在京举行,论坛聚焦"新时代的中国经济"。

· 1月16日,东中西部区域发展和改革研究院、上海大学智库产业研究中心在京主办"党建智库研究管理中心成立暨构建新型党建智库专题座谈会",来自中央组织部、中央党校等单位的党建专家参加会议并展开研讨。

• 1月18—19日,"政产学研大数据融合应用(贵州)"研讨会在贵阳举行。会上,贵州省大数据发展管理局与中国知网联合发布了贵州大数据智库平台,其中"法律大数据平台"是重要服务板块。

• 1月19日,由浙江工业大学主办,浙江工业大学全球智库研究中心承办的《中国大学智库发展报告(2017)》研究成果发布会在京召开。报告聚焦中国大学智库的建设和发展,通过提出大学智库评价的"三维模型"和指标体系,为中国大学智库的建设和发展提供新视角与新方法,打造出智库评价的"中国标准"。

• 1月20日,兰州大学"一带一路"研究中心揭牌仪式暨首届"一带一路"高端学术论坛在兰州大学举行。中心将努力探索"智库+"模式,全力聚合智库资源,积极在人才培养、科学研究、成果转化等方面加强共享和交流。此次论坛由甘肃省人民政府、兰州大学和中国人民大学重阳金融研究院联合主办。

• 1月22日,由宁夏社科院编撰的"宁夏智库丛书"发布。该套丛书聚焦近百个选题,除关注发展理念、自治区"三大战略"等重点选题之外,还对打造西部地区转型发展先行区、宁夏沿黄科技创新改革试验区、宁夏沿黄生态经济带、银川都市圈、全域旅游、实施乡村振兴战略、农村土地承包经营权有偿退出机制等热点问题深入研究。

• 1月22日,浙江省旅游智库成立会议在杭州召开。会议产生了25位智库专家委员名单,讨论汇报了智库章程及2018年工作计划,并发布了智库首批研究课题。

• 1月22日,福州大学、中国社会科学院国家全球战略智库、晋江市人民政府联合组建福建"海上丝绸之路发展智库(晋江研究基地)"。该智库是合作方共建、公益服务导向的非营利性社会团体研究机构,旨在建设成为具有决策影响力、学术影响力、社会影响力和国际影响力,以"海上丝绸之路"为核心研究领域。

• 1月27日,2018互联网大数据与社会治理南京智库峰会在南京举行。峰会由人民网、中国社会科学院新媒体研究中心与中共南京市委宣传部主办。

• 1月28日,由国务院发展研究中心指导,中国企业评价协会联合中国移动通信集团有限公司共同主办的第十六届中国企业发展高层论坛在京举行,会上发布《中国企业发展报告2017》和"2017中国企业社会责任500优"榜单。

• 1月30日,由美国宾夕法尼亚大学智库研究项目编写的《全球智库报告2017》在全球发布。据该报告显示,2017年,美国以1872家智库数量位居全球第一,中国位列第二,拥有512家智库。

• 1月31日,由中共中央对外联络部主办的金砖国家智库合作中方理事会2018年年会在京举行,会议主题为"凝聚中国智慧,开辟金砖合作光明未来"。

• 1月31日,由人民日报社指导,人民论坛杂志社、国家治理周刊、人民智库共同主办的中国诚信建设高峰论坛在人民大会堂召开。

(下略)

《光明日报》2018年4月5日

### 为了民族复兴·英雄烈士谱　五卅运动领袖刘华：舍生取义为劳工

清明节前后,近万名干部群众自发来到四川省宜宾县烈士陵园纪念堂举行纪念活动。早期中国工人运动杰出领袖、五卅运动期间著名烈士刘华的英雄事迹展品陈列其中。

刘华,原名刘炽荣,字剑华,四川省宜宾县泥溪镇陈车沱(现新泥村)人,1899年9月10日出生。1923年8月,刘华进入上海大学附中半工半读,当时上海大学由中国共产党参与创办。在校期间刘华如饥似渴地学习新思想、新知识,探索马列主义真理。在邓中夏、瞿秋白等人的教育和引领下,同年11月刘华加入了中国共产党。

1925年2月9日,为抗议上海日本纱厂无故开除40余名工人、拘捕4名工人代表的恶劣行径,上海4万余名工人在中国共产党的领导下第一次举起反帝国主义的大旗,发动了震惊中外的"二月罢工"。刘华是这次罢工的前沿总指挥之一,他与工人同吃同住,写标语、印传单,募集捐款,组织宣传演讲,鼓动工人参加罢工。最终,在全国各界的声援下,不可一世的日本资本家与工人谈判并签约,罢工运动取得胜利。

"二月罢工"的胜利,不仅锻炼了上海工人的战斗能力,也使刘华声名鹊起。随后,他被工人拥戴为上海日本纱厂工会委员长。5月1日,在广州召开的第二次全国劳动大会上,刘华又被选为中华全国总工会执行委员。

1925年3、4月间,日商纱厂资本家破坏"二月罢工"复工协议的事件不断发生。5月15日,顾正红带领工人据理力争合法权益,反对日商关厂的阴谋,然而该厂竟开枪屠杀工人,制造了"顾正红惨案"。顾正红的牺牲也成了五卅运动的直接导火线。

5月30日,上海2 000余名青年学生等人士在租界内散发传单、发表演说,高呼"打倒帝国主义"等口号,遭遇英国巡捕开枪射击,打死打伤我中华同胞,由此酿成震惊中外的五卅惨案。

五卅惨案发生当晚,中共中央在上海开会,决定组织行动委员会,建立各阶级反帝统一战线,发动全上海罢市、罢工、罢课。同时,决定公开上海总工会组织,刘华任副委员长兼第四办事处主任。

大罢工在上海坚持了三个月之久,参与者仅以产业工人计即达22万人以上。刘华为了组织和领导上海工人,"废寝忘食、积劳成疾、几至不起",肺病日重。

9月,帝国主义和北洋军阀政府联合,加紧镇压五卅运动。11月29日,面对险恶形势,刘华不顾病体,在前往南市公共体育场参加群众大会时被捕,之后党组织多方设法营救未果。12月17日,刘华遭"秘密枪决,灭尸不宣",牺牲时年仅26岁。

刘华牺牲的第三天,上海总工会向全国发表通电,要求全国工人悼念"我们最亲爱最勇敢的领袖""踏着我们领袖的血,继续奋斗!"12月30日,中共中央机关报《向导》周报在头条用醒目标题刊出《悼刘华同志》,盛赞"刘华同志及其他积极奋斗的战士,领导全中国的劳动群众向帝国主义和军阀示威,造成了这半年来轰轰烈烈的五卅运动",并称刘华是"真正的共产党员"。

刘华烈士牺牲已经90余年,但他舍生取义的精神激励着中华儿女为实现崇高理想而努力奋斗。刘华昔日家乡泥溪镇如今风景如画,百姓生活富足,成了宜宾县岷江蔬菜产业园核心区之一。2017年底,全镇GDP达到4.3亿元,实现工业增加值5 828万元,农

民人均年纯收入达到1.47万元。(吴文诩)

《人民日报》2018年4月23日

### 上海大学文学院举办庆祝"五四"青年节暨第八届"文学之夜"活动

5月4日晚,上海大学文学院举办了以"文学传雅韵,馨香四十年"为主题的庆祝"五四"青年节暨第八届"文学之夜"活动。活动将作家请进校园,目的是使师生有机会近距离接近作家,走进文学世界,丰富校园文化生活。

军旅作家周大新结合自己的文学经历,发表了《小说是一种药品》的演讲。关于"小说是什么"的问题,每个作家都有自己不一样的回答;而在周大新看来,小说还是一种治疗心理疾患的药品,无论是相思成疾、早期抑郁,人生狂妄亦或是心烦意乱,阅读小说都能对不同的"病"予以有效的治疗,给人以心灵的抚慰。周大新鼓励大学生多读好的小说作品,有助自己的心理健康。

上海青年作家张怡微则以"虚构的邀约"为主题,和观众们探讨关于"虚构"的话题。张怡微以电影为切入点,引出"虚构"的独特魅力。回顾自己的文学和教学经历,张怡微表示她在其间学到了很多。小说创作是一个构建关系的过程,日常生活同样需要建构"关系",小说里发生的事,本身就是一场"虚构的邀约"。张怡微也在现场向观众们发出"邀约",邀请大家带着对写作的兴趣,"与征服世界的方式做联结,与相信自己的读者做契约般的联结"。

"乡土三部曲"作者叶炜围绕"文学生存与诗意栖居"的主题展开演讲,他认为所有的文学创作都是有其重要意义的。青年评论家项静则做了《坚毅与自立:青年写作者的倒影》的主题演讲,分享属于她的文学体验。

此外,周大新还就自己的创作,在晚会现场与谭旭东老师进行了一场精彩的微对话,畅谈军旅文学的话题,引发现场师生共鸣。

在本次文学之夜的现场,还进行了微小说大赛的颁奖仪式,周大新老师为获奖的同学们颁奖,鼓励青年人的文学创作,并对学生们寄予深切的期盼和祝福。(桂杰)

"中青在线"2018年5月6日

### 科技短波·中国服务机器人大赛举办

本科大智能杯中国服务机器人大赛日前在上海健康医学院落幕。大赛由中国自动化学会、教育部高等学校自动化类专业教学指导委员会主办。北方工业大学、陆军工程大学、复旦大学等80多所大学参与比赛,分57个赛项展开,涵盖了家庭服务机器人、医疗服务机器人、助老服务机器人、农业服务机器人、教育服务机器人五大板块。上海大学获7项冠军,北京信息科技大学获4项冠军,上海健康医学院获2项冠军,西北农林科技大学获2项冠军。(黄舒宁)

《人民日报》2018年5月18日

### 大学要提供更有力人才支撑智力支持·李强在同济上大调研指出,要始终立足大局、联系实际,积极服务国家战略,全力参与上海建设

(上略)

上海大学作为本市首批高水平地方高校建设试点,正积极实施人才强校战略,加快建设一流学科。李强来到上海大学,听取上海大学党委书记、校长金东寒关于学校近年来改革发展以及人才培养的工作汇报。李强说,上海大学成立以来为服务国家战略和全市经济社会发展作出了积极贡献,市委、市政府将继续支持上海大学建设发展。

在上海大学美术学院,市领导察看了2018届本科优秀毕业作品展,详细了解学院下一步发展规划。李强说,美术学院教书育人,要立足为艺术、为生活、为城市,充分营造处处有艺术、处处有美学的良好氛围,为上海国际文化大都市建设作出更大贡献。

无人艇工程研究院集控制、人工智能、机械、力学、通信、数学等为一体,经过10年的技术突破,研制了八代"精海"系列无人艇,搭载在海监船、海巡船、海调船、雪龙号上。李强察看了海洋智能无人系统装备,在同科研带头人交谈时了解到团队平均年龄31岁,一批青年科技人才已脱颖而出,他给予充分肯定,指出重大科技创新成果是国之重器、国之利器,能够参与这样的科研事业,非常有意义,希望大家勇攀科技高峰,在新时代科技创新大潮中大显身手、建功立业。

高品质特殊钢冶金与制备国家重点实验室以国家对高品质特殊钢的重大需求为导向,展开应用基础研究和关键技术研发。李强详细了解有关项目研发进展,强调要聚焦最有条件、最有优势的领域增强自主创新能力,加强学科之间协同创新,更好服务国家重大战略需求。

市委常委、市委秘书长诸葛宇杰参加调研。

《解放日报》2018年5月22日

**床单、背带裙、情侣装……上海大学生毕业季捐出旧衣助力慈善**

陪伴自己睡了四年的寝室床单、曾为守护公主梦而下单的背带裙、始终没勇气送出的情侣装、大半部分还是全新的单词书……毕业季里,大学生的旧物、旧衣何去何从,如今成为每个毕业生都会面临的难题。

日前,由上海青年志愿者协会、上海"保护母亲河·绿色希望工程"领导小组办公室、青年报·青春上海等共同主办的"衣旧有温暖 环保致青春"2019绿色毕业季环保捐衣大赛倡议大会在东华大学举行。活动旨在打造绿色毕业季,鼓励高校毕业生将闲置衣物环保回收,践行绿色环保理念。

记者注意到,主办方为毕业"断舍离"提供了"轻松环保、简单公益"的途径。即日起至7月10日,毕业生可通过组团捐衣的方式参与大赛。无论是闲置的衣服、包包、鞋子,还是床单被套、小毛绒玩具等,都可以在"飞蚂蚁"平台上创建参赛团队,邀请队员参与。在收齐捐赠衣物、确定捐衣地点和时间后,将有工作人员免费上门回收。各个团队还能在平台上看到各自的捐衣总量和排名。

据悉,回收后的闲置衣物首先将进行严格细致的分拣,并通过三种途径焕发"新生"。闲置衣物尤其是冬衣,将捐赠给偏远贫困地区的孩子们;部分将用于"衣旧焕新"残健融合项目,为残障人提供辅助性就业;还有部分不合适捐赠的衣物将用于环保再生。(王烨捷)

《中国青年报》2018年5月24日

## "人工智能"公开课暨"课程思政"教学论坛在上海大学召开

5月21日至22日,响应新时代,打造精彩课堂——"人工智能"公开课暨全国高校"课程思政"教学论坛在上海大学召开。上海大学副校长聂清出席论坛并致辞,教委高教处副处长赵丽霞发表讲话。数十名专家学者参加观摩课、出席教学论坛。

上海大学校党委常委聂清副校长、上海市教委高教处副处长赵丽霞、上大组织部部长王军华、党委宣传部部长胡大伟、教师工作部部长曹为民、社会科学学部党委书记余洋和教务处处长彭章友等出席会议。《思想理论教育》常务副主编曹宁华、贤云教育科技公司王云开和新华社记者吴振东以及来自上海市教委、上海社科院、复旦大学、同济大学、华东师范大学、上海外国语大学、东华大学、山东大学、上海应用技术大学、南开大学、西北工业大学、天津科技大学、南京理工大学、合肥工业大学、北方民族大学和上海大学的专家学者与会。

本次活动旨在学习研究宣传贯彻习近平新时代中国特色社会主义思想和党的十九大精神,实施"大工科"教育改革,研讨如何打造精彩课堂,扎实推进"课程思政"。本次直播观摩课暨教学论坛由上海大学教务处、上海高校思想政治理论课名师工作室——顾晓英工作室承办。

论坛以上海大学首届"课程思政"微课教学比赛颁奖仪式开场,后以主题报告、课程建设经验交流、学术研讨交流互动相结合的形式进行。教务处副处长顾晓英介绍了微课教学比赛赛事,并播放微课片花。贤云教育科技王云开讲解了优秀微课的评选要点;同济大学本科生院副院长谢双媛教授对上大微课教学比赛进行点评。之后,副校长聂清携部处领导为"课程思政"微课教学比赛组织奖单位和老师们颁奖。

《社会科学报》2018年5月25日

## 为了民族复兴·英雄烈士谱 季步高:书生退学从戎 烈士英名永存

浙江龙泉市安仁镇的西南方向,在天平山脚下季山头村,有一座白粉墙的普通民房,它就是革命先烈季步高的故居。

大门正上方有一块匾额,上书"爱吾庐"三个字,大门右边竖立着"季步高烈士故居"的石碑,正堂板壁上悬挂着季步高烈士遗照和革命烈士荣誉证书。季步高少年时代就学习、生活在这里。

季步高,名大纶,号凌云,笔名布高,1906年出生在浙江龙泉天平乡季山头村。1922年夏,他考上上海东南高等师范专科学校(同年10月更名为上海大学),受到进步思想影响。1925年6月,考入广州黄埔陆军军官学校第四期。同年9月,在学习期间加入中国共产党。

1926年春,季步高根据党的指示,从黄埔军校中途退学,转到中华全国总工会省港罢工委员会工人纠察大队,专门负责训育处工作。其间,他积极协助2 000多人的工人武装进行培训,负责讲授《社会进化史》《共产主义ABC》等革命理论课程,同时协助编辑出版罢工委员会的机关刊物《工人之路》。

1927年4月12日,蒋介石在上海制造了"四一二"反革命政变。广东的国民党右派遥相呼应,于4月15日在广州开始反革命大屠杀。季步高等率领纠察队进行反击,但由于敌众我寡,纠察队被迫转入地下。

随后,中共广州市委在一片白色恐怖下成立,季步高临危受命,担任中共广州市委委员,负责秘密组织工人武装队伍。

1927年11月,中共广东省委根据党中央指示,决定举行广州起义,季步高协助做了大量准备工作。12月11日凌晨,广州起义的红色信号弹划破了南方漆黑的夜空。季步高率部分工人赤卫队员,配合起义军主力——叶剑英领导的军官教导团,攻打广州市公安局。

起义期间广州第一个工农民主政府——广州苏维埃政府在炮火中诞生,季步高被委任为苏维埃军事委员会军械处处长。由于敌我力量悬殊,广州起义不幸失败。季步高按照党的指示,转赴香港。

1928年1月上旬,中共广州市委重新成立,季步高为市委委员,很快秘密返回广州。此时广州的反动势力极为猖獗,到处笼罩在白色恐怖中,斗争异常尖锐残酷。1月下旬,刚刚建立的市委机关即遭敌破坏。1月30日,中共广州市委再次重建,季步高临危受命,担任中共广州市委书记。他想方设法秘密联络、收拢被打散和隐蔽在各处的共产党员和共青团员,恢复和重建党的组织。十几天后市委机关再次遭到破坏。季步高早已将个人安危置之度外,在万分险恶的情况下,带领同志们分散隐蔽进行革命斗争。

4月13日,季步高当选为中共广东省委候补委员,并继续在广州开展地下工作。7月,去香港向省委汇报和请示工作时,不幸被港英当局逮捕,遂被引渡回广州反动当局。

在狱中,他受尽了敌人的残酷刑讯和拷打折磨,但他视死如归,始终保持了共产党员宁死不屈的崇高气节。

1928年冬,季步高就义于广州红花岗,牺牲时年仅22岁。(许舜达)

《人民日报》2018年5月31日

**上海大学成立商业不动产研究院**

5月29日,"上海大学商业不动产研究院"正式挂牌成立,该研究院由上海大学与青岛上朝信息科技有限公司联手打造,力图在校企之间搭建起一座资源共享、产学研用共融的合作平台,将高校科技成果孵化到企业应用的同时,也将企业需求及时反馈回高校,开启互惠共赢的校企合作新模式。

据悉,该研究院主要依托上海大学管理学院,同时联合计算机工程与科学学院、机电工程与自动化学院,发挥学科交叉优势,根据企业需求对商业不动产等领域进行重点研发与创新;针对运行管理、信息共享、智慧物联、机器人、设备控制、行业规范、业界标准、人才培养等热门课题,还将组建专题小组进行专门研究,提出最优解决方案。

上海大学与青岛上朝信息科技有限公司以此次合作为契机达成共识,随着合作的深入与成熟,双方还将进一步探索与建立校企合作共同体管理机制、建设机制和实践机制,用累累硕果书写校企合作共谋发展的新篇章。

《解放日报》2018年6月4日

**为了民族复兴·英雄烈士谱　俞昌准:碧血今朝丧敌胆,丹心终古照亲人**

5月的安徽安庆菱湖公园清风徐徐,绿荫片片,不少市民在公园里悠闲散步、游览。

1922年农历九月初九,15岁的俞昌准与友人就在菱湖"泛舟往游"。他写道:"方在初秋,寒暑适中,山有雾而皆清,水共天而一色。湖之四周,虽其大不过数里,而可爱者甚繁。斯湖虽以菱名,而植藕盛,荷花虽没,而叶犹新。"

俞昌准,1907年出生,安徽南陵人。1923年赴沪求学,就读于上海南洋中学。18岁时,俞昌准进入上海大学社会系就读。其间,受在该校任教的共产党人邓中夏、瞿秋白等人的影响,俞昌准开始接受马克思主义和共产主义理想。1925年秋,俞昌准在上海加入中国共产主义青年团,1926年转为中国共产党党员。

1926年8月,俞昌准受党组织派遣回到安徽南陵,开展建立党组织的工作和发动农民运动。1927年春,俞昌准调任中共芜湖特支书记,他返回家乡谢家坝,成立了谢家坝党小组,从群众中发展党员,建立党支部,走村串户宣传土地革命思想。

大革命失败后,俞昌准在芜湖一带开展地下斗争,创办《沙漠周刊》,宣传马克思主义,揭露国民党反动派的罪恶行径,明确地提出"敌人有机关枪大炮,我们有斧头镰刀"的口号,深入厂矿工人群众中,组织工人群众建立党组织,号召工农大众与国民党反动派作坚决斗争。

1928年1月,在俞昌准等人的领导下,南芜边区苏维埃政府在谢家坝宣告成立,这是在大革命失败后,安徽诞生的第一个红色农民运动政权。随后,俞昌准领导发动的南芜边区农民武装暴动,犹如一声春雷响彻南芜边区,极大地鼓舞了革命士气,有力地打击了地方反动势力的嚣张气焰,为安徽省农民革命运动树立了一面光辉的旗帜。

武装暴动遭镇压后,俞昌准转移到安庆,在极其危险的环境中,以安徽大学学生身份作掩护,领导组织学生运动。1928年11月22日晚,他因叛徒出卖被捕入狱。在狱中,他理直气壮地反驳敌人:"我们共产党领导全国人民推翻黑暗统治,创造光明的新中国,何罪之有?"1928年12月16日,蒋介石下令,俞昌准被国民党军警杀害于安庆北门外刑场,牺牲时年仅21岁,难友从狱中带出他用铅笔写下的两行字:"我知必死,望慰父老""碧血今朝丧敌胆,丹心终古照亲人"。(鲍晓菁)

《人民日报》2018年6月6日

### 为了民族复兴·英雄烈士谱 何挺颖:不朽井冈英雄

陕西省巴山北麓汉山脚下的南郑区何家湾村是一个翠竹环绕的小山村,这里是井冈山时期著名军事指挥员何挺颖的家乡。

何挺颖,1905年5月出生于陕西南郑,1920年考入汉中联立中学,在校期间他组织进步读书会,率先写白话作文。1923年,何挺颖参与发起成立了学生会,联络南郑学生,掀起了一场反帝爱国学生运动。他在面对当地一些丧失民族气节的悲观论调时写下诗句:"散沙枉多四万万,热度只有五分钟!中国不亡非天理?午夜徘徊心如焚。"

1924年中学毕业后,何挺颖考入上海大同大学数学系,同时开始接受革命思想影响。1925年5月参加五卅运动,6月加入中国共产主义青年团。随后为了革命的需要,他毅然转入上海大学社会系,学习革命理论。他在给劝阻他转学的同学左明的信里写道:"对数表里查不出救国的良方,计算尺不能驱逐横行的豺狼。"并附诗:"南京路上圣血殷,百年侵华仇恨深。去休学者博士梦,愿作革命一新兵。"同年冬,何挺颖转为中国共产党党员。

1926年夏,何挺颖受党组织派遣到北伐军部队任团指导员,参加北伐战争。1927年"七一五"汪精卫叛变革命后,党组织又派何挺颖到原武汉政府警卫团干部连任党代表。同年9月,在团长卢德铭率领下,何挺颖参加了湘赣边界秋收起义,任工农革命军第一团一连党代表,9月29日三湾改编中,被任命为第一团三营党代表,随部进军井冈山。10月23日,在进军井冈山途中时遭敌军袭击,与毛泽东率领的团部和一营失去了联系。何挺颖和营长张子清率部队转战茶陵等地,并与茶陵县工农兵政府主席谭震林会合,同年12月将部队带上井冈山,何挺颖随即被任命为第一团党代表。从此,何挺颖在毛泽东的直接领导下,参加了开创井冈山革命根据地的斗争。

1928年4月,朱德、毛泽东率领的两支红色武装在井冈山胜利会师,组建了中国工农革命军第四军,下辖四个团,朱德为军长,毛泽东为党代表,陈毅为政治部主任,王尔琢为参谋长兼二十八团团长,何挺颖任第三十一团党代表。在毛泽东、朱德的领导下,何挺颖率部参加了攻打龙源口、围困永新城等一次又一次的战斗。他政治坚定,作战勇敢,指挥果断,成为井冈山时期我军著名的军事指挥员和党的优秀干部,为井冈山革命根据地的创建做出了重要贡献。

1928年8月,在著名的黄洋界保卫战中,何挺颖与团长朱云卿指挥不足一个营的兵力,在人民群众的配合下,凭险抵抗,击溃了湘赣国民党军四个团的轮番进攻,取得了黄洋界保卫战的胜利,保存了井冈山革命根据地。毛泽东为此欣然写下了《西江月·井冈山》。10月参加中共湘赣边界特委第二次代表大会,何挺颖被选为边界特委委员。同年冬,任红四军第二十八团党代表兼团党委书记。

1929年1月14日,何挺颖随毛泽东、朱德、陈毅率领红四军主力离开井冈山,转战赣南闽西,开辟新的根据地。1月下旬,何挺颖在江西大庚战斗中身负重伤,转移途中又遭敌袭击,不幸壮烈牺牲,年仅24岁。

为缅怀烈士,启迪来人,1991年4月,南郑政府在东郊建成了何挺颖烈士纪念碑,碑座上有"古城学潮""南京路上""奔上井冈""永新大捷""黄洋界上"青铜浮雕,碑体上有"何挺颖烈士永垂不朽"和"不朽井冈英雄,千古人民功臣"的金色大字。

如今,每年9月30日汉中市都在何挺颖烈士纪念广场举行公祭活动。2017年7月1日,修缮一新的何挺颖烈士故居开馆,继续为后人讲述着红色故事。(李浩)

《人民日报》2018年6月8日

**为了民族复兴·英雄烈士谱　琼崖革命第一人——王文明**

在海南省琼海市嘉积中学校园旁,王文明衣冠冢静静地坐落在家乡父老为他修建的"文明园"中。虽然烈士牺牲已经88年,但他作为中共琼崖地方组织、琼崖工农红军、琼崖苏维埃政府创始人的英雄事迹仍是家喻户晓。

王文明,1894年出生于广东乐会(今海南琼海),字钦甫。

1924年秋,王文明就读于上海大学社会系,系统接受了马克思主义教育,不久加入中国共产党。1925年到广州,参与组建琼崖革命大同盟。他广泛团结琼崖革命青年,以《新琼崖评论》为阵地,进行革命宣传,为琼崖党组织的建立做了思想上和组织上的准备。

同年10月,王文明受中共广东区委委派,任国民革命军第4军12师党代表兼政治部主任,参加讨伐军阀邓本殷的南征。南征的胜利,结束了琼崖封建军阀割据的局面。随后,王文明全力投入琼崖党组织的筹建工作,发展了一批共产党员。

1926年6月,王文明在海口主持召开中共琼崖第一次代表大会,成立中国共产党琼崖地方委员会,被选为地委书记。他领导开展工农运动,成立广东农协琼崖办事处,组织农民自卫军;成立琼崖总工会,组织工人纠察队,为创建琼崖革命根据地奠定了基础。

1927年,大革命失败后,王文明率地委机关撤到乐会县第4区建立农村革命根据地,他一边抓武装队伍建设,一边抓基层党组织建设,到1928年1月,全琼以乐会县第4区为中心的农村革命根据地初具规模,革命斗争出现了新的高潮。

1927年11月起,王文明任中共琼崖特委书记、琼崖工农革命军(后称工农红军)党代表、琼崖苏维埃政府主席、中共广东省委委员。在琼崖红军遭受严重挫折的情况下,坚持立足农村进行斗争。

1928年12月,王文明带领130余名红军和琼苏政权机关干部、工作人员转移到母瑞山区,开辟新的农村革命根据地。

1930年1月17日,被称为"琼崖革命第一人"的王文明因积劳成疾,于母瑞山病逝,时年36岁。琼崖苏维埃政府发布《告群众书》指出:王文明同志不愧为琼崖数百万劳动群众最爱戴的领袖。他英勇奋斗、吃苦耐劳的精神,将永远鼓舞工农群众胜利前进。(赵叶苹)

《人民日报》2018年6月21日

## 红色学府上海大学的澎湃往事

今天是中国共产党建党97周年纪念日,我们谨以此文重温建党初期那一段令人热血澎湃的红色记忆。1922年10月23日,民国日报上刊登了一则《上海大学启事》:"本校原名东南高等专科师范学校,因东南两字与国立东南大学相同,兹从改组会议议决变更学制,定名上海大学,公举于右任先生为本大学校长。"就此,一所名不见经传的弄堂学校,鹤鸣九皋,在中国革命史上写下了浓墨重彩的一页。

### 于右任云"稚子可教也!"

这所大学原名私立东南高等师范专科学校,校长陈绩武、会计汤石菴等打着"提倡新文化"的旗号,广为招生敛财,然后携款私逃,不料东窗事发,酿成学潮。学生强烈要求改组校务,重组后的董事会吸收了学生的意见,更名上海大学,隆重聘请国民党元老于右任担任校长。于右任先生,一个生性散淡的人。他深知这所学校的前身颇为复杂,并不想担任这所大学的校长。当时还是中共党员的副校长邵力子先生三顾茅庐上门邀请,无奈之中于右任答应先去看一看学生再定。这一天细雨蒙蒙,于右任轻车简从来到闸北青云路323号的青云里上海大学校舍,只见一百多名学生冒着细雨,任凭雨水打湿了衣衫,一动不动地站在校门口的马路上恭候未来的校长。于右任感动了:"稚子可教也!"他认为这样的学生是大有希望的,决心留下来担任校长。

但是要办好一所学校,一定要有最优秀的师资。于右任自感身单力薄,决定请他的好朋友李大钊帮忙。他甚至还向李大钊提出,把上海大学交由共产党来办。李大钊考虑再三，认为共产党刚刚创立不久，学校还是由国民党出面来办比较好。但共产党一定尽力帮助国民党将上海大学办好。他派出了两位中共优秀的领导人到上大参与办学，一位是邓中夏，担任了上海大学总务长；一位是瞿秋白，担任了上海大学的教务长兼最重要的社会学系主任。同时还建立了一个新的董事会。孙中山担任名誉董事，董事中几乎囊括了国民党当时最有影响力的人物：汪精卫、蔡元培、章太炎、张静江、邵力子等。但董事会的委员长为邓中夏。两位共产党人出手不凡，邓中夏在他拟定的上海大学章程中明确表示："本大学以养成建国人才，促进文化事业为宗旨。"而瞿秋白在1923年8月2日的《民国日报》发表了《现代中国所当有的"上海大学"》一文，强调"切实社会科学的研究及形成新文艺的传统……亦就是'上海大学'所以当有的理由"。

这时国共两党刚刚开始合作，大革命的浪潮已然掀起，报考上海大学的学生从160多人猛增到400多人，闸北青云里容纳不下了。于是从1924年2月起，上海大学搬迁到西摩路29号的时应里，也就是今天恒隆广场的所在地，并同时租下了敦厚里、甄庆里等民房当校舍或学生宿舍，上海大学步入辉煌的时刻。

当时在上海大学担任过教师或经常来讲演的有李大钊、蔡和森、张太雷、李汉俊、恽代英、沈雁冰、任弼时、萧楚女、高语罕、吴玉章、郭沫若等。孙中山、廖仲恺、胡汉民等国民党元老也来做过演讲。在上海大学读过书的学生有王稼祥、秦邦宪（博古）、杨尚昆、李硕勋、刘华、丁玲、杨之华、李伯钊、匡亚明、柯伯年、阳翰笙、饶漱石、陈伯达、康生（当时名叫赵容）等，以及国民党中较为出名的张治中、邱清泉等。1924年6月，黄埔军校在广州成立，初创期间国共两党都希望上海大学能派遣一些教师以及调拨一些学生到黄埔军校去，中共中央经过慎重考虑，派遣了恽代英、萧楚女、高语罕等赴黄埔任教，张治中、邱清泉等也是在这一时期赴黄埔的。

在上海大学任教的老师中，最受欢迎的无疑是瞿秋白。当时瞿秋白刚从苏俄回来不久。

丁玲在其自传《我所认识的瞿秋白同志》一文中写道："最好的教员却是瞿秋白。他几乎每天下午课后都来我们这里。于是，我们的小亭子间热闹了。他谈话的面很宽。他讲希腊罗马，讲文艺复兴，也讲唐宋元明。我只是一个小学生，非常有趣地听着。这是我对文学上的什么浪漫主义、自然主义、写实主义以及为人生、为艺术等等所上的第一课。"

上海大学的条件是非常简陋的，上课在石库门弄堂里，教室与学生宿舍也在时应里附近的几条石库门弄堂。丁玲在《我所认识的瞿秋白同志》一文中回忆："上大是一个正式的学校，仅社会学系就有社会学、社会进化史、社会哲学、生物哲学、政治学、经济学、经济地理、第一外语、第二外语等20余门课。"学生们学习都非常刻苦。以后在中共六届五中全会上当选为中央政治局常委、在遵义会议上确立毛泽东的领导投下了非常关键一票的王稼祥，当年19岁，他在给自己堂弟王柳华的信中写道："上大为革命之大本营，对于革命事业颇为努力。余既入斯校，自当随先觉之后，而为革命奋斗也。"在上海大学的这段经历，是他走上革命之路的重要里程碑。

熟悉中国革命史的人都知道，在这短短几年时间里，在上海大学这所红色学府的师生中，以后担任过中共中央最高领导人职务、担任过党中央历届政治局常委、委员职务的有十余人。这样一座红色学府对中国革命的贡献怎么评价都不为过。在当时的革命青年中,已经流传了这样一句话:在中国,"文有上大,武有黄埔"。

**"五卅"运动的策源地**

1925年初,中共中央指示中共上海区执行委员会在上海有条件的基层建立5个党支部。上海大学被选为第一支部。不久中共上海大学支部正式成立,这在上海的学校中是第一个建立党的支部的。据1925年1月在上海召开的中共四大统计,当时全国的共产党员为994人。据学者王观泉在《一个人和一个时代——瞿秋白》的传记中记载,这个支部的党员有瞿秋白、邓中夏、张太雷、恽代英、王一知、施存统、蒋光慈等10多人。这是一支多么澎湃的革命力量。

其实,在上大支部成立前,就有一名学生党员在革命斗争中捐躯,这也是1921年中国共产党成立以后,在上海为革命献身的第一位党员,他叫黄仁。

黄仁生于四川,他自感川地闭塞,为了追求新思想、新文化、新潮流,1922年年仅18岁的他来到上海,考入了江苏第一工业大学,不久转入上海中华职校并加入了社会主义青年团,1923年转为共产党员。1924年9月他考入了上海大学最热门的社会学系,学习勤勉,是瞿秋白十分喜欢的学生。10月10日,上海各界人士在河南路桥边的天后宫举行集会。这个地方刚好在英租界外边,流氓活动猖獗。瞿秋白再三叮嘱前往参会的上大学生要十分警惕国民党与流氓地痞勾结,同时要注意自身的安全。负责带队的学生郭伯和、何秉彝、黄仁等均是中共党员,他们带领几十位上大学生毅然赴会。会开到一半,一群流氓受国民党右派雇佣,手持木棍冲入会场,他们对着上大学生举棍便打,把许多学生打得头破血流。黄仁冲上主席台(为天后宫的戏台)与主持会议的国民党右派辩论,要他们驱逐流氓打手,主持公道。不料一群流氓竟冲上主席台毒打黄仁,并把他推下七米高的主席台。黄仁身负重伤,送医院后不治身亡。上海大学学生会向全国发出通电,强烈谴责国民党右派的暴行,并隆重召开了黄仁烈士的追悼大会。当时担任上海大学文学系主任的陈望道主持了大会,何秉彝致悼词,瞿秋白、邓中夏均作了十分感人的演说。何秉彝还在《向导》上发表了"哭黄仁烈士"的长诗,表示"要尽我这残生,继你的素志,为革命而战"。

上海是中国工人阶级的摇篮。中国共产党从成立那天起,就十分重视工人运动。1925年5月15日,日本纱厂的日本浪人枪杀了中共党员、纱厂工人顾正红,顿时点燃了上海工人的怒火。5月28日,中共中央召开紧急会议,决定在5月30日组织全市工人上街游行,抗议帝国主义的暴行。

陈望道在其晚年的回忆录中写道:"西摩路(今陕西北路),也就是当时上海大学校址,是'五卅'运动的策源地。5月30日那天,队伍就是在这里集中而后出发到南京路去演讲。"

据《上大五卅特刊》记载:"下午,作为示威宣传的联络员何秉彝组织大批群众聚集在老闸捕房门口,要求释放被捕学生。英国巡捕、印度巡捕竟对手无寸铁的群众开枪镇压,打死13人,受伤数十人,是为震惊中外的'五卅惨案'"。

年仅23岁的何秉彝当场被击中,身受重伤,口中仍连呼"打倒帝国主义!中华民族解放万岁!"的口号,翌日因抢救无效,英勇牺牲。

何秉彝,四川彭县人。1921年出川求学,按他家庭的状况与他的学习成绩,完全可以到北大上学,但他却选择了上海大学。1924年8月他考入了上大社会科学系,不久便加入中国共产党,并担任共青团上海地方委员会组织部主任。他学习成绩非常好,工作能力又强,但凡是革命运动,事事奔走在第一线。"五卅运动"中,他带领游行队伍来到南京路老闸捕房门口,要求租界当局释放被捕学生,碰到英国军警阻拦。他天真地认为在光天化日之下,在上海最繁华的南京路上,英国军警并不会开枪。但万万没想到,租界当局竟乱枪齐发……他以年轻的生命,实践了自己在同学黄仁牺牲后立下的誓言:"尽我这残生,继你的素志,为革命而战。"

上海大学的师生在"五卅运动"中写下了十分悲壮的一页。在当时的进步学生中流传着这么一句话:"北有五四运动之北大,南有五卅运动之上大"。

"五卅运动"发生的第二天,1925年5月31日,在中国共产党的领导下,上海总工会成立,李立三任委员长,刘华任副委员长,刘少奇任总务科长。总工会成立后的第一件事,便是发动上海几十万工人举行总罢工。罢工坚持了整整3个月。

刘华,原来是中华书局的学徒,1923年考入上海大学半工半读。他是在瞿秋白的介绍下加入中国共产党的,"五卅运动"时,他任游行的总指挥。"五卅运动"及其后的总罢工使英日资本家损失极为惨重,仅日本在上海的纺织业一项,损失就达1 000万元。9月18日,在英国帝国主义的唆使下,当时占领上海的反动军阀孙传芳封闭了上海总工会,并悬赏缉拿李立三、刘华。当时刘华的肺病发作,大口大口地吐血。有一段时间,刘华就躲在上海大学的宿舍里养病,上大的学生对自己的这位校友十分呵护。1925年11月初,刘华因工贼告密被英国巡捕逮捕。原先刘华一直坚称自己是上大学生,后被工贼指认,随即被引渡给孙传芳,关在了龙华监狱。当时上海的工人与他接上了联系,准备劫狱,刘华坚决不同意。他在传递给党组织的信中说道:牺牲对我来说并不可怕,我坚信革命一定会成功。但现在保存革命的火种更为重要。11月17日,刘华牺牲在龙华的监狱刑场里,年仅26岁。黄仁、何秉彝、刘华,都是上海大学培养出来的最优秀的学生、中国共产党党员。他们的英名如天上的星星,永远发光闪烁!

**红色基因永世不灭**

"五卅运动"以后,英帝国主义者为在自己的租界心脏南京路有这么一座红色学府而害怕。他们出动海军陆战队将上海大学赶出了南京路,强迫他们重新回到闸北青云路上。于是于右任先生再次出面,租下了师寿坊15幢民房,并在弄堂口挂出了由他亲笔书写的"上海大学临时校舍"的木牌。此刻国民革命军已在广州誓师北伐,上海大学的声势蒸蒸日上。

1926年3月22日,民国日报又刊登了《上海大学为在江湾购买地基通告》,准备在江湾建一所永久的校舍。1927年春,上海大学新校舍建成,但蒋介石在上海发动了"四一二"政变,他强行查封上大,将学校改名为"国立劳动大学"。

凤凰涅槃,浴火重生。上海大学的红色基因,生生不灭;革命精神,代代相传。(吴基民)

《解放日报》2018年7月1日

**为了民族复兴·英雄烈士谱　恽代英:豪情满怀　坚贞不屈**

盛夏时节,位于湖北武汉的武昌中央农民运动讲习所人潮如织。正在举办的《青年的楷模——恽代英》展览,吸引了大量市民前来参观。

追忆往昔,风雨如磐。148张照片,详细呈现了恽代英的生平和革命生涯。

首场展览的讲解者,是一位满头银发的七旬老人——来自华中师范大学的李良明教授。从1978年开始,四十载岁月,他一直致力于恽代英的研究工作,出版了多部专著,发表了40余篇相关论文。

"恽代英的精神,特别值得青年人传承与发扬。"李良明说,一方面,青年人应当学习他对理想信念的坚定不渝,树立远大理想,并为之不懈奋斗;另一方面,也要学习恽代英刻苦学习、博览群书、勤于思考的精神,不断加强自身修养、奉献社会。

恽代英,原籍江苏武进,1895年生于湖北武昌。他在学生时代积极参加革命活动,是武汉地区五四运动主要领导人之一,1920年创办利群书社,后又创办共存社,传播新思想、新文化和马克思主义。1921年他加入中国共产党,1923年任上海大学教授,同年8月被选为中国社会主义青年团中央执委会候补委员、宣传部主任,创办和主编《中国青年》,它培养和影响了整整一代青年。

1924年,恽代英从事国共合作的统一战线工作,1925年参与领导五卅运动,1926年5月被党派到黄埔军校,任政治主任教官。1927年1月,他到武汉主持中央军事政治学校工作,任政治总教官,同蒋介石、汪精卫背叛革命的行径进行坚决斗争。7月,恽代英奉中央之命赴九江,任中共中央前敌委员会委员,参与组织和发动南昌起义。12月,他参与领导广州起义,任广州苏维埃政府秘书长。

1928年,恽代英到上海任中共中央宣传部秘书长、组织部秘书长等职,曾主编中央机关刊物《红旗》。1929年6月,他在中共六届二中全会上被补选为中央委员。

他是一位豪情满怀的革命斗士,也是一位敌人切齿痛恨的共产党员。早在黄埔军校,恽代英便被蒋介石认为是"黄埔四凶"之一,因此把他作为重点搜捕对象。1930年5月6日,恽代英在上海被国民党当局逮捕。在狱中,恽代英面对敌人的威逼利诱,坚贞不屈。1931年4月29日,他被杀害于南京,年仅36岁。

斯人已逝,而追忆长存。

如今,恽代英的母校中华大学已更名为华中师范大学。桂子山上,校园的中心广场中,一尊汉白玉的恽代英雕像格外醒目。一袭长衫、清秀儒雅的青年恽代英,配戴眼镜,手持书本,目光炯炯有神。

华中师范大学马克思主义学院党委副书记邵莉莉介绍,学校设立了"恽代英班",开办了"恽代英党校培训班",并成立了全国首个"恽代英新闻采访团"等,以多种形式勉励青年学子传承与弘扬先烈精神。

2015年,恽代英诞辰120周年之际,华中师范大学推出了大型话剧《恽代英》,以此纪念这位杰出校友。这部话剧,也逐渐成为每届新生入学时,以创新形式开展思想教育的亮点之一。

"今年暑假期间'恽代英班'还将组织开展社会实践活动,以实际行动缅怀先烈。"邵莉莉说。(俞俭 梁建强)

《人民日报》2018年7月19日

**为了民族复兴·英雄烈士谱　王步文：信仰之光穿越时空**

"是革命家,是教育家,怀如此奇才,生而无愧;为革命死,为大众死,仗这般大义,死又何妨!"这是87年前中共安徽省委书记王步文烈士英勇就义前高声朗诵的自勉挽联。如今在芜湖市中心镜湖之畔的"步文亭",这段话被铭刻在大理石墙上,依然生发着震撼心灵的信仰光芒。

王步文,1898年出生于安徽省岳西县。1919年参加五四运动,先后任安庆学生联合会委员、安徽学生联合会副会长。1921年王步文与舒传贤、许继慎、彭干臣等发起成立了安徽省最早的社会主义青年团组织,1923年加入中国共产党,成为中共安徽省党组织最早的领导者之一。1924年进入上海大学学习,并以个人身份加入国民党。

1925年6月,王步文赴日留学,参加组织中共东京特别支部。1927年2月,王步文按党的要求回到上海,在中共中央组织部工作,同时任国民党上海特别市党部组织部长、上海总工会青年部部长,参加了上海工人第三次武装起义。

大革命失败后,王步文任中共安徽省委临时委员会委员,负责组织工作,领导党组织的恢复与重建工作,积极传达和贯彻党的八七会议精神。1927年12月领导安庆地区一二八暴动。1929年任中共中央巡视员,深入皖中、皖西等地指导工作,布置武装起义,为随后著名的皖西六(安)霍(山)武装暴动做了组织和思想准备。当年9月,王步文奉调到上海参加中央干部训练班,结业后留下主持训练班的教务工作。

1930年9月,中央决定正式成立安徽省委,王步文任省委书记兼宣传委员。1931年4月6日,由于叛徒告密省委机关遭破坏,王步文在芜湖不幸被捕。

反动当局先是以高官厚禄引诱,继而指使叛徒劝降,遭到王步文的坚决拒绝。敌人又动用各种酷刑,将他的皮肉烧焦,筋骨打断。但王步文始终坚贞不屈,严守党的机密,表现了一个共产党员崇高的革命气节。当穷凶极恶的敌人无计可施,决定枪杀他时,王步文从容不迫地为自己写出了自勉挽联。

1931年5月31日,年仅33岁的王步文在安庆英勇就义。

党和人民不会忘记王步文。新中国成立后,王步文烈士临刑前的遗书被安徽省档案馆珍藏,他在岳西县的故居被修缮成为爱国主义教育基地和红色旅游景点。在芜湖烈士纪念馆,专门为王步文设置了展区,每年都有很多党员干部和青少年前来参观。

今年上半年,安庆师范大学创作的话剧《王步文》入选全国大学生艺术展演。王步文的爱国精神和使命担当,在越来越多的当代青年中弘扬……

"王步文同志是安徽党史中的重要人物,他的革命精神、高尚品质令人敬仰与感动!"长期研究王步文的芜湖市委党史研究室原副调研员丁瑜说,王步文的精神具有很强的现实教育意义,对社会各个阶层都有启发。(徐海涛　周畅)

《人民日报》2018年7月24日

**名师大家引领学子树立正确"三观"——上海高校首创从"思政课程"到"课程思政",思政课成需要"占座"的热门课**

所谓大学者,非有大楼之谓也,而有大师之谓也。如今的沪上校园里,让人欣喜的变化已然发生:最受学生爱戴的名师大家们在思政教育中起着举足轻重的作用,引领年轻人的价值观成长。历经多年改革,沪上高校已打破思政课由思政教师单兵作战的格局,引入全校乃至全社会优质资源——在上海,伴随着"课程思政"教育教学改革的持续推进,思政课开始被不少学生称为"树立正确'三观'的课",也成了学校里一门需要"占座"的热门课。

(中略)

提升思政课的亲和力,走"师资攻坚"新路要使大学生思想政治教育像阳光和空气一样充满每一间教室、产生润物无声的效果,提升思政课的亲和力和针对性,创新教学方式方法是关键,也是近年来沪上思政课程改革的内容之一。

作为对思政必修课的补充,一批"中国系列"思政选修课在沪上应运而生。复旦大学的"治国理政"、上海交通大学的"读懂中国"、东华大学的"锦绣中国"、华东政法大学的"法治中国"……多学科支撑、优质师资投入,变传统课堂以个别教师授课为主的模式为集体备课、集体研讨、教学相长的团队授课模式。可以说,伴随着"中国系列"思政选修课的推出,很多院校走出了一条立竿见影的"师资攻坚"道路。

(中略)

上海大学的"创新中国"课程从2015年底推出,如今已被列为首批国家精品在线开放课程,选课的13万人来自全国500多所院校。据市教卫党委、市教委统计,沪上高校通过深度开掘所有课程的思政教育资源,目前已形成以思政必修课为核心、数十门"中国系列"思政选修课为骨干、500门综合素养课为支撑、1 000余门专业课为辐射的"课程思政"同心圆。

(下略)(陈晨 韩庆)

《文汇报》2018年7月27日

**为了民族复兴·英雄烈士谱 铁骨铮铮李硕勋**

四川省宜宾市高县坐落在长江上游支流南广河畔。"滚滚长江东逝水,浪花淘尽英雄"。从高县庆符镇走出的革命者李硕勋,不愧英雄之名,被当地父老一直深深铭记,口口传颂。

李硕勋,生于1903年,四川高县人。早年从事革命活动,1924年在上海大学加入了中国共产党。1925年五卅运动期间,李硕勋积极参加反帝爱国斗争,被选为上海学生联合会代表和全国学生联合会会长。还以学生代表的身份参加领导了上海工商学联合会(中共领导下的统一战线组织)的工作,推动了声势浩大的罢课、罢工、罢市斗争。1925年至1926年,他先后主持召开了第七、八届全国学生代表大会。

1926年冬,李硕勋受党派遣来到武汉,先后任中共武昌地委组织部长、共青团湖北省委书记。不久就被派到国民革命军第四军,任第二十五师政治部主任。1927年春率师主力之一部继续北伐,在河南上蔡战役大败奉军,后又回师武汉,参与平定夏斗寅叛乱。8月1日参加南昌起义,任第十一军第二十五师党代表兼政治部主任。起义部队南下广东途中,参与指挥会昌战役并取得胜利。

1927年10月,李硕勋受朱德委派,赴上海向党中央汇报起义军情况后,留在上海从事党的地下工作。他辗转浙江、江苏、安徽和上海等地,先后任中共浙江省委常委、省委军委书记、省委代理书记,上海沪西区委书记、江苏省委军委书记、江南省委军委书记等。这一时期,他根据党的指示,在白色恐怖的核心地带,发动了大大小小数十次起义和战斗。仅1930年一年时间,他在江苏就先后组建起中国工农红军第十四军、十五军和十七军,为中国革命事业作出了重要贡献。

1931年春,党组织决定调李硕勋去中央革命根据地任红7军政委。5月下旬到达香港,因病留在香港。不久被任命为中共广东省军委书记。同年7月在去琼州(今海南岛)指导工作的途中不幸被捕。

不论敌人如何严刑拷打,他除了"我是共产党员"的回答外,没有吐露半点党的秘密。敌人打断了他的腿骨,打烂了他的皮肉,仍无法让铁骨铮铮的李硕勋低下高贵的头颅。他在狱中给妻子赵君陶写信,表达了视死如归的英雄气概和对妻儿的至深情感、无限期望。

1931年9月16日,李硕勋被敌人用竹筐抬到海口市东校场,英勇就义,牺牲时年仅28岁。

新中国成立后,朱德曾为李硕勋烈士题跋写道:"硕勋同志临危不屈,从容就义,是人民的坚强战士,党的优秀党员。"邓小平为他亲笔写下"李硕勋烈士永垂不朽"!

在高县庆符镇,家乡父老除了追思感怀,还用浮雕、雕塑等表现手法,展现李硕勋短暂而又伟大的一生,让子孙后人世代铭记,永志不忘。(谢佼)

《人民日报》2018年7月30日

**为了民族复兴·英雄烈士谱　生命不息战斗不止的英雄——吉国桢**

"爷爷为了国家和民族的光明前途而牺牲,是我们所有人的榜样。家人在做任何事时,都会以爷爷的精神来严格要求自己,我们在教育自己子女时也都常常讲起爷爷的故事。"烈士吉国桢的侄孙吉胜任每每念起他,崇敬之情便油然而生。

吉国桢,1899年生于陕西省华县(今渭南市华州区)。1920年春考入咸林中学,在进步教师魏野畴等人影响下,开始接受新思想,与同学发起组织了学生自治会,开展读书、讲演、演新剧等活动,并参加了进步团体——青年励志社。

1924年,吉国桢前往北京求学,加入了旅京陕西青年的进步组织共进社。他在复习报考大学的同时,积极参加共进社所领导的革命活动。同年夏,吉国桢考入上海大学社会学系,并加入中国社会主义青年团。

1925年,五卅惨案发生后,吉国桢参加游行示威,散发传单,并深入工厂,向工人们揭露帝国主义压榨工人、镇压中国革命的罪行。同年夏,吉国桢等人发起成立上海大学陕西同学会,创办了《新群》半月刊,宣传马列主义,揭露帝国主义及封建军阀孙传芳的罪行。

1926年夏,吉国桢被派往莫斯科中山大学学习,同年秋转为中国共产党党员。

1929年回国后,吉国桢担任中共陕北特委书记。他主持开办党、团员训练班,秘密开展学运、农运和兵运,使陕北的党、团组织和革命运动有了很大发展。至1930年夏,陕北党团组织遍及十余县,党团员达2 000余人。

1930年7月起,吉国桢先后任陕西省委常委兼西安市委书记,并参加省委组织委员会、军事委员会和职工运动委员会的领导工作。同年10月,省委机关被国民党特务发现,吉国桢和20多名省、市委领导同志、基层党团干部被敌人逮捕。吉国桢在狱中受尽酷刑,始终坚贞不屈,严守党的机密。11月底,吉国桢越狱。出狱后,省委决定由吉国桢负责组织临时常委,主持省委工作。

1931年5月,吉国桢任中共河南省委书记。在严酷的白色恐怖下,他不避艰险,整顿各地党团组织,领导党团组织深入基层,发动农村游击战争,在敌军部队中策动兵变,组织城市工人罢工,有力地回击了国民党反动派的屠杀政策。吉国桢还很重视兵运工作,担任河南省委书记伊始,就根据了解到的情况,向党中央建议开展对国民党二十六路军的兵运工作,并派遣一位在二十六路军中有广泛关系的干部到该军进行策动工作,为促成宁都起义做出了贡献。吉国桢还指导省委宣传和组织部门先后出版了《中州时事》《中州新闻》《群众周刊》《党的建设》等刊物,揭露军阀罪行,宣传红军作战的胜利及各地群众斗争的情况,加强了对党员和群众的教育。

1931年,九一八事变爆发后,吉国桢在河南领导成立抗日组织,展开抗日救亡运动。是年冬,吉国桢积劳成疾,一度半身瘫痪,卧床不起。经过治疗,病情稍愈,他又投入紧张的斗争。

经过吉国桢和战友们的努力,遭受严重破坏的河南党组织迅速得到恢复和发展,党员由几百人发展到2 300多人,遍布全省90多个市、县,成立了开封、郑州两个市委,豫南和豫北两个特委,许昌、洛阳等5个中心县委,临颍、舞阳等3个县委,孝义、淮阳和军事学校等20多个特别支部。

1932年7月下旬,因叛徒告密,吉国桢在郑州被捕,后被押往开封。在狱中,敌人妄图从他口中得到党组织的秘密,对他威逼利诱,严刑拷打。原本就有伤病在身的吉国桢被打得遍体鳞伤,但他始终坚贞不屈,敌人未能得到任何口供。8月22日凌晨,吉国桢与13位同志一起,高呼着"中国共产党万岁!""中国革命万岁!"的口号,高唱着《国际歌》,大义凛然地走向刑场,英勇就义,时年33岁。

英雄已逝,但他的精神巍然长存。在吉国桢的家乡,人们依然传颂着他的英雄事迹。
(李浩)

《人民日报》2018年8月14日

**年轻人能喜欢,非遗的根不会断  上海大学副教授章莉莉乐于当好设计师与传承人间"翻译",让非遗走进生活成为时尚**

自从2015年投入非遗研培计划教学第一线以来,上海大学上海美术学院副教授章莉莉就成了个大忙人。好不容易坐定,微信群的消息就一条又一条涌进来,要求确认下周非遗师资交流论坛的时间表。不一会儿,工厂打来电话,提醒她将在上海设计周亮相的蓝染沙发制作好了。紧接着,内蒙古银饰锻造传承人的新展品也寄到了。

三年来,在非遗传承人群研培计划的教学实践中,章莉莉就像个"媒人"——"左手牵着非遗传承人,右手牵着设计师、艺术家",通过双方跨界合作,探索"非遗走进现代生活"的多种方式,创新出竹帘蓝牙音箱、大小竹灯等200余件非遗新品。今年5月,她被评为全国非物质文化遗产保护工作先进个人。她并不愿意多谈个人的荣誉和作为,相反,一谈起"非遗"便刹不住车,话语间透着兴奋。她说,非遗只有转变为符合当代社会审美的新时尚,才能焕发出源源不断的生命力。

**传承困境来自生活的单一性**

章莉莉刚结束本年度的传承人回访。8月初,她与上海大学的教师以及设计师苗海燕、秦旭等组队,从阿坝州红原县出发,至阿坝县、理县、茂县等地,回访了非遗研培计划2015首期培训班、2018金属锻造班、2018阿坝织绣班等16位学员。一路翻山越岭,风尘仆仆。这是每年的惯例,"只有深入非遗文化,才能了解当地现状,并对后面的非遗研培课程开展提供帮助"。

她口中的"非遗研培",指的是文化和旅游部、教育部于2015年启动实施的"中国非物质文化遗产传承人群研培计划",计划以传统工艺为重点,通过组织非遗传承人群到高校学习专业知识,促进非遗可持续发展。上海大学是首批参加的高校之一,截至目前,已先后开展了金属锻造班、青海果洛培训班、竹艺研修班等16期课程。

从一开始,担任上海公共艺术协同创新中心运营总监的章莉莉便受命负责整个研培教学的组织管理和课程设计。没有现成的范例和经验可学习、借鉴,她只能硬着头皮摸索着往前走。事无巨细,她都要操心——织绣传承人原本使用的丝线质量普通,她一家家走访苏浙一带的制线厂,为绣娘挑选品质过关的丝线;藏族编织传承人原来只偏好明黄色,她在课堂上提供五颜六色的蜡线,帮助传承人一起调整配色。

新材料应用只是基础,更重要的是找到非遗创新转化的可行路径。"找知名设计师、成熟品牌方合作,非遗创新事半功倍。"章莉莉讲起话来慢条斯理,但目的明确,"设计师熟知市场需求,同时也需要从传统文化、非遗工艺中汲取灵感,恰能与传承人互补。"于是,她利用高校资源以及各个设计展的机会,"不放过"任何一位设计师,为研培班积累了一个庞大的设计师资源库。

30天的研培课程,1/3用来授课,1/3用来参访企业,1/3留给设计师和传承人创作作品。今年6月,羌绣传承人张和琼来沪参加阿坝织绣班,她一连用了好几个"第一次"形容这段经历:"我做了34年羌绣,第一次坐上了飞机,第一次来到上海,第一次与设计师合作,看到了这么多的服装样式。"两个月后,章莉莉到了阿坝州,更理解了传承人的这份激动。"传承人的困境来自生活的单一性,早上打开门就是蓝天白云,这是她们的日常所见,所以她们绣衣服是绣给自己穿的。非遗创新,要让传承人开眼界,了解城市的需求。"

**沟通协调帮助双方对接**

大部分时候,章莉莉都甘于隐身幕后,充当设计师与传承人之间的"翻译"。参加非遗研培的多为少数民族传承人,传承人无法准确理解设计师的表达内容,需要她两边沟通协调,帮助双方对接。一忙起来,班里有20个案例,她手头就有20个微信群,每个群的设计方案、进展状况都要了解。"一觉醒来,手机里十几条语音信息,都是章老师半夜一两点发过来的,细致谈论学业上的细节。"研究生张晓萍说。

对章莉莉忙碌的回报,则是200余件非遗跨界产品。研修班上,苏州王氏缂丝第六代传人王建江与设计师苗海燕合作,取材北宋画家王希孟的《千里江山图》,设计创作了缂丝《千里江山翠履霓裳》系列作品,包含服饰、鞋子、包袋等多种产品。凯里市苗银锻造技艺传承人刘兵携手设计师蒋熙,创作了银花丝锻造晚礼包《阡陌》,编织穿插的手法,大胆抽象地体现"时空""宇宙"的概念。这些产品先后在上海设计周、上海大世界、北京恭王府亮相,甚至走出国门。"接触非遗后,我越发觉得,中国设计的力量来源于传统文化。"章莉莉说,"绣片上用到的颜色、图形、图案,是设计师怎么也想象不出来的,各民族文化生态的视觉样貌,恰恰是当代设计最好的能量。"

"把你放在这个轨道上后,就再也停不下来了。"章莉莉这样形容自己的"完美主义","因为知道这条非遗保护道路是正确的,会有人因为你的工作受益,你就情不自禁地拼尽全力去做。"但更多时候,她又分外容易满足。传承人找她聊下一步的产品设计,学生因为非遗找到了毕业设计的方向,每个人的一点点进步,都是"价值"两字的注解。

**致力推动非遗创新转化**

在非遗的跨界探索中,章莉莉越来越自信。去年底,青年导演徐俊联系上她,想在原创音乐剧《白蛇惊变》中加入非遗元素,两人一拍即合。徐俊将已有的舞美全部推翻,章莉莉则一边翻资料,一边联系传承人,在最短时间内集合竹编、银饰锻造、蜀绣、顾绣、乱针绣、缂丝6位传承人,为音乐剧定制了非遗纱袍、头饰、鞋履与竹编舞美。这成为非遗走进生活的又一种方式。

不过,非遗的创新转化并非总是一帆风顺。上海大学的非遗研修班目前有200多件成品,但中途流产的也不在少数。有一次,全国各地的建筑彩绘传承人来沪培训,章莉莉却发现这一项非遗的创新转化几乎无法实现。"如果提炼原有彩绘纹样做文创,会显得太粗糙,但我们又不能教太多当代艺术的知识,这样会改变原来的彩绘特征。"正是这一期,让她开始反思"度"的问题。各种非遗类目特征不同,保护方式也存在差异,必须根据技艺特点因材施教。

即便已经走到产品端,多数成品也面临很难量产的问题。"传承人并不了解自己处于社会生产链的某个环节。"她说,高校的角色是"链接"各方,她计划进一步推进设计师与传承人的后续合作,"让对接市场的产品真正落地"。

在章莉莉看来,这三年的非遗创新转化工作,最大的价值是把传统手工艺和现代设计有效结合,"非遗一旦成功进入市场,传承人能谋生,年轻人能喜欢,非遗的根不会断。中国有很多非遗基因,用当代科技和材料创新,让它与当代生活相适应,就会成为未来中国的时尚和大牌。"(张熠)

《解放日报》2018年8月27日

**为了民族复兴·英雄烈士谱　邓中夏:中国工人运动的著名领导人**

"五岭逶迤腾细浪,乌蒙磅礴走泥丸。"毛泽东同志诗中"五岭"之一的骑田岭,大部分位于湖南省南端的宜章县,县城北面的五岭镇也因此而得名。在五岭镇,有一个小村庄叫邓家湾,这里就是中国工人运动著名领导人邓中夏的家乡。

来到邓家湾村,循着一段青石阶向里,就到了邓中夏故居前。这是一栋湘南民居格调的青砖瓦房,故居大门正上方悬挂着"邓中夏故居"牌匾,进入大厅,关于邓中夏生平的图文介绍,很容易就将参观者的思绪拉回到那激情燃烧的革命岁月。

邓中夏,1894年10月生,湖南宜章人。1914年考入湖南高等师范学校,1917年考入北京大学中文系,后转入哲学系学习。1919年参加五四运动,任北京学生联合会总务干事,参与火烧赵家楼的行动。1920年3月,在李大钊领导下,邓中夏、高君宇等人发起组织北京大学马克思学说研究会。同年10月,以马克思学说研究会的成员为骨干,发起组织了北京的共产党早期组织,李大钊为书记,邓中夏成为中国共产党最早的党员之一。

从1920年4月起,邓中夏长期在北京长辛店从事工人运动,主办工人劳动补习学校,建立工会,为北方工人运动培养了大批骨干力量。1922年5月1日,他作为长辛店工人的代表,出席在广州召开的第一次全国劳动大会,当选为中国劳动组合书记部主任。同年7月,他出席党的二大,参与二大宣言和党的民主革命纲领的制定,被选为中央委员。不久,他又先后当选为中国社会主义青年团中央执行委员会委员、委员长,参与创办《中国青年》杂志。1923年他受李大钊推荐参加创办国民党和共产党合办的上海大学,任总务长。1925年中华全国总工会成立后,任秘书长兼宣传部长,留在广州工作,不久参与组织和领导了著名的省港大罢工。

在大革命失败的紧急关头,他坚决主张在南昌举行武装起义,并受中央派遣到九江,与李立三、谭平山、叶挺、聂荣臻等开会,分析形势,提出建议。随后,参加党的八七会议,坚决拥护会议确定的实行土地革命和武装起义的方针,被选为中央临时政治局候补委员。1928年3月赴莫斯科,出席赤色职工国际第四次代表大会,任中华全国总工会驻赤色职工国际代表。

1930年7月,邓中夏从莫斯科回到上海。不久,中央任命他为中央代表赴湘鄂西根据地,任湘鄂西特委书记、红二军团(后改为红三军)政委、前敌委员会书记、中央革命军事委员会委员,与贺龙、周逸群一起领导湘鄂西的武装斗争。1932年调回上海坚持秘密斗争,任全国赤色互济总会主任兼党团书记。

1933年5月,邓中夏在上海工作时被捕,随即被叛徒供出身份。蒋介石闻讯后亲自过问,并令立即将邓中夏押往南京国民党宪兵司令部监狱。在狱中,他以共产党员的坚定信念和钢铁意志,挺住了敌人金钱厚禄的利诱和严刑拷打的摧残。他对狱中地下党支部负责人说:"请告诉大家,就是把邓中夏的骨头烧成灰,邓中夏还是共产党员。"

1933年9月21日,在南京雨花台刑场,邓中夏高呼着"打倒国民党反动派!""中国共产党万岁!""全世界无产阶级联合起来!"英勇就义,时年39岁。

邓中夏烈士虽然远去,但党和人民没有忘记他。如今,在位于宜章县城的中夏公园里,邓中夏铜像伫立其中,目视远方,而距离铜像10多公里外的邓家湾更是面貌一新,宽敞的公路,干净的巷道,还有明亮的太阳能路灯……慕名前来瞻仰的游客,不仅为邓中夏的革命事迹所深深感动,也为邓中夏故乡的发展变化交口称赞。(记者)

《人民日报》2018年9月2日

**为了民族复兴·英雄烈士谱　红军高级指挥员贺昌:经文纬武报家邦**

山西吕梁自古就是英雄辈出的热土。位于吕梁市柳林县西南的贺昌烈士陵园里,一座纪念碑无声地诉说着英雄的历史。

贺昌,1906年生,山西省离石县柳林镇(今柳林县)人。1919年,13岁的贺昌写下《壮志歌》——"扛罢笔杆再扛枪,经文纬武干一场。颈血常思敌国溅,寸心久欲报家邦。"

1921年5月,贺昌与高君宇等共同创建了山西第一个社会主义青年团组织,后任青年团太原地方执委会书记。1923年贺昌转入中国共产党,同年夏入上海大学学习。他先后在太原、安源、北京、天津、上海等地从事青年和工人运动,被选为共青团第三、第四届中央委员。其间,贺昌曾为《中国青年》撰写《中国共产主义青年团五年来的奋斗》《青年学生与职工运动》等文章,从理论上阐述了青年运动与工农运动相结合的重大意义。他随后参与组织发动上海工人三次武装起义,是中共江浙区委负责人之一。

1926年1月,贺昌以中国共产主义青年团代表身份,参加了国际共产主义青年团在莫斯科召开的代表大会。

1927年7月中旬,贺昌被指定为中共前敌军委委员,8月参加南昌起义,后又参加广州起义的组织准备工作。1928年,贺昌参与重建中共湖南省委,选派干部,输送物资,支援井冈山革命根据地的斗争。他曾被选为中共第五、第六届中央委员。

1929年夏,贺昌任中共广东省委书记,主管两广及湖南等地党的工作,协助邓小平策划了百色起义。1930年春,贺昌任中共中央北方局书记。他曾组织唐山兵变和多次武装暴动,均因没有建立巩固的革命根据地,在强敌进攻下失败。次年贺昌到中央苏区,历任中华苏维埃共和国中央革命军事委员会总政治部代主任、中国工农红军总政治部副主任、代主任,红一方面军政治部主任。后参加南雄水口等战役和中央苏区反"围剿"。他重视部队党的建设和政治教育,曾协助王稼祥主持召开红军第一次全国政治工作会议。

1934年中央红军主力长征后,贺昌留在赣南坚持游击战争,任中共中央苏区分局委员、中央军区政治部主任。为掩护主力转移,他曾亲率一支部队抗击敌人,右腿负伤,仍坚持指挥。后遭敌大举围攻,形势危急,贺昌鼓励大家:"不仅要当胜利时的英雄,也要当困难时的英雄,真正的英雄是在困难中考验出来的。"

1935年3月贺昌率部向粤赣边突围,10日在江西会昌与国民党军作战中英勇牺牲,年仅29岁。

南方三年游击战争的主要领导人陈毅在《哭阮啸仙、贺昌同志》一诗中沉痛地写道:"环顾同志中,阮贺足称贤。阮誉传岭表,贺名播幽燕,审计呕心血,主政见威严。哀哉同突围,独我得生全。"寄托了对贺昌等同志的深切哀思。

1984年,柳林县人民为纪念贺昌烈士,开始修建贺昌烈士陵园。1987年,贺昌烈士陵园被列为省级重点文物保护单位。

2015年,当地政府在陵园内修建贺昌纪念馆、贺昌雕像。如今,贺昌烈士陵园已是山西省爱国主义教育示范基地,每年都有数千人到这里扫墓,缅怀革命先烈。

漫步在柳林县城,"贺昌"元素随处可见,贺昌大街、贺昌中学、贺昌村……贺昌的故居就掩映在贺昌村的一条小巷中。83岁老人薛维元在这里居住了近60年,他告诉记者,这些年不断有当地政府和文物保护单位前来查看,时常告诉他这里"不能拆,要保护好"。

(王皓　杨晨光)

《人民日报》2018年9月19日

## 上海大学成立新闻传播学院

前天,世界传播论坛2018暨上海大学新闻传播学院揭牌仪式举行。校方表示,将着力支持学院建设,充分发挥综合性大学优势,聚焦国家和上海在新闻宣传领域的重大需求,以解决新闻传播领域的现实问题为切入点,把上大新闻传播学院办成具有中国特色、服务上海发展的国际一流新闻传播学院。

同日,上海大学全球人工智能媒体研究院、上海大学新闻宣传学研究中心、上海大学上海市舆情监测与分析中心也正式亮相。上海大学还与国内外高校、科研院所、各大媒体和相关优秀企业进行合作签约。上海大学新闻传播学院联合美国密西根州立大学传播艺术与科学学院、密苏里大学新闻学院、纽约州立大学传播学系、印第安纳大学传媒学院以及中国香港城市大学媒体与传播系达成国际新闻传播教育联盟意向,探索与境外高水平大学联合培养模式。(彭德倩)

《解放日报》2018年10月22日

## 上海大学无人艇工程研究院院长彭艳:在蓝色海洋中逐梦

"2013年,'精海1号'随中国海事166海巡船赴南海巡航,探测南海海域,实现我国无人艇在南海第一次应用。

"2014年,'精海2号'装备于'雪龙号'科考船,探测南极罗斯海,首次为'雪龙号'极地科考船在南极罗斯海找到锚地,并绘制了难言岛附近1∶5000大比例尺海图,助力国家极地战略。

"2015年,'精海3号'随'向阳红19'赴东海进行大范围海图测绘,填补了岛礁群海域、浅滩测绘空白。

"2016年,'精海3号'完成对南海七连屿岛礁海域探测。

"2017年,'精海3号'完成近海岸带综合地址调查。

"2018年,'精海3号''精海7号'在东海'桑吉轮'重大撞船事故中,成功完成沉船探测以及污染水样取样,为大规模凝析油泄漏事件评估和处置提供了重要数据支持。"

说起这几年"精海"系列无人艇取得的成绩,彭艳,这位已经有13年无人艇研究经历的80后"精海妈妈"如数家珍,自豪喜悦之情溢于言表。

早在2009年,27岁的彭艳就参与到上海大学机械电子工程国家重点学科龚振邦、罗均、谢少荣教授的团队,从事智能无人艇和仿生控制方面的研究,如今她担任着上海大学无人艇工程研究院院长、海洋智能无人系统装备教育部工程研究中心常务副主任、上海市智能无人艇系统工程技术研究中心副主任,带领团队完成了"精海"9个系列无人艇的研制工作。

与无人艇结缘,源自彭艳对蓝色海洋的痴迷与敬畏。"我国拥有18000公里的大陆海岸线和14000公里的岛屿岸线以及让人无限痴迷的蓝色海洋,而我们致敬它的方式,就是开展智能无人艇的技术研发。"彭艳说。

"精海"无人艇命名出自"精卫填海"的故事,研发之初,国内还属较前沿领域,可供借鉴和参考的经验不多,全靠团队自己摸索。

彭艳说,无人艇团队一年中有近半年时间在海上,平均两个月就有一次海上测试,足迹遍布东海、南海、黄海。

海上环境恶劣,常被晒到脱皮,而最难受的还是晕船。"整个团队近四分之三都会晕船,有时在海上吐得昏天黑地。边吐边工作已成为大家的工作常态。"彭艳说。

每一个"精海"系列无人艇的诞生,对团队来说,都像孕育一个充满希望的新生命。为了研发控制系统更稳定、更符合市场需求的无人艇,"精海爸爸""精海妈妈"们没日没夜地拼搏。彭艳还记得2012年她怀孕了,却正值无人艇海测试验进入关键时期,她挺着大肚子在现场。孩子出生刚6个月,她就带上婆婆和孩子,扛着行李赶到海边。"家人们都十分支持理解我。"她说,"我也希望给孩子树立榜样,我常告诉他,这不仅是一份工作,更是我的梦想。"

"精海"团队很年轻,平均年龄32岁。"海洋无人艇事业需要一群有理想、志同道合的人去为之奋斗,而我只是其中的一个。"彭艳说,"团队里每一位成员,都经得起海水泡,经得起冷风吹,在探索国际学术前沿的同时,追求工匠精神,把科研成果真正落地转化,真正应用于国家重大需求,为国家的海洋装备作贡献。"

围绕上海大学以海洋为特色的智能运载科学与工程双一流学科的建设目标,彭艳带领团队正在开展海洋智能运载系统、海洋传感器、海洋装备智能布放回收系统等的研究。她说:"我的梦想是做出一系列真正实用的海洋装备。"

《光明日报》2018年10月25日

## 上海大学首开上海党史课"开天辟地":"真理的味道别样甜!"

金秋九月,上海大学思政课再推全新育人模式:经过一年多的精心准备,以上海市社联副主席、市党史学会会长、上海大学忻平教授为首的科研教学团队为同学们准备了一堂新颖别致的思政选修课——"开天辟地"。在这个新颖开放的课堂上,不时传来阵阵掌声。来自各学院各年级的上大学子仔细咀嚼着教师的精彩话语,由衷表示:"真理的味道别样甜!"此课在上海乃至全国高校都是首次开设。

**教师团队:阵容强大　师资来源多样**

十九大后仅仅一周,习近平总书记率六位政治局常委来到上海中共一大会议旧址和嘉兴南湖瞻仰,提出了实现中国梦要不忘初心、牢记使命,继续奋斗,激起大学生强烈的兴趣。根据上海市委全力打响上海文化等四大品牌的要求,以及市委宣传部"开天辟地——党的诞生地发掘宣传工程"的相关部署,"开天辟地"课程应运而生。

"没想到那些以前只能在教科书上看到名字的大咖会来给我们上课,太赞了!"刚来上海大学就读的新生杨阳这样赞道。为改变教学抽象枯燥的面貌,让学生易于和乐于接受,此系列课程邀请各领域一流专家学者,以名师效应带动课程改革,带活课堂气氛,让学生在和老师的积极互动里"了解真理"。课程大咖云集,师资来源呈现多样化,阵容强大,使得这门课受到很多学生的喜爱和追捧。

这里有上海党史学会会长、上海大学教授忻平的"中国共产党为什么诞生在上海";上海市渔阳里研究中心主任、上海大学马克思主义学院副教授李瑊的"渔阳里:初心之地与建党伟业";市中共党史学会副会长、上海立信会计金融学院马克思主义学院院长、教授徐光寿的"先驱之光:从《新青年》到《共产党》";中共一大会址纪念馆副馆长徐明的"启航之旅:从'一大'到'四大'";上海大学文学院党委书记竺剑的"红色堡垒:上海大学的前世今生";市中共党史学会副会长、上海对外经贸大学教授陈挥的"革命中枢:中共中央在上海";上海市委党史研究室严亚南的"改革先锋：上海改革开放的'第一枪'";全国教学名师、上海大学马克思主义学院党总支书记、教授李梁的"前沿动态：世界视域中的上海与中共百年"等。还有众多的专家出谋划策予以支撑。

作为上海市"中国系列"课程、上海大学的思政通识课，"开天辟地"系列课程既彰显时代气息，又体现学科交叉和学科融合、思想性与学术性并重。课程以"问题意识"为导向，以历史的走向和历史的真实为基础，以案例和故事说明道理，让学生进行自我感悟。课程充分利用上海丰厚的红色文化资源和海派文化资源，采用课堂讲述与现场教学相结合的方式，组织学生参观上海的一大、二大会址、四大纪念馆和鲁迅纪念馆等，施行现场教学。力图多角度、全方位地介绍"中国共产党从这里诞生、中国共产党人从这里出征、中国共产党历史从这里开启"的奋斗历程和革命业绩，使当今大学生能够更好地传承信仰之光，坚定理想信念，延续红色血脉。

**全新的课堂形式：故事性强　师生互动明显**

上海为什么是中国共产党的诞生地？上海为什么成为马克思主义在中国传播的窗口乃至成为一座有着光荣革命传统的英雄城市？在第一课"中国共产党为什么诞生在上海？"中，忻平围绕着课程主题，阐释了上海与"红色基因"的多方联系，分析了近代上海开埠以来的经济基础、社会基础、思想基础和文化基础，用大量的史料充分论证了"上海为什么是中国共产党的诞生地"，赢得了在场同学们热烈的掌声。

"上海为什么成为中国共产党诞生地？上海有哪些独特的政治经济文化条件，使得红色基因在这里生根发芽开花结果？"这门课程一大特点就是师生互动，专门有一节课交给学生提问，老师回答，进行师生共同讨论。课程采取了上大特有、行之有效的"项链模式"方式，由李瑊老师主持，教师与学生进行对话和讨论，形式新颖。针对学生们的思考和提问，老师逐一进行解答，为同学们释疑解惑。

"真理不仅需要通过传播，而且需要通过不断讨论来逐步深化理解，中国的未来要靠青年人，而青年人必须明确和坚持真理。"在第三次课"先驱之光：从《新青年》到《共产党》"上，徐光寿表示。在课堂上，杨阳提问"有人通过检索发现《新青年》杂志中的'民主'和'科学'两个关键词出现的频率并非最高的，对此您如何解释？"徐光寿老师指出一是当时和现在的提法不同，"民主"当时称之为民权。二是这两个词开时代风气之先，并延续百年之久，反映了时代精神。杨阳豁然开朗。

这是一门本科生选修的课程，却因其思想的深度和历史的厚度吸引了博士生来旁听。上海大学文学院博士生张仰亮每次都跑来"蹭课"。"我发现这是和以往的单调枯燥的思政课很不一样的课堂，校内外名师亲自上阵，授课方式也新颖多样。用扎实的理论、史学研究和生动具体的案例来阐释真理，让我们走进历史事件本身，趣味横生又让人信服。"

**好课背后：用科学史料和严密逻辑说话**

"这是我以前在中学里从没有听到过的思政课，真是让我大开眼界！早就听闻民国时期杂志报纸的大交流非常激烈，《新青年》无疑起了重要的作用。李大钊、陈独秀和其他进步文人振聋发聩的呼唤对当时中国社会的，尤其是年轻人的正面影响不可估量，他们献身革命的精神令我敬畏。"00后大一新生杨蕊滋在课后发出这样的感想。在课堂上，徐老师以近代中国"五四"前后5年之间的《新青年》《每周评论》和《共产党》三种报刊为载体,揭示先驱们经过艰苦思辨最终选择马克思主义和中国共产党的探索历程,以及在建党伟业中展示出的坚定信念和高风亮节,历史独特的美感在徐老师的讲授中娓娓道出,让同学们领略到早期知识分子的人格魅力和独特的思想力量。

"一个好的课程背后要有理论支撑,但是不能单纯进行价值灌输,要摆具体事实,有理有据,通过逻辑推理,一步步靠近真理。我在课堂上运用的都是第一手档案资料,要用令人信服的故事讲好道理。李大钊、陈独秀这些革命先驱作为有产者,抱着一颗胸怀天下的情怀去创建无产阶级政党,源于对国家对民族强烈的忧患意识和家国情怀。"徐光寿毕陈独秀研究30年之功,呈现给大家一堂精彩纷呈的课程。

"这门课程以问题意识开头,以历史案例说明道理,世界上没有一个故事背后没有道理。师资多元化就是想充分利用各位专家的长处,给予学生多侧面的、尽可能完整的视角,让学生感悟,从中启悟道理。"据忻平教授介绍,"开天辟地"系列课程遵循教学的基本规律、思政课程的规律、学生成长的规律,以"问题意识"引导、启发学生,以"项链模式"为基础,层层递进。"当下大学生喜欢历史,具有辨别能力和追求真理的精神,党史必须体现科学性。在中国日益走近世界舞台中央的新时代,学生有新视野、新问题,教师应该尽可能地将最新的材料和最新的成果介绍给他们。教师的主导性和学生的主体性,应该通过课堂的合作交流起作用。最后达到让学生明理悟道的效果。"忻平教授表示。(柳琴)

《东方教育时报》2018年10月25日

**重塑知识结构　训练创造思维:上海大学"大国方略"系列又开新课"智能文明"与"量子世界"**

上海大学"大国方略"课程进入"量子时代"了!继2017—2018春季学期上海大学首开"育才大工科"——"人工智能"后,今年秋季开学,"大工科"之"人工智能"系列课程又添两门新课:"智能文明"和"量子世界",再次成为学校通识课选课列表里的抢手课。迄今,"大国方略"系列课开课8门,其中"育才大工科"业已开出3门。

**打破陈旧的知识结构　享受思维的乐趣**

"人类与机器智能人共处的世界会是什么模样?""意识和感情可以创造吗?""假定一个外星人来到地球,他们会在意我们地球人的想法吗?"在上海大学"智能文明"的课堂上,这些开放有趣的问题被不断提出,刚从英国赶来上课的上大计算机学院院长、帝国理工学院数据科学研究所所长、新当选英国皇家科学院院士的郭毅可教授以人文社会科学为视野,和上海大学社会学院教授顾骏在讲台上忽而"一唱一和",忽而互相"拆台",新颖有趣的内容吸引着全场学子的目光,掌声与笑声不断。顾骏老师"开宗明义":"我们这课就是要打破你们陈旧的知识结构,升级你们的认知方式,激发你们的想象力,训练创造性思维。"

一开讲,郭毅可首先传达出这样的科学理念:思维方式应该多元,不要随便给一个东西下定义,以固有观念去判断新生事物。在这个课堂,你会听到"人工智能"最新的话题:人机交融的技术支持、"生活即生产"的未来社会模式的架构、机器是否会生成人的性格、把人的一生的全部信息编译进DNA再植入到植物身上实现永生、比特币与智能合约,未来战争的形式会怎样、脑电波的再还原。很多想象让人脑洞大开,对未来的无限探究打破了大家对"人工智能"的恐惧和偏见,"我们不必过于担忧'智能文明'的世界,也许人工智能会带给人类更多的自由和可能性,让未来更加生动有趣。"郭毅可说道。

在两位老师的引导和激发下,同学们的回答和反问也很有意思,引起师的盛赞。学生问"即使人的DNA得到复制实现人的永生,这样的存在真的有意义吗?""虽然人工智能有学习的能力,但是性格和感情的微妙变化能习得吗?机器能具备完全的人性吗?"两位老师会和学生积极互动,既帮学生答疑解惑,也互相论战,呈现不同的见解。不少问题老师并没有给学生答案,而是给他们视角,启发学生自己去思考探索。课后,微信课程班群里学生反馈非常迅猛,4万多字反馈,展示了学生奔放的想象力。

**有难度的课堂　鼓励学生勇攀高峰**

走进"量子世界"课堂的学生都会发现,每位老师的讲课方式都各有特色。在浦江学者、上海大学理学院副教授陆杰的课堂"量子为媒,如何促进波粒二象性?"上,他从"我们为什么能看见东西"入手,只用一节课的时间就阐释清楚"光的故事":古人看光的三个特征、牛顿提出的光微粒说、麦克斯韦推断光是一种电磁波、普朗克的黑体辐射定律……最后发展到今天对光的"波粒二象性"的认知。同学们在一节课的时间里就对光的认知有了整体性的宏观认识,也领会到青年教师"从事科学研究,要不断打破成规,勇于挑战,追求不止"的科学精神。而国家杰青、通信学院副院长张新鹏老师则以物理爱好者的角度看量子世界,给学生带来不一样的视角。

高难度的量子力学本就烧脑,作为通识课面向非专业学生,包括大一新生,更是难上加难。"波粒二象性""薛定谔公式""量子隧穿实验""量子态的叠加"等高深内容逼迫着学生。"来到我们这个课堂,听不懂没关系,我们这个课堂的重点不是灌输知识,而是了解量子思维,给你们挑战自我的勇气和信心。"课堂主持人顾晓英表示。

教务处副处长顾晓英告诉时报记者,继"大国方略"课程的"五朵金花"之后,为对应国家新工科建设,迎接人工智能时代的到来,学校开始转向"育才大工科"之"人工智能"系列。"智能文明"和"量子世界"是继春季学期后新开的系列课程。

该课程依旧由"大国方略"系列课程策划、上海市课程思政教学科研示范团队、社会学院顾骏教授和上海市思政课名师工作室"顾晓英工作室"主持人——顾晓英研究员联合出品。两门课程归属理工类通识课,不分文理与年级,打破本硕博界限,课程也吸引了上大研究生、博士生同堂修习。"我们要培养的是有智慧有创新的学生,不断开拓自己,有能力担当民族复兴重任的时代新人,如果没有创造性思维打破过去的认知是难以胜任的,我们就要在我们的课堂上让他们开始享受思维的乐趣,进而培养学生的科学精神和科学思维。当然,这还需要过程,我们的征途才刚刚开始。"

**学生心声:燃!这才是大学该有的样子!**

钱伟长学院幸昊冉:张老师富有深度的发问是如此振聋发聩,迫使我们开始思考一些烧脑的问题。其实得不到答案没有关系,毕竟未知的世界是那么浩瀚。但我们难道能因此停止探索的脚步吗?哲人说,最好的风景永远在路上。是的,思考本身就是最大的乐趣。接受并培养多元的思考方式,才是学习最终的意义。

通信学院宣延:今天的课上,顾老师说:"那些伟大的科学家有几个人知道他们的老师是谁,很少。"对我感触颇深,让我明白了科学发展的过程中,真正重要的并不是能从前人或书本上学到的东西,而是靠自己的思维、创新的理论和概念。我还明白了进入了大学,依然使用以往中学时代形成的认知结构是行不通的,一定要通过大学的课程,升级自己的认知结构。今天关于波粒二象性的课程虽然在高中已经有所接触,但上完今天的课还是让我领悟到了许多新的东西,虽然似懂非懂,却非常吸引人继续探索,或许这就是量子力学的魅力所在吧。

计算机学院徐捷:张新鹏老师的以爱好者的角度看量子力学也给了我很大的启发。实在是太喜欢张老师了!他以爱好者的角度看量子力学实在是拓宽了我的思考,他思考问题的深度和广度也令我敬佩。除了专业的硬知识以外,我收获更多的是一种思维方式。

钱伟长学院卢望龙:这次量子力学的讲授,通过介绍量子力学体系的建立以及各种概念的解释,让我们从宏观角度认识到了量子力学的科学魅力,也让我们清楚地认识到科学发展与哲学的相连,心中升起探索科学之路的决心。此外,今天的互动环节中一些同学的思考与见解,让我们新生认识到要探寻科研所应具备的基本逻辑能力与论断能力,各位老师的回答与问题也极具启发思维,让我们真正感受到了思维的乐趣。(柳琴)

《东方教育时报》2018年10月31日

## 这样讲党史,大学生听得懂也听得进——上海大学新开思政选修课"开天辟地",用大量故事案例带领青年见证"红色之路"

马克思主义学院教授、上海市委党史研究室专家、中国著名评话表演艺术家、中文系教授……这是新学期上海大学为本科生新开的思政选修课"开天辟地"的授课阵容。课上所讲党史内容为上海与中国共产党近百年的不解之缘。"我们常说坚守初心,但初心是什么?应该先让年轻人领悟。"课程负责人、上海大学教授、市中共党史学会会长忻平说。带领青年见证中国共产党创建发展的"红色之路",怎样上党史课会让18岁青年听得懂、听得进?

**改革开放,从市井生活说起**

"开天辟地"第六讲开讲"改革开放进程中的上海"。市委党史研究室严亚南老师没有罗列大堆文件、数字,却在教室前方的大白板上放映起几十年前的上海市井生活:住房逼仄,只能在楼梯上摆放饭碗;条件有限,衣服晾晒在马路隔离栏上;公交车上每平方米要站11个人;每天80万只煤球炉、80万只马桶在城市里被使用着……

来自安徽的一年级新生王宁宁十分惊讶,这与她看到的城市太不一样了。是什么带来了改变?严亚南随即引出当天主题:土地批租——上海改革开放中的关键一步。随后,许多珍贵的史料被娓娓道来。从第一块土地批租共发出243份标书到中标价1.04亿元人民币,从当时的记录视频到报刊新闻,上海在改革开放推进中的步伐在这些记录中汇聚、还原,并被放到世界背景下去观察。

"老师,您觉得未来的上海会是什么样?我们能做什么?"来自人才学院的学生别佳瑛提问。"不妨去看看上海2035年的规划,看看自己能参与什么,现在需要的是在专业领域好好学习。"严亚南笑着回答。

"中国共产党为什么在上海诞生""从《新青年》到《共产党》""从'一大'到'四大'""红色堡垒:上海大学的前世今生""世界视阈中的上海与中共百年"……"开天辟地"课程的每一讲都精心准备、深入浅出。"00后"大一新生杨蕊滋说:"这是我以前在中学里从没听到过的思政课,让人大开眼界!"

翻看这门课的教师名册,大学校内、校外来自各个领域的专家携手,多角度、全方位地介绍"中国共产党从这里诞生、中国共产党人从这里出征、中国共产党历史从这里开启"的奋斗历程和革命业绩,助力当今大学生更好地传承信仰之光,坚定理想信念,赓续红色血脉。

**启发悟道,用故事讲清道理**

"党史也是历史,是历史的一部分,讲的是科学性、求真务实,要让学生深入了解、用心去听。"忻平说。

针对"95后""00后"学生的特点,教学团队在授课过程中,强调以问题意识开路,用故事案例启悟学生,将理论融入故事,用故事讲清道理,以道理赢得认同。大量新发现的史料和研究新成果,也令课程更有说服力。同时,党史课还借鉴上海大学思政课"项链"模式,即每次课程不仅有一至两位主讲教师,还有一位主持人协调衔接,引导思考。中学课本上已经告诉学生"是什么"的东西,在这里,老师和学生一起探索"为什么"。

课堂上,上海立信会计金融学院马克思主义学院院长、市中共党史学会副会长徐光寿,以"五四"前后5年间的《新青年》《每周评论》《共产党》三种报刊为载体,三代建党先驱们的先进事迹为支撑,重点揭示了李大钊、陈独秀等革命先驱经过慎重思辨最终选择马克思主义和中国共产党的艰辛探索历程。

"一个好的课程背后要有理论支撑,但不能单纯进行价值灌输,要摆具体事实,有理有据,通过逻辑推理,一步步靠近真理。"徐光寿介绍,他在课堂上运用的第一手档案资料,包括中外国家历史档案资料、当事人的可靠回忆、俄罗斯国家历史档案馆解密的有关中国共产党和中国革命资料、《西行漫记》中毛泽东的回忆等。

学生文宇恒至今记得,忻平教授讲第一课"中国共产党为什么在上海诞生"时说过的话——上海是中国工人运动的摇篮、是一座有着光荣革命传统的英雄城市,因此,了解上海"红色基因"发生发展的社会环境和历史条件,对于深入理解"开天辟地"这一历史事件显得尤为重要。他还特别建议同学们,在学好理论知识的同时,更应该去上海的大街小巷感受一下历史留下的宝贵财富,感受上海这座城市的魅力。"知行合一,在生活中感受历史的伟大,是这门课的重要意义之一。"

"中国共产党诞生和发展过程中,感召了无数热血青年投身其中,我相信了解历史与现实、世界与中国,有助于年轻学子成长为更加全面发展的人。"忻平说,"在备课、授课的过程中,作为老师的我们,也和同学们一起,更加坚定了这份初心。"(彭德倩)

《解放日报》2018年11月7日

**为一流学术高地打造一流期刊　上海大学期刊社对接重点学科,推动更多中英文期刊"走出去"**

50个人,编辑着14种期刊,中英文各半,其中2种进入SCI(科学引文索引),1种位于最前列的Q1区;1种进入SSCI(社会科学引文索引)的Q1区,1种被EI(工程索引)收录。用数字介绍上海大学期刊社,已无须更多赘语。

"以集约化发展为抓手,促成可持续发展的核心竞争力。"在社长秦钠看来,差别化定位、专业化办刊,让社科期刊与科技期刊比翼双飞,中英文期刊携手走出去,是上海大学期刊社打造期刊群得天独厚的优势。

**以专业化集约化突围**

在上海地区高校中,进入国际三大检索系统的刊物数量,上海大学期刊社一枝独秀。秦钠坦言,上海大学能够"弯道超车",专业化是制胜之道。无论是《社会》,还是《应用数学和力学(英文版)》,依托的都是上大在相关领域的强大实力。

2015年3月,《社会》与国际知名出版商塞奇合作推出英文版,实现国内社科类期刊走出去的目标。

上海大学期刊社旗下的每一本刊物,都对接一到多个重点学科,既为学科发展提供支撑,也为汇聚优秀学者搭建平台。"刊学研"结合,通过学术期刊搭建平台,为"双一流"建设和人才培养提供服务,社里不仅注重以学习促业务,也鼓励以研究谋发展,着力提高编辑的创新研究能力。

2009年6月,上海大学期刊屋揭牌。目前已在上大校园里设立14个期刊阅读点和5个服务点,面向本科生的服务点也于今年"开张"。上海大学期刊社所有青年编辑都是期刊屋的志愿者,为校内师生提供服务,开设讲座,指导论文写作技巧等。这既是骨干编辑的发现和实践平台,也在无形中培养和播撒了新的科研种子。

科学的管理也提升了办刊效率。经过几年实践,上海大学期刊社勾画出集约化管理、信息化采编、专业化定位、数字化出版、国际化发展的"五化"发展路线图。无论是提高国际高被引稿源,提升国际编委比例,还是实施多模式出版,所有刊物都有明确目标。

**参与国际话语权竞争**

上海大学期刊社的发展也是上海学术期刊整体提升的一个缩影。上海是中国期刊出版重镇,现有科技类、社科类学术期刊420多种,其中英文学术期刊25种。到2017年,上海不仅被SCI、SSCI收录的英文学术期刊增加到17种,影响因子位于Q1区的也增加到6种,《纳微快报》《亚洲男性学杂志》《中国光学快报》《神经科学通报》《核技术》等都实现了跨区发展,特别是《亚洲男性学杂志》自2015年起一直位居SCI收录该学科期刊排名第一。在被SCI、SSCI收录的同时,上海还有22种英文学术期刊被全球最大的文摘和引文数据库Scopus收录,其中9种在Q1区(5种位于前10%);4种被工程技术领域国际权威的EI数据库收录;9种被国际权威生物医学文献数据库Medline收录。

不过,在施普林格、爱思唯尔等国际大出版商拥有的国际发行渠道面前,大多数中国期刊只能选择与其合作即"租平台"出海。这背后更深层的原因还在于评价体系,要建立中国自己的评价体系和话语权,才能减少、避免中国科研成果在海外期刊发表再由中方回购、回流的局面。

日前,上海市新闻出版局出台新的"上海期刊文化品牌三年行动计划",将在人才建设、职称评定、职业培训、产业政策等多方面对英文学术期刊进行精准扶持,同时探索英文学术期刊市场化运营和管理的出版模式,实现影响力与市场化运营的良性循环,让更多一流学术期刊尤其是英文学术期刊,成为推动学科发展的平台和展示中国科研实力的窗口。

"一流学术高地需要一流学术期刊,一流学术刊物本身就是学术问题策源地和学术交流的平台。"秦钠说,学术期刊的"专、精、特",不仅是发布学术研究的最新成果,而是要起到引领学术研究的作用。打造更多具有国际一流水平的英文学术期刊,推进更多联合发展的集约化刊群,尤其是打造具有自主品牌的国际化出版与传播平台,上海期刊界还有更多可为空间。(施晨露)

《解放日报》2018年11月15日

### 进入 SCI 等国际三大检索系统刊物数领跑上海地区高校　上海大学期刊社逆袭突围靠什么

打造更多具有国际一流水平的英文学术期刊,推进更多联合发展的集约化刊群。

50个人,编辑着14种期刊,中英文各半,其中2种进入SCI(科学引文索引),1种位于最前列的Q1区;1种进入SSCI(社会科学引文索引)的Q1区,1种被EI(工程索引)收入。用数字介绍上海大学期刊社,已无须更多赘语。

作为目前上海地区规模最大的学术期刊编辑出版机构之一,除了进入国际三大检索系统占比之高令人惊叹,旗下刊物获中国出版政府奖期刊奖、"全国百强报刊"、"中国最具国际影响力学术期刊"……刊社获中国出版政府奖先进出版单位,社长、上海期刊协会副会长秦钠连获上海出版人奖、中国出版政府奖优秀出版人物奖。一家刊社几乎把可以拿的奖拿遍了,秘诀何在?

"以集约化发展为抓手,促成可持续发展的核心竞争力。"在秦钠看来,差别化定位、专业化办刊,让社科期刊与科技期刊比翼双飞,中英文期刊携手走出去,是上海大学期刊社打造期刊群得天独厚的优势。眼下,《华语电影研究》(中英文合刊)和《亚太视界》(英文)正在创刊之中,即将加入上大期刊社的大家庭。"一流学术高地需要一流学术期刊,一流学术刊物本身就是学术问题策源地和学术交流的平台。"秦钠说,学术期刊的"专、精、特",不仅是发布学术研究的最新成果,而是要起到引领学术研究的作用。学术期刊的水准是国家科技竞争力与文化软实力的重要体现,在上海加快建设具有全球影响力的科创中心和推动学科发展"双一流"的背景下,更多一流学术期刊尤其是英文学术期刊,将成为支撑学科发展的平台与推动科研进步的源头。打造更多具有国际一流水平的英文学术期刊,推进更多联合发展的集约化刊群,尤其是打造具有自主品牌的国际化出版与传播平台,上海期刊界还有更多可为空间。

**专业化、集约化走出突围之路**

如果说单独的刊物像一艘孤零零的小舢板,集约化的刊群就类似于大船和航母舰。国际上,德国的施普林格、荷兰的爱思唯尔,都是知名的大型期刊商,不仅旗下刊物众多,还在全球电子刊、数据库的发行渠道上具有绝对话语权。

在迅速发展的新兴媒体和数字化出版的浪潮中,中国传统出版业也正经历由传统出版向数字化出版的转型,对于学术期刊而言,既是挑战也是机遇。如何克服传统体制下,学术刊物"小、散、弱"之弊端,推进集约化建设是必由之路。上海大学期刊社成立于2003年,最初隶属于上海大学出版社,2010年起成为学校直属事业单位。在秦钠看来,人、财、物统一管理,只是集约化建设的粗放型阶段,更重要的是打造品牌,培养一流编辑和一流国际编委资源与学科发展共享,以集约化促进办刊的效率,加强集约化内涵建设,健全期刊社管理制度,建立工作机制,优化出版流程。

在中国高校,过去以学报为代表的综合性刊物居多,缺乏专业性刊物,尤其是优质的专业刊。上海大学期刊社在最近10年内突围,靠的就是在专业领域的转型发力。以去年进入SCI的《Advances in Manufacturing》(先进制造进展)为例,其前身正是上海大学学报(英文版),2012年由综合性期刊改为专业性期刊,创刊后获上海文教结合专项资助,五年磨一剑,去年6月被SCI收录。去年11月,上大期刊社下属的《社会》《Applied Mathematics and Mechanics》(应用数学和力学 英文版)双双入选"中国最具国际影响力学术期刊"。《社会》曾获第三届中国出版政府奖期刊奖,但在2005年改版转型为专业学术期刊前,《社会》只是一本大众普及型月刊,改版后学术影响力迅速提升,2017年复合影响因子为4.537、综合影响因子为3.702,总被引次数37 581次,目前是CSSCI源刊、全国中文核心期刊、中国人文社会科学核心期刊、剑桥科学文摘(CSA)源刊、美国EBSCO host数据库源刊。

在上海地区高校中,进入国际三大检索系统的刊物数量,上大期刊社一枝独秀。秦钠坦言,综合来说,上大作为211高校,学科资源肯定不如985高校雄厚,能够"弯道超车",专业化是制胜之道。无论是《社会》,还是《应用数学和力学》,依托的都是上大在相关领域的强大实力。2015年3月,《社会》与国际知名出版商塞奇合作推出英文版,实现国内社科类期刊走出去的目标。即将创刊的《华语电影研究》和《亚太视界》,分别对应上海大学上海电影学院、上海温哥华电影学院和上海大学美术学院,这些都是上大独树一帜的一流学科。

**上海学术期刊整体提升的缩影**

高水准学术期刊尤其是英文学术期刊,为何对科研、学术发展有着非同一般的战略意义?学术期刊是科研人员展示、分享成果的重要载体。科学家往往选择最好的平台去发表自己的研究成果,这既是对自己科研水平的证明,也是获得最广泛影响的途径。如果英文学术期刊数量不多、质量不高,就容易导致不少一流成果发表在国外学术期刊上,失去了大量科研成果的首发权,并最终影响我国在科技议题设置、国际学术交流等方面的话语权。

上海大学期刊社旗下的每一本刊物,都对接一到多个重点学科,既为学科发展提供支撑,也为汇聚优秀学者搭建平台。"刊学研"结合,通过学术期刊搭建平台,为"双一流"建设和人才培养提供服务,社里不仅注重以学习促业务,也鼓励以研究谋发展,着力提高编辑的创新研究能力。2009年6月,上大期刊屋揭牌,目前已在上大校园里设立14个期刊阅读点和5个服务点,今年,面向本科生的服务点"开张"。上大期刊社所有青年编辑都是期刊屋的志愿者,为校内师生提供服务,开设讲座,指导论文写作技巧等。这既是骨干编辑的发现和实践平台,也在无形中培养和播撒了新的科研种子。

科学的管理提升了办刊效率,全社各部门每年定下可量化的KPI目标,经过几年实践,期刊社将核心指标归纳为五个板块,勾画出集约化管理、信息化采编、专业化定位、数字化出版、国际化发展的"五化"发展路线图。无论是提高国际高被引稿源,提升国际编委比例，还是实施多模式出版，所有刊物都有明确目标。在上大期刊社，洋溢着浓浓的拼搏氛围。

上大期刊社的发展也是上海学术期刊整体提升的一个缩影。上海是中国期刊出版重镇，现有科技类、社科类学术期刊420多种，其中英文学术期刊25种。到2017年，上海不仅被SCI、SSCI收录的英文学术期刊增加到17种，影响因子位于Q1区的也增加到6种，《纳微快报》《亚洲男性学杂志》《中国光学快报》《应用数学和力学（英文版）》《神经科学通报》《核技术》等都实现了跨区发展，特别是《亚洲男性学杂志》自2015年起一直位居SCI收录Andrology学科期刊排名第一。在被SCI、SSCI收录的同时，上海还有22种英文学术期刊被全球最大的文摘和引文数据库Scopus收录，其中9种在Q1区（5种位于Top10%）；4种被工程技术领域国际权威的EI数据库收录；9种被生物医学领域国际权威的生物医学文献数据库Medline收录。

有突破，但前路仍然很长。在施普林格、爱思唯尔等国际大出版商拥有的国际发行渠道面前，大多数中国期刊只能选择与其合作即"租平台"出海，合作期刊的版权内容国外市场部分归属外商，后期的市场效益也无法完全为我所用。这背后更深层的原因还在于评价体系，是以刊评文，还是以文评刊？要建立中国自己的评价体系和话语权，才能减少、避免中国科研成果在海外期刊发表再由中方回购、回流的局面。上海市新闻出版局出台了新的"上海期刊文化品牌三年行动计划"，将在人才建设、职称评定、职业培训、产业政策等多方面对英文学术期刊进行精准扶持，同时探索英文学术期刊市场化运营和管理的出版模式，实现影响力与市场化运营的良性循环，让更多一流学术期刊尤其是英文学术期刊，成为推动学科发展的平台和展示中国科研实力的窗口。未来，还要奋斗，值得期待。

"上观新闻"2018年11月15日

### 为了民族复兴·英雄烈士谱　台湾爱国先烈翁泽生：为振兴中华奋斗一生

"父亲曾把名字改为翁振华。他以振兴中华为己任，为之奋斗一生。"台湾爱国先烈翁泽生之子林江说。

翁泽生，1903年生于台北，祖籍福建同安。早在青少年时代，他就在台湾积极参加和组织了一系列抗日爱国活动。为反抗日本殖民教育，他在父亲安排下到厦门读书，1924年毕业于厦门集美中学，同年考入厦门大学。

1925年，翁泽生转入上海大学学习，积极参与反对帝国主义的五卅运动。1925年7月，翁泽生经瞿秋白介绍加入中国共产党。1927年，他受委派到漳州、厦门建立共产党地方组织，并当选中共闽南特委委员，发展共产党员，创建党团组织，指导学运、工运，创办工农运动讲习所。1928年4月，台湾共产党成立，翁泽生是创建人之一，留沪负责"台共"和中共中央的联络工作，其间翁泽生在组织领导"八·一"反战斗争活动中被当局以"宣传共产主义"罪名逮捕，判刑一年，经组织营救于1929年12月获释。

1933年3月，由于叛徒出卖，翁泽生在上海被捕，后被押往台北日本监狱。长达6年的牢狱生活中，面对日寇严刑拷打、威逼利诱，他始终坚贞不屈，用生命捍卫党的组织秘密。

由于长期遭受折磨,翁泽生肺结核恶化。1939年3月1日,他获准保外就医,但已奄奄一息,当月19日在台湾病逝,时年36岁。

1927年9月,翁泽生的儿子林江在上海出生。不久,母亲就抱着他参加了台湾共产党的建党筹备会,后被送回台湾老家。9岁那年,林江随母亲到台北探监,隔着两重铁栏杆见到父亲。

虽然后来为了革命活动改了名,但林江一直记得,父亲为他起名"翁黎光"的深意:"父亲相信黎明之光就要到来,革命在我这一代一定会成功。"

翁泽生被台湾民众公认为是"一位有骨气的真正的爱国者",他的战友陈云、廖承志赞叹"他到死还坚持着共产党员的高尚气节"。1975年,翁泽生被追认为革命烈士。

今年5月,林江的儿子翁朝阳带着妻子,前往台湾桃园忠烈祠抗日馆祭拜祖父翁泽生。"台湾人的命运和祖国的命运息息相关,我们要把爱国传统一代代传下去。"林江说。
(许雪毅)

《人民日报》2018年11月16日

### 为啥高校教育要开设人工智能系列通识课?全国研讨会分享上大经验

人文与科技——"人工智能通识教育"全国教学研讨会日前在上海大学召开。专家学者围绕"人工智能通识教育"主题展开深入研讨。本次研讨会由上海大学教务处、计算机学院、出版社及北京超星尔雅教育科技有限公司主办,由上海高校思想政治理论课名师工作室——顾晓英工作室和上海市课程思政教学科研示范团队——顾骏团队共同承办。

上大副校长聂清说,上海大学率先一步提出"人工智能通识教育",这对于上大这样一个综合性大学来讲意义重大。本次研讨会聚焦人工智能通识教育课程教学,这既对接世界趋势和国家战略,也对我们人才培养体系、课程建设、教学方法的改革有着特殊意义。上海市教委高教处李琲琲说,上大率先开出"育才大工科"之"人工智能"系列通识课,在"大工科"建设和人工智能创新行动计划人才培养方面有了创新举措。这组课程构建了一个崭新的课程开发模式和"全员全程全方位"协同育人平台。上大教务处处长彭章友分享了"上海大学课程思政教学改革与创新"。上大已于去年认真制定了人才培养规划(2017—2020年),启动了新一轮通识教育改革形成通识教育改革路线图,鼓励教师启用深度融合信息技术的课程教学模式。上大教务处副处长顾晓英介绍了上大"人工智能教育系列通识课程建设基本情况"。目前学校的人工智能系列课程已开到第四门,其中已上线一门,出版配套教材两部。上大已开设9门"大国方略"系列课程,学校力争做到一院一课,共建共享,实现文、理、工和艺术学科融通。

作为人工智能系列通识课程策划、主讲,上大社会学院教授顾骏分享了"人文与科技:人工智能系列通识课程的设计思路"。他指出,国内人工智能研究只关注技术,不关注人,既没弄清人类智能的机理,也不清楚技术应用满足什么人性需求,所以有必要通过通识课引导学生开展哲学思考。上大计算机学院副院长张博锋教授作了题为"人工智能专业课与通识课的衔接"的报告。他从"人工智能通识教育该怎么做?""智能文明课程简介""通识课对专业课的促进和挑战"和"专业课对通识课的支撑和导向"等方面作了分享。

上大出版社董事长戴骏豪社长介绍了如何"服务通识课的教材出版"。四年来,"大国方略"系列课程已开9门和配套教材已有9部,可凝练为16个字"呼应主题,寻求变革,对接实事,融会贯通"。如今,上大"大国方略"四门系列课程和"人工智能"课程已在超星尔雅上线。(王蔚)

《新民晚报》2018年12月3日

**上海大学:开设人工智能系列通识课程**

"西方的莱布尼茨发明二进制,有没有受到中国八卦的启示?"近日,上海大学推出"人文智能"通识课,该校社会学院教授顾骏在首堂课上向学生抛出了这个问题。该课程是上海大学"人工智能"系列通识课之一。

从2018年3月起,上海大学开设"人工智能"系列通识课,引导学生摆脱学科和专业的束缚。其中,"人工智能"和"智能文明"两门课已完成讲授,"人文智能""智能法理"两门课于今年冬季启动,"智能生命"课将于2019年3月推出。

作为"人工智能"系列通识课程策划人,顾骏表示,学习人工智能不是电子信息相关专业学生的"专利",人工智能研究天然具有融通文理的特点,不了解人本身,不足以在研究人工智能上取得突破,系列课程带领学生开阔视野、探究未来,正体现了通识课应有的价值。

在内容设置上,"人工智能"系列通识课不仅展示人工智能技术,更包括对人工智能的形而上思考,尤其注重人工智能与不同学科的交叉。例如"智能文明"课分为10个专题,分别从社会学、法学、新闻学等专业视角观照人工智能,探讨人机交融、机器人与法律的自由裁量权、机器算法与信息呈现等热点前沿话题。(董少校)

《中国教育报》2018年12月3日

**上海大学再起旋风!率先建设新时代"人工智能通识教育"人才培养的标杆!**

11月26日下午,人文与科技——"人工智能通识教育"全国教学研讨会在上海大学召开。专家学者围绕"人工智能通识教育"主题展开深入研讨。研讨会分为下午的开幕式和大会报告以及晚上的"人文智能"新课公开课观摩活动三个节段。上海大学党委常委、副校长聂清,上海市教委高教处李珮珮,教务处处长彭章友,教务处副处长顾晓英,"人工智能"课程策划并主讲、社会学院教授顾骏,计算机学院副院长张博锋教授,南开大学机关党委书记、原教务处处长杨光明教授,东华大学人工智能大数据主讲教师齐国峰,同济大学电子与信息工程学院副教授张红云,华东政法大学刑事司法学院信息科学与技术系副教授单美静,上海大学出版社董事长、社长戴骏豪,超星集团产品总监张乔为,北京理工大学教学促进与教师发展研究中心主任,中国高等教育学会大学素质教育研究分会秘书长庞海芍教授等围绕主题作了相关报告。

开幕式由上海大学教务处处长彭章友主持。上海大学党委常委、副校长聂清致欢迎辞。她指出,人工智能时代到来,很多国家面向未来出台了战略规划和战略方案。我国也颁发了相应的创新行动计划。上海大学率先一步提出"人工智能通识教育",这对于上海大学这样一个综合性大学来讲意义重大。本次研讨会聚焦人工智能通识教育课程教学，这既对接世界趋势和国家战略，也对我们人才培养体系、课程建设、教学方法的改革有着特殊意义。这组人工智能通识课程，一定会增强上海大学及其他高校学生对于未来、对于未来人类社会生活空间、生产空间的好奇和探索。上海大学将进一步总结人工智能通识教育的经验，努力培养一代有想象力、有创新精神，有家国情怀的建设者和接班人。

上海市教委高教处李琲琲发表讲话。她肯定上海大学率先开出"育才大工科"之"人工智能"系列通识课，在"大工科"建设和人工智能创新行动计划人才培养方面有了创新举措。这组课程构建了一个崭新的课程开发模式和"全员全程全方位"协同育人平台。她代表教委期待上海大学能开发出更多"人工智能"通识课程，探索建立新时代"人工智能通识教育"人才培养的标杆，打造更多金课，制作优秀在线课程，出版配套优秀教材，培养适于"人工智能"时代的创新人才。

**率先建设新时代"人工智能通识教育"人才培养的标杆**

专题报告节段会议由上海大学教务处副处长顾晓英主持。上海大学教务处处长彭章友分享了"上海大学课程思政教学改革与创新"。上大已于去年认真制定了人才培养规划（2017—2020年），这个规划当中有四大任务、十大举措，这也是上大深入贯彻总书记教育大会讲话精神的落地举措。上海大学正在继续创新和加强思政教育，推进研究型挑战性教学，加强一流本科专业建设，启动新一轮通识教育改革形成通识教育改革路线图，鼓励教师启用深度融合信息技术的课程教学模式。

上海大学教务处副处长顾晓英研究员介绍了上海大学"人工智能教育系列通识课程建设基本情况"。上海大学人工智能系列课程已开到第四门，其中已上线一门，出版配套教材两部。上大已开设9门"大国方略"系列课程，学校力争做到一院一课，共建共享，实现文、理、工和艺术学科融通。这些课程给学生家国情怀，引领学生报效国家，提升学生思维能力，也让更多青年教师得到教研成长。

作为人工智能系列通识课程策划、主讲，上海大学社会学院教授顾骏分享了"人文与科技：人工智能系列通识课程的设计思路"。他指出，国内人工智能研究只关注技术，不关注人，既没弄清人类智能的机理，也不清楚技术应用满足什么人性需求，所以有必要通过通识课引导学生开展哲学思考。同时，国内通识课越来越偏向专业知识，失去了解放的功能，让通识课回归原来的属性，人工智能可以成为一个很好的载体，因为人工智能内含的方法论问题，以鲜活的形态，足以引发学生对思辨性话题的兴趣和思考。在人工智能和通识课的交汇点上，新工科有望实现实质性的突破。

上海大学计算机学院副院长张博锋教授作了题为"人工智能专业课与通识课的衔接"的报告。他从"人工智能通识教育该怎么做？""智能文明课程简介""通识课对专业课的促进和挑战"和"专业课对通识课的支撑和导向"等方面作了分享。他特别提出，人和机器不矛盾，我们要和谐共处，树立人机和谐共处的理念。

南开大学机关党委书记、原教务处处长杨光明教授对上半段的专题报告进行点评。他感慨"大学里边三个'一去不复返'在上海大学已经开始了"。从学校领导、部门，特别从教师队伍看来，大家心里想着本科教学，想着学生如何成长，并从中做着探索。他祝贺上海大学在人工智能以及通识教育方面已作出了创新探索。

**实行跨学科深度合作　　探索多元教学模式**

东华大学人工智能大数据主讲教师、国家级虚拟现实项目中心主任、东华大学管院校友会副秘书长齐国峰分享了"AI人才培养的思路和实践"。他提出,在选择路径的时候,团队考虑到人工智能是一门跨学科的学科门类,不仅有人工智能相关的机器学习、深度学习这样的技术,还要和各个行业、专业结合起来,比如和金融、医疗、教育、能源各领域进行跨学科的深度合作,才能给行业进行赋能。

同济大学电子与信息工程学院张红云副教授分享了"人工智能通识课教学模式的探索与思考"。同济大学人工智能课采取先期试点制,针对不同学业基础,探索特殊的、适合不同专业学生的教学模式,一是多元的学习渠道,二是多元的教学方式,三是专家走进课堂,四是全面综合考评。

华东政法大学刑事司法学院信息科学与技术系单美静副教授就"人文智能研究者需要人文视野"展开讲演。团队希望能够从通宽性的人文视野角度,给学生提供一些人工智能基础。学校从人工智能与法律、人工智能与人文社科结合的角度,开设了一系列课程,培养学生的计算思维。华政还设置了一些特色鲜明的跨学科的专业选修课,如信息犯罪与计算机取证、法律大数据之美、声像资料司法鉴定等,还有大数据侦查,网络犯罪侦查等。即将开设"人工智能与法治"等。

上海大学出版社董事长戴骏豪社长介绍了如何"服务通识课的教材出版"。四年来,"大国方略"系列课程已开9门和配套教材已有9部,可凝练为16个字"呼应主题,寻求变革,对接实事,融会贯通"。4年合作实现了:深度融合,无缝对接;同向同行,形成品牌;领导重视,社会认可。另外,上海大学"大国方略"四门系列课程和"人工智能"课程已在超星尔雅上线。超星集团产品总监张乔为介绍了"一平三端"的智慧教学系统,即一个泛雅平台和移动端、管理端、教室端"三端",它将无限接近现在的人工智能,使云端更智能,体现智能化的教育为本科教育教学课堂革命服务。

最后,会议特邀嘉宾北京理工大学教学促进与教师发展研究中心主任,中国高等教育学会大学素质教育研究分会秘书长庞海芍教授从嘉宾视角作了点评。她表示,会议让人脑洞大开。这是一个洗涤心灵、启发心智的会议。我们需要反思"科技使人进步,但有时候也使人迷失"。上海大学提出人工智能通识教育,犹如给人工智能套了一根人文的缰绳,避免它成为脱缰的野马。上海大学率先提出人工智能通识课,这是个非常好的思路。在以往基础上,相信上大这次能够再次掀起旋风,影响中国乃至世界。

据现场了解,出席会议的有来自南开大学、北京理工大学、南京理工大学、河海大学、哈尔滨工程大学、大连海事大学、西安电子科技大学、江南大学、青岛科技大学、安徽理工大学、云南农业大学、浙江工商大学、温州大学等25所外省市高校的教务处处长、教发中心负责人、骨干教师和马院的专家学者。

上海社科院国际所、复旦大学马院、同济大学本科生院、上海财经大学教发中心、上海外国语大学和上海师范大学教务处、华东政法大学、东华大学、上海工程技术大学、上海政法学院、上海青年干部管理学院、上海出版印刷高等专科学校、高等教育出版社的骨干教师等前来参会。

此外,出席研讨会和公开课观摩活动的还有上海大学相关部处、院系领导与骨干教师,共计140人左右。本次研讨会由上海大学教务处、计算机学院、出版社及北京超星尔雅教育科技有限公司主办,由上海高校思想政治理论课名师工作室——顾晓英工作室和上海市课程思政教学科研示范团队——顾骏团队共同承办。

**"人文智能"公开课观摩——"人文智能与传统思维如何结缘?"**

当晚6点,100多名从全国各地高校慕名而来的上海市兄弟院校教务处、教发中心领导、骨干教师与上大本校教师集聚J楼201,与课程班学生共同参与"人文智能"公开课观摩活动。

顾晓英老师用古今、文理、中西的"三通"期待,引出"智能文明"第一课"人文智能与传统思维如何结缘?"随后,上海市课程思政教学科研示范团队——顾骏团队负责人顾骏教授在热烈的掌声中走向讲台。顾骏教授用精心设计的一组问题,循循善诱,打开学生思维,启迪学生对于当晚话题产生思考。

"八卦与二进制的悬案包含什么信息?""人工智能是对人类智能的模拟吗?""机器靠什么思考?""人工智能如何与中国思维对话?"顾骏教授循着这些问题展开课程讲解。化知识点于无形,化故事于道理,顾老师让全场听课师生循着他设下的思维路径,穿梭于古今、文理和中西,直至走向深邃的思辨。

"发文化之根,结科技之果。"这是顾骏教授给课程作了定位。这是一门讲科学技术的课,同人工智能有关,这也是一门讲文化的课,同人有关。这是一门关于西方文化的课,也是一门关于中国文化的课。"人文智能"课程就是为了这个目标,在人工智能的框架内,把中西方文化结合起来,为中国制造的机器人输入中国文化的基因。科技与人文、现代与传统、西方与东方,这三个维度构成了"人文智能"课程的理论框架。"能够面向未来乃至引领未来的传统文化,才是真正有生命的、值得自信的文化!"公开课在顾骏教授掷地有声的话语中结束。

互动环节,学生纷纷发问。顾骏教授和通信学院副院长、国家杰青张新鹏教授,计算机学院副院长张博锋教授联袂给学生作了不同视角的回应。青岛科技大学教务处处长王霞代表观摩教师发表感想,认为此公开课非常精彩有趣,具有时代性、前瞻性。

最后,顾晓英老师做了课程小结,让大家看到了这节课里一个大大的"人"字。人工智能,"人"在哪里?"人文智能"引领同学穿越到古今,穿越中西,打通文理。她勉励大家继续思考探索,期待同学们深刻品味优秀传统文化如何对接人工智能,赋能新时代,积极打开脑洞,练就真本领,报效国家。

与会专家和观摩课程的专家同行纷纷肯定本次研讨会,肯定了上海大学实现了课程思政的"升级版",率先在人工智能通识教育方面作了有益尝试。(殷晓 柳琴)

《东方教育时报》2018年12月5日

## 2018"中国非遗年度人物"100人候选名单公布

近日,由文化和旅游部非遗司指导,光明日报社、光明网主办的2018"中国非遗年度人物"推选活动已确定100名候选人名单。

自本届推选活动启动以来,社会各界反响热烈,共收到23个省区文旅厅推荐79份、专家评委推荐96份、网络推荐1 457份。活动组委会和光明日报非遗传播专家委员会根据推选标准共同评议后,确定了100名候选人名单(名单附后)。

100名候选人中有传承人77人,研究者和传播者10人,管理者9人,策展人和企业家4人。

在此基础上,下一步将推选出30位提名候选人及10位2018"中国非遗年度人物",拟于明年1月举行2018"中国非遗年度人物"揭晓活动。

**2018"中国非遗年度人物"**
100人候选名单
(按姓氏拼音首字母排序)
(中略)
研究者、传播者(10人)
　78　邓　尧　　立方(广州)律师事务所一级律师
　79　冯骥才　　中国民间文艺家协会第九届名誉主席
　80　宋善威　　同济大学设计创意学院非遗研究中心副主任
　81　田　青　　中国艺术研究院研究员
　82　温浩东　　中国少数民族传统服饰收藏家
　83　萧　放　　北京师范大学社会学院教授
　84　修建桥　　陕西省民间文艺家协会副主席
　85　徐艺乙　　南京大学历史学系教授
　86　尤忠美　　东北师范大学客座教授
　87　章莉莉　　上海大学上海美术学院副教授
(下略)(张玉玲)

《光明日报》2018年12月20日

**2018"中国非遗年度人物"30位提名候选人产生**

由文化和旅游部非遗司指导,光明日报社、光明网主办的2018"中国非遗年度人物"推选活动已产生30位提名候选人,现向社会公示。

2018"中国非遗年度人物"推选活动自启动以来,得到广泛关注,按推选规则,12月19日公布了100人候选名单。近日,经过光明日报非遗传播专家委员会投票、评议,活动组委会综合考虑候选人区域、类别、构成等多种因素,充分衡量候选人的标志性、引领性、创新性、示范性及年度代表性,从100位候选人中确定了30位提名候选人。其中,传承人22位,研究者5位,管理者、策展人、企业家各1位。22位传承人涵盖非遗十大类别中的八类,国家级传承人18位,省、市级4位。

下一步,推选活动将开通网络投票评议,组委会将综合光明日报非遗传播专家委员会投票及网络评议,最终确定10位2018"中国非遗年度人物"。

**2018"中国非遗年度人物"30位提名候选人名单**
**(按姓氏拼音首字母排序)**
　蔡正仁　　　　昆曲国家级代表性传承人
　陈义文　　　　木版年画(老河口木版年画)国家级代表性传承人

| | |
|---|---|
| 冯骥才 | 中国民间文艺家协会第九届名誉主席 |
| 符秀英 | 黎族传统纺染织绣技艺省级代表性传承人 |
| 付正华 | 木偶戏（石阡木偶戏）国家级代表性传承人 |
| 甘而可 | 漆器髹饰技艺（徽州漆器髹饰技艺）国家级代表性传承人 |
| 胡新明 | 泥塑（凤翔泥塑）国家级代表性传承人 |
| 黄　强 | 北川羌族自治县和谐旅游开发有限公司总经理 |
| 黄小明 | 东阳木雕国家级代表性传承人 |
| 季海波 | 浙江省温州市非遗中心副主任 |
| 金巴扎木苏 | 格萨（斯）尔国家级代表性传承人 |
| 连丽如 | 北京评书国家级代表性传承人 |
| 柳惠武 | 中医传统制剂方法（龟龄集传统制作技艺、定坤丹制作技艺）国家级代表性传承人 |
| 明　珠 | 藏医药（山南藏医药浴法）国家级代表性传承人 |
| 尼玛次仁 | 藏医药（拉萨北派藏医水银洗炼法和藏药仁青常觉配伍技艺）国家级代表性传承人 |
| 沈少三 | 撂石锁国家级代表性传承人 |
| 粟田梅 | 侗锦织造技艺国家级代表性传承人 |
| 田　青 | 中国艺术研究院研究员 |
| 王汝刚 | 独脚戏国家级代表性传承人 |
| 王秀英 | 香包（徐州香包）市级代表性传承人 |
| 吴元新 | 南通蓝印花布印染技艺国家级代表性传承人 |
| 夏菊花 | 武汉杂技国家级代表性传承人 |
| 萧　放 | 北京师范大学社会学院教授 |
| 解永亮 | 赫哲族传统服饰省级代表性传承人 |
| 徐艺乙 | 南京大学历史学系教授 |
| 杨昌芹 | 赤水竹编市级代表性传承人 |
| 姚惠芬 | 苏绣国家级代表性传承人 |
| 章莉莉 | 上海大学上海美术学院副教授 |
| 赵基德 | 民族乐器制作技艺（朝鲜族民族乐器制作技艺）国家级代表性传承人 |
| 曾　辉 | 北京国际设计周组委会办公室副主任 |

（张玉玲）

《光明日报》2018年12月27日

## 上海高水平地方高校建设渐入佳境　打造创新驱动发展新引擎

（上略）

**上海大学：深化体制机制创新，在服务国家战略需求中实现超越**

上海大学是上海市属、教育部与上海市人民政府共建高校、国防科技工业局与上海市人民政府共建高校，上海市首批高水平地方高校建设试点。学校以钱伟长教育思想为指导,致力于为社会培养具有全球视野、公民意识、人文情怀、创新精神、实践能力,并能应对未来挑战的人才。

2017年,学校入选教育部一流学科建设高校,学校发展进入新的历史阶段。学校坚持中国特色社会主义办学方向,以立德树人为根本,以内涵发展为主线,以体制机制创新为突破,各项事业取得了显著进展。

**国家战略导向打造学科高峰**

在"2019年QS综合排行榜"上,上海大学列全球422位、国内第16位。在"2018软科世界大学学术排名"中,上海大学首次跻身世界500强,国内第48位。"QS全球排名前400学科"由2015年8个上升至2018年15个。

上海大学瞄准海洋强国、军民融合发展等国家战略需求和"一带一路"倡议,根据运载系统高速化、无人化、智能化、网络化、集群化的发展趋势,前瞻布局多学科交叉融合的"智能运载科学与工程"学科群。致力于解决海上智能运载系统的核心科学问题和关键技术,在装备的应用及型号列装上取得突破。

以海上智能运载为学科群建设目标,由专家智库确定"总体设计""结构与材料""智能控制""动力与载荷"四大学科群重点建设方向,围绕海上重大战略任务的科学与技术问题,组建了十个跨学科创新研究团队,发挥多学科协同优势联合攻关。2016—2017年获得国家技术发明二等奖2项,2018年3项成果分别通过国家自然科学、科技进步和技术发明二等奖复评,新增3个省部级以上科研基地,建立了海洋环境智能监测与治理协同创新中心,服务于国家海洋强国。

**"立德树人",深化思政课教学改革**

上海大学深化思想政治理论课教学改革,用首创的"项链模式"率先创设"大国方略"通识课,给学生一双眼睛看懂中国,引导学生正确认识世界和中国发展大势,培养学生从容和坚定的大国自信。学校先后创设"创新中国""创业人生""时代音画"和"经国济民"等课程,到最新开设的"人工智能"等三门课,八门课程五门在线九部著作,成功实现从思政课程到"课程思政"的延伸。巩固马克思主义在高校意识形态领域的指导地位,增强大学生思想政治教育的亲和力和针对性。

继2014年开设"大国方略"课程后,新开发"创新中国""创业人生""时代音画""经国济民""智能文明""量子世界"等课程,实现多学科师资协同育人。2018年,"创新中国"获国家精品在线开放课程。

**深入推进学科交叉实现内涵式发展**

上海大学紧扣科技前沿和学科特色,使科研优势转化为教学优势。"智能运载科学与工程"学科群依托"机械工程""材料科学与工程""信息与通信工程"三个一级学科,发挥引领和辐射作用,构建基础与应用相互促进、多学科相互支撑、交叉融合、协调发展的学科格局,通过点上突破带动学校整体水平快速提升。

以学生为中心,加强跨学科交叉课程建设,融合通识教育和专业教育,构建价值塑造、能力培养、知识传授三位一体的创新创业课程体系。以需求为导向,组建一批跨学科高水平创新团队。实施青年教师启航计划,有针对性地增强青年教师培养力度。2016年,"特种光纤与先进通信国际合作联合实验室"获教育部批准。2016—2018年,上海大学连续三年获批"111引智基地"。2017年,吴明红团队在石墨烯研究领域的最新成果在《NATURE》上发表。2018年,Mark Waller教授在应用深层神经网络及人工智能算法领域的最新成果在《NATURE》上发表;曹世勋教授与RICE大学KONO教授在量子物质研究方面合作的最新成果在《SCIENCE》上发表。

（下略）（尚俊林）

《文汇报》2018年12月27日

# 2019 年

**让党的旗帜在高校高高飘扬——高校党的建设与思想政治工作综述**

（上略）

清华大学成立"青年教师骨干领航工作站",20个院系的37名青年学者成为首批工作站成员,其中近六成入选国家级人才项目;上海大学以"党建＋"的系统思维,构建思想引领、管理创新、队伍建设、品牌创建"四位一体"的党建工作模式;浙江25所高校63个院系试点开展党组织领导下的院长负责制,探索破解党的领导在院系的"中梗阻"问题;辽宁推进高校党支部规范化建设,建立分类指导、晋位升级工作机制,整顿不规范党支部,创建"规范化党支部"5 472个、"示范性党支部"1 317个、"红旗党支部"392个;山东、吉林、河北、四川等21个省份全面推行向民办高校选派党组织书记……严密的工作体系、暖心的党建项目,让党组织与师生的心更近了、关系更密切了,各级党组织成为广大师生最值得信赖的组织依靠。

（下略）

《人民日报》2019年1月15日

**为了民族复兴·英雄烈士谱  陈明：红土地走出的抗战英雄**

在闽西龙岩,一个英烈的名字至今仍然被当地群众传颂,他就是在抗日战争中英勇牺牲的陈明烈士。

陈明,原名若星,字少微。1902年出生于福建省龙岩县(今龙岩市新罗区)。1921年毕业于福建省立第九中学。曾与邓子恢等进步青年发起组织革命书社"奇山书社"。1925年到厦门中山中学任教。

1926年秋,陈明进入上海大学社会学系半工半读。同年10月加入中国共产党,受党组织委派到国民革命军东路军政治部负责宣传工作。同年冬,任国民党福建省党部宣传部长,主编《福建评论》《国民日报》。

1927年"四一二"反革命政变后,陈明到武汉向党中央汇报工作。同年8月,以中共中央福建省党务特派员的身份,回闽重建中共闽南、闽北两个特委,任闽南特委书记。12月,在漳州主持召开党组织联席会议,成立中共福建省临时委员会,任书记,后任省委宣传部长。1928年9月,被派到苏联莫斯科东方大学中国班第3期学习。1931年冬毕业回国后,进入中央苏区,被分配到瑞金红军学校担任教官。1932年4月被调到东路军前锋部队,负责宣传工作。

1934年10月,陈明随中央红军长征。遵义会议后,调干部团任教,后任训练科长、政治委员。1936年任中国工农红军大学高干科教员。

1937年全国抗战爆发后,陈明任八路军随营学校政治委员。1939年冬,奉命进入山东,任八路军第115师政治部宣传部部长。后任中共山东分局党校副校长、山东分局政府工作部部长、山东省宪政促进会常委、山东分局政府工作委员会副主任。

1941年4月,陈明任山东省战时工作推行委员会副主任委员兼秘书长,主持整个战时工作委员会工作。他根据山东的革命斗争实际,撰写、发表了许多有影响的文章,如《抗日民主政权》《拥护民主政权》等,还颁发了《县区乡各级政府组织条例》《民众抗日自卫团暂行条例》等一系列法规,为建设山东抗日民主政权作出了重要贡献。

1941年11月,日军对山东抗日根据地沂蒙山区实行"铁壁合围",妄图消灭中共山东党政军领导机关和沂蒙山主力部队。11月30日凌晨,陈明在沂南与费县交界处的大青山和日军遭遇,激战中,壮烈牺牲,时年39岁。

红色是闽西的"底色",也是这块红土地的"魂"。陈明烈士故乡龙岩是著名革命老区。近年来,龙岩市通过各种举措积极保护传承红色文化,进行了系统化、制度化保护,传承好红色基因,加快老区振兴。(陈弘毅)

《人民日报》2019年1月17日

**一腔赤诚　百折不挠——纪念瞿秋白同志诞辰120周年**

今年1月29日,是瞿秋白同志诞辰120周年纪念日。瞿秋白同志是中国共产党早期的主要领导人之一,伟大的马克思主义者,卓越的无产阶级革命家、理论家和宣传家,中国革命文学事业的重要奠基者之一。瞿秋白同志对党忠诚、宁死不屈,牺牲时年仅36岁。在短暂而非凡的一生中,他为民族独立和人民解放不懈奋斗、艰辛探索,留下宝贵精神财富。他的革命业绩、精神和思想至今熠熠生辉,激励我们前行。

**一、马克思主义在中国的积极传播者**

瞿秋白同志1899年1月29日出生于江苏常州。当时的中国正处在帝国主义和封建主义双重压迫之下,政治黑暗,社会凋敝,人民困苦。青少年时代,他目睹社会"颠危簸荡紊乱不堪"、人民沉浮于水火,萌生唤醒民众、改造社会的强烈愿望。1917年9月考入北京俄文专修馆。1919年五四运动爆发后,他"抱着不可思议的'热烈'"的激情投入反帝爱国运动,表现出毫不妥协的斗争精神。后参加李大钊同志组织的马克思学说研究会,探讨社会主义,寻求救国救民的途径。

1920年秋,瞿秋白同志作为《晨报》特派记者,远赴苏俄采访。他怀着"总想为大家辟一条光明的路"的抱负,认真考察十月革命后苏俄的政治经济形势,以亲见亲闻向中国人民系统介绍第一个社会主义国家初创时的蓬勃景象。他通过实地考察,立志做"'新时代'的活泼稚儿",选定马克思主义作为毕生的信仰,确立了投身共产主义运动的志向。1922年2月,瞿秋白同志加入中国共产党。

由于较早接触和研究马克思主义,了解苏俄社会情况,1921年秋,瞿秋白同志担任了莫斯科东方劳动者共产主义大学中国班教员,为刘少奇、罗亦农、任弼时等同志讲授俄文、唯物辩证法、政治经济学等课程,并担任政治理论等课程的翻译,表现出很高的思想理论水平,受到大家的尊重。1922年,他先后参加远东各国共产党及民族革命团体第一次代表大会和共产国际第四次代表大会。1923年1月离开莫斯科返回中国,满腔热情投身于日益高涨的革命运动。

瞿秋白同志是党内编写和译介马克思主义理论的先行者之一,不知疲倦地战斗在党的思想理论和宣传战线上。1923年,他担任中共中央理论刊物《新青年》《前锋》主编和《向导》编辑,积极为刊物撰稿。他先后编写和译介多部有关辩证唯物主义和历史唯物主义著作,为中国共产党的理论建设做了大量开拓性、奠基性的工作。他严格遵循"革命的理论永不能和革命的实践相离"的原则,运用马克思主义"分析中国资本主义关系的发展程度,分析中国社会阶级分化的性质,阶级斗争的形势,阶级斗争和反帝国主义的民族解放运动的关系",把马克思主义基本原理同中国革命实际的结合引向新的高度,成为党内不可或缺的理论家和宣传家。

1923年6月,瞿秋白同志参加中国共产党第三次全国代表大会,并主持起草党纲草案。他积极主张国共合作,推动大会作出同国民党合作建立统一战线的决议,促成党在策略路线上具有历史意义的转变。会后,他同邓中夏等同志一起创办上海大学,担任教务长、社会学系主任等职。他注重结合实际进行马克思主义理论教育,创新教学形式方法,使上海大学成为国共合作创办的新型学校。在他的影响下,上海大学培养的许多学生走上了革命道路。

**二、第一次国共合作和大革命运动的重要推动者**

1923年底至1924年初,瞿秋白同志根据中央指示,参加国民党改组工作,成为共产国际、中共中央、国民党中央三方面之间的重要联络代表。他不辞辛劳,频繁奔波于广州与上海之间,参与磋商改组国民党的大政方针,参与起草国共合作的纲领性文献《中国国民党第一次全国代表大会宣言》。1924年1月,瞿秋白同志在国民党第一次全国代表大会上当选为国民党中央候补执行委员。会后,参与国民党中央的领导工作和上海《民国日报》的编辑、撰稿工作。

为维护国共合作的统一战线,瞿秋白同志以敏锐的洞察力,驳斥和揭露国民党右派的反共理论和分裂阴谋,系统论述建立国民革命联合战线的重要意义,有力反击国民党右派企图分裂国共合作的"弹劾共产党案"。针对国民党新右派的"戴季陶主义",他撰写《中国国民革命与戴季陶主义》等多篇文章,从政治、思想、组织等方面进行深刻揭露和严正批判。

1925年1月,瞿秋白同志担任中国共产党第四次全国代表大会政治决议案草案审查小组组长。大会通过的政治决议案第一次明确提出无产阶级在民主革命中的领导权问题和工农联盟问题。会上,瞿秋白同志当选为中央执行委员会委员、中央局委员、中央宣传部委员,负责主编《向导》。

1925年五卅惨案发生后,瞿秋白同志参加中共中央紧急会议。会后,作为行动委员会成员参与领导和组织上海民众开展罢工、罢市、罢课等反帝斗争,抗议帝国主义者屠杀中国人民的暴行。为及时传达党指导五卅运动的方针政策,瞿秋白同志担任中共中央创办的《热血日报》主编。在他领导下,《热血日报》用旗帜鲜明、内容充实的新闻报道,揭露帝国主义的血腥罪行和军阀政府的卖国行径,为扩大五卅运动的影响、掀起大革命高潮发挥了重要作用。

随着大革命深入发展,瞿秋白同志开始大量发表论述中国革命基本问题的政治理论文章。他较早提出无产阶级是国民革命领袖的论断,指出:无产阶级和资产阶级争夺革命领导权的斗争已经开始;无产阶级必须毫不犹豫地争夺领导权,中国革命的领导权绝对不会"天然"地落在无产阶级手中。他较早认识到农民问题在中国革命中的重要地位,全面论述了无产阶级领导农民运动的基本战略和行动纲领。他还较早认识到武装斗争在中国革命中的特殊重要性,指出武装斗争是中国民主革命的主要斗争形式,强调在中国现有条件下,必须有革命的正式军队,以革命战争为主要方式。

在激烈尖锐的斗争中,瞿秋白同志善于观察思考,在党内较早觉察到革命统一战线内部潜伏的分裂危机和正在发展中的陈独秀右倾机会主义错误,并希望党的第五次全国代表大会能够加以纠正。1927年2月,他不顾重疾缠身,写成长达7万多字的《中国革命中之争论问题》,并在党的五大上散发。这篇文章深入分析中国社会经济政治状况、阶级关系和各阶级的特点,系统阐述中国革命的对象、动力、领导力量,以及共产党对国民党的态度等一系列纲领性、策略性问题,为在党内纠正右倾机会主义错误作了重要理论准备。瞿秋白同志在党的五大上当选为中央委员,随后担任中央政治局委员、常委。

瞿秋白同志赞同并积极支持毛泽东同志的《湖南农民运动考察报告》,专门为其撰写序言,热情呼吁:"中国的革命者个个都应当读一读毛泽东这本书,和读彭湃的《海丰农民运动》一样。"

在轰轰烈烈的大革命运动中,瞿秋白同志的一系列经验总结和理论思考,对中国革命道路的探索、民主革命纲领的制定和毛泽东思想的形成,对推动马克思主义中国化的历史进程,都发挥了不可替代的重要作用。

**三、受命于危难之际的党的主要领导人**

1927年4月至7月,蒋介石、汪精卫相继背叛革命,许多共产党人和工农群众惨遭杀害,大革命宣告失败。在极端危急的历史关头,瞿秋白同志团结带领全党同志坚持革命,为重振党的事业、探索中国革命道路、掀起土地革命战争风暴,作出了不可磨灭的历史贡献。

1927年8月7日,瞿秋白同志在湖北汉口主持召开中共中央紧急会议(即八七会议),作将来工作方针的报告。会议总结大革命失败的教训,确立了实行土地革命和武装起义的方针,开启了中国革命由大革命失败到土地革命战争兴起的历史性转变,在关键时刻挽救了革命,挽救了党。

八七会议选出以瞿秋白同志为首的中共中央临时政治局。年仅28岁的瞿秋白同志受命于危难之际,以强烈的革命责任感和极大的政治勇气毅然担负起党的主要领导人的重任,带领中国共产党人在黑暗中继续高举革命的旗帜。在他主持党中央工作期间,各地陆续整顿和恢复遭受严重破坏的党组织,组织全国秘密交通网,为贯彻执行党的方针政策提供了重要保证。他参与决定和指导各地区的武装起义,推动实现革命斗争形式转变,把中国革命推进到土地革命新阶段。各地保存下来的一部分革命武装,深入农村,开展游击战争,为建立、发展红军和农村革命根据地奠定了初步基础。

在严重白色恐怖面前,出于对国民党反动派屠杀政策的愤恨和复仇的渴望,党内普遍存在着一种急躁拼命情绪。1927年11月起,"左"倾盲动错误一度在全党占据支配地位,给党和革命事业造成严重损失。对这次"左"倾盲动错误的出现,共产国际及其代表负有重要责任,以瞿秋白同志为首的中共中央临时政治局也负有直接责任。在实际斗争进程中,瞿秋白同志很快认识并纠正了自己的错误,使"左"倾盲动错误在全国范围的实际工作中基本结束。

1928年6月至7月,瞿秋白同志在苏联莫斯科出席中国共产党第六次全国代表大会,当选为中央委员、政治局委员。他代表中央在会上作政治报告,总结党在大革命时期的经验教训和大革命失败后的工作,阐明了中国革命的性质和任务,提出了新的斗争任务和方针。这次大会决定的路线基本上是正确的。随后,瞿秋白同志参加共产国际第六次代表大会,当选为共产国际执行委员、主席团委员及政治书记处成员。此后两年,他留在莫斯科担任中共驻共产国际代表团负责人,协助共产国际指导中国共产党的工作。

1930年8月,瞿秋白同志回国,任中央总行动委员会委员、主席团成员,中央宣传部部长、宣传部成员等职。他主持召开中共六届三中全会,纠正李立三"左"倾冒险错误。在1931年1月召开的中共六届四中全会上,瞿秋白同志受到共产国际代表米夫和王明等人的诬陷和打击,被解除中央领导职务。面对逆境,他顾全大局、相忍为党,坚决维护党的团结统一,继续为革命忘我工作。

**四、中国革命文学事业的重要奠基者**

1931年夏起,瞿秋白同志转战革命文化战线,在上海同鲁迅先生一起指导反对国民党反动派文化"围剿"的斗争,推动左翼文化运动的发展。他广泛宣传马克思主义文艺理论,有力反击形形色色的反动文艺思潮,积极探索中国革命文化发展道路,并创作和译著大量文艺理论和文学作品,为中国革命文化事业作出了卓越贡献。他重视文艺为什么人的问题,提出为工农大众服务,与工农大众相结合,是无产阶级文艺运动的中心问题。他重视团结党内外进步作家并肩作战,与鲁迅先生结下亲密无间的革命情谊,是党内最早认识和高度评价鲁迅先生在中国思想文化界杰出作用的领导人。

1934年初,瞿秋白同志到中央苏区工作,担任中华苏维埃共和国中央执行委员会人民委员会教育人民委员、红色中华报社社长兼主编等职。他在继续遭受"左"倾领导人错误打击的逆境中,仍对苏区教育和文艺工作呕心沥血、悉心指导。他主编的《红色中华》,大力宣传红军战绩和扩大红军运动,报道群众踊跃参军和节约粮食经费支援红军的模范事迹等,有力支持和配合了反"围剿"斗争。瞿秋白同志长期负责党的宣传工作,服务大局、恪尽职守,积极宣传马克思主义,揭露和批判非马克思主义错误思想,是中国无产阶级新闻事业的奠基人之一。

瞿秋白同志一生笔耕不辍、著作等身,留下500多万字的著述和译作。他学识渊博、学贯中西、融通古今,兼具政治家与文学家风采,具有深厚的马克思主义理论修养和文学修养,在政治理论、文学艺术、著作翻译、文字改革等领域留给后人许多宝贵的精神遗产。毛泽东同志曾称赞说:"瞿秋白同志是肯用脑子想问题的,他是有思想的。"

**五、瞿秋白同志的精神和思想"将永远活着,不会死去"**

1934年10月中央红军长征后,瞿秋白同志留在国民党重兵围攻下日渐缩小的苏区坚持斗争,任中共苏区中央分局宣传部部长。1935年2月24日,他在福建长汀被俘。在狱中,他始终对党忠诚,坚贞不屈,视死如归,于6月18日从容就义。

瞿秋白同志牺牲至今已有80多年了,他的信仰与理想、责任与担当、风骨与气节,不仅在历史天空中璀璨夺目,而且在中华民族从站起来、富起来到强起来的新时代,依然闪烁着耀眼光芒。

在新时代,我们纪念瞿秋白同志,就是要学习他对党忠诚的政治立场。习近平总书记指出:"心中有信仰,脚下有力量。"瞿秋白同志入党后,始终怀着对党和人民的无限忠诚全身心投入工作。直到生命的最后一刻,他仍对自己选择的信仰充满自豪,坚定表示:"我的思路已经在青年期走上了马克思主义的初步,无从改变。"他用生命践行了入党初心,表达了对党和人民的无限忠诚、对革命事业的矢志不渝。

在新时代,我们纪念瞿秋白同志,就是要学习他个人干净的崇高人格。习近平总书记指出:"领导干部干干净净干事,就是要守得住清贫、耐得住寂寞、稳得住心神、经得住考验。"思想上一尘不染,行动上才能一身正气。瞿秋白同志具有很高的文化素养和道德操守,少年时代经受过清贫生活的磨炼,投身革命后依然保持着个人干净的立身之本。他在政治上遭受打击时,夫妻二人每月只有十六七元的生活费,连温饱都难以维持,可他仍气定神闲,情绪内敛,夜以继日地工作,让人"丝毫也没有感觉到他受了打击之后的委屈的心情"。他谦虚谨慎、作风民主,勇于自我批评,敢于自我纠错。他用清白自守、干干净净、襟怀坦荡、光明磊落,诠释了共产党人的浩然正气和政治本色。

在新时代,我们纪念瞿秋白同志,就是要学习他敢于担当的责任意识。习近平总书记指出:"担当大小,体现着干部的胸怀、勇气、格调。"瞿秋白同志自入党那一天起,就自觉承担起党和人民赋予的责任。在党的事业遭受挫折时,他临危受命,勇担大任;在个人境遇困难时,他相忍为党,顾全大局。无论顺境还是逆境,他从不隐瞒自己的政治观点,敢于讲真话、讲实话。他一生历经风浪和生死考验,始终初心不改,苦苦探寻和勇敢开辟"一条光明的路",只要能为社会前进照亮一步之路,他就毅然慷慨赴死、义无反顾。在他柔弱多病的身躯里,蕴藏着的是共产党人强烈的责任担当和无畏的英雄气概。

在新时代,我们纪念瞿秋白同志,就是要学习他追求真理的求索精神。习近平总书记指出:"马克思主义基本原理是普遍真理,具有永恒的思想价值,但马克思主义经典作家并没有穷尽真理,而是不断为寻求真理和发展真理开辟道路。"瞿秋白同志是一个怀着满腔赤诚、运用马克思主义对中国革命问题孜孜求索的人。他较早从理论上论证了中国革命分两步走的问题。他较早注意到五四运动以后中国民主革命与旧式资产阶级革命在性质上的区别问题,提出中国无产阶级是国民革命的领袖,无产阶级必须参加资产阶级民主革命。他为开辟中国革命道路、推动马克思主义中国化和党的理论创新作出了突出贡献。"我是江南第一燕,为衔春色上云梢"。在瞿秋白同志身上,充分展现了一个马克思主义者向往真理、追求真理、传播真理、捍卫真理和为发展真理而不懈奋斗探索的可贵品格。

毛泽东同志曾经指出:瞿秋白同志"这种为人民工作的精神,这种临难不屈的意志和他在文字中保存下来的思想,将永远活着,不会死去。"瞿秋白同志为中国人民解放事业建立的不朽功勋永远值得铭记,他留下的宝贵精神财富永远值得传承。今天,我们纪念瞿秋白同志,就是要学习弘扬瞿秋白同志等老一辈革命家的革命精神、高尚品德和崇高风范,更加紧密地团结在以习近平同志为核心的党中央周围,高举习近平新时代中国特色社会主义思想伟大旗帜,深入学习贯彻党的十九大和十九届二中、三中全会精神,不忘初心、牢记使命,为决胜全面建成小康社会、夺取新时代中国特色社会主义伟大胜利、实现中华民族伟大复兴的中国梦不懈奋斗!(中共中央党史和文献研究院)

《人民日报》2019 年 1 月 29 日

**"泰中友谊在文化交流中不断加深"**

1 月 25 日至 31 日,由宋卡王子大学普吉孔子学院主办、上海大学上海美术学院协办的"大美中国"传统手工艺展系列活动在泰国宋卡王子大学举行。极富中华文化韵味的活动吸引了众多泰国民众。

展览设有中国当代陶瓷、漆艺、岩彩等手工艺展区,参加者可以亲身体验漆艺、陶艺和水墨技艺等中国文化,来自中国的艺术家现场示范,不少观众跃跃欲试。

在漆艺体验区,小巧的漆艺工具,精致的螺钿、形状各异的蛋壳,吸引了不少观众驻足。宋卡王子大学教授梅诺婉做起了爱心蛋壳镶嵌,亲身体验中国漆艺的当代技法。在水墨体验区,经过艺术家的巧手,一个个神态各异的水墨小猪跃然纸上,既有古朴的传统底蕴,又有俏皮的现代气息。此外,艺术家还根据观众生肖现场泼墨,挥毫画就兔、狗、马等栩栩如生的水墨作品送给观众。

几十件手工艺品精彩绝伦、风格各异,漆器作品《云雕》将天然漆一层一层镶嵌在中国祥云图案上,历经 120 道工序,古朴而大方。陶瓷作品《石》展现了泥土和火相遇而成的自然纯粹之美。工艺精湛、外观精美的手工艺品使得人们徜徉在艺术的海洋里。

除了为期 7 天的手工艺展览,普吉孔子学院还邀请艺术家开展了一系列传统手工艺讲座。学生们在艺术家们的讲解下体验中国水墨画,了解青瓷与陶艺,欣赏中国传统首饰,制作漆艺作品,深入感受了手工艺作品背后的文化内涵。

国之交在于民相亲,民相亲在于心相通。此次中国传统手工艺展系列活动响应"一带一路"倡议,通过举办展览、讲座、进行文化体验等形式,让泰国观众看到中国工艺的当代传承和多元面貌,体悟到中国艺术的开放和包容,更好地促进中泰两国人文艺术的交流,不断拉近民与民、心与心之间的距离。"此次手工艺展是中国传统文化的展示。在'一带一路'倡议下,将中国手工艺展示给泰国人民,加强中泰文化交流的同时,也让普吉旅游资源更加多元。"中国驻宋卡总领馆普吉领事办公室副总领事李春福表示。

泰国宋卡王子大学副校长普拉塔娜说:"这个平台让泰国各界通过手工艺展学习中文、了解中国文化,展览让更多人对中国有了更深的认识,泰中友谊在文化交流中不断加深。"

《人民日报》2019 年 2 月 2 日

**上海高校"礼敬中华优秀传统文化"系列活动巡礼——上海大学:从"大国方略"到"创新中国"**

2014—2015 学年冬季学期,上海大学就在全国率先推出通识选修课"大国方略",随后又陆续开出"创新中国""创业人生"等系列课,通过"上大课,讲大势,传大道",引领学生站在世界看中国,积极回应学生对国家的关切,培养学生从容的大国自信和坚定理想。每学期都是学生火爆抢课,不时引来"地毯族"。

95后大学生敢于有梦、勇于追梦,他们的互联网思维痕迹明显,对许多问题有着碎片化的认知。

为引导学生完整、全面地认识中国,上海大学策划并经营"大国方略",注重"把理论融入故事,用故事讲清道理,以道理赢得认同"。"大国方略"立足中国经验和民族命运,人类面临的共同问题和大学生家国情怀,讲好中国故事。

"大国方略"系列"中国"品牌课打破以往思政教师"单兵作战"的局面,形成合力育人的氛围,把社会主义核心价值观教育拓展到大学四年全时段全过程全课程。

"大国方略"系列课开课以来,学生抢课出现"一座难求"。学生感慨"'大国方略'竟然可以这么讲!"。2016年秋季,"创新中国"慕课第一次上线就获得全国200所大学订购,约11万名大学生选修。

《文汇报》2019年2月18日

### 思政花开 课程示范——上海大学举行首批课程思政示范课程结项答辩会

为学习贯彻落实全国教育大会、全国高校思想政治工作会议精神,结合中央、教育部以及上海市有关会议精神,根据校第三次党代会要求,上海大学进一步推进课程思政教育教学改革。

2017年6月,上海大学获批上海市高校课程思政教育教学改革整体试点学校,依次推进了包括思想政治理论课程、"大国方略"系列课程、综合素养课程和专业课程在内的71门课程思政试点课程建设工作,并将其作为课程思政的首批重点工作狠抓落实。2018年,学校发出《关于推进2018年上海大学新一轮课程思政整体试点工作的通知》,旨在以整体试点项目为抓手,进一步有效推动习近平新时代中国特色社会主义思想进教材、进课堂、进头脑。学校加强对已获国家级教学成果奖二等奖的"大国方略"系列课程教学经验的总结与推广,举办全国高校课程思政现场交流会,全国骨干教师教学研修班等,积极分享品牌课程教改创新经验。学校举办新教师师德师风培训、3期教师沙龙、9期课程思政教师工作坊和多期教师教学沙龙,着力提升广大教师的育德意识和育德能力。

打响品牌课程、树立示范课程,打造特色亮点课堂、举办院系公开课,撰写精彩案例、征集教学论文……课程思政正从点上开花逐步推进到面上结果。

2019年3月7日,上海大学首批课程思政示范课程结项答辩会在宝山校区举办。来自同济大学、上海外国语大学等专家应邀担任评审嘉宾。校党委常委、副校长聂清出席会议并致辞。校党委宣传部副部长、文明办主任王晴川,教务处副处长杨昕昕和来自各院系的40余名教师前来观摩。答辩会由上海大学教务处副处长、上海市思政课名师工作室"顾晓英工作室"主持人——顾晓英主持。

聂清副校长指出,推动课程思政教育教学改革是贯彻落实全国和上海高校思政工作会议精神的试金石。课程思政的践行主体是老师,教师应自觉梳理各门课程内蕴的思政元素,努力实现全员全过程全方位育人。她期待参加答辩的首批示范课程确有思政示范之效。结项答辩会不是终点,而是课程思政示范课程的工作新起点。

教务处副处长顾晓英回顾了2017年上海大学遴选的首批"课程思政"示范课程遴选、立项和建设过程。她介绍,这十门课程分属人文艺术、经管和理工学科领域,涵盖通识课、专业课、公共基础课等不同课程性质。两年来,立项课程教学团队先行先试,修订课程大纲,在课堂实践中探索,挖掘思政元素,带动面上课程实现对大学生的价值引领。

核心通识课"经典华语电影""科技与伦理""生活中的经济学""爱情心理密码""信息工程与社会""当代生命伦理",通选课"奥林匹克文化",公共基础课"大学英语A",高年级专业研讨课"项目管理案例与实务"和留学生课"中国概况"等示范课程负责人相继作了汇报。

他们分别从课程理念、思政要素、建设举措、主要绩效和后续设想等方面,展示了如何在课堂讲授、师生互动和课后答疑等全方位全过程育人,尤其着眼于提升学生获得感和满意度,提升大学生的政治认同和文化自信,引导大学生在实现国家需求和个人发展的结合开启人生篇章。

交流阶段,上海应用技术大学教务处副处长姜超就"教学内容的选择与培养目标的对应"、上海师范大学哲学与法政学院陶庆教授就"科研成果如何转化为教学材料,体现育人成效"、同济大学本科生院副院长谢双媛教授就"师生互动研讨对于正确价值观的引导"、华东政法大学教务处副处长汪靠斌就"如何讲故事学知识"、上海政法学院社会管理系党总支书记连淑芳教授就"教学内容如何与青年人的身心特点相结合"、东华大学管理学院副院长张科静教授就"课程思政教材建设和视频案例滚动式的思政素材沉淀"等分别提问。

上海外国语大学马克思主义学院院长赵鸣歧教授代表评委组作了点评。他肯定了结项答辩的课程有很多闪光点值得撷取。他指出,课程思政一定要紧扣学校人才培养定位来进行综合设计;示范课程应该更多聚焦和明晰"思政"两字,关注目标达成度;课程思政一定不是单打独斗,团队应强强联合,做到研究反哺教学,支持教学。上海大学作为"大国方略"系列课程的发源地,首批示范课程将成为标杆,带动更多课程创建课程思政"金"课。

本次结项答辩会,一定程度上体现了上海大学多年来课程思政整体试点的成果,体现了学校三全育人的力度。2019年,学校将进一步激发全体教师投身课程思政教育教学改革的自觉性,打造更多专业类课程思政示范课程,力求让思政元素有效融入每一门课程,有效建构课程、专业和学科"三位一体"的思政育人体系。(殷晓 曹园园)

"中国社会科学网"2019年3月11日

**上海大学首批"课程思政"示范课启动,播撒"育人"种子**

"一个大纲,四十二项制度,数个无法回家的夜晚,最终造就了世博盛举。在世博会这个庞大而复杂的项目背后,蕴藏的既是科学的组织形式,也是严谨的工作态度,展现了团队齐心协力,用汗水播种辉煌的感人力量。"

"上完这门课最大的收获是思维的改变。各位老师身上不断耕耘的精神,值得学习;在世界大浪潮、国家大事件面前,有牺牲奉献的觉悟,值得尊敬;再次回到课堂,给当代的青年人播下一颗种子,值得感谢!"

上周,上海大学管理学院青年教师马亮讲授的"项目管理案例与实务"学期课程结束了。看到同学们用心写下的学期感言,马亮老师心中又是感动,又是欣慰。在3月7日举行的2018年度上海大学课程思政示范课程结项答辩会上,他摘选了部分学生感言与大家分享,迫不及待地想与其他专业课教师分享这份喜悦,因为,对他而言,这意味着付出心血在专业课程中悄然种下的"育人"种子已生根发芽。

**打破围墙的专业课,引导学生多维看待个人与国家发展**

2018年,马老师的这门课入选上海大学首批"课程思政"示范课程。用他的话来说就是,作为专业教师,本来只需要在学生心中建好"专业柱",而现在又肩负起筑成"承重墙"的重任。如何在为学生提供高质量专业课程的前提下,悄然植入"立德树人"的DNA呢?经过一番深思熟虑,他决定打破校园与社会的围墙,选择了一种独特的教学方法:精心选聘10位不同行业的项目管理专家轮流走进课堂,通过分享自己亲身参与的项目管理典型案例,引导学生从多维角度看待事物。

"我国历史上的工匠类型有哪些?"

"新时代为什么更加需要工匠精神?"

在"项目管理者与工匠精神"这堂课上,马老师抛出一连串问题把大家带入问题情境,再把上海市劳动模范、上海科瑞真诚建设项目管理有限公司高级研究员范宜昌请上了讲台;在"质量控制与影视项目管理"的课堂上,中国新闻奖获奖纪录片《人间世》制片人受邀走进课堂进行分享,案例震撼人心,令学生们受益良多。磁悬浮项目经理、摩天大楼项目经理、咨询公司总经理、知名律师……各行业专家分享的精彩案例令同学们对每堂课都充满了期待。

马亮虽是一名资质尚浅的青年讲师,但他的履历令他游刃有余地在这门课程当中"穿针引线"。他曾在上海世博局借调全职工作三年,具有很强的实务背景,又有在斯坦福大学的研究经历,同时还是上海大学兼职辅导员,在课堂上,他能够将丰富的工程经验与精深的研究成果、思政教育相结合,也能够有效地为学生把项目管理的基本知识点,从理论到实践,再到人生,讲深、讲透。也正因如此,2017年底,上海大学教务处副处长、"大国方略"系列课程策划人之一顾晓英一举把他推到了"学习十九大精神协力同向同行——'时代音画'公开课暨全国高校课程思政现场交流会"的前台,与来自全国高校的同行进行分享交流。

马亮的"野心"不小,他试图在专业课中构建的是"顶天立地"的课程思政价值链,他说,"国家发展需要项目驱动、项目成功需要管理增值、管理有效需要人才支撑"的逻辑路径始终贯穿每一堂课,并打通了思政与专业之间的壁垒。"从国家项目的宏大叙事,自然地过渡到中观层面项目管理的重要价值,再落地到微观的项目管理者这个主体身上,最终的落脚点是人,这就使得学生感到自己专业上的精进和国家发展紧密相连,这样一来,专业知识与思政教育水乳交融,不分彼此,课程思政的效果自然就会涌现出来"。

**首批"课程思政"示范课,在专业课堂上播撒"育人"种子**

上海大学是"大国方略"的发源地,中国系列课思政课程的"引领者",在"课程思政"的道路上,其步伐也丝毫没有放缓。在上海大学,像马亮老师这样在专业课程领域默默耕耘，在学生心中埋下"育人"种子的教师已有一大批。

据顾晓英介绍，2018年，上海大学课程思政建设继续不断推向深入，教务处会同专业学院抓好课堂教学各关键环节，倡导教师自觉地在教学内容中挖掘思政元素，体现价值引领，以期形成课程思政整体效应。

"上海大学首批课程思政示范课程建设项目立项"工作在这一背景下应运而生，"科技与伦理""经典华语电影"等10门课程成为上海大学首批"课程思政"示范课程立项项目。

顾晓英介绍道，"10门课程分属人文艺术、经管和理工学科领域，其中有六门属于核心通识课，这也正是为了面向更多的学生播撒'育人'的种子。"

入选首批"课程思政"示范课程后，几位教师不约而同地担心起一件事：既然是专业课，那就不能脱离原有的教学目标，同时又不能生硬地灌输思政内容，如何拿捏好这个度呢？事实上，他们积极参加学校"双顾老师"坐堂的工作坊，在每位授课教师的背后，还有着一支授课团队，共同教研，不断创新教授方法和内容，以学生是否喜欢为教学效果为目标设置课程设计，着眼于提升学生的获得感和满意度，提升他们的政治认同和文化自信，同时引导学生把国家的发展需求和个人的前途紧紧结合在一起，开启人生篇章。

例如，经济学院推出的核心通识课"生活中的经济学"，授课团队由原院长、博士生导师沈瑶教授领衔，在前期准备上下足了功夫。"我们主要是通过讲故事的形式来介绍经济学原理"，沈瑶教授进一步解释道，例如，学生们下课后去食堂吃饭，就反映出经济学中的需求关系和价格；KTV缴纳版权费有道理吗？这就涉及知识产权的知识点，进而向同学们介绍党的十九大报告中关于知识产权保护的内容；2018年以来，学生们非常关注中美贸易战，教师们又翻出了"八亿衬衫换一架飞机"的经典案例，并结合最新的形势讲授比较优势、关税效益等知识，深入剖析中美贸易战为什么会发生，走向会是什么样。"这样的课程既开阔了学生的视野，教会学生用更加宏观的视角看问题，同时还增强了他们对在中国共产党领导下，中国能发展得更好的信心。"沈教授还高兴地透露，自从去年升级为课程思政示范课程后，该课程更受学生欢迎，期末学生评分直线上升至97分。

经济学院还有一门人气爆棚的核心通识课程——爱情心理密码，课程负责人陆瑜芳副教授一度也很困惑，"当今大学生的爱情观与红色年代的爱情观相差得较远，如何找到共鸣点？"她所在的团队最终选择的突破口是，通过引导学生收集红色爱情故事，并从心理学的角度分析、探讨他们的婚姻保持得幸福、长久的秘诀所在。在一堂公开课上，陆老师设计了男女同学上台进行角色扮演，深情地朗读周恩来与邓颖超之间的往来书信，情深意长，声动人心，跨越了时空，打动了"90后"的心。学生们通过收集到的资料进行反思，最终得出结论：能够长久的爱情，必须要三观吻合，在身、心、灵三个层面契合，而革命年代的红色伴侣就给年轻一辈做出了很好的榜样。

通过"大学英语"这门公共基础课程来培养学生的文化自信，外语学院教师白岸杨坦陈："挺有挑战性的"。在她看来，青年学生不断学习和了解西方文化，再与自己业已形成的中国文化价值观进行碰撞，在这个过程中，教师的正确引导极其重要。

为此，她精心挑选了一批补充阅读材料。有一次，在讲到情感认知时，她对比了在送孩子上学时，不同文化背景下母亲的不同反应，材料中引用了龙应台在《目送》中一句话，

"你站在小路的另一边,看着他逐渐消失在小路转弯的地方,而且,他用背影默默地告诉你:不必追。"白老师在课堂上无意中提到自己在这一点上不太赞同中国妈妈的做法,令她意想不到的是,后来有学生主动去查阅资料,并在课堂上阐述了自己的结论:在中国文化中,有一种无为而治,是在等待着事物向理性的方向正常发展,等发展到一定程度再处理。令白老师更为惊喜的是,她看到越来越多的学生认为中国文化可以,而且应当走向世界,同时清醒地认识到自己作为青年学生,肩负着向全世界传播中国文化的重任。

**课程思政示范课程全部拍摄了微课以进行辐射**

全国高校思想政治工作会议召开以来,上海市加快推进由"思政课程"走向"课程思政"的教育教学改革,全面铺开"课程思政"建设。

上海大学副校长聂清在结项答辩会上强调,推动课程思政教育教学改革是贯彻落实全国和上海高校思政工作会议精神的试金石。课程思政的践行主体是老师,教师应自觉梳理各门课程内蕴的思政元素,努力实现全员全过程全方位育人,她也期待着首批课程思政示范课程成为标杆,在未来更多地承担起辐射作用,通过微课、公开课、课程思政工作坊等多种形式,带动更多专业课程打造课程思政"金"课。

2019年,上海大学将进一步激发全体教师投身课程思政教育教学改革的自觉性,主动让思政元素有效融入每一门课程,力求有效建构课程、专业和学科"三位一体"的思政育人体系,让高校课堂变得越来越精彩。

《东方教育时报》2019年3月16日

## 思政课在上海高校"活起来""火起来"

在上海高校,这组课程很神奇:名称"高大上",选课常靠"秒",师资都是高配,人气节节攀升。

"治国理政""中国智慧""大国方略""中国道路""锦绣中国""法治中国""大国安全"……这些别具一格的亮眼课程,正是上海在课程思政教育教学改革中首创推出的"中国系列"思政课选修课。

将宣传阐释习近平新时代中国特色社会主义思想作为核心使命,牢牢把握时代发展主题,聚焦学生关注的现实问题,这60余门"中国系列"思政选修课,既呈现"一校一课"的办学特色,又承载了同频共振的育人理念。如今,这些"中国系列"思政选修课已经覆盖全市所有高校,还辐射到了中小学和各个社区。

**学生在"共情"中产生"共鸣"**

直面问题并解答问题是"中国系列"课程最鲜明的特色,而课堂也常常因此"火花四溅"——

在复旦大学"习近平新时代中国特色社会主义思想"课堂上,大二同学张秦向老师抛出了问题:"如何理解爱国主义与爱社会主义的一致性?"

在上海大学"开天辟地"课堂上,大二同学袁荫问老师:"上海为什么成为中国共产党诞生地?上海有哪些独特的政治经济文化条件,使红色基因在这里生根发芽、开花结果?"

……

一校一课的"中国系列"思政选修课汇总起来,就是一幅新时代中国特色社会主义发展的生动画卷,集中体现了国家改革发展的伟大历程和取得的伟大成就。

(下略)(樊丽萍)

《文汇报》2019年3月19日

### 沪喀两校对口直播同上一门上大新课

在上海市援疆指挥部牵手与协调下,上海大学土木工程系与喀什大学土木工程学院27日实现了课程教学实时共享课堂的教学实践。

去年10月上旬,由上海市原教委主任薛明扬带队的上海高校专家组赴喀什大学开展了本科教学审核预评估工作。上海大学原副校长叶志明教授作为专家参加了预评估工作,叶教授在喀什大学期间,目睹了当地师资队伍的紧缺,尤其是优质教育资源的紧缺。他看到那里的学生对知识及优质教育资源的渴望。据此从新疆回来后,怎么将上海大学的课程资源能够适时地引入新疆,成为一段时间里心中的牵挂。

巧合的是,今年上海大学土木工程系计划开设一门新的通识教育课程"中华复兴与土木工程",该课程每讲将由土木系博导正教授担纲。因此此课能否顺利地通过网络直接连线到喀什大学?能否使得喀什大学的本科生同时共享到上海大学的这门课程?

上海大学土木系向上海援疆前线指挥部作了汇报,这个设想很快得到前线指挥部与喀什大学的积极响应与支持。于是,上海大学土木系教授团队开始了一系列如何实现课堂教学实时共享的技术问题探索。经过多次网络测试,双方学校顺利地解决了课程直播上的问题。

当天,在喀什大学土木工程学院301报告厅,喀什大学土木工程学院与上海大学土木工程系成功地举行了跨越五千公里实现了同上一门课的启动仪式。参加启动仪式的主要领导有上海援疆前方指挥部王从春副总指挥、喀什大学教务处刘江副处长以及上海大学全部参加授课教授团队和教务处老师。

上海大学原副校长叶志明教授,在上海大学授课教室里代表教授团队作了发言,表示两地开设直播共享课堂,为新疆等偏远地区高校师资短缺进行一种探索和尝试,并通过互联网实时输送到边远地区,将上海最新的课堂教学改革成果输送到受援地,促进东西部教学质量和人才培养的提升,他表示上海大学土木工程系教授团队将竭尽全力、精心备课,上好每一堂课,为上海援疆教育贡献一分力量。地处上海大学土木楼教室的同学们也以掌声欢迎喀什大学学生加入共享课堂。

王从春在沪喀两校共享课堂启动仪式上的讲话通过手机视频传送,上海大学上课现场则方便地通过手机视频观看。启动仪式结束后,叶志明教授便给同学们上了"中华复兴与土木工程——1.从世界遗产名录看中国土木工程之辉煌"第一次课程教学。

两堂课的时间很快过去了。课后,喀什大学土木1702班马建明同学说:"今天的公选课,是由上海大学的叶教授给我们授课,让我远在边疆的学生也能听到学术大家对于土木工程的见解,令我感受良多,之前对于土木工程的见解只停留在表面层次,今天老师讲到中华复兴与土木工程,之前对这一方面没有那么深的感触,通过今天的听讲,我感受到了我们学习土木工程不仅仅局限于盖盖房子,而上升到了中华复兴的层面上。今天的我意犹未尽,我一定抓住这个机会,提升自我。"土木1601班的阿不都海拜尔·玉素甫同学说:"今天上午在报告厅收看了上海大学土木工程学院叶教授讲的'中华复兴与土木工程'课,从此课中我感受到了土木工程给我们身边带来了很多方便,无论高铁、道路、隧道、桥梁、海港等工程,还是各个壮观建筑工程带来了很多方便,土木工程与我们实际生活的发展状况息息相关,土木工程对城市工程建设也起着非常大的作用!"

考虑到两校课程学时与教学要求上有一定的差别,本次两地共上的课程为"中华复兴与土木工程",上海大学该通识课程为20学时,而喀什大学则为32学时,其中,上海大学土木系派出9名全部是博导正教授担纲,讲授9次加一次随堂考试,以完成上大通识课程教学要求。而喀什大学相关课程由上海援疆教师米红林副教授继续讲授并组织考试,以完成该校的相关教学要求。

上海大学为了喀大学生能够共享课堂,也为了该课程的直播设备使用的方便,上海大学特意安排课程在土木系大楼里上课。该课程的成功开课,不仅实现跨越空间的远程教学,同时也将上海大学课程思政内容引入到了工科课程中,使上海教育改革的最新探索实践与成果引入到边疆高校起到了积极推动作用。

第九批上海援疆喀大工作队在领队傅建勤的带领下,特别注重上海教育制度、方法的引入,促进受援地高等教育教学方法的提升。二年来,先后促成智慧树公司在喀大建设"沉浸式"教室、促成上海教科院为喀大进行学科规划、推动课程过程考核、校企合作课程开设等一系列教育教学理念、方法和制度在喀什大学的推广和应用,为上海高校教育援疆工作的开展和实施进行了积极探索和实践并取得了显著成效。

"中国新闻网"2019年3月27日

## 上海大学举办课程思政建设经验交流会

2019年3月25日,上海大学举办课程思政建设经验交流会。会议由教务处主办,上海高校思想政治理论课名师工作室——顾晓英工作室和上海市课程思政教学科研示范团队——顾骏团队承办。来自广西壮族自治区教育厅的四所高校领导一行6人、浙江工贸职业技术学院党委书记一行9人和南昌工学院副校长一行6人慕名前来参会。上海大学党委常委、副校长聂清到会并致辞。上海大学法学院副院长、知识产权学院院长许春明,生命科学学院副院长肖俊杰,马克思主义学院马原支部书记艾慧以及部分课程思政试点教学骨干教师参加会议。会议由顾晓英主持。

教务处副处长顾晓英欢迎各兄弟院校的嘉宾能齐聚上海大学,一起研讨课程思政建设工作。她结合上海大学的基本情况,简要介绍了学校人才培养目标、战略目标、建设思路和战略地图,介绍课程思政在上海大学如何找到切入点,做到"点上开花",即做大做强"大国方略",成功转型开发"人工智能"系列课程。在点上开花即获得国家级教学成果奖基础上,学校又坚持推广,获得"面上结果",迄今一批示范课程已得到学生认可,取得较好社会反响。上海大学课程思政整体校试点工作还将在2019年度取得新的建设成效,一批专业课程正在凝练思政理念,申报立项建设。这充分体现了学校领导的关切和各部门的协同,凝聚了广大师生的智慧、努力和坚持,体现了教师们的"积极性、主动性、创造性"。

社会学院教授、上海市课程思政教学科研示范团队——"顾骏团队"主持人、上海大学课程思政"中央厨房掌勺"顾骏着重介绍课程思政的开发机制——中央厨房。2014年11月18日,"大国方略"课程正式开讲。这也是"课程思政"的发祥日。五年来,上海大学能够持续开发和开设课程思政系列通识类课程,这离不开"中央厨房"服务平台。学校通过课程思政教师工作坊、教师教学沙龙等,让名师引领,指导教师开启"价值引领、文化自信、国家发展与个人发展"的思考,全程、全方位协助和服务教师,最终让老师和同学都有获得感,激发老师开新课、上好课的积极性。

党委常委、副校长聂清到会并致辞,她热忱欢迎六所高校的领导和老师们来我校交流,她指出上海大学的定位是"研究型大学",非常重视学生的通识培养。两位顾老师搭建的"中央厨房"课程思政服务平台已走出了一条创新之路。系列课程授课教师源自本校各院系,横跨高峰高原等多个学科。他们让这些课程变成美妙的协奏曲而不是独奏曲。我们还将就不同类型课程如何挖掘和把握思政元素作进一步的探索,层层推进课程思政、专业思政和学科思政。这就需要更多优秀教师发挥引领作用,让课程从一颗星变成满天繁星。

浙江工贸职业技术学院党委书记盖庆武表示参加此次交流会,对于课程思政的开展有了新的启发。南昌工学院党委副书记、常务副校长宋增建表示,上大经验让我们对本校推进课程思政有了新的指导,大开眼界、大增信心。广西壮族自治区教育厅代表介绍广西准备启动课程思政的示范课建设。此次,北部湾大学、广西科技大学、广西科技师范学院、南宁师范大学四所高校代表一起来上大,近距离学习上大经验,上大提供了一个真实的、有价值的,尊重教育教学规律的课程思政教育教学改革整体示范。

经验交流会上,校内外领导和老师们提出疑问、谈论心得、分享经验,形成和谐、真诚、共享的会议氛围。会后,领导和老师们前往"生命智能"新课现场,观摩公开教学,实地感受上海大学课程思政示范课堂的教学魅力。(曹园园　殷晓)

"中国社会科学网"2019年3月29日

### 关注人类命运　融通生命智慧——"育才大工科"系列课程之五"生命智能"亮相上海大学

如果说顾骏教授的讲述是从文科教授的视角解读生命永续和生命智能,接下来肖俊杰教授的授课便是从专业理性的角度让大家陷入思考。肖教授从一系列专业数据入手,指出生物衰老的过程无法逆转,突破衰老和死亡的限制是人类终极目标,而科学正是人类追梦的有效手段,从公元前的科技到现今科技新进展,肖教授娓娓道来,让大家深切感受到科学给人们带来的希望和憧憬——"现代科技可以直接或间接延长人类寿命"。而人工智能让这个梦想触手可及,肖教授从人工智能的发展史,讲到现行人工智能的应用,讲到人工智能的未来发展和青年人的责任,让大家脑洞大开。

两位教授的精彩讲授深入人心。问答环节,同学们纷纷和老师展开热烈互动。课后线上,甚至到了凌晨,还有不少学生陆续发来跳跃着思想火花的课后反馈……

环化学院大二学生陈翰阳:今天是"生命智能"的第一节课,也是系列课程的第五门,我有幸在冬季学期听了"人文智能"的课程,相较于"人文智能"的哲学思辨和中国文化,

"生命智能"更加偏向于生物知识和哲学思辨的结合。

土木工程大四学生何益平:"生命智能"这节课让我们从喧嚣的城市生活中再次回到探究生命的本质上来,生命的存在意义在于什么,为什么人们要追求永生。生命的意义是什么……我们要把握现在,努力奋斗,去探询生命的意义所在。

钱伟长学院大一学生李煜非:永生不仅仅是一个生物学问题,人们在追求永生的过程中创造了许多精神瑰宝,精神文明的传承才是真正的生命永续。今天,顾老师问同学们如果能够永生,大家会提出哪些附加条件,大家提到了健康、富裕、情绪、自由、创造等等,这让我对生命有了更清晰的认知,永生是每个人都想要的,但是单纯的永生没有人愿意得到的。永生带来的一系列问题,本身就比永生本身更加困难,更不用说像人人富裕和创造力枯竭这种即使永生没有实现也难以解决的问题。人类在追求永生的过程中其实早就意识到了生命的意义不在于长度。(王伟　殷晓)

"中国社会科学网"2019年3月29日

## "新时代的中国"国情教育开课

9日,上海高校第二期"新时代的中国"国情教育系列讲座在复旦大学拉开帷幕,人民网董事长叶蓁蓁为350多名新闻传播学院师生做了一场关于中国媒体融合发展的报告,详细分析了媒体融合发展的新问题、新趋势。

"新时代的中国"国情教育系列讲座是上海市委宣传部与复旦大学、上海交通大学、同济大学、华东师范大学、上海外国语大学和上海大学6所高校部市共建新闻学院中创设的重点项目。国情教育系列讲座紧扣当前新形势新任务新要求,结合新中国成立70年、上海解放70年以来的光辉历程、伟大成就和宝贵经验,邀请有关部门负责人、业界专家等授课讲解。这一系列讲座作为改进和加强大学生思想政治课的一个重要抓手,能帮助新闻学院学生全面了解现实国情、党情、世情和市情,坚持正确政治方向、舆论导向、价值取向,成为党和人民放心的优秀新闻传播后备人才。(姜泓冰)

《人民日报》2019年4月11日

## 促进受援地教育教学水平　提升沪喀共享课堂成功启动

为了促进东西部教育资源的均衡发展,共享高等教育改革成果,3月27日,在喀什大学土木工程学院301报告厅,喀什大学土木工程学院与上海大学土木工程系教授团队通过互联网,成功举行了跨越五千公里实现同上一堂课的启动仪式。参加启动仪式的主要领导有上海援疆前方指挥部王从春副总指挥、喀什大学教务处刘江副处长以及全部参加授课的上海大学教授团队成员。

王从春副总指挥代表上海前指表示上海教育援疆立足喀什实际,将上海优质教育资源和师资引入受援地,可以加速当地学生培养和能力提高,感谢上海大学叶志明教授团队为教育援疆工作做出的探索和实践。刘江副处长代表喀什大学感谢上海援疆指挥部和上海大学对喀大教学水平的提升做出的努力并将全力配合好课程开设所需要的软硬件条件,确保共享课堂的顺利运行。上海大学原副校长叶志明教授,在上海大学的教室里代表教授团队进行发言,表示两地开设直播课堂,为新疆等偏远地区高校师资短缺进行一种探索和尝试,并通过互联网实时输送到边远地区,将上海最新的课堂教学改革成果输送到受援地,促进东西部教学质量和人才培养的提升,表示上海大学土木工程系教授团队将竭尽全力、精心备课,上好每一堂课,为上海教育援疆贡献一份力量。

王从春副总指挥在共享课堂启动仪式上的讲话通过手机传送,使得上海上课现场通过手机视频电话观看。启动仪式后,叶志明教授给同学们上了第一次课"中华复兴与土木工程——1.从世界遗产名录看中国土木工程之辉煌"一课。

土木1702班马建明同学说:"今天的公选课,是由上海大学的叶教授给我们授课,让我远在边疆的学生也能听到学术大家对于土木工程的见解,令我感受良多,之前对于土木工程的见解只停留在表面层次,今天老师讲到了中华复兴与土木工程,之前对这一方面没有那么深的感触,通过今天的听讲,我感受到了我们学习土木工程不仅仅局限于盖盖房子,而上升到了中华复兴的层面上。我一定抓住这个机会,提升自我。"

土木1601班的阿不都海拜尔·玉素甫同学说:"今天上午在报告厅收看了上海大学土木工程学院叶教授讲的'中华复兴与土木工程'课,从此课中我感受到了土木工程给我们身边带来了很多方便,无论高铁、道路、隧道、桥梁、海港等工程,还是各个壮观建筑工程带来了很多方便,土木工程与我们实际生活的发展状况息息相关,土木工程对城市工程建设也起着非常大的作用!"

本次两地共上的课程为"中华复兴与土木工程",共32课时,上海大学土木系讲授9次,派出的9名全部是正教授(博导),其余课程由上海援疆教师米红林讲授。上海大学为了喀大学生能够共享课堂,也为了该课程的直播设备使用的方便,上海大学特意安排课程在土木系大楼里上课。

该课程的成功开课,不仅实现跨越空间的远程教学,同时将上海的课程思政内容引入到了工科课程中,使上海教育改革的最新探索实践与成果引入边疆高校起到了积极推动作用。

第九批上海援疆喀大工作队根据当地所需,注重上海教育制度、方法的引入,促进受援地高等教育教学方法和人才培养质量的提升。进疆二年来,先后促成智慧树公司在喀大建设"沉浸式"教室、促成上海教科院为喀大进行学科规划、推动喀大加入东西部慕课联盟、引进上海华东理工大学无机化学同步课程,引进上海高校柔性援疆客座教授等一系列教育教学理念、方法和制度在喀什大学的推广和应用,为上海高校教育援疆工作的开展和实施进行了积极探索与实践并取得了显著成效。(米红林　傅建勤)

"人民网"2019年5月6日

## 乐山大佛恢复昔日风采

"在完成加固工程后,乐山大佛胸腹部开裂险情得到排除,生物病害得到有效控制,文物本体更加安全。"日前,乐山大佛勘测维护项目成果发布会在四川乐山举行,记者在会上获悉,历经整整200天闭关"体检"和"治疗"后,乐山大佛顺利完成勘测维护工作,恢复了往日风采,在"五一"前夕重新整装"出关",正式与游客见面了。

乐山大佛修建于唐代,在四川岷江、青衣江、大渡河三江汇流的凌云山上屹立千年后,已逐渐出现"衰老"症状:风化病害、水害、生物侵蚀、佛身小型片状或块状岩石脱落等问题日益严重,且有加速发展趋势,这使大佛失去了往日风采。

2018年10月8日,"乐山大佛胸腹部开裂残损区域抢救性保护前期研究及勘测"项目正式启动。在勘测过程中发现大佛胸腹部病害严重,经报国家文物局和四川省文物局批准,大佛管委会及时实施了"乐山大佛胸腹部开裂残损区域排险加固工程"。这是新世纪以来对乐山大佛实施的最大规模的保护工程。

从前期勘测到排险加固,乐山大佛先后经历了"全面体检""美容保养"及智能监测等程序。乐山大佛景区党工委书记陈有波表示:"项目完成后,大佛脸花鼻黑、胸腹部开裂等病害得到了明显改善,更为可喜的是,我们获得了乐山大佛有史以来最为翔实的病害勘测数据,并形成了阶段性成果白皮书,为下一步科学制定乐山大佛保护计划奠定了坚实基础。"

**1. 高科技手段为大佛做深度"体检"**

石质文物保护本来就是世界难题,而乐山大佛是直接在易风化的红砂岩山体上雕琢而成的,加之坐落江边,常年受到风雨、植被等侵蚀,风化、渗水等病害易发,保护难度更大。

在乐山大佛面临的各种病害中,岩体渗水是危害最大的问题之一,而要解决这个问题,首先需要找到渗水点及水流路径。为此,勘测维护项目承担单位中铁西北科学研究院专门为乐山大佛研发了一项新技术——荧光碳点示踪法。

"我们无法看到大佛内部结构,也不知道水是从哪里来的,用这个方法可以将原子级别的碳元素打入大佛身后的岩体,荧光标记后的碳元素随着岩体中地下水浅表层运移,从后向前流出大佛身体。再用特殊光照就能检测到荧光标记出现在大佛身体的哪些部位,从而判断大佛体内渗水的路径。"中铁西北科学研究院文保中心副主任孙博说。

乐山大佛自建成以来,经历了多次修缮,历史上有证可查的大佛本体保护修缮次数就有10多次。与以往不同的是,本次"体检"和修缮用上了更多的高科技手段,不仅结果更精准,对文物本身的扰动也更少。

此次勘测维护,无人机航测、三维激光扫描、手持探地雷达检测、高密度电阻率法含水率检测等高科技手段一一上阵,获得了大佛赋存地层岩石微观结构、小构造特征、易溶盐分布特征、岩石孔隙特征、氧化物及元素分布特征,标识了渗水层并初步查清岩层渗水原因,查清了大佛整体病害类型为风化、水害(渗水、降水、凝结水、地下水)、生物植物侵蚀、佛身小型片状或块状岩石脱落以及后期修缮材料空鼓、开裂、脱落等。

**2. 无损抢救重现大佛本来模样**

此次"体检"发现,大佛胸腹部病害表现为2001年修缮材料层空鼓、开裂、脱落,面积约30平方米,病害形成原因是:大佛胸腹部岩体带状渗水产生溶蚀作用并产生静水压力,导致粘接界面失效、修缮材料层逐渐剥离;修缮材料本身劣化;修缮材料层热胀冷缩,形成微裂缝;植物在修复层裂隙处滋长,加速修缮层起鼓、开裂、失稳。

归结起来,原因主要还是前期修复材料与岩体差异太大,两者融合不好。于是修复团队花了大力气在修复材料上下功夫。孙博说,如果修复材料接近岩体本身,修复后更接近一个整体,外壳部分就不会开裂或者凸起了。

把老匠人请到现场后,了解到过去用的修复材料配方都是根据经验来的,于是他们反复试验，寻找最佳配方，仅抹在岩壁上的材料试块就有近50种。终于，团队获得了修复材料的最佳配方，不仅满足了渗透性和高强度要求，还保证了颜色的协调性。此次确定的修复材料配方将作为可保留的数据资料，为今后修复提供数据支持。

在修复前，地衣、苔藓等在大佛额头、两侧脸颊和鼻头长成很多黑斑。项目组在佛体及两侧崖壁范围内发现维管植物32科53属56种，生物病害问题几乎覆盖大佛全身。由于植物根系吸附能力比较强，"暴力破解"很可能连植物带着大佛面层一起撕开。修复团队采用"蒸汽法"，先将其软化，再拿无纤毛巾一点一点清洗，确保不伤及大佛的"皮肤"。项目完成后，大佛的面貌终于恢复了本来的模样。

**3. 重日常维护，保护大佛完整性**

3月18日，技术人员将光纤光栅渗压计和位移传感器探头安装进大佛胸部，通过它，技术人员能准确探测到大佛体内渗水的细微变化；4月16日，覆盖大佛四周的23块光纤光栅传感器开始工作，它们如同给大佛穿了一件智能外衣，可以对大佛的"健康状况"进行实时监测。

孙博说，对大佛的监测保护不会随着现场"体检"的结束而结束，他们将根据现场勘察及试验研究成果，提出科学有效的保护措施，还将对乐山大佛病害类型、特征及成因进行进一步的分析与论证，尤其是大佛岩体渗水来源及通道进行论证。

"遗产保护工作具有长期性、复杂性、艰巨性。"陈有波说，景区管委会将成立大佛石窟研究院，充分运用本次勘测成果，深入开展乐山大佛遮盖物、乐山大佛渗水治理等项目的可行性研究，通盘考虑、长短结合，科学有序推进乐山大佛保护工作。

发布会上，乐山大佛景区还与上海大学签订遗产保护战略合作协议，双方将通力合作，以更为科学有效的手段对乐山大佛进行研究和保护。

乐山大佛日常维护专业队也于日前正式成立，这支维护队由乐山大佛景区工作人员和此前参与过乐山大佛修缮工作的工作人员组成，乐山大佛景区管委会石窟研究院大佛保护股股长杨天宇任队长。杨天宇说，维护队将不定期开展日常维护工作，包括大佛两侧植被清理、周围碎屑、垃圾清理以及面部的清洁保养，让大佛保持干净整洁的状态。

"保护好、传承好乐山大佛，是我们对世界人民、对子孙后代的历史责任。"乐山市委副书记曾洪扬说，乐山将始终坚持"保护第一"原则，实施系列维护修缮工程，构建"景城一体"管理体制，推进大佛保护地方性专项立法，使世界遗产的完整性得到完好保留。

《光明日报》2019年5月7日

## 上海大学"开天辟地"系列课做了这些尝试

本周，上海大学"开天辟地"系列思政选修课在本学期的最后一次课堂教学，以公开课的形式为上大学子带来一次别样的党史学习体验。上海大学文学院院长张勇安和中共一大会址纪念馆原馆长张黎明一起带同学们回顾了"世界学术视阈中的上海与中共百年"。

### 把当下的问题放在更宏大的历史视野下思考

张勇安教授以美国为例，带同学们从档案文献、日记、口述、回忆录和专题研究三个角度简要梳理了美国对"上海与中共百年"的关注和研究。张勇安认为，这样的讨论也是在提醒同学们,中美关系具有相当的复杂性和多变性,要把当下的问题放在更宏大的历史视野下去思考,引导同学们正确认识和理解中国共产党的发展历史和中国当前的国际形势。

**不忘初心,筑梦前行**

2017年10月31日,党的十九大闭幕一周,中共中央总书记、国家主席、中央军委主席习近平带领中共中央政治局常委来到上海的中共一大会址,回顾建党历史、重温入党誓词。

"当时领导人的车停好,我上去迎接,习近平总书记从车上下来,我跟总书记说'欢迎回家',总书记笑着说'我们要常回家看看'。"时任纪念馆馆长的张黎明就是那个在"家"里迎接总书记的人。

课堂上,他用一个个亲身经历的细节串联起了领导人集体瞻仰的场景,引导同学们去感悟什么是"不忘初心"。

既站在国内看党,也站在世界看党,既有严肃讨论,又有生动的细节,两位老师的讲述给同学们带来不少启发,同学们的问题也是一个接一个,从一大会址的一个茶杯到党史学术文献的检索,都引起了热烈的讨论。课程接近尾声,上海大学音乐学院师生也走进课堂跟全场同学共同唱起《我和我的祖国》,歌唱亲爱的祖国,为上海打call。

**感受红色文化底蕴,和家长一起"行走课堂"**

"开天辟地"系列思政选修课是上海大学去年开始首次开设的以党史为主题的思政课程,由上海大学教授、上海社联副主席、上海党史学会会长忻平老师带领科研教学团队筹备。

课程紧扣"上海是中国共产党的诞生地"主题,全方位介绍"中国共产党从这里诞生、中国共产党人从这里出征、中国共产党历史从这里开启"的奋斗历程,系统回顾中国共产党的百年光辉业绩,并将其置于近现代世界及中国的历史大潮中去认识。

本学期,又有十几位来自不同专业、不同领域的老师走进课堂,从不同角度跟同学们分享百年党史中的点滴。这样的授课方式既提高了内容的丰富程度,也增强了课程的趣味性、故事性。课程还要求同学们针对不同主题,在课外开展自学、提出自己感兴趣的问题,自学过后回到课堂上,同学们跟老师互动的积极性也提高了不少。

接下来,老师和同学们还会走出教室进入"行走课堂",到中共一大会址、中共二大会址、新老渔阳里等处行走,在行走中进一步回顾学到的知识、感受上海的红色文化底蕴。不仅同学们对行走课堂很期待,许多同学的家长听说了行走课堂也有很浓厚的兴趣,在课上征得老师同意后,就有同学要带着爸妈一起去了。(陈乐　夏荔)

"上海教育新闻网"2019年5月25日

## 上海成立红色文化研究院

27日,融红色文化学术研究、思政实践、宣教陈列、文物征集、文创研发为一体的上海红色文化研究院揭牌成立,将致力于多方优势联动发掘红色资源,跨界构筑平台探索思政教学。研究院为全国首家由地方党委、党史研究部门、教育主管部门、高等院校四方携手联创的红色文化研究基地。

研究院由中共上海市黄浦区委、市委党史研究室、市教卫工作党委和上海大学共同发起成立,旨在建设成为立足上海、面向全国传播红色文化的重要窗口。

研究院将协同全国著名高校开展科学研究、办学及专题培训,联合主办"红色学府"国际学术研讨会;利用丰厚的中国革命历史资源和教育资源,组织青年师生和志愿者自学、自编、自演情景党课、创新思政课;将发起成立"全国红色学府场馆战略联盟",实施"中共百年历程巡展"项目;大胆探索运营模式,与相关单位合作研发各类红色主题衍生的宣传品和生活用品,策划红色文化创意产品博览会。(姜泓冰)

《人民日报》2019 年 5 月 28 日

### 为了民族复兴·英雄烈士谱　关向应:忠心耿耿　为党为国

辽宁省大连市金普新区向应街道关家村关向应故居旁边,有一棵百年国槐,这是关向应少年时和父亲一起种的,现在每年来此瞻仰的人络绎不绝。

关向应原名关致祥,1902 年出生于辽宁省金县大关家屯一户农民家庭。1924 年加入中国社会主义青年团,同年赴上海,进入共产党人创办的上海大学学习,后改名关向应,志在响应主义之召唤,为之而奋斗。1925 年 1 月,他加入中国共产党。

五卅运动爆发后,关向应在上海、山东、河南等地工作,为恢复当地的党团组织作出了卓越贡献。1932 年 1 月到湘鄂西革命根据地,任中共中央湘鄂西分局委员、湘鄂西军事委员会主席、红三军政治委员。1934 年,在枫香溪会议上,关向应严肃批评了当时存在的"左"倾错误。枫香溪会议把濒临绝境的红三军从"左"倾错误的危害中挽救出来,也让贺龙真正认识了这位中央派来的政委,贺、关两人相互了解、取长补短、相得益彰,创造了我党我军历史上高级干部肝胆相照、精诚团结的光辉典范。

抗日战争爆发后,关向应任八路军一百二十师政治委员。他与贺龙等同志率一百二十师主力,东渡黄河,进入山西。1937 年 10 月,一百二十师在关向应与贺龙的指挥下,在雁门关伏击日军汽车队,粉碎了日军两条交通补给线。

1946 年 7 月 21 日,关向应因肺结核病在延安逝世,年仅 44 岁。毛泽东写下"忠心耿耿,为党为国,向应同志不死"的挽词。

"关向应坚韧不拔的意志、严于律己的品格与善于团结他人的风范,始终是他留给后世的宝贵精神遗产。"关向应纪念馆宣教科负责人谷金丽说。(白涌泉)

《人民日报》2019 年 5 月 28 日

### 教授柔性援疆　两地共建共享——上海大学三位教授受聘喀什大学柔性援疆客座教授

为进一步做好上海市对口支援新疆工作,共享高等教育改革与发展成果,在上海市援疆前线指挥部牵手与指导下,在上海援疆教师喀什大学土木工程学院院长米红林副教授协同策划下,为进一步促进喀什大学与上海大学的合作交流,上海大学叶志明教授、张东升教授、杜晓庆副教授等一行 3 人日前赴喀什大学开启了不定期的短期支持的柔性援疆方式,拟在人才培养、学科发展、师资队伍、专业学院建设等方面开展深度合作和交流。

事情缘由于去年 7 月中旬与 10 月上旬的两次援疆活动:去年 7 月中旬,受东华大学特聘教授、"一带一路"全国大学生暑期援疆团总负责人邱夷平教授的邀请,上海大学音乐学院院务委员会主任委员叶志明教授带队，以上海大学音乐学院师生、校舞蹈团和武术队共计22人组成了上海大学艺术团，参与"一带一路"全国大学生暑期援疆团，远赴祖国西部边陲的新疆进行巡回慰问演出。作为特邀表演团队在新疆当地进行巡演。上海大学艺术团在10天时间内，在阿拉尔市的塔里木大学、阿瓦提的鲁泰棉业集团、库车开发区的协益纺织集团、库尔勒市的中泰集团等举办了四场专场演出，受到当时师生、企业员工、维族老百姓们的热烈欢迎。传承先辈们的"援疆"初心。而后去年10月上旬，由上海市原教委主任薛明扬带队的上海高校专家组赴喀什大学开展了本科教学审核预评估工作。上海大学原副校长叶志明教授作为专家参加了预评估工作，叶教授在喀什大学期间，目睹了当地师资队伍的紧缺，尤其是优质教育资源的紧缺。他看到那里的学生对知识及优质教育资源的渴望。据此从新疆回来后，怎么将上海的优质教育资源能够适时地引入新疆，成为一段时间里心中的牵挂。

于是上海大学土木系叶志明教授等与喀什大学土木工程学院米红林院长一起策划了两地共享优质课程教育资源方案，于3月27日，上海大学土木工程系与喀什大学土木工程学院成功地实现了通识教育课程"中华复兴与土木工程"教学实时共享课堂的教学实践。这次再次组团入疆，则是前两次援疆挂职的进一步深化。

经过6月11日历经16个多小时的长途跋涉抵达了喀什市。6月12日上午，在喀什大学行政楼召开了本次援疆工作会议，会上，上海援疆前方指挥部副总指挥王从春高度赞扬上海大学为援疆工作作出的贡献，并期待通过这次援疆团的到来，在喀什大学的几天工作中取得更多实效的成果，喀什大学副校长孙卫国教感谢上海援疆前线指挥部卓有成效的工作以及长期以来千方百计地为喀什大学的发展所作出的努力与贡献。上海大学叶志明教授道出了为何会一年内三次来新疆的初衷，并期待在互联网技术的支撑下更好地探索如何将发达地区的优质教育资源共享的思路等。

会上，喀什大学聘任了上海大学原副校长叶志明教授、力学系张东升教授、土木工程系副主任杜晓庆副教授为喀什大学柔性援疆客座教授，开启了援疆新模式。参加聘任仪式的主要领导包括，华东理工大学副校长李涛率领的援疆团、上海援疆前方指挥部社会发展组组长傅健勤、上海援疆教师喀什大学土木工程学院院长米红林副教授等。

会后，上海大学土木工程系与喀什大学土木工程学院实时共享课堂进行了最后一次现场授课教学活动。叶志明教授为喀什大学选修课程的同学们，现场讲授了"中华复兴与土木工程"的最后一课。该课程是上海大学土木工程系新开设的核心通识课程，由土木工程系博导正教授组团担纲讲授，今年3月份通过网络直播的方式，上海大学和喀什大学的本科生跨越5 000公里共享此课。课程得到了两校同学的高度评价。

在喀什大学期间，上海大学力学系张东升教授为土木工程学院的老师们做了一场"数字图像相关技术与应用"学术讲座，用他所取得的科研成果如何应用于教学实践做了交流，也希望能够应用数字化技术在西部高校里很好地得到应用，实现教学实验上的弯道超车。张东升教授还在课堂实地听了"理论力学"课程的青年教师讲课，并对老师的讲课予以肯定，也作了相关指导。

杜晓庆副主任则为土木工程学院教师们介绍了上海大学土木工程系的人才培养和科学研究等情况，并探索两对口专业院系下一步开展交流合作的路径与如何提升喀大土木工程学院师资水平的设想。

叶志明教授为喀什大学全体教师做了一场"怎样当好新时代高校教师"的讲座。他从新时代新要求、教师的基本素质、课程与教学体系、教学中的创造性等四方面展开,激励喀什大学教师如何在艰苦条件下,同样能做出一流的教学与教学成果来。

三位老师还与学院领导米红林院长,周振鑫副书记及全体教师对在喀什地区如何办好土木工程专业,如何实现专业特色发展、相关课程建设、学科特色发展、青年教师如何进行业务与学历提升等方面,进行了座谈与交流。指出了,喀什大学土木工程学院必须坚守南疆,坚守民族地区,坚守初心,走出一条为南疆民族发展,全面实现小康社会服务的高等教育之路来。

此次援疆实践促进了两校有关院系领导与师生的进一步了解,为深化做好对口援疆工作奠定了坚实基础。(杜晓庆)

"中国社会科学网"2019年6月18日

### 港澳影人沪上"孵化"未来

"王家卫导演给了我们一些建议,他觉得这个项目比较成熟,建议我们可以先去圣丹斯国际电影节走走""王家卫导演帮我们分析了瞄准国际电影节的3分钟预告片应该怎么做,才更符合要求"……

香港导演王家卫的名字,成为第22届上海国际电影节上众多中外青年电影人提起的热词。曾经担任上海国际电影节金爵奖评委会主席的他,今年"下沉"到青年电影人中间,领衔电影节电影项目创投的评委会,面对面为年轻人出谋划策。

今年,澳门导演徐欣羡的首部电影长片进入上海国际电影节的展映单元。她与另一名澳门青年导演黄婷婷还参与了电影节的创投培训营,与上海的青年电影工作者交流互动。

上海国际电影节自1993年创办之初,就注重与港澳电影人的交流交往。"以香港电影人为例,他们的视野更加国际化,他们拥有丰富的经验,所受的训练很规范,他们是上海电影人学习的榜样,也是合作的好伙伴。"上海电影集团董事长任仲伦说。

在近日举行的上海国际电影节沪港电影合作交流论坛上,任仲伦介绍了上影最新摄制出品的《攀登者》,该片导演李仁港、监制徐克,都来自香港。这部讲述中国登山队勇攀高峰的作品9月即将上映,同时也是沪港合作的缩影。

不仅沪港电影界交流热络,持续"孵化"各类项目,上海国际电影节今年还与澳门国际影展全面开启"直通车"机制。

自2017年起,上海国际电影节就与澳门国际影展尝试合作,当年获得第20届上海国际电影节亚洲新人奖最佳影片、最佳摄影、最佳男演员三项大奖的优秀影片《分贝人生》赴澳门国际影展进行了特别放映。

今年正式启动的"直通车"机制包括上海国际电影节向澳门国际影展推荐新人影片及优秀国产影片;澳门国际影展推送澳门影片参与上海国际电影节影展单元及创投项目。一系列新机制,为澳门当地的青年电影人进入内地市场创造机会,也带动内地新晋导演到澳门进行交流分享。

据悉,澳门有关方面还与上海国际电影节、上海大学上海电影学院等建立合作关系,将增进电影人才交流培养,携手推动影视产业发展。(许晓青　杨恺)

《人民日报(海外版)》2019年6月28日

**上大举行"人文智能丛书"版权输出签约仪式**

上海大学"人工智能"公开课暨"人文智能丛书"版权输出签约仪式5日在上海大学举行。

本次签约仪式采取的形式与以往不同,仪式直接安排在上海大学"人工智能"公开课的课堂上,200多名来自各院系的本科生和课程主讲顾骏、许春明教授一起见证了这一激动的时刻。上海高校思政课名师工作室"顾晓英工作室"主持人、上海大学教务处副处长顾晓英研究员担任主持。

顾晓英首先介绍了"大国方略"系列和"人工智能"系列课程一路走来的辛勤和收获,他们自豪系列课程的每一门课,紧随时代步伐、探索兼具时代感和吸引力,开一门火一门,得到学生欢迎,也受到各方的关注和赞誉。最令他们感到欣慰的是自2014年以来,先后在11个学院中开设11门通识课,其中9门课程先后于超星尔雅上线,同时两大系列课程已经结出9本图书果实,让"原生态"的精彩课堂被文字定格,凝练成书,将优秀的教学成果辐射到更多高校,滋养了青年学生和更广大的社会读者。

当天的"人工智能"公开课由顾骏教授、许春明教授联袂讲授。

课程以人工智能技术可能给知识产权提出的挑战为主题,由"人文智慧与人工智能"丛书主编、"人工智能"课程策划人暨主讲顾骏教授首先开讲。他先抛出三个问题引发学生们热烈讨论:机器创作的知识产权可以归人吗?把机器创作的知识产权归于机器有意义吗?如果按照最符合人类逻辑和利益的知识产权安排:只要是机器创作,就没有知识产权,无条件为人类共享,可以吗?

上海大学法学院副院长、知识产权学院院长许春明教授从法律的角度深层次剖析"机器人创作,知识产权归谁"的问题。课程班学生与教授们展开了热烈互动,现场气氛活跃。

施普林格·自然集团大中华区总裁阿诺杰就人工智能图书出版的相关问题与学生进行了互动,上海大学出版社社长戴骏豪介绍了"人文智能丛书"的出版情况,随后戴骏豪社长与施普林格大中华区总裁安诺杰进行了"人文智能丛书"版权输出签约仪式,开启该书面向全球的发布之路。

签约仪式后,上海大学副校长欧阳华对上海大学"大国方略"系列和"人工智能"系列课程所取得的社会影响力表示热烈的祝贺,肯定了《人与机器:思想人工智能》等"人文智能丛书"的出版,在呈现专业价值的同时,也展示了上海大学重点学科对于国家发展、民族复兴和人类进步的意义。

上海市委宣传部副部长、上海市新闻出版局局长徐炯高度评价此次版权输出的意义。他认为这是中国思政课的教材第一次走向世界,这在中国出版界是一项填补空白的成绩。同时从更深层次的意义上讲,有别于之前中华文化"走出去"的内容多为中华传统文化,作为最前沿的学术思想成果能够走向世界,是现今特别要鼓励的方向。他希望上海大学出版社在未来能够继续努力,在学术出版"走出去"方面日益深入探索,通过多方位拓展合作平台、建立专业人才队伍以及借助人工智能技术,为版权"走出去"尤其是学术出版"走出去"开辟更多的路径。

整个活动通过超星尔雅直播平台,以网络课程"人工智能"公开课的形式,面向全国高校师生,全程同步直播。

"中国新闻网"2019年7月5日

## 职业型本科就是要让学生一技傍身——上海大学巴黎国际时装艺术学院2019毕业秀亮相,学生自己设计自己裁缝

新的印花技术,新的面料组合,演绎未来主义……昨天下午,在上海国际时尚中心秀场上,上海大学—巴黎国际时装艺术学院2019毕业秀亮相,最年轻的一代设计师用自己的系列作品,带来对"摩擦——一衣带路,东西共舞"主题的创造性解读。

上大巴黎学院毕业学子专业对口率高,拥有五年工作经历的毕业生平均工资达21.2万元,不少人已成企业骨干甚至品牌创建者。这座以就业为导向的"非学院派"本科院校,还吸引了我国港澳台地区以及法意德日俄等国自费生前来就读,10%的国际生源比例高于国内大多数同类高校。

常务院长沈志文表示,在首批本科职业教育试点高校获批、上海以外全国15校由"职业学院"更名"职业大学"的背景下,高等职教的路子应当脱虚向实,让本科生也真正一技傍身。令他骄傲的是,学院把服装设计专业特别命名为"时装设计与制版专业",从纸上画图到身上剪裁,培养出的学生既是设计师也是好裁缝。

### 海外名师不唯学历看能力

名师出高徒,但名师不能唯学历,而是应该看能力。在上大巴黎学院,来自法国的Mathilde老师是从业三十多年的服装制版行家,具有丰富的版型制作经验及工坊筹备与管理经验,曾为巴黎世家、浪凡、让·高缇耶、香奈儿、蔻依、伊夫·圣罗兰等国际时尚品牌工作。

Mathilde老师并无高级职称,也不评讲师、教授,院方把她引进来却费了一番周折。沈志文坦言,"对于应用型大学技能型师资而言,海外人才的学历或职称门槛还是应当有所突破。"成立于2003年的上海大学—巴黎国际时装艺术学院,由上大与法国巴黎国际时装艺术学院合作创办,目前拥有外教6名,分别来自法国、西班牙、美国、俄罗斯、英国等国家和地区,而且都是坐班教师,承担着70%的核心课程内容。来自西班牙的Cristobal也是一名制版教师。拥有时尚设计学士学位的他积累了数十年的时装行业工作经验,曾担任瓦伦西亚时装学院主要负责人兼教授,在沪讲授立体剪裁—版样课程达8年之久,因技艺精湛且和蔼可亲深受全院学生喜爱。

### 什么老师带出什么学生

基于手把手小班化教育模式,全院外教课程占三分之二。其中,设计课程的教师3年一换,以便紧跟潮流、多元融合,传授打版手艺的老师们则是常年带教学生。

有什么类型的老师,就带出什么类型的学生。在上海已经生活了5年的Janice就是时装设计与制版专业应届毕业生,生于印尼。"今年毕业秀上有我的作品哦。"回想在校点滴,她骄傲地说起今年4月被学院指定为唯一代表,参加由中国服装协会、上海时尚之

都促进中心联合举办的"2019中国国际服装设计创新大赛"。这是面向全球服装设计高等院校的国际赛事,也是这个印尼姑娘第一次参加这么大型的比赛。她参赛的作品主题为文化碰撞,清代瓷器的蓝白色调与电路板元素的蓝绿基底,代表了中国古典主义与西方未来主义融合,这让她在大赛中获得了时尚创新奖。

不同于多数服装学院常请周边裁缝店"代工代劳",上大巴黎学院的学生习惯于自己动手"丰衣足食"。全院学生每年要做30套左右的服装,高强度地创意和制作,经常需要熬夜加班完成作业。来自浙江的毕业生李奕良说,这几年进步最大的技能,就是一开始怎么也驾驭不了的缝纫机,现在用起来得心应手。

**有真功夫是职业型本科教育重点**

在上大巴黎学院,艺术和技术不是泾渭分明而是融合紧密。他们采用法国工作室方式,设计老师和制版老师同堂授课,执行以作品为中心的项目综合考查制,整套工作流程和品牌企业项目操作并无二致,让学生创造力和动手能力兼得,毕业后在工作岗位上很快就能得心应手。

李正5年前毕业,一直在自主品牌女装公司ECACA工作,从助理、技术到经理经历了3种岗位,目前担任区域经理,主要负责潮流服饰的营销管理。由于有了学校的那套严格训练,所以现在驾轻就熟、手到擒来。像李正这样设计制作和销售管理都"拿得起"的复合型人才,最受行业欢迎,许多上大巴黎学子毕业不久就年收入超过20万元,如现在森马女装部任设计师的张芸蕊、毕业才两年现任东方国际集团产品经理的朱绮芸等。"对于什么样的人才最'适销对路',市场或许最有发言权。"沈志文表示,"让学生手里有真本事、真功夫,才是职业型本科教育的重点。"(徐瑞哲)

《解放日报》2019年7月15日

## "土木工程概论"上线"学习强国"

什么是土木工程?土木工程能干什么?我们生活中的哪些内容是属于土木工程的?当前国内外土木工程的发展水平到底是什么样子?

"土木工程概论"作为土木工程专业的入门课程,不仅可以让土木工程专业的学生了解土木工程,了解土木工程的范围、历史与发展,从而提高学生在今后的土木工程专业学习中的兴趣;同时其他专业的学生、普通大众也可通过本课程的学习,对土木工程专业有一个基本的了解。

同时"土木工程概论"课程也介绍了中国土木工程建设的伟大成就,高新技术同土木工程的联系,以及祖国建设与发展对土木工程之依赖。中国乃至世界的发展史离不开土木工程之发展。通俗地讲,土木工程集中、形象地反映了各个时代的历史、文化、技术和生活。当我们在旅行中,每到一地,首先看到而且给我们实际观感的,就是各式各样的建筑物,这些都是土木工程的建设成就。中华民族之伟大复兴、铸就宏伟的中国梦离不开土木工程。课程通过教与学的互动,可以有效增强学生对中国特色社会主义建设的了解,增强学生的理论自信、道路自信、制度自信、文化自信。(叶志明)

"学习强国"上海学习平台2019年7月22日

### 从"大中小一体化"破局,增强思政教育育人合力

教育的对象是人,一门好的思政课,必须要有"直抵人心"的力量。

在如今的沪上高校,一批全新开设的"中国系列"思政选修课,开启了思政教育改革领域的新探索,成为上海启动"课程思政"改革的标志性成果之一。

从复旦大学的"治国理政"、上海大学的"大国方略"到同济大学的"中国道路"、东华大学的"锦绣中国"……这些整合高校学科优势、名师资源和创新教学方式而打造的人气思政课,不仅课堂上座率、抬头率节节攀升,课程的辐射效应越来越显著:在上海大学的"大国方略"课上,不时有附近上大附中学生前来"蹭课";复旦大学"中国系列"课程中,也已有部分开始在中小学拓展……

让思政教育像阳光和空气一样润物细无声,一批整合优质资源打造的"中国系列"思政课将从大学逐步向中小学延伸。市教卫工作党委结合"不忘初心、牢记使命"主题教育,进一步深化大中小学思政课一体化建设,推动完善大中小思政一体化工作体系。

名师荟萃的"中国系列"课程,将拓展到中小学党的十九大以来,上海引导高校一校一课,创新建设"中国系列"思政选修课。聚焦阐释和传播习近平新时代中国特色社会主义思想,牢牢把握时代发展主题,回应大学生现实关切,目前"中国系列"思政选修课已建成90余门,覆盖全市所有高校。

在上海大学,全新打造的思政选修课——"开天辟地"推出后,很快受到在校学生的欢迎。上海是党的诞生地,"开天辟地"课程作为上海大学在党的十九大后开设的第一门党史课程,着重讲述"中国共产党从这里诞生、中国共产党人从这里出征、中国共产党历史从这里开始"的光辉图景,让大学生更好地传承红色基因,坚定理想信念。

课程负责人、上海大学教授忻平介绍,近年来,在学校持续不断推进思政课教学方式改革,思政教师达成一个共识:思政课要讲"活",采取"问题解析式"教学更有感染力。授课要从过去着重讲"是什么"的知识性内容,转向注重讲"为什么""应如何",着重培养学生的提问能力、创新能力和解决实际问题的能力。

在沪上高校,一批靠"秒杀"才能选上的网红思政课、人气思政课,不仅具有旗帜鲜明的政治站位、充分依托学校的专业学科特色,更重要的是,这些课程都配备了教学能力强大的教授师资团队。从高校党委书记、校长到两院院士、知名科学家再到企业家、劳动模范等,名师荟萃是人气思政课的亮丽标签,也为课程教学和育人质量提供了强有力的保证。

(下略)(樊丽萍)

《文汇报》2019年8月29日

### 坚持立德树人 以责任担当践行初心使命——2019年上海市"四有"好教师(教师育人楷模)名单揭晓

2010年起,教育部联合相关媒体开展全国教书育人楷模推选活动,每年推选10名全国教书育人楷模,本市推荐的于漪等6名教师获此荣誉。2011年起,本市同步开展上海市教书育人楷模推选活动,有8批79名教师获选。从2018年起,本市将荣誉称号调整为"上海市'四有'好教师(教书育人楷模)"。

为落实新时代教师队伍建设改革意见,大力宣传表彰优秀教师典型,引导广大教师

增强教书育人的荣誉感和责任感,努力成为先进思想文化的传播者、党执政的坚定支持者、学生健康成长的指导者和引路人,更好地担起立德树人的责任,2019年本市继续开展了一年一度上海市"四有"好教师(教书育人楷模)推选活动,授予冯碧薇等10名教师上海市"四有"好教师(教书育人楷模)荣誉称号,王红英等15名教师获上海市"四有"好教师(教书育人楷模)提名。

(中略)

**顾晓英　上海大学教务处副处长、研究员**

顾晓英是上海高校思政课名师工作室"顾晓英工作室"主持人。自1990年入职以来,她始终活跃在思想政治教育教学改革创新最前沿,获得2018年和2014年国家级教学成果奖,获得上海市优秀思想政治工作者、上海市"最美思政课教师"等20项市级奖。

把"思政课"讲好,是她孜孜不倦的追求。她首创思想政治理论课"项链模式"教学,将思政课教师"单兵作战"转化为有其他学科名师大家的"集团作战",用习近平新时代中国特色社会主义思想铸魂育人。

2014年,她携团队首开"大国方略"课程,增进大学生政治认同与文化自信。5年来,打造"创业人生""时代音画""经国济民""人工智能"等11门金课。系列课程打破学科壁垒,荟萃150位名师,上线9门慕课。其中"创新中国"评为首批国家精品在线开放课程。

她勤于探索新知,出版《一身一任:高校思想政治理论课教师主体性研究》专著1部,主编教研著作7部。她循循善诱,被学生评为"我喜爱的老师"。她言传身教,研究生获评松江区园丁奖,结对的本科生双双获评学校"百优"团员。

她积极发挥名师工作室的示范引领作用,通过直播课、公开课、报告会、教师沙龙、工作坊、公众号等方式,面向全国高校交流思政课和课程思政的育人经验,产生广泛影响。

(中略)

**2019年上海市"四有"好教师(教书育人楷模)名单(按姓氏笔画排序)**

冯碧薇　上海市建平中学
刘恒娟　上海市城市科技学校
狄　文　上海交通大学医学院
姜羽飞　中国福利会少年宫
顾晓英　上海大学
高　飞　上海市光明初级中学
高　晟　上海市闵行区田园外语实验小学
彭慧胜　复旦大学
温剑青　上海市静安区安庆幼儿园
熊　斌　华东师范大学

(下略)

《文汇报》2019年9月10日

**最新!2019年"上海高校课程思政领航计划"拟入选名单公示**

上海市教委德育处于2019年6月至9月组织开展2019年"上海高校课程思政领航

计划"遴选工作。现定于2019年9月11日至9月17日,将"上海高校课程思政整体改革领航高校"和"上海高校课程思政重点改革领航学院"的拟入选名单予以公示。

(中略)

**"上海高校课程思政整体改革领航高校"拟入选名单(10所)**

复旦大学

上海交通大学

同济大学

华东师范大学

上海外国语大学

上海理工大学

华东政法大学

上海大学

上海中医药大学

上海应用技术大学

**"上海高校课程思政重点改革领航学院"拟入选名单(20所)**

(下略)

"上海教育"2019年9月11日

## 全国高校广泛开展"青春告白祖国"系列活动——开学季,讲好这堂"思政大课"

(上略)

**坚定为实现中国梦而奋斗的责任担当**

日前,上海市"青春告白祖国"启动仪式暨首场宣讲会在同济大学举行,来自沪上60所高校的2 000余名大学生参加启动仪式,同济大学乡村振兴研习社第一任社长颜思敏同学讲述了研习社23支实践团队分赴浙江、福建、云南、四川等地18个县市的100余个乡村进行田野调查的点滴故事。

"青春告白祖国"系列活动中,广大学生进一步增强了对自身所肩负的时代责任的深刻认识,激发勇立时代潮头、争做时代先锋的青春热情,坚定为祖国美好明天、民族伟大复兴而奋斗的决心。

西安交通大学5名学生代表在新生开学典礼上讲述学校校史、西迁岁月以及我国电机之父钟兆琳先生、教师孟庆集、陶文铨院士团队系列故事,带领学生共同体会"为民族而生,为时代而生"的交大精神。

"长期在海上风吹日晒,这个'90后'占八成的团队纷纷从白面书生变成了黑炭",上海大学学生讲师团成员徐海彬、范修竹向同学们介绍该校"精海"无人艇团队,完成在南极、东海、南海岛礁海域、长江口等地的海洋测绘、环境监测、水下考古等多项任务的事迹。

"爱国的方式千万种,我选择将论文写在万亩稻田上",南昌大学生命科学学院"稻渔工程"团队代表吴流政以"助力脱贫致富 筑梦乡村振兴"为题,鼓励青年大学生用创新创业的实际行动唱响献给祖国的赞歌。

《人民日报》2019年9月16日

**文化知识产权论坛举行**

作为第二届中国知识产权展系列活动之一的"文化新经济试验区与文化知识产权的创变"主题论坛14日在京举行。文化新经济试验区通过资源注入、资金支持等方式,为园区企业补短板,助力打造文化知识产权,进而带动域内产业升级。与会专家学者认为,发挥文化高附加值属性,加速文化资源向文化资产、文化知识产权转化,进而赋能产业,是实现区域经济升级发展的重要途径之一。论坛由北京萨博新经济发展咨询中心、北京科印传媒文化股份有限公司共同主办,上海大学文化新经济研究院支持。(彭训文)

《人民日报(海外版)》2019年9月16日

**脚步丈量大地　青春献给祖国**

(上略)

**在奋斗中与祖国同向同行**

"广大青年既是追梦者,也是圆梦人。追梦需要激情和理想,圆梦需要奋斗和奉献。广大青年应该在奋斗中释放青春激情、追逐青春理想,以青春之我、奋斗之我,为民族复兴铺路架桥,为祖国建设添砖加瓦。"

在上海市高校"青春告白祖国"启动仪式暨首场宣讲会上,来自复旦大学、上海交通大学、同济大学、上海大学等7所高校的10位优秀学生讲述了自己的故事,发出上海学子爱国奋斗的时代强音。同济大学学生颜思敏说:"我代表同济青年,向祖国的美丽乡村告白。乡村振兴,我们青年责无旁贷。"上海大学学生讲师团成员徐海彬、范修竹声情并茂地介绍了该校"精海"无人艇团队,在南极、东海、南海岛礁海域、长江口等地进行海洋测绘、环境监测、水下考古的事迹。

"我和周围的同学们一样,始终将科学研究和服务社会的交汇贯通融入到大学生活中,不断体验和践行着交大人的使命和担当。"在上海交通大学2019级新生开学典礼上,90后博士生梁晴雪深情讲述青春向党、爱国奋斗的故事,用最深情的告白,表达为祖国美好明天、民族伟大复兴而奋斗的坚定决心。

"爱国的方式千万种,我选择将论文写在万亩稻田上。"南昌大学生命科学学院"稻渔工程"团队代表吴流政在宣讲中以"助力脱贫致富　筑梦乡村振兴"为题,鼓励青年大学生用创新创业的实际行动唱响献给祖国的赞歌。

吉林大学学子参加"青春告白祖国"宣讲活动后感触颇深,他告诉记者:"这次活动使我更加认识到,在这样一个伟大的时代,我们青年学子更应该坚定理想信念,把握时代契机,坚持听党话、跟党走、施展才华、砥砺品格,把个人的理想与民族的复兴、国家的命运紧密联系在一起,用最美好的青春向伟大祖国告白。"

《光明日报》2019年9月16日

**青春告白祖国　发出时代强音——上海高校开展主题社会实践　探索思政教育新模式**

(上略)

**突出示范性引领性,启动首场宣讲活动**

9月5日,来自上海市60所高校的2 000余名大学生在同济大学参加了上海大学生

"青春告白祖国"启动仪式暨首场宣讲会。复旦大学博士生讲师团、上海交通大学知行社会实践团、同济大学乡村振兴研习社、上海大学无人艇团队、上海理工大学牵头的"新时代·中国说"大学生讲师团等,围绕"传承红色基因、将青春梦融入中国梦、青春与祖国共奋进"主题,结合社会实践成果,讲述所见、所闻、所感,积极传播青春正能量,发出上海学子爱国奋斗的时代强音:"志存高远,脚踏实地,在投身人民的伟大奋斗中有所作为;把小我融入大我,做新时代的追梦人"。

精彩的宣讲引发在场师生强烈共鸣,上海理工大学学生陈宗洋表示,"这场宣讲让我感受到新中国成立 70 年的辉煌成就,更体会到作为新时代青年应该承担的责任与使命。"上海市教卫工作党委书记虞丽娟表示,"全市高校要鼓励学生积极参与'青春告白祖国'活动,增强爱党、爱国、爱社会主义的情怀,坚定服务国家、服务人民、服务社会的担当,做奋发有为的新时代青年。"

(下略)

《人民日报》2019 年 9 月 19 日

**上海大学举办"创新中国"公开课暨"不忘初心、牢记使命"主题教育党课**

9 月 24 日晚,"创新中国"公开课暨"不忘初心、牢记使命"主题教育党课在上海大学成功开课。课堂以"壮丽 70 年奋斗新时代·创新中国"为主题,邀请上海工程技术大学教授、博导、万人计划特支人才、上海市劳模王国中教授,上海大学管理学院刘寅斌副教授、上海大学马克思主义学院副院长邱仁富以及春秋航空 90 后飞行员、见习机长陈志豪作为主讲嘉宾。

顾晓英老师首先用方志敏烈士《可爱的中国》作开场,她提到,70 年前的新中国刚成立,百废待兴,70 年后的新时代,创新依旧是不变的灵魂。新中国 70 周年华诞之际,对创新中国最大的致敬,就是创造新的更大的成就。

"创新中国"课程班的学生们通过介绍参与创新项目选题以及缘由,积极走上讲台。

一分钟的计时分享,同学们纷纷展示项目创新点,这些想法和创意既新颖又有趣。邱仁富老师对同学们的分享做了总结和点评,并寄语同学们站位要高、学术要强、思维要新、视野要广、情怀要深、修身要严,争当时代的创新者、创造者。

随后,王国中教授以"拥抱智能时代,争做创新青年"为题,结合自己的亲身经历讲述创新中国的希望和未来,他着重介绍了人工智能和 5G 的快速发展,强调科技改变世界,改变生活。他最后指出,大学生在学校里不仅需要学习和积累知识,更要磨炼和培养素质、锻炼和提高能力。刘寅斌副教授风趣幽默地阐述了自媒体微博与中国创新发展的关系,引起了同学们的阵阵笑声,课堂气氛十分活跃。来自春秋航空的 90 后飞行员、见习机长陈志豪也为同学们带来了他的创新青春分享。这位年轻的见习机长深情地讲述了他从大学时代起接触飞行员这个行业的心路历程,同时让同学们明白了四道杠的深刻含义,那就是专业、知识、技术与责任。

在几位嘉宾老师的讲授之后,同学们与各位老师进行了积极的课堂互动,各位老师也对同学们提出的问题做了详细解答。

最后,上海大学音乐学院王思思老师和音乐学院同学共同唱响歌曲《不忘初心》,在她们优美动听的歌声中,"不忘初心、牢记使命"主题教育党课就此告一段落。

相信通过这次"创新中国"公开课暨"不忘初心、牢记使命"主题教育党课,同学们更加理解创新的真正含义,更能够担负起青年人的使命与责任,绽放创新青春,与祖国共同成长、共同进步!(殷晓　叶玲)

"学习强国"2019 年 9 月 26 日

**上海大学"电影党课"开课:《攀登者》出品人开讲**

近日,上海大学宝山校区伟长楼大礼堂内,一场特殊的"党课"正在上演。与众不同的是,这堂党课的主讲人除了校党委书记成旦红,还有上海电影集团党委书记、董事长、电影《攀登者》出品人任仲伦。

《攀登者》讲述了 1960 年,中国登山队向珠峰发起冲刺,完成了世界首次北坡登顶这一不可能的任务。15 年后,中国登山队再次挑战世界之巅的故事。

成旦红和任仲伦结合自身经历与感悟,与现场师生共同分享了"在新时代弘扬攀登者精神的意义""如何看待梦想与坚持""心目中的高山是什么以及如何攀登"等话题。

成旦红说,我国要在本世纪中叶建成富强、民主、文明、和谐、美丽的社会主义现代化强国,实现这一目标本身就是一个"不断攀登和奋斗的进程","我们要实现中华民族伟大复兴的中国梦,还会经历很多艰难险阻。这就需要广大科学工作者,需要我们的老师和同学们不断拼搏奋斗,勇攀科学高峰,切实解决面临的各种问题和挑战。"

任仲伦说,攀登者精神就是"永不止步、永远在路上"的中国精神。当前,在新中国成立 70 周年和上海电影制片厂成立 70 周年重要时刻,上海电影制片厂推出优秀影片《攀登者》,向新中国 70 周年华诞献礼。"这既是对英雄和前辈的致敬,也想启迪后人:再难也难不住中国人。"任仲伦说,在这个奋斗的新时代,每个中国人都是攀登者,"虽然在现实中,不可能每个人都去攀登珠峰,但是大家的心里要有一座山、有一个高度。我们要坚持攀登这座山。"

上海电影制片厂成立于 1949 年,一路发展至今,如今的上海电影集团共创造了 1 000 多部故事片、500 多部美术电影、1 300 多部译制电影、1 500 多部科教影片,以及 1 000 多部电视剧,铸就了上海电影在全国的历史地位。上海也涌现了一批杰出的、有代表性的电影大师和艺术大家。

据悉,这次党课是上海大学"电影党课之书记对话"的一部分。

《中国青年报》2019 年 9 月 29 日

**严督实导,确保取得实效(守初心　担使命　找差距　抓落实·深入开展"不忘初心、牢记使命"主题教育)——中央指导组和巡回督导组深入一线开展主题教育督促指导工作综述**

(上略)

**直奔基层,一竿子插到底**

督促指导工作中,中央指导组和巡回督导组直奔基层、一竿子插到底,推动主题教育走深走实。

干燥、缺氧,昆仑山的积雪已白茫茫一片。10 月 10 日至 12 日,由组长王炳华带队,中央第十三巡回督导组赴青海海西蒙古族藏族自治州格尔木市调研指导第二批主题教育开展情况。在格尔木电信公司营业大厅,督导组重点向群众询问关于携号转网和5G的期待。在格尔木火车站,王炳华提出:"主题教育学习全覆盖,要将劳务派遣用工的党组织关系纳入格尔木机务段,将流动党员纳入主题教育学习的范围,防止出现盲区。"截至目前,该督导组共深入三级单位53家,覆盖其联系的全部33家中央企业。

在浙江利欧集团股份有限公司的党员组织关系大屏幕上,中央第二巡回督导组组长陈际瓦发现,集团的流动党员过多,有些甚至是在集团工作20余年的老员工。她提醒,"主题教育要在党员组织关系上再下功夫、深入研究"……在浙江,督导组深入金华、台州、温州三市,对35个不同层级、不同领域的第二批单位进行了全覆盖、差异化督导。在内蒙古,督导组深入市直机关、高校、嘎查村(社区)以及企业基层单位等进行督促指导。

阿克苏纺织工业城车间、温宿县托乎拉乡库如力村、新疆大学、塔里木大学……在新疆,中央第六巡回督导组分2个小组赴南、北疆6个地(州、市)和兵团4个师(市)等地督导。在江西,督导组召开座谈会,访谈各级代表58人,从地市到社区乡镇督导单位达64个。在上海,督导组先后赴黄浦区等6区及上海大学进行实地调研,走访区属单位9个、乡镇街道社区39个、非公企业和社会组织9个……针对一些基层单位提出"如何把问题找深查透"的疑惑,督导组组长欧阳淞表示,要把重点问题和突出问题结合,把中央要求、省里安排、本地百姓期盼结合。

(下略)

《人民日报》2019年10月17日

## 上大举办进博会与"经国济民"公开课暨主题教育党课

"不忘初心、牢记使命"主题教育党课17日晚间在上海大学"经国济民"课堂精彩开讲。

党课以"新时代共享未来:进博会与'经国济民'"为主题。课程作为上海市三八红旗手走进高校思政课系列主题宣讲课,特邀请上海市三八红旗手标兵、2019年感动上海人物、上海市公安局青浦分局国家会展中心治安派出所所长朱洪葵警官担任主讲嘉宾。

上海大学经济学院陆胜颖、聂永有、刘康兵三位老师担任分享嘉宾。公开课由2019年上海市"四有"好教师、市三八红旗手、上海大学教务处副处长顾晓英老师担任嘉宾主持。

上海大学主题教育领导小组办公室第三联络组成员、上海大学工会干部、上海大学与浙江师范大学的师生代表一同聆听了党课。

顾晓英以"开放、包容、创新"为切入点,介绍了中国国际进口博览会见证了中国市场的"影响力"、凸显了中国机遇的"吸引力"、诠释了中国方案的"号召力"。她进一步勉励同学要主动融入上海城市的建设发展,在上海争当全国发展排头兵和先行者的道路上践行自己的青春梦想。

近10位同学以"一分钟微演讲"的形式分享了自己从志愿服务、消费者、企业发展、"一带一路"等角度对进博会和经国济民课程的认识。经济学院陆胜颖老师从宏大的世界历史视角切入,以地理大发现时代的海上贸易为主线,结合图表和数据阐述了中国成为全球化的重要推动者、国际经济的参与者的缘由。经济学院聂永有老师从一名资深经济学人的角度诠释了中国方略,表达了对新一届进博会的成功举办充满信心。青年教师刘康兵讲述了进博会的前世今生,以经济学的观点分析了中国积极举办进博会是源于"穷则独善其身,达则兼济天下"的大国担当,展现了中国"和平、开放、共赢、包容"的大国风貌。三位老师进一步鼓励当代大学生主动关注国家发展、国家大事,积极思考并以实际行动参与到中华民族伟大复兴的进程中来。

朱洪葵所长清瘦却笔直的身躯、略显疲惫却坚毅的眼神向同学们传递着她眼中"奋斗的青春最美丽"的含义。她结合自己家庭成长、参军报国、转业抉择、岗位建功的人生经历,诠释了一名普通党员的理想信念,生动表达了自身与祖国同呼吸共发展的坚定信念,她的讲述便是"我和我的祖国,一刻也不能分割"的生动诠释,更赢得了阵阵掌声。

当晚,老师们胸前佩戴的党徽格外闪亮,嘉宾和老师们的精彩分享不仅传递给学生知识,更让青年学子真切感受到什么是初心和使命、什么叫卓越和一流,加深了学生对伟大祖国的热爱、对岗位建功的敬佩和向往!

同学们表示听了这堂课,深刻感受到幸福是奋斗出来的。他们看到了一位共产党员的坚守以及对工作的一丝不苟。更有同学希望自己能在军营里放飞梦想,不忘初心、恪尽职守,只为保家卫国。

"中国新闻社"2019年10月21日

## 高校开"金课""课程思政"让专业课更有育人价值

高校"金课"是什么?"课程思政怎么建?""金课"与"课程思政"有何关联?昨天,全国高校"金课"和"课程思政"建设研讨会在上海大学举行。会议由上大教务处处长彭章友、副处长顾晓英分别主持。

上大副校长聂清说,本次研讨会是为了积极贯彻落实全国高校思想政治工作会议精神、全国学校思想政治理论课教师座谈会精神,高校"金课"建设对于实现思想政治理论教育与专业教育有机融合、提升课程建设水平、提高人才培养质量所起到的积极作用。上大已在加强思政课建设上下了很大的功夫,并已打造出"大国方略"系列课程等全国有相当影响的品牌"金课"。

上海市教委德育处处长沙军从身边"故事"谈起,讲述如何看待理工科专业教师实施课程思政,课程思政是把价值的盐融入知识的汤里,不是融入水里。课程思政,就是让原来固有的汤,既有味道又有价值。

中国政研会《思想政治工作研究》苏鸿雁在论坛上表示,高校要深入实施马克思主义理论研究和建设工程,把坚持以马克思主义为指导全面落实到思想理论建设、哲学社会科学研究、教育教学各方面,加强和改进学校思想政治教育,建立全员、全程、全方位育人体制机制。

中国高等教育学会教学研究分会理事长杨祥指出,"金课"是建立在立德树人基础上的新时代我国高校精品课程。"金课"建设的核心与关键是课程思政,焦点是课程思政元素,难点是聚焦课程思政元素。

上大教授、中国高等教育学会教学研究分会副理事长叶志明作了"课程思政之建设与实践"的主题报告。他从"课程思政之建设思考"和"课程思政之实践探索"两方面进行阐述。他指出,学科或专业教学不应把思想政治教育和学生素养的培养看成是思政课教学的事情或者仅仅是思政辅导员的事情。课程理念与模式的变革亟须挖掘学科育人价值,构建全员、全流程、全方位育人。上海高校思政课名师工作室主持人顾晓英介绍了上海大学在思政课和课程思政建设上所作出的成功探索,以及上大入选上海高校课程思政整体校到领航校的建设经验。她多方位描述了11门"上海大学"系列课程带动下,院系课程思政的积极性和创新力。她还结合上大红色学府,谈到上大集中全市顶尖党史专家为本科生首开"开天辟地"课程,赓续红色基因、不忘初心使命。

复旦大学教授石磊作了"润物无声,难在融通——课程思政漫谈"的主题报告。他提出,课程是学生的,也是教师的,但归根结底还是学生的。学生欣赏的是老师基于学理、基于事实、基于科学认知的自由表达。教师在授课过程中必须恰当有度润物无声,避免形式主义。

超星集团副总经理王毅和超星集团课程运行总监孔鑫凯分别作了"新时代技术视角下的金课与课程思政"和"一平三端助力课程思政与金课建设"的专题报告。王毅主要提到了课程教学有四新,一是课程教学的新价值,二是课程教学的新体系,三是课程教学的新形态,四是课程教学的新方法。课程思政不是思政课,而是一种方法,是把思政元素、价值引领贯穿到课程与教学中,用以解决思政教育与专业教育"两张皮"的问题。(王蔚)

《新民晚报》2019年11月15日

## 高校"金课"和"课程思政"建设研讨会在上海大学成功举办

如何构建与"课程思政元素"密不可分的课程知识体系?既做到既春风化雨、润物细无声,又实现"立德树人"的根本任务?11月14日,来自上海大学、复旦大学、河海大学等高校的一线教师与中国政研会、中国高等教育学会的专家学者聚集上海大学宝山校区,就如何在高校开展"金课"和"课程思政"建设进行了深入的探讨。

中国高等教育学会教学研究分会理事长杨祥认为,课程思政是挤干"水课"水分,打造"金课"的重要方法。聚焦课程思政元素,遴选课程知识点、构建课程知识体系,打造"金课"是一场课程教学改革,也是一场课程教学革命。

2017年入围上海市课程思政整体校建设,2019年成功入选课程思政领航高校,上海大学在课程思政的实践探索上走在了全国的前列。据上海高校思政课名师工作室主持人、上海大学顾晓英研究员介绍,从2004年的"两课也有追星族",到2007年开始的"项链模式"教学,上海大学很早便以重视思政创新闻名。近几年,上海大学又将人工智能、量子世界等课程融入"大国方略"课程思政系列中,受到了当代大学生的好评。

上海大学土木工程系教授叶志明的"土木工程概论"今年10月被上海大学立为第二批专业课课程思政的"荣誉示范课程"。叶志明认为,挖掘课程思政不能弱化学科与专业课程的难度和深度,不能脱离学科与专业课程内容与性质特点,要深刻理解学科与人的价值内涵,不能简单地去贴政治标签。要把社会主义核心价值观、爱国主义教育等融入教育教学中,引导学生树立正确的世界观、人生观和价值观。

刚刚获得2019年度华东五校卓越教师奖的复旦大学经济学院教授石磊也有类似的

观点,他认为,思想政治教育是政治课教学的任务,但育人不等于政治课教学,学校的任务是全员育人、全过程育人、全方位育人。

"思想"不仅指通常所说的政治思想,还有学术思想、认知态度、文化素养和行为理念等等。生搬硬套,既为难了专业课老师,也容易使重要的"课程思政"工作走向形式主义、走向庸俗化。课程思政要"润物无声",教师在教学过程中要掌握好"度",学会"留白",让学生有充分的想象空间。(任鹏 曹军)

"光明日报客户端"2019年11月17日

## 上海大学举办高校金课和课程思政建设研讨会

由上海大学主办、超星公司承办的全国"高校金课与课程思政建设研讨会"近日在沪举行。聚焦立德树人和打造更多品牌金课,"一流课程是什么""课程思政怎么建""金课与课程思政如何关联"等话题引来与会学者和教师的积极探讨。来自复旦大学、上海交通大学、同济大学、华东师范大学、上海社会科学院及上海大学等单位100余名学者、教师和北京、山东、河南、内蒙古、广西、江苏、浙江等省市60余名骨干教师与会。

本次研讨会是积极贯彻全国学校思想政治理论课教师座谈会精神以及习近平总书记在第二届中国国际进口博览会上重要讲话精神的具体落实。上海大学党委常委、副校长聂清表示,学校正扎实推进主题教育,围绕立德树人根本任务,任课教师应进一步做优课程思政,深入挖掘各类课程和教学方式中蕴含的思想政治教育元素,建设适应新时代要求的一流本科课程。学校正努力探索强化本科生导师制,并把它作为"不忘初心、牢记使命"主题教育的"民生工程"。

中国政研会《思想政治工作研究》杂志社一编室副主任苏鸿雁认为,高校要认真贯彻落实四中全会精神,建立全员全程全方位育人体制机制,扎实推进思想政治理论课改进创新。她肯定上海大学近年来坚持把思想政治理论课作为人才培养的核心课程,不断开拓,已在"大国方略"系列金课打造方面,取得显著成效。

上海市教委德育处处长沙军从身边"故事"谈起,讲述如何看待理工科专业教师实施课程思政。课程思政是把价值的盐融入知识的汤里,让原来固有的汤既有味道又有价值。

中国高等教育学会教学研究分会理事长杨祥指出,金课是建立在立德树人基础上的新时代我国高校精品课程。金课建设的核心与关键是课程思政,焦点是课程思政元素,难点是聚焦课程思政元素。金课建设要将共建共享理念融入全过程,实现从课程思政到教师思政再到专业思政,全面推进习近平新时代中国特色社会主义思想进教材、进课堂、进学生头脑。

上海大学教授、中国高等教育学会教学研究分会副理事长叶志明表示,不应把思想政治教育和学生素养的培养看成是思政课教学的事情或者仅仅是思政辅导员的事情。课程理念与模式变革急需挖掘学科育人价值,构建全员全过程全方位育人体系,优化重构教学内容和课程体系,优化建设和完善具有中国特色的学科或专业课程,解决同向同行、协同效应的落地问题。

河海大学教务处处长沈扬提出,课程思政要做到三方面,即整体之道,要创造性地将课程思政融入课堂教学中,以立德树人为根本任务,培养德智体美劳全面发展的社会主义建设者和接班人;局部之术,对不同属性的课程对症下药,将工程伦理、马列理论、人文融通、工匠精神等思政元素有机融入课程中;导用并进,形成教师主导+学生主体、校企之间互策划的用导结合体系,引导师生主动去做。

上海高校思政课名师工作室主持人、上海大学教务处副处长顾晓英介绍了上大入选上海高校课程思政整体校到领航校的建设经验,描述了在11门"大国方略"系列课程带动下,院系教师迸发出参与课程思政教改的积极性和创造力,如钱伟长学院获评教育部首批"三全育人"综合改革试点学院,文学院全力打造"全球文明通论""百年上海"等五门在线课程,旨在传承人文精辟、授解古今钥匙。作为红色学府,上大还集中全市顶尖党史专家为本科生首开"开天辟地"课程,赓续红色基因、不忘初心使命。随着主题教育深入,学校加强课程思政领航校建设,着力抓好教师思政,让习近平新时代中国特色社会主义思想有机融入所有课程,完善全员全程全方位育人的体制机制。

复旦大学教授石磊提出,课程是学生的,也是教师的,但归根结底还是学生的。学生欣赏的是老师基于学理、基于事实、基于科学认知的自由表达。教师在授课过程中必须恰当有度润物无声,避免形式主义。他列举了几个思政和学术精神融合的例证,演绎了一堂名师课程思政示范课,现场展示了课程思政金课独特魅力。(姜泓冰)

"人民网"2019年11月18日

## 让"中国制造"自主可控——专访中国工程院院士、上海大学复合材料研究中心主任孙晋良

孙晋良 1946年1月出生于上海,中共党员,上海大学教授,获国家科技进步二等奖4项,国家发明三等奖1项以及全国五一劳动奖章、全国先进工作者等多项荣誉。

出生于上海,成长于新中国,有着45年党龄的孙晋良,笑称自己是纯粹的"中国制造"。

近50年来,这位"从未喝过洋墨水"的科学家,在国外重重封锁中"白手起家",率团队研发了一系列应用于航空航天、国防事业等重大项目的特种材料,填补了多项国内空白。

"做惊天动地事,当隐姓埋名人。"通过这位"国产科学家"的故事,可以看到一代科技工作者如何为国奋斗,可以看到"中国制造"怎样一步步迈向自主可控。

**在基层沉淀一下,有机遇就抓住,没有就储备知识、提升能力**

解放周末:听说您小时候是个爱好文艺的孩子。

孙晋良:可以这么说吧,因为我小时候确实喜欢唱歌。

到明年1月我就74周岁了,可以说,我是跟共和国一起成长的一代。我是1951年念的小学一年级,那个时候,小朋友要到9岁才可以戴红领巾。一戴上鲜艳的红领巾后,我就报考了中国福利会少年宫小伙伴艺术团合唱队。那一年想进的人很多,最后招了三个,我很幸运地成为三分之一。

上世纪50年代,很多国外宾客、国内的领导人来上海都会来看我们表演。

一到节假日,就是我们活动最频繁的时候。沐浴在新中国的阳光下,我过得很充实,

也锻炼了自己的见识和胆量。

解放周末：您后来是怎么"弃文从理"的？

孙晋良：尽管喜欢唱歌，但我有更大的志向。一开始，我喜欢文学，喜欢写文章，语文老师对我也挺欣赏。但后来，我对数理化的感情"来了"。

高中的时候，我尤其喜欢化学。所以，高考的时候，所有的志愿都填了化学系。化学听上去似乎很无趣，其实化学很有意思，读化学，脑袋特别好使，对成长也有帮助。

解放周末：1963年，您考上了上海科学技术大学化学系，毕业后进了工厂。您作为当时很"稀罕"的大学生，找到了自己的"用武之地"吗？

孙晋良：大学毕业以后，我就到农场去锻炼了。锻炼一年半后，我就去了上海缝纫机一厂。

来到缝纫机厂，车间里的工人师傅们对我这个大学生寄予很大的希望，希望我能为改变车间的面貌出力。

当一个人没有受到重视时，往往会觉得怀才不遇，充满失落感。而一旦获得了奋斗的舞台，需要施展才华时，又会觉得自己掌握的知识之浅薄、知识面之狭窄。

我虽然是个大学毕业生，但图纸看不懂，车间里的工具也不会用。可是，大家认为大学生应该什么都懂。我又不能"回炉再造"，于是只能逼着自己去自学。

白天要工作，只能晚上看书。那时候不像现在，想查什么上网都查得到，那时到图书馆查资料还要开介绍信，挺麻烦的。我一边看资料，一边建卡片，以备日后用到。日积月累，我的卡片积了一大摞。

在缝纫机厂，我的工作是喷油漆。我不会喷油漆，可是会造油漆。于是我运用所学专长，把原来的喷漆工艺改成了静电喷漆，原来溶剂型的油漆改成了水溶性的油漆，改善了操作环境。还设计了一条100多米长的生产流水线，提高了生产效率。

解放周末：现在您怎么看自己当初的这段经历？

孙晋良：工厂的岁月虽然艰苦，却是学习知识、提高能力的好地方。在缝纫机厂的三年半时间里，我学到了很多东西。这对我以后搞研究工作很有帮助，也带来了很大的启发——每个人因为自身条件和经历的不同，处理和解决问题的方法、能力会有差异，但一定要脚踏实地地去学习、去探索，包括学习基础知识、学习他人的经验，在实践中增强本领，在磨炼中提升自己。

我现在还不时回顾自己的这段经历，有一个深切体会：一个人的成长，除了要有事业心、进取心、创造心，还一定要"不忘初心、牢记使命"。现在有些年轻人可能有点急功近利、好高骛远，我很希望他们能在基层沉淀一下，有机遇就抓住，没有就储备知识、提升能力。

**跟在别人后面走没有出路，强大国防只能靠自力更生、艰苦创业**

解放周末：您是什么时候开始接触碳/碳复合材料的？

孙晋良：1974年，我被调到上海市纺织科学研究院，专门做特种纤维。第二年，领导安排我主持一项国家重大国防工程——研制防热耐烧碳/碳复合材料。

碳/碳复合材料具有密度低、强度高、模量大、耐烧蚀、抗热震等特点，在高温状态下具有优良的强度保持率，是较为理想的高温结构材料之一，是用于固体火箭发动机喷管的关键材料。

研究院接到任务后商量了半天,决定让我担任这个项目的负责人。当时的我,还不到30岁,从心里来说是不太敢接受任命的。包括我在内,项目总共配备了8个人。其中,两个本科生,两个中专生,两个业余大学学生,还有两个工人。

按照现在的标准来看,我们的水平是"上不了台面的"。但好在都还愿意干事,所以凑在一起成立了项目组。

我虽然是个"新兵",但考虑再三还是接下了任务。记得刚到研究院的时候,一位老技术人员跟我说:"每次干事情,都应该有这么一个信念,就是不要仅仅作为一个成员参加,而应该把自己当作一个组长。碰到一件事该怎么做,自己想一套办法出来,再看看人家是怎么想的、组长是怎么想的。长期这样比对下去,就会提高自己的能力。"

他的这番话对我触动很大。我的理解是,他是在提醒我,不要老是想依靠别人,而应该学会主动思考、换位思考。碰到挑战,要有担当意识,要自己想办法,尽可能把事情做好。

解放周末:研制防热耐烧碳/碳复合材料,难点在哪儿?

孙晋良:上世纪70年代,我国碳纤维发展尚处于起步阶段,国外对碳/碳复合材料技术又严格保密,能够借鉴的资料非常有限。你不知道这种材料到底是什么样的东西,只知道要达到很高的性能要求,比如抗烧蚀、抗热震、耐冲刷等等。

于是,我们想方设法从织物入手提取关键纤维原材料,合成了制备碳/碳复合材料的专用树脂,进而逐步攻克材料的致密、材料开裂等技术难关。

我们经历了无数次大大小小的失败和挫折。比如,材料往往做得差不多了,基本成了,一处理它就裂了,全部没用了。我们反反复复,做了数不清多少次的实验,最终成功研制出产品,满足了航天和国防工业的急需。而且,我们的所有材料全部国产化,所有的复合工艺与技术都是自己研究的,所有的装备也是自己设计的。应该说,真正做到了"中国制造"自主可控。

我最骄傲的是,我们研制的材料,从上世纪70年代到现在,交付使用后没有一个出过问题。使用单位的人都说:"用你们的材料,设计加工起来得心应手。"我们还可以实施不同的工艺来满足不同的需求。所以可以自豪地说,在质量方面,我们是很过硬的。

解放周末:研究过程中想来有很多不为人知的付出吧?

孙晋良:当时的工作场所温度很高。每天早晨都要外出用"黄鱼车(脚踏三轮车)"把冰块运进来,放到一个大桶里,再用电风扇吹着降温。

有一次,我因为接触到某种材料而引起皮肤过敏,浑身肿痒,脸部严重水肿。医生劝我暂时离开实验室,但正值实验的关键时期,我还是硬挺了过来。

实验过程中,会分解出一些气体。好多人嫌我们"毒",都不愿意到我们这里来。但我们还是坚持做下去,因为关键核心技术跟在别人后面走是没有出路的。要有强大的国防,只能靠自力更生、艰苦创业。

这个过程是痛苦的,也是令人兴奋的。我记得自己第一次观看火箭发动机试车的时间,是1979年12月。当开始倒计数的时候,我紧张得落泪了。按现在心脏情况,肯定受不了。当时烧了好几十秒,我感觉时间怎么那么长。中间有一个火星冒出来,我也跟着跳了起来。时间一到,我赶紧冲到发动机边上,看看还可以;转过身又奔到控制室去,看看推力曲线怎么样,一看曲线正常,悬着的心彻底落下来了。

后来,我就有意识地分批安排项目组成员去看试车情况,一个是让他们感受下现场的氛围,另一个就是要他们重视质量。试验条件越是苛刻,质量越是要过硬。

**在大型科研攻关领域,单打独斗或许能行一时,但绝对不可能行千里**

解放周末:您所在的上海大学复合材料研究中心是一个怎样的团队?

孙晋良:我的母校上海科学技术大学是上海大学的前身之一。2000年,当时的上海大学校长钱伟长找我谈了三次话,希望我回母校工作,以加强上大在非金属材料领域的研究力量。在各方的推动下,我们碳/碳复合材料项目组整建制调入上大,成立了复合材料研究中心。

2001年,我们中心自主研发的碳/碳复合材料及纤维增强骨架材料科研生产线建成并投入使用。该线采用国际上先进的计算机数字控制技术,有效提高了相关配套科研生产能力,使学校成为我国同时具备纤维增强骨架材料和碳/碳复合材料科研生产能力的重要基地。

目前,我们已经形成一支由50余人组成的研究团队,涉及化学、化工、材料、机械、电气等多个专业。团队里,每个人都有自己的职责。我总体负责,一部分人员负责工艺,一部分人员负责设备,每项工作都很重要。

40多年来,我们团队一直坚持谨慎的工作态度和严格的管理流程,没有一次因材料问题影响发射试验,材料质量方面一直口碑极佳,获得使用单位的一致好评。

特别是,我们的"碳/碳复合材料工艺技术装备及应用"项目,从原材料、设备、控制系统、产品到研发人员,全部国产化。这项真正的"中国制造",荣获了国家科技进步二等奖。

我们还先后获得"上海市劳模集体""全国教育系统先进集体"等称号,拿下了"国家发明奖"等荣誉。今年国庆之前,团队喜获两枚"庆祝中华人民共和国成立70周年"纪念章,更加令人鼓舞。

解放周末:这个团队可以说倾注了您的全部心血。

孙晋良:是的,我们这个团队像一家人一样,有战斗力,有凝聚力。在大型科研攻关领域,单打独斗或许能行一时,但绝对不可能行千里。

一个科研团队,不仅要各个学科背景交叉,而且要做到分工有序、高度融合,一定要有一个好的领头人。这个领头人要有奉献精神,要跟大家能够相处得来。

这些年来,我们一直主要从事复合材料和产业用纺织材料的研究开发工作,先后承担了多项国家和部委下达的科研任务,很多研究成果配套应用于多种固体火箭发动机等,包括为神舟八号、九号、十号、十一号与天宫一号、二号对接提供了配套材料。

去年5月,我国首枚民营自研商用亚轨道火箭"重庆两江之星"成功发射。在固体火箭发动机中,喷管喉部的烧蚀状态最为恶劣,温度至少有3 000摄氏度。因此,必须研制耐高温、耐烧蚀、耐冲刷的复合材料。我们研制的喉衬材料,达到了各项技术要求,质量过硬,保障了"重庆两江之星"成功发射。

解放周末:面对日益激烈的国际竞争,在新材料等关键核心技术领域,您觉得还可以怎样进一步发力?

孙晋良：仅就新材料而言，我们尚未达到全面先进的发达状态。但在国际高科技的竞争中，不少方面能够独树一帜，并日益受到国际同行的重视。

这是我们再出发、再进步的基石所在。

上世纪70年代以来，我们的团队一直在研究碳/碳复合材料。随着技术的进步，它的内涵已经发生了很大改变，性能也提高了不少，但不变的是团队成员对它的痴迷和执着。近年来，我们的研究派生出了很多新材料，包括碳/碳—金属复合材料、碳/碳—陶瓷复合材料等。随着研究的一步步深入，研究空间正在不断扩大，未来大有可为。

解放周末：在培养青年人成长成才上，您觉得我们还可以做些什么？

孙晋良：我国科技事业的发展，需要一代又一代人持续奋斗。在我们团队中，老一辈总是默默地在后面推上一把，让年轻人冲在第一线，把机会和名利更多地留给年轻人，创造让年轻人快速成长的环境。

例如，工艺方面原来是任慕苏老师负责，现在就更多地交由年轻人来担当。老是我们冲在前面，年轻人就很难得到足够的锻炼。我们的目标就是把年轻人推上去，这样才能真正有利于他们的成长。

就年轻人的自我成长而言，我希望他们可以做到以下几点：

一要打好基础，重视掌握扎实的基础理论知识；

二要有抱负、有理想，能够有意识地为祖国、为中华民族伟大复兴做出自己的努力；

三要热爱自己的专业、热爱自己所从事的工作，不要见异思迁；

四要有团队精神，要互相合作、取长补短；

五要明白学无止境的道理，不断充实和扩大自己的知识面，重视学科交叉；

六要有良好的学风道德，不要走歪门邪道，这是做人的基本准则。

[记者手记]

越跑越快，越跑越欢在科研的这条攻坚路上，"上大人"上天入海、自强不息。孙晋良院士就是其中的一位代表。

"孙院士像一匹骏马，越跑越快，越跑越欢，获得的成果也越来越多"，这是外人的评价。"人品好，技术过硬，能以身作则"，这是团队成员对他的赞誉。

1979年，20多岁的任慕苏在上海市纺织科学研究院工作。当时，很多部门都要她去，可她就认定了一条路——跟着孙晋良搞科研，原因是"孙老师人品好，待人真诚"。这一跟，就跟到了现在。

在年轻教师的眼中，孙老师淡泊名利、热爱科研，有舍小我而顾大家的人格魅力。作为学术带头人，他甘为人梯，把机会和名利更多地留给年轻人；他鼓励青年教师积极申请与承担科研项目，以提高他们的战略眼光和提炼重大科技问题的能力。

工作中，孙晋良总是鼓励大胆创新。他说：人家做过的、做得很成熟的，坚决不做，要做就做自己的东西。

一次，有位学生设计实验方案时，直接搬来国外研究者加氢气的做法。孙晋良当即提醒学生不要迷信西方，更不要偷懒，而应该努力找出一条更加安全、高效的路径。最后，学生经过认真观察和推理，从实验反应分解过程中捕捉到了可以利用的微量氢气。

孙晋良还十分重视高新技术成果的转化。在沪苏浙等地的多家单位、企业里，都能看到他带领团队成员进行实地调研与联合攻关的身影。

精益求精的背后,孙晋良却一度饱受颈椎病的折磨。医生建议他及早进行颈椎手术,但他舍不得"浪费时间",只是采用物理方法,一边工作一边保守治疗。

随着颈椎病日益压迫神经,他不得不进行手术。可就在手术前几天,他还戴着厚重的颈托,认真听取研究生的作业汇报。手术后不久,他就回到了工作岗位。

面对荣誉,孙晋良总是说:成绩是大家的,是团队的功劳。在他的带领下,项目组成员再攀科技高峰、再创"中国制造"辉煌的干劲更足、斗志更旺。(夏斌)

《解放日报》2019 年 11 月 22 日

## 上大文学院举办"课程思政"教师培训及教学研讨会

继 2014 年上海大学首开"大国方略"课程,2017 年获评上海高校课程思政整体校,2019 年获评上海高校课程思政领航校,点上开花已成院系面上结果。

11 月 27 日上午,上海大学文学院在 206 会议室举办"课程思政"教师培训及教学研讨会,上海大学教务处副处长顾晓英,文学院党委书记吴仲钢,中文系、历史系 30 名教师参加了研讨会。研讨会由文学院副院长倪兰主持。

文学院党委书记吴仲钢首先在讲话中指出,广大教师应成为一名党和人民满意的好教师。

在播放了文学院 5 门在线精品课程的宣传片后,倪兰副院长介绍了此次研讨会召开的政策背景,这是在深化高校课程思政教育教学改革的要求下,上海高校开展了课程思政领航计划的组织与实施,落实立德树人根本任务,充分发挥课堂教学主渠道作用。倪兰副院长对将要开展的"双万计划"申报、国家精品在线开放课程认定工作、国家级一流本科课程认定工作进行了动员,期待更多教师参与到教学研讨中来,共同交流探讨教学过程中遇到的问题和困惑,进一步做好人才培养这项重要工作。

目前文学院已建设课程思政示范课程 2 门、课程思政教学案例 8 则、在线课程 5 门等,作为领航学院,文学院还积极申报领航团队和 16 门领航课程。一批文史大家领衔和青年新锐主动参与。

文学院课程思政专业课程"鲁迅精读"主讲人、中文系孙晓忠教授做了主题为"悠然见南山:回归文道合一的时代"的主旨发言,介绍了自己在课程设计、内容安排等方面如何将课程思政与教学更好地结合在一起,说明了思政和专业授课其实是一个统一而非机械的结合,关键还是在于选取恰当的切入点,比如鲁迅这一代知识分子弃医从文的时代选择是为了民族的急迫需要,结合上海大学钱伟长校长年轻时的求学经历,进一步说明,弃医从文不能抽象地理解为"文"比"理工"好,而是如钱伟长所说"国家的需要就是我的专业",教育和引导学生将专业和国家需要联系起来。教师要努力用热心和热情吸引学生,用灵活投入的教学方式使思政教育生动自然、水到渠成。

文学院课程思政专业课程"中共党史专题研究"主讲人、历史系陈德军副教授的主旨发言主题为"用真实的历史驱散思想的迷雾:以抗日战争的讲授为例",介绍了自己在课程思政讲授内容与方式设计上的三点感悟:以心动心、化整为零、有的放矢。陈老师以1942 年 11 月蒋介石日记、徐永昌日记(1938—1940 节选)、"中共党史专题研究"课程目录的设计、抗日战争与1949年中共革命的胜利等知识点的讲解为具体案例,分享了自己将专业教学与思政相融合过程中的思考和做法,将专业研究与课程思政互补,收获了不少心得和感悟。

上海高校思政课名师工作室"顾晓英工作室"主持人、上海大学教务处副处顾晓英对课程思政、领航计划的政策进行解读,强调了"双万课程"的申报需要关注的几大要点。她结合"大国方略"系列课程团队改革创新历程,分享了"项链模式"和课程思政"金课"建设的实践与思考,以及上大入选上海高校课程思政整体校和领航校经验。她围绕课程思政内涵、定位、与思政课程的关系以及与学科课程的对接等方面,就广大老师们最关心的"课程思政的理念与设计""课程思政的教学实施"做了交流。她还从课程设计到内容策划、从课程目标设定到教学方法与考评、从丰富的教研成果产出到教学质量的整体提升的立体化管理育人思路等方面作了指导。

她指出,做好课程思政关键在教师。专业课教师应具备理论、历史、现实和国际视野,挖掘思政内涵,重视反馈机制和教学效果等。她希望文学院能发挥领航学院作用,选择突破点、竖好标杆团队、建好品牌课,将重大课题的学术内蕴和价值引导深植人才培养课程建设,进一步提升人才培养质量。

交流研讨环节中,中文系教授尹楚兵表示参加此次研讨会收获颇丰,以前或多或少对课程思政存在一定不解,经过此番交流和研讨大大转变了观念。

中文系教授谭旭东分享了多年以来在教学过程中的心得体会,青年教师们也提出了自己的思考和想法。

顾晓英副处长一一回应了老师们提出的问题,解答了老师们在课程设计、课程申报过程中遇到的困惑。大家纷纷表示,通过研讨交流更深入地理解了专业课程与思政教育并非两张皮,其实是可以通过教学设计、学生反馈、作业考试的布置等多种方式,结合多媒体的教学渠道,找到专业教学与思政元素的植入点,从"以情感人"到"思想激发",通过有效渗透更好地展示学生的获得感,进一步呈现更好的教育教学效果。

通过此次教学培训和研讨活动,文学院的教师纷纷表示将以更加饱满的热情投入到教育教学活动中,未来文学院也将更加积极地发挥科研反哺教学的作用,让教师和学生在教学相长的良性互动中共同成长。(殷晓)

"中国新闻网"2019年11月29日

**上海大学与新疆喀什大学探索"互联网+课程"新模式**

"当今中国最鲜明的时代主题,就是实现'两个一百年'奋斗目标,实现中华民族伟大复兴的中国梦。中国乃至世界的发展史离不开土木工程之发展……"日前,在上海大学宝山校区土木系四层的教室,上海大学原副校长、土木工程系教授叶志明在为台下的同学讲授选修课"中华复兴与土木工程"的第一堂课"从世界遗产名录看中国土木工程之辉煌"。

与普通课程不同的是,在这间教室后方架设的一台摄像机,正在把课程现场的图像传输到远在五千公里之外的新疆喀什大学,那里的学生正在通过大屏幕与上海大学的同学一道聆听叶志明的精彩课程。叶志明告诉记者,课程总共有32课时,其中有10节为两校共享,分别由上海大学的10位正教授担纲,课程级别之高十分少见,这对于喀什大学学生来说是非常难得的学习机会。去年10月,叶志明作为上海高校专家组成员赴新疆喀什大学开展本科教学审核预评估工作,当地师资队伍的紧缺以及学生对优质教学资源的渴望令他难以忘怀。

回到上海后,叶志明开始与喀什大学土木工程学院院长、来自上海应用技术大学的援疆教师米红林进行对接和沟通协调,在上海援疆指挥部、上海大学和喀什大学大力支持下,"中华复兴与土木工程"从今年3月正式开始在两校进行同步共享。经过两个学期的合作,两所大学正在尝试的"互联网+课程"共享课堂的教学模式愈加成熟。

对于这门特殊的课程,新疆的学子们反响热烈。喀什大学土木工程专业玉苏普·尤努斯同学说:"叶教授给我们授课,让我远在边疆的学生也能听到对于土木工程的见解,我收获很多。我应该改变自己以前对土木工程的浅显认知,更加深层次地去考虑应该怎样去学习土木工程,非常感谢上海大学的教授给我们上课。"

作为课程在新疆落地的主要负责人,米红林对"共享课堂"有着更加深刻的感触:"通过互联网,将上海后方优质的教育资源第一时间与西部边远地区的学子共享,使学生们能够及时获取最新的学科前沿知识。尽管课程主题是土木工程,但是内容图文并茂,语音、视频贯穿于课堂中,因此选课学生不仅有土木专业的,还有艺术、体育、经管等专业的学生,学生们反映效果非常好。"明年1月份,米红林的三年援疆支教工作即将结束,但他打算将该门课程的教学大纲、教案、授课计划等全部资料留给他在喀什大学带教的青年教师,让这门课程还会继续开设下去。

据悉,上海大学与喀什大学"互联网+课程"的成功开办,不仅实现跨越空间的远程教学,还将上海的课程思政内容引入到了工科课程中,使上海教育改革的最新探索实践与成果引入边疆高校,为我国边远地区与教育资源发达省份及相关高校的信息技术与教育教学深度融合提供了成功经验和可借鉴的案例。(任鹏)

"光明日报客户端"2019年12月1日

## 开放、创新、包容!李强为上海大学师生作形势报告,详释上海城市品格

市委书记李强今天下午来到上海大学,结合学习贯彻党的十九届四中全会精神和习近平总书记考察上海重要讲话精神,围绕弘扬和践行开放、创新、包容的上海城市品格这一主题,为上海大学师生代表作形势报告,并就上海大学改革发展开展调研。李强说,大学与城市的发展繁荣息息相关,城市孕育了大学,大学滋养着城市。上海大学要以习近平新时代中国特色社会主义思想为指导,始终坚持党的全面领导,坚定正确办学方向,努力在集聚培养人才、助力科技创新、完善大学治理体系上有更大作为,在世界大学行列中书写鲜明印记,在践行上海城市品格中彰显上大特质。

李强围绕上海城市品格的形成、如何更好传承弘扬上海城市品格、大学以及青年一代如何在传承践行上海城市品格上发挥更大作用,同师生们进行深入交流。他说,一座城市有一座城市的品格,习近平总书记在首届中国国际进口博览会开幕式上作主旨演讲时指出,开放、创新、包容已成为上海最鲜明的品格。上海所取得的发展进步,就是靠主动拥抱开放,以开放倒逼改革;始终致力创新,以创新追求卓越;注重吸纳包容,以包容聚

合力量。上海城市品格从萌发到生长,从锤炼到铸就,已渗透进上海市民的气质,融入了上海市民的血脉。上海城市品格与海纳百川、追求卓越、开明睿智、大气谦和的城市精神一起,是解读上海过去发展的无形密码,也是推动上海未来发展的深层力量。

李强说,进入新时代、踏上新征程,我们要持续彰显和弘扬上海城市品格,努力赢得主动、赢得优势、赢得未来。要以更高水平的开放拓展发展空间,更好集聚和配置全球要素资源,推动商品和要素流动型开放向规则制度型开放转变,从单向开放走向更加全面的双向开放,更好实现高质量发展。要以更大力度的创新构筑竞争优势,加速从跟跑并跑走向并跑领跑。发展突围急需创新突破,创新跨界要求创新协同,创新时代呼唤创业英雄,要敢于颠覆超越,加大关键核心技术攻关力度,推动多学科多领域跨界融合,让更多创业者扎根上海,竞相迸发创造活力。要以更有胸襟的包容营造良好生态,兼容并蓄、博采众长。注重多样性,让上海文化更富魅力,让天下英才近悦远来。要善待新生事物,积极拥抱新技术新应用,尊重宽容新业态新模式,精心培育新行业新产业。要坚持以人为本,立足超大城市的实际,在创造高品质生活上下更大功夫,让城市更有温度。

李强说,上海大学要进一步弘扬践行上海城市品格,以对标国际、比肩先进的雄心壮志,加快向世界一流、特色鲜明的综合性研究型大学的目标迈进。要在集聚培养人才上有更大作为,成为培养各类人才的基地和引进集聚优秀人才的高地。要在助力科技创新上有更大作为,聚焦基础研究和应用基础研究,加快关键核心技术攻关,加强大学科技园建设。要在完善大学治理体系上有更大作为,在加强党对高校的全面领导、深化思想政治理论课改革创新、完善办学治校方式等方面继续探索,让学校治理更加充满活力。

李强说,青年代表着未来,是上海的希望所在,青年人在哪里,活力、潜力和创造力就在哪里。广大青年学子要珍惜青春年华,以爱国的情怀、高远的志向、创新的锐气投身伟大时代,争做上海城市品格的弘扬者、践行者。要始终葆有一颗同祖国和人民共进退的中国心,葆有一颗饮水思源的感恩心,不做看客、不当过客,以青春之我,为国家发展、城市发展多作贡献。要自强不息、矢志奋斗,更加注重各方面能力的培养和锻炼,增强创新意识,练就过硬本领。我们将为大家实现人生精彩创造更大舞台。

随后,李强主持召开调研座谈会,听取上海大学工作汇报。李强指出,上海大学近年来发展态势良好,初步走出了一条具有上海特色的高水平地方高校办学路子,要继续保持定力,朝着既定目标方向走稳走好。要把牢政治方向,坚决贯彻讲政治、把方向的要求,把立德树人这个根本任务落实到学校日常管理运行的各方面、科研教学的全过程,让广大师生进一步增强制度自信、道路认同。要建设一流队伍,以更开放的胸怀集聚高层次人才,以更有效的激励措施激发队伍的创造力,以更严格的管理塑造良好师德师风。要夯实基层基础,把高校基层党组织建设作为基础性工程、凝聚力工程来抓,进一步巩固和拓展"不忘初心、牢记使命"主题教育成果,认真总结经验并形成长效机制,把基层党组织建设得更加坚强有力,为学校发展提供坚强保证。

市领导诸葛宇杰、陈群参加调研。

"上观新闻"2019年12月30日

**开放、创新、包容！李强为上海大学师生代表作形势报告，详释上海城市品格**

市委书记李强昨天下午来到上海大学，结合学习贯彻党的十九届四中全会精神和习近平总书记考察上海重要讲话精神，围绕弘扬和践行开放、创新、包容的上海城市品格这一主题，为上海大学师生代表作形势报告，并就上海大学改革发展开展调研。李强说，大学与城市的发展繁荣息息相关，城市孕育了大学，大学滋养着城市。上海大学要以习近平新时代中国特色社会主义思想为指导，始终坚持党的全面领导，坚定正确办学方向，努力在集聚培养人才、助力科技创新、完善大学治理体系上有更大作为，在世界大学行列中书写鲜明印记，在践行上海城市品格中彰显上大特质。

李强围绕上海城市品格的形成、如何更好传承弘扬上海城市品格、大学以及青年一代如何在传承践行上海城市品格上发挥更大作用，同师生们进行深入交流。他说，一座城市有一座城市的品格，习近平总书记在首届中国国际进口博览会开幕式上作主旨演讲时指出，开放、创新、包容已成为上海最鲜明的品格。上海所取得的发展进步，就是靠主动拥抱开放，以开放倒逼改革；始终致力创新，以创新追求卓越；注重吸纳包容，以包容聚合力量。上海城市品格从萌发到生长，从锤炼到铸就，已渗透进上海市民的气质，融入了上海市民的血脉。上海城市品格与海纳百川、追求卓越、开明睿智、大气谦和的城市精神一起，是解读上海过去发展的无形密码，也是推动上海未来发展的深层力量。

李强说，进入新时代、踏上新征程，我们要持续彰显和弘扬上海城市品格，努力赢得主动、赢得优势、赢得未来。要以更高水平的开放拓展发展空间，更好集聚和配置全球要素资源，推动商品和要素流动型开放向规则制度型开放转变，从单向开放走向更加全面的双向开放，更好实现高质量发展。要以更大力度的创新构筑竞争优势，加速从跟跑并跑走向并跑领跑。发展突围急需创新突破，创新跨界要求创新协同，创新时代呼唤创业英雄，要敢于颠覆超越，加大关键核心技术攻关力度，推动多学科多领域跨界融合，让更多创业者扎根上海，竞相迸发创造活力。要以更有胸襟的包容营造良好生态，兼容并蓄、博采众长。注重多样性，让上海文化更富魅力，让天下英才近悦远来。要善待新生事物，积极拥抱新技术新应用，尊重宽容新业态新模式，精心培育新行业新产业。要坚持以人为本，立足超大城市的实际，在创造高品质生活上下更大功夫，让城市更有温度。

李强说，上海大学要进一步弘扬践行上海城市品格，以对标国际、比肩先进的雄心壮志，加快向世界一流、特色鲜明的综合性研究型大学的目标迈进。要在集聚培养人才上有更大作为，成为培养各类人才的基地和引进集聚优秀人才的高地。要在助力科技创新上有更大作为，聚焦基础研究和应用基础研究，加快关键核心技术攻关，加强大学科技园建设。要在完善大学治理体系上有更大作为，在加强党对高校的全面领导、深化思想政治理论课改革创新、完善办学治校方式等方面继续探索，让学校治理更加充满活力。

李强说，青年代表着未来，是上海的希望所在，青年人在哪里，活力、潜力和创造力就在哪里。广大青年学子要珍惜青春年华，以爱国的情怀、高远的志向、创新的锐气投身伟大时代，争做上海城市品格的弘扬者、践行者。要始终葆有一颗同祖国和人民共进退的中国心，葆有一颗饮水思源的感恩心，不做看客、不当过客，以青春之我，为国家发展、城市发展多作贡献。要自强不息、矢志奋斗，更加注重各方面能力的培养和锻炼，增强创新意识，练就过硬本领。我们将为大家实现人生精彩创造更大舞台。

随后,李强主持召开调研座谈会,听取上海大学工作汇报。李强指出,上海大学近年来发展态势良好,初步走出了一条具有上海特色的高水平地方高校办学路子,要继续保持定力,朝着既定目标方向走稳走好。要把牢政治方向,坚决贯彻讲政治、把方向的要求,把立德树人这个根本任务落实到学校日常管理运行的各方面、科研教学的全过程,让广大师生进一步增强制度自信、道路认同。要建设一流队伍,以更开放的胸怀集聚高层次人才,以更有效的激励措施激发队伍的创造力,以更严格的管理塑造良好师德师风。要夯实基层基础,把高校基层党组织建设作为基础性工程、凝聚力工程来抓,进一步巩固和拓展"不忘初心、牢记使命"主题教育成果,认真总结经验并形成长效机制,把基层党组织建设得更加坚强有力,为学校发展提供坚强保证。

市领导诸葛宇杰、陈群参加调研。(谈燕)

《解放日报》2019 年 12 月 31 日

# 2020 年

**上海大学新闻传播学院推出 12 门微党课,师生共筑思想"定盘星"**

"把新闻写在祖国的大地上""党性人民性统一视角下的中国特色新闻学内在逻辑""全球视野和中国立场——后真相时代的舆情引导""公益广告中的理想信念与大国情怀""上海进博会的战略意义与责任意识"……12 堂课短小精悍,教学主题全部来自党员教师讨论。

不久前,上海大学新闻传播学院的微党课"中国廉政文化的影像建构",在学生中引发热议:"原来我们现在所学的可以在传播中起到那么大的作用。""看来做新闻,还要学历史、学哲学。"……

上海大学党委把握主题教育主线,注重分类指导,激发基层党组织积极性和主动性。无论是充分与专业融合的微党课、马克思主义新闻观系列讲座,还是激励师生从理论走向实践的基层历练……新闻传播学院师生正共筑这颗思想"定盘星"。

**强化理论学习,校准思想航道**

"学习中许多党员教师感受到,在教学和研究中进一步吃透马克思主义新闻观,在思想上校准夯实,是始终需要为之努力的。"学院党委书记邓江说。

去年 10 月 22 日,由中共上海市委宣传部主办,上海大学新闻传播学院承办"坚持马克思主义新闻观,践行习近平新闻舆论工作重要论述"讲座在上海大学开讲,复旦大学新闻学院院长、人民日报原副总编辑米博华为 6 所共建高校师生讲授马克思主义新闻观。在上海大学新闻传播学院,马克思主义新闻观的学习教育还有很多。特别开设的马克思主义新闻观大讲堂,首讲就邀请郑保卫教授主讲《马克思主义新闻观十二讲》编写背景、思路及其理论框架与知识体系。与此同时,学院引进朱清河、齐爱军等多位马克思主义新闻观领域的专家。

精准对接主线举措,用"定盘星"来校准思想航道,强化理论学习,并贯穿主题教育全过程。"这正是我需要的。"研二学生薛尧云说,听了米博华和多位专家结合热点时事,分析新闻工作面临的挑战和机遇,对马克思主义新闻观有了更深刻的认识。

开展主题教育绝不能做简单的"传话筒",而是要切实增强主题教育吸引力、感染力,让主题教育真正走进师生的心坎上。

学院党支部开出的 12 门微党课,正是其发挥学科专业特色优势,激活基层党支部活力和师生主观能动性而来的新品牌。

"把新闻写在祖国的大地上""党性人民性统一视角下的中国特色新闻学内在逻辑""全球视野和中国立场——后真相时代的舆情引导""公益广告中的理想信念与大国情怀""上海进博会的战略意义与责任意识"……12堂课短小精悍,教学主题全部来自党员教师讨论。

李道芳老师至今记得去年10月16日的第一次支部集体备课。"除了有课的老师外,一共十多位党员教师来了,"她说,每位老师都结合自己的专业方向,热烈讨论着切入点。日常教学"新闻伦理"的她,结合现实提出"有偿不闻的传播伦理透视"的新选题。"微党课时间不长,但是准备起来更有压力,"李老师说,因为要把专业领域的知识与现实热点、主题教育要求结合起来,就必须自己首先对后者学好、消化,才能在教学中获得好的效果,就好像老师和学生一起上一门新课。

**没有"完成时",只有"进行时"**

"一语不能践,万卷徒空虚。"主题教育绝非只是坐而论道,而要突出其实践性。因此,学院党委通过开展暑期新闻采风实践、制定"落实整改"长效机制等形式,来回答好如何通过主题教育增强师生的脚力、眼力、脑力、笔力,进而真正做到"守正创新"这一根本性问题。

2019年暑期,浙江德清县的街道、乡镇都留下了学子们的足迹,近80位同学分为25个小组,带着40余个新闻选题连续5天奔波,最终形成《知·县2019》系列融媒体新闻作品在人民网、新华网、看看新闻刊播,累计获得近200万的点击量。

"70年70人,与上大共成长"主题采访活动也在上海大学持续开展,在开展专业实践的同时,讲好新老两代"上大人"的故事。研二学生李立阳是活动的参与者之一。他和伙伴们的采访对象包括了"南京路上好八连"政治工作部副主任郑宏、上海市大学生年度人物肖宇龙等这些在各自领域上的佼佼者让学生们感受到,作为新时代背景下的大学生,要拥有"艰苦奋斗"的精神,不忘初心。

主题教育没有"完成时",只有"进行时"。上海大学党委书记成旦红表示,学校现有党员10 022名,支部573个,上大党委将团结带领全校党员、干部、教师、学生学思用贯通,知信行统一,为党育人、为国育才。

"上观新闻"2020年1月9日

**上海大学:赓续红色基因 迈向卓越一流**

不忘初心,方得始终。上海大学坚决贯彻落实党中央部署要求,在"不忘初心、牢记使命"主题教育中,深入学习贯彻习近平新时代中国特色社会主义思想,紧扣立德树人根本任务,不断推动主题教育往深里走、往心里走、往实里走,引导全校教师在为党育人、为国育才的崇高事业中守初心、担使命。

**突出政治建设,坚定社会主义办学方向**

作为中国共产党创办高等教育的红色一脉,在多年来的办学实践中,党的初心使命早已融入上大人的血液,化为赓续不断的红色基因。主题教育中,上海大学旗帜鲜明加强党的政治建设,牢牢把握社会主义办学方向。

坚定政治信仰。把学习贯彻习近平新时代中国特色社会主义思想作为首要政治任务,推动学习教育常态化制度化。创新学习形式,丰富教育载体,开讲"伟大工程"系列示范党课和电影党课,建设"红色学府"溯园、校史馆,成立上海红色文化研究院,打造全国红色文化战略联盟,讲好党的故事、革命故事、英烈故事,让党员师生在学习党史、新中国史、改革开放史中强化理想信念和使命担当。

加强政治领导。认真落实党委领导下的校长负责制,坚持党管办学方向、管改革发展、管干部、管人才,推动管党治党与办学治校全面融合。规范二级单位党委会和党政联席会议制度,发挥院系党组织在把握政治方向、凝聚师生力量和抓党风强师风育学风等方面的战斗堡垒作用。

涵养政治生态。严明党的政治纪律和政治规矩,把"两个维护"作为最根本的政治纪律和政治规矩,推动党员、干部忠诚干净担当。发布激励干部新时代担当作为的实施办法,建立容错免责机制,鼓励党员、干部发扬斗争精神,勇于担当作为。

**突出立德树人,把握人才培养中心环节**

习近平总书记强调,要坚持把立德树人作为中心环节,把思想政治工作贯穿教育教学全过程,实现全程育人、全方位育人,努力开创我国高等教育事业发展新局面。上海大学始终把思政教育工作贯穿人才培养全过程,在主题教育中,全力构建"三全育人"工作格局。

坚持马克思主义指导地位。把习近平新时代中国特色社会主义思想作为马克思主义理论专业科学研究的核心主题,运用哲学社会科学优势建设一流马克思主义理论学科。

用好课堂教学主渠道。深度挖掘各类课程的思政教育资源,构筑起以思政必修课为核心、"中国系列"思政选修课为骨干、综合素养课为支撑、专业课为辐射的同心圆。

秉持"学生培养更重要在课外"的育人理念。打造"一站式"学生社区,实现党建引领、管理协同、队伍进驻、服务下沉、文化浸润和自我治理。注重第二课堂建设,支持学生参加社会实践活动,让学生在亲身参与中了解社会、认识国情,坚定对马克思主义的信仰、对中国特色社会主义的信念。

探索全合力育人。推行本科生全程导师制,把德育能力作为教师培训的重点,引导教师将教书与育人有机统一,精准指导学生的专业学习、学术科研、创新创业等方面,将思想价值引领贯穿始终。

**突出服务社会,聚焦国家重大发展战略**

习近平总书记在考察上海张江科学城时强调,在实现中华民族伟大复兴的关键时刻,要增强科技创新的紧迫感和使命感,把科技创新摆到更加重要位置,踢好"临门一脚",让科技创新在实施创新驱动发展战略、加快新旧动能转换中发挥重大作用。上海大学坚持面向国际学术前沿、面向国家战略需求、面向区域经济社会发展。

致力于攻关硬核科技,建立人工智能研究院、微电子学院,组建跨学科团队,加快核心技术研发。服务国防安全,开发碳基喉衬材料,应用于航空、航天、军工。服务海洋强国战略,继"精海"无人艇广泛用于南海巡航、东海勘测、南极科考等领域后,推出水面智能平台。服务生态文明战略,应用石墨烯技术于河道生态修复和大气污染治理。服务"一带一路"建设,全球问题研究院、上合组织研究院推出研究成果,贡献上大智慧。服务上海"五个中心""三大任务、一大平台"建设,成立长三角一体化研究院、临港研究院;依托艺术学科,推进环上大国际影视产业园区建设和吴淞文化创意产业发展;聚焦特大城市社会治理,提供高水平的决策咨询报告。

**彰显上海品格,加快推进"双一流"建设**

上海作为中国改革开放排头兵、创新发展先行者,正阔步迈上建设卓越全球城市的新征程。上海大学必须与上海的国际地位相适应,为教育报国、科技强国贡献智慧和力量。

面对新时代新使命,上海大学在主题教育中进一步对标中央关于"双一流"建设的决策部署,结合上海市高水平地方高校试点建设中期评估意见,认真查找短板和不足,科学谋划"十四五"规划,积极探索地方高校建设世界一流大学的路径。

当前,上海大学要赓续上海红色基因,发扬上大优良传统。一方面,要加强党的全面领导,在改进党建思政工作、完善办学治校方式等方面继续探索,让学校治理更加充满活力,办学更加开放、创新、包容。另一方面,要走开放融合的办学之路,倡导自强不息、敢为天下先的精神,高举改革创新旗帜,树立"先天下之忧而忧,后天下之乐而乐"的价值取向,以建设上海、服务国家、振兴民族为己任,培养能肩负起振兴中华重任的全面发展型人才。

"不忘初心、牢记使命"是加强党的建设的永恒课题。站在新的历史起点上,上海大学将把习近平新时代中国特色社会主义思想作为推动工作、解决问题的"金钥匙",主动担当起成为地方高水平大学建设的排头兵和先行者的历史责任,为实现中华民族伟大复兴的中国梦作出更大贡献。(成旦红)

《光明日报》2020年1月13日

**知信行统一,走出守正创新路——上海大学新闻传播学院推出 12 门微党课,师生共筑思想"定盘星"**

不久前,上海大学新闻传播学院的微党课"中国廉政文化的影像建构"在学生中引发热议:"原来我们现在所学的可以在传播中起到那么大的作用""看来做新闻,还要学历史、学哲学"……

上海大学党委把握主题教育主线,注重分类指导,激发基层党组织积极性和主动性。无论是充分与专业融合的微党课、马克思主义新闻观系列讲座,还是激励师生从理论走向实践的基层历练……新闻传播学院师生正共筑这颗思想"定盘星"。

**强化理论学习,校准思想航道**

"学习中许多党员教师感受到,在教学和研究中进一步吃透马克思主义新闻观,在思想上校准夯实,是始终需要为之努力的。"学院党委书记邓江说。

去年10月22日,由中共上海市委宣传部主办,上海大学新闻传播学院承办"坚持马克思主义新闻观,践行习近平新闻舆论工作重要论述"讲座在上海大学开讲,复旦大学新闻学院院长、人民日报原副总编辑米博华为6所共建高校师生讲授马克思主义新闻观。在上海大学新闻传播学院,马克思主义新闻观的学习教育还有很多。特别开设的马克思主义新闻观大讲堂,首讲就邀请郑保卫教授主讲《马克思主义新闻观十二讲》编写背景、思路及其理论框架与知识体系。与此同时,学院引进朱清河、齐爱军等多位马克思主义新闻观领域的专家。

精准对接主线举措,用"定盘星"来校准思想航道,强化理论学习,并贯穿主题教育全过程。"这正是我需要的"研二学生薛尧云说,听了米博华和多位专家结合热点时事,分析新闻工作面临的挑战和机遇,对马克思主义新闻观有了更深刻的认识。

**开出微党课,激活基层活力**

开展主题教育绝不能做简单的"传话筒",而是要切实增强主题教育吸引力、感染力,让主题教育真正走进师生的心坎上。

学院党支部开出的12门微党课,正是其发挥学科专业特色优势,激活基层党支部活力和师生主观能动性而来的新品牌。

"把新闻写在祖国的大地上""党性人民性统一视角下的中国特色新闻学内在逻辑""全球视野和中国立场——后真相时代的舆情引导""公益广告中的理想信念与大国情怀""上海进博会的战略意义与责任意识"……12堂课短小精悍,教学主题全部来自党员教师讨论。

李道芳老师至今记得去年10月16日的第一次支部集体备课。"除了有课的老师外,一共十多位党员教师来了,"她说,每位老师都结合自己的专业方向,热烈讨论着切入点。日常教学"新闻伦理"的她,结合现实提出"有偿不闻的传播伦理透视"的新选题。"微党课时间不长,但是准备起来更有压力,"李老师说,因为要把专业领域的知识与现实热点、主题教育要求结合起来,就必须自己要消化,才能在教学中获得好的效果。就好像老师和学生一起上一门新课。

**没有"完成时",只有"进行时"**

"一语不能践,万卷徒空虚。"主题教育绝非只是坐而论道,而要突出其实践性。因此,学院党委通过开展暑期新闻采风实践、制定"落实整改"长效机制等形式,来回答好如何通过主题教育增强师生的脚力、眼力、脑力、笔力,进而真正做到"守正创新"这一根本性问题。

2019年暑期,浙江德清县的街道、乡镇都留下了学子们的足迹,近80位同学分为25个小组,带着40余个新闻选题连续5天奔波,最终形成《知·县2019》系列融媒体新闻作品在人民网、新华网、看看新闻刊播,累计获得近200万的点击量。

"70年70人,与上大共成长"主题采访活动也在上海大学持续开展,在开展专业实践的同时,讲好新老两代"上大人"的故事。研二学生李立阳是活动的参与者之一。他和伙伴们的采访对象包括"南京路上好八连"、上海市大学生年度人物肖宇龙等这些在各自领域上的佼佼者让学生们感受到,作为新时代背景下的大学生,要拥有"艰苦奋斗"的精神,不忘初心。

主题教育没有"完成时",只有"进行时"。上海大学党委书记成旦红表示,学校现有党员10 022名,支部573个,上大党委将团结带领全校党员、干部、教师、学生学思用贯通,知信行统一,为党育人、为国育才。(彭德倩 吴孟熹)

《解放日报》2020年1月14日

**上大组织 2020 年度首次"课程思政"教师在线培训活动**

抗疫期间,如何推进上海市课程思政领航校学校工作?如何提升疫情下全校教师的线上教书育人能力?上海大学停课不停教师培训,首场在线培训主题聚焦"课程思政",共话教书育人。

2020 年 2 月 20 日晚 8 点,2018 年国家精品在线开放课程、上海大学专业课程课程思政荣誉示范课程——"土木工程概论"负责人叶志明教授担纲主讲的"课程·教书·育人"线上直播报告成功举办。这也是 2020 年度作为上海市课程思政领航学校和整体校的上海大学组织"疫时"首场"课程思政"主题教师在线业务培训。

叶志明教授是上海大学教授,中国高等教育学会大学教学研究分会副理事长。他曾主持两届国家级教学成果奖,主持国家级教学团队,国家精品教材,获评国家级精品课程及 2018 年国家精品在线开放课程。叶教授的报告从习总书记讲话和教育部的近期文件入手,指出课程思政建设应该响应"同向同行,形成协同效应"。通过对"课程思政"和"思政课程"的概念辨析,为老师们拓宽了对课程思政的理解。叶教授结合亲历参与的上海大学大国方略系列课程建设、校专业课课程思政荣誉示范课程——国家级精品课程"土木工程概论"及相关教材的建设过程,也结合了这次抗疫期间学校在线课程的设计与准备,为与会教师提供了可借鉴和参考的经验和建设路径。最后,他以总书记的"守好一段渠,种好责任田"鼓励线上收看直播的所有教师,不忘初心,做一名好教师,做好自己的课程,将教书育人融入日常工作和"疫时"工作的点滴中。

上海大学理学院、文学院等 7 个领航学院,13 个领航团队及各领航课程负责人,历届上大课程思政试点课程、示范课程负责人、院系课程思政联络员等按时扫码收看。直播结束,理学院、文学院、经济学院、管理学院、法学院、国教学院、悉商学院、土木工程系、外语学院等的老师们纷纷在当晚第一时间发来收看反馈。

本次活动由"人民网"平台直播,吸引了近 2 000 名全国高校教师"粉丝"宅家在线收看。

领航学院理学院教学院长余长君教授课后 20 分钟即发来整理好的该院数学系 110 多名教师的观后反馈。

管理学院学工负责人、第一批上海大学课程思政示范课程负责人马亮老师:疫情防控关键时刻,感谢学校精心安排的课程思政讲座。报告人叶老师的倾情分享,娓娓道来,让我们感受到了课程思政的温度,这是对高等教育事业无限热忱的大爱之道,让我们深刻体会到处处留心皆思政,善做善成皆文章。叶老师从上大土木工程专业的创业故事,讲到土木工程的中国故事,从与学生平等互动的感人细节,到刻苦钻研的学术情怀,我觉得这场讲座本身就是一次高质量的课程思政示范课。做好课程思政,不仅是对高校的具体要求,更是每位教师的使命与担当所在,当专业与思政融为一体的时候,这样的知识才散发出灿烂真理和价值的光芒,照亮师生们前行的路。

专业课课程思政示范课程(培育)项目负责人法学院颜士鹏老师:全程看了直播,叶校长对课程思政的讲解再次提高了我对课程思政的理解,"把教的创造性留给老师,把学的主动性还给学生,"日后的课程建设还需要不断的实践探索去消化叶校长的这一教学理念。

专业课课程思政示范课程(培育)外语学院王骞老师:我个人体会最深的是叶教授的

课程思政真正做到了"春风化雨,润物无声",这也是我们所有进行课程思政建设的老师最关注的问题。叶教授说教书育人到位了,就一定能做好课程思政。他的确做到了——教学、科研和生活中的一言一行都给学生起到了引领示范作用。比如和本科生一起探究梯子的力学问题,体现了平等尊重,激发了学生的求知欲。又如厚厚四大本,解一万多道题的高数笔记给学生生动地诠释了"严谨踏实,刻苦学习",同时也深深震撼了我。再如跨越5 000公里使新疆喀什大学的学生也能分享最好的师资和课程,体现了一个教育工作者的关爱助人情怀。还有很多很多……叶教授的直播就是一位长者娓娓道来,讲述自己教书育人的历程,入耳入心!期待更多精彩讲座!

专业课课程思政示范课程(培育)材料学院谢建军老师:听了叶校长的讲座,醍醐灌顶,获益良多。专业课课程思政教育无处不在,但并不需要硬贴标签。(许婧)

"中国新闻网"2020年2月21日

## 共饮一江水——从上海到武汉的共同战"疫"

二〇二〇中国抗疫(中国画)　冯　远

1月25日,大年初一午夜00:01,载着136名上海首批医疗队人员和4名随行记者的MU5000航班从上海虹桥机场起飞,飞机于1点26分安全抵达武汉天河机场。该航班是民航首批执行驰援武汉任务的包机航班。截至2月16日,东航共执行70班支援湖北包机任务,运送7 672名医护人员,从越南、新加坡、印尼等地共接339名湖北籍同胞回家,并通过全货机和客机腹舱从全球及全国各地累计抢运医用口罩、护目镜、防护服在内的疫情应急物资2 223吨。

东航包机驰援武汉(水彩)　王冠英

城乡社区是疫情防控的前沿阵地、关键环节。疫情就是召集令,分布在全国各城乡社区的党员迅速集结,主动请缨加入社区防控工作,并成为疫情防控的"主力军"、群众依靠的"主心骨"。一大早,上海市静安区江宁路街道社区干部陈燕与韦炳臻带着两张工作表格,检查了 88 个门岗,调试了 18 扇电子门禁,检查、步行一共花了 7 个小时,检查完所有门岗防控的落实情况。他们通知居民要"宅",可自己却日行两万步。在全国,无数这样的社区干部穿梭在街巷中,在疫情防控的一线,他们用双脚织就一张社区防控安全网。

新型肺炎疫情防控非常时期,市场防护用具紧缺,医用口罩、隔离服、输液瓶、注射器等产品的制造原料,大多为聚丙烯医用料。作为医用原料的上游生产企业,上海石化公司优先安排医用牌号聚丙烯生产,为下游企业提供原料保障,顺利完成 6 600 吨聚丙烯医用料生产任务。

疫情暴发后,上海口罩生产厂迅速组织复工复产,有多位志愿者投入到生产流水线,为缓解短缺物资供应作贡献。

2 月 1 日 6 点 47 分,从上海虹桥火车站始发、经停武汉、终到长沙南的 G1772/3 次旅客列车缓缓驶出站台。因为疫情,这趟原本由武汉局集团担当的高铁动车,改由上海局集团上海机务段担当。报名倡议发出后,先后有 136 名高铁司机报名。由高铁司机、随车机械师、乘警、列车员、华铁旅服服务人员组成的高铁乘务党支部,在疫情防控一线发挥着党组织的战斗堡垒作用。

汉沪两地,一水相连。今春疫情,牵动亿万同胞之心。同饮长江之水,自必息息相通。共饮一江水,同心战疫情,上海人民与武汉人民情同手足、患难与共,全国人民心向武汉,表现出深厚的同胞情谊。

"党员到社区报到"之一（油画）　曹　炜

"党员到社区报到"之二（中国画）　毛冬华

上海石化加紧生产 6 600 吨聚丙烯医用料(油画)　徐　亮

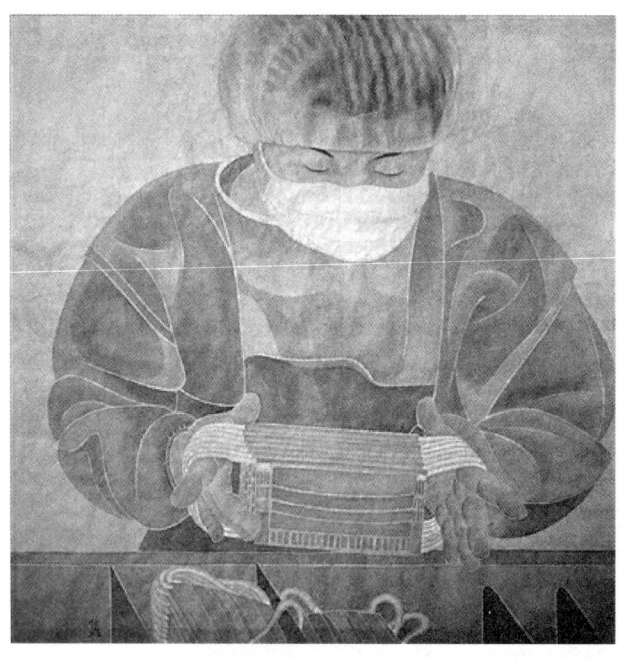

义工(中国画)　周　隽

**高铁司机增援武汉局(油画) 潘文艳**

自庚子初春以来,陆续出现了全民抗疫中生动感人的"上海事迹",可谓跌宕之间,深情毕现。

除夕之夜,上海136名医护人员组成的医疗队登上紧急驰援武汉之路。时间紧迫!19时40分,东航接到任务,半小时内紧急协调一架波音737-800飞机和机组。1月25日00:01,伴随着鼠年的第一声钟声,航班飞往武汉。

第一批,第二批,第三批……在这个特殊的春节,许许多多医护人员放弃小家团圆,义无反顾冲上前线。"我们在一起,等花开疫散。"上海市第六人民医院的50个行李箱上,都贴着这句温情暖暖的话。这是期待,也是祝福。

报名增援武汉局,上海局高铁司机争先恐后,他们说:"这是久违的热血的感觉。"社区工作者用脚步丈量辖区内的每一片区域,事无巨细,夜以继日,当好居民安全的"守门人"。上海杨浦区长白新村街道居委会干部,为湖北返沪隔离的居民送菜、倒垃圾,用爱心行动,消除了一些居民"与世隔绝"的距离感,让大家感受到上海的温暖。

复工复产,生产一线也是战"疫"前线。在社会各界的支持下,口罩、防护服等生产企业率先吹响复工集结号,以24小时不间断的节奏与时间赛跑,将紧缺的医疗防护物资源源不断地输送到一线。上海石化火热的生产线上,工人们放弃节假日,开足马力投入生产。"上海工匠"陆定良带领的塑料部聚丙烯技师工作室为装置节期生产制定了专门的优化方案,既减少人员接触,又保证生产运行。

集各方合力,支援武汉;尽最大努力,打赢疫情防控阻击战。这些感人事迹,是来自当前各条战线抗击疫情的缩影。为此,上海大学上海美术学院在今春开展了以"同舟共济 共克时艰"为主题的艺术创作行动,捕捉"上海事迹"中的感人画面,师生齐心聚力,用画笔鼓舞士气,向英雄致敬。

冯远院长创作的《二〇二〇中国抗疫》,采取宏阔的时空视角,撷取多组典型抗疫场景组合,描绘并塑造生动的人物群像,寓意众志成城、守望相助,体现"疫情无情、人间有爱、珍重生命"的大爱主题。上海美院诸多师生积极投入此次意义非凡的创作之中,本刊所选为其中一些代表:毛冬华、潘文艳、贺兰山、王冠英、曹炜、李戈晔、周隽、徐亮、李根等师生,积极担当,他们对典型细节、场景道具细致研读,提炼艺术形象,完成心力之作,确保创作中艺术性与思想性深度融合。这次创作对他们而言,也成为一次生动有益的主题性创作实践案例。

上海美院作为上海城市精神的一个载体,秉承经典传承、文化创新、社会服务的学院精神,以艺术之笔践行国家使命,以专业力量担当社会需求。在这场没有硝烟的战役中,艺术家的大爱之心,化为艺术强有力的生动表现。一幅幅精彩的创作,表现出独具民族精神的感召力。

从上海到全国,"共饮一江水"显示着全国一盘棋的合作力量。抗疫每份爱,凝成必胜心。

《光明日报》2020 年 2 月 23 日

### "以学生为中心"——上海大学开启在线教学第一课

"很生动的一堂课,母校师生,加油!""好想去上大看已开的玉兰花。""团结一心、众志成城,战胜疫情,相聚在春暖花开之时。"……3 月 2 日,上海大学的师生们在学校线上教学"关爱健康关爱社会"第一课后纷纷留言。根据统一要求,上海大学推迟了返校时间,并按照"在线先开课,学生不返校"的原则,以线上教学的方式接续冬季学期余下的课程。

分布在全球各地的 5 万名上海大学师生同时在线观看了这第一堂特殊的课程。上海大学党委书记成旦红首先为全校师生在抗"疫"战斗中的奋勇担当点"赞",并向身在湖北的上大师生送上真挚的祝福。成旦红代表学校党委要求各级党组织和负责人要站在政治和全局的高度,警惕麻痹思想、厌战情绪,把疫情防控工作作为当前最重要的工作来抓。全体党员要把投身防控疫情第一线作为践行初心使命、体现责任担当的试金石和磨刀石,不忘初心,牢记使命,充分发挥党组织战斗堡垒作用和党员先锋模范作用。

上海大学校长刘昌胜以"磨难须自强,奋进不停步"为题目,与师生交流了学校疫情防控和线上教育教学开展的情况。刘昌胜希望切实践行上海大学"自强不息,先天下之忧而忧,后天下之乐而乐"的校训精神,在勇担责任、破解国家难题中作贡献、出实绩,把疫情带来的影响降到最低,推动学校跨越式发展再上新台阶。随后,上海大学各个领域的六位专家分别主讲了新冠肺炎防控知识,让师生掌握日常防控的基本方法。专家们还结合各自的学科领域,就加强生命教育、公共安全教育和心理健康教育等,与师生进行探讨交流。

学校在特殊时期的关爱得到了师生们的积极反响。"今天的直播课为我们打了一针强心剂,这是来自学校的声音,学生与学校心相连。'没有一个冬天不可逾越,没有一个春天不会来临',期待疫情结束,我们相聚在美丽的上大校园。"计算机工程与科学学院的刘伊阳说。身在柬埔寨的留学生 TOUCHLYHUOR 是土木工程系 2018 级的本科生,他留言道:"我觉得网课会提高个人的时间管理能力,而且有不清楚的地方也可以反复看,很方便。祝所有人平安,也希望中国很快好起来。我已经很想念上大了。"

环境与化学工程学院教授唐量留言说:"作为高校一线科研人员,我们深知自己对于国家和民族战胜疫情所应当肩负的重要职责。在吴明红教授的带领下,我们充分利用团队在石墨烯科研领域的前沿研究基础,结合医护一线切实所需,积极开展了石墨烯在病毒防控和消杀领域的科研攻关以及成果落地,携手广州健康研究院钟南山院士团队,用先进技术筑起坚实的疫情防控网。"

线上教学实际上是学校教育教学模式改革的一次重要探索,也是落实"以学生为中心"的教学范式转变的新实践。上海大学从网络资源建设、网络课堂建设、教学模式整合、教师培训、学生指导等多方面做好准备,同时加快智慧直播教室的建设,校园网带宽翻倍,为网上教学平台提供硬件支撑。学校在2月20日前已完成在线网络视频培训,编写"上海大学网络教学互动平台使用手册(教师版)和(学生版)"ZOOM平台使用手册等,建立超星平台微信技术服务群,随时解决师生的疑难问题。

为了确保线上教育教学质量,上海大学对线上课程实施三级层层审核制度,确保课程资源符合教学要求。学校还针对线上学习可能遇到的困难制定了专门的工作方案,不让一名学生掉队。在此过程中,上海大学将毕业班同学纳入重点优先考虑的群体,对于学生的毕业设计(论文)、实验、答辩、就业等工作统筹谋划,同时,着力加大对重点疫情地区、隔离阶段未能及时返校,以及家庭困难毕业班同学的帮扶力度,全力做好疫情防控期间毕业班同学工作。(任鹏)

"光明日报"2020年3月3日

**如何线上讲好"抗疫"故事　上海大学课程思政在行动**

云课堂上如何讲思政?编剧本;看面对困境的古人智慧;老师将党带领人民备战疫情的鲜活事例融入课堂,学生深刻理解中国的制度优势,师生进行有趣的一场"云对话"……上海大学的线上"思政课"和"课程思政"别开生面。

为切实做好疫情期间线上教学组织工作,深入落实立德树人根本任务,确保线上教学实质等效,整个2月份,上海大学数千名任课教师日夜奋战,开展在线课程平台的资源建设、建课、测试、排摸,教务处、研究生院、学工办、考评办与信息办等紧密协同,以实际行动践行了课程思政。

2月20日,上海大学组织领航学院、领航团队和领航课程负责人、两届校级课程思政示范课负责人等收看本校教授叶志明的直播课"课程·教书·育人",依托在线培训,提升任课教师的育德意识和线上教学育德能力。

全民战"疫"本身就是一堂超级大课。它也为思政课和课程思政提供了活教材。3月3日起,上海大学的老师们结合课程内容,中国特色社会主义制度优势与抗疫精神融入其中,在网络课堂中引导学生增长才干,服务于国家需要和民族振兴。

马克思主义学院青年教师邹汉阳主讲课程"毛泽东思想和中国特色社会主义理论体系概论",他采取在线语音和文字互动形式,安排学生提前学习"治理现代化读本"与十九大报告等文献。结合"四个全面"战略布局,他布置思考题,要求学生结合抗击疫情,用文字写出中国制度优势与治理体系尚需改进的地方。他将党带领人民备战疫情的鲜活事例融入课堂,让学生深刻理解中国的制度优势,共收到了168条学生反馈,让师生进行了一次有趣的"云"对话。

美术学院副教授、作家胡建君让学生们在她的"苏轼与中国文人画"课上,以宋代为背景,找一些描写疫情、苦难、自然灾害的诗词、古文或书画,结合本专业课程,结合古今，展开想象，创作一个情景剧本，并谈谈感想。妙趣横生的创意课程情景剧本点燃了学生们的热情，同学们纷纷踊跃发言反馈，浓厚的学习、研讨氛围一点也不比线下课堂差。

从《颜氏家训》看中国古代面临困境时期的解决之道，文学院副教授舒健的课程"中华家训与处世之道"从颜之推的个人经历和记载，看中国各区域以来自古发展的差异；从南北朝的凌乱动荡，比较今天的中国，虽然面临大疫，却有条不紊，增强爱国主义教育，讨论有志之士的在不同时代的心态和志向；结合疫情期间的个人问题，讨论《养生》篇中的中国人的自古保养策略，把个人的境遇与家国的情怀结合。老师将传统古人解决困乏的办法和今日的疫情教育结合，增强自信心，适时进行健康教育。学生们博古论今，并为今天的中国感到自豪。（孟歆迪）

"光明日报"2020年3月5日

**让家国情怀在"云端"流淌　　上海高校构建"云上思政"大格局**

疫情也是一次大考，检验着思政教育的韧性。连日来，上海高校把全民战"疫"的鲜活素材带进"课堂"，积极构建起"云上思政"大格局，实现思政教育不下线、育人成长心连心。信心传递在"云端"。"医护人员在一线治病救人是打仗，教师在后方教书育人也是打仗。我们要坚持疫情防控和教书育人两手抓、两手都要硬。"上海市教卫工作党委书记沈炜说。

（中略）

**思政大课够"硬核"**

思政课堂在哪里？归根结底，在全民战"疫"的故事里，在人人与国家同向同行的实践里。有思政课教师表示，这场全国同舟共济正在迎战的疫情，就是思政课最鲜活的教材，一个个抗击疫情的"战场"，就是当下最深刻的课堂！整个2月，上海大学数千名任课教师日夜奋战，开展在线课程平台资源建设，不少课程以抗"疫"实践中彰显出的奉献精神、奋斗精神、科学精神、法治精神等为依托，有机融入习近平新时代中国特色社会主义思想，厚植学生爱国情怀，激发青年使命担当。

在上海大学"形势与政策"在线课上，马克思主义学院讲师奚建群要求学生先发表"我的战疫感言"，目的在于让学生关注疫情进展，发现身边鲜活的抗"疫"故事与人物。"创新创业与知识产权"是一门核心通识课，授课人许春明教授要求学生结合瑞德西韦专利申请和仿制药的热点，讨论知识产权在抗击疫情中的作用，学会澄清社会上的误解和传言；专业课"现代管理理论与实践"则结合疫情实际，对我国火神山医院、方舱医院快速建设以及应收尽收方案的落实进行分析解剖，使学生思考"危机管理"在不同国家的实践。

（下略）（吴振东）

"新华社"2020年3月6日

**如何线上讲好"抗疫"故事　　上海大学课程思政在行动**

用微积分带领学生做新冠病毒肺炎建模、鼓励学生将苏轼拉回当下编写"穿越"剧本、根据互联网上的疫情大数据对疫情进行拐点预测、介绍本校材料学院在疫情期间研发出的抗疫材料……作为上海高校课程思政领航校，上海大学在这个特别的春季，积极启动线上"思政"，将一个个鲜活的抗疫事例融入思政课和课程思政，在线上讲好"抗疫"故事。

"疫情发生后，每个人都在想自己能做些什么。作为老师，我们也在思考，应该教授给学生什么。"上海大学教务处副处长顾晓英告诉小编，"在接到开学延期的通知后，学校就开始着手开展在线课程平台的资源建设。"

2月20日，学校组织领航学院、领航团队和领航课程负责人、两届校级课程思政示范课负责人等，收看本校叶志明教授的直播课"课程·教书·育人"，依托在线培训，提升任课教师的育德意识和线上教学育德能力。

这场直播课后，全校马上动员起来，全民战"疫"本身就是一堂超级大课，它也为思政课和课程思政提供了活教材，而作为上海市高校思想政治理论课名师工作室——顾晓英工作室主持人，顾晓英思考得更多，"对每位教师和学生而言，新冠肺炎阻击战是一本活教材。无论是目前的在线教学还是复课后的课堂教学，各级学校和教师可以把抗疫大事件转化成为教学大单元，进一步论证、挖掘和实现这场抗疫大事件的育人价值，使之成为立德树人的重要课程资源。"顾晓英说："思政教育和防控疫情相结合，融入中华优秀传统文化的元素，引导学生在这段特殊日子里，多从榜样的力量和昂扬的精神中获取成长的养料。在当下，我们有国家政策、有方舱医院、有医护人员等等，抗疫事件中不同层面的话题和内容都可有机结合到课内。"

3月3日起，上海大学的老师们结合课程内容，将中国特色社会主义制度优势与抗疫精神融入其中，在网络课堂中引导学生增长才干，服务于国家需要和民族振兴。停课不停关爱与要求，就让我们一起看看上海大学的老师们带来的线上抗疫故事——奚建群老师的学生来自全国四面八方，他关注疫情进展、关注鲜活的抗疫故事和人物，成功地激发起学生的参与热情。来自湖北黄冈的学生赵宇柯在课后反馈，他说："我来自湖北黄冈市，虽然我处于疫区之中，但是我却一点都没有感觉到慌张与恐惧，不管是学校、社会、国家，都对我们湖北人民关怀备至，我能时时刻刻感受到每一位华夏兄弟姐妹带来的温暖。我相信，在全国人民的努力下，疫情一定能够成功被控制，湖北加油！中国加油！"奚老师也在第一时间回复这位同学："照顾好自己和家人，等你早日回来！"暖心！

"微积分"课如何能结合思政内容，这位上海市教学能手给出了最佳方案——微积分与新冠病毒肺炎建模。在课前，杨静桦老师推荐学生阅读最近《中国数学》期刊刊发的论文《基于一类时滞动力学系统对新型冠状病毒肺炎疫情的建模和预测》，课堂上向学生强调建模用的是微分方程思想，在解模过程中使用高年级所学的数值分析等知识，改变大家认为数学只是做题的观念。通过解读模型可以知道新冠肺炎感染人数的多少取决于政府与公民的决心，自觉防护更是每个人应承担的责任。

这堂与疫情期间的特殊经济形态紧密结合的课程受到学生好评。本科学生胡晓娜在课后写道："其实这次疫情中，口罩、防护服等紧缺资源的全国配置、资金导向等，科技一定在其中起到了很大的作用，善良的人们自发组织起来捐物捐钱，科技可以为他们保驾护航，其间相关医药股涨停也体现了人们意识到医药卫生对人类的重要性，股票价格上涨是资金引入该池子的表现,无疑也是对资源配置的优化,为国家卫生安全的发展注入了新的动力。"而宅家期间,不间断学习、研究,增加金融科技知识的储备,关注金融科技抗击疫情的研究,才能为明天"加满油、充好电"!

近期,上海推出了个人健康二维码,蓝箭老师带领学生探讨互联网、大数据如何应用在抗疫中时,就引入了这个话题,并引导学生对数据进行收集和分析,为病毒的研究和治疗对策的拟订提供帮助。从疫情开始,有了互联网的运用,疫情与控疫图表数据都一目了然,可以从这里引导学生在学习中以国家需求为导向,为抗疫出力。

面对新型肺炎疫情,除了避免与疫区人员及人流密集场所接触外,如何有效灭杀病毒非常重要。董瀚教授团队研制了能有效杀灭冠状病毒的纳米银灭毒喷雾,应用在学校的公用设施表面——这一与抗疫紧密相关的硬核案例,被李莉娟老师引用在"金属凝固过程及组织控制"课程中。学金属专业,以后就要去大炼钢铁吗?学材料专业,以后的出路在哪里?李老师又结合"抗菌不锈钢刀具"的研发,向同学们说明,随着科技的发展,工科专业在未来将"大展拳脚"。

回首历史,历朝历代都有不顺的时候,有天灾有人祸,而文人的忧国忧民思想在这个时期就能发挥作用。"暮投石壕村,有吏夜捉人""朱门酒肉臭,路有冻死骨"就是靠文人的记载,后人才能更了解这段历史。文人有风骨,经典永流传。胡建君副教授这样的课程设计是不是也激发了你的兴趣?苏轼和他的朋友们的"穿越"剧情是不是已经为你插上了放飞思维的翅膀?

《颜氏家训》被认为是"古今家训,以此为祖"。颜之推在书中阐述了就教育子孙立身、处世的需要,提出了一些切实可行的教育方法和主张。南北朝是一个凌乱动荡的时代。当今的中国,虽然面临大疫,政府管理却有条不紊。把个人的境遇与家国的情怀结合、把传统古人解决困乏的办法和今日的疫情防控结合,这堂通识课让同学们大呼过瘾。

这是一堂别开生面的网络课程。在学生对预先发放的材料进行学习后,课堂上与老师进行互动,而在课堂中,刘寅斌老师又邀请了嘉宾郭云旗隔空连线,与大家一起讨论疫情结束后的商业体系。一场疫情不会消灭一个人的核心能力,也不会磨灭一家公司的核心竞争力,更无法消磨一个国家渴望发展渴望强大的不可阻挡的内驱力;巨大的内驱力,和我们的国力,人口优势结合到一起,将产生巨大的创新力,创新是我们这个国家和民族发展的真正灵魂;面对疫情之后的新环境,我们每个人都要重新思考自己的定位,思考自己的价值。积极拥抱变化,用创新的心去拥抱变化,你也可以!

上海大学的老师将战疫故事灵活、巧妙地有机融入思政课和课程思政,厚植学生的爱国情怀和社会责任感,激发青年学生无形中铭记肩上的使命与担当,引导他们增长才干服务于国家需要和民族振兴,以无悔青春告白祖国!(曹轶姗)

"第一教育"2020年3月7日

### 上海高校构建"云上思政"大格局

在上海大学"形势与政策"在线课上,马克思主义学院讲师奚建群要求学生先发表"我的战疫感言",目的在于让学生关注疫情进展,发现身边鲜活的抗"疫"故事与人物。

"创新创业与知识产权"是一门核心通识课,授课人许春明教授要求学生结合瑞德西韦专利申请和仿制药的热点,讨论知识产权在抗击疫情中的作用,学会澄清社会上的误解和传言;专业课"现代管理理论与实践"则结合疫情实际,对我国火神山医院、方舱医院快速建设以及应收尽收方案的落实进行分析解剖,使学生思考"危机管理"在不同国家的实践。

(下略)(吴振东)

"凤凰网"2020年3月8日

**上海大学线上课程思政直播公开课　嘉宾共话疫情下中小企业主的"创业人生"**

疫情袭来,上海大学积极按照教育部和上海市教委要求,全面贯彻学校防疫工作领导小组的部署,在确保广大师生身心健康的同时,绘制全校"课程在线讲授、互动讨论"分时资源需求挂图,开展资源调配和服务的"挂图作战"。

网课第一周,3 000门次上海大学冬季学期课程正常开启非常时期的线上教学模式。推进课程思政领航校建设,落实立德树人根本任务,需要深化和活化云端课程思政,确保线上教学实质等效。学校组织发动领航学院、领航团队和领航课程做好课程思政在线推进的表率,积极主动,把"抗疫"大课堂有机融入"主渠道"。

2020年3月7日晚,学校组织了一堂课程思政线上直播研讨课。上海高校思想政治理论课名师工作室"顾晓英工作室"主持人、教务处副处长顾晓英会同管理学院副教授刘寅斌、经济学院常务副院长聂永有教授和法学院副院长许春明教授,精心策划和周密部署了这次线上公开课。

当晚的课是曾获国家级教学成果奖的"大国方略"系列课程之三"创业人生"的第九季第七课。这次线上公开课依旧采取上海大学首创的曾获国家级教学成果奖的"项链模式"教学法。上海大学管理学院刘寅斌副教授担任主讲兼主持。

直播课背景:疫情给国家和社会带来巨大影响,中国经济最活跃的"细胞"——中小企业,也面临前所未有的巨大挑战,现金流储备不足、延迟复工、经济生活的停滞、线下消费几乎完全冰冻。

课程主讲人刘寅斌老师高密度地访谈了遍布全国各地、各行各业的60多位企业家。刘老师决定在线跟课程班学生互动,让学生直面疫情下的中国中小企业,看到国家新近出台的对中小企业的各方面政策支持等,纾解中小企业面临的困难,而中小企业又如何体现社会责任感,并且创新自己,自我升级,锤炼核心竞争力,积极储力等待疫后市场复苏,抢占先机。

本次课程邀请了多名企业创始人担任连线嘉宾。课程班学生100名,数十位旁听课,远在爱沙尼亚留学的上海大学校友等参与连线互动。

顾晓英、聂永有和许春明三位教授全程参与课程研讨与互动。他们适时插话,或补充或提问或给出意见和建议。

学生从中小企业主的抗疫故事中品读人生,从他们的静力与定力中寻找信心!从教授们的真诚对话中感受中国精神和中国力量的传导。春天来了,阴霾散去。老师们鼓励线上还在全国各地的同学们安心宅家,放大视野,专注锤炼属于自己的核心竞争力,今后

报效社会!(许婧)

"中国新闻网"2020年3月10日

### 沪上高校云思政　从抗疫生动故事里提炼精彩隔空育人

抗击疫情到了决胜关头,也为高校提供了生动的思政课程教材。纷纷在线开学的沪上高校,将思政教育融入于专业课、选修课之中,聚焦于抗疫中的英雄人、英雄事,引领广大青年学生认识中国共产党人在重大考验面前的政治品格,增强对我们战胜疫情政治优势的自信。

全民战"疫"就是一堂超级大课堂,能够极大延伸思政课的广度与深度。上海大学马克思主义学院各教学团队对近4周的课程作了重新设计,融入了党中央关于疫情防控的重大部署、全国各地的联防联控措施成效、防疫抗疫涌现的先进人物和典型事例等教学内容。

上大经济学院教授聂永有在"现代管理理论与实践"的网课中列入了"危机管理"章节,通过案例分析和讨论的方式,对新冠疫情暴发后的政府应急反应、民情关切、火神山雷神山和方仓医院的快速建设,以及应收尽收方案的落实进行了逐一解剖,并且以几艘外国邮轮的不同境遇,揭示了不同国家的体制特征与应急反应能力。这堂课不仅让专业教学紧密结合现实生活,还有效增进了青年人对中国精神、中国力量的信念。

上大教务处副处长、"创新中国"课程总策划顾晓英教授给学生们布置了一道特殊作业——制作推送"抗疫最走心的文字"。要求同学们"把作业变作品",大家可以用文字、图画等各种形式,讴歌身边的抗疫英雄。至今,全校已经连推了三期"走心"作业。(王蔚　张炯强　易蓉)

"新民晚报"2020年3月13日

### 上海大学"云上思政"出新招　战"疫"脱贫融入"经国济民"

疫情给脱贫攻坚带来了新的困难和挑战。上海大学积极推进课程思政领航校建设,在"云上思政"系列公开课中,采用线上"项链模式"教学,将战"疫"脱贫融入"经国济民"。

3月16日晚,一堂主题为"经国济民,战'疫'脱贫"的"云上思政"系列公开课在上海大学6位老师家中同时"上线",这6位教师拥有着不同的学科背景——经济、历史、管理、法律……他们共同为课程班的100余名学子、全国各地同名慕课班级学生及家长等1 100余人在云端讲思政。

据悉,"经国济民"是上海大学"双顾团队"自主开发的第五门"大国方略"系列课程,课程注重发掘中国传统经济思想的内在智慧,选择"国民关系"作为解读当代中国发展策略的主线,通过"中国经济发展经验进课堂""中国传统经济思想进课堂"和"中国经济学话语进课堂",增强大学生对中国特色社会主义道路的认同,增进大学生对中国优秀传统文化的自信,帮助大学生形成中国学科话语意识。同名超星尔雅慕课已有数百家高校的数万学生选修。

本次课程,采用线上"项链模式"教学,课程负责人上海大学经济学院常务副院长聂永有会同教学团队成员校审计处处长尹应凯、经济学院党委书记陆甦颖、本科教学负责人刘康兵联袂教学。上海大学知识产权学院院长、知识产权领军人才许春明以及上海高校思想政治理论课名师工作室"顾晓英工作室"主持人顾晓英作为特邀嘉宾参与课程教学。尹应凯老师担任主持。课前一天,团队认认真真试了多个平台,进行了好几个小时的"云备课"。

课程以"点"串"线",围绕"瘟疫对人类的影响"—"疫情对经济和贫困人口的影响"—"我国脱贫工作进程"—"战'疫'脱贫的金融支撑"—"战'疫'脱贫的法律保障"—"战'疫'脱贫我们能做什么"环环相扣、循序渐进地从"经国济民"视角对战"疫"脱贫进行了解读与剖析。

同学们在各个提问环节积极留言提问,老师们全程参与课程研讨与互动,及时耐心地回答学生们的问题。课程结束前,主持人请同学们用一个词表达此刻感想,"期待""收获""期盼"成为三个引用率最高的词,表明了同学们对抗"疫"脱贫的必胜信心和对早日回归校园的期待。

课后,学生第一时间反馈,"教学方式让人耳目一新""几位老师从各自专业出发,让我明白了脱贫与战疫可以两手抓""作为当代大学生,我们任重而道远"……(孟歆迪)

"光明日报"2020 年 3 月 17 日

### 战"疫"脱贫融入"经国济民"——上海大学"云上思政"系列公开课拉开帷幕

2020 年是全面建成小康社会和"十三五"规划圆满收官之年,也是脱贫攻坚决战决胜之年,在我国发展史上具有里程碑意义。一场突如其来、史所罕见的疫情给脱贫攻坚带来了新的困难和挑战。上海大学积极推进课程思政领航校建设,领航学院更是一马当先,经济学院书记院长齐上阵,成为"云上思政"系列公开课的积极践行者。

2020 年 3 月 16 日晚,一堂主题为"经国济民,战'疫'脱贫"的"云上思政"系列公开课在上海大学 6 位老师家中同时拉开帷幕。这堂线上课,还通过超星平台对外公开直播。课程班的 100 余名学子、全国各地同名慕课班级学生及家长、媒体记者等 1 100 余人云端参与。

"经国济民"是上海大学"双顾团队"自主开发的第五门"大国方略"系列课程,课程注重发掘中国传统经济思想的内在智慧,选择"国民关系"作为解读当代中国发展策略的主线,通过"中国经济发展经验进课堂""中国传统经济思想进课堂"和"中国经济学话语进课堂",增强大学生对中国特色社会主义道路的认同,增进大学生对中国优秀传统文化的自信,帮助大学生形成中国学科话语意识。同名超星尔雅慕课已有数百家高校的数万学生选修。

本次课程,采用线上"项链模式"教学,课程负责人上海大学经济学院常务副院长聂永有教授会同教学团队成员校审计处处长尹应凯教授、经济学院党委书记陆甡颖副教授、本科教学负责人刘康兵老师联袂教学。

上海大学知识产权学院院长、知识产权领军人才许春明教授以及上海高校思想政治理论课名师工作室"顾晓英工作室"主持人顾晓英作为特邀嘉宾参与课程教学。6 位教师拥有不同的学科背景,有经济、历史、管理、法律、思政等。尹应凯老师担任主持。课前一天,团队认认真真试了多个平台,进行了好几个小时的"云备课"。

尹老师也在课程平台提前布置了学生自学慕课视频,阅读相关资料,并要求学生提出相关问题或确证自己理解。

当晚的课程,尹老师的新课导入是从引导学生关注习近平主席2020年新年贺词开始的。"学习通"里的主题讨论问题是"2020年是什么年"。学生的线上回复非常快速。词云显示,"全面建成小康社会""脱贫攻坚"是最热词。顾老师的简单导语是,无论是"大国方略"还是"经国济民",我们旨在让同学们"顶天立地",从我做起。

本次课程以"点"串"线",围绕"瘟疫对人类的影响"—"疫情对经济和贫困人口的影响"—"我国脱贫工作进程"—"战'疫'脱贫的金融支撑"—"战'疫'脱贫的法律保障"—"战'疫'脱贫我们能做什么"环环相扣、循序渐进地从"经国济民"视角对战"疫"脱贫进行了解读与剖析。

陆甦颖副教授的分享侧重经济史视角。陆老师图文结合,讲述了疫情对人类社会、经济发展的影响,提出"瘟疫是经济史中的重要影响因素、人与瘟疫的战斗是经国济民的重要内容、统筹疫情防控与社会经济发展是当下探索经国济民方略的核心内容"三个观点。她指出,伴随着经济全球化的发展,瘟疫也呈现出全球化特点。瘟疫不会消失,但是人类应对瘟疫的方式逐步从被动转向主动。统筹疫情防控与社会经济发展,是当下探索经国济民方略的核心内容。

刘康兵老师讲述了正确评估疫情对经济影响的四个基本点:"任何一个经济体都是一个有机的系统,在正常状态下都会保持一个趋势性的增长,而当遭受外部冲击后,这个有机体会反弹,经历一个经济恢复的过程""疫情持续时间、疫情防控力度和疫情对经济的冲击程度间存在一个'三元悖论'""疫情冲击对消费造成的负面影响只能算皮肉之伤,供应链危机才是疫情对经济的最大冲击""最弱小、最脆弱的经济群体(中小微企业、贫困人口)在疫情冲击中受到的伤害最大"。他指出,当分析和讨论疫情对中国经济的影响时,要把注意力转向最弱小最脆弱的群体,是2020决胜脱贫攻坚的一项重点工作。

聂永有老师全面地介绍了中国脱贫工作发展的历程、贫困人口的标准及致贫的原因,分析了中国贫困线制定标准、中国脱贫工作的主要节点、农村贫困人口精准脱贫原则标准、精准扶贫的原则以及精准扶贫的主要途径等。聂老师还指出,2020年后,我国将迈入减贫新阶段——2020年不是脱贫的终点,而是脱贫的另一个新起点。从实践看,疫情确实对脱贫进程产生了一定的影响。习近平总书记在决战决胜脱贫攻坚座谈会上强调,坚决克服新冠肺炎疫情影响,坚决夺取脱贫攻坚战全面胜利。我们必须采取有效措施,将疫情的影响降到最低。

尹应凯老师讲述了战"疫"脱贫的金融支持,金融科技助力小微企业贷款、移动支付打破胡焕庸线、金融机构疫情时期提供线上化服务、金融科技提高战"疫"效率、疫情下产生"共享员工"等共享经济新模式。

许春明老师认为当下脱贫抗"疫",应关注依法抗"疫",如有关传染病防治的相关法律制订、实施,疫情下依法市场监管等;也应关注依法脱贫,如将决战决胜视为脱贫攻坚工作的起点而不是终点,在法律保护下将扶贫有效做法制度化,杜绝各类返贫现象。

最后,顾晓英老师指出,精准脱贫基本方略,是我国制度优势的直接体现,为世界减贫事业提供了中国方案和经验。抗"疫"脱贫攻坚跟我们每个人有着紧密关联。抗"疫"

扶贫济困,教育有责任,高校有责任,教师有责任,学生一样有责任。顾老师用总书记回信勉励学生,积累本领,报效国家。

同学们在各个提问环节积极留言提问,老师们全程参与课程研讨与互动,及时耐心地回答学生们的问题。课程结束前,主持人请同学们用一个词表达此刻感想,"期待""收""期盼"成为三个引用率最高的词,表明了同学们对抗"疫"脱贫的必胜信心和对早日回归校园的期待。

课后,学生第一时间反馈,面临着既要坚决快速打赢疫情防控阻击战又要如期全面打赢脱贫攻坚战的双重考验,要毫不放松抓紧抓实抓细防控工作,要变压力为动力、善于化危为机。作为当代大学生,我们任重而道远。(程涵 武燕妮)

"中国社会科学网"2020年3月17日

**把疫情中的鲜活素材融入线上课堂 上大教师云端相聚交流课程育人**

最近,部分地区高校逐渐明确了开学时间,上海高校归期未定,但对于实行短学期制的上海大学来说,这个冬季学期已经以线上教学的方式结束了。

开展在线教育一个多月,同学们感受如何,老师们有哪些新的教学思考,转到线上的课程思政效果怎么样?

春季学期开始前,上海大学通过视频会议举办了第40期教师教学沙龙暨"云上思政"课程育人教学交流活动,由教务处副处长顾晓英主持,来自不同学院的11位老师通过线上课堂中的教学案例分享了自己的经验与反思,120多位老师参与其中,围绕线上教学背景下的课程思政展开讨论,上海中医药大学教授、全国优秀教师张黎声应邀担任点评嘉宾。

**给学生打开认识专业、认识疫情的窗口**

疫情来袭,我在学校学的东西能做什么?

这几个月,许多非医学专业的高校学子都问过这个问题。

年后的线上课程里,材料学院的李莉娟老师向同学们提出这个问题时,很多同学一时都说不出什么。

设计课程的过程中,学院的老师们结合自己的课程搜集了很多案例。看到同学们的迟疑,李莉娟在课堂上举了材料学院自己的例子,院长董瀚研究的含银抗菌喷雾、白瑞成老师做的抗菌纺织材料,都跟抗菌杀毒、防护服制作等密切相关。

"听到这样的例子,很多同学都很惊讶,说突然意识到了我们专业的意义。"看到同学们后来在课程中的表现,李莉娟发现,这些身边的案例让很多人重新审视了自己的专业,也激发了大家的学习动力和对专业热情。

来自理学院的杨静桦老师这学期有一门"微积分"课,面对这个看似枯燥的数学基本功,他觉得作为老师要给学生开一扇窗,让学生知道所学的东西,将来可以做什么。

"疫情是最鲜活的素材,早期有防护的国家和没有防护的国家确诊人数的增长分别是什么样的?禁足与否对确诊病例数的增长有什么影响?许多政策的研究制定都离不开数学工具。"杨静桦说,疫情中涉及微积分的应用不少见,刚入门的同学可能感受不明显,把这些例子拿到课堂里、让同学们看到微积分的大用处也是这样一门基础课最直观的价值体现。

认识专业价值的同时,专业也为同学们提供了认识了解疫情的不同视角。

机自学院蓝箭老师"互联网+"的课上,同学们通过数据扒取、数学模型建立疫情的数据库、动态图,用算法分析疫情的走向。"跨文化管理"的课堂上,聂晶老师带领同学们从群体决策的角度入手分析疫情时期复杂信息环境中的舆论现象。

尽管很多专业都不直接与医疗行业相关,但复杂的疫情牵动着社会运转的每一个环节,许多鲜活的案例在老师们的构思、设计下进入了线上课堂,为高校学子认识自己的专业、从专业视角认识世界打开了一扇窗。

**通过课程设计实现线上线下共思政**

近年来,随着技术发展进步,慕课、线上互动等线上交流学习的方式已经是许多高校教育教学的常见手段,但线下的课堂仍然是大多数学校开展教学最主要的阵地。

突如其来的疫情,把每一个老师带到了镜头前,也加速了各校老师针对线上教学的创新。

大学物理是理工类学生的一门基础课,上课人数多、习题量大,以往课堂里能给老师同学们的互动的时间很有限,这次转到线上教学,理学院的白丽华老师和大学物理团队的其他老师一起尝试了全新的教学方式。

"开课之前,我们会让同学们在平台上投票,根据主题选择大家希望的上课的方式。后来根据大家的选择和需求,我们有些课通过录播加讨论的方式上,有些用直播的方式上。甚至习题课上要讲哪些问题,也让大家投票,以同学们为中心开展教学。"白丽华说,在这样的引导下,同学们的交流讨论逐渐热烈起来,团队里的老师们都感觉跟同学们的互动密切了起来。

另外,因为线上课程可以反复观看,每个人可以根据自己的进度调整,不少同学反馈说觉得线上学习的效果不比线下差。

围绕线上线下共思政的教学设计,社会学院汪丹老师分享的"费孝通学术思想"课程的一些做法也给参会的老师们带来很多启发。

疫情开始后,课程团队的老师们把所有的课程内容结合疫情中的社会现状进行了重新编排,然后在线上通过三个平台展开教学。

在课前的平台上,教师通过课前导引、课程讲义、文献鉴读、讨论思考,引导同学们通过高质量的文献、材料展开自主学习。在直播过程中,教师围绕课前自主学习后的思考进行讨论、总结。课后,教师在线进行文字互动答疑,给同学一对一反馈。

从同学们对课程的反馈和建议中看到大家收获很多,汪丹说这对正在适应线上教学的老师们来说是个很大的激励,"通过问题引导和理论方法相结合的教学,我们希望引导同学们主动、理性地思考,我们社会学院出来的学生应当是更有思考能力、更有担当能力的社会成员"。

听完老师们的分享后,上海大学党委常委、副校长聂清表示,做好课程思政需要教师提升育德意识和育德能力,需要教师对学生有价值引领,把学理、哲理与教育相连,把认识世界、改造世界和个人发展紧密连接。她也建议老师们继续深入研究青年特点,成为学生的指路明灯。

据了解,疫情开始以来,上海大学通过教师"云培训"、工作"云推进会"等途径持续推进线上课程思政,连续举办四期战"疫""云上思政"课程思政系列公开课。本次"云上沙龙"是上海大学扎实推进课程思政领航校工作的又一举措,也是上海大学教师线上教书育人的成功案例汇集。

自2014年首开"大国方略"课程以来,上海大学于2017年获评"上海高校课程思政整体校",2019年学校跻身"上海高校课程思政整体改革领航高校"。社会学院、美术学院、机自学院、文学院、理学院、材料学院和经济学院7个学院入选"领航学院",13支教学团队入选"领航团队",122门课程入选"领航课程"。(王蕴玮)

"上海教育新闻网"2020年4月7日

**上海疫情防控发布|上海大学针对毕业设计和毕业论文答辩制定相应方案**

今天下午,上海市新冠肺炎疫情防控新闻发布会举行。学生对于能否顺利毕业确实都非常关注,学校也非常重视。对此,上海大学副校长汪小帆说,学校分别针对本科生毕业设计和研究生毕业论文答辩制定了相应的方案,其中包括的举措有:

(1)加强指导。这段时间尽管学生没有返校,广大教师一直通过学校的网络教学平台及其他在线方式积极指导学生撰写论文,及时商讨解决问题,努力保证课题研究进度。

(2)提升服务。例如,学校经努力新开通了10个全文数据库方便师生在校外也可以直接访问。

(3)优化管理。在规范有序的前提下全面优化从毕业论文提交到论文评审和答辩以及学位审核和授予等各环节的工作节奏和管理效率。

下一步待学生返校后,学校将进一步落实导师责任,做好论文指导工作。对部分必须通过返校后做实验等才能完成毕业论文的同学将给以优先安排和支持。

此外,学校也在举全校之力积极助推毕业生就业工作:

一是定好"一目标",奋力化危为机。学校高度重视就业工作,要求全校上下总动员、攻坚克难一起扛,努力实现稳就业目标。

二是写好"一封信",调整工作部署。发布《上海大学毕业生就业协议书网上签约流程》和《致用人单位的一封信》,简化和优化就业手续办理。

三是下好"一盘棋",快速制定专案。建立统筹协调机制,出台《上海大学关于做好疫情防控期间毕业生就业工作的实施方案》,全面落实就业"一把手工程"和"全员责任制"。指导各院系制定就业工作专案。

四是搭好"一平台",精准对接需求。发挥"一网两端"平台作用,集中开展线上宣讲和招聘活动,畅通供需渠道,精准对接需求。2月初以来,学校就业网新注册用人单位1 193家,发布招聘岗位4 584个。

五是织好"一张网",夯实兜底保障。织密精准保障网,引导毕业生投身基层工作。制定"一生一信息一政策"帮扶机制,尤其是加强对来自困难家庭等特殊群体的毕业生的帮扶力度。

"上观新闻"2020年4月9日

## 上海大学"云上思政"课程思政系列公开课之五　解"谜"浦东开发 30 年

2020 年 4 月 13 日晚,一堂主题为"解'谜',浦东开发开放 30 年"的"云上思政"系列公开课在线上火热开讲。这是上海大学本学年春季学期核心通识课"经国济民"课程的第一堂课。

本次课程,采用线上"项链模式"教学,课程负责人上海大学经济学院常务副院长聂永有教授会同教学团队成员校审计处处长尹应凯教授、经济学院党委书记陆甦颖副教授、本科教学负责人刘康兵老师联袂教学。

亲历浦东开发开放的上海浦东新区管理咨询行业协会名誉会长庄峻研究员以及上海高校思想政治理论课名师工作室"顾晓英工作室"主持人顾晓英作为特邀嘉宾参与课程教学。

6 位教师拥有不同的学科背景,有经济、历史、管理、思政等。课程由尹应凯老师和顾晓英老师联袂主持。课前,团队进行了"云备课"。课中,团队顺利实现"云端配合",通过 ZOOM 平台和超星平台直播,给线上课程班学生和慕名上线观摩的校内外老师网友们奉献了一堂精彩课程。

我们发展效率之高来自哪里?如此高速增长源自何处?为解中国经济发展与增长奇迹之"谜",课程团队把目光投向近 30 年,聚焦于浦东开发开放的传奇经历,解密"中国之谜"与经国济民的故事。恰好今年 4 月 18 日,是浦东开发开放 30 周年纪念日。

课前,教学团队在课程平台提前布置了学生自学"经国济民"第一单元的慕课视频,阅读相关资料。当晚的课程从"你认为当今世界最有魅力的故事和最大的谜是什么"导入,同学们在"学习通"中回复的词云表明,"中国之谜""中国经济"是最热词语。

课程以"点"串"线",围绕"我参与浦东开发开放的感想和体会"—"城市史视角下的浦东开发"—"浦东开发开放的前世今生"—"浦东开发开放中的金融力量"—"我为浦东发展添砖加瓦"环环相扣、循序渐进地从"经国济民"视角对浦东开发开放和高速发展进行了解读与剖析。

据悉,"经国济民"是上海大学"双顾团队"自主开发的第五门"大国方略"系列课程,课程注重发掘中国传统经济思想的内在智慧,选择"国民关系"作为解读当代中国发展策略的主线,通过"中国经济发展经验进课堂""中国传统经济思想进课堂"和"中国经济学话语进课堂",增强大学生对中国特色社会主义道路的认同,增进大学生对中国优秀传统文化的自信,帮助大学生形成中国学科话语意识。同名超星尔雅慕课已有数百家高校的数万学生选修。

首先,顾晓英老师从浦东的今天开启课程。"经国济民"整一门课,在 3 000 年的尺度上看今天中国的发展,三十而立,我们今晚聚焦 30 年,看今日中国、今日上海,尤其是看今天浦东。因为浦东书写一座城市新的传奇,这是思想解放和制度创新,这是一代人的艰辛探索和奉献。浦东是上海的浦东、中国的浦东、世界的浦东。

当晚,庄峻理出"牢记使命、艰苦探索、扩大开放、引领产业、抵御风险、浦东精神、服务全国和强化党建"等八点感受,一一讲述那段浪奔浪流的进取故事,致敬那段激情似火的创业史,为今天的浦东改革开放再出发提供一个大历史视角。最终他用很"荣幸"亲历,拥有信念和忠诚来回应学生热切的提问,展示了一位资深研究员把"小我"投入浦东开发开放"大我"国家战略的豪迈之情,深深打动了线上师生和网友。

在聆听庄峻研究员的介绍后,同学们通过超星平台表达了自己的感想,词云显示,同学们极为"震撼""敬佩"于"浦东"的"飞速发展"。

课程结束前,主持人请同学们用一个词表达此刻感想,"骄傲""发展""创新"成为三个引用率最高的词,表明同学们对中国改革开放的过往非常自豪,对再出发充满期待。

课后,学生第一时间反馈,同学们都表达了对老一辈开拓者的敬意,为他们大胆探索、敢为人先的精神点赞,为浦东和上海30年的发展感到自豪,增强了对中国特色社会主义的道路自信、理论自信、制度自信和文化自信,纷纷表示要努力学习,夯实才智,接好改革开放再出发的接力棒,在"经国济民"路上做一个勇于担当的中国青年!(殷晓)

"中国新闻网"2020年4月16日

**《媒体中的我们——聚焦上海大学课程思政》**

思想政治理论课(思政课)如何上才能"圈粉"?如何发挥思政课在高校立德树人的主渠道作用?——这些问题在最新出版的《媒体中的我们——聚焦上海大学课程思政》都能找到答案。此书由"上海市优秀思想政治工作者""上海市最美思政课教师"称号获得者顾晓英主编,上海大学出版社出版。

作为一部反映上海大学从"大国方略"系列课程到课程思政领航校建设的媒体报道资料汇编,此书通过新华社和《人民日报》《光明日报》《工人日报》《中国教育报》《解放日报》《文汇报》《新民晚报》《劳动报》《青年报》《新闻晨报》《东方早报》等纸媒和央视、上海电视台、东方卫视以及"人民网""新华网""中国新闻网"和中华人民共和国教育部门户网站、上海市人民政府"中国上海"、上海市教育委员会"上海教育"等媒体视野,聚焦上海大学课程思政工作,近乎全景式地多角度、全方位地为读者呈现出2014年11月至2019年底间上海大学思政教育教学创新改革的轨迹及其与主流媒体之间的互动交流。在这里,我们得以看到刊载在主流媒体的报道是怎样以广阔的视角强有力地形塑和推广上海大学课程育人品牌的;在这里,读者可以通过各大媒体的客户端,多元化的"移动传播",身临其境般走近"思政教学"的课堂,与老师与同学们共享课程。

书中的"我们",是"大国方略"系列课程教学团队与上海大学全体师生。2014年,上海大学首开"大国方略"选修课,采用上海大学首创的、曾获国家级教学成果奖的思想政治理论课"项链模式",引导大学生正确认识世界和中国发展大势,提升政治认同和文化自信,引领其在"国家发展和个人前途的交汇点上"思考未来,规划人生。课程内容鲜活,入脑入心。

媒体关注"我们"是如何用习近平新时代中国特色社会主义思想铸魂育人的。2014年11月19日,《解放日报》在《这门课,主语都是"中国"》的报道中指出:"上大新开的'大国方略',学生们更愿意称它为'中国课'。这一课程探索在本市高校尚属首次。"

上海大学依托上海市课程思政教学科研示范团队"顾骏团队"和上海高校思想政治理论课名师工作室"顾晓英工作室",先后开发"创新中国""创业人生""时代音画""经国济民"等课程,并形成系列。每一门新课的开设,都得到各大媒体的关切:"中国""换装""上连'天线'下接'地气'""四重奏""开一门火一门""墙内开花墙外""大学生追捧""走红

90后课堂"……5年来,媒体与"我们"如影随形,一路伴随,见证了上海大学从"大国方略"系列课程到"人工智能"系列课程的创新开发全过程,媒体也记录了上海大学课程思政工作从整体校到领航校的拓展与深化全形态。

5年来,主流媒体的连续、集中、大篇幅报道,真实反映了习近平新时代中国特色社会主义思想在高校学生中的"入耳入脑入心",帮助大学生增强"四个意识",坚定"四个自信",做到"两个维护",厚植爱国主义情怀;真实反映了大学生在系列课程和课程思政全部课堂里的获得感;彰显了上海大学从"大国方略"课程以来的课程思政先行者的示范,见证并记录下上海大学思政教育教学创新改革的一步步推进。所有报道体现了创新者的思考与践行,第一时间实现了与当下教育教学改革热点与焦点的对接。媒体创新了传播设计,上海市教委将点上创意延展做大,汇成改革开放以来上海高校思政工作的首创案例,最终实现了在全市、全国的强大影响力。

涓涓细流,百汇成川。一堂堂思想政治"大课程"、一则则课堂内外"真故事"和一位位教书育人"大先生",媒体记者和幕后编辑则用职业操守、专业镜头及文字,成为"课程思政"的观察者和记录者。这些报道和文章,从一个视角反映了上海大学课程思政教育教学改革与创新,同步印证了上海高校课程思政工作的创新部署与整体推进,是新时代上海高等教育界改革创新的一份难得的史料,体现出全国高校落实立德树人根本任务的开花结果。

"学习强国"2020年4月16日

## 上海大学"云上思政"公开课讲述浦东开发开放30年

"东海潮水涛声依旧,浦东的发展也必将竿头日进!"在听完一堂线上思政课后,上海大学学生李羽诺写下感触。

这堂于近日开讲、主题为"解'谜'浦东开发开放30年"的"云上思政"系列公开课,是上海大学本学期核心通识课"经国济民"的第一堂课。课程继续采用"项链模式"教学,上海大学经济学院常务副院长聂永有、上海浦东新区管理咨询行业协会名誉会长庄峻、上海高校思想政治理论课名师工作室"顾晓英工作室"主持人顾晓英等6位教师联袂授课。课程在视频平台上直播,向校内外师生和网友同步开放。

改革开放后,中国经济迎来高速增长,浦东也发展成为世界看中国的重要窗口。适逢浦东开发开放"三十而立",该课程从"我参与浦东开发开放的感想和体会""城市史视角下的浦东开发""浦东开发开放中的金融力量"等方面聚焦浦东30年传奇经历,进而探寻理念与制度创新之于中国发展的重要意义。

主讲人之一庄峻参与过不少浦东开发开放相关政策制定和文件起草工作。他梳理出牢记使命、艰苦探索、强化党建、扩大开放、抵御风险等八点感受,其授课生动展现出一位资深研究员把"小我"融入改革开放"大我"的豪迈之情,深深打动了视频另一端的师生、网友。

上海大学经济学院党委书记陆甦颖出生、成长在黄浦江边。授课中,她结合亲身经历讲述了浦东和上海城区的发展和蜕变,道出开放、创新、包容的上海城市品格;上海大学本科教学负责人刘康兵从经济学视角,重点讲述浦东在经济体制机制方面的"破"与

"立",及其在上海和中国发展进程中的独特价值。

课后,学生们主动表达对老一辈开拓者的敬意,并为浦东和上海30年发展成就感到自豪。他们表示,要夯实才智,接好改革开放再出发的接力棒,在"经国济民"道路上做勇于担当的新时代青年。

据介绍,"经国济民"是上海大学自主开发的第五门"大国方略"系列课程,课程注重通过"中国经济发展经验进课堂""中国传统经济思想进课堂"和"中国经济学话语进课堂"等,增强大学生对中国特色社会主义道路的认同,增进大学生对中华优秀传统文化的自信。开课以来,受到校内外听众广泛认可。(吴振东)

"新华社"2020年4月17日

### "力学庐藏书"惠泽天水

得知甘肃省天水市图书馆特藏有"和平老人"邵力子的一批珍贵图书,近日,记者在采访天水市脱贫攻坚的间隙,特地前往参观。

天水市图书馆坐落在藉河之滨,临流水而拥绿树,环境清幽。特藏室位于图书馆四层,门上方挂着"邵力子捐书陈列室"扇形木制匾额,左右两边挂着木制对联"力学庐中藏经典,子孙世代惠恩泽",是集于右任的字,淡黄色的木料典雅且洋溢着书香之气。

徜徉在一排排书柜间,记者既为有幸一饱眼福而欣喜,又顿生一种历史穿越之感,似乎置身于民国的历史风云中。陈列室铺设木质地板,配有恒温恒湿设备,68个刻着隶体绿漆"力学庐藏书"字样的藏书柜,是邵力子专门定制的枣木书柜,另有144个后制作的仿古木质书柜、9个木质雕花古籍陈列柜、1个二十四史雕花博古架、4张木质雕花阅览桌和24把明式椅。

邵力子先生的藏书为何冠以"力学庐"？据特藏室负责人李东晖介绍,该名各取邵力子与其夫人傅学文名字中的一个字。在记者看来,或许还有另一层含义,力学即刻苦读书、下功夫学习之意。古代读书人常常以"力学"表达攻书的状态与境界。

邵力子(1882—1967),浙江绍兴人,近代政治家、教育家、著名报人,晚清举人,为同盟会会员、国民党元老,也是中国共产党早期发起人之一。他曾任上海大学代理校长、中国公学校长,并与柳亚子发起组织南社,后任《民国日报》总编辑、黄埔军校秘书长、国民党司令部秘书长,还曾担任国民党甘肃省政府主席、陕西省政府主席、国民党中央宣传部部长。1949年作为国民党政府和平谈判代表团成员,到北平与中国共产党进行和平谈判,国民党政府拒绝签订和平协定后,邵力子脱离国民党政府,留在北平,应邀出席中国人民政治协商会议第一届全体会议。新中国成立后,他任中央人民政府政务院政务委员,是第一届至第三届全国人大常委会委员、第一届至第四届全国政协常委会委员。因他毕生致力于国家的独立自主、民主和平事业,被人们尊为"和平老人"。

"力学庐藏书"为何保存在天水市？1937年抗日战争全面爆发,日机轮番轰炸西安等城市,主政甘肃、陕西6年间节俭开支搜购而来的大批珍贵图书如何免于战火？邵力子十分焦虑。邓宝珊、冯国瑞多次游说邵力子:他们的家乡天水市人文气息浓厚,属抗战后方,藏书环境较为安全,希望"以之捐赠天水,建馆而公诸世"。经过慎重考虑,邵力子决定将自己在西安的全部"力学庐藏书"运往天水。在那战火纷飞的年代,要把几十箱、数万册藏书从西安运到天水,确非易事。李东晖说,在多方协助下,这批珍藏分三次才得以转运成功。

邵力子所捐图书共5242种、16616册、5万卷以上。"力学庐藏书"以西北文教历史图书、地方志等地方文献为显著特色,还包括一些珍稀的稿本、抄本、善本以及名人书法墨迹等。其中,明代嘉靖年间刻本《集录真西山文章正宗》、明代隆庆年间刻本《太师诚意伯刘文成公集》、明代弘光年间刻本《阿育王传》、明代济美堂刻本《河东先生集》、清代稿本《保安志略》5部古籍入选国务院颁布的《国家珍贵古籍名录》,成为"国宝级"藏品;明代万历年间刻本《松弦馆琴谱》等被收入《中国古籍善本书目》;另有27部书籍入选《甘肃省珍贵古籍名录》。天水市图书馆也被国务院公布为全国古籍重点保护单位。

邵力子曾说"读书后散步、散步后读书"是最好的娱乐,他书藏万卷胸次广,变自己的收藏为"公藏",体现了他"常为天下谋"的境界与胸襟。1953年,邵力子来到天水,专程到图书馆查看了他捐赠的图书。他激动地说:"这批图书是我一生的心血,来之不易,能完好保存至今,惠及后世,是我今生最大的心愿。"

图书馆及其藏书是一个地方的文化名片,一个城市能够拥有珍稀典籍,何其幸运!这对于涵养当地文脉,增强当地的美誉度、知名度,都是独具特色的资源。中华典籍中蕴涵着中国智慧、中国道德、中国伦理,它们流淌在我们的血脉里,我们往往日用而不觉。由衷期望天水市进一步珍视"力学庐藏书",让其持续焕发熠熠光彩!

《人民日报(海外版)》2020年4月22日

## 上海大学"纳米纤维研究团队"落户昆山开发区

日前,依托上海大学技术转移中心昆山分中心科创平台,昆山开发区成功引进上海大学纳米纤维研究团队负责人冯欣博士及其团队,已注册设立昆山厚朴纤维科技有限公司。该公司今后将重点推进纳米纤维素、改性产品及功能薄膜的开发,打造纳米纤维素产品以及市场容量大的透明导电膜、荧光防伪膜以及包装膜,实现纳米纤维技术成果在昆产业化。

昆山开发区主动服务国家战略,积极融入长三角一体化发展,注重加大与上海的区域资源要素流通、科技创新协同、产业发展融合,助力昆山"科创之城"建设。去年9月,开发区与上海大学合作设立上海大学技术转移中心昆山分中心,以市场化手段专业从事学校技术转移工作。依托该技转中心平台引进的冯欣博士及其团队,长期从事纳米纤维素高效提取及精制加工等关键技术的研发和应用,具有明显的技术优势,申请发明专利12项,其中授权7项。其中,纳米纤维技术正处于进入产业化的阶段。"纳米纤维具有独特的一维结构和力学性能,代表着新材料技术和产业的发展方向,未来可代替金属、塑料和玻璃,用于传统行业升级和未来新兴行业诸多领域,在航空航天、汽车工业、柔性电子、OLED显示等领域应用广泛。"冯欣博士团队一位负责人表示。

去年,在该技转中心的推动下,开发区还推动江苏三一环境科技有限公司与上海大学机电工程与自动化学院合作,共建生物质成套装备(昆山)联合研发中心,并有望在生物质颗粒机的研发设计领域树立行业规范。目前,该技转中心已梳理500多项科技成果,涵盖金属材料工程、电子信息科学与技术、化学工程与工艺等方面。

昆山开发区与上海大学的合作由来已久。早在2011年,通富热处理(昆山)有限公司落户。该公司就是上海大学热处理有限公司投资的一家高科技专业热处理公司,创始团队来自上海大学材料科学与工程学院。目前,该公司拥有3套国际先进的连续式氮碳共渗生产线和连续式退火生产线设备,并采用了国际领先的FNC氮碳共渗技术。公司已被认定为高新技术企业、苏州市瞪羚企业。

今年以来,开发区加快推进国家创新人才培养示范基地建设,努力打造产才融合新高地。围绕这一目标,开发区积极发挥"近沪楼台先得月"的优势,加强与上海高校院所产学研对接,已组织开展对接活动2场,促成产学研合作项目3项,并与上海114产学研协同创新服务平台、上海科创帮2家上海技术转移机构建立合作关系,委托其在区内从事技转相关工作。(李传玉)

"新华网"2020年4月26日

## "致生命 以青春的名义"上海大学举办"生命智能"云上思政公开课

上海市课程思政领航课程、上海大学"生命智能"课程的第五讲——"致生命 以青春的名义"云上思政系列公开课28日晚间在直播平台开讲。

本期课程由上海高校思想政治理论课"顾晓英工作室"主持人顾晓英教授担任"串讲"嘉宾。课程负责人国家优青、上海市曙光学者、宝钢优秀教师奖获得者、上海大学生命科学学院副院长、医学院副院长、上海大学心血管研究所负责人肖俊杰教授联袂国家杰青、长江学者、上海大学副校长汪小帆教授,材料科学与工程学院党委书记、校团委书记王江教授,抗疫一线战士武汉同济医院周宁副主任医生等特邀嘉宾一并担任主讲,并参加交流互动。

本次公开课,旨在通过鲜活的生命教育线上课,使学生发现生命智慧,珍惜生命,敬畏生命,并逐渐养成对科技持有一丝警惕,对自然保有一份谦卑,对生命坚持一份尊重的价值观。恰逢五四青年节来临之际,本次课程邀请武汉同济医院抗疫最前沿的青年英雄、刚刚荣获"中国青年五四奖章"的周宁医生作了精彩分享,激发大学生"让青春在党和人民最需要的地方绽放绚丽之花"。

5位教师分别来自生命科学、临床医学、材料科学、信息技术和思政等不同领域,课程采用上大首创的"项链模式",老师们通过"云备课",文理交叉,联袂教学。疫情当下,生命教育可以让学生看到中国抗疫"生命至上"的价值追求,感受中国共产党坚守人民至上的宗旨信念,践行服务人民的铮铮誓言。课前,教学团队在课程网上教学平台布置了课前的作业:"你最喜爱的一句关于生命的名人名言—写出我的生命感悟"以及"请你说说最打动你的抗疫故事:我关注的抗疫感动"。

顾晓英老师结合课前安排导入课程,她用诵读《生命》小诗来开启课程。几名课程班学生分享了最喜爱的关于生命的名人名言以及一件件深受感动的抗疫故事。同学们的分享发自内心,深入肺腑。一些同学通过亲身经历,讲述了一件件朴实无华却又伟大的抗疫故事。这一则则中国抗疫故事直接成为"生命智能"生动教学内容。

国家杰青、上海大学副校长汪小帆教授饶有兴趣地分享了自己的学术研究。他结合疫情流变,讲述了信息化时代网络研究的飞速发展,强调了网络智能时代要求青年学子乘风破浪,掌握硬核科学技术,为中华民族的伟大复兴努力奋斗,争做时代新人。汪老师寄语青年人,要自强不息,实事求是,注重提升自身综合素质,提高站位,了解时代、了解当今中国、了解当今世界。

同学们通过超星平台表达了自己的即时感想,词云显示,同学们极为深刻地感受到了"科技""进步""科学""受教",以及对我国科技发展的"骄傲"和"自强"。

上海大学材料科学与工程学院党委书记、校团委书记王江教授从一个2008届上大毕业生"本硕博"成长的学长角度,对学生分享了青年一代只争朝夕跟党走的豪情和信心。

作为课程负责人,上海大学生命科学学院副院长、医学院副院长,上海大学心血管研究所负责人肖俊杰教授从生命科学角度,介绍了关于新冠病毒的科学研究进展、新冠肺炎的检测、中医治疗以及疫情防控。他从国内外检测病毒试剂盒研发的角度出发,分享科研发展对疾病对生命的意义和价值。他鼓励青年学子,要努力学习努力科研,为人民安康、为社会进步而努力奋斗。

"哪有什么岁月静好,分明是有人替我们负重前行"。奋斗在抗疫一线,奔波于各大ICU抢救病室的抗疫明星,华中科技大学附属同济医院的周宁大夫,生动地分享了他和他所在的团队在武汉抗疫前线生死时速之中的青春人和奋斗事。周宁医生刚获评团中央"中国青年五四奖章"抗疫类个人奖。他的真挚分享,既有理性又有感性,把师生和网友带到曾经生命争夺的前线战场的每分每秒,视频场景令人动容,也让线上师生和网友们揪心动容。他的激情话语,朴素而又深藏至理大道!

同学们在评论区深情留言,为一线医生致敬,为祖国自豪,以"感动""敬佩""骄傲""致敬""感恩""敬畏生命"发表感想。"感动"和"骄傲"成为引用率最高的词条,表明了同学们对党对国家的自豪感,民族的骄傲情。

"在救治过程中,人工肺如何帮助患者?""是什么能够最终帮助重症患者渡过难关"?同学们线上抛出问题,老师们耐心回复。抗疫英雄讲述了亲身经历。大学生身边同样有青年榜样。上海大学在校研究生闵秀芹(秦甲百万口罩项目组核心志愿者),理学院2016级硕士研究生俱李菲同学以及毕业班直研北大的市优团员蔡虎分享了他们在疫情期间作为志愿者,奋斗在抗疫战斗后方的故事,彰显了青年学子在国家需要时奉献青春的勇气和精神。

身处异国他乡的留德博士、上海大学本科硕士生吕东潮分享了他收到祖国漂洋过海寄来的健康包时的感动。他在连线屏幕上亮出健康包里的《预防新冠宣传册》、连花清瘟中药、口罩等,表示了在国外深刻感受到的祖国对广大海外留学生的生命关爱,并为自己是中国人感到骄傲与自豪。

这次的"生命智能"公开课,从不同角度不同侧面,向青年学生展示了中国抗疫"生命至上"的价值追求。嘉宾的分享,尤其是周宁医生的连线感言,再次让学子们感受到了当人民群众生命安全和身体健康受到威胁,广大党员干部挺身而出、英勇奋斗、扎实工作,以必胜之心、责任之心、仁爱之心、谨慎之心,坚守人民至上的宗旨信念,践行服务人民的铮铮誓言,擦亮了新时代共产党人的政治本色。

据悉,"生命智能"课程是上海大学大国方略系列课程团队开发的"育才大工科"之人工智能系列课程的第五门精品课程。作为上海市课程思政领航课程,2019年上海高校本科重点教改项目的成果,"生命智能"对接国家人工智能战略,着力培育未来具有创造力的科学家和工程师,培养能够担当民族复兴大任的时代新人。(殷晓)

"中国新闻网"2020年4月29日

### 走近无声的世界　手语老师倪兰的指尖之语

近日,根据上海大学音乐学院抗疫原创歌曲《他最平凡》编配的手语版登录"学习强国"平台,在优美感人的音乐旋律中,上海大学好几位老师和学生用手语传达着另一种"看得见"的语言,让听障者也能欣赏到艺术之美。在上大,全校通识课"中国手语文化"传授的正是这一从未"说过"的语言。这门课已经在校开过6轮,报名情况十分火爆。教授这门课的老师就是进行手语教学多年的倪兰。

**看见听障群体　让更多的人能够学习手语**

"听障者也有自己的语言,只不过那是一种无声的语言。"从2003年接触手语开始,倪兰多年的学术探索让她认识到,手语研究不仅仅是一个语言学的问题,还涉及听障者教育、国家语言政策、信息无障碍建设等多个领域的问题,在进行学术研究之外,应结合更多的社会应用,要让更多听力正常的人意识到听障者群体的存在,让手语被更多的人了解和学习。

从2017年开始,倪兰在上海大学开设了一门名为"中国手语文化"的通识课。她在课程推荐词中这样写道:"也许你早就想学习一门新的语言,却不愿被海量的单词、头痛的语法所困扰,来试试手语吧!不用抄写单词、不用死记硬背语法,只要你肯动动手指,带上你善于变化的表情包,你就能认识和掌握中国手语。一项特殊的技能、一项成为志愿者的优势、一个了解无声世界的窗口、一套和朋友之间默契的符号。""假如你的身边或者朋友有一名听障孩子,你觉得他应该上什么样的学校?""听障者的第一语言是什么?"……每学期的第一节课,倪兰总会向在座的学生们提出类似的问题。为了加强对听障群体和手语的初步认识,她会向同学们介绍听障者的世界、听力障碍是如何发生的、听力障碍者如何融入社会、听力障碍儿童的语言教育等内容,为学生们打开听力障碍者的陌生世界。不少同学们因此深受启发,他们说:"学习手语、接触听障者以后加深了我对社会的多元化的构成的理解,我认识到听障者其实和我们是一样的,只是使用了另一种语言。"

**同学们积极参与承担起更多的社会责任**

"上完这门课,我了解到了一些基础的上海手语,比如数字、字母,还有简单问候。我是第一次知道手语也是有方言的。""倪兰老师好可爱!而且太厉害了,会中东的语言也会手语,我们和猫老师交流全靠倪老师翻译。"这是学生上完"中国手语文化"通识课的直接感受,猫老师则是听障者助教的手语名字。每次上通识课时,都是由倪兰主讲语音、构词、语法结构、会话原则等手语语言学基础知识,助教老师负责进行手语示范,教给同学们常用的手势、句型、对话。"这门课给我的最大感触就是,同学们对待听障者、手语的态度非常端正,这与社会文明程度的提升以及我们对世界的认识密切相关。"倪兰表示。很多学生在课程结束后对手语产生了浓厚兴趣,希望能继续深入学习。倪兰老师也会给出非常中肯的意见,她告诉感兴趣的学生,学习一门语言最好的方式就是和这门语言的使用者去沟通和交流,上海有很多"听障者角",比如每周三清晨鲁迅公园里都有听障者活动。如果想学好这门语言,还需要坚持不懈的努力和耐心的付出,真心将听障者看成自己的好朋友。

"中国手语文化"通识课已经在校开过 6 轮,每次限选 100 人,但每次都报名火热,不少学生都报不上名。"这门课就是要让大家认识到手语也是一种自然语言,学会手语,才能与听障者建立起更有效的沟通渠道。我希望同学们了解这一群体在教育、医疗、法律事务、社会交往中遇到的困境。作为社会中的一员,我们该如何与这个群体沟通,我们能为他们做些什么?"倪兰表示。这不仅关乎爱心,更加关乎专业。

2017 年 5 月 26 日,中国手语及听障者研究中心在上海大学成立。中国手语及听障者研究中心致力于开展手语、盲文的科学研究以及国家通用手语、盲文的推广工作,倪兰担任研究中心主任。2019 年该中心获批成为上海市语言文字推广基地和国家语言文字推广基地。2018 年研究中心建成了国内首个国家通用手语比对语料库,形成了包含 48 000 多条手语常用词语的语料库,可以进行汉语、英语、音序和手形的检索。

2019 年在国家通用手语比对语料库的基础上,中心建成国内首个国家通用手语学习平台,服务于国家通用手语教育培训工作。研究中心的实验室位于宝山校区东区文学院大楼,由于需要大量采集手语数据,实验室建有专业拍摄棚和工作站,四台专业摄影机可以实现多角度的三维拍摄。倪兰向记者展示了正在制作的数据库平台和中心网站,在计算机学院的技术支持下,平台可以实现多种检索、数据标注和数据管理。从拍摄、剪辑、标注到后期识别处理,纷繁复杂的研究工作每天都在这个实验室重复着,这些数据不仅可以用于手语教学,手语语言学研究,还可以应用于手语识别等信息技术的研发。多年从事手语研究,倪兰和很多听障者成为朋友,她为社会对这个群体有了更多的关注而高兴。研究中心在进行学术研究、编写教材、采集数据、建立语料库的工作中,得到了很多听障者的支持,"很多听障者说,来这里工作非常开心和充实,听障者和听人(指拥有正常听力的人士)在这里互相学习和进步。"听障者的支持配合来自他们对研究中心和倪兰的信任,"我们也要对得起这份信任。"提到听障者,人们更多的是感性认识,而倪兰一直在用专业角度表达她对中国手语和听障者文化的理性认知,她说:"我们在做的不仅限于爱心,更关乎专业。"(柳琴)

《东方教育时报》2020 年 5 月 6 日

## 上海大学"课程思政"在《红色传承》中汲取营养

中华人民共和国度过了 70 华诞,中国共产党也将在明年迎来百岁诞辰。如今,在世的老红军战士寥若晨星,健在的老八路军、老新四军也已为数不多。记述革命前辈的英雄事迹,为"四史"学习教育积累生动素材,就成了一件非常紧迫而有意义的工作。

早在 2012 年 10 月,上海大学影视艺术技术学院的王晴川就与上海市新四军历史研究会理事余江如联合发起,开展了以《红色传承》为主题的电视纪录片创作工程。纪录片以客观记录和人物采访的方式,记述在世的老红军、八路军和新四军老战士亲身经历的革命故事与峥嵘岁月,参与创作的上海大学新闻传播学科和戏剧影视学科的研究生累计已有300余名。

八年来,团队采访过一大批革命老战士,有老红军战士胡守富、洪明贵,新四军老战士陈尔胜、阎道彰,八路军老战士贾德发和老地下党员刘燕如等,创作完成了100集《红色传承》电视纪录片,包括《长征的故事》《新四军对日伪作战经典战例》《上海解放的故事》等,分20期全部在上海广播电视台视频点播平台上播出,累计覆盖受众上千万人次。

在创作过程中,王晴川教授与余江如客座教授联手,坚持给新闻与传播专业硕士研究生开设了一门课程"电视新闻与纪实作品研究"。他们将《红色传承》纪录片创作与课程教学结合起来,把学生们分成创作小组,明确创作任务,悉心指导和带领学生们进行选题策划、解说词撰写、镜头拍摄、现场采访、配音、后期剪辑及技术合成等工作。

通过策划、制作《红色传承》电视系列纪录片,上海大学的学子们在很短的时间内便掌握了电视纪录片的创作规律和方法。同时,学生们还得到了生动的革命传统教育、爱国主义教育、"四史"教育和社会主义核心价值观教育,上海大学做到了在人才培养中发掘革命故事,在红色传承中培养专业人才。

学生们在创作过程中热情高涨,在与革命前辈面对面的对话和交流中深受感动。参与创作和采访的研究生同学帅露瑶说:"我一辈子都忘不了老红军讲述的故事。在我的心目中,他们才是真正的英雄"。不仅如此,参与创作指导的老师们也得到了教育和提高,不仅提升了政治理论和教学业务水平,开阔了视野和眼界,也加深了对于课程思政教学规律的认识和理解。

在发掘革命故事和创作《红色传承》系列纪录片的过程中,指导老师们深刻认识到,大学生和研究生的思想政治课程应该在革命文化和传承红色基因中汲取营养。"四史"学习教育与"课程思政"完全可以在传承革命文化中找到很好的结合点。"四史"学习教育与"课程思政"应走出校园,扎根祖国大地,与红色基因和革命文化的发掘与传承进行有机结合。

为迎接中国共产党建党100周年,《红色传承》创新团队今年将继续在王晴川、余江如的带领下,创作10集红色题材的纪录片,讲述10位新四军英烈的故事,包括"淞沪游击纵队参谋长周达明""皖江抗日根据地皖中行署主任吕惠生"(著名新四军作曲家、《红旗颂》作者吕其明父亲)等人的故事,今年底将全部制作完成。(任鹏)

"光明日报"2020年5月8日

## 上海大学"创新中国"云上思政公开课聚焦青年创新

创新是一个民族进步的灵魂,是一个国家兴旺发达的不竭动力,也是中华民族最深沉的民族禀赋。5月9日晚,上海大学云上思政课程思政系列课之第七课暨上海市课程思政领航课程"创新中国"第五课,在直播平台火热开讲。

本期课程以"无奋斗,不青春——我的科研创新之路"为主题,由上海高校思想政治理论课"顾晓英工作室"主持人顾晓英教授担任"串讲"嘉宾。课程延续上大首创的线上"项链模式",由上海大学通信与信息工程学院牟成博教授以及浦江人才、上海市曙光学者、上海大学理学院副院长陈玺教授联袂主讲,其间还有两位16级优秀本科生作了科研经历分享。

课程通过ZOOM平台教学互动,通过超星平台直播,给慕名上线观摩的校内外师生及网友们奉献了一堂精彩思政大课。

课程伊始,顾晓英老师用殷切的语气表达了对每一位青年人的创新期许。无论是疫情期间还是平素,时时、人人、事事,大家都在想方设法做好创新这篇大文章。青年人应该有坚定理想信念,站稳人民立场,练就过硬本领,投身强国伟业。多名课程班学生用"一分钟"分享,表达了青年人对于奋斗与创新的理解。

即将去帝国理工学院留学的上海大学生命科学学院大四学生马毓蕊,结合自身参加挑战杯等竞赛经历,分享了跟随导师肖俊杰教授进行科研学习的心得,她展示了入校以来获得的40余张奖状激励学弟学妹。即将去清华大学深造的国家级试点学院——钱伟长学院16级毕业生汪琦同学作了分享。作为上海大学"大国方略"系列课程的拥趸者和四门课程的修读者,她讲述了受益于上大钱院多学科、国际化的拔尖人才培养理念,疫情期间宅家,依旧坚持每天六小时学习科研阅读外文前沿资料。她总结出科研前沿资料浏览和分析制表方法。两位优秀本科毕业生的分享,集中呈现了上大优秀学子"自强不息"的精神风貌。她们感慨,有意义的青春与人生是通过奋斗得来的。

两位青年教授分享了自己在科研道路上的创新思路和研究心得。他们深入浅出地解析学科热点,多角度地展现学科魅力。上海大学通信学院青年教授牟成博教授,分享了多年英国留学的经历以及自己科研路上的机遇与深思,并阐述了超快光纤激光器的创新研究。他以做梦读博等自身经历鼓励青年学子思考不辍,躬行不止,注重交流学习,敢于突破创新。

远在西班牙访问研究的理学院副院长陈玺教授,分享了量子光学、量子信息、量子计算等前沿技术的发展,讲述了在一些前沿创新领域中国如何迎头赶上,并激励年轻人以奋斗磨砺青春,在创新道路上一往无前。

老师们的精彩分享点燃了云端每一位学生。他们在互动平台留言,深情打下"坚持""突破""创新""奋斗""担当"等关键词。当创新成为这个时代的关键词,给予学生怎样的创新教育成了许多大学,甚至全社会探索的课题。国家精品在线开放课程、上海市课程思政领航课程"创新中国"邀请名师大咖走进课堂为本科生授课,开阔了学生眼界,让学生在线零距离得到指点。

这堂"创新中国"公开课得到了新疆喀什大学、广西大学、中南大学等高校的在线参与,浙江嘉善高级中学以及山东高校等的师生也在线参与。他们有的远在新疆、广西等地,但与上海大学课程班同学连线,一起参与交流互动,课后同样发来反馈。

广西大学大四本科毕业班学生说,听了陈玺教授的介绍后,我深受震撼。量子计算异常强大,不仅仅意味着现有软件运转得比之前快了无数倍。量子计算机可以将很多我们不擅长解决的问题变得更简单,当下一代计算机进入市场时,量子计算在各方面的创新应用将会大放异彩。陈玺教授、牟成博教授不断在自己研究领域深耕,发扬科研工作者求真务实、默默奉献的精神,攻坚克难,服务人民,回报社会,践行着一个科研人应有的责任和担当。面对复杂的改革环境、艰巨的发展任务,今天的中国比以往任何时候都更加需要创新。世界变化日新月异、民众诉求水涨船高,只有创新,求变化,求发展,敢于啃硬骨头,敢于涉险滩,冲破思想观念的障碍,突破利益固化的藩篱,才能掌握发展主动权,让人民享有更多改革成果,让国家获得更快进步。又日新,日日新,苟日新,国家与民族的伟大复兴正需要着我们充满智慧才干的新青年用创新意识来创造!

上海大学"创新中国"课程班江丽娜同学表示,今天两位学姐的分享让我深刻感受到了强者与普通人的区别。在特定的阶段,人们会感到迷茫,但是强者会坚持不放弃,利用好资源,去寻找新的途径去突破目前的困境。即使艰难,但是青春就是用来奋斗的,以后回眸会万分感谢那段艰苦的岁月。两位老师的分享也是十分精彩。量子计算机即使目前的设计、编程都十分困难,温度涨落、电磁波、振动等都会破坏量子特性;但是它最大的特性就是运用量子力学规矩以实现数学和逻辑运算,这是对普通计算机一种新的突破。这种转换思维方式的创新是值得我们去学习和思考的,而且为了这项事业前仆后继人们的不懈奋斗的精神更是我们应该学习的。我们也要树立远大的理想并且为之奋斗。正所谓"志之所趋,无远弗届,穷山距海,不能限也"。未来还有许多的难题等着我们解决,还有许多未知等着我们揭晓,所以我们要不停奔跑,在奋斗当中实现自我价值。(许婧)

"中国新闻网"2020年5月11日

## 上海大学召开新时代领航高校思政课+课程思政创新教学研讨会

上海大学15日举办"新时代领航高校思政课+课程思政教学创新研讨会"。来自复旦大学、上海交通大学、上海中医药大学的五名嘉宾与上海大学马克思主义学院教师代表、课程思政领航团队负责人代表、部分领航课程负责人及教师工作部、人事处、宣传部负责人共30余人与会。

本次研讨会其实也是全国政协委员、上海大学副校长汪小帆教授的调研会。他即将赴京参加全国政协会议。他关切的话题是线上高校思政课教学与课程思政教学中存在的问题及解决对策。本次研讨会由上海大学党委宣传部、马克思主义学院和教务处三方合署筹备。中国教育电视台委托上海教育电视台摄制组全程跟踪录制并进行会后专访。

汪小帆表示,沪上各高校都在落实立德树人根本任务,希望能听到校内外专家及马院老师们就新时代领航校如何办好思政课和深化课程思政提出开门见山的观点。

上海中医药大学教授、全国优秀教师张黎声指出,"课程思政"这个概念是从上海发出的,从2017年上海市开展落实高校课程思政整体试点改革校项目到2019年课程思政领航计划全市布点领航学校、领航学院,表明课程思政在上海已从探索阶段进入研究、传播和引领阶段。他认为,深化课程思政需要老师深挖课程的学术价值、思政价值,不断提高教师育德意识和育德能力,需要学校上下一条线的整体管理和整体认识,形成有制度保障、有氛围浸润的课程思政行动力,真正形成课程思政与思政课相互赋能,课程思政与金课相互赋能的喜人局面。

复旦大学历史系教授、博士生导师,中国世界近代史研究会副会长、复旦大学通识教育核心课程委员会副主任委员、复旦大学教学指导委员会委员李宏图指出,思政课与其他课程一样具备"价值塑造、能力培养和知识传授"的功能,一是需要我们回答中国是什么,世界是什么,了解两者的关系是什么;二是思政课如何在学生能力培养上下功夫,思政课如何讲出学理来,而不是简单给出一个结论;三是思政课要将培养学生放到中国与世界的关系,历史与逻辑的关系层面上,加入经典文本的解读跟现实关怀,从很多维度思考,然后提升学生思维能力。只有重新定位思政课,更多提升其学理性,才能培养学生能力,重塑学生价值观。

全国思政课教学能手、上海交通大学马克思主义学院副院长鲍金,着重阐述对思政课内涵式发展的思考。他认为思政课内涵有三方面:首先,高校思政课要着重培养学生的理论思维;其次,思政课要坚持问题导向,激发学生学习兴趣;第三,上好思政课的关键在教师,学原文,读原著,悟原理,思政课教师要把阅读经典著作作为精神追求和生活习惯。可以在有条件的高校先行开设"马克思主义经典著作导读"选修课程,逐步养成老师和学生的经典阅读习惯。

上海交通大学致远学院党总支书记洪梅,上海交通大学致远学院院长助理、学生培养办公室主任、2017年度上海市辅导员年度人物吴海燕,结合工作实践分享她们如何在上海交大致远学院拔尖人才培养中找到"生涯规划课"与思政的最佳结合点。海燕老师生动讲述了自己探索的鲜活育人案例,引导学生发现自我,激发、守护学生的科研报国梦想。

上海大学电影学院青年教师孙逊结合"四史"学习以及之前带领学生参与学校原创校史剧《红色学府》排演,感慨回望历史是为致敬先贤。他体验了瞿秋白、恽代英、张太雷等一批革命先贤的初心和使命,无形中拓展了课程思政表演课的教学方式。他表示会着手设计以排演"红色史剧"为载体的思政课程。

"大国方略"系列课程团队成员、"经国济民"课程负责人、领航学院掌舵人、经济学院院长聂永有教授回溯了"大国方略"课程发祥史。他指出,领航学院要有整体设计、制度保障和追踪考核机制。他分享"经国济民"如何结合学理、埋入学术主线,跨院系、学科教师集体备课实现跨学科融合,聚焦现实,直面大学生关心的问题。他还说到课程思政需要有固化成果,实现教学相长,如出版《大国崛起的新政治经济学》荣获上海市哲社著作类一等奖。

校党委宣传部副部长、马克思主义学院副院长邱仁富总结上海大学思政课改革不断接力、更迭的探索和实践,一直走在全国前列。从获得国家教学成果奖二等奖的"项链模式"将哲社专家教授引进思政课堂,提升课程的思想性和理论性,到"六个为什么"试点探索形成了以学生问题为导向,基于问题逻辑的解析式教学方式,学校增强思政课的针对性。这次,结合疫情期间线上教学的新情况,马院教师准备充足,积极应对,形成"学生在哪里,思政课教师就在哪里"的链接式教学模式。现阶段,上海大学的思政课正立足智能时代理解人和社会,直面新时代人的全面发展问题,同时借助"四史"研究,积极主动将红色文化融入思政课。

汪小帆指出,专家们发言视角不同,观点精辟,再一次验证了"好老师没有统一的模式,可以各有千秋、各显身手",共同的一点就是"有理想信念、有道德情操、有扎实学识、有仁爱之心"。

会后,汪小帆副校长和与会的"大国方略"系列课程骨干成员们来到上海市高校思政课名师工作室——"顾晓英工作室",实地探访上海大学如何依托思政课名师工作室平台,发挥名师示范引领,联袂策划并运行系列品牌课程,积极推广教学改革经验,实现其他课程与思政课同向同行。汪校长和顾晓英,"创业人生"主讲、管理学院刘寅斌老师,机自学院无人艇团队老师杨扬等交流疫时如何做好"云上思政",讲好抗疫故事进课堂,做好线上"项链模式",以云端集体备课,引入多方资源,呈现多学科、跨学科融通的线上思政教学新气象。

随后,汪小帆副校长又前往钱伟长图书馆与学生交流互动,最后又与无人艇团队老师们交流,一流学科建设过程中如何有机融入思政,如何科研优势反哺本科教学,如何积极参与到本科生线上线下教学,讲好学科抗疫故事,激发学生报效祖国之志,落实立德树人根本任务。(许婧)

"中国新闻网"2020年5月18日

**做晨曦中的赶路人——专访上海大学校长刘昌胜**

5月27日,上海大学即将迎来合并组建纪念日。

这一天,也是上海解放纪念日。上海大学的诞生、成长和发展,始终与这座城市同呼吸、共命运。从继承、发扬上世纪20年代"红色学府"的优良传统,到吹响"追卓越、创一流"赶超冲锋号,建设与上海城市地位相匹配的高水平大学是这所高校矢志不渝的初心、使命。

在上海大学校长刘昌胜看来,新征程已经开启,每一名上大人都应当成为晨曦中的赶路人、更上层楼的攀登者。

刘昌胜1967年6月生于湖北大冶,生物材料学家,中国科学院院士,上海大学党委副书记、校长、教授。

**应对疫情锻炼了能力,也汇聚了合力**

解放周末:近来,申城各大高校的学子陆续返校。从您掌握的情况来看,返校师生状态如何?

刘昌胜:5月10日起,在确保安全的情况下,上大毕业年级学生开始分批、错时、有序返校。

目前来看,大家的身体和精神状况都蛮好的,认为学校的疫情防控工作细致周到,也能理解和配合一些特殊安排。比如,待在学校里不出去,保持适当的社交距离,食堂就餐时注意分开坐。

同时,学校对毕业工作已有周密安排,将创造一切可能的条件,使学生不因疫情影响毕业。

解放周末:为了返校,学校做了哪些准备?

刘昌胜:此次疫情的暴发,确实对正常的教学秩序产生了冲击。

跟其他兄弟高校不一样,上大是短学期制,放假比较早,开学也比较早,所以要早一步发布通知,让学生和家长安心。我们早在1月20日就召开会议,从对生命负责、对学生安全负责的角度,在上海乃至全国率先决定推迟开学。后来,在进一步研判疫情的基础上,又两次作出延后开学的决定。

根据借助科学手段来抓校园防控的要求,我们开发了一个信息系统,确保师生可以更顺畅地"每日一报"。这个系统的使用效果很好,被武汉大学等十余所学校采用。

在学生离校的这段时间里,宿舍管理员通过微信"接单",帮助同学们处理过期的食品饮料、晾晒被褥等。听说,一些宿舍里的多肉植物也得到了照料。

根据教育部"停课不停教"的要求,学校积极推进网上教学,快速打造"云课堂"。针对线上学习可能遇到的困难,还制定了专门的工作方案,不让一名学生掉队。

解放周末:疫情期间,5万名上大人相约"云课堂"。您是第一课的主讲人之一。这堂课传递了什么信息?

刘昌胜:在"云课堂"中,成旦红书记和我共同开启了"关爱健康、关爱社会"的第一讲。

这堂课以"磨难须自强,奋进不停步"为题,主要是介绍学校疫情防控工作、线上教育教学以及今年的毕业生工作等,并寄语师生要直面困难,在抗击疫情中锻炼成长。

通过这次云端交流,我们想传递三个理念:

一是"关爱"。全校上下高度重视,将保障师生安全健康放在首位,相关工作抓早、抓全、抓实,做到让师生暖心、家长宽心、社会安心。

二是"感谢"。疫情当前,广大师生积极作为、奋发有为、逆势而上,涌现出一大批身边的动人事迹。智能制造及机器人中心第一时间成立"高污染危险环境下智能消毒机器人"攻关小组,克服重重困难,不到20天便研制出可替代人工进行消毒作业的智能机器人;机电工程与自动化学院的老师无偿公开护目镜、面屏设计模型,为大批量生产、输送医护产品提供了助力。体育学院推出线上运动教学视频,邀请国际级裁判和高水平运动队教练讲解示范,帮助和鼓励广大师生居家锻炼;国际部面向遍布世界各地的1524名留学生,专门开展了"抗击疫情,一路同行"心理援助计划,获得广泛好评。

三是"自强"。面对疫情,广大师生众志成城,化危为安、化危为机,践行了"自强不息""先天下之忧而忧,后天下之乐而乐"的校训精神,既锻炼了能力,也汇聚了合力。

**花更大的精力来帮助学生就业**

解放周末:以前的五六月份,很多应届毕业生都已经拿到了offer(用人单位的录用信)。但今年的情况确实特殊,有毕业生担心自己会成为"毕剩客"。学校可以怎样帮他们一把?

刘昌胜:在统筹推进疫情防控和经济社会发展的特殊形势下,"稳就业""保就业"是对高校的一项政治考验,也是社会各界关心的重大民生工程。

今年,上大的毕业生数量较多,4 907名本科生和4 767名研究生,就业压力很大。为此,我们从多个方面发力开展工作:

一是"锁定一个目标"。学校专门召开毕业生就业工作推进会,充分调动大家的工作能动性,并层层压实责任,努力确保不因疫情影响毕业生就业,自我加压。

二是"写好一封信"。这封信写给广大校友、写给用人单位,主要是介绍今年的毕业生情况和就业形势,希望社会各界能够给予更多的关心,给予更多的就业机会。

比如,文学院发给校友的一封信,收到近百名校友的反馈信息,促成学院签约率增加了5个百分点;理学院发挥与地方政府的党建共建优势,邀请20余家企业面向上大学生发布用人岗位。

三是"下好一盘棋",积极利用好国家和上海有关促进就业的政策。比如,今年报名"西部计划"和应征入伍的人数,较往年明显增加。

最近,在教育部的指导下,我们还跟武汉晴川学院开展毕业生就业创业"一帮一"行动,勇担社会责任。

四是"搭好一个平台"。在前期6场招聘会的基础上,我们正结合历年毕业生就业流向,联合本市其他高校筹备开展长三角地区专场招聘会,"一对一"地巩固核心企业用人需求,积极开拓就业渠道。

五是"织好一张网"。其中,专门组建8个就业事务办理咨询群,联动毕业班辅导员协助办理各类线下手续,共同推进毕业生就业进程。

总体上讲,我们跟全国众多高校一样,正在花更大的精力来帮助学生就业,期待相关工作成效能在学生毕业时得到全面显现。

解放周末:对今年的毕业生来说,自主创业是否是一个值得鼓励的发展方向?

刘昌胜:我们鼓励青年才俊响应国家"大众创业、万众创新"的号召。在上大,去年有38位在校学生实现自主创业,15家大学生创业企业获得上海有关基金会资助。

但要提醒的是,创业不是一件轻而易举的事情,要有敏锐的洞察力、果断的执行力、坚定的意志力,不是每个学生都要去创业。当然,这并不妨碍大家从事创新活动和实践训练。

兴趣是最好的老师。喜欢做理论研究的,可以专注于理论知识的积累,将来读研究生,成为研究型高端人才;喜欢做工程研究的,可以投入更多时间、精力去实践和训练,将来在"中国制造"迈向"中国创造"的舞台上大显身手。

解放周末:对有志于创业的年轻人,您有什么寄语?

刘昌胜:有志于创业的年轻人要对创业的困难有充分的思想准备。创业成功不是偶然的,需要技术、市场、资金、人脉以及整合各项资源的能力,还有机遇。

一个新创企业能够真正成长起来,要么技术领先,要么管理领先,要么市场领先,要么资源独特,一定要有独到的地方。如果没有一个地方领先,而且资金又不雄厚,失败的概率就会很大。创业成功的概率大致符合管理学上的"二八法则"。

失败不完全是坏事。失败是一个学习的过程,失败后还可以再站起来,但失败的打击也不小,要尽可能通过前期充分准备增加成功的概率。

因此,大学生应当充分利用学校提供的平台,接受一些企业管理知识和创新创业训练,培养创新创业思维,提升创新创业能力。

**干就干成一流,做就做到极致**

解放周末:据报道,今年我国将扩大硕士研究生招生规模。这会不会导致"宽进宽出"的问题?

刘昌胜:研究生教育是培养高层次创新人才、释放人才红利的主要途径,是国家人才竞争和科技竞争的重要支柱。新形势下,增加一定比例的研究生,也是从"制造大国"迈向"制造强国"的需要。

至于"宽进宽出",其实并不是绝对的因果关系。比如,我们的本科教育从精英教育到大众化教育的进程中,升学比例有很大的提高,但科技水平进步了、培养手段上去了,毕业生的水平不一定比原来低。研究生的培养同样如此。

现代教育思想推崇教育个性化,但也存在一个基本标准。这个标准要求包括什么课得学、什么知识得掌握;研究生教育还包括研究创新,该做的实验必须做,该写的论文必须写。完成这些任务后,还要进行专门的论文答辩,通过了才能正常毕业、获得学位。

人的潜能是很大的。年轻人处于开发潜能的最佳阶段,通过教育把人的潜能开发出来,达到标准要求的水平,就不会存在必然降低质量的问题。相信只要把握好这个标准线,就不会出现"宽出"的问题。

解放周末:上世纪80年代,本科生是为数不多的"天之骄子",毕业后由国家分配工作。您当时为何选择来上海攻读研究生?

刘昌胜:在湖北大学读本科二年级的时候,我有机会进入教授课题组参与实验,逐渐对生物化学实验产生了兴趣。钻得越深,越觉得学得还不深。于是,就下定决心报考研究生。

现在看来,本科生和研究生的培养方式有很大不同。前者更多的是通过上课、实验等形式教授知识;后者更像师傅带徒弟,学生在老师的直接指导下,与团队一起开展具有创新性、挑战性的科研工作,在实践中不断学习、培养能力,继而将知识融会贯通。这对我的成长有很大帮助。

通过系统教育和后来的人生实践,我逐渐明白一个道理:人的发展是追求卓越的过程,要将事情做到极致,要在一个领域里做到尖端、做到"单项冠军",才能收获好的结果。

解放周末:从学生到院士,您走过了一段怎样的路?

刘昌胜:我的学术历程是锁定目标、持之以恒,化压力为动力的探索过程。

1993年初,我正在读博士,开始专注于"人工骨"研究,简单来说就是为骨受伤的病人打造可以填补修复缺损的人造骨头。

我国每年骨缺损的患者有300万人,对修复材料的需求大,很多人由于缺乏理想的修复材料而得不到有效治疗,甚至导致残疾。

此前,国内外研究的替代材料主要分为两类:一类是有机高分子材料,可塑性好但固化时会放出强热,容易灼伤周围人体组织;另一类是无机陶瓷材料,生物相容性好但可塑性差、难以降解,会长期存于体内。

我的目标是研制一种材料,既能像水泥一样任意塑形,又能凝固起来,具备一定的强度支撑人体重量。同时,还要有良好的生物相容性,植入人体后能降解吸收,并引导新的骨头生长。

研制成功后,经过临床试验获得产品注册,又在广泛的临床使用中取得很好的治疗效果,最终得到了市场检验。在这个过程中,我经历了很多。

我经常跟学生们强调,科学研究中会遇到许多困难。碰到困难,不少人会绕着走,结果是困难始终存在。唯有理想和信念,可以战胜惰性和畏难情绪。

往大的方面讲,每个人在不同的人生阶段都会有不同的压力,适当的压力可以让人进步,但如何化压力为动力则是一种需要锻炼的能力。我始终相信,这种转化能力的培养会让人变得更加坚韧、成熟、自信。

解放周末:在您的成长过程中,上海这座城市给予了怎样的呵护?

刘昌胜:从学生到老师,从讲师到教授,从院长到校长,我是在上海逐步成长起来的。开放、创新、包容的城市品格营造了比学赶超、见贤思齐的良好氛围,有益于催生"干就干成一流、做就做到极致"的志气,也让人养成了时不我待、只争朝夕的锐气以及甘坐冷板凳、苦下十年功的静气。

上世纪80年代末,我刚来上海的时候,讲上海话的人还比较多,现在到哪里都能听到普通话。无论你来自哪里,都能够在上海找到发展的机会。它不仅让人来了不想走,还能让人相互欣赏。

这种城市品格、城市精神激励下的创新,不是"急吼吼"的、不是一阵风似的,更不是泡沫般的,而是有温度、有根基、有保障、可持续的。

**在践行上海城市品格中彰显特质**

解放周末:上海是中国共产党的诞生地、改革开放的前沿窗口,上海大学是一所具有光荣传统的"红色学府"。在"四史"学习教育中,上大这一"课"可以怎样讲?

刘昌胜:上海大学不仅有改革基因,更有红色基因。上海大学的诞生、成长、发展和壮大,始终与国家、民族以及上海同呼吸、共命运、心连心。

1921年,中国共产党在上海成立,犹如茫茫黑夜里照进希望的曙光。

1922年,上海大学成立,随即成为传播马克思主义、传播先进文化知识的重要阵地。那个年代,中国大地风起云涌,反帝反军阀的浪潮促进国共有识人士合作办学,一批有进步思想的名师贤达加盟上大,一批满怀理想的热血青年求学于上大。

在上大宝山校区南门,可以看到一个叫"溯园"的校史室外展区。它已被列入上海市爱国主义教育基地名单。走进"溯园",看一看"李大钊演讲""平民夜校""五卅运动"等浮雕,读一读上大章程、师生名录,可以真切感受到上大"养成建国人才,促进文化事业"的办学宗旨。

上世纪20年代,以瞿秋白、邓中夏、蔡和森、张太雷、施存统、恽代英、任弼时、萧楚女、沈雁冰、田汉等为代表的"红色教授",以马克思主义唯物史观为指导,讲授社会进化史、家庭、私有制和国家的起源,讲中国劳工问题、中国农民问题、现代民族问题,等等。他们积极倡导理论联系实际,授课深入浅出、通俗易懂,让很多学生掌握了马克思主义基本原理、坚定了革命信仰、走上了革命道路。

当前,我们正在全面开展"四史"学习教育、全面挖掘校史中的育人元素、全面推进本科生全程导师制等,进一步传承"红色教授"的理念和思想,努力把学校的红色传统和改革精神提炼总结出来,为百年党史注入新内容,为民族复兴增添新力量。

解放周末:作为以"上海"命名的大学,如何在新的时代给人以新的面貌?

刘昌胜:城市孕育大学,大学滋养城市。一座好的城市应该有一所好的大学,一所好的大学也会支撑一座城市的发展。

以城市命名的大学,很多都是非常好的大学,如北京大学、南京大学、纽约大学等。这些都应当成为上大前进的榜样。全体上大人正在充满激情地比学赶超,书写更有活力、更富创新、更加国际化的发展新篇章。

近年来,学校的发展确实越来越充满活力。上大不仅在上海招收了很多优秀的青年学子,而且在全国的生源也越来越好。连续两年,报考上大研究生的人数位列全国第二。这从一个侧面说明了学校竞争力、社会声誉的提升。

2016年至2019年,学校每年都斩获国家科学技术奖。无人艇是上大的王牌,去年在全国比赛中拿下了第一名。这些创新成果,反映了学校的创新实力,为下一步的更大发展打下了很好基础。

作为日益国际化的大学,近年来上大的国际学历生以每年接近30%的速度递增。这些国际学生的生源遍布世界各地,超过60%来自"一带一路"相关国家,近30%来自欧美地区。

解放周末:面向未来,如何更好地服务上海乃至国家的改革发展?

刘昌胜:2018年5月21日,李强书记来上海大学调研,强调大学要为上海加快建设"五个中心"、迈向卓越的全球城市和具有世界影响力的社会主义现代化国际大都市提供更有力的人才支撑和智力支持。去年12月30日,在上海大学座谈交流时,李强书记寄语学校"在世界大学行列中书写鲜明印记,在践行上海城市品格中彰显上大特质"。

全校上下倍感振奋、倍受鼓舞。面向未来,我们要继续增强创新动能、增强服务上海经济社会发展和国家战略的能力。

一是服务上海"三大任务"。根据长三角一体化国家战略,与浙江嘉善、温州、嘉兴,江苏无锡等地全面合作,发力长三角地方研究院建设,做长三角教育协同发展的先行者。同时,积极推动上海大学临港研究院建设,大力建设海洋高端装备功能型平台。

二是服务"四大品牌"建设。加快建设上海大学上海美术学院吴淞院区,打造一流的环延长校区文化创意园,服务于上海文化品牌建设。

三是服务"五个中心"建设。建立微电子学院、人工智能研究院,筹建生物医药研究院,加快突破关键核心技术和"卡脖子"瓶颈,在上海打造集成电路、人工智能、生物医药高地中贡献上大方案。

同时,积极推进环上大科技创新圈建设,打通科技成果向生产力转化的关键通道,建设充满活力的创新区域,服务于上海科创中心建设。

总之,我们正以争创一流的排头兵要求比学赶超,以更上层楼的攀登者胸怀干事创业,以晨曦中的赶路人姿态奋勇争先,在更好服务国家战略、服务城市发展中加快建设世界一流、特色鲜明的综合性研究型大学。(夏斌)

《解放日报》2020年5月22日

### "万人计划"劳模教授做客上大 线上讲述5G与"创新中国"

前不久,八部委颁发《关于加快构建高校思想政治工作体系的意见》,提出要遴选名师大师参与思政课讲授。19日晚,一场以正在创造万物新时代的"5G网络与创新中国"为主题的上海大学"创新中国"课程在线上展开。

本次课程顾晓英教授邀请我国首批"万人计划科技创业领军人才"、上海市劳模、视频解码与多媒体通信领域专家、上海工程技术大学教授王国中老师担任"项链模式"嘉宾。王老师原来也是上海大学教授,上海大学大国方略系列课程的团队教师。当天课程主题聚焦5G应用及创新。

以学生为中心,让学生忙起来。首先,课程班的三组学生依次分享了他们的创新项目选题及准备情况。其中,来自通信学院的罗同学分享了"基于机器视觉技术的人脸密钥"这一项目,得到王国中和顾老师的称赞,随后两组同学,也得到了王教授的专业指导。

近年来,由于4G的全面商用以及人们对移动数据需求的爆炸式增长,5G成为人们讨论的焦点。"5G到底有多快","5G华为手机值不值得买"等关于5G的诸多问题网络上众说纷纭。为了揭开5G的神秘面纱,王国中老师深入探讨5G给个人生活带来的深远影响,为社会发展带来的深刻变革,轻叩"万物互联"新时代的大门。王老师与同学们分享了中国移动自今年4月以来正式启动的"5G上珠峰"专项行动取得实质性进展的喜讯。此次5G基站建设技术复杂,建设量十分之大,并且在建设的同时要保证不破坏珠峰核心区域的自然生态环境。如此艰难的任务,中国在这么短的时间之内顺利将其实施推进,表明中国5G事业的发展一日千里。在5G创新的背后蕴含着的是中国创新事业的飞速发展。

王老师尤其高兴地讲述了当天他负责的团队项目有了核心技术的突破。他教导同学们,不仅仅要关注技术的本身,学习扎实的本领,还要深刻认识到中国掌握核心技术的重要性,大学生要主动培养创新思维,主动关注全球创新事业的发展动态,敢想敢做才是当代青年应该具有的精神面貌。

听了王老师的教诲,同学们深受触动。从词云记录的关键词中可以看出,同学们对创新、核心技术等有了更多的思考与感悟。同学们拓宽了思路,不仅仅局限在5G这项技术本身,更多地开始思考5G如何更好地应用;5G的使用是否会涉及侵犯隐私的问题;以及5G使用会产生什么样的新产业和新业态问题。

有同学提出:"4G可以以更低的成本达到相当大的技术,5G的问世是不是应用意义不大?"王老师回答:"一项新技术在问世的时候价格都会比较昂贵,但是并不意味着我们要停下创新技术的脚步,当新技术普及的时候,价格会相应下降,但是我们一直都在创新,一直都在向前发展,从长远来看,5G对于各方面的发展具有重大的意义。"

同学们的提问围绕行业前沿的5G领域而展开。王教授提到在制造业方面,制造和检测精度可以提高;生活方面,直播清晰度、舒适度会提高,网络延迟将减短;农业方面,机器人采摘+5G直播带货可以促进城乡共同繁荣;医疗方面,机器人问诊的推广可能极大改善我国医疗状况。王教授对行业了解之广泛,研究内容之深刻让听者受益良多。尤其是他提到"创新,源于解决痛点"这一提法,从根本上阐释了创新"从哪里来,又要到哪里去"的问题,正如爱因斯坦所言:"提出一个问题比解决一个问题更重要。"发现问题的眼睛正是很多创新工作出发的起点。(许婧)

"中国新闻网"2020年5月24日

### 上海大学无锡产业研究院落户经开区

5月25日,无锡市政府、无锡经济开发区与上海大学签署战略合作协议,共建上海大学无锡产业研究院,在长三角一体化发展合作示范项目、重点领域产学研合作、教育与人才培养等方面开展合作。市委书记黄钦会见上海大学党委书记成旦红一行并出席签约仪式。上海大学党委常委、副校长吴明红,无锡市委常务副秘书长、经开区党工委书记、管委会主任马良,无锡市政府秘书长张明康参加活动并签署合作协议。

黄钦对战略合作协议的签署表示祝贺,对上海大学长期以来给予无锡的关心支持表示感谢。他说,上海大学是国家"211工程"重点建设的综合性大学,是教育部确定的世界一流学科建设高校。无锡与上海大学的合作不断加深、令人期待,一是基础好,2007年以来产学研合作项目超20个。二是布局好,上海大学无锡产业研究院落在无锡"双核联动"城市发展"新核"经开区,建设创新研究中心、技术转移中心、项目孵化中心、工程师培育基地,可谓落点精准。三是前景好,无锡抢抓长三角一体化宝贵机遇,加快建设长三角先进制造核心区、技术创新先导区、绿色生态标杆区、综合交通枢纽区。双方此次开展战略合作,在强强联合中促进产业链、创新链的深度融合,有利于实现上海国际科创中心与无锡太湖湾科创带的同频共振。希望双方以此次签约为新起点,抓紧落实合作协议、完善合作机制、谋划合作项目,加快策划启动一批具有示范作用的先导型项目、具有带动作用的龙头型项目、具有支撑作用的基础型项目,让研究院建成之时就是具体项目落地之日。无锡将为项目建设和后续发展提供一流政务服务,与上海大学合力打造出校地战略合作、区域协同创新的新样板。

成旦红说,上海大学与无锡渊源很深,1994年新组建时首任校长钱伟长先生即是无锡著名乡贤,很高兴能与老校长的家乡开展战略合作。无锡经济发达、文化底蕴深厚,双方合作基础良好、空间广阔,上海大学对此高度重视、十分看好。希望双方通过此次签约进一步搭建平台、精准对接,在原有合作基础上更好发挥上海大学的综合优势,加深与无锡政府和企业的多层面合作,加快学校科研成果产业化,加强人才培养,共赢校地发展,携手为长三角区域科技创新、产业发展贡献力量。

据悉,上海大学在石墨烯、新材料、环保、"两机"等科研领域与我市产业发展契合度较高,与我市相关企业的产学研合作也取得了丰硕成果。此次签约落户的上海大学无锡产业研究院,将以推动俄罗斯工程院外籍院士、俄罗斯自然科学院外籍院士吴明红团队成果项目产业化为牵引,按照"三中心一基地"的总体布局,重点建设"创新研究中心""技术转移中心""项目孵化中心"和"工程师培育基地",汇聚由院士领衔的高端科研团队、专职科研人员,积极引进和孵化创新型企业,着力培育上市企业,实现科创、产业的互促共进。(惠晓婧)

"中共江苏省委新闻网"2020年5月26日

**关于青少年健康安全教育和思政课建设问题,这位委员有话说 | 两会代表委员履职记**

青少年健康安全教育可以分学段设置系统课程,疫情期间的创新案例也可以应用到思政课上。作为教育工作者,青少年群体的健康安全和思政教育,是全国政协委员、上海大学副校长汪小帆在今年全国两会期间时刻关注的话题。

**健康安全教育应形成分学段系统性课程**

汪小帆委员给记者展示了这样一份调查——在新冠肺炎疫情之前,上海几所小学近5 000位家长参与了一场"关于儿童安全教育"的家长调查活动,通过数据可以看出,家长对安全教育有迫切的需求。

调查显示,85.8%的家长认为儿童的意外伤害事故是可以预防的。"交通安全""儿童自我保护""户外安全"这三项是家长认为安全教育中最需要的培训内容。84.3%的家长会经常对孩子进行安全教育。但在问卷调查中也发现,家长的安全教育知识中,88.03%来源于电视、报纸等媒体上的报道,94.52%的家长对安全教育最常用的方法是举例提醒孩子要当心什么。可见,安全教育的权威性、安全知识的普及度还不够。

调查中,家长们认为,对孩子展开安全教育最合适的人选是专业人士,其次是家长,再次才是教师。79.46%的家长认为由专业人士讲授安全知识的效果好,89.41%的家长希望儿童的安全教育活动更多应该是模拟演示安全现场教育,99.1%的家长认为需要把专业的儿童安全课程引进学校。

在这次全国两会上,汪小帆委员也将提交建议。"主要是希望能提升我国学生健康安全教育的系统性、专业性、针对性与可持续性。"他表示。

要做到更专业、可持续,首先是加强顶层设计,系统规划中小学生健康安全教育。在他看来,学生健康安全教育仍缺乏系统规划。"我国的中小学健康安全教育尚未形成系统连贯的课程体系和明确的分级教育模式。"对此,他建议教育部门应统筹组织专业队伍研制中小学健康安全教育的系统性课程,明确不同学段的任务与责任。

在实践中,加强专业人才的引进很重要。汪小帆表示,由于大部分学校缺少专业人员,学校的健康安全教育课程停留在书本和网络观摩的较多。尽管也同卫生、消防、交警等部门联手开展相关活动,但课程难成体系,成效不高。"建议在有条件的地方由政府统一购买专业课程引进中小学,分年段进行专业知识技能的系统、持续普及教育,同时应加强学校教师的培训工作。"

**新理念新技术提升高校思政课质量**

作为高校领导,汪小帆委员对于高校思政课建设也很关注。他告诉记者,近年来,不少高校在课程思政协同方面都作了有益的探索。以上海大学为例,全校各院系建设了"课程思政"微课、在线课程等65门,遴选首批10门试点课程作为示范课建设项目,评选了10个特色课堂,打造了由150名教授参与的11门"大国方略"系列课程。

另一方面,他在调研中也发现,思政课教师的数量不足、质量不平衡的问题依然较为突出,课程思政与思政课"两张皮"的现象依然较为明显,对于课程思政的理解依然未能形成共识等。

为此,汪小帆委员也在两会期间针对思政课建设提出建议。以新理念新技术加快提升思政课的整体质量在他看来是一个突破口。"疫情防控期间涌现的大量改革创新案例都值得好好总结和发扬,建议教育部牵头组织,以新理念新技术新方法破解思政课教师数量不足、水平不一的瓶颈问题,也为其他课程的教学改革提供指导。"

汪小帆在调研中发现,目前课程思政的一个关键问题在于理念,即对于什么是高质量的课程思政尚未形成共识。"有的认为每次上课前花几分钟讲一讲思政的内容就是课程思政,有的则是存在生搬硬套的现象等。"他建议,分别针对不同类的专业树立一批示范课程,切实起到引领作用并形成共识。

同时,汪小帆认为要以考核为抓手,助力思政课与课程思政改革落实,"建议能够把在思政课和课程思政上的改革成效作为考核学校和教师的重要内容。"(刘晶晶)

《青年报》2020年5月26日

**领航课程思政　落实立德树人——上海大学课程思政专家团队系列直播公开课收官**

如何建好课程思政领航校？如何提升教师育德意识和育德能力？如何全面推进所

有学科课程思政建设? 如何对接课程思政目标,挖掘每一门课程及其教学环节中内蕴的思政元素,做好课程设计与思政融入? 学科与专业如何开展课程思政? 如何切实把握课程思政工作与教书育人初心之间的深层次关联?

2020年5月15日到20日,由北京市高等学校师资培训中心、人民网公开课、文华在线教育联合2018年国家级教学成果奖获奖团队、上海大学课程思政专家团队六位教授,共同举办了优学院教师教学能力提升公益直播项目(第三期)"领航课程思政　落实立德树人"课程思政专题培训,从不同角度全方位分享上海大学课程思政工作经验和课程思政教改成果。

上海大学课程思政专家团队在完成每次课程直播后,都会在微信群热议,既反思课程内容,又相互提点鼓励。本次公益直播培训,从策划筹备到分工协同,老师们百忙中挤出时间切磋打磨,或充实课件内容,或美化课件。六大专题有总有分,有广博有聚焦,体现了团队的整体精诚协作,也展示了不同学科的课程思政教改特点以及教师们的个性风格。

上海高校思政课名师工作室"顾晓英工作室"主持人、上海大学教务处副处长顾晓英,全面、系统介绍了学校顶层设计和具体做法。她回顾上海大学如何从大国方略系列课程"点上开花",到人工智能系列打开脑洞培育智慧学生,到各院系专业课程思政建设"面上结果";讲述从上海课程思政整体校到市课程思政领航校的建设历程;结合学校的顶层设计、院系作用、名师示范、教师成长,学生体验认同,讲述上海大学如何围绕立德树人根本任务,健全"三全育人"机制,取得课程思政育人成果;讲述学校线上线下混合式课程思政教学创新尤其是疫情以来全面铺开的数千门课程如何开展"云上思政"的育人故事……

上海大学管理学院副教授刘寅斌博士,讲述了他与"网红课"——上海大学大国方略系列课程之三"创业人生"的故事。这门课采用双师"项链模式"教学,课程设计全无边界,让思政育人贯穿全程和全方位。课程联通了不同学科教授及不同业界的嘉宾,联通了教师的所有课程与各届课程班,联通了实习求职资源给了学生创新创业福利,联通线上线下与课堂内外,联通了新时代共同成长的教师与学生。

上海大学法学院副院长、知识产权领军人物许春明教授,分享了他从2014年冬季学期参与"大国方略"课程教学以来的课程思政教学体会。他还结合"创新中国""智能法理""经国济民""创新创业与知识产权"等课程,讲述课程思政建设心得:思政不是抽象的,而是具体的;思政不仅需要认知,更需要感受;专业课程是思政内容的具体载体,专业故事是思政感受的最佳案例。

上海大学生命学院副院长、医学院副院长、国家优青肖俊杰教授,结合他主讲的专业课"解剖生理学"讲述课程思政教育教学改革的探索与成效。从知识点中发掘思政元素,深挖教学内容中蕴含的思政元素,肖老师用讲故事的形式引导学生,充分发挥科学家人文素养和医生的职业操守等在大学生在价值观养成中的重要作用。

院系是课程思政的实施主体,设计好制度,组织好团队,策划好课程,着力打造"经国济民"课程思政金课。上海大学经济学院执行院长聂永有教授分享经济学院作为上海高校课程思政领航学院如何在学院层面全面推进课程思政工作。他还结合大国方略系列课程之五"经国济民",讲述了学科如何反哺课程思政教改,课程思政如何与学院专业建设、人才培养、学科科研相互促进。

收官课程主讲老师为教育部高校在线教学国际平台与课程建设专家顾问组成员、上海大学教授叶志明。他从中央及部委一系列关于人才培养的重要文件解读入手,阐述了学科或专业课程究竟如何开展课程思政。他结合教育教学理论、长期丰富的教育教学实践经验、教书育人实践经验,及高校教育教学管理研究及思考,帮助老师们深刻挖掘学科或专业课程思政之内涵。叶教授用丰富案例分享了自身长期坚守讲台教书育人的实践体会。他点明了课程思政之初心对课程思政建设的指导意义,提出"教师教书育人是做好课程思政的思想与行动基础,课程思政是教师教书育人在课程教学中具体体现",梳理了教书育人与课思政之辩证关系。

本次课程思政专场直播共计6场,每晚7点开始,平均每场时长约90分钟,直播吸引了校内外收看者近1 300人次,直播间热度总量为11 097人次。

上海立信会计金融学院等全国各省市众多院校或集体观看或教师个体参与,不少学校还在收看后组织线下研讨和交流。本期课程思政专场直播收获了来自全国四面八方的用户好评。许多收看了公开课直播的教师表示,这6次公开课站位高、理念清、立意深、成果显、获益多。

网友点赞团队:

"顶级思政团队!感谢顾老师,分享的都是干货,提供了前沿思政教育思路!""把课程思政做成了一项持之以恒的事业,令人钦佩!""(刘老师)讲得特别好!""教师也要不断学习,主动关心时事,(许老师)才能够做到及时将新的思政内容融入课程""(肖老师)案例内容丰富多彩,呈现了一部生命科学的发展史!""热爱和投入才能真正做到优秀""(聂老师)学院有着强大的领导班子建设""很好地融入社会热点,体现了社会担当""讲好中国经济故事""(叶老师)真正做到了融入,而不是简单的加法""大爱无疆"……

上海大学校园网首页"重要新闻"发布了人民网公开课信息,党委教师工作部发出"工作提示",学校教发中心和教务处发出《关于组织收看"领航课程思政 落实立德树人"课程思政专题报告的通知》,上海大学的领航学院、领航团队和领航课程负责人等带头自觉收看。学校相关部门已策划好线上线下沙龙,将围绕直播公开课组织领航学院领航团队和领航课程教学团队进行深入研讨,进一步推进领航校建设工作。

上海市课程思政领航学院、上海大学社会学院发来收看小结:

学院通过微信群点对点通知,组织老师扫码进入直播观看。老师们表示受益匪浅,大家对课程思政设计有了更深入的了解,对学院将来进行领航课程的设计,融入思政引导有了更直接的帮助。老师们也深深认同叶志明教授的观点"教学是师生共同探究知识发生的过程"。作为社会学的教师,老师的教学不仅是和学生一起探究"向社会讲出知识的方式",而且当运用社会学的专业知识为社会扶危除厄。社会学人不仅要以社会学为职志,更应把"以社会学为志业"作为职业操守和为人为学的底线。

上海大学环化学院发来收看小结:

环化学院党委书记钱冬英带领学院党政班子成员积极组织,带头收看学习,全院60余名教师近100人次收看了课程思政专题讲座。……通过收看直播公开课,老师们对

"课程思政"概念的理解变得清晰起来,也更加明白课程思政对当下高校教师立德树人使命的重要性。我们开始思考如何借鉴学校已有的课程思政经验,将思政元素以更加合理高效的方式融入自己的课程中。环化学院承载着环保、化工等人才的培养工作,更应从专业中凝练思政点,向学生润物无声地传递环保理念和生态文明理念,促进学生政治认同,坚定文化自信。

上海大学法学院认真组织全院教职工观看:

我们通过学院的"教职工政治理论学习"群,将相关信息发群公告,设为群待办,让老师们能及时了解相关信息。活动得到了各教研室主任和老师们的积极响应,学院62人次观看。老师们感到欣慰的是这次专题报告中有我们学院许春明教授,老师们纷纷表示要将思政元素有机融入专业课程中,讲好专业故事。

上海市课程思政领航学院、上海大学理学院物理系教学负责人白丽华老师发来感慨:

2020年5月19日、20日连续两晚聆听聂永有教授和叶志明教授的报告,我对课程思政的内涵有了更加深刻的认识,我对将各类课程与思想政治理论课"同向同行、协同效应"的要求转化为具体实践的过程有了更深刻的体会。经济学院"领航学院"举措使我学到了课程思政的具体实施良策,我准备在后续的课程教学中将学到的这些具体举措应用于实践。

短短不到两小时的报告,我收获巨大,并在思考自己的课程以及我们的教材应该从哪些方面进行课程思政的实践,叶教授为我树立了榜样,这也是一种课程思政!

上海立信会计金融学院组织专业学院教师积极收看直播课。该校法学院党委书记卫志红老师表示:

虽然处疫情防控常态化背景,但"红五月"我有幸聆听了上大课程思政专家团队与人民网公开课联合推出的课程思政系列直播课程,接受了一次系统的"云上思政"教学能力提升学习。本次直播课的学习,使我对"课程思政"的丰富内涵、对如何挖掘育德元素、如何将育德元素与专业教学内容有机融合的方法技巧等方面都有了更进一步的领会和理解,同时也更坚定了自己守好一段渠、种好责任田,积极推进所授课程与思政课程同向同行、协同育人的信心和决心。(顾晓英)

"人民网"2020年6月2日

**上海大学举办课程思政"云培训"**

8日晚,上海大学举办课程思政教师第8期"云培训"暨第42期教师教学沙龙,全国优秀教师、上海市教书育人楷模张黎声教授应邀为老师们作了题为"专业课课程融入思政工作的实施途径"的报告。

本次线上培训会由教务处副处长、上海市思政课名师工作室"顾晓英工作室"主持人顾晓英主持。来自上海大学7个领航学院、13支领航团队和领航课程负责人150名教师参与活动。本次活动通过超星平台直播,上海大学"一帮一"行动对接学校——武汉晴川学院、中南大学等兄弟高校的千余人次共享。

张黎声结合近年来自身课程实践经验和研究成果,阐述了"课程思政"的概念与内涵,从十大方面重点介绍了专业课程融入思政内容的选择和融入路径。他还结合自己的"人体解剖学"作了课程案例"解剖",从三个模块阐述了如何发掘课程思政知识点及其背后的思政元素。他认为"课程思政"就是发掘高等学校各门课程所蕴含的思想政治教育元素和所承载的思想政治教育功能,融入课堂教学各环节,实现思想政治教育与知识体系教育的有机统一,实现所有课堂都有育人功能、所有教师都负有育人职责的要求。

张黎声提出了专业课程思政教学设计的"五个环节":搭建教学平台、注重学生体验、开展教师引导、跟进成效评价、融合思政元素与专业课程理论。他强调课程思政是否产生了效果,要看学生获得感,教师要将"食材"本身的鲜味"吊出来"。

通过这次报告,老师们说,明白了课程思政教学应该是一种"基因植入式"的,课程思政的最终目的是落实立德树人根本任务,全面提高人才培养质量。

理学院教学院长余长君第一时间发来反馈:我认为其中最关键的一点就是"能够有效促进学生对课程知识的理解、掌握、拓展与深化"。理学院作为上海大学课程思政领航学院,当前的重点工作是将课程思政建设由点及面全面铺开。激发专业老师自觉地在授课时融入课程思政内容是做好课程思政建设的前提,也是全面推进课程思政建设的关键。张教授的分享为我们下一步工作的开展提供了重要的参考。

悉尼工商学院姜爱萍老师发来反馈:张教授对专业课程如何融入思政工作进行了重点解读,给一线教师如何开展课程思政提供了切实可行的建议。(许婧)

"中国新闻网"2020年6月9日

**上海第5家:综合性大学设"医字头"院系,上海大学"后发"意在何方?**

上海医学教育格局近日有变。6日,上海大学举行医工交叉研究院成立大会。由此成为上海继复旦、上海交大、同济、华东师大等校后的第5家设有"医字头"院系的综合性大学。"后发"的上海大学发展医学学科将走怎样的路径?是否剑走偏锋?记者专访上海大学副校长汪小帆。

**"医工交叉,我们从'工'这一头出发"**

"上海大学发展医学学科,并不是一时冲动。"汪小帆介绍,早在"十五"规划时,老校长钱伟长已经提出要通过学科交叉发展医学学科。在2015年的地方高水平大学建设方案中,医学学科位列上海大学重点发展的六大一流学科。

在全面实施"健康中国2030"战略背景下,上海正加快建设亚洲医学中心城市的进程;在新冠疫情防控进入常态化的形势下,医学学科发展的创新模式、教育模式、医疗健康模式都将面临重大挑战,采用医工结合等学科深度交叉融合的方式去解决临床面临的重大问题,既是重要的创新途径,也愈发迫切和重要。

凭借综合性大学优势,上海大学重点围绕人口老龄化、公共卫生等领域的重大医学问题,积极探索仪器制造新突破、材料开发新技术、智能检测新方法、精确诊断新途径等,开展医学工程与转化医学研究,为老年医学和公共卫生学科发展提供上大方案,服务健康上海、健康中国。

"原来没有医学院的基础上,我们从工到医,可能障碍反而少一点,更容易促成一些,"汪小帆副校长坦言,背靠上海大学在机械自动化、设计制造等多个工科类专业的传统优势，医工结合成为发展医学研究的可行新路径。此次新冠疫情中呼吸机等关键诊疗设备的技术需求，再一次凸显医工交叉学科发展、人才培养的紧迫性。

目前，校内教师已经在医工交叉领域进行诸多探索。机电工程与自动化学院教授杨帮华，带领团队以脑电波信号处理、脑机接口结合虚拟现实技术及其工程应用为主要研究方向，聚焦脑卒中患者肢体运动功能障碍，将研究成果应用于多家医院脑卒中病人的康复训练。

在学科交叉融合的背景趋势下，工科与医学在脑机接口技术这一研究领域找到了交汇点。除了涉及脑科学、计算机科学、信息科学、康复医学等学科领域，当下炙手可热的人工智能技术，也为这一医工交叉学科的研究提供了不可或缺的技术支持。

"医工交叉，是医学与工学的创新性交融，我们从'工'这一头出发，"汪小帆说。

**"错位竞争，最终殊途同归"**

"今年，我们智能医学诊疗、新药物与新材料2个新增的交叉学科博士点都将招生，即将进行面试工作，"汪小帆介绍，学校还新增了药学硕士点。据悉，学校未来将根据医学学科发展进程建立从本科到硕士和博士的系统性特色培养方案和路径。

同时，在地方高水平大学建设项目等的支持下，学校引进和培养了一批高端人才，并获得了一批代表性的成果。已在 Science、Nature、Cell 及其子刊上发表论文40余篇。"荧光石墨烯量子点的可控设备及生物医学应用研究"获上海市自然科学奖一等奖；脑-机接口电刺激康复训练仪应用于上海瑞金医院、北京天坛医院等50余家医院并取得良好效果。第三代下肢智能康复机器人获2018年上交会"最具技术交易潜力奖"；E-repair子母生物打印机获2018年中国国际工业博览会全国高校展区特等奖。两个Ⅰ类新药已基本完成临床前研究，合作转让总金额近2亿元。

在汪小帆看来，在医学教学领域，从"医工交叉"这个点突破，属于一种错位竞争，但最终殊途同归，未来临床医学教育等也将纳入本校教研体系。

据悉，温州市中心医院、温州市人民医院、温州市中西医结合医院、福建省南安医院、树兰(上海)国际医院(筹)、上海孟超肿瘤医院、南通市第六人民医院、上海市宝山区仁和医院、罗店医院等9家附属医院已签约授牌。同时，上海市第十人民医院、上海市公共卫生临床中心、上海市皮肤病医院、浦东公利医院、南京江北人民医院等5家将成为研究院教学医院。

汪小帆说："培养理、工、文背景兼具，博学识、强研究、善转化的复合型人才，是我们的目标。"

"上观新闻"2020年6月10日

### 落实立德树人　上海大学举行第五期"我与书记面对面"座谈会

为贯彻落实《高等学校课程思政建设指导纲要》，落实立德树人根本任务，6月10日，上海大学举办主题为"领航课程思政　落实立德树人"的第五期"我与书记面对面"座谈会。

会上，上海大学党委书记成旦红与国家级教学成果奖荣誉团队——"大国方略"系列课程教学团队，课程思政领航学院、领航团队和领航课程负责人代表，思政课教师代表等交流研讨。上海大学教师工作部、教务处等相关职能部处负责人近20人参会。

"从点上开花到面上结果",上海高校思想政治理论课名师工作室主持人、上海大学教务处副处长顾晓英首先概述了学校课程思政总体情况。她图文并茂勾勒学校从课程思政整体校到领航校的建设历程,重点分享了五年多来与团队率先设计并开设"大国方略"系列课程、"人工智能"系列课程等切身感悟。上海大学至今已拥有7个领航学院、13个领航团队及122门领航课程,并已建设院系全覆盖的28门课程思政示范课。她简要列出2020年度课程思政领航校建设要点。

座谈交流环节气氛热烈,老师们聚焦课程思政领航校建设的体制机制现状,结合自身授课经历和领航学院课程思政建设举措,积极探讨新时代全面推进课程思政建设的路径与方法。

**从"教书匠"到"设计师":党委书记成旦红寄语教师为学生引导思想政治方向**

在认真听取了大家的交流发言后,成旦红提出,课程思政就是要让我们的老师从"教书匠"转化成"设计师",把思政的"盐"融入课程的"汤",通过对课程教学的有效设计为学生成长提供养分。

"上海大学要提炼一系列可资推广的课程思政教育教学改革典型经验和特色做法,推出一批课程思政精品专业示范课程,培育一批具有影响力的课程思政教学名师和团队,并逐步探索形成具有上海大学特色的课程思政有效模式。"成旦红说。

"我与书记面对面"座谈会是上海大学党委搭建的书记与一线老师在一起交流的平台,它聚焦高水平大学建设目标,有助于营造广大教师追卓越、创一流的良好氛围,激励广大教师争做"四有"好老师,在践行上海城市品格中彰显上大特质,以"主人翁"精神推动上海大学高水平大学再上新台阶。(孟歆迪)

"光明日报"2020年6月12日

## 静安周周谈·从弄堂大学走向红色学府,上海大学的潮人潮事

大学之大,不在大楼之大,身在弄堂,心在天下。

在上世纪20年代的上海,国共合作创办了上海大学。因在危机中创立,前后办学六年,条件简陋,还被称为"弄堂大学"。正是这所身在闹市的学校,聚集了邓中夏、瞿秋白等名师贤达,激荡起五卅运动风云。

6月13日,由静安区文化和旅游局主办、静安区图书馆承办的"众说周知——作家眼中的红色起点周周谈"第二期开讲,当天的主题为"惊雷·潮头——中共创办的第一所高校上海大学的澎湃往事",此次直播得到了上海大学的大力支持。

**弄堂学府掀起革命风云**

主讲作家吴越著有《上海早晨:记中共创办的第一所大学(1922—1927)》,在她看来,老上大的创办堪称传奇。

在邵力子、邓中夏、瞿秋白、张太雷等共产党人和进步人士的领导下,学校声名大振、开门办学,成为进步思想的传播地和改造社会的实践地,也成为全国高等学府的精神高地,因此吸引了诸多进步学生前来求学。

短短数年中,老上大成为一所推动中国历史进步的"红色学府",其间涌现了不少潮

人潮事。

吴越提到,当时有两杆横幅常备校中,一杆是白色的"上海大学",是上海高校运动的排头标志,一杆是红色的"欢迎出狱同学",用来接那些被警局讯问、捉捕的进步学生回校。

此外,党员之间互称"大学同学",团员互称"中学同学",党的通知为"讲义",称一个人是共产党员,则说他是商务印书馆的,因为两者的英文简称都是CP。

这所身在闹市的学校,发展夜校、识字班,走到苏州河边的外资工厂去和工人打成一片。"它的意义已经不止是一所大学,而是一个战斗堡垒。"吴越说,上大的学生白天是学生,晚上则是识字班的老师。

当时还有一句口号,"北有五四运动的北大,南有五卅运动的上大",一句话道出上大与五卅运动的渊源。

五卅时,上大出动了四百多人组成了三十八个演讲队,上大师生因领导全市民众与帝国主义搏斗而致死伤者近百人,被拘捕者达五百七十余人之多。

彼时,英文报纸一直跟进报道上海大学领导组织的五卅运动,上大校名 People's College of Shanghai 声震中外,频繁出现在伦敦报端。

**上大的教授们**

吴越谈到,身处弄堂是这所大学的一个特点,但最特别的还是上大的教授们。

在别的大学上课时,教授们点名、讲课,讲完后,皮包一夹就跑,"像是挣工分",而在上大则完全不同。

比如萧朴生先生讲课,上课之前,他先和同学们有说有笑地谈一阵子。打铃后,他首先在黑板上写下阶级与非阶级、唯物与唯心、功利与非功利这三个题目。讲完一个题目,即归纳成几个重点再重复讲一遍,并问同学们懂不懂,请同学提问,并一一解答。讲完后,他又复述当天讲授内容的基本精神,最后还要指出要看哪些参考书,并让学生在下一次课前提问题。

**谈到上大的教授,不能绕开邓中夏**

1923年4月,邓中夏化名邓安石,出任上海大学总务长,在于右任挂名校长的情况下,实际主持工作,把老上大变成了造就革命人才的大本营。

吴越介绍,邓中夏特别强调"读活的书",让学生走上社会,走入工厂,走到民众中,把学到的书本理论与现实现状结合起来,使学生在政治思想上普遍进步很快。

说起20世纪20年代的上海大学,经常提到的是"红色学府""中国共产党培养干部的学校"等,而上海大学党委宣传部理论宣传主管谢瑾则关注于这所学校的"教育风范"。

谢瑾介绍,学术演讲名流汇聚、博采众长、思想交融,是其教育风范的一大亮点。很多名人都来做过演讲,比如李大钊、廖仲恺、刘仁静、胡适、郭沫若、朱光潜、章太炎等。

而上大因地域限制等原因,没有办法建成文理兼收的大学,当时的学科设置注重于构建文科体系。

李大钊受于右任之邀来建校时表示,学校一定要建社会学系,"社会学系可以说是开了大学讲坛传播马克思主义的社会科学理论之风气,因培养学生理论联系实践的能力而独树一帜。"谢瑾说。

**将历史搬上舞台**

"100年前是当时的80后、90后老师带着00后干革命,而现在我们这代80后90后的老师带着00后的学生回望历史、致敬先贤。"上海大学上海电影学院表演系讲师孙逊分享了自己与学生排演历史剧的故事。

2019年这一年,孙逊出演了《破晓之光——一个无产阶级政党的诞生》中的陈独秀,之后不久又接手了上海大学原创校史剧《红色学府》的导演工作。

"我要演他,我就必须唤起我所有的身体机能,想他之所想,做他之所做,明白并体悟到这些老上大的缔造者是怀着什么样的信念而来的,初心是什么。"孙逊表示,经过这两个戏的排演,他和学生乃至整个剧组成员,都接受了一次深刻的党史教育,整个排戏的过程对同学们来说是一次初心的叩问和信仰的洗礼,"此刻,我真正在思考如何把表演系的专业课和课程思政相结合了。"

百年岁月历经变迁,老上大最初校址——青岛路(现青云路)青云里,如今已是上海市第六十中学所在地,这里也有一部《红色学府——上海大学》。

第六十中学师资处主任黄雅娟介绍,在该校"肇英剧社",先有教师剧社充分挖掘学校为老上海大学遗址这一红色资源,创编了微剧《红色学府——上海大学》,后有学生剧社再次生动演绎。

黄雅娟说,红色基因选择了这块土地,而我们又恰好在这块土地上办学,这种"得天独厚"是幸运,更是机遇。历史是最好的教科书,是对师生最自然的教育资源。其实,漫步静安,不经意间就会与烽火岁月中留下的革命旧址邂逅:幽静的弄堂深处,藏着曾经的秘密会议地点;繁华现代的闹市商区,环抱着众多历史名人旧居。在深入"四史"学习教育下,如何讲活历史故事、用活红色资源,成为静安红色文化传承的重中之重。(李菁)

"澎湃新闻"2020年6月13日

## 几百个机器人一起作业,谁来指挥协调?这家公司与上海大学共建"云端机器人研发中心"

达闼机器人与上海大学共建研究中心,有助于从基础技术做起,解决"卡脖子"问题,在云端服务机器人方面自强不息,做出属于自己民族并领先世界的品牌……

几百个机器人一起作业,谁来指挥和协调?回答是云端控制。6月16日上午,在上海马桥人工智能创新试验区,达闼机器人与上海大学签署长期战略合作协议并共建"达闼-上大云端机器人研发中心",期待这个高端平台今后一方面能够吸引更多国际知名的机器人与智能制造领域的专家合作,打造上海机器人产业的人才高地;另一方面,为国家机器人事业培养更多优秀人才,服务于经济社会发展和产业转型升级。

据透露,"达闼-上大云端机器人研发中心"首期规划重点聚焦农业、林业、养老护理产业、教育产业等领域,组织开展技术研发、产品化、高端人才培养等工作,准确切合上海市及至国家机器人发展产业规划,加快达闼机器人在人工智能与云端智能服务机器人产业发展,加快上海大学科技成果产业化,加强人才培养,为区域科技创新和高端人才输送贡献力量。

达闼智能机器人公司，是上海马桥人工智能创新试验区引进的龙头项目。今年4月，达闼智能机器人产业基地在试验区开工建设，一期项目的拳头产品为智能柔性执行器即"机器人关节"，这一核心部件占到机器人成本的70%，也是我国机器人产业一直以来的短板。作为国内领先的云端智能机器人产品创新和运营公司，达闼机器人依托于可靠领先的云端机器人智能和安全技术，为客户提供企业级智能机器人和人工智能整体行业解决方案。

上海大学是我国最早从事机器人科研的主要单位之一，1988年成立上海机器人研究所，陆续形成上海市智能制造及机器人重点实验室、上海市机器人产业技术研究院等重要机构。上海大学长期紧跟国家和上海市产业发展战略，坚持应用导向，联合区域和领域内著名企事业单位，勇挑重担，对上海市机器人及人工智能的学术发展、技术进步起到至关重要的促进作用。

此前，达闼机器人和上海大学充分交流后，双方希望能在机器人前沿领域发挥各自优势，基于双方的研发成果，加快成果推广转化和应用创新体系建设，充实地区高端战略及新兴产业方向。考虑到后疫情时代服务机器人的公众接受度会有明显提升，双方合作会基于多个项目展开，新建的研发中心将联合在医养、路探、机械臂等多个项目展开合作；同时，研发中心也会形成高端人才培养计划，期望给达闼机器人、上海市乃至全国机器人产业带来新动力，加速机器人向更高更广泛领域的产业发展。

"要在中国实现信息化与智能化相结合，发挥云端服务机器人在家政、医疗护理、常态化防疫抗疫、城市管理等方面的作用，实现云端服务机器人应用落地与产业化。"现场专家表示，达闼机器人与上海大学共建研究中心，有助于从基础技术做起，解决"卡脖子"问题，在云端服务机器人方面自强不息，做出属于自己民族并领先世界的品牌；希望双方能够把握上海市以及国家科技战略发展方向和机遇，加速落地可实用、可持续的技术成果和产品转化，在促进行业进步和发展的同时，能够提升双方的影响力。

中国工程院院士刘玠也向此次签约表达了祝贺。他认为，云端服务机器人一定是未来机器人行业的发展方向，所以需要在基础技术上与上海大学这样的科研机构加强合作，用更智能的方式发展未来的柔性服务机器人。

"上观新闻"2020年6月16日

### 医工交叉，从"工"出发拓展新医科——继复旦、上海交大、同济、华东师大后，上海大学成第5家设"医字头"院系的综合性大学

上海医学教育格局近日有变。上海大学日前举行医工交叉研究院成立大会，由此成为继复旦、上海交大、同济、华东师大后的第5家设有"医字头"院系的综合性大学。在医学学科上"后发"的高校将走怎样的路径？

**从工到医障碍可能少一点**

"发展医学学科并不是一时冲动。"上海大学副校长汪小帆介绍，"十五"规划时，上海大学老校长钱伟长已提出要通过学科交叉发展医学学科。在2015年的地方高水平大学建设方案中，医学学科位列上海大学重点发展的六大一流学科。

在全面实施"健康中国2030"战略背景下,上海正加快建设亚洲医学中心城市的进程;在新冠疫情防控进入常态化的形势下,医学学科发展的创新模式、教育模式、医疗健康模式都将面临重大挑战,采用医工结合等学科深度交叉融合的方式去解决临床面临的重大问题,既是重要的创新途径,也愈发迫切和重要。

凭借综合性大学优势,上海大学重点围绕人口老龄化、公共卫生等领域的重大医学问题,积极探索仪器制造新突破、材料开发新技术、智能检测新方法、精确诊断新途径等,开展医学工程与转化医学研究,为老年医学和公共卫生学科发展提供方案。

"原来没有医学院的基础上,我们从工到医,可能障碍反而少一点,更容易促成一些。"汪小帆坦言,背靠上海大学在机械自动化、设计制造等多个工科类专业的传统优势,医工结合成为发展医学研究的可行新路径。此次新冠疫情中呼吸机等关键诊疗设备的技术需求,再一次凸显医工交叉学科发展、人才培养的紧迫性。

目前,校内教师已经在医工交叉领域进行诸多探索。机电工程与自动化学院教授杨帮华带领团队以脑电波信号处理、脑机接口结合虚拟现实技术及其工程应用为主要研究方向,聚焦脑卒中患者肢体运动功能障碍,将研究成果应用于多家医院脑卒中病人的康复训练。

在学科交叉融合的背景趋势下,工科与医学在脑机接口技术这一研究领域找到交汇点。除了涉及脑科学、计算机科学、信息科学、康复医学等学科领域,人工智能技术也为研究提供不可或缺的技术支持。

"医工交叉,是医学与工学的创新性交融,我们从'工'这一头出发。"汪小帆说。

**未来将纳入临床医学教育**

今年,上海大学智能医学诊疗、新药物与新材料两个新增的交叉学科博士点都将招生,即将进行面试工作,还新增药学硕士点。据悉,学校未来将根据医学学科发展进程形成从本科到硕士和博士的系统性特色培养方案。

在地方高水平大学建设项目等支持下,学校引进和培养一批高端人才,并获得了一批代表性成果,已在 *Science*、*Nature*、*Cell* 及其子刊上发表论文40余篇。"荧光石墨烯量子点的可控设备及生物医学应用研究"获上海市自然科学奖一等奖;脑—机接口电刺激康复训练仪应用于上海瑞金医院、北京天坛医院等50余家医院并取得良好效果。第三代下肢智能康复机器人获2018年上交会"最具技术交易潜力奖";E-repair子母生物打印机获2018年中国国际工业博览会全国高校展区特等奖。两个Ⅰ类新药已基本完成临床前研究,合作转让总金额近2亿元。

在汪小帆看来,在医学教学领域,从"医工交叉"这个点突破,属于一种错位竞争,但最终殊途同归,未来临床医学教育等也将纳入本校教研体系。"培养理、工、文背景兼具、博学识、强研究、善转化的复合型人才,是我们的目标。"

据悉,温州市中心医院、温州市人民医院、温州市中西医结合医院、福建省南安医院、树兰(上海)国际医院(筹)、上海孟超肿瘤医院、南通市第六人民医院、上海市宝山区仁和医院、罗店医院等9家上海大学附属医院已签约授牌。同时,上海市第十人民医院、上海市公共卫生临床中心、上海市皮肤病医院、浦东公利医院、南京江北人民医院等5家将成为上海大学研究院教学医院。(彭德倩)

《解放日报》2020年6月18日

**环上大科技园正式揭牌！宝山区和上海大学携手打造示范性创新创业集聚区**

6月22日下午，作为"宝山环上大科技创新圈"建设重要标志的"环上大科技园"在上海大学揭牌。

近年来，宝山区围绕"国际邮轮之城"和"智能智造之城"的双城战略，着力发展邮轮经济、机器人及智能制造、新材料、建筑科技、平台经济五大千亿级，人工智能及新一代信息技术、大健康及生物医药、文化创意、节能环保、现代物流五大百亿级产业集群。上海大学也逐渐成为宝山科技创新的重要策源地，校内不仅现存诸多科技园孵化企业、校友创办企业和众多在校学生为主体的创新创业团体，还拥有丰富的创新科技资源和丰硕的学术研究成果。加强宝山区与上海大学之间的协同创新和联动发展，是促进区域科技成果转化、推动产业转型升级的重要举措。

今年6月6日，宝山区与上海大学签订新一轮深化战略合作协议，携手打造环上大科技创新圈，共建环上大科技园。近期，区校共同制定《环上大科技创新圈建设工作方案》，提出了整体规划、重点突破、逐步拓展的发展思路，统筹布局环上大科技创新圈空间和功能。

环上大科技创新圈整体规划以大场镇、城市工业园、南大生态智慧城为核心区，通过辐射带动，逐步拓展至北上海生物医药产业园、机器人产业园等特色产业园区以及吴淞创新城等重大板块。核心区规划包括大场镇上大周边区域、城市工业园区、南大生态智慧城三个片区，并布局3个众创孵化基地、5个中试加速基地、N个园中园为产业承载空间、1条创业街区，形成"3＋5＋N＋1"的空间布局，逐步建设形成"众创空间＋孵化器＋加速器＋产业园"的全链条科技成果转化和创新创业孵化体系。

据介绍，宝山的主导产业与上大的优势学科完全契合，区校协同创新、联动发展具有战略意义。区校双方将重点在新材料、人工智能、医疗器械、智能制造与信息技术、文化创意等产业领域开展协同创新。围绕产业能级提升，解决"卡脖子"工程和产业基础共性问题，区校双方将全力建设石墨烯国家协同创新中心、先进功能材料省部共建协同创新中心、医工结合协同创新研究院、人工智能国家协同创新中心等新型研发平台。

上海大学党委副书记、校长刘昌胜表示，上海大学将与宝山区携手，着力构建创新创业生态体系，为繁荣发展环上大科技园提供源源不断的科技与智力资源；加强统筹规划，发挥科技园的价值溢出效应和平台放大效应，辐射带动宝山区整体高质量发展；加强协同创新，着力探索体制机制创新、开发运营模式创新和产业政策创新，打造多功能、平台型、高能级的大学科技园载体；加强多元融合，以"科技、人文、生态"理念打造宜学、宜业、宜居的新型创新社区。最终，将环上大科技园打造成为大学科技园的新示范、上海科创中心建设的新地标、区域经济发展的新引擎。

宝山区委副书记、区长陈杰表示，环上大科技园的建设是实现"区校合作、双赢发展"的战略之举、破题之举。环上大科技园的成立，将成为"环上大科技创新圈"建设的"引爆点"。宝山将集聚优势资源，全力推动环上大科技园不断做大、做强、做优。一方面提供充足的空间，和上大一同携手，统筹布局科技创新圈的空间和功能；另一方面加大政策的支持，积极争取先行先试政策在"环上大科技创新圈"落地。探索设立成果转化基金和产业引导基金，助力上大重点产业项目落户宝山，加快科技成果产业化。同时在载体、租房、人才等方面也将给予全方位支持、全过程服务。

环上大科技园的揭牌,不仅标志着宝山环上大科创圈建设步入关键阶段,还象征着宝山区与上海大学的合作持续深化,有利于形成大学校区、科技园区和城市社区相融相伴、协同发展的良好局面,也为加快上海大学高水平地方高校建设步伐、提升宝山一流城区发展能级,助力上海科创中心建设提供新动能。环上大科技园的建成,将大力推动宝山环上大科创圈未来成为千亿级经济规模的创新创业集聚区和产业新高地。

"上观新闻"2020年6月22日

### 上海大学:建强搞活党支部推动高水平大学建设

如何贯彻落实新时代党的建设总要求,发挥组织优势助力高水平大学建设?近年来,上海大学紧紧围绕立德树人根本任务,以提升组织力为重点建强党支部,让基层组织细胞真正"活"起来,有力推动高水平大学建设。

**创建样板支部,带动每一个支部"唱主角"**

在新一轮科技革命的驱动下,学校越来越多跨学院、跨学科的教师集聚在一起,成立创新团队、重大项目组、重大课题组、专业实验室以及工作室。上海大学坚持"党员在哪里、组织就建在哪里、工作就覆盖到哪里",把党支部建立在最活跃的学科链和科研链上。学校还推进"双带头人"培育工程,使教工党支部"双带头人"比例达99.1%;不断培育创建"示范点",通过标杆院系、样板支部等的建设,带动每一个党支部在基层"唱主角"。

"无人装备与系统党支部"就是这样一个建在最活跃"细胞"上的党支部。多年来,党支部致力于服务海洋强国战略,随时根据突击任务需要成立"海上临时党支部",将党旗插到最忙碌的一线。这个海上"战斗堡垒"经受住海水泡、狂风吹的艰险,成功研制出"精海"系列无人艇,实现中国无人艇在南海巡航和南极科考等关键领域从无到有的应用,相关成果获得国家技术发明、国家科技进步和上海市科技进步等十多个奖项。团队被评为"全国高校黄大年式教师团队",党支部也被作为上海大学样板党支部,激励了更多党支部和党员师生投身到教学科研和服务社会中来。

在今年抗疫期间,上海大学各级党组织纷纷成立临时党支部、党小组、党员突击队,充分发挥各自学科优势,走在前列、干在实处,让党旗高高飘扬在疫情防控和教学科研的第一线。

**聚焦防疫需求,争分夺秒科研攻关**

"战胜疫情离不开科技支撑。"上海大学广大教师们积极响应国家号召,把研究精力火速投入到科研攻关任务上,把研究成果应用到抗疫攻坚战中来。

机电工程与自动化学院"智能制造及机器人中心党支部"闻风而动,根据前线医护人员的需求,确定"消毒机器人"的攻坚方向。党支部火速组建以党员青年教师和研究生为主体的"高污染危险环境下智能消毒机器人"攻关小组,一方面网上采访调查医院消毒要求和作业规范,另一方面积极联系消毒器材与药品厂家落实原材料供应。支部党员夜以继日、并肩作战,不到20天就研制出可替代人工消毒作业的智能机器人。如今,消毒机器人已被广泛应用于多家医院。学院党委还鼓励各支部开展跨学科跨专业协作,积极投入科研攻关。教师们敢于担当、勇挑重担,推出包括3D打印护目镜、宾馆智能运输机器人、智能发药机与智能分拣系统、口罩功能再生装备、医疗废弃物自动化搬运处理装备等一系列科研项目。目前,这些项目都已投入防疫第一线应用。

"我们要想办法,不能让医生不计报酬、不论生死,做工程的也要出力。"智能基础件团队负责人华子恺听说前线医生需要护目镜后,1月28日起筹划助医防护工作,他快速开发设计简易面屏、护目镜等防护用具模型。党员教师和入党积极分子立即按照3D打印要求做出样品,经过反复调试、修改参数后,开始批量生产。为了尽可能多地做出产品,工程训练中心人员两班倒、设备全天候开机……师生齐心协力赶制护目镜,并将模型数据与打印参数全网公开,至今已被多家企业下载应用。此外,华子恺团队还与中山医院呼吸科联合研制插管负压防护隔离罩,专用于新冠重症病人插管作业中手术医生的防护。

**利用"AI+大数据"技术,建设智慧校园护航师生平安**

在"不忘初心、牢记使命"主题教育中,上海大学扎实推进"数据共享、一网通办",建设"智慧校园网上服务大厅",让数据多跑路、师生少跑腿。疫情发生后,学校加快"最多跑一次"系统建设,努力做到校内办事不用跑。同时利用"AI+大数据"技术,推动疫情防控和在线教学等工作。

为了响应疫情防控要求,信息办党支部第一时间成立工作组,开发校内防疫系统。技术骨干高喆同志从正月初一就投入防控系统开发。春节期间,支部党员分散在全国各地,大家只好通过线上讨论协同,48小时内就开发出"健康之路"平台。平台通过快捷的信息数据采集和分析挖掘,实现5万名师生健康状况和行动轨迹的"每日一报"。党支部主动与上海市经信委、市大数据中心、市教委信息中心沟通,完成师生绿码信息对接,有力保障了精准防疫工作。"健康之路"系统也被免费分享至全国十多所高校。信息办党支部还联合后勤保障部开发"智慧防控"系统,将校园卡系统进行扩容和功能优化,加强对校园进出人员信息的收集与管控,推动校园精准管理"全覆盖、无死角、无遗漏"。

信息办党支部与校内多部门联动,做好在线教学直播平台、线上各类管理平台的保障工作。搭建远程视频会议平台、部署高清多媒体会议硬件终端、建设近300间虚拟教室,满足线上教学、线上面试、毕业答辩、线上答疑等需要。同时,优化网络访问设置,方便师生远程访问校园网站、虚拟仿真实验教学资源等。此外,根据毕业季需求,精简优化离校流程,推动电子印章、电子签章系统建设,开通线上申请、线上审核、云端离校,为毕业学生构建最多跑一次的"云端离校"服务平台。

**打造"云上思政",加速课程思政创新**

上海大学积极推进课程思政领航计划,推出一批高水平的课程思政示范课,以示范课来引领课程思政的进一步改革,发挥其与思政课的协同效应。

疫情的发生,也促使学校从教育理念、教学模式和教学管理体制机制等方面深入思考面向未来的教育变革,打造"不断线"的教育。上海大学教务处党支部致力于打造"云课堂",推动线上线下协同育人,使课程思政与思政课程同向同行,让正能量从"云上"流进心底。学校连续举办了"经世济民""创新中国""生命智能"等多门"云上思政"公开课。近期,学校邀请到抗疫最前沿的青年英雄、荣获"中国五四奖章"的武汉同济医院周宁医生与学生在线交流。一线战士忘我战"疫"的故事,成为思政课最鲜活的教材。学生们积极参与课堂讨论,发表生命感悟。周宁医生的感言,让学子们感受到中国抗疫"生命至上"的价值追求、中国共产党坚守人民至上的宗旨信念、共产党员践行服务人民的铮铮誓言。

"云上思政"实现了线上线下互通、校园内外融合,引导学生激发家国情怀,增强"四个自信"。校党委书记成旦红在上海市教卫工作党委系统"伟大工程"示范党课上深情地告诉学生们:亲历过这场战"疫"的每一个人,都会对"与民族同命运,与国家共奋进"这句话有更加深刻的体会。磨难须自强,奋斗不止步。"青春之中国,走向伟大复兴;青春之上大,追卓越创一流;青春之我,以天下为己任。"

一个党员就是一面旗帜,一个支部就是一座堡垒。在党和人民需要的时候,党员就应该冲锋在前,党支部就应该成为坚强的战斗堡垒。上海大学各级党组织和广大党员干部将以行动践行初心,以责任担当使命,干就干成一流,做就做到极致,推动上海大学在世界大学行列中书写鲜明印记,为实现中华民族伟大复兴的中国梦作出新的更大贡献!

"新华网"2020年6月24日

## 上大社会学院院长张文宏开讲"领航"线上公开课

教育部新颁发的《高等学校课程思政建设指导纲要》要求,全面推进课程思政建设,鼓励支持院士、"杰青"、国家级教学名师等带头开展课程思政建设。6月17日下午,由上海大学社会学院院长张文宏主讲的上海市课程思政领航课——"社会结构与分层"在ZOOM平台准时开始,课程采取"项链模式"教学。张老师邀请清华大学社会系教授、中国经济社会数据研究中心副主任刘精明共同主讲。身处四川省宜宾市正在考察中西部乡村中小学互联网+教育的上海大学教务处副处长顾晓英也参与了课程。她谈到这门课程在社会学领域的领航作用,感谢张老师热心参与课程思政线上公开课,为领航学院的领航课程建设作出表率。

这次课以师生间自由对话的方式开展。刘精明教授以疫情期间中国大量城市开放小摊贩和小买卖为案例导入课程引言,通过介绍经济安全视角下的社会分层方法,分析临时化成为一种新的社会生产与社会分配手段后,由于社会制度的优越性,在精准扶贫政策的影响下,中国劳动力市场将更灵活、也更具人文关怀。整堂课中,师生就"后疫情时代,非正规就业方式将越来越普遍""疫情期间,美国社会出现阶级地位不平等、种族不平等等现象背后的原因""网络社区中出现的相对剥夺感言论分析""为城市弱势群体营造机会平等的方法""中美比较视野下,中国公立教育制度比市场化教育模式更能消除社会不平等"等议题展开了深入交流,两位老师带领学生在学理与经验层面的思考中,探索社会现象背后的结构、文化和个体原因。

课程最后,张文宏总结认为,人类总是在追求平等的道路上苦苦探索,尽管我们没有办法抹平由于个体差异性所产生的不平等,但社会学人可以聚焦如何发现和生产平等的制度和力量。未来的课程将带领大家在中国和西方比较的视角下,在全球化的背景下,进一步观察和分析不平等现象。

正如教育部高教司司长吴岩所说,"让课程思政成为有情有义、有温度、有爱的教育历程"。本次课程不仅引导学生进行了社会结构理论的专业学习,更是对学生的一次思想洗涤,让学生思考如何成为有人文情怀的"社会人"。

据悉,上海大学自2014年首开"大国方略",迄今已实现课程思政从点到面的几个全覆盖,专业全覆盖、课程全覆盖、教师全员等。课程思政教育教学改革以来,作为领航学院的社会学院率先在通识课中融入思政要素,配置优质师资,注重课堂互动,带领学生触摸历史、感知社会。学院开设的"创新中国"——"大国方略"系列课程之二,探索项链教学模式创新,坚定学生对中国特色社会主义的理论自信、道路自信、制度自信和文化自信,获评首批国家精品在线开放课程。近期,学院积极开展"课程思政"领航学院建设,拿出建设经费,重点建设两个"课程思政"示范专业团队、15门"课程思政"示范课程,促进所有课程都上出"德育味",所有任课教师都挑起"思政担"。

17级本科生於阅说,本次课程通过与我们生活息息相关的不平等问题的讨论,和老师谦逊而又耐心的解答,让我们了解到了中国目前的社会体制与教育体制在制度公平性方面是一套无可比拟的标准化制度,增加了同学们对于祖国的认同感和制度自信。

18级本科生卢智立表示,在本课程中,我学到的不仅是老师介绍的成熟的、完整的理论体系,也在与身边同学的讨论中,看到了对于社会热点、前沿的关注,感受到了大国青年人的担当与责任,捕捉到了一个个鲜活跳动的灵感。(许婧)

"中国新闻网"2020年6月29日

## 推动高校立德树人落实见效

每个时代有每个时代的精神,每个时代有每个时代的历史使命。党的十八大以来,中国特色社会主义进入新时代,党的建设新的伟大工程踏上新征程,为高校立德树人指明了总方向、奠定了总基调。

在我们党迎来99周年诞辰纪念日之际,高校立德树人需要进一步强化党建引领,发挥党组织的战斗堡垒作用,在不断传承和弘扬红色基因中造就时代新人。

**发挥党建引领作用**

党的十八大提出,把立德树人作为教育的根本任务。习近平总书记围绕这一教育的根本任务作出了许多重要论述、提出了一系列明确要求,为高校立德树人提供了基本遵循。

一方面,要牢牢把握立德树人这一根本任务。

人无德不立,育人的根本在于立德。高校作为人才培养的主要阵地,要牢牢把握立德树人这一根本任务,紧紧围绕培养什么人、怎样培养人、为谁培养人这一根本要求,强化立德树人的责任感和使命感,把立德树人的成效作为检验学校一切工作的根本标准。

要认真落实党委领导下的校长负责制,坚持党管办学方向、管改革发展、管干部、管人才,推动管党治党与办学治校全面融合;规范二级单位党委会和党政联席会议制度,发挥院系党组织在把握政治方向、凝聚师生力量和抓党风强师风育学风等方面的战斗堡垒作用。

要在改进党建思政工作、完善办学治校方式等方面继续探索,让学校治理更加充满活力,办学更加开放、创新、包容。要走开放融合的办学之路,倡导自强不息、敢为天下先的精神,高举改革创新旗帜,树立"先天下之忧而忧,后天下之乐而乐"的价值取向,以建设上海、服务国家、振兴民族为己任,培养更多的全面发展型人才。

另一方面,要积极发挥党建引领立德树人的重要作用。

一是坚持政治引领。要把政治建设摆在首位,提高立德树人的政治站位,将增强"四个意识"、坚定"四个自信"、做到"两个维护"落实到高校育人的全过程中,为旗帜鲜明讲政治提供强大的政治支撑。

二是坚持思想引领。高校是教育、研究和宣传马克思主义的重要阵地。在社会思潮异常活跃的时代背景下,高校必须在人才培养过程中强化思想引领,坚守马克思主义意识形态的主导地位。

三是坚持组织引领。要通过建立完善各种规章制度、规范党支部组织建设、建强基层党支部等,积极发挥基层党组织立德树人的战斗堡垒作用,构建党建育人大格局。

**把红色传统传承好、发扬好**

1922年,在中国共产党成立的次年,上海大学诞生。以瞿秋白、邓中夏、蔡和森、张太雷、恽代英、任弼时、陈望道、萧楚女、沈雁冰、田汉等为代表的"红色教授",在上大校园里积极传播革命进步思想和马克思主义理论,培养出了一大批优秀的革命人才,包括为党的事业献出宝贵生命的英雄烈士。

在推进立德树人落实见效的过程中,我们要有意识地深入挖掘校史资源,组织编撰"红色学府　百年传承"丛书,把红色传统传承好、发扬好,擦亮全员育人、全过程育人、全方位育人的鲜明底色,将爱校、爱国、爱党的理念潜移默化地融入教书育人、教育教学、社会实践全过程。

要以"四史"学习教育为契机,实现学校师生全覆盖,引导广大师生认真学习"四史",深刻了解红色政权来之不易、新中国来之不易、中国特色社会主义来之不易,做到知史爱党,知史爱国,不断增强"四个自信"。

一是加强理论武装。

要坚持以习近平新时代中国特色社会主义思想为统领,全面总结"不忘初心、牢记使命"主题教育经验,沿用好办法、好经验,深入学习习近平总书记关于"四史"的重要论述,全面落实习近平总书记考察上海重要讲话精神,增强历史意识、学会历史思维、培养历史眼光,不断总结历史经验、把握历史规律,不断增强开拓前进的勇气和力量。

二是加强课程研发。

要发挥好课程育人作用,用好"伟大工程"示范党课,重点围绕重大历史时间节点等,主动设置议题,谋划示范党课,增强课堂建设针对性和吸引力。

要用好课堂教学主渠道,深度挖掘各类课程的思政教育资源,构筑起以思政必修课为核心、"中国系列"思政选修课为骨干、综合素养课为支撑、专业课为辐射的同心圆。

要打造"一站式"学生社区,实现党建引领、管理协同、队伍进驻、服务下沉、文化浸润和自我治理。同时,注重"第二课堂"建设,支持学生参加社会实践活动,让学生在亲身参与中了解社会、认识国情,坚定对马克思主义的信仰、对中国特色社会主义的信念。

三是加强机制建设。

要"把组织建在最活跃的细胞上",紧扣"灵活组织设置,强化内生活力;选优配强书记,强化素质能力;严格日常管理,强化作用发挥",努力形成一支专职为主、专兼结合、数量充足、素质优良的高校思想政治工作专门力量,形成党建引领长效机制,实现党建工作与教学科研有机融合,有效推动高校立德树人落实见效。

要发挥好传统媒体和新兴媒体的合力作用,统筹校内、校外红色场馆等资源,进一步营造"四史"学习教育良好氛围。上海大学正在积极打造校史馆、钱伟长纪念馆等学习教育基地,以上海红色文化研究院、全国红色文化战略联盟等平台为依托,不断推动"四史"学习教育往深里走、往实里走、往心里走。(成旦红)

《解放日报》2020 年 6 月 30 日

### 环上大科技园揭牌　区校携手打造创新创业集聚区

日前,作为宝山环上大科技创新圈建设重要标志的"环上大科技园"在上海大学揭牌。

环上大科技创新圈整体规划以大场镇、城市工业园、南大生态智慧城为核心区,通过辐射带动,逐步拓展至北上海生物医药产业园、机器人产业园等特色产业园区以及吴淞创新城等重大板块。核心区规划包括大场镇上大周边区域、城市工业园区、南大生态智慧城三个片区,并布局 3 个众创孵化基地、5 个中试加速基地、N 个园中园为产业承载空间、1 条创业街区,形成"3+5+N+1"的空间布局,逐步建设形成"众创空间+孵化器+加速器+产业园"的全链条科技成果转化和创新创业孵化体系。

据介绍,宝山区主导产业与上大的优势学科完全契合。双方将重点在新材料、人工智能、医疗器械、智能制造与信息技术、文化创意等产业领域开展协同创新。围绕产业能级提升,解决"卡脖子"工程和产业基础共性问题,双方将全力建设石墨烯国家协同创新中心、先进功能材料省部共建协同创新中心、医工结合协同创新研究院、人工智能国家协同创新中心等新型研发平台。宝山将集聚优势资源,全力推动环上大科技园不断做大、做强、做优。一方面提供充足的空间,另一方面,争取先行先试政策在环上大科技创新圈落地。此外,探索设立成果转化基金和产业引导基金,助力上大重点产业项目落户宝山。未来,环上大科技园建成,将大力推动宝山环上大科技创新圈成为千亿级经济规模的创新创业集聚区。(周楠)

《解放日报》2020 年 6 月 30 日

### 话初心　融"四史"　学《纲要》　上大举办课程思政教学设计咨询交流活动

"四史"学习教育如何融入课程思政建设？怎样写好一份有质量的教学设计？29 日,上海大学举办"话初心　融'四史'　学《纲要》——上海大学举办课程思政教学设计咨询交流活动"暨第 43 期教师教学沙龙。来自校内外近 50 位老师线上线下参与互动,研讨如何做好课程思政教学设计。

上海理工大学马克思主义学院院长金瑶梅教授应邀担任连线嘉宾。本期沙龙由教务处副处长、上海市思政课名师工作室"顾晓英工作室"主持人顾晓英主持。马克思主义学院党委书记刘绍学、副院长焦成焕、概论教研部支部书记许静仪等参加。

顾晓英首先讲了一堂"文件学习微课",对《教育部等八部门关于加快构建高校思想政治工作体系的意见》《高等学校课程思政建设指导纲要》作了解读,希望老师们紧密围绕本学科本课程特点挖掘思政元素,有机融入思政元素,"不离专业讲思政、渗透思政讲专业",完成有质量的教学设计,使各类课程与思政课同向同行,形成协同效应,让温度和爱伴随教育教学全过程各环节,让课程思政赋能教师、赋能课程。

在自由分享环节,国际教育学院张丽华老师、悉尼工商学院陈军老师、外国语学院王骞老师等现场展示了各自教学设计案例。特邀嘉宾、上海大学马克思主义学院兼职博导金瑶梅教授在点评时强调,课程思政需要提升教师的思政理论素养。她建议老师们结合学科方向和课程内容,活学活用马克思主义理论,让深入研究支持课程思政教改,写出有深度有思想的教学设计案例。

目前,学校正以"四史"学习教育为契机,引导广大师生认真学习"四史",做到知史爱党、知史爱国,增强"四个自信"。作为课程思政领航校,学校发动领航学院撰写课程思政指南,组织征集课程思政教学设计。学校积极开展"云上思政",领航团队和领航课程率先将"四史"教育有机融入线上课程教学,如"经国济民"课程讲述了浦东开发开放30年,"项目管理案例与实务"课程讲述了上海世博会与改革开放故事……

本次沙龙得到马克思主义学院大力支持。在过去的三年中,马克思主义学院已派出多名优秀思政课教师,对接教务考评党支部,结成服务全校课程思政教学管理的思政"项链"。今年起,学校将继续完善马克思主义学院思政课教师、专业学院任课教师、辅导员、学生助教之间的结对机制,让思政课和课程思政建设相互协同,进一步做好课程思政与"三全育人"大文章。(许婧)

"中国新闻网"2020年6月30日

### 融入课堂　融汇校史　融合学科　融通内外　上海大学以"四融"模式赋能"四史"学习教育

城市孕育了大学,大学滋养着城市。作为以城市命名的大学,上海大学党委坚定贯彻落实李强书记到校调研指示精神,坚持立德树人作为"四史"学习教育的重要任务,坚持把"四史"学习教育作为立德树人的重要实践路径,以"四融"模式赋能"四史"学习教育,打牢思想根基,汲取精神力量,着力培养担当民族复兴大任的时代新人。

**融入课堂,打造"两个课堂"赋能　"四史"学习教育入脑入心**

一是绣花般打造思政课程。马克思主义学院推动"四史"学习教育融入思政课程,落实"四史"学习教育"三进",引导学生深刻认识"三个来之不易"。学校2019年新开"习近平新时代中国特色社会主义思想概论"课程,积累了丰富的教学原始资料,包括11万字课堂速记实录、20G课堂教学视频、200多个学生问题,对学校深化"习近平新时代中国特色社会主义思想"课程建设打下坚实基础,当前正准备编写相关讲义,此外,正在编辑整理课堂教学视频,将视频按照微课程要求制作微课,用于思政课"三进"和"四史"学习教育。学院组织教师撰写约70万字的《新思想进"基础"课问题解析式教学研究》等新思想"三进"丛书书稿。

二是百花齐放打造课程思政。从"大国方略"点上开花到上海高校课程思政整体校、领航校,学校目前正推进7个领航学院13个领航团队及122门课程思政领航课程建设。打造"大国方略""人工智能"系列课程11门,建设课程思政示范课程28门。接下来学校将在"开天辟地"课程建设基础上进一步丰富拓展,推出"红色传承"系列课程,打造"体育中国""中国记忆"等课程,讲好"四史"故事,传承红色基因。

**融汇校史,解码"红色基因"赋能 "四史"学习教育直抵人心**

98年前诞生的老上海大学,作为中共参与创办的第一所大学,以"养成建国人才、促进文化事业"为办学宗旨,为中国革命和建设培养了一大批杰出人才。学校将赓续红色基因作为历史使命和时代责任,擦亮红色学府底色,在"四史"学习教育中融汇校史。

深入挖掘校史资源,实施校史工程,解码老上海大学的"红色基因"。推出"红色学府 百年传承"丛书,"四史"学习教育期间将出版《从上海大学(1922—1927)走出来的英雄烈士》《上海大学(1922—1927)编年事辑》等五本著作,目前第一本书已出版。学校举办了"赓续红色基因,书写青春传奇"示范党课,回顾红色基因的百年传承,校党委书记带头给毕业生党员讲最后一课。

在"五卅运动"这场波澜壮阔的爱国运动中,上海大学扮演着十分重要的角色,为纪念这场伟大的爱国运动发生95周年,学校与上海市中共党史学会、上海红色文化研究院等联合主办"上海大学与五卅运动"学术研讨会,重温上海大学敢于革命、勇于创新、开放包容的优良传统,共话红色文脉传承,共促红色文化创新,让精神之火在传承中带来更大力量。

学校档案馆举办"于'红流'中——上海大学校史图片展",献礼即将迎来百年华诞的"红色学府",纪念老上海大学光辉的革命岁月,激励所有"上大人"时刻牢记自己所传承的革命精神和肩负的时代使命,目前二级党组织正积极组织参观学习。

**融合学科,精耕专业赋能 "四史"学习教育深入人心**

学校利用综合性大学学科优势,进行文艺创作,开设专业展览,组建宣讲团,开展"音乐党课""空中党课""剧场党课""红色文创党课"等,把学科的"盐"溶入"四史"学习教育之"汤",润物无声,切实提升学习教育实效,切实立德树人。

学校新闻传播学院王晴川教授与余江如客座教授带领师生团队自2012年起连续8年抢救性记述整理在世老红军、老八路军和新四军的故事,共有300多位研究生参与,采访拍摄制作100集《红色传承》系列电视纪录片,已经全部播出,覆盖受众1000多万人次。为迎接建党100周年,"四史"学习教育期间,学校和上海市新四军历史研究会组成《红色传承》创新团队,继续创作10集红色题材纪录片,讲述10位新四军英烈的故事。

学校整合相关学科专家队伍,组建了由25位具有相关学科背景的老师组成的宣讲团,围绕25个专题进行宣讲。另外,学校在2019年排演《红色学府》剧的基础上,"四史"学习教育期间,将创作大师剧《钱伟长》剧本,排演大师剧《钱伟长》。

另外,学校相关二级单位也紧密结合专业特色,充分调动学生积极性,创新推进"四史"学习教育。比如,音乐学院开展"乐"音绕耳,"史"入人心,回顾党的历史,聆听红色旋律——色音乐系列党课,将"四史"故事通过音乐的方式结合"讲、演、唱",在珍贵的历史画面和声音重现中提升学习效果。上海电影学院依托专业特色开展品牌创建,研究生党支部推出"SFA朗读室""FM红色声音馆"等"四史"学习平台,用声音传诵历史,讲好红色人物故事。

美术学院组织学生专门为渔阳里团中央旧址纪念馆设计红色文创,让学生在发挥专业优势,做好设计的同时也为自己上了一堂生动的"四史"学习教育课。文学院谭旭东教授领衔,成立上海大学"中国故事"团队,带领创意写作、古代文学、民间文学的14名研究生和5名本科生,进行中国故事的写作,已出版"亲历改革开放40年"(4册),"给孩子讲中国故事"(8册)。指导团队7位学生编写"爱上中国战舰"(7册),目前已经获得上海市文创基金。谭教授正在指导学生编选《经典红色诗歌100首》,选题已经获得有关出版社支持。学院还将依托中国手语及听障者研究中心,积极筹划成立学生"手语社",联动社会力量,为特殊人群提供"四史"学习教育资源。

**融通内外,盘活资源赋能 "四史"学习教育凝聚人心**

学校"四史"学习教育坚持走出内循环,扎根上海,放眼全国,盘活资源,发挥辐射作用。

一方面,坚持"走出去"盘活外部资源,寻初心、励使命。学校与上海孙中山故居纪念馆、上海宋庆龄故居纪念馆合作,探索建立学生社会实践基地,将"两馆"资源融入学生培养体系的实施路径。环化学院、理学院、生命学院、材料学院、力工学院等积极组织学生开展"行走的党课",开展红色寻访活动,让学生到革命遗址遗迹实地了解相关历史,现场体验感悟背后蕴藏的革命传统和革命精神。比如,环化学院以"逐红色记忆,誓做新时代青年"为主题,支部党员和入党积极分子相继走访家乡的红色地标,足迹遍布全国17个省市、近100个红色地标。理学院学生党总支开展家乡红色地标探寻,分唤醒红色记忆、传承红色基因、学习红色精神三个阶段推进"四史"学习教育。

另一方面,坚持向外辐射,发挥影响力。学校与上海市作协、上海人民出版社有限责任公司在《上海早晨:记中共创办的第一所大学(1922—1927)》的基础上,共同策划推进打造挖掘红色资源、传承红色基因、践行城市品格方面的图书,创新宣传上海红色历史的新载体,充分发挥红色文化题材的育人价值。学校与上海市第六十中学签约共建"红色联盟",让老上海大学的红色传统更加鲜活,并以此为契机探索大学与中学面向未来的合作育人新模式,构建区校党建合作共赢的长效机制。学校协助上海市文旅局等开展《博物·在看》系列直播之上海大学溯园(上海市爱国主义教育基地)实地讲解,介绍红色学府的光荣历史;与宝山区文旅局在红色研学游路线设计,与静安区文旅局在"众所周知——作家眼中的红色起点周周谈"直播等方面开展合作。学校"四史"宣讲团成员忻平教授(市委宣讲团成员)、胡申生教授等,给沪上相关单位作专题报告。"四史"学习教育期间,学校将依托上海红色文化研究院,组织推出一批有影响力的"四史"学习教育成果,拟推出一套学习研究"四史"的红色文化研究丛书。

"上海教育新闻网"2020年7月1日

**新数据 新看点·前五月我国移动互联网累计流量超六百亿GB 网络高速路 发展强支撑**

7月3日,上海大学体育馆,一架搭载5G通信技术模组的无人机在空中盘旋。这是上海大学2020届毕业典礼,借助无人机校园漫游5G直播,毕业生可在家实时观看全景高清视频,与在场师生共同见证特殊时期的毕业之约。

5G应用不断拓展,是我国电信业稳步发展的一个缩影。目前,我国已建成了世界上规模最大的光纤宽带网络和4G网络,有力支撑着经济社会的数字化转型。截至5月末,我国4G用户总数达12.8亿户,固定互联网宽带接入用户总数达4.62亿户。1—5月,我国移动互联网累计流量达611亿GB(存储单位),同比增长35.2%。

如何看待"611亿GB"这个数据?

——"611亿GB"意味着网络建设正全力延伸。

"通了,通了,可以上网了,娃儿在家也能上网课了!"疫情防控期间,经过中国联通巴东县分公司建维团队一番努力,4G网络终于通到了湖北省恩施土家族苗族自治州巴东县沿渡河镇枫木村高三学生吴应碧家里。

从借用电信基站旁的机房学习,到在家踏实上网课,离不开我国大力推行电信普遍服务的坚实努力。

从2015年开始,采用中央资金引导、地方协调支持、企业为主推进的总体思路,我国先后组织6批电信普遍服务试点,累计支持超过13万个行政村光纤网络通达和5万个4G基站建设。截至目前,全国贫困村通光纤比例和4G网络覆盖率均超过98%。

——"611亿GB"意味着提速降费正持续发力。

夜色渐浓、华灯初上,云南瑞丽淘宝直播翡翠玉石基地,一间间小小的直播间里,一部手机、一支三脚架,主播正推介产品。

直播带货在边远小城落地开花,得益于网络服务的提速降费。"过去网速慢,只能展示产品图片,线上销售效果不佳;这几年,随着网速越来越快、资费越来越低,进驻基地的商家也越来越多,直播带货收益可观!"基地负责人说。

宽带发展联盟数据显示,截至2019年底,我国固定宽带和移动网络体验速率比5年前增长近10倍,分别达到41.3 Mbps和26.3 Mbps,与此同时,我国移动流量平均资费较2015年底下降90%以上。

——"611亿GB"也意味着网络应用正不断拓展。

走进三一集团北京南口厂区的焊接车间,长着一双"眼睛"的焊接机器人,正在两块钢板的焊缝间智能"巡边"。这双"眼睛",就是连接5G网络的双目高清摄像机,它的背后是机器视觉解决方案。

"两个月前,我们与中国电信合作在南口厂区完成了5G网络覆盖和移动边缘计算平台部署。"三一重工智能制造研究院院长董明楷说,5G大容量、高速率、低时延的特性,为以机器视觉为代表的智能制造提供了有力支撑。

网络用得好,关键在应用。不仅是制造业,新一代信息通信技术不断拓宽,正在赋能交通、医疗、教育、电商等多个领域发展,使更多人从中受益。数据显示,截至5月末,3家基础电信企业累计发展蜂窝物联网终端用户达10.97亿户,同比增长44%,其中应用于智能制造、智能交通、智能公共事业的终端用户增长均达30%左右。(王政)

《人民日报》2020年7月12日

## "有温度有智慧"——上海大学集中展示课程思政建设成果

课程思政怎样才能更精彩？7月15日，上海大学2019年度专业课课程思政建设成果展示暨结项答辩会在宝山校区东区蔡冠深讲堂举办，38名项目负责人进行了教学成果展示，来自上海市委党校、上海市课程思政领航校和本校的专家进行了点评。

在上海大学，无论线上线下，无论综合素养课还是专业课程，课程思政已成为有情有义、有温度有爱的教育过程。在展示答辩会上，38位课程负责人根据项目申请的基本情况、课程思政目标、建设举措与成效、已取得的成果等方面进行为时5分钟的展示。老师们结合自身教学实践阐述了课程教学内容与课程思政核心的契合点，生动展示了在课堂讲授、师生互动和实践环节等的全方位全过程育人故事，尤其着眼于提升学生获得感和满意度，提升大学生的政治认同和文化自信，引导大学生在实现国家需求和个人发展的结合中开启人生篇章。

机自学院蓝箭老师的课程中第一时间融入抗疫故事。同学们充分运用物联网、网络爬虫、MATLAB、神经网络、聚类分析图、热图等知识，对疫情走势进行预测，用数据挖掘的方法，探析疫情数据背后的发展规律，展示了同学们各自的专业技能。学生应翔宇感慨："一开始觉得这课程很累，磕磕绊绊，耗费了太多时间。但是结束后回顾自己过程中的思考和完成的项目，这才发现学习到了很多，获得了很多经验，特别是思维提升，关于对未来之路的思考等等，这些获得都是无价的。本次项目的设想和进行也是在老师的指导下产生的灵感。把论文写在祖国的大地上，在疫情期间出自己的一份力，是当代年轻人和大学生最应该做的。"

理学院张大军教授领衔的"数学分析"是上海大学的一门"硬核"专业课程。课程组内积聚三个书记、一名系主任，看他们如何"玩转"课程思政？教学团队认识到，课程思政的关键在于提升教师自身的认识和水平。教师首先把课讲好，要多学习历史，掌握科学的方法论，还要更多关心时政，用教师的人格魅力铸就师德师风。在"数学分析"教学中应着力"显隐结合"，培养学生的科学创新、历史思维、辩证思维、系统思维和创新思维。张大军表示，团队不建议采取机械的"类比式"教学设计，而要将毛泽东的《矛盾论》灵活运用于解决一道"大型"题目，让"四史学习"内蕴于专业课程学习中。

上海大学电影学院青年教师、新锐导演杨洋分享了如何通过学生自己动手动脑掌握电影这门艺术。纪录片拍摄、选材与剪辑中都有一个明确的价值导向和创作思路，在创作中培养学生观察生活的能力与跟人交往的能力，运用镜头表达对当下社会与个人的反思。拍纪录片对学生了解社会，了解自己，以及对剧作和表演等都有很大的帮助与实践意义。杨洋列举了自己拍摄的《我是城管》《司公》等作品，现身说法，巧妙融入思政，导引学生。

38位老师的分享，体现出教师从事课程思政建设的积极性主动性和创造性。全国优秀教师、上海中医药大学教授张黎声点评时指出，做好课程思政，教师应先学一步，深化研究，对标《纲要》找到课程内在逻辑，做到给专业课"提味增鲜"，老师还可建立对学生项目或作品的评价标准，引导学生积极参与。上海市委党校教授张春美说，专业课教师做课程思政建设，要提高政治站位，具备高度的政治敏锐，还要有现实导向，体现强烈的问题意识和主体自觉，要有学理支撑，创新教学方法和思维方法，讲真故事，动真感情。

上海大学教务处处长彭章友表示,上海大学课程思政工作起步早,起点高,最重要的一点是,学校已从上到下形成课程思政建设良好氛围。上海市思政课名师工作室"顾晓英工作室"主持人——顾晓英担任展示活动主持。她回顾了从2017年上海大学获批上海市高校课程思政教育教学改革整体校到领航校的建设历程:校党委书记成旦红与课程思政骨干教师"面对面",指导课程思政领航校工作,带头讲授红色课程——"开天辟地",副书记欧阳华、副校长汪小帆和聂清作客思政课和课程思政"云课堂";学校立足课程建设,建亮"大国方略"系列课程和"人工智能"系列课程,建设"一院一课""一专业一课",课程思政试点课程覆盖全部院系,建强两批课程思政示范课,打造"云上思政"与"人民网"公开课,努力构建特色鲜明的课程思政教育教学体系。

本次结项答辩会,体现了上海大学多年来课程思政整体校试点的成果,尤其是一年来领航校建设成果,学校将进一步激发全体教师投身课程思政教育教学改革的自觉性,让"门门思政、人人育人、课课精品、生生受益"落地生根。

接下来,上海大学将继续组织好各级各类培训,进一步提升教师课程思政建设意识和能力,把学习贯彻党的创新理论作为思想武装的重中之重,提升教师的马克思主义理论素养,让"四史"内容延展到课程思政建设中,有机融入领航学院优势学科的专业课程思政教学指南中,让所有学生都有感悟、有收获。(任鹏 曹继军)

"光明日报"2020年7月17日

**上海大学举行2020年度专业课课程思政建设成果展示暨结项答辩**

上海大学15日举办2019年度专业课课程思政建设成果展示暨结项答辩会。来自上海市委党校,上海市课程思政领航校同济大学、华东师范大学、上海应用技术大学、市领航学院——上海政法学院和本校专家应邀担任评审嘉宾,38名项目负责人参加了展示。

上海大学教务处处长彭章友到会并致辞。他说,上海大学课程思政工作起步早,起点高,最重要的一点是,学校已从上到下形成课程思政建设良好氛围,顾老师和"大国方略"系列课程教学团队已在课程思政平台建设和学理研究上下了很大功夫,取得了很大成绩。我们要齐心协力把课程思政工作推向深入,把立德树人的课程思政工作与课程建设、专业建设紧密融汇,进一步提升人才培养质量。

上海市思政课名师工作室"顾晓英工作室"主持人——顾晓英担任展示活动主持。她简要传达了《高等学校课程思政建设指导纲要》精神,回顾了从2017年上海大学获批上海市高校课程思政教育教学改革整体校到领航校的建设历程。校党委书记成旦红与课程思政骨干教师"面对面",指导课程思政领航校工作,带头讲授红色课程——"开天辟地",副书记欧阳华、副校长汪小帆和聂清作客思政课和课程思政"云课堂";学校立足课程建设,建亮"大国方略"系列课程和"人工智能"系列课程,建设"一院一课""一专业一课",课程思政试点课程覆盖全部院系,建强两批课程思政示范课,打造"云上思政"与"人民网"公开课,努力构建特色鲜明的课程思政体系。学校通过新教师师德师风培训等,引导广大教师以德立身、以德立学、以德施教,经常性举办课程思政教师工作坊、教师教学沙龙和经验交流会等,着力提升广大教师的课程思政建设意识和课程思政建设能力。

展示答辩环节大致分为上午理工和下午人文社科两组。38位课程负责人根据项目申请的基本情况、课程思政目标、建设举措与成效、已取得的成果等方面进行为时 5 分钟的展示。老师们结合自身教学实践阐述了课程教学内容与课程思政核心的契合点,生动展示了在课堂讲授、师生互动和实践环节等的全方位全过程育人故事,尤其着眼于提升学生获得感和满意度,提升大学生的政治认同和文化自信,引导大学生在实现国家需求和个人发展的结合开启人生篇章。38 位老师的分享,体现出教师从事课程思政建设的积极性、主动性和创造性,感动了与会老师。大家纷纷感慨,在上海大学,无论线上线下,无论综合素养课还是专业课程,课程思政已成为有情有义、有温度有爱的教育过程。

评审专家组认真听取了汇报。全国优秀教师、上海中医药大学教授张黎声指出,做好课程思政,教师应先学一步,深化研究,对标《纲要》找到课程内在逻辑,做到给专业课程"提味增鲜",老师还可建立对学生项目或作品的评价标准,引导学生积极参与。上海市委党校教授张春美在点评时指出,专业课教师做课程思政建设,要提高政治站位,具备高度的政治敏锐,还要有现实导向,体现强烈的问题意识和主体自觉,要有学理支撑,创新教学方法和思维方法,讲真故事,动真感情;同济大学本科生院副院长张宇钟建议老师们在课程思政建设中要更注意育人的效果呈现,从学生反馈做起,看出立德树人融入专业教学中的效果;华东师范大学马克思主义学院副院长龚咏梅强调,人文社科和理工科专业课课程思政建设可以拥有不同范式,无论是人文社科的"俯拾皆是"元素还是"需要深挖"元素的理工课程,都需要教师用功用心;上海应用技术大学教务处副处长姜超强调,做好课程思政,老师们要做到"心中有目标、心中有学生、心中有方法";上海政法学院政府管理学院党总支书记连淑芳指出,做好课程思政,教师要先行学习并内化,从创作到创新,无论是明示还是内隐,都要合理补"盐",引导学生做中学,做中悟。悉尼工商学院副院长胡笑寒指出,理工科的项目设计中要有中国场景做到润物无声。上海大学审计处处长、经济学院尹应凯教授建议人文社科专业课老师结合初心教书育人,把课上精,增强创新能力,更多积累建设成果。

本次结项答辩会,展示了各院系专业课教师的思政育人风采,体现了上海大学多年来课程思政整体校试点的成果,尤其是一年来领航校建设成果,学校将进一步激发全体教师投身课程思政教育教学改革的自觉性,让"门门思政、人人育人、课课精品、生生受益"落地生根。接下来的一段时间内,学校将继续组织好各级各类培训,进一步提升教师课程思政建设意识和能力,把学习贯彻党的创新理论作为思想武装的重中之重,提升教师的马克思主义理论素养,让党史、新中国史、改革开放史、社会主义发展史内容延展到课程思政建设中,有机融入领航学院优势学科的专业课程思政教学指南中,让所有学生都有感悟、有收获。(许婧)

"中国新闻网"2020 年 7 月 17 日

## 2020 高校招生服务光明大直播

7 月 26 日,"2020 高校招生服务光明大直播"全媒体团队走进天津大学等 6 所高校。直播累计观看总量约为 830 万人次,其中中国人民大学 121.6 万人次,天津大学 110.8 万人次,上海大学 206.6 万人次,哈尔滨理工大学 55.1 万人次,安徽农业大学 161.2 万人次,南京工业职业技术大学 174.3 万人次。

（中略）

**上海大学：新增生物制药等5个专业**

今年，上海大学本科招生新增5个专业，分别是：人工智能、数据科学与大数据技术、生物制药、会展和法语。这些专业都是依托上海大学雄厚的学科基础、优秀的师资队伍及丰富的人才培养经验，结合国家战略、上海发展及行业需求而特别新增的。

（下略）（姚晓丹 刘茜 陈建强 任鹏 张士英 马荣瑞 邓晖 丁一鸣）

《光明日报》2020年7月27日

**上海大学MBA战略合作发布会暨数字化平台云课堂启动**

7月25日，上海大学MBA战略合作发布会暨数字化平台云课堂启动仪式在上海展览中心举行。

上海大学党委常委、副校长、MBA管理委员会主任聂清致欢迎辞。聂清从上海大学的红色历史谈起，到新上海大学近年来在人才培养、学科建设、科学研究、服务社会等方面实现跨越式发展。聂清重点介绍了学校在商科领域的规划和学校一流商科的建设情况。上海大学于2020年初成为全国首个通过AACSB国际认证的地方211高校，在国际AMBA再认证中又获得了5年期的最高认证，学校在商科领域不断推进国际化战略，广聚全球英才，大力推动产学研融通，不断开创商科发展的新局面。

全国MBA教指委办公室王萍主任表示，上海大学的MBA教育中心始终坚持将培养质量作为导向，立足学校学科实力，结合行业前沿需求，创新项目办学特色，探索出了一条务实的特色发展之路，近几年来影响力不断提升。当前MBA教育遇到新问题和新挑战，要围绕在线教育布局和引导后疫情时代的新常态MBA教学的改革，积极探索将价值塑造、知识传授、能力培养三者融合的MBA教育新体系，实现培养具有全球视野和创新精神、能融合知识智慧和本土实践、能整合资源和应对未来挑战，具备中国新时代下优良品格和人文素养的国际化复合型管理人才。

上海大学MBA中心孟添主任详细介绍了上大MBA在未来的新举措与新计划，并发布了SHU MBA2025愿景与战略、新发展与新趋势。孟添表示，上海大学MBA始终坚持一个理念，就是要培养可相信与可共事的全球化人才，通过走进世界、走进产业，提供具有贡献和影响力的研究生商学院教育。当前，上大MBA通过加快数字化的转型，不断革新教育技术，加强国际化的办学方向，深耕产业，建立产学研联盟，与上海大学、上海这座城市共同发展，并进一步走出中国、走向世界，最终建设成为一个跨学科的生态系统中心和更具影响力的MBA产学研平台。

随后，会上正式发布SHU MBA的三大战略：战略导向与拓展、创新教育之MBA学术质量提升行动、产业导向与学生体验，并完成了SHU MBA数字化建设战略合作签约、媒体战略合作启动、发布长三角与"一带一路"整合教学拓展计划、MBA核心课程组组长聘任及精品课程建设计划、MBA首期师资卓越计划暨本土教师全英文课程建设计划、共建MBA区块链、金融、新零售与上海购物、智能制造与上海制造、文创五大方向的产学研联盟，开启校友360度服务提升计划，并颁发客座教授、学术监督、行业与企业导师聘任证书。

"新华网"2020年7月27日

## 上海大学：自强不息；先天下之忧而忧，后天下之乐而乐

［校训］自强不息；先天下之忧而忧，后天下之乐而乐

［校训解读］

上海大学的校训，浸润着丰厚的历史底蕴和人文气息，包含了石中生花般的刚强与坚毅，也彰显了上大人胸怀天下、志存高远的家国情怀。上海大学的红色基因和校训精神，传承于上世纪20年代的老上海大学（1922—1927）。老上海大学是在国共合作的历史背景下诞生的，以"养成建国人才、促进文化事业"为宗旨，为中国革命和建设培育了一大批优秀人才。

新上海大学于1994年5月27日，由上海工业大学、上海科学技术大学、原上海大学、上海科技高等专科学校合并组建而成。1994年以来，上海大学已11次被评为上海市文明单位。2009年被评为"全国精神文明建设工作先进单位"；2010年被中共中央、国务院授予"上海世博会先进集体"；2011年被命名为"上海市廉政文化示范点"；2011年、2015年两次被评为"全国文明单位"；2017年11月荣获首届"全国文明校园"称号；2019年4月荣获首届"上海市文明校园"称号。

上海大学老校长钱伟长院士曾说："上海大学的校训仅仅'自强不息'还不够，还要加上'先天下之忧而忧，后天下之乐而乐'。天下就是老百姓，百姓之忧、国家之忧、民族之忧，你们是否放在心上？"他希望上海大学的学子们能够以国家繁荣昌盛、中华民族复兴和人民群众幸福为己任，自觉担负起历史的责任。

"自强不息"源自《周易》："天行健，君子以自强不息；地势坤，君子以厚德载物。"意谓：天（即自然）的运动刚强劲健，君子应像天一样，力求进步，健康发展。上海大学的校训"自强不息"有勉励和鼓舞广大师生奋发图强、锐意进取、不怕困难、百折不挠、开拓创新、追求卓越之意。

"先天下之忧而忧，后天下之乐而乐"出自宋代范仲淹的《岳阳楼记》。原句为："其必曰'先天下之忧而忧，后天下之乐而乐'"，其意思是，一个人应志存高远，为民解难，忧思在前，享乐在后。这句名言作为上海大学的校训，是老校长钱伟长院士对上海大学万千学子的重托。他认为，仁人志士应该把国家和民族的利益摆在首位，为祖国的前途和命运着想，为天底下的人民大众谋幸福。希望上海大学广大师生，以天下兴亡、国家利益、民族振兴和人民幸福为己任，把中华民族伟大复兴和人民群众切身利益放在第一位。要心中永远装着国家和百姓，干出一番伟大事业。

"学习强国"2020年7月27日

## 把国际编号为283279号小行星正式命名为"钱伟长星"上海大学举行 "钱伟长星"命名仪式

今年是我国著名科学家、教育家、杰出的社会活动家钱伟长先生逝世十周年。今天上海大学举行"钱伟长星"命名仪式暨钱伟长先生逝世十周年纪念活动。

2020年2月5日，国际小行星委员会批准并发布国际公报，把国际编号为283279号小行星正式命名为"钱伟长星"，以纪念钱伟长先生杰出的科学贡献。

上海大学党委书记成旦红代表学校致辞，他说，钱伟长先生的科学精神、教育思想和

爱国情怀,是一笔弥足珍贵的精神财富,对于教育改革和事业发展,具有长远的指导意义。

今天的命名仪式上,全场师生观看了回顾钱伟长先生生平的视频《伟业流长》;上海大学师生代表朗诵《一个大写的人》,深情表达了学校师生对老校长的殷殷思念之情;上海大学终身教授、钱伟长先生学生代表周哲玮深情回顾了钱伟长先生的生平、爱国主义情怀和对学校的深厚感情。

纪念活动学术报告会上,中国科学院院士、材料与结构力学专家、中国力学学会理事长、国际应用力学学会主席方岱宁作了题为《增材制造力学设计方法:从 3D 到 4D》学术报告,中国科学技术大学教授、中国科学院百人计划、国家杰出青年获得者、钱伟长先生学生何陵辉作了题为《光驱动的结构可编码变形》的学术报告。(王烨捷)

《中国青年报》2020 年 7 月 30 日

**全程陪伴,他们是导师也是挚友——记上海大学本科生全程导师制"三全育人"新模式**

对于面临毕业的大学本科生来说,顺利实现毕业和就业,在今年受疫情影响的特殊时期显得尤为不易。对此,上海大学钱伟长学院的全程导师们早早做好了准备,疫情期间,他们通过邮件、微信等在线交流方式,实时为 76 名 2016 级毕业班学生提供课题选择、文献查阅、数据处理等各方面指导,确保毕业设计高质量完成。与此同时,导师们还积极针对考研、就业、出国深造等不同目的为学生出谋划策,受到学生和家长的欢迎。

在实施了二十多年的本科生导师制之后,上海大学正在进一步深化本科生全程导师制改革,强化导师的育人功能。今年 7 月中旬,上海大学举行本科生全程导师制工作专题部署会,校党委书记成旦红表示,作为实践上海教育系统"三圈三全十育人"的重要举措之一,本科生全程导师制有助于更好地实现大学"立德树人"。

**"全程"导师制"三全育人"**

今年 2 月初的一天,上海大学环境与化学工程学院 18 级学生杨哲贤和同学在研究课题时遇到了难点,便给自己的全程导师陆永生发了一条求助信息。由于当时恰是春节假期,又是深夜,杨哲贤的心情十分忐忑。没想到,陆永生迅速回信了,通过耐心讲解,难题很快被解决。"师从陆老师的时间虽然不长,却学到了很多。他非常认真负责,为人幽默风趣,每一次谈话都能让我受益匪浅、备受鼓舞。"杨哲贤每次谈到导师都心怀感激。

杨哲贤与陆永生结对始于去年下半年。经过双向选择,环境与化学工程学院 57 名专业老师成为专业分流后 83 名本科生的全程导师。导师除了负责指导专业学习、吸收学生参加科研项目,还要引导学生树立正确的世界观、人生观、价值观,做好思想教育工作,帮助学生解决生活、心理等方面的困惑。截至目前,已有 87% 的学生多次主动与导师进行过深入交谈。

早在 1994 年新上海大学合并组建之初,学校就按照老校长钱伟长的教育思想,在全国率先探索本科生导师制。经过 20 多年的发展,上海大学有本科生的 24 个院系普遍实施了不同形式的本科生导师制,有学业导师、班导师、学术导师、科创导师、职业生涯导师、人生导师等导师类型,在上海大学的人才培养中发挥了重要作用。

面对新时代高等教育的新形势,为了更好地落实"三全育人",从 2019 年 7 月起,上海大学用了将近半年时间反复研讨论证,决定深化改革,加强顶层设计,在全校实行本科生全程导师制。改革的主要内容除了将以上各种导师的职能集中到一位导师身上,还从时间上突出"全程"两个字,从本科新生入学起即配备一位导师,一直陪伴大学生涯全过程。

全员参与、全程陪伴、全方位指导,上海大学用本科生全程导师制改革,探索"三全育人"新模式。

**转变观念,建立新型师生关系**

目前国内大学里都有学生辅导员,为何还要专业老师发挥育人功能?

成旦红认为,首先,大学辅导员与大学生的一般比例为1∶150,很难满足对学生的个性化指导,而每位全程导师所面对的学生总数仅有10人左右,遍布全部年级,思政教育的质量将会大为改观。此外,上海大学的老师一般都拥有博士学位,有着扎实的专业知识,不仅可以在学业上给学生以充分指导,很多老师还具有海外学习或工作的经历,对世界的理解,对社会的认识,使他们在学生面前就像是一本厚厚的书,足以胜任教育引导学生。专业老师与辅导员协同育人,可以形成合力,完善"三全育人"的教育理念。

对于专业老师的育人功能,力学与工程科学学院2017级本科生胡晴涛深有感触:"我在公司实习的时候,总会遇到一些不同于学校的复杂事情。当我心情低落、迷茫或者有些感悟时,找导师聊一聊,他的人生阅历和立场往往会带给我一个全新的视角。导师也会经常主动找我、帮助我,就像一个送上门的'宝藏'。"

上海大学上海美术学院老师魏秦说,深入了解学生,把自己良好的道德形象、育人形象呈现给学生,学生会对老师有更深层次的肯定,也会了解老师的一片苦心。"我们坚持'立德树人',实现'三全育人',可以从建立师生间良好的关系开始。"

上海大学党委常委、教师工作部部长曹为民向记者介绍,上海大学的导师制是由教师工作部牵头推进,不仅是学生的学业指导,更是全面落实大学立德树人的根本任务。

**教学相长,导师也会得到"反哺"**

2017年入职上海大学图书情报档案系的青年教师张衍已经先后担任过9名学生的导师,学生们经常会主动分享自己对周遭的认识与感受,有时会异常有活力、有见地。"通过学生的分享,我了解到他们对于明星的态度、家庭的观念以及学校课程的建议。这些都反向促进我不断调整自己的沟通与交流方式、授课方式乃至调整课程的内容。"

同系的青年教师李芙蓉也通过担任本科生导师得到了意外收获:"导师制设计的几个任务,其中有'共读一本书'、与学生谈心等内容。自从工作后,我阅读的要么是论文,要么是上课需要用的教材,阅读目的有点功利。因为这个任务要推荐一本书,自己不读一读也不好意思。在被动的阅读中,体会到其实时间挤一挤还是有的。每天一个小时,一年的阅读量十分可观。"

曹为民介绍,在实施本科生导师制的过程中,学校发现,老师给予学生知识和情感上的帮助时,自己也会获得一种作为老师那份崇高职业的价值认同,而且这种感受通常也是物质奖励无法满足的。

在担任导师的过程中,老师对学生的付出并非单向,而是教学相长。成旦红认为,立足中国大地办教育,大学教师中不论党员、党外人士还是群众,对于我们党的路线方针政策都要了解。担任本科生全程导师,对老师本身的思想政治学习也有鞭策和激励作用,倒逼教师更加注重言传身教,自觉加强师德师风建设。未来,要让"人人做导师"成为上大校园新风尚,让潜心立德树人成为上大教师的价值追求。

一项本科生全程导师制改革,不仅丰富了"三全育人"的形式,还重塑了师生之间的关系、增加了学生对学校的情感黏度,激发了教师的育德意识和育德能力,使教师回归本职、初心……本科生全程导师制,成为上海大学撬动学校一系列教育改革的突破口。(任鹏　曹继军)

《光明日报》2020年7月31日

**"钱伟长星"在上海大学命名**

今年是我国著名科学家、教育家、社会活动家钱伟长先生逝世十周年。为缅怀钱伟长先生的生平业绩和卓越贡献,弘扬传承他的科学精神、教育思想、爱国精神,昨天上海大学举行"钱伟长星"命名仪式暨钱伟长先生逝世十周年纪念活动。

2020年2月5日,国际小行星委员会批准并发布国际公报,把国际编号为283279号小行星正式命名为"钱伟长星",以纪念钱伟长先生杰出的科学贡献。昨天的纪念活动上,中科院紫金山天文台介绍了"钱伟长星"发现和轨道运行情况,宣读了"钱伟长星"国际命名公报和命名证书。

全国政协原副主席、中国工程院原院长徐匡迪,市政协副主席方惠萍等出席活动。(彭德倩)

《解放日报》2020年7月31日

**上大举行"钱伟长星"命名仪式**

今年是我国著名科学家、教育家,杰出的社会活动家钱伟长先生逝世十周年,上海大学昨天举行"钱伟长星"命名仪式暨钱伟长先生逝世十周年纪念活动。2020年2月5日,国际小行星委员会批准并发布国际公报,把国际编号为283279号小行星正式命名为"钱伟长星",以纪念钱伟长先生杰出的科学贡献。新书《永远的校长》也在此次纪念活动上首发。在钱伟长的带领下,上海大学实现了跨越式发展。钱伟长以其独特的眼光、超前的思想和果敢的魄力,开启里程碑式的教育教学改革,探索形成了以他为代表的钱伟长教育思想。全国政协原副主席、中国工程院原院长徐匡迪,市政协副主席方惠萍出席。(储舒婷)

《文汇报》2020年7月31日

**"钱伟长星"闪耀太空！上海大学举行"永远的校长"钱伟长先生逝世十周年纪念活动**

"我没有专业,国家需要就是我的专业。我从不考虑自己的得与失,祖国和人民的忧就是我的忧,祖国和人民的乐就是我的乐。"7月30日,上海大学举行"钱伟长星"命名仪式暨钱伟长先生逝世十周年纪念活动,视频《伟业流长》带领大家重温钱伟长先生不凡的一生,先生的科学精神、教育思想和爱国情怀又一次感召全场。

今年是我国著名科学家、教育家、杰出的社会活动家钱伟长先生逝世十周年。2月5

日,国际小行星委员会批准并发布国际公报,把国际编号为283279号小行星正式命名为"钱伟长星",以纪念钱伟长先生杰出的科学贡献。纪念活动上,中科院紫金山天文台有关领导介绍了"钱伟长星"发现和轨道运行情况,宣读了"钱伟长星"国际命名公报和命名证书,上海市科委、市教委领导向钱伟长先生家属和上海大学颁送了"钱伟长星"国际命名公报、命名证书及照片。

钱伟长先生于1983年出任上海工业大学校长。1994年5月,新的上海大学由上海工业大学、上海科学技术大学、原上海大学和上海科技高等专科学校合并组建,钱先生担任校长。他爱生如子、爱校如家,以其伟大的人格魅力和成功的办学实践赢得了师生的广泛爱戴,被师生们尊称为"永远的校长"。纪念活动上,《永远的校长》新书正式首发。

上海大学党委书记成旦红表示,钱伟长先生以独特的眼光、超前的思想和果敢的魄力,将党的教育方针与学校办学实践紧密结合,进行了里程碑式的教育教学改革,探索形成了以他为代表的钱伟长教育思想。在钱校长的带领下,上海大学实现了跨越式的发展。钱伟长先生的科学精神、教育思想和爱国情怀,是一笔弥足珍贵的精神财富,对于教育改革和事业发展,具有长远的指导意义。(任朝霞)

《中国教育报》2020年8月2日

## 上海大学承办2020年上海高校课程思政建设研讨会上大线上分论坛

7月31日上午,在上海市教卫工作党委、市教委统一部署下,上海大学承办2020年上海高校课程思政建设研讨会上大线上分论坛。

据不完全统计,来自15个省市64所高校,包括复旦大学、东华大学、苏州大学、武汉理工大学、河北地质大学、天津中医药大学、新疆师范高等专科学校等及上大的400多位教师参与会议。上大分论坛由上海大学教务处处长彭章友教授主持。

彭章友指出,最近教育部印发的《高等学校课程思政建设指导纲要》强调,"全面推进课程思政建设是落实立德树人根本任务的战略举措"。课程思政怎么做?现在做得怎么样?本次分论坛将由上海大学的五位老师从不同角度展示领航校课程思政建设的实践探索和经验成果。

上海大学教务处副处长顾晓英以"有温度有智慧:上海大学课程思政建设的探索与实践"为题,阐述了上海大学自"项链模式"思政课教学创新到"大国方略""人工智能"系列课程的开发及运行,学校获评上海市课程思政整体改革试点校和领航校,课程思政已从"点上开花"实现全院系、全课程和全体教师中的面上结果。顾老师强调,自去年领航校建设以来,在学校党委的坚强领导下,学校已拥有各类相关制度的顶层设计,各职能部处和院系积极投入协同育人。学校以课程建设为抓手,通过专业课程试点课程、示范课程、沙龙交流、工作坊指导、新学期第一课及公开课展示、微课比赛、案例征集、结项展示等,有条不紊开展课程思政建设。疫情期间,学校组织"云上思政",让课程有情有义有爱。最近,领航学院正紧锣密鼓组织教师编撰专业课程思政指南……全校老师正积极投入有温度有智慧的课程思政教育教学改革中。

社会学院青年教师汪丹副教授以上海市课程思政领航课、校课程思政示范课"费孝通学术思想"为例,讲述怎样将"四史"融入课程思政。她指出结合"四史"研习费孝通先生不同时期的学术思想,志在培养和引领学生成为对国家有贡献、对人民有关怀、对学术有意义、对社会有用处的"社会人"。

法学院院长、二级教授文学国讲述了他们团队是如何建设学校课程思政示范课"法律职业伦理"的。这是法学院本科生的一门"核心"课程。他在教学设计中,思考:如何把社会主义核心价值观贯穿到课程教学中?如何整合性讲解不同法律职业者的职业准则?如何结合正反两方面的案例来阐释法律职业能力?

上海大学发展规划处副处长、社会科学学部(筹)教授周丽昀分享了"科技与伦理"整体课程设计及育人成效。这门文理交融的核心通识课是首批校级课程思政示范课。她指出课程设计理念是启发学生思考,如何更好地让科学技术为人类造福,中国如何建设科技强国,从而激发学生学习报国的责任感和使命感。这门课程形成了理论研究、教学实践和社会服务的衔接和转化模式,自主编著的教材《科技与伦理的世纪博弈》既是学术成果也是教学成果。

材料学院教学院长黄健介绍了作为领航学院的材料学院开展的课程思政建设工作。首先,学院充分发挥院党委的政治核心作用,建立课程思政评价考核机制,把课程思政作为考核评优的重要依据。其次,依托学院国家重点实验室、重点团队和专业教研室,打造示范团队、示范课程,辐射和引领学院课程思政建设。再次,结合学院实际深挖思政元素,老师们自觉将思政元素融入专业课程,用中国梦、科研梦点亮学生的青春梦,激励青年学生勇担时代使命。

彭章友作了会议总结。他充分肯定了五位老师的精彩分享,谈了做好课程思政建设工作的五点体会:第一,各级党委领导重视,做好顶层设计;第二,组织工作完备有力,职能部处全体全力参与;第三,教师思政先行,着力提高育德意识和能力;第四,以学生为中心,课程思政推进方法有效、路径得当;第五,注重课程思政成效,把工作落深落细落实。期待上海大学的课程思政工作在学校各部门、院系、全体教师共同努力下,继续发挥立德树人的示范引领作用。

报告会结束后,上海大学分论坛的线上互动依旧在持续。整整 30 分钟,老师们踊跃提问。新疆艺术学院的教师希望今后来上大课程思政公开课现场观摩。更多教师希望能继续参加上海大学的后续相关主题培训、沙龙。会中会后,"聊天"区域对话热度很高。"老师讲得真好,实用""课程思政就是精神层次的教学,所以温度和智慧特别重要,从而建设成有魅力的课程","学习到很多东西,期待今后的系列分享会。""感谢这次有温度的分享。"(许婧)

"中国新闻网"2020 年 8 月 4 日

### "上大期刊社"如何累积起群体崛起"魔力"

迄今为止,上大期刊社组建了从源头策划组稿、编辑加工、印刷装帧、数字化上线、多媒体传播、跟踪质量为一体的线上线下可控的质量保障体系,未来还将推进更多集约化刊群。

短短 14 年,期刊数量从 6 种发展到 15 种,其中英文期刊 7 种——放眼全国,上海大学已拥有高校规模最大的集约化管理期刊群。这所 211 大学的期刊社仿佛有一种魔力,进入到"上大期刊群"的刊物,影响力都会拉出一条向上的曲线:要么稳步爬坡,要么一鸣惊人。数据显示,上海大学期刊社进入国际三大检索系统的刊物数量"领跑"上海高校,4种期刊被国际三大检索系统收录,两种进入影响因子最高的Q1区。

上海大学期刊社社长秦钠坦言,集群化发展和集约化管理,是全球科技期刊做大做强的主要模式,在这方面,上大起步较早,体悟颇深。经过14年探索,上大期刊社已成为国内期刊界公认的一个样本。

**瞄准新兴领域"拆转" "掉队"期刊仅用数年重回巅峰**

2006年,秦钠接手上大期刊工作时,社里有6种期刊,其中3种为综合性学报。国际上大名鼎鼎的《自然》《科学》就是综合性期刊,它们处于学术期刊金字塔顶端,需要各领域最优秀的科学家源源不断供稿,若非如此,综合性刊物的发展之路只会越走越窄。事实也证明如此:没多久,作为三本综合性期刊之一的《上海大学学报(英文版)》,就掉出了EI(工程索引)数据库,约稿也越来越难。

此时,上大期刊社的其他刊物生存处境也不乐观。与其在同质化竞争中掉队,不如瞄准新兴领域办出自己的特色,他们着手对期刊大刀阔斧整合:将社科类应用型期刊《社会》转型为专业型学术期刊;将《上海大学学报(英文版)》转型为《先进制造进展》;将应用指导类期刊《秘书》杂志转型为学术期刊;将中文版《应用数学和计算数学学报》转成英文版。

看似简单的"拆"与"转",结果却令人又惊又喜。仅用四年,《先进制造进展》就被SCI(科学引文索引)收录,去年距离进入Q2区只有一步之遥,而其他三种期刊也分别被CSSCI(中文社会科学引文索引)、美国EBSCO数据库和《美国数学评论》收录。

在秦钠看来,新兴学科、学术前沿是中国期刊崛起的机遇,因为新兴学科的研究者缺乏有针对性的发表平台,当出现这样的渠道时,就能迅速聚集一批优秀作者,期刊影响力也将由此快速提升。

通过单刊分化、子刊衍生、系列办刊等形式,上大期刊社打造出一本刊物应对一两个优质学科的"期刊群",其间他们还针对学科空白孵出三只"雏鸟"。秦钠说:"创立新刊要么不创,要创就要具备唯一性,这也是新锐期刊的生命力所在。"

**全球网罗优质稿源 "学术大牛"带头投稿提升影响力**

如果说影响因子只是衡量期刊质量的标准之一,那么科学家的口碑对于期刊发展来说更为重要,一位优秀主编的学识和视野,很大程度上能决定一本刊物的地位。

因此,在为每一本刊物物色"掌门人"时,上大都由学校期刊工作领导小组成员精挑细选,层层把关。迄今为止,上大"期刊群"已经邀请到国内外12位院士级专家担任主编。"大家"给期刊带来的不仅是他们的专业知识,还有朋友圈。

在《上海大学学报(英文版)》从综合刊转型为专业刊《先进制造进展》的关键时刻,由曾任上大校长的罗宏杰教授出任刊物主编,在罗宏杰和学科带头人翟启杰教授的牵线搭桥下,徐匡迪、周济两位中国工程院院士欣然出任这本新创刊物的名誉主编,徐匡迪还亲自为刊物定名并写下发刊词。而《应用数学和计算数学学报(英文版)》则聘请到了美国布朗大学教授舒其望担任主编。

一本学术期刊好不好,关键在稿源,就是看有没有一流的科学家愿意持续投稿。为提升刊物影响力,上大期刊社的"学术大牛"主编们纷纷带头投稿。虽然原本可以投给影响因子更高的国外学术期刊,但中国科学院院士袁亚湘还是多次将自己的论文"首发地"选在由他主编的《中国运筹学会会刊》上。

2018年创办的新刊《电化学能源评论》,主编张久俊院士、孙学良院士邀请到了斯坦利·惠廷厄姆(2019年诺贝尔化学奖得主)撰写创刊词。今年,惠廷厄姆又给刊物撰写了前沿研究重磅综述。就在不久前,《电化学能源评论》被正式收录进SCIE(科学引文索引扩展版)影响因子数据库。

**"借船""造船"并重　抓住数字化时代"弯道超车"机遇**

与国际知名出版商合作"借船出海",是中国期刊提升影响力的重要方式。2013年,《先进制造进展》面向全球招聘主编,其合作伙伴、国际知名出版商施普林格推荐了新加坡国立大学教授倪亦靖。此后每年,他都要来上海开一次编委会,总结这一年的办刊经验,落实明年的稿源和选题。他还会邀请其他国家的编委一起来给上大的师生做学术报告,极大提高了上海先进制造学科的竞争力。

"期刊发展既要'借船出海',又要提升本土'造船'能力。"这是秦钠一贯坚持的原则。在长期办刊过程中,他们坚持为中文期刊做英文长摘要,为英文期刊做中文长摘要,同步进行推送。正是这一基于本土化理念的细节创新,让上大期刊社的一本中文期刊《社会》被《美国社会学评论》数据库收录。

事实上,不管是国内还是国外出版社,都面临着互联网冲击,抓住时代机遇或许也是中国期刊"弯道超车"的机会。2013年,上大期刊社启动"优先出版"计划,引起业界广泛关注。所谓"优先出版",就是将旗下所有编辑完成但还没有到出版日期的学术刊物,先在网刊上推出全文。"我们做了调查,优先出版之后,纸质版的发行量最多下降百分之十,但换来的是更及时的传播和更高的引用率,还是值得的,这也是学术期刊未来发展的趋势。"秦钠说。

集约化智能管理平台、融合出版实验室、刊上AR……迄今为止,上大期刊社组建了从源头策划组稿、编辑加工、印刷装帧、数字化上线、多媒体传播、跟踪质量为一体的线上线下可控的质量保障体系。未来,他们还将推进更多集约化刊群,尤其是打造具有自主品牌的国际化出版与传播平台,提升中国期刊的国际话语权和影响力。(沈湫莎)

《文汇报》2020年8月13日

**20200001号启程!上海大学第一封本科录取通知书今日送达!**

8月12日下午,上海大学党委常委、副校长聂清来到上海市控江中学,亲自送出0001号本科录取通知书。在控江中学校长姜明彦和副校长刘刚的共同见证下,钟奕扬同学成为了2020级本科的第一位上大人,经由综评批次录取到上海大学钱伟长学院理科实验班类。

**一、聂清副校长亲手送出今年的0001号录取通知书**

2020年的0001号通知书,由副校长聂清交到了钟奕扬同学的手中。这也标志着上海大学2020级本科新生录取通知书,于即日起正式陆续寄出,遍布世界各地的准上大人将在相近的时段里收获喜悦。

仪式上，聂校长对钟奕扬的父母、对控江中学的悉心培养，表达了由衷的感谢。她表示，控江中学是上海市人民政府建设的一所学校，也是上海大学在上海的第一所挂牌优质生源基地中学。上海大学作为以"上海"城市命名的大学，理应与控江中学有更多的学科方面的深度合作。上海大学致力于为社会培养具有全球视野、公民意识、人文情怀、创新精神、实践能力，并能应对未来挑战的人才。控江中学也有"倡导自主，追求创新"育人理念，两校的气质非常契合。

聂清说，希望钟奕扬同学来到上海大学后能够矢志不渝地在自己所喜爱的数学领域继续探索，坚持的道路上总会遇到各种困难，但是同时也会有很多乐趣。希望钟同学不畏艰难、坚持攀登，把这条路走得既充满奇思妙想，又充满成就感。

控江中学校长姜明彦介绍，控江中学坚持"倡导自主、追求创新"的办学理念，旨在培养具备"自辨、自学、自锻、自理"基本素养和"自择、自强、自砺、自评"高层素养的高中毕业生，这与上海大学"自强不息；先天下之忧而忧，后天下之乐而乐"的校训不谋而合。人才培养离不开双方的合力协作。希望两校在未来能就学科方面开展更多深度合作，培养更多优秀学子。

**二、揭秘0001号：努力是幸运的另一个名字**

钟奕扬热爱数学，曾在2019年上海市高二数学竞赛中荣获一等奖，在2020年全国数学联赛中获得上海市二等奖。在控江中学时，他参加了许多数学方面的兴趣课程：微积分与统计初步、线性代数、数学文化、数论……那些令人抓耳挠腮的难题让这位喜欢探究的少年乐此不疲，他还喜欢与老师和同学进行交流，在思想碰撞中产生灵感。

除了数学，钟奕扬也爱好围棋，是一名围棋4段的选手。在他看来，围棋是思维深度的比拼，在博弈中锻炼严谨的思维和坚韧的品性，不因为一时的失败而气馁，反而愈挫愈勇。

在阅读上，钟奕扬同样涉猎广泛。他喜欢读数学方面的书籍，是《图灵新知》系列丛书的粉丝，尤其是顾森的《思考的乐趣》，其中对于平常生活事件的建模与解析展现了数学的魅力，也让钟奕扬更加痴迷于数学。尼采的《悲剧的诞生》是他最喜欢的哲学书籍，引领其进入哲学思辨的世界。

填报志愿时，上海大学的钱伟长学院是钟奕扬的第一选择，也是唯一的选择。钱伟长学院是17所"国家试点学院"之一，是教育部首批"三全育人"试点院（系）之一。学院依托于上海大学进入全球前1%的学科，以"重基础、跨学科、国际化"的人才培养战略，着力培养未来学术领军人物。

钟奕扬表示，希望自己可以秉持上海大学的校训精神，探索未知、追求真理，继续保持对数学的热忱，自强不息，努力学习，在自己热爱的领域走得更远。他说，大学是一个能让人确定自己所爱之方向的殿堂。相信自己在大学的成长过程中，一定能找到未来的方向，心怀信念，展翅高飞。

**三、本科生全程导师制，我们是认真的！**

上海大学实施本科生全程导师制，师生间的交流变得更加密切：从专业学习到日常生活，甚至是有关人生的困惑，导师们在真正意义上成为学生的良师益友和领航人。今天，钟奕扬同学的本科全程导师——数学系的冷岗松教授也来到了仪式现场，与钟奕扬进行交谈。

冷岗松教授是全国奥林匹克竞赛的教练员,是数学领域的资深专家。他鼓励钟奕扬积极进取、善于合作,在挑战中不断取得进步、赢得成绩。相信在专业导师的带领下,热爱数学的钟奕扬同学一定会获得更多的灵感,在自己梦想的领域飞得更高更远。

**四、赓续红色基因　我们都是血脉相承的上大人**

今年是上大首次为一号幸运儿送出录取通知书,学校精心准备了一款特别的隐藏版盲盒,以此放飞充满希冀的祝福。我们相信,未来就像打开一个未知的盲盒,只要坚持所爱,美好的事就一定会发生。

在录取通知礼盒中,钟奕扬还收到了来自校党委书记成旦红教授推荐、上海大学出版社新出版的《从上海大学(1922—1927)走出来的英雄烈士》,希望新生们可以利用暑假通过新书了解上大的过往,加深精神上的共鸣,与上大休戚与共。校长刘昌胜院士寄语新生:上海大学将为你点亮理想之灯,照亮前行的路,愿你能成为"晨曦中的赶路人、更上层楼的攀登者"。同时,学校也希望上大学子可以传承先辈们的开拓精神,迈开坚定的脚步,肩负起时代的使命,实现人生理想,成为国家栋梁。

钟奕扬同学是众多优秀的新上大人之一,以这封通知书为标志,上海大学 2020 级本科新生首批录取通知书将于今天陆续寄出,同学们可以在 EMS 官网凭 14 位高考报名号查询物流信息,期待你们收获通知书的那一刻!

"中国青年报"2020 年 8 月 13 日

## "我的故事　你的心声"上海大学举办教师节专场教学沙龙

"理工课上的许多概念都是复杂难懂的,但他的课程却能让学生神采奕奕,处在饱满的学习状态下。"

"成绩不是最大的考虑因素,他带领学生们去更大的平台接触新的事物,谱写新的篇章。"

在上海大学近日举行的一场教学沙龙上,学生代表们纷纷向老师"真情告白",在教师节到来之际,为老师们送上温暖的祝福。

2020 年 9 月 4 日上午,由上海大学教务处、工会联合举办的"阳光美丽,教书育人,与子同行——我的故事你的心声"学校第 44 期教师教学沙龙在宝山校区智慧教室举行。本次沙龙依托顾晓英工作室编撰的《与子同行:倾听学生的声音》一书,邀请学生笔下的教师参与。活动中,学生讲述教师育人故事,教师交流育人体会,为老师们送上了教师节的温馨问候。

《与子同行:倾听学生的声音》学生笔下部分教师代表、课程思政专业课教师代表、领航团队负责人代表等 50 名师生参与此次沙龙。

本期沙龙由上海市思政课名师工作室——"顾晓英工作室"主持人、教务处副处长顾晓英老师担任主持。活动中,顾晓英回顾了从 2012 年开始五次面向学生的主题征文活动,并与老师们一起重温习近平总书记近年来的教师节寄语,勉励大家争做"四有好老师",做好"四个引路人"。"好老师不靠名利成就自我,每个老师都需要拥有创新的思维与智慧,力争成为塑造学生品格、品行、品味的'大先生'。"顾晓英还结合学校课程思政整体校和领航校建设,指出:"育人者先育己,课程思政关键在教师思政。"

来自社会学院、材料学院、电影学院的本科生李欣怡、黄文淏、隋泽宇、顾石雷、苏安琪整理了《与子同行:倾听学生的心声》一书中学生笔下的老师"文字片段",现场深情朗读。来自上海大学音乐学院的本科毕业生周怡,献唱一曲《老师我总是想起你》。学生代表们声情并茂的朗诵与歌声,生动描摹了书里书外老师们阳光美丽和爱岗敬业的形象,也为整场教师教学沙龙烘托出温暖感动的氛围。

老师相继分享了参与沙龙活动的激动心情和长期从事三尺讲台教学的深入思考。年逾七旬的知识产权诉讼律师的"业界贤达"陶鑫良回顾几十年从教经历后,即兴创作诗作:

春华秋实丰收季,蓝天白云风情宜。

寸草春晖返母校,老鸦高枝回故地。

求学上大事堪喜,执教讲坛景犹忆。

与子同行数十载,叶落归根在古稀。

来自文学院的资深教授陶飞亚表示:"从《与子同行》书里书外的学生文字看到了今天'厉害'的学生,作为教师,我们要从学生那里'得',更要用严谨学术,精湛教学艺术回馈学生,很荣幸能够参与这样一场有意义的教师教学沙龙活动。"

美术学院青年教师苏金成自带笔砚,即兴挥毫泼墨,书写"春风化雨、晴耕雨读、开卷有益、海纳百川、为人师表",作为对老师们的节日赠予。课程思政试点课程负责人、材料学院教授刘引烽用配乐诗《我和你》表达了教书育人的教师职责,感慨老师们要"多点恒心,多点耐心,少点功利心"。

校工会常务副主席顾莹表示,本次教师教学沙龙别开生面,展示了老师们更多层面的阳光美丽和爱岗敬业,又对"与子同行"进行了多个维度的演绎。未来,校工会会搭建更多温暖人心的平台,让优秀教师与学生零距离交流互动,并预祝老师们教师节快乐。上海大学党委书记成旦红点赞本次沙龙,指出"营造氛围很重要"。上海大学党委常委、总会计师苟燕楠与老师们共进午餐,亲切交谈。

据了解,作为课程思政领航校,上海大学以教师教学沙龙为载体,积极搭建课程思政建设交流平台,交流育人心得,让教书育人的氛围氤氲在校园内外还有网上网下。本次沙龙作为上海大学课程思政领航校营造育人氛围的一项举措,引导教师厚植爱国主义情怀,进一步激发了教师乐教善教的内生动力。(袁曼舒)

"第一教育"2020年9月5日

**在课程中有机融入　上海大学各学院持续推动"四史"教育**

体育拥有改变中国的力量,体育拥有转变你人生的命运。选择"'体育中国'就是选择民族兴盛的伟大梦想,就是选择美丽人生的幸福台阶!德智体美劳,五育并举,但体育永远在C位!"这是一则上海大学"体育中国"新课广告词,出自主持工作的体育学院副院长刘兵教授笔下。

1日,上海大学体育学院刘兵副院长领衔"体育中国"新课程教学团队的12名教师举办"体育中国"新课教研活动。上海市高校思政课名师工作室——顾晓英工作室主持人、教务处副处长顾晓英教授应邀参加。大家第一时间认真阅读并热议《求是》最新刊发的总书记文章。

体育学院在开好各门"体育"公共基础课的同时,发挥教师积极性、主动性和创造性,2020年秋季学期,学院将首度开设新开发的学校红色传承系列之"体育中国"通选课,将"四史"融入课程,将新时代"健康中国"理念等有效传递给青年学生。

备课会上,课程负责人刘兵副院长率先展示了第一讲"体育是什么"的设计理念、思路和方法。其他7位主讲教师依次针对自己承担的课程内容、授课方式及考核办法等方面进行了深入研讨。教师们各抒己见,集思广益。

顾晓英教授给出中肯而又积极有效的指导建议。顾晓英指出,当前高校根本任务在立德树人,思政课是关键课程,课程思政建设是落实立德树人根本任务的战略举措。做好思政课和课程思政,关键在教师。作为高校教师,我们要积极发挥投身本科教改的积极性、主动性和创造性,提升思政课和其他各类课程的思政育人效果。

目前,上海大学各学院正持续推动"四史"教育,开展了形式多样的有益尝试,"四史"学习教育呈现良好态势。

8月28日,上海大学红色传承系列课程之二——"中国记忆"课程团队举办学"四史"融课程——"中国记忆"新课教研会。图书情报档案系党委书记、"中国记忆"课程负责人丁华东教授担任主持,校教务处副处长、上海市思政课名师工作室主持人——顾晓英教授,图情档系教学副主任王丽华和8名课程团队全程参加。

这次教研会是继上次备课会后的说课环节,采取线上线下双结合方式,时长达到五个多小时。团队教师们每个专题负责人轮流"一一过堂",集体热议点评,出谋划策,完善教学思路与内容设计。

课程负责人丁华东教授是全国首批档案领军人才,全国首批档案专家,图情档系档案记忆研究中心主任,长期从事档案记忆、社会记忆研究。作为总支书记,丁华东教授义不容辞带领团队开发新课,积极依托图书情报档案这一"小而强"的学科优势。"中国记忆"围绕"文献与历史记忆""器用之美与中国记忆""民风民俗与家国记忆""记忆场域与国家记忆当代传承"等方面,揭示"中国记忆"与中国文化特质。课程团队自觉将"四史"学习成果有机融入课程建设,结合历史传统关照当代变迁,阐释"中国记忆"的时代价值;用大学生易于接受的表达方式,展示课程深厚的历史文化内容,注重与学生的交流互动,引发学生对身为"中国人"和中国记忆传承者的深刻思考。

周林兴教授等几位"中国记忆"课程组成员先后分享了自己备课的素材、授课思路以及备课过程中遇到的问题。

顾晓英教授结合"双顾"团队五年来开发"大国方略系列课程""人工智能系列课程"等课程经验,就"中国记忆"课程团队建设、课程内容和授课思路、授课方法等一一提出许多建设性的指导意见,希望老师们开阔视野、学好"四史",积极在课程中有机融入"四史",帮助老师们巧妙挖掘思政元素,建议老师们切实强化学生体验。

"中国记忆"是上海大学"红色传承"系列通选大课,即将于2020学年秋季学期首轮开设。学分为3分。课程主要团队来自上海大学图情档专业,其间穿插其他学科教师等联袂教学,旨在打造优质课程。(许婧)

"中国新闻网"2020年9月7日

### 上大师生讲述"教书育人　与子同行"

今年是我国第36个教师节。为生动展示上海大学教师阳光美丽、爱岗敬业、无私奉献的良好形象，依托顾晓英工作室编撰的《与子同行》一书，上海大学教务处、工会联合举办"阳光美丽，教书育人，与子同行——我的故事你的心声"第44期教师教学沙龙。学生笔下的教师拨冗前来，学生讲述教师育人故事，教师交流育人体会。上大党委书记成旦红点赞本次沙龙，认为"营造氛围很重要"。这也是上海大学课程思政领航校营造育人氛围的一项举措，给老师们送上教师节的温馨问候。

上海市思政课名师工作室——"顾晓英工作室"主持人、教务处副处长顾晓英担任主持。顾晓英说，好老师不靠名利成就自我，每个老师都需要拥有创新的思维与智慧，力争成为塑造学生品格、品行、品位的"大先生"。

校工会副主席勾金华说，上大成长、上大培养的自己拥有对母校对老师对学生的情怀。来自社会学院、材料学院、电影学院的本科生李欣怡、黄文淏、隋泽宇、顾石雷、苏安琪整理了《与子同行：倾听学生的心声》一书中学生笔下的老师的"文字片段"，现场深情朗读，生动描摹了书里书外老师的阳光美丽和爱岗敬业的形象。来自文学院的资深教授陶飞亚激动分享了自己参与此次教师教学沙龙的感受，从《与子同行》书里看到了今天"厉害"的学生，作为教师，要从学生那里"习得"，更要用严谨学术、精湛教学艺术回馈学生，很荣幸能够参与这样一场有意义的教师教学沙龙活动。校工会常务副主席顾莹表示，今后校工会也会搭建更多温暖人心的平台，让优秀教师与学生零距离交流互动，预祝老师们教师节快乐。（王蔚）

"新民晚报"2020年9月7日

### "光盘行动"有妙招　上海大学食堂"小鸟胃专属餐"火了

推进"光盘行动"，餐厅、食堂怎么做才既有效又合理？最近，上海大学食堂试点推出了被称为"小鸟胃专属餐"的小份菜，得到学生的普遍欢迎，相关话题也冲上热搜。

上海大学后保处处长梁亮告诉中青报·中青网记者，学校从去年就开始推动"源头节约"。当时，在上海全面推进垃圾分类的社会氛围中，学校后保部门调研发现食堂餐厨垃圾量比较大，于是在学生中开展调研，并组织学生座谈。不少学生反映，食堂菜品只有一种分量标准，胃口小的同学打了饭菜吃不完只能倒掉；也有人反映部分菜品不合口味。

梁亮介绍，上海大学去年下半年在益新食堂试点推出"小份菜"。考虑到食堂经营成本压力，经过测算后其价格定得比整份菜的一半稍高，学生也普遍接受。"胃口小的不浪费，胃口大的可以多吃一两个菜，价格也不贵"。日前新学期开始后，上海大学将"小份菜"的做法推广到全校20个食堂进行试点，同时推出了首次定量供应米饭2两左右、后续自助免费添加的做法。目前，"小份菜"在部分菜品中试点，各食堂的菜品种类、数量不同，将来还会逐步全面铺开。

近日，学生们纷纷在微博、微信推送下留言，认同"小鸟胃专属餐"的做法。有人说："提倡这种人性化、合理化的就餐"；"这才是节约粮食的正确执行方法，别用奇怪的办法上热搜作秀"；"这个方法很棒啊，有时候不是很饿，晚饭又必不可少，就可以点这份餐了"；"半份餐好实用，既可以避免浪费，也是食量小的人的福音。真的希望推广，不止是学校。"

梁亮还介绍说,9月3日,上海大学后保部饮服中心联合校学生会开展了"争做节约光盘族,引领上大新风尚"主题活动,设置了"我要光盘,拒绝'剩宴'"留言墙互动、"光盘行动——粮食知识知多少"现场问答等趣味环节,旨在引导师生通过活动体会"光盘""节粮"的深刻意义,从每一餐做起,养成拒绝浪费的好习惯。(魏其濛)

《中国青年报》2020年9月11日

### 这所大学体育老师走上思政课讲台——思政课"一院一大课"不断推进,上海大学探索中给自己出"难题"

"你的语文是体育老师教的",这句调侃,说的是课程老师不对口导致文字水平不高。

如果一群体育专业教师来上思政课,会是什么样?新学年,上海大学正在做一件这样的事——2020级新生在通识课列表上发现一节新课"体育中国"。作为课程思政探索的一部分,授课教师团队包括高水平武术队教练,篮球、乒乓球国际级裁判,体育专项教研室主任……备课会从暑假开到这个礼拜,十多人争论激烈,下周二即将开课。目前,选课学生有12人。

**备课会火药味比赛场浓**

9月8日上午9时,上大体育学院体育馆T105室,"体育中国"第二次备课会正在进行。一门课十讲,参与备课的除了上课老师外,还包括社会学系博导陆小聪等"外援"。3个多小时的讨论,火药味似乎比赛场更浓。

"我们的教学目标,以体育内涵和体育精神为引领,诉说中国社会从'东亚病夫'到'体育强国'的发展历程……"体育学院院长刘兵是第一讲主讲老师,根据他对这门新课的理解,准备了许多珍贵的视频、图片课件,其中包括顾拜旦于1912年斯德哥尔摩第五届奥林匹克运动会上发表的散文诗《体育颂》。

"这个很棒!课堂上请学生来朗诵,中文、法文各一版,是不是更有感染力?"有人出点子。

"现在的年轻人离那一段历史比较遥远,如果一开场直接提问你知道'东亚病夫'这个词怎么来的,会不会更有冲击力?"陆小聪不寒暄,直接提建议。

学院里负责主讲羽毛球和田径训练课程的副教授曾朝恭,在自己准备的"体育与社会"一讲里,结合专业特长,直接带学生挖掘"马拉松热的社会学审视"。

"现在跑步很热,这个能抓住他们的点。""能不能直接从'你喜欢跑步吗?'这个有争议、能引起学生表达欲的问题导入?"讨论中,同事们的问题、建议不断提出。

**体育背后的道该怎么讲**

"作为课程思政教学改革整体试点高校,上大已经开出'大国方略'系列、'人工智能'系列等思政教学链,在这一基础上,结合'四史'教育,'红色传承'系列课程,是我们的新探索。"参加讨论会的课程策划人顾晓英说。

做"体育中国",主要希望更多具有专业知识的老师参与进来,讲出体育的魅力,希望学生能从教授专家讲述的体育故事中思考"体育是什么?"为什么说"体育强则国强,国运兴则体育兴?""全民健身为什么能够上升到国家战略?"简而言之,希望这堂课讲出体育背后的道。

"最大的困难,是内容太多,不知道该怎么讲。"高水平武术队教练徐春毅坦言。他主讲的部分是"武韵中华",照理说专业对口、信手拈来,但怎样选择有趣的知识点,帮助学生更好地体悟,他着实下了一番工夫。最终,武术和日常生活中都常见的"抱拳礼"的正确姿势什么样,成为他第一个课堂"小爆点"。"武术讲究的是'以礼始,以礼终',人生也是如此。"他说。

"跑过一万米的老师和没跑过一万米的老师,给学生讲怎么跑步,内容和效果是不一样的。"上大体育学院教师胡吉说。作为一名执裁CBA的国际级裁判,他想通过一个个小故事,告诉学生怎样从体育的热闹背后,看到国际关系和中国在对外交流中的话语权变迁。"我教的篮球专项课非常受欢迎,可这次的课还是第一次。"胡老师还在一遍遍打磨教案。

**可能要面对"12人教室"**

尽管准备充分,但从选课学生人数来看,新课似乎面临尴尬。目前仅有12人选课,可能和备课组老师人数差不多。

面对可能的"12人教室",老师慌吗?"人少?我不担心。"武术教研室主任申亮说,新课不为人知,需要一轮一轮磨砺和自我提升,吸引更多学生口碑相传。在体育学院院长刘兵看来,这是学科建设和锻炼队伍的契机,第一轮选课人不管多少,一样要认真准备,认真探索新的课程思政路子。

"体育老师来上思政课,这样的新课新事不容易,但我们有信心把它做成人气课程。"顾晓英说,在这门课上,校方有意试点同步录制在线课程,设计"做中学"环节,欢迎更多青年通过多种方式参与学习、沟通。同时,这也是学校思政课建设"一院一大课"的继续推进。(彭德倩)

《解放日报》2020年9月16日

### 创新科技赋能产业新发展:上海大学最新科技成果亮相第22届工博会!

9月15日上午,第22届中国国际工业博览会(以下简称工博会)在国家会展中心(上海)开幕。本届工博会以"智能、互联——赋能产业新发展"为主题,是今年首个线下举办的国家级工业展会。上海大学遴选盾构机换刀机器人、高温超导块材磁体技术、脑控机械臂抓取系统、新一代氟硅封装镀膜技术、精海7号无人艇等27项科技成果参展本次工博会。参展项目涵盖人工智能、医工结合、新材料与新技术等多个领域。

上午,教育部科技发展中心副主任刘红斌,上海市教育委员会主任王平、上海市教育委员会科技发展中心主任陆震,上海大学党委书记成旦红,上海大学党委常委、总会计师苟燕楠等领导莅临上海大学展台,参观我校参展项目并进行互动。领导在展会现场听取了项目教师对参展项目的介绍,仔细了解项目在助力产业发展、构建智慧城市等方面的应用情况,对我校师生的科研实力和自主创新精神给予了充分肯定。展台前,我校音乐学院师生带来一段精彩纷呈的弦乐四重奏表演,拉响了科技创新之声,为展区送来青春活力。

**人工智能　机器人应用新发展**

人工智能为新经济发展注入强劲动力,我校袁建军老师团队产学研合作研制出的盾构机换刀机器人,提升了盾构机在狭窄空间的可通过性和任务可完成性,确保了极端环境条件下的作业可靠性与抓刀、换刀的精准实施。该换刀机器人系统把平均6小时的人工换刀过程缩短到24分钟,使得盾构机迅速完成换刀维护并重新开始掘进施工,避免包括人员在内的各项危险。人工智能方便人类生活,我校杨帮华老师团队自主创新,研制出基于SSVEP的脑控机械臂抓取系统,旨在帮助残障人士实现简单的物体抓取,具有良好的人机交互功能。

### 医工结合　技术助力病人康复

智能机器人"投身"到医疗行业会如何呢?我校田应仲老师团队所研制的智能消毒机器人能够代替工作人员进入高感染风险区域进行细菌病毒消杀,保障区域内人员安全。2020年初疫情攻坚克难的关键时刻,团队主动送"机器人"上门,广泛用于医院、社区消毒,减少了物资消耗,在此次新冠肺炎防控中发挥了重要作用。目前项目组联合企业共同研发的具有喷雾+紫外消毒的第二代智能消毒机器人已经投产应用,推动创新要素向企业集聚,促进产学研深度融合,有助于提升我国在传染病防控领域的智能化水平。

科学技术与医学融合,技术真正落地实现,助力病人康复。基于医学云交互的个性化康复支具是我校华子恺老师团队研制的一种创新型临床应用辅具,实现3D打印、个性化定制,已在多家医院进行了近200例的临床治疗,为病人的康复治疗提供了巨大助力。蒋皆恢老师团队联合开发的自动化认知检测系统从记忆力、注意力等不同认知域实现对认知障碍患者进行初诊,解决了专业机构神经心理师缺乏的临床痛点。

### 乘风破浪　"精海"7号无人艇

乘风破浪,精海前行!我校彭艳老师团队研发的"精海"系列无人艇率先在我国东海、黄海、南海以及南极罗斯海等海域作业,获得我国无人艇方面的首个国家技术发明奖。无人艇主要用于执行危险以及不适于有人船只执行的任务,通过搭载不同的任务系统可执行各种巡航。目前主要应用领域为岛礁和近海浅水域等水下地形、地貌探测,可对普通测量船不能到达的水域进行数据测量、采集等工作。"精海"团队坚持以需求和问题为导向,从国家急迫需要和长远需求出发,真正解决实际问题。

### 自主创新　新材料、新技术、新突破

自主创新是引领发展的第一动力,材料为工业之母,新材料给工业的快速发展带来全新可能。我校周迪帆老师团队研制的高温超导块材为城际轨道交通的建设提供了材料基础和技术支持。超导块材磁体是高温超导磁悬浮的材料基础,对于高功率密度特种电机、磁悬浮弹射及运输等场景都具有巨大的潜在应用价值。

新材料应用于考古领域,小小薄荷醇保护千年文物。两尊兵马俑使上大展区增添了厚重的文化底蕴,吸引游客纷纷驻足观看。我校罗宏杰老师团队研发的薄荷醇及其衍生物,作为考古现场可控去除临时固型材料,可完整、原状、有效地保持文物及重要遗迹形貌等多种信息。目前该技术已推广到我国23省(市)、68处重要发掘工地,具有广泛的推广应用价值。

新材料与新技术的融合应用于产业,将产生巨大的经济效益并拥有广阔的发展前景。上海大学材料科学与工程学院董瀚老师领衔的M3理论与高性能钢项目,使我国钢铁材料基础研究从跟跑变成领跑,为传统钢材产业带来新突破、促进产业结构升级。加

快科技创新是实现人民高品质生活的需要,团队研发的系列民生用钢为打造中国品牌,提高人民生活质量提供了材料保障。

在本届工博会上,我校重大创新成果竞相涌现,一些项目成果已处于前沿领域,进入并跑、领跑阶段,标志着我校的科技实力正在从量的积累迈向质的飞跃,从点的突破迈向系统能力提升。

"中国青年报"2020年9月16日

**体育老师开讲思政课 有何不同?**

体育老师来讲思政?上海大学体育学院的一群老师就这么干了。今年秋季新学期,上大体院新开发的一门"体育中国"选修课将首度上线,作为学校红色传承系列课程探索的一部分。给学生们上课的有武术教练,有篮球、乒乓国际级裁判,下周二即将开课。

**着手准备 体育老师第一次感到紧张**

"体育拥有改变中国的力量,体育拥有转变你人生的命运的力量。选择'体育中国'就是选择民族兴盛的伟大梦想,就是选择美丽人生的幸福台阶。德智体美劳,五育并举,但体育永远在C位!"这则给"体育中国"新课做"推销"的广告词,出自上大体院主持工作的副院长刘兵笔下。

这门"体育中国"课,在刘兵看来,就是讲中国体育故事,学中国体育历史,享中国体育情怀,立体育强国之志,塑中华体育之魂。"我们的教学团队要带头做到勤勉、励志、奉献、创新。"

第一次给学生开思政课,这群体育老师颇有点紧张,从暑假开始的课研会就准备了好多次。

9月1日上午9点,刘兵教授领衔"体育中国"新课程教学团队的12名教师开了一场"体育中国"新课教研活动,上海市高校思政课名师工作室——顾晓英工作室主持人、教务处副处长顾晓英应邀参加。大家第一时间认真学习《求是》最新刊发的习近平总书记的重要文章《思政课是落实立德树人根本任务的关键课程》,讨论如何应用到开学即将要上的课程中去。

"习近平总书记在学校思想政治理论课教师座谈会中,提出思政课教师要具备宽广的国际视野。我觉得我们在体育中国课程中,也可以从体育比赛、体育事件、体育精神入手,利用国内外的事实、案例、素材,在比较中回答学生的疑惑,引导学生认识我们国家在国际体育组织中的地位,以及体育外交的重要性与意义。"张轶老师提出了自己的思考。

"我觉得首先要对自己严格要求,坚定信念,希望可以用有温度的课程思政来感染学生。"年轻教师孙敏这样表示。

**热情满满 身体力行讲述"武韵中华"**

9月8日的第二次备课会上,课程负责人刘兵率先展示了第一讲"体育是什么"的设计理念、思路和方法。为了这"第一讲",他准备了许多珍贵的视频、图片课件,包括顾拜旦于1912年斯德哥尔摩第五届奥林匹克运动会上发表的散文诗《体育颂》。"希望通过讲述中国发展到体育强国的历史,来讲清楚体育的内涵。"

武术教师徐春毅将会主讲"武韵中华",他准备从武术和日常生活中常见的"抱拳礼"

入手,引申到武术精神的内涵——"以礼始,以礼终",进而和同学们探讨"礼"的价值,武术中所体现的中国传统文化的脉络。

篮球专项课教师胡吉是一名执裁CBA的国际级裁判,他的篮球课一直很受欢迎,以前都是讲篮球技术、讲赛场规则,现在则要让同学们了解赛场背后引发的思考。胡吉想通过真实的故事,来让学生们看清体育赛事背后隐含的国际关系,了解到中国随着国力强盛后国际话语权是如何不断演变的。

虽然选课人数还不太多,但老师们都热情满满,丝毫没有松劲。在刘兵看来,这次首度开发这样的课程,也是一次学科建设和锻炼队伍的契机,也是高校教师的职责。

作为一位有着30年教龄的思政课老师,顾晓英对这门尝新课倒是很有信心,"思政课作为高校落实立德树人根本任务的关键课程,我们必须理直气壮讲好它。"(刘晶晶)

《青年报》2020年9月17日

**上海大学推出"小鸟胃"专属餐**

生煎标准份价格3元4只,小份价格1.5元两只;炸酱粉标准份价格13元,小份7元;芹菜鲜肉馅、大白菜鲜肉馅的水饺,大份8元16只,小份4元8只……在精致小份菜窗口,能"单独数"的美食都将个数标得明明白白,不能"计数"的佳肴也分大小份摆盘,一目了然,"点菜点少,不够再添",同学们在这样的标语下排成长队。

近日,话题"上海大学食堂推出'小鸟胃'专属餐"上了微博热搜,截至9月13日,阅读量已达2.8亿。高校食堂的"小份菜""半份饭"用餐方式火了。

评论"胃口大的人也狂喜,可以一次吃好多种了"有5万赞,"建议全国推广"也有3.9万赞;还有"省钱""不怕吃不完了""浪费少"等评价不一而足,甚至还有营养师在话题下评论说:"'小鸟胃'专属餐非常值得推荐,可以解决晚餐怕吃太多,不吃又可能导致营养不均衡的问题。'小鸟胃'专属餐不仅可以减少食物摄入量,选择也会更多样一些。"

转变供餐理念,"小份"推动健康饮食,大家都说好的背后,是上海大学细致到边边角角,全流程厉行节约的"系统工程"。

上海大学结合各食堂特征设计了食堂特色宣传海报和标语,张贴在每个食堂的显眼位置,号召全体师生将"光盘"切实落实到行动中,营造"浪费可耻,节约为荣"的氛围。

创建党员示范岗,引领节粮作表率。每位党员在光盘行动中明身份、亮承诺、做示范,引导师生争做"光盘"行动践行者,更提高了党员自身的节俭意识。

在食堂收碗处设立监督专员,志愿者佩戴"光盘围裙"、胸章,友情提醒减少浪费和倾倒行为,同时主动沟通、问询意见,反馈给食堂后厨,从源头上提升菜品口味,减少餐饮垃圾体量。食堂对相关菜品根据意见进行了口味调整和改良,饭菜更可口了,"光盘"越来越多了。

上海大学后保部部长梁亮表示,在2020年9月开学后,小份菜供应已推广至全校20个食堂,未来,上海大学还考虑如何让"小鸟胃"专属餐覆盖到所有窗口。(孟歆迪)

《光明日报》2020年9月18日

**上海大学举办领航学院课程思政指南编撰交流会**

9月19日上午,上海大学课程思政领航学院课程指南编撰交流会在材料学院举行。

上海高校思政课名师工作室"顾晓英工作室"主持人顾晓英、教务部曹园园,社会学院副院长袁浩,材料学院冶金工程及金属材料工程教研室教师代表等参会。会议由材料学院副院长黄健主持。

首先,黄健副院长介绍了冶金工程和金属材料工程两个示范专业老师们编撰课程思政指南的整体情况。顾晓英老师向与会教师传达了教育部《高等学校课程思政建设指导纲要》和刚刚出台的上海市《关于深入推进上海高校课程思政建设的实施意见》,对课程思政建设意义和举措进行了阐释。顾老师指出,高校的根本任务是立德树人。全面推进课程思政建设是落实立德树人根本任务的战略举措,是全面提高人才培养质量的重要任务。老师们要深入梳理专业课教学内容,结合自己所讲授课程的特点、思维方法和价值理念,深入挖掘课程思政元素,有机融入课程教学,努力达到润物无声的育人效果。

课程思政指南的编写过程也是专业课教师对教学内容和教学方式重新思考和认识的过程。打开一门门专业课程指南设计文档,顾老师与冶金工程和金属材料工程两个专业的老师们一起深入研讨。她强调课程思政的指南编撰不能把思政机械地嵌入教学大纲中,而应该从课程目标和教学理念开始,一以贯之地有机融入专业教育的知识点中。

与会教师表示,本次交流会很接地气。点对点的交流与沟通,老师们容易借鉴优秀的课程思政设计经验,掌握本课程的课程思政指南编写要点。老师们表示,有自信能编撰出具有上大办学特色与学科优势的课程思政指南,切实发挥领航学院的示范引领作用。

据悉,2020年迄今,上海大学全面推进领航校建设,重点建设7个重点改革领航学院、13个特色改革精品改革领航团队和122门领航课程。领航学院遴选示范专业,组织队伍强力推进教改,编撰课程思政指南;课程思政领航团队六人组合亮相"人民网",服务校内外教师,提升教师课程思政建设意识与能力。领航课程"创新中国""创业人生""经国济民""生命智能"等纷纷开出有温度有智慧的"云上思政"公开课,得到新华社、光明日报客户端、中国新闻网等报道,部分得到"学习强国"转载。学校已涌现一批好的老师、好的课程、好的学院、好的制度,也在面上逐步建立课程思政教学规范,日渐形成课程思政育人氛围。(殷晓)

"中国社会科学网"2020年9月19日

**听上大党委书记成旦红讲授开学第一课:赓续红色基因 锚定青春坐标!**

2020年9月18日下午,在"九一八事变"八十九周年之时,上海大学2020级全体新生齐聚宝山校区图书馆报告厅主会场和央视频、人民日报人民号以及哔哩哔哩"上海大学"官方账号等线上平台同上"开学第一课"。

上海大学党委书记成旦红向同学们介绍了红色上大的峥嵘岁月和"追卓越、创一流"的改革历程。希望大家可以"赓续红色基因,锚定青春坐标",做与时代同行、与祖国共进的上大人。"开学第一课"由上海大学党委常委、副校长聂清主持。

### 救国图强的红色学府

"回溯历史,上海大学的成立与中国共产党的发展息息相关,与国家和民族的命运紧密相连,上大师生在救国图强的家国使命中锻造了爱国担当的上大品格。"

成旦红书记以"弄堂大学""红色学府"和"革命青年"为关键词向新生们分享了那段峥嵘岁月里的辉煌往事。"作为以城市名命名的大学,上个世纪20年代初创办的上海大学是中国共产党领导的一所新型的革命学校。"他指出,从远近闻名的"弄堂大学"到薪火相传的红色学府,在艰难办学的四年零七个月时间里,老上海大学以"养成建国人才,促进文化事业"为办学宗旨,为中国革命和建设培养了一大批杰出人才,为挽救国家和民族的前途命运作出了杰出的贡献。"文有上大,武有黄埔""北有五四运动之北大,南有五卅运动之上大"之美誉声名远扬。溯园里记录的那个熠熠生辉的时代,正在用一个个先辈的事迹告诉全体新生什么是使命担当、爱国之志与家国情怀。

成旦红书记指出,希望每一位新踏进校门的师生,都能够走进溯园了解上大人的红色基因和奋斗精神。

**改革创新的一流大学**

"老上海大学诞生于国家危难之时,新上海大学成长于民族振兴之际,无论是哪一个时代的上海大学,在前进的征途中都面临着诸多的困难和挑战。"

成旦红书记用三组数字带领大家回顾了新上海大学改革路上的新征程。为缅怀钱伟长先生的生平业绩和卓越贡献,2020年7月30日,上海大学举行"钱伟长星"命名仪式暨钱伟长先生逝世十周年纪念活动。经国际小行星命名委员会批准,将中国科学院紫金山天文台发现的一颗国际编号为"283279"的小行星正式命名为"钱伟长星"。

自1994年新上海大学组建以来,在钱伟长教育思想的指引下,学校在改革和发展方面迈出了坚实的步伐,在人才培养方面也逐渐形成了具有上大特色的、有利于学生全面发展的教育体系。成旦红书记指出:26年来,上海大学一直秉持着"追卓越、创一流","干就干成一流、做就做到极致"的工作理念,努力建设与上海城市地位相匹配的高水平大学。如今的上海大学名师荟萃、人才质量不断提高,学科建设成果显著,科研创新能力雄厚,国际合作也日益广阔。

成书记还向新生们分享了平均年龄只有32岁的上海大学无人艇团队的奋斗故事,勉励同学们要敢为人先、与时俱进,凝心聚力、接力奋斗,在勇立潮头中践行"自强不息;先天下之忧而忧,后天下之乐而乐"的校训精神。

**大写青春的时代新人**

"人的一生只有一次青春。现在,青春是用来奋斗的;将来,青春是用来回忆的。"课堂上,成旦红向新生提出了三点寄语:

一是要树立鸿鹄之志,用理想引领青春。成旦红书记以曾经是"工人研究生"、后来是"研究生工人"、现为上海隧道工程股份有限公司总裁的友周文波为代表,讲述了上大人志存高远、不怕挫折、不惧挑战、勇攀高峰的故事。成旦红书记指出:周文波校友是许许多多上大优秀校友的代表,他以一个平凡的岗位为起点,志存高远,不懈奋斗,创造出了不平凡的业绩,体现了爱国和担当的上大品格。成旦红书记号召全体新生向优秀的校友学习,树立远大理想,立足中国大地,为解决中国当前面临的实际问题而不懈奋斗。

二是厚植家国情怀,将使命融入青春。2020年是不平凡的一年,在此次疫情防控大考中,"90后"的后浪们以实际行动挺身而出,交出了青春完美的答卷。从开发"健康之路"的核心成员——2019级计算机工程与科学学院博士生成晨,到用三天时间完成抗疫战歌《家城国》的词曲创作的2018级经济学院研究生刘彦杉,众多上大学子参与到了抗疫工作中来。成旦红书记告诉新生们:迈进上大,你们的人生目标会有不同,职业选择也有差异,但要记住,国家的发展和青年的发展从来不是背道而驰,而是同舟共济,同频共振。只有把自己的小我融入祖国的大我、人民的大我之中,与时代同步伐、与人民共命运,才能更好实现人生价值、升华人生境界。

三是崇尚笃学力行,用奋斗升华青春。成旦红书记以一批今年刚毕业的优秀本科生群体为例,讲述了新时代上大青年在上大园拼搏奋斗的故事。他希望新生们:在思想最开放、精神最活跃、精力最旺盛的年纪,学好本领,干一番事业,用"四年换四十年"的美好人生。他希望大家敢于做先锋、开拓创新,不做过客、不当看客,勇于担当党和国家赋予青年的重任,在服务于国家、服务于人民的奋斗中实现自我价值。

本次上海大学2020级新生"开学第一课"采取了线上线下同步进行的方式,各院系在报告厅、教室、会议室等设置了分会场。

"开学第一课"在热烈的掌声中落下帷幕。青春有梦正当时,每一颗年轻的心,都是新时代上海大学"追卓越、创一流"征程中的一粒种子,在赓续红色基因的过程中生根开花,让奋斗的花香伴着青春的号角激励每一个上大人不断前行。站在新的历史起点,愿全体新生都能以"自强不息;先天下之忧而忧,后天下之乐而乐"的校训精神为底色,以"求实创新"的校风为追求,在践行家国使命中赓续红色基因,锚定青春坐标,成为能够担当民族复兴大任的时代新人!(陈乐  秦嘉莹)

"东方网"2020年9月19日

**在生动抗疫故事中领悟生命意义  上海大学开启精品领航课程"生命智能"**

"生命的意义是如此厚重,无论我们怎样全力以赴都不为过。"读着"生命"诗句,9月17日,上海大学"生命智能"课程班的学生迎来秋季学期第一堂课。

这门课程是上海市课程思政精品领航课程,隶属"人工智能"系列课程之五。作为此次课程的"串讲人","顾晓英工作室"主持人顾晓英教授简要回顾了中国人民艰苦卓绝、惊心动魄的抗疫之路。她用课件展示了10天前人民大会堂召开的全国抗击新冠肺炎疫情表彰大会上,一张张鲜红的抗疫英模获奖证书,与同学们一起重温了伟大抗疫精神——"生命至上、举国同心、舍生忘死、尊重科学、命运与共"。

全国抗击新冠肺炎疫情先进个人、上海交通大学第六人民医院重症医学科主任李颖川来到课堂分享了他和同事们的抗疫故事。今年2月10日,李颖川接到任务后立即带队出征。穿着密不透气的防护服、睡硬板床、吃着无数顿简单的快餐饭……他和同事们在武汉公共卫生中心进行了58天艰苦的抗疫斗争。

李颖川坦言,在抗疫过程中,他们的精神压力是巨大的,每天都盯着"屏幕"观察病人的心跳、血压,每一点微弱的升高和降低都深深地牵动着他们的心。但同时他们也很乐观,李颖川开玩笑说,重症医学科的人"心大才行"。除了对病人生命安危的高度关注,李颖川作为团队领导还要确保每一名队员的安全。面对这个无形的巨大压力,他一直默念着:宁愿把危险留给自己……

近年来,李颖川积极投入上海交通大学的重症医学科建设,他向同学们介绍了重症医学科的信息化建设平台,目前平台可以根据病人的病例自动设计氨基酸、糖分等营养物质的配比,为开展个性化临床治疗提供了精细化的指导,从一定程度上体现了智能医学的内涵。他勉励同学们要努力学习,争取成为未来生命智能、智能化医疗领域的顶尖人才。李颖川动情地说,"中国患者是幸运的,国家不惜付出一切代价,全力营救,不仅诠释了生命至上的宗旨,还体现了改革开放以来我国日益增强的综合国力。"

这堂感动人心的课程,大学生个个目不转睛,心情随着李医生的故事起伏不平。它让学生近距离走进神秘的ICU,了解"重症室的故事",更看到了抗疫战线上英雄们的伟大付出。

"生命智能"课程负责人、上海大学生命科学学院副院长、医学院副院长肖俊杰教授介绍了课程的设计初衷。他希望"生命智能"课程成为一个平台,启发同学们多维度思考问题,提升新时代大学生自主融合科学与人文、融会贯通的能力。

在课程的最后,肖俊杰和顾晓英用在线教学系统与同学们进行了开放式互动,学生用"震撼""感动""责任""生命"等词语致敬抗疫英雄。(任鹏)

"光明日报"2020年9月20日

**抗疫精神融入课程　英模事迹温暖人心——上海大学精品领航课程"生命智能"是这样打开课程的**

"生命的意义是如此厚重,无论我们怎样全力以赴都不为过。"读着"生命"诗句,9月17日晚6点,上海大学"生命智能"课程班的学生迎来秋季学期第一堂课。这门课程是上海市课程思政精品领航课程,隶属"人工智能"系列课程之五。"顾晓英工作室"主持人顾晓英教授应邀担任课程"串讲人"。全国抗击新冠肺炎疫情先进个人——李颖川医生拨冗冒雨驱车来到课堂,分享了他和他的同事们的抗疫故事。课程负责人肖俊杰教授介绍了课程概况。

"致敬抗疫英雄""欢迎李颖川医生"。这铿锵有力的话语不是口号,而是顾老师在黑板上即兴写就的板书。疫情来袭,一些人舍生忘死,毅然逆行。顾老师简要回顾了中国艰苦卓绝、惊心动魄的抗疫之路,用课件展示了10天前人民大会堂召开的全国抗击新冠肺炎疫情表彰大会上,一张张鲜红的抗疫英模获奖证书,与同学们一起重温了伟大抗疫精神——"生命至上、举国同心、舍生忘死、尊重科学、命运与共"。

李医生和他的同事们用精湛的技术和高度的责任心完成使命。2020年2月10日,李颖川医生接到任务,带队出征。穿着密不透气的防护服、睡硬板床、待在空调冷暖不稳的办公室和封闭的大楼、吃着无数顿简单的快餐饭……他们在公共卫生中心进行了58天的艰苦抗疫。李医生坦言,在抗疫过程中,他们的精神压力是巨大的!每天都盯着"屏幕"观察病人的心跳、血压,每一点微弱的升高和降低都深深地牵动着李医生和同事们的心。但他很乐观,开玩笑说,重症医学科的人"心大才行"。除了对病人生命安危的高度关注,李医生也坦言,作为团队领导,他还要确保每一名队员的安全。面对这个无形的巨大压力,他一直默念着,宁愿把危险留给自己……

正是由于无私奉献的职业使命感和家国天下的情怀,在抗疫中表现突出的李医生获得了全国抗击新冠肺炎疫情先进个人的荣誉。李医生激动地展示了他光荣赴京参加表彰会的几幅照片。李医生坦言,这不仅是他个人的荣誉,这是他们整个团队和同事们的共同荣誉。他表示,要感谢国家,感谢人民。作为医生,救死扶伤,做好本职工作,他定当不负使命。

李颖川医生是上海交通大学第六人民医院重症医学科主任。李医生介绍,自其回国以后便积极投入上海交通大学的重症医学科建设中,目前已经取得了可喜的成绩。其中,专业护理人员已达 90 余名。他向大家介绍了重症医学科的信息化建设平台,智能化的平台可以根据病人的病例自动设计氨基酸、糖分等营养物质的配比,为开展个性化临床治疗提供了精细化的指导,从一定程度上体现了智能医学的内涵。李医生语重心长勉励同学们要努力学习,争取成为未来生命智能、智能化医疗领域的顶尖人才。李医生动情地说,同学们今天能够如此安好地坐在教室上课,要深情感谢我们伟大的祖国。"中国患者是幸运的,因为国家不惜付出一切代价,全力营救,真正体现了生命至上!这体现了改革开放以来我国日益增强的综合国力。"

这堂感动人心的课程,大学生个个目不转睛。心情随着李医生的故事起伏不平。这堂课让学生近距离走进神秘的 ICU,了解"重症室的故事",更看到了抗疫战线上的英雄们巨大的付出。课后,李医生和师生一起合影留念。

"生命智能"课程负责人、国家优青、上海市曙光学者、宝钢优秀教师奖获得者、上海大学生命科学学院副院长、医学院副院长肖俊杰教授介绍了课程的设计初衷。他希望"生命智能"课程是一个平台,更多启发同学们多维度思考问题,提升新时代大学生自主融合科学与人文、融会贯通的能力。

最后,肖老师和顾老师用在线教学系统与同学们进行了开放式互动,学生用"震撼""感动""责任""生命"等正能量词语表达了同学们对抗疫英雄的致敬。

随后的课程反馈里,同学们激动地写下了对医护人员的奉献精神、祖国的繁荣发展以及生命至上的感动,表示要勤学苦练,积攒将来报效祖国的本领……(王红云 殷晓)

"中国社会科学网"2020 年 9 月 20 日

**这些"硬核"成果尖端又实用——第 22 届工博会上海高校科研创新成果综述**

第 22 届中国国际工业博览会自 9 月 15 日至 19 日在上海举办,这个今年首个线下举办的国家级展会受到了各界广泛关注。

在高校展区中,来自 17 所上海高校的科研成果尤其受到瞩目。展品涵盖工业自动化、重大先进装备、人工智能、新能源、生物医药等领域,当中既有上海大学"高温超导块材磁体及电机技术"这样体现高校尖端科研水平的产品,也有同济大学研发的"路面多维度性能的高频检测装备和智能养护分析技术",都是展现高校服务国家战略需求和服务行业企业的创新项目。

(略)

针对高感染风险环境下消毒难的问题,上海大学发挥医工结合的优势,发明了人工智能消毒机器人。这种机器人可在复杂动态环境区域下规划全覆盖的消毒路径,基于人工智能的消毒场景进行判别与智能决策,切实提高消毒效率,保障区域内人员安全。

（下略）

《光明日报》2020 年 9 月 21 日

**体育老师走上高校思政课讲台**

9 月 22 日，"体育中国"的课程策划人、上海大学顾晓英教授在课堂上与学生见面。当日，上海大学面向 2020 级新生推出新的思政课"体育中国"开讲。该课程一共十讲，授课团队以上海大学的体育专业教师为主。课程以体育内涵和体育精神为引领，让学生了解中国体育事业的振兴与发展，引导学生对体育人生和体育中国产生深层的领悟与思考。

9 月 22 日，在第一课课堂，授课团队中的体育专业教师集体亮相。他们中除了体育学、教育学教授，还有高水平武术队、田径队教练，篮球、乒乓球国际级裁判等。

上海大学体育学院教授、教育学博士刘兵主讲第一课"体育如何改变中国"。

主攻田径项目的副教授曾朝恭将主讲"马拉松热的社会学审视"。

主讲人之一、专攻武术的副教授徐春毅"盛装"亮相课堂。

上海大学校队的女足队员亮相课堂，展示球技，参与互动。

课程策划人顾晓英亮相课堂，介绍"大国方略"系列课程及新课程"体育中国"的构想。

体育老师的课堂气氛十分活跃，同学们积极提问和回答，参与互动。

作为一门新开课程，选修的同学人数还不多，但体育学院的授课团队仍集体备课，全力投入，充分准备，对体育的课程思政探索很有信心。（刘颖）

"新华社"2020 年 9 月 23 日

**"体育中国"思政课在上海大学开讲**

9 月 22 日，在"体育中国"的第一课课堂，上海大学体育学院的授课团队集体亮相。当日，上海大学面向 2020 级新生推出新的思政课"体育中国"开讲。该课程一共十讲，授课团队以上海大学的体育专业教师为主。课程以体育内涵和体育精神为引领，让学生了解中国体育事业的振兴与发展，引导学生对体育人生和体育中国产生深层的领悟与思考。

"新华网"2020 年 9 月 23 日

**上海大学通识课："玩具中的力学"引导学生以全新视野认识学科**

力无时无刻不在影响着我们的生活，它蕴含在我们的一举一动中。

力学是自然科学中最重要的一门基础学科，力学知识的普及在各种科学知识的普及中起着最为基础的作用。21 日，上海大学通识课"无处不在的力学"的第二讲如期开讲。中国力学研究学会数学方法专业委员会副主任、水动力力学专业组副组长、中国力学学会第八届理事会副理事长、上海大学终身教授、博士生导师戴世强教授应"顾晓英工作室"主持人顾晓英教授的邀请来到了此次课堂。

这次课由上海大学力学与工程科学学院、上海市应用数学和力学研究所郭战胜教授主讲。郭老师以"玩具中的力学"为主题,引导同学们以全新的视野来认识力学,让今天的课堂变得趣味十足。

郭战胜巧妙地抓住了人爱玩的天性,把玩具带到了自己的课堂,与同学们进行积极的互动,让同学们在玩的过程中了解体验和学习各种力学原理。玩具和魔术的完美契合,能够很好地激发学生的好奇心。郭老师用一段刘谦的魔壶表演视频引起同学们的好奇,进一步对鸳鸯壶的原理进行了探究,现场演示,让同学们想要去拆卸它、去揭秘它。郭老师还由鸳鸯壶进一步引出九龙壶原理,通过简单的游戏:消失的饮料,揭示出虹吸现象原理,水往低处流是内因,本性;大气压是外因,环境;曲管内充满水是触发条件,机遇!玩具种类繁多,并在不断创新,已然形成一种文化。

一个好的玩具,巧妙结合科技元素和文化元素,能够实现不一样的教学效果。郭老师课中出现的不倒翁、陀螺以及气球等均蕴含着丰富的力学知识,通过玩具的演示加上郭老师精彩的讲授,同学们对相关基础力学知识及其在现代生活中的应用也有了更加深刻的认识。

郭战胜提出"虹吸现象原理有没有改变水往低处流?虹吸式马桶与直冲式马桶有什么区别?重心一定在物体上吗?不倒翁如何改善现代生活?"等一系列的问题,引发同学们思考,鼓励同学们要结合身边的玩具或饰品,分析、挖掘其中的力学原理,大胆假设,小心求证。

课程接近尾声时,戴世强教授先就郭老师的授课内容作了补充,谈到了中国古诗词中的力学。戴教授表明自己研究力学六十年了,他曾利用流体力学来研究交通以及元胞自动机的原理,生活中有很多奇妙的力学现象等。最后,戴教授语重心长勉励青年学子,寄语课堂中的同学们:要用功,要努力,要像海绵一样吸收知识,无处不在的力学,无所不能的力学人,力学的希望在大家。

顾晓英教授作了点评,她先介绍了力学这门课程,指出这门课程的鼻祖就是戴世强教授。顾老师紧接着提出几个直击同学内心的问题:力学的乐趣在哪里?我的专业和力学有什么关系?同学们一定要明白学习这门课以及学习本身的意义之所在。玩具可以启智,激发想象,打通人与人,人与自然,人与社会,促人承继优秀传统文化,……力学无处不在,它就潜藏在我们生活中的小处大处。

李金林上完本次课后感觉本次课郭老师讲得挺有趣的。这位同学说,通过一些魔术和一些玩具来讲解力学,让我们对力学更感兴趣了。也让我们知道力学无处不在,以及力学在生活中的应用真的挺多,并且非常有用。"我对这门课程更感兴趣也更想去了解力学"。

刘艺媛则觉得作为一个可能对于力学不是很了解的人,通过这节课实实在在地学到了一些东西。她表示,老师的课堂十分有趣,首先"玩具"这个主题就很吸引人,其次,老师把这些"玩具"带到现场,老师是花了很多心思的。(许婧)

"中国新闻网"2020年9月24日

### 上海大学新学期"创新中国"课程开启　　两位科学家鼓励学子们积极开展基础研究

9月22日,上海大学新学期"创新中国"首堂课正式开讲。当晚,70名选课学生体验了一堂由复旦大学物理学系教授施郁和上海大学终身教授戴世强联袂带来的精彩科学课程。

复旦大学物理系施郁教授的授课主题是"创新与科学家精神——从近年物理学诺贝尔奖说起",在课程中他谈到习总书记和科学家座谈会中的讲话精神,比如"要持之以恒加强基础研究","原始创新要有创造性思辨的能力","认真实证,不断试验"等。他告诉学子们,这些要点也体现在被授予诺贝尔奖的重大科学成就中,他介绍了 1901 年第一个诺贝尔物理学奖伦琴先生偶然发现 X 光的经历。当时的伦琴先生也是通过不断验证,确认无误后才向外界宣布自己的研究成果。

戴世强教授介绍了上海大学"永远的校长"——钱伟长先生关于基础研究的见解和学术成就,并分享了他的学术故事。钱伟长先生出国留学深造期间发表了一篇名为《弹性板壳的内禀理论》的论文,爱因斯坦看过后,都感叹:这个中国青年解决了困扰我多年的问题。

1972 年至 1974 年,当钱伟长先生接到为坦克和野外作业部门研制大电流高能电池的任务时,他查阅了有关的国内外资料,成功地研制出多项指标超过国际水平的锌空气电池,并协助建立了锌空气电池厂。

1980 年,钱伟长先生应福建省委书记项南同志的邀请,短期访问福建,在参观闽江上的马尾港时发现,这个 1975 年耗资 6 亿元修建的军港,已经严重淤塞,弃用已达四年之久,有人提出迁建新港,需要投资 1 亿元人民币,这在当时是一个很大的数目。钱先生首先探明了马尾港淤塞的原因——军港的选址者根本不懂流体力学!他提议用乱石从闽江靠近马尾港处向江里抛投筑乱石堤,堤长约 200 米,用所形成的急流冲去泊位区的淤沙,用土法即可收"束水攻沙"之效。这项建议很快被批准,只动用了几十条闽江民船搬运、抛投乱石,历时一月,耗资百万,大功告成。即将报废的港口复活了,迄今未发生淤积问题,用钱仅为原迁建计划的百分之一!于是,在当地一时传为美谈,报上以"专家一席话,救活一军港"为题发表了专题报道。

通过大量的案例讲述,戴世强告诉学子们,钱伟长先生之所以不断取得成功,是因为即使面对开发新型高能电池这样的技术问题,他也能坚持基础研究的方式,追究内在机理。想要在学术上创新,无论如何离不开基础研究。如果不认识到这一点,我们就只能跟在别人后面亦步亦趋。

上海高校思政课名师工作室——"顾晓英工作室"主持人顾晓英教授在采访中介绍说,作为首批国家精品在线开放课程,近年来,本课程始终坚持信息技术融入的混合式教学,旨在呼应国家培养创新人才的需求,引领学生关注"世界等待着什么、国家需要什么、上海承担什么、上大能做什么、上大学生可以学什么",通过打通专业壁垒,引导学生从相邻乃至截然不同的学科开阔视野、汲取营养,激发想象与创意。(吴苡婷)

"上海科技报"2020 年 9 月 24 日

## "大学有大课 大课话大师"——上海大学新学期"创新中国"第一课聚焦科学与"强基"

大学有大课,大课话大师。2020 年 9 月 22 日,上海大学"创新中国"第 16 季课程班开讲。作为首批国家精品在线开放课程,近年来,本课程始终坚持信息技术融入的混合式教学,旨在呼应国家培养创新人才的需求,引领学生关注"世界等待着什么、国家需要什么、上海承担什么、上大能做什么、上大学生可以学什么",通过打通专业壁垒,引导学生从相邻乃至截然不同的学科开阔视野、汲取营养,激发想象与创意。当晚,70名选课学生惊喜地体验了一堂由复旦大学物理学系教授施郁老师和上海大学终身教授戴世强老师联袂带来的精彩课程。两位老师聚焦科学、科学家及创新中国展开话题。

课程的开篇由上海高校思政课名师工作室——"顾晓英工作室"主持人顾晓英教授带来。顾老师梳理了曾获国家级教学成果奖二等奖的上海大学"大国方略"系列课程,介绍了"创新中国"开课缘由和课程要求。她指出,前不久习近平总书记在科学家座谈会上讲话中强调我们要关注两个"更加"和四个"面向"。"创新中国"课程理应在第一时间把科学家和科技工作者请进课堂,分享他们为什么且如何坚持面向世界科技前沿、面向经济主战场、面向国家重大需求、面向人民生命健康,不断向科学技术广度和深度进军的。

施郁教授以"创新与科学家精神——从近年物理学诺贝尔奖说起"作为"创新中国"的开篇。他谈到习总书记和科学家座谈会中的讲话,比如"要持之以恒加强基础研究","原始创新要有创造性思辨的能力","认真实证,不断试验"等等。施老师指出,这些要点也体现在被授予诺贝尔奖的重大科学成就中。他首先介绍了1901年第一个诺贝尔物理学奖伦琴先生偶然发现X光的经历。伦琴先生不断验证,确认无误后才向外界宣布。接下来,施老师向我们讲解了最近几年诺贝尔物理学奖及其获奖大师的故事。

戴世强教授介绍了上海大学"永远的校长"——钱伟长先生关于基础研究的见解和他的学术成就,分享了他的学术故事。首先,提到他的成名作"弹性板壳内禀理论"的巧妙创新,以及如何使爱因斯坦也为之折服;其次,讲述通过"束水攻沙"救活军港(马尾港)的故事,体现他博古通今、推陈出新的精神;最后,叙述钱先生创造性地研制高能电池的过程。戴老师坦言,钱伟长先生最突出的优秀思路是:即使面对开发新型高能电池这样的技术问题,也坚持基础研究的方式,追究内在机理。戴老师总结道:"不仅是国家的宏观全局,即使是个人的研究实践,想要在学术上创新,是无论如何离不开基础研究的。不认识到这一点,就只能跟在别人后面亦步亦趋。"

戴老师表示,正是由于上海大学有钱伟长先生这样一位老校长,有大师的教育思想和学术思想指导着我们,使我们在教育和科研中更能抢得先机,少走弯路,这是上大人的幸运。我们应该更有深度地了解他,效仿他。我们不太可能成为他那样大科学家、大教育家,但至少要向他看齐,努力成为富有创新精神的栋梁之材。

课后,学生给两位老师献上鲜花,表示敬爱,还踊跃向老师提问。最后,顾老师用在线教学系统与同学们进行了开放式互动。"词云"显示,学生用"深刻、创新、基础"等词语表达了对本次课程的认可。(郑宝)

"中国社会科学网"2020年9月25日

### 中华体育如何影响世界　　名家教授在上海大学"体育中国"讲述武术的魅力

古老的传统文化能在新时代焕发出惊人的新活力,在跨文化传播中贡献出影响世界的力量。9月28日,上海大学"体育中国"第二课"中华体育如何影响世界"开讲。上海大学体育学院副教授徐春毅、申亮,全国武术名家、上海体育学院博士生导师邱丕相、刘静相继作了分专题讲授。

徐春毅是高水平武术队教练、武术博士。他用抱拳礼、鞠躬礼这些中国武术尚武精神文化符号开启课程。生动丰富、信手拈来的知识点,被徐老师全盘重整,选择、分类,点评,外加高水平武术队学生的现场武术表演,深深吸引了课程班学生。

青年教师申亮分享了"体育"一词的由来。他结合丰富图片引入中国体育典籍,展示了中国古代体育的特征和不同的形态流变,指出历史上武艺武术在军事、健身、教育和竞技等方面的历史作用,同时这也成为中国传统体育中最具生命力的体育活动形式。

在大家的热切期待中,年逾古稀的武术名家邱丕相讲述了"武术的传承与创新"。邱老师举例明代战字戚继光"纪效新书"、清代艺术家吴殳"手臂录",介绍自己对武术的技术形态和精神内涵的理解。他边讲解边示范,表演惊艳全场。

太极文化是中国传统文化的核心,是"和"的象征,体现在"阴阳调和"的阴阳思想和"天人合一"的整体观念。太极拳强调心静气顺,精神贯注,它有阴有阳,有虚有实,阴阳互根,虚实相生,实践着宇宙的整体观,诠释着生命的自然观。刘静为本次课程作了总结。

据悉,2014年迄今,上海大学"大国方略""人工智能"和"红色传承"三大系列15门课程正以"一院一大课"机制引领全校课程思政建设。2020年9月,上海大学新开发"红色传承"系列课程之"体育中国",讲述体育如何引领中国走向"体育强国",体育为什么能够成为中华民族伟大复兴的中坚力量,增进大学生身心健康,为报效祖国贡献青春力量。"体育中国"第一课讲述的是"体育如何改变中国?"

课程策划、上海高校思政课名师工作室——"顾晓英工作室"主持人顾晓英表示,开设"体育中国"旨在让更多青年学生零距离感受中华体育之美。上海大学教务部愿与体育学院的老师们一起,坚守教育初心勇担为党育人为国育才使命,培养德智体美劳全面发展的社会主义建设者和接班人。(孟歆迪　殷晓　郑宝)

"光明日报"2020年10月1日

### 树立大武术观,追寻体育强国梦,上海大学思政课迈出新路径

今年9月,上海大学新开发了"红色传承"系列课程之"体育中国",讲述体育如何引领中国走向"体育强国",体育为什么能够成为中华民族伟大复兴的中坚力量,增进大学生身心健康,为报效祖国贡献青春力量。9月29日,"体育中国"第二课"中华体育如何影响世界"在上海大学开讲。上海大学体育学院副教授徐春毅、申亮,全国武术名家、上海体育学院博士生导师邱丕相、刘静相继作了专题讲授。

抱拳礼、鞠躬礼的正确姿势是什么样子?为什么是这样?武术队教练、武术博士徐春毅用这些中国武术尚武精神文化符号开启课程。经过精心备课,他引入丰富的图片和小视频,结合典籍知识,生动讲述了大家在武术和日常生活中常见的"抱拳礼"正确姿势究竟怎样,为何是这样。他用武术"以礼始,以礼终"让全班学生起身、抱拳,举手,中规中矩地操练了一番。

这是一节可观赏的体育思政课。课上,徐春毅还邀请两位高水平运动员当场表演了

精湛的武术片段,一招一式中尽显中国武术"快、准、狠"的特点。"武术礼仪传达的是尊敬的态度,错误的动作表达的意义会大不相同。"他在点评中指出,当今世界不同场合,我们可以看到人们都在使用"抱拳礼",这从侧面体现出中国体育对世界的深刻影响。本来专业对口、信手拈来的知识点,被徐春毅全盘重整,选择、分类,点评,外加高水平武术队学生的现场武术表演,让现场同学叹为观止。

体院学院青年教师申亮副教授分享了"体育"一词的由来。他结合丰富图片引入中国体育典籍,展示了中国古代体育的特征和不同的形态流变,指出历史上武艺武术在军事、健身、教育和竞技等方面的历史作用,为同学们揭秘中国传统体育中最具生命力的体育活动形式的由来。

中华武术是从我国传统文化中孕育出来的一种民族体育文化形式,它根植于中国特有的历史和文化心理的土壤,从不同的视角反映出我们的历史脉络和民族心理特点,还有着巨大的生命哲学意义。在大家的热切期待中,年逾古稀的武术名家、上海体育学院武术学院原院长、博导邱丕相讲述了"武术的传承与创新"。

邱教授举例明代战将戚继光"纪效新书"、清代艺术家吴殳"手臂录",介绍自己对武术的技术形态和精神内涵的理解。他边讲解边示范,表演惊艳全场。最后,邱老师表示,武术中的中国文化精神内含:刚健有为的进取精神,厚德载物的君子风范,崇尚自然的和谐品格,重视传承的绵延观念,追求诗意的审美理想。"我们一定要有大武术观,重视武术教育,高校应承担起'非遗'武术保护与传播的重任。"

古老的传统文化能在新时代焕发出惊人的新活力,在跨文化传播中贡献出影响世界的力量。课程策划、上海高校思政课名师工作室——"顾晓英工作室"主持人顾晓英教授表示:"开设'体育中国'旨在让更多青年学生零距离感受中华体育之美。这是学校全面贯彻落实习近平总书记在教育文化卫生体育领域专家代表座谈会上的重要讲话精神的一大举措,也是'四史'融入课程的有效探索。"

据顾晓英介绍,在这门课上,校方有意试点同步录制在线课程,设计"做中学"环节,欢迎更多青年通过多种方式参与学习、沟通。同时,这也是学校思政课建设"一院一大课"的继续推进。从2014年上海大学首创"大国方略"课程起,"大国方略""人工智能"和"红色传承"三大系列15门课程正以"一院一大课"机制引领全校课程思政建设。(柳琴)

"第一教育"2020年10月2日

## 民盟中央传统教育基地在上大钱伟长纪念馆揭牌

今年是费孝通诞生110周年,昨天又恰逢钱伟长107岁生辰。昨天下午,民盟中央传统教育基地揭牌暨费孝通学术思想研究中心合作续约仪式,在上海大学钱伟长纪念馆举行。全国人大常委会副委员长、民盟中央主席、中科院院士丁仲礼出席揭牌仪式。

这是上海建立的第13个民盟传统教育基地。揭牌仪式上,著名雕塑家吴为山捐赠了他创作的费孝通、钱伟长铜像。民盟中央副主席张平与吴为山共同为两座铜像揭幕。民盟中央副主席、副市长、民盟市委主委陈群致辞。

民盟市委与费孝通学术思想研究中心合作续约仪式同时举行。2013年,民盟市委与上海大学签署合作协议,共同成立费孝通学术思想研究中心。研究中心成立7年来,产生了一批具有重要学术价值和现实意义的研究成果。此次续签合作,将进一步深化盟校合作,实现资源共享,充分发挥上海大学社会学的学科品牌优势和民盟市委参与政治协商的渠道优势,进一步推动费孝通学术思想研究。(张骏　彭德倩　郭琪)

《解放日报》2020 年 10 月 10 日

## "勤学习　优服务　精管理":上海大学举办课程思政联络员培训

"勤学习,优服务,精管理",是 10 月 9 日上海大学第 45 期教师教学沙龙暨院系课程思政联络员培训活动的主题。来自文学院、法学院、经济学院、计算机学院、国教学院、马克思主义学院的课程思政联络员齐聚宝山校区东区 2 号楼顾晓英工作室。校党委教师工作部常务副部长谢宝婷、国际教育学院教学院长阚怀未和校课程思政教学改革办公室成员曹园园等与会。这已是上海大学课程思政培训联络员专场之第二场。高校思政课名师工作室"顾晓英工作室"主持人顾晓英教授主持沙龙。

联络员们认真对照教育部《高等学校课程思政建设指导纲要》和上海市最近颁布的《关于深入推进上海高校课程思政建设的实施意见》,结合院系课程思政建设管理工作实际开展讨论。阚怀未老师和林自强老师感慨课程思政教改是一项要求很高的工作,"做好了,不容易",因此有必要"人人"参与,不仅专业课教师人人参加,管理体系和服务工作也要跟得上。

教务部顾晓英指出,上海大学作为"中国系列"课程的发祥地,上海市课程思政整体校和领航高校,既有钱伟长学院教育部"三全育人"综合改革试点学院,也是上海市"三全育人"试点高校,我们落实"三全育人"中的"全员",就是做到课程思政建设的全覆盖。作为院系联络员,大家在辛勤从事日常教学管理事务的同时,要自觉加强理论学习,学深悟透各级要求,联系实际服务师生,提升课程思政教学管理质量,给自己更多效能。

教师工作部常务副部长谢宝婷鼓励联络员老师带着探究的精神和学习的心态去工作,注重及时挖掘和提炼院系课程思政服务和管理工作新经验、好做法,并能多思考和动笔,固化成文章、方案等,既提升自己,又能为学校课程思政建设增光添彩。

课程思政是一项系统工程。课程思政建设关键在教师。作为上海市课程思政建设领航校,学校着力构建分层分类的教师培训体系,教务部、教师工作部、组织人事部等相互协同,搭建全方位、多层次平台,开发各类培训课程"套餐",通过教师教学沙龙、工作坊、新教师入职培训、新教师岗前培训、经验交流会和公开课观摩等形式,助力教师育德意识和育德能力提高,提升每一位教师参与课程思政建设的积极性和主动性。学校建立院系课程思政联系人制度,通过不定期沙龙,给联络员提供政治理论与业务培训,确保联络员负责将学校课程思政建设的诸项"工作提示"落实到位。

国教学院吕晶说,今天,我们一起学习了课程思政相关文件,让我对"全员育人、全程育人、全方位育人"有了更深刻的领会。国际教育学院旨在培养知华友华的国际学生。作为学院课程思政联络员,我要做好校院两级的沟通、管理和服务工作,给学院师生提供更贴心更优化的服务,展现"国际化"的教学管理服务岗位新形象。(殷晓　曹园园　李秋莹　许婧)

"中国新闻网"2020 年 10 月 12 日

**2020年全国劳动模范和先进工作者拟表彰人选公示**

（上略）

陈立群　　上海大学力学与工程科学学院教授

（下略）

《人民日报》2020年10月15日

**回顾奥运之路　体育振兴中华　上海大学"体育中国"第三课开讲**

10月13日晚,上海大学"体育中国"第三课"奥运如何影响中国"开讲。上海大学体育学院杨小明教授、资深媒体人吴骊教授、上海大学体育学院刘兵教授相继作了分专题讲授。

**故事里的体育人生**

杨小明老师以故事开启分享,小时候喜欢上乒乓球,后来的网球运动也对自己成长产生巨大影响。他列举《夺冠》《中国女排》等向大家传达奥运精神。学生谈起观看电影《夺冠》的感受,激动、感慨、热泪盈眶……电影不只展现了不怕苦不怕累的女排精神,也展现了中华民族的奋斗史,对我们青年一代有着非凡的影响。杨老师鼓励学生,青年时期的经历虽然有些坎坷,但体育力量始终支撑着他走到现在。

奥林匹克是怎么来的? 为什么会诞生在古希腊? 奥运圣火,虽燃起于欧洲大陆,却属于全人类,属于我们地球村,是人类现代文明的见证,也是人类文明的共同遗产。杨老师抛出问题,回应问题。他展示了几组图片,思考到底什么是美,希望大家勇于挑战自己,始终保持无畏、信念、积极、阳光。

**"做中学"展示课程魅力**

"做中学"始终是本课程的一大特色。徐春毅老师帮学生纠正了第二课教给大家的"抱拳礼"。这一课,杨老师讲到力与美,邀请学生上台展示俯卧撑,杨老师更是亲自上台展示高难度俯卧撑动作,引得全场掌声。谈到跑步在古代奥运会的重要地位,杨老师讲述自己亲身经历——他曾参加马拉松运动并取得佳绩以及自身坚持跑步后的身心改变。杨老师向大家分享了跑步的方法道理,"前脚掌着地,两步一吸,保持节奏……",杨老师亲自示范并让学生多多尝试。"体育运动是运输美德的搬运工",体育培养人团结合作、凝聚力,遵守规则、纪律,吃苦耐劳、坚忍不拔、坚持不懈……的品质,这些品质值得大家去学习、去塑造。两位学生自告奋勇,深情朗诵顾拜旦的《体育颂》,致敬体育精神。

**奥运何以来到中国?**

吴骊老师是上海资深媒体人,城市文化和体育文化研究者。他幽默地以"体育老师教的"调侃作为本专题讲授的开端。1908年中国人的"奥运三问"最终在100年后的2008年全部实现。吴老师抛出两个思考:为什么奥林匹克运动之王是百米跑? 为什么武术不能成为奥运正式项目? 到了新中国时期的奥运会,1984年中国人获得奥运首金,举国狂欢,中国人几十年的努力在那一刻得到了实现。提及电影《夺冠》寻找女排精神的源头,那就是团结一致,振兴中华。从昔日中国人的奥运梦到今天我们一起建设体育强国,这个转变,让我们不只看奖牌榜上有几枚金牌,致敬运动员的拼搏和取得的成绩,更要大力推进全民健身这一国家战略。

**北京如何成为双奥之城?**

课程负责人、上海大学体育学院主持工作副院长刘兵教授分享了北京申办奥运会背后的故事。1993年北京第一次申奥失败,这一结局让中国人流下了伤心的泪水,也正是这个经历,中国人向世界展示了"得而不骄,失而不馁"的气度和风范,达到了"让世界了解中国"的目的,为北京成功申办2008年奥运会奠定了基础。北京申奥的成功,向全世界证明了中国的实力,同时也表明了世界对中国的肯定,这是我们国家实现民族伟大复兴,崛起为世界主要强国的重要标志,这必将在中华民族光辉灿烂的悠久历史上写下浓墨重彩的一笔。

"运动有我,强国有我"。"体育中国"课程旨在跳出中国看奥运,也要跳出奥运看中国!期待大家争做"运动达人"和"思考达人",拥有健康的体魄和灵活的大脑,健康工作五十年,幸福生活一辈子,为体育强国、健康中国建设作出应有贡献。课程策划、上海高校思政课名师工作室——"顾晓英工作室"主持人顾晓英教授作了当晚的课程总结。(许婧)

"中国新闻网"2020年10月16日

**上海大学举行社区学院大类新生面对面活动**

在第七个国家扶贫日到来之际,由上海大学教务部主办、社区学院承办的"阳光圆梦,勇迎挑战"大类新生面对面活动15日举行。来自中西部地区的17名社区学院大类新生参会。社区学院院长尹静波、社区学院副院长佟丽宁、党委副书记黄欢、教务办叶蕾,外国语学院副院长戴朝晖和范金萍,计算机学院教授李青、理学院教师王玉超、姚维利、邢菲菲,教务部现代教育技术中心陶媛、朱弘飞,教务部一年级办姚小洁、曹园园等参加座谈。学校教务部顾晓英老师主持会议。

顾晓英简要介绍了此次面对面交流活动的目的。与大类新生面对面活动是教务部门的一个保留活动,我们每年都会组织,希望通过老师同学近距离交流的方式,帮助同学们答疑解惑,方便学生调整心态,积极主动平衡可能具有的因地区差异带来的心理落差,更快更好地适应高校学习生活。

17位同学依次自我介绍,一一交流了刚入大学产生的自身学习、生活近况,提出一系列心理困惑与学业适应等问题,老师们热情予以回应,给出可行建议与解决方案。

对于学生在高中与大学的过渡中所产生的落差感与不适应感,黄欢老师形象地将高中学习与大学学习分别比喻成"客饭"与"自助餐",期待学生更多付出主动性,不能再沿用高中被动接受课程知识。

对于个人学习与小组集体学习,尹静波院长指出,成长小组对个人学识与能力提升有着重要意义,同学们要注意自律,从小组学习中更多获得知识以外的各项能力。

对于多数学生提出英语口语、听力学习困难的忧虑,戴朝晖老师指出兴趣是最好的老师,强调了英语预习的重要性,要事先制定可行的包括听、读、写的学习计划,遇到困难要主动寻求老师帮助。

对于学生一进校就预设了毕业后即回乡报效的理想规划,顾晓英老师表示,同学们要"脚踏实地",也要"仰望星空",今后学成回乡回报家乡值得鼓励,我们也要把自己的理想与国家命运紧密相连,明白"修身、齐家、治国、平天下"的时代意义,理解校训"自强不息、先天下之忧而忧,后天下之乐而乐",大学四年乃至一生都要积攒为国为民服务的真本领。(许婧)

"中国新闻网"2020 年 10 月 18 日

### 乡村振兴　艺术何为？·非遗扶贫,激发乡土文化的创新活力

（上略）

传统＋设计＝时尚

随着生活水平提升,人们更加看重产品的品质、样式与时尚度。非遗要走进现代生活,就必须敏锐把握住这一时代变化趋势,在产品设计中融入现代审美。

比如,上海大学驻青海果洛传统工艺工作站成立以来,组织多批果洛地区非遗传承人到上海大学上海美术学院进行研修培训,以"强基础、增学养、拓眼界"。许多传承人回到当地再次进行创作、制作时,其产品更加符合现代审美趣味和生活需求。同时,大规模的研修培训,培养出一批能够将传统与现代相融的非遗保护和传承人才,有效激发了内生动力。

还有一些地区,邀请专业设计师助力非遗的创造性转化与创新性发展。设计师的任务,不是改造传统工艺的图案或色彩,而是在尊重当地文化、保留当地传统的基础上,运用自己的经验,帮助非遗传承人找到传统工艺与现代生活的结合点。比如,将传统工艺应用于服装、家具设计,提取经典图形用于农产品包装设计,建立传统工艺纹样数据库等。

非遗拥有与生俱来的、经过时间沉淀的地域和文化之美。譬如,蓝印花布从简单上色到逐渐有了独特的纹样、制法,其发展进程体现着人们对美的追求和审美的演变。设计师应充分认识、挖掘不同非遗的美学特征,同时避免过度开发。因为,保护非遗的根本是保护文化的多样性,保护人类的创造力。

（下略）

《人民日报》2020 年 10 月 25 日

### 政治是体育老师教的？在上海这所高校,体育老师为学生讲述中国故事

上海大学的"体育中国"如今已成为热词,让体育老师讲思政课,跨校跨学科师资组合,将"四史"学习教育传承到教学形式"做中学"。"体育中国"课程正成为上海大学体育学院提升课程思政效果和课程质量的重要推动,在上海大学课程思政领航校建设进程中,发挥了积极作用。

近日,上海大学"体育中国"第四课"小球如何转动大球？"开讲,上海大学体育学院张轶副教授、社会学院陆小聪教授和体育学院刘兵教授相继作了讲授。

张轶老师通过一段影像资料与大家分享了中国国球——乒乓球的故事。这项拥有最特殊的历史地位、最庞大的群众基础和最辉煌的竞技成绩的项目装点了那个时代的无限精彩,谈及容国团"人生能有几回搏,此时不搏更待何时"的豪言壮志,更是超越了年代的

限制,让人热血沸腾。

"为什么乒乓球在当时那么火呢?""为什么要发展体育运动?""那么多项目中国为什么要发展乒乓球?"张老师接连抛出问题,引发学生思考。通过容国团的故事介绍国球的来源,通过回顾中国人民被讥讽为"东亚病夫"的历史讲述中国体育由弱到强的转变,通过乒乓之父——伊沃·蒙塔古与中国的友谊讲述中美乒乓外交的历史。张老师坦言,在世界体育史上,从未有过哪个单项体育运动像乒乓外交那样实现了从体育范畴内的交流向国家层面上交流的跨越,引发了世界格局的重大改变,创造了"小球转动大球"的传奇。习总书记在会见第31届奥运会中国体育代表团时曾表示,实现两个一百年的奋斗目标和中华民族的伟大复兴,需要"人生能有几回搏"的奋斗精神,更要使之转化为中华民族团结奋斗强大的精神力量。

2013年,中国乒乓球学院在上海成立,成为传播"乒乓球"文化的教育基地和文化交流基地。多年来,中国乒乓球涌现出多位著名乒乓球运动员,他们不仅在乒乓球领域获得了杰出成就,也在我国精神文化建设中发挥了重要的作用,成为"不断超越""忘我拼搏"精神的代表。

"做中学"是该课程的一大亮点。同学们在课堂中不仅学习理论知识,更在老师的指导下操练"抱拳礼"和"两步一呼",张老师向同学们现场示范乒乓球"横直"握拍姿势。尽管只有临时搭建的小方桌,但乒乓"对决"一开始便引得全场阵阵掌声。

陆小聪老师曾经是一名专业运动员,如今转换"角色"的他结合自己打比赛时的亲身经历,向同学们传达了体育对自身的意义。他从学理的角度梳理了体育与政治的概念,他表示体育本身不具有政治性,但经常"被"拥有政治意义。陆老师层层深入,结合体育与政治相关案例,引导学生思考体育和政治的关系。他分享心得时指出,通过参与体育比赛,可以明确每个人的身份归属,建立情感上的纽带,有助于增强团队成员间的凝聚力。

刘兵老师讲述了"慕尼黑血案",这是奥运史上恐怖的一页,危机的性质超出了体育的范畴。他表示,体育是非常重要的社会要素,我们要发挥体育正能量,提高人民健康水平、实现美好生活、展示国家文化软实力,帮助学生在体育锻炼中享受乐趣、增强体质、健全人格、锻炼意志。

让全民健康理念深入人心,让体育在全面建成小康社会进程与推进人类命运共同体进程中发挥独特作用,这堂"融四史,传大道,做中学"的通识课,教师生动讲述,与学生和谐互动。期待同学们能从"体育中国"课程中感悟"体育精神",共同答好新时代"中国体育答卷"。(郑宝 殷晓)

"学习强国"2020年10月26日

**热烈祝贺上海大学本科教育大会召开 讲台人生 书写初心!**

今年教师节,习近平总书记寄语广大教师"不忘立德树人初心,牢记为党育人、为国育才使命"。在上海大学本科教育大会召开之际,我们将展示部分本科教学的课堂板书。

在老师们的笔下,板书成了灵动的音符、跳跃的字节,板书成了严密的推演、纵横的思维导图。它记录了课堂知识传授,记录了师生的思维碰撞,表达了老师对三尺讲台的热爱,承载了老师潜心教书的职业情怀。

让更多的课堂板书成为展示教师教书育人风貌的一个个窗口,用粉笔让黑板呈现风景。虽然板书风格各异,却蕴含着教师们的讲台人生,也是教师们育人初心的写照。

让更多教师成为提灯人,引导学生在个人成长和国家需要的交汇点上,燃起学习志趣。让更多教师成为政治素质过硬、教学能力精湛、知识储备丰富的"宝藏"老师。

**习近平新时代中国特色社会主义思想概论**

思政课程—马克思主义学院—胡申生

在给学生讲解习近平新时代中国特色社会主义思想的过程中,不断提高自己对习近平新时代中国特色社会主义思想的认识。

**大学物理**

公共基础课—理学院—辛子华

我热爱大学教学,并为最好的教学效果孜孜以求!以简洁生动的形式传授深奥的物理知识是最低目标,激发学生的创新兴趣培养学生的创新能力是我们的最高追求。

**大学物理**

公共基础课—理学院—孔茜

学生是课堂学习的主体,教师是教学内容的设计者、引导者,在教学过程中培养学生的综合素养,为学生的成长、成才服务。

**大学物理**

公共基础课—理学院—庄良

从教三十余载,感受到了教育事业的酸甜苦辣,以自己的真诚才能换取学生的真诚,教育的真谛是将知识转化成智慧。

**半导体物理**

专业类课程—材料科学与工程学院—汪琳

半导体物理学是凝聚态物理学的一个重要分支,也是现代微电子器件工艺学的理论核心。学好半导体物理,为中国"芯"发展打下坚实基础。

**高级语言程序设计**

专业类课程—计算机工程与科学学院—张博锋

教书育人是教师的天职。作为教师,有责任让每个学生得到全面发展,成长为一流拔尖人才。

**数字逻辑**

专业类课程—计算机工程与科学学院—刘颖群

加强具体案例分析和独立报告,培养学生学会用个人和团队方式站在不同角度、不同立场客观、理智、全面看待及解决问题。

**社会工作专业价值与伦理**

专业类课程—社会学院—阳方

以学生为中心,注重启发,而非知识本身。课堂多讨论,多交流,教学相长。课后多与同学交流,提供个性化辅导,关注学生身心健康。

**社会史研究前沿**

专业类课程—社会学院—贾文娟

学然后知不足,教然后知困。在教学中,不断更新自己的知识储备,尽可能为学生提供更全、更新的知识引导、思想启迪与方法训练。

**西方文论**

专业类课程—文学院—曹谦

讲授西方文论,回应中国问题。在东西文明的交流互鉴中,一起体验人类千百年思想的智慧。

**计量经济学**

专业类课程—悉尼工商学院—龚玉婷

这门课的定位是"有趣"又"有用"。我尝试将千篇一律的案例换成贴近生活的热点,将长篇大论的课件凝练成简洁彩色的板书。

**复调写作与作品鉴赏**

专业类课程—音乐学院—欧阳鑫勃

相较于网络课程的种种限制,面对面的教学和交流方能让学生更多感受到经典音乐作品中多声部构建的精彩以及中国复调学科发展的强大。

**乐理**

专业类课程—音乐学院—王文婷

"授人一瓢水,必先有一桶水"。不断提高自己的教学水平,因材施教,使学生学有所得,以爱执教,以诚待人!

**视听练耳**

专业类课程—音乐学院—李芸

准确演唱正确记谱,不仅是课程要求,也是音乐专业学生的基本素质。严格规范的书写练习必不可少。开始有些困难,坚持下去一定会有惊喜。

**音乐与文学**

专业类课程—音乐学院—徐倩

"音乐与文学"立足音乐专业,更打破专业界别,寻求跨专业间的结合与创新。综合性大学培养具有综合素养的学生,就从课程开启吧!

**法语精读**

专业类课程—中欧学院—刘芳菲

教学的艺术在于激励、鼓舞每一位学生,要让课堂给人以启迪,给人以引领。

如今的教学虽然越来越现代化、电子化,但板书依然反映着老师的功底。一幅幅整齐的板书映射出老师们用心教学、潜心育人的工作态度,并将这样的认真负责潜移默化地影响到每一位学生。为老师们点赞!(殷晓)

"今日头条"2020年10月26日

## 科技如何促进体育的腾飞　张统一院士在上海大学分享"科技赋能体育"心得

10月27日下午的上海大学"体育中国"课程,聚焦的主题是"科技如何给体育插上腾飞的翅膀"。著名材料专家、中国科学院院士张统一用"我要为祖国工作70年"的体育情怀,分享了半个世纪来如何强身健体、阳光自信、勤学善研,积极投身科研学高新科技创新的故事。上海大学体育学院副院长秦文宏副教授、材料学院刘立起博士也从各自的研究领域分享了对科技赋能体育发展的理解。

### 希望在上海大学实现中国梦

张统一分享了他的体育情怀以及对上大学子的殷切期望。国家要实现现代化,材料科学是基础,材料应用渗透到生活的方方面面。他说自己在上海大学有一个中国梦,那就是把材料的研发和人工智能作紧密结合。他希望未来所有学院都开设人工智能课程,也包括体育学院。

张统一鼓励大学生们要阳光自信,努力把事情做到极致,命运掌握在自己手中。另一方面他督促大家要积极锻炼,强身健体,以充沛的精力,投身学习与工作。张院士分享他"简单"的生活:平时不是在工作就是在运动。他表示自己要向钟南山院士学习,健康地为祖国工作70年。

### 科技助推体育发展存在双刃剑

秦文宏开场的荷球运动演示吸引了所有学生们的注意。他分享了电影《夺冠》中的科技镜头,抛出讨论的话题——科技与体育之间是怎样的一种关系?

秦文宏列举了历届奥运会中运用的新科技手段,科技帮助体育运动变得更快、更高、更远、更重、更多、更准、更难、更美,归根到底是更强。他介绍了自己的科研成果,那就是如果通过撑杆材质的更新助推运动技术的革新。

但是他也指出,科技强化也给体育带来了问题和风险,譬如以鲨鱼皮为代表的科技改造已经严重违背体育公平原则、极限运动和超负荷的竞技运动使运动员面临生命危险等等。

"科技的力量可以改变或助力外在于身体的运动的附属形式、功能和效果,但绝不可僭越体育的本质功能,更不可更改身体运动的性质。"秦文宏说。

### 碳纤维复合材料正在进入体育器材生产

新材料决定着一个国家的装备发展水平,也是现代体育发展的物质基础。刘立起主要从事高性能纤维及复合材料发明研究,同时他也是体育爱好者。他从新材料的角度讲述了科技与体育之间的关系。

刘立起介绍说,我国是碳纤维复合材料体育用品的重要产地,世界上60%以上的碳纤维高尔夫球杆、各种球拍、钓鱼竿、自行车均产自我国。高端体育用品特别是职业竞技类用具,例如赛车、赛艇、竞赛用的各类球拍杆等,由于更注重其安全性、高强度和轻量化,制作时大多数采用了高性能碳纤维。我国虽是碳纤维生产大国,却不是生产强国。羽毛球拍的碳纤维球拍不仅仅是一块球拍,更是一款高科技产品的体现。我国与日本的碳纤维产业有将近40年的发展差距。(吴苡婷　吴若玲)

"上海科技报"2020年11月1日

### 2019年度"罗姆杯"上海大学大学生机电创新设计大赛圆满落幕

2020年10月16日下午,由上海大学和罗姆(ROHM)共同主办的2019年度"罗姆杯"上海大学大学生机电创新设计大赛在上海大学宝山校区工程技术训练中心圆满落下帷幕。上海大学教务处领导、机电工程与自动化学院领导、罗姆半导体(上海)有限公司设计中心相关人员以及全体参赛学生和部分指导老师出席了本次活动。

本届大赛自2019年12月正式启动,历时10个月终于圆满落幕。大赛围绕"智慧家居、幸福家庭"主题进行应用设计,内容为设计与制作用于帮助老年人独自活动起居的机械装置(简称助老机械),以及现代智能家居的机械装置(简称智能家居机械)。共吸引了来自上海大学机电工程与自动化学院、中欧工程学院、通信与信息工程学院和计算机学院的30余支队伍共计120余名学生报名参赛。

今后,罗姆将继续加强与大学的合作,为中国教育事业的进步和人才培养贡献力量。

《新民晚报》2020年11月4日

### 迎接建党百年——"四史"学习教育与"开天辟地"课程建设高端论坛在上海大学召开

2020年11月9日,为贯彻落实习近平总书记关于"四史"学习教育与思政课改革创新的重要指示精神,喜迎建党百年,推动上海大学"开天辟地"新型党史思政课程的不断创新与发展,由上海高校思想政治理论课教学改革协作组、上海红色文化研究院、上海大学马克思主义高峰学科、中国史高原学科等单位联合主办的"迎接建党百年——四史学习教育与开天辟地课程建设高端论坛"在上海大学举行。

新型党史课程"开天辟地"于2018年在上海大学开设,课程紧扣"上海是中国共产党的诞生地"的主题,全方位介绍中国共产党百年的奋斗历程与革命事业,历经3年的实践探索,已形成成熟的教学理念与教学模式,并复制推广到上海老年大学。

上海市教科院德育研究院(筹)党支部书记、副院长宗爱东,上海市中共党史学会名誉会长、上海抗战与世界反法西斯战争研究会会长、国防大学政治学院教授张云,上海红色文化研究院执行院长、上海大学特聘教授张黎明等出席,上海党史学界知名专家学者,"开天辟地"课程教师团队,学生代表共计30余人开展了交流研讨。论坛由"开天辟地"课程负责人、上海市中共党史学会会长、上海市高校思政课协作组组长忻平教授主持。本次论坛富有新意,讨论的具体议题来源于对上课学生的采访及其反馈的相关意见。论坛旨在突出问题意识,强调学生是课堂的主体,聚焦学生需求与课程实际,结合专家对课程建设的意见建议以及学生受众的直观感受,总结提升课程质量的路径方法,以解决实际问题。

"开天辟地"课程负责人忻平介绍了课程建设情况及举办本次论坛的目的意义。他认为,"四史"融入思政课堂是深入贯彻学习"四史"的重要一环。"开天辟地"课程是党的十九大后开设的第一门面向大学生阐述中国共产党创建过程的思政课程,也是最早响应上海市委"党的诞生地工程"号召开设的高校思政课程。通过本次论坛,课程组广泛听取专家学者和学生代表的意见建议,不断加深对"四史"融入思政课堂的认识,通过集体备课,提高课程教学质量。

"开天辟地"课程主持人、上海大学马克思主义学院副教授李城详细介绍了课程内容和发展历程,并分析了对学生的调研及反馈情况。

与会专家学者、任课教师以"开天辟地"课程为案例,探讨了"四史"学习教育融入思政课的路径方法,对推动思政课改革创新具有重要意义。

上海市教科院德育研究院(筹)党支部书记、副院长宗爱东表示,这样的会议不尚空谈,而是在理论关照下,从学生反映的问题入手,解决实际问题。"开天辟地"课程不仅注重从"供给侧"教师团队对课程进行创新和改革,还非常注重"供给侧"学生一方的需求,注重学生的想法与建议。

上海红色文化研究院执行院长张黎明从当代大学生历史教育的现状出发,认为"四史"学习教育对于青年学生的成长成才具有重要意义,"开天辟地"课程应以学生需求为导向,认真总结实践经验。

国防大学政治学院教授张云和上海交通大学教授陈挥对"开天辟地"课程内容的丰富性给予高度评价,同时表示课程还需要更加系统化,可尝试编撰配套教材,作为学生参考。

华东师范大学教授丁晓强剖析了"四史"教育与"不忘初心"的关系问题,认为"开天辟地"课程要讲清楚初心,发挥课程对青年人的作用。

上海立信会计金融学院教授徐光寿表示,应在紧扣课程目标、坚持需求导向、创新教学方式、务求育人实效等方面发力,将课程建设得更好。

中共一大会址纪念馆副馆长徐明认为,上好这门课应做到史论结合、情理交融、深入浅出、与时俱进,课程内容要符合常识、常理、常情、常道。

上海大学马克思主义学院党委书记刘绍学、上海大学文学院院长张勇安表示两个学院都积极支持这门课程,课程师资阵容强大,辐射能力强,契合时代需求,将研究成果和课程相衔接,加强资源和平台的建设。

在上海大学马克思主义学院副院长焦成焕看来,"开天辟地"课程将侧重于课程内容建设,以主线统领各课时内容,充分发挥线上教学平台的资源,实现线上线下学习的联动。

评话表演艺术家朱庆涛、上海市委党史研究室严亚南、上海大学宣传部谢瑾、文学院吴静等专家学者聚焦学生们在课堂中的主体地位,认为倾听学生的声音,结合学生需求体现了学生的主体地位,教师作为主导也要进一步提升传播技巧。

专家们普遍认为"开天辟地"课程内容丰富,以上海党史学界大批专家为后盾,拥有强大的师资力量,课程所采用的上海大学行之有效的"项链模式"和以问题意识为导向的互动式教学能够激发学生兴趣,引导学生进一步思考,具有较强的创新性。

会上,学生代表陶雪松、王宁宁等就课程考核方式和实践教学进行了积极讨论交流,他们表示,"开天辟地"课程颠覆了他们之前对思政课程的认识。老师们以问题意识开路,用生动的故事启发学生,代替枯燥的灌输,师生在课堂上能够充分互动,使得他们在学习党史知识的同时,对建党伟业、对中国共产党人的革命精神有了更加深刻的理解。同时,学生代表对如何进一步提升课程质量也提出了很好的建议。

忻平在总结时指出,"开天辟地"课程在下一步发展和建设过程中,要积极将"四史"研究的最新成果与发展动向注入课程中,充分利用上海丰厚的红色资源,将上海党史研究前沿成果用于课堂教学,使课堂讲述与现场教学相结合,教师教学更多地与学生问题相结合。同时,在课程中适度增加讨论、对话、辩论等环节,以此引发学生兴趣,提高教学质量与效果。

本次论坛总结了课程的宝贵经验,吸纳了广泛的意见建议,对推动"四史"教育融入思政课改革创新和大中小思政课一体化建设具有重要意义。在建党百年即将到来之际,"开天辟地"课程将不断注入新鲜血液,更新教学内容,丰富教学形式,继续推进线下线上教学的广度和深度,发挥学生主体地位作用,使更多学生从中受益,筑牢学生成长成才的思想基础。

"社会科学报"2020 年 11 月 10 日

### 上海大学举办"四史"学习教育与"开天辟地"课程建设高端论坛

为推动新型党史思政课程的不断创新与发展,11 月 9 日,上海高校思想政治理论课教学改革协作组、上海红色文化研究院、上海大学马克思主义高峰学科、中国史高原学科等单位在上海大学联合主办"迎接建党百年——'四史'学习教育与'开天辟地'课程建设高端论坛"。

新型党史课程"开天辟地"于 2018 年在上海大学开设,课程紧扣"上海是中国共产党的诞生地"的主题,全方位介绍中国共产党百年的奋斗历程与革命事业,历经 3 年的实践探索,已形成成熟的教学理念与教学模式,并复制推广到上海老年大学。

本次论坛旨在突出问题意识,强调学生是课堂的主体,聚焦学生需求与课程实际,结合专家对课程建设的意见建议以及学生受众的直观感受,总结提升课程质量的路径方法,以解决实际问题。

"开天辟地"课程负责人、上海市中共党史学会会长忻平认为,"四史"融入思政课堂是深入贯彻学习"四史"的重要一环。"开天辟地"课程是党的十九大后开设的第一门面向大学生阐述中国共产党创建过程的思政课程,也是最早响应上海市委"党的诞生地工程"号召开设的高校思政课程。通过本次论坛,课程组广泛听取专家学者和学生代表的意见建议,不断加深对"四史"融入思政课堂的认识,通过集体备课,提高课程教学质量。

上海红色文化研究院执行院长张黎明从当代大学生历史教育的现状出发,认为"四史"学习教育对于青年学生的成长成才具有重要意义,"开天辟地"课程应以学生需求为导向,认真总结实践经验。

评话表演艺术家朱庆涛、上海市委党史研究室严亚南、上海大学宣传部谢瑾、文学院吴静等专家学者聚焦学生们在课堂中的主体地位,认为倾听学生的声音,结合学生需求体现了学生的主体地位,教师作为主导也要进一步提升传播技巧。

专家们普遍认为,"开天辟地"课程内容丰富,以上海党史学界大批专家为后盾,拥有强大的师资力量,课程所采用的上海大学行之有效的"项链模式"和以问题意识为导向的互动式教学能够激发学生兴趣,引导学生进一步思考,具有较强的创新性。

会上,学生代表陶雪松、王宁宁等就课程考核方式和实践教学进行了积极讨论交流,他们表示,"开天辟地"课程颠覆了他们之前对思政课程的认识。老师们以问题意识开路,用生动的故事启发学生,代替枯燥的灌输,师生在课堂上能够充分互动,使得他们在学习党史知识的同时,对建党伟业、对中国共产党人的革命精神有了更加深刻的理解。同时,学生代表对如何进一步提升课程质量也提出了很好的建议。

忻平在总结时表示,"开天辟地"课程在下一步发展和建设过程中,要积极将"四史"研究的最新成果与发展动向注入课程中,充分利用上海丰厚的红色资源,将上海党史研究前沿成果用于课堂教学,使课堂讲述与现场教学相结合,教师教学更多地与学生问题相结合。同时,在课程中适度增加讨论、对话、辩论等环节,以此引发学生兴趣,提高教学质量与效果。(任鹏)

"光明日报"2020年11月11日

**吸取专家意见、聆听学生心声——上海大学"开天辟地"课程建设高端论坛举行**

新型党史课怎么上才会有趣又有内涵?上海大学在边教边学中不断吸取经验、探索新路径提升教学水平。11月9日下午,为贯彻落实习近平总书记关于"四史"学习教育与思政课改革创新的重要指示精神,喜迎建党百年,推动上海大学"开天辟地"新型党史思政课程的不断创新与发展,由上海高校思想政治理论课教学改革协作组、上海红色文化研究院、上海大学马克思主义高峰学科、中国史高原学科等单位联合主办的"迎接建党百年——'四史'学习教育与'开天辟地'课程建设高端论坛"在上海大学举行。

上海市教科院德育研究院(筹)党支部书记、副院长宗爱东,上海市中共党史学会名誉会长、上海抗战与世界反法西斯战争研究会会长、国防大学政治学院教授张云,上海红色文化研究院执行院长、上海大学特聘教授张黎明等出席,上海党史学界知名专家学者,"开天辟地"课程教师团队,学生代表共计30余人开展了交流研讨。论坛由"开天辟地"课程负责人、上海市中共党史学会会长、上海市高校思政课协作组组长忻平教授主持。

**论坛富有新意　专家问题意识突出**

本次论坛颇富新意,讨论的具体议题来源于对上课学生的采访及其反馈的相关意见。论坛旨在突出问题意识,强调学生是课堂的主体,聚焦学生需求与课程实际,结合专家对课程建设的意见建议以及学生受众的直观感受,总结提升课程质量的路径方法,以解决实际问题。

"开天辟地"课程负责人忻平介绍了课程建设情况及举办本次论坛的目的意义。他认为,"四史"融入思政课堂是深入贯彻学习"四史"的重要一环。"开天辟地"课程是党的十九大后开设的第一门面向大学生阐述中国共产党创建过程的思政课程,也是最早响应上海市委"党的诞生地工程"号召开设的高校思政课程。通过本次论坛,课程组广泛听取专家学者和学生代表的意见建议,不断加深对"四史"融入思政课堂的认识,通过集体备课,提高课程教学质量。

"开天辟地"课程主持人、上海大学马克思主义学院副教授李瑊详细介绍了课程内容和发展历程。据李瑊介绍,本课程为上海市"中国系列"课程,上海大学核心通识课,于2018年在上海大学开设,课程紧扣"上海是中国共产党的诞生地"的主题,以"上海与中共百年"为线索,由忻平教授领衔,采用上大传统优势教学方法"项链模式"和"问题意识教学法",充分发挥教师团队的优势效应,精心准备教学内容和学习环节,全方位介绍中国共产党百年的奋斗历程与革命事业,历经3年的实践探索,现已形成较成熟的教学理念与教学模式,并复制推广到上海老年大学。

与会专家学者、任课教师以"开天辟地"课程为案例,探讨了"四史"学习教育融入思政课的路径方法。上海市教科院德育研究院(筹)党支部书记、副院长宗爱东表示,"开天辟地"课程不仅注重从"供给侧"教师团队对课程进行创新和改革,还非常注重"供给侧"学生一方的需求,注重学生的想法与建议。上海红色文化研究院执行院长张黎明从当代大学生历史教育的现状出发,认为"四史"学习教育对于青年学生的成长成才具有重要意义,"开天辟地"课程认真总结实践经验。

国防大学政治学院教授张云和上海交通大学教授陈挥对"开天辟地"课程内容的丰富性给予高度评价,同时表示课程还需要更加系统化,可尝试编撰配套教材,作为学生参考。华东师范大学教授丁晓强剖析了"四史"教育与"不忘初心"的关系问题,认为"开天辟地"课程要讲清楚初心,发挥课程对青年人的作用。上海大学马克思主义学院党委书记刘绍学、上海大学文学院院长张勇安表示两个学院都积极支持这门课程,课程师资阵容强大,辐射能力强,契合时代需求,将研究成果和课程相衔接,加强资源和平台的建设。在上海大学马克思主义学院副院长焦成焕看来,"开天辟地"课程将侧重于课程内容建设,以主线统领各课时内容,充分发挥线上教学平台的资源,实现线上线下学习的联动。

专家们普遍认为"开天辟地"课程内容丰富,以上海党史学界大批专家为后盾,拥有强大的师资力量,课程所采用的上海大学行之有效的"项链模式"和以问题意识为导向的互动式教学能够激发学生兴趣,引导学生进一步思考,具有较强的创新性。

**强调学生为课堂主体　助力教学质量进一步提升**

"课程内容上有重复现象,课程形式还不够丰富多样,师生间的互动还有待提高。"在论坛后半场的专家发言讨论环节,专家们根据自身的上课经历和听课感受,对"开天辟地"课程进行了认真的评价,并对课程存在的问题也提出诚恳的批评意见。上海立信会计金融学院教授徐光寿表示,应在紧扣课程目标、坚持需求导向、创新教学方式、务求育人实效等方面继续发力,将课程建设得更好。

中共一大会址纪念馆副馆长徐明认为,要想上好这门课应做到史论结合、情理交融、深入浅出、与时俱进,课程内容要符合常识、常理、常情、常道。评话表演艺术家朱庆涛、上海市委党史研究室严亚南、上海大学宣传部谢瑾、文学院吴静等专家学者聚焦学生们在课堂中的主体地位,认为倾听学生的声音,结合学生需求体现了学生的主体地位,教师作为主导也要进一步提升传播技巧等。

此外,在高峰论坛现场,学生代表也纷纷发言,表达自己对这门课程最真实的感受和建议。学生代表陶雪松、王宁宁等就课程考核方式和实践教学进行了积极讨论交流,他们表示,"开天辟地"课程颠覆了他们之前对思政课程的认识。老师们以问题意识开路,用生动的故事启发学生,代替枯燥的灌输,师生在课堂上能够互动,使得他们在学习党史知识的同时,对建党伟业、对中国共产党人的革命精神有了更加深刻的理解。同时,学生代表对如何进一步提升课程质量也提出了很好的建议,如希望老师在课堂上能够多结合上海当地红色景点、分享老师自己最前沿的学术研究成果。

忻平在总结时指出,"开天辟地"课程在下一步发展和建设过程中,要积极将"四史"研究的最新成果与发展动向注入课程中,充分利用上海丰厚的红色资源,将上海党史研究前沿成果用于课堂教学,使课堂讲述与现场教学相结合,教师教学更多地与学生问题相结合。同时,在课程中适度增加讨论、对话、辩论等环节,以此引发学生兴趣,提高教学质量与效果。

本次论坛总结了课程的宝贵经验,吸纳了广泛的意见建议,对推动"四史"教育融入思政课改革创新和大中小思政课一体化建设具有重要意义。在建党百年即将到来之际,"开天辟地"课程将不断注入新鲜血液,更新教学内容,丰富教学形式,继续推进线下线上教学的广度和深度。发挥学生主体地位作用,使更多学生从中受益,筑牢学生成长成才的思想基础。(柳琴)

"第一教育"2020 年 11 月 11 日

### "钢"柔相济交融创新　　上海大学讲述新时代科技与艺术故事

"这是一部怎样的著作?""各国青年人如何在这部巨著中汲取精神力量?"11 月 10 日晚,上海大学 J102 教室,大屏幕上数页 PPT 画面,呈现密密匝匝的各时代、各国、多版本《钢铁是怎样炼成的》名著封面图片,保尔·柯察金为理想而献身的精神、钢铁般的意志和顽强奋斗的高贵品质感动青年学子。

这是国家精品在线开放课程、上海市课程思政领航课——上海大学"创新中国"第 16 季第六次线下课课程导入的场景。由此"钢铁"引入彼"钢铁","钢"柔相济交融创新,讲述新时代科技与艺术故事。

当晚,上海大学材料科学与工程学院院长董瀚和上海美术学院建筑系教授王海松联袂担任"项链模式"嘉宾。

2020 年是合金钢开始研究的 200 周年,作为钢铁大国的中国应该在合金钢领域发展贡献出更多的创造。董瀚的课程从"钢铁材料性能的持续提高——纪念合金钢 200 年"开始。

董瀚列举了 2000 年前汉代的环首刀、铠甲、铁犁等钢铁制品以来,我国钢铁冶金工艺技术不断发展,拥有着枝繁叶茂合金钢体系。从 1950 年开始,我国粗钢产量直线上升,我国生产了世界近一半的钢铁。

董瀚还在课程中融入了"四史",他提到上海八一三淞沪抗战纪念馆和上海大学沙钢稀土耐蚀钢+宝钢抗菌毒不锈钢正是应用了不锈钢与耐蚀钢的结合。回看中国铁路百年钢轨的碳含量演变、组织演变和钢轨技术的演变,钢铁材料性能持续提高,钢是不断发展的先进材料,低成本是钢铁材料核心竞争力。

王海松是"创新中国"课堂常客。他以上海大学延长校区"南大楼""热水瓶换胆"的事件为例讲述了历史建筑的延续创新,题为"刚柔相济:历史建筑的换骨续形——上海大学延长校区南大楼修复"。

2017 年,年久失修的南大楼迎来了修缮、整修的机会。但如何注入新功能又符合文保法规?上海大学土木系的老师引入了先进的"既有建筑生命体监测"系统来监控原建筑外墙的结构变形。"热水瓶换胆"分为三步:对拟保留的"瓶"进行加固、制作"内胆"和"洗瓶""暖胆"。修缮完成后的南大楼,外立面恢复如初,体现出优雅的岁月感,内部焕然一新,宽敞好用的新空间中随处可见悉心保留下来的历史细节……

上海高校思政课名师工作室——"顾晓英工作室"主持人顾晓英表示,"创新中国"课程就是要向同学们传递大道,判明大势,开阔眼界,勉励学生为全面建设社会主义现代化国家、实现中华民族的伟大复兴贡献青春力量。(孟歆迪 郑宝 殷晓)

"光明日报"2020年11月14日

## 第二届上海大学医工论坛成功举行

为了更好地推进医工交叉学科的创新、融合与发展,构建医研企协同创新体系,11月15日,由上海大学主办、上海全景医学影像诊断中心承办的第二届上海大学医工论坛在上海全景医学影像诊断中心隆重举行。本届论坛聚焦生物材料、智能医学、医学影像三个方向,共同探讨医工交叉在老年医学、公共卫生、医学工程三大领域的技术创新及未来合作。本次论坛线上线下同步进行。

上海大学副校长、医学院院长汪小帆,上海大学医学院党委书记竺剑、副院长姚萱,上海大学钱伟长学院副院长李颖洁、张博锋,上海全景医学影像集团总裁居培明、副总裁兼上海中心总经理杨扬,以及来自上海大学9个学院、各附属医院,6家上海市三甲医院从事医工交叉研究的150余名科研学者、医疗专家出席会议,并邀请四位来自国内外的医工交叉领域专家,为大会作主旨报告。会议由姚萱副院长主持。

汪小帆副校长在致辞中表示,上海大学医学学科的发展要聚焦高质量、对标高标准、办出高水平,做出上大特色。他强调了"交叉"对于推动医学、工科发展的重要性,在上海市的大力支持下,上海大学坚持对标985高校,促进大学之间交叉融合。希望在学校、附属医院、附属中心的共同努力下,加速推进上海大学医学学科建设。

开幕式上,上海大学与全景医学影像签署了战略合作框架协议并举行授牌仪式。上海大学与全景医学影像联合成立"上海大学全景智能影像研究院",在徐汇、虹口两区全景医学影像诊断中心挂牌建立"上海大学附属全景医学影像诊断中心"。

全景医学影像居培明总裁做表态发言,此次合作将以上海大学医学院为依托平台、整合利用全景医学影像的优势,双方携手探索精准影像智能诊疗为核心的学科共建机制,开启互利共赢的校企合作模式。

会议现场还举行了上海大学医工交叉研究院特聘研究员聘任仪式,特聘研究员代表杨帮华教授发言表示,未来将同大家一起致力于医工交叉领域的发展,共同为上海大学医学学科建设和未来发展出谋划策。

下午的分会场分别邀请了生物材料、智能医学、医学影像领域的专家学者做专题报告,内容涉及纳米生物材料、脑机智能、分子影像等方向,报告内容丰富,专家们就各自研究领域进行深度对话,学术氛围浓厚。

此次医工论坛聚焦领域前沿,特邀国内外医工交叉领域的专家学者,从不同学科视角畅谈医工交叉领域的研究成果和行业发展最新动态,对开阔视野、拓展学科知识、提高专业能力以及指引未来研究方向等方面具有重要意义。未来,上海大学医学院还将进一步推动医学交叉学科的深度融合,搭建学术交流和共商合作的平台,助力上海大学建成世界一流、特色鲜明的综合性研究型大学。

"新华网"2020年11月17日

**什么人工智能教育是必须的、必要的?**

"人文与科技：第二届新时代人工智能通识教育全国教学研讨会"日前在上海大学召开。专家学者围绕"新时代人工智能通识教育"展开研讨，旨在积极打通学科门类，推进"新工科""新医科""新农科""新文科"建设。

上大副校长聂清在致辞中发问，"人工智能在全人教育当中的内核是什么？""为什么人工智能教育对未来的学生而言是必须的、必要的？""我们如何在课程形态当中体现人工智能教育的交叉性？"人工智能通识教育课程教学，既对接世界趋势和国家战略，也对我们人才培养体系、课程建设、教学方法的改革有着特殊意义。

上海市社会科学界联合会党组成员、副巡视员陈麟辉研究员肯定了上大人工智能系列课程的成功。他说，在通识教育领域，为培养和规范新时代接班人对待人工智能的理解和态度作出贡献，期待上大人工智能通识教学的探索与创新一如既往走在全国乃至世界前列。

上大教务部副部长顾晓英教授认为，大学教育应该是全人培养。借通识教育的平台，可以引领学生明大势；把多学科优秀教师串联起来，采取优势学科到课堂的"项链模式"授课，用学科把思政融入学生的心田。2018年春季学期起，上海市课程思政教学科研示范团队"顾骏团队"和上海高校思想政治理论课名师工作室——"顾晓英工作室"联袂策划，率先在上海大学的通识教育版图里首创"人工智能"系列课程。学校还注意成果固化，做到见人、见课、见书、见文章。随堂录制的五门系列课程全部上线成为慕课，通过。这一切归因于这一系列课程融入了"人文"，渗透了"课程思政"。

"智能文明""人文智能""智能法理""生命智能"和"量子世界"五门课程的负责教师分别作了课程建设交流。他们是上海大学计算机学院李晓强副教授，儿童文学作家、文学院谭旭东教授，法学院芦雪峰副教授，生命学院、医学院肖俊杰教授，理学院物理系张永平教授分别带来"'智能文明'的思考与探索""在人文和智能间拧上一个创造力的螺丝：'人文智能'课程思考""科技的进步　法律的应对：'智能法理'课程建设与思考""将生命教育融入智能：'生命智能'课程的创立与实施"以及"'量子世界'中的科学精神及思政元素"主题报告。

上大出版社董事长戴骏豪介绍了如何服务人工智能系列通识课程的教材出版。2014年，从《大国方略》《大国方略课程直击》开始，系列课程教学团队就和出版社紧密合作，形成了"一课两书"的品牌效应，得到了各级重视、社会认可。

复旦大学高教所原所长熊庆年教授在《面向未来的大学生核心素养》的报告表示，核心课程就是塑造一个学生的基本素养的过程。未来的通识课程就是要让大学生具备这样的必备品格和关键能力。

华东师大教育信息技术学系主任顾小清教授的报告题为《关于智能教育博士通识课程的设计与思考》。她介绍了该校已开始实施的智能教育博士通识课程设计方案和探索思路。

中国高等教育学会大学素质教育研究分会副秘书长、海南师范大学通识教育中心主任董宇艳教授发表了题为《有灵魂的通识教育》的报告。她说，我们要尊重学生需求，文理融合，学科交叉，在广博的基础上求深度，将创新、创造融入通识教育。

上大马克思主义学院副院长焦成焕教授提出,要探索基于问题逻辑的思政课微课程在线教学模式,改进中加强高校思想政治理论课教育教学,真正让党的创新理论入眼、入耳、入心、入脑、入行。

通识教育育人理念和育人成果的推广,得到会议承办方之——超星集团的大力支持和帮助。超星集团教学设计总监、教师信息化教学培训专家赵玉霞介绍,短短两年,上大"人工智能"系列课程已被全国200多所高校3万多名学生修读,真正实现了跨校间优秀教学成果的推广与优质教学资源的共享。(王蔚)

"新民晚报"2020年11月17日

### 新时代的人工智能知识该如何传授?新时代人工智能通识教育全国教学研讨会在上海大学举行

近年来,人工智能作为一个新兴学科异军突起,在社会的各个领域都开始了人工智能的实践。但是人工智能知识的传授究竟该走专业化模式还是普及化模式呢?2020年11月12日,"人文与科技:第二届新时代人工智能通识教育全国教学研讨会"在上海大学召开,该研讨会旨在讨论如何打通各大学科门类,推进与人工智能相关的"新工科""新医科""新农科""新文科"建设。来自全国的专家学者围绕"新时代人工智能通识教育"展开了热烈研讨。

2018年春季学期起,上海市课程思政教学科研示范团队"顾骏团队"和上海高校思想政治理论课名师工作室——"顾晓英工作室"联袂策划,率先在上海大学的通识教育版图里首创"人工智能"系列课程。该课程以人工智能专业知识为载体,思政教育为"催化剂",把"培养什么人""怎样培养人""为谁培养人"无痕融入课程教学,给学生深度学习的场景体验和跨学科思维训练,在超星平台的帮助下,短短两年,上海大学"人工智能"系列课程已被全国200多所高校3万多名学生修读,真正实现了跨校间优秀教学成果的推广与优质教学资源的共享。

上海大学党委常委、副校长聂清在研讨会上指出,随着人工智能时代的到来,我国率先出台相关战略规划和战略方案。上海大学紧随国家步伐率先提出人工智能通识教育,这对于上海大学这样一个综合性大学来讲意义重大。上海大学的人工智能通识课程,从德智体美劳各层面对人工智能展开讨论,融合多学科交汇授课模式,真正意义上实现通识教育的理念。她建议人工智能系列课程不仅仅辐射本科教育,还可以考虑面向硕士和博士研究生,努力培养一代有想象力、有创新精神,有家国情怀的建设者和接班人。

上海市社会科学界联合会党组成员、副巡视员陈麟辉指出近年来随着人工智能推广带来政府政策催生及高校进行的一系列研究等,包括出台了政府的产业规划和推进相关学科建设的要求。面对人工智能的不断渗透,对待人工智能的态度,一是不过赞也不担忧,二是要保持一颗敬畏之心,三是平常之心坦然接受。人工智能不会威胁人类的生存与发展,恰恰相反,智能技术必然参与到社会的发展中去,推动人类社会的进步,更好地服务于人类。

上海大学出版社董事长戴骏豪社长介绍了如何服务人工智能系列通识课程的教材出版。2014年,从《大国方略》《大国方略课程直击》开始,系列课程教学团队就和出版社紧密合作,实现无缝对接深度融合、同向同行,形成了"一课两书"的品牌效应,得到了各级重视,社会认可。去年7月,上海大学"人工智能"系列课程丛书已签约国外知名出版商,推进通识课程思政教材走向世界,填补出版界的空白。

复旦大学高教所原所长熊庆年教授带来题"面向未来的大学生核心素养"的报告。他指出,高校通识教育的功能在于:用历史告诉未来,用文化浸润未来,用科学洞察未来,用艺术审视未来,更要用新的思维去前瞻未来、拥抱未来。未来人工智能给社会带来一系列的挑战,社会与哲学分支的变革是意义深远的,同时也隐含着巨大的威胁。上海大学率先开设的"人工智能"系列课程正是在面对着这一威胁,培养学生应对未来挑战的基本素养,指引学生找到自己人生的路,在未来不迷路。

中国高等教育学会大学素质教育研究分会副秘书长、海南师范大学通识教育中心主任董宇艳教授发表了题为"有灵魂的通识教育"的主旨报告。她肯定了上海大学"人工智能"系列课程所取得的成绩。她认为新时代的通识教育同样应是人文、人格和人生的教育,倡导做人第一、修业第二。我们要尊重学生需求,文理融合,学科交叉,在广博的基础上求深度,将创新、创造融入通识教育,对接国家战略,做到有灵魂有层次有前瞻,进一步把通识教育专业化,把专业教育通识化。

《上海科技报》2020年11月18日

### 新突破!上海大学8位教授入选2020全球"高被引科学家"名单

11月18日,科睿唯安发布了2020年全球"高被引科学家"名单,全球近60个国家的6 167位来自各领域的高被引科学家入榜。中国内地上榜科学家中,共有来自123所高校的621人入选。

上海大学2020年共有8位教授入选,主要分布在跨学科、化学、数学等学科领域,入选人数接近上一年度的3倍,位列内地高校第20位,上海高校第3位。

**2020上海大学全球"高被引科学家"名单**

吴明红教授针对环境有机复合污染组分复杂、毒性高、难降解、治理难度大等特点,长期从事有机污染物削减控制相关基础研究及工程应用开发工作。她通过对环境功能材料微结构的调控,成功开创了碳基复合材料在有机复合污染环境综合治理领域的应用。相关技术广泛应用于船舶工业、石油化工、煤化工等重要工业行业以及中国国际进口博览会等国家重大活动的有机污染治理工程。作为第一完成人获国家自然科学二等奖1项、中国工程院光华工程青年科技奖1项、上海市科技奖一等奖2项、二等奖3项;作为主要合作者获国家自然科学二等奖1项、广东省科学技术进步一等奖1项;获国家发明专利授权58项,出版专著2部;现以通讯作者或第一作者在 *Nature*、*Nature Chemistry*等国际学术刊物上发表论文200余篇,论文SCI他引18 000余次,H指数61。2008年、2015年分别入选俄罗斯工程院、俄罗斯自然科学院外籍院士,获国家杰青、长江学者,现任教育部"有机复合污染控制工程"重点实验室主任。

张久俊,教授,上海大学理学院/可持续能源研究院两院院长;加拿大皇家科学院院士、加拿大国家工程院院士、加拿大工程研究院院士、国际电化学会会士、英国皇家化学会会士、国际电化学能源科学院创始人、主席兼总裁;英属哥伦比亚大学、滑铁卢大学、中国北京大学、天津大学、中国科学院和巴西联邦玛瑞昂大学等18所大学和学术机构荣誉/兼职教授。从2014年起,连续6年选为全球高被引科学家之一,2014年至2016年被汤森-路透社评为"全球3000名最具影响力的科学家之一"。2018年被第四届国际电化学能源和技术大会(国际电化学能源科学院年会)授予终身成就奖。至今已发表科学技术论文报告500多篇,包括350多篇同行评审论文,论文他引40 000多次,H指数80,编著25本专著,43部书章节和190多场口头演讲,获16项美国及欧洲专利。张久俊教授现为知名国际丛书 *Electrochemical Energy Storage and Conversion*(CRC Press)主编,*Springer Nature* 期刊 *Electrochemical Energy Reviews* 主编,*KeAi Press* 期刊 *Green Energy & Environment* 副主编,及多个其他国际期刊的编委。

李常品,上海大学理学院数学系教授、博士生导师,中国数学会计算数学分会委员。2018年以来,连续三年入选科睿唯安"高被引科学家"。自2014年至今,连续入选Elsevier中国高被引学者数学榜单。2017年和2010年两次获上海市自然科学奖、2016年入选上海市优秀博士学位论文指导教师、2012年获分数阶微积分领域的黎曼-刘维尔理论文章奖、2011年获宝钢优秀教师奖。主要研究方向为分数阶偏微分方程数值解、分岔混沌的应用理论和计算。李常品及其合作者在SIAM和Chapman and Hall/CRC出版专著各1部,在World Scientific编辑专著1部;发表SCI论文140余篇,SCI他引4 000余次。主持国家自然科学基金、教育部留学回国人员科研启动基金、上海市教委科研创新重点项目等10多项,主持上海市教委本科重点课程建设项目等4项。是德国德古意特出版社系列丛书 *Fractional Calculus in Applied Sciences and Engineering* 的创始主编,是 *Applied Numerical Mathematics*,*Fractional Calculus and Applied Analysis*,*Journal of Nonlinear Science* 等多种国际SCI杂志的副主编或编委,是《上海大学学报(自然科学版)》编委。

潘全科,上海大学机电工程与自动化学院教授、博士生导师、教育部新世纪优秀人才、2014—2019年Elsevier中国高被引学者,上海市战略创新团队"智能运载群体协同与决策"主要成员。至今已发表科学技术论文报告200余篇,包括120篇SCI论文(ESI热点论文2篇,ESI高被引论文18篇),WoS他引7 000余次,H指数50,编著2本专著,获8项发明专利。获教育部自然科学奖一等奖一项。潘全科教授现担任 *Swarm and Evolutionary Computation* 等国际期刊编委、中国自动化学会过程控制专业委员会委员、中国仿真学会智能优化与调度专业委员会常务委员。研究方向包括:运筹优化;智能优化理论、方法与应用;复杂生产过程的建模、优化与调度;移动机器人路径规划、车辆路径优化理论与方法等。

彭晨,上海大学机电工程与自动化学院自动化系教授、博士生导师。国家百千万人才工程、有突出贡献中青年专家、上海市高校特聘教授、上海市优秀学术带头人、上海市"浦江人才计划"入选者,连续六年入选Elsevier中国高被引学者榜单。主要从事网络化控制、安全估计与控制、模糊控制、智能电网、火电能效优化等领域的科学研究和教学工作。担任IEEE PES智慧物流与控制分委会主席、中国自动化学会控制理论专委会/过程控制专委会委员、上海市电子电器技术协会副理事长等,IEEE Senior Member、美国数学学会《数学评论》评论员;是 *IEEE Transactions on Industrial Informatics*、*Information*

*Sciences* 等多个国际期刊的编委与客座编辑。发表/录用 SCI 源刊论文 150 余篇,其中:Automatica、IEEE 汇刊和 SIAM 论文 40 余篇、ESI 高引论文 17 篇,WoS 他引 3 900 余次,H 指数 48;出版了一本英文专著 *Communication and Control of Networked Complex Systems*(Springer 出版社,2015 年)、国内第一本网络控制系统专著《网络控制系统分析与综合》(科学技术出版社,2007 年),授权 13 项发明专利。主持 1 项国家重点研发计划、5 项国家自然科学基金(包含重点 1 项)、1 项工信部课题;获上海市自然科学奖二等奖 2 项(均排名 1)、中国自动化学会自然科学奖一等奖 1 项(排名 3)、江苏省科学技术进步二等奖 2 项(排名 3 与 5)、教育部高等学校自然科学奖二等奖 1 项(排名 4)。

施利毅,上海大学纳米中心教授,国家教育部材料复合及先进分散技术工程研究中心主任、上海新材料及应用协同创新中心主任、上海资源环境新材料及应用工程技术研究中心主任、上海大学(浙江嘉兴)新兴产业研究院院长。同时兼任上海市颗粒学会理事长、全国纳米标准化技术委员会委员。入选新世纪百千万人才工程国家级人才计划、上海市领军人才及上海市科委优秀学科带头人计划。荣获国家教育部科技司"十一五"高校科技管理先进工作者、上海市育才奖等称号;全国教育系统先进集体和上海市劳模集体主要负责人之一;上海市教育先锋号负责人。申请国家发明专利 400 余项(其中 200 多项专利已获授权)、国际发明专利 10 项;发表 SCI 收录论文 400 余篇,H 指数 66。研究开发的多种纳米功能材料实现规模化生产,并实现在锂离子电池、电工陶瓷、工程塑料、环境净化装置、先进涂料、特种薄膜等领域应用推广;先后获得 2 项上海市科技进步一等奖(均为第一完成人),以及省部级二等、三等科技奖励共 10 项。

张登松,博士,研究员,博士生导师,上海大学理学院副院长,上海大学催化化学国际合作联合实验室主任,国家优秀青年科学基金获得者,上海市科委青年科技启明星,上海市晨光学者,2018—2019 年连续两次入选 Elsevier 中国高被引学者榜单。现任中国化学会第三十届理事会理事、中国化学会奖励推荐委员会委员、中国化工学会化工新材料委员会委员、中国能源学会能源与环境专业委员会委员、中国稀土学会催化专业委员会委员、*Frontiers in Environmental Chemistry* 副主编、*Chemical Physics Impact* 高级编委、*ACS ES&T Engineering* 顾问编委、*Current Nanomaterials* 区域编委、《中国化学快报》青年编委。张登松研究员主要针对能源环境催化科学与技术开展了一系列开创性工作,特别是在氮氧化物催化净化技术、挥发性污染物催化消除技术等方面取得了一系列成绩,主持承担了国家科技部 973 计划前期研究专项、国家自然科学基金优秀青年科学基金、国家重点研发计划政府间/港澳台重点专项、国家重点研发项目(合作单位负责人)、国家自然科学基金石油化工联合基金、国家自然科学基金面上项目、上海市科委基础研究重点项目等 20 余项。已获授权国家发明专利 60 余项,以第一或通讯作者发表 170 余篇 SCI 论文,H 指数 66,有 39 篇论文入选 ESI 高被引论文,有 7 篇论文入选 ESI 热点论文。曾荣获上海市科技进步一等奖、上海市科技进步二等奖、上海市技术发明二等奖等多种奖项。

张新鹏,教授,国家杰出青年科学基金获得者,入选上海市优秀学术带头人、上海市曙光人才计划、上海市浦江人才计划、上海市"青年科技启明星"跟踪计划。主要研究多媒体信息安全、AI 安全、数字图像处理等。曾赴美国纽约州立大学宾汉顿分校访问一年,受德国洪堡基金会资助作为资深研究员赴德国康斯坦茨大学访问14个月。主持国家自然科学基金重点项目、国家863计划等科研项目40余项。发表论文近300篇,被引10 000余次,2014—2019年连续六年入选中国高被引学者(Most Cited Chinese Researchers)榜单。申请发明专利30余项,授权近20项。获上海市自然科学奖二等奖、中国电子学会自然科学奖二等奖、安徽省自然科学奖一等奖、国家级教学成果奖。担任中国图象图形学学会媒体取证与安全专委会副主任委员、《应用科学学报》副主编、*IEEE Trans. on Information Forensics and Security*(IEEE T-IFS)等国际学术期刊的Associate Editor、ACM IH&MMSec等国际学术会议的TPC Chair。

**关于"高被引科学家"**

全球"高被引科学家"名单,是由科睿唯安选取最近11年期间Web of Science核心合辑(SCIE,SSCI)中收录的科学及社会科学期刊高被引论文(highly cited papers)进行分析(高被引论文即在同年度、同学科领域中引文影响力排在前1‰的论文)。该名单的资料来源于InCites平台上的Essential Science Indicators(ESI)数据库,学科的分类采用ESI的21个按照划分期刊的大学科领域遴选。2018年起,高被引学者名录增加跨领域项目(Cross-Field Category),以表扬那些同时影响多个领域,但论文被引用次数在单一学科中较难以入选的研究人员。

为晨曦赶路追卓越、更上层楼创一流的上大人点个大大的赞!

"中国青年报"2020年11月20日

**上海大学博物馆举办三星堆特展**

11月21日,在上海大学博物馆"三星堆:人与神的世界"特展开幕式上,师生通过网络直播了解四川广汉三星堆祭祀坑发掘现场的进展情况。

当日,"三星堆:人与神的世界"特展在上海大学博物馆开幕。16件(套)展品和丰富的图文资料,展示了三星堆文明的青铜文化、玉文化、自然崇拜以及与古蜀文明又一发展高峰——金沙遗址的内在联系。上海大学将围绕此次展览举行多场学术讲座,并举办"考古工作坊""美术工作坊"等社教活动。

"新华网"2020年11月21日

**推动传统产业创新升级,上海大学这一中试基地落户临汾市襄汾县**

11月23日,从上海大学与临汾市政府在太原市举行的签约仪式传来消息,上海大学·省部共建高品质特殊钢冶金与制备国家重点实验室临汾市中试基地(以下简称"基地"),落地山西省临汾市襄汾县。

双方将聚焦绿色低碳、节能高效、循环经济等领域,发挥各自优势,助力钢铁、铸造和焦化等传统产业技术创新改造和优化升级,推动临汾转型发展。

据悉,上海大学·省部共建高品质特殊钢冶金与制备国家重点实验室由科技部批准设立,在特殊钢领域发挥基础科研、技术创新的作用,致力于推进冶金行业创新发展。

此次落地襄汾县的基地,包括富氢低碳冶炼热模拟系统中试基地、特种金属材料中试基地及能源梯度利用中试基地。自2019年起,襄汾县与上海大学对接基地建设,经过一年多的共同努力,终于成功落地。

氢冶金低碳冶炼技术是冶金学科的突破技术。据上海大学材料科学与工程学院教授张玉文介绍,此次基地筹建富氢低碳冶炼热模拟大科学装置,搭建低碳炼铁关键技术创新试验平台,旨在开发关键核心技术理论和工艺原型,攻关推进关键核心技术的成套化、装备化和产业化。

"基地将推进高炉富氢低碳冶炼技术从实验室基础研究到工业化应用,引领氢冶金低碳冶炼基础研究和工程化相关领域的前沿性研究。"张玉文说。

据悉,富氢低碳冶炼热模拟大科学装置建成后,将面向全世界开放,开展全方位国际合作,助力构建"制氢—氢储运—氢冶金"的完整产业链,推动能源革命。

人才是创新发展不可或缺的一环。在张玉文看来,基地的建设投用,还将吸引并培育一批人才。

临汾市委副书记、市长李云峰表示,中试基地在襄汾县落地,对临汾市推进能源革命、推动焦化钢铁等传统产业高端化智能化绿色化、提升产业链供应链现代化水平意义重大、影响深远。临汾市将坚持创新在现代化建设全局中的核心地位,打造一流营商环境和创新生态,为中试基地项目建设提供良好服务。

"襄汾县将以最大的诚意、最优的环境、最好的服务,为共建中试基地建设创造良好条件。"襄汾县委书记刘浩介绍称,近年来,襄汾县努力开创科技创新发展新局面,实施科技开放与合作工程,与知名高校、院所等开展产学研深度合作,以实现高质量发展。

签约仪式上,主办方同步举办了揭牌仪式。此次会议由上海大学与临汾市人民政府主办,上海大学材料学院、临汾市科技局、襄汾县人民政府承办,山西中升钢铁有限公司、山西恒源高岭土有限公司、太原市高新技术产业协会、山西省厦门商会协办。

"新华网"2020年11月23日

## 上海大学党委书记成旦红为本科生讲授思政课

为深入学习十九届五中全会精神,2020年11月10日晚上,上海大学思政课领导小组组长、党委书记成旦红教授走进"习近平新时代中国特色社会主义思想概论"课堂,为国家试点学院——上海大学钱伟长学院的170余名本科生讲授"青春之中国,走向伟大复兴"专题。本次课程采取"项链模式"教学。

成旦红围绕"中华民族伟大复兴的战略全局"和"世界百年未有之大变局"两个大局,以"变化"作为关键词,从学校(上海大学)的变化、家庭的变化、上海的变化、国家的变化、世界的变化五个层面,向同学们展示了自己的思考。他勉励同学们要时刻胸怀"两个大局"。成老师结合自己亲身经历,深情讲述新中国故事尤其是改革开放以来的故事、上海浦东开发开放30年的故事。他时而娓娓道来,时而风趣幽默,能脱口而出一组组数据,带给学生强烈共鸣。

成旦红强调,现在国际社会已经发生了非常大的变化,用一句话说就是毛主席讲的"风景这边独好"。我国新冠疫情防控这场人民战争取得了决定性的胜利,体现了中国的制度优势。当前,百年未有之大变局需要大家共同面对。中华民族的伟大复兴不是敲锣打鼓、轻轻松松就能实现的,需要有"中华儿女多奇志,敢叫日月换青天"的勇气。为此,他对同学们提出了三点希望,一是希望同学们要具有强烈的责任担当。对上大的各位同学来讲,老上大的一批批有志青年拯救民族于危亡之际,老上大培养了一大批我们的革命先行者,上海大学的所有同学都是这个红色的根上生发出来的芽、结出来的果,上海大学的每位同学都应该赓续红色基因,继承责任担当,国家的事、民族的事,就是上海大学所有同学的事。二是希望同学们要具有深厚的爱国情怀,钱伟长学院的同学更要传承好钱伟长老校长的爱国情怀,"国家的需要就是我的专业",这是钱伟长学院的学生应该有的一种特质、一种情怀。三是希望同学们要成为一流的人才,上海大学要创一流,国家试点学院的钱伟长学院学生更要追求卓越、争创一流。只有通过大家的共同努力,上海大学才有望早日建设成为世界一流大学。

在交流互动环节,一名学生向成老师提问:新生应当如何培养自己科研创新的思维、如何做好科研?成老师回应,首先要学会提出问题,要能提出问题必须要有深度的思考作为前提,要关注经济社会的发展。上海大学正全面推行全程导师制。这是培养学生创新意识与创新能力的有效举措。同学们可以跟随导师,加入研究团队,较快地找到今后进一步深化研究的方向。他鼓励钱伟长学院的学生充分用好学校学科门类齐全的优势,积极向导师、向学院、向学校寻求各种资源,努力使自己成为全面发展的拔尖创新人才。

校领导带头上好思政课是上海大学深入学习贯彻习近平总书记在学校思想政治理论课教师座谈会上重要讲话精神的切实举措,对深入推进上海大学思政课教学改革,全面提升思政课教学质量具有重要意义。

据悉,为落实上海市高校示范马克思主义学院工作会议暨"习近平新时代中国特色社会主义思想概论"课程建设会议精神,根据学校整体安排,上海大学马克思主义学院于2019年秋季学期起面向钱伟长学院本科新生首开"习近平新时代中国特色社会主义思想概论"课程。而今已是第二轮开课。该课程采取"项链模式"教学,即由马克思主义学院教师担任主持人,校内外、不同专业背景的名师学者、党政领导等担任授课嘉宾。

"中国社会科学网"2020年11月23日

**把握大趋势　下好先手棋——上海大学以科研反哺本科教学　"量子世界"课程培养学生创新思维**

量子力学是人类探究微观世界的重大成果。量子科技发展具有重大科学意义和战略价值,是一项对传统技术体系产生冲击、进行重构的重大颠覆性技术创新,将引领新一轮科技革命和产业变革方向。连日来,上海大学理学院深入学习习近平总书记在中央政治局第二十四次集体学习时发表的关于量子科技的重要讲话精神,就量子科技研究和人才培养等作出全面部署,打出一系列组合拳。

什么是量子高科技?中国科技工作者取得了哪些具有国际影响力的重大创新成果?秋季学期,上海大学"量子世界"课程,描绘国际量子科研版图,讲述中国国家顶层设计与前沿布局,讲解相关量子科技的创新思想与技术方法,为学校不同年级不同专业本科生带来了高新科技前沿大餐。

2018年秋季学期,"量子世界"由上海大学顾骏和顾晓英"双顾组合"策划,理学院教授、博士生导师陈玺担任课程负责人。这是一门理工类通选课,伴随着上海大学人工智能系列课程而开设。这也是上海大学"育才大工科"系列课程之一。课程师资队伍强大，文理交融。首轮开课，课程即得到媒体关注，更得到学生喜爱。在期末大类评教中，学生满意度在数百门通识类课程中位居前列。而今，本课程又被列入上海市课程思政精品领航课。服务新工科，积极开展课程思政，"量子世界"课程旨在讲述中国新时代量子科技创新故事，介绍国际量子前沿技术，注重价值引领，激励学生深入理解量子科技发展具有的重大科学意义和战略价值，激发学生积累为实现中国梦而必须学习的科学前沿知识，深厚涵养报效国家的科学精神，激发学生产生今后从事高新科技研究的数理兴趣，锤炼本领，以期作出青春贡献。

2020年秋季学期，团队几经集体备课，再三打磨内容，再度开设课程。本轮课程，教师在介绍量子力学的理论演进和重要观点时，更多采用了"拟人化"和"具象化"原则，通过具体的人物、事件、实验和方法等材料，让科学理论具有人文形态，方便不同专业、不同年级的学生理解与接受。

首次课程，理学院副院长陈玺教授会同张永平、陆杰、李征鸿等理学院物理系青年骨干教师，联袂团队授课。上海大学教务部顾晓英老师如期到课。她介绍了"量子世界"课程秉承上海大学"大国方略"系列课程的建设思路，沿用"项链模式"教学法。这也是学校"育才大工科"系列课程之一。课程负责人陈玺教授在线讲授第一课"量子世界如何颠倒众生"。他在展现经验世界与量子世界差异的同时，引入哲学思考，激发学生发现和思考问题。他既援引哥本哈根精神，讲述了外国科学家们的智力活动、涉险精神、深奥研究内容与快活乐天主义，期待学生学习我国老一辈科学家们对待科学的强大热情，胸怀为国家发展努力科学创新的奋斗抱负。他鼓励一年级的学生，打好数理基础，打开脑洞。"量子世界"教学团队的青年教师陆杰老师和李征鸿老师在互动环节给同学补充了"芝诺乌龟""拉普拉斯兽""麦克斯韦妖"等量子相关知识，意在揭示思维实验背后蕴藏的认识世界的哲学原理，开启学生思维能力，引领学生思考。

"量子世界"课程不只是传授理论知识，讲述量子力学发展史，更重要的是讲好中国量子科技发展的故事，给予学生科学探索、思想方法的启迪。第三课，张永平教授以"月亮可以随'他说'吗？"为题，生动形象地向学生讲述了量子不确定性从何而来，在这不确定的基础上如何测量，量子是如何过渡到经典粒子，以及不同的测量方式对观测的结果会有如何的影响等。学生最大获益是懂得世界是不确定的，日常生活中所感知到的世界，并非世界的全部，奠基于牛顿力学基础上的现有理论，不足以解释真个宇宙，了解量子力学不但为了认识不能用经验感知的世界，更为了通过理论思考、实验论证和技术再现，把握原本无法感知的世界，从而在世界观、认识论和科学精神上得到新的提升。

第四课，陈玺教授线上开场。他指出，量子力学是20世纪重要的物理理论，极具魅力。量子科技包括量子计算、量子传感、量子通信是一项重大颠覆性技术创新，在量子化学、材料设计、药物合成、组合优化等方面具有重要的意义。量子理论和物理学史研究专家、复旦大学教授施郁应邀担任嘉宾来到课堂。

2020级新生刘承晟在课程反馈中写道，"学习了'量子世界'课程，我学到了用概率去看世界的眼光，了解了测不准并不是真的测不准。知道了中外伟大的科学家对于物理对于他们研究事业的执着，体会到了实验室可以是多么伟大，是多么的令人向往。这并不是因为它有多么高超的设备,也不是它曾培养过谁而伟大,而是因为实验室里的科学家对于科学的热情"。同学们表示,在"量子世界"课堂上,他们遇到的是一群热爱物理的老师,他们对于物理的热情,不只是应试获取高分,而是对于物理的挚爱,渴望引领青年学子跟随着去探索,去发现未知,勇敢地去追赶,去超越。

习近平总书记指出:"重大发明创造、颠覆性技术创新关键在人才。要加快量子科技领域人才培养力度,加快培养一批量子科技领域的高精尖人才,建立适应量子科技发展的专门培养计划,打造体系化、高层次量子科技人才培养平台。""量子世界"课程就是一种探索和尝试,希望在对非物理专业的学生系统教授量子理论知识的同时,让学生理解量子思维的意义,理解中国量子技术发展的重要性,激发从事量子高新技术研究与学习的潜在兴趣,而后续的课程和学科交叉奠定基础。

在团队讲授"量子世界"课程的同时,上海大学理学院召开专题会议和科普报告,深入学习领会习近平总书记讲话精神。校党委常委、统战部部长、教师工作部部长曹为民、理学院党委书记盛万成、党委副书记陈然、理学院副院长陈玺、物理系主任蔡传兵等参加相关活动。

作为全国党建工作标杆院系,理学院党委行政党支部进行专题组织生活暨联组学习在上海大学量子人工智能科学技术中心(QuArtist)举行。支部成员通过学习深刻认识到当今世界正经历百年未有之大变局,科技创新是其中一个关键变量。陈玺在线讲述了《量子计算的现在与未来》。在学习交流中,大家纷纷表示要领会习近平在中央政治局第二十四次集体学习时的讲话精神,要于危机中育先机、于变局中开新局,必须向科技创新要答案。要充分认识,加强量子科技发展战略谋划和系统布局,把握大趋势,下好先手棋。

"中国社会科学网"2020 年 11 月 23 日

### 上海大学上海电影学院党委:发挥艺术学科优势,活学"四史"求实效

自"四史"学习教育启动以来,上海大学上海电影学院党委按照学校统一部署安排,把开展"四史"学习教育作为建立不忘初心、牢记使命长效机制的重要内容抓实抓好,通过融入日常、抓住节点、创新形式营造浓厚的学习氛围。在根据工作提示完成各项规定动作之外,充分发挥学科专业特色,结合校史工程建设,通过"品电影、讲电影、创作品"三种方式探索艺术创作实践思政,推出 1 门"红色传承"系列课程、2 堂学生自编自导自演"行走的党史课堂"、2 部舞台剧、12 部"四史精品电影"赏析推介、21 个校史剧本故事等一批形式丰富的文艺作品,用专业讲活"四史"故事,全体师生在开展艺术创作实践中知党史、明初心。

**一、品电影,在"四史"精品电影赏析中知史爱党**

学院组织学生积极参与"暑期红色电影月"活动,结合专业展开"红色"电影影评、电影海报制作及经典电影配音征集活动,电影学子纷纷用文字和声音学习红色历史,"声"临其境感受荣光岁月。

学院影视艺术系教工党支部发挥党支部战斗堡垒作用,在支部书记张斌教授带领下开展"'四史'精品电影推荐"系列学习活动,党员学术骨干们精心挑选《开天辟地》《遵义

会议》《建党伟业》《开国大典》《青春之歌》《老阿姨》《出山》《十八个手印》《中国合伙人》《焦裕禄》《十八洞村》《我和我的祖国》等十二部优秀国产电影，掀起了一股"四史"电影学习热潮，通过电影简介和精辟专业的影评带领师生重温这一系列优秀的电影艺术作品，增强了师生党员对党史国情的深刻理解。

## 二、讲电影，在光影故事传播中知史爱国

作为学校"一院一大课"之"红色传承"系列课程思政组成单位，学院以"四史"学习教育为契机，总结"光影中国"德艺双馨讲坛品牌活动经验，深入挖掘思政内涵，大力推进"光影中国"课程思政建设工作，集结3位教授、2位副教授主讲，获批2020年度上海高校重点建设课程。课程通过十个专题展示不同的"个体梦"与"中国梦"的故事，直观反映中国在政治、经济、文化以及精神面貌上的巨大变化，表现一个拥有五千年文化底蕴的大国的迅速崛起与当代魅力，以及民族复兴的"中国梦"，全面培养提升学生的艺术人文素养和爱国主义情怀。

学生党支部充分利用新媒体信息技术手段，以"宣传微团队""SFA朗读室""FM红色声音馆""网络思政"线上打卡等党建项目为平台，在线上分享青年党员学习"四史"的感悟和成果，以青年学生喜闻乐见的形式开展"四史"的学习和宣讲。疫情期间，"我的电影党课"宣讲团坚持线上集体备课、线上开讲。团队还将往期电影党课课件进行梳理提炼形成"我的电影党课"课程库，并走进机自学院党校办学点、天目西路街道党建服务中心等展开宣讲，使得更多的校内外青年人在光影故事传播中知史爱国。

## 三、创作品，在艺术实践浸润中坚定前行

师生即演员、即主创，观演、拍摄即受教，学院诸多师生参与创作主题艺术作品创作，积极发挥文化育人作用，同时推进大学内涵建设，凝心聚力，助推学校新一轮的发展。

学院积极推动以老上大历史为蓝本的《红色学府》舞台剧的排演和再创作工作，以及《钱伟长》大师剧两部"重量级"舞台剧。2020年10月，由学院青年党员教师孙逊导演和学院师生主创的校史剧《红色学府》再次出发，在宝山校区伟长楼连演两场，该剧通过探寻"红色学府"的前世今生，感悟新老上大跨越时空的精神传承，激励广大师生让初心薪火相传，把使命勇担在肩，现场观看人数近两千人次。同时，由青年教师刘亚囡担任导演及编剧的"大师系列校园剧"——《钱伟长》也在紧锣密鼓地筹备中，弘扬钱伟长校长的家国情怀和治校理念，践行钱伟长教育思想。学院青年教师孙逊、谷京盛、吴笑带领学生在新渔阳里——中国社会主义青年团中央机关旧址纪念馆进行"沉浸式"演出的大型原创朗诵剧《渔阳薪火》，向中国共产党建党一百周年隆重献礼。学院还在广大学生中发起了系列创作活动，包括校史主题剧本创作征集活动、行走中的党史课堂创作、"讲述中国、见证历史"社会实践系列活动，涌现出校史剧本《梅兰竹菊》《信》《筑坝》等优秀作品，充分展示了学生在学习历史、感悟历史中的主观能动性，在红色基因的传承中坚定前行。

在学院党政领导班子的带领下，学院师生将"四史"学习成效"输出"为干事创业的实际行动。学科带头人和学术骨干们组建团队并成立临时党支部，由执行院长何小青担任临时党支部书记，围绕MFA艺术专业硕士点的复评工作、戏剧与影视学学科评估工作奋力冲刺，其中MFA艺术专业硕士点已顺利通过复评。2019年，学院数字媒体技术专业获批"双万"建设专业，在不断优化该专业建设、提升人才培养质量同时，积极

推进广播电视编导专业和动画专业的"双万"专业申报建设工作。为健全"三全育人"体系,落实立德树人根本任务,提升专业教师的育人意识和育德能力,积极推动学院全程导师制工作。

百舸争流,奋楫者先。今年是上海大学上海电影学院成立五周年,学院全体师生将"四史"学习教育转化为前行的动力,再一次出发,坚守"为电影未来齐聚于此"的信念,齐心协力,共同奋斗,积极迎战第五轮学科评估,统筹推进今年各项重点工作,争当晨曦中的赶路人,更上层楼的攀登者,追卓越、创一流,以奋进之笔,书写一流上大新篇章!

"东方网"2020年11月23日

**龚正市长调研上海大学、哔哩哔哩,全力做强创新引擎,支持在线新经济发展**

上海市委副书记、市长龚正今天(24日)调研科技及产业创新工作时指出,要深入贯彻落实习近平总书记考察上海和在浦东开发开放30周年庆祝大会上的重要讲话精神,按照市委的部署,着力强化创新策源能力,不断优化创新创业生态环境,以创新赋能产业升级,为构筑城市发展战略新优势作出更大贡献。

下午,龚正一行来到上海大学无人艇工程研究院,察看上大团队研发的"精海"系列无人艇,听取人工智能与海洋装备融合创新的成果。随后,龚正前往上海大学省部共建高品质特殊钢冶金与制备国家重点实验室,详细了解关键零部件特种钢材的研发制造。龚正指出,要全力做强创新引擎,持续打造自主创新新高地,希望上大进一步发挥人才集聚的优势,营造产学研用结合的创新体系,促进产业链创新链深度融合。市领导还走进钱伟长图书馆,察看校史馆,了解学校办学发展历程。

位于杨浦区的哔哩哔哩公司,已经发展成综合视频社区领域的领头企业。龚正一行察看公司公共空间,听取公司发展的介绍。得知公司正在全力打造优质内容生态系统,积极出品和推广国产原创作品,龚正指出,上海大力支持在线新经济等新业态新模式发展,推动数字产业化和产业数字化,希望哔哩哔哩加大创新力度,实现快速成长。我们将持续优化营商环境,促进创新型企业更好发展。

"上观新闻"2020年11月24日

**2020年全国劳动模范和先进工作者名单**

(上略)

陈立群　上海大学力学与工程科学学院教授

(下略)

《人民日报》2020年11月25日

**2020年全国劳动模范和先进工作者名单**

(上略)

陈立群　上海大学力学与工程科学学院教授

(下略)

《光明日报》2020年11月25日

**未雨绸缪400份问卷"梳"出十个风控点,细解上海大学"内控"全覆盖**

新教师报到、师生出国申请、毕业生离校,要携带纸质流程单到多个部门盖章签字、有时还需经历一定时长的等待……这是不少大学日常场景。

如今,这种状况在上海大学正在逐渐改变。近年来,学校在内控建设过程中,通过推进"一网通办一网统管"工作,简化师生业务流程,利用学校统一数据平台、电子印章,实现师生出国网上智能流程申请、新生网上迎新、新教师云报到、毕业生云离校、财务网上报销,教师业绩考核20多个指标数据一键出结果等。例如,通过流程优化,以自动化、数字化、服务化、智能化为支撑,离校办理从25个事项简化到15个事项,原则上实现"最多跑一次,不见面都能办理"。

小小流程改进,如此大费精力,而这,是上海大学近年来全面推进高校内部控制建设的一部分。近年来,上大稳步推进内控体系建设、不断提升大学治理能力。在内控建设中,提出"搭(制度)""梳(流程)""堵(风险)",逐步破解管理痛点和难点。"要让师生有获得感,既要规范安全、又要简便高效。"主抓内控建设的校党委书记成旦红、校长刘昌胜说。

5月21日,上海大学内控体系建设启动大会,上大内部控制领导小组组长、校党委书记成旦红做动员讲话。

**未雨绸缪,400份问卷"梳"出十个风控点**

说起大学,许多人知道教学、科研的重要性,而高校内部控制,同样是建设高校现代治理体系的核心内容。

"我们的基本理念是,'内控为本,绩效为道',狭义来说,是为了大学所有经济行为更有绩效,"上海大学党委常委、总会计师苟燕楠说,"广义上说,不仅限于管好大学的'一本账'"。

内部控制既是实现强基固本、防范风险的重要途径,也是提高学校管理水平、提升大学治理效能的重要措施。近年来,上海大学不断推进内控体系建设,包含"五位一体"。一是"制度",制度建设合规、制度执行有力;二是"流程",通过流程优化、流程再造,实现流程顺畅高效;三是"风控",做好风险排摸、风险管理、风险应对,扎牢风险防控篱笆墙;四是"服务",做好为师生的精细化服务,提高师生的获得感和满意度;五是"信息化",通过信息化赋能内控建设、使内控成果得以固化。

11月25日,上海大学内部控制领导小组组长、校党委副书记、校长刘昌胜,上海大学内部控制工作小组组长、校党委常委、总会计师苟燕楠听取内控工作汇报。

学校引入第三方机构,在发放400余份问卷基础上,进一步统计分析出大学运行中,应该未雨绸缪的"风控点"。同时,考虑风险对未来的影响,最终形成前十类风险:关键岗位人员管理风险、内部管理制度风险、合同订立风险、工程立项风险、工程建设风险、信息化标准化风险、预算绩效管理风险、固定资产管理风险、无形资产管理风险、供应商管理风险……敏感点——细"梳",看得出内控不玩虚的。

风险控制,不仅仅是学校职能部处的事,也对各二级学院提出新要求:一套系统健全的治理模式、一套简明完善的制度体系、一套高效规范的业务流程、一套实用有效的风险应对机制、一套科学合理的评估和改进机制。

问题来了。有的学院知道内控很重要,但是基层人员不乏担忧:会不会影响效率?多了"条条框框"以后做事麻烦怎么办?思想未统一,内控难以扎实推下去。为此,学校召开咨询会,明确"内控不会影响绩效,反而能在守住底线基础上,释放活力,提高效率"。在苟燕楠看来,二级院系做事的最大阻碍,不是"我不让你做",而是"你不明白哪些可以做哪些不可以做"。最终,一份更明确的"风控清单"让许多人放下纠结。

**采购体系建设"全金额",还能帮省钱**

昨天下午,上海大学无人艇课题组汇报科研进度。校长鼓励他们大胆探索。几位专家笑着说,"科研上我们大胆,内控上我们小心。"有体系、有规则、有意识,正好轻装上阵。

以采购、招标、基建等领域为例,从1万元到上百万元,全部有相应采购标准,全过程管理。上海大学内部控制工作小组成员、审计处处长尹应凯介绍,通过提高采购效率,优化采购流程,构建集多种采购类别、多种采购方式为一体的采购制度和流程体系,包括政府采购限额标准以上的公开招标、邀请招标、竞争性谈判、竞争性磋商、单一来源采购、询价以及政府采购限额标准以下的自主采购,从而实现各个采购金额都有相应采购方式的全金额采购。

为破解高校自主采购方式和手段匮乏的难点和痛点,学校设立了货物服务快速采购、工程比价采购、工程比选采购、零星采购等多种采购方式。其中10—50万元的快速采购平台(上大迅采),充分吸收法规实质形成合理规则,计算机智能评审和用户老师初选结合,大大简化采购流程、缩短采购周期,并充分尊重和保障科研人员的采购自主权,在防疫形势下,可实现"不见面,云采购"。10万以下的货物服务零星采购,推出了富有上大特色的多元电商平台,以提高师生采购便利性和体验度。

例如,上大慧采满足了广大师生对办公用品和耗材的采购需求,在校师生可享受大客户协议价,由学校采招办与财务处按月统一与电商结算,老师可免除自行财务报销环节。

**盘活资产管理,定额使用多退少补**

"部分学院有超定额用房的情况,本年度,已退出超定额用房1 300平方使用面积;部分学院因为集约用房,会拿到补贴。"

这段短短文字的背后,是上海大学在房产资源管理中,梳理全校各教学科研单位(如学院、科研机构等)的用房情况,制定《上海大学教学科研单位超定额用房收费管理办法》,该方案在保障基本用房的基础上,集中有限房源,重点支持教学用房和重点学者、重点团队、重点项目用房。

这一管理办法用定额评估法重点评估各单位科研用房的使用绩效情况,旨在紧紧围绕用房绩效这个核心,促进房屋资源流转、盘活学校房屋资源,优先保障学校事业发展的重大战略和重点改革。

今年上半年,学校成立由校长刘昌胜院士任主任的国有资产管理委员会,统一领导学校国有资产监督管理工作,统一梳理各归口资产管理部门的职责,以"规划—预算—采购—运行—维护—处置"全生命周期开展国有资产管理,修订形成了《上海大学国有资产管理办法》。

接下来,各归口资产管理部门,将在《上海大学国有资产管理办法》的框架下,分别按照全方位、全过程、全覆盖的制度建设的要求,完善归口资产管理的实施细则,用好流量,盘活存量,让已经形成的资产最大限度地发挥绩效。

作为与建设双一流高校相匹配的高效内控体系,上海大学正在做的是1.0版本。学校上下已达成共识,内控建设是一个不断在路上的过程,需要不断更新和迭代,未来还将不断提升。

"上观新闻"2020年11月26日

**环上大科技园正式开园**

本报讯 位于宝山区临港城工科技绿洲的环上大科技园昨天正式开园。首批3个产业技术研究院、8家企业、8个重点转化项目入驻。环上大科技园的开园,是宝山建设上海科创中心主阵地的重要举措。其功能定位,是有效推动上海大学和宝山区产学研高效联动,以营造良好创业创新生态为着力点,强化科技成果转化、科技企业孵化、科技人才培养、集聚辐射带动等核心功能承载区。(周楠)

《解放日报》2020年12月1日

**环上大科技园:力争五年育千家科技型企业**

昨天上午,环上大科技园正式开园,首批3家产业技术研究院、8家企业、8个重点转化项目入驻。到2025年,该园区将力争转化200个上海大学科技成果,培育1 000家科技型企业。环上大科技园规划面积57平方公里,以宝山区大场镇、城市工业园、南大生态智慧城为核心区。通过辐射带动,逐步拓展至北上海生物医药产业园、机器人产业园等特色产业园区以及吴淞创新城等重大板块。作为运营平台,上海环上大科技发展有限公司也于当天成立,将不断挖掘符合产业导向和市场需求的创新项目,推动成果转化和企业孵化。当前,上海正全力做强创新引擎,打造自主创新新高地。其关键正在于提高科研成果转化率。截至去年末,全市共有13个国家大学科技园,占全国总量的11%;累计培育了100家科技小巨人企业、539家高新技术企业和66家上市企业。宝山区委书记陈杰认为,大学科技园想要进一步提升创新能级,就要打造园林式的创新生态系统。这个丰富的生态系统中,不仅需要科创企业、众创空间,同时也需要孵化器、加速器等各类创新载体。通过不断提高"创新浓度",进一步强化科技创新"磁效应"和"场效应"。在全市各类大学科技园区中,环上大科技园如何找准自身独特优势?宝山区副区长陈尧水认为,其优势在于独一无二的地缘条件以及宝山区在制造业方面的特长。未来的科技创新竞争将集中体现在"集群竞争"这一层面。环上大科技园将立足长三角,加强与兄弟省市高校、科研院所间的互联互通,重点围绕石墨烯、新能源、先进功能材料、人工智能、生物医药等领域,推动产业发展和学科水平双提升。为吸引集聚优秀人才和企业,开园仪式现场发布了专项政策,包括项目转移转化、高端人才引进、创投基金设立、研发机构建设等十大方面。专项政策在人才激励方面亮出了不少硬核举措。譬如,"支持高校院所提取科技成果转化净收入一定比例用于技术转移机构建设和人员奖励"。上海大学也在科技成果转化方面推出新举措,包括对科技成果完成团队和转化团队的奖励比例从70%提高到90%等。环上大科技园对创新主体的赋权激励还体现在对国有企业的考核机制改革方面。专项政策指出,"对相关区属国有企业加快相关区域内所属地块转型而发生的有关费用,经认定后在考核中视同于利润",以此助力构建更宽松的环境,激励科研创新。(王嘉旖)

《文汇报》2020 年 12 月 1 日

### 瞭望|地方高校如何逆袭世界一流大学——专访中国科学院院士、上海大学校长刘昌胜

一流城市孕育一流教育,一流教育成就一流城市。

地处上海,具有鲜明红色印记的上海大学,在新时代吹响了"追卓越、创一流"的冲锋号,向着建成世界一流、特色鲜明综合性研究型大学的目标坚定前行。

这一雄心壮志如何实现?日前,《瞭望》新闻周刊记者就有关问题采访了中国科学院院士,上海大学党委副书记、校长刘昌胜。

**培养一流人才　赓续红色基因**

《瞭望》:培养一流人才是一流大学的基本使命和核心职责,也是新时代高等教育向内涵发展的核心标准,上海大学近年来在培养一流人才尤其是一流本科生上有哪些关键举措?

刘昌胜:上海大学坚持把立德树人作为人才培养的中心环节,努力让学生成为德才兼备的一流人才。

在立德方面,我们把思想政治教育贯穿人才培养全过程。2014 年,上海大学深化思想政治理论课教学改革,用全国首创的"项链模式"率先创设大国方略通识课,给学生一双眼睛看懂中国,引导学生正确认识世界和中国发展大势,培养学生坚定大国自信,受到学生喜爱,思政课因此成为网红课,上大也被誉为"中国系列"思政课的策源地。在 2016 年举行的全国高校思想政治工作会议上,时任校长金东寒院士还就上大经验作了主题汇报。

六年多来,大国方略系列课程不断推陈出新,创新中国、时代音画、经国济民、中国记忆、体育中国等课程使党的创新理论第一时间进入课堂主渠道。大国方略系列课程的成功,不仅带动更多专业课教师深度挖掘课程思政元素,还使各类课程与思政课同向而行,形成协同育人效应。

在育才方面,早在 1994 年,新上海大学合并组建之初就按钱伟长老校长的教育思想,在全国率先探索本科生导师制。经过 20 多年发展,我校有本科生的 25 个院系都实施了不同形式的本科生导师制,包括学业导师、学术导师、科创导师、职业生涯导师、人生导师等多种类型。目前,学校正在深入推进本科生全程导师制改革,使这项制度继续走在全国前列。

近年,学校又聚焦培养全面发展的卓越创新人才,制定了《关于推进上海大学一流本科专业建设的指导意见》,深入实施教育部六卓越一拔尖计划,还建立起专业动态调整机制,进一步深化教育教学体制机制创新。

为树牢巩固人才培养中心地位,今年 10 月底我们还召开了本科教育大会,深入分析了新时代学校本科教育面临的新机遇和新挑战,明确了相关任务、举措和保障措施,同时配套制定了推进学校本科教育的一揽子政策。

《瞭望》：上海是党的诞生地，上海大学也有鲜明的红色印记，学校如何将红色基因深植师生心中，使之成为学校争创一流的内生动力？

刘昌胜：无论是老上大"养成建国人才，促进文化事业"的办学宗旨，还是新上大"自强不息；先天下之忧而忧，后天下之乐而乐"的校训精神，红色基因都是跨越时空、一脉相承的，学校也始终把赓续红色基因作为历史使命和时代责任。

近年来，学校聚焦"中国共产党与百年上大""红色学府与红色文化"等主题，全面挖掘校史中的红色资源，以及学校人才培养和服务国家战略的厚重底蕴，增强师生光荣感、使命感。与此同时还发起成立上海红色文化研究院、全国红色文化战略联盟等，为师生搭建研究红色基因和革命历史的重要平台。

学校为激发师生把爱国热情转化为服务国家和社会的精神动力，还围绕"爱国的情怀、高远的志向、创新的锐气"，实施爱国主义教育方案，探索形成了具有上大特色的"四史"学习教育机制。这一机制将党史、新中国史、改革开放史、社会主义发展史学习教育贯穿到"讲述中国，见证历史"、《红色传承》创作、讲述"上大故事"等文化育人工程中，让学生感受和汲取红色基因中的养分和力量。

五年来，学校共有62名学生参加志愿服务西部计划及研究生支教团，435名学生应征入伍，其中涌现出上海高校基层就业典型人物吴胜男、山东省临沂市十佳大学生村官邵珠学等楷模，还有越来越多的学生奔赴攻克"卡脖子"技术的关键领域就业，或投身更加需要优秀人才的边远艰苦地区发光发热。

**促动产出原创性成果　抢占科技创新话语权**

《瞭望》：放眼世界一流大学，都有一个重要标志，那就是拥有一流的学科和研究成果，上大要攀登世界一流大学，在促进原创性科研成果产出方面有何思路和实践？

刘昌胜：我们强烈感受到，在实现中华民族伟大复兴的征程中，高校要增强科技创新的紧迫感和使命感，尤其要在促进原创性成果更多涌现、破除"卡脖子"关键技术上担负更重要的使命。

我们站在战略高度优化原有的学科和科研布局，同时加快解决制约科技创新发展的关键问题，为科研人员潜心研究提供良好制度保障。

比如，学校坚持需求导向和问题导向，建设了医学与人文社会科学研究院、文化遗产保护研究院、基层治理创新研究院等交叉学科研究平台，同时建立交叉学科学位分委会和交叉学科评议组，为聚力形成相关领域学科"高峰"打下了坚实基础。

再比如，学校构建起多元多层次人才评价体系，让各类人才选择适合自己发展的"赛道"。早在十年前，学校就明确实验室的高级实验总监岗位等同于正高级职称，如今这一人才分类评价已覆盖更多方面。同时，学校明确卓越导向，对高产出实行强激励；突出包括代表性成果等在内的贡献度评价，让有贡献、有成就的人真正有荣誉感、获得感，破除高校评价人才的唯论文、唯帽子问题。

通过这些改革，上海大学近年涌现出一批亮眼的科技成果。比如孙晋良院士团队研发的碳/碳复合材料配套多个型号的国防装备，在庆祝中华人民共和国成立70周年阅兵式上接受检阅；吴明红教授团队的石墨烯材料相关成果发表在《自然》杂志（Nature），获得国家自然科学奖二等奖，并成功应用于湖南韶山毛主席故居河道修复、大气污染治理示范工程;无人艇团队研制的"精海系列"无人艇服务国家海洋战略和国防建设,近五年获得四项国家科学技术奖等等。

《瞭望》:我们知道,科技期刊是呈现高校科技成果的重要载体,早在2003年上海大学就在全国高校中率先成立期刊社,近年还提出"要为一流学术高地打造一流期刊",这背后有着怎样的考虑?

刘昌胜:我们认为,顶级科研期刊一定程度上体现了学术话语权,也会影响科研人员对国际学术前沿的认知。可以说,一本重要科技期刊的国际影响力一定程度上反映了该领域的国家科技竞争力。一个科技强国必然要拥有一批顶级科技期刊,我们必须"造船"出海,把科技创新话语权更多掌握在自己手中。

《瞭望》:高校办学术期刊普遍存在定位重叠、同质化严重、高成本、低效率和小、散、弱等问题,上海大学却能在里面脱颖而出,有5种期刊被国际三大检索收录,2种进入影响因子最高的Q1区,其中的秘诀是什么?

刘昌胜:诚然,高校要办好高水平的科技期刊是个很大的挑战,但是我们通过集约化管理克服小、散、弱的弊端,在做大中逐渐做强、做特、做优,走出了一条高校学术期刊可持续发展的路径。

具体而言有三大突出措施。一是推进国际化建设,如建设国际化编委会,制定编委会章程,创办具有国际一流学术价值的新刊等;二是加强专业化建设,将部分大众型、综合型、应用型期刊转型为学术型、专业型期刊,提升专业办刊水平和能力;三是实施数字化建设,研发期刊集群化智能管理系统,对各类刊物进行多元融合富媒体出版,按需出版等。

我们认为,当越来越多优秀科研成果率先在中国本土期刊发表,就必然会增强本土化学术评价体系的国际影响力,这也将有助于本土期刊发展形成良性生态。

《瞭望》:未来在打造顶级科技期刊上上大有什么打算?

刘昌胜:下一步,上海大学将在提高现有期刊国际影响力、能见度的同时,抢抓新兴交叉学科发展的战略机遇,在科技期刊尚未覆盖的空白领域率先抢占制高点,做到人无我有,形成先发优势。

**打造服务长三角一体化的优质"外脑"**

《瞭望》:一流大学往往连接着一流的社会服务,2017年1月教育部等部门就把社会服务作为一流大学的遴选维度之一,上海大学攀登一流大学中打算在社会服务方面有哪些突出作为?

刘昌胜:上海大学是上海市属、国家211工程重点建设的综合性大学,是教育部与上海市人民政府共建高校,教育部"双一流"建设高校,上海市首批高水平地方高校建设试点,天然承担着服务上海,辐射长三角的职能。学校在推进长三角合作方面也具有良好的基础,有一批科研人才、研究项目、人才培养基地。

比如,近年来,学校对接区域需求,协同打造了一些创新创业与成果转化特色平台,目前已在温州、绍兴、无锡等地建立11个地方研究院/研究基地,促进科技成果产业化、服务区域经济发展转型升级。

再比如,温州市属的温州市中心医院、温州市人民医院、温州市中西医结合医院三家三级甲等医院成为上海大学附属医院,是校地深度合作打造高水平区域医学中心的重要举措。

此外,由学校牵头的工业污染源挥发性有机物治理关键材料研制及工程应用相关核心技术,已成为相关企业的标志性示范工程。同时,由学校材料科学与工程学院"高性能结构功能材料超常冶金与制备"团队研制的高强高导铜铬锆合金技术已完成转让,并投入实际使用,打破了国外对此技术的长期垄断。

面向未来,我们要继续全力做强创新引擎,持续打造自主创新新高地,进一步发挥人才集聚的优势,营造产学研用结合的创新体系,促进产业链创新链深度融合。

近年来,学校还发挥高校干部人才资源优势,鼓励干部走出去、干起来。过去五年间,我们先后向苏浙等地输送挂职干部近50名,他们在当地推动建设产业研究院和技术转移中心,对接地方需求,为地方产业结构调整和转型升级提供了技术支撑,一些干部在挂职结束后还主动与当地建立长期产学研合作关系,成为服务地方发展的"外脑"。

学校也主动打开大门,先后吸引苏浙等地干部在学校科技园区、高等研究院等单位挂职,搭建起地方和高校顺畅交流的桥梁,助力长三角地区的干部人才成长。

"新华网"2020年12月1日

## 壮美的"中国山川":上海大学拉开"光影中国"新课序幕

12月2日晚,上海大学"一院一大课"之第15门——"光影中国"第一课"壮美的'山川中国'"开讲。上海大学上海电影学院副院长、教指委委员程波教授,著名纪录片导演、校友秦博和唐欣荣联袂讲授,带大家走进光影间的中国美丽山川。本次课程吸引上海大学30多名新进校青年教师前来观摩。上海大学上海电影学院党委书记李坚全程参与。第一课由上海大学教务部副部长、顾晓英工作室主持人顾晓英主持。

作为专业电影艺术研究者,程波带着全场师生多次走进镜头中的故事,带着大家感知与体验,尤其强调了纵横线索,那就是时代变迁。

"水是生命之源,河流滋养和哺育了人类的文化思想,进化了人类的思维。"程老师以"水"为始,重点介绍了中国长江流域和黄河流域在光影交叉间的"情感纠葛"。一方面,他举例《一江春水向东流》《长江图》《三峡好人》等电影,描绘出长江在各个时代背景下的象征意象。程老师表示,河流从某种意义上也是我们国家软实力的组成部分,对于中国电影很重要的一点就是找到我们自己的表达方式和话语方式,建构自己的话语体系,找到中国的风格、气派,而不是对西方的模仿。另一方面,程老师谈及黄河对于中华民族的意义,为大家展示《黄河绝恋》《黄河谣》等电影,"八路军战士们就是那个年代'乘风破浪的姐姐',是那个年代的英雄。"程老师感慨道。接下来,程老师播放野孩子乐队演唱的《黄河谣》,这首歌从一个平民的角度,把黄河和个体的生活、民族、家乡联系在一起,感人至深……

"山川在中国古代国家演进中人文价值取向的变化,对于认识中国古代国家的形成发展,具有一定的象征意义,是不可忽视的地理标志、政治标志和文化标志。"程老师介绍有青藏高原、黄土高原、云贵高原身影的电影,让大家从山川这个文化象征符号中认识中国文化的传承,看到影像语言中的国家形式、民族气质。

程老师将最后的讲解落在了我们的城市——上海,苏州河与黄浦江是上海城市空间划分与融合的地理边界,也是这座城市文化生活与人文情感最为重要的空间载体,在上海城市的影像书写中扮演着重要的角色。《十字街头》《八佰》……用镜头记录了那个年代的故事。他尤其指出,黄浦江是父,苏州河是母,滋养了上海的父老乡亲。而今,新时代我们在"人民城市人民建,人民城市为人民"的理念指导下,苏州河早已恢复其本来清丽与光鲜。

秦博导演和唐欣荣导演联袂分享了新纪录片——《喜马拉雅的种子》。他们对纪录片的情怀、对壮美山川和高原植物、生态植被的牵记,对自然万物的珍惜、珍爱引人动容。

在分享拍摄经历中,秦导坦言,他们拍摄的强度很大,除了赶飞机的两天,每一天都在拍摄,转场也在拍摄,不放过任何沿途的雪山、湖泊,也不管高原反应……

唐欣荣告诉学弟学妹们,我国的植物学家们在西藏、云南等地建设种质资源库,保护着我国珍贵植物基因。作为年轻一代大学生,我们也应认真学好各自专业,自觉成为中华文化基因的传承者。"让它们去吧"。简单话语蕴含着生态保护建设美丽中国的大道理,警醒着人们不要逾越自然的边界,思考如何与山川植物自然和谐相处。

互动环节,著名导演秦博结合他曾导演的《人间世》等纪录片,讲述了发自心底的感受,充满了对纪录片导演职业伦理的反思,触动在场所有人。那是深耕后的切肤感受与思考。在大时代和小人物之间,电影人在选择,用镜头记录下的人间情,寻找人们心底的真善美。

2014年11月,上海大学首开"大国方略"思政选修课程。学校被誉为中国系列课程的发祥地和"策源地"。六年逝去,斗转星移,上大人耕耘思政课堂不止……

顾晓英介绍,学校按照"一院一课"原则,布局设计了15门通识大课。迄今,"大国方略""人工智能",还有"开天辟地""体育中国""中国记忆"等系列红色传承通识课程,引领上海大学课程思政领航校建设,越来越多的名师大家积极投身课程思政教育教学创新。

学生何博在当晚的反馈里写道:"学校开设这门课程具有极大意义,在红色传承上对大多数的新生具有指导性。以我来说,在听这门课前,还是缺乏全局性以及概括性。在听了程老师讲解之后,有种拨开乌云的感觉。"(殷晓 郑宝 许婧)

"中国新闻网"2020年12月5日

**上大成立国际博物馆研究与交流中心**

昨天,首个全球性博物馆研究与交流中心——国际博物馆协会国际博物馆研究与交流中心在上海大学成立。来自国际博物馆协会总部、全国多地的文博机构及开设文博专业高校的近200位专家学者,共同探讨疫情挑战下博物馆的社会价值挖掘、疫情新常态与博物馆的应对措施等话题。国家文物局副局长关强出席。(储舒婷)

《文汇报》2020年12月11日

**上海大学女足主教练"上新",中国女足前国脚浦玮的教练初体验**

日前,一年一度的上海市大学生足球联盟联赛在嘉定上海市民体育公园落幕,男子超级组、校园组、高职组和女子超级组、校园组等五个组别的冠军各有归属。在今年的比赛中,有一支新兵格外受到关注——首次组队参加11人制比赛的上海大学女足队,由主教练浦玮带队呈现"首秀"。

这也是浦玮作为女足教练的首次亮相——中超联赛申花队主场的新闻官、时常出现在屏幕上的解说员,但除了曾执短暂执教过上海U11男足,虽然浦玮这些年始终没有离开过足球圈,但执教女足还是第一次。

"说实话,我之前都没有当教练的想法。"退役的这些年间,浦玮也接到过国家队、地方队邀请她去专业队执教的邀请,但她都谢绝了。但当浦玮在几个月前接到上海大学体育学院院长的邀约电话后,毫不犹豫地答应了,"学校想组建一个打女子超级组的队伍,想发展校园中的女足运动",校园足球这几个字,最终让她动了心。"校园足球是女足发展的根本,否则选择面有限,竞争力肯定是不足的,这对于职业队发展来说也不利,所以需要从校园做起,把地基打好。"浦玮说。

和以往自己的足球经历不同,来到大学校园,面对一支刚刚组建的球队,浦玮希望把女足的好传统带给姑娘们。"其实来到这支球队,我希望带给她们的就是更好的习惯,用自己的专业素养来帮助她们养成良好的比赛习惯与意识,清楚什么时候该做什么事,做对的事。"浦玮是这样要求自己的队员的,:永远保持积极的状态,不要给对手喘息的机会,比赛中不能双手叉腰站着不动……还比如,在比赛中逼抢要迅速、射门要果断、传球要及时等等,与球员的战术意识、团队配合以及拼搏精神息息相关,浦玮称之为"有智慧地拼搏"。而在平时的训练中,浦玮的要求也很严格,要求队员将背包、水杯还有器材摆放整齐,切换训练项目时要慢跑进行,训练过程中设置奖惩等等,加强协作能力,培养团队意识。"我觉得浦指导的要求可以让我们更像一个团队,让每个人都有责任感,在我们日常生活学习中都成为更好的人。"队员杨传丽说道。

从基础着手,浦玮也想把自己这么多年经历的"专业"带给教给姑娘们——但这些需要多年磨炼,潜移默化。不过短短的几个月相处之间,浦玮也开始将这份专业慢慢传递给队员们。这次比赛中,浦玮会尝试要求不出场的球员拍摄比赛画面,赛后让球员看录像分析战术的得失——"她们之前可能没有接触到这种相对专业的足球,包括技术上、还有思想上面的专业,战术上面的专业。"

这一次,是浦玮作为女足教练的初次"试水",也是上海大学女足队的首次出征。这对于申城的大学校园女足而言,是弥足珍贵的经历。

今年年初,上海新增复旦大学、华东理工大学、上海大学、上海海事大学、华东政法大学等5所高校的足球项目高水平运动队,使得全市拥有足球项目高水平运动队的高校已达9所。其中报名参加本次女子超级组的只有上海体院、复旦、同济、上大和东华女足,可以说队伍太少,形成规模还需要时间。浦玮认为,"从发展来说,存在缺陷和问题还是数量太少了,如果形成规模和体系的话,运转会更正常,竞争机制也会不一样。"

回顾这次自己的女足教练初体验,浦玮说自己的收获也颇多。"对于她们这些小孩,沟通还是很重要,包括教练和队员之间的沟通,还有队员和队员之间的沟通,只有她们看到问题,她们动脑筋了,看到问题来才会有认识进步。"

"上观新闻"2020年12月12日

### 中外合作办学如何领航课程思政建设？融"四史"周周见　上海大学悉尼工商学院给出答案

"四史"如何融入课程思政？中外合作办学如何做好课程思政建设？2020年12月11日，第九期上海大学"云上思政"领航者云活动由上海大学悉尼工商学院承办。主讲人为悉尼工商学院聂晶副教授。主持嘉宾为悉尼工商学院党委书记李双和校教务部副部长顾晓英教授。上海大学多个院系教师与桂林旅游学院等兄弟院校师生在"线上"共同参与。

顾晓英简要介绍了上海大学课程思政建设发展现状和未来展望，充分肯定了悉尼工商学院在课程思政建设中的探索，提出了下一步工作推进建议。李双介绍了学院作为课程思政领航校的中外合作办学单位，紧密围绕学院特色，积极挖掘课程思政元素，让温度和爱伴随教育教学的全过程，让课程思政赋能教师、赋能课程和赋能学生。学院发挥院级教师发展中心的作用，引智入院，建设有自身特色的课程思政领航团队、领航课程和领航学院，打造中外合作办学专业课程思政体系。

"在建设中成长，在反思中建设"。聂晶介绍了"跨文化管理"课程思政示范课程建设历程。2017年度，该课程为上海市级本科重点课程，2018年度入选第二批上海大学"新学期课程思政第一课"，课程案例同年获得上海大学课程思政教学优秀案例，2019年度被评为上海大学课程思政教改试点课，2020年被评为上海大学课程思政示范课程。

聂晶提到，随着学院的发展，学生群体逐渐发生着变化，从中国学生班到留学生班，到中外学生混班，这些变化对课程思政设计提出了很大的挑战，也提供了思考和建设的空间，面对学生授课群体的多样化，如何进行有效的课程设计，从让中国学生了解世情，逐步增加了解国情，增强中国文化认同，提升文化自信，实现中西文化沟通的共融共进。这样一门国际引进课程在潜移默化中不断内化改进，升级成为国际引进课程本土化改造的经典课程范例。聂晶从"道与术"的角度为专业课程思政建设探索了一条路径，也为中外合作办学课程思政建设给出特色导引。

顾晓英提出课程建设需要承继历史，在传承中更新，在建设课程思政时要强调价值观念，关联课程内容更新，与项目研究、学生创新能力培养相结合。聂晶老师敢于刀刃向内，不断进行课程改革，值得所有教师学习。她建议学院高度关注中外合作特色，课程前置到大一新生，让思政阵地前移，对国际学生群体要讲好中国故事，培养更多的知华友华人才。

悉尼工商学院胡笑寒副院长谈到，作为中外合作办学的领头羊和国际化商学院的建设者，悉商必须坚持自己专业课程思政建设的独特性，增加教育的包容性，做好文化传承和守正创新，把思政育人融入学校专业课程建设主渠道，培养出一批站位高有时代担当的优秀教师。

在研讨环节，悉尼工商学院教师单映提出学院拥有良好的育人氛围，中外教团队积极融合，形成了同向合力，外教老师积极学习中文，主动融入中国文化。融"四史"，讲好中国故事，悉尼工商学院将不断努力，为中外合作办学专业课程思政建设探索有益的途径。

2020年10月起，上海大学教务部、党委教师工作部联袂推出"云上思政"——领航者云系列活动,迄今已举办 9 期,经济学院、生命科学学院和医学院、理学院、环境与化学工程学院、材料科学与工程学院、计算机工程与科学学院、国际教育学院、管理学院和悉尼工商学院进行了分享,呈现了学院或系部特色,展示了教师风采,搭建了跨院系、跨学科、跨院校、跨时空的课程思政云上交流平台,营造了有效提升专业课教师课程思政意识和能力建设的良好氛围。

"学习强国"2020 年 12 月 13 日

**"人文与科技:第二届新时代人工智能通识教育全国教学研讨会"在上海大学召开**

近日,"人文与科技:第二届新时代人工智能通识教育全国教学研讨会"在上海大学召开。专家学者围绕"新时代人工智能通识教育"展开研讨,旨在积极打通学科门类,推进"新工科""新医科""新农科""新文科"建设。会议开幕式由上海大学教务部常务副部长彭章友主持。上海高校思政课名师工作室主持人、上海大学教务部副部长顾晓英主持两个阶段学术交流环节。

**跟紧时代潮流　迎接未来挑战**

上海大学党委常委、副校长聂清,上海市社会科学界联合会党组成员、副巡视员、研究员陈麟辉,上海大学教务部常务副部长彭章友,上海大学教务部副部长顾晓英,上海大学计算机学院副院长李晓强,上海大学文学院教授谭旭东,上海大学法学院副院长芦雪峰,上海大学生命学院、医学院副院长肖俊杰,上海大学理学院物理系副系主任张永平,上海大学马克思主义学院副院长焦成焕,复旦大学高教所原所长熊庆年,华东师范大学教育信息技术系主任顾小清,中国高等教育学会大学素质教育研究分会秘书长、海南师范大学通识教育中心主任董宇艳,上海大学出版社董事长、社长戴骏豪,超星集团教学设计总监、教师信息化教学培训专家赵玉霞等围绕主题作了相关报告。

聂清在致辞中表示,随着人工智能时代的到来,我国应率先应对时潮,出台战略规划和战略方案。上海大学紧随国家步伐率先提出人工智能通识教育,这对于上海大学这样一个综合性大学来讲意义重大。人工智能通识教育课程教学,既对接世界趋势和国家战略,也对我们人才培养体系、课程建设、教学方法的改革有着特殊意义。这组人工智能通识课程,从德智体美劳各层面对人工智能展开讨论,融合多学科交汇授课模式,真正意义上实现通识教育的理念。通过通识课程的传播,使大学生跟紧时代潮流,率先思考与体会如何站在人工智能的肩膀上迎接未来挑战。这些课程的成功,有利于增强上海大学及其他高校学生对于未来以及人类社会生活空间、生产空间的好奇和探索。聂清建议人工智能系列课程不仅辐射本科教育,还要考虑本硕博连接,更多考虑可持续开设等问题。她希望本次会议能够形成一些共识,产生一些火花,开启一些智慧,打开更多的视野,能够让人工智能通识教育越办越好,努力培养有想象力、有创新精神,有家国情怀的建设者和接班人。

陈麟辉在致辞中以报刊、媒体"人工智能热"为切入点作了交流。他提出,近年来随着人工智能推广带来政府政策催生及高校的一系列研究的推广等,其中包括出台了政府的产业规划和推进了相关学科建设的要求。面对人工智能的不断渗透,人们对待人工智能的态度,应不过赞也不担忧,要保持一颗敬畏之心,同时也要以平常之心坦然接受。人工智能不会威胁人类的生存与发展,恰恰相反,智能技术必然参与到社会的发展中去,推动人类社会的进步,更好地服务于人类。研讨会切合了时代的发展,在通识教育领域,为培养和规范新时代接班人对待人工智能的理解和态度作出上海大学的贡献。

顾晓英认为,大学教育应是全人培养。借通识教育的平台,可以引领学生明大势;把多学科优秀教师串联起来,采取优势学科到课堂的"项链模式"授课,用学科把思政融入学生的心田。人工智能系列课程紧密对接国家战略,有效落实了教育部"四新"要求,尤其是新工科建设要求和《高等学校人工智能创新行动计划》的要求。2018年春季学期起,上海市课程思政教学科研示范团队"顾骏团队"和上海高校思想政治理论课名师工作室——"顾晓英工作室"联袂策划,率先在上海大学的通识教育版图里首创"人工智能"系列课程。团队以人工智能专业知识为载体,思政教育为"催化剂",把"培养什么人""怎样培养人""为谁培养人"无痕融入课程教学,给学生以深度学习的场景体验和跨学科思维训练,激发其想象力,养成纵横交错的宏观视野与把握大势的格局。

**融入通识教育　服务国家战略**

会上,"智能文明""人文智能""智能法理""生命智能"和"量子世界"五门课程的负责教师分别作了课程建设交流。上海大学计算机学院李晓强,儿童文学作家、上海大学文学院谭旭东,上海大学法学院芦雪峰,上海大学生命学院、医学院肖俊杰,上海大学理学院物理系张永平分别带来题为"'智能文明'的思考与探索""在人文和智能间拧上一个创造力的螺丝:'人文智能'课程思考""科技的进步　法律的应对:'智能法理'课程建设与思考""将生命教育融入智能:'生命智能'课程的创立与实施"以及"'量子世界'中的科学精神及思政元素"的主题报告。

上海大学出版社董事长戴骏豪介绍了如何服务人工智能系列通识课程的教材出版。他表示,大学出版社的使命就是引领先进文化的发展,服务学校教学科研创新前沿。2014年,从《大国方略》《大国方略课程直击》开始,系列课程教学团队就和出版社紧密合作,实现了无缝对接、深度融合、同向同行,形成了"一课两书"的品牌效应。在"一院一大课"系列课程教材出版引领下,所开设的各门课程思政领航课、示范课也在逐渐对接出版社。出版社将力争做好服务国家战略的主题图书出版与发行工作,打破常规,精兵强将全心投入,做到精益求精,力争宣传到位。去年7月,上海大学"人工智能"系列课程丛书已签约国外知名出版商,推进了通识课程思政教材走向世界。

复旦大学高教所原所长熊庆年作题为"面向未来的大学生核心素养"的报告。他表示,核心课程就是塑造一个学生基本素养的过程。素养则是指学生应具备的,能够适应终身发展和社会发展的必备品格和关键能力,而未来的通识课程就是要让大学生具备这样的素养。我们应明确通识教育本质上是面向未来的,借助智能教育课程载体能指引学生找到自己人生的路,在未来不迷路。高校通识教育应要"用历史告诉未来,用文化浸润未来,用科学洞察未来,用艺术审视未来,更要用新的思维去前瞻未来、拥抱未来。"

华东师范大学教育信息技术学系主任顾小清的报告题目为"关于智能教育博士通识课程的设计与思考"。她介绍了华东师范大学已开始实施的智能教育博士通识课程设计方案和探索思路。她表示,华东师范大学智能教育研究院已经为跨学科的博士研究生开设了人工智能通识课程,在充分发挥该校教育学科和信息技术学科优势的基础上,进一步发挥教育、人工智能等学科在培养复合型人才,推动人工智能影响教育、影响未来、影响发展的积极作用,为人工智能与教育的深度融合提供关键支撑。我们应重视新课建设中所面临的问题与挑战,如学生学科背景与学科能力不均衡,授课教师学科交叉背景存在不足等问题。

中国高等教育学会大学素质教育研究分会副秘书长、海南师范大学通识教育中心主任董宇艳发表了题为"有灵魂的通识教育"的报告。教师承载着传播知识、传播思想、传播真理与塑造灵魂、塑造生命、塑造新人的时代重任。新时代的通识教育同样应是人文、人格和人生的教育,倡导做人第一,修业第二。我们要尊重学生需求,文理融合,学科交叉,在广博的基础上求深度,将创新、创造融入通识教育,对接国家战略,做到有灵魂有层次有前瞻,进一步把通识教育专业化,把专业教育通识化。

上海大学马克思主义学院副院长焦成焕认为,智能技术与思政教学间可以做到相得益彰。在通识教育推广的大环境下,马克思主义学院要坚持思想政治理论课程的主阵地作用,不断探索将现代信息技术深度融入思政课教学的授课新模式,做到将现代化教学技术对接马克思主义学院开设的"四加一"门思政课教育教学过程,实现教材体系向教学体系的转化,并以微课的形式镶嵌在课程逻辑体系中,探索基于问题逻辑的思政课微课程在线教学模式,改进中加强高校思想政治理论课教育教学,真正让党的创新理论入眼、入耳、入心、入脑、入行。

超星集团作为上海大学网络教学平台合作者,助力通识教育育人理念和育人成果的推广,搭建了"大国方略"系列课程、"人工智能"系列课程的推广平台。超星集团教学设计总监、教师信息化教学培训专家赵玉霞向大家介绍了"一平三端",即信息技术助力智能类通识课程教学的实践与发展。她表示,有灵魂的通识教育,应把育人放在第一位。在超星平台的帮助下,短短两年,上海大学"人工智能"系列课程已被全国200多所高校3万多名学生修读,真正实现了跨校间优秀教学成果的推广与优质教学资源的共享。

主题报告后,与会者就自己对通识课及课程思政教研探索中遇到的问题,聚焦制度保障、课程规划、课程建设等方面进行了深入交流。本次"人文与科技:第二届新时代人工智能通识教育全国教学研讨会"是在上海大学本科教育大会召开之后的一次教学学术研讨会,也是上海大学人工智能通识教育的第二次高层次全国研讨会,体现了学校深入落实立德树人根本任务,坚持传承钱伟长教育思想,始终坚持面向国家和上海重大需求,矢志持续推进本科教育教学改革,使课程紧密融合"教""学"与"研",将高等教育高质量发展理念落地到一流本科课程建设,鼓励大学生打开脑洞,放飞想象,勇于发现未知,乐于探索未来。(查建国　夏立　陈炼)

"中国社会科学网"2020年12月19日

**一桌菜、几行诗:两岸共话"岁令时节"**

南翔小笼、娄塘塌饼、徐行蒸糕、龟粿、生仁糖、乌鱼子……上海嘉定传统名点和台湾特色美食"拼"成一桌菜,配上"拾樵供岁火,帖牖作春书""火树银花合,星桥铁锁开"的诗句。借助视频连线,中华传统时节文化的魅力在两岸间传递。

以中华传统诗词中的"岁时节令"为主题,"迎新送祝福　共叙两岸情"视讯直播连线活动近日在上海嘉定区和台北大同区两地社区间举行。

闽南语作词、传统五声音阶"宫"调式作曲的台湾民谣《望春风》,曾被台湾民众评选为最受欢迎的老歌。大同社区居民与永乐乐团的合作演出,充满了浓浓的"台湾味道"。

从记述春节贴春联的《除日》,到描绘元宵节赏灯的《正月十五夜》,从反映端午节包粽子等习俗的《乙卯重五诗》,到表达重阳节思乡怀亲之情的《九月九日忆山东兄弟》,上海大学教师、青年艺术家吴笑通过声情并茂的朗诵,阐释了蕴藏在古诗词中的时节之美。

华东师范大学中文系教授方笑一表示,重温与岁时节令相关的古诗词,不仅连接起古人与今人的精神和生活,也凝聚着两岸同胞的情感和心灵。

除了优美的诗句,形形色色的美食也成为此次两岸互动的"主角"。古时"贺年羹"、今日"嘉定一桌菜",嘉定人的年节风俗从嘉定区图书馆馆长黄莺口中娓娓道出。

上海市人民政府台湾事务办公室副主任王立新表示,希望聚焦传统文化的"云端交流"让两岸民众增进了解、携手同心,共同推动两岸文化交流合作的全方位发展。(潘清)

《人民日报(海外版)》2020年12月22日

**上海大学"光影中国"回溯近现代中国历史进程中的高光时刻**

作为"红色传承"系列之四,上海大学电影学院新开设的"光影中国"通识新课用电影视角讲"四史",给了学生别样体验。12月16日,"光影中国"第三课"中国时刻"开讲。上海大学上海电影学院、博士生导师刘海波带学生回顾了近现代中国的十个历史瞬间。

刘海波指出,中国是世界上唯一未曾发生过文明中断的文明古国,有文字记载的历史长达3000余年,中国也是一个在历史长河中经历了波澜壮阔的斗争,把命运牢牢握在自己手里的文明,其中有若干改写历史的瞬间在中国电影中被捕捉和表现。重温这些光影中决定中国命运的"中国时刻",有助于同学们触摸历史,感同身受国家的一路曲折历经,增进对新中国的致敬,激发大家坚定以青春之力报效国家的信心与决心。

从"中国时刻"之电影《鸦片战争》和《林则徐》,到《辛亥革命》,到"中国时刻"之中共建党,电影《开天辟地》《建党伟业》,到《七七事变》《重庆谈判》……

从新中国成立后国家建设,到记录中国恢复高考招生进入改革开放新时代的《高考1977》,到1997年7月1日香港回归《我和我的祖国·回归》、2008年北京举行奥运会《我和我的祖国·你好北京》……

大家关切第十个"中国时刻"究竟是什么。

刘海波发问:"今天世界又面临着百年未遇之大变局,改变世界的会是谁?同学们是否有勇气去改变这世界?你们如何才能改变世界?""未来要靠在座的各位去创造,是你们的实践铭刻了中国时刻,未来的'中国时刻'是什么样子取决于你们,你们什么样,中国就什么样,期待各位同学能给未来的中国写下浓墨重彩的一笔。"刘海波给出的"中国时刻"是今年的新冠疫情。岁末年初,一场突如其来的新冠疫情牵动着中国亿万人民的心,全世界的目光也都聚焦在中心城市"武汉",这是一场没有硝烟的"战疫",全国各族人民正全力为"疫"而战。中国交出了勇于担当令人满意的"硬核"答卷,涌现了各路抗疫英雄和全国人民一起,在党中央的领导下,勠力同心,演绎一场惊心动魄的可歌可泣的抗疫大战,谱写着一段新的历史……

"光影中国"第三课学生的"两字反馈"聚焦高频词为"命运""时刻""高光""复兴""感动"……(孟歆迪 殷晓 郑宝)

"光明日报"2020年12月22日

### 诺贝尔奖获得者视频祝贺:上海大学附属孟超肿瘤医院揭牌

据介绍,今年6月,上海大学与上海细胞治疗集团签署战略合作协议,双方在上海孟超肿瘤医院基础上建立"上海大学附属孟超肿瘤医院",目标是建成国际一流精准医疗中心和以"免疫治疗+"为特色的临床研究型医院,同时形成细胞治疗临床试验基地及转化应用平台。

细胞治疗是上海细胞治疗集团主要的研发方向之一。目前,上海大学附属孟超肿瘤医院依托上海细胞治疗集团的科技创新能力,以白泽T技术为核心手段,以纳米抗体研发、非病毒载体转染为两大核心技术平台,以实现细胞治疗的突破。去年4月,该集团申报的项目——以CD19为靶点的CAR-T细胞治疗新药"非病毒载体CD19 CAR-T细胞注射液(BZ019)"获药监部门批准可开展临床试验,这是目前国内第一家通过许可的以非病毒载体制备的CAR-T细胞治疗产品进入临床研究。

上海大学附属孟超肿瘤医院院长程传苗说,在不断加强基础医学研究的同时,该院还不断拓展国际视野,在全球范围内吸纳医学科技英才,源源不断地为该院科研及临床转化注入创新活力。医院打造的一支以两院院士领衔的中外融合研究型医疗队伍已初具规模,多个国内外著名专家团队加盟。

"新华网"2020年12月25日

### 在时代中行进 于磨砺中蓄能(记·艺2020)——2020中国美术现象观察

(上略)

**相关学术研讨富有成效**

本年度美术界的学术研讨主要集中在下半年,形成了富有成效、致用当下的学术成果。如10月由中国美术家协会主办、在四川美术学院举办的"全国美术高峰论坛·重庆",是继"全国美术高峰论坛·济南""全国美术高峰论坛·扬州"之后又一次全国美术理论评论界盛会。本届论坛从美术思潮与学术方位、美术创作与美术理论方面,进一步研讨了新时代中国美术创作态势和美术理论的重大问题。又如11月在上海大学上海美术学院举办的"新时代中国美术理论建设——第二届青年美术论坛"。作为中国美协为推动美术理论工作发展、每3年举办一次的系列活动,本次论坛的诸多成果聚焦于20世纪以来中国现当代美术问题,尤其是对于主题性美术创作的理论认知,具有重要的当下意义。

(下略)

《人民日报(海外版)》2020年12月26日

### 马克思主义理论教学研究 | 忻平:解决实际问题才是核心所在

[编者按]2020年上海市马克思主义理论教学研究"突出贡献奖"揭晓,9位新中国成

立以来长期在高校公共政治课教育教学一线工作，在马克思主义理论学科建设和学术发展中作出重大贡献的、尚健在的本市老专家获此殊荣。澎湃新闻拟发布"突出贡献奖"获奖学者系列稿件，本文为上海大学教授忻平篇。

"我这一辈子基本只做了一件事，当老师。"上海大学教授忻平这样总结自己的人生。12月5日，上海的冬天已悄然来临，清晨的空气充斥着冷冽。尽管是周六，上海大学东区的校门口依旧是学子们进进出出的身影，忻平教授正在学院会议室和课题组成员热火朝天地讨论着新书的大纲和内容，从中抽出难得的间隙，接受了记者采访，聊起了自己的教研之路。在忻平的办公室里，最先映入眼帘的是书，满屋的书，其中还有大量他自己的学术专著。《从上海发现历史》《高校思想政治理论课改革发展研究》《上海城市建设与工业布局研究》……这位有历史学背景的学者在多年从事中国近现代史、中共党史教学与研究的同时，也一直投身于高校思想政治教育的理论研究和实践探索。他在不同专业领域开展跨界研究，学术成果丰硕，先后出版研究著作20余部，发表论文近百篇。除学术研究外，忻平教授还长期致力于在实践中探索高校思政教育的改革创新。他在华东师范大学、上海市教委、上海大学工作期间，积极推动高校思政课改革，众和多教师一起，不断改革课程教学方法和内容。此外，他长期担任上海大学创新型思政课程"大国方略"和"开天辟地"负责人，多次获得国家和上海市教学成果奖，得到中央和中宣部领导的肯定并要求全面推广，全国数百家高校学习借鉴，取得了全国性的影响。为什么当代青年要学习马克思主义？忻平说，马克思主义既是历史的，又是现实的；既是理论原理，更是一种创新实践。它的生命力在于能够化为时代精神，来解决时代面临的现实问题，在于能够指导当下的丰富的社会实践，顺利完成两个一百年的目标。它可以引导年轻人，为他们看待世界、看待中国指引方向。就高校而言，关键在于如何引领年轻的大学生，这是真正的核心所在。

**经历很简单　始终是教师**

忻平，50年代生人，他概括自己的人生很简单，"可以分为两段，70年代下乡当知青。下乡数年考上大学，毕业就是当教师，尽管以后工作岗位变化，但是职责没变，至今为止，始终是教师的身份。"忻平从大学本科、硕士、博士一直学习历史学专业，毕业工作后，也是从事中国近现代史教学和研究。"我有幸选择了历史学专业，一生受益。"忻平笑谈道，他说，这个专业对认识历史，观察现实、了解社会，体悟人生，对从事的工作和教学都是非常有帮助的。历史学科和数学很像，最基本的都是求真务实，容不得半点虚假。

**与思政课结缘**

忻平最初与思政课和马克思主义理论学科结缘，是在担任华师大宣传部部长期间，因为工作涉及思政课改革方面。当时，思政课面临着一个问题，灌输理论盛行于课堂，思政课程涉及多门理论学科，理论性极强，不少和中学内容有重复。因为涉及很多学科，但是本身又不作为一个独立学科，不仅学生觉得思政课可有可无，思政课教师也总觉得低了其他专业学科一头。为此，他协助华东师大开始了思政课教学的改革。后来，被调至市教委工作期间，他积极协助上海市教卫党委和市教委领导贯彻落实中央思政课改革"05方案"，推进上海高校思政课新一轮改革。任职上海大学党委副书记期间，忻平分管上大的思政课工作，在学校党委领导下，和当时的社会科学学院领导和教师们一起，推动

2009年上大承担国家试点高校思政课"六个为什么"的工作,在上大持续推进"项链模式"与"问题逻辑的思政课教学模式"改革,课程效果很好,得到了教师欢迎和广大学生的喜爱,获得了教育部领导和市委领导的表扬和肯定。近年来,忻平积极探索红色文化与"四史"学习教育融入思政课程的路径,在全国首开"开天辟地"新型党史思政课程,也广受学生好评。多年以来,忻平在教学上将马克思主义理论学科、思政学科与历史学科结合起来,"我经常讲思政的视野,历史的方法;历史的视野,思政的方法。学生也觉得非常有用。"

[访谈部分]

澎湃新闻:您所经历的思政教育曾经遭遇过哪些难题,如何进行改革?

忻平:思政课有规定的教材、课时和学分。以往思政课只需保持政治正确,不要管教学的生动性。结果上课满堂灌,学生不愿意听,教学效果当然不好,学生埋头看外语,教学的目的也达不到。我以前讲授历史学专业课时,学生总是不转睛地看着你,充满求知的欲望。学生要听,教师也有教学积极性。思政课教学教师也会很认真地教学,可是为什么效果有差距?原因很多,其中一个重要的原因是大学生被动地听课,没有参与进来,无法成为课堂的主人,自然没有积极性。所以当时对思政课有一个最基本的要求,就是"提高抬头率"。这种现象要破题,改革要不断推进。我们上海大学主要是采取几种办法:第一是探索和实践了"项链模式"。思政课应该是开放型的,因此我们结合教材,把各专业领域学术造诣深厚、充满正能量的专家引进课堂,由思政课老师担任主持,让专家进思政课堂讲最精华的内容。甚至全国优秀共产党员、常熟蒋巷村的党委书记常德盛等也请进课堂讲新农村建设,内容新颖,充满时代感,学生有了兴趣,反响热烈,所以"项链模式"改革为我们之后工作的开展奠定了基础。同时,李梁老师用多媒体将精华部分拍下来,做PPT课件给其他60多个平行班老师共享,这样全校学生也可以共享。第二个就是教学相长。课堂是由教师和学生两部分人组成,教师主导,学生是主体。一个课堂没有学生参与,只是教师一个声音,学生无法互动只是被动接受,那么,长期下去是有问题的。因为学生是一个个鲜活的、具有独立思想的个体,你传播给他们,他会有很多想法,会提出很多问题。传统教学方式学生没有话语权,也不鼓励学生提问题,那必然导致学生失去兴趣,课堂失衡,教学效果不会好。这里一个很关键的问题,就是如何体现学生的主体性。所以,我们首先鼓励课堂上学生提问题,然后认真回答学生问题,由此逐渐演化出上海大学思政课问题意识模式。我们一度把教师一分为二,一部分上课的教师搜集学生提出的问题,一部分轮空没有上课的教师专门解答问题,还请一部分本科生、研究生一起参与解答问题,这是个不断循环的过程。收集很多问题之后,我们发现学生的问题有很多趋同,因此整理编写并出版了《释疑与解惑:来自大学生的问题》,用于课堂内外帮助学生解决各类问题。同时,我们不断深化这个模式,要求学生优化问题、深化问题,同时让学生自己先回答,这样问题提得越来越深刻。学生的参与度也越来越高。如果教师一时回答不了这个问题,也没关系,老师进行深入研究,下次上课再来回答问题。注重养成学生深入思考问题、优化问题尤其是自我解答问题的能力,事实证明,这对于培养全面发展的人是有帮助的。现在,这个模式已经成为上海大学思政课行之有效的教学传统。

澎湃新闻:您觉得为何现在的大学生还是要继续系统化地学习马克思主义理论?

忻平：从理论上讲，"意识形态"提法早已有之。法国哲学家特拉西1801年在《意识形态原理》最早提出，马克思、恩格斯加以改造使其具有新内涵。马克思、恩格斯指出，"每一历史时代的经济生产以及必然由此产生的社会结构，是该时代政治的和精神的历史的基础""一个阶级是社会上占统治地位的物质力量，同时也是社会上占统治地位的精神力量。"古今中外皆是如此。人从来不可能生而知之，知识是习得的。高校兼具人才培养、科学研究、社会服务、文化传承创新的基本功能，核心在培养人才。还有一条十分关键，就是文明的传承和创新。包括知识更新，更包括价值观。如何培养一个人，现在讲培养社会主义接班人与建设者，需要有一个基本价值观。这就是高校思想政治理论课的作用，学习马克思主义基本理论和习近平新时代中国特色社会主义思想，中国问题用中国理论解释比较合适。同时，大学生还迫切要求了解快速前进的中国和纷繁复杂的世界，要了解"百年未有之大变局"和"中华民族伟大复兴战略全局"这两个"大局"。社会在转型过程中会出现大量的问题，在人工智能时代和自媒体时代，作为一个活生生的人，当代大学生必定会接触到社会，必然有自己的看法，如何引导和帮助他们认识社会至关重要。如何把学生对社会、对世界的朴素认识，转化为理性的认识，用理性角度看社会发展，看中国和世界的未来，这很关键。

澎湃新闻：这次获得这个荣誉，对您而言有什么意义？

忻平：在上海大学，思政课程改革是全体教师一起推动实践的，我只是参加了一些工作而已。因此，我个人获这个奖觉得很惭愧，希望成为今后继续努力的动力。现在我们又开了一门"开天辟地"新型课程，我们在继承上海大学行之有效的"项链模式"教学方法上，吸纳上海市十多位优秀党史专家以充实教学队伍，并将最新的学术前沿内容引入课程，取得了良好的教学效果。就我个人而言，我希望能够不断进行教学改革，培养出更多的一流学生。（朱奕奕）

"澎湃新闻"2020年12月31日

# 2021 年

**上海大学举行课程思政示范课微课教学展示活动**

2020年12月31日,上海大学课程思政示范课(专业课)微课教学展示活动如期举行。整整4个小时,16门示范课程负责人依次作了微课教学展示。

本轮示范课程结项采取材料验收与现场10分钟微课教学两部分。本次微课教学展示的观测点为教学理念、教学设计、教学内容、教学方法和教学成效达成度等,评委们着重观察参评教师是否将思政元素有机"无痕"融入微课教学。

16门微课涉及"国际金融""法律职业伦理""理论力学""生化仪器分析实验""跨文化管理""机械设计基础""费孝通学术思想""音乐文献阅读"等内容,各课题负责人选取一个知识点,融入思政元素,讲出了课程特色和理念,注重育人效果。

上海大学教务部副部长、上海市思政课名师工作室"顾晓英工作室"主持人顾晓英指出,微课10分钟,难度系数高,它凝聚了专业课教师对专业课程的内涵理解和对思政要素的体悟。课程专业内容如何"专精深"?如何让教学更具挑战度更具设计感?如何在教学中体现思政"温度"?这一切需要考量老师们的智慧。

8名校内外专家应邀对课程的学术内涵、教师们的教姿教态作了精彩点评。同时提出专业课课程思政同样需要体现挑战度和创新性,微课细节把控上要充分体现以学生为中心的建议。中国高等教育学会大学教学研究分会副理事长、上海大学土木工程系学科带头人叶志明教授在点评中说,课程思政不仅是文字与口头表面的传递,更应是没有中有的辩证关系,是师生间心灵的传递;课程思政应该与一流课程建设紧密结合;课程思政离不开应有的国际视野与教师的前沿学科研究。

上海大学党委副书记欧阳华指出,全面推进课程思政建设是落实立德树人根本任务的战略举措,举办示范课程结项暨微课教学展示活动很有价值。我们要营造出所有教师齐心合力做好课程思政的良好氛围,并把这氛围传递给每一位思政课教师和其他专业课教师。展示活动有助于老师们打开课程思政建设新思路,有助于学校提高课程思政建设新成效。(孟歆迪 殷晓 曹园园)

"光明日报"2021年1月4日

**上海大学实施"三大工程"赓续红色文化**

上海大学深入贯彻落实习近平总书记调研上海时对弘扬红色文化的重要指示精神,

认真学习落实李强书记关于"充分用好红色文化资源,激发上海文化的创新创造活力"的要求,聚焦"中国共产党与百年上大""红色学府与红色文化"等主题,实施"校史工程""平台工程""育人工程",为培养时代新人注入强大精神动力、为丰富百年党史谱写精彩篇章。

实施"校史工程",发掘"红色历史"。上海大学积极推进校史工程,把校史教育融入"四史"学习教育,以"校史"发展,观"四史"迁变。通过对丰富厚重的老上海大学的红色历史的深入挖掘和研究,推出"红色学府 百年传承"系列丛书《20世纪20年代的上海大学》《档案里的上海大学(1922—1994)》《百年上大画传》等,原创校史话剧《红色学府》,主办多场研讨会,打造爱国主义教育基地"溯园",全面展示学校始终与国家民族同呼吸共命运的历史沿革,形成"百年上大 红色传承"的红色品牌,勇担"百年党史、高等教育"的使命作为。

实施"平台工程",传承"红色基因"。学校策划和发起了若干重要的红色文化发掘、研究和创新平台,聚焦理论学术研究、创新思政教学、宣传陈列展示、文物征集保护、红色文创研发等功能,全力盘活红色文化资源,着力为上海打响"党的诞生地"红色文化品牌贡献上大智慧。学校牵头成立上海红色文化研究院、全国红色文化战略联盟、渔阳里历史文化研究会等红色平台;举办了一系列学术研讨会,在《文汇报》《解放日报》《百年潮》等权威报刊上发表多篇研究论文,出版了《渔阳里——红色征程的起点》《渔阳里史料选编》等系列著作;承接市委、市深改委、市教委、市国资委、国家电网等8项科研项目;"开天辟地"教学团队入选上海市高校课程思政"特色改革领航团队"。

实施"育人工程",弘扬"红色传统"。学校积极创新红色文化育人模式,将红色基因与钱伟长教育思想、校训精神有机融合,教育引导学生以实际行动报效国家、服务社会。学校与上海市第六十中学(老上海大学校园所在地)签约共建"红色联盟",挖掘红色资源、传承红色文化、创新育人模式。创作《红色传承》纪录片,在上海广播电视台视频点播频道上线播出,覆盖观众逾千万人次。与中共一大会址纪念馆合作共建,十年来已输送230余名志愿者;积极响应国家政策,鼓励学生到西部、到部队去报效祖国、服务人民,近五年60余名学生志愿参加西部服务(支教)、400余名学生应征入伍。学校与企业建立密切的人才合作关系,引导毕业生到攻克国家"卡脖子"技术关键领域就业,涌现出了"上海市高校基层就业典型人物""山东省临沂市十佳大学生村官"等就业楷模。

"上海教育"2021年1月5日

### 如何将思政元素有机"无痕"融入微课教学?上海大学举行课程思政示范课教学展示活动

整整4个小时,16门示范课程负责人依次作了微课教学展示,8名校内外专家应邀作了精彩点评……2020年12月31日,上海大学课程思政示范课(专业课)微课教学展示活动如期举行。学校相关领导和来自各院系40多名师生前来参与,上海大学教务部副部长、上海市思政课名师工作室——顾晓英工作室主持人顾晓英担任主持。

"我们要营造出所有教师齐心合力做好课程思政的良好氛围,并把这氛围传递给每一位思政课教师和其他专业课教师。展示活动有助于老师们打开课程思政建设新思路,有助于学校提高课程思政建设新成效。"上海大学党委副书记欧阳华带来学校党委书记成旦红的关切。

他指出,全面推进课程思政建设是落实立德树人根本任务的战略举措,举办示范课程结项暨微课教学展示活动很有价值。

顾晓英指出,微课10分钟,难度系数高。它凝聚了专业课教师对专业课程的内涵理解和对思政要素的体悟。课程专业内容如何"专精深"?如何让教学更具挑战度更具设计感?如何在教学中体现思政"温度"?这一切需要考量老师们的智慧。

2019年,上海大学共立项"一专业一课程"的58门专业课程成为试点建设课程。经过中期甄选和答辩展示,42门课程已于2020年7月顺利结项,18门课程脱颖而出,被纳入新一轮课程思政示范课建设序列。其中,国家级精品课程"土木工程概论"和"档案学概论"被评为"荣誉示范课程","国际金融"等10门课程被列为"示范课程","人工智能进展"等6门课程被列为"培育示范课程"。

本轮示范课程结项采取材料验收与现场10分钟微课教学两部分。本次微课教学展示的观测点为教学理念、教学设计、教学内容、教学方法和教学成效达成度等,评委们着重观察参评教师是否将思政元素有机"无痕"融入微课教学。

"国际金融"课程负责人、经济学院教授、校审计处处长尹应凯引经据典,从空间的维度、时间的维度、社会的维度解剖国际金融的外汇理论以及外汇计算的内在逻辑,启发学生拥有更多专业自信和中国自信;"法律职业伦理"课程负责人、法学院院长文学国教授透过实际案例看"律师与法官关系伦理",将问题置于如何构建"德才兼备的高素质法治工作队伍"的框架中,引导深入学习习近平法治思想,启发学生思考怎样建设法治专门工作队伍,确保"做到忠于党、忠于国家、忠于人民、忠于法律"。

"走进百姓生活——黄河流域写生实践"课程负责人、美术学院版画教师桑茂林,讲述了美术学院这门不在教室画画、来到黄河边采风写生的实践课程。作为黄河人,桑老师把学生带到黄河边,让学生挖掘概念,去生活中发现"另外一个时空",让学生用心倾听,用眼观察,用手中的画笔记录生命的感动。学生采风创作作品参加全国美展,这就是本课程的思政育人成果;"理论力学"课程负责人、力学与工程科学学院教授楚海建,"生化仪器分析实验"负责人陈旭,"跨文化管理"负责人聂晶,"机械设计基础"负责人翟宇毅等都发表了自己的观点。

"课程思政不仅是文字与口头表面的传递,更应是没有中有的辩证关系,是师生间心灵的传递。"最后,中国高等教育学会大学教学研究分会副理事长、上海大学土木工程系学科带头人叶志明教授作了点评。他引用钱伟长老校长的文章指出,课程思政还应该与一流课程建设紧密结合;课程思政离不开应有的国际视野与教师的前沿学科研究。

本次微课教学展示体现了上海大学近年来在专业课课程思政建设方面的最新成果,也展现了上海大学多年来在思政课和课程思政建设中的深耕细作取得了落实落深的改革成效。据了解,上海大学自2014年率先开发"大国方略"思政通选课,被誉为"中国系列"课程的策源地。学校坚持把立德树人作为人才培养的中心环节,推动思政课高质量发展,持续发力,6年推出覆盖15个院系的15门思政类选修课。传大道,讲大势,"一院一大课"系列课程"点上开花",带动更多专业课教师深度挖掘课程思政元素,结出协同育人硕果。学校先后入选"上海市课程思政教育教学改革整体校"和"上海市课程思政教育教学整体改革领航校",入选上海市"三全育人"试点校。近期,学校着力推进本科生全员导师制,全面推进课程思政建设,发挥每位教师每门课程的育人作用,培养全面发展的卓越创新人才。(柳琴 殷晓)

"第一教育"2021年1月6日

### "光影中国"新课用"红""黄""青"讲述中国时代变迁

如何让"四史"教育更生动、形象?如何润物无声地融入课程思政教育教学改革?

2020年12月30日晚,上海大学红色传承系列课程之"光影中国"第五课"多彩中国"开讲。上海大学上海电影学院博士生导师张斌教授为学生讲述时代变迁下的中国光影与色彩的交汇。

"赤橙黄绿青蓝紫,谁持彩练当空舞?雨后复斜阳,关山阵阵苍。当年鏖战急,弹洞前村壁,装点此关山,今朝更好看。"张老师以毛泽东诗词《菩萨蛮·大柏地》切入课程。诗词中把彩虹比喻成"彩练",从当时革命者的手中持着延续到现在,形成了如今多姿多彩的中国。

张老师指出,在色彩的使用上,中华民族可能是最早确定色彩结构的民族之一,黑、赤(红)、青、白、黄,自远古便被视为标准色。而中国电影,在既有的丰沃现实土壤上,发展出独特的色彩视觉风格,也于其中衍生出色彩的深刻意涵。张老师撷取了其中最具代表性的三色:红、黄、青在电影中的体现进行介绍。

红色是中华民族的传统色。中国的节庆大多与红色相关联,经过历代承袭,时间的洗礼,它也成为传统的化身,是习俗也是制度和规训。从《大红灯笼高高挂》《红高粱》到《我的父亲母亲》,传统与激情在光影中碰撞,夹杂着两性情感与欲望的流动。红是最强烈的色彩,代表着革命热情和为了生命与希望的抗争。红色在大银幕上也自然而然地上升为主旋律的代名词。从红色经典《红色娘子军》《闪闪的红星》《红色恋人》到新主旋律《智取威虎山》《战狼Ⅱ》《红海行动》,革命的精神激励着一代又一代仁人志士奋进,谱写了无数可歌可泣的动人篇章。

"黄色对中国人而言,意味着什么?"在中国,与五行、五方对应的五色中,黄色位于中心。对古代中国人而言,黄色是尊贵和权威的象征。如影片《末代皇帝》《火烧圆明园》《垂帘听政》《满城尽带黄金甲》中,黄色所代表的皇权、贵族以及最高权力在光影中得到了淋漓尽致的展现。华夏文明的发源地来自黄河流域,而黄土地孕育着生命的种子,先民崇拜土地,进而崇拜黄色。从《黄土地》到《黄河绝恋》,张老师诠释了国家故土所带来的情感印记是如何深深烙印在中华民族的心里,从而形成独有的认同感和归属感。

青色,介于蓝色与绿色之间,是一个见诸竹林山水,见诸侠义柔情的中国文化色彩符号。侠之大义者,并不显露于外,常常隐匿在青山绿水之间。从《侠女》到《卧虎藏龙》,张老师用几秒钟视频,给学生视觉体验,品味这一中国人文的传统底色。在江湖的青山绿水间,行走的是扶危济困、除暴安良、匡扶正义的侠义和以武止武、敬重生命、崇德修身的仁心。从《那人那山那狗》到《春江水暖》,青山绿水体现着中国人对生态自然的柔情抚慰。张老师专门指出了《春江水暖》主创敢于突破,尝试用地道的中国叙事方式与光影语言讲述时代。这是"光影中国"体现中国自信的镜头话语。

"多彩中国很壮美。中国的未来还需要有人继续绘制美丽画面。中国未来将涂抹上什么样的颜色,每个人都有责任。我们每个人都身处其中,都在这幅画卷之上。当后来的'观众'展开我们今天这幅画卷的时候,也许会看到同学们留下的回忆和颜色。"张老师深情祝愿大家都能成为"多彩中国"中那抹亮丽青春的中国色彩。

课程的最后,电影学院青年教师王敏为学生播放了一段贾樟柯导演执导的《无用》纪录片,用一段电影中和生活里的中国服饰来讲述光影中的中国故事,同样打动了学生。

2021年,适逢中国共产党建党100周年。"光影中国"作为上海大学红色传承系列课程中的一门,旨在向同学们传递中国自信、中国精神。参与全程互动的上海高校思政课名师工作室——"顾晓英工作室"主持人顾晓英教授,希望同学们把自己当作"光影中国"的主角,结合自己的专业和喜好展开想象,积攒能力,用心绘制多彩中国的灿烂画卷。

学生孙舒婷在反馈中写道:"故事是中国的故事,连接故事的筋络是讲述中国故事的中国语言。我们如何表达自己,是否有勇气运用自己的表达手段,就是我们是否有中国自信的体现。"(郑宝　殷晓　许婧)

"中国新闻网"2021年1月6日

## 上海大学集中展示一批思政微课精品

上海大学日前举行课程思政示范课(专业课)微课教学展示活动,18门示范课程负责人依次作了精品微课教学展示。上大党委副书记欧阳华说,要营造出所有教师齐心合力做好课程思政的良好氛围,并把这氛围传递给每一位思政课教师和其他专业课教师。

上大教务部常务副部长彭章友,副部长、教发中心主任、考评办主任辛明军,教发中心副主任袁晓君,教师工作部常务副部长谢宝婷和来自各院系40多名师生参与了活动。上大教务部副部长、上海市思政课名师工作室——"顾晓英工作室"主持人顾晓英说,微课10分钟,凝聚了专业课教师对专业课程的内涵理解和对思政要素的体悟。

2019年,上海大学共立项"一专业一课程"的58门专业课程成为试点建设课程。经过中期甄选和答辩展示,38门课程已于2020年7月顺利结项,18门课程脱颖而出,被纳入新一轮课程思政示范课建设序列。其中,国家级精品课程"土木工程概论"和"档案学概论"被评为"荣誉示范课程","国际金融"等10门课程被列为"示范课程","人工智能进展"等6门课程被列为"培育示范课程"。

"国际金融"课程负责人、经济学院教授、校审计处处长尹应凯,"法律职业伦理"课程负责人、法学院院长文学国教授,"走进百姓生活——黄河流域写生实践"课程负责人、美术学院版画教师桑茂林,"理论力学"课程负责人、力学与工程科学学院楚海建教授,"生化仪器分析实验"负责人陈旭,"跨文化管理"负责人聂晶,"机械设计基础"负责人翟宇毅,"水污染控制工程"负责人陆永生,"费孝通学术思想"负责人汪丹,"音乐文献阅读"负责人袁勤,"环境与资源保护法"负责人颜士鹏,"法律语言学"负责人王骞,"中国民俗"负责人常峻,"人工智能进展"负责人刘炜,"热工过程与设备"负责人谢建军,"晶体制备技术"负责人赵岳等,分别选取一个知识点,融入思政元素,讲述了课程特色和理念。

上海中医药大学教授张黎声建议,专业课课程思政建设务必要保证教学内容的学术内涵,避免"两张皮"现象。上海政法学院政府管理学院党总支书记连淑芳教授肯定了上大教师们大方得体的教姿教态,课程思政是言传身教。上海大学马院兼职教授李国娟认为,老师们已能做到知识传授、能力培养和价值引领的"自然而然"。华东师范大学教务处副处长谭红岩说,专业课课程思政同样需要体现挑战度和创新性。上海社会科学院国际所副所长余建华研究员建议微课细节把控上要充分体现以学生为中心。上海大学教师工作部常务副部长谢宝婷从五个方面给老师们提了建议。

中国高等教育学会大学教学研究分会副理事长,上海大学土木工程系学科带头人叶志明教授作了点评,课程思政不仅是文字与口头表面的传递,更应是"没有中有"的辩证关系,是师生间心灵的传递,课程思政应该与一流课程建设紧密结合,课程思政离不开应有的国际视野与教师的前沿学科研究。(王蔚)

《新民晚报》2021年1月7日

**宝山区人口指导中心与上大举办性健康知识讲座**

2020年12月22日晚,为了大力引导学生们树立正确的性观念,保护自身生理健康,正确对待两性问题,在宝山区人口计生指导中心和大场镇计生办的大力支持下,上海大学计划生育办公室联合社区学院在新世纪社区开展了一次性健康知识讲座。

此次讲座由上海市复旦大学附属红房子医院主任医师李昕主讲。李医生从普及两性生理解剖知识,到如何避免不靠谱的避孕方法而导致意外妊娠及各种性病,再到如何科学避孕等,她还不时地将自己临床门诊案例巧妙地融入讲课中,内容丰富,使得整场讲座妙趣横生、通俗易懂。

本次讲座为大学生们提供了一个了解两性知识的机会,尤其是让同学们对如何科学避孕、避免非意愿妊娠、预防性病及艾滋病等知识有了更为深入全面的了解。现场有100余名大学生参加了讲座活动。

《新民晚报》2021年1月13日

**上海大学老师联袂谈科技创新 "比""学""赶""超"入"创新中国"**

5日晚,首批国家精品在线开放课程"创新中国"第17季第六周线下课程如期开课。"项链模式"始终温暖而又智慧,延展在这冬夜的课堂。这是新年第一堂"创新中国"课,也是"十四五"期间第一堂"创新中国"课。环化学院教授邓小勇和通信学院王潮教授应邀联袂教学。上海大学教务部副部长顾晓英主持课程。上海大学党委常委、宣传部部长胡大伟老师专程赶到课堂,与同学们热情互动。

邓小勇老师结合十九届五中全会,谈了自己对"坚持创新在我国现代化建设全局中的核心地位"的理解。他指出,科研工作要与"四个面向"结合,尤其是要"面向人民生命健康"。这是邓老师研究纳米生物材料的初心,他和团队一起在执着研究,改进现有的医疗手段和医学检测技术,尽己所能为人民谋幸福。他向同学们描绘了纳米技术、纳米载带技术和纳米诊断技术的研究现状和临床应用前景,指出靶向率低是现阶段纳米技术治疗癌症的主要瓶颈,为改进这一问题,国内外的科学家提出了多孔硅分步靶向、DNA纳米机器人等设想,但仍需克服人体内部复杂多变环境的影响。最后,邓老师强调研究过程中要发挥创新作用,善于发散思维、逆向思考,从不同的角度看待、思考问题。

王潮老师分享自己对上海大学校名、校徽和校训的理解,指出要建设与城市名字相匹配的大学,建设世界一流大学,就要紧紧围绕求实创新的校风开展工作。王老师结合自己对量子密码、城市大脑等方面的研究,讲述了对钱伟长教育思想中打破学科壁垒的理解,深入剖析了大数据、人工智能、密码学、物流管理、信息学等学科如何交叉融合,如何发挥作用共同解决问题,并介绍了现阶段最新研究成果。最后,王老师强调要用好学校现有资源,利用综合性大学的优势,在夯实专业知识的同时,培养爱国情怀和政治素养,努力做到全面发展。

同学们通过"学习通"平台积极提问。胡大伟部长回应学生,他希望大家培养学习的主动性,积极获取各类信息,他适时引入上海市委书记李强同志在市委季度工作会议上强调的"比学赶超"精神勉励青年学子,学会找差距,学会吃苦耐劳,学会孜孜不倦地探索,学会永远保持好奇心,将创新精神融入方方面面"比学赶超"。

学生纷纷表示,应该充分用好学校各方面资源,培养自己的家国情怀,打开眼界拓宽思路,丰富看待问题的方法,多角度思考,立志成为全面发展的卓越创新人才。(殷晓 许婧)

"中国新闻网"2021年1月13日

**感悟信仰力量,上海大学百名师生齐诵《共产党宣言》**

"《共产党宣言》中印象最深刻的一句,就是'全世界无产者联合起来',"法学系大四学生、预备党员高梓渊说,这让他想到此前学习党史过程中了解到的一路艰辛和奋斗,更激励自己更加努力学习、工作,希望汇聚成更大力量,为全人类的幸福而努力。

1月18日中午,"上海大学百名师生齐诵《共产党宣言》"主题活动在上海大学宝山校区溯园举行,共同追念先辈精神,体味真理味道,感悟信仰力量。

今天是陈望道诞辰130周年,他是《共产党宣言》第一个中文全译本的翻译者。从1923到1927年,他一直担任上海大学中国文学系主任,"五卅"惨案后,他兼任上大教务长和代理校务主任,主持行政和教学工作,为上海大学留下了宝贵的精神财富。百年穿梭,红色基因早已融入上大人的血液,红色已经成为上大人最鲜明的底色。

活动伊始,社区学院2020级本科生孔祥语、孔学梁、熊尹悦深情朗诵了学生原创作品《我是红色基因传承人》,表达了上大学子铭记先辈精神,传承红色基因,勇担历史使命的坚定信念。退伍学生代表熊子歌现场朗读了入党申请书,表达了永远听党话跟党走,为共产主义奋斗终身的愿望。上海大学上海电影学院、法学院、计算机科学与工程学院党委现场接受了退伍复学学生熊子歌、卢屹、袁小松递交的入党申请书。

最后,全场师生齐诵《共产党宣言》,在重温红色经典中守望初心,洪亮的声音在溯园久久回荡。

据了解,"百名师生齐诵《共产党宣言》活动"是"传承红色基因,激活红色中枢,释放红色能量,培养红色传人"献礼建党百年系列活动之一。接下来,上海大学将组织策划"百名学生采访百名党员榜样、百名新生致敬百名上大英烈、百千心语祝福党的百岁华诞、百名学生党员讲述百年上大校史、百名学生党员开展红色社会实践、百名学生党员先进事迹表彰宣传"等系列活动,培养学生的爱党爱国情怀,向建党百年献礼。

"上观新闻"2021年1月19日

**上海大学举行微党课比赛,用"小切口"讲"大故事"**

1月19日下午,上海大学机关党委"走在前 作表率",主办"学'四史'守初心,担使命共育人"微党课比赛。上海大学党委常委、宣传部部长胡大伟,机关党委书记钱峰出席。社区学院党委书记邓志瑞、经济学院党委书记陆甦颖、社会学院党委书记沈艺应邀担任评委。机关党委挂职干部、社会学院团委书记刘娇蕾老师担任主持。机关党委委员、教务部副部长顾晓英老师介绍了比赛筹备情况,预祝老师们用一堂堂精美的微党课给党的百年华诞献礼。

"1921年,中国共产党从红船扬帆起航直至成为巍巍巨轮,百年来,历经革命、建设、改革的不同时期,始终坚持'扎根于人民'。"胡大伟率先走上讲台,讲授了一堂题为"牢记使命扎根人民,培根铸魂齐心协力"的微党课。他指出,正是因为中国共产党一直牢牢地扎根于人民群众,才能拥有对基层强大的组织能力与动员能力。最后,胡大伟勉励大家践行立德树人,"不忘初心,方得始终"。

本次比赛得到机关各部处的积极响应,不少单位事先举办了初赛选拔,最终推荐20位老师参赛。经现场抽签,教案展评及5分钟党课,选手们结合"四史""校史",依次结合业务、党务工作,凝练党建举措成果成效,选取小故事诠释大趋势,用小切口讲述中国故事、上大故事和部门故事。

采招办王瑞讲授"强化党建引领,为采购提质增效";校团委张真真讲授"践悟使命担当,奉献青春力量";党政办赵志华讲述"由第五轮学科评估看上大品格";教务部工训中心青年教师董笑凡分享"走得再远,都不能忘记来时的路";组织人事部尚彩伶讲授"'四史'涵养大历史观,发挥'两个作用'开启新征程""老上海大学章程与新上大一流内控建设";刘璐鼓励学生"追梦新时代,青春献国防"……20堂微党课带领大家重回中国共产党人的精神家园,感受优秀民族文化;20堂微党课展示了上大机关员工"只为成功想办法,不为困难找理由"的精神风貌。

评委邓志瑞认为,老师们准备充分,表达清晰,20堂微党课内容丰富,形式多样。他给出建议,微党课要有血有肉,要透过历史事件,说清楚其内含的道理,讲透彻其内蕴的精神内核。

陆甦颖指出,讲好微党课首先要明确受众,根据授课对象设计课程。其次,党课是要有效传达党的知识和精神。最后,要体现"微",选材上要注意以小见大,可以联系工作实际,用小故事、小细节讲述大道理。

沈艺表示,担任评委也是一次难得的学习机会。她指出,本次微党课比赛体现出三"高"。首先是老师们讲党课、听党课的热情之高,让人感动。其次是老师们授课水平之高,让人激动。最后是老师们参与比赛的积极性之高,让人动容。她提出建议,上好微党课要把握好"微",务必做好素材的浓缩和提炼工作。在"微"的基础上,把握好"深",把问题讲深讲透。最后,课程切口要"小"。

机关党委书记钱峰用三个关键词表达"听课"体会。第一是"收获"学习,老师们的微党课带给在座"学生"深刻又别致的学习体验。第二是"启发"思考,微党课比赛的成功举办再一次验证了党支部的战斗堡垒作用和党员的先锋模范作用。今后机关党委将依托支部开展丰富的主题活动,形成"一支部一品牌"。第三是"感谢"支持,感谢参赛老师积极参与,感谢三位评委并肩作战开展党建活动,感谢各部门领导对于活动举办、选手备赛比赛给予了全方位指导和帮助。最后,本次比赛评出特等奖1名,一等奖2名,二等奖3名,三等奖4名,优胜奖10名。(柳琴 曹园园)

"学习强国"2021年1月25日

**留校过年味也浓:上海大学千余名师生留校过年,学校策划了上百场活动**

新春将至,上海大学校园里的大红灯笼已高高挂起,随处可见的春联、窗花,学校提前为千余名留校师生营造了新春氛围。

2021年2月2日,记者来到上海大学宝山校区看到,食堂的各值班餐厅留守第一线为留校师生提供优质的暖心服务,保证大家第一时间吃到热气腾腾的可口饭菜。

公寓办工作人员坚守一线,用小小黑板书写暖心留宿须知,为每一位留宿学生讲解留宿注意事项和防疫安全事宜。

来自文学院、国际教育学院的30余名中外学生更是齐聚一堂,在老师的指导下,一同写春联、贴福字。

据悉,为进一步营造温馨的节日氛围,上海大学在这个特殊的寒假精心策划了假期观影、趣味运动会、学术读书会等百余场活动。

"上观新闻"2021年2月3日

**上海大学材料科学与工程学院党委:学"四史"聚力新时代,重落实共铸强国梦**

材料科学与工程学院党委紧扣"实"字推进"四史"学习教育,坚持支部学习和结对学习相结合、坚持红色经典学习和专业资源挖掘相结合、坚持学习教育和推进工作相结合,聚焦中心工作和学院实际,推动将学习教育效果转化为凝聚师生的生动实践,转化为推动学院和学校发展的生动实践,转化为为党育人、为国育才的生动实践。

**一、扎实开展"四史"学习教育,不忘立德树人初心、树立科技报国之志**

1. 紧扣"三做实",确保"四史"学习教育扎实有序开展

做实系统谋划。按照上海大学党委统一部署,学院党委第一时间研究制订"四史"学习教育实施方案,成立"四史"学习教育领导小组。学院党委书记和院长任组长,党委副书记任副组长,党委委员和党政班子成员为成员,领导小组下设办公室,协同推进。在资源保障方面,增设"四史"学习教育专项工作经费,给每个支部配套2 000元工作经费。

做实党委领航。推出党委"领航工程",制定了"5+1"学习清单——党委中心组成员和党委委员需要完成"和支部共学习、给支部讲党课、到支部做调研、为群众解难题、向组织荐人才"五项任务和一项自选相关任务。学院党委中心组开展双周"理论半小时"学习,邀请学校组织人事部、宣传部、文明办、纪委办、发展规划处等职能部门的老师和学校特邀党建组织员等开展专题讲座。

做实统筹推进。5月22日,学院召开"四史"学习教育部署大会,党委书记王江开展

"四史"学习教育部署。按照分类施策原则,制定学院党委、党支部和党员学习教育任务清单和学习资源手册,提供具体化、精准化和差异化的指导。建立"学院党委—党支部—党员"三级联动学习机制。自5月22日以来,组织党委理论学习中心组学习9次,支部书记和支部委员学习3次,基层党组织书记讲党课32次,42个党支部组织641名师生党员开展各类学习180余次。

2. 推行"双结对",促进"四史"学习教育互学互促同进步

校外联组学习求实效。学院党委中心组与上海应用技术大学材料学院联组学习"四史",在服务国家发展战略中谋合作;上海市党建工作样板党支部——特殊钢精炼教工党支部与业内知名企业——中冶赛迪上海工程技术有限公司第一党支部联组学习"四史",促进党建理论与业务合作双提升;复合材料研究中心教工党支部联合校工会与东方国际集团党委第五党支部联组学习"四史",参观"继往开来　领跑时代"——东方国际集团劳模风采展,交流研讨中国纺织产业的变革。

教师党支部开展多形式联组党课。特殊钢精炼教工党支部和环化学院健康纳米教工党支部联组聆听校党委常委、副校长吴明红教授讲党课,学习研读《习近平谈治国理政》第三卷;上海市"双带头人"工作室——"老刘工作室"所在的材料研究所教工党支部与学校发展规划处党支部共同参观金山区"四史"学习教育主题沙雕展,并开展情景党课;电子信息材料教工党支部与学校采购与招标管理办公室党支部共赴陈云纪念馆开展情景党课;金属凝固教工党支部和冶金资源综合利用教工党支部共赴崇明烈士馆开展情景党课;无机宝石教工党支部和材料物理教工党支部共赴渔阳里和孙中山纪念馆开展情景党课。

师生党支部,学生党支部之间联组学习。金属材料教工党支部联合研究生党建中心赴社区学院开展交流。材料物理教工党支部、无机宝石教工党支部与2019级电子系研究生党支部通过读原著、看电影、共座谈等形式促进师生党员之间的交流。2019级材料系研究生第一、第二、第三、第四党支部通过在线学习习近平总书记系列重要讲话精神、观看抗"疫"故事,党员志愿者分享、重温入党誓词等方式促进学生党员把初心落在行动、把使命担在肩膀。

**二、深入发掘材料学院前辈精神,承上下求索、业精于勤强国情**

1. 开办"溯才讲堂",邀请学院老一辈先进典型讲"四史"

学院发展历程中,涌现出徐匡迪院士、孙晋良院士、周邦新院士等老一辈先进典型,他们是学院发展的重要开拓者,他们的成长经历、奋斗故事和工作感悟,是"四史"学习教育的鲜活素材。学院开办"溯才讲堂",邀请老一辈先进典型为师生讲学校、学院和学科的发展史。先后邀请并校后学院第一任院长夏义本教授、第一任党委书记王翠珍老师以及第一任副院长、副书记陆翠兰老师讲述他们团结奋斗,推动学院稳步发展的故事。

2. 组建"溯才寻访团",学习徐匡迪院士的品格和境界

徐匡迪院士曾在材料学院任教,他为中国钢铁实业发展殚精竭虑,为全国冶金行业培养了一大批钢铁冶金的栋梁之材,为学院冶金学科发展呕心沥血。学院组建"溯才寻访团",学院党委书记王江任组长,党委副书记刘文庆、祁晶和青联会会长郭凯任副组长,上海大学特邀党建组织员陆翠兰任顾问,学院青年教师、组织员、辅导员和学生为成员。

"溯才寻访团"先后寻访了徐匡迪院士的入党介绍人马金昌、学生丁伟中、郭曙强和徐匡迪院士的同事夏义本、王翠珍、李麟、任忠鸣、尤静林、张恒华。在采访中,访谈师生一直被徐匡迪院士报国兴国的壮志豪情、业精于勤的科研精神和真诚乐观的生活态度深深打动。

**三、重点聚焦"四个面向",促"四史"学习教育成效转化**

1. 以学生为中心,教育教学改革赋能全方位育人

实施全程导师制,将全员育人落到实处。学院全体教师进入全程导师信息库,不仅研究生有导师,本科生也实现"人人有导师"。全程导师包括选派社区学院的新生全程导师、以专业为单位设置的学业导师、指导学业与科研实践的专业导师和指导"双创"的校友导师,由教授担任班主任,导师全方位关心学生的学习与思想,全力开展思想引导、学业辅导、专业教导、生涯规划与就业指导、心理疏导,使学生享受"宽口径、厚基础、重能力、求创新"的定制化人才培养方案。

探索理工学科课程思政建设,扎实推进习近平新时代中国特色社会主义思想进教材、进课堂、进头脑。学院将课程思政和专业教育教学有机结合,鼓励思政课教师与专业课教师合作开展教学教研,鼓励支持院士、"杰青"、国家级教学名师等带头进行课程思政建设。学院成为首批入选"上海高校课程思政领航计划"的"重点改革领航学院"之一,是上海大学7个市级课程思政"领航学院"之一。学院共入选1个"上海高校课程思政领航计划"之"特色改革领航团队"和13门"精品改革领航课程",重点建设1个课程思政教育教学改革示范专业、5门校级课程思政示范专业课程和2门课程思政通识类课程。

2. 久久为功,创新科技赋能产业发展

持续争取产业合作,满足国家重大需求。在重视基础研究基础上,学院积极围绕国家战略新兴产业需求和学科发展主要方向,加速科技成果转化力度,集聚优质创新创业资源,打造一流学科成果转化实践示范平台。学院分别与冶金工业信息标准研究院、秦皇岛佰工钢铁、安徽富乐德科技、山东华星新材料、爱迪升电镀、敬业集团、7412工厂、通光集团、江苏新华合金、宝武集团、泛亚汽车、凤宝管业、美国华瑞科学仪器、上海上惠纳米、上海麦克林生化科技、上海索朗、上海九晶、上海联孚、华力半导体等国内外企业签署全面战略合作协议,加快成果推广应用,为企业技术创新做出重要贡献。学院鼓励教师到长三角地区挂职锻炼,推动与地方政府对接合作,尤其是与浙江绍兴、海盐、嘉善、宁波、金华、江苏张家港、吴江汾湖、通州、泰州、盐城、海门、常州新北及安徽宣城等区域合作,建立以上海大学—海盐紧固件产业创新平台、上海大学(汾湖)新材料研究院、上海大学(泰州)新材料研究院、省部共建高品质特殊钢冶金与制备国家重点实验室张家港产业中心等为代表的多个材料学科—区域产业研究院或合作平台,为学院科研发展建立创新创业基地。

围绕产业需求,重大科技成果转化取得突破性进展。吴晓春教授的"先进工模具钢及应用技术"转化项目,签约金额3 000万元,是"十三五"国家重点研发计划专项项目;钟云波教授的"高强高导铜合金制备技术"转化项目,签约金额1 800万元。学院还长期致力于抗菌材料的研发,为应对新冠肺炎疫情防控形势,董瀚教授领衔的团队成功研制能有效杀灭冠状病毒的纳米银灭毒喷雾样品,提供给学校行政和后勤部门进行校园消毒,

紧急生产部分灭毒剂交予无锡市卫生局,为奋战在抗击新冠肺炎一线的防疫人员提供防护物资。目前研发的相关抗菌民生产品已在2020年工博会上亮相。

3. 风正扬帆,团队建设赋能高水平学科建设

齐抓共管双循环,做好学科评估工作。学院坚决落实学校党委指示部署,扎实准备学科评估工作。为充分发挥党员的先锋模范作用,成立了材料学院学科评估临时党支部,认真准备评估材料。学院学科评估实施"双循环"工作模式,院长每周组织学科带头人开展"头脑风暴",找准定位,挖掘资源,提高站位;院党委书记每周组织年轻骨干,就学科带头人讨论的意见对评估材料进行修改完善。

主动凝练方向组建团队突出学科特色。为顺应国家发展战略,秉持长远发展和做好内循环,学院鼓励课题组或团队申请以团队制运行和考核,促进学院科研和教学工作的健康稳定发展和青年人才成长。按照自愿申请原则,组建了14个科研团队,9月30日,在校领导的见证下,学院与所有科研创新团队完成签约。

"四史"学习教育让学院师生深切感受到红色政权来之不易、新中国来之不易、中国特色社会主义来之不易,深刻感受到徐匡迪院士及老一辈材料人攻坚克难、业精于勤、爱国奉献的精神。学院师生将继续把"四史"学习教育成效转化为脚踏实地、团结一致、立德树人、业精于勤、科技报国的实际行动,为把材料科学与工程学院建设成为上海大学的"硬核实力"学院,为把上海大学建设成为世界一流、特色鲜明的综合性研究型大学而努力奋斗。

"学习强国"2021年2月8日

## "中国革命历史是最好的教科书,常读常新"——习近平总书记给上海市新四军历史研究会百岁老战士们回信在上海各界引起热烈反响

(上略)

利用党史教育青年学生,上海大学很早就进行了探索。2012年,上海大学影视艺术技术学院王晴川老师就联合上海市新四军历史研究会理事余江如,整合上海大学新闻传播学科和电影学科的师生力量,开展了以《红色传承》为主题的电视纪录片创作工程。以客观记录和人物采访的方式,记述在世的老红军、八路军和新四军老战士亲身经历的革命故事与峥嵘岁月,讲述在革命战争年月里鲜为人知的故事。参与创作的学生主要是上海大学新闻传播学科和戏剧影视学科的研究生,至今已累计覆盖300多名学生。

近十年来,团队已创作完成100集《红色传承》电视纪录片,并已经全部在上海广播电视台视频点播平台分20期(批次)上线播出。读了总书记给百岁新四军老战士们的回信,王晴川和余江如感到非常激动,他们表示,一定牢记总书记的殷切期望,坚持创作好《红色传承》系列纪录片,把立德树人写在祖国的大地上。

参与《红色传承》系列纪录片的创作工作,令2019级新闻传播学专业研究生汤晓洁不仅对红色文化有了更深入的了解,还能结合专业所学将那些鲜为人知的红色历史呈现在大众面前。汤晓洁说,让红色遗产得以保存,红色资源得以流传,是一件非常有意义的事情。"看到习近平总书记的回信之后,我感到特别振奋。虽然我目前所能做的事情有限,但我们的坚持与努力是有意义的。接下来,我将更加努力学习与工作,用更完美的作

品来致敬这些老战士,致敬中国共产党建党100周年!"

《光明日报》2021年2月21日

**环上大科技园"零号基地"正式启动**

　　昨天,环上大科技园"零号基地"正式启动。一季度,上海大学首批大学生创新创业团队将入驻。为鼓励和吸引更多大学生创新创业,记者在现场看到,位于地下一层1 000多平方米的双创空间已准备就绪,未来入驻的学生创业团队将在这里享受项目孵化、市场需求对接以及法律、政策、税务等一条龙服务。上海大学国家大学科技园宝山园区挂牌暨上海环上大科技发展有限公司开业挂牌仪式,昨天也在上大路668号环上大科技园零号基地举行。相关负责人介绍,改造后的基地将集科技成果展示、师生创业服务、办公空间共享、校友活动开展等功能于一体,使服务师生科研成果转化的"首站"功能作用更加强大。环上大科技园以大场镇、城市工业园、南大生态智慧城为核心区,通过辐射带动,逐步拓展至北上海生物医药产业园、机器人产业园等特色产业园区以及吴淞创新城等重大板块。总体规划面积约57平方公里,核心区约21平方公里。昨天,除了"零号基地"正式启动,位于核心区的环上大科技园一号至三号基地同步揭牌,其中:一号基地即临港城工科技绿洲,以"创新驱动核"为功能定位,立足打造立体城市办公新地标、助推高端产业及科技发展的新引擎,成为集总部经济、研发办公、科技创投、展示体验于一体的智慧创新型综合体。二号基地即上海国际研发总部,以低密度、高品质、花园式办公问鼎北中环商务标杆,挂牌国家级创业孵化示范基地、市文化产业园区、市信息化产业基地等,重点引进人工智能、大数据、新材料、生物科技、数字经济等战略性新兴产业,积极承接大学科研成果转化,打造科技创新产业集群。作为上海科创中心建设"四梁八柱"之一的三号基地——石墨烯功能型平台,经过三年的加速发展已成为石墨烯新材料、新产品、新产业、新企业的孵化器和发动机,并逐步打造成为具备检测、交流、投融资服务、知识产权运营与产品推广等功能的复合型平台。上海大学党委常委、总会计师苟燕楠告诉记者,环上大科技园将牢牢抓住难得的发展机遇和窗口期,尽快形成创新创业活力持续迸发、科技成果转化明显增长、高新技术企业快速集聚、创新创业生态不断优化的发展态势。未来,这里将形成校区、科技园区、城市社区相融相伴、共生发展的良好局面,成为上海科创中心主阵地的策源功能区,高校科技成果产业化的重要承接地,打造经济规模千亿级的科创产业高地。昨天同时开业的环上大科技发展有限公司是由宝山区和上海大学合资成立的环上大科技园运营平台公司,未来将加快集聚创新资源、荟萃高端人才、优化创业服务,引进更多科技型、成长性高精尖项目落户入园。开园以来,落地企业18家,近期拟落地企业、项目10家,在谈项目14家,拟新增孵化器4家,初步形成项目加速落地、资源加速集聚的良好生态。(储舒婷)

《文汇报》2021年3月1日

**对于高校思政课,这两位全国政协委员有话要说**

　　人生有许多重要阶段,大学对青年来说是至关重要的一段。习近平总书记曾在全国高校思想政治工作会议上指出,要把思想政治工作贯穿教育教学全过程,特别强调了教师在思想政治工作中的重要作用,高校教师要坚持教育者先受教育,努力成为先进思想文化的传播者、党执政的坚定支持者。

在今年的全国两会上,全国政协委员吴焕淦将提交一份《关于以校园文化建设为抓手推动教师思想政治工作的建议》的提案,为大学如何立德树人支招。事实上,除了担任上海中医药大学上海市针灸经络研究所所长,吴焕淦还有一重身份是针灸学专业教师。"四年前,我们大学就开始探索课程思政的工作,以构建全员、全程、全课程育人格局的形式,将各类课程与思想政治理论课同向同行,形成协同效应。"与此同时,长期关注思政教育的全国政协委员汪小帆也对思政这一话题表示"有话要说"。

(中略)

**进一步发挥课程思政与思政课的协同效应**

身为上海大学副校长的全国政协委员汪小帆,近年来也十分关注高校的思政教育。他在调研中发现,思政课教师的数量不足、水平参差不齐的问题依然存在,课程思政与思政课"两张皮"的现象依然较为明显,对于课程思政的理解依然未能形成共识等。

为此,他建议,以新技术新理念加快提升思政课的整体质量。我国各个高校在疫情防控期间积极应对,开展了大规模的在线教学活动以及学生论文的在线指导等,学校的精心组织、教师的认真准备和学生的积极参与等都值得充分肯定,其中涌现的大量的改革创新案例更值得好好总结和发扬。建议教育部牵头组织,以新技术新理念破解思政课教师数量不足、水平不一的瓶颈问题,也为新常态下的其他课程的教学改革提供指导。

汪小帆在调研中还发现,目前课程思政的一个关键问题在于理念,即对于什么是高质量的课程思政尚未形成共识。如有的认为每次上课前花几分钟讲一讲思政的内容就是课程思政,有的则存在生搬硬套的现象等。为此,他建议能够加大宣传并进一步落实,通过在不同专业树立一批示范课程切实起到引领作用并形成共识。他还建议,以示范课程引领课程思政更好发挥协同效应。

他还建议,以考核为抓手助力思政课与课程思政改革落实。建议能够把在思政课和课程思政上的改革成效作为考核学校的重要内容,同时要求各个学校在考核院系和教师时也把思政课和课程思政的改革成效作为重要内容。

**看上大是如何在全校各院系推进课程思政**

汪小帆表示,近年来,不少高校在课程思政协同方面都做了有益的探索。

以上海大学为例,学校努力构建以教师思政能力为基础的课程思政六层体系。2017年开始全面启动课程思政方案,明确"各门课程都有育人功能,所有教师都负有育人职责",建设课程思政试点课程70门,成为2017年上海市课程思政示范校。

此后,通过示范课堂建设、公开课观摩、各级各类研讨会等载体,上海大学在全校各院系推进课程思政,建设"课程思政"微课、在线课程等65门,遴选首批10门试点课程作为示范课程建设项目,评选10个特色课堂,举办教学研讨会、教学沙龙、教师工作坊、微课比赛、示范课程评选会和教学展示活动等交流提高活动20余次,立项课程思政著作12部,编写课程思政优秀案例50个。

上大还打造了由150名教授参与的11门"大国方略"系列课程。"创新中国"公开课在"学习强国"头条报道,点看2 200多万次,点赞40余万次。学校2017年、2018年连续两年成为上海市课程思政整体改革高校,2019年入选"上海市课程思政领航校"。

此外,上海大学课程思政专家团队还曾和人民网开展公开课等合作,推出教师教学能力提升公益直播项目"领航课程思政　落实立德树人"课程思政专题培训。

汪小帆说,上海大学去年下半年先后召开了本科教育大会和研究生教育大会,出台的文件中都明确把加强学生思政工作,包括加强思政课和课程思政建设作为重要内容,后续将不断加以推进落实。(范彦萍)

《青年报》2021年3月3日

**多地创新党史教育形式　让党史教育热潮在青少年群体中澎湃涌流**

创新党史教育,强化思想政治引领工作,是当下的重要课题。时下,多地创新党史教育形式,不断激活青春动能,让党史教育热潮在青少年群体中澎湃涌流。

**网上党课讲活红色故事**

"这本书,我们一读再读。每次读,都会感叹它的品格和力量。"像唠家常一样,一节党课开始了。"旷世宣言惊风雨"的主题之下,讲的就是那本"区区一万多字却一经问世就震动整个欧洲的小册子"——《共产党宣言》。

这是"给90后讲讲马克思"音频党课中的一集。2018年4月以来,共19集、每集约一刻钟的"给90后讲讲马克思"上线喜马拉雅、蜻蜓FM等平台,在上海乃至全国年轻听众中间引发"追剧"效果。

系列党课还原伟人平凡的一面,并在有限的时间内立足现实阐释经典理论,通过音频的形式充实年轻人的"碎片时间",让思想理论教育进入日常生活。

这一网红党课的幕后创作者,来自中共上海市委党校、上海市党建服务中心等单位。"对年轻人来说,马克思可能是'熟悉的陌生人',宣言可能是'高大上'的经典理论。"中共上海市委党校副校长曾峻说,创新党课形式,让年轻人理解伟人思想的形成根植于时代和实践,是丰富而立体的,宣言不是"板起脸讲道理的论文",而是内容和形式完美结合的理论著作、文学著作。

"以前对马克思的印象主要来自课本,这次音频党课让伟人变得很亲切,不知不觉就理解了一些经典理论的知识点。"上海年轻白领沈燕说。

**文创产品挖掘红色IP**

"望志路106号"冰箱贴、"树德里"笔记本、放有"密函"的文创套盒……这些由中共一大会址纪念馆文创团队研发的"又红又潮"产品,让红色历史有了新的传播载体。

"年轻的朋友来到纪念馆参观,我们既关注能让他们看到什么,也在思考,他们能从一大会址带走什么。"中共一大会址纪念馆副馆长宋依璇说,纪念馆以12万件馆藏为基础,精心提取红色元素,通过文创产品还原背后故事,启发新一代奋斗者思索、理解党的初心使命。

一段段党史故事自带IP属性,以此为基础的红色文创让红色教育走出场馆,传播更远。2020年,中共四大纪念馆也发布了以馆内"工农联盟"主题雕塑为原型的"Q版"人物设计盲盒。"传播红色文化也能跨界。我们希望用年轻人喜欢的方式,吸引年轻人了解更多党史。"中共四大纪念馆馆长童科说。

上海市政协委员王慧敏说，接下来，红色文创品牌效应还须继续扩大，红色文创产品供给还要在质量、数量上不断优化。

**线下研学拓宽红色阵地**

上海市中共党史学会会长忻平说，把红色故事纳入中小学和高等院校的教学教材体系，开设红色文化专题课程，有助于优化党史教育进学校、进课堂、进教材的方式。

早在2019年起，中共一大会址纪念馆就策划推出"话说一大：听'00后'讲建党故事"中小学生研学活动，让"小小少年"用稚嫩童音讲述他们学习到的建党小故事。活动中，苏浙沪三地的"00后"学生实地走访红色地标、学习调研、收集资料、撰写文章，在研学中与红色历史"隔空对话"。

"这样的研学活动，让孩子们在建党'大历史'面前不再只是听众，他们自己也可以成为讲述者。"中共一大会址纪念馆副馆长徐明表示，研学活动鼓励孩子们融入自己的思考和爱国情感，可以成为青少年的政治启蒙，有利于流淌红色血脉，传承红色基因。

2019年7月，坐落于江苏省南京市玄武区长江路上的中共代表团梅园新村纪念馆，建起了"小红梅"青年学习社。该学习社不断拓宽党史教育路径，突出思想性和战斗性，从青年化语言、青年化体验、青年获得感三方面入手，帮助青年群体明辨是非、澄清谬误。

梅园新村街道团工委书记朱源说，网上有人说志愿军"胜之不武""两只手扳人家一个小手指"，对于这些言论，学习社线下组织研讨会，线上开展正面斗争，加以驳斥。"我们敢于发声亮剑，吸引来一批'铁粉'。"

**"就现在讲当时"，青少年党史教育贵在润物无声**

要让青少年发自内心热爱党、热爱祖国、热爱人民，就需要引导他们认识到祖国建设的伟大成就和今天的幸福生活归根结底来源于党的正确领导、来源于革命先烈的英勇牺牲、来源于人民群众的艰苦奋斗、来源于我国社会主义制度的优越性。

当前，青少年思想多元、信仰多元、需求多元、群体分化，但思想政治引领不能被边缘化，而要通过平易近人、润物无声的形式，广泛占领青少年思想阵地。

在曾峻看来，过去党史教育得不到年轻人青睐，主要是没有立足他们所处的现实环境去阐释党史，容易"就当时讲当时"。

"话说得太满，反而不真实。平凡人做出伟大的事，更显得伟大，推向极端反而不好。"曾峻说，年轻人思想活跃，有好奇心，生硬灌输往往适得其反，在党史教育过程中强调"就现在讲当时"，青少年的接受程度才会高。

忻平说："要了解当代广大年轻群体的兴趣爱好和思维特点，讲更容易被他们接受的红色故事。"（郭敬丹　陈席元）

"学习强国"2021年3月3日

**上海大学举办第15期"学党史、融'四史'周周见"云上分享**

2021年3月1日，开学第一天，由上海大学教务部和党委教师工作部主办、新闻传播学院承办的第15期"云上思政"领航者云准时开讲，拉开了新学年"学党史、融'四史'周周见"活动序幕。校教务部副部长顾晓英教授和新闻传播学院党委书记邓江联袂主持，新闻传播学院汪洋和虞国芳两位副教授联合主讲。上海大学多个院系教师与部分党政工教职工同聚"云"端,在"线"参与。

顾晓英在主持中介绍,"云上思政"教师培训活动每期由不同院系承办,当期承办院系教师分享课程思政建设经验。她期待在党的百年青春华诞之年,有更多教师走上讲坛,结合自己的专业、工作,讲好课程建设中的中国故事,讲好中国共产党故事。

邓江指出,新闻传播学院课程思政工作机制基于全院一盘棋,学院激活业界导师和学界导师资源、搭建与新闻媒体、校企的合作平台,做到项目建设反哺课程思政。学院所有课程,都必须从学科体系的高度,体现马克思主义新闻观的全落实,以课程思政成效为第一考核标准。此外,基于学科特点,结合专业课程,加强设计制作党史相关影像作品等实践环节培养,发掘党史故事,在红色传承中培养专业人才。

新闻传播学院副教授、知名纪录片导演、戏剧编剧、影评人汪洋以"激活蕴藏于历史的力量"为题,介绍《中国新疆之历史印记》的制作思路、福建泉州的历史文化遗存。新疆与泉州曾为古代陆上丝路和海上丝路的途经之地,他将两者历史痕迹相互映照,展示出各种文化相互交融,美美与共的历史画面,从而揭示出中华文化魅力之所在、文化自信底气之所在。

上海大学"伟长学者"、新闻传播学院副教授、安徽省宣传文化领域(新闻类)拔尖人才虞国芳主讲"主旋律短视频的'网红'特质"。他指出,影像作品制作要从以下三点着手,即内容为王、全新视角和以情动人。他认为,作为一名跨学界和业界的专业课教师,有责任有义务引导学生用影像去生动表达党史故事。

据顾晓英老师介绍,上海大学"云上思政"领航者云系列活动创始于2020年10月,迄今已举办15期。15家二级学院的党委书记、院长和骨干教师进行了分享,呈现了学院或系部特色,展示了教师风采,搭建了跨院系、跨学科、跨院校、跨时空的课程思政云上交流平台,有效提升了专业课教师课程思政意识和能力,营造了上海市课程思政领航校建设的良好育人氛围。(殷晓 许婧)

"中国新闻网"2021年3月5日

## 上海大学"光影中国"探寻党史里的"中国面孔"

上海大学红色传承系列之"光影中国"新一课——"中国面孔"开讲。3月3日,上海市"社科新人"奖获得者、曙光学者、上海大学上海电影学院副教授齐伟,联袂上海电影学院教师、独立导演柴健讲述了那些新中国成立以来银幕上呈现的大时代里"小人物"形象。

新中国成立以来,一代代电影人努力用光影镜头记录党领导下的各条战线欣欣向荣的社会主义建设历史,一幅幅生动形象的奋斗者"中国面孔"永远镌刻在大家脑海。他们中有奋战在生产一线的工人;脚踩黄土,背朝天的农民;负重前行、保家卫国的军人;国士无双、风骨流芳的知识分子;诚实守信、守法经营的企业家;突破极限、为国争光的运动员……是他们,用平凡而伟大的行动谱写中国故事与铸就中国精神。齐伟分别分享了具有代表性的六类面孔及其在光影当中的呈现。

柴健导演结合参与《我和我的祖国》的拍摄经历,分享了个体与国家之间何以共鸣同构。影片呈现了新中国成立70周年以来的七大高光时刻,高光时刻下七组"小人物"的历史瞬间。家是最小国,国是千万家。国家的伟大,离不开她的人民。在中国电影中,越来越多的作品将镜头对准大时代下的小人物。他们的面孔也许并不是那么俊美,他们的故事也许微不足道,但是平凡的他们却自带光环。正是这些千千万万个普通中国人的面孔和故事,铸就了我们民族和国家一个又一个的高光时刻……

课堂上,师生互动贯穿始终。上海市思政课名师工作室"顾晓英工作室"主持人顾晓英表示,有思考、有点亮、有彼此激发思维的课堂才是好课堂。"光影中国"即将收尾,学生在课堂内外、镜头中深度体验,通过光影载体,熟悉大时代与小人物的互动,这是上海大学"红色传承"系列课程的设计初衷,用学术讲好党史故事,讲好新时代中国故事,有利于深植红色基因,让党史教育入眼入耳入脑入心。(郑宝 殷晓)

"光明日报"2021年3月6日

**公共艺术,关乎"幸福指数"——专访上海大学上海美术学院副院长金江波**

**当我们谈论公共艺术的时候,究竟在谈什么**

有人说,公共艺术带来美与愉悦;有人说,公共艺术帮助提升生活品质和幸福感。在上海大学上海美术学院副院长金江波看来,公共艺术是能为城市和乡村生活赋能的艺术,人人可以参与其中,感受艺术给生活带来的温度。

金江波 生于浙江省玉环市。上海大学上海美术学院副院长、教授、博士生导师。上海市政协常委、上海市文联副主席、上海市创意设计工作者协会主席、上海公共艺术协同创新中心(PACC)执行主任。

**对公共艺术而言,艺术家、大投资并非必需**

解放周末:近年来,公共艺术话题始终备受关注,但对于"什么是好的公共艺术",许多人并没有明确的概念。您认为什么是好的公共艺术?

金江波:我举一个例子吧。

在日本岩手县大槌町的一个山坡上,有一座白色电话亭。电话亭内设有一个可旋转拨号的电话机和记事本,旁边有一把长椅。拎起电话机你会发现,它并没有和任何线路接通,换句话说,这是一个打不通任何号码的电话亭。但就是这样一个电话亭,在设立后的几年内,迎来了上万名呼叫者,日本国家公共广播系统NHK还为之拍摄了一部纪录片。

这个公共艺术作品叫作《风中的电话亭》,它是大槌町居民佐佐木格于2010年在自己的花园中建造的。起初,佐佐木格是为了给自己一个私人空间,以抚慰自己失去亲人的痛苦。

2011年3月,日本发生9级地震并引发海啸,震惊世界,佐佐木格随即决定,把这一私密的电话亭空间向所有需要的人开放。后来,人们从四面八方赶来,走进电话亭,通过电话呼唤海啸遇难者或失踪者的姓名,诉说自己的思念与痛苦。

这个作品在由上海大学上海美术学院与国际公共艺术协会共同主办的第四届国际公共艺术奖中获奖。它不复杂,也不宏大,更称不上有多么美,却十分打动人。在诸多参评作品中,《风中的电话亭》脱颖而出,更重要的在于它表达了该地区民众独特的灾后情感,在于体现了公众的情感诉求。

如今我们讨论的"公共艺术",是从艺术家的象牙塔回归公共领域,从工作室走向街头,为城市、为人民服务的艺术。我们提倡的是艺术家积极投身公共领域,运用艺术的理念、艺术的思维、艺术的智慧和艺术的方法去介入社会场景的变化,推动社会变革转型,或是解决社会问题和矛盾,即地方重塑。对那些在灾害中失去亲人的人来说,这个简单的电话亭早已超越了其物理层面的价值,不仅给他们提供了情绪的出口,更表达了对逝者的尊重和对生者的关切。它正体现了公共艺术的价值和魅力。大众通过了解、接触这件作品,加强了对自身、对生命、对社会的认识。

解放周末:这件作品是否也能告诉我们,好的公共艺术作品的创作并不仅仅属于知名的大艺术家,或是依靠大投资才能创作出来。

金江波:是的,正如我前面所说的,好的公共艺术的核心价值在于地方重塑,帮助人们打开想象的翅膀,增强人们对某个地点、某座城市的温度的感知。艺术家、大投资所代表的名声和分量,或许能带来创作上的一些便利,但不是必需。有时候,减少对名家、大师的依赖,动员和挖掘一些民间智慧,反而是更"经济实惠"、更高效的做法,能够有效避免一些不切实际的投入。

**公共艺术的主体不是艺术家或者政府,而是公众**

解放周末:您从事公共艺术组织和推进工作多年,也参与许多公共艺术奖项的评选。根据您的观察,获得公众认可的公共艺术作品是否存在一些共同点?

金江波:享誉全球的公共艺术作品非常多,类型也非常丰富。有的作品美化了公共空间,比如新加坡樟宜国际机场内的《雨之舞》,让候机的人群看到随着音乐起舞的数控"雨珠",舒缓情绪。

有的作品成了城市地标,比如英国纽卡斯尔的巨型雕塑《北方天使》,纪念了当地光荣的工业历史和成就。有的作品推动了环境保护,比如墨西哥坎昆国家海洋公园水下艺术博物院的《无声的进化》,让雕塑与海底生物一起变成了新的景观。

能够打动人心、留存下来的公共艺术作品或多或少具备一些共同的特点,其中较为突出的是"三因",即因地制宜、因势利导、因人而异。

因地制宜,指的是作品创作的出发点是实实在在、土生土长的,它意在促进这个地方和外部环境的某种融合,而不是外来赋予、外加的意愿。在整个创作过程中,这个地方的历史风貌、人口结构、空间特色等特点,都被考虑在内。

因势利导,指的是作品的创意和设立是顺民意而为之,顺其势而导之。艺术家通过政策扶持,获得足够的创作空间和舞台,最终呈现出让本地人都能享受到的艺术成果。

因人而异,指的是不同的创作者面对不同的受众,会采用不同的创作方法,带来差异化的结果。艺术创作并没有一个标准答案,在特定时间由特定的艺术家所创造出来的公共艺术作品,便是一份特别的惊喜。

解放周末:可以看到,社会公众作为公共艺术作品的受众,在作品的整个创作过程中,始终被摆在重要位置,得到了特别关照。这是为什么?

金江波:公共性是公共艺术的本质,公共艺术的主体即为公众、民众,而不是艺术家或者政府。

其实,小到某个社区的公共艺术项目,大到整座城市的公共艺术活动,都由4个方面的力量参与其中，构成一个系统。政府往往是推动者，负责制定支持的政策、进行公共资源的配套，搭建好平台和舞台；民众是参与者，将自身对生活品质、生活色彩的诉求表达出来，并通过对艺术的参与来获得一种认同；艺术家是发挥创意的引领者，他们区别于那些属于规划性质的"硬性"力量，通过艺术的语言和方式来激活民众的参与；还有一方面是运营者。这里所说的运营者可能是地产商，通过市场的手段让艺术项目的实施发挥最大效率；也可能是策展人、批评家，他们负责对空间的改变脉络进行一些梳理，对情感和文化的部分进行引导，调动民众的参与心理。

因此，现在的公共艺术一定是个系统工程，需要这四方面力量共同投入，和我们过去所理解的做几个雕塑景观完全是两回事。公共艺术关乎的不再只是美的问题，随着城市的发展，它越来越关乎"幸福指数"，强调城市面貌焕然一新之后，民众的精神面貌的振奋与满足。

**用艺术和人文的方式来实现乡村的"精神造富"**

解放周末：公共艺术带动的地方重塑，不仅体现在城市，同样也给乡村带来了崭新的面貌。与城市相比，在乡村做公共艺术，有什么不同？

金江波：千万不要小看乡村。

中国的乡村土地非常广阔，也留下了优厚的历史文化资源，它既是承载了许多人乡愁的"家的味道"，又是许多人向往的"诗与远方"。用艺术和人文的方式来实现乡村的"精神造富"，有着广阔的前景。

用公共艺术的特性营造乡村环境、介入当代乡村建设，推动乡村复兴，最实际的受益者就是当地村民，他们是地方重塑的真正受益者和传承者，也是实现地方转型发展的内在动力。但在实际情况中，相当一部分属地居民的自觉意识还远未获得开发和解放，人们对艺术介入自我生活的现象抱持一种观望、谨慎或者"娱乐"的心态，这就需要参与者设计出一套成熟的方案和机制，来激发地方重塑的理想在当地居民心中实现自我生长。相比于城市居民，乡村居民对于"艺术即生活"的自觉意识还需唤醒和培养。

解放周末：乡村不缺乏美，也不缺乏对美的追求，只是人们不知道如何把各个环节连通起来，让美与艺术成为生活的一部分，也成为致富的一种方式。

金江波：是的。近年来，上海大学上海美术学院协同公共艺术协同创新中心、上海市创意设计工作者协会等机构，主持实施的众多"美丽乡村计划"，正是集合了高校的知识力量和人才优势，带动艺术家、设计师、创意工作者和年轻的艺术创客，长期为乡村的公共艺术计划提供社会知识服务。区别于普通规划院做的硬件规划、环境整治、社区建设工作，我们的文化艺术项目是由内及外、综合整治的系统。

以浙江玉环市山里村项目为例。2013年前，山里村是一座非常传统的小山村，虽然已经没有多少居民，但是有非常好的生态资源。那里风景秀丽，站在山上眺望，还可以看到大海。

2014年我们到了那里，构想了创意提升村落业态的理念："到山里去看海，到山里去赏花"，让创意的美与生态的美有机融合，把美还给那里的山村居民。我们构建了一个面向大海、依山而建的动漫花谷，把创意和卡通动漫元素的人物植入乡村中，发动乡邻们种植各式各样的花，使得每个季节都有特别的生态美，吸引人们去打卡留影，在那里体验慢生活、放空心灵。

渐渐地,一些热衷乡村文旅营造的团队机构也来到那里,开设了茶屋、民宿,形成了一种新的业态,也吸引了更多的当地村民回到村落,服务于乡间生活的打造。曾经,很多当地的中老年妇女不种田,每天挑着担子或推着三轮车到山下的城市边际摆摊,卖豆腐干、茶叶蛋营生。现在,她们不需要下山就可以营业,因为每周有很多游客到山里游玩,光是矿泉水就可以卖掉成百上千瓶。后来,还有人开了书店、咖啡屋、特色小吃店,让这个小村落变成了网红打卡点。以这样的创意方式重塑乡村,构成自我有机生长的模式,才是符合当地老百姓发展需求的乡村业态。

**非遗传承人不仅要把技艺传承下来,还要学会"讲故事"**

解放周末:您曾多次提出,在乡村,以传承非物质文化遗产为媒介,更有利于建立与当地群众的情感联系,并且激发他们的自我能动性、发挥主体作用。非遗的价值众人皆知,但问题在于,许多非遗与现在人们的生活距离较远,一些人甚至觉得,非遗就是应该进博物馆的。怎样拉近距离,让传统手工艺融入当代生活、服务当代生活?

金江波:传统手工艺是非物质文化遗产的重要组成部分,与物质遗产相比,关键在于人的参与和传习。非遗的保护与传承,既关乎文明复兴,也关乎民族精神的文化振兴,更重要的是,它还能成为地方区域的社会与民众走向生活富裕的有机载体。当下的非遗传承人面临重大机遇,也有一定的挑战,他们不仅要把技艺传承下来,还要学会"讲故事",要用创意的方式让社会看到非遗技艺的社会价值、文化价值和市场价值。

在日本和我国台湾地区的乡村参观时,我对当地人"讲故事"的能力赞叹不已。不管是稻米、茶叶还是糖,那里的人能够把每一种产品都讲得非常细致,从历史人文到自然地理,从原料选择到生产环节,都有据可循、有亮点抓人眼球。到了商店一看,每件商品的包装设计精美,摆放也很有品位和格调,还没等回过神来,往往已经刷卡购买了一大堆。可以说,游客的购买力度和商家的想象力、创意策划与设计制作能力都是成正比的。

如今,我们要让非遗这种千百年来仍然"活"着的生活方式得到真正的传承,也要在这方面下功夫。此前,文旅部、教育部、人社部共同推进"中国非物质文化遗产传承人群培训计划",上海大学上海美术学院与上海公共艺术协同创新中心作为第一批承办单位,迄今为止,已经为1000余名非遗传承人开展了研修研习培训。我们把青海果洛、四川阿坝、贵州遵义、新疆哈密等地少数民族的非遗传承人请到上海参加研修计划。我们提倡"活态传承、活性发展、活力再现"的理念,带领他们游览上海的城市街区、美术馆、博物馆、创意街区,用国际时尚元素拓展他们的思维,激发他们对当代生活美的向往。同时,通过跨界合作、资源协同,帮助他们一起讲好创业、创富故事。

解放周末:这样的交流和学习给他们带来了怎样的改变?是否有年轻的非遗传承人运用智慧与创造力,给人们带来惊喜。

金江波:确实有惊喜。

比如,"90后"羌族姑娘张居悦,她来参加了非遗研修之后,学习了创意设计的思维和方法,也学习了文创融合的一系列管理模式。

羌绣大多为手工刺绣,是农村妇女在劳动间隙完成的民间工艺品。羌绣服装绣一件通常要花费几个月,主要用于逢年过节举行仪式的时候穿。基于游牧的生活方式,绣得厚才可以防寒保暖；色彩鲜艳是为了传递信息，方便远距离识别。显然，他们的传统民族服饰并不那么适合现代生活。

研修中，我们通过创意提升，提出可以将羌绣与文创系列产品结合起来，例如制作手机壳、平板电脑包、手提电脑包、领带等，让羌绣融入现代生活。我们也引导张居悦将羌绣中的花朵图案提取出来，绣在牛仔裤上，并且帮助她跟腾讯公益计划合作，开展了"一个口袋一朵羌绣花"的公益计划。参与公益计划的人把牛仔裤寄到阿坝州绣娘合作社，请她们在口袋上完成绣花，经过3个月的时间，绣娘们完成了七八万条牛仔裤的绣花工作，收益全归绣娘所有。类似这样的一些项目之后，张居悦更加坚定了信念，要用有创意的方式把民族的手工艺传承下来。后来，她的故事得到央视报道，受到网络关注，并在政府的扶持下创立了羌绣文创品牌，还开了羌绣民宿。我们去回访时，发现民宿比我们预想的还要大，并且内部装饰都运用了羌绣元素，很有韵味。

**文创不仅是产业兴旺的重要组成，更体现在有温度与暖人心的生活日常**

解放周末：英国伦敦、意大利米兰、韩国首尔等创意之都，因其浓厚的创意和设计氛围，源源不断地吸引着来自世界各地的创意人才，这种聚合效应为城市带来了持续的活力与发展动力。去年底，您当选新一任上海市创意设计工作者协会主席，对于上海未来如何培养、吸引更多创意人才，您有何观察与思考？

金江波：创意是城市文化软实力的体现。

对于创意产业发展而言，如何培养出有竞争能力和可持续创新能力的创意人才是其中的重中之重。

对文创产业的整体认识和定位，首先影响着人才的培养方向和模式。在有的人看来，文创是"高大上"的，事实上，文创不仅是产业升级迭代的新经济的增长点，更体现在日常生活的方方面面。只有充分调动人们的参与热情，实现文创的"生活化"，才能真正实现文创产业的蓬勃发展。经过调研，我们发现在一些文创产业发展成熟的国家和地区，人们并没有将文创看作一种能够带来巨大经济效益的"生意"。相比之下，他们认为文创产业更重要的是对创意文化的积累和应用，并由此提升生活的品质。这种认识使得这些地方的创意产业具有强烈的亲民性，群众普遍具有创意潜力和热情，积极参与文创产业，消费文创内容与产品。

就上海高校文创人才培养情况而言，目前的培养模式脱胎于传统计划体制，沿用传统教学评估指标，较难突破学科设置和专业壁垒，与实际文创人才培养特点和需求难以匹配。兼具文创、数字、营销能力的复合型人才难觅，文创教育难以形成跨越式发展。

合适的"土壤"关乎人才的成长，也决定着人才的去与留。文创人才普遍注意到近年来不断加大的文创产业的资金扶持力度，但与此同时，文创人才更期待上海这座具有文化多样性、多歧性、包容性的城市，有更多对新思想的接纳、对新办法的认可、对新探索的宽容，期盼着更加主动地参与城市发展。

另外，我们要充分借助上海国际化都市的地缘优势与平台作用，把上海的创意设计品牌的高度与维度在国际业界拓展得更加响亮，我们将持续以协会的资源与力量，继续举办好以学术号召力为先的"上海艺术设计大展"，努力为上海的创意设计在国际上掌握话语权、提升品牌美誉度服务。为在上海这座以"国际设计之都"为称号的城市中工作与生活的创意设计人才提供向世界展现他们成就的舞台。

解放周末：具体有哪些建议和对策？

金江波：提升文创人才的素质和能力，可以从优化教育模式做起。

放眼世界，很多创意人才并不一定是科班出身。有很多创意的迸发得益于从小的想象力和创造力的培养。

因此，我们应当在普教阶段加强美育教育，探索设置贴近学生生活和艺术人文经验，更能培养创意多元、欣赏差异、尊重包容的价值观的课程项目，唤起学生对生活环境、传统文化与当代流行文化的重视、关注与再发现，带给学生创新、转化、融合生活环境的能力。通过对学生想象力和创造力的锻造，一方面可以培养创意能力，另一方面培育创意消费人群，在根本上用"创意创造价值"。

在高教领域，可以进一步改变以专业技能为核心的培养模式，通过艺术的启蒙与知识培育，注重创造力培养，以艺术创造为社会生产力的有机组成，把创意生产作为"绿色、生态与可持续"的原动力来推动经济与社会进步。疫情的影响，加速与加剧人类社会全面进入数字化世界，结合上海数字之都建设与全球科创中心建设目标，强化"互联网＋"与"AI＋"的教育思维，着力培养具有与AI协同能力的、融合文化与科学的交叉型文创人才，探索科艺融合下的人工智能艺术、社会创新设计等新兴学科专业。同时，进一步加强高校与企业、行业之间的跨域合作，让大学生可申请加入孵化基地内的中小微企业，将个人所学知识与技术应用通过企业接受市场化实战性的训练和检验。

此外，对于一些有"转会"到上海发展意向的创意人才，上海应该忧其所忧，比如做好对其合法权益的保护。可依托上海知识产权法院优势，大力加大版权保护力度，尤其是做好"互联网＋"形态下的数字版权保护工作，营造健康版权生态。同时，更多注重事中或事后监管，通过建立社会信用体系，拓宽社会参与监管的渠道，对激发文创人才主动性、增强文创主体活力、维护市场秩序起到积极作用。（吴越）

《解放日报》2021年3月12日

### 让红色基因、革命薪火代代相传

青少年是国家的未来和民族的希望。全国两会期间，习近平总书记发表重要讲话强调：要通过在全社会开展党史、新中国史、改革开放史、社会主义发展史教育，引导广大人民群众特别是青少年弄清楚中国共产党为什么"能"、马克思主义为什么"行"、中国特色社会主义为什么"好"等基本道理，坚定不移听党话、跟党走，在全面建设社会主义现代化国家伟大实践中建功立业。在党史学习教育动员大会上，总书记也强调指出，"要鼓励创作党史题材的文艺作品特别是影视作品，抓好青少年学习教育，让红色基因、革命薪火代代传承"。学校、革命纪念馆是青少年党史教育的重要阵地，我们邀请四位一线工作者讲述心得，并请学者就新时代如何更好开展青少年党史教育分析建言。

（中略）

**我们的党史课，有"颜值"也有"言值"**

讲述人：上海大学教务部副部长、上海高校思想政治理论课名师工作室"顾晓英工作室"主持人　顾晓英

31年前,我来到上海大学讲授中国革命史,成为一名思政课教师。面对当代青年探索劲头足、参与意识强等特点,我们探索了由专兼职教师联袂授课的"项链模式"——我把握课程主线,为"项链"织就串珠线;邀请其他学科专家、基层工作者等作为"珍珠",联袂授课,让党史课更丰满、更鲜活、更能联系实际。

2007年4月的首次课程,我对话社会学院胡申生老师。还记得那堂课的主题是"构建社会主义和谐社会"。我抛出问题:"和谐"两字是否可以拆为有"禾"入"口"和人"皆"能"言"? 胡老师回答,汉字是表意文字,"和""谐"都是形声字,都有调和的意思。他鼓励在座的青年学生,多多了解中华优秀传统文化。

我们的"项链",还串连起了"一模式三系列"15门校本思政选修课的开发和运行。2014年起,我与社会学院顾骏老师开发了一个丰富有趣的课程矩阵:打开学生视野格局的"大国方略系列",积攒本领、迎接挑战的"育才大工科之人工智能系列"……越来越多名师大家从各自学科视角讲述党、讲述中国。2016年,我有了工作室,专注于推广"有温度有智慧的思政教育"。2018年,忻平老师领衔"开天辟地"新型党史课程,汇集沪上顶尖党史专家,引入最新研究成果,带着学生们进入"行走课堂",打卡红色地标。不少学生感慨:"一路参观,我真切感受到党开天辟地的壮举有多么不易、多么伟大。"

2020年起,我策划了"体育中国""中国记忆"和"光影中国"三门课程,着力打造回溯党史、汲取智慧、赢得未来的"红色传承"系列,让体育、图书情报和电影等专业课老师从学科视角讲好党史。这些课程"颜值"与"言值"兼具,很好地满足了学生的期待。

例如,"光影中国"第一课"山川中国",程波老师用电影镜头语言展示山川变化。他讲到作为新中国成立50周年大型献礼片之一的《黄河绝恋》,用"小制作"呈现了战争的残酷,里面的黄河、长城、落日等自然奇观,秦腔、信天游等特色民俗,都镌刻着保家卫国、视死如归的民族精神。这部电影化为一滴水汇入百年党史的精神长河之中,也汩汩流入学生心田。

党的历史是一座蕴含丰富育人元素的宝库。未来,我会继续扎根课堂,通过教师教学沙龙和工作坊、"融'四史'周周见——云上思政领航者云活动"等,陪伴老师们融党史入课程,做亮"一模式三系列",让党史教育受到更多大学生的真心喜爱。(张胜 任爽 宋喜群 颜维琦 王斯敏 肖瑞佳)

《光明日报》2021年3月17日

**有金课、有良师还有好教材,上海大中小学这样结合抗疫中现实,有机融入百年史**

遴选鸦片战争、中共建党、重庆谈判、开国大典、香港回归、举办奥运等9个历史时刻,并结合9部电影作品分析

"2019年3月18日,我将终身铭记这一天。"华东师大第一附属中学思政学科陈明青老师,是两年前总书记在京主持召开的学校思想政治理论课教师座谈会发言人之一。3月17日,她在此次座谈会两周年研讨中说,"总书记动情地讲'我上初中时,政治课老师讲起焦裕禄的事迹数度哽咽'的故事,这个片段至今还在我心中回味……"

当天,在开设41门党史相关课程、与9所中小学合作20个党史相关视频的基础上,华东师大党史学习教育系列课程正式发布,《上海市大中小学思政课一体化建设教学观

摩活动》音像制品同时首发。有金课,有良师,还有好教材,沪上大中小学正结合现实,善用"大思政课",有机融入党史教育。

**抗疫思政课结合现实**

"中国系列"课程是上海"课程思政"改革品牌。作为最早推出"中国课"的高校之一,上海大学探索不止。在上大上海电影学院,老师们打造以"项链模式"集体授课的"光影中国"大课。

刘海波教授承担了其中"中国时刻"和"中国脊梁"两个专题课程:"中国时刻"课上,他遴选鸦片战争、中共建党、重庆谈判、开国大典、香港回归、举办奥运等9个历史时刻,并结合9部电影作品进行分析,让学生对历史如何选择共产党、共产党又如何把握住历史命运有了直观认知。刘海波让同学们讨论他们心中的第10个中国时刻,点出全国人民在党中央领导下团结一心进行抗疫斗争是一部正在进行中的历史大片。"这是正在发生的中国时刻,我们要用实际行动演绎好自己的角色,一起把握住我们民族的命运。"他说道。

同样,复旦大学马克思主义学院也在疫情防控常态化中结合思政课教学,通过师生合作编写"抗疫中的思政课"系列教材,增强思政课的亲和力和针对性。马院教师崔涵冰表示,思政课具有解疑释惑、纾解情绪、统一思想、凝聚共识的重要作用,善用"大思政课"育人格局。"思政课不仅要在课堂上讲,也应该结合现实,在社会生活中讲。"华东师大党委书记梅兵说,"百年党史如何融入思政课,正是对总书记最新提出的善用'大思政课'要求的积极响应。"

(下略)(徐瑞哲)

"上观新闻"2021年3月17日

**党史学习教育中央宣讲团报告会分别在北京上海天津举行**

(上略)

宣讲期间,李君如走进上海大学,与师生代表座谈,交流红色文化资源育人和党史学习教育工作;在杨浦区大桥街道幸福村居民区和杨浦滨江人民城市建设规划展示馆,与社区干部群众互动交流。

(下略)

《光明日报》2021年3月18日

**将党史学习教育融入课程思政**

上海学校依托课程思政育人体系开展党史学习教育工作推进会昨天召开。市委副书记于绍良在会上强调,要深入贯彻落实习近平总书记重要讲话精神,按照市委部署要求紧密结合党史学习教育,把思政课办得更好、讲得更活,进一步推进课程思政育人体系建设,全力培养堪当民族复兴大任的时代新人。

于绍良指出,党的历史是最生动、最有说服力的教科书,要将党史学习教育融入课程思政育人体系,引导学生通过对历史史实的全面了解和正确分析,形成对当代中国道路选择的理性认识和高度自信。要更加突出用党的创新理论铸魂育人,深入推进习近平新时代中国特色社会主义思想进教材、进课堂、进头脑。要遵循不同学段学生的认知规律，善于用故事阐释道理、用细节打动人心，充分用好上海红色资源和改革开放场景，充分运用网络平台和新技术手段，不断提升思政课的亲和力感染力、针对性实效性。

要把育人责任落到每位教师身上、育人要求融入每门课程之中，润物无声、"融盐于水"。思政课教师要增强政治素养、党史等知识学养，学校领导要带头推动思政课建设、带头联系思政课教师，有关方面要开放资源、提供支持，各方共同落实好立德树人根本任务。

副市长陈群主持会议。

《解放日报》2021 年 3 月 18 日

## "学习党史，不妨把自己代入其中"——中央宣讲团赴上海大学、杨浦滨江，为广大师生、基层党员群众释疑解惑

"如何才能将党的初心贯彻到工作中？""作为一名党支部书记，我该怎样带领身边人学好党史、上好党课？"昨天，党史学习教育中央宣讲团成员、中央党校原副校长李君如前往上海大学、杨浦滨江，用一天时间与广大师生、基层党员群众交流党史学习心得体会，为大家释疑解惑。

### 做好两代"90 后"的对话

"我今天不仅是来宣讲，也是和大家一起学党史、受教育，交流心得体会。"在与上海大学师生交流时，李君如的开场白迅速拉近了与大家的距离。他指出，20 世纪 20 年代，上海大学是中国共产党的重要活动场所，陈望道、瞿秋白、邓中夏等一批共产党人先后在这里任职任教。希望上海大学的广大师生能传承光辉革命历史，在学习党史中不断成长。

上海大学 8 位师生结合自身教学、学习经历，介绍了开展党史教育、学习党史的感悟。马克思主义学院教师李坚说，近年来，学院将渔阳里的红色资源运用于思政课教学中，将渔阳里的两个红色场馆确定为"行走课堂"的固定教学基地，每学期都会数次带领学生来到这里，开展现场教学，引导学生了解中国共产党人的百年历程和奋斗精神。

图书情报档案系档案学专业研究生陈雪燕曾是中共一大会址纪念馆志愿服务队的成员，每每讲到陈望道翻译《共产党宣言》时，因为太专注而错把墨汁当红糖的故事，听众都会会心一笑。"陈望道先生曾在上海大学任职任教，现在的'90 后'学生讲述当年'90 后'老师的故事，这也是一种理想信念的传承。"

"今天的大学应该怎么教好党史？陈同学讲的这个故事，给了我很大启发。"听了两位师生的发言后，李君如说，以前有些学校搞"大水漫灌"，用考试去考核，学生不爱听，效果不好，"我认为，还是要让青年学生和党史融为一体，'90 后'看'90 后'是一个很好的办法。"李君如说，参加中共一大的 13 位国内代表平均年龄是 28 岁，在那个时候，也是不折不扣的"90 后"。在学习党史时，当代的年轻人不妨把自己代入其中，看看这些年轻的革命先辈们是怎么做的，锤炼一颗永远鲜活、跳动的初心。

"历史给积贫积弱的中国出了一张考卷，这群当时一无所有的年轻人，为什么能交出一份出色的答卷？"在与师生们交流时，李君如指出，关键就在于，中国共产党始终葆有

"为中国人民谋幸福,为中华民族谋复兴"的初心,中国共产党的百年历史,就是一部不断践行初心的历史。

他勉励师生们,年轻人是国家的未来,要通过两代"90后"的对话,铭记历史职责和使命,学史明理、学史增信、学史崇德、学史力行,继续为实现中华民族伟大复兴的光荣梦想不懈奋斗。

"李老师的讲解深入浅出,既有理论高度,又非常通俗易懂,让我收获很大。"座谈会结束后,理学院2017级数学与应用数学专业本科生王罗昕意犹未尽,他的笔记本上,记满了心得体会。作为一名预备党员,他说要将听讲成果和小伙伴们分享,带动大家一起读原著、学党史。

(下略)(王闲乐)

《解放日报》2021年3月18日

## 把党史学习教育融入"课程思政"引导青少年在学思践悟中汲取奋进力量

(上略)

创新教学方式,让党史学习体验"强"起来在将党史学习教育引进课堂的同时,沪上的教育工作者们也在思考一个问题:如何打破传统教学方式,让党史学习体验"强"起来?

戴上VR设备,观看VR+8K全景式影片《遵义会议》,身临其境感受中国近现代史上伟大的转折点——遵义会议。最近,上海立信会计金融学院的学生们体验了一次沉浸式的党史学习。而在上海大学,最新推出的"红色传承"系列课程"光影中国",借电影这一大众传播媒介,用光影讲述中国故事,一开讲便收获学生热烈反响。

"新中国成立以来,一代代电影人努力用镜头记录党领导下的各条战线欣欣向荣的社会主义建设历史,我们也希望传承这份家国情怀,融党史于课程,筑牢青年学生成长成才的根基。"上海大学上海电影学院教授刘海波是"光影中国"课程的主讲人之一。在为学生们讲授"中国时刻"这节课时,他遴选了鸦片战争、中共建党、重庆谈判、开国大典等9个历史时刻,结合9部电影作品进行分析,让学生们对历史如何选择中国共产党、中国共产党如何把握住历史命运有了直观认识。

不少一线教师都有体会:面向广大青年学子的党史学习教育,尤其讲究温度与智慧,只有说到孩子们的心坎里,才能激发他们的内在力量。因此,党史学习教育绝不能囿于三尺讲台这方小小天地。

在黄浦区,走进红色场馆不仅是学生社会实践护照的重要板块和必修科目,而且,不少走进场馆的学子还从参观者变为了解说员,从"要我听"变为"我来讲",党史学习的"代入式体验"进一步增强。黄浦区教育局局长姚晓红介绍,结合中共一大会址纪念馆推出的"话说一大:听00后讲建党故事"研学项目,向明中学、卢湾一中心小学等多所学校还组建了志愿讲解服务队,在普通话版的基础上创造性地衍生出了沪语版、英语版。青少年在任务驱动下内化学习,再融入自己的思考和情感,将红色文化传播给更多人。

### 让有信仰的人讲信仰,让优秀的人培养更优秀的人

党史是每一个学段的必修内容,如何在大中小学循序渐进、螺旋上升地进行党史学习教育,这是华东师范大学第一附属中学教师陈明青近期研究的核心课题。

"青少年阶段是人生的'拔节孕穗期',最需要精心引导和栽培""思政课教师,要给学生心灵埋下真善美的种子,引导学生扣好人生第一粒扣子"……两年前的今天,陈明青现场聆听了习近平总书记在学校思想政治理论课教师座谈会上的重要讲话。"总书记回忆起上初中时,一位政治课老师讲授焦裕禄的事迹数度哽咽。这个场景至今还在我心中回味。"在陈明青看来,教育者要先受教育,讲信仰者自己要有信仰。

眼下,她和她的团队正围绕"忆初心、悟精神、勇担当"主题,开展集体备课和研讨活动。"我们不仅按照中小学学科德育和高校课程思政要求来备课,还请来了历史和语文老师,各学科合力讲述初心与使命,让各门课在价值引导上和思政课同向同行。"

育人自育师始,培养教师是根本的根本。"学校坚持将提高教师思想政治素质和职业道德水平摆在首位。"华东政法大学党委书记郭为禄介绍,该校以党史学习教育为抓手,引导广大教师学史明理、学史增信、学史崇德、学史力行,并通过设置教师工作部、落实教工党支部"双带头人"制度、建立健全教师教学荣誉体系建设等改革举措,以期达成一个目标——让有信仰的人讲信仰,有道德的人讲道德,优秀的人培养更优秀的人。

复旦大学马克思主义学院教师崔涵冰说,复旦马院有一样"法宝"——"三集三提"集体备课制度,它为年轻思政课教师提升教学能力提供了强有力的支撑和保障,在传帮带的良好氛围中,一批青年思政课教师迅速成长。(李晨琰 吴金娇)

《文汇报》2021 年 3 月 18 日

### 上海大学:扶智与扶志深度融合,焕发脱贫攻坚内生动力

上海大学在脱贫攻坚战中发挥高校育人优势,以"扶智＋扶志"双向发力,为脱贫工作贡献了力量。教师率先垂范,以教育扶贫为抓手,勇担"扶智"使命。学生初心不忘,破解"扶志"难题,语言脱贫助推西部发展,电商渠道运营振兴乡村建设。作为一名上大人,他们始终秉承着"先忧后乐、自强不息"的校训精神,在脱贫一线上,留下了奋斗、坚实的足迹。

**一段教育扶智路,一世边陲援疆情**

地方要发展,人才是关键。对于贫困地区,阻断贫困代际传递才是拔除穷根的关键。作为上海市第八批援疆干部,上海大学陆永生老师牢记教书育人使命,结合专业教育优势,在喀什大学积极推动该校环境工程领域学科建设,认真探索当地学生人才培养新模式,让贫困地区的孩子们接受良好教育,深受当地的师生爱戴。

陆永生老师基于学院中长期规划,提出人才培养以"培养工程意识,提高创新能力"为目标,努力打造南疆特色的环境工程专业。此外,他积极指导学院新进老师的教学工作,让新进老师能更快地融入教学环境,熟悉教学环节,提高教学水平。

在"沪喀手拉手"活动中,陆永生老师与喀什大学附属中学维吾尔族学生结对,积极帮助辅导学生的学习,提升结对学生的学习能力;还进行了高考志愿填报的系列指导工作,获得了师生们的交口称赞。

**语言扶贫点亮黄土地,教育助推西部高质量发展**

在我国深度贫困地区,普通话的推广和应用成为了脱贫攻坚中需要解决的根本性和长远性问题。2019 年夏天,上海大学学生焦安兴回到家乡,带队在甘肃定西这片黄土地

上,探索陇中地区的脱贫攻坚之路。2020年夏天,在全面实现脱贫的收官之际,他们前往甘肃临夏开展"推普助力脱贫攻坚,教育助力乡村振兴"调研实践工作,为孩子们带去精彩纷呈的普通话教学课程。焦安兴两次带领的实践团队均获得了"知行杯"上海市大学生社会实践项目大赛二等奖,并收到了来自教育部语言文字应用管理司、共青团中央青年发展部的表扬信。焦安兴个人荣获2020年上海市"先进个人"称号。

在教学工作中,焦安兴恪尽职守、因材施教,积极培养孩子们养成良好的学习习惯和思维方式。在实践教学中,队员们设计了有针对性的课程:学好普通话的重要性、普通话朗读朗诵以及"普通话趣味游戏"。课程之后,孩子们体验到了普通话的魅力,认识到了说好普通话的重要性,切实有效提高了普通话的水平。支教工作之余,她热心公益,多次深入扶贫一线,捐资捐物,看望老人和留守儿童,感受基层工作,在扶贫前沿贡献上大学子的力量。

**扎根基层出实招,满腔热血为人民**

上海大学学生邵珠学扎根山东省临沂市的小山村,他把带领村民脱贫致富作为第一要务。任职期间,他深入基层,了解农民的难处。在酷热的夏天,他不辞辛苦,积极协调相关单位,帮助贫困户解决发展中的资金难题。邵珠学帮助当地农民一起改良果树,尝试通过电商来拓宽农产品销售渠道,联系相关公司签订合作协议,使一些农户户均增收2 000元。此外,为了能够让当地百姓过上幸福感更高的生活,他牵头完善农村基本公共服务,硬化了农村道路、修建了文娱健身广场、申请了光伏发电项目,为乡村振兴贡献自己的智慧和力量。

在为民服务的征途上,他永不止步。2017年,邵珠学被评选为山东省临沂市"十佳大学生村官"。

作为山东省临沂市平邑县大学生村官临时党支部书记,他同其他党支部成员一起,组织开展了形式多样的助农惠农活动,并促成清华大学农村新业态调研队、中国农业大学惠农服务队与平邑县大学生村官的合作交流,还创建了"临沂村官"微信公众号,宣传报道临沂市大学生村官的典型事迹,弘扬和传递社会正能量。

经过8年持续奋斗,我们取得了脱贫攻坚的伟大胜利。在这场脱贫攻坚战中,上海大学师生坚持将扶志与扶智相融合,凝心聚力为中华民族伟大复兴贡献了宝贵的智慧和方案。正是他们的坚守与奉献创造了如今脱贫致富的安康生活,致敬所有为脱贫工作奋斗的工作者!

"学习强国"2021年3月18日

**让党史教育在课堂上"润物细无声",更多思政"金课"来了**

在新学期"现代农业理论与实践"第一课上,上海交通大学兼职教授严胜雄把党史教育带入农科课堂。在课堂上,她带领学生重温百年党史,感悟党带领人民解决"三农"问题、实现脱贫攻坚的伟大成就,引发学生强烈反响。这样的课堂既是上海课程思政建设成效的生动体现,也是上海将党史教育融入课堂教学全过程的一个真实缩影。

**让党史教育 "润物细无声"**

(中略)

在上海大学,一门新型党史课程"开天辟地"不仅深受学生欢迎,而且还被推广到上海老年大学等学校。"开天辟地"课程主持人、上海大学马克思主义学院副教授李瑊告诉记者,"开天辟地"课程是党的十九大后开设的第一门面向大学生阐述中国共产党创建过程的思政课程,也是最早响应上海市委"党的诞生地工程"号召开设的高校思政课程。课程以问题意识为导向,运用"项链模式"的教学形式,互动式教学能够激发学生兴趣,引导学生进一步思考,具有较强的创新性。这门课的特点是:既有党史课的专精,也有思政课的特点;既有宏大开阔的时代视野,又有细致入微的历史考辨;既有亲历亲闻的生动故事,又体现学科交叉融合的意识;既有上海地域特点,又兼具世界视野。让学生印象深刻的是,这门课还有"行走课堂",在老师的带领下,同学们去参观了新老渔阳里,走过了慕名已久的"马克思主义小道","仿佛穿越到了一百年前的上海,看到早期的中国共产党人在渔阳里的弄堂里穿梭的身影"。

(中略)

近年来,上海在全国率先提出课程思政理念,初步构建了以思想政治理论课为核心、综合素养课程为支撑、专业教育课程为辐射的高校课程思政育人体系,发挥所有课程育人功能,落实所有教师育人职责,使各类课程与思政课同向同行,形成协同效应,实现全员全过程全方位育人。

据介绍,上海将继续深入挖掘上海红色资源,打造示范课堂,编制教学指南,优化课程教学内容供给,推动党史学习教育要求全面融入教育目标和课程内容,其中就将打造"党史学习教育示范课程",并逐步推动全市本科高校开设"习近平新时代中国特色社会主义思想概论"课程,讲授马克思主义中国化最新成果,开设"开天辟地"等品牌课程,宣传阐释上海与中共百年的奋斗历程,努力打造学生追捧的"金课"。(刘昕璐 刘晶晶 陈泳均)

《青年报》2021年3月19日

**上大领航学院教师聚焦全国两会 共话"十四五规划中的城市社区治理"**

3月12日晚,上海大学举办第16期"学党史、融'四史'周周见"领航者云教师分享,上海市课程思政重点改革领航学院——社会学院金桥副教授和美术学院魏秦副教授联袂围绕"改善人民生活品质,提高社会建设水平"线上畅谈"十四五规划中的城市社区治理"。两位老师分别从各自研究方向从"社会学""建筑学"视角谈课程中的"城市社区治理""城市空间规划"等问题。本期活动由社会学院承办,校教务部副部长顾晓英教授和社会学院党委书记沈艺联袂主持。

社会学院党委书记沈艺指出,社会学专业天然拥有课程思政建设基础,学院旨在培养"胸怀祖国、放眼世界、心系社会、志在利民"的有志、有德、有才、有为青年,社会学院的教学研究必须关注国家和社会战略需求,必须关注世情、国情和党情。"十四五"规划和2035年远景目标纲要中提出"全面提升城市品质",为学院教师教学、学生学习提供了鲜活内容。社会学院已于2019年被立项为课程思政重点改革领航学院,建有课程思政特色改革领航团队、精品改革领航课程、示范课程。她介绍了社会学院课程思政建设工作体制机制、落实情况和前景展望,包括党建引领专业教育与思政教育有机结合,"四个一"

推动课程思政工作落地见效等。

"人民城市人民建,人民城市为人民。"社会学院副教授金桥细数"十四五"规划和2035年远景目标纲要、上海市"十四五"规划中关于城市治理水平的内容,展示上海社区工作中"党建引领"如何激发基层活力,推动人民参与的调研情况。金老师的课程教学专注国家、上海经济社会发展战略,关注城市治理的实践探索和理论研究,体现出时代性、学术性、实践性和社会人的使命感。

上海美术学院建筑系副教授魏秦主讲"微更新视角下的社区公共空间营造与思考"。她介绍社区空间"微更新"改造怎样积极关注居民需求,通过巧妙设计和微小变动让城市历史街区焕发"青春活力"。魏老师还介绍建筑系教工支部联合校外组织,搭建常态化帮扶基层社区营造的实践平台,带领学生成功改造四川路民宅室内空间的案例。通过专业课课程思政实践活动,激发校内师生、社会组织、居民等多主体参与,连接社会需求和学生培养的目标,让学生得到专业历练,也帮助社区居民收获美好家园。

据顾晓英老师介绍,自去年10月以来,上海大学教务部与教师工作部联袂,推出"学党史、融'四史'周周见"——上海大学领航者云培训,周周不间断,每期由不同院系承办,分享课程思政建设经验。在党的百年华诞之年,"周周见"成为讲好课程建设中的中国故事,讲好中国共产党故事的品牌项目。迄今,已有16家二级学院的党委书记、院长和骨干教师进行了分享,有效提升了专业课教师课程思政意识和能力,营造了上海市课程思政领航校建设的良好育人氛围。(殷晓 曹园园 许婧)

"中国新闻网"2021年3月20日

## "大思政":有金课良师还有好教材　上海推动大中小学党史教育更好贯通,百年党史有机融入

日前,在开设41门党史相关课程、与9所中小学合作20个党史相关视频的基础上,华东师大党史学习教育系列课程正式发布,上海市大中小学思政课一体化建设教学观摩活动音像制品同时首发。有金课有良师,还有好教材,沪上大中小学正结合现实,善用"大思政课"将党史教育有机融入。

**讲好抗疫"大思政课"**

"中国系列"课程是上海"课程思政"改革品牌。作为最早推出"中国课"的高校之一,上海大学探索不止。在上大上海电影学院,老师们打造以"项链模式"集体授课的"光影中国"大课。

刘海波教授承担了其中"中国时刻"和"中国脊梁"两个专题课程:"中国时刻"课上,他遴选鸦片战争、中共建党、重庆谈判、开国大典、香港回归、举办奥运等9个历史时刻,并结合9部电影作品进行分析,让学生对历史如何选择共产党、共产党又如何把握住历史命运有了直观认知。刘海波让同学们讨论他们心中的第10个中国时刻,点出全国人民在党中央领导下团结一心进行抗疫斗争是一部正在进行中的历史大片。"这是正在发生的中国时刻,我们要用实际行动演绎好自己的角色,一起把握住我们民族的命运。"

同样,复旦大学马克思主义学院也在疫情防控常态化中结合思政课教学,通过师生合作编写"抗疫中的思政课"系列教材,增强思政课的亲和力和针对性。马院教师崔涵冰

表示,思政课具有解疑释惑纾解情绪统一思想凝聚共识的重要作用,善用"大思政课"育人格局。"思政课不仅要在课堂上讲,也应该结合现实,在社会生活中讲"华东师大党委书记梅兵说,"百年党史如何融入思政课,正是对总书记最新提出的善用'大思政课'要求的积极响应。"

(下略)(徐瑞哲)

《解放日报》2021年3月21日

### 新发现6座祭祀坑,出土重要文物500余件·神秘三星堆 考古再解谜

[核心阅读]眼部有彩绘的铜头像、华丽的金面具、精美的牙雕、青铜神树……四川广汉三星堆遗址重要考古发现与研究成果近日发布。

曾于1986年进行抢救性发掘的三星堆遗址,此次实现了科学性考古、多团队合作、多学科融合的新尝试,丰富了人们对三星堆遗址及其文化的认知。

20日,四川省成都市召开的"考古中国"重大项目工作进展会上,通报了四川广汉三星堆遗址重要考古发现与研究成果。此次三星堆遗址考古新发现是否可以解决一些长期悬而未决的问题,又提出了哪些新的谜题?

**更清晰了解祭祀区的空间格局**

1986年,三星堆遗址1号坑与2号坑完成抢救性发掘,本着"保护为主、抢救第一、合理利用、加强管理"的原则,考古工作者很快对遗址实行了最大限度的保护。之后考古工作者一直在研究两个坑的资料,文物修复、筹建博物馆等相关工作也在同步进行。除了祭祀坑,三星堆遗址发掘的城址、墓葬都有待进一步研究。为此,国家文物局"考古中国"重大项目与四川省组织实施的"古蜀文明保护传承工程"重启三星堆遗址的全面勘探和重点发掘。

据介绍,2019年11月至2020年5月,三星堆遗址新发现6座"祭祀坑",现已出土金面具残片、鸟型金饰片、精美牙雕残件等重要文物500余件。跟1986年发掘的1、2号坑相比,6座"祭祀坑"的形制与方向相似,出土文物类似。

四川省文物考古研究院研究员、三星堆遗址工作站站长雷雨介绍,此次新发现的6个器物坑与1986年发掘的两个坑,共同分布于三星堆城墙与南城墙之间的三星堆台地东部,周围还分布着与祭祀活动有关的圆形小坑、矩形沟槽和大型沟槽式建筑。这意味着过去根据两个坑的出土文物及相关考古所形成的观点都要接受新的检验与挑战。

参与3号坑发掘的上海大学教授徐坚介绍,1、2号坑发掘了大量前所未见的青铜器、金器和玉石器,改写了人们对中国早期文明格局和特色的认识,但两座器物坑也留下了很多未解之谜。此次发掘的3号坑内,器物的丰富程度不亚于2号坑,但是在器类、器形和组合上又独具特色,说明器物坑不是特殊事件的结果,三星堆的仪式活动持久而多元。

北京大学教授孙华认为,和30多年前的发掘相比,此次发掘不再仅仅满足于静态意义上的文物,而是利用种种技术手段和理论模型,动态复原埋藏过程,从而能够对祭祀区的空间格局有清晰了解。

**加深对成都平原与其周边文化关系的认知**

国家文物局副局长宋新潮认为,这次新发现将丰富和深化我们对三星堆文化的认

识,有助于加深我们对于成都平原与其周边地区文化关系的认知,有助于解决学界对三星堆文化以及"祭祀坑"性质、文化内涵、断代研究等关键性的问题。

此次发掘中,3号坑出土了眼部有彩绘的铜头像、巨大的青铜面具、顶尊跪坐人像、青铜神树等青铜器,尤其引人注目。此次还出土了百余根象牙,其中一部分被火烧过,多数与青铜器、玉器一起埋葬。

中国丝绸博物馆研究员周旸介绍,考古团队在4号坑的灰烬层面和3号坑的青铜器表面都发现了丝绸的遗迹,"最高级的丝绸用于祭祀,此次在三星堆'祭祀坑'里发现丝绸,说明丝绸一开始并非用于制作日常衣物,而是用在隆重场合。出土的青铜神树上面有桑树,青铜兵器上可以看到蚕纹,一些青铜壶上也有采桑图,这一切都支持了在三星堆发现丝绸的合理性。"

中国社科院考古所研究员施劲松说:"一个遗址的祭祀区不是孤立存在的,生产这些器物的作坊在哪,器物在掩埋前是否正常使用,资源与技术是如何掌握的……此次新发现的器物坑,使我们有可能对整片区域的相关研究重新思考。"

武汉大学教授张昌平是青铜器研究专家,他认为:"三星堆遗址出土的文物,体现了三个层面的文化。一是以青铜面具、青铜神树为代表的本地特征;二是以玉戈、牙璋等为代表的夏商文化的影响;三是三星堆在吸收中原青铜技术的同时进行自我创新,比如器形是中原的尊、罍,但风格装饰明显与长江中下游有密切联系。文化上的认同可以突破距离的限制,文化传播、交流的路线需要进一步研究。"

这些年,考古学家一直在对三星堆城址、墓葬进行勘探,找到了比三星堆文化更早的桂圆桥文化和宝墩文化,也找到了晚于三星堆的十二桥文化,建立起这片区域从新石器时代晚期到青铜时代漫长岁月的文化序列。

**建立考古舱、多学科合作,实现考古新尝试**

精美文物的发掘不能脱离考古的第一现场。全面记录考古发现的第一现场,科学采集每一种样本,尽可能地避免干扰或者污染第一现场,决定了考古的学术价值与考古成果的科学性。这也是此次考古发掘中建立考古舱的意义所在。

雷雨介绍,与1986年相比,此次考古是把先进的实验室等搬到田野考古现场的新尝试,具有里程碑意义。恒温恒湿的考古大棚、多功能考古操作系统、文物应急保护平台、可以远程传输数据的专家会诊室、考古工作全程记录系统、多功能考古操作系统、工作视频记录系统……技术保障使得发掘与保护同步、多学科融合、多团队合作成为可能。

考古舱中设立了有机质文物应急保护室,配备了低温保湿柜、生物低温采样箱等设备,可对出土的角骨蚌牙、纺织品、漆木器开展应急保护。在5号坑采集的象牙样本要接受记录检测和扫描,在放大镜下能够看清美丽的回形纹饰。还设立了无机质文物应急保护室,配有离子色谱、整体提取设备,可对出土金器、青铜器、玉石器和陶器进行应急保护。

20世纪80年代至今,考古工作者陆续发现三星堆古城、月亮湾小城、仓包包小城、青关山大型建筑基址、仁胜村墓地等重要遗迹,不断明确三星堆遗址分布范围、结构布局。宋新潮说:"'考古中国'重大项目一直强调集中优势力量攻关重大问题,30多年间,学界对于三星堆文化的研究从未停止,也提出很多疑问、展开很多讨论。如今,我们对于成都平原的历史了解得比过去清楚,学术准备和技术准备很充分,多学科合作能够组织起来,我们也欢迎国外考古人来加入,共同研究充满挑战又随时会给我们带来惊喜的三星堆文化。"(杨雪梅　王明峰　宋豪新)

《人民日报》2021年3月22日

**在三星堆"最细致挖土",不放过任何信息——三星堆重大考古发现再惊天下,上海大学团队参与现场发掘并承担科技考古与文物保护任务**

三星堆遗址三号坑近似长方形,长约5.5米,宽约2.5米。距今已3 000多年。

三星堆三号祭祀坑发掘负责人是上海大学文学院讲师徐斐宏,31岁。

3月16日,当整个坑揭开遮蔽第一次展露全貌,当密密麻麻的文物呈现在眼前,他的内心只有震撼。"说不出是为何而震撼,但如果你在这里,你也会与我有相同感受。"他说。

连日来,三星堆重大考古发现再惊天下,上海大学不仅参与发掘工作,还积极承担了相关科技考古与文物保护任务。徐斐宏和他的伙伴们便在其中。

曾有人问他,这算不算最高级别的"挖土"？他并不接这茬,客观地回答:"算最细致的吧"。

**挖出来的土可拼回原状**

"理论上说,三号坑里所有挖出来的土,我们都可以按原样拼回去,"徐斐宏说。

事情要从1986年说起。三星堆遗址是中国西南地区最重要的商周时期遗址,于1986年发掘的两座祭祀坑,成为20世纪最重大的考古发现之一。

2019年底,四川省文物考古研究院通过勘探与试掘,又发现了六座祭祀坑。

2020年9月起,四川考古院联合国内33家单位开启了新祭祀坑的发掘工作。

作为有着丰富田野发掘经验的年轻人,徐斐宏和其他六位发掘人员、两位测绘人员,以及两位文物保护人员开始了"八小时工作制",发掘、取样、文物保护无缝进行。

8:00到12:00,14:00到18:00,是坑内工作时间,半个月有一天休息。每天上午入坑前,都需要做好充分的准备工作,其中最重要的就是穿衣服,不仅要换上全套防护服,还要戴上口罩、头罩、鞋套。这样做,是为了最大限度避免自己的人体组织落入坑内,造成样品的"污染"。

刚开始挖掘,接触的是填土层,这时候跟当地工人一起发掘,这种算是"粗活",可也有讲究。在这一阶段,所有挖出的土按照位置归入网格,每格长60厘米、宽60厘米,所有的填土都会被搜集入库,留待后续整理、研究。

"一般考古发掘不会把填土层全部打包,最多过筛一遍,但是这里的考古意义太重要了,我们不想放过任何信息。"徐斐宏说。

这个填土层,挖到哪里为止,发掘队员心里有数。之前,在三号坑西北角经过试掘,在1.2米深处挖出了铜器,由此判断,坑内其他位置器物层也在这个深度。因此,当填土发掘到1米左右深度接近器物层后,考古工作便变得愈发细致,多数工作都改由考古队员自己完成。

**三道防护为象牙争时间**

据了解,在三星堆遗址最新发现的六个祭祀坑中,三号坑内发掘出109件青铜器、

127根象牙和8件玉石器,是出土器物最丰富的一个祭祀坑。

这么多象牙,如何转移?当被问及这个问题时,徐斐宏首先纠正了一个专业术语:应该说是"提取",而非"转移"。文物被发掘出来了,提取和保护同样是一门大学问。这些埋藏在地下上千年的象牙含有不少水分,一旦暴露于空气中,若失水过快,象牙的质地就会发生变化。

怎么办呢?站在挖掘的角度,徐斐宏说,目前的技术手段能做到的有三条。

首先,这次发掘配备专用工作舱,简而言之就是坑上造了个高科技玻璃小房子,能控制温度和湿度,为文物的保护提供可控的环境。

其次,在象牙上面先覆盖一层保鲜膜,再覆盖湿的毛巾或湿的无纺布,然后再往上覆盖一层塑料布,三床被子创造一个湿润小环境。

最后,人力方面则是提高工作效率。"这个提高工作效率,并不是加快速度,"他说,再急也要保证耐心细致、流程规范,发掘队通过每天加班1—2小时,延长工作时间,尽可能多工作面地开展工作,为象牙争取时间。

在整个挖掘过程中,发现"铜人顶尊"的过程,让徐斐宏印象深刻。"那是在三号坑最南边发掘出的一件非常罕见的器型。"他说,"当时,这件青铜器最早露出土面的是尊的口部,而这个青铜尊与众不同的地方在于它的肩部有龙形的装饰,底部圈足下有一块铜板。这已经很特别了,更奇怪的是,再往下挖,这块铜板不是平的,下方呈收拢的趋势,下面一定还有东西!

顺着这个走向,我们从侧面继续清土,发现平板连着人的耳朵,它与之前发现的铜手十有八九同属一件铜人,进一步发掘果然证实了这个判断。这个发现,是不断刷新认知的过程",徐斐宏娓娓道来,使人仿佛身临其境。

**现场考古人太胖行不行**

现场挖掘,脑力比体力更重要。例如,在填土层,以小网格方式交错发掘;接近器物和填土层,则改为将坑分成六个大区域,按大网格作业,这样有利于整体把握器物位置关系;到了器物露出后,需要随机应变,合理规划工作路径……一句话,发掘需要根据实际情况不断调整策略。这其中的进退分寸,凭的就是理论和实践经验的累积。

有人问过徐斐宏,搞现场考古发掘是不是人太胖不行?因为器物填土层层累积,万一站在下面有器物的土层上作业,人太重一脚踩坏了咋整?"这是个好问题,"徐斐宏笑着回答,"一般没有体重要求"。换句话说,胖一点也是可以的。这个顾虑有道理,但是知道了下面两点,就不会太担心。

首先,三号坑的土层都是很致密的黏土,踩在上面不容易对器物造成破坏。同时,现在技术保障更加到位了,三号坑所在的工作舱里安装了工作平台,到了填土发掘的收尾阶段,工作人员不用下脚,而是趴在悬空于坑上方的工作平台上,双手伸出作业,最大限度保护文物完好,不留隐患。"当然这么干比较消耗体力,一般一两个小时就要轮班的。"

这位北京大学考古系毕业的博士,先后参加过陕西岐山县周公庙遗址、洛阳龙门石窟唐代香山寺等遗址的发掘,见闻不少,却依然为三星堆考古的科技配置而动容。在这里,联合发掘的指导理念"课题预设、保护同步、多学科融合、多团队合作"贯穿于全过程,考古发掘、科技检测、文物保护等都配置协调了最佳资源。例如,发掘提取的样品,会视情况判定是直接交付现场的移动检测实验室,还是交给具有权威资质的研究机构。有时候,相同样本甚至会一式多份,分别交给两到三家检测机构进行对照分析,以最短时间返回结果,对现场进一步发掘起指导作用。(彭德倩)

《解放日报》2021 年 3 月 23 日

**上海:"大思政课"为高校学生讲好党的故事**

(上略)

**"90 后"对话"00 后",让老革命家成为领路人**

3 月 12 日,在上海大学的党史学习教育动员会上,年届九旬的新四军老战士、上海市新四军历史研究会名誉会长阮武昌用专题报告《亲历中华民族从站起来富起来到强起来》,将党史、革命传统、爱国主义和社会主义核心价值观教育融入了一个个生动的故事当中,让台下的青年学子听得热血沸腾。

今年 2 月,习近平总书记给上海市新四军历史研究会百岁老战士们回信,希望老同志们继续发光发热,结合自身革命经历多讲讲中国共产党的故事、党的光荣传统和优良作风,引导广大党员特别是青年一代不忘初心、牢记使命、坚定信仰、勇敢斗争,为新时代全面建设社会主义现代化国家而不懈奋斗。

回信不仅让"90 后"老战士欢欣鼓舞,也令上海高校的教育工作者们进一步增强了使命感——要让老革命家们把薪火亲手传承给"90 后""00 后"大学生。

3 月 2 日,"我们都是收信人"上海市新四军历史研究会和复旦大学《共产党宣言》展示馆"星火"党员志愿服务队学习座谈会举行。复旦大学党委书记焦扬提出,习近平总书记的两封重要回信为两个集体赋予了新使命、新任务,今后要以回信精神为指引,紧扣时代主旋律,共同把红色基因传承好,把红色资源利用好,把红色传统发扬好。

3 月 23 日,在上海市新四军历史研究会浙东浙南分会副会长蔡剑、上海市新四军历史研究会宣讲团团长谢鲁淮等前辈的示范宣讲下,上海理工大学"新时代·青年说"党史学习教育大学生宣讲团首次亮相。这些从全校学生中遴选出的百名宣讲团成员,将走近同龄人,从青年一代的视角出发,开启党史宣讲活动。宣讲团成员、马院 2018 级研究生班团支书殷洁如认为,作为新时代青年,理应传承红色基因,用过硬的本领承载远大理想。

(下略)(颜维琦 曹继军 任鹏)

《光明日报》2021 年 3 月 30 日

**上海大学以手语解读党的初心始发地"密码"**

"这座铜雕展现的是 1922 年 10 月 13 日上海大学师生列队欢迎于右任到任时的情景。中间这位老者,就是'一代草圣'于右任校长。"视频里,唐文妍对着镜头,认真介绍着这所红色学府的前世今生,但特殊的是,她是用"手"来讲述。

唐文妍是上海大学中国手语及听障研究中心的手语翻译员,她参与录制的视频是《红色之旅——"四史"故事手语版》系列第一篇。以迎接建党百年为契机,上海大学文学院、国家语言文字推广基地、上海红色文化研究院、上海大学中国手语及听障者研究中心等单位,与中共二大会址纪念馆、渔阳里、鲁迅纪念馆等沪上红色场馆联合,精心策划了手语讲述"四史"故事系列宣传视频,用手语向听障人士传播"四史"故事。

**听障者渴望获知"四史"故事**

今年两会上,全国政协委员、中国残疾人艺术团团长邰丽华用手语"演唱"国歌的场景,让无数人动容,也让更多人关注到这个群体。"饱含情感的手语版国歌对我们很有启发,文化只有通过眼神、表情、语言、肢体的交流,才能入心。在博物馆里,看不懂文字,听障人士的精神和情感需求就无法得到满足。"全国政协委员、上海大学文学院教授安来顺说,听障人士大多不会主动去博物馆,就是因为看不懂背后的故事。

资料显示,我国听障者数量已超过2 000万人。对他们来说,手语是最容易理解和通用的"语言",文字反而是种"外语"。不少听障者是不识字的,即使识字,因为语法规范的差异,他们对文字的理解也存在着不同程度的障碍。

上海大学文学院副教授倪兰是中国大陆第一位手语语言学专业博士。她坦言,很多在健听人看起来很自然的事情,听障者理解起来却有无法逾越的鸿沟,尤其是文字,"很多我们觉得耳熟能详、家喻户晓的故事,对他们而言是完全陌生的"。

上海大学文学院2019级硕士研究生和子晴的研究方向是手语语言学,因为专业原因,她平时与听障人群打交道较多。在这个过程中,她发现,听障人群数量多,他们对党和国家往往有着很深厚的感情,但对党史缺乏了解。

**精心打磨故事中的每个细节**

恰逢建党百年,师生们萌发了用手语来讲述"四史"故事的念头。2020年3月,上海大学手语及听障研究中心团队联合上海大学音乐学院等单位制作了手语抗疫歌曲《他是"最平凡"》,取得了很好的宣传效果,这给了团队很大的信心。2020年4月,第一期《红色之旅——"四史"故事手语版》正式开始拍摄制作。

"手语和我们平时说的汉语不同,不能简单直译,否则很多听障者看不懂。"和子晴说,尤其是在讲述"四史"故事这样严肃的历史题材片中,人名、地名、隶属关系如何准确表达,非常考验手语翻译的功力。因此,这些翻译工作落在了手语翻译员唐文妍的肩上。

"听障者有自己的手语名字,这个名字和汉语名字并不一致,是挑选一个人的体貌特征或者性格特征,或者从名字里挑选出特别有特色的一个字,来变成他的手语代号。"唐文妍说。这些表达在听障者的语言中都已是约定俗成。历史事件中的专有名词该怎么翻译,团队花费了大量时间查询相关资料。就这样精心打磨每一个细节,团队用了几个月完成了第一个18分钟的短片。

短片播出后,在听障群体中引起很大反响。"那天我的朋友圈被这个视频刷屏了。"和子晴说,视频不仅是给听障者看的,还可以帮助他们互相交流党史知识。有了第一期视频的成功经验,团队在中共二大会址纪念馆拍摄的第二个视频也顺利完成,并登录"学习强国"学习平台。

接下来,团队还将前往中共一大会址纪念馆、鲁迅纪念馆等红色场馆,继续制作更多手语视频。上海大学文学院党委副书记袁铭表示,团队将继续完善与兄弟高校、红色场馆、社会组织协同联动的机制,向听障人士解读上海作为党的诞生地、党的初心始发地的"密码"。

2020年下半年,上海大学手语社正式成立。"听障者渴望沟通,渴望被理解,也渴望了解外界。"倪兰说,希望通过手语社这样的校园文化平台,培养出更多精通手语的志愿者,向听障者传播红色故事,让他们了解更多的党史知识。

"学习强国"2021年4月2日

**嘉定区和上海大学达成战略合作,双方将共建上海大学科技园**

4月2日下午,嘉定区委中心组和上海大学党委中心组举行联组学习,同时双方签订战略合作框架协议。双方宣布将携手打造环上大科技创新圈,共建上海大学科技园,共同打造国家级科研基地。

根据协议,双方将对标国际最高标准、最好水平,进一步推进双方在产业、科技、教育、文化、卫生、人力资源等领域的合作,探索高等教育与地方发展相协同的合作模式,助力嘉定建设成为上海新城样板,支撑上海大学校区功能提升。

嘉定区和上海大学将携手打造环上大科技创新圈,共建上海大学科技园,致力于策源能力建设、科技成果转化、产学研协同和科学普及等多方面合作。同时,双方将聚焦微电子与集成电路、新材料、新能源、人工智能与智能制造等领域,共同打造国家级科研基地。

在教育领域合作方面,双方将共同推进上海大学微电子学院建设,推动上海大学附属嘉定高级中学争创上海市特色普通高中,建设上海大学附属嘉定实验学校,适时组建上海大学嘉定基础教育集团。

上海大学党委书记成旦红在签约仪式上说,学校要增强服务经济社会高质量发展的能力,真正做到"把论文写在祖国的大地上",上大将努力把高校的人才优势、学科优势转变为发展优势,助力嘉定区现代化新型城市建设发展。嘉定区委书记陆方舟表示,双方将聚焦产城融合,共同打造全市一流的公共服务体系和良好的人才环境,让更多优秀人才扎根嘉定。

"上观新闻"2021年4月2日

**走实走深"校地合作":上海嘉定与上海大学共同打造合作新样板**

微电子学院、先进功能材料微结构调控及应用协同创新中心……此类国家级科研平台和学科研究的突破性项目,今后将更多地在上海嘉定"落地"。2日,嘉定区委中心组和上海大学党委中心组举行联组学习,并宣布携手打造环上大科技创新圈,共建上海大学科技园,助力嘉定建设成为上海新城样板。

"此次签约合作,我们要将校地合作走实走深,打造校地合作的新样板。"嘉定区委书记陆方舟指出,双方将聚焦产城融合,共同建设千亿级智能传感器及物联网产业和上海大学科技园品牌,让更多的优秀人才留在嘉定、扎根嘉定发展。

根据协议,双方将探索高等教育与地方发展相协同的新型合作模式。在地方经济社会发展领域合作方面,双方将携手打造环上大科技创新圈,共建上海大学科技园;共同打造领域类国家级科研基地,聚焦微电子与集成电路,新材料,新能源,人工智能与智能制造等领域,共同致力于策源能力建设、科技成果转化、产学研协同和科学普及等多方面合作。

在教育文化卫生领域合作方面,双方将共同推进上海大学微电子学院建设;合作推进思想理论宣传教育,发挥人才优势,为嘉定区委区政府中心工作提供理论支持和智力服务;全面深化基础教育合作,推动上海大学附属嘉定高级中学争创上海市特色普通高中,高起点、高标准建设上海大学附属嘉定实验学校,适时组建上海大学嘉定基础教育集团;加强双方融媒体中心合作交流,嘉定区融媒体中心挂牌上海大学学生实习实训基地,为上海大学相关专业学生提供岗位实习,为上海大学融媒体中心提供岗位实训交流。上海大学将为嘉定区融媒体中心提供培训师资和课程。

在干部人才培训领域合作方面,双方将合作共建干部人才交流培训基地;合作探索"求贤揽才"行动,推动高层次人才在嘉定创新创业;共建大学生创新创业及社会实践基地。(李荣)

"新华网"2021年4月3日

## "涵浸、提劲、亲近、精进"上海大学推进党史学习教育入脑入心

我是来自马克思主义学院2020级的研究生党员刘佳文,是学校党史学习教育领导小组办公室的学生助理,我以"第一人称""第一视角",感受到学校教育引导师生要把自己摆进去,不做旁观者、要做融入者;感受到党委统筹协调与二级党组织创新实践同步推进,理论学习与工作实践共同展开,红色学府与百年党史齐焕光彩;感受到师生高扬迈进"十四五"、擘画新征程、昂首新时代的精神旗帜。

涵浸人心,感悟思想伟力。各级党组织推进学习教育制度化、常态化,党员干部先学一步、学深一步,通过读原著、学原理获得真理感召与精神浸润。用好用活红色资源,鼓励师生从聆听到讲述,"第一人称学党史、讲党史",在赓续红色基因中汲取智慧、凝聚力量。

提劲赋能,厚植人民情怀。各级党组织奋发起"比学赶超"的精气神,聚焦解决实际问题、服务人民所需,党员干部结合岗位职责为群众办实事,坚持把党史学习教育成效转化为干事创业动力,不断体现党史学习教育重实干、人民满意底气足。

亲近群众,勉力守正创新。思政课教师持续打造"开天辟地"等品牌课程,讲述中共百年的奋斗历程,深受学生喜爱。马克思主义学院、团委、离退休党委正在协同组建党史学习教育师生宣讲团。各单位开展主题征文、红色巡展、党史知识竞赛等形式多样的活动,通过群众喜闻乐见的方式让党史学习教育走"新"更走心。

精进不休,奏响青年华章。学校拓宽青年实践平台,组织青年志愿服务活动,在行动中形成"点亮一盏灯,照亮一大片"的带头作用。发挥青年智慧和力量,共同参与"学习强国""微博""抖音"等新媒体宣传平台的创作和推广工作,着力追求党史学习教育新突破,踔厉奋发志气高。(刘佳文)

"学习强国"2021年4月3日

## 细心和创新贯穿疫苗接种全过程

为做好新冠肺炎疫情常态化防控,尽快构筑免疫屏障,连日来,上海分步实施、条块

结合,有序推进新冠疫苗接种工作。目前,除了加快医疗、交通、物流等为公众提供服务的行业接种进度外,上海已启动包括60岁以上人群和在沪外籍人士的社区人群疫苗接种工作。各部门相关人员在工作过程中融入细心和创新的人性化服务,不仅提高了工作效率,还给疫苗接种过程带来了温度。

4月6日,在长宁区华阳路街道新启用的长宁路疫苗接种点,前来接种的民众络绎不绝。新接种点共两层,一楼的接种区和留观区优先给老人或者腿脚不方便的市民使用。登记、排队扫码、领取留观凭证到接种,每个步骤都有专人引导,从排队到完成接种通常只需要十几分钟。

针对周边外籍人士较多的特点,同仁医院4月3日举办了上海首个外籍人士新冠疫苗接种专场,整个接种过程有序流畅,仅半天时间接种人数就达到765人。现场每个环节的岗位都安排了英语、日语、韩语等外语翻译志愿者,并将原有的5个预检、收费等服务窗口增至9个,快速分流接种人群。

接种工作的有条不紊离不开幕后的保障和技术支持。为方便师生快捷地选择具体接种地点和时间,上海大学信息化工作办公室自主研发"健康之路"智慧系统。系统可以精准推送接种信息到每一位师生,实现师生接种意愿采集、线上预约和接种现场实时动态可视化监测。工作人员可据此了解接种意愿情况、做好容量计划,确保接种工作高效有序进行。

细心和创新不仅体现在接种过程中,也体现在接种前后。

为保护职业人群的健康安全,提高接种率,浦东城管花木中队做起了疫苗接种"敲门人"。从3月下旬起,执法队员对辖区内的单位开展地毯式排摸、宣传、发动,点对点发放《单位接种须知》和《接种知识问答》,动员在职人员以工作场所为单位,及时接种新冠疫苗。"有些建设单位人员较多,接种点距离较远,接种很不方便。"花木街道负责人告诉记者,下一步,花木街道将派专车接送,打造从建设单位到接种点的快速通道。

疫苗接种后,一般还需要半小时留观。普陀区万里街道创造性地在流动疫苗接种点为群众建立了党史宣传站,展出建党百年大事记,播放《中国共产党百年述职报告》视频。"我最喜欢习近平总书记的'永远保持对人民的赤子之心,一切向前走都不能忘记走过的路'这句话。"居民刘先生说,"现在特殊时期,疫情之下,我们可以免费打疫苗,就是党和国家对保护人民的赤子之心,是对我们的爱护。"(任鹏　颜维琦)

《光明日报》2021年4月12日

**用活红色资源——上海大学推进党史学习教育走深走实**

用活红色资源、赓续红色基因,上海大学在开展党史学习教育过程中注意突出特色、统筹推进、全面动员。学校成立党史学习教育领导小组和工作专班,全校师生形成工作合力,把开展党史学习教育作为践行初心使命的"磨刀石","涵浸、提劲、亲近、精进"推进党史学习教育入脑入心,形成党史学习教育"比学赶超"的生动局面。

**研学为先,"第一人称"学党史**

高起点开局、高标准推进,上海大学领导班子带头学,坚持集体"晨读"自学和周四中心组学习,研读党史学习教育指定学习材料,坚持读原著、学原文、悟原理,逐篇学习、深刻领会。

今年3月,中央宣讲团成员、中央党校原副校长李君如一行走进上海大学与师生代表座谈交流,使"学习党史不妨把自己代入其中"成为师生关于党史学习教育的热点话题。

学校盘活红色文化资源,将理论学术研究、宣传陈列展示、文物征集保护融入学习教育,深化思想政治理论课教学改革,打造"开天辟地""光影中国"等品牌课程,给学生一双眼睛看懂中国,引导学生正确认识世界和中国发展大势,让思政课成为"网红课"。从聆听到讲述,学校鼓励师生"第一人称学党史、讲党史",在赓续红色基因中汲取智慧、凝聚力量。

**专业赋能,协同联动开新局**

"专业＋党史学习"融合下,涌现大量形式新颖、表达生动的党史学习新形式。新闻学院开辟"一周党史"栏目,逐周介绍党史上的今日故事、推出"青云发轫上大人"手绘长图漫画、制作"溯源百年恰风华"系列广播剧,从声、画、视听三种表现形式出发,多渠道讲好党的故事。文学院用手语讲述党史故事,向听障群体解读上海作为党的诞生地、党的初心始发地的"密码"。电影学院开展"青年志·百年赤诚"浸润式情景党课、"SFA朗读室——弘扬雷锋精神,争做合格党员""FM红色声音馆——党史人物""学党史·悟初心——线上打卡"等活动,激发党史学习热情。社会学院推出"三重檐"新语青年说有声读物之"向英烈学习",用声音表达对革命先烈的追思与敬意。美术学院联合上海文化出版社开辟"海派连环画里的党史故事"专栏,通过对经典连环画作品的艺术解读传承红色文脉。

学校以全国红色文化战略联盟、上海红色文化研究院、红色纪念地青年志愿服务联盟等平台为牵引,引导学生积极参加社会实践,盘活社会实践的思政素材,打造"行走的课堂",鼓励师生在专业实践中讲好党史故事,向社会辐射更大声量。学工系统推出迎接建党百年系列活动"学习套餐",以"传承红色基因,激活红色中枢,释放红色能量,培养红色传人"为主题的献礼中国共产党百年华诞"七个百"系列活动。研究生工作部实施研究生"百＋"行动计划,通过党史宣讲、微党课大赛、党史知识竞赛等一系列丰富多彩的活动,激发青年学子爱党、爱国热情。团委组织开展党史教育主题活动,引导广大团员青年"学党史、强信念、跟党走",了解党的光辉历史,感悟党的初心使命,领悟党的创新理论,体悟党的精神。

**躬行致远,扎根大地担使命**

不做旁观者、要做融入者,把学习成效转化成为干事创业的能量。学校开展"学党史 守初心 办实事"系列活动——后勤保障部打卡生活园区实事"5＋N",即追寻1次红色足迹、释放1次思想火苗、挥洒1次青春汗水、点"靓"1次园区小家、参与1次志愿服务。社会学院寻访革命遗迹,足迹遍布28省79市,打卡100余个红色地标,追寻红色历史。管理学院组建红色实践团,前往宁波塘溪镇寻访老上大烈士,追思英烈事迹,将学习成效转化为服务社会的效能。医学院研究建党以来中国医药卫生发展史,联动附属医院开展党史学习教育,务求实效开新局。经济学院策划经济领域历史人物的学术研究,以史为镜,鉴往知来,把历史人物精神转化为奋进新时代的强大动力。

清明祭英烈,学史悟初心。今年清明节前后,学校开展"传承红色基因,清明祭奠英烈"活动,通过线上线下相结合的方式,引导广大党员师生铭记革命历史。师生们前往龙华烈士陵园、宝山烈士陵园、嘉定区革命烈士陵园、上海四行仓库抗战纪念馆、上海大学"溯园"等纪念地,缅怀革命烈士,弘扬爱国主义精神。

此外,师生党员们还通过观看红色经典歌剧《江姐》缅怀革命英烈,传承"红岩精神",并在线上开展"缅怀革命英烈 感悟百年党史"等活动,通过"留言""献花"等形式进行"云祭奠",向革命先烈、抗疫英雄、边防英雄致敬,云上宣讲英烈故事,表达哀思,从中汲取前进的力量。(任鹏)

"光明日报"2021年4月13日

**上海大学文学院:为留学生用英语讲党史**

"中国共产党最初是怎样的一群人?""为什么会有长征?""中国共产党是怎么赢得政权,成立新中国的?"上海大学的国际学生们日前聆听了一场特别的"知华讲堂",由上海大学文学院历史系陶飞亚教授,用英语为他们讲述中国共产党和新中国的诞生。

陶教授讲,在剧烈的社会矛盾下,在革命接连失败的背景下,中国共产党登上历史舞台,吸收马克思列宁主义,结合中国实际,找到了一条适合中国自己的道路。虽然面临内忧外患,但中国共产党依旧在逆境中逆流而上,带领中国广大人民浴血奋战,最终取得了革命的胜利,建立了中华人民共和国。陶教授特别指出,中国人民能够取得革命的胜利,能够赢得战争的胜利,不是偶然,而是必然,在中国共产党的正确领导下,中国人民身上所体现出的顽强斗争精神是整个国家民族精神的体现,是革命取得胜利的根本保障。

在讲座现场,国际学生在提问互动环节气氛热烈。来自上海美术学院的2017级学生表示,这是自己第一次听到如此详细的关于中国历史的讲座,非常有趣。

据悉,"知华讲堂"是上海大学国际教育学院面向国际学生开展"知华教育"的重要平台之一。今年正值建党百年,知华讲堂将面向国际学生推出一系列与新中国发展相关的系列讲座,让国际学生对中国共产党领导下新中国发展的理念和经验有更深刻的了解和认识,激发国际学生讲好中国故事、传播中国发展理念的意识与动力。

"学习强国"2021年4月13日

**"第一人称"代入,上海大学党史学习教育走深走实**

承袭"红色学府"基因,上海大学用活红色资源,高质量开展党史学习教育,"涵浸、提劲、亲近、精进"推进党史学习教育入脑入心,在全校形成了党史学习教育"比学赶超"的生动局面。

上海大学校领导班子带头,坚持集体"晨读"自学和周四中心组学习,研读党史学习教育指定学习材料,逐篇学习、深刻领会。中央宣讲团成员、中央党校原副校长李君如一行走进上海大学与师生代表座谈交流,"学习党史不妨把自己代入其中"成为师生关于党史学习教育的热点话题。

学校盘活校内外各类红色文化资源,深化思政课教学改革,打造"开天辟地""光影中国"等品牌课程,给学生一双眼睛看懂中国,引导学生正确认识世界和中国发展大势。从聆听到讲述,鼓励师生"第一人称学党史、讲党史",在赓续红色基因中汲取智慧、凝聚力量。

"专业＋党史学习"融合下,涌现大量形式新颖、表达生动的党史学习新形势。新闻学院开辟"一周党史"栏目,逐周介绍党史上的今日故事、推出"青云发轫上大人"手绘长图漫画、制作"溯源百年恰风华"系列广播剧,从声、画、视听三种表现形式出发,多渠道讲好党的故事。文学院用手语讲述党史故事,向听障人群体解读上海作为党的诞生地、党的初心始发地的"密码"。电影学院开展"青年志·百年赤诚"浸润式情景党课、"SFA朗读室——弘扬雷锋精神,争做合格党员""FM红色声音馆——党史人物""学党史·悟初心——线上打卡"等活动,激发党史学习热情。社会学院推出"三重檐"新语青年说有声读物之"向英烈学习",用声音表达对革命先烈的追思与敬意。美术学院联合上海文化出版社开辟"海派连环画里的党史故事"专栏,通过对经典连环画作品的艺术解读传承红色文脉。

上海大学已建有全国红色文化战略联盟、上海红色文化研究院、红色纪念地青年志愿服务联盟等平台,以平台为牵引,鼓励师生在专业实践中讲好党史故事,向社会辐射更大声量。上海大学学工系统推出迎接建党百年系列活动"学习套餐",形成以"传承红色基因,激活红色中枢,释放红色能量,培养红色传人"为主题的献礼中国共产党百年华诞"七个百"系列活动。研究生工作部实施研究生"百＋"行动计划,通过党史宣讲、微党课大赛、党史知识竞赛等一系列丰富多彩的活动,激发青年学子爱党、爱国热情。团委也组织开展了党史教育主题活动,引导广大团员青年"学党史、强信念、跟党走"。

"党史学习教育要把自己摆进去,不做旁观者、要做融入者,把学习成效转化成为干事创业的能量。"上海大学为此策划开展了"学党史　守初心　办实事"系列活动。后勤保障部打卡生活园区实事"5＋N",即追寻1次红色足迹、释放1次思想火苗、挥洒1次青春汗水、点"靓"1次园区小家、参与1次志愿服务。社会学院寻访革命遗迹,足迹遍布28省,打卡100余个红色地标,追寻红色历史。管理学院组建红色实践团寻访老上海大学烈士,追思英烈事迹,将学习成效转化为服务社会的效能。(姜泓冰)

"人民日报"2021年4月14日

### 国际减贫合作——上海大学青年学子的担当与梦想

在我国脱贫攻坚战取得全面胜利之际,有这样一群青年人,正在积极响应国家号召,运用专业知识将青春之志与海外扶贫减贫紧密相连,用实际行动诠释青年的担当与使命,将中国的成功经验传播至海外。他们,是上海大学文学院扶贫青年团队。

在2020年的国际组织菁英人才大赛中,上海大学政治学专业的研究生披荆斩棘,一路闯关,最终拿到二等奖的优异成绩。今年,他们整装再发,扩充实力,联合本校的柬埔寨国际学生和上海电影学院的学生,立志为国际减贫合作和"一带一路"建设贡献青年人的才华。

团队聚焦全球贫困治理的发展状况,结合联合国可持续发展目标与2020年中国实现消除绝对贫困的大背景,以中国—东盟合作的"东亚减贫合作之柬埔寨示范项目"为调研案例,探讨中国脱贫减贫理论在海外实践的意义与影响。同时,团队也会挖掘身边的青年力量,鼓励更多青年参与中国海外减贫合作项目,展现属于青年人的责任与担当,为人类的可持续发展贡献青春力量。

在学术研究的基础上,团队继续展开了以《国际减贫合作与可持续发展——以"东亚减贫合作之柬埔寨示范项目"为例》为题的专门研究,探讨中国减贫合作的国际经验,以及青年人在可持续发展中的活力和精神。他们将调查研究成果形成学术报告,并在上海大学第十三届"自强杯"大学生课外学术科技作品竞赛中荣获佳绩。

在调研过程中,团队始终关注青年在中国参与海外减贫合作中可以发挥的力量,为达到更好的效果,他们创办了"扶贫青年说"微信公众号,并设计出具有团队特色的文化衫等文创产品,同时发起倡议书,呼吁广大青年共同参与扶贫。青年一代需要同中国减贫合作项目一同"走出去",这不仅可以丰富青年的经历阅历,也为青年投身可持续发展,参与全球治理提供了最佳舞台。

"消除贫困是世界各国人民的期盼,而青年作为扶贫事业的中流砥柱,应当更加积极地参与进来。"队长蔡蝶表示。青年作为最有力量的年轻一代,在中国海外扶贫项目中可以发挥的优势与作用不容忽视。充分用好广大青年这一后备军,利用青年平台和人才优势,助力推动中国海外扶贫项目,是团队想要实现的目标。

为中国参与全球脱贫治理贡献青年力量,用青年智慧推动中国智慧的发展,这不仅是团队想做的,也是广大青年应当共同努力奋斗的。

"学习强国"2021年4月14日

### 全国高校专业类课程思政教学指南编撰高层研讨会在上海大学举行

4月16日,全国高校专业类思政教学指南编撰高层探讨会暨上海大学课程思政教学研究中心揭牌仪式在上海大学宝山校区举行。来自全国著名高校的专家学者及各《专业类课程思政教学指南》编撰团队、院系骨干教师等近百名学者出席会议。

上海大学党委常委、副校长聂清在致辞中表示,上海大学承继钱伟长老校长教育思想,始终走在大学生思想政治教育教学改革的最前沿。她期待以本次优势专业思政教学指南编撰为契机,争取得到相关专业教指委专家的充分指导,加大力度与兄弟院校共商课程思政专业课建设,推进课程思政跨地区、跨学段融合,构建课程思政名师优课共享机制,共同落实立德树人根本任务,加快培育全面发展的卓越创新人才。

上海大学教务部副部长、上海大学课程思政教学研究中心主任顾晓英回顾了上海大学课程思政理论和实践的探索历程,介绍了"一模式三系列"15门课程和领航校建设工作近况,以及学校正在组织编写的6部市级立项专业类近况。同时她表示,近期已结合学党史,推出18期"融四史,周周见领航者云"品牌活动,和学院老师们相会云端,培养专业课教师的育德意识与育德能力。

在课程思政示范课教学展示与《指南》编撰交流中,画家、上海大学上海美术学院桑茂林副教授认为,"写生"课课程思政设计的目标就是让学生行万里路,实地感受并用画笔描绘中国红色文化基因和社会农村新变革。图情档系副主任王丽华表示,为党管档,为国守史,为民服务,档案先天性就融入了思政基因,要和学生们一同领略家国情怀,提升文化自信。

材料学院教授王武荣认为思政与理工科专业的结合要聚焦学生道德素养的熏陶濡染,建设完善课程评价体系,着眼于学生的终身发展。经济学院党委书记陆甦颖介绍了领航学院党委如何做好党建工作促进课程思政建设,指出要通过优化思政教育内容、探索创新路径方法、提升教师育人能力、合理配置校内外资源,将课程思政实践做到长效化、常态化、制度化。

同济大学资深高数教授张华隆,档案学教指委副主任委员、中山大学陈永生教授,代表与会的专家即兴发言。张华隆结合学科特色表示,要将思想政治工作贯穿学科体系、专业体系、教材体系和管理体系中,要在数学教学过程中发挥思政教育的独特作用,对广大学生起到引导作用。陈永生表示思政教育与专业课程的结合并不是简单的事情,而是需要长期努力、长期探讨的艰难课题,但是值得相信推动思政教育广覆盖将会进一步提升和改善各种专业学科的育人成效。

档案学、材料学、金融学、数学的四个专业分论坛同时举行。专家学者们分别聚焦专业特色,探讨学科思政融合。

档案学专业分论坛就档案学专业课程思政建设理念、特色、优势、难点、方式、路径等问题展开了热烈讨论,给予上海大学档案学专业课程思政建设指南高度评价,并希望建构起"顶层有设计,整体有氛围,各方有行动"的档案学专业课程思政教学生态,全面提高档案学专业人才培养质量。

材料学专业分论坛上,教育部高分子材料与工程教指委委员、武汉理工大学张超灿教授在肯定《指南》编撰之余,提出老师要利用好专业课程讲授的讲台,注重加强对学生的世界观、人生观和价值观的引导,引导大学生树立正确的国家观、民族观、责任感。

金融学专业分论坛则就金融专业课程与思政的结合进行了深度讨论,同济大学阮青松教授、复旦大学杨长江教授、上海师范大学刘江会教授、上海大学尹应凯教授一致认为课程思政要从点、线、面、体等四个方面进行立体式设计,从一门课程辐射到整个专业,从本科覆盖到研究生,通过多维度立体架构来设计课程思政,起到"润物细无声"的融合作用,上海大学党委常委、副校长聂清指出,思政,唯有融合过去、现在、未来的教育才是思政,专业课程要强调专、深、精,厚植爱国主义情怀。

数学专业的分论坛专家学者以微积分课程为具体案例,共同分析探讨,认为老师在立德树人过程中的作用最为重要,在强调课程思政与专业课融合的同时要加强教师队伍建设。

本次全国高校专业类课程思政教学指南编撰高层研讨会是西安高教处长会之后的一次教学学术研讨会,也是上海大学课程思政教学研究中心主办的第一个全国性教学研究高层研讨会。

接下来,上海大学还将对2020年立项的课程思政教改项目进行结题验收,并开展2021年度课程思政教育教学改革研究项目申报和2021年度校级课程思政示范课程申报工作。这些举措充分体现了学校深入贯彻《高等学校课程思政建设指导纲要》和高等学校课程思政工作会议精神,打破思政教育与专业教育长期以来"孤岛效应"的决心,将立德树人贯彻到高校课堂教学全过程、全方位、全校师生,全面持续推进专业教育与思想政

治教育同向同行、协同育人。(任鹏　曹继军)

"光明日报"2021年4月19日

**共享名师优课，推进跨地区、跨学段融合，上大课程思政教学研究中心揭牌**

全国高校专业类课程思政教学指南编撰高层研讨会暨上海大学课程思政教学研究中心揭牌仪式日前举行。上大副校长聂清表示，上海大学承继钱伟长老校长教育思想，始终走在大学生思想政治教育教学改革的最前沿，从2007年率先尝试思政课"项链模式"到2014年首创"大国方略"，从"时代音画"到"光影中国"，学校涌现出了一批优秀的课程思政教学成果。此次活动以本次优势专业思政教学指南编撰为契机，推进课程思政跨地区、跨学段融合，构建课程思政名师优课共享机制。

上大教务部副部长、课程思政教学研究中心主任顾晓英回顾了上海大学课程思政理论和实践的探索历程，简介了"一模式三系列"15门课程和领航校建设工作近况。她还通报了学校正在组织编写的六部市级立项专业类近况。同时她表示，近期已结合学党史，推出18期"融四史，周周见领航者云"品牌活动，和学院老师们相会云端，旨在养成专业课教师的育德意识与育德能力。

在课程思政示范课教学展示与《指南》编撰交流中，画家、上大美术学院桑茂林副教授认为，"写生"课课程思政设计的目标就是让学生行万里路，实地感受并用画笔描绘中国红色文化基因和社会农村新变革。材料学院教授王武荣认为，思政与理工科专业的结合要聚焦学生道德素养的熏陶濡染，建设完善课程评价体系。经济学院党委书记陆甦颖提出，要通过优化思政教育内容、探索创新路径方法、提升教师育人能力、合理配置校内外资源。

同济大学资深高数教授张华隆说，要将思想政治工作贯穿学科体系、专业体系、教材体系和管理体系中，要在数学教学过程中发挥思政教育的独特作用，对广大学生起到引导作用。中山大学陈永生教授表示，思政教育与专业课程的结合并不是简单的事情，而是需要长期努力、长期探讨的艰难课题，推动思政教育广覆盖将会进一步提升和改善各种专业学科的育人成效。(王蔚)

"新民晚报"2021年4月19日

**沪上的早晨曾在这里开始——"红色学府"用好第一人称讲党史**

在上海大学校史馆里，一场沉浸式微党课正在上演：上海大学校务长邓中夏站在中国共产党创办的第一所"红色学府"前慷慨陈词："在1924年的中国，在此地，一群富有理想的学生，选择了一所富有理想的大学。上海大学独一无二，具有社会主义思想。我们许多教授，坚信马克思主义能够救国救民，社会主义能够救国救民，伟大的理想，能让上海大学挺直了腰板，去扛那副救民于水火的重担。"

饰演邓中夏先生的，是上海大学上海电影学院本科生王炳坤，在这堂情景微党课上，他用真情实感演绎着早期中国共产党人的故事。

另一旁，上海大学音乐学院研究生何雨晴讲述着曾在上海大学任教的田汉创作国歌的故事，在庄严肃穆的国歌声中，师生仿佛回到了那个年代。穿越历史长河，今天的90

后、00后们找到了与革命前辈联结的纽带,产生了情感共鸣,并在跨越时空的心手相牵中收获精神的洗礼和智慧的启迪。

不同的时代,同样的信念,此时此刻,两代人的故事在这里交融,两代人的声音在这里回荡。

1922年,在上海青云路一个不起眼的"弄堂"里,上海大学这所中国共产党创办的第一所正规大学横空出世,随即成为传播马克思主义、传播先进文化知识的重要阵地。那个年代,中国大地风起云涌,反帝反军阀的浪潮促进国共有识人士合作办学,一批有进步思想的名师贤达加盟上海大学,一批满怀理想的热血青年求学于上海大学。

成立之初,以瞿秋白、邓中夏、蔡和森、张太雷、施存统、恽代英、任弼时、萧楚女、沈雁冰、田汉等为代表的"红色教授",利用课堂和党的刊物,使上海大学成为传播马克思主义的重要阵地、南方新文化运动的中心。他们积极倡导理论联系实际,授课深入浅出、通俗易懂,让很多学生掌握了马克思主义基本原理、坚定了革命信仰、走上了革命道路。

作为五卅运动先锋队,上海大学始终站在反帝斗争的前沿。社会上流传着的"文有上大,武有黄埔""北有五四时期的北大,南有五卅时期的上大"是历史的真实写照。回溯历史,上海大学的成立与中国共产党的发展息息相关,与国家和民族的命运紧密相连。

如今,扎根中国大地,面向社会实践,上海大学越来越多的新青年在躬身力行的实践中,感悟到马克思主义真理的力量。两代青年人对话掀起了师生用第一人称讲党史、学党史的热潮,上海大学正将党史学习教育融入立德树人全过程。

上海大学利用专业优势讲好党的故事。新闻传播学院和电影学院师生,联合上海市新四军历史研究会,采访记述红军、八路军和新四军老战士的革命故事,完成了100集电视纪录片;美术学院结合课程实践教学,组织学生专门为渔阳里团中央旧址纪念馆设计红色文创;文学院"手语社"为特殊人群提供党史学习教育资源;图书情报档案系在"党的诞生地"讲述建党故事……

由马克思主义学科专家、离退休老同志、青年学生共同组建的师生宣讲团,组织或参与"百年校史千人讲""听革命前辈讲故事""给00后讲共产党的故事""寻访革命历史遗迹"等活动,向青年一代讲好"过去的故事",用"年轻人的方式"点燃青年人党史学习的热情。

从峥嵘岁月里走来,这里描摹着风云激荡中无数青年的奋进之路,且行且歌,与国家民族命运交织,耕耘出一片新天地。

从新的征程中走来,这里记录着发展变迁中鼓舞人心的铿锵字句,掷地有声,与历史文化一脉相连,代代传承。(刘博智)

《中国教育报》2021年4月22日

### "高言值"党史课,坚定青年永远跟党走信念

中国共产党的历史就是一部奋斗史。如何把党的百年历程、中国共产党人的奋斗精神,原汁原味地呈现给今天的95后、00后大学生?

一批名师大家,主动请缨讲党史。"每当一项硬任务下来,我们都会自发组织党员战斗队带头攻关,从没有人抱怨。为建设海洋强国而奉献自己,这是我们这代人的渴望。

不求成名,但求成才,这是我们自年轻时开始的追求,希望你们能传承下去。"辽宁舰总设计师、中国工程院院士朱英富日前受邀走进上海交通大学,结合正在开展的党史学习教育,向青年学子讲述我国船舶设计建设行业发展历程。

深挖校史党史资源,邀请知名校友、专业精英畅谈入党初心,激发青年学生对科技强国的热望,在上海交大船舶海洋与建筑工程学院,两代人的"交心效应"正在显现:今年,该学院学生入党申请人数已达 226 人,较去年同期增长 34%。就在回母校这一天,朱英富还与船建学院的党员学生座谈,让学子们直呼"终生难忘"。

党史学习,内容为王。时下,沪上各高校通过打造"高言值"课堂,融入人文、科技、艺术等丰富元素,不断增强党史学习教育的针对性、吸引力和感染力,坚定青年一代永远跟党走的信念。

**打破学科壁垒、形成育人合力,开发优质党史课**

在大学,课程是育人的主渠道。正值建党百年,让党史学习教育融入课程思政,从学科视角为大学生打开学习党史教育的新空间,沪上高校有诸多新尝试。

"体育中国""中国记忆""光影中国"……上海大学最新推出的红色传承系列思政选修课,续写着"选课靠秒"的火暴人气。"只有以有厚度的内容承载有深度的理论,党史学习教育才能彰显温度、引发青年学子的共鸣。"上海大学教务部副部长、上海高校思想政治理论课名师工作室"顾晓英工作室"主持人顾晓英以"光影中国"为例说。新中国成立以来,一代代电影人用镜头记录党领导下各条战线欣欣向荣的社会主义建设历史,一幅幅生动形象的"中国面孔"成为光影记忆,也镌刻在人们心里。

有一节课上,受邀开讲的上海电影学院教师、导演柴健就结合参与《我和我的祖国》的拍摄经历,与大学生们分享了个体与国家之间何以共鸣同构。这部影片呈现了新中国成立 70 年来的七大高光时刻中七组"小人物"的历史瞬间。他们的故事也许微不足道,但在平凡中自带光环,正是这些千千万万个普通中国人的面孔和故事,铸就了我们民族和国家一个又一个高光时刻。

"有思考、有亮点、能彼此激发思维的课堂,才是好课堂。培养青年一代的价值认同,需要大学打破学科壁垒、形成育人合力,开出一批具有'高言值'的优质党史课。"顾晓英说。

"中国的天空上原本没有一架自己的大型客机,直到 2017 年 5 月 5 日,航空人用 11 年的付出,把这个数字变成了 1。"日前,复旦大学启动"青年体悟人民城市"系列青年党史学习教育活动。中国商飞团委委员杨帆讲述了自己从复旦毕业后走进工厂,用青春书写"大飞机"故事。听行业青年讲城市发展,跟青年榜样看城市建设,聚青年学子讲百年党史,领党团骨干学基层治理……在复旦大学,学校引进上海 16 个区以及相关行业的近百名优秀青年担任"人民城市"青年讲师团成员,走进团支部,为青年学子讲述在中国共产党领导下上海城市建设、基层治理、行业发展的鲜活案例,用青年人的语言引导青年学习以党史为重点的"四史"。

在复旦,团员青年们还将以团支部为单位,前往青年讲师的工作所在地,"沉浸式"体验城市建设和社区治理一线场景,身临其境感悟时代发展及其背后的思想伟力。

**用活红色资源,引导青年学子学思践悟守初心**

"脚下沾有多少泥土,心中就沉淀多少真情。"上海市委党校马克思主义学院副院长陈方刘认为,为青年人讲党史一定要观照现实,而学习党史的一条重要路径就是实践,要引导青年学子在行走和实践中,感受党的百年历程,真正做到学史明理、学史增信、学史崇德、学史力行。

"我们现在所在的国歌展示馆,至今仍保存着首版《义勇军进行曲》的黑胶唱片,放在唱机上还能正常播放。每当国歌响起,奏响的不仅仅是46秒的旋律,更是中华民族从站起来富起来到强起来的历史性飞跃。"4月21日,在上海师范大学徐汇校区,数理学院师范专业2017级学生王宇晨现场展示的"微课",正是她和团队寻访沪上红色地标的最新调查成果。

3月以来,上海师大依托苏智良教授及其团队历时十年的研究成果《初心之地——上海红色革命纪念地全纪录》,组建百支红色大寻访学生队伍,精心设计推出"建党的旅途""共青团的足迹""荣耀的召唤""思想的光辉""隐蔽的战线"等10条红色寻访线路,开发出了一批生动活泼、更贴近青年学子的微课程,积极引导青年学生学思践悟。

"上海是中国共产党的诞生地,也是中国革命红色基因的发源地。上海城市历史中的这抹红色,是近代上海发展中堪称亮丽的浓墨重彩的一笔,也是上海城市文化研究中必须列入的重要课题。"在苏智良看来,对这一城市历史文化现象的解读,不仅需要时间坐标,还需要空间的坐标。而上海红色革命纪念地的研究,实则是一个动态的过程,仍有许多史迹亟待寻访与保护。"我们要让更多青年学生主动加入保护、弘扬上海红色文化的行列,让他们通过实地寻访,用活红色资源,讲好红色故事,始终保持与党的历史使命同心同向。"

将专业史与校史对接、融合,有效提升青年学生党史学习教育成效。在上海电机学院,00后大学生李宇轩在参与学院组织的"寻访新中国工业发展史"校友走访活动后,内心久久不能平静。上世纪五六十年代,为了新中国建设需要,有几百名校友毕业后奔赴祖国四面八方,其中有近百名校友来到湘潭电机厂。此次来到湘潭电机集团,现场聆听4名前辈讲述当年的求学经历和在岗位上砥砺前行的奋斗经历,李宇轩和伙伴们忍不住感慨:"新中国工业发展的下一棒即将交到我们这一代手中,我们一定要坚守初心,砥砺奋进。"

**多形式讲好党史,95后、00后争做信仰传承人**

在不少一线教师看来,面向青年学子开展的党史学习教育要"入耳入脑入心",必须实现"时空穿越",让青年学子真正走进、读懂革命先辈的精神世界。复旦大学党校办主任、《共产党宣言》展示馆党员志愿服务队指导教师周晔认为,要做到这一点,需营造一个"学生可以感受信仰之源、真理之甘的场景"。

(下略)(姜澎 吴金娇 储舒婷)

《文汇报》2021年4月26日

**紧盯"实事"求实效,上海大学扎实推动"我为群众办实事"实践活动**

党史学习教育开展以来,上海大学党委按照党中央和市委关于"我为群众办实事"工作部署,积极推动各级党组织和党员、干部深入师生群众,深入教学科研管理和社会服务一线,深入联系服务单位,深入工作服务对象,听取意见、了解需求、解决难题。校领导带队,结合全面从严治党主体责任落实情况反馈、签约,开展学史力行访民意调研。各二级党组织察民情、访民意,积极制定实事项目清单,调动各方积极性推动"我为群众办实事"实践活动走深走实,如后勤保障部公寓办,号召全校师生积极参与打卡"园区5+N"实事清单等,将开展"我为群众办实事"实践活动与推动工作紧密结合起来。

**"我为群众办实事"**

基层党组织、党员、党员干部用好一线工作法,通过多种途径到师生中去,了解师生所思所想,帮助解决难题,进一步密切与师生的情感联系。力工学院党委专设"书记接待日""院长有约"活动,畅通群众发声建言渠道,提升学院整体服务质量和管理水平,进一步密切学院领导与广大教职工的沟通联系。

经济学院党委实施院系领导、研究生辅导员嘉定校区值班制。社区学院党委组织开展了"书记有约"、"院长有约"、学院专题研讨会等,领导和学院师生面对面座谈,深入了解师生需求和困难,设立"院长信箱",畅通师生建言献策渠道。

悉商学院班子以固定"书记接待日"的形式,加强与教职员工的沟通交流,切实解决青年教师密切关心的问题。理学院党委全面推进"党建+全程导师",率先推动"瑞心成长空间"、数学系"毛雪峰工作室""超哥工作室"等全程党员导师牵头团队进驻社区与学生直接面对面。出版社期刊社党委在"书香上大,红色传承"读书节期间,在校图书馆设立"上海大学出版社图书角"并赠送红色图书,为全校师生提供丰富的精神食粮,以实际行动迎接党的百年华诞。

广大师生党员根据工作实际,组建宣讲团、"红色学讲团"等,广泛开展理论宣讲、政策宣传等。马克思主义学院学生党支部牵头,重点依托青年马克思主义理论研究会,组建15支以"党史""校史"等为主题的红色宣讲团,以青年视角聚焦中国共产党优势和百年红色校史,面向校内外传播"理"性声音,讲好中国故事和上大故事。

悉商学院成立研究生首届"红色学讲团",在各平台为大家宣讲党的历史、党的路线方针政策等。音乐学院直属党总支党员教职工推进送课上门服务,带头讲述红色音乐党课,弘扬主旋律,传播正能量,让广大党员了解红色音乐背后的党史故事。

机关党委财务处支部联合采招办支部深入各部处、院系等基层单位,开展采购宣传培训。上海电影学院党委立足专业,与中共一大会址纪念馆联合举办"开天辟地大事变"交互展映空间,面向社会进行党史学习教育文化宣传。

学校师生亮身份、亮行动、亮作为,积极发挥先锋模范作用。为保障疫苗接种任务的顺利进行,后勤保障部党委总务办第六党支部发挥支部组织优势和党员干部先锋作用,积极组织支部内各中心党员同志们参与嘉定校区疫情保障工作,切实把群众所需办实办好。机关党委教务部党总支、学校课程思政教学研究中心推出"庆祝建党百年百名党员对接百课领航"行动,近百名党员对接领航课程任课教师,深入课堂观察党史融入课程的教学亮点。外语学院行政党支部教工党员帮助外教办理退宿和搬家,帮助整理私人物品并妥善保存,为解决外教实际困难提供帮助。

广大师生党员围绕教育教学、科学研究、服务社会等,结合岗位特点和个人特长,参加各类志愿服务活动,为师生群众提供服务、排忧解难。理学院党委200多名研究生在党建共建基地开展志愿服务,为静安区文物史料馆下属7大陈列馆和四行仓库提供志愿讲解。力工学院研究生党支部组建星光志愿者团队为钱伟长纪念馆专项讲解,本年度已接待40余个团队,服务1 700人次。

生命学院本科生、研究生积极参加宝山校区新冠疫苗接种志愿服务工作,坚守岗位、做好服务保障,面向校内师生开展蒲公英青春健康知识讲座,宣传和普及艾滋病预防知识,增强青年学生的艾滋病防范意识。

马克思主义学院党委学生支部联合各党团支部、研究生会和学生会,持续开展樱花节志愿服务,构建临时党支部嵌入志愿者团队的模式。上海美术学院、社会学院参与协办第八届费孝通学术思想论坛暨首届未来乡村论坛"用艺术点亮乡村",从政策、实务、学理等多维度为群众办实事,实实在在推动乡村振兴。法学院2020级研究生第二党支部全体成员前往嘉定护城河开展志愿服务活动,清理护城河边遗留的垃圾。

广大师生党员对困难党员、困难师生和困难群众帮扶帮困,真心实意帮助师生。管理学院党委探索建立"100名教工党员联系100名就业困难生"机制,通过一对一帮扶与前期就业指导,提升就业工作质量。机关党委招毕办支部与共建支部文学院汉硕党支部联合开展志愿服务,参加学校慈善爱心屋公益性义卖活动,义卖募得钱款将纳入上海大学"感动上大爱心专项基金",用于爱心屋的日常帮困助学。

机关党委学生工作办公室(武装部)党支部开展"进学院、讲政策、做服务、送温暖"主题党日活动。音乐学院党员行动在先,开展对困难学生的学业帮扶。直属单位党委关心困难教职员工及大病重病职工的医疗保障落实。

材料学院党委2020级高分子研究生党支部与材工系研究生第四党支部联合保利叶都第一居民区党总支为社区老人送温暖,在保利叶都第一居委会举办"夕阳红"刻纸活动等。环化学院党委开展"希望之树"认捐活动,帮助甘肃落成一片"绿动未来爱心林",为当地沙漠边的孩子带去绿色希望。

**"我为群众解难题"**

广大师生党员、干部广泛听取师生群众心声,梳理师生群众"急难愁盼"的痛点难点堵点问题,拿出解决问题、改进问题的实招硬招,不断解难题、解民忧。学校大力推动一站式服务中心建设,探索推进"集中式受理、协同化办理、智能化运行"改革,着力实现前台综合受理、后台分类审批、统一窗口出件,为师生提供一站式服务。微电子学院党委开设"关于学术论文写作兼谈学术道德""关于研究生培养管理政策解读"等主题讲座,切实帮助研究生解决学业困惑和疑问,帮助提升论文写作水平。生命学院积极开拓大型仪器放置场地,利用生命大楼1楼、3楼放置新购置大型仪器,方便师生教学与科学研究;积极与兄弟单位沟通,解决实验动物笼位不足问题;与仪器公司联系,暂借用显微镜,确保一台大型仪器可以正常运转,帮助师生解决实际科研硬件需求问题。计算机学院党委切实解决师生"急难愁盼"的问题,目前已就学院大楼饮水机过滤升级、定期消毒事项落实实施,为师生饮用水安全健康保驾护航。机关党委采招办支部推出"一次不用跑行动",上线网上"变更经费卡、成交供应商和成交价"功能,3月初此功能上线以来,已为120余位老师提供了便捷、高效的服务。后勤保障部党委生活中心根据师生的普遍要求与实际需要,成功落地契合上大精神文化的入海口项目。

学史力行,在"我为群众办实事"实践活动中,进一步增强了广大师生学思践悟新思想的自觉,进一步彰显了党的初心使命,进一步激发了"比学赶超"的担当作为,进一步提升了师生的获得感、幸福感、安全感,学校师生以更加奋发有为的精神状态抓好学校"十四五"开局各项工作。

"东方网"2021 年 4 月 28 日

**中建安装上海公司与上海大学联合开展主题团日活动**

红色地标打卡、听老战士重温党史故事、讲述青春故事、打造科研"联盟"……五四青年节来临之际,4 月 28 日,中建安装上海公司 30 名青年代表走进上海大学,与环化学院师生一起开展"重返校园体验党史课堂,红色基因建证青春力量"主题团日活动。

在形同年轮的四面弧形墙体面前,上海公司青年代表和环化学院青年代表一起聆听讲解员述说着上海大学宝山校区爱国基地溯园上发生的历史故事。这堂"微课堂+微故事+微感言"的现场授课,让青年们缅怀前辈、开阔视野。

重返校园,一堂红色党课,让青年们眼里闪烁着兴奋和敬仰的光芒,出生在和平年代的他们被一位特殊的老师吸引。近 91 岁的新四军"沙家浜"部队历史研究会会长刘石安精神矍铄,正在用他那特有的洪亮声音给大家讲述着无数革命先驱前赴后继为解放新中国做出牺牲和奉献的伟大故事。

就职于上海公司的上海大学毕业生兰国俊说:"非常幸运能来到拥有红色基因的中建安装上海公司工作,在这里让我明白了奋斗的意义。"

环化学院环境工程专业彭怡同学:"在这个红色校园环境里,一直激励着我更加努力的去学习,为以后的工作打好基础,为社会做出贡献。"(丁媛媛)

"新华网"2021 年 4 月 30 日

**"学党史 传薪火"青春诗会在上海大学举办**

为弘扬"爱国、进步、民主、科学"的五四精神,喜迎中国共产党建立 100 周年,4 月 30 日,上海大学教务部、经济学院和武警上海总队执勤第二支队执勤十八中队在沪联合举办"学党史 传薪火"青春诗会。

上海大学经济学院 2014 级直招班团支部一首《我的祖国》将莘莘学子对祖国的情感表达得淋漓尽致;由教务评估党支部、工训中心支部、现代教育技术中心党支部分别带来《以青春之我、创造青春之中国》《党旗飘扬在 21 世纪的春天》和《红旗颂》朗诵,表达了对于党与国家的爱;宣传部主管谢瑾作为特邀嘉宾声情并茂地朗诵一首《青春》;经济学产经中心党支部的朱婷带来了湖南方言版的《沁园春·长沙》;经院学工办教工党支部带来的一首《浩气长存红岩魂》;武警官兵们飒爽英姿,坚毅挺拔,四人组队,一首《信念永恒》掷地有声……

教务评估党支部党员、上海大学党委常委、副校长聂清指出,今天的诗会非常有意义,让我们热血沸腾! 青春是有力量的,青春万岁。她深情勉励青年学子要肩负历史使命,坚定前进信心,立大志、明大德、成大才、担大任,努力成为堪当民族复兴重任的时代新人。(孟歆迪 黄婉璐 殷晓)

"光明日报"2021 年 5 月 1 日

## 武警官兵与上海大学师生共同举办纪念建党百年青春诗会

"以青春之我,创建青春之家庭,青春之国家,青春之民族……"在五四青年节即将到来之际,4月30日,一堂"学党史 传薪火"纪念建党百年青春诗会,在上海大学经济学院举办。嘉宾当中有一群特殊的朗诵者,他们是来自武警上海总队执勤第二支队执勤十八中队的青年官兵,身着笔挺的军装,精神抖擞。

此前,上等兵谢尚辰精心改编了一首诗歌《信念永恒》,用诗意的语言,探寻党的百年历史足印,颂扬新中国取得的灿烂辉煌的成就,饱含深情地表达出对党的忠诚信念。谈及创作初衷,谢尚辰感慨万千:"没有共产党就没有新中国,我们即使走得再远,也不能忘记来时的路、丢掉红色初心。"

"不能忘啊/还是不能忘/渣滓洞/雨花台/那些戛然而止的青春记忆/他们其至还没来得及品尝爱情的甜蜜/就因拒绝改变信仰宁死不屈……"朗诵不只有声音的外显,也包含情感的流露。随着背景音乐播放,4名官兵左手轻轻托起蓝色夹子,声情并茂地朗诵着诗稿,从轻缓低沉、动情低诉到掷地有声、慷慨激昂,台下师生侧耳倾听,无不动容。

列兵王昕宇说,无论是自己朗诵,还是聆听他人朗诵,他都能从诗中体会到一种美的享受,感受心灵与心灵的碰撞,体悟青春音符的激荡。上海大学教务部副部长顾晓英表示,武警官兵的朗诵是这场诗会的一大亮点,让年轻的师生们感受到当代军人的铁血担当和赤胆忠诚。

从《界碑》到《清澈的爱,只为你》,再到《青春中国》,十几首诗在青年官兵和大学师生的"合奏"下声声入耳,动人心弦,他们将对青春最美好的祝福,融进铿锵有力的字句中。
(胡思江 江跃中)

"新民晚报"2021年5月2日

## 上海大学学生与百年前90后"隔空对话"

上海大学300余名青年学子在上海胜强影视基地度过了一个难忘的五四青年节。他们参与了电影《1921》的宣传拍摄,该片讲述了第一批中国共产党人在风雨如磐中担起民族救亡图存重任、让中国社会焕然一新的历程。

据悉,这是上海大学"五四"系列主题教育实践活动和学生党史学习教育系列活动的重要内容。拍摄前,参演学生通过专题讲座、主题研讨、史料学习、参观红色场馆等形式,重温了1919年"五四运动"的背景和经过,认真学习了中国共产党创建时期的历史。

影片中,上大学子出演"五四运动"的进步青年,学生们穿上学生装、戴上学生帽,聆听"李大钊"宣传马克思主义,鼓舞青年团结起来救亡图存的演说。学生们高举横幅、振臂高呼"还我山东,严惩国贼"。学生们用"沉浸式"的方式学习党史,以第一人称视角去体验,走进百年前那群青年的生活和精神世界。

"我与同学们一起高喊100年前五四青年们为民族独立所喊出的口号,与同学们一起诵读李大钊先生的《青春》。深切感受到,现在的美好生活,是无数革命先烈用鲜血换来的。"走出拍摄基地,机电工程与自动化学院2020级硕士研究生段源博说,自己要学好专业知识、潜心科研,努力破解"卡脖子"难题,真正做到"以青春之我,创建青春之家庭,青春之国家,青春之民族,青春之人类,青春之地球,青春之宇宙"。

"这次沉浸式党课让我深刻体会到国家兴亡,匹夫有责。五四青年带领中国人民为拯救民族危亡、捍卫民族尊严浴血奋战,这种爱国主义精神不仅鼓舞了当时的中国人民,更鼓舞了今天扮演他们的我们。"上海大学理学院2020级硕士研究生宋昊翔说。

据介绍,今年上海大学创新教育形式、方法、载体,认真做好学生党史学习教育,通过百名师生齐颂《共产党宣言》,加入《1921》百年诵读活动跟诵革命先辈的青春感言,采访百名党员榜样,致敬百名上大英烈等活动,制定研究生"百+"行动计划,开展"百名支书讲党史""研究生红色学讲团"巡讲、研究生"百歌唱百年"青春歌会、"我为同学做件事"等活动,把党史学习融入日常学习教育,并将党史学习教育成果转化为行动和实效。(王烨捷)

"中国青年报客户端"2021年5月6日

**红色基因、开放办学、服务社会!刘校长主讲的这堂课,又燃又提气!**

近日,上海大学刘昌胜校长走进"中国近现代史纲要"课堂,为钱伟长学院近100名本科生上了一堂主题为"赓续红色基因 传承上大精神"的思政课,学校青马工程班、人才学院30余名学员也共同聆听了此次课程。

课程从今年是中国共产党建党100周年,着力践行"学史明理,学史增信,学史崇德,学史力行"的党史学习教育要求引入,号召同学们要加强党史学习,在学习中传承、在传承中发展,以自己的实际行动以史为鉴、学史力行,奋进新时代、勇担新使命。

刘昌胜校长指出,上海大学是中国共产党创办的第一所正规大学、第一所干部学校,在推动中国共产党早期发展方面作出了重要贡献;学校的红色基因代代传承,形成了独特的办学底色,也是我们今天办好上海大学的重要精神财富。

99年前上海大学的创建过程,在刘校长的描述下立体且生动。他指出,上海大学青云发轫,创建于国共酝酿合作的时期,校长于右任力邀李大钊帮助办学,李大钊推荐邓中夏出任校务长,瞿秋白出任教务长兼社会学系主任。陈独秀指派陈望道到校任中文系主任。邓中夏来校后,制定了《上海大学章程》。一时间,学者云集,上海大学成为进步青年向往的"东南革命最高学府"。

李大钊多次到学校讲演,促成了马克思主义理论在课堂中的第一次系统讲授。萧楚女、蔡和森、恽代英、张太雷、施存统、任弼时等在上海大学任教,他们担任《前锋》《向导》《中国青年》等党团刊物主编,编印教材,出版丛书,使上大成为传播马克思主义的重要阵地、南方新文化运动的中心。上海大学与中国共产党的早期发展紧密相连,作为革命熔炉的上海大学同北京大学并称为"共产党活动的两大中心",享有"文有上大,武有黄埔""北有五四之北大,南有五卅之上大"之美誉。在刘昌胜校长高亢激昂的讲述中,在座师生深受触动,备受鼓舞。

课上,刘校长总结了老上海大学办学的三个特点:一是红色基因。上海大学是中国共产党在上海最重要的活动根据地之一,更是马克思主义传播的重镇。在五卅运动中,学校师生始终斗争在一线,学生何秉彝等献出了年轻的生命,他们为追求真理和民族解放向死而生的精神,值得我们铭记传承。二是开放办学。中国共产党以上大为基点对学生进行系统的马克思主义理论教育及实践,学校定期举办特别讲座,创办平民夜校与一线工人打成一片,同时以"书报流通处"为枢纽让马克思主义书刊辐射全国。三是服务社会。学校把认识社会、改造社会作为办学目的,课程紧紧围绕这一概念,形成了独特的教学体系,并始终贯彻理论与实践相结合的教育原则。

在梳理老上大的办学特点基础上,刘昌胜校长强调,新上海大学合并组建以来,始终秉持"继承老上海大学的传统,弘扬老上海大学的精神"的理念,形成了以"爱国""打破四堵墙""祖国的需要就是我的专业"为代表的钱伟长教育思想,并与老上大办学理念一脉相承。在新的历史起点上,我们当代上大人,有责任有义务赓续好光荣的传统,使之成为推动建设世界一流、特色鲜明的综合性研究型大学的不懈动力!

课堂尾声,刘校长总结道:回顾老上海大学的历史,波澜壮阔,催人奋进! 继承老上海大学的传统,责无旁贷,使命光荣! 弘扬老上海大学的精神,时不我待,只争朝夕! 这既是对回顾老上大历史的总结,更是对上大学子的殷切期待。

在互动交流环节,同学们提问积极,刘昌胜校长一一作答,娓娓道来,引来同学们的阵阵掌声。最后,刘校长结合自己求学、工作的经历,语重心长地勉励同学们要以"时不我待、只争朝夕"的精神状态,充分利用大学的宝贵时间,抓住一切学习的机会,开展多方面、全方位的学习,不仅要学习知识、学习历史、学习经典,还要多向身边优秀的人学习,用知识充实自己、武装自己,不断成长,应对未来挑战,成就一个更优秀的自己。

学生感言:

十分高兴听到刘校长给我们讲授以"赓续红色基因 传承上大精神"为主题的课程。刘校长结合上海大学的历史,从老上大历史研究最新成果出发,介绍了上大的红色基因、开放办学、服务社会的三大办学特点,并结合自身求学经历,激励同学们要珍惜当下,利用宝贵的学习时间多啃几门硬课,多涉猎不同学科的知识。通过这次学习,我印象最深的就是发现老上大办学理念和钱伟长教育思想之间有共通之处:老上大是中国共产党创办的第一所正规大学,是一所红色学府。钱伟长教育思想强调培养爱国主义精神。老上大的办学目的是培养认识社会、改造社会的人才,钱伟长教育思想强调要培养立足世界眼光、服务国家需要、解决社会需要的人才;老上大精神中的刻苦学习、勇于实践与新上海大学的校训精神不谋而合。作为钱伟长学院的学子,我们不仅要夯实基础知识,更要提升各项综合技能,力争做最好的自己,做一个德智体美劳全面发展的人!

——钱伟长学院2019级本科生　高子涵

今天听了刘校长的课程,有几点感受与心得。首先,刘校长带我们梳理了上海大学的红色基因,作为一所红色学府,上海大学培育了无数为新中国的成立与发展贡献了力量的人才。同时,刘校长还带我们重新认识了上大精神,并激励我们在学习生活中努力赓续红色基因,传承上大精神。最后,刘校长对钱伟长学院的学生提出了期望,希望我们可以用好钱伟长学院的平台和资源,结合自身特长和优势,努力成为更优秀的自己。

——钱伟长学院2019级本科生　王华宇

刘校长的授课令我印象深刻、受益匪浅,作为一名青马学员,我对上大精神和红色基因有了更加深刻的理解。"北有五四运动之北大,南有五卅运动之上大",上海大学是一所拥有红色底蕴的高校。曾在上大任教、学习的名家与革命先驱,在刘校长的口中娓娓道来,他用朴实平和、触人心弦的话语描摹了一幅幅伟岸的画像,带我们领略了先驱们的革命精神。在这个千帆竞发,百舸争流的时代,我们要刻苦学习、勇于实践,在知行合一中体悟马克思主义理论,成长为一名坚定的马克思主义者,勇做青年先锋。

——上海大学第十一期"青马工程"学员社区学院2020级本科生 程元辉

4月27日,作为上海大学人才学院的一员,我对这堂关于红色学府与上大人奋斗史的课感触颇深。课堂上,刘校长带我们回首了那段光辉岁月,致敬了那些为国家和人民不懈奋斗的上大人。我们不仅要弘扬上大人爱国奋斗、造福人民的担当精神,还要学习他们勇于实践的求是精神和百折不挠、不畏牺牲的斗争精神,在时代的洪流中勤奋学习,努力奋斗,做晨曦中的赶路人,更上层楼的攀登者。

——上海大学人才学院学员 悉尼工商学院2018级本科生 许嘉辉

"东方网"2021年5月8日

**院士开讲啦!中国矿产资源开发的瓶颈和出路在哪?**

你知道中国矿产资源开发的"前世今生"吗?4月26日,由中国金属学会和上海大学联合开设的教育部第二批"新工科"课程——"钢铁科学与技术前沿"第四讲开课,其主题为"中国矿产资源开发的过去、现在、未来——拥抱世界 创出特色 开拓未来",主讲人为中国工程院院士、中国中钢集团科技创新委员会主任、首席专家王运敏。

王运敏院士将本次课程分为以下四个部分展开:矿产资源开发历史、当前矿产资源开发形势、未来矿产资源开发技术发展趋势以及我国矿业未来发展建议。

人类文明史实际上也是一部矿物资源的开发史,分为石器时代、陶器时代、青铜器时代、铁器时代、石油时代、硅时代,以及21世纪的碳时代。矿产资源不仅推动了社会历史的发展,也为我国的社会经济发展和国防建设作出了巨大贡献。王运敏院士指出,我国90%以上的能源、80%以上的工业原料,以及70%以上的农业生产原料都来自矿产资源,可以说没有矿产资源就没有公路、铁路、房子、机械、家电等,矿产资源是我国工业发展的根基,是国民经济发展的中流砥柱,对中国现代化建设以及中华民族伟大复兴起到历史性的巨大作用。

我国当前矿产资源的开发形势如何?王运敏院士指出,随着中国制造2025、新基建等的不断推进和新一代信息技术、智能制造等战略新兴产业的快速发展,我国战略性矿产的需求尚未达到顶峰,市场需求将持续旺盛。但是我国的矿产资源家底较为薄弱,依然面对着优势战略矿种包括稀土、萤石等在国际上没有话语权、紧缺战略矿种国内需求量大、对外依存度高、需要长期依赖进口且进口矿境外来源单一,运输通道受制于人的情况。

面对种种困境,中国强大的国内市场发展格局为我国矿业提供了巨大的发展潜能。"十四五"规划和2035年远景目标纲要提出,要形成强大国内市场构建新发展格局,畅通国内大循环,加快构建以国内大循环为主体、国内国际双循环相互促进的新发展格局。这是立足于世界正经历百年未有之大变局、面对中国经济转向高质量发展阶段出现的矛盾和问题、结合自身优势和特点,综合作出的强国战略。

王运敏院士重点指出,科技创新是实现资源安全供给和高质量发展的关键。

在未来矿产资源开发技术方面,王运敏院士提出了三个重要的发展趋势:第一,规模化智能开采将成为矿业行业颠覆性改革的重要推动力;第二,低碳绿色是矿业发展的主基调;第三,"三深"科技创新战略将不断拓展矿产资源开发的空间。规模化智能开采通过定制化专业管控系统平台,可以实现精准施策与高效管控。"十四五"发展规划明确提出发展绿色矿业、建设绿色矿山,要在2030年前实现碳达峰,2060年实现碳中和。深地、深海、深空资源的开发是未来的方向,有许多重大技术需要解决,最关键的是要技术可行,经济有效,更重要的是它催生一大批新理论、新方法、新技术的诞生。

王运敏院士对我国矿业未来的发展提出了十条重要且切实可行的建议。在课程接近尾声的时候,上海大学材料学院董瀚院长对本次授课进行了总结,并为王院士颁发荣誉证书、献上鲜花。

据了解,据教育部探索形成中国特色、世界水平的工程教育体系,建设工程教育强国,服务国家战略和区域发展的新工科人才培养理念与要求,针对目前我国高校冶金与金属材料专业课程与行业发展需要紧密结合、人才知识结构合理化与专业知识教学改进、冶金和金属材料专业学生的学习兴趣有待激发等问题,由中国金属学会和上海大学联合申报的项目"新工科冶金与金属材料专业 M+融合课程体系及教材研究与实践"已于2020年10月获教育部第二批新工科研究与实践项目立项。

在中国金属学会的指导下,依据新工科人才培养理念与要求,上海大学率先开设"钢铁科学与技术前沿"系列课程,旨在加强与同类高校、学会、企业产学研合作,深化产教融合、协同育人的人才培养模式,推动教学紧跟行业、岗位的需求,建设讲实践、重前沿、全链条的学术前沿与技术发展专业培养课程体系。

上海大学2021年春季学期首轮课程分别按照流程工程学、矿山资源、炼铁技术、冶金新技术、炼钢技术、近终形、钢铁新技术、扁平材、长形材、物理冶金与材料等10个专题邀请相关院士和专家教授,为冶金与金属材料专业本科生、研究生、青年教师讲授钢铁科学与技术领域最新发展前沿,探索适应面向产钢和用钢行业发展的专业人才培养新途径。该门课同时开放线上教学,为从事冶金与金属材料及相关专业的企业技术与管理等人员提供学习交流平台。每学期课程的专家教授授权版课件将作为教材汇集出版,供行业科技人员和学生研学。(柳琴)

"第一教育"2021年5月10日

### 奋斗百年路　启航新征程·数风流人物　恽代英:中国革命青年的楷模

恽代英2009年当选"100位为新中国成立作出突出贡献的英雄模范人物"。

恽代英,原籍江苏武进,1895年生于湖北武昌。1915年,进入中华大学学习。他在学生时代积极参加革命活动,是武汉地区五四运动主要领导人之一。1920年春,恽代英到北京,与李大钊、邓中夏等建立了联系,开始研究并接受了马克思主义。后来,他受《新青年》杂志委托翻译并出版了考茨基的中期著作《阶级争斗》,对毛泽东、周恩来、董必武等重要领导人都曾发生过深刻影响。

1921年恽代英加入中国共产党,1923年任上海大学教授,同年8月被选为中国社会主义青年团中央执委会候补委员、宣传部主任,创办和主编《中国青年》,它培养和影响了整整一代青年。

1924年,恽代英从事国共合作的统一战线工作,1925年参与领导五卅运动,1926年5月被党派到黄埔军校,任政治主任教官。1927年1月,他到武汉主持中央军事政治学校工作,任政治总教官,同蒋介石、汪精卫背叛革命的行径进行坚决斗争。7月,恽代英奉中央之命赴九江,任中共中央前敌委员会委员,参与组织和发动南昌起义。12月,他参与领导广州起义,任广州苏维埃政府秘书长。

1928年,恽代英到上海任中共中央宣传部秘书长、组织部秘书长等职,曾主编中央机关刊物《红旗》。1929年6月,他在中共六届二中全会上被补选为中央委员。

1930年5月6日,恽代英在上海被国民党当局逮捕。在狱中,恽代英面对敌人的威逼利诱,坚贞不屈。1931年4月29日,他被杀害于南京,年仅36岁。

"浪迹江湖忆旧游,故人生死各千秋。已摈忧患寻常事,留得豪情作楚囚。"这是恽代英在狱中写下的豪迈诗篇。周恩来对恽代英高度评价:"他的无产阶级意识,工作热情,坚强意志,朴素作风,牺牲精神,群众化的品质,感人的说服力,应永远成为中国革命青年的楷模。"(白光迪)

《人民日报》2021年5月12日

## 2020—2021年度"罗姆杯"上海大学大学生机电创新设计大赛圆满落幕

2021年4月16日下午,由上海大学和罗姆(ROHM)共同主办的2020—2021年度"罗姆杯"上海大学大学生机电创新设计大赛在上海大学宝山校区工程技术训练中心圆满落下帷幕。上海大学教务处领导、机电工程与自动化学院领导、罗姆半导体(上海)有限公司设计中心相关人员以及全体参赛学生和部分指导老师出席了本次活动。

作为罗姆集团联合上海大学共同构建的产学研一体化教学科研平台,自2017年起,"罗姆杯"上海大学大学生机电创新设计大赛已成功举办了四届。本届大赛自2020年11月正式启动,围绕"智慧家居、智慧生活"主题进行应用设计,内容为设计与制作用于方便居家生活、提高生活便利性和生活品质的各种创新产品。

《新民晚报》2021年5月12日

## 2021量子计算黑客松大赛圆满落幕

5月16日,2021量子计算黑客松决赛在上海大学理学院量子人工智能科学技术研究中心圆满落幕。本次大赛历时三个多月,吸引了来自全国各大高校的293名学生、78个团队的积极参与。经过层层选拔,7支队伍脱颖而出,冲进决赛。经过综合笔试和答辩两个环节的激烈角逐,来自中山大学的选手最终摘得桂冠。

量子科技是一项对传统技术体系产生冲击、进行重构的重大颠覆性技术创新,量子计算则被认为是未来具有颠覆性影响的新型计算模式之一。为了体现前沿性和交叉性,参赛题目涉及量子计算、量子化学、机器学习等学科交叉。本届大赛是上海大学与华为的第二次合作,规模比上届更大,赛题更难,吸引了广大量子爱好者的关注。大赛的举办对实现校企联动,推动交叉创新的量子人才培养具有积极作用,有助于形成涉及学术研究、人才培养、科学普及和科技产业化的良好量子科技生态圈。

决赛过程中,不仅有各个队伍的精彩角逐,编程高手的顶尖对决,还有企业量子对话以及名师学者交流。15日下午,本源量子软件产品中心总经理吴伟、上海大学理学院量子人工智能科学技术研究中心主任以及华为技术有限公司徐旭升,为参赛同学讲述国内本源量子在硬件、软件的最新发展以及实际应用,世界量子计算的新思想以及华为最新量子机器学习的进展。

16日,清华大学、香港中文大学以及北京大学评委就基于测量的端对端量子机器学习、量子测量极限与混合张量网络量子模拟进行了精彩的前沿学术报告,除了现场观众,还有上千名师生通过蔻享平台参与了活动。

据了解,上海大学理学院早在2018年便积极开发"量子世界"通选课,选入"育才大工科"系列,跨学科的团队引领学生享受思维的乐趣。学校将依托学校"五朵金花"之"量子科技"发展战略进一步推进量子计算与人工智能的基础与应用研究,并在量子计算、量子调控、量子模拟和量子材料等方面继续做好创新的前沿工作。(任鹏  曹继军  董昭)

"光明日报"2021年5月17日

**越来越多高质量论文在本土科技期刊上发表——成果受关注  创新迈大步**

(上略)

**利用全球资源,扩大学术话语权**

前不久,中国工程院院刊《工程》刊出专题,介绍"绿色化工软物质"。这组文章由哈佛大学教授、中国工程院外籍院士戴维担任主编,汇聚了来自美国、荷兰、德国等国科学家的思考。

"中国的工程科技水平逐步位居世界前列,工程领域有可能率先取得突破,迫切需要建设世界一流工程类综合学术期刊。"中国工程院院士、《工程》执行主编陈建峰说,通过《工程》向全世界发出声音,能够引领学科方向。

国际化理念支撑起国际化视野。《工程》国际编委比例达到51%,刊发文章中一半以上来自国际科研团队,每篇论文至少有1位来自国际学术同行的审稿意见。

当前,学科加速融合,新的研究需要新的交流阵地,我国一批新兴刊物应运而生。2018年3月,上海大学主办的《电化学能源评论(英文)》创刊,这是全球首本专注电化学能源领域的英文综述期刊,填补了该领域英文期刊的空白;2018年,我国与英国科学家共同担任主编,创办了《生物设计与制造》,这是国际上3D生物打印和制造领域的首本科技期刊。

2020年第四期的《电化学能源评论(英文)》,刊发了2019年诺贝尔化学奖得主斯坦利·惠廷厄姆的文章《高容量锂离子电池锡基负极材料的挑战与发展》,在同行中引起较大反响。上海大学期刊社社长秦钠说,高起点创办本土科技期刊,不仅有助于推动我国在该领域的技术发展,还将提升国际影响力、提高学术话语权。

在聚集学术资源基础上,更多本土科技期刊承担起推动学术交流的工作。《纳米研究(英文版)》组建网格化学学术研讨会。2020年12月举行的一次会议,邀请了国内外8名著名科学家做分享,吸引参会人数上万人,观看人数达到15万人次。该刊物还设立了纳米研究"新锐青年科学家奖"。

《人民日报》2021年5月18日

## 浙江嘉兴科技城筑巢引人才·"省校合作"打造科创新高地

在位于嘉兴的浙江清华长三角研究院院区,浙江凯乐士科技有限公司是一家"明星企业"。公司创始人、清华大学机械工程系校友谷春光说,自2017年在研究院孵化、成长以来,这家高新技术企业生产的智能物流系统如今已应用于全国200多个物流中心和立体式仓库,并走向俄罗斯等海外市场。

作为浙江省首个省校共建的创新载体——浙江清华长三角研究院在五年的时间里吸纳了200名国家级、省级高端人才,并孵化科创企业2500多家。研究院所在的嘉兴科技城,也成为人才聚集的高地。

"嘉兴科技城是浙江省校合作、院地合作的产物,这些高端创新载体的落户和聚集,为我们插上了起飞的翅膀。"嘉兴科技城管委会党委副书记、管委会副主任曹建弟表示。

2003年12月31日,浙江省政府与清华大学签约共建浙江清华长三角研究院,成为该省首个省校共建创新载体。2005年4月,该研究院在浙江省嘉兴市南湖区的嘉兴科技城揭牌,总部大楼正式奠基。

目前,除了清华长三角研究院外,浙江中科院应用技术研究院、浙江未来技术研究院、上海大学新兴产业研究院、嘉兴区块链技术研究院等一批创新载体也纷纷落户嘉兴科技城。

10多年来,嘉兴科技城紧紧围绕科技创新、人才创新、产业创新,坚定不移地走科技创新之路。为了吸引和集聚更多人才,嘉兴科技城从2016年起专门设立"人才局",打造多层次的孵化器、产业平台,在公司注册、公寓租住、就医、子女就学等方面,为创新人才及科创企业提供全方位的"一条龙"服务,并创新通过"人才e点通"系统实现线上全流程、"零距离"服务。

2020年新冠肺炎疫情期间,一枚小小的"智柔体温贴",受到了医护人员的欢迎。这款由浙江清华长三角研究院柔性分院研制的新型柔性电子产品,可以方便地贴在皮肤上,72小时不间断监测体温,并将相关信息发送到手机、电脑等终端。

当前,柔性电子技术是竞争激烈的前沿领域,浙江清华长三角研究院柔性分院正推动这项新技术加速转化,打造中国柔性电子技术产业的科研高地和技术策源地。

如今,包括柔性电子技术等高新技术产业在内的数字经济,已成为嘉兴科技城的主导产业。在嘉兴市南湖区,已集聚数字经济直接关联企业500多家,并出现了闻泰通讯、斯达半导、博创科技、昱能科技等表现突出的企业。(杨秀娟 潘聪 项洁)

《人民日报(海外版)》2021年5月20日

## 上海大学联合市新四军历史研究会,抢救性采访红军、八路军、新四军等老战士及亲属老战士口述历史 英雄故事聚成《红色传承》

这几天,上海大学新闻传播学院的硕士研究生们正在进行10集纪录片《新四军英烈的故事》后期制作,以期在7月1日前推出。

走得再远,也不能忘记来时的路。自2012年10月起,上海大学联合上海市新四军历史研究会,抢救性采访红军、八路军、新四军等老战士及亲属上百人,完成百集口述历史纪录片《红色传承》,播出后受众超千万人次。同学们也深受教育,"很震撼,他们才是真的英雄"。

**抓紧"抢救性"采访**

每位革命前辈的经历都如一部厚重的书,有着说不完的红色故事。

创作团队牵头人、上海大学新闻传播学院教授王晴川依然记得九年前上海市新四军历史研究会宣传委员会委员、影视工作小组负责人余江如找他合作时说的那番话——"老同志年事已高。如果不尽快进行抢救性采访,他们一旦离开我们,英雄的事迹就会湮没于历史长河中。"

一边是新四军历史研究会与老战士有密切联系,但缺少足够人手与专业设备;一边是高校有人有技术有热情,却苦于没有机构牵线搭桥。双方一拍即合,决定用镜头记录老战士的峥嵘岁月。"使命感让我们先做起来。做多久?怎么做?当时都没细想。"王晴川至今记得余江如说的那句话——"这是一件功德无量的事。"

当时还有一种声音,如果从艺术效果角度出发,新四军历史研究会应该去找专业机构合作。但余江如有自己的看法,研究会本身就有向年轻人讲好党史、军史、革命史的责任,"与高校合作,既为老战士留下宝贵的口述历史资料,青年学生也能从中接受革命传统教育和爱国主义教育,一举两得"。

这与王晴川的想法不谋而合:"新闻传播学的专业教学不能只停留在教室里,要走出校园,把创作写在祖国大地上。"面对面采访老战士,加上前期策划与后期剪辑合成,正是培养学生专业能力的有效抓手。

九年来,先后有300余名学生参与《红色传承》系列创作,足迹从长三角周边,延伸到广西、甘肃、陕西、云南等地,先后完成《长征的故事》《新四军将士风采录》《新四军对日伪作战经典战例》《上海解放的故事》等百集纪录片。

**带着"历史自觉"采访**

上海大学延长校区行健楼1028室,是创作团队的基地。在这个略显局促的空间内,摆着五个工作台,配着几台电脑。角落的木桌上,摞着一些老战士的回忆录、人物传记与历史资料片。

"对我们95后、00后而言,那段历史远了一点。"硕士研究生二年级学生汤晓洁说。采访前,同学们要做大量案头工作,尽量了解受访老战士的生平经历。

用余江如的话说,就是要带着"历史自觉"去采访。"年岁上去了,老人的记忆力与表述能力都在下降。"作为开国少将余光茂之子,他愿意与年轻人分享采访技巧,"事前给老同志提供采访提纲,或者提供有关事件的历史资料,引导他们进入状态。"考虑到采访对象的身体状况,采访一般控制在一小时内。口音听不懂怎么办?要么请家人帮忙翻译,要么先录下来回去再慢慢听。

"不少老战士一开始很惊讶,居然有年轻人愿意耐心听他们讲那么久远的革命故事。他们很高兴,只要身体允许,都会滔滔不绝讲下去。"时隔8年,王晴川还记得采访参加长征的红25军卫生员洪明贵的情景。那一次,洪明贵老人讲了两个多小时,难抑激动之情。回忆起那些倒在枪林弹雨中的战友,尤其是讲到红25军政委吴焕先牺牲时,老人潸然泪下。

在专访洪明贵老人的纪录片《孤军远征的故事》末尾,同学们特意加了段解说——

"老人用沙哑的声音将红25军长征的历史娓娓道来,在他的叙述中,我们仿佛看到一支孤军在奋力前行,步履艰难却义无反顾,诠释着信仰的力量。"

**最大的"对手"是时间**

"我们最大的'对手'是时间。"这是《红色传承》团队的共识。

2016年8月20日,在采访完老红军、四川省军区原副司令员孔诚一个多月后,老人离世了。那位红25军老战士洪明贵也于2016年12月去世。团队做过统计,在上百位受访者中,离世的老同志已有十多人。同学拍摄采访的珍贵影像,很多成了先辈们留在世上的最后画面。

与时间赛跑留下的遗憾也有很多。比如,2016年初,他们计划去南京采访"皖南事变"中牺牲的新四军指挥员周子昆的遗孀、百岁红军老战士何子友。不巧,老人那几天身体不适,创作团队决定下次再去。然而,大家再也没有等到下一次。

随着时间的流逝,这种遗憾只会越来越多。"老同志是宝贵的党史学习教育资源。"余江如说,当下最需要做的,就是抓紧时间采访,为后人留下珍贵的红色记忆。

"与当初尝试着去做不同,现在感觉责任在肩,发自内心想去做好。"每年新生开学季,在基本确定好采访对象后,同学们会尽快开工。明年是建军95周年,团队打算创作《开国将军的故事》。未来几年,采访对象会延伸至参加过解放战争和抗美援朝的老战士。"他们年纪也很大了,我们的行动越快越好。"王晴川说。

这些年,参与其中的学子也在成长。"老战士端坐在你面前,听他们讲惊心动魄的战斗故事,感觉自己一下子长大了。"参与其中的研究生汤诗韵说,这种成长不只是新闻专业能力的提高,更是从内心对红色历史的注目与致敬。

曾经参与采访的学子们还记得那一幕:已经身患重病、躺在病床上的老红军孔诚,坚持边吸氧边接受采访。他用微弱的声音告诉同学们:"要把革命军人坚韧不拔、献身祖国的精神传递下去。"

"我们一定要完成他们的心愿。"余江如说。

听老人们坐在对面讲述革命历史,同学们被深深震撼。

**"很多烈士牺牲时和我们年纪差不多"**

1935年1月的怀玉山上,茅草冻得很硬,像刺刀一样。红军穿着破衣烂衫,衣服被刮破了。山下,国民党还在放火烧山,想把他们熏出来。很多红军战士不是被烧死,就是不愿意被俘虏而跳崖。

听着这些描述,薛赛男出了一身冷汗,心跳得特别快,"都能感受到那种走投无路的绝望"。坐在她对面讲述这段历史的老人,是开国少将乔信明的女儿乔春雷。当年,乔信明奉方志敏的命令在怀玉山上坚持战斗,在敌人搜山时被逮捕,和方志敏关在一起。

薛赛男现在是上海大学一名辅导员。

2015年刚读研究生时,她选修了王晴川和余江如共同执教的《电视新闻与纪实作品研究》课程,与同学们一起参与制作纪录片《长征序曲》。"我没有想到,听一个老人坐在对面讲述革命历史,会有这么大的震撼。"

**远去的,铭记的**

接到创作《长征序曲》的任务后,薛赛男和同学们一起做了大量的案头工作。她第一次认识了"担架将军"乔信明。乔信明于1930年参加红军，才能出众，在一次战斗中左脚被子弹击穿。

方志敏说："不管花多少钱，一定要保住这条腿。"带领北上抗日先遣队出征时，乔信明是躺在担架上指挥的。乔信明被捕后，徐特立为了营救他，甚至错过见儿子最后一面。他瘫痪后，陈毅指示："乔信明看病，用钱不受限制。"

在走访过程中，同学们发现，那些模糊的历史，正在逐渐变得真实。以前大家对方志敏的了解，记忆中就是面对酷刑和利诱坚贞不屈，还写下《可爱的中国》。如今才知道，背后还有这样的细节：被捕后，方志敏和乔信明在狱中传了好几张纸条，决心长时间坐牢，和敌人斗争到底。

2016年2月开始筹备，4月采访，回来就马不停蹄地撰稿、剪辑，来回修改到8.0版本。在纪录片《长征序曲》的结尾，同学们选取了方志敏英勇就义前那段慷慨陈词："敌人只能砍下我们的头颅，决不能动摇我们的信仰！因为我们信仰的主义，乃是宇宙的真理！为着共产主义牺牲，为着苏维埃流血，那是我们十分情愿的啊！"

"每次看到这段话，我都觉得心潮澎湃。"薛赛男说，这次采访对她触动很大，不仅学习了历史，深刻理解了工农红军气壮山河、一路向前的奋斗历程，更多的是让她坚定了自己的人生信仰。这部片子还曾作为点播节目，在上海教育电视台播放。

薛赛男在研究生毕业后成为上海大学社区学院辅导员。在主题团日活动中，她的学生们参与了很多红色主题的寻访。她在进行指导时，也会传授一些自己当初的寻访经验。学生们很喜欢听，也积极报名采访老党员，这让她很受鼓舞。

**经历的，感动的**

乔信明将军于1963年去世。薛赛男和同学们是通过将军后代的讲述和历史资料来追忆当年历史的。在创作实践中，大家逐渐理解王晴川强调的"抢救式采访"的意义。薛赛男说："采访开国将军张力雄时，大家都很激动，抢着要去。他1913年出生，当时已经超过百岁，是宝藏级的老人。"

老人家精神矍铄，就是耳朵不太好，说话要大声喊。他参加了很多重要战役，但还是对长征印象最深。学生们采访时，老人家一直在讲过草地的情形，"衣服是破的，鞋子是破的，每天都吃草根"。

薛赛男说："他把共产主义当作人生信仰，采访时一直在说中国共产党好。这句话从他嘴里说出来，特别让人信服。"

在讲述1949年5月上海解放的故事时，参加过战斗的商锡坤连长说到，"全国解放了，回忆我过去牺牲的战友……"本来笑得很开心，突然哽咽了起来，"我们是一个县的，一个单位的，他们什么都没看到，连双解放鞋也没穿上。"说着，他拿出手帕擦起了眼泪。

采访时，同学们也数次动容。"很多烈士牺牲时和我们年纪差不多，他们很多人都是微笑着牺牲的。这种视死如归的精神令人感佩。"2020级研究生杨子巍说。

**遗忘的，重拾的**

有的前辈事迹有历史记载，或者有后人讲述，有的却只留下一张照片或一段故事，甚至连尸骨都没有踪迹。

新四军第四师侦察科科长罗会廉牺牲时只有 30 岁,当时,他的儿子刚出生。罗会廉在敌后建立情报网,开展策反工作,几乎没有资料留存,这给张玮的采访带来不小难度。"对一般人而言,罗会廉好像只是一个烈士的名字,大家不了解这个人。他的儿子罗承廉也 70 多岁了,烈士的故事以后可能就没人讲了,太可惜了。我们应该多做一些这样的记录。"张玮说。

张玮和刘琦是一个创作小组的,都是研一新生。去年 12 月,从蒙城的罗会廉烈士陵园采访完,返程路上,巴士抛锚了,乘客们下车一起推了好久,车才发动起来。老旧的巴士窗户泛黄,还没有空调,两个姑娘像坐船一样颠了 3 个多小时,才到了高铁站。

在盘山公路上晕车,扛着十几斤的设备冒雨爬山,甚至在拍摄过程中鞋跟断掉,这些情况时有发生,从没人抱怨,现在都当成玩笑讲了出来。对学生们而言,与亲历者对话、拍到足够好的画面才是最重要的。

现代京剧《沙家浜》人们都耳熟能详,唱词描绘的故事发生在抗战时期,36 名新四军伤病员秘密在阳澄湖畔的芦苇荡中养伤,与当地群众结下深厚友谊。在采访中,王艺铭同学对老将军刘飞的女儿刘凯军讲过的一个故事印象深刻——有天鬼子来袭,有个伤员没转移走,一位大嫂把他拉回自己家中。敌人来了,大嫂称伤员是自己丈夫。这时,她的丈夫刚巧从外面回来,大嫂说"我不认识他"。结果,大嫂掩护了伤员,却眼看着丈夫被杀害。"或许这就是真正的人民战争,每个人都是人民英雄。"

时光如梭,九年如一日。上海大学参与《红色传承》纪录片创作的学生已有 300 余人,同学们走遍大江南北,采访革命前辈,寻找战斗遗址,用一帧帧画面记录泛黄的历史故事,把陆续离去的老战士的音容笑貌留在镜头中。(刘雪妍 洪俊杰)

《解放日报》2021 年 5 月 20 日

**提升资产使用绩效,上海大学资产管理给出创新的"解"**

高校管理领域,有一道几乎每所高校都面临的问题:为啥盖了多少房子都不够用?为啥大学的资源总是显得不足?不断精细化运行的科研、教学项目,以及越来越多的学生自主学习活动,对空间拓展、资源配置提出的需求不断提高。

在这个问题的答案背后,蕴含着各校在资产管理领域的"道道"。在 4 月 1 日正式实施的《行政事业性国有资产管理条例》支撑下,上海大学不断创新完善独具特色的"解":让房子机器围绕着科研教学转起来。

"第一阶段,让资产好好管起来;第二阶段,让其丰厚起来;第三阶段,让其发挥更大的效能,"学校党委常委、总会计师、国有资产管理委员会副主任苟燕楠认为,学校国有资产管理要以"物尽其用、物有所值"为总目标,建立健全学校国有资产管理体制、提升学校治理体系和治理能力现代化。

**让房子"流"起来**

这几年,房屋资产管理处处长刘劲松,忙并快乐着:这几年学校大踏步发展,很多新的团队、项目源源不断组建,可房屋资源怎么规划分配却有点吃紧。

"我们学习参考了国内外高校的管理方法,并结合上海大学的特点,想办法让房子'流'起来,"他说。通过对教学科研人员在房屋使用上的绩效评估,分门别类管理,让房屋资源更加高效地分配。

具体来说,在不同的专业中,按照学术研究进展、课题开展情况等,核定每位教学科研人员的房屋使用定额,在现有使用格局中,宽裕的部分"多退"或有偿使用,不足的地方"少补",即学校拨款拨房补足。如此,优化学校房屋资源配置,促进房产资源流通,提高使用效率,从而提高学校现代化管理水平;也激发二级单位的主观能动性,提高二级单位资产管理能力,为二级单位内部房屋资源的分配提供依据。

"这样做的目的,更重要的是,关注'三重(国家重大项目、重点实验室、重要人才)'的资源配置,为高水平团队、重点学科,以及青年教师科研用房和相应资源提供保障。"国有资产管理办公室主任、财务处处长褚贵忠说。

前不久,有个学院经过测算发现超额用房,归还了一个楼面;而有些学院因为课题较多、综合活跃度特别高,申请新增用房,用以建设新项目。

"这房子给出去容易拿回来难,这样的'流转'阻力不小,"刘劲松说,关键就是所有的评估和分配公开透明公正。

**让使用更"聪明"**

在资源管理中,解决"多与少"的问题以外,如何让其更"聪明"、更符合师生需求,也是创新目标所在。

如果说,大学老师对自己的学生了如指掌,那么实验室与设备管理处副处长邓小勇脑袋里,就装了学校数千台重要实验设备。

"通过构建校院两级管理,大平台统一配置,我们像理抽屉一样,归置收纳好实验设备,让它们发挥更大作用,"他说。在材料学院8楼,去年新建成的高分子公共实验平台,面积170平方米,其中29台设备原先分散在六七个地方,如今统一安置管理、开放共享,不仅维护和管理人员更加精简,还可轮班24小时服务,教授深夜进入随时可以进行实验,机时提高200%。

随着学科群不断发展,大平台跨专业的实验平台需求提升,如何更好地买设备也有规矩。采购之前,先"查重",看看学校里有没有类似设备;完成这一步后,接受申报并进行评估。2019年,有个学科申报采购150台设备,被拦掉24台;2020年,申报采购82台新设备,最终采购60台。

"为实现学校信息资源共享共用,汇集全校教学、科研及管理高性能混合云资源服务,学校建设了多校区互联数据中心、技防中心、消防中心、视频会议中心'四合一'平台,以推动IT核心资产集约化建设和智能化管理应用。"信息化工作办公室主任许华虎在介绍信息作为数据资产管理时谈到。

管理并不意味着"只做减法",不久前,有学科申请采购价值数百万元的共聚焦显微镜;相关负责人征求其他专家意见后评估认为,一方面,学校已有较低配置设备,没必要重复,但学科发展需要更前沿的"目光",建议采购超高分辨率的共聚焦显微镜,价格翻了一番。别看贵了,但是科研人员通过设备观测的范围从200纳米的精度,直接提升到50纳米的精度。

**让资产更"活络"**

打通实体资产和技术专利成果等无形资产管理的分界,如何进一步盘活,上海大学也有深入思考。

按照高校重大技术创新服务经济社会发展的战略,自2015年开始,上大省部共建钢铁冶金国家重点实验室、科研团队、技术转移中心、资产公司等部门联合成立成果转化项目组,推进先进模具钢研制及维保技术成果的产业化。经二年多的细致调研和评估,相关成果技术作价3000万元,高校和科研团队人员共同进行货币投资,于2018年3月成立成果转化实体企业"上大鑫仑材料科技(上海)有限公司",注册资本5000万元。

经过两年多运营,项目公司瞄准客户企业需求,以模具钢研制销售及模具产品全寿命周期服务为主业,赢得了宝钢特钢、中信泰富特钢、一汽大众、上海通用等高端客户的订单。在服务企业的过程中,企业需求以及生产过程中模具存在的问题,又成为上海大学高品质模具钢新的研究课题和方向,促进了学科与人才培养,形成技术专利的无形资产与学科建设良性互动的局面。

"上观新闻"2021年6月5日

### 上大微电子学院建设推进会举行

2021新发展格局下的集成电路交叉创新论坛暨上海大学微电子学院建设推进会6月6日举行。市委副书记于绍良出席会议并讲话。于绍良指出,发展集成电路产业是习近平总书记交给上海的重大任务,也是上海建设具有全球影响力的科技创新中心的重点领域和主攻方向。经过多年努力,上海集成电路产业能级持续提升、发展生态持续优化。上海大学要进一步对标先进,全力打造准工业化、国际化的一流微电子学院,在引育人才上挑重担,在协同攻关上作表率,在深化改革上当先锋,为破解集成电路"卡脖子"问题、推动集成电路领域源头创新、推进产业基础高级化和产业链现代化作出积极贡献。希望专家们充分发挥各自优势,多为学院发展把脉支招、牵线搭桥,助力学院不断涌现新成果、取得新突破。副市长陈群出席会议并为上海大学微电子学院第一届理事会成员颁发聘书。两院院士吴汉明、刘明、李儒新、欧阳钟灿、曹镛、李述汤、黄维、丁汉、彭孝军、叶志镇等出席会议。

《文汇报》2021年6月8日

### 荣氏家族名媛旗袍与上海大学博物馆结缘

宋路霞对于旗袍的痴迷,似乎到了无以复加的程度。她时常自嘲是"着了旗袍的魔"。我想,入魔的不只是她,还有徐景灿。她们历经十余年,在海内外征集到四百余件名媛的旗袍;还有周铁芝,与宋路霞一道,时不时办出个新的展览。我非常钦佩她们对旗袍、对海派文化、对上海的热爱。作为目前唯一的以海派文化为主题的博物馆,上海大学的海派文化博物馆在宋路霞的支持下,让上海老旗袍珍品馆的一部分旗袍在这里展出和保存,彰显了这座城市的文化底蕴和时尚魅力。

2018年的夏天,我在源创创意园的展厅里第一次看到老旗袍珍品馆的收藏。面积不大的展厅里,30余件宋氏三姐妹和她们家族的旗袍惊艳了我——款式大方、做工精良,高雅的滚边、精美的盘扣,无不显示了主人的修养和品位,还有张乐怡的那件粉红色的软缎珠绣旗袍,尤显雍容华贵。此前,我已久闻宋路霞老师在历史文学领域的盛名,没想到她出手的展览竟如此"阔绰"。过去我参观过的旗袍展览不在少数，但像这样规模展出"有名有姓"的旗袍，还真是头一次看到。

几个月后，在上海图书馆开幕的荣氏家族旗袍特展上，我再次见识到老旗袍珍品馆的丰富收藏。宋路霞每次展示出的都是整个家族的旗袍，真不晓得后续还有多少。记得在开幕式上，当听到宋老师讲述旗袍征集的艰辛和保存现状的窘迫时，已受聘担任上海大学海派文化研究中心主任的陈东提出了一个想法，说能否由上海大学的博物馆用专业的设备和技术，帮助代为保管这些珍贵的旗袍？这一句话，竟促成了上海大学的旗袍收藏。

回去后，我立即起草两馆的合作协议，在与宋路霞老师以及徐景灿、周铁芝老师商量后，计划第一批荣氏家族的百件旗袍交由上海大学博物馆代管和展出。

2020年夏天，疫情缓和，我和同事来到安顺路宋路霞的家中，办理荣氏旗袍的移交手续。而此时的合作已不只是代管旗袍，而是无偿捐赠了。

在此之前3个月，我是忐忑不安的。去年年初，我主持策划博物馆与老旗袍珍品馆合作的"江南望族与海派旗袍特展"，疫情防控期间，整个二月份我都在家撰写展览方案，其间深深感到这批荣氏家族旗袍的价值。我突发奇想，给馆长提了个建议：能否与宋路霞商量，将这批旗袍永久留在上海大学博物馆，使之获得更好的展示、保存环境和研究条件。

不出所料，馆长非常支持，让我抓紧联系。但这些是宋路霞等老师费尽心血征集到的，跟宋老师提出捐赠的要求，会不会有点"得陇望蜀"了？我不得不厚着脸皮、硬着头皮上了，因为我们大学博物馆拥有更好的条件，能让这些旗袍得到更好的保护。我先以博物馆的名义，给宋路霞发了封邮件。那段时间为了筹备展览，我们经常会通过邮件交换展品和展览内容的信息，她见信必复，有时晚到深夜还会收到她的邮件。但奇怪的是，这次直至次日中午，仍未收到她的回复。这下可把我急坏了，连忙给她发了条信息，试探性地再问问她的想法，这次宋路霞老师立刻回复了，说是前一天忙到很晚，当天一早又接受了采访，这才有时间回复。

她在消息中明确了几点：一是捐赠旗袍不是她个人的行为，旗袍是属于老旗袍珍品馆的；二是捐赠旗袍须得到荣氏后人的同意，他们赠送给老旗袍珍品馆时没有收取任何费用，老旗袍珍品馆赠与上海大学时也完全是无偿的。宋路霞感慨，这些年来她们深感旗袍收藏的不易。很多旗袍在女主人去世后便散失各地，她们在2008年就开始从移居海外的名媛及其后人那里征集旗袍，或是亲自飞往海外搬运，或是托人辗转带回。她们非常担心旗袍的再次散失，加之保管旗袍不易，也想能给旗袍找个好"婆家"。在宋路霞家中办理移交时，我亲眼见到除湿机在不停地工作着。接下来的保管重任，便转到了上海大学博物馆的肩上。

在获得慷慨无偿捐赠后的3个月，"江南望族与海派旗袍特展"在上海大学的海派文化博物馆顺利开幕了。展出的荣氏家族旗袍，立刻成为了海派文化博物馆的亮点，也吸引了校内外目光。旗袍是有魔力的，让那么多人为之痴迷。但能让这些旗袍呈现在我们面前的，靠的不是魔法，而是宋路霞、徐景灿、周铁芝，还有许许多多痴迷于旗袍文化的人所作的无私奉献。

上海大学海派文化博物馆里的每件旗袍的背后都有两个故事,一个是关于它的女主人的故事,另一个是它回归祖国、回到上海的故事。(郭骥)

《新民晚报》2021年6月9日

**她们,获得了上海市三八红旗手标兵及标兵提名奖!**

市妇联今天公布了2019—2020年度上海市三八红旗手标兵。于再红、王瑞兰、任长艳、宋寅、张玉花、张玉霞、张军萍、范婧艳、闻玉梅、曹文洁等优秀女性上榜!

同时,王丽花、陈玲玲等获2019—2020年度上海市三八红旗手标兵提名奖。来看看有你认识的吗?

(中略)

**2019—2020年度上海市三八红旗手标兵提名奖(按姓氏笔画排序)**

王丽花　上海城投污水处理有限公司总工程师
陈玲玲　中国科学院分子细胞科学卓越创新中心研究员
金春花　大金空调(上海)有限公司钎焊全球指导者
赵芳华　上海国际黄金交易中心有限公司总经理
袁红艳　上海红艳山鸡孵化专业合作社理事长
顾晓英　上海大学马克思主义学院教授,教务部副部长
徐爱蓉　国网上海市电力公司青浦供电公司营销党总支书记兼副主任
蒋　颖　德勤亚太高级副总裁
谢　欢　同济大学测绘与地理信息学院副院长,教育部深空探测联合研究中心同济大学分中心副主任、教授(市妇联)

"上海发布"2021年6月9日

**第二届全国动漫美术作品展举行　展现中国动漫艺术最新成就**

由中国美术家协会、上海市文学艺术界联合会主办的"第二届全国动漫美术作品展",近日在上海刘海粟美术馆举行。本届展览共有255件作品入选,内容涵盖动画、叙事漫画、动漫立体造型三大类,集中展现了近年来中国动漫艺术发展的最新成就。

从现场看,本届展览参展作品题材、媒介、形式、内容、观念更加多元,在技术与艺术的融合度和完成度上展示出了较高水准。不少作品的手绘原稿陈列展示,为观众讲述了动画的创作过程,让观众近距离感受到作品背后的温度。

为献礼中国共产党成立100周年,上海大学上海电影学院百名学子以动画结合摄影的形式,创作了短片《一百秒》。该短片作为本届展览的开幕宣传片亮相,生动展现了中国共产党"从石库门到天安门"的光辉历程,体现出动漫学子的专业素养与爱党爱国的赤诚之心。

中国美协动漫艺委会主任孙立军认为,本届展览代表了新技术环境下动漫艺术的最新创作成果,实现了技术与艺术的融合,展出的作品水平高,既有动漫美术的艺术性、观赏性,也具备满足人民群众需求的审美性、社会功能性。

全国动漫美术作品展创办于2017年,是中国美协为促进动漫艺术健康发展、提高动漫美术的学术地位而创办的全国性专业展览。展览以"原创动漫"为旗帜和风向标,强调

民族性和时代性,在继承中华优秀传统文化的同时,进行创造性转化和创新性发展,倡导中国动漫应当展现中国气派、中国精神、中国审美,在国际动漫界亮出自己的文化底色。
(闻逸)

《人民日报(海外版)》2021年6月10日

**赓续红色基因,发挥学科优势——上海大学深入开展党史学习教育**

上海是中国共产党的诞生地,作为以这座城市命名的高等学府,上海大学也有着鲜明的红色印记。开展党史学习教育以来,上海大学第一时间成立领导小组并组建工作专班,全面动员、用活用好红色资源,发挥学科专业优势,通过不断探索与创新实践,落实立德树人的根本任务。

**赓续火种,让党史学习生动鲜活**

1922年10月23日成立的上海大学,是中国共产党创办的第一所正规大学。上海大学自创办之初就以宣传和传播马克思主义为己任,培养革命人才,撒播革命火种,成为最早开展思想政治理论课教育的高校之一。

以瞿秋白、邓中夏、蔡和森、陈望道、张太雷、恽代英、沈雁冰、田汉等为代表的"红色教授"在上海大学任教期间,充分利用课堂和党的刊物,结合中国革命实际,发表了大量文章,传播、普及马克思列宁主义,实现了马克思主义理论在上海大学的系统讲授,成为最早的思政课教师,学校成为传播马克思列宁主义的重要阵地。

在开展党史学习教育中,上海大学的专家学者和青年学生收集整理"中国共产党早期发展和上海大学"有关革命文献,开展学术研讨和理论研究,陆续出版赓续红色基因系列图书,推出《20世纪20年代的上海大学》史料集和《百年上大画传》《从上海大学(1922—1927)走出来的英雄烈士》等系列研究著作。

上海大学师生还将学校的红色历史编成浸入式微党课,共同创作编演话剧《红色学府》。饰演邓中夏的电影学院本科生王炳坤,用真情实感演绎着早期中国共产党人的故事,音乐学院研究生何雨晴讲述着曾在上海大学任教的田汉的故事以及他创作国歌的过程。

"开天辟地""理论中国""体育中国"等课程,是具有上海大学特色的"中国系列"课程,学校将红色基因融入思政课,并向"课程思政"拓展,实现全员、全过程、全方位育人。年轻人喜闻乐见的话语和载体让学习更生动,如电影学院推出"FM红色声音馆"学习平台;社会学院制作"向英烈学习"有声读物;新闻传播学院推出手绘、短视频、广播剧等党史学习教育品牌。师生们纷纷表示,这样的学习"生动鲜活""有血有肉",越来越多师生愿意主动参与其中。

**全员部署,以为民办事凝聚力量**

今年3月12日,学校举行党史学习教育动员会暨中心组首场报告会,年届九旬的新四军老战士、上海市新四军历史研究会名誉会长阮武昌用专题报告"亲历中华民族从站起来富起来到强起来",令在场师生无不动容。

为推动党史学习教育深入基层、深入人心,上海大学还组建了"老中青"宣讲团,截至日前,学校师生宣讲团和各级党组织举办专题理论宣讲141场,受众9 500余人;全校开展"党课开讲啦"465次,9 965人次参与;基层党组织书记讲专题党课次数467次,激励广大师生和党员群众自觉做马克思主义理论的学习者、传播者和实践者。

此外,在爱国主义教育基地溯园、校史馆、钱伟长纪念展,还有34位学生志愿者,为159批次5 500余校内外人员讲解党史。近日"民族复兴的百年旗帜——中国历史研究院征集海外中共珍稀文献展"在上海大学开幕,并将展出三个月,用370余份历史文献资料展现中国共产党从成立到建国的光辉岁月,成为上海大学师生学党史、讲党史的专业平台和"大思政课"新阵地。

上海大学扎实开展"我为群众办实事"实践活动,校领导带队开展学史力行访民意调研,积极推动各级党组织和党员、干部深入师生群众,听取意见。学校党委确定了"我为群众办实事"10大重点民生项目和10大重点工作项目,党委书记和班子成员确定10大联系项目。截至日前,各二级党组织形成"我为群众办实事"重点民生项目252个,重点发展项目141个,围绕"我为群众办实事"7个方面内容组织开展系列活动141次,参与达11 165人次,解决群众"急难愁盼"问题(困难)265个。

**守正创新,上好新时代大思政课**

为了让历史变得鲜活,上海大学邀请革命先辈后人走进校园。李大钊(后人李晓莉)、陈望道(后人陈晓帆)、恽代英后人(恽梅)、何挺颖(后人耿强)、陶光潮(后人蔡君)、江锦维(后人江兆平)等老上大后人以讲座、报告、研讨等多种形式为上海大学师生传讲"身边的红色故事"。

新闻传播学院和电影学院师生,联合上海新四军历史研究会,采访记述老战士的革命故事,完成了100集电视纪录片;美术学院组织学生为渔阳里团中央旧址纪念馆设计红色文创;图书情报档案系在"党的诞生地"讲述建党故事并汇编"志愿服务十年之约"口述史;文学院"手语社"为特殊人群提供党史学习教育资源……

上海大学师生还在世界舞台讲好真实、立体的中国故事。文学院历史系教授陶飞亚在知华讲堂,用英文为国际学生讲述中国共产党和新中国的诞生,"中国共产党最初是怎样的一群人?""为什么会有长征?""中国共产党是怎么赢得政权,成立新中国的?"这些萦绕在国际学生脑海中的问题终于有了答案。

在《百年大党——老外讲故事》系列栏目中,来自墨西哥的逸馨、来自孟加拉国的安东尼,两位上海大学上海美术学院和通信与信息工程学院的博士研究生,不仅分享在上海大学的求学之路,更讲述"进口博览会是中国面向世界的窗口""虽然疫情尚未终结,(中国)井井有条的防控让我认为这里是最安全的地方"等,向世界讲述中国故事及其背后的思想力量和精神力量。

据悉,为进一步开展好党史学习教育,上海大学将在学深悟透党的创新理论持续下功夫,推出一批理论成果;在开展好"我为群众办实事"实践活动持续下功夫,务求实效;在不断提升学习教育质量持续下功夫,总结规律,让学习教育更贴近符合新时代青年和科技工作者的特点和需求。(任鹏 曹继军)

"光明日报"2021年6月12日

### 上大课程思政教学研究中心入选教育部"课程思政教学研究示范中心"

上海大学课程思政教学研究中心近日获批"课程思政教学研究示范中心";力工学院

叶志明教授领衔的"土木工程概论"课程入选"课程思政示范课程",该课程相应的负责人和教学团队,入选"课程思政教学名师和团队"。

上海大学课程思政教学研究中心,入选教育部"课程思政教学研究示范中心"。中心挂靠教务部。学校高度重视思政课建设和课程思政建设,致力打造齐抓共管的大思政格局,融合多部门,贯通大中小学,明确各类课程在课程思政建设中的重要作用,在统筹规划、示范引领、师资建设、理论研究等方面扎实推进。"大国方略"系列课程曾获国家级教学成果奖二等奖。学校被誉为"中国系列"课程的策源地,获评国家级教学成果奖二等奖。而今,"一模式三系列"带动领航校建设,课程思政与思政课程同向同行、协同育人的合力正在形成,育人成效得以显现。中心聚焦课程思政建设中的前瞻性问题,明确主体责任,形成立足校内、服务上海、辐射全国的课程思政教育教学体系,为全面推进课程思政建设提供理论研究与实践指导的上大方案。

叶志明教授负责的"土木工程概论"课程,入选教育部"课程思政示范课程",同时课程负责人和教学团队被认定为"课程思政教学名师和团队"。课程组讲述好土木工程中的中国故事,提出"把教的创造性留给老师,把学的主动权还给学生"理念,坚持以学生为本进行教学,让学生学习相关知识的同时,受到学科发展史、人生情怀、价值追求、创新创业、科学精神等熏陶。课程与教材均注重反映土木工程学科思想和方法,探索工程教育中育人之建设目标与实践目的,将立德树人落实于教学中。(殷晓　许婧)

"中国新闻网"2021年6月13日

**党史教育点亮课程　全国高校党史类课程联盟在上海成立**

6月19日,"党史教育点亮课程"——红色传承课程建设高层研讨会暨全国高校党史类课程联盟成立会议在上海举行。上海大学、嘉兴学院、贵州工程应用技术学院、湖南大学等10所高校为首批联盟成员。

上海大学校党委常委、副校长聂清在欢迎词中表示,在庆祝中国共产党成立100周年之际,作为红色学府,上海大学希望与兄弟院校共同立足学科特色优势和人才培养定位,携手推进红色基因融入教书育人全过程,持续提升人才培养质量,开创党史融入课程思政工作新篇章,打造党史类课程工作新高地,形成党史类一流课程建设之新格局。

教育部思想政治理论课教学指导委员会副主任委员高德毅作了主旨报告。他全面梳理课程思政的来龙去脉和上海多年的实践探索。他指出,教书育人需要制度性安排,也要形成师生内生的需求,要打造德育内涵循序渐进而结构化布局的、360度熔炉式的育人体系,融入第一课堂、第二课堂和网络第三课堂三个空间,打通学校、家庭和社会,让思政潜移默化,让社会主义核心价值观浸润青年学生心田。

上海市社联党组成员、副巡视员陈麟辉说,高校红色基地传播是红色文化的重要载体和平台,要充分利用新媒体课堂,使党史教育传播更广,传承红色基因,筑牢中华民族共同的精神家园,将红色精神传遍中华大地的每一个角落。

中国共产党为什么能?马克思主义为什么行?中国特色社会主义为什么好?"党史是最有说服力的教科书"。12位首批联盟院校课程团队教师采用线上线下交流形式,带来"开天辟地""红船精神与时代价值""井冈山精神教育""陕甘宁边区新闻史——红色新闻历史现场""光影中国""时代音画"等12门红色课程展示,结合红色资源讲述中国共产党故事,有"颜值"更有"言值",激励青年学子传承红色基因。

此次,红色传承课程建设高层研讨会暨全国高校党史类课程联盟的成立得到了多所兄弟院校大力支持。会议发布了《上大宣言》和《联盟章程》,颁发了首批联盟成员证书,明确了联盟校共同的职责和义务。今后,各高校可以联盟为平台,深入挖掘百年党史中蕴含的课程思政元素,积极探索结合专业学党史、结合党史讲专业,推进品牌建设、平台建设,优化党史类课程教育教学评价体系,开展教学展示,深化理论研究。联盟的启动将成为一条跨越东中西高校、贯通大中小学段的"红色项链",让党史教育点亮更多课堂,激发更多青年学子听党话跟党走!

本次会议由上海大学主办,上海大学"教育部课程思政教学研究示范中心"、上海大学高校思想政治理论课名师工作室——"顾晓英工作室"、上海大学教务部及上海大学马克思主义学院共同承办,超星公司协办。(孟歆迪　蔡珍楞　殷晓)

"光明日报"2021年6月21日

**上海大学培养全面发展的卓越创新人才**

上海大学是上海市属、国家"211工程"重点建设的综合性大学,是教育部与上海市人民政府共建高校,上海市首批高水平地方高校建设试点,国家一流学科建设高校。日前,上海大学招生与毕业生就业工作办公室主任陆瑾做客新华网"2021高考情报局",向广大考生和家长介绍今年学校的新增专业和招生政策变化等情况。

**积极践行中国高等教育现代化建设　培养全面发展的卓越创新人才**

陆瑾表示,上海大学继承和弘扬钱伟长教育思想,围绕立德树人根本任务,全面推进一流本科建设,为新时代培养全面发展的卓越创新人才。

她介绍,上海大学在国内高校率先推行"三制教育"(学分制、选课制、短学期制)、提出并实践课程思政、建立中外合作办学二级学院、探索以学生生活园区为重要载体的学生课外培养模式,全面实行OBE人才培养方案,形成了独具特色的卓越创新人才培养体系。

同时,上海大学以学生为中心,打造完善的本科人才培养体系。陆瑾表示,目前学校已有29个专业被认定为国家级一流本科专业建设点,12个专业被认定为上海市一流本科专业建设点,金属材料工程和测控技术与仪器专业已通过工程教育认证,上海大学悉尼工商学院通过AACSB(国际高等商学院协会)认证。

此外,上海大学还不断优化全球合作网络,与54个国家的240所海外高校建立校际合作关系,与排名世界前200高校的合作总数增加至44所。陆瑾解释,学校此举旨在培养国际化的卓越创新人才。

**大类招生:避免志愿填报的盲目性,可进校后充分了解专业,一年后再确定专业志向**

上海大学将部分专业按学科门类等因素分为理学工学Ⅰ类、理学工学Ⅱ类、经济管理类、人文社科类,按大类进行招生。

按大类招生,意味着考生只需根据学科类别的偏好选择填报相应大类即可,入校后有一年的时间充分了解专业,在类内进行专业分流,减少了志愿填报的盲目性。同时,通识教育平台促使学生从单一学科视野扩展为多学科、多领域视野,有利于培养交叉复合型的高素质人才。

特别说明:理学工学Ⅰ类包含计算机科学与技术、通信工程、微电子科学与工程等29个专业;理学工学Ⅱ类包含应用化学、冶金工程、金属材料工程等10个专业;经济管理类包含金融学、会计学等10个专业;人文社科类包含社会学、新闻学等12个专业。

**钱伟长学院聚焦培养基础学科领域拔尖创新人才**

钱伟长学院作为国家试点学院和学校拔尖创新人才培养基地,实施"重基础、跨学科、国际化"人才培养战略。学院依托上海大学进入全球前1%的材料科学、化学、数学、物理、生物与生物化学等优势学科,集校内外优势资源,培养基础学科拔尖创新人才和前沿交叉学科拔尖创新人才。

2021年钱伟长学院按理科试验班类、理科试验班进行招生。其中"理科试验班类"含数学与应用数学、应用物理学、理论与应用力学和材料设计科学与工程四个专业;"理科试验班"包含应用化学和生物工程两个专业。学生在第一学年末进行专业分流并实行动态进出机制,退出钱伟长学院的学生参与学校相应理学工学类的专业分流。

**微电子科学与工程专业首次按专业单独招生　服务国家重大战略需求**

陆瑾表示,2019年,为进一步满足国家战略需求、满足上海集成电路产业发展需求,学校成立微电子学院。学院致力于通过产教融合、科教融合和学科交叉融合,培养集成电路行业紧缺人才,助力上海科创中心建设和长三角集成电路产业发展,服务国家重大战略需求。

微电子科学与工程专业培养突出"实践化",为每位本科生提供"一次芯片设计、一次实践流片、一次集成分析、一个创新项目"的"四个一"实践培养模式,致力于培养集成电路领域的卓越工程师。同时,微电子学院面向科学前沿,致力于培养能解决"卡脖子"技术和关键科学问题的高端领军人才。

**新增两个双学士学位项目招生　培养跨学科交叉复合型创新人才**

陆瑾介绍,上海大学今年推出"土木工程—工程管理""冶金工程—信息管理与信息系统"两个双学士学位项目。两个项目均以一级学科博士学位授权点为依托,所涉专业均为国家级一流本科专业建设点或特色强势专业,项目充分利用两个专业的优势,交叉融合,实现1+1>2的效应。就读双学士学位项目的学生,本科毕业并达到双学士学位要求的,可授予双学士学位。

"土木工程—工程管理"双学士学位项目设置于"理学工学Ⅰ类",考生一年后可通过类内专业分流进入该项目学习。该项目旨在通过融入建筑机器人和人工智能等新兴技术,培养面向建筑工业化和智能建造为代表的建筑业发展方向的技术与管理双强型复合人才。

"冶金工程—信息管理与信息系统"双学士学位项目设置于"理学工学Ⅱ类",考生一年后可通过类内专业分流进入该项目学习。该项目旨在满足国家战略与经济社会发展对复合型人才的迫切需求,为国家培养冶金行业急需的冶金—信息管理复合型高层次人才。

"新华网"2021年6月22日

### 沪北将添艺术新地标　上大上海美院主校区项目启动

昨天,上海再添艺术新地标。吴淞创新城的一项重大项目——上海大学上海美术学院主校区项目启动。

上海美院主校区项目选址始建于1986年的上钢一厂型钢厂旧址,具有典型的工业建筑风貌特征。未来工业美学与艺术创作将在这里精彩碰撞,擦出艺术创新的绚丽火花。主校区的教育科研用房规划用地面积约12.7万平方米,总建筑面积约22万平方米,未来容纳4 000名学生。项目按照"一切空间皆有记忆,一切空间皆可共享,一切空间皆有艺术""园区就是校区,校区就是园区"的规划发展理念,建成院城融合的开放式大学校区,打造成服务市民艺术终身教育、工业遗存活化利用的校区,助力吴淞创新城发展,让艺术创造与区域发展同频共振。

为高质量、高标准建设好上海美院主校区项目,设计方案面向全球征集,并得到在教育和文化建筑领域具有较高知名度的四家国际设计单位的响应。目前,已评审出最优方案,该方案聚焦"保留历史塑造未来"的设计思路,在工业建筑上大胆创新,与园区紧密融合相互包容,努力实现"城院结合、无界开放、文化再生、空间重塑、便捷人本、绿色低碳"。

吴淞创新城是上海北部城市副中心和科创中心主阵地核心承载区。近两年来,区内先后完成特钢和不锈钢两个首发地块和两个1平方公里先行启动区控详规划,同步启动十余项专业规划编制和蕴藻浜沿线城市设计、公共空间贯通提升等研究工作。

副市长陈群出席启动仪式。(彭德倩)

《解放日报》2021年7月1日

### 实地探访《洛神水赋》上海拍摄地

(上略)

**夯实"软实力",影视创制中心更具吸引力**

记者在采访中注意到,近年来,上海影视产业发展不光科技动能强劲,也在持续拓展产业服务链。全国各地大大小小的剧组,不管是"路过"上海,还是"上海出品"的重大项目,都能得到专业、便捷的服务。

2019年12月,上海市影视版权服务中心挂牌成立,面向长三角地区,免费为影视企业在版权开发、版权保护等方面提供精准化、专业化服务。该中心首批推出四大项共20条服务,覆盖影视版权的完整产业链条,为上海建设全球影视创制中心进一步完善知识产权保护。

上海科技影都探索"完片担保"等模式,为投资人和制片商提供金融服务保障;上海大学温哥华电影学院运用大数据等手段,建立影视产业竞争力指数发布体系,提升影视企业科学量化决策水平;上海还在全国率先成立专门影视摄制服务机构,历经七年探索实践,构建了一套规范化、标准化、国际化机制,打响了"上海服务"的品牌。

一位业内人士告诉记者,在上海协调取景地,只需登录数据平台,就可以浏览全上海按区划分的取景地,里面不仅有地点和联系人,还能看到取景地的图文和视频介绍;如果希望协调一些高难度的取景地,可以通过数据平台向上海市影视摄制服务机构线上提出申请,很快就能收到答复。

"影视摄制服务日益成为影视创作生产流程中具有重要支撑作用的一个环节。"上海市影视摄制服务机构负责人于志庆介绍,目前,上海市影视摄制服务机构在16个区都设立了工作站,并形成一整套工作流程和方法。

面向2035年建成文化强国的目标,影视行业将迎来又一次重要的黄金发展期,有了科技催化、机制护航,更多的好创意、好故事、好作品将在上海诞生。

《光明日报》2021年7月5日

**百年正青春,奋斗正当时——电影党课《1921》走进上海大学**

7月2日上午,上海大学党史学习教育之电影党课《1921》暨上海大学上海电影学院"光影中国"德艺双馨讲坛第六期在宝山校区伟长楼举行。活动由领导致辞、映前交流以及影片《1921》放映三部分组成,通过观影与交流,电影中演绎的青春与热血使"两代青年"情感共振,呈现了一堂生动的电影党课。

中共上海市委宣传部副部长、上海电影局局长高韵斐,上海宝山区文旅局局长王一川,腾讯集团副总裁、阅文集团首席执行官、腾讯影业首席执行官程武,上海三次元影业有限公司董事总经理、电影《1921》总制片人任宁,电影《1921》监制及导演黄建新,联合导演郑大圣,美术指导吴嘉葵,校领导刘昌胜、龚思怡、欧阳华、聂清、曹为民、沈艺,电影学院党委书记李坚、执行院长何小青,相关部处和学院领导,以及演员代表韩东君、张超、白宇帆、史彭元出席活动。

中共上海市委宣传部副部长、上海电影局局长高韵斐表示,上海是中国共产党的诞生地和初心始发地,是共产党人的精神家园,城市血脉中流淌着红色基因。作为中国共产党创办的第一所正规大学,上海大学自创办之日起就与国家和民族的命运紧密相连。在全国上下热烈庆祝中国共产党成立100周年之际,电影《1921》走进上海大学这所红色学府,意义非凡。一代人有一代人的使命,希望这部电影能给更多年轻人提供一个回望百年征程、读懂百年初心的机会。通过电影重温一百年前那个激动人心的时刻,汲取其中跨越时间的宝贵精神力量。

上海大学党委副书记、校长刘昌胜院士表示,1921年中国共产党的成立是开天辟地的大事变,深刻改变了近代以后中华民族发展的方向和进程,深刻改变了中国人民和中华民族的前途和命运,深刻改变了世界发展的趋势和格局。作为中国共产党创办的第一所正规大学,上海大学赢得了"文有上大,武有黄埔""北有五四时期的北大,南有五卅时期的上大"的美誉。电影《1921》在上海大学展映,为全校师生带来一份生动的党史学习教育"电影教材"。他希望上海电影学院能继续发挥学科优势,在上海市委宣传部、上海电影局的支持和指导下,着力培养电影人才,深度挖掘红色资源,推出"上海原创"作品,在提高城市文化软实力,助力打响"上海文化"品牌上作出更大的贡献。

腾讯集团总裁、阅文集团首席执行官、腾讯影业首席执行官程武谈到,电影企业肩负起新时代打造文艺精品的使命担当,要用贴近年轻人语境的表达方式,为他们讲述一个百年前同龄人的故事,希望青年人能从这段历史中收获源源不断的信心与动力。

在主创分享互动环节,黄建新、郑大圣、任宁、吴嘉葵和演员代表韩东君、张超、白宇帆、史彭元分享了挖掘史料的过程、创作感受以及电影背后的故事。电影《1921》以时代"横截面"视角切入,聚焦1921年前后的故事,全景式重现了百年前波澜壮阔、开天辟地的历史时刻——来自五湖四海平均年龄仅28岁的热血青年们,突破国际各股复杂势力的监控和追踪,聚集上海召开中国共产党第一次代表大会,见证中国共产党的成立。分享中,黄建新导演"剧透"了下一部大电影的拍摄计划,新电影将以20世纪20年代的上海大学为背景,展现那个风云激荡的年代,他还邀约上海大学的同学们参演新剧。

电影放映前,上海大学海燕咏歌团带来了合唱《少年》,描绘了先辈的青春风貌与昂扬斗志,也向百年间每一个"为国家前途奔走呐喊"的青年人致敬。

作为上海大学党史学习教育的重要一环,本次活动得到了全校师生的高度关注,广大师生与青年时的革命先辈们在电影中"隔空相遇",随他们一起去探寻救亡图存的"心灵源动力"。

来自电影学院2018级本科生郑晨昀表示,《1921》这部电影让她从一个全新的角度去认识中共一大的召开,同时也再次感受到革命先辈们不顾一切投身于革命的红色精神。她表示,会努力向先辈们看齐,为社会主义的建设贡献自己的力量。

环境与化学工程学院2020级硕士研究生李春阳表示,非常荣幸能够参演电影《1921》,在感受到演戏的不易的同时,也感受到了五四运动的振奋人心,感受到了百年前同龄人的满腔热血,这些都给予了他在未来前进路上披荆斩棘的动力。今天观看《1921》,使他更加清晰地了解到中共一大召开的整个过程,也感受到了革命先烈们的艰辛。新中国能有今天,离不开他们的付出与牺牲。今天的青年人一定会继承他们的意志,为中国梦的实现不懈奋斗!

来自巴基斯坦,现为机电工程与自动化学院2019级硕士研究生的大山(MUHAMMAD MAJID RIAZ)写道,"今天在学校观看了电影《1921》,我了解了中国共产党诞生在上海的往事,也让我回想起当时和同学们参观一大会址时的情景。电影中有一个片段最让我热血沸腾,就是大家围在一起唱《国际歌》,我想也许这就是信仰的力量,中国人民的团结让我震撼。这就是为什么中国人民能在中国共产党的领导下,在经济和抗疫上都取得举世瞩目的成就。我感受到了中国政府和中国人民众志成城的精神。我们国际学生是连接中国和母国之间的桥梁,我们将努力使人民之间的联系更加紧密,向着'人类命运共同体'的目标前进。祝贺中国共产党成立100周年!"

《中国青年报》2021年7月5日

### 上海大学—宝山区大中小幼思政课一体化项目启动仪式举行

思政课是伴随青少年成长发展全过程,贯穿大中小幼教育全过程的一门关键课程。在上海大学和宝山区多年来合作探索大中小幼思政文化建设的基础上,6月30日下午,以"同庆建党百年共绘思政同心圆"为主题的上海大学—宝山区大中小幼思政课一体化项目在上海大学宝山校区启动。

上海大学作为"红色学府",始终坚持把办好思政课放在突出位置,此次启动的一体化项目是开展新时代大中小幼思政课一体化建设的有益探索,将通过区校合作,用好上海大学丰富的教育科研资源,传承实践陶行知先生"生活教育"理念,充分挖掘宝山光荣的革命史、建设史和发展史,形成一系列本土化、一体化、有生命力的课程资源,打造属于上大和宝山的思政课程创新品牌。

课程展示环节,上海大学经济学院、上海大学附属中学、上海第六十中学、上海大学附属嘉定留云中学、上海大学附属小学、上海大学附属实验幼儿园的教师们围绕"不忘初心 人民至上"进行主题说课,展示了思政课一体化建设的初步成绩。与会人员还就推动大中小幼思政课一体化建设进行了研讨交流。

启动仪式上还举行了项目特聘专家、指导专家、项目团队负责人聘任仪式。

2016年,上海大学和宝山区共同组建上海大学基础教育集团。五年多以来,上海大学和附属中小学幼儿园不断融合发展。2017年,上海大学入围上海课程思政整体建设项目,2019年入选上海课程思政领航项目,今年,学校又获批教育部课程思政教学研究示范中心。全校已形成了门门课程有思政,教师人人会育人,党员各个当先锋的育人氛围。

"上海市人民政府"2021年7月5日

**绘光辉历程 颂百年华章——献礼建党百年系列美术作品展综述**

6月27日,由中宣部、中国文联主办的"不忘初心 牢记使命——庆祝中国共产党成立100周年美术作品展览"在中国共产党历史展览馆开展,与各地举办的主题展览一起,掀起庆祝建党百年的文艺热潮。丰富的美术展览,从不同角度关联起历史与现实,作为以美育人、以美化人的生动课堂,给予观者精神滋养与奋进力量,成为众多庆祝活动中一道亮丽的风景。

新的主题性创作,尤为引人瞩目。"不忘初心 牢记使命——庆祝中国共产党成立100周年美术作品展览"中,展出的近180件作品,主要来自"不忘初心 继续前进——庆祝中国共产党成立100周年大型美术创作工程"和各地近年来创作的党史题材及现实题材美术作品,是党史题材美术创作的最新成果,备受关注。中宣部、文旅部主办的"伟大征程 时代画卷——庆祝中国共产党成立100周年美术作品展"上,文旅部历时3年组织的"国家主题性美术创作项目"两批创作成果,以当代审美展现了党在新时代进行的伟大实践、取得的光辉成就,令人耳目一新。浙江美术馆举办的"星驰潮涌"艺术特展上,近百名来自各地的美术工作者历时两年多,用画笔生动展现了百年间在浙江发生的党史故事。同时,展览以沉浸式新媒体交互空间,呈现了浙江数字化改革成果。"百年历程 辉煌成就"甘肃省美术作品展则以当地艺术家的创作,展现了陇原大地百年来的变迁。此外,专业画院坚持守正创新,精心组织画院画家开展建党百年主题美术创作活动,以多元方式展现时代的真善美。如中国国家画院在"情满大别山——大别山精神暨红25军历史题材写生创作展"之后,相继举办"山河锦绣"山水画名家作品展、"国泰民安"人物画名家作品展、"百年风华"花鸟画名家作品展等,汇集几百件新作,从多个视角抒发对祖国和人民的真挚情感。小画种也展现蓬勃活力。像上海市美协漫画动漫艺委会、浙江省漫画家协会等单位,充分发挥漫画的大众性,积极组织100位沪浙两地的漫画家,别出心裁地采用"上海画浙江、浙江画上海"的形式,来表现两地百年变迁和时代进步,并在上海、杭州两地举办"唱支山歌给党听——沪浙绘·欢庆建党百年漫画展"。

百年红色美术经典,是生动的历史记忆和文化标识。盘活馆内外藏品资源,深挖美术经典所蕴含的时代价值和艺术价值,是很多博物馆、美术馆展现党的百年奋斗史的着力点,也是献礼展最厚重的底色。例如,6月22日,在中国国家博物馆开幕的"无声诗里颂千秋——美术经典中的党史主题展",将中央广播电视总台百集特别节目《美术经典中的党史》,与汇聚中国国家博物馆、中国人民革命军事博物馆、中国美术馆、中央美术学院美术馆、广东美术馆5家单位的100件经典馆藏的美术展览结合在一起,富有创意。

随着地方党史的研究日趋丰富,各省美协及相关文博单位,立足地方党史和相关美术创作,策划了许多颇具特色的专题美术展。湖北省委宣传部、湖北省文旅厅主办的"壮丽航程"湖北优秀美术作品展6月18日在湖北美术馆开幕,中国美协、湖北省文联、武汉市委宣传部等单位主办的"百年辉煌·武汉记忆"全国美术作品展紧随其后。两者汇聚专题创作、经典收藏、征集作品,将中国共产党百年奋斗历程中与湖北相关的重要历史人物、事件、成就作为切入点,以丹青抒写百年风华。再如,深圳美术馆在"七一"前夕推出"文化名人大营救——深圳美术馆馆藏丁聪《东江百日杂忆》组画暨专题美术作品展",回望抗战时期南方局在中共中央领导下,积极营救香港进步人士的红色记忆。还有一些美术展览从个案研究出发,如关山月美术馆举办的"与人民同行"展,将关山月1949年前后的艺术创作置于大的时代背景中,生动呈现作为共产党员的关山月,如何从思想到行动践行党的文艺方针政策。

美术文献发挥着不容忽视的作用。除了将文献与作品相结合铺陈展览叙事,一些美术院校还充分挖掘美术文献的价值,策划红色美术文献展。像在上海大学上海美术学院美术馆举办的"风自海上"建党百年系列展之"百年红色美术文献展",以"艺术救国—艺术兴国—艺术强国"为内在逻辑,选取见证百年红色美术发展的100份文献,展现了美术学和艺术学理论专业的学理特点,呈现出"艺术之物"和"历史之物"复合的展陈特色。其中,"艺术之物"是当时的宣传画、封面装帧、广告等以艺术品形式呈现的文献,"历史之物"则是著述、评论、档案、手稿等以文字形式呈现的文献。这些文献承载着历史记忆,成为百年红色美术的生动注脚。

《人民日报》2021年7月11日

**沪上高校贯彻学习"七一"讲话精神:为党育人、为国育才**

7月1日,庆祝中国共产党成立100周年大会在北京天安门广场隆重举行,习近平总书记发表重要讲话。自7月1日以来,上海各高校深入贯彻学习习近平总书记的重要讲话精神,学习探讨热情持续高涨。

(中略)

7月6日上午,上海大学党委书记、党史学习教育领导小组组长成旦红主持召开党史学习教育领导小组会议,研究部署学校党史学习教育下一阶段重点任务。据了解,上海大学各级党组织将把学习贯彻"七一"重要讲话精神列入中心组学习计划、列入党校专题培训计划、融入师生思想政治教育,精心组织学习研讨;要进一步发挥离退休老同志、思想政治课教师、青年学生骨干的积极作用,面向基层、面向群众,广泛深入开展宣讲;要进一步发挥学科优势、人才优势以及智库平台优势,推出一批有深度有影响的研究成果,深化理论研究阐释等。

(下略)(邹佳雯　张慧)

"澎湃新闻"2021年7月12日

### "开天辟地"课程教学研讨会在上海大学召开

由上海大学马克思主义学院、上海市思政课教学改革协作组和"开天辟地"课程组等联合主办的"'开天辟地'课程教学研讨会"在上海大学举行。

2018年9月,上海大学在全国首开新型党史思政课——"开天辟地",课程紧扣"上海是中国共产党的诞生地"的主题,全面系统回顾中国共产党的百年光辉历程。研讨会以"开天辟地"课程为主,探讨了将总书记"七一"重要讲话精神融入思政课的路径方法,对推动思政课改革创新具有重要意义。

课程负责人、上海市社联副主席、上海市中共党史学会会长忻平,上海市中共党史学会名誉会长、上海抗战与世界反法西斯战争研究会会长张云,上海大学马克思主义学院党委书记刘绍学,上海大学医学院党委书记竺剑,华东师范大学教授、《思想政治课研究》杂志主编曹景文,上海立信会计金融学院教授徐光寿等学者出席。

忻平教授认为,伟大建党精神是中国共产党的精神之源,内涵极其丰富。思政课教师要率先、系统学习总书记"七一"重要讲话精神,将伟大建党精神融入思政课全过程,向学生讲述伟大建党精神形成于以上海为主要地的建党实践。要立足百年党史,以问题为导向,编写"开天辟地"课程教材,内容既要有最新学术进展,又要有生动的故事、鲜活的案例;同时要利用好上海丰富的红色资源,进一步组织好"行走课堂"。

张云教授表示,"开天辟地"课程具有超前意识,应当立足上海,辐射全国。总书记在"七一"讲话中首次提出的建党精神,是在深刻洞察一百年前创党建党历史实践基础上对建党精神所作出的科学总结和高度概括,具有丰富的历史内涵和鲜明的时代诉求。伟大的建党精神是中国共产党的精神之源,也是构建了中国共产党精神谱系的开首之篇。建议在课程中加入中国共产党的诞生背景、近代以来民族复兴的主题,这对课程的提升有很大帮助。

华东师范大学特聘教授,俞秀松烈士继子俞敏发言说,俞秀松是中共上海发起组成员、中国社会主义青年团创始人之一。在短短的40年人生中,他就像一把熊熊燃烧的火炬,照亮了东南西北。俞秀松光辉的一生说明:信仰是中国共产党人的根、的魂,要用鲜血和生命铸就。我们要让更多的青年学生了解我们的先驱革命者为了国家为了民族而抛头颅洒热血的英勇事迹,将红色基因代代相传,赓续永久。

上海大学马克思主义学院教授李珮介绍了教材编写的具体要求,认为,"开天辟地"在教学内容和方式的设计方面都具有前瞻性,成为"党史点亮思政课堂"的先行者和探索者。这门课程致力于将共产党人的奋斗精神内化为学子们的成长力量,让信仰的光芒照耀当代青年的人生前程。形成了内容丰富、形式多样、师资雄厚、亲和力强的课程特点,并将思政元素渗透于教学全过程中,使不同学科背景的学生都能有所收获与感悟,充分发挥了党史育人的重要作用。

经过一天的研讨,与会者一致表示,今后将继续深入学习总书记的"七一"重要讲话,坚持立德树人,在新时代"大思政课"的背景下,积极探索具有新目标、新教法、新内容的

思政金课。(许婧)

"中国新闻网"2021年7月22日

### "师生事无小事,做爱生如子的标杆"上海大学理学院党委书记盛万成规范学院党委中心组学习制度,将理论学习打造成品牌项目

"师生事无小事,党员就要做爱生如子的标杆。"这是上海大学理学院盛万成老师的座右铭。

在担任学院党委书记的7个年头里,这位有着36年党龄的老党员以一只头雁的进取,探索在最活跃细胞上建立党支部的特色经验,努力实现"支部建在学科团队上"的全覆盖。

从初心出发,在日常工作中绽放光芒,近日他获得"上海市优秀党务工作者"光荣称号。

**探索基层学院党建新路径**

上海大学理学院的老师同学都知道,四方脸庞的盛万成老师总是笑眯眯的。

在润物细无声中,在他的带领下,学院形成高水平大学建设基础性研究型学院党建工作体系;获得上海市教卫工作党委"先进基层党组织"称号;入选首批教育部"全国党建工作标杆院系培育创建单位";2020年12月成功通过教育部工作验收并正式挂牌。

这些成绩的背后离不开盛万成的默默付出与工作。他深知"只有自身理论学习加强了,理论素养提升了,才能把握好正确政治方向,提高政治能力"。他不仅规范学院党委中心组学习制度,更将理论学习打造成品牌项目,推出"中心组暨支部书记学习班",学习班已开展52期,在"不忘初心、牢记使命"主题教育、"四史"学习教育、党史学习教育中发挥了重要的引领作用,理学院也成为学习型党组织,理论学习更推动着学科发展。

他用学科建设的理念建立了党建研究项目管理机制,他负责的课题《加强高校二级学院党的组织建设体系研究》获2020年度上海市教卫工作党委系统党建研究课题优秀成果三等奖;《重大疫情中基层党组织引领志愿服务的实践路径研究》课题获2021年度上海市教卫工作党委系统党建研究课题立项。

**让支部建在学科团队上**

2019年,一场特殊的演出在上海大学伟长楼上演,"全国党建工作标杆院系"理学院为纪念郭永怀诞辰110周年,以郭永怀、李佩伉俪事迹创作的原创朗诵音乐剧《苍穹之恋》呈现在观众面前。为此,盛万成与郭永怀的学生、上海大学终身教授戴世强等学院师生参与创作、排练、演出全过程,让"开红课""创红剧"成为学院的特色,更丰富了党课教育形式。

"怎么样才能发挥支部的活力?更好地发挥党员先锋模范作用?"这是一直萦绕在盛万成心头的问题。他不断探索在最活跃细胞上建立党支部的经验,在重大科研项目组、重要科研团队、学生社团新建临时党支部,激活基层支部活力。

他推动建立的"红帆基地"(学生)和教工"党员之家"党建服务点,完善了五个特色党建工作室和两个党员示范岗建设,开拓了校外党建共建基地和爱国主义教育基地。

2020年至今,学院与上海四行仓库抗战纪念馆、上海淞沪抗战纪念馆、静安文史馆等

10个红色纪念馆签订共建协议,遴选百名优秀师生党员参加志愿服务,成为师生党员锤炼党性、提供志愿服务、发挥先锋模范作用的重要平台。

**他是青年师生的"党员导师"**

在很多青年教师的眼里,盛书记没有书记的架子,更像兄长、像师友,与书记的每一次聊天、谈话,书记总能把话说进自己的心坎里,他是关心青年教师成长的"党员导师"。

在盛万成和党支部引领下,科研团队青年骨干副教授赖耕,不仅在科学研究中取得突出成绩,还光荣加入了中国共产党,并成为应用数学党支部书记。

"爱生如子、爱校如家",他牵头制定《理学院本科生全程导师制工作细则》,明确了导师职责、聘任及考核,制度上保证了全员导师制的落实。他带头做好导师工作,精心备课,坚持站在讲台第一线,为本科生上"工科数学分析",为研究生上"高维双曲型偏微分方程"等课程。

在与学生的交流研讨中,盛万成常说"要有科学报国的胸怀,刻苦钻研,才能攀登科学高峰",通过指导学生阅读文献、与学生一起进行辩论和查证复杂问题,这些年来每周两次课题组会,无论行政工作有多忙,他都会坚持站在讲台上、坚持师生一同研讨、坚持带领学生了解学科领域发展前沿,探索未知的学科领域,发现无尽的可能。(彭德倩)

《解放日报》2021年7月23日

**你以为上海大学学生今天在军训吗?其实他们也在参加另一个重要活动**

7月23日上午9时许,上海大学校园内,大学生方队整齐入场,学生仪仗队举行了庄严的升旗仪式。乍一看,这是学生军训现场,其实,依托上海大学学生军训活动,由宝山区人民政府、上海大学和宝山区人武部主办,宝山区民防办、上海大学武装部承办的"科创宝山、强盾固防"民防进高校系列活动也由此启动。

启动仪式上,民防志愿者接受授旗,上海市大学生民防志愿者培训基地正式揭牌,宝山区民防办与上海大学人武部签约,切实做到把大学生军训与民防知识教育有机结合起来,把民防进高校与大学生民防志愿者培训有效衔接起来。

活动现场,民防通信设备、机动指挥车、防护救援器材、特种救援车辆等平日里难得一见的民防装备开放展示,上海民防建设发展历史图片展、民防知识小课堂吸引学生们驻足,民防教育讲义、《生命与灾害》《上海民防之声》报纸杂志,还有吉祥物"小海卫"等,都引发了师生们浓厚的兴趣,1 200余名师生参观学习,对民防工作有了更为直观的认识与了解。

此次宝山区民防进高校系列活动,是宝山区进一步加强高校民防宣传教育的探索和实践。系列活动从7月持续至9月,其间将开展"上大国防杯"作品征集评选、国防教育课、集中宣传展示、防空疏散演练、训练成果汇报演出等活动,旨在进一步扩大高校民防宣传教育、知识普及和技能训练,提高广大师生"情系国防,共建民防"意识,提升社会动员能力,带动宣教"六进"取得更大成效,为科创宝山建设助力。

据悉,市民防办会同市教委、市国教办制定了《2021年本市民防宣传教育"进高校"试点工作方案》,重点在宝山、松江开展试点。试点采取集中教育和重点教育相结合、理论教学和技能训练相结合的方式,建立起可复制、能推广、易施行的宣教模式,逐步在全市高校全面推开。市民防办还编制了《上海市学校人民防空知识讲义》，包括小学、初中、高中、大学四个版本，逐步配套开发网络视频课程，在全市学校投入使用。

宝山区民防办负责人介绍，此次系列活动秉持创新精神，紧贴高校实际，广泛组织师生参加，体现群众性；紧贴使命任务，突出人民防空，强化师生技能提升，体现专业性。特别是创新手段，在深入挖掘传统宣教手段基础上，着力体现时代特色，积极探索新媒体、新技术手段的应用，进一步丰富发展民防宣传教育的形式，引导广大师生理解、支持和参与民防。

"上观新闻"2021年7月23日

## 大学生喜欢的党史课该是啥样子

近日，湖南理工学院举行"青春心向党"大学生党史知识竞赛决赛，竞赛内容涵盖了党的基础理论、党的基本知识、时事政治等，全面深入地考察选手对党史的认识和理解。

2021年是中国共产党成立100周年，《觉醒年代》《大决战》等一批党史题材电视剧热播，主旋律大片圈粉青少年，取得良好教育效果。与此同时，在大学内，党史课也在如火如荼地展开。2021年5月，教育部办公厅印发的《关于在思政课中加强以党史教育为重点的"四史"教育的通知》提出，高校思政课必修课要进一步深化以党史教育为重点的"四史"教育，有条件的高校要开设以党史教育为重点的"四史"思政课程。党史课的设计编排需要注意什么，大学生喜爱的党史课是什么样的，记者进行了采访。

**1. 主线清晰思想引领**

（中略）

**2. 跨界破圈聚合资源**

一曲曲学堂乐歌、革命歌曲声音悠扬，上海大学音乐学院教授王勇带着同学们演唱、沉浸在音符的世界。每曲奏罢，上大马克思主义学院教授顾晓英则为同学讲述曲子背后的党史故事，讲述音乐在传播反帝爱国思想上发挥作用的历史，这是上海大学思政选修课"时代音画"的课堂。思政老师与专业老师破圈合作，打造出艺术性和时代性兼备的党史课。

"音乐固有一种魅力、感染力，我们可以先从艺术价值入手让学生去聆听这种固有的价值。当他理解这个价值之后，再去讲述背后的故事或许他们就更容易理解了。"王勇说。

"我感悟最深的一节是'国歌如何走来'，老师带领我们演唱最新版的国歌谱子，比较不同年代《义勇军进行曲》的异同，我才知道国歌的配器、音调、节拍等也经历了不断调整完善的过程。老师的讲解使得我们既加深了对乐理的理解，也学习了党史背景知识。"上大学生林晓说。

"时代音画"是上海大学"项链教学"模式打造的精品课，即由思政课专职教师把握课程主线，构成课程"项链"的基础，邀请校内外专家学者、党政领导走进课堂作为"珍珠"，以学科交叉和专家互动打造高质量思政课堂。

专门史中蕴藏着丰富的"四史"教育养料。从"东亚病夫"的历史、到中国第一块奥运金牌，从申奥成功到健康中国的提出，再到2035体育强国的目标，这是上大"体育中国"

课程的设计思路。而在"光影中国"课程中,从《青春之歌》到《我和我的祖国》,上海大学上海电影学院教师用经典影视作品串联起时代和党史知识。"我们还会邀请影评家为学生解读电影手法,方框、条线、明暗这些不为人注意的细节如何表现思想,音乐、构图如何体现了人民性的理念。学生感到了趣味,通过专业知识更好地理解党史,达到知信交融的效果。"顾晓英说。

回到历史现场,让国旗设计者曾联松和学生"对话"是温州大学马克思主义教育基地虚拟仿真课堂的一幕。"曾联松是温大校友,运用VR和AR技术让前辈穿越回来和年轻人对话,学生们感觉很奇妙,也为母校的红色传统感到自豪。"温大马克思主义学院院长卓高生表示,新技术运用可以极大增强党史学习的互动性和浸润感。

"现在和党史有关的资源很丰富,很多公共资源也可以利用起来。"郑洁介绍,"'学习强国'学习平台里有大量的视频资源,我们在讲到相关章节时指导学生同步观看参与、打卡计分,还可以参加测验、挑战,新形式一下子就把大家的积极性调动起来了。"

**3. 知行结合守正创新**

受社会上历史虚无主义影响,有一些大学生热衷于野史段子,爱听小道消息。"也有一些老师迎合学生的猎奇心理,在课上靠离奇出位的言论吸引学生,这种做法十分低级,是在害学生。"顾晓英说,"党史课吸引学生,依赖的是确凿的史料和严谨的推论,决不能信口编排,守正才能创新,守正对老师能力要求更高,而学生将收获思维能力、格局和站位的提升。"

"一些学生看历史,喜欢看犄角旮旯的细节。"高宁打了个比方,请人到家里吃饭,把客人领进餐厅还是带到厨房?"厨房里都是细节,那些厨余都是细节。你不会把客人带到厨房,不会把厨余端上餐桌,给餐桌上的客人呈现的是最精致的东西,那就是我们党史沉淀下的主题主流主线。个人可以关注那些,但不是重点,我们学的是最重要的东西。"

"理论层面的东西要强调,很重要的一点就是要给同学们讲总书记关于党史学习的重要论述和党的两个历史决议,通过文本的细读,背景的分析,帮他们树立正确的党史观。"高宁说。

学史力行,知行合一。走进现场让学生感受历史真实,北航思政老师和学生辅导员团队带着同学们走进香山革命纪念馆。这里是国共谈判、渡江战役、民主协商建国的决策中枢。"这里收藏有毛主席很多电报,学生需要挑一两封,去读一读,了解一下陈设为什么是这样,通过一手资料走进真实,坚定信仰。"高宁介绍。

"学校'四史'教育也要善用社会实践的大教材,把学到的'四史'融合思政理论,和专业结合在一起,把党史学习的内容和老百姓的实践结合起来。"卓高生介绍,温州大学今年的学生暑期实践将新时代的社情与最新实践相结合,包括了理论宣讲、科技支农、教育关爱等众多内容。"比如我们马克思主义专业的学生去到浙江省一大会址、浙南一大会址做讲解员,志愿服务的同时,也可以检验学习成果,真学真懂真信才能讲好讲扎实,实现知行的有机融合。"(刘博超)

《光明日报》2021年7月27日

**上海大学有个退役大学生士兵宿舍,全员保研!**

近年来,上海征兵工作、退役军人工作与双拥工作统筹谋划、有机结合、整体推进,不断激励引导青年大学生参军入伍,扎实做好退役大学生士兵服务保障工作,不断提高各项优抚政策的含金量,兵员征集质量、退役安置、双拥工作始终走在全国前列。据了解,近年来,全市征集兵员中,大学生占95%以上,每年接收安置的退役士兵中,从本市高校入伍的退役大学生士兵占90%以上。军队是培养人、锻炼人的大学校,来听听上海退役大学生士兵讲述在部队实现人生价值的故事。

上海大学宝山校区S2楼311宿舍住着4名退役大学生士兵。前段时间,他们4个人都以优异成绩保研到理想学校。其中,住在1号床的施琦,将前往中国科学技术大学攻读硕士学位;2号床的王云亭、3号床的张传胜、4号床的何益平,将继续在上大读研。

2016年,从上海始发的列车准时发车,载着4个上大男孩的军旅梦一路向南,驶向绿色军营。因为是大学生新兵,带训班长对他们抱有更高的期待和更严的要求。不过,由于没有经过系统训练,刚开始时,4个人都有很多考核课目难以达标。比如单杠引体向上,他们只能拉两三个。日常训练紧张严格,他们选择咬牙坚持。就这样,从最开始只能完成几个动作,到超过及格线,再到各个课目考核成绩优秀。在部队的两年时间,4个大男孩从稚气青涩到稳重果敢,从书生气到铁血坚毅,在大熔炉里百炼成钢。

当被问及军营里印象深刻的人时,4个人不约而同地提到自己的老班长。施琦说,在部队的最后半年时间,自己调到炊事班,班长是一位有着15年兵龄,同样面临退役的老兵。在确定离开的那段日子里,这位老班长想得最多的是能给部队留下些什么。施琦所在部队的驻地偏僻荒芜,老班长萌生建设改造的想法。在忙碌的工作之余,他日复一日地除草翻地改造环境。"高温天的大中午,老班长也不休息。我们经常见他一个人在那里干活,后背全都被晒脱皮了。"施琦说。几个月过去,营区环境换新颜。"上级想给老班长一些奖励,他却说不需要荣誉,该拿的都拿到了,要是有什么就多给后面的战士。"

2018年,4个人退役。同样的退役大学生身份,同一段军旅经历,让他们在S2楼311宿舍结缘,成为学习道路上的好战友。没了风雨无阻的早操,紧急集合哨也不会在半夜突然响起,曾经熟悉的部队元素突然从生活中消散,让初回校园的他们一时难以适应。最大的挑战来自学业方面,刚回来时,课程不太能衔接得上,大一学过的知识很多都已经遗忘。但落后了就要加速追赶。他们相互勉励,一起安装效率管理软件,每次学习时都互相监督。浓厚的学习氛围激发了所有人的学习热情,也实现了成绩上的飞跃,4个人的成绩始终保持在所在专业的前20%。

谈及未来选择时,他们均表示将继续在自己的专业方向上走下去,把专业知识学好、学扎实,再献身国防事业。

"上观新闻"2021年8月1日

**于右任题写的《上海大学章程》**

"文有上大,武有黄埔。"1922年10月23日成立的上海大学,在瞿秋白、邓中夏等中国共产党人的主持下,发展成为名副其实的红色学府、反帝反封建运动的重要阵地,培养了一大批革命青年。

1923年12月,上海大学评议会通过《上海大学章程》,并根据章程制定了《上海大学章程细则》,对校务方面的重大事宜及各个方面工作作出详细规定,上海大学首任校长于右任为《上海大学章程》题字。原件现收藏于中共一大纪念馆。

"学习强国"2021年8月2日

**上海大学师生解锁"声临其境"学党史新方法**

近期,上海大学社会学院2020级研究生第一党支部围绕党史学习,制作推出"三重檐"新语青年说系列有声读物,分为"向英雄致敬""向英烈学习""向榜样看齐"三个板块,用青年人喜闻乐见的形式拓展了党史学习教育的广度与深度。

"党史蕴含着丰富的革命精神和厚重的历史文化,结合新时代青年学生的特点,我们希望通过新媒体平台来增强党史学习教育实效,丰富党建引领的活动载体。"谈到策划活动的初衷时,上海大学社会学院2020级研究生第一党支部书记祁乐给出了这样的回答。面向"95后""00后"青年党员,运用新媒体平台开展党建工作,不仅能够广泛调动支部成员参与的积极性,更能够提高党建活动的传播力。

以朗诵的形式走进英雄、榜样的故事能产生何种反响,参与录制的刘一艺同学说:"与书本理论知识学习相比,录制有声读物是一种全新的活动参与方式,这让每个英雄、英烈以及榜样的形象更加鲜活立体,也正是通过这样的活动,我深入了解了青年英雄和榜样们的成长历程,因而更加牢记不忘初心,敢为人先,自强不息的担当与使命!"在录制中,青年党员自己探寻百年党史,自己担当党史主播,自己讲好党史故事,在沉浸式的党史学习中,寻求与前辈的共情共鸣。

此次活动的参与者不仅有支部成员,全院、全校的同学也是每一期节目的忠实听众。"点面结合"的方式让党史学习教育资源在支部内外、党群之间真正活了起来,同时也掀起了学习党史的热潮,有声读物录制共上线100期,累计收听近3 000人次。同学们从英雄人物的故事以及当代优秀学子的事迹中受到感染与鼓舞,积蓄了扬帆起航的精神动力。"在录制参与的过程中,作为听众,我准时收听每一位同学带来的分享。每一期的有声读物都能给我带来源源不断的奋斗力量,这让我们能够更好地铭记来时的路进而在新时代里书写更多青年风采!"祝琳子同学写下了自己的感悟。(纪佳琦)

"中国青年报客户端"2021年8月13日

**上海大学举办课程思政混合式教学设计暨微课录制专题培训**

为深入挖掘百年党史中蕴含的课程思政元素,积极探索"结合专业学党史、结合党史讲专业",8月13日晚,上海大学教务部、上海大学"教育部课程思政教学研究示范中心"举办课程思政混合式教学设计暨微课录制专题培训。

这是上海大学举办的第54期教师教学沙龙。本次培训活动采取在线形式。沙龙由教务部副部长、上海大学"教育部课程思政教学研究示范中心"负责人顾晓英主持。

上海市中共党史学会副会长、中共上海市委党史研究室特约研究员、上海高校思想政治理论课教指委委员徐光寿教授应邀作了题为"挖掘百年党史知识中的课程思政元素"的辅导报告。他从"应该开展""完全可以做到"和"如何做到"三个层面,阐述了对"结合专业学党史、结合党史讲专业"问题的理解。他结合当前党史学习教育尤其是学习总书记"七一"重要讲话精神,在理念层面强调老师们要树立正确党史观,坚持大历史观,树立历史思维;在内容层面要努力做到"应融尽融""能融则融",遵循历史逻辑;在方法层面要力争做到"出乎史入乎道,以学术讲政治",合理运用和正面宣传党史;在目标层面要以立德树人为导向,与思政课同向同行,最终在自己自信的基础上帮助学生坚定"四个自信"。

超星集团教学设计总监、混合式教学研究专家赵玉霞作了题为"课程思政微课教学设计暨混合式教学"的分享。赵老师从"课程思政教学目标的确立、内容体系重构、教学组织与实施、考核评价"等方面分享了课程思政混合式教学应该"做什么""怎么做"和"怎么评"。

贤云教育科技公司副总经理、高级化妆师汤颖,就"课程思政的微课录制"作了讲解。汤老师从"演讲有范""着装和PPT有颜""素材有趣"三个方面讲述了微课录制的要点。她还重点提醒了课程思政微课录制务必注意教学素材出处的严谨、图片及文字表述的规范准确等关键点。

据悉,自2014年起,上海大学用自创的"项链模式"率先探索的"一模式三系列"一院一大课,迄今已有15门。学校坚持把立德树人作为根本任务,建立校党委领导、教务部课程思政教学研究中心协同、院系联动、骨干教师示范引领的课程思政工作体系,形成建构全面覆盖、层次递进、类型丰富、相互支撑的课程思政育人体系。学校在2017年获评上海高校课程思政教育教学改革整体校,2019年获评上海高校课程思政教育教学改革领航校,2021年获评教育部课程思政教学研究示范中心。今年6月,上海大学发起成立全国高校首家党史类课程联盟,启动面向全校的党史学习教育与课程相融合课程建设项目征集活动,迄今已立项首批58门课程。这些课程中有人文、理工、经管和艺术类,课程类型丰富;有实践类课程等;有本科生课程,有研究生课程,实现本研学段互通……申报和参与的教师中有长江学者、教指委委员,有国家教学名师、市级教学名师,有领航学院院长、院系党委书记、系主任,有新进青年教师……

本期沙龙旨在以课程建设项目为抓手,帮助教师学深悟透总书记在庆祝中国共产党成立100周年大会上的重要讲话的丰富内涵,更自觉更主动地把百年党史中的课程思政元素有机有效融入各类课程的教学设计,通过拍摄高质量微课,实施线上线下混合式教学。这次沙龙得到各项目组老师积极参加,也吸引了市内外兄弟院校教务处、教发中心和骨干老师参与,发挥了教育部课程思政教学研究示范中心的示范作用和上海高校课程思政领航校的领航作用。(殷晓 许婧)

"中国新闻网"2021年8月15日

**大学生们,这样用艺术践行匠心——高校艺术工坊创新以美育人**

(上略)

**智慧大脑,让艺术拥抱科技与前卫**

在上海大学可穿戴技术与中国非遗刺绣创新实验工作坊的展示区,40个五花八门的刺绣图案展示墙引起了记者注意,"这面墙别看简单,也许蕴含着土族传统工艺'盘绣'代代师承的密码。我们选择了一位从事盘绣34年的代表人和学习盘绣的新手,让师徒二人分别刺绣20个传统图案,对比过程中所用的视角、线的长度、脑电、肌电等数据,来揭示工艺背后的秘密。"现场师生向记者介绍。

土族盘绣有着上千年的历史,一直传承至今,然而,由于工艺复杂,耗时长,不少土族年轻人不愿意学习这门手艺,一度面临失传的危险。上海大学可穿戴技术与中国非遗刺绣创新实验工作坊师生们将可穿戴科技与中国非遗刺绣结合,利用微处理器、低温热塑性塑料等技术手段,完成对可穿戴组件原型的制作;使用 AutodeskFusion、3DS max 等软件平台,结合非遗刺绣中各地不同种类的刺绣技艺与图案应用,展开创意设计,最终形成一批具有传统技艺与现代科技、民族特色与现代设计、经典造型与创新应用等特点相互交融的创意作品。

"通过近两年多期工作坊的建设和活动举办,我们构建了新的科艺融合的跨学科培养机制,让艺术专业同学通过现代科技与传统技艺的互促互融,了解非遗;构建了跨文化的创作交流平台,在国内外师生共同协作过程中,传播非遗文化,凸显我国文化软实力;培养了具有国际视野和前瞻意识的艺术设计人才,面对未来的人类社会,具备对不同民族、国家文化的尊重,从以人为核心的视角去打造新的技术服务,让科技的发展最终服务于社会。"团队指导教师李谦生表示。

穿旧的衣服你会怎么处理?在浙江理工大学"焕然衣新"艺术工作坊的同学面前,可能从里到外没有一处不是宝。据悉,该工作坊以服装、服饰再生为切入点,以课程、科研、实践多维平台为支撑,引领大学生玩转美育新风尚。"重生牛仔的神经漫游"系列对牛仔进行朋克风改造,在纽约时装学院展出;"宝碎布头的童趣畅玩"系列对零碎布料进行原创服饰设计,已注册公司、开设淘宝店,累计销售14 000余件单品,销售额达400余万元;"草木扎染的孔院遨游"系列每年与毛里求斯大学及苏里南孔子学院进行联动,通过传统草木染和扎染技术对回收到的旧衣物进行面料改造,传播中国文化;"重铸饰品的自由翱翔"系列将银饰品进行回收、设计和重铸,倡导绿色环保新理念,践行低碳新生活。

"红瓦绿树,碧水蓝天"描写的是青岛滨海景观带的风景,而分布其中的历史建筑更是让城市街区多了厚重感。中国石油大学(华东)"青岛历史建筑数字(VR)博物馆工作坊"的同学们"盯上"了这份历史遗存的珍贵性,力图用熟悉VR手段建成属于它们的"数字档案"。

"工作坊由三位教师和若干名学生组成,师生利用课余时间,结合自己的研究兴趣以及青岛地区对历史建筑的保护修缮需求,开展数字化博物馆的工作。本工坊建立的'青岛历史建筑数字(VR)博物馆'旨在通过先进的数字技术和多媒体展示手段,向观众呈现青岛绚丽多彩的历史经典建筑,使观众通过在线游览方式就能对历史建筑进行全方位、近距离的了解。此外,数字博物馆还能够为青岛历史建筑保留一份数字档案,为今后修缮保留一份数字化资料,在历史建筑的物质属性逐渐衰弱的必然规律下,通过信息技术实现建筑'永久保存、永续利用'的目标。"指导教师张峰表示。

(下略)

《光明日报》2021年8月17日

### 从"零基础"到工科学霸,这位上海大学少年追梦之旅再起航

他学习成绩优异、科研成绩突出;从上大园到清华园,他又将开启新的追梦之旅,他是上海大学计算机工程与科学学院的2017级计算机科学与技术专业本科生许智威。

2017年,许智威进入了上海大学求学。如果用一个词语来形容他的话,那就是"坚韧"。许智威从不将自己的能力框定在单一领域中,繁忙的学习之余,他还积极参与学校组织的各种活动。在大二分流时,许智威综合自身优势和兴趣爱好,选择进入计算机工程与科学学院。

本科期间,他积极投身于学术科研工作。从在本科生学术论坛斩获二等奖开始,他就展现出了对科研的巨大兴趣。功夫不负有心人,一步一个脚印地成长为他的后续发展打下了扎实的专业基础,也促使他有足够的信心去应对各种挑战。他参与到各类学科竞赛中,荣获美国大学生数学建模大赛特等奖提名奖(Finalist)、中国计算机设计大赛(人工智能类)国家二等奖、第二届"慧源共享"数据开放创新大赛一等奖等奖项。

在大学期间,除了专注学业以外,许智威也热衷于公益实践。他先后参加大大小小的志愿者活动10余项,并积极响应义务献血;他被评为上海大学优秀导生,多次向学弟学妹们分享自己的成长体会和学习经验。作为一名光荣的共产党员,他充分发挥党员的先锋模范作用,坚持全心全意为人民服务。

未来,许智威将前往清华大学软件学院继续攻读硕士研究生。他对上海大学充满不舍,"四年的本科生活,奠定了我未来的发展方向。忘不了图书馆奋战的日日夜夜,忘不了导师们的谆谆教诲。在上海大学的四年时光,是我一生最宝贵的财富之一。能成为万千上大校友中的一个,我倍感荣幸!"

"学习强国"2021年8月26日

### 百名巾帼共推思政百讲活动开讲

9月2日下午,"赓续红色血脉 争取更大光荣"——百名巾帼共推思政百讲活动在互联网企业爱库存举行首讲。中共市委党史研究室主任严爱云进行首场宣讲,通过线上同步直播,为爱库存企业员工及200万平台用户、广大市民群众上了一堂生动的党史课。市妇联党组书记、主席马列坚出席并致辞。

据了解,作为新一代社群电商,爱库存成立了平台妇联,为兼职的大学生、农村女性和全职宝妈提供了更广阔灵活的就业渠道。此次百名巾帼共推思政百讲活动是市妇联认真学习贯彻"七一"重要讲话精神,推动下半年党史学习教育、"四史"宣传教育深入开展的重点项目。市妇联组建了一支由中共市委党史研究室、中共市委党校、在沪高校马克思主义学院教授,各区党校、中小学思政教师等百名女性思政专家、学者组成的宣讲团,深入阐释"七一"重要讲话精神,深入理解百年党史,深入解读共产党人的精神谱系。

在当天举行的首场宣讲中,严爱云以"从百年党史中汲取奋进的力量"为主题,深入诠释了习近平总书记在"七一"讲话中,为中国共产党走过的百年征程划的四大篇章——浴血奋战、百折不挠的新民主主义革命时期;自力更生、发愤图强的社会主义革命和建设时期;解放思想、锐意进取的改革开放和社会主义现代化建设时期;自信自强、守正创新的中国特色社会主义新时代。严爱云结合上海地方党史和百年党史中的巾帼女英雄事

迹,讲述了中国共产党是如何走过这四个历史阶段的。

她强调:"上海是中国共产党的诞生地和中国工人阶级的大本营,在上海发生的很多历史事件都是党不断前进的缩影,中共一大、二大、四大都在上海召开,习总书记说'从石库门到天安门',在看似普通的房子里,中国共产党领导人民前进。"她还列举了革命"英雄夫妇"缪伯英和何孟雄的事迹,作为中国共产党第一个女党员,缪伯英走出书香门第,毅然决然奔赴革命,在1929年临终之际,仍因自己没有战死沙场而感到遗憾。而在社会主义革命和建设时期,今年的"七一勋章"获得者黄宝妹也成为为大家熟知的巾帼英雄,她的故事生动体现了工人阶级从被压迫到翻身做主人的蜕变历程。

记者了解到,百名巾帼共推思政百讲活动还邀请到中共上海市委党校副校长、上海行政学院副院长梅丽红教授,复旦大学历史系教授陈雁,上海大学马克思主义学院教授、教务部副部长顾晓英等宣讲团专家,走进机关、企业、农村、社区、学校、网络等,针对不同行业、不同领域、不同群体,紧贴群众的需求分别制订宣讲内容,既有杨浦滨江改造、浦东开发开放等与区情结合的内容,也有妇运史、妇女儿童发展等女性主题的内容,还有科学科研、乡村振兴等与行业发展相结合的内容。通过线上线下讲座、行走党课、情景党课、读书沙龙、案例教学等各种形式,为基层群众开展扎扎实实、生动鲜活、富有特色的宣讲活动,为广大党员干部、青年学子、妇女群众讲述党史中的优秀女性故事,讲述重大党史事件,彰显理论底蕴和女性特色。

活动现场,"赓续红色血脉 争取更大光荣"——百名巾帼共推思政百讲活动宣讲菜单发布。百讲课程视频将在学习强国上海平台、上海女性网站和微信公众号同步上线。
(臧莺 徐瑶君)

"学习强国"2021年9月6日

**欢迎加入我们的大家庭!上海大学举办2021年新进教师岗前培训班**

按照学校统一部署,为帮助新进教师尽快融入学校、适应岗位要求,聚焦教师队伍建设,2021年上海大学新进教师岗前培训班于9月1日至3日,在校本部图书馆报告厅举行。校党委书记成旦红、校党委副书记欧阳华、教师工作部部长曹为民、教务部副部长顾晓英、教师工作部常务副部长谢宝婷、组织人事部人事处副处长霍伟伟、教师工作部副部长孙琦琰出席培训班开班仪式。

本次培训由教师工作部和组织人事部人事处联合举办,共有262位新进教师参加。在总结以往经验的基础上,本次培训贯穿2021—2022学年,采取"集中培训+多形式轮训"的"3+1+X"培训模式(即:3天集中培训+1期网络培训+X次主题思想政治教育),培训内容包括政治理论学习、校情校史介绍、师德师风教育、实务政策解读、业务能力提升和主题思想政治教育六大模块,开班仪式由教师工作部部长曹为民主持。

(下略)

"东方网"2021年9月6日

**手慢就抢不到课!上海大学"中国系列"课程上新,新生:既有趣又心生钦佩**

"核心关键技术是要不来、买不来、讨不来的。必须牢牢掌握在自己手中!"9月6日晚上,上海大学"中国'芯'路"、微电子学院教授张建华和十多名团队教师为新生们带来"中国'芯'路"首讲,课程还将邀请院士和产业专家共同讲述我国集成电路产业自立自强的使命担当。这也是上海大学新学期"中国系列"思政课程的新课之一。

久负盛名的"中国系列"上新,吸引了来自各个专业的100名2021级新生济济一堂,还有不少同学因为手慢没有抢到课仍主动前来旁听。社区学院理工大类的新生雷妍说:"我曾经对集成电路一无所知,但这节课引起了我很大的兴趣和深深的敬意。我不仅了解了芯片技术和产业,更深受老师和科研工作者勇担使命、爱国敬业精神的感染。如今我身在科技强国的时代,什么是国家需要的专业,就是我的专业。"

电脑、手机、自动驾驶,悄悄改变了当下的生活,而他们的"大脑"都是集成电路芯片。昨天的第一课上,张建华在课堂中用深入浅出的语言,从身边触手可及的事例讲起,向同学们展示了集成电路的发展与现状,并与同学们频频互动,赢得了学生爆棚的掌声和笑声。

从既有趣又接地气的专业知识切入,同学们各个听得津津有味。张建华还通过"集成电路如何改变世界""产业发展与国际态势""国家重大部署与上海产业战略"和"上海大学集成电路发展战略"四部分内容开启了中国"芯"路的第一课。

沙子如何"变身"成芯片?集成电路芯片的"卡脖子"之痛在哪里?中国的芯片发展之路在世界芯片发展轨迹上留下了何种痕迹?在张建华的讲述中,中国"芯"路沐雨栉风70载的历史上,一代又一代科研工作者辛勤付出,不断追赶着世界领先的芯片制造,但今天中国的集成电路产业仍任重而道远,需要新一代青年继续砥砺前行。

钱伟长学院理科试验班的大一新生张婕说:"虽然我不是这个专业的学生,但这门课干货满满,让我有了很多收获。我基本了解了集成电路芯片技术,也对产业未来发展有了自己的思考。"

微电子专业的崔同学虽然没抢到这门课,但他依然主动来"蹭课","作为微电子学院的新生,这堂课让我深刻认识到了国家对于芯片的需求,以及这一领域发展的潜力,也使我更坚定了在这个专业深造的决心。希望不久的将来,我能为国产芯片制造发挥光和热,实现自己的人生价值"。

上海大学教务部副部长、上海高校思政课名师顾晓英告诉记者,今年,上海大学还有一门新课"百年上海"加入"中国系列"。该课程结合1843年上海开埠以来上海城市社会发展变革的历史,通过综合学习,使学生理解和掌握百年来上海城市发展的内在动因和社会嬗变的规律。培养学生的大历史观和多视角审视历史与现实的能力,引导学生主动解锁新时代人民城市发展的"精神密码",激发学生主动担当为国为民的使命感,使学生们传承信仰之光,坚定理想信念,赓续红色血脉。

顾晓英说:"最值得欣慰的是,现在大学里名师开讲蔚然成风。各个学院的院士、名师、学术大咖们都主动要求开课、讲课,希望通过更多的'中国系列'课程打破学科界限,吸引更多青年学生,培养担当大任的时代新人。"(储舒婷)

"文汇报"2021年9月7日

**以别样视角更深刻认知当代中国——上海大学思政课"光影中国"在线直播开学第一课**

昨天19时29分,一曲《黄河谣》在上海大学BJ楼107教室响起,大一新生韦彬婕与

100多位同学一起认真倾听。一曲终了,上大上海电影学院教授程波开始讲课,从《黄河谣》讲到《黄河绝恋》,把电影如何浪漫而现实地反映中国历史中的一段,娓娓道来。

这是上海大学思政选修课"光影中国"第一堂课的现场。如何通过电影中的空间、时间、人物、色彩、声音、场景等元素,来反映"光影"中的"中国"发展历程?上海大学尝试走出第一步。与以往不同的是,这堂特别思政课同步在线直播,覆盖全国高校党史类课程联盟高校。线上线下如何更好地放大声量,入耳入心?

**走进镜头中的故事**

"山川在中国古代国家演进中人文价值取向的变化,对于认识中国古代国家的形成发展,具有一定的象征意义,是不可忽视的地理标志、政治标志和文化标志。"课上,程波介绍了有青藏高原、黄土高原、云贵高原身影的电影,让大家从山川这个文化象征符号中认识中国文化的传承,看到影像语言中的民族气质。作为专业电影艺术研究者,他带着全场师生多次走进镜头中的故事,带着大家感知与体验。

台下,金融系大三学生潘文宇若有所思。他印象最深的是程老师总结的一段:电影的历史与中国的历史有着密切的联系,电影这种载体作为一种综合艺术能够更好地把众多艺术形式以光影的效果呈现出来,可以让人从很多的角度理解现实、人生和历史。

据了解,作为上海大学"一院一大课"之第十五门、红色传承系列之四——"光影中国",共分为山川中国、城乡中国、中国时刻、中国脊梁、日常中国、传唱中国、中国根脉等十讲。程波、刘海波、张斌、徐文明和齐伟等五位老师,每人负责两讲。

"我们五个都是党员,同一个党支部。"张斌说,这让他们在教学实践背后,更添一份责任感。"光影中国"希望给学生开启一段激动人心的银幕之旅,帮助学生以别样视角更深刻地走进历史,走进现实,认知当代中国。

**传播更远受众更广**

据了解,"光影中国"课程从去年起开始初步探索,此前已有现场录制版本和"棚拍"版本,均已放入在线授课网络。此次是这一课程首次在线直播,以公开课形式,让包括井冈山大学、延安大学、嘉兴学院、西安交通大学、湖南大学等在内的九所全国高校党史类课程联盟成员的学生在云端上课。

"希望像'光影中国'这样,有'颜值'的思政课,传播更远,受众更广。"上海大学教务部副部长顾晓英说。她口中的"颜值",指的是当思政课与专业课碰撞时产生的闪亮火花。"电影是时代的载体,很多人爱看电影,我们就带着更多学生来看得更深,更远。"

据了解,虽然在直播过程中,不在上大教室的学生无法与老师面对面互动,但在在线系统中,学生反馈可以第一时间到达老师,老师留下问题后,在接下来的课程中可与多方展开交流。由此,多校师生在云端结成了更及时更鲜活的党史教学联合体。(彭德倩)

《解放日报》2021年9月9日

# 三星堆再上新惊世文物

9月9日,四川省文物考古研究院对外公布三星堆遗址考古发掘阶段性成果。继半年前新出土、修复的古蜀国神秘文物震惊世人之后,三星堆遗址又出土500多件文物,包括完整金面具、前所未见的青铜"神坛"、神树纹玉琮等国宝。

目前,3号"祭祀坑"发掘已近尾声,4号"祭祀坑"发掘已经结束,5号、6号"祭祀坑"因面积较小、深度较浅,将被提取到实验室"解剖",7号、8号"祭祀坑"刚刚到文物层,大中型青铜器、象牙、玉石器等铺满了整个"祭祀坑",犬牙交错、层层叠叠,令人叹为观止。

最新出土的文物再一次证明了中国古人的想象力、创造力和创新精神远超我们的想象。

通过此次发掘,专家们基本明确了三星堆遗址祭祀区的空间结构,深化了对三星堆遗址整体聚落结构的认识。该区域除已经发现的8座"祭祀坑"外,还分布有大型沟槽式建筑、小型圆形坑、矩形沟槽等与祭祀活动密切相关的遗存,明确为三星堆遗址的祭祀区。

**1. 发现目前最完整的金面具**

目前,3号"祭祀坑"填土堆积出土各类器物残件和标本共729件。较完整器物共478件(组),残件141件。其中,较完整器物包括铜器293件、玉器45件、象牙100根、金器7件、骨雕2件、石器2件、海贝26件(组)以及材质不明器3件。

在3号"祭祀坑"新出土的文物中,一张薄如蝶翼的金面具引人注目。金面具宽37.2厘米、高16.5厘米,重约100克,眉眼镂空,两耳轮廓圆润,鼻梁高挺,嘴形大而微张,造型威严神圣,是目前三星堆考古发掘中出土最完整的一件金面具。

"我们推测这件金面具是覆盖在青铜人头像面部的一部分,而不是一件独立使用的器物。"四川省文物考古研究院三星堆考古研究所所长冉宏林介绍,金面具的面部特征与三星堆此前出土的青铜人头像形象一致,尺寸也接近青铜人头像。

今年1月,三星堆曾出土重约286克的金面具残件,虽然只有"半张脸",但它仍保持着三星堆出土最重金面具的纪录。考古人员透露,三星堆遗址中还出土了另外两件待修复的金面具,随着后续工作开展,三星堆还将有更多"金色"奇迹。

"3号'祭祀坑'出土的铜顶尊跪坐人像,由上半部分铜尊与下半部分人像组合而成。"冉宏林说,坑内的铜祭坛、神树纹玉琮等器物,题材独特、细节丰富,均前所未见,是古蜀人精神世界的物质体现,为进行相关研究提供了重要素材。

3号"祭祀坑"相关的植物、动物考古分析正由上海大学、成都文物考古研究院等单位有条不紊开展。四川省文物考古研究院也在3号"祭祀坑"青铜大面具等器物上发现了纺织品残留。

截至目前,考古工作者已清理3号"祭祀坑"青铜器68件、象牙32根、金器1件、玉器3件,采集样品721份。

随着3号"祭祀坑"发掘工作进入收尾阶段,坑内堆积由晚到早的形成顺序也渐渐揭开,分别是:填土层、坑北部灰烬层、象牙层、象牙及人工制品混合层。填土层可分为3大层,大体呈水平状分布,未见明显倾倒方向。象牙层、象牙及人工制品混合层则遍布整坑。

下一步,考古学家将从三个方面推进3号"祭祀坑"的研究工作:第一,完成剩余埋藏器物的提取,理清北部灰烬堆积与其他器物的关系;第二,对坑底、坑壁进行精细发掘,为复原祭祀坑形成过程提供依据;第三,全面开启发掘材料的整理工作与报告、图录编撰工作。

**2. 发现前所未见的铜人像**

目前,4号"祭祀坑"遗物已全部提取完毕,共出土完整器79件、残件1 073件。完整器包括玉器9件,均来自埋藏堆积,有琮2件、瑗1件、凿4件、璧1件、锛1件;铜器21件;象牙47根,均来自埋藏堆积,陶器2件,均出土于灰烬层,且均为尖底盏。

4号"祭祀坑"出土了3件铜扭头跪坐人像,人像大小、造型一致,似同属一件铜器。人像呈跪坐姿态,身体略向左前方倾斜,头微颔并扭向身体右侧,双手呈半"合十"状平举于身体左前方,两膝贴地,双脚前脚掌着地,后脚掌抬起。人像身体重心在左肩与双手手掌之间卡槽的位置,表现出强烈的负重感。

"人像从造型、纹饰等方面来说都是三星堆考古全新的发现,为研究三星堆的青铜铸造技术及艺术、宗教信仰与社会体系、与周边地区的文化交流提供了材料。"冉宏林说。

至于4号"祭祀坑"的年代问题,其碳十四年代研究由四川省文物考古研究院与国家文物局考古研究中心、北京大学考古文博学院考古年代学联合实验室联合开展。目前共得到6个碳十四年代数据,并对年代分布区间进行初步判定。4号"祭祀坑"年代最有可能在距今3 148年至2 966年的范围之内,属商代晚期。

考古人员还在4号"祭祀坑"灰烬层一件青铜器旁发现了麻线的堆积,经科学分析,判定为平纹组织结构的丝绸残留物。这是第一次在新一轮祭祀坑考古发掘中发现有丝绸残留物。

四川省文物考古研究院与上海大学对4号"祭祀坑"灰烬堆积进行了植硅体样品分析。根据对32个样品的观察、分析、鉴定,植硅体含量在连续剖面的样品中没有呈现在不同深度有规律的变化,灰烬层中包含的植物遗存以竹亚科为主,还发现有少量的芦苇、画眉草亚科、莎草科、棕榈科及部分难以鉴定到科、属、种的阔叶木本植物。

此外,西北大学在4号"祭祀坑"发掘现场提取了大量陶器残留物样品;中国科技大学也进行了采样,相关的残留物检测分析研究正在有序展开;北京联合大学对坑壁进行了磁化率检测,并在灰烬层和坑底提取烧成温度检测样品;成都理工大学对填土及坑底生土土样微结构进行研究;四川大学进行的微生物分析研究也已经在有条不紊地进行中。

截至目前,共清理4号"祭祀坑"出土的青铜器5件、象牙24根、金器1件、玉器4件,采集样品832份,送检715份,送检样品包括有机残留物分析209份、成分检测50份、碳十四测年35份、土壤磁化率212份、微生物126份、鉴定成分21份。

作为本阶段最早结束发掘的田野考古单位,未来,4号"祭祀坑"所在的一号工作舱将用于南方潮湿环境出土文物前期保护研究实验平台,并为后期成果展示和现场土遗址对比研究做准备。此外,进入室内的资料整理阶段后,发掘报告和多学科研究报告将陆续出版。

**3. 典型文物琳琅满目**

让考古学家欣喜不已的是,除了3号"祭祀坑"和4号"祭祀坑"的工作大有发现外,5号至8号"祭祀坑"也出土了大量文物。

5号"祭祀坑"目前已经做好了将坑内堆积提取回实验室的准备工作,预计在9月底完成野外清理工作,转入实验室开展精细清理。截至目前,五号坑共清理出土近似完整的金器19件、玉器2件、铜器2件,另有牙雕残片等近300件,较为典型的有金面具、鸟形金饰、橄榄形玉器、圆形金箔、玉珠和云雷纹牙雕等。

6号"祭祀坑"已于7月19日结束野外发掘工作,坑内"木箱"及西侧木器已经整体提取回实验室,由社科院考古所实验室考古中心负责开展室内发掘。截至目前,6号"祭祀坑"只出土包括"木箱"在内的两件木器以及玉刀1件,不过"木箱"之内尚未清理,故是否还有更多文物出土尚需后续明确。

7号"祭祀坑"已经清理完填土堆积,暴露出埋藏堆积,包括最上层的象牙以及其下的其他材质文物,象牙数量预计将近200根,能确认的文物包括玉石戈、璋、瑗以及铜人头像、有领璧、龟背形挂饰等,目前正在开展象牙提取工作,预计于10月份提取完全部象牙并开始提取埋藏文物。七号"祭祀坑"目前出土近似完整的铜器1件、金器3件、玉器5件,提取象牙80根(含残断象牙),典型文物包括带黑彩铜人头像、鱼形金箔片等。

8号"祭祀坑"已经清理完填土堆积、灰烬堆积,暴露出象牙和象牙之下的埋藏文物,象牙数量预计将近200根,能确认的文物包括铜人头像、铜面具、铜尊、铜方罍、铜神坛、铜神兽、铜顶尊人像、玉璋、玉戈、玉有领璧、石磬等,目前正在开展象牙提取工作,预计将于10月份提取完全部象牙并开始提取埋藏文物。目前提取的近似完整器包括铜器54件、金器349件、玉器199件、石器34件,提取象牙66根(含残断象牙),典型文物包括小型铜凸目鸟身人像、金面具、玉璋、石磬等。

惊世文物纷纷出土的同时,四川省更是高度重视三星堆遗址的保护。日前,《四川省三星堆遗址保护条例》已正式施行,三星堆遗址的保护管理将坚持保护为主、抢救第一、合理利用、加强管理的方针,坚持文物本体保护与周边环境保护并重,统筹协调遗址保护与当地经济社会发展、民生改善的关系。

"我们高度重视遗址的修复和保护工作,相信在不久的将来,公众就能在博物馆里见到这些令人惊叹的文物,感受三星堆文化的魅力。"冉宏林说。

《光明日报》2021年9月10日

**文物数量多、制作精、造型奇　三星堆遗址考古发掘成果丰富**

9月9日,"考古中国"重大项目——三星堆遗址考古发掘阶段性成果新闻通气会在三星堆博物馆举行,向公众公布了三星堆遗址祭祀区阶段性重要考古成果。

今年3月,三星堆新发现的6座"祭祀坑"揭开神秘面纱,引起广泛关注。时隔5个多月,6座"祭祀坑"的考古发掘又有了重要进展。在已经发掘结束的4号坑、基本清理结束的3号坑和暴露出埋藏文物的7号、8号坑,发现了体形巨大的青铜祭坛、神兽、完整的金面具、刻有神树纹的玉琮以及形似餐刀的玉刀、"撞脸"奥特曼的青铜人像等文物。新发现文物数量之丰、制作之精、造型之奇,让人叹为观止。

**铜人像等器物前所未见**

据介绍,3号坑出土各类器物残件和标本共729件,其中较完整遗物478件(组),主要有铜器、玉器、象牙、金器、海贝等。3号坑出土的铜顶尊跪坐人像,由上半部分铜尊与下半部分人像组合而成。铜顶坛人像、神树纹玉琮等器物,题材独特、细节丰富,均前所未见,为相关研究提供了重要素材。

4号坑遗物已全部提取完毕,共出土完整器79件、残件1 073件。完整器包括玉器、铜器、象牙、陶器等。4号坑出土3件铜扭头跪坐人像,大小、造型一致,似同属一件铜器。人像呈跪坐姿态,身体略向左前方倾斜,头微颔并扭向身体右侧,双手呈半合十状平举于身体左前方,两膝贴地,双脚前脚掌着地,后脚掌抬起。人像身体重心在左肩与双手手掌之间卡槽的位置,表现出明显的负重感。四川省文物考古研究院院长唐飞说,这3件人像从造型、纹饰等方面来看都是三星堆考古全新的发现,为研究三星堆青铜铸造技术及艺术、宗教信仰与社会体系、三星堆与周边地区的文化交流提供了新材料。

经过碳十四年代研究,可判断4号坑埋藏年代大概在距今3 148—2 966年,属商代晚期。3号坑与2号坑同属一组,年代与2号坑非常接近,大致为晚商时期(约当殷墟二期)。

在考古发掘的同时,多学科研究与文物保护稳步开展。考古人员在3号坑青铜大面具等器物上发现了纺织品残留。在4号坑灰烬层一件青铜器旁发现了一缕一缕有序排列的麻线,但这麻线并不存在经纬组织结构。考古人员随后对其他土样做了进一步的显微观察,发现了具有明显经纬组织结构的纺织物。结合酶联免疫分析结果,判定其为平纹组织结构的丝绸残留物。这是三星堆新一轮考古发掘中首次发现丝绸残留物。

**发现最大完整金面具**

继三星堆5号坑发现体量巨大的金面具后,3号坑再度发现金面具。

3号坑坑长、上海大学徐斐宏介绍,这件金面具是今年端午节时发现的。"当时我们提取一件青铜罍残片后,发现下面隐现金色,这意味着下面应该有金器。"随着清理工作的持续,揉得皱巴巴的金面具露出泥土。金面具展开复原后,宽约40厘米,高约27厘米,是目前三星堆发现的完整金面具中体形最大的一件。

早在1986年,三星堆出土的金杖、戴金面罩人头像等文物就反映出独特的用金习俗。祭祀区新一轮考古发掘开启以来,金器频频出现。3号坑出土了十多件金器,5号坑发现了金面具和散落满地的金箔片,8号坑也发现了360多件金箔器。它们被做成鱼形等不同形状,上有穿孔,可以挂在神树上作为装饰;有的可以贴在容器或宗教器物表面;有的还錾刻了精美的云纹或勾云形纹饰。

8号坑也发现一件残缺的金面具。"结合三星堆曾经出土的戴金面具人头像来看,这些金面具应该同样是覆盖在青铜头像上作装饰之用的。"徐斐宏说。

**8座坑可分为两类**

三星堆考古研究所所长、三星堆遗址考古发掘执行领队冉宏林认为,根据目前的发掘情况来看,8座坑大致可以分为两类,这两类坑呈现出几个方面的明显不同。

"首先是年代和层位关系不同,6号、7号坑存在明显的打破关系——6号坑打破了7号坑,说明6号坑出现的时间比7号坑晚。其次是形制特征和尺寸不同,5号、6号坑的面积都比较小,不超过5平方米,深度为1米左右;其余6座坑则超过8平方米,深度在1.6米左右,有的甚至可以达到2米。"

8座坑的出土文物也存在一些不同。冉宏林说,5号坑除了大黄金面具之外,主要是细碎的金器、玉石器、青铜器、象牙雕等;6号坑中除了木匣和玉刀等少数几件文物,暂时没有更多器物发现。"其余6座坑则充分展示了古蜀国的富丽繁华:完整的象牙、大型的各类青铜器以及金器、玉器等层层叠叠、密密麻麻……"

这两类坑的文物埋藏方式也有所不同。一类像是有意识地、虔诚地摆放进去,比如6号坑中与坑同长的木匣,摆放得很规整;但另一类坑中的器物,更像是直接抛进去或倾倒进去的。

冉宏林说,5号、6号坑整体来看似乎年代较晚,另外6座坑则可能是同一时间形成。"我们在不同的坑中多次发现了可能属于同一件器物的不同部位。"8号坑的青铜神兽颈部缠绕了一圈铜丝,3号坑中造型奇特的铜顶坛人像下方底座也缠绕着一根相似的铜丝,目前三星堆出土文物中只在这两件器物上见到了这样的铜丝。此外,3号坑新提取出的一件青铜神树,也与1986年发现的2号神树树枝形状一致,且长度一致。

《人民日报(海外版)》2021年9月14日

### 上海大学2021级新生第一课!

9月17日下午,上海大学2021级新生齐聚宝山校区图书馆报告厅,同上"新生第一课"。本次活动同时通过央视频、上海大学官方微信视频号、官方抖音账号和"哔哩哔哩"上海大学官方账号等线上平台直播,并作为校党委理论学习中心组的选学内容之一。

上海大学党委书记成旦红追溯了学校的红色校史,概述了新时代上海大学改革创新历程,希望大家"赓续红色基因,接续百年奋斗",做胸怀家国、自强卓越的优秀上大人。"新生第一课"由上海大学党委副书记、副校长龚思怡主持。

#### 救国图强的红色学府

回溯历史,上海大学的成立与中国共产党的发展息息相关,与国家和民族的命运紧密相连。成旦红书记以"一份章程""两份名录""三封书信"为关键词,为新生们分享了上大人的红色基因和奋斗精神。

"一份章程"即"上海大学章程";"两份名录"即老上海大学教师名录和学生名录;"三封书信"即三封上大革命烈士的红色书信。"回顾历史,上大师生在救国图强的家国使命中锻造了爱国担当的上大品格。"成旦红书记指出,从远近闻名的"弄堂大学"到薪火相传的红色学府,上海大学成为传播马克思主义、传播先进文化知识的重要阵地,培育了大批革命干部,造就了不少文化精英。"文有上大,武有黄埔""北有五四时期之北大,南有五卅时期之上大"的美誉声名远扬。章程、名录和书信将上海大学的故事娓娓道来,先辈们身上的红色基因和奋斗精神激励着每一位新生奋发图强,做与时代同行、与祖国共进的上大人。

#### 勇立潮头的一流大学

成旦红书记用三个网络热搜重温了上海大学改革路上的光辉历程。他首先带领同学们缅怀老校长钱伟长先生的生平事迹和卓越贡献,阐述钱伟长教育思想的内涵,希望同学们感悟钱伟长先生"功成不必在我"的精神境界,和"功成必定有我"的历史担当,体会上海大学的校训和校风。回顾了新上海大学合并组建27年来的发展历程以及取得的成就,成书记还与新生们分享了上大"三星堆"考古团队等青年师生的故事,勉励同学们不断追求卓越,自强不息,勇担时代使命。

#### 堪当大任的时代新人

"未来属于青年,希望寄予青年。""新时代的中国青年要以实现中华民族伟大复兴为己任,增强做中国人的志气、骨气、底气,不负时代,不负韶华,不负党和人民的殷切期望!"课堂上,成旦红书记用习近平总书记的讲话与全体新生共勉,并向新生提出了三点希望:

一是昂扬接续奋斗的志气,做志存高远的追梦人。成书记以上海大学上海电影学院2021届硕士生华旻磊、环境与化学工程学院2019届本科生贺宽,以及计算机工程与科学学院2019级本科生袁小松等为代表,讲述了上大学子把青春和热血融入祖国事业,与时代同步伐、与人民共命运的故事。成书记勉励新生:上大学子们应志存高远,不懈奋斗,用实践证明当代青年是堪当大任的。

二是锻造百折不挠的骨气,做矢志不渝的奋斗者。成书记分享了凭着百折不挠的骨气,实现自己科研梦的博士毕业生时培建的故事。从遭遇瓶颈到迎难而上,再到实现突破,时培建在导师钟云波教授的带领下,攻关国家重大战略需求中的关键技术,研究成果先后在 *Nature Communications*、*Science* 等顶级期刊上发表。成书记勉励新同学们要把青春奋斗融入党和人民事业,在未来的学习和科研过程中迎难而上,勇攀科研高峰。

三是增强干事创业的底气,做脚踏实地的实干家。成书记以热衷仿生机器人的90后校友王兴兴为例,讲述了新时代上大青年在学本领、干实事中担当民族复兴大任的故事。他勉励新生们:在热爱的领域里有所建树、在时代的浪潮中乘风破浪、将奋斗的青春融入祖国的大好河山。

本次学习会也是校党委理论中心组的选学内容之一。学习会采用了线上直播方式,全校各二级党组织中心组成员,中层干部,教工党支部、学生党支部书记代表,辅导员代表等以线上参会的形式参加了学习。

2021级新生第一课在热烈的掌声中落下帷幕。

回望百年党史、回望红色学府、回望上海大学的发展与建设,从抛头颅、洒热血的革命烈士,到忘我投入现代化建设的一支支青年突击队,再到新时期中国特色社会主义建设路上挥洒汗水的广大青年……青年有信仰,国家有力量,民族有希望。站在新的历史起点,希望全体新生"赓续红色基因,接续百年奋斗",在晨曦中赶路、在攀登中超越,在践行上海城市品格中不断书写上大特质,成长为胸怀家国、自强卓越的优秀上大人,在建设上海、服务国家、振兴民族的过程中绘制壮丽的青春图景。

"央视频"2021年9月17日

**上海大学依托课程思政育人体系推进党史学习教育**

习近平总书记在党史学习教育动员大会上指出,抓好青少年学习教育,让红色基因、革命薪火代代传承。

在开展党史学习教育中,学校持续积极探索,将党史学习教育融入课堂,着力筑牢育人"主阵地",推动党史学习教育方法鲜活有力、成果落地见效。

"大国方略""开天辟地"都是学校思政课教师和专业课教师联合建设的品牌课程。学校持续打造"光影中国"等"中国系列"课程,让党史学习教育有"颜值",更有"言值"。近期,对接国家战略、融入党史元素的"中国'芯'路"课程首讲,探索以更宽视野、更大格局讲好中国故事。

学校发挥"领航校""领航院"作用,推动课程建设"提升能级"。推进"理解中国社会""中西文化比较"等58门"党史学习教育与课程相融合"首批示范课程建设项目,壮大"第一课堂"学党史、讲党史的力量。

2021年3月15日,上海大学召开"学习习近平总书记全国'两会'期间关于思政课重要讲话精神"座谈会,围绕构建"大思政课",推动党史融入思政课,融入课程思政展开研讨。

2021年4月27日,校长刘昌胜走进钱伟长学院本科生课堂,讲授"中国近现代史纲要"。

手慢就抢不到课!近日,对接国家战略、融入党史元素的"中国'芯'路"课程首讲。新生:既有趣又心生钦佩。

以别样视角更深刻认知当代中国——上海大学思政课"光影中国"在线直播开学第一课。

上海大学联合井冈山大学、延安大学等九所高校成立党史类课程联盟,携手推进红色基因融入教书育人全过程。

将党的红色精神谱系融入大中小学思政课一体化建设中,实现红色精神育人的全过程贯穿。

上海大学微电子学院"党史百年·科技故事我来讲"活动走进上海大学附属小学,讲述党员科学家、院士如何攻克"卡脖子"技术难题的感人故事。

上海大学马克思主义学院与甘泉路街道一同推动青年理论宣讲"进片区""进校""进楼宇"。

2021年9月17日,上海大学党委书记成旦红为2021级新生讲授第一课。

"新时代的中国青年要以实现中华民族伟大复兴为己任,增强做中国人的志气、骨气、底气,不负时代,不负韶华,不负党和人民的殷切期望!"

课堂上,成旦红书记用习近平总书记的讲话与全体新生共勉,并向新生提出了三点希望。一是昂扬接续奋斗的志气,做志存高远的追梦人。二是锻造百折不挠的骨气,做矢志不渝的奋斗者。三是增强干事创业的底气,做脚踏实地的实干家。

本次新生第一课,也是校党委理论中心组的选学内容之一。学习会采用了线上直播方式,全校各二级党组织中心组成员,中层干部,教工党支部、学生党支部书记代表,辅导员代表等以线上参会的形式参加了学习。(上海大学)

"学习强国"2021年9月18日

**龙门石窟国宝级文物首次在沪集中亮相,上海大学与河南省文物局首个项目落地**

龙门石窟不仅是中华历史文化的瑰宝、石刻艺术和书法艺术的宝库,也是著名的世界文化遗产。9月18日,上海大学博物馆迎来一场备受业界关注的展览——"铭心妙相:龙门石窟艺术对话特展"在此展出,这是龙门石窟国宝级文物首次在上海集中亮相。

展览由上海大学和河南省文物局主办,上海大学博物馆和龙门石窟研究院承办,也是上海大学与河南省文物局在文博领域战略合作框架下的首个成果。

**传统与当代的一次跨时空对话**

世界文化遗产龙门石窟位于洛阳南郊,现存窟龛2 300余座、造像近11万尊、碑刻题记2 800多块、佛塔70余座,是迄今为止世界上佛教造像最多的石刻艺术宝库之一,也是北魏晚期至唐代期间最具规模和最为优秀的佛教造型艺术,以"龙门二十品"为代表的魏碑是中华书法之瑰宝。

展览现场,除了北魏书法、唐代造像,还有现代绘画和装置艺术。27件龙门石窟研究院特藏文物和9位艺术家何成瑶、黄渊青、韩子健、罗小戊、任天进、宋钢、翁纪军、尹朝阳、张健君带来的16件当代艺术作品,通过对话的方式架起了传统与当代的桥梁,带来了一场别开生面的艺术盛宴。

"龙门石窟的文物,是历史文明的见证者,是古代美学的珍贵遗存,也是后世艺术的灵感之源,形神气韵滋养了不少优秀当代艺术作品。"策展人李明斌、马琳告诉记者,展览以专业性、艺术性为基础,以创意的策展理念重新诠释传统艺术。"当代艺术家与传统文化在此上演一场别具一格的深度对话,呈现艺术从传统到现代的传承与创新。希望以'对话'架起展览骨架,让历史与现代在展览空间中交织呼应,让艺术与文明的对话在此刻发生。"

**启动数字考古工作,传承守护千年国宝**

2021年是中国考古学诞生100周年,以龙门石窟为代表的石窟寺文物宝藏能延续千年,离不开世世代代的传承与守护。

龙门石窟研究院自成立以来,对龙门石窟的发掘、保护和研究从未停止。最近,龙门石窟研究院启动了对龙门石窟最早的洞窟古阳洞的数字考古工作。活动现场,视频连线了龙门石窟古阳洞数字考古现场,并举行了兼职教授聘任仪式。龙门石窟研究院院长史家珍获聘上海大学文学院兼职教授。

河南省文物局局长田凯表示,近一段时间以来龙门石窟研究院采取的一系列保护利用与公众传播工作引起了社会的广泛关注。"这次在上海大学推出的特展也是一个具有创新性和开拓性的展览,古代文物与当代艺术交相辉映,是河南省文物局与上海大学开展的一系列合作的良好开端,之后双方将在考古发掘、研究阐释等文博事业发展领域持续互动合作。"

**上海大学考古与文博学科及博物馆发展取得显著进步**

此次展览也是上海大学与河南省文物局首个合作项目的落地。

近年来,上海大学考古与文博学科及博物馆发展在短时间内已取得重大进步,文物与博物馆专业有大量优秀师资加盟,学科体系健全且发展均衡。当前,上海大学博物馆馆藏体系、专业力量、展览品牌、教育传播等方面均已呈现特色鲜明的发展之势,走在了国内高校的前列。

自2019年起,上海大学接连开设文物与博物馆学硕士专业、考古学本科专业,与北京大学、四川大学等高校共同参与了三星堆新发现祭祀坑的考古发掘与文物保护工作,在中国考古界的地位和影响显著提升。

上海大学校长刘昌胜表示,龙门石窟进入上海大学,为全校师生更好地认识博大精深的中华文明,提供了一个非常好的机会;上海大学进一步深化与河南考古文博领域的合作,坚守"以文化人、以文育人"的初心,将传统文化精髓与立德树人之根本紧密结合,不断增进文化自觉与文化自信,为培育和造就全面发展的时代新人筑基铸魂,为弘扬中华优秀传统文化做出积极贡献。

值得一提的是，展览特别展出海外回归的龙门流失文物，展现一代文博人的追索和努力。上海大学文博专硕实习学生及美术、艺术管理、传播等跨专业跨学科学生参与策展全过程，对于理解"新文科"教育有着深刻意义。

"上观新闻"2021年9月19日

### 黄宏嘉院士逝世

中国共产党党员，中国科学院院士，著名微波电子学家和光纤专家，上海大学教授、名誉校长黄宏嘉同志因病医治无效，于2021年9月22日在上海逝世，享年97岁。

黄宏嘉，1924年8月出生于北京，1944年毕业于国立西南联合大学，1944年至1945年应征入伍中国远征军，1946年至1948年先后在北京大学、上海交通大学任教，1948年至1949年就读于美国密西根大学，获硕士学位。自1949年起，先后在北方交通大学、中国科学院、上海大学工作。1956年1月加入中国共产党。1980年当选为中国科学院学部委员（院士）。

黄宏嘉长期致力于微波与光纤的理论与技术研究，发展了耦合波理论，提出了"超模式"概念，将微波与光纤传输的模式耦合建立在理想模式、本地模式和超模式的完整理论体系上。他研制成功我国第一根单模光纤，创新发明了宽带光纤"黄氏波片"。曾获全国科学大会重大科研成果奖"突出贡献奖（个人奖）"，国家自然科学奖二等奖，国家科技进步奖二等奖，香港何梁何利科技进步奖等。

《光明日报》2021年9月25日

### 外国女孩创作《新中国之歌》引发国内外热烈反响

中国国歌是怎样来的？为何会在全世界传唱？最近，土库曼斯坦女孩克丽丝围绕这一话题创作的短片《新中国之歌》火了。该片采取定格动画的形式，以外国人的视角讲述了一段连中国人都不太熟悉的历史，回顾了《义勇军进行曲》诞生前后以及传唱到全世界的幕后故事。

据了解，这部作品是2021年度"看中国·外国青年影像计划·上海行"的成果之一。该活动由北京师范大学中国文化国际传播研究院、会林文化基金主办，上海大学上海温哥华电影学院与上海大学新闻传播学院联合承办。活动中，来自韩国、墨西哥等国的8位外方青年导演，在17天的时间内，以"家庭、家园、家国"为主题，在中方志愿者一对一协助下潜心创作，完成了8部纪录短片。

这个国歌的选题最初由活动的外方指导老师奥黛·阿瓦迪亚提出。她已经在中国生活了近十年，一次参观博物馆时被《义勇军进行曲》诞生的故事深深吸引，便将这个想法告诉了所指导的学生——来自上海大学新闻传播学院的外国青年导演克丽丝及中方制片人田洪敏。两人立刻投入到创作中，精心筹备，反复构思，多处走访，搜集了十余万字文字资料，修复了几千张图片。克丽丝表示："在拍摄过程中，我对中国历史有了更充分的认识。对外国人来说，我算是'半个'历史专家了。"

短片不仅讲述了中国国歌诞生的过程，还讲述了这首歌曲从中国走向世界的故事。

在爱国人士刘良模等人的努力下,《义勇军进行曲》在世界各地传播。美国政治活动家、著名歌手保罗·罗伯逊在一场露天音乐会上用汉语演唱了这首歌曲。他还为这首歌曲制作了英文版专辑《Chee-Lai Songs of New China》,专辑中"Chee-Lai"就是"起来"的音译。专辑在海外颇受好评,"Chee-Lai"在世界反法西斯战场上被广泛传唱。

该片深厚的历史底蕴和真挚的情感表达赢得了业界专家点赞。国家广播电视总局发展研究中心国际所副所长朱新梅指出,这部短片挖掘了一段不为人知的中国国歌国际传播故事,展示了第二次世界大战期间,中美两国民间友好交往,为世界和平作出的巨大贡献。这样的短片得以广泛传播,将对构建人类命运共同体起到积极的推动作用。"看中国·外国青年影像计划"组委会委员、上海温哥华电影学院执行院长蒋为民表示,《新中国之歌》全片以定格动画技术的独特呈现方式,重构了静态文献资料,重现了这首著名歌曲在当年电影中、在中华大地上,以及流传到美国之后的不同演唱版本,音乐与画面、历史与现实、清新与厚重,交织汇成一曲激荡人心的旋律。

影片新颖活泼的形式和内容也获得了网友尤其是青年群体的关注。中国人民大学新闻学院博士李政评价道,在那个硝烟弥漫的年代,充满勇气和斗志的《义勇军进行曲》曾唤醒了无数国人的希望。这部短片在网络上广泛传播,也能让更多年轻人了解中国国歌背后蕴含的精神力量。加拿大网友安德鲁则认为,短片用颇具创意的方式为外国观众提供了一个了解中国历史的新角度,既有趣又生动。中国网友"鸽和鱼"则在评论中写道:"听到短片里的电影原声,看到外国友人唱起《义勇军进行曲》,激情瞬间点燃了。这真是刻在基因里的旋律。"(李蕾)

《光明日报》2021年9月29日

**参观"铭心妙相"龙门石窟艺术对话特展,在传统与现代中感悟创新表达 "创新中国"把课堂搬进上大博物馆**

国家一级文物唐代佛立像、菩萨头像、力士像,与敦煌飞天迥异的飞天雕像……近日,备受期待的"铭心妙相"龙门石窟艺术对话特展在上海大学博物馆展出。这是世界文化遗产龙门石窟的国宝级文物在沪首次集中亮相,特展背后也有着别样匠心。

"为打破博物馆文物展览'千馆一面',我们想做一些探索和创新。"策展团队成员之一,上海大学博物馆副馆长马琳介绍,上海大学文博专硕实习学生及美术、艺术管理、传播等跨专业跨学科学生参与策展全过程,对于理解"新文科"教育有着深刻意义。

据了解,展览由上海大学和河南省文物局主办、上海大学博物馆和龙门石窟研究院承办,作为主办双方在文博领域战略合作框架下的首个工作成果,特展由27件龙门石窟研究院特藏和9位艺术家的16件当代艺术作品共同组成。

涵盖无价国宝与当代艺术的古今同室同展,策展理念先行,灯光等"技术性问题"随之而来。最终,策展团队决定,既然是对话特展,便不应异室而列,就是要有所"碰撞",在调试合适灯光照明的同时,文物展示以蓝色为背景,当代艺术作品则以白色为底色,交错陈列。

开在大学里的文物大展,还能做一些什么?马琳觉得,基于大学的教育功能,承载着历史底蕴艺术之美的艺术殿堂,可以成为更多学子的"站着的课堂"。

材料学院的教授带着学生来上"现场课",展览中通过3D打印的方式完整清晰复制龙门"特殊洞窟"的技术,让学生们激动不已,他们已经开始讨论,能不能下次把他们的材料学科与文物修复及保护结合起来。

9月27日傍晚,上海大学"创新中国"课程把教室"搬进"了上大博物馆。50多名学生相约参观"铭心妙相"龙门石窟艺术对话特展,了解中国古代政治、经济、宗教以及中西交融中的艺术变迁;感悟传统与现代的对话中,多种艺术作品对人生、对时间、对空间等的创新表达。

"妙相"唤起灵魂共鸣,自然"铭心"难忘。学生们驻足于艺术品前久久不愿离开。顾心彤同学在给顾晓英教授的课后作业中写道:参观之前曾疑惑,文物展出跟创新有什么关系呢?看到古朴雅致的龙门石雕和奇异张扬的现代艺术作品陈列在一起,听老师述说挑选每一件展品的用意后,才能体悟,创新正是艺术传承的关键。(彭德倩)

《解放日报》2021年10月3日

### 精海逐浪　驰骋海洋——上海大学无人艇教师团队的故事

他们,用锲而不舍、不畏艰难的精卫填海精神,打造出精确执行海上任务的无人艇;他们,用"服务国家海洋战略,我们义不容辞"的青春誓言向祖国告白。他们,就是首批"全国高校黄大年式教师团队"——上海大学"无人艇"教师团队。

"向海而兴,背海而衰。"在我国从海洋大国到海洋强国迈进的战略进程中,离不开高端海洋装备的发展。其中,海洋智能无人艇凭借其海-空界面运行优势,能够搭载各种传感和探测设备,广泛应用于海洋运输与环境调查、海洋考古、水上搜救、警戒巡逻等领域,高效地进行立体化海洋探测和监测。在对海洋资源开发和国家海洋权益维护方面,无人艇集群能够展现出更广的范围、更高的效率和更强的控制力。

**无人艇团队的诞生**

故事要从2009年讲起。那年的一次国际会议,使上海大学的罗均和谢少荣教授预感到无人艇"前途无量"。尽管当时对海洋、船舶的了解有限,但作为机器人领域的专家,他们当即做出研究转向的重大决定,并着手组建无人艇团队。当时招募到团队里的很多成员,都是学院在读的优秀研究生,平均年龄不足30岁,除了罗均与谢少荣是70后,其他成员都是80后、90后。

后来成立的上海大学无人艇工程研究院,成为国内最早成立的集机械、控制、通信、力学、材料、计算机等相关学科为一体的水面无人艇专业研究机构,也是国家"双一流"一流学科"海上智能运载"学科群的核心建设单位。

自成立以来,团队承担了过百项国家/省部级纵向及横向项目,其代表性成果精海无人艇、上海世博会多功能扫测艇、极地科考机器人、水下机器人、微纳操作机器人、立体监控系统以及国庆60周年海宝机器人等在不同应用领域获得了良好的声誉。多项成果获得国家/省部级科研奖励,获2016年国家技术发明二等奖、2018年国家科技进步二等奖、2019年国家技术发明二等奖。

就像精卫愿以微薄的身躯衔来草木填满整片大海一样,团队研制的十余个系列"精海"无人艇,分别用于岛礁探测、海岸带综合地质调查、环境监测和海上事故应急处置等环境,具有很强的实用性。"精海",是"精准执行海上任务"的宣言,体现着大国工匠的"精益求精"。

### "精海"年轻的"爸爸妈妈"们

"精海"无人艇的研发阶段,正值水面无人艇方向在国内仍处于萌芽阶段,国外可参考的案例也寥寥无几。为了让"精海"尽快"长成",无人艇团队奔波于实验室、工厂、码头、海上……无数次的从零开始,终于使"精海"1号无人艇的雏形诞生。

无人艇要到海上平稳地"跑"起来,离不开海测。海测怎么测?坐着工作船跟在无人艇后面一起出海,在海上一蹲守就是半天甚至一天。团队90后的小伙子们动辄出差半年,足迹遍布东海、南海、黄海。有时在海上吐得昏天黑地,他们就把自己绑在船上完成数据测试。

和小伙子们并肩的还有团队的技术总负责人李小毛研究员,这位80后的年轻爸爸,凭着"希望能做成一点事情"的朴素心愿,一离开家就是半年。杨毅老师带领小组亲赴水下考古现场,在东海一待就是40天。正值孩子出生之时,但仅有的一次返校机会,却是到办公室整理好需要的装备,当日便返回船上。

在这个团队里,除了小伙子,就是"女汉子"。同为80后的彭艳,如今已是上海大学无人艇工程研究院的院长。怀孕6个月时,彭艳眼看着无人艇海测实验进入关键时期,她挺着肚子,带上婆婆,扛着"羽绒服外披军大衣"的装备赶到海边;副院长蒲华燕,承担起无人艇减振降噪的任务;90后姑娘田亚平带队完成给中石油无人艇的建造任务……为了研发控制系统更稳定、更符合市场需求的无人艇,团队成员们没日没夜地拼搏,为我国研制复杂水域无人艇装备奠定了重要理论和技术基础。

### 为祖国建功立业的"精海"

2013年,"精海"1号无人艇迎来了它的首个"春天"。"精海1号"无人艇随166海巡船赴南海完成了诸岛礁海域的测量和监测任务;自主完成了对南海西沙及南沙诸岛礁水下地形地貌及水文情况的测量,为南海岛礁设立航海保障基础设施提供科学依据。"精海1号"因此一炮而红。

参与"东海救援"也是无人艇团队的一个壮举。2018年1月6日20时许,携带13.6万吨凝析油的巴拿马籍油船"桑吉"轮与中国香港籍散货船"长峰水晶"轮在我国东海发生碰撞并沉没,"桑吉"轮全船失火。在轮船沉没的前一天,火焰高达800至1000米,随时可能发生爆炸。国家海洋局紧急调拨上海大学无人艇赶赴事故海域参与处置工作。

在团队骨干邵文韫、高守玮、祝川等人的带领下,无人艇团队始终把国家的利益放在首位,急国家之所急,充分发挥"不怕苦,不怕累"的精神。"精海"无人艇在第一时间赶到沉船事故现场,对事故船舶沉没姿态、溢油状况进行扫测,获得沉船上方污染水样,并对附近海域进行监视监测,为评估海底地形地貌状况、查找溢油点、生态索赔评估及配合沉船打捞等工作提供了重要资料。

2020年,上海大学为东方地球物理勘探公司研发生产的国内第一艘用于地震勘探的专用无人艇——BGP Boy无人艇。其融合了船舶、通信、自动化、机器人控制、远程监控、网络化系统等多项技术,实现了自主导航、远距离通信、视频实时传输和网络化监控等功能。2021年5月,该无人艇搭载在DFKT3上走出国门,在国际舞台上第一次亮相。

十年间,团队致力于海洋智能无人艇装备、减震降噪、海洋传感器的研究工作,突破了11项关键技术,团队研制的10个系列的无人艇,被广泛应用于中国海事局海巡船、"雪龙号"科考船、国家海洋局海监船、海洋地质调查船等领域。"精海"系列无人艇成为我国第一艘到南海、东海、南极作业的无人艇,2016年获得我国无人艇方面的首个国家技术发明奖。

**把"精海"的故事讲述给更多学生**

无论是长达半年的海上调试还是对科学技术创新的废寝忘食,无人艇团队成员始终将专业、专注、求精之永不罢休的理念贯彻到追求极致的研发工作中。

为发掘、培养更多具有优良专业素质、优秀人格品格的科研人才,将大海的秘密带到课堂,将"精海"的故事讲述给更多学生,成为无人艇团队科研之余的重要工作。团队彭艳教授、蒲华燕教授、杨扬副教授等多位教师参与学校"大国方略""创新中国"等思政课程,以无人艇研制历程为切入点,激发大学生的朴素情感,引导学生将爱国激情与爱国理智有机结合,弘扬团队工匠精神,以自身的科研经验、创新精神展示、激励并教育所有学生。

上海大学无人艇团队还多次举办无人艇现场讲座、面向学生开展现场观摩,相关的实验课和通识课也受到学生的欢迎,这些举措在无数向往海洋的学生心中种下了"科研报国"的种子。在研究生教育方面,无人艇团队的教师带领同学们亲身参与到每一项科研项目的研发和现场的调试工作,使学生在校期间就可以得到实践的锻炼,培养出了具有实践经验、理论知识的优质人才。

同时,团队注重对优秀青年教师骨干培养,把优秀教师培养成优秀教学科研骨干、带头人,构建服务于国家海洋战略的人才梯队:70后支撑—80后领衔—90后一线负责。团队大力弘扬工匠精神,团队教师"老带新",每年均有至少半年时间在海上调试,团队90后工匠已多次作为负责人带领技术团队完成多项海测任务。

"服务国家海洋战略,我们义不容辞"——上海大学"无人艇"教师团队将青春誓言化作实际行动,向祖国做最深情的告白。(任鹏)

"光明日报"2021年10月8日

**全国高校党史课程联盟校师生共享"红船精神与时代价值"**

"红船精神与时代价值"暨全国高校党史课程联盟共享直播课日前在嘉兴学院举办。全国高校党史类课程联盟成员学校部分师生相约云端,在线参与共享课程。

嘉兴学院党委委员、副校长张琦在致辞中指出,红船精神是建党精神的集中体现,形象地概括了中国共产党建党的初心和使命。作为红船旁的大学,更要弘扬革命精神、赓续红色血脉、传承红色基因。"红船精神与时代价值"理论和实践课是党史类课程中的重要一课,希望通过课程学习,使同学们深刻认识红船精神的科学内涵、历史地位和时代价值,触发同学们的体验感悟、提升理论自觉,从而知行合一,成为红船精神的深入学习者、积极传播者和模范践行者。

作为"红船精神与时代价值"省级一流线上课程负责人,嘉兴学院人文社科处处长彭冰冰对在线课程的概况作了介绍,马克思主义学院副院长许惠芬介绍了省级一流实践课程"红船精神青春实践"概况,红船精神研究中心陈水林教授讲授了"红船精神与时代价值"的第一课——"一条小船诞生一个大党"的故事和红船精神研究的渊源,文法学院党委书记洪坚教授为大家介绍红船精神实践的特色项目《初心》话剧的概况。最后,初心工作室老师为大家展示精简版话剧《初心》。

本次公开课是全国高校党史类课程联盟在线共享直播的第二期课程。今年6月19日,嘉兴学院加入由上海大学发起,井冈山大学、延安大学、湖南大学、西安交通大学、临沂大学、三江学院、贵州工程应用技术学院、皖西学院等9所院校呼应的全国高校党史类课程联盟。9月6日,上海大学已发起"光影中国"首场党史类课程联盟共享课,其他9所院校的部分师生一同在云端观摩。

全国高校党史类课程联盟发起人、上海高校思政课名师工作室"顾晓英工作室"主持人顾晓英教授表示,联盟各校的党史类品牌课,如"光影中国""红船精神"等,都既有"颜值"有"言值"。联盟旨在赓续红色血脉,擦亮课程品牌,让各高校精心打造的党史课程传播更远,受众更广。共享课程有助于各大高校在云端结成更及时更鲜活的党史教学联合体,让党史学习教育更好地与课程相结合,帮助学生更好地回望历史,了解现实,认知当代中国。(任鹏 曹继军)

"光明日报"2021年10月11日

## 上海大学遴选2021年度校级课程思政名师工作室

上海大学近日组织开展2021年度校级课程思政名师工作室申报遴选工作。本次评选分两段组成,一是组织课程思政名师工作室申报材料的线上初审会议。10月20日上午,上海大学举行了首批课程思政名师工作室入围终审展示、答辩评审会。15名教师入围。答辩评审由上海大学教务部副部长、课程思政教学研究中心负责人、上海高校思政课名师工作室——"顾晓英工作室"主持人顾晓英主持。

肖俊杰、聂永有、周丽昀、戴朝晖、陆永生、郭兴明、邬盛根、周建、施鹰、颜士鹏、胡笑寒、姚喜明、刘树林、程波、王丽华等15位项目申报负责人依次作了PPT展示,主要围绕工作室团队基本情况、教学科研成果、课程思政教改特色以及育人成效等方面。他们结合课程思政教学实践阐述思政元素如何有机融入所讲课程,并回答评委提问。

入围答辩的老师坚守教书育人初心,教学经验丰富、教学特色鲜明,受到学生喜爱,是我校教学科研的中坚力量。他们近年来积极耕耘在课程思政第一线。有的老师一直作为骨干参与"大国方略""创新中国""经国济民""生命智能"等品牌课程教学,作为团队成员曾获国家级教学成果奖特等奖和二等奖,在校内外已有较高的知名度和影响力。有的老师则长年奋斗在专业建设、学科建设和人才培养第一线,担任教学院长服务全院,带动院系全面推进课程思政建设,取得良好成效。有的老师一直扎实奋斗在课堂教学和课程建设中,奋进在课程思政创新实践中……

在遵循价值导向与知识传授相融合的前提下,各位老师都能对标课程思政建设纲要,挖掘各类课程中思政元素和教学方式中的思政元素,组建团队、创新教学方式、构建动态评估,充分发挥课程育人作用,满足学生成长发展的需求和期待。

专家们着力于课程思政目标、融入点、方法和经验推广等方面进行提问,给出建设性意见和建议。本次答辩评审会展示了各院系专业课教师的思政育人风采,有"点"有"面",全方位体现了上海大学多年来课程思政整体校、领航校建设成果。遴选课程思政名师工作室也是上海大学获评教育部课程思政教学研究示范中心以来的一项有力建设举措。

上海大学叶志明教授主持的"土木工程概论",已于今年5月获评教育部课程思政示范课程,课程负责人和任课教师获评教学名师和团队。

本次成立校级课程思政名师工作室是为扎实培育今后市级、国家级示范课程,总结提炼可复制、可推广的建设经验,通过线上线下公开课、各级各类教学研讨会等加以宣传和推广。学校将积极推进名师工作室建设,以点上做亮、线上成链、面上成片带动全校,服务上海,辐射全国,进一步形成开放共享等理念,充分发挥思政教师队伍"主力军"、课程建设"主战场"和课堂教学"主渠道"作用,把课程思政做实做细做深。(殷晓 郑宝 许婧)

"中国新闻网"2021年10月24日

**扬优势、塑品牌,上海大学全面推进学校课程思政建设**

10月20日上午,上海大学举行了首批课程思政名师工作室入围终审展示、答辩评审会。15名教师入围。答辩评审由上海大学教务部副部长、课程思政教学研究中心负责人、上海高校思政课名师工作室——"顾晓英工作室"主持人顾晓英主持。

本次评选分两段组成,一是组织课程思政名师工作室申报材料的线上初审会议。肖俊杰、聂永有、周丽昀、戴朝晖、陆永生、郭兴明、邬盛根、周建、施鹰、颜士鹏、胡笑寒、姚喜明、刘树林、程波、王丽华等15位项目申报负责人依次作了PPT展示,主要围绕工作室团队基本情况、教学科研成果、课程思政教改特色以及育人成效等方面。他们结合课程思政教学实践阐述思政元素如何有机融入所讲课程,并回答评委提问。

入围答辩的老师坚守教书育人初心,教学经验丰富、教学特色鲜明,受到学生喜爱,是上海大学教学科研的中坚力量。他们近年来积极耕耘在课程思政第一线。有的老师一直作为骨干参与"大国方略""创新中国""经国济民""生命智能"等品牌课程教学,作为团队成员曾获国家级教学成果奖特等奖和二等奖,在校内外已有较高的知名度和影响力。有的老师则长年奋斗在专业建设、学科建设和人才培养第一线,担任教学院长服务全院,带动院系全面推进课程思政建设,取得良好成效。有的老师一直扎实奋斗在课堂教学和课程建设中,奋进在课程思政创新实践中⋯⋯

在遵循价值导向与知识传授相融合的前提下,各位老师对标课程思政建设纲要,挖掘各类课程中思政元素和教学方式中的思政元素,组建团队、创新教学方式、构建动态评估,充分发挥课程育人作用,满足学生成长发展的需求和期待。

专家们着力于课程思政目标、融入点、方法和经验推广等方面进行提问,给出建设性意见。本次答辩评审会展示了各院系专业课教师的思政育人风采,有"点"有"面",全方位体现了上海大学多年来课程思政整体校、领航校建设成果。遴选课程思政名师工作室也是上海大学获评教育部课程思政教学研究示范中心以来的一项有力建设举措。

据悉,上海大学叶志明教授主持的"土木工程概论",已于今年5月获评教育部课程思政示范课程,课程负责人和任课教师获评教学名师和团队。本次成立校级课程思政名师工作室是为扎实培育今后市级、国家级示范课程,总结提炼可复制、可推广的建设经验,通过线上线下公开课、各级各类教学研讨会等加以宣传和推广。充分发挥了上海大学课程思政教学研究中心的示范作用,进一步增强扬优势、塑品牌的能力,更好地发挥上海大学名师团队引领作用,全面推进学校课程思政建设。

学校将继续积极推进名师工作室建设,以点上做亮、线上成链、面上成片带动全校,服务上海,辐射全国,进一步形成开放共享等理念,充分发挥思政教师队伍"主力军"、课程建设"主战场"和课堂教学"主渠道"作用,把课程思政做实做细做深。(柳琴　殷晓　郑宝)

"第一教育"2021年10月24日

## 上海大学举办理学院领航学院课程思政教学研讨会

由上海大学理学院、上海大学课程思政教学研究中心联合主办的课程思政教学研讨会于10月24日举行。

会议邀请教育部思想政治理论课教学指导委员会副主任委员、全国形势与政策分教指委主任委员、上海市人大华侨民族宗教事务委员会主任委员、外事委员会主任委员高德毅作大会主旨报告。同济大学数学科学学院教授潘生亮、华东师范大学物理与电子科学学院教授阮建红、上海应用技术大学化工学院教授孙晓玲分别作数学、物理和化学教学研讨会分会场专题报告。校党委常委、副校长聂清,教务部副部长顾晓英出席会议。研讨会由理学院副院长余长君主持。

理学院党委书记盛万成教授致欢迎辞。他指出,作为上海高校课程思政领航学院,教育部首批全国党建工作标杆院系,理学院有责任有义务勇于担当,全面推进各门课程的课程思政建设。全院教师要发挥自己的积极性、主动性和创造性,高度重视课程思政教书育人。

教育部思想政治理论课教学指导委员会副主任委员高德毅以全面构建高校思想政治教育课程体系为主题,讲述了党和国家的政策导向与上海实践、立德树人的战略目标和现实途径、上海高校课程思政建设的探索与实践,指导教师们充分认识课堂的育人功能并进行设计操作。

潘生亮教授、阮建红教授分别与数学系、物理系教师针对高等数学一流课程建设、物理核心课程建设中如何融入课程思政的教学实践作了分享。本校教师们也从各自所教课程的角度,对如何紧密联系课程思政作了展示,与教授展开讨论。孙小玲教授结合课程特点,充分挖掘课程的育德功能,讲述了她在"有机化学"课程思政教学改革的一些探索,各位老师也踊跃发言,分享自己的课程思政育人实践。

本次研讨会,不仅让与会老师明确了课程思政的深刻内涵及重要性,更为如何结合理学院数理化各专业以及数理化作为公共基础课有效开展课程思政建设奠定了良好的基础。

据悉,2021年3月,上海大学成立课程思政教学研究中心,5月获评教育部课程思政教学研究示范中心。近期,学校组织遴选首批校级课程思政名师工作室,发动各领航学

院、领航团队加强教学研讨,筹备"一专业一课程"全校课程思政教学竞赛。(殷晓 许婧)

"中国新闻网"2021年10月26日

**奥运冠军许昕获聘上海大学体育学院客座教授**

29日,在上海大学第二十四届运动会现场,奥运冠军许昕接受聘用证书,成为上海大学体育学院客座教授。此外,许昕还为上大"体育达人"颁奖。

与学生互动时,许昕表示,希望以后能和学生们多交流。"前两天有朋友给我发了一个表情包,问我上大怎么走。""这个表情包,你们每个人脱不了干系。"许昕的这一发言逗笑全场学生。

在里约奥运会和东京奥运会上,许昕共获得两枚乒乓球男子团体金牌,迄今为止共获得20个世界冠军。

许昕表示:"现在国家特别提倡体育健身,所以我希望每一个人都参与到体育这个大家庭中。"

上海大学体育学院介绍,今后会加强与许昕的合作,未来许昕可能会来校开课。(许东远 吴振东)

"中国青年报客户端"2021年10月29日

**奥运冠军许昕获聘上海大学体育学院客座教授**

29日,在上海大学第二十四届运动会现场,奥运冠军许昕接受聘用证书,成为上海大学体育学院客座教授。此外,许昕还为上大"体育达人"颁奖。

与学生互动时,许昕表示,希望以后能和学生们多交流。"前两天有朋友给我发了一个表情包,问我上大怎么走。""这个表情包,你们每个人脱不了干系。"许昕的这一发言逗笑全场学生。

在里约奥运会和东京奥运会上,许昕共获得两枚乒乓球男子团体金牌,迄今为止共获得20个世界冠军。

许昕表示:"现在国家特别提倡体育健身,所以我希望每一个人都参与到体育这个大家庭中。"

上海大学体育学院介绍,今后会加强与许昕的合作,未来许昕可能会来校开课。(许东远 吴振东)

"新华网"2021年10月30日

**上海大学:120位"小叶子"热情服务进博会 彰显青春力量**

"向前进,博青春;为进博,一起来!"11月5日,第四届中国国际进口博览会如约而至。一群富有朝气与梦想的青年志愿者们集聚一堂,以饱满的热情和昂扬的姿态向全世界展现着"小叶子"们的青春风采。上海大学秉持初心,以高标准、严要求推进进博会志愿者各项工作,通过多方面考察,最终遴选出120位政治素质过硬、业务能力突出、外语水平卓越的"小叶子",全力保障进博会的顺利进行。

据统计,上海大学本届120名"小叶子"中有60位中共党员(含预备党员)、31位入党积极分子。

担任进博会志愿者是很多大学生的梦想,陈裕子安就是其中一位。"2018年第一届进博会举办,我正值大一,从那时起我就想要成为一名光荣的进博会志愿者。今年是中国共产党建党一百周年,也是我与进博会共成长的第四年,终于我得以加入'小叶子'的队伍,向世界展示中国的魅力,我荣幸之极!"陈裕子安表示。

在本届进博会中,陈裕子安担任了"小叶子"一级体验官。每天,她以相机为笔,日行万步,随时记录进博、记录美好。她深知作为一名体验官,就是要以自己为眼,用视频作品带领大众体验进博魅力、向世界展示进博风采。

"小叶子"李星雨也作为一级体验官参与了此次志愿服务,他的工作包括新闻摄影、视频拍摄和剪辑、协调二级体验官制作展现"小叶子"风采的宣传资料。"小叶子"体验官的工作提升了李星雨的专业技能,使他在不断学习和实践中开阔了视野。

在上大的120名"小叶子"中,有9位曾多次在进博会中奉献自己的青春与汗水,他们充分发挥示范引领作用,带动更多优秀的"小叶子"为进博会做好服务。(柳琴)

"学习强国"2021年11月8日

## 打击非法贩运文化财产国际日中国主场论坛举行

14日,由国家文物局主办,上海市文物局、上海大学承办的"打击非法贩运文化财产国际日"中国主场论坛在线举办,这也是国家文物局首次举办该国际日的中国主场活动。

自1989年加入"1970年公约"以来,中国政府致力于加强国际多边双边合作,打击文物非法贩运,提升文物保护能力,支持流失文物回归原属国,促进国际公约推广、改革与完善,为构建文物返还的国际新秩序持续贡献中国力量。

论坛发布"2021年打击非法贩运文化财产国际日"专题网页,展示联合国教科文组织五幅宣传海报,链接中国被盗(丢失)文物数据库和外国被盗文物数据库,推广三个在线展览和九个实体展览,与社会各界共享我国追索海外流失文物的丰硕成果。(王珏)

《人民日报》2021年11月15日

## 《红色学府——上海大学》今日开机

今天,由上海市委宣传部支持、上海文化广播影视集团指导、上海广播电视台纪录片中心承制的上海大学系列纪录片《红色学府——上海大学(1922—1927)》(以下简称《红色学府》)正式宣布开机。李大钊之孙、"七一"勋章获得者、安徽省政协原副主席李宏塔及其夫人赵素静,恽代英孙女恽梅及其丈夫穆为,邓果白之子、上海大学终身教授邓伟志,孔另境女儿孔明珠等参加了开机仪式。

据悉,纪录片《红色学府》摄制组后期将深入实地采访调研,进一步挖掘中共早期党史材料和上海大学校史,用丰富的细节、创新的形式,向当代年轻人讲述100年前优秀青年为理想而奋斗的红色故事。

20世纪20年代的上海大学在中国革命和高等教育史上留下了不可磨灭的一页,拥有"北有五四时期的北大,南有五卅时期的上大""文有上大,武有黄埔"的美誉。

98年前,在上海大学的讲堂里,李大钊先生曾寄语青年学子:"黄金时代,不在我们背后,乃在我们面前;不在过去,乃在将来。"近百年之后,李宏塔先生作为李大钊的后人,为上海大学师生作《李大钊清廉家风代代传》专题报告。他讲述了"祖父的遗产仅1块大洋""父亲拒绝调新房""我与自行车的不解之缘"三个家风故事,回顾了李大钊清正廉洁、以身作则优良家风,还讲述了自己作为革命后代,与父亲李葆华、祖父李大钊三代共产党人坚守初心、全心为民的故事。

《红色学府》的落地制作还将引入上海大学上海温哥华电影学院全程参与,发挥全流程人才培养的功能与作用。(王烨捷)

"中国青年报客户端"2021年11月15日

### 上海大学吴明红:研发高性能新材料,守护绿水青山

53岁的上海大学环境与化学工程学院教授吴明红,是今年上海6位新晋中国工程院院士中年龄最小的一位,同时,她也是目前在沪最年轻的工程院院士。20多年来,吴明红带领团队开启核技术在环境保护领域的创新应用,研发高性能碳基环境功能材料用于环境治理和生态修复,致力以科技创新守护绿水青山。

吴明红有一份在外人看来十分耀眼的简历,科研生涯可谓一帆风顺:30岁被聘为副教授、上海射线应用研究所所长;34岁成为教授和当时中国最年轻的女博导之一;45岁担任上海大学副校长。如今,她又在当打之年当选院士。

而谈及自己的科研工作,吴明红说过的一句话让人印象十分深刻:"搞科研需要有一条道走到黑的毅力,只要路是对的,就不要怕路远,要在失败中获得新知。"

一直保持敏锐的科研嗅觉,勇于开拓未知的新领域,正是她不断取得创新突破的"秘诀"。早在上世纪90年代攻读博士期间,她就曾两次作为访问学者赴日本原子能研究院开展合作研究,尝试将核技术应用于环境保护。2004年,她带领团队利用电子束高能辐照降解,将难以降解的、持久性的污染物的稳定化学结构打断,最终转化成二氧化碳和水。基于该研究,她在国际上首次揭示和阐明难降解污染物的辐射降解机制,达到国际领先水平,为环境的综合治理以及土地、水资源综合开发和利用等提供了科学依据。由于在难降解有毒污染物治理方面的贡献,吴明红获2006年国家自然科学二等奖。2012年,她当选为俄罗斯工程院、自然科学院外籍院士。

2010年,吴明红获得国家杰出青年科学基金的资助,但她并不满足,而是继续向前沿领域进军。2017年,她的研究成果《通过离子控制石墨烯氧化膜层间距实现离子筛分》在《自然》杂志发表。该成果在国际上首次提出可通过溶液中的离子精确控制石墨烯氧化膜的层间距,控制精度达十分之一纳米。2019年1月,吴明红牵头完成的"石墨烯微结构调控及其表界面效应研究"获国家自然科学奖二等奖。

"必须首先成为一名好的科学家,才能成为一个好的老师。"吴明红不但带领团队承担了多项国家和上海重大研究项目,也致力于把科研梦想传递给学生。她鼓励身边的年轻人,"不要把卓越看得那么伟大,其实卓越的机遇就在身边,卓越的道路就在脚下。即使身在平凡的岗位,只要我们勇于试一试、跳一跳,就能收获不平凡的果实。"

作为今年上海新当选的两位中国工程院女院士之一,在吴明红看来,工作时的女性

才是最美丽的,她将以身作则,感染更多年轻科学家满怀信心、前赴后继地踏上科研征途。(储舒婷)

《文汇报》2021年11月19日

**馆校合作"教育部课程思政教学研究示范中心"(上海大学)与郭永怀事迹陈列馆共建"课程思政教育实践基地"**

记者26日从上海大学获悉,上海大学课程思政实践教育基地近日在山东荣成郭永怀事迹陈列馆建立。

受课程思政教学研究中心的委托,理学院党委副书记、纪委书记刘见礼,党委副书记、副院长姚颖冲一行前往山东荣成郭永怀事迹陈列馆参观座谈,会同郭永怀事迹陈列馆馆长,签约共建挂牌。这是继5月上海大学课程思政教学研究中心负责人顾晓英、理学院党委书记盛万成教授一行前去学习调研后组织的又一次实践活动。

馆校共建,上海大学课程思政实践教育基地的挂牌,有助于双方共享优质资源,为师生提供生动的行走课堂,从实践中增长才干,加强党史学习教育与课程相结合,讲好中国科学家爱国故事。

郭永怀事迹陈列馆是全国重要的展示新中国科学家风采的展馆,是面向社会各界进行红色教育、国防教育、爱国主义教育的重要场所和践行社会主义核心价值观的重要阵地,也是高校党建、党史学习教育和课程思政建设的重要实践基地。

早在2019年纪念郭永怀诞辰110周年之际,由郭永怀和李佩伉俪的故事改编的上海大学原创朗诵音乐剧《苍穹之恋》在伟长楼剧场成功首演,以朗诵音乐剧的新颖表现形式,再现了郭永怀和李佩感人至深的世纪之情和科教报国的爱国情怀,感人至深的剧情和演员们的倾情演绎感动了所有观众。演出当晚,郭永怀先生的故乡——山东荣成的郭永怀事迹陈列馆,还在伟长楼大厅展出了"两弹一星元勋郭永怀事迹展"的珍贵史料。师生在进一步了解郭永怀先生的事迹后,都感佩于他无私奉献、以身许国的家国情怀。后来该事迹展还在校内进行了巡展,并在理学院党建连廊长期设展。

此次,上海大学课程思政实践教育基地在郭永怀事迹陈列馆正式设立,为新时代传承"两弹一星"精神,开展党史学习教育提供了实践平台,为全面推进课程思政实践教育、落实立德树人拓展了新途径,为提升教师课程思政意识和能力,提高学生思想水平、政治觉悟、道德品质、文化素养提供了丰富的思政教育教学资源,更是课程思政实现制度化、长期化的重大举措,要充分发挥基地课程思政示范引领和资源共享的作用,努力为培养新时代的"大先生""大老师"贡献力量。

考察团一行先后参观了郭永怀事迹陈列馆和郭永怀故居,参观结束后双方举行座谈会,就馆校合作展开交流。下一步将选派优秀师生前往郭永怀事迹陈列馆上海大学课程思政实践基地进行社会实践,郭永怀事迹陈列馆也将根据要求送宣讲到学校。

本次前往荣成,上海大学理学院作为首批"全国基层党建标杆院系"之一,也在郭永怀事迹陈列馆挂牌"大学生实践基地"。在前期纪念郭永怀先生的朗诵音乐剧《苍穹之恋》的基础上,理学院旨在进一步探索学习、传承科学家精神的路径和措施,把先辈的科学家精神通过鲜活的方式为当代的大学生培养工作赋能。理学院结合发扬学科特色,凝

练课程思政特色,打造政治过硬、素质全面的高质量人才,再次与郭永怀事迹陈列馆进行深度共建。(殷晓 许婧)

"中国新闻网"2021年11月26日

**上海大学云端开讲"理论中的中国"——中央党校一级教授韩庆祥做客"理论中国"名师讲坛**

11月29日晚,上海大学面向全校开设的思政选修课"理论中国"正式开讲。本学期的"理论中国"课程首度采用"线上＋线下同频共振"的"云端思政"新模式,开辟了辐射全国的理论"名师讲坛"新载体,形式多元,内容丰富,令同学们耳目一新。

开学第一课,"理论中国"教学团队特别邀请到了中共中央党校(国家行政学院)一级教授、专家工作室领衔专家韩庆祥教授,为大家作题为"唯物史观与历史经验"的主题讲座。本讲由上海大学马克思主义学院副院长高立伟教授主持。上海大学教务部副部长顾晓英线上参加讲座,包括上海大学"创新中国"课程班学生在内的线上线下全国十余所高校四百余名师生学者共同参与。

课程伊始,韩庆祥带领师生们回顾了2016年5月17日中央召开的哲学社会科学工作座谈会,回顾了习近平总书记语重心长强调的,我们不仅要让世界知道"舌尖上的中国",还要让世界知道"学术中的中国""理论中的中国""哲学社会科学中的中国",让世界知道"发展中的中国""开放中的中国""为人类文明作贡献的中国"。这为哲学社会科学研究者明确了奋斗目标,点明了我们所面临的中国本土理论缺失而西方理论溢出的严峻问题。韩庆祥进一步提出了针对这一问题的行动方向,即中国也要为世界贡献出理论的公共产品——"中国理论"。他指出,现在中国的哲学社会科学工作者的神圣职责、理论使命,就是基于中国的实践、中国的经验来构建中国理论,并希望高校师生可以扛起"创立中国理论"的伟大使命。

围绕"构建中国理论"的路径,韩庆祥提出了两个要点:一是要让中国理论扎根于中国道路、植根于中国经验;二是要重视"方法论",要把"中国经验"上升为"中国理论"。为了进一步说明方法论的重要性,韩庆祥概括梳理了中西方哲学的发展脉络,引导学生们从对这些哲学理论的总结和归纳中发现其关于世界的解释框架和分析框架。他进而指出,唯物史观就是马克思分析问题、解决问题的一种解释框架,就是认识世界、改造世界的一种解释框架,也是构建科学社会主义、政治经济学的一种分析框架。

伴随着一个接着一个的理论新知,韩庆祥的报告进入对第二个关键词"历史经验"的阐释。他指出,"历史经验"在这里特指中国共产党百年历史经验。《中共中央关于党的百年奋斗重大成就和历史经验的决议》就提出一个重大论断,全党要坚持唯物史观和正确党史观,从党的百年奋斗中看清楚过去我们为什么能够成功、弄明白未来我们怎样才能继续成功,从而更加坚定、更加自觉地践行初心使命,在新时代更好地坚持和发展中国特色社会主义。如何认识理解正确党史观? 韩庆祥指出,唯物史观根本上是正确党史观的哲学基础,保证了党史观的正确性,因而唯物史观和正确党史观都"隐藏"在《决议》的十条历史经验里,具体体现为"四种方法":大历史观、历史辩证法、历史比较法、系统观念,并且指出,这四种方法实质上也是一个方法论解释分析框架。接着,韩庆祥分别对这四种方法的内涵、特征及其运用进行了深入剖析。如,他强调要跳出历史表面、历史表象、历史现象,从历史本质、历史发展规律来看待历史表面、表象和现象,这样的"大历史观"包含着"四大视野"和"四大观":长远视野、宽广视野、整体视野、纵深视野,长远史观、世界史观、整体史观、规律史观。有了这样的分析框架,就可以结合"大历史观"来理解和把握"十条历史经验",这些历史经验都是根据大历史观提炼概括出来的。最后,韩庆祥用这"四种方法"具体分析了十条历史经验的内在联系和互为关系,一气呵成、结构清晰、论证与举例相结合、整体与部分相统一,全面系统地讲述了唯物史观与历史经验的内在逻辑。

课程负责人高立伟教授在总结中指出,韩庆祥的讲述大开大合、深入浅出、宏观微观相结合,理论实际相结合,辅以生动的案例佐证,具有非常深刻的启示意义。

互动提问环节,上海大学马克思主义学院师生围绕"中西方哲学社会科学存在的张力""伟大建党精神""两个确立的决定性意义"等方面内容进行提问,韩庆祥逐一进行了详细解答。

此次主题课程紧紧围绕"唯物史观与历史经验"这一主题,主旨鲜明、内容生动,以唯物史观为切入点,结合党的十九届六中全会审议通过的《中共中央关于党的百年奋斗重大成就和历史经验的决议》总结的历史经验,加深了广大师生对历史唯物主义和中国共产党百年历史经验的理解,引导同学们在现实中探索、总结并践行中国理论。

据悉,"理论中国"是上海大学为全校学生开设的一门核心通识课程,以线上和线下相结合的方式,以"理论中国·名师讲坛"为平台,面向校内外开放,最大限度扩大受益面。课程宗旨是用中国理论阐释中国道路、用中国道路解释中国奇迹、用中国话语表达中国理论,向学生多维度展示中国哲学社会科学理论体系的特色、风格、气派。通过聘请校内外知名专家讲座,课程着力提高大学生对"中国共产党为什么能""中国特色社会主义为什么好""马克思主义为什么行"的理论认知和理论自觉,并在当代中国伟大成就和经典案例的实证解答中提升学生的理论素养和思维能力,用理论武装头脑,用精神激励行动,积极投身中国特色社会主义伟大实践。(张青子衿　王伟吉)

"光明网"2021年12月2日

### 井冈山大学与上海大学联袂云端共享"形势与政策"课暨全国高校党史类课程联盟公开课

新时代如何将思政课讲好、讲活,如何让信息技术更有效地赋能思政课教育教学?在各高校回眸全国高校思想政治工作会议五周年思政课建设历程之际,6日下午,上海大学"教育部课程思政教学研究示范中心"负责人、上海高校思政课名师工作室"顾晓英工作室"主持人、全国高校党史类课程联盟发起人顾晓英教授与井冈山大学井冈山研究中心、井冈山大学课程思政教学研究中心张玉莲副教授联袂,共同讲授一堂别开生面的思政课。上海大学宝山校区两个"形势与政策"课程班师生和井冈山大学师生通过腾讯会议,实时共享公开直播课。

本次课程主题围绕读《决议》学党史,聚焦"弘扬井冈山精神,筑牢信仰之基"展开。这也是全国高校党史类课程联盟成立以来,继上海大学"光影中国"、嘉兴学院"红船精神"课程后,井冈山大学作为联盟轮值高校主办的第三堂校际共享课。

上海大学顾晓英老师梳理了中国共产党百年征程中三个历史决议的形成背景及意义,重点讲述《中共中央关于党的百年奋斗重大成就和历史经验的决议》的内容、构架逻辑及"两个确立",引导学生通过读懂《决议》,认识党总结历史背后的"历史政治自觉"。回望历史,是为了更好地前行。过去一百年的伟大成就中,党领导人民浴血奋战、百折不挠,创造了新民主主义革命的伟大胜利。

井冈山大学张玉莲老师讲述,大革命失败后,以毛泽东、朱德为代表的中国共产党人高擎马克思主义旗帜在井冈山伟大的斗争实践中开创了"工农武装割据"的历史经验,后人誉为"山沟里有马克思主义"。很多知识青年团结在这面战旗下,彰显了觉悟青年的时代选择。张老师结合烈士陈毅安的红色书信,生动再现了一位青年马克思主义者追逐革命理想的心灵历程,激发学生在"共情"中,学习并传承陈毅安烈士勇于融入时代的格局与担当。

贵州工程应用技术学院省级"员员港湾"工作室组织"红传社"学生同步收看……

井冈山大学2021级社会工作硕士帅泽东说:"这堂精彩纷呈的课留给我很深的印象。一是形式新颖,全国高校党史类课程联盟线上线下共享课是一个崭新的传播平台,第一次上这样的课程,很新鲜;二是技艺精湛,两位老师以鲜活历史解析《决议》,很生动;三是血脉相连,上海大学有着悠久的红色历史,20世纪20年代毕业于上海大学的罗石冰、何挺颖等青年带着革命理想信念来到江西,让人感到很亲切。"

顾晓英表示,共享课有助于各大高校在云端结成更及时更鲜活的党史教学联合体,让党史教育更好地与课程相结合,帮助学生以鲜活的历史认知《决议》、认知当代中国、认知青年人的使命担当。

本次共享课是党史联盟在线共享直播课程之第三期。今年,6月19日,井冈山大学积极加入由上海大学发起,井冈山大学、延安大学、湖南大学、西安交通大学、临沂大学、三江学院、贵州工程应用技术学院、皖西学院等10所院校组成的全国高校党史类课程联盟。党史课程联盟以跨地域高校"项链"式合作模式,赓续红色血脉,讲述有"颜值"有"言值"的党史课,让各高校精心打造的党史课程传播更远,受众更多。(殷晓 许婧)

"中国新闻网"2021年12月9日

## "以人引人"服务城市软实力提升——上海大学在文博电影美术等领域分类施策,汇聚各路高层次人才

从清秀奇逸的北魏造像、宝相庄严的唐代造像到海外回归的流失文物,来自世界文化遗产的国宝级文物走出古都石窟,正首度集中亮相沪上。整整百年前的1921年,中国现代考古学诞生了。今秋起在上海大学博物馆展出的龙门石窟艺术对话特展将持续至明年元月,这既是"铭心妙相"的千年对话,也是向历代考古学人致敬。

在国内率先成立中国海外文物研究中心的上海大学,11月还在承办联合国"打击非法贩运文化财产国际日"的中国主会场活动。近年来,上大考古与文博学科及博物馆发展在短时间内取得长足进步,大量优秀师资加盟,接连开设文物与博物馆学硕士专业、考古学本科专业。今年更是加入三星堆新发现祭祀坑的考古发掘与文物保护,业界地位和

影响大增。

不止文博,从电影到美术领域,上大都分类施策,汇聚各路高层次人才,服务上海文化软实力提升。尤其根据艺术类人才特点,形成"为我所仰、为我所用"顶级人才柔性引进新理念,目前已引进30余位重量级专家,新海派文化人才集聚效应凸显。

**全职引进"把中国电影推向世界第一人"**

上海电影学院既是以"上海"城市名字命名的上海大学二级学院,也是环上大国际影视产业园区建设的重要组成部分,目前正在世界范围内延揽人才。

"电影是可见的幻觉,我们通过电影放映的两个小时,用别人的角度观看世界,在电影中短暂地忘记自己的身份和来处。"这是意大利著名电影史学家、国际顶级电影策展人、影评人马可·穆勒教授喜欢中国电影的原因,他告诉沪上学子,可以通过中国电影的角度认识世界。

1981年起,穆勒教授将135部中国电影带到国际电影展,也特别想把看中国电影时的那份情绪和触动分享给全世界,被称为"把中国电影推向世界的第一人"。上海大学上海电影学院现已全职引进他出任上大电影艺术研究中心艺术总监,进一步提升上海在世界影评界的地位。

加盟学院后,穆勒教授开展了策展、电影策划、项目开发等课程建设,以及"电影、导演和电影建筑学""艺术电影、艺术剧院和多厅影院"等多个系列专题讲座,亲自为本科生授课;同时,他帮助充实教师队伍,引入业界知名策展人为学生上课,特别是利用全球资源,在人才培养、学术研究、国际交流合作等方面服务学院建设。目前全院计划推进国际青年电影节,穆勒也担任顾问支持青年影展。

**三星堆考古背后的人文+科技**

上大上海美术学院今年与宝武集团合作,通过对工业遗存空间的改造转型,在始建于1986年的上钢一厂型钢厂旧址上,打造美院吴淞主校区。这里未来可容纳4 000名学生,并服务市民艺术终身教育,共同推动与现代艺术贯通融合,吸引美术领域国际顶级人才全面提升城市软实力。

拥有"文艺范"的上大,在考古文博领域也发挥"以人引人"磁场效应,形成国内一流人才高地,深度参与三星堆遗址、洛阳金村东周墓考古发掘和文保工作,为建设中国气派的考古学贡献上海力量。

值得注意的是,此前上大文学院考古与文博学科已引入普林斯顿大学艺术考古硕士、北京大学考古学系博士毕业的徐坚教授,成为上大历史系教授,并担纲系主任。去年,上大又与四川省文物局达成战略合作,涵盖文物保护、博物馆建设以及考古发掘等方面。

作为最早进驻三星堆遗址的考古队之一,上大师生今年还带来由本校罗宏杰教授团队研发的薄荷醇考古现场脆弱文物临时固型提取及保护新技术。这项拿到国家科技进步奖的考古科技已推广应用到秦始皇兵马俑遗址、海昏侯墓等65处重要考古发掘工地,抢救了2 000多件脆弱文物和珍稀化石。

**"五五战略"新引进人才97%不超40岁**

上海大学围绕学校"双一流"建设和服务社会能级提升目标,正实施由"五朵金花+五大阵地"构成的"五五战略"——不仅围绕上海科创中心建设,瞄准"3+6"新型产业体系,重点建设"五朵金花",即微电子、人工智能、生物医药、新能源、量子科技的创新高地;同时,聚焦"五大阵地",即城市社会治理、考古与文保、新海派文化、艺术技术、数字经济与管理。

根据战略性人才计划,学校既坚持全球视野、对标国际标准,实施"平台引人"硬举措,也特别重视引进具有良好发展潜质的青年人才,在新引进的人才中40岁以下占97%,35岁以下的占76%。通过多措并举、千方百计集聚并培养人才,全校实现人才总量快速增长、人才结构不断优化、人才效能持续增强,使综合实力稳步提升,在2021年软科世界大学学术排名中跻身全球前300。

同时,上大全面推进创新团队建设,落实首席专家负责制,形成"创新团队—学科—学院"联合育人的培养机制,在重大科研任务中发现和培养领军人才。除了人文社科领域,通过自然科学领域的创新团队建设,学校近年来获得国家科技奖三大奖9项,战略创新团队首席专家吴明红教授今年新当选为中国工程院院士。(徐瑞哲)

《解放日报》2021年12月10日

## 全国非物质文化遗产名词审定委员会成立

全国非物质文化遗产名词审定委员会(以下简称"全国非遗名词委")成立大会暨第一次工作会议近日在线上召开。据悉,全国非遗名词委由全国科学技术名词审定委员会授权成立,具体负责开展非物质文化遗产学科领域的名词审定工作,将秉持"立足国内,对接国际"的思路,厘清国内非物质文化遗产界内的专业术语,构建完整的非物质文化遗产界内的术语体系,为我国非物质文化遗产理论及实践研究、非物质文化遗产学科建设与完善奠定基础。

大会公布了全国非遗名词委委员名单:文化和旅游部原副部长项兆伦、中国社会科学院荣誉学部委员刘魁立担任顾问,上海大学党委副书记段勇担任主任委员,中国社会科学院学部委员朝戈金、中国民间文艺家协会主席潘鲁生、中国民俗学会会长叶涛担任副主任委员,上海大学文学院教授黄景春、中国非遗协会中医药委员会会长曹洪欣、上海大学上海美术学院教授章莉莉等人为委员,日本农村文化研究所所长佐野贤治(Sano Kenji)为外籍委员;聘请黄景春担任秘书处秘书长,章莉莉担任秘书处副秘书长。

"全国非遗名词委聘请的成员基本覆盖了我国非遗学科各个领域的权威专家和中青年骨干,专业及年龄结构合理。此外,还邀请海外知名学者共同组成国际化专家审定团队,拓展了国内外学科视野,提高了国际站位。"全国科学技术名词审定委员会专职副主任裴亚军表示。

会上还讨论通过了《非物质文化遗产知识体系研究报告》《全国非物质文化遗产名词审定委员会章程》《机构组建方案及分工安排》和《非物质文化遗产名词审定原则及方法》等相关文件。(张蕾)

《光明日报》2021年12月14日

## 上海大学MBA-上海中心Glocal产教融合基地揭牌

近日,上海大学MBA-上海中心Glocal产教融合基地揭牌仪式暨MBA商业实践课程2.0版发布会在上海中心成功举行。这是上海大学MBA中心的新理念、新战略、新举措。

上海大学MBA中心于2004年成立,依托上海大学综合性大学的学科优势,与上海战略紧密结合,深耕产业、产教融合,于2019年推出五大产业方向MBA(文创、金融、区块链、智能制造和上海制造、新零售和上海购物),将产业资源、上大优势学科资源,充分引入MBA培养体系,发挥综合性大学优势,共建跨学科生态系统中心和更具影响力的MBA产学研平台。为进一步推进产教融合和跨学科连同协作,充分发挥MBA中心和上海中心的资源与平台优势,上海大学MBA-上海中心Glocal产教融合基地正式成立。

活动上,上海大学MBA"商业实践课程2.0版"正式发布,通过融合教学与实践的创新课程,培养可持续发展的复合型管理人才。

产教共协力,人才促发展。随着该基地的正式启动以及MBA商业实践课程2.0版的发布,上海大学MBA中心必将为上海未来的产业发展注入新的动力,实现教育链、人才链、产业链、创新链等全方面发展。

"新华网"2021年12月23日

**美式民主已经破产,中国新型民主正在勃兴——鲁品越教授做客上海大学辨析民主真谛**

"民主不是装饰品,不是用来做摆设的,而是要用来解决人民需要解决的问题的。""一个国家是不是民主,应该由这个国家的人民来评判,而不应该由外部少数人指手画脚来评判。""全过程人民民主,是中国共产党团结带领人民追求民主、发展民主、实现民主的伟大创造,是党不断推进中国民主理论创新、制度创新、实践创新的经验结晶。"——鲁品越教授做客上海大学讲述《中国的民主》白皮书。

12月13日晚,上海大学"理论中国·名师讲坛"聚焦近期"民主"热点话题,师生对话,理论思辨,探析民主真谛。"理论中国"教学团队特别邀请到了上海财经大学资深教授、国家社科基金重大项目"习近平新时代中国特色社会主义思想方法论研究"首席专家、全国经济哲学研究会副会长、首批上海市思想政治理论课教学名师鲁品越,为大家作题为"美式民主的破产与中国新型民主的勃兴"的主题演讲。课程由上海大学马克思主义学院副院长高立伟教授主持并进行对话,线上线下十余所高校的百余名师、学者共同参与。

"美国正在把'民主'的这个概念工具化。在美国手中,'民主'成为打压中国、遏制中国发展的一个工具。"讲座伊始,鲁品越教授以12月9—10日美国牵头举行的所谓"民主峰会"为引,向大家阐释了美国是如何将"民主"作为打压中国、遏制中国发展的工具。他指出,美国一再企图把已经引起一系列灾难性后果的所谓"民主之风"吹向世界,吹向中国。但在世界上"吹"失败了,也把民主之风又吹坏了。他认为,在新时代,我们必须回答"到底什么是民主?"这一重要问题,这不仅源于中国共产党成立之初的目的即在于实现人民当家作主、实现中华民族复兴,因而我们定然要明白自己的初心与使命;更源于弄清真假民主是应对霸权主义挑战、实现民族复兴的必然要求。

他进而引述了习近平总书记提出的:"民主不是装饰品,不是用来做摆设的,而是要用来解决人民需要解决的问题的"的重要论断,指出为了人民的福祉、解决人民需要解决的问题的民主才是真民主。如果离开了这个目的,像美式民主那样,把作为政治活动的多党竞争选举形式本身及其背后的资本利益奉为至高无上的"目的",这是地地道道的假民主。

"美式民主到底是一种什么样的民主呢?"鲁品越教授以"劳动二重性原理"为学理依据,引出国家权力的二重性——阶级性与公共性的辩证统一。他指出,资产阶级是利用"天赋人权"的说法将公共权力以资本的方式展开竞争,"如同资本通过市场争夺消费者一样,在政治上争夺民众的选票,由此产生资本争夺选票的'民主制',进而产生所谓的西式民主"。因此,美式民主的实质是把资本优势转化为政治优势,目的是为了让国家公共权力为资本利益服务。

"美式民主是一种资本的全过程博弈式民主",鲁品越教授层层深入,进而解读了美式民主的三要素:多党竞选制、三权分立制、议会制。其中,多党竞选制是美式民主的核心,理论基础就是社会契约论。他认为,在资本主义社会,"社会契约论"所倡导的"权利转让"的"权"实质是基于个人资本实力的自由竞争权,这种自由竞争的权利会引发人与人、阶层与阶层之间的激烈冲突,于是资产阶级倡导人们把一部分的权利让渡出来,即所谓的"权利转让契约"。其逻辑是从天赋人权到权力割让以形成国家权力,上帝通过"天赋人权",再由个人割让给国家,故国家权力归根到底源于上帝,乃是现代基督教教义,实质是变相的君权神授。其理论功能是为资本统治人民披上民主外衣,即通过民众投票制造出自愿将自己的"天赋人权"交给国家权力争夺者的外衣,从而使当选者合理合法地占有公共权力来谋取其背后所代表的权势集团利益。但在资本主义社会,这种资本利益集团的代表者当选后,随即人民被冷落,投票后的民众只能用示威游行做无实质意义的反抗,也只能用下一次选举及其选情来制约当选者,但这至少要等四年,对其当下的权力制约无能为力,即使所谓的"三权分立"及其议会制度之间的制约,也是资本集团内部利益的竞争与相互制约,如此恶性循环。

美式民主用金钱堆砌起来的"多党竞选制"的结果是什么呢?即无论选举结果如何,当权者都是各个垄断集团资本利益的代表人物。显然,美式多党竞选制下的民主导致的是一种撕裂状态的社会,这种只重选举过程与选举程序的资本集团利益之间的所谓民主是假民主。"今天来看,美式民主已经破产。"

中国新型民主呢? 随后,鲁品越教授围绕中国新型民主——"全过程人民民主"是人类民主新形态这一议题,从两个方面进一步阐释了什么是真民主。其一,"历史以人民为目的而存在,历史由人民创造",强调了民主是全人类共同的价值;其二,民主的本质及其目的就是"应该解决人民需要解决的问题"。鲁品越教授强调,民主的本质必须由人民当家做主,"人民的权益是不可能转让给谁的,它永远属于人民"。世界各国人民为解决这一难题探索适合自己国情的道路,因此民主的表现必须是多样的。在中国能够带领人民解决这一难题的只有中国共产党。

他进而提出四个理由:一是中国共产党是"我将无我"的政党,是没有任何私利的政党,只有这样的政党,才能够领导人民,把人民组织起来,实行人民民主。人民当家作主是中国民主的本质和核心,坚持党的领导是人民当家作主的根本保证。二是我国建立的人民代表大会制度体现了党领导人民当家作主的制度安排,我国的人民民主是坚持党的领导、人民当家作主、依法治国有机统一，人民当家作主必须要用制度体系予以保障。三是党领导人民当家作主是一种"全过程人民民主"，不仅有完整的制度程序，而且有完整的参与实践。人民当家做主权力贯穿于国家权力运行的全过程。四是中国共产党领导的民主是"过程民主和成果民主""程序民主和实质民主""直接民主和间接民主""人民民主和国家意志"的"四个辩证统一"，是"全链条、全方位、全覆盖的民主，是最广泛、最真实、最管用的社会主义民主。"

正如《中国的民主》白皮书指出的，一个国家民主不民主，关键在于是不是真正做到了人民当家作主，要看人民有没有投票权，更要看人民有没有广泛参与权；要看人民在选举过程中得到了什么口头许诺，更要看选举后这些承诺实现了多少；要看制度和法律规定了什么样的政治程序和政治规则，更要看这些制度和法律是不是真正得到了执行；要看权力运行规则和程序是否民主，更要看权力是否真正受到人民监督和制约。鲁教授最后强调，民主是多样的，世界是多彩的。在世界文明的百花园里，中国的民主之花绚丽绽放。

此次讲座紧紧围绕"美式民主的破产与中国新型民主的勃兴"这一主题，主旨鲜明、逻辑严谨、内容生动，践行着中国理论。课程负责人高立伟教授在总结中指出，鲁教授的讲座从"劳动二重性"引出国家权力的阶级性和公共性辩证统一，激情澎湃又鞭辟入里，抽丝剥茧般将美式民主的本质揭示无遗，更是呼应了当前国际"民主"热点议题，让同学们对这一次美国召开的所谓"民主峰会"的本质和目的有了更为理性、清晰和全面的认识。与此同时，高立伟教授还分享了自己作为人大代表参与和行使全过程人民民主的切身感受，认为中国的全过程人民民主就是一个代表人民根本利益的、解决人民所需要解决的真正民主，没有"人民"作为核心和目的，谈"民主"是毫无意义的。

提问环节，线上线下的同学老师们围绕"虚伪的美式民主""德国魏玛政府推行的经济民主""我国新型民主建设与外国干扰"等方面内容进行提问，鲁品越教授逐一进行了详细解答，加深了同学们对中国民主理论和中国共产党百年民主实践历史经验的理解，引导同学们在现实中探索、辨别、总结并践行中国理论。（柳琴　张青子衿　汤文清）

"东方教育时报"2021年12月16日

## 上海大学举办"思政课＋课程思政"建设论坛

"示范领航合力育人思政课＋课程思政高质量建设论坛"日前在上海大学举行。市教卫工作党委副书记、市教委副主任闵辉，市教委德育处副处长杨长亮，教育部思想政治理论课教学指导委员会副主任委员、全国形势与政策分教指委主任委员高德毅，上大党委书记成旦红出席。来自上海交通大学、华东师大、同济大学、上海外国语大学等的专家，上海大学部处、马克思主义学院和领航学院领导、示范课程负责人、名师工作室主持人等80余位教师参与。论坛开幕式和主旨报告分别由上大党委常委、副校长聂清，教务部常务副部长彭章友主持，专题交流由教务部副部长、课程思政教学研究示范中心负责人顾晓英主持。

成旦红说，学校扎实开展课程思政领航校建设，已建设7个领航学院、13个领航团队和122门领航课程，遴选46门校级示范课程和58门党史学习教育与课程相融合试点课程,立项编撰 6 部市级专业类课程思政教学指南。下一步,学校要精心打好组合拳,强化协同机制,凝聚思政课和课程思政建设合力。

闵辉提出,要把握思政课的核心地位,增强课堂实效,处理好课程教学大纲和课堂教学的关系,打造思政课改革的"立体空间"。

闵辉和成旦红为教育部课程思政教学研究示范中心(上海大学)揭牌。成旦红书记为高德毅教授颁发了中心"特别顾问"聘书。复旦大学教授石磊和熊庆年,上海中医药大学教授张黎声,华东师大教授周立旻,上海大学教授叶志明、忻平、顾骏等受聘为中心首批"特聘专家"。袁晓晶等 12 名马院思政课教师被聘为"教育部课程思政教学研究示范中心(上海大学)思政专家"。

高德毅应邀作了题为"德育理念创新与理论探索——课程思政内涵与外延"的主题报告,从熔炉育人理念、课程思政的教改深度探索以及教学改革深化与实践探索三方面介绍如何推动课程思政向纵深发展。

顾晓英教授从"大国方略"到上海高校课程思政领航校到获评"国家级教学研究示范中心",讲述了上海大学如何从点到线到面,顶层设计、制度支持、部处和院系合力,扎扎实实让课程思政落地见效。

华东师大教务处副处长谭红岩从目标定位、实践探索和未来规划三方面分享了教育部课程思政教学研究示范中心的建设成果。

上大上海美术学院副院长蒋铁骊教授代表上海市高校课程思政领航高校领航学院作了交流发言,介绍了全链条过程中如何融入思政。(王蔚)

"新民晚报"2021 年 12 月 23 日

### 在历史长河中"诵读"青春

"在 1924 年的中国,在此地,是一群富有理想的学生,选择了一所富有理想的大学……伟大的理想,能让上海大学挺直了腰板,去扛起救民于水火的重担。"由上海大学上海电影学院学生王炳坤扮演的时任上海大学总务长的邓中夏,站在舞台上慷慨陈词。

一旁,音乐学院研究生何雨晴讲述着曾在上海大学中文系任教的田汉的故事以及他创作《义勇军进行曲》的过程,新闻传播学院留学生克丽丝原创短视频《新中国之歌》的微博阅读量突破 6 000 万。

两位学生真情实感演绎和讲述早期中国共产党人的故事,以情景微党课的形式讲述党史中的校史。上海大学在开展党史学习教育中,积极搭建赓续红色基因的载体和实践平台。在这样的党课上,上大学子仿佛回到了那个激情澎湃的年代,找到了与革命前辈联结的纽带,产生穿越历史长河的精神共鸣。

在学习党史的过程中,上海大学学生用"沉浸式"的方式,走进百年前那群青年的生活和精神世界,感悟他们的革命信仰。

2021 年五四青年节前夕,上海大学 300 余名青年学子赴上海胜强影视基地,参与电影《1921》的宣传拍摄。电影讲述第一批中国共产党人在风雨如磐的时代担起民族救亡图存重任的历程。

影片中,上大学子出演五四运动中的进步青年,学生们高举横幅、振臂高呼"还我山东,严惩国贼",为民族独立发出声声呐喊。

"这是我第一次接触电影宣传拍摄,当我换上服装、拿起道具,站在充满年代感的街道上时,仿佛回到了那段峥嵘岁月。"钱伟长学院2019级本科生宋晨曦说,"尽管已是100年前发生的事,我仍能切身地体会到当时那些青年学生们救亡图存的迫切心情。我们跟着李大钊先生诵读《青春》,我们也正在书写我们自己的青春!"

理学院2020级硕士研究生宋昊翔说:"这次沉浸式党课让我深刻体会到'国家兴亡,匹夫有责'。五四青年带领中国人民为拯救民族危亡、捍卫民族尊严浴血奋战,这种爱国主义精神不仅鼓舞了当时的中国人民,更鼓舞了今天饰演他们的我们。"

此次带队参演建党百年献礼影片《1921》的宣传拍摄,让环境与化学工程学院研究生辅导员蓝梓桀看到了新时代上大学子的朝气与担当。蓝梓桀说,这堂生动的党课让学生更好地理解了"自强不息;先天下之忧而忧,后天下之乐而乐"的校训精神;与此同时,通过亲身实践的"沉浸式"学习,也让学生能更好地学史明理,学史增信,学史崇德,学史力行。

此外,师生共同创作、成功上演话剧《红色学府》、大师剧《钱伟长》,影片《1921》《我的父亲焦裕禄》等到学校展映,主创团队为师生上电影党课……上海大学主动参与、积极创作、广泛传播优秀文艺作品。弘扬红色文化,让两代青年人进行跨越时空的对话,掀起了党史学习教育的一个又一个高潮。

《光明日报》2021年12月29日

### 溯源初心恰风华　百年传承再出发——上海大学在党史学习教育中凝聚精神力量

2021年5月的一天,江苏常州瞿秋白纪念馆迎来了一批特殊的参观者:上海大学社会学院秋白党支部的学生党员和青年党员教师。在瞿秋白铜像前,他们动情地朗诵一首支部党员自创的《秋白赞歌》,表达对瞿秋白同志的崇敬与缅怀。

作为中国共产党早期主导创办的正规大学,上海大学于1922年在上海市闸北区青云里成立。在李大钊的推荐下,瞿秋白担任上海大学教务长和社会学系主任。瞿秋白与总务长邓中夏一道,聘请了恽代英、蔡和森、张太雷、萧楚女、任弼时等中共早期领导人和理论家在社会学系任教,积极传播马列主义思想。这些闪光的名字,使上海大学成为当之无愧的"红色学府"。

"建立常态化、长效化制度机制,不断巩固拓展党史学习教育成果"。近期,上海大学组织师生认真学习习近平总书记重要指示精神,继续深入挖掘利用学校深厚的红色资源,凝聚精神力量,不断探索与创新实践,努力培育时代新人。

**赓续红色基因,让红色历史资源"活"起来**

"以青春之我,创建青春之家庭,青春之国家,青春之民族,青春之人类,青春之地球,青春之宇宙,资以乐其无涯之生!"2021年5月3日,上海大学300余名青年与"守常"先生一起诵读李大钊《青春》中火热的诗句,慷慨激昂。他们在上海胜强影视基地参与电影《1921》的宣传拍摄,出演五四运动中的进步青年。穿上学生装、戴上学生帽,与20世纪的"00后青年"进行跨越时空的对话,学生们说,在这个沉浸式的党课中,他们度过了最有意义的青年节。

历史上,李大钊与上海大学有着不解之缘。在1923年4月到11月短短半年多时间里,李大钊多次为上大师生演讲。从《演化与进步》《社会主义释疑》到《史学概论》,李大钊深入浅出地演绎马克思主义学说,极受上海大学学生们的欢迎。

"清廉、朴素,如一根红线连着一家三代。"2021年11月15日,李大钊之孙、"七一勋章"获得者李宏塔来到上海大学,为师生们回顾了李大钊清正廉洁、以身作则的优良家风。李宏塔说,当年,祖父收入并不算少,但多用来组织党的活动和资助青年学生,用在自己及家人身上的少之又少。"黄卷青灯、茹苦食淡,冬一絮衣、夏一布衫",便是李大钊清贫一生的写照。

这次上海大学之行,李宏塔还与恽代英孙女恽梅等革命者后人一道,见证了系列纪录片《红色学府——上海大学》的开机仪式。上海大学成立后不久,便成为革命青年向往的"东南革命最高学府",拥有"文有上大,武有黄埔"的美誉。纪录片将用三个篇章总计六集,展示上海大学在中国共产党领导下光辉的早期历史。

邀请革命先烈后人和亲属为师生传讲"身边的红色故事",组织专家学者收集整理"中国共产党早期发展和上海大学"有关革命文献,将红色革命文献文物展请进校园……作为党创办高等教育的红色一脉,上海大学用红色校史搭建各类育人的实践平台。

2021年10月23日,中国共产党早期领导人研究中心在上海大学正式揭牌,上海大学党委书记成旦红担任中心主任,任弼时之女任远芳等被聘为首批特约研究员。"上海大学的红色血脉是学校立足当下,培养社会主义建设者和接班人非常重要的资源。"成旦红表示,成立中国共产党早期领导人研究中心,就是要结合习近平总书记"七一"重要讲话精神之中提到的中国共产党人的精神谱系,把中国共产党早期领导人的风范和精神传承下去,作为教育学生的重要资源。

**坚持守正创新,让学习教育氛围"热"起来**

"我们期盼,今后进一步加深与上海大学的交往与合作;我们更期盼,今后能有更多的上大师生参与到传承红色基因的工作中来……"今年3月2日,一封来自上海市新四军历史研究会的信在上海大学传开,令广大师生,尤其是电视纪录片《红色传承》团队成员备受鼓舞。

早在2012年,上海大学影视艺术技术学院教师王晴川便联合上海市新四军历史研究会理事余江如,整合上海大学新闻传播学科和电影学科的师生力量,开展以《红色传承》为主题的电视纪录片创作工程。九年来,团队创作完成包括《长征的故事》系列、《新四军将士风采录》系列、《上海解放的故事》系列等100集《红色传承》电视纪录片。2021年,《红色传承》团队继续创作10集纪录片《开国将军的故事》。

在采访和创作中,学生们与革命前辈面对面对话交流,深受教育和感动。"传承红色基因,讲述革命前辈的故事,并把这项工作与课堂学习结合起来,是我非常珍贵的求学经历。参与《红色传承》纪录片创作,让我终身受益。"新闻传播学院2020级硕士研究生翟玉亭说。

面向95后、00后青年党员,上海大学还运用新媒体平台开展党建工作,不仅广泛调动了支部成员参与的积极性,更提高了党建活动的传播力。2021年"七一"前夕,社会学院2020级研究生第一党支部通过"喜马拉雅"在线听书电台推出"三重檐"新语青年说系列有声读物,讲百篇人物故事、学百年党史。

马克思主义理论最主要的传播者之一瞿秋白、与妻子同赴刑场从容就义的革命者曾延生、用一颗爱国心守一座中国岛的王继才等英雄榜样故事,通过学生们制作的"向英雄致敬""向英烈学习""向榜样看齐"三个系列有声读物,配上与故事情景相符的音乐上传至平台,供大家收听学习。每一期收听结束,同学们都会展开讨论,分享收听感悟。

"录制有声读物让每个英雄、英烈以及榜样的形象更加鲜活立体。"参与录制的支部成员刘一艺说,"通过这样的活动,我深入了解了青年英雄和榜样们的成长历程,更加牢记初心和使命!"

在"专业＋党史学习"融合下,上海大学涌现出大量内容新颖、表达生动的党史学习新形式。新闻学院开辟"一周党史"栏目,逐周介绍党史上的今日故事、推出手绘长图漫画、制作"溯源百年恰风华"系列广播剧;美术学科师生为渔阳里团中央旧址纪念馆设计红色文创;文学院用手语讲述党史故事,向听障者群体解读上海作为党的初心始发地的"密码"……学史明理,学史增信。上海大学的师生们,正在用各自独特的方式,用心讲好红色故事。

**聚焦未来发展,让接续奋斗热情"燃"起来**

"今天的中国,正昂首阔步迈向下一个百年征程。"2021年7月10日,在上海大学2021年毕业典礼上,上海大学党委副书记、校长刘昌胜院士勉励学生们"心中有光,履践致远",用青春去接续奋斗,为实现中华民族伟大复兴贡献智慧和力量。

"核心关键技术是要不来、买不来、讨不来的。必须牢牢掌握在自己手中!"2021年9月6日晚上,上海大学久负盛名的"中国系列"课程上新,微电子学院教授张建华为新生们带来了《中国"芯"路》首讲,吸引了来自各个专业的百名新生济济一堂。"通过学习,我不仅了解了芯片技术和产业,更深受老师和科研工作者勇担使命、爱国敬业精神的感染。"社区学院理工大类的新生雷妍听课后激动万分。

上海大学依托课程思政育人体系开展党史学习教育,持续打造《光影中国》《经国济民》等"大国系列"课程,推进《理解中国社会》等58门"党史学习教育与课程相融合"首批示范课程建设项目,运用育人"主阵地""主渠道"讲清楚中国共产党为什么能、中国特色社会主义为什么好、马克思主义为什么行。

学史崇德,学史力行。党史学习教育开展以来,上海大学环境与化学工程学院教授吴明红当选中国工程院院士,学校无人艇团队牵头的"海洋窄带环境复杂目标探测识别技术与装备"获国家科技进步二等奖,材料科学与工程学院钟云波教授研究团队最新研究成果在国际顶尖期刊《科学》杂志上发表……如今,越来越多的上大学生奔赴攻克"卡脖子"技术的关键领域不懈奋斗,越来越多的上大学生投身边远艰苦地区奉献青春。

在党史学习教育过程中,上海大学注重把学习党史同总结经验、观照现实、推动工作结合起来,深入了解师生需求,集中解决突出问题。学校一站式服务中心作为上海市教卫系统"我为群众办实事"重点民生项目,自2021年6月运行以来,通过窗口办理,自助办理和综合咨询等方式,日均服务师生300余人次,师生满意率99.92%,师生的获得感、幸福感、安全感进一步提升。

薪火传承,共筑荣光。下一步,上海大学将凝聚起庆祝建党百年和党史学习教育的热情和力量,结合学校自身的传统与优势,赓续"百年上大"的红色基因,系统谋划未来发展蓝图,奋进新征程、建功新时代。(任鹏　曹继军)

《光明日报》2021年12月29日

**讲好有"温度"又有"智慧"的党史课**

**讲述人：上海大学教务部副部长、上海市高校思想政治理论课名师工作室主持人顾晓英**

百年党史是精神富矿。作为一名思政课教师,我结合校史,努力讲好讲活党史。

从档案与史料中,我探寻20世纪20年代活跃在上海大学课堂内外的红色教授们"辟一条光明的路"的思想足迹和行进伟业,让"形势与政策"内容"升温",贴合学生。

我带头打造思政课智慧课堂,不仅策划11门思政选修课程,上线超星"尔雅"平台,有近1000所高校选用,选课学生近百万。还用好"学习通"为党史课"智慧"赋能,增强教学的吸引力和活跃度。

在冬季学期"形势与政策"第一专题"党的十九届六中全会精神解读"中,我采取翻转课堂教学,先将六中全会《决议》相关资料放入学校网络平台,启迪学生们思考为什么说《决议》是百年党史的浓缩版,更是百年党史的升华版。

课堂上,我回应学生,这项《决议》通篇融汇了百年来中国共产党践行初心使命的奋斗、牺牲和创造,包括"两个确立"、13个方面成就等许多重大而深刻的论述和判断。师生一起通读原文,领悟面对"百年未有之大变局",中国共产党人如何担负起贡献中国智慧、提供中国方案的时代责任,启迪学生在新的百年征程启航之时,如何成长为堪当民族复兴大任的时代新人。

近日,我们与三江学院联袂举办"雨花英烈精神传承"党史课,教学名师周建忠教授结合"雨花英烈诗词",诠释英烈坚如磐石的革命理想。"光影中国""井冈山精神"……实时共享的党史课,让党史教育点亮更多课堂,让更多学生坚定地听党话、跟党走。

自2014年策划"大国方略"起,我们已策划运行了16门"一院一大课"。今年,微电子学院开设的"中国'芯'路",以宽视野、大格局讲好中国共产党故事,党史元素温度有机融入"硬核"课程,勉励学生勇于创新,练就报效祖国的真本领。学校立项58门党史学习教育与课程相融合示范课,教学名师、国家杰青和优青等踊跃担纲,线上线下结合,壮大"第一课堂"讲党史、学党史的力量。

党的历史是最生动的教科书。今后,我将依托教育部课程思政教学研究示范中心、上海高校思政课名师工作室等平台,让有温度又有智慧的党史课惠及更多青年学子。(任鹏　曹继军)

《光明日报》2021年12月29日

# 2022 年

"引凤来栖"后精准施策方能"引凤长栖" 上海大学搭建引才快速通道,办完所有引才手续最快只需两周

以"光速"递出橄榄枝,彰显揽才的满满诚意,这是上海大学做好人才工作的"硬招",给很多人才留下了最佳"初见"印象。

引才的快速通道,到底有多快?已加盟上海大学文学院的刘旭光教授记得,从自己投简历到学校确定引进,仅两周时间。而通常情况下,大学要悉数走完人才引进的全流程,基本需要三个月左右的时间。

"引凤来栖",更要"引凤长栖"。能否留住人才、用好人才,考验的是大学的治理能力。精准施策,服务人才强校。刚刚过去的2021年,上海大学高层次人才达到621人,其中国家级人才达到224人。与2015年相比分别增长229%和223%,年均增长超过30%。

结合最新发布的《上海大学人才强校实施纲要》,学校相关负责人表示,新的一年,将围绕"集聚国际化人才、打造战略人才力量、构筑自主培养体系和营造良好环境"的目标,努力打造上海高水平人才高地建设的战略支撑点、重要承载地、内培发展极和改革试验区。

**引才阶段"抢速度",带来显著成效**

"对优秀人才来说,面对多个选择时,能最快给出回应、亮明资助待遇的那家单位,吸引力无疑会大大提升。"谈及高校的人才工作,上海大学校长、中国科学院院士刘昌胜直言,要有"换位思考"的意识。因此,学校想方设法,将人才的求职等待期"压缩"至极限,最快只需两周就能办完手续入职。

事实证明,从学校新进人才的报到率来看,在引才阶段"抢速度",带来显著成效。2020年以来,通过优秀人才快速引进机制,上海大学已引进136人,其中,89人通过职称快速评审,提升了引进优秀人才的吸引力与服务效率。

不断增加人才"蓄水池"的容量,还需从源头"注水"。2021年,上大45岁以下的青年教师队伍在全校占比61.28%。在不断优化青年优秀人才快速引进机制的同时,学校还积极拓展海内外人才延揽渠道。服务国家区域重大战略,助力上海加快在集成电路等先导领域掌握先机,上海大学微电子学院"成建制"地引进青年人才,做大引才的"滚雪球效应"。该院执行院长张建华介绍,学院加速引进高层次人才20人,其中不乏多位85后教

授领军人才、90后优秀青年人才。"这批优秀的海外人才来之能战、来之即战,已成为微电子学院建设的生力军和主力军。"张建华说。

**要让马儿既有方向又能轻松地奋力前冲**

招贤纳士只是第一步。大学只有为不同类型的人才营造最适宜"生长"的环境,尤其是要为青年人才提供充分的施展才华的空间,方能让他们各展所长,各美其美。

在震惊世人的三星堆遗址考古发掘中,上海大学作为本市唯一的团队,参与了三星堆3号坑的发掘,圆满完成任务。这支考古团队平均年龄只有25岁,领衔的90后讲师徐斐宏博士,到上大工作"一年未满"。

凭借群贤毕至、选贤任能,上海大学在短短五年间,形成了国内高校中最大、国际化程度最高的文化遗产保护的"最强团队",已集聚起文物保护、材料、化学、土木工程、力学、通讯、环境、微生物、考古学、计算机等来自多学科的骨干和青年人才20余名。上海大学文学院考古系主任徐坚认为:"合理使用人才,就是要把不同人才配置到最需要、最适合的岗位上。"

持续培养和使用好人才,上海大学尤为注重青年教师的"可持续性成长"。学校着力加强创新团队建设,发挥高层次人才引领作用,有力帮助青年骨干人才快速成长。2021年,上海大学培育54个创新团队,入选人数共计1 268人,团队教师约占全校教师的35%。

"上海大学是一个非常好的跑马场,让马儿既有方向,又能轻松地奋力前冲。"刘旭光以自己的成长经验举例,从2018年到2020年底,他三年之中完成了学术"两级跳",2018年拿到国家哲社重点项目,2020年获国家哲社艺术学重大项目。

对大学来说,要织就一张高质量发展的人才网络,顶尖学者就是这张网络中的关键节点。上海大学78级校友、集成电路国际领军人才杨士宁博士,目前已被聘为学校名誉教授和微电子学院技术专家委员会主任,正全力支持学校组建智能驾驶汽车芯片实验室,引领汽车高端芯片创新研发。"关键核心技术是要不来、买不来、讨不来的。只有把关键核心技术掌握在自己手中,才能从根本上保障国家经济安全、国防安全。"杨士宁说。

**以制度创新提升人才"蓄水池"活力**

晋升空间大不大,待遇能否更优? 针对人才的重点关切,上海大学不断出"实招",通过完善健全分类评价、明确绩效"打分"、新增人才评审快速通道等,以制度创新提升人才"蓄水池"的活力。

据介绍,绩效改革后,2021年,上海大学整体工作量完成率为137%。随着《上海大学岗位绩效管理改革实施方案》正式施行,学校进一步完善岗位绩效管理体系,健全教职员工收入分配机制。

针对交叉学科的工作量如何计算、不同教研岗位的成果如何衡量等难题,学校启动科学的分类评价体系,建立了高校教师在科研、思政、实验技术、科技成果转化、交叉学科等多系列的分类评价。同时,学校加快形成代表性成果评价和综合评价相结合,更加突出以创新能力、工作质量、业绩贡献为导向的人才评价体系。

值得一提的是,上大还新增特别推荐、破格聘任绿色通道。记者了解到,这一通道主要面向取得重大基础研究和前沿技术突破、解决重大理论问题或重大工程技术难题、在经济社会各项事业中作出重大贡献的教师,目前已有8人申请。

刘昌胜表示,在新的发展时期,学校将始终坚持党对人才工作的全面领导,进一步树牢"人才第一资源"理念,继续深入实施人才强校战略,使上海大学成为全球人才的乐土、创新人才的热土、青年人才的沃土,为中国特色世界一流大学建设提供坚强保障,为上海高水平人才高地建设增光添彩。(储舒婷)

《文汇报》2022年1月4日

**社区停车棚看龙门石窟特展!上海大学博物馆龙门特展亮相"星梦停车棚"**

1月5日,东昌社区的居民如往常一样推着车走进"星梦停车棚"时,眼前出现的是一番新景象——车棚还是那个用来停车的车棚,但目之所及的各处墙面上,分门别类布置着龙门石窟的文物图片、介绍、海报等。

这是"铭心妙相:龙门石窟艺术对话特展——东昌社区展"的展览现场。也是被评为上海市"艺术进社区"示范项目的"星梦停车棚"迎来的又一个博物馆水准的专业展览。

展览由河南省文物局、上海大学主办,上海大学博物馆、龙门石窟研究院承办,上海市浦东新区陆家嘴街道东昌新村居民委员会和社区枢纽站合作。

本次社区展是继"三星堆:人与神的世界"图片展进入"星梦停车棚"后,上海大学博物馆进行的第二期展览进社区活动。作为品牌公教活动,馆方携手专业社工机构把"博物馆同款"内容带到陆家嘴社区居民身边,让每一名进车棚取放车辆的居民,都会"意外"欣赏到高水准的文物展览。

现场还举行了策展人导览和专家对谈活动。策展人王南溟表示,通过对停车棚的改造,社区展还参与了陆家嘴社区微更新,探索艺术融入生活的美好愿景。"展览为社区居民带来了一场别开生面的艺术盛宴的同时,也通过这种方式进一步参与了社区治理,加强了博物馆与城市在地居民的联系。"

龙门石窟位于洛阳南郊,现存窟龛2300余座、造像近11万尊、碑刻题记2800多品、佛塔70余座,是迄今为止世界上佛教造像最多的石刻艺术宝库之一,代表了中国石刻艺术的最高峰。

2021年9月,上海大学博物馆"铭心妙相:龙门石窟艺术对话特展"一经亮相便备受关注。展品有27件龙门石窟研究院特藏和16件当代艺术作品,其中龙门特藏包含清秀奇逸的北魏造像与书法、宝相庄严的唐代造像以及从海外回归的龙门流失文物;9位当代艺术家通过书法、绘画、雕塑、漆艺和玻璃艺术等形式,呈现龙门石窟与佛教艺术对他们创作的影响。当代艺术家与传统文化在此上演了一场别具一格的深度对话,呈现艺术传承与创新。

截至目前,该展览共接待现场观众40 885人次,线上活动参与人数约400万人次(包含讲座、导览)。展览期间共举办相关主题讲座及导览活动和社会教育活动20余场,取得了良好的社会效益。博物馆还推出数字展厅,观众可通过网络观看所有展览内容,足不出户即可获得身临其境的感受。

2022年1月8日,新华网直播的"中国GALAM公开课-上海大学"将推出"博物馆与社区"专题讲座活动。本次公开课以"上海大学博物馆进星梦停车棚"为例,特别邀请上海大学博物馆馆长李明斌、"社区枢纽站"发起人和策展人王南溟、上海大学社会学院教授耿敬、社工策展人张佳华、东昌居民区书记曹骏、上海艺术研究中心研究部副主任郭奕华、上海大学博物馆副馆长、策展人马琳,围绕艺术社区的形态运作与社会治理、社区居民动员、博物馆社区实践等话题展开讨论。

"上观新闻"2022年1月5日

**上海大学成立文化遗产与信息管理学院　单霁翔任名誉院长**

"世界文化遗产不是一个国家、一个民族所独有的,它是我们人类共同的遗产、共同的财富⋯⋯"《中华文脉与文化自信》课上,国家文物局原局长、故宫博物院原院长单霁翔告诉学生。

这是单霁翔在上海大学文化遗产与信息管理学院的"院长第一课"。该学院在上海大学图书情报档案系、文学院考古学专业、文化遗产保护基础科学研究院基础上组建而成,于1月10日揭牌成立,聘任单霁翔为学院名誉院长。

《中华文脉与文化自信》课上,单霁翔以世界文化遗产保护运动的兴起为切入点,阐述我国申报世界文化遗产项目的历程,分享纪录片《万里走单骑》中的鲜活事例等,诠释了文化遗产保护利用与传承的意义以及讲好中国故事的艰巨挑战。他寄语新时代青年,要愈加坚守"讲好中国文化遗产故事"的使命担当。

开讲前,单霁翔对文化遗产与信息管理学院建设提出期望——立足上海、服务全国、面向世界,提升全球影响力。

上海大学党委书记成旦红表示,学院未来将紧盯国际学科前沿,面向国家文化遗产和信息管理重大战略需求,立足自身优势与特色,重点发展数字档案资源、海洋考古、硅酸盐质文物保护、智慧博物馆等方向,培养高层次复合型跨学科人才,推进"新文科"与其他学科协同发展,为我国文化遗产与信息管理事业作出贡献。

学院揭牌仪式上,包括"文物保护杰出贡献者"国家荣誉称号获得者樊锦诗在内的多位专家发来视频致辞。樊锦诗说,历史文化遗产是不可替代、不可再生的宝贵资源,要始终把保护放在第一位,上海大学整合相关学科成立文化遗产与信息管理学院,定会为国家培养出更多优秀的文化遗产保护与研究人才,必将有助于提升我国文化遗产保护的能力与水平。(吴振东)

"新华网"2022年1月11日

**上海大学:大学生走进"田野"体验"菜篮子"的数字化升级**

春节假期过后的首个工作日,虽然还在寒假期间,但来自上海大学的大学生们一大早就走进企业进行社会实践,体验"菜篮子"的数字化升级,开启他们的虎年学习生活。

称重、装货,学子们来到上海一家农业产业化企业,该企业每天要为1000多家客户配送生鲜食材,满足50万人次的就餐需求。

节后开工第一天,在源源不断的订单之外,企业还迎来了一批特殊的访客。来自上海大学的一支师生团队前来"取经",从配送流程到疫情防控,了解"菜篮子"里的大民生。

在做好疫情防控的同时,如何让50万人次的配送工作,既准确又高效?这同样成为了学生们关注的重点。为此,企业专门演示了其自主研发的企业资源计划系统。从订单申购到运营配货,"菜篮子"的数字化升级引发了学生们的浓厚兴趣,线上线下的提问接连不断。

在2022年4月即将启用的新厂区,该企业还将首次使用一套全新的自动分拣系统。站在新机器旁,学生们也对数字化转型的大趋势,有了更为切实的体会。

据悉,围绕现代科技标准化物流的研究,学生们的社会调研成果将汇总成书,目前已有多家出版社约稿。

"学习强国"2022年2月9日

### 新春学期,怎么打卡校园?上海首批高校开学,因疫情未返校学生共享无差别教学

在织密织牢校园防疫网的同时,通过线上教学让暂时无法返校学生同步上课。

2月21日,沪上首批高校正式开学开课,还有一批高校也将在本周陆续开启新一学期。经过一个寒假的身心调整,同学们带着冬奥会般的热忱与激情,信心满满地向春天走来。

(下略)(李蕾 徐瑞哲)

"上观新闻"2022年2月21日

### 艺术扮靓海派乡村,上海大学美院师生在奉贤田间搭起"大棚美术馆"

2022年2月28日,"摩登田野——2022新海派乡村美育展"在奉贤南桥江海村海马营地"大棚美术馆"举办。这次田野艺术乡村美育创意活动由上海大学上海美术学院、奉贤区文旅局、奉贤区南桥镇主办,用艺术形式为乡村振兴赋能。

展览分为归田、归家、归艺、归心4个分主题展区,展现人与乡村自然、人与乡建环境、人与乡土民艺、人与乡愁情感的关系,共展出作品30件,包括艺术装置、在地创作、设计案例和美育活动四种类型。

设计师以艺术对谈的方式与乡村互动,同时以塑料大棚空间的"间性"特征书写新海派乡村的"现代性",带给展览别样的艺术体验。

本次田野艺术探索将更多艺术和设计元素应用到城乡规划建设中,推动美育教育对乡村人居环境和行为模式的影响,促进海派文化传承和创新,彰显新江南文化独特魅力。

"上观新闻"2022年3月1日

### 长江口二号古船考古与文物保护正式启动!精确到毫米打捞,古沉船未解之谜待破

100多年前,一艘满载清朝瓷器的大型沙船,途经今上海长江口水域时遭遇了沉没。从此深埋于河床深淤泥中的这艘长江口古船,直到2015年才被水下考古潜水探摸发现,并有了一个特别的名字:"长江口二号"。

2022年3月2日上午,长江口二号古船考古与文物保护项目在上海正式启动。这是我国迄今为止规模最大的一次古沉船整体打捞与保护工程,也掀开长江口二号这艘古船自发现后尘封了近八年的神秘面纱。

**缘起,一次"顺藤摸瓜"的考古发现**

上海,自古以来就是海上丝绸之路的始发地和重要口岸之一,近代伊始更是迅速崛起,成为远近闻名的国际都会和世界大港。

上海的长江口,正处于长江"黄金水道"的入海口和中国南北海岸线的中心点。古往今来,在这繁忙的航线上和复杂的水域里,埋藏有不计其数的水下遗珍和未解之谜。

根据国家文物局的总体部署,上海市文物局2011年起启动了水下文化遗产的普查工作,通过陆地调查走访、查阅文献资料等方式,收集到长江口水域150余条水下文物线索。

然而,在这片能见度几乎为零的江海交汇水域,探寻水下文化遗产犹如"大海捞针"。长期以来,浑水环境是中国水下考古发展的瓶颈,上海长江口水域尤其突出。为此,上海市文物局组织上海市文物保护研究中心、上海大学、国家水下文化遗产保护宁波基地等机构的考古工作者与科技工作者开展跨界合作,联合攻关,自主研发了获得国家专利的"浑水水域水下成像装置",开发了获得上海市科学技术奖二等奖的"机器人水下考古装备关键技术与应用",以及运用无人艇、多波束、侧扫声呐、浅地层剖面仪和磁力仪等海洋物探扫测设备,对长江口水域开展水下联合调查。

功夫不负有心人。2015年,上海市文物局组织上海市文物保护研究中心在长江口崇明横沙水域开展重点水下考古调查时,通过声呐扫测等技术发现了一艘保存较为完整的铁质沉船,考古编号为"长江口一号"。经过水下考古潜水探摸,确认该沉船为民国时期的铁质军舰。随后考古人员扩大扫测和探摸范围,又在该沉船北部发现另一艘体量较大、保存完整的木质古沉船,考古编号为"长江口二号"。

从此,解码长江口二号古船的序幕正式拉开。

**水下探摸,初步探明"长江口二号古船"**

为进一步摸清长江口二号古船的性质和年代,在国家文物局的高度重视和具体指导下,从2016年开始,上海市文物局牵头组织国家文物局考古研究中心、上海市文物保护研究中心、国家水下文化遗产保护宁波基地和武汉基地、交通运输部上海打捞局、上海大学、福州市文物考古工作队等国内专业机构,每年对该沉船遗址进行水下考古探摸和多学科研究。经过六年多水下考古调查勘探,初步探明了长江口二号古船的基本情况。

长江口二号古船为木质帆船,确认年代为清代同治时期,所在水域水深8—10米,船体埋藏于5.5米深淤泥中,横向左倾约27°。古船残长约38.5米,残宽约7.8米,已探明有31个舱室。沉船上部的尖艄、揽桩、主桅杆、左右舷、上甲板等结构完整。从目前的勘测情况看,古船船型疑似为明清时期在上海水上运输广为使用的平底沙船。

通过选取前后其中四个舱室进行了小范围的清理,均发现舱内有码放整齐的景德镇窑瓷器等精美文物,已经出水完整或可修复的文物种类多、数量大。另外,在船体及周围还出土了紫砂器、越南产水烟罐、木质水桶残件、桅杆、大型硬木船材、铁锚、棕缆绳、滑轮、金属钻头、钻杆以及黑色矿物等大量文物。

2021年7月至9月,上海市文物局再次组织水下考古专业机构对长江口二号古船及周围进行了水下调查,清理出了前几次调查未发现的元代瓷器和高60厘米完整的豆青釉青花大瓶等大型整器。特别是古船中部分出水瓷器底书"同治年制"款,为古船的断代提供了重要的依据。

**中国水下考古迈入世界一流水平的重要标志之一**

长江口二号古船,是继35年前发现的广东宋代"南海一号"沉船之后,中国水下考古又一里程碑式的重大发现,是目前国内乃至世界上发现体量最大、保存最为完整、预计船载文物数量巨大的古代木质沉船之一,具有重要的历史、科学和艺术价值。

考古工作是展示和构建中华民族历史、中华文明瑰宝的重要工作。经过几代考古人接续奋斗,我国考古工作取得了重大成就,延伸了历史轴线,增强了历史信度,丰富了历史内涵,活化了历史场景。长江口二号古船的发现,充分体现了考古工作以物论史、以史增信的历史意义和现实作用。

从全国层面看,长江口二号古船为我国这一历史时期大型木质沉船的发现填补了重要空白,为"海上丝绸之路"和长江"黄金水道"的研究提供了重要实证。

从上海层面看,长江口二号古船是近代上海作为东亚乃至世界贸易和航运中心的实物见证,为上海这座国家历史文化名城丰富了文化内涵,为提升城市软实力增加了文化自信,更为打响"上海文化"品牌、擦亮"江南文化"名片充实了文化资源。

从学术层面看,长江口二号古船保存完整,船载文物丰富,对中国乃至世界的造船史、科技史、海交史、陶瓷史、经济史等学科的研究具有重要的科学价值。

从技术层面看,长江口二号古船的水下考古工作在零能见度的环境下取得了关键性技术突破和成果,对全球开展河口海岸复杂浑水水域的水下考古研究提供了新方法,开辟了新思路,树立了世界浑水水下考古技术的新标杆,是中国水下考古迈入世界一流水平的重要标志之一。

"长江口二号古船是目前国内乃至世界水下发现的体量最大、保存最为完整、船载文物数量巨大的木质古船之一,更是近代上海作为东亚乃至世界贸易和航运中心和一带一路重要节点的实物见证。"上海市文化和旅游局党组书记、局长,市文物局局长方世忠表示。

**精确到毫米来推进打捞,首创世界最先进的弧形梁非接触文物整体打捞技术**

近几年水下考古调查显示,长江口二号古船受水流冲刷严重,特别是随着长江口水势流向改变,河床由淤积转变为快速下切,致使古船加速露出河床表面,船体面临严重安全威胁。

为防止长江口二号古船遭到自然与人为破坏,专家建议需尽快打捞出水并移入固定场所进行考古发掘、文物保护、研究及展示利用。

上海市文物保护研究中心副主任翟杨介绍,目前,全球水下沉船考古的打捞方式主要有三种:一是提取船上文物后拆解打捞沉船;二是采用围堰抽水进行考古发掘后再打捞沉船;三是特制沉箱将沉船、文物与其周围海水、泥沙按照原状一次性吊浮起运整体打捞。

由于长江口水体浊度极高,水下能见度几乎为零,平潮工作时间又很短,无法完成科学的水下考古测绘、拍照作业;水下考古和建造围堰所需时间和成本巨大,围堰后考古还将长时期阻碍航道。而整体打捞则能以最短时间、最小成本、最大程度保留历史信息迁移沉船。因此,上海市文物局在充分听取专家意见,评估沉船面临的风险,综合分析三种考古和保护方式，报经市委市政府和国家文物局同意后，决定对长江口二号古船采取整体打捞的方式，最大程度保护好这一珍贵的水下文化遗产。

2021年10月，国务院办公厅印发的《"十四五"文物保护和科技创新规划》中，将长江口二号古船列入中国水下考古重大项目。这是时隔多年后，我国再次对水下古代沉船开展整体打捞。此前，"南海一号"于2007年12月整体打捞出水、轰动世界。

如何针对长江口二号古船及其周围环境的特殊性，制定最科学、最安全、最高效的整体打捞方案？上海市文物局联合交通运输部上海打捞局等专业机构开展研究，多次分析借鉴广东"南海一号"整体打捞经验。由于长江口泥沙含量高且水流速度快，此次水下沉船打捞无法使用"南海一号"的整体打捞方法。

为此，负责此次古船打捞任务的交通运输部上海打捞局，组织科研团队开展联合攻关，采用世界首创的技术方案——"弧形梁非接触文物整体迁移技术"来打捞这艘古代沉船。此前，上海打捞局已经在今年1月使用该技术圆满完成了海上等比例打捞试验。

交通运输部上海打捞局副局长周东荣介绍，届时，将以顶进发射机架驱动22根巨型"弧形梁"，在长江口二号古船底部形成一个巨大的弧形沉箱，沉箱长达51米、宽19米、高9米，可以把长江口二号古船及其附着的厚厚泥沙与海水"滴水不漏"地包裹起来，加上打捞设备的自身重量，沉箱总重量近1万吨。

该技术特别结合了核电弧形梁加工工艺、隧道盾构掘进工艺、沉管隧道对接工艺，并运用液压同步提升技术、综合监控系统等目前全球最为先进的高新技术。"同时，这些技术也是首次应用于文物保护和考古领域，真正实现了文物保护与科技创新的融合发展。依赖中国的高端制造能力，这样的高科技方案可以最大限度地保护水下文化遗产的原生性和完整性，保障文物安全。"

沉箱出水后，为了顺利护送长江口二号古船到达黄浦江边存放地，上海打捞局还为沉箱量身定制一艘"中部开口"的工程船，沉箱可以严丝合缝嵌入其敞开的中部。随后，工程船将"怀抱"长江口二号古船驶往目的地。按照计划，长江口二号古船有望在2022年年底之前完成打捞与迁移任务。

此次长江口二号古船整体打捞迁移工程，集成当前世界最先进的打捞工艺、技术路线、设备制造于一体，形成了史上最硬核的第五代打捞工艺，为当今世界前所未有。

"在技术保障下，可以精确到毫米来推进打捞工程。"翟杨说。

**打造具有世界影响力的古船博物馆，把最好的资源留给人民**

保护好、传承好历史文化遗产是对历史负责、对人民负责。长江口二号古船保存极其完整、船载文物数量大，足以支撑建成一座极具世界影响力的古船博物馆。为此，2021年1月发布的《上海市国民经济和社会发展第十四个五年规划和二〇三五年远景目标纲要》中，将长江口二号古船博物馆列为"十四五"上海市重大公共文化体育设施建设项目。目前，选址定于杨浦滨江上海船厂旧址，充分利用两个老船坞和保留的历史建筑来筹建长江口二号古船博物馆。

未来，作为历史建筑的老船坞也将"华丽变身"为沉船考古基地和古船博物馆。考古人员将在这里逐步揭开这艘清代古沉船的诸多未解之谜。同时，它还将是一座活态的博物馆，可同步开展考古发掘、文物保护和展示教育，以及考古与非遗活态体验、国际水下文化遗产的科学研究等。

开展长江口二号古船考古、保护与博物馆建设，这是世界首个古船考古发掘、整体迁移、文物保护与博物馆建设展示同步实施的项目。这既是我国增强中国考古学特别是水下考古在国际考古学界的影响力和话语权，"努力建设中国特色、中国风格、中国气派的考古学"的一次实践；更是上海践行"人民城市"重要理念，推进文旅融合高质量发展的一次实践。

"长江口二号水下考古大发现，为我们延伸了历史轴线，增强了历史信度，丰富了历史内涵，活化了历史场景。"方世忠说，上海将对标国际最高标准和最好水平，坚持把最好的资源留给人民，把古船博物馆打造成"生活秀带"的文化地标，让更多市民游客体验到水下考古的神韵魅力，领悟到中华文明的深厚滋养，感受到人民城市的温暖表情。（李君娜）

"上观新闻"2022年3月2日

### 我国水下考古取得重大突破，"长江口二号"古船整体打捞启动——将百年古船"抱"出水

沉睡约150年的"长江口二号"古船即将浮出水面，掀开神秘面纱——3月2日，在停靠于外高桥码头的交通运输部上海打捞局"威力"轮上，"长江口二号"古船考古与文物保护项目正式启动。

自2015年首次被发现，考古工作者和科技工作者们已围绕"长江口二号"进行了近8年细致的水下考古工作，制定了一套科学、安全、高效的整体打捞方案。这将是迄今为止全球规模最大的古船考古与文物保护项目，也是世界首个古船考古发掘、整体迁移、文物保护与博物馆建设同步实施的考古和文物保护项目，因而备受关注。

"长江口二号"古船的价值何在？整体打捞、迁移的方案是怎样确定的？其间需要突破哪些技术难点？为何在古船发现后近八年才启动整体打捞？古船出水后，后续保护利用如何进行？带着这些问题，记者在打捞现场进行了采访。

#### 探寻"水下遗珍"

"长期以来，浑水环境是中国水下考古发展的瓶颈，上海长江口水域尤其突出。"上海市文物保护研究中心副主任翟杨告诉记者。为此，上海市文物局组织上海市文物保护研究中心、上海大学、国家水下文化遗产保护宁波基地等机构的研究者开展联合攻关，自主研发了获得国家专利的"浑水水域水下成像装置"，开发了获得上海市科学技术奖二等奖的"机器人水下考古装备关键技术与应用"。综合运用无人艇、多波束、侧扫声呐、浅地层剖面仪和磁力仪等海洋物探扫测设备，对长江口水域开展水下联合调查。

2015年，上海市文物局组织上海市文物保护研究中心在长江口崇明横沙水域开展重点水下考古调查时，通过声呐扫测等技术发现了一艘保存较为完整的铁质沉船，考古编号为"长江口一号"。经过潜水探摸，确认该沉船为民国时期的铁质军舰。随后考古人员扩大扫测和探摸范围，又在该沉船北部发现另一艘体量较大、保存完整的木质古沉船，考古编号为"长江口二号"。从此，拉开了解码"长江口二号"古船的序幕。

文化和旅游部副部长、国家文物局局长李群表示，新修订的《中华人民共和国水下文物保护条例》即将施行，"长江口二号"古船考古与文物保护工作的展开，标志着我国水下

考古取得重大突破,将为世界水下考古贡献中国技术、中国经验、中国方案。

**古船等待人们来解码**

"长江口二号"古船,是继35年前发现的广东宋代"南海一号"沉船之后,中国水下考古又一里程碑式的重大发现——

"南海一号"残长约24米,出水文物超过18万件。而"长江口二号"古船比"南海一号"规模更大,是目前国内乃至世界上发现体量最大、保存最为完整、船载文物数量巨大的古代木质沉船之一,具有极其重要的历史、科学和艺术价值。

翟杨至今忘不了,最初得知"长江口二号"古船被发现时的雀跃。对船体及周围环境的进一步勘测,让水下考古工作者们更加期待古船整体出水的那一刻。

"古船是一颗珍贵的'时间胶囊',包含大量当时的社会、经济、自然、人文等信息,对造船史、科技史、海交史、陶瓷史、经济史等学科研究都具有科学价值。"翟杨告诉记者,从目前的勘测情况看,古船船型疑似为明清时期在上海水上运输广为使用的平底沙船。古船残长约38.5米,残宽约7.8米,已探明有31个舱室。沉船上部的尖艏、揽桩、主桅杆、左右舷、上甲板等结构完整。通过选取前后其中4个舱室进行小范围清理,均发现舱内有码放整齐的景德镇窑瓷器等文物。

船体及周围还出土了紫砂器、越南产水烟罐、木质水桶残件、桅杆、大型硬木船材、铁锚、棕缆绳、滑轮、金属钻头、钻杆以及黑色矿物等大量文物。2021年7至9月,上海市文物局再次组织专业机构对古船及周围进行水下调查,清理出了前几次调查未发现的元代瓷器和高60厘米完整豆青釉青花大瓶等大型整器。特别是古船中部分出水瓷器底书"同治年制"款,为古船断代提供了重要依据。

专家认为,"长江口二号"古船为我国这一历史时期大型木质沉船的发现填补了空白,也为"海上丝绸之路"和长江"黄金水道"的研究提供了进一步实证。

"这是近代上海作为东亚乃至世界贸易和航运中心与'一带一路'重要节点的实物见证。'长江口二号'水下考古大发现,为我们延伸了历史轴线,增强了历史信度,丰富了历史内涵,活化了历史场景。"上海市文化和旅游局局长、上海市文物局局长方世忠说。

**古船将整体"包裹"打捞**

在能见度几乎为零的水下探寻到了古船,接下来的问题是如何打捞,才能最大限度地保护好这一珍贵的水下文化遗产?

专家介绍,近几年水下考古调查显示,"长江口二号"古船受水流冲刷严重,特别是随着长江口水势流向改变,河床由淤积转变为快速下切,致使古船加速露出河床表面,船体面临严重安全威胁。

古船"出水",迫在眉睫。目前全球水下沉船考古的打捞方式主要有三种:一是提取船上文物后拆解打捞沉船;二是采用围堰抽水进行考古发掘后再打捞沉船;三是特制沉箱将沉船、文物与其周围海水、泥沙按照原状一次性吊浮起运整体打捞。

由于长江口水体浊度极高,水下能见度几乎为零,平潮工作时间又很短,无法完成科学的水下考古测绘、拍照作业;水下考古和建造围堰所需时间和成本巨大,围堰后考古还将长时期阻碍航道。整体打捞,则能以最短时间、最小成本、最大程度保留历史信息迁移沉船。

针对"长江口二号"古船及其周围环境的特殊性，上海市文物局联合交通运输部上海打捞局等专业机构开展研究。交通运输部上海打捞局副局长周东荣介绍，由于长江口泥沙含量高且水流速度快，无法使用"南海一号"分段沉箱的打捞方法——即沉箱套入沉船，在底部挖槽并贯穿钢梁后起吊。为此，交通运输部上海打捞局组织团队开展联合攻关，首创弧形梁非接触文物整体迁移技术。今年1月，上海打捞局已使用该技术圆满完成海上等比例打捞试验。

正式打捞启动后，将以顶进发射机架驱动22根巨型"弧形梁"，在"长江口二号"古船底部形成一个巨大的弧形沉箱，沉箱长达51米、宽19米、高9米，可以把"长江口二号"古船及其附着的厚厚泥沙与海水"滴水不漏"地包裹起来，加上打捞设备的自身重量，沉箱总重量近1万吨。

周东荣告诉记者，整体打捞结合了核电弧形梁加工工艺、隧道盾构掘进工艺、沉管隧道对接工艺等。此次打捞，也是这些高新技术首次应用于文物保护和考古领域，实现了文物保护与科技创新的融合发展。

沉箱出水后，为了护送古船到达黄浦江边存放地，上海打捞局还量身定制了一艘"中部开口"的工程船，沉箱可以严丝合缝嵌入其敞开的中部。随后，工程船将"怀抱"古船驶往目的地。按照计划，"长江口二号"古船有望在2022年年底前完成打捞与迁移任务。

**让古船考古成为一次公众科普**

"长江口二号"水下考古工作在零能见度的环境下取得了关键性技术突破和成果，对全球开展河口海岸复杂浑水水域的水下考古研究提供了新方法，开辟了新思路，树立了世界浑水水下考古技术的新标杆，成为中国水下考古迈入世界一流水平的重要标志之一。

更令人期待的是，"长江口二号"古船考古还将成为世界首个古船考古发掘、整体迁移、文物保护与博物馆建设展示同步实施的项目。

"长江口二号"古船保存极其完整、船载文物数量大，足以支撑建成一座极具影响力的古船博物馆。记者了解到，目前，上海已确定选址杨浦滨江上海船厂旧址，利用两个老船坞和保留的历史建筑筹建"长江口二号"古船博物馆。

未来，考古人员将在这里逐步揭开这艘清代古沉船的诸多未解之谜。同时，它将成为一座活态的博物馆，同步开展考古发掘、文物保护和展示教育，以及考古与非遗活态体验和国际水下文化遗产的科学研究等。这将增强中国考古学特别是水下考古在国际考古学界的影响力和话语权。

"我们将坚持把最好的资源留给人民，把古船博物馆打造成'生活秀带'的文化地标，让更多市民、游客体验到水下考古的神韵魅力，领悟到中华文明的深厚滋养，感受到人民城市的温暖表情。"方世忠说。（颜维琦）

《光明日报》2022年3月3日

## 打造大学成果转化的"苗圃" 培育更多硬核科技的参天大树——专访中国科学院院士、上海大学校长刘昌胜

——科研成果转化难点并非都集中在"最后一公里"，可以说存在于从0到1到100

的每一个环节

——科研成果转化是不同学科通过跨学科共同解决问题的实践

——大学需要有完整体系,通过早期孵化,把实验室技术"翻译"成企业能看懂的"样品",增强产业投资的吸引力

——大学科技园要尽可能地让"成果种子"成为有一点枝叶冒出来的"幼苗",让更多人看到它的价值

穿过上海大学宝山区校门前的上大路,即可抵达环上大科技园。这片科创热土成立一年来,先后吸引132家科创企业落户,目前已有24个代表性科技成果成功转化。

作为高校科技成果转化"首站"和区域创新创业"核心孵化园",过去一年,环上大科技园利用宝山区50亿元科创母基金和环上大科技园"黄金十条"专项政策的产业资源优势,加快创新科技成果的转化应用。

大学作为创新发源地,拥有得天独厚的优势,而大学科技园往往比邻大学而建。"比邻"的好处是什么?如何充分发挥这种近水楼台的优势,助力科技成果跨越转化的"死亡之谷"?可以说,如何把纸变成钱是一个困扰学界、产业界的老问题。"要真正从源头上破解科技成果转化难题,必须对转化的症结作出精准判断,然后精准施策。"日前,中国科学院院士、上海大学校长刘昌胜接受了本报记者的专访。

**从1到100需要大量"看不见"的投入,很多环节实非教授们所擅长**

文汇报:科技成果转移转化的"最后一公里",一直困扰着科研界和产业界。您认为其中有哪些亟待突破的地方?

刘昌胜:打通科技成果向市场转化的"最后一公里"——这句话耳熟能详,形象反映了成果转化之难,但也从一个维度说明,很多人对成果转化难在哪里并不十分清楚,或者说,还存在一些"误解"。转化的难点到底是不是都集中在这"最后一公里"上?就我个人的观察来看,恐怕不完全是。

须知,科研人员把实验室的研究成果变成一篇论文,通过论文的形式宣告自己在某个专业领域的新发现,这个过程叫"从0到1"。成果再走出实验室、走上转化之路,这个过程就是从"1到10,再从10到100",可以说,这段路是漫漫征途。科研人员对于做科研驾轻就熟,但对于成果走出实验室、走向市场的转化路,其中的风险、困难,他们常常知之不够,准备不足。

不妨设想一下。A教授在实验室历经摸索,发明了一种新材料,或许可以造出一个目前市场上还没有的杯子。但在成果转化阶段,他可能会遇到一系列从未碰到过的问题。比如,工艺放大就是一道坎。他能保证在中试阶段,做出来的成百上千个杯子品质如一吗?在中试以及扩大生产时,很多具体环节涉及工程技术,这是一个专门领域,且非教授们所擅长。再者,就算工艺放大的问题解决了,但是产品成本太高,又该怎么办?融资怎么融?这一连串难题,很多是教授从未想到过的。

由此可见,现在大学实验室里或许躺着很多"0到1"的原创性成果,但要接续完成后面的从"1到10,再从10到100",不仅需要真金白银的资金投入,还需要难以估量的"看不见"的科研活动,除了科学问题,还面临复杂的经济问题、管理问题乃至社会问题,这些单单靠科研人员难以解决。

这一系列难题如何才能有效解决？一部分难题的化解，就落在大学科技园身上。可以说，在成果转化方面，大学科技园承担的角色至关重要。

文汇报：在您看来，大学科技园应该扮演什么角色？

刘昌胜：先打个比方。一项科技成果好比一粒"种子"。光看小小的种子，即便是产业界专业人士，也很难判断它能否长成参天大树。所以，科研成果转化的"最初一步"，特别需要专业平台和机构帮助其早期孵化。

大学科技园好比是"苗圃"，主要功能是尽可能地培育种子，根据每粒种子的需要，施以养料，精心呵护，使其尽可能成为有些枝叶冒出来的"幼苗"，让更多人看到它的价值，继而吸引大量的社会资源投入。

简言之，大学科技园要把有效的社会资源整合到同一个平台上，技术成熟、资金到位、人才聚集，方能真正培育更多硬核科技的参天大树。

目前，按照"校内研发＋环上大转化"模式，上大科技园一方面充分整合学校科研资源，大力培育和集聚创新型企业，另一方面，也着力利用周边区域空间及资金资源，聚合环上大地区优质研发力量，吸引行业资源和社会资本，建设成果转化新平台，积极整合技术链、产业链、人才链、资本链，形成产业集群。

文汇报：早期的科研成果转化需要大量投入，存在的风险也让社会资本不敢也不愿意投，如何破解？科研人员开展成果转化的工作量又该如何计算？大学科技园能在哪些方面促进双方合作？

刘昌胜：新技术不等于新产品，科技创新成果是否具备规模化生产的基础？究竟有多大的市场价值？这是困扰很多"天使投资"的问题，也需要大量专业技术人员的积极参与。

目前，在环上大科技园，借鉴"概念验证模式"的国际科创模式，我们正在探索建立概念验证平台，帮助创新成果进入"样品"阶段。同时，建立一套完整的体系，通过早期的初始孵化，把实验室技术"翻译"成企业能看得懂的"样品"，增强产业投资的吸引力。

比如，有科学家设计细胞膜表面的一个受体作为癌症化疗药物的靶向，在实验室得到了理论上的成果。但实际上人体的血液环境很复杂，药物真正进入人体后可能会被屏蔽，可能导致转化不成功。这时，就需要提前在概念验证平台做进一步的验证。

同时，为了激发科研人员的科技成果转化积极性，上海大学通过一系列举措，统筹把握奖励激励、团队发展和体系建设的收益分配和绩效问题；设立专门通道，鼓励科研人员从科技成果转化中做出突出成绩；支持和规范学校专业技术人员校外兼职和离岗创业行为；加强研发与专利布局和运营并行，探索创新"专利申请权转让"方式，破解专利转化运用周期过长的问题；推进落实成果转化现金奖励个税"减半计征"，更好激发科技成果转移转化活力。

**"学科会战"推动科技成果转化，越是深度交叉越需要多学科会战**

文汇报：现在不管是新工科还是新文科，都强调多学科交叉融合，这对于科技成果转化有哪些影响？

刘昌胜：其实，科技成果转化是跨学科共同解决问题的实践。传统的学科是一个知识体系，是为传承知识服务的，所以设置了数学、物理、化学等学科和专业。但是，社会需求发展到今天,并不是按照学科划分的。比如要解决新能源、生命健康等领域的切实需求,并非某个单一学科能够做到。

很多社会需求问题的解决,都需要多学科协同实现。这里涉及一个核心概念叫"学科会战"。通常的学科发展是从原理上的突破到知识结构的突破,再到人才培养的突破。学科自身的惯性发展,使学科之间的割裂状态比较多,很难解决复杂的产业问题。由于交叉融合不够,导致高技术产业发展中出现短板。

比如微电子领域,芯片制造需要材料、封装、加工、EDA软件等,其底层技术则需要数学、物理、机械、计算机等学科的支撑;再比如癌症诊疗,不单单是医学领域的问题,涉及诊断仪器的研发生产来自工科,但他们必须与医生合作,在了解癌症生理特征的基础上,才能确定影像诊断或分子诊断的突破口;癌症的治疗药物比如靶向药物研制,则要回到生物和化学领域实现。

现在,上海大学基于学科会战的思路,瞄准国家重大需求,联合多学科一起对重大问题进行攻关,每一个学科找到自己能够解决的一部分问题,再把"拼图"全部集成,就形成系统的解决方案。

这样,不但学科的边界得到拓展,各学科找到新的突破口,其影响力也会增加。在新的交叉领域,科研人员相对容易获得支持,并做出有意义的成果,而取得的成果反过来又促进学科的发展,提升学科建设的成效。

文汇报:大学的"学科会战"如何发挥优势?

刘昌胜:上海大学目前拥有28个一级博士点,94个本科专业,我们可以组织不同的学科,在交叉领域寻求创新和突破,也可以汇聚不同学科去共同解决一些事关国家发展、社会进步和人类命运的重大问题。

比如艺术和工科交叉,在上海大学上海电影学院已经比较普遍。今天的电影工业需要更多复合型的高科技。一部科幻大片的拍摄,除了摄像机器要高清,后期特效制作更多依靠计算机的图像处理技术。更有甚者,很多大场面不需要搭建实景,也不需要成百上千的真人演员,可以通过计算机虚拟合成。现在的电影制作对传统的表演、舞美产生了很大影响,甚至是变革性影响。这就是多学科交叉协同创新的力量。

上海大学面向国家战略和区域经济社会发展的重大需要,推出"五五战略"发展思路,即"五朵金花"和"五大阵地",通过多学科交叉融合,打造新的创新高地和特色方向,牵引学校新一轮快速发展。

"五朵金花"主要围绕上海"3+6"新型产业体系,聚焦微电子、人工智能、生物医药、新能源、量子科技等领域,开展关键性、变革性、原创性和基石性的硬核科技研究;"五大阵地"主要围绕城市社会治理、考古与文保、新海派文化、艺术技术、数字经济与管理等领域,探索新内容、新方法、新范式,着力打造具有中国特色、中国风格、中国气派的"上大学派",服务上海城市软实力提升。

**创新的战场从大学延伸到产业,区校合作提供一站式服务支持**

文汇报:上海大学科技转化成果整体情况如何?做出了哪些新的尝试?

刘昌胜:目前,环上大科技园已引进企业132家,包括呼吸式测血糖仪器、被国家列为"产业关键共性关键技术"的质谱分析测试产品、脑机接口解决脑卒中患者康复训练系统、一次性电子内窥镜微创诊疗器械的国内研发生产。

同时,学校围绕生物医药、新材料、人工智能等产业领域,建设朝晖新药研发与中试放大平台、上海塞力斯医学检验所、斯菲尔产业数字化创新中心等一批校企合作创新平台,为园区企业乃至区域企业提供中试放大、产品升级、医学检测等服务。

环上大科技园的零号基地定位科技成果转化"首站",一号基地定位成果转化中试加速综合体,二号基地定位科创企业孵化与研发基地,三号基地定位新材料产业中试及加速基地。在这里,种子项目从苗圃到孵化器、中试加速,最后实现产业化生产全流程布局。

科学家创业有知识和技术,但缺乏资金和市场化的经验。环上大科技园积极探索科技成果转化路径,尝试建立"科技成果转化合伙人模式",积极引导政府资金、社会资本投入高校科技成果转化,利用自身专业服务推广科技成果、推动科技成果产业化。

并且,通过不断提升校地共建研究院运行能级,为长三角乃至全国提供创新资源。

同时,建立高水平、专业化的服务队伍,形成技术转移全流程管理标准,为科研人员知识产权管理、运用和成果转化提供全面的服务。

文汇报:环上大科技园和所处的宝山区之间有哪些区校合作的尝试?

刘昌胜:环上大科技园是自《上海市大学科技园高质量发展意见》颁布实施以来,成立的首家区校合作建设的环大学科技园,规划面积57平方公里,是宝山区建设全球科创中心主阵地的核心策源功能区,同时,也是校区、园区、社区联动,以大学科技园为核心引领科创新城发展的创新举措,形成了独特的"环上大模式"。

区校整合优势资源,实现资源配置联动。宝山区制定的《环上大科技园十四五专项发展规划》,在财政扶持、载体建设、政策供给、形象打造、交通商务配套等方面给予资源支持,上海大学协调科研、人才、项目、设备等资源支持。

科技园协调学校、学院、重点实验室和研究中心、校友会、国际部等,在对外合作中,引导知名机构和企业落户环上大科技园,如明略科技、悉尼科技大学创新研究院等。同时也引导落户企业与学校开展产学研合作,支持学校人才培养和学科建设。

上海大学与宝山区合作推出《环上大科技园专项政策》,涵盖成果转移转化、高端人才引进、创投基金设立、研发机构建设、专业服务支持、企业研发补贴、企业房租补贴等多个方面。通过校、区政策供给形成政策高地,降低师生创新创业和科技成果转化成本,推动项目在环上大集聚和落地。

园区产业集群还有一个效应,就是切实搭建高校师生创新创业桥梁,形成创新创业教育基地和实践场所。最新统计显示,已落地大学生创新创业团队和企业60多家,初步形成创新创业活力迸发的氛围。(储舒婷)

《文汇报》2022年3月3日

**"空中课堂"有啥动静?上海大学"足不出校"防疫,数万师生"动静结合"网课**

距离三大校区启动应急处置机制满一周,自今天起,上海大学对宝山校区和静安校区(延长路校区)的管控措施进行调整,原则上所有在校师生员工不离校,活动范围由"足不出户"调整为"足不出校"。目前,逐步恢复正常教学、科研秩序,教学活动仍以线上教学为主。

解放日报·上观新闻记者了解到,3月2日,接有关部门通知,上海大学宝山校区、静安校区(延长)、嘉定校区有核酸检测异常人员活动轨迹。学校高度重视,第一时间响应,严格按照疾控要求,立即启动应急处置机制。

疫情突如其来,打乱了正常的教育教学节奏。上海大学数万名师生投入防疫"阻击战",将线下课程改变为线上课程——疫情下的上大春季学期"云课堂"开启了。经过前期统筹部署,仅全校"空中课堂"第一天,三个校区就总共开展了本科课程1 291门次。

疫情防控期间的校园,比起平日多了几分寂静;然而办公室里、机房中不时响起老师们线上授课的声音,激昂顿挫,循循善诱,成为最令人安心的声音。根据学校教务部发布的《近期教学安排方案》,各学院均启动紧急预案,部署期末考试、春季学期线上教学和2022届本科毕业论文等工作。

平日已习惯通过在线方式为海外留学生上网课,上海高校青教赛获奖教师、上大国教学院顾琛老师,在新的课件里写下一段温暖的话语。"很突然地,因为隔离,老师现在住在上大校园里。网络没有家里的好,但我努力教得和在家里一样好。"

为了便于国际学生理解,顾琛在留言中都是大白话,并使用拼音标注:"疫情(yi qing)期间,大家在线学习中有很多困难。感谢大家克服了各种困难,坚持学习。"她跟听课学生说,"中国有句话:'办法总比困难多。'让我们一起想出好办法,向充满希望的未来,向未来更好的自己,前进!"

今天上午学校召开的第16次管控期间疫情防控工作领导小组会议,倡导广大教师安心教学科研,并充分发挥"全程导师制"作用,凝聚力量,共克时艰。同时,进一步加强后勤保障,提高服务水平,改善师生生活条件。"为保证线上教学网速质量,学生宿舍尽量选用有线网络。"教务部表示,现教中心及机房老师组建的抗疫服务团队日夜赶工,紧急进行网络升级,在教学周开始前实现机房网络带宽从千兆到万兆的重大升级。

与教学一样,疫情防控给科研工作开展增加了障碍,却没有按下暂停键。院校内各个课题组依然在有限的条件下,继续投身科研,使出浑身解数,保证正常运行。滞留实验室的博士生、硕士生仍在完成实验工作;线上组会讨论、沉淀阅读文献也成为继续科研的重要方式。

3月,还正值各项基金项目申报的重要节点。这些天即使深夜,实验室、办公室依然灯火通明,老师们正集中精力撰写课题申报书。琢磨选题、反复论证、总结基础、精炼内容、规范格式……通过反复修改,加之数次研讨,申报书也凝练出对教研的深爱与追求。

动静结合,"云上"相见。上海大学高水平武术队教练、体育学院硕士研究生导师徐春毅,利用专业知识,选择室内健身运动,与学生一起运动战"疫"。"八段锦动作柔和优美,是适合在办公室、宿舍内进行锻炼的系列健身方法,既可以站着练、也可以坐着练。"他结合中华传统体育文化,在户内录制了详细的八段锦教学视频,从立式到坐式,从预备式到收式,供师生们在室内活动身体。

"练习方法简洁、方便,可有效提高人体自身的免疫力,促进机体的有效恢复,对保持良好的精神状态、调节情绪都具有积极作用。"作为前上海田径队队员、跳远国家健将级运动员,体育教育训练专业硕士葛晓栋,以及国家一级运动员、体育学院操舞专项教师居佳琪等,还准备了如深蹲、半蹲前抬腿、开合跳等室内徒手健身动作,提供室内体锻之需。

解放日报·上观新闻记者获悉,截至发稿时,上海大学宝山校区、静安校区(延长)第四轮全员核酸检测均为阴性;嘉定校区第六轮全体核酸混管采样,样本检测结果均为阴性。(徐瑞哲)

"上观新闻"2022年3月10日

**是专家教授,也是送餐员志愿者——抗疫中的上海高校教师**

"14天封控的日子,给我们留下了一段难忘的经历与回忆。"3月17日,上海大学宝山校区疫情管理模式从封闭式转为准封闭式,年近七旬的土木工程系教授叶志明在朋友圈里写下了这句话。

这14天中,除了日常教学,他还为本系的青年教师开展了教育教学座谈会、示范教学课与学校青年教师讲课比赛在线辅导,与新疆塔里木大学开展远程沉浸式课堂教学,主持他牵头的虚拟教研室建设会议……此外,他在春日的阳光下,在封控楼阳台上,为系里老师们献上了特殊礼物:小提琴曲《我的祖国》。

上海大学在上海高校中最早进入了校园封闭式管理,受疫情影响,3月13日起,上海60多所高校开启了闭环管理模式。与叶志明一样,上海高校的教师们在校园里与72万名学子们学习、生活在一起,无论课程教学还是后勤保障,他们面对困难挺身而出。

(中略)

为保证校园封闭管理期间本科教学同质等效,叶志明在上海大学土木工程系分别开展了教育教学座谈会和示范教学课,以提高青年教师的教学水平。

"教师工作的本质是教学,是育人。"作为教育部课程思政示范课负责人、上海大学原副校长的叶志明,将几十年的授课经验与青年教师们无私分享。对于突如其来的疫情,叶志明说,要保持积极的心态,大家一起应对挑战。疫情终将过去,年轻的大学老师,也将与他一样,有高度、有深度、有温度,做不愧于这个时代的高校教师。(任鹏　曹继军　颜维琦)

《光明日报》2022年3月22日

**上海大学校园"Tony天团"为师生解决"头等大事"**

连日的疫情管控下,校园里的理发室闭门谢客了,但师生的"头等大事"怎么解决?

近日,一支由20多名大学生组成的义务理发师队伍悄然出现在上海大学。他们在课余时间拿起推子、剪刀和梳子,从学生变身为"Tony"老师,在高校理发圈"闯出新天地"。消息传开后,多位辅导员和教师也加入其中,额外的"学术服务",更是给"顾客"带来阵阵"精神余香"。

这一志愿活动刚推出就受到了师生们的热烈欢迎。预约服务上线第一天,160个预约名额在半个小时内就被抢完,"Tony老师"不得不延长服务时间,并在多个片区设置了"定点理发屋"。(吴振东　佘灵)

"新华网"2022年3月23日

### 为中国加油,为上海打气!上海大学留学生创作歌曲《A song for China》

上海,是他们学习生活的地方,也是他们分享梦想和爱的地方。他们早已视上海为第二故乡。上海大学国际学生校友来自印度尼西亚的 Retno Mustikawati 创作的歌曲《A Song for China》,将自己的祝福与真心融入每一个音符,同心守"沪"春暖花开。正如歌中所唱:You'll bring the great again! 伴随着悠扬的音乐,上海大学国际学生也从世界各地传来暖心的祝福,为中国加油,为上海打气。相信我们一定会迎来胜利的曙光,"上海的春天终将美丽如常"!

"上观新闻"2022年4月4日

### 上海大学:多措并举助力毕业生"职"面未来

"因为种种原因错过秋招,我在寒假后感到有些焦虑。最初,我主要通过校外的信息群去了解信息,但这些信息似乎与我并不对口,少有真正适合的建议与信息。后来我和室友开始重点关注校内信息,并从中筛选了多家与我专业相匹配的公司投递了简历,很幸运地得到了面试机会。我很珍惜这次机会,于是预约了学校的'一对一'咨询,咨询老师对我进行了线上面试指导。经过精心准备,我竟然顺利通过初面、二面,收到 offer!"上海大学上海美术学院设计学专业毕业生范从瑶高兴地说。

2022年春天,上海大学在做好疫情防控工作的同时,聚焦"精准""快速""暖心"三个关键词,多措并举,全力为毕业生就业保驾护航。

**汇聚岗位,多类型就业信息"精准"送达**

疫情防控期间,学校进一步统筹多方资源,精心组织线上招聘活动。自寒假以来,累计通过"上大就业"微信公众号推送就业信息285条,学校就业信息网新增注册企业774家,陆续推出线上招聘活动16场,为毕业生提供就业岗位43 000余个(秋招以来总计提供岗位超过180 000个)。

近年来,学校每年都有近万名毕业生。作为一所综合性大学,上海大学涵盖了工学、理学、经济学、管理学、文学、艺术学等10个学科门类,全日制文科类、艺术类毕业生占比约25%。结合学科专业特点,学校除了组织综合类招聘会外,还特别组织了文科类、经管类专场,又联合上海音乐学院、上海戏剧学院等艺术类高校开展艺术类毕业生线上招聘会,满足不同学科专业毕业生的求职需求。学校的计算机工程与科学学院、通信与信息工程学院、环境与化学工程学院等也结合学院特点分别牵头组织电子信息类、环境化工类招聘活动。

结合就业地域特点,学校分别针对上海的部分区域,如中国(上海)自由贸易试验区临港新片区、上海漕河泾新兴技术开发区、上海陆家嘴金融区等开展专场招聘;汇聚江苏苏州、浙江杭州、浙江宁波、河南郑州等非上海地区开展线上招聘,还特别汇集了新疆、西藏地区的岗位需求,为毕业生边疆就业畅通信息渠道。结合学生需求特点,学校利用就业信息网,根据毕业生填报的"求职意向",通过短信定点推送相关就业信息,目前已向2022届毕业生推送6.6万条。

学校与用人单位积极沟通,专门设立了简历直推绿色通道,就业指导老师查看毕业生简历后,统一与用人单位对接推荐。3月份以来已经累计向十余家企业推荐毕业生

290人次。学校还注重调动学生的积极性,由每个学院推荐学生就业信息员形成信息分享群,学生就业信息员主动将各类信息进行汇总分类整理,让有效信息不遗漏、更清晰,累计整理主要用人单位信息200余家。

**畅通渠道,多层次就业服务"快速"响应**

在校园准封闭管理期间,学校立即跟进各项就业服务,各部门各单位快速响应毕业生需求。

全方位列清单。学校第一时间发布《关于校园准封闭管理期间毕业生就业事务办理的提示》,针对毕业生就业事务咨询、就业推荐表盖章、报到证办理等事务进行梳理说明,并形成详细的"你问我答"清单,帮助毕业生了解各项就业事务办理方式。

全天候强服务。启动专用邮箱,通过线上渠道帮助毕业生对就业推荐表等就业材料进行打印、盖章并通过邮件反馈;畅通三校区电话热线,开展"一对一"线上咨询,及时解答毕业生疑问。

全系统办实事。校园封闭管理期间,招录单位要对毕业生进行档案查阅考察,学校就业部门协同档案馆,与招录单位视频连线完成了档案审查工作。有些学生需要参加公务员面试,却因疫情影响不能外出参加面试,学校安排专人与用人单位反复沟通,为学生争取到了线上面试的机会。

3月下旬,毕业生春招和研究生复试开始,学校多部门和各学院协同,在三个校区分别准备数十间会议室、多媒体教室、职业咨询室等,并提供基本设备方便学生面试。材料科学与工程学院、文学院发布面向毕业生和导师的一封信,号召学院导师一对一关心毕业生升学和就业情况。悉尼工商学院等组织召开毕业生座谈会,专题研究毕业生就业面临的困难和破解路径,尽最大努力减少校园封闭管理对学生就业的影响。

**领航助力,多角度就业指导"暖心"赋能**

生涯导航助力。上海大学面向低年级学生的生涯指导课程在线上如期开展,面向高年级和毕业生的简历指导、模拟面试等正在分期推进。学校已启动上海大学第三十四届"生涯导航季"系列活动,将举办2022年学生生涯规划大赛,并通过行业大讲堂、校友职播间、就业先锋榜等形式,让疫情期间的学习生活更加充实。经济学院、材料基因组工程研究院等学院开展了多场专家行业讲座、校友就业经验分享、求职技能指导等活动;机电工程与自动化学院充分发挥导学团队作用,在科研训练中将生涯引导有机融入,鼓励毕业生到国家重点行业和领域就业。

专项计划赋能。针对毕业生就业意向集中的职业类型,学校持续开展专项培训计划。为了帮助学校毕业生顺利实现梦想,学校招生与毕业工作办公室将联合基础教育处,整合资源、优化程序,继续开展第三期"种子计划",为更多学生提供指导和帮助。

重点帮扶关怀。学校一直关心重点群体毕业生就业状况。学校封闭管理期间,学校坚持开展线上"女大学生职业发展训练营";联系上海市妇联、上海市教育系统妇工委、上海市女企业家协会等,开设"海鸥云讲堂"等。学校和各学院联动推荐毕业生参加教育部"宏志助航计划",并持续进行动态追踪,对目前未就业的毕业生也将继续加强个性化指导。

学校将结合教育部及上海市关于访企拓岗促就业、就业创业政策宣传等最新工作要求,进一步加强统筹规划,促进内外联动、校院齐动、师生互动,继续发挥全员促就业机制优势,努力克服疫情带来的不利影响,全力促进学校毕业生更充分、更高质量就业。

"学习强国"2022年4月8日

**上海高校积极落实各项防控举措　全力守护师生安康、校园安全**

"疫情终将过去,人生的道路还很宽广,成长的脚步绝不能停歇。"日前,同济大学以"师生同心风雨共担,齐心守护美好家园"为主题在线上开讲"大思政课",老师的这番话深深打动着屏幕另一端的莘莘学子。

面对当前上海市疫情防控严峻复杂的形势,连日来,上海各高校积极行动,进一步严格闭环管理,压实责任、完善机制、堵塞漏洞,在思想、教学和生活上切实关心好广大师生,全力守护师生安康、校园安全。

为保障校园封控管理期间物资以及食堂原材料等进校安全,复旦大学制定了三级防护工作要求:采购大宗货物要做到来源可追溯,强化配送人员健康核验,确保校外配送过程有防护;严格货物和车辆进校管理,确保进校过程有防护;师生员工人人尽责,使用物品时做好个人自我防护。

封控管理期间,上海交通大学的学生们留守寝室,但校内餐饮服务人员非常有限,为3万多名学生送餐的工作量很大。于是,上海交通大学各学院组建教师送餐队伍,1 000余名教师成了送餐员,教师们的私家车成了送餐专车。

为保证封控管理期间的教学质量,同济大学本科生院微信公众号新推出"教学教务咨询智能服务平台",为师生提供便捷的咨询服务。上海大学推出线上教学建言献策问卷调查,面向全校师生征集意见与建议。

在确保线上教学网络的稳定可靠方面,上海大学升级校园网络出口带宽,调整和优化网络设备及网络策略,保障教学资源的网络线路优化。

同济大学还要求,任课教师应利用课前、课间时间,多和学生们聊聊天,弘扬抗击疫情的感人事迹,用言语和行动鼓励学生,最大程度缓解焦虑情绪。(史一棋)

《人民日报》2022年4月15日

**上海高校,抗疫答卷这样做**

眼下,上海疫情防控形势依然严峻复杂。高校人员密集,不仅要织密防控安全网,也要保证特殊时期教学、工作和生活的有序推进。沪上的各家高校,如何答好这张试卷?

(中略)

**成长:抗疫路上全面发展**

每天防疫工作时间达四五个小时,负责楼内人员信息统计、防疫物资的领取与发放、组织核酸检测……上海大学机自学院2019级研究生、党员凤泽元这些天没有闲着,他也是为数不多的毕业生楼长。

"临近毕业,论文的压力与防疫工作叠加,说不辛苦是不可能的,但感觉很有收获,也感受到了社区志愿者的不容易。"凤泽元说,自己能在研三最后的时光里与楼内同学一起抗疫,感觉很有意义。

这些天,如何在宿舍安排好学习和生活?"虽然学习环境改变了,但静下来的时光反而能让我心无旁骛,重新寻找学习、生活的节奏感。"上海大学管理学院2021级博士研究生祝博艺和同学们每天坚持早睡早起,保证高效专注地完成科研计划,"疫情期间我学会了打乒乓球、练毛笔字,养成了每天跟着App跳操的习惯,每天都过得很充实。"

"疫情防控期间,学生们成长了。"有高校辅导员说,这段时间,学生们收到的善意和温暖,也感动着他们。

足不出户,温暖同步!该校材料学院2021级研究生郝一帆、周红灯、何忠书、吕明睿4名研究生共同创作了抗疫主题视频《疫尘不染,静待疫散》,目前总播放量达到5 000多次;师生"隔空合奏"上演,朱歆怡、许舒萌、王璐佳等7名研究生主动参与《我的祖国》视频录制,致敬所有奋战在一线的抗疫战士。

趁着这个春天,华东理工大学艺术学院近30名优秀专业教师,结合理工科院校的文化特点,推出"线上美育小讲堂",给闭环管理中的师生带来美的享受。这个"线上美育小讲堂",从古青铜器文化到当代艺术,从摄影技巧到绘画色彩,从日常美学到行为艺术,从艺术鉴赏到当代电影,无一不引起师生们的浓厚兴趣。

疫情促成长,逆境恰自强。在这个春天,上海的各所高校正在以自己的方式,同心守"沪",而青年学子们,也在自觉自律中积蓄着成长的力量,在守望相助中彰显着责任和担当,在全面发展中变得更加昂扬、乐观、向上。(章正 颜维琦 任鹏)

《光明日报》2022年4月17日

**战疫中,上海大学校园中的那一抹橄榄绿**

核酸检测、搬运物资、发放物品……在实施封控管理的上海大学校园里,处处活跃着他们的身影,橄榄绿的迷彩服、防护服上的臂章,是他们独特的标志。

他们是上海大学橄榄绿社团,一支以退伍大学生为主体的学生队伍,自2019年成立以来,协助学校征兵入伍、新生军训、退役军人服务等多项事务。自3月2日学校封控管理以来,他们始终坚持在一线,化身流动的钢铁城墙,成为上大"战疫"的中坚力量。

"我们都曾是军人,即使已经退役,但为人民服务的宗旨永远印在心中。"在校园防疫工作初期,橄榄绿社团的队员们便主动请战。

社长赵永吉最先带队进入封控楼开展工作,他说:"开始接到任务时也没想好具体怎么推进,但我们立即穿上迷彩服到达了任务地点。对于一个军人来说,穿上了军装那就无所畏惧,必将战胜一切困难。"

在封控楼幢,橄榄绿社团的队员们承担着每日发放三餐、饮用水、抗原试剂,引导核酸检测,配送物资,转运进行健康观察的人员等工作。仅4月15日一天,橄榄绿队员及协助工作的志愿者在宝山校区封控楼栋就发放了7 485份餐食,清理了251袋垃圾,发放抗原3 947盒,饮用水123桶,引导核酸检测2 773人次,配送个人物资522份。

"以我驻守的这幢楼为例,我们从早上七点半开始发早餐,接着就要引导进行核酸,还来不及吃早餐就又到了发午餐时间。"橄榄绿社团成员徐默然告诉记者。

四月中旬,上海气温反复,有时大雨倾盆,有几天最高温度近30度。回忆起那次高温天的任务,赵永吉仍然记忆犹新。"为了能及时地将餐饭送到学生们手中,队员们还是一个台阶接一个台阶,一层又一层,上楼、下楼……循环往复地爬楼梯,终于完成了发放。结束送餐的时候,脱掉防护服的我们就像是洗了一个热水澡一样。"

为了节省防护服、抓紧时间完成任务,队员们在穿防护服的半小时前就不再吃东西喝水,有时中间有半小时休息时间,大家就直接席地而"躺",算是稍作休息了。

"现在防护服这类防护物资是非常珍贵的、任务时间也很紧张,大家不想因为这点小事就浪费一套防护服。穿脱一套防护服就相当于少了一名战斗员、少了将近半小时的工作时间,其他几位战斗员就要承担更多的工作量。"也正是他们的付出,他们吃苦耐劳、敢为人先的退伍军人品质,感动了很多人,也获得了老师和同学们的认可。

相比同龄人,橄榄绿社团的退役军人骨子里透着坚毅、内心凝聚着责任。作为学生,他们同样要完成学习与考试。考试周期间,每次任务完成,他们便投入了紧张的期末复习中,但是他们明白"只有把疫情防控工作做好,才能让更多老师和同学们的学习工作不受影响"。

忙碌与辛劳中,他们也收获了一些珍贵的记忆,"这次大家集中住宿在一起,一下子找回了部队集体生活的感觉。"当组织同学们核酸时听到一声"谢谢";分发餐食时看到门口便利贴的一句"辛苦";结束任务后队友们的玩笑闲聊,所有的苦累都会随之而去、所有的汗水都变得甘之如饴。(任鹏 段欣妍 刘佳文)

"光明日报客户端"2022 年 4 月 28 日

### "穿上军装就无所畏惧!"上海大学有支"橄榄绿"抗疫突击队

"我们都曾是军人,即使已经退役,但为人民服务的宗旨永远印在心中。"在上海大学校园防疫工作初期,由退役军人组成的橄榄绿社团队员们便主动请战。

社长赵永吉最先带队进入封控楼开展工作。他说:"开始接到任务时也没想好具体怎么推进,但我们立即穿上迷彩服到达了任务地点。对于一个军人来说,穿上了军装那就无所畏惧,必将战胜一切困难。"

在封控楼幢,橄榄绿社团的队员们承担着每日发放三餐、饮用水、抗原试剂,引导核酸检测采样,配送物资,转运进行健康观察的人员等工作。

仅 4 月 15 日一天,橄榄绿队员及协助工作的志愿者在宝山校区封控楼栋就发放了 7 485 份餐食,清理 251 袋垃圾,发放抗原 3 947 盒、饮用水 123 桶,引导核酸检测采样 2 773 人次,配送个人物资 522 份。

"以我驻守的这幢楼为例,我们从早上 7 点半开始发早餐,接着就要引导进行核酸采样,还来不及吃早餐就又到了发午餐时间。"橄榄绿社团成员徐默然说。

#### "舍不得脱下的防护服"

4 月中旬,上海气温反复,有时大雨倾盆,有几天最高温度近 30 摄氏度。回忆起那次高温天的任务,赵永吉记忆犹新:"为了及时将餐饭送到学生们手中,队员们一个台阶接一个台阶,一层又一层,上楼、下楼……循环往复地爬楼梯,终于完成了发放。结束送餐的时候,脱掉防护服的我们就像是洗了一个热水澡一样。"

为了抓紧时间完成任务,队员们在穿防护服的半小时前就不再吃东西喝水,有时中间能休息会儿,大家就直接席地而"躺","时间紧张任务重,大家都不想再花工夫脱穿防护服,将就一点、克服一下就过去了。"

**"到每一个需要我们的地方去"**

疫情防控期间,他们可能是"橄榄绿""大白""小蓝",也可能是"物资配送员""送水工""巡逻员""理发师"……

谈到队员们丰富的工作经历,社长赵永吉有些小骄傲,"阿卜杜热西提的理发手艺在我们当中是最好的,他和几位队友成立 TONY 天团后,剪得也是越来越上手了,还能按照同学的要求设计一些造型呢。"

相比同龄人,橄榄绿社团的退役军人骨子里透着坚毅、内心凝聚着责任,但当他们脱下防护服时,也是有快乐有忧愁的大男孩。

作为学生,他们同样要完成学习与考试。考试周期间,每次任务完成,他们便投入了紧张的期末复习中,但是他们明白,"只有把疫情防控做好,才能让更多老师和同学们的工作学习不受影响。"

忙碌与辛劳中,他们也收获了一些珍贵的记忆,"这次大家集中住宿在一起,一下子找回了部队集体生活的感觉。"当听到同学们的一声声"谢谢",所有的辛苦付出都值得。

"只要学校需要,我们就会时刻待命。"赵永吉说。

在上海大学,不仅仅是橄榄绿社团抗疫突击队,还有党员志愿者、青年教师、其他学生组织和社团,都在用实际行动践行自己的使命与担当,凝聚起同心战疫的强大合力。

"上观新闻"2022 年 4 月 28 日

## 从上海大学封校起,造出一个元宇宙校园,不上网课了还能在元宇宙教室打卡讲座

最近,上海大学师生的朋友圈被一条名为《上大元宇宙》的视频刷屏,短短 38 秒内,老师与他的研究生团队变身外形简洁可爱的卡通形象,从宝山校区图书馆到教学楼 J 楼天台间,在虚拟的校园中漫步,在虚拟的教室里上课,在虚拟的操场上踢球,爆笑的音画引发热烈的反响。

解放日报·上观新闻记者了解到,这条视频来自上海大学上海美术学院数码艺术系教授蒋飞老师的视频号。为什么要做上大元宇宙?元宇宙校园又是如何构建的?还有什么现实的用场?

**初衷:再造空间产生共情、缓解压力**

原来,上大元宇宙的想法源于上海大学封校的那一天,也就是始于 3 月初。"元宇宙社交平台并没有那么神秘,"在蒋飞的理解里,"元宇宙"是一种沉浸式的虚拟社交网络,是人们愿意花时间在这一空间进行乐观积极的虚拟社交,形成人际交流和情感沟通的网络共同体。

"我想尝试帮助上大师生建立一个能产生共情的元宇宙校园,为大家提供一个缓解压力的虚拟平台。"为学生排忧解难,提供力所能及的服务,是他和团队创建"上大元宇宙"的初衷。

当然,这并非蒋飞与元宇宙第一次"结缘"。早在 2010 年,蒋老师就对虚拟空间有所涉猎。当时还没有"元宇宙"的概念,国内也没有可用的平台。他曾在英国做过一些类似元宇宙概念的艺术作品——当时利用"第二人生(Second Life)"虚拟社交平台,和英国利

物浦约翰莫里斯大学合作了一件促进上海和利物浦友城线上交流的虚拟现实作品。也是从那时起,蒋老师开始对数字孪生的世界有了切身的体悟。

"我是上大的学生,也是从这里走出来的,对学校有很深厚的感情,所以更期待把想法变成现实。"想到设计这个虚拟空间,能让学生在虚拟校园中寓教于乐、纾解焦虑,也能让校园学习生活变得更有趣,蒋飞开始集结团队、创作元宇宙,和7位研究生组成了8人小团队。

团队学生中,各有设计、美学、用户体验、3D建模、编程、游戏策划的基础。"准备好了吗？我们现在可以在元宇宙中见面"。这段时间,蒋飞化身二次元"虚拟替身"上网课,同时迅速推动"上大元宇宙"项目的落地实施。

### 过程：一场亦师亦友亦学亦玩的游戏

在比较了多个平台后,蒋飞最终选择了国内一个手游创作社区Reworld（重启世界）作为上大元宇宙的创作平台。确认想法可实现后,蒋飞才向他的学生讲了自己想法,通过腾讯会议制定计划,带领学生团队创建自己的"元宇宙"。

虚拟校园创作的整个过程充满欢乐。尽管师生都是第一次接触平台唯一支持的Lua计算机语言,但边学边做、变想象变现实的满足感冲淡了一切畏难情绪。制作过程中,他们也录一些好笑的错漏bug,这让创作全程也变得像一个"游戏"。整个团队沉浸其中,几乎每天凌晨都能看到几位同学还在开发平台上协同工作,享受着亦学亦玩的过程。

蒋飞团队以标准的游戏模式进行开发,考虑到移动端的呈现效果,场景以Low-poly低面风格处理,这对美工有较高要求,因此他们对材质、模型、贴图等都做了很多尝试。目前,团队工作实行联合机制,也就是可以在元宇宙中看到其他人正在做的工作。就像WPS共享word文档那样,工程合作文件存放在云端,大家一起编辑这份共享文件。

短短十几天,他们做出了"上大元宇宙"雏形。蒋老师说："我们每一次都在元宇宙中开会,可以直接交流问题,有什么问题都可以立即解决。"在此之前,他与学生们已经合作过很多大型的数码交互项目,师生之间亦师亦友、相处和谐,团队默契程度大大提高了工作效率。

由于校园封闭管理,虽不能实地测量,蒋飞和同学们凭着自己的记忆和网上照片,把宝山校区的建筑"默写"下来,呈现在虚拟空间里。他表示,以后会组织一个"创作者联盟",鼓励学生加入元宇宙校园建设中。

### 未来：做平时不可能在校园做的事

目前,这个元宇宙校园功能丰富,可以触发很多小游戏以及隐藏其中的彩蛋,比如为爱撸猫的上大学子实现宠物收养,那么元宇宙校园也就使收养宠物成为可能。又如一些平时不可能在校园做的事情,比如校园上空飞翔、户内寻宝等,很多都可以实现。

5月到6月的测试期间,蒋老师团队还会化身非玩家角色（NPC）,收集同学和老师们的反馈,进行下一步的完善。在他们的设想中,可穿戴技术或许能让上大元宇宙进一步为学生们的现实生活带来便利。"有可能,今后你苹果手表上的健身数据可以传到元宇宙数据当中。"再如现实中学生上课或者讲座打卡,在元宇宙空间也能参与互动,或者听讲座同样可以打卡。

当然,作为现实的一种补充,蒋飞并不希望大家沉迷于元宇宙,而是希望元宇宙作为师生的另外一种选择。一切如常后,上大元宇宙也能给大家多一种交流的机会。团队正考虑创建应届生在"上大元宇宙"中参加毕业典礼的设想,弥补疫情下的现实可能带来的遗憾。

"走出宅生活,造出元宇宙,让虚拟替身代替我们走出房间之后,我们也更期待聚在一起的那一刻。"蒋飞说元宇宙并非噱头,解封后最想做的事情是关掉电脑先把团队聚起来,在线下见面。

"上观新闻"2022 年 5 月 10 日

**上海大学与内蒙古科技大学联袂推出红五月"示范领航:课程思政建设教师研修班"**

为统筹做好疫情防控与教育教学,深入推进课程思政高质量建设,今年 5 月,上海大学与内蒙古科技大学联袂推出"示范领航:上海大学—内蒙古科技大学课程思政建设教师研修班",集中开展"手拉手"课程思政培训月活动。本次活动以内蒙古科技大学和上海大学为联合主会场,采取线上方式。

5 月 7 日,内蒙古科技大学党委委员、副校长赵增武,上海大学党委常委、副校长聂清出席开班仪式并分别致辞。上海大学、内蒙古科技大学的一流专业负责人、一流课程负责人、课程思政各类项目负责人及专任教师 600 余人参加了研修班开班仪式与首场报告。

赵增武在致辞中强调,要以本次活动为契机,持续推进两校更深入、更全面和更高层次的合作,不断增进两校之间的友谊,践行立德树人根本任务,踔厉推动学校成为服务地方经济社会发展的重要力量、高层次人才培养集聚的高地和政策咨询研究的高端智库,奋力形成内蒙古科技大学内涵式发展与包头市经济社会发展紧密结合的新局面。

聂清诚挚感谢了内蒙古科技大学在疫情防控关键时刻向上海大学师生远途捐赠牛肉等物资。她坚信通过此次"手拉手"课程思政教师研修活动,能更加牢固两校之间"心连心"的情感纽带,更多加强教师之间的线上线下课程思政教研互动交流,切实推动两校课程思政高质量建设。

"大格局、有温度、点亮心灵的课程思政教学分享""学以致用才能活学活用,超赞"……开班式后,上海大学教务部副部长、教育部课程思政教学研究示范中心(上海大学)负责人顾晓英教授以《从"领航校"到教育部"示范中心":上海大学课程思政的高质量建设》开启研修班第一讲。

"听叶老师的报告更像是悟道""叶教授的报告不仅是课程思政方法论,更是教书育人的根本遵循"……5 月 9 日下午,上海大学原副校长,教育部课程思政示范课程、教学名师和团队负责人叶志明教授以《师人方可为人师:谁在培养人是做好课程思政之关键》带来精彩第二讲。他从当前师德师风建设谈起,引入丰富课例和育人故事,讲述课程思政不等于课堂思政,课程思政看似在课程,本质在教课程学课程的人,首先在教师,即"谁在培养人"是关键,课程思政是载体是手段,立德树人才是目的。

在线参与研修的教师对两校搭建的交流平台表示感谢,纷纷表示要通过课程思政落实立德树人根本任务,提高政治站位,加强课程思政建设的实践探索,增强育人能力,为

推动高校高质量发展作出新的贡献。(孟歆迪　殷晓)

"光明日报客户端"2022年5月11日

**用画笔记录美好**

在网络直播平台,水彩画家金钰琦的直播间里格外热闹,他在上千名网友的见证下,完成了一幅名为《久余合欢》的水彩画,收获不少点赞。"岩下村真的是太美了,这里的一草一木都是景。"金钰琦一边展示新作,一边把直播镜头对准岩下村的风景,向大家热情地介绍起来。

正值春日,岩下村吸引了不少美术、摄影爱好者。"写生就是要直面山水风光、花鸟虫鱼、人物实貌,在摇曳的动态中抓住景物和人的神态特征,用笔触和色彩记录美好。"金钰琦告诉记者,像他一样,如今每年到岩下村写生的创作者不计其数,"大家从村头到村尾,沿着石子路,摸着卵石墙,感受石头村,所遇见的每一处都能成为画笔下的风景。"

近年来,岩下村凭借独具特色的韵味,成为长三角地区的热门旅游地,也是全国各地美术爱好者写生与创作的好去处。中国美术学院、清华大学美术学院、上海大学上海美术学院等50余所艺术院校把岩下村作为写生基地,每年总有大批教师、学生慕名而来。

"我一年四季都要到这里采风写生一次,每年不少于4次。""我来这古老的石头村写生已有4趟,每次都有新感受。""每当有人问我,岩下村哪里最宜作画,我就会告诉他,这里处处是风景。""上次从岩下村写生归来,我还记得山间清晨的气息、林间的鸟鸣……"来自各地的创作者都对岩下村竖起了大拇指。

村党支部书记朱光强告诉记者,为了打造写生基地,村里下了一番大功夫,不仅拆除了与山居风貌不协调的畜栏、旱厕等1.4万多平方米建筑,还配套建设了生态停车场、游客中心、公共厕所等新设施,修复了普通岭古道1.8公里和村内特色道路2.3公里。"接下来,村里还计划进一步完善景区规划,希望把岩下村的山居风光传到更远的地方。"朱光强自豪地说。

作画一天,金钰琦背起画架准备回家,落日的余晖映红了山村、竹林、流水、黛瓦、石墙,还有石头村的每个人。"现在的岩下村多美啊,就像披了一面色彩斑斓的锦缎。"他边走边感叹。(窦瀚洋)

《人民日报》2022年5月14日

**上海大学:实施本科生全程导师制,聚焦培养全面发展的卓越创新人才**

近日,上海大学招生与毕业生就业工作办公室主任陆瑾线上做客新华网"2022高考情报局",向广大考生和家长介绍今年学校的招生政策和特色专业等情况。

Q1:能否请您介绍一下上海大学的基本情况?

陆瑾:上海大学是上海市属高校、属于"211工程"重点建设的综合性大学,"双一流"建设高校,是教育部与上海市共建高校,上海市首批高水平地方高校建设试点。学校学科门类齐全、专业布局合理,涵盖理学、工学、经济学、管理学、哲学、法学、文学、历史学、艺术学、医学、教育学、交叉学科12个学科门类,一级博士点28个,一级硕士点45个。学校通专结合、"三位一体"(价值塑造、能力培养、知识传授)的全人培养体系日趋完善,着力培养全面发展的卓越创新人才。1922年创办之初,上海大学就以"养成建国人才,促进文化事业"为宗旨,今年恰逢上海大学建校100周年。

多年来,上海大学始终把赓续红色基因作为历史使命和时代责任,传承老一代科学家钱伟长的教育理念,围绕立德树人根本任务,深入推进一流本科教育,为新时代培养全面发展的卓越创新人才。

学校坚持在高等教育现代化建设进程中创新发展,较早推行"三制教育"(学分制、选课制、短学期制),提出并实践课程思政、建立中外合作办学二级学院、探索以学生生活园区为重要载体的学生课外培养模式,全面实行OBE人才培养方案,形成了独具上海大学特色的卓越创新人才培养体系。

Q2:学校在人才培养上有哪些特色?

陆瑾:一是实施以"三制"为核心的人才培养模式。学生可以自主安排学习进程,自主选择教师、课程和学习时间,通过三个教学学期和一个实践学期的学习安排,强化实践环节,注重课外培养,赋予学生更多自主权,促进学生的全面发展。近年来,学校创新本科人才培养模式,推行"本科生全程导师制":从本科新生入学起即配备一位导师,一直陪伴大学生涯全过程。导师全员参与、全程陪伴和全方位指导,从思想道德、文化知识、社会实践教育各环节,全面助力学生成长和成才,打通"三全育人"最后一公里。

二是深化以"卓越"为目标的人才培养内涵。(1)坚持质量为先,学校重视本科专业建设,所有本科专业按OBE理念全面优化人才培养方案;目前已有29个专业被认定为国家级一流本科专业建设点,12个专业被认定为上海市一流本科专业建设点,金属材料工程和测控技术与仪器专业通过工程教育认证,电气过程及其自动化专业完成专家入校考察,5个专业已通过认证申请等待专家入校考察。悉尼工商学院通过AACSB(国际高等商学院协会)认证。(2)完善通识教育,学校构建贯穿本科四年的通识教育课程体系。2011年以来,学校开始全面实施大类招生与通识教育,提升学生综合素养。学校构建由"政治文明与社会建设""经济发展与全球视野""人文经典与文化传承"等模块组成的通识教育课程体系,建设240多门通选课、50多门核心通识课和近400多门教授领衔的新生研讨课。(3)推进研究型挑战性教学模式,打造精品课程。上海大学已认定研究型挑战性课程500余门,《脱"水"镀"金",增"负"赋"能"——上海大学研究型挑战性教学改革实录》被上海市教委作为落实全国本科教育工作会议精神案例。全校共319门课程获得上海高校市级重点课程立项,43门课程被认定为上海市一流课程,6门课程被认定为国家级一流课程,2021年17门课程被上海市教委推荐参评第二批国家级一流本科课程。"土木工程概论"课程入选教育部"课程思政示范课程",课程负责人与教学团队入选"课程思政教学名师和团队"。学校实行思政课"项链模式"教学法,开设"大国方略",已开发"一院一大课"系列品牌思政选修课程16门,其中"创新中国"入选首批国家精品在线开放课程,"经国济民""创业人生""生命智能"等入选上海市一流课程。学校连续两届获评国家级教学成果奖二等奖,获评教育部课程思政教学研究示范中心和上海高校课程思政领航校。(4)推进创新教育,学校抓实云课程教学信息化平台和智慧课堂建设,开设在线课程、线上线下混合课程、虚拟仿真项目课程,拥有150余间智慧型互动教室和支持学生24小时在线移动学习的网上教学辅助平台等,为科研和教学提供强大保障。积极推行研究型挑战性教学,推广课程项目和联合大作业,挖掘学生潜能,强化学生实践能力。学校面向"工商文艺管"全学科,建设跨院系、跨学科、跨专业培养的大工程实践平台,以重大装备的设计、制造、检测、应用实际场景为基础,引入国家大工程相关领域的最新科技成果,为学生提供产业级的工程实践和劳动教育基础设施,为培养具有跨学科视野和思维的国家重大领军人才和卓越人才提供坚实的支撑。

Q3:学校有哪些特色学院和专业?

陆瑾:上海大学钱伟长学院是教育部推进试点学院项目的成果、是教育部首批"三全育人"综合改革试点院(系)和上海大学拔尖创新人才培养基地,实施"重基础、跨学科、国际化"人才培养战略,培养基础学科拔尖创新人才和前沿交叉学科拔尖创新人才。2022年钱伟长学院继续按理科试验班类、理科试验班进行招生。其中"理科试验班类"含数学与应用数学、应用物理学、理论与应用力学和材料设计科学与工程四个专业;"理科试验班"包含应用化学和生物工程两个专业。

上海大学以按类和专业相结合的方式招生,将部分专业按学科门类等因素分为理学工学Ⅰ类、理学工学Ⅱ类、经济管理类、人文社科类,按大类进行招生。按大类招生,考生只需根据学科类别的偏好选择填报大类即可,入校后有一年的时间充分了解专业,在类内进行专业分流,减少了志愿填报的盲目性。同时,通识教育平台促使学生从单一学科视野扩展为多学科、多领域视野,有利于培养交叉复合型的高素质人才。

学校在2019年成立微电子学院,通过产教融合、科教融合和学科交叉融合,培养集成电路行业紧缺人才,致力于培养能解决"卡脖子"技术和关键科学问题的高端领军人才。

学校不断优化全球合作网络,与多个国家建立海外高校校际合作关系。其中,上海大学悉尼工商学院通过AACSB(国际高等商学院协会)认证,是国内成立较早的中外合作商学院之一,培养具有国际视野的全面发展的商科人才。上海大学中欧工程技术学院国内首批中法合作工程师学院,采用法国工程师精英培养体系培养国际化高端工程技术人才和企业领军人物。近期上海大学里斯本学院已获教育部批准成立,学校与欧洲著名大学里斯本大学合作,将在电气、土木和环境工程三个国家级一流本科专业点的基础上,强强联合,打造国际化的高层次复合型工程人才培养基地。

Q4:2022年学校的招生政策是怎样的?

陆瑾:今年上海大学招生政策及计划整体保持稳定。上海大学现有98个本科专业,覆盖39个专业类。学校目前有统一高考录取、高校专项计划、高水平运动队、保送生、艺术类、春季招生、综合评价录取、民族预科班等招生类型,为各类考生进入上海大学提供多种路径和可能。

上海大学本科普通批,坚持两大举措保证考生最大利益。

一是除内蒙古外的招生省市,录取坚持"分数优先、遵循志愿"方式,即按平行志愿方式录取。各专业之间无级差。考生在填报专业志愿时,可遵循个人专业志趣填报。内蒙古自治区本科第一批次实行"招生计划1∶1范围内的专业志愿清"录取规则。

二是投档至上海大学的考生,全部愿意服从专业调剂、体检不受限制,且高考外语单科成绩达到要求不会退档。建议考生选择"全部愿意服从专业调剂"。

Q5：学校毕业生的就业情况如何？

陆瑾：近年来，我校每年输送近万名毕业生服务上海及全国经济社会发展的各个领域。学校曾荣获首批50所"全国毕业生就业典型经验高校"和"全国创新创业典型经验高校"称号，2021年又入选全国高校毕业生就业创业工作百篇典型经验和上海高校毕业生就业创业工作示范基地。上海大学建立了"生涯领航、就业攀登"生涯教育与就业指导体系，突出价值引领，重视生涯教育，聚焦分类需求，全方位助力毕业生到祖国最需要的地方高质量就业。毕业生素以"知识面宽广、综合素质高、创新能力强、发展后劲足"受到用人单位青睐。

本科生深造率约为四成，其中，国内"双一流"高校录取的本科毕业生占本科境内升学人数的93%以上。除本校外，录取我校毕业生超过10名的"双一流"高校主要为复旦大学、上海交通大学、同济大学、华东师范大学、上海财经大学、浙江大学、南京大学、中山大学等。

境外深造主要集中在英国、法国、美国、澳大利亚、日本、新加坡、德国、加拿大。在QS世界大学排名前20位的境外高校深造的学校有新加坡国立大学、宾夕法尼亚大学、爱丁堡大学等。在QS世界大学排名前50位的境外高校深造的人数占比境外深造总人数超过30%。

结合专业特色，学校加强与企业开展各类产学研合作，通过产教融合、科教融合，不断深化校企合作，输送高层次高质量人才。直接就业的学生中，80%以上选择在长三角地区就业。信息传输、软件和信息技术服务业，制造业，金融业，建筑业以及科学研究和技术服务业是位居前五的行业门类。2021年，毕业生服务于集成电路制造、专/通用设备制造、汽车制造、生物医药制造等重点产业的集聚度达到45.66%。国有企业签约比例为39.02%，在世界500强企业签约比例为38.11%。同时上海大学还有不少同学响应国家号召，选择到西部、基层、部队建功立业。

"新华网"2022年5月18日

## 钱学森图书馆、屠呦呦旧居、袁隆平科学园……140个科学家精神教育基地公布

今天是第六个全国科技工作者日。在中国科协、科技部主办的全国科技工作者日主场活动中，七部委联合发布了首批"科学家精神教育基地"名单。

首批"科学家精神教育基地"包含李四光纪念馆、中国铁道博物馆詹天佑纪念馆、北京大学王选纪念陈列室、李保国先进事迹教育基地、吴大观航空发动机精神教育基地、吉林大学黄大年纪念馆、上海交通大学钱学森图书馆、上海大学钱伟长图书馆、竺可桢故居、屠呦呦旧居陈列馆、邓稼先生平陈列馆、（福州）台江区侯德榜故居、袁隆平杂交水稻科学园等一批知名科学家故居、旧居、纪念馆、图书馆等，有力讲述了科学家群体爱国创新、求实奉献、协同育人的故事和精神。

科学家精神教育基地是展示、宣传在中国共产党领导的革命、建设、改革和新时代各个历史时期中，为科技进步、民生改善、国家发展做出重要贡献的科学家个人和团队先进事迹，具备教育功能的示范性场所。

据介绍，认定工作开展以来，各有关单位积极申报，各有关部委、全国学会、地方科协

等单位切实履行推荐单位职责,认真审核申报材料的真实性和完整性,注重指导和服务,有力推动了社会各界对科学家精神教育工作的认可和重视。

截至5月13日,共接收495份"科学家精神教育基地"申报材料,由于20家申报单位为双渠道或多渠道推荐,实际申报单位473家。这些申报单位涉及30个省、自治区、直辖市和澳门特别行政区,计146个城市。申报单位类型多样,包括科技馆、国家重点实验室、重大科技工程纪念馆(遗迹)、科技类人物纪念馆和故居、科研院所、学校、科技企业,以及其他等8个类别。

经过初评、终评和公示等程序,中国科协、教育部、科技部、国务院国资委、中国科学院、中国工程院、国防科工局决定命名中国科学院与"两弹一星"纪念馆等140个单位为2022年度科学家精神教育基地,有效期至2026年。(樊江洪)

"上观新闻"2022年5月30日

### 更加有力强信心聚民心暖人心筑同心 上海市精神文明建设工作会议举行,鼓足昂扬之气汇聚奋进之力,龚正主持,诸葛宇杰出席

上海市精神文明建设工作会议昨天上午举行。市委书记、市文明委主任李强在会上强调,要紧扣学习宣传贯彻习近平新时代中国特色社会主义思想这个首要政治任务,紧扣迎接宣传贯彻党的二十大和市第十二次党代表大会这个工作主线,鼓足昂扬之气,汇聚奋进之力,更加有力地强信心、聚民心、暖人心、筑同心,为高效统筹疫情防控和经济社会发展多作贡献,共同推动精神文明建设工作取得新的更大进步。

市委副书记、市长、市文明委第一副主任龚正主持会议。市委副书记诸葛宇杰出席会议。市委常委、宣传部部长、市文明委常务副主任赵嘉鸣作工作报告。

李强指出,去年以来,全市精神文明建设战线奋发有为,在强化思想理论武装、深化建党百年宣传教育、优化精神文明创建、助力提升城市软实力等方面做了大量富有成效的工作。特别是在疫情防控过程中,广泛深入开展社会动员、志愿服务和宣传引导,凝聚起同舟共济、共克时艰的磅礴力量。当前,大上海保卫战已取得重大阶段性成果,统筹疫情防控和经济社会发展的重任更加艰巨地摆在面前。越是这个时候,越需要精神文明建设凝魂聚气、凝心聚力。

李强指出,要高举思想之旗,深刻领会"两个确立"的决定性意义,深刻感悟新时代党的创新理论的思想伟力和实践伟力,推动习近平新时代中国特色社会主义思想更加深入人心。引导人们深入领会蕴含其中的马克思主义立场观点方法,用心体会贯穿其中的人民情怀、家国情怀、民族情怀、天下情怀,全面感悟充盈其中的强大真理力量、思想力量、人格力量。要围绕迎接宣传贯彻党的二十大和市第十二次党代表大会,全方位宣传党的十八大以来在以习近平同志为核心的党中央坚强领导下取得的原创性思想、变革性实践、突破性进展、标志性成果,展现上海贯彻习近平总书记重要讲话精神的生动实践,进一步提振广大干部群众的精气神。

李强指出,精神文明建设,建的是人心,强的是信心。要着力培育和践行社会主义核心价值观,着力弘扬上海城市精神品格,着力推进文明实践、文明培育、文明创建,着力提升市民文明素质和城市文明程度,为城市重整行装再出发提供强大精神力量。在这次大

上海保卫战中,全市上下的坚信与坚守、逆行英雄的责任与担当、所有市民的自律与互助以及"人在阵地在"的拼搏到底与敢于胜利,生动演绎了伟大抗疫精神,集中诠释了城市精神品格,是我们这座城市宝贵的精神财富。一个典型就是一束光,要充分运用新闻报道、文艺作品、基层宣讲等多种方式,展现感人事迹,让平民英雄、凡人微光照亮这座城市的精神天空。要有针对性地加强社会心理建设,以关爱抚慰人心,以参与凝聚人心,以文化温润人心。把精神文明建设的着力点放在解决群众急难愁盼上,多倾听群众呼声,多办群众有感受度的实事。总结疫情期间形成的自治互助经验,让人们在为家庭谋幸福、为他人送温暖、为社会作贡献的过程中提高精神境界、培育文明风尚。推进优秀文化作品创作生产,广泛开展丰富多彩的文化活动,大力营造传承中华文明的浓厚社会氛围,增强做中国人的志气、骨气、底气。要巩固和壮大主流思想舆论,牢牢把握正确舆论导向,广泛开展"强国复兴有我"群众性主题宣传教育,打好信息发布、政策解读和舆论引导的组合拳。

李强指出,要紧扣"疫情要防住、经济要稳住、发展要安全",拿出思路和办法,策划载体和抓手,加油鼓劲、给力添彩。把无疫小区创建纳入精神文明建设,引导市民自觉遵守防疫要求,增强自我防护意识和防护能力。加强常态化社区志愿者队伍建设,推动志愿服务更具人气、更有活力、更可持续。宣传报道好加快经济恢复重振的决心和政策、经济社会发展中的热点和亮点,进一步稳预期、稳信心、稳人心。深化形势政策宣传教育,强化网络综合治理,筑牢政治安全、意识形态安全、文化安全防线。

市领导朱芝松、莫负春、陈通、金兴明出席。黄浦区打浦桥街道蒙西居民区党总支书记尹晓芸、上海交通大学医学院附属瑞金医院副院长陈尔真、上海大学学生包思忆、新民晚报特聘首席记者潘高峰结合各自工作实践和抗疫经历作了交流发言。会议以电视电话会议形式召开,各区和各有关单位设分会场。

《解放日报》2022 年 6 月 16 日

**深耕内容让理论节目"出圈破圈"**

东方卫视坚持"新闻立台、文化强台"的定位,于 2019 年 1 月推出思想性政论节目《这就是中国》,每周一晚黄金档播出,至今已经播出近 150 期。节目涉足理论"深水区",做敢于斗争、善于斗争的舆论先锋战士,在意识形态领域斗争中坚定地发出中国最强音。

2019 年 1 月第一期节目首播之际,正值美国蓄意发起对华贸易议题,国际环境发生巨大变化,社会上有些人对中国的发展前景深深担忧。《这就是中国》邀请复旦大学中国研究院院长张维为担任主讲嘉宾,通过摆事实讲道理,彰显中国社会主义制度的巨大优势。

三年来,《这就是中国》的选题从政治、经济、军事、外交、社会发展等多个角度切入,通过全方位的国际比较,用事实说话、在理论比照中解构西方话语体系,充分揭露西方制度模式的弊端。在 2021 年 3 月播出的《西方媒体的信誉危机》节目中,张维为揭露西方媒体所炮制的"假新闻"走红标志性事件,讨论了西方主流媒体"假新闻""后真相"的失信常态。2021 年 4 月的中国外交部例行记者会上,新闻发言人引述了节目部分内容,并评价节目"说出了很多中国人的心声。"3 年间,《这就是中国》对大量西方常用的意识形态概念进行了深度剖析,比如《西方民主出了什么问题》《如何防止西方的话语忽悠》《解构西方中心论》等多期节目,让观众更清晰、客观地了解当今的世界和中国。

东方卫视致力于把《这就是中国》打造成一档"出圈破圈"的理论节目。节目播出初期,有的观众对于节目传达的理念是困惑的,甚至将信将疑。但是,节目不断地让潜藏在理论"深水区"的观点浮出水面,观众心态发生了明显变化,对节目观点越来越认同,在是非判断上越发自信了。2021年6月,《这就是中国》走进复旦大学、上海交大、上海大学三所高校,录制庆祝建党百年特别节目,现场师生们提问踊跃,播出反响十分好。(讲述人:上海广播电视台东方卫视中心副总编辑　周捷)

《光明日报》2022年6月22日

### 纪念上海大学建校100周年活动公告(第一号)

浩浩浦江,巍巍泮宫;百年上大,踔厉奋发。2022年10月即将迎来上海大学建校100周年,在此,谨向长期以来关心、支持学校事业发展的海内外校友和社会各界人士致以衷心的感谢和崇高的敬意!

红色学府,青云发轫。1922年10月23日,上海大学成立,成为国共两党携手创办、由中国共产党实际领导的高等学府。五年间,李大钊、于右任、瞿秋白、邓中夏、蔡和森、张太雷、恽代英、任弼时、萧楚女、邵力子、陈望道、沈雁冰等贤达执鞭任教;杨尚昆、王稼祥、秦邦宪、关向应、李硕勋、许继慎、丁玲等英杰负笈来学。在风云激荡的革命岁月,上大师生同舟共济,心系中华,不畏牺牲,开拓前行,赢得了"文有上大,武有黄埔""北有五四时期之北大,南有五卅时期之上大"等盛誉。时至今日,上海大学的红色基因代代相传,一直激励着上大学子为民族之振兴、国家之富强孜孜奋斗!

继往开来,重振启航。1983年5月,经教育部批准,上海市人民政府决定将复旦大学分校、上海外国语学院分校、华东师范大学仪表电子分校、上海科学技术大学分校、上海机械学院轻工分校、上海市美术学校等六所学校合并,复办上海大学,并继承20世纪20年代上海大学的光荣传统。在早期上海大学广大校友的期盼和支持下,上海大学顺应时代潮流,为社会培养了大批文理兼修的复合型、应用型人才。

栉风沐雨,再续薪火。1994年5月27日,新的上海大学由上海工业大学(成立于1960年)、上海科学技术大学(成立于1958年)、上海大学和上海科技高等专科学校(成立于1959年)合并组建。上海大学以崭新的面貌,赓续红色基因、弘扬改革精神,秉持开放、创新、包容的城市品格,青春勃发、破浪前行,在世界大学行列中书写鲜明印记,在践行上海城市品格中彰显上大特质。

滋兰树蕙,作育英才。建校初期,上海大学以"养成建国人才,促进文化事业"为办学宗旨;今日之上大,以"养成强国济世人才,促进社会文明进步"为使命、以"自强不息"等先贤寄语为校训。上海大学始终将学生个人的成才梦想同国家和社会的发展紧密相连,坚守"为党育人,为国育才"的初心使命,全面落实立德树人根本任务,培养全面发展的卓越创新人才,造就堪当民族复兴大任的时代新人。

砥砺深耕,踔事增华。十秩春秋,薪火相传,百年上大,笃行不息。今日上海大学全体师生赓续红色血脉,秉承校训精神,勠力同心,再启征程,追卓越、创一流,为建成世界一流、特色鲜明的综合性研究型大学而共同奋斗！

百年之庆，共擘未来。溯源初心恰风华，百年传承再出发。学校将于2022年9月24日举办纪念上海大学建校100周年大会，诚邀海内外校友和关心支持上海大学建设发展的社会各界贤达，届时拨冗莅临本校，共襄盛典，共擘宏图！

耑此公告，敬祈周知！

上海大学

2022年7月1日

欢迎垂询　纪念上海大学建校100周年活动筹备工作领导小组办公室

电　　话：(021)66132186

电子邮箱：shu100@shu.edu.cn

地　　址：上海市上大路99号上海大学行政楼202室

《光明日报》2022年7月1日

图书在版编目(CIP)数据

媒体中的上海大学：1922—2022：上下卷 / 卢志国，洪佳惠编. —上海：上海大学出版社，2022.9
ISBN 978-7-5671-4522-1

Ⅰ.①媒… Ⅱ.①卢… ②洪… Ⅲ.①上海大学—校史—1922-2022 Ⅳ.①G649.285.1

中国版本图书馆 CIP 数据核字(2022)第 154977 号

责任编辑　傅玉芳　刘　强
封面设计　柯国富
技术编辑　金　鑫　钱宇坤

媒体中的上海大学(1922—2022)
卢志国　洪佳惠　编
上海大学出版社出版发行
(上海市上大路 99 号　邮政编码 200444)
(https://www.shupress.cn　发行热线 021-66135112)
出版人　戴骏豪

＊

南京展望文化发展有限公司排版
上海颛辉印刷厂有限公司印刷　各地新华书店经销
开本 787mm×1092mm　1/16　印张 102.25　字数 2300 千
2022 年 9 月第 1 版　2022 年 9 月第 1 次印刷
ISBN 978-7-5671-4522-1/G·3460　定价　320.00 元

版权所有　侵权必究
如发现本书有印装质量问题请与印刷厂质量科联系
联系电话：021-57602918